INCLUS : Profitez dès maintenant des versions numériques de votre Mémento

Sur tablette ou smartphone :
Téléchargez l'application «iMemento» sur l'Apple Store (iPhone & iPad) ou sur Google Play (Androïd)

Sur votre ordinateur :
RDV sur abonnes.efl.fr

Les avantages des versions numériques :

> Un contenu actualisé en permanence à chaque connexion.
> Des fonctionnalités pratiques : moteur de recherche, copier-coller, marque-page, notes, favoris...

W0342726

?

COMMENT ÇA MARCHE

Vous disposez déjà de votre login et mot de passe ?

Votre login et votre mot de passe restent identiques.

Si vous avez perdu vos codes d'accès, vous pouvez contacter notre Service Relation Clients au **01 83 10 10 10** (du lundi au vendredi, de 9h à 18h).

Vous n'avez pas d'identifiant ?

Rendez-vous sur :
www.efl.fr/activation

Et utilisez le code personnel d'activation ci-dessous :

1645627Q2D

MVI

Cet ouvrage a été réalisé
par la **Rédaction des Éditions Francis Lefebvre**
en collaboration avec :

Cécile BIGUENET-MAUREL
Avocat au barreau de Grasse
Docteur en droit

Didier CHAUVAUX
Conseiller d'État honoraire

Karl LAFAURIE
Professeur à l'université de Limoges (CREOP – UR 15561)
Agrégé de droit privé et sciences criminelles

David LAMBERT
Avocat à Paris

Stéphane PIÉDELIÈVRE
Professeur à l'Université de Paris-Est

Muriel SUQUET-COZIC
Diplômée notaire chargée d'enseignement notarial

Benoît NUYTTEN
Notaire honoraire
a conçu cet ouvrage et participé aux premières éditions

SOCIÉTÉ DES ÉDITIONS FRANCIS LEFEBVRE
TOUR LEFEBVRE DALLOZ - 10 PLACE DES VOSGES - CS 80357 - 92072 PARIS LA DÉFENSE CEDEX

ISBN 978-2-36893-697-9 © Éditions Francis Lefebvre 2024

MÉMENTO PRATIQUE

VENTE IMMOBILIÈRE

25

À jour au 15 juillet 2024

EDITIONS
FRANCIS LEFEBVRE

LA RÉDACTION DES ÉDITIONS FRANCIS LEFEBVRE

Responsabilité éditoriale

Fabienne de Beaufort

Séverine Jaillot

Rédacteurs

Caroline Barde

Brigitte Brom

Juliette Courquin

Caroline Cros

Olivier Desumeur

Astrid Étienne

Rémy Fosset

Florence Gall-Kiesmann

Anne Icart

Julie Labasse

Emmanuel de Loth

Bruno Macquart-Moulin

Pauline Perpoil

Corentine Préel

Mathilde Sourbet

Présentation et mode d'emploi

Le Mémento Vente immobilière s'adresse principalement aux professionnels de l'immobilier et du droit (notaires, agents immobiliers, marchands de biens...).
Rédigé par des praticiens, il envisage sous tous ses aspects la vente immobilière, opération située au confluent du **droit civil**, du **droit de l'urbanisme** et du **droit fiscal**.
Des pourparlers à l'imposition de la plus-value, cet ouvrage décrit de façon chronologique le **processus de réalisation d'une vente** : négociation contractuelle, choix de l'avant-contrat et des conditions suspensives, purge des différents droits de préemption, signature de l'acte notarié, formalités de publicité foncière, fiscalité de la vente...
Il traite des différents immeubles susceptibles d'être vendus : maison individuelle, immeuble collectif, lot de copropriété, terrain à bâtir, mais aussi de très nombreuses situations particulières auxquelles la pratique se trouve régulièrement confrontée (immeuble occupé, immeuble hypothéqué, immeuble ayant fait l'objet de travaux depuis moins de 10 ans, immeuble irrégulièrement édifié, immeuble avec piscine...).
La question du prix est étudiée dans son ensemble, y compris sous l'angle de sa répartition éventuelle entre les différents créanciers du vendeur. Les droits et obligations du vendeur et de l'acquéreur sont examinés en détail.
De larges développements sont consacrés aux questions « notariales » de l'origine de propriété ou de la capacité des personnes (avec un dossier sur la vente d'un bien immobilier par une personne faisant l'objet d'une procédure d'insolvabilité). L'étude des acquisitions et ventes par les étrangers fait également l'objet d'un dossier spécial.
Le Mémento Vente immobilière comporte de très nombreux **modèles de formules** (qu'il conviendra bien entendu d'adapter à chaque cas particulier) et de multiples **conseils pratiques**.
Comme tous les Mémentos Francis Lefebvre, cet ouvrage a été conçu pour **faciliter les recherches** :
– un sommaire est placé en tête de chaque chapitre et un plan général détaillé figure en début d'ouvrage ;
– chaque paragraphe comporte en marge un numéro auquel sont faits tous les renvois, y compris ceux de la table alphabétique et du plan général ;
– la lecture est facilitée par un système de mots repères en caractères gras et par une différenciation typographique, certains passages étant imprimés en petits caractères ;
– une table alphabétique figure à la fin de l'ouvrage.
À jour au 15 juillet 2024, le Mémento Vente immobilière tient compte de tous les textes (lois, décrets, arrêtés, instructions ou circulaires) parus jusqu'à cette date ainsi que des décisions de justice les plus importantes également publiées à cette date.

Principales nouveautés

depuis la précédente édition

Nos

NÉGOCIATION DE LA VENTE

2014 Possibilité pour les commissaires de justice d'exercer à titre accessoire l'activité d'intermédiaires immobiliers depuis le 1er septembre 2024.

2221 Validation par la chambre commerciale de la possibilité pour les agents immobiliers d'habiliter des personnes morales.

2245 Précisions jurisprudentielles sur le mandat de vente donné à un agent immobilier par une personne publique.

2538 s. Règles issues du nouveau règlement professionnel du notariat en matière de négociation immobilière par les notaires.

PARTIES AU CONTRAT

13294 La délivrance du bulletin n° 2 du casier judiciaire des personnes morales à l'ADSN est dorénavant autorisée.

OBJET DU CONTRAT : L'IMMEUBLE

19175 Création d'un emprunt collectif destiné à financer les travaux essentiels et de rénovation énergétique visés à l'article 24, II-a à f de la loi du 10 juillet 1965.

19237 Modification du contenu du registre national d'immatriculation des copropriétés.

20134 Revirement de jurisprudence en matière d'obligation d'assurance construction sur les ouvrages existants.

21013 Précisions sur les modalités d'information de l'acquéreur sur l'obligation de débroussailler.

22292 Au plus tard le 1er décembre 2026, obligation de mettre à la disposition du public une carte analysant les territoires sensibles aux feux de forêts et de végétation.

22292 Possibilité de délimiter des zones de danger en l'absence d'un PPRNP-Incendies de forêts.

22477 Création d'un sursis à statuer sur une demande de permis de construire ayant pour objet un projet artificialisant.

23470 Aménagement des règles de droit commun de la prescription acquisitive en outre-mer.

36476 Précisions jurisprudentielles sur les conditions d'annulation d'une vente passée au mépris des droits du bénéficiaire d'un pacte de préférence.

ACQUÉREUR PRIORITAIRE

37502 Extension du droit de préemption urbain aux opérations de lutte contre l'habitat dégradé.

37516 Création d'un régime dérogatoire pour le droit de préemption de protection du commerce de proximité dans certaines grandes opérations d'urbanisme.

37524 Possibilité d'instaurer le droit de préemption urbain dans les « secteurs prioritaires à mobiliser » pour lutter contre l'artificialisation des sols.

40440 s. Création d'un droit de préemption sur les bois et forêts pour lutter contre le risque d'incendie.

PROTECTION DE L'ACQUÉREUR

42956 Nouvelle obligation pour les banques de proposer des mesures de « remédiation » aux emprunteurs ayant des difficultés de remboursement.

FORMALITÉS DE L'AVANT-CONTRAT ET DE LA VENTE

54135 s. Fixation des règles d'attribution et de partage d'émoluments par le nouveau règlement professionnel du notariat.

55520 Modification des émoluments proportionnels des notaires dans certains départements.

55536 Fin du partage entre notaires des émoluments forfaitisés de formalités.

56003 Réforme de la publicité foncière par ordonnance.

FISCALITÉ DE LA VENTE

60208 Engagement de revendre : précision jurisprudentielle sur le point de départ du délai pour revendre.

60417 TVA sur marge : précision jurisprudentielle sur la condition d'identité de qualification juridique.

60426 Opérations sur les logements sociaux situés dans les quartiers prioritaires de la politique de la ville : maintien transitoire de l'application du taux de TVA de 5,5 % dans les quartiers perdant cette qualité.

60427 Logement locatif intermédiaire : élargissement du champ d'application du taux de TVA de 10 %.

62290 L'exonération d'impôt sur la plus-value réalisée lors de la cession d'un immeuble destiné au logement social est prorogée et aménagée.

63025 Nouvel abattement temporaire exceptionnel sur les plus-values immobilières réalisées dans le périmètre d'opérations d'aménagement complexes ou en zone tendue.

DOSSIERS THÉMATIQUES

72384 Rétablissement légal de l'obligation de légalisation des actes d'état civil étrangers.

Plan général

Les chiffres renvoient aux paragraphes

Dossiers thématiques

Principales abréviations

ABF	Architecte des Bâtiments de France.
AJDI	Actualité juridique Droit immobilier.
AN	Journal officiel de l'Assemblée nationale.
BO	Bulletin officiel.
Bofip (BOI)	Bulletin officiel des finances publiques-Impôts.
BPAT	Bulletin du patrimoine, Francis Lefebvre.
BPIM	Bulletin pratique immobilier, Francis Lefebvre.
BRDA	Bulletin rapide de droit des affaires, Francis Lefebvre.
Bull. AMC	Bulletin de l'Association mutuelle des conservateurs des hypothèques.
Bull. civ.	Bulletin des arrêts de la Cour de cassation, chambres civiles.
Bull. Cridon	Bulletin du Cridon.
Bull. crim.	Bulletin des arrêts de la Cour de cassation, chambre criminelle.
CA	Cour d'appel.
CAA	Cour administrative d'appel.
CASF	Code de l'action sociale et des familles.
C. ass.	Code des assurances.
Cass. ass. plén.	Cour de cassation, assemblée plénière.
Cass. civ.	Cour de cassation, chambre civile.
Cass. com.	Cour de cassation, chambre commerciale.
Cass. crim.	Cour de cassation, chambre criminelle.
Cass. mixte	Cour de cassation, chambre mixte.
Cass. req.	Cour de cassation, chambre des requêtes.
Cass. soc.	Cour de cassation, chambre sociale.
CCA	Commission des clauses abusives.
CCH	Code de la construction et de l'habitation.
C. civ.	Code civil.
C. com.	Code de commerce.
C. consom.	Code de la consommation.
C. dom. État	Code du domaine de l'Etat.
CE	Conseil d'État.
C. envir.	Code de l'environnement.
C. exécution	Code des procédures civiles d'exécution.
C. expr.	Code de l'expropriation pour cause d'utilité publique.
CGCT	Code général des collectivités territoriales.
CGI	Code général des impôts.
CGPPP	Code général de la propriété des personnes publiques.
Circ.	Circulaire.
C. mon. fin.	Code monétaire et financier.
CNB	Conseil national des barreaux.
CNS	Commission nationale des sanctions.
COJ	Code de l'organisation judiciaire.
COS	Coefficient d'occupation du sol.
C. patr.	Code du patrimoine.
CPC	Code de procédure civile.
CPCE	Code des postes et des communications électroniques.
C. pén.	Code pénal.
CPP	Code de procédure pénale.
CRPA	Code des relations entre le public et l'administration.
C. rur.	Code rural et de la pêche maritime.

CSP	Code de la santé publique.
C. trav.	Code du travail.
C. urb.	Code de l'urbanisme. Principales abréviations
D. (DA, DC, DH ou DP)	Recueil Dalloz (analytique, critique, hebdomadaire ou périodique).
Defrénois	Répertoire du notariat Defrénois.
DIA	Déclaration d'intention d'aliéner.
DIR	Directive.
DIUO	Dossier d'intervention ultérieure sur l'ouvrage.
DPU	Droit de préemption urbain.
Dr. et patrimoine	Droit et patrimoine.
EPCI	Établissement public de coopération intercommunale.
Gaz. Pal.	Gazette du Palais.
J.-Cl.	Juris-Classeur.
JCP G	Jurisclasseur périodique, édition générale.
JCP N	Jurisclasseur périodique, édition notariale.
JO	Journal officiel.
Lebon	Recueil Lebon (T. : tables).
LPF	Livre des procédures fiscales.
Obs.	Observations.
Ord.	Ordonnance.
Pacs	Pacte civil de solidarité.
PEB	Plan d'exposition au bruit.
PLU	Plan local d'urbanisme.
POS	Plan d'occupation des sols.
PPRNP	Plan de prévention des risques naturels prévisibles.
PPRT	Plan de prévention des risques technologiques.
PSMV	Plan de sauvegarde et de mise en valeur.
RDI	Revue de droit immobilier.
Rép.	Réponse ministérielle.
Rev. loyers	Revue des loyers.
RJDA	Revue de jurisprudence de droit des affaires, Francis Lefebvre.
RJF	Revue de jurisprudence fiscale, Francis Lefebvre.
RNU	Règlement national d'urbanisme.
RTD civ.	Revue trimestrielle de droit civil.
S.	Recueil Sirey.
SCI	Société civile immobilière.
Sén.	Journal officiel du Sénat.
SNH	Solution Notaire Hebdo.
Sol. Not.	Solution Notaires.
TA	Tribunal administratif.
T. civ.	Tribunal civil.
T. confl.	Tribunal des conflits.
TGI	Tribunal de grande instance.
TI	Tribunal d'instance.
TJ	Tribunal judiciaire.
ZAC	Zone d'aménagement concerté.

TITRE I

Négociation précontractuelle

ENCADREMENT DE LA NÉGOCIATION PRÉCONTRACTUELLE

Le processus d'acquisition d'un immeuble n'est pas instantané. La mise en vente d'un immeuble, ou la démarche engagée par un amateur à l'égard du propriétaire d'un immeuble en vue de son achat, provoque inévitablement une période de négociation précontractuelle et de pourparlers plus ou moins longue, plus ou moins dense, avant qu'une offre de vendre ou d'acquérir soit émise et éventuellement acceptée. **10**

Cette période qui précède le contrat et les étapes qui la jalonnent sont dominées par un **principe de liberté**. Elle est régie par les articles 1112 et suivants du Code civil.

CHAPITRE 1

TEMPS DE LA NÉGOCIATION PRÉCONTRACTUELLE

SOMMAIRE

DÉFINITIONS

La **négociation précontractuelle** est le fait pour plusieurs personnes de s'impliquer dans diverses actions et opérations (entretiens, réunions, démarches, échanges épistolaires, émission d'une offre...) en vue de parvenir à un accord. L'accord recherché est la vente d'un immeuble. 13

La négociation précontractuelle comprend les **pourparlers** qui désignent plus particulièrement, mais non exclusivement, les échanges verbaux qui interviennent durant la négociation. Le développement des échanges informatiques permet de comprendre sous cette notion les courriers électroniques, qui permettent par liaison Internet un véritable dialogue à distance, quasiment en temps réel si les intéressés s'y prêtent. 15

L'émission d'une **offre**, en vue d'aboutir à un accord devant déboucher sur la vente d'un immeuble, est l'une des étapes de cette négociation. Ses caractéristiques juridiques et son importance pratique justifient son étude distincte (voir n°s 1000 s.).

Le terme de **transaction** est parfois utilisé de manière impropre pour désigner la période de négociation ainsi que l'accord auquel elle aboutit. Il doit être réservé au contrat spécial, régi par les articles 2044 et suivants du Code civil, qui permet à des personnes unies par un lien de droit (tels un contrat préexistant ou un lien d'instance si une action judiciaire a été engagée) de mettre fin par voie conventionnelle à un conflit ou à un litige, au prix de concessions réciproques. 17

La négociation précontractuelle doit être distinguée de la **négociation immobilière**, terminologie sous laquelle on désigne l'activité réglementée et de nature commerciale d'intermédiation en matière immobilière à laquelle se livrent un certain nombre de professionnels, principalement les agents immobiliers et les notaires (voir n°s 2000 s.). 19

Mais la négociation précontractuelle et la négociation immobilière sont souvent liées : l'intermédiaire professionnel intervient nécessairement dans la négociation précontractuelle, dans la mesure où le rapprochement des parties et la finalisation d'un accord sont l'objet de son activité et, entre autres éléments, la condition de sa rémunération (voir n°s 2350 et 2660).

A. Caractéristiques de la négociation précontractuelle

La négociation précontractuelle s'inscrit dans un espace contractuel correspondant au **champ de discussion** que les intéressés délimitent et aux objets qu'ils y placent : l'immeuble, son prix, 21 les conditions de la vente... Elle s'inscrit également dans le temps : la **dimension temporelle** est consubstantielle de la notion même de négociation, s'agissant précisément d'une démarche qui ne s'engage que lorsque la conclusion du contrat n'est pas instantanée.

OBJET DE LA NÉGOCIATION PRÉCONTRACTUELLE

23 **Éléments essentiels de la négociation** Lorsque le but poursuivi est une opération de vente d'immeuble, la négociation contractuelle doit porter a minima sur la **chose** et sur le **prix**, que l'article 1583 du Code civil désigne comme étant les éléments nécessaires et suffisants sur lesquels doit exister un accord pour qu'une vente puisse exister.

C'est le plus souvent le prix qui focalise l'essentiel de la discussion. Mais il arrive qu'elle porte sur l'objet de la vente. C'est le cas, par exemple, lorsqu'il s'agit de définir la dimension ou la configuration d'un terrain ; c'est également le cas lorsque la négociation porte sur des éléments de nature mobilière (mobilier de cuisine, appareils électroménagers, luminaires...) qui seront compris dans la vente alors qu'ils en sont par leur nature exclus, ou au contraire sur des éléments de nature immobilière qui en seront retirés (cheminée, trumeaux, glaces scellées, boiseries...) alors qu'ils font partie par destination de l'immeuble (voir nos 49323 s.). La chose étant en cause, un accord doit nécessairement porter également sur ces éléments pour que la vente puisse se former.

25 **Éléments accessoires de la négociation** De nombreux autres **points** rentrent en pratique dans la sphère des discussions. S'ils sont objectivement indifférents à la formation de la vente, ils peuvent être subjectivement importants, sinon **essentiels, pour l'une ou l'autre des parties**. Il peut s'agir, notamment :

– du délai dans lequel devra intervenir la vente, en cas de réussite de la négociation ;
– de la portée de l'expiration de ce délai : extinctif ou non de droits ;
– du délai, antérieur ou postérieur à la régularisation de la vente, dans lequel le vendeur devra libérer l'immeuble pour permettre à l'acquéreur d'en prendre possession ;
– de travaux que le vendeur devra, à la demande de l'acquéreur, réaliser avant ou après la régularisation de la vente ;
– de conditions suspensives, tenant le plus souvent aux convenances ou aux contraintes de l'acquéreur : vente préalable de son logement, obtention d'un financement bancaire, éviction d'un locataire ou d'un occupant... ;
– du montant et des conditions de versement par l'acquéreur d'une somme d'argent, à l'occasion de la formalisation de l'accord ;
– de modalités particulières de paiement du prix...

27 D'autres **points** du contrat à intervenir sont quant à eux **rarement négociés** : moment du transfert de propriété et des risques, obligations respectives des parties, garanties dues par le vendeur, anticipation des difficultés de réalisation de la vente, notamment l'éventualité du refus de l'une des parties de la régulariser. Cela tient à deux raisons, généralement conjuguées. La première est la méconnaissance des aspects et des effets juridiques de la vente, surtout lorsque les intéressés sont des profanes et qu'ils s'en remettent à un intermédiaire pour la rédaction de leurs conventions. La seconde est liée à l'existence et à l'utilisation en pratique de formules prérédigées d'avant-contrats auxquelles les parties adhèrent sans en discuter vraiment le contenu.

DÉROULEMENT DE LA NÉGOCIATION PRÉCONTRACTUELLE

29 La négociation précontractuelle, de manière idéale, pourrait passer par des **phases successives** : tout d'abord un engagement des pourparlers à l'initiative soit du propriétaire, soit d'un amateur de l'immeuble, puis les pourparlers eux-mêmes, suivis de l'émission d'une offre, à laquelle répondrait éventuellement une contre-proposition, et, enfin, si la négociation est fructueuse, une acceptation de l'offre ou de la contre-proposition formant le contrat.

La négociation s'inscrit nécessairement dans le temps. Elle a un début, qui est l'entrée en pourparlers et qui marque le premier contact entre les intéressés. Elle a une fin, soit que les pourparlers échouent, ce qui conduit à leur rupture ou leur abandon, soit qu'ils réussissent et débouchent sur la conclusion d'un contrat.

B. Régime juridique de la négociation précontractuelle

1. PRINCIPE DE LIBERTÉ

La liberté caractérise la **situation des parties** pendant la période de négociation précontractuelle : liberté de l'entreprendre, liberté de la poursuivre, liberté de la suspendre ou d'y mettre fin. Aucune obligation de négocier n'existe, et à plus forte raison, aucune obligation de contracter. Il a ainsi été jugé que le fait pour un promoteur immobilier engagé dans des pourparlers d'agir en exécution forcée de signature d'une promesse de vente à son profit et de publier l'assignation pour empêcher la vente des biens à un tiers était constitutif d'un abus de droit (Cass. 3e civ. 28-1-2021 no 19-24.962 F-D : BPIM 2/21 inf 70). 70

Le principe de liberté découle du principe plus général de liberté contractuelle consacré par l'article 1102 du Code civil : « Chacun est libre de contracter ou de ne pas contracter, de choisir son cocontractant et de déterminer le contenu et la forme du contrat dans les limites fixées par la loi ». Il est affirmé également spécialement pour les négociations qui précèdent la conclusion du contrat par l'article 1112, alinéa 1 du Code civil : « L'initiative, le déroulement et la rupture des négociations précontractuelles sont libres ». Cette liberté est toutefois contrainte par l'**exigence de bonne foi** à laquelle la négociation est soumise.

2. ENCADREMENT JURIDIQUE DE LA NÉGOCIATION PRÉCONTRACTUELLE

a. Responsabilité civile extracontractuelle

FONDEMENT DE LA RESPONSABILITÉ

Le comportement abusif ou malveillant de l'un des partenaires dans le déroulement ou la rupture des négociations peut être constitutif d'une **faute**, appréhendée par le droit de la responsabilité civile extracontractuelle et sanctionnée par le juge. La responsabilité n'est pas de nature contractuelle puisque le fait en cause se déroule, non pas dans la sphère d'un contrat formé, mais avant sa naissance et sans d'ailleurs qu'il soit certain qu'il naisse un jour. 86

Les articles 1240 et 1241 du Code civil donnent au juge la possibilité de caractériser l'existence d'un **fait dommageable** commis par l'un des partenaires dans la négociation et de le sanctionner. Il s'agit de l'application du principe de la responsabilité civile extracontractuelle.

MISE EN ŒUVRE DE LA RESPONSABILITÉ

La mise en œuvre de la responsabilité suppose une **action judiciaire** à l'initiative de celui qui, estimant éprouver un préjudice consécutif à une faute de son partenaire, saisit le juge pour en demander réparation. Cependant, le responsable de la faute cause du préjudice peut la reconnaître et décider de l'indemniser sans qu'une instance judiciaire soit engagée, précisément pour éviter cette instance. 88

La lourdeur d'un procès, son coût irréductible et l'aléa qui caractérise son issue limitent, en effet, en pratique le recours au juge aux hypothèses de fautes particulièrement évidentes ou d'intérêts économiques importants. Les entreprises et les professionnels sont plus souvent concernés que les simples particuliers.

> **Précisions** La rareté des procès ne signifie pas que le tempérament apporté par le juge au principe de liberté de la négociation précontractuelle soit marginal. La jurisprudence, du seul fait de son existence, joue un **rôle de prévention** à l'égard des acteurs de la négociation, spécialement lorsqu'il s'agit d'intervenants avertis ou de professionnels.

ÉLÉMENTS CONSTITUTIFS DE LA RESPONSABILITÉ

Faute ou manquement à la bonne foi La responsabilité civile suppose un comportement fautif ou un manquement à la bonne foi. L'article 1112 du Code civil, dans sa rédaction issue de l'ordonnance 2016-131 du 10 février 2016, impose que les négociations précontractuelles soient menées de bonne foi et sanctionne la faute commise dans les négociations. 90

Les solutions dégagées par la jurisprudence avant la réforme du droit des contrats de 2016 restent compatibles. Selon cette jurisprudence, la responsabilité suppose une **rupture abusive** des pourparlers (Cass. com. 20-3-1972 n° 70-14.154 : Bull. civ. IV n° 93). En l'espèce, après une longue période de pourparlers concernant la vente d'une machine, le distributeur avait rompu la négociation sans raison légitime et par un simple coup de téléphone.

La liberté, de principe dans le domaine des relations précontractuelles, inclut et implique la liberté de rompre à tout moment des pourparlers. Ce n'est donc pas la rupture qui est sanctionnée par le droit de la responsabilité, mais les circonstances qui l'entourent. Ont ainsi été sanctionnées : une rupture **brutale** (T. com. Paris 29-9-1992, à propos de la cession d'une société civile immobilière), une rupture brutale et **imprévue** (CA Paris 2e ch. 20-10-2005 n° 04/272 : Juris-Data n° 2005-286875), une rupture **tardive** survenant alors que les pourparlers avaient atteint « en durée et en intensité un degré suffisant pour faire croire légitimement à une partie que l'autre est sur le point de conclure le contrat... » (CA Riom 10-6-1992 n° 16332 : RJDA 10/92 n° 893).

En revanche, la rupture des pourparlers n'est **pas abusive** lorsque les parties ne sont pas tombées d'accord sur un élément essentiel du contrat. Tel est le cas :

– lorsque le propriétaire d'un immeuble qui, après avoir fait adresser à l'acheteur par son notaire un projet d'acte de vente comportant des blancs, a rompu la négociation en téléphonant au clerc de notaire et à l'acquéreur après que ce dernier ait formulé de nombreuses observations et exigences sur le projet (Cass. 3e civ. 29-1-2013 n° 12-12.155 : BPIM 2/13 inf. 132) ;

– lorsqu'aucun accord n'a été trouvé sur un point très sensible de la négociation pour les parties, telle la date de réalisation de la vente (Cass. 3e civ. 4-3-2021 n° 19-16.204 F-D) ou lorsque l'acquéreur a refusé de signer au prix exigé compte tenu de l'état du bien et a exprimé son refus moins d'un mois après le début des pourparlers (Cass. 3e civ. 22-11-2018 n° 17-22.773 F-D).

Jugé également que la rupture des pourparlers n'est pas fautive lorsque l'opération projetée n'a pas pu être réalisée faute d'avoir pu obtenir l'autorisation administrative permettant un changement de destination des biens (Cass. 3e civ. 20-10-2021 n° 20-17.118 F-D).

Le contexte de la rupture est le principal fait répréhensible constaté, mais n'est pas le seul. Est tout aussi répréhensible le fait d'**engager des pourparlers sans intention de contracter**, ou celui de les **poursuivre** alors que l'on n'a plus cette intention (Cass. com. 18-6-2002 n° 99-16.488 : RJDA 11/02 n° 1111 ; Cass. com. 18-1-2011 n° 09-14.617 : RJDA 5/11 inf. 430, rupture fautive de pourparlers qui se sont poursuivis après la caducité d'une promesse de cession d'actions).

> **Précisions** Selon la jurisprudence rendue avant la réforme issue de l'ordonnance 2016-131 du 10 février 2016, l'intention de nuire ou la mauvaise foi n'est pas requise pour que la faute soit retenue (Cass. com. 20-3-1972 n° 70-14.154 précité ; Cass. 3e civ. 3-10-1972 n° 71-12.993 : Bull. civ. III n° 491). La **légèreté dans le comportement** est un élément qui peut être considéré comme suffisant pour entraîner la sanction (Cass. com. 12-10-1993 n° 91-19.456). C'est là l'application d'un principe de la responsabilité civile : le caractère intentionnel de la faute est indifférent. L'article 1112 du Code civil issu de l'ordonnance du 10 février 2016 édictant une exigence de bonne foi tout au long de la négociation précontractuelle, reste à savoir si cette jurisprudence sera maintenue ou si les tribunaux seront plus rigoureux dans l'appréciation de la faute.

92 **Préjudice** L'existence d'un préjudice est nécessaire pour que la responsabilité soit reconnue. Le plus souvent, ce préjudice résulte d'une **perte** subie : frais d'études préalables, d'audits, de déplacements, inutilement exposés par la victime, rémunérations de spécialistes ou de conseils sollicités... Un propriétaire a été ainsi indemnisé de frais d'aménagements d'un immeuble réalisés par le constructeur à la demande du candidat à l'acquisition qui avait pris l'initiative de la rupture (Cass. 3e civ. 3-10-1972 n° 71-12.993 : Bull. civ. III n° 491).

En revanche, les dommages et intérêts ne peuvent avoir pour objet ni de compenser la **perte des bénéfices attendus du contrat non conclu** ni de compenser la **perte de chance d'obtenir les avantages attendus du contrat** non conclu (C. civ. art. 1112, al. 2). L'article 1112, alinéa 2 consacre une solution dégagée par la jurisprudence avant la réforme du droit des contrats issue de l'ordonnance 2016-131 du 10 février 2016 (Cass. com. 26-11-2003 n° 00-10.243 FS-P : RJDA 5/04 n° 511 ; Cass. 3e civ. 28-6-2006 n° 04-20.040 FP-PBRI : BPIM 5/06 inf. 367 ; Cass. 3e civ. 7-1-2009 n° 07-20.783 FS-PB : Bull. civ. III n° 5).

94 **Lien de causalité** En application des principes de droit commun de la responsabilité civile, la réparation du dommage suppose que soit établi le lien de causalité entre la faute commise et le préjudice éprouvé. La **preuve** de cet élément, comme celle de la faute et celle du préjudice, pèse sur le demandeur.

MODES DE RÉPARATION

96 Seule la réparation en équivalent, sous forme de **dommages et intérêts**, peut être prononcée par le juge. Le montant de la réparation est décidé souverainement par le juge. Il ne devrait pas,

en principe, être fixé en fonction du profit qui aurait été tiré du contrat si la négociation avait abouti, puisque ce n'est pas la rupture de la négociation qui est sanctionnée, mais son contexte fautif.

La **réparation en nature** du préjudice est exclue : ni la reprise de la négociation interrompue ni la conclusion forcée du contrat ne peuvent être la sanction d'une rupture fautive des pourparlers. Ce qui est sanctionné, ce n'est pas la cessation de la négociation, laquelle est soumise à un principe de liberté, mais la manière dont la rupture est intervenue.

RECOMMANDATIONS PRATIQUES

Les enseignements de la jurisprudence doivent conduire à ne pas entreprendre une négociation 98
en l'**absence d'intention de contracter**. En matière immobilière, serait constitutif d'une faute le fait d'être l'auteur d'une sollicitation ou d'y répondre « par curiosité » et de mener ou de prolonger des pourparlers « par jeu ».

S'il est décidé de **suspendre** ou de ne pas donner suite à **une négociation** régulièrement engagée, il convient d'en informer aussitôt le partenaire, en utilisant de préférence un formalisme correspondant au contexte de la négociation. Par exemple, la **forme écrite** conviendra mieux qu'un simple appel téléphonique pour mettre fin à une négociation qui aura duré un certain temps, mobilisé des personnes et des énergies et donné lieu à des échanges écrits.

b. Devoir précontractuel d'information

Au stade de la phase précontractuelle, un devoir général d'information s'impose (C. civ. 100
art. 1112-1, al. 1) : celle des parties à la négociation qui connaît une **information** dont l'importance est **déterminante** pour le consentement de l'autre partie doit l'en informer, dès lors que cette dernière ignore légitimement cette information ou fait confiance à son cocontractant.

Le devoir d'information est d'**ordre public** : il ne peut être ni exclu ni limité (C. civ. art. 1112-1, al. 5).

Il est doublement **limité**. Il ne porte ni sur l'estimation de la valeur de la prestation ni sur les informations qui n'ont pas un lien direct avec le contenu du contrat ou la qualité des parties (C. civ. art. 1112-1, al. 2 et 3).

La **preuve** de l'existence du devoir d'information incombe à celui qui prétend qu'une information lui était due, à charge pour la personne tenue d'informer de prouver qu'elle a fourni l'information (C. civ. art. 1112-1, al. 4).

ATTENTION

Le manquement à l'obligation d'information est **sanctionné** par : la responsabilité de celle des parties qui y était tenue et, éventuellement, la nullité du contrat dans les conditions de droit commun de l'article 1130 du Code civil si le défaut d'information a vicié le consentement de l'autre (C. civ. art. 1112-1, dernier al.). La responsabilité ne sera engagée que si le manquement a causé un préjudice.

c. Devoir précontractuel de confidentialité

Les parties à la négociation sont tenues à une obligation de confidentialité. L'article 1112-2 du 102
Code civil prévoit que « Celui qui utilise ou divulgue sans autorisation une information confidentielle obtenue à l'occasion des négociations engage sa **responsabilité** dans les conditions de droit commun. »

La responsabilité sera toutefois de nature contractuelle si les parties ont convenu d'une clause de confidentialité (voir n°s 172 et 174).

La jurisprudence devra préciser, d'une part, ce qui caractérise une information confidentielle et, d'autre part, si l'engagement de la responsabilité suppose non seulement la faute commise par l'une des parties aux pourparlers mais également le préjudice subi par son contradicteur.

d. Conséquences de l'occupation des locaux en cas d'échec de la négociation

Il arrive que le candidat acquéreur soit autorisé par le propriétaire à occuper l'immeuble pendant 118
la période des pourparlers. La Cour de cassation a admis que l'occupant était redevable à l'égard du propriétaire d'une **indemnité**, du seul fait de son occupation, et en dehors de toute faute de sa part (Cass. 3e civ. 3-7-2002 n° 00-22.192 : Bull. civ. III n° 157).

L'exigibilité de l'indemnité d'occupation n'est pas subordonnée à une mise en demeure du propriétaire. Lorsque l'occupation de l'immeuble s'est poursuivie après l'expiration de la promesse de vente, l'indemnité n'est pas exclue pour cette période par la circonstance que la promesse prévoyait que l'occupation de l'immeuble aurait lieu sans indemnité jusqu'à la signature de l'acte notarié, dès lors que les parties ont poursuivi leurs pourparlers au-delà de la date prévue pour cette signature (Cass. 3e civ. 21-6-2006 n° 05-14.191).

3. ENCADREMENT VOLONTAIRE DES POURPARLERS

138 La négociation contractuelle se déroule le plus souvent de manière relativement informelle : échanges verbaux, correspondance par voie postale, par télécopie ou par envoi de fichiers informatiques... Cela ne soulève généralement pas de difficultés dans la phase initiale d'entrée en pourparlers et de premières discussions. Si la phase précontractuelle se prolonge et l'échange s'intensifie, ou si les intérêts en jeu sont importants, les intéressés ont **intérêt** à formaliser leur relation et à organiser les modalités de leur négociation. La liberté reconnue aux négociateurs par l'article 1112 du Code civil consacre expressément la possibilité pour les parties à la négociation d'aménager leurs rapports.

a. Initiative individuelle

140 Le **risque** existe que les échanges, par leur objet et leur densité, produisent des effets juridiques prématurés ou non désirés. Il en irait ainsi d'un accord sur les éléments essentiels du contrat – la chose et le prix – générateur d'une vente (voir n° 1008) dont pourrait se prévaloir l'une des parties aux pourparlers, alors que l'autre ne le souhaiterait pas. **Pour éviter ce risque**, deux démarches sont concevables.

DÉMARCHE POSITIVE

143 Cette démarche consiste pour l'un des intéressés à formuler une **offre complète** portant non seulement sur la chose et le prix (dont l'acceptation à elle seule serait propre à former la vente), mais également sur les autres points correspondant à la totalité des attentes de son auteur, de sorte que son acceptation lui donnerait en tous points satisfaction. Cette démarche, qui relève de l'étude de l'offre (voir n° 1012), n'est pas toujours possible ou souhaitable soit pour raison d'immaturité des discussions, soit par choix stratégique dans la négociation.

DÉMARCHE DÉFENSIVE

145 Cette démarche consiste pour l'un des négociateurs, à **refouler la naissance du contrat** en exprimant clairement que les échanges intervenus ou à intervenir seront, comme tels, impuissants à donner naissance au contrat. C'est alors le principe du consensualisme applicable au contrat de vente qui est neutralisé. Dans cette seconde optique, trois solutions peuvent être mises en œuvre.

147 **Première possibilité** Pour repousser la naissance du contrat, il suffit de faire entrer d'autres éléments dans le **champ de la négociation**, en affirmant son caractère global. L'aménagement des relations entre les parties pourra être exprimé, par exemple, par courrier de la manière ci-après.

MODÈLE **Caractère global de la négociation**

« Nous vous informons qu'en ce qui nous concerne la négociation en cours portant sur notre propriété de... inclut non seulement son prix, mais aussi les éléments suivants :

– les modalités de paiement du prix ;

– la mise au point précise des conditions suspensives affectant l'opération, notamment celle relative aux concours bancaires que vous envisagez de solliciter ;

– le versement d'une somme d'argent à l'occasion d'un éventuel avant-contrat, la nature et le régime de ce versement ;

– les délais de réalisation de la vente et d'entrée en jouissance...

Nous ne pourrons être considérés comme juridiquement engagés que lorsqu'un accord global et complet sera intervenu sur l'ensemble de ces éléments qui, en ce qui nous concerne, forment un tout indivisible, et dont chacun est déterminant de notre consentement à la vente... »

149 **Deuxième possibilité** La seconde solution consiste à subordonner la naissance du contrat à la constatation de l'accord éventuel dans un **écrit**, considéré comme une condition de fond nécessaire à la formation d'un contrat. Le procédé est une manifestation du formalisme conventionnel (voir n° 10508).

MODÈLE

Accord des parties subordonné à la signature d'un acte

« Nous vous informons qu'en ce qui nous concerne la négociation en cours portant sur notre propriété de... suppose, pour aboutir et pour qu'une vente soit formée, non seulement un accord sur les éléments principaux de l'opération, mais aussi la rédaction et la signature de part et d'autre d'un avant-contrat constatant cet accord.

En conséquence, nous ne pourrons être considérés comme contractuellement engagés, quels que soient la nature des points sur lesquels nous aurons exprimé des positions convergentes et les moyens par lesquels nous les aurons exprimés, que lorsque nous aurons formellement régularisé par écrit un contrat bilatéral constitutif d'un accord sur la vente. »

Cette précaution peut être mise en œuvre à l'occasion de l'envoi d'un **projet d'acte** – le plus souvent un projet d'avant-contrat – par la mention suivante, portée en tête du document : **150**

MODÈLE

Document valant simple projet

« Le présent document a la nature et la portée de simple projet, destiné à favoriser la recherche d'un accord réciproque sur l'opération envisagée. Les parties ne seront contractuellement engagées l'une envers l'autre que par la signature d'un écrit unique constatant leur complet accord. »

Troisième possibilité Elle consiste à exprimer que les pourparlers ne peuvent en eux-mêmes engager ceux qui y participent. Cette démarche est désignée par la formule **« subject to contract »** issue de la pratique anglo-saxonne des contrats, et qui, portée sur un document, prive celui-ci de toute valeur contractuelle. **151**

LETTRE D'INTENTION

Les écrits fournis en exemple ci-dessus peuvent être rattachés à la catégorie des lettres d'intention, auxquelles les négociateurs, spécialement dans le domaine des affaires, recourent lorsqu'ils souhaitent exprimer à leur partenaire leur position ou leur intention sur un ou plusieurs points de la négociation en cours qu'ils estiment importants. **153**

Le **contenu et** la **finalité** des lettres d'intention sont très diversifiés : il s'agit, par ce moyen, de manifester par écrit son intérêt pour une opération afin de crédibiliser sa situation par rapport à un simple échange verbal, ou bien d'exprimer les avancées de la négociation, ou bien encore d'arrêter les modalités de la négociation que l'on s'assigne (exemple : confidentialité, exclusivité, fixation d'un terme...).

Compte tenu de cette diversité, il n'est pas possible de caractériser sous le vocable de « lettre d'intention » un instrument de négociation correspondant à un concept unitaire, auquel un régime juridique cohérent pourrait être attaché du seul fait de cette qualification. Pour cette raison, le contenu du document est incontestablement plus important que la qualification de lettre d'intention qui pourrait être affirmée ou contestée par son expéditeur ou son destinataire.

> **Précisions** L'écrit désigné par la terminologie de « lettre d'intention » doit être **distingué de** la lettre d'intention, synonyme de **« lettre de confort »**, par laquelle une personne apporte son soutien à un débiteur dans l'exécution de son obligation envers son créancier (C. civ. art. 2322).

b. Aménagements conventionnels des pourparlers

CONTRAT DE NÉGOCIATION

Les négociateurs peuvent, dans un souci de sécurité et de prévisibilité, souhaiter donner un cadre contractuel à leur négociation. Il ne s'agit pas de contracter sur l'opération elle-même, dont la négociation va s'engager ou bien entrer dans une phase décisive. L'**objectif** poursuivi est plutôt de fixer les règles qui devront être respectées lors d'une négociation qui s'annonce longue ou complexe ou qui porte sur des intérêts importants, afin qu'elle se déroule formellement de manière satisfaisante pour les intéressés. Le risque de devoir solliciter le juge pour assurer a posteriori la « police » de la négociation sera ainsi amoindri. **170**

La liberté, de principe dans la phase de négociation, cède ici devant des contraintes que les parties s'imposent elles-mêmes par l'outil du contrat.

172 L'**objet** des contrats de négociation est très varié. Il peut s'agir soit de convenir d'une véritable obligation de négocier, soit de baliser la périphérie de la négociation par de multiples obligations accessoires.

Les partenaires peuvent convenir d'obligations et de **normes de comportement** qu'ils devront respecter pendant la phase de négociation. Il s'agira par exemple :

– de rappeler l'exigence légale de bonne foi dans la conduite de la négociation ;
– de rappeler le devoir légal d'information qui pèse sur eux ;
– d'exprimer le caractère confidentiel des informations qui seront échangées ;
– de s'obliger à collaborer à la recherche d'une issue favorable ;
– de formuler des propositions raisonnables ;
– de se répondre dans un délai déterminé ;
– de s'efforcer de surmonter les difficultés de la négociation ;
– de s'interdire de rompre brutalement ou sans juste motif leur relation ;
– de s'abstenir de remettre en cause les acquis de la négociation.

L'accord de négociation peut prévoir un **terme extinctif** : la négociation aura pris fin à la survenance de ce terme si un accord n'est pas intervenu et n'a pas été constaté.

L'obligation souscrite n'est pas de contracter, mais de négocier en adoptant des attitudes propres à favoriser l'émergence d'un accord. Le contenu de ces obligations peut apparaître relativement imprécis. Sa combinaison avec des obligations accessoires permet cependant de définir une véritable **« déontologie »** de la négociation.

La pratique des contrats commerciaux fournit l'exemple de **multiples clauses** aisément et utilement transposables à la négociation d'immeubles.

174 **Clause de confidentialité** Lorsque des discussions parallèles sont menées, le fait pour un propriétaire de révéler une négociation en cours à un autre amateur **sert**, **en pratique**, en matière immobilière, à susciter l'émission ou le rehaussement d'une offre concurrente. Rien ne l'interdit, lorsque le but de cette révélation n'est pas de nuire à l'un des partenaires.

L'amateur de l'immeuble peut légitimement souhaiter que ses démarches et diligences ainsi que l'offre qu'il formulera ne soient pas utilisées par le propriétaire vendeur pour conclure plus facilement ou à de meilleures conditions avec un tiers. La clause de confidentialité permet d'éviter que la négociation entreprise ne favorise un concurrent. Par cette clause, les parties s'interdisent de révéler à des tiers concurrents l'existence, la teneur ou l'avancement de la négociation en cours ou à venir.

Même si les négociateurs sont tenus à une obligation légale de confidentialité (n° 102), il reste utile d'attirer, par un aménagement conventionnel, spécialement l'attention des partenaires sur cette obligation de confidentialité et d'en préciser les contours. La clause de confidentialité peut être formulée de la manière ci-après.

MODÈLE **Clause de confidentialité**

« Les parties s'imposent la confidentialité sur leur négociation en cours portant sur l'immeuble... En conséquence, elles s'interdisent de communiquer à quelque personne que ce soit, en cas de réussite comme en cas de suspension ou d'échec de la négociation, les informations échangées et propositions effectuées entre elles pendant son déroulement... »

176 **Clause de sincérité** La clause de sincérité a pour **finalité** de favoriser celui au profit de qui elle est stipulée. Celui qui la souscrit s'oblige à révéler toute négociation entreprise avec un tiers. Son partenaire, informé de l'existence d'une négociation concurrente, est ainsi à même de formuler plus rapidement son offre ou d'en hausser le montant, augmentant ainsi ses chances de conclure.

La clause de confidentialité peut être formulée de la manière ci-après.

MODÈLE **Clause de sincérité**

« X s'oblige à révéler immédiatement à Y toute négociation qu'il entreprendrait concernant l'immeuble... Il s'engage à l'informer, avant d'y donner suite, de toute sollicitation et de toute offre qu'il recevrait concernant cet immeuble... »

178 **Clause d'exclusivité** Plus radicale que la clause de sincérité, la clause d'exclusivité permet à celui qui en bénéficie d'éviter que des négociations parallèles et concurrentes se déroulent. Elle est particulièrement justifiée lorsque la négociation implique à la charge de l'une des

parties l'engagement de dépenses importantes. Elle permet alors de réduire le risque d'échec. La restriction à laquelle s'oblige celui qui s'interdit de négocier avec autrui conduit à fixer une **limite dans le temps** à l'exclusivité.
La clause d'exclusivité procure à celui qui en bénéficie un avantage appréciable. Il est concevable que les parties lui donnent un **prix**, lui conférant ainsi un caractère onéreux ; la somme d'argent versée par le bénéficiaire de la clause est alors la contrepartie de l'engagement souscrit par le propriétaire.
La clause d'exclusivité peut être rédigée de la manière ci-après.

MODÈLE **Clause d'exclusivité**

« Afin de permettre à Y d'étudier les conditions de réalisation de son projet portant sur l'immeuble..., X s'engage pendant une durée expirant le... à n'entreprendre aucune négociation concurrente et à ne répondre à aucune sollicitation ni à aucune offre émanant d'un tiers concernant le même immeuble... »

Clause de modalités De nombreuses modalités de la négociation peuvent faire l'objet d'accords formalisés : le calendrier de la négociation, la liste des pièces et renseignements que les partenaires devront se communiquer au cours de la négociation, le sort des documents techniques (plans, rapports, audits...) échangés en cas d'échec de celle-ci, la répartition du coût éventuel de la négociation (déplacements, experts, sondages...). **180**
Le contrat de négociation peut également prévoir sous quelle forme les offres et leur acceptation devront être exprimées pour être valables. Il s'agit d'une **clause de forme**, utile pour prévenir des difficultés d'ordre probatoire, et dont le respect s'impose.

MODÈLE **Fixation des modalités de la négociation**

« Les soussignés conviennent :
– que les informations qu'ils s'échangeront au cours de la négociation devront être communiquées par écrit recommandé ou remis contre récépissé ;
– qu'une offre, si elle est émise, devra être formalisée par la remise d'un projet de contrat complet ;
– que les parties ne seront juridiquement liées que par la signature simultanée d'un contrat, à l'exclusion de tout autre support ou document. »

Clause pénale Pour garantir l'exécution des obligations qu'elles ont souscrites, les parties peuvent prévoir un mécanisme contractuel accessoire, type clause pénale. Une telle disposition sanctionne le **non-respect d'une obligation** contractuelle (violation par exemple d'une clause de confidentialité, de sincérité ou d'exclusivité) par des dommages et intérêts dont le principe et le montant sont déterminés par la convention et non soumis à l'appréciation d'un juge. **182**
À noter qu'une peine « manifestement » excessive ou dérisoire peut être **judiciairement révisée** (C. civ. art. 1231-5, al. 2).

Clause exonératoire de responsabilité La liberté d'organiser par le contrat la phase de négociation a une limite : une clause exonératoire de responsabilité serait inefficace, en raison du caractère d'**ordre public** de la responsabilité civile extracontractuelle. **184**

SANCTION DES OBLIGATIONS SOUSCRITES

La violation d'obligations résultant de contrats de négociation met en jeu la **responsabilité civile contractuelle**. La sanction peut être la résolution du contrat pour inexécution, assortie de l'allocation de dommages et intérêts. **186**
L'obligation principale de négocier, si elle est convenue, doit être considérée comme une **obligation de moyens**. C'est le manque de diligences du négociateur qui devra être caractérisé pour justifier la sanction.
En revanche, la plupart des obligations accessoires peuvent être considérées comme des **obligations de résultat** : la seule constatation du non-respect d'un calendrier convenu ou d'une obligation de confidentialité, de sincérité ou d'exclusivité permet la condamnation du contractant défaillant.

CONSTATATION DES ACQUIS DE LA NÉGOCIATION PRÉCONTRACTUELLE

La négociation peut déboucher sur des **accords partiels**, témoignant de la formation progressive ou successive du contrat. Ce sera le cas, par exemple, si les parties conviennent de l'objet de la **188**

vente, mais ne sont pas encore parvenues à un accord sur le prix. Par cet accord partiel, elles pourront acter leur position commune et s'interdire de remettre en cause les « acquis de la négociation ».
La formulation d'un « **accord de principe** » est délicate, en raison des incertitudes qu'il entraîne. S'il contient les éléments essentiels propres à former une vente, tels l'objet et le prix, l'un pourra estimer et prétendre que la vente est formée et que la signature de l'avant-contrat relève de son exécution, alors que l'autre soutiendra que les questions restant à négocier sont substantielles et qu'un accord sur celles-ci est nécessaire à l'émergence d'un véritable engagement contractuel.
Le terme de **protocole d'accord** est parfois utilisé. Concernant également ce type de document, il importe, au-delà de la terminologie retenue, de s'attacher à son contenu pour déterminer si la convergence des points d'accord est suffisante pour considérer que le contrat est formé.

EFFACEMENT DES DONNÉES DE LA NÉGOCIATION PRÉCONTRACTUELLE

190 Les parties peuvent souhaiter, une fois le contrat conclu, que disparaissent du champ contractuel les documents échangés au cours de la période de négociation. Le but est alors qu'ils ne puissent pas, s'ils entrent en contradiction avec le contenu du contrat définitif, soulever une difficulté d'interprétation, source d'un éventuel contentieux.
Diverses **formulations** sont possibles dans le contrat. La clause ci-après, dénommée dans la pratique « clause des quatre coins », « clause de hiérarchie contractuelle » ou « clause d'intégralité », est parfois désignée sous sa dénomination anglaise de clause « entire agreement ».

MODÈLE

Clause de hiérarchie contractuelle

1. « Le présent acte exprime la totalité des accords des parties. Les parties conviennent qu'en cas de contradiction avec tous documents échangés ou toutes conventions intervenues entre elles, relativement à la présente vente (*ou* : à la présente promesse de vente), et préalablement à elles, les dispositions prévues au présent acte prévaudront. »
2. « Les parties conviennent qu'il ne pourra pas être fait référence aux documents produits ni aux conventions établies avant l'établissement du présent acte, que ce soit pour l'interpréter ou le compléter. »

CHAPITRE 2 OFFRE DE CONTRAT

SOMMAIRE

DÉFINITIONS ET TEXTES RÉGISSANT L'OFFRE DE CONTRAT

Le Code civil consacre dix articles à l'offre et son acceptation (C. civ. art. 1113 à 1122). 1000

L'**offre** est une manifestation unilatérale de volonté par laquelle une personne, l'offrant, fait connaître à une autre personne, le destinataire de l'offre, sa volonté de contracter à des conditions déterminées. Appliquée à une vente, l'offre de contracter est, selon le cas, une offre **de vente** ou une offre **d'achat**. Concrètement, l'offre s'exprimera par une proposition suffisamment ferme et précise pour que son acceptation lie contractuellement l'émetteur de l'offre et son destinataire. L'émission d'une offre suivie de son acceptation représente l'échange des consentements nécessaire à la formation du contrat.

Le terme juridique de « **pollicitation** » désigne également l'offre. Le pollicitant est l'auteur de l'offre.

> **Précisions** Avant l'ordonnance 2016-131 du 10 février 2016 portant réforme du droit des contrats (retouchée et ratifiée par la loi 2018-287 du 20-4-2018), le **Code civil** ne consacrait pas de dispositions à l'offre si l'on excepte l'article 1589-1, qui frappe de nullité tout engagement unilatéral souscrit en vue de l'acquisition d'un bien ou d'un droit immobilier pour lequel il est exigé ou reçu de celui qui s'engage un versement. L'offre et son acceptation étaient cependant soumises à un certain nombre de principes et règles, d'origine jurisprudentielle ou doctrinale, formant un véritable régime juridique.

A. Éléments caractéristiques de l'offre

PRÉCISION DU CONTENU DE L'OFFRE

Une offre doit être précise. Elle doit énoncer les **éléments essentiels du contrat** envisagé et exprimer la **volonté de son auteur d'être lié en cas d'acceptation** (C. civ. art. 1114). La nature même du contrat offert impose un contenu minimum et nécessaire. Ce contenu est souvent densifié soit du fait de textes spécifiques, soit par la volonté de l'offrant. 1004

Contenu minimum nécessaire de l'offre L'offre de vendre ou d'acquérir doit contenir au minimum deux éléments pour que son acceptation forme le contrat : il s'agit de la **chose** et du **prix** qui, au regard de l'article 1583 du Code civil, représentent les éléments essentiels sur lesquels les consentements doivent converger pour qu'une vente se forme. Ainsi, lorsqu'un propriétaire confirme par courrier à un acheteur potentiel une « possible transaction » portant sur sa propriété à un prix déterminé et que l'acheteur destinataire de la lettre accepte, la vente est formée (Cass. 3e civ. 24-10-2012 no 11-17.077 FS-D : BPIM 6/12 inf. 453). De la même manière, lorsque l'offre d'achat a été contresignée par le vendeur avec la mention « bon pour vente » au prix proposé, il en résulte que l'offre comprend les éléments essentiels du contrat envisagé et exprime la volonté de son auteur d'être lié en cas d'acceptation, de sorte que la vente est parfaite (Cass. 3e civ. 30-11-2022 no 21-24.436 F-D : RJDA 3/23 no 138). 1008

À défaut de comprendre les éléments essentiels du contrat envisagé, la manifestation de volonté n'est pas celle d'une offre, mais d'une invitation à entrer en négociation (C. civ. art. 1114 in fine). C'est ce qui ressortait déjà de la jurisprudence antérieure à la réforme du droit des contrats : en l'absence de l'un des éléments (la chose ou le prix), l'écrit ne constituait pas une offre de vente ou d'achat. Ainsi a-t-il été jugé qu'un écrit rédigé par le propriétaire d'un immeuble sans indication de prix ne pouvait pas s'analyser en offre (CA Paris 2e ch. A 29-1-1996, Priston c/ Adham : Defrénois 1996 art. 36434 p. 1360), de même qu'une lettre par laquelle le propriétaire manifestait son intérêt pour vendre ses parts indivises et son désir d'étudier un projet d'acte (Cass. 1e civ. 18-1-2012 n° 10-26.381). Il en est de même lorsque l'offre fait état d'un « prix à débattre ».

La chose objet de l'offre doit être suffisamment précisément désignée pour être déterminée (Cass. 1e civ. 20-6-2012 n° 11-19.694 F-D). Mais elle peut également être déterminable (Cass. 3e civ. 10-9-2008 n° 07-16.858 : Bull. civ. III n° 131, à propos d'un local dépendant d'une copropriété constitué d'une partie privative et d'une quote-part des parties communes non identifiée par un numéro de lot).

1010 **Contenu complémentaire de l'offre imposé par des textes** L'offre portant sur un **lot de copropriété**, qu'il s'agisse d'une offre de vente ou d'une offre d'achat, doit comporter l'indication de sa superficie (Loi 65-557 du 10-7-1965 art. 46). Le texte de la loi ne vise pas l'offre ; mais dans la mesure où celle-ci, par son acceptation, formera une promesse de vente ou une vente, cette exigence doit être respectée dès le départ. À défaut, le contrat formé serait affecté d'une cause de nullité, à l'initiative de l'acquéreur, et de droit (Loi 65-557 du 10-7-1965 art. 46, al. 1) ; voir n° 19724.

Dans le souci également de protéger le particulier acquéreur d'un immeuble d'habitation ou à usage professionnel et d'habitation, la loi impose l'obligation d'indiquer dans l'acte si le **prix** sera **payé avec ou sans l'aide d'un prêt** (C. consom. art. L 313-40). Là également, le texte ne vise pas l'offre, mais celle-ci étant une sorte de « demi-contrat », la mention s'impose, faute de quoi l'opération nouée par l'acceptation serait éventuellement soumise à la condition suspensive tacite de l'obtention d'un prêt (C. consom. art. L 313-42, al. 2) ; voir n° 42260.

1012 **Contenu complémentaire souhaitable de l'offre** Mieux vaut que l'offre soit très complète. Il est recommandé d'y inclure des éléments qui ne sont pas strictement nécessaires à la formation de la vente, mais qui sont utiles ou qui concourent à la sécurité. L'idéal serait d'y comprendre tout **ce qui figurerait dans un avant-contrat** : nature du contrat offert (promesse unilatérale ou synallagmatique, vente conditionnelle), régime du transfert de propriété, dates de réalisation de la vente et d'entrée en jouissance, conditions suspensives, obligations respectives des parties, éventuelles dérogations aux dispositions supplétives du Code civil en matière de garanties dues par le vendeur, principe, qualification et montant du versement d'une somme d'argent lors de la signature d'un avant-contrat ultérieur, modalités de paiement du prix, etc. Serait ainsi évité le risque que des divergences sur ces questions, objectivement accessoires mais importantes en pratique, donnent prise à des contestations tardives et perturbent ainsi la mise en œuvre d'un contrat formé par l'acceptation d'une offre lacunaire.

Les parties peuvent faire de l'un des éléments complémentaires ci-dessus la **condition de leur engagement**. Il a par exemple été jugé que, lorsque les pièces produites démontrent que les parties ont entendu soumettre à la conclusion d'un avant-contrat la rencontre de leurs volontés respectives de vendre et d'acquérir, il en résulte qu'elles en sont restées au stade des pourparlers (Cass. 3e civ. 27-6-2019 n° 18-15.863 F-D). De même, lorsqu'elles ont subordonné l'existence de la vente à la rédaction d'un acte sous seing privé pour préciser les modalités de la vente et l'ensemble des conditions suspensives, l'acceptation de l'offre d'achat par le propriétaire ne peut pas s'analyser en une acceptation entraînant la formation de la vente, mais relève des pourparlers contractuels (Cass. 3e civ. 11-5-2023 n° 22-11.287 F-D : RJDA 10/23 n° 494).

> **› Précisions** Les modalités de financement de l'acquéreur et les précisions qu'impose le régime protecteur de l'emprunteur immobilier (voir nos 42320 s., 42602 s., 42652 s. et 42920) font que l'**offre**, lorsqu'elle est véritablement formalisée, **émane** de l'acquéreur **plutôt** que du vendeur.

FERMETÉ DE L'OFFRE

1014 **Volonté de s'engager** Une offre doit être ferme. Elle doit manifester la volonté de s'engager de son auteur (C. civ. art. 1113, al. 1). Ainsi, ne constitue pas une offre de vente la transmission à un candidat acquéreur, par un notaire investi par le vendeur d'un simple mandat

général d'intermédiaire chargé de trouver un acquéreur et de finaliser la vente, d'un mail l'informant du prix demandé (Cass. 3e civ. 8-11-2018 n° 17-22.660 F-D : RJDA 3/19 inf. 160).
Le caractère de fermeté se définit également négativement, par l'absence de **réserves**. La réserve est la stipulation manifestant que l'auteur de l'offre ne sera pas lié par l'acceptation, ou bien qu'il aura la possibilité de se dégager discrétionnairement de la relation nouée.

CONSEIL

Mieux vaut ne pas formuler de réserves et **éviter** tous termes équivoques si l'on souhaite formuler une véritable offre. La tentation de l'« habileté rédactionnelle » qui permettrait, à la faveur de termes ambigus, d'engager son cocontractant alors que l'on garderait soi-même de manière plus ou moins explicite la possibilité de se dégager doit être écartée. Le candidat à la vente ou à l'achat qui **ne souhaite pas être lié** par son offre peut l'assortir de réserves ou de conditions. Le destinataire de l'offre peut faire de même ou se contenter de prendre acte de l'offre, sans pour autant l'accepter.

Offre assortie de réserves Une offre assortie de réserves pourrait être **requalifiée** en invitation à entrer en pourparlers, dépourvue de tout effet juridique. **1016**
L'existence d'une réserve se déduit des termes employés. Elle pourra, par **exemple**, être formulée de la manière suivante : « je me réserve de vous agréer », ou « la vente, que je me réserve la possibilité de conclure... », ou encore « la vente, qui nécessite la confirmation de mon accord... ».
Sa caractérisation supposera parfois une interprétation. S'interroger et éventuellement s'opposer sur le point de savoir si la formulation utilisée est constitutive d'une réserve incompatible avec la notion d'offre est le signe d'une insécurité juridique qui peut être gravement préjudiciable.
Le **risque** est tout simplement que l'un s'estime libre de tout engagement, alors que l'autre considère que l'immeuble est vendu. Dans ce cas, la propriété de l'immeuble devient litigieuse ; et le règlement de la difficulté, à défaut d'accord entre les intéressés, passe par l'intervention du juge.

ILLUSTRATIONS

Il a été jugé que la **mention « Pour commentaires éventuels avant émission des originaux »** portée sur un projet de contrat excluait la qualification d'offre et ne permettait donc pas de considérer que la signature de ce projet formait la vente (CA Versailles 25-9-2003 n° 01/4672 : RJDA 2/03 n° 123). En l'espèce, d'autres éléments ont été relevés : document envoyé en un seul exemplaire, mention « confidentiel » et indication explicite que les contrats ne seraient conclus qu'à compter de leur signature.
De même, l'acte par lequel un indivisaire propose de céder ses droits sur l'immeuble indivis moyennant un prix déterminé ne constitue pas une offre de vente ferme et définitive, dès lors que l'**acte précise que « cette vente se fera** dans les termes écrits par Me Y, notaire, à savoir sans condition suspensive et avec le dépôt d'un chèque de 5 % du prix remis entre les mains de Me Y, notaire, le jour de la signature de la promesse de vente » (CA Paris 2e ch. 13-9-2007 n° 06/09366 : RJDA 1/08 n° 18).

B. Typologie des offres

Deux **critères distinctifs** des offres peuvent être retenus : la détermination d'un destinataire et la stipulation d'une durée de maintien de l'offre. **1068**

OFFRE AU PUBLIC OU À PERSONNE DÉTERMINÉE

Se placer du côté du **destinataire de l'offre** amène à distinguer deux types d'offres : d'une part, l'offre au public (ou à personne indéterminée) et, d'autre part, l'offre à personne déterminée. **1070**
Une offre reste à personne déterminée lorsqu'elle est faite à plusieurs personnes. Le pollicitant n'est tenu à aucune exclusivité à l'égard du destinataire : il peut adresser simultanément la même offre à des personnes différentes, qui sont alors en concurrence.
En matière immobilière, les deux types d'offres sont utilisés. Une offre au public sera généralement le fait d'un propriétaire qui sollicitera des amateurs par un procédé publicitaire, comme une annonce. À l'inverse, un candidat acquéreur adressera son offre au propriétaire de l'immeuble convoité, personne nécessairement déterminée.
La distinction entre les deux types d'offres est sans conséquence s'agissant de la formation du contrat : l'acceptation de l'une comme de l'autre forme le contrat. Pour certains auteurs, la distinction serait par contre opérante s'agissant des modalités de sa révocation (voir n° 1198).

OFFRE ASSORTIE D'UN DÉLAI

1072 L'auteur de l'offre peut l'assortir d'un délai. Cela lui permet, en pratique, de limiter la période d'incertitude sur le sort de l'offre : une acceptation dans le délai forme le contrat ; l'expiration de ce délai sans qu'une acceptation soit intervenue fait disparaître l'offre par caducité (voir n° 1254).

Le délai peut être **implicite**, et se déduire des termes de l'offre. Ainsi, en autorisant une personne à visiter à telle date l'immeuble qu'il a mis en vente, l'offrant s'oblige à maintenir son offre jusqu'à cette date (Cass. 3e civ. 17-12-1958 : Bull. civ. III n° 579). En rétractant son offre avant cette visite, l'offrant engage sa responsabilité.

La distinction a une incidence sur le régime de révocation de l'offre (voir n° 1196).

C. Expression de l'offre

1122 L'offre doit être émise. Il s'agit d'un **acte de volonté** de son auteur qui, en matière immobilière, exprime en l'extériorisant sa volonté de s'engager dans les liens d'un contrat ou d'un avant-contrat de vente, aux conditions de l'offre.

Le Code civil ne définit pas les aspects formels de l'offre. Il faut tenir compte, en matière immobilière, des interférences résultant de l'intervention, fréquente, d'un intermédiaire.

FORME DE L'OFFRE

1124 La formation des contrats est soumise, sauf prescription contraire et spéciale de la loi, au principe de **consensualisme**, c'est-à-dire de liberté de la forme. Selon le Code civil, la volonté de s'engager peut résulter d'une déclaration ou d'un comportement non équivoque de l'auteur de l'offre (C. civ. art. 1113, al. 2).

Le principe de liberté est cependant contraint par les exigences de preuve, ainsi que par le développement contemporain d'un formalisme informatif.

1126 **Principe de liberté** Le contrat de vente, par nature consensualiste, se forme par la rencontre des consentements et selon le mode d'extériorisation choisi par les contractants.

La parole est la forme la plus simple et la plus naturelle. L'**offre verbale** est parfaitement valable dans le principe. La difficulté tiendra à la preuve non seulement de son existence, mais aussi de son contenu.

Le souci de conserver une trace de l'offre et de son contenu impose l'émission d'une **offre écrite**. Il pourra s'agir d'un document remis à son destinataire de la main à la main, par voie postale ou électronique. Parfois, l'offre emprunte la forme d'une lettre missive, adressée par courrier simple ou par courrier recommandé.

Il n'est pas requis de **termes sacramentels** pour faire une offre, et le terme d'« offre » ne doit pas nécessairement figurer en tête ou dans le corps du document. Seule importe l'expression d'une offre de contracter non ambiguë. Aucune **formule** ni **mention manuscrite** n'est prescrite, même si l'habitude s'est instaurée de porter diverses mentions de type « bon pour offre... ».

> **Précisions** **a.** En cas d'offre écrite, la **signature** de l'offrant doit figurer sur l'offre. La signature remplit alors ses deux fonctions classiques : l'identification de l'offrant ainsi que l'expression de son consentement au contrat offert.
>
> **b.** D'autres supports d'une offre peuvent être imaginés, même si on ne les rencontre pas en pratique : par exemple, un **acte de commissaire de justice** (anciennement acte d'huissier) signifié à son destinataire, ou bien la consignation de l'offre dans un **écrit notarié** dont une copie serait remise ou adressée à son destinataire.

1128 **Contraintes probatoires** L'offre et son acceptation emprunteront le plus souvent une **forme écrite**. Parmi les formes écrites, celle sous « signature privée » sera en pratique privilégiée à la forme verbale ou à la forme notariée en raison de la simplicité de sa mise en œuvre.

Les consentements exprimés par l'écrit suffisent à former le contrat. Mais l'écrit doit respecter certaines formes rigoureuses pour avoir force probante ; voir sur ces questions nos 54010 s.

1130 **Formalisme informatif du droit immobilier** Sous peine de sanctions diverses, le droit immobilier multiplie les **informations devant être portées à la connaissance de l'acquéreur** par le vendeur, notamment : l'exploitation d'une installation classée (voir nos 21060 s.), l'information relative à l'amiante, au plomb, aux termites, aux mérules, à la performance énergétique (voir nos 21242 s.), l'information en matière de risques naturels et technologiques, de pollution des sols, de recul du trait de côte, depuis le 7 février 2024 information sur la liste des travaux indemnisés mais non réalisés ou ouvrant droit à indemnisation devant permettre de stopper les désordres liés au phénomène de retrait-gonflement des argiles, et à compter du 1er janvier 2025, information sur l'obligation légale de débroussaillement (nos 21002 s.).

Les textes n'imposent pas que ces informations figurent dans une offre de contrat. Mais l'offre étant susceptible, par son acceptation, de former le contrat, il est opportun qu'elles soient insérées dans l'offre, pour que le destinataire de l'information les connaisse soit au moment où il formule son offre, s'il en est l'auteur, soit au moment de son acceptation, s'il en est le destinataire.

L'offre, traditionnellement simple, rapide et relativement succincte, ne se prête pas aisément au respect de ces obligations. Ne serait-ce que parce que le plus souvent elle émane d'un candidat à l'acquisition, alors que c'est le propriétaire qui dispose des informations techniques à communiquer ou est en mesure d'y accéder.

Il s'ensuit deux **conséquences**. La première est que l'offre est le plus souvent un écrit circonstancié, généralement rédigé par un conseil averti, ou un intermédiaire professionnel, à même de connaître ces réglementations et de les mettre en œuvre. La seconde est que les offres véritablement formulées comme telles deviennent plus rares, au bénéfice d'avant-contrats détaillés sur les termes desquels les parties se mettent d'accord avant de les signer.

INCIDENCE DES PRATIQUES DE NÉGOCIATION IMMOBILIÈRE

Les pratiques et techniques de recherche d'un acquéreur mises en œuvre en matière de négo- **1132**
ciation immobilière peuvent avoir une incidence sur l'émergence d'une offre ou sur sa fermeté.

Annonce immobilière La négociation en matière immobilière utilise de multiples moyens **1134**
de communication de type publicitaire : affichage sur l'immeuble, annonces immobilières sur différents supports (presse, journaux gratuits, affichage dans la vitrine d'un professionnel, sites internet, etc.). Se pose inévitablement la question de savoir si ces procédés sont constitutifs d'une offre susceptible d'être acceptée et d'aboutir de ce seul fait à la formation de la vente.

Il a été jugé qu'une annonce immobilière **passée par un particulier** dans un journal constituait une offre dont l'acceptation formait le contrat de vente (Cass. 3e civ. 28-11-1968 no 67-10.935 : Bull. civ. III no 507). La même solution a été retenue à propos de l'offre d'une **commune** parue dans un journal portant sur un terrain à bâtir (Cass. 3e civ. 1-6-1998 no 96-20.605 PB). La solution suppose que l'annonce contienne l'indication de l'immeuble offert à la vente ainsi que le prix demandé.

La solution, juridiquement incontestable, est devenue **inopportune**. La vente est devenue une opération plus complexe qu'auparavant, et sa conclusion satisfaisante suppose que soient intégrés dans le champ contractuel de nombreux éléments : entre autres les multiples informations que le vendeur doit communiquer à l'acquéreur, le financement et les exigences légales attachées au recours au crédit immobilier par l'acquéreur d'un immeuble d'habitation, la gestion du transfert de propriété et des risques combinée avec le délai de réalisation de la vente par acte authentique, etc. En outre, si l'offre peut être faite à personne indéterminée, elle doit, pour constituer une offre ferme de la part du vendeur, comprendre les éléments essentiels du contrat et exprimer la volonté de ce dernier d'être lié en cas d'acceptation (C. civ. art. 1114). En pratique, cette volonté de s'engager ne figure pas dans les annonces, de sorte que celles-ci constituent plutôt des invitations à entrer en négociation.

Il existe incontestablement une distorsion entre la simplicité de principe qui préside à la formation du contrat de vente, et la complexité de l'opération lorsqu'elle porte sur un immeuble. Il n'est sans doute ni de l'intérêt du vendeur ni de celui de l'acquéreur de se trouver liés par une vente sur la seule constatation d'un accord sur la chose et sur le prix.

Mention « Document non contractuel » La mention « Document non contractuel » **1136**
accompagne parfois un document publicitaire, spécialement lorsqu'il émane d'un vendeur professionnel. Cette réserve manifeste ainsi la volonté de son auteur de ne pas être lié par une acceptation.

L'**efficacité de cette mention** est parfois contestée. La critique est fondée sur un principe de cohérence : le document publicitaire ne pourrait dans le même temps se parer des apparences d'une offre et contredire sa nature d'offre par cette mention. On notera qu'une décision a admis qu'un document publicitaire pouvait avoir valeur contractuelle lorsque, suffisamment précis et détaillé, il a eu une influence sur le consentement du cocontractant (Cass. 1e civ. 6-5-2010 no 08-14.461).

L'**appréciation de la portée** de cette mention sur le caractère contractuel d'un document est de la compétence du juge, en cas de contestation.

Une distinction devrait être opérée en fonction du contexte de l'opération et du degré de précision du document en question. S'il s'agit d'attirer des amateurs par une offre alléchante et parfois mensongère, la mention est sans nul doute contestable, sans préjudice d'une éventuelle responsabilité pénale sur le fondement de la publicité trompeuse. Par contre, elle semble légitime si elle procède de la volonté de ne s'engager et de n'engager le destinataire du document que dans les termes d'un contrat précis et complet, portant non seulement sur les éléments fondateurs de la vente, mais également sur tous ceux qui, bien qu'accessoires, sont de nature à apporter la sécurité à chacune des deux parties.

CONSEIL

Il est suggéré de ne pas utiliser la mention « Document non contractuel » qui n'a pas les faveurs de la jurisprudence. Une mention « **Document d'information ne valant pas offre de vente** » ou « Document d'information valant offre de pourparlers » ou toute autre formulation non équivoque est préférable. En réalité, cette mention renverserait la perspective : il appartiendrait au destinataire du document publicitaire de formuler une offre, nourrie d'informations complémentaires et des particularités liées à sa situation personnelle.

1138 **Intervention d'un intermédiaire** L'« offre au prix demandé » forme la vente. Cette offre est en réalité l'acceptation d'une offre de vente antérieurement formulée par le propriétaire, sous une forme ou sous une autre, de sorte qu'il serait plus exact de parler d'« acceptation au prix offert ». La solution s'applique, sauf circonstances particulières, aux **opérations mettant en prise directement le propriétaire vendeur et l'acquéreur**.

La solution n'est pas la même lorsque les informations sur l'immeuble sont communiquées par un professionnel mandaté par le propriétaire, ce qui est fréquent en pratique. Malgré une opinion contraire communément répandue dans le public et même chez les professionnels, une **offre au prix demandé, faite à l'agent immobilier ou au notaire** chargé de rechercher un acquéreur, est impuissante en principe à former la vente et à obliger le propriétaire à régulariser la vente. Ce dernier a la possibilité de ne pas agréer l'offre qui lui est faite, alors même qu'elle correspondrait au prix annoncé (pour illustration, voir Cass. 3e civ. 12-2-2008 n° 06-21.709 F-D : RJDA 7/08 n° 777, mandat confié à un agent immobilier ; Cass. 3e civ. 17-6-2009 n° 08-13.833 FS-P : Bull. civ. III n° 148, mandat donné à un notaire).

La raison de cette différence de solution tient au fait que l'intermédiaire n'a pas, en principe, le **pouvoir de vendre**, et qu'il n'a pas davantage celui de formuler une offre dont l'acceptation formerait la vente.

Un mandat pour vendre doit être « exprès » en application de l'article 1988, alinéa 2 du Code civil. À cette règle impérative, applicable au notaire négociateur, s'ajoute celle, spécifique à l'agent immobilier, formulée par l'article 72, alinéa 4 du décret 72-678 du 20 juillet 1972 : celui-ci ne peut engager son mandant dans une vente qu'à la faveur d'une clause expresse du mandat. Le caractère nécessairement exprès du pouvoir pour vendre impose que ce pouvoir soit nettement affirmé. Il a ainsi été jugé que la formulation « mandat de vente » et la stipulation imposant aux vendeurs de « ratifier la vente à tout preneur présenté » par l'agence « en acceptant le prix et les conditions de vente » ne pouvaient être considérées comme donnant le pouvoir de vendre (Cass. 1e civ. 10-5-1995 n° 92-16.114 : Bull. civ. I n° 196 ; Cass. 1e civ. 12-4-2012 n° 10-28.637 : Bull. civ. III n° 61).

Le mandat conféré à un intermédiaire est en réalité, sauf clause donnant expressément le pouvoir de vendre (clause exceptionnelle en pratique), un **mandat de recherche d'acquéreur**. Ce mandat permet à l'intermédiaire de procéder à des démarches en vue du rapprochement entre les parties. Le vendeur conserve la possibilité de ne pas accepter une offre qui lui serait faite à la suite de l'exercice du mandat et des diligences de son mandataire, et ce, même en cas de proposition au prix demandé (pour des illustrations, voir CA Paris 2e ch. 19-11-2008 n° 07/17657 : RJDA 6/09 n° 537 ; Cass. 3e civ. 26-2-2013 n° 11-18.552 : BPIM 3/13 inf. 228 ; Cass. 1e civ. 5-2-2020 n° 26.808 F-D).

La technique du **mandat apparent** ne peut pas suppléer l'exigence de ce mandat exprès (Cass. 1e civ. 31-1-2008 n° 05-15.774 : Bull. civ. I n° 30).

1140 Il est fréquemment inséré dans le mandat la formule selon laquelle « Le mandant s'oblige à **accepter toute proposition d'achat faite au prix du mandat** ». Cette clause ne peut fournir à l'acquéreur ou à l'intermédiaire un argument permettant de prétendre que le propriétaire est tenu à la vente. Cette stipulation ne crée aucun effet à l'égard de l'amateur, tiers au contrat de mandat ; tout au plus permet-elle à l'agent immobilier ou au notaire mandaté d'engager la responsabilité contractuelle du mandant, pour inexécution, si le propriétaire refuse d'accepter une offre au prix demandé que lui présente l'intermédiaire.

Conseil pratique : nous suggérons aux intermédiaires d'informer les amateurs qu'une offre faite au prix demandé, figurant dans le mandat qui leur est confié, ne scelle pas la vente et peut être rejetée par le vendeur. Cette information peut figurer dans la correspondance émanant de l'agence et destinée à un amateur, ou être affichée dans l'agence.

MODÈLE

Offre d'acquérir soumise à l'acceptation du vendeur

« Toute offre d'acquérir, quels que soient son prix et ses conditions, est soumise à l'acceptation du propriétaire vendeur. Une offre au prix du mandat ne peut former la vente sans cette acceptation. »

D. Rétractation de l'offre

PRINCIPE DE LIBRE RÉTRACTATION DE L'OFFRE

L'offre, tant qu'elle n'a pas été acceptée par son destinataire, peut en principe être librement rétractée par son auteur. La solution est logique car la force obligatoire et l'irrévocabilité sont la marque d'un contrat formé ; or, dans le cas de l'offre, aucun contrat n'est formé tant qu'aucune acceptation n'est intervenue. Il existe néanmoins quelques tempéraments à cette liberté. **1190**

La rétractation est possible tant que l'**offre n'est pas encore parvenue à son destinataire** (C. civ. art. 1115). Il est possible de rétracter par télécopie ou par message électronique ou encore par exploit de commissaire de justice (anciennement d'huissier) une offre transmise par la voie postale, et qui ne serait pas encore parvenue à son destinataire. Une révocation verbale serait aussi possible, mais serait susceptible de soulever une difficulté de preuve.

> **Précisions** **a.** L'auteur de l'offre n'est pas tenu, pour la révoquer, de **mettre** préalablement le destinataire **en demeure** d'accepter (Cass. 3e civ. 5-5-1976 n° 74-14.978 : Bull. civ. III n° 191). Rendue avant l'ordonnance 2016-131 du 10 février 2016 portant réforme du droit des contrats, cette décision, qui utilise le terme de « révocation » plutôt que celui de « rétractation » de l'article 1115 du Code civil, est selon nous transposable.
> **b.** Une **offre acceptée** ne peut plus être révoquée, sauf vice du consentement (Cass. 3e civ. 8-6-2010 n° 09-66.495 : RDC 2011 p. 25, en l'espèce, l'erreur matérielle sur le prix invoquée par le vendeur a été jugée inexcusable et n'a donc pas été retenue). Il ne s'agit d'ailleurs plus d'une offre mais d'un véritable contrat, doté de la force obligatoire et irrévocable.

TEMPÉRAMENTS AU PRINCIPE DE LIBRE RÉTRACTATION DE L'OFFRE

La **réception d'une offre** par son destinataire, même si elle ne crée aucun lien de droit entre celui-ci et l'offrant tant qu'aucune acceptation n'est intervenue, crée une situation particulière dont le droit positif tient compte. Les solutions retenues traduisent un certain équilibre entre les intérêts de l'offrant et ceux du destinataire. **1194**

Offre assortie d'un délai Une fois parvenue à son destinataire, l'offre assortie d'un délai ne peut pas être rétractée par son auteur avant l'expiration du délai (C. civ. art. 1116, al. 1). L'article 1116 du Code civil, dans sa rédaction issue de l'ordonnance 2016-131 du 10 février 2016 reprend une solution affirmée à plusieurs reprises par la jurisprudence antérieure (Cass. 1e civ. 17-12-1958 : Bull. civ. I n° 579 ; Cass. 3e civ. 7-5-2008 n° 07-11.690 : Bull. civ. III n° 79 ; Cass. 3e civ. 7-7-2015 n° 14-20.536 : RJDA 12/15 n° 816). **1196**

> **Précisions** **a.** Une offre mentionnant « **réponse immédiate souhaitée** » a été analysée en une offre sans stipulation de terme, pouvant être acceptée dans un délai raisonnable (Cass. 3e civ. 25-5-2005 n° 03-19.411 : Bull. civ. III n° 117).
> **b.** À l'**expiration du délai**, il n'est pas nécessaire ni même utile de **rétracter l'offre**, puisqu'elle a disparu par caducité.

Offre non assortie d'un délai Si l'offre n'est pas assortie d'un délai, l'article 1116 du Code civil impose le respect par l'offrant d'un « **délai raisonnable** » s'il décide de se raviser et de rétracter l'offre faite. Il consacre une solution admise de longue date par la jurisprudence (Cass. req. 28-2-1870 : DP 1871 I p. 61 ; Cass. 3e civ. 20-5-2009 n° 08-13.230 FS-PB : RJDA 11/09 n° 938). **1198**

Il n'est pas possible de déterminer ce qu'est un « délai raisonnable ». L'idée est que la réception de l'offre par son destinataire provoque chez lui le sentiment qu'il dispose d'un certain temps pour examiner l'offre et y répondre. C'est cette croyance légitime que la jurisprudence prend en considération pour admettre une atteinte au principe de libre rétractation de l'offre.

Conseil pratique : Pour éviter tout risque d'incertitude et donc d'insécurité, nous suggérons de préciser dans l'offre non assortie d'un délai que celle-ci est « rétractable à tout moment », de sorte que le destinataire, ainsi prévenu, ne puisse contester sa rétractation.

> **Précisions a.** En cas de **conflit entre l'offrant et le destinataire** de l'offre, il appartient à ce dernier de saisir le juge, lequel est seul compétent pour apprécier souverainement si le délai raisonnable a été respecté. Le juge du fond doit rechercher si l'acceptation est intervenue dans le délai raisonnable (Cass. 3e civ. 20-5-2009 n° 08-13.230 FS-PB précité).

b. L'idée selon laquelle l'exigence d'un délai raisonnable n'existerait qu'en ce qui concerne l'offre à personne déterminée fait débat. L'**offre au public**, quant à elle, serait révocable à tout moment. Cette distinction n'a pas été consacrée par la jurisprudence ni par la loi à l'occasion de la réforme du droit des contrats issue de l'ordonnance 2016-131 du 10 février 2016.

1200 **Sanction d'une rétractation fautive de l'offre** La rétractation d'une offre survenant avant l'expiration du délai prévu ou dans le « délai raisonnable » est efficace, bien qu'elle soit fautive : elle empêche la **conclusion du contrat** (C. civ. art. 1116, al. 2).
Le bénéficiaire déçu ne peut prétendre qu'à des **dommages et intérêts** sur le fondement de la responsabilité extracontractuelle (C. civ. art. 1116, al. 3). La rétractation prématurée peut, en effet, être constitutive d'une faute cause d'un préjudice réparable.
L'octroi et la détermination du montant des dommages et intérêts relèvent de l'appréciation du juge. L'article 1116 du Code civil précise que la réparation de la faute ne peut pas consister en la compensation de la perte des bénéfices attendus du contrat.

E. Caducité de l'offre

1250 L'**offre disparaît** par sa rétractation ou par son acceptation qui la mue en contrat. Elle peut également devenir caduque. Les événements entraînant la caducité de l'offre sont multiples.

REFUS DE L'OFFRE

1252 L'offre qui est refusée devient caduque. Son refus signifie que pour son destinataire un contrat ne peut prospérer sur la base des éléments qu'elle contient. Il est donc logique de considérer qu'elle cesse de produire effet pour l'avenir.
Le destinataire de l'offre ne peut plus accepter une offre qu'il a précédemment rejetée, même si son **repentir** se manifeste dans le délai de l'offre, ou dans un délai raisonnable après son émission.

EXPIRATION DU DÉLAI PRÉVU PAR L'OFFRE OU D'UN DÉLAI RAISONNABLE

1254 L'offre est caduque à l'expiration du **délai** dont elle est assortie (C. civ. art. 1117, al. 1). Cet effet est automatique : l'offrant n'est tenu d'aucune manifestation de volonté. L'acceptation doit donc parvenir à l'auteur de l'offre avant sa date d'expiration. Il a ainsi été jugé que le courriel d'acceptation d'une offre reçu le lendemain du jour de l'expiration de l'offre, devenue caduque, ne pouvait pas produire effet (Cass. 1e civ. 6-1-2021 n° 19-21.071 F-D).
Lorsqu'il **n'a pas été prévu de délai**, l'offre peut être acceptée tant qu'elle n'est pas devenue caduque par l'expiration d'un délai raisonnable (C. civ. art. 1117, al. 1). Cette solution est la reprise de celle admise par la jurisprudence avant la réforme du droit des contrats par l'ordonnance 2016-131 du 10 février 2016 (notamment, Cass. 3e civ. 20-5-2009 n° 08-13.230 FS-PB : Bull. civ. III n° 118).

CONSEIL

Une offre sans délai est source d'incertitudes et donc d'insécurité. Mieux vaut procéder par voie d'**offre assortie d'un délai**. L'inconvénient pour l'offrant de devoir respecter le délai prévu peut être tempéré par la **brièveté** de ce délai. Au surplus, rien n'interdit de proroger une ou plusieurs fois le délai d'une offre, en fonction des circonstances et de l'évolution de la négociation.

DÉCÈS DE L'AUTEUR DE L'OFFRE OU DE SON DESTINATAIRE

1256 En cas de **décès** de son **auteur**, l'offre non encore acceptée est caduque sans qu'il y ait lieu de distinguer selon que l'offre est assortie ou non d'un délai (C. civ. art. 1117, al. 2).
La loi 2018-287 du 20 avril 2018 portant retouche et ratification de l'ordonnance de 2016 a étendu la caducité de l'offre au cas de **décès de son destinataire** (C. civ. art. 1117, al. 2 modifié). Cette disposition s'applique aux offres signées depuis le 1er octobre 2018 (Loi 2018-287 du 20-4-2018 art. 16, I). Pour rappel, la jurisprudence antérieure à la réforme du droit des contrats issue de l'ordonnance 2016-131 du 10 février 2016 avait tranché la question du sort de l'offre en cas de décès dans le sens de la caducité : l'offre ne faisait naître aucun droit transmissible aux héritiers (Cass. 1e civ. 5-11-2008 n° 07-16.505, inédit).

INCAPACITÉ DE L'OFFRANT

La loi règle la question de l'incidence de l'incapacité de l'auteur de l'offre survenant **après l'émission de l'offre et son acceptation** : l'offre est caduque en cas d'incapacité de son auteur (C. civ. art. 1117, al. 2). 1258

CONTRE-PROPOSITION DU DESTINATAIRE DE L'OFFRE

La contre-proposition est traditionnellement analysée comme une **nouvelle offre** émise par le destinataire de l'offre initiale à l'intention de son auteur, cette démarche marquant ainsi le rejet de l'offre initiale, qu'elle rendrait ainsi caduque. 1260

L'auteur de la contre-proposition décline l'offre qui lui est faite et prend l'initiative de proposer d'autres conditions sur la base desquelles il est disposé à contracter. D'offrant, l'auteur de l'offre initiale devient à son tour destinataire d'une offre qu'il lui appartient d'accepter ou de décliner. La première offre perd sa vitalité, pour devenir un élément du dialogue, impropre à la formation du contrat. L'offre ainsi rejetée ne peut plus être acceptée en l'état par l'auteur de la contre-proposition. Par exemple, il a été jugé que le vendeur qui accepte une offre de vente pour un prix déterminé mais demande une réduction du délai de réalisation de la vente n'est pas engagé vis-à-vis de l'acquéreur dès lors que ce dernier n'a pas donné son accord sur ce point (Cass. com. 4-5-2010 n° 09-14.415, à propos d'une offre de vente d'un droit au bail).

Cette solution correspond aux positions doctrinales dominantes et au sens commun.

Conseil pratique : pour prévenir toute contestation, il peut être prévu dans l'offre que sa caducité résultera automatiquement d'une contre-proposition ou d'une acceptation avec réserves. La clause peut être formulée ainsi : « La présente offre sera automatiquement caduque en cas d'acceptation avec réserves ou de contre-proposition émanant de son destinataire. Cette caducité mettra obstacle à son acceptation ultérieure. »

> **Précisions** L'**acceptation avec réserves** de l'offre par le destinataire peut traduire une attitude comparable à celle consistant pour le destinataire à décliner l'offre initiale et à faire une contre-proposition : le « oui mais » signifie souvent la même chose que le « non mais ». En réalité, tout dépendra de la formulation de la réserve : soit elle exprimera une demande ferme et précise du destinataire, dont l'acceptation par son partenaire lui donnera satisfaction et formera le contrat ; soit elle l'invitera à prendre l'initiative d'une offre modifiée sur un ou plusieurs points déterminés. Dans toutes les hypothèses, la négociation n'a pas abouti mais n'est pas pour autant rompue.

EFFET DE LA CADUCITÉ DE L'OFFRE

La caducité est l'**anéantissement de l'offre** pour l'avenir. Celle-ci disparaît et n'est plus susceptible de faire l'objet d'une acceptation génératrice d'un contrat. 1262

F. Incessibilité et intransmissibilité de l'offre

L'**offre** de vente faite **à une personne déterminée** ne peut pas être cédée par son destinataire à une autre personne. Son destinataire ne peut pas la transmettre à une autre personne, dont l'acceptation formerait le contrat. L'offre n'est pas davantage transmise aux héritiers ou successeurs du destinataire, en cas de décès de celui-ci. 1312

G. Acceptation de l'offre

L'acceptation est la **manifestation de volonté** de son auteur d'être lié dans les termes de l'offre (C. civ. art. 1118, al. 1). L'acceptation sans réserve d'une offre non révoquée ni caduque forme le contrat. Ainsi, lorsque ni l'offre d'achat ni son acceptation ne font de la signature d'une promesse de vente une condition de la perfection de la vente, une cour d'appel ne peut pas rejeter la demande de voir déclarer la vente parfaite sans violer l'article 1583 du Code civil (Cass. 3e civ. 22-6-2023 n° 22-16.498 F-D : BPIM 5/23 inf. 323). Selon ce texte, en effet, la vente est parfaite, et la propriété est acquise de droit à l'acheteur à l'égard du vendeur, dès lors que les parties ont convenu de la chose et du prix, quoique la chose n'ait pas encore été livrée ni le prix payé. 1362

Cet effet peut s'avérer dangereux tant pour l'acquéreur que pour le vendeur. Aussi est-il **conseillé** aux parties d'inclure dans l'offre d'achat ou de vente qu'ils formulent une clause ayant pour effet de subordonner la formation du contrat à la signature de l'acte authentique de vente et à la réalisation de conditions suspensives (délivrance de renseignements d'urbanisme ne révélant pas de servitudes ou prescriptions administratives de nature à mettre en cause le droit de propriété ou de jouissance normale du bien, absence d'inscription hypothécaire, obtention de crédit...). L'article 1583 du Code civil n'étant pas d'ordre public, il est en effet possible de déroger au principe du consensualisme.

ATTENTION

En l'absence de mention expresse d'acceptation de l'offre d'acquisition, la seule **signature** du propriétaire sur l'offre ne suffit pas à établir la **perfection de la vente**, dès lors que le candidat acquéreur ne lui a pas indiqué les modalités de son financement, alors qu'il résultait des éléments de preuve fournis qu'il s'agissait d'une information déterminante de son acceptation (Cass. 3e civ. 18-1-2024 n° 22-18.996 F-D : BPIM 2/24 inf. 122).

1. DÉLAIS DE RÉFLEXION ET DE RÉTRACTATION

1363 Lorsque la **loi ou les parties** prévoient un délai de réflexion, le destinataire de l'offre ne peut pas consentir efficacement au contrat par **acceptation de l'offre** avant l'expiration de ce délai ; lorsque la loi ou les parties prévoient un délai de rétractation, il est permis au destinataire de l'offre de **rétracter** discrétionnairement son consentement au contrat jusqu'à l'expiration de ce délai (C. civ. art. 1122).

> **Précisions** Le Code de la construction et de l'habitation prévoit, selon que la vente est ou n'est pas précédée d'un avant-contrat, un droit de rétractation ou un délai de réflexion lorsqu'elle porte sur un **immeuble d'habitation** et que l'acquéreur est un **non-professionnel** (CCH art. L 271-1). En matière immobilière, le destinataire de l'offre est le plus souvent le vendeur, ce qui semble restreindre la vocation de l'article 1122 du Code civil à s'appliquer.

2. MODALITÉS DE L'ACCEPTATION DE L'OFFRE

CARACTÈRE PUR ET SIMPLE DE L'ACCEPTATION DE L'OFFRE

1364 Le contrat ne peut se former que si le destinataire de l'offre l'**accepte dans ses termes**, c'est-à-dire purement et simplement, manifestant ainsi sa volonté d'être lié. Ainsi, l'offre ferme et définitive d'achat qui a été acceptée sans condition ni réserve par le vendeur vaut vente dès lors qu'il y a accord sur la chose et le prix alors que ni l'offre d'achat ni son acceptation ne font de la signature d'une promesse de vente une condition de la perfection de la vente (Cass. 3e civ. 22-6-2023 n° 22-16.498 F-D : BPIM 5/23 inf. 323). En revanche, la vente n'est pas formée lorsque l'offre d'achat n'a pas été acceptée dans son délai de validité, qu'elle a été expressément rejetée par la suite alors que les négociations se sont poursuivies et que l'objet initial de l'offre a été modifié (Cass. 3e civ. 17-11-2021 n° 20-20.965 F-D).

Il a été jugé également que le **silence** du destinataire de l'offre sur les conditions particulières assortissant l'offre pouvait rendre son acceptation ambiguë et faire obstacle à la formation de la vente (Cass. 3e civ. 20-6-2012 n° 11-14.851 : BPIM 4/12 inf. 327) ; en l'espèce, le destinataire de l'offre avait précisé dans le courrier adressé à l'auteur de l'offre qu'il acceptait sa proposition de vente, mais sans rien dire des conditions particulières auxquelles l'offre était soumise. De même, en **répondant au conditionnel** à une offre d'achat et en ne donnant pas son accord sur les aspects essentiels du contrat pour l'offrant, le vendeur ne fait que poursuivre les pourparlers et empêche la vente de se former (Cass. 3e civ. 16-11-2017 n° 15-12.268 F-D : BPIM 1/18 inf. 39).

1365 L'**acceptation non conforme** à l'offre est dépourvue d'effet, sauf à constituer une offre nouvelle (C. civ. art. 1118, dernier al.). La formulation d'une **réserve** ou une **discordance** manifeste, en effet, la volonté du destinataire de l'offre de ne pas accepter en l'état l'offre qui lui est faite et de poursuivre la négociation. Si la réserve est suffisamment précise, elle peut valoir contre-proposition ou contre-offre. L'offrant initial devient alors le destinataire d'une offre qu'il peut accepter (voir n° 1260). Il y a contre-proposition, par exemple, lorsqu'une société ayant offert d'acquérir un immeuble à un prix déterminé, le propriétaire répond qu'il souhaite un prix plus élevé dont il indique le montant ainsi qu'une indemnité de résolution de 10 %, ces conditions étant acceptées par l'auteur de la proposition initiale (Cass. 3e civ. 23-6-1993 n° 91-15.188 : Defrénois 1994 art. 35746 p. 336).

FORME DE L'ACCEPTATION DE L'OFFRE

1366 Tout comme l'offre, l'acceptation peut en principe être extériorisée suivant la forme librement choisie par l'acceptant, pourvu qu'elle manifeste la volonté de son auteur de s'engager. Sous son aspect formel, le régime de l'acceptation, comme de l'offre (voir n° 1126), obéit au **principe consensualiste**. S'il faut nécessairement qu'une forme soit empruntée pour exprimer l'acceptation, le choix de cette forme est libre. Il a toutefois été jugé que la signature apposée sur une offre par son bénéficiaire et précédée de la mention « vu et pris connaissance » ne constituait pas une acceptation (Cass. 3e civ. 19-10-2011 n° 10-30.655 : BPIM 6/11 inf. 470).

Une **forme** ne sera **impérative** que si l'offre le prévoit. L'offre peut ainsi prévoir que l'accepta- 1367
tion, pour être valable, devra être donnée par écrit. Il s'agit là d'une **clause de forme** dont le respect est de rigueur.
Le souci de conserver une preuve écrite de l'acceptation peut conduire à intégrer cette stipulation dans l'offre. Elle peut être rédigée suivant le modèle ci-après.

MODÈLE

Forme de l'acceptation de l'offre

« L'acceptation de la présente offre, pour être valable, devra être formulée par un courrier recommandé avec avis de réception ou par exploit de commissaire de justice. Cette forme est de rigueur et l'acceptation ne pourra être efficacement formulée sous aucune autre forme. »

L'acceptation d'une offre peut être **tacite** et résulter des circonstances et du comportement de 1368
son destinataire (Cass. 3e civ. 10-10-1968 : Defrénois 1969 art. 29291). L'article 1120 du Code civil énonce toutefois que le **silence** du destinataire de l'offre ne vaut pas acceptation, à moins qu'il n'en résulte autrement de la loi, des usages, des relations d'affaires ou de circonstances particulières. En matière immobilière, le silence devrait toutefois très exceptionnellement valoir acceptation.

L'**acceptation** d'une offre peut être efficacement **transmise par un tiers** à un tiers (Cass. 3e civ. 1369
9-5-2012 n° 11-15.161 : Bull. civ. III n° 74, RJDA 12/12 n° 1037). Dans cette affaire, l'acceptation avait été effectuée au moyen d'une lettre portant la mention « officielle » adressée par l'avocat du vendeur à l'avocat de l'acheteur potentiel, lettre à laquelle était jointe une copie de l'offre d'achat revêtue de la mention « Bon pour accord » et de la signature du vendeur.

3. EFFETS DE L'ACCEPTATION DE L'OFFRE

L'acceptation forme le contrat. La détermination du moment de la formation du contrat a des 1390
incidences pratiques. En outre, la situation juridique créée par l'acceptation réduit la liberté des intéressés.

DATE ET LIEU DE LA FORMATION DU CONTRAT

Date de la formation du contrat Les **enjeux de la détermination du moment** de la 1392
formation du contrat sont multiples :
– avant cette formation, les parties ne sont pas liées, l'offrant pouvant rétracter son offre et son destinataire pouvant retenir son acceptation ;
– le décès ou l'incapacité de l'offrant ou du destinataire de l'offre avant que le contrat soit formé met obstacle à sa formation ;
– le transfert de propriété et des risques intervient, sauf stipulation contraire, au moment où la vente se forme.

La détermination du moment de la formation du contrat relève de la question des **contrats** 1394
entre absents ou des contrats par correspondance. Lorsque la formation du contrat est successive et non instantanée, le contrat se forme-t-il au moment de l'émission de l'acceptation de l'offre, ou bien au moment de sa réception par son destinataire, c'est-à-dire par l'offrant ?
L'article 1121 du Code civil retient le système de la réception : le contrat est conclu dès que l'acceptation parvient à l'offrant.
L'acceptation peut donc être librement rétractée dans l'intervalle qui sépare son émission de sa réception par l'offrant (C. civ. art. 1118, al. 2). La survenance du décès ou de l'incapacité de l'auteur de l'offre dans l'intervalle de temps entre l'émission de l'acceptation et sa réception entraîne la caducité de l'offre et fait donc obstacle à la formation du contrat.
À notre avis, la solution qui consiste à prendre en considération la réception de l'acceptation est **supplétive de volonté**. L'auteur de l'offre peut **prévoir dans l'offre** que l'acceptation, pour être valable, devra être émise dans un certain délai et que le contrat sera formé non pas à la réception, mais à l'émission de l'acceptation.
En cas de **pluralité d'offres et d'acceptations**, c'est l'antériorité de la réception de la première acceptation qui permet de départager les concurrents.

Lieu de la formation du contrat Le contrat est réputé conclu au **lieu où l'acceptation** 1395
est parvenue (C. civ. art. 1121). Le texte ne précisant pas ce qu'il faut entendre par cette formulation, les parties auront intérêt à préciser le lieu et la date de la réception de l'acceptation.

CARACTÈRE IRRÉVERSIBLE DU CONTRAT FORMÉ

1396 L'acceptation de l'offre noue et fige la relation contractuelle entre les parties.
L'expression de réserves n'est plus possible après l'acceptation de l'offre : le contrat est formé.

1398 **Nature du contrat formé** Si le contrat offert est une promesse unilatérale de vente, c'est une promesse unilatérale de vente que forme son acceptation selon les **prévisions de l'offre** ; ce peut être une promesse synallagmatique ou une vente pure et simple ou une vente conditionnelle.
À défaut de précision de l'offre, c'est sans doute la figure juridique la plus simple, c'est-à-dire une vente, qui sera formée (pour une illustration, Cass. 3e civ. 22-6-2023 n° 22-16.498 F-D : BPIM 5/23 inf. 323).

> **Précisions a.** Une **vente formée** par l'acceptation d'une offre de vente ne laisse plus place à la régularisation d'une promesse unilatérale de vente. La vente se situe en effet à un stade juridique plus avancé que la promesse unilatérale, laquelle subordonne la formation de la vente à une éventuelle et discrétionnaire manifestation de volonté du bénéficiaire (voir n° 6008).
b. Une **technique de négociation immobilière** consiste à recueillir d'un amateur une offre d'achat sommaire, et à la faire accepter rapidement par le vendeur, pour « bloquer l'affaire », les parties se retrouvant ensuite chez l'intermédiaire ou chez le notaire pour régulariser un avant-contrat, lequel sera parfois une promesse unilatérale de vente. Cette pratique n'est juridiquement pas satisfaisante, et chacun des protagonistes serait fondé à demander l'exécution de la vente formée par l'acceptation de l'offre.

1400 **Contenu du contrat formé** Le contenu du contrat formé est figé dans les **termes de l'offre** acceptée, à l'égard aussi bien de ce qui y a été prévu que de ce qui a été omis.
S'il n'a pas été prévu le versement par l'acquéreur d'une somme d'argent avant la signature de l'acte authentique, ce versement ne pourra pas être exigé car il n'est pas de droit.
Faute d'avoir été prévues, les conditions suspensives ne protégeront pas les parties, spécialement l'acquéreur, au bénéfice de qui elles sont généralement stipulées. On exceptera cependant la condition suspensive de l'obtention d'un prêt qui s'imposera en application des dispositions de l'article L 313-42, alinéa 2 du Code de la consommation (voir n° 42260).
S'il s'agit d'une offre de vente, et que celle-ci est muette sur le transfert de propriété de l'immeuble, celui-ci se produira immédiatement, en application de l'article 1583 du Code civil, qui dispose que « la propriété est acquise de droit à l'acheteur à l'égard du vendeur, dès qu'on est convenu de la chose et du prix, quoique la chose n'ait pas encore été livrée ni le prix payé ». Il en sera de même du transfert des risques.
S'agissant des conditions de la vente et des obligations des parties, si elles n'ont pas été prévues, les dispositions supplétives du Code civil s'appliqueront. Cette lacune profitera à l'acquéreur, puisque le vendeur est tenu de droit à la garantie des vices cachés, et qu'il pourra s'opposer à ce que soient introduites dans l'acte notarié les clauses de non-garantie usuelles (voir n° 51140).

ATTENTION

Une **offre sommairement rédigée** est dangereuse. Les parties pourront toujours parfaire leurs conventions, pour compléter un accord lacunaire ; cela supposera non seulement un consentement réciproque, mais également la conscience chez chacune des parties des droits auxquels elles renoncent implicitement, ou des obligations supplémentaires qu'elles souscrivent.

H. Prohibition de tout versement lors de l'émission d'une offre

1450 La pratique des offres d'achat assorties d'un versement est strictement prohibée par l'article 1589-1 du Code civil, aux termes duquel : « Est frappé de **nullité** tout engagement unilatéral souscrit en vue de l'acquisition d'un bien ou d'un droit immobilier pour lequel il est exigé ou reçu de celui qui s'engage un versement, quelles qu'en soient la cause et la forme. »
À la différence de ce que prévoit l'article L 271-2, alinéa 4 du Code de la construction et de l'habitation (voir n° 45660), aucune amende ne frappe un versement exigé ou reçu en contravention de l'article 1589-1 du Code civil. Seule la nullité est encourue. Il semble s'agir d'une nullité relative qui ne peut être invoquée que par la personne que la loi a entendu protéger, c'est-à-dire l'acquéreur en cas d'offre d'achat (CA Versailles 3e ch. 25-11-2005 n° 04/04015 : BRDA 6/06 inf. 15).

> **Précisions** Le **champ d'application** de l'article 1589-1 du Code civil est beaucoup plus large que celui de l'article L 271-2 du Code de la construction et de l'habitation, qui ne concerne que l'acquéreur non professionnel d'un immeuble d'habitation.

I. Capacité et pouvoirs

L'offre est susceptible de déboucher sur la formation du contrat offert. L'acceptation forme le contrat. Se posent inévitablement les questions de la capacité et du pouvoir de l'« offrant » et de l'« acceptant ». 1500

La capacité de l'**offrant** et le pouvoir de vendre ou d'acquérir doivent exister au moment de l'offre et également au moment de la réception de son acceptation qui formera le contrat. La capacité et le pouvoir du **destinataire de l'offre** doivent exister au moment de l'émission de son acceptation et subsister jusqu'à sa réception.

J. Offre d'achat – Formule

PRATIQUE DE L'OFFRE D'ACHAT

En matière immobilière, ce sont les personnes à la recherche d'un immeuble qui sont amenées à 1548
formuler une offre ou une proposition d'achat soit directement au propriétaire, soit au mandataire mandaté pour rechercher un acquéreur.

Le plus souvent, la proposition est réduite à l'expression du prix que l'offrant propose. Parfois, il y est exprimé le recours à un prêt et l'exigence d'une condition suspensive de son obtention ou la nécessité d'une autorisation d'urbanisme.

Le nombre et la technicité des informations qui doivent être communiquées à l'acquéreur d'un immeuble, et que détient le vendeur, rendent très difficile l'**établissement d'une offre complète** et conforme aux exigences légales.

L'acceptation d'une offre incomplète est dangereuse pour chacun du vendeur et de l'acquéreur, en ce qu'elle forme la vente dès lors qu'elle exprime la convergence des consentements des intéressés sur la chose et sur le prix : l'acquéreur n'aura pas eu toutes les informations destinées à parfaire son consentement et aura négligé de formuler l'exigence de conditions suspensives particulières tenant à son projet ; faute de clause d'exonération et de fourniture des informations requises, le vendeur sera tenu de garantir l'acquéreur des vices cachés, notamment ceux liés à l'existence d'une accessibilité au plomb, de matériaux contenant de l'amiante, de termites, de défauts des installations intérieures de gaz et d'électricité et du système d'assainissement.

Il existe une **pratique de négociation immobilière** qui consiste à faire accepter rapidement par le vendeur une proposition d'achat sommaire établie par l'intermédiaire pour le compte de l'acquéreur avant de soumettre aux parties un avant-contrat plus élaboré. Cette pratique est commercialement efficace, mais juridiquement dangereuse pour les raisons indiquées ci-dessus. Au surplus, lorsque l'acquéreur est un non-professionnel et que l'immeuble est à usage d'habitation, seul le vendeur est véritablement engagé, l'acquéreur bénéficiant d'un droit de rétractation.

FORMULE D'OFFRE D'ACHAT

La formule d'offre d'achat **entre particuliers** d'un **immeuble bâti non soumis au régime de la** 1550
copropriété présentée ci-après est suffisamment complète pour qu'en cas d'acceptation elle apporte aux parties une sécurité comparable à celle que leur procurerait une promesse synallagmatique.

L'impossibilité d'assortir l'offre du versement d'une somme d'argent ou d'un engagement de versement réduit en pratique l'usage de l'offre d'acquérir ; l'offre peut cependant être utilisée comme un élément du dialogue entre le vendeur et l'acquéreur, et déboucher sur la signature d'un véritable avant-contrat.

MODÈLE

Offre d'achat assortie d'une condition suspensive de l'obtention d'un prêt

Identification de l'auteur de l'offre

Je soussigné,
Demeurant à...
Fais offre à M..., son propriétaire, d'acquérir l'immeuble ainsi désigné :

1550 (suite)

Désignation des biens

Un immeuble à usage de..., commune de... rue de..., avec les fonds et terrain en dépendant, cadastré section... numéro... pour une contenance de... m^2,
avec tous droits accessoires et immeubles par destination y attachés.

(*Éventuellement ajouter*)
Je déclare :
– savoir que la contenance cadastrale indiquée ci-dessus et les limites figurant sur le plan de cadastre n'ont qu'une valeur indicative, le cadastre étant un document fiscal, destiné au calcul de l'impôt ;
– savoir que la superficie et les limites exactes sont fixées à partir de mesures prises sur le terrain et entre limites réelles, définies contradictoirement avec les propriétaires riverains ;
– ne pas avoir l'intention de demander à un géomètre expert la détermination des limites et superficies exactes, estimant être suffisamment informé sur la consistance de cet immeuble.

(*Variante, à adapter en fonction des caractéristiques physiques de l'immeuble*)
J'offre d'acquérir cet immeuble avec les éléments suivants :
– les trumeaux, glaces et autres éléments d'équipement ou d'ornementation faisant corps avec le bâtiment ou scellés dans le mur ou ne pouvant en être détachés sans être fracturés et détériorés, ou sans briser ou détériorer le support auquel ils sont attachés ;
– les parties d'ouvrages mobiles par fonction (persiennes, volets, portes et planches de placards...) ;
– les radiateurs électriques et tablettes de radiateurs ;
– le(s) dispositif(s) de réception de télévision ;
– les revêtements de sols (parquets, moquettes collées, agrafées ou tendues, linoléum...) et tapis d'escaliers ;
– les poignées de portes telles qu'elles existaient lors de ma dernière visite ;
– l'alarme ;
– les arbres et arbustes en terre et les plantes vivaces.

(*Ajouter s'il y a lieu*)
L'offre porte également sur les objets mobiliers figurant sur la liste descriptive et estimative article par article jointe à la présente offre.

Conditions et modalités de l'offre

Prix et modalités de paiement

Montant :

Le prix offert est de... €.
(*Ajouter s'il y a lieu*)
Ce prix s'applique au mobilier pour... €.

Modalités de paiement :

Ce prix, en cas d'acceptation de l'offre, sera payé comptant le jour de la signature de l'acte authentique constatant la réalisation de la vente. Ce paiement sera effectué intégralement par la comptabilité du notaire rédacteur de l'acte.

Financement du prix et des frais

J'envisage de payer ce prix, ainsi que les frais et droits d'acte de vente, estimés, sauf à parfaire, à... €, soit une somme totale à financer de... €, de la manière suivante :
– de mes deniers personnels à hauteur de... € ;
– au moyen du ou des prêts que je m'oblige à solliciter pour le surplus de... €.

Conditions suspensives

En cas d'acceptation de mon offre, la vente sera soumise aux conditions suspensives suivantes :
(*Observation : sont ici proposées les conditions suspensives les plus usuelles. D'autres formules de conditions suspensives sont proposées* n°s 30800 s.).

Énonciation des conditions :

Renseignements d'urbanisme

Que les renseignements d'urbanisme qui seront sollicités en vue de la vente ne révèlent pas de servitudes ou prescriptions administratives de nature à mettre en cause, même partiellement, le droit de propriété ou la jouissance normale du bien, notamment :
– état de péril ou d'insalubrité ;
– situation de l'immeuble en emplacement réservé ou à proximité immédiate d'un emplacement réservé portant sur un projet source de nuisances ;
– alignement sur la voie publique en application des dispositions de l'article L 112-1 du Code de la voirie routière.

N'entraînera pas défaillance de la condition la situation du bien vendu dans le périmètre d'un monument historique, d'un site inscrit ou pittoresque, de fouilles archéologiques, de servitudes radioélectriques, d'une zone de bruit, d'un site patrimonial remarquable ou dans toute autre zone sans incidence sur la propriété, la valeur ou les conditions de jouissance de l'immeuble. **1550 (suite)**

Je n'envisage pas de réaliser dans le bien de travaux relevant de l'autorisation préalable de démolir ou de construire, de sorte qu'il n'y a pas lieu de soumettre la vente à la condition suspensive du caractère positif d'un certificat d'urbanisme ou d'un permis de démolir ou de construire.

Situation hypothécaire

Que l'état hypothécaire, qui sera requis préalablement à l'acte authentique, ne révèle l'existence d'aucune inscription garantissant une créance dont le montant restant dû serait supérieur au prix de vente, ni d'aucune publication d'un commandement de saisie, à moins que le vendeur ne puisse, dans le délai de réalisation des conditions suspensives, justifier du cantonnement des créances garanties à un montant inférieur ou égal au prix de vente, permettant ainsi d'éviter la procédure de purge hypothécaire.

Obtention des crédits sollicités

Que j'obtienne le prêt que je m'engage à solliciter, aux conditions suivantes :

Établissement prêteur : ...,

Montant global maximum du ou des prêts : ... €,

Durée minimum : ... ans,

Taux d'intérêt annuel maximum, hors assurance, frais de dossier, d'hypothèque et de caution, compris entre... % et... %.

Je déclare que mes ressources et mon état actuel d'endettement me permettent de solliciter ce ou ces prêts et de faire face à leur remboursement.

Je m'oblige à déposer le dossier de demande de prêt dans un délai de... jours à compter de la notification de l'acceptation de la présente offre, à fournir sans retard tous renseignements et documents qui pourront m'être demandés pour l'instruction de mon dossier et, de manière générale, à tout mettre en œuvre pour qu'aboutisse la demande de prêt, dans le délai de réalisation des conditions suspensives.

La condition suspensive sera considérée comme réalisée par la remise à mon profit, dans le délai de réalisation des conditions suspensives ci-après fixé, d'une offre préalable de prêt conforme aux conditions ci-dessus ou à ma demande.

Caractère incommutable du droit de propriété du vendeur

Que l'examen des titres de propriété et l'établissement de l'origine de propriété ne révèlent l'existence d'aucun risque de nullité, de résolution, de révocation, de rescision ou de remise en cause même éventuelle ou partielle du droit de propriété du vendeur, à moins que le vendeur ne puisse justifier, dans le délai de réalisation des conditions suspensives, de la consolidation et du caractère incommutable du droit de propriété transmis.

Délai de réalisation des conditions suspensives :

Les conditions suspensives devront être réalisées au plus tard dans le délai de... à compter de l'acceptation de la présente offre, à l'exception de la condition suspensive de l'obtention du prêt qui devra être réalisée au plus tard dans le délai de... à compter de cette acceptation.

Renonciation aux conditions suspensives :

Les conditions suspensives sont stipulées en ma faveur, de sorte que je pourrai toujours y renoncer, cette renonciation devant être formalisée exclusivement par lettre recommandée avec demande d'avis de réception adressée par voie postale ou par voie électronique au vendeur avant l'expiration du délai de réalisation des conditions suspensives, ou à lui remise contre récépissé dans le même délai.

Réalisation ou défaillance des conditions suspensives :

En cas de réalisation des conditions suspensives, la vente sera exécutée aux conditions prévues à la présente offre.

À défaut de réalisation de l'une ou de plusieurs des conditions suspensives dans le délai prévu ci-après, la convention serait caduque et chacune des parties reprendrait sa liberté.

Bien que ces conditions soient stipulées dans mon intérêt, leur défaillance dans les conditions ci-dessus prévues entraînera caducité irréversible de la vente à l'égard tant de moi-même que du vendeur, sans que je puisse prétendre poursuivre la vente en renonçant à me prévaloir de cette défaillance.

Je suis informé :

– qu'en application de l'article 1304-3 du Code civil la condition serait considérée comme réalisée à l'égard de celle des parties qui, par sa faute ou sa négligence, aurait provoqué sa défaillance ou empêché sa réalisation ;

– que le fait de demander un prêt à des conditions différentes de celles précisées ci-dessus peut entraîner l'application à mon encontre de cette sanction.

1550 (suite)

Droit de préemption urbain

L'immeuble est situé dans une zone où s'exerce le droit de préemption urbain. Compte tenu du droit d'acquisition prioritaire dont bénéficie la personne morale de droit public, la vente ne sera définitive à mon égard que lorsque celle-ci aura expressément ou tacitement renoncé à son droit. La déclaration d'intention d'aliéner fera mention de mon nom et de mon adresse.

Situation sanitaire et environnementale de l'immeuble et information de l'acquéreur

Dossier de diagnostic technique

Observation : les multiples obligations d'information pesant sur le vendeur, regroupées dans le dossier de diagnostic technique, doivent être exécutées au plus tard lors de l'établissement de la promesse de vente ou à défaut de la vente. Il est souhaitable que ces documents soient portés à la connaissance de l'offrant avant qu'il ne formule son offre et qu'ils soient même annexés à l'offre, afin que le vendeur ne soit pas, selon le cas, soit exposé à une demande de résolution de la vente ou de diminution du prix (risques naturels et technologiques ; risque lié au recul du trait de côte ; depuis le 7 février 2024, liste des travaux indemnisés mais non réalisés ou ouvrant droit à indemnisation devant permettre de stopper les désordres liés au phénomène de retrait-gonflement des argiles...), soit tenu à garantie à raison des vices cachés s'il acceptait l'offre (autres risques).

J'ai pris connaissance des documents suivants :

– le constat de risque d'exposition au plomb ;
– l'état de recherche d'amiante ;
– l'état relatif à la présence de termites dans le bâtiment ;
– l'état de l'installation intérieure de gaz naturel ;
– l'état de l'installation intérieure électrique ;
– l'état des risques et pollution ;
– le diagnostic de performance énergétique ;
– l'état de l'installation d'assainissement non collectif ;
– l'information sur le risque mérules ;
– l'information sur le risque d'exposition au radon *(dans les « zones à potentiel radon significatif »)*.

Ces documents, dont j'ai paraphé chaque page, sont annexés à la présente offre.

Obligations de la vente

La vente, si elle se réalise, aura lieu aux conditions de droit et sous celles suivantes :

Obligations du vendeur

Garantie des vices :

Conformément aux dispositions de l'article 1642 du Code civil, le vendeur ne sera tenu à aucune garantie des vices et défauts apparents de la chose vendue.

Par dérogation aux dispositions des articles 1641 et 1643 du Code civil, le vendeur ne sera pas tenu de la garantie des vices cachés ignorés de lui, quels qu'ils soient, et notamment mauvais état du sol, du sous-sol, défauts des constructions et des éléments d'équipement, présence d'insectes xylophages tels des termites, parasites et champignons des matériaux, présence de matériaux ou produits de la construction contenant de l'amiante, présence de peintures entraînant un risque d'accessibilité au plomb, mauvais état de l'installation intérieure de gaz et de l'installation intérieure électrique, mauvaises performances énergétiques, défauts de l'installation d'assainissement.

Le vendeur sera tenu de la garantie des vices cachés dont il avait connaissance lors de l'acceptation de la présente offre et dont il ne m'aurait pas informé.

(*Ajouter éventuellement*)

Ce régime de garantie s'applique aux objets mobiliers compris dans la vente.

Garantie d'éviction :

Le vendeur, en application des articles 1626 et suivants du Code civil, sera tenu de me garantir en cas d'éviction, totale ou partielle, que je subirais, notamment par suite :

– de contestation du droit de propriété ;
– d'existence d'inscriptions hypothécaires grevant le bien vendu du chef du vendeur ou de précédents propriétaires et qui me seraient opposables ;
– d'existence de locations ou d'occupations de l'immeuble qui me seraient opposables et dont je n'aurais pas été informé ;
– de servitudes occultes connues du vendeur et que celui-ci ne m'aurait pas révélées.

En revanche, je souffrirai, sans recours contre le vendeur :

– l'existence de servitudes apparentes et de celles occultes dont le vendeur m'aurait informé et de celles ignorées de ce dernier ;

1550 (suite)

– l'existence de servitudes administratives et d'urbanisme révélées par le certificat d'urbanisme ou les documents d'urbanisme, sans préjudice pour ces dernières de leur effet éventuel sur la défaillance de la condition suspensive relative à la situation de l'immeuble au regard de règles d'urbanisme ;
– l'existence de mitoyennetés ignorées du vendeur.

Obligation de délivrance :

Le vendeur me délivrera l'immeuble vendu et ses éléments d'équipement.
La vente ayant pour objet un immeuble bâti, formant un corps certain, défini par ses limites apparentes, le vendeur ne sera tenu à aucune garantie de contenance, la différence de contenance entre celle réelle et celle indiquée ci-dessus, excédât-elle un vingtième, devant faire ma perte ou mon profit, par dérogation aux dispositions de l'article 1619 du Code civil.
Le vendeur sera tenu de me remettre le jour de la signature de l'acte authentique les clefs de l'immeuble vendu ainsi que, s'il y a lieu, les notices d'utilisation et factures des éléments d'équipement vendus dont il disposerait.
Le vendeur me remettra les seuls anciens titres de propriété dont il disposerait, l'obtention de ceux dont il ne disposerait pas étant à ma charge et à mes frais.

Obligations de l'acquéreur

Contrats et abonnements :

Je ferai mon affaire personnelle, à compter de l'entrée en jouissance, de la continuation ou de la résiliation des contrats et abonnements relatifs à l'eau, au gaz et à l'électricité, et prendrai contact dès la régularisation de la vente par acte authentique avec les services distributeurs pour que les factures d'abonnements et de consommations me soient adressées.

Impôts et contributions :

Je paierai les impôts et contributions assis sur l'immeuble, à compter du jour fixé pour l'entrée en jouissance.
Les taxes foncières de l'année en cours feront l'objet d'une répartition prorata temporis, sur présentation de l'avertissement d'impôt, et je rembourserai au vendeur la fraction courue de la date d'entrée en jouissance au 31 décembre de l'année au cours de laquelle cette entrée en jouissance sera intervenue.
La taxe d'habitation sera à la charge de l'occupant au premier janvier de l'année considérée.

Frais :

J'acquitterai les frais et droits de l'acte de vente. Seront à la charge du vendeur les frais du dossier de diagnostic technique.

Assurance contre l'incendie

En application des dispositions de l'article L 121-10 du Code des assurances, l'assurance continuera de plein droit à mon profit, à charge pour moi d'exécuter toutes les obligations dont l'assuré était tenu vis-à-vis de l'assureur en vertu du contrat, sauf la faculté de le résilier si bon lui semble.
(Variante)
Par dérogation aux dispositions de l'article L 121-10 du Code des assurances, chacun du vendeur et de l'acquéreur fera son affaire personnelle de sa propre assurance, le vendeur pour résilier celle en cours ou la reporter sur un autre logement, et l'acquéreur pour souscrire son propre contrat.
(*Ajouter éventuellement*)
Je devrai justifier d'une police d'assurance incendie le jour de la signature de l'acte notarié.

Transfert de propriété – Entrée en jouissance

Transfert de propriété

Le transfert de propriété de l'immeuble sera retardé à la signature de l'acte authentique de vente.

Entrée en jouissance

L'entrée en jouissance sera fixée au jour de la réalisation de la vente par acte authentique. L'entrée en jouissance se fera par la prise de possession réelle, l'immeuble devant être libre de toute location ou occupation.

Réalisation de la vente

La vente, en cas d'acceptation de l'offre et de réalisation des conditions suspensives, sera régularisée au plus tard le...
Pour ce cas, je désigne pour m'assister M^{e} ..., notaire à... La vente sera reçue par celui des notaires du vendeur ou de l'acquéreur que désignent les règlements professionnels des notaires, avec s'il y a lieu le concours ou la participation de son confrère.

1550 (suite) La survenance de la date ci-dessus sans que l'acte authentique ait été réalisé ne sera pas extinctive des droits de l'une ou l'autre des parties, mais ouvrira la possibilité pour chacune des parties de mettre l'autre en demeure de réaliser la vente.

Défaillance de l'une des parties

Si, l'offre ayant été acceptée et l'ensemble des conditions suspensives réalisées, l'une des parties se refusait, pour quelque cause que ce soit, à passer l'acte authentique et à exécuter ses obligations dans le délai ci-dessus prévu, la vente serait de plein droit résolue sans qu'il soit nécessaire d'exercer une action judiciaire à cette fin, dix jours après mise en demeure d'avoir à exécuter ses obligations, effectuée par lettre recommandée par voie postale ou par voie électronique avec demande d'avis de réception, restée infructueuse.

La partie victime de la défaillance de l'autre aura également, à son seul choix, la possibilité d'agir en exécution forcée de la vente devant la juridiction compétente ou de demander judiciairement sa résolution.

En cas de résolution de la vente dans les conditions ci-dessus au titre soit de la clause résolutoire expresse, soit de la résolution judiciaire, la partie victime de la défaillance aura droit à titre de clause pénale à une somme fixée forfaitairement à 15 % du prix de vente.

Si la partie victime de la défaillance préfère poursuivre l'exécution de la vente par les voies judiciaires, il sera dû par son cocontractant défaillant, à titre d'astreinte, et par application de l'article 1231-5 du Code civil, une indemnité de un pour mille (1/1000) du prix d'acquisition par jour de retard à compter du jour de la réception de la mise en demeure d'avoir à régulariser, et sans que la partie défaillante puisse se prévaloir du paiement de cette astreinte pour différer la régularisation de la vente.

Durée et acceptation de l'offre

La présente offre est faite pour une durée expirant le... à minuit. Son acceptation devra me parvenir au plus tard à cette date, faute de quoi elle serait caduque.

Je ne pourrai révoquer mon offre pendant ce délai. L'offre serait cependant caduque dans les cas suivants :

– si le propriétaire la déclinait avant l'expiration du délai ci-dessus ;
– si je décédais ou devenais incapable par suite d'altération de mes facultés avant l'expiration de ce même délai.

L'acceptation résultera de l'apposition par le propriétaire de la mention « J'accepte sans réserve dans toutes ses dispositions la présente offre », suivie de la date et de la signature du propriétaire au pied de chacun des trois exemplaires originaux de l'offre, chacune des pages étant en outre paraphée.

Le propriétaire conservera l'un de ces exemplaires pour lui tenir lieu de titre probatoire de notre accord. Un exemplaire me sera adressé par courrier recommandé et cet envoi devra me parvenir avant la date indiquée ci-dessus. Le troisième exemplaire sera remis au notaire rédacteur.

Les conditions de formalisation de l'acceptation de l'offre indiquées ci-dessus sont de rigueur. Elles devront être strictement respectées pour que la présente offre soit considérée comme régulièrement acceptée.

Une acceptation avec réserve ou une contre-proposition entraînerait de plein droit caducité de la présente offre.

Faculté de rétractation

Observation : l'offre d'acquérir n'est pas, en tant que telle, soumise au droit de rétractation prévu par l'article L 271-1 du Code de la construction et de l'habitation. Son acceptation forme cependant la vente, et l'acquéreur doit alors bénéficier de la protection légale, et l'opération nous semble relever du droit de rétractation plutôt que du délai de réflexion, l'offre acceptée remplissant le rôle de l'avant-contrat synallagmatique. Si le droit de rétractation n'était pas exercé, la signature de l'acte notarié devrait être précédée de la notification de son projet et du respect du délai de rétractation.

Je déclare :

– ne pas agir en qualité de professionnel de l'immobilier ;
– vouloir affecter le bien objet de la présente offre à l'usage d'habitation.

En cas d'acceptation de mon offre, l'opération entrera dans le champ d'application de l'article L 271-1 du Code de la construction et de l'habitation.

Conformément aux dispositions légales, j'aurai la faculté de me rétracter, sans avoir à me justifier, dans un délai de dix jours de la notification d'une copie de l'offre acceptée qui me sera faite par le vendeur par lettre recommandée par voie postale ou par voie électronique avec demande d'avis de réception ou par acte d'huissier.

Le délai de rétractation de dix jours commencera à courir à compter du lendemain de la présentation de la lettre ou de l'exploit d'huissier me notifiant l'offre acceptée. Il expirera à la fin du dixième jour suivant cette première présentation.

En cas de rétractation exercée dans le délai légal et selon la même forme que la notification, la vente formée par l'acceptation de l'offre sera caduque. **1550** (suite)
La présente offre est établie en trois exemplaires sur... pages, sans mot ni chiffre nul, et sans renvoi ni surcharge ou addition.
À...,
Le...

CHAPITRE 3

INTERVENTION D'UN INTERMÉDIAIRE

SOMMAIRE

SECTION 1

AGENT IMMOBILIER

PRÉSENTATION DE LA PROFESSION D'AGENT IMMOBILIER

L'agent immobilier est un **mandataire** qui, moyennant rémunération, apporte son concours aux opérations juridiques portant sur les biens immobiliers, les fonds de commerce ou les parts de sociétés immobilières appartenant à autrui. **2000**

L'activité d'agent immobilier étant de nature commerciale (C. com. art. L 110-1, 3°), l'agent immobilier est un **commerçant** qui doit être immatriculé au registre du commerce et des sociétés. Lors de son immatriculation, il incombe au greffier de vérifier que le professionnel est bien titulaire de la carte professionnelle requise pour exercer (Avis CCRCS n° 2012-035 du 26-9-2012).

Même exercée à titre gratuit, l'activité qui consiste à faire paraître de manière permanente des annonces immobilières constitue un acte de commerce. Ainsi, une association qui offre aux particuliers, de manière permanente, un **site internet visant à favoriser les échanges d'immeubles** effectue des opérations d'intermédiaire pour l'achat et la vente d'immeuble au sens de l'article L 110-1 du Code de commerce et relève, dans le cadre de cette activité, de la compétence des tribunaux de commerce (Cass. com. 14-2-2006 n° 05-13.453 : Bull. civ. IV n° 35).

La **profession** d'agent immobilier est strictement **réglementée par la loi Hoguet** (Loi 70-9 du 2-1-1970) et son décret d'application (Décret 72-678 du 20-7-1972). Ce cadre contraignant est d'**ordre public** et s'impose à toute personne qui se livre à l'activité d'agent immobilier, sous peine, en cas d'inobservation, de se voir appliquer des **sanctions** civiles, pénales et/ou administratives (voir n°s 71000 s.). **2002**

Un **fichier** des professionnels de l'immobilier soumis à la loi Hoguet a été constitué (Décret 2015-703 du 19-6-2015) et la **formation continue** de ces professionnels a été réglementée (Décret 2016-173 du 18-2-2016).

Le titre d'« agent immobilier » (de même que celui de « syndic de copropriété » ou d'« administrateur de biens ») est protégé : est puni par une peine de 6 mois d'emprisonnement et 7 500 € d'amende toute utilisation de cette dénomination sans être titulaire de la carte (Loi 70-9 du 2-1-1970 art. 14, a-bis-A).

Un **Code de déontologie** a été mis en place (Décret 2015-1090 du 28-8-2015), mais il n'est assorti d'aucune sanction en cas de manquement.

> **Précisions** La loi du 2 janvier 1970 a été jugée compatible avec les **principes communautaires** de libre établissement et de libre prestation de services, en dépit du fait qu'elle pose des limites à la liberté d'exercice (CJCE 28-1-1992 : RDI 1992 p. 343 obs. D. Tomasin).

A. Champ d'application du statut d'agent immobilier

Sont soumises au respect de la loi Hoguet les **personnes physiques ou morales** qui, d'une manière habituelle, se livrent ou prêtent leur concours, même à titre accessoire, à certaines opérations portant sur les biens d'autrui (Loi 70-9 du 2-1-1970 art. 1). Ainsi, une société qui n'exerce pas à titre habituel l'activité d'agent immobilier n'est pas soumise à la loi Hoguet (Cass. 1e civ. 1-6-2022 n° 20-17.451 F-D). **2005**

CARACTÈRE HABITUEL DES OPÉRATIONS

La **notion d'habitude** est appréciée très largement par les juridictions puisque la réalisation de deux opérations concomitantes suffit à la caractériser (Cass. crim. 2-11-1978 n° 77-93.464 : Bull. crim. n° 292). Ainsi, une société de conseil en patrimoine qui propose à la vente les lots de deux ensembles immobiliers et recueille les engagements d'achat exerce à titre habituel une activité d'entremise (Cass. 1e civ. 15-5-2007 n° 06-17.957). Pour apprécier la multiplicité de ces activités, il importe peu que les mandats aient été donnés par une seule et même personne ou par des sociétés ayant le même gérant (Cass. 1e civ. 18-6-2014 n° 13-11.543). **2006**

Seule une opération isolée ou quelques opérations très espacées dans le temps permettent d'échapper au respect du statut. Ainsi, une société dont l'activité se limite à la promotion immobilière et qui s'est entremise à titre occasionnel pour négocier la cession d'un terrain n'est pas soumise à la loi Hoguet (Cass. 1e civ. 25-4-1984 n° 82-15.914 : Bull. civ. I n° 132). De même, la réalisation d'une seule opération par une société entre sa création et sa liquidation ne caractérise

pas une activité habituelle alors même que son objet social est celui de « marchand de biens, intermédiaire en immobilier » (Cass. 1e civ. 27-11-2001 n° 99-14.005 F-P : BPIM 1/02 inf. 81).
Conformément à l'article 1353 du Code civil, c'est à celui qui conteste la régularité du mandat au regard de la loi du 2 janvier 1970 de **démontrer** que le mandant, dont l'objet social ne se limite pas à une activité dans le domaine immobilier, se livre habituellement à une activité de transaction immobilière (Cass. 1e civ. 29-10-2014 n° 10-24.096).

PARTICIPATION À L'OPÉRATION DE VENTE

2008 Un **simple concours** aux opérations de vente immobilière suffit à faire entrer dans le champ d'application de la loi Hoguet. Dès lors que l'agent a contribué efficacement à la réalisation de la transaction, même partiellement, il est soumis à la loi, quand bien même cette activité ne serait qu'accessoire à son occupation principale (Cass. 1e civ. 19-5-1992 n° 90-18.812) et quand bien même elle serait réalisée à titre purement gratuit (CA Toulouse 2-10-1997 : inf. Fnaim déc. 1997 p. 19).
Par exemple, le « conseil immobilier » qui propose ses services de manière habituelle est soumis au respect de la loi du 2 janvier 1970 (CA Paris 20-4-1989, Haziza c/ Kakan : RDI 1990 p. 381 obs. D. Tomasin). La loi s'applique même au salarié dès lors qu'il est cogérant de fait et qu'il a personnellement encaissé des fonds (Cass. crim. 17-12-1990 n° 89-84.766).

2009 La loi Hoguet ne s'applique qu'aux personnes qui détiennent le **mandat initial** (mandat de vente, par exemple). La qualité des participants est indifférente. Peu importe la profession du propriétaire des biens, la loi Hoguet n'établissant aucune distinction en fonction de la profession du mandant. La loi s'applique que le mandant soit un particulier ou un professionnel de l'immobilier (Cass. 1e civ. 17-12-1991 n° 90-11.935 : Bull. civ. I n° 351 ; Cass. 1e civ. 23-1-2019 n° 18-11.677 F-PB, mandant et mandataire tous deux professionnels de l'immobilier). Elle s'applique aux opérations effectuées par un professionnel de l'immobilier pour le compte de promoteurs que ceux-ci soient ou non propriétaires des biens immobiliers en cause (Cass. 1e civ. 1-7-2020 n° 19-15.009 F-D : BPIM 5/20 inf. 356).
Le professionnel qui agit en application d'un **sous-mandat** donné par le mandataire initial échappe en revanche au statut (Cass. 1e civ. 7-2-1995 n° 93-14.158 : Bull. civ. I n° 68 ; Cass. 1e civ. 30-4-2014 n° 13-13.391 F-D ; Cass. 1e civ. 9-1-2019 n° 17-27.841 F-PB, mandat partiellement délégué par un notaire à un agent immobilier ; dans un sens contraire, Cass. 1e civ. 3-3-1998 n° 96-15.300 : Bull. civ. I n° 91).

ATTENTION

Les dispositions de la loi Hoguet ne sont pas applicables aux **conventions de rémunération conclues entre agents immobiliers** (Cass. 1e civ. 3-1-1996 n° 93-21.281 : Bull. civ. I n° 1) ou entre l'agent immobilier, détenteur du mandat initial et un négociant (Cass. 1e civ. 13-5-1997 n° 95-10.755 : Bull. civ. I n° 152, agent commercial en l'espèce ; Cass. 1e civ. 28-1-2003 n° 00-21.758 : Bull. civ. I n° 20, marchand de bien en l'espèce).

NATURE DES OPÉRATIONS SOUMISES À LA LOI HOGUET

2010 Seules certaines opérations entrent dans le champ d'application de la loi. En matière de **vente immobilière**, l'article 1er de la loi Hoguet vise notamment :
– l'achat, la vente, la recherche ou l'échange d'immeubles bâtis ou non bâtis (art. 1, 1°). Les chasseurs de biens, personnes qui effectuent une prestation de recherche de biens immobiliers pour le compte d'un prestataire de services moyennant rémunération, sont donc soumis à la loi Hoguet ;
– la souscription, l'achat ou la vente d'actions ou de parts de sociétés immobilières ou de sociétés d'habitat participatif donnant vocation à l'attribution de locaux en jouissance ou en propriété (art. 1, 4°) ;
– l'achat, la vente de parts sociales non négociables lorsque l'actif social comprend un immeuble (art. 1, 5°) ;
– la vente de listes ou de fichiers relatifs à l'achat ou la vente d'immeubles bâtis ou non bâtis, à l'exclusion des publications par voie de presse (art. 1, 7°) ;
– la conclusion de tout contrat de jouissance d'immeuble à temps partagé régi par les articles L 224-69 et suivants du Code de la consommation (art. 1, 8°).
Sont donc visés **notamment** l'entremise, l'apport d'affaires et, plus généralement, toute participation aux opérations de vente, de recherche ou d'échange portant sur des biens immobiliers, bâtis ou non, neufs, anciens ou en cours de construction, ainsi que portant sur les parts de sociétés immobilières ou de sociétés non négociables, dès lors que le bilan de ces dernières révèle un actif immobilier. Le statut est applicable quelle que soit la valeur du bien immobilier et la part relative qu'il tient dans l'actif total de la société (Cass. 1e civ. 12-12-2000 n° 98-10.158 : Administrer 2001 p. 51).

En revanche, les missions complexes et globales qui dépassent la simple opération de vente, telle que la mission de conception, d'assistance et de commercialisation d'un programme immobilier peuvent être considérées comme sortant du champ d'application de la loi (Cass. 1e civ. 1-12-1993 n° 91-17.746 PF : RJDA 10/12 n° 846).

ILLUSTRATIONS

Constituent une **activité soumise à la loi du 2 janvier 1970** :
– le fait d'indiquer quels sont les immeubles susceptibles de donner lieu à des opérations de promotion immobilière, de mettre en relation les parties, de donner son avis sur l'intérêt de l'opération, de régler les problèmes particuliers et de suivre éventuellement les négociations (Cass. 1e civ. 25-4-1990 n° 88-15.810 : Bull. civ. I n° 81) ;
– la mission de recherche immobilière, d'analyse comparée des sites retenus, de négociation et de contractualisation prévoyant le versement d'un honoraire assis sur la performance de négociation (Cass. 1e civ. 12-11-2020 n° 19-14.782 F-D).
Au contraire, **n'en relèvent pas** :
– l'activité qui consiste à vendre des espaces publicitaires pour annonces immobilières dans un journal, quand bien même seraient proposés accessoirement à ce service des modèles de contrat et des guides contre rémunération distincte, ainsi qu'un service téléphonique de renseignements juridiques gratuits (CA Paris 4e ch. A 9-12-1992, Fnaim c/ Sté édition Neressis : Administrer 1993 p. 33) ;
– la diffusion sur internet des annonces immobilières entre particuliers moyennant rémunération, mais sans intervenir dans les relations entre les auteurs des annonces et les personnes intéressées (CA Dijon ch. corr. 19-2-2009 n° 08/592 : BPIM 3/09 inf. 252) ;
– la cession d'actions d'une société anonyme (Cass. 1e civ. 10-10-1995 n° 93-20.771 : Bull. civ. I n° 351) ;
– l'activité consistant à réaliser des études de marché (Cass. 1e civ. 16-7-1998 n° 96-15.535 : Bull. civ. I n° 244) ;
– le mandat de conseil et d'assistance technique, de conduite de projet, de lobbying et de relations publiques, en vue d'obtenir une autorisation pour la création d'un Ehpad (Cass. 1e civ. 6-12-2017 n° 16-12.410 F-D).

PROPRIÉTÉ DES BIENS OBJETS DE LA VENTE

Seules les **opérations portant sur les biens d'autrui** obligent celui qui y apporte son concours au respect des obligations posées par la loi Hoguet, sous réserve des opérations portant sur les **biens d'un parent** (voir n° 2014). **2012**
En conséquence, la personne physique ou morale qui se livre à des opérations portant sur des biens dont elle est propriétaire échappe au respect du statut. Ainsi, le **marchand de biens** n'est en principe pas assujetti aux dispositions de la loi puisqu'il revend des immeubles qu'il a précédemment acquis (Cass. 1e civ. 10-1-1979 n° 77-12.320 : Bull. civ. I n° 17).
Le **promoteur immobilier** qui, après construction commercialise des appartements, se livre également à des opérations portant sur des biens lui appartenant et n'est donc pas soumis à la loi Hoguet (Cass. 1e civ. 25-4-1984 n° 82-15.914 : Bull. civ. I n° 132).

EXCLUSIONS DU CHAMP D'APPLICATION DE LA LOI HOGUET

Échappent à l'obligation de respect du statut posé par la loi Hoguet certaines **professions limitativement énumérées**, au titre desquelles on trouve les notaires, les avocats, les commissaires de justice (anciennement huissiers de justice), les géomètres-experts, les administrateurs judiciaires, les titulaires d'une licence d'agent de voyage pour la conclusion de tout contrat de jouissance d'immeuble à temps partagé (Loi 70-9 du 2-1-1970 art. 2 ; Décret 72-678 du 20-7-1972 art. 95 ; Décret 2022-949 du 29-6-2022 art. 67). Ces professionnels ne sont pas pour autant tous autorisés à exercer l'activité d'entremise ; ils sont soumis à des dispositions spécifiques. **2014**
Sont également exclus les personnes ou leur conjoint qui, à titre **non professionnel**, se livrent ou prêtent leur concours à des opérations relatives à des biens sur lesquels elles ont des droits réels indivis ou divis (Loi 70-9 du 2-1-1970 art. 2, al. 3), ainsi que les personnes agissant pour le compte de leur conjoint, de parents en ordre successible, de majeurs protégés ou de mineurs conformément aux dispositions légales (Loi 70-9 du 2-1-1970 art. 2, al. 4).
D'autres exclusions visent essentiellement des **sociétés au statut très particulier** : organismes de placement collectif immobilier et leurs sociétés de gestion, associations œuvrant à la promotion de la cohabitation intergénérationnelle solidaire (Loi 70-9 du 2-1-1970 art. 2, al. 7 et 8), organismes d'habitation à loyers modérés, sociétés d'aménagement foncier, sociétés d'économie mixte (Décret 72-678 du 20-7-1972 art. 95).

> **Précisions a.** Bien que la profession d'**avoué** n'existe plus depuis la fusion de la profession avec celle d'avocat par la loi 2011-94 du 25 janvier 2011, l'article 95 du décret 72-678 du 20 juillet 1972 mentionne toujours les avoués parmi les professionnels qui ne sont pas visés par la réglementation applicable à l'activité d'agent immobilier.
> **b.** Depuis le 1er septembre 2024, les **commissaires de justice** peuvent exercer à titre accessoire l'activité d'intermédiaires immobiliers avec une double limite : l'entremise ne peut porter que sur la vente des biens immobiliers dont ils sont déjà administrateurs (l'activité d'administrateur d'immeubles étant autorisée depuis le 1er juillet 2022, date de l'entrée en vigueur du décret 2021-1625 du 10-12-2021 art. 29). Ils doivent au préalable informer leur chambre régionale et le procureur général près la cour d'appel du ressort de leur office (Décret 2021-1625 du 10-12-2021 art. 29 modifié par l'art. 11 du décret 2024-673 du 3-7-2024). Étant soumis à des règles de déontologie propres (Décret 2023-1296 du 28-12-2023), ils ne sont pas assujettis à la loi Hoguet du 2 janvier 1970 (Décret 72-678 du 20-7-1972 art. 95). Ils ont néanmoins l'obligation de détenir un mandat écrit aux fins de rechercher un acquéreur, le mettre en relation avec son mandant et négocier les termes de la transaction immobilière (C. com. art. R 444-3 annexe 4-9, I-2°-h créé par l'art. 12 du décret 2024-673 du 3-7-2024). Lorsqu'ils exercent l'activité d'intermédiation, ils peuvent mentionner leur expertise professionnelle (Décret 2021-1625 susvisé art. 30, dernier al. interdisant aux commissaires de justice de faire état de leur qualité professionnelle, supprimé par l'art. 11 du décret 2024-673 du 3-7-2024).

B. Conditions d'exercice de la profession d'agent immobilier

2060 La loi Hoguet réglemente relativement strictement l'**accès à la profession** d'agent immobilier. Les activités de négociation immobilière ne peuvent être exercées que par les personnes physiques ou morales titulaires d'une carte professionnelle (ou d'une habilitation pour celles qui exercent pour le compte du titulaire de la carte professionnelle) et après avoir procédé à la formalité de la déclaration préalable.

En cas de négociation, entremise, démarchage, versement de fonds, remise de titres ou effets, engagement ou convention, toute personne intéressée peut exiger la présentation, suivant les cas, de la carte professionnelle, du récépissé de la déclaration d'activité ou de l'attestation d'habilitation (Décret 72-678 du 20-7-1972 art. 10). L'agent immobilier est donc tenu d'**attester de la régularité de sa situation** lorsqu'un client le lui demande. Ce dernier peut ainsi s'assurer que le professionnel est titulaire de la garantie financière et de l'assurance responsabilité civile obligatoires. Le client peut également **vérifier** la réalité de l'inscription de l'agent immobilier au fichier des titulaires de la carte professionnelle en consultant le site dédié de la chambre de commerce et d'industrie (n° 2068).

ATTENTION

L'agent immobilier qui se livre à l'**exercice de la profession sans carte** professionnelle **et utilise le titre d'agent immobilier** sans être titulaire de la carte encourt des sanctions prévues par l'article 14, a-bis A de la loi Hoguet (voir n° 2002). En outre, la jurisprudence considère que l'agent immobilier qui exécute un mandat de vente sans être titulaire de la carte ne peut pas prétendre au versement d'une commission (Cass. 1e civ. 15-5-2007 n° 06-17.957).

1. CARTE PROFESSIONNELLE

a. Procédure de délivrance de la carte professionnelle

DEMANDE DE LA CARTE

2065 L'agent immobilier doit être titulaire d'une carte professionnelle portant la mention **« Transactions sur immeubles et fonds de commerce »** (Décret 72-678 du 20-7-1972 art. 1, 1°).

La demande de carte (ainsi que les demandes de renouvellement ou de modification) doit être présentée au président de la chambre de commerce et d'industrie territoriale (ou, dans les circonscriptions où il n'en existe pas, au président de la chambre de commerce et d'industrie de région) ; la chambre compétente est celle dans le ressort de laquelle se trouve le siège du demandeur s'il s'agit d'une personne morale ou celui de son principal établissement pour une personne physique (Loi 70-9 du 2-1-1970 art. 3, al. 1 ; Décret 72-678 du 20-7-1972 art. 5, I).

La demande de carte doit être effectuée sur l'**imprimé Cerfa** n° 15312*03. Lorsque la demande est faite par une personne physique, elle mentionne l'état civil, le domicile et le lieu de l'activité

professionnelle de cette personne. Lorsqu'elle est effectuée par une personne morale, elle indique la dénomination, la forme juridique, le siège, l'objet de la personne morale ainsi que l'état civil, le domicile et la qualité du ou des représentants légaux ou statutaires.
La demande de carte doit être déposée contre décharge ou adressée par lettre recommandée avec demande d'avis de réception ou par voie électronique. Elle est accompagnée du **paiement** du coût de la formalité, soit 160 € (Décret 72-678 du 20-7-1972 art. 5, I ; Arrêté ECOI2003306A du 10-2-2020 : JO 14 texte n° 20).

ATTENTION

L'instruction de la demande de carte professionnelle suffit à générer l'**obligation au paiement de la rémunération** due à la chambre de commerce et d'industrie. Il n'est donc pas procédé au remboursement de la somme versée en cas de rejet d'un dossier, quelle que soit la motivation du rejet. S'il manque des pièces, le requérant doit compléter son dossier dans les délais impartis. À défaut, celui-ci est rejeté et il doit de nouveau payer pour l'instruction de sa demande de carte.

Le demandeur doit **joindre à sa demande** de carte les justificatifs suivants (Décret 72-678 du 20-7-1972 art. 3 et 4) : **2066**
– documents justifiant de son aptitude professionnelle (nos 2085 s.) ;
– attestation de garantie financière ou déclaration sur l'honneur par laquelle le demandeur déclare son intention de ne détenir aucun fonds, effet ou valeur (voir n° 2113) ;
– attestation d'assurance responsabilité civile professionnelle ;
– numéro unique d'identification si la personne est immatriculée au RCS ou double de la demande si elle doit y être immatriculée ;
– justificatif de l'ouverture d'un compte spécialement affecté aux versements et remises provenant de tiers (compte séquestre) ;
– s'il y a lieu, la liste des établissements secondaires.

Ces dispositions sont d'application stricte et s'imposent à l'autorité qui ne peut user de son pouvoir d'appréciation général pour y déroger, même lorsqu'un professionnel justifie d'une réelle expertise professionnelle reconnue dans le secteur immobilier sans toutefois satisfaire aux conditions visées par le décret (Rép. Marini : Sén. 20-3-2008 n° 03275).
Le président de la chambre de commerce et d'industrie compétente demande un **bulletin n° 2 au casier judiciaire** national afin de vérifier que le demandeur n'est pas frappé d'une des incapacités ou interdictions d'exercer définies au titre II de la loi (Décret 72-678 du 20-7-1972 art. 3, II).
En ce qui concerne les **personnes morales**, les obligations purement personnelles (aptitudes professionnelles et morales) doivent être satisfaites, non pas par la personne morale, mais par ses représentants légaux et statutaires. C'est en revanche au nom de la société que doivent être prises la garantie financière et l'assurance responsabilité civile professionnelle.

> **Précisions** Si la **demande** de carte est **incomplète**, la chambre de commerce et d'industrie notifie au demandeur la liste des pièces manquantes dans un délai de 15 jours à compter de la réception de la demande. La demande est caduque si le dossier n'est pas complété dans le délai de 2 mois de cette notification. Les pièces complémentaires sont déposées contre décharge ou adressées par lettre recommandée avec demande d'avis de réception ou par voie électronique (Décret 72-678 du 20-7-1972 art. 5, III).

DÉLIVRANCE DE LA CARTE

La carte « Transactions sur immeubles et fonds de commerce » est **délivrée par** le président de la chambre de commerce et d'industrie. Lorsque ce dernier exerce lui-même une activité régie par la loi Hoguet, la carte est délivrée par le vice-président (Loi 70-9 du 2-1-1970 art. 3, al. 1). **2067**
Le silence gardé pendant 2 mois par le président de la chambre de commerce et d'industrie vaut décision de rejet (Décret 2014-1292 du 23-10-2014 art. 1 et ann.).
La carte est **numérotée** (Décret 72-678 du 20-7-1972 art. 5, III-dernier al.) et **mentionne** : les activités exercées, l'identité de son titulaire et l'adresse de l'établissement principal (personne physique), l'identité des représentants légaux ou statutaires du titulaire de la carte (personne morale), la dénomination, la forme sociale et l'adresse du siège de la personne morale, l'identité du président et le nom de la chambre de commerce et d'industrie territoriale ou départementale délivrant la carte, les dates de début et de fin de validité de la carte, le numéro unique d'identification de l'entreprise (Arrêté EINI1508978A du 19-6-2015).

CCI-France établit et tient à jour un **fichier automatisé** des personnes **titulaires de la carte** professionnelle (Loi 70-9 du 2-1-1970 art. 3, al. 2). La nature des informations recueillies dans ce fichier et les modalités de leur conservation et de leur transmission aux tiers sont précisées par décret (Décret 2015-703 du 19-6-2015). **2068**

L'**accès aux informations** figurant sur le fichier se fait par l'intermédiaire d'un site public gratuit mis en œuvre par CCI-France (https://www.cci.fr/Ressources et documentations/Vos formalités en ligne/Fichier des professionnels de l'immobilier). Les magistrats peuvent obtenir communication de l'ensemble des données et des informations ; les tiers ont accès librement et à titre gratuit aux données à caractère personnel et informations contenues dans le fichier, à l'exception de celles relatives à la date et au lieu de naissance, à la nationalité et aux décisions d'interdiction temporaire ou définitive d'exercer (Décret 2015-703 du 19-6-2015 art. 4 et 5).

DURÉE DE VALIDITÉ DE LA CARTE

2070 **Durée initiale** La carte a une durée de validité de 3 ans (Décret 72-678 du 20-7-1972 art. 80, al. 1). Au cours de cette période de validité, les agents de l'autorité ayant délivré la carte peuvent, à tout moment, se faire remettre par son titulaire les pièces nécessaires à la vérification de sa situation.

Lorsque l'une des **conditions nécessaires à l'obtention de la carte disparaît** (condamnation nouvelle, cessation de la garantie financière, dénonciation du contrat d'assurance par exemple), le titulaire de la carte professionnelle doit la restituer immédiatement à l'autorité qui l'a délivrée (Décret 72-678 du 20-7-1972 art. 7). Il est tenu, ainsi que toute personne qui en serait porteur, de la remettre sur simple réquisition d'un agent de l'autorité publique ou sur demande du président de la chambre de commerce et d'industrie. Les données et informations le concernant sont radiées du fichier automatisé des personnes titulaires de la carte professionnelle.

2072 **Renouvellement de la carte** La carte professionnelle est renouvelée pour une **durée** de 3 ans, sur présentation à la chambre de commerce et d'industrie compétente, d'une demande écrite à l'aide du modèle Cerfa n° 15312*03. Le coût de cette formalité s'élève à 130 € (Arrêté ECOI2003306A du 10-2-2020). La nouvelle carte est délivrée sur remise de l'ancienne (Décret 72-678 du 20-7-1972 art. 80, dernier al.).

La **demande** de renouvellement est déposée contre décharge ou adressée par lettre recommandée avec demande d'avis de réception ou par voie électronique 2 mois avant la date d'expiration de la carte. Doivent être joints à la demande : l'attestation de garantie financière, une attestation d'assurance responsabilité civile professionnelle, la justification du respect de l'obligation de formation professionnelle continue, le cas échéant, la déclaration sur l'honneur qu'il n'est reçu ni détenu, directement ou indirectement, par le demandeur, d'autres fonds, effets ou valeurs que ceux représentatifs de sa rémunération ou de ses honoraires.

MODIFICATION DE LA CARTE

2074 Le titulaire de la carte professionnelle doit avertir sans délai la chambre de commerce et d'industrie compétente de **tout changement** d'adresse de son siège ou de son principal établissement et de tout changement de dénomination ou de forme de la personne morale, de l'identité du ou des représentants légaux ou statutaires et de l'identité du garant ou de l'assureur de la responsabilité civile professionnelle (Décret 72-678 du 20-7-1972 art. 6, I). Les changements ainsi notifiés donnent lieu à la délivrance d'une carte professionnelle mise à jour, valable pour la durée restant à courir de celle-ci. Cette formalité donne lieu au paiement d'une somme de 68 € (Arrêté ECOI2003306A du 10-2-2020).

Lorsque l'agent immobilier dépose la **déclaration sur l'honneur de ne détenir aucun fonds**, effet ou valeur autres que ceux représentatifs de sa rémunération ou de sa commission, il lui est délivré, sur remise de son ancienne carte, une nouvelle carte portant la mention « Non-détention de fonds » (Décret 72-678 du 20-7-1972 art. 6, II).

En cas d'**avenant à la garantie financière ou à l'assurance** contre les conséquences pécuniaires de la responsabilité civile professionnelle, le titulaire de la carte professionnelle en informe également la chambre de commerce et d'industrie territoriale (ou la chambre départementale d'Île-de-France) en utilisant le modèle Cerfa n° 15312*03 et fournit les justificatifs requis (Décret 72-678 du 20-7-1972 art. 6, III).

Toute adjonction de **nouvelles mentions d'activité** sur une carte coûte 160 € (Arrêté ECOI2003306A du 10-2-2020).

b. Aptitude professionnelle

PERSONNES DEVANT JUSTIFIER DE LEUR COMPÉTENCE

2085 Le **demandeur de la carte** « Transactions sur immeubles et fonds de commerce » doit justifier de ses compétences professionnelles. Lorsque l'agent immobilier exerce à titre individuel, c'est lui qui doit justifier de ses aptitudes professionnelles. Lorsque l'activité est exercée par l'intermédiaire d'une personne morale, c'est le représentant légal ou statutaire de cette dernière qui doit remplir les conditions de compétence exigées (Loi 70-9 du 2-1-1970 art. 3).

Doivent **également** justifier de leur aptitude personnelle les personnes, gérants, mandataires ou salariés qui, sans être titulaires de la carte professionnelle, assument la direction de l'entreprise, d'un établissement, d'une succursale, d'une agence ou d'un bureau. Pour ces personnes, la durée d'activité exigée est réduite de moitié (Décret 72-678 du 20-7-1972 art. 16).

DIPLÔMES SUFFISANTS

Peuvent exercer **sans condition d'expérience professionnelle** les personnes titulaires (Décret 72-678 du 20-7-1972 art. 11) : 2088

– soit d'un diplôme délivré par l'État ou au nom de l'État, d'un niveau égal ou supérieur à 3 années d'études supérieures après le baccalauréat et sanctionnant des études juridiques, économiques ou commerciales ;
– soit d'un diplôme ou d'un titre inscrit au répertoire national des certifications professionnelles d'un niveau équivalent (niveau II, c'est-à-dire bac + 3) et sanctionnant des études dans les trois disciplines ci-dessus ;
– soit du brevet de technicien supérieur professions immobilières ;
– soit d'un diplôme de l'institut d'études économiques et juridiques appliquées à la construction et à l'habitation.

› **Précisions** Une circulaire précise que « de façon générale, les requérants (doivent) être invités à présenter l'original de leur **titre ou diplôme** » et qu'il **convient de vérifier** si la date d'obtention du diplôme correspond à la date de validité de la certification (Circ. de la Direction des affaires civiles et du Sceau du 16-10-2008 n° NOR : JUSC0822823C).

EXPÉRIENCE PROFESSIONNELLE SUFFISANTE

À défaut de pouvoir justifier des diplômes visés ci-dessus, peuvent obtenir la carte les personnes justifiant qu'elles ont occupé pendant une **durée de 10 ans** un emploi subordonné se rattachant à une activité mentionnée à l'article 1er de la loi du 2 janvier 1970 et correspondant à la mention demandée. La durée est **réduite à 4 ans** si l'emploi était occupé en qualité de cadre (affilié en tant que tel auprès d'une institution de retraite complémentaire) ou en qualité de fonctionnaire de catégorie A ou de niveau équivalent (Décret 72-678 du 20-7-1972 art. 14). 2090

Le demandeur qui entend voir apposer les deux mentions **« transaction et gestion »** doit justifier d'une expérience acquise pour chacune de ces deux activités. À défaut, il ne peut prétendre à l'apposition que de l'une d'entre elles seulement (Circ. de la Direction des affaires civiles et du Sceau du 22-2-2006 n° NOR : JUSC0620119C).

› **Précisions** L'expression « **emploi subordonné** » comprend à la fois les emplois privés et publics, mais exclut du champ d'application de la réglementation l'expérience acquise par les négociateurs non salariés (Circ. de la Direction des affaires civiles et du Sceau du 6-1-2006 n° NOR : JUSK0620002C).

CUMUL D'UN DIPLÔME ET D'UNE EXPÉRIENCE

Celui qui ne remplit aucune des conditions susmentionnées peut néanmoins obtenir la carte professionnelle : 2092

– s'il est titulaire du **baccalauréat** ou d'un diplôme ou d'un titre inscrit au répertoire national des certifications professionnelles d'un niveau équivalent (niveau IV) et sanctionnant des études juridiques, économiques ou commerciales ;
– **et** peut justifier d'un **emploi subordonné** pendant au moins 3 ans se rattachant à une activité mentionnée à l'article 1er de la loi du 2 janvier 1970 et correspondant à la mention demandée (Décret 72-678 du 20-7-1972 art. 12).

APPRÉCIATION DE LA DURÉE D'EMPLOI

Les durées d'occupation s'entendent d'un emploi à temps complet. Si l'emploi n'a été occupé qu'à **temps partiel**, la durée totale doit être équivalente à un temps plein pour justifier de l'aptitude professionnelle (Décret 72-678 du 20-7-1972 art. 15). Aucune condition de continuité n'est posée. La durée totale peut donc résulter d'un **cumul de plusieurs emplois** différents et discontinus, dès lors qu'ils répondent tous aux exigences posées par la loi. Les durées exigées sont des durées minimales qui ne dépendent pas du type de fonction exercée. 2094

ILLUSTRATIONS

La période d'emploi peut avoir été interrompue (CE 8-6-1998 n° 170322, min. intérieur c/ Tavitian : Lebon T. p. 1146). En revanche, celui qui a été président-directeur général puis directeur général d'une société anonyme exploitant un cabinet immobilier pendant une durée inférieure à 4 ans ne peut se voir délivrer la carte professionnelle (CE 18-3-1996 n° 147411, Onesto c/ Préfet du Val-de-Marne).

APPRÉCIATION DES CONDITIONS D'EXERCICE DE L'EMPLOI

2096 Il faut que l'emploi dont le demandeur se prévaut corresponde « à la mention demandée » (Décret 72-678 du 20-7-1972 art. 12). Une circulaire précise qu'il doit exister une **corrélation absolue** entre l'emploi occupé et la mention demandée (Circ. de la Direction des affaires civiles et du Sceau du 16-10-2008 n° NOR : JUSC0822823C).

Afin de faciliter la formation au sein d'une entreprise familiale, il n'est pas nécessaire que l'**emploi** soit **rémunéré ou salarié**, dès lors que les conditions légales sont remplies par ailleurs (Rép. Bachelet : AN 23-5-1994 n° 7467).

RESSORTISSANTS EUROPÉENS

2097 **Exercice temporaire ou occasionnel de l'activité** Tout ressortissant légalement établi dans un État membre de l'Union européenne (UE) ou partie à l'accord sur l'Espace économique européen (EEE) peut exercer en France les activités de mandataire immobilier de façon temporaire ou occasionnelle, à condition d'en avoir fait la **déclaration préalable**. Toutefois, lorsque l'activité concernée ou la formation y conduisant n'est pas réglementée dans l'État dans lequel il est établi, le prestataire doit l'avoir exercée dans un ou plusieurs États membres ou parties de l'EEE pendant au moins une année à temps plein ou une durée équivalente à temps partiel, au cours des 10 années qui précèdent la prestation (Loi 70-9 du 2-1-1970 art. 8-1).

La déclaration préalable doit être faite par lettre recommandée avec demande d'avis de réception ou par voie électronique, au président de la chambre de commerce et d'industrie territoriale dans le ressort de laquelle le prestataire se déplace ou de la chambre départementale d'Île-de-France. Elle doit être faite lorsque le prestataire se déplace la première fois en France pour fournir ses services et être **accompagnée** des documents suivants (Décret 72-678 du 20-7-1972 art. 16-6) :

– une attestation certifiant que l'intéressé est légalement établi dans un État membre ou de l'EEE et n'encourt pas d'interdiction d'exercer ;

– la preuve que l'intéressé a exercé l'activité pendant au moins une année au cours des 10 dernières années (si l'État membre dans lequel il est établi ne réglemente pas cette activité) ;

– la justification de la nationalité de l'intéressé ;

– la justification d'une assurance contre les conséquences pécuniaires de la responsabilité civile professionnelle ;

– la justification d'une garantie financière permettant le remboursement des fonds, effets ou valeurs déposés par les clients et spécialement affectée à celui-ci (sauf si l'intéressé a effectué la déclaration sur l'honneur visée ci-dessous) ;

– le cas échéant, une déclaration sur l'honneur qu'il n'est reçu ni détenu, directement ou indirectement, par l'intéressé, à l'occasion de l'opération pour laquelle la déclaration est faite, d'autres fonds, effets ou valeurs que ceux représentatifs de sa rémunération ou de ses honoraires.

Le déclarant doit fournir au président de la chambre de commerce et d'industrie territoriale (ou de la chambre départementale d'Île-de-France) les documents relatifs aux **changements** matériels relatifs à sa situation établie par ces documents (Décret 72-678 du 20-7-1972 art. 16-6).

> **Précisions a.** Le législateur n'a pas défini ce qu'il entend par **« activité temporaire ou occasionnelle »**. On peut se demander comment articuler cette disposition avec la position de la Cour de cassation selon laquelle le caractère habituel de l'activité naît dès le deuxième acte (voir n° 2006). À notre avis, cette expression n'a de sens que si elle se comprend comme visant une activité exercée « pendant un temps donné », par opposition à une activité exercée par un agent installé définitivement en France.
> **b.** Le professionnel qui souhaite **se déplacer à nouveau** pour fournir des services de façon temporaire et occasionnelle plus d'un an après sa première déclaration en fait la déclaration préalable selon les mêmes modalités. Il joint, le cas échéant, tout document relatif à un changement de situation intervenu depuis sa précédente déclaration (Décret 72-678 du 20-7-1972 art. 16-6, dernier al.).

2098 **Obtention de la carte professionnelle** Les ressortissants des États membres de l'Union européenne (UE) ou de l'Espace économique européen (EEE) peuvent également obtenir la carte professionnelle afin d'exercer en France l'activité d'agent immobilier, sans avoir à remplir les conditions énoncées aux nos 2085 s. Mais ils doivent **justifier** d'une attestation de compétence ou d'un titre de formation européen qui diffère selon que l'accès à l'activité pour laquelle ils sollicitent la carte est ou non réglementé par l'État dont ils sont ressortissants (Décret 72-678 du 20-7-1972 art. 16-1) :

– si l'accès est réglementé, ils doivent justifier d'une attestation de compétence ou d'un titre de formation européen leur permettant l'accès à l'activité concernée ;

– si l'accès n'est pas réglementé, ils doivent fournir une attestation de compétence ou un titre de formation européen attestant de leur préparation à l'exercice de tout ou partie de l'activité pour laquelle ils sollicitent la carte ; ils doivent également justifier de l'exercice à temps plein de l'activité pendant au moins un an au cours des 10 années précédentes, ou pendant une période équivalente en cas d'exercice à temps partiel, dans un État membre de l'UE ou partie à l'accord EEE qui ne réglemente pas l'activité. L'expérience d'un an n'est cependant pas exigée si le titre certifie une formation préparant spécifiquement à l'exercice de l'activité.
Dans tous les cas, une **connaissance suffisante du français** est exigée (Décret 72-678 du 20-7-1972 art. 16-3). Cette connaissance est établie par la production de diplômes ou titres justifiant que le candidat a suivi un enseignement à cette fin ; elle peut également résulter d'attestations établissant qu'il en a acquis la connaissance par l'usage (Arrêté JUSC0927750A du 24-12-2009 art. 2).
La **procédure de délivrance de la carte** professionnelle est alignée sur celle applicable aux demandeurs ayant acquis une qualification en France (Décret 72-678 du 20-7-1972 art. 16-5).

> **Précisions** Un État membre peut **sanctionner pénalement** l'exercice d'une profession réglementée par un ressortissant d'un État membre ne remplissant pas les conditions exigées par le premier État (CJCE 7-5-1992, aff. C-104/91, Colegia Oficial de Agentas de Propriedad immobiliara : Rec. I-3003).

Carte professionnelle européenne Il existe une procédure alternative de reconnaissance des qualifications professionnelles, plus rapide et plus simple : la carte professionnelle européenne (CPE). Il s'agit d'une **procédure électronique** permettant aux professionnels ressortissants d'un pays membre de l'UE ou de l'EEE de prouver qu'ils satisfont aux conditions nécessaires pour exercer de façon temporaire et occasionnelle ou de manière permanente leur activité en France (Ord. 2016-1809 du 22-12-2016 art. 1). Les agents immobiliers ont donc désormais le choix entre ce dispositif et les procédures de déclaration préalable ou de reconnaissance des qualifications professionnelles susvisées (n°s 2097 et 2098). **2099**
La procédure est la suivante (Décret 72-678 du 20-7-1972 art. 16-11 et 16-12) : CCI France transmet les demandes de CPE des ressortissants souhaitant **s'établir en France** aux chambres de commerce et d'industrie chargées d'instruire ces demandes. Un arrêté recense les pièces justificatives à fournir à l'appui de la demande de carte (Arrêté ECOI1730191A du 16-11-2017). En l'absence de décision dans le délai de 2 mois à compter de la réception de la demande (éventuellement prorogé de 2 semaines) la CPE est automatiquement délivrée.
Pour l'**exercice temporaire ou occasionnel** de l'activité en France, la demande de carte doit être adressée à l'autorité compétente de l'État membre d'origine et accompagnée des documents justificatifs mentionnés à l'article 16-6, 1° à 6° du décret 72-678 du 20 juillet 1972.

> **Précisions** CCI France coordonne les **alertes** émises par les autorités compétentes des autres États membres ou parties à l'accord sur l'Espace économique européen qui portent sur l'identité du professionnel reconnu coupable par la justice sur leur territoire d'avoir présenté de **fausses preuves** à l'appui d'une demande de reconnaissance de ses **qualifications professionnelles**. Elle les transmet dans les meilleurs délais aux chambres de commerce et d'industrie compétentes (Décret 72-678 du 20-7-1972 art. 16-13, II).

c. Formation continue

PROFESSIONNELS CONCERNÉS

Les agents immobiliers sont **soumis** à une obligation de formation continue tout au long de l'exercice de leur activité à laquelle est subordonnée le renouvellement de leur carte professionnelle (Loi 70-9 du 2-1-1970 art. 3-1 ; Décret 2016-173 du 18-2-2016 art. 1). Lorsqu'il s'agit de personnes morales, cette obligation pèse sur leurs représentants légaux et statutaires. **2100**
Sont également soumises à cette obligation : les personnes, salariées ou non, habilitées à négocier, s'entremettre ou s'engager pour le compte du titulaire de la carte professionnelle (voir n°s 2220 s.) ainsi que les personnes qui assurent la direction d'un établissement, d'une succursale, d'une agence ou d'un bureau.
En revanche, **échappent à l'obligation** de formation continue les ressortissants d'États membres de l'Union européenne ou d'États parties à l'Espace économique européen qui exercent leur activité de façon temporaire et occasionnelle en France.

> **Précisions** L'article 4 **du Code de déontologie** issu du décret 2015-1090 du 28 août 2015 exige des agents immobiliers qu'ils possèdent les connaissances théoriques et pratiques nécessaires à l'exercice de leurs activités. Ils doivent notamment se tenir informés des évolutions législatives et réglementaires et de la situation des marchés sur lesquels ils interviennent et s'astreindre au respect de leurs obligations en matière de formation continue.

À défaut d'avoir les compétences requises, ils doivent soit refuser la mission, soit faire appel à une personne qualifiée dont ils auront vérifié le professionnalisme, tout en informant le client de cette prestation externalisée.

MODALITÉS DE LA FORMATION

2105 La **durée de la formation** continue est de 14 heures par an ou de 42 heures au cours de 3 années consécutives d'exercice (Décret 2016-173 du 18-2-2016 art. 2). Au cours de ces 3 années consécutives d'exercice, la formation continue inclut au moins 2 heures portant sur la non-discrimination à l'accès au logement et, au moins 2 heures portant sur les autres règles déontologiques (Décret 2016-173 du 18-2-2016 art. 3, dernier al.).

Les **activités validées** doivent avoir trait aux domaines juridique, économique, commercial, à la déontologie ainsi qu'aux domaines techniques relatifs à la construction, l'habitation, l'urbanisme, la transition énergétique et doivent avoir un lien direct avec l'activité professionnelle exercée. Elles sont listées (Décret 2016-173 du 18-2-2016 art. 3) :
– participation aux actions de formation concourant au développement des compétences visées à l'article L 6313-1, 1° du Code du travail ;
– assistance à des colloques dans la limite de 2 heures par an ;
– enseignement, dans la limite de 3 heures par an.

Elles doivent être accomplies auprès d'organismes de formation habilités (Décret 2016-173 du 18-2-2016 art. 4). Ces derniers délivrent à la personne ayant suivi la formation une **attestation** (Décret 2016-173 du 18-2-2016 art. 5). Pour le contrôle de l'accomplissement effectif de l'obligation de formation continue, ils transmettent cette attestation, selon le cas (Décret 2016-173 du 18-2-2016 art. 6) :
– au président de la chambre de commerce et d'industrie territoriale (ou de la chambre départementale d'Île-de-France), après chaque formation ou au plus tard au moment de la demande de renouvellement de la carte professionnelle ;
– au titulaire de la carte professionnelle qui assure la direction de l'établissement, la succursale, l'agence ou le bureau ou qui a habilité le candidat.

d. Garantie financière

OBLIGATION D'UNE GARANTIE FINANCIÈRE

2110 **Modes de garantie** La délivrance de la carte professionnelle, préalable indispensable à l'exercice de l'activité d'agent immobilier, est en principe soumise à la justification d'une garantie financière permettant le **remboursement** des **fonds, effets ou valeurs déposés**, la garantie devant être spécialement affectée audit remboursement (Loi 70-9 du 2-1-1970 art. 3, 2°). L'objectif est de protéger les clients de tout détournement des fonds qu'ils confient à l'agent immobilier (dépôt de garantie ou indemnité d'immobilisation versés à l'occasion d'une promesse unilatérale ou synallagmatique de vente, par exemple).

La garantie doit être matérialisée par un **engagement écrit** fourni **par une entreprise d'assurance** spécialement agréée, un établissement bancaire, une société de financement ou une institution mentionnée à l'article L 518-1 du Code monétaire et financier, c'est-à-dire le Trésor public, la Banque de France, La Poste ou la Caisse des dépôts et consignations, notamment (Loi 70-9 du 2-1-1970 art. 3, al. 8). L'engagement écrit doit fixer les conditions générales de la garantie et préciser notamment son montant, sa durée, les conditions de rémunération du garant, les modalités du contrôle exercé par lui ainsi que les contre-garanties éventuelles qu'il exige (Décret 72-678 du 20-7-1972 art. 22-1).

La garantie financière peut aussi résulter d'une **consignation** qui est déposée à un compte ouvert par la **caisse des dépôts et consignations** au nom de l'agent immobilier. Ce compte, spécialement affecté aux fins spécifiées par la loi du 2 janvier 1970, doit comprendre deux sous-comptes : l'un exclusivement affecté au remboursement ou à la restitution des versements et remises (le montant de la consignation déposée à ce sous-compte doit toujours être au moins égal au montant de la garantie) ; l'autre, exclusivement affecté au paiement de l'administrateur et des publications prévus en cas de cessation de garantie (Décret 72-678 du 20-7-1972 art. 23).

> **Précisions** **a.** Le titulaire de la carte professionnelle ne peut placer l'ensemble de ses activités que sous **un seul mode de garantie** même si elles relèvent de catégories différentes, transaction/gestion, par exemple (Décret 72-678 du 20-7-1972 art. 27).
> **b.** Seuls les **garants financiers** ayant mis en place des procédures de contrôle internes, au moyen d'un référentiel et de modèles de suivi des risques, sont habilités à délivrer la garantie financière (Loi 70-9 du 2-1-1970 art. 3, 2°).

Dispense de garantie Les professionnels déclarant leur intention de ne détenir aucun fonds, effet ou valeur peuvent être dispensés de fournir une garantie financière (Loi 70-9 du 2-1-1970 art. 3, 2°). Pour obtenir cette dispense, ils doivent effectuer une **déclaration sur l'honneur** attestant qu'à l'occasion des activités pour lesquelles ils demandent l'attribution ou le renouvellement de la carte, ils ne reçoivent ni ne détiennent, directement ou indirectement, aucun fonds, effet, valeur autres que ceux représentatifs de leur rémunération ou de leurs honoraires (Décret 72-678 du 20-7-1972 art. 3, I-6° et art. 80, 4°). Cette dispense bénéficie dans les mêmes conditions aux prestataires européens qui se déplacent en France pour fournir leurs services de manière temporaire ou occasionnelle (Décret 72-678 du 20-7-1972 art. 16-6, 6°). 2113

> **Précisions** Lorsque l'agent immobilier est dispensé de justifier d'une garantie financière :
– la **carte** professionnelle délivrée porte les mentions « Non-détention de fonds » et « Absence de garantie financière » (Décret 72-678 du 20-7-1972 art. 1, dernier al.) ;
– tous les **documents, contrats, correspondances et publicités** commerciales émanant de l'agent immobilier doivent indiquer, en caractères très apparents, que pour l'activité concernée par la dispense, l'agent ne doit recevoir ni détenir d'autres fonds, effets ou valeurs que ceux représentatifs de sa rémunération ou de ses honoraires ; la même indication doit être portée sur une **affiche** apposée en évidence dans la vitrine ou sur le panneau publicitaire extérieur (Décret 72-678 du 20-7-1972 art. 94).

MONTANT DE LA GARANTIE FINANCIÈRE

Le montant de la garantie financière doit être **au moins égal** au montant maximal des fonds que l'agent immobilier envisage de détenir (Décret 72-678 du 20-7-1972 art. 28). En d'autres termes, à tout moment, la garantie financière doit pouvoir couvrir la totalité des sommes représentant les versements et remises qui ont été faits par les clients à l'agent immobilier et qu'il détient à charge de restitution, en qualité de séquestre notamment. La révision du montant de la garantie n'intervient en principe qu'une fois par an, à la date anniversaire de la convention de garantie signée avec l'établissement garant, sauf circonstance exceptionnelle (Décret 72-678 du 20-7-1972 art. 31). 2118

Le **montant minimum** de la garantie financière est fixé à 110 000 € (Décret 72-678 du 20-7-1972 art. 30). En outre, la garantie ne peut pas être inférieure au montant maximal des sommes détenues au cours de la période de garantie précédente (Décret 72-678 du 20-7-1972 art. 29) ou que l'agent immobilier envisage de détenir s'il est nouveau demandeur (Décret 72-678 du 20-7-1972 art. 28).

Le montant de la garantie peut être réduit à 30 000 € au cours des **deux premières années d'exercice**. Cette disposition n'est pas applicable aux personnes morales dont l'un au moins des représentants légaux statutaires a déjà été soumis aux dispositions de la loi Hoguet (Décret 72-678 du 20-7-1972 art. 32).

CONTRÔLE DE LA GARANTIE FINANCIÈRE

L'établissement garant a l'obligation de mettre en place un **dispositif de contrôle interne** sur les fonds, effets ou valeurs qu'il garantit (Loi 70-9 du 2-1-1970 art. 3, 2°). Ce dispositif doit être doté de moyens humains suffisants, adapté au volume des fonds, effets ou valeurs garantis et inclure des procédures de contrôles sur pièces et, en tant que de besoin, sur place (Décret 72-678 du 20-7-1972 art. 38-1). 2120

Le garant est tenu d'exercer des **missions de contrôle** sur les fonds qu'il garantit (Loi 70-9 du 2-1-1970 art. 3, 2°). Pour ce faire, il peut, à tout moment, se faire remettre par l'agent immobilier les pièces qu'il estime nécessaires à la vérification de la suffisance de la garantie (Décret 72-678 du 20-7-1972 art. 86). Il peut notamment exiger du bénéficiaire de la garantie le registre-répertoire, les carnets de reçus, le registre des mandats ou les actes sous signature privée qu'il reçoit. Le président de la chambre de commerce et d'industrie territoriale peut, de la même manière, se faire communiquer ces documents. Si le garant constate une insuffisance de la garantie, il doit en aviser le président de la chambre de commerce et d'industrie territoriale sans délai, après une mise en demeure de régulariser restée vaine. Si l'insuffisance persiste, l'autorité compétente est en droit de demander la restitution de la carte.

Les agents immobiliers sont tenus de transmettre annuellement à leurs garants financiers leurs comptes annuels ainsi que les documents permettant de vérifier la conformité des garanties financières octroyées (Décret 72-678 du 20-7-1972 art. 38-2).

L'établissement garant doit vérifier **à chaque renouvellement de la garantie** que le montant de celle-ci est au minimum égal aux sommes détenues par l'agent immobilier au cours de l'exercice précédent. À défaut, il engage sa responsabilité à l'égard des clients qui subissent un préjudice de ce fait et leur doit réparation (Cass. 1e civ. 27-11-1990 n° 89-10.628 : Bull. civ. I n° 271).

MISE EN ŒUVRE DE LA GARANTIE FINANCIÈRE

2122 Pour que le client d'un agent immobilier puisse mettre en œuvre la garantie, la **créance** qu'il invoque doit trouver son origine dans un versement ou une remise effectué à l'occasion de l'une des opérations visées par la loi Hoguet. Sa créance doit être certaine, liquide et exigible et la défaillance de l'agent immobilier doit être dûment constatée (Décret 72-678 du 20-7-1972 art. 39, al. 1). La garantie produit effet sur les seules justifications que la créance est certaine, liquide et exigible et que la personne garantie est défaillante, quelle que soit la cause de cette défaillance (trois arrêts, Cass. 3e civ. 13-7-2023 n° 22-14.535 FS-B, n° 22-14.540 F-D et n° 22-14.549 F-D, défaillance due à des fautes de gestion).

> **Précisions** Le fait que la garantie financière joue sur les seules justifications que la créance soit certaine, liquide et exigible et que l'agent immobilier garanti soit défaillant ne déroge pas au **droit** de tout créancier **de se voir attribuer une provision** lorsque l'existence de l'obligation de son débiteur n'est pas sérieusement contestable (Cass. 1e civ. 10-11-2021 n° 20-14.367 F-D).

2124 **Origine de la créance détenue par le client** L'organisme garant n'est tenu de rembourser les clients que dans la limite des **sommes versées** par ces derniers dans le cadre d'une opération visée à l'article 1er de la loi de 1970. En matière de vente immobilière, il s'agit donc généralement des sommes que l'agent immobilier détient à charge de restitution, en sa qualité de séquestre.

La garantie à laquelle est tenu l'organisme garant envers les clients de la personne défaillante ne s'étend ni aux **dommages et intérêts** auxquels cette dernière a été condamnée (Cass. 1e civ. 4-11-1986 n° 85-12.880 : Bull civ. I n° 253) ni aux **intérêts** qui ont été contractuellement mis à sa charge (CA Paris 7 e ch. A 22-11-1989 : D. 1989 IR p. 317). En revanche, le garant financier est tenu au paiement des intérêts légaux résultant du retard du paiement de la dette à compter de la date à laquelle il a été mis en demeure par le créancier de payer la dette de l'agent immobilier (Cass. 1e civ. 16-10-2008 n° 06-16.066 : Bull. civ. I n° 224).

> **Précisions** Dès lors que la créance a pour origine un versement ou une remise à un agent immobilier, la garantie est due par l'établissement garant, quand bien même le **créancier** aurait depuis été **subrogé par un tiers**. Le notaire qui reçoit de l'agent immobilier des chèques sans provision en paiement d'un acompte sur le prix de vente peut donc valablement mettre en œuvre à son profit la garantie financière dont cet agent était titulaire (Cass. 1e civ. 21-10-2003 n° 00-14.659 : Bull. civ. I n° 200).

2126 **Créance certaine, liquide et exigible** En matière de vente immobilière, les conditions tenant à la certitude, la liquidité et l'exigibilité de la créance ne posent guère de problème, celles-ci résultant généralement très clairement de l'**acte qui a justifié le versement** (promesse unilatérale ou synallagmatique de vente). L'acte en question constitue donc en principe un titre matérialisant avec certitude la créance, dans son montant et dans son principe.

2128 **Défaillance de l'agent immobilier** Il est inutile de mettre en œuvre la garantie financière tant que la défaillance de l'agent immobilier n'a pas été constatée. Cette **constatation** peut résulter d'une sommation de payer suivie de refus ou demeurée sans effet, pendant un délai d'un mois à compter de la signification de la sommation faite à l'agent immobilier (Décret 72-678 du 20-7-1972 art. 39, al. 3). Il convient donc de faire délivrer une sommation de payer par voie de commissaire de justice (anciennement huissier de justice) et d'attendre d'obtenir un refus exprès ou tacite, ce dernier résultant du défaut de réponse pendant un mois.

> **Précisions** Il résulte de la combinaison de l'article L 124-1 du Code des assurances et de l'arrêté du 1er septembre 1972 pris en application de l'article 49 du décret du 20 juillet 1972 que la **mise en œuvre de la garantie** professionnelle des personnes visées par la loi du 2 janvier 1970 est subordonnée à une réclamation amiable ou judiciaire faite à l'assuré dans le **délai** réglementairement limité, au titre des garanties minimales obligatoires, à 12 mois après l'expiration du contrat (Cass. 1e civ. 2-7-1996 n° 94-12.892 : Bull. civ. I n° 279).

2130 **Paiement de la garantie** Une fois en possession des documents attestant de la défaillance de l'agent immobilier, le client doit adresser un courrier à l'établissement garant. Le décret impose seulement une « **demande écrite** accompagnée des justificatifs » (Décret 72-678 du 20-7-1972 art. 42, al. 1), mais un courrier recommandé avec demande d'avis de réception est évidemment préférable. En cas d'instance en justice, le demandeur doit aviser l'organisme garant de l'assignation par lettre recommandée avec demande d'avis de réception (Décret 72-678 du 20-7-1972 art. 39, al. 2).

Le paiement est effectué par le garant à l'expiration d'un **délai** de 3 mois à compter de la demande écrite (Décret 72-678 du 20-7-1972 art. 42, al. 1). Le garant qui oppose une résistance fautive au paiement peut être condamné à verser des dommages et intérêts au client. Ainsi en est-il du garant qui, pour s'opposer au paiement, invoque des créances mais n'en produit que tardivement les justificatifs et qui, pendant le cours de la procédure, n'offre le paiement d'aucun acompte (Cass. 1e civ. 6-3-2001 n° 98-16.660).
En application du droit commun, le créancier peut **se voir allouer une provision** en justice si son droit n'est pas sérieusement contestable.

CONSEIL

Il est particulièrement important d'**exercer le recours en garantie avec diligence**, car si plusieurs demandes sont reçues pendant le délai de 3 mois et que le montant total des demandes excède le montant de la garantie, une répartition a lieu au « marc le franc » (c'est-à-dire proportionnellement à chaque demande). Les éventuels créanciers qui se font connaître ultérieurement ne sont donc pas payés.

Si l'agent immobilier garanti fait l'objet d'une **procédure collective** pendant le délai de 3 mois suivant la réception par le garant de la demande de paiement, le règlement des créances peut être différé jusqu'au dépôt de l'état des créances au greffe du tribunal dans les conditions des articles R 624-8 à R 624-11 du Code de commerce (Décret 72-678 du 20-7-1972 art. 42, dernier al.). 2131
Mais l'ouverture de la procédure ne fait pas obstacle à ce que le bénéficiaire de la somme déposée auprès de l'agent immobilier, en sa qualité de séquestre conventionnel au titre d'un dépôt de garantie, la récupère sans avoir à subir le concours des autres créanciers du séquestre (Cass. com. 13-11-2001 n° 97-16.652 FS-P : RJDA 3/02 n° 250 ; Cass. com. 23-9-2020 n° 19-15.122 F-PB : RJDA 12/20 n° 655). Le client peut donc demander **directement à l'agence immobilière** en liquidation la restitution des fonds déposés sans avoir à déclarer sa créance (Cass. com. 15-2-2011 n° 10-10.056 F-PB : Bull. civ. IV n° 25, décision confirmée par trois arrêts rendus le même jour sous les nos 10-10.507, 10-10.072 et 10-10.078). Il peut également **réclamer à l'organisme garant** le remboursement des fonds déposés sans avoir à déclarer au préalable sa créance à la procédure collective ouverte contre l'agence (Cass. ass. plén. 4-6-1999 n° 96-18.094 : Bull. ass. plén. n° 4).
Si le client de l'agent immobilier a **déclaré sa créance** au passif de la procédure collective, la Cour de cassation considère que cela ne l'empêche pas d'agir directement contre le garant, l'admission de sa créance au passif n'exonérant pas le garant de sa garantie (Cass. com. 18-1-2017 n° 15-16.531 FS-PB : BPIM 2/17 inf. 168). Et la créance ainsi déclarée ne peut pas être rejetée au motif que les fonds recueillis par l'agent immobilier demeurent étrangers au patrimoine de l'agence immobilière sur les comptes de laquelle ils ne font que transiter et ne figurent pas au passif de son patrimoine (Cass. com. 19-9-2018 n° 17-16.603 F-D).

CESSATION DE LA GARANTIE FINANCIÈRE

Causes de cessation de la garantie La garantie cesse dans les **cas suivants** : démission de l'adhérent d'une société de caution mutuelle, dénonciation du contrat, expiration du contrat, fermeture de l'établissement, décès ou cessation d'activité de la personne garantie, mise en location-gérance du fonds de commerce si elle est possible (Décret 72-678 du 20-7-1972 art. 44). 2132

Publicité de la cessation de la garantie Pour que la cessation de la garantie soit opposable aux clients, l'établissement garant doit faire publier un **avis dans un quotidien** paraissant dans le département où est situé le siège de l'entreprise à laquelle a été donnée la garantie, et, le cas échéant, les établissements, les succursales, les agences ou les bureaux qui en dépendent. Cet avis mentionne le délai de production des créances (3 mois à compter de la publicité). 2134
Ce n'est qu'après l'expiration d'un délai de 3 jours francs suivant la publication de cet avis que la cessation de la garantie prend effet (Décret 72-678 du 20-7-1972 art. 44). La garantie peut, toutefois, en cas de décès, être prorogée à titre exceptionnel et provisoire, pour une durée qui ne peut excéder un an sous certaines conditions (Décret 72-678 du 20-7-1972 art. 44, dernier al.).
Le garant est également tenu d'informer immédiatement, par **lettre recommandée avec avis de réception**, les personnes ayant fait des versements ou des remises au titulaire de la carte professionnelle depuis moins de 10 ans, et dont les nom et adresse figurent sur le registre-répertoire dit « de la loi du 2 janvier 1970 » (n° 2322). La lettre mentionne le délai de production des créances et son point de départ (Décret 72-678 du 20-7-1972 art. 45, al. 1).
Si la cessation de garantie s'accompagne d'un changement de garant, l'avis précise que le nouveau garant s'est engagé à reprendre, avec tous ses effets, la garantie du précédent garant ; ce dernier est alors **dispensé** de la formalité de notification aux créanciers (Décret 72-678 du 20-7-1972 art. 45, al. 2). Lorsque la cessation de la garantie financière n'est pas concomitante au

changement de garant, l'ancien garant, dont la garantie a cessé 3 jours francs suivant la publication de l'avis, n'est pas tenu à une nouvelle formalité de publication s'il est informé par la suite du changement de garant (Cass. 1e civ. 16-3-2022 n° 20-22.408 F-B : BPIM 3/22 inf. 256).
À compter de la réception de la lettre recommandée, les clients qui ont fait un versement ou une remise de fonds à l'agent immobilier avant la date de la cessation de la garantie ont 3 mois pour produire leur créance au garant afin de demeurer bénéficiaires de la garantie. Les personnes qui ne sont pas inscrites sur le registre, et qui n'ont donc pas été informées de la cessation de la garantie, ont 3 mois à compter de la publication de l'avis dans les journaux (Décret 72-678 du 20-7-1972 art. 45, dernier al.).
Les mesures d'information prévues par les textes (publication et lettre recommandée) ne font courir le délai de 3 mois qu'à l'unique condition qu'elles mentionnent le délai de 3 mois ouvert aux créanciers pour produire leur créance (Décret 72-678 du 20-7-1972 art. 45, dernier al.).
Il résulte de ces différentes dispositions que la **garantie cesse** de produire effets soit 3 jours francs après la publication de l'avis pour les clients qui ont effectué des versements après la cessation de la garantie, soit 3 mois après la publication de l'avis ou la réception de la lettre recommandée pour les clients qui ont effectué des versements avant à la cessation de garantie.

2137 Le consignataire ou le garant doit **informer** immédiatement de la cessation de la garantie le président de la chambre de commerce et d'industrie territoriale ainsi que l'établissement bancaire dans lequel est ouvert l'un des comptes prévus aux articles 55, 59 et 71 du décret du 20 juillet 1972 (Décret 72-678 du 20-7-1972 art. 48).

e. Assurance responsabilité civile

OBLIGATION D'ASSURANCE DE RESPONSABILITÉ CIVILE

2150 Les agents immobiliers doivent être en mesure de justifier à tout moment qu'ils sont couverts pour chaque établissement, succursale, agence ou bureau, contre les conséquences pécuniaires de la responsabilité civile professionnelle qu'ils peuvent encourir en raison de leurs activités (Décret 72-678 du 20-7-1972 art. 49).
Un arrêté fixe les **conditions minimales** que doit comporter le contrat d'assurance (Arrêté du 1-9-1972 modifié). Par exemple, la limite de garantie ne peut pas être inférieure à 75 000 € par an pour un assuré donné ; la franchise laissée à la charge de l'agent immobilier ne peut pas être supérieure à 10 % des indemnités de réparation dues. Il a été jugé qu'en cas de dépassement, la franchise n'est opposable à l'assuré, comme au tiers victime, que dans cette limite (Cass. 1e civ. 2-10-2013 n° 12-20.504 : Bull. civ. I n° 194).
L'assureur doit, sans délai, porter à la connaissance du président de la chambre de commerce et d'industrie qui a délivré la carte professionnelle toute **suspension de garantie**, dénonciation de la tacite reconduction ou résiliation du contrat d'assurance (Décret 72-678 du 20-7-1972 art. 50).

ÉTENDUE DE L'ASSURANCE DE RESPONSABILITÉ CIVILE

2156 L'assurance de responsabilité civile couvre toute **faute non intentionnelle** commise par un agent immobilier dans l'exercice de sa profession. Elle sera réparée, car prise en charge par l'assurance obligatoire.
La condamnation judiciaire de l'agent immobilier à raison de sa responsabilité constitue pour l'assureur, tant dans son principe que dans son étendue, la réalisation du risque couvert. Dès lors, il ne peut **contester sa garantie** qu'au regard des stipulations de sa police et ne peut pas opposer à la victime l'absence de garantie découlant de la nullité du mandat (Cass. 1e civ. 29-10-2014 n° 13-23.506).

ATTENTION

Les **fautes intentionnelles** commises par l'agent immobilier ne sont pas couvertes par la garantie. Ainsi, l'assureur n'est pas tenu de garantir la non-représentation de fonds résultant d'une faute intentionnelle de l'agent immobilier (CA Paris 2e ch. A 5-2-2002 n° 2000/09117 : AJDI 2002 p. 407 obs. S. Porcheron). Les juges du fond peuvent souverainement considérer que la négligence inacceptable de l'agent immobilier, qui s'est abstenu d'exercer son devoir de conseil, a été commise avec la simple conscience qu'il faisait courir un risque aux acheteurs et exclure le caractère intentionnel ou dolosif du manquement ; l'assureur est alors tenu de garantir les conséquences de la responsabilité civile de son assuré (Cass. 2e civ. 12-1-2017 n° 16-10.042 F-D).

2158 L'assureur ne doit sa garantie que dans la limite où la responsabilité de l'agent immobilier est engagée au cours ou à l'occasion des **activités déclarées** lors de la souscription du contrat d'assurance.
La Cour de cassation a rendu des décisions contradictoires quant à l'**appréciation** de l'étendue de l'activité déclarée par l'agent immobilier bénéficiant des garanties. Pour la deuxième chambre

civile, ne sont couvertes par la garantie que les activités expressément déclarées dans la police d'assurance. Ainsi, les dommages causés par les **conseils en investissement ou en défiscalisation** donnés à l'occasion d'une transaction immobilière conclue par l'intermédiaire de l'agent immobilier ne sont pas garantis par l'assurance professionnelle, dès lors que sa responsabilité a été engagée au titre d'une prestation de conseil en investissement non expressément couverte par la police, qui excédait la seule activité d'agent immobilier déclarée (Cass. 2e civ. 5-10-2017 n° 16-21.457 F-D). Au contraire, la première chambre civile considère qu'à défaut de conditions particulières limitant la garantie ou de clause d'exclusion, le contrat d'assurance qui garantit l'activité de transaction immobilière couvre l'activité accessoire de prestation de conseil en investissement patrimonial ou en défiscalisation exercée à l'occasion d'une vente immobilière (Cass. 1e civ. 14-11-2018 n° 16-23.730 FS-PBRI : BPIM 6/18 inf. 448 ; Cass. 1e civ. 14-11-2018 n° 16-24.168 FS-D).
En l'état de cette incertitude, il est **conseillé** aux agents immobiliers qui offrent une prestation de conseil en investissement de souscrire une garantie couvrant cette activité spécifique.

f. Conditions de moralité

CONDAMNATIONS EMPÊCHANT L'ACCÈS À LA PROFESSION D'AGENT IMMOBILIER

La loi Hoguet interdit aux personnes condamnées pour certaines infractions d'exercer la profession d'agent immobilier : nul ne peut, d'une manière habituelle, se livrer ou prêter son concours, même à titre accessoire, aux opérations portant sur les biens d'autrui s'il a fait l'objet depuis moins de 10 ans d'une condamnation définitive **pour crime**, sans conditions de durée de la peine prononcée, ou d'une condamnation pour **certains délits**, à condition dans ce dernier cas que la peine prononcée soit d'au moins **3 mois d'emprisonnement** sans sursis (Loi 70-9 du 2-1-1970 art. 9). **2170**
L'incapacité s'applique aux **personnes physiques** ainsi qu'à toute personne **morale** dont les associés ou actionnaires détenant au moins 25 % des parts ou des droits de vote ont fait l'objet d'une condamnation irrévocable depuis moins de 10 ans pour les infractions visées à l'article 9 (Loi 70-9 du 2-1-1970 art. 10, d).
Les interdictions d'exercer impliquent non seulement l'impossibilité d'obtenir la **carte professionnelle**, mais également celle d'**exercer l'activité sous couvert d'un tiers** (Loi 70-9 du 2-1-1970 art. 12).

Délits visés par la loi Hoguet Les délits concernés sont nombreux et visent tant les **atteintes aux biens qu'aux personnes ou à la confiance publique**. Sont visés par l'article 9 de la Loi 70-9 du 2-1-1970 : **2180**
– l'escroquerie et l'abus de confiance, le recel ou l'une des infractions assimilées au recel ou voisines de celui-ci prévues aux articles 321-6 s. du Code pénal, le blanchiment, la corruption active ou passive, le trafic d'influence, la soustraction et le détournement de biens, le faux, la falsification de titres ou autres valeurs fiduciaires émises par l'autorité publique ou la falsification des marques de l'autorité ;
– la participation à une association de malfaiteurs, le trafic de stupéfiants, le proxénétisme ou le recours à la prostitution, les infractions liées aux conditions de travail et d'hébergement contraires à la dignité de la personne, au travail forcé et à la réduction en servitude ;
– les infractions à la législation sur les sociétés commerciales prévues aux articles L 241-2 s. du Code de commerce, la banqueroute, la pratique de prêt usuraire, les infractions à la réglementation des jeux d'argent et de hasard et des casinos (Code de la sécurité intérieure art. L 324-1 à L 324-4, L 324-10 et L 324-12 à L 324-14) ;
– les infractions à la législation et à la réglementation des relations financières avec l'étranger, les atteintes aux systèmes de traitement automatisé (C. pén. art. 323-1 s.) ;
– la fraude fiscale.
Sont également visées certaines **infractions particulières** sanctionnées par :
– le Code de la construction et de l'habitation (CCH art. L 241-1, L 241-2, L 263-1 et L 311-6) ;
– le Code des assurances (C. ass. art. L 243-3) ;
– le Code de la consommation (C. consom. art. L 431-2, L 431-7, L 453-2, L 453-3, L 432-6, L 433-9, L 132-2, L 222-6, L 121-8 à L 121-10, L 441-1, L 413-1, L 413-4 s., L 413-8 et L 512-4) ;
– le Code monétaire et financier (C. mon. fin. art. L 353-2) ;
– le Code du travail (C. trav. art. L 324-9, L 324-10 et L 362-3, étant précisé que ces textes ont été abrogés et sont repris aux art. L 8221-1 et L 8221-2 pour l'art. L 324-9, L 8221-3 et L 8221-5 pour l'art. L 324-10 et L 8224-1 et L 8224-2 pour l'art. L 362-3).
Afin de lutter contre les discriminations dans l'attribution de logements par les professionnels de l'immobilier, la loi prévoit également que toute personne condamnée depuis moins de 10 ans à une peine d'au moins 3 mois d'emprisonnement sans sursis pour **comportement discriminatoire** ne peut pas exercer la profession d'agent immobilier (Loi 70-9 du 2-1-1970 art. 9, 21° ; C. pén. art. 225-1 s.).

Rappelons que, dans l'exercice de son activité, l'agent immobilier doit veiller à ne commettre aucune des discriminations mentionnées à l'article 225-1 du Code pénal (C. déontologie art. 3). L'interdiction de la discrimination s'applique aussi bien lors de la location d'un bien immobilier que lors de sa vente (Rép. Morel-À-L'Huissier : AN 12-9-2006 n° 95496). La preuve d'une discrimination peut résulter de la pratique du « testing » (C. pén. art. 225-3-1).

2182 **Incapacités d'exercer d'ordre professionnel** À ces interdictions, applicables à tous, s'ajoutent des incapacités tenant à la situation professionnelle des intéressés. L'incapacité d'exercer s'applique ainsi à toute personne à l'égard de laquelle a été prononcée une mesure définitive de **faillite personnelle** ou une autre mesure définitive d'interdiction (Loi 70-9 du 2-1-1970 art. 10, a), à tout officier public ou ministériel (notaire, commissaire de justice, notamment) ayant fait l'objet d'une condamnation définitive à la **destitution** (Loi 70-9 du 2-1-1970 art. 9, III), aux administrateurs judiciaires et mandataires judiciaires au redressement et à la liquidation des entreprises ayant fait l'objet d'une décision de **radiation** de la liste (Loi 70-9 du 2-1-1970 art. 10, b), aux membres et anciens membres des professions libérales soumises à un statut législatif ou réglementaire ou dont le titre est protégé ayant fait l'objet d'une décision définitive prononçant une **interdiction d'exercer** d'une durée au moins égale à 6 mois (Loi 70-9 du 2-1-1970 art. 10, c).

CONTRÔLE DE L'ABSENCE D'INCAPACITÉ OU D'INTERDICTION D'EXERCER

2184 L'absence d'incapacité ou d'interdiction d'exercer est établie par un **bulletin n° 2 du casier judiciaire national**, qui est délivré à la demande du président de la chambre de commerce et d'industrie territoriale ou de la chambre de commerce et d'industrie départementale d'Île-de-France (Décret 72-678 du 20-7-1972 art. 3, II et 80).

L'agent immobilier qui est condamné alors qu'il exerce doit **cesser son activité** dans le délai d'un mois à compter du jour où la décision entraînant l'incapacité est devenue définitive et lui a été notifiée. Ce délai peut être réduit ou supprimé par la juridiction qui a rendu cette décision (Loi 70-9 du 2-1-1970 art. 13).

Le **ministère public avise** sans délai le président de la chambre de commerce et d'industrie territoriale compétente de toute condamnation pénale prononcée contre un titulaire de la carte professionnelle et entraînant l'incapacité d'exercer son activité ; le **greffier** chargé de tenir le registre du commerce et des sociétés avise sans délai la chambre de commerce de la radiation d'un titulaire de la carte professionnelle, quel qu'en soit le motif (Décret 72-678 du 20-7-1972 art. 86-1).

Le Conseil national des greffiers des tribunaux de commerce est autorisé à mettre en œuvre un **fichier national automatisé des interdits de gérer** qui recense les faillites personnelles et les autres mesures d'interdiction de diriger, de gérer, d'administrer ou de contrôler, directement ou indirectement, une entreprise commerciale, industrielle ou artisanale, une exploitation agricole, une entreprise ayant toute autre activité indépendante ou une personne morale prononcées à titre de sanction civile ou commerciale ou à titre de peine et résultant des décisions juridictionnelles passées en force de chose jugée (C. com. art. L 128-1). Ce fichier peut être consulté par les greffiers des tribunaux de commerce et des tribunaux civils statuant en matière commerciale, les magistrats, les personnels des chambres de métiers et de l'artisanat, notamment (C. com. art. L 128-2).

> **› Précisions** Si la **condamnation** a été prononcée par une **juridiction étrangère**, l'incapacité d'exercer est applicable en France, dès lors que le jugement a été déclaré exécutoire ou que le tribunal correctionnel du domicile du condamné a constaté la régularité et la légalité de la condamnation, l'intéressé devant être dûment appelé en chambre du conseil (Loi 70-9 du 2-1-1970 art. 11).

2. OBLIGATION DE DÉCLARATION PRÉALABLE D'ACTIVITÉ

MODALITÉS DE LA DÉCLARATION PRÉALABLE D'ACTIVITÉ

2200 Une déclaration préalable d'activité est souscrite à la chambre de commerce et d'industrie territoriale du lieu de situation de chaque établissement, succursale, agence ou bureau, par la personne qui en assume la direction (Loi 70-9 du 2-1-1970 art. 3, dernier al. ; Décret 72-678 du 20-7-1972 art. 8). Contrairement aux formalités liées à l'obtention de la carte professionnelle, l'obligation de déclaration doit donc être réitérée pour chaque ouverture d'une nouvelle structure.

La déclaration doit être **effectuée par** le dirigeant de la structure (Décret 72-678 du 20-7-1972 art. 8, al. 1) ; ce n'est donc pas nécessairement le titulaire de la carte professionnelle. Celui qui assure la direction doit, comme le titulaire de la carte, satisfaire aux conditions d'aptitude professionnelle avec un temps d'activité réduit de moitié, de formation continue et de moralité exposées respectivement aux n°s 2085 s., 2100 s. et 2170 s. (Loi 70-9 du 2-1-1970 art. 3, dernier al. et 3-1 ; Décret 72-678 du 20-7-1972 art. 8 et 16). Pour rappel, les négociateurs non-salariés habilités par le titulaire de la

carte professionnelle à négocier, s'entremettre ou s'engager pour son compte ne peuvent pas assurer la direction d'un établissement, d'une succursale, d'une agence ou d'un bureau (Loi 70-9 du 2-1-1970 art. 4, 3°).
La déclaration est **effectuée sur** l'imprimé Cerfa n° 15312*03. Les informations à transmettre varient selon que le demandeur est une personne physique (état civil, profession, domicile et lieu d'activité) ou une personne morale (dénomination, forme juridique, siège, objet et état civil, domicile et profession du représentant). Doivent être également précisés la chambre de commerce et d'industrie territoriale ayant délivré la carte professionnelle ainsi que le numéro de celle-ci.
La demande est accompagnée du paiement du **coût de la formalité**, soit 96 € (Arrêté ECOI2003306A du 10-2-2020).

RÉCÉPISSÉ DE DÉCLARATION PRÉALABLE D'ACTIVITÉ

Un récépissé de sa déclaration est donné à l'intéressé lorsque tout a été vérifié. Il permet à 2210
l'agent immobilier d'**attester** de la **régularité de sa situation**. Toute modification (changement d'adresse, de gérant, etc.) doit être déclarée. Si les conditions d'exercice de la profession ne sont plus remplies, le récépissé de déclaration doit être restitué au président de la chambre de commerce et d'industrie compétente (Décret 72-678 du 20-7-1972 art. 8).
Un **refus de délivrance** du récépissé d'ouverture d'une succursale fondé sur la seule distance séparant l'établissement principal de l'établissement secondaire n'est pas fondé dans la mesure où les textes ne prescrivent pas une distance maximale au-delà de laquelle la carte devrait être refusée. Il appartient donc à l'autorité compétente d'apprécier, sous le contrôle du juge administratif, que le titulaire de la carte peut exercer simultanément la direction de l'établissement principal et celle du ou des établissements secondaires (Circ. de la Direction des affaires civiles et du Sceau du 16-10-2008 n° NOR : JUSC0822823C).

3. HABILITATION DES NÉGOCIATEURS SALARIÉS OU AGENTS COMMERCIAUX

DÉLIVRANCE DE L'HABILITATION DES NÉGOCIATEURS

Attestation d'habilitation Le titulaire de la carte professionnelle doit habiliter les per- 2220
sonnes physiques qui **négocient, s'entremettent ou s'engagent pour son compte** (Loi 70-9 du 2-1-1970 art. 4). L'habilitation lui permet d'avoir recours à des négociateurs **salariés ou non salariés**. Les premiers exercent leur activité dans des conditions faisant apparaître un lien de subordination, tandis que les seconds ont le statut d'agent commercial et sont liés au titulaire de la carte par un contrat de mandat.
La **demande** d'attestation d'habilitation doit être effectuée par l'agent immobilier sur l'imprimé Cerfa n° 15315*02 et être accompagnée du paiement du coût de la formalité, soit 55 € (Arrêté ECOI2003306A du 10-2-2020).
L'agent immobilier **remet** l'attestation d'habilitation visée par la chambre de commerce et d'industrie territoriale compétente aux personnes qui négocient, s'entremettent ou s'engagent pour son compte (Décret 72-678 du 20-7-1972 art. 9). Celle-ci précise, notamment, les dates de début et de fin de sa validité, l'identité, la qualité et l'étendue des pouvoirs du négociateur (Décret 72-678 du 20-7-1972 art. 9, al. 1 ; Arrêté EINI1508978A du 19-6-2015 art. 3). Le Code de déontologie applicable aux agents immobiliers exige que l'étendue des pouvoirs confiés au négociateur soit précisée avec clarté et exhaustivité.
Toute personne peut exiger la **présentation** de l'attestation d'habilitation à l'occasion des opérations de négociation, entremise, démarchage, versement de fonds, remise de titres ou effets, engagement ou convention (Décret 72-678 du 20-7-1972 art. 10).

ATTENTION

Le fait de **négocier**, s'entremettre ou prendre des engagements pour le compte du titulaire d'une carte professionnelle **sans avoir été habilité** est passible de **sanctions pénales** (Loi 70-9 du 2-1-1970 art. 14, dernier al.) : 6 mois d'emprisonnement et 7 500 € d'amende. En outre, il fait perdre tout droit à **rémunération**, peu important que la personne ait reçu un mandat écrit émanant d'une agence immobilière (Cass. 1e civ. 5-4-2012 n° 11-15.569 F-PBI : Bull. civ. I n° 81), et tout droit à indemnisation (Cass. 3e civ. 11-5-2023 n° 22-11.842 F-D).

Conditions de l'habilitation En principe, seules les **personnes physiques** peuvent être 2221
habilitées à négocier, s'entremettre ou s'engager pour le compte du titulaire de la carte (Décret 72-678 du 20-7-1972 art. 9, al. 1). Le Conseil d'État s'est prononcé dans ce sens (CE 9-6-2006 n° 262639). La chambre commerciale de la Cour de cassation considère au contraire que l'agent immobilier a la possibilité d'habiliter une personne morale dès lors que celle-ci est elle-même

titulaire de la carte professionnelle (Cass. com. 17-5-2023 n° 21-23.533 FS-B : BPIM 4/23 inf. 281 ; solution confirmée par trois arrêts, Cass. com. 10-1-2024 n°s 22-21.940 F-D, 21-21.942 F-D et 22-23.037 F-D : BPIM 2/24 inf. 143). Quant à la première chambre civile de la Cour de cassation, elle considère que l'attestation ne peut pas être délivrée à une personne morale si celle-ci n'est pas titulaire de la carte professionnelle (Cass. 1e civ. 8-2-2005 n° 02-10.643 F-D). Dans un arrêt plus récent, la première chambre civile a admis que, lorsqu'un mandat d'agent commercial est confié à une personne physique, celle-ci peut, sous réserve que le mandat le prévoie, se substituer une personne morale si cette dernière est titulaire de la carte professionnelle d'agent immobilier (Cass. 1e civ. 3-2-2021 n° 19-21.403 FS-P). Cette divergence d'interprétation mériterait une clarification législative.

La loi Alur du 24 mars 2014 a prévu que les personnes désirant être habilitées doivent justifier d'une **compétence professionnelle** dans des conditions définies par décret en Conseil d'État (Loi 70-9 du 2-1-1970 art. 4). Ce décret n'ayant pas encore été publié, aucune compétence particulière n'est actuellement exigée des personnes habilitées. Afin de sécuriser la situation des personnes disposant de l'habilitation à la date d'entrée en vigueur du décret à paraître, il est prévu qu'elles seront réputées justifier de cette compétence professionnelle (Loi 70-9 du 2-1-1970 art. 4, dernier al.). L'article 5 du Code de déontologie applicable aux agents immobiliers précise que lorsqu'il habilite un négociateur, le titulaire de la carte doit veiller à ce que cette personne remplisse toutes les conditions fixées par la loi et les règlements et qu'elle présente toutes les compétences et les qualifications nécessaires au bon accomplissement de sa mission.

Les personnes habilitées sont soumises à la même obligation de **formation continue** que les titulaires de la carte professionnelle (Loi 70-9 du 2-1-1970 art. 3-1 ; Décret 2016-173 du 18-2-2016 art. 1° , 3) ; voir n°s 2100 s.

ATTENTION

Les collaborateurs ne doivent pas être frappés d'une **incapacité ou interdiction d'exercer** visée aux articles 9 à 13 de la loi Hoguet (voir n°s 2170 s.). Ces dispositions ont un caractère impératif, que le négociateur soit salarié ou agent commercial inscrit en tant que tel au registre des agents commerciaux (Circ. de la Direction des affaires civiles et du Sceau du 16-10-2008 n° NOR : JUSC0822823C). Pour vérifier l'absence d'incapacité ou d'interdiction d'exercer, le président de la chambre de commerce et d'industrie territoriale demande un bulletin n° 2 au casier judiciaire national (Décret 72-678 du 20-7-1972 art. 3, II).

CONDITIONS D'EXERCICE DE LA PERSONNE HABILITÉE

2223 Les **pouvoirs** de la personne habilitée à négocier pour le compte d'un agent immobilier sont limités à ceux énumérés dans l'attestation qui lui a été délivrée. Dès lors que l'attestation d'habilitation donne au négociateur le pouvoir de recevoir les fonds ainsi que l'engagement des parties, les mandants ne sauraient invoquer la nullité du mandat au motif que le négociateur salarié habilité par l'agence n'avait pas le pouvoir de le signer (Cass. 1e civ. 3-11-2016 n° 15-23.234 FS-PB : BPIM 6/16 inf. 420).

À l'égard des tiers, et notamment des clients, un arrêt de la cour d'appel de Rouen a précisé que la théorie du **mandat apparent** était applicable de sorte que les actes que la personne habilitée a fait signer demeurent valables quand bien même elle ne serait pas habilitée à les recevoir (CA Rouen 1e ch. 24-10-2001 n° 00/03558, Rambaud c/ Talbaut) ; voir toutefois n° 2266.

La personne habilitée doit **mentionner** ses nom et qualité **sur les mandats** lorsqu'elle intervient dans leur conclusion ainsi que sur tous les reçus de versements ou de remises qu'elle délivre (Décret 72-678 du 20-7-1972 art. 9, dernier al.). Le non-respect de ce formalisme est sanctionné par la nullité du mandat et, par voie de conséquence, par la perte de la rémunération qu'il prévoit (Cass. 1e civ. 12-11-2020 n° 19-14.025 FS-PB : BPIM 1/21 inf. 84, s'agissant d'un mandat signé par un agent commercial habilité). Lorsque la personne habilitée est non salariée (agent commercial), elle a également l'obligation de mentionner son statut d'agent commercial dans les mandats de vente ou de recherche et dans tous les documents d'une transaction immobilière à laquelle elle participe, ainsi que dans les publicités qu'elle effectue (Loi 70-9 du 2-1-1970 art. 6-2).

Les actes des négociateurs salariés sont couverts par l'assurance **responsabilité professionnelle** et la **garantie financière** du titulaire de la carte professionnelle qui a demandé leur habilitation. Les négociateurs non-salariés sont couverts par l'assurance en responsabilité civile professionnelle qu'ils ont l'obligation de souscrire (voir n° 2224).

2224 **Conditions d'exercice spécifiques à l'agent commercial** Tout collaborateur non salarié d'un agent immobilier, qui est habilité à négocier, s'entremettre ou s'engager pour son compte est soumis au **statut** d'agent commercial visé aux articles L 134-1 à L 134-17 du Code de commerce (Loi 70-9 du 2-1-1970 art. 4). La Cour de cassation a précisé que l'application du statut d'agent commercial ne dépend ni de la volonté exprimée par les parties dans le contrat ni de la dénomination qu'elles ont donné à leur convention, mais des conditions dans lesquelles l'activité est effectivement exercée (Cass. com. 19-10-2022 n° 21-21.378 F-D : RJDA 1/23 n° 20). Elle l'a réaffirmé lorsque la personne habilitée est une personne morale titulaire de la carte professionnelle (Cass. com. 17-5-2023 n° 21-23.533 FS-B : BPIM 4/23 inf. 281). Le mandataire immobilier peut donc être une personne morale qui bénéficie alors du statut protecteur des agents commerciaux (trois arrêts : Cass. com. 10-1-2024 n° 22-21.940 F-D, n° 22-23.037 F-D et n° 22-21.942 F-D : BPIM 2/24 inf. 143).

Avant de commencer l'exercice de son activité, l'agent commercial exerçant en France doit **se faire immatriculer** sur un registre spécial tenu au greffe du tribunal de commerce (ou du tribunal judiciaire statuant commercialement) dans le ressort duquel il est domicilié (C. com. art. R 134-6, al. 1). Le Code de déontologie applicable aux agents immobiliers (Décret 2015-1090 du 28-8-2015) prévoit que le titulaire de la carte doit veiller à ce que le collaborateur habilité soit bien inscrit sur ce registre (C. déontologie art. 5).

Les conditions de sa **rémunération** par l'agent immobilier sont encadrées par les dispositions du Code de commerce (C. com. art. L 134-6 à L 134-10).

L'agent commercial n'a pas à obtenir lui-même la carte professionnelle d'agent immobilier prévue par l'article 1er du décret 72-678 du 20 juillet 1972, mais doit justifier de l'**attestation d'habilitation** professionnelle prévue par l'article 9 de ce décret délivrée par son mandant, titulaire de la carte professionnelle (Avis Cass. 1e civ. 28-4-2011 n° 10-30.087 : BPIM 3/11 inf. 256). Il ne peut exercer en qualité d'agent commercial des activités de prospection immobilière pour le compte d'un mandant que si ce dernier est titulaire de la carte professionnelle d'agent immobilier (Cass. 1e civ. 28-4-2011 n° 10-14.258 : Bull. civ. I n° 75). Ainsi, il ne peut pas négocier des biens immobiliers pour le compte d'un promoteur, ce dernier n'étant pas titulaire de la carte professionnelle (Cass. 1e civ. 17-3-2016 n° 14-21.738 F-PB : BPIM 3/16 inf. 223). **2226**

L'agent commercial n'est pas soumis à l'obligation de solliciter la **garantie financière** imposée aux titulaires de la carte professionnelle puisque l'article 4,1° de la loi Hoguet lui interdit de recevoir ou détenir des sommes d'argent, des biens, des effets ou des valeurs ou d'en disposer à l'occasion des opérations de prospection immobilière qu'il réalise (Avis Cass. 1e civ. 28-4-2011 n° 10-30.087).

Mais il a l'obligation de contracter une **assurance en responsabilité civile professionnelle** contre les conséquences pécuniaires des erreurs commises dans l'exercice de son activité (Loi 70-9 du 2-1-1970 art. 4, al. 2 ; Décret 72-678 du 20-7-1972 art. 49, al. 2). Un arrêté fixe les conditions minimales devant figurer dans le contrat d'assurance et détermine les conditions de justification de l'assurance auprès de la chambre de commerce et d'industrie territoriale lors de la demande de délivrance ou de renouvellement de la carte professionnelle ou du visa de l'attestation d'habilitation (Arrêté du 1-9-1972 modifié). Le titulaire de la carte professionnelle doit s'assurer que le collaborateur non salarié habilité a souscrit cette assurance (C. déontologie art. 5).

Il est interdit au collaborateur non salarié (Loi 70-9 du 2-1-1970 art. 4, 2° et 3°) :
– de donner des **consultations juridiques et rédiger des actes** sous signature privée, à l'exception de mandats conclus au profit du titulaire de la carte professionnelle ;
– d'assurer la **direction** d'un établissement, d'une succursale, d'une agence ou d'un bureau.

> **Précisions** Même qualifié par les parties de **« mandat d'agent commercial »**, un contrat conclu entre une agence immobilière et un mandataire n'est pas soumis au statut des agents commerciaux s'il est établi que le **mandataire exerce en réalité l'activité d'agent immobilier**. Tel est le cas si le mandataire négocie des ventes pour le compte de l'agent immobilier, perçoit des commissions sur les ventes et les locations et procède lui-même aux négociations conduisant à la signature des actes (Cass. 1e civ. 17-2-2011 n° 10-13.980 F-PBI : BPIM 2/11 inf. 168).

MODIFICATION OU RETRAIT DE L'HABILITATION

Toute **modification dans les énonciations de l'attestation** de négociateur donne lieu à délivrance d'un nouveau document sur remise de l'ancien (Décret 72-678 du 20-7-1972 art. 9). **2228**

Sur simple demande du président de la chambre de commerce et d'industrie territoriale ou du procureur de la République, l'attestation doit être **retirée**. Toute personne qui détient une attestation est tenue de la restituer au titulaire de la carte professionnelle qui la lui a délivrée, dans les vingt-quatre heures de la demande qui en a été faite par lettre recommandée avec demande d'avis de réception. En cas de **non-restitution**, le titulaire de la carte professionnelle doit en aviser aussitôt le procureur de la République ainsi que le président de la chambre de commerce et d'industrie territoriale (Décret 72-678 du 20-7-1972 art. 9).

C. Exercice de l'activité d'agent immobilier

2230 Une fois les conditions d'accès à la profession remplies, l'agent immobilier doit exercer dans le respect des **règles**, également **contraignantes**, qui régissent son activité et notamment celles relatives à l'information des clients, l'usage des mandats, la détention des fonds des clients, la rémunération et la déontologie.

1. INFORMATION DU CONSOMMATEUR

INFORMATION PRÉCONTRACTUELLE

2231 Si le client est un consommateur, l'agent immobilier doit, avant la conclusion d'un mandat, lui communiquer un certain nombre d'informations précontractuelles, telles que, **notamment** : les caractéristiques essentielles du bien ou du service proposé, le prix du service, les modalités de paiement et d'exécution de la prestation, les fonctionnalités du contenu numérique, la possibilité de recourir à un médiateur de la consommation, le nom (ou la dénomination sociale), l'adresse de l'établissement et du siège social, le numéro de téléphone et l'adresse électronique (C. consom. art. L 111-1 et R 111-1).

Le **consommateur** est une « personne physique qui agit à des fins qui n'entrent pas dans le cadre de son activité commerciale, industrielle, artisanale, libérale ou agricole » (C. consom. art. liminaire).

MENTIONS SUR LES DOCUMENTS PROFESSIONNELS

2232 L'agent immobilier doit faire figurer **sur tous documents**, contrats et correspondances à usage professionnel, outre certaines mentions requises par le droit des sociétés, le numéro et le lieu de délivrance de la carte professionnelle, le nom ou la raison sociale et l'adresse de l'entreprise ainsi que l'activité exercée, le nom et l'adresse du garant (Décret 72-678 du 20-7-1972 art. 92).

Si l'agent immobilier a déclaré sur l'honneur ne pas recevoir de fonds à l'occasion de ses opérations, il doit l'indiquer de façon très apparente (voir n° 2113, Précisions).

En cas d'utilisation d'un **support électronique**, l'agent immobilier doit porter les mentions suivantes : ses nom et prénoms s'il s'agit d'une personne physique ou sa raison sociale s'il s'agit d'une personne morale, son adresse d'établissement, de courrier électronique et ses coordonnées téléphoniques, le numéro de son inscription au registre du commerce et des sociétés ou au répertoire des métiers, son capital social et l'adresse de son siège social, son numéro individuel d'identification à la TVA, si son activité est soumise à autorisation, le nom et l'adresse de l'autorité ayant délivré celle-ci, la référence aux règles professionnelles applicables, son titre professionnel, l'État membre dans lequel il a été octroyé ainsi que le nom de l'ordre ou de l'organisme professionnel auprès duquel il est inscrit (Loi 2004-575 du 21-6-2004 art. 19).

AFFICHAGE DANS L'AGENCE ET PUBLICATION SUR INTERNET

2233 **Mentions professionnelles** Dans tous les **lieux où est reçue la clientèle**, l'agent immobilier est tenu d'**apposer en évidence** une affiche indiquant le numéro de la carte professionnelle, la dénomination et l'adresse de l'établissement garant et le montant de la garantie (Décret 72-678 du 20-7-1072 art. 93).

Pour les titulaires de la carte « Transactions » ou « Marchand de listes », il doit être mentionné l'établissement de crédit et le numéro de compte où doivent être effectués les versements et remises, les modes obligatoires de versement, ainsi que les dispositions de l'alinéa 1 de l'article 52 précisant que tous les versements doivent donner lieu à un reçu et qu'un double du reçu est conservé dans un carnet de reçus (Décret 72-678 du 20-7-1072 art. 93, dernier al.).

Si l'agent immobilier est dispensé de fournir une garantie financière, l'affichage doit indiquer, en caractères très apparents, qu'il ne doit recevoir ni détenir d'autres fonds, effets ou valeurs que ceux représentatifs de sa rémunération ou de ses honoraires (Décret 72-678 du 20-7-1072 art. 94).

2235 **Affichage des prix** Les prix maximums des prestations que l'agent immobilier assure, avec l'indication du redevable du paiement de la rémunération pour chaque prestation, doivent figurer sur le **site internet** des professionnels **et** être **affichés de façon visible et lisible** ; ils doivent être indiqués toutes taxes comprises (Arrêté ECFC1638733A du 10-1-2017 art. 2) :

– à l'entrée des établissements recevant de la clientèle ;

– depuis l'extérieur sur la vitrine des établissements dans le même format et au même emplacement que celui normalement alloué aux annonces de vente ou de location ;

– sur chaque vitrine publicitaire située hors de l'établissement.

Lorsque ces prix sont fixés en fonction de la valeur du bien vendu, l'affichage doit indiquer le ou les montants prélevés, en précisant, le cas échéant, les tranches de prix maximums correspondantes, et faire apparaître tous les éléments permettant de calculer les prix maximums. Le cas

échéant, une mention intelligible et figurant en caractère très apparents précise le caractère cumulatif des tranches entre elles.
Le non-respect des règles en matière d'affichage des tarifs pratiqués intervenant dans une transaction immobilière est **sanctionné** par une amende administrative pouvant atteindre 3 000 € pour une personne physique et 15 000 € pour une personne morale (C. consom. art. L 131-5, al. 1).

CONSEIL

Pour se prémunir contre le risque d'amende, l'agent immobilier peut demander à la DGCCRF un **avis sur la conformité de l'affichage** de ses prix à la réglementation en vigueur (rescrit). Il doit compléter le formulaire Cerfa n° 15787*01 (https://www.economie.gouv.fr/entreprises/obligations-affichage-prix) et joindre une photo de l'affichage des prix dont il demande la vérification. Les documents doivent être envoyés à la Direction régionale de l'économie, de l'emploi, du travail et des solidarités (DREETS) de laquelle dépend le siège de son activité (Arrêté ECOC1710921A du 9-8-2017). Cette dernière a 2 mois à compter de la réception du dossier complet pour se prononcer (C. consom. art. R 112-3). À défaut de réponse écrite, la demande est considérée comme rejetée.

PUBLICITÉS COMMERCIALES

Toute publicité relative à l'achat, la vente, la recherche, l'échange d'immeubles bâtis ou non bâtis, quel que soit le support utilisé, doit comporter (Loi 70-9 du 2-1-1970 art. 6-1 ; Arrêté ECFC1638733A du 10-1-2017 art. 3) : **2243**
– le **prix de vente du bien** objet de la publicité. Lorsque les **honoraires** de l'agent immobilier sont à la charge de l'acquéreur, le prix comprend obligatoirement le montant de ces honoraires toutes taxes comprises en pourcentage du prix de vente et il est exprimé à la fois honoraires inclus et exclus. La taille des caractères du prix du bien mentionné honoraires inclus doit être plus importante que celle du prix du bien hors honoraires. Lorsque les honoraires sont à la charge du vendeur, le prix de vente ne peut en aucun cas les inclure ;
– le **redevable** des honoraires à l'issue de la réalisation de la transaction. La DGCCRF a ajouté que les annonces devaient préciser les modalités de répartition des honoraires (honoraires à la charge de l'acquéreur, honoraires à la charge du vendeur ou honoraires partagés entre acquéreur et vendeur). La DGCCRF considère que la pratique répandue consistant à annoncer les honoraires à la charge du vendeur pour ensuite les transférer à l'acquéreur est prohibée et est susceptible de constituer une pratique commerciale douteuse.
Les publicités proposées par une **personne non salariée habilitée** par le titulaire de la carte professionnelle doivent en outre mentionner que cette personne exerce sous le statut d'agent commercial (Loi 70-9 du 2-1-1970 art. 6-2). La violation de cette obligation est punie d'une amende de 1 500 € au plus, montant qui peut être porté à 3 000 € en cas de récidive (Loi 70-9 du 2-1-1970 art. 17-2).
Si l'agent immobilier a **déclaré sur l'honneur ne pas recevoir de fonds** à l'occasion de ses opérations, il doit l'indiquer dans les publicités commerciales (Décret 72-678 du 20-7-1972 art. 94).

› **Précisions a.** Toute **annonce** de vente publiée dans la presse ou sur internet ou affichée dans les locaux de l'agence immobilière doit faire apparaître le **classement du bien** vendu au regard de sa **performance énergétique** et de sa performance en matière d'émissions de gaz à effet de serre et, pour les biens immobiliers à usage d'habitation, le montant des dépenses théoriques de l'ensemble des usages énumérés dans le diagnostic de performance énergétique (CCH art. L 126-33, al. 1). L'obligation de mentionner le classement du bien vendu ne s'applique pas aux ventes d'immeubles à construire (CCH art. R 126-25) ; voir n° 21351.
Tout manquement par un professionnel à l'obligation d'information mentionnée à l'article L 126-33 du CCH est passible d'une amende administrative d'un montant maximum de 3 000 € pour une personne physique et 15 000 € pour une personne morale (CCH art. L 126-33, II).
Doit également figurer dans l'annonce une mention précisant le moyen d'accéder aux **informations environnementales** pour les biens immobiliers devant faire l'objet d'un état des risques (C. envir. art. R 125-25). Et à compter du 1er janvier 2025, si la vente porte sur un terrain concerné par l'**obligation légale de débroussaillement**, une fiche d'information devra être produite dès l'annonce immobilière (C. envir. art. R 125-23 modifié par le décret 2024-405 du 29-4-2024) ; voir n° 21002.
b. L'**annonce** relative à la vente d'un lot ou d'une fraction de **lot de copropriété** doit contenir un certain nombre de mentions fixées par l'article L 721-1 du Code de la construction et de l'habitation (voir n° 18780). Ce texte, applicable à tout annonceur, qu'il soit particulier ou professionnel, ne prévoit aucune sanction pénale ou disciplinaire.

LIENS DE NATURE JURIDIQUE OU CAPITALISTIQUE

2244 Lorsque les agents immobiliers proposent à leurs clients les **services d'une entreprise**, ils sont tenus de les informer des éventuels liens directs de nature capitalistique ou de nature juridique qu'ils ont avec cette entreprise. Cette obligation d'information s'applique également lorsque les agents immobiliers proposent à leurs clients les services d'un **établissement bancaire** ou d'une **société financière** (Loi 70-9 du 2-1-1970 art. 4-1). Cette obligation est rappelée par le Code de déontologie applicable aux agents immobiliers (C. déontologie art. 9, 5°). L'information doit être effectuée dans un écrit présenté de manière lisible et compréhensible qui doit être adressé au client en même temps que la proposition de services. La preuve de la délivrance de cette information peut être faite par tout moyen (Décret 72-678 du 20-7-1972 art. 95-2).

Les personnes **visées par cette obligation** sont non seulement les agents immobiliers titulaires de la carte (ou leurs représentants légaux ou statutaires), mais également les établissements, succursales, agences, bureaux, ou même les personnes qu'ils ont habilitées (Loi 70-9 du 2-1-1970 art. 4-1). Pour permettre aux agents immobiliers de remplir leur obligation, la loi impose aux personnes habilitées et aux dirigeants des établissements, succursales, agences d'informer le titulaire de la carte des éventuels liens qu'ils ont avec une entreprise, un établissement bancaire ou une société financière dont le titulaire de la carte propose les services à ses clients.

ATTENTION

L'**obligation d'information** doit être **accomplie** avant la conclusion de tout contrat entre le client et l'entreprise concernée. Elle a pour but d'éviter les abus qui peuvent résulter de la connivence pouvant exister entre les différents acteurs de l'immobilier. Tout **manquement** à l'obligation d'information est passible, pour le titulaire de la carte professionnelle, de 6 mois d'emprisonnement et 7 500 € d'amende (Loi 70-9 du 2-1-1970 art. 14, d).

2. DÉTENTION D'UN MANDAT

a. Nécessité d'un mandat préalable

TEXTES APPLICABLES AU MANDAT

2245 **Droit commun** Un agent immobilier titulaire de la carte « transactions » ne peut participer à une négociation que s'il détient un mandat écrit préalablement délivré à cet effet par l'une des parties (Décret 72-678 du 20-7-1972 art. 72). Ce mandat obéit aux **règles du contrat** : capacité, consentement et contenu licite et certain (C. civ. art. 1128 s.).

Il est également soumis à des **règles spécifiques**. Par exemple, le mandat donné par des **époux** mariés sous le régime de la communauté doit être donné par les deux époux si le mandataire se voit confier le pouvoir d'aliéner le bien (C. civ. art. 1424). Il peut au contraire être donné par l'un d'entre eux seulement s'il s'agit d'un simple mandat de recherche (Cass. 1e civ. 20-11-2013 n° 12-26.128 F-PB : BPIM 1/14 inf. 73 ; Cass. 1e civ. 12-12-2018 n° 17-14.009 F-D).

Un époux ne pouvant disposer du logement de la famille seul (C. civ. art. 215), le mandat de vente exclusif contenant promesse de porte fort donné par un seul des époux est nul et l'agence immobilière est privée de tout droit à rémunération (Cass. 1e civ. 28-11-2006 n° 05-17.757 F-D).

Le mandat confié à l'agent immobilier obéit aussi aux **règles du mandat** (C. civ. art. 1984 s.).

> **Précisions** Les **personnes publiques** peuvent donner à un agent immobilier mandat de vendre un bien qui relève de leur domaine privé (CAA Marseille 19-12-2016 n° 15MA02421). Elles peuvent aussi donner mandat de vendre un bien de leur domaine public, alors même que ce bien ne peut pas être cédé sans avoir été déclassé au préalable, à condition que le mandat n'emporte pas aliénation (CE 18-7-2023 n° 465200). Le mandat doit, en principe, donner lieu à une procédure préalable de publicité et de mise en concurrence. Toutefois l'absence d'une telle procédure n'emporte pas nécessairement la nullité du contrat (CAA Marseille 3-7-2023 n° 21MA03662).

2246 **Loi Hoguet** Le mandat donné à un agent immobilier est surtout soumis aux règles exorbitantes du droit commun imposées par la loi Hoguet du 2 janvier 1970 et son décret d'application du 20 juillet 1972.

Ces règles ont un caractère d'ordre public. Tout mandat conclu en **violation de ces dispositions** est nul. Pendant longtemps, la Cour de cassation a considéré que le non-respect de ces règles impératives entraînait la nullité absolue du contrat de mandat, laquelle pouvait être invoquée par toute personne intéressée (Cass. 3e civ. 8-4-2009 n° 07-21.610 FS-PB : Bull. civ. III n° 80 ; Cass. 1e civ. 18-12-2014 n° 13-25.095). Cette nullité absolue excluait toute possibilité de confirmation du mandat (Cass. 1e civ. 18-10-2005 n° 02-16.046 F-PB : Bull. civ. I n° 363, à propos d'un mandat de gestion) ou de ratification ultérieure de la gestion (Cass. 1e civ. 22-3-2012 n° 11-13.000 F-PBI : Bull. civ. I n° 72).

Mais la chambre mixte de la Cour de cassation a opéré en 2017 un revirement de jurisprudence. Elle a jugé que le non-respect des **règles de forme** imposées en matière de mandat par la loi Hoguet et son décret d'application devait être sanctionné par une nullité relative ne pouvant être invoquée que par le mandant de l'agent immobilier (Cass. ch. mixte 24-2-2017 n° 15-20.411 PBRI : BPIM 2/17 inf. 166). La chambre mixte a justifié ce revirement par l'évolution du droit des obligations suite à l'ordonnance 2016-131 du 10 février 2016. L'article 1179 du Code civil, dans sa rédaction issue de l'ordonnance, énonce, en effet, que la nullité est absolue lorsque la règle violée a pour objet la sauvegarde d'un intérêt général, tandis qu'elle est relative lorsque la règle violée a pour objet la sauvegarde d'un intérêt privé. Les conditions de forme du mandat imposées par la loi Hoguet visant la seule protection du mandant dans ses rapports avec le mandataire, elles ont pour objectif la protection d'un intérêt privé ; leur méconnaissance doit donc être sanctionnée par une nullité relative (et non plus absolue) qui ne peut être invoquée que par le mandant. La première chambre civile de la Cour de cassation a confirmé cette jurisprudence et précisé que cette nullité relative pouvait être couverte par la ratification ultérieure des actes de gestion accomplis sans mandat (Cass. 1e civ. 20-9-2017 n° 16-12.906 FS-PB : BPIM 5/17 inf. 375, à propos d'un mandat de gestion).
Lorsqu'une règle est posée à peine de nullité, la **régularisation** par simple lettre n'est pas valable (Cass. 1e civ. 4-11-1986 n° 85-14.395 : Bull. civ. I n° 246, mandat jugé nul en raison d'une clause de renouvellement indéfini par tacite reconduction).

La **nullité du mandat** a pour **conséquence** la perte de tout **droit à commission** pour l'agent immobilier ainsi que le droit de demander des **dommages-intérêts** pour une vente non réalisée alors que l'agent immobilier a trouvé un acquéreur aux conditions requises par le vendeur (Cass. 1e civ. 3-2-2004 n° 01-17.763 : BPIM 2/04 inf. 132). Cette nullité peut même **empêcher la vente** de se conclure car le propriétaire du bien n'est pas engagé par l'offre de vente transmise au candidat acquéreur par un agent immobilier muni d'un mandat irrégulier (Cass. 3e civ. 8-4-2009 n° 07-21.610 FS-PB : Bull. civ. III n° 80). **2247**
La nullité du mandat permet également d'invoquer la **nullité d'une transaction** négociée ultérieurement. Par exemple si, à la suite du refus fautif du vendeur d'un immeuble de signer le compromis de vente, une transaction est conclue entre le vendeur et l'agent immobilier pour indemniser ce dernier privé de sa commission, cette transaction encourt la nullité si le mandat de vente est par la suite déclaré irrégulier et de ce fait annulé. La Cour de cassation considère, en effet, que l'erreur du vendeur qui ne connaissait pas l'irrégularité du mandat, fût-elle de droit, affecte l'objet de la contestation et justifie l'annulation de la transaction (Cass. 1e civ. 17-6-2010 n° 09-14.144 : Bull. civ. I n° 138).

QUAND FAUT-IL DÉTENIR UN MANDAT ?

Un mandat écrit doit être souscrit **préalablement à toute négociation** ou engagement à peine de nullité (Décret 72-678 du 20-7-1972 art. 72 ; Cass. 1e civ. 18-12-2014 n° 13-25.095 F-D) et de perte de tout droit à rémunération pour l'agent immobilier (voir nos 2338 s.). **2250**
Cela ne signifie pas que le mandat doit être détenu dès la première rencontre avec le client mandant. En revanche, le mandat doit être rédigé avant toute négociation ou engagement relatif à une opération. Le critère déterminant, tel que dégagé par les juridictions, tant civiles que pénales, réside dans la notion de négociation. Dès lors qu'elle a débuté, c'est-à-dire dès l'instant où l'agent immobilier est entré en contact avec un candidat acquéreur ou vendeur, en lui exposant les caractéristiques du bien et/ou de l'opération, il enfreint l'article 6 de la loi de 1970 s'il ne détient pas de mandat. Pour caractériser l'inobservation des dispositions de la loi, les juges doivent expressément constater une négociation ou un engagement relatif à l'opération considérée de la part de l'agent immobilier. Le seul fait que des biens lui aient été confiés à la vente ne suffit pas (Cass. crim. 24-6-1976 n° 75-90.995 : Bull. crim. n° 231).

DUALITÉ DE MANDAT

Le mandat est généralement délivré à l'agent immobilier par l'une des parties à l'opération. Mais la question se pose de savoir si l'agent immobilier peut, **pour une même opération**, détenir valablement deux mandats, l'un **du vendeur et l'autre de l'acquéreur** et ainsi prétendre à une double rémunération ? **2251**
L'article 1161 du Code civil (applicable aux mandats conclus depuis le 1er octobre 2018) pose une limite à la possibilité de détenir deux mandats. Il prévoit qu'en matière de représentation des personnes physiques, le représentant ne peut pas agir pour le compte de plusieurs parties au contrat en opposition d'intérêts. L'acte accompli au mépris de cette règle est nul, à moins que la loi ne l'autorise ou que le représenté ne l'ait autorisé ou ratifié. Pour les personnes **physiques**, le double

mandat n'est donc possible qu'en l'absence de conflit d'intérêt. En présence d'un tel conflit, le double mandat reste possible mais nécessite une autorisation ou une ratification par les deux parties. À notre sens, vendeur et acquéreur ne sont pas nécessairement en opposition d'intérêts. Toutefois, la jurisprudence ne s'étant pas prononcée, pour éviter tout risque de contestation et de nullité, il paraît plus prudent d'appliquer le principe de la transparence et d'obtenir l'autorisation préalable des parties. En outre, même en l'absence d'une telle autorisation, la ratification nous paraît toujours possible, par exemple par un simple rappel du droit à rémunération de l'agent immobilier dans l'acte de vente.

La pratique du double mandat est en revanche possible pour les **personnes morales**.

FORME DU MANDAT

2252 Pour chacune des opérations auxquelles il concourt, l'agent immobilier doit détenir un **mandat écrit** (Loi 70-9 du 2-1-1970 art. 6). L'absence de mandat écrit régulier prive l'agent immobilier de tout droit à rémunération (voir n°s 2338 s.). L'écrit est nécessaire alors même que le client est un professionnel de l'immobilier (Cass. 1e civ. 26-5-1993 n° 91-16.523). Il doit être établi en autant d'exemplaires originaux qu'il y a de parties (C. civ. art. 1375).

Seul le **sous-mandat** donné par le mandataire initial à un autre professionnel de l'immobilier échappe aux conditions de forme imposées par la loi Hoguet et son décret d'application (voir n° 2009).

Les dispositions de la loi étant d'ordre public, la **preuve** de l'existence et de l'étendue du mandat délivré à un professionnel ne peut être rapportée que par écrit (Cass. 1e civ. 20-12-2000 n° 98-19.648 : BPIM 2/01 inf. 163 ; Cass. 1e civ. 5-6-2008 n° 04-16.368 : RJDA 3/09 n° 212, 1e esp.) et est soumise aux exigences de l'article 1359 du Code civil (Cass. 3e civ. 12-4-2012 n° 10-28.637 : Bull. civ. III n° 61, rendu sur le fondement de l'ancien art. 1341 du Code civil mais transposable). L'agent immobilier doit pouvoir produire l'original et non une simple copie carbone (CA Colmar 4-11-1980 : RDI 1984 p. 70).

Mais **tout écrit ne constitue pas un mandat**. À défaut de contenir les mentions obligatoires (énumérées n°s 2260 s.) ou d'être rédigé dans les formes requises, un écrit ne peut valoir mandat au sens de la loi.

ILLUSTRATIONS

Ne peuvent valoir mandat écrit :
– un bon de visite (Cass. 1e civ. 6-10-1993 n° 91-18.231 : Bull. civ. I n° 266 ; Cass. com. 23-9-2014 n° 13-11.595 : BPIM 6/14 inf. 427) ;
– une simple autorisation donnée à un agent immobilier de faire visiter un appartement (CA Paris 25e ch. B 20-12-1996 : Rev. loyers 1997 p. 179) ;
– une lettre du propriétaire donnant son accord à la vente d'un immeuble moyennant un prix et une commission déterminés (Cass. 1e civ. 8-4-2010 n° 09-12.007 : BPIM 3/10 inf. 264).

REGISTRE DES MANDATS

2256 L'agent immobilier est **tenu de mentionner** tous les mandats **par ordre chronologique** sur un **registre unique** des mandats conforme à un modèle fixé par arrêté (Décret 72-678 du 20-7-1972 art. 72, al. 5). Ce numéro d'inscription doit être reporté sur l'exemplaire du mandat qui reste en la possession du client (voir n° 2284). Il a été jugé qu'en l'absence de date certaine du mandat, la formalité d'enregistrement prévue à l'article 72 du décret du 20 juillet 1972 n'est pas régulièrement accomplie, de sorte que le mandat est nul (Cass. 1e civ. 28-9-2016 n° 15-19.313 F-PB : BPIM 6/16 inf. 421).

Si l'agent immobilier tient un registre pour les mandats de vente et un registre pour les mandats de recherche, il contrevient à l'obligation légale. Son mandat de recherche est donc nul et il ne peut pas s'en prévaloir à l'appui de sa demande en paiement de sa commission (Cass. 1e civ. 10-12-2014 n° 13-24.352 F-PB : BPIM 1/15 inf. 83).

Pour éviter le procédé d'antidate, le registre doit être **coté et relié** sans discontinuité à l'avance. Le mandat mentionné sur un registre non paginé est donc nul (Cass. 1e civ. 15-5-2015 n° 14-15.993 F-D). Il va de soi que le registre ne doit comporter ni surcharge, ni blanc, ni rature.

Le registre peut être tenu sous forme électronique dans les conditions des articles 1366 et suivants du Code civil. L'agent immobilier doit **conserver** les mandats et le registre des mandats pendant 10 ans (Décret 72-678 du 20-7-1972 art. 72, dernier al.).

Le **refus de communiquer** les mandats écrits ou le registre des mandats aux agents publics chargés du contrôle est passible d'une peine de 6 mois de prison et de 7 500 € d'amende (Loi 70-9 du 2-1-1970 art. 17).

b. Contenu du mandat

CLAUSES OBLIGATOIRES DU MANDAT

Outre le **nom du mandant** et celui de l'**agent immobilier** (mandataire), le mandat doit comporter toute une série de mentions (Loi 70-9 du 2-1-1970 art. 6 et 7 ; Décret 72-678 du 20-7-1972 art. 72 s.). Celles-ci sont obligatoires et prescrites à peine de nullité du mandat et l'agent immobilier ne peut pas prétendre au paiement de ses honoraires. **2260**

Objet du mandat Le mandat doit préciser son objet (Décret 72-678 du 20-7-1972 art. 72). Il doit indiquer s'il s'agit d'un mandat de **vendre ou louer** et désigner précisément le **bien concerné**. À défaut, le mandat est frappé de nullité et fait perdre à l'agent immobilier tout droit à rémunération. **2262**

ILLUSTRATIONS

L'agent immobilier qui participe à la vente d'un bien alors qu'il a reçu mandat de rechercher un locataire pour le bien en question perd tout droit à commission, l'opération ne pouvant être réputée conclue par son entremise (Cass. 1e civ. 15-5-2002 n° 00-14.107).

De même, sont nuls comme dépourvus d'objet certain le mandat de vente portant sur un terrain d'une certaine superficie à détacher d'une parcelle, sans qu'on sache exactement où, ni sur quelle partie de la parcelle il sera détaché, ou encore le mandat de vente portant sur des immeubles désignés de manière imprécise, sans aucune référence cadastrale ni indication sur les conditions de leur desserte et de leur surface réelle après division (Cass. 1e civ. 19-12-2013 n° 12-26.459 : Bull. civ. I n° 253, BPIM 1/14 inf. 74).

Pouvoirs de l'agent immobilier Le mandat doit préciser l'**étendue** des pouvoirs de l'agent immobilier car elle détermine les actes qu'il peut réaliser au nom de son client. **2264**

Pour que la mission de l'agent immobilier dépasse la simple mission d'entremise et comprenne la **possibilité de s'engager pour le client**, il faut qu'il y ait été expressément habilité par une clause insérée dans le mandat (Décret 72-678 du 20-7-1972 art. 72). La Cour de cassation rappelle avec constance ce principe : le mandat donné à un agent immobilier est un mandat d'entremise consistant en la recherche de clients et la négociation, qui ne lui permet pas d'engager son mandant pour l'opération envisagée, à moins qu'une clause du mandat ne l'y autorise expressément (Cass. 1e civ. 5-2-2020 n° 18-26.808 F-D). En l'absence d'une clause expresse, un mandat d'entremise ne confère donc à l'agent immobilier ni le pouvoir d'aliéner le bien ni celui de représenter le vendeur pour conclure la vente (Cass. 3e civ. 12-2-2008 n° 06-21.709 : RJDA 7/08 n° 777 ; Cass. 1e civ. 12-12-2018 n° 17-14.009 F-D).

ILLUSTRATIONS

Le fait que le vendeur se soit engagé dans le mandat à signer toute promesse de vente ou tout compromis de vente aux prix, charges et conditions du mandat ne donne pas pouvoir à l'agent immobilier de signer la promesse en ses lieu et place, dès lors que le mandat ne contient pas de clause expresse lui donnant le pouvoir de représenter le vendeur pour conclure la vente (Cass. 3e civ. 12-4-2012 n° 10-28.637 FS-PB : Bull. civ. III n° 61).

L'acte appelé « mandat de vendre » est réputé être un simple mandat de recherche faute de comporter la mention expresse du pouvoir de conclure la vente (Cass. 1e civ. 6-3-1996 n° 93-19.262 : Bull. civ. I n° 114 ; Cass. 1e civ. 31-1-2008 n° 05-15.774 : Bull. civ. I n° 30).

L'agent immobilier qui reçoit un mandat de vendre un bien immobilier loué ne peut valablement délivrer au locataire un congé aux fins de vente dès lors que le mandat ne contient pas expressément la mission de donner congé (Cass. 1e civ. 12-7-2006 n° 04-19.815 : Bull. civ. I n° 392, confirmé par Cass. 1e civ. 11-12-2008 n° 08-10.162 : RJDA 3/09 n° 212).

Si le mandat de vendre ne comporte pas expressément la mission de faire effectuer les diagnostics immobiliers prévus par la loi, le vendeur ne peut être condamné à en rembourser le prix à l'agent immobilier, car le mandat donné à l'agent n'inclut pas nécessairement la mission de faire effectuer les diagnostics techniques (Cass. 3e civ. 8-6-2010 n° 09-16.331 F-D : RJDA 11/10 n° 1069).

La théorie du **mandat apparent** ne peut pas tenir en échec les règles impératives prescrite par l'article 72 du décret du 20 juillet 1972 (Cass. 1e civ. 31-1-2008 n° 05-15.774 FS-PBRI : Bull. civ. I n° 30). Dès lors, à défaut d'un mandat spécial donnant l'autorisation à l'agent immobilier d'adresser un congé pour vendre au locataire, le vendeur n'est pas engagé (Cass. 1e civ. 11-12-2008 n° 08-10.162 : RJDA 3/09 n° 212). Cette solution diverge de celle retenue par la troisième chambre civile de la Cour de cassation qui a accueilli une demande en réalisation forcée d'une vente contractée par un agent immobilier muni d'un mandat nul faute d'indication d'une durée déterminée, au motif que l'acquéreur avait pu légitimement croire aux pouvoirs de l'agent immobilier (Cass. 3e civ. 25-5-2005 n° 03-19.411 : Bull. civ. III n° 117). **2266**

2270 **Durée du mandat** Le mandat doit être **limité dans le temps**, à peine de nullité (Loi 70-9 du 2-1-1970 art. 7) et de perte de tout droit à rémunération pour l'agent immobilier. Depuis le revirement de jurisprudence opéré par la chambre mixte de la Cour de cassation dans son arrêt du 24 février 2017, confirmé par la première chambre civile de la Cour de cassation dans un arrêt du 20 septembre 2017 (voir n° 2246), on peut penser que la méconnaissance de l'obligation de limiter dans le temps le mandat est sanctionnée par une nullité relative qui ne peut être invoquée que par le mandant de l'agent immobilier puisque cette règle vise la seule protection de son intérêt privé dans ses rapports avec le mandataire (C. civ. art. 1179 et 1181). Pour rappel, la jurisprudence antérieure considérait qu'il s'agissait d'une nullité absolue pouvant être invoquée par toute personne y ayant intérêt (Cass. 1e civ. 18-10-2005 n° 02-16.046 : Bull. civ. I n° 363).

La durée du mandat est généralement fixée à 3 mois, mais il ne s'agit là que d'un usage. Lorsque la durée est stipulée, mais en des termes insuffisamment déterminés, le mandat est frappé de nullité. Par exemple, il a été jugé qu'un mandat exclusif donné jusqu'à l'expiration d'un programme n'est pas déterminé dans sa durée (CA Agen 1e ch. 14-11-1985 n° 839 : Primmo nov.-déc. 1986 p. 20).

2272 Les mandats peuvent prévoir une **clause tacite de reconduction**, mais elle doit être limitée dans le temps. Les mandats conclus par les agents immobiliers avec des clients n'agissant pas dans le cadre de leurs activités professionnelles (consommateurs) doivent mentionner de manière lisible et visible les modalités de leur non-reconduction telles qu'elles sont définies à l'article L 215-1 du Code de la consommation (Loi 70-9 du 2-1-1970 art. 7, 1° qui vise l'ancien art. L 136-1, al. 1 et 2 du C. consom). Cette disposition vise à permettre aux clients de se désengager plus facilement. L'article L 215-1 du Code de la consommation impose à l'agent immobilier d'informer le client par écrit, par lettre nominative ou courrier électronique dédié, au plus tôt 3 mois et au plus tard un mois avant le terme de la période autorisant le rejet de la reconduction, de la possibilité de ne pas reconduire le contrat qu'il a conclu avec une clause de reconduction tacite. Cette information doit être délivrée dans des termes clairs et compréhensibles et mentionner, dans un encadré apparent, la date limite de non-reconduction. Si l'agent immobilier omet de réaliser cette formalité, le client peut mettre gratuitement un terme au contrat, à tout moment à compter de la date de reconduction.

La question de savoir si le mandat donné à un agent immobilier pour une période déterminée, renouvelable ensuite par tacite reconduction, est limité dans le temps, au sens de l'article 7 de la loi du 2 janvier 1970, a donné lieu à des décisions contraires. Il est acquis que le **mandat exclusif** de vendre donné à un agent immobilier pour une durée limitée, mais contenant une clause de **renouvellement indéfini par tacite reconduction**, n'est pas nul dès son origine, mais que seule la clause de renouvellement est atteinte par la nullité (Cass. 1e civ. 10-6-1987 n° 85-17.303 : Bull. civ. I n° 184). La commission des clauses abusives recommande de ne pas recourir à ce type de clause, considérée comme abusive (n° 2296).

2275 Le **mandat prend fin** à son terme. Il prend fin aussi par la révocation du mandataire possible à tout moment, par la renonciation exprimée par le mandataire, par la mort naturelle (à moins, dans ce dernier cas, que l'agent immobilier n'ait été dans l'ignorance du décès), par la tutelle ou la déconfiture du mandant ou du mandataire (C. civ. art. 2003). Mais si le mandataire ignore la mort du mandant ou l'une des autres causes qui font cesser le mandat, ce qu'il a fait dans cette ignorance est valide (C. civ. art. 2008).

Le mandat prend fin également par son accomplissement. L'agent immobilier doit, dans le délai stipulé et, en tout cas, dans les 8 jours de l'opération, informer son mandant de l'accomplissement du mandat de vendre ou d'acheter. Il doit également remettre à son mandant une copie de la quittance ou du reçu délivré. L'information de l'accomplissement du mandat et la remise de la quittance sont faites par lettre recommandée avec demande d'avis de réception ou par tout autre écrit remis contre récépissé ou émargement (Décret 72-678 du 20-7-1972 art. 77).

En revanche, la **fin du mandat ne résulte pas** de la mise en liquidation judiciaire de l'agent immobilier ; dans cette hypothèse, la fin du mandat obéit au régime des contrats en cours lorsqu'il a été conclu et n'a pas été exécuté avant le jugement de liquidation judiciaire et ne peut être résilié que selon les modalités de l'article L 641-11-1, III et IV du Code de commerce (Cass. com. 28-6-2017 n° 15-17.394 FS-PBI : BPIM 5/17 inf. 376).

2276 **Maniement des fonds** Le mandat doit **préciser les conditions** dans lesquelles les agents immobiliers sont autorisés à recevoir, verser ou remettre des sommes d'argent, biens, effets ou valeurs à l'occasion de l'opération dont il s'agit. Le décret précise à cet égard que l'agent immobilier n'est autorisé à procéder à de tels maniements de fonds que dans la mesure et dans les conditions établies par une clause expresse du mandat (Décret 72-678 du 20-7-1972 art. 76).

À défaut d'une telle clause, le mandat n'est pas nul, mais l'agent immobilier n'est pas autorisé à recevoir des fonds relatifs à l'opération. Ainsi, le versement au notaire, par l'agent immobilier, d'une somme qu'il a lui-même prêtée au bénéficiaire d'une promesse de vente pour payer l'indemnité d'immobilisation est illicite s'il ne détient pas de mandat l'y autorisant ; toutefois, ce versement étant illicite mais pas immoral, l'agent immobilier est en droit d'obtenir la restitution de la somme qu'il a prêtée (Cass. 1e civ. 26-9-2018 n° 16-25.184 FS-PB : BPIM 6/18 inf. 450).

Reddition des comptes L'agent immobilier, comme tout mandataire, doit rendre des comptes à celui qui l'a mandaté. Le mandat doit préciser les **modalités** de cette reddition (Loi 70-9 du 2-1-1970 art. 6, I-al. 3). Mais la reddition des comptes se justifie essentiellement dans les mandats de gestion, c'est-à-dire pour l'administration des biens d'autrui. Dans la vente, l'obligation de l'agent immobilier consiste essentiellement à informer son mandant dans les 8 jours de l'accomplissement du mandat (voir n° 2275). Le Code de déontologie issu du décret 2015-1090 du 28 août 2015 invite les agents immobiliers à rendre compte régulièrement et dans les meilleurs délais à leurs mandants de l'exécution de leur mission et à les avertir des difficultés rencontrées. En **présence d'une clause d'exclusivité**, voir n° 2282. 2278

Rémunération de l'agent immobilier Doivent être indiquées dans le mandat les **conditions de détermination** de la rémunération de l'agent immobilier **et** la partie qui en aura la **charge** (Loi 70-9 du 2-1-1970 art. 6, I-al. 4 ; pour une illustration, voir Cass. 1e civ. 8-3-2012 n° 11-10.871 F-PB : Bull. civ. I n° 46). L'agent immobilier ne peut prétendre qu'à la rémunération prévue dans le mandat. Ainsi, lorsque le mandat prévoit un prix de 80 € le mètre carré et une commission de 6 % du prix réellement perçu par le vendeur sans en préciser le montant, l'agent immobilier ne peut prétendre qu'à une rémunération calculée sur le prix effectivement perçu par le vendeur (Cass. 1e civ. 16-3-2022 n° 20-17.028 F-D : BPIM 3/22 inf. 257). 2280

Ne satisfait pas à l'obligation d'indiquer les conditions de détermination de la rémunération imposées par l'article 6 de la loi Hoguet le mandat qui fait référence à un barème par tranche affiché en agence (Cass. 1e civ. 30-11-2016 n° 15-24.024 F-D). Est insuffisante pour déterminer la partie en charge du paiement de la commission l'indication selon laquelle le prix de vente est stipulé « commission comprise » (Cass. 1e civ. 13-3-2007 n° 05-12.270 : Bull. civ. I n° 101). En revanche, la clause indiquant que les honoraires seront payés par la remise d'un ordre irrévocable de virement par le mandant correspondant aux honoraires dus au mandataire suffit à déterminer qui est le débiteur de la rémunération (Cass. 1e civ. 24-11-2021 n° 19-23.693 F-D).

Le mandat doit préciser si la rémunération est à la **charge exclusive de l'une des parties** à l'opération **ou** si elle est **partagée**. Dans ce dernier cas, les conditions et modalités de ce partage sont indiquées dans le mandat et reprises dans l'engagement des parties (Décret 72-678 du 20-7-1972 art. 73, al. 2). Ainsi, un acquéreur peut être contraint de payer les honoraires mis à sa charge par un mandat de vente qu'il n'a pas signé dès lors que l'acte constatant l'engagement des parties (la promesse synallagmatique de vente) qu'il a signé le prévoit également (Cass. 1e civ. 2-10-2013 n° 12-22.761 F-D : BPIM 6/13 inf. 437).

La Cour de cassation considère que tout acte portant engagement de rémunérer les services d'un agent immobilier en **violation des règles** impératives en matière de mandat est dépourvu d'effet, ce qui exclut qu'une obligation naturelle soit reconnue en ce domaine (Cass. 1e civ. 6-1-2011 n° 09-71.243 : Bull. civ. I n° 1). La seule exception permettant à l'agent immobilier de percevoir une rémunération en l'absence d'un mandat est de faire souscrire à son client une convention postérieure à l'acte authentique de vente (voir nos 2344 s.).

> **Précisions a.** Si le mandat comporte une **clause d'exclusivité**, une **clause pénale** ou une clause aux termes de laquelle des honoraires sont dus par le mandant même si l'opération est conclue sans les soins de l'intermédiaire, les honoraires ne peuvent pas excéder le montant des honoraires prévus dans le mandat pour l'opération à réaliser (Loi 70-9 du 2-1-1970 art. 6, I-al. 9 ; Décret 72-678 du 20-7-1972 art. 78, al. 1).
> **b.** Le montant des **honoraires de rédaction d'actes et de séquestre** doit être également porté dans l'engagement des parties (Décret 72-678 du 20-7-1972 art. 73, al. 2).

Moyens mis en œuvre par l'agent immobilier Le mandat doit préciser les moyens employés par l'agent immobilier et, le cas échéant, par le réseau auquel il appartient, pour **diffuser** les **annonces commerciales** auprès du public visant à l'exécution du mandat (Loi 70-9 du 2-1-1970 art. 6, I-al. 5). 2282

En outre, en présence d'une **clause d'exclusivité** interdisant au mandant de vendre un bien immobilier, seul ou par le biais d'une autre agence, pendant une certaine durée, le mandat doit mentionner les **actions que l'agent immobilier s'engage à réaliser** pour exécuter la prestation qui lui a été confiée ainsi que les modalités selon lesquelles il rend compte au mandant des actions effectuées pour son compte, selon une périodicité convenue entre eux (Loi 70-9 du 2-1-1970 art. 6, I-al. 6).

2284 **Numéro du registre des mandats** Le numéro d'inscription du mandat sur le registre des mandats (nº 2256) doit être reporté sur celui des exemplaires du mandat qui reste en la possession du mandant (Décret 72-678 du 20-7-1972 art. 72, al. 6). Ces deux formalités que sont l'inscription sur le registre du mandat et le **report sur le mandat** destiné au mandant du numéro d'inscription constituent des obligations distinctes qui s'imposent l'une et l'autre à l'agent immobilier.

Le seul fait d'omettre d'inscrire le numéro d'inscription au registre des mandats sur l'exemplaire du mandat remis au mandant est sanctionné par la nullité du mandat et la perte du droit à la commission (Cass. 1e civ. 26-11-1996 nº 93-19.917 P : BPIM 1/97 inf. 81 ; Cass. 1e civ. 16-11-2004 nº 02-10.301 F-D). C'est à celui qui soulève la nullité du mandat pour non-respect des exigences légales en matière de registre des mandats d'en rapporter la preuve (Cass. 1e civ. 12-1-2012 nº 10-22.829). Si la nullité du mandat est invoquée par un client au motif que l'exemplaire qui lui a été remis ne mentionne pas le numéro d'inscription au registre des mandats, les juges du fond ne peuvent pas se borner à constater qu'il a été enregistré sur le livre des mandats de l'agence immobilière pour conclure à sa validité (Cass. 1e civ. 24-11-1999 nº 97-17.667).

2286 **Informations professionnelles** Doivent être **mentionnés** sur le mandat le numéro et le lieu de délivrance de la carte professionnelle de l'agent immobilier, les nom et qualité de la personne habilitée qui se fait délivrer le mandat (Décret 72-678 du 20-7-1972 art. 92) et, le cas échéant, le nom et l'adresse de la caisse de garantie professionnelle de l'agent immobilier.

2287 **Signature du mandat et nombre d'originaux** Les dispositions de l'article 1375 du Code civil étant applicables au mandat, celui-ci ne fait preuve que s'il a été rédigé en autant d'originaux que de **parties ayant un intérêt distinct**, à moins que les parties ne soient convenues de remettre à un tiers l'unique exemplaire dressé. Chaque original doit mentionner le nombre des originaux qui en ont été faits. Celui qui a exécuté le contrat, même partiellement, ne peut opposer le défaut de la pluralité d'originaux ou de la mention de leur nombre.

La remise tardive au client d'un exemplaire du **mandat comportant une clause d'exclusivité** entache de nullité, non pas seulement la clause d'exclusivité, mais le mandat en son entier (Cass. 1e civ. 25-2-2010 nº 08-14.787 : Bull. civ. I nº 45).

2288 **Information sur la reconduction du mandat** Le mandat doit faire apparaître de « manière lisible et visible » les **modalités de sa non-reconduction** telles qu'elles sont définies par les deux premiers alinéas de l'article L 215-1 du Code de la consommation (voir nº 2272).

Si le mandat comporte une **clause d'exclusivité** et porte sur une opération visée aux 1° et 6° de l'article 1 de la loi Hoguet (notamment : achat, vente, échange d'immeubles ; vente d'actions ou de parts de société immobilière donnant vocation à une attribution de locaux en jouissance ou en propriété), il doit également mentionner les dispositions du deuxième alinéa de l'article 78 du décret 72-678 du 20 juillet 1972 (Loi 70-9 du 2-1-1970 art. 7, 2°). Ces dispositions rappellent que, passé un délai de 3 mois suivant sa signature, le mandat peut être dénoncé à tout moment à charge pour celui qui entend y mettre fin d'en aviser l'autre partie 15 jours au moins à l'avance par lettre recommandée avec avis de réception. Cette clause doit apparaître en caractères très apparents sous peine de nullité du mandat (Cass. 1e civ. 29-5-2013 nº 12-19.281 F-D : BPIM 4/13 inf. 300). Il a été jugé que le mandat exclusif, qui prévoit que chacune des parties ne pourra y mettre fin pendant la période de prorogation qu'« au terme de chaque période de 3 mois », est nul car il restreint la faculté de résiliation à l'échéance de chaque période trimestrielle de reconduction tacite (Cass. 1e civ. 29-5-2013 nº 12-15.220 F-D : BPIM 5/13 inf. 361 ; Cass. 1e civ. 3-11-2016 nº 15-23.534 F-PB : BPIM 6/16 inf. 422).

Toutefois, ces dispositions ne s'appliquent pas, notamment lorsque le mandat est donné en vue de vendre un immeuble par lots ou de souscrire ou de procéder à la première cession de parts ou actions d'une société d'attribution. Dans ces deux derniers cas, le mandat doit cependant indiquer les modalités de sa dénonciation avant exécution s'il porte sur un immeuble déjà achevé (Décret du 20-7-1972 art. 78, al. 3).

2289 **Mandat conclu à distance et hors établissement** Certains contrats immobiliers sont exclus du champ d'application de la **réglementation protégeant le consommateur** en cas de contrat conclu à distance ou hors établissement. Cette exclusion vise « les contrats portant sur la création, l'acquisition ou le transfert de biens immobiliers ou de droits sur des biens immobiliers, la construction d'immeubles neufs, la transformation importante d'immeubles existants ou la location d'un logement à des fins résidentielles » (C. consom. art. L 221-2, 12°). La question qui se pose au regard de ce texte est de savoir si le mandat donné à un agent immobilier peut être ainsi qualifié (sur cette question, voir BPIM 1/15 inf. 3).

Selon la DGCCRF, les dispositions du Code de la consommation relatives aux contrats conclus hors établissement (C. consom. art. L 221-1 s.) s'appliquent aux agents immobiliers. Elles s'appliquent au **mandat** souscrit par un consommateur en dehors de l'établissement commercial (domicile, lieu de travail du consommateur, etc.). S'il fait signer son mandat hors de son établissement, l'agent immobilier est donc soumis aux obligations suivantes :
– obligation précontractuelle d'information (C. consom. art. L 221-5 et L 221-8) : caractéristiques essentielles du bien, du service, prix, délai d'exécution, identité et coordonnées du professionnel, informations relatives au délai de rétractation de 14 jours et ses modalités d'exercice, aux modalités de résiliation, aux modes de règlement des litiges, à la possibilité de recourir à un médiateur de la consommation, notamment ;
– délai de rétractation de 14 jours au profit du client (C. consom. art. L 221-18 s.) ;
– obligation de fournir un exemplaire daté et signé du contrat conclu accompagné du formulaire type permettant l'exercice du droit de rétractation, et de l'avis d'information type justifiant de la fourniture des informations relatives au droit de rétractation (C. consom. art. L 221-9 et R 221-3) ;
– interdiction de recevoir tout paiement du consommateur pendant 7 jours à compter de la conclusion du contrat (C. consom. art. L 221-10).

Le manquement à l'obligation d'information prévue par l'article L 221-5 du Code de la consommation est **sanctionné** par une **amende administrative** de 15 000 € maximum pour les personnes physiques et de 75 000 € pour les personnes morales (C. consom. art. L 242-10). **2290**
En outre, lorsque l'information relative au **droit de rétractation** n'a pas été fournie, le délai de rétractation est **prolongé** de 12 mois à compter de l'expiration du délai de rétractation initial. Étant précisé que, si la fourniture de cette information intervient pendant cette prolongation, le délai de rétractation expire 14 jours à compter du jour où le consommateur a reçu cette information (C. consom. art. L 221-20).
Le défaut de fourniture au client du contrat conclu hors établissement contenant les informations précontractuelles visées par l'article L 221-5 et du formulaire de rétractation (C. consom. art. L 221-9) et le manquement à l'interdiction de recevoir un paiement avant l'expiration d'un délai de 7 jours à compter de la conclusion du contrat (C. consom. art. L 221-10) sont sanctionnés par la **nullité** du contrat (C. consom. art. L 242-1).
Le professionnel qui ne respecte pas la réglementation relative aux contrats conclus à distance (absence de remise d'un exemplaire du contrat ou du formulaire de rétractation, remise d'un exemplaire du contrat ou d'un formulaire de rétractation non conformes, perception d'un paiement avant l'expiration du délai de 7 jours) s'expose en outre à une peine d'**emprisonnement** de 2 ans **et une amende pénale** de 150 000 € (C. consom. art. L 242-5, L 242-6 et L 242-7). Une peine d'emprisonnement d'un an et une amende pénale de 150 000 € sont également prévues en cas de visite non sollicitée lorsque le consommateur a manifesté de manière claire et non ambiguë ne pas vouloir faire l'objet d'une telle visite (C. consom. art. L 242-7-1). Les personnes morales encourent pour les mêmes faits une amende de 750 000 € (C. pén. art. 131-38 sur renvoi de C. consom. art. L 242-8, al. 2). Les personnes physiques et morales encourent aussi des **peines complémentaires**, pour une durée maximale de 5 ans, comme l'interdiction d'exercer ou, pour les personnes morales, la fermeture de l'un ou de plusieurs des établissements de l'entreprise ayant servi à commettre les faits incriminés (C. consom. art. L 242-8).

CLAUSE D'EXCLUSIVITÉ ET CLAUSE PÉNALE

Clause d'exclusivité Le mandat peut accorder une exclusivité à l'agent immobilier pour réaliser l'opération projetée. Dans cette hypothèse, le mandat exclusif **interdit au client** de faire appel à un autre professionnel pour vendre son bien ou de le vendre par lui-même. Celui qui traite avec un tiers pendant la période d'exclusivité au cours de laquelle le mandat n'est pas révocable doit à l'agent immobilier l'indemnité forfaitaire prévue au contrat en raison de la faute qui a privé le mandataire de sa rémunération (Cass. 1e civ. 29-1-2002 n° 99-17.423). Dès lors qu'il est établi que les mandants ont violé la clause d'exclusivité les liant à l'agent immobilier, le juge ne peut pas refuser de mettre en œuvre la clause pénale qui, sanction du manquement d'une partie à ses obligations, s'applique du seul fait de cette inexécution (Cass. 3e civ. 16-11-2022 n° 21-22.400 F-D). **2291**
La clause ne peut recevoir application que si elle résulte d'une **stipulation expresse** dans le mandat dont un exemplaire a été remis au mandant. Elle doit en outre être mentionnée en caractères très apparents (Décret 72-678 du 20-7-1972 art. 78, al. 1) sous peine de nullité (Cass. 1e civ. 17-1-2018 n° 16-26.099 F-D). La remise au mandant d'un exemplaire du mandat doit intervenir dès sa signature sous peine de nullité, non pas de la clause d'exclusivité, mais du mandat dans

son entier (Cass. 1e civ. 25-2-2010 n° 08-14.787 : Bull. civ. I n° 45). Il appartient à l'agent immobilier de rapporter la preuve qu'il a satisfait à son obligation de remise d'un exemplaire du mandat au mandant (Cass. 1e civ. 16-6-2021 n° 19-24.526 F-D).

Lorsqu'il comporte une clause d'exclusivité, le mandat **doit mentionner** :

– dans l'hypothèse où il est conclu avec un client n'agissant pas dans le cadre de son activité professionnelle (consommateur), que passé un délai de 3 mois, il peut être dénoncé à tout moment (voir n° 2288) ;

– les actions que le mandataire s'engage à réaliser pour exécuter la prestation qui lui a été confiée ainsi que les modalités selon lesquelles il rendra compte au mandant de son action, selon une périodicité convenue (Loi 70-9 du 2-1-1970 art. 6, I-al. 6). Le contrat de mandat qui ne comporte pas l'énumération des actions que le mandataire s'engage à réaliser est nul (Cass. 1e civ. 9-9-2020 n° 19-17.925 F-D).

Le mandat peut contenir une clause aux termes de laquelle des **honoraires** seront dus par le mandant, même si l'**opération** est **conclue sans les soins de l'intermédiaire**. Pour être valable, elle doit être mentionnée en caractères très apparents et ne peut prévoir le paiement d'une somme supérieure au montant des honoraires stipulés dans le mandat pour l'opération à réaliser (Loi 70-9 du 2-1-1970 art. 6, I-al. 9 ; Décret 72-678 du 20-7-1972 art. 78, al. 1).

> **Précisions a.** Le client peut octroyer un mandat exclusif à l'agent immobilier et **se réserver la possibilité de trouver un acquéreur** par lui-même. Mais il faut impérativement apporter cette précision dans le mandat. Dans ce cas, le client ne peut pas faire appel à un autre professionnel de l'immobilier, mais peut vendre son bien, au moyen d'annonces entre particuliers par exemple.
> **b.** Si, à la signature du mandat, les vendeurs se sont engagés à ne pas mandater d'autres intermédiaires que l'agence bénéficiaire de la **clause d'exclusivité et une deuxième agence déjà mandatée**, ces deux agences, informées de ce que l'une comme l'autre étaient chargées de vendre le même bien, se trouvent dans la situation de mandataires non exclusifs ; les vendeurs ne manquent donc pas à leur obligation contractuelle envers l'agence bénéficiaire de l'exclusivité en réalisant la vente par l'entremise d'une troisième agence (Cass. 1e civ. 16-10-2013 n° 12-27.067 F-D).

2292 **Clause pénale ou clause de garantie de rémunération** La clause pénale peut être **définie** comme celle par laquelle le vendeur s'engage à verser une somme à l'agent immobilier en cas d'inexécution de son obligation principale. La clause de garantie de rémunération prévoit que des honoraires seront dus par le mandant, même si l'opération est finalement conclue sans les soins de l'intermédiaire.

Toute clause pénale ou clause aux termes de laquelle des honoraires seront dus par le mandant, même si l'opération est conclue sans les soins de l'intermédiaire, est valable. Les dispositions relatives aux clauses d'exclusivité leur sont applicables (voir n° 2291). Elle doit être mentionnée en **caractères très apparents** et ne peut prévoir le paiement d'une somme supérieure au montant des honoraires stipulés dans le mandat pour l'opération à réaliser (Loi 70-9 du 2-1-1970 art. 6, I-al. 9 ; Décret 72-678 du 20-7-1972 art. 78, al. 1). Il a été jugé que même si elle est parfaitement lisible, la clause pénale écrite en petits caractères est inapplicable, faute d'être mentionnée en caractères très apparents comme l'exige la loi Hoguet et son décret d'application (Cass. 1e civ. 17-1-2018 n° 16-26.099 F-D : BPIM 2/18 inf. 166). La clause pénale n'est pas valable non plus lorsqu'elle est rédigée dans les mêmes caractères que ceux de l'ensemble des conditions générales et que seul le titre du paragraphe est écrit en caractères gras et grands caractères (Cass. 1e civ. 5-3-2015 n° 14-13.062 F-D, arrêt rendu à propos d'un fonds de commerce mais transposable).

Le mandat assorti d'une clause pénale doit aussi mentionner que passé un délai de 3 mois, il peut être **dénoncé** à tout moment par chacune des parties, à charge par celle qui entend y mettre fin d'en aviser l'autre 15 jours au moins à l'avance par lettre recommandée avec demande d'avis de réception. Cette clause doit apparaître dans l'acte en caractères très apparents (Cass. 1e civ. 29-5-2013 n° 12-19.281 : BPIM 4/13 inf. 300).

> **Précisions** En cas de **non-respect de la clause d'exclusivité**, l'agent immobilier peut agir en paiement de la somme visée au titre de la clause pénale. Mais le moyen de défense soulevé par le mandant, tiré de la nullité du mandat pour défaut de mention des nom et adresse du garant, constitue une contestation sérieuse au sens de l'article 809, alinéa 2 du Code de procédure qui fait obstacle à l'**octroi, par le juge du référé, de la provision** demandée par l'agent immobilier au titre de la clause pénale (Cass. 1e civ. 6-7-2016 n° 15-18.763 FS-PB).

CLAUSES INTERDITES, ABUSIVES OU ININTELLIGIBLES

Le mandat d'acheter un bien non identifié ne doit contenir aucune clause fixant à l'avance le montant des **dommages-intérêts** ou du **dédit** éventuellement dû par la partie qui ne remplirait pas ses engagements (Décret 72-678 du 20-7-1972 art. 76, dernier al.). **2294**

La **commission des clauses abusives** recommande que soient éliminées des mandats les clauses ayant pour objet ou pour effet : **2296**
– de ne pas limiter dans le temps les effets du contrat, notamment en prévoyant une **durée** indéfiniment renouvelable par tacite reconduction ;
– d'interdire au mandant, sous peine d'une indemnité, de **traiter sans le concours du mandataire**, directement ou indirectement, avec un acquéreur ayant été présenté par lui ou ayant visité les locaux avec lui, sans que le mandat limite raisonnablement la durée de cette interdiction (Recommandation CCA 2003-02 du 18-9-2003 : BOCCRF du 12-3-2004). La clause interdisant de traiter directement avec un client présenté par l'agent immobilier pendant la durée du mandat et dans les 24 mois suivant son expiration a cependant été jugée légale par la Cour de cassation (Cass. 1e civ. 2-10-2007 n° 06-14.238 : BRDA 22/07 inf. 27).
Est abusive la clause donnant à l'agent immobilier le **pouvoir de réaliser des formalités** (demande de pièces, actes et certificats, démarches administratives...) et ainsi d'engager des frais potentiellement élevés, sans en informer préalablement le mandant (Cass. 1e civ. 2-10-2007 n° 06-14.238 précité).

c. Dénonciation du mandat avant son terme

MANDAT NE CONTENANT PAS DE CLAUSE D'EXCLUSIVITÉ

Le mandant qui entend révoquer le mandat avant le terme prévu est en droit de le faire même si le **mandat** est **stipulé irrévocable** (C. civ. art. 2004). La Cour de cassation a affirmé ce principe à plusieurs reprises : le mandat, même stipulé irrévocable, de rechercher un acquéreur en vue de la vente d'un bien ne prive pas le mandant du droit de renoncer à l'opération ; dès lors que la révocation est reçue avant que la vente ne soit réalisée, le mandat, même irrévocable, est révoqué et la clause pénale portée au contrat est privée d'effet (Cass. 1e civ. 30-5-2006 n° 04-18.972 : Bull. civ. I n° 269). **2300**
La révocation produit alors tous ses **effets**, dès le jour de la révocation, sous réserve de la responsabilité du mandant envers le mandataire (Cass. 1e civ. 30-5-2006 n° 04-11.260). Si l'agent immobilier a trouvé un acquéreur après avoir été informé de la révocation, il n'a droit à aucune rémunération (Cass. 1e civ. 30-5-2006 n° 04-11.260 précité). Mais s'il peut justifier d'un préjudice, il peut engager la responsabilité du mandant. Ainsi, même si le mandat stipulé irrévocable ne prive pas le client du droit de renoncer à l'opération, ce dernier, en donnant le bien en location avant la fin du mandat de vente non exclusif, engage sa responsabilité contractuelle envers l'agent immobilier pour violation du contrat (Cass. 1e civ. 5-7-2006 n° 05-12.418). Les juges peuvent limiter l'indemnisation à la perte de chance pour l'agent immobilier de trouver un acquéreur, étant précisé que le dommage résultant de cette perte de chance ne peut pas être égal à l'avantage qu'aurait procuré cette chance si elle s'était réalisée (Cass. 1e civ. 29-5-2013 n° 12-19.390). Toutefois, en vertu du principe du contradictoire, si l'agent immobilier demande à être indemnisé à hauteur du montant de sa commission, les juges ne peuvent pas relever d'office le moyen tiré de la perte de chance pour diminuer ce montant sans avoir au préalable invité les parties à présenter leurs observations (Cass. 1e civ. 24-4-2013 n° 12-19.309).

MANDAT AVEC CLAUSE D'EXCLUSIVITÉ, CLAUSE PÉNALE OU CLAUSE DE GARANTIE DE RÉMUNÉRATION

La contrainte qui résulte pour le client d'un mandat exclusif (voir n° 2291) a conduit le législateur à en limiter les effets dans le temps. Le client et l'agent immobilier peuvent **dénoncer le mandat** contenant une telle clause à tout moment, une fois passé un **délai** de 3 mois à compter de sa signature. Celui qui entend mettre fin au mandat doit en aviser l'autre partie 15 jours au moins à l'avance par lettre recommandée avec demande d'avis de réception (voir n° 2288). Il faut noter que cette disposition ne s'applique pas lorsque le mandat est donné en vue de vendre un immeuble par lots, de souscrire ou de procéder à la première cession de parts ou actions d'une société d'attribution. Dans ces deux derniers cas, le mandat doit cependant indiquer les modalités de sa dénonciation avant exécution s'il porte sur un immeuble déjà achevé (Décret 72-678 du 20-7-1972 art. 78, al. 3). **2305**
Ces dispositions s'appliquent également lorsque le mandat est assorti d'une clause pénale ou d'une clause de paiement automatique d'honoraires.
La **révocation partielle** du mandat est également possible, même si elle n'était pas prévue au mandat. Ainsi, la révocation partielle limitée à la seule clause d'exclusivité est, sauf stipulation

d'irrévocabilité, laissée à la discrétion du client, l'agent immobilier pouvant renoncer au mandat ainsi modifié (Cass. 1e civ. 25-2-2010 nº 08-22.066 : Bull. civ. I nº 44).

ILLUSTRATIONS

Si le mandat exclusif expire le 2 janvier 2013, la clause pénale n'a pas vocation à s'appliquer et le vendeur retrouve toute liberté de vendre à compter du 2 avril 2013. Il peut donc conclure la vente sans être tenu à l'égard de l'agent immobilier (Cass. 1e civ. 13-3-2019 nº 18-12.605 F-D).

3. MANIEMENT DES FONDS REMIS PAR LES CLIENTS

2310 La réception des versements ou remises faits par les clients à l'agent immobilier est **strictement réglementée**. Le montant maximum des sommes que les agents immobiliers peuvent recevoir dépend du montant de la garantie financière qu'ils ont souscrite (voir nº 2118).

Les versements ou remises sont **interdits** aux agents immobiliers qui déclarent dans leur demande de carte professionnelle ne vouloir recevoir aucun fonds, effet ou valeur ainsi qu'aux agents personnes non-salariées habilitées par un titulaire de la carte professionnelle (Loi 70-9 du 2-1-1970 art. 3, 2º et 4, 1º).

CONSEIL

L'agent immobilier, en sa qualité de **séquestre**, est un dépositaire tenu, en application de l'article 1956 du Code civil, de **rendre** la chose déposée à la personne qui sera jugée devoir l'obtenir (par exemple, le vendeur si la vente est réalisée ou l'acquéreur si la vente n'est pas réitérée en raison de la non-réalisation d'une condition suspensive prévue à son profit). En cas de **désaccord** des parties, l'agent immobilier sera prudent d'attendre qu'une décision judiciaire définitive ait été rendue.

COMPTE BANCAIRE SPÉCIAL

2320 Le bénéficiaire de la garantie financière est **tenu de faire ouvrir**, à son nom, un compte spécial exclusivement affecté à la réception des versements ou remises reçus dans le cadre de son mandat d'intermédiaire. N'ont toutefois pas à transiter par ce compte les sommes qu'il perçoit à titre de rémunération ou d'honoraires (Décret 72-678 du 20-7-1972 art. 55).

Le compte bancaire spécial fonctionne exclusivement sous la signature du titulaire de la carte professionnelle, de son ou de ses représentants légaux ou statutaires s'il s'agit d'une personne morale et, le cas échéant, du gérant, mandataire ou salarié, et des préposés spécialement habilités à cet effet.

Les agents immobiliers qui ont souscrit l'**engagement de ne recevoir aucun fonds** en dehors de leurs honoraires ne sont pas tenus d'ouvrir un compte bancaire spécial (Décret 72-678 du 20-7-1972 art. 55, dernier al.). Mais ils demeurent tenus de l'ouverture du carnet de reçus et du registre-répertoire (Circ. de la Direction des affaires civiles et du Sceau du 16-10-2008 nº NOR : JUSC0822823C).

RÉCEPTION DES FONDS

2322 Les versements faits à l'agent immobilier doivent l'être au moyen soit de chèques barrés à l'**ordre** de la banque où le compte est ouvert, soit par virements, soit par mandats postaux, soit par carte de paiement à l'ordre de ladite banque, avec indication du numéro de compte. L'agent immobilier ne peut donc pas recevoir de chèques à son ordre. Les effets ou valeurs ne peuvent pas être remis directement à l'agent immobilier ; ils doivent être confiés à la banque (Décret 72-678 du 20-7-1972 art. 56).

Tous les versements ou remises ne constituant **ni une rémunération ni des honoraires** faits à l'agent immobilier doivent, d'une part, être immédiatement mentionnés sur un **registre-répertoire** et, d'autre part, donner lieu à la délivrance d'un **reçu** (Loi 70-9 du 2-1-1970 art. 5 ; Décret 72-678 du 20-7-1972 art. 51). L'agent immobilier conserve un double de ce reçu dans un **carnet de reçus**. Tous ces registres et documents peuvent être établis et conservés sous forme électronique dans les conditions des articles 1366 et suivants du Code civil et doivent être conservés pendant 10 ans quel que soit leur support (Décret 72-678 du 20-7-1972 art. 51 s.).

RETRAIT DES FONDS

2324 Les retraits des fonds ne peuvent être faits que par virement, délivrance d'un chèque barré ou, s'il s'agit de valeurs ou d'effets, récépissé de retrait. En **cas de cessation de la garantie**, l'établissement de crédit qui tient le compte doit s'opposer à tout retrait qui ne serait pas avalisé par le garant.

4. RÉMUNÉRATION DE L'AGENT IMMOBILIER

CONDITIONS DU DROIT À RÉMUNÉRATION

Le manquement aux dispositions de la loi Hoguet et à ses décrets d'application entraîne, dans certains cas, la perte de tout droit à rémunération pour l'agent immobilier. Ainsi, l'agent immobilier qui exerce sans **carte professionnelle** ne peut pas prétendre au versement de ses honoraires (Cass. 1e civ. 15-5-2007 n° 06-17.957). **2330**
Le **droit à rémunération suppose** :
– un mandat régulier ;
– une participation effective de l'agent immobilier à l'opération ;
– et la constatation de la vente dans un acte écrit devenu définitif.

> **Précisions** La cession d'un fonds de commerce n'emportant pas, sauf exceptions prévues par la loi, la cession des contrats liés à l'exploitation de ce fonds, la **cession d'un fonds de commerce d'agent immobilier** n'emporte pas cession des mandats confiés au professionnel (Cass. com. 28-6-2017 n° 15-17.394 FS-PBI : BPIM 5/17 inf. 376) ; le cessionnaire du fonds ne peut donc pas prétendre au paiement de la commission due en vertu d'un mandat de recherche consenti au cédant avant la cession du fonds.

a. Droit à rémunération de l'agent immobilier et mandat

DURÉE DU MANDAT ET DROIT À RÉMUNÉRATION

Seule la **visite** du bien doit avoir été effectuée **en période de validité du mandat**. La signature de l'acte authentique peut n'intervenir que plusieurs mois après la mission de l'agent immobilier, parfois même après expiration de son mandat. Le droit à rémunération subsiste au-delà de la durée de validité du mandat. En pareil cas, l'agent immobilier ne perd pas son droit à rémunération dès lors qu'il a trouvé l'acquéreur pendant la période de validité du mandat (Cass. 1e civ. 8-10-1996 n° 94-18.025 ; Cass. 1e civ. 15-5-2002 n° 00-14.897). Ainsi, lorsqu'un agent immobilier fait souscrire à une personne une promesse d'achat de l'immeuble pendant la durée de son mandat et qu'après l'expiration de celui-ci le vendeur traite directement avec cette personne, l'opération est réputée effectivement conclue par l'entremise de l'agent immobilier ; il a alors droit au paiement de la commission convenue, quand bien même le vendeur n'aurait appris l'existence d'une promesse d'achat signée par l'acquéreur que le jour de la signature du compromis (Cass. 1e civ. 17-7-1990 n° 89-13.077). **2334**

ATTENTION

Si les recherches de l'agent immobilier n'ont abouti qu'**après l'expiration de son mandat**, l'agent immobilier est considéré comme ayant agi sans mandat et perd donc tout droit à rémunération (Cass. 1e civ. 6-11-2002 n° 99-13.122). C'est à lui de prouver que le bien a été présenté à l'acquéreur avant l'expiration du mandat (Cass. 1e civ. 3-2-1998 n° 96-10.264 : Bull. civ. I n° 38).

Le droit à rémunération pour toute **vente conclue au-delà de la validité du mandat** fait souvent l'objet d'une clause insérée dans le mandat par laquelle le vendeur s'interdit de vendre à tout acquéreur qui lui aura été présenté par l'agent immobilier. Cette clause pourrait sembler inutile dès lors que les juridictions considèrent ce principe comme résultant des textes, et notamment de l'article 6 de la loi 70-9 du 2 janvier 1970 (Cass. 1e civ. 14-11-2000 n° 98-10.629 : Bull. civ. I n° 288). Cependant, l'existence de cette clause facilite la mise en œuvre de la clause pénale en ce qu'elle permet de n'avoir pas à établir la fraude du vendeur (Cass. 1e civ. 23-1-2019 n° 18-10.549 F-D). Elle permet à l'agent immobilier de remplir son devoir d'information à l'égard de son mandant et éventuellement de consacrer la mauvaise foi du vendeur qui ne pourra pas affirmer ne pas savoir qu'il lui était fait interdiction de contracter avec un acquéreur présenté par l'agent immobilier. **2336**
La Cour de cassation considère que la clause d'un mandat de recherche, qui interdit au mandant de traiter directement ou indirectement avec un vendeur présenté par l'agence pendant sa durée et les 18 mois suivant sa résiliation ou son expiration, ne constitue pas une durée excessive (Cass. 1e civ. 29-5-2013 n° 12-17.172 : Bull. civ. I n° 107, BPIM 4/13 inf. 301). Dès lors que le mandat interdit au mandant, pendant sa durée et les 12 mois suivant sa résiliation, de traiter directement ou par l'intermédiaire d'un autre mandataire avec un acheteur présenté par l'agent immobilier, la clause pénale trouve à s'appliquer si la vente est conclue avec cet acheteur dans cette période, sans avoir à prouver une fraude du vendeur (Cass. 1e civ. 23-1-2019 n° 18-10.549 F-D).

ABSENCE OU IRRÉGULARITÉ DU MANDAT

Principe de déchéance du droit à rémunération Il résulte de la combinaison de l'article 6 de la loi du 2 janvier 1970 et des articles 72 et 73 du décret du 20 juillet 1972 que **2338**

l'agent immobilier ne peut réclamer une rémunération que si préalablement à toute négociation ou engagement, il détient un mandat écrit délivré à cet effet par l'une des parties (Cass. 1e civ. 22-5-1991 n° 90-10.182).

L'**absence de mandat préalable** à l'intervention de l'agent immobilier emporte la déchéance de son droit à rémunération (Cass. 3e civ. 18-6-2014 n° 13-13.553 F-PBI : BPIM 4/14 inf. 294 ; Cass. 1e civ. 18-12-2014 n° 13-25.095 F-D ; Cass. 1e civ. 22-1-2020 n° 19-10.853 F-D). Ne peut donc pas réclamer une rémunération :

– l'agent immobilier qui ne détenait pas encore de mandat écrit lorsqu'il a fait visiter des locaux et a commencé à négocier (Cass. 1e civ. 2-10-2007 n° 05-18.706 : Bull. civ. I n° 312, mandat de recherche d'un locataire en l'espèce ; Cass. 1e civ. 6-1-2011 n° 09-71.243 : Bull. civ. I n° 1) ;

– l'agent qui ne se borne pas à proposer par voie d'annonces un bien immobilier, mais reçoit la visite d'un client auquel il donne « tous les renseignements utiles pour parvenir à l'acquisition des terrains en précisant le prix à l'are, le nom du propriétaire et l'identité de la personne susceptible de traiter l'affaire » ; il est considéré comme ayant dépassé le stade de la simple publicité et comme ayant commencé la négociation proprement dite (Cass. crim. 15-12-1987 n° 84-94.134 : Bull. crim. n° 460).

2340 Des conséquences identiques sont attachées au **mandat entaché d'une irrégularité**. Par exemple, l'agent immobilier ne peut pas prétendre à rémunération :

– en se prévalant d'une simple lettre du propriétaire donnant son accord à la vente d'un immeuble moyennant un prix et une commission déterminés (Cass. 1e civ. 8-4-2010 n° 09-12.007) ou d'un simple bon de visite (Cass. 1e civ. 21-3-1995 n° 93-11.009) ;

– lorsque son mandat ne comporte pas de numéro d'inscription au registre des mandats (Cass. 1e civ. 16-11-2004 n° 02-10.301) ou lorsqu'il n'a pas mentionné le mandat sur le registre des mandats et porté le numéro d'inscription sur l'exemplaire du mandat remis au mandant (Cass. 3e civ. 8-4-2009 n° 07-21.610 : Bull. civ. III n° 80) ;

– lorsque le mandat ne précise pas les modalités de la reddition des comptes par l'agent immobilier, mention obligatoire prévue par l'article 6, alinéa 3 de la loi 70-9 du 2-1-1970 (Cass. 1e civ. 13-12-2012 n° 11-11.533 : BPIM 2/13 inf. 160) ;

– lorsque l'objet du mandat n'est ni déterminé ni déterminable (Cass. 1e civ. 19-12-2013 n° 12-26.459 : Bull. civ. I n° 253, BPIM 1/14 inf. 74) ou diffère de l'opération finalement réalisée (Cass. 1e civ. 15-5-2002 n° 00-14.107) ;

– lorsque le mandat ne précise pas les nom et qualité de l'agent commercial qui a conclu le mandat pour le compte de l'agent immobilier qui l'a habilité (Cass. 1e civ. 12-11-2020 n° 19-14.025 FS-PB : BPIM 1/21 inf. 84).

2342 Dès lors que le mandat est inexistant ou nul, l'agent immobilier est **privé de tout droit à rémunération**. D'une manière très générale, la Cour de cassation considère que « l'agent immobilier dont le mandat est nul ne peut percevoir, directement ou indirectement, aucune rémunération au titre de ses activités de recherche, démarche, publicité ou entremise » (Cass. 1e civ. 9-9-2020 n° 19-17.925 F-D). Il ne peut y prétendre :

– ni sur le fondement de la gestion d'affaires (Cass. 1e civ. 19-7-1988 n° 86-19.158 : Bull. civ. I n° 241 ; Cass. 1e civ. 22-3-2012 n° 11-13.000 : Bull. civ. I n° 72) ;

– ni sur celui de la réparation d'un préjudice (Cass. 1e civ. 21-3-1995 n° 93-11.009 ; Cass. 1e civ. 8-12-2021 n° 20-11.024 F-D) ;

– ni sur celui d'une obligation naturelle (Cass. 1e civ. 6-1-2011 n° 09-71.243 : Bull. civ. I n° 1) ou d'un enrichissement injustifié (Cass. 3e civ. 18-6-2014 n° 13-13.553 F-PBI : BPIM 4/14 inf. 294 ; Cass. 1e civ. 31-1-2018 n° 17-10.340 F-D).

2344 **Convention postérieure à l'acte de vente** En l'absence d'un mandat régulier, la Cour de cassation admet cependant que l'agent immobilier puisse percevoir une rémunération si, par une convention ultérieure, l'une des parties **s'engage à rémunérer l'agent immobilier**. La somme due à l'agent immobilier est limitée au montant que le client s'est engagé à payer après la vente, quand bien même ce montant serait inférieur à la rémunération initialement prévue dans le mandat irrégulier (Cass. 1e civ. 16-3-2022 n° 18-21.694 F-D).

Pour que l'agent immobilier puisse percevoir une rémunération, **deux conditions** sont requises.

La **convention** doit être **postérieure à l'acte authentique** de vente (Cass. 1e civ. 29-1-1991 n° 89-15.129 : Bull. civ. I n° 34). Ainsi, l'agent immobilier n'a pas droit à rémunération, même si le client a signé une reconnaissance d'honoraires en qualifiant l'opération comme réalisée et en remettant un chèque à l'agent immobilier en paiement des honoraires, dès lors que cette reconnaissance est intervenue antérieurement à l'engagement des parties (Cass. 1e civ. 27-6-2006 n° 04-20.710 F-D). Il en va de même lorsque le client s'est reconnu redevable de la commission en signant le bon de commission avant la signature de l'acte de vente (Cass. 1e civ. 10-7-2014 n° 13-13.455 F-D).

Les juges ne doivent pas se contenter de constater que l'engagement de verser une commission a été souscrit dans un acte postérieur pour accorder à l'agent immobilier un droit à rémunération. Ils doivent s'assurer que l'engagement est intervenu après la réitération définitive de la vente (Cass. 1e civ. 2-10-2001 n° 99-13.961 ; Cass. 1e civ. 26-5-2011 n° 10-30.698). Ainsi, par exemple, l'engagement de payer la commission dans un acte de promesse de vente ou dans un acte de substitution à une promesse ne sera pas valable.
En revanche, le seul fait de régler la commission après la signature de l'acte authentique de vente est considéré comme une convention ultérieure à la signature de l'acte authentique. Le règlement effectué est donc valable en dépit de l'irrégularité du mandat (Cass. 1e civ. 6-3-2001 n° 98-16.826 FS-P) et toute demande en restitution de la rémunération ainsi payée peut être écartée (Cass. 1e civ. 8-12-2021 n° 20-11.025 F-D). La ratification ne vaut toutefois que pour l'acte ayant donné lieu à facturation et ne permet pas de ratifier d'autres actes accomplis postérieurement par le mandataire, quand bien même ils s'inscriraient dans le cadre d'un même mandat originel et d'une même opération immobilière (Cass. 1e civ. 19-1-2022 n° 20-14.534 F-D).

CONSEIL

Il existe un **risque** que la partie redevable de la commission refuse de signer l'engagement après la signature de l'acte de vente. Pour éviter ce risque, la solution consiste pour l'agent immobilier à lui faire signer, au plus tard le jour de la signature de la promesse de vente, un mandat mettant à sa charge ses honoraires.

La Cour de cassation exige comme seconde condition que la **vente** intervienne **entre les parties** **2346**
rapprochées par l'agent immobilier. Lorsque l'agence ne se prévaut pas de l'existence d'une vente intervenue entre les deux personnes qu'elle a rapprochées, elle ne peut pas percevoir une somme au titre de la vente (Cass. 1e civ. 6-1-2011 n° 09-71.243 : Bull. civ. I n° 1), sauf à prouver l'existence d'une fraude (voir n° 2359). En l'espèce, l'agent immobilier, dépourvu de mandat écrit, avait fait visiter un bien à un candidat acquéreur qui avait été évincé en raison de l'exercice d'un droit de préemption par une société de construction. Cette dernière avait finalement revendu le bien au candidat acquéreur, lequel, postérieurement à l'exercice du droit de préemption, avait souscrit un engagement de payer une certaine somme à l'agence.

NON-RESPECT DU MANDAT PAR L'AGENT IMMOBILIER

L'agent immobilier doit respecter les termes du mandat. Le propriétaire vendeur n'est jamais **2347**
contraint de traiter avec l'acquéreur que lui présente l'agent immobilier si l'**offre d'acquérir** n'est **pas conforme aux termes du mandat**. Ainsi, dès lors que le mandat prévoit que toute offre d'acquisition devra être accompagnée d'un versement de 10 % du prix de vente, l'agent immobilier ne saurait réclamer au vendeur des indemnités équivalentes au montant de sa commission si l'offre ne satisfait pas à cette condition (Cass. 1e civ. 26-9-2006 n° 05-14.554).

CHARGE DE LA RÉMUNÉRATION DE L'AGENT IMMOBILIER

L'agent immobilier qui détient un mandat ne peut demander ni recevoir, directement ou indi- **2348**
rectement, d'honoraires ou de rémunérations d'une personne autre que celles **mentionnées** comme en ayant la charge dans le **mandat et** dans l'**engagement des parties** (Loi 70-9 du 2-1-1970 art. 6, I ; Décret 72-678 du 20-7-1972 art. 73, al. 3 ; Cass. 1e civ. 8-3-2012 n° 11-10.871 F-PB : Bull. civ. I n° 46), « qu'il s'agisse de l'acte de vente ou de tout autre document préparatoire à la vente, à savoir le contrat de réservation » (Cass. 1e civ. 24-11-2021 n° 19-23.693 F-D).
La rémunération est donc nécessairement à la charge de l'une des parties à la vente (Cass. 3e civ. 16-9-2021 n° 20-13.776 F-D). Elle ne peut pas être demandée à une personne autre que celle qui en a la charge dans le mandat et dans l'engagement des parties.
Par suite, l'acquéreur ne peut pas être obligé au paiement de la commission :
– lorsque l'acte de vente ou le contrat de réservation ne mentionne pas la partie supportant la charge de la commission (Cass. 1e civ. 24-11-2021 n° 19-23.693 F-D) ou lorsque le contrat de vente ne contient aucune mention relative à la commission, alors même que le mandat donné par le vendeur et le bon de visite signé par l'acquéreur stipuleraient que la commission est à la charge de l'acquéreur (Cass. 1e civ. 3-4-2002 n° 99-20.206 : Bull. civ. I n° 103) ;
– si le montant de la commission et l'indication de la partie qui en a la charge n'ont pas été mentionnés dans la promesse de vente (Cass. 1e civ. 10-7-2014 n° 13-21.809) ;
– si le mandat stipule que la commission est due par le vendeur (Cass. 1e civ. 26-5-1993 n° 91-16.523). Ce principe vaut même si la promesse et l'acte de vente ultérieur prévoient expressément, mais en contradiction avec le mandat, que la rémunération sera à la charge de l'acquéreur (Cass. 1e civ. 21-2-2006 n° 04-14.538 ; Cass. 1e civ. 24-4-2013 n° 11-26.876 : Bull. civ. I n° 81). En pareil cas, l'agent immobilier ne peut réclamer le paiement de sa rémunération qu'au vendeur.

En revanche, en aucun cas, les textes n'imposent que l'acquéreur ait signé un mandat mettant à sa charge les honoraires de négociation. Dès lors, l'acquéreur peut être contraint de payer les honoraires mis à sa charge par l'acte constatant l'engagement des parties même s'il n'a pas signé le mandat de vente, dès lors que ce dernier indique que la commission sera à la charge de l'acquéreur (Cass. 1e civ. 2-10-2013 n° 12-22.761 F-D : BPIM 6/13 inf. 437).
En d'autres termes, les honoraires de l'agent immobilier ne peuvent pas être mis à la charge d'une partie si l'un des deux actes (le mandat ou l'acte constatant l'engagement des parties) ne le prévoit pas expressément. En revanche, dès lors que les deux actes comportent cette précision, l'acquéreur ne saurait invoquer le fait de n'être pas partie au mandat pour échapper au paiement.
Si les parties souhaitent **modifier la charge des honoraires par rapport au mandat**, il faut que le débiteur prenne l'engagement de rémunérer l'agent immobilier dans une convention postérieure à la vente (nos 2344 s.).

b. Participation effective à l'entremise

OPÉRATION CONCLUE AVEC LE CONCOURS DE L'AGENCE IMMOBILIÈRE

2350 En l'absence d'une clause d'exclusivité, l'agent immobilier n'a droit à ses honoraires que dans la mesure où l'opération a été conclue avec son concours (Loi 70-9 du 2-1-1970 art. 6, I-al. 8). Ainsi, aucune commission ou indemnité n'est due à l'agent immobilier qui ne démontre pas avoir accompli les diligences qui auraient permis la conclusion de la vente d'un seul des immeubles présentés dans le mandat de recherche (Cass. 1e civ. 3-5-2018 n° 17-10.989 F-D).
La charge de la **preuve** du caractère effectif et déterminant de son **intervention** repose sur l'agent immobilier. S'il ne justifie pas avoir, durant le temps de validité du mandat exclusif de vente, présenté, adressé ou indiqué à son mandant le nom de la personne ayant acquis ultérieurement le bien, il ne peut pas prétendre à une commission (Cass. 1e civ. 3-2-1998 n° 96-10.264 : Bull. civ. I n° 38). Le **bon de visite** que l'agent immobilier fait signer aux acquéreurs potentiels constitue à cet égard un moyen probant dont il pourra se prévaloir pour attester qu'il a présenté le bien à telle personne et à telle date (Cass. 1e civ. 14-11-2000 n° 98-10.629 : Bull. civ. I n° 288).

CONSEIL

Pour une sécurité optimale, les agents immobiliers ont intérêt à **se ménager la preuve**, non seulement qu'ils ont fait visiter l'immeuble à l'acquéreur potentiel, mais également qu'ils en avaient averti le vendeur, ce qui leur permettra de rapporter la preuve d'une collusion frauduleuse entre les deux parties et d'obtenir ainsi plus facilement des dommages-intérêts (voir n° 2359).

2351 Si le **vendeur trouve un acquéreur** par ses propres moyens ou grâce à l'intervention d'un tiers, l'agent immobilier n'a aucun droit à rémunération en dépit de toutes les diligences qu'il a pu effectuer. Il peut seulement obtenir des dommages-intérêts s'il parvient à prouver que son mandant a commis une **faute** (voir n° 2358) ou s'il démontre l'existence de manœuvres frauduleuses de l'acquéreur ou du vendeur destinées à éluder ses honoraires (n° 2359).
Le fait que le mandant (l'acquéreur) connaisse le bien n'exclut pas le droit à rémunération de l'agence lorsque le mandat de recherche sans exclusivité qu'il lui a donné pour négocier l'acquisition du bien qu'il convoite, mais non mis en vente, contient une **clause d'interdiction de négociation directe** avec le propriétaire qu'il connaît (Cass. 1e civ. 29-5-2013 n° 12-17.172 : Bull. civ. I n° 107, allouant des dommages et intérêts à l'agence dont l'entremise a été jugée déterminante dans le rapprochement des parties).

PRÉSENTATION DE L'ACQUÉREUR PAR L'AGENCE IMMOBILIÈRE

2352 **Pluralité d'agences immobilières** Pour que l'agent immobilier puisse prétendre au paiement de ses honoraires, l'opération doit avoir été conclue grâce à son concours. Le fait générateur qui ouvre droit aux honoraires ou à indemnisation réside généralement dans la **présentation du bien** à un acquéreur.
Cependant, lorsque des **mandats de vente non exclusifs** ont été donnés à plusieurs agences immobilières, le fait générateur n'est pas nécessairement la première présentation du bien, mais peut résulter des **diligences postérieures** permettant la conclusion effective de l'opération. Les juridictions considèrent en effet que le vendeur n'est tenu de payer une rémunération qu'à celui par l'entremise duquel l'opération a effectivement été conclue, et cela même si l'acquéreur lui a été précédemment présenté par un autre agent immobilier (Cass. 1e civ. 15-2-2000 n° 97-19.429 P : Bull. civ. I n° 46, agence ayant présenté le bien à un acquéreur potentiel mais ne justifiant d'aucune diligence pour rapprocher les parties ; Cass. 1e civ. 15-1-2015 n° 13-25.955 F-D : BPIM 2/15 inf. 147 ; Cass. 1e civ. 6-4-2016 n° 15-14.631 F-PB : BPIM 3/16 inf. 224).

Par un attendu très général, la Cour de cassation a affirmé que « n'est pas fautif le fait, pour l'acquéreur non lié contractuellement à l'agent immobilier par l'intermédiaire duquel il a visité le bien, d'adresser une **nouvelle offre** d'achat aux vendeurs **par l'intermédiaire d'un autre agent immobilier** également mandaté par ces derniers » (Cass. 1e civ. 6-4-2016 n° 15-14.631 F-PB précité). Ce principe s'applique que l'agent immobilier soit titulaire d'un mandat de vente ou de recherche (Cass. 1e civ. 25-11-2010 n° 08-12.432 F-PBI : Bull. civ. I n° 241). L'agent évincé qui a présenté l'acquéreur en premier peut seulement obtenir des dommages-intérêts s'il parvient à prouver la faute du vendeur qui, par un abus de sa part et compte tenu des diligences accomplies, l'a privé de la réalisation de la vente (voir n° 2358).
La Cour de cassation estime également que n'est pas constitutif d'une faute le fait de **négocier par l'intermédiaire d'un autre agent immobilier** à des conditions différentes. Ainsi, la clause interdisant au mandant de traiter directement avec un acquéreur présenté par l'agence ne lui interdit pas de traiter, à des conditions différentes, par l'intermédiaire d'un autre agent immobilier ayant accepté de baisser sa commission (Cass. 1e civ. 16-10-2013 n° 12-23.383 F-D : BPIM 6/13 inf. 438).
De même, la Cour de cassation considère que le seul fait d'**agir dans le sens exclusif de ses propres intérêts** ne suffisant pas à caractériser une faute ou une fraude aux droits d'un tiers, rien n'interdit aux acquéreurs d'entrer directement en contact avec les mandants pour leur proposer une nouvelle offre, serait-ce dans le but de payer un prix moindre, notamment du fait de l'absence de commission d'agence (Cass. 1e civ 6-12-2017 n° 16-15.249 FS-D). En effet, l'agent immobilier ne peut prétendre à aucune rémunération quand la vente est signée à des conditions différentes de celles prévues dans son mandat de recherche (prix en baisse, hauteur des constructions et surface habitable hors œuvre nette réduites), même si elle intervient entre les mêmes parties et sur le même bien (Cass. 3e civ. 1-3-2023 n° 21-25.117 F-D).
Dans l'hypothèse où les juges constatent que **deux agences ont concouru à la vente** effectivement conclue, sans qu'il soit démontré que l'activité de l'une ait été plus essentielle et déterminante que celle de l'autre, ils peuvent juger que la commission doit être partagée par moitié entre les deux agences (Cass. 3e civ. 11-5-2022 n° 21-15.943 F-D). En l'espèce, les acquéreurs avaient adressé une offre au prix aux deux agences titulaires d'un mandat non exclusif.

ILLUSTRATIONS

La **mise en relation** suffit et l'agent immobilier qui ne fait que présenter l'acquéreur au vendeur, sans assister à la signature du contrat de réservation des appartements, est considéré comme ayant effectivement réalisé la vente et a droit à la commission convenue (Cass. 1e civ. 13-6-1984 n° 82-16.316 : Bull. civ. I n° 192). Lorsque le mandat le prévoit, ce principe s'applique même après expiration du mandat (Cass. com. 21-11-2006 n° 05-18.207), mais la commission des clauses abusives invite à une limitation dans le temps de cette clause (voir n° 2296). Le montant de l'indemnité est calculé sur la base du prix réel auquel a été passée la transaction (Cass. 1e civ. 14-11-2000 n° 98-10.629 : Bull. civ. I n° 288). L'agent immobilier, chargé par l'acquéreur de négocier l'achat d'un bien précis que ce dernier n'avait jusqu'alors jamais réussi à acquérir faute de convaincre le vendeur, a droit à une indemnisation équivalente à la rémunération prévue, dès lors que le mandat interdisait au mandant, pendant sa période de validité et les 18 mois suivant son expiration ou sa résiliation, de traiter, directement ou indirectement, avec le propriétaire (Cass. 1e civ. 29-5-2013 n° 12-17.172 : Bull. civ. I n° 107, BPIM 4/13 inf. 301).
En revanche, l'offre de vente faite au locataire d'un appartement dont l'agent immobilier a en charge la vente **ne peut être assimilée à la présentation** d'un acquéreur qui seule ouvre droit à commission (Cass. 1e civ. 14-6-1988 n° 86-17.557 : Bull. civ. I n° 183).

Vente conclue directement entre les parties Lorsque les parties ont conclu la vente directement entre elles pour évincer l'agent immobilier et éluder sa rémunération, alors qu'il avait présenté l'acquéreur au mandant, l'agent immobilier peut, sous certaines conditions, obtenir réparation de son préjudice sur le fondement de la responsabilité extracontractuelle (Cass. 1e civ. 28-3-1984 n° 83-10.182 : Bull. civ. I n° 117). **2358**
Il en va ainsi par exemple lorsque, par sa **faute**, l'**acquéreur** a fait perdre à l'agent immobilier sa commission, même s'il n'est pas débiteur de la commission (Cass. ass. plén. 9-5-2008 n° 07-12.449 : Bull. civ. ass. plén. n° 3). En l'espèce, les juges du fond ont relevé les manœuvres frauduleuses des acquéreurs qui se sont présentés à l'agent immobilier sous une fausse identité pour visiter un appartement afin de l'évincer de la transaction immobilière.
Encore faut-il constater la faute. Il a été jugé que cette faute n'est pas prouvée si, du fait de l'inertie de l'agence, les vendeurs ont traité avec un autre agent immobilier (Cass. 1e civ. 15-2-2000 n° 97-19.429 : Bull. civ. I n° 46).

L'agent immobilier peut également prétendre à des dommages et intérêts s'il parvient à prouver que c'est à la suite de **manœuvres frauduleuses de l'acquéreur et du vendeur** qu'il a été privé de sa commission (Cass. 3e civ. 8-6-2010 n° 09-14.949 : Bull. civ. III n° 112). Même si l'acquéreur final **2359** n'est pas exactement la personne à qui l'agence a fait visiter le bien, les juges du fond doivent rechercher si l'opération ne dissimule pas une fraude destinée à tenir en échec les droits de l'agence immobilière et si, en raison de cette fraude, elle n'est pas en droit d'obtenir une indemnité. Par exemple, si le candidat acquéreur n'a finalement acquis que l'usufruit, ses enfants ayant acquis la nue-propriété, les juges ne peuvent pas rejeter la demande de l'agence au motif que l'acquéreur diffère du candidat acquéreur initial, sans rechercher si ce montage ne procède pas d'une fraude (Cass. 1e civ. 8-4-2010 n° 09-14.597 : Bull. civ. I n° 84). Il en va de même en cas de conclusion de la vente avec une société dont le gérant a refusé préalablement de lever l'option d'une promesse réalisée avec le concours de l'agent immobilier (Cass. 1e civ. 19-5-1999 n° 96-16.327). Pour prétendre au versement de dommages et intérêts, il faut que le mandat soit régulier car à défaut, l'agent immobilier qui invoque les manœuvres frauduleuses ne peut pas prétendre avoir subi une perte de chance de recevoir le paiement de sa commission (Cass. 1e civ. 8-3-2012 n° 11-14.234 : Bull. civ. I n° 47).

En revanche, aucune **faute** ne peut être imputée au **mandant** de l'agent immobilier (le vendeur), s'il ignorait, lorsqu'il a conclu l'acte de vente, qu'il contractait avec des acquéreurs ayant visité les locaux et formulé une première offre d'achat par l'entremise de l'agent immobilier et si la preuve d'une collusion entre les parties à la vente n'est pas rapportée (Cass. 1e civ 6-12-2017 n° 16-15.249 FS-D). L'agent immobilier a donc toujours intérêt à informer son mandant du nom des personnes à qui il a fait visiter le bien, a fortiori si ceux-ci ont formulé une offre. À défaut, il risque de ne pouvoir obtenir réparation de son préjudice ni par son mandant, qui sera considéré comme non fautif, ni par l'acquéreur, la Cour de cassation considérant qu'il n'est pas interdit à ce dernier d'entrer directement en contact avec les vendeurs pour leur proposer une nouvelle offre (même arrêt) ; voir n° 2352.

La constatation de manœuvres frauduleuses destinées à éluder la commission d'un agent immobilier n'ouvre pas droit au paiement de la commission contractuellement prévue, mais seulement à la réparation de son préjudice par l'allocation de **dommages-intérêts**. L'action doit donc viser à l'octroi de dommages et intérêts et non au paiement de la rémunération (Cass. 1e civ. 7-10-2020 n° 18-12.205 F-D). À l'égard d'un tiers au mandat (généralement l'acquéreur), l'action doit être fondée non pas sur la responsabilité contractuelle, mais sur la responsabilité extracontractuelle. Le préjudice est en principe équivalent à la perte de la rémunération (voir n° 2370).

CLAUSE D'EXCLUSIVITÉ OU CLAUSE PÉNALE

2364 Le principe en vertu duquel l'agent immobilier doit avoir contribué à l'opération pour avoir droit à rémunération n'est pas d'ordre public. Le mandat de vente peut donc prévoir le contraire, ce qui est le cas en présence d'une clause d'exclusivité ou d'une clause pénale aux termes de laquelle des **honoraires** seront dus à l'agent, **même si l'opération est conclue sans ses soins** (Loi 70-9 du 2-1-1970 art. 6, I-al. 9). Cette clause doit apparaître dans le mandat en des caractères très apparents et ne peut prévoir le paiement d'une somme supérieure au montant des honoraires stipulés dans le mandat pour l'opération à réaliser (Décret 72-678 du 20-7-1972 art. 78).

Il a été jugé que le mandant qui conclut un mandat de vente, alors qu'il a signé 6 jours plus tôt un mandat exclusif de 3 mois avec une autre agence lui interdisant de négocier directement ou indirectement la vente, est redevable de l'indemnité prévue à titre de clause pénale sans que l'agence ait à justifier de la perte de son droit à rémunération (Cass. 1e civ. 2-10-2013 n° 12-22.343 : BPIM 6/13 inf. 436). Autrement dit, l'agence titulaire du mandat exclusif peut prétendre au paiement de l'indemnité compensatrice prévue par la clause pénale du mandat, même si aucune vente n'a été réalisée par l'entremise de la seconde agence.

En tant que clause pénale, l'**indemnité** mise à la charge du vendeur peut être **réduite** par le juge sur le fondement de l'article 1231-5 du Code civil si elle est manifestement excessive et disproportionnée avec les prestations fournies (CA Paris 5-2-2009 16e ch. B n° 07/21793 : BPIM 3/09 inf. 251).

c. Constatation de la vente dans un acte écrit

ACTE CONTENANT L'ENGAGEMENT DES PARTIES

2365 Ce n'est qu'une fois la vente conclue et constatée dans un acte écrit contenant l'engagement des parties que l'agent immobilier a droit au **paiement de sa rémunération**. L'acte écrit contenant l'engagement des parties doit contenir le montant de la rémunération ou des honoraires, ainsi que l'indication de la ou des parties qui en ont la charge (Décret 72-678 du 20-7-1972 art. 73). Il en résulte que si le contrat de vente ne contient aucune mention relative à la rémunération de l'agent immobilier, sa demande en paiement doit être rejetée (Cass. 1e civ. 17-1-2018 n° 14-14.304 F-D).

Avant la signature d'un acte translatif, l'agent immobilier **ne peut percevoir** aucun bien, effet, valeur, somme d'argent, représentatif d'honoraires, de frais de recherche, de démarche, de publicité ou d'entremise quelconque (Loi 70-9 du 2-1-1970 art. 6, I-al. 8 ; Décret 72-678 du 20-7-1972 art. 73, dernier al. ; Cass. 1e civ. 3-5-1979 n° 77-14.857 : Bull. civ. I n° 126, frais de publicité ; Cass. 1e civ. 16-11-2016 n° 15-22.010 F-PB : BPIM 1/17 inf. 67, honoraires). Le droit à rémunération est exclu alors même que l'agent immobilier a préparé les promesses de vente et exécuté ses obligations contractuelles (Cass. 1e civ. 12-9-2019 n° 18-20.638 F-D).

ATTENTION

Il existe une **exception** à l'interdiction de percevoir une rémunération avant la réalisation effective de la vente pour les **professionnels de l'immobilier d'entreprise** dont les missions d'étude et d'accompagnement peuvent générer des frais importants. Dès lors que le client (mandant) agit « dans le cadre de ses activités professionnelles », l'intermédiaire est autorisé à se faire rétribuer, en totalité ou en partie, avant que l'opération n'ait été effectivement conclue et constatée (Loi 70-9 du 2-1-1970 art. 6, I-al. 10).
Cette clause dont l'objet est défini dans le contrat de mandat a pour objet les frais exposés par le mandataire et les honoraires auxquels il peut prétendre pour ses diligences préalables à la conclusion de l'opération. Elle doit apparaître en caractères très apparents et doit décrire les modalités de calcul et de paiement des sommes dues au mandataire (Décret 72-678 du 20-7-1972 art. 78-1).

L'acte **écrit** contenant l'engagement des parties auquel la loi Hoguet subordonne le droit à rémunération de l'agent immobilier n'est pas nécessairement un **acte authentique**. Ainsi, l'acquéreur qui refuse de réitérer la vente par acte authentique peut être tenu au paiement de la commission s'il est constaté que le compromis de vente sous signature privée vaut vente parfaite (Cass. 1e civ. 10-10-2018 n° 16-21.044 F-D) par suite de la levée des conditions suspensives (Cass. 1e civ. 2-10-2013 n° 12-20.520). En revanche, une promesse unilatérale de vente qui ne comporte pas l'engagement du bénéficiaire d'acquérir n'ouvre pas droit, à elle seule, à des honoraires au profit de l'agence (Cass. 3e civ. 8-2-2023 n° 21-25.521 FS-D). **2366**
De la même manière, lorsque dans l'acte sous signature privée les parties n'ont pas entendu faire de la signature de l'acte authentique une condition de la vente mais l'ont, au contraire, considérée comme une simple formalité destinée à en retarder les effets, le refus par l'une des parties de signer l'acte authentique ne peut être assimilé à l'exercice d'une faculté de dédit et la vente doit être regardée comme effectivement conclue au sens des dispositions de la loi de 1970 (Cass. 1e civ. 9-12-2010 n° 09-71.205 : Bull. civ. I n° 253). La perfection de la vente serait cependant sans effet et l'agent immobilier n'aurait donc aucun droit à rémunération, si la réitération en la forme authentique était impossible (Cass. 3e civ. 18-11-2009 n° 08-20.194 : Bull. civ. III n° 259). En l'espèce, les parties avaient renoncé à réitérer la vente car le juge des tutelles n'avait pas consenti à ce que l'une des venderesses occupante quitte les lieux.
Lorsque la vente est déclarée parfaite par **décision de justice**, le droit aux honoraires prend naissance à compter de cette décision, laquelle constitue l'acte écrit visé par l'article 6 de la loi du 2 janvier 1970 (Cass. 1e civ. 24-9-2002 n° 00-21.964 F-P : Bull. civ. I n° 213).
En présence d'un vice caché, dès lors que l'acquéreur a opté pour la réalisation de la vente en dépit de l'existence de ce vice et que la réalisation de la vente a été judiciairement ordonnée, les juges peuvent considérer que la rémunération de l'agent immobilier, mise à la charge de l'acquéreur par le mandat, est due (Cass. 3e civ. 7-11-2019 n° 18-20.966 F-D).
À **défaut d'acte écrit** constatant le transfert de propriété, la clause contractuelle selon laquelle la rémunération du mandataire resterait due intégralement en cas de refus par l'une des parties de régulariser la vente par acte authentique est dépourvue d'effet (voir n° 2369). De même, lorsque le mandataire n'a pas obtenu le consentement de tous les propriétaires du bien vendu, la vente est nulle et il n'a aucun droit à rémunération : pour un mandat donné uniquement par le mari en violation de l'article 215 du Code civil (Cass. 1e civ. 28-11-2006 n° 05-17.757) ou par certains des indivisaires seulement (Cass. 3e civ. 11-10-2006 n° 05-17.435).

> **Précisions** **a.** Dans le cas d'une **location-accession**, l'acte écrit ouvrant droit au paiement de la commission est l'acte définitif de vente et non pas l'acte de location-accession (Loi 84-595 du 12-7-1984 art. 5).

b. En cas de refus de poursuivre la vente par l'une des parties (nos 2368 s.), le **procès-verbal de difficulté** dressé par le notaire ne peut pas constituer l'écrit ouvrant droit à rémunération car il n'opère aucun transfert. L'agent immobilier n'aura donc en principe droit qu'à des dommages-intérêts s'il prouve la faute de la personne qui a refusé de poursuivre la vente (Cass. 1e civ. 1-12-1987 n° 84-17.276 : Bull. civ. I n° 313).

ÉCHEC DE LA VENTE DU FAIT DES PARTIES

2368 **Échec de la vente du fait de l'acquéreur** Le **droit à rémunération** est **exclu** alors même que la vente n'a pas abouti du fait d'un motif personnel à l'acquéreur.

Par exemple, l'agent immobilier n'a pas droit à ses honoraires lorsque l'acquéreur n'entreprend aucune démarche pour obtenir son financement (Cass. 3e civ. 11-3-2009 no 07-20.509 : Bull. civ. III no 60) ou ne justifie pas avoir sollicité dans le délai requis un prêt conforme aux caractéristiques de la promesse de vente (Cass. 1e civ. 12-10-2016 no 15-20.320 F-D ; Cass. 3e civ. 14-12-2017 no 16-14.615 F-D). Il en va de même lorsque la condition suspensive d'obtention d'un prêt est réputée accomplie en vertu de l'article 1304-3 du Code civil parce que l'acquéreur en a empêché la réalisation par son comportement (voir no 2371).

En pareil cas, l'agent immobilier peut seulement obtenir **réparation du préjudice** subi sur le fondement de la responsabilité extracontractuelle, s'il prouve que, par son comportement fautif, l'acquéreur lui a fait perdre sa rémunération (Cass 1e civ. 13-12-2012 no 11-13.295, arrêt refusant l'allocation de dommages-intérêts, l'échec de la vente n'étant pas imputable à une faute de l'acquéreur ; Cass. 3e civ. 14-12-2017 no 16-14.615 F-D). Pour condamner le mandant à payer des dommages et intérêts à l'agent immobilier au motif qu'il n'a pas régularisé la vente en dépit de la réalisation de toutes les conditions suspensives, les juges doivent préciser les dates qu'ils ont retenues pour la réalisation desdites conditions (Cass. 3e civ. 20-6-2024 no 23-12.106 F-D).

Il a été jugé que ne constitue pas une faute le fait pour l'acquéreur de ne pas avoir prévenu l'agent immobilier de la non-obtention de son prêt (Cass. 1e civ. 23-9-2020 no 19-11.824 F-D).

> **Précisions** Considérant qu'elle ne présentait pas de caractère sérieux, la Cour de cassation a refusé de renvoyer au Conseil constitutionnel une **question prioritaire de constitutionnalité** portant sur l'interdiction pour l'agent immobilier de percevoir une quelconque rémunération en l'absence de conclusion effective de l'opération projetée, quelle qu'en soit la raison. La Cour de cassation considère que cette interdiction est fondée sur le motif d'intérêt général tenant à la nécessaire réglementation des pratiques des professionnels visés à l'article 1er de la loi du 2 janvier 1970 afin d'assurer l'information, la protection et la liberté contractuelle de leurs clients. Il n'en résulte pas d'atteinte disproportionnée à leur liberté contractuelle et à leur liberté d'entreprendre au regard de l'objectif poursuivi par l'article 6 de ladite loi, dès lors qu'en cas de faute commise par le mandant ayant privé le mandataire de sa rémunération une jurisprudence constante lui permet d'engager la responsabilité de son mandant, et qu'une dérogation à cette interdiction est en outre possible lorsque le client agit pour les besoins de ses activités professionnelles (Cass. 3e civ. QPC 7-7-2022 no 21-25.661 FS-B : BPIM 5/22 inf. 389).

2369 **Refus du vendeur de régulariser la vente** La jurisprudence considère que, si le vendeur refuse d'accepter l'**offre d'achat au prix fixé dans le mandat**, l'agent immobilier n'a pas droit à ses **honoraires**, même en présence d'une clause pénale prévoyant que la rémunération du mandataire sera due intégralement en cas de refus par l'une des parties de régulariser la vente par acte authentique (Cass. 1e civ. 24-10-2006 no 05-12.026 F-D ; Cass. 1e civ. 16-11-2016 no 15-22.010 F-PB : BPIM 1/17 inf. 67 ; Cass. 1e civ. 14-12-2016 no 15-25.352 F-D ; Cass. 1e civ. 1-7-2020 no 19-14.381 F-D : BPIM 5/20 inf. 357 ; Cass. 1e civ. 15-6-2022 no 20-22.047 F-D). Il en va ainsi même si le vendeur accepte dans un premier temps l'offre d'acquisition qui lui a été transmise par l'agent immobilier, puis se rétracte le lendemain (Cass. 1e civ. 25-11-2020 no 19-18.144 F-D). En effet, sauf clause expresse du mandat lui donnant le pouvoir de représenter le vendeur pour conclure la vente, l'agent immobilier ne peut pas engager son mandant pour l'opération envisagée (Décret 72-678 du 20-7-1972 art. 72) ; voir no 2264. En outre, la vente n'ayant pas été conclue, l'article 6, I de la loi Hoguet lui interdit de percevoir quelque somme que ce soit.

Estimant qu'elle ne présentait pas de caractère sérieux, la Cour de cassation a refusé de renvoyer au Conseil constitutionnel une question prioritaire de constitutionnalité portant sur l'article 6 de la loi Hoguet, en ce qu'il exclut que soit regardé comme fautif le refus du mandant de conclure la vente sans aucune raison. La haute juridiction considère que, dans la mesure où le mandat est un contrat d'entremise, l'agent immobilier ne dispose pas du pouvoir d'engager son client, de sorte que ce dernier est libre de conclure ou non l'opération et son seul refus ne peut pas être constitutif d'une **faute susceptible d'engager sa responsabilité** (Cass. 3e civ. QPC 7-7-2022 no 21-25.661 FS-B : BPIM 5/22 inf. 389).

L'agent immobilier a droit à des dommages-intérêts s'il prouve une faute de son mandant qui l'aurait empêché de réaliser la vente (Cass. 1e civ. 1-12-1987 no 84-17.276 : Bull. civ. I no 313 ; Cass. 1e civ. 28-6-2012 no 10-20.492 : Bull. civ. I no 209). Toutefois, le refus du mandant de réaliser la vente avec l'acquéreur présenté par l'agence ne constitue pas une faute pouvant justifier sa condamnation au paiement de dommages-intérêts (Cass. 1e civ. 3-5-2018 n° 17-16.657 F-D : BPIM 3/18 inf. 234 ; Cass. 1e civ. 1-7-2020 n° 19-14.381 F-D précité ; Cass. 1e civ. 8-9-2021 n° 20-12.171 F-D : BPIM 6/21 inf. 417), sauf s'il est établi qu'il a conclu la vente en privant le mandataire de la rémunération à laquelle il aurait pu prétendre (Cass. 1e civ. 28-6-2012 n° 10-20.492 F-PBI : Bull. civ. I n° 143 ; Cass. 1e civ. 16-11-2016 n° 15-22.010 F-PB précité ; Cass. 1e civ. 15-6-2022 n° 20-22.047 F-D). Cette preuve n'est pas rapportée lorsque les vendeurs ont informé rapidement l'agent immobilier qu'ils avaient trouvé un acquéreur (Cass. 1e civ. 16-5-2012 n° 11-17.792 F-D).

Lorsque la faute du mandant est établie, l'**évaluation du montant du préjudice** subi par l'agent immobilier relève de la libre appréciation des juges du fond. **2370**
Ces derniers peuvent limiter l'indemnisation à la perte de chance de trouver un acquéreur. La troisième chambre civile considère que les juges peuvent valablement considérer que l'agent immobilier, qui a perdu une chance d'être rémunéré par le fait des vendeurs, a subi un préjudice équivalent à 100 % du montant de la commission (Cass. 3e civ. 11-2-2014 n° 12-28.542 F-D). La première chambre civile semble plus stricte, rappelant régulièrement que la réparation d'une perte de chance doit être mesurée à la chance perdue et ne peut pas être égale à l'avantage qu'aurait procuré cette chance si elle s'était réalisée (Cass. 1e civ. 29-5-2013 n° 12-19.390 F-D ; Cass. 1e civ. 14-11-2019 n° 18-23.915 F-D). Un arrêt précise qu'un agent immobilier ne peut pas se voir octroyer une indemnité égale au montant de sa commission, dès lors que les juges constatent l'existence d'un aléa à la réalisation de l'opération lié, par exemple, à l'obtention du prêt par les acquéreurs (Cass. 1e civ. 28-1-2010 n° 09-10.352 : RJDA 5/10 n° 488).
Les juges ne peuvent pas relever d'office le moyen tiré de la perte de chance pour diminuer le montant demandé par l'agent immobilier sans avoir au préalable invité les parties à présenter leurs observations (Cass. 1e civ. 24-4-2013 n° 12-19.309 ; Cass. 1e civ. 12-10-2016 n° 15-20.320 F-D).

CONSEIL

La Cour de cassation est très sévère dans l'**appréciation des moyens invoqués** à l'appui des demandes en justice faites par les agents immobiliers. Elle sanctionne avec constance les décisions qui condamnent le client fautif à régler à l'agent immobilier sa commission, rappelant que l'agent immobilier peut seulement obtenir réparation de son préjudice par l'allocation de dommages-intérêts. L'agent immobilier doit donc veiller à ce que sa demande en justice **vise à l'octroi de dommages-intérêts** et non au paiement de sa commission, car en pareil cas il pourrait être débouté. Cette demande indemnitaire doit être fondée sur la faute commise par l'une des parties à l'acte et le préjudice qui en a résulté pour l'agent immobilier. Si la vente n'est pas conclue, la demande ne peut pas avoir pour fondement les dispositions du mandat, telle qu'une clause pénale (Cass. 3e civ. 9-7-2014 n° 13-19.061 FS-PB : BPIM 5/14 inf. 354).

d. Nécessité d'un engagement définitif

CONDITION SUSPENSIVE ET FACULTÉ DE DÉDIT

Il va de soi que lorsque l'engagement des parties contient une clause de dédit ou une condition suspensive, l'opération ne peut pas être regardée comme effectivement conclue, tant que lesdites clauses ne sont pas réalisées (Décret 72-678 du 20-7-1972 art. 74 ; Cass. 1e civ. 22-3-2005 n° 02-13.887 ; Cass. 1e civ. 29-11-2005 n° 02-16.862). Ce n'est que lorsqu'elles le sont que le transfert de propriété est acquis. **2371**
Même lorsque la **condition suspensive d'obtention d'un prêt** à laquelle est soumis un compromis de vente est **réputée accomplie** en vertu de l'article 1304-3 du Code civil parce que l'acquéreur en a empêché la réalisation par son comportement, l'agent immobilier n'a pas droit à la commission faute de réalisation effective de l'opération (Cass. 1e civ. 15-11-2005 n° 02-13.378 ; Cass. 1e civ. 4-2-2015 n° 13-27.312 F-D : BPIM 2/15 inf. 148).
Lorsque la condition suspensive de l'obtention d'un prêt **ne se réalise pas**, l'agent immobilier ne peut pas exiger non plus le paiement de l'indemnité prévue à titre de clause pénale dans le mandat (Cass. 1e civ. 27-11-2013 n° 12-13.897 FS-PB : BPIM 1/14 inf. 75) ou dans la promesse de vente (Cass. 3e civ. 9-7-2014 n° 13-19.061 FS-PB : BPIM 5/14 inf. 354). Il peut seulement obtenir réparation du préjudice subi s'il parvient à prouver une faute imputable à l'acquéreur (Cass. 1e civ. 13-12-2012 n° 11-13.295 F-D : BPIM 1/13 n° 88, faute non retenue en l'espèce ; Cass. 3e civ. 8-2-2023 n° 21-25.521 FS-D, faute non retenue en l'espèce).

INEXÉCUTION DE L'OPÉRATION

Une fois l'acte authentique constatant le transfert de propriété signé, l'inexécution par les parties est sans incidence sur le paiement de la rémunération de l'agent immobilier. Les honoraires sont dus dès que la **vente** est **signée**, même si par la suite elle n'est pas exécutée (Cass. 3e civ. 6-11-1996 n° 94-16.786 : Bull. civ. III n° 212). **2372**

Le droit aux honoraires demeure également acquis si la vente est anéantie par l'effet d'une **clause résolutoire** (Cass. 1e civ. 17-2-1998 n° 95-21.751 : Bull. civ. I n° 60) **ou** en cas de **résolution de la vente** pour vice caché en application de l'article 1644 du Code civil si l'agent immobilier n'a commis aucune faute. Dans ce cas, c'est le vendeur qui supporte seul la charge des honoraires et qui doit restituer son montant à l'acheteur victime (Cass. 3e civ. 4-3-2014 n° 12-25.801 : BPIM 3/14 inf. 191). C'est encore le cas, lorsque la réalisation de la vente a été ordonnée judiciairement et effectivement conclue, mais résolue ensuite pour défaut de paiement du prix par la négligence de l'acquéreur qui n'a ni fait proroger l'offre de prêt devenue caduque ni sollicité un nouveau prêt lui permettant de payer le prix (Cass. 3e civ. 7-11-2019 n° 18-20.966 F-D).

Lorsque la **vente** est **annulée**, l'agent immobilier perd, en revanche, le droit à sa rémunération car l'opération ne peut plus être considérée comme « effectivement » conclue (Cass. 1e civ. 20-3-2007 n° 06-12.770 : RJDA 7/08 n° 783). En cas d'annulation de la vente pour dol des vendeurs, l'opération à laquelle l'agent immobilier a concouru n'est pas effective de sorte qu'il ne peut percevoir aucune rémunération (Cass. 1e civ. 20-3-2007 n° 04-13.276 : Bull. civ. I n° 313). Il peut cependant obtenir réparation de son préjudice sur le fondement de l'article 1240 du Code civil (responsabilité extracontractuelle pour faute).

DROIT DE PRÉEMPTION

2373 En principe, en cas de préemption par un tiers, l'agent immobilier a droit à ses honoraires, même si la vente est finalement conclue avec un **tiers** qui **se substitue à l'acquéreur** qu'il a trouvé (Cass. 1e civ. 7-7-1998 n° 96-17.784 PB : Bull. civ. I n° 235, tiers qui se substitue à l'acquéreur en usant de son droit de préférence ; Cass. 1e civ. 9-3-1999 n° 96-21.259 : Bull. civ. I n° 79, commune qui se substitue à l'acquéreur en exerçant son droit de préemption ; Cass. 1e civ. 26-3-1996 : RJDA 10/96 n° 1255 ; Cass. 3e civ. 19-7-2000 : RJDA 12/00 n° 1082, indivisaire se substituant à l'acquéreur évincé).

S'agissant du droit de préemption de la **commune** (ou, par délégation, de l'**établissement public foncier**), dès lors que le montant de la rémunération de l'agent immobilier est indiqué dans la déclaration d'intention d'aliéner (DIA) et dans l'engagement des parties, le titulaire du droit de préemption doit en effectuer le paiement (Cass. 3e civ. 26-9-2007 n° 06-17.337 FS-PB : RJDA 1/08 n° 21 ; Cass. 1e civ. 25-11-2020 n° 16-22.616 F-D : BPIM 1/21 inf. 85 ; Cass. 3e civ. 2-5-2024 n° 23-12.918 F-D). Peu importe que l'exercice du droit de préemption ait eu lieu avant la levée de l'option du bénéficiaire de la promesse unilatérale de vente (Cass. 3e civ. 12-5-2021 n° 19-25.226 FS-P : BPIM 4/21 inf. 247). Si le prix du bien préempté est judiciairement diminué par le juge de l'expropriation, le montant de la commission reste calculé sur la base du prix qui figure dans la DIA (Cass. 3e civ. 2-5-2024 n° 23-12.918 F-D). Si le montant de la commission n'est pas mentionné dans la DIA, aucune rémunération n'est due à l'agent immobilier, qui peut néanmoins obtenir la condamnation du notaire fautif au paiement de sa commission sous forme de dommages-intérêts (Cass. 1e civ. 26-3-1996 n° 94-14.381).

Lorsqu'il s'agit du droit de préemption du **preneur rural**, les honoraires dus à l'intermédiaire doivent être indiqués dans la notification du projet de vente (Cass. 3e civ. 24-6-2015 n° 14-18.684 FS-PB : BPIM 4/15 inf. 267). La solution est identique pour le droit de préemption de la **Safer** (Cass. 3e civ. 23-6-1977 : JCP G II 18804).

En revanche, lorsque le droit de préemption s'analyse en un **droit d'acquisition prioritaire** qui doit s'exercer avant même qu'un acquéreur ne soit recherché, l'agent immobilier n'a pas droit à ses honoraires puisqu'il n'a fourni aucune prestation d'entremise entre le vendeur et l'acheteur, titulaire d'un droit de préemption. Ainsi, s'agissant du droit de préemption du **locataire d'un bail d'habitation** (Loi 89-462 du 6-7-1989 art. 15, II), les frais d'intermédiaire ne sont pas dus et ne peuvent pas être inclus dans l'offre de vente faite au locataire (Cass. 3e civ. 17-12-2008 n° 07-15.943 FS-PBI : RJDA 7/09 n° 613 ; Cass. 3e civ. 3-7-2013 n° 12-19.442 FS-PB : RJDA 11/13 n° 882). Cette jurisprudence s'applique au locataire qui a refusé l'offre initiale, mais qui a exercé son droit de préemption subsidiaire en acceptant la seconde offre à des conditions ou à un prix plus avantageux qui lui a été notifiée par le notaire (Cass. 3e civ. 1-3-2023 n° 21-22.073 FS-B : BPIM 2/23 inf. 137).

La solution est identique pour le locataire d'un **bail commercial** (C. com. art. L 145-46-1, al. 1), qui peut donc refuser de payer les frais d'agence lorsqu'il exerce son droit de préemption légal (Cass. 3e civ. 28-6-2018 n° 17-14.605 FS-PBI : BPIM 4/18 inf. 297). En revanche, s'il ne s'agit pas de mettre en œuvre le droit de préférence légal, mais un droit de préférence conventionnel, qui a pour effet de substituer le locataire dans les droits de l'acquéreur évincé, alors il est tenu de payer la totalité du prix convenu avec cet acquéreur, y compris la commission de l'agent immobilier (Cass. 3e civ. 28-9-2022 n° 21-18.007 F-D).

› Précisions Le **juge de l'expropriation** est compétent pour déterminer, en fonction des indications figurant dans l'engagement des parties et dans la déclaration d'intention d'aliéner (DIA), si l'organisme qui exerce son droit de **préemption** est tenu, en ce qu'il est substitué à l'acquéreur, de prendre en charge la rémunération de l'intermédiaire immobilier. En revanche, il ne l'est pas pour réduire ou supprimer cette rémunération en considération des fautes que celui-ci aurait commises dans l'exécution de sa mission (Cass. 3e civ. 14-12-2017 n° 16-20.150 F-PBI : BPIM 1/18 inf. 20).

e. Fixation et règlement de la rémunération de l'agent immobilier

DÉLAI DE PAIEMENT DE LA RÉMUNÉRATION DE L'AGENT IMMOBILIER

Le professionnel perçoit sa rémunération « sans délai » une fois « constatée par acte authentique l'opération conclue par son intermédiaire » (Décret 72-678 du 20-7-1972 art. 73, dernier al.). **2374**
À défaut de règlement, l'agent immobilier doit agir dans le délai de 5 ans pour **réclamer le paiement** de sa rémunération. Ce délai de **prescription** court à compter du jour où le titulaire d'un droit a connu ou aurait dû connaître les faits lui permettant de l'exercer (C. civ. art. 2224). Mais si le mandant est un consommateur, le délai de prescription n'est que de 2 ans (C. consom. art. L 218-2). Rappelons que seules les personnes physiques qui agissent à des fins qui n'entrent pas dans le cadre de leur activité commerciale, industrielle, artisanale ou libérale peuvent être qualifiées de « consommateurs » (C. consom. art. liminaire). Une SCI ne peut donc pas être regardée comme étant un consommateur au sens de l'article L 218-2 du Code de la consommation (par exemple, Cass. 2e civ. 3-9-2015 n° 14-18.287 F-PB : Bull. civ. II n° 193).

› Précisions Les **règles de calcul des délais** de procédure prévues par les articles 641 et 642 du Code de procédure civile ne s'appliquent pas aux **délais de prescription**. Les règles de calcul des délais de prescription relèvent des articles 2228 et 2229 du Code civil, selon lesquels la prescription « se compte par jours, et non par heure », et est acquise « lorsque le dernier jour du terme est accompli ». Ainsi le délai de prescription d'une action en paiement des honoraires d'agence qui commence à courir le 19 juin 2008 expire le 18 juin 2013 à 24 heures et non le lendemain (Cass. 1e civ. 12-12-2018 n° 17-25.697 FS-PBI : BPIM 1/19 inf. 80).

MONTANT DE LA RÉMUNÉRATION DE L'AGENT IMMOBILIER

L'agent immobilier peut **fixer** librement le montant de ses honoraires, sous réserve toutefois de leur plafonnement en cas de non-respect d'une clause d'exclusivité ou en cas de clause pénale (voir nos 2291 et 2292). **2375**
Les juges du fond ont le pouvoir souverain de **réduire** la rémunération de l'agent immobilier, par exemple lorsque la mission n'a été effectuée que partiellement (Cass. 1e civ. 2-6-1993 n° 91-10.578 : Bull. civ. I n° 198), voire de la **supprimer** (Cass. 1e civ. 14-1-2016 n° 14-26.474 F-PB : BPIM 2/16 inf. 147). En revanche, les juges du fond ne peuvent pas, en raison des fautes commises par l'agent immobilier, à la fois réduire sa commission et le condamner à payer des dommages et intérêts à l'acquéreur (Cass. 1e civ. 9-5-2019 n° 18-17.944 F-D).

› Précisions Les frais et commissions directs et indirects versés par le promoteur ou le vendeur aux intermédiaires vendeurs de **biens immobiliers neufs** ouvrant droit à la réduction d'impôt **Pinel** sont **plafonnés** (CGI art. 199 novovicies, X bis-al. 1). Le plafond est fixé à 10 % du prix de revient d'acquisition du logement (constitué du prix d'acquisition du logement augmenté du prix des travaux), dans la limite d'un plafond par mètre carré de surface habitable (Décret 2019-1426 du 20-12-2019). Ces frais et commissions doivent être communiqués à l'acquéreur et figurer dans l'avant-contrat et l'acte de vente. Tout dépassement est passible d'une amende administrative due par le vendeur cosignataire de l'acte authentique dont le montant ne peut excéder 10 fois les frais excédant le plafond (CGI art. 199 novovicies, X bis).

5. INTERDICTION D'ACQUÉRIR LES BIENS MIS EN VENTE

Les mandataires ne peuvent pas se rendre adjudicataires, sous peine de nullité, ni **par eux-mêmes** ni par personnes interposées, des biens qu'ils sont chargés de vendre (C. civ. art. 1596). **2385**
Malgré la formulation du texte, qui fait défense aux mandataires de se rendre « adjudicataires » des biens qu'ils sont chargés de vendre, l'interdiction concerne tous les modes d'acquisition, notamment l'acquisition amiable. Les agents immobiliers ont donc interdiction de se porter acquéreurs des biens pour lesquels ils ont reçu mandat de vendre. L'interdiction d'acheter s'applique dès lors que le mandat, fût-il seulement d'entremise, a pour objet la vente d'un bien

(Cass. 1e civ. 13-4-1983 n° 81-16.728 : Bull. civ. I n° 119) et alors même que la vente se fait au prix fixé par le mandant (Cass. 1e civ. 27-1-1987 n° 84-16.113 : Bull. civ. I n° 32). L'interdiction ne s'applique pas au **négociateur salarié** de l'agence qui achète pour lui-même, à titre personnel et non pour le compte de son employeur (Cass. 1e civ. 18-6-2014 n° 13-18.010 F-D : BPIM 4/14 inf. 293) et qui n'a pas été chargé de traiter la vente du bien concerné au sein de l'agence (Cass. 3e civ. 15-10-2015 n° 13-28.255 F-D : BPIM 6/15 inf. 397).

L'interdiction s'applique également aux acquisitions par **personne interposée**. Ainsi, une société dont le gérant est également celui de l'agence immobilière à laquelle a été confié le mandat ne peut pas se porter acquéreur de l'immeuble objet du mandat.

En revanche, l'interposition n'est pas établie (l'acquisition est donc valable) lorsque :

– l'acquéreur a un siège distinct de celui de l'agence immobilière titulaire du mandat, même s'il a un établissement secondaire à la même adresse qu'elle et le même dirigeant (Cass. 3e civ. 18-5-2017 n° 16-14.972 FS-D : BPIM 4/17 inf. 311) ;

– la société acquéreur a le même gérant personne physique que la société mandataire, lesdites sociétés étant des personnes juridiques distinctes, le gérant ne détenant que 25 % des parts de la société mandataire et s'étant investi seulement pour le compte de la société acquéreur (Cass. 3e civ. 20-10-2021 n° 20-18.792 F-D : AJDI 2022 p. 302).

Les juges du fond ont l'obligation de rechercher si le mandataire ne s'est pas porté acquéreur du bien vendu par personne morale interposée (Cass. 3e civ. 2-7-2008 n° 07-15.509 FS-PB : Bull. civ. III n° 120) ou par personne physique interposée, tels que les parents du mandataire, lequel est leur héritier (Cass. 3e civ. 16-5-2019 n° 18-17.772 F-D).

La **nullité** visée à l'article 1596 du Code civil est une nullité relative (Cass. 1e civ. 29-11-1988 n° 87-10.011 : Bull. civ. I n° 341), qui se prescrit par 5 ans (C. civ. art. 2224). Ce délai court à compter de l'acte litigieux ou de la découverte de la simulation en cas d'interposition de personne. Seul le mandant peut l'invoquer et donc valablement **renoncer à l'invoquer** (C. civ. art. 1181 s.). Pour être valable, la renonciation doit comporter à la fois la connaissance du vice affectant l'acte concerné par la nullité et l'intention de le réparer (Cass. 3e civ. 2-7-2008 n° 07-15.509 FS-PB : RJDA 3/09 n° 197). Ainsi l'acquisition par le mandataire des biens qu'il est chargé de vendre est valable à condition que le mandant renonce de manière non équivoque à la nullité de principe de cet acte (CA Paris 21-1-2010 n° 09/11936, ch. 5-9 : RJDA 6/10 n° 619) ; il s'agissait de la nullité d'une vente de parts de société, mais la solution est à notre avis transposable à la vente d'un bien immobilier.

> **Précisions** Le **Code de déontologie** applicable aux agents immobiliers rappelle l'interdiction qui leur est faite d'acquérir un bien immobilier pour lequel un mandat leur a été confié, en précisant que cette disposition s'applique « sauf à informer leur mandant de leur projet » (n° 2413). Cette rédaction va dans le sens de la jurisprudence selon laquelle le mandataire peut acquérir le bien pour lequel il a reçu mandat, dès lors qu'il le fait en toute transparence.

6. LUTTE CONTRE LE BLANCHIMENT DE CAPITAUX, LE TERRORISME ET L'HABITAT INDIGNE

2389 Les agents immobiliers doivent mettre en œuvre les obligations relatives à la lutte contre le blanchiment des capitaux et le financement du terrorisme (Loi 70-9 du 2-1-1970 art. 8-2 ; C. mon. fin. art. L 561-2, 8°). À ce titre, ils doivent notamment vérifier l'identité de leurs clients et communiquer à Tracfin une **déclaration de soupçon** concernant les sommes inscrites dans leurs livres ou les opérations portant sur des sommes dont ils savent, soupçonnent ou ont de bonnes raisons de soupçonner qu'elles proviennent d'une infraction passible d'une peine privative de liberté supérieure à un an ou participent au financement du terrorisme (C. mon. fin. art. L 561-15 s.) ; voir nos 29130 et 71065.

La Commission nationale des sanctions a condamné à plusieurs reprises des agences immobilières qui ne se sont pas strictement conformées à la législation anti-blanchiment (CNS déc. 2-1-2021 n° 2019-52 ; CNS déc. 14-1-2021 n° 2019-63 ; CNS déc. 21-1-2021 n° 2019-24 ; CNS déc. 11-2-2021 n° 2019-46). Ainsi par exemple, l'agent immobilier est tenu d'accomplir les vérifications imposées par le niveau de risque de blanchiment même si ces vérifications sont également réalisées par le notaire et par la banque (CNS déc. 22-7-2015 n° 2015-09 ; CNS déc. 9-6-2022 n° 2021-02), de vérifier le bénéficiaire effectif des personnes morales par le contrôle des statuts et non pas seulement d'un extrait Kbis (CNS déc. 13-5-2022 n° 2020-09) ou d'établir une cartographie des risques complète et propre à l'agence (CNS déc. 11-4-2022 n° 2020-12 ; CNS déc. 13-5-2022 n° 2020-09).

Le Code de déontologie applicable aux agents immobiliers figurant en annexe du décret 2015-1090 du 28 août 2015 rappelle l'obligation pour les agents immobiliers de veiller au respect des règles en matière de blanchiment (art. 3).

Les agents immobiliers ont également une **obligation de signalement au procureur de la République** des faits susceptibles de constituer des infractions pénales relevant des procédures de lutte contre l'habitat indigne et les marchands de sommeil (Loi 70-9 du 2-1-1970 art. 8-2-1).

D. Secret professionnel, protection des données et déontologie

SECRET PROFESSIONNEL

Les agents immobiliers sont tenus au respect de la confidentialité des données dont ils ont connaissance dans l'exercice de leurs activités (Loi 70-9 du 2-1-1970 art. 4-3). Le **manquement à cette obligation**, qui est rappelée par le Code de déontologie, est susceptible de sanctions civiles s'il en résulte un préjudice (voir nos 71100 s.) et de sanctions administratives et pénales (C. pén. art. 226-13). **2400**
Toutefois, les agents immobiliers ne sont **pas tenus** à cette obligation de confidentialité lorsque des dispositions légales ou réglementaires leur imposent la divulgation de certaines informations (mesures en matière de lutte contre le blanchiment ou contre l'habitat indigne par exemple) ou lorsqu'ils sont tenus de témoigner en justice, lorsque les personnes intéressées les délient de cette obligation et dans l'exercice de leur défense en matière judiciaire ou disciplinaire (C. déontologie art. 7).

> **Précisions** Le **secret professionnel ne fait obstacle** ni au signalement d'un habitat manifestement indigne ni à la communication aux copropriétaires de tout élément nécessaire au bon fonctionnement du syndicat (Loi 70-9 du 2-1-1970 art. 4-3). Ces deux exceptions concernent plus spécifiquement les activités de gestion immobilière et de syndic de copropriété.

PROTECTION DES DONNÉES

La loi informatique et libertés du 6 janvier 1978 et le décret du 29 mai 2019 imposent aux professionnels de l'Union européenne des obligations en matière de protection des données à caractère personnel des **personnes physiques** (Loi 78-17 du 6-1-1978 modifiée ; Décret 2019-536 du 29-5-2019). **2410**
Ils doivent se mettre en conformité avec le Règlement général sur la protection des données (**RGPD**) et organiser un système de protection des données personnelles, ce qui suppose notamment de :
– respecter les grands principes du règlement lors de la collecte, du traitement et de la conservation des données personnelles : définition des objectifs du fichier, collecte des données strictement nécessaires à la réalisation de cet objectif, suppression des données une fois l'objectif poursuivi atteint, sécurisation et confidentialité des données collectées, mise en place d'un droit d'accès aux données collectées et de rectification pour les personnes concernées ;
– désigner un « délégué à la protection des données personnelles » indépendant, chargé de les informer et les conseiller sur la réglementation en vigueur et de s'assurer du respect de celle-ci ;
– mettre en place un registre répertoriant les traitements des données personnelles de chaque client, salarié ou prestataire.
Le manquement à ces obligations peut conduire à un **rappel** à l'agent immobilier de ses **obligations légales** ou à des **sanctions** administratives prononcées par la Cnil (avertissement, mise en demeure, limitation temporaire ou définitive du traitement, suspension des flux de données, injonction d'avoir à satisfaire aux demandes d'exercice des droits des personnes ou à la rectification, la limitation ou l'effacement des données). Les amendes administratives peuvent s'élever, selon la catégorie de l'infraction, de 10 à 20 millions d'euros, ou, dans le cas d'une entreprise, de 2 % à 4 % du chiffre d'affaires annuel mondial, le montant le plus élevé étant retenu (Loi 78-17 du 6-1-1978 art. 20).

ILLUSTRATIONS

La Cnil a condamné une société spécialisée dans la promotion immobilière, l'achat, la vente, la location et la gestion immobilière à une amende administrative de 400 000 € pour ne pas avoir mis en œuvre les mesures techniques et organisationnelles appropriées afin de garantir la sécurité des données personnelles traitées (Cnil délib. n° 2019-005 du 28-5-2019). En l'espèce, l'accès aux documents conservés par la société traduisait une conception défectueuse du site, caractérisée par l'absence de mise en place d'une procédure d'authentification des utilisateurs. La simple modification d'une valeur dans l'adresse URL permettait à toute personne de télécharger les documents personnels concernant des tiers. La Cnil a relevé également que la société conservait en base active les données à caractère personnel des candidats n'ayant pas accédé à la location pour une durée excédant dans des proportions importantes celle nécessaire à la réalisation de la finalité du traitement, à savoir l'attribution de logements, sans qu'aucune solution d'archivage intermédiaire n'ait été mise en place.

DÉONTOLOGIE DES AGENTS IMMOBILIERS

2412 **Code de déontologie** Les agents immobiliers sont soumis à un Code de déontologie commun aux professionnels de l'immobilier soumis à la loi Hoguet. **Mis en place** par la loi Alur du 24 mars 2014, ce Code figure en annexe du décret 2015-1090 du 28 août 2015 (Loi 70-9 du 2-1-1970 art. 13-4). Il s'applique aux agents immobiliers titulaires d'une carte professionnelle ou dont l'activité fait l'objet d'une déclaration préalable en application de l'article 8-1 de la loi Hoguet (ressortissants de l'Union européenne ou de l'Espace économique européen exerçant à titre temporaire ou occasionnel), ou à leurs représentants légaux et statutaires lorsqu'il s'agit de personnes morales (Décret 2015-1090 du 28-8-2015 art. 1). Il vise à permettre l'exercice des activités de transaction dans des conditions conformes aux intérêts des clients et d'assurer le respect de bonnes pratiques commerciales.

La **violation** du Code de déontologie n'est assortie d'aucune sanction, ce qui en réduit considérablement la portée pratique. Cependant, tout manquement au Code de déontologie peut permettre de consacrer la faute commise par l'agent immobilier et servir de fondement à une action civile en réparation d'un préjudice subi.

> **Précisions** Le législateur avait prévu que tout **manquement au Code** de déontologie exposerait l'agent immobilier à des poursuites disciplinaires prononcées par le Conseil national de la transaction et de la gestion immobilières (CNTGI), organisme mis en place par la loi Alur du 24 mars 2014 (nº 2420). Mais la **loi Élan du 23 novembre 2018** a purement et simplement supprimé la fonction disciplinaire du CNTGI et les sanctions mises en place par la loi Alur (voir nº 2425 Précisions).

2413 **Obligations déontologiques** Le Code de déontologie impose aux agents immobiliers de respecter l'**éthique professionnelle** en exerçant leur profession avec conscience, dignité, loyauté, sincérité et probité (art. 2). Ils sont tenus :

– d'agir dans le strict **respect** des **lois**, des **règlements** et du **Code de déontologie** (art. 3). Ils s'obligent notamment au respect des règles sur le blanchiment, aux dispositions de la loi relative à l'informatique, aux fichiers et aux libertés et à ne commettre aucune discrimination ;

– à une obligation de **compétence** et doivent s'assurer que les collaborateurs qu'ils habilitent à négocier, s'entremettre ou s'engager pour leur compte et les directeurs d'établissement qu'ils nomment remplissent toutes les compétences et les qualifications nécessaires au bon accomplissement de leur mission. À défaut d'avoir les compétences requises, ils doivent refuser la mission ou faire appel à une personne qualifiée dont ils auront vérifié le professionnalisme, tout en informant le client de cette prestation externalisée (art. 4) ;

– d'assurer la **direction effective** de leur entreprise et de leurs établissements, sous réserve de leur faculté de nommer des directeurs d'établissement (art. 5) ;

– à une obligation de **transparence** leur imposant de donner une information exacte, intelligible et complète de leurs activités professionnelles, y compris des services rendus à titre accessoire ou complémentaire, des montants et des modes de calcul de leurs honoraires pratiqués, de leurs compétences et de leurs qualifications professionnelles. Lorsqu'ils sont sollicités pour établir un avis de valeur, ils doivent par exemple informer leur client que cet avis ne constitue pas une expertise (art. 6) ;

– à la **confidentialité** et doivent veiller à ce que leurs collaborateurs et directeurs d'établissement agissent avec la même prudence et la même discrétion. Le Code énumère toutefois un certain nombre de dispenses à cette obligation : autorisation légale ou réglementaire, autorisation des personnes intéressées, exercice de leur défense en matière judiciaire ou disciplinaire (art. 7) ;

– de **défendre les intérêts de leurs mandants** dans le respect des droits et intérêts des autres parties aux opérations pour lesquelles ils ont été mandatés. Ils s'obligent notamment à assurer une parfaite information des parties, à ce que les actes sous signature privée qu'ils rédigent expriment les accords intervenus entre les parties et à faire preuve de prudence, en veillant à ne pas mettre en péril la situation de leurs mandants et des autres parties (art. 8) ;

– de **ne pas se trouver en conflit d'intérêts** avec leurs mandants ou avec les autres parties. Ils s'obligent, entre autres : à ne pas acquérir, en partie ou en totalité, ni faire acquérir par un proche ou un organisme quelconque dans lequel ils détiendraient une participation, un bien immobilier pour lequel un mandat leur a été confié, sauf à informer leur mandant de leur projet ; à ne pas accepter d'évaluer un bien dans lequel ils possèdent ou envisagent d'acquérir des intérêts, sauf à en faire état dans leur avis de valeur (art. 9) ;

– d'entretenir des rapports de **confraternité** avec leurs confrères dans le cadre d'une concurrence libre, saine et loyale. Ils doivent s'abstenir de toute parole ou action blessante ou malveillante, de toute démarche ou manœuvre susceptible de nuire à leurs confrères, les dénigrer ou les discréditer (art. 10) ;

– de s'efforcer de **résoudre à l'amiable les litiges** qui surviennent avec leurs mandants et les autres parties intéressées aux opérations pour lesquelles ils ont été mandatés ou avec leurs confrères (art. 11).

E. Encadrement et contrôle de l'activité de transaction

CONSEIL NATIONAL DE LA TRANSACTION ET DE LA GESTION IMMOBILIÈRES

Composition et fonctionnement du CNTGI Afin d'offrir davantage de garanties aux consommateurs, la loi Alur du 24 mars 2014 a renforcé l'encadrement et le contrôle de l'activité de transaction immobilière. Elle a créé un Code de déontologie (n°s 2412 s.) et le Conseil national de la transaction et de la gestion immobilières (CNTGI), organisme représentatif des professionnels de l'immobilier soumis à la loi Hoguet. 2420

Le CNTGI **comprend** un collège de 16 personnes, dont le président, nommées par arrêté conjoint du garde des Sceaux, du ministre du logement et du ministre de la consommation (Loi 70-9 du 2-1-1970 art. 13-2) : 7 membres représentant des professionnels de l'immobilier titulaires de la carte professionnelle, 5 représentants des consommateurs choisis parmi les associations de défense des consommateurs et 3 personnalités qualifiées dans le domaine de l'immobilier ou du droit des copropriétés ; le président ne peut pas être une personne faisant partie de l'un des trois groupes précédents. Ces personnes sont nommées pour une durée de 3 ans renouvelable (une fois pour le président) (Décret 2019-298 du 10-4-2019 art. 1).

Le CNTGI doit établir un règlement intérieur fixant les modalités de son **organisation** et de son **fonctionnement** soumis à l'approbation du garde des Sceaux (Décret 2019-298 du 10-4-2019 art. 4). Il se réunit au moins une fois par an (Décret 2019-298 du 10-4-2019 art. 2). Les représentants du ministre de la justice et des ministres chargés du logement et de la consommation assistent de droit aux réunions du conseil (Loi 70-9 du 2-1-1970 art. 13-2, dernier al.).

Missions du CNTGI Le CNTGI a pour mission de veiller au maintien et à la promotion des principes de **moralité**, de **probité** et de **compétence** nécessaires au bon accomplissement des activités exercées par les personnes soumises à la loi Hoguet (Loi 70-9 du 2-1-1970 art. 13-1, al. 1). 2425

Il a aussi vocation à faire des **propositions au ministre** de la justice et aux ministres chargés de la consommation et du logement, notamment sur les règles relatives aux conditions d'accès et d'exercice de la profession et au Code de déontologie (Loi 70-9 du 2-1-1970 art. 13-1, al. 2).

Il est **consulté** pour avis sur les projets de lois ou règlements relatifs aux conditions d'accès et d'exercice des activités soumises à la loi Hoguet ainsi que sur l'ensemble des projets de textes législatifs et réglementaires relatifs à la copropriété.

Il établit chaque année un **rapport d'activité** transmis au garde des Sceaux (Loi 70-9 du 2-1-1970 art. 13-1, dernier al. ; Décret 2019-298 du 10-4-2019 art. 6).

> **Précisions** **À l'origine**, le CNTGI était chargé de veiller au maintien et à la promotion des principes de moralité, de probité et de compétence nécessaires au bon accomplissement des activités exercées par les personnes soumises à la loi Hoguet. Puis il s'est vu confier, en plus, la discipline des professionnels relevant de la loi Hoguet par la **loi du 27 janvier 2017** (Loi 70-9 du 2-1-1970 art. 13-1, dernier al. issu de la loi 2017-86 du 27-1-2017). Tout manquement aux lois, aux règlements et au Code de déontologie ou toute négligence grave commis par les professionnels dans l'exercice de leurs activités devait, en principe, les exposer à des sanctions disciplinaires (avertissement, blâme, interdiction temporaire ou définitive d'exercer) prononcées par le CNTGI. Mais la mise en œuvre du CNTGI s'est heurtée à un problème de financement et la **loi Élan du 23 novembre 2018** a purement et simplement supprimé la fonction disciplinaire du conseil et redéfini ses missions, sa composition et son organisation, faisant disparaître du même coup la procédure disciplinaire et les sanctions prévues par la loi Alur (Loi 70-9 du 2-1-1970 art. 13-1 à 13-3 dans leur rédaction issue de la loi Élan 2018-1021 du 23-11-2018 art. 151, I).

Commission de contrôle des activités de transaction et de gestion immobilières Le CNTGI comprend en son sein une « commission de contrôle des activités de transaction et de gestion immobilières ». Elle est chargée d'**instruire les cas de pratiques abusives** commis par les professionnels soumis à la loi Hoguet portés à la connaissance du conseil et d'adresser à ce dernier son rapport pour avis (Loi 70-9 du 2-1-1970 art. 13-3). 2430

Les **pratiques abusives** qui doivent donner lieu à instruction **s'entendent** des infractions ou des manquements mentionnés au I de l'article 8-3 de loi 70-9 du 2-1-1970 (Décret 2019-298 du 10-4-2019 art. 10). Ce sont donc vraisemblablement uniquement les infractions ou manquements visés par ce texte (manquements mentionnés aux articles L 511-5 à L 511-7 du Code de la consommation) qui seront susceptibles de donner lieu à instruction par la commission. Il s'agira, par exemple, des pratiques commerciales interdites ou réglementées ou des manquements aux conditions d'exercice des activités d'entremise et de gestion fixées par la loi Hoguet visés à l'article L 511-7, 17°. En revanche, dans la mesure où les manquements au Code de déontologie ne sont pas visés par l'article 8-3, I de loi 70-9 du 2-1-1970, ils ne pourront pas, à notre sens, donner lieu à des poursuites administratives.

Si un membre de la commission de contrôle se trouve dans une situation de **conflit d'intérêts** dans une affaire qu'il est amené à connaître, il doit informer sans délai le président de la commission et s'abstenir de siéger (Décret 2019-298 du 10-4-2019 art. 11, I). Par ailleurs, toute personne sollicitée pour être entendue dans le cadre d'une instruction peut demander la récusation de l'un des membres de la commission s'il existe une raison sérieuse de douter de son impartialité. Le cas échéant, la demande de récusation indique, à peine d'irrecevabilité, les motifs de la récusation et est accompagnée des pièces de nature à la justifier (Décret 2019-298 du 10-4-2019 art. 11, II).

Une fois l'affaire instruite, la commission de contrôle adresse son rapport pour avis au CNTGI. Le président du CNTGI propose à la délibération du conseil la **transmission du rapport** à l'autorité administrative chargée de la concurrence et de la consommation (Loi 70-9 du 2-1-1970 art. 13-3). Si un membre du conseil se trouve dans une situation de conflit d'intérêts dans une affaire instruite par la commission de contrôle et sur laquelle il est amené à délibérer, il doit informer sans délai le président et s'abstenir de siéger (Décret 2019-298 du 10-4-2019 art. 12).

Si une décision de transmission est prise, le CNTGI transmet à la Direction générale de la concurrence, de la consommation et de la répression des fraudes (DGCCRF) le rapport, qui doit être établi selon un format défini par arrêté du ministre chargé de la consommation (à paraître) et accompagné de tous les documents ayant permis à la commission de contrôle d'instruire le cas de pratique abusive (Décret 2019-298 du 10-4-2019 art. 13)

> **Précisions** La commission de contrôle est **composée** de : 5 représentants des personnes titulaires de la carte professionnelle et 5 représentants des consommateurs choisis parmi les associations agréées de défense des consommateurs œuvrant dans le domaine du logement. Ils sont nommés par arrêté conjoint du ministre de la justice et des ministres chargés du logement et de la consommation pour une durée de 3 ans renouvelable (Loi 70-9 du 2-1-1970 art. 13-3, al. 3 ; Décret 2019-298 du 10-4-2019 art. 7, al. 1). Le président de la commission est désigné parmi ses membres par le président du CNTGI pour une durée d'un an non renouvelable (Loi 70-9 du 2-1-1970 art. 13-3, al. 4 ; Décret 2019-298 du 10-4-2019 art. 7, al. 2).

CONTRÔLE PAR LA DGCCRF

2500 Les agents de la Direction générale de la concurrence, de la consommation et de la répression des fraudes (DGCCRF) sont habilités à **enquêter auprès des professionnels** de l'immobilier soumis aux dispositions de la loi Hoguet du 2 janvier 1970, afin de vérifier qu'ils respectent les dispositions des articles 14 à 18 de la loi réglementant les conditions d'exercice de leur activité (C. consom. art. L 511-7, 17°).

Le **CNTGI** transmet à l'autorité administrative chargée de la concurrence et de la consommation toute information relative à des infractions ou manquements susceptibles d'être imputables aux agents immobiliers (Loi 70-9 du 2-1-1970 art. 8-3, I). Il en va notamment ainsi des cas de pratiques abusives qu'il constate (voir n° 2430).

2505 Les **agents de la DGCCRF peuvent** accéder à tous les locaux, terrains ou moyens de transport à usage professionnel, demander la communication de documents professionnels et en prendre copie, recueillir sur convocation ou sur place les renseignements et justifications utiles, demander à l'autorité dont ils dépendent de désigner un expert pour procéder à toute expertise contradictoire nécessaire. Ils peuvent également, à la demande de la Commission européenne ou du ministre de l'économie et sous le contrôle du juge des libertés et de la détention, procéder à des perquisitions et saisies et à la pose de scellés sur des locaux commerciaux ou sur des supports d'information. Les infractions ou manquements à la législation sont recherchés et constatés conformément à la procédure prévue par le Code de commerce conférant aux agents des services d'instruction de l'Autorité de la concurrence des pouvoirs d'enquête et d'injonction (C. com. art. L 450-1 à L 450-4, L 450-7, L 450-8, L 470-1 et L 470-2).

F. Responsabilité de l'agent immobilier

L'agent immobilier, dans le cadre de son activité professionnelle, peut engager sa **responsabilité pénale**. La Loi Hoguet a érigé un certain nombre de comportements en infractions pénales (voir n°s 71000 s.). 2510
L'agent immobilier peut également engager sa **responsabilité civile**. Les juridictions civiles exigent de ce professionnel qu'il rédige des actes efficaces et qu'il assure un **devoir d'information et de conseil** à l'égard des parties qui procèdent à la vente à laquelle il participe (voir n°s 71100 s.).

SECTION 2

NOTAIRE

ACTIVITÉ D'INTERMÉDIATION DU NOTAIRE

Les notaires ont la **possibilité** de pratiquer une activité d'intermédiation pour la vente de biens immobiliers. Cette activité, traditionnelle dans le notariat, est comparable à de nombreux égards à celle des agents immobiliers ; elle obéit cependant à des règles différentes qui tiennent largement au statut d'officiers publics des notaires. 2530

A. Cadre juridique de la négociation par un notaire

Le notaire exerce l'activité de négociation immobilière dans des conditions qui diffèrent de celles de l'agent immobilier : il en est ainsi que l'on se réfère aux textes applicables ou au caractère particulier pour le notaire de cette activité. 2535

RÉGULARITÉ DE L'ACTIVITÉ DE NÉGOCIATION

Le Conseil d'État affirme sans ambiguïté le **droit** pour un notaire d'exercer à titre purement accessoire des activités de négociation immobilière, à l'occasion ou en vue de la réception d'un acte (CE 23-2-2000 n° 188312 : Lebon p. 75). 2538
La possibilité pour les notaires de se livrer à une activité d'intermédiation en matière immobilière n'est prévue expressément par aucun **texte**, même si des textes, assez récents au regard du caractère ancien et traditionnel de cette activité, en réglementent certains aspects (C. com. annexe 4-9, I-4°-b ; Règl. professionnel du notariat art. 7.1.2.2 issu de l'arrêté JUSC2402635A du 29-1-2024).

> **Précisions** Si la possibilité de pratiquer la négociation immobilière a pu sembler, un temps, en contradiction avec les termes de l'article 13 du décret 45-0117 du 19 décembre 1945, qui interdit aux notaires de se livrer à une **activité de commerce ou de courtage**, c'est que l'intermédiation pour l'achat, la souscription ou la vente d'immeubles est un acte de commerce (C. com. art. L 110-1).

CARACTÈRE ACCESSOIRE DE L'ACTIVITÉ DE NÉGOCIATION

L'activité de négociation, de nature commerciale, doit être pour le notaire l'accessoire de son activité principale qui est par nature une activité civile. Elle n'est donc permise au notaire que si elle accompagne son activité principale qui consiste à établir l'acte authentique de vente ou à y participer. L'activité d'entremise devient civile par accessoire, par la contagion qu'exerce sur elle l'acte civil en vue ou à l'occasion duquel elle est pratiquée. 2540
Ce **principe** du caractère accessoire de la négociation, affirmé par le Conseil d'État (CE 23-2-2000 n° 188312 : Lebon p. 75), trouve un écho dans **deux textes** :
– l'annexe 4-9, I-4°-b du Code de commerce qui énonce qu'il y a négociation lorsque le notaire, agissant en vertu d'un mandat écrit que lui a donné à cette fin l'une des parties, recherche un cocontractant, le découvre et le met en relation avec son mandant soit directement, soit par l'intermédiaire du représentant du cocontractant, reçoit l'acte ou participe à sa réception ;
– l'article 7.1.2.2 du règlement professionnel du notariat (Arrêté JUSC2402635A du 29-1-2024), qui dispose que la négociation doit être pratiquée en vue de la réalisation d'un contrat et constitue pour le notaire une activité accessoire.

2542 Le notaire ne peut pas se livrer à une activité de **pure négociation**, totalement **détachée** de l'établissement **de l'acte civil**. Il en serait ainsi s'il n'était ni le notaire du vendeur ni celui de l'acquéreur et s'il ne procédait qu'à l'activité purement commerciale de rapprochement, sans prendre part à la réception de l'acte authentique de vente.
Le caractère accessoire ne se mesure pas à l'importance du volume de l'activité de négociation rapporté à l'ensemble de l'activité de l'office. Ainsi, un notaire actif dans une région touristique peut réaliser de manière tout à fait régulière une part importante de son chiffre d'affaires par une activité de négociation, dès lors qu'il réalise non seulement le rapprochement des parties, mais reçoit également l'acte qui constate leurs conventions ou y participe. À l'inverse, un notaire ne peut pas, même de manière isolée ou exceptionnelle, réaliser une négociation détachée de la réception de l'acte.

TEXTES RÉGISSANT L'ACTIVITÉ DE NÉGOCIATION PAR UN NOTAIRE

2544 Les règles applicables à la négociation immobilière notariale trouvent leur source dans des textes bien distincts.
Le **règlement professionnel du notariat**, approuvé par arrêté du garde des Sceaux (Arrêté JUSC2402635A du 29-1-2024), contient un certain nombre de règles applicables à l'activité de négociation. Certaines de ces règles sont générales aux activités des notaires, alors que d'autres sont spécifiques à l'activité d'intermédiation.
Les articles L 444-1 et suivants et R 444-1 et suivants du **Code de commerce** et l'annexe 4-9 du même Code déterminent les conditions de rémunération des notaires au titre de l'activité de négociation.
L'**arrêté** ECFC1638733A du **10 janvier 2017**, commun aux notaires et aux agents immobiliers, fixe les conditions de publicité des prix pratiqués par les professionnels intervenant dans les transactions immobilières (voir n°s 2235 s.).
Les dispositions de l'**article R 126-22 du Code de la construction et de l'habitation** imposent la mention de l'étiquette énergie dans les annonces immobilières faisant l'objet d'un affichage dans les locaux des personnes exerçant l'activité de négociation immobilière.

B. Règles de la négociation par un notaire

DÉTENTION D'UN MANDAT

2590 Le notaire doit s'abstenir de tout démarchage, directement ou par personne interposée, pour recueillir un mandat (Règl. professionnel du notariat art. 7.1.2.2). Le mandat est nécessairement **écrit** (C. com. annexe 4-9, I-4°-b ; Règl. professionnel du notariat art. 7.1.2.2). La fonction de l'écrit n'est pas ici probatoire : l'écrit est requis pour sa validité même.
Une **copie** du mandat doit être remise au mandant (Règl. professionnel du notariat art. 7.1.2.2).
L'**auteur** du mandat est très généralement le propriétaire de l'immeuble qui mandate le notaire (on parle de « mandat de vente ») ; mais il est tout à fait possible que le notaire reçoive un « mandat de recherche » émanant de l'acheteur.

2596 Le mandat a un **contenu** impératif. Il doit indiquer le mode de calcul de l'**honoraire** et préciser qui en sera le débiteur (Règl. professionnel du notariat art. 7.1.2.2).
Sa **durée** doit être raisonnable (Règl. professionnel du notariat art. 7.1.2.2).
Le mandat peut être **exclusif ou non** exclusif.
Bien qu'aucun texte ne le prévoie, le mandat doit préciser le **prix** auquel la recherche de cocontractant doit être faite.
Le mandat définit également les **diligences** que le notaire mettra en œuvre pour parvenir au rapprochement : versement du bien à vendre ou à acquérir dans le fichier de l'étude, annonces publicitaires, visites, etc.

2598 Lorsqu'il est donné par le vendeur, l'**objet** du mandat n'est pas de donner au notaire le pouvoir de vendre l'immeuble au prix du mandat. Il s'agit d'un mandat de recherche d'acquéreur, qui permet au notaire de mettre en œuvre les moyens propres à favoriser le rapprochement entre un vendeur et un acquéreur. Il en résulte que le propriétaire peut toujours refuser de conclure la vente, même si le candidat propose d'acquérir au prix demandé (voir n° 1138).
Le notaire a l'**obligation de vérifier** l'étendue de son mandat. Ainsi, lorsqu'il s'agit d'une transaction intervenue entre deux notaires, la Cour de cassation considère que le mandat apparent ne peut pas être admis, les mandataires des parties étant tenus, en leur qualité de notaires, de procéder à la vérification de leurs pouvoirs respectifs (Cass. 1e civ. 22-11-2007 n° 05-14.732 : RJDA 6/08 n° 646 ; Cass. 1e civ. 20-3-2013 n° 12-11.567 F-PBI : BPIM 3/13 inf. 213).

> **Précisions** Le Règlement professionnel du notariat issu de l'arrêté JUSC2402635A du 29 janvier 2024 interdit aux notaires de sous-traiter la négociation immobilière (Règl. professionnel du notariat art. 2.2.2). Il prévoit aussi qu'en matière de négociation de biens à vendre ou à louer, la **délégation de mandat** n'est possible qu'au profit d'un autre notaire (Règl. professionnel du notariat art. 7.1.2.2). Il semble donc qu'un notaire ne puisse plus confier un sous-mandat à un agent immobilier comme l'avait admis la Cour de cassation en jugeant que le sous-mandat n'était pas soumis aux dispositions de la loi Hoguet du 2 janvier 1970 (Cass. 1e civ. 9-1-2019 n° 17-27.841 F-PB : BPIM 1/19 inf. 79).

PUBLICITÉ COMMERCIALE

La publicité que le notaire peut faire dans le cadre de son activité de négociation immobilière est strictement réglementée. Les **limites** qui lui sont imposées tiennent à deux raisons : tout d'abord, la publicité et le démarchage lui sont interdits (Règl. professionnel du notariat art. 14.2) ; tous actes de publicité ne peuvent être faits par les notaires que s'ils en sont chargés par les clients et seulement pour les affaires dont ils s'occupent : chaque publication doit avoir pour objet une ou plusieurs affaires spéciales et déterminées (Règl. professionnel du notariat art. 7.1.2.2). **2600**
La publicité que le notaire pratique dans le cadre de la négociation est une exception à cette interdiction. Ensuite, s'impose à lui une obligation statutaire de dignité, loyauté, confraternité qui restreint les moyens publicitaires qu'il peut mettre en œuvre (Règl. professionnel du notariat art. 14.1).

Démarchage De manière générale, le démarchage est interdit au notaire, y compris sur les réseaux sociaux, tout comme la pratique du référencement payant (Règl. professionnel du notariat art. 14.2). En matière de négociation de biens à vendre ou à louer, le notaire doit s'abstenir également de tout démarchage, directement ou par personne interposée, pour recueillir un mandat (Règl. professionnel du notariat art. 7.1.2.2). Le notaire ne peut donc pas **solliciter la clientèle**, par un **moyen généralisé**, pour obtenir que des mandats lui soient confiés : démarchage à domicile, prospection massive par téléphone ou par messages électroniques (e-mails ou téléphone mobile), publipostage... **2602**
La **sollicitation personnalisée** est autorisée sous la forme d'un envoi postal ou d'un courrier électronique, mais elle est strictement encadrée : elle doit être adressée à une personne physique ou morale déterminée, destinataire de l'offre de service (Loi 2016-1547 du 18-11-2016 art. 3, III ; Décret 73-1202 du 28-12-1973 art. 43 modifié). Tout autre mode de sollicitation est prohibé, notamment toute démarche physique ou téléphonique ou encore les messages textuels envoyés sur un terminal téléphonique, tels que SMS ou autre plateforme de communication (Règl. professionnel du notariat art. 14.3).
Toute sollicitation personnalisée en rapport avec une affaire particulière est interdite. L'objectif est d'informer sur les compétences de l'office à assurer certaines prestations mal connues du public. En outre, la sollicitation personnalisée doit être très claire sur le tarif des prestations proposées.

Vitrine L'affichage dans une vitrine formant devanture de boutique est interdit (Règl. professionnel du notariat art. 7.1.2.2, dernier al.). La **définition** d'une vitrine formant devanture de boutique est délicate et a donné lieu à une jurisprudence importante des juges du fond, dont la synthèse est malaisée en raison de la variété des situations de fait à prendre en considération. On peut cependant retenir l'idée que la publicité opérée dans l'étude et visible de l'extérieur par le public ne doit pas créer une confusion dans l'esprit du public sur la nature de l'activité principale exercée dans le local : il doit avant tout apparaître au public qu'il s'agit d'une étude notariale et non d'un local commercial. **2604**
Concrètement, ne sont **assimilés à une vitrine** ni des panneaux installés sur le trottoir en retrait du bâtiment et ne faisant pas partie intégrante du bâtiment abritant l'étude, ni des panneaux situés sur un mur plein du bâtiment (Cass. 1e civ. 30-10-2007 n° 06-16.796).

Publicité informative Seules les **instances du notariat** peuvent faire de la publicité au service du notariat sur tous supports, y compris les réseaux sociaux. Elles peuvent être sponsors et mécènes et communiquer sur leurs actions (Règl. professionnel du notariat art. 14.2). **2606**

Annonces immobilières Il est interdit aux notaires de diffuser des annonces générales de biens à vendre, à acquérir ou à louer. Chaque publication doit avoir pour objet **une ou plusieurs affaires** spéciales et déterminées dont le notaire est chargé (Règl. professionnel du notariat art. 7.1.2.2). **2608**

Sous cette réserve de la spécialité de l'annonce, tout **support** est autorisé dans le respect des usages définis par les instances dont les notaires dépendent (Règl. professionnel du notariat art. 7.1.2.2). Il peut s'agir de la presse locale, régionale ou nationale, de la presse générale ou spécialisée ou encore des journaux gratuits ; il peut s'agir également d'autres médias, comme la radio. Mais la liberté du support reste encadrée : elle ne doit pas être détournée par le notaire pour réaliser une publicité personnelle ou une annonce générale de biens à vendre ou à acquérir.
L'annonce doit respecter les dispositions de l'article 3 de l'arrêté ECFC1638733A du 10 janvier 2017 sur l'**information des consommateurs** par les professionnels intervenant dans une transaction immobilière. Elle doit indiquer la part des honoraires toutes taxes comprises à la charge de l'acquéreur. Le prix de vente du bien est exprimé à la fois honoraires inclus (en gros caractères) et exclus (en plus petits caractères). Le prix de vente ne peut en aucun cas inclure la part des honoraires à la charge du vendeur (voir n° 2243). La reproduction du panonceau notarial dans l'annonce est autorisée (Règl. professionnel du notariat art. 7.1.2.2). En cas de diffusion par voie informatique, le notaire doit respecter les prescriptions de l'article 19 de la loi 2004-575 du 21 juin 2004.

2610 **Panneau sur le bien à vendre** Le notaire peut **installer** un panneau sur le bien à vendre, qu'il s'agisse d'un terrain ou d'un immeuble bâti. Le panneau portera la mention « à vendre » ainsi que les coordonnées du notaire.
L'obligation de réserve et de dignité faite au notaire en sa qualité d'officier public lui impose de donner au panneau une taille et une présentation en rapport à son but.
L'interdiction de la publicité personnelle oblige le notaire à **retirer** le panneau lorsque, l'immeuble étant vendu, il a rempli son objet. À la différence de ce que pratiquent les agences, il ne peut pas apposer sur le panneau la mention « vendu » suivie de son nom ou de celui de son office. Toutefois un panneau anonyme (« vendu par mon notaire ») est possible.

LIEU D'EXERCICE DE L'ACTIVITÉ DE NÉGOCIATION

2612 L'activité de négociation doit être exercée au sein et dans les locaux de l'étude (Règl. professionnel du notariat art. 7.1.2.2). Il est interdit au notaire d'ouvrir une **succursale** dédiée à la négociation immobilière et dont l'entrée serait distincte de celle de l'étude (même article). On peut y voir une manifestation de la notion d'accessoire de la négociation par rapport à l'activité principale : la négociation est rattachée à l'activité ordinaire de l'étude.
Cette règle ne fait pas obstacle aux déplacements nécessaires en vue de la **visite des biens** à vendre ou à louer ni, selon les usages en vigueur, à la tenue des **adjudications** en dehors des locaux de l'étude (Règl. professionnel du notariat art. 7.1.2.2).

NÉGOCIATION DE GROUPE

2614 Les notaires peuvent se regrouper pour mettre en commun divers **moyens** dans le but d'assurer à la clientèle le meilleur service en matière de négociation (Règl. professionnel du notariat art. 7.1.2.2). Ils peuvent, notamment, centraliser dans un **fichier commun** les offres de vente ou de location pour lesquelles ils ont reçu mandat de rechercher un acquéreur ou un locataire.
Les **groupements** doivent être constitués de telle sorte que tout notaire acceptant de respecter les conventions qui les régissent puissent y être admis. Leur création doit être portée à la connaissance de l'instance professionnelle locale et leurs statuts ou règlements doivent y être déposés.
Les groupements, qu'ils aient ou non la personnalité morale, ne peuvent pas être en relation directe avec la clientèle. Ils ne doivent pas avoir d'activité propre de négociation et ne peuvent pas recevoir de mandat établi en leur nom (Règl. professionnel du notariat art. 7.1.2.2).

C. Rémunération de la négociation par un notaire

DROIT À RÉMUNÉRATION DU NOTAIRE

2660 Les **conditions** du droit à rémunération du notaire négociateur sont énoncées dans l'annexe 4-9 du Code de commerce (4°, b) :
– existence d'un mandat ;
– mise en relation du mandant et du cocontractant soit directement, soit par l'intermédiaire du représentant de ce dernier ;
– réception de l'acte ou participation à sa réception.

Ces conditions doivent être toutes réunies. Elles rendent compte d'un processus qui débute par la régularisation d'un mandat, se poursuit par la recherche du cocontractant, et se termine par la signature de l'acte authentique.
Le mandat s'entend d'un mandat régulier. L'acte auquel doit aboutir la négociation est un acte authentique constatant une vente définitive.
L'intermédiaire du cocontractant par lequel le rapprochement peut être opéré doit être un mandataire et non un autre professionnel de la négociation. La formulation du texte ne permet pas au notaire de prétendre à l'honoraire de négociation s'il a seulement transmis le mandat à un autre notaire qui a conduit la recherche à sa place.
Le **débiteur** de la rémunération est celle des parties, vendeur ou acquéreur, désignée dans le mandat.

MONTANT DE LA RÉMUNÉRATION DU NOTAIRE

L'activité de négociation n'est pas **tarifée**. **2668**
Le notaire est tenu d'**afficher** le tarif qu'il pratique de manière visible et lisible dans le lieu d'exercice de l'activité de négociation et sur le site internet de l'étude dans les mêmes conditions que les agents immobiliers ; il peut solliciter de la DGCCRF, par voie de rescrit, un avis sur la conformité de l'affichage de ses prix à l'arrêté ECFC1638733A du 10 janvier 2017 (voir n°s 2235 s.).

RESTRICTIONS AU PARTAGE D'ÉMOLUMENTS

Le notaire ne peut pas rémunérer de ses deniers personnels ou de ceux de la structure d'exercice dont il est membre, ou par quelque moyen que ce soit, les **membres d'autres professions** avec lesquels il est en relation, ou recevoir d'eux une rémunération ou un avantage direct ou indirect (Règl. professionnel du notariat art. 21). Cette prohibition est destinée à sauvegarder l'impartialité du notaire et à éviter que ne soit détournée la clientèle des autres notaires. **2672**
Il n'est pas interdit, en revanche, à un **notaire et** à un **agent immobilier** de réduire chacun le montant des honoraires auxquels ils peuvent prétendre (l'un et l'autre ayant régulièrement concouru à la conclusion d'une opération) afin de ne pas faire peser sur les parties ou sur l'une d'elles un coût d'intermédiation excessif.
La prohibition des partages d'émoluments ne s'applique pas **entre notaires**. Ils sont parfaitement licites lorsque ceux-ci collaborent, que ce soit ou non au sein d'un groupement, à la réalisation d'une négociation.

D. Responsabilité du notaire

2720 Le notaire est susceptible d'engager sa responsabilité lorsqu'il commet une faute génératrice d'un dommage dans le cadre de son activité de négociateur. Il est tenu d'une obligation d'efficacité dans la mission d'authentification des conventions qui lui sont soumises ainsi que d'un devoir de conseil. Cette responsabilité est de **nature** extracontractuelle, à la différence de celle de l'agent immobilier, qui est de nature contractuelle.
La responsabilité du notaire n'est pas limitée à son activité d'officier public établissant des actes authentiques. Il engage sa responsabilité lorsqu'il établit un acte sous signature privée (Cass. 1e civ. 26-1-1960 : Bull. civ. I n° 56).

2724 La négociation immobilière est, pour le notaire, différente de son activité traditionnelle d'authentification. Elle génère une **responsabilité spécifique** tenant aux vérifications élargies auxquelles il doit procéder (voir n° 70590).
La responsabilité est étendue à la vérification des caractéristiques physiques du bien, à la visite duquel il a nécessairement été procédé. Le notaire rédacteur sera réputé ne pas pouvoir ignorer les désordres de l'immeuble et sera tenu d'en informer les parties. Le notaire n'échappera à l'engagement de sa responsabilité que s'il apporte la preuve qu'il a accompli les diligences nécessaires en informant complètement les parties.
Sur l'**étude générale** de la responsabilité du notaire, voir n°s 70000 s.

SECTION 3

AUTRES INTERMÉDIAIRES

A. Marchand de listes

2770 Le marchand de listes est un professionnel de l'immobilier dont l'**activité consiste** à proposer des listes ou des fichiers de logements à louer ou à vendre. Le client, moyennant le versement d'une somme généralement forfaitaire, peut consulter des listes de logements, avec les coordonnées de leurs propriétaires. À la différence de l'agent immobilier, le marchand de listes ne participe pas à la transaction. Une fois la liste transmise, les parties traitent directement entre elles, que ce soit pour la visite des lieux, la négociation ou la rédaction des actes.

La **loi Hoguet** (voir n° 2002) est applicable aux personnes qui, de manière habituelle, prêtent leur concours à des opérations portant sur le bien d'autrui et relatives à la vente de listes ou de fichiers relatifs à l'achat, la vente, la location ou sous-location en nu ou en meublé d'immeubles bâtis ou non bâtis ou à la vente de fonds de commerce, à l'exclusion des publications par voie de presse (Loi 70-9 du 2-1-1970 art. 1, 7°). Le marchand de listes est donc soumis aux dispositions de la loi.

CHAMP D'APPLICATION DU STATUT

2776 Est **considéré comme vendeur de listes** celui qui, à titre onéreux, recueille des offres de vente ou de location afférentes à des immeubles, les organise en listes ou fichiers qu'il met à la disposition de clients en quête d'un bien immobilier à acheter ou louer (Rép. Beauchaud : AN 13-5-1996 p. 2612 n° 35628). Peu importe la nature du support matériel sur lequel sont proposés les listes ou fichiers. Les listes accessibles par internet entrent donc dans le champ d'application de la réglementation. Seules les publications par voie de presse ne sont pas soumises à ce statut. Les journaux de petites annonces ne sont donc pas concernés.

Celui qui **diffuse des annonces** immobilières **et assure des prestations de conseil** et d'assistance s'expose à une condamnation pour exercice illégal de la profession d'agent immobilier (Cass. crim. 14-1-2009 n° 08-84.590). Cependant il a été jugé que ne permettait pas de caractériser l'infraction la diffusion d'annonces immobilières sur internet, en l'absence d'intervention dans les relations entre vendeurs et acquéreurs potentiels et en l'absence d'un mode de rémunération permettant de conclure à l'existence d'une entremise (CA Dijon ch. corr. 19-2-2009 n° 08/592 : RJDA 8-9/09 n° 716).

> **Précisions** S'agissant de l'**activité de diffusion**, le producteur d'une base de données bénéficie d'une protection spécifique du contenu de la base lorsque la constitution, la vérification ou la présentation de celui-ci atteste d'un investissement financier, matériel ou humain substantiel (CPI art. L 341-1). Cette protection est également désignée sous le nom de « droit sui generis » du producteur de la base de données. Par exemple, le site « entreparticuliers.com » a été condamné à cesser d'extraire les annonces immobilières du site « leboncoin.fr » (Cass. 1e civ. 5-10-2022 n° 21-16.307 FS-B : BRDA 23/22 inf. 13).

CARTE PROFESSIONNELLE

2778 Comme l'agent immobilier, le marchand de listes doit être titulaire d'une carte professionnelle. La carte est spécifique et exclusive à cette activité particulière et porte la **mention « Marchand de listes »**. Si le professionnel entend se livrer à des activités complémentaires de transaction et de marchand de listes, il doit être titulaire d'une autre carte portant la mention « **Transactions sur immeubles et fonds de commerce** » (Décret 72-678 du 20-7-1972 art. 1, 1°).

Les **conditions d'obtention** de la carte professionnelle sont identiques à celles applicables à l'agent immobilier : le marchand de listes doit justifier de ses aptitudes professionnelles, de sa formation, de sa moralité, d'une assurance de responsabilité et d'une garantie financière, excepté le cas où il a déclaré son intention de ne détenir aucun fonds, effet ou valeur (voir nos 2066 s.).

En l'**absence de carte** professionnelle, celui qui diffuse des annonces immobilières et assure des prestations de conseil et d'assistance s'expose à une condamnation pour exercice illégal de la profession d'agent immobilier, même s'il prend soin d'affirmer dans ses conditions générales qu'il n'est pas une agence immobilière ni un courtier en immobilier et qu'il s'interdit toute participation directe ou indirecte ou concours dans les transactions visées par la loi Hoguet (Cass. crim. 14-1-2009 n° 08-84.590 ; pour une décision moins sévère, voir CA Dijon ch. corr. 19-2-2009 n° 08/592 : RJDA 8-9/09 n° 716).

CONVENTIONS ÉCRITES

Convention avec l'acheteur de listes Le marchand de listes a l'obligation d'établir avec l'acheteur de listes une convention par écrit qui **précise** son objet, sa durée, les caractéristiques du bien recherché, l'ensemble des obligations professionnelles qui lui incombent, la nature de la prestation promise et le montant de la rémunération prévue. La convention doit également rappeler l'interdiction faite au marchand de listes de recevoir un paiement préalablement à la parfaite exécution de son obligation de fournir effectivement les listes ou fichiers (Loi 70-9 du 2-1-1970 art. 6, II ; Décret 72-678 du 20-7-1972 art. 79-2). 2780
Le marchand de listes a également l'obligation de préciser dans la convention les conditions de remboursement de tout ou partie de la rémunération lorsque la prestation fournie au client n'est pas conforme à la nature promise dans ladite convention (Loi 70-9 du 2-1-1970 art. 6, II). La clause relative au remboursement doit indiquer que le client qui prétend obtenir remboursement sera tenu d'en informer le marchand de listes par écrit remis contre signature ou par lettre recommandée avec demande d'avis de réception. Le marchand de listes a 15 jours à compter de la remise de la demande ou de la première présentation de la lettre recommandée pour procéder au remboursement ou motiver son refus par écrit. Le remboursement doit intervenir en une fois et sans frais (Décret 72-678 du 20-7-1972 art. 79-2).
Un original de la convention écrite doit être remis au client.

La Cour de cassation a **jugé abusive** la clause selon laquelle « l'exactitude des informations concernant le bien proposé à la location et notamment le descriptif et la date de disponibilité étaient transmis au client sous la seule responsabilité des propriétaires, qui en ont informé l'agent immobilier diffuseur ». Ayant pour objet et pour effet d'exonérer le professionnel de son obligation de présenter à son client une liste de biens correspondant à celui recherché et, partant, d'exclure la possibilité pour ce client, tenu par ailleurs d'exécuter immédiatement sa propre obligation de payer la rémunération convenue, de faire valoir son droit à l'encontre du marchand de listes en cas de non-exécution totale ou partielle ou d'exécution défectueuse de son engagement contractuel, la clause crée un déséquilibre significatif entre les droits et obligations des parties (Cass. 1e civ. 30-10-2007 n° 06-11.032 : RJDA 3/08 n° 334). 2781

> **Précisions** La commission des clauses abusives recommande la suppression de certaines **clauses considérées comme déséquilibrées** au détriment du client, et notamment celles ayant pour objet ou pour effet : de proposer des biens qui ne correspondent pas au choix du consommateur, notamment quant au prix ou à la localisation ; d'autoriser la remise d'une liste à caractère général, au lieu d'une liste personnalisée de biens ; ou encore d'exonérer le professionnel de toute responsabilité lorsqu'il a fourni des renseignements erronés ou proposé des biens indisponibles (Recommandation CCA 2002-01 du 13-12-2001 : BOCCRF du 26-2-2002).

Convention avec le propriétaire **Préalablement à toute inscription sur une liste**, le marchand doit établir une convention écrite et signée par le propriétaire qui veut que son bien figure sur une liste, ou le titulaire de droits sur ce bien. Cette convention précise son objet, sa durée, la description du bien ou des biens sur lesquels elle porte, et s'il y a lieu, le montant de la rémunération à la charge du propriétaire. La convention doit prévoir les moyens à mettre en œuvre par l'une et l'autre des parties afin que ne figurent dans le fichier ou sur la liste que des biens disponibles au regard de son objet (Décret 72-678 du 20-7-1972 art. 79-1). 2782
La convention conclue entre le marchand de listes et le propriétaire du bien inscrit sur la liste ou le fichier doit comporter une **clause d'exclusivité** d'une durée limitée aux termes de laquelle le propriétaire s'engage, d'une part, à ne pas confier la location ou la vente de son bien à une autre personne exerçant une activité mentionnée à l'article 1 de la loi Hoguet (agent immobilier et marchand de listes essentiellement) et, d'autre part, à ne pas publier d'annonce par voie de presse (Loi 70-9 du 2-1-1970 art. 6, I-dernier al.).

Règles communes aux conventions Toutes les conventions doivent faire figurer expressément l'obligation de remboursement à laquelle est tenu le professionnel en cas de **mandats successifs**, passés en qualité de **marchand de listes puis d'agent immobilier** (Décret 72-678 du 20-7-1972 art. 79-3, dernier al.). En effet, le professionnel qui exerce la double activité d'agent immobilier et de marchand de listes ne peut pas, à l'occasion d'une opération portant sur un même bien ou sur une même demande, se livrer simultanément à ces deux activités. Si un client lui confie un bien à inscrire sur une liste ou lui achète une liste en vue d'une acquisition, il ne peut pas faire signer à ce même client, pour la même opération, un mandat de recherche en sa qualité d'agent immobilier, sauf à ce que les mandats se succèdent dans le temps et ne donnent pas lieu à double rémunération. En cas de conventions successives, l'agent 2784 immobilier, préalablement à l'acceptation du mandat de vente ou d'achat, doit rembourser à son client la rémunération que celui-ci lui a versée en paiement d'une liste ou d'une inscription de son bien sur une telle liste.

Les conventions sont **conservées** pendant 10 ans (Décret 72-678 du 20-7-1972 art. 79-1 et 79-2).

REGISTRES

2786 Les conventions conclues par le marchand de listes (que ce soit avec les acheteurs de listes ou les propriétaires des biens immobiliers) doivent être mentionnées par ordre chronologique sur un **registre spécial**, qui peut être tenu sous la forme électronique dans les conditions prescrites par les articles 1366 et suivant du Code civil. Le numéro d'inscription sur ce registre spécial est reporté sur celui des exemplaires de la convention qui reste en la possession de l'acquéreur de listes ou du propriétaire du bien. Le registre spécial est conservé pendant 10 ans (Décret 72-678 du 20-7-1972 art. 79-1 et 79-2).

2788 Tous les versements ou remises faits au marchand de listes doivent être immédiatement mentionnés sur un **registre-répertoire**, dans les mêmes conditions que l'agent immobilier (voir n° 2322).

RÉMUNÉRATION DU MARCHAND DE LISTES

2790 La rémunération du marchand de listes est librement **fixée**. Mais aucune somme d'argent ou rémunération de quelque nature que ce soit ne lui est due ou ne peut être **exigée** par lui, préalablement à la parfaite exécution de son obligation de fournir effectivement des listes ou des fichiers, que cette exécution soit instantanée ou successive (Loi du 1-2-1970 art. 6, II). Le contrat doit prévoir les modalités de remboursement **en cas d'inexécution partielle ou totale** (listes n'offrant que des logements déjà vendus ou situés hors de la zone délimitée par le client, etc.) ; voir n° 2780.

> **Précisions** Interrogé sur les **risques d'abus**, le ministre de l'économie, des finances et de l'industrie a précisé qu'il n'y avait pas lieu de renforcer le dispositif législatif relatif aux marchands de listes, les dispositions du Code de la consommation et l'interdiction de tout paiement avant exécution de leur obligation de fournir des listes étant suffisamment protectrices (Rép. Lefait : AN 11-7-2006 n° 94723).
Cependant, afin de lutter contre les **abus en matière de location de logements aux étudiants**, le secrétaire d'État chargé du commerce a demandé à la Direction générale de la concurrence, de la consommation et de la répression des fraudes (DGCCRF) d'étendre aux marchands de listes l'enquête dont il l'avait chargée auprès des professionnels de l'immobilier concernant les clauses abusives des contrats de location. Les enquêteurs doivent vérifier qu'aucune rémunération n'est exigée avant la remise de la liste, que les biens figurant sur les listes sont effectivement disponibles et qu'ils sont conformes à leur description (Communiqué de presse d'Hervé Novelli du 8-10-2010).

RESPONSABILITÉ DU MARCHAND DE LISTES

2792 Le marchand de listes qui commet une faute professionnelle est susceptible d'engager sa **responsabilité civile**. Il peut être tenu de restituer les sommes versées en cas d'inexécution de sa mission. Il peut en outre être condamné à verser des dommages-intérêts à son client si ce dernier rapporte la preuve d'une faute à l'origine du préjudice subi. Mais la mission du vendeur de listes étant par définition limitée, le préjudice sera généralement limité au temps perdu et au coût des démarches vainement entreprises.

La **responsabilité pénale** du marchand de listes peut, comme celle de l'agent immobilier, être retenue en cas de manquement aux obligations posées par la loi Hoguet (voir n°s 71000 s.) ou d'infraction à une disposition pénale (voir n°s 71030 s.).

ILLUSTRATIONS

Le professionnel doit s'assurer que la publicité qu'il diffuse n'est pas trompeuse quant à l'activité réelle de marchand de listes exercée, s'il n'est titulaire d'aucun mandat de la part des propriétaires, et quant à la nature de la prestation fournie et le prix réclamé en contrepartie. Il lui incombe également de ne pas enfreindre les règles relatives à la tenue des conventions et des registres et de ne pas présenter de manière trompeuse les contrats remis aux clients (Cass. crim. 4-3-2003 n° 02-82.208).

Le fait d'indiquer la fausse mention « partenaire CAF » destinée à faire croire à une clientèle disposant de faibles revenus qu'en contractant avec son agence elle pouvait accéder à la location caractérise le délit d'escroquerie ; en outre, le fait de tromper ses clients sur les qualités

substantielles des biens présentés, la nature et les modalités de l'exécution de la prestation constitue le délit énoncé à l'article L 121-1 du Code de la consommation, devenu article L 132-2 du même Code (CA Paris 5-3-2010 n° 09/08144, ch. 13).
La gérante d'une société exerçant l'activité de marchand de listes a été condamnée à 10 000 € de dommages et intérêts et 6 mois de prison avec sursis pour discrimination, au motif qu'elle utilisait des codes informatiques afin d'opérer une sélection raciale selon les exigences des propriétaires des logements (TGI Vienne 9-1-2007 n° 3-2007).

B. Géomètre-expert

Le géomètre-expert est un professionnel libéral dont la **fonction principale** est de réaliser des études et des travaux topographiques permettant la détermination des droits attachés à la propriété foncière, tels que les plans de division, de partage, de vente et d'échange de biens fonciers, les plans de bornage ou de délimitation de la propriété foncière (Loi 46-942 du 7-5-1946 art. 1). **2840**
Il peut **également** exercer l'activité d'**entremise et de gestion immobilière**, dans le respect de certaines règles et sous le contrôle de son ordre (Loi 46-942 du 7-5-1946 art. 8 et 8-1 ; Décret 96-478 du 31-5-1996 titre VII ; Arrêtés du 9-9-1996 : JO 19). Lorsque le géomètre-expert a été autorisé par l'ordre à exercer une activité d'entremise immobilière, il peut rédiger les actes sous seing privé relevant de cette activité (Loi 46-942 du 7-5-1946 art. 8, al. 4).
Pour **exercer** la profession de géomètre-expert, le professionnel est soumis au respect de certaines **conditions** (non-condamnation par exemple : Loi 46-942 du 7-5-1946 art. 3, 2°-a). Mais nous ne citerons dans la présente étude que les conditions propres à l'activité d'entremise.

CONDITIONS PRÉALABLES D'EXERCICE DE L'ACTIVITÉ D'ENTREMISE

L'exercice de l'activité d'entremise est conditionné à l'**autorisation** préalable du conseil régional de l'ordre des géomètres-experts de la circonscription où est inscrit le professionnel (Décret 96-478 du 31-5-1996 art. 122). Les décisions portant autorisation d'exercer une activité immobilière sont consignées sur un registre spécial tenu par le conseil régional de l'ordre des géomètres-experts (Décret 96-478 du 31-5-1996 art. 123). **2844**
Les géomètres-experts, pour y prétendre, doivent **justifier de leur aptitude** par la production, soit d'un diplôme délivré par l'État et sanctionnant des études juridiques, économiques ou commerciales d'une durée minimale de 2 ans après le baccalauréat, soit d'un certificat délivré par un des établissements préparant au diplôme de géomètre-expert foncier ou d'ingénieur-géomètre et sanctionnant un enseignement spécifique les préparant à l'activité concernée, soit d'un certificat attestant qu'ils ont suivi une formation à la gestion ou à l'entremise immobilière (Décret 96-478 du 31-5-1996 art. 124). S'ils ne sont pas titulaires d'un de ces diplômes, les géomètres-experts qui sollicitent l'autorisation d'exercer une activité de gestion et de transaction immobilières, ou l'une de ces deux activités, doivent suivre un cycle de formation d'une durée horaire minimum de 50 heures par spécialité (Arrêté MCCL9600456A du 9-9-1996 fixant les modalités de la formation à la gestion ou à l'entremise immobilière pour les géomètres-experts).
De la même façon que l'agent immobilier, le géomètre-expert doit **justifier d'une assurance de responsabilité civile professionnelle** qui le garantit contre les conséquences pécuniaires des fautes qu'il commet dans l'exercice de cette activité (Décret 96-478 du 31-5-1996 art. 127). Il doit justifier annuellement au conseil régional de l'ordre de la souscription du contrat d'assurance.
Il est également tenu de justifier d'une **garantie financière** affectée au remboursement des fonds, effets ou valeurs perçus pour le compte d'autrui (Décret 96-478 du 31-5-1996 art. 135). Le géomètre-expert ne peut recevoir pour le compte d'autrui des fonds pour un montant excédant celui de la garantie. La garantie d'assurance s'applique en cas d'insolvabilité du géomètre-expert, sur la seule justification que la créance soit certaine, liquide et exigible. Pour l'assureur, l'insolvabilité du géomètre-expert résulte d'une sommation de payer ou de restituer suivie de refus ou demeurée sans effet pendant un délai d'un mois à compter de sa signification. L'auteur de la sommation et le géomètre-expert avisent sans délai le président du Conseil supérieur de l'ordre des géomètres-experts de la sommation (Décret 96-478 du 31-5-1996 art. 136).

> **Précisions** L'activité d'entremise n'est pas réservée aux seuls ressortissants français ou européens mais peut être exercée par tout **ressortissant étranger**. Toutefois, pour les personnes qui ne sont pas de nationalité française, les connaissances linguistiques nécessaires pour exercer la profession en France sont exigées (Loi 46-942 du 7-5-1946 art. 3, 1°).

CONDITIONS D'EXERCICE DE L'ACTIVITÉ D'ENTREMISE

2846 L'activité d'entremise ne peut **pas s'exercer simultanément** sur la même opération avec les études et les travaux topographiques et elle ne doit pas être liée à l'une des opérations d'aménagement foncier rural et confiée au géomètre-expert ou à la société de géomètres-experts par une collectivité publique (Loi 46-942 du 7-5-1946 art. 8-1, I-al. 1).

Toute mission d'entremise confiée à un géomètre-expert doit faire l'objet d'un **mandat écrit** préalable (Décret 96-478 du 31-5-1996 art. 138).

Le mandat d'entremise précise son objet et l'étendue des pouvoirs confiés au géomètre-expert ainsi qu'à peine de nullité, sa durée de validité.

Le mandat doit également préciser si la rémunération est à la charge exclusive de l'une des parties à l'opération ou si elle est partagée, ainsi que les modalités de ce partage. Le montant de la rémunération, l'indication de la ou des parties qui en ont la charge et le cas échéant les honoraires de rédaction d'actes et de séquestre devront être reportés dans l'acte qui consacre l'engagement des parties (Décret 96-478 du 31-5-1996 art. 139).

S'il y a lieu, une mention expresse doit préciser que le géomètre-expert dispose de l'autorisation de s'engager ainsi que les conditions dans lesquelles il est autorisé à verser, recevoir, détenir ou disposer de fonds, effets ou valeurs. Lorsqu'un mandat est assorti d'une **clause d'exclusivité ou d'une clause pénale**, ou lorsqu'il comporte une clause aux termes de laquelle une commission sera due par le mandant, même si l'opération est conclue sans les soins du géomètre-expert, cette clause ne peut recevoir application que si elle résulte d'une stipulation expresse du mandat. Celle-ci doit être mentionnée en caractères très apparents. Le mandat contenant une telle clause peut être dénoncé à tout moment par chacune des parties, passé un délai de 3 mois à compter de sa signature. Celui qui procède à la dénonciation doit en aviser l'autre partie 15 jours au moins à l'avance par lettre recommandée avec demande d'avis de réception (Décret 96-478 du 31-5-1996 art. 140).

Dans le délai stipulé au mandat, et en tous cas dans les 8 jours de l'opération, le géomètre-expert doit informer le client de l'**accomplissement du mandat** de vendre ou d'acheter par lettre recommandée ou par un écrit remis contre un récépissé (Décret 96-478 du 31-5-1996 art. 138).

2848 Les géomètres-experts fixent librement leurs honoraires en accord avec leurs clients. Il n'existe pas de barème applicable à la profession. Mais seule la **rémunération** dont les conditions de détermination sont précisées dans le mandat peut être réclamée. Le géomètre-expert ne peut pas la percevoir avant que l'opération ait été effectivement conclue et constatée dans un seul acte écrit contenant l'engagement des parties (Décret 96-478 du 31-5-1996 art. 139).

Les géomètres effectuant des opérations de transaction immobilière sont soumis à l'arrêté ECFC1638733A du 10 janvier 2017 en matière d'**affichage des prix** (voir n° 2235).

2850 Le géomètre-expert doit tenir un **registre des mandats**, dans les mêmes conditions que l'agent immobilier.

Les opérations relatives à l'activité d'entremise et de gestion immobilière doivent, chacune, donner lieu à une **comptabilité distincte** (Loi 46-942 du 7-5-1946 art. 8-1, II ; Décret 96-478 du 31-5-1996 art. 129).

Dès réception, les **fonds, effets ou valeurs reçus** par le géomètre-expert pour le compte de son client peuvent être **déposés** dans un établissement du secteur bancaire ou dans une caisse créée à cette fin par le Conseil supérieur de l'ordre des géomètres-experts. Lorsqu'ils n'effectuent pas de dépôt auprès d'un de ces établissements, les géomètres-experts souscrivent une assurance garantissant le remboursement intégral des fonds, effets ou valeurs reçus.

Le remboursement intégral des fonds, effets ou valeurs doit être **garanti** par une assurance contractée par l'ordre des géomètres-experts qui fixe le barème de la cotisation destinée à couvrir tout ou partie du coût de cette assurance et en assure le recouvrement auprès des géomètres-experts et sociétés de géomètres-experts autorisés à exercer l'activité d'entremise immobilière ou l'activité de gestion immobilière (Loi 46-942 du 7-5-1946 art. 8-1, II).

Un **contrôle régulier** de cette activité est exercé par le conseil régional de l'ordre des géomètres-experts qui peut, en cas d'infraction aux règles applicables, prononcer le retrait immédiat de l'autorisation d'exercer l'activité d'entremise (Décret 96-478 du 31-5-1996 art. 155) et/ou une sanction disciplinaire.

RESPONSABILITÉ DU GÉOMÈTRE-EXPERT

2852 Le géomètre-expert engage sa **responsabilité civile** professionnelle chaque fois qu'il commet une faute génératrice d'un préjudice. L'activité d'entremise n'échappe pas à ce principe. Le géomètre peut être condamné à payer des dommages et intérêts à son client ou au cocontractant de ce dernier dans les mêmes conditions que l'agent immobilier (voir n°s 71100 s.). Ainsi, le géomètre-expert qui omet de vérifier les conditions de constructibilité d'un terrain dont la vente s'effectue par son entremise peut être condamné à garantir le vendeur des condamnations prononcées contre lui (Cass. 1e civ. 22-10-1985 n° 84-10.513 : Bull. civ. I n° 268).

Il s'expose également à des **sanctions pénales et/ou disciplinaires** en cas d'infraction de cette nature. Les peines disciplinaires varient du simple avertissement à la radiation et peuvent être prononcées pour tout manquement aux devoirs de la profession, à l'exception des défauts de paiement de cotisation (Loi 46-942 du 7-5-1946 art. 23, al. 1).

C. Avocat

Les missions principales de l'avocat résident dans la délivrance de conseils juridiques et dans l'assistance et la représentation en justice. Mais comme le notaire, il peut exercer l'activité de mandataire en **transaction immobilière**, dès lors qu'il respecte certaines **règles spécifiques** à sa profession. **2900**

1. CADRE JURIDIQUE DE LA NÉGOCIATION

TEXTES APPLICABLES À L'AVOCAT

Les avocats ne sont pas soumis à la loi Hoguet du 2 janvier 1970 (Loi 70-9 du 2-1-1970 art. 2 ; **2905**
Décret 72-678 du 20-7-1972 art. 95). Ils peuvent néanmoins exercer l'activité de transaction « dans le cadre de la **réglementation de leur profession** » (Décret 72-678 du 20-7-1972 art. 95) et « en considération du contrôle dont leur activité professionnelle fait l'objet ainsi que des garanties financières qu'ils offrent pour l'exercice de cette activité » (Loi 70-9 du 2-1-1970 art. 2). Le Règlement intérieur national de la profession d'avocat (RIN) précise que les avocats sont autorisés à être mandataire en transaction immobilière (RIN art. 6.3, al. 1). La jurisprudence en déduit logiquement que « le mandat de transaction immobilière fait partie des activités pouvant être exercées par un avocat » (Cass. 2e civ. 22-5-2014 n° 13-20.035 : Bull. civ. II n° 117). Cette activité doit s'exercer dans le respect des obligations générales auxquelles l'avocat est soumis en matière notamment de capacité, compétence, indépendance, incompatibilité, conflit d'intérêts, assurance, discipline, honoraires et maniement des fonds appartenant à des tiers (Loi 71-1130 du 31-12-1971 ; Décret 91-1197 du 27-11-1991 ; Décret 2023-552 du 30-6-2023).

Des règles particulières à la transaction immobilière s'imposent également aux avocats et sont regroupées dans le **RIN** et, éventuellement dans le **règlement intérieur de l'ordre** dont ils dépendent.

NÉCESSITÉ D'UNE ACTIVITÉ ACCESSOIRE D'UNE MISSION CIVILE

Nature de l'activité de transaction L'autorisation faite aux avocats de réaliser des **2907**
opérations de transaction immobilière sans être soumis aux obligations de la loi Hoguet n'est donnée que « pour les opérations qu'ils sont régulièrement habilités à réaliser » (Décret 72-678 du 20-7-1972 art. 95). Or il est **interdit à l'avocat** d'exercer des **activités de caractère commercial** (Décret 2023-552 du 30-6-2023 art. 22) et d'effectuer des opérations de courtage (RIN art. 6.2).

En principe, le mandat par lequel une personne donne à une autre le pouvoir de faire quelque chose pour son compte et en son nom est un contrat de nature civile. Ce n'est que lorsque le **mandant est commerçant** que le mandat est commercial à son égard, par le jeu de la théorie de l'accessoire (M. Mekki, J.-Cl. civil, art. 1984 à 1990, Fasc. 10 n° 68). Dès lors, l'avocat n'étant pas un commerçant, il devrait en principe pouvoir exercer une activité de mandataire sans être en infraction avec l'interdiction d'exercer une activité commerciale. D'autant que l'avocat est expressément autorisé à procéder à la commercialisation, à titre accessoire, de biens ou de services connexes à l'exercice de la profession d'avocat si ces biens ou services sont destinés à des clients ou à d'autres membres de la profession (Décret 2023-552 du 30-6-2023 art. 22). À titre d'exemple, la notice du décret vise l'édition juridique, la formation professionnelle ou la mise à disposition de moyens matériels ou de locaux au bénéfice d'autres avocats ou sociétés d'avocats.

Cependant, le mandat perd également sa nature civile lorsque le **mandataire** est un **agent d'affaires** ou un **courtier** (C. com. art. L 110-1, 6° et 7° ; M. Mekki, J.-Cl. civil, art. 1984 à 1990, Fasc. 10 n° 68). Or le mandat de recherche d'un bien ou d'un acquéreur révèle une activité d'entremise entre l'acquéreur et le vendeur. Cette mise en relation constitue une opération de courtage, expressément prohibée pour l'avocat (RIN art. 6.2). Pour certains auteurs d'ailleurs, le contrat de courtage n'est autre qu'un « mandat limité à une simple entremise » (N. Dissaux, Dalloz, Répertoire de droit commercial, Courtage nos 38 s.). Ainsi, l'avocat qui met une personne en relation avec une autre dans la perspective de conclure un contrat a une activité de courtage (Cass. 1e civ. 15-3-2005 n° 03-17.835 : Bull. civ. I n° 129). Et cette activité lui est en principe interdite, sauf à être l'accessoire d'une mission particulière de nature civile.

2909 La jurisprudence considère qu'un **acte commercial** par nature conserve un caractère civil s'il n'est que l'**accessoire d'une activité ou d'un acte civil** (Cass. com. 13-5-1970 n° 69-11.268). Ainsi, il a été jugé que :
– l'article 13, 1° du décret 45-0117 du 19 décembre 1945 interdit aux notaires « de se livrer à aucune spéculation de bourse ou opération de commerce, banque, escompte et courtage », mais ne prohibe pas l'exercice, à titre purement accessoire, d'activités de négociation immobilière pratiquées à l'occasion ou en vue de la réception d'un acte (CE 23-2-2000 nos 187054 et 188312) ;
– il entre dans les fonctions de conseil, consultation et d'assistance d'un avocat dans le domaine juridique de se charger du règlement de l'ensemble d'une succession, ce qui peut inclure des « démarches et relations avec les acquéreurs pour la vente des actifs, négociations diverses, coordination et suivi des ventes » (Cass. 1e civ. 13-11-2002 n° 00-13.668).

Le **mandat en transaction immobilière**, même donné à un avocat, est donc de **nature** commerciale, mais conserve son caractère civil s'il est accessoire à une mission de nature civile. En d'autres termes, « la mission de l'avocat ne peut se limiter à la seule opération de rapprochement des deux parties contractantes » (CNB, L'activité de l'avocat mandataire en transactions, octobre 2017 p. 8) car il ne peut pas, sous le couvert d'une activité licite de conseil juridique et de rédacteur d'acte, prendre part à une activité de nature commerciale. Ainsi, par exemple, participe à une mission d'entremise qui lui est interdite, l'avocat qui prétend intervenir en qualité de conseil du vendeur et de l'acquéreur, avec mission d'analyser la situation juridique du projet et de mener des discussions en vue de la conclusion de la vente des terrains, dès lors qu'il ressort des différentes correspondances qu'en réalité, il a aussi sollicité, recueilli et examiné les propositions d'achat contre un honoraire de résultat correspondant à un pourcentage de toute transaction réalisée grâce à l'intervention de son cabinet (Cass. 1e civ. 14-6-2016 n° 15-50.100).

L'avocat ne peut donc pas se livrer à une activité de pure négociation totalement détachée de l'activité civile qui constitue l'essence de sa mission.

La Cour de cassation considère que la négociation peut intervenir dans le cadre de ses « fonctions de conseil, consultation et d'assistance » au titre, par exemple, « du règlement de l'ensemble d'une succession » (Cass. 1e civ. 13-11-2002 n° 00-13.668). La transaction immobilière peut donc intervenir dans le cadre d'une mission de conseil, ce qui inclut très certainement le mandat donné en vue de la réception d'un acte, mais aussi le mandat donné à l'occasion d'une procédure judiciaire (mandat de vente donné à l'occasion d'une procédure de divorce ou de partage successoral), ou celui donné dans le cadre d'une mission de conseil d'ordre juridique, fiscal ou patrimonial.

2915 **Notion d'activité accessoire** Le Conseil national des Barreaux (CNB) a apporté de précieuses précisions sur la notion d'activité accessoire, considérant que « le mandat en transactions fait nécessairement partie d'une **mission principale plus large préalable** ou au moins concomitante ». Il cite pour exemple le cas de l'avocat qui se voit confier un mandat dans le cadre du règlement d'une situation juridique ou judiciaire particulière dans laquelle il intervient en sa qualité d'avocat (divorce, succession, transmission d'une entreprise, etc.). Dans ce cas, l'avocat se voit confier le mandat dans le cadre d'un dossier déjà ouvert en son cabinet et à l'occasion duquel se présente l'intérêt d'une opération immobilière.

Le CNB précise que la mission principale dont le mandat n'est que l'accessoire peut consister à « préparer et accompagner la cession, la location ou l'acquisition d'un bien » (CNB, L'activité de l'avocat mandataire en transactions, octobre 2017 p. 14). Il s'agit là des cas où aucune situation juridique ou judiciaire particulière ne prélude à l'intervention de l'avocat. Dans ce cas, pour justifier le caractère accessoire de l'intervention de l'avocat, il faut que « sa **mission ne se limite pas à la seule recherche du cocontractant** [...]. En conséquence, le mandat en transactions doit comprendre l'accompagnement juridique, fiscal et social de l'opération envisagée incluant les conseils sur les modalités et les conséquences de celle-ci et/ou la rédaction des contrats nécessaires à sa réalisation (avant-contrats, lettres d'intention, promesses, compromis, actes divers...) » (CNB, L'activité de l'avocat mandataire en transactions, octobre 2017 p. 14).

L'avocat peut donc exercer l'activité de mandataire immobilier, alors même que cette activité ne s'inscrit dans le cadre ni d'un dossier juridique ou judiciaire qui lui aurait préalablement été confié ni de la rédaction d'un acte nécessaire à l'opération immobilière envisagée. La mission principale réside alors dans le conseil juridique portant sur l'opération en question dont l'activité de mandataire ne constituerait que l'accessoire. Il est probable cependant que les juridictions sanctionneront les cas où le mandat, faute d'une **mission principale suffisamment effective et importante**, ne pourra être considéré comme son accessoire. Ainsi, le CNB précise qu'en pareil cas, « la mission de l'avocat comprend notamment la détermination exacte des caractéristiques juridiques de l'immeuble vendu en termes d'urbanisme, d'environnement, du droit de construire, des conditions de la vente lorsque le bien dépend d'une indivision successorale ou conventionnelle, de qualification au regard du régime matrimonial du vendeur, du régime fiscal de la vente, des droits de mutation et des conséquences en matière de plus-values, d'opérations subséquentes d'ores et déjà prévues, apport à une société de gestion ou acquisition directe par celle-ci, etc. L'étude des conditions juridiques et fiscales de l'opération n'est pas moins importante que la rédaction de l'acte qui les met en œuvre. Ainsi, l'activité de mandataire en transactions doit toujours s'inscrire dans un environnement juridique » (CNB, L'activité de l'avocat mandataire en transactions, octobre 2017 p. 14 s.).

> **Précisions** **a.** La Cour de cassation considère que, pour une association relevant de la loi de 1901, les **actes de nature commerciale** doivent rester l'**accessoire de l'activité civile**, tant du point de vue de la réalisation de l'objet que du point de vue des ressources (Cass. com. 13-5-1970 n° 69-11.268) et qu'un artisan ne relève pas du tribunal de commerce dès lors qu'il exerce de manière prépondérante une activité de production, transformation et prestation de services dont il tire l'essentiel de sa rémunération (Cass. com. 11-3-2008 n° 06-20.089). Cependant ces décisions ne tranchent pas des litiges de même nature et rien ne permet de penser que le caractère accessoire de l'activité d'un avocat soit également évalué en considération des revenus tirés de cette activité.
>
> **b.** Il a été jugé que les **activités de négociation** qui ne peuvent être exercées qu'à titre accessoire ne peuvent être **cédées** séparément, sans méconnaître l'interdiction qui est faite au professionnel de se livrer à des opérations de commerce (Cass. 1e civ. 30-3-2005 n° 01-17.437, décision appliquée à un notaire mais transposable selon nous à l'avocat).

2. CONDITIONS D'EXERCICE DE L'ACTIVITÉ DE TRANSACTION

CONDITIONS PRÉALABLES À L'EXERCICE DE L'ACTIVITÉ

2920 L'avocat qui entend exercer l'activité de mandataire en transaction immobilière doit en faire la **déclaration à l'Ordre**, par lettre ou courriel, adressée au bâtonnier (RIN art. 6.4).

Par ailleurs, quelle que soit la qualité en laquelle il intervient, l'avocat est soumis au **respect des principes directeurs de la profession**. Le fait qu'il agisse en qualité de mandataire en transactions ne change donc rien à cet égard. Il demeure soumis aux dispositions relatives au secret professionnel, au devoir d'indépendance ou au conflit d'intérêts par exemple. Bien entendu, il doit refuser de participer à la rédaction d'un acte ou d'une convention manifestement illicite ou frauduleux (RIN art. 7.2) ou de recevoir à titre de séquestre un acte manifestement illicite ou frauduleux (RIN art. 6.3.2).

2925 L'avocat doit justifier de **deux assurances** garantissant, l'une sa **responsabilité civile** professionnelle, l'autre la **représentation par ses soins des fonds** qui lui sont confiés dans l'exercice de sa profession (Loi 71-1130 du 31-12-1971 art. 27). Ces dispositions ne sont bien évidemment pas spécifiques à l'activité de mandataire en transactions, mais viennent sécuriser ces opérations au même titre que toute mission réalisée par un avocat.

Ces activités ne sont assurées par le contrat de base que dès lors d'une part, qu'elles ne sortent pas du champ d'activité autorisé par la profession, et, d'autre part, qu'elles ne font pas l'objet d'une exclusion contractuelle. À cet égard, l'avocat prendra soin de vérifier que le montant de l'opération ne dépasse pas le seuil de couverture de l'assurance de groupe souscrite par son ordre. À défaut, il devra souscrire une assurance spécifique.

MANDAT

2927 **Mandat écrit** L'avocat doit **justifier** d'un mandat écrit (RIN art. 6.2, al. 3). L'avocat qui pratiquerait l'activité de mandataire en transactions sans mandat préalable s'exposerait à des sanctions de nature disciplinaire et civile (exclusion du droit à rémunération, exclusion du droit à garantie d'assurance et dommages et intérêts en cas de préjudice subi). Conformément au droit commun, le mandat sous signature privée ne fait preuve que s'il a été établi en autant d'exemplaires que de parties (C. civ. art. 1375).

Le mandat donné à l'avocat est **soumis** aux règles de droit commun du contrat (capacité, consentement et contenu licite et certain (C. civ. art. 1128 s.) et aux règles spécifiques au mandat (C. civ. art. 1984 s.). Il n'est pas soumis aux dispositions spécifiques de la loi Hoguet du 2 janvier

1970, mais à celles des articles 6.2 à 6.4 du RIN. Ainsi, l'avocat peut recevoir mandat de négocier, d'agir et de signer au nom et pour le compte de son client, à condition d'être **spécifique** ; il ne peut pas avoir un caractère général (RIN art. 6.2, al. 4). L'avocat doit s'assurer au préalable de la licéité de l'opération pour laquelle il lui est donné mandat (RIN art. 6.2, al. 5).
Le CNB propose un **modèle de mandat**, appelé « modèle de contrat de mission en transaction immobilière » (CNB, L'activité de l'avocat mandataire en transactions, octobre 2017 p. 36).

2929 **Contenu du mandat** Selon le CNB, le mandat donné à l'avocat doit (CNB, L'activité de l'avocat mandataire en transactions, octobre 2017 p. 20) :
– prévoir sa **durée** (voir n° 2932), les modalités de sa rupture et leurs conséquences ;
– contenir l'identification précise du **client** ;
– définir précisément la nature, l'étendue de la **mission** de l'avocat, les conditions et modes d'exécution de la fin de celle-ci et rappeler la mission juridique principale dont l'opération envisagée est l'accessoire ;
– identifier clairement le **bien et l'objet** de la transaction (vendre, acheter, louer) ;
– préciser les **conditions de l'opération** envisagée (notamment le prix d'acquisition ou de cession du bien, la marge de négociation, les modalités d'intervention de tiers et la prise en charge de celles-ci) ;
– préciser la **possibilité d'initier**, avec tout contractant éventuel, les pourparlers propres à réaliser l'opération, tant dans son principe (contacter et négocier au nom du mandant), que dans ses modalités pratiques d'exécution (cercle des destinataires de l'offre contractuelle et publicité éventuelle à mettre en œuvre) et ses limites (pouvoir ou non de conclure l'accord définitif). Étant rappelé que l'avocat ne peut pas, sans y avoir été autorisé spécialement et par écrit par le mandant, transiger en son nom et pour son compte ou l'engager irrévocablement par une proposition ou une offre de contracter. Pour contracter au nom du mandant, l'avocat doit disposer de son autorisation écrite contenue dans le mandat ou dans un acte distinct (RIN art. 6.2) ;
– définir les modalités de **maniement des fonds** et l'obligation de **reddition des comptes** : l'avocat ne peut, en effet, disposer de fonds, effets ou valeurs ou aliéner les biens du mandant que si le mandat le stipule expressément ou, à défaut, après y avoir été autorisé spécialement et par écrit par le mandant (RIN art. 6.2, al. 6). Le mandat doit préciser les modalités de désignation et de prise en charge de la **rémunération des professionnels** ou prestataires de services tels que des experts immobiliers (avis de valeur), diagnostiqueurs (diagnostics amiante, plomb, termites, loi Carrez...), notaires en cas d'actes soumis à publicité foncière. Rappelons que la clause donnant au mandataire, en l'espèce un agent immobilier, le pouvoir de réaliser des formalités (demande de pièces, actes et certificats, démarches administratives...), et ainsi d'engager des frais potentiellement élevés sans en informer préalablement le mandant, a été jugée abusive (Cass. 1e civ. 2-10-2007 n° 06-14.238) ;
– prévoir le montant et le mode de **rémunération** de l'avocat (voir n° 2960).

ATTENTION

Rappelons qu'en toutes circonstances la **prudence** impose à l'avocat de ne pas conseiller à son client une solution s'il n'est pas en mesure d'apprécier la situation décrite, de déterminer à qui ce conseil ou cette action est destiné et d'identifier son client précisément. À cette fin, l'avocat est tenu de mettre en place, au sein de son cabinet, une procédure lui permettant d'apprécier, pendant toute la durée de sa relation avec le client, la nature et l'étendue de l'opération juridique pour laquelle son concours est sollicité. Lorsqu'il a des raisons de suspecter qu'une opération juridique aurait pour objet ou pour résultat la commission d'une infraction, l'avocat doit immédiatement s'efforcer d'en dissuader son client. À défaut d'y parvenir, il doit se retirer du dossier (RIN art. 1.5).

2932 Le mandat doit fixer également la **durée de la mission** confiée à l'avocat. Cette durée n'est fixée qu'à défaut de révocation car le mandat donné à l'avocat est révocable ad nutum (C. civ. art. 2004). Le mandant, comme le mandataire, peuvent donc le révoquer à tout moment dans les conditions fixées par le mandat. La durée fixée pose donc une limite au-delà laquelle la mission est censée expirer, mais ne saurait constituer un délai avant lequel aucune révocation ne pourrait intervenir. Le modèle de mandat proposé par le CNB (voir n° 2927) prévoit une durée de 3 mois, renouvelable par tacite reconduction pour une durée indéterminée sauf dénonciation par l'une ou l'autre des parties par lettre recommandée avec accusé de réception (CNB, L'activité de l'avocat mandataire en transactions, octobre 2017 p. 36).
La commission des clauses abusives recommande que soient éliminées des mandats les clauses ayant pour objet ou pour effet de ne pas limiter dans le temps les effets du contrat, notamment en prévoyant une durée indéfiniment renouvelable par tacite reconduction (Recommandation CCA 2003-02 du 18-9-2003 : BOCCRF du 12-3-2004, à propos des mandats des agents immobiliers).

Clause d'exclusivité et clause pénale Le mandat peut prévoir une **clause d'exclusivité** en vertu de laquelle le mandant s'interdit de faire appel à un autre professionnel pour vendre son bien ou de le vendre par lui-même. Cette clause ne saurait faire échec au principe selon lequel le mandat est révocable à tout moment (n° 2932). Elle permet, en effet, à l'avocat d'interdire au mandataire de conclure l'opération avec un tiers pendant la durée du mandat, mais ne saurait lui interdire de dénoncer ledit mandat à tout moment. Même en présence d'une clause d'exclusivité, la révocation est donc possible à tout moment et produit tous ses effets dès le jour de sa notification, sous réserve de la responsabilité du mandant envers le mandataire (Cass. 1e civ. 30-5-2006 n° 04-11.260 ; Cass. 1e civ. 5-7-2006 n° 05-12.418). 2935

De même, la **clause** selon laquelle le **mandataire s'interdit de conclure** l'opération pendant un certain délai à compter de la fin du mandat **avec tout cocontractant présenté par l'avocat** mandataire devrait être déclarée valable. Là encore, cette clause ne fait pas obstacle à une révocation ad nutum, la dénonciation faisant simplement courir le délai pendant lequel le mandataire a interdiction de conclure avec un tiers qui lui a été présenté par l'avocat mandataire. La commission des clauses abusives recommande que soient éliminé des mandats d'agent immobilier ce type de clause, sauf à ce que le mandat limite raisonnablement la durée de cette interdiction (Recommandation CCA 2003-02 du 18-9-2003 : BOCCRF du 12-3-2004). Une durée de 24 mois suivant l'expiration du mandat a été jugée satisfaisante par la Cour de cassation (Cass. 1e civ. 2-10-2007 n° 06-14.238 : BRDA 22/07 inf. 27, à propos d'un agent immobilier).

DOUBLE MANDAT

Le CNB rappelle que « dans l'intermédiation qu'il initie avec un contractant éventuel, l'avocat représente et négocie au nom de son seul client » et « doit agir dans le seul intérêt de son mandant ce qui exclut qu'il puisse accepter d'intervenir comme **intermédiaire pour le compte de deux clients** » (CNB, L'activité de l'avocat mandataire en transactions, octobre 2017 p. 15 ; voir également l'avis déontologique du CNB approuvé par l'assemblée générale des 5 et 6 février 2010). 2937

Le fait de se voir confier deux mandats au niveau de l'intermédiation peut poser des difficultés au regard du **conflit d'intérêts**. L'avocat ne peut en effet être ni le conseil ni le représentant ou le défenseur de plus d'un client dans une même affaire s'il y a conflit entre les intérêts de ses clients ou, sauf accord des parties, s'il existe un risque sérieux d'un tel conflit (RIN art. 4.1). Il y a conflit d'intérêts, dans la fonction de conseil, lorsque, au jour de sa saisine, l'avocat qui a l'obligation de donner une information complète, loyale et sans réserve à ses clients ne peut mener sa mission sans compromettre, soit par l'analyse de la situation présentée, soit par l'utilisation des moyens juridiques préconisés, soit par la concrétisation du résultat recherché, les intérêts d'une ou plusieurs parties (RIN art. 4.2). Le RIN prévoit d'ailleurs des dispositions spécifiques au cas où l'avocat est rédacteur unique d'un acte ; dans ce cas, il doit notamment veiller à l'équilibre des intérêts des parties (RIN art. 7.2).

ATTENTION

Même au cours de la phase préalable d'intermédiation, pendant laquelle il n'est le conseil que de son mandant, l'**avocat doit aux tiers intéressés** par le bien objet du mandat (cocontractant du mandant) « loyauté et véracité des informations transmises, information de la partie contractante sur les caractéristiques juridiques de l'opération » (CNB, L'activité de l'avocat mandataire en transactions, octobre 2017 p. 15 s.).

En revanche, « l'avocat peut représenter les deux parties dès lors que celles-ci sont d'accord sur les termes du mandat (exemple : sur le prix) **sans** que l'avocat ait eu un **rôle d'entremetteur**. L'avocat est alors le mandataire du vendeur mais aussi de l'acheteur. En conséquence, il doit être titulaire de deux mandats distincts de nature civile. L'avocat pourra alors recevoir ses honoraires tant du vendeur que de l'acheteur. [...] C'est une situation qui demeure délicate et qui doit être appréhendée par l'avocat en toute transparence et loyauté vis-à-vis de ses mandants » (CNB, L'activité de l'avocat mandataire en transactions, octobre 2017 p. 24). 2939

Après la négociation ou une fois l'intermédiation intervenue, rien n'interdit donc au cocontractant qui n'est pas le mandant de demander à l'avocat de **rédiger l'acte**. L'objet de la mission n'est alors plus la transaction et la négociation, mais la rédaction d'un acte juridique. Cette possibilité ne se conçoit évidemment que si :
– le cocontractant du mandant initial n'est pas déjà conseillé par un confrère de l'avocat du mandataire (puisque dans ce cas, c'est ce confrère qui est le conseil du tiers au mandat) ;
– l'opération ne révèle pas une situation de conflit d'intérêts (RIN art. 4.2).

Si l'avocat décide qu'il peut rédiger l'acte dans l'intérêt des deux parties, il doit au préalable rappeler à la partie qui n'est pas son mandant initial qu'elle a la faculté de consulter un avocat et lui demander de lui en faire connaître le nom (RIN art. 8.2). Il sera alors soumis aux mêmes obligations à l'égard des deux parties, à savoir un devoir d'information et de conseil envers toutes les parties en présence et l'obligation de s'assurer de l'efficacité et de la validité de l'acte qu'il rédige (voir par exemple, Cass. 1e civ. 14-1-1997 n° 94-16.769 : Bull. civ. I n° 18).

> **Précisions** Le CNB considère que « le passage d'une mission exclusivement conçue pour le service du mandant à la phase de **rédaction des actes** au travers de laquelle l'avocat prend ainsi directement ou indirectement en charge les intérêts du contractant doit faire l'objet d'une réflexion attentive et concrète [...]. Il faut en conséquence considérer que les **honoraires** de la mission sont bien en principe dus par le mandant et exclusivement par lui, ce qui est la garantie que le conseil et l'exécution de la mission ont bien pour objet la seule défense des intérêts du mandant. Ce n'est qu'après avoir pris en compte toutes les dimensions de la question qu'il peut y être dérogé au niveau de la phase de rédaction des actes et avec l'accord parfaitement éclairé de toutes les parties » (CNB, L'activité de l'avocat mandataire en transactions, octobre 2017 p. 16 s.).

CONDITIONS D'EXERCICE DE L'ACTIVITÉ DE TRANSACTION

2945 **Publicité** L'avocat peut mentionner, dans toutes ses communications, que l'**activité de mandataire en transactions** fait partie de ses missions. Mais il doit veiller à ne pas se présenter comme intervenant exclusivement dans ce domaine (CNB, L'activité de l'avocat mandataire en transactions, octobre 2017 p. 26). S'il effectue une publicité sur l'activité de mandataire en transactions ou une sollicitation personnalisée, il doit respecter les principes posés par les articles 10 et suivants du RIN : information sincère sur la nature des prestations de services proposées et sur leur mise en œuvre, respect des principes essentiels de la profession, interdiction de recourir à toute démarche physique ou téléphonique ou aux services d'un tiers dans le but de contourner ces interdictions, information sur les modalités de détermination du coût de la prestation et communication sans délai de toute publicité au Conseil de l'Ordre et dispositions particulières relatives à la publicité par internet.

Les **ordres** peuvent également **éditer des documents publicitaires**. Il a été jugé que le fait d'y regrouper une liste d'annonces immobilières comportant des biens à vendre, avec pour chacun d'eux les coordonnées du professionnel compétent et d'invoquer « un service de professionnel » ainsi que des qualités de « sécurité, compétence et efficacité » n'était pas constitutif d'un dénigrement indirect ou de concurrence déloyale à l'égard de la profession des agents immobiliers (Cass. 1e civ. 27-5-2003 n° 00-16.435, rendu à propos d'une publicité réalisée par une chambre départementale des notaires mais transposable selon nous aux avocats ; voir également CA Aix-en-Provence 28-6-2007 n° 06/09141, ch. 1).

2947 La **publicité** portant **sur les biens que l'avocat a mandat de vendre** est soumise à l'arrêté ECFC 1638733 A du 10 janvier 2017 applicable à l'ensemble des professionnels participant à une transaction immobilière (voir n° 2243).

En outre, cette publicité doit satisfaire aux dispositions communes à toute communication (RIN art. 10.2), à celles relatives à la publicité personnelle (RIN art. 10.3) ainsi que, le cas échéant, à celles relatives à la publicité par internet (RIN art. 10.5). Elle doit rester conforme aux principes essentiels de la profession que sont la dignité et la délicatesse (Le Vade-mecum de la communication des avocats, Commission des règles et usages, CNB, 1e éd., mars 2016, www.cnb.avocat.fr ; CNB, L'activité de l'avocat mandataire en transactions, octobre 2017 p. 26 s.).

2949 **Visite du bien** L'avocat n'a généralement pas le temps de faire visiter lui-même le bien. Se pose donc la question de la **délégation à un tiers** de ce service. Le CNB considère que « la visite des lieux ou du bien objet de la négociation ne peut être dissociée de la mission de conseil sur les conditions juridiques de l'opération dans l'intérêt exclusif du mandant. Les visites peuvent être mises en place avec l'aide de prestataires spécialisés mais doivent toujours être organisées sous la responsabilité de l'avocat mandataire dans le respect des règles professionnelles. Une prestation spécialisée pour des visites par un tiers extérieur peut être envisagée si elle est limitée à la visite et à la condition que l'avocat mandataire ait préalablement recueilli l'accord exprès du mandant. Naturellement, le contrat liant l'avocat à ce tiers prestataire de services ne saurait prévoir la sous-traitance de l'ensemble du mandat qui est confié à l'avocat mandataire. En effet, les avocats qui accepteraient de confier l'ensemble du mandat qui leur a été donné deviendraient ainsi de simples apporteurs d'affaires et tromperaient leurs clients. Ils ne garantiraient pas à ces derniers le respect des principes essentiels et contreviendraient eux-mêmes aux règles déontologiques » (CNB, L'activité de l'avocat mandataire en transactions, octobre 2017 p. 28).

2951 **Rédaction des actes** En matière immobilière, le notaire bénéficie du monopole de la rédaction des actes authentiques et de la publicité foncière. La mission de l'avocat en la matière sera donc généralement limitée à la rédaction des **actes préparatoires** qui ne nécessitent pas

d'être reçus en la forme authentique (offre d'achat et promesses de vente essentiellement). Pendant la phase de rédaction de l'acte de réitération en la forme authentique, sa mission de conseil perdurera, mais il ne tiendra plus la plume.
Lorsqu'il rédige une promesse, l'avocat est soumis au respect des principes visés à l'article 7 du RIN. Ainsi, il doit assurer la validité et la pleine efficacité de l'acte selon les prévisions des parties (Cass. 1e civ. 14-1-1997 no 94-16.769 : Bull. civ. I no 18) et refuser de participer à la rédaction d'un acte ou d'une convention manifestement illicite ou frauduleux. Sauf s'il en est déchargé par les parties, il est tenu de procéder aux formalités légales ou réglementaires requises par l'acte qu'il rédige et de demander le versement préalable des fonds nécessaires (RIN art. 7.2, al. 1). S'il est seul rédacteur de l'acte, il veille à l'équilibre des intérêts des parties. Lorsqu'il a été saisi par une seule des parties, il informe l'autre partie de la possibilité qu'elle a d'être conseillée et de se faire assister par un autre avocat (RIN art. 7.2, al. 2).

Maniement des fonds L'avocat peut accepter un **dépôt ou** une **mission de séquestre** 2953
conventionnel ou judiciaire. Dans le cadre de la rédaction d'un acte préparatoire à l'acte de vente, il peut donc être désigné dépositaire des fonds séquestrés à titre d'indemnité d'immobilisation (RIN art. 6.2.3). Dans ce cas, il doit les déposer sans délai à la Carpa ou sur le compte « séquestre » du bâtonnier, avec une copie de la convention de dépôt ou de séquestre. En cas de non-réalisation de la vente, l'avocat dépositaire des fonds sera prudent de ne se dessaisir des fonds que sur autorisation écrite préalable des deux parties. Bien entendu, il doit refuser de recevoir en dépôt ou à titre de séquestre un acte manifestement illicite ou frauduleux (RIN art. 6.2.3).

Lutte contre le blanchiment Les avocats sont soumis aux obligations de lutte contre 2955
le blanchiment des capitaux et le financement du terrorisme (C. mon. fin. art. L 561-2, 13°). Cependant il est tenu compte de leur statut particulier au regard de leur mission de défense et de représentation en justice qui nécessite la protection absolue des secrets dont ils sont dépositaires. Ils relèvent donc d'un **régime dérogatoire** distinct de celui applicable aux agents immobiliers. Ainsi, en matière immobilière, ils sont soumis aux obligations de lutte contre le blanchiment lorsqu'ils « participent au nom et pour le compte de leur client à toute transaction financière ou immobilière », « assistent leur client dans la préparation ou la réalisation des transactions concernant l'achat et la vente de biens immeubles ou de fonds de commerce » ou « fournissent, directement ou par toute personne interposée à laquelle ils sont liés, des conseils en matière fiscale ». En revanche, les avocats ne sont pas soumis aux dispositions de lutte contre le blanchiment lorsque l'activité se rattache « à une procédure juridictionnelle » ou lorsqu'ils donnent des « consultations juridiques », à moins que celles-ci n'aient été fournies à des fins de blanchiment de capitaux ou de financement du terrorisme (C. mon. fin. art. L 561-3, II), tout en sachant que le client les demande à cette fin.
S'ils agissent en qualité de mandataires ou de rédacteurs d'acte, hors procédure juridictionnelle ou consultation juridique, les avocats doivent donc respecter les obligations en matière de blanchiment (voir no 29104) ; sur ces **obligations**, voir nos 29107 s. et 71065.
Si dans l'accomplissement de ses missions, le **Conseil de l'Ordre des avocats** a connaissance de faits susceptibles d'être liés au blanchiment des capitaux ou au financement du terrorisme, le bâtonnier en informe le procureur général près la cour d'appel, qui transmet cette information sans délai à Tracfin (C. mon. fin. art. L 561-28, III).
Sur le **droit de communication de l'administration fiscale** des documents et informations détenus par les personnes assujetties aux obligations de vigilance en matière de lutte contre le blanchiment de capitaux et le financement du terrorisme et recueillis par Tracfin, voir no 29128, Précisions b.

3. RÉMUNÉRATION DE LA NÉGOCIATION

MONTANT DE LA RÉMUNÉRATION

2960 Quel que soit le domaine d'activité dans lequel intervient l'avocat, l'honoraire est soumis aux règles qui régissent sa profession. Ainsi, sauf en cas d'urgence ou de force majeure ou lorsqu'il intervient au titre de l'aide juridictionnelle totale, l'avocat doit conclure par écrit avec son client une **convention d'honoraires** qui précise, notamment, le montant ou le mode de détermination des honoraires couvrant les diligences prévisibles, ainsi que les divers frais et débours envisagés (RIN art. 11.2).
La détermination des **honoraires en proportion du seul résultat de la vente** (pacte de quota litis), interdite par le RIN (RIN art. 11.3, al. 2), reste prohibée en matière de transaction immobilière. Rappelons que le pacte de quota litis est une convention passée entre l'avocat et son client

avant décision judiciaire définitive, qui fixe exclusivement l'intégralité de ses honoraires en fonction du résultat judiciaire de l'affaire, que ces honoraires consistent en une somme d'argent ou en tout autre bien ou valeur (RIN art. 11.3, al. 3). Contrairement à l'agent immobilier, l'avocat ne peut donc pas prévoir des honoraires uniquement en cas de réussite de la vente immobilière (Cass. 2e civ. 6-7-2023 n° 21-21.768 FB).
La convention doit donc prévoir un **honoraire fixe et indépendant** de la réalisation ou non de l'opération. Les honoraires doivent être évalués en fonction des critères de l'article 10 de la loi 71-1130 du 31 décembre 1971 (Cass. 2e civ. 22-5-2014 n° 13-20.035 : Bull. civ. II n° 117). Ils peuvent être contestés dans les conditions posées par les articles 174 et suivants du décret 91-1197 du 27 novembre 1991.
L'action en **paiement** des honoraires de l'avocat est en principe soumise à une prescription quinquennale (C. civ. art. 2224), voire biennale si le client peut se prévaloir de la qualité de consommateur (C. consom. art. L 218-2).
Les avocats effectuant des opérations de transaction immobilière sont soumis à l'arrêté ECFC1638733A du 10 janvier 2017 en matière d'**affichage des prix** (voir n° 2235).

DÉBITEUR DE LA RÉMUNÉRATION

2962 L'avocat ne peut pas percevoir une **rémunération d'une autre personne que de son mandant** (RIN art. 11.3 ; avis déontologique du CNB approuvé par l'assemblée générale des 5 et 6 février 2010). En revanche, il n'est pas nécessairement interdit à l'avocat de disposer de deux mandats et d'envisager alors de recevoir des honoraires de chacun de ses mandants (voir n° 2939).

4. RESPONSABILITÉ DE L'AVOCAT

RESPONSABILITÉ CIVILE

2970 Tout comme le notaire ou l'agent immobilier, l'avocat est susceptible d'engager sa responsabilité civile professionnelle lorsqu'il commet une faute dans le cadre de son **activité de mandataire ou de rédacteur**.
S'il est seul rédacteur d'un acte, il doit veiller à l'équilibre des intérêts des parties (RIN art. 7.3). En qualité de rédacteur d'acte, il est tenu d'une obligation de conseil envers toutes les parties en présence (Cass. 1e civ. 1-10-1986 n° 84-13.800 : Bull. civ. I n° 229 ; Cass. 1e civ. 25-11-1997 n° 96-12.325 : Bull. civ. I n° 321) et doit s'assurer de la validité et de l'efficacité des actes qu'il rédige (RIN art. 7.2).
Le devoir de conseil s'impose à l'avocat quelles que soient les compétences personnelles de son client (Cass. 1e civ. 7-7-1998 n° 96-14192) et même si celui-ci est assisté d'un autre avocat (Cass. 1e civ. 1-2-2005 n° 03-11.956 F-PB).
Lorsque l'avocat est chargé d'assister son client à l'occasion de la conclusion d'un acte de vente, il doit veiller à l'accomplissement par le notaire des formalités nécessaires à l'efficacité de cet acte et s'assurer, notamment, de la radiation du privilège grevant le bien vendu (Cass. 1e civ. 4-3-1997 n° 95-12.609 F-D). Même s'il n'est pas le rédacteur de l'acte, l'avocat qui assiste son client dans le cadre d'une vente est donc tenu d'une obligation de conseil très étendue. En revanche, l'avocat n'est pas tenu de rappeler aux parties l'obligation de loyauté, de sincérité et de bonne foi en matière contractuelle ni de vérifier les informations fournies par son client, sauf en cas de doute (Cass. 1e civ. 30-10-2007 n° 05-16.789 F-D).
Sa responsabilité est de **nature** contractuelle à l'égard de ses mandants et extracontractuelle à l'égard des autres parties à l'acte ou des tiers (Cass. 1e civ. 16-12-1992 n° 90-18.151 : Bull. civ. I n° 316, rendu à propos des agents immobiliers mais transposable à l'avocat selon nous).
L'action en responsabilité dirigée contre un avocat est soumise à une **prescription** quinquennale (C. civ. art. 2225). Le devoir d'**information** de l'avocat sur les modalités de détermination de ses **honoraires** et l'évolution prévisible de leur montant n'est pas dissociable de la mission de représentation ou d'assistance de son client en justice, de sorte que l'action fondée sur un manquement à ce devoir se prescrit par 5 ans à compter de la fin de sa mission, en application de l'article 2225 du Code civil (Cass. 1e civ. 28-2-2024 n° 22-22.895 FB). L'action en responsabilité contre l'avocat est garantie par une **assurance** civile professionnelle obligatoire (voir n° 2925).

POURSUITES DISCIPLINAIRES ET RESPONSABILITÉ PÉNALE

2972 Il va de soi que si l'avocat commet des **manquements** dans l'exercice de l'activité de mandataire en transaction immobilière, il est également susceptible de faire l'objet de poursuites disciplinaires, voire pénales, si la faute commise peut recevoir une telle qualification.

TITRE II

Avant-contrats

TERMINOLOGIE

Est ici retenue l'appellation « avant-contrat » pour désigner les différents types de conventions que la pratique met en œuvre pour préparer une vente d'immeuble. 6000

Ce terme « avant-contrat » n'est pas pleinement satisfaisant. Il peut laisser penser qu'il s'agit d'une convention qui, se situant avant le contrat de vente lui-même, serait une espèce de sous-contrat, doté d'attributs ou d'effets juridiques inférieurs à ceux d'un véritable contrat. La formalisation généralement faible de l'avant-contrat, la rapidité et la simplicité avec lesquelles il est le plus souvent établi au moyen de documents prérédigés, le caractère occulte propre à l'écrit sous signature privée qui le plus souvent le constate, ainsi que la nécessité de réitérer la vente par acte notarié, renforcent cette appréciation. Il faut rappeler d'emblée que l'avant-contrat est pleinement un contrat, doté de tous ses attributs, au premier rang desquels l'**irrévocabilité** et la **force obligatoire.**

D'autres termes sont parfois employés et pourraient être retenus : « contrat préparatoire » ou « contrat provisoire ». « Avant-contrat » sera cependant celui qui sera le plus souvent utilisé dans les développements qui suivent, compte tenu de sa consécration non seulement par les professionnels mais également, assez largement, par le public.

Une fois formé, le contrat de vente ne peut plus être qu'exécuté, spontanément ou de manière forcée, ou bien résolu, conventionnellement ou judiciairement. La détermination du **moment de formation de la vente** est un point essentiel qui vertèbre la matière des avant-contrats. La maîtrise de ce moment est pour chacune des parties – ainsi que pour le rédacteur ou l'intermédiaire – un enjeu capital, au cœur du choix non seulement d'un type d'avant-contrat, mais également des multiples aménagements conventionnels qui peuvent l'assortir. Cette question transparaît en filigrane dans toute l'étude des avant-contrats de vente d'immeubles. 6002

La **palette des contrats préparatoires** pourrait ne regrouper que les contrats de promesse : promesse unilatérale, par laquelle un seul s'engage, soit à vendre soit à acquérir ; promesse réciproque, dite « synallagmatique », dans laquelle à l'engagement de l'un répond symétriquement celui de l'autre (sur les différences entre ces deux avant-contrats, voir O. Pontnau et X. Roux, Avantages et inconvénients de la promesse unilatérale de vente et de la promesse synallagmatique de vente : BPIM 5/19 inf. 306). On y ajoutera cependant la vente sous condition suspensive, dénommée aussi « compromis », largement utilisée en pratique. Par contre, le pacte de préférence, dont l'objet n'est pas 6004

6004 (suite) de convenir d'une vente mais d'une préférence contractuelle, en sera écarté pour être étudié plus loin (nos 36000 s.).

L'ordre qui sera suivi pour l'étude des différents types d'avant-contrats sera le plus naturel : il consistera à suivre leur gradation par rapport à la formation de la vente à laquelle ils préparent, en débutant par celui qui s'en éloigne le plus pour finir par celui qui marque le plus son aboutissement. Seront successivement examinées les promesses unilatérales de vente (nos 6005 s.) et d'achat (nos 8000 s.), les promesses synallagmatiques, en distinguant parmi elles selon qu'elles valent (nos 8500 s.) ou ne valent pas vente (nos 10500 s.), et la vente conditionnelle (nos 11000 s.).

Sont exclus de cette étude le « contrat préliminaire », applicable aux ventes d'immeuble à construire (Mémento Urbanisme-Construction nos 75700 s.), et l'avant-contrat précédant un contrat de location-accession à la propriété immobilière régi par la loi 84-595 du 12 juillet 1984 (Mémento Gestion immobilière nos 12500 s.).

CHAPITRE 1

PROMESSE UNILATÉRALE DE VENTE

SOMMAIRE

GÉNÉRALITÉS

6005 La promesse unilatérale de contrat, imaginée et mise au point par la pratique et la jurisprudence, est régie, depuis le 1er octobre 2016, par l'article 1124 du Code civil.
Sur les règles particulières applicables aux promesses unilatérales portant sur un immeuble situé dans un département d'Alsace ou de Moselle, voir nos 9600 s.

SECTION 1

PRÉSENTATION

A. Définition

6008 La promesse unilatérale est le contrat par lequel une partie, le **promettant,** accorde à l'autre, le **bénéficiaire,** le droit d'opter pour la conclusion d'un contrat dont les éléments essentiels sont déterminés, et pour la formation duquel ne manque que le consentement du bénéficiaire (C. civ. art. 1124).
Le bénéficiaire accepte la promesse sans pour autant prendre l'engagement d'acquérir ; il dispose d'une **option discrétionnaire** lui permettant de conclure ou non la vente.

PRÉCISIONS TERMINOLOGIQUES

6010 L'**appellation** « promesse unilatérale de vente », jusqu'alors retenue en pratique, a été consacrée dans le Code civil (C. civ. art. 1124). Les termes « pacte d'option » ou « contrat d'option » ont anciennement été utilisés dans des études doctrinales mais ne sont pas usités.
L'« option » désigne la faculté d'acquérir dont dispose le bénéficiaire.
La **terminologie** communément **adoptée pour désigner les parties,** également consacrée dans le Code civil, est celle de « promettant » et de « bénéficiaire ». Celle de « vendeur » et d'« acquéreur » doit être évitée, dans la mesure où, la vente n'étant pas formée (et il n'est pas sûr qu'elle le soit), il n'y a, au stade de la promesse, ni vendeur ni acquéreur.

NATURE JURIDIQUE

6012 La promesse unilatérale de vente est un **contrat,** assorti de la force obligatoire. Elle contractualise l'offre de vente que fait le propriétaire à son destinataire.
Le fait que seul le promettant s'engage à vendre ne restreint en rien la nature contractuelle de la promesse unilatérale : la promesse doit être acceptée par le bénéficiaire. La promesse est un contrat unilatéral lorsque le bénéficiaire ne souscrit aucun engagement réciproque (C. civ. art. 1106, al. 2).
Sur la qualification du contrat lorsque l'option conférée au bénéficiaire a pour contrepartie le versement par celui-ci d'une somme d'argent, voir no 6400.
La promesse unilatérale est plus qu'une **offre** puisqu'il s'agit déjà d'un contrat, alors que l'offre est en principe librement révocable tant qu'elle n'a pas été acceptée par son destinataire (nos 1190 s.). Elle est moins que la **vente** puisque celle-ci n'est pas formée et qu'il n'est pas certain qu'elle le sera. La promesse unilatérale est un contrat original qui se situe entre ces deux opérations.
Analyser la promesse unilatérale de vente comme une **vente sous condition suspensive** soumise à la condition de l'acceptation du bénéficiaire est inexact dans la mesure où la condition, modalité d'une obligation ou d'un contrat, ne peut être le consentement de l'une des parties, car il s'agit d'une condition de fond du contrat.

OBJET

6014 Le but de la promesse unilatérale de vente n'est pas, strictement, de convenir d'une **vente,** même si dans l'esprit des contractants il en va le plus souvent ainsi, mais de la préparer, sous la forme d'une promesse, et sans qu'il soit certain qu'elle se réalise. C'est le bénéficiaire qui décide de la formation de la vente, en exerçant l'une des deux branches de l'option que la promesse lui ouvre : acquérir ou au contraire ne pas acquérir. S'il « lève l'option », la vente est formée.

FORMULATION

6016 Aucune formule sacramentelle n'est requise pour que la qualification de promesse unilatérale soit retenue. Il importe seulement que ressorte de la convention le fait que le bénéficiaire n'a pas encore décidé d'acquérir et qu'il dispose contractuellement de la faculté de former la vente par une manifestation de volonté ultérieure et discrétionnaire.

Il est souvent formulé que le bénéficiaire « prend acte » de l'engagement de vendre du promettant, mais sans prendre lui-même l'engagement d'acquérir.

EXEMPLE

La formulation suivante peut être retenue :
« X, promettant, promet de vendre l'immeuble situé à..., à Y, bénéficiaire, qui accepte la promesse en tant que promesse, mais sans prendre l'engagement d'acquérir, se réservant de le faire ultérieurement en levant l'option... »

B. Utilité pratique

UTILITÉ POUR LE BÉNÉFICIAIRE

Lorsqu'une personne manifeste son intérêt pour un immeuble à un prix donné, elle peut être **6060**
dans l'incertitude sur la possibilité ou l'opportunité de l'acquérir et vouloir bénéficier d'une **période de réflexion** pour décider de réaliser l'opération : cet immeuble correspond-il à ses besoins ? Quels aménagements peuvent y être réalisés ? Sera-t-elle en mesure de mobiliser les ressources financières permettant de l'acquérir ?
Le fait que ce type de contrat soit souvent conclu lorsqu'un lotisseur ou un promoteur s'intéresse à un terrain, ou un marchand de biens à un bâtiment, met en évidence cette utilité : le bénéficiaire dispose du délai prévu à la promesse pour effectuer les études et démarches qui lui permettront d'apprécier si l'opération est réalisable et profitable.

UTILITÉ POUR LE PROMETTANT

Le promettant peut trouver avantage à conclure une promesse unilatérale plutôt qu'une pro- **6062**
messe réciproque (dite « synallagmatique ») qui formerait la vente ou qu'une vente conditionnelle. Par les stipulations aménageant les modalités de la levée de l'option, il peut avoir la **garantie** de n'être tenu à la vente que lorsque la réalisation de celle-ci sera certaine (n°s 7074 s.). Ce contrat lui permet d'**échapper au risque d'inexécution d'une vente** qui serait déjà formée, rendant l'immeuble indisponible pendant la durée d'un éventuel litige, situation préjudiciable dont il ne pourrait sortir qu'au prix d'une résolution, généralement longue et financièrement défavorable (n°s 9310 s.).
L'utilité de la promesse pour le promettant, liée à la sécurité qu'elle lui apporte, est très généralement le facteur décisif de son adoption, bien plus fréquemment que la demande exprimée par un candidat à l'acquisition encore indécis sur l'opportunité de réaliser l'achat. C'est pour ce motif de sécurité que la promesse unilatérale de vente a historiquement eu les faveurs d'une partie du notariat, spécialement du notariat parisien.

C. Caractère autonome ou accessoire à un autre contrat

La promesse est le plus souvent utilisée de manière autonome. C'est alors l'avant-contrat retenu **6100**
par les parties pour préparer une vente éventuelle, lorsque cette éventualité dépend du choix réservé au bénéficiaire d'acquérir ou de ne pas acquérir. Mais les parties peuvent choisir de lier la promesse à un autre contrat.

PROMESSE UNILATÉRALE ASSOCIÉE À UN BAIL

Lorsque la promesse unilatérale est associée à un bail, le locataire dispose de la faculté d'acqué- **6102**
rir le local qu'il occupe. Cette faculté, selon les prévisions du contrat, pourra être exercée à tout moment du bail ou à l'expiration de la période de location.
Les deux conventions peuvent être associées lors de leur conclusion. Mais il est possible que la promesse soit greffée sur un bail antérieurement convenu.

L'association d'une **promesse unilatérale** et d'un **bail** ne rend pas ces deux contrats **indivisibles** : **6104**
ils sont en principe distincts, même s'ils figurent dans une même convention (Cass. civ. 8-3-1927 : Gaz. Pal. 1927 p. 672 ; Cass. civ. 16-7-1951 : D. 1951 jur. p. 620) : leurs durées peuvent, par exemple, être différentes et la résiliation du bail, comme son expiration, n'entraîne pas en principe l'anéantissement de la promesse.
L'indivisibilité de la promesse et du bail ne peut résulter que de la volonté des parties (Cass. civ. 8-3-1927 et 16-7-1951 précités). Il a ainsi été jugé que la prorogation du bail n'entraîne pas la prorogation de la promesse en l'absence d'accord des parties sur ce point (Cass. civ. 16-7-1951 précité) ;

de même, dans un cas où un contrat de location-gérance d'un fonds de commerce était assorti d'une promesse de vente du fonds, il a été jugé que la prorogation conventionnelle du contrat de location n'emportait pas prorogation de la promesse dès lors que l'acte précisait que la levée de l'option devait intervenir au plus tard 3 mois avant l'expiration du contrat initial (Cass. com. 22-10-1996 n° 94-13.373 : RJDA 1/97 n° 9).
Il est donc recommandé de prévoir minutieusement, dans le bail assorti de la promesse, l'articulation entre les deux conventions, notamment au regard de leur dépendance et de leur durée. Il peut notamment être convenu que le renouvellement du bail emportera de plein droit prorogation de la durée de la promesse pour une durée équivalente à celle du bail renouvelé.

> **Précisions** Certains contrats spécifiques établissent un lien entre promesse de vente et bail, mais ces contrats sont complexes et ne peuvent pas être assimilés à de simples contrats de bail assortis d'une promesse de vente. Il en est ainsi notamment : du contrat de **location-accession à la propriété immobilière,** régi par la loi 84-595 du 12 juillet 1984 qui s'applique aux immeubles à usage d'habitation ou à usage professionnel et d'habitation, achevés ou en construction (Mémento Gestion immobilière nos 12500 s.) ; du contrat de **crédit-bail immobilier,** technique de financement, régi par les articles L 313-7 et suivants et R 313-3 à R 313-4 du Code monétaire et financier et par l'ordonnance 67-837 du 28 septembre 1967, qui est largement utilisé pour financer l'immobilier des entreprises commerciales et industrielles (Mémento Gestion immobilière nos 28500 s.) ; du contrat de **location-attribution,** conclu entre une société d'HLM et un accédant à la propriété (CCH art. R 422-20).

PROMESSE UNILATÉRALE ASSOCIÉE À UN PRÊT

6106 Un prêteur et un emprunteur peuvent convenir d'une promesse unilatérale de vente d'un immeuble, le premier étant bénéficiaire et le second, promettant. Si le prêteur lève l'option avant complet remboursement du prêt, il deviendra propriétaire de l'immeuble et imputera sur le prix dont il est débiteur le capital restant dû au titre du prêt dont il est créancier.
La promesse unilatérale de vente associée à un prêt joue le **rôle de sûreté** pour le prêteur : si l'emprunteur défaille, le prêteur a la possibilité d'être payé à due concurrence de sa créance par dation en paiement de l'immeuble. La promesse est alors indissociable du prêt. Le remboursement du prêt libère en principe le débiteur de l'engagement de vendre pris dans la promesse (Cass. 3e civ. 11-6-1970 n° 69-10.896 : Bull. civ. III n° 401).
Les deux conventions peuvent être associées lors de leur conclusion. Mais il est possible que la promesse soit greffée sur un prêt antérieurement convenu. Il n'est par ailleurs pas nécessaire que la somme prêtée ait servi à financer l'immeuble acquis.

> **CONSEIL**
> L'état de dépendance économique dans lequel l'emprunteur promettant peut se trouver vis-à-vis du prêteur bénéficiaire doit conduire à veiller particulièrement à l'**équilibre de la convention** et à la **qualité du consentement du débiteur.** Cet équilibre recherché résultera particulièrement de la correspondance entre le prix convenu et la valeur de l'immeuble.
> La **publication de la promesse** au service chargé de la publicité foncière, qui est facultative, est, en la circonstance de son association avec un prêt, particulièrement opportune. Si elle ne rend pas l'opération opposable aux tiers, son rôle d'information est cependant de nature à dissuader les tiers d'acquérir l'immeuble au mépris de la promesse et de ruiner ainsi l'efficacité de la garantie.

PROMESSE UNILATÉRALE DE VENTE CROISÉE AVEC UNE PROMESSE UNILATÉRALE D'ACHAT

6110 La promesse unilatérale de vente est parfois croisée avec une promesse unilatérale d'achat convenue par acte distinct entre les mêmes personnes, portant sur le **même objet** et au **même prix.** Dans ce cas, le bénéficiaire de la promesse de vente est promettant dans la promesse d'achat et, inversement, le promettant dans la promesse de vente est bénéficiaire dans la promesse d'achat.
Deux analyses différentes de cette construction ont été retenues en jurisprudence :
– l'engagement de vendre et celui d'acquérir se combineraient pour révéler en réalité une **promesse synallagmatique de vente** ; en raison de la réciprocité des consentements portant sur un même objet et au même prix, la vente est formée dès la conclusion des promesses (Cass. com. 18-7-1989 : RTD civ. 1990 p. 67 ; Cass. com. 16-1-1990 : RTD civ. 1990 p. 463) ;
– les promesses conserveraient leur **autonomie,** chacun des contractants disposant de la possibilité, en levant l'option, de former la vente ; mais il est possible que la vente ne soit jamais formée si aucun des deux bénéficiaires ne le décide (Cass. 3e civ. 26-6-2002 n° 00-20.244 FS-D : Defrénois 2002 art. 37607 p. 1261 note É. Savaux).

L'arrêt de la troisième chambre civile de la Cour de cassation du 26 juin 2002 précité énonce un **critère de distinction** : le croisement des promesses unilatérales de vente et d'achat ne forme un contrat synallagmatique que si les promesses ont un même objet et sont stipulées dans les mêmes conditions, ces conditions pouvant s'entendre des situations dans lesquelles les options peuvent être exercées. Des modalités différentes peuvent ainsi révéler l'autonomie des deux promesses, ce qui était le cas en l'espèce (les conditions de levée d'option étaient différentes).
Appliquant ce même critère, la chambre commerciale de la Cour de cassation a dans un premier temps reconnu que la conjonction d'une promesse unilatérale de vente et d'une promesse unilatérale d'achat réalise une promesse synallagmatique de vente valant vente définitive lorsque les deux promesses réciproques ont le même objet et qu'elles sont stipulées dans les mêmes termes (Cass. com. 22-11-2005 n° 04-12.183). Revenant sur cette solution, la même chambre a jugé que la rétractation par le promettant à une promesse unilatérale de vente croisée avec une promesse unilatérale d'achat conclue par les mêmes parties et ayant le même objet était exclusive d'une rencontre réciproque de vente et d'acquérir, de sorte que l'exécution forcée ne pouvait être ordonnée (Cass. com. 14-1-2014 n° 12-29.071).

CONSEIL

Le risque lié à l'incertitude de l'interprétation qui pourrait être faite du croisement de deux promesses unilatérales, l'une de vendre et l'autre d'acquérir, est de taille : l'enjeu est la possibilité de faire procéder ou non à l'exécution forcée du contrat. Il est donc suggéré de recourir directement à une promesse synallagmatique de vente si les parties ont d'ores et déjà convenu de la vente. Dans le cas contraire, chacune des promesses précisera utilement que, nonobstant le croisement des promesses, les parties n'ont pas entendu convenir immédiatement de la vente, que chacune d'elles a la faculté de former la vente en levant l'option et qu'à défaut de levée d'option de l'une ou l'autre dans le délai convenu, même si celui-ci est identique, les promesses seront caduques.

PROMESSE INTÉGRÉE DANS UNE TRANSACTION

Une promesse intégrée dans une transaction comportant des concessions réciproques ne peut **6118**
pas être considérée comme une promesse unilatérale de vente, même en l'absence d'engagement corrélatif d'achat à la charge du bénéficiaire (Cass. 3e civ. 26-3-2003 n° 01-02.410 : RJDA 8-9/03 n° 820 ; Cass. ass. plén. 24-2-2006 n° 04-20.525 : RJDA 10/06 n° 1003, arrêts rendus à propos de l'application de l'ancien art. 1840-A du CGI devenu l'art. 1589-2 du Code civil).

SECTION 2 CONDITIONS DE VALIDITÉ

A. Conditions de fond

Comme tous les contrats, la promesse unilatérale est soumise aux conditions essentielles pour la **6170**
validité des contrats et, plus particulièrement, à celles de la vente. Ainsi, le **consentement** des parties doit exister ; il doit être donné par des personnes ayant la **capacité** requise et le pouvoir de contracter (nos 12000 s.) et être exempt de tout vice (nos 16000 s.). Le contrat doit avoir un **contenu licite et certain** (C. civ. art. 1128, 3°).
Ne sont envisagées ci-dessous que les règles spécifiques à la promesse unilatérale.

1. CONSENTEMENT

Le consentement de chacune des parties doit porter sur l'opération bien spécifique que consti- **6172**
tue la promesse unilatérale de vente. Il doit apparaître que le propriétaire de l'immeuble s'est déjà engagé à vendre alors que le bénéficiaire ne s'est pas encore engagé à acquérir et que ce dernier dispose de la faculté discrétionnaire de former la vente en manifestant ultérieurement sa volonté en ce sens.
Le consentement du **promettant** est double : il porte sur le contrat de promesse lui-même et sur le contrat de vente, par anticipation de l'éventuelle décision du bénéficiaire d'acquérir.
Le consentement du **bénéficiaire** ne porte que sur la promesse, et spécialement sur son acceptation en tant que promesse ; ce n'est qu'ultérieurement, par l'option, et s'il la lève, que le bénéficiaire exprimera son consentement à la vente, même si les conditions de la vente figurent dans la promesse.

6174 Les **consentements** du promettant et du bénéficiaire ne sont **pas** toujours **explicites,** spécialement lorsque les parties ont rédigé elles-mêmes leurs conventions, ou lorsque celles-ci résultent non pas d'un support instrumentaire unique mais d'échanges successifs dont la conjonction révèle l'accord. En cas de litige, la qualification de l'opération relève de la compétence des juges du fond, sous le contrôle de la Cour de cassation.
L'interprétation judiciaire peut conduire à exclure la qualification de promesse unilatérale de vente pour retenir une qualification qui se situe soit en deçà – il est alors considéré que les parties en sont encore au stade des pourparlers (Cass. 3e civ. 17-11-2004 n° 02-21.324) – soit au-delà, l'existence d'une véritable promesse synallagmatique de vente étant alors retenue (Cass. 3e civ. 5-7-1995 n° 93-16.190 : RJDA 1/96 n° 112).

2. CAPACITÉ ET POUVOIRS

6190 Bien que la vente ne soit pas formée au moment de la promesse et que l'incertitude subsiste sur sa formation, le **promettant** doit avoir la capacité et le pouvoir de vendre au moment de la promesse. Cela tient au fait qu'en ce qui le concerne il consent à ce stade à la vente et que la formation de celle-ci ne dépend plus de lui, même s'il exprime un consentement réitératif lors de la signature de l'acte authentique en cas de réalisation.
La capacité et le pouvoir de vendre du promettant au moment de la promesse sont non seulement nécessaires mais également suffisants. Sur le sort de la promesse en cas d'incapacité du promettant survenant après la conclusion de la promesse mais avant la levée de l'option par le bénéficiaire, voir n° 6674.

6192 Il en va différemment pour le **bénéficiaire** qui, au stade de la promesse, ne s'engage pas à acquérir. Seule sa capacité générale à contracter est requise. Ce n'est qu'au moment de la levée d'option que le bénéficiaire doit avoir la capacité ou le pouvoir d'acquérir un immeuble. Lorsque la promesse prévoit que le bénéficiaire doit verser une somme d'argent, couramment désignée « indemnité d'immobilisation » (sur ce versement, voir nos 6382 s.), le bénéficiaire doit néanmoins avoir, au moment de la promesse, la capacité ou le pouvoir de s'obliger à ce versement.
De manière pratique, la distinction qui précède conduit à considérer que le représentant d'un mineur peut contracter seul au nom de celui-ci et à son profit une promesse unilatérale de vente à titre gratuit, mais que par contre, lorsqu'il est exigé du bénéficiaire le versement d'une somme d'argent pour prix de la promesse, il ne peut effectuer ce versement au nom du mineur qu'en respectant les mêmes règles que celles applicables lors de l'acquisition de l'immeuble (nos 12110 s.).
Sur le sort de la promesse en cas d'incapacité du bénéficiaire survenant avant la levée de l'option, voir n° 6676.

3. CONTENU LICITE ET CERTAIN

6210 Le contrat doit avoir un **contenu licite et certain** (C. civ. art. 1128, 3°). Cette condition remplace l'exigence antérieure d'un « objet certain formant la matière de l'engagement » et d'une « cause licite dans l'obligation » (ancien article 1108 du Code civil) ; il s'agit d'une réécriture sans réelle portée pratique sur la promesse unilatérale de vente.
La vente promise porte sur un **immeuble** et un **prix.** Ces éléments ne sont pas spécifiques à la promesse unilatérale, car il s'agit de ceux sur lesquels porte la vente elle-même, indépendamment de l'avant-contrat qui la prépare. Il est renvoyé pour leur examen aux développements généraux consacrés à l'immeuble (nos 18000 s.) et au prix (nos 24000 s.).
S'agissant de l'immeuble, des difficultés peuvent résulter de transformations ou altérations, de nature matérielle ou juridique, que celui-ci peut subir pendant la durée de la promesse, soit fortuitement (nos 7610 s.) soit à l'initiative ou par la faute du promettant (nos 7450 s.).
Sur la date d'appréciation de la lésion, voir n° 24425 ; sur le point de départ du délai pour agir en rescision pour lésion, voir n° 24555.

6230 L'exigence de l'existence de la **cause,** qui n'apparaît plus au titre des conditions de validité du contrat depuis le 1er octobre 2016, est maintenue, sans être nommée, à l'article 1169 du Code civil, qui dispose : « Un contrat à titre onéreux est nul lorsque, au moment de sa formation, la **contrepartie** convenue au profit de celui qui s'engage est illusoire ou dérisoire. »
La **licéité** de la cause est par ailleurs exigée par l'article 1162 du Code civil qui dispose que « le contrat ne peut déroger à l'ordre public ni par ses stipulations, ni par son but ».

EXISTENCE DE LA CONTREPARTIE

Lorsque la **promesse** a un **caractère onéreux,** tenant à l'obligation pour le bénéficiaire de verser une somme d'argent en contrepartie de l'option qui lui est consentie, l'engagement du promettant a pour contrepartie ce versement, et la cause de l'obligation de chacun réside dans l'obligation de l'autre. Ainsi, le versement d'une somme d'argent par le bénéficiaire trouve spécialement sa cause dans l'avantage que lui procure le promettant en s'interdisant de céder le bien à une autre personne pendant un délai déterminé (Cass. com. 23-6-1958 n° 378 : D. 1958 jur. p. 581 note Ph. Malaurie). **6232**

La promesse unilatérale de vente **à titre gratuit** ne trouve pas sa justification dans l'existence d'une contrepartie mais dans l'esprit de bienfaisance que le promettant éprouve à l'égard du bénéficiaire, ou dans l'avantage qu'il espère retirer de la réalisation de la vente en cas de levée d'option.

L'exigence d'une contrepartie à l'obligation de chacune des parties peut trouver à s'appliquer en pratique. Par exemple, dans un cas où le bénéficiaire d'une promesse unilatérale de vente portant sur un terrain à bâtir s'était engagé en considération de la réalisation d'un projet de construction, il a été jugé que l'annulation de l'autorisation de lotir ou de construire, rendant l'immeuble inconstructible, avait fait disparaître la cause de l'obligation du bénéficiaire de verser une somme d'argent au promettant, de sorte que la promesse était annulable pour absence de cause (Cass. 3e civ. 3-11-1981 : RDI 1983 p. 78). **6234**

LICÉITÉ DU BUT

Le but de la promesse ne doit pas déroger à l'ordre public (C. civ. art. 1162). **6236**

C'est le motif déterminant, c'est-à-dire la préoccupation essentielle qui a inspiré le contractant, qui est considérée au regard de l'exigence de licéité.

L'illicéité du but du contrat pourrait, par exemple, être invoquée à l'occasion d'une promesse destinée à réaliser, par l'achat d'un immeuble qu'elle prépare, une activité prohibée, comme l'établissement d'une maison de tolérance.

L'illicéité du but rend la **promesse** nulle, de **nullité absolue** lorsque l'ordre public est en cause.

B. Conditions de forme

ÉCRIT AUTHENTIQUE OU SOUS SIGNATURE PRIVÉE ENREGISTRÉ

La promesse unilatérale de vente devrait, comme l'ensemble des contrats en droit français et spécialement le contrat de vente, être soumise au principe du consensualisme : les parties devraient être autorisées à contracter cet acte sous la forme de leur choix. En raison d'un **particularisme fiscal,** cette liberté est restreinte. En effet, aux termes de l'article 1589-2 du Code civil, est nulle et de nul effet toute promesse unilatérale de vente afférente à un immeuble si elle n'est pas constatée par un acte authentique ou par un acte sous signature privée enregistré dans le délai de 10 jours à compter de son acceptation par le bénéficiaire. **6250**

Cette exigence conduit indirectement à faire de la promesse unilatérale de vente d'immeuble un contrat solennel. La promesse serait en effet dépourvue d'existence si elle n'était pas constatée par un écrit sous la forme d'un acte authentique ou d'un acte sous signature privée enregistré.

> **Précisions** Cette obligation d'origine fiscale et la sévérité de sa sanction ont pour **finalités** d'assurer la transparence des transactions sur les immeubles et de lutter contre deux fraudes auxquelles la promesse pourrait se prêter si elle restait occulte :
– la dissimulation d'une partie du prix de vente, par la différence entre le prix réel figurant dans la promesse et celui, minoré, figurant dans l'acte notarié, en vue d'éluder le paiement d'une partie des droits de mutation exigibles ;
– la transmission à titre onéreux de la promesse, générant au profit du cédant un revenu occulte qui échapperait facilement à toute taxation (taxe sur la valeur ajoutée et imposition des revenus).
La sanction est d'une rigueur exorbitante. Est encourue la nullité, sanction de nature civile, d'une convention à tous autres égards parfaitement régulière comme conséquence du non-respect d'une obligation d'origine fiscale. En droit français, seule la fiducie connaît le même sort (C. civ. art. 2019).
Sur l'ensemble du régime fiscal spécifique de la promesse unilatérale de vente, voir n°s 7780 s.

PROMESSE DE LONGUE DURÉE

6251 Toute **promesse** ayant pour objet la cession d'un immeuble ou d'un droit réel immobilier, **consentie par une personne physique,** et **dont la validité est supérieure à 18 mois,** ou toute prorogation d'une telle promesse portant sa durée totale à plus de 18 mois, est nulle et de nul effet si elle n'est pas constatée par acte authentique (CCH art. L 290-1).

Cette nullité affecterait également une promesse prévoyant une prorogation tacite de la durée initiale, portant la durée totale de la promesse au-delà de 18 mois.

Cette obligation n'est applicable qu'aux promesses de vente consenties après le 1er juillet 2009 et à leur prorogation. Elle ne s'applique pas à la prorogation effectuée après le 1er juillet 2009 dès lors que la promesse de vente a été consentie avant cette date (Cass. 3e civ. 14-4-2019 no 18-13.238 FS-PBI : BPIM 3/19 inf. 227-5).

Le texte légal ne précise pas si la durée à prendre en compte pour l'application de cette règle est celle du délai d'option, ou celle de la réalisation de la promesse (hypothèse d'une promesse dont la levée d'option doit être exercée dans le délai de 17 mois, prévoyant que la réalisation de la vente doit intervenir dans les 2 mois suivant la levée d'option). Il semble que dans ce second cas le texte soit applicable, en raison de l'objectif de protection du vendeur poursuivi par la loi.

Il est considéré que la nullité, en raison de son objectif de protection d'un intérêt privé, a un caractère relatif et non absolu. Seule la partie qui promet de vendre peut demander l'annulation pour défaut d'acte notarié d'une promesse de vente immobilière d'une durée supérieure à 18 mois (Cass. 3e civ. 26-11-2020 no 19-14.601 FS-PBI : BPIM 1/21 inf. 46). L'acte nul pourra faire l'objet d'une ratification explicite ou d'une renonciation par le vendeur à l'action en nullité, par acte authentique.

Le versement obligatoire d'une somme d'argent par le bénéficiaire est un autre élément de la protection du promettant (voir no 6402).

DOUBLE ORIGINAL

6252 La promesse unilatérale de vente sous signature privée n'est soumise à la règle dite « du double original » (no 54210) que si elle contient des conventions synallagmatiques, c'est-à-dire des obligations réciproques du promettant et du bénéficiaire. Tel est le cas lorsque le bénéficiaire verse au promettant ou s'oblige à lui verser une somme d'argent pour prix de l'option que lui procure la promesse.

En cas de promesse à titre gratuit, seul le bénéficiaire doit, strictement, détenir un original, lui permettant d'apporter la **preuve** de son droit et d'obtenir l'exécution par le promettant de ses obligations à son égard.

Sur l'obligation de produire un exemplaire original supplémentaire pour procéder à l'enregistrement de la promesse, voir no 54218.

MENTION DE LA SOMME EN TOUTES LETTRES ET EN CHIFFRES

6254 La promesse unilatérale de vente, lorsqu'elle prévoit le versement par le bénéficiaire d'une somme d'argent au promettant pour prix de la promesse, n'est pas soumise à l'obligation prescrite par l'article 1376 du Code civil, imposant la mention, écrite par le débiteur lui-même, de la somme en toutes lettres et en chiffres, parfois appelée « mention du bon pour ». Cela tient au fait que ce texte n'est applicable qu'aux contrats unilatéraux et non aux contrats synallagmatiques, alors que la promesse unilatérale de vente onéreuse est précisément un contrat synallagmatique malgré le caractère unilatéral de la promesse (sur l'incidence du versement sur la qualification du contrat de promesse, voir no 6400).

PROTECTION DE L'EMPRUNTEUR

6256 Lorsque l'acquisition envisagée entre dans le champ d'application du **dispositif protecteur de l'acquéreur emprunteur** (nos 42005 s.), il convient de respecter le formalisme imposé par ce dispositif (nos 42220 s.).

PUBLICITÉ FONCIÈRE

6260 La question de la publicité foncière de la promesse unilatérale de vente est traitée nos 56220 s.

SECTION 3 STIPULATIONS PARTICULIÈRES

Outre les stipulations nécessaires à l'existence même ou à la régularité de la promesse, telles l'identification des parties, la désignation du bien promis en vente, l'indication du prix ou de son mode de détermination, et celles opportunes pour son bon fonctionnement, comme les modalités de la levée d'option (nos 7074 s.) et de régularisation de l'acte notarié à intervenir, la promesse contient souvent d'autres dispositions, de natures diverses, parfois obligatoires et parfois seulement utiles. **6300**

A. Condition suspensive

1. CARACTÈRE FACULTATIF OU IMPÉRATIF D'UNE CONDITION SUSPENSIVE

La promesse unilatérale de vente peut être soumise à une ou à plusieurs conditions suspensives, pour tenir compte des souhaits ou des contraintes des parties ou de l'une d'elles (pour l'étude d'ensemble de la condition, voir nos 30000 s.). Le **recours** à la technique conditionnelle est alors purement conventionnel et **facultatif.** **6302**

L'**insertion** d'une condition suspensive est **de droit** lorsque l'acquéreur sollicite un prêt pour le financement de son acquisition et que l'opération relève du dispositif protecteur, prévu par le Code de la consommation, relatif au crédit immobilier (sur ce dispositif protecteur, voir nos 42000 s.).

Jugé que lorsque la promesse unilatérale de vente est conclue sous la condition suspensive qu'un contrat de travail à temps partiel et à durée indéterminée soit proposé, la condition n'est pas réalisée si un simple engagement d'embauche est formulé (Cass. 3e civ. 8-7-2021 no 20-16.957 : BPIM 5/21 inf. 337).

2. CONDITION AFFECTANT LE CONTRAT DE PROMESSE ET CONDITION AFFECTANT LA VENTE PROMISE

Bien qu'en pratique cette distinction soit rarement clairement ou explicitement formulée dans l'acte, une condition suspensive peut affecter soit le contrat de promesse lui-même, soit le contrat de vente auquel l'éventuelle levée d'option donnera naissance. **6320**

Dans le premier cas, il doit être précisé que le promettant promet de vendre un immeuble au bénéficiaire, sous la condition suspensive de la survenance de tel événement. Dans le second cas, il doit être précisé que, en cas de levée d'option par le bénéficiaire, la vente ainsi formée sera soumise à la réalisation de telle(s) condition(s) suspensive(s).

CONDITION AFFECTANT LA PROMESSE

En cas de promesse conditionnelle, le droit pour le bénéficiaire d'exercer l'option est lui-même soumis à l'incertitude que génère la condition. **6322**

Si la **condition défaille avant la levée d'option,** le contrat de promesse est anéanti et l'option ne peut pas être levée.

En cas de défaillance de la condition, la somme versée par le bénéficiaire dans le cadre d'une promesse onéreuse n'est en principe pas due et doit lui être restituée si elle a été versée lors de la conclusion de la promesse. Cette solution est commandée par l'effet rétroactif attaché au dénouement de la situation conditionnelle : la promesse est censée n'avoir jamais existé si la condition défaille.

La question de savoir si l'**option** peut être **levée tant que la condition est pendante** est importante car un acquéreur sous condition suspensive est dans une situation différente et à certains égards plus favorable que le bénéficiaire d'une promesse unilatérale de vente conditionnelle (no 6326). **6324**

Si on considère que l'option ne peut être régulièrement exercée que si la promesse existe bien, le bénéficiaire doit attendre de savoir si, la condition étant réalisée, la promesse est devenue pure et simple pour pouvoir exercer son droit de lever l'option et donc de former la vente.

Nous pensons au contraire que le bénéficiaire, titulaire d'un droit d'option conditionnel, peut exercer son droit ; la levée d'option conduit alors à une vente conditionnelle. Tout se passe en réalité comme si la condition, affectant la promesse, contaminait la vente formée par la levée d'option. La défaillance de la condition entraîne la caducité de la promesse et du droit d'opter qu'elle organisait au profit du bénéficiaire, de sorte que la vente formée conditionnellement est censée n'avoir jamais été formée. Au contraire, la réalisation de la condition consolide simultanément la promesse et la vente consécutive formée par la levée d'option. Un argument au soutien de cette solution peut être tiré des prérogatives d'un propriétaire sous condition suspensive : il peut valablement vendre son droit ou le grever de droits réels sans attendre que l'incertitude soit levée. L'opération qu'il réalise est alors soumise à la même condition que le droit transmis. Cette solution n'est pas contestée s'agissant de la constitution de droits réels sur l'immeuble, ou même de son aliénation ; elle est expressément reconnue, s'agissant de la constitution d'un droit d'hypothèque (C. civ. art. 2414, al. 1). C'est d'ailleurs en ce sens que statue la Cour de cassation en se prononçant sur l'articulation du délai de réalisation de la condition et du délai d'option (nos 7220 s.).
En tout état de cause, les parties peuvent prévoir dans la promesse conclue sous condition que l'option peut être levée avant la réalisation ou la défaillance de la condition suspensive et que la vente alors formée est soumise à cette condition.

CONDITION AFFECTANT LA VENTE

6326 Lorsque la promesse est pure et simple et que la condition affecte la vente à laquelle l'option, si elle est levée, doit donner naissance, le **bénéficiaire** doit **exercer son option** indépendamment de la survenance ou de la défaillance de l'événement conditionnel.
La situation d'un acquéreur sous condition suspensive est différente de celle du bénéficiaire d'une promesse conditionnelle. Ainsi, à défaut pour le bénéficiaire de lever l'option, la somme dont il est débiteur au titre du prix de l'option dans le cadre d'une promesse onéreuse pure et simple sera due au promettant, sauf convention contraire, et ce même si la vente conditionnelle ne se réalise pas par suite de la défaillance de la ou des conditions suspensives qui l'affectent.
Sur l'ensemble du régime de la vente conditionnelle, voir nos 11000 s.

B. Versement d'une somme d'argent par le bénéficiaire

1. NATURE JURIDIQUE ET QUALIFICATION DU VERSEMENT

6382 Le versement par le bénéficiaire d'une somme d'argent acquise au promettant si l'option n'est pas levée n'est pas une condition de validité de la promesse unilatérale de vente (sauf pour les promesse de longue durée, voir n° 6402). Il s'agit cependant d'une pratique très fréquente qui contribue à son équilibre et à son efficacité.
La somme versée constitue le **prix de l'exclusivité** consentie au bénéficiaire de la promesse (Cass. 1e civ. 5-12-1995 n° 93-19.874 : RJDA 4/96 n° 477). Elle est la contrepartie de la possibilité donnée au bénéficiaire, s'il le souhaite, de former la vente à son profit en levant l'option, cette possibilité pouvant s'exercer en raison de l'engagement pris explicitement ou implicitement par le promettant de ne pas vendre à autrui pendant la durée de la promesse.
La réforme du droit des contrats, qui a introduit la promesse unilatérale de vente dans le Code civil, ne contient aucune disposition relative au versement d'une somme d'argent par le bénéficiaire.
Sur la réglementation particulière du versement d'une somme d'argent en cas de promesse, portant sur un immeuble d'habitation, consentie à un acquéreur non professionnel et soumise à ce titre au droit de rétractation, voir nos 45600 s.

TERMINOLOGIE

6384 Afin d'éviter toute ambiguïté ou difficulté d'interprétation, il est préconisé d'utiliser les termes « prix de l'exclusivité » ou « prix de l'option » ou encore « prix de la promesse » pour désigner cette somme.

6386 L'utilisation de la terminologie « **indemnité d'immobilisation** » est discutable même si elle est couramment utilisée en pratique, par suite d'habitudes rédactionnelles. Cette utilisation constitue toutefois davantage un abus de langage sans conséquences qu'une véritable confusion juridique, dans la mesure où ne sont pas attachées à cette dénomination les conséquences qui pourraient être retirées d'une analyse reposant sur une fonction indemnitaire.

En effet, la somme versée ne constitue pas une indemnité dès lors, d'une part, qu'elle n'est pas, fonctionnellement, destinée à dédommager le promettant d'un préjudice qu'il aurait subi du fait de l'immobilisation de l'immeuble et du défaut de réalisation de la vente, et que, d'autre part, les conditions de mise en œuvre de la responsabilité civile ne sont pas réunies : le bénéficiaire de la promesse, s'il décide de ne pas former la vente, ne commet pas de faute, puisqu'il exerce un droit que le contrat organise à son profit ; en outre, le préjudice subi par le promettant ne serait certain et donc indemnisable que si celui-ci démontrait que la promesse l'a conduit à refuser des offres d'achat à un prix ou à des conditions plus intéressants.

La somme versée doit également être distinguée de la **clause de dédit,** qualification qui a pu lui être donnée historiquement : cette clause permet à celui au profit duquel elle est stipulée de renoncer à son engagement. La confusion entre ces deux notions s'explique par le fait qu'en toute hypothèse le sort du contrat de vente ne dépend que d'une manifestation de volonté licite du bénéficiaire. Mais alors qu'une faculté de dédit est le droit pour celui qui en bénéficie de sortir d'un contrat déjà formé, il s'agit dans la promesse unilatérale du droit pour le bénéficiaire de former ou de ne pas former la vente, selon ce qu'il décidera. **6388**

Par ailleurs, la somme convenue par les parties n'est pas une **clause pénale,** pour la raison que la clause pénale répond à une double fonction, étrangère au mécanisme de la promesse unilatérale de vente : une fonction comminatoire, destinée à garantir l'exécution d'une obligation, qui ne peut en l'espèce pas jouer puisque le bénéficiaire n'a pas souscrit l'obligation d'acquérir ; une fonction indemnitaire, qui ne serait pas ici cohérente puisque le bénéficiaire ne fait qu'exercer un droit que la promesse organise à son profit lorsqu'il décide de ne pas acquérir. L'assimilation de la stipulation prévoyant le versement d'une somme d'argent avec une clause pénale a d'ailleurs été catégoriquement écartée par la Cour de cassation (Cass. 3e civ. 5-12-1984 n° 83-11.788 : Bull. civ. III n° 207). **6390**

Enfin, la somme versée ne peut pas être qualifiée d'**acompte** dans la mesure où, la vente n'étant pas formée, ni le prix ni un acompte sur celui-ci ne peuvent être exigibles. Par contre, il est possible et logique de prévoir que la somme versée pour prix de l'option deviendra un acompte et s'imputera sur le prix en cas de levée de l'option (n° 6460). **6392**

Les termes « **arrhes** » et « **dépôt de garantie** » doivent être évités : le premier correspond à une faculté de dédit réciproque, sans rapport avec la situation de chacune des parties ; le second doit être réservé au versement effectué dans le cadre d'un contrat préliminaire à un contrat de vente d'immeuble à construire en application de l'article L 261-15 du Code de la construction et de l'habitation et au versement effectué lors de la conclusion d'un bail, afin de garantir l'exécution de ses obligations locatives par le locataire (Loi 89-462 du 6-7-1989 art. 22, al. 1). **6394**

2. MONTANT DU VERSEMENT

FIXATION

En principe, le montant du prix de l'option n'est pas réglementé. **6400**
Toutefois, selon une jurisprudence bien établie, la fixation d'un **montant élevé** peut transformer la promesse unilatérale en promesse synallagmatique (Cass. com. 20-11-1962 n° 59-11.863 : Bull. civ. III n° 470 et Cass. com. 13-2-1978 n° 76-13.429 : Bull. civ. IV n° 60, arrêts rendus en matière de promesse portant sur un fonds de commerce mais dont la solution est transposable en matière immobilière) : le bénéficiaire, exposé à la perspective de devoir abandonner la somme versée s'il décide de ne pas acquérir, n'aurait en réalité pas le choix : l'importance du sacrifice lui imposerait de fait de lever l'option, créant ainsi entre les obligations du promettant et du bénéficiaire une réciprocité qui est la marque du contrat synallagmatique. Il est néanmoins excessif d'en déduire une règle d'application générale, car le bénéficiaire peut très bien avoir accepté un versement important, tout en ayant entendu se réserver la liberté de ne pas acquérir, malgré le prix élevé de cette liberté. Au surplus, il faut mettre le montant de la somme versée en perspective avec la durée de la promesse : plus celle-ci est longue, plus l'importance du versement se justifie.
La Cour de cassation admet dans son principe que le montant de l'indemnité puisse conduire à la requalification de la promesse, mais rappelle que ce montant doit être apprécié par rapport au prix de vente et non dans l'absolu pour savoir s'il prive le bénéficiaire de la promesse de sa liberté d'acheter ou de ne pas acheter (Cass. 3e civ. 26-9-2012 n° 10-23.912 : RJDA 1/13 n° 21).

CONSEIL

Un versement inférieur à 20 % pour une durée qui n'est pas anormalement courte nous semble mettre la promesse à l'abri de tout risque de requalification. La pratique retient d'ailleurs généralement un montant de 5 % à 15 % du prix de la vente. Si les parties doivent, en raison de circonstances particulières, retenir un versement plus important, elles peuvent, par précaution rédactionnelle, énoncer dans la convention la raison du caractère élevé du versement, préciser que celui-ci ne limite pas la liberté du bénéficiaire d'acquérir ou de ne pas acquérir et indiquer expressément que la convention conserve son caractère de promesse unilatérale. La convention résisterait ainsi au pouvoir d'interprétation du juge, en le liant à la qualification clairement retenue et exprimée par les parties.

6402 **Promesse de longue durée** Toute promesse unilatérale d'une durée supérieure à 18 mois consentie par une personne physique doit prévoir, à peine de nullité, une « indemnité d'immobilisation » d'un **montant minimal** de 5 % du prix de vente et faire l'objet d'un versement ou d'une caution (CCH art. L 290-2).

Le texte légal ne précise pas si ce versement doit être concomitant à l'acte ou s'il peut lui être postérieur. Il devrait pouvoir lui être postérieur, ne serait-ce que pour tenir compte de la prohibition d'un versement immédiat dans l'hypothèse d'une promesse conclue sans l'intervention d'un professionnel ayant reçu mandat pour prêter son concours à la vente et recevoir les fonds dans des conditions garantissant leur représentation (voir n°s 45620 s.).

RÉVISION

6404 Le **montant** de la somme versée ne peut pas être **révisé judiciairement** sur le fondement de l'article 1231-5, alinéa 2 du Code civil car cette somme ne constitue pas une clause pénale (sur la qualification de la somme versée, voir n°s 6382 s.).

Néanmoins, toute révision judiciaire n'est pas exclue. En effet, les juges doivent rechercher, au regard de la commune intention des parties, si le montant de la somme versée a été fixé par les parties en fonction de la durée d'immobilisation de l'immeuble et si celui-ci ne doit pas être réduit, sur le fondement de l'article 1103 du Code civil, du fait de la renonciation anticipée du bénéficiaire (Cass. 3e civ. 5-12-1984 n° 83-12.895 : Bull. civ. III n° 208 ; CA Paris 31-5-1990 : JCP N 1992 I p. 113). Toutefois, le juge n'a pas à procéder à une telle recherche lorsque les parties ont prévu que la somme sera acquise de « plein droit au promettant » (Cass. 3e civ. 10-12-1986 : JCP N 1988 II p. 224 note G. Paisant).

CONSEIL

Pour éviter tout risque de révision ou même simplement de demande judiciaire en révision, il est conseillé de préciser dans la promesse que la somme convenue pour prix de l'option n'a pas été fixée en considération de la durée, de sorte qu'elle ne pourrait pas être réduite en cas de renonciation par le bénéficiaire au bénéfice de la promesse ou de décision de ne pas acquérir intervenant rapidement après sa conclusion.

3. MOMENT DU VERSEMENT

6420 Le prix de l'option peut faire l'objet d'un versement effectif **lors de la conclusion de la promesse.** Un versement immédiat est d'ailleurs logique, dans la mesure où le bénéficiaire dispose, dès la souscription de la promesse, du droit d'option et peut, sauf convention contraire, immédiatement l'exercer.

Pour les promesses dressées sans l'intervention d'un notaire, il est conseillé de demander la remise d'un « chèque de banque », c'est-à-dire un chèque tiré directement par une banque ou un établissement financier pour le compte du bénéficiaire, afin de garantir l'existence de la provision couvrant le prix de l'option. En cas de chèque tiré par le bénéficiaire, il est possible et conseillé de préciser que le défaut d'existence de la provision entraînera la caducité de plein droit de la promesse ou sa résolution à l'initiative du promettant.

Pour les autres, le chèque de banque ne paraît plus possible. En effet, les paiements reçus par un notaire pour le compte des parties à un acte reçu en la forme authentique et donnant lieu à publicité foncière doivent obligatoirement être assurés par **virement bancaire** à partir de 3 000 € sous peine d'amende d'un maximum de 5 % des sommes payées (C. mon. fin. art. L 112-6-1, L 112-7 et R 112-5, I). Il ne fait pas de doute que cette obligation concerne la somme versée à l'occasion d'une promesse, même si celle-ci est constatée par acte sous signature privée et qu'il n'est pas sûr que la vente soit formée en raison de l'option dont dispose le bénéficiaire et de la présence de conditions suspensives. Le paiement par virement au notaire est obligatoire même si le notaire détenteur des fonds n'est pas le rédacteur de la promesse.

Les parties peuvent également convenir que le bénéficiaire effectuera un versement **après la signature de la promesse,** soit dans un délai convenu, soit seulement pour le cas où le bénéficiaire déciderait de ne pas acquérir. 6422
Lorsque le **versement** prévu est **différé,** il est conseillé de lier le sort du contrat à ce versement effectif, au moyen d'une clause résolutoire expresse dont la mise en œuvre sera réservée au promettant.

EXEMPLE

La formulation suivante peut être retenue :
« Le bénéficiaire s'oblige à effectuer par virement, au plus tard le..., le paiement au séquestre désigné de la somme de... € représentant le prix de l'option convenu entre les parties.
À défaut de versement à cette date, la présente promesse sera résolue de plein droit 10 jours après une mise en demeure contenant la présente clause résolutoire adressée par lettre recommandée par voie postale ou par voie électronique avec demande d'accusé de réception, par le promettant au bénéficiaire, d'exécuter son engagement de versement et restée infructueuse. »

Il est également possible de renforcer la **garantie** du respect par le bénéficiaire de son obligation de versement par une **clause pénale.** Cette stipulation sanctionne alors le défaut de versement. Une clause pénale moratoire, ou astreinte, peut être prévue pour sanctionner le retard de versement.

4. DÉPOSITAIRE DU VERSEMENT

Le versement peut être effectué entre les mains du **promettant** ou entre celles d'un **tiers** désigné séquestre conventionnel. Le versement entre les mains d'un séquestre conventionnel est préférable pour garantir la représentation des fonds en cas de défaillance d'une condition suspensive affectant le contrat de promesse ou en cas de survenance d'un litige entre les parties. Le séquestre ne pourra en effet s'en dessaisir que la contestation terminée par une décision de justice ou sur les instructions concordantes des parties (C. civ. art. 1956 et 1960). 6440
À peine de nullité, le dépositaire de l'indemnité d'immobilisation versée dans le cadre d'une **promesse de longue durée** (n° 6402) est le notaire (CCH art. L 290-2).
Sur la personne entre les mains de laquelle le versement doit être effectué lorsque la promesse a pour objet un immeuble d'habitation et qu'elle est consentie au profit d'un acquéreur non professionnel, voir n° 45630.

5. SORT DU VERSEMENT À L'ISSUE DE LA PROMESSE

Le prix de l'option étant distinct du prix de la vente, la logique commanderait qu'il soit exigible, en toutes hypothèses, que le bénéficiaire décide de réaliser ou de ne pas réaliser la vente, et dans ce premier cas en sus du prix de la vente. Quelle que soit l'issue de la promesse retenue par le bénéficiaire, celui-ci aura en effet bénéficié de l'option, et il serait logique qu'il en verse le prix. 6460
S'il n'est pas inconcevable qu'elles rédigent leur promesse en ce sens, spécialement si la promesse est consentie pour une longue durée, les parties conviennent le plus souvent que le prix de l'option sera acquis au promettant à défaut de levée d'option et qu'il s'imputera sur le prix de la vente dans le cas contraire, c'est-à-dire si le bénéficiaire décide d'acquérir. Il est alors utile, pour éviter tout risque de contestation, que la promesse le prévoie explicitement.
Ainsi, lorsque le **bénéficiaire** abandonne le projet d'achat et **ne lève pas l'option,** le prix de l'option est en principe acquis au promettant. En revanche, il ne l'est pas si, sauf volonté expresse des parties, l'absence de levée d'option et de réalisation de la vente résulte du fait du promettant ou d'une cause extérieure (Cass. 3e civ. 15-12-2010 n° 09-15.211 : RJDA 4/11 n° 297).
Lorsque le **bénéficiaire décide d'acquérir,** l'imputation du prix de l'option sur le prix de vente ne s'effectue pas immédiatement car un intervalle de temps sépare souvent la levée de l'option de la réitération de la vente par acte authentique. La somme change alors de qualification : la vente étant parfaite dès la levée de l'option, la somme constitue alors un acompte sur le prix de la vente. Mais cette qualification n'est pas exclusive : les parties peuvent convenir que, l'option levée, la somme versée assure le jeu éventuel d'une clause pénale, garantissant les nouvelles obligations qui pèsent sur le bénéficiaire de la promesse, en sa qualité d'acquéreur. Elles peuvent également prévoir qu'il s'agit de la contrepartie d'une faculté de dédit, ouverte à l'acquéreur, voire d'un versement au titre d'arrhes, ouvrant un droit de repentir à chacune des parties, dans les termes de l'article 1590 du Code civil.

6. SORT DU VERSEMENT EN CAS DE DÉFAILLANCE DES CONDITIONS SUSPENSIVES

6462 Le sort de la somme versée en cas de défaillance de la condition dépend en principe du point de savoir si la condition affecte le contrat de promesse ou la vente promise, la promesse étant pure et simple (n°s 6320 s.). Dans le premier cas, la somme est restituée au bénéficiaire ; dans le second cas, elle est acquise au promettant malgré la défaillance.

La promesse prévoit généralement que la somme prévue ou versée, selon le cas, ne sera pas exigible ou sera restituée au bénéficiaire en cas de caducité de la promesse consécutive à la défaillance d'une condition suspensive l'affectant.

Sur le sort du versement en cas de défaillance d'une condition suspensive de l'obtention d'un prêt assurant le financement de l'acquéreur, voir n° 30530.

7. ALTERNATIVES AU VERSEMENT : FOURNITURE D'UNE CAUTION OU D'UNE GARANTIE AUTONOME

6480 Les parties peuvent convenir que le versement effectif par le bénéficiaire d'une somme d'argent à l'occasion de la promesse soit remplacé par la remise d'un acte de cautionnement ou d'une garantie autonome, aussi appelée « garantie à première demande ». Cette solution évite au bénéficiaire de mobiliser de la trésorerie pendant la durée de la promesse, qui peut être longue, tout en garantissant le versement de la somme convenue au promettant si le bénéficiaire de la promesse ne lève pas l'option.

Ces sûretés personnelles sont le plus souvent fournies par une banque.

Ces deux sûretés n'obéissent pas au même régime et ne présentent pas le même niveau de garantie, la seconde étant supérieure à la première :

– le **cautionnement** a un caractère accessoire à l'obligation garantie, ce qui permet à la caution d'opposer au créancier (le promettant) les exceptions qui appartiennent au débiteur (le bénéficiaire) et qui sont inhérentes à la dette (C. civ. art. 2313) ;

– la **garantie autonome** est détachée de la dette, et le garant est tenu de verser la somme prévue soit à première demande du créancier, soit suivant les modalités convenues, sans que le garant puisse élever une contestation et opposer d'exception tenant à l'opération principale entre le donneur d'ordre et le créancier.

L'efficacité de la garantie autonome dépend de la rédaction de la lettre de garantie, puisque les modalités prévues par celle-ci, notamment le formalisme de sa mise en jeu, doivent être rigoureusement respectées pour que le garant soit tenu au versement (Cass. com. 15-1-2015 n° 13-14.686 : JCP N 2015 n° 1108).

C. Conditions de la vente promise

6510 La promesse de vente prévoit souvent les conditions de la vente à intervenir, si elle se réalise. Il s'agit essentiellement des obligations respectives du vendeur et de l'acquéreur, de la répartition entre eux des impôts et contributions, du sort du contrat d'assurance contre l'incendie et des contrats et abonnements lorsque la promesse porte sur un immeuble bâti.

Certaines stipulations de la promesse ne sont que le rappel de dispositions légales supplétives (par exemple, la charge des frais) ou impératives (par exemple, la garantie des vices cachés lorsque le vendeur est un professionnel et l'acquéreur un profane). D'autres stipulations emportent dérogation conventionnelle aux règles légales supplétives : clause d'exonération de garantie des vices cachés, par exemple, lorsque le vendeur n'est pas un professionnel.

Il est considéré que, même si elle n'est pas exprimée, l'obligation de réitérer la vente par acte authentique est au nombre des obligations des parties, en ce qu'elle est la condition de la publication de la mutation au service chargé de la publicité foncière, et donc de son efficacité à l'égard des tiers. Le promettant qui s'est obligé à la vente s'y est implicitement mais nécessairement engagé.

D. Informations données par le promettant

6560 L'évolution récente du droit de la vente immobilière est marquée par le développement de l'obligation d'information pesant sur le promettant.

L'article 1112-1 du Code civil consacre l'existence d'un **devoir d'information précontractuel** pesant sur celle des parties qui connaît une information dont l'importance est déterminante

pour le consentement de son cocontractant, dès lors que celui-ci ignore cette information ou fait confiance à son cocontractant. Cet article prévoit qu'ont une importance déterminante les informations qui ont un lien direct et nécessaire avec le contenu du contrat ou la qualité des parties : les tribunaux devront déterminer la portée de ces notions et démontrer l'intensité du lien entre l'information et le contenu du contrat.
Ce devoir d'information est d'**ordre public** : les parties ne peuvent ni le limiter ni l'exclure (C. civ. art. 1112-1, al. 5). Le manquement à ce devoir d'information engage la responsabilité extracontractuelle de celui qui y était tenu et peut entraîner l'annulation du contrat lorsqu'il provoque un vice du consentement.
Des **textes spécifiques** prévoient la communication, dès la promesse de vente, de certains documents concernant l'état sanitaire et environnemental de l'immeuble, objet de la promesse.

SECTION 4

EFFETS DE LA PROMESSE

À L'ÉGARD DU PROMETTANT

6610 Le promettant souscrit des obligations qui s'inscrivent dans la sphère juridique spécifique de la promesse et qui sont destinées à assurer l'effectivité et l'efficacité de celle-ci, en prévision du contrat de vente qui n'est encore qu'éventuel. Plus que des obligations positives, le promettant souscrit davantage des **obligations de ne pas faire** : il doit s'abstenir de tout acte juridique ou matériel de nature à nuire aux droits du bénéficiaire, potentiel acquéreur, ou à mettre obstacle à la vente. Cela lui interdit bien entendu de vendre l'immeuble à un tiers, mais encore de le louer, de le grever de droits réels (droit d'usufruit, servitude...), de le transformer matériellement. Ces obligations sont implicites, mais la promesse peut utilement les rappeler ou les aménager.

6612 Par la promesse, le promettant a déjà pleinement consenti à la **vente** et par conséquent aux **obligations que celle-ci génère** (sur ces obligations, voir n°s 49000 s.). Toutefois, la vente n'étant qu'éventuelle, ces obligations ne sont pas exigibles tant que la vente n'est pas formée par la levée de l'option. Une fois la vente formée, l'exécution de ces obligations peut en outre, par convention, être retardée à la signature de l'acte authentique.

6614 La vente n'étant pas formée à la signature de la promesse unilatérale, la propriété de l'immeuble et la **charge des risques** ne se trouvent pas transférées au bénéficiaire : c'est donc le promettant qui subit la perte de l'immeuble, par exemple consécutive à un incendie survenant avant la levée d'option (n° 7612).

6616 En sa qualité de propriétaire, le promettant peut régulièrement, à l'égard de tous tiers à la promesse, exercer toutes les **prérogatives découlant de son droit de propriété,** tels des actes d'administration ou même de disposition portant sur l'immeuble. Le bénéficiaire ne peut pas, sauf en cas de connaissance par le tiers contractant de la promesse, les remettre en cause (n° 7418) ; mais il peut engager la responsabilité civile contractuelle du promettant fautif (n° 7412).

À L'ÉGARD DU BÉNÉFICIAIRE

6618 Le bénéficiaire prend acte de l'engagement du promettant et accepte la promesse, sans prendre en ce qui le concerne l'engagement d'acquérir. La promesse unilatérale de vente place le bénéficiaire devant une alternative, appelée « **option** » : il peut exercer l'option en décidant de conclure la vente, on dit alors qu'il « lève l'option », ou en décidant au contraire de ne pas acquérir, c'est-à-dire de ne pas lever l'option. Ce choix est discrétionnaire et relève de la liberté que le contrat lui réserve. Quel que soit le dénouement de l'opération, le bénéficiaire n'aura qu'exercé régulièrement ses droits : le fait que la vente n'aboutisse pas faute de levée d'option ou par suite d'une décision de ne pas acquérir n'est pas l'effet d'une faute du bénéficiaire ou d'un échec de la promesse.
Seul le promettant s'engage à vendre. Le bénéficiaire ne contracte pas l'obligation d'acheter, de sorte que l'acte authentique de vente qui suit une telle promesse n'est pas une réitération de vente, mais la réalisation de celle-ci. L'obligation de loyauté, de bonne foi et de sincérité s'apprécie lors de la vente définitive. Jugé que l'acheteur d'un bien occupé qui, après la signature de la promesse unilatérale de vente, conclut un accord de libération des lieux avec l'occupant, sans en informer le vendeur lors de la signature de l'acte authentique, manque à son obligation de loyauté (Cass. 3e civ. 19-1-2022 n° 20-13.951 : BPIM 2/22 inf. 136).

Ce droit d'option doit être distingué d'une **faculté de dédit,** bien que dans les deux situations l'existence de la vente dépende de la volonté de l'une des parties. Dans le cas de l'option, tant que celle-ci n'est pas levée, la vente n'est pas formée et ne le sera que si le bénéficiaire le décide. L'exercice d'une faculté de dédit permet à son titulaire d'anéantir une vente préalablement formée.

6620 Avant la levée d'option, le bénéficiaire ne peut exercer aucune **prérogative sur l'immeuble,** puisque la vente n'est pas formée et qu'il n'est pas certain qu'elle le sera.
Le bénéficiaire peut cependant déposer une demande de permis de construire portant sur l'immeuble, un permis d'aménager un lotissement ou un permis de démolir s'il atteste être autorisé par le promettant à exécuter les travaux (C. urb. art. R 423-1).
Sur le délai de réflexion ou le droit de rétractation dont bénéficie sous certaines conditions le bénéficiaire de la promesse, voir n°s 45000 s.

SECTION 5

SORT EN CAS DE DÉCÈS OU D'INCAPACITÉ D'UNE DES PARTIES

DÉCÈS

6670 En raison de sa nature contractuelle, la relation juridique nouée avec le bénéficiaire n'est pas affectée par le **décès du promettant** survenant après la signature de la promesse : les obligations souscrites par le promettant, qui a définitivement consenti à la vente, sont transmises à son ou ses héritiers, et le bénéficiaire conserve dans des conditions inchangées la possibilité de lever l'option et de former la vente (Cass. 3e civ. 8-9-2010 n° 09-13.345 : RJDA 12/10 n° 1142).
En cas de **transmission de la promesse à un héritier mineur ou majeur protégé,** si la levée d'option est effectuée par le bénéficiaire après le décès du promettant, la vente est régularisée par le représentant de l'héritier protégé sans qu'il soit nécessaire de respecter les formalités applicables aux ventes de biens de mineurs ou de majeurs protégés (Cass. 3e civ. 8-9-2010 n° 09-13.345 précité). L'héritier protégé ou son représentant doit uniquement avoir accepté la succession dans le respect des règles applicables à son régime de protection.
Si le promettant souhaite **éviter la transmission** à ses héritiers des obligations qu'il a souscrites, il peut convenir avec le bénéficiaire d'insérer dans la promesse une condition suspensive de sa survie ou, ce qui revient au même, une condition résolutoire de son décès survenant avant la levée d'option.

6672 Le **décès du bénéficiaire** survenant avant la levée d'option est sans incidence sur la promesse et il appartient aux héritiers de celui-ci de décider de lever l'option ou de ne pas le faire.
Si l'exercice de l'option est enfermé dans un délai déterminé, l'état de minorité des bénéficiaires de l'option est sans incidence sur ce délai, qui doit être respecté, nonobstant le délai de l'article 771 du Code civil pendant lequel l'héritier ne peut être contraint de prendre parti sur la succession et le délai de prescription de 10 ans de la faculté d'option de l'article 780 du même Code (Cass. 1e civ. 4-7-2012 n° 11-10.594 : RJDA 12/12 n° 1038, rendu en matière de promesse unilatérale d'achat d'actions mais transposable à la promesse unilatérale de vente).
La transmission par décès de la promesse aux héritiers du bénéficiaire serait cependant écartée si la promesse était consentie « intuitu personae », c'est-à-dire en considération de la personne du bénéficiaire. Une condition suspensive de la survie du bénéficiaire ou résolutoire de son décès peut également être insérée dans la promesse, pour parvenir au même résultat.

INCAPACITÉ

6674 L'incapacité du **promettant** survenant après la signature de la promesse est sans incidence (Cass. 3e civ. 7-1-1982 n° 80-14.396 : Gaz. Pal. 1982 pan. p. 184). Le bénéficiaire conserve la possibilité de lever l'option, de former ainsi la vente et d'en demander l'exécution. L'acte authentique constatant la vente sera alors, selon le cas, conclu soit par le majeur assisté ou non, soit par la personne légalement habilitée à le représenter pour vendre un immeuble.

La survenance de l'incapacité du **bénéficiaire** de la promesse avant la levée de l'option n'a pas d'incidence sur l'existence de la promesse. Le choix de lever ou non l'option appartient alors, selon le cas, soit au majeur assisté ou non, soit à la personne légalement habilitée à le représenter pour acquérir un immeuble. **6676**

PROCÉDURE COLLECTIVE DU PROMETTANT

L'ouverture d'une procédure collective postérieurement à la conclusion d'une promesse unilatérale de vente ne rend pas cette promesse caduque. Le bénéficiaire conserve le droit de lever l'option et le juge-commissaire, saisi par le liquidateur, excède ses pouvoirs s'il autorise la vente à un tiers après la levée d'option (Cass. com. 7-3-2006 n° 05-10.371 : RJDA 7/06 n° 811, rendu à propos de la vente d'un fonds de commerce mais transposable à la vente d'un immeuble). **6678**

Mais tant que l'option n'est pas levée et donc tant que le transfert de propriété n'a pas eu lieu, la promesse est considérée comme un contrat en cours (Cass. com. 9-4-1991 n° 89-18.817 : RJDA 7/91 n° 640 ; Cass. com. 22-10-1996 n° 94-12.546 : RJDA 2/97 n° 264) et les organes de la procédure (administrateur ou liquidateur judiciaire), seuls habilités à se prononcer sur le sort de ces contrats (C. com. art. L 622-13, II-al. 1 et L 641-11-1, II-al. 1), peuvent y mettre fin.

SECTION 6

TRANSMISSION ENTRE VIFS DU BÉNÉFICE DE LA PROMESSE

INTÉRÊTS DE LA TRANSMISSION

Tant le promettant que le bénéficiaire peut trouver un **avantage** à la **transmission** du bénéfice de la promesse. À la condition que cela ne restreigne pas ses droits et garanties, le promettant augmente en principe la probabilité que l'option soit levée, puisque au bénéficiaire initial peut être adjoint, à l'initiative de ce dernier, un second amateur de l'immeuble. Quant au bénéficiaire, il peut ainsi, selon les cas, soit échapper à l'abandon de la somme versée au titre du prix de l'option en permettant à un tiers de lui succéder dans la promesse alors qu'il n'envisageait pas d'acquérir, soit tirer un profit pécuniaire de l'opération s'il réalise la cession ou la substitution à titre onéreux. **6730**

Un contractant peut céder sa qualité de partie au contrat avec l'accord du cédé (C. civ. art. 1216, al. 1). Depuis le 1er octobre 2016, la « **cession de contrat** » est consacrée dans le Code civil.

ANALYSE DE LA CLAUSE DE SUBSTITUTION

Avant la réforme du droit des contrats, une promesse unilatérale de vente pouvait être transférée par le bénéficiaire selon deux modalités : sa cession ou la substitution par celui-ci d'un tiers dans ses droits, effet d'une faculté convenue par les parties dans la promesse. **6735**

Nous prenons ici le parti d'inscrire strictement la transmission entre vifs de la promesse unilatérale dans le moule de la cession de contrat tel qu'il est désormais prévu par le Code civil : cela vaut pour la **cession** elle-même, ainsi que pour la **substitution,** dont il était considéré qu'elle était de nature différente de la cession et qui ne serait qu'une cession de contrat que le promettant aurait autorisée à l'avance dans la promesse elle-même ou dans un acte ultérieur.

Il n'est cependant pas exclu que les analyses antérieures soient maintenues et que la pratique perpétue les modes anciens de transmission de la promesse (cession de créance et faculté de substitution), pour le régime desquels il est renvoyé à l'édition 2014-2015 du Mémento Vente immobilière. Certains auteurs conseillent d'ailleurs de ne pas modifier la rédaction des clauses de substitution, quitte à généraliser la pratique consistant à faire constater le jeu de la substitution par un écrit (Ch. Gijsbers, Faut-il rebaptiser les clauses de substitution après la réforme du droit des obligations ?, JCP N 2016 n° 45 act. 1194). D'autres préconisent au contraire une nouvelle rédaction de la clause pour faire référence non plus à la faculté de se substituer un tiers dans le bénéfice de la promesse, mais à la faculté de céder la promesse à un tiers (M. Mekki, Réforme des contrats et des obligations : la promesse unilatérale de contrat : JCP N 2016 n° 40 act. 1071). L'enjeu est de taille : cette nouvelle qualification pourrait faire tomber la pratique actuelle des substitutions sous le coup du formalisme fiscal de l'article 1589-2 du Code civil, applicable aux cessions de promesse. Mais l'ancienne qualification n'exclut pas la possibilité que la Cour de cassation, se fondant sur l'article 1216, alinéa 2 du Code civil, requalifie elle-même la faculté de substitution en

faculté de cession et lui fasse ainsi encourir le risque de la nullité si elle n'a pas été enregistrée dans les 10 jours de la date de son acceptation.
Les développements qui suivent s'appliquent à une transmission de la promesse intervenant **avant levée d'option.**

A. Cession de la promesse

1. CESSIBILITÉ

PRINCIPES

6740 Un contractant, le cédant, peut céder à un tiers, le cessionnaire, sa **qualité de partie au contrat,** avec l'accord de son cocontractant, le cédé (C. civ. art. 1216, al. 1).
La **transmission** de la promesse peut être réalisée **à titre onéreux,** c'est-à-dire moyennant un prix versé par le cessionnaire au cédant, ou **à titre gratuit,** c'est-à-dire sans contrepartie.
La cession peut intervenir avant comme après réalisation des conditions suspensives affectant la promesse. La **cession** peut être pure et simple, même si elle **porte sur une promesse conditionnelle.** Elle peut également être soumise aux conditions suspensives de la promesse cédée ou à ses propres conditions suspensives.

CONSEIL
Lorsque le contrat de promesse prévoit la possibilité de cession, il est judicieux d'aménager dans le contrat l'obligation pour le promettant de laisser visiter l'immeuble aux éventuels candidats à la cession.

RESTRICTIONS

6760 **Accord du cocontractant** La cessibilité du bénéfice d'une promesse unilatérale de vente suppose l'accord du cocontractant. Cet accord peut être donné dans la cession elle-même ou après celle-ci, sur la sollicitation de bénéficiaire.

6762 **Restriction légale** L'article 52 de la loi 93-122 du 29 janvier 1993 relative à la prévention de la corruption et à la transparence de la vie économique et des procédures publiques frappe de nullité d'ordre public toute cession à titre onéreux des droits conférés par une promesse de vente portant sur un immeuble lorsque cette **cession** est **consentie par un professionnel de l'immobilier** (notamment marchands de biens, promoteurs, lotisseurs et aménageurs).
La nullité ne frappe que la cession des droits conférés par la promesse. Elle ne frappe donc pas la promesse cédée ni la vente réalisée consécutivement à la cession entre le promettant et le cessionnaire.

6764 Le procédé qui consiste pour une personne à **se faire consentir de manière habituelle des promesses de vente en vue de les céder** contrevient aux dispositions de la loi 70-9 du 2 janvier 1970, dite « loi Hoguet », réglementant les conditions d'exercice des activités relatives à certaines opérations portant sur les immeubles et les fonds de commerce. Cette activité, qui correspond en réalité à de l'entremise en matière immobilière, doit respecter la réglementation applicable aux agents immobiliers à l'effet notamment d'apporter aux parties les garanties prévues par ce texte (nos 2110 s.). À défaut, la cession de promesse est nulle (CA Pau 17-4-1991, J. c/ SEGEFI et Immo Concept : RDI 1991 p. 357) et des sanctions pénales sont encourues pour exercice illégal de la profession d'agent immobilier (nos 71000 s.).

FORME DE LA CESSION

6765 La cession doit être constatée par **écrit,** à peine de **nullité** (C. civ. art. 1216, al. 3). La cession de promesse est donc un contrat solennel, comme toute cession de contrat. Il pourra s'agir d'un écrit authentique ou d'un écrit sous signature privée.

2. PROTECTION DU CESSIONNAIRE

6766 En raison de la généralité des termes de l'article L 313-40 du Code de la consommation, et bien que la solution ne soit pas illustrée par la jurisprudence, il faut considérer que le cessionnaire d'une **promesse portant sur un immeuble d'habitation ou un immeuble à usage mixte** professionnel et d'habitation bénéficie du dispositif protecteur en matière de **crédit immobilier,** lorsque les critères de son application sont réunis (sur ces critères, voir nos 42005 s.).
Si tel est le cas, l'acte de cession doit comporter des indications sur le financement et, selon que le cessionnaire envisage ou non de solliciter un prêt, une mention manuscrite (dans le seul cas de la cession sous signature privée) ou une condition suspensive de l'obtention du prêt.

Dans le cas où une condition suspensive de l'obtention du prêt est stipulée, il semble logique de considérer que cette condition porte sur l'acte de cession et non sur la promesse cédée. Le rapport contractuel cédé ne peut en effet se voir modifié par une modalité tenant au cessionnaire, tiers à ce rapport au moment où il s'est noué.

CONSEIL

La protection dont bénéficie l'acquéreur emprunteur peut provoquer des difficultés si les parties n'ont pas intégré dans la promesse elle-même l'éventualité d'une cession à un cessionnaire qui recourrait à un prêt entrant dans le champ d'application du dispositif protecteur : le cessionnaire pourrait se prétendre légitimement protégé s'il n'obtenait pas son prêt, le cédant pourrait se croire définitivement libéré du seul fait de la cession et le promettant pourrait ne pas admettre qu'il est concerné par une condition suspensive tenant non pas à son cocontractant d'origine mais au cocontractant de celui-ci. Pour cette raison, il sera utile de prévoir, selon ce qui conviendra aux parties à la promesse :
– que celle-ci ne pourra être cédée qu'à un cessionnaire qui ne solliciterait pas d'emprunt et qui porterait dans l'acte de cession la mention manuscrite permettant d'éviter la condition suspensive imposée par la loi, étant précisé que cette mention manuscrite de renonciation au bénéfice de la condition suspensive ne vaut que pour les actes sous signature privée en application de l'article 1369, alinéa 3 ;
– que, dans le cas de cession à un cessionnaire qui recourrait à l'emprunt pour le financement de son éventuelle acquisition, la condition suspensive affecterait la cession de promesse et non la promesse elle-même, de sorte que le bénéficiaire initial ne serait libéré des obligations de la promesse qu'en cas d'obtention du prêt par son cessionnaire.

En raison de la généralité des termes des articles L 271-1 et L 271-2 du Code de la construction et de l'habitation, et de leur finalité protectrice, il faut considérer que le cessionnaire non professionnel d'une promesse portant sur un immeuble d'habitation bénéficie de la protection instaurée par ces textes. **6768**

La protection du cessionnaire doit être conciliée avec la situation du promettant : il ne serait pas logique que le promettant soit, du fait de la cession de la promesse à un tiers, soumis à une éventualité supplémentaire que la promesse devienne caduque par suite de la **rétractation du cessionnaire.**

Cette conciliation est réalisée si la protection du cessionnaire est mise en œuvre à l'occasion de la cession : c'est alors le contrat de cession qui est notifié au cessionnaire. Si le cessionnaire se rétracte, seule la cession est alors frappée de caducité, et il est permis de considérer que le cédant est rétabli dans ses droits et obligations à l'égard du promettant.

CONSEIL

Pour éviter toute incertitude, il est préférable de prévoir dans la promesse les conditions d'exercice de la protection du cessionnaire et les effets d'une éventuelle rétractation. Il convient à cet effet de prévoir que :
– en cas de cession, la notification ouvrant le droit de rétractation du cessionnaire doit être effectuée par le cédant et porte sur la cession ;
– la cession ne peut pas intervenir avant que le droit de rétractation du bénéficiaire initial, s'il doit jouer, ait été purgé ;
– l'option ne peut pas être exercée par le cessionnaire avant que soit purgé le droit de rétractation à son égard ;
– en cas de rétractation par le cessionnaire, la cession sera caduque ; le cédant redeviendra titulaire du droit d'option et sera de nouveau tenu aux obligations de la promesse.

3. EFFETS

ENTRE LE CÉDANT ET LE CESSIONNAIRE

Par l'effet de la cession de la promesse, le cessionnaire devient titulaire du **droit d'option.** **6790**

En raison de l'effet translatif de la cession, le cédant ne peut plus exercer l'option, puisqu'il n'en est plus titulaire. Il ne pourrait recouvrer ce droit qu'en cas de résolution de la cession, de défaillance d'une condition suspensive ou de la réalisation d'une condition résolutoire affectant la cession.

Si la cession est consentie à titre onéreux, le cessionnaire doit verser au cédant le prix convenu. Ce prix est exigible même si la vente ne se réalise pas, faute pour le cessionnaire de lever l'option.

La cession doit prévoir si le cessionnaire doit rembourser au cédant tout ou partie de la **somme prévue au titre du prix de l'option,** si celle-ci a déjà été versée au promettant ou à l'intermédiaire.

La seule obligation du **cédant** sera en principe de **garantir** au cessionnaire l'existence de sa qualité de contractant et du droit d'option cédé. Il ne garantit l'exécution ni du contrat de promesse cédé ni de la vente consécutive à la levée de l'option par le cessionnaire.
Le cessionnaire peut opposer au cédé les exceptions inhérentes à la dette, telles que la nullité, l'exception d'inexécution, la résolution ou la compensation de dettes connexes. Il ne peut lui opposer les exceptions personnelles au cédant. Le cédé peut opposer au cessionnaire toutes les exceptions qu'il aurait pu opposer au cédant (C. civ. art. 1216-2, al. 1).

ENTRE LE PROMETTANT ET LE CESSIONNAIRE

6792 Le cessionnaire de la promesse prend la place du cédant dans le rapport contractuel initial. Devenu titulaire du **droit d'option,** il a seul qualité pour l'exercer. S'il lève l'option, il forme la vente à son profit et peut en demander l'exécution au promettant.
Le cessionnaire est corrélativement tenu aux **obligations du cédant à l'égard du promettant.** Il doit notamment lui verser la somme convenue pour prix de l'option en cas de promesse onéreuse, si cette somme reste due au jour de la cession. Ces obligations seront utilement rappelées dans l'acte de cession.

ENTRE LE PROMETTANT ET LE CÉDANT

6794 Si le cédé y consent expressément, la cession de contrat libère le cédant **pour l'avenir.** À défaut, et sauf clause contraire, le cédant est tenu **solidairement** à l'exécution du contrat (C. civ. art. 1216-1).

6796 Lorsque, au contraire, la **promesse** prévoit et **organise les conséquences** de la cession dans les relations entre le promettant et le bénéficiaire initial, il peut être convenu la complète libération du cédant, le cessionnaire devenant alors et définitivement le seul interlocuteur du promettant, ou encore le maintien exprès de tous les droits et recours du promettant à l'encontre du bénéficiaire d'origine, en cas de défaillance du cessionnaire, ou enfin la libération partielle du cédant. Dans ce dernier cas, la promesse peut distinguer entre les obligations de la promesse elle-même, auxquelles le cédant resterait tenu, et celles résultant de la vente elle-même, en cas de levée de l'option par le cessionnaire. Le cédant pourrait ainsi être tenu au paiement du prix de la promesse en cas de défaillance du cessionnaire, tout en étant libéré du paiement du prix de la vente en cas de levée de l'option par le cessionnaire.
Le cédant qui serait amené à exécuter à l'égard du promettant les obligations du cessionnaire défaillant aurait un recours contre lui.
L'intérêt du promettant est de conserver les droits et recours les plus larges à l'encontre du cédant. C'est en ce sens que les promesses sont le plus souvent formulées lorsqu'elles prévoient les conséquences de la cession.

EXEMPLE

La formulation suivante peut être retenue :
« Les parties conviennent qu'en cas de cession par lui du bénéfice de la présente promesse le bénéficiaire initial restera garant à l'égard du promettant de l'exécution de la totalité des charges et obligations en cas de défaillance du cessionnaire, tant au titre de la promesse elle-même qu'au titre de la vente en cas de levée d'option par celui-ci. »

4. FORMALITÉS

6820 La cession est immédiatement opposable au promettant au moment où il donne son accord, puisque cet accord est requis pour que le bénéficiaire cède sa qualité de partie au contrat. Cet accord sera concrétisé soit par son intervention à l'acte, soit postérieurement au vu de l'acte de cession lui-même.

6822 Constaté par acte sous signature privée, l'acte de cession doit être **enregistré** dans les 10 jours de sa date, sous peine de nullité (C. civ. art. 1589-2). Cette nullité a un caractère absolu et n'est pas susceptible de confirmation.

B. Faculté de « substitution »

1. CLAUSE DE « SUBSTITUTION »

a. Définition

6870 Le promettant peut, par anticipation, autoriser le bénéficiaire à céder sa qualité de partie au contrat (C. civ. art. 1216, al. 2). Dans ce cas, la cession produit effet à l'égard du cédé lorsque le contrat conclu entre le cédant et le cessionnaire lui est notifié ou lorsqu'il en prend acte.

Les promesses unilatérales de vente contiennent fréquemment une **clause** dite « **de substitution** » par laquelle le bénéficiaire peut désigner une autre personne dans le bénéfice de la promesse. Cette personne a alors qualité pour lever l'option dans les termes de la promesse et demander au promettant la réalisation de la vente à son profit. En consentant à l'insertion de cette faculté dans la promesse, le promettant s'oblige à réaliser la vente avec la personne désignée par le bénéficiaire initial, si celle-ci lève l'option.
Depuis la réforme du droit des contrats, la terminologie de « faculté de cession » est sans doute appropriée, mais celle de « faculté de substitution » sera sans doute maintenue dans la pratique (nº 6735).

EXEMPLE

Les formulations suivantes peuvent être retenues :
« Le bénéficiaire aura la possibilité de céder à toute personne physique ou morale de son choix sa qualité de partie, bénéficiaire de la présente promesse... » ou « Le bénéficiaire aura la possibilité de céder à M. (ou : à une société qu'il se réserve de constituer et dont il serait associé) sa qualité de partie, bénéficiaire de la présente promesse... »

b. Régime

MODALITÉS D'EXERCICE

La cession doit, **à peine de nullité,** être **constatée par écrit** (C. civ. art. 1216, al. 3). La mise en œuvre de la substitution suppose donc l'établissement de cet écrit si, comme nous le pensons, la substitution dans le bénéfice d'une promesse est désormais une cession. **6920**
La faculté donnée par le promettant de céder sa qualité de partie au contrat résultera le plus souvent d'une clause figurant dans l'avant-contrat même. Il est cependant possible qu'elle soit accordée par le promettant après la conclusion de la promesse, dans le cadre d'un avenant.
Selon les pratiques antérieures à la réforme du droit des contrats, la **substitution** était généralement très peu **formalisée** dans les relations entre le substituant et le substitué, spécialement lorsque la substitution était opérée à titre gratuit.

La faculté de cession exercée, l'**information du promettant** est importante, car elle détermine qui du bénéficiaire ou du cessionnaire aura, vis-à-vis de lui, qualité pour lever l'option et former la vente. Cette information sera satisfaite par le respect du dispositif prévu par l'article 1216, alinéa 2 du Code civil : la **cession** prend effet à l'égard du cédé après qu'elle lui a été notifiée ou qu'il en a pris acte. Cette notification sera effectuée soit sous enveloppe ou pli fermé, soit par la voie postale, soit par la remise de l'acte au destinataire contre émargement ou récépissé (CPC art. 667). La notification pourra toujours être faite par voie de signification (CPC art. 651, al. 3). **6924**
À défaut de notification au promettant ou de prise d'acte par celui-ci, la cession sera valable entre le cédant et le cessionnaire, puisque l'accord en avait été donné par le promettant, mais ne lui sera pas opposable, et celui-ci pourrait dénier l'efficacité d'une levée d'option effectuée par le cessionnaire.

CONSEIL

Il est possible et souhaitable que, par souci de prévisibilité et de sécurité, la promesse prévoie par qui et sous quelle forme le promettant sera informé de la substitution opérée. Il est suggéré l'envoi en recommandé avec accusé de réception au promettant de la convention de substitution ou d'une lettre établie sous les deux signatures du substituant et du substitué, l'informant de la substitution intervenue.
Si la promesse impose un formalisme, les parties ne peuvent y déroger que si elles y ont renoncé sans équivoque. Le fait que le promettant négocie avec le tiers substitué le report de la vente et accepte qu'il lui verse l'« indemnité d'immobilisation » ne suffit pas à établir une telle renonciation (Cass. 3ᵉ civ. 30-11-2011 nº 10-16.843 : RJDA 6/12 nº 574).

Le **choix du cessionnaire** peut être plus ou moins large. Il peut être nommément désigné dans la promesse ; mais la faculté de céder, si le promettant l'accepte, permet au bénéficiaire initial de désigner toute personne de son choix, personne physique ou morale. **6926**
Le contrat de promesse peut, tout en accordant par anticipation au bénéficiaire la faculté de céder sa qualité de partie au contrat, en restreindre l'usage. Il peut être convenu que la faculté ne pourrait être exercée qu'au profit d'un acquéreur ne recourant pas à l'emprunt, ceci afin d'évincer de l'opération toute complication tenant au dispositif protecteur du Code de la consommation relatif au crédit immobilier. Il peut également être prévu que la faculté ne pourra être exercée qu'au profit d'une société dont le bénéficiaire initial serait associé majoritaire, ce qui maintient à la promesse un certain caractère « intuitu personae ». La promesse pourra exclure la cession à titre onéreux de la promesse.

CARACTÈRE GRATUIT OU ONÉREUX

6950 La cession peut être opérée à titre gratuit. La promesse peut même prévoir que la cession ne pourra être exercée qu'à titre gratuit. Une telle stipulation constitue le complément logique d'une faculté de cession qui serait limitée à la proche famille du bénéficiaire ou à une société qui serait constituée par celui-ci ou dont il serait membre.

La cession peut également être opérée à titre onéreux. L'exercice au profit du cessionnaire de la faculté de cession a alors une contrepartie pécuniaire, à la charge de ce dernier et au profit du bénéficiaire d'origine.

L'article 52 de la loi 93-122 du 29 janvier 1993 relative à la prévention de la corruption et à la transparence de la vie économique et des procédures publiques, qui sanctionne de nullité d'ordre public « toute cession à titre onéreux des droits conférés par une promesse de vente portant sur un immeuble lorsque cette cession est consentie par un professionnel de l'immobilier » s'applique à cette cession.

APPLICATION AU CESSIONNAIRE DES PROTECTIONS LÉGALES

6970 Les solutions et les préconisations pratiques dégagées pour les hypothèses de transmission résultant d'une cession instantanée (nos 6766 et 6768) s'appliquent en tous points dans le cas d'une cession intervenant sur l'accord préalablement donné par le promettant.

EFFETS DE LA CESSION

7000 Les effets d'une cession réalisée sur autorisation anticipée du promettant sont ceux de toute cession. Il est renvoyé aux développements ci-dessus pour les effets de la cession entre le cédant et le cessionnaire (n° 6790), entre le promettant et le cessionnaire (n° 6792) et ceux entre le promettant et le cédant (nos 6794 s.).

FORMALITÉS

7020 La substitution dans le bénéfice d'une promesse unilatérale de vente échappait à l'obligation d'**enregistrement** prescrite par l'article 1589-2 du Code civil (Cass. 3e civ. 17-4-1984 n° 82-12.106 : Bull. civ. III n° 87 ; Cass. 3e civ. 13-7-1999 n° 1264 : RJDA 10/99 n° 1064), et c'était d'ailleurs ce qui expliquait son origine et la faveur qu'elle connaissait dans la pratique. Si on considère que le changement de bénéficiaire s'analyse en une cession de la promesse sur autorisation anticipée du bénéficiaire, il devrait logiquement s'en suivre l'obligation de soumettre la cession à cette formalité (voir n° 7800).

2. CAS PARTICULIER DES BIENS RURAUX

7040 Outre la faculté conventionnelle de substitution, qui suppose une stipulation particulière dans l'avant-contrat, il existe une faculté **légale** ouverte aux Safer (sociétés d'aménagement foncier et d'établissement rural) de se substituer un ou plusieurs attributaires pour réaliser la cession de tout ou partie des droits conférés par une promesse unilatérale de vente ou par une promesse synallagmatique portant sur des biens ruraux, des terres, des exploitations agricoles ou forestières (C. rur. art. L 141-1, II-2°).

La substitution doit intervenir dans un délai maximum de 6 mois à compter du jour où la promesse a acquis date certaine (ce qui résultera de son caractère authentique ou de son enregistrement si elle est établie sous signature privée) et, au plus tard, au jour de l'acte authentique réalisant ou constatant la vente.

La substitution emporte, à compter de la promesse, substitution dans les droits et obligations de la Safer.

L'application de l'article 52 de la loi 93-122 du 29 janvier 1993 relative à la prévention de la corruption et à la transparence de la vie économique, interdisant la cession à titre onéreux des droits conférés par une promesse de vente portant sur un immeuble lorsque cette cession est consentie par un professionnel de l'immobilier, est expressément écartée (C. rur. art. L 141-1, III-2°).

SECTION 7 RÉGIME DE L'OPTION

ANALYSE DU DROIT D'OPTION

7070 Le bénéficiaire doit exercer son option, c'est-à-dire faire un choix : celui d'acquérir, en levant l'option, ou bien celui de ne pas acquérir.

La décision d'acquérir suppose une **manifestation de volonté** positive ; elle est nécessairement explicite.
La décision du bénéficiaire de ne pas acquérir peut se manifester de deux manières : soit par la seule expiration du délai éventuellement convenu pour la promesse, auquel cas cette décision est implicite ; soit par une manifestation expresse du bénéficiaire, portée à la connaissance du promettant. Dans les deux cas, les parties sont déliées de la promesse et retrouvent chacune leur liberté.

Le droit d'option est généralement considéré comme ayant la **nature juridique** d'un droit de créance. Un courant doctrinal contemporain considère toutefois qu'aux côtés du droit de créance et du droit réel existe la notion de **droit potestatif,** c'est-à-dire un droit permettant à son titulaire de créer, de modifier ou d'éteindre une situation juridique par un acte unilatéral (F. Hage-Chanine, Essai d'une nouvelle classification des droits privés : RTD civ. 1982 p. 705 n° 49). Le droit d'option relèverait de cette catégorie, en ce qu'il permettrait, à l'initiative du seul bénéficiaire, de former la vente. Mais la notion de droit potestatif n'est pour l'instant pas accueillie en droit positif comme une catégorie autonome. **7072**

1. MODALITÉS DE LA LEVÉE D'OPTION

FORME DE LA LEVÉE D'OPTION

En l'absence de prescriptions légales en la matière, c'est la liberté qui caractérise la forme de la levée d'option. Cette liberté peut s'exprimer de deux manières : par l'absence d'une forme imposée ou bien, au contraire, par l'exigence, librement convenue dans la promesse, d'une forme précise et impérative. **7074**

Il est de l'intérêt des **parties,** dans un souci de sécurité juridique, de **formaliser la levée d'option,** notamment pour éviter toute incertitude sur son existence et sa date. **7076**
La forme la plus souvent retenue est l'envoi d'un courrier recommandé avec accusé de réception adressé par voie postale ou par voie électronique au promettant ou au notaire chargé de l'acte authentique de vente, ou bien remis contre récépissé à l'un d'eux. La notification par un exploit d'huissier est également fréquemment prévue. Le choix entre l'une ou l'autre de ces formes est souvent ouvert au bénéficiaire de la promesse.
En cas de recours à une lettre recommandée avec accusé de réception, il peut être prévu que soit prise en compte, pour considérer que l'option a été régulièrement levée dans le délai, non pas la date de remise au destinataire, mais celle de la première présentation du pli. Les parties peuvent également retenir la date d'émission de la lettre, le cachet du service postal faisant foi.
La promesse peut prévoir que l'écrit par lequel le bénéficiaire lève l'option doit avoir date certaine, c'est-à-dire doit avoir été enregistré ou constaté dans un acte authentique. À défaut d'une stipulation de la promesse en ce sens, le promettant n'est pas fondé à exiger de son cocontractant la preuve de cette date certaine (Cass. 3e civ. 24-3-1993 n° 91-14.080 : Contrats, conc., consom. 1993 comm. n° 172).
Toute levée d'option accomplie sans respecter les formes prescrites est dépourvue d'effet, sans qu'il soit possible pour le bénéficiaire d'arguer que le promettant avait bien connaissance de la levée d'option ou que le non-respect des prévisions du contrat ne lui fait pas grief.
Les parties peuvent néanmoins ultérieurement convenir de **renoncer à la forme prévue** par la promesse (Cass. 3e civ. 6-12-2005 n° 04-18.325 : RJDA 7/06 n° 761). Il en est ainsi si le promettant accepte de considérer que la vente s'est formée par la levée d'option formulée par lettre simple alors que la promesse prévoyait un envoi recommandé (Cass. 1e civ. 24-11-1965 n° 63-12.668 : Bull. civ. I n° 652).

EXEMPLE

La formulation suivante peut être retenue :
« La décision d'acquérir du bénéficiaire devra, pour avoir effet et former la vente, être exclusivement exprimée par exploit d'huissier signifié au vendeur ou au notaire chargé de rédiger l'acte de vente, ou par lettre recommandée avec demande d'avis de réception adressée par voie postale ou par voie électronique à l'un ou l'autre du vendeur ou du notaire. Aucune autre forme ne sera recevable. »

AUTEUR DE LA LEVÉE D'OPTION

L'option doit être levée selon les modalités convenues. Si la promesse prévoit que le bénéficiaire pourra lever l'option soit en son nom soit au nom de la personne qu'il se substituera, le substitué n'a pas qualité pour lever l'option (Cass. 3e civ. 25-6-2013 n° 11-27.904 : BPIM 4/13 inf. 272). **7078**

7080 Lorsque **les parties n'ont pas défini** dans la promesse de quelle manière le bénéficiaire peut manifester sa décision de former la vente, celui-ci peut le faire en choisissant librement la forme : levée d'option verbale (pour un exemple, voir Cass. 3e civ. 19-12-2012 no 08-14.225 : RJDA 3/13 no 207) ou par le support écrit de son choix (remise simple, remise contre récépissé, courrier recommandé, écrit électronique, exploit d'huissier...). C'est là l'expression du principe du consensualisme : les parties ont le choix de la forme sous laquelle s'exprimera leur consentement, lorsque la loi ne leur impose aucune forme particulière ou qu'elles-mêmes ne se sont imposé aucune contrainte formelle.

VERSEMENT DU PRIX ET DES FRAIS

7082 La motivation principale d'un vendeur qui fait le choix d'une promesse unilatérale plutôt que d'une promesse synallagmatique est généralement de ne pas être tenu par une vente qui serait déjà formée, mais qui ne serait pas encore exécutée, ou qui risquerait de ne pas l'être en cas de défaillance de l'acquéreur postérieurement à la levée d'option. Pour cette raison, le contrat prévoit le plus souvent que la **levée** d'option ne sera valable qu'autant qu'elle sera **accompagnée du versement en l'étude du notaire du prix de vente,** ou de la justification de l'obtention du ou des prêts nécessaires à son financement. De la sorte, la vente ne pourra être formée par le bénéficiaire que lorsque celui-ci justifiera qu'il est en mesure de remplir la principale des obligations en découlant à sa charge : le paiement du prix.

Il est parfois prévu que le versement qui doit être effectué pour la régularité de la levée d'option doit comprendre les frais. Cela suppose que le montant de ces frais soit préalablement indiqué au bénéficiaire ; la solution la plus simple est alors d'en indiquer le montant prévisionnel dans la promesse elle-même.

Les juges peuvent retenir que la vente ne s'est pas formée si les bénéficiaires n'ont pas réglé le prix dans son intégralité alors que, selon l'interprétation souveraine des juges du fond des termes ambigus de la promesse, la validité de la levée de l'option était subordonnée au versement effectif du prix et des frais entre les mains du notaire rédacteur (Cass. 3e civ. 2-2-2024 no 22-21.956).

EXEMPLE

La formulation suivante peut être retenue :

« La décision d'acquérir du bénéficiaire ne sera valablement exprimée qu'autant qu'elle aura été précédée ou qu'elle sera accompagnée du versement en l'étude du notaire désigné pour la rédaction de l'acte authentique d'une somme correspondant au montant du prix et des frais d'acquisition, ou de la justification, en cas de versement incomplet, de l'obtention sans réserve du ou des prêts et de la disponibilité inconditionnelle des fonds qui assureront le financement du complément.

Ce versement ou cette justification sont de rigueur et conditionnent l'efficacité de la levée d'option. »

SIGNATURE DE L'ACTE NOTARIÉ POUR VALOIR LEVÉE D'OPTION

7084 Poussant la clause de forme à l'extrême, certaines promesses prévoient que l'option sera valablement levée (ou « la promesse réalisée ») par la signature dans le délai d'option de l'acte authentique constatant la vente et le paiement du prix. Le procédé est efficace mais l'habileté confine ici à l'absurde ou à l'artifice : comment en effet prétendre former la vente au moyen de la vente elle-même et de son exécution ?

Au surplus, ce mode de levée d'option ou de formation de la vente peut soulever des difficultés pratiques dans la mesure où il associe matériellement le promettant, en sa qualité de cosignataire de l'acte authentique, à la levée d'option. Un retard imputable à ce dernier ou une mauvaise volonté de sa part serait source de difficultés, en privant notamment le bénéficiaire de la possibilité de poursuivre la réalisation forcée de la vente, puisque celle-ci n'aurait pas été formée.

Cette clause fait aussi peser un risque sur le notaire chargé de la régularisation de la vente si la responsabilité du dépassement du délai de réalisation, et donc la caducité de la promesse, peut lui être imputée.

DESTINATAIRE DE LA LEVÉE D'OPTION

7086 Le destinataire de la levée d'option est généralement le promettant. Ce peut être, si le contrat le prévoit, le notaire désigné pour établir l'acte de vente ou toute autre personne, tel le rédacteur de la promesse.

CARACTÈRES DE LA LEVÉE D'OPTION

7090 La **levée** d'option doit être **pure et simple** : elle ne doit pas être assortie de conditions ou de réserves créant une discordance avec les termes de l'engagement du promettant. Ce serait,

par exemple, le cas d'une levée d'option prévoyant un paiement à terme du prix alors que la promesse prévoyait un paiement comptant, ou soumettant la vente formée à une condition suspensive non convenue avec le promettant.
À défaut, le bénéficiaire ouvre avec le promettant des pourparlers en vue d'une acquisition à de nouvelles conditions et se met vis-à-vis de lui en position d'émetteur d'une offre d'achat. En cas d'acceptation par le promettant, la vente est formée à ces nouvelles conditions.

CONSEIL

La réitération de la vente par acte authentique nécessitant un certain délai après qu'un nouvel accord est intervenu, il est conseillé de formaliser par un avenant les conditions de ce nouvel accord, en détaillant les conditions de la promesse d'origine qui sont maintenues et celles qui sont modifiées.

La fermeté de la levée d'option s'entend également de l'**irrévocabilité de l'option** exercée. Une fois levée, elle ne peut être rétractée : la vente est formée. **7092**

> **Précisions** Si la vente est formée par la levée d'option, il n'est pas en toutes hypothèses certain qu'elle se réalisera. Il en est ainsi lorsque la vente promise est soumise à une condition suspensive qui ne s'est pas encore réalisée et dont le délai de réalisation n'est pas expiré. Mais l'incertitude tient alors à un événement qui, en raison des critères qui déterminent son choix, est étranger à la volonté des parties.

PROMESSE PORTANT SUR DES TERRAINS LOTIS OU À LOTIR

Lorsque la **promesse** porte sur des terrains déjà lotis ou à lotir, son **acceptation et la convention qui en résultera s'établissent** par le paiement d'un acompte sur le prix, quel que soit le nom donné à cet acompte, et par la prise de possession du terrain (C. civ. art. 1589, al. 2). **7094**
Il semble que par « acceptation de la convention » il convienne d'entendre la levée d'option. Cette levée d'option suppose donc, lorsque la promesse porte sur un terrain loti ou à lotir, deux manifestations de volonté émanant du bénéficiaire : un versement de somme d'argent, quelle qu'en soit la dénomination, et une prise de possession du terrain.
L'application de ce texte, d'ordre public, n'est pas aisée car la prise de possession d'un terrain non bâti ne se traduit pas aisément par des faits matériels apparents et vérifiables.

2. PREUVE DE L'OPTION

La question de savoir comment la preuve de la **levée de l'option** peut être rapportée dépend de la nature juridique de celle-ci. **7110**
Une majorité de la **doctrine** considère que la manifestation de volonté qu'exprime la **levée d'option** est un acte juridique, qui obéit à ce titre aux règles de preuve des articles 1353 et suivants du Code civil (en ce sens, O. Barret : Rép. civ. Dalloz v° Promesse de vente n° 131).
Toutefois, la **Cour de cassation** considère que la levée d'option est un **fait juridique** qui peut se prouver par tous moyens lorsque la promesse n'impose pas de modalités particulières (Cass. civ. 25-5-1949, Berton : D. 1949 p. 391 ; CA Nancy 13-11-1953 : D. 1953 jur. p. 12).
Le problème de la preuve de la levée d'option se pose rarement **en pratique,** en raison des stipulations des promesses qui prévoient le plus souvent le respect d'une forme particulière pour l'expression et la validité de la levée d'option (n° 7076).

Le **défaut de levée d'option** est une manifestation de volonté du bénéficiaire de ne pas acquérir qui s'exprime généralement par une abstention : l'absence de levée d'option dans le délai de la promesse. Il s'agit d'un fait juridique qui, à ce titre, se prouve par tous moyens, notamment par témoins. En tout état de cause, le promettant a intérêt à détenir la preuve de la décision du bénéficiaire, ce qui lui permet de contracter avec un tiers en toute sécurité. **7112**

3. DÉLAI D'OPTION

La stipulation d'un délai déterminé dans lequel l'option doit être exercée n'est en principe pas strictement nécessaire, bien qu'elle soit utile et recommandée. **7130**
On relève cependant que l'article 1124, alinéa 2 du Code civil mentionne « **le temps** laissé au bénéficiaire pour opter ». Doit-on en déduire qu'un délai doit être déterminé pour opter ? Il appartiendra à la jurisprudence de trancher éventuellement cette question.

a. Absence de stipulation d'un délai d'option

Il s'agit en pratique d'une hypothèse marginale. Mais si aucun délai n'a été stipulé, il est admis majoritairement par la doctrine que la **promesse** ne devient **caduque** qu'à l'expiration du délai **7132** de droit commun de 5 ans (C. civ. art. 2224 ; Ph. Malaurie et L. Aynès, Les contrats spéciaux : Éd. Defrénois 2009 n° 114 ; F. Terré, Ph. Simler et Y. Lequette, Les obligations : Précis Dalloz 10e éd. n° 193), de sorte que le bénéficiaire peut exercer son droit d'option pendant toute cette durée. Toutefois, le **promettant** peut **se libérer** de la promesse à l'une des conditions suivantes : soit avoir préalablement mis en demeure le bénéficiaire d'accepter ou de refuser l'acquisition dans un délai déterminé, soit prouver la renonciation de ce dernier à se prévaloir de la promesse (Cass. civ. 4-4-1949, Institut d'actinologie c/ Jurisse : D. 1949 p. 316 ; Cass. 3e civ. 24-4-1970 n° 68-10.536 : Bull. civ. III n° 279).

› Précisions La promesse, lorsqu'elle est établie par un agent immobilier, doit à peine de nullité comporter une limitation de ses effets dans le temps et prévoir donc un délai extinctif (Loi 70-9 du 2-1-1970 art. 7).

b. Stipulation d'un délai d'option

DÉLAI EXTINCTIF

7150 La **promesse** est très généralement convenue à **durée déterminée.** Le délai est alors extinctif des droits et obligations résultant de la promesse.
La **survenance de la date** ou l'**écoulement du délai** prévu **sans que le bénéficiaire** ait **exercé son option** entraîne sa caducité : en laissant passer le délai prévu sans lever l'option, le bénéficiaire est considéré comme ayant décidé de ne pas acquérir. Les parties ne sont alors plus liées par le contrat ; il en résulte notamment que le promettant peut à nouveau accomplir régulièrement les actes qui lui étaient interdits pendant la durée de la promesse, notamment les actes d'administration modifiant la situation juridique de l'immeuble, les constitutions de droits réels ainsi que les actes de disposition. Il peut également se faire attribuer la somme versée pour prix de l'option s'il en a été prévu une dans cette hypothèse (nos 6382 s.).

7152 La **stipulation** d'un délai est généralement **expresse.** Elle peut être également **tacite** ou **implicite,** ce qui impose alors, en cas de litige entre les parties, que le juge détermine le délai convenu en examinant la commune intention des parties. Ainsi, dans un cas où un acte, qui comportait à la fois une promesse de vente et un contrat de bail portant sur le même immeuble, prévoyait que si le locataire ne levait pas l'option dans un certain délai, le bailleur reprendrait sa pleine et entière liberté, il a été jugé que l'intention des parties avait été de limiter la durée de la promesse à la durée du bail (Cass. 1e civ. 9-7-1962 n° 60-13.707 : Bull. civ. I n° 350).

7154 Le **délai** peut être **déterminé de manière fixe** : par exemple, une date, ou un délai de 6 mois à compter de la date de la promesse. Le délai peut être **déterminable** : par exemple, un certain nombre de jours (15 jours, 1 mois...) après la réalisation de la dernière des conditions suspensives affectant la promesse.

7156 Aucune **durée,** ni minimale ni maximale, n'est prescrite. La promesse peut d'ailleurs être faite pour une durée supérieure à 5 ans. Mais un long délai d'option présente de multiples inconvénients :
– inconvénient, tout d'abord, d'interdire au promettant, pour une longue durée, de disposer de l'immeuble, alors que la vente n'est qu'éventuelle ;
– difficultés et incertitudes liées à la détermination du prix (le prix sera-t-il fixé définitivement, ou bien indexé, ou encore laissé à l'arbitrage d'un tiers ?) ;
– risques de modifications de la situation juridique (évolution des règles d'urbanisme applicables, de la situation juridique d'un occupant...) ou matérielle (dégradations ou améliorations) de l'immeuble ;
– risque qu'au moment de la levée d'option la valeur de l'immeuble ne corresponde plus au prix et soit même lésionnaire.

7158 Sans indication particulière dans la promesse, le **point de départ du délai** d'option est la conclusion de celle-ci.

DÉLAI SUSPENSIF

7160 Il est possible de convenir que la **levée d'option** ne peut **pas intervenir avant une certaine date,** ou avant l'expiration d'un délai fixé ou encore avant la survenance d'un événement certain. Cette stipulation d'un délai suspensif répond, par exemple, à la préoccupation du promettant de ne pas être tenu à la vente et à la libération des lieux qui en découle à une date qui serait pour lui inopportune ou prématurée. Elle permet par ailleurs la mise en œuvre préalable à la levée d'option d'un droit de préemption, ou bien l'instruction d'une autorisation administrative préalable à la vente, ou encore la réalisation des conditions suspensives affectant la promesse.

> **Précisions** La stipulation selon laquelle l'option ne pourra être exercée qu'au décès du promettant ne constitue pas un pacte sur succession future (C. civ. art. 722), mais une convention post mortem licite (Cass. 1e civ. 30-5-1985 n° 84-11.795 : Bull. civ. I n° 173 ; Cass. 1e civ. 8-7-1986 n° 85-12.878 : Bull. civ. I n° 202). Pour qu'il en soit ainsi, il convient toutefois que soit nettement caractérisé le caractère irrévocable de l'engagement du promettant, seule la demande de réalisation de la vente résultant de la levée d'option et donc l'exécution des obligations nées du chef du promettant, de son vivant, étant retardées au décès du promettant.

DÉLAI DE LONGUE DURÉE

Lorsque la durée du délai d'option conduit à ce que la durée de la promesse excède 18 mois, s'applique le dispositif propre à ce type de promesse : respect de la forme authentique (n° 6251) et montant du versement effectué par le bénéficiaire (n° 6402). **7162**

c. Renonciation au délai d'option

Le promettant peut **renoncer** au délai d'option soit **expressément,** soit **tacitement.** Cette renonciation permet l'efficacité d'une manifestation par le bénéficiaire de sa volonté d'acquérir exprimée postérieurement au délai initialement fixé. **7180**

La renonciation au délai d'option doit cependant intervenir avant l'expiration de ce délai. À défaut, la promesse est irrémédiablement caduque.

d. Prorogation du délai d'option

Prorogation avant l'expiration du délai d'option Avant son expiration, le délai d'option peut toujours être prorogé. La prorogation procède alors d'un accord intervenu entre le promettant et le bénéficiaire. Cette **prorogation** est le plus souvent **expresse,** mais rien n'exclut dans le principe qu'elle soit **tacite.** Il a été jugé que des discussions relatives à la remise de documents qui se sont poursuivies entre les notaires des parties postérieurement à la date limite de validité de la promesse et de levée d'option ne pouvaient valoir, de la part du promettant, prorogation du délai initialement fixé dès lors que la promesse ne prévoyait qu'une prorogation conventionnelle de la durée de la promesse si 8 jours avant son expiration le promettant n'avait pas fait parvenir au bénéficiaire les documents nécessaires à l'établissement de l'acte authentique de vente (Cass. 3e civ. 8-10-2003 n° 02-11.953 : RJDA 2/04 n° 145). **7200**

N'est pas recevable le témoignage du notaire faisant état d'un accord des parties pour proroger le délai de validité d'une promesse (Cass. 1e civ. 10-5-2005 n° 02-21.592 F-D).

Pour **éviter tout risque de contestation** formée sur une prétendue prorogation tacite, il est utile de préciser dans la promesse, par une clause de forme, que la prorogation devra nécessairement emprunter une forme écrite, afin d'éviter qu'un litige ne puisse naître sur une éventuelle prorogation tacite.

La prorogation du délai de levée d'option n'est pas soumise à la formalité obligatoire de l'enregistrement dans les 10 jours, prévue à peine de nullité par l'article 1589-2 du Code civil (Cass. com. 29-1-1979 n° 77-11.302 : Bull. civ. IV n° 28).

EXEMPLE

La formulation suivante peut être retenue :
« La prorogation du délai d'option, pour être valable, devra impérativement intervenir avant l'expiration du délai initial et résulter d'un accord entre les parties, constaté dans un avenant soumis aux mêmes conditions de forme que le contrat lui-même. Aucun accord de prorogation du délai d'option ne pourra être déduit d'une autre manifestation de volonté ou d'aucun autre comportement du promettant. »

Prorogation après l'expiration du délai d'option Après l'expiration du délai d'option, la promesse est irrémédiablement caduque. Si les parties veulent proroger le délai, cette prorogation s'analyse alors comme la conclusion d'une nouvelle promesse. Cette nouvelle promesse devrait, en toute logique, être soumise à enregistrement (n° 7780), à peine de nullité. **7202**

Prorogation portant la durée de la promesse à plus de 18 mois La prorogation d'une promesse consentie par une personne physique ayant pour objet un bien immobilier qui a pour effet de porter sa durée totale à plus de 18 mois doit à peine de nullité être constatée par acte authentique (CCH art. L 290-1). Cette obligation n'est applicable qu'aux promesses de vente consenties après le 1er juillet 2009 et à leurs prorogations. Elle ne s'applique pas à la prorogation effectuée après le 1er juillet 2009 dès lors que la promesse de vente a été consentie avant cette date (Cass. 3e civ. 14-4-2019 n° 18-13.238 FS-PBI : BPIM 3/19 inf. 227-5). **7204**

e. Délai d'option et réalisation d'une condition

7220 Lorsqu'une promesse unilatérale est soumise à une condition suspensive, par exemple l'obtention d'un prêt (sur les ventes conclues sous condition, voir nos 11000 s.), la question se pose de savoir s'il est possible de **lever l'option dans le délai** prévu alors même que la **condition** n'est **pas réalisée.** Les juges ont répondu à cette question à l'occasion de litiges portant sur des promesses de vente prévoyant à la fois un délai d'option et un délai pour la réalisation de la condition. Les solutions apportées sont les suivantes (D. Pronier, Option et condition suspensive dans une promesse unilatérale de vente : Rapport de la Cour de cassation pour 1998 p. 129) :

– lorsque les deux **délais** sont **identiques,** le bénéficiaire en faveur de qui la condition a été stipulée peut choisir de lever l'option jusqu'au dernier jour de ces délais même si cette condition ne s'est pas réalisée, auquel cas il renonce à se prévaloir des conséquences juridiques de ce défaut de réalisation ; ainsi il a été jugé que, en cas de condition suspensive stipulée dans l'intérêt des bénéficiaires, ceux-ci peuvent dès lors y renoncer et valablement lever l'option tant que la promesse est maintenue (Cass. 3e civ. 13-10-1999 no 97-21.682 : RJDA 12/99 no 1305). La solution serait identique en cas de condition stipulée en faveur des deux parties ;

– lorsque le terme du **délai d'option est antérieur au terme du délai de réalisation de la condition,** le bénéficiaire peut lever l'option sous la condition non encore réalisée (ce qui transforme la promesse en vente conclue sous condition) ou en renonçant au bénéfice de celle-ci. En revanche, le bénéficiaire est tenu de payer au promettant « l'indemnité d'immobilisation » prévue dans la promesse s'il ne lève pas l'option (sur le versement effectué par le bénéficiaire, voir nos 6382 s.) alors même que la condition ne s'est pas réalisée à l'expiration du délai d'option ; les juges ne peuvent donc pas déclarer ce paiement dépourvu de fondement contractuel pour défaillance de la condition, sans préciser si les parties ont fixé un terme pour la réalisation de celle-ci correspondant au terme fixé pour la levée de l'option ou s'il est certain que la réalisation de la condition est devenue impossible à l'expiration du délai d'option (Cass. 3e civ. 24-6-1998 no 96-18.677 : RJDA 12/98 no 1341). Jugé, de même, qu'un bénéficiaire ne pouvait pas se prévaloir d'une levée d'option intervenue après le délai d'option dès lors que rien dans la promesse ne liait ce délai au délai de réalisation de la condition et que, par suite, les délais supplémentaires accordés pour cette réalisation ne pouvaient pas entraîner de report du délai d'option, aucune des pièces n'établissant un accord quelconque des parties sur une prorogation de ce délai (Cass. 3e civ. 22-11-1995 no 93-10.019 : RJDA 3/96 no 324) ;

– lorsque le **terme du délai d'option est postérieur au terme du délai de réalisation de la condition,** le bénéficiaire peut lever l'option en renonçant, en cas de défaillance de la condition, à se prévaloir des conséquences juridiques de cette défaillance. En cas de **condition stipulée en faveur du promettant ou des deux parties,** on considère que le promettant qui a accordé, dès l'origine ou par une prorogation postérieure, un délai d'option plus long que celui stipulé pour réaliser la condition a entendu maintenir son offre au-delà de ce dernier délai et a donc nécessairement renoncé à se prévaloir des conséquences juridiques de la défaillance de la condition. Il en résulte que la promesse est toujours valable après l'expiration du délai de réalisation de la condition, sans qu'il y ait lieu de rechercher si la défaillance de celle-ci a eu pour effet de rendre la promesse caduque (Cass. 3e civ. 12-4-1995 no 93-10.097 : RJDA 7/95 no 831).

7222 S'il n'est stipulé **aucun délai pour la réalisation de la condition,** le bénéficiaire peut lever l'option dans le délai prévu par la promesse même si la condition n'est pas réalisée. S'il ne le fait pas, le défaut de réalisation de la promesse lui est imputable. La levée d'option accomplie sous la condition non encore réalisée transforme la promesse en vente conclue sous condition.

7224 Le bénéficiaire qui n'a pas levé l'option dans le délai prévu par la promesse ne peut pas imputer la caducité de celle-ci à son cocontractant en lui reprochant de ne pas l'avoir **informé de la réalisation de la condition** (Cass. 3e civ. 7-3-2001 no 99-10.990 FS-D : BPIM 3/01 inf. 198). Il n'en irait autrement que si la promesse mentionnait l'obligation pour le promettant d'aviser le bénéficiaire de la réalisation de la condition avant l'expiration du délai de levée d'option.

4. PLURALITÉ DE TITULAIRES DU DROIT D'OPTION

7250 En cas de pluralité de bénéficiaires, que cette pluralité existe dès l'origine par suite de la **souscription conjointe de la promesse** ou qu'elle soit consécutive au décès du bénéficiaire d'origine et résulte de sa **transmission à** ses **héritiers,** la décision d'acquérir doit être prise de manière unanime par les titulaires du droit d'option. Mais par l'effet d'un partage, le droit de lever l'option peut être attribué à l'un des indivisaires, qui a alors seul le droit de lever l'option.

Lorsque les titulaires du droit d'option sont des **époux communs en biens,** tous deux signataires de la promesse, la levée d'option doit être exercée par les deux époux. En revanche, si l'un des époux communs en biens contracte seul la promesse en qualité de bénéficiaire, il lui appartient de décider seul d'acquérir et de manifester sa décision, alors même que le bien acquis entre en communauté (application de l'article 1421 du Code civil). **7252**

Sur la question de savoir si l'immeuble acquis tombe ou non en communauté en cas de mariage du bénéficiaire de la promesse avant la levée de l'option, voir n° 12650.

5. EFFETS DE LA LEVÉE D'OPTION

La levée d'option, effectuée par le bénéficiaire dans le respect du délai et des formes prévues dans la promesse, forme la vente de son seul fait. C'est là son effet principal dont doivent découler en principe les effets de la vente elle-même : **transfert de propriété, transfert des risques et de la jouissance,** naissance et exigibilité non moins immédiates des **obligations de la vente** à charge respectivement du promettant devenu vendeur et du bénéficiaire devenu acquéreur. **7270**

Les **parties** peuvent **convenir qu'un élément additionnel** et postérieur à la levée d'option sera **nécessaire pour former la vente.**

La formation de la vente s'opère sans rétroactivité à la date de la levée d'option. **7272**

Le souci des parties de faire coïncider le transfert de propriété et le paiement du prix ainsi que le rôle joué par le notaire dans la vente d'immeuble au regard de la sécurité tant du vendeur que de l'acquéreur conduisent le plus souvent les intéressés, par une clause figurant dans la promesse, à dissocier le moment de la formation de la vente de son exécution.

Si la **vente** est **formée** en deux temps – le premier étant la promesse et le second, la levée d'option –, c'est souvent dans un troisième temps qu'elle sera efficacement **constatée** et **exécutée.** Ce troisième temps est celui de l'acte notarié constatant la vente entre les parties et permettant, par l'effet de la formalité de publicité foncière ultérieurement effectuée, son opposabilité aux tiers. En effet, la publication de la levée d'option, même consécutive à la publication de la promesse unilatérale de vente notariée, est insuffisante à publier la vente elle-même et ne permet pas à l'acquéreur de rendre son droit opposable aux tiers (Cass. 3e civ. 16-1-2020 n° 19-11.497 FS-D : SNH 10/20 inf. 2). Il en va ainsi car les règles formalistes de publication de la vente ne sont pas respectées.

Au moyen de stipulations contractuelles figurant dans la promesse, les parties peuvent préciser le délai dans lequel interviendra la signature de l'acte authentique et concentrer sur cet acte l'effet principal de la vente, c'est-à-dire le transfert de propriété, ainsi que l'exécution par l'acquéreur de son obligation principale, qui est de payer le prix. Si le prix est payable à terme, ou s'il est financé par un prêt, l'acte authentique se prêtera par sa nature à la mise en place des sûretés hypothécaires profitant au vendeur ou au dispensateur de crédit.

Le fait que la vente se forme sans rétroactivité au moment de la levée d'option entraîne un certain nombre de conséquences : **7274**

- c'est au moment de la levée d'option que doit être évalué l'immeuble pour apprécier si la vente est lésionnaire (n° 24425) ;
- la promesse de vente de la nue-propriété d'un bien grevé d'usufruit, prévoyant que la levée d'option doit intervenir dans un certain délai de la notification du décès de l'usufruitier, a nécessairement pour objet, sauf réserve d'usufruit, la pleine propriété de ce bien (Cass. 3e civ. 28-1-2009 n° 08-12.649 : RJDA 8-9/09 n° 724) ;
- le caractère propre ou commun de l'immeuble acquis est déterminé selon la situation et le régime matrimonial de l'acquéreur au moment de la levée d'option (nos 12630 s.) ;
- le caractère apparent ou caché d'un défaut de la chose vendue s'apprécie au jour de la levée d'option ;
- les droits de mutation sont, sauf dispositions contraires de la loi fiscale lors d'un changement de tarif, exigibles au tarif applicable au jour de la levée d'option. C'est par ailleurs sur la valeur de l'immeuble au jour de la formation de la vente que les droits sont assis, si cette valeur est supérieure au prix convenu.

SECTION 8

DÉFAILLANCE DE L'UNE DES PARTIES

A. Défaillance du promettant

1. AVANT LA LEVÉE D'OPTION

a. Révocation

7380 La **révocation** de la promesse pendant le temps laissé au bénéficiaire pour opter n'empêche pas la formation du contrat promis (C. civ. art. 1124, al. 2). Le contrat étant formé par la levée d'option malgré la révocation exprimée par le promettant, le bénéficiaire peut agir en **exécution forcée** de la vente. Le bénéficiaire peut également, si le promettant se refuse à réitérer la vente, agir en **résolution** de la promesse et solliciter des dommages et intérêts. Jugé que le consentement du bénéficiaire d'une promesse unilatérale de vente, donné après rétractation du promettant, emporte formation du contrat, sans contrarier la liberté contractuelle et la protection du droit de propriété du promettant (Cass. 3e civ. QPC 17-10-2019 n° 19-40.028 FS-PBI : BPIM 6/19 inf. 410).

Avant la réforme du droit des obligations, il était jugé, au contraire, que la « rétractation » du promettant avant la levée d'option empêchait la rencontre des volontés et mettait obstacle à la formation de la vente, dont la réalisation forcée ne pouvait plus être judiciairement demandée (Cass. 3e civ. 12-6-2013 n° 12-19.105 ; CE 2-4-2015 n° 364539). Revenant sur cette jurisprudence, la Haute Juridiction a jugé récemment que la rétractation du promettant n'empêche pas la formation de la vente même pour une promesse antérieure à 2016 (Cass. 3e civ. 23-6-2021 n° 20-17.554 FS-B : BPIM 4/21 inf. 264 ; Cass. 3e civ. 20-10-2021 n° 20-18.514 FS-B : BPIM 6/21 inf. 384 ; Cass. com. 15-3-2023 n° 21-20.399 FS-B : BPIM 3/23 inf. 203, pour la chambre commerciale qui s'aligne sur la chambre civile).

b. Contrat conclu au profit d'un tiers en violation de la promesse

7410 Le fait de conclure pendant le délai d'option un contrat avec un tiers en violation de la promesse, tels un avant-contrat de vente ou une vente, contrevient à l'obligation que le promettant a, soit expressément, soit implicitement, mais nécessairement souscrite au profit du bénéficiaire de s'abstenir de tout fait ou de tout acte de nature à empêcher l'exercice par celui-ci de son droit d'option.

L'acte frauduleux peut être non seulement un avant-contrat de vente ou une vente au profit d'un tiers portant sur le même immeuble, mais aussi tout autre contrat, par exemple un bail, notamment un bail conférant un droit de préemption légal au profit du locataire.

RECOURS CONTRE LE PROMETTANT

7412 Le promettant qui aliène l'immeuble au profit d'un tiers ou qui souscrit un contrat qui met obstacle à la levée d'option ou la contrarie commet une faute et engage sa responsabilité contractuelle.

Le bénéficiaire peut cumulativement ou alternativement, selon son choix, demander la **résolution de la promesse** pour inexécution et solliciter l'octroi de **dommages-intérêts.**

La résolution de la promesse permet au bénéficiaire de prétendre à la **restitution de la somme qu'il a pu verser en contrepartie de l'option** qui lui a été consentie, en cas de promesse onéreuse.

CONSEIL

La promesse peut prévoir une clause pénale à l'effet de dissuader le promettant d'effectuer un acte contrariant son engagement. Une telle stipulation a par ailleurs l'intérêt d'affranchir le bénéficiaire de la preuve de son préjudice et de la discussion judiciaire sur son montant.

Une clause résolutoire expresse peut également être prévue au profit du bénéficiaire. Elle justifie, en raison de l'effacement rétroactif de la promesse, la restitution de droit au bénéficiaire de la somme par lui versée au titre du prix de l'option.

RECOURS CONTRE LE TIERS

7416 Lorsque le **tiers** avec qui le promettant a contracté en fraude des droits du bénéficiaire est **de bonne foi,** c'est-à-dire qu'il ne connaissait pas l'existence de la promesse, le bénéficiaire de la promesse n'a aucun recours contre ce tiers.

En revanche, le tiers qui contracte avec le promettant en connaissant l'existence de la promesse unilatérale est **de mauvaise foi.** Le contrat qu'il passe avec le promettant est sanctionné par la **nullité** (C. civ. art. 1124, al. 3). La simple connaissance du contrat suffit à justifier la sanction ; l'existence d'un concert frauduleux entre le promettant et le tiers n'est pas nécessaire. **7418**
Cette connaissance par le tiers de la promesse antérieurement conclue par le promettant doit exister au moment où il contracte avec ce dernier. Le tiers est de bonne foi s'il apprend l'existence de la promesse alors qu'il a lui-même déjà contracté avec le promettant.
Il s'agit d'une nullité **relative,** destinée à protéger les intérêts du bénéficiaire. Le contrat conclu en violation de la promesse étant annulé, le promettant et le bénéficiaire se retrouvent dans la situation contractuelle d'origine. Le bénéficiaire pourra, à la condition d'avoir levé l'option dans les conditions prévues par la promesse, poursuivre la réalisation de la vente.

La **preuve** de la connaissance par le tiers de la promesse doit être rapportée par le bénéficiaire en application de l'article 2274 du Code civil selon lequel la bonne foi est toujours présumée. **7420**
Cette preuve peut être facilitée par la **publication** de la promesse au service chargé de la publicité foncière, sans pour autant que la mauvaise foi soit ainsi automatiquement établie, ou que la promesse puisse être strictement considérée comme opposable au tiers, s'agissant d'une formalité facultative non sanctionnée par l'inopposabilité (Cass. 3e civ. 22-2-1977 n° 75-12.717 : Defrénois 1977 art. 31522 n° 91 ; Cass. 3e civ. 20-2-1979 n° 77-14.273 : JCP G 1980 II n° 19376).
La publication au fichier immobilier de l'acte translatif de propriété conclu en violation de la promesse ne devrait pas empêcher le bénéficiaire d'agir en nullité de cet acte, sauf à publier sa demande en justice pour qu'elle soit recevable, comme l'imposent les articles 28, 4°, c et 30, 5 du décret 55-22 du 4 janvier 1955. Par contre, la publicité foncière protégera les ayants droit des tiers qui auront eux-mêmes contracté de bonne foi avec celui-ci, en rendant leurs droits opposables à toute personne publiant postérieurement (C. civ. art. 1198, al. 2).

La **sanction** de la faute commise par le tiers de mauvaise foi est en principe l'allocation au profit du bénéficiaire et à la charge de ce tiers de dommages-intérêts arbitrés par le juge. **7422**

RECOURS CONTRE LE NOTAIRE OU L'INTERMÉDIAIRE

Le bénéficiaire de la promesse peut également mettre en cause la **responsabilité** délictuelle **du notaire ou de l'intermédiaire** qui aurait sciemment prêté son concours à l'aliénation frauduleuse de l'immeuble. **7424**

c. Altérations de l'immeuble

Des modifications apportées à l'immeuble par le promettant sont constitutives d'une faute et sont susceptibles d'engager la responsabilité contractuelle de celui-ci si elles mettent obstacle à la réalisation de la promesse dans les conditions contractuellement prévues. **7450**

Il peut s'agir de **modifications matérielles** comme une destruction, totale ou partielle de l'immeuble, ou des transformations telles qu'elles modifient l'objet de la vente promise ou ne permettent plus au bénéficiaire de lever l'option. **7452**
Ces transformations peuvent avoir amélioré l'immeuble. Le promettant ne peut dans ce cas prétendre à aucune indemnisation ni supplément de prix à ce titre.

CONSEIL

La promesse peut rappeler au promettant qu'il doit s'abstenir d'apporter des modifications à l'immeuble. Un état des lieux peut par ailleurs être établi, soit par huissier soit contradictoirement par les parties, pour figer la consistance de l'immeuble au moment de la promesse, et ce d'autant plus opportunément que la promesse prévoira un délai d'option long.

Sont également fautives les **modifications juridiques** : constitution sur l'immeuble d'un droit réel (usufruit, usage et habitation, servitude, hypothèque, droit de superficie...) ou d'un droit personnel (conclusion d'un bail opposable à l'acquéreur, spécialement lorsque le statut locatif donne au preneur des prérogatives étendues, comme un droit au renouvellement, ou un droit de préemption). **7453**

Face à de tels comportements fautifs, le bénéficiaire peut demander la **résolution de la promesse,** à l'effet d'obtenir la restitution de la somme versée à titre de prix de l'option. Le bénéficiaire peut aussi prétendre à l'allocation de **dommages-intérêts** en apportant la preuve du préjudice subi. **7454**
Le **bénéficiaire** peut toujours **lever l'option,** aux conditions de la promesse, à l'effet de former la vente. Cela ne l'empêche pas d'engager la responsabilité contractuelle du promettant, en établissant la faute de celui-ci et le préjudice qui en résulte pour lui. Par contre, le bénéficiaire ne peut pas prétendre réaliser la vente en levant l'option à un prix inférieur, pour tenir compte du préjudice éprouvé.

2. APRÈS LA LEVÉE D'OPTION

a. Refus de régulariser la vente

7470 La vente est formée dès que l'option a été régulièrement levée. L'inexécution concerne alors la vente et non plus la promesse.

À ce stade, une rétractation du vendeur n'est pas concevable et est dépourvue d'effet, même si les parties n'ont pas encore procédé à la régularisation de la vente par acte authentique.

La situation de l'acquéreur à l'égard du vendeur qui refuse d'exécuter les obligations qui lui incombent au titre de la vente ne présente aucune particularité tenant au fait que la vente a été précédée d'une promesse unilatérale de vente. Pour les conséquences du refus pour le vendeur de réaliser la vente, il est renvoyé aux développements consacrés à cette situation dans le cadre de l'étude de la promesse synallagmatique de vente (n°s 9192 s.).

7471 Des aménagements conventionnels peuvent être introduits dans la promesse pour prévenir et traiter la défaillance éventuelle du promettant et son refus de réitérer la vente formée par la levée d'option.

Une **clause pénale** remplira alternativement deux fonctions : dissuader le promettant de ne pas exécuter spontanément la vente, dans les délais et selon les modalités convenues ; si la fonction comminatoire n'est pas efficace, fixer de manière forfaitaire le montant des dommages et intérêts qui seront acquis au bénéficiaire.

Une **clause résolutoire de plein droit** permettra au promettant d'être libéré du lien contractuel sans devoir procéder en justice.

L'association de la clause pénale et de la clause résolutoire expresse est pertinente. Elle est mise en œuvre dans la formule proposée n° 7900.

La vente étant formée par la levée d'option, le bénéficiaire d'une promesse unilatérale de vente ayant levé l'option est à tous égards dans la situation de l'acquéreur ayant signé une promesse synallagmatique de vente. Les développements consacrés pour ce type de promesse à la clause pénale (n° 8860) et à la clause résolutoire (n° 8880) sont transposables.

b. Aliénation de l'immeuble

7490 L'aliénation par le vendeur de l'immeuble au profit d'un tiers à la promesse, après que le bénéficiaire a levé l'option, entraîne un conflit entre deux acquéreurs.

Ce conflit n'est pas spécifique à la promesse unilatérale de vente, puisqu'il suppose pour se produire que l'option soit levée, c'est-à-dire que la vente soit formée. Il est renvoyé pour la résolution de ce conflit aux développements généraux intéressant la promesse synallagmatique de vente valant vente (n°s 9390 s.).

B. Défaillance du bénéficiaire

AVANT LA LEVÉE D'OPTION

7540 Le bénéficiaire ne souscrit d'obligation que dans le cadre d'une promesse unilatérale onéreuse, c'est-à-dire lorsqu'il s'oblige à verser une somme d'argent en contrepartie de l'option qui lui est offerte. L'inexécution de cette obligation de versement est susceptible d'être judiciairement sanctionnée à l'initiative du promettant par la **résolution de la promesse.**

Le promettant peut également actionner le bénéficiaire sur le fondement de la responsabilité contractuelle et demander le versement de **dommages-intérêts.**

CONSEIL

L'obligation pour le bénéficiaire de procéder au versement convenu peut être renforcée par une **clause pénale** dont le montant correspond au montant de la somme due, de sorte que le débiteur n'a aucun avantage à ne pas exécuter son engagement. Une clause pénale moratoire peut en outre sanctionner le retard dans le versement.

Pour permettre au promettant d'être libéré de la promesse dès que l'inexécution a été caractérisée, et sans avoir à demander la résolution judiciaire, il est possible d'insérer dans l'acte une **clause résolutoire** de plein droit, dont il sera précisé que les effets seront acquis après l'expiration d'un certain délai suivant une mise en demeure adressée au bénéficiaire et demeurée infructueuse.

APRÈS LA LEVÉE D'OPTION

7560 La vente est formée dès que l'option a été régulièrement levée. L'inexécution concerne alors la vente et non plus la promesse. La situation du vendeur à l'égard de l'acquéreur qui refuse d'exécuter les obligations qui lui incombent au titre de la vente ne présente aucune particularité tenant au fait que la vente a été précédée d'une promesse unilatérale de vente ; pour les conséquences du refus pour l'acquéreur de réaliser la vente, il est renvoyé aux développements consacrés à cette situation dans le cadre de l'étude de la promesse synallagmatique de vente (n°s 9192 s.).

SECTION 9 ÉVÉNEMENTS AFFECTANT L'IMMEUBLE

A. Perte ou détérioration de l'immeuble

Il n'est envisagé ici que la perte fortuite de l'immeuble. La destruction de l'immeuble ou sa détérioration du fait ou de la faute du promettant relève des règles de la responsabilité contractuelle et est examinée n°s 7450 s. **7610**

1. AVANT LA LEVÉE D'OPTION

PERTE TOTALE

Le promettant reste propriétaire de l'immeuble jusqu'à la levée d'option. Il continue donc de supporter la **charge des risques** de l'immeuble pendant la durée de la promesse et tant que le bénéficiaire n'a pas manifesté son intention d'acquérir. **7612**

La perte totale de l'immeuble, c'est-à-dire sa disparition matérielle, consécutive par exemple à un incendie ou à un événement naturel (inondation, tempête...) entraîne la **caducité de la promesse.** Cette caducité est justifiée par le fait que la vente ne peut plus se former, faute d'objet.

> **Précisions** La question se pose de savoir si un **immeuble bâti** peut subir une perte totale, dans la mesure où subsiste toujours son terrain d'assiette. La réponse doit être affirmative, si on admet que les parties ont, dans leur commune intention, fait porter la promesse sur un ensemble indissociable dont la construction est l'élément déterminant. Il en irait sans doute autrement si la construction avait, par rapport au terrain, une importance secondaire, auquel cas on pourrait considérer qu'il s'agit d'une perte partielle.

PERTE PARTIELLE

Il est admis que le **bénéficiaire** peut, en cas de dégradation subie par l'immeuble, lever l'option et **exiger la réalisation de la vente.** Dans ce cas, la vente doit être réalisée au prix initialement fixé dans la promesse. **7614**

Le bénéficiaire ne peut en aucun cas prétendre à la réalisation de la vente moyennant un prix diminué, même arbitré par un tiers ou un collège d'experts.

Les parties peuvent, après survenance du sinistre, convenir d'une vente moyennant une diminution du prix, mais cette vente procède alors d'un nouvel accord.

La question se pose de savoir si le **bénéficiaire** peut **prétendre** à la fois **à la réalisation de la vente** à son profit **et à l'indemnité due par la compagnie d'assurance** au propriétaire à la suite du sinistre. Une décision de jurisprudence y a répondu par l'affirmative (TGI Hazebrouck 29-10-1983 : RTD civ. 1984 p. 737), la solution étant fondée sur l'ancien article 1303 du Code civil (devenu 1351-1, al. 2) dont l'application est pourtant contestable au cas considéré, la vente n'étant pas formée. **7616**

Les parties peuvent toujours convenir, dans la promesse même ou après le sinistre, que le bénéficiaire pourra demander la réalisation de la vente et le versement à son profit de l'indemnité d'assurance.

SORT DE LA SOMME VERSÉE PAR LE BÉNÉFICIAIRE AU TITRE DU PRIX DE L'OPTION

La **restitution** au bénéficiaire en cas de sinistre affectant l'immeuble de la somme versée par lui en contrepartie de l'option ne va pas de soi. En faveur de cette restitution, on peut considérer que la perte totale de l'immeuble empêche la vente, de sorte que le bénéficiaire se trouve de fait privé du choix d'acquérir ou de ne pas acquérir. Mais du point de vue du promettant, il est possible de soutenir que la promesse a pleinement existé jusqu'à la survenance de l'événement, **7618**

ce qui justifierait que le promettant, qui n'a commis aucune faute, reçoive la contrepartie de l'engagement qu'il a pris et respecté, alors qu'il supporte déjà la perte de l'immeuble.
La question n'a pas de réponse tranchée en droit positif. Il est possible et souhaitable que le contrat de promesse l'envisage et apporte une solution conventionnelle.

CONSEIL

Bien que la probabilité de la perte – totale ou partielle – de l'immeuble survenant dans l'intervalle de temps séparant la conclusion de la promesse de la levée d'option soit en pratique très faible, il est conseillé de **prévoir dans la promesse les conséquences d'un sinistre,** en raison des nombreuses incertitudes qui subsistent en droit positif. Pourront ainsi être réglées les questions suivantes :
– caducité de droit de la promesse en cas de perte totale ou maintien en toutes hypothèses (perte totale ou détérioration) du droit du bénéficiaire de lever néanmoins l'option aux conditions de la promesse, c'est-à-dire sans diminution de prix ;
– sort de l'indemnité d'assurance, s'il y a lieu : possibilité ou non pour le bénéficiaire d'exiger la levée de l'option aux conditions de la promesse et acquisition à son profit de l'indemnité d'assurance ;
– acquisition au promettant ou restitution au bénéficiaire, en tout ou en partie, de la somme versée pour prix de l'option, si le bénéficiaire décide de ne pas lever l'option.

2. APRÈS LA LEVÉE D'OPTION

7640 La perte ou détérioration de l'immeuble après la levée d'option est subie en principe par le bénéficiaire devenu acquéreur. Cette règle n'est que l'application du principe selon lequel la **charge des risques** de l'immeuble est supportée par son propriétaire, règle qui justifiait que la perte soit subie par le promettant avant la levée d'option.
L'application de cette règle est cependant contrariée lorsque la perte survient entre la levée d'option et la réalisation de la vente par acte authentique, et que la promesse prévoit que le transfert de propriété n'interviendra qu'à la réitération authentique. Ces questions ne sont pas spécifiques à la promesse unilatérale de vente et relèvent de l'examen de la survenance de la perte de l'immeuble alors que la vente est parfaite mais que le transfert de propriété n'est pas encore réalisé (n°s 9550 s.), ou qu'elle est conditionnelle (n°s 9492 s.).

B. Aliénation forcée

1. EXPROPRIATION

7710 En cas d'expropriation de l'immeuble promis en vente, la promesse de vente est caduque.
Une jurisprudence ancienne a admis le droit pour le bénéficiaire, en cas d'expropriation partielle, de lever l'option pour la fraction de l'immeuble non expropriée et de prétendre à l'indemnité d'expropriation (Cass. civ. 11-6-1924 : S. 1927 I p. 58).

2. PRÉEMPTION

7730 En cas d'exercice par son titulaire d'un droit de préemption, la promesse de vente est caduque.
Il peut s'agir d'une préemption au titre notamment du droit de préemption urbain, au profit d'une Safer ou d'un locataire d'habitation.
Cette caducité résulte d'ailleurs le plus souvent du jeu d'une condition suspensive qui a été insérée dans la promesse et qui fait dépendre son existence de l'absence d'exercice du droit de préemption.
La somme versée par le bénéficiaire au titre du prix de l'option doit lui être restituée, si elle a été versée. Si elle n'a pas été versée, elle n'est plus exigible.

SECTION 10 RÉGIME FISCAL

ENREGISTREMENT DE LA PROMESSE

7780 Aux termes de l'article 1589-2 du Code civil, la promesse unilatérale de vente afférente à un immeuble est **nulle et de nul effet** si elle n'est pas constatée par un acte authentique, ou par

un acte sous signature privée enregistré dans le délai de 10 jours à compter de la date de l'acceptation de la promesse par le bénéficiaire (n° 6250). L'enregistrement donne lieu à la perception du **droit fixe** des actes innomés de 125 € (CGI art. 680).
Le dépôt de la promesse unilatérale de vente **sous signature privée** au rang des minutes d'un notaire équivaut à l'enregistrement exigé par l'article 1589-2 du Code civil, dès lors que ce dépôt porte sur l'intégralité de la promesse (CA Paris 4-3-2010 n° 09/12344).
La promesse unilatérale de vente sous signature privée établie par **acte électronique** ne peut pas, contrairement aux autres actes sous signature privée établis sous forme électronique, faire l'objet d'un enregistrement sur présentation d'une copie (CGI art. 658). En pratique, ceci exclut l'établissement de ce contrat sous cette forme.
Lorsqu'elle prend la forme **notariée,** la promesse bénéficie du délai d'enregistrement de droit commun applicable à ce type d'acte, soit un mois à compter de la date de l'acte (CGI art. 635). Cet enregistrement a obligatoirement lieu sur états, mais sans transmission d'une copie de l'acte aux impôts (CGI ann. IV art. 60).
Nous examinons ci-après quelques particularités concernant les promesses de vente.

> **Précisions a.** La **promesse de vente incluse dans une transaction** n'est pas soumise à l'enregistrement obligatoire ; elle n'est alors que l'un des éléments d'une convention contenant des engagements réciproques interdépendants (Cass. ass. plén. 24-2-2006 n° 04-20.525 P : RJF 6/06 n° 795).
> **b.** N'est pas soumise à l'enregistrement la **promesse** unilatérale **qui n'a pas été acceptée** et dont le bénéficiaire a fait coïncider l'acceptation avec la levée d'option (Cass. 3e civ. 6-10-2010 n° 09-15.890 FS-D : RJDA 2/11 n° 131).

CESSION DE LA PROMESSE DE VENTE

En application de l'article 1589-2 du Code civil, la cession d'une promesse de vente afférente à un immeuble doit sous peine de nullité, comme la promesse elle-même, être constatée par un acte authentique ou être **enregistrée** dans le délai de 10 jours à compter de la date de la cession lorsqu'elle est constatée par un acte sous signature privée. L'enregistrement donne lieu à la perception du droit fixe de 125 €. **7790**
Lorsque la cession de promesse a lieu par **acte notarié,** un doute plane sur la formalité à réaliser. Contrairement à la promesse unilatérale elle-même, la cession de promesse n'est pas expressément visée par l'article 60 de l'annexe IV au CGI, qui définit le champ d'application de l'enregistrement sur état. Selon nous, si le législateur admet l'enregistrement sur état d'une promesse unilatérale de vente – ce qui implique que l'administration fiscale en ignore le contenu, donc l'identité du bénéficiaire –, on peut penser qu'il peut en aller de même de la cession de cette promesse à un tiers. Une confirmation sur ce point de la part de l'administration fiscale serait la bienvenue.
Si la promesse porte sur un **immeuble dont la cession entre dans le champ d'application de la TVA,** la cession de la promesse suit le régime fiscal de la cession de l'immeuble (CGI art. 257, I-1-2°) ; voir n° 60370. Par suite, la cession de la promesse se trouve soumise à la TVA de plein droit si elle porte sur un terrain à bâtir ou un immeuble bâti achevé depuis cinq ans au plus, ou sur option si elle porte sur un terrain non à bâtir ou un immeuble achevé depuis plus de cinq ans, pour autant cependant qu'elle est réalisée par un assujetti agissant en tant que tel (BOI-TVA-IMM-10-10-20 n° 110).
Par ailleurs, le **profit** réalisé lors de la cession d'une promesse portant sur un immeuble qui est vendu par fractions ou par lots à sa diligence constitue pour le titulaire de la promesse un produit taxable au titre des **bénéfices industriels et commerciaux** (CGI art. 35, I-4°).
La **cession occasionnelle par un particulier** du bénéfice d'une promesse unilatérale de vente n'entre pas dans le champ d'application du régime des plus-values immobilières (Inst. 8 M-1-05 n° 9, solution non reprise au Bofip mais qui nous semble toujours pertinente).

PROMESSE AVEC FACULTÉ DE SUBSTITUTION D'UN TIERS ACQUÉREUR

Avant la réforme du droit des obligations (instituée par l'ordonnance 2016-131 du 10 février 2016 et ratifiée par la loi 2018-287 du 20 avril 2018), il était jugé que la substitution dans le bénéfice de la promesse (nos 6870 s.) n'était pas une cession de promesse. Dès lors, la validité de la convention constatant la substitution n'était pas subordonnée au respect de la formalité de l'enregistrement dans les 10 jours de sa signature prévue par l'article 1589-2 du Code civil (Cass. civ. 17-4-1984 n° 67-11.757 : Bull. civ. III n° 87 ; Cass. 3e civ. 19-3-1997 n° 95-12.473 P : RJF 11/97 n° 1062). **7800**
La substitution semblant devoir être qualifiée désormais de cession de contrat en droit civil, on peut douter que cette analyse soit maintenue. On attendra donc avec intérêt les commentaires de l'administration fiscale sur ce point.

SOMME VERSÉE PAR LE BÉNÉFICIAIRE EN CONTREPARTIE DE L'OPTION

7810 La **somme perçue par un professionnel** de l'immobilier (notamment un marchand de biens), lorsque le bénéficiaire de la promesse qu'il a consentie renonce à l'exercice de l'option constitue une recette commerciale imposable dans la catégorie des **bénéfices industriels et commerciaux.** Celle **perçue par un particulier** a été jugée imposable dans la catégorie des **bénéfices non commerciaux** en application de l'article 92, 1 du CGI (CE 19-2-2014 n° 354380 : RJF 5/14 n° 452). Le Conseil d'État considère en effet que l'indemnité rémunère un service rendu au bénéficiaire de la promesse, consistant pour le propriétaire du bien à lui réserver la possibilité d'acheter et à s'interdire de vendre à un tiers, assorti d'une contrepartie financière. Elle ne compense aucun préjudice, le propriétaire de l'immeuble ne s'étant obligé, en l'espèce, ni à quitter sa résidence principale ni à engager des frais pour en louer une autre. Dès lors qu'il s'agit d'une source de profits susceptible d'être renouvelée, l'absence de caractère professionnel de l'activité en cause est indifférente. Toutefois, selon la cour administrative d'appel de Douai, il s'agit d'un **revenu foncier** car cette somme, attachée à la gestion de l'immeuble, trouve son origine dans le droit de propriété du vendeur (CAA Douai 23-4-2019 n° 17DA00137 : RJF 8-9/19 n° 794). Cette dernière qualification ne convainc guère dans la mesure où la promesse n'a pas pour objet principal de monnayer la jouissance de l'immeuble.

En matière de **TVA,** il a été jugé, dans une décision ancienne, que ces sommes constituaient non pas des dommages-intérêts non imposables mais des recettes commerciales taxables (CE 23-12-1981 n° 24756 : RJF 2/82 n° 140, dans le cas d'un dédit conservé par un marchand de biens). Cette solution est conforme à l'analyse juridique aux termes de laquelle la somme, souvent qualifiée d'indemnité d'immobilisation, constitue le prix de l'exclusivité consentie au bénéficiaire de la promesse et ne présente pas un caractère indemnitaire (voir n°s 6382 s.). On notera toutefois qu'en matière de TVA cette analyse semble fragilisée par des décisions plus récentes. Ainsi, il a été jugé que l'indemnité d'immobilisation conservée par le vendeur d'un immeuble en cas de défaillance de l'acheteur doit être regardée comme une indemnité forfaitaire visant à réparer le préjudice subi par le vendeur, et comme telle non taxable à la TVA (CAA Lyon 31-10-2007 n° 06-525 : RJF 4/08 n° 420, solution s'inspirant de la jurisprudence de la Cour de justice des Communautés européennes en matière d'arrhes versées lors de réservations hôtelières : CJCE 18-7-2007 aff. 277/05 : RJF 11/07 n° 1363, jurisprudence reprise par CE 30-11-2007 n° 263653 : RJF 2/08 n° 129). Signalons toutefois que, dans ses conclusions sous l'arrêt du Conseil d'État du 19 février 2014 rendu en matière de bénéfices non commerciaux (CE 19-2-2014 n° 354380 ci-dessus), le rapporteur s'appuyait sur une décision du Conseil d'État jugeant imposable à la TVA le dépôt de garantie conservé par un promoteur immobilier en cas de désistement du candidat acquéreur d'un logement, cette somme constituant la rémunération du service de réservation du bien (CE 23-10-1998 n° 154039 : RJF 12/98 n° 1406). Cette assimilation entre les sommes versées dans le cadre d'une promesse unilatérale de vente et dans celui d'une vente d'immeuble à construire ne nous paraît toutefois pas évidente. La question reste donc incertaine.

SECTION 11 FRAIS

PROMESSE SOUS SIGNATURE PRIVÉE

7850 La promesse unilatérale établie par acte sous signature privée entraîne les frais suivants :

– le **droit d'enregistrement** de 125 € (CGI art. 680), l'enregistrement dans les 10 jours étant obligatoire à peine de nullité (n° 7780) ;

– les **honoraires** éventuels du **rédacteur.** S'il s'agit d'un notaire, la rémunération de l'avant-contrat sous signature privée de vente d'immeuble est incluse dans celle de l'acte authentique (Circ. CSN n° 1566 du 18-10-2002). En pratique, la promesse sous signature privée est donc rédigée gratuitement par le notaire.

Un double de la promesse, revêtu des mêmes signatures que l'acte lui-même, doit en outre être établi et déposé au service des impôts lorsque la formalité de l'enregistrement est requise (CGI art. 849). En pratique, la promesse unilatérale de vente sous signature privée ne peut pas être dressée sous forme électronique (n° 7780).

Sur la question de savoir si l'établissement de la promesse en autant d'originaux que de parties est nécessaire, voir n° 6252.

PROMESSE NOTARIÉE

La promesse notariée et sa publication au service de la publicité foncière entraînent les frais suivants : **7852**
– les **débours exposés par le notaire** : droit d'enregistrement de 125 € (CGI art. 680) et éventuellement le coût des demandes de pièces effectuées et les émoluments de formalités correspondants (nos 55560 s.) ;
– la perception de la **contribution de sécurité immobilière** correspondant à 0,10 % de la valeur de l'immeuble (sans imputation sur la contribution proportionnelle qui sera exigible au même taux lors de la publication de la vente elle-même) si la promesse est publiée, ce qui est facultatif (CGI art. 881 K).

La promesse de vente n'est pas au nombre des actes tarifés depuis la réforme du tarif réalisée par le décret 2016-230 du 26 février 2016 et son arrêté d'application. Ce tarif ne prévoit pas davantage d'émolument fixe pour les actes innommés, ou ceux non tarifés par ailleurs. Il n'est pas possible en l'état de préciser l'émolument lié à la rédaction d'une promesse unilatérale de vente.

SECTION 12 FORMULES

Observations : la formule proposée est celle d'une promesse unilatérale de vente convenue à titre principal. La promesse de vente peut être intégrée dans une autre convention, le plus souvent un bail ; la formule doit alors être adaptée. **7900**

Il est important que la promesse de vente soit connue des tiers, par sa publication au fichier immobilier. C'est donc une formule de promesse de vente par acte authentique, pouvant être publiée, qui est ici proposée.

MODÈLE Promesse unilatérale de vente notariée

L'an...
Le...
En l'étude...
Me ..., notaire à...,
A reçu le présent acte contenant PROMESSE UNILATÉRALE DE VENTE, à la requête de :
1°)
Promettant,
d'une part,
2°)
Bénéficiaire,
d'autre part.

(Pour satisfaire aux règles définies par les articles 5 et 6 du décret 55-22 du 4 janvier 1955 sur la publicité foncière, une partie personne physique doit être identifiée par son nom, ses prénoms dans l'ordre de l'état civil, ses date et lieu de naissance, son domicile, sa profession et le nom de son conjoint. La personne morale doit être identifiée par sa dénomination, sa forme juridique, son siège, son numéro d'identification au répertoire Siren complété pour celle assujettie à immatriculation au registre du commerce et des sociétés par la mention RCS suivie du nom de la ville où se trouve le greffe où elle est immatriculée et, pour une association et un syndicat, la date et le lieu de sa déclaration ou du dépôt de ses statuts ; en outre, doivent être indiqués les nom, prénoms et domicile du ou des représentants de la personne morale.)

Promesse de vente

Le promettant promet de vendre l'immeuble situé à..., plus amplement désigné dans la suite de l'acte, au bénéficiaire, qui accepte cette promesse en tant que telle, mais sans prendre l'engagement d'acquérir, se réservant de le faire ultérieurement en levant l'option selon les modalités précisées dans la suite de l'acte.

Désignation des biens

Un immeuble à usage de... situé commune de... rue..., repris au cadastre section... numéro... pour... m^2,
Avec tous droits accessoires et immeubles par destination y attachés.

7900 (suite) *(Pour satisfaire aux règles définies par l'article 7 du décret 55-22 du 4 janvier 1955 sur la publicité foncière, l'immeuble doit être désigné par sa nature, sa situation, sa contenance et sa désignation cadastrale formée de la section, du numéro de plan et du lieudit, le lieudit étant remplacé par l'indication de la rue et du numéro pour les immeubles situés dans les parties agglomérées des communes urbaines. Lorsqu'il s'agit d'un lot de copropriété, la fraction d'immeuble doit être désignée par l'indication du lot tel que défini par l'état descriptif de division, avec indication de la quote-part dans la propriété du sol afférente à ce lot.)*

(Éventuellement ajouter)

Cet immeuble est désigné par ses références cadastrales.

Les parties sont informées :

– que la contenance cadastrale indiquée ci-dessus et les limites figurant sur le plan cadastral n'ont qu'une valeur indicative, le cadastre étant un document à caractère fiscal, servant au calcul de l'impôt ;

– que la superficie et les limites exactes sont fixées à partir de mesures prises sur le terrain et entre limites réelles, définies contradictoirement avec les propriétaires riverains.

Le bénéficiaire peut, s'il le désire, demander à ses frais à un géomètre expert la détermination des limites et superficies réelles. Cette intervention éventuelle ne remettra toutefois pas en cause les engagements résultant des présentes.

(Variante, à adapter en fonction des caractéristiques physiques de l'immeuble)

L'immeuble promis en vente comprend les éléments suivants :

– les trumeaux, glaces et autres éléments d'équipement ou d'ornementation faisant corps avec le bâtiment ou scellés dans le mur ou ne pouvant être détachés sans être fracturés et détériorés, ou sans briser ou détériorer le support auquel ils sont attachés ;

– les parties d'ouvrages mobiles par fonction (persiennes, volets, portes et planches de placard...) ;

– les radiateurs électriques et tablettes de radiateurs ;

– le dispositif de réception de télévision ;

– les poignées de portes telles qu'elles existaient lors de la dernière visite du bénéficiaire ;

– les revêtements de sols (parquets, moquettes collées, agrafées ou tendues, linoléum...) et tapis d'escaliers ;

– l'alarme ;

– les arbres et arbustes en terre et les plantes vivaces.

(AJOUTER, s'il y a lieu)

Sont également compris dans la vente promise les biens mobiliers figurant sur la liste descriptive et estimative article par article, jointe au présent acte.

Déclarations du promettant

Observation : la proposition de formule qui suit est à adapter en fonction des circonstances de l'opération.

Le promettant déclare :

Sur son droit de propriété

– qu'il est propriétaire de l'immeuble promis en vente, pour l'avoir acquis de... suivant acte reçu par Me ..., notaire à..., le..., publié au service chargé de la publicité foncière de... le... volume... n° ... ;

– que son droit de propriété ne fait pas et n'a jamais fait l'objet de contestation de la part d'anciens propriétaires ou de tiers, et qu'il n'a connaissance d'aucun motif de contestation de ce droit ;

Sur la situation matérielle du bien promis en vente

– qu'il n'a pas connaissance de défauts cachés affectant le bien promis en vente

(*Variante : ajouter, si des défauts cachés sont à la connaissance du vendeur* : que l'immeuble présente les défauts suivants, dont le promettant a donné connaissance au bénéficiaire : humidité à la cave, mauvais état de la toiture...) ;

– qu'il n'est pas à sa connaissance de nuisances particulières concernant le bien promis en vente, tenant soit à l'immeuble lui-même, soit à son environnement ;

Sur la situation juridique du bien promis en vente

– qu'à sa connaissance le bien promis en vente n'est pas grevé de servitudes (*ajouter éventuellement* : autres que celle[s] énoncée[s] dans la suite de l'acte) ;

– qu'il est libre de toute location et de toute occupation. (*Variante* : qu'il est occupé par M... en qualité de locataire à des conditions connues du bénéficiaire qui déclare avoir reçu copie du bail et dispense le rédacteur du présent acte de rappeler ces conditions aux présentes.)

(*Variante* : qu'il est libre de location et occupé par le promettant qui, en cas de levée d'option, s'oblige à le libérer pour le jour de la signature de l'acte authentique.) ;

Sur la situation administrative du bien promis en vente

– que la situation de l'immeuble est régulière au regard de la législation sur l'autorisation de diviser et l'autorisation de construire ;

– qu'il n'a pas réalisé ni fait réaliser depuis moins de dix ans dans l'immeuble promis en vente de travaux relevant de l'autorisation de construire (permis de construire ou déclaration de travaux) ;

(*Variante* : qu'il a au cours de l'année... fait réaliser dans l'immeuble promis en vente un agrandissement consistant en un garage et un cellier, ayant fait l'objet d'un permis de construire délivré le...

sous le numéro..., [*ajouter éventuellement* : et pour lequel un certificat de conformité a été délivré le...]); **7900 (suite)**
– qu'il n'a connaissance d'aucun projet d'urbanisme ou d'équipement public pouvant avoir une incidence sur la jouissance paisible de l'immeuble promis en vente, ou susceptible d'en déprécier la valeur ;
– que la mairie ne lui a jamais prescrit d'obligation particulière ou d'interdiction concernant l'immeuble promis en vente.

Servitude(s)

Le titre de propriété du promettant révèle que l'immeuble promis en vente est grevé de la (des) servitude(s) suivante(s), ici littéralement rapportée(s) :
« ... »
(*Variante* : Le titre de propriété du vendeur ne fait état d'aucune servitude.)
Le promettant déclare qu'il n'a par ailleurs créé ni laissé créer aucune autre servitude grevant le fonds objet des présentes.

Situation sanitaire et environnementale

Risque de pollution
Le promettant déclare qu'à sa connaissance il n'a pas été exploité dans l'immeuble d'activité relevant de la réglementation des activités classées pour la protection de l'environnement, soumise soit à enregistrement, soit à autorisation, et qu'à sa connaissance il n'existe pas de pollution.
Dossier de diagnostic technique
Le promettant a fait établir les documents suivants du dossier de diagnostic technique prescrit par l'article L 271-4 du Code de la construction et de l'habitation (*à compléter selon les documents dont l'établissement est prescrit ; sur ces documents, voir* n°s 21370 s.) :
– le constat de risque d'exposition au plomb (CSP art. L 1334-5 et L 1334-6) ;
– l'état de recherche d'amiante (CSP art. L 1334-13) ;
– l'état relatif à la présence de termites (CCH art. L 133-6) ;
– l'information sur la présence d'un risque de mérule (CCH art. L 133-9) ;
– l'état de l'installation intérieure de gaz (CCH art. L 134-6) ;
– l'état des risques naturels et technologiques (C. envir. art. L 125-5) ;
– le diagnostic de performance énergétique (CCH art. L 134-1) ;
– l'état de l'installation intérieure d'électricité (CCH art. L 134-7) ;
– le document établi à l'issue du contrôle de l'installation d'assainissement non collectif (CSP art. L 1331-11-1).
Ces documents, dont le promettant acquéreur a paraphé chaque page, sont annexés à la présente promesse.

Prix de la vente promise et modalités de paiement

Montant
Le prix convenu est de... €.
(*Variante* : Ce prix s'applique au mobilier pour... €)
Modalités de paiement
En cas de levée d'option, le prix sera payé comptant le jour de la signature de l'acte authentique constatant la réalisation de la vente. Ce paiement sera intégralement effectué par la comptabilité du notaire rédacteur de l'acte.

Financement du prix et des frais

Au prix de la vente promise s'élevant à... €, il y a lieu d'ajouter les frais et droits d'acte de vente, estimés par provision à... €, ainsi que les frais du (ou des) prêt(s) qui sera(seront) sollicité(s) par l'acquéreur, mais dont le montant ne pourra être déterminé qu'en fonction de la nature du prêt et des garanties demandées, de sorte que le total à financer, hors frais de prêt, s'élève à... €, lequel montant le bénéficiaire, s'il lève l'option, envisage de financer de la manière suivante :
– de ses deniers personnels à hauteur de... € ;
– au moyen du (ou des) prêt(s) qu'il s'oblige à solliciter pour le surplus de... €.
(AJOUTER, en cas de promesse à titre onéreux)

Prix de la promesse

En contrepartie de la possibilité donnée au bénéficiaire, s'il le souhaite, de former la vente à son profit en levant l'option et de l'engagement du promettant de ne pas vendre l'immeuble à autrui pendant la durée de la promesse, celui-ci a procédé à un virement dans la comptabilité de M[e] ..., notaire chargé de la constatation de la vente par acte authentique en cas de levée d'option, au titre de prix de cette promesse, la somme de... €.
Cette somme n'a pas été fixée en considération de la durée. Elle sera intégralement acquise au promettant quel que soit le délai dans lequel le bénéficiaire exprimerait sa décision de ne pas acquérir.

7900 (suite) En cas de levée d'option, la somme versée par le bénéficiaire s'imputera sur le prix de la vente.

À défaut de levée d'option, comme également dans le cas où le bénéficiaire déclinerait l'option, cette somme serait acquise au promettant. (*Ajouter, s'il y a lieu* : Toutefois, cette somme serait restituée sans aucune retenue au bénéficiaire en cas de défaillance de la condition suspensive d'obtention de prêt ci-après stipulée.) (*Variante* : Toutefois, cette somme serait restituée sans aucune retenue au bénéficiaire en cas de défaillance de l'une des conditions suspensives ci-après stipulées.)

Durée de la promesse

La présente promesse est consentie pour une durée expirant le... à dix-huit heures. Elle sera caduque à cette date sans que le propriétaire soit tenu d'effectuer quelque formalité que ce soit à l'égard du bénéficiaire si celui-ci n'a pas exercé l'option dans les conditions ci-après fixées.

Exercice de l'option

Le bénéficiaire aura la faculté d'exercer l'option qui lui est ouverte en informant le promettant de son intention d'acquérir ou de ne pas acquérir dans le délai ci-dessus prévu, par exploit d'huissier ou par lettre recommandée par voie postale ou par voie électronique avec demande d'avis de réception devant parvenir au promettant ou au notaire chargé de l'établissement de l'acte authentique de vente au plus tard le dernier jour à dix-huit heures de ce délai. En cas de lettre recommandée, la date de sa première présentation sera considérée.

En cas de levée d'option, la vente sera formée entre le promettant et le bénéficiaire, sauf l'effet des conditions suspensives qui seraient encore pendantes ou d'un droit de préemption au profit d'une collectivité.

Si le bénéficiaire décline l'option, la présente promesse sera de ce seul fait caduque et le promettant sera libre de tout engagement à l'égard du bénéficiaire. Pour être valablement levée, l'option devra avoir été précédée du versement par virement bancaire entre les mains du notaire chargé de l'établissement de l'acte authentique d'une somme permettant de faire face au paiement du prix et des frais. En cas de recours à un ou plusieurs prêts, le bénéficiaire devra joindre à la levée de l'option le justificatif de l'obtention du ou des prêts et de la disponibilité inconditionnelle des fonds lui permettant de faire face au paiement du prix et des frais.

Les conditions prévues ci-dessus pour la levée d'option sont de rigueur. Aucune autre forme ne sera recevable.

Faculté de cession

Le bénéficiaire aura la faculté de céder le bénéfice de la présente cession à toute personne physique ou morale de son choix.

(*Ajouter éventuellement* : Cette cession devra être effectuée exclusivement à titre gratuit.)

La cession devra intervenir pendant le délai d'option et avant exercice de celle-ci.

Elle sera opposable au promettant après que notification ou signification lui en aura été faite, ou que par son intervention à l'acte de cession il en aura pris acte.

Une copie de la cession devra être remise au notaire rédacteur de la présente promesse.

En cas de cession et de levée d'option, le cédant restera tenu solidairement avec le cessionnaire de l'exécution de toutes les obligations de la promesse et de celles de la vente en cas de levée d'option par le cessionnaire.

La cession emportera irréversiblement déchéance pour le cédant de former la vente à son profit en levant l'option, même si le cessionnaire ne la lève pas.

Cédant et cessionnaire se régleront directement entre eux toutes conséquences pécuniaires de la cession, notamment au regard de la somme versée par le cédant au titre du prix de l'option et des frais de la promesse, sans que le promettant ait à intervenir de quelque manière que ce soit à ce sujet.

Les parties sont informées que la cession, si elle est constatée par un acte sous signature privée, devra à peine de nullité être enregistrée dans le délai de 10 jours, en application de l'article 1589-2 du Code civil.

Réalisation de la vente

En cas de levée de l'option, la vente sera réalisée par la signature, dans le délai d'un mois après cette levée de l'option, de l'acte authentique qui sera établi par le notaire soussigné.

Transfert de propriété – Entrée en jouissance - Transfert des risques

Transfert de propriété

Les parties conviennent, en cas de levée de l'option, de retarder le transfert de propriété de l'immeuble promis en vente à la signature de l'acte authentique de vente.

Entrée en jouissance 7900 (suite)

L'entrée en jouissance est fixée au jour de la constatation de la vente par acte authentique. L'entrée en jouissance se fera par la prise de possession réelle, l'immeuble étant vendu libre de toute location ou occupation.

(*Variante, en cas d'immeuble loué*: L'entrée en jouissance se fera par la perception des loyers. Les parties se régleront tous comptes de jouissance [remboursement du dépôt de garantie, prorata de loyers et de charges...] au plus tard le jour de la signature de l'acte authentique de vente.)

(*Variante, en cas d'immeuble vendu au locataire*: L'entrée en jouissance se fera par la confusion des qualités de locataire et de propriétaire de l'acquéreur. Les parties se régleront tous comptes de jouissance [remboursement du dépôt de garantie, prorata de loyers et de charges...] au plus tard le jour de la signature de l'acte authentique de vente.)

Transfert des risques

Le vendeur s'oblige à informer l'acquéreur de tout sinistre (dégât des eaux, incendie...) survenant dans l'immeuble pendant la durée de la présente promesse.

Les parties conviennent ce qui suit :

– Sinistre survenant avant levée d'option par le bénéficiaire

L'immeuble promis en vente est aux risques du vendeur.

Le vendeur s'oblige à effectuer ou faire effectuer dans les règles de l'art à ses frais et sans délai toutes les réparations qui pourraient l'être pendant la durée de la promesse.

La promesse serait caduque et le promettant délié de son engagement à l'égard du promettant en cas de destruction de l'immeuble ou de sinistre imposant de véritables travaux de reconstruction ou des travaux ne pouvant être réalisés pendant la durée de la promesse.

– Sinistre survenant après levée d'option par le bénéficiaire

L'immeuble promis en vente est aux risques du vendeur jusqu'à son transfert de propriété à l'acquéreur.

Le vendeur s'oblige à effectuer ou faire effectuer dans les règles de l'art à ses frais et sans délai toutes les réparations qui pourraient l'être avant la date prévue pour la réalisation de la vente par acte authentique.

Si la remise en état de l'immeuble nécessitait des réparations ne pouvant être réalisées avant la date prévue pour la date de réitération par acte authentique, l'acquéreur aurait le choix soit de poursuivre la réalisation de la vente sans diminution du prix, auquel cas le bénéfice de l'indemnité d'assurance lui serait acquis, soit de renoncer à l'acquisition, auquel cas la présente promesse serait caduque. Il disposerait pour faire connaître au vendeur sa décision d'un délai de 15 jours francs à compter de la demande qui lui serait adressée par le vendeur, cette demande et la réponse devant impérativement prendre la forme d'une lettre recommandée par voie postale ou par voie électronique ou d'une signification par huissier, parvenue à son destinataire avant l'expiration du délai, le défaut de réponse de l'acquéreur équivalant à une renonciation à l'acquisition.

La demande du vendeur devra, pour être efficace, comprendre toutes les informations et tous les documents détenus par lui, permettant à l'acquéreur d'être informé des conséquences de son choix, tels notamment les éventuels devis et documents techniques qui auraient été réalisés, la police d'assurance et toute correspondance avec la compagnie depuis la survenance du sinistre.

La vente serait caduque si le sinistre était d'une importance telle que sa remise en état d'utilisation normale nécessitait non seulement des réparations mais de véritables travaux de reconstruction.

En cas de retard de prise de réalisation de la vente par acte authentique imputable à l'acquéreur, les risques de l'immeuble seraient transférés à celui-ci à compter de la réception de la mise en demeure à lui adressée par le vendeur à l'effet de réaliser la vente.

En cas de caducité de la promesse, toute somme versée par l'acquéreur lui serait restituée sans délai. Les débours exposés par le notaire rédacteur de la vente resteraient néanmoins à la charge de l'acquéreur, sauf si le sinistre, cause de la caducité, résultait d'une faute du promettant, fût-elle de négligence.

Les solutions qui précèdent dérogent aux dispositions légales concernant le transfert des risques en matière de contrats translatifs de propriété.

Ces solutions ne préjudicient pas à la possibilité pour l'acquéreur de demander judiciairement des dommages-intérêts si la perte de l'immeuble avait pour cause une faute du vendeur.

Conditions suspensives

La présente promesse est soumise aux conditions suspensives suivantes : ...

Observations : sont ici proposées les conditions suspensives les plus usuelles. D'autres formules de conditions suspensives sont proposées n°s 30800 s.

Énonciation des conditions suspensives

Renseignements d'urbanisme

Que les renseignements d'urbanisme qui seront sollicités en vue de cette vente, notamment un certificat d'urbanisme d'information, ne révèlent pas de servitudes ou prescriptions administratives de nature à mettre en cause, même partiellement, le droit de propriété et la jouissance normale du bien, notamment :

– état de péril ou d'insalubrité ;

7900 (suite)

– situation de l'immeuble en emplacement réservé ou à proximité immédiate d'un emplacement réservé portant sur un projet source de nuisances ;
– alignement sur la voie publique en application des dispositions de l'article L 112-1 du Code de la voirie routière.

N'entraînera pas défaillance de la condition la situation du bien vendu dans le périmètre d'un monument historique, d'un site inscrit ou pittoresque, de fouilles archéologiques, de servitudes radioélectriques, d'une zone de bruit, d'une zone de protection du patrimoine architectural, urbain ou paysager ou dans toute autre zone sans incidence sur la propriété, la valeur ou les conditions de jouissance de l'immeuble.

L'acquéreur déclare ne pas envisager de réaliser dans le bien de travaux relevant de l'autorisation préalable de démolir ou de construire, de sorte qu'il n'y a pas lieu de soumettre la vente à la condition suspensive de la délivrance d'un certificat d'urbanisme positif ou d'un permis de démolir ou de construire.

Situation hypothécaire

Que l'état hypothécaire, qui sera requis préalablement à l'acte authentique, ne révèle l'existence d'aucune inscription garantissant une créance dont le montant restant dû serait supérieur au prix de vente ni d'aucune publication d'un commandement de saisie, à moins que le promettant ne puisse, selon le cas, dans le délai de réalisation des conditions suspensives, justifier du cantonnement des créances garanties à un montant inférieur ou égal au prix de vente, permettant ainsi d'éviter la procédure de purge hypothécaire, ou obtenir la mainlevée des inscriptions ou saisies.

Obtention des crédits sollicités

Que le bénéficiaire obtienne le financement qu'il s'engage à solliciter, aux conditions suivantes :

Établissement prêteur : ...

Montant global minimum du ou des prêts : ...

Montant global maximum du ou des prêts : ...

Durée minimum : ... ans

Taux d'intérêt annuel maximum, hors assurance, frais de dossier, d'hypothèque et de caution, compris entre... % et... %.

Le bénéficiaire déclare que ses ressources et son état actuel d'endettement lui permettent de solliciter ce ou ces prêts et de faire face à leur remboursement. Il s'oblige à effectuer toutes les démarches nécessaires en vue de l'obtention de ce(s) prêt(s) et notamment à déposer le(s) dossier(s) de demande de prêt dans les meilleurs délais, à fournir sans retard tous renseignements et documents qui pourront lui être demandés pour l'instruction de son dossier et, de manière générale, à tout mettre en œuvre pour qu'aboutisse la demande de prêt, dans le délai des conditions suspensives.

La condition suspensive sera considérée comme réalisée par la remise à l'acquéreur, dans le délai de réalisation des conditions suspensives ci-après fixé (*Variante* : dans un délai, non inférieur à un mois de ce jour, expirant le...), d'une offre préalable de prêt conforme aux conditions ci-dessus ou à sa demande.

Caractère incommutable du droit de propriété du promettant

Que l'examen des titres de propriété et l'établissement de l'origine de propriété ne révèlent l'existence d'aucun risque de nullité, de résolution, de révocation, de rescision ou de remise en cause même éventuelle ou partielle du droit de propriété du promettant, à moins que celui-ci ne puisse justifier, dans le délai de réalisation des conditions suspensives, de la consolidation et du caractère incommutable du droit de propriété transmis.

Délai de réalisation des conditions suspensives

Les conditions suspensives devront être réalisées avant la date prévue ci-après pour la réitération des présentes par acte authentique, soit le... (*Ajouter éventuellement* : à l'exception de la condition d'obtention de prêt qui devra être réalisée le...).

(*Variante* : Les conditions suspensives devront être réalisées au plus tard le... *ou* : dans le délai de deux mois du présent acte.)

Renonciation aux conditions suspensives

Les conditions suspensives sont stipulées en la faveur de l'acquéreur, de sorte que celui-ci pourra toujours y renoncer, cette renonciation devant être formalisée exclusivement par lettre recommandée avec demande d'avis de réception adressée par voie postale ou par voie électronique au notaire rédacteur de l'acte de vente avant l'expiration du délai de réalisation des conditions suspensives, ou à lui remise contre récépissé dans le même délai.

Absence de rétroactivité du jeu des conditions

Conformément à l'article 1304-6 du Code civil, le présent contrat deviendra pur et simple après réalisation de la dernière des conditions suspensives, sans effet rétroactif.

Réalisation ou défaillance des conditions suspensives

En cas de levée d'option et de réalisation des conditions suspensives, la vente sera exécutée aux conditions prévues à la présente promesse.

À défaut de réalisation de l'une ou de plusieurs des conditions suspensives dans le délai prévu ci-dessus, la convention serait caduque et chacune des parties reprendrait sa liberté.

Bien que ces conditions soient stipulées dans l'intérêt du bénéficiaire, leur défaillance dans les conditions ci-dessus prévues entraînera caducité de la vente à l'égard des deux parties, sans que le bénéficiaire puisse prétendre poursuivre la vente en renonçant à se prévaloir de cette défaillance. 7900 (suite)

Les parties sont informées :

– que en application des dispositions de l'article 1304-3 du Code civil, la condition serait considérée comme réalisée à l'égard de celle des parties qui, par sa faute ou sa négligence, aurait provoqué sa défaillance ou empêché sa réalisation ;

– que le fait de demander un prêt à des conditions différentes de celles précisées ci-dessus peut entraîner l'application de cette sanction à l'encontre du bénéficiaire.

Articulation du délai d'option et du délai de réalisation des conditions suspensives

En cas de levée d'option avant la réalisation de toutes les conditions suspensives, la vente ainsi formée serait soumise à la ou aux conditions suspensives encore pendantes.

Droit de préemption urbain

L'immeuble est situé dans une zone où s'exerce le droit de préemption urbain. Compte tenu du droit d'acquisition prioritaire dont bénéficie la collectivité locale titulaire de ce droit, la vente, malgré l'option levée par le bénéficiaire, ne sera définitive que lorsque celle-ci aura expressément ou tacitement renoncé à son droit.

Les parties mandatent le notaire désigné pour la rédaction de l'acte authentique qui constatera la vente à l'effet de notifier à la commune la déclaration d'intention d'aliéner, dans le délai de dix jours des présentes (*Variante* : ... dans les dix jours de la levée d'option). À cet effet, il est précisé, pour l'établissement de cette déclaration, que les caractéristiques du bien vendu sont les suivantes :

– surface construite au sol : ... m^2 environ ;

– surface totale utile ou habitable : ... m^2 environ ;

– nombre de niveaux : ... ;

– année ou époque de construction : ...

La déclaration d'intention d'aliéner fera mention du nom et de l'adresse de l'acquéreur.

Le promettant est informé que cette déclaration d'intention d'aliéner vaut offre de vente à son destinataire, aux conditions du présent acte.

La présente promesse sera irréversiblement caduque en cas de décision de préemption, que celle-ci intervienne au prix offert ou à un prix inférieur, et sans avoir égard à une éventuelle annulation ultérieure de la préemption ou à un retrait.

Obligations de la promesse

Obligations du seul promettant

Irrévocabilité de l'engagement du promettant

Le promettant a en tous points et définitivement consenti à la vente, laquelle pourra être formée à la seule initiative du bénéficiaire par la levée d'option intervenant dans le délai convenu. Il ne pourra en conséquence pas se rétracter ni révoquer son engagement pendant la durée de la promesse, même avant la levée d'option, cet engagement étant irrévocable.

Les parties sont informées qu'en application de l'article 1124 alinéa 2 du Code civil une révocation de la promesse pendant le temps laissé au bénéficiaire pour opter n'empêche pas le bénéficiaire de lever efficacement l'option et de poursuivre judiciairement l'exécution forcée de la vente ainsi formée.

Maintien de la situation matérielle du bien

Le promettant s'oblige à entretenir le bien promis en vente, à le maintenir dans son état actuel et à s'abstenir de procéder à toute transformation sans l'accord exprès et par écrit du bénéficiaire.

Maintien de la situation juridique du bien

Le promettant s'oblige à ne pas aliéner le bien promis en vente et à ne pas le grever de droits réels (hypothèque, usufruit, usage et habitation, servitude...) et à ne pas le donner en location d'ici la réalisation des présentes par acte authentique.

Les parties sont informées qu'en application de l'article 1124 alinéa 3 du Code civil le contrat conclu en violation de la promesse unilatérale de vente avec un tiers qui en connaissait l'existence est nul.

Obligations du promettant et du bénéficiaire

Fourniture de pièces et renseignements

Les parties s'obligent, en cas de levée de l'option, à fournir au notaire rédacteur de l'acte de vente toutes les pièces (pièces d'état civil, titres de propriété, documents administratifs, juridiques ou techniques) et tous les renseignements qui lui seraient nécessaires pour établir l'acte authentique constatant la vente.

7900 (suite) Réalisation de la vente

Les parties s'obligent, en cas de levée de l'option et de réalisation des conditions suspensives, à réaliser la vente promise par la signature de l'acte authentique de vente dans le délai ci-dessus prévu.

Obligations de la vente

La vente, si elle se réalise, aura lieu sous les conditions suivantes.

Obligations du vendeur

Garantie des vices

Conformément aux dispositions de l'article 1642 du Code civil, le vendeur ne sera tenu à aucune garantie des **vices** et défauts **apparents** de la chose vendue.

Par dérogation aux dispositions des articles 1641 et 1643 du Code civil, le vendeur ne sera pas tenu de la garantie des **vices cachés ignorés de lui,** quels qu'ils soient, notamment mauvais état du sol, du sous-sol, défauts des constructions et des éléments d'équipement, présence d'insectes xylophages (tels, entre autres, termites, parasites et champignons des matériaux, notamment mérules), présence de matériaux ou produits de la construction contenant de l'amiante, présence de peintures entraînant un risque d'accessibilité au plomb, mauvais état des installations intérieures de gaz et d'électricité ou mauvaises performances énergétiques, mauvais état de l'installation d'assainissement.

Le vendeur sera tenu dans les conditions de droit de garantir l'acquéreur des **vices cachés connus de lui** et dont il n'aurait pas informé le bénéficiaire.

Garantie d'éviction

Le vendeur, en application des articles 1626 et suivants du Code civil, sera tenu de garantir l'acquéreur en cas d'éviction, totale ou partielle, résultant notamment :

– de contestation du droit de propriété ;

– d'existence d'inscriptions hypothécaires grevant le bien vendu du chef du vendeur ou de précédents propriétaires et qui seraient opposables à l'acquéreur ;

– d'existence de locations ou d'occupations de l'immeuble opposables à l'acquéreur et dont il n'aurait pas été informé ;

– de servitudes occultes, connues du vendeur et que celui-ci n'aurait pas révélées à l'acquéreur.

En revanche, l'acquéreur souffrira, sans recours contre le vendeur :

– l'existence de servitudes apparentes et de celles occultes dont le vendeur l'aurait informé et celles ignorées de ce dernier ;

– l'existence des servitudes administratives et d'urbanisme révélées par le certificat ou les documents d'urbanisme, sans préjudice pour ces dernières de leur effet éventuel sur la défaillance de la condition suspensive relative à la situation de l'immeuble au regard de règles d'urbanisme ;

– l'existence de mitoyennetés ignorées du vendeur.

Obligation de délivrance

Le vendeur délivrera à l'acquéreur l'immeuble vendu et ses éléments d'équipement.

La vente promise ayant pour objet un immeuble bâti, défini par ses limites apparentes, le vendeur ne sera tenu à aucune garantie de contenance, la différence de contenance entre celle réelle et celle indiquée ci-dessus excédât-elle un vingtième, devant faire la perte ou le profit de l'acquéreur, par dérogation aux dispositions de l'article 1619 du Code civil.

Le vendeur sera tenu de remettre à l'acquéreur les clefs de l'immeuble vendu ainsi que, s'il y a lieu, les notices d'utilisation et factures des éléments d'équipement vendus dont il disposerait.

Le vendeur remettra à l'acquéreur les seuls anciens titres de propriété dont il disposerait, l'obtention de ceux dont il ne disposerait pas étant à la charge et aux frais de l'acquéreur.

Obligations de l'acquéreur

Contrats et abonnements

L'acquéreur fera son affaire personnelle, à compter de l'entrée en jouissance, de la continuation ou de la résiliation des contrats et abonnements relatifs à l'eau, au gaz et à l'électricité, et prendra contact dès la régularisation de la vente par acte authentique avec les services distributeurs pour que les factures d'abonnements et de consommations lui soient adressées.

Impôts et contributions

L'acquéreur paiera les impôts et contributions assis sur l'immeuble, à compter du jour fixé pour l'entrée en jouissance.

Les taxes foncières de l'année en cours feront l'objet d'une répartition prorata temporis, sur présentation de l'avis d'imposition, et l'acquéreur remboursera au vendeur la fraction courue de la date d'entrée en jouissance au 31 décembre de l'année au cours de laquelle cette entrée en jouissance sera intervenue.

La taxe d'habitation sera, le cas échéant, à la charge de l'occupant au 1er janvier de l'année considérée (*Remarque : la taxe d'habitation ne concerne plus que les résidences secondaires et autres locaux meublés non affectés à l'habitation principale* [Loi 2019-1479 du 28-12-2019 art. 16]).

Assurance contre l'incendie

En application des dispositions de l'article L 121-10 du Code des assurances, l'assurance continue de plein droit en cas d'aliénation de la chose assurée au profit de l'acquéreur, à charge pour celui-ci d'exécuter toutes les obligations dont l'assuré était tenu vis-à-vis de l'assureur en vertu du contrat. 7900 (suite)
(*Éventuellement ajouter*: Par dérogation, chacun du vendeur et de l'acquéreur fera son affaire personnelle, à compter de la signature de l'acte authentique, de sa propre assurance, le vendeur, à cet effet autorisé par l'acquéreur, résiliant celle en cours ou la reportant sur un autre immeuble.)
(*Ajouter éventuellement*: L'acquéreur devra justifier d'une police d'assurance incendie le jour de la signature de l'acte notarié.)

Défaillance de l'une des parties

Le promettant a, par la présente promesse, donné son consentement à la vente de manière définitive et irrévocable, la formation de la vente promise ne dépendant plus que de la seule volonté du bénéficiaire, exprimée par la levée de l'option pendant la durée de la présente promesse.
Si, malgré le caractère irrévocable et la force obligatoire attachés à son engagement, le promettant effectuait avant la levée d'option un acte incompatible avec les droits conférés par la promesse au bénéficiaire et mettant obstacle à la réalisation de la vente, telles notamment l'aliénation de l'immeuble au profit d'un tiers ou la conclusion d'un bail opposable à l'acquéreur ou conférant un droit de préemption légal au locataire, il serait redevable à l'égard du bénéficiaire, à titre de clause pénale, de la somme de... €, immédiatement exigible.
La promesse serait également dans ce cas résolue de plein droit sans mise en demeure préalable, et la somme versée par le bénéficiaire au titre de prix de l'option devrait lui être restituée sans délai et sans aucune retenue.
Si, l'option étant levée et toutes les conditions suspensives étant réalisées, l'une des parties se refusait, pour quelque cause que ce soit, à passer l'acte authentique et à exécuter ses obligations dans le délai ci-dessus prévu, la vente serait de plein droit résolue sans qu'il soit nécessaire d'exercer une action judiciaire à cette fin, dix jours après mise en demeure d'avoir à exécuter, effectuée par lettre recommandée par voie postale ou par voie électronique avec demande d'avis de réception mentionnant expressément la présente clause résolutoire, restée infructueuse.
La partie victime de la défaillance de l'autre aurait également la possibilité, à son seul choix, d'agir en exécution forcée de la vente devant la juridiction compétente ou de demander judiciairement sa résolution.
En cas de résolution de la vente dans les conditions ci-dessus au titre soit de la clause résolutoire expresse soit de la résolution judiciaire, la partie victime de la défaillance aura droit à titre de clause pénale à une somme fixée forfaitairement à 15 % du prix de vente. (*Éventuellement ajouter*: En cas de défaillance de l'acquéreur, cette somme sera prélevée à due concurrence sur la somme versée au titre de prix de l'option.)
Si la partie victime de la défaillance préfère poursuivre l'exécution de la vente par les voies judiciaires, il sera dû par son cocontractant, à titre d'astreinte, et par application des articles 1231-5 et 1229, alinéa 2 du Code civil, une indemnité de un pour mille (1 ‰) du prix d'acquisition par jour de retard à compter du jour de la réception de la mise en demeure d'avoir à régulariser, et sans que la partie défaillante puisse se prévaloir du paiement de cette astreinte pour différer la régularisation de la vente.

Dispositions diverses

Conséquences fiscales de la vente
La présente promesse sera enregistrée au droit fixe.
Le promettant est informé qu'en cas de réalisation de la vente il sera redevable de l'impôt sur les plus-values et des taxes forfaitaires éventuelles, sauf à faire valoir une cause d'exonération. L'acquéreur sera redevable des droits de mutation à titre onéreux au taux de... % (taux global dépendant du taux de la taxe départementale : n° 60048), compris dans la provision sus-indiquée (par hypothèse, la vente sera hors du champ de la TVA).
Formalités
Les parties donnent au notaire rédacteur pouvoir d'effectuer, pour elles et en leur nom, toutes formalités préalables à la vente promise.
Élection de domicile
Pour l'exécution des présentes, les parties font élection de domicile en leurs demeures indiquées en tête (*Variante* : en l'étude du notaire rédacteur).

Droit de réflexion de l'acquéreur

Le présent acte sous signature privée ayant pour objet l'acquisition par un non-professionnel de l'immobilier d'un immeuble à usage d'habitation, il entre dans le champ d'application des articles L 271-1 et L 271-2 du Code de la construction et de l'habitation.
Conformément aux dispositions légales, l'acquéreur aura la faculté de se rétracter, sans avoir à se justifier, dans un délai de 10 jours.

À cet effet, le présent acte lui sera notifié par lettre recommandée par voie postale ou par voie électronique avec demande d'avis de réception.
Le délai de rétractation de 10 jours ne commencera à courir qu'à compter du lendemain de la présentation de la lettre lui notifiant l'acte. Il expirera à la fin du dixième jour suivant cette première présentation. Le délai expirant un samedi, un dimanche ou un jour férié ou chômé est prorogé jusqu'au premier jour ouvrable suivant.
La rétractation, s'il y a lieu, sera au choix du bénéficiaire effectuée au domicile sus-indiqué du promettant ou en l'étude du notaire rédacteur de l'acte de vente.
En cas de rétractation exercée dans le délai légal selon la même forme que la notification, le présent acte sera caduc.
La rétractation d'un seul des acquéreurs emportera anéantissement de la promesse pour toutes les parties.

Publicité foncière

La présente promesse pourra à la requête du bénéficiaire être publiée au fichier immobilier, pour l'information des tiers.
Pour le contrôle de la règle de l'effet relatif de la publicité foncière, la mention de publication au service chargé de la publicité foncière de..., donnée au titre du promettant, est ici indiquée : le..., volume..., numéro...
La contribution de sécurité immobilière prévue par les articles 879 et suivants du CGI est ainsi calculée : ... € × 0,10 % = ... €.

Frais

Les frais et droits du présent acte seront supportés par le bénéficiaire, qui s'y oblige. Les frais des différents diagnostics techniques sont à la charge du promettant.

Dont acte, sur... pages,

Que, lecture faite, les parties ont signé avec le notaire soussigné.

PROMESSE UNILATÉRALE DE VENTE SOUS SIGNATURE PRIVÉE – CADRE D'ACTE ET PARTICULARITÉS

7902 Observation : ne sont reprises dans la formule que les particularités tenant au fait que la promesse est établie par acte sous signature privée ; une promesse de plus de 18 mois consentie par une personne physique doit être obligatoirement et à peine de nullité établie par acte notarié.

MODÈLE

Identification des contractants

Les soussignés :
1°
...
Dénommé(s) « le promettant » (*Ajouter en cas de pluralité* : souscrivant solidairement entre eux aux obligations à leur charge résultant des présentes),
2°
...
Dénommé(s) « le bénéficiaire » (*Ajouter en cas de pluralité* : souscrivant solidairement entre eux aux obligations à leur charge résultant des présentes),
Conviennent ce qui suit :

Promesse unilatérale de vente

Observation : la suite de la formule peut être reprise de la formule figurant n° 7900, *sauf à tenir compte des particularités ici indiquées.*

Enregistrement

Le présent acte sera, à la diligence de... (*l'une des parties ou le rédacteur de l'acte*), soumis à la formalité de l'enregistrement au service des impôts compétent dans le délai de 10 jours de son acceptation par le bénéficiaire.
Il est ici précisé que, en application de l'article 1589-2 du Code civil, est nulle et de nul effet toute promesse unilatérale de vente afférente à un immeuble si elle n'est pas constatée par un acte authentique ou par un acte sous signature privée enregistré dans le délai de 10 jours à compter de la date de son acceptation par le bénéficiaire.

Clôture

Fait en trois originaux, dont un pour chacune des parties en application des dispositions de l'article 1325 du Code civil et un pour l'enregistrement en application des dispositions de l'article 849 du CGI. 7902 (suite)

(*Variante* : Fait en deux originaux dont l'un, en application de l'article 1375 du Code civil, demeurera entre les mains de..., rédacteur du présent acte, chargé de le conserver et d'en délivrer une copie à chacune des parties, et dont l'autre est destiné à l'enregistrement en application des dispositions de l'article 849 du CGI.)

Le présent acte est établi sur... pages, sans mot ni chiffre nul, et sans renvoi ni surcharge ou addition.

À...,

Le...

CHAPITRE 2

PROMESSE UNILATÉRALE D'ACHAT

SOMMAIRE

A. Présentation

8000 La promesse unilatérale d'achat **se définit** comme la convention par laquelle une personne, le promettant, s'engage à l'égard d'une autre personne, le bénéficiaire, à acheter un bien à un prix déterminé, pour le cas où celle-ci se déciderait à le vendre. La situation est exactement inverse de celle résultant d'une promesse unilatérale de vente (n° 6008).

La promesse d'achat est proche de l'offre d'achat puisque, dans chacune des deux situations, le propriétaire a la possibilité de déclencher la vente, s'il le décide. La différence tient au fait que dans la promesse unilatérale d'achat, l'offre faite au propriétaire est insérée dans un contrat, ce qui lui confère un caractère obligatoire, alors que l'offre est en principe révocable (n°s 1190 s.).

La promesse unilatérale d'achat obéit aux mêmes règles que la promesse unilatérale de vente (n°s 6005 s.), sauf les particularités qui seront signalées dans les développements qui suivent.

8002 La **terminologie pour désigner les parties** est, comme dans la promesse unilatérale de vente, celle de « promettant » et de « bénéficiaire ». Toutefois dans la promesse unilatérale de vente, le « promettant » est le candidat à l'achat et le « bénéficiaire » est le propriétaire, titulaire de l'option.

La **formulation** de la promesse unilatérale d'achat peut par exemple être la suivante : « X, promettant, promet d'acquérir l'immeuble situé à..., à Y, son propriétaire, qui accepte la promesse en tant que promesse, mais sans prendre l'engagement de vendre, se réservant de le faire en levant l'option... »

8004 La **promesse** unilatérale d'achat est rarement **utilisée de manière autonome** en matière immobilière. Différentes raisons peuvent l'expliquer :

– un acquéreur est rarement dans la disposition d'esprit d'accepter que l'acquisition qu'il envisage de réaliser soit soumise à une manifestation de volonté discrétionnaire du propriétaire ;

– ce type de promesse présente une grande insécurité pour le propriétaire bénéficiaire : s'il lève l'option, il forme la vente et aliène l'immeuble alors qu'il n'est pas assuré que le promettant sera en mesure de payer le prix. La situation est différente lorsqu'il s'agit d'une promesse unilatérale de vente, laquelle prévoit très généralement que la levée d'option n'est possible qu'accompagnée du paiement du prix.

La **promesse** d'achat trouve parfois son utilité **adjointe à une autre opération**, tel un bail. Bailleur et preneur peuvent avoir une convergence d'intérêts à ce que le bail cesse et qu'une vente intervienne entre eux à des conditions convenues. Selon que l'initiative de former la vente est réservée au propriétaire ou au locataire, c'est une promesse unilatérale d'achat ou de vente qui est prévue (n° 6102).

Sur la pratique des promesses unilatérales croisées, voir n° 6110.

8006 Sur les règles particulières applicables aux promesses unilatérales d'achat portant sur un immeuble situé dans un département d'Alsace ou de Moselle, voir n°s 9600 s.

B. Conditions de validité

Comme pour tout contrat, le **consentement** et la **capacité** des parties sont requis. Le promettant doit avoir la capacité d'acquérir dès la conclusion de la promesse et le bénéficiaire doit avoir la capacité de contracter lors de la conclusion du contrat de promesse lui-même et celle de vendre lors de la levée de l'option qui formera la vente (sur cette capacité, voir nos 12000 s.). Le **contenu** et le **but** du contrat doivent être **licites** (C. civ. art. 1128). 8050

C. Effets de la promesse

À L'ÉGARD DU PROMETTANT

Le promettant souscrit l'**obligation** d'acquérir. À son égard, la promesse vaut achat dès avant la levée d'option, puisqu'il s'est engagé irrévocablement sur la chose et sur le prix. 8100
Si, en cas de levée d'option par le propriétaire, le consentement du promettant doit être exprimé dans l'acte notarié constatant la vente, il ne s'agit que d'un consentement réitératif postérieur et indifférent à la formation de la vente.
Pratiquement, le promettant dans une promesse unilatérale d'achat est dans une situation juridique très proche de celle d'un pollicitant, ayant fait une offre d'achat à personne déterminée assortie d'un délai. L'un et l'autre sont tenus de respecter le délai prévu : le promettant, parce que ce délai est convenu et que la convention est assortie de l'irrévocabilité ; l'offrant, parce qu'il doit respecter le délai qu'il s'est imposé (C. civ. art. 1116, al. 1), pour ne pas trahir la confiance que l'offre a fait naître chez son destinataire (n° 1196).

La **révocation** de la promesse pendant le temps laissé au bénéficiaire pour opter n'empêche pas la formation du contrat promis (C. civ. art. 1124, al. 2). Le contrat étant formé par la levée d'option malgré la révocation exprimée par le promettant, le bénéficiaire peut agir en **exécution forcée** de la vente. Le bénéficiaire peut également, si le promettant se refuse à réitérer la vente, agir en **résolution** de la promesse et solliciter des dommages et intérêts. 8104
Pour les contrats conclus avant le 1er octobre 2016, il était jugé, au contraire, que la « rétractation » du promettant avant la levée d'option empêchait la rencontre des volontés et mettait obstacle à la formation de la vente, dont la réalisation forcée ne pouvait plus être judiciairement demandée (Cass. 3e civ. 12-6-2013 n° 12-19.105 FS-D ; CE 2-4-2015 n° 364539).

Le **dispositif protecteur de l'acquéreur emprunteur** prévu par les articles L 313-40 et suivants du Code de la consommation s'applique pleinement à la promesse unilatérale d'achat lorsque l'opération, par la qualité du promettant, la nature de l'immeuble et les caractéristiques du prêt, entre dans son champ d'application (nos 42005 s.). Le promettant est libéré de son obligation s'il n'obtient pas le prêt nécessaire au financement de son achat. 8106

L'**acquéreur non professionnel** bénéficie du droit de rétractation ou du délai de réflexion pendant un délai de 10 jours prévu par l'article L 271-1 du Code de la construction et de l'habitation lorsque le contrat porte sur un immeuble d'habitation (sur l'ensemble du dispositif, voir nos 45000 s. et particulièrement n° 45170 sur la question de l'application du dispositif à la promesse unilatérale d'achat). 8108

À L'ÉGARD DU BÉNÉFICIAIRE

Le bénéficiaire de la promesse d'achat, bien qu'il soit lié par le contrat de promesse, ne souscrit en principe aucune obligation. La promesse lui confère le droit discrétionnaire de former la vente, s'il le décide. À l'instar de la situation que crée la promesse unilatérale de vente, il dispose d'une **option,** qu'il peut exercer en décidant soit de vendre, soit de ne pas vendre. 8130
L'option exercée par le bénéficiaire de réaliser la vente, intervenant dans les conditions de forme et de délai prévues par la promesse, aura pour effet de former la vente. Cette formation s'opère sans rétroactivité.

La vente n'étant pas formée tant qu'il n'en a pas pris l'initiative, le bénéficiaire conserve la **propriété de l'immeuble** et en supporte les risques. Il peut exercer toutes les prérogatives du propriétaire, tels les actes d'administration et même de disposition. Le fait pour le bénéficiaire de faire un acte incompatible avec la vente au promettant, comme l'**aliénation au profit d'un tiers,** manifeste de manière implicite qu'il a décidé de ne pas réaliser la vente. Cette vente à un tiers est tout à fait licite et n'est pas constitutive d'une faute, puisque le bénéficiaire n'est pas tenu de vendre au promettant. 8132

D. Sort en cas de décès ou d'incapacité d'une partie

8180 En cas de décès du **promettant**, les obligations souscrites par celui-ci sont transmises à ses héritiers. Cette transmission peut être évitée par l'introduction dans la promesse d'une condition suspensive de la survie du promettant au moment de la levée de l'option.

Les obligations souscrites par le promettant ne sont pas non plus affectées par une incapacité de celui-ci survenant après la conclusion de la promesse.

8182 En cas de décès ou d'incapacité du **bénéficiaire**, le choix d'exercer ou non l'option est alors fait selon le cas par ses héritiers ou son représentant (sur les règles de représentation des mineurs non émancipés et des majeurs protégés pour acquérir un immeuble, voir respectivement n° 12112 et n°s 12170 s.).

Si l'exercice de l'option est enfermé dans un délai déterminé, l'état de minorité des bénéficiaires de l'option est sans incidence sur ce délai, qui doit être respecté, nonobstant le délai de l'article 771 du Code civil pendant lequel l'héritier ne peut être contraint de prendre parti sur la succession et le délai de prescription de dix ans de la faculté d'option de l'article 780 du même Code (Cass. 1e civ. 4-7-2012 n° 11-10.594 FS-PBI : Sol. Not 10/12 inf. 255).

E. Aménagements conventionnels

1. OPTION DU BÉNÉFICIAIRE

8230 La faculté réservée par la promesse au bénéficiaire de lever l'option et ainsi de former la vente est régie dans ses modalités par les stipulations de la promesse. Celle-ci prévoira utilement les **conditions de forme** que devra emprunter la manifestation de volonté du bénéficiaire pour former la vente, afin d'éviter toute ambiguïté ou incertitude sur la décision du bénéficiaire.

8232 Comme pour la promesse unilatérale de vente, la **stipulation d'un délai** n'est pas de l'essence de la promesse d'achat. Toutefois, l'absence de délai, qui devrait en pratique être exceptionnelle, serait sans doute le résultat d'une maladresse rédactionnelle ou d'un oubli.

8234 La **levée de l'option** par le bénéficiaire, propriétaire de l'immeuble, a pour **effet** de former la vente. La vente est formée à la date de la levée et non, rétroactivement, à celle de la promesse. Le transfert de propriété est en principe opéré à la levée de l'option. Cependant, la promesse peut retarder ce transfert à la signature de l'acte authentique qui constate corrélativement le paiement du prix.

2. VERSEMENT D'UNE SOMME D'ARGENT

VERSEMENT PAR LE PROMETTANT

8260 Le promettant ne tire a priori aucun bénéfice de la promesse. Il s'engage seul, sans avoir la certitude que la vente à son profit se réalisera, celle-ci dépendant de la levée d'option dont le propriétaire a seul l'initiative.

Pour cette raison, on voit mal à quel titre le promettant verserait une somme d'argent à l'occasion de la promesse. Ce versement serait cependant concevable sous forme d'un acompte sur le prix. Cette pratique semble toutefois interdite par l'article 1589-1 du Code civil qui frappe de nullité tout engagement unilatéral souscrit en vue de l'acquisition d'un bien ou d'un droit immobilier pour lequel il est exigé ou reçu de celui qui s'engage un versement, quelles qu'en soient la cause et la forme.

Sur la possibilité de prévoir dans la promesse une faculté de dédit en faveur du promettant, voir n° 8104.

VERSEMENT PAR LE BÉNÉFICIAIRE

8262 S'il n'est pas naturel pour un propriétaire d'effectuer un versement, alors qu'il est plutôt dans la disposition d'esprit et dans la position contractuelle de vendeur potentiel de recevoir un prix, il est juridiquement possible de convenir dans une promesse unilatérale d'achat, qui est en quelque sorte une promesse unilatérale de vente inversée, le **versement** par le bénéficiaire, c'est-à-dire le propriétaire, d'une somme d'argent acquise au promettant **à défaut de levée d'option**. Si les parties prévoient un tel versement, il convient d'envisager dans la promesse les conditions de

sa restitution au bénéficiaire, si celui-ci lève l'option et réalise la vente. Signalons que, contrairement à ce qui a été exposé pour la promesse unilatérale de vente (n° 6460), il est impossible dans la promesse unilatérale d'achat de prévoir l'imputation du montant du versement sur le prix de la vente, dans la mesure où dans une telle promesse le versement provient du vendeur.
La nature juridique de ce versement est, à notre avis, la même que celle retenue en matière de promesse unilatérale de vente (nos 6382 s.).
En principe, le fait que le bénéficiaire verse une somme d'argent ou s'oblige à le faire ne transforme pas la promesse unilatérale de vente en promesse synallagmatique, car les obligations respectives du promettant et du bénéficiaire ne sont pas symétriques. Il s'agit alors d'un contrat synallagmatique de promesse unilatérale d'achat.

3. AUTRES AMÉNAGEMENTS CONVENTIONNELS

La promesse peut prévoir diverses stipulations identiques à celles qui peuvent être insérées dans une promesse unilatérale, telles que : **conditions suspensives** (nos 6302 s.), date de transfert de propriété et d'entrée en jouissance, **conditions de la vente à intervenir** (n° 6510). **8290**
Faute d'avoir prévu ces éléments, les parties pourraient se trouver dans une situation préjudiciable, surtout le vendeur : transfert de propriété réalisé dès la levée d'option et de son seul fait, alors que le prix ne serait pas encore payé, application des dispositions supplétives du Code civil, spécialement concernant les garanties dues par le vendeur (sur ces dispositions, voir nos 49000 s.).

F. Formalisme

La promesse unilatérale d'achat se démarque de la promesse unilatérale de vente en ce qu'elle échappe à l'**enregistrement** obligatoire de l'article 1589-2 du Code civil (Cass. 3e civ. 18-3-1975 n° 73-14.524 : Bull. civ. III n° 112). En effet, ce texte, d'interprétation stricte, ne vise que la promesse unilatérale de vente sous signature privée. **8330**
Sur la question de savoir si la promesse unilatérale d'achat est soumise à la formalité de **publicité foncière**, voir n° 56230.

G. Formule

MODÈLE

Promesse unilatérale d'achat sous signature privée **8350**

Observations : la formule proposée est celle d'une promesse unilatérale d'achat convenue à titre principal. La promesse d'achat est le plus souvent intégrée dans une autre convention, généralement un bail ; la formule doit alors être adaptée.
Les soussignés :
1°
...
Dénommé(s) « le promettant » (*Ajouter en cas de pluralité* « souscrivant solidairement entre eux aux obligations à leur charge résultant des présentes »),
2°
...
Dénommé(s) « le bénéficiaire » (*Ajouter en cas de pluralité et de souscription par le bénéficiaire d'obligation(s) à sa charge* « souscrivant solidairement entre eux aux obligations à leur charge résultant des présentes »),
Conviennent ce qui suit :

Promesse unilatérale d'achat

Le promettant promet d'acquérir l'immeuble situé à..., plus amplement désigné dans la suite de l'acte, au bénéficiaire, qui accepte cette promesse en tant que telle, mais sans prendre l'engagement de vendre, se réservant de le faire ultérieurement, en levant l'option selon les modalités précisées dans la suite de l'acte.

Désignation

Commune de...
Observations : pour ce paragraphe et pour ceux suivants, il est possible de reprendre en l'adaptant la formule de promesse unilatérale de vente (n° 7902), la promesse unilatérale d'achat étant une espèce de promesse de vente inversée. Les principales adaptations consistent, selon le contexte rédactionnel, à remplacer le terme « vente » par « achat », ou à inverser les dénominations « promettant » et « bénéficiaire ».

8350 (suite) *Il est en outre signalé :*
– que tout versement de somme d'argent par le promettant est proscrit à peine de nullité de la promesse en application de l'article 1589-1 du Code civil ;
– que la promesse unilatérale d'achat n'est pas soumise à enregistrement obligatoire à peine de nullité ;
– que la publicité foncière lui est étrangère, la promesse ne modifiant pas la situation juridique de l'immeuble.

CHAPITRE 3

PROMESSE SYNALLAGMATIQUE DE VENTE

SOMMAIRE

Les promesses synallagmatiques de vente se conjuguent au pluriel. Une caractéristique essentielle les distingue. Elles peuvent **valoir vente** ou au contraire **ne pas valoir vente**. Selon le cas, leur régime juridique se trouve profondément différencié. **8500**

Le parti a été pris d'étudier les différents types d'avant-contrats, en respectant un ordre marquant la progression dans le sens de la perfection de la vente. Il y sera dérogé s'agissant de la promesse synallagmatique, celle ne valant pas vente apparaissant comme une variante assez peu usitée de celle, « ordinaire », valant vente. Au surplus, le régime juridique de la seconde est plus facilement mis en évidence par comparaison avec celui de la première.
C'est ici la promesse synallagmatique de vente valant vente qui est étudiée. La promesse synallagmatique ne valant pas vente, que nous appellerons « promesse autonome » pour la distinguer, est examinée n°s 10500 s.

SECTION 1 PRÉSENTATION

DÉFINITION

8502 La promesse synallagmatique de vente est le contrat par lequel une personne promet de vendre un bien à une autre personne qui s'engage à l'acquérir à un prix et à des conditions déterminés. L'acte constate les **engagements réciproques et symétriques** des parties. À la promesse ou à l'engagement de vendre du propriétaire répond exactement la promesse ou l'engagement d'acquérir de son cocontractant.

FORMULATION

8504 La formulation retenue est très simple. Elle est généralement la suivante : « X s'engage à vendre à Y, qui s'engage à acquérir, aux conditions prévues dans la présente promesse, l'immeuble... » ou « X promet de vendre à Y, qui promet d'acquérir, aux conditions prévues dans la présente promesse, l'immeuble... »

PRÉCISIONS TERMINOLOGIQUES

8506 Le vocable de « **compromis** » ou « compromis de vente » est souvent utilisé dans le public, et même par de nombreux professionnels, pour désigner indistinctement soit la promesse synallagmatique, soit la vente sous condition suspensive. Il s'agit d'un emploi impropre du terme de « compromis » qui, dans son acception strictement juridique, correspond à la convention bien particulière, régie par le Code civil (art. 2059 s.), par laquelle deux personnes décident de soumettre à l'arbitrage d'un tiers la solution d'un litige qui les oppose. C'est la raison pour laquelle ce terme sera ici évité.
Les juristes utilisent pour qualifier la **promesse** le terme technique et juridique de « **synallagmatique** ». Cet adjectif caractérise des obligations réciproques et interdépendantes. On peut parler plus simplement et tout aussi exactement de « **promesse réciproque** », de « **promesse bilatérale** » ou de « **promesse de vendre et d'acquérir** ».
Une terminologie rigoureuse est rarement respectée en pratique. Les vocables utilisés ne correspondent pas toujours à la nature de l'avant-contrat, que seule une démarche de qualification, s'appuyant sur l'ensemble du contrat, permet de déterminer (pour un exemple de requalification d'une promesse synallagmatique de vente en promesse unilatérale, voir Cass. 3e civ. 8-2-2011 n° 10-10.408 : BPIM 2/11 inf. 132).

8508 Pour distinguer les **parties à ce contrat** de celles qui contractent une promesse unilatérale et qu'on désigne « promettant » et « bénéficiaire », il est suggéré d'utiliser les vocables de « promettant vendeur » et de « promettant acquéreur ». Ces termes permettent par ailleurs de distinguer les parties engagées dans une promesse synallagmatique de celles liées directement par une véritable vente sous conditions suspensives, et qu'il est légitime de désigner respectivement « vendeur » et « acquéreur » (n° 11010).

OBJET

8510 L'objet de la promesse synallagmatique est de **préparer** les éléments essentiels et structurants de **la vente** convenue par les parties. Ce qui distingue la promesse synallagmatique de la promesse unilatérale, dont l'objet est également de préparer la vente, c'est qu'ici la manifestation de volonté d'aucun des protagonistes n'est plus nécessaire pour former la vente : ceux-ci ont chacun promis de la conclure et de la réaliser, et cette promesse est assortie de l'irrévocabilité et de la force obligatoire des contrats.
La **vente**, malgré la réciprocité et la symétrie des engagements des parties, peut cependant **ne pas être certaine**. C'est le cas lorsqu'elle est subordonnée à la réalisation d'une ou plusieurs

conditions suspensives ; mais cette incertitude est alors l'effet du jeu de la condition et ne résulte pas de l'exigence du consentement de l'une des parties.
Les consentements des parties seront exprimés dans l'acte notarié constatant la vente, mais il s'agira d'un consentement réitératif.

DISTINCTION ENTRE LA PROMESSE SYNALLAGMATIQUE ET LA VENTE ELLE-MÊME

La **distinction entre la promesse synallagmatique de vente et la vente** elle-même est délicate. 8512
Cela tient largement aux termes de l'article 1589, alinéa 1 du Code civil qui dispose que la promesse de vente vaut vente « lorsqu'il y a **consentement** réciproque des deux parties **sur la chose et sur le prix**. » Il est tentant, à la lecture de ce texte, de conclure que la promesse de vente est la vente elle-même, au point de douter même de la distinction entre les deux figures contractuelles.
Cette lecture de l'article 1589, alinéa 1, qui peut se nourrir également des articles 1582 (définition du contrat de vente) et 1583 du Code civil (perfection de la vente), a conduit une partie de la doctrine ancienne à assimiler la promesse de vente à la vente. Cette assimilation repose sur le syllogisme suivant : la vente est formée par la rencontre de deux consentements convergents portant sur une chose et sur un prix. Or, la promesse de vente contient cet accord sur la chose et sur le prix ; donc, la promesse de vente est une vente. La dénomination de « promesse » donnée par les parties à leur convention serait indifférente à la qualification de l'opération, qui serait en réalité une vente.

Deux considérations permettent de nuancer cette analyse et d'affirmer l'existence et l'**originalité de la promesse** synallagmatique par rapport à la vente elle-même. L'une est d'ordre psychologique, l'autre d'ordre juridique et historique. 8514
Même si les effets des engagements souscrits sont en principe identiques, ce n'est pas la même chose de dire « je vends, j'achète », que de dire « je promets de vendre, je promets d'acquérir ». Le contrat de promesse intègre une prise en compte de la donnée temporelle : en promettant de vendre et d'acquérir, les parties s'obligent actuellement et irrévocablement à réaliser une opération de vente dans le futur. La promesse synallagmatique révèle la volonté des parties de réaliser l'opération contractuelle en deux étapes distinctes : la promesse elle-même et la vente ultérieure. Ni le caractère obligatoire de la promesse, qui tient au fait qu'il s'agit d'un contrat, ni l'exécution forcée qu'autorise l'article 1589, alinéa 1 du Code civil, ne permettent de la réduire à une vente mal qualifiée.
Ensuite, l'article 1589, alinéa 1 n'exprime pas que la promesse « est » la vente, mais qu'elle la « vaut ». La règle énoncée, si on s'attache à son origine historique, a pour objet non pas de régler une question de formation de la vente, mais de résoudre une difficulté d'exécution d'une promesse de vente : dès lors que sont réunis les éléments nécessaires à la formation de la vente que sont les consentements réciproques sur la chose et sur le prix, les engagements souscrits par les promettants ont la même portée qu'une vente, et peuvent notamment faire l'objet d'une **exécution forcée**, qui aboutit à la réalisation de la vente même si l'une des parties est défaillante et refuse de réitérer son consentement. À la sanction de l'inexécution au moyen de dommages-intérêts, les rédacteurs du Code civil ont préféré celle de l'exécution forcée.
Si la promesse synallagmatique de vente est aussi sûre que la vente elle-même, par l'exécution forcée dont elle peut comme celle-ci faire l'objet, cela ne permet pas d'en déduire pour autant qu'il s'agit de deux opérations juridiques identiques.
Par ailleurs, si au stade de la promesse la vente est incontestablement formée en raison de la convergence d'accords sur la chose et sur le prix, affirmer l'existence et l'originalité d'un contrat de promesse distinct de la vente ne conduit pas à nier cet effet, et le fait que la vente soit formée n'évince pas la notion de promesse et n'en épuise pas les effets.
En outre, la distinction entre la promesse synallagmatique et la vente elle-même doit d'autant plus être affirmée que les dispositions de l'article 1589, alinéa 1 du Code civil ne sont pas d'ordre public : les **parties** peuvent y **déroger**, en souscrivant une promesse « ne valant pas vente » (n° 10508).
Enfin, si la reconnaissance d'une certaine autonomie conceptuelle de la promesse synallagmatique de vente n'a pas de véritables **incidences pratiques**, elle a le mérite cependant de rendre compte de ce que les parties ont véritablement voulu et convenu : s'engager actuellement et irréversiblement sur une vente qu'elles réaliseront plus tard.

UTILITÉ PRATIQUE

La promesse synallagmatique de vente est le type d'avant-contrat qui convient aux parties, promettant vendeur et promettant acquéreur, qui souhaitent **constater une opération de vente** sur 8516 les conditions de laquelle elles sont d'accord, et dont elles souhaitent que la bonne fin ne dépende plus d'un consentement ou d'une manifestation de volonté ultérieure de l'une d'elles.

Le fait que les parties ne réalisent pas directement la vente tient généralement à la nécessité pour elles de **subordonner la perfection de leur convention à la réalisation de conditions suspensives** : notamment, vérifications effectuées par le notaire de la régularité du droit de propriété et de la situation hypothécaire, obtention d'une autorisation administrative ou d'un financement par l'acquéreur.

8518 Le fait que les engagements du promettant vendeur et du promettant acquéreur vaillent vente entraîne comme conséquence que tant que la promesse n'a pas trouvé son issue – exécution ou résolution – les parties se trouvent engagées dans les liens d'une vente. Cette force de la promesse est parfois considérée comme un **inconvénient** par le promettant vendeur qui, en cas de défaillance de son cocontractant, ne peut pas conclure une vente avec un autre acquéreur tant que la promesse n'a pas été résolue, conventionnellement ou judiciairement.

SECTION 2 CONDITIONS DE VALIDITÉ

CONDITIONS DE FOND

8570 Comme pour tout contrat, le **consentement** et la **capacité** des parties sont requis, étant précisé que le promettant vendeur et le promettant acquéreur doivent avoir respectivement la capacité de vendre et d'acquérir. Ces conditions s'apprécient au moment de la promesse, peu important l'existence de conditions suspensives.

Les parties doivent également avoir le **pouvoir** de contracter la vente. Un vendeur marié n'a ainsi pas le pouvoir de vendre sans l'accord de son conjoint un immeuble qui constitue le logement de la famille (n°s 12470 s.) ou qui dépend de la communauté de biens existant entre les époux (n° 12400).

Un « **contenu** licite et certain » est nécessaire à la validité du contrat (C. civ. art. 1128).

CONDITIONS DE FORME

8572 Si, **en principe**, en vertu de son mode de formation consensualiste, la promesse synallagmatique de vente peut être contractée selon la forme librement choisie par les parties, celles-ci ont intérêt à choisir la **forme écrite** afin de se ménager une preuve de la promesse. En effet la preuve des actes juridiques d'une somme ou d'une valeur supérieure à 1 500 € doit résulter d'un écrit (C. civ. art. 1359, al. 1 ; Décret 80-533 du 15-7-1980 art. 1). En outre, les nombreuses obligations d'information pesant sur le vendeur imposent de fait cette forme écrite, de sorte qu'une vente d'immeuble ne peut plus qu'exceptionnellement être régulièrement formée par accord verbal.

La promesse synallagmatique peut en principe être indifféremment constatée par acte authentique, par acte sous signature privée ou par acte contresigné par avocat. C'est le plus souvent la forme sous signature privée qui est retenue, même lorsque la promesse est rédigée par un notaire.

Toutefois, **par exception**, la promesse dite **de longue durée** (promesse ayant pour objet la cession d'un immeuble ou d'un droit réel immobilier, consentie par une personne physique, et dont la validité est supérieure à 18 mois, ou toute prorogation d'une telle promesse portant sa durée totale à plus de 18 mois) est nulle et de nul effet si elle n'est pas constatée par acte authentique (CCH art. L 290-1).

L'exigence de l'authenticité s'applique à toutes les promesses de longue durée, qu'elles soient unilatérales ou synallagmatiques (Cass. civ. 18-2-2015 n° 14-14.416 : BPIM 2/15 inf. 124).

Sur les solennités de l'acte notarié et le formalisme de l'écrit sous signature privée, voir respectivement n°s 54010 s. et n°s 54200 s.

SECTION 3

RÔLE DE L'ACTE AUTHENTIQUE

1. PRINCIPE

La signature de l'acte authentique est au nombre des obligations des parties. Cette **formalité** 8620
est **indispensable** et importante à plusieurs titres : l'acte établi par le notaire constate la réalisation effective de la vente, le transfert de propriété lui est le plus souvent associé et sa publication au service chargé de la publicité foncière est la seule formalité, sauf les cas particuliers de la publication exceptionnelle de la promesse (n° 9226) ou de la vente judiciairement constatée (n° 9224), qui consacre le droit de propriété à l'égard des tiers en le leur rendant opposable.
Cependant, pour importante qu'elle soit, la réitération de la promesse par acte authentique est en principe objectivement **accessoire** à la perfection de la vente. Cette perfection tient en effet à la réunion, au stade de la promesse, des éléments de validité de celle-ci : éléments de formation généraux de l'article 1128 du Code civil combinés avec ceux spécifiques de la vente que sont l'accord sur la chose et sur le prix, définis aux articles 1583 et 1589 du Code civil. Or les règles de forme aux fins de preuve ou d'opposabilité sont sans effet sur la validité du contrat (C. civ. art. 1173).

2. CLAUSE DE « RÉITÉRATION PAR ACTE AUTHENTIQUE »

QUALIFICATION

La clause, dite « de réitération par acte authentique », par laquelle les parties prévoient que la pro- 8640
messe fera l'objet d'une réitération par acte authentique dans un délai convenu s'analyse en principe comme un **terme suspensif**, simple modalité temporelle d'exécution d'une vente déjà formée : elle ne vise donc pas à différer la formation du contrat de vente mais uniquement à retarder le transfert de la propriété et l'exigibilité des obligations qui pèsent sur le vendeur et sur l'acquéreur.

> **Précisions** Certaines décisions de jurisprudence ont retenu la qualification de **condition suspensive** (Cass. 3e civ. 11-12-1984 n° 83-14.829 : Bull. civ. III n° 212 ; Cass. 3e civ. 20-12-2000 n° 1823 : AJDI 2001 p. 923 note F. Cohet-Cordey). Selon cette analyse, le défaut de signature dans le délai prévu entraîne défaillance de la condition, et le contrat, censé n'avoir jamais existé, disparaît. Une telle analyse n'est pas satisfaisante. En effet, au cas considéré, la prétendue condition suspensive encourt deux reproches. Le premier est celui de la potestativité : chacune des parties, en ne se prêtant pas à la formalité dans le délai prévu, a la possibilité de faire défaillir arbitrairement la condition, ce qui est interdit par l'article 1304-2 du Code civil. Le second est celui de l'incohérence : la condition suspensive ne peut être choisie parmi les obligations générées par le contrat, parce que la naissance de celui-ci ne peut dépendre de son exécution. De deux choses l'une : soit les parties se sont obligées à la signature de l'acte authentique et l'événement étant, en ce qui les concerne, certain puisque obligatoire, il ne peut s'agir d'une condition modalité ; soit la signature dépend ouvertement de leur bon vouloir, et la promesse n'est alors qu'un simple projet dépourvu de toute portée juridique.
> La Cour de cassation a récemment approuvé une cour d'appel d'avoir constaté que la date avant laquelle devait intervenir la réitération n'était pas extinctive mais constitutive du point de départ à partir duquel l'une des parties pourrait obliger l'autre à s'exécuter (Cass. 3e civ. 21-11-2012 n° 11-23.382 : RJDA 3/13 n° 210 ; dans le même sens, Cass. 3e civ. 3-4-2013 n° 12-15.148).

Les parties ont la possibilité de faire de la signature de l'acte authentique une véritable condition 8642
de fond de la vente. Elles contractent alors une promesse synallagmatique ne valant pas vente (nos 10500 s.).

DÉLAI DE RÉITÉRATION

Durée du délai L'avant-contrat prévoit très généralement une date limite ou un délai de 8644
régularisation de l'acte authentique. Lorsqu'il s'agit d'un délai, son **point de départ** est parfois l'avant-contrat lui-même ou un événement futur, comme la réalisation de la dernière en date des conditions suspensives, ou encore la réception par le notaire de la dernière des pièces administratives. Ainsi, il peut être prévu que la signature de l'acte authentique constatant la vente interviendra « au plus tard le... » ou « dans le délai de trois mois à compter de ce jour » ou « dans le délai d'un mois de la réalisation de la dernière des conditions suspensives » ou encore « dans le délai d'un mois de la réception par le notaire de la dernière des pièces administratives ».

8646 Une **clause de prorogation** de plein droit **de la durée** de la promesse est parfois prévue. Généralement, cette prorogation porte sur un délai (par exemple 10 jours ou 1 mois) à compter de la réception par le notaire chargé d'établir l'acte authentique de la dernière des pièces administratives nécessaires à cette rédaction. Cette clause de prorogation ne permet pas de considérer que la promesse est à durée indéterminée, un terme étant prévu, de sorte qu'il n'est pas possible de considérer que la promesse est caduque après l'expiration d'un délai raisonnable (Cass. 3e civ. 17-7-1997 no 95-19.222 : RJDA 12/97 no 1454).

8648 **Dépassement du délai** En principe, le dépassement du délai convenu n'est pas sanctionné par la caducité de l'avant-contrat et de la vente déjà formée (Cass. 3e civ. 18-2-2009 no 08-10.677 : Bull. civ. III no 47). L'expiration de la date limite détermine simplement le moment à compter duquel le contractant le plus diligent a la possibilité de **mettre** l'autre **en demeure de régulariser l'acte authentique** et, à défaut pour celui-ci de s'exécuter spontanément, de demander judiciairement soit l'exécution forcée ou la constatation de la vente, soit sa résolution (Cass. 3e civ. 29-11-2000 no 98-20.502 : RJDA 4/01 no 434 ; Cass. 3e civ. 30-11-2017 no 16-25.107 : RJDA 3/18 no 219). Cette mise en demeure suppose que les conditions suspensives soient réalisées avant la date fixée dans la promesse ; à défaut, la promesse est caduque (Cass. 3e civ. 4-2-2021 no 20-15.913 : BPIM 2/21 inf. 128). La longueur du dépassement de délai n'altère pas la solution. Ainsi, une sommation de régulariser 13 ans après expiration du délai prévu a été jugée recevable (Cass. 3e civ. 12-12-1978 : D. 1979 IR p. 188). Il n'en serait autrement que si le délai était assorti de la sanction de la caducité en cas de dépassement, ou que si les parties avaient fait de la réitération par acte authentique un élément constitutif de leur consentement (Cass. 3e civ. 9-7-2014 no 13-12.470 FS-D : RJDA 2/15 no 77 ; Cass. 3e civ. 25-5-2022 no 21-13.017 F-D : BPIM 4/22 no 308).

Le délai prévu pour la réalisation de la vente par acte authentique est parfois assorti d'une réserve relative à l'obtention des pièces administratives. Dans ce cas, et à défaut de disposition stipulant la caducité automatique du contrat faute de signature de l'acte authentique à la date indiquée, le délai peut être prorogé (Cass. 3e civ. 8-11-2005 no 04-14.807).

8650 Il est parfois convenu, sans autre précision, que le dépassement du délai prévu sans que l'acte authentique soit signé entraînera de plein droit **résolution** ou **caducité** de la vente. Une telle formulation est d'interprétation délicate et d'usage dangereux.

La notion de caducité, pour justifier la disparition d'une vente parfaite, ne paraît pas adaptée, si on la définit comme étant l'anéantissement d'un acte valablement formé en conséquence de la disparition d'un élément nécessaire à sa perfection par suite d'un événement indépendant de la volonté des parties. La clause prévoyant l'anéantissement de la vente pourrait être analysée comme une clause résolutoire expresse qui jouerait automatiquement, sans même qu'une mise en demeure d'avoir à régulariser doive être adressée au cocontractant défaillant. Mais sa brutale automaticité sanctionne aussi celle des parties qui, victime de la défaillance de son cocontractant et désireuse de passer la vente, aurait volontiers accepté un retard ou demandé l'exécution forcée. Si les parties ont la volonté de fixer un délai impératif, sanctionné par l'anéantissement du contrat, la clause peut alors prévoir que la signature doit intervenir « à compter du..., date à compter de laquelle chacune des parties pourra mettre l'autre en demeure d'avoir à régulariser l'acte authentique, et au plus tard le..., la promesse étant de plein droit caduque à l'expiration de cette date ». À défaut d'une telle précision, aucun retard n'est imputable à qui que ce soit jusqu'à la dernière heure du dernier jour, et l'opération est anéantie à la première heure du lendemain. Cela revient à donner à chacune des parties un droit discrétionnaire et arbitraire sur le contrat, ce qui n'est pas satisfaisant. Une telle clause fait en outre peser un risque important sur le notaire chargé de la régularisation de la vente, si l'une des parties lui impute la responsabilité du dépassement du délai et donc de l'échec de la vente.

8652 La promesse peut prévoir une **clause pénale moratoire** destinée à dissuader les cocontractants de différer l'exécution de leurs obligations et, si cette fonction préventive se révèle inefficace, à fixer forfaitairement le montant des dommages-intérêts qui seront acquis à la victime du retard. Cette clause est parfois dénommée « astreinte » mais ce terme désigne plus exactement la fixation par le juge plutôt que par les parties de la sanction pécuniaire du retard en vue de l'exécution d'une obligation.

Le montant des dommages-intérêts prévus à titre de sanction correspond généralement à une somme fixe exigible par jour de retard. Elle peut également être fixée par référence à un pourcentage du prix. Ce montant peut être révisé par le juge s'il est manifestement excessif ou dérisoire (C. civ. art. 1231-5, al. 2).

Il est conseillé de prévoir dans l'acte que la sanction du retard courra à compter d'une mise en demeure demeurée infructueuse et de préciser sous quelle forme la mise en demeure interviendra et au bout de quel délai l'inaction du cocontractant sera sanctionnée. Pour une formule, voir n° 8868.

Absence de délai L'omission d'un délai de régularisation de l'acte authentique n'est pas sanctionnée par une caducité ou une déchéance : chacune des parties peut alors solliciter l'autre de s'y prêter, en lui offrant un **délai raisonnable** (Cass. 3e civ. 20-5-2015 n° 14-11.851 FS-PB : RJDA 10/15 n° 643 ; à noter : Cass. 3e civ. 30-1-2020 n° 18-25.381 FS-PBI : BPIM 2/20 inf. 127 pour un compromis de 2007 dont la demande de réalisation forcée a été accueillie en 2018, mais la solution de l'espèce s'explique sans doute par l'absence de toute condition suspensive dans le compromis qui, dès lors, valait vente ferme et définitive). 8654

SECTION 4 STIPULATIONS DIVERSES

A. Conditions suspensives

La promesse synallagmatique de vente peut être conclue sous condition(s) suspensive(s) de la réalisation d'un ou de plusieurs événements futurs et incertains afin de tenir compte des souhaits ou des contraintes des parties ou de l'une d'elles (sur l'étude d'ensemble de la condition modalité, voir nos 30000 s.). L'**insertion** d'une telle modalité a un **caractère facultatif**. Néanmoins, les parties y ont recours quasi systématiquement. En effet, si les parties n'éprouvaient pas le besoin de subordonner la pleine efficacité de leur accord à un événement incertain et non encore arrivé, elles signeraient le plus souvent directement un contrat de vente et non une promesse. 8700
Sur l'insertion d'une condition suspensive lorsque l'acquéreur sollicite un prêt pour le financement de son acquisition et que l'opération relève du dispositif protecteur prévu pour les crédits immobiliers, voir nos 42320 s.

B. Versement d'une somme d'argent

Le versement d'une somme d'argent à l'occasion de la promesse, s'il est très fréquemment prévu, n'est pas au nombre des éléments nécessaires à la validité de la promesse synallagmatique de vente. 8720
Sur la réglementation du versement d'une somme d'argent lorsque la promesse constate une opération préparatoire à la vente d'un immeuble d'habitation au profit d'un acquéreur non professionnel, voir nos 45600 s.

1. QUALIFICATION

La stipulation d'une clause prévoyant l'obligation pour le promettant acquéreur de verser une somme d'argent ou par laquelle celui-ci s'engage à verser une **somme d'argent** peut **jouer différents rôles** et donc recevoir différentes dénominations (acompte, dédit, arrhes, dépôt de garantie, indemnité d'immobilisation). 8722
Il convient de ne pas s'arrêter à la dénomination employée dans la promesse en raison de fréquentes confusions ou contradictions terminologiques. Il est préférable de se référer aux stipulations de la promesse relatives au rôle que les parties ont voulu faire jouer au versement et d'effectuer une démarche de qualification.

ACOMPTE

La somme versée à titre d'acompte constitue un **paiement partiel et anticipé de la dette de prix** qui pèse sur le promettant acquéreur. Cette qualification est la plus adaptée au versement effectué dans le cadre d'une promesse synallagmatique de vente. 8724
Certes, au jour de la signature de la promesse, le prix n'est pas encore exigible, puisque la promesse prévoit systématiquement un paiement différé à la signature de l'acte authentique, et cette exigibilité est en outre le plus souvent incertaine en raison de l'existence de conditions suspensives affectant la promesse. C'est la raison pour laquelle l'acompte est le plus souvent versé à un tiers au contrat (notaire ou agent immobilier) afin de garantir la représentation des fonds et son versement à celle des parties qui pourra y prétendre en fonction du dénouement de la promesse.

En pratique, le versement d'un acompte excède cet aspect technique d'un simple paiement anticipé et partiel d'une dette ultérieurement exigible et le plus souvent conditionnelle. Il a, dans l'esprit des parties et des rédacteurs d'actes, une fonction psychologique tenant au fait que les parties, tant le promettant vendeur que le promettant acquéreur, se sentent davantage liées lorsque le contrat a reçu un début d'exécution par un versement. Dans leur esprit, ce versement renforce leur accord. En outre, il a une fonction pratique liée à la solvabilité de l'acquéreur qu'elle met en évidence : un promettant acquéreur qui ne peut mobiliser 5 à 10 % du prix d'acquisition d'un immeuble ne dispose a priori pas d'apport personnel et aura sans doute davantage de difficultés qu'un autre éventuel acquéreur à obtenir un financement extérieur. Enfin, par suite des stipulations de la promesse, la somme versée garantit le plus souvent l'exécution par l'acquéreur de ses engagements, dans le cadre d'une clause pénale (n°s 8860 s.).

MODÈLE

Versement d'un acompte

« Le promettant acquéreur a versé à l'instant même la somme de X € à titre d'acompte sur le prix de la vente promise.
Si la vente se réalise, cette somme s'imputera sur le prix et l'acquéreur sera tenu de verser le solde du prix.
Si la vente ne se réalise pas, par suite de la défaillance d'une condition suspensive, cette somme sera restituée au promettant acquéreur. »

DÉDIT

8730 La promesse peut contenir une **clause** de dédit **permettant**, à certaines conditions, à l'une et/ou l'autre des parties **de ne pas exécuter son obligation moyennant le versement d'une somme d'argent** à son cocontractant. La partie qui exerce le dédit ne commet aucune faute, puisque le contrat lui reconnaît ce droit.
À la différence de la somme due en exécution d'une clause pénale (n° 8864), celle due au titre d'une clause de dédit n'est pas révisable (Cass. 3e civ. 15-2-2006 n° 04-17.595 : RJDA 5/06 n° 503).
Alors qu'il a longtemps semblé que le « droit de repentir » de celui au profit de qui il avait été stipulé avait nécessairement une contrepartie onéreuse, la Cour de cassation a admis la gratuité de la faculté de dédit (Cass. com. 30-10-2000 n° 98-11.224 : D. 2001 n° 40 som. p. 3141).
Il est toutefois exceptionnel en pratique que soit organisée dans la promesse synallagmatique de vente une véritable faculté de dédit ouvrant la faculté à son bénéficiaire d'imposer licitement à son cocontractant l'anéantissement du contrat.
En réalité, l'utilisation du terme « dédit » dans la promesse synallagmatique est le plus souvent le fruit d'une confusion ou d'une imprécision terminologique : dans l'esprit des parties, le dédit désigne généralement la somme que le promettant acquéreur verse lorsqu'il s'engage et qu'il perdra s'il ne respecte pas son engagement. La stipulation est alors plus proche de la notion de clause pénale que de celle de clause de dédit. Une telle utilisation du terme « dédit » pour qualifier la somme versée est à éviter lorsque ce versement n'est pas le prix d'une véritable faculté de repentir.
Jugé que la clause d'une promesse synallagmatique de vente selon laquelle le dépôt de garantie sera définitivement acquis au vendeur en cas de non-réalisation de la vente n'est pas une clause pénale, mais une faculté de dédit (Cass. 3e civ. 22-6-2023 n° 19-25.8225 F-D : BPIM 5/23 Inf. 322).

MODÈLE

Clause de dédit

« Les parties conviennent d'une faculté de dédit au profit du promettant acquéreur.
Par suite, celui-ci pourra, de manière licite, renoncer à acquérir en manifestant au promettant vendeur son intention en ce sens.
Cette faculté de dédit est consentie moyennant le versement par l'acquéreur d'une somme de X €.
Cette contrepartie du droit conféré au promettant acquéreur n'a pas été fixée en considération de la durée, de sorte que son montant ne pourra pas être révisé, même si son exercice intervenait à bref délai après la conclusion de la présente promesse.
Pour être valablement exercée, cette faculté de dédit devra être portée à la connaissance du promettant vendeur par lettre recommandée avec demande d'avis de réception par voie postale ou par voie électronique ou par exploit d'huissier. Toute autre forme serait inefficace.
La première présentation de la lettre recommandée ou l'exploit d'huissier devra intervenir au plus tard le...
La somme convenue à titre de dédit ne sera pas exigible en cas de défaillance de l'une des conditions suspensives affectant la promesse. Si la faculté de dédit est exercée avant la défaillance de la condition, la somme versée sera *(variante* : ne sera pas) restituable au promettant acquéreur. »

ARRHES

La promesse contient des arrhes lorsqu'elle prévoit le versement par le promettant acquéreur au promettant vendeur (ou au séquestre désigné) d'une **somme d'argent permettant à chacune des parties de se désister** de la promesse, le promettant acquéreur en perdant la somme versée, le promettant vendeur en restituant le double de la somme reçue (C. civ. art. 1590). Toutefois, une telle stipulation n'est pas usitée dans les promesses synallagmatiques de vente d'immeubles car, dans l'opinion commune, les arrhes s'appliquent à des biens d'équipement mobiliers ou de consommation courante et non à un immeuble. 8740

DÉPÔT DE GARANTIE

L'expression « dépôt de garantie » est parfois utilisée pour désigner la **somme versée** par le promettant acquéreur **pour garantir l'exécution** de son **engagement**, ce versement étant souvent associé à une clause pénale (n°s 8860 s.). 8750

Cette terminologie doit être évitée, dans la mesure où elle correspond au versement bien spécifique qu'autorise et réglemente l'article L 261-15 du Code de la construction et de l'habitation en matière de vente d'immeuble à construire lorsqu'un contrat préliminaire est établi (Mémento Urbanisme-Construction n°s 77020 s.).

INDEMNITÉ D'IMMOBILISATION

Il est exceptionnellement prévu dans la promesse synallagmatique de vente le versement d'une somme qualifiée d'« indemnité d'immobilisation ». Il s'agit alors d'une **somme** versée par le promettant acquéreur qui restera **acquise au promettant vendeur en cas de défaillance d'une condition suspensive** stipulée en faveur du promettant acquéreur, par exemple l'obtention d'un financement ou la délivrance d'un permis de construire. La somme versée constitue alors la contrepartie pécuniaire dont les parties conviennent pour que l'acquéreur puisse, dans son intérêt exclusif, soumettre la convention à une condition dont la défaillance le libérera de la vente. 8760

Ainsi conçue, l'indemnité d'immobilisation n'est pas une clause pénale (Cass. 3e civ. 29-6-1994 n° 92-19.645 : RJDA 10/94 n° 1004). Elle n'est donc pas **révisable judiciairement** sur le fondement de l'article 1231-5, alinéa 2 du Code civil. Toutefois, une révision judiciaire pourrait être demandée par le promettant acquéreur sur le fondement de l'article 1193 du Code civil s'il parvenait à démontrer que le montant a été fixé par les parties en fonction de la durée d'immobilisation de l'immeuble, de sorte qu'il peut être utile de préciser que le montant de l'indemnité n'a pas été fixé en considération de la durée de la promesse et qu'il ne pourra pas être révisé même dans le cas de défaillance de la condition et de libération du vendeur intervenant rapidement après la conclusion de la promesse.

Une telle stipulation n'est pas compatible avec une condition suspensive de l'obtention du prêt lorsque l'**opération** est **soumise aux dispositions** du Code de la consommation **applicables au crédit immobilier**, en raison de la restitution de toute somme versée d'avance imposée par l'article L 313-41, alinéa 2 lorsque la condition n'est pas réalisée (n° 42414).

Certaines promesses prévoient le versement par le promettant acquéreur d'une somme qui sera acquise au promettant vendeur à titre d'« indemnité d'immobilisation » en cas de défaillance du promettant acquéreur ; il s'agit en réalité d'une **clause pénale**, destinée à garantir l'exécution par ce dernier de ses obligations (Cass. 3e civ. 24-9-2008 n° 07-13.989 : RJDA 3/09 n° 173). Sur l'enjeu de cette qualification, voir n° 8864.

2. MONTANT

Le montant de la somme qui peut être versée à l'occasion d'un avant-contrat synallagmatique de vente d'immeuble n'est en principe pas réglementé. La liberté la plus complète préside à la détermination de ce montant. En pratique, un montant de 5 % à 10 % est généralement retenu. 8780

L'obligation de verser une « indemnité d'immobilisation » d'un montant minimal de 5 % du prix de vente pour les **promesses** consenties par une personne physique, **dont la validité est supérieure à 18 mois**, ou dont la prorogation de durée conduit à une durée totale supérieure à 18 mois, est limitée aux seules promesses unilatérales de vente (CCH art. L 290-2).

3. MOMENT DU VERSEMENT

Les parties peuvent convenir, quelle que soit sa qualification ou sa fonction, que le versement prévu soit effectué au moment de la signature de la promesse, ou bien à terme. Dans ce dernier cas, il peut être garanti par un cautionnement, émanant le plus souvent d'une banque, ou par une garantie autonome. 8790

> **Précisions a.** La remise d'un **chèque** à titre **de garantie** sans que le chèque soit encaissé n'est pas une pratique satisfaisante au regard du droit bancaire. Le chèque est un instrument de paiement et non une sûreté. La provision est transférée au bénéficiaire dès la remise, et le tireur ne peut pas faire opposition à son encaissement. En cas d'encaissement injustifié, le tireur doit justifier que le paiement est indu pour obtenir la restitution du montant du chèque.
> **b.** Sur la fourniture d'un cautionnement ou d'une garantie autonome comme alternative à un versement effectif, voir n° 6480.

8792 Concernant le moment où le versement peut être effectué lorsque la promesse porte sur un immeuble d'habitation et qu'elle est consentie à un non-professionnel de l'immobilier, voir n°s 45620 s.

4. MODALITÉS DU VERSEMENT

8794 Les paiements reçus par un notaire pour le compte des parties à un acte reçu en la forme authentique et donnant lieu à publicité foncière doivent impérativement être assurés par **virement bancaire** à partir de 3 000 € sous peine d'amende d'un maximum de 5 % des sommes payées (C. mon. fin. art. L 112-6-1, L 112-7 et R 112-5, I). Il ne fait pas de doute que cette obligation concerne la somme versée à l'occasion d'une promesse, même si celle-ci est constatée par acte sous signature privée et qu'il n'est pas sûr que la vente soit formée en raison des conditions suspensives auxquelles la promesse est soumise. Le paiement par virement au notaire est obligatoire même si le notaire détenteur des fonds n'est pas le rédacteur de la promesse.

5. DÉPOSITAIRE DU VERSEMENT

PROMETTANT

8800 Le promettant acquéreur peut **verser directement la somme** convenue entre les mains du promettant vendeur. Il s'expose alors à différents risques :
– il peut être confronté à des difficultés de restitution, par exemple en cas de caducité de la promesse consécutive à la défaillance d'une condition suspensive, ou en cas de négligence, mauvaise foi ou insolvabilité du promettant vendeur ;
– en cas de réalisation de la vente, le notaire ne peut pas affecter la somme déjà payée à l'éventuel droit de préférence sur le prix dont disposent les créanciers titulaires d'une sûreté hypothécaire sur l'immeuble ; l'acquéreur risque alors de devoir acquitter une seconde fois la somme déjà versée pour obtenir la franchise hypothécaire de l'immeuble.

SÉQUESTRE

8810 La consignation de la somme versée entre les mains d'un **séquestre conventionnel** chargé de conserver celle-ci jusqu'au dénouement de la promesse doit être privilégiée pour garantir la restitution des fonds en cas de défaillance d'une condition suspensive ou de survenance d'un litige entre les parties. Le séquestre ne peut en effet s'en dessaisir que la contestation terminée par une décision de justice ou sur les instructions concordantes des parties (C. civ. art. 1956 et 1960).
Le séquestre est le plus souvent l'agent immobilier ayant négocié la vente et rédigé l'avant-contrat, ou le notaire chargé d'établir l'acte authentique.
La mission de séquestre peut être expressément ou tacitement acceptée. L'acceptation expresse est le plus souvent réalisée par l'intervention à l'acte du séquestre, à l'effet d'accepter la mission qui lui est confiée. L'acceptation tacite résulte de l'encaissement du chèque sans réserve par le séquestre désigné par les parties.

MODÈLE **Séquestre**

« Le promettant acquéreur verse à M[e] X, notaire chargé de la régularisation de l'acte authentique, la somme de... €, par chèque n° ... tiré sur la banque X.
Cette somme, versée à titre d'acompte, sera imputée sur le prix en cas de réalisation de la vente.
En cas de défaillance de l'acquéreur et d'application de la clause pénale, cette somme sera imputée à due concurrence sur le montant de la peine convenue.
En cas de défaillance de l'une des conditions suspensives, comme en cas d'exercice par le promettant acquéreur du droit de rétractation (s'il y a lieu), cette somme sera restituée à ce dernier sans aucune retenue à quelque titre que ce soit.
Les parties sont informées que le séquestre détient la somme remise pour le compte de qui il appartiendra, et qu'il ne peut, à défaut d'accord des parties sur le sort de la somme versée, s'en dessaisir que dans le sens d'une décision de justice exécutoire. »

CAS PARTICULIERS

Concernant le dépositaire du versement d'une somme d'argent lorsque la promesse constate une opération préparatoire à la vente d'un immeuble d'habitation au profit d'un acquéreur non professionnel, voir nos 45630 et 45650. **8812**

6. SORT DE LA SOMME VERSÉE EN CAS DE DÉFAILLANCE D'UNE CONDITION SUSPENSIVE

La promesse prévoit généralement que la somme, prévue ou versée selon le cas, ne sera pas exigible ou sera restituée au bénéficiaire en cas de caducité de la promesse consécutive à la défaillance d'une condition suspensive l'affectant. **8830**

Cette restitution est logique et s'impose lorsque la **somme** est **versée à titre d'acompte**. En effet, le prix n'est pas exigible, de sorte que le paiement partiel et anticipé qui a été effectué se trouve dépourvu de cause.

Dans ce cas, seul l'acheteur a qualité pour réclamer la restitution de la somme versée, même si le versement a été effectué par un tiers pour son compte (Cass. 3e civ. 29-5-2013 no 12-10.070 : RJDA 10/13 no 780).

En cas de **faculté de dédit**, la somme convenue à titre de contrepartie au profit du cocontractant peut être exigible nonobstant la défaillance de la condition, si on considère que le titulaire du droit de repentir pouvait exercer son droit avant que l'incertitude liée au jeu des conditions suspensives soit dissipée. Dans ce cas, et afin de prévenir tout litige, la clause précisera utilement l'incidence de la défaillance de la condition sur l'exigibilité du dédit.

Sur le sort de la somme en cas de défaillance d'une condition suspensive de l'obtention d'un prêt assurant le financement du promettant acquéreur, voir nos 42414 s.

7. INCIDENCE D'UNE SAISIE

Lorsque la somme versée par le promettant acquéreur a été consignée entre les mains d'un séquestre conventionnel (no 8810), elle peut être **saisie** par les propres créanciers du promettant acquéreur ou par ceux du promettant vendeur **entre la signature de la promesse et la réitération de celle-ci par acte authentique**. La saisie peut résulter soit d'une saisie-attribution, soit d'un avis à tiers détenteur émanant du Trésor public pratiquée entre les mains du séquestre. Lorsqu'il est saisi, le séquestre doit préciser le caractère conditionnel de sa dette à l'égard soit du promettant vendeur, soit du promettant acquéreur, selon qu'il est saisi par les créanciers de l'un ou de l'autre (application de l'article L 211-3 du Code des procédures civiles d'exécution). **8840**

S'il est saisi par le créancier du vendeur, le séquestre réservera également dans sa réponse à l'huissier saisissant l'éventualité de l'affectation prioritaire de la somme saisie aux créanciers privilégiés révélés par l'état hypothécaire.

Les droits du promettant vendeur et ceux du promettant acquéreur sur la somme versée sont très généralement subordonnés à la réalisation ou à la défaillance des conditions suspensives affectant leur convention. L'efficacité de la saisie est conditionnée par la réalisation de la vente : si la vente se réalise, la somme est acquise au promettant vendeur et la saisie pratiquée par l'un de ses créanciers produit son effet, alors que celle pratiquée par un créancier du promettant acquéreur est inefficace ; si la somme doit être restituée au promettant acquéreur en vertu des prévisions du contrat, c'est la saisie pratiquée par les créanciers de ce dernier qui est efficace.

Si le sort de la somme versée est incertain en raison d'un conflit entre le promettant vendeur et le promettant acquéreur, l'efficacité de la saisie est subordonnée à une décision de justice tranchant le litige. Si la somme versée est acquise au vendeur à titre d'acompte sur le prix de la vente qui se réalise, les droits des créanciers hypothécaires du vendeur, bénéficiaires d'une inscription, s'exercent prioritairement sur ceux du créancier saisissant.

Sur la procédure de saisie, voir les développements généraux nos 28300 s.

> **Précisions** La loi a substitué à l'avis à tiers détenteur et aux procédures de saisie similaires (telles que la saisie à tiers détenteur, l'opposition à tiers détenteur ou l'opposition administrative), une **procédure unique** intitulée « saisie administrative à tiers détenteur » (LPF art. L 262).

C. Anticipation et prévention de la défaillance de l'une des parties

1. CLAUSE PÉNALE

8860 La stipulation d'une clause pénale, par laquelle le promettant vendeur et/ou le promettant acquéreur s'engage(nt), en cas d'**inexécution de son obligation principale**, à verser à l'autre, à titre de dommages-intérêts, une somme forfaitairement fixée, est fréquente dans les promesses synallagmatiques de vente.

Bien souvent, la clause pénale est associée dans sa rédaction à la stipulation du versement par le promettant acquéreur d'une somme d'argent à l'occasion de la promesse (sur ce versement, voir n°s 8720 s.). Le montant de ce versement est généralement plus faible que le montant de la clause pénale. Il peut alors être prévu que la somme due à ce dernier titre sera prélevée à due concurrence sur le montant de la somme versée et que le recouvrement pourra être poursuivi pour l'excédent. Lorsqu'une telle association est mise en place dans la promesse, la clause pénale ne sanctionne généralement que la défaillance du promettant acquéreur. Il n'y a cependant aucune raison de suspecter davantage la défaillance de celui-ci que celle du promettant vendeur et la clause pénale peut être stipulée réciproque.

La clause pénale sanctionne l'inexécution d'une obligation principale. Cependant, la clause pénale peut sanctionner non seulement la défaillance du cocontractant mais aussi le **retard** de celui-ci **dans l'exécution de la promesse**. La peine prend le plus souvent la forme d'un versement proportionné au retard et il s'agit alors d'une clause pénale moratoire, appelée parfois astreinte (n° 8652). Mais il peut être prévu dans ce cas de retard un montant fixe (pour un exemple, Cass. 3e civ. 14-5-2013 n° 12-18.542). L'exécution forcée de la vente n'exclut pas l'application de la clause pénale lorsque celle-ci est prévue en cas de saisine du tribunal aux fins de constatation de la vente. Elle sanctionne alors le retard d'exécution et non l'inexécution (Cass. 3e civ. 21-10-2014 n° 13-21.944 : BPIM 1/15 inf. 48).

La pénalité n'est encourue que lorsque le débiteur est **mis en demeure** (C. civ. art. 1231-5, al. 5). La solution était déjà posée par la jurisprudence (Cass. 1e civ. 17-10-2012 n° 11-16.292). Lorsque la clause pénale prévoit une mise en demeure préalable à l'action en paiement des vendeurs, celle-ci est obligatoire même si elle s'avère inopérante, l'acheteur ayant renoncé à acheter (Cass. 3e civ. 2-2-2022 n° 20-21.705 : BPIM 2/22 inf. 137).

La clause pénale survit à la caducité du contrat qui la contient, lorsqu'elle doit précisément produire effet en cas de défaillance de l'une des parties (Cass. com. 22-3-2011 n° 09-16.660 : Bull. civ. IV n° 49).

Jugé que le vendeur qui ne se présente pas devant le notaire en raison d'un problème cardiaque diagnostiqué deux mois avant la réitération est tenu au paiement de la clause pénale, les caractéristiques de la **force majeure** n'étant pas réunies (Cass. 3e civ. 19-9-2019 n° 18-18.921 F-D : BPIM 6/19 inf. 411).

8862 La clause pénale remplit une double **fonction** : une fonction comminatoire, en ce qu'elle est destinée à dissuader le débiteur de ne pas exécuter son engagement, par la perspective du versement à sa charge qui serait alors exigible ; une fonction indemnitaire, le versement étant destiné à compenser le préjudice subi par le contractant victime de la défaillance, sans qu'il soit besoin de solliciter le juge pour en fixer le montant.

8864 La somme convenue à titre de clause pénale peut être modérée ou augmentée par le juge si elle est manifestement excessive ou dérisoire. Ce pouvoir peut être exercé d'office par le juge (C. civ. art. 1231-5, al. 2).

La disproportion de la pénalité doit être appréciée au jour où le juge statue, et non à la conclusion du contrat (Cass. 1e civ. 19-3-1980 n° 78-13.151 : Bull. civ. I n° 95).

Le juge peut, pour réduire la pénalité forfaitaire, apprécier sa disproportion au regard du préjudice effectivement subi (Cass. 3e civ. 6-11-2012 n° 11-25.656 : RJDA 6/13 n° 481). Dans cette espèce, le vendeur avait, après défaillance de l'acquéreur, revendu l'immeuble dans des conditions favorables qui absorbaient largement le préjudice subi. En l'absence de préjudice, le juge peut exonérer totalement de la clause pénale le cocontractant défaillant.

La **fixation du montant de la peine** sanctionnant l'inexécution est soumise à deux écueils : trop faible, elle ne dissuade pas le cocontractant de ne pas exécuter son obligation ; manifestement excessive, elle risque d'être judiciairement révisée. Un taux de 15 % semble éviter l'un et l'autre.

8866 La **somme** convenue à titre de clause pénale n'est pas nécessairement **versée** au **moment** de la signature de la promesse. Elle peut n'être exigible qu'en cas de défaillance du débiteur et donc de mise en jeu de la clause pénale.

Lorsque la **promesse** est devenue **caduque** à la suite de la défaillance d'une condition suspensive, la somme convenue à titre de clause pénale versée lors de la signature de la promesse doit être restituée au promettant acquéreur. En effet, aucune faute du promettant acquéreur ne peut alors être sanctionnée puisque l'obligation dont la clause garantissait l'exécution a disparu avec le contrat.

La **clause pénale** sanctionne l'inexécution, mais son jeu n'a pas pour **effet** d'entraîner la résolution de la promesse inexécutée. La partie victime d'une défaillance de son cocontractant doit, pour être libérée du contrat, soit convenir avec celui-ci d'une résolution amiable (n°s 9282 s.), soit demander la résolution judiciaire (n°s 9310 s.), soit encore mettre en jeu une clause résolutoire expresse si elle a été prévue (n°s 8880 s.). Jugé que les acquéreurs qui informent les vendeurs de leur renonciation à la vente, sans pour autant annuler la promesse de vente, sont bien fondés à demander l'application de la clause pénale, le courrier électronique du notaire aux vendeurs ne valant pas annulation de la promesse (Cass. 3e civ. 4-4-2024 n° 21-21.147 : BPIM 3/24 inf.197). **8868**

Par ailleurs, le créancier de l'obligation inexécutée n'est pas tenu de mettre en œuvre la clause pénale : il peut préférer demander l'exécution forcée de la promesse (n°s 9194 s.). Le juge, qui déclare forclose l'action engagée par le vendeur alors qu'aucun délai pour agir en paiement de la clause pénale résultant de la renonciation à la vente n'est visé dans la promesse, dénature les termes clairs et précis de la promesse (Cass. 3e civ. 15-2-2024 n° 22-16.554).

MODÈLE

Clause pénale

« Si, toutes les conditions suspensives étant réalisées, l'une des parties se refusait à régulariser l'acte authentique constatant la vente dans le délai ci-dessus prévu, ou si la défaillance d'une condition suspensive avait pour cause sa faute ou sa négligence, le contrat serait de plein droit résolu sans qu'il soit nécessaire d'exercer une action judiciaire à cette fin, dix jours après mise en demeure restée infructueuse d'avoir à régulariser la vente. La partie victime de la défaillance aura également la possibilité, à son seul choix, d'agir en exécution forcée de la convention devant toute juridiction compétente ou de demander judiciairement la résolution.

En cas de résolution de la vente dans les conditions ci-dessus au titre soit de la clause résolutoire expresse, soit de la résolution judiciaire, la partie victime de la défaillance aura droit à titre de clause pénale à une somme fixée forfaitairement à X % du prix de vente. En cas de défaillance de l'acquéreur, cette somme due à titre de clause pénale sera prélevée à due concurrence sur l'acompte versé et le recouvrement pourra en être poursuivi pour l'excédent s'il y a lieu.

Si la partie victime de la défaillance préfère poursuivre l'exécution des présentes par les voies judiciaires, il sera dû par son cocontractant défaillant, à titre de clause pénale moratoire, une somme de X € du prix d'acquisition par jour de retard à compter du jour de la réception de la mise en demeure d'avoir à régulariser, et sans que la partie défaillante puisse se prévaloir du paiement de cette astreinte pour différer la régularisation de la vente.

La mise en demeure sera valablement effectuée par exploit d'huissier ou par lettre recommandée avec accusé de réception par voie postale ou par voie électronique au domicile réel ou au domicile élu.

La présente clause pénale est indépendante de l'avant-contrat de sorte qu'elle ne sera pas anéantie par la résolution ci-dessus prévue et au contraire jouera totalement dans le cas de jeu de la clause de résolution expresse ou dans le cas de résolution judiciaire. »

2. CLAUSE RÉSOLUTOIRE DE PLEIN DROIT

PRINCIPES ET UTILITÉ

L'**inexécution d'un contrat** n'entraîne pas de plein droit sa résolution : la partie victime de la défaillance doit saisir le juge pour demander la résolution du contrat, en assortissant sa demande de l'obtention de dommages-intérêts (C. civ. art. 1217, al. 5). Les parties peuvent cependant prévoir par une clause résolutoire expresse, également appelée **pacte commissoire exprès**, que la promesse sera résolue de plein droit du seul fait de l'**inexécution par l'une des parties de son obligation**, sans qu'il soit nécessaire de recourir au juge (C. civ. art. 1225). **8880**

Une telle stipulation permet aux parties d'éviter les inconvénients d'une procédure judiciaire : lenteur liée aux exigences du débat contradictoire et à l'exercice éventuel des voies de recours, coût lié à l'intervention des professionnels du droit, et enfin aléa lié au pouvoir d'appréciation du juge. Elle est spécialement favorable au promettant vendeur car elle lui permet d'être libéré rapidement des liens du contrat. En effet, autrement, il ne peut procéder à la conclusion d'une nouvelle vente tant que la vente précédemment formée n'a pas été résolue. Les parties assortissent le plus souvent la clause résolutoire de plein droit d'une clause pénale (sur cette clause, voir n°s 8860 s.).

La **clause** résolutoire est le plus souvent **dirigée contre le promettant acquéreur** et anticipe le refus par celui-ci de réitérer la vente par acte authentique ou de payer le prix. Cela tient sans doute au fait que l'exécution forcée est de fait bien plus délicate à obtenir d'un promettant acquéreur que d'un promettant vendeur défaillant. Il est cependant judicieux de prévoir que la clause pourra être mise en œuvre également par le promettant acquéreur ; celui-ci peut en effet souhaiter être libéré au plus vite de la promesse et s'en tenir à l'acquisition de la clause pénale si elle a été prévue plutôt que de devoir agir en justice.
L'existence de la clause résolutoire n'interdit pas à son bénéficiaire de poursuivre judiciairement l'exécution forcée ou la résolution de la vente.

EFFETS

8884 La résolution prend effet par la **notification** qui en est faite au débiteur, laquelle précise les raisons qui la motivent. Elle a effet à la date de réception de cette notification (C. civ. art. 1229, al. 2).
En présence d'une clause résolutoire de plein droit, le **juge**, s'il est saisi, n'a que le **pouvoir** d'en constater l'acquisition et ne peut pas apprécier la gravité des manquements invoqués pour refuser la résolution de la promesse dès lors que les règles légales et contractuelles ont été respectées.

8886 La **mise en œuvre** de la clause résolutoire suppose que la partie au profit de laquelle cette clause a été stipulée ait au préalable **mis en demeure** son cocontractant de s'exécuter et que cette mise en demeure soit restée infructueuse. La mise en demeure doit mentionner de manière apparente la clause résolutoire (C. civ. art. 1225, al. 2).
L'acte peut écarter l'exigence d'une mise en demeure et préciser que la résolution résulterait du seul fait de l'inexécution (art. 1225, al. 2).

PRÉCAUTIONS RÉDACTIONNELLES

8894 La **clause** résolutoire doit être rédigée avec précaution. La simple énonciation que le contrat sera résolu en cas d'inexécution est insuffisante. La clause résolutoire devra en effet désigner les engagements dont l'inexécution entraînera la résolution du contrat. La clause prévoira explicitement que la résolution jouera de **plein droit**. À défaut, ou en cas d'ambiguïté, son efficacité peut être contestée et les juges du fond retrouvent alors leur pouvoir d'apprécier la gravité de l'inexécution et de décider si elle justifie la résolution du contrat.
L'indication dans la clause des modalités de la mise en demeure préalable à l'acquisition de la résolution de plein droit de la promesse est utile.
Pour un exemple de formulation d'une clause résolutoire de plein droit, nous renvoyons à l'exemple de formule de la clause pénale présenté nº 8868, la formule proposée associant une clause résolutoire expresse à une clause pénale.

SECTION 5 EFFETS DE LA PROMESSE

A. Obligations des parties

1. OBLIGATIONS GÉNÉRÉES PAR LA PROMESSE

OBLIGATIONS DU PROMETTANT VENDEUR

8940 Le promettant vendeur s'oblige à **vendre**. Cette obligation entraîne implicitement mais de manière certaine celle de ne pas vendre à autrui.
Le **décès du promettant vendeur** est sans incidence sur l'existence des obligations qu'il a souscrites. La vente promise sera réalisée par son ou ses héritiers. En cas d'incapacité (mineur ou majeur soumis à un régime de protection) de l'un des héritiers, la vente peut être régularisée sans qu'il soit besoin de respecter les formes applicables aux ventes d'immeubles des personnes protégées. La vente peut être régularisée amiablement par le représentant du mineur ou du majeur protégé dès lors que celui-ci a été autorisé à accepter la succession purement et simplement.
L'**incapacité du promettant vendeur** survenant entre la signature de la promesse et celle de l'acte authentique n'a pas d'incidence sur l'existence des obligations que le promettant a souscrites : c'est alors son représentant qui régularise la vente promise.

OBLIGATIONS DU PROMETTANT ACQUÉREUR

Le promettant acquéreur s'est engagé à **acquérir**. Si on excepte la faculté de rétractation dont il peut bénéficier lorsque les conditions de son application sont remplies ou l'éventualité – rare en pratique – d'une faculté de dédit, son engagement, tout comme celui du promettant vendeur, a les caractères obligatoire et irrévocable de toute obligation contractuelle. Pas plus que le vendeur, le promettant acquéreur ne peut, par une manifestation de volonté unilatérale, contrarier l'opération de vente qui a été nouée. **8942**

Le **décès** et l'**incapacité du promettant acquéreur** sont indifférents : il appartient aux héritiers de celui-ci ou à son représentant, selon le cas, de respecter son engagement d'acquérir. Il n'en est autrement que si les parties prévoient cette éventualité dans la promesse et la règlent soit par une clause manifestant le caractère intuitu personae de la convention, soit par une clause soumettant la promesse à une condition suspensive de la survie du promettant acquéreur ou du maintien de la capacité juridique de celui-ci ou encore à une condition résolutoire de son prédécès ou de la survenance d'une incapacité.

OBLIGATIONS ACCESSOIRES

Des **obligations** particulières **à charge de l'une ou l'autre des parties** sont fréquemment convenues dans le cadre de dispositions accessoires figurant dans la promesse. Elles ne sont pas spécifiques à ce type d'avant-contrat. **8944**

Il peut s'agir notamment :

– de l'obligation pour le promettant vendeur de remettre au notaire, désigné pour recevoir l'acte de vente, les pièces et documents nécessaires à sa rédaction : titres, factures, justificatifs divers... ;

– de l'obligation pour le promettant vendeur de ne modifier ni la situation juridique de l'immeuble (interdiction de le donner à bail, de le grever de droits réels, tel un usufruit ou une servitude) ni sa situation matérielle (interdiction d'y réaliser des travaux, d'en modifier la consistance...) ;

– de l'obligation pour les parties de régulariser l'acte notarié constatant la vente devant le notaire désigné, le plus souvent dans un délai fixé dans la promesse (sur la portée de la clause de réitération par acte authentique, voir nos 8640 s.) ;

– de l'obligation pour le promettant acquéreur, lorsqu'il recourt à l'emprunt pour assurer son financement, d'accomplir certaines diligences, tant à l'égard du prêteur (obligation de s'adresser à un second établissement prêteur en cas de refus, par exemple) qu'à l'égard de son cocontractant (notamment obligation de l'informer de l'issue, fructueuse ou non, de ses démarches) ; sur les différentes diligences que le promettant acquéreur emprunteur peut être tenu d'accomplir, voir nos 42450 s.

2. OBLIGATIONS DE LA VENTE PROMISE

Le contrat de promesse de vente est le vecteur d'un autre contrat : la vente elle-même. Le second a vocation à succéder au premier, lequel remplit son objet et cesse de produire ses effets lorsque le second acquiert sa vitalité et déploie les siens. **8960**

Au stade de la promesse, les obligations de la vente sont le plus souvent énoncées. La portée de l'avant-contrat, s'agissant de ces obligations, tient non seulement à ce qu'il prévoit mais aussi à ce qu'il ne prévoit pas.

Il est usuel de détailler dans la promesse, au sein d'un **paragraphe** consacré aux « **charges et conditions de la vente** », les obligations pesant tant sur le vendeur que sur l'acquéreur : notamment obligations de garantie d'éviction et de garantie des vices à la charge du vendeur, obligation pour l'acquéreur de payer les frais, répartition entre les parties des impôts et contributions de l'année en cours, sort du contrat d'assurance, sort des contrats et abonnements (eau, gaz, électricité). Ces stipulations s'imposent aux parties, et doivent être reprises dans l'acte notarié, sauf si les parties conviennent spécialement de les modifier. **8962**

Ce paragraphe de la promesse « Charges et conditions de la vente » doit retenir tout autant l'**attention du rédacteur de l'avant-contrat** que celle du **notaire chargé de constater la réalisation de la vente promise**. Le premier, en ce que les conventions qu'il soumet à la signature des parties les engagent définitivement et s'imposeront lors de la régularisation de l'acte notarié. Le second, en ce qu'il est strictement tenu par les termes de l'avant-contrat : il lui appartient donc de veiller à ce que des différences de formulation dans l'acte authentique ne révèlent pas des différences au fond avec l'avant-contrat. D'ailleurs, ni le caractère de l'authenticité qui lui est attaché ni sa postériorité par rapport à l'acte sous signature privée qui constate la vente conditionnelle ne donnent la primauté à l'acte notarié pour régler le sort d'éventuelles discordances entre les deux supports, portant sur les dispositions qu'ils contiennent. À défaut d'indication **8964** dans l'un des deux actes de la primauté de l'acte authentique quant à son contenu, c'est d'ailleurs aux dispositions de l'acte sous signature privée, premier en date, que la primauté est donnée (CA Poitiers 20-2-1991, 2e ch. civ. : D. 1991 som. p. 315 ; Cass. com. 23-2-1999 n° 96-20.015 : RJDA 5/99 n° 505).

En cas de recours à des formules de contrats prérédigées, ce qui est fréquent en pratique car cela simplifie en la réduisant la tâche matérielle de rédaction de l'avant-contrat, il convient d'être vigilant car l'imprimé peut contenir, au titre des charges et conditions, des stipulations inappropriées. Deux risques différents existent alors :

– peuvent figurer dans l'avant-contrat des stipulations qui n'ont pas été véritablement débattues et qui ne correspondent pas aux attentes ou aux prévisions des parties ou de l'une d'elles : ce sera par exemple le cas de l'obligation pour l'acquéreur de supporter les charges de copropriété correspondant à des travaux décidés par une assemblée antérieure à son acquisition, travaux dont il n'avait pas connaissance ;

– des dispositions conventionnelles peuvent être en contradiction avec une règle légale impérative et être dès lors réputées non écrites : ce sera par exemple le cas d'une clause de non-garantie, neutralisée en raison soit de la qualité de professionnel du vendeur (nos 50450 et 51135), soit du défaut d'annexe à l'avant-contrat d'un diagnostic technique obligatoire (n° 21384).

8966 En cas de **défaut d'indication dans la promesse des obligations de la vente**, ou de certaines d'entre elles, ce sont les obligations issues des dispositions supplétives du Code civil qui s'imposeront aux parties (sur ces obligations, voir nos 49000 s.). Elles sont généralement plus lourdes pour le vendeur que celles qui résultent des stipulations contractuelles, en raison de l'insertion quasi systématique dans les avant-contrats de clauses limitatives de garanties (nos 50430 s. et 51130 s.).

8968 Il est considéré que, même si elle n'est pas exprimée, l'**obligation de réitérer la vente par acte authentique** est au nombre des obligations des parties, en ce qu'elle est la condition de la publication de la mutation au service de la publicité foncière, et donc de son efficacité par son opposabilité à l'égard des tiers. Les parties y ont toutes deux intérêt : au premier chef le promettant acquéreur, afin que son droit soit opposable aux tiers qui acquerraient des droits concurrents sur l'immeuble, mais aussi le promettant vendeur qui, à défaut, sera toujours considéré comme propriétaire à l'égard des tiers et ainsi notamment destinataire des avis de taxes foncières.

Les parties prévoient généralement dans la promesse que l'**exécution des obligations de la vente** est **retardée** à la régularisation de l'acte authentique (nos 8640 s.).

B. Transfert de propriété et des risques

9020 La vente étant formée dès le stade de la promesse, le transfert de propriété, et corrélativement celui des risques, en est un effet nécessaire. Seule la question **du moment de ce transfert** se pose.

9022 La promesse prévoit le plus généralement que le **transfert** de propriété de l'immeuble est **retardé à la signature de l'acte authentique** constatant la vente. Cette précaution est opportune, car elle permet d'assurer la simultanéité du transfert de propriété et du paiement du prix, lequel est généralement également prévu à la date de signature de l'acte notarié. Dans le cas d'un paiement à terme, cette simultanéité permet en outre de mettre efficacement en œuvre les garanties de paiement du prix dont dispose le vendeur d'immeuble, notamment le privilège de vendeur (C. civ. art. 2374, 1°) et l'action résolutoire (C. civ. art. 1654) ou le privilège de prêteur de deniers (C. civ. art. 2374, 2°) lorsqu'un prêteur extérieur intervient.

Le transfert de propriété, lorsqu'il est ainsi retardé, s'opère sans rétroactivité.

CONSEIL

Il est conseillé de prévoir que le transfert de propriété se produira soit le jour de la signature de l'acte authentique, soit à la date de la décision judiciaire constatant la vente, passée en force de chose jugée. Cela permet d'éviter une incertitude sur la date de transfert de propriété lorsque aucun acte notarié n'a été régularisé par suite de la défaillance de l'une des parties et que le transfert de propriété est constaté par le juge. Par ailleurs, il peut être opportunément précisé dans la promesse que le transfert des risques est associé au transfert de propriété.

9024 Lorsque le **transfert** de propriété n'est **pas retardé**, il s'opère au moment où la vente est formée. Si la **promesse** est **conditionnelle**, le transfert de propriété est retardé à la réalisation de la dernière des conditions suspensives, mais rétroagit à la date de la convention, sauf si celle-ci écarte l'effet rétroactif.

Lorsque le **retard du transfert** de propriété n'a **pas** été **prévu** par omission ou maladresse rédactionnelle et que les **parties** sont **en conflit sur ce point**, il appartient au juge de déterminer, en fonction des termes de la promesse et des circonstances, ce que les parties ont voulu : transfert de propriété immédiat ou différé. 9026

SECTION 6 TRANSMISSION DE LA PROMESSE

TRANSMISSIBILITÉ

Le Code civil prévoit sous la dénomination de **cession de contrat** la possibilité pour un contractant, le cédant, de céder à un tiers, le cessionnaire, sa qualité de partie au contrat, avec l'accord de son cocontractant, le cédé (C. civ. art. 1216, al. 1). Le promettant peut, **par anticipation**, autoriser le bénéficiaire à céder sa qualité de partie au contrat (C. civ. art. 1216, al. 2). 9120

Avant la réforme du droit des contrats, la pratique s'était développée d'introduire dans les promesses synallagmatiques des **clauses de substitution**, par lesquelles le promettant acquéreur se réserve le droit de se substituer, de manière plus ou moins large, une personne dans son rapport contractuel avec le promettant vendeur, dont la validité avait été reconnue par la Cour de cassation (Cass. 3e civ. 7-7-1993 n° 91-12.368 : Bull. civ. III n° 111 ; Cass. 3e civ. 6-12-2006 n° 05-18.421 : RJDA 5/07 n° 460).

Il est vraisemblable que la terminologie de « clause de substitution » sera maintenue en pratique. Mais cette clause ne serait rien d'autre que l'accord donné, dans le contrat lui-même, par le vendeur, à la cession par l'acquéreur de sa qualité de partie au contrat, tel que le permet l'article 1216 du Code civil.

L'**utilité** pour le promettant acquéreur est, selon les cas, soit de se réserver la possibilité de se retirer d'une acquisition qui ne lui convient plus, soit de pouvoir tirer un profit pécuniaire de l'exercice de la faculté de substitution si celle-ci a une contrepartie financière à la charge du substitué, soit encore d'arrêter rapidement avec le vendeur les conditions d'une vente, en se ménageant le temps de déterminer si celle-ci sera réalisée avec un partenaire (par exemple une société de crédit-bail immobilier) ou par l'intermédiaire d'une société (par exemple une SCI). 9122

Le vendeur peut trouver avantage à l'éventualité d'une substitution qui lui donne la perspective de se voir présenter par son cocontractant initial un autre acquéreur, améliorant ainsi la probabilité de réaliser la vente. Mais cet avantage n'est réel que s'il est assorti du maintien de l'intégralité des droits du vendeur à l'encontre du substituant en cas de défaillance du substitué.

CONSENTEMENT DU VENDEUR

La transmission de la promesse est impérativement subordonnée à l'**accord du cédé**. Ce consentement peut être donné à l'avance dans la promesse ou postérieurement, lorsque la cession se réalise (C. civ. art. 1216 ; Cass. com. 6-5-1997 n° 95-10.252 : RJDA 11/97 n° 1333, 1e esp. ; Cass. com. 6-5-1997 n° 94-16.335 : RJDA 11/97 n° 1333, 2e esp.). 9126

Le consentement du vendeur doit porter sur le principe même de la cession par l'acquéreur de sa qualité de partie au contrat. Il peut en outre porter sur la libération du cédant, cette libération ne valant que pour l'avenir (C. civ. art. 1216-1, al. 1).

Ces solutions avaient été dégagées par la jurisprudence avant la réforme du droit des contrats (Cass. com. 6-5-1997 n° 95-10.252 : RJDA 11/97 n° 1333, 1e esp. ; Cass. com. 6-5-1997 n° 94-16.335 : RJDA 11/97 n° 1333, 2e esp.). Le consentement du vendeur doit porter sur le principe même de la cession par l'acquéreur de sa qualité de partie au contrat. Il peut en outre porter sur la libération du cédant, cette libération ne valant que pour l'avenir (C. civ. art. 1216-1, al. 1).

RESTRICTIONS

La possibilité pour le promettant acquéreur de se substituer une autre personne connaît des restrictions. 9130

L'article 52 de la loi 93-122 du 29 janvier 1993 « relative à la prévention de la corruption et à la transparence de la vie économique et des procédures publiques » frappe de nullité d'ordre public toute **cession à titre onéreux** des droits conférés par une promesse de vente portant sur un immeuble lorsque cette cession est **consentie par un professionnel de l'immobilier**

(les agents immobiliers, les marchands de biens, les promoteurs, les lotisseurs et aménageurs…). Si ce texte ne vise que la « cession », la Cour de cassation l'applique à la substitution (Cass. 3e civ. 28-3-2012 n° 11-12.872 : RJDA 7/12 n° 661).
Précisions que ce texte frappe de nullité la cession de promesse et non la vente conclue entre le promettant et le cessionnaire de la promesse.
Par ailleurs, le procédé qui consisterait pour une personne à **se faire consentir de manière habituelle des promesses de vente en vue de les céder** contreviendrait aux dispositions de la loi 70-9 du 2 janvier 1970, dite « loi Hoguet », réglementant les conditions d'exercice des activités relatives à certaines opérations portant sur les immeubles et les fonds de commerce. Cette activité, qui correspond en réalité à de l'entremise en matière immobilière, doit respecter la réglementation applicable aux agents immobiliers à l'effet notamment d'apporter aux parties les garanties financières prévues par ce texte (nos 2110 s.). Celui qui pratiquerait de la sorte s'exposerait à des sanctions pénales (nos 71000 s.).

MODALITÉS DE LA TRANSMISSION

9132 Les parties sont libres d'aménager les modalités de la substitution.
Elles pourront notamment préciser dans quelles conditions la transmission peut intervenir : la qualité (personne physique ou morale, ou parent ou allié du cédant), la possibilité de cession partielle, un éventuel délai à respecter, les formalités à accomplir à l'égard du vendeur, l'éventualité d'un agrément du cessionnaire…
La cession doit être constatée par écrit, à peine de nullité (C. civ. art. 1216, al. 3).
La cession de contrat est un **contrat solennel**.

EFFETS DE LA TRANSMISSION

9134 Si le vendeur a simplement consenti à la cession par l'acquéreur à un tiers de sa qualité de partie au contrat, le cédant n'est pas libéré (C. civ. art. 1216, al. 1) ; en l'absence de clause contraire, le cédant est tenu solidairement à l'exécution du contrat (C. civ. art. 1216-1, al. 2).
La libération du cédant ne peut résulter que du consentement expressément donné par le vendeur à cet effet ; elle ne vaut que pour l'avenir (C. civ. art. 1216-1).

FORMALITÉS

9136 L'accord du promettant sur la cessibilité de la promesse peut être donné **par avance**, notamment dans la promesse de vente elle-même, auquel cas la cession produit effet à l'égard du cédé lorsque le contrat conclu entre le cédant et le cessionnaire lui est notifié ou lorsqu'il en prend acte (C. civ. art. 1216, al. 2). Cette notification est faite sous enveloppe ou pli fermé, soit par la voie postale, soit par la remise de l'acte au destinataire contre émargement ou récépissé (CPC art. 667). La notification peut toujours être faite par voie de signification (CPC art. 651, al. 3). À défaut de signification, la cession reste valable entre le cédant et le cessionnaire mais n'est pas opposable au promettant.
La substitution, sous l'empire des solutions antérieures à la réforme du droit des contrats, ne constituait pas une cession de créance et n'emportait pas l'obligation d'accomplir les formalités de signification ou de participation du promettant requises par l'article 1690 du Code civil (Cass. 3e civ. 12-4-2012 n° 11-14.279 : RJDA 8-9/12 n° 760 ; déjà en ce sens, Cass. 3e civ. 22-9-2009 n° 08-19.112).

9138 La substitution dans le bénéfice d'une promesse synallagmatique n'entre pas dans le champ d'application de l'article 1589-2 du Code civil : par suite, une telle substitution échappe à la formalité obligatoire de l'**enregistrement**, au paiement du droit fiscal correspondant et, surtout, à la nullité pour défaut d'enregistrement.

PROTECTION DE L'ACQUÉREUR SUBSTITUÉ

9140 Pas plus que pour la promesse unilatérale de vente, les textes instituant des dispositifs protecteurs de l'acquéreur (protection de l'**acquéreur emprunteur** et protection de l'**acquéreur non professionnel d'un immeuble d'habitation**) n'envisagent l'éventualité d'un changement de cocontractant procédant d'une substitution dans la promesse.
Les solutions qui ont été dégagées pour la promesse unilatérale de vente (nos 6970 s.) peuvent être transposées à la promesse synallagmatique.

INCIDENCES FISCALES

9142 L'absence de jurisprudence publiée ou d'une doctrine administrative récente ne permet pas d'exposer de manière certaine le régime fiscal d'une substitution dans le bénéfice d'une promesse synallagmatique de vente.

Dans une ancienne instruction du 1er juillet 1970 (BO 7 C-13-70), l'administration avait précisé que, « alors que la cession amiable d'une simple promesse unilatérale de vente n'entraîne que la perception du droit fixe prévu à l'article 680 du CGI, dès lors qu'elle opère transmission d'un droit incorporel mobilier, la cession d'une promesse synallagmatique de vente donne ouverture à un **droit proportionnel de mutation**, puisqu'elle constitue en réalité une nouvelle vente ».
Les transmissions de promesses synallagmatiques connaissent de fait une relative neutralité fiscale qui ne tient qu'à la discrétion dans laquelle elles sont réalisées. La situation des promesses synallagmatiques est à cet égard différente de celle des promesses unilatérales dont la cession doit être enregistrée, à peine de nullité (voir n° 7790).
Selon une opinion fréquemment exprimée, l'exercice de la substitution avant réalisation de toutes les conditions suspensives ou même avant le terme convenu pour le transfert de propriété ferait cependant obstacle à la double exigibilité des droits de mutation. Cette solution n'est pas certaine, si on considère que l'exigibilité des droits est, en présence d'un acte, attachée à celui-ci, dès lors qu'il est translatif de propriété, sans avoir égard à la date à laquelle se produit le transfert de propriété. Et si cette opinion selon laquelle une substitution opérée pendant la période conditionnelle permettrait d'échapper aux doubles droits prévalait, sans doute cela supposerait-il que la promesse ne rétablisse pas la rétroactivité du jeu de la condition.
Le risque de taxation est encore plus grand lorsque la promesse porte sur une mutation taxable à la **TVA**, l'article 257, I-1-2° du CGI incluant dans le champ d'application de cet impôt les cessions de droits relatifs aux promesses de vente (n° 60370). Notons que l'administration s'était expressément prononcée en ce sens pour l'application de l'ancienne TVA immobilière, considérant que la substitution ultérieure au bénéficiaire primitif de la promesse d'une personne physique ou morale quelconque constituait une nouvelle mutation du bien taxable, le cas échéant, à la TVA (ancienne D. adm. 8 A-1131 n° 3).
Ces incertitudes doivent conduire à un usage très prudent des substitutions dans les promesses synallagmatiques de vente.

SECTION 7

DÉFAILLANCE DE L'UNE DES PARTIES

Sur les conséquences en cas de **dépassement du délai de régularisation de la promesse par acte authentique**, voir nos 8648 s. **9190**
Pour une étude comparative de la défaillance du candidat acquéreur selon le type d'avant-contrat, voir O. Pontnau et X. Roux, Avantages et inconvénients de la promesse unilatérale de vente et de la promesse synallagmatique de vente : BPIM 5/19 inf. 306.

A. Refus injustifié de réitérer la vente

Lorsque l'une des parties manifeste expressément ou par son inertie son refus de réitérer la vente par acte authentique, son cocontractant est confronté à un choix : engager un processus d'exécution forcée de la vente ou poursuivre la résolution de la promesse pour se dégager du lien contractuel. Le demandeur a la faculté de modifier son option, tant qu'il n'a pas été statué sur sa demande initiale par une décision passée en force de chose jugée (Cass. 3e civ. 25-3-2009 n° 08-11.326 : RJDA 10/09 n° 808). **9192**

1. EXÉCUTION FORCÉE

a. Saisine du juge

Lorsque la promesse synallagmatique de vente vaut vente, ce qui est le principe, l'exécution forcée peut en être poursuivie. **9194**
Les deux parties, qu'il s'agisse du **vendeur** ou de l'**acquéreur**, sont théoriquement sur un pied d'égalité face à la défaillance de leur cocontractant et à la **possibilité** de poursuivre et **d'obtenir l'exécution forcée**. En pratique, c'est surtout l'acquéreur qui a les perspectives les plus favorables d'obtenir satisfaction : il est toujours possible de constater judiciairement une vente et le

transfert de propriété du vendeur à l'acquéreur, dès lors que le vendeur est toujours propriétaire au moment où le jugement intervient et où celui-ci peut être publié au service de la publicité foncière. Il est par contre hasardeux pour un vendeur de poursuivre l'exécution forcée à l'encontre de l'acquéreur : la procédure aboutit à constater le transfert de propriété de l'immeuble, sans pour autant qu'il soit garanti de recouvrer la créance de prix, si l'acquéreur est insolvable ou ne dispose pas de liquidités aisément saisissables, ce qui est généralement le cas lorsqu'un prêt était envisagé.
En outre, le vendeur peut être réticent à engager la procédure à l'encontre de l'acquéreur en raison de la solidarité fiscale existant entre le vendeur et l'acquéreur pour le paiement des droits de mutation (CGI art. 1707). Il est en effet tenu de faire l'avance des droits de mutation sur l'enregistrement du jugement, préalable à la formalité de publicité foncière.

9195 L'avant-contrat énonce parfois le **délai** à compter duquel l'**action judiciaire** en exécution forcée de la vente pourra être engagée. Il s'agit le plus souvent de la date fixée pour la réitération de la vente par acte authentique.
Lorsque l'acte prévoit que cette action pourra être engagée « à la date à laquelle tous les éléments nécessaires à la perfection de la vente auront été réunis », cette date peut s'entendre du jour de l'envoi du projet d'acte par le notaire rédacteur (Cass. 3e civ. 16-1-2013 no 11-27.229 : BPIM 2/13 inf. 136, 1e esp.) ou du jour de l'obtention d'une autorisation d'urbanisme nécessaire à l'établissement de l'acte authentique (Cass. 3e civ. 16-1-2013 no 12-12.166 : RJDA 7/13 no 580).
Lorsque l'avant-contrat prévoit un délai dans lequel, en cas de refus de l'une des parties de réitérer la vente, l'autre peut saisir le tribunal pour la faire constater par voie de justice, ce délai doit être respecté et une assignation en réitération postérieure à l'expiration du délai est tardive (Cass. 3e civ. 16-1-2013 no 11-27.229 : BPIM 2/13 inf. 136, 1e esp.).

9196 Quelle que soit la voie procédurale engagée, il est nécessaire pour mener l'exécution forcée à son terme d'obtenir une décision judiciaire si la partie récalcitrante est toujours défaillante.
L'action relève de la compétence du tribunal de grande instance (C. org. jud. art. R 211-3).
Selon la demande exprimée dans l'assignation, le **juge** rend un jugement qui soit **condamne** la partie défaillante **à régulariser l'acte authentique** dans un certain délai sous astreinte, soit **constate** directement la **vente**.
Dans le premier cas, si le cocontractant ne défère pas à l'injonction judiciaire, il convient de saisir de nouveau le juge pour qu'il rende un jugement constatant la vente. Pour éviter cette seconde saisine, il est possible de solliciter un jugement prévoyant qu'à défaut de réitération par acte authentique dans le délai imparti, c'est le jugement lui-même qui vaut vente.

b. Rôle de la publicité foncière

9220 Le but de l'acquéreur qui poursuit l'exécution forcée est d'obtenir non seulement la constatation du transfert de propriété de l'immeuble, vis-à-vis du vendeur, mais aussi un titre efficace, c'est-à-dire qui soit opposable aux tiers qui prétendraient avoir des droits concurrents sur l'immeuble. Il serait en effet vain pour l'acquéreur d'être reconnu dans ses droits alors qu'il serait primé ou concurrencé sur l'immeuble par des ayants droit du vendeur – tiers acquéreur, créancier du vendeur bénéficiant d'une sûreté hypothécaire, titulaire d'une servitude, preneur à bail de plus de douze années – qui auraient acquis des droits sur l'immeuble et les auraient publiés pendant l'instance. La question de la publicité foncière est de fait indissociable de celle de l'exécution forcée.

PUBLICATION DE LA PROMESSE NOTARIÉE

9222 Une promesse synallagmatique de vente établie par acte authentique, et même assortie de conditions suspensives, doit être publiée au service chargé de la publicité foncière et doit pour cela respecter les conditions posées par le décret 55-22 du 4 janvier 1955 en ce qui concerne l'identification des parties et la désignation de l'immeuble et relater, à l'effet du contrôle de la règle de l'effet relatif de la publicité foncière, la mention de publication du titre du disposant (nos 56252 s.). Cette publication, obligatoire en vertu de l'article 28, 1° du décret du 4 janvier 1955, permet l'opposabilité des droits de l'acquéreur aux tiers et lui évite de se faire primer par un acquéreur concurrent ou un créancier du vendeur.

PUBLICATION DE LA DÉCISION JUDICIAIRE VALANT VENTE

9224 Le **jugement**, lorsqu'il vaut vente, doit être **publié** au service chargé de la publicité foncière, à la diligence du greffier et de l'avocat poursuivant. Sa publication est obligatoire et doit intervenir dans le **délai** de trois mois du jour où il est devenu définitif (Décret 55-22 du 4-1-1955 art. 33, B).

La **vente** judiciairement constatée n'est **opposable aux tiers** qu'à compter de cette publication (Décret 55-22 du 4-1-1955 art. 30, 1). Sur l'opposabilité aux tiers de la vente lorsque la promesse a fait l'objet d'une publication préalable, voir nos 9226 s.
Sauf précision contraire de la décision judiciaire, le **transfert de propriété** est considéré s'être opéré à la **date** de l'assignation. C'est alors la copie exécutoire du jugement qui constitue le titre de propriété de l'acquéreur.

OPPOSABILITÉ EXCEPTIONNELLE DE LA PROMESSE SOUS SIGNATURE PRIVÉE

L'article 37, 2 du décret 55-22 du 4 janvier 1955 permet la publication de l'avant-contrat, en tant que vente parfaite sous signature privée, dans le cadre d'une démarche tendant à son exécution forcée, et en vue de l'obtention du titre authentique qui fait défaut. Cette publicité est exceptionnelle, l'authenticité étant en principe une condition requise de l'acte à publier. Elle est **facultative** et n'est pas une condition de recevabilité de la demande en justice tendant à l'exécution de la vente. Elle n'est enfermée dans aucun délai. Mais tout l'intérêt de la procédure engagée est de bénéficier au plus tôt de l'opposabilité aux tiers qui y est attachée. Elle produit un effet **provisoire** et doit être suivie d'une démarche au fond. **9226**
Deux voies procédurales différentes sont prévues par le texte. Elles peuvent être indistinctement mises en œuvre par celui qui entend poursuivre l'exécution forcée devant la juridiction compétente tout en bénéficiant de l'opposabilité aux tiers résultant de la publication opérée.

Procédure intégralement judiciaire Peut être publiée au service chargé de la publicité foncière du lieu de situation de l'immeuble la **demande en justice** tendant à obtenir la réitération ou la réalisation en la forme authentique d'un acte soumis ou admis à publicité foncière quoiqu'il n'ait pas été dressé en la forme authentique, à la condition que cet acte soit littéralement reproduit dans la demande en justice ou y soit annexé (Décret 55-22 du 4-1-1955 art. 37, 2-1°). **9228**

Procédure comprenant une phase notariale Peuvent être également publiés au service chargé de la publicité foncière les actes suivants, pourvu que soit respectée la même condition de reproduction littérale dans l'acte notarié ou d'annexe à cet acte de l'acte sous signature privée contenant la vente : **9230**
– le **procès-verbal notarié constatant le défaut ou le refus** du cocontractant ou promettant, appelé en pratique « procès-verbal de carence », de procéder à la réitération ou à la réalisation de cet acte sous signature privée (Décret du 4-1-1955 art. 37, 2-2°) ;
– la **déclaration unilatérale par acte notarié** de la volonté du requérant, partie à la promesse, d'exiger ces réitération ou réalisation (Décret du 4-1-1955 art. 37, 2-3°).
Cette publication n'est pas remise en cause par l'article 710-1 du Code civil qui impose la forme authentique résultant d'un acte reçu par un notaire exerçant en France, d'une décision juridictionnelle ou d'un acte authentique émanant d'une autorité administrative pour donner lieu aux formalités de publicité foncière. Ce procès-verbal et cette déclaration notariés sont en effet des actes authentiques, et ce sont bien eux qui sont publiés au fichier immobilier. Du reste, ils ne produisent pas le même effet que la publication de la vente elle-même (no 9236).

Le **recours au procès-verbal notarié** est souvent retenu lorsqu'il existe la perspective que le cocontractant jusqu'alors récalcitrant, confronté à la détermination de l'autre partie et à la perspective d'une instance judiciaire, finisse par accepter de signer l'acte authentique de vente. **9232**
La partie qui choisit cette voie fait **sommation à** son **cocontractant** de se trouver à jour et heure fixés chez le notaire chargé d'établir l'acte notarié constatant la vente pour le signer.
L'article 37, 2 du décret du 4 janvier 1955 ne précise pas par quel mode la sommation doit être effectuée. La signification par commissaire de justice doit être préférée à la lettre recommandée, bien que celle-ci soit admise : l'acte extrajudiciaire a de fait dans bien des cas un impact plus important sur un cocontractant qui est resté jusque-là récalcitrant à des demandes effectuées par courriers.
Il convient de préciser dans la sommation que, faute pour le sommé d'y déférer, il sera établi un procès-verbal constatant son défaut, lequel procès-verbal sera déposé au service chargé de la publicité foncière.
Le second original du commissaire de justice est annexé au procès-verbal pour justifier de la sommation.

Plusieurs éventualités peuvent se produire. **9234**
– Le **cocontractant** jusqu'alors réticent **accepte de réitérer la vente** en signant l'acte authentique : il peut alors y être procédé, ce qui met fin à la difficulté et au processus d'exécution forcée.

– Le cocontractant se présente en l'étude du notaire les jour et heure fixés, mais **refuse de régulariser l'acte de vente** : le procès-verbal est alors établi et constate la comparution des parties et leurs dires respectifs.
– Le cocontractant, quoique sommé, **ne se présente pas à l'étude** ; le notaire dresse alors un procès-verbal à la seule requête de celle des parties qui entend poursuivre l'exécution forcée. L'acte expose les faits et actes qui ont précédé son établissement et constate le défaut de la partie défaillante.

9236 **Effet de la publication** La publication au service chargé de la publicité foncière soit de la demande en justice tendant à obtenir la réitération ou la réalisation en la forme authentique de la promesse, soit du procès-verbal de refus ou de défaut, soit encore de la déclaration par acte notarié de la volonté de l'acquéreur d'exiger la réalisation ou la réitération, rend l'acte sous signature privée relaté ou annexé selon les prescriptions du texte **opposable aux tiers**, par un système original de **prénotation** au fichier immobilier (Décret du 4-1-1955 art. 37, 2-dernier al.) : la formalité effectuée prend rang alors même qu'il subsiste une incertitude sur l'issue de la vente.
L'**opposabilité** joue à compter du jour de la formalité. Elle est toutefois **provisoire** et **conditionnelle**, puisqu'elle est subordonnée à la publication dans le délai de 3 ans d'un acte authentique ou d'une décision judiciaire constatant la réitération ou la réalisation de la promesse, c'est-à-dire la vente parfaite. Ce délai peut être prorogé par la publication d'une ou de plusieurs ordonnances successives rendues à cet effet par le président du tribunal saisi (Décret du 4-1-1955 art. 37, 2-dernier al.).
Si cet acte définitif n'est pas publié, le bénéficiaire de la prénotation n'acquiert pas la qualité de tiers au sens de la publicité foncière et ne peut pas opposer son droit aux titulaires de droits concurrents ayant publié les leurs (Cass. 3e civ. 1-10-2020 n° 19-17.549 : SNH 33/20 inf. 1). En revanche, si la vente ayant donné lieu à la prénotation est ultérieurement constatée par un acte authentique publié, le bénéficiaire de la prénotation peut opposer ses droits aux tiers dès la date de publication de sa prénotation.
Il a ainsi été jugé que l'hypothèque judiciaire inscrite contre le vendeur entre la publication de l'assignation à titre de prénotation et celle de l'arrêt constatant le caractère parfait de la vente est inopposable à l'acquéreur de l'immeuble (Cass. 2e civ. 7-4-2016 n° 15-12.307 : BPIM 3/16 inf. 192).
À défaut de publication intervenant dans le délai de 3 ans, éventuellement prorogé, le bénéfice de la prénotation est perdu : l'acte sous signature privée, provisoirement publié, n'est plus opposable aux tiers. L'acquéreur qui a engagé le processus d'exécution forcée n'est pas déchu de la possibilité d'obtenir un jugement reconnaissant l'étendue de ses droits à l'égard de la partie défaillante, mais il perd le bénéfice de l'opposabilité attachée à la publication de l'acte sous signature privée, au risque que son droit soit totalement ou partiellement privé d'efficacité par la publication par des tiers de droits concurrents qu'ils tiennent du vendeur. En outre, le fait d'avoir publié une demande en réitération forcée de la vente sans avoir parallèlement entamé une procédure au fond tendant à faire reconnaître le caractère parfait de la vente pourrait être constitutif d'un **abus de droit** de la part de l'acquéreur en ce qu'il entraîne une indisponibilité de fait de l'immeuble pendant 3 ans (en ce sens Cass. 3e civ. 21-10-2014 n° 13-24.197 : Sol. Not. 1/15 inf. 5 ; Cass. 3e civ. 3-6-2015 n° 13-27.143 et n° 14-12.233 : Sol. Not. 8-9/15 inf. 155 ; Cass. 3e civ. 30-6-2016 n° 15-18.647 ; Cass. 3e civ. 28-1-2021 n° 19-24.962).

› Précisions a. La publicité de la promesse au service chargé de la publicité foncière étant effectuée sans le concours du vendeur, lorsque c'est celui-ci qui est défaillant, la mention de publication du titre du disposant qui en principe doit figurer dans tout acte soumis à publicité foncière (contrôle de la règle dite de l'effet relatif) n'est pas exigée (Décret du 4-1-1955 art. 36, 1).
b. Si les énonciations de la promesse sous signature privée concernant l'identification des parties et la désignation des biens sont insuffisantes au regard des exigences des règles de la publicité foncière pour que l'acte soit publié, la demande en justice, la déclaration notariée ou le procès-verbal de défaut ou de dires doit compléter ces énonciations.
c. Si le vendeur décède après la promesse, la procédure tendant à la publication de l'acte sous signature privée doit être dirigée contre ses héritiers. Le défaut d'établissement et de publication d'une attestation immobilière de propriété par ceux-ci n'est pas un obstacle à la publication de l'acte sous signature privée selon l'une des modalités de l'article 37, 2 du décret du 4 janvier 1955 (Rép. Bettencourt : AN 4-10-1961 p. 2363 n° 11534).
d. La publication, facultative, du compromis de vente effectuée au titre de l'article 37, 2 du décret 55-22 du 4 janvier 1955 n'impose pas celle de l'assignation en résolution de cet acte (Cass. 3e civ. 16-1-2013 n° 11-25.262 FS-PB : RJDA 7/13 n° 675, BPIM 2/13 inf. 141). Il est en effet de

jurisprudence constante que la publication obligatoire de la demande tendant à l'anéantissement d'une mutation ne concerne que les opérations soumises à publicité obligatoire, ce qui n'est pas le cas de la demande en réitération forcée de l'article 37, 2 (Cass. 3e civ. 28-5-1979 n° 77-15.857 : Bull. civ. III n° 115).

e. Pour la publication de la **vente consécutive à la prénotation**, il n'est pas nécessaire de tenir compte de l'existence de cette dernière au fichier immobilier pour l'application de la règle de l'**effet relatif**. La prénotation n'ayant pas emporté mutation, l'immeuble est demeuré au nom du disposant au fichier immobilier. Par suite, le titre du disposant à viser dans le paragraphe « effet relatif » est le titre d'acquisition précédant la prénotation, dans les conditions de droit commun (sur cette question voir « Publier une prénotation : et après ? », M. Suquet-Cozic, SNH 38/18 inf. 10).

c. Paiement du prix et des frais

Lorsque **sommation** est faite au promettant vendeur de se présenter en l'étude du notaire pour signer l'acte de vente, le promettant acquéreur doit libérer les fonds dans l'éventualité où le vendeur se présenterait pour signer l'acte. **9260**

Il doit être à tout moment à même de payer le prix et les frais de l'acte de la vente, car le vendeur peut, au cours de la procédure, décider de s'exécuter plutôt que de laisser se poursuivre l'instance.

La **poursuite de l'exécution forcée** est souvent difficile sinon impossible pour le promettant acquéreur qui doit recourir à un crédit hypothécaire pour financer tout ou partie du prix. **9262**

Techniquement tout d'abord, la disponibilité des fonds prêtés est en général subordonnée à une garantie hypothécaire, garantie que l'attitude du vendeur ne permet pas de mettre en place. Financièrement ensuite, le promettant acquéreur qui a réussi à obtenir la libération des fonds est tenu vis-à-vis de la banque au paiement des échéances de remboursement ou des intérêts, alors qu'il n'a pas la certitude absolue de devenir propriétaire de l'immeuble.

Enfin, lorsque l'opération entre dans le dispositif protecteur applicable au crédit immobilier, l'instance excède toujours en durée le délai de quatre mois prévu par l'article L 313-36 du Code de la consommation (nos 42650 s.), ce qui entraîne, sauf accord du prêteur pour un délai plus long, la résolution du contrat de prêt.

Le notaire, s'il établit la déclaration selon laquelle le contractant qui le requiert entend poursuivre l'exécution forcée, ou le procès-verbal constatant le refus ou le défaut de réitérer, demande le versement préalable entre ses mains des **droits de mutation** dont il doit effectuer le paiement lors du dépôt de l'acte en vue de son enregistrement ou de sa publication (C. com. art. R 444-61). À défaut d'être provisionné du montant des droits par le requérant, le notaire serait tenu d'en faire l'avance (CGI art. 1705, 1°), ce qui ne lui interdit pas néanmoins d'en réclamer ultérieurement le remboursement à l'acquéreur (Cass. 1e civ. 25-11-2015 n° 14-22.102 FS-PB : Sol. Not. 2/16 inf. 50). **9264**

En revanche, les notaires ne sont pas tenus de faire l'avance de la **TVA** due à raison de la cession de certains immeubles ou droits sociaux (BOI-ENR-DG-50-10-20 n° 100).

2. ANÉANTISSEMENT DE LA PROMESSE

Une vente formée, si elle n'est pas exécutée, spontanément ou au terme d'une procédure d'exécution forcée, doit être résolue. Cette résolution peut être amiable ou judiciaire, ou résulter soit de la mise en œuvre d'une clause résolutoire expresse, soit de la notification au cocontractant en cas d'inexécution suffisamment grave (C. civ. art. 1224). **9280**

a. Résolution amiable

Les conventions peuvent toujours être révoquées du consentement mutuel des contractants (C. civ. art. 1193). Le dissentiment mutuel des parties est apte à anéantir le contrat formé par leur consentement mutuel. **9282**

Les contractants peuvent préférer convenir d'une rupture amiable de leur contrat plutôt que d'en poursuivre l'exécution forcée ou la résolution judiciaire. Le promettant vendeur, confronté à la réticence du promettant acquéreur à régulariser la vente, peut ainsi retrouver sa liberté et rechercher un nouvel acquéreur. Dans la situation inverse, le promettant acquéreur, éventuellement indemnisé par le promettant vendeur, peut estimer préférable de chercher un autre bien plutôt que d'engager une action judiciaire.

Le caractère conventionnel de la rupture n'exclut pas l'existence d'un différend entre les parties. L'accord révocatoire manifeste que celles-ci ont choisi de le résoudre par la voie conventionnelle plutôt que par la voie judiciaire.

9284 La **convention** qui constate l'accord par lequel les parties conviennent de mettre fin à leur relation est désignée sous les vocables de « **résolution** » ou de « **résiliation** ». Les deux termes sont indistinctement utilisés en pratique, mais le premier est davantage adapté à une convention ayant un effet rétroactif, alors que le second désigne en principe un accord qui, valant uniquement pour l'avenir, maintient les effets passés.

9286 La résolution amiable suppose un accord réciproque émanant de personnes juridiquement capables. Il s'agit d'une véritable convention, qui procède d'un accord de volontés.

La **formalisation** de cet accord est variable en pratique. Les parties s'en tiennent parfois à un accord verbal, ou même à la destruction matérielle convenue entre elles des écrits qui constataient leur promesse. La rupture de leur relation peut également résulter d'un simple échange de lettres missives ou de courriels, dont le rapprochement met en évidence la convergence des consentements.

Le respect des règles de preuve devrait en principe conduire à l'établissement d'un écrit authentique ou sous signature privée respectant le formalisme qui lui est propre dès lors que l'affaire excède une valeur de 1 500 € (C. civ. art. 1359). Sur ce formalisme, voir n°s 54000 s.

Lorsque l'accord révocatoire, au prix de l'abandon par chacun des cocontractants d'une partie de ses prétentions, consiste en une **transaction** au sens des articles 2044 du Code civil, cet accord doit pour sa validité même être constaté par écrit (C. civ. art. 2044 s., al. 2).

9288 Les parties, lorsqu'elles sont d'accord, définissent non seulement le principe de l'anéantissement de leur convention, mais également ses **conséquences**.

Ces conséquences sont le plus souvent pécuniaires : elles concernent la restitution de la somme versée par l'acquéreur, ainsi que l'éventuelle indemnisation de celle des parties qui, initialement désireuse de poursuivre la vente, a accepté de plus ou moins bon gré la résolution.

Les parties peuvent également convenir de maintenir le caractère rétroactif de l'anéantissement ou, au contraire, de l'écarter. Cet aspect peut avoir des incidences lorsque l'acquéreur a été mis en possession de l'immeuble entre l'accord initial et celui révocatoire : notamment, remise ou non des choses en l'état initial en cas de réalisation de travaux, exigibilité d'une indemnité d'occupation, validation d'actes passés par le promettant acquéreur.

Dans le silence de la convention, la jurisprudence privilégie le caractère rétroactif (Cass. com. 30-11-1983 n° 82-13.323 : Bull. civ. IV n° 337).

9290 En matière de **droits de mutation** à titre onéreux, la résolution amiable d'une vente parfaite emporte les conséquences d'une nouvelle mutation, et donc l'exigibilité d'une seconde taxation. Sauf exception, les droits dus sur la mutation résolue ne sont pas restituables (CGI art. 1961).

Cette situation doit être distinguée de celle résultant de la réalisation d'une condition résolutoire stipulée dans l'acte. Sur cette hypothèse voir n° 60021.

Le fait que la résolution intervienne avant que les premiers droits soient eux-mêmes exigibles, puisque l'acte de vente authentique n'a par définition pas été établi et n'a pas pu être soumis à la formalité fusionnée d'enregistrement et de publicité foncière, est sans incidence : les doubles droits seront exigibles simultanément au vu de l'acte qui constate la résolution.

Les droits seront liquidés sur le prix qui sera exprimé dans l'acte de résolution. À défaut d'indication d'un prix de résolution, ce qui sera l'hypothèse la plus fréquente, les droits seront liquidés sur la même base que le contrat primitif (BOI-ENR-DMTOI-10-10-30-40 n° 30).

Lorsqu'elle intervient avant accomplissement d'une condition suspensive insérée dans l'acte, la résolution ne rend exigible qu'un droit fixe d'enregistrement (125 €). Dans ce cas, ni l'acte conditionnel ni la résolution n'entraînent l'exigibilité d'un droit proportionnel, la réalisation ultérieure de la condition étant à cet égard indifférente.

En matière de **TVA**, la taxe acquittée à l'occasion d'opérations qui sont par la suite résiliées ouvre droit, en principe, à récupération ; celle-ci s'opère par voie d'imputation sur la taxe due ultérieurement ou encore par voie de remboursement (CGI art. 272, 1). Bien entendu, en pratique, la résolution de la promesse ne peut ouvrir droit à restitution de la TVA que si la promesse elle-même a donné lieu au versement effectif de ladite taxe. La question de savoir si la résolution de la promesse génère une opération taxable à la TVA n'a fait l'objet, à notre connaissance, d'aucune solution doctrinale. Dans une affaire de mise en cause de la responsabilité du notaire, il a été jugé que, si la résolution porte sur un terrain sur lequel une construction a été édifiée par l'acquéreur, la restitution emporte cession de cette construction au sens de la TVA (Cass. com. 20-1-2015 n° 13-27.454 F-PB : RJF 5/15 n° 413, décision prise pour l'application de l'ancien régime de la TVA immobilière et qui méritera d'être confirmée par le juge de l'impôt pour le régime actuel). Par suite, la résolution peut, le cas échéant, être imposable à la TVA si elle en remplit par ailleurs les conditions (qualité d'assujetti de l'acquéreur, date d'achèvement de la construction, etc.).

La promesse de vente peut prévoir que les droits de mutation exigibles tant sur la mutation initiale que sur la résolution seront, à titre de **clause pénale**, à la charge définitive de la partie défaillante.

Les inconvénients fiscaux d'une double mutation incitent parfois les parties à conserver **occultes** leurs conventions. **9292**
Un professionnel ne pourrait toutefois prêter son concours à l'établissement d'un acte destiné à rester secret dans le dessein d'éluder l'exigibilité des droits.

b. Résolution judiciaire

L'inexécution par l'une des parties de ses obligations ou de l'une d'elles n'entraîne pas de plein droit la résolution du contrat. Elle ouvre à l'autre la possibilité de saisir le juge pour faire prononcer la résolution judiciaire (C. civ. art. 1228). Mais cette disposition n'étant pas d'ordre public, un contractant peut, par une clause non équivoque prévue à cet effet, renoncer par avance au droit de demander la résolution judiciaire (Cass. 3e civ. 3-11-2011 n° 10-26.203 : RJDA 2/12 n° 125). **9310**
La mise en demeure préalable du contractant défaillant n'est pas une condition de recevabilité de l'action en résolution car celui-ci est averti des intentions du demandeur à l'action par l'assignation.
Le délai de prescription de l'action en résolution de la vente, intentée par le vendeur, court à compter du jour où il a eu connaissance du refus de l'acheteur de signer la vente (Cass. 3e civ. 1-10-2020 n° 19-16.561 FS-PBI : BPIM 6/20 inf. 405).

Selon le cas, la **résolution** est prononcée **aux torts du promettant vendeur ou** aux torts **du promettant acquéreur**. **9312**
En matière de vente d'immeuble, le refus d'exécuter de l'une des parties assorti selon le cas d'un défaut de paiement du prix par l'acquéreur ou de signature de l'acte authentique est un manquement caractérisé justifiant la résolution.
Il n'est pas nécessaire que l'inexécution soit fautive pour que la résolution soit prononcée. La résolution peut sanctionner une impossibilité pour l'une des parties de faire face à ses engagements.

Le **contractant défaillant** peut **échapper à la résolution** en offrant d'exécuter son obligation. **9314**
Mais le juge peut écarter une offre qu'il estimerait tardive.
Le juge peut ordonner au débiteur l'exécution du contrat en accordant au contractant défaillant un **délai** (C. civ. art. 1228).

L'action en résolution est souvent accompagnée d'une demande de **dommages-intérêts** sur le fondement des articles 1231 s. du Code civil. Ainsi, dans un cas où l'acquéreur d'une maison avait appris, avant la signature de l'acte authentique, que le vendeur avait réalisé des travaux d'extension sans permis de construire, l'acquéreur a obtenu la résolution de la vente, des dommages-intérêts correspondant à son préjudice moral et matériel et le remboursement de la commission versée à l'agence immobilière, au motif que le vendeur avait commis une faute en exécutant des travaux en dehors de la réglementation et que cette faute avait causé un préjudice à l'acheteur qui pouvait craindre pour l'avenir une réaction ou une sanction de l'administration (Cass. 3e civ. 3-6-2009 n° 07-19.097 : RJDA 12/09 n° 1065). **9316**
Les conséquences pécuniaires de la rupture sont réglées par le juge, sauf lorsqu'elles ont été anticipées par l'insertion dans l'acte d'une clause pénale.

La **résolution** judiciaire de la promesse met fin au contrat (C. civ. art. 1229, al. 2). La date d'effet de la résolution est fixée par le juge ; à défaut, la date d'effet est le jour de l'assignation en justice (C. civ. art. 1229, al. 2). Échappent cependant à l'anéantissement les clauses régissant la fin du contrat, notamment celles relatives au règlement des différends, comme la clause pénale (C. civ. art. 1230). **9318**
Ce caractère rétroactif impose la remise des parties dans l'état où elles se trouvaient avant la conclusion de la promesse : il y a donc lieu à restitution des prestations déjà effectuées si le contrat a eu un début d'exécution. Ainsi, l'acompte versé par le promettant acquéreur doit lui être restitué (sauf à s'imputer sur une clause pénale ou à rester acquis au promettant vendeur à titre de dommages-intérêts prononcés par le juge si la défaillance provient du fait du promettant acquéreur) et le promettant acquéreur, s'il a été mis en possession de l'immeuble de façon anticipée, doit restituer celui-ci et, dans toute la mesure du possible, dans l'état où il l'a reçu.

La résolution judiciaire n'entraîne l'exigibilité ni des **droits de mutation** à titre onéreux ni de la contribution de sécurité immobilière (CGI art. 1961, al. 3). Seront seuls dus les droits sur la mutation initiale, avec cette circonstance que celle-ci sera nécessairement révélée à l'administration fiscale par l'instance engagée. **9320**

Sont non seulement exigibles les droits en principal mais aussi les intérêts de retard et les majorations.
La règle exposée n° 9290 en matière de **TVA** pour la résolution amiable de la promesse synallagmatique de vente nous semble valoir également pour la résolution judiciaire d'une telle promesse.
La promesse de vente peut prévoir que les droits de mutation exigibles sur la mutation initiale seront, à titre de **clause pénale**, à la charge définitive de la partie défaillante.

c. Clause résolutoire de plein droit

9340 La clause résolutoire expresse, appelée également pacte commissoire exprès, permet la résolution du contrat. Son intérêt est de soustraire cet anéantissement aux incertitudes d'une négociation contractuelle propre à la résolution conventionnelle ou aux inconvénients, réels ou supposés, inhérents à une demande de résolution judiciaire.
La clause résolutoire suppose de la part des parties une anticipation du risque de défaillance de l'une d'elles.
La clause résolutoire est examinée n°s 8880 s.

d. Résolution par voie de notification

9341 Le créancier d'une obligation contractuelle peut, en cas d'**inexécution grave**, résoudre le contrat par voie de notification au débiteur (C. civ. art. 1226).
Le créancier victime de l'inexécution, qui s'engage dans cette voie, doit adresser à son cocontractant défaillant une **mise en demeure** de satisfaire à son engagement dans un délai raisonnable. La mise en demeure doit mentionner de manière apparente qu'à défaut pour le débiteur de satisfaire à son engagement, le créancier sera en droit de résoudre le contrat.
Si l'inexécution persiste, le créancier **notifie** au débiteur (par document sous enveloppe ou pli fermé adressé au destinataire par voie postale à lui remis contre émargement ou récépissé) la résolution et les raisons qui la motivent (C. civ. art. 1226, al. 3). Cette notification peut toujours être faite par voie de signification.
La résolution prend effet à la date de sa notification. Elle est faite aux « risques et périls » de celui qui a choisi cette voie.
Le débiteur peut à tout moment saisir le juge pour contester la résolution. Le créancier doit alors prouver la gravité de l'inexécution (C. civ. art. 1226, al. 4).
Cette source de résolution peut surtout présenter un intérêt lorsqu'il n'a pas été prévu de clause résolutoire. Mais elle n'a pas son efficacité, puisque le débiteur peut à tout moment contester judiciairement la résolution et faire peser sur le contractant victime de la défaillance la charge de la preuve de la gravité de l'inexécution.

B. Aliénation de l'immeuble au profit d'un tiers à la promesse

9390 Il peut se produire que, malgré l'existence d'une promesse, le promettant vendeur transfère à un tiers la propriété de tout ou partie de l'immeuble promis en vente. Se pose alors un problème de **conflit de droits concurrents entre le promettant acquéreur et le tiers détenteur de l'immeuble** : un seul d'entre eux peut être réputé le véritable propriétaire alors qu'ils disposent chacun d'un titre.
Les titulaires de droits concurrents sont départagés en fonction d'un critère chronologique qui prend en compte l'antériorité de la position de l'un par rapport à l'autre. Cette règle est exprimée par l'adage « premier en date, préférable en droit ». L'antériorité s'apprécie par rapport à la date de l'acte du concurrent, ou à la date de publication de cet acte, selon qu'aucun des intéressés n'a publié son droit au service chargé de la publicité foncière, ou qu'au contraire l'un au moins des deux a effectué la formalité.

1. AUCUN DES TITULAIRES DE DROITS CONCURRENTS N'A PUBLIÉ SON TITRE

9392 Ce conflit correspond à la situation d'un vendeur ayant contracté deux promesses successives avec deux acquéreurs différents. Il se produit généralement lorsque avec le premier acquéreur s'est élevé un différend qui a mis obstacle à la réalisation de la vente par acte authentique ou lorsque le vendeur reçoit, après avoir contracté la première promesse, une offre d'achat à de meilleures conditions et l'accepte.

Il est supposé que dans les deux promesses le transfert de propriété a été retardé à la signature de l'acte authentique et que ce transfert n'est pas intervenu car, dans le cas contraire, l'acte authentique aura été publié et le conflit serait réglé par la publicité foncière (n°s 9420 s.).
Plusieurs configurations peuvent se présenter :
– si les **deux actes** sont **authentiques**, le conflit se résout en faveur du plus ancien en date ;
– dans l'hypothèse d'un conflit entre un **acte sous** signature privée (premier en date) et un **acte authentique**, la Cour de cassation a donné la priorité au second sur l'acte sous signature privée qui n'était pas susceptible d'être publié (Cass. 3e civ. 13-3-1974 : Bull. civ. III n° 119) ;
– lorsque le conflit oppose deux **actes sous signature privée** dont **un a acquis date certaine**, il paraît logique de privilégier ce dernier dans la mesure où l'acte sous signature privée ne fait pas foi de sa date à l'égard des tiers (C. civ. art. 1377) ;
– lorsque **aucun des actes sous signature privée n'a date certaine**, le premier en date l'emporte (Cass. 1e civ. 12-11-1975 : Bull. civ. I n° 323) ; il serait logique que, dans ce cas, la preuve de l'antidate puisse être rapportée puisque l'acte sous signature privée ne fait foi de sa date qu'à l'égard des parties et non à l'égard des tiers.

2. L'UN AU MOINS DES CONCURRENTS A PUBLIÉ SON DROIT

PRINCIPE DE L'OPPOSABILITÉ DU DROIT PUBLIÉ

Lorsque l'immeuble faisant l'objet de la promesse a été vendu à un tiers par le promettant vendeur et que l'un ou l'autre des bénéficiaires de la promesse ou du tiers a publié son droit, l'opposabilité est attachée à cette publication. S'ils ont tous les deux publié leurs droits, le conflit entre les titulaires de droits concurrents est alors réglé en faveur de celui qui a publié son droit le premier (Décret du 4-1-1955 art. 30, 1). **9420**
La **date du transfert de propriété** est, selon nous, sans incidence, que ce transfert soit retardé sans rétroactivité à la signature de l'acte authentique, postérieure par définition à la conclusion de la promesse, ou qu'il soit opéré avec rétroactivité dans le cadre d'une promesse conditionnelle sans clause de réserve de propriété. La publication du titre est privilégiée par rapport à la publication du transfert de propriété.

INCIDENCE DE LA MAUVAISE FOI DU TIERS ACQUÉREUR

Lorsque deux acquéreurs successifs de droits portant sur un même immeuble tiennent leur droit d'une même personne, celui qui a, le premier, publié son titre d'acquisition passé en la forme authentique au fichier immobilier est préféré, même si son droit est postérieur, à condition qu'il soit **de bonne foi** (C. civ. art. 1198, al. 2). **9422**
Cette règle inverse la solution antérieure : selon la Cour de cassation, était opposable le droit publié sur celui non publié ou postérieurement publié, indépendamment de la bonne ou de la mauvaise foi du tiers contractant (Cass. 3e civ. 10-2-2010 n° 08-21.656 : RJDA 7/10 n° 791 ; Cass. 3e civ. 15-12-2010 n° 09-15.891 : Defrénois 2011 art. 40178 p. 1525 note S. Piedelièvre ; Cass. 3e civ. 12-1-2011 n° 10-10.667 : Bull. civ. III n° 5 ; Cass. 3e civ. 19-6-2012 n° 11-17.105 : BPIM 4/12 inf. 340 ; Cass. 3e civ. 4-10-2018 n° 17-15.425 concernant des faits antérieurs à 2016 : SNH 39/18 inf. 10). La mauvaise foi du tiers – c'est-à-dire la connaissance de l'existence d'un droit concurrent préexistant sur le même immeuble – s'apprécie au moment où il contracte.
La preuve de la mauvaise foi du tiers incombera à celui qui s'en prévaudra pour faire valoir son droit sur celui, concurrent, né postérieurement mais antérieurement publié.
Sur les règles de la publicité foncière, voir n°s 56005 s.

Action paulienne La Cour de cassation a admis que le titulaire d'une promesse de vente puisse agir par la voie de l'action paulienne contre le promettant ayant fait donation du bien avant la réitération de la vente par acte authentique en énonçant que cette action est recevable même si le débiteur n'est pas insolvable, dès lors que l'acte frauduleux a eu pour effet de rendre impossible l'exercice du droit spécial dont disposait le créancier sur la chose aliénée (Cass. 3e civ. 6-10-2004 n° 03-15.392 : RJDA 2/05 n° 194). **9424**
En cas de violation d'un compromis de vente, les juges ont retenu la nullité de l'acte concurrent pour sanctionner la fraude aux droits de l'acquéreur (Cass. 3e civ. 30-1-2020 n° 18-25.381 FS-PBI : BPIM 2/20 inf. 127).

3. RECOURS CONTRE LE PROMETTANT VENDEUR

Le règlement du conflit entre le promettant acquéreur et le tiers est une question indépendante de celle des suites de la promesse si le promettant premier se voit évincé de la propriété de **9440**

l'immeuble, que cette éviction résulte de l'antériorité du transfert de propriété au profit du tiers, ou de l'opposabilité liée à l'antériorité de la publication au service chargé de la publicité foncière du titre de celui-ci.
Victime de l'inexécution par le promettant vendeur de ses obligations, le promettant acquéreur conserve ses recours contre celui-ci au titre, soit de la clause pénale éventuellement prévue dans la promesse, soit du jeu de la responsabilité civile contractuelle dans les conditions de droit commun.
Le promettant acquéreur peut demander, en même temps que son indemnisation, la résolution de la promesse aux torts du promettant vendeur (nos 9310 s.).

SECTION 8

PERTE OU DÉTÉRIORATION DE L'IMMEUBLE

9490 L'immeuble promis en vente peut être détruit ou plus ou moins détérioré dans l'intervalle de temps séparant la conclusion de la promesse de la régularisation de l'acte authentique : dégât des eaux, incendie, catastrophe naturelle, fait dommageable d'un tiers...
Le transfert des risques de l'immeuble est en principe lié au transfert de propriété dans les contrats translatifs de propriété (C. civ. art. 1196, al. 3).

1. RÈGLES LÉGALES

PRINCIPES

9492 C'est le propriétaire qui supporte les risques de la chose. Le transfert de ces risques s'opère lors du transfert de la propriété (C. civ. art. 1196, al. 3).
Si le vendeur tarde à délivrer l'immeuble dont la propriété a été transférée, les risques sont de nouveau supportés par lui à compter de la mise en demeure faite par le créancier de l'obligation de délivrance, c'est-à-dire l'acquéreur (C. civ. art. 1196, al. 3 et 1344-2).
Lorsque l'impossibilité de délivrer résulte de la perte de la chose due, le débiteur (le vendeur) mis en demeure est néanmoins libéré s'il prouve que la perte se serait pareillement produite si l'obligation avait été exécutée. Il est dans ce cas cependant tenu de céder à son créancier les droits et actions attachés à la chose (C. civ. art. 1351-1).
Si les parties ont convenu que la réalisation des conditions suspensives jouerait rétroactivement, cette rétroactivité ne s'applique pas aux risques, qui incombent au débiteur, c'est-à-dire le vendeur (C. civ. art. 1304-6, al. 2).

DIFFICULTÉS

9494 Les règles énoncées ci-dessus sont conçues de manière générale pour les contrats translatifs de propriété et non spécifiquement pour la vente d'immeuble.
Un immeuble ne périt jamais totalement, en ce qu'il reste toujours son support foncier : suivant le type d'immeuble, le terrain, une quote-part de ce terrain, ou un volume immobilier.
Il existe une grande variété d'événements, de gravité variable, entre la destruction totale du bâti et la simple détérioration accidentelle pouvant aisément et rapidement être réparée.
Il faut généralement tenir compte de l'existence d'un contrat d'assurance, couvrant de manière plus ou moins large la compensation du sinistre. C'est alors d'une certaine manière aux risques de l'assureur que se trouve l'immeuble.
Intervient enfin une donnée purement subjective : l'acquéreur sera-t-il toujours désireux de poursuivre l'acquisition d'un immeuble qui n'est pas dans l'état où il était lorsque son consentement s'est formé ? Acceptera-t-il de supporter soit un retard de mise en possession, soit la réalisation de travaux ?

2. AMÉNAGEMENTS CONVENTIONNELS

9550 Le contrat de promesse peut prévoir les conséquences d'un sinistre affectant l'immeuble. Ainsi, il peut prévoir que :
– la **destruction totale du bâti** ou la **dégradation** de l'immeuble dans une mesure **telle que sa remise en état à l'identique**, pour quelque raison que ce soit, n'est **pas possible** ou entraîne un coût supérieur à une certaine fraction du prix convenu rend la vente caduque et libère les parties, sauf la responsabilité du vendeur si la perte est la conséquence de sa faute ;

– en cas de **détérioration**, l'option est ouverte à l'acheteur de renoncer à la vente ou d'en poursuivre l'exécution sans diminution du prix mais dans ce dernier cas avec le bénéfice de toutes les indemnités d'assurances ;
– en cas de **caducité de la vente**, que ce soit en cas de perte totale ou de détérioration, toute somme versée par l'acquéreur, sous quelque qualification que ce soit, lui est restituée ;
– en cas de **retard de transfert de propriété consécutif à un retard de l'acquéreur pour signer l'acte authentique et payer le prix**, les risques passent sur la tête de ce dernier à compter de la mise en demeure sans que celui-ci ait la possibilité de renoncer à la vente, en cas de perte totale ou de détérioration.
Une formule est proposée n° 9750.

SECTION 9 PARTICULARITÉS APPLICABLES EN ALSACE-MOSELLE

Les départements d'Alsace (Bas-Rhin, Haut-Rhin) et de Moselle sont, dans de multiples domaines, soumis à des règles juridiques différentes de celles applicables sur le territoire national, formant un **droit local**, inspiré du droit allemand. Deux particularités intéressent la matière de la vente d'immeuble : l'existence d'un système de publicité foncière distinct, reposant sur le **livre foncier**, tenu par le juge spécialisé du tribunal judiciaire (nos 56330 s.) ; l'obligation, pour les parties à un acte translatif ou déclaratif de propriété immobilière qui n'est pas dressé devant notaire, d'établir dans un certain délai un acte authentique ou, en cas de refus de l'une des parties, d'introduire une demande en justice tendant à la réalisation de la vente (Loi du 1-6-1924 art. 42, al. 2). C'est cette seconde particularité, intéressant la promesse synallagmatique de vente, qui est ici étudiée. 9600

CHAMP D'APPLICATION

L'obligation prévue par l'article 42 de la loi du 1er juin 1924 vise tout acte translatif ou déclaratif de propriété immobilière établi par acte sous signature privée, portant sur un bien situé dans l'un des trois départements considérés. 9602
Elle s'applique donc à la **promesse synallagmatique valant vente**, à la **promesse unilatérale** dont l'option est levée et à la **vente conditionnelle** lorsque ces opérations sont établies par acte sous signature privée et qu'elles portent sur des immeubles situés dans l'un des trois départements soumis au droit local, indépendamment du domicile ou du lieu de résidence des parties ou du rédacteur de l'acte.
En sont en revanche exclues les **promesses synallagmatiques ne valant pas vente**, qui ne sont pas translatives de propriété (sur ces promesses, voir nos 10500 s.).

OBLIGATION DES PARTIES

Les parties ont l'obligation d'établir un **acte notarié** dans le **délai** de six mois suivant l'acte sous signature privée ; si l'une des parties s'y refuse, l'autre doit former dans le même délai une action en justice portée à la connaissance de la partie adverse, tendant à faire constater la vente (Loi du 1-6-1924 art. 42, al. 2). 9604

En cas de promesse ou de vente conditionnelle, le **point de départ du délai** de six mois est l'acte et non pas la réalisation de la dernière des conditions suspensives (Cass. 3e civ. 2-7-1970 n° 68-12.226 : Bull. civ. III n° 456). 9606
En cas de promesse unilatérale, le délai de six mois court à compter de la levée d'option, qui transforme le contrat en acte translatif de propriété.
Ce **délai** ne peut pas être **allongé** ni **prorogé** (Cass. 3e civ. 10-3-1999 n° 97-17.625 : Bull. civ. III n° 60).
En cas de refus de réitérer de l'une des parties, le procès-verbal de carence établi par le notaire à cette occasion n'interrompt pas le délai de six mois.
Si les parties conviennent d'un **délai** de régularisation de l'acte authentique **plus court** et décident d'une caducité de l'acte à défaut d'établissement de l'acte notarié dans le délai prévu, l'anéantissement de l'acte procède de la loi contractuelle et non de la règle légale (Cass. 3e civ. 23-5-1991 n° 89-16.810 : Bull. civ. III n° 147).

SANCTION

9608 L'article 42, alinéa 2 de la loi du 1er juin 1924 sanctionne le non-respect de l'obligation qu'il prévoit par la **caducité** de l'acte sous signature privée.

L'anéantissement de l'acte se produit de plein droit, sans qu'une constatation judiciaire soit nécessaire.

Les parties ont la possibilité d'éviter cette sanction : ensemble, en établissant un acte notarié constatant la vente dans le délai de six mois ; chacune, en exerçant dans le même délai une action en justice tendant à faire constater la vente.

Ce texte est d'ordre public : les **parties** ne peuvent donc ni **confirmer l'acte** ni **renoncer à se prévaloir de la caducité**. Elles peuvent toutefois convenir d'une nouvelle vente, ou d'une nouvelle promesse, soumise à l'article 42 de la loi du 1er juin 1924 si elle n'est pas constatée par acte notarié.

9610 Lorsqu'une **somme** a été **versée par l'acquéreur** au vendeur à titre d'acompte, cette somme doit logiquement lui être **restituée** dans la mesure où la disparition rétroactive de la vente fait disparaître la dette de prix dont le versement d'acompte est l'exécution partielle.

Si la somme est versée comme contrepartie d'un droit de dédit au profit de l'acquéreur, la somme ne doit pas lui être restituée lorsque le défaut de réalisation de l'acte authentique lui est imputable (Cass. 1e civ. 23-1-1963 : no 61-12.383 : Bull. civ. I no 54).

9612 Les parties peuvent prévoir une **clause pénale** destinée, d'une part, à garantir la signature de l'acte de vente dans le délai convenu, plus court que le délai légal afin d'éviter la caducité légale et, d'autre part, à fixer conventionnellement le montant de l'indemnisation du cocontractant victime de la défaillance de son partenaire. Les juges du fond considèrent généralement, à raison selon la Cour de cassation, que la clause pénale ne survit pas à l'anéantissement de la promesse (Cass. 3e civ. 4-6-2003 no 02-11.361), peu important que l'une des parties ait introduit dans le délai de l'article 42 de la loi du 1er juin 1924 une demande en justice tendant au paiement de la clause pénale (Cass. 3e civ. 12-2-2003 no 01-11.258 : Bull. civ. III no 30). Cette solution est néanmoins discutable et illogique, dans la mesure où la clause pénale a été introduite dans le contrat précisément pour éviter la nullité.

À **défaut de clause pénale**, la responsabilité civile contractuelle de l'une des parties peut être recherchée et judiciairement sanctionnée si l'anéantissement du contrat est la conséquence d'une faute et qu'elle cause à son cocontractant un préjudice. La particularité tient ici au fait que chaque cocontractant a la possibilité d'éviter la caducité de l'acte, et donc le préjudice, en faisant délivrer à la partie défaillante ou récalcitrante une assignation en justice dans le délai de six mois.

9614 **Intervention d'un intermédiaire** L'anéantissement du contrat entraîne logiquement disparition du droit à **commission de l'intermédiaire**, pour la raison qu'aucune de ses dispositions ne peut recevoir application, sauf la possibilité pour celui-ci d'engager la responsabilité du cocontractant fautif.

Manque à son obligation de conseil à l'égard du vendeur l'agent immobilier qui néglige de l'informer de l'exigence de réitérer le compromis de vente en la forme authentique ou d'introduire une action en justice à cette fin dans le délai de six mois afin de s'opposer à la caducité du contrat, le privant ainsi de la possibilité de se prévaloir, sur le fondement de l'ancien article 1178 du Code civil (désormais C. civ. art. 1304-3), de la faute de l'acquéreur et, partant, de solliciter le bénéfice de la clause pénale (Cass. 1e civ. 15-5-2007 no 06-12.908).

SECTION 10 FRAIS

1. RÉMUNÉRATION DU RÉDACTEUR DE L'ACTE

PROMESSE RÉDIGÉE PAR UN AGENT IMMOBILIER

9670 Un agent immobilier peut rédiger une promesse synallagmatique de vente qui constitue l'accessoire direct de l'intermédiation qu'il réalise entre le promettant vendeur et le promettant acquéreur. Il ne peut, à la demande de particuliers qui seraient convenus d'une vente sans son intermédiaire, rédiger un avant-contrat (Rép. Dhersin : AN 9-10-2000 p. 5809 no 48234).

Lorsqu'il réalise une opération de négociation, la prestation de **rédaction** de l'avant-contrat réalisée par l'agent immobilier est généralement **rémunérée** par la commission qu'il perçoit et dont le montant a nécessairement été convenu dans le mandat avec celle des parties qui en a la charge (sur cette question, voir n°s 2330 s.). L'agent immobilier peut toutefois facturer la rédaction de l'avant-contrat indépendamment de la commission qu'il perçoit (Rép. Robin-Rodrigo : AN 25-3-2008 p. 2672 n° 2295).

PROMESSE RÉDIGÉE PAR UN NOTAIRE

Il est rare que la **promesse** synallagmatique de vente soit **établie par acte authentique**. 9672
La promesse de vente n'est pas au nombre des actes tarifés. Ce tarif ne prévoit pas davantage d'émolument fixe pour les actes innommés, ou ceux non tarifés par ailleurs. Il n'est pas possible en l'état de préciser l'émolument lié à la rédaction d'une promesse synallagmatique de vente. Sur le tarif des notaires et le calcul des frais, voir n°s 55510 s.

Lorsque la **promesse** de vente est **établie sous signature privée**, le notaire ne peut pas prétendre 9674
à des **honoraires** de rédaction. Le Conseil supérieur du notariat considère que l'établissement de l'acte sous signature privée forme un tout avec l'acte de vente qui suit et que sa rémunération est comprise dans l'émolument proportionnel de vente (Circ. 1566 du 18-10-2002).
La perception d'honoraires par le notaire à l'occasion d'un avant-contrat de vente d'immeuble reste toutefois exceptionnellement possible, lorsqu'il ne s'agit pas directement de la rémunération de cette promesse. C'est le cas lorsque le notaire fournit une consultation détachable de l'acte, distincte les diligences propres à l'avant-contrat courant de vente : par exemple, des recherches approfondies sur une question d'urbanisme ou de fiscalité, ou la résolution de difficultés qui auraient empêché la signature, etc.

2. FRAIS D'ENREGISTREMENT ET DE PUBLICITÉ FONCIÈRE

Seule la promesse établie par acte authentique est susceptible d'être publiée au **service de la** 9700
publicité foncière.
Sont exigibles :
– la **contribution de sécurité immobilière**, au taux de 0,1 % du prix d'acquisition (CGI art. 881 K) ;
– un **droit fixe d'enregistrement** de 125 € (CGI art. 680) lorsque la promesse est soumise à une condition suspensive pendante ; à défaut d'une telle condition, la promesse est passible du **droit de vente** d'immeubles, dont le taux global dépend à la fois de celui du droit départemental et de la nature de l'immeuble (habitation, bureau, etc.) ;
– le **coût de l'état hypothécaire** éventuellement levé lors de l'accomplissement de la formalité.
Un **refus d'enregistrement** devrait être opposé à la présentation de la promesse synallagmatique au **service de l'enregistrement**, au motif que l'acte devrait en principe être soumis à la formalité fusionnée au service chargé de la publicité foncière (CGI art. 660 ; CGI ann. III art. 260).

3. TVA

Lorsque la promesse synallagmatique de vente peut s'analyser en une vente parfaite, elle est 9710
soumise au même régime fiscal que les ventes proprement dites. Elle est donc susceptible d'être soumise à la TVA dans les conditions de droit commun exposées n°s 60330 s., et spécialement n° 60430 s'agissant du fait générateur de ladite taxe.

SECTION II FORMULE

MODÈLE Promesse synallagmatique valant vente 9750

Identification des contractants

Les soussignés :
1°
...
Dénommé(s) « le vendeur » *(Ajouter en cas de pluralité* « , souscrivant solidairement entre eux aux obligations à leur charge résultant des présentes »),
2°
...
Dénommé(s) « l'acquéreur » *(Ajouter en cas de pluralité* « , souscrivant solidairement entre eux aux obligations à leur charge résultant des présentes »),

9750 (suite) Conviennent ce qui suit :

Promesse de vente

Le vendeur s'oblige à vendre à l'acquéreur, qui s'oblige à acquérir, les biens ci-après désignés aux prix et conditions et sous les modalités prévus au présent acte.

Désignation des biens promis en vente

Un immeuble à usage de..., commune de... rue de..., avec les fonds et terrain en dépendant, cadastré section... numéro... pour une contenance de... m^2.
Avec tous droits accessoires et immeubles par destination y attachés.
(Éventuellement, ajouter) :
Cet immeuble est désigné par ses références cadastrales.
Les parties sont informées :
– que la contenance cadastrale indiquée ci-dessus et les limites figurant sur le plan cadastral n'ont qu'une valeur indicative, le cadastre étant un document à caractère fiscal, servant au calcul de l'impôt ;
– que la superficie et les limites exactes sont fixées à partir de mesures prises sur le terrain et entre limites réelles, définies contradictoirement avec les propriétaires riverains.
L'acquéreur peut, s'il le désire, demander à ses frais à un géomètre expert la détermination des limites et superficies réelles. Cette intervention éventuelle ne remettra toutefois pas en cause les engagements résultant des présentes.
(Variante, à adapter en fonction des caractéristiques physiques de l'immeuble) L'immeuble promis en vente comprend les éléments suivants :
– les trumeaux, glaces et autres éléments d'équipement ou d'ornementation faisant corps avec le bâtiment ou scellés dans le mur ou ne pouvant être détachés sans être fracturés et détériorés, ou sans briser ou détériorer le support auquel ils sont attachés ;
– les parties d'ouvrages mobiles par fonction (persiennes, volets, portes et planches de placard...) ;
– les radiateurs électriques et tablettes de radiateurs ;
– le dispositif de réception de télévision et/ou de radio ;
– les poignées de portes telles qu'elles existaient lors de la dernière visite de l'acquéreur ;
– les revêtements de sols (parquets, moquettes collées, agrafées ou tendues, linoléum...) et tapis d'escaliers ;
– l'alarme ;
– les arbres et arbustes en terre et les plantes vivaces.
(Ajouter, s'il y a lieu : Sont également compris dans la vente les biens mobiliers figurant sur la liste descriptive et estimative article par article jointe au présent acte).

Déclarations du vendeur

Observation : la proposition de formule qui suit est à adapter en fonction des circonstances de l'opération.
Le promettant vendeur déclare :
Sur son droit de propriété
– qu'il est propriétaire de l'immeuble promis en vente, pour l'avoir acquis de... suivant acte reçu par M^{e} ..., notaire à..., le..., publié au service chargé de la publicité foncière de... le... volume... n^{o} ... ;
– que son droit de propriété ne fait pas et n'a jamais fait l'objet de contestation de la part d'anciens propriétaires ou de tiers.
Sur la situation matérielle du bien promis en vente
– qu'il n'a pas connaissance de défauts cachés affectant le bien promis en vente
(Variante : ajouter, si des défauts cachés sont à la connaissance du vendeur : que l'immeuble présente les défauts suivants, dont le vendeur a donné connaissance à l'acquéreur [par exemple : humidité à la cave, mauvais état de la toiture, etc.]) ;
– qu'il n'a pas réalisé ni fait réaliser depuis moins de 10 ans dans l'immeuble promis en vente de travaux relevant de l'autorisation de construire (permis de construire ou déclaration de travaux) ;
(Variante : qu'il a au cours de l'année... fait réaliser dans l'immeuble vendu un agrandissement consistant en un garage et un cellier, ayant fait l'objet d'un permis de construire délivré le... sous le numéro..., *[ajouter éventuellement* : et pour lequel un certificat de conformité a été délivré le...].)
– qu'il n'est pas à sa connaissance de nuisances particulières concernant le bien promis en vente, tenant soit à l'immeuble lui-même, soit à son environnement.
Sur la situation juridique du bien promis en vente
– qu'à sa connaissance le bien promis en vente n'est pas grevé de servitudes *(Ajouter éventuellement* : autres que celle[s] ci-après énoncée[s]) ;
– qu'il est libre de toute location et de toute occupation.
(Variante : qu'il est occupé par M... en qualité de locataire à des conditions connues de l'acquéreur qui déclare avoir reçu copie du bail et dispense le rédacteur du présent acte de rappeler ces conditions aux présentes.)

(*Variante* : qu'il est libre de location et occupé par le vendeur qui s'oblige à le libérer pour le jour de la signature de l'acte authentique.) **9750** (suite)

Sur la situation administrative du bien promis en vente

– qu'il n'a connaissance d'aucun projet d'urbanisme ou d'équipement public pouvant avoir une incidence sur la jouissance paisible de l'immeuble promis en vente, ou susceptible d'en déprécier la valeur ;

– que la mairie ne lui a jamais prescrit d'obligation particulière ou d'interdiction concernant l'immeuble promis en vente.

Servitude(s)

Le titre de propriété du vendeur révèle que l'immeuble promis en vente est grevé de la (des) servitude(s) suivante(s), ici littéralement rapportée(s) :

« ... ».

(*Variante* : Le titre de propriété du vendeur ne fait pas état de servitudes.)

Situation sanitaire et environnementale

Risque de pollution

Le promettant vendeur déclare qu'à sa connaissance il n'a pas été exploité dans l'immeuble d'activité relevant de la réglementation des activités classées pour la protection de l'environnement, soumise soit à enregistrement, soit à autorisation, et qu'à sa connaissance il n'existe pas de pollution.

Il ressort des recherches effectuées par le rédacteur de la présente promesse que l'immeuble vendu n'est pas répertorié dans les fichiers Basol (base de données sur les sites et sols pollués ou potentiellement pollués) et Basias (base de données des anciens sites industriels et activités de services).

(Éventuellement ajouter) Il est annexé au présent acte un extrait de la cartographie Basias figurant l'immeuble vendu.

Dossier de diagnostic technique

Le promettant vendeur a fait établir les documents suivants du dossier de diagnostic technique prescrit par l'article L 271-4 du Code de la construction et de l'habitation, lequel contient *(à compléter selon les documents dont l'établissement est prescrit ; sur ces documents, voir* n°s 21370 s.) :

– le constat de risque d'exposition au plomb (CSP art. L 1334-5 et L 1334-6) ;

– l'état de recherche d'amiante (CSP art. L 1334-13) ;

– l'état relatif à la présence de termites (CCH art. L 133-6) ;

– l'information sur la présence d'un risque de mérule (CCH art. L 133-9) ;

– l'état de l'installation intérieure de gaz (CCH art. L 134-6) ;

– l'état des risques naturels et technologiques (C. envir. art. L 125-5) ;

– le diagnostic de performance énergétique (CCH art. L 134-1) ;

– le document établi à l'issue du contrôle de l'installation d'assainissement non collectif (CSP art. L 1331-11-1) ;

– l'état de l'installation intérieure d'électricité (CCH art. L 134-7).

Ces documents, dont le promettant acquéreur a paraphé chaque page, sont annexés à la présente promesse.

Document Géorisques

Il est pour l'information de l'acquéreur annexé au présent acte le document Géorisques, document de synthèse non exhaustive des risques naturels et technologiques existant à l'adresse ou la situation géographique de l'immeuble promis en vente.

Il est ici précisé que la localisation par adresse d'un immeuble ou par pointage d'un lieu sur une carte présente des imprécisions et qu'aucune garantie n'est apportée quant à l'exactitude et au caractère exhaustif des informations délivrées.

Prix et modalités de paiement

Montant

Le prix convenu est de... €.

(*Variante* : Ce prix s'applique au mobilier pour... €.)

Modalités de paiement

Ce prix sera payé comptant le jour de la signature de l'acte authentique constatant la réalisation de la vente. Ce paiement sera effectué intégralement par la comptabilité du notaire rédacteur de l'acte, et exclusivement par virement bancaire.

Financement du prix et des frais

Au prix de la vente s'élevant à... €, il y a lieu d'ajouter les frais et droits d'acte de vente, estimés par provision à... €, ainsi que les frais du (ou des) prêt(s) qui sera (seront) sollicité(s) par l'acquéreur, mais dont le montant ne pourra être déterminé qu'en fonction de la nature du prêt et des garanties

9750 (suite) demandées, de sorte que le total à financer, hors frais de prêt, s'élève à... €, montant que le promettant acquéreur envisage de financer de la manière suivante :
– de ses deniers personnels à hauteur de... €,
– au moyen du ou des prêts qu'il s'oblige à solliciter pour le surplus de... €

Conditions suspensives

La présente promesse est soumise aux conditions suspensives suivantes.
(Observation : sont ici proposées les conditions suspensives les plus usuelles ; d'autres formules de conditions suspensives sont proposées n°s 30810 s.)

Énonciation des conditions suspensives

Renseignements d'urbanisme :
Que les renseignements d'urbanisme qui seront sollicités en vue de cette vente, notamment un certificat d'urbanisme d'information, ne révèlent pas de servitudes ou prescriptions administratives de nature à mettre en cause, même partiellement, le droit de propriété et la jouissance normale du bien, notamment :
– état de péril ou d'insalubrité ;
– situation de l'immeuble en emplacement réservé ou à proximité immédiate d'un emplacement réservé portant sur un projet source de nuisances ;
– alignement sur la voie publique en application des dispositions de l'article L 112-1 du Code de la voirie routière.
N'entraînera pas défaillance de la condition la situation du bien promis en vente dans le périmètre d'un monument historique, d'un site inscrit ou pittoresque, de fouilles archéologiques, de servitudes radioélectriques, d'une zone de bruit, d'une zone de protection du patrimoine architectural, urbain ou paysager ou d'une aire de mise en valeur de l'architecture et du patrimoine ou encore dans toute autre zone sans incidence sur la propriété, la valeur ou les conditions de jouissance de l'immeuble.
L'acquéreur déclare ne pas envisager de réaliser dans le bien de travaux relevant de l'autorisation préalable de démolir ou de construire, de sorte qu'il n'y a pas lieu de soumettre la vente à la condition suspensive de la délivrance d'un certificat d'urbanisme positif ou d'un permis de démolir ou de construire.
Situation hypothécaire :
Que l'état hypothécaire, qui sera requis préalablement à l'acte authentique, ne révèle l'existence d'aucune inscription garantissant une créance dont le montant restant dû serait supérieur au prix de vente, ni d'aucune publication d'un commandement de saisie, à moins que le vendeur ne puisse, selon le cas, dans le délai de réalisation des conditions suspensives, justifier du cantonnement des créances garanties à un montant inférieur ou égal au prix de vente, permettant ainsi d'éviter la procédure de purge hypothécaire, ou obtenir la mainlevée des inscriptions ou saisies.
Obtention des crédits sollicités :
Que l'acquéreur obtienne le prêt qu'il s'engage à solliciter, aux conditions suivantes :
Établissement prêteur : ...
Montant global maximum du ou des prêts : ... €.
Durée minimum : ... ans.
Taux d'intérêt annuel maximum, hors assurance, frais de dossier, d'hypothèque et de caution, compris entre... % et... %.
Il déclare que ses ressources et son état actuel d'endettement lui permettent de solliciter ce ou ces prêts, et de faire face à leur remboursement. Il s'oblige à effectuer toutes les démarches nécessaires en vue de l'obtention de ce(s) prêt(s) et notamment à déposer le dossier de demande de prêt dans les meilleurs délais, à fournir sans retard tous renseignements et documents qui pourront lui être demandés pour l'instruction de son dossier, et, de manière générale, à tout mettre en œuvre pour qu'aboutisse la demande de prêt, dans le délai des conditions suspensives.
La condition suspensive sera considérée comme réalisée par la remise à l'acquéreur, dans le délai de réalisation des conditions suspensives ci-après fixé *(Variante* : dans un délai, non inférieur à un mois de ce jour, expirant le...), d'une offre préalable de prêt conforme aux conditions ci-dessus ou à sa demande.
Caractère incommutable du droit de propriété du vendeur :
Que l'examen des titres de propriété et l'établissement de l'origine de propriété ne révèlent l'existence d'aucun risque de nullité, de résolution, de révocation, de rescision ou de remise en cause même éventuelle ou partielle du droit de propriété du vendeur, à moins que celui-ci ne puisse justifier, dans le délai de réalisation des conditions suspensives, de la consolidation et du caractère incommutable du droit de propriété transmis.

Délai de réalisation des conditions suspensives

Les conditions suspensives devront être réalisées avant la date prévue ci-après pour la réitération des présentes par acte authentique, soit le... (*Ajouter éventuellement* : à l'exception de la condition d'obtention de prêt qui devra être réalisée le...).
(Variante : Les conditions suspensives devront être réalisées au plus tard le... *ou* : dans le délai de deux mois du présent acte.)

Renonciation aux conditions suspensives 9750 (suite)

Les conditions suspensives sont stipulées en la faveur de l'acquéreur, de sorte que celui-ci pourra toujours y renoncer, cette renonciation devant être formalisée exclusivement par lettre recommandée avec demande d'avis de réception adressée par voie postale ou par voie électronique au notaire rédacteur de l'acte de vente avant l'expiration du délai de réalisation des conditions suspensives, ou à lui remise contre récépissé dans le même délai.

Réalisation ou défaillance des conditions suspensives

En cas de réalisation des conditions suspensives, la vente sera exécutée aux conditions prévues à la présente offre. L'exécution des obligations respectives des parties et le transfert de propriété sont retardés à la signature de l'acte authentique.

À défaut de réalisation de l'une ou de plusieurs des conditions suspensives dans le délai prévu ci-dessus, la convention serait caduque et chacune des parties reprendrait sa liberté.

Bien que ces conditions soient stipulées dans l'intérêt de l'acquéreur, leur défaillance dans les conditions ci-dessus prévues entraînera de plein droit caducité de la vente à l'égard des deux parties, sans que l'acquéreur puisse prétendre poursuivre la vente en renonçant à se prévaloir de cette défaillance.

Les parties sont informées :

– qu'en application des dispositions de l'article 1304-3 du Code civil, la condition serait considérée comme réalisée si celui qui avait intérêt en avait empêché l'accomplissement ;

– que le fait de demander un prêt à des conditions différentes de celles précisées ci-dessus peut entraîner l'application de cette sanction à l'encontre de l'acquéreur.

Droit de préemption urbain

L'immeuble est situé dans une zone où s'exerce le droit de préemption urbain. Compte tenu du droit d'acquisition prioritaire dont bénéficie la collectivité locale, la vente ne sera définitive que lorsque celle-ci aura expressément ou tacitement renoncé à son droit.

Les parties mandatent le notaire désigné pour la rédaction de l'acte authentique qui constatera la vente à l'effet de notifier à la commune la déclaration d'intention d'aliéner, dans le délai de dix jours des présentes. À cet effet, il est précisé, pour l'établissement de cette déclaration, que les caractéristiques du bien vendu sont les suivantes :

– surface construite au sol : ... m^2 environ ;

– surface totale utile ou habitable : ... m^2 environ ;

– nombre de niveaux : ... ;

– année ou époque de construction : ...

La déclaration d'intention d'aliéner fera mention du nom et de l'adresse de l'acquéreur.

Le vendeur est informé que cette déclaration d'intention d'aliéner vaut offre de vente à son destinataire, aux conditions du présent acte.

La présente promesse sera irréversiblement caduque en cas de décision de préemption, que celle-ci intervienne au prix offert ou à un prix inférieur, et sans avoir égard à une éventuelle annulation ultérieure de la préemption ou à un retrait.

Obligations de la promesse

Obligations du seul vendeur

Maintien de la situation matérielle du bien :

Le vendeur s'oblige à entretenir le bien promis en vente, à le maintenir dans son état actuel et à s'abstenir de procéder à toute transformation sans l'accord exprès et par écrit de l'acquéreur.

Si la réalisation de travaux conservatoires se révélait nécessaire, le vendeur, sauf cas d'urgence y mettant obstacle, s'engage à en informer l'acquéreur, et les parties conviendraient du principe et des modalités de réalisation des travaux, ainsi que de la répartition de leur coût.

Maintien de la situation juridique du bien :

Le vendeur s'oblige à ne pas grever le bien promis en vente de droits réels (hypothèque, usufruit, usage et habitation, servitude...) et à ne pas le donner en location d'ici à la réalisation des présentes par acte authentique.

Obligations du vendeur et de l'acquéreur

Fourniture de pièces et renseignements :

Les parties s'obligent à fournir au notaire rédacteur de l'acte de vente toutes les pièces (pièces d'état civil, titres de propriété, documents administratifs, juridiques ou techniques) et les renseignements qui lui seraient nécessaires pour préparer l'acte authentique de vente.

Réitération des présentes :

Les parties s'obligent, en cas de réalisation des conditions suspensives, à réaliser la vente promise par la signature de l'acte authentique de vente dans le délai ci-après prévu.

9750 (suite)

Obligations de la vente

La vente, si elle se réalise, aura lieu sous les conditions suivantes.

Obligations du vendeur

Garantie des vices :

Conformément aux dispositions de l'article 1642 du Code civil, le vendeur ne sera tenu à aucune garantie des vices et défauts apparents de la chose vendue.

Par dérogation aux dispositions des articles 1641 et 1643 du Code civil, le vendeur ne sera pas tenu de la garantie des vices cachés ignorés de lui, quels qu'ils soient, notamment mauvais état du sol, du sous-sol, défauts des constructions et des éléments d'équipement, présence d'insectes xylophages, tels, entre autres, termites, parasites et champignons des matériaux, notamment mérules, présence de matériaux ou produits de la construction contenant de l'amiante, présence de peintures entraînant un risque d'accessibilité au plomb, mauvais état des installations intérieures de gaz et d'électricité ou mauvaises performances énergétiques. Le vendeur sera tenu dans les conditions de droit de garantir l'acquéreur des vices cachés connus de lui et dont il n'aurait pas informé l'acquéreur.

Garantie d'éviction :

Le vendeur, en application des articles 1626 et suivants du Code civil, sera tenu de garantir l'acquéreur en cas d'éviction, totale ou partielle résultant notamment :

– de contestation du droit de propriété ;

– d'existence d'inscriptions hypothécaires grevant le bien vendu du chef du vendeur ou de précédents propriétaires et qui seraient opposables à l'acquéreur ;

– d'existence de locations ou d'occupations de l'immeuble opposables à l'acquéreur, et dont il n'aurait pas été informé ;

– de servitudes occultes, connues du vendeur et que celui-ci n'aurait pas révélées à l'acquéreur.

En revanche, l'acquéreur souffrira, sans recours contre le vendeur :

– l'existence de servitudes apparentes et de celles occultes dont le vendeur l'aurait informé et de celles ignorées de ce dernier ;

– l'existence de servitudes administratives et d'urbanisme révélées par le certificat ou les documents d'urbanisme, sans préjudice pour ces dernières de leur effet éventuel sur la défaillance de la condition suspensive relative à la situation de l'immeuble au regard de règles d'urbanisme ;

– l'existence de mitoyennetés ignorées du vendeur.

Obligation de délivrance :

Le vendeur délivrera à l'acquéreur l'immeuble vendu et ses éléments d'équipement.

La vente promise ayant pour objet un immeuble bâti, défini par ses limites apparentes, le vendeur ne sera tenu à aucune garantie de contenance, la différence de contenance entre celle réelle et celle indiquée ci-dessus excéda-t-elle un vingtième, devant faire la perte ou le profit de l'acquéreur, par dérogation des dispositions de l'article 1619 du Code civil.

Le vendeur sera tenu de remettre à l'acquéreur les clefs de l'immeuble vendu ainsi que, s'il y a lieu, les notices d'utilisation et factures des éléments d'équipement vendus dont il disposerait.

Le vendeur remettra à l'acquéreur les seuls anciens titres de propriété dont il disposerait, l'obtention de ceux dont il ne disposerait pas étant à la charge et aux frais de l'acquéreur.

Obligations de l'acquéreur

Contrats et abonnements :

L'acquéreur fera son affaire personnelle, à compter de l'entrée en jouissance, de la continuation ou de la résiliation des contrats et abonnements relatifs à l'eau, au gaz et à l'électricité, et prendra contact dès la régularisation de la vente par acte authentique avec les services distributeurs pour que les factures d'abonnements et de consommations lui soient adressées.

Impôts et contributions :

L'acquéreur paiera les impôts et contributions assis sur l'immeuble, à compter du jour fixé pour l'entrée en jouissance.

Les taxes foncières de l'année en cours feront l'objet d'une répartition prorata temporis, sur présentation de l'avis d'imposition, et l'acquéreur remboursera au vendeur la fraction courue de la date d'entrée en jouissance au 31 décembre de l'année au cours de laquelle cette entrée en jouissance sera intervenue.

La taxe d'habitation sera, le cas échéant, à la charge de l'occupant au 1er janvier de l'année considérée *(Remarque : la taxe d'habitation ne concerne plus que les résidences secondaires et autres locaux meublés non affectés à l'habitation principale [*Loi 2019-1479 du 28-12-2019 art. 16*]).*

Frais :

L'acquéreur acquittera les frais et droits de l'acte de vente, à l'exception des frais du dossier de diagnostic technique, qui seront à la charge du vendeur.

Assurance contre l'incendie

En application des dispositions de l'article L 121-10 du Code des assurances, l'assurance continue de plein droit en cas d'aliénation de la chose assurée au profit de l'acquéreur, à charge pour celui-ci d'exécuter toutes les obligations dont l'assuré était tenu vis-à-vis de l'assureur en vertu du contrat.

(Éventuellement ajouter : Par dérogation, chacun du vendeur et de l'acquéreur fera son affaire personnelle, à compter de la signature de l'acte authentique, de sa propre assurance, le vendeur, à cet effet autorisé par l'acquéreur, résiliant celle en cours ou la reportant sur un autre logement, et l'acquéreur souscrivant son propre contrat.) **9750** (suite)
(Ajouter éventuellement : L'acquéreur devra justifier d'une police d'assurance incendie le jour de la signature de l'acte notarié.)

Transfert de propriété – Entrée en jouissance - Transfert des risques

Transfert de propriété
Les parties conviennent de retarder le transfert de propriété de l'immeuble promis en vente à la signature de l'acte authentique de vente.

Entrée en jouissance
L'entrée en jouissance est fixée au jour de la réalisation des présentes par acte authentique. L'entrée en jouissance se fera par la prise de possession réelle, l'immeuble étant vendu libre de toute location ou occupation.
(Variante, en cas d'immeuble loué) L'entrée en jouissance se fera par la perception des loyers. Les parties se régleront tous comptes de jouissance (remboursement de caution, proratas de loyers et de charges...) au plus tard le jour de la signature de l'acte authentique de vente.
(Variante, en cas d'immeuble vendu au locataire) L'entrée en jouissance se fera par la confusion des qualités de locataire et de propriétaire de l'acquéreur. Les parties se régleront tous comptes de jouissance (remboursement de caution, prorata de loyers et de charges...) au plus tard le jour de la signature de l'acte authentique de vente.

Transfert des risques

L'immeuble promis en vente est aux risques du vendeur jusqu'à son transfert de propriété à l'acquéreur.
Le vendeur s'oblige à informer l'acquéreur de tout sinistre (dégât des eaux, incendie...) survenant entre-temps dans l'immeuble. Le vendeur s'oblige à effectuer ou faire effectuer dans les règles de l'art à ses frais et sans délai toutes les réparations qui pourraient l'être avant la date prévue pour la réalisation de la vente par acte authentique.
Si la remise en état de l'immeuble nécessitait des réparations ne pouvant être réalisées avant la date prévue pour la date de réitération par acte authentique, l'acquéreur aurait le choix soit de poursuivre la réalisation de la vente sans diminution du prix, auquel cas le bénéfice de l'indemnité d'assurance lui serait acquis, soit de renoncer à l'acquisition, auquel cas la présente promesse serait caduque. Il disposerait pour faire connaître au vendeur sa décision d'un délai de quinze jours francs à compter de la demande qui lui serait adressée par le vendeur, cette demande et la réponse devant impérativement prendre la forme d'une lettre recommandée par voie postale ou par voie électronique ou d'une signification par huissier, parvenue à son destinataire avant l'expiration du délai, le défaut de réponse de l'acquéreur équivalant à une renonciation à l'acquisition.
La demande du vendeur devra, pour être efficace, comprendre toutes les informations et tous les documents détenus par lui, permettant à l'acquéreur d'être informé des conséquences de son choix, tels notamment les éventuels devis et documents techniques qui auraient été réalisés, la police d'assurance et toute correspondance avec la compagnie depuis la survenance du sinistre.
La vente serait caduque si le sinistre était d'une importance telle que sa remise en état d'utilisation normale nécessitait non seulement des réparations mais de véritables travaux de reconstruction.
En cas de retard de prise de réalisation de la vente par acte authentique imputable à l'acquéreur, les risques de l'immeuble seraient transférés à celui-ci à compter de la réception de la mise en demeure à lui adressée par le vendeur à l'effet de réaliser la vente.
En cas de caducité de la promesse, l'acompte versé par l'acquéreur lui serait restitué sans délai. Les débours exposés par le notaire rédacteur de la vente resteraient néanmoins à la charge de l'acquéreur, sauf si le sinistre, cause de la caducité, résultait d'une faute du promettant, fût-elle de négligence.
Les solutions qui précèdent dérogent aux dispositions légales concernant le transfert des risques en matière de contrats translatifs de propriété.
Ces solutions ne préjudicient pas à la possibilité pour l'acquéreur de demander judiciairement des dommages-intérêts si la perte de l'immeuble avait pour cause une faute du vendeur.

Versement d'une somme d'argent

Versement
L'acquéreur a effectué par virement bancaire en l'étude de Maître..., chargé de préparer l'acte authentique constatant la vente et auquel les parties donnent mandat de prêter son concours à la vente, pour être porté sur un compte ouvert au nom de l'acquéreur, le versement de la somme de... €.

9750 (suite)

Qualification

Cette somme est versée à titre d'acompte sur le prix. En aucun cas, elle ne pourra être considérée comme constitutive d'une faculté de dédit ou un versement d'arrhes, permettant à l'acquéreur ou à chacune des parties, selon le cas, de se libérer de la vente promise au prix du versement à l'autre d'une somme de ce montant.

(*Éventuellement ajouter*: Toutefois, la somme versée garantit l'exécution de la clause pénale en cas de résolution de la promesse par la faute ou la négligence de l'acquéreur, ainsi qu'il sera précisé au paragraphe « Défaillance de l'une des parties ».)

Sort de la somme versée

En cas de réalisation de la vente promise, la somme versée sera acquise au vendeur par imputation sur le prix ou sur les frais.

En cas de défaillance de l'une des conditions suspensives, hors le cas de faute de l'acquéreur, cette somme sera restituée à ce dernier.

En cas de défaillance de la condition d'obtention de prêt, la somme versée sera immédiatement et intégralement remboursée à l'acquéreur.

En cas d'exercice par l'acquéreur de la faculté de rétractation prévue par l'article L 271-1 du Code de la construction et de l'habitation, la somme versée sera restituée à l'acquéreur dans le délai maximum de 21 jours à compter du lendemain de la rétractation.

Réalisation de la vente promise

La vente, si elle se réalise, sera régularisée devant Maître..., notaire à... avec la participation de Maître..., notaire à..., conseil de..., au plus tard le...

Pour cette date, l'acquéreur devra avoir fait parvenir par virement à l'office notarial le solde du prix et la provision pour frais.

La survenance de cette date sans que l'acte authentique ait été réalisé n'est pas extinctive des droits de l'une ou l'autre des parties, mais ouvre la possibilité pour chacune d'elles de mettre l'autre en demeure de réaliser ses obligations.

Défaillance de l'une des parties

Clause résolutoire

Si, toutes les conditions suspensives étant réalisées, l'une des parties se refusait, pour quelque cause que ce soit, à passer l'acte authentique et à exécuter les obligations à sa charge résultant de la vente promise dans le délai ci-dessus prévu, la vente serait de plein droit résolue sans qu'il soit nécessaire d'exercer une action judiciaire à cette fin.

La partie victime de la défaillance adressera à cet effet à son cocontractant une mise en demeure d'avoir à exécuter son engagement.

La mise en demeure devra mentionner qu'à défaut pour le cocontractant défaillant de satisfaire à son engagement dans le délai de 20 jours, le créancier sera en droit de résoudre le contrat.

Si le contrat n'est pas exécuté dans ce délai, l'auteur de la mise en demeure aura la faculté de notifier à son cocontractant la résolution du contrat en indiquant la ou les raisons qui la motivent.

La résolution prendra effet à la date de la réception par son destinataire de la notification l'informant de la notification du contrat.

La mise en demeure et la notification de la résolution seront effectuées par voie de signification ou de notification selon les modalités prévues par le Code de procédure civile.

Exécution forcée ou résolution judiciaire

La partie victime de la défaillance de l'autre aura également la possibilité, à son seul choix, d'agir en exécution forcée de la vente devant la juridiction compétente ou de demander judiciairement sa résolution.

Clause pénale

En cas de résolution de la vente dans les conditions ci-dessus au titre soit de la clause résolutoire expresse, soit de la résolution judiciaire, la partie victime de la défaillance aura droit à titre de clause pénale à une somme fixée forfaitairement à 15 % du prix de vente.

La somme sera exigible selon le cas à compter soit de la réception de la notification de la résolution prévue ci-dessus soit du jour où le jugement prononçant la résolution sera devenu définitif.

(*Éventuellement ajouter*: En cas de défaillance de l'acquéreur, cette somme sera prélevée à due concurrence sur l'acompte versé.)

Si la partie victime de la défaillance préfère poursuivre l'exécution de la vente par les voies judiciaires, il sera dû par son cocontractant, à titre d'astreinte, et par application de l'article 1231-5 du Code civil une indemnité de un pour mille (1 ‰) du prix d'acquisition par jour de retard à compter du jour de la réception de la mise en demeure d'avoir à régulariser, et sans que la partie défaillante puisse se prévaloir du paiement de cette astreinte pour différer la régularisation de la vente.

Les pénalités ci-dessus prévues sont indivisibles. En cas de pluralité de débiteurs, le paiement intégral des sommes dues à ce titre pourra être exigé de chacun d'eux, et ce quel que soit celui des débiteurs qui aurait refusé d'exécuter.

Dispositions diverses

9750 (suite)

Conséquences fiscales de la vente

Le vendeur est informé qu'il sera redevable de l'impôt sur les plus-values et des taxes forfaitaires éventuelles, sauf à faire valoir une cause d'exonération.

L'acquéreur sera redevable des droits de mutation à titre onéreux au taux de... % (taux dépendant du taux de la taxe départementale et de la nature de l'immeuble), compris dans la provision sus-indiquée (on rappelle que, par hypothèse, la vente n'est pas taxable à la TVA).

Formalités

Les parties donnent au notaire rédacteur pouvoir d'effectuer, pour elles et en leur nom, toutes formalités préalables à la vente promise.

Élection de domicile

Pour l'exécution des présentes, les parties font élection de domicile en leurs demeures indiquées en tête (*Variante* : en l'étude du notaire soussigné).

Faculté de rétractation de l'acquéreur

L'acquéreur déclare :
– ne pas agir à l'effet des présentes en qualité de professionnel de l'immobilier ;
– vouloir affecter le bien promis en vente à l'usage d'habitation.

Le présent acte sous signature privée ayant pour objet l'acquisition par un non-professionnel de l'immobilier d'un immeuble à usage d'habitation, il entre dans le champ d'application des articles L 271-1 et L 271-2 du Code de la construction et de l'habitation.

Conformément aux dispositions légales, l'acquéreur aura la faculté de se rétracter, sans avoir à se justifier, dans un délai de 10 jours, ainsi qu'il sera dit ci-après.

À cet effet, le présent acte lui sera notifié par lettre recommandée avec demande d'avis de réception.

Le délai de rétractation de 10 jours ne commencera à courir qu'à compter du lendemain de la présentation de la lettre lui notifiant l'acte. Il expirera à la fin du 10e jour de cette première présentation. Le délai expirant un samedi, un dimanche ou un jour férié ou chômé est prorogé jusqu'au premier jour ouvrable suivant.

La rétractation, s'il y a lieu, sera au choix de l'acquéreur effectuée au domicile sus-indiqué du vendeur ou en l'étude du notaire rédacteur de l'acte de vente.

En cas de rétractation exercée dans le délai légal selon la même forme que la notification, le présent acte sera caduc.

La rétractation d'un seul des acquéreurs emportera anéantissement de la promesse pour toutes les parties.

Affirmation de sincérité

Les parties déclarent que le présent acte n'est contredit par aucune stipulation contenant augmentation de prix.

Clôture

Fait en deux originaux en application des dispositions de l'article 1375 du Code civil.

(*Variante* : Fait en un seul original qui, conformément aux dispositions de l'article 1375 du Code civil, demeurera entre les mains de..., rédacteur du présent acte, chargé de le conserver et d'en délivrer une copie à chacune des parties.)

Le présent acte est établi sur... pages, sans mot ni chiffre nul, et sans renvoi ni surcharge ou addition.

À..., le...

CHAPITRE 4

PROMESSE AUTONOME DE VENTE

SOMMAIRE

10500 Il est des situations dans lesquelles les parties souhaitent s'engager réciproquement et irrévocablement à une vente, sans qu'elles veuillent pour autant contracter directement ou immédiatement la vente ou sans qu'elles le puissent. Il leur est possible de contracter une **promesse de vente ne valant pas vente**. Ce ne sont pas les effets de la vente qui sont alors retardés, mais sa formation elle-même. La promesse de vente ne valant pas vente, variante de la promesse synallagmatique « ordinaire » étudiée n°s 8500 s., présente une utilité dans ces deux types de situations particulières.

La promesse autonome est un véritable contrat, doté de la force obligatoire et de l'irrévocabilité propre à tout contrat. Mais ce contrat n'est pas une vente et ne la forme pas. Cela bouleverse profondément certains aspects du régime de l'avant-contrat par rapport à une promesse synallagmatique ordinaire.

1. UTILITÉ ET MÉCANISME

VOLONTÉ DE RETARDER LA FORMATION DE LA VENTE

10502 L'**utilité** de la promesse ne valant pas vente, lorsqu'elle procède de la volonté des parties, est mise en évidence **par rapport aux caractéristiques des autres types de promesses**.

En effet, à la **promesse unilatérale**, il peut être reproché de ne pas répondre, dans la plupart des cas, à ce que souhaitent les parties : le plus souvent, le bénéficiaire n'entend pas bénéficier d'une option, mais tout simplement acquérir ou s'engager à le faire, au même titre que son vendeur s'engage à vendre. S'il éprouve des réserves à ce que la vente soit immédiatement définitive, celles-ci en ce qui le concerne sont satisfaites par le jeu des conditions suspensives, le plus souvent stipulées en sa faveur. Le promettant, quant à lui, souhaite qu'à son engagement de vendre réponde symétriquement celui d'acquérir de son cocontractant. Par les engagements réciproques et symétriques qu'elle contient, la promesse synallagmatique de vente ne valant pas vente correspond souvent mieux qu'une promesse unilatérale à l'économie de l'opération envisagée par les parties.

Quant à la **promesse synallagmatique** de vente « ordinaire » **valant vente**, il peut lui être reproché d'engager les parties dans les liens d'une vente dont il n'est possible de sortir, en cas d'inexécution, qu'au prix d'une résolution amiable qui peut être désavantageuse ou au terme d'une longue et coûteuse procédure judiciaire en résolution (n°s 9310 s.), et au risque de devoir acquitter ou avancer les droits de mutation. La promesse synallagmatique de vente ne valant pas vente au contraire donne au promettant vendeur la sécurité de pouvoir, s'il le souhaite, rechercher librement un autre acquéreur en cas de défaillance du promettant acquéreur (n° 10660) : la vente n'étant pas formée, ce n'est plus une vente qu'il faut résoudre, mais un contrat de promesse et cette résolution n'est pas un préalable indispensable à cette recherche. En outre, en retardant le moment de la formation de la vente, la promesse synallagmatique ne valant pas vente a l'avantage de retarder l'exigibilité des droits d'enregistrement (n° 60021) ou d'éviter l'exigibilité des doubles droits en cas de résolution amiable par les parties de leur convention.

La promesse synallagmatique de vente ne valant pas vente est donc une **solution intermédiaire**, rarement usitée, entre la promesse unilatérale et la promesse synallagmatique valant vente.

Lorsque les parties décident conventionnellement d'écarter la formation de la vente au moment de la conclusion de la promesse et optent pour la conclusion d'une promesse synallagmatique de vente ne valant pas vente, celle-ci consiste à **subordonner la formation de la vente à une formalité** à laquelle les parties s'obligent, par exemple la consignation par l'acquéreur de la somme permettant de faire face au paiement du prix et des frais ou, le plus souvent, la signature de l'acte authentique de vente. 10504
Lorsqu'il est choisi comme l'élément additionnel dont la régularisation donnera naissance à la vente, l'acte authentique retarde, jusqu'à sa signature, la formation de la vente, la naissance de ses effets (obligations à la charge des parties et transfert de propriété) et, le plus souvent, l'exécution de la plupart des obligations essentielles de la vente (notamment le paiement du prix par l'acquéreur). Cet élément additionnel, bien qu'il soit futur, ne constitue pas une condition suspensive, puisqu'il s'agit d'un événement certain que les parties se sont obligées à réaliser, alors qu'un événement conditionnel est par nature incertain.

NÉCESSITÉ DE RETARDER LA FORMATION DE LA VENTE

Il est parfois impossible de contracter directement une promesse valant vente, pour la raison qu'un **élément nécessaire à la validité de l'opération fait défaut**. 10506
Il en sera ainsi en cas de vente par un époux du logement de la famille, lorsque le consentement du conjoint fait défaut (sur les conditions de cette vente, voir n°s 12470 s.) ou, en cas de conclusion de la promesse par une personne protégée, lorsque les règles de la représentation de celle-ci ne sont pas respectées (sur ces règles, voir n°s 12000 s.).
L'utilité d'une promesse de vente ne valant pas vente se révèle également selon nous en cas d'existence d'un droit de préemption légal sanctionné par la nullité. En effet, si la loi n'impose pas strictement la purge du droit de préemption comme condition supplémentaire de la formation du contrat de vente, la nullité de la promesse encourue en cas de défaut de purge permet de considérer qu'indirectement cette formalité préalable est requise, comme élément de validité additionnel, pour que la vente puisse valablement prospérer.
Impuissante à produire une vente dans les situations évoquées, la promesse synallagmatique ne valant pas vente peut néanmoins constater la réunion irrévocable des autres éléments et prévoir que la survenance de l'élément manquant et son adjonction à ceux préexistants produira de son seul fait la vente jusqu'alors impossible.

> **Précisions** Dans ces situations, la technique de la condition suspensive n'est pas utilisable : un élément nécessaire à la validité même de la vente fait défaut et cet élément ne peut pas être l'objet de la condition (n° 30012). Précisons simplement que pour l'espèce d'autorisation que représente indirectement la renonciation par son titulaire à un droit de préemption légal, la question de la possibilité d'user de la condition suspensive est discutée (n° 30262 s.) ; mais cela ne retire pas l'intérêt, pour résoudre de manière satisfaisante la difficulté, de convenir d'une promesse ne valant pas vente plutôt que de recourir à la technique conditionnelle.

JUSTIFICATION

C'est la **liberté contractuelle** qui fonde la possibilité pour les parties, par une promesse ne valant pas vente, de retarder et d'organiser par convention la naissance d'une vente prématurée, que cette prématurité soit subjective et résulte de leur volonté (n° 10504) ou qu'elle soit objective et imposée par une exigence légale (n° 10506). 10508
Le Code civil offre aux parties la possibilité de puiser dans les contrats ayant une « dénomination propre » ou d'établir un contrat innommé dont elles définiront les effets (C. civ. art. 1105). Cette liberté s'exerce dans de nombreux domaines, pourvu qu'elle ne contrevienne ni aux contraintes générales tenant à l'ordre public et aux bonnes mœurs, ni à celles particulières éventuellement imposées par le législateur.
Le contrat est doté d'un pouvoir normatif, qui lui permet de produire des règles qui s'appliqueront dans la sphère contractuelle définie. La clause de réitération par acte authentique est l'expression de ce pouvoir : les parties peuvent choisir et s'imposer une forme particulière d'expression de leur consentement à la vente.
Retarder le moment de la formation de la vente à la signature de l'acte authentique est l'une des expressions du **formalisme conventionnel**. Les parties peuvent ériger une formalité normalement étrangère à la formation de la vente, contrat consensuel, en élément constitutif de celle-ci. La forme n'est pas ici imposée par la loi, comme cela serait le cas pour un contrat solennel ; elle est convenue par les parties. Mais la solennité conventionnelle est tout aussi impérative et efficace que la solennité légale.

Lorsqu'il s'agit de contracter une promesse alors que le consentement requis ou l'habilitation judiciaire fait pourtant défaut, la convention aménage, sans la restreindre, une exigence de la loi.
Par ailleurs, la règle énoncée par l'article 1589, alinéa 1 du Code civil, selon laquelle la promesse de vente vaut vente, est supplétive d'une volonté contraire exprimée par les parties (Cass. 3e civ. 29-11-2000 n° 98-20.502 FS-D : RJDA 4/01 n° 434 ; Cass. 3e civ. 10-5-2005 n° 03-19.238 F-D : RJDA 10/05 n° 1087 ; Cass. com. 25-9-2012 n° 11-24.524 F-D : RJDA 1/13 n° 23).

10510 La possibilité dans l'avant-contrat de subordonner la formation du contrat de vente à l'établissement ultérieur d'un acte authentique fait l'objet d'une **reconnaissance jurisprudentielle** fréquente (Cass. req. 4-5-1936 : D. H. 1936 p. 313 ; Cass. 3e civ. 17-7-1997 n° 1252 : RJDA 12/97 n° 1475 ; Cass. 3e civ. 10-5-2005 n° 03-19.238 F-D : RJDA 10/05 n° 1087 ; Cass. com. 25-9-2012 n° 11-24.524 F-D : RJDA 1/13 n° 23). La Cour de cassation impose cependant que la volonté de promouvoir ainsi la portée de l'acte authentique résulte clairement des termes de la convention ou des circonstances, ce qui impose des précautions rédactionnelles (n° 10532).

2. DÉNOMINATION ET FORMULATION

10530 La promesse de vente ne valant pas vente est une espèce d'avatar de la promesse synallagmatique « ordinaire ». Peu usitée, elle ne possède pas de dénomination usuelle qui lui soit vraiment spécifique.
Il est proposé pour la suite des développements l'appellation de **promesse autonome**. C'est en effet son autonomie par rapport à la vente préparée qui la caractérise.
Les termes de promettant vendeur et promettant acquéreur peuvent être proposés pour désigner les parties à l'acte.

10532 La simple allusion à la signature de l'acte authentique de vente ne suffit pas à caractériser la promesse autonome. S'il appartient aux juges du fond d'apprécier souverainement la portée de la clause de réitération, la Cour de cassation exerce un contrôle de la motivation, en exigeant que la volonté des parties de faire de l'acte authentique un élément constitutif du consentement à la vente résulte clairement des termes de la convention ou des circonstances (Cass. 3e civ. 12-10-1994 n° 92-18.759 : Defrénois 1995 art. 36100 n° 61 note D. Mazeaud).
Cette exigence impose une **rédaction rigoureuse**, faisant ressortir clairement la commune intention des parties de subordonner la formation de la vente à la signature de l'acte authentique.
Dans le doute, c'est le principe consensualiste qui s'impose. La vente est alors considérée comme formée dès l'origine.
Il convient par ailleurs que les parties s'obligent véritablement à la signature de l'acte authentique. À défaut, elles auraient chacune le droit discrétionnaire de s'y soumettre ou au contraire de ne pas y procéder, de sorte qu'en réalité elles ne seraient obligées à rien et que leur promesse n'aurait valeur que de simple projet.

3. CONDITIONS DE VALIDITÉ

CONDITIONS DE FOND

10560 Le fait que la promesse de vente ne vaille pas vente ne dispense pas de l'exigence lors de sa conclusion d'un consentement émanant de personnes capables, ayant le pouvoir de contracter. Ce **consentement** porte sur une vente, même s'il est insuffisant à la former et s'il doit être réaffirmé lors de la signature de l'acte authentique.
Dans la mesure où les parties consentent à une vente future qu'elles s'obligent à réaliser et bien que leur convention ne génère pas à elle seule la vente, c'est la **capacité** ou le **pouvoir** respectivement de vendre et d'acquérir qui est requise. La solution est logique, si on se représente la promesse autonome comme une espèce de contrat de vente imparfait, auquel il suffira que l'élément manquant s'agrège pour former la vente.
Les parties à la promesse doivent avoir la capacité ou le pouvoir de contracter au moment de la conclusion de la promesse et au moment de la signature de l'acte authentique lorsque cette signature est érigée en élément de formation de la vente.

10562 L'**objet de la promesse,** c'est-à-dire l'immeuble et le prix, doit être déterminé.

CONDITIONS DE FORME

10564 La promesse autonome peut en principe indifféremment être constatée par **acte authentique** ou par **acte sous signature privée**. C'est le plus souvent la forme sous signature privée qui est retenue, même lorsque la promesse est rédigée par un notaire. Toutefois, toute **promesse** ayant pour objet la cession d'un immeuble ou d'un droit réel immobilier, consentie par une personne physique, et **dont la validité est supérieure à 18 mois**, ou toute prorogation d'une telle promesse

portant sa durée totale à plus de dix-huit mois est nulle et de nul effet si elle n'est pas constatée par acte authentique (CCH art. L 290-1).
Pour les solennités de l'acte authentique et le formalisme de l'écrit sous signature privée, voir nos 54010 s. et 54200 s.

4. EFFETS DE LA PROMESSE

À L'ÉGARD DU PROMETTANT VENDEUR

La vente n'étant pas formée, la promesse ne génère pas les **obligations** de la vente. Si celles-ci sont énoncées dans la promesse, c'est en prévision d'une vente future. 10590
Le promettant vendeur ne peut être tenu qu'aux obligations de la seule promesse. Il s'agit de l'obligation de tout mettre en œuvre pour que la promesse remplisse son objet en permettant la formation de la vente promise : notamment démarches, formalités, fourniture de pièces. Il s'agit également de l'obligation de ne pas vendre à autrui et de ne pas accomplir des actes qui mettraient obstacle à la vente projetée ou restreindraient les droits du futur acquéreur.
Lorsque la promesse prévoit que la formation de la vente sera différée à la signature de l'acte authentique, le promettant vendeur est obligé de procéder à cette signature.

La promesse autonome exclut le **transfert de propriété**, puisque la vente n'est pas formée. Lorsque la vente est formée par l'adjonction de l'élément qui faisait défaut, ce transfert s'opère alors sans rétroactivité, à moins qu'il ne soit prévu qu'il ne s'opère qu'à la signature de l'acte notarié. 10592
Conservant la propriété, le promettant vendeur peut exercer toutes les prérogatives du propriétaire. Il pourrait ainsi efficacement vendre ou transférer la propriété à un tiers. Ce faisant, il engagerait cependant sa responsabilité contractuelle à l'égard de son cocontractant. Corrélativement, l'immeuble reste aux **risques** du promettant vendeur.

À L'ÉGARD DU PROMETTANT ACQUÉREUR

Le promettant acquéreur est dans une situation comparable à celle du promettant vendeur : il est tenu aux **obligations** de la promesse et non à celles de la vente. Au nombre des obligations de la promesse figurent celles d'y concourir et, le moment venu, de signer l'acte authentique qui donnera naissance à la vente si les parties en sont ainsi convenues. 10594
Sur la situation du promettant acquéreur en cas de défaillance du promettant vendeur, voir nos 10660 s.

5. SORT DE LA PROMESSE EN CAS DE DÉCÈS OU D'INCAPACITÉ DE L'UNE DES PARTIES

Le **décès** de l'une des parties n'entraîne aucune caducité de la promesse : les obligations qui en résultent sont dans ce cas transmises aux héritiers de la personne décédée. 10610
Pour éviter cette transmission, il est possible d'insérer dans la promesse une condition suspensive de la survie de l'un des contractants (en réalité et par opportunité, il s'agit le plus souvent du promettant acquéreur) au moment de la signature de l'acte authentique.

L'**incapacité** de l'un des contractants survenant postérieurement à la signature de la promesse et avant la régularisation de l'acte authentique est également indifférente. Les obligations souscrites devront être exécutées soit par le majeur assisté ou non, soit par la personne légalement habilitée à le représenter pour acquérir ou vendre un immeuble. 10612
Il est possible d'insérer dans la promesse une condition suspensive que ne surviennent pas une incapacité de l'un des contractants (le plus souvent le promettant acquéreur).

6. STIPULATIONS PARTICULIÈRES

La promesse autonome peut, dans les mêmes conditions que celles envisagées à propos de la promesse synallagmatique de vente valant vente, être conclue sous condition(s) suspensive(s) (no 8700), prévoir le versement d'une somme d'argent par le promettant acquéreur (nos 8720 s.) ainsi que diverses clauses accessoires, telles que clause pénale et clause résolutoire de plein droit, destinées à éviter la défaillance de l'une des parties ou à en anticiper les conséquences (nos 8860 s.). 10630

Par ailleurs, la promesse autonome énonce le plus souvent les **conditions de la vente future**. Il s'agit essentiellement des obligations respectives du vendeur et de l'acquéreur (respectivement, nos 49000 s. et 52000 s.), de la répartition entre eux des impôts et contributions (nos 52060 s.) et du sort du contrat d'assurance contre l'incendie (nos 48520 s.) et des contrats et abonnements lorsque la promesse porte sur un immeuble bâti (nos 52130 s.). 10632

Certaines stipulations de la promesse ne sont que le rappel de dispositions légales supplétives (par exemple la charge des frais) ou impératives (par exemple la garantie des vices cachés lorsque le vendeur est un professionnel et l'acquéreur un profane). D'autres stipulations emportent dérogation conventionnelle aux règles légales supplétives : clause d'exclusion de garantie des vices cachés par exemple, lorsque le vendeur n'est pas un professionnel (n°s 50430 s.).

10634 Enfin, la promesse autonome peut **indiquer** le **délai** dans lequel la vente devra intervenir. Cette indication n'est pas strictement nécessaire, même si elle est très opportune. À défaut, on devrait considérer que les parties sont tenues indéfiniment, sauf à faire jouer la prescription quinquennale de l'article 2224 du Code civil.

Si un délai de réalisation est prévu, il faut s'interroger sur la portée de ce délai et sur la conséquence de son dépassement sur la promesse.

La solution est commandée par la nature exacte de l'élément formel érigé en élément de formation de la vente. S'il s'agit de la signature de l'acte authentique dans un délai impérativement fixé, le dépassement de ce délai entraîne la caducité de la promesse, puisque l'élément considéré ne peut plus se produire. Si le délai ne joue qu'un rôle indicatif, son dépassement détermine le moment à partir duquel chacune des parties peut mettre l'autre en demeure d'exécuter ses engagements.

La promesse précisera utilement la conséquence du dépassement du délai prévu.

Sur la forme notariée impérative de certaines promesses de longue durée, voir n° 10564.

7. DÉFAILLANCE DE L'UNE DES PARTIES

RÉSOLUTION POUR INEXÉCUTION

10660 La résolution pour inexécution d'une promesse autonome de vente ne présente pas de particularités. Elle peut être sollicitée par la partie victime de la défaillance et assortie de l'allocation de **dommages-intérêts** dans les conditions de droit commun de la résolution judiciaire des contrats pour inexécution.

S'il n'est pas prévu par une **clause pénale** insérée dans la promesse, le montant des dommages-intérêts est fixé par le juge.

En cas de défaillance du promettant acquéreur, consistant par exemple dans le refus de régulariser l'acte authentique auquel la formation de la vente a été subordonnée, le promettant vendeur peut, sans attendre la résolution de la promesse, rechercher un autre acquéreur et contracter régulièrement avec lui. Cette solution, avantageuse pour lui, tient au fait que la vente n'est pas formée.

EXÉCUTION FORCÉE

10662 Est-il possible, lorsque l'une des parties refuse sans juste motif de régulariser l'acte authentique auquel la formation de la vente a été conventionnellement subordonnée, de solliciter et d'obtenir l'exécution forcée de la promesse et donc la **formation forcée de la vente** malgré ce refus ?

La Cour de cassation a refusé cette exécution forcée, les parties ayant, nonobstant leur accord sur la chose et sur le prix, subordonné la vente à la signature d'un acte authentique dans un délai fixé, qui avait été dépassé (Cass. com. 25-9-2012 n° 11-24.524 F-D : RJDA 1/13 n° 23, rendu en matière de vente de fonds de commerce, mais transposable à la vente d'immeuble).

8. FORMALITÉS

10680 La promesse autonome n'est pas soumise à la formalité de l'**enregistrement** obligatoire, prévue par l'article 1589-2 du Code civil, ce texte étant d'interprétation stricte et son application réservée à la seule promesse unilatérale de vente.

En cas d'enregistrement volontaire, la promesse sera soumise au droit fixe d'enregistrement de 125 €.

10682 Sur les règles de la publicité foncière s'appliquant à la promesse autonome, voir n° 56250.

9. FORMULES

10700 La **promesse autonome de vente** est rare en pratique et doit être utilisée avec discernement, en raison de l'incertitude sur la possibilité d'agir judiciairement en exécution forcée en cas de défaillance de l'une des parties (n° 10662).

Sont ici reprises les principales modifications par rapport à la promesse synallagmatique de vente valant vente (n° 9750).

Trois formules sont proposées, correspondant à trois hypothèses distinctes :
– l'événement dont la survenance formera la vente est un élément de formation du contrat de vente (n° 10702) ;
– cet événement est un élément de validité de la vente (n° 10704) ;
– cet événement est un élément additionnel choisi par les parties (n° 10706).

MODÈLE

Promesse autonome subordonnant la formation de la vente à un événement nécessaire à la formation de l'opération 10702

Observations : lorsqu'une vente intéresse une personne protégée et doit être judiciairement autorisée, il est souvent recouru à la technique de la condition suspensive de l'autorisation du conseil de famille ou du juge des tutelles. Cette solution est techniquement critiquable (n° 30270) : il est proposé dans ce cas d'établir une promesse de vente ne valant pas vente, constatant le consentement des parties et qui vaudra vente lorsque l'autorisation qui fait défaut sera intervenue. L'hypothèse ici retenue est celle d'une vente intéressant une mère et sa fille, mineur sous administration légale.

Objet du présent contrat

Madame..., de première part, déclare :
– que l'immeuble objet de la présente promesse lui appartient conjointement avec Mademoiselle..., sa fille, née à..., le..., incapable mineur ;
– qu'elle exerce la fonction d'administratrice légale.

Les signataires au présent acte constatent que la présente vente, intéressant un incapable mineur, nécessite pour sa validité l'accord du juge des tutelles en application des dispositions de l'article 387-1 et 505 du Code civil.

Madame... s'oblige à adresser à Monsieur le juge des tutelles des mineurs de... (les fonctions de juge des tutelles des mineurs sont exercées par le juge aux affaires familiales (JAF) du tribunal de grande instance ; C. org. jud. art. L 213-3-1), dans le délai de... jours, une requête sollicitant l'autorisation de vente prévue par ces textes, aux conditions de la présente promesse, ainsi que celle de réaliser cette vente par acte authentique pour le compte de Mademoiselle... en sa qualité d'administratrice légale.

Les signataires au présent acte, Madame... et les promettants acquéreurs :
– déclarent qu'en ce qui les concerne ils ont pleinement et irrévocablement respectivement promis de vendre et d'acquérir l'immeuble objet de la présente promesse, aux conditions qu'elle exprime ;
– et conviennent que la vente entre eux et Mademoiselle... sera formée lors et du seul fait de la délivrance par Monsieur le juge des tutelles des mineurs de... d'une ordonnance devenue définitive autorisant la vente aux conditions du présent acte, et permettant à Madame... de signer l'acte authentique constatant la vente, sans qu'il soit besoin qu'elles réitèrent leurs consentements à la vente, si ce n'est dans l'acte authentique à intervenir, à la seule fin de constatation de la vente et de l'accomplissement de la formalité de publicité foncière.

À défaut d'intervention de Monsieur le juge des tutelles des mineurs intervenant dans un délai expirant le..., la présente convention sera caduque et privée de tout effet, chacune des parties retrouvant sa liberté, sans indemnité ni conséquence pécuniaire l'une vis-à-vis de l'autre.

MODÈLE

Promesse autonome subordonnant la vente à un événement, élément de validité de la vente (purge du droit de préemption urbain) 10704

Observations : la possibilité de vendre un immeuble sous condition suspensive de la purge d'un droit de préemption sanctionné par la nullité de la vente est douteuse et controversée (n° 30262 s.). Il est dans ce cas proposé de contracter une promesse de vente ne valant pas vente, dans l'hypothèse d'un droit de préemption urbain, la vente étant formée lors de la survenance de cet événement.

Objet du présent contrat

Les parties constatent que, en raison de la préférence contractuelle légale dont bénéficie la collectivité au titre du droit de préemption urbain et de la nullité sanctionnant la vente formée au mépris de ce droit d'acquisition prioritaire, la vente promise ne peut être régulièrement formée entre elles qu'après que la collectivité aura renoncé à acquérir.

Ayant décidé de s'engager respectivement à vendre et à acquérir sans attendre que la collectivité ait exprimé sa décision, les parties conviennent que, nonobstant leur accord sur la chose et sur le prix exprimé par la présente promesse réciproque, et par dérogation aux dispositions des articles 1583 et 1589, alinéa 1 du Code civil, la vente ne sera formée entre elles que lorsque la collectivité aura renoncé à son droit soit expressément, soit tacitement par l'expiration du délai de deux mois dont elle dispose à compter de la réception de la déclaration d'intention d'aliéner, et de ce seul fait, sans qu'il soit besoin qu'elles réitèrent leurs consentements à la vente, si ce n'est dans l'acte authentique

à intervenir, à la seule fin de constatation de la vente et de l'accomplissement de la formalité de publicité foncière.
Le vendeur s'oblige à adresser à la collectivité la déclaration d'intention d'aliéner dans le délai de... jours à compter de ce jour, et à ne pas rétracter l'offre de vente ainsi faite à celle-ci. La présente promesse serait caduque en cas de décision de préemption de la collectivité, au prix de la présente promesse ou à un prix inférieur et cela, même en cas de contestation ou d'annulation consécutive à cette décision. (*Ajouter éventuellement une clause pénale pour renforcer les obligations souscrites par le propriétaire* : Le vendeur, s'il s'abstenait d'adresser cette déclaration d'intention d'aliéner à la collectivité, ou s'il rétractait l'offre ainsi faite, mettant ainsi obstacle à la formation éventuelle de la vente, serait redevable à l'égard de l'acquéreur, à titre de clause pénale, d'une somme fixée à... % du prix de la vente promise.)

10706 MODÈLE

Promesse autonome subordonnant la formation de la vente à un événement additionnel choisi par les parties (signature d'un acte authentique)

Observations : est ici proposé le texte des clauses de la promesse qu'il convient d'adapter lorsque la signature de l'acte authentique est l'élément formel auquel les parties ont subordonné la formation de la vente.

Promesse de vente

Le vendeur s'oblige à vendre à l'acquéreur, qui s'oblige à acquérir les biens ci-après désignés aux prix et conditions et sous les modalités prévues au présent acte.
Sans remettre en cause le caractère définitif et irrévocable de leurs engagements, et par dérogation aux dispositions des articles 1583 et 1589, alinéa 2 du Code civil, les parties conviennent que la présente promesse de vendre et d'acquérir, malgré leur accord réciproque sur la chose et sur le prix, ne vaudra pas vente et que la vente ne sera formée entre elles que par la signature de l'acte authentique à laquelle les parties s'obligent.
La signature de l'acte authentique est donc, du consentement des parties, érigée en élément de formation de la vente entre elles.

Réalisation de la vente promise

La vente, si elle se réalise, sera régularisée devant Maître..., notaire à... avec la participation de Maître..., notaire à..., conseil de..., au plus tard le...
Pour cette date, l'acquéreur devra avoir remis à l'office notarial le solde du prix et la provision pour frais.
Il est ici précisé que la survenance de cette date sans que l'acte authentique ait été réalisé n'est pas extinctive des droits de l'une ou l'autre des parties, mais ouvre la possibilité pour chacune d'elles de mettre l'autre en demeure de réaliser ses obligations.
Dans le cas de retard de l'une des parties et de mise en demeure, il sera dû par son cocontractant, à titre de clause pénale moratoire, et par application de l'article 1231-5 du Code civil, une indemnité de un pour mille (1 ‰) du prix d'acquisition par jour de retard à compter du jour de la réception de la mise en demeure d'avoir à régulariser et sans que la partie défaillante puisse se prévaloir du paiement de cette astreinte pour différer la régularisation de la vente.

Défaillance de l'une des parties

Si, toutes les conditions suspensives étant réalisées, l'une des parties se refusait, pour quelque cause que ce soit, à passer l'acte authentique et à exécuter ses obligations dans le délai ci-dessus prévu, la promesse serait, à l'initiative du cocontractant victime de la défaillance, de plein droit résolue sans qu'il soit nécessaire d'exercer une action judiciaire à cette fin, dix jours après mise en demeure d'avoir à exécuter faisant état de la mise en œuvre de la présente clause résolutoire expresse, effectuée par lettre recommandée avec demande d'avis de réception adressée par voie postale ou par voie électronique, restée infructueuse.
Le cocontractant victime de la défaillance pourra également, à son seul choix, demander en justice la résolution pour inexécution de la promesse.
En cas de résolution de la promesse au titre de la clause résolutoire expresse ci-dessus, la partie victime de la défaillance aura droit à titre de clause pénale à une somme fixée forfaitairement à 15 % du prix de vente. Au cas où la mise en œuvre de la clause résolutoire expresse aurait été précédée d'une mise en demeure d'avoir à régulariser l'acte authentique constatant la vente dans les termes prévus au paragraphe « Réalisation de la vente promise », seule sera due à titre de clause pénale la somme susindiquée correspondant à 15 % du prix de vente, à l'exclusion de celle prévue au titre de la clause pénale moratoire prévue à ce paragraphe. (*Éventuellement ajouter* : En cas de défaillance de l'acquéreur, cette somme sera prélevée à due concurrence sur l'acompte versé par celui-ci.)

CHAPITRE 5

VENTE CONDITIONNELLE

REMARQUES PRÉLIMINAIRES

Il est très fréquemment proposé par les agents immobiliers, pour les opérations qu'ils réalisent, la signature d'une convention intitulée « Vente de biens et droits immobiliers sous conditions suspensives ». **11000**

Se pose pour ce type de formule contractuelle la question de savoir s'il s'agit encore véritablement d'un **avant-contrat**.

Techniquement, la réponse à cette question est négative : il s'agit dès sa signature d'une vente sous signature privée conclue entre le vendeur et l'acquéreur dont le caractère définitif est simplement subordonné au jeu de conditions suspensives. La logique voudrait d'ailleurs que l'acte authentique consécutif se borne à reprendre les éléments de la vente intervenue, à les compléter, s'il y a lieu, des précisions nécessaires à sa publication au fichier immobilier et à constater la réalisation des conditions suspensives.

Trois observations, la première d'ordre psychologique, et les deux autres d'ordre juridique, permettent cependant de considérer que la vente conditionnelle, telle qu'elle est conçue et agencée en pratique, est conçue et utilisée comme un avant-contrat :

– tout d'abord, dans l'esprit des parties, il s'agit moins de réaliser immédiatement une vente que de la préparer ; il est fréquent d'ailleurs qu'elles utilisent le vocable de « promesse » ou de « compromis » pour désigner l'acte dont l'en-tête porte ostensiblement le titre de « Vente sous conditions suspensives » ;

– ensuite, à l'analyse, on constate que la convention, outre la constatation de la vente, remplit véritablement, comme tout avant-contrat, deux fonctions : d'une part, l'organisation de la période qui sépare sa régularisation de celle de l'acte authentique et, d'autre part, la définition des conditions et des effets du contrat préparé ;

– enfin, les effets de la vente sont très largement édulcorés ou différés : le transfert de propriété et le paiement du prix sont retardés non pas à la date de réalisation de la dernière des conditions, mais à la signature de l'acte notarié, de même que l'entrée en jouissance.

De nombreuses **règles applicables** à la promesse synallagmatique de vente sont transposables à la vente conditionnelle. Ainsi, cette dernière est soumise aux mêmes conditions de validité que la promesse synallagmatique de vente (nos 8570 s.), produit les mêmes effets (nos 8940 s.), peut prévoir le versement d'une somme d'argent par l'acquéreur dans les mêmes conditions (nos 8720 s.). Par ailleurs, la défaillance de l'une des parties produit les mêmes effets (nos 9190 s.) et les mêmes clauses peuvent être insérées pour prévenir une telle défaillance (nos 8860 s.). Enfin, les développements relatifs à la perte de l'immeuble dans le cadre de la promesse synallagmatique de vente (nos 9490 s.) sont transposables à la vente conditionnelle. **11002**

Sur les règles particulières aux ventes conditionnelles portant sur un immeuble situé dans un département d'Alsace ou de Moselle, voir nos 9600 s.

Une **formule** de vente conditionnelle est proposée no 11022.

DÉFINITION

La vente conditionnelle se définit comme le contrat par lequel deux personnes, le vendeur et l'acquéreur, conviennent directement d'une vente, en soumettant celle-ci à une ou plusieurs conditions suspensives. **11008**

Cette définition ne répond pas complètement des particularités de ce type de contrat et de son objet. La particularité est ici que la vente conditionnelle est conçue et voulue comme le support d'une **convention préparatoire** à une vente définitive. Deux constatations permettent de justifier et d'illustrer l'affirmation :

– la vente conditionnelle est très généralement établie par acte sous signature privée et non par acte authentique ;

– elle est régularisée avec la rapidité qui caractérise les avant-contrats, dès que les parties sont tombées d'accord, au moyen de formules prérédigées, le plus souvent sans grand débat concernant son contenu.

L'insertion d'une ou plusieurs **conditions suspensives** est de l'essence même de la vente conditionnelle. Le régime de ces conditions n'obéit à aucune spécificité. À défaut, la vente serait pure et simple, seuls le transfert de propriété et le paiement du prix étant retardés.

Les conditions suspensives sont souvent liées aux vérifications que le notaire doit effectuer avant que soit possible la régularisation de l'acte authentique (notamment, obtention de renseignements d'urbanisme divers ou d'une autorisation administrative, vérification de la situation hypothécaire et de la régularité du droit de propriété du vendeur) ou aux exigences du financement de l'acquéreur (notamment, vente préalable d'un immeuble lui appartenant, obtention d'un financement bancaire).

La réalisation de la condition suspensive ne rétroagit pas au jour de la conclusion du contrat. Elle produit ses effets au jour de son accomplissement (C. civ. art. 1304-6).

11010 L'**appellation** de vente conditionnelle peut être retenue. Elle est supplantée dans la pratique par celle de **compromis de vente**. Les parties y sont logiquement respectivement désignées sous les vocables de vendeur et d'acquéreur.

La **formulation** de la vente conditionnelle est des plus simples et celle suivante peut être proposée : « X vend à Y, qui accepte, l'immeuble ci-après désigné, sous les conditions suspensives énoncées dans la suite de l'acte ».

UTILITÉ

11014 L'utilité de la vente conditionnelle pour les parties est de constater une opération de vente qui a pour elles un caractère définitif. Leur volonté est que la réalisation effective de la vente ne dépende plus d'elles mais de la réalisation de conditions qui, sans leur être étrangères, sont néanmoins extérieures à leur consentement.

L'une des raisons de l'usage de la vente conditionnelle doit être recherchée dans l'avantage que les intermédiaires qui la proposent (le plus souvent les agents immobiliers) y voient. Ceux-ci sont en effet soucieux de marquer le caractère irrévocable et d'exprimer explicitement la portée des consentements échangés, par l'affirmation d'une vente plutôt que d'une promesse réciproque, même si cette dernière a la même force obligatoire et produit les mêmes effets. En outre, leur droit à rémunération s'affermit à la même mesure que s'affermit la vente elle-même (n°s 2371 s.).

FORMALISME

11016 La vente conditionnelle est le plus souvent constatée par acte sous signature privée. Elle devrait pourtant normalement être établie par acte authentique, pour permettre l'accomplissement de la formalité de **publicité foncière**, prescrite obligatoirement pour les ventes conditionnelles (sur cette publicité, voir n°s 56280 s.).

Sur la possibilité, en cas de défaillance de l'une des parties, de publier la vente conditionnelle établie sous signature privée et les conditions de cette publication, voir n°s 9226 s.

11018 La vente conditionnelle n'est pas soumise à la formalité de l'**enregistrement** obligatoire, prévue à peine de nullité par l'article 1589-2 du Code civil pour les promesses unilatérales de vente, ce texte étant d'interprétation stricte.

S'agissant d'un acte portant transmission de propriété sous condition suspensive, la vente conditionnelle est cependant soumise à l'enregistrement obligatoire prévu par l'article 635, 1-3° du CGI (enregistrement devant être réalisé à travers la formalité fusionnée d'enregistrement et de publicité foncière auprès du service de la publicité foncière). Le droit fixe d'enregistrement de 125 € est exigible.

Si l'acte sous signature privée était présenté à la formalité d'enregistrement, un refus d'enregistrer lui serait opposé en application des articles 660 du CGI et 260 de l'annexe III audit Code.

Cette formalité est rarement effectuée en pratique, la vente conditionnelle, très généralement sous signature privée, restant occulte. La validité de la vente conditionnelle n'est pas affectée par le défaut d'enregistrement. Seul un intérêt de retard sanctionne le défaut d'exécution de la formalité.

11020 La vente conditionnelle doit comporter l'affirmation de sincérité prévue par l'article 850 du CGI, qui en donne le texte : « Les parties affirment, sous les peines édictées par l'article 1837 du CGI, que le présent acte exprime l'intégralité du prix. »

Le défaut de cette mention est un motif de refus d'enregistrement sauf impossibilité absolue de satisfaire à cette obligation (BOI-ENR-DG-40-10-20-30 n° 250).

FORMULE

MODÈLE

Vente conditionnelle sous signature privée 11022

*Observations : Les ventes d'immeubles sous conditions suspensives sous signature privée sont le plus souvent établies par les agences immobilières. Les différences rédactionnelles avec une promesse synallagmatique de vente valant vente sont minimes, et il peut être repris pour base la formule de cette promesse (*n° 9750*), sauf à remplacer les termes « promesse » ou « vente promise » par « vente », « biens promis en vente » par « biens vendus », « promettant vendeur » et « promettant acquéreur » respectivement par « vendeur » et « acquéreur ».*

Le seul paragraphe dont la formule est ici proposée est celui qui caractérise la vente.

Objet du présent contrat

Le vendeur vend à l'acquéreur, qui accepte et acquiert les biens ci-après désignés aux prix et conditions et sous les modalités prévus au présent acte.

TITRE III

Parties au contrat

CHAPITRE 1

CAPACITÉ ET POUVOIRS

SOMMAIRE

SECTION 1

PERSONNES PHYSIQUES

TEXTES APPLICABLES

12000 La **gestion des biens des mineurs et des majeurs protégés** est, sous réserve des règles particulières à chaque mesure de protection, régie par les articles 496 à 515 du Code civil et par le décret 2008-1484 du 22 décembre 2008 fixant la liste des actes d'administration relatifs à la gestion courante du patrimoine et des actes de disposition qui engagent celui-ci de manière durable et substantielle.
L'ordonnance 2015-1288 du 15 octobre 2015 portant simplification et modernisation du droit de la famille a modifié les règles relatives à l'administration légale des biens du mineur et créé une nouvelle mesure de protection des majeurs, l'habilitation familiale. Les règles de procédure accompagnant cette réforme ont été précisées par le décret 2016-185 du 23 février 2016.
La loi 2019-222 du 23 mars 2019 de réforme pour la justice a apporté des retouches au régime de l'habilitation familiale ; elle a également simplifié les règles de gestion du patrimoine du majeur protégé.

Pour les **majeurs non protégés**, les règles applicables à leur achat ou vente de bien immobilier dépendront de leur statut, selon qu'ils sont mariés, pacsés, en concubinage, en indivision, absents, empêchés...

I. MINEURS

L'**âge de la majorité** est fixé à 18 ans accomplis (C. civ. art. 414). En deçà de cet âge, l'individu est mineur et doit être représenté pour exercer les actes de la vie civile, sauf s'il est émancipé ; à cet âge, il dispose de la capacité d'exercer ses droits. 12005

A. Mineur émancipé

Le mineur émancipé est **capable**, comme un majeur, de tous les actes de la vie civile (C. civ. art. 413-6). Il a donc pleine capacité de principe pour acheter ou vendre un immeuble. 12010
Il peut même être commerçant sur autorisation du juge des tutelles au moment de la décision d'émancipation et du président du tribunal judiciaire s'il formule cette demande après avoir été émancipé (C. civ. art. 413-8). Le mineur pourra alors effectuer l'achat d'immeubles en vue de les revendre et exercer ainsi l'activité de marchand de biens. En pratique, cette possibilité reste toutefois exceptionnelle.
L'émancipation résulte de plein droit du mariage (C. civ. art. 413-1), ce qui est devenu exceptionnel, puisque l'âge auquel on peut se marier est désormais fixé à 18 ans (C. civ. art. 144). Elle peut également être prononcée par le juge des tutelles à la demande des père et mère ou de l'un d'eux, lorsque le mineur a atteint l'âge de 16 ans (C. civ. art. 413-2).

B. Mineur non émancipé

Le mineur non émancipé est frappé d'une **incapacité d'exercice** mais non de jouissance, c'est-à-dire qu'il peut être titulaire de droits mais il ne peut pas les exercer lui-même. L'achat ou la vente d'un immeuble seront passés au nom du mineur par son représentant légal ou judiciaire, muni des autorisations requises. 12050

1. VENTE

La vente d'immeubles appartenant à un mineur s'effectue en principe à l'**amiable**, après l'obtention de l'autorisation requise, laquelle diffère selon que le mineur est placé sous le régime de l'administration légale ou sous celui de la tutelle. 12052

AUTORISATION REQUISE

Administration légale L'administration légale appartient aux parents. Si l'**autorité parentale** est exercée en commun par les deux parents, chacun d'entre eux est administrateur légal. Dans les autres cas, l'administration légale appartient à celui des parents qui exerce l'autorité parentale (C. civ. art. 382). 12070
Le parent qui est seul administrateur légal ou les deux parents qui sont administrateurs légaux doivent obtenir l'autorisation du juge des tutelles pour vendre de gré à gré un immeuble appartenant à leur enfant mineur (C. civ. art. 387-1, 1°). L'autorisation n'est en revanche pas nécessaire pour les ventes forcées (Cass. 1e civ. 18-12-1984 n° 83-15.646 : Bull. civ. I n° 337).
Contrairement à la solution retenue en matière de tutelle (C. civ. art. 505, al. 4), la vente n'est pas soumise de droit à une mesure d'instruction ou au recueil de l'avis d'au moins deux professionnels qualifiés. Le juge pourra toutefois demander des justifications de la valeur du bien afin d'apprécier la conformité de l'opération à l'intérêt du mineur ; c'est d'ailleurs fréquemment le cas. En pratique, il est conseillé de fournir dès la requête ces justifications, sous la forme de deux avis de valeur émanant de deux professionnels (agent immobilier, notaire, etc.), afin d'éviter qu'une demande ultérieure d'informations formulée par le juge ne retarde son autorisation.

> **Précisions a. Avant le 1er janvier 2016**, l'administration légale était dite « pure et simple » lorsque les deux parents exerçaient en commun l'autorité parentale et « sous contrôle judiciaire » lorsque l'un des parents était décédé ou se trouvait privé de l'autorité parentale.

b. Sous l'empire du droit antérieur au 1er janvier 2016, la **vente de l'immeuble d'une société civile** a été jugée nulle faute pour la gérante, administratrice légale sous contrôle judiciaire de ses **enfants mineurs, associés** de la société, d'avoir sollicité l'autorisation du juge des tutelles (Cass. 1e civ. 17-5-2017 no 15-24.840 FS-PB : BPIM 4/17 inf. 283, note N. Peterka ; Décret 2008-1484 du 22-12-2008ann. II ; C. civ. art. 389-6 ancien). Pour une majorité d'auteurs, la solution n'est pas transposable au régime actuel de l'administration légale, seule la vente des biens appartenant directement au mineur nécessitant désormais l'autorisation du juge (en ce sens, N. Peterka précitée ; Bull. Cridon Paris 15-6-2017 p. 16 ; pour une appréciation plus nuancée, voir toutefois J. Combret, Mineur et société civile : soyons vigilants ! : Defrénois 2017 art. DEF12y6 no 12 ; C. civ. art. 387-1). La prudence s'impose en cette matière.
La solution de l'arrêt du 17 mai 2017 continuera, en revanche, à recevoir application pour les associés mineurs placés sous tutelle (autorisation du conseil de famille, à défaut du juge des tutelles).

12074 **Tutelle** Le régime de la tutelle s'applique à l'enfant dont les deux **parents** sont **décédés ou privés de l'autorité parentale** (C. civ. art. 390).
La vente de gré à gré de l'immeuble appartenant à un mineur sous tutelle doit, pour être réalisée par le tuteur, être autorisée par le conseil de famille, présidé par le juge des tutelles. Lorsque la valeur de l'immeuble est inférieure à 50 000 €, l'autorisation peut être donnée par le juge des tutelles en lieu et place du conseil de famille (C. civ. art. 502, al. 2 ; Décret 2008-1484 du 22-12-2008 art. 4). Si l'urgence l'impose, le juge des tutelles peut également prendre seul la décision si le quorum fixé par la loi pour la validité des décisions du conseil de famille (la moitié de ses membres) n'est pas atteint (CPC art. 1234-3).
L'autorisation n'est en revanche pas nécessaire pour les ventes forcées.
Le régime de la tutelle s'applique également lorsque le juge des tutelles a décidé d'ouvrir la tutelle alors que l'enfant était placé **sous administration légale** (C. civ. art. 391).
Sur la vente par une société civile ayant un associé mineur sous tutelle, voir no 12070, Précision b.

12076 La décision du juge des tutelles ou du conseil de famille doit déterminer le **prix et** les **conditions** de la vente (C. civ. art. 505, al. 2).
L'autorisation peut être donnée seulement après la réalisation d'une mesure d'instruction exécutée par un technicien ou le recueil de l'avis d'au moins deux professionnels qualifiés : notaires, agents immobiliers... (C. civ. art. 505, al. 4). Compte tenu du coût et du délai d'une expertise, en pratique, le représentant du mineur joint à sa demande d'autorisation les attestations émanant de professionnels de son choix. Il est conseillé d'exclure l'avis de l'agent immobilier qui a négocié la vente ou celui du notaire instrumentaire.

PROCÉDURE

12078 Les fonctions de juge des tutelles des mineurs sont exercées par le **juge aux affaires familiales** (JAF) du tribunal judiciaire (C. org. jud. art. L 213-3-1).
Le **juge territorialement compétent** est celui de la résidence habituelle du mineur ou celui du domicile du tuteur (CPC art. 1211). Il est saisi par simple requête et le recours à un avocat n'est pas obligatoire.
En cas de requête aux fins d'autorisation de la vente d'un bien appartenant à un mineur soumis au régime de l'administration légale, le juge peut entendre le mineur et, dans tous les cas où il l'estime opportun, ses parents ou toute autre personne. Cette audition n'est pas publique et le juge en dresse un procès-verbal (C. civ. art. 388-1 ; CPC art. 1180-9).

12080 **Proposition de formule** Il est proposé un modèle de requête adressée au juge des tutelles correspondant à l'hypothèse de la vente d'un immeuble appartenant à un mineur soumis au régime de l'**administration légale**, exercée par ses deux parents :

MODÈLE **Demande d'autorisation de vendre**

Monsieur le juge des tutelles,
Les soussignés (noms, prénoms, domicile, lien avec le mineur), agissant en qualité d'administrateurs légaux de..., enfant mineur (*nom, prénom, domicile*), ont l'honneur de vous exposer ce qui suit.
Le mineur est propriétaire d'un immeuble situé à (*situation géographique et références cadastrales*), lui appartenant pour l'avoir (*indiquer l'origine du bien, par exemple : recueilli dans la succession de...*), et consistant en (*indiquer la description sommaire ainsi que les conditions d'occupation et toutes informations permettant au conseil de famille ou au juge des tutelles d'apprécier la valeur du bien*).
Il peut être opportun pour le mineur de vendre cet immeuble, en raison (*indiquer la ou les raisons qui motivent la vente, et qui permettront au juge des tutelles ou au conseil de famille d'apprécier*

l'intérêt de la vente pour le mineur. Exemple : l'immeuble nécessite d'importants travaux, le mineur doit disposer de capitaux pour son entretien ou pour réaliser une autre opération, un amateur a fait une très intéressante proposition de prix, etc.).
Il est joint à la présente requête deux avis de valeur de l'immeuble établis par (*nom, qualité et adresse de chacun des professionnels qualifiés qui ont visité l'immeuble et établi l'avis de valeur*).
Les soussignés vous demandent de bien vouloir les autoriser à rechercher un acquéreur et à conclure la vente de cet immeuble au nom du mineur au prix de... euros payable comptant, et à cet effet régulariser tout avant-contrat de vente et tout acte notarié de vente.
(*La requête peut contenir des propositions de remploi du prix. Elle peut être adaptée lorsque le mineur a un administrateur légal unique*).
Profond respect.

Voies de recours Les décisions du juge des tutelles et les délibérations du conseil de famille peuvent faire l'objet d'un recours devant la **cour d'appel** (CPC art. 1239 à 1247). 12082
Le **délai** d'appel est de 15 jours.
La **procédure** est orale et le recours à un avocat n'est pas obligatoire. L'appel est instruit et jugé en chambre du conseil (pour plus de précisions, voir Th. Verheyde, Appel contre les décisions du juge des tutelles et les délibérations du conseil de famille : JCP G 2009 n° 39).

SIGNATURE D'UN AVANT-CONTRAT

Pratique irrégulière de la condition suspensive Il est fréquemment conclu des avant-contrats de vente d'immeubles intéressant des mineurs incapables sous la condition suspensive de l'**accord du juge** des tutelles. Cette pratique, même si elle est en régression, est d'ailleurs parfois encouragée par certains juges des tutelles ou leurs greffiers, qui subordonnent leur décision à la production d'un tel document. 12084
Le procédé est compréhensible du point de vue de l'institution judiciaire, dans la mesure où il lui permet de connaître précisément les conditions de l'opération intéressant le mineur. Il est néanmoins contestable pour ne pas dire irrégulier au regard de la technique conditionnelle car un élément nécessaire à la **validité du contrat**, fût-il futur et incertain, ne peut pas, conceptuellement, être érigé en condition suspensive (voir n° 30250). Pour cette raison, cette pratique ne doit pas être utilisée.

Solutions alternatives Afin d'éviter la pratique, contestable, de la condition suspensive, une solution consiste à solliciter du juge des tutelles l'autorisation de rechercher un acquéreur **avant** que le processus de **mise en vente** ne soit engagé. Cela permet d'éviter d'entreprendre des démarches ou de solliciter des tiers si le projet n'est pas agréé par le juge des tutelles ou par le conseil de famille au motif qu'il ne répondrait pas à l'intérêt du mineur. 12085
Le processus de vente peut passer par deux requêtes successives : une première requête soumet au juge ou au conseil de famille la question de l'opportunité de la vente et sollicite l'autorisation de rechercher un acquéreur sur la base d'un prix déterminé ; en cas d'accord du juge des tutelles ou du conseil de famille et une fois l'acquéreur trouvé, une seconde requête est soumise pour présenter une offre précise et demander l'autorisation de passer la vente. Cette manière de procéder présente cependant l'inconvénient d'augmenter les délais liés aux deux requêtes successives.
Une autre solution consiste, si le juge ou le conseil de famille demande à se prononcer au vu d'un projet précis et concret, à obtenir de l'acquéreur pressenti une offre de contracter exprimée concrètement par un projet d'avant-contrat. Cette **offre** pourra être **assortie d'un délai** correspondant au délai prévisible de formulation de la requête, de son instruction et de l'expiration des voies de recours, l'offrant ne pouvant pas se rétracter avant son terme. La consécration du régime de l'offre par la réforme du droit des contrats (C. civ. art. 1113 s.) ouvre désormais un fondement textuel à cette pratique de l'offre avec délai d'acceptation. Cela rassurera et liera davantage l'acheteur et tendra à éviter les critiquables compromis sous condition suspensive de l'autorisation du juge des tutelles (en ce sens, Cridon Nord-Est, Florilège de printemps 2017 : Questions notariales de droit immobilier, première partie par D. Boulanger p. 15). Sur l'offre, voir n°s 1000 s.
Il est également possible, et c'est sans aucun doute la meilleure solution, de recourir à une **promesse unilatérale d'achat**. Dans ce cas, le promettant est obligé de maintenir son offre d'acquérir dans le délai stipulé et le bénéficiaire, créancier d'un droit d'option, a le choix entre accepter ou refuser la vente promise, ce qui n'engage pas définitivement le mineur. Le bénéficiaire reste propriétaire du bien et il reste libre de vendre ou de ne pas vendre.
Sur la promesse unilatérale d'achat, voir n°s 8000 s.

12086 Lorsque la vente intéresse un mineur et d'autres vendeurs, par exemple dans le cas d'une indivision successorale ou d'un démembrement de propriété, il peut être procédé à l'établissement d'une **promesse de vente ne valant pas vente**. Cette promesse est signée par les parties capables, vendeur(s) et acquéreur(s), et prévoit que la vente sera formée dès l'autorisation du juge des tutelles obtenue et devenue définitive. Malgré tout, là encore, le recours à la promesse d'achat paraît préférable. Sur la promesse de vente ne valant pas vente, voir nº 10702.

IMMEUBLE RECUEILLI DANS UNE SUCCESSION

12087 Lorsque l'immeuble appartient à un mineur pour l'avoir recueilli dans une **succession acceptée à concurrence de l'actif net**, sa vente amiable doit être déclarée dans les 15 jours au tribunal judiciaire du lieu d'ouverture de la succession, qui en assure la publicité. Tout créancier successoral peut alors contester devant le juge, dans les 3 mois, le prix de vente en prouvant que la valeur du bien est supérieure (C. civ. art. 794).
Lorsqu'une **autorisation du juge des tutelles ou du conseil de famille** est requise au titre de l'acceptation pure et simple de la succession (C. civ. art. 387-1 en cas d'administration légale et 507-1 en cas de tutelle), les deux demandes d'autorisation (acceptation de la succession et vente de l'immeuble successoral) peuvent figurer dans une même requête.
Dans le cas où le mineur hérite d'un **immeuble ayant fait l'objet d'une promesse de vente** consentie par son auteur décédé, voir nº 6670.

IMMEUBLE INDIVIS

12088 Un immeuble peut appartenir en indivision à un **mineur et** à des **personnes majeures**. Dès lors que tous les indivisaires sont d'accord pour vendre le bien, le représentant du mineur veillera simplement à demander l'autorisation requise selon le droit commun (nos 12052 s.), les articles 387-1 et 505 du Code civil ne distinguant pas selon que l'immeuble appartient en totalité ou seulement en partie au mineur.
Quant au sort du **prix de vente**, deux solutions sont possibles :
– soit les indivisaires, dont le mineur par le biais de son représentant et suivant les instructions éventuelles de l'organe habilitant, sont convenus d'un remploi ; le nouveau bien est alors substitué purement et simplement au bien vendu (C. civ. art. 815-10, al. 1) ;
– soit le prix est partagé. Le partage auquel participe un mineur sous tutelle ne nécessite plus l'autorisation du conseil de famille ou, à défaut, du juge, sauf en cas d'opposition d'intérêts avec la personne chargée de la mesure de protection (C. civ. art. 507, al. 1 modifié par la loi 2019-222 du 23-3-2019 art. 9). Le partage peut être seulement partiel. Dans tous les cas, l'état liquidatif est soumis à l'approbation du conseil de famille ou, à défaut, du juge. Tout autre partage sera considéré comme simplement provisionnel (C. civ. art. 507, al. 2 et 4). Cette sanction est toutefois relative, car si le partage du prix a été égalitaire, sa validité ne pourra pas être remise en cause (J. Massip, Tutelle des mineurs et protection juridique des majeurs : Defrénois 2009 nº 672).
L'autorisation du juge ne semble pas requise lorsque le mineur est sous administration légale, l'acte de partage ne figurant plus dans la liste des actes concernés (comparer C. civ. art. 387-1 et 389-5 ancien). La solution est toutefois critiquée, certains auteurs relevant qu'il pourrait s'agir d'un oubli de la loi (J.-Cl. Notarial formulaire, vº Partage fasc. 20 par M.-C. Forgeard nº 44). L'autorisation du juge des tutelles serait en outre requise dès lors que le partage comporte un élément transactionnel, ce qui est assez souvent le cas (C. civ. art. 387-1, 4° ; M.-C. Forgeard précité). La difficulté consistera à déterminer si l'on se trouve véritablement en présence d'une transaction. On devra notamment vérifier l'existence de concessions réciproques.

› **Précisions** **a.** Lorsque l'immeuble est en **indivision entre le mineur et son représentant**, la question se pose d'un éventuel conflit d'intérêts. La jurisprudence considère qu'il n'y a pas opposition d'intérêts en cas d'achat ou de vente d'un bien indivis, mais qu'il existe plutôt des intérêts communs entre le parent et l'enfant (CA Bourges 9-7-1974 : Defrénois 1974 art. 31560, D. 1978 p. 58 note J.-L. Aubert ; voir toutefois M.-C. Forgeard précité, estimant la nomination d'un administrateur ad hoc nécessaire lorsque l'administrateur légal ou les administrateurs légaux sont également copartageants). La prudence s'impose en ce domaine, compte tenu du fait que l'opposition d'intérêts dépend des circonstances d'espèce.
b. En cas de **vente de l'immeuble à un coïndivisaire**, l'opération vaut en principe partage.

QUITTANCE ET EMPLOI DU PRIX

12090 Le représentant légal (administrateur légal ou tuteur) a tous pouvoirs pour **recevoir le prix** et en donner quittance. Le prix doit être versé directement sur un compte ouvert au seul nom de

l'enfant chez un dépositaire habilité. Ce compte mentionne la minorité et, le cas échéant, la mesure de tutelle.
Les liquidités appartenant au mineur doivent être placées lorsqu'elles dépassent une certaine somme. Ce **seuil d'investissement** et la nature des **biens à acquérir en emploi** sont déterminés par le ou les parents administrateurs légaux ou par le juge des tutelles en cas de désaccord entre les deux parents exerçant conjointement l'administration légale. Ils sont fixés par le conseil de famille sous le régime de la tutelle, le tuteur pouvant toutefois, depuis le 1er janvier 2020, placer sans autorisation des fonds sur un compte (C. civ. art. 501 modifié par la loi 2019-222 du 23-3-2019). En cas de vente d'un immeuble du mineur sous tutelle, le placement du prix sur un compte d'épargne ouvert à son nom ne nécessite donc plus l'autorisation du juge.
Le **délai** imposé pour procéder à l'emploi des sommes est fixé par la décision même qui ordonne l'emploi ou le remploi.
Sur le **rôle du subrogé tuteur** en matière d'emploi ou de remploi des capitaux, voir n° 12286.
Toutefois, **en pratique**, des directives d'emploi ou de remploi des fonds auront été données le plus souvent par l'organe habilitant ayant autorisé la vente. Le représentant légal du mineur a même intérêt à formuler des propositions à ce sujet dans sa demande d'autorisation.

SANCTION

L'omission des formalités protectrices des intérêts des mineurs est sanctionnée par une **nullité relative**. L'action en nullité est prescrite dans le **délai de 5 ans** à compter de la majorité ou de l'émancipation (C. civ. art. 2224). **12092**
La nullité peut seulement être invoquée par la personne que la loi protège, et non par son cocontractant capable de s'engager au moment de l'acte, ni par les héritiers de celui-ci saisis de ses biens, droits et actions (Cass. 1e civ. 14-1-2009 n° 07-16.451 F-PB : Bull. civ. I n° 6, concernant une acquisition par un mineur, et non une vente, mais la solution est transposable).

2. ACQUISITION

L'achat d'un immeuble est un mode parmi d'autres d'emploi des liquidités du mineur. Seul l'**intérêt de l'enfant** doit être pris en compte pour déterminer le type de placement à réaliser. **12110**

AUTORISATION REQUISE

Les deux parents qui exercent conjointement l'**administration légale** décident seuls de l'achat d'un immeuble par leur enfant mineur, le juge des tutelles n'intervenant qu'en cas de désaccord entre eux (C. civ. art. 387). Lorsque l'administration légale est exercée unilatéralement par un seul parent, aucune autorisation judiciaire n'est requise, contrairement à ce qui valait avant la réforme de l'administration légale (C. civ. art. 389-6 ancien abrogé par ord. 2015-1288 du 15-10-2015). **12112**
Sous le régime de la **tutelle**, l'achat est réalisé par le tuteur sur autorisation du conseil de famille. Lorsque la valeur de l'immeuble est inférieure à 50 000 €, l'autorisation peut être donnée par le juge des tutelles (C. civ. art. 502, al. 2 ; Décret 2008-1484 du 22-12-2008 art. 4).
Si l'urgence l'impose, le juge des tutelles peut également prendre lui-même la décision lorsque le quorum fixé par la loi pour la validité des décisions du conseil de famille n'est pas atteint (CPC art. 1234-3).
À noter que l'**acceptation** (en tant qu'acquéreur) **d'une promesse de vente** constitue un acte de disposition (Décret 2008-1484 du 22-12-2008 ann. 1).

PROCÉDURE ET VOIES DE RECOURS

Concernant la procédure et les voies de recours, les développements qui leur sont consacrés à propos de la vente de l'immeuble sont transposables au cas de l'achat (voir nos 12078 s.). **12114**

INCIDENCE D'UN EMPRUNT

Lorsque l'acquisition nécessite de contracter un emprunt au nom du mineur, une autorisation judiciaire doit toujours être obtenue. L'accord est donné par le juge des tutelles sous le régime de l'administration légale (C. civ. art. 387-1) et par le conseil de famille (ou le juge) sous le régime de la tutelle (C. civ. art. 505). **12116**

Délai de réflexion Les délais de réflexion institués par les dispositions législatives et réglementaires protectrices des intérêts du consommateur **courent** seulement à compter du jour où le juge des tutelles, ou le conseil de famille, a eu connaissance du contrat d'emprunt et de ses conditions générales et particulières. Il est donc nécessaire pour les banques d'adresser le contrat de prêt au représentant légal, qui le soumettra à la décision du juge des tutelles ou du conseil de famille. **12118**

Le délai de réflexion est décompté à partir du jour où a lieu la réunion du conseil de famille ou de la réception par le juge des tutelles de la requête pour emprunter à laquelle est jointe l'offre de prêt.

12120 **Assurance décès** La souscription par l'emprunteur mineur d'une assurance couvrant le risque « décès » et éventuellement « l'incapacité » est soumise à des **conditions** particulières.
Si la **prime** d'assurance est **unique**, elle constitue un emploi de capitaux soumis comme tel à l'autorisation du juge des tutelles ou du conseil de famille : annexée à l'offre de prêt, elle fait partie des conditions particulières sur lesquelles il se prononcera.
Si les **primes** sont **périodiques**, elles sont payées par prélèvement sur les revenus du mineur par le tuteur ou l'administrateur légal agissant seul.
À peine de nullité, aucune assurance décès ne peut être souscrite sur la tête d'un **enfant de moins de 12 ans** (C. ass. art. L 132-3, al. 1 et 2). En deçà de cet âge, seule une assurance couvrant le décès du représentant légal est possible. La nullité peut être demandée par l'assureur, le souscripteur de la police ou le représentant du mineur. En cas de nullité du contrat, le montant des primes versées devra être restitué (C. ass. art. L 132-3, al. 3 et 4).

12122 **Constitution de sûretés réelles** La constitution de sûretés réelles, telles qu'un gage immobilier ou une hypothèque sur les biens du mineur, est assimilable à une aliénation. Elle est soumise au respect des formalités protectrices des intérêts patrimoniaux du mineur.
Sous l'**administration légale**, seule la constitution d'une sûreté au nom du mineur pour garantir la dette d'un tiers est soumise à l'autorisation préalable du juge des tutelles (C. civ. art. 387-1, 7°). La constitution d'une sûreté pour garantir la dette du mineur n'est donc pas soumise à autorisation judiciaire. Mais sous ce régime, à l'occasion du contrôle d'un acte soumis à autorisation (par exemple, l'emprunt), le juge peut, s'il l'estime indispensable à la sauvegarde des intérêts du mineur, en considération de la composition ou de la valeur du patrimoine, de l'âge du mineur ou de sa situation familiale, décider qu'un acte (par exemple, la constitution d'une garantie) ou une série d'actes de disposition seront soumis à son autorisation (C. civ. art. 387-3, al. 1).
Sous le régime de la **tutelle**, le tuteur doit obtenir l'accord du conseil de famille pour toute constitution de sûreté (C. civ. art. 505 ; Décret 2008-1484 du 22-12-2008 annexe 1).

SANCTION

12128 Voir n° 12092.

II. MAJEURS PROTÉGÉS

A. Principes généraux de validité des actes

12170 Toute personne ayant atteint l'âge de la majorité, fixée à 18 ans, est capable de tous les actes de la vie civile (C. civ. art. 414) et peut donc librement acheter ou vendre un immeuble.
Pour faire un acte valable, l'individu doit cependant être sain d'esprit (C. civ. art. 414-1). Un acte ne peut donc pas être régulièrement passé par une personne majeure qui, bien qu'elle ne soit pas placée sous un régime de protection, est dépourvue de discernement en raison d'un **trouble mental au moment de l'acte**, qu'il soit consécutif à une maladie ou une infirmité, un état de faiblesse ou encore l'emprise de l'alcool, de médicaments ou de stupéfiants.
Un acte peut être annulé si la preuve du trouble mental au moment de l'acte (insanité d'esprit) est rapportée (C. civ. art. 414-1). La charge de la preuve incombe au demandeur (Cass. 1e civ. 30-11-2017 n° 16-15.597 F-D, pour une promesse synallagmatique). La nullité est alors de droit. Il appartient aux juges du fond d'apprécier si la preuve de l'altération des facultés mentales est ou non rapportée, ce qui n'est pas le cas lorsque les éléments soumis, en l'espèce un certificat médical et une expertise psychiatrique, n'apportent que des informations insuffisantes, voire inexactes ne permettant pas de démontrer l'existence d'une pathologie au moment de l'acte (Cass. 3e civ. 14-9-2023 n° 22-19.223 F-D : BPIM 6/23 inf. 386, pour une promesse de vente).
L'action en nullité ne peut être intentée, **du vivant de l'intéressé**, que par lui (C. civ. art. 414-2, al. 1). Elle doit l'être dans un délai de 5 ans (C. civ. art. 414-2, al. 3). Ce délai débute en principe dès le jour de l'acte s'agissant d'une personne non protégée, sauf suspension de la prescription si le majeur prouve son impossibilité à agir.
Après le décès du majeur, l'acte ne pourra être attaqué par ses héritiers que dans les cas suivants (C. civ. art. 414-2, al. 2) :
– il porte en lui-même la preuve du trouble mental. Il est alors nécessaire d'examiner le seul acte litigieux sans se référer à des éléments extérieurs (Cass. 3e civ. 12-10-2017 n° 16-24.323 F-D) ;
– il a été passé dans un temps où le majeur était placé sous sauvegarde de justice ;

– une action avait été introduite avant le décès aux fins de faire ouvrir une tutelle ou une curatelle ou aux fins d'habilitation familiale. Les héritiers peuvent prouver l'existence du trouble mental en s'appuyant sur des éléments extrinsèques à l'acte (témoignages, expertise médicale, etc.) et pas seulement sur l'acte lui-même (Cass. 1e civ. 27-6-2018 n° 17-20.428 FS-PB : RJDA 1/19 inf. 8, à propos d'un majeur sous curatelle renforcée) ;
– effet avait été donné à un mandat de protection future.
Ayant la qualité d'héritier de son époux décédé, le conjoint survivant peut donc, même en présence de descendants du défunt, agir en nullité pour insanité d'esprit de la procuration et de la vente conclues par ce dernier (Cass. 3e civ. 12-10-2022 n° 21-15.669 F-D : BPAT 6/22 inf. 269).
L'action en nullité d'un acte à titre onéreux exercée par un héritier, étant celle de son auteur, est soumise aux mêmes points de départ et causes de suspension de la prescription de sorte que celle-ci ne court pas pendant la période de tutelle précédant le décès du majeur (Cass. 1e civ. 13-12-2023 n° 18-25.557 FS-B : BPIM 1/24 inf. 79-18). Cela signifie que les héritiers de la personne souffrant de son vivant d'un trouble mental peuvent exercer l'action en nullité de leur auteur dès lors que celle-ci n'est pas prescrite. L'action qui figurait dans le patrimoine du défunt a été transmise aux héritiers. Dans cette espèce, la prescription n'avait pas couru contre le défunt qui était sous tutelle.
L'article 414-2 du Code civil est conforme à la Constitution. Les restrictions qu'il apporte au droit de contestation par les héritiers de l'auteur de l'acte litigieux assurent l'équilibre entre les intérêts des héritiers et la sécurité des actes conclus par le défunt (Cons. const. 17-1-2013 n° 2012-288 QPC : RJDA 8-9/13 n° 686).

L'impossibilité pour une personne de pourvoir seule à ses intérêts en raison d'une altération, 12172
médicalement constatée, de ses facultés mentales, ou de ses facultés corporelles de nature à empêcher l'expression de sa volonté, détermine l'application d'une **mesure de protection juridique des majeurs** (C. civ. art. 425).
Les mesures diffèrent selon le degré d'altération dont souffre le majeur, le besoin de protection éprouvé, la configuration familiale et l'éventuelle anticipation de son besoin de protection par l'intéressé. Sous tous les régimes, le majeur conserve sa pleine capacité de jouissance, et les actes de vente ou d'acquisition pourront toujours être réalisés ; seule la capacité d'exercice de ses droits par le majeur protégé pourra être restreinte ou lui être retirée.

La loi organise une « période suspecte » de **2 ans précédant la publicité du jugement d'ouverture** d'une **tutelle**, d'une **curatelle** ou d'une **habilitation familiale** (C. civ. art. 464 et 494-9, al. 3). 12174
Les obligations résultant des actes accomplis par la personne protégée pendant cette période peuvent être réduites sur la seule preuve que l'inaptitude de celle-ci à défendre ses intérêts, par suite de l'altération de ses facultés personnelles, était notoire ou connue du cocontractant à l'époque où l'acte a été passé. Dans les mêmes conditions, l'acte peut être annulé s'il est justifié d'un préjudice subi par la personne protégée. L'action en réduction ou en nullité doit être introduite dans les 5 ans de la date du jugement d'ouverture de la mesure.
Pour les actes accomplis **au-delà de la période de 2 ans**, une action en nullité pour insanité d'esprit sera toujours possible.

> **Précisions** Dans un arrêt, les juges ont fait jouer la **théorie de l'apparence en cas de revente**. En l'espèce, l'acquéreur d'un bien avait ultérieurement revendu l'immeuble acquis. La première vente a été annulée en raison de l'abus de faiblesse dont avaient été victimes les vendeurs et du trouble mental ayant altéré leur consentement. Mais, en application de la théorie de l'apparence, la seconde aliénation a été considérée comme valable, car conclue avec un sous-acquéreur de bonne foi qui avait agi sous l'empire d'une erreur commune (Cass. 1e civ. 9-9-2020 n° 18-26.525 F-D).

B. Mesures de protection des majeurs

1. SAUVEGARDE DE JUSTICE

MISE EN PLACE DE LA MESURE DE SAUVEGARDE

Cas d'ouverture La sauvegarde de justice est destinée au majeur qui, en raison d'une 12220
altération de ses facultés mentales ou corporelles, a besoin d'une protection juridique temporaire ou d'être représenté pour l'accomplissement de certains actes déterminés (C. civ. art. 433).

Procédure La mise sous sauvegarde de justice peut intervenir sur **décision du juge des** 12222
tutelles ou par **déclaration médicale** faite au procureur de la République par le médecin qui

constate que le majeur a besoin d'être protégé dans les actes de la vie civile (C. civ. art. 433 ; CSP art. L 3211-6) ; en cas de refus du majeur de se faire examiner par le médecin, voir n° 12282.
La sauvegarde de justice ne peut pas excéder un an, renouvelable une fois pour la même durée (C. civ. art. 439 et 442).
Elle cesse :
– par mainlevée du juge ou déclaration faite au procureur de la République lorsque le besoin de protection temporaire cesse ;
– par radiation de la déclaration médicale sur décision du procureur de la République ;
– à l'expiration du délai ou après accomplissement des actes pour lesquels elle a été ordonnée ;
– par l'ouverture d'une curatelle ou d'une tutelle, à la date de prise d'effet de la nouvelle mesure.

> **Précisions** Lorsqu'il est saisi d'une **procédure de tutelle ou** de **curatelle**, le juge des contentieux de la protection, dans ses fonctions de juge des tutelles des majeurs (C. org. jud. art. L 213-4-2), peut placer provisoirement la personne qu'il y a lieu de protéger sous la sauvegarde de justice, pour la durée de l'instance (C. civ. art. 433, al. 2).

12224 **Information des tiers** Aucune **publicité** n'est faite de la mesure de sauvegarde puisque le majeur protégé conserve la plénitude de ses droits, et les tiers ou les personnes qui traitent avec lui ne disposent en principe d'aucun moyen de savoir si leur cocontractant est placé sous ce régime, sauf si celui-ci décide de les en informer.
La mesure de sauvegarde de justice est portée sur un **répertoire** tenu par le procureur de la République du lieu de traitement (sauvegarde par déclaration médicale) ou du lieu du domicile (sauvegarde par décision judiciaire). Outre les autorités judiciaires, peuvent seuls obtenir communication, par extrait, d'une déclaration aux fins de sauvegarde de justice portée sur ce registre (CPC art. 1251-1) :
– les personnes qui ont qualité pour demander l'ouverture d'une mesure de protection ;
– les avocats, avoués, notaires et commissaires de justice (anciennement huissiers), justifiant de l'utilisation de la communication pour un acte de leurs fonctions. Sur la création de la profession de commissaire de justice, voir n° 13252, Précisions.

> **Précisions** La loi « bien vieillir » du 8 avril 2024 a institué un **registre national des mesures de protection juridique des majeurs**, dans lequel seront inscrites les informations relatives à toutes les mesures de protection, dont la sauvegarde de justice (C. civ. art. 427-1 nouveau créé par loi 2024-317 du 8-4-2024 art. 18). Les modalités pratiques de ce registre dématérialisé seront précisées par décret en Conseil d'État, avec une entrée en vigueur au plus tard le 31 décembre 2026.

INCIDENCES DE LA MESURE DE SAUVEGARDE

12226 **Capacité d'exercice** Le majeur sous sauvegarde de justice conserve l'exercice de ses droits. Il n'est donc ni assisté ni représenté, à l'exception des actes pour lesquels un mandataire spécial a été désigné (voir n° 12227). Les actes passés et les engagements contractés pourront toutefois être rescindés pour simple lésion ou réduits en cas d'excès (C. civ. art. 435, al. 2).
Par ailleurs, un acte de **vente ou** d'**achat** passé par un majeur sous sauvegarde de justice peut toujours être annulé dans les conditions de droit commun si la preuve est rapportée que l'intéressé n'était pas sain d'esprit au moment du contrat.
Une vente ou une acquisition réalisée à des conditions normales avec un majeur sous sauvegarde de justice qui ne présente pas de trouble mental au moment où il contracte est donc sans risque pour le cocontractant. Il faut toutefois tenir compte du risque de nullité dans le cas d'un acte de disposition passé alors qu'un mandataire spécial aurait été désigné à cet effet (voir n° 12227).
Sur la restriction à l'exercice de ses droits par le majeur sous sauvegarde de justice lorsque la vente porte sur l'immeuble dans lequel il a son **logement**, voir n° 12390.

12227 **Mandataire spécial** Le juge des contentieux de la protection, dans ses fonctions de juge des tutelles des majeurs, peut désigner un mandataire spécial à l'effet d'accomplir un ou plusieurs actes déterminés, même de disposition telle la **vente d'un immeuble**, au nom de la personne protégée, lorsque ces actes sont rendus nécessaires par la gestion du patrimoine de la personne protégée (C. civ. art. 437, al. 2).
Cette solution évite dans certains cas un placement sous curatelle ou sous tutelle.
La personne protégée ne peut, à peine de **nullité**, faire un acte pour lequel un mandataire spécial a été désigné (C. civ. art. 435, al. 1).

Sanction de certains actes Les actes passés par une personne pendant que celle-ci était sous sauvegarde de justice peuvent être rescindés pour simple lésion ou réduits en cas d'excès (C. civ. art. 435, al. 2). La lésion, sanctionnée par la **rescision**, est caractérisée lorsque le majeur sous sauvegarde procède à une vente et que la preuve est rapportée que le prix est inférieur à la valeur de l'immeuble. La rescision conduit à la nullité de l'acte sans que le cocontractant puisse, semble-t-il, à la différence du régime de la lésion de droit commun en matière de vente, éviter la nullité en offrant un complément de prix. 12228

La **réduction** aboutit à une restitution d'une partie du prix s'il est justifié que l'intéressé a réalisé l'acquisition à un prix excessif ou que l'acquisition, même si elle est réalisée au juste prix, est inutile ou disproportionnée aux besoins du majeur protégé. En cas de réduction, la nullité n'est en principe pas encourue : le prix est réduit pour être ramené à une proportion raisonnable.

La loi ne fixe aucun **taux de la lésion ou de l'excès** : l'action en rescision ou en réduction peut être exercée quelle que soit leur importance. Le tribunal prend en considération la situation patrimoniale de la personne protégée, la bonne ou la mauvaise foi de ceux qui auront traité avec elle et l'utilité ou l'inutilité de l'opération (C. civ. art. 435, al. 2).

L'**action** en rescision ou en réduction appartient uniquement au majeur et, à sa mort, à ses héritiers (C. civ. art. 435, al. 3). En cas d'ouverture d'une curatelle ou d'une tutelle, l'action sera exercée par le majeur avec l'assistance de son curateur ou par son tuteur le représentant. 12230

Le **délai** d'action se prescrit par 5 ans à compter (C. civ. art. 435, al. 3) :
– du jour où le majeur, redevenu capable, a pris connaissance de l'acte ;
– du décès de la personne protégée, si ce délai n'a pas commencé à courir auparavant.

Nullité pour insanité d'esprit Le fait qu'un majeur ait été placé sous sauvegarde de justice lors de la conclusion de l'acte rend recevable l'action en nullité pour insanité d'esprit engagée **après le décès** de l'intéressé (C. civ. art. 414-2, al. 2). Voir n° 12170. 12232

2. CURATELLE

MISE EN PLACE DE LA MESURE DE CURATELLE

Peut être placée sous curatelle la personne qui, sans être hors d'état d'agir elle-même, souffre d'une altération de ses facultés mentales ou d'une altération de ses facultés corporelles de nature à empêcher l'expression de sa volonté, et a besoin d'être assistée ou contrôlée d'une manière continue dans les actes importants de la vie civile (C. civ. art. 440, al. 1). Une personne rencontrant des difficultés d'autonomie physique ne l'empêchant pas d'exprimer sa volonté et dont les facultés cognitives ne sont pas altérées ne peut donc pas faire l'objet d'un placement sous curatelle renforcée (Cass. 1e civ. 21-11-2018 n° 17-22.777 F-PB : BPAT 1/19 inf. 18 ; Cass. 1e civ. 27-3-2024 n° 22-13.325 F-D : BPAT 3/24 inf. 107). La curatelle sera prononcée seulement s'il est établi que la sauvegarde de justice ne peut pas assurer une protection suffisante (C. civ. art. 440, al. 2). Sur la possibilité de substituer une habilitation familiale à une mesure de curatelle, voir n° 12314, Précisions. 12250

La **nécessité** de la mesure de protection doit être **médicalement constatée** (C. civ. art. 425, al. 1). En cas de refus du majeur de se faire examiner, voir n° 12314, Précisions.

Pour la **procédure**, la curatelle est ouverte et prend fin de la même manière que la tutelle (voir nos 12282 s.). 12252

La curatelle est soumise à la même **publicité** que la tutelle (voir n° 12290). Les tiers qui contractent avec un majeur soumis à ce régime peuvent donc en être informés.

> **Précisions** La loi « bien vieillir » du 8 avril 2024 a institué un **registre national des mesures de protection juridique des majeurs**, dans lequel seront inscrites les informations relatives à toutes les mesures de protection, dont la curatelle (C. civ. art. 427-1 nouveau créé par loi 2024-317 du 8-4-2024 art. 18). Les modalités pratiques de ce registre dématérialisé seront précisées par décret en Conseil d'État, avec une entrée en vigueur au plus tard le 31 décembre 2026.

INCIDENCES DE LA MESURE DE CURATELLE

Assistance du curateur Le majeur sous curatelle ne peut, sans l'assistance du curateur, faire aucun acte qui, sous le régime de la **tutelle**, requerrait l'autorisation du juge ou du conseil de famille (C. civ. art. 467, al. 1 ; voir n° 12300). Les actes d'achat et de vente d'un immeuble relèvent de ce régime d'assistance (sur la vente du logement de la personne protégée, voir n° 12390). En revanche, l'exigence prévue en matière de tutelle d'une mesure d'instruction exécutée par un technicien ou du recueil de l'avis d'au moins deux professionnels qualifiés (n° 12300) ne s'applique pas à la vente par un majeur sous curatelle. Le renvoi aux règles de la 12256 tutelle vise en effet seulement le principe d'une autorisation et non la procédure qui doit être suivie pour l'obtenir. Le prix et les conditions de la vente de l'immeuble sont fixés par le majeur protégé avec l'assistance de son curateur.

Lors de la conclusion d'un acte écrit, l'assistance du curateur se manifeste par l'apposition de sa signature à côté de celle de la personne protégée (C. civ. art. 467, al. 2). Toute signification faite au majeur sous curatelle doit également l'être à son curateur, à peine de nullité (C. civ. art. 467, al. 3).

L'assistance du curateur est également requise pour faire emploi des capitaux (C. civ. art. 468, al. 2). La perception des capitaux échappe en revanche à l'assistance du curateur, les capitaux revenant à la personne en curatelle étant versés directement, auprès d'un établissement habilité à recevoir des fonds du public, sur un compte ouvert à son seul nom et mentionnant son régime de protection (C. civ. art. 468, al. 1).

Si le **curateur refuse** son assistance, le majeur en curatelle peut demander au juge des tutelles une autorisation supplétive lui permettant de l'accomplir seul (C. civ. art. 469, al. 3). Le juge peut uniquement statuer après avoir entendu ou appelé le curateur (CPC art. 1257).

Le juge peut désigner un **subrogé curateur** (C. civ. art. 454). Ce dernier sera tenu de surveiller les actes passés par le curateur et d'informer sans délai le juge des fautes qu'il constate dans l'exercice de sa mission. En l'absence de subrogé curateur, le curateur dont les intérêts sont, à l'occasion d'un acte, en opposition avec ceux de la personne protégée fait nommer par le juge un **curateur ad hoc** (C. civ. art. 455).

12257 **Extension des pouvoirs du curateur** S'il constate que la personne en curatelle compromet gravement ses intérêts, le curateur peut saisir le juge pour être autorisé à accomplir seul un **acte déterminé** (C. civ. art. 469, al. 2). Il peut notamment s'agir d'un acte de disposition.

12258 **Curatelle adaptée** Le juge des contentieux de la protection, dans ses fonctions de **juge des tutelles**, peut, lorsqu'il ouvre la curatelle ou dans un jugement postérieur, énumérer certains actes que la personne en curatelle aura la capacité de faire seule ou, à l'inverse, ajouter d'autres actes à ceux pour lesquels l'assistance du curateur est en principe exigée (C. civ. art. 471).

Cet aménagement, s'agissant d'un **achat ou** d'une **vente d'immeuble**, joue uniquement dans le sens d'une dispense d'assistance du curateur puisque cette assistance est le principe. Le majeur qui s'en prévaut en justifiera par la production de la décision judiciaire, et le notaire s'assurera que la mesure n'a pas été rapportée par une décision ultérieure. En pratique, cette dispense reste très exceptionnelle.

12259 **Curatelle renforcée** Le **juge des tutelles** peut également, à tout moment, ordonner une curatelle renforcée. Sous ce régime, le curateur représente le majeur protégé pour la **perception des revenus** et le **règlement des dépenses** (C. civ. art. 472). La durée initiale de la mesure ne peut pas excéder cinq ans (pour un rappel, voir Cass. 1e civ. 12-10-2022 n° 21-11.090 F-D).

Ce renforcement n'a aucune incidence sur les **autres actes** : c'est toujours le majeur sous curatelle qui, avec l'assistance du curateur, effectue les actes de disposition de son patrimoine, ce qui vise la vente d'immeubles.

Le **curateur** qui a représenté abusivement le majeur sous curatelle renforcée, par exemple en concluant seul un mandat en son nom, est susceptible de voir sa **responsabilité** engagée, à condition, toutefois, qu'il existe un préjudice en lien avec la faute commise (Cass. 1e civ. 7-2-2024 n° 21-24.864 F-B : BPAT 2/24 inf. 64).

12260 **Sanction des actes irréguliers** L'irrégularité des actes accomplis après la publicité du jugement d'ouverture est sanctionnée par la nullité dans les conditions suivantes (C. civ. art. 465) :

– si la personne protégée a agi seule **sans l'assistance du curateur**, alors que celle-ci était requise, l'acte ne peut être annulé que s'il est établi qu'elle a subi un préjudice ;

– si le **curateur a agi seul**, alors que l'acte aurait dû être passé par la personne protégée avec son assistance, l'acte est nul de plein droit sans qu'il soit nécessaire de justifier d'un préjudice.

L'**action** en nullité est **exercée uniquement par** le majeur protégé ou son curateur pendant la durée de la mesure, par le majeur après la mainlevée de la mesure et par ses héritiers après son décès. Elle ne peut pas être exercée par le conjoint du majeur protégé (Cass. 1e civ. 5-3-2014 n° 12-29.974 F-PB : RJDA 8-9/14 inf. 686).

Dans tous les cas, l'action s'éteint dans le **délai** de 5 ans prévu à l'article 2224 du Code civil.

Ces règles ne font pas obstacle à l'action en nullité pour **insanité d'esprit** (C. civ. art. 466). Le fait qu'une action aux fins de placement sous curatelle du majeur ait été introduite lors de la conclusion de l'acte rend recevable l'action en nullité pour insanité d'esprit engagée après son décès par ses héritiers (C. civ. art. 414-2, al. 2). Voir n° 12170.

3. TUTELLE

MISE EN PLACE DE LA MESURE DE TUTELLE

Cas d'ouverture La tutelle est applicable à toute personne qui, dans l'impossibilité de pourvoir seule à ses intérêts en raison d'une altération de ses **facultés mentales**, ou d'une altération de ses **facultés corporelles** de nature à empêcher l'expression de sa volonté, doit être représentée de manière continue dans les actes de la vie civile (C. civ. art. 425 et 440, al. 3). La tutelle est prononcée uniquement s'il est établi que ni la sauvegarde de justice ni la curatelle ne peuvent assurer une protection suffisante (C. civ. art. 440, al. 4). Sur la possibilité de substituer une habilitation familiale à une mesure de tutelle, voir n° 12314, Précisions. 12280

> **Précisions** La Cour de cassation vérifie que la **nécessité** pour le majeur **d'être représenté de manière continue** dans les actes de la vie civile a bien été caractérisée. Sont ainsi censurés les juges du fond ayant prononcé une mesure de tutelle au seul motif que le majeur était vulnérable et influençable (Cass. 1e civ. 12-10-2022 n° 21-12.268 F-D : BPAT 1/23 inf. 16).

Procédure La demande de mesure de protection peut être **présentée** au juge **par** l'intéressé ou, selon le cas, par son conjoint, son partenaire pacsé ou son concubin, à moins que la vie commune n'ait cessé entre eux, ou par un parent ou un allié, une personne entretenant avec le majeur des liens étroits et stables ou la personne qui exerce à son égard une mesure de protection juridique. La demande peut également être présentée par le procureur de la République d'office ou à la demande d'un tiers (C. civ. art. 430). 12282

La **nécessité** de la mesure de protection doit être **médicalement constatée** (C. civ. art. 425, al. 1). La demande est accompagnée, à peine d'irrecevabilité, d'un certificat circonstancié rédigé par un médecin choisi sur une liste établie par le procureur de la République. Ce médecin peut solliciter l'avis du médecin traitant de la personne qu'il y a lieu de protéger (C. civ. art. 431). En cas de refus du majeur de se faire examiner, la requête ne peut pas être accompagnée d'une simple lettre du médecin inscrit constatant que le majeur ne s'est pas présenté à ses convocations (Cass. 1e civ. 29-6-2011 n° 10-21.879 FS-PBI : BPAT 5/11 inf. 280). En revanche, le certificat circonstancié peut être établi à partir de pièces médicales en cas de carence de l'intéressé (Cass. 1e civ. 20-4-2017 n° 16-17.672 FS-PBI : BPAT 3/17 inf. 100). Ces solutions, rendues sur le fondement de l'article 431 du Code civil, semblent transposables aux autres mesures de protection judiciaire.

Le juge fixe la **durée de la mesure** de protection sans que celle-ci puisse excéder 5 ans (C. civ. art. 441, al. 1). Par décision spécialement motivée et sur avis conforme d'un médecin agréé constatant que l'altération des facultés personnelles de l'intéressé n'apparaît manifestement pas susceptible de connaître une amélioration selon les données acquises de la science, le juge peut cependant fixer une durée de la tutelle plus longue, n'excédant pas 10 ans (C. civ. art. 441, al. 2). Le juge peut **renouveler** la tutelle pour une même durée. Toutefois, lorsque l'altération des facultés personnelles de l'intéressé n'apparaît manifestement pas susceptible de connaître une amélioration suivant les données acquises de la science, le juge peut, par décision spécialement motivée et sur avis conforme d'un médecin agréé, renouveler la mesure pour une durée plus longue qu'il détermine, n'excédant pas 20 ans (C. civ. art. 442). Pour renouveler la tutelle, le juge doit constater, au jour où il statue, l'altération des facultés du majeur et la nécessité qu'il soit représenté dans les actes de la vie civile (Cass. 1e civ. 17-11-2021 n° 19-14.872 F-D : BPAT 1/22 inf. 13). 12284

Organisation de la tutelle Le juge peut organiser la tutelle avec un **conseil de famille** si les nécessités de la protection de la personne ou la consistance de son patrimoine le justifient et si la composition de sa famille et de son entourage le permet (C. civ. art. 456, al. 1). 12286

Le juge ou le conseil de famille, s'il a été constitué, désigne le **tuteur** parmi les proches de la personne à protéger ou, en cas d'impossibilité, sur la liste des mandataires judiciaires à la protection des majeurs (C. civ. art. 446 à 451). Dans ce cas, le juge doit motiver sa décision (pour une illustration, Cass. 1e civ. 27-6-2018 n° 17-20.911 F-PB).

Le conseil de famille, s'il a été constitué, désigne le **subrogé tuteur**. À défaut de conseil de famille, la nomination d'un subrogé tuteur est facultative et relève de l'appréciation du juge (C. civ. art. 454). Le subrogé tuteur est choisi parmi les proches du majeur ou, à défaut, les mandataires judiciaires à la protection des majeurs.

Le subrogé tuteur a un rôle de surveillance des actes du tuteur (C. civ. art. 454, al. 4). Il doit être informé et consulté avant la vente ou l'achat. Il atteste en outre que le tuteur a employé ou remployé les capitaux conformément aux prescriptions du juge ou du conseil de famille (C. civ. art. 497). Le subrogé tuteur peut enfin jouer un rôle de représentation du majeur lorsque ses intérêts sont en opposition avec ceux du tuteur (le subrogé tuteur remplace alors le tuteur pour passer l'acte), ou lorsque le tuteur ne peut agir pour le compte du majeur en raison des limitations que le juge a apportées à sa mission (C. civ. art. 454, al. 5).

12290 **Information des tiers** Les jugements portant ouverture, modification ou mainlevée de la tutelle sont opposables aux tiers 2 mois après leur mention en marge de l'**acte de naissance** de la personne protégée (C. civ. art. 444). En l'absence de cette mention, ces jugements sont néanmoins opposables aux tiers qui en auraient eu personnellement connaissance.

Une publicité de la mesure de protection est assurée par le **répertoire civil**, tenu par le secrétariat-greffe du tribunal judiciaire dans le ressort duquel la personne protégée est née. Une mention « Répertoire civil » ou « R.C. » suivie de la référence sous laquelle le jugement est conservé est portée en marge de l'acte de naissance de l'intéressé. Des copies des extraits conservés au répertoire civil peuvent être délivrées à tout intéressé, sauf lorsqu'une indication de radiation figure en marge de l'acte de naissance, auquel cas l'autorisation du procureur de la République est requise (CPC art. 1061). Pour les **Français nés à l'étranger**, le répertoire civil est tenu par le service central d'état civil au ministère des affaires étrangères (Décret 65-422 du 1-6-1965 art. 4).

> **Précisions** La loi « bien vieillir » du 8 avril 2024 a institué un **registre national des mesures de protection juridique des majeurs**, dans lequel seront inscrites les informations relatives à toutes les mesures de protection, dont la tutelle (C. civ. art. 427-1 nouveau créé par loi 2024-317 du 8-4-2024 art. 18). Les modalités pratiques de ce registre dématérialisé seront précisées par décret en Conseil d'État, avec une entrée en vigueur au plus tard le 31 décembre 2026.

12292 **Pratique notariale** Le notaire demande systématiquement un acte de naissance des parties pour faire figurer dans l'acte leur identité exacte et complète, et la certifier en application des règles de la **publicité foncière**. Cela lui permet également de savoir, s'agissant d'une personne née en France ou de nationalité française née à l'étranger, par l'examen des mentions en marge de son acte de naissance, si l'intéressé a fait l'objet d'une demande, d'un acte ou d'un jugement porté au répertoire civil.

En pratique, l'existence d'une mesure de protection révélée par une mention d'inscription au répertoire civil portée sur l'acte de naissance sera souvent connue après la signature de l'avant-contrat. Ce dernier est généralement établi dans l'urgence et avant délivrance des **pièces d'état civil** sollicitées ultérieurement par le notaire chargé d'établir l'acte notarié. Lorsque les circonstances permettent de douter de la plénitude des facultés d'un contractant, la sécurité commande de disposer de son acte de naissance avant d'établir l'avant-contrat.

INCIDENCES DE LA MESURE DE TUTELLE

12294 Le majeur soumis au régime de la tutelle est frappé d'une **incapacité d'exercice**. Il ne peut pas par lui-même signer la vente ou l'achat d'un immeuble, de tels actes devant être passés en son nom par son représentant légal, judiciairement habilité à cet effet. Sur la vente du logement de la personne protégée, voir n° 12390.

Le juge garde cependant la possibilité, au moment de l'ouverture de la mesure ou ultérieurement, d'**alléger le régime de la tutelle**, en énumérant les actes que le majeur aura la capacité de faire lui-même, seul ou avec l'assistance de son tuteur (C. civ. art. 473, al. 2). Cette adaptation ne devrait que très exceptionnellement concerner des actes de vente ou d'achat immobiliers, opérations qui ont généralement des incidences patrimoniales importantes.

12300 **Actes de disposition** Le tuteur ne peut, sans y être autorisé par le **juge ou** le **conseil de famille** s'il en a été constitué un, faire des actes de disposition au nom de la personne protégée. L'autorisation détermine les conditions et le prix (ou la mise à prix) pour lequel l'acte est passé (C. civ. art. 505, al. 1 et 2).

La vente d'immeuble est soumise à un renforcement de l'information du juge ou du conseil de famille : elle suppose la réalisation d'une **mesure d'instruction** exécutée par un technicien **ou** le recueil de l'**avis d'au moins deux professionnels** qualifiés (C. civ. art. 505, al. 4).

S'agissant, notamment, des modalités d'emploi du prix de vente de l'immeuble ou encore de la possibilité pour le juge de suppléer l'autorisation du conseil de famille pour des biens de faible valeur, on se reportera aux développements consacrés à la **tutelle des mineurs** (voir n°s 12050 s.), les règles applicables à la gestion du patrimoine des mineurs et des majeurs en tutelle étant communes (C. civ. art. 496 s.).

> **Précisions a.** Le tuteur a seul qualité pour représenter la personne protégée dans la gestion de son patrimoine et, à cette fin, pour solliciter les autorisations du juge des tutelles pour les actes qu'il ne peut accomplir seul. Le compagnon de la majeure placée sous tutelle n'a donc pas **qualité pour saisir le juge** (Cass. 1e civ. 19-3-2014 n° 13-12.016 F-PBI : Bull. civ. I n° 47).
b. Une simple **lettre d'accord** du juge des tutelles ne saurait valoir autorisation de vendre et se substituer à une ordonnance dûment motivée (Cass. 1e civ. 22-10-2008 n° 07-19.964 FS-PB : BPAT 6/08 inf. 208).

Procédure L'ordonnance autorisant la vente est rendue par le juge des contentieux de la protection du **tribunal judiciaire** (C. org. jud. art. L 213-4-2). 12301
Le juge **territorialement compétent** est celui de la résidence habituelle de la personne protégée ou celui du domicile du tuteur (CPC art. 1211).
Le juge est saisi par simple requête du tuteur. Le recours à un avocat n'est pas obligatoire.
Sur les **voies de recours**, voir n° 12082.

Sanction des actes irréguliers L'irrégularité des actes accomplis après la publicité du jugement d'ouverture est sanctionnée dans les conditions suivantes (C. civ. art. 465) : 12302
– si la **personne protégée a agi seule** alors qu'elle aurait dû être représentée, l'acte est nul de plein droit sans qu'il soit nécessaire de justifier d'un préjudice ;
– si le **tuteur a agi seul** pour un acte qui aurait dû être autorisé par le juge ou par le conseil de famille s'il en a été constitué un, l'acte est nul de plein droit sans qu'il soit nécessaire de justifier d'un préjudice ;
– le tuteur peut, avec l'autorisation du juge ou du conseil de famille, engager seul l'**action en nullité** ;
– l'action s'éteint dans le **délai** de 5 ans prévu à l'article 2224 du Code civil.
Ces règles ne font pas obstacle à l'action en nullité pour **insanité d'esprit** (C. civ. art. 466). Le fait qu'une action aux fins de placement sous tutelle du majeur ait été introduite lors de la conclusion de l'acte rend recevable l'action en nullité pour insanité d'esprit engagée après son décès par ses héritiers (C. civ. art. 414-2, al. 2). Voir n° 12170.

4. HABILITATION FAMILIALE

Entrée en vigueur le 1er janvier 2016, l'habilitation familiale est une **mesure de protection** prévue aux articles 494-1 à 494-12 du Code civil (Ord. 2015-1288 du 15-10-2015), dont les modalités d'application ont été définies par décret (Décret 2016-185 du 23-2-2016). Elle a fait l'objet de retouches par la loi de réforme pour la justice 2019-222 du 23 mars 2019 créant notamment une habilitation-assistance, qui s'applique dans les conditions de la curatelle (N. Peterka, Le nouveau visage de l'habilitation familiale : BPAT 3/19 inf. 81 ; N. Baillon-Wirtz, L'habilitation familiale : adaptation attendue et difficultés récurrentes : Defrénois, 2019 n° 142s0 p. 29 ; S. Bottineau, V. Depadt, L'habilitation familiale : une mesure qui reste à conseiller avec prudence : JCP N 2019 p. 1158). 12310

MISE EN PLACE DE LA MESURE D'HABILITATION FAMILIALE

Cas d'ouverture L'habilitation familiale **concerne** les majeurs dans l'impossibilité de pourvoir seuls à leurs intérêts en raison d'une altération médicalement constatée soit de leurs facultés mentales, soit de leurs facultés corporelles de nature à empêcher l'expression de leur volonté (C. civ. art. 494-1 modifié et 425). 12312
Les **personnes** pouvant être **habilitées** à représenter un majeur, à l'assister dans les conditions de la curatelle ou à passer un ou des actes en son nom afin de sauvegarder ses intérêts sont ses ascendants ou descendants, frères et sœurs ou, à moins que la communauté de vie n'ait cessé entre eux, le conjoint, le partenaire auquel elle est liée par un pacte civil de solidarité ou le concubin (C. civ. art. 494-1). Le Code civil ne prévoit pas la possibilité de désigner par anticipation la personne habilitée.
Le juge ne peut pas ordonner une habilitation familiale lorsqu'il peut être suffisamment pourvu aux intérêts de la personne par la **représentation de droit commun**, par les **règles relatives aux droits et devoirs des époux**, par les **règles des régimes matrimoniaux ou** par le **mandat de protection future** conclu par l'intéressé (C. civ. art. 494-2).

Procédure La **demande** de désignation d'une personne habilitée peut être présentée au juge (C. civ. art. 494-3, al. 1) : 12314
– directement par l'une des personnes pouvant être habilitées ou par la personne vulnérable ;
– par l'intermédiaire du procureur de la République à la demande d'une des personnes pouvant être habilitées.

Cette demande prend la **forme** d'une requête remise au greffe du tribunal judiciaire.
Comme en matière de tutelle ou de curatelle, elle est accompagnée, à peine d'irrecevabilité, d'un **certificat médical** circonstancié établi par un médecin choisi sur une liste établie par le procureur de la République (C. civ. art. 431 sur renvoi de 494-3, al. 2). En cas de refus du majeur de se faire examiner, voir n° 12282.
Le juge des tutelles doit en principe appeler ou procéder à l'**audition du majeur**. Celui-ci peut être accompagné d'un avocat ou, sous réserve de l'accord du juge, de toute autre personne de son choix (C. civ. art. 432). Le juge doit s'assurer de l'adhésion ou, à défaut, de l'absence d'opposition légitime des **proches du majeur** à la mesure d'habilitation et au choix de la personne habilitée (C. civ. art. 494-4, al. 2).

> **Précisions** Le juge peut également procéder à la désignation d'une personne habilitée à l'issue de l'instruction d'une requête aux fins d'ouverture d'une mesure de protection judiciaire ou **substituer une habilitation familiale à** une mesure de curatelle ou de tutelle (C. civ. art. 494-3, al. 3). Encore faut-il que les conditions de l'habilitation familiale, et notamment l'adhésion des proches, soient caractérisées.

12316 **Décision d'habilitation** Le juge désigne la ou les **personnes habilitées**. Celles-ci doivent remplir les conditions pour exercer les charges tutélaires et leur mission est exercée à titre gratuit (C. civ. art. 494-1, al. 2).
L'**étendue de l'habilitation**, comme le choix de la personne habilitée, doit être conforme aux intérêts patrimoniaux et, le cas échéant, aux intérêts personnels de l'intéressé (C. civ. art. 494-5, al. 1). Si l'habilitation familiale sollicitée ne permet pas d'assurer une protection suffisante, le juge peut ouvrir une mesure de protection judiciaire (C. civ. art. 494-5, al. 2).
La personne habilitée peut recevoir le pouvoir d'accomplir sur les biens du majeur **certains actes déterminés** qu'un tuteur peut réaliser seul ou avec une autorisation (C. civ. art. 494-6, al. 2). En revanche, elle ne peut pas accomplir les actes qui sont interdits au tuteur en vertu de l'article 509 du Code civil, et le juge ne peut pas l'autoriser à passer de tels actes (Cass. 1e civ. avis 20-10-2022 n° 22-70.011 B : BPAT 6/22 inf. 270). Aucune durée n'est prévue, mais la mesure prend fin une fois le ou les actes accomplis (J. Combret et N. Baillon-Wirtz, L'habilitation familiale : une innovation à parfaire : JCP N 2015 n° 1248). La personne habilitée peut aussi recevoir le pouvoir d'accomplir un ou plusieurs actes relatifs à la personne à protéger (C. civ. art. 494-6, al. 3).
Si l'intérêt du majeur le justifie, le juge peut délivrer une **habilitation générale**. La personne habilitée peut alors accomplir l'ensemble des actes que le tuteur a le pouvoir d'accomplir, seul ou avec une autorisation, sur les biens du majeur et tous ceux relatifs à la personne du majeur ; le juge peut toutefois limiter l'habilitation générale aux seuls actes relatifs aux biens ou aux seuls actes relatifs à la personne à protéger (C. civ. art. 494-6, al. 5). En cas d'habilitation générale, la personne habilitée ne peut pas accomplir un acte pour lequel elle serait en opposition d'intérêts avec la personne protégée. Toutefois, à titre exceptionnel et lorsque l'intérêt de celle-ci l'impose, le juge peut autoriser la personne habilitée à accomplir cet acte (C. civ. art. 494-6, al. 6).
En cas d'habilitation générale, le juge fixe la **durée du dispositif** de protection dans la limite de 10 ans, renouvelable pour la même durée en cas de demande des proches du majeur mentionnés n° 12312 (C. civ. art. 494-6, al. 7). La durée du renouvellement est en principe celle de la durée initiale.

12318 **Information des tiers** Le jugement accordant, modifiant ou renouvelant une **habilitation générale** fait l'objet d'une mention en marge de l'acte de naissance de la personne protégée (CPC art. 1233) dans les mêmes conditions que les décisions d'ouverture d'une mesure de curatelle ou de tutelle (C. civ. art 494-6, al. 8). Sur ces dernières, voir nos 12290 et 12292.
Aucune mesure de publicité n'est en revanche prévue en cas d'**habilitation spéciale**. Les praticiens sont donc exposés au risque de « rater » une telle mesure.

> **Précisions** La loi « bien vieillir » du 8 avril 2024 a institué un **registre national des mesures de protection juridique des majeurs**, dans lequel seront inscrites les informations relatives à toutes les mesures de protection, dont l'habilitation familiale (C. civ. art. 427-1 nouveau créé par loi 2024-317 du 8-4-2024 art. 18). Les modalités pratiques de ce registre dématérialisé seront précisées par décret en Conseil d'État, avec une entrée en vigueur au plus tard le 31 décembre 2026.

INCIDENCES DE LA MESURE D'HABILITATION FAMILIALE

12320 Le majeur est frappé d'une incapacité d'exercice pour le ou les actes faisant l'objet de l'**habilitation-représentation** familiale (C. civ. art. 494-8, al. 1).

Il ne peut pas signer lui-même la vente ou l'achat d'un immeuble, pour lesquels il sera représenté par la personne habilitée, si ces actes sont couverts par l'habilitation. Cela sera nécessairement le cas lorsque l'habilitation, générale, porte sur tous les biens de l'intéressé. En présence d'une habilitation spéciale, il conviendra de vérifier que celle-ci vise bien l'achat et/ou la vente d'immeuble.
En cas **d'habilitation-assistance**, le contreseing de la personne habilitée sera nécessaire.
Dans tous les cas, le praticien doit examiner avec soin le contenu de la décision d'habilitation.

Sanction Si la **personne protégée a agi seule** alors que la vente ou l'achat d'immeuble ont été confiés à la personne habilitée, l'acte est nul de plein droit sans qu'il soit nécessaire de justifier d'un préjudice (C. civ. art. 494-9, al. 1). Si elle agit seule alors que l'accomplissement de l'acte nécessitait l'assistance de la personne habilitée, l'acte ne peut être annulé que s'il est établi que la personne protégée a subi un préjudice (C. civ. art. 494-9, al. 2). 12322
Les actes effectués **avant la mise en place de l'habilitation** sont en principe valables, sous réserve des règles applicables aux actes accomplis moins de 2 ans avant le jugement délivrant l'habilitation (n° 12174).
La personne habilitée peut, avec l'autorisation du juge ou du conseil de famille, engager seule l'action en nullité ou en réduction (C. civ. art. 494-9, al. 4).
Si la **personne habilitée a agi seule** pour l'achat ou la vente d'un immeuble alors qu'ils ne rentraient pas dans le champ de l'habilitation ou qu'ils nécessitaient l'autorisation du juge, l'acte est nul de plein droit sans qu'il soit nécessaire de justifier d'un préjudice (C. civ. art. 494-9, al. 5).
Dans tous les cas, l'action doit être exercée dans un **délai** de 5 ans prévu à l'article 2224 du Code civil.
Pendant ce délai et tant que la mesure d'habilitation est en cours, l'acte contesté peut être confirmé avec l'autorisation du juge des tutelles (C. civ. art. 494-9, al. 6 et 7).
Le fait qu'une action aux fins d'habilitation familiale à l'égard du majeur ait été introduite lors de la conclusion de l'acte rend recevable l'action en nullité pour **insanité d'esprit** engagée après son décès par ses héritiers (C. civ. art. 414-2, al. 2). Voir n° 12170.

5. MANDAT DE PROTECTION FUTURE

Le mandat de protection future donne à chacun le pouvoir d'**organiser à l'avance sa propre protection ou** sous certaines conditions **celle de son enfant** et permet ainsi d'éviter l'ouverture d'une mesure judiciaire d'incapacité (C. civ. art. 477 à 494). 12370
Le mandat de protection future est un mandat ; il obéit donc aux règles de **droit commun du mandat** prévues aux articles 1984 à 2010 du Code civil dans la mesure où elles ne sont pas incompatibles avec celles qui le régissent spécialement (C. civ. art. 478).
Il existe à l'heure actuelle certains freins au développement du mandat de protection future. Afin de tenter d'améliorer le système existant, l'institut d'études juridiques du Conseil supérieur du notariat a formulé plusieurs propositions qui pour le moment n'ont pas abouti (Rapport « Lever les freins au développement du mandat de protection future : les propositions du notariat », oct. 2022).

PERSONNES CONCERNÉES

Le **mandant** peut d'abord conclure un mandat de protection future **pour lui-même**. C'est le cas pour toute personne majeure ou mineure émancipée ne faisant pas l'objet d'une mesure de tutelle ou d'habilitation familiale (C. civ. art. 477, al. 1). Une personne en curatelle ne peut donner un tel mandat qu'avec l'assistance de son curateur (C. civ. art. 477, al. 2). Une personne placée sous sauvegarde de justice peut conclure un tel mandat (pour une illustration, Cass. 1e civ. 12-1-2011 n° 09-16.519 FS-PBI : BPAT 1/11 inf. 23). 12372
Le mandat de protection future peut également être donné **pour autrui**. Des parents ou le survivant d'entre eux, ne faisant pas l'objet d'une mesure de tutelle ou de curatelle ou d'une habilitation familiale, peuvent conclure un mandat de protection future pour le compte de l'enfant mineur sur lequel ils exercent l'autorité parentale ou pour le compte de l'enfant majeur dont ils assument la charge matérielle et affective, pour le cas où cet enfant ne pourrait plus pourvoir seul à ses intérêts en raison d'une altération de ses facultés mentales ou corporelles de nature à empêcher l'expression de sa volonté (C. civ. art. 477, al. 3). Ce mandat prend effet à compter du jour où le mandant décède ou ne peut plus prendre soin de l'intéressé.
Le **mandataire** peut être une personne physique ou une personne morale inscrite sur la liste des mandataires judiciaires à la protection des majeurs (C. civ. art. 480, al. 1). Le mandataire doit jouir de la capacité civile pendant toute l'exécution du mandat et remplir les conditions prévues pour exercer les charges tutélaires (C. civ. art. 480, al. 2). Plusieurs mandataires peuvent être désignés.
Le mandataire doit accepter expressément le mandat (C. civ. art. 489, al. 1 et 492, al. 2).

FORME DU MANDAT

12374 Le mandat peut être établi sous deux formes qui ne sont pas équivalentes (C. civ. art. 477, al. 4) :
– par **acte notarié**, qui permet une protection plus étendue et notamment la réalisation d'actes de disposition, et donc des ventes, par le mandataire ;
– par **acte sous signature privée** contresigné par un avocat ou établi selon un modèle défini par décret en Conseil d'État, qui permet la réalisation par le mandataire d'actes conservatoires ou de gestion courante (actes d'administration).

Les propositions de l'institut d'études juridiques du CSN prévoient notamment d'abandonner la forme sous seing privé pour ne conserver que celle authentique (Rapport « Lever les freins au développement du mandat de protection future : les propositions du notariat », oct. 2022, proposition n° 3).

Le mandat pour autrui (mandat pour le compte d'un enfant mineur ou majeur) peut être établi uniquement par un acte notarié.

PUBLICITÉ DU MANDAT

12375 Le mandat de protection future est publié par une inscription sur un **registre spécial** dont les modalités et l'accès seront réglés par un décret en Conseil d'État (C. civ. art. 477-1). Ce décret est toujours non publié à la date du 15 juillet 2024, ce qui a valu au gouvernement d'être condamné par le Conseil d'État (CE 27-9-2023 n° 471646 : BPAT 6/23 inf. 293-12). L'absence de publicité du mandat pose des difficultés en pratique puisque le juge saisi n'a pas les moyens, sauf si le mandataire l'informe lui-même, de connaître l'existence et la teneur du mandat conclu.

> **Précisions** La loi « bien vieillir » du 8 avril 2024 a institué un **registre national des mesures de protection juridique des majeurs**, dans lequel seront inscrites les informations relatives à toutes les mesures de protection, dont le mandat de protection future ayant pris effet (C. civ. art. 427-1 nouveau créé par loi 2024-317 du 8-4-2024 art. 18). Les modalités pratiques de ce registre dématérialisé seront précisées par décret en Conseil d'État, avec une entrée en vigueur au plus tard le 31 décembre 2026. Ce nouveau registre devra s'articuler avec le registre spécial susmentionné qui n'a pas été abrogé.

DURÉE DU MANDAT

12376 **Prise d'effet du mandat** Le **mandat pour soi-même** produit effet lorsque le mandant ne peut plus pourvoir seul à ses intérêts (C. civ. art. 481, al. 1).

Le mandataire doit se présenter au greffe du tribunal judiciaire du lieu de résidence du mandant accompagné de ce dernier, sauf s'il est établi, par certificat médical, que sa présence au tribunal est incompatible avec son état de santé (CPC art. 1258).

Le mandataire produit au greffe du tribunal judiciaire le mandat, des pièces justificatives d'identité et de résidence du mandant et un certificat médical émanant d'un médecin choisi sur une liste établie par le procureur de la République, attestant de l'altération des facultés mentales du mandant ou de l'altération de ses facultés corporelles de nature à empêcher l'expression de sa volonté (C. civ. art. 481, al. 2 ; CPC art. 1258).

En cas de **mandat pour autrui**, la désignation du mandataire prend effet au décès du mandant (dernier des deux parents si le mandat a été donné par les deux) ou à compter du jour où il ne peut plus prendre soin de son enfant (C. civ. art. 477, al. 3 in fine).

Le mandataire doit se présenter au greffe du tribunal judiciaire accompagné de l'enfant bénéficiaire du mandat, sauf s'il est établi, par certificat médical, que sa présence au tribunal est incompatible avec son état de santé (CPC art. 1258-1).

Le mandataire doit présenter au greffe du tribunal judiciaire, en plus des documents nécessaires pour les mandats pour soi-même, un certificat de décès du mandant ou un certificat médical établissant l'altération de ses facultés (CPC art. 1258-1).

12377 **Cessation du mandat** Le mandat mis à exécution prend fin par le rétablissement des facultés personnelles du **mandant**, son décès ou son placement en tutelle ou curatelle.

Il prend fin aussi par le décès du **mandataire**, son placement sous une mesure de protection ou sa déconfiture et par sa révocation prononcée par le juge des tutelles à la demande de tout intéressé, lorsqu'il s'avère que les conditions prévues pour instaurer une mesure de protection juridique ne sont pas réunies (C. civ. art. 483). Le mandat non mis à exécution ne prend pas fin par le placement du mandant sous une mesure de protection (Cass. 1e civ. 4-1-2017 n° 15-28.669 FS-PBI : BPAT 1/17 inf. 14).

Pour la protection du mandant, toute personne qui estime que le mandataire n'est pas capable ou que l'exécution du mandat pose des difficultés ou porte atteinte aux intérêts du mandant peut saisir le juge des tutelles pour voir statuer sur les difficultés ou résilier le mandat (C. civ. art. 484).

La cessation du mandat de protection future par le **placement sous curatelle du mandant** (C. civ. art. 483) ne fait pas obstacle à ce que ce dernier puisse ensuite conclure à nouveau, avec l'assistance du curateur, un tel mandat (C. civ. art. 477, al. 2).

POUVOIRS ET OBLIGATIONS DU MANDATAIRE

Le **mandat notarié**, même conçu en termes généraux, permet notamment au mandataire, si le pouvoir lui en est donné, de réaliser tous les actes patrimoniaux qu'un tuteur a le pouvoir d'accomplir seul ou avec autorisation, à l'exception des actes de disposition à titre gratuit qui requièrent l'autorisation du juge des tutelles (C. civ. art. 490). Le mandat de protection future, sous la forme notariée, permet donc la réalisation d'actes d'acquisition ou de vente immobilière sans intervention judiciaire. **12378**

Le **mandat sous signature privée** ne permet pas au mandataire de réaliser des actes de disposition. Le mandataire saisit le juge des tutelles pour voir ordonner les actes soumis à autorisation (C. civ. art. 493, al. 2).

Lorsque la mise en œuvre du mandat ne permet pas, en raison de son champ d'application, de protéger suffisamment les intérêts personnels ou patrimoniaux de la personne, le juge peut ouvrir une mesure de **protection juridique complémentaire** confiée, le cas échéant, au mandataire de protection future. Il peut aussi autoriser ce dernier ou un mandataire ad hoc à accomplir un ou plusieurs actes déterminés non couverts par le mandat (C. civ. art. 485, al. 2).

> **Précisions** **a.** Le **mandat notarié** permet-il au mandataire de vendre le domicile du mandant sans respecter les formalités renforcées pour la **vente du logement** du majeur protégé (n° 12390) ? La majorité des auteurs et des praticiens penche pour une application des règles protectrices du logement au mandat de protection future, l'article 426 du Code civil étant situé dans les dispositions générales applicables à toutes les mesures de protection juridique des majeurs (Dalloz Action Protection de la personne vulnérable 2024/2025, N. Peterka et A. Caron-Déglise, n° 212.13 ; Rapport 116e Congrès des notaires de France, Protéger – Protéger les vulnérables, Paris 2020, n° 1211). De plus, la validité d'une **clause expresse** dérogeant aux règles protectrices ne semble pas devoir être admise (voir toutefois, en sens contraire, J. Massip, Tutelle des mineurs et protection juridique des majeurs : Defrénois 2009 n° 581).
>
> **b.** Les **propositions** de l'Institut d'études juridiques du CSN prônent une réforme législative afin de permettre au mandant d'autoriser expressément, dans le mandat, le mandataire à vendre la résidence principale ou secondaire sans avoir à solliciter une autorisation du juge (Rapport « Lever les freins au développement du mandat de protection future : les propositions du notariat », oct. 2022, proposition n° 5). Interrogé à ce sujet, le ministre de la justice a déclaré que la **mise en œuvre** de cette proposition, qui aurait pour effet évident d'accélérer la vente du logement ou la résiliation du bail, n'était pas à l'ordre du jour car elle risquerait de porter une atteinte importante aux intérêts fondamentaux des personnes vulnérables (Rép. Pradal : AN 9-5-2023 n° 5601 : BPIM 4/23 inf. 267).

RÉGIME DES ACTES PASSÉS PAR LE MANDATAIRE

Les actes passés et les engagements contractés par une personne faisant l'objet d'un mandat de protection future mis à exécution, pendant la durée du mandat, peuvent faire l'objet d'une action en **rescision** pour simple lésion **ou** d'une action en **réduction** en cas d'excès alors même qu'ils pourraient être annulés pour insanité d'esprit (C. civ. art. 488, al. 1). Les tribunaux prennent notamment en considération l'utilité ou l'inutilité de l'opération, l'importance ou la consistance du patrimoine de la personne protégée et la bonne ou mauvaise foi de ceux avec qui elle a contracté. **12380**

S'agissant du **régime de l'action**, celle-ci n'appartient qu'à la personne protégée et, après sa mort, à ses héritiers. Elle s'éteint par le délai de 5 ans (C. civ. art. 488, al. 2).

Le fait que le majeur ait conclu l'acte alors qu'un mandat de protection future avait pris effet à son égard rend recevable l'action en nullité pour **insanité d'esprit** engagée par ses héritiers après son décès (C. civ. art. 414-2, al. 2). Voir n° 12170.

C. Logement de la personne protégée

Quelle que soit la mesure de protection, le logement de la personne protégée et les meubles dont il est garni doivent être conservés à sa disposition aussi longtemps qu'il est possible (C. civ. art. 426, al. 1). **12390**

La protection joue, qu'il s'agisse d'une **résidence principale** ou d'une **résidence secondaire**.

S'il devient nécessaire ou s'il est de l'intérêt de la personne protégée de **vendre** le logement et/ou le mobilier (ou de conclure ou résilier un bail relatif à ce logement), l'acte devra être autorisé par le juge des tutelles ou le conseil de famille s'il a été constitué (C. civ. art. 426, al. 3). Du fait de son emplacement dans la section « Dispositions générales » du chapitre relatif aux mesures de protection des majeurs et de son objectif de protection des droits fondamentaux de la personne vulnérable, l'article 426 du Code civil s'applique à toutes les mesures de protection juridique, y compris le mandat de protection future (Rép. Pradal : AN 9-5-2023 n° 5601 : BPIM 4/23 inf. 267, voir n° 12378, Précisions).

Le juge doit s'assurer que l'acte de disposition portant sur le logement est nécessaire ou dans l'intérêt du majeur. Un avis médical est par ailleurs requis si l'acte a pour finalité l'accueil de la personne protégée dans un établissement, une maison de retraite notamment. Cet avis doit être donné par un médecin n'exerçant pas une fonction ou n'occupant pas un emploi dans cet établissement.

Les souvenirs, **objets personnels**, ceux indispensables aux personnes handicapées ou destinés aux soins des personnes malades sont toujours exclus de l'aliénation et doivent être gardés à la disposition de la personne protégée, au besoin par l'établissement dans lequel elle est hospitalisée ou hébergée (C. civ. art. 426, al. 3).

Le fait que le majeur protégé ne soit plus **physiquement présent** dans son logement, pour la raison par exemple qu'il séjourne ou qu'il est placé dans un établissement de soins ou pour personnes âgées, ne dispense pas de l'application de la protection. Il s'agit d'apprécier notamment si le maintien (ou le retour éventuel) de l'intéressé dans son logement, c'est-à-dire dans son cadre de vie habituel, ne lui est pas favorable du point de vue de sa santé.

L'autorisation de disposer du logement est donnée sans préjudice des formalités que peut requérir la nature des biens concernés (C. civ. art. 426, al. 3). Autrement dit, cette autorisation ne dispense pas de respecter les **conditions normalement prévues par la mesure de protection** de l'intéressé (par exemple, signature de la vente de l'immeuble par le majeur protégé et son curateur sous le régime de la curatelle).

La **sanction** du non-respect des formalités renforcées est la nullité relative de l'acte selon le droit commun, qui se prescrit par 5 ans.

> **Précisions a.** L'autorisation donnée par le juge des tutelles de vendre la résidence d'un majeur sous **curatelle** renforcée ne fait pas obstacle à l'action en **annulation pour insanité d'esprit** de l'acte passé par celui-ci (Cass. 1e civ. 20-10-2010 n° 09-13.635 FS-PBI : RJDA 1/11 n° 23, dont la solution, rendue sous le dispositif antérieur à la réforme de 2007, est à notre avis transposable sous le régime actuel). La validité d'un acte de vente passé par un majeur sous curatelle suppose en effet la réunion de deux consentements : le sien et celui du curateur. L'insanité d'esprit du majeur placé sous **tutelle** devrait en revanche être indifférente, la vente étant passée par le tuteur avec l'autorisation du juge ou du conseil de famille, sans que la volonté de l'intéressé joue aucun rôle dans la conclusion de l'acte (J. Massip, Possibilité d'annulation pour insanité d'esprit de la vente d'un logement appartenant à un majeur en curatelle judiciairement autorisée : Defrénois 2011 art. 39230 n° 13).

b. Si **mandat** est **donné à un agent immobilier ou** à **un notaire** pour la mise en vente de l'immeuble du majeur protégé, ce mandat doit être consenti avec l'autorisation du juge des tutelles s'il s'agit d'un véritable **mandat de vente**, c'est-à-dire s'il donne pouvoir au mandataire de conclure la vente au nom et pour le compte de son mandant. Il n'est en revanche pas soumis à cette autorisation au titre de la protection du logement du majeur protégé s'il s'agit d'un simple **mandat d'entremise** permettant à l'intermédiaire de prospecter pour trouver des acquéreurs potentiels mais non de représenter le mandant pour la conclusion de la vente. Dans ce cas, il convient de faire application des règles propres à chaque mesure de protection. Ainsi, le mandat pourra être donné par le tuteur du majeur sous tutelle sans l'autorisation du juge, et par le majeur sous curatelle sans l'assistance de son curateur.

III. PERSONNES MARIÉES

A. Vente

1. INCIDENCE DU RÉGIME MATRIMONIAL

a. Vendeur commun en biens

RÈGLES DU RÉGIME MATRIMONIAL

12400 **Différentes communautés** Les époux qui se sont mariés sans avoir fait précéder leur union d'un contrat de mariage sont soumis au régime de la **communauté légale**. Ce régime est celui de la communauté de biens meubles et acquêts si le mariage a été célébré avant le

1er février 1966 et celui de la communauté de biens réduite aux acquêts si le mariage est postérieur à cette date. Au regard des règles de gestion des biens des époux soumis au régime légal, la date du mariage est indifférente : les mêmes règles s'appliquent à tous les époux communs en biens.
Les époux ont la possibilité d'adopter une **communauté conventionnelle**. Il s'agit souvent d'élargir la communauté, en restaurant la communauté de biens meubles et acquêts, ou plus fréquemment en adoptant la communauté universelle de biens. Les règles qui président aux opérations immobilières réalisées par les époux sur des biens communs demeurent toutefois identiques à celles du régime légal.

Pouvoirs de disposition La vente d'un **immeuble commun** est un acte grave. Soumis au principe de cogestion, les époux ne peuvent l'un sans l'autre aliéner les immeubles dépendant de la communauté (C. civ. art. 1424). Cette cogestion s'applique seulement aux aliénations volontaires. Elle est exclue pour les aliénations forcées et même en cas de conversion d'une vente forcée en vente volontaire (Cass. 2e civ. 11-1-2007 no 4-18.792 : Bull. civ. II no 1). 12402
La cogestion s'applique également à la **perception du prix** de vente de l'immeuble : les époux ne peuvent l'un sans l'autre percevoir les capitaux provenant d'une aliénation (C. civ. art. 1424). Le notaire ne peut donc se dessaisir des fonds provenant de la vente qu'entre les mains des deux époux ou sur leurs instructions concordantes. Cette règle doit s'appliquer également aux versements effectués par l'acquéreur au vendeur sous quelque qualification que ce soit à l'occasion de l'avant-contrat, dès lors que la somme versée a vocation à s'imputer sur le prix en cas de réalisation de la vente (montant du dépôt de garantie, de l'indemnité d'immobilisation). La conséquence est la suivante : si un époux commun a perçu seul les capitaux provenant d'une aliénation et que l'autre demande un second paiement, il appartient à celui qui a payé de démontrer que la communauté a bénéficié du paiement irrégulier (Cass. 1e civ. 30-10-2006 no 03-20.589 : Bull. civ. I no 445, à propos de parts sociales).
Lorsque la vente est réalisée par des **époux en instance de divorce**, le prix ne peut, strictement, être partagé entre eux. Si les époux décident de se le répartir par la remise à chacun d'eux d'une fraction, ils détiennent chacun des deniers soit communs soit indivis, selon l'état d'avancement de la procédure, deniers dont chacun d'eux est comptable à l'égard de l'autre. Un véritable partage pourrait être réalisé (C. civ. art. 265-2), mais ses effets seraient suspendus jusqu'au prononcé du divorce (C. civ. art. 1451) ou jusqu'à l'homologation du partage (C. civ. art. 268).
La cogestion ne s'applique pas au **mandat donné à un agent immobilier** lorsqu'il le charge seulement de rechercher des acquéreurs et non d'aliéner le bien et de représenter le mandant pour conclure la vente (Cass. 1e civ. 20-11-2013 no 12-26.128 : BPIM 1/14 inf. 73). La cogestion devient nécessaire dès lors qu'il y a représentation.

Le principe de cogestion, qui tient à la nature commune de l'immeuble vendu et non à la seule 12404
qualité d'époux mariés sous le régime de communauté, ne s'applique pas aux **biens propres**. Chacun des époux a l'administration et la jouissance de ses biens propres et peut en disposer librement (C. civ. art. 1428). Un époux n'a donc pas le droit de gérer les biens propres de son conjoint, sauf bien sûr s'il a reçu un mandat en ce sens.
Les **seules restrictions** à la libre disposition par un époux commun en biens d'un immeuble lui appartenant en propre sont justifiées par la protection du logement de la famille (voir nos 12470 s.), ou par la crise du ménage (voir nos 12760 s.).
Il est aussi parfois possible que des époux aient acquis avant le mariage un immeuble et qu'ils souhaitent le revendre pendant le mariage. Il y aura alors lieu de tenir compte des règles de l'indivision.

Clause d'administration conjointe Les époux qui adoptent une communauté 12406
conventionnelle peuvent convenir d'une clause d'administration conjointe de la communauté. En application de cette clause, la **vente d'un immeuble commun** doit être réalisée sous les signatures conjointes des deux époux, qui ont alors chacun la qualité de vendeur, et qui sont tenus solidairement aux obligations résultant de l'opération (C. civ. art. 1503, al. 1 et 2).

ACCORD DU CONJOINT

La loi ne règle pas la question de savoir si **chaque conjoint** doit concourir à l'acte de vente de 12408
l'immeuble commun comme vendeur ou si l'**un des conjoints** peut se contenter de donner son consentement à la vente, afin d'en assurer la validité, mais sans pour autant prendre la qualité de vendeur. La distinction est importante pour les effets de la vente.
Dans le cas du **concours**, chaque époux a la qualité de vendeur et répond, en obligeant les biens communs et ses biens propres, des obligations de la vente (délivrance, garantie des vices et garantie d'éviction). Dans celui du simple **consentement**, le conjoint ne s'obligerait pas aux obligations

de la vente et n'engagerait pas ses biens personnels. L'incertitude de cette dernière solution et la recherche de la sécurité de l'acquéreur commandent, sauf circonstances particulières, de privilégier le concours des deux époux propriétaires à la vente, en qualité de vendeurs. Si toutefois l'un des époux entendait réduire la portée de son autorisation à la seule fin de la validité de l'acte, il conviendrait pour éviter toute équivoque d'indiquer dans l'acte que cet époux ne prend aucun engagement.

L'accord des époux résulte le plus souvent de leur intervention simultanée à l'acte de vente, **directement ou par mandataire**. Un époux peut donner mandat à son conjoint ou à un tiers de le représenter à la vente. S'agissant d'un acte d'aliénation, le mandat devra être exprès (C. civ. art. 1988, al. 2). L'existence d'un mandat apparent n'est généralement pas admise (Cass. 1e civ. 31-3-2010 n° 08-19.649 : BPIM 3/10 inf. 227).

MESURES DE CRISE

12410 Certaines mesures sont applicables à **tous les époux**, quel que soit leur régime matrimonial. Ainsi, lorsque l'un des époux refuse de donner son consentement à un acte et que ce refus n'est pas justifié par l'intérêt de la famille, son conjoint pourra solliciter en justice l'autorisation de passer seul l'acte (voir nos 12790 s.). Si l'un des époux est hors d'état de manifester sa volonté, son conjoint pourra se faire autoriser à passer seul l'acte en recourant à la mesure précédente ou se faire habiliter en justice à le représenter pour certains actes particuliers ou même de manière générale (voir nos 12820 s.).

Concernant les **époux communs en biens**, si l'un d'eux se trouve, d'une manière durable, hors d'état de manifester sa volonté, ou si sa gestion de la communauté atteste l'inaptitude ou la fraude, son conjoint peut demander en justice à lui être substitué dans ses pouvoirs (voir n° 12850). Le conjoint ainsi habilité par justice passe les actes pour lesquels le consentement de l'autre époux aurait été requis en temps normal, telle la vente d'un immeuble commun. D'autres mesures peuvent modifier les pouvoirs d'un époux sur ses biens propres (voir n° 12852).

DÉPASSEMENT DE POUVOIR

12412 Si l'un des époux a outrepassé ses pouvoirs en procédant seul à la vente de l'immeuble, son conjoint peut en **demander la nullité** (C. civ. art. 1427, al. 1). Cette demande est ouverte au conjoint pendant 2 années à partir du jour où il a eu connaissance de l'acte, sans pouvoir jamais être intentée plus de 2 ans après la dissolution de la communauté (C. civ. art. 1427, al. 2).

La nullité est **relative** et peut uniquement être invoquée par le conjoint victime du dépassement de pouvoir (Cass. 1e civ. 20-1-1998 n° 96-10.433 : Dr. famille 1998 n° 137 note B. Beignier). L'acquéreur ne peut pas s'en prévaloir (Cass. 3e civ. 8-1-1992 : Bull. civ. III n° 8). L'auteur de l'acte irrégulier non plus (Cass. 1e civ. 20-01-1998 n° 96-10.433).

Cette action en nullité est par ailleurs exclusive de l'**action en inopposabilité** ouverte par l'article 1421 du Code civil pour sanctionner les actes frauduleux, lequel ne trouve à s'appliquer qu'à défaut d'autre sanction (Cass. 1e civ. 23-3-2011 n° 09-66.512 : BPIM 3/11 inf. 221, concernant un apport de biens communs en société mais dont la solution est transposable à la vente de l'immeuble commun).

Le conjoint qui n'a pas concouru à l'acte ou donné son consentement ne peut pas se prévaloir en défense de l'**exception de nullité** s'il est actionné par l'acquéreur en exécution de la vente. Ce moyen peut être opposé même après l'expiration du délai de 2 ans (Cass. 1e civ. 8-12-1981 n° 80-15.090 : Bull. civ. I n° 366).

12414 L'acte passé en contradiction de la règle de cogestion peut être ratifié par le conjoint (C. civ. art. 1427, al. 1). La **ratification** sera le plus souvent expresse et résultera d'un acte manifestant sans ambiguïté et en pleine connaissance de cause la volonté du conjoint de renoncer à exercer l'action en nullité et de donner pleine efficacité à la vente litigieuse. La ratification peut également être tacite, pourvu qu'elle soit certaine. Elle résulte alors du comportement du conjoint qui participe à l'exécution de l'aliénation.

b. Vendeur séparé de biens

POUVOIRS DES ÉPOUX SÉPARÉS DE BIENS

12430 Sous le régime de la séparation de biens, chacun des époux a en principe toute liberté dans l'administration, la jouissance et la disposition de ses **biens personnels**. Cette règle vaut que le régime de la séparation de biens ait été conventionnellement adopté, qu'il ait été judiciairement prononcé (C. civ. art. 1443 et 1449) ou qu'il résulte accessoirement d'une décision judiciaire de séparation de corps (C. civ. art. 302).

Le fait que l'**immeuble vendu** ait été **financé en totalité ou en partie par le conjoint** de l'époux propriétaire est sans incidence sur la liberté de ce dernier de disposer seul de l'immeuble (Cass. 1e civ. 15-12-2011 n° 10-27.654 : BPIM 1/12 inf. 47). Si une donation était reconnue, elle ne serait que des deniers donnés ayant servi à l'acquisition, et non de l'immeuble, de sorte que la propriété de ce dernier entre les mains de l'époux et de ses ayants droit ne serait pas remise en cause en cas de réduction pour atteinte à la réserve (n° 12686).

RESTRICTIONS AUX POUVOIRS DES ÉPOUX SÉPARÉS DE BIENS

Lorsque l'immeuble vendu constitue le **logement de la famille**, son aliénation ne peut pas être réalisée sans le consentement du conjoint, à peine de nullité (voir nos 12470 s.). **12432**
La vente d'un immeuble appartenant indivisément aux deux époux requiert le consentement des deux intéressés, en application des **règles de l'indivision** (C. civ. art. 815-3). Un époux indivisaire peut vendre seul les droits indivis dont il est propriétaire (et non l'entier immeuble), mais il doit alors tenir compte du droit de préemption de son coïndivisaire (voir nos 37000 s.).
Une **société d'acquêts** est parfois adjointe à la séparation de biens. Si l'immeuble vendu en dépend, le consentement des deux époux est requis, selon les règles applicables à la communauté (voir n° 12402).

c. Vendeur soumis au régime de la participation aux acquêts

PATRIMOINE ORIGINAIRE DES ÉPOUX MARIÉS SOUS LA PARTICIPATION AUX ACQUÊTS

Dépendent du patrimoine originaire de l'époux les biens dont celui-ci était propriétaire avant le mariage, ou dont il est devenu propriétaire pendant le mariage par succession, legs ou donation. La vente de tels biens peut être réalisée par l'**époux propriétaire** seul, sans concours ni consentement de son conjoint, sous la seule réserve qu'il ne s'agisse pas du logement de la famille (voir nos 12470 s.). **12450**

ACQUÊTS DES ÉPOUX

Sont des acquêts les immeubles acquis par les époux à titre onéreux pendant le mariage. Le régime de la participation aux acquêts fonctionnant pendant le mariage comme un régime de séparation (C. civ. art. 1569), la vente d'un acquêt relève en principe de la seule initiative et maîtrise de l'époux propriétaire. **12452**
Le **consentement du conjoint** à la vente peut cependant se révéler opportun en raison d'une règle particulière de liquidation de la créance de participation. Il permet d'éviter que l'immeuble vendu soit réuni fictivement au patrimoine final de l'époux vendeur, si son aliénation venait à être considérée comme frauduleuse (C. civ. art. 1573). L'aliénation à charge de rente viagère ou à fonds perdu est présumée faite en fraude des droits du conjoint si celui-ci n'y consent pas (C. civ. art. 1573).

2. VENTE DU LOGEMENT DE LA FAMILLE

a. Justification du particularisme

Les époux ne peuvent l'un sans l'autre disposer des droits par lesquels est assuré le logement de la famille, ni des meubles meublants dont il est garni (C. civ. art. 215, al. 3). **12470**
Cette interdiction est fondée sur le souci de **protection de la famille**. Elle repose sur l'idée que la stabilité du logement, hormis le cas où les époux sont d'accord pour en changer, concourt à la stabilité et à la sécurité de la famille. Pour cette raison, chaque époux est tenu de donner son consentement pour l'aliénation du logement.
La règle spécifique résultant du régime matrimonial, qui autoriserait l'époux à aliéner seul un immeuble lui appartenant exclusivement (C. civ. art. 225), est ici neutralisée dans ce souci de protection de la cellule familiale.
Cette disposition ne trouve pas à s'appliquer spécifiquement lorsque l'immeuble servant au logement de la famille dépend de la communauté existant entre deux époux communs en biens ou leur appartient en indivision ; dans ce cas, le consentement des deux époux est déjà requis pour la vente du bien, en application des règles résultant, selon le cas, de leur régime matrimonial (voir n° 12402) ou du droit de l'indivision (voir n° 12432).
Sont donc **seuls concernés** spécifiquement les époux, quel que soit leur régime matrimonial, lorsque l'immeuble appartient à l'un d'eux à titre de bien propre ou de bien personnel.

b. Notion de logement de la famille

LOGEMENT PROTÉGÉ

Critère distinctif Le local dont la vente est soumise au consentement du conjoint est celui qui sert de **résidence principale** aux époux et, s'il y a lieu, à leurs enfants. Il s'agit du lieu dans lequel se manifeste la communauté de vie à laquelle les époux s'obligent en contractant le **12490**

mariage (C. civ. art. 215, al. 1). Le logement de la famille correspond généralement au domicile des époux ou à la résidence de la famille.
La détermination du logement protégé ne soulève généralement pas de difficulté en l'absence de conflit entre les époux. En cas de contestation, les juges du fond décident souverainement du lieu où se trouve le logement principal des époux, lequel peut être distinct du domicile conjugal (Cass. 1e civ. 22-3-1972 n° 70-14.049 : Bull. civ. I n° 93).
La protection ne s'applique pas à la **résidence secondaire** des époux (Cass. 1e civ. 19-10-1999 n° 97-21.466 : Bull. civ. I n° 284). Mais le logement des époux n'est pas nécessairement le lieu où les époux passent le plus de temps. À titre d'exemple, le caractère de logement de la famille pourrait être reconnu à une résidence que les époux rejoindraient et occuperaient systématiquement en dehors de leurs périodes d'activités professionnelles, lorsque le choix d'un autre logement durant ces périodes ne serait dicté que par des contraintes de proximité avec leur lieu de travail.

12492 **Vie séparée des époux** La vie séparée des époux n'exclut pas la notion de logement de la famille. Il en est de même lorsque les époux ont des **domiciles distincts**, ce que la loi autorise, même en l'absence de conflit entre eux (C. civ. art. 108, al. 1).
Les époux peuvent avoir des domiciles distincts alors qu'existe une communauté de vie entre eux. Cela sera le cas lorsque l'un des époux a un logement pour les besoins de son activité professionnelle, alors que son conjoint vit avec les enfants dans un autre local, auquel sera reconnu le caractère de logement de la famille.
La situation est plus délicate en cas de **séparation de fait**, lorsque ne subsiste plus de communauté de vie entre les époux. Dans cette hypothèse, ce sont les circonstances – dont l'appréciation est de la compétence des juges du fond – qui permettent de déterminer le local qui constitue le logement de la famille au sens de l'article 215, alinéa 3 du Code civil.

ILLUSTRATIONS

Le logement dans lequel la femme a été installée par son mari, celui-ci désirant recouvrer sa liberté, et où elle mène une vie séparée mais où le mari continue d'avoir accès, doit être considéré comme le logement de la famille et donc protégé (CA Paris 29-9-1972 : D. 1975 p. 540). À l'inverse, n'a plus été considéré comme le logement de la famille l'immeuble dans lequel un des époux ne fait plus que de brèves apparitions, notamment lors de fêtes familiales (CA Rennes 12-5-2014 n° 13/03165).

12493 L'existence de domiciles distincts peut entraîner une **pluralité de logements de la famille**. Tel est le cas lorsque l'un des époux continue de résider dans le local où les époux avaient leur communauté de vie avant leur séparation, et que l'autre réside avec les enfants dans un autre local (CA Colmar 11-6-1974 : Gaz. Pal. 1974 p. 872).

12494 **Nature des droits assurant le logement** L'interdiction de vendre concerne généralement l'**immeuble** détenu directement par l'un au moins des époux. Elle peut aussi concerner des **droits sociaux**, notamment lorsque l'immeuble est détenu par une société. Dans ce dernier cas, pour que la protection de l'article 215, alinéa 3 puisse jouer, encore faut-il que l'époux soit titulaire de tels droits. Lorsque le bien appartient à une société civile d'attribution par exemple, il suffit qu'il soit associé, cette qualité ouvrant un droit de jouissance exclusive de l'immeuble. Ce n'est pas le cas dans toutes les sociétés. Il faut alors établir l'existence d'une convention en ce sens entre la personne morale propriétaire et son associé : bail, droit d'habitation, convention de mise à disposition du bien au profit de l'associé...

ILLUSTRATIONS

Une épouse a fait annuler la vente réalisée par la société anonyme propriétaire du logement car elle avait reçu de son mari l'autorisation expresse d'occuper le bien avec ses enfants en vertu d'un droit d'associé conférant à celui-ci la jouissance des locaux (Cass. 1e civ. 11-3-1986 n° 84-12.489 : Bull. civ. I n° 62). N'est pas nulle en revanche la vente du logement familial détenu par une SCI réalisée sans le consentement de l'épouse dès lors que ni les statuts ni les procès-verbaux d'assemblée générale ne donnaient au mari, associé majoritaire, le droit d'occuper le bien (Cass. 1e civ. 14-3-2018 n° 17-16.482 F-PB : BPIM 3/18 inf. 203).

12495 L'**immeuble à usage mixte**, qu'il s'agisse d'un immeuble professionnel et d'habitation ou d'un immeuble commercial et d'habitation, bénéficie de la protection de l'article 215, alinéa 3 du Code civil. La vente séparée des seuls locaux à usage autre que d'habitation ne compromet pas le logement de la famille et ne requiert pas le consentement du conjoint. En cas de vente des **dépendances et bâtiments annexes**, il convient de vérifier s'ils participent au logement de la famille, auquel cas leur aliénation, même séparée du bâtiment d'habitation, requiert le consentement du conjoint.

> **Précisions** La protection du logement de la famille peut contrarier l'**indépendance professionnelle des époux** et la décision de celui qui exerce son activité dans l'immeuble de vendre ce dernier pour se rétablir dans un autre lieu. Cet époux pourra alors solliciter une autorisation judiciaire (C. civ. art. 217, al. 1).

Logement actuel Le fait que les époux soient déjà propriétaires, l'un ou l'autre ou conjointement, d'un local destiné à accueillir dans le **futur** le **logement** de la famille ne dispense pas du double consentement lors de la vente du logement actuel. En revanche, le futur logement de la famille n'est pas protégé et peut être librement vendu. 12496
La vente d'un **logement** qui a été **abandonné** par les deux époux ne requiert pas le double consentement, à condition que cet abandon soit suffisamment caractérisé, par exemple par un déménagement suivi d'une installation stable dans un nouveau logement.

Meubles meublants L'exigence du double consentement est requise lorsque la cession porte sur le mobilier meublant garnissant le logement de la famille, que cette **vente** soit **concomitante ou isolée** de celle du logement. 12498
Le tiers acquéreur du mobilier, même de bonne foi, ne peut pas opposer la présomption de propriété en matière de meubles (C. civ. art. 2276, qui attribue la propriété des meubles au possesseur) au conjoint de l'époux qui a procédé à la vente irrégulière.

DURÉE DE LA PROTECTION DU LOGEMENT DE LA FAMILLE

La protection du logement de la famille joue dès la **célébration du mariage** et pendant toute sa durée. 12500
Elle cesse à la **dissolution du mariage**, notamment en cas de divorce, lorsque celui-ci est prononcé et devenu définitif. Le local qui, après le divorce des époux, sert de logement à l'un d'eux et aux enfants du couple n'est pas protégé ; sa vente n'est pas soumise au double consentement. En cas de décès de l'époux propriétaire du logement, le conjoint est protégé, selon les cas, sous forme d'un droit temporaire ou d'un droit viager au logement, mais la protection résulte alors de règles successorales, même si le droit temporaire est considéré comme un effet du mariage (Mémento Patrimoine n°s 21300 s.).

Le Code civil ne précise pas si le prononcé d'une **séparation de corps et de biens** met fin à la protection dont bénéficie le logement de la famille. La jurisprudence n'a pas clairement pris position sur cette question. La doctrine majoritaire considère que la protection persiste entre époux séparés de corps. Cette solution se justifie par le maintien de certains effets du mariage. 12502
Lorsque l'immeuble se trouve en indivision entre les époux, soit qu'il dépendait de leur communauté, soit qu'il leur appartenait déjà indivisément, chacun d'eux peut demander le partage, ce qui pourra aboutir à l'éviction de l'autre.

La protection joue encore pendant la durée de l'instance lorsque les époux sont en **procédure de divorce ou de séparation de corps** (CA Aix-en-Provence 22-2-1982 : Gaz. Pal. 1982 p. 314 note J. Viatte) et se poursuit jusqu'au jour où le jugement de divorce devient définitif (CA Toulouse 15-5-2006 : Juris-Data n° 322 670). Le fait que les époux aient, au cours de la procédure, été autorisés dans l'ordonnance de non-conciliation à résider séparément et que la jouissance du logement ait été attribuée à titre provisoire à l'un des époux pour la durée de l'instance en divorce ne dispense pas du consentement du conjoint (Cass. 1e civ. 26-1-2011 n° 09-13.138 : RJDA 5/11 n° 397). L'idée qui préside à ces solutions est qu'il ne faut pas, par la vente de l'ancien logement du couple, sacrifier une chance de réconciliation des époux en faisant disparaître un cadre où ceux-ci pourraient retrouver une communauté de vie. 12504
Le conjoint qui agit en contestation d'un acte passé sans son consentement sur le logement familial doit cependant justifier d'un intérêt actuel ; tel n'est pas le cas de l'ex-épouse qui, à la date de son assignation en nullité, ne résidait plus dans l'immeuble qu'elle avait quitté au cours de l'instance en divorce (Cass. 1e civ. 3-3-2010 n° 08-13.500 : Bull. civ. I n° 53, Defrénois 2010 art. 39137 note J. Massip). À notre avis, cet arrêt ne remet pas en cause pour autant la protection du logement de la famille pendant l'instance en divorce, l'action de l'épouse ayant été introduite alors que le divorce était prononcé, circonstance qui caractérisait l'absence d'intérêt à agir.

RÔLE DES INTERVENANTS PROFESSIONNELS

Les professionnels chargés d'une **mission d'entremise** ont une responsabilité particulière au regard du respect de l'exigence du double consentement. En visitant l'immeuble, et en interrogeant le vendeur, ils sont généralement à même de s'assurer si le local pour lequel ils sont chargés de rechercher un acquéreur constitue le logement de la famille et si sa vente impose le consentement du conjoint de l'époux propriétaire. 12506

Le **notaire instrumentaire**, sans être tenu de se livrer à une véritable enquête, doit procéder à un questionnement de l'époux propriétaire pour vérifier si l'immeuble vendu ne constitue pas le logement de la famille. Il ne saurait se contenter de la déclaration négative du vendeur si sa connaissance de la situation familiale de celui-ci ou des indices lui laissent à penser que l'immeuble est ou a été peu de temps auparavant le logement de la famille.

En cas d'incertitude, l'intermédiaire ou le notaire doivent se faire produire par le vendeur tous les éléments probants leur permettant de savoir s'ils doivent obtenir le consentement du conjoint pour la régularité de l'opération. Si le doute ne peut pas être levé, la prudence commande d'exiger l'intervention du conjoint, lequel déclarera que le local n'est pas le logement de la famille ou, dans le cas contraire, donnera son consentement à la vente ; dans chacune de ces éventualités, la protection de l'acquéreur sera pleinement assurée.

c. Opérations soumises au consentement du conjoint

VENTE VOLONTAIRE

12530 La vente volontaire, de gré à gré ou par adjudication amiable, du local servant au logement de la famille est l'hypothèse la plus fréquente d'application de l'article 215, alinéa 3 du Code civil. Il peut également s'agir de l'échange ou de la dation en paiement.

VENTE FORCÉE

12532 Le consentement du conjoint n'est pas requis pour la vente forcée du logement poursuivie par le liquidateur dans le cadre d'une **procédure de sauvegarde, de redressement ou de liquidation judiciaire** ouverte à l'encontre de l'époux propriétaire (Cass. 1e civ. 21-5-1997 n° 95-14.102 : Bull. civ. I n° 163). Rappelons toutefois que procédure collective ne signifie pas obligatoirement vente forcée. Lorsque le dirigeant n'est pas dessaisi de ses pouvoirs de disposition, il peut être amené à vendre un immeuble, notamment lors de la période d'observation, avec éventuellement l'autorisation du juge-commissaire. Lorsqu'elle porte sur le logement de la famille, le consentement du conjoint est requis en application de l'article 215, alinéa 3 du Code civil.

Lorsqu'un bien immobilier, objet d'une procédure de **saisie immobilière**, constitue le logement de la famille, l'article 215, alinéa 3 du Code civil ne le rend pas insaisissable et le consentement du conjoint n'est pas requis. Il n'y a pas lieu de distinguer suivant qu'il s'agit d'une vente amiable sur décision judiciaire ou d'une adjudication.

En revanche, dans le cadre de l'ancienne procédure de redressement judiciaire civil lié à une situation de **surendettement**, la décision de justice qui invitait le débiteur à vendre le logement de la famille, en y subordonnant les mesures de redressement, ne faisait pas perdre au conjoint la protection prévue par l'article 215, alinéa 3 du Code civil (Cass. 1e civ. 24-2-1993 n° 91-04.140 : Bull. civ. I n° 85). La solution devrait être maintenue sous le dispositif actuel de traitement du surendettement des particuliers (C. consom. art. L 711-1 s.). Pour la Cour de cassation, la commission de surendettement ou le juge peuvent subordonner les mesures de redressement à la vente par le débiteur surendetté de son immeuble (Cass. 2e civ. 9-6-2022 n° 19-26.230 F-B : Dalloz Actualité 27-6-2022, obs. G. Payan). Comme il n'y a pas à ce stade de dessaisissement de l'époux propriétaire, l'article 215, alinéa 3 devrait continuer à s'appliquer.

La situation est différente dans l'hypothèse d'une procédure de **rétablissement personnel** avec liquidation judiciaire. Le jugement qui prononce la liquidation emporte de plein droit dessaisissement du débiteur. Le liquidateur bénéficie d'un délai de 12 mois pour réaliser les biens, y compris le logement de la famille. Le consentement du conjoint n'a pas à être donné.

PARTAGE ET LICITATION

12534 Selon une décision ancienne, l'époux propriétaire indivis du local par lequel est assuré le logement de la famille peut en demander le partage sans que le consentement de son conjoint soit nécessaire (Cass. 1e civ. 4-7-1978 n° 76-15.253 : Bull. civ. I n° 256 ; D. 1979 p. 479 note Y. Chartier). Très critiqué, l'arrêt du 4 juillet 1978 n'est toutefois pas décisif, en ce qu'il visait principalement à fonder l'action oblique des créanciers poursuivants. L'on tend majoritairement à penser qu'une telle demande en partage devrait être soumise à l'article 215, alinéa 3 du Code civil, sauf cas de partage partiel des biens indivis des époux dès lors que le logement de la famille n'est pas visé par l'opération de licitation (Cass. 1e civ. 19-10-2004 n° 02-13.671 : D. 2005 p. 812 obs. J.-J. Lemouland et D. Vigneau). Dans l'affaire de 2004, il s'agissait d'un ensemble immobilier pouvant être aisément partagé en deux lots, celui attribué à l'épouse comportant le logement, l'autre attribué à l'époux constitué de parcelles, dont les juges ont autorisé la licitation.

> **Précisions** Si le logement familial est détenu en indivision par les époux et si l'un d'eux est mis en **liquidation judiciaire**, le liquidateur qui agit en partage et licitation du bien sur le fondement de l'article 815 du Code civil (qui autorise les indivisaires à provoquer le partage) se voit opposer le dispositif protecteur de l'article 215, alinéa 3 du Code civil (Cass. 1e civ. 3-4-2019 n° 18-15.177 FS-PB). En revanche, si le liquidateur agit en partage sur le fondement de l'article 815-17 du Code civil (qui autorise les créanciers à provoquer le partage), l'article 215, alinéa 3 ne s'applique pas (Cass. 1e civ. 3-12-1991 n° 90-13.311 F-D : Defrénois 1992 p. 396 obs. G. Champenois ; Cass. 1e civ. 16-9-2020 n° 19-15.939 FS-PB : BPIM 6/20 inf. 403).

VENTE D'UN DROIT DÉMEMBRÉ

La vente d'un droit démembré du logement de la famille est possible sans le double consentement **12536**
des époux lorsqu'elle préserve la possibilité pour la famille d'y maintenir son cadre de vie. Il a ainsi été jugé que la vente avec réserve d'**usufruit réversible** au profit du conjoint survivant ne portait pas atteinte aux dispositions de l'article 215, alinéa 3 du Code civil (TGI Paris 16-12-1970 : Gaz. Pal. 1971 p. 115). La constitution d'un usufruit successif étant analysée en une donation à terme de biens présents (Cass. ch. mixte 8-6-2007 n° 05-10.727 : RJF 10/07 n° 1172), qui suppose l'accord exprès du conjoint (C. civ. art. 932), le consentement de celui-ci devra être obtenu à ce titre.

La solution devrait être la même en cas de vente avec réserve d'un **droit d'usage et d'habitation réversible** au profit du conjoint. Elle ne pourrait pas en revanche être admise pour une vente dans laquelle l'époux propriétaire obtiendrait un bail, simple droit personnel, puisque celui-ci est par définition temporaire et que le nouveau propriétaire bailleur bénéficie de droit de reprise.

S'agissant de la vente du logement familial avec réserve d'**usufruit « simple »** au profit du seul époux vendeur, l'article 215 alinéa 3 du Code civil semblerait applicable (Cass. 1e civ. 16-6-1992 n° 89-17.305 : Bull. civ. I n° 185, arrêt toutefois ambigu, la Cour de cassation ne reprochant pas à la cour d'appel d'avoir annulé une telle vente). On peut se demander si cette solution n'a pas été indirectement remise en cause. La Cour de cassation a en effet considéré, à propos d'une donation, que l'époux propriétaire du logement familial pouvait en disposer seul avec réserve d'usufruit à son seul profit, dès lors qu'il n'était pas porté atteinte à l'usage et à la jouissance du logement familial par l'épouse pendant le mariage (Cass. 1e civ. 22-05-2019 n° 18-16.666 FS-PB : BPAT 4/19 inf. 135 ; Cass. 1e civ. 22-6-2022 n° 20-20.387 F-D : BPAT 5/22 inf. 234).

> **Précisions** La jurisprudence précitée de 2019, confirmée en 2022, n'est pas sans conséquence en cas de **dissolution du régime matrimonial par décès**. En effet, dès lors que l'époux donateur ne s'est réservé l'usufruit que sur sa tête, cet usufruit s'éteint par son décès et les donataires deviennent pleins propriétaires du bien donné qui ne fait par conséquent pas partie de l'actif successoral. Le conjoint survivant ne peut alors revendiquer aucun droit au logement, temporaire ou viager, les articles 763 et 764 du Code civil exigeant que le bien servant d'habitation principale au conjoint survivant au jour du décès dépende en totalité de la succession ou appartienne aux deux époux, dès lors, pour le droit temporaire, qu'il n'est ni loué par bail à loyer ni détenu en indivision avec un tiers (N. Levillain, Régime primaire : pas de nullité de la donation avec réserve d'usufruit sur le fondement de l'art. 215, al. 3 du Code civil : AJ Famille 2019 p. 413).

AVANT-CONTRAT

Bien que la Cour de cassation ait décidé que seule la promesse comportant l'accord des parties **12538**
sur la chose et sur le prix et valant vente constituait l'acte de disposition au sens de l'article 215, alinéa 3 du Code civil (Cass. 1e civ. 6-4-1994 n° 92-15.000 : JCP G 1994 IV n° 1540), il est nécessaire, en cas de **promesse unilatérale de vente** du logement de la famille, d'obtenir le consentement du conjoint dès le stade de la promesse, dans la mesure où celle-ci vaut vente à l'égard du promettant et que la levée d'option par le bénéficiaire suffit à former la vente. Il ne faut pas oublier que la promesse unilatérale de vente peut faire l'objet d'une exécution forcée en application de l'article 1124 du Code civil.

Lorsque la vente du logement est précédée d'une **promesse synallagmatique de vente** ou d'une **vente sous condition suspensive** sous signature privée, le consentement du conjoint doit être donné au stade de cet avant-contrat. Il ne devrait dès lors plus être strictement nécessaire que le consentement soit réitéré à l'occasion de l'acte authentique constatant la réalisation de la vente. Le consentement donné au stade de l'avant-contrat ne sera obligatoirement à nouveau requis que si des modifications substantielles des conditions de la vente sont intervenues entre cet avant-contrat et l'acte notarié. En tout état de cause, compte tenu du fait que le transfert de propriété est le plus souvent retardé à la réitération, le consentement du conjoint devient nécessaire.

Il est impossible, comme cela avait parfois été le cas autrefois, de mettre le consentement du conjoint sous condition suspensive dans un avant-contrat (sur ce point, voir n° 12570).

MANDAT DE VENTE

12540 Le mandat de mise en vente du logement de la famille donné à un intermédiaire par l'époux **propriétaire seul** semble être contraire à l'exigence du double consentement. Cette solution implicite peut être dégagée d'une affaire où la nullité du mandat était demandée par le conjoint n'ayant pas donné son consentement, pour s'opposer à la prétention de l'agent immobilier de percevoir du mandant une indemnité pour violation d'une clause d'exclusivité ; la nullité n'a pas été retenue sur le fondement de l'article 215, alinéa 3, la cour d'appel ayant relevé que le conjoint était d'accord avec le mandat, même s'il ne l'avait pas signé (Cass. 1e civ. 13-4-1983 n° 82-11.121 : Bull. civ. I n° 120). En revanche, le **conjoint** qui **signe** le mandat de vente donné à un agent immobilier par son époux, propriétaire du logement, ne peut pas demander la nullité pour défaut de consentement de la vente réalisée ensuite par l'intermédiaire (Cass. 3e civ. 20-3-1996 n° 94-10.759).

TABLEAU RÉCAPITULATIF

12550

Type d'opération concernant le logement familial	Consentement du conjoint requis ?
1) Logement appartenant à l'un des époux	
Mandat de vente	A priori non Attention : si les deux époux signent le mandat, le consentement est considéré comme donné pour la vente
Avant-contrat : Promesse unilatérale de vente, promesse synallagmatique de vente, vente sous condition suspensive sous signatures privées	Oui, dès le stade de ces avant-contrats
Vente volontaire (de gré à gré)	Oui
Échange	Oui
Dation en paiement	Oui
Vente forcée	Non
Partage	Oui, si le partage comprend le logement familial
Licitation à la demande d'un époux	Oui
Licitation à la demande du créancier d'un époux	Non
Licitation à la demande du liquidateur agissant au nom de l'époux débiteur (C. civ. art. 815)	Oui
Licitation à la demande du liquidateur agissant au nom des créanciers (C. civ. art. 815-17)	Non
Vente avec réserve d'usufruit au profit du conjoint	Non
Vente avec réserve d'usufruit simple	A priori non requis (voir jurisprudence en matière de donations avec réserve d'usufruit)
Vente avec réserve du droit d'usage et d'habitation	Non
2) Logement appartenant à une société, dont l'un des époux est associé	
Vente du logement familial détenu par une SCI dans laquelle au moins l'un des époux est associé	Non, sauf si l'époux associé justifie d'un bail, d'un droit d'habitation ou d'une convention de mise à disposition d'un bien à son profit
Cession de parts de SCI détenant le logement familial (et dans laquelle un époux est associé)	Divergence en doctrine : – pour certains, le consentement du conjoint est requis si les parts cédées donnent le droit d'occuper le logement ; – pour d'autres, le consentement du conjoint n'est pas requis car la cession de parts affecte la qualité d'associé et pas directement le droit par lequel le logement est assuré.

d. Consentement du conjoint

PORTÉE DU CONSENTEMENT DU CONJOINT

12560 Le consentement du conjoint doit porter non seulement sur le principe de l'aliénation, mais aussi sur ses conditions (Cass. 1e civ. 16-7-1985 n° 83-17.393 : Bull. civ. I n° 223). Par « **conditions de**

la vente », on peut entendre la définition précise des biens qui en sont l'objet, le prix et ses modalités de paiement, ainsi que les conditions particulières ou exorbitantes imposées au vendeur ou à l'acquéreur et qui ont une incidence sur l'équilibre de l'opération. Cette exigence est nécessairement satisfaite lorsque le conjoint intervient à l'acte de vente, puisque la lecture de l'acte qu'il effectue ou qui lui en est donnée par le notaire lui permet de connaître les modalités de la vente. Lorsque le conjoint consent à l'aliénation par acte séparé ou le plus souvent au moyen d'une procuration, il convient de s'assurer que cet acte contient les informations requises, notamment dans l'hypothèse où la vente porte sur plusieurs lots de copropriété. Le mandat doit obligatoirement être spécial.

Lorsque la vente porte sur l'**immeuble et** les **meubles** le garnissant, ce qui est fréquent en pratique, le consentement doit porter explicitement sur ces deux objets.

ATTENTION

Le conjoint, même s'il donne son consentement à la vente, n'a pas pour autant la **qualité de vendeur**. Il convient d'éviter que, par maladresse, la présentation de l'acte laisse supposer le contraire. La rédaction adoptée ne doit pas entraîner d'ambiguïté chez le conjoint quant à la portée de son consentement. L'intervention du conjoint est limitée à la vente de l'immeuble ; elle ne lui donne aucun droit de s'immiscer dans l'encaissement du prix de vente ou son emploi. N'étant pas partie, il n'est pas tenu aux obligations découlant du contrat de vente.

FORME DU CONSENTEMENT DU CONJOINT

Le texte de l'article 215 du Code civil n'impose pas que l'accord du conjoint soit donné par écrit. **12562**
La Cour de cassation exige seulement que ce consentement soit certain (Cass. 1e civ. 13-4-1983 n° 82-11.121 : Bull. civ. I n° 120). Le consentement peut donc être tacite. Toutefois, il ne peut pas résulter de la mise en vente du logement sur internet et du fait que l'épouse a assisté aux visites (CA Bastia 19-6-2013 n° 12/00351).

La recherche de la **sécurité juridique** impose de préconstituer la preuve de l'existence et de la portée du consentement. Le plus simple est d'obtenir le concours du conjoint à la vente, en le faisant intervenir à l'acte, soit directement, soit par un mandataire agissant en vertu d'une procuration contenant les indications requises. Le mandat doit être spécial. Dans un arrêt inédit, la Cour de cassation a indiqué que le consentement du conjoint peut résulter d'un mandat de vente donné à un agent immobilier, à condition toutefois qu'il ressorte des pièces produites que les deux époux ont effectivement consenti à ce mandat (Cass. 1e civ. 28-11-2006 n° 05-17.757 F-D). Ce mode opératoire n'est bien sûr pas recommandé.

MOMENT DU CONSENTEMENT DU CONJOINT

Le consentement sera le plus souvent donné **concomitamment à l'avant-contrat et à la vente,** **12564**
par le concours du conjoint à l'acte.

L'autorisation peut aussi être donnée **avant la vente**, dans un acte séparé, pourvu que la vente, lors de sa réalisation, soit conforme dans son objet, ses conditions et ses modalités à l'autorisation donnée. Lorsque le consentement à la vente est donné au stade de la promesse, il n'est plus en théorie strictement nécessaire qu'il soit réitéré dans l'acte authentique. Cette réitération est toutefois utile, car elle permet de conserver la preuve incontestable de l'accord du conjoint. Il existe également toujours le risque que les conditions de la vente diffèrent de celles prévues par l'avant-contrat.

Enfin, le consentement peut être donné **après à la vente**. Il s'agit alors d'une ratification ou d'une confirmation de la vente, valant renonciation par le conjoint à la possibilité d'agir en nullité. Le conjoint doit avoir conscience qu'il valide un acte dont il pourrait demander la nullité. En application des principes généraux, l'acte sera réputé avoir toujours été valable.

La vente par un époux avec **promesse de porte-fort** de la ratification de cet acte par son conjoint est nulle dans son entier (Cass. 1e civ. 11-10-1989 n° 88-13.631 : Bull. civ. I n° 315).

MODÈLE **Intervention du conjoint dans l'acte** **12565**

« M. (Mme)... intervient au présent acte portant vente du logement de la famille (*s'il y a lieu* : et des meubles meublants le garnissant) au sens de l'article 215, alinéa 3 du Code civil pour donner son consentement à sa (leur) vente en application de ce texte, et à l'effet de conférer à l'acquéreur sa (leur) propriété incommutable. »

12566 MODÈLE

Consentement du conjoint dans un acte séparé

« Je soussigné(e)... déclare :
– avoir été informé(e) de l'intention de M. (Mme)..., mon conjoint, de vendre l'immeuble situé à..., servant au logement de notre famille (*s'il y a lieu* : et les meubles meublants le garnissant), au prix de... € ;
– savoir qu'une telle vente requiert pour sa validité mon consentement en application de l'article 215, alinéa 3 du Code civil ;
– connaître les conditions et modalités de cette vente, et savoir qu'elle interviendra au prix de... €, payable comptant ;
– donner mon consentement à sa (leur) vente en application de ce texte, à l'effet de conférer à l'acquéreur sa (leur) propriété incommutable. »

PROBLÉMATIQUE DE LA CONDITION SUSPENSIVE

12570 Lorsque le consentement du conjoint n'est pas acquis lors de la conclusion de l'accord entre le vendeur et l'acquéreur, intervenant le plus souvent au **stade de l'avant-contrat**, il est parfois recouru à la technique de la condition, qui est une modalité de l'obligation. La vente est alors soumise à la condition suspensive que le conjoint donne son consentement, étant rappelé que, pour les contrats conclus depuis le 1er octobre 2016, la rétroactivité de la condition suspensive doit être expressément stipulée (C. civ. art. 1304-6, al. 2). L'opération devient pure et simple si ce consentement est obtenu ; elle est frappée de caducité dans le cas contraire. Cette façon de procéder n'est pas satisfaisante au regard de la technique contractuelle. Si le consentement du conjoint a bien le caractère futur et incertain qui est l'un des critères de l'événement conditionnel, il lui manque l'extériorité au rapport de droit : une condition ne peut pas porter sur un élément nécessaire à la formation ou à la validité du contrat (voir n° 30250).

La seule solution pour lier régulièrement le vendeur et l'acquéreur sans contrevenir à l'exigence posée par l'article 215, alinéa 3 consiste à contracter une **promesse de vente ne valant pas vente**, prévoyant que la vente ne sera formée que par l'obtention de ce consentement (sur cette technique voir nos 10500 s.). Aucune sanction pécuniaire ne doit dans ce cas peser sur l'époux vendeur dans l'hypothèse où le consentement du conjoint ne serait pas obtenu.

AUTORISATION JUDICIAIRE

12572 L'époux propriétaire du logement de la famille peut solliciter l'autorisation judiciaire de passer seul la vente du logement, sans le consentement de son conjoint, lorsque ce dernier est hors d'état de manifester sa volonté ou si son refus n'est pas justifié par l'intérêt de la famille (C. civ. art. 217, al. 1).

Sur cette habilitation judiciaire, voir nos 12790 s.

e. Sanction de la vente irrégulière

NULLITÉ DE LA VENTE DU LOGEMENT DE LA FAMILLE

12574 La vente du logement de la famille sans l'accord du conjoint est sanctionnée par la nullité de l'acte. Il s'agit d'une nullité **relative** : seul le conjoint dont le consentement était requis peut l'invoquer. Cette nullité est de droit : le juge ne peut pas l'écarter, dès lors que la vente contrevient objectivement à l'interdiction légale.

La vente étant annulée, le logement de la famille réintègre le patrimoine du vendeur. Pour les meubles meublants, l'acquéreur ne bénéficie pas de la protection de l'article 2276 du Code civil car il n'a pas la qualité d'acquéreur a non domino.

L'**action en nullité** est ouverte à l'époux dont le consentement était requis dans l'année à partir du jour où il a eu connaissance de l'acte, sans pouvoir jamais être intentée plus d'un an après la dissolution du régime matrimonial (C. civ. art. 215, al. 3 ; Cass. 1e civ. 12-1-2011 n° 09-15.631 : BPIM 1/11 inf. 49). Le premier délai est un délai de prescription, susceptible de suspension et d'interruption (Cass. 2e civ. 2-12-1982 n° 80-15.998 : Bull. civ. II n° 158) ; le second délai est un délai préfix, au-delà duquel une action ne peut jamais être introduite.

Au-delà du délai pour agir en nullité, le conjoint dont le consentement était requis peut toujours opposer l'**exception de nullité** (Cass. 1e civ. 8-2-2000 : Dr. famille 2000 n° 89). Cette exception, perpétuelle, permet à l'époux qui n'a pas consenti à la vente de s'opposer à l'exécution forcée du contrat irrégulier. Encore faut-il que cet époux ait la qualité de défendeur à une action en justice intentée contre lui, et non qu'il intervienne volontairement à une instance dirigée uniquement contre son conjoint (Cass. 1e civ. 28-2-2006 n° 02-19.809 : Bull. civ. I n° 121).

S'agissant d'une nullité relative, l'acte irrégulier peut faire l'objet d'une **confirmation** par le conjoint dont le consentement était requis. Une telle confirmation consolide le droit de propriété de l'acquéreur. L'acquéreur peut écrire au conjoint concerné afin qu'il prenne position sur la nullité dans un délai de 6 mois. À défaut de réponse à l'expiration de ce délai, la vente est réputée confirmée (C. civ. art. 1183).

> **Précisions a.** Le **point de départ du délai** de l'action en nullité n'est pas nécessairement l'acte authentique de vente. Il peut s'agir de la promesse de vente valant vente, même si le transfert de propriété est retardé à la signature de l'acte authentique (Cass. 1e civ. 6-4-1994 n° 92-15.000).
b. La prescription de l'action en nullité est interrompue par une **assignation** délivrée à l'époux vendeur ou à l'acquéreur. En cas de caducité de l'assignation, l'action est prescrite si une nouvelle assignation n'a pas été délivrée avant l'expiration du délai prévu par l'article 215, alinéa 3 (Cass. ass. plén. 3-4-1987 n° 86-11.536 : Bull. ass. plén. n° 2).
c. Il existe une incertitude sur le point de savoir si le délai d'un an pour agir en nullité s'applique lorsqu'il y a dissolution du régime matrimonial sans qu'il y ait pour autant dissolution du mariage comme en cas de **changement de régime matrimonial**.
d. Si l'action en nullité fondée sur l'article 215 du Code civil est réservée à l'époux qui n'a pas donné son consentement à l'acte, la nullité produit ses effets à l'égard des **deux membres du couple** (Cass. 1e civ. 3-3-2010 n° 08-18.947 : Bull. civ. I n° 54).

RECOURS DE L'ACQUÉREUR ÉVINCÉ

L'acquéreur évincé a droit au **remboursement** du prix de la vente annulée. Mais il ne peut pas, semble-t-il, bénéficier de dommages-intérêts à la charge de l'époux qui a procédé à l'aliénation irrégulière (Cass. 1e civ. 3-3-2010 n° 08-18.947 : Bull. civ. I n° 54, écartant le jeu de la clause pénale prévue par la promesse). En revanche, il peut engager la **responsabilité civile** de l'intermédiaire qui a rapproché les parties ou celle du notaire instrumentaire et demander réparation de son préjudice si, compte tenu des circonstances, il peut leur être reproché de ne pas s'être préoccupés de l'affectation familiale de l'immeuble. **12576**

B. Acquisition

1. ACQUÉREUR COMMUN EN BIENS

ACHAT POUR LE COMPTE DE LA COMMUNAUTÉ

Achat par deux époux L'achat d'un immeuble par des époux communs en biens est le plus souvent réalisé par les deux époux, qui interviennent tous deux à l'acte authentique. Sauf lorsqu'il est inséré une déclaration d'emploi ou de remploi de biens propres (voir nos 12638 s.), l'immeuble acheté entre en communauté. **12630**
L'intervention à l'acte des deux époux présente pour le vendeur une **garantie maximale**, surtout si le prix est payable à terme : l'ensemble des biens communs ainsi que les biens propres des deux époux acquéreurs répondent de l'exécution des obligations souscrites.

Achat par un époux L'acquisition est un acte de disposition (D. 2008-1484 du 22-12-2008 art. 2). Néanmoins, un époux commun en biens peut procéder seul à l'achat d'un bien immobilier car cette acquisition ne fait pas partie des actes de cogestion nécessitant le consentement et la signature des deux époux (C. civ. art. 1424). Ainsi, par exemple, l'épouse d'une personne hors d'état de manifester sa volonté a la capacité de signer seule un acte d'acquisition d'un immeuble, pour le compte de la communauté, sans autorisation préalable du juge des tutelles (CA Caen 1e ch. 14-9-2021 n° 20/01514 : JCP N 2022 1117 n° 11 obs. L. Fabre). **12632**
Procédant seul à un achat immobilier pour le compte de la communauté, l'époux peut utiliser à cet effet des **deniers communs ou propres**. Sauf en cas de déclaration d'emploi ou de remploi de biens propres, l'immeuble ainsi acquis entre en communauté.
L'époux acquéreur n'a aucun **justificatif** à fournir en ce qui concerne le paiement qu'il effectue à l'occasion de l'achat, en raison des dispositions du régime primaire impératif tendant à assurer l'indépendance financière des époux quel que soit leur régime matrimonial (C. civ. art. 221 et 222).
Si toutes les obligations à la charge de l'acquéreur ne sont pas exécutées lors de la signature de l'acte authentique, notamment si le prix n'est pas payé en totalité ou en partie, **sont seuls engagés** les biens communs (C. civ. art. 1413) ainsi que les biens propres de l'époux acquéreur. En revanche, les biens propres du conjoint de l'acquéreur ainsi que ses gains et salaires échappent aux poursuites du vendeur créancier (C. civ. art. 1414).

FINANCEMENT EXTÉRIEUR

12634 Un époux commun en biens peut souscrire seul un **emprunt** destiné au financement du prix de l'acquisition qu'il réalise, sans l'intervention de son conjoint. L'époux emprunteur n'engage alors à l'égard du prêteur que ses biens propres et ses revenus, à moins que l'emprunt n'ait été contracté avec le consentement exprès de son conjoint, auquel cas les biens communs sont aussi engagés (C. civ. art. 1415). Les biens propres du conjoint ne seront en outre engagés que si celui-ci prend la qualité de coemprunteur ou se porte caution à l'égard du prêteur.

La règle de l'article 1415 du Code civil est une disposition impérative qui s'applique à tous les **régimes de communauté**, légale ou conventionnelle. Elle s'applique également à une société d'acquêts adjointe à une séparation de biens (Cass. 1e civ. 25-11-2003 n° 1591 : RJDA 7/04 n° 889).

Le prêteur qui fournit une somme affectée au paiement du prix peut bénéficier d'une **sûreté réelle** alors même que l'immeuble est acheté par un époux seul. Il s'agit de l'hypothèque légale spéciale du prêteur de deniers (C. civ. art. 2402, 2°) ou de l'hypothèque légale spéciale vendeur (C. civ. art. 2401, 1°) par subrogation par le créancier (C. civ. art. 1346-1) ou par le débiteur (C. civ. art. 1346-2). Cependant, lorsque les conditions requises pour l'inscription de telles hypothèques légales spéciales ne sont pas remplies ou que, le montant du prêt excédant le prix, le créancier demande un complément de sûreté, l'époux qui achète seul ne peut pas, sans l'accord de son conjoint, consentir une hypothèque conventionnelle sur l'immeuble ainsi acquis ; un tel acte relève du régime de cogestion (C. civ. art. 1424).

> **Précisions a.** La **réforme du droit des sûretés** par l'ordonnance 2021-1192 du 15 septembre 2021 a supprimé les privilèges immobiliers spéciaux et les a remplacés par des hypothèques légales spéciales prévues aux articles 2402 et suivants du Code civil. Ces nouvelles dispositions sont entrées en vigueur le 1er janvier 2022 (Ord. 2021-1192 du 15-9-2021 art. 37, I). Les conditions des hypothèques légales spéciales sont identiques à celles qui étaient prévues pour les anciens privilèges immobiliers spéciaux. Tel est le cas pour l'hypothèque légale spéciale du vendeur, pour l'hypothèque légale spéciale du prêteur de deniers ou pour l'hypothèque légale spéciale du copartageant. L'hypothèque légale spéciale du syndicat des copropriétaires demeure occulte. La grande nouveauté de la réforme du droit des sûretés tient à la disparition de la rétroactivité qui était prévue pour les privilèges immobiliers spéciaux. L'ensemble des autres anciennes règles subsiste.
> **b.** Dans le cas d'une **communauté universelle avec attribution intégrale** au conjoint survivant, ce dernier, qui reçoit toute la communauté au décès du mari doit payer l'emprunt contracté par son mari défunt dès lors qu'il n'est pas démontré que ce dernier l'avait souscrit dans son intérêt exclusif (Cass. 1e civ. 5-12-2018 n° 16-13.323 FS-PBI).

12636 Lorsque le **prix** est **payable à terme**, le vendeur peut faire inscrire l'hypothèque légale spéciale du vendeur (C. civ. art. 2402, 1°) que l'acquisition ait été réalisée par les deux époux ou par l'un d'eux agissant seul. Le vendeur a toutefois intérêt à exiger le concours des deux époux à l'acte de vente afin que les biens communs et leurs biens propres soient engagés.

EMPLOI OU REMPLOI DE FONDS PROPRES

12638 Un immeuble acheté par un époux commun en biens pendant le mariage a la qualification de bien commun. Cette qualification peut être évitée, et l'immeuble acquis avoir le caractère de bien propre de l'époux qui achète, à deux conditions : l'**origine propre des deniers** employés **et** le **respect de formalités** d'emploi ou de remploi par l'époux acquéreur.

S'agissant des **époux concernés**, les formalités d'emploi ou de remploi intéressent, strictement et techniquement, uniquement ceux mariés sous un régime de communauté ou, exceptionnellement, ceux qui sont séparés de biens lorsqu'une société d'acquêts a été adjointe au régime.

En principe, les époux ne sont pas tenus de procéder à un emploi ou à un remploi : il s'agit d'une **faculté ouverte aux époux** qui en remplissent les conditions. Cette volonté d'effectuer un remploi se concrétise par le respect de formalités propres à chaque type de remploi. Toutefois, une obligation d'emploi ou de remploi existe parfois à la charge de l'acquéreur lorsque les fonds proviennent d'une donation ou de la vente d'un bien donné, et que la donation l'impose à titre de charge.

Quant aux **finalités poursuivies**, il arrive parfois que l'origine des deniers propres ou personnels soit précisée dans l'acte d'acquisition sans que pour autant les formalités d'emploi soient respectées. Il s'agit alors, en cas d'achat d'un immeuble commun, de préconstituer la preuve d'un paiement effectué au moyen de deniers propres, afin de faciliter le calcul d'une récompense à la charge de la communauté lors de la dissolution de la communauté. Insérée par des époux séparés de biens lors d'un achat indivis, cette déclaration est destinée à justifier la proportion dans laquelle les époux réalisent l'acquisition, et à éviter ainsi toute contestation lors de la dissolution du régime, ou en cas de partage de l'immeuble ou de son prix.

ATTENTION

Strictement, le **remploi** désigne l'utilisation de deniers provenant de l'aliénation d'un bien propre (ou personnel sous le régime de la séparation) de l'époux acquéreur, alors que l'**emploi** correspond à l'utilisation de deniers propres (ou personnels) dont l'époux a la propriété pour une autre raison : économies existant au jour du mariage, deniers provenant d'une donation ou du paiement d'une créance personnelle, etc.

Origine des deniers L'époux acquéreur qui paie le prix et les frais **en totalité avec des** 12640 **deniers propres** peut procéder à l'emploi ou au remploi sans autre condition que le respect des formalités propres à chaque type de remploi.

Lorsque le prix et les frais sont acquittés au moyen d'une double contribution, c'est-à-dire au moyen de **deniers communs et** de **deniers propres**, la subrogation jouera si la contribution propre est supérieure à celle de la communauté (C. civ. art. 1436). En cas de **contributions égales** du patrimoine propre et du patrimoine commun, la subrogation jouera également et le bien sera propre. Dans ces deux cas de figure, l'immeuble acquis sera propre en son entier et la communauté aura droit à récompense lors de sa dissolution. Si au contraire la contribution de la communauté excède la contribution propre, le bien sera commun en totalité, à charge de récompense au profit de l'époux (C. civ. art. 1436).

La double contribution du patrimoine commun et d'un patrimoine propre ne peut en aucun cas permettre que l'immeuble soit pour partie commun et pour partie propre. Cette règle, permettant d'éviter l'**indivision** entre un époux et la communauté, est d'ordre public et ne peut pas être écartée par les époux. En revanche, l'indivision devient possible lorsque chacun des époux emploie des deniers propres au paiement du prix et des frais sans mettre aucunement la communauté à contribution ; l'indivision s'établira alors uniquement entre les patrimoines propres respectifs des époux.

Remploi immédiat L'emploi ou le remploi suppose une double déclaration effectuée 12642 **dans l'acte d'achat** : celle du caractère propre ou provenu de l'aliénation d'un propre des deniers utilisés et celle selon laquelle l'achat est fait pour tenir lieu d'emploi ou de remploi à l'acquéreur (C. civ. art. 1434). Pour les sommes provenant d'une aliénation, l'important est que l'on se trouve en présence d'une somme d'argent représentative d'un bien issu d'un patrimoine propre. Il est seulement nécessaire que la volonté d'effectuer un remploi soit incontestable. Les termes deniers propres, emploi ou remploi doivent nécessairement figurer. Le remploi ne peut pas être tacite. Ces déclarations doivent se retrouver toutes deux. Une seule d'entre elles serait insuffisante et elle équivaudrait à une absence de déclaration.

L'article 1434 du Code civil exige que la formalité de remploi soit effectuée lors d'une acquisition ; la double déclaration doit intervenir au moment de l'acte. Il est également nécessaire qu'elle soit incluse dans l'acte (Cass. 1e civ. 2-7-1985 n° 84-12.464 : Bull. civ. I n° 208).

À défaut de cette déclaration sur ces deux points, le bien sera commun et l'époux acquéreur pourra seulement prétendre à une récompense. En effet, la double déclaration sur l'origine des fonds et sur la volonté de faire du bien acquis un bien propre est une **règle de fond** et non une simple règle de preuve. Elle ne peut être suppléée par la justification que l'époux acquéreur a reçu à l'époque de l'achat des sommes importantes provenant d'une succession, et donc propres, et par le fait que l'acte ne mentionne pas comme acquéreur le conjoint, qui n'y est d'ailleurs pas intervenu (Cass. 1e civ. 27-2-2013 n° 11-23.833 : BPIM 2/13 inf. 139).

La déclaration est le fait de l'époux acheteur. Le **consentement du conjoint** n'est pas nécessaire, mais son intervention à l'acte est fréquemment constatée à l'effet de reconnaître la réalité et la sincérité du remploi et ainsi d'éviter le risque d'une contestation ultérieure.

Le bien acquis en emploi ou en remploi est immédiatement propre à l'époux acquéreur. Celui-ci en a l'administration et la jouissance, et peut en disposer librement (sous la seule réserve du statut du logement de la famille). En raison de la **fongibilité de la monnaie**, il n'est pas strictement nécessaire que les fonds propres employés ou remployés soient individualisés sur un compte au seul nom de l'époux propriétaire ; ils peuvent reposer sur un compte commun et être même confondus avec des deniers communs (Cass. 1e civ. 5-1-1999 n° 96-11.512 : Bull. civ. I n° 3).

Le texte légal n'impose pas strictement que soit justifié dans l'acte le caractère propre des deniers utilisés par l'indication de leur origine. Mais une telle **précision** est **judicieuse** et utile pour éviter toute contestation émanant du conjoint ou de ses héritiers.

MODÈLE Déclaration d'emploi ou de remploi immédiat

« L'acquéreur déclare que le paiement du prix et des frais de la présente acquisition a été réalisé pour la totalité (*ou* : pour une fraction de... euros, excédant la moitié du montant cumulé du prix et des frais) au moyen de deniers lui appartenant à titre de biens propres comme lui provenant de... (*il est préférable d'indiquer l'origine des deniers*). Il fait cette déclaration pour que l'immeuble acquis lui soit propre par subrogation et lui tienne lieu d'emploi (*ou*: de remploi) de ses deniers personnels. »

Ajouter éventuellement : « Aux présentes est intervenu le conjoint de l'acquéreur à l'effet de constater la réalité et la sincérité de la déclaration qui précède, et de reconnaître le caractère propre de l'immeuble ainsi acquis. »

12644 **Remploi par anticipation** Le remploi peut être effectué par l'époux acquéreur alors que celui-ci ne dispose pas des deniers propres mais a la perspective d'en disposer ultérieurement. L'immeuble ainsi acheté est propre sous condition que les sommes attendues du patrimoine propre soient payées à la communauté dans les 5 ans de la date de l'acte (C. civ. art. 1435). L'**acte d'achat** doit contenir une double déclaration : celle selon laquelle l'acquéreur estime pouvoir disposer de deniers propres dans le délai de 5 ans et celle selon laquelle l'acquisition est effectuée pour lui tenir lieu de remploi anticipé. L'acte précisera utilement l'origine et la justification des deniers propres attendus.

Le **consentement du conjoint** de l'acquéreur n'est pas nécessaire et, à la différence du remploi immédiat, il ne présente pas d'utilité au stade de l'achat.

Il est recommandé d'établir un **acte constatant le versement à la communauté** des deniers propres. Cet acte pourra être publié au service de la publicité foncière. L'intervention du conjoint à cet acte pour reconnaître la réalité du versement et du caractère propre des fonds est utile, même si elle n'est pas requise pour la validité même du remploi.

Tant que les fonds ne sont pas versés et que le délai de 5 ans n'est pas expiré, il est généralement considéré que le bien est **provisoirement commun** et que sa vente suppose donc le consentement du conjoint de l'acquéreur. Si les fonds attendus ne sont pas versés dans le délai de 5 ans, le bien acquis est définitivement commun.

La **dissolution de la communauté** ne fait pas obstacle au remploi et les deniers propres peuvent être versés après cette dissolution, pourvu que le délai de 5 ans soit respecté.

MODÈLE Déclaration d'emploi ou de remploi anticipé

« L'acquéreur déclare que le paiement du prix et des frais de la présente acquisition a été réalisé au moyen de deniers dépendant de la communauté existant entre lui et son conjoint, mais qu'il entend rembourser la communauté de la totalité de ces prix et frais (*ou* : de la moitié au moins de ces prix et frais) dans le délai de cinq ans de ce jour au moyen de deniers lui appartenant en propre et devant lui provenir de... (*préciser l'origine des deniers attendus*). Il fait cette déclaration pour que l'immeuble acquis lui soit propre et lui tienne lieu d'emploi (*ou* : de remploi) anticipé de ses deniers propres, sous la condition du versement à la communauté dans les conditions et délai sus-indiqués (*ajouter éventuellement en cas de remboursement partiel* : et sauf la récompense due à la communauté pour sa contribution au paiement du surplus du prix et des frais). »

12646 **Remploi a posteriori** En l'**absence de déclaration d'emploi ou de remploi** dans l'acte d'acquisition alors que les deniers utilisés au paiement du prix et des frais étaient majoritairement propres à l'un d'eux, les époux peuvent, par convention ultérieure, reconnaître le caractère propre de l'immeuble (C. civ. art. 1434).

Ce remploi joue seulement dans les relations réciproques des époux. Si l'immeuble est alors considéré comme propre à l'époux ayant fourni les deniers, et ce rétroactivement dès l'acquisition, il est considéré comme étant commun **vis-à-vis des tiers** (tiers acquéreur, créancier...). Une déclaration d'emploi ou de remploi postérieure à l'acte d'acquisition serait inefficace à l'égard des tiers même si elle était le fait des deux époux et publiée au service de la publicité foncière.

À la différence des deux autres types d'emploi ou de remploi, l'emploi ou le remploi a posteriori nécessite l'**accord du conjoint**. Cet accord n'est soumis à aucune condition de forme particulière. La jurisprudence admet qu'il puisse être tacite. Il sera utilement établi un acte pour le constater et préconstituer sa preuve.

MODÈLE

Déclaration d'emploi ou de remploi a posteriori

« M... déclare que le paiement du prix et des frais de l'acquisition réalisée le... de l'immeuble situé à... suivant acte reçu par Me ..., notaire à..., a été effectué pour la totalité (*ou* : pour une fraction de... euros, excédant la moitié du montant cumulé du prix et des frais) au moyen de deniers lui appartenant à titre de biens propres, comme lui provenant de... (*préciser l'origine des deniers*). Il fait cette déclaration pour que l'immeuble acquis lui soit propre par subrogation et lui tienne lieu d'emploi (*ou* : de remploi) de ses deniers propres.

Aux présentes est intervenu..., conjoint de l'acquéreur, à l'effet de constater la réalité et la sincérité de la déclaration qui précède, de donner son accord à l'emploi (*ou* : au remploi) ainsi réalisé et de reconnaître que l'immeuble acquis appartient pour la totalité à titre de bien propre à son époux.

Les époux sont informés que, conformément à l'article 1434 du Code civil, si l'immeuble est propre à l'acquéreur dans leurs relations réciproques, il a en revanche le caractère de bien commun à l'égard des tiers. »

Combinaison de remplois Un remploi **immédiat et** un remploi **par anticipation** peuvent être combinés lorsque l'époux acquéreur dispose de deniers propres lors de l'achat et a la perspective d'en recueillir ultérieurement. On veillera simplement à ce que le cumul des sommes utilisées et de celles attendues excède la moitié du prix et des frais. 12648

MARIAGE EN COURS D'ACHAT

Communauté réduite aux acquêts Lorsque l'acquéreur se marie sous un régime de communauté entre la signature de l'avant-contrat et la conclusion de la vente par acte authentique, l'immeuble acheté est-il un bien propre ou commun ? 12650

Quand une **promesse unilatérale** de vente a été souscrite par un futur époux avant son mariage, le droit d'option lui est personnel et il lui appartient de décider du sens de l'option, même lorsque celle-ci est exercée après l'union. Si l'option est levée après le mariage, l'immeuble acquis est commun (Cass. civ. 7-3-1938 : DH 1938 p. 260, arrêt rendu à propos d'époux mariés sous le régime de la communauté réduite aux acquêts, transposable au régime légal actuel) car le « titre d'acquisition est la levée d'option, non la promesse » (Ph. Malaurie, L. Aynès et N. Peterka, Droit civil, Les régimes matrimoniaux : Defrénois 2023 n° 337). Il peut arriver que l'option soit levée avant le mariage mais que le transfert de propriété soit retardé à la signature de l'acte authentique et que celle-ci intervienne après l'union. La nature du bien sera différente selon que l'on retient la date de formation de la vente (l'immeuble est propre) ou celle du transfert de propriété (l'immeuble est commun). Bien que cette question n'ait pas été, à notre connaissance, tranchée en jurisprudence (voir toutefois n° 12656 en cas d'acquisition par un époux en instance de divorce), la solution adoptée en matière de promesse synallagmatique plaide pour que la date du transfert de propriété soit retenue, conférant à l'immeuble le statut de bien commun.

Si une **promesse synallagmatique** de vente conclue avant le mariage prévoit de retarder le **transfert de propriété sans rétroactivité** au paiement du prix et à la signature de l'acte authentique, et que la célébration de l'union intervient entre-temps, on considère généralement que l'immeuble est commun. Jusqu'au transfert de propriété, le bien est en effet resté dans le patrimoine du vendeur et ne peut donc pas avoir été intégré au patrimoine propre de l'époux acquéreur (CA Bastia 7-2-2007 n° 1010 : Juris-Data n° 327183). Pour un auteur, l'obligation du promettant est une simple obligation de faire et non un droit acquis pour son cocontractant, titulaire d'un simple droit de créance (A. Colomer : Droit civil, Régimes matrimoniaux : Litec 2005 n° 580). Sa position s'inspire d'une jurisprudence antérieure qui concernait des époux mariés sous l'ancien régime légal de la communauté de meubles et acquêts, le débat étant placé sur le terrain de la nature – mobilière ou immobilière – du droit de créance du futur époux (Cass. 1e civ. 30-4-1970 n° 68-13.534 : Bull. civ. I n° 148). Une cour d'appel a toutefois été censurée pour avoir décidé que le vendeur n'était tenu que d'une obligation de faire, sans préciser si la solennité d'un acte notarié était nécessaire pour engager vendeur et acquéreur dans les liens du contrat définitif (Cass. 1e civ. 5-1-1983 n° 81-14.890 : Bull. civ. III n° 7).

Si le **transfert de propriété** devait s'opérer **avec rétroactivité**, l'immeuble serait propre.

Dans le cas d'une **promesse** synallagmatique **ne valant pas vente**, si la vente se forme après le mariage, l'immeuble acquis est commun sans discussion possible. S'agissant d'une **vente conditionnelle** conclue depuis le 1er octobre 2016, la réalisation des conditions suspensives n'a plus, en principe, d'effet rétroactif : le contrat produit ses effets à compter de l'accomplissement de la 12652 condition suspensive. Mais les parties peuvent conventionnellement prévoir que l'accomplissement de la condition rétroagira au jour du contrat (C. civ. art. 1304-6). Le principe inverse valait avant la réforme du droit des contrats et des obligations, et continue de s'appliquer aux contrats signés avant le 1er octobre 2016.

Le plus souvent, les parties conviennent de retarder le transfert de propriété à la signature de l'acte authentique et au complet paiement du prix. Lorsque le transfert de propriété s'opère rétroactivement, celui qui a acquis un immeuble sous condition avant le mariage devient rétroactivement propriétaire à titre de bien propre le jour où la vente devient pure et simple. En revanche, l'immeuble est commun si le transfert de propriété s'opère sans rétroactivité après le mariage.

12654 **Communauté de meubles et acquêts** Lorsque les époux ont adopté le régime de la communauté de biens meubles et acquêts, l'immeuble acquis **entre le contrat de mariage et la célébration de l'union** est commun, sauf clause contraire (C. civ. art. 1498, al. 3). Cette règle est destinée à éviter la fraude d'un époux à l'égard de l'autre, qui consisterait à acquérir juste avant le mariage un immeuble en emploi de liquidités pour éviter que celles-ci, en raison de leur nature mobilière, ne tombent en communauté : l'immeuble acquis est commun comme les deniers l'auraient été s'ils n'avaient pas été employés.

Le texte légal réserve le cas de l'acquisition faite en exécution d'une clause du contrat de mariage : l'immeuble peut être propre si les futurs époux en sont convenus dans le contrat de mariage.

ACQUÉREUR EN INSTANCE DE DIVORCE

12656 L'époux acquéreur d'un immeuble pendant l'instance en divorce court le risque que celui-ci ait la nature de bien commun en application des règles du régime matrimonial de communauté. Or, compte tenu du contexte de rupture, cet époux souhaitera généralement réaliser cette opération à titre personnel.

La **nature commune ou personnelle** du bien acquis dépend de la date d'acquisition par rapport à la **date d'effet du divorce** dans les relations des époux entre eux : si l'achat est réalisé avant cette date d'effet, l'immeuble est en principe commun ; si l'achat est réalisé après, l'immeuble est personnel à l'acquéreur.

Depuis le 1er janvier 2005 (date d'entrée en vigueur de la loi 2004-439 du 26-5-2004), le divorce prend effet dans les rapports entre les époux, en ce qui concerne leurs biens (C. civ. art. 262-1) :

– lorsqu'il est constaté par consentement mutuel par acte sous signature privée contresigné par avocats déposé au rang des minutes d'un notaire, à la date à laquelle la convention réglant l'ensemble des conséquences du divorce acquiert force exécutoire, donc à son dépôt au rang des minutes d'un notaire, à moins que celle-ci n'en stipule autrement ;

– lorsqu'il est prononcé par consentement mutuel dans le cas de l'audition par le juge de l'enfant mineur (C. civ. art. 229-2, 1°), à la date de l'homologation de la convention réglant l'ensemble des conséquences du divorce, à moins que celle-ci n'en dispose autrement ;

– lorsqu'il est prononcé pour acceptation du principe de la rupture du mariage, pour altération définitive du lien conjugal ou pour faute, depuis le 1er janvier 2021, à la date de la demande en divorce (C. civ. art. 262-1, al. 3). Auparavant, il s'agissait de la date de l'ordonnance de non-conciliation.

À la demande de l'un des époux, le juge peut fixer les effets du jugement à la date à laquelle ils ont cessé de cohabiter et de collaborer. Ce **report des effets du divorce** ne peut être demandé qu'à l'occasion de l'action en divorce (C. civ. art. 262-1, al. 2).

Il suffit donc que l'acquisition soit réalisée après la date d'effet du divorce pour que l'immeuble soit personnel à l'acquéreur. Toutefois, ce caractère personnel est subordonné au **prononcé effectif du divorce** : en cas d'abandon de la procédure, de débouté de la demande formée par un époux, ou même de décès de l'une des parties avant que le divorce ne soit passé en force de chose jugée, l'immeuble sera commun avec toutes les conséquences liées à cette qualification. Il existe donc une incertitude sur le caractère de l'immeuble acquis tant que la procédure n'est pas parvenue à son terme, quelle qu'en soit l'issue.

La **date d'acquisition à retenir** est celle du transfert de propriété (Cass. 1e civ. 1-12-2010 n° 09-65.673 : BPIM 1/11 inf. 50). Dans cette affaire, le bien avait fait l'objet d'une promesse unilatérale de vente et l'acte authentique de réitération stipulait que la propriété n'était acquise qu'à compter de sa signature.

> **Précisions** **a.** Avant le 1er janvier 2005, c'était **en principe** la date d'assignation qui déterminait la date d'effet du divorce dans les relations des époux entre eux. Le report des effets à la date de cessation de la cohabitation et de la collaboration pouvait également être judiciairement sollicité, celui des époux auquel incombaient à titre principal les torts de la séparation ne pouvant toutefois pas obtenir ce report.
> En cas de divorce par **consentement mutuel**, les époux pouvaient fixer par convention la date des effets dans leurs relations. À défaut de l'avoir conventionnellement fixée, la date d'effet du divorce entre les époux quant à leurs biens était la date de la requête initiale et non celle de la réitération de la demande (Cass. 1e civ. 9-11-2011 n° 10-24.427).
> **b.** Le **secret professionnel** interdit au **notaire** de révéler au conjoint l'acquisition que projette de faire un époux pendant la procédure de divorce (Cass. 1e civ. 4-6-2007 n° 06-14.609 : RJDA 12/07 n° 1207).

Précautions à prendre La solution, si l'époux acquéreur dispose de deniers propres suffisants, c'est-à-dire permettant de couvrir au moins la moitié du prix et des frais, consiste à réaliser l'**acquisition en emploi ou remploi** de biens propres (nos 12638 s.). Il peut s'agir d'un remploi immédiat ou anticipé, pour l'efficacité desquels le consentement et l'intervention du conjoint ne sont pas strictement requis, ou d'un remploi a posteriori, dont la validité est en revanche subordonnée à l'accord du conjoint. Faute de respecter les formalités de l'emploi ou du remploi, l'immeuble a le caractère de bien commun s'il est acquis avant la date d'effet du divorce ou si, acquis après cette date, le divorce n'est effectivement pas prononcé. **12658**

Indépendamment des formalités d'emploi ou de remploi, aucun **accord des époux** ne permet de conférer un caractère propre à un immeuble que l'application des règles du régime matrimonial désigne comme étant commun. Seule une attribution de l'immeuble au terme d'un partage de l'indivision post-communautaire permettra à l'époux acquéreur d'en avoir la propriété exclusive.

La **pratique qui consiste à faire intervenir le conjoint** de l'acquéreur à l'acte d'acquisition pour « reconnaître qu'il n'a aucun droit sur l'immeuble acquis » ou pour « reconnaître le caractère personnel à son conjoint du bien acquis » est dépourvue de la moindre efficacité, hors l'hypothèse d'un emploi ou d'un remploi de biens propres, qui d'ailleurs ne requiert pas strictement cette intervention, même si on la rencontre en pratique.

L'intervention du conjoint pour reconnaître le caractère propre du bien est même dangereuse en ce qu'elle entretient l'époux acquéreur dans l'illusion d'une solution, et pourrait le conduire à ne pas mettre en œuvre les possibilités de report de la date des effets du divorce à une date antérieure à l'acquisition (voir n° 12656), seules efficaces. La limite à l'opération menée par l'époux acquéreur agissant seul est la fraude qu'il commettrait aux droits de son conjoint, qui, sur le fondement de l'article 262-2 du Code civil, pourrait demander son annulation. Toutefois, l'acquisition réalisée auprès d'un vendeur de bonne foi échapperait à la nullité et l'opération ne pourrait qu'être déclarée inopposable au conjoint de l'acquéreur.

Opposabilité du divorce aux tiers Le divorce ne produit pas ses effets à l'égard des tiers à la même date que celle applicable aux relations entre époux. Le divorce est opposable aux tiers, pour les biens des époux, à partir du jour où les formalités de mention en marge prescrites par les **règles de l'état civil** ont été accomplies (C. civ. art. 262). Ces formalités consistent en la mention en marge du divorce sur les actes de naissance et de mariage des époux. Un bien peut donc être propre dans les relations entre les époux (pour la raison qu'il a été acquis après la date d'effet du divorce quant aux biens et que le divorce a été prononcé) et commun à l'égard des tiers (car la mention en marge des actes d'état civil n'a pas encore été effectuée). **12660**

Les tiers, et spécialement les **créanciers du conjoint** de l'époux acquéreur dont les droits sont antérieurs à la transcription à l'état civil, ont intérêt à se prévaloir de l'inopposabilité du divorce à leur égard si l'acquisition est réalisée avant que les formalités légales n'aient été accomplies. Dans ce cas, les biens de communauté et non seulement les propres ainsi que les gains et salaires du débiteur répondront des dettes de celui-ci. Seules les dettes issues d'un emprunt ou d'un cautionnement auxquels le conjoint de l'acquéreur n'a pas consenti ne peuvent pas être recouvrées sur les biens communs, donc sur le bien acquis réputé commun pour les tiers. Cette conséquence peut seulement être évitée par l'accomplissement des formalités d'emploi ou de remploi, si l'époux acquéreur dispose de deniers propres (pour procéder à un remploi immédiat) ou de la perspective d'en disposer (pour procéder à un remploi anticipé), et s'il a satisfait aux formalités permettant le jeu de la subrogation (voir nos 12638 s.).

Financement de l'achat Un époux qui réalise seul l'achat d'un immeuble pendant l'instance en divorce peut recourir à l'**emprunt** et conférer au prêteur une hypothèque spéciale légale du vendeur par subrogation (C. civ. art. 2402, 1°) ou une hypothèque légale spéciale du **12662**

prêteur de deniers (C. civ. art. 2402, 2°) alors même que l'immeuble, acquis avant que le divorce ne soit prononcé, sera peut-être commun. Ces **garanties immobilières** ne nécessitent pas le consentement du conjoint, en raison de leur caractère légal.
L'époux acquéreur peut cependant être confronté à deux circonstances particulières. Le prêteur peut souhaiter que les biens communs, en plus des biens propres et des gains et salaires de l'acquéreur, répondent du remboursement de la somme prêtée ; le prêteur exigera alors comme condition de son concours le **consentement du conjoint** (C. civ. art. 1415). Si le prêteur exige une hypothèque conventionnelle sur l'immeuble, l'acquéreur ne peut pas la consentir sans l'accord de son conjoint en raison de la source contractuelle de cette garantie et de l'application de la règle de cogestion (C. civ. art. 1424).

2. ACQUÉREUR SÉPARÉ DE BIENS

ACHAT PAR UN ÉPOUX SEUL SÉPARÉ DE BIENS

12680 L'achat d'un immeuble par un époux séparé de biens agissant seul ne soulève pas de difficultés particulières. Cet époux sera **seul engagé** à l'égard du vendeur.
L'époux ne peut pas se voir imposer des justifications sur l'origine des fonds qu'il emploie, en raison de la présomption de pouvoir relative aux comptes de dépôt et de titres qui s'applique aux époux sous tous les régimes (C. civ. art. 221).

ACHAT EN INDIVISION PAR LES ÉPOUX SÉPARÉS DE BIENS

12682 Les époux séparés de biens achètent souvent en indivision, spécialement lorsque l'immeuble acquis est destiné à assurer le logement de la famille. Cette modalité d'acquisition ne présente pas de particularité par rapport à un achat en **indivision ordinaire** dans les relations des acquéreurs à l'égard du vendeur.
Les époux ont intérêt à préciser dans l'acte d'achat l'**origine des deniers** qu'ils utilisent, afin de justifier les proportions dans lesquelles l'acquisition est réalisée par chacun, et éviter ainsi les risques de contestation lors de la dissolution du mariage ou en cas de partage de l'immeuble ou de son prix.
Chacun des époux sera propriétaire selon la proportion indiquée. À défaut d'indication dans l'acte, les époux seront réputés acquéreurs pour moitié indivise chacun.

ACHAT PAR UN ÉPOUX SÉPARÉ DE BIENS, FINANCÉ PAR SON CONJOINT

12684 **Points d'attention** Il arrive fréquemment qu'un époux séparé de biens achète un immeuble au moyen de deniers fournis **en totalité ou en partie** par son conjoint, ou que les époux réalisent indivisément une acquisition que l'un d'eux finance en réalité seul, ou encore que l'achat ne soit pas réalisé dans des proportions correspondant au financement apporté par chacun.
Ces circonstances sont sans aucune incidence à l'égard du vendeur, lequel n'a donc pas à se préoccuper de l'origine du financement. En revanche, le **notaire** qui reçoit un tel acte doit être attentif à l'origine des deniers employés dans le cadre de son devoir de conseil à l'égard des acquéreurs. La qualification donnée à la fourniture des deniers par un époux à l'autre est délicate, les époux ne s'attachant généralement pas à causer cette remise d'argent ou à se préconstituer la preuve de l'origine des fonds. Or, à l'occasion d'un conflit ultérieur entre les époux ou entre les héritiers du prédécédé et le survivant d'entre eux, les questions de l'origine des deniers et de la qualification de la remise opérée deviennent parfois primordiales. En cas de divorce, les conséquences divergeront selon l'origine du financement (prêt remboursé par l'époux ou deniers personnels) et le type de bien acquis (résidence principale, secondaire ou investissement locatif). Voir n° 12687.
Sur la **revente** du bien, voir n° 12430.

12686 **Qualification du financement** La remise de deniers d'un époux à l'autre ou pour son compte, à l'occasion d'une acquisition, peut procéder de trois **qualifications** distinctes :
– un **paiement**, qualification qui évite toute contestation car les deniers fournis sont définitivement acquis à celui qui les reçoit à ce titre ;
– un **prêt**, qualification rarement alléguée, car le demandeur ne peut généralement apporter aucun élément de preuve accréditant l'opinion selon laquelle les intéressés étaient convenus d'un remboursement de la somme fournie ;
– une **donation**, qualification qui a souvent été privilégiée par l'époux qui souhaitait procéder à sa révocation (C. civ. art. 1096 ancien) ou qui prétendait obtenir sa nullité pour déguisement (C. civ. art. 1099, al. 2 ancien). Cette prétention était rarement accueillie en jurisprudence, les tribunaux jugeant le plus souvent que la preuve de l'élément intentionnel de la libéralité n'était pas

rapportée, l'époux contributeur ayant pu vouloir par une donation dite « rémunératoire » gratifier son conjoint pour son activité déployée au foyer ou l'indemniser d'avoir abandonné la perspective d'une activité professionnelle personnelle (pour une illustration, voir par exemple Cass. 1e civ. 16-12-2020 n° 19-13.701 FS-P : BPAT 2/21 inf. 143).

> **Précisions** La qualification de donation ne présente plus d'utilité **depuis le 1er janvier 2005**, date d'entrée en vigueur de la loi 2004-439 du 26 mai 2004 portant réforme du divorce, celle-ci ayant supprimé, s'agissant des donations entre époux, leur nullité pour cause de déguisement, ainsi que leur libre révocabilité lorsqu'elles portent sur des biens présents et prennent effet au cours du mariage. Le contentieux pouvant naître entre époux séparés de biens au motif de la remise par l'un à l'autre de deniers en vue de l'acquisition d'un bien est donc amené à se tarir. Les héritiers réservataires de l'époux qui a fourni les deniers peuvent toujours tenter de démontrer que leur auteur a, à cette occasion, consenti une libéralité à son conjoint, afin d'en demander la réduction. Mais cette action ne sera efficace qu'autant que la libéralité a excédé la quotité disponible, et la réduction ne sera encourue que dans la mesure nécessaire à la reconstitution de la réserve. Enfin, la réduction de la donation sera sans incidence sur la propriété de l'immeuble, la donation portant sur les deniers procurés et non sur le bien financé (C. civ. art. 1099-1, al. 1). Les **donations consenties avant le 1er janvier 2005** demeurent toutefois révocables dans les conditions de l'ancien article 1096 du Code civil (Cass. 1e civ. 5-3-2014 n° 13-13.746).

Créance entre époux L'époux qui a contribué aux dépenses d'acquisition et d'aménagement du bien indivis au-delà de la fraction du bien dont il est titulaire peut être tenté, spécialement en cas de procédure de divorce, de revendiquer une créance à l'encontre de son conjoint. La jurisprudence rejette toutefois une telle demande dès lors que le financement entre dans le champ de la contribution aux charges du mariage et que le contrat de mariage comprend une clause de présomption de **contribution aux charges du mariage** qui répute les époux comme ayant fourni leur part contributive. Par l'effet de cette disposition contractuelle, l'époux qui assume à titre principal les charges du mariage ne peut revendiquer une créance que s'il établit sa sur-contribution et une sous-contribution de son conjoint. **12687**

De manière générale, les **investissements immobiliers** entrent dans la catégorie des charges du mariage, qu'ils concernent la résidence principale ou secondaire (pour des exemples, respectivement Cass.1e civ. 11-4-2018 n° 17-17.457 F-D ; Cass. 1e civ. 18-12-2013 n° 12-17.420 : BPAT 2/14 inf. 54, Bull. civ. I n° 249). Mais la Cour de cassation contrebalance cette lecture extensive par deux limites tenant :

– soit à la **finalité de l'investissement**. Ainsi, l'acquisition d'un bien à des fins purement locatives ne constitue pas une charge du mariage (Cass.1e civ. 5-10-2016 n° 15-25.944 F-PB : BPAT 6/16 inf. 217). Si bien que dans ce cas, l'époux financeur peut prétendre à une créance entre époux ;

– soit à son **mode de financement**. La Cour de cassation a posé le principe selon lequel, sauf convention contraire des époux, l'apport en capital de fonds personnels, effectué par un époux séparé de biens pour financer la part de son conjoint lors de l'achat d'un bien indivis affecté à l'usage familial, ne participe pas de l'exécution de son obligation de contribuer aux charges du mariage (Cass.1e civ. 17-3-2021 n° 19-21.463 FS-P : BPAT 3/21 inf. 105). Cette règle vaut pour une résidence secondaire ou principale (respectivement Cass. 1e civ. 3-10-2019 n° 18-20.828 FS-PBI ; Cass. 1e civ. 17-3-2021 précité). Tout apport en capital de fonds personnels est concerné par l'exclusion de la contribution aux charges du mariage, pas uniquement celui provenant de la vente de biens personnels, comme pouvait le laisser entendre l'arrêt précité de 2019 (Cass. 1e civ. 3-12-2019 FS-PBI : SNH 34/19 inf. 1, note A. Chamoulaud-Trapiers ; Cass. 1e civ. 9-6-2022 n° 20-21.277 F-B : BPAT 4/22 inf. 176 ; Cass. 1e civ. 5-4-2023 n° 21-22.296 FS-B : BPAT 3/23 inf. 111). La solution vaut tant pour un bien indivis aux époux que pour un bien personnel à un époux et financé par l'autre, par exemple une construction sur un terrain personnel (Cass. 1e civ. 5-4-2023 précité). Ainsi, dans tous ces cas, l'époux apporteur peut revendiquer une créance contre son conjoint sans qu'aucune clause instituant une présomption de contribution aux charges du mariage y fasse obstacle ou l'oblige, en cas de présomption simple, à prouver une sur-contribution. À l'inverse, le financement via des mensualités d'emprunt est considéré comme relevant des charges du mariage (notamment, Cass. 1e civ. 1-4-2015 n° 14-14.349 : BPAT 3/15 inf. 78 ; Cass. 1e civ. 11-4-2018 n° 17-17.457 F-D).

CONSEIL

Il est conseillé, lorsqu'un époux séparé de biens acquiert un immeuble, de préconstituer dans l'acte ou par un document séparé signé des deux époux la **preuve de la propriété personnelle** des deniers employés. En cas de fourniture de deniers par le conjoint de l'acquéreur, il est utile de préciser le montant ainsi que le fondement (paiement, prêt ou donation) de cette contribution, afin d'éviter des contestations ou revendications ultérieures. **12688**

Si le prêt est reconnu, la créance de l'époux contributeur non-acquéreur est évaluée selon les règles des créances entre époux, les époux pouvant déroger aux règles légales d'évaluation (C. civ. art. 1479, al. 2, sur renvoi de l'art. 1543).

3. ACQUÉREUR MARIÉ SOUS LE RÉGIME DE LA PARTICIPATION AUX ACQUÊTS

12710 L'**acquisition** réalisée **par un époux** soumis au régime de la participation aux acquêts ne soulève aucune particularité à l'égard du vendeur : l'époux acheteur peut toujours agir seul.
Ce régime matrimonial n'exclut pas que les époux réalisent un **achat en indivision**. Cette solution est d'ailleurs fréquemment retenue lorsque l'acquisition porte sur un immeuble destiné à servir de logement, principal ou secondaire, aux époux.
Lorsque l'achat de l'immeuble est réalisé par l'un des époux au moyen de **deniers fournis par son conjoint**, cette circonstance ne soulève pas les mêmes difficultés qu'entre époux séparés de biens en raison de la vocation de chaque époux de participer aux acquêts de l'autre par le calcul de la créance de participation. Ce qui disparaît du patrimoine final d'un époux passe dans celui de son conjoint, patrimoine auquel il a vocation en valeur par le jeu du calcul de la créance de participation. Mais la stipulation d'avantages matrimoniaux (attribution des acquêts au survivant ou dispense pour ce dernier de devoir verser la dette de participation) jouant pour le cas de dissolution du régime par décès peut cependant entraîner un avantage sans contrepartie pour le survivant des époux.
Le **mariage** de l'acquéreur survenant **en cours d'achat** suscite les mêmes interrogations qu'à l'occasion de l'adoption d'un régime communautaire (voir nos 12650 s.) : l'immeuble acheté, s'il existe encore à la dissolution du régime, doit-il figurer dans le patrimoine originaire ou final de l'époux acquéreur ? Le régime de la participation aux acquêts étant une espèce de transposition comptable de la communauté, il serait cohérent de retenir la date du transfert de propriété et non celle de la formation de la vente pour déterminer si l'immeuble doit figurer ou non dans le patrimoine originaire.

C. Interdictions et habilitations judiciaires

12760 Lorsque le **couple** est **en crise**, le juge peut prendre des mesures affectant les pouvoirs des époux quant à la gestion de leur patrimoine et leurs relations avec les tiers. Il s'agit soit d'étendre les pouvoirs d'un époux, soit au contraire de les restreindre.
Certaines de ces mesures relèvent du régime primaire impératif, c'est-à-dire qu'elles s'appliquent à tous les époux, quel que soit leur régime matrimonial. D'autres, en revanche, concernent uniquement les époux communs en biens.

1. MESURES APPLICABLES À TOUS LES ÉPOUX

a. Interdiction judiciaire de vendre

12762 Au nombre des mesures urgentes que peut prendre le juge en cas de crise du ménage, figure l'interdiction faite à un époux d'effectuer, **sans le consentement de son conjoint**, des actes de disposition sur ses propres biens (C. civ. art. 220-1, al. 2). Cet époux peut ainsi se voir interdire de vendre un immeuble lui appartenant. Il importe peu qu'il s'agisse d'un bien personnel ou d'un bien propre de l'époux subissant l'interdiction.

CONDITIONS DE MISE EN ŒUVRE DE LA MESURE D'INTERDICTION DE VENDRE

12764 Le **comportement de l'époux** doit présenter un double aspect cumulatif pour justifier la mise en œuvre d'une mesure judiciaire d'interdiction (C. civ. art. 220-1, al. 1) :
– un manquement grave à ses devoirs (pécuniaires ou moraux) ;
– une mise en péril des intérêts de la famille, conséquence de ce comportement.
À titre d'exemple, on peut penser à l'époux prodigue ou à celui qui vend ses biens afin de se procurer des liquidités et assouvir ainsi sa passion du jeu... Une telle mesure doit intervenir en cas de remise en cause de l'équilibre familial.
L'interdiction faite à un **époux commun en biens** de disposer d'un immeuble n'a de sens que si ce bien lui est propre, la vente d'un immeuble commun, soumise au régime de la cogestion, nécessitant de toute façon le concours ou le consentement du conjoint.

PROCÉDURE DE LA MESURE JUDICIAIRE D'INTERDICTION DE VENDRE

12766 La mesure d'interdiction relève de la **compétence** du juge aux affaires familiales statuant en référé ou, en cas de besoin, par ordonnance sur requête (CPC art. 1290). Le recours à un avocat

est obligatoire. La procédure d'ordonnance sur requête ne pourra être utilisée que si des circonstances justifient que des mesures soient prises de manière non contradictoire.
La **durée de la mesure** doit être précisée par le juge et ne peut excéder 3 ans, prolongation éventuelle comprise (C. civ. art. 220-1, al. 3). Mais l'obligation faite au juge de déterminer la durée de la mesure n'est pas prévue à peine de nullité de la décision qui a un caractère provisoire et dont les dispositions peuvent à tout moment être rapportées ou modifiées (Cass. 1e civ. 25-10-1972 : Bull. civ. I n° 222).

INFORMATION DES TIERS EN CAS D'INTERDICTION JUDICIAIRE DE VENDRE

L'ordonnance qui porte interdiction de faire un acte de disposition sur un bien dont l'aliénation est sujette à **publicité** doit être publiée à la diligence de l'époux requérant (C. civ. art. 220-2). S'agissant d'un immeuble, cette publicité doit être effectuée au service de la publicité foncière dans le ressort de laquelle est situé le bien. Cette publication cesse de produire effet à l'expiration de la période d'interdiction déterminée par l'ordonnance, sauf pour l'époux intéressé à obtenir du juge une ordonnance modificative, qui sera publiée de la même manière (C. civ. art. 220-2). **12768**
Un **état hypothécaire** levé au service de la publicité foncière permet donc de savoir si le vendeur est concerné par une mesure d'interdiction d'aliéner l'immeuble considéré. Cet état est sollicité systématiquement par le notaire chargé de constater la vente par acte notarié.

SANCTION

La vente d'un immeuble réalisée en violation d'une ordonnance portant interdiction encourt la **nullité** à la demande du conjoint requérant, si elle a été passée après la publication de l'ordonnance au service de la publicité foncière (C. civ. art. 220-3). À notre avis, l'acte de vente passé avant la publication serait également annulable s'il était conclu avec un tiers de mauvaise foi, c'est-à-dire ayant connaissance de la mesure d'interdiction au moment de l'acte. **12770**
Malgré le recours au système de la publicité foncière, la sanction est la nullité et non l'**inopposabilité**. Elle n'est pas de droit et doit être prononcée par le juge, qui n'y est pas tenu.
S'agissant du délai, l'action en nullité est ouverte à l'époux requérant pendant 2 années à partir du jour où il a eu connaissance de l'acte, sans pouvoir jamais être intentée, si cet acte est sujet à publicité, plus de 2 ans après sa publication (C. civ. art. 220-3, al. 2).

CONSENTEMENT DU CONJOINT

Lorsque l'ordonnance du juge interdit l'aliénation sans le consentement du conjoint, l'acte de vente ne pourra être signé qu'avec le concours de ce conjoint. **12772**

b. Autorisation judiciaire de passer un acte

CHAMP D'APPLICATION DE L'AUTORISATION JUDICIAIRE DE PASSER UN ACTE

Un époux peut être autorisé par justice à passer seul un acte pour lequel le concours ou le consentement de son conjoint serait nécessaire, si celui-ci est hors d'état de manifester sa volonté ou si son refus n'est pas justifié par l'intérêt de la famille (C. civ. art. 217). L'utilité de cette disposition est évidente. Par exemple, un des époux veut faire un acte de disposition (achat ou vente) qu'il ne peut effectuer seul et pour lequel le consentement de son conjoint est nécessaire. Or ce dernier refuse de le donner. L'époux peut alors se faire autoriser par le juge à conclure seul cet acte. La mise en œuvre d'une telle mesure suppose que l'époux **requérant dispose déjà de pouvoirs** sur l'immeuble, et que la perfection de l'opération envisagée nécessite le concours ou le consentement de son conjoint. Il s'agit donc d'une mesure d'extension des pouvoirs de l'époux demandeur. **12790**
Appliquée à la vente de l'immeuble, l'hypothèse du **concours** concerne un époux commun en biens souhaitant procéder à la vente d'un immeuble dépendant de la communauté ou un époux qui, quel que soit son régime matrimonial, souhaite vendre un immeuble lui appartenant indivisément avec son conjoint. L'hypothèse du **consentement** concerne la vente par un époux d'un immeuble lui appartenant en propre et constituant le logement de la famille au sens de l'article 215, alinéa 3 du Code civil (voir nos 12470 s.).
Cette autorisation judiciaire ne peut pas permettre une opération portant sur un immeuble sur lequel l'époux **requérant n'a aucun droit**, comme la vente d'un immeuble appartenant à titre de bien propre à son conjoint. Elle ne peut pas non plus permettre la vente d'un immeuble appartenant au conjoint du demandeur et pour l'aliénation duquel seul le consentement, et non le concours, de l'époux requérant serait requis : c'est l'hypothèse du logement de la famille appartenant au défendeur (la vente de ce bien, dans un tel cas de figure, peut toutefois être autorisée sur le fondement de l'article 219 du Code civil lorsque l'époux propriétaire se trouve hors d'état de manifester sa volonté, voir nos 12820 s.).

CONDITIONS DE MISE EN ŒUVRE DE L'AUTORISATION JUDICIAIRE DE PASSER UN ACTE

12792 **Époux hors d'état de manifester sa volonté** C'est généralement l'altération des **facultés mentales** du conjoint ou un problème lié à sa **santé physique** qui justifient le recours à une mesure d'autorisation judiciaire.

L'impossibilité pour un époux de manifester sa volonté peut résulter d'autres circonstances : son **éloignement**, par exemple lié à un voyage lointain ou à des opérations militaires, ou son **absence** au sens juridique du terme. S'agissant de cette dernière circonstance, on relèvera la priorité donnée à la mise en œuvre des règles résultant du régime matrimonial sur celles applicables à la représentation de l'absent, lorsque les premières permettent de pourvoir suffisamment aux intérêts en cause (C. civ. art. 121). Mais si le conjoint peut pourvoir suffisamment aux intérêts en cause par application du régime matrimonial, et notamment par l'effet d'une décision obtenue en vertu des articles 217, 219, 1426 et 1429 du Code civil, l'autorisation judiciaire peut jouer en cas d'absence.

12794 **Refus injustifié d'un époux** Il s'agit le plus souvent de surmonter un conflit ou une divergence entre les époux sur l'opportunité de réaliser un acte de disposition. Le juge devra apprécier si le refus opposé par le conjoint du demandeur est en contrariété avec l'**intérêt de la famille**. Cette appréciation est une question de fait qui relève de la compétence des juges du fond qui ont un pouvoir souverain d'appréciation. Pour cela, le juge prendra en compte non seulement l'intérêt des seuls époux, mais aussi celui de la famille en son entier, englobant les enfants.

ILLUSTRATIONS

Est justifiée par l'intérêt de la famille, alors que l'un des époux s'y oppose, la vente d'un immeuble commun en vue d'acquitter le passif de la communauté (Cass. 1e civ. 31-1-1974 n° 71-14.700 : Bull. civ. I n° 37) ou de faire face à une situation de surendettement du couple. Il en va de même de la vente de l'officine de pharmacie d'un époux permettant d'apurer au mieux le passif important du fonds (Cass. 1e civ. 22-11-2005 n° 03-13.621 : Bull. 1e civ. n° 440). Par ailleurs, l'attribution à titre provisoire de la jouissance du domicile conjugal à l'un des époux par le juge du divorce ne fait pas obstacle à une autorisation judiciaire de vente du logement familial à la demande de l'autre époux en application de l'article 217 du Code civil (Cass. 1e civ. 30-9-2009 n° 08-13.220 qui a également précisé que « la vente projetée en vue de ne pas aggraver un déficit et de parvenir à une gestion de trésorerie plus saine, apparaissait conforme à l'intérêt de la famille »).

PROCÉDURE DE L'AUTORISATION JUDICIAIRE DE PASSER UN ACTE

12796 La demande d'autorisation est formée par **requête**, adressée au juge des tutelles des majeurs (tribunal judiciaire) lorsque le conjoint est hors d'état de manifester sa volonté ou au juge aux affaires familiales (tribunal judiciaire) lorsque le conjoint oppose un refus de passer l'acte non justifié par l'intérêt de la famille (CPC art. 1286). Dans le premier cas, la demande est instruite comme en matière gracieuse (CPC art. 1289). Dans le second, l'époux demandeur doit suivre la procédure à jour fixe applicable en matière contentieuse (CPC art. 1287).

La décision rendue est susceptible d'**appel**, lequel est formé, instruit et jugé, selon le cas, comme en matière gracieuse ou comme en matière contentieuse.

L'acte autorisé peut être signé dès que la décision judiciaire est devenue exécutoire. Ce **caractère exécutoire** résulte soit des termes mêmes de la décision si elle en est expressément assortie, soit, dans le cas contraire, du caractère définitif de la décision. Il est justifié de ce caractère définitif par l'acte d'acquiescement de la partie défenderesse ou par la notification de la décision et un certificat de non-recours délivré par le greffe de la juridiction.

EFFETS DE L'AUTORISATION JUDICIAIRE DE PASSER UN ACTE

12798 L'acte passé dans les conditions fixées par l'autorisation de justice est **opposable** à l'époux dont le concours ou le consentement a fait défaut ; mais il n'entraîne aucune obligation personnelle à la charge de cet époux (C. civ. art. 217, al. 2). Si le conjoint dépasse les prescriptions du juge, l'acte ainsi passé pourra faire l'objet d'une annulation.

En cas de vente d'un immeuble bien commun, l'époux dont les pouvoirs ont été transférés n'aura pas la **qualité de vendeur** et ne sera pas tenu des obligations qui pèsent sur le vendeur à l'égard de l'acquéreur : obligations de délivrance, de garantie contre l'éviction et de garantie des vices cachés.

c. Représentation judiciaire du conjoint

CONDITIONS DE MISE EN ŒUVRE DE LA REPRÉSENTATION JUDICIAIRE DU CONJOINT

Si l'un des **époux** se trouve **hors d'état de manifester sa volonté**, l'autre peut se faire habiliter par justice à le représenter, d'une manière générale ou pour certains actes particuliers, dans l'exercice des pouvoirs résultant du régime matrimonial, les conditions et l'étendue de cette représentation étant fixées par le juge (C. civ. art. 219). Le recours à cette mesure est donc limité à l'hypothèse de l'époux hors d'état de manifester sa volonté (sur cette notion, voir n° 12792). L'objectif est d'éviter l'ouverture d'une mesure de protection. **12820**

PROCÉDURE DE LA REPRÉSENTATION JUDICIAIRE DU CONJOINT

La demande d'habilitation est présentée au **juge des tutelles** des majeurs (CPC art. 1286). L'appel est formé, instruit et jugé comme en matière gracieuse (CPC art. 1289). **12822**
L'acte considéré peut être régularisé dès que la décision judiciaire est exécutoire (voir n° 12796).

CHAMP D'APPLICATION DE LA REPRÉSENTATION JUDICIAIRE DU CONJOINT

L'habilitation donnée à l'un des époux de représenter son conjoint vaut pour l'exercice de tous les pouvoirs résultant pour ce dernier du régime matrimonial. Elle permet donc de représenter un conjoint à l'occasion d'opérations pour lesquelles celui-ci a des **pouvoirs partagés** (vente d'un bien commun) **ou** même **exclusifs** (vente d'un bien propre ou personnel). Il ne s'agit pas, ici, de remédier à un refus de cet époux. **12824**
Un époux peut ainsi être autorisé à représenter son conjoint, hors d'état de manifester sa volonté, afin de procéder à la vente du **logement de la famille** appartenant à ce dernier (CA Paris 16-12-1999 : JCP N 2001 p. 990, à propos d'un conjoint atteint de la maladie d'Alzheimer). L'époux requérant intervient alors à l'acte à un double titre : comme représentant de son conjoint empêché pour consentir pour son compte à la vente, et en son nom personnel pour donner le consentement prévu par l'article 215, alinéa 3 du Code civil (voir n°s 12470 s.).
Cette habilitation judiciaire est même possible lorsque le conjoint défaillant dont la représentation est demandée a été placé, en raison de son état, sous l'un des régimes de protection des **majeurs protégés** (Cass. 1e civ. 18-2-1981 n° 80-10.403 : Bull. civ. I n° 60, s'agissant d'une curatelle) ou aurait pu l'être (Cass. 1e civ. 9-11-1981 n° 80-16.011 : Bull. civ. I n° 333, s'agissant d'une tutelle).

EFFETS DE LA REPRÉSENTATION JUDICIAIRE DU CONJOINT

Le **conjoint représenté** est tenu par l'acte passé en son nom comme s'il y avait directement participé. Il est donc obligé comme vendeur et tenu aux obligations de délivrance et de garanties qui pèsent sur tout vendeur. A priori, l'époux représenté fait l'objet d'un dessaisissement. En effet, l'établissement d'une représentation légale ou judiciaire dessaisit pendant sa durée le représenté des pouvoirs transférés au représentant (C. civ. art. 1159, al. 1). **12826**
De son côté, le **conjoint** agissant uniquement comme **représentant** de l'époux empêché n'est pas obligé à titre personnel.

2. MESURES APPLICABLES AUX ÉPOUX COMMUNS EN BIENS

SUBSTITUTION DE POUVOIRS

La substitution de pouvoirs organisée par l'article 1426 du Code civil permet un véritable transfert de pouvoirs sur les **biens communs** au bénéfice de l'un des époux qui agit en son nom propre, et non en représentation de son conjoint. Si l'un des époux se trouve, d'une manière durable, hors d'état de manifester sa volonté (maladie, éloignement...), ou si sa gestion de la communauté atteste l'inaptitude (par exemple, gestion désastreuse d'un immeuble de rapport) ou la fraude, l'autre conjoint peut demander en justice à lui être substitué dans l'exercice de ses pouvoirs. Le conjoint ainsi habilité par justice a les mêmes pouvoirs qu'aurait eus l'époux qu'il remplace ; il passe avec l'autorisation de justice les actes pour lesquels son consentement aurait été requis s'il n'y avait pas eu de substitution (C. civ. art. 1426, al. 1 et 2). **12850**
L'époux privé de ses pouvoirs peut en demander au juge la restitution, en établissant que leur transfert à l'autre conjoint n'est plus justifié (C. civ. art. 1426, al. 3).
La procédure à suivre est celle qui s'applique à la séparation de biens judiciaire (C. civ. art. 1445 à 1447).

> Précisions Si l'un des époux a outrepassé ses pouvoirs sur les biens communs, l'autre, à moins qu'il n'ait ratifié l'acte, peut en demander l'**annulation**. L'action appartient uniquement au conjoint de l'auteur de l'acte irrégulier dans les deux années à partir du jour où il a eu connaissance de l'acte, sans pouvoir jamais être intentée plus de deux ans après la dissolution de la communauté.

RESTRICTION DE POUVOIRS

12852 Si l'un des époux se trouve, d'une manière durable, hors d'état de manifester sa volonté, ou s'il met en péril les intérêts de la famille en laissant dépérir ses **biens propres** ou en dissipant ou détournant les revenus qu'il en retire, il peut, à la demande de son conjoint, être dessaisi de ses pouvoirs d'administration et de jouissance sur ses biens propres. À compter de la demande, l'époux dessaisi ne peut disposer seul que de la nue-propriété de ses biens (C. civ. art. 1429, al. 1 et 3). Pour les conditions de forme, l'article 1429 renvoie aux dispositions relatives à la séparation de biens judiciaire (C. civ. art. 1445 à 1447).
L'époux propriétaire des biens se voit retirer certains de ses pouvoirs qui seront alors transférés à son conjoint, sauf si le jugement considère qu'il est préférable de nommer un administrateur judiciaire (C. civ. art. 1429, al. 2). L'époux propriétaire ne perd pas toutes ses prérogatives, puisque à compter de la demande, l'époux dessaisi ne peut disposer seul que de la nue-propriété de ses biens (C. civ. art. 1429, al. 3).
L'époux dessaisi de ses pouvoirs peut enfin demander en justice à rentrer dans ses droits, s'il établit que les causes qui avaient justifié le dessaisissement n'existent plus (C. civ. art. 1429, al. 4).

3. ARTICULATION DES DIFFÉRENTS DISPOSITIFS

AUTORISATION ET REPRÉSENTATION JUDICIAIRES DU RÉGIME PRIMAIRE

12870 Les mesures d'autorisation (C. civ. art. 217) et de représentation (C. civ. art. 219) judiciaires partagent une **vocation commune** à s'appliquer lorsqu'un époux est hors d'état de manifester sa volonté. Le choix entre les deux dispositifs a une incidence, leurs effets n'étant pas les mêmes à l'égard de l'époux hors d'état d'exprimer son consentement.
Lorsque la vente porte sur un bien commun, les deux mesures paraissent être en concours et avoir une **vocation concurrente** à s'appliquer. Il semble que dans ce cas, le mécanisme de l'autorisation doive être privilégié pour permettre à l'époux demandeur de compléter le pouvoir dont il dispose déjà sur le bien, plutôt qu'une mesure de représentation qui paraît réservée au cas où le demandeur serait dépourvu de pouvoirs.
L'autorisation judiciaire a une **vocation exclusive** à s'appliquer lorsque l'époux dont le concours ou le consentement est requis oppose un refus non justifié par l'intérêt de la famille. Même vocation exclusive, mais cette fois au profit de la représentation, dans la situation où l'époux demandeur est dépourvu de pouvoirs sur l'immeuble de l'époux empêché. Une simple autorisation suppose que le demandeur dispose déjà de pouvoirs sur le bien. Ainsi, un époux ne peut pas fonder une demande sur l'article 217 du Code civil pour un bien personnel de l'époux empêché, et ce quel que soit le régime matrimonial des époux.

HABILITATIONS JUDICIAIRES ET MESURES DE PROTECTION DES MAJEURS

12872 Lorsqu'un époux éprouve une altération de ses facultés par accident, maladie, infirmité ou affaiblissement dû à l'âge et n'est plus en mesure d'exprimer un consentement, les mécanismes d'autorisation et de représentation judiciaires (C. civ. art. 217 et 219) entrent en concurrence avec les mesures de protection des majeurs (tutelle, curatelle, habilitation familiale).
La **primauté** est en principe donnée aux dispositifs prévus par les régimes matrimoniaux : il n'y a pas lieu d'ouvrir une mesure de protection judiciaire qui devrait être dévolue au conjoint si, par application du régime matrimonial et notamment par les règles des articles 217 et 219, 1426 et 1429 du Code civil, par les règles du droit commun de la représentation ou par un mandat de protection future conclu par l'intéressé, il peut être suffisamment pourvu aux intérêts de la personne protégée (C. civ. art. 428 ; Cass. 1e civ. 1-2-2012 nº 11-11.346 : Bull. civ. I nº 19, privilégiant l'application du régime matrimonial à l'ouverture d'une tutelle).

HABILITATIONS JUDICIAIRES ET ABSENCE

12874 Lorsqu'en raison de son absence l'un des époux est hors d'état de manifester sa volonté, le Code civil donne la **primauté** aux dispositions du régime matrimonial (C. civ. art. 121) si leur application permet de pourvoir suffisamment aux intérêts en cause.

ÉPOUX COMMUNS EN BIENS

Quelles sont les mesures applicables dans l'hypothèse où l'époux hors d'état de manifester sa volonté est commun en biens ? 12876

Lorsqu'il s'agit de vendre un **immeuble commun**, le dispositif de l'autorisation judiciaire (C. civ. art. 217) devrait être privilégié car il est adapté à une **mesure ponctuelle**. La demande en justice permet d'obtenir directement l'autorisation d'aliéner le bien, alors que le système de la substitution de pouvoirs (C. civ. art. 1426, al. 1), qui est destiné à organiser la gestion globale de la communauté en cas d'**empêchement durable** d'un époux, n'autorise la vente d'un immeuble qu'au prix d'une demande spécifique (C. civ. art. 1426, al. 2). Quant au mécanisme de la représentation judiciaire (C. civ. art. 219), qui a surtout vocation à s'appliquer au cas où le demandeur serait dépourvu de pouvoirs sur le bien, il paraît devoir être exclu s'agissant de la vente d'un immeuble commun.

Si la vente concerne un **immeuble propre** de l'époux commun en biens, seul le dispositif de la représentation judiciaire (C. civ. art. 219) peut être invoqué, à l'exclusion de l'autorisation judiciaire (C. civ. art. 217) qui suppose que le demandeur ait déjà des pouvoirs sur le bien concerné, et du mécanisme de transfert de pouvoirs (C. civ. art. 1429) qui ne concerne que les actes d'administration.

ÉPOUX EN INDIVISION

Lorsque les époux sont propriétaires indivisément, le droit de l'indivision offre des mesures judiciaires applicables en cas de crise ou de difficultés. 12878

L'article 815-5 du Code civil, dont la formulation est proche de celle de l'article 217, permet à un indivisaire de demander en justice à être autorisé à passer seul un acte pour lequel le consentement du coïndivisaire est nécessaire, si le refus de celui-ci met en péril l'intérêt commun. L'acte passé dans les conditions fixées par l'**autorisation judiciaire** est opposable à l'indivisaire dont le consentement fait défaut. Il existe toutefois quelques différences entre les deux textes. S'agissant des conditions de leur mise en œuvre, l'article 217 suppose que le refus ne soit pas justifié par l'intérêt de la famille, notion plus large que l'intérêt commun des indivisaires, d'une part parce qu'elle intègre les autres membres de la famille, d'autre part parce que l'intérêt de la famille peut tenir à des intérêts non seulement patrimoniaux, mais aussi personnels, moraux ou éducatifs.

L'article 815-4 du Code civil est la réplique quasiment exacte de l'article 219 : il ouvre, dans les mêmes termes, la possibilité d'obtenir la mise en place d'une mesure de **représentation judiciaire** lorsque l'un des indivisaires est hors d'état de manifester sa volonté. Les articles 815-4 et 219 du Code civil sont des textes jumeaux, et il semble qu'une demande puisse, techniquement, être indistinctement fondée sur l'un ou l'autre de ces deux textes. Il nous paraît cependant préférable de recourir à la mesure issue du régime matrimonial primaire, dans la mesure où la qualité d'époux a, selon nous, une « densité » plus forte que celle d'indivisaire.

D. Ventes entre époux

La vente entre époux est juridiquement possible **depuis le 1er juillet 1986**, date d'entrée en vigueur de la loi 85-1372 du 23 décembre 1985 portant réforme des régimes matrimoniaux. Cette possibilité, rarement mise en œuvre en pratique, est ouverte à tous les époux, même s'ils se sont mariés avant cette date. 12930

UTILITÉ DE LA VENTE ENTRE ÉPOUX

Les ventes entre époux présentent une utilité surtout pour les **époux séparés de biens**, leur permettant de (re)composer comme ils l'entendent la consistance de leurs patrimoines respectifs. Un époux peut ainsi acquérir un immeuble dans lequel il exerce son activité professionnelle et qui appartient à son conjoint, ou au contraire mettre dans le patrimoine de son conjoint un bien qu'il souhaite soustraire à ses éventuels créanciers (par exemple, le logement du couple). La vente permet également aux époux séparés de biens de clarifier les relations pécuniaires entre leurs patrimoines en leur ouvrant la possibilité, par exemple, d'effectuer une dation en paiement si l'un d'eux est débiteur à l'égard de l'autre mais ne dispose pas de liquidités pour opérer un règlement. 12932

Lorsque les époux sont soumis à un régime de **participation aux acquêts**, la vente permet d'assurer à l'acquéreur la propriété et la maîtrise d'un immeuble dans lequel il exerce son activité professionnelle ; elle peut également être utilisée par les époux afin de choisir les biens qu'ils exposent aux poursuites de leurs créanciers respectifs.

Entre **époux communs en biens**, la vente permettrait que l'immeuble appartenant en propre à l'un d'eux devienne commun et se trouve alors concerné par une clause de partage inégal de communauté, assurant au survivant des époux lors du premier décès des droits plus étendus ou même une propriété privative par l'effet d'une clause de préciput. Il serait également concevable que l'un des époux communs en biens s'assure la propriété privative de l'immeuble commun s'il a la possibilité de réaliser l'acquisition en emploi ou en remploi de biens propres. Mais on signalera que de telles ventes, parce qu'elles ont pour effet de modifier le statut d'un bien au sein du régime matrimonial sans respecter la procédure de contrôle judiciaire applicable en cas d'opposition à un changement de régime matrimonial, étaient tenues pour illicites par la Chancellerie ainsi qu'une partie importante de la doctrine (Rép. Ceyrac : AN 5-1-1987 p. 69 n° 10476 ; G. Champenois, Defrénois 1992 art. 35303 n° 86 ; G. Morin, Les ventes entre époux : Defrénois 1991 art. 35117 ; en sens contraire, favorable à de telles ventes : M. Dagot, La vente entre époux : JCP G 1987, I n° 3272). Cet argument peut-il être maintenu compte tenu de la déjudiciarisation du changement de régime matrimonial opérée par la loi 2006-728 du 23 juin 2006 puis par la loi 2019-222 du 23 mars 2019 portant réforme pour la justice ? À notre avis, oui. D'une part, parce que l'homologation judiciaire reste encore obligatoire dans certains cas (présence d'enfant mineur sous l'administration légale pour lequel le notaire a décidé de saisir le juge des tutelles pour vérifier que les intérêts patrimoniaux du mineur sont bien préservés, opposition d'un enfant majeur, notamment). D'autre part, en raison du formalisme qui doit toujours être respecté (acte notarié requis à titre de validité, information et protection des enfants majeurs ainsi que des créanciers). La vente d'un bien propre par un époux au profit de son conjoint qui l'acquiert lui-même à titre de bien propre (par emploi ou remploi) semble en revanche licite et ne fait pas l'objet de la même controverse.

MODALITÉS DE LA VENTE ENTRE ÉPOUX

12934 **Sincérité de l'opération** La vente entre époux peut seulement être réalisée si elle est sincère ; or elle se prête à des **fraudes**.

Fraude aux droits des **héritiers**, en faisant par exemple passer un actif d'un patrimoine à l'autre à l'effet d'avantager un conjoint en secondes noces au détriment de ses enfants d'un premier mariage. Si la vente réalise une donation entre époux, par l'avantage qu'elle transmet de l'un à l'autre dans une intention libérale, cette donation pourra être invoquée par les héritiers réservataires du « donateur », à charge pour eux d'en apporter la preuve en vue d'obtenir sa réduction si elle porte atteinte à leur réserve.

Fraude aux droits des **créanciers**, en diminuant la consistance du patrimoine de l'un des époux et donc le gage de ses créanciers.

En **pratique**, la fraude est souvent réalisée par la quittance d'un prix qui n'a en réalité pas été payé, ou par la restitution (occulte) du prix par le vendeur à l'acquéreur après réalisation de la vente ou bien encore par la fixation d'un prix ne correspondant pas à la valeur de l'immeuble (par exemple, Cass. 3e civ. 30-11-2017 n° 15-22.861 FS-PBI, à propos de ventes croisées de parts de SCI consenties à vil prix, transposable aux ventes d'immeubles).

12936 **Vente entre époux communs en biens** Lorsque l'**immeuble** vendu est **propre** à l'un des époux, il peut être acquis par l'autre pour son compte personnel ou pour celui de la communauté. Dans le premier cas, il conviendra de respecter les formalités d'emploi ou de remploi (voir nos 12638 s.). Si l'acquisition est réalisée au moyen de deniers communs, ou si les formalités d'emploi ou de remploi ne sont pas effectuées, l'immeuble acquis deviendra commun.

Lorsque l'**immeuble** est **commun**, il peut être acquis par l'un des époux à titre d'emploi ou de remploi de deniers propres, et devenir la propriété personnelle de l'époux acquéreur.

On rappellera toutefois que la vente entre époux ayant pour objet un bien commun ou un bien propre destiné à devenir commun suscite la controverse (voir n° 12932).

12938 **Vente entre époux séparés de biens** La séparation des patrimoines des époux se prête à la réalisation d'une vente entre eux. L'immeuble **propriété exclusive** de l'un des époux peut être vendu à l'autre en totalité ou pour une quote-part indivise.

Lorsque l'**immeuble** est **indivis** entre les époux, il pourra être mis fin à l'indivision au moyen de la vente par l'un à l'autre de ses droits indivis. Cette opération est communément appelée « vente à titre de licitation ».

12940 **Vente entre époux soumis à la participation aux acquêts** Pendant le mariage, le régime de la participation aux acquêts fonctionne comme celui de la séparation de biens ; les opérations envisagées sous ce régime lui sont donc transposables (voir n° 12938).

IV. PERSONNES PACSÉES

TEXTES APPLICABLES

Le pacte civil de solidarité (Pacs) a été introduit en droit français par la loi 99-944 du 15 novembre 1999, entrée en vigueur immédiatement (JO 16). Ce **contrat** permet à deux personnes physiques majeures, de sexe différent ou de même sexe, d'organiser leur vie commune (C. civ. art. 515-1). 12990
Une **réforme du Pacs**, modifiant en profondeur son régime juridique, a été opérée par la loi 2006-728 du 23 juin 2006 portant réforme des successions et des libéralités (JO 24).
Les dispositions actuelles, substituant à l'ancien régime de l'indivision institué par la loi du 15 novembre 1999 un régime de séparation des patrimoines, s'appliquent uniquement aux pactes conclus après son **entrée en vigueur**, soit à compter du 1er janvier 2007.
Les rédacteurs d'actes peuvent rencontrer des partenaires soumis à l'un ou l'autre des régimes, selon que le Pacs a été conclu avant ou après le 1er janvier 2007. Les partenaires ayant conclu un pacte sous l'empire de la loi ancienne ont la faculté de soumettre celui-ci aux dispositions de la loi nouvelle par convention modificative.

PUBLICITÉ DU PACS

Les Pacs sont mentionnés en marge de l'acte de naissance des intéressés avec l'indication de l'identité de leur partenaire. L'accomplissement de cette formalité rend le Pacs opposable aux tiers (C. civ. art. 515-3-1). 12992
S'agissant des conventions de Pacs établies **sous signatures privées**, il appartient à l'officier de l'état civil de procéder à l'enregistrement et à l'inscription (C. civ. art. 515-3, al. 4).
S'agissant des conventions de Pacs établies **sous la forme notariée**, le notaire qui a reçu le pacte se charge de faire effectuer l'inscription (C. civ. art. 515-3, al. 5).
Pour les personnes de **nationalité étrangère** nées à l'étranger, l'information est portée sur un registre tenu au service central d'état civil du ministère des affaires étrangères (C. civ. art. 515-3-1).
Au vu d'un simple acte de naissance, les tiers peuvent **savoir si une personne est pacsée** et connaître l'identité de son partenaire. Les tiers sont également informés des modifications éventuelles apportées au Pacs ou de sa dissolution, ces informations devant être portées en marge des actes de naissance des partenaires (C. civ. art. 515-3-1 et 515-7).

A. Acquisition

1. PACS CONCLU DEPUIS LE 1er JANVIER 2007

PRINCIPE DE SÉPARATION DES PATRIMOINES

Sauf dispositions contraires de la convention initiale ou d'une convention modificative, les couples qui concluent un Pacs depuis le 1er janvier 2007 sont automatiquement soumis à un régime de séparation des biens (C. civ. art. 515-5). Chacun est seul **propriétaire des biens** qu'il acquiert à titre onéreux ou qu'il reçoit à titre gratuit et en conserve l'administration, la jouissance et la libre disposition. 12994
Bien que la loi ne le précise pas, rien n'empêche les partenaires d'acheter certains biens en indivision.
La **preuve de la propriété** des biens, entre partenaires comme à l'égard des tiers, peut se faire par tous moyens. S'agissant d'un immeuble, cette preuve résultera du titre d'acquisition.

OPTION POUR L'INDIVISION

Les partenaires peuvent opter dans leur convention (ou dans une convention modificative) pour un régime d'indivision. Les biens qu'ils achètent ensemble ou séparément à compter de l'enregistrement du Pacs (ou de la convention modificative) sont réputés **indivis par moitié**. Sous le régime de l'indivision, un bien acheté par un partenaire seul devient donc la propriété des deux partenaires. Si l'un des partenaires finance plus de la moitié d'un bien, il ne pourra pas demander à l'autre de lui rembourser l'excédent (C. civ. art. 515-5-1). 12996
Par exception, certains biens restent la **propriété exclusive des partenaires**. Il s'agit notamment (C. civ. art. 515-5-2) :
– des biens acquis avec de l'argent qui appartenait à l'un des partenaires avant l'enregistrement de la convention initiale (ou de la convention modificative par laquelle les partenaires ont adopté le régime de l'indivision) ou avec des fonds reçus par donation ou succession pendant le

Pacs, à la condition qu'une déclaration d'emploi des deniers ait été effectuée dans l'acte d'acquisition. À défaut, les biens acquis sont indivis par moitié, mais celui qui aura investi ses fonds propres disposera d'une créance sur son partenaire ;
– des portions de biens acquises à titre de licitation de tout ou partie d'un bien dont l'un des partenaires était propriétaire au sein d'une indivision successorale ou par suite d'une donation.

GESTION DES BIENS

12998 Sauf disposition contraire de la convention, chaque partenaire est gérant de l'indivision et dispose des mêmes pouvoirs que ceux reconnus aux époux sur les biens communs (C. civ. art. 515-5-3). Chaque partenaire peut donc agir seul pour gérer les biens indivis. Toutefois, la vente des **biens immobiliers** indivis nécessite toujours l'accord des deux partenaires. En cas de cession par l'un des partenaires de tout ou partie de ses droits indivis, l'autre bénéficie obligatoirement d'une priorité pour acheter (sur le droit de préemption de l'indivisaire, voir n°s 37000 s.).
Pour administrer leurs droits indivis, les partenaires peuvent conclure une **convention d'indivision** dans les conditions énoncées aux articles 1873-1 à 1873-15 du Code civil (C. civ. art. 515-5-3, al. 2 et 3). La seule particularité de cette convention est qu'elle est conclue pour la durée du Pacs et que les partenaires peuvent décider, lors de sa dissolution, qu'elle continuera à produire ses effets. Lorsqu'elle porte sur un immeuble, la convention doit être publiée au service de la publicité foncière à peine d'inopposabilité aux tiers (C. civ. art. 515-5-3, al. 2).

PRÉCAUTIONS

13000 La connaissance d'un Pacs conclu par l'acquéreur résultera de sa mention en marge sur l'**acte de naissance** de l'intéressé.
À défaut de mention, aucun pacte n'est opposable aux tiers et l'acquéreur peut agir seul sans autre précaution.
Si l'acte de naissance révèle, par cette mention, l'existence d'un pacte, le notaire devra rechercher, par la production de la **convention initiale ou modificative**, si les partenaires ont adopté le régime optionnel de l'indivision des biens. Dans la négative, l'achat peut être réalisé par le partenaire acquéreur sans autre précaution, l'acte précisant éventuellement la vérification effectuée. Dans l'affirmative, et sauf déclaration d'emploi de deniers personnels, l'immeuble acquis sera soumis au régime de l'indivision, et les éléments d'identification du partenaire devront être indiqués dans l'acte d'acquisition pour permettre l'accomplissement de la formalité de publicité foncière.
En pratique, l'acquisition sous le régime de l'indivision se matérialisera le plus souvent par le concours des deux partenaires à l'acte d'achat.

ATTENTION

Les partenaires liés par un pacte civil de solidarité s'engagent à une vie commune, ainsi qu'à une aide matérielle et une assistance réciproques. Si les partenaires n'en disposent autrement, l'aide matérielle est proportionnelle à leurs facultés respectives (C. civ. art. 515-4, al. 1). La règle ainsi posée est similaire à celle prévue par l'article 214 pour la **contribution aux charges du mariage**. De là, la jurisprudence a appliqué au Pacs les solutions dégagées en matière de séparation de biens selon laquelle le remboursement de l'emprunt contracté pour acquérir l'immeuble où habite le couple relève de l'exécution de la contribution aux charges du mariage (voir n° 12687). Il s'ensuit que le partenaire qui a payé plus que sa part contributive ne bénéficie pas d'une créance contre l'autre (Cass. 1e civ. 27-1-2021 n° 19-26.140 FS-P).

2. PACS CONCLU AVANT LE 1er JANVIER 2007

PRÉSOMPTION D'INDIVISION

13010 Le Pacs conclu avant le 1er janvier 2007 entraîne une présomption d'indivision : les biens dont les partenaires deviennent propriétaires **après la conclusion du pacte** sont présumés indivis par moitié, si l'acte d'acquisition n'en dispose pas autrement (C. civ. art. 515-5, al. 2 ancien). Si une personne célibataire réalise une acquisition alors qu'elle a contracté un pacte, l'immeuble appartient pour moitié indivise à son partenaire alors même que celui-ci n'intervient pas à l'acte.
En **matière immobilière**, lorsque deux partenaires souhaitent acheter conjointement, ils concourent généralement spontanément tous deux à la signature et précisent sous quelle proportion chacun d'eux réalise l'opération.
Si, en revanche, un seul des partenaires pacsés se présente à l'achat, sa préoccupation principale – et celle des professionnels qui l'assistent (notaire, agent immobilier) – ne sera probablement pas de mettre en œuvre la présomption d'indivision, mais plutôt d'en écarter le jeu, considéré comme indésirable.

PRÉCAUTIONS

L'acquéreur ayant contracté un pacte qui souhaite faire échec à la présomption d'indivision peut déclarer dans l'acte qu'il réalise l'achat pour son compte personnel. Une mise à l'écart de la présomption légale qui aurait été prévue dans le pacte lui-même, lors de sa conclusion, serait inefficace. **13012**

Pour permettre à l'acquéreur de se déterminer au regard de l'alternative qui s'ouvre à lui lors de l'achat, le notaire va systématiquement se préoccuper de savoir s'il a conclu un pacte : il sollicitera une copie, avec toutes les mentions marginales éventuelles, de l'**acte de naissance de l'intéressé**.

Lorsque l'acte de naissance révèle l'existence d'un pacte, l'acquéreur doit préciser son intention. S'il laisse jouer la présomption, il convient de préciser dans l'acte de vente les éléments d'identification du partenaire, pour permettre l'accomplissement de la formalité de publicité foncière. Dans le cas contraire, une clause de l'acte devra exclure expressément le jeu de la présomption.

Lorsque l'**acte de naissance n'a pas été obtenu** le jour de la signature de l'acte (situation qui se présentera souvent s'il s'agit de la signature d'un avant-contrat), trois situations peuvent se produire :

– l'acquéreur, qui déclare et justifie qu'un pacte a été conclu avant le 1er janvier 2007, souhaite faire jouer la présomption : il communique alors les éléments d'identification du partenaire pour permettre l'accomplissement de la formalité de publicité foncière ;

– même cas que précédemment, mais l'acquéreur souhaite écarter la présomption : il déclare alors dans l'acte réaliser l'acquisition pour son compte personnel ;

– l'acquéreur déclare qu'il n'a pas été conclu de pacte avant le 1er janvier 2007 : l'acte le précise et il peut être ajouté, par précaution, la déclaration de l'acquéreur selon laquelle il réalise l'acquisition pour son compte personnel, faisant échec, « en tant que de besoin », à la présomption de l'article 515-5 ancien du Code civil.

Ces précautions doivent en principe être prises au stade de l'avant-contrat. À notre avis, la présomption de propriété devrait logiquement jouer au moment de la formation de la vente, et non au moment de sa réalisation et du transfert de propriété. Les déclarations portées dans l'avant-contrat seront réitérées dans l'acte notarié constatant la vente.

B. Vente

POUVOIRS DU VENDEUR

Le **risque** tient à l'éventualité que le vendeur, quelle que soit sa situation conjugale au moment de la vente de l'immeuble, ait été engagé dans un pacte lors de son achat et que, faute de déclaration tendant à l'éviction de la présomption d'indivision (pacte conclu avant le 1er janvier 2007) ou par suite de l'adoption dans le pacte du régime optionnel d'indivision (pacte conclu depuis le 1er janvier 2007), l'immeuble appartienne en réalité pour moitié à son partenaire. Dans ce cas, le partenaire devra bien entendu comparaître à l'acte de (re)vente du bien. **13040**

ATTENTION

On relèvera qu'il n'existe pas de dispositif spécifique protecteur du **logement des partenaires**, à la différence de celui des époux prévu par l'article 215, alinéa 3 du Code civil (nos 12470 s.).

PRÉCAUTIONS

La première vérification à effectuer porte sur la **date d'acquisition** par le vendeur. Pour les pactes conclus avant le 1er janvier 2007, la présomption d'indivision a pu jouer seulement pour les acquisitions réalisées après l'entrée en vigueur de la loi ayant institué le Pacs, soit le 17 novembre 1999. **13042**

Il convient ensuite de se préoccuper de la **situation matrimoniale** du vendeur lors de son achat. S'il était marié, l'éventualité d'un pacte est exclue, l'état d'époux étant un obstacle à la conclusion d'un pacte.

Si l'acquisition a été réalisée par un célibataire à compter du 17 novembre 1999, l'**acte d'achat** doit être consulté afin de déterminer si à sa date l'intéressé était ou non engagé dans les liens d'un Pacs. Lorsque l'existence d'un Pacs est avérée, il faut vérifier si la présomption d'indivision ou le régime optionnel d'indivision a trouvé ou non à s'appliquer. L'indivision peut en effet avoir été écartée par une déclaration selon laquelle l'acheteur réalisait l'acquisition pour son compte personnel (pacte conclu avant le 1er janvier 2007) ou par une déclaration d'emploi de deniers personnels (pacte conclu depuis le 1er janvier 2007 et soumis sur option au régime d'indivision). Si l'acte ne fournit pas ces informations, les vérifications préalables (**acte de naissance** et certificat du greffe du tribunal judiciaire de Paris pour les personnes de nationalité étrangère nées à l'étranger) permettront de savoir si le vendeur avait souscrit un pacte lors de son achat. Dans la négative, l'acte de vente sera établi sur la seule comparution de la personne désignée dans le titre de propriété, même si l'intéressé a entre-temps souscrit un pacte. Dans l'affirmative, la présomption d'indivision ou le régime optionnel d'indivision aura pu jouer. En cas d'indivision avec le partenaire, celui-ci doit concourir à la (re)vente en qualité de propriétaire indivis, covendeur, même s'il n'est pas intervenu à l'acte d'achat ou n'y a même pas été identifié.

V. ACQUISITION EN TONTINE

PRINCIPE DE LA TONTINE

13090 Plusieurs personnes peuvent acheter ensemble un immeuble en prévoyant qu'au décès de l'une d'elles, le bien acquis reste la propriété du ou des survivants. Il s'agit de l'acquisition « en tontine », ou avec « **clause d'accroissement** ». Elle correspond, le plus souvent, à un souci de protection du survivant. L'acquisition en tontine est généralement réalisée par deux personnes ; mais elle peut techniquement être réalisée par davantage d'acquéreurs : au fur et à mesure des décès, l'immeuble se trouve appartenir aux survivants, jusqu'à devenir la propriété exclusive du dernier survivant d'entre eux.

La tontine repose sur le mécanisme de la condition. Chacun des acquéreurs réalise l'acquisition de l'entier immeuble sous **condition suspensive** de sa survie **et** sous **condition résolutoire** de son prédécès. La réforme du droit des contrats ayant abandonné le principe de l'effet rétroactif de la condition suspensive accomplie, il importe donc, pour les contrats conclus depuis le 1er octobre 2016, de stipuler la rétroactivité de la condition suspensive (C. civ. art. 1304-6 ; pour une proposition de formule, voir par exemple D. Montoux, Achat en tontine et réforme du droit des contrats : JCPN 2017 p. 1099). Ainsi, le survivant est réputé avoir été le seul propriétaire de l'immeuble depuis l'achat, et le prédécédé est réputé n'avoir jamais eu aucun droit. Le fait que le survivant devienne seul propriétaire ne résulte pas d'un transfert du patrimoine du prédécédé à son profit. Le titre du survivant est l'acte d'achat initial. Ce mécanisme s'oppose à ce que la clause de tontine soit convenue après l'acquisition indivise. Une telle stipulation serait inefficace, car elle contreviendrait à l'interdiction des pactes sur succession future.

L'achat en tontine est une **opération aléatoire**. Elle implique que les acquéreurs soient soumis tous deux de manière équilibrée à une même chance de gain ou à un même risque de perte et participent tous deux au financement. Cela n'impose cependant pas que les tontiniers aient strictement la même espérance de vie et contribuent de manière rigoureusement égalitaire au paiement du prix. Dans le cas d'une confiscation par l'État d'un bien acquis en tontine, s'est posée la question de savoir si la dévolution à l'État des droits dont était titulaire la personne condamnée n'emportait pas disparition de l'aléa du pacte tontinier, dès lors que l'État survit nécessairement au tiers acquéreur. La Cour de cassation a répondu que la condition de survie demeurant appréciée en la personne de l'acquéreur initial dont les droits sont confisqués, la clause de tontine n'était pas caduque (Cass. 1e civ. avis 15-6-2022 no 9000 FS-B : BPIM 6/22 inf. 431).

APPLICATIONS PRATIQUES

13092 **Entre concubins** L'achat en tontine par des concubins permet d'assurer la **protection du survivant** d'entre eux, alors que la qualité de concubin ou même de partenaire d'un pacte civil de solidarité ne procure, en elle-même, aucun avantage en matière successorale.

Il convient, pour que l'opération ne soit pas requalifiée en donation indirecte ou déguisée, que les deux acquéreurs aient des chances de survie comparables et assurent l'un et l'autre une contribution équilibrée au paiement du prix. À défaut, les **héritiers du prémourant** pourraient demander la réduction de la libéralité si elle portait atteinte à la réserve. Notons que d'un point de vue fiscal, la tontine est dissuasive pour les concubins (voir no 13106).

13094 **Entre époux** L'achat en tontine ne peut pas être réalisé par des époux communs en biens au moyen de **deniers communs**. L'immeuble acquis est alors nécessairement commun.

L'opération peut être réalisée par des époux séparés de biens ou mariés sous le régime de la participation aux acquêts, au moyen de **deniers personnels**, ou encore par des époux communs en biens qui utiliseraient l'un et l'autre des **deniers propres** et respecteraient les formalités d'emploi ou de remploi. Il convient toujours de veiller à ce que les époux partagent de manière équilibrée l'espérance de gain ou le risque de perte, et contribuent l'un et l'autre au financement.

Entre un époux et un tiers Sous les conditions, communes à toutes les acquisitions en tontine, d'un partage des chances de gain ou des risques de perte et d'un paiement effectif du prix par chacun, l'opération peut être réalisée entre un époux et un tiers. 13096

L'opération ne présente aucune singularité lorsque l'**époux** est **séparé de biens**.

Il en est de même lorsque l'acquisition est réalisée par un **époux commun en biens** au moyen de deniers propres avec déclaration d'emploi ou de remploi. Il est même admis que l'époux commun en biens puisse utiliser des deniers communs sans avoir à solliciter le consentement de son conjoint sur le fondement de l'article 1424 du Code civil (Cass. 1e civ. 11-1-1983 n° 81-16.307 : Bull. civ. I n° 15, ayant validé un achat en tontine par un époux avec sa maîtresse). Dans ce dernier cas et selon le dénouement de l'opération, l'immeuble sera censé n'avoir jamais (prédécès de l'époux) ou avoir toujours (prédécès du tiers) dépendu de la communauté. La vente de l'immeuble avant ce dénouement nécessitera toutefois le concours du conjoint, s'agissant d'un immeuble conditionnellement commun.

Dans une fratrie L'achat en tontine était à l'origine souvent réalisé entre des frères et sœurs sans enfants qui partageaient un même **logement**. Cela garantissait au survivant de pouvoir conserver dans des conditions avantageuses son cadre de vie. Mais la pratique de la tontine s'est raréfiée, le régime fiscal applicable étant dissuasif pour des collatéraux (voir n° 13106). 13098

SITUATION DES TONTINIERS

Avant le dénouement La rétroactivité des conditions suspensive et résolutoire sur lesquelles repose la tontine conduit à considérer qu'il n'existe pas d'indivision entre les acquéreurs : un seul d'entre eux sera réputé propriétaire de l'entier immeuble dès l'origine. En l'absence d'indivision, il n'est pas possible de demander le partage. Il y a alors **risque de blocage** si l'un des tontiniers souhaite mettre fin à cette situation et que l'autre s'y oppose. L'immeuble peut toujours être librement vendu du consentement unanime des tontiniers. 13100

L'immeuble ne peut pas être saisi par les **créanciers** de l'un des tontiniers. Cela tient au fait que le propriétaire de l'immeuble n'est pas déterminé tant que la situation n'est pas dénouée. En revanche, la saisie pourrait être diligentée par le créancier commun des acquéreurs.

La tontine étant exclusive du régime de l'indivision, le coacquéreur qui a la jouissance exclusive de l'immeuble doit une **indemnité d'occupation** non à l'indivision, mais à son coacquéreur (Cass. 1e civ. 9-11-2011 n° 10-21.710).

Au dénouement Par le jeu des conditions suspensive et résolutoire, le survivant est **réputé seul propriétaire** de l'immeuble, et les héritiers du prédécédé ne peuvent pas prétendre y avoir de droits. Ce résultat radical est justifié par le caractère aléatoire de l'opération : les héritiers du prédécédé disposaient en principe d'autant de chances que leur auteur soit propriétaire de la totalité de l'immeuble que de risques qu'il n'ait aucun droit. 13102

Les héritiers du prédécédé pourraient **contester l'opération** uniquement s'ils apportaient la preuve de son déséquilibre, soit que les risques ne fussent pas réellement partagés en raison de la différence d'âge des acquéreurs, soit que l'opération ne fût pas à titre onéreux, leur auteur ayant supporté la totalité ou une fraction excessive du prix. L'achat pourrait alors suivant le contexte de l'opération être requalifié de donation indirecte ou déguisée, et soumis à réduction en cas d'atteinte à la réserve héréditaire.

> **Précisions** **a.** Le jeu de la tontine n'est pas écarté lorsque l'**un des tontiniers tue l'autre**. La solution s'explique par le fait que l'article 1304-3 du Code civil, qui répute la condition réalisée lorsque c'est le débiteur, obligé sous cette condition, qui en a empêché l'accomplissement, n'est pas applicable, les acquéreurs n'étant pas dans un rapport d'obligation ; en revanche, les héritiers du tontinier tué peuvent revendiquer une indemnisation au titre de la perte d'une chance (Cass. 3e civ. 5-12-2012 n° 11-24.448 : BPIM 1/13 inf. 60).
>
> **b.** Le jeu de la tontine n'est pas non plus écarté en cas de **confiscation par l'État** du bien en cause (Cass. crim 7-12-2022 n° 21-80.743 FS-B ; voir également n° 13090). La confiscation encourue des droits concurrents du condamné ne porte en effet pas atteinte aux droits du coacquéreur du bien grevé de la clause de tontine : ce dernier reste en effet titulaire de ses propres droits, la condition de survie continuant à devoir être appréciée en la personne des coacquéreurs.

Renonciation à la tontine Les acquéreurs en tontine, pourvu qu'ils agissent de manière unanime, peuvent renoncer au double jeu des conditions suspensive et résolutoire. Ils se trouvent alors dans la situation d'une indivision classique. 13104

REVENTE DE L'IMMEUBLE ACQUIS EN TONTINE

13105 La vente de l'immeuble en tontine peut être réalisée du consentement unanime des propriétaires, sans particularité par rapport à une vente intéressant des indivisaires. Cette vente ne nécessite pas la régularisation préalable d'un acte constatant la renonciation à la tontine. Le prix peut être réparti entre les acquéreurs en proportion de leur contribution au paiement du prix d'acquisition.

RÉGIME FISCAL DE L'ACQUISITION EN TONTINE

13106 **Principe** En principe, la part des droits revenant au survivant par l'effet d'une clause de tontine insérée dans un contrat d'acquisition en commun est soumise aux **droits de succession** selon le régime de droit commun, c'est-à-dire d'après le lien de parenté entre le défunt et le bénéficiaire de l'accroissement (CGI art. 754 A).
Entre concubins, le tarif fiscal est dissuasif : droits exigibles au taux de 60 %, après un modeste abattement d'un montant de 1 594 € (CGI art. 788, IV). En revanche, entre époux ou entre partenaires pacsés, qui sont exonérés de droits de succession, le transfert de propriété ne sera pas taxé (CGI art. 796-0 bis).

13108 **Exception** Par exception, la part recueillie par le survivant par l'effet d'une clause de tontine est soumise non pas aux droits de mutation à titre gratuit mais aux **droits de vente d'immeuble** lorsque les conditions suivantes sont réunies (CGI art. 754 A, al. 2) :
– l'immeuble acheté est affecté à l'habitation principale commune des acquéreurs ;
– sa valeur est inférieure à 76 000 € au décès du prémourant.
Le tontinier survivant peut toutefois opter pour l'application des **droits de succession** (CGI art. 754 A, al. 2). En pratique cette **option** ne présentera réellement d'intérêt que pour les transmissions – exonérées – entre époux, entre partenaires pacsés ou encore entre certains frères et sœurs.
Compte tenu de la hausse du marché de l'immobilier et de la modicité du seuil retenu, spécialement s'agissant d'une résidence principale, ces dispositions ne trouvent guère à s'appliquer.

VI. PERSONNE ABSENTE OU EMPÊCHÉE

13160 Une opération de vente peut intéresser une personne présumée absente, au **sens juridique** du terme. Par exemple, la personne absente est au nombre des indivisaires et ceux-ci souhaitent procéder à la vente de l'immeuble indivis.
L'éventualité d'une vente peut aussi concerner un non-présent, c'est-à-dire une personne qui, **sans être juridiquement** absente (sa disparition n'est pas certaine), se trouve malgré elle hors d'état de manifester sa volonté, notamment par suite d'éloignement.

PROCÉDURE

13162 Lorsqu'une personne a cessé de paraître au lieu de son domicile ou de sa résidence sans que l'on en ait eu de nouvelles, le juge des tutelles peut, à la requête des parties intéressées ou du ministère public, constater qu'il y a **présomption d'absence** (C. civ. art. 112). Les demandes relatives à la présomption d'absence sont présentées au juge des tutelles qui exerce ses fonctions au tribunal judiciaire dans le ressort duquel la personne dont il s'agit de constater la présomption d'absence demeure ou a eu sa dernière résidence. La demande est formée, instruite et jugée selon les règles applicables à la tutelle des majeurs.
Le juge peut désigner un ou plusieurs parents ou alliés, ou toutes autres personnes pour représenter le présumé absent dans l'exercice de ses droits ou dans tout acte auquel il serait intéressé, ainsi que pour administrer tout ou partie de ses biens (C. civ. art. 113).

13164 Lorsqu'il se sera écoulé 10 ans depuis le jugement de présomption d'absence, l'absence pourra être déclarée par le tribunal judiciaire à la requête des parties intéressées ou du ministère public (C. civ. art. 122). Là encore, les demandes relatives à la déclaration d'absence d'une personne sont portées devant le tribunal judiciaire dans le ressort duquel celle-ci demeure ou a eu sa dernière résidence. La demande est formée, instruite et jugée comme en matière gracieuse. Le **jugement déclaratif d'absence** emporte, à partir de sa transcription sur le registre des décès du lieu du domicile de l'absent et en marge de son acte de naissance, tous les effets que son décès aurait eus.

VENTE DE L'IMMEUBLE

13166 La vente d'un immeuble appartenant au **présumé absent** est réalisée par son représentant, autorisé en justice à cet effet selon les règles applicables à la tutelle des majeurs sans conseil de

famille ou, à titre exceptionnel et sur décision expresse du juge, selon les règles de l'habilitation familiale si le représentant est une des personnes mentionnées au n° 12312 (C. civ. art. 113) (voir nos 12280 s.). Lorsque le présumé absent est marié, les dispositions en principe applicables pour sa représentation sont écartées au profit des règles issues du régime matrimonial (C. civ. art. 217, 219, 1426 et 1429) s'il peut être suffisamment pourvu à ses intérêts au moyen d'une décision obtenue sur ce fondement (voir nos 12760 s.).
Une fois la **déclaration d'absence** prononcée, la vente de l'immeuble de l'absent est passée par les personnes que le règlement de sa succession désigne, comme s'il était décédé. Si l'absent reparaît, il recouvre ses biens et ceux qu'il aurait dû recueillir pendant son absence dans l'état où ils se trouvent, le prix de ceux qui auraient été aliénés ou les biens acquis en emploi des capitaux ou des revenus échus à son profit, sans remise en cause des aliénations qui ont été réalisées (C. civ. art. 130).

La vente d'un bien appartenant à une **personne** qui, par suite d'éloignement, se trouve malgré **13168**
elle **hors d'état de manifester sa volonté** est réalisée selon les mêmes conditions que pour une personne présumée absente (C. civ. art. 120).
Lorsque l'immeuble est indivis, les indivisaires qui souhaitent le vendre alors que l'un d'entre eux est hors d'état de manifester sa volonté peuvent se faire habiliter en justice à le représenter, d'une manière générale ou pour certains actes particuliers. Les conditions de cette représentation sont alors fixées par le juge (C. civ. art. 815-4).

VII. INDIVISAIRES

La vente d'un immeuble indivis présente un certain nombre de particularités, que l'**indivision** **13180**
soit **subie** (indivision successorale ou postcommunautaire) **ou voulue** (indivision conventionnelle résultant d'une acquisition conjointe).

A. Vente de l'entier immeuble

1. VENTE PAR L'ENSEMBLE DES INDIVISAIRES

La vente d'un immeuble indivis dans son entier requiert en principe le **consentement unanime** **13182**
des indivisaires (C. civ. art. 815-3, al. 3).
Une vente ou une promesse de vente de l'entier immeuble ne peut être consentie par un indivisaire seul ou une partie des indivisaires sous **condition suspensive** de l'accord du ou des autres indivisaires : la condition, modalité du contrat, ne peut pas porter sur un élément de validité du contrat, tel le consentement (voir n° 30250).

> **Précisions** Si l'immeuble indivis est situé en **outre-mer** (départements ou régions d'outre-mer et collectivités de Saint-Barthélémy, Saint-Martin et Saint-Pierre-et-Miquelon), le ou les indivisaires titulaires de plus de la moitié des droits indivis en pleine propriété peuvent procéder à sa vente. Ce dispositif dérogatoire est valable jusqu'au 31 décembre 2038 (Loi 2018-1244 du 27-12-2018 modifiée par loi 2024-322 art. 51, II-2°). Dans le droit commun, les indivisaires peuvent aussi déroger à la règle de l'unanimité pour vendre un bien, mais seulement s'ils représentent les deux tiers des droits indivis et sur autorisation judiciaire (voir nos 13192 s.).

2. HABILITATIONS JUDICIAIRES

INDIVISAIRE HORS D'ÉTAT DE MANIFESTER SA VOLONTÉ

Si l'un des indivisaires se trouve hors d'état de manifester sa volonté, un autre indivisaire peut se **13184**
faire habiliter par justice à le représenter, d'une manière générale ou pour certains actes particuliers (C. civ. art. 815-4, al. 1). Ce mécanisme de **représentation** trouve principalement à s'appliquer à des actes d'administration, mais il est admis qu'il puisse être mis en œuvre pour des actes de disposition, telle une vente.
L'impossibilité de manifester sa volonté peut être matérielle : affaiblissement de l'indivisaire par suite de maladie, éloignement géographique, par exemple. En cas d'incapacité juridique d'un indivisaire pourvu d'un représentant, ou d'absence présumée ou déclarée, il est généralement considéré que le recours aux habilitations judiciaires spécifiques à ces situations doit être privilégié. L'existence de ces **procédures alternatives** rend en pratique le recours à l'article 815-4 du Code civil exceptionnel.

À défaut de textes spécifiques applicables dans le Code de procédure civile, la **compétence** du tribunal judiciaire, statuant en matière gracieuse, doit être retenue. Le tribunal est saisi par voie de requête présentée par un avocat. L'acte peut être régularisé dès que la décision est exécutoire.
Le juge fixe les **conditions et** l'**étendue de la représentation**.

REFUS D'UN INDIVISAIRE

13186 En cas de refus d'un indivisaire **mettant en péril l'intérêt commun**, le coïndivisaire peut être autorisé en justice à passer seul un acte pour lequel le consentement du premier serait nécessaire (C. civ. art. 815-5, al. 1).
Le refus de l'indivisaire pourra être caractérisé par une mise en demeure infructueuse faite par lettre recommandée avec demande d'avis de réception ou par exploit de commissaire de justice, voire être directement constaté par une sommation interpellative.
La mise en péril de l'intérêt commun relève de l'**appréciation** souveraine des juges du fond. Cet intérêt commun s'entend de celui des indivisaires (et non de celui strictement personnel du demandeur), tenant au bien, au regard de sa bonne gestion ou de sa valeur patrimoniale, que menace le refus. L'intérêt commun peut être, par exemple, de ne pas manquer l'opportunité de réaliser une vente à des conditions particulièrement avantageuses (Cass. 1e civ. 29-11-1988 nº 86-14.496 : Bull. civ. I nº 340) ou de vendre un immeuble inoccupé qui n'est productif d'aucun revenu et engendre des charges importantes, dès lors que le prix offert correspond au prix du marché (Cass. 1e civ. 5-3-2014 nº 12-26.618). L'intérêt commun est mis en péril, par exemple lorsque l'époux, occupant le bien indivis, ne donne aucune suite aux mandats de vente et propositions de vente transmis par son ex-épouse, impuissante pour engager le processus de vente faute d'accès au bien litigieux (Cass. 1e civ. 8-3-2017 nº 15-28.318 F-D). Le fait qu'une promesse de vente ait été antérieurement consentie par les indivisaires demandeurs, qui avaient alors outrepassé leurs droits en ne respectant pas la règle d'unanimité, n'est pas un motif de rejet de la demande d'autorisation (Cass. 1e civ. 29-11-1988 précité).
L'urgence n'est pas une condition de mise en œuvre de l'article 815-5, alinéa 1 du Code civil (Cass. 1e civ. 12-7-2001 nº 99-14.202 : Bull. civ. I nº 236).

13188 **Procédure** La procédure est diligentée par un avocat par voie d'assignation devant le **tribunal judiciaire**. La demande doit porter sur un projet de vente précis, c'est-à-dire à un acquéreur et à un prix déterminés (CA Limoges 10-3-2007 : Juris-Data nº 344207).
Muni de l'autorisation judiciaire passée en force de chose jugée (ce dont il est justifié par un certificat de non-opposition ou de non-appel) ou assortie de l'exécution provisoire, ce qui est devenu le principe depuis le 1er janvier 2020 (CPC art. 514), le demandeur pourra **requérir un notaire** afin de constater la régularisation de la vente par acte authentique.
L'autorisation de vendre sur le fondement de l'article 815-5 du Code civil ne peut pas résulter d'une ordonnance **sur requête** (Cass 3e civ. 28-11-2012 nº 11-19.585 : BPIM 1/13 inf. 76).

13190 **Effets** L'acte passé dans les conditions de l'autorisation est opposable à l'**indivisaire dont le consentement fait défaut** (C. civ. art. 815-5, al. 3), ce qui signifie que l'acte a vis-à-vis de lui la même portée que s'il y avait concouru : il sera tenu aux différentes obligations qui pèsent sur le vendeur.

SITUATION D'URGENCE

13191 Le président du tribunal judiciaire peut prescrire ou autoriser toutes les **mesures urgentes que requiert l'intérêt commun** (C. civ. art. 815-6). À ce titre, il peut notamment :
– autoriser un indivisaire à percevoir des débiteurs de l'indivision ou des dépositaires de fonds indivis une provision destinée à faire face aux besoins urgents ;
– désigner un indivisaire comme administrateur ou nommer un séquestre.
Bien que le texte vise ainsi seulement des actes d'administration, la Cour de cassation l'applique également en matière de vente, acte de disposition, pourvu qu'une telle mesure soit justifiée par l'urgence et l'intérêt commun (Cass. 1e civ. 4-12-2013 nº 12-20.158 : Bull. civ. I nº 236 ; Cass. 1e civ. 10-6-2015 nº 14-18.944 : BPIM 5/15 inf. 335).
Le président du tribunal judiciaire statue en la forme des référés et non en référé, de sorte qu'il n'est pas limité par les conditions applicables en matière de référé (Cass. 1e civ. 15-2-2012 nº 10-21.457 : Bull. civ. I nº 31). Il peut donc statuer en présence d'une contestation sérieuse.
Les dispositions de l'article 815-6 du Code civil entrent en concurrence avec celles de l'article 815-5 du même Code dès lors qu'il y a une situation d'urgence (voir nº 13186, Précisions).

DEMANDE D'UNE MAJORITÉ QUALIFIÉE

13192 La vente d'un bien indivis peut également être autorisée à la demande de l'un ou des indivisaires titulaires d'au moins **2/3** des droits indivis. La majorité requise s'applique donc aux droits indivis et non aux indivisaires (C. civ. art. 815-5-1).
Le **mécanisme** est par ailleurs **exclu** dans les deux cas suivants :
– la propriété du bien est démembrée ;
– l'indivisaire défendeur fait l'objet d'un régime de protection, est présumé absent ou, par suite d'éloignement, se trouve hors d'état de manifester sa volonté.

ATTENTION

La procédure d'autorisation judiciaire de vente d'un bien indivis prévue à l'article 815-5-1 du Code civil est issue de la loi 2009-526 du 12 mars 2009 **entrée en vigueur** le 14 mars 2009. Mais elle est applicable aux indivisions nées avant l'entrée en vigueur de la loi (Cass. 1e civ. 15-1-2014 n° 12-28.378 : Bull. civ. I n° 3).

13194 **Procédure** La première **phase** de la procédure est **notariale**. Les indivisaires titulaires d'au moins 2/3 des droits indivis expriment devant un notaire, à cette majorité, leur intention de procéder à l'aliénation du bien indivis. Cet acte est signifié dans le mois aux autres indivisaires (C. civ. art. 815-5-1, al. 3). Bien que le texte ne précise pas le mode de signification, les travaux préparatoires permettent de penser qu'il doit être recouru à l'acte d'un commissaire de justice. Si l'un ou plusieurs des indivisaires s'opposent à l'aliénation du bien indivis ou ne se manifestent pas dans un délai de 3 mois à compter de la signification, le notaire le constate dans un procès-verbal (C. civ. art. 815-5-1, al. 4).
La seconde **phase** de la procédure est **judiciaire** : la demande d'autorisation est alors portée devant le tribunal judiciaire du lieu de situation de l'immeuble. Le tribunal pourra autoriser l'aliénation du bien uniquement si elle ne porte pas une atteinte excessive aux droits des autres indivisaires (C. civ. art. 815-5-1, al. 5). Si le tribunal fait droit à la vente, celle-ci doit être réalisée par voie de licitation (C. civ. art. 815-5-1, al. 6), c'est-à-dire aux enchères à la barre du tribunal judiciaire, ou en l'étude du notaire devant qui la vente publique est renvoyée.
L'**inconvénient** réel ou supposé de la vente aux enchères et la possibilité d'y échapper au moyen d'une vente de gré à gré et à prix déterminé, en se fondant selon le cas sur l'article 815-5 ou sur l'article 815-6 du Code civil, réduisent l'apport pratique véritable de l'article 815-5-1 de ce même Code comme solution à une difficulté de sortie d'indivision. Au titre de son obligation de conseil, le notaire appelé à recueillir l'intention des indivisaires majoritaires devra d'ailleurs expliquer à ces derniers les suites et les risques éventuels d'une telle procédure (N. Leblond, La crise dans l'indivision : Defrénois 2010 art. 39171 n° 9).

3. VENTE PAR UNE PARTIE DES INDIVISAIRES

13196 Une vente de l'entier immeuble consentie par une partie seulement des indivisaires, au mépris de la règle d'unanimité, est une situation anormale qui ne devrait pas se présenter au **stade de l'acte authentique**, en raison des vérifications auxquelles le notaire est tenu de procéder sur l'identité des propriétaires et l'origine de propriété du bien.
Elle peut cependant se rencontrer au **stade de l'avant-contrat**, le vendeur ayant, volontairement ou non, omis d'indiquer qu'il n'était pas seul titulaire de droits sur le bien.

RELATIONS DE L'INDIVISAIRE VENDEUR AVEC L'ACQUÉREUR

13198 La vente est, dans les relations entre le vendeur et l'acquéreur, valable dans la mesure des droits du vendeur. La solution est ancienne (Cass. civ. 18-11-1879 : DP 1880 I p. 55) et a été depuis réaffirmée (Cass. 1e civ. 16-6-1987 n° 84-17.840 : Bull. civ. I n° 197 ; Cass. 3e civ. 30-1-2001 n° 99-14.423 ; Cass. 3e civ. 12-5-2010 n° 08-17.186 : BPIM 4/10 inf. 306). Cette **validité partielle** est fondée sur la constatation que le vendeur était bien propriétaire à concurrence de ses droits indivis et a pu valablement céder ses droits : la vente ne porte pas sur l'entier immeuble mais sur la quote-part du vendeur.
Les parties sont donc liées par le contrat, alors même qu'il ne produit pas les effets attendus par chacune d'elles.
L'acquéreur peut demander la **nullité partielle** de la vente, à concurrence des droits des indivisaires qui n'ont pas concouru, sur le fondement de la vente de la chose d'autrui (C. civ. art. 1599). Il s'agit d'une nullité relative qui est ouverte uniquement à l'acquéreur et qui se prescrit par 5 ans. Ce fondement ne lui permet pas de demander la nullité totale de la vente, puisque la vente est valable à concurrence des droits du coïndivisaire vendeur.
L'acquéreur, s'il souhaite sortir entièrement du lien contractuel, peut demander la **nullité totale** de la vente sur le fondement d'une erreur ayant vicié son consentement, en justifiant qu'il

entendait acquérir l'entier immeuble, et qu'il n'aurait pas contracté s'il avait connu l'étendue limitée des droits du vendeur. Mais cette action sera rarement entreprise par l'acquéreur, qui souhaite acquérir l'immeuble et donc consolider ses droits plutôt que les anéantir.

Les parties peuvent enfin convenir d'une **résolution amiable** de la situation juridiquement insatisfaisante qu'elles ont créée.

13200 **Éventualité d'un partage ultérieur** Si l'immeuble est **attribué au coïndivisaire vendeur**, ce dernier est, par l'effet déclaratif du partage, réputé seul propriétaire depuis la naissance de l'indivision, et la vente est alors consolidée dans les relations du vendeur et de l'acquéreur.

À l'inverse, si le bien est **attribué à un autre indivisaire**, qui n'a pas concouru à la vente, le vendeur est, toujours par l'effet déclaratif du partage, censé n'avoir jamais eu aucun droit sur l'immeuble, ce qui anéantit les droits que l'acquéreur tenait de lui.

RELATIONS DES AUTRES COÏNDIVISAIRES AVEC L'ACQUÉREUR

13202 La vente est frappée d'**inopposabilité partielle** : inopposable aux indivisaires qui n'y ont pas consenti, et ne produisant aucun effet à leur égard (Cass. 1e civ. 15-6-1994 no 91-20.633 : Bull. civ. I no 212), elle leur est en revanche opposable à concurrence de la quote-part de son auteur (Cass. 3e civ. 5-4-2005 no 02-15.459 : Bull. civ. I no 169).

Les indivisaires qui n'ont pas concouru à la vente peuvent agir en **nullité partielle** de la vente de ses droits par l'indivisaire vendeur, pour défaut de notification et de purge préalable de leur droit de préemption (voir no 37090).

Les coïndivisaires qui souhaitent l'**anéantissement total** de la vente doivent donc fonder leur démarche sur deux voies procédurales : l'action en inopposabilité et l'action en nullité.

B. Vente de droits indivis

VENTE DE DROITS INDIVIS À UN INDIVISAIRE

13204 **Vente faisant cesser l'indivision à l'égard du cédant** Lorsque la vente conduit à faire sortir le cédant de l'indivision, l'opération constitue une opération de partage, assortie de l'**effet déclaratif** du partage. Il importe peu à cet égard que l'indivision subsiste sur le bien entre l'acquéreur et un troisième indivisaire, ou entre des coïndivisaires, acquéreurs conjoints, ou encore que l'indivision subsiste entre les parties sur un ou plusieurs autres biens.

Dans cette situation, s'appliquent non pas les **règles civiles** de la vente, mais celles **du partage** :

– le vendeur ne peut pas exercer l'action en rescision pour lésion de plus des 7/12es applicable en matière de vente. Il peut en revanche intenter l'action en complément de part (voir no 23422) ;

– la vente est assortie de l'effet déclaratif du partage : le vendeur est censé n'avoir jamais eu de droit sur l'immeuble, de sorte que les droits réels consentis par lui sur l'immeuble se trouvent dépourvus de tout effet ;

– le paiement du prix, s'il n'est pas effectué comptant, est garanti par l'hypothèque légale spéciale du copartageant (C. civ. art. 2402, 5°) et non par l'hypothèque légale spéciale du vendeur (C. civ. art. 2402, 1°). À la suite de l'ordonnance 2021-1192 du 15 septembre 2021 portant réforme du droit des sûretés, les privilèges immobiliers spéciaux ont été supprimés et remplacés par des hypothèques légales spéciales. Les conditions de naissance de ces nouvelles sûretés demeurent inchangées. Contrairement aux anciens privilèges immobiliers spéciaux, ces nouvelles hypothèques légales spéciales n'ont en revanche pas de caractère rétroactif ;

– le tiers qui prête des fonds en vue du financement du prix ne peut être garanti, outre l'hypothèque conventionnelle, que par l'hypothèque légale du copartageant par subrogation (C. civ. art. 2402, 5°), et non par l'hypothèque légale spéciale du vendeur par subrogation, ou par l'hypothèque légale spéciale du prêteur de deniers de l'article 2402, 2° du Code civil ;

– le vendeur ne peut pas agir en résolution pour inexécution, à la différence d'un vendeur ordinaire.

Au regard du **droit fiscal**, le droit de partage de 2,5 % (cas des biens dépendant d'une succession ou d'une communauté conjugale, des biens indivis issus de donation-partage et des indivisions entre époux et partenaires de Pacs) ou le droit de vente (autres licitations) est liquidé sur les parts acquises. Mais si l'opération fait cesser totalement l'indivision (à l'égard de l'ensemble des indivisaires et non du seul cédant), les droits sont calculés sur la totalité de la valeur du bien (CGI art. 750).

> **Précisions** Le **taux du droit de partage** applicable en cas de divorce, de rupture d'un Pacs ou de séparation de corps est ramené à 1,1 % depuis le 1er janvier 2022 (CGI art. 746). L'article 750 du CGI n'ayant pas été modifié, la diminution de taux prévue par l'article 746 du même Code ne s'applique pas aux licitations consécutives à une séparation de corps, à un divorce ou à une rupture de Pacs (Rép. Renaud-Garabedian : Sén. 22-12-2022 n° 356). Par suite, le taux du droit de partage applicable aux licitations demeure inchangé.

Vente ne faisant pas cesser l'indivision à l'égard du cédant Lorsque le vendeur ne cède à un ou plusieurs coïndivisaires qu'une partie de ses droits indivis, et reste dans l'indivision pour le surplus, l'opération a un **caractère translatif** et est soumise au **régime des ventes**. 13206

En découle, par opposition à ce qui a été indiqué ci-dessus :
– que la vente est rescindable pour lésion des 7/12es ;
– que le paiement du prix atermoyé est garanti par l'hypothèque légale spéciale du vendeur ;
– que le tiers prêteur peut bénéficier de l'hypothèque légale spéciale du vendeur et de l'hypothèque légale spéciale du prêteur de deniers ;
– que le vendeur peut agir en résolution de la vente pour inexécution.

Cette vente se démarque toutefois d'une vente ordinaire sur différents points, notamment :
– elle n'est pas soumise au droit de préemption urbain et dans les ZAD (n° 37608), au droit de préemption de la Safer (n° 38602), du preneur en place (n° 39695) ni au droit de préemption des indivisaires (nos 37000 s.) ;
– elle bénéficie dans certains cas d'un **régime fiscal de faveur** : les cessions de droits immobiliers indivis dépendant d'une succession ou d'une communauté conjugale sont assujetties à un droit proportionnel de 2,50 % lorsqu'elles interviennent au profit de membres originaires de l'indivision, de leur conjoint, de leurs ascendants ou descendants ou des ayants droit à titre universel de l'un ou de plusieurs d'entre eux ; il en est de même pour les licitations portant sur des biens indivis issus d'une donation-partage et de celles portant sur des biens indivis entre époux ou partenaires d'un Pacs, qu'ils aient été acquis avant ou pendant le mariage ou le pacte. Pour les autres licitations, le tarif applicable est celui des ventes d'immeuble (CGI art. 750). Dans les deux cas, la taxe est liquidée sur le prix des parts acquises.

> **Précisions** Le **taux du droit de partage** applicable en cas de divorce, de rupture d'un Pacs ou de séparation de corps est ramené à 1,1 % depuis le 1er janvier 2022 (CGI art. 746). L'article 750 du CGI n'ayant pas été modifié, la diminution de taux prévue par l'article 746 ne s'applique pas aux licitations consécutives à une séparation de corps, à un divorce ou à une rupture de Pacs (Rép. Renaud-Garabedian : Sén. 22-12-2022 n° 356). Par suite, le taux du droit de partage applicable aux licitations demeure inchangé.

VENTE DE DROITS INDIVIS À UN TIERS À L'INDIVISION

La vente par un indivisaire à un tiers de tout ou partie de ses droits indivis dans un immeuble est une vente. 13208

Cette vente est soumise au **droit de préemption des indivisaires** (voir nos 37000 s.).

Si ce droit n'est pas exercé, le cessionnaire est cependant dans une situation particulière car il n'acquiert pas la qualité d'indivisaire (Cass. 1e civ. 17-10-1973 n° 72-10.948 : Bull. civ. III n° 271). Il n'a donc pas le droit de demander le partage ni l'attribution préférentielle, ni même de prétendre à la jouissance de l'immeuble.

En outre, sa propriété n'est pas définitive. L'acquéreur de droits indivis est en effet exposé au **risque** que, lors **du partage** intervenant entre son vendeur et le coïndivisaire, le bien soit mis dans le lot de ce dernier, avec pour conséquence, attachée à l'effet déclaratif du partage, d'être dépossédé de la propriété du bien. Ses droits se reporteraient sur une soulte de partage due par le coïndivisaire attributaire, et dans la mesure de celle-ci, mais au risque que cette soulte soit même réduite à néant si les droits de l'indivisaire cédant se révélaient inexistants en raison de ses dettes à l'égard de l'indivision.

Cette opération est donc excessivement dangereuse, car l'acquéreur court un risque d'éviction.

C. Acquisition en indivision

De nombreuses acquisitions sont réalisées en indivision : acquisitions par des époux séparés de biens, par des partenaires pacsés, par des concubins, etc. 13210

Sont ici évoquées quelques **particularités** de cette modalité d'achat.

QUOTES-PARTS D'ACQUISITION

13211 À défaut d'**indication dans l'acte** de la proportion dans laquelle chacun des acquéreurs réalise l'acquisition, celle-ci sera réalisée à concurrence de moitié chacun sans qu'il y ait lieu d'avoir égard à la façon dont le bien a été financé (Cass. 1e civ. 19-3-2014 n° 13-14.989 : Bull. civ. I n° 46 ; Cass. 1e civ. 4-3-2015 n° 14-11.278 F-D, à propos de partenaires pacsés).

CRÉANCES ENTRE CONCUBINS ACQUÉREURS EN INDIVISION

13212 Celui des acquéreurs qui a contribué au **financement du bien au-delà de la quote-part acquise** peut prétendre à une créance à l'encontre de son ou ses coacquéreurs (C. civ. art. 815-13).
Son coacquéreur, pour **échapper au remboursement** qui lui est demandé, peut, selon les circonstances et spécialement lorsque les acquéreurs sont des concubins ou des partenaires, prétendre avoir bénéficié d'une donation (pour un exemple, Cass. 1e civ. 2-4-2014 n° 13-11.025 F-D).

CONSEIL

13214 Il est utile, pour éviter les difficultés évoquées ci-dessus, de prendre certaines précautions lors de l'acquisition :
– veiller à réaliser l'acquisition selon des **quotes-parts** correspondant aux contributions de chacun des coacquéreurs, en fonction de leurs apports personnels et de la proportion dans laquelle ils rembourseront, le cas échéant, l'emprunt ;
– préconstituer la **preuve des apports personnels** de chacun, éventuellement par une reconnaissance dans l'acte même.

VIII. INCAPACITÉS SPÉCIALES D'ACQUÉRIR

PERSONNEL DES ÉTABLISSEMENTS PSYCHIATRIQUES, SOCIAUX ET MÉDICO-SOCIAUX

13220 Sauf autorisation de justice, il est interdit, à peine de nullité, à quiconque exerce une fonction ou occupe un emploi dans un **établissement dispensant des soins psychiatriques** de se rendre acquéreur d'un bien ou cessionnaire d'un droit appartenant à une personne admise dans l'établissement (CSP art. L 3211-5-1, al. 1). La même interdiction concerne les personnes physiques propriétaires, gestionnaires, administrateurs ou employés d'un **établissement social ou médico-social**, ainsi que les bénévoles et volontaires qui agissent en leur sein ou y exercent des responsabilités. Les accueillants familiaux sont aussi frappés par cette interdiction (CASF art. L 116-4, II).
Ces mesures sont destinées à protéger la personne vulnérable dans les situations envisagées.
L'interdiction touche également les **personnes interposées**. Sont présumés être dans ce cas : le conjoint, le partenaire d'un pacte civil de solidarité, le concubin, les ascendants et les descendants des personnes auxquelles s'appliquent les interdictions ci-dessus édictées (CSP art. L 3211-5-1, al. 2 ; CASF art. L 116-4, II).
La **sanction** de l'achat réalisé en violation de cette interdiction est la nullité. Cette dernière est, en raison de sa finalité, relative (C. civ. art. 1179). Seule la personne âgée ou vulnérable, ou ses ayants droit, peuvent l'exercer. L'action en nullité se prescrit par 5 ans (C. civ. art. 2224).

> **Précisions a.** Selon la **jurisprudence**, l'interdiction s'applique :
– quels que soient les liens affectifs et familiaux pouvant unir la personne âgée et l'acquéreur (Cass. 1e civ. 12-6-1990 n° 88-14.297 : Bull. civ. I n° 169, concernant la vente par le pensionnaire d'une maison de retraite au profit de sa belle-sœur, directrice de l'établissement) ;
– dans le cas d'une personne admise à l'hôpital en vue d'une observation préparatoire à son admission définitive à la section « maison de retraite » de cet établissement, où elle a été ensuite transférée et où elle a résidé jusqu'à son décès (Cass. 1e civ. 26-1-1994 n° 91-22.361 : Bull. civ. I n° 36).

b. Pour la période courant du 30 décembre 2015 au 12 mars 2021, cette même interdiction était faite aux employés de maison, aux salariés et aux bénévoles accomplissant des **services d'aide à la personne** (CASF art. L 116-4, II créé par la loi 2015-1776 du 28-12-2015 art. 28 et modifié par l'ord. 2016-131 du 10-2-2016 art. 6). Depuis le 13 mars 2021, elle a été levée, déclarée contraire à la Constitution par effet d'entraînement. La censure du Conseil constitutionnel portait sur l'incapacité de recevoir à titre gratuit de ces mêmes personnes visée au I du texte (Cons. const. 12-3-2021 n° 2020-888 QPC : SNH 10/21 inf. 1, SNH 14/21 inf. 12).

REPRÉSENTANTS DES PERSONNES PROTÉGÉES

Tutelle Il est en **principe** interdit aux tuteurs, à peine de nullité, d'acquérir les biens de ceux dont ils ont la tutelle (C. civ. art. 1596). Cette interdiction trouve son fondement dans l'**opposition d'intérêts** existant entre le tuteur et la personne protégée : le premier sera tenté de réaliser l'opération à des conditions avantageuses pour lui et préjudiciables à celle-ci. **13222**
Le tuteur, même avec une autorisation du juge, ne peut pas acheter les biens de la personne protégée (C. civ. art. 509). À titre exceptionnel et dans l'**intérêt de la personne protégée**, le tuteur qui n'est pas mandataire judiciaire (il s'agit donc du tuteur choisi parmi les proches de la personne protégée) peut, sur autorisation du conseil de famille ou, à défaut, du juge, acheter les biens de celle-ci (C. civ. art. 508, al. 1). Pour la conclusion de l'acte, le tuteur est réputé être en opposition d'intérêts avec la personne protégée (C. civ. art. 508, al. 2), ce qui nécessite l'intervention du subrogé tuteur ou d'un tuteur ad hoc.

Les **personnes concernées** par l'interdiction sont : **13224**
– le tuteur du mineur ;
– le tuteur du majeur.
Le subrogé tuteur n'est pas concerné par l'interdiction, à défaut pour lui d'administrer les biens de la personne protégée (Cass. civ. 21-12-1852 : S. 1853 I p. 13).
L'interdiction s'applique aux **personnes interposées** (C. civ. art. 1596, al. 1). Le texte légal ne prévoyant pas de présomption d'interposition de personne, la qualité de personne interposée relève de l'appréciation souveraine des juges du fond au regard des circonstances propres à chaque opération. Peuvent être considérées comme « personne interposée » aussi bien une personne morale qu'une personne physique.

S'agissant des **actes interdits**, le texte légal vise les tuteurs qui se rendraient « adjudicataires » des biens de ceux dont ils ont la tutelle (C. civ. art. 1596, al. 1). Malgré cette formulation, l'interdiction concerne tous les modes d'acquisition : acquisition amiable, acquisition aux enchères publiques ou dation en paiement. **13226**
Est autorisé l'achat à titre de licitation, lorsque le représentant de l'incapable dispose de droits indivis dans l'immeuble appartenant pour partie à l'incapable. Cette opération, assimilée à un partage amiable, doit être préalablement autorisée par le conseil de famille ou le juge des tutelles en cas d'opposition d'intérêts avec la personne protégée et, dans tous les cas, approuvée par ces organes (C. civ. art. 507).
La **sanction** d'un acte passé en violation de l'interdiction est la nullité. Cette dernière est relative, visant à protéger les intérêts du vendeur (Cass. 1e civ. 29-11-1988 n° 87-10.011 : Bull. civ. I n° 341). L'action en nullité se prescrit par 5 ans (C. civ. art. 2224). Ce délai court à compter de l'acte litigieux ou de la découverte de la simulation en cas d'interposition de personne. La nullité relative peut toutefois être couverte par la confirmation (C. civ. art. 1181).

Administration légale L'administrateur légal peut acheter des biens du mineur avec l'autorisation préalable du juge des tutelles. Pour la conclusion de l'acte, l'administrateur légal est réputé être en opposition d'intérêts avec le mineur (C. civ. art. 387-1, 6°). **13227**

> **Précisions** Pour certains auteurs, l'interdiction faite aux représentants des personnes protégées s'appliquerait à l'administrateur légal des biens du mineur, ce dernier étant, à l'instar du tuteur, en charge de l'administration des biens du mineur. L'esprit du texte prévaudrait sur le principe d'interprétation stricte des dispositions légales relatives aux incapacités (Rép. civ. Dalloz, v. Vente : formation – capacité par O. Barret et P. Brun, n° 220).

MANDATAIRES

Il est interdit aux mandataires, à peine de nullité, d'acquérir des biens qu'ils sont chargés de vendre (C. civ. art. 1596, al. 3). L'interdiction trouve son fondement dans l'**opposition d'intérêts** existant entre le mandataire et le mandant : le premier sera tenté de réaliser l'opération à des conditions avantageuses pour lui et préjudiciables au second. **13228**

Les **personnes concernées** par l'interdiction sont les mandataires quant aux biens qu'ils sont chargés de vendre. Le texte ne distingue pas selon l'origine du mandat. L'interdiction vise donc tout mandataire conventionnel, par exemple l'agent immobilier (voir n° 2385) ou le notaire mandatés pour vendre l'immeuble, mais aussi le mandataire judiciaire ou le mandataire légal. En revanche, elle ne concerne pas le clerc de notaire qui se porte acquéreur d'un bien immobilier dépendant d'une succession dont le règlement est assuré par l'étude notariale qui l'emploie dès lors qu'aucun mandat de vente n'a été confié au notaire ; au surplus, le mandat de vente ne peut se déduire ni de la réception de l'acte de vente en son étude ni, de manière plus générale, **13230**

du règlement d'une succession par une étude notariale ; peu importe que ledit clerc de notaire ait eu à connaître au début du dossier de la succession (CA Paris 15-5-2014 n° 12/22240).
Sont également concernées les **personnes interposées**. Est ainsi sanctionnée l'acquisition réalisée par une société qui avait le même dirigeant et le même siège social que son mandataire (Cass. 3e civ. 2-7-2008 n° 07-15.509 FS-PB). Sur la notion de personne interposée, voir également n° 13224 et, à propos des agents immobiliers, n° 2385.

13232 L'interdiction d'acheter n'implique pas, pour son application, que le mandataire ait reçu pouvoir d'engager son mandant vis-à-vis d'un acquéreur ; elle s'applique dès lors que l'**objet du mandat** est la vente d'un bien, le mandat fût-il seulement d'entremise (Cass. 1e civ. 13-4-1983 n° 81-16.728 : Bull. civ. I n° 119). Par ailleurs, l'acquisition est frappée de nullité même si l'achat est réalisé au prix fixé par le mandant (Cass. 1e civ. 27-1-1987 n° 84-16.113 : Bull. civ. I n° 32). En revanche, le mandataire peut acquérir du mandant si celui-ci procède à la **révocation du mandat** et effectue en personne la vente.

13234 S'agissant des **actes interdits** et malgré la formulation du texte légal, qui fait défense aux mandataires de se rendre « adjudicataires » des biens qu'ils sont chargés de vendre, l'interdiction concerne tous les modes d'acquisition, notamment l'acquisition amiable.
La **sanction** est la nullité relative (Cass. 1e civ. 29-11-1988 n° 87-10.011 : Bull. civ. I n° 341). L'action en nullité se prescrit par 5 ans (C. civ. art. 2224). Ce délai court à compter de l'acte litigieux ou de la découverte de la simulation en cas d'interposition de personne. La nullité relative peut toutefois être couverte par la confirmation (C. civ. art. 1181).

ATTENTION

Le **notaire** est tenu de conseiller les parties et d'assurer l'efficacité des actes passés. À ce titre, il doit refuser de donner l'authenticité à une vente de parcelles de terrains illicite, pour avoir été conclue en violation de l'article 1596 du Code civil, au profit du mandataire des vendeurs chargé par eux de vendre, ce dont le notaire avait connaissance. La circonstance que l'acquéreur ait eu l'initiative de l'illégalité commise ne peut à elle seule exonérer le notaire de sa faute et faire obstacle à la recherche de sa responsabilité (Cass. 1e civ. 10-1-1995 n° 92-21.730 : Bull. civ. I n° 24).

ADMINISTRATEURS DES COMMUNES ET DES ÉTABLISSEMENTS PUBLICS

13236 Il est interdit aux administrateurs, à peine de nullité, d'acquérir des biens des communes ou des établissements publics confiés à leurs soins (C. civ. art. 1596, al. 4).
L'interdiction trouve son fondement dans l'**opposition d'intérêts** existant entre l'administrateur et la personne morale administrée : le premier sera tenté de réaliser l'opération à des conditions avantageuses pour lui mais préjudiciables à la seconde.

13238 Les **personnes concernées** par l'interdiction sont celles qui exercent des fonctions exécutives dans les personnes morales administrées. Sont concernés le maire et ses adjoints lorsqu'ils exercent les fonctions de maire, ainsi que les présidents d'établissements publics communaux (bureau de bienfaisance, hospice ou hôpital municipal, service municipal de distribution de l'eau...). Cette interdiction cesse en même temps que les fonctions d'administration.
Sont également concernées les **personnes interposées**. Sur la notion de personne interposée, voir n° 13224.

13240 S'agissant des **actes interdits** et malgré la formulation du texte légal, qui fait défense aux administrateurs de se rendre « adjudicataires » des biens des personnes confiées à leurs soins, la prohibition concerne tous les modes d'acquisition, notamment l'acquisition amiable.
La **sanction** est la nullité relative (Cass. 1e civ. 29-11-1988 n° 87-10.011 : Bull. civ. I n° 341). L'action en nullité se prescrit par 5 ans (C. civ. art. 2224). Ce délai court à compter de l'acte litigieux ou de la découverte de la simulation en cas d'interposition de personne. La nullité relative peut toutefois être couverte par la confirmation (Cass. civ. 20-11-1877 : DP 1877 I p. 497 ; C. civ. art. 1181). Compte tenu de la préoccupation d'intérêt général qui anime cette interdiction, à savoir la protection du patrimoine collectif, la nature de la sanction, en faveur d'une nullité absolue, pourrait être discutée (Rép. civ. Dalloz, v. Vente : formation – capacité par O. Barret et P. Brun, n° 235).

› **Précisions** Indépendamment de la nullité, l'administrateur d'une commune (maire, adjoint et conseiller municipal ayant reçu du maire une délégation de fonction) ou d'un établissement public communal encourt la sanction pénale de **délit de prise illégale d'intérêts** s'il prend ou conserve, directement ou indirectement, un intérêt de nature à compromettre son impartialité, son indépendance ou son objectivité dans une opération dont il a, au moment de l'acte, en tout ou en partie, la charge d'assurer la surveillance, l'administration, la liquidation ou le paiement (C. pén. art. 432-12, al. 1). La peine est de 5 ans d'emprisonnement et/ou de 500 000 € d'amende dont le montant peut être porté au

double du produit tiré de l'infraction. Cette peine est d'un champ d'application plus large que celui de l'article 1596 du Code civil : pourrait être pénalement sanctionnée une personne dont l'acquisition ne serait pas frappée de nullité.
Toutefois, dans les **communes comptant 3 500 habitants** au plus, les maires, adjoints et conseillers municipaux délégués ou agissant en remplacement du maire peuvent traiter avec la commune dont ils sont élus pour le transfert de biens immobiliers dans la limite d'un montant annuel fixé à 16 000 €. Ils peuvent également, par délibération motivée du conseil municipal, acquérir une parcelle d'un lotissement communal pour y édifier leur habitation personnelle, après estimation des biens concernés par le service des domaines, ou acquérir un bien communal pour la création ou le développement de leur activité professionnelle, le prix ne pouvant être inférieur à l'évaluation du service des domaines (C. pén. art. 432-12, al. 2, 3 et 4). Dans ces hypothèses, l'élu intéressé doit s'abstenir de participer à la délibération et le conseil municipal ne peut pas décider de se réunir à huis clos (C. pén. art. 432-12, al. 5).
Plus largement, les **membres du conseil municipal intéressés**, à titre personnel ou comme mandataires, à une affaire soumise au conseil doivent s'abstenir de siéger. À défaut, la délibération est illégale (voir n° 14182, Précisions).

OFFICIERS PUBLICS

Il est interdit aux officiers publics, à peine de nullité, d'acquérir des **biens nationaux** vendus par leur ministère (C. civ. art. 1596, al. 5). 13242

Les **personnes concernées** par l'interdiction sont les préfets et sous-préfets ainsi que les agents du service du domaine de l'État qui ont compétence pour vendre un immeuble appartenant à l'État. Cette incapacité ne pèse pas sur l'officier public en raison de cette seule qualité, mais en raison de son instrumentation ; il peut acquérir lorsque la vente se fait par un autre officier public que lui. 13244
Sont également concernées les **personnes interposées**. Sur la notion de personne interposée, voir n° 13224.

S'agissant des **actes interdits** et malgré la formulation du texte légal, qui fait défense aux officiers publics de se rendre « adjudicataires » des biens confiés à leurs soins, l'interdiction concerne tous les modes d'acquisition, notamment l'acquisition amiable. 13246
La **sanction** est la nullité relative (Cass. 1e civ. 29-11-1988 n° 87-10.011 : Bull. civ. I n° 341). L'action en nullité se prescrit par 5 ans (C. civ. art. 2224). Ce délai court à compter de l'acte litigieux ou de la découverte de la simulation en cas d'interposition de personne. La nullité relative peut toutefois être couverte par la confirmation (C. civ. art. 1181). Compte tenu de la préoccupation d'intérêt général qui anime cette interdiction, à savoir la protection du patrimoine collectif, la nature de la sanction, en faveur d'une nullité absolue, pourrait être discutée (Rép. civ. Dalloz, v. Vente : formation – capacité par O. Barret et P. Brun, n° 235).

> **Précisions** Indépendamment de la nullité, l'officier public est susceptible d'encourir la sanction pénale de **délit de prise illégale d'intérêts** (C. pén. art. 432-12). L'incrimination pénale étant plus large que l'interdiction civile, cette sanction peut frapper un acquéreur alors même que l'acte de vente échapperait à la nullité.

FIDUCIAIRES

Il est interdit aux fiduciaires, à peine de nullité, d'acquérir des biens ou droits composant le patrimoine fiduciaire (C. civ. art. 1596, al. 6) et ce, quel que soit le mode d'acquisition. 13247
Sont également concernées les **personnes interposées**. Sur la notion de personne interposée, voir n° 13224.
Une telle opération est **sanctionnée par** la nullité relative (Cass. 1e civ. 29-11-1988 n° 87-10.011 : Bull. civ. I n° 341), laquelle se prescrit par 5 ans (C. civ. art. 2224). Ce délai court à compter de l'acte litigieux ou de la découverte de la simulation en cas d'interposition de personne. La nullité relative peut toutefois être couverte par la confirmation (C. civ. art. 1181).

GENS ET AUXILIAIRES DE JUSTICE

Il est interdit aux gens et auxiliaires de justice, sous peine de nullité, et des dépens, dommages et intérêts, d'acquérir des droits litigieux qui sont de la compétence du **tribunal dans le ressort** duquel ils exercent leurs fonctions (C. civ. art. 1597). 13248
L'interdiction trouve son **fondement** dans le souci d'éviter que des gens de justice soient amenés à solliciter la juridiction dont ils dépendent ou dans laquelle ils exercent pour juger des suites d'une acquisition qu'ils ont réalisée. Il s'agit de préserver l'institution judiciaire des suspicions que de telles situations pourraient faire naître, et du discrédit qui en résulterait pour elle.

13250 Le texte légal interdit aux gens et auxiliaires de justice d'acquérir « des **procès, droits et actions litigieux** » (C. civ. art. 1597). Un droit est litigieux dès qu'il y a un procès et une contestation sur le fond (C. civ. art. 1700). Il s'agira, par exemple, d'un immeuble dont la propriété est contestée ou revendiquée par un tiers, d'un immeuble grevé d'un passage dont le caractère de servitude est en litige avec un voisin, ou encore d'une propriété bordée d'arbres à l'abattage desquels un voisin prétend au motif qu'ils ne respecteraient pas les distances de plantation.

Un droit est litigieux non seulement lorsque le procès est déjà ouvert et la difficulté déjà soulevée, mais également lorsqu'il est de nature à donner lieu à procès (Cass. req. 11-2-1851 : DP 1851 I p. 242).

13252 **Champ d'application personnel** Les **personnes concernées** par le texte légal sont « les juges, leurs suppléants, les magistrats remplissant le ministère public, les greffiers, huissiers, avocats, défenseurs officieux et notaires » (C. civ. art. 1597). Tous les magistrats sont concernés, quelles que soient leurs fonctions, qu'ils relèvent de l'ordre judiciaire ou de l'ordre administratif. En revanche, les experts judiciaires ne sont pas touchés par l'interdiction.

S'agissant des huissiers, des avocats ou des notaires, l'interdiction ne peut être que large, mais pour les juges ou les magistrats du ministère public, il faut nécessairement prendre en considération la juridiction à laquelle ils sont affectés. Un conseiller prud'homme ou un assesseur d'un tribunal pour enfants, peut donc acquérir aux enchères publiques des parts sociales d'une société civile immobilière. Et il en est de même pour un juge consulaire (Cass. 1e civ. 5-6-2008 n° 06-18.967 F-PB : RTD com. 2009 p. 431).

> **Précisions** Depuis le 1er juillet 2022, la profession d'huissier de justice a été fusionnée avec celle de commissaire-priseur judiciaire au sein d'une nouvelle profession de **commissaire de justice**, laquelle regroupe les attributions normalement dévolues jusqu'à cette date à chacune d'elles. La profession de commissaire de justice sera exclusive de toute autre à compter du 1er juillet 2026 (Ord. 2016-728 du 2-6-2016). Même si la lettre du texte n'a pas été modifiée à la suite de la réforme des professions d'huissier de justice et de commissaire-priseur judiciaire, l'interdiction faite aux huissiers s'étend aux commissaires de justice.

13254 **Champ d'application matériel** S'agissant des **actes interdits**, le texte légal fait défense aux personnes visées de se rendre « cessionnaires » des droits litigieux. Par « cessionnaire », il faut entendre « acquéreur ». Les conventions interdites sont celles qui emportent transfert de propriété à titre onéreux ; les cessions à titre gratuit ne sont, elles, pas concernées. Le texte intéresse tous les **biens**, quelle que soit leur nature ; les biens immobiliers en font partie.

La **sanction** d'un acte passé en violation de l'interdiction est la nullité. Celle-ci peut être invoquée non seulement par le vendeur des droits litigieux, mais aussi par le tiers à la vente qui a émis une prétention sur tout ou partie de ces droits (Cass. 3e civ. 15-5-1991 n° 89-19.455 : Bull. civ. III n° 146). Cet élargissement de l'action en nullité s'explique par le fait que l'interdiction est fondée sur l'intérêt public de préserver la dignité de la justice plutôt que sur l'intérêt privé du vendeur.

INTERVENANTS À UNE VENTE PUBLIQUE

13256 Dans le cadre de la **police des enchères** en cas de vente sur saisie immobilière, ne peuvent se porter enchérisseurs, ni par eux-mêmes, ni par personnes interposées, à peine de nullité soulevée d'office (C. exécution art. R 322-39) :

– le débiteur saisi ;
– les auxiliaires de justice qui sont intervenus à un titre quelconque dans la procédure ;
– les magistrats de la juridiction devant laquelle la vente est poursuivie.

La constitution d'une SCI par le saisi et ses enfants et dont le saisi est le gérant, en vue de se porter acquéreur de l'immeuble saisi, est une fraude destinée à faire échec à la vente sur adjudication et contrevient à l'interdiction (Cass. 2e civ. 3-5-2007 n° 06-11.798 FS-PB : RJDA 8-9/07 n° 838, solution rendue au regard de l'ancien art. 711 du CPC, aujourd'hui abrogé).

ORGANES D'UNE PROCÉDURE COLLECTIVE

13258 Est puni des peines de l'abus de confiance (7 ans d'emprisonnement et/ou 750 000 € d'amende) le fait, pour tout administrateur, mandataire judiciaire, liquidateur ou commissaire à l'exécution du plan ou toute autre personne, à l'exception des représentants des salariés, ayant participé à un titre quelconque à la procédure, de se rendre acquéreur pour son compte, directement ou indirectement, de **biens du débiteur** ou de les utiliser à son profit. La juridiction saisie prononce la nullité de l'acquisition et statue sur les dommages et intérêts qui seraient demandés (C. com. art. L 654-12, II).

> **Précisions** Concernant le **liquidateur**, il est également prévu que la cession de tout ou partie de l'actif de la société en liquidation au liquidateur ou à ses employés ou à leurs conjoint, ascendants ou descendants est interdite (C. com. art. L 237-7). Une telle cession est punie, pour un liquidateur de mauvaise foi, de 5 ans d'emprisonnement et/ou d'une amende de 9 000 € (C. com. art. L 247-8). Cette interdiction s'applique en cas d'interposition de personne (Cass. crim. 8-12-1999 n° 98-86.216 : Bull. crim. n° 299, D. 2001 p. 1091 note D. Cohen, à propos d'un rachat moyennant une rente viagère, par le liquidateur, de l'immeuble qu'il avait cédé ès qualités à sa tante).

IX. EXERCICE D'UNE ACTIVITÉ PROFESSIONNELLE INDÉPENDANTE

A. Entrepreneur individuel n'exerçant pas sous le statut d'EIRL

PRÉSENTATION DU STATUT

Depuis le **15 mai 2022**, l'entrepreneur individuel relève, de plein droit et sans formalité, d'un statut unique avec séparation de ses patrimoines personnel et professionnel (C. com. art. L 526-22 s.). 13280
Ce statut se substitue à celui de l'entrepreneur individuel à responsabilité limitée jusqu'alors en vigueur (n°s 13286 s.). Celui-ci ne peut plus être choisi depuis le 15 février 2022, date de la publication de la loi. Toutefois, l'article 6, II prévoit le maintien des règles applicables à l'EIRL dès lors que ce statut a été adopté avant le 15 février 2022 (loi 2022-172 du 14-2-2022 art. 6, II).

Le statut de l'entrepreneur individuel **s'applique à** toute personne physique qui exerce en son nom propre une ou plusieurs activités professionnelles indépendantes (C. com. art. L 526-22, al. 1). Sont donc concernés tous les indépendants, quelle que soit la nature de leur activité (commerciale, artisanale, etc.). Toutefois l'article L 526-22, al. 2 prévoit que le statut d'entrepreneur individuel n'est pas accessible aux étrangers ressortissants de pays non-membres de l'Union européenne, d'un autre État partie à l'Espace économique européen ou de la Confédération suisse ne disposant pas d'un titre de séjour les autorisant à exercer sous ce statut (C. com. art. L 526-22 modifié par loi 2024-42 du 26-1-24 art. 29).

Constituent le **patrimoine professionnel** de l'entrepreneur individuel, « les biens, droits, obligations et sûretés dont il est titulaire et qui sont utiles à son activité ou à ses activités professionnelles indépendantes ». Son **patrimoine personnel** est composé des « éléments du patrimoine de l'entrepreneur individuel non compris dans le patrimoine professionnel » (C. com. art. L 526-22, al. 3).

Cette dissociation du droit de gage s'accompagne d'une nouvelle délimitation du **droit de gage des créanciers** : sauf exceptions, les créanciers dont les droits sont nés à l'occasion de l'exercice professionnel de l'entrepreneur ne peuvent en poursuivre l'exécution que sur le patrimoine professionnel de celui-ci tandis que les autres créanciers ont un droit de gage seulement sur le patrimoine personnel de l'entrepreneur (C. com. art. L 526-22, al. 5 et 7). L'entrepreneur individuel a la faculté de renoncer à la limitation du gage d'un créancier professionnel, sur la demande écrite de ce dernier, pour un engagement spécifique (C. com. art. L 526-25, al. 1). L'entrepreneur bénéficie d'un délai de réflexion de sept jours qui pourra être réduit à trois en cas d'apposition d'une mention manuscrite (C. com. art. L 526-25). Il pourra également accorder à ses créanciers professionnels des sûretés conventionnelles, ce qui signifie qu'il peut grever, en garantie d'une dette professionnelle, un élément de son patrimoine personnel ou inversement ce qui sera sans doute plus rare.

> **Précisions** Les biens, droits, obligations et sûretés **« utiles » à l'activité professionnelle** de l'entrepreneur individuel s'entendent de ceux qui, par nature, par destination ou en fonction de leur objet, servent à cette activité (C. com. art. R 526-26, I). Il peut s'agir du fonds de commerce, du fonds artisanal, du fonds agricole, de tous les biens corporels ou incorporels qui les constituent et des droits y afférents et du droit de présentation de la clientèle d'un professionnel libéral, ou encore des biens immeubles servant à l'activité, y compris la partie de la résidence principale de l'entrepreneur individuel utilisée pour un usage professionnel (C. com. art. R 526-26, I-1° et 3°).

VENTE D'UN IMMEUBLE DU PATRIMOINE PROFESSIONNEL

L'entrepreneur individuel peut céder à titre onéreux ou à titre gratuit ou apporter en société l'intégralité de son patrimoine professionnel, sans procéder à la liquidation de celui-ci. Ce mode de 13281

transmission d'entreprise opère un « **transfert universel** du patrimoine professionnel » dont les modalités sont strictement encadrées (C. com. art. L 526-27 s.). Cette faculté n'exclut pas la possibilité pour l'entrepreneur individuel de **céder certains des éléments** qui composent son patrimoine professionnel. Dans ce cas, l'opération est soumise aux règles applicables selon la nature de ce transfert et, le cas échéant, à celles du ou des éléments transférés (C. com. art. L 526-27, al. 1 susvisé).
La cession d'un élément du patrimoine professionnel par un **entrepreneur marié** s'effectue sans préjudice des pouvoirs reconnus aux époux pour administrer leurs biens communs et en disposer (C. com. art. L 526-22 nos 12400 s.). Une telle cession par un **entrepreneur pacsé** ne fait l'objet d'aucune disposition particulière, de sorte que les règles de droit commun en matière de Pacs ont vocation à s'appliquer (nos 13040 s.). Enfin, s'agissant de la cession d'un ou de plusieurs éléments du patrimoine professionnel comprenant des **biens indivis**, les pouvoirs des indivisaires de céder les biens indivis sont ceux définis par le droit commun de l'indivision (nos 13182 s.). L'exclusion du droit de préemption des indivisaires en cas de cession universelle du patrimoine professionnel ne s'applique pas en cas de cession isolée d'un ou de plusieurs des éléments le composant (C. com. art. L 526-29).

13282 Contrairement à ce qui est prévu pour l'entrepreneur à responsabilité limitée (n° 13288), le statut de l'entrepreneur individuel ne prévoit pas d'obligation déclarative d'affectation de l'immeuble au patrimoine professionnel soumise à publicité foncière. En revanche, le **statut** est **opposable aux créanciers** à compter de la réalisation de formalités : seules les créances nées à compter de la réalisation de ces formalités sont couvertes par le patrimoine professionnel de l'entrepreneur individuel. Ainsi, lorsque l'entrepreneur individuel pour son activité relève d'un seul registre pour son immatriculation, la limitation du droit de gage des créanciers professionnels au seul patrimoine professionnel leur est opposable à compter de cette immatriculation. Lorsqu'il relève de plusieurs registres, la limitation du droit de gage prend effet à compter de la date d'immatriculation la plus ancienne. Lorsque la date déclarée du début d'activité par l'entrepreneur individuel succède à celle de son immatriculation, la limitation du droit de gage des créanciers est effective à compter de la date déclarée du début d'activité. Enfin, lorsque l'entrepreneur individuel n'est soumis à aucune obligation d'immatriculation, la limitation du droit de gage des créanciers court à compter du premier acte qu'il exerce en qualité d'entrepreneur individuel, cette qualité devant apparaître sur les documents et les correspondances à usage professionnel (C. com. art. L 526-23). La première utilisation de la dénomination vaut date déclarée de début d'activité pour identifier le premier acte exercé en qualité d'entrepreneur individuel (C. com. art. R 526-27).

13283 Le **notaire** chargé de la vente d'un immeuble dépendant du patrimoine professionnel devra procéder à une **triple vérification**, la première liée à la qualité d'entrepreneur individuel du vendeur, la seconde relative à la nature de l'immeuble cédé, personnelle ou professionnelle, la dernière concernant l'éventuelle renonciation de l'entrepreneur individuel à la différenciation de ses gages professionnels et privés. Cette triple vérification doit répondre à **trois questions** (A.-L. Thomas-Raynaud et E. Dubuisson, L'entrepreneur individuel et les effets patrimoniaux de son nouveau statut. Quelles précautions lors de l'identification des personnes et la désignation des biens dans un acte ? : JCP N 2022 n° 1173 § 18) : « la personne fait-elle cela en qualité de chef d'entreprise ou pour ses besoins privés ? ; le bien concerné est-il de la nature des biens que la loi définit désormais comme étant un bien professionnel ? ; y a-t-il eu renonciation par cette personne à la différenciation de ses gages professionnels et privés ? »
À ces vérifications, propres au statut de l'entrepreneur individuel, s'ajouteront celles liées à la nature du transfert, à celles des éléments transférés ainsi qu'à la situation conjugale du vendeur (n° 13282).

VENTE D'UN IMMEUBLE DU PATRIMOINE PERSONNEL

13284 L'entrepreneur individuel peut également céder les immeubles composant son patrimoine personnel. Cette hypothèse ne présente pas d'originalité en ce sens qu'elle suit les **règles de droit commun**. Il existe toutefois une difficulté dans l'hypothèse où l'entrepreneur individuel est **marié**. Il est admis qu'il puisse renoncer au profit d'un ou de plusieurs créanciers professionnels à l'insaisissabilité. Si la renonciation porte sur le **logement de la famille**, doit-on appliquer l'article 215, al. 3 du Code civil ? La prudence commande de répondre par l'affirmative, même si l'on peut soutenir qu'une telle renonciation n'est pas un acte de disposition (V. Legrand, Réflexion autour du logement de la famille, un an après l'avènement de l'entrepreneur à double patrimoine, LPA 30/04/2023 p. 18).
Il est nécessaire de tenir compte des procédures collectives qui peuvent frapper l'entrepreneur individuel. Le droit des entreprises en difficulté a logiquement tiré les conséquences de la

séparation des patrimoines en prévoyant une application des procédures non pas à la personne du débiteur et donc à l'ensemble de ses biens, mais au(x) patrimoine(s) en difficulté, l'appréciation des difficultés s'opérant, ce faisant, patrimoine par patrimoine. La conséquence en est :
– qu'en présence de **difficultés affectant le seul patrimoine professionnel**, répondant aux critères de la sauvegarde, du redressement judiciaire ou de la liquidation judiciaire, la procédure collective s'appliquera aux « éléments du seul patrimoine professionnel » (C. com. art. L 681-2, II). Seuls les immeubles inclus dans le patrimoine professionnel seront donc soumis aux règles contraignantes relatives à la cession ;
– en présence de **difficultés affectant le seul patrimoine personnel**, ce sont les procédures de surendettement du Code de la consommation (C. consom. art. L 711-1 s.) qui s'appliquent (C. com. art. L 681-3). Seuls les immeubles inclus dans le patrimoine personnel seront alors concernés par la réduction de capacité du débiteur surendetté, notamment l'interdiction qui lui est faite par l'article L 722-5 d'accomplir « un acte de disposition étranger à la gestion normale du patrimoine ». Voir sur ces règles n°s 73190 s.

ACQUISITION D'UN IMMEUBLE POUR LE PATRIMOINE PROFESSIONNEL

L'immeuble acquis par un entrepreneur individuel compose son patrimoine professionnel de droit dès lors qu'il est utile à son activité professionnelle (sur la notion d'utilité, voir n° 13280, Précisions). **13285**

Pour l'accomplissement de son **devoir de conseil**, le **notaire** devra systématiquement rappeler à tout entrepreneur individuel qui se porte acquéreur d'un immeuble que ce dernier, s'il est utile à l'exercice de son activité indépendante, intègre automatiquement son patrimoine professionnel et constitue le droit de gage de ses créanciers professionnels. En pratique, l'acquéreur déclarera à l'acte d'achat qu'il acquiert en qualité d'entrepreneur individuel un bien professionnel, c'est-à-dire utile à l'exercice de son activité professionnelle. Au surplus, les règles de droit commun des régimes matrimoniaux (nos 12630 s.), du pacte civil de solidarité (nos 12994 s.) et de l'indivision (nos 13210 s.) devront être articulées, le cas échéant, avec le statut de l'entrepreneur individuel lors de l'acquisition d'un immeuble pour le patrimoine professionnel.

B. Entrepreneur individuel à responsabilité limitée (EIRL)

PRÉSENTATION DU STATUT

Le statut d'entrepreneur individuel à responsabilité limitée (EIRL) repose sur la limitation du **gage des créanciers professionnels** à son patrimoine professionnel, dit « patrimoine d'affectation », séparé de son patrimoine personnel. **13286**

Le patrimoine professionnel affecté à l'EIRL est composé de **deux catégories de biens** (C. com. art. L 526-6) :
– les biens, droits, obligations ou sûretés dont l'entrepreneur est titulaire, nécessaires à l'exercice de son activité professionnelle ;
– ceux dont il est titulaire, utilisés pour l'exercice de cette activité et qu'il décide d'y affecter.

Par dérogation, l'entrepreneur individuel exerçant une activité agricole peut ne pas affecter les terres utilisées pour l'exercice de son exploitation, cette faculté s'appliquant à l'ensemble des terres dont il est propriétaire.

> **Précisions** Il est difficile de fixer avec précision la **catégorie des biens nécessaires à l'exercice de l'activité ou utilisés pour l'activité de l'entrepreneur**. Un élément de réponse est donné par la doctrine de l'administration fiscale relative au régime fiscal de l'EIRL (BOI-BIC-CHAMP-70-30 nos 30 et 40). Elle cite le fonds de commerce – qu'il soit exploité directement ou donné en location-gérance – les outils de l'artisan, le matériel agricole ou le droit de présentation de la clientèle d'un professionnel libéral. L'administration fiscale y oppose notamment les biens à usage mixte, professionnel et personnel, tels qu'un véhicule personnel utilisé pour des trajets professionnels ou un immeuble d'habitation au sein duquel a été aménagée une pièce pour l'exercice de l'activité professionnelle. Elle termine en indiquant que les biens, droits, obligations ou sûretés qui ne sont ni nécessaires à l'exercice de l'activité professionnelle, ni utilisés pour l'exercice de celle-ci, ne peuvent être affectés au patrimoine professionnel.

13287 **Disparition programmée du statut de l'entrepreneur individuel à responsabilité limitée (EIRL)** Depuis le 15 février 2022, nul ne peut affecter à son activité professionnelle un patrimoine séparé de son patrimoine personnel en application du statut de l'EIRL. Toutefois, l'affectation à un patrimoine affecté déjà constitué ou le retrait d'éléments de celui-ci demeurent possibles (Loi 2022-172 du 14-2-2022 art. 6, II). Les personnes physiques exerçant leur activité sous le régime de l'EIRL antérieurement à cette date demeurent soumises au statut régissant les EIRL, exception faite de la procédure de reprise par un héritier d'une activité exercée avec un patrimoine affecté (Loi 2022-172 du 14-2-2022 art. 6, II). Depuis le 15 août 2022, ce dernier ne bénéficie plus du statut de l'EIRL mais de celui d'entrepreneur individuel, à moins qu'il ne choisisse d'exercer cette activité sous une forme sociale (Loi 2022-172 art. 6, I et art. 19, I-al. 4).

VENTE D'UN IMMEUBLE DU PATRIMOINE PROFESSIONNEL

13288 Si le Code de commerce envisage la cession ou la transmission de l'intégralité du patrimoine affecté à l'activité professionnelle (C. com. art. L 526-17), il est muet quant à la **possibilité** pour l'entrepreneur de vendre de manière isolée les biens de ce patrimoine. Une telle vente n'est pas pour autant interdite et peut avoir pour objet un immeuble dépendant du patrimoine affecté (voir sur ce point, M. Suquet-Cozic, Les biens immobiliers de l'entrepreneur individuel à responsabilité limitée : BPIM 6/10 inf. 432 n° 44). Cette vente ne remet pas en cause l'existence du fonds exploité dans l'EIRL.
La contrepartie reçue devrait alors subroger l'immeuble dans le patrimoine professionnel. Ce dernier semble en effet pouvoir être qualifié d'universalité juridique puisque l'actif répond du passif (G. Cornu : Vocabulaire juridique éd. PUF v° Universalité), si bien que la **subrogation réelle** devrait fonctionner en son sein. Cette analyse semble être confirmée dès lors que les créances et indemnités qui remplacent des biens affectés ainsi que les biens acquis en emploi ou remploi des biens affectés sont de plein droit affectées, par l'effet d'une subrogation réelle (C. com. art. L 526-8-1, al. 2).
Pour le patrimoine originaire, faute d'affectation de la part de son titulaire, tout bien entre automatiquement dans ce patrimoine. N'étant pas prévue par le Code de commerce, la vente d'un élément isolé ne devrait pas être soumise au formalisme prévu par l'article L 526-17 de ce même Code pour la transmission de l'intégralité du patrimoine affecté.
Même si le vendeur n'a pas révélé cette information, le notaire aura nécessairement **connaissance de l'affectation d'un immeuble** à une entreprise individuelle à responsabilité limitée par l'état hypothécaire requis lors des formalités préalables, la déclaration d'affectation d'un immeuble au patrimoine professionnel devant être publiée au service de la publicité foncière (C. com. art. L 526-9).

ACQUISITION D'UN IMMEUBLE POUR LE PATRIMOINE PROFESSIONNEL

13289 L'immeuble acquis par un entrepreneur individuel à responsabilité limitée peut être aussitôt affecté au patrimoine professionnel aux termes de l'**acte d'acquisition** lui-même – mais cela entraînera une lourdeur des formalités – ou par **acte distinct**. L'immeuble sera ainsi passé un instant de raison dans le patrimoine privé de l'intéressé.
Pour l'accomplissement de son **devoir de conseil**, le **notaire** devra systématiquement rappeler à tout entrepreneur individuel à responsabilité limitée qui se porte acquéreur d'un immeuble qu'il a l'obligation d'affecter celui-ci à son patrimoine professionnel si l'immeuble est nécessaire à son activité, et qu'il ne dispose d'un choix à ce sujet que si l'immeuble est simplement utile à cette activité. Le non-respect de ces règles rend l'entrepreneur responsable sur la totalité de son patrimoine (C. com. art. L 526-12).
L'affectation au patrimoine professionnel d'un **immeuble commun ou indivis** nécessite l'accord du conjoint ou des coïndivisaires (C. com. art. L 526-11). En pratique, il faut prendre la précaution d'obtenir cet accord avant même l'acquisition lorsque celle-ci doit être réalisée par des époux communs en biens ou des coacquéreurs indivis.

X. INTERDICTION PÉNALE D'ACHETER AU TITRE DE L'HABITAT INDIGNE

PRÉSENTATION

13290 Sauf décision spécialement motivée du juge pénal, une **peine** d'interdiction d'acheter certains biens est prononcée pour les **infractions** suivantes liées à l'habitat indigne :
– pendant une durée de **15 ans au plus** s'agissant du délit de soumission d'une personne vulnérable ou en état de dépendance à des conditions d'hébergement incompatibles avec la dignité humaine (C. pén. art. 225-26, I-2° modifié par loi 2024-322 du 9-4-2024) ;

– pendant une durée de **10 ans au plus** en cas d'infractions aux dispositions du CCH relatives à la sécurité des établissements d'hébergement recevant du public (CCH art. L 184-7, 3° et L 184-8, al. 2), aux immeubles menaçant ruine ou insalubres (CCH art. L 511-22, IV-3° et V-al. 2), et à la protection des occupants (CCH art. L 521-4, II-3° et III-al. 3 et 4).
Afin d'assurer l'effectivité du dispositif, la loi prévoit l'**obligation, pour le notaire** chargé de recevoir l'acte authentique de vente d'un bien concerné, de vérifier au préalable que l'acquéreur n'a pas été définitivement condamné à la peine d'interdiction d'acheter du nouveau dispositif d'interdiction (voir n° 13294).

DOMAINE DE L'INTERDICTION

La peine d'interdiction d'acheter concerne en premier lieu les **personnes physiques**, pour les acquisitions réalisées en leur nom personnel. Elle rejaillit aussi sur les acquisitions réalisées par certaines sociétés, puisque sont aussi visées les acquisitions réalisées en tant qu'associé ou mandataire social d'une SCI ou d'une SNC se portant acquéreur. Les autres formes sociales (SARL, EURL, SAS, etc.) ne sont en revanche pas visées. La sanction est également prévue pour les infractions commises par une **personne morale**. 13291
L'interdiction d'acheter concerne deux **catégories de biens**. Elle vise, tout d'abord, l'acquisition d'un bien immobilier à usage d'habitation réalisée à toute autre fin que son occupation à titre personnel par l'acquéreur. Il peut notamment s'agir de sa location ou de sa mise à la disposition d'un tiers, même à titre gratuit. L'interdiction s'applique que l'acquisition soit réalisée en propriété ou sous la forme de « parts immobilières ».
Sont également visés par l'interdiction pénale d'acheter les fonds de commerce d'établissement recevant du public à usage total ou partiel d'hébergement (hôtels, résidences de tourisme, etc.).
Aucune personne condamnée à une interdiction d'acheter ne peut participer à une **vente par adjudication** dans le cadre d'une procédure de saisie immobilière, sauf dans le cas d'une acquisition pour une occupation à titre personnel (C. exécution art. L 322-7-1, R 322-41-1, R 322-46 et R 322-49-1 s.).

VÉRIFICATION PAR LE NOTAIRE

Le **notaire chargé de recevoir l'acte authentique de vente** d'un bien susceptible d'être concerné (voir n° 13291) doit, au préalable, vérifier que l'acquéreur ou l'un des associés ou mandataires sociaux d'une SCI ou d'une SNC se portant acquéreur n'ont pas fait l'objet d'une condamnation définitive à la peine d'interdiction d'acheter (CCH art. L 551-1, I-al. 1 modifié par loi 2024-322 du 9-4-2024). Bien que le texte ne vise pas expressément le dispositif propre à la protection de l'occupant (CCH art. L 521-4, II-3° et III-al. 3 et 4), la vérification du notaire devrait s'effectuer de la même manière. 13294
Aucune obligation de vérification analogue n'est prévue à la charge des **autres professionnels du droit et du chiffre** (avocats, experts-comptables...) **ou** des **agents immobiliers** dans l'hypothèse où la cession de fonds de commerce ou de parts de société est réalisée par acte sous signature privée.
La **procédure de vérification** se déroule par l'intermédiaire de l'Association pour le développement du service notarial (ADSN) placée sous le contrôle du Conseil supérieur du notariat (CSN). Le notaire chargé de recevoir l'acte de vente interroge l'ADSN, qui effectue les démarches pour obtenir le bulletin n° 2 du casier judiciaire et indique ensuite au notaire si l'acquéreur fait ou non l'objet d'une condamnation à la peine d'interdiction d'acheter. À aucun moment le notaire n'a directement connaissance du contenu du casier judiciaire.
Bien que la procédure de vérification qui pèse sur le notaire et l'ADSN soit en vigueur depuis le 1er mai 2019, l'habilitation de l'ADSN à accéder au bulletin n° 2 du **casier judiciaire des personnes morales** est effective seulement depuis le 11 avril 2024 (CPP art. 776-1 modifié par loi 2024-332 du 9-4-2024).

INTERDICTION D'INSTRUMENTER

Lorsque la procédure de vérification révèle une condamnation définitive de l'acquéreur à la peine d'interdiction d'acheter, le notaire a interdiction de recevoir l'acte authentique de vente (CCH art. L 551-1, I-al. 4). Dans ce cas, le maire de la commune sur le territoire de laquelle le bien est situé en est informé. 13296
Une **exception** est toutefois prévue afin de ne pas porter atteinte au droit au logement de la personne condamnée. Lorsqu'il s'agit d'un bien immobilier à usage d'habitation, la vente peut être régularisée à condition que l'acquéreur personne physique atteste, dans l'acte, que le bien est destiné à son occupation personnelle. L'acte de vente et l'attestation doivent ensuite être notifiés à l'administration fiscale par le notaire (CCH art. L 551-1, II).

SANCTIONS

13298 En cas de violation de l'interdiction d'acheter, l'acquéreur encourt des **sanctions pénales** pouvant aller jusqu'à 2 ans d'emprisonnement et/ou 30 000 € d'amende (C. pén. art. 434-41).

Sur le **plan civil**, lorsque la vérification effectuée par le notaire avant la signature de l'acte authentique de vente révèle l'existence d'une condamnation à la peine d'interdiction d'acheter, l'**avant-contrat** signé antérieurement est réputé nul et non avenu aux torts de l'acquéreur (CCH art. L 551-1, I-al. 4). Il en résulte que l'indemnité d'immobilisation prévue dans une promesse unilatérale de vente est définitivement acquise au promettant. La nullité aux torts de l'acquéreur permet également le jeu d'une clause pénale stipulée dans une promesse synallagmatique de vente.

La loi ne précise pas le sort d'un **contrat de vente** qui serait conclu en violation de l'interdiction d'acheter, qu'il s'agisse d'une vente authentique conclue en dépit de l'interdiction d'instrumenter du notaire ou d'une vente sous signature privée. Il est permis de penser qu'une telle vente serait nulle pour illicéité de l'objet et contrariété aux dispositions d'ordre public (C. civ. art. 6). L'interdiction visant à protéger l'intérêt général, il devrait s'agir d'une nullité absolue. Sur le plan civil, l'interdiction pénale d'acheter paraît donc assimilable à une incapacité spéciale de jouissance.

SECTION 2 PERSONNES MORALES

I. PERSONNES MORALES DE DROIT PRIVÉ

PRINCIPE

13302 La **réforme du droit des contrats**, en vigueur depuis le 1er octobre 2016, a réorganisé les règles de capacité et de représentation des cocontractants (Ord. 2016-131 du 10-2-2016 art. 2). Des retouches ont été apportées par la loi de ratification de la réforme, notamment en matière de capacité des personnes morales (Loi 2018-287 du 20-4-2018 art. 6). Ainsi, pour les **contrats conclus depuis le 1er octobre 2018**, la capacité des personnes morales est limitée par les règles applicables à chacune d'entre elles (C. civ. art. 1145).

> **Précisions** Pour les **contrats conclus entre le 1er octobre 2016 et le 30 septembre 2018**, la capacité des personnes morales était limitée aux actes utiles à la réalisation de leur objet tel que défini par leurs statuts et aux actes qui leur sont accessoires, dans le respect des règles applicables à chacune d'entre elles (C. civ. art. 1145, al. 2 dans sa rédaction issue de l'ord. 2016-131 du 10-2-2016). L'acte passé par une personne morale en violation de cette limite était celui d'une personne juridiquement incapable. Or, l'incapacité de contracter est une cause de nullité relative (C. civ. art. 1147) dont, par suite, seul l'incapable (ici, la personne morale) peut se prévaloir. La loi de ratification du 20 avril 2018 a modifié l'article 1145 du Code civil pour mettre fin à cette situation.

A. Sociétés

RÈGLES APPLICABLES

13305 La capacité des sociétés est limitée par les seules règles applicables à chacune d'entre elles (C. civ. art. 1145). Cette disposition s'applique pour les contrats conclus depuis le 1er octobre 2018.

> **Précisions** Pour les **contrats conclus entre le 1er octobre 2016 et le 30 septembre 2018**, la limite de capacité des personnes morales résultant de l'article 1145 du Code civil dans sa rédaction issue de l'ordonnance du 10 février 2016 (voir n° 13302, Précisions) ne s'appliquait ni aux sociétés à responsabilité limitée (**SARL**) ni aux **sociétés par actions**. La validité d'un acte excédant la capacité d'une telle société ne pouvait donc pas être contestée. La limite de capacité ne jouait que pour les sociétés de personnes (**société civile et société en nom collectif ou en commandite simple**).

1. SOCIÉTÉ EN FORMATION

a. Généralités

PERSONNALITÉ MORALE DE LA SOCIÉTÉ

Pour effectuer un acte, une société doit être dotée de la personnalité morale. La personnalité morale de la société se définit comme son aptitude à être titulaire de droits et tenue à des obligations en qualité de personne juridique distincte de ses membres. 13310

Les sociétés autres que les sociétés en participation jouissent de la personnalité morale à compter de leur **immatriculation** (C. civ. art. 1842 ; C. com. art. L 210-6). Il est donc recommandé d'effectuer les formalités d'immatriculation sans tarder, d'autant plus que les juges tendent à rejeter les demandes trop tardives et ce, bien qu'aucun délai ne soit imposé par la loi (pour une illustration, CA Paris 24-1-2017 n° 16/15840 : BRDA 6/17 inf. 2, la demande ayant été effectuée 20 ans après la signature des statuts). L'immatriculation s'effectue au registre du commerce et des sociétés tenu par le greffe du tribunal de commerce, dans le ressort duquel la société a son siège. L'attribution du numéro Siren ne conditionne pas l'acquisition de la personnalité morale d'une société, ni par conséquent sa capacité à contracter (Cass. com. 29-11-2023 n° 22-16.463 F-B : BPAT 2/24 n° 86).

Avant cette immatriculation, la société, bien que constituée par la signature des statuts, ne possède pas de personnalité juridique et ne peut donc accomplir aucun acte en son nom propre, tel que la vente d'un immeuble. Un contrat conclu, non pas au nom et pour le compte d'une société en formation, mais par la société elle-même avant son immatriculation est nul, cette nullité absolue ne pouvant être couverte par un avenant qui n'emporte pas novation (Cass. com. 19-1-2022 n° 20-13.719 F-D : BRDA 5/22 inf. 4).

Les principes qui viennent d'être rappelés valent pour les sociétés civiles et commerciales. Sur le sort des sociétés civiles constituées avant le 1er juillet 1978 et non immatriculées après le 1er novembre 2002, voir nos 13722 s.

SOCIÉTÉ EN FORMATION

Il s'écoule inévitablement un certain temps **entre** le moment où les associés fondateurs de la société décident de **sa constitution et** le jour de **son immatriculation** au registre du commerce et des sociétés. On parle de « période de formation ». Les associés fondateurs peuvent, pendant cette période, effectuer des actes au nom de la société en formation, spécialement l'acquisition d'un immeuble. 13312

La détermination du **point de départ de la période de formation** est une question délicate. 13314

Sur le **plan juridique**, ce point de départ correspond aux premières démarches entreprises par les fondateurs en vue de la constitution : pourparlers entre fondateurs, recherche de fonds, recherche de conseils sur la forme de la société, rédaction d'un projet de pacte social…

Sur le **plan fiscal**, l'administration a une conception plus étroite du point de départ de la période de formation de la société : « la simple intention de constituer une société et même l'engagement à cet effet de pourparlers entre les futurs associés ne suffisent pas à établir qu'un tel processus soit entamé. Il faut encore qu'ait été accompli un acte opposable aux tiers et, partant, inhérent à la procédure de constitution établie par les dispositions législatives et réglementaires » (BOI-ENR-AVS-10-40 n° 120).

Selon la conception de l'administration fiscale, le point de départ de la période de formation est :

– la signature des statuts pour les sociétés de personnes (sociétés civiles, sociétés en nom collectif et sociétés en commandite simple) ;

– la date de dépôt des fonds ou, en cas d'apports en nature, de la désignation des commissaires aux apports dans les SARL et sociétés par actions ne faisant pas appel public à l'épargne ;

– la date de dépôt au greffe du tribunal de commerce du projet de statuts pour les sociétés par actions faisant appel public à l'épargne.

ATTENTION

Une acquisition immobilière qui serait effectuée pendant la période de formation, mais **avant le point de départ** retenu par la doctrine fiscale, serait soumise à une double perception de droits de mutation : seraient taxées, d'une part, la mutation au profit des associés fondateurs et, d'autre part, la mutation par ceux-ci au profit de la société à l'occasion de la reprise.

Ce **risque de double taxation** conduit en pratique à ne pas réaliser d'acte d'acquisition immobilière avant l'ouverture de la période de formation au sens fiscal du terme.

b. Acquisition pour le compte d'une société en formation

ACQUISITION POUR LE COMPTE DE LA SOCIÉTÉ

13340 Ne peuvent être repris par une société que les actes qui ont été passés en son nom alors qu'elle était en formation (C. civ. art. 1843). L'**indication** que l'acquisition est réalisée pour le compte de la société, identifiée par sa dénomination ou sa raison sociale et son siège, doit donc impérativement figurer dans l'acte d'achat (voir J.-P. Garçon, Attention à la clause de comparution en présence d'une société en formation ! : JCP N 2011 n° 1331). À défaut, l'acte sera considéré comme conclu par la société elle-même et non au nom de la société en formation. La société étant par hypothèse inexistante, l'acquisition sera frappée de **nullité absolue** et ne pourra être confirmée ou ratifiée par la société après son immatriculation (Cass. 3e civ. 5-11-2011 n° 09-70.571 : RJDA 1/12 n° 52). Ainsi, est annulée une promesse synallagmatique conclue par une société en formation agissant pour elle-même, mais dépourvue de personnalité juridique. La promesse aurait dû être conclue par le fondateur pour le compte de la société en formation (Cass. 3e civ. 12-10-2022 n° 21-19.999 F-D).

REPRISE AUTOMATIQUE

13342 Sous certaines conditions, l'**immatriculation** de la société entraîne la reprise automatique des actes passés en son nom.

13344 **Acte passé avant la signature des statuts** L'immatriculation de la société au registre du commerce et des sociétés emporte reprise automatique des engagements souscrits pour le compte de la société en formation lorsque ces engagements figurent sur un **état annexé** aux statuts après avoir été présenté aux associés (C. com. art. R 210-5 et R 210-6 pour les SARL et les sociétés par actions ; Décret 78-704 du 3-7-1978 art. 6 pour les autres sociétés soumises à immatriculation).

Cet état et son annexe aux statuts sont impératifs : la seule mention dans les statuts selon laquelle la société reprendrait les engagements souscrits en son nom pendant la période de formation serait inefficace.

Par contre, la Cour de cassation a admis que l'**indication dans les statuts** eux-mêmes d'un acte passé par les fondateurs pour le compte de la société en formation était équivalente à l'annexion aux statuts, la signature des statuts emportant reprise de l'engagement souscrit pour le compte de la société dès son immatriculation (Cass. 3e civ. 13-7-2011 n° 10-18.640).

13346 **Acte passé entre la signature des statuts et l'immatriculation** L'immatriculation de la société emporte reprise automatique des engagements souscrits pour le compte de la société en formation et des actes passés en son nom lorsque celui, associé ou fondateur, qui les a souscrits ou passés a agi en vertu d'un **mandat** figurant dans les statuts ou dans un acte séparé et conformément aux conditions (objet de l'acquisition, prix...) figurant dans le mandat (C. com. art. R 210-5 pour les SARL et R 210-6 et R 210-7 pour les sociétés par actions ; Décret 78-704 du 3-7-1978 art. 6 pour les autres sociétés soumises à immatriculation). Lorsque le mandat résulte d'un acte séparé, ce dernier peut même être établi après la conclusion de l'engagement (Cass. com. 1-7-2008 n° 07-10.676 : RJDA 10/08 n° 1024).

DÉCISION DE REPRISE

13348 Sous la condition d'avoir été passé au nom de la société en formation, un acte peut être repris par la société **après immatriculation** alors même qu'il ne figurait pas sur l'état annexé aux statuts et qu'il n'avait pas été donné mandat au fondateur de le passer. La décision de reprise est prise à la majorité des associés (Décret 78-704 du 3-7-1978 art. 6, al. 4), sauf disposition statutaire prévoyant une majorité qualifiée (voire l'unanimité) pour décider de la reprise.

Une **décision implicite** de reprise n'est pas possible. Il en est ainsi de l'exécution par la société des actes passés par ses fondateurs, impropre à valoir reprise régulière et efficace (par exemple, Cass. com. 17-6-2008 n° 07-14.608).

c. Sort de l'acte passé pour le compte de la société en formation

REPRISE RÉGULIÈRE DE L'ACTE

13370 L'acte passé par un fondateur au nom de la société en formation n'a, **avant la reprise**, aucun effet vis-à-vis de la société, puisque celle-ci n'existe pas encore ; il n'a pas non plus d'effet vis-à-vis des autres associés puisque ceux-ci n'ont pas concouru à l'acte. Le fondateur, souscripteur de l'acte, est seul tenu à son exécution.

Lorsque plusieurs personnes ont agi au nom de la société en formation avant l'immatriculation, elles sont tenues des obligations nées des actes ainsi accomplis, avec solidarité si la société est commerciale, sans solidarité dans les autres cas (C. civ. art. 1843).

Une fois la **reprise effectuée**, l'acte concerné est censé avoir été souscrit par la société dès l'origine (C. civ. art. 1843). En matière de vente, l'effet rétroactif de la reprise emporte ainsi l'attribution de la qualité de propriétaire à la société dès la conclusion de l'acte. Jugé par exemple que l'action en diminution du prix au titre de la loi Carrez n'est pas frappée de forclusion lorsqu'elle a été introduite dans l'année de la vente puis reprise par la société en formation après l'expiration de ce délai (Cass. 3e civ. 7-4-2016 n° 15-10.881 : BPIM 3/16 inf. 191). 13372

Si l'acte d'acquisition de l'immeuble a été passé après le début de la période de formation, selon la conception que la doctrine fiscale en a retenue (voir n° 13314), aucun droit de mutation n'est dû à l'occasion de sa reprise une fois l'immatriculation intervenue. Encore faut-il que l'acte repris contienne tous les éléments nécessaires à l'identification de la société intéressée et n'opère aucune novation par rapport aux dispositions essentielles de la convention intervenue au cours de la période de formation. Si, en revanche, l'acte a été souscrit avant le début de la période de formation, la reprise entraîne l'exigibilité de nouveaux droits de mutation (BOI-ENR-AVS-10-40 nos 110 et 130).

DÉFAUT DE REPRISE RÉGULIÈRE

Lorsque l'acte passé au nom de la société n'est pas repris par celle-ci, il **reste à la charge** de celui ou de ceux qui l'ont passé. Si une acquisition immobilière est réalisée pour le compte de la société en formation et que la société ne reprend pas l'acte, le fondateur qui est intervenu à l'acte est considéré comme étant le propriétaire définitif de l'immeuble (voir par exemple Cass. 1e civ. 9-7-2014 n° 13-20.356 : BPIM 5/14 inf. 332, concernant un emprunt mais dont la solution est transposable). 13374

PUBLICITÉ FONCIÈRE

Lorsque l'avant-contrat est passé pour le compte de la société en formation, et l'acte authentique d'acquisition régularisé directement par la **société immatriculée** après reprise par elle des engagements souscrits en son nom aux termes de l'avant-contrat, l'opération ne présente pas de particularités au regard des règles de publicité foncière : la société est directement identifiée comme propriétaire au fichier immobilier. 13376

Il arrive en revanche que la **société** ne soit **pas encore immatriculée** au jour de la signature de l'acte authentique constatant l'achat de l'immeuble. L'acte contient alors les éléments d'identification des associés (nom, prénoms dans l'ordre de l'état civil, domicile, date et lieu de naissance, profession et nom du conjoint pour les personnes physiques ; dénomination, forme juridique, siège, numéro d'identification au répertoire national des entreprises et mention RCS suivie du nom de la ville où se trouve le greffe où a eu lieu l'immatriculation pour les sociétés) ainsi que ceux de la société au nom de laquelle l'acquisition est réalisée. Lors de sa publication, le fichier immobilier est annoté conjointement au nom des associés et de la société. Un second acte sera ultérieurement établi pour énoncer l'immatriculation de la société, constater la reprise (automatique ou volontaire, pièces à l'appui) et fournir les éléments d'identification complets de la société (numéro d'identification au répertoire national des entreprises et lieu d'immatriculation au registre du commerce et des sociétés). À la publication de ce second acte, le fichier est définitivement annoté au seul nom de la société en formation.

> **Précisions** Si l'acte d'acquisition et l'acte constatant la reprise (que cette reprise résulte de l'immatriculation ou d'une décision collective) sont présentés successivement à la formalité de publicité foncière, deux **contributions de sécurité immobilière** (au taux de 0,10 % du prix) sont exigibles. En revanche, si les deux actes sont présentés simultanément à la formalité, ce qui est possible si l'acte de reprise intervient et est publié dans le mois de l'acquisition, une contribution de sécurité immobilière au taux proportionnel est due ainsi qu'une contribution fixe de 15 €.

2. RÈGLES APPLICABLES SELON LE TYPE DE SOCIÉTÉ

a. Société civile

POUVOIRS DU GÉRANT À L'ÉGARD DES TIERS

Conformité à l'objet social Dans les relations avec les tiers, le gérant engage la société par les actes entrant dans l'objet social (C. civ. art. 1849, al. 1). 13400

Les **clauses statutaires** limitant les pouvoirs des gérants sont inopposables aux tiers (C. civ. art. 1849, al. 3). Il importe donc de prendre connaissance de l'objet social pour savoir si l'acte envisagé, acquisition ou vente d'immeuble, entre dans cet objet social et relève donc des pouvoirs du gérant. Ces dispositions assurent la sécurité des tiers qui contractent avec la société.

Ceux-ci ont pour seule obligation, afin que l'opération qu'ils réalisent soit régulière, de vérifier la conformité de l'acte à l'objet social et la qualité de gérant de celui qui prétend agir au nom de la société.

Le gérant a indiscutablement à l'égard des tiers le pouvoir de réaliser l'**achat de l'immeuble** déterminé en vue duquel la société a été constituée. Il a également le pouvoir d'acquérir un immeuble pour le compte de la société lorsque l'objet social est élargi à la propriété de tous immeubles.

Lorsque la société a pour objet la propriété, l'administration et la gestion d'un immeuble déterminé, la **vente de l'immeuble** porte atteinte à l'objet social et dépasse les pouvoirs du gérant (voir notamment H. Leyrat, La vente d'un bien immobilier par une société civile immobilière : SNH 42/21 inf. 8). L'opération ne peut être réalisée qu'avec l'accord des associés statuant à la majorité requise pour la modification des statuts (CA Paris 18-12-1984 : BRDA 5/85 p. 14).

13401 La solution est plus incertaine lorsque la société a un objet plus large. La Cour de cassation n'a pas adopté de position de principe et il semble y avoir des divergences entre ses chambres.

Ne serait **pas en contradiction avec l'objet social** la vente par le gérant du seul immeuble dont la société est propriétaire, alors que celle-ci a pour objet la propriété, l'exploitation par bail ou location et la gestion de tous immeubles et ensembles immobiliers en général ; il a dans ce cas été considéré que la vente n'épuisait pas l'objet social (Cass. 3e civ. 18-12-2001 n° 00-16.530 : RJDA 4/04 n° 436). De même, le gérant d'une société civile ayant pour objet la propriété de tous biens immobiliers situés en France ainsi que toutes opérations mobilières ou immobilières susceptibles d'en favoriser le développement immobilier a pu valablement consentir une promesse de vente portant sur le seul immeuble de la société (Cass. com. 26-2-2008 n° 06-21.744 : RJDA 7/08 n° 822).

En sens inverse, il a été jugé que **n'entrait pas dans l'objet social** la promesse de vente par le gérant de l'immeuble social alors que cet objet était la propriété, l'administration et l'exploitation par bail, location ou autrement de tous immeubles bâtis et non bâtis (Cass. 3e civ. 17-6-2003 n° 02-12.714). Jugé également qu'un gérant ne peut pas vendre seul des immeubles appartenant à la société, sans l'autorisation des associés, quand l'objet social est « la propriété, la possession, la jouissance, l'administration, l'aménagement, la transformation et l'exploitation par bail, location ou autrement des terrains et immeubles » (Cass. 3e civ. 5-11-2020 n° 19-21.214 F-D : BPIM 1/21 inf. 47).

Dans une espèce où l'objet de la société était pourtant extrêmement large et visait l'acquisition, la propriété, l'administration, la mise en location, la gestion et l'exploitation de tous immeubles... et généralement toutes opérations immobilières se rattachant directement ou indirectement à cet objet et toutes opérations immobilières quelconques concernant tous autres immeubles, la Cour de cassation a néanmoins approuvé la cour d'appel d'avoir estimé que l'objet ne prévoyait pas la vente d'immeuble, ce qui imposait une décision collective des associés à la majorité requise pour la modification des statuts (Cass. 3e civ. 6-9-2011 n° 10-21.815 : BPIM 6/11 inf. 481).

Il arrive rarement que les statuts précisent que l'achat ou la vente d'immeubles ne nécessiteront **pas l'autorisation** des associés. Dans ce cas, le gérant peut réaliser l'opération de vente sans consultation des associés, alors même que la vente porte sur l'immeuble constituant le seul actif de la SCI (Cass. 3e civ. 12-2-2013 n° 11-20.570).

En l'**absence d'une stipulation expresse** dans les statuts et pour éviter le risque de contentieux, il est conseillé de solliciter une décision collective.

> **Précisions** **a.** Nonobstant le défaut de pouvoir du gérant, la vente d'immeuble n'entrant pas dans l'objet social, la société peut néanmoins être engagée sur le fondement du **mandat apparent** à l'égard de l'acquéreur de bonne foi (Cass. 3e civ. 11-6-2014 n° 13-16.233 : RJDA 12/14 n° 900).

b. Sur la **limite légale de capacité** des sociétés de personnes, applicable aux contrats conclus entre le 1er octobre 2016 et le 30 septembre 2018, voir n° 13305, Précisions.

c. L'objet social doit être **interprété strictement**. Quand l'objet social d'une société civile immobilière (SCI) ne comporte pas la cession des biens, la décision de vendre les immeubles ne peut être prise qu'à l'unanimité des associés, de sorte que la vente signée par un seul des gérants est nulle (Cass. 3e civ. 23-11-2023 n° 22-17.475 FS-D : BPIM 1/24 inf. 43).

13402 **Pluralité de gérants** En cas de pluralité de gérants, chaque gérant a, à l'égard des tiers, le pouvoir d'**agir séparément** des autres gérants et d'engager la société.

L'**opposition** formée par un gérant aux actes d'un autre gérant est sans effet à l'égard des tiers, à moins qu'il ne soit établi qu'ils en ont eu connaissance (C. civ. art. 1849, al. 2). La loi n'impose pas que l'opposition soit formulée d'une manière particulière ; pour se préconstituer la preuve de l'opposition qu'il aura notifiée au tiers, le gérant qui en aura pris l'initiative aura intérêt à utiliser l'exploit d'un commissaire de justice.

RELATIONS DU GÉRANT AVEC LES ASSOCIÉS

Dans les rapports entre associés, à défaut de clause des statuts déterminant ses pouvoirs, le gérant peut accomplir tous les actes de gestion que demande l'**intérêt de la société** (C. civ. art. 1848). La loi Pacte est venue ajouter que « la société est gérée dans son intérêt social, en prenant en considération les enjeux sociaux et environnementaux de son activité » (C. civ. art. 1833). La contrariété d'un acte ou d'une décision collective à l'intérêt social n'est toutefois pas de nature à entraîner sa nullité (C. civ. art. 1844-10, al. 3 ; M. Buchberger, Pour un abandon de l'intérêt social comme condition de validité des contrats conclus par la société : Rev. sociétés 2020 p. 659 n°s 7 s.). **13404**
La doctrine considère que le gérant qui accomplirait un acte contraire à l'intérêt social engagerait sa responsabilité et risquerait la révocation (M. Storck, S. Fagot, Th. de Ravel d'Esclapon, La gouvernance des sociétés civiles : JCP N 2020 n° 52 p. 1272).
En conséquence, alors qu'à l'égard des tiers, seule compte la conformité de l'acte conclu à l'objet social, à l'égard des associés, il convient de surcroît que l'acte soit conforme à l'intérêt social. Dès lors, le gérant qui conclut une vente d'un immeuble social pour le compte de la société, alors qu'il en a le pouvoir, peut voir sa responsabilité engagée si l'acte était susceptible de contrarier l'intérêt social.
Un acte non conforme à l'intérêt social peut être passé par la société ; mais il suppose, pour être régulier, d'être décidé par les associés aux conditions de majorité prévues pour la modification des statuts, puisqu'il entraîne indirectement une modification statutaire.

Les **statuts** peuvent contenir des dispositions particulières sur le mode d'administration de la société. Ces clauses statutaires, limitatives des pouvoirs du gérant (elles sont fréquentes pour les actes considérés comme les plus graves : achat ou vente d'immeubles, souscription d'emprunts, constitution de garanties...), sont **inopposables** au contractant (C. civ. art. 1849, al. 3), et ceci qu'il en ait eu connaissance ou non (Cass. 3e civ. 24-1-2001 n° 99-12.841 : Bull. civ. III n° 10). Les pouvoirs ainsi retirés à la compétence du gérant sont exercés par la collectivité des associés. La collectivité se prononce pour ces actes aux conditions de quorum et de majorité prévues par les statuts et, à défaut de telles conditions figurant dans les statuts, à l'unanimité des associés (C. civ. art. 1852). **13406**

> **Précisions** Lorsque l'adoption d'une décision des associés de société civile nécessite l'**unanimité**, cette décision doit être approuvée par tous les associés de la société et pas seulement par ceux qui participent à l'assemblée. À défaut, cette décision est nulle (Cass. 3e civ. 5-1-2022 n° 20-17.428 FS-B : BPAT 2/22 inf. 106).

INTERVENTION DES ASSOCIÉS À L'ACTE

Les décisions des associés sont en principe prises en assemblée. Les statuts peuvent cependant prévoir qu'elles résulteront d'une consultation écrite (C. civ. art. 1853) ou du consentement de tous les associés exprimé dans un acte (C. civ. art. 1854). **13407**
L'**objet de l'intervention** des associés à l'acte est d'autoriser l'opération, mais non de représenter la société, cette représentation relevant de la fonction du gérant. Sur l'autorisation d'une vente d'immeuble appartenant à une SCI, avec un associé mineur, voir n° 12070, Précision b.
L'**acte doit** donc bien **distinguer** les titres respectifs d'intervention, d'une part, des associés, au nombre desquels le gérant s'il est associé, et, d'autre part, de ce dernier.

CONSEILS PRATIQUES

Le tiers qui contracte avec le gérant de la société doit vérifier, au vu d'une copie à jour des statuts ou de l'extrait d'immatriculation de la société, que l'acte d'achat ou de vente de l'immeuble est bien conforme à l'**objet social**. À défaut de cette conformité ou en cas de doute, l'acte relève d'une décision collective des associés à la majorité requise pour les modifications statutaires. **13408**
En cas de **pluralité de gérants**, le tiers peut valablement traiter avec l'un d'eux tant qu'un autre gérant n'a pas porté à sa connaissance son opposition à l'acte.
Le tiers qui contracte avec la société doit s'assurer que son interlocuteur, qui se présente au nom de la société, a bien la **qualité de gérant**. Cette qualité est justifiée par un extrait récent d'immatriculation de la société au registre du commerce et des sociétés.

CONVENTIONS RÉGLEMENTÉES

S'inspirant des dispositions applicables dans les sociétés à responsabilité limitée (C. com. art. L 223-19 s.), le législateur a institué une procédure de **contrôle** des conventions conclues entre une personne morale de droit privé non commerçante ayant une activité économique et ses dirigeants (C. com. art. L 612-5). **13410**

13412 **Sociétés concernées** Sont concernées par la procédure de contrôle les sociétés civiles ayant une **activité économique**. Cette notion n'étant définie par aucun texte légal ou réglementaire, et aucun critère objectif de taille (effectifs ou chiffre d'affaires) n'ayant été fixé, la détermination des sociétés concernées est délicate.

Selon le garde des Sceaux, il s'agit des activités de production, de transformation ou de distribution de biens meubles ou immeubles et de toute prestation de services en matière industrielle, commerciale, artisanale et agricole (Rép. Sergheraert : AN 17-3-1986 n° 75992). Sont incontestablement concernées les sociétés civiles professionnelles, les SCI de construction-vente et les sociétés d'attribution. Par analogie avec les solutions retenues pour l'application de l'ancien article L 313-22 du Code monétaire et financier imposant une obligation d'information annuelle de la caution garantissant un prêt consenti à une entreprise, devrait être considérée comme ayant une activité économique au sens de l'article L 612-5 du Code de commerce la **société civile immobilière** constituée pour acquérir, gérer, vendre et contracter des emprunts en vue de réaliser des opérations immobilières (Cass. 1e civ. 5-5-2004 n° 01-12.278 : RJDA 10/04 n° 1163) ou pour acquérir des biens immobiliers destinés à la location (Cass. 1e civ. 15-3-2005 n° 02-20.335 : RJDA 8-9/05 n° 1043).

L'application de la procédure aux SCI familiales, propriétaires d'un seul immeuble, est incertaine.

13414 **Personnes et conventions visées** Sont visées les conventions conclues (C. com. art. L 612-5, al. 1 et 2) :

– directement ou par personne interposée **entre la société et l'un de ses gérants** ;

– **entre la société et une autre personne morale** dont un associé indéfiniment responsable (par exemple, associé d'une société civile ou d'une société en nom collectif), gérant, administrateur, directeur général, directeur général délégué, membre du directoire ou du conseil de surveillance, actionnaire disposant d'une fraction des droits de vote supérieure à 10 %, est simultanément gérant de la société civile.

La procédure s'applique à toutes les conventions, quel que soit leur objet, et donc évidemment à la **vente ou** à l'**acquisition d'un immeuble**.

Par exception, sont exclues de la procédure d'approbation les « **conventions courantes** conclues à des conditions normales qui, en raison de leur objet ou de leurs implications financières, ne sont significatives pour aucune des parties » (C. com. art. L 612-5, al. 6).

13416 **Procédure** Le contrôle est effectué **a posteriori** par la collectivité des associés sur rapport préalable du gérant ou, s'il en existe un, du commissaire aux comptes.

La **collectivité des associés** statue sur ce rapport et approuve ou désapprouve les conventions (C. com. art. L 612-5, al. 3).

Une **convention non approuvée** produit néanmoins ses effets (C. com. art. L 612-5, al. 5). Les conséquences pouvant en résulter pour la société peuvent être mises à la charge du gérant. Si la convention est passée par plusieurs gérants, leur responsabilité est solidaire (C. com. art. L 612-5, al. 5).

Le défaut de rapport du gérant ou du commissaire aux comptes, comme le défaut de consultation des associés, devrait entraîner les mêmes **sanctions** que le refus de ratification (Cass. com. 28-6-1988 n° 87-11.628 : Bull. civ. IV n° 226, rendu en matière de SARL, mais à notre avis transposable).

b. Société en nom collectif

POUVOIRS DES GÉRANTS

13432 **Vis-à-vis des tiers** Le gérant engage la société par les actes entrant dans l'**objet social** (C. com. art. L 221-5, al. 1). Ces actes sont particulièrement graves à l'égard des associés, dans la mesure où ils les engagent solidairement. Les tiers sont protégés lorsqu'ils contractent avec le gérant et que l'acte est conforme à l'objet social. Cela sera le cas, par exemple, en matière immobilière lorsque la société a pour objet l'activité de marchand de biens.

Les **clauses statutaires** limitant les pouvoirs du gérant sont inopposables aux tiers (C. com. art. L 221-5, al. 3).

Lorsque l'acte dépasse les pouvoirs du gérant, il relève d'une **décision collective des associés**.

Sur la limite légale de capacité des sociétés de personnes, applicable aux contrats conclus entre le 1er octobre 2016 et le 30 septembre 2018, voir n° 13305, Précisions.

13434 **Vis-à-vis des associés** Lorsque les **statuts n'ont rien prévu** sur les pouvoirs du gérant, celui-ci peut accomplir tous actes de gestion dans l'intérêt de la société (C. com. art. L 221-4, al. 1). Si les **statuts ont déterminé les pouvoirs** du ou des gérants, les clauses relatives à ces pouvoirs sont valables dans les rapports des gérants avec les associés. Par exemple, les statuts peuvent subordonner à l'autorisation préalable des associés le pouvoir de réaliser un acte déterminé considéré comme grave. En cas de clause restrictive, les statuts déterminent à quelles conditions l'acte doit être passé. À défaut de conditions particulières prévues par les statuts alors que ceux-ci contiennent une clause restrictive, l'acte ne peut être passé que du consentement unanime des associés.

> **Précisions** **a.** Un **acte de gestion** est plus large qu'un **acte d'administration** : il peut s'agir d'un acte de disposition d'un bien appartenant à la société, si cet acte entre dans l'exploitation de la société.
> **b.** Les **clauses restrictives** des pouvoirs du gérant sont d'autant plus **justifiées** que les associés sont tenus indéfiniment et solidairement des engagements pris par la société.

Pluralité de gérants La société peut avoir plusieurs gérants. Dans ce cas, chacun d'eux a le pouvoir d'**agir séparément** et d'engager la société vis-à-vis des tiers par les actes entrant dans l'objet social. 13436

L'**opposition** exprimée par l'un des gérants à ce qu'un acte soit passé par un autre gérant est sans effet à l'égard des tiers, sauf s'il est établi que ces derniers en avaient connaissance (C. com. art. L 221-5, al. 2).

CONSEILS PRATIQUES

Le tiers qui contracte avec la société doit vérifier : 13438
– la conformité de l'acte avec l'**objet social**, au vu des statuts à jour ou de l'extrait d'immatriculation de la société ;
– la **qualité de gérant** de son interlocuteur, au vu d'un extrait d'immatriculation.
En cas de **pluralité de gérants**, le tiers peut contracter avec l'un d'eux, sauf s'il a connaissance de l'opposition formée par un autre gérant.

c. Société en commandite simple

Les associés **commandités**, sauf stipulation contraire des statuts, ont tous la qualité de gérant. 13462
Les statuts peuvent prévoir que la société sera gérée par un ou plusieurs associés commandités, ou même par un ou plusieurs gérants choisis en dehors de la société.
Les règles applicables aux sociétés en nom collectif pour les **pouvoirs** de la gérance sont en tous points transposables à la gérance de la commandite simple (C. com. art. L 222-1) ; voir nos 13432 s.

d. Société à responsabilité limitée

POUVOIRS DU GÉRANT

Le gérant est investi, **vis-à-vis des tiers**, des pouvoirs les plus étendus pour agir en toutes circonstances au nom de la société sous réserve des pouvoirs que la loi attribue expressément aux associés (C. com. art. L 223-18, al. 5). 13482

La société est engagée même si l'**acte** accompli par le gérant **n'entre pas dans l'objet social**, à moins qu'elle ne prouve que le tiers savait que l'acte dépassait cet objet ou qu'il ne pouvait l'ignorer compte tenu des circonstances, la seule publication des statuts étant insuffisante à constituer cette preuve (C. com. art. L 223-18, al. 5 ; Cass. com. 12-5-2015 n° 13-28.504 : BPIM 4/15 inf. 265, solution rendue pour une hypothèque mais transposable à la vente). Des **clauses statutaires** viennent parfois limiter les pouvoirs du gérant, ou subordonner la passation d'un acte à une décision collective des associés. Ces restrictions sont souvent adoptées dans les statuts pour les achats et ventes d'immeubles, ainsi que pour les emprunts et les constitutions de garanties sur les actifs de la société. De telles clauses statutaires sont inopposables aux tiers qui contractent avec la société (C. com. art. L 223-18, al. 6), même si ces derniers avaient connaissance de l'existence de la clause (Cass. com. 2-6-1992 n° 90-18.313 : RJDA 8-9/92 n° 836).

> **Précisions** Si la **SARL** se trouve **dépourvue de gérant** pour quelque cause que ce soit ou si le **gérant** unique est placé **sous tutelle**, le commissaire aux comptes ou tout associé peut convoquer l'assemblée des associés à seule fin de procéder, le cas échéant, à la révocation du gérant unique et, dans tous les cas, à la désignation d'un ou de plusieurs gérants (C. com. art. L 223-27, al. 8 modifié ; Loi 2019-744 du 19-7-2019 art. 11). Les mesures de protection autres que la tutelle (curatelle, sauvegarde de justice, etc.) ne sont pas visées.

Pluralité de gérants En cas de pluralité de gérants, chacun d'eux a le pouvoir d'**agir séparément**. 13486

L'**opposition** formée par un gérant aux actes d'un autre gérant est sans effet à l'égard des tiers, à moins qu'il ne soit établi qu'ils en ont eu connaissance (C. com. art. L 223-18, al. 7).

CONVENTIONS RÉGLEMENTÉES OU INTERDITES

13490 Les conventions intervenues directement ou par personnes interposées **entre la société et l'un de ses gérants ou associés** doivent être soumises au contrôle des associés (C. com. art. L 223-19). Ce contrôle vise également les conventions passées par la SARL et une société dont un associé indéfiniment responsable, gérant, administrateur, directeur général, membre du directoire ou du conseil de surveillance, est simultanément gérant ou associé de la SARL. Échappent à ce contrôle les opérations courantes conclues à des conditions normales (C. com. art. L 223-20) ; ces conventions sont dites « libres ».

Le **contrôle des associés** est exercé a posteriori, par voie de ratification, sur rapport spécial de la gérance ou, s'il en existe un, sur rapport spécial du commissaire aux comptes (C. com. art. L 223-19, al. 1). Le refus de ratification n'entraîne pas la nullité de la convention, mais met à la charge du gérant ou de l'associé ayant contracté avec la société les conséquences dommageables pouvant en résulter pour la société, avec solidarité si l'acte concerne plusieurs associés ou gérants (C. com. art. L 223-19, al. 4). La convention, lorsqu'elle concerne un gérant non associé et qu'il n'existe pas de commissaire aux comptes, doit faire l'objet d'une approbation préalable.

Il est interdit aux gérants ou associés de contracter, sous quelque forme que ce soit, un **emprunt** auprès de la société, de se faire consentir par elle un découvert, en compte courant ou autrement, ainsi que de **faire cautionner ou avaliser** par elle leurs engagements envers des tiers. L'inobservation de ces dispositions est sanctionnée par la nullité du contrat (C. com. art. L 223-21, al. 1).

CONSEILS PRATIQUES

13492 Celui qui contracte avec une SARL doit vérifier la **qualité de gérant** de son interlocuteur au vu d'un extrait d'immatriculation au registre du commerce et des sociétés.

Il doit s'abstenir s'il a connaissance :

– d'un dépassement de l'**objet social** ou si, en raison de sa qualité, il ne pouvait l'ignorer ;

– en cas de **gérance collective**, de l'opposition à l'opération formée par l'un des gérants.

e. Entreprise unipersonnelle à responsabilité limitée

13512 L'associé unique peut se désigner comme **gérant**, ou confier la gérance à un ou plusieurs tiers, par définition non associés. Dans le cas où la gérance est exercée par l'associé unique, celui-ci cumule les fonctions de gérant et les pouvoirs en principe dévolus à la collectivité des associés dans la SARL (C. com. art. L 223-1, al. 2).

Les décisions sociales, qui relèveraient dans une SARL d'une décision de la collectivité des associés, sont prises sous forme d'une décision unilatérale, affranchie du **formalisme** de la tenue de l'assemblée (convocation, quorum, vote, majorité...), mais néanmoins portée sur un registre coté et paraphé dans les mêmes conditions que celles applicables aux autres sociétés (C. com. art. R 223-26).

Les règles prévues pour les **conventions réglementées** dans les SARL (voir n° 13490) sont, sous réserve de quelques assouplissements, applicables aux actes passés entre l'associé unique ou le gérant non associé et l'EURL.

S'agissant des **conseils pratiques**, il est renvoyé aux règles pratiques applicables à la SARL (n° 13492).

f. Société anonyme

SOCIÉTÉ ANONYME À CONSEIL D'ADMINISTRATION

13532 **Rôle du conseil d'administration** Le conseil d'administration définit les **orientations de l'activité** de la société, veille à leur mise en œuvre et assure le contrôle de la direction.

Sous réserve des pouvoirs expressément attribués à l'assemblée générale et dans la limite de l'objet social, il peut se saisir de toutes les questions intéressant la **bonne marche de la société** et régler les affaires qui la concernent.

13534 **Pouvoirs des organes de direction** Le **président-directeur général ou le directeur général** représente la société vis-à-vis des tiers (C. com. art. L 225-56, I-al. 2). Il est investi des pouvoirs les plus étendus pour agir en toute circonstance au nom de la société, sous les seules réserves que l'acte entre dans l'objet social et ne soit pas réservé par la loi à l'assemblée générale des actionnaires ou au conseil d'administration. En cas de dépassement de l'objet social, la société reste engagée sauf si elle prouve que le tiers avait connaissance du dépassement ou qu'il ne pouvait l'ignorer compte tenu des circonstances, la seule publication des statuts étant insuffisante pour constituer cette preuve (C. com. art. L 225-56, I-al. 2 et L 225-35, al. 2).

Organe d'assistance du directeur général, désigné sur proposition de celui-ci par le conseil d'administration, le **directeur général délégué** est, à l'égard des tiers, un organe de direction doté des mêmes pouvoirs que le directeur général (C. com. art. L 225-56, II-al. 2). L'étendue et la durée des pouvoirs du directeur général délégué sont fixées par le conseil d'administration en accord avec le directeur général (C. com. art. L 225-56, II-al. 1).

> **Précisions** Est **réputé démissionnaire d'office** l'administrateur, le président du conseil d'administration, le directeur général, le directeur général délégué de SA classique **placé sous tutelle** (C. com. art. L 225-19, L 225-48, L 225-54 modifiés par loi 2019-744 du 19-7-2019 art. 13). Comme pour le gérant de SARL (nº 13482, Précisions), les **autres mesures de protection** dont un majeur peut être l'objet ne sont pas visées.

Limitations de pouvoirs Les pouvoirs du directeur général peuvent être limités par les **statuts ou** par le **conseil d'administration**. Les pouvoirs du directeur général délégué peuvent seulement être limités par le conseil d'administration. Ces limitations de pouvoirs sont fréquentes pour les actes considérés comme graves, notamment les achats et ventes d'immeubles. Elles ne valent que dans les relations de l'organe de direction avec la société, et ne sont pas opposables aux tiers (C. com. art. L 225-56, I-al. 3). 13538

Les **cautions, avals et garanties** donnés par des sociétés autres que celles exploitant des établissements bancaires ou financiers doivent être autorisés par le conseil d'administration (C. com. art. L 225-35, al. 4).

SOCIÉTÉ ANONYME À DIRECTOIRE ET CONSEIL DE SURVEILLANCE

Directoire Le directoire est investi des **pouvoirs** les plus étendus pour agir en toute circonstance au nom de la société, dans les seules limites de l'objet social et des pouvoirs attribués par la loi au conseil de surveillance et aux assemblées d'actionnaires (C. com. art. L 225-64, al. 1). 13540

S'agissant des **restrictions aux pouvoirs** du directoire, certaines sont légales. Ainsi, les cessions d'immeubles, la constitution de sûretés, les cautions, avals et garanties (C. com. art. L 225-68, al. 2) ainsi que les conventions réglementées (C. com. art. L 225-86) doivent être autorisés par le conseil de surveillance.

D'autres sont conventionnelles, puisque les statuts peuvent également limiter les pouvoirs du directoire en subordonnant certaines opérations qu'ils énumèrent, telles les acquisitions d'immeubles ou les emprunts, à l'autorisation préalable du conseil de surveillance (C. com. art. L 225-68, al. 2). Mais ces restrictions statutaires ne sont pas opposables aux tiers (C. com. art. L 225-64, al. 3).

Président du directoire et directeurs généraux La **représentation de la société** à l'égard des tiers est assurée par le président du directoire, désigné par le conseil de surveillance. Le conseil de surveillance peut être habilité par les statuts à confier les mêmes pouvoirs de représentation de la société à un ou plusieurs membres du directoire, appelés alors « directeurs généraux » (C. com. art. L 225-66). 13544

> **Précisions** Est **réputé démissionnaire d'office** le membre du directoire ou le directeur général unique du conseil de surveillance **placé sous tutelle** (C. com. art. L 225-60).

Conseil de surveillance Le conseil de surveillance, composé exclusivement d'actionnaires, personnes physiques ou morales, a pour fonction de **contrôler les organes de direction** de la société. 13546

Le conseil de surveillance doit autoriser, notamment, la **cession d'immeubles** par nature et la constitution de sûretés (C. com. art. L 225-68, al. 2). L'immeuble par nature s'entend du droit immobilier, bâti ou non bâti, ainsi que du lot de copropriété ou du volume immobilier.

> **Précisions** Est **réputé démissionnaire d'office** le membre du conseil de surveillance **placé sous tutelle** (C. com. art. L 225-70).

CONVENTIONS RÉGLEMENTÉES

Que la société soit à conseil d'administration ou à directoire et conseil de surveillance, il existe une procédure à respecter lorsqu'un acte (par exemple, une vente ou une acquisition d'immeuble) est conclu directement ou par personne interposée **entre la société et l'un de ses dirigeants** (directeur général, directeur général délégué, administrateur, membre du directoire, membre du conseil de surveillance) ou l'un de ses actionnaires disposant d'une fraction des droits de vote supérieure à 10 % ou, s'il s'agit d'une société actionnaire, la société la contrôlant, ou encore 13548 entre la société et une entreprise que possède l'un de ses dirigeants ou dans laquelle il est associé indéfiniment responsable (société en nom collectif ou en commandite, société civile), gérant, administrateur, membre du conseil de surveillance ou dirigeant de la société qui l'exploite (C. com. art. L 225-38, al. 3 et art. L 225-86).

Cette convention est soumise à une **procédure de contrôle** complexe qui implique, selon les cas s'ils en existent, le conseil d'administration ou le conseil de surveillance, dont l'autorisation doit être donnée, les commissaires aux comptes, qui doivent être avisés et établir un rapport, ainsi que l'assemblée générale, qui doit être consultée. Sur cette procédure, voir Mémento Sociétés commerciales nos 52780 s.

Le contrôle est levé pour les conventions portant sur une opération courante conclue à des conditions normales et, depuis le 3 août 2014, pour celles conclues entre deux sociétés dont l'une détient, directement ou indirectement, la totalité du capital de l'autre (C. com. art. L 225-39 et L 225-87).

CONVENTIONS INTERDITES

13550 Il est interdit à un dirigeant autre qu'une personne morale (administrateur, directeur général, directeur général délégué, représentant permanent d'une personne morale administratrice, leurs conjoints, ascendants et descendants, ainsi que les personnes interposées) de contracter notamment un **emprunt** auprès de la société, ou de se faire consentir par elle un découvert, en compte courant ou autrement. Cette interdiction fait obstacle à ce que le dirigeant ou une autre personne visée par l'interdiction se fasse consentir un crédit-vendeur ou obtienne un paiement à terme à l'occasion d'un achat d'immeuble appartenant à la société. Échappe seulement à cette interdiction l'opération courante conclue à des conditions normales lorsque la société exploite un établissement bancaire ou financier (C. com. art. L 225-43, al. 2 et L 225-91, al. 3).

La **sanction** est la nullité absolue de l'emprunt litigieux. Elle conduit au versement immédiat des sommes dues à la société.

CONSEILS PRATIQUES

13552 La personne qui contracte avec une société anonyme doit vérifier que son interlocuteur a, selon le mode de fonctionnement des organes de gestion et de direction, le **pouvoir d'engager la société**. Il doit s'agir du directeur général ou du président-directeur général, du directeur général délégué (SA à conseil d'administration), du président du directoire ou d'un directeur général (SA à directoire et conseil de surveillance). Lorsque la société est dotée d'un directoire et d'un conseil de surveillance, la cession d'immeuble doit être autorisée par le conseil de surveillance. Quant aux cautions, avals et garanties, ils doivent être autorisés, selon le cas, par le conseil d'administration ou le conseil de surveillance.

Le tiers doit s'abstenir de contracter lorsqu'il a connaissance d'un dépassement de l'**objet social** ou qu'il ne peut l'ignorer.

L'opération conclue **entre un dirigeant et la société** est soumise, sauf si elle est courante et réalisée à des conditions normales, à l'autorisation du conseil d'administration ou du conseil de surveillance.

g. Société en commandite par actions

POUVOIRS DU GÉRANT

13574 Les gérants sont investis des pouvoirs les plus étendus pour agir en toutes circonstances au nom de la société (C. com. art. L 226-7, al. 1). À l'égard des tiers, la société est engagée par les **actes qui n'entrent pas dans l'objet social**, à moins qu'elle ne prouve que le tiers savait que l'acte dépassait cet objet ou qu'il ne pouvait l'ignorer compte tenu des circonstances, la publication des statuts étant insuffisante à constituer cette preuve (C. com. art. L 226-7, al. 2).

En cas de **pluralité de gérants**, chacun d'eux peut agir séparément, l'opposition formée par l'un d'eux étant sans effet à l'égard des tiers, à moins qu'il ne soit établi qu'ils en ont eu connaissance (C. com. art. L 226-7, al. 4).

Les pouvoirs de la gérance ne sont pas limités pour les **cautions, avals et garanties** (à la différence des sociétés anonymes) ou les **cessions d'immeubles** (à la différence des sociétés anonymes à directoire et conseil de surveillance).

13576 **Limitations statutaires** Les statuts peuvent restreindre les pouvoirs des gérants en subordonnant tel ou tel acte (comme l'acquisition ou la vente d'un immeuble, l'emprunt ou la constitution d'une garantie...) à l'**autorisation préalable** du conseil de surveillance ou de l'assemblée générale. Ces restrictions sont inopposables aux tiers (C. com. art. L 226-7, al. 3).

CONVENTIONS RÉGLEMENTÉES OU INTERDITES

Les conventions intervenant directement ou par personne interposée **entre la société et l'un de ses dirigeants** (gérants, membres du conseil de surveillance) ou l'un de ses actionnaires disposant d'une fraction des droits de vote supérieure à 10 % ou, s'il s'agit d'une société actionnaire, la société la contrôlant sont soumises au contrôle du conseil de surveillance. Ces dispositions sont applicables aux conventions auxquelles une de ces personnes est indirectement intéressée. 13578
Il en est de même des conventions intervenant entre la société et une entreprise si l'un des gérants ou l'un des membres du conseil de surveillance de la société est propriétaire, associé indéfiniment responsable, gérant, administrateur, directeur général, membre du directoire ou membre du conseil de surveillance de l'entreprise (C. com. art. L 226-10).
Le texte renvoie au champ d'application du dispositif prévu par les sociétés anonymes. Il ne s'applique donc pas aux conventions portant sur une opération courante conclue à des conditions normales ni, depuis le 3 août 2014, à celles conclues entre deux sociétés dont l'une détient, directement ou indirectement, la totalité du capital de l'autre. De telles conventions sont dites « libres ».
La **procédure de contrôle** applicable est celle prévue pour les sociétés anonymes.
À peine de nullité, il est interdit aux gérants et aux membres du conseil de surveillance, autres que les personnes morales, de contracter un **emprunt** auprès de la société, de se faire consentir par elle un découvert en compte courant et de faire cautionner par elle leurs engagements envers des tiers.

CONSEILS PRATIQUES

Les pouvoirs des gérants sont définis dans les mêmes termes que pour les gérants de SARL (C. com. art. L 226-10). Les développements consacrés à la SARL sont donc transposables à la société en commandite par actions (voir n° 13492). 13580

h. Société par actions simplifiée

POUVOIRS DES DIRIGEANTS

Pouvoirs du président Le président représente la société **vis-à-vis des tiers** (C. com. art. L 227-6, al. 1). Il est investi des pouvoirs les plus étendus pour agir en toutes circonstances au nom de la société dans la limite de l'objet social (C. com. art. L 227-6, al. 1). Les pouvoirs du président ne sont pas limités pour les cautions, avals et garanties (à la différence des règles applicables aux dirigeants de sociétés anonymes) ou les cessions d'immeubles (contrairement au directoire). 13602
À l'égard des tiers, la société est engagée par les **actes** accomplis par le président **qui n'entreraient pas dans l'objet social**, à moins qu'elle ne prouve que le tiers savaient que l'acte dépassait cet objet ou qu'il ne pouvait l'ignorer compte tenu des circonstances, la publication des statuts étant insuffisante à constituer cette preuve (C. com. art. L 227-6, al. 2).

Pouvoirs des autres dirigeants Les **statuts**, s'ils désignent, outre le président, un ou plusieurs directeurs généraux ou directeurs généraux délégués, peuvent conférer à ces dirigeants le pouvoir de représenter la société à l'égard des tiers (C. com. art. L 227-6, al. 3). Il est alors considéré que ces dirigeants engagent la société vis-à-vis des tiers dans les mêmes termes que le président. 13604

Limitations statutaires Les statuts peuvent restreindre les pouvoirs des dirigeants en subordonnant tel ou tel acte (par exemple, l'acquisition ou la vente d'un immeuble, l'emprunt ou la constitution d'une garantie...) à l'**autorisation préalable** d'un associé déterminé ou d'un groupe d'associés, voire d'un autre organe de la société. Les dispositions statutaires restrictives de pouvoirs sont inopposables aux tiers (C. com. art. L 227-6, al. 4). 13606

CONVENTIONS RÉGLEMENTÉES OU INTERDITES

Les conventions conclues directement ou par personne interposée **entre la société et son président ou** ses **autres dirigeants** doivent être soumises au contrôle des associés de la SAS (C. com. art. L 227-10, al. 1 et 2). 13607
La **procédure de contrôle** est directement inspirée de celle applicable aux sociétés anonymes mais, contrairement à ces dernières, il n'existe pas, dans les SAS, d'autorisation préalable analogue à celle donnée par le conseil d'administration.
Par exception, les conventions portant sur des opérations courantes et conclues à des conditions normales ne sont soumises à aucune formalité.

Il est par ailleurs interdit au président et aux autres dirigeants de la SAS (C. com. art. L 225-43 sur renvoi de L 227-12) :
– de contracter sous quelque forme que ce soit un **emprunt** auprès de la société ;
– de se faire consentir par elle un découvert, en compte courant ou autrement ;
– de **faire cautionner ou avaliser** par elle ses engagements envers des tiers.
Les emprunts, découverts, avals ou garanties irrégulièrement contractés sont nuls (C. com. art. L 225-43, al. 1).

CONSEILS PRATIQUES

13608 Celui qui contracte avec la SAS doit s'assurer de la **qualité de son interlocuteur** : président de la SAS, directeur général ou directeur général délégué.
Il doit s'abstenir s'il sait que l'acte dépasse l'**objet social** ou ne peut l'ignorer.

i. Société en participation

13630 La société en participation est une société que les associés (appelés également « participants ») ont convenu de ne pas immatriculer. Elle ne dispose **pas de** la **personnalité morale** et n'est pas soumise à publicité (C. civ. art. 1871). À l'égard des tiers, chaque associé contracte en son nom personnel et est seul engagé (C. civ. art. 1872-1, al. 1). Si les participants agissent en qualité d'associés au vu et au su des tiers, chacun d'eux est tenu à l'égard de ceux-ci des obligations nées des actes accomplis en cette qualité par l'un des autres, avec solidarité si la société est commerciale, sans solidarité dans le cas contraire (C. civ. art. 1872-1, al. 2).
Une société en participation n'ayant pas de personnalité morale est **dépourvue de patrimoine** et ne peut donc pas être propriétaire d'un immeuble, et par voie de conséquence en acquérir ou en disposer.
Les associés peuvent acquérir conjointement un immeuble pour les besoins de la société et en disposer. Vis-à-vis des tiers, les **règles de l'indivision** régiront les opérations immobilières, en distinguant selon qu'il existe ou non une convention d'indivision.

3. DÉLÉGATION DE SIGNATURE

13650 Quelle que soit la forme de la société, le dirigeant social peut, sauf interdiction figurant dans les **statuts**, désigner un mandataire à l'effet d'effectuer une opération déterminée pour le compte de la société.
Sur les conditions de **forme**, s'il doit être constitué toute sûreté réelle sur un immeuble de la société, le pouvoir peut résulter de délibérations ou délégations établies par acte sous signature privée, alors même que la constitution de la sûreté doit l'être par acte authentique (C. civ. art. 2326).
Une **décision collective** des associés ne doit pas en principe désigner directement un tiers pour passer un acte en qualité de mandataire. La société doit être représentée par son dirigeant, et il appartient à celui-ci de déléguer son pouvoir s'il ne peut pas intervenir en personne à un acte intéressant la société.

4. VÉRIFICATION DES POUVOIRS DU REPRÉSENTANT DE LA SOCIÉTÉ

13670 Le **tiers** qui contracte avec une société doit s'assurer que la personne qui se présente au nom de la société a bien qualité pour engager celle-ci. Cette qualité suppose que cette personne dispose bien d'un mandat social et que l'acte entre dans ses pouvoirs.
S'agissant, en pratique, de la signature de l'acte notarié par un dirigeant de société intervenant en une double qualité, voir n° 54028, Précisions.

ATTENTION

La formule « **mandat social** » employée pour désigner l'exercice des fonctions de gestion et de direction d'une société ne doit pas être prise au pied de la lettre : elle n'est qu'une appellation descriptive qui n'emporte pas qualification juridique du contrat de mandat au sens des articles 1984 s. du Code civil. Ces dispositions spécifiques n'ont pas vocation à s'appliquer dans les rapports entre la société et le dirigeant (pour une illustration, Cass. com. 18-9-2019 n° 16-26.962 F-PB : BRDA 20/19 inf. 1).

EXISTENCE DU MANDAT SOCIAL

13672 La nomination et la cessation de fonction des dirigeants sociaux doivent faire l'objet d'une **publication**. Ni la société ni les tiers ne peuvent, pour se soustraire à leurs engagements, se prévaloir d'une irrégularité dans la nomination d'un dirigeant ou dans la cessation de ses fonctions, dès lors que ces décisions ont été régulièrement publiées (C. civ. art. 1846-2 pour les sociétés civiles ; C. com. art. L 210-9 pour les sociétés commerciales).

Les publications obligatoires sont :
– l'insertion dans un journal d'annonces légales du lieu du siège social (Décret 78-704 art. 24) ;
– l'inscription modificative au RCS et au RNE par l'intermédiaire du guichet unique électronique des formalités d'entreprises (C. com. art. R 123-66 ; C. com. art. L 123-37 et C. com. art. R 123-263) ;
– insertion au Bodacc par les soins du greffier du tribunal de commerce (C. com. art. R 123-159 et R 123-161).

> **Précisions** L'extrait d'immatriculation K bis atteste de l'existence juridique de l'entreprise et donne une information vérifiée. Il s'agit du seul document officiel prouvant l'identité et l'adresse de la personne (physique ou morale) immatriculée, son activité, ses organes de direction, administration, gestion ou contrôle, ainsi que l'existence ou non d'une procédure collective engagée à son encontre (sur le site www.infogreffe.fr). Depuis le 23 novembre 2021, les entreprises ne sont plus tenues de produire un extrait d'immatriculation à l'appui de leur demande ou de leur déclaration, mais doivent simplement communiquer leur numéro SIREN. L'extrait d'immatriculation **modèle K bis** de la société, autrefois délivré et certifié par le greffier du tribunal de commerce dans le ressort duquel la société a son siège, est désormais accessible via le site infogreffe. Pour être opposable, l'extrait K bis demandé doit dater de moins de 3 mois. Toute personne a la faculté de demander et obtenir l'extrait K bis d'une entreprise. Il convient de solliciter cet extrait à la date la plus proche possible de la conclusion de l'opération réalisée avec la société, et de renouveler cet extrait si l'opération est réalisée en plusieurs étapes (par exemple, signature d'un avant-contrat, régularisation d'un avenant, signature de l'acte notarié).

ÉTENDUE DES POUVOIRS DU DIRIGEANT SOCIAL

Situation des tiers Les tiers sont protégés par la loi lorsqu'ils contractent avec la société : 13674
le représentant légal de la société dispose en principe des pouvoirs pour effectuer les actes entrant dans l'**objet social**, et même au-delà s'agissant du gérant de SARL ou du dirigeant de société par actions (SA, SCA, SAS), investis des pouvoirs les plus étendus pour agir en toutes circonstances. L'objet social peut être connu par la consultation de l'extrait d'immatriculation de la société au registre du commerce et des sociétés, et plus complètement par la production d'un extrait certifié conforme des statuts ou par la copie intégrale qui peut en être délivrée par le greffe du tribunal de commerce.

En outre, les **clauses limitatives** des pouvoirs du représentant de la société sont en principe inopposables aux tiers (voir les développements consacrés à chaque type de société).

Situation des intervenants professionnels Les dispositions protectrices des tiers, 13676
destinées à faciliter la vie des affaires en ne paralysant pas la conclusion des contrats par la justification de pouvoirs, ne dispensent pas de prendre certaines précautions, spécialement s'agissant des professionnels tenus à un **devoir de conseil** (notaire, avocat, agent immobilier...) intervenant dans le cadre d'une opération immobilière, au stade de sa conclusion ou de sa réalisation. Ces professionnels ne sont pas des tiers ordinaires au regard de ces règles.

Les professionnels qui concourent à un acte passé par un dirigeant social au-delà de ses pouvoirs sont susceptibles d'engager leur **responsabilité** s'il est relevé une faute à leur encontre et qu'il en est résulté un préjudice pour la société ou pour son dirigeant, alors même que l'acte ne pourrait pas être remis en cause à l'égard du tiers.

Le **préjudice** pourra être pour la société une opération économiquement défavorable. Pour le dirigeant, sanctionné par les associés, il pourra s'agir de sa révocation pour juste motif et sans indemnité, consécutive au dépassement de pouvoirs. Ainsi, les associés d'une société civile sont fondés à reprocher au notaire de n'avoir pas rappelé à la gérante l'obligation qui pesait sur elle de respecter les dispositions statutaires (Cass. 1e civ. 27-4-1978 : Bull. civ. I n° 160).

Le professionnel doit donc vérifier que l'acte est non seulement conforme à l'objet social, mais 13678
encore qu'il ne soit pas réservé à la collectivité des associés, au conseil d'administration ou au conseil de surveillance par une clause restrictive des pouvoirs du dirigeant, même si une telle clause est inopposable aux tiers. Cette vérification est assurée au moyen d'une **copie des statuts** certifiée par le greffier du tribunal de commerce.

Le professionnel s'assurera également que le **mandat du dirigeant**, s'il a été fixé pour une durée limitée, n'est pas expiré ou bien que le dirigeant ne soit pas démissionnaire d'office pour avoir atteint la limite d'âge (par exemple, 65 ans sauf dispositions statutaires prévoyant un autre âge, pour le dirigeant d'une société anonyme). Il examinera également, en cas de pluralité de gérants dans une société de personnes, si l'acte considéré nécessite le consentement des cogérants ou, à défaut, que ceux-ci n'ont pas fait usage de leur droit d'opposition.

ATTENTION

Les actes d'**achat et** de **vente d'immeubles** ainsi que les **emprunts** contractés à l'occasion des acquisitions sont souvent, en raison de leur importance économique, soustraits des pouvoirs du dirigeant et soumis à l'autorisation préalable d'un autre organe de la société.

RÉGIME GÉNÉRAL DE REPRÉSENTATION DU COCONTRACTANT

13680 Le régime général de représentation du cocontractant (C. civ. art. 1153 s.) a vocation à régir aussi bien la représentation légale judiciaire que conventionnelle.

Toutefois, les pouvoirs de représentation des dirigeants sociaux sont exhaustivement définis par le **droit des sociétés**, qui **déroge au droit commun**. Les règles générales du Code civil s'appliquant sous réserve des règles particulières (C. civ. art. 1105), les articles 1153 et suivants du Code civil qui encadrent les pouvoirs du représentant ne devraient donc pas régir les conditions d'engagement de la société par son représentant légal (en ce sens, Cass. com. 18-9-2019 n° 16-26.962 F-PB : BRDA 20/19 inf. 1).

5. SOCIÉTÉ DISSOUTE ET EN LIQUIDATION

13702 La **personnalité morale** de la société subsiste pendant la liquidation, pour les besoins de celle-ci. La société peut donc notamment contracter une vente d'immeuble. La liquidation s'entend des opérations qui ont pour objet la réalisation des éléments d'actif et le paiement des dettes sociales dans le but de procéder au partage entre les associés de l'actif net subsistant.

Le liquidateur d'une **société civile** a les pouvoirs définis par les statuts par la décision de sa nomination ou par la décision de justice ayant prononcé la dissolution et l'ayant désigné. À défaut, on considère qu'il a les pouvoirs de réaliser l'actif et de payer le passif.

Le liquidateur d'une **société commerciale** est investi des pouvoirs les plus étendus pour réaliser l'actif, même à l'amiable. Les restrictions à ces pouvoirs résultant des statuts ou de l'acte de nomination ne sont pas opposables aux tiers (C. com. art. L 237-24, al. 1).

S'agissant de la vente d'un immeuble de la société, on peut en déduire :

– que le liquidateur d'une société civile en a en principe le pouvoir, sauf restriction figurant dans les statuts, la décision de nomination ou le jugement de désignation ;

– que le liquidateur d'une société commerciale en a sans restriction le pouvoir.

6. SOCIÉTÉ CIVILE ANCIENNE NON IMMATRICULÉE

13720 Une société civile constituée avant le 1er juillet 1978 était dotée de la personnalité morale sans devoir être immatriculée au registre du commerce et des sociétés. Il a été mis fin à cette situation par la loi 2001-420 du 15 mai 2001 (art. 44), qui a imposé l'immatriculation de ces sociétés au registre du commerce et des sociétés avant le 1er novembre 2002 à peine de **perte de la personnalité morale**.

Les sociétés civiles constituées avant le 1er juillet 1978 qui ont procédé avant la date imposée à leur immatriculation ont pu **conserver la personnalité morale**. Elles se trouvent donc désormais dans la même situation que les sociétés initialement immatriculées, et n'appellent pas de développements particuliers, à la différence de celles qui n'y ont pas procédé.

CONSÉQUENCES DU DÉFAUT D'IMMATRICULATION

13722 La société civile non immatriculée doit être considérée comme une société créée de fait soumise comme telle au **régime des sociétés en participation** (dans le même sens, Rép. Levy : AN 21-10-2002 n° 1074 ; Circ. 26-12-2002 : BO justice 2002/88 p. 31). Elle fonctionne selon les dispositions statutaires. Les biens qui appartenaient à la société sont dévolus de plein droit aux associés qui sont, relativement à ces biens, soumis aux règles de l'indivision. Il en résulte que la vente d'un immeuble appartenant à l'origine à la société, et se trouvant appartenir aux associés, ne peut être réalisée que de leur consentement unanime. Mais aucun associé ne peut demander le partage de l'immeuble social tant que la société n'est pas dissoute, s'il n'en a été autrement convenu (C. civ. art. 1872-2, al. 2).

Le transfert aux associés de la propriété de l'immeuble appartenant à l'origine à la société doit faire l'objet d'une **publicité foncière**. À cette occasion, seuls sont dus le droit fixe de 125 € prévu à l'article 680 du CGI (BOI-ENR-AVS-40-40 n° 460) ainsi que la contribution de sécurité immobilière, assise sur la valeur de l'immeuble, au taux de 0,10 % (avec un minimum de perception de 15 €).

> **Précisions a.** Le **défaut de publication** du transfert de propriété de l'immeuble de la société aux associés empêche la publication de toute mutation ultérieure du chef des associés, en raison de la règle de l'effet relatif, comme du chef de la société, son numéro d'immatriculation manquant à son identification selon les règles de l'article 6 du décret 55-22 du 4 janvier 1955. Toutefois, ce défaut de publication n'empêche pas un tiers de prendre une inscription contre la société non immatriculée sans son concours, telle qu'une sûreté judiciaire ou légale, ou une saisie immobilière par exemple (pour une hypothèque judiciaire : Cass. 3e civ. 1-7-2009 n° 08-14.762).
> **b.** Sur les incidences du défaut d'immatriculation de la société au regard du point de départ du délai de détention de l'immeuble pour le calcul de la **plus-value immobilière** constatée ultérieurement, voir n° 63370.

IMMATRICULATION TARDIVE DE LA SOCIÉTÉ

13724 La société qui a perdu la personnalité morale peut toujours faire l'objet d'une immatriculation (CA Dijon 18-3-2003 n° 03-61 : RJDA 4/04 n° 435, 4e esp.), entraînant la création d'une **société nouvelle** dotée de la personnalité morale (Cass. com. 7-1-2014 n° 11-25.635 F-PB : RJDA 4/14 inf. 356). La perte de la personnalité morale entraîne le transfert des biens constituant son actif social aux associés, et l'immatriculation postérieure au 1er novembre 2002, qui ne fait pas disparaître rétroactivement la période pendant laquelle la société a été dépourvue de la personnalité morale, implique un nouveau transfert des biens sociaux des associés vers la société immatriculée qui s'analyse en une nouvelle personne morale (Cass. 3e civ. 21-12-2023 n° 20-23.658 FS-B : BPAT 2/24 n° 87).

La décision d'immatriculation requiert en principe l'accord unanime des associés.

Si la société est propriétaire d'un immeuble, le transfert de propriété des associés à la société est considéré comme un apport. Il doit faire l'objet d'une publication au service de la publicité foncière et sera passible à ce titre de la taxe de **publicité foncière** au taux global de 0,715 % (plus précisément 0,71498 %) et la contribution de sécurité immobilière au taux de 0,10 %, ces taux s'appliquant à la valeur déclarée de l'immeuble.

L'immatriculation de la société en participation emporte la création d'une personne morale nouvelle, ce qui devrait entraîner les **conséquences fiscales** de la cessation d'entreprise (taxation immédiate des bénéfices non encore imposés et des plus-values latentes). Il est toutefois admis de ne pas procéder à la taxation immédiate des bénéfices réalisés avant l'immatriculation et non encore imposés, ni à la taxation immédiate des plus-values latentes afférentes aux biens inscrits à l'actif du bilan fiscal de la société en participation, à la condition que ces biens soient repris pour la même valeur à l'actif de la société immatriculée et que l'opération ne s'accompagne pas de modifications importantes du pacte social : objet, siège social, associés, etc. (Rép. Lagarde : AN 5-2-2013 n° 4295 ; BOI-IS-CESS-20-20 n° 285).

7. GROUPEMENT D'INTÉRÊT ÉCONOMIQUE

13740 Doté de la personnalité juridique, le GIE a la capacité juridique à compter de son immatriculation au registre du commerce et des sociétés, et peut donc être propriétaire de biens, dont des immeubles. Ce sont les **statuts** du GIE qui définissent l'organisation administrative du groupement : nomination d'un ou plusieurs administrateurs, d'un président, d'organes d'administration ou de surveillance...

Les **pouvoirs** des organes sont également prévus par les statuts, sans que les limitations statutaires soient opposables aux tiers. Le ou les organes de gestion engagent le groupement dans la limite de son objet (C. com. art. L 251-11). Les opérations immobilières passées avec un GIE devront être conformes aux dispositions statutaires, tant pour l'organe ayant le pouvoir de représenter le groupement que pour les éventuelles habilitations auxquelles l'acte est subordonné.

Sur la limite de capacité des personnes morales applicable aux contrats conclus entre le 1er octobre 2016 et le 30 septembre 2018, voir n° 13302, Précisions.

B. Associations et fondations

1. ASSOCIATIONS

13790 « L'association est la **convention** par laquelle deux ou plusieurs personnes mettent en commun d'une façon permanente leurs connaissances ou leur activité dans un but autre que de partager des bénéfices » (Loi du 1-7-1901 art. 1). Il existe différents types d'associations qui doivent être distingués dans la mesure où leur capacité juridique est plus ou moins étendue.

a. Association non déclarée

13792 L'association non déclarée ne jouit **pas de** la **capacité juridique**. Elle ne peut donc pas être propriétaire d'un immeuble, ni en acheter ou en vendre un.

b. Association déclarée

ACQUISITION

13812 La déclaration de l'association suppose l'accomplissement de deux formalités : une déclaration préalable à l'autorité préfectorale et une insertion au Journal officiel. À compter de la date de publication au Journal officiel, la jurisprudence considère que l'association est régulièrement déclarée et est dotée de la capacité juridique (notamment, Cass. civ. 10-2-1942 : DA 1942. somm. 5 ; TGI Rouen 28-10-1974 : D. 1975 p. 109). L'association régulièrement déclarée peut dès lors acquérir à titre onéreux le local destiné à son administration et à la réunion de ses membres, ainsi que les immeubles strictement nécessaires à l'accomplissement du but qu'elle se propose (Loi du 1-7-1901 art. 6). Cette capacité de jouissance restreinte ne condamne pas l'association à n'être propriétaire que d'un seul immeuble, mais impose une grande vigilance sur le strict respect de la **destination de l'immeuble** par rapport à l'impératif légal. La sanction d'une acquisition irrégulière est la nullité de l'acte (Loi du 1-7-1901 art. 17, al. 1), cette nullité ayant un caractère absolu. La nullité, si elle est prononcée, aboutit à la remise des parties en l'état antérieur à l'acquisition : restitution de l'immeuble d'une part et du prix de l'autre.

L'association peut **emprunter** pour financer l'acquisition. Si une hypothèque doit être consentie ou une sûreté nécessitant l'établissement d'un acte authentique, la délibération ou la délégation de pouvoirs devra être établie par acte authentique, la dérogation au principe du parallélisme des formes prévue par l'article 2326 du Code civil n'étant applicable qu'aux sociétés.

13814 Les **statuts déterminent** les pouvoirs des dirigeants et les éventuelles autorisations auxquelles sont subordonnées les opérations considérées comme les plus importantes (acquisitions et ventes d'immeubles, emprunts...). Il convient donc d'examiner les statuts pour connaître si l'opération relève du conseil d'administration ou de l'assemblée des sociétaires, et identifier l'organe chargé de représenter l'association à l'égard des tiers.

À défaut d'indication dans les statuts, l'opération est de la compétence de l'assemblée générale, qui est l'organe souverain de l'association.

L'association est soumise au **principe de spécialité** : elle ne peut se livrer qu'à des activités qui entrent dans son objet ou en favorisent la réalisation.

L'acquisition d'un immeuble impose donc les **vérifications** suivantes :

– s'assurer que l'immeuble, par sa destination, peut être régulièrement acheté ;

– déterminer quel est l'organe qui a qualité pour décider de l'opération ;

– déterminer quelle est la personne qui, dûment habilitée, a qualité pour représenter l'association auprès des tiers.

VENTE

13816 L'association déclarée doit aliéner un **immeuble** qu'elle a régulièrement acquis et **qui n'est plus strictement nécessaire** à son administration, à la réunion de ses membres ou à l'accomplissement de son objet (Décret du 16-8-1901 art. 3, 4°).

Les vérifications à effectuer sont comparables à celles qu'impose l'acquisition de l'immeuble :

– disparition du caractère nécessaire à l'administration de l'association, à la réunion de ses membres ou à l'accomplissement de son objet ;

– décision prise dans les conditions statutaires par l'organe ayant qualité pour décider de l'opération ;

– intervention de la personne, dûment habilitée, ayant qualité pour représenter l'association auprès des tiers.

L'association peut conserver ce bien à titre d'**immeuble de rapport** si l'association est déclarée depuis au moins 3 ans et qualifiée d'intérêt général au plan fiscal (CGI art. 200, 1-b : associations d'intérêt général ayant un caractère philanthropique, éducatif, scientifique, social, humanitaire, sportif, familial, culturel ou concourant à la mise en valeur du patrimoine artistique, à la défense de l'environnement naturel ou à la diffusion de la culture, de la langue et des connaissances scientifiques françaises). La condition d'ancienneté n'est toutefois pas requise pour un groupement ayant pour but exclusif l'assistance, la bienfaisance ou la recherche scientifique ou médicale, et qui avait, avant le 31 juillet 2014, accepté une libéralité ou obtenu du préfet une réponse favorable à sa demande de constatation qu'elle remplissait les conditions requises pour pouvoir bénéficier d'une libéralité (rescrit administratif) (Loi du 1-7-1901 art. 6, al. 5, 7 et 8).

FORMALITÉS

L'achat ou la vente d'immeuble par l'association doivent faire l'objet, dans le délai de 3 mois, d'une **déclaration modificative** aux services préfectoraux du siège de l'association (sous-préfecture de l'arrondissement ou préfecture si le chef-lieu de l'arrondissement se confond avec celui du département) contenant la description de l'immeuble et l'indication de son prix (Loi du 1-7-1901 art. 5, al. 5 ; Décret du 16-8-1901 art. 3, 4°). Les dirigeants d'une association qui ne procéderaient pas à cette déclaration encourent une amende de 1 500 € (Loi du 1-7-1901 art. 8, al. 1). 13818
Pour les seules congrégations, l'achat ou la vente doivent également être consignés sur le **registre spécial** coté et paraphé par la personne habilitée à représenter l'association, tenu au siège de l'association (Loi du 1-7-1901 art. 5, al. 7 ; Décret du 16-8-1901 art. 31).
Le **non-respect de ces formalités** pouvait entraîner la dissolution de l'association, judiciairement prononcée à la requête de tout intéressé ou du ministère public (Loi du 1-7-1901 art. 7, al. 2), mais la loi 2012-387 du 22 mars 2012 de simplification du droit a supprimé cette sanction (art. 127).

c. Association reconnue d'utilité publique

ACQUISITION

Les associations reconnues d'utilité publique – cette reconnaissance résulte d'un décret en Conseil d'État – peuvent faire tous les **actes de la vie civile** qui ne sont pas interdits par leurs statuts (Loi du 1-7-1901 art. 11, al. 1). Ces associations sont donc autorisées à acquérir et administrer des immeubles sans aucune restriction. 13842
Les conditions selon lesquelles il est procédé aux acquisitions d'immeubles sont fixées par les **statuts**. Les statuts types élaborés par le Conseil d'État, publiés par le ministère de l'intérieur et proposés aux associations qui sollicitent la reconnaissance d'utilité publique, prévoient en leur article 10 que les délibérations du conseil d'administration relatives aux acquisitions, échanges et aliénations d'immeubles nécessaires au but poursuivi par l'association, ainsi que les constitutions de sûretés réelles (hypothèque) sur ces immeubles et les emprunts, entre autres opérations, doivent être approuvés par l'assemblée générale.

> **Précisions** Avant le 2 août 2014, les associations reconnues d'utilité publique ne pouvaient posséder ou acquérir d'autres **immeubles** que ceux **nécessaires** au but qu'elles se proposaient (Loi du 1-7-1901 art. 11 dans sa rédaction antérieure à la loi 2014-856 du 31-7-2014). Elles pouvaient toutefois acquérir à titre onéreux ou à titre gratuit des bois, forêts ou terrains à boiser. La sanction de l'acquisition irrégulière était la nullité absolue.

VENTE

Les aliénations d'immeubles sont soumises aux mêmes règles que les acquisitions : les conditions qu'elles doivent respecter sont fixées par les **statuts**. Les statuts types prévoient les mêmes formalités pour les ventes que pour les acquisitions : les délibérations du conseil d'administration relatives aux aliénations d'immeubles nécessaires au but poursuivi par l'association doivent être approuvées par l'assemblée générale puis par le préfet du département du siège du groupement. 13844

FORMALITÉS

L'achat ou la vente d'immeuble par une association reconnue d'utilité publique doivent être suivis des mêmes formalités que pour l'**association déclarée** : déclaration modificative aux services préfectoraux du siège de l'association et consignation sur le registre spécial (voir n° 13818). 13846

2. FONDATIONS

La fondation est l'**acte** qui réalise l'affectation irrévocable d'une masse de biens à la réalisation d'une œuvre d'intérêt général et à but non lucratif (Loi 87-571 du 23-7-1987 art. 18). 13870
Le terme de « fondation » désigne également la **personne morale** dotée de la personnalité juridique soit par décision discrétionnaire du Gouvernement (fondation d'utilité publique), soit par une autorisation préfectorale (fondation d'entreprise).
Comme les associations, les fondations sont soumises au **principe de spécialité** : elles ne peuvent se livrer qu'à des activités qui entrent dans leur objet ou en favorisent la réalisation.

FONDATION D'UTILITÉ PUBLIQUE

La fondation est dotée de la **personnalité juridique** à compter de la publication au Journal officiel du décret de reconnaissance de son utilité publique. L'affectation en biens et en ressources 13872 doit être suffisante pour permettre d'une part le fonctionnement et l'indépendance de la fondation et d'autre part une activité d'une ampleur justifiant la reconnaissance d'utilité publique. Le **but poursuivi** peut être varié ; il est généralement philanthropique, humanitaire, culturel, éducatif, scientifique, sportif...

13876 La fondation peut être **propriétaire d'immeubles** provenant de diverses sources :
– immeubles compris dans les biens affectés par les fondateurs (dotation) ;
– immeubles reçus par donation ou par legs ;
– immeubles acquis et qui peuvent consister en des immeubles nécessaires au but poursuivi, des immeubles de rapport, des bois, forêts, terrains à boiser, fermes et tous immeubles construits ou à construire.

Suivant le type de fondation, le **conseil d'administration ou** le **conseil de surveillance** acceptent les acquisitions et cessions d'immeubles, la constitution de sûretés réelles, les emprunts ainsi que les cautions et garanties accordées au nom de la fondation.

Le Conseil d'État, par les deux modèles de statuts proposés aux fondations qui sollicitent la reconnaissance d'utilité publique, exprime le souhait que les délibérations du conseil d'administration ou du conseil de surveillance relatives aux aliénations d'immeubles dépendant de la dotation, à la constitution de sûretés réelles et aux emprunts soient soumises à **autorisation administrative** (accord du préfet du département dans lequel la fondation a son siège, réputé obtenu si celui-ci n'y a pas fait opposition dans les 2 mois de la notification).

13878 Les immeubles appartenant à la fondation peuvent être grevés d'**inaliénabilité**, par la volonté du fondateur ayant affecté un bien à la fondation ou par celle d'un donateur ou d'un testateur. Leur vente ne peut alors être réalisée qu'avec, selon les cas, l'autorisation du fondateur ou de ses ayants droit, du donateur, de ses ayants droit ou des ayants droit du testateur. La vente peut même être autorisée par décision judiciaire, non pas sur le fondement de la révision des clauses d'inaliénabilité (C. civ. art. 900-1) qui ne bénéficie pas aux personnes morales, mais sur celui de la révision des charges et conditions affectant une libéralité lorsque, par suite d'un changement de circonstances, l'exécution en est devenue extrêmement difficile ou sérieusement dommageable (C. civ. art. 900-2). Le tout, sans préjudice de l'autorisation administrative lorsque l'immeuble dépend de la dotation et que les statuts types ont été adoptés.

Si les biens affectés, donnés ou légués sont grevés de **conditions et charges** autres qu'une inaliénabilité, il est évidemment possible de solliciter leur révision judiciaire sur le fondement évoqué (C. civ. art. 900-2).

FONDATION D'ENTREPRISE

13900 Les sociétés civiles ou commerciales, les établissements publics à caractère industriel et commercial, les coopératives et mutuelles peuvent créer une fondation d'entreprise en vue de réaliser une œuvre d'intérêt général (Loi 87-571 du 23-7-1987 art. 19). La fondation d'entreprise est dotée de la **personnalité juridique** à compter de la publication au Journal officiel de l'autorisation administrative qui lui confère son statut. Le régime des fondations d'entreprise est adapté de celui des fondations d'utilité publique, en vue de favoriser les actions de mécénat effectuées par les entreprises.

La fondation d'entreprise peut seulement acquérir les **immeubles nécessaires** au but qu'elle se propose (Loi 87-571 du 23-7-1987 art. 19-3). À la différence de la fondation d'utilité publique, elle ne peut pas recevoir de dons et legs (à l'exception des dons des salariés des entreprises fondatrices).

Les actes d'acquisition ou de vente doivent respecter le principe de spécialité de la fondation et être autorisés par le conseil d'administration. La fondation est représentée par le président du conseil d'administration.

C. Autres groupements

1. SYNDICAT PROFESSIONNEL

13950 Les syndicats professionnels jouissent de la **personnalité civile** (C. trav. art. L 2132-1). Ils peuvent donc être propriétaires d'immeubles. Ils ont également la possibilité de financer la création d'habitations à loyer modéré, l'acquisition de terrains destinés à la réalisation de jardins ouvriers ou d'activités physiques et sportives (C. trav. art. L 2132-5).

La loi ne définit pas les conditions auxquelles sont subordonnés les achats et ventes d'immeubles. Il est considéré que la compétence en appartient à l'**assemblée générale**, qui désigne dans sa décision la personne chargée de l'exécuter.

Les **immeubles** nécessaires aux syndicats pour leurs réunions, bibliothèques et formations sont **insaisissables** (C. trav. art. L 2132-4). Cette insaisissabilité ne fait pas obstacle à l'aliénation volontaire du local considéré ni même, semble-t-il, à ce qu'il soit donné en garantie hypothécaire si le syndicat en décide.

2. SYNDICAT DE COPROPRIÉTÉ

La collectivité des copropriétaires est constituée en un syndicat, doté de la **personnalité civile** (Loi 65-557 du 10-7-1965 art. 14) et qui dispose d'un patrimoine propre, distinct de celui de ses membres. Le syndicat peut, dans le cadre de son objet qui est notamment la conservation de l'immeuble et l'administration des parties communes, effectuer des actes d'achat ou de vente de droits immobiliers. 13970

ACQUISITION

Le syndicat peut, à la **majorité** de ses membres représentant au moins les **2/3 des voix**, acquérir un bien immobilier (Loi 65-557 du 10-7-1965 art. 26). Il peut s'agir, par exemple, de l'achat d'un terrain contigu de l'assiette de la copropriété pour faciliter son accès ou le stationnement, ou de l'achat d'un lot privatif pour l'affecter au logement d'un gardien. 13972

Les parties privatives acquises par le syndicat ne perdent pas automatiquement leur caractère privatif (Loi 65-557 du 10-7-1965 art. 16, al. 2). La délibération doit préciser si l'immeuble acquis par le syndicat est destiné à **devenir une partie commune ou** un élément du **patrimoine propre** du syndicat.

Lorsque l'achat d'une partie commune entraîne un changement de l'emprise de la copropriété, les droits admis ou soumis à **publicité foncière**, autres que les servitudes, dont les lots sont l'objet, s'éteignent sur le bien cédé et s'étendent au bien acquis (Loi 65-557 du 10-7-1965 art. 6-1, al. 2).

Dans tous les cas, l'**acte** est **passé au nom** du syndicat lui-même et de son chef (Loi 65-557 du 10-7-1965 art. 16). Le syndicat est représenté à cet effet par le syndic.

VENTE

Bien que les parties communes appartiennent aux copropriétaires et non au syndicat, les ventes sont passées par le syndicat, représenté par le syndic, sans intervention à l'acte des copropriétaires. 13974

La décision de vendre est en principe prise à la majorité des membres du syndicat représentant au moins les **2/3 des voix** (Loi 65-557 du 10-7-1965 art. 26). Cela s'applique à la vente de lots privatifs appartenant au syndicat.

Sont adoptées à la **majorité des voix** de tous les copropriétaires les décisions concernant les conditions auxquelles sont réalisés les actes de disposition sur les parties communes ou sur les droits accessoires aux parties communes, lorsque ces actes résultent d'obligations légales ou réglementaires telles que celles relatives à l'établissement de cours communes, d'autres servitudes ou à la cession de droits de mitoyenneté (Loi 65-557 du 10-7-1965 art. 25, d).

La décision doit être prise à l'**unanimité** des copropriétaires lorsque la vente porte atteinte à la destination de l'immeuble. L'unanimité serait également requise si la vente portait atteinte à un droit de jouissance exclusive bénéficiant à certains copropriétaires sur une partie commune (en ce sens, Rép. Frédéric-Dupont : AN 6-11-1979 n° 15282).

Pour la **publicité foncière**, le syndicat comparaissant de son chef (Loi 65-557 du 10-7-1965 art. 16), il n'est pas nécessaire d'indiquer dans l'acte l'état civil des copropriétaires, ni de certifier l'identité des copropriétaires ou du syndicat, ce dernier n'agissant pas en son nom personnel mais comme le représentant des copropriétaires, ni d'indiquer la référence de publication du titre de propriété de chaque copropriétaire (Bull. AMC 2001 art. 1837). Pour l'effet relatif, il y a lieu de considérer que l'origine de propriété des lots créés à partir des parties communes est l'état descriptif de division et ses modificatifs.

Sur l'aliénation par le syndicat de la loge de concierge, voir n° 18462.

3. ASSOCIATION SYNDICALE LIBRE ET ASSOCIATION FONCIÈRE URBAINE

ASSOCIATION SYNDICALE LIBRE

L'association syndicale libre est un groupement de **droit privé** réunissant des propriétaires dans le but d'œuvrer dans l'intérêt de leurs fonds (voir Mémento Gestion immobilière n°s 42000 s.). Elle présente un caractère réel : il s'agit d'un groupement de fonds et non d'un groupement de personnes. 13990

Les associations syndicales sont généralement, mais non exclusivement, créées à l'occasion d'opérations de lotissements ou dans le cadre de groupes d'habitations ou d'ensembles immobiliers, afin d'assurer la gestion des biens et ouvrages d'intérêt commun (voirie, réseaux, espaces verts...).
Dotée de la capacité juridique et de la personnalité morale, l'association syndicale libre régulièrement constituée peut procéder à des achats et des ventes d'immeubles conformes à son objet. L'association syndicale est soumise au **principe de spécialité** : elle ne peut pas réaliser un acte qui ne rentre pas dans son objet. Ainsi, une association syndicale dont l'objet est de gérer et entretenir des ouvrages communs à plusieurs propriétés ne peut pas acquérir une parcelle sans utilité pour cette mission et donc étrangère à son objet (Cass. 3e civ. 3-12-1975 : JCP G 1976 II no 18352 obs. B. Stemmer).
En l'absence de dispositions légales spécifiques applicables aux achats ou aux ventes d'immeubles, les conditions de **quorum et** de **majorité** auxquelles sont passées ces opérations doivent être définies par les statuts.
Il existe, à côté des associations syndicales libres, des **associations syndicales autorisées ou constituées d'office**, qui sont des établissements publics à caractère administratif.

ASSOCIATION FONCIÈRE URBAINE

13992 L'association foncière urbaine est une variété d'association syndicale ; elle constitue un regroupement de propriétaires fonciers. Elle est soumise à des règles particulières en raison de son rôle particulier en matière d'urbanisme (remembrement urbain, réalisation d'ouvrages collectifs, restauration immobilière...). À côté de l'association foncière urbaine **libre**, il existe l'association foncière **autorisée ou constituée d'office** par l'autorité administrative, en vue de la réalisation d'opérations d'urbanisation.
Pour une étude d'ensemble de ce type d'association, voir Mémento Urbanisme – Construction nos 30900 s.

4. GROUPEMENT PROFESSIONNEL

14010 Les membres de certaines **professions libérales** (professions médicales, géomètres experts, architectes, avocats, commissaires de justice, notaires...) sont généralement membres de droit de groupements ayant pour mission de représenter la profession considérée, d'assurer son organisation, sa discipline ou sa représentation auprès des pouvoirs publics. Ces groupements sont, selon les cas, organisés au niveau départemental, régional ou national. Ils peuvent être désignés sous différents vocables : ordre, chambre syndicale, chambre, compagnie, conseil départemental ou régional, conseil national ou supérieur...
La **personnalité juridique** du groupement professionnel est généralement prévue par la loi qui l'institue, de même que l'organe ayant le pouvoir de décision et la personne ayant qualité de mettre en œuvre ses décisions et de le représenter auprès des tiers.

II. PERSONNES MORALES DE DROIT PUBLIC

PRÉSENTATION

14060 Les personnes morales de droit public sont l'**État**, les **collectivités territoriales** (communes, départements, régions, collectivités d'outre-mer) et les **établissements publics** (qui peuvent être rattachés à l'État ou à une collectivité territoriale et ont un caractère soit administratif, soit industriel et commercial, soit culturel ou scientifique).
Le droit de propriété des personnes publiques présente une **forte spécificité** par rapport à celui des personnes physiques et des personnes morales de droit privé. Cette spécificité se manifeste notamment en ce qui concerne les modes d'acquisition des biens et les conditions de leur vente. L'acquisition peut se faire selon le droit commun (acquisition amiable, échange, don, legs, prescription acquisitive) mais aussi dans le cadre de procédures exorbitantes de celui-ci (expropriation, droit de préemption...). La vente est subordonnée à la condition que le bien ne soit pas inclus dans le domaine public et elle est encadrée par des règles strictes.

TEXTES APPLICABLES

14061 Le droit des propriétés publiques a fait l'objet d'une **codification** au sein du Code général de la propriété des personnes publiques (CGPPP) issu, pour la partie législative, de l'ordonnance 2006-460 du 21 avril 2006 et, pour la partie réglementaire, du décret 2011-1612 du 22 novembre 2011. Ce Code a un champ d'application très vaste puisqu'il intéresse les biens de l'ensemble des collectivités publiques : État, collectivités territoriales et leurs groupements, établissements publics de toute nature.

Pour autant, le CGPPP ne reprend pas toutes les dispositions législatives de nature domaniale applicables à ces collectivités : des dispositions importantes ont été maintenues dans d'autres textes, notamment le Code général des collectivités territoriales (CGCT).
Parallèlement, l'administration des Domaines a été réformée. D'abord dénommée « France Domaine », puis rebaptisée **« Direction de l'immobilier de l'État »** (DIE) en 2016, elle fait partie de la Direction générale des finances publiques. Au niveau départemental, les fonctions relatives au domaine auparavant exercées par le directeur des services fiscaux ont été transférées au directeur départemental des finances publiques (ancien trésorier-payeur général).

A. Domaine public et domaine privé

RÉGIMES DISTINCTS

Les propriétés des personnes publiques peuvent relever soit de leur domaine public, soit de leur domaine privé. Ces deux catégories de biens sont soumises à des régimes juridiques très différents, le régime du domaine public relevant du **droit administratif** alors que le régime du domaine privé est un régime de **droit privé**, présentant cependant un particularisme important par rapport aux règles du Code civil. **14062**
Il faut d'abord définir le domaine public car le domaine privé est une **notion résiduelle** : le domaine privé d'une personne publique comprend tous les biens dont cette personne est propriétaire et qui ne sont pas inclus dans son domaine public.

1. DOMAINE PUBLIC

CONSISTANCE DU DOMAINE PUBLIC IMMOBILIER

Sous réserve de dispositions législatives spéciales, le domaine public de l'État, des collectivités territoriales et de leurs groupements, ainsi que des établissements publics, est constitué des biens leur appartenant qui sont affectés à l'**usage direct du public ou** à un **service public** pourvu qu'en ce cas ils fassent l'objet d'un aménagement indispensable à l'exécution des missions de ce service public (CGPPP art. L 2111-1). **14064**
Cette **définition législative** du domaine public immobilier résulte de l'ordonnance du 21 avril 2006. Elle reprend en l'infléchissant quelque peu la définition antérieure, qui résultait de la **jurisprudence**. Le juge administratif avait inclus dans le domaine public les immeubles appartenant aux personnes publiques et répondant à la double condition d'être affectés à l'usage du public ou à un service public et d'avoir fait l'objet à cette fin d'un aménagement spécial. Désormais, la condition d'aménagement spécial n'est plus applicable pour les biens affectés à l'usage du public et elle est transformée en une condition d'aménagement « indispensable » pour les biens affectés à un service public.

> **Précisions** **a.** Toutes les **personnes publiques** peuvent avoir un domaine public, y compris les établissements publics (CE 21-3-1984 nº 24944 : JCP G 1985 II 20393 note Hervouët). Il n'y a pas lieu d'excepter de cette règle les établissements publics à caractère industriel et commercial.

b. Les critères d'appartenance au domaine public prévus par l'article L 2111-1 du CGPPP ne concernent pas les dépendances du domaine public régies par les articles L 2111-4 à L 2111-17. Il s'agit :
– du **domaine public maritime** de l'État (CGPPP art. L 2111-4 à L 2111-6) qui comprend essentiellement le sol et le sous-sol de la mer entre la limite extérieure de la mer territoriale et le rivage (constitué par tout ce que la mer couvre et découvre en l'absence de perturbations météorologiques exceptionnelles) ainsi que les lais et relais de la mer qui faisaient partie du domaine privé de l'État au 1er décembre 1963, sous réserve des droits des tiers, ou qui ont été constitués après cette date ;
– du **domaine public fluvial** (CGPPP art. L 2111-7 à L 2111-13) constitué des cours d'eau et lacs appartenant à l'État, à ses établissements publics, aux collectivités territoriales ou à leurs groupements (cours d'eau et lacs domaniaux, dont le classement est prononcé après enquête publique pour un motif d'intérêt général relatif à la navigation, à l'alimentation en eau des voies navigables, aux besoins en eau de l'agriculture et de l'industrie, à l'alimentation des populations ou à la protection contre les inondations) ;
– des **domaines publics routier, ferroviaire, aéronautique** et **hertzien** (CGPPP art. L 2111-14 à L 2111-17).

c. En l'absence de toute disposition en ce sens, l'entrée en vigueur du CGPPP (le 1-7-2006) n'a pas entraîné le déclassement des biens qui appartenaient antérieurement au domaine public par application des **anciens**

critères jurisprudentiels et qui ne remplissent pas les conditions désormais fixées par l'article L 2111-1 du Code (CE 3-10-2012 n° 353915, Cne de Port-Vendres : AJDA 2013 p. 1789 note E. Fatôme, M. Raunet et R. Leonetti). La question se posait parce que, s'agissant des biens affectés à un service public, les conditions prévues par le l'ordonnance du 21 avril 2006 sont plus restrictives que celles qui résultaient de la jurisprudence (l'aménagement doit être indispensable et être réalisé et non seulement prévu : voir n° 14072).

14068 **Condition de propriété** Il faut d'abord que le bien appartienne à la personne publique. Si la question donne lieu à une contestation, les **tribunaux de l'ordre judiciaire** sont seuls compétents pour la trancher (CE sect. 16-11-1960 n° 44537, Cne du Bugue : Lebon p. 627). En revanche, lorsqu'il est établi qu'un bien est la propriété d'une personne publique, il n'appartient qu'au **juge administratif** de déterminer s'il fait partie de son domaine public.

Un local appartenant à une personne publique mais compris dans une **copropriété** dont les autres copropriétaires sont des personnes privées ne peut pas faire partie du domaine public. Les règles de la copropriété sont en effet jugées incompatibles avec la domanialité publique (CE sect. 11-2-1994 n° 109564, Cie d'assurances La Préservatrice foncière : AJDA 1994 p. 548 note J. Dufau). Il en est de même du régime des **associations syndicales de propriétaires** depuis le 3 juillet 2004, date d'entrée en vigueur de l'ordonnance 2004-632 du 1er juillet 2004 qui leur a attribué une hypothèque légale sur les immeubles de leurs membres situés dans leur périmètre (CE 23-1-2020 nos 430192 et 430359, Sté JV immobilier c/ Cne de Bussy-Saint-Georges : BPIM 2/20 inf. 106 ; CE 10-3-2020 n° 432555, Ass. syndicale des propriétaires de la cité Boigues et a. : BPIM 3/20 inf. 215).

Lorsqu'un service public est **concédé à une société privée**, le cahier des charges de la concession peut prévoir que des terrains ou installations, même acquis ou construits par le concessionnaire, feront retour à la collectivité concédante à l'issue du contrat. Ces « biens de retour » sont réputés appartenir dès l'origine à la collectivité et peuvent donc faire partie de son domaine public (CE 24-1-1934 n° 7948, Sté de l'Ouenza : DP 1936 III p. 56 note C. Blaevoet ; CE 23-5-1962 n° 41178, Sté financière d'exploitations industrielles : Lebon p. 342).

› **Précisions a.** C'est normalement en présence de **titres privés dont l'examen présente une difficulté sérieuse** que le juge administratif renvoie la question de propriété au juge judiciaire (CE 23-1-2012 n° 334360, Dépt des Alpes-Maritimes : BPIM 2/12 inf. 176). Dans cette affaire où aucun titre privé n'avait été versé au dossier, le Conseil d'État a jugé qu'un mur édifié à la limite entre une parcelle privée et une route départementale lors de l'aménagement de la voie et ayant pour effet d'assurer sa sécurité en retenant les terres faisait partie du domaine public du département alors même qu'il n'aurait pas été édifié par cette collectivité. Pour déterminer s'il est en présence d'une difficulté sérieuse justifiant la saisine du juge judiciaire, le juge administratif doit prendre en compte tant les éléments de fait que les titres privés invoqués par les parties (CE 28-7-2017 n° 392122).

b. Le Conseil d'État a redéfini le régime juridique des biens dans le cadre d'une **délégation de service public** ou d'une **concession de travaux** mettant à la charge du cocontractant la création ou l'acquisition des biens nécessaires au service public (CE ass. 21-12-2012 n° 342788, Cne de Douai : BPIM 2/13 inf. 123). Ces biens appartiennent d'emblée à la collectivité concédante, à moins que la convention en dispose autrement, ce qu'elle ne peut faire que si certaines conditions sont remplies ; si les biens sont établis sur un terrain appartenant à la collectivité, les modalités et limites prévues aux articles L 2122-6 à L 2122-14 CGPPP ou aux articles L 1311-2 à L 1311-8 CGCT sont applicables (voir n° 14084). À l'expiration de la convention, les biens en cause, dits « **biens de retour** », sont remis gratuitement à la collectivité (pour un exemple d'application, CE 27-10-2013 n° 337634, min. c/ CCI de Béthune : RJF 5/13 n° 504).

14070 **Condition d'affectation** En second lieu, le bien doit être affecté à l'**usage du public** (par exemple, une promenade publique) **ou** à un **service public** (par exemple, une école ou une caserne). Dans le premier cas, l'usage du public doit être direct : par exemple, la circonstance que des salles et des bureaux appartenant à une commune soient mis à la disposition d'associations à caractère social, sportif ou culturel, afin d'y recevoir leurs adhérents et les habitants intéressés par les activités qu'elles proposent, ne suffit pas à faire regarder ces locaux comme affectés à l'usage direct du public (CE 23-1-2020 n° 430192 et 430359, Sté JV IMMOBILIER c/ Cne de Bussy Saint-Georges : BPIM 2/20 inf. 131).

Lorsqu'un **ensemble immobilier** constitue un tout indissociable, la condition d'affectation s'apprécie globalement. Ainsi, toutes les parcelles situées dans l'enceinte d'un aéroport ouvert à la circulation aérienne publique font partie du domaine public de la chambre de commerce et d'industrie, établissement public propriétaire ; peu importe que l'une de ces parcelles soit concédée à un restaurant (CE 25-3-1988 n° 81279 : JCP G 1989 n° 211 160 note J.-F. Davignon). De même, un immeuble affecté au service public de la gendarmerie nationale et aménagé en vue de cette affectation, comportant des chambres de sûreté, un bureau d'accueil du public, des bureaux, des salles d'archives, ainsi que des logements indissociables du reste de l'immeuble, appartient dans son ensemble au domaine public de la commune (CE 7-5-2012 n° 342107 : AJDA 2013 p. 1172 note N. Foulquier).

Un bien affecté à un service public ou à l'usage du public peut faire l'objet d'une ou de plusieurs **affectations supplémentaires** relevant de la domanialité publique dans la mesures où elles sont compatibles avec son affectation initiale (CGPPP art. L 2123-7). La superposition d'affectations est possible même quand l'entrée du bien dans le domaine public est antérieur au 1er juillet 2006, date d'entrée en vigueur du CGPPP (CE 5-6-2023 n° 466548, Sté Lumen Technologie France : BPIM 4/23 inf. 283).

L'affectation directe au public ne saurait résulter d'une simple **situation de fait**, elle doit correspondre à une volonté de la collectivité (CE 2-11-2015 n° 373896, Cne de Neuves-Maisons : BPIM 6/15 inf. 399).

Aménagement spécial L'affectation à un **service public** ne suffit pas pour qu'un bien immobilier soit regardé comme une dépendance du domaine public. Il faut en outre que le bien ait reçu un aménagement spécial indispensable à cette affectation. **14072**

L'exigence d'un **aménagement indispensable** à l'exécution des missions de ce service correspond à une définition restrictive, visant à combattre la tendance à l'hypertrophie du domaine public. Cette notion risque cependant d'être difficile à saisir. Les premiers commentateurs du Code ont cité comme exemples les salles d'audience pour un tribunal et les salles de cérémonie pour une mairie (C. Maugüé et G. Bachelier, Genèse et présentation du Code général de la propriété des personnes publiques : AJDA 2006 p. 1073).

La définition figurant à l'article L 2111-1 du CGPPP a également conduit à l'abandon de la **théorie jurisprudentielle dite du « domaine public virtuel »** selon laquelle les règles de la domanialité publique s'appliquaient à un bien dès le moment où son affectation à une utilisation publique moyennant un aménagement spécial était décidée de manière certaine (CE 6-5-1985 n° 41589, Association Eurolat et Crédit foncier de France : Lebon p. 141).

Sous l'empire du **CGPPP**, il ne suffit pas que la personne publique propriétaire ait pris la décision d'affecter le bien à un service public, il faut encore que la réalisation de l'aménagement indispensable à l'exécution des missions de ce service public puisse être regardée comme entreprise de façon certaine, eu égard à l'ensemble des circonstances de droit et de fait telles que, notamment, les actes administratifs intervenus, les contrats conclus, les travaux engagés (CE 13-4-2016 n° 391431, Cne de Baillargues : BPIM 3/16 inf. 193). Si l'aménagement indispensable au service public a déjà été effectué, le bien entre évidemment dans le domaine public dès la décision d'affectation : ainsi jugé à propos de locaux communaux mis à la disposition d'une association qui y exploitait une crèche (CE 22-5-2019 n° 423230, Association Les Familles ABC du Gard : BPIM 4/19 inf. 271) ou à propos d'un camping (CE 21-12-2022 n° 464505, Cne de Saint-Félicien : BPIM 1/23 inf. 75-6).

Lorsque l'**aménagement** a été **projeté de manière certaine avant le 1er juillet 2006**, date d'entrée en vigueur du CGPPP, le bien appartient au domaine public tant qu'il n'a pas fait l'objet d'un déclassement (CE 8-4-2013 n° 363738, Association ATLALR : BPIM 3/13 inf. 210). La solution s'explique par le fait que l'ordonnance du 21 avril 2006 n'a pas entraîné le déclassement des biens qui appartenaient antérieurement au domaine public par application des critères jurisprudentiels (voir n° 14064, Précisions c).

> **Précisions a.** L'exigence d'un aménagement spécial a été dégagée par la jurisprudence. Il s'agissait d'éviter de donner à la domanialité publique une extension démesurée. Cependant cette **ancienne notion d'aménagement spécial** a été entendue très largement. La condition a évidemment été regardée comme remplie s'agissant d'édifices tels qu'une gare, un port ou un stade. La question était moins évidente pour les immeubles de bureaux abritant des services administratifs. Ces immeubles ont été considérés comme des dépendances du domaine public ; l'ordonnance 2004-825 du 19 août 2004 est toutefois venue renverser cette solution pour les locaux à usage de bureaux appartenant à l'État et à ses établissements publics (voir nos 14100 et 14298, Précisions a).
>
> **b.** L'ordonnance du 21 avril 2006 a mis fin à l'application de la condition d'aménagement spécial pour les **biens affectés à l'usage du public**. Cette évolution n'aura peut-être pas une très grande portée car l'« affectation à l'usage direct du public » semble être une notion plus exigeante que la simple ouverture au public : une plage ouverte au public ne sera pas regardée de ce seul fait comme une dépendance du domaine public.
>
> **c. Jusqu'à l'entrée en vigueur du CGPPP** (le 1er juillet 2006), une décision certaine d'une collectivité publique d'affecter un immeuble lui appartenant à un service public

et de réaliser à cette fin un aménagement spécial, de même qu'une décision certaine d'affecter l'immeuble à l'usage direct du public et, si cette affectation nécessitait un aménagement, de le réaliser, avait pour effet de soumettre cet immeuble aux principes de la domanialité publique (T. confl. 14-11-2016, nº 4068, Association « Mieux vivre à Béziers et son agglomération, tourisme et loisirs » venant aux droits de l'association ATLARL). Cette décision du Tribunal des conflits fixe avec précision les critères de la théorie du domaine public virtuel, qui demeure d'actualité quand une décision d'affectation a été prise avant l'entrée en vigueur du Code.

ACCESSOIRES DU DOMAINE PUBLIC

14074 Font également partie du domaine public les biens de la collectivité qui, concourant à l'utilisation d'un bien appartenant au domaine public, en constituent un **accessoire indissociable** (CGPPP art. L 2111-2).

En d'autres termes, lorsqu'un bien immobilier répond à l'ensemble des critères de la domanialité publique, celle-ci s'étend aux biens qui en constituent des **dépendances indispensables**, par exemple les murs de soutènement des voies publiques (CE sect. 28-5-1969 nº 72678 : Lebon p. 189) ou les magasins aménagés dans l'enceinte d'une gare (CE 18-1-1963 nº 55123 : Lebon p. 32).

ILLUSTRATIONS

a. En l'absence de titre de propriété, un **mur situé à l'aplomb d'une voie publique** et dont la présence évite la chute de matériaux qui pourraient provenir de fonds qui la surplombent doit être regardé comme un accessoire de la voie publique, même s'il a aussi pour fonction de maintenir les terres des parcelles qui la bordent (CE 15-4-2015 nº 369339 : BPIM 3/15 inf. 216).

b. Appartient au domaine privé de la RATP, la **parcelle située sur une dalle en béton recouvrant la voûte d'un tunnel**. Si le tunnel, y compris sa voûte, est un ouvrage d'art affecté au service public du transport ferroviaire et spécialement aménagé à cet effet, la dalle de béton, située physiquement au-dessus de la voûte du tunnel, ne présente pas d'utilité directe pour cet ouvrage, notamment sa solidité ou son étanchéité, de sorte qu'elle n'en constitue pas l'accessoire (CE 26-1-2018 nº 409618, Sté Var Auto : BPIM 2/18 inf. 131).

ACTE DE CLASSEMENT

14076 S'il n'en est disposé autrement par la loi, tout acte de classement ou d'incorporation d'un bien dans le domaine public n'a d'autre **effet** que de constater l'appartenance de ce bien au domaine public (CGPPP art. L 2111-3).

Autrement dit, pour qu'un bien appartienne au domaine public, il faut et il suffit que les critères prévus à l'article L 2111-1 du CGPPP se trouvent réunis ; il n'est pas nécessaire qu'un acte prononçant le classement dans le domaine public soit intervenu. Inversement, un acte de classement ne saurait avoir pour effet de faire regarder comme une dépendance du domaine public un bien qui ne remplirait pas les conditions légales. Une décision de classement n'est donc ni nécessaire ni suffisante pour qu'un bien fasse partie du domaine public.

SORTIE DU DOMAINE PUBLIC

14078 Un bien de l'État, d'une collectivité territoriale, d'un groupement de collectivités ou d'un établissement public qui n'est **plus affecté à un service public ou à l'usage direct du public** ne fait plus partie du domaine public à compter de l'intervention de l'acte administratif constatant son déclassement (CGPPP art. L 2141-1).

En d'autres termes, pour qu'un bien sorte du domaine public, il ne suffit pas que les conditions de la domanialité publique cessent d'être remplies (par exemple, un local cesse d'être affecté à un service public). Il faut en outre que l'autorité compétente prenne un **acte de déclassement** (CE 22-11-1967 nº 66703 : Lebon p. 434), et ce même s'il n'y avait pas eu auparavant d'acte de classement.

L'acte de déclassement doit être exprès. La seule **décision de vendre** le bien ne saurait tenir lieu d'un déclassement régulier ; elle sera au contraire regardée comme illégale faute d'un déclassement préalable.

Un acte de **déclassement** est **illégal** s'il porte sur un bien qui continue de remplir les critères légaux de l'appartenance au domaine public. Même devenu définitif faute d'avoir été attaqué dans les délais légaux, cet acte n'aurait pas pour effet de soustraire le bien au domaine public.

L'acte de déclassement est une condition nécessaire mais non suffisante de la sortie du domaine public.

14079 **Déclassement anticipé** Il est possible de déclasser un bien du **domaine public artificiel des personnes publiques** affecté à un service public ou à l'usage direct du public en **maintenant temporairement** son affectation à un service public. Le déclassement peut avoir lieu dès que la désaffectation a été décidée, alors même que les nécessités du service public ou de l'usage direct du public justifient qu'elle ne prenne effet qu'à une date ultérieure (CGPPP art. L 2141-2). Ce mécanisme de déclassement anticipé est destiné à faciliter les opérations immobilières des personnes publiques en leur permettant de percevoir immédiatement le prix de la cession (qui pourra financer la réinstallation du service dans un autre site), et à l'acheteur de solliciter immédiatement des autorisations de construire. Le **délai de désaffectation** doit être fixé dans l'acte de déclassement et ne peut normalement excéder 3 ans ; toutefois, si la désaffectation dépend de la réalisation d'une opération de construction, restauration ou réaménagement, le délai est fixé, ou peut être prolongé par l'administration, en fonction des caractéristiques de l'opération dans la limite de 6 ans (CGPPP art. L 2141-2, al. 1).

En cas de vente de l'immeuble, l'**acte de vente** doit comporter une clause résolutoire au cas où la désaffectation n'interviendrait pas dans le délai prévu ; il doit aussi comporter des clauses relatives aux conditions de libération de l'immeuble par le service public ou de reconstitution des espaces affectés à l'usage direct du public, afin de garantir la continuité du service public ou l'exercice des libertés dont le domaine est le siège (CGPPP art. L 2141-2, al. 1).

Pour les **collectivités territoriales**, leurs groupements et établissements publics, deux autres règles s'appliquent (CGPPP art. L 2141-2, al. 2 et 3) :

– avant la cession, une délibération motivée de l'organe délibérant doit être adoptée sur la base d'une étude d'impact pluriannuelle tenant compte de l'aléa ;

– l'acte de vente doit, à peine de nullité, comporter une clause organisant les conséquences de la résolution de la vente. Cette clause peut prévoir des pénalités à la charge de la collectivité, qui doivent faire l'objet d'une provision dans son budget.

Il est prévu par ailleurs que le déclassement d'un bien affecté à un service public puisse, afin d'améliorer les conditions d'exercice de ce service public, être prononcé en vue de permettre un **échange** avec un bien d'une personne privée ou relevant du domaine privé d'une personne publique (CGPPP art. L 2141-3).

INALIÉNABILITÉ DU DOMAINE PUBLIC

Principe Les biens du domaine public de l'État, des collectivités territoriales et de leurs groupements et des établissements publics sont inaliénables et imprescriptibles (CGPPP art. L 3111-1). **14080**

Tant qu'un bien appartenant à une personne publique continue de faire partie de son domaine public, il ne peut pas faire l'objet d'une cession, qu'elle soit volontaire ou forcée, onéreuse ou gratuite, ni changer de propriétaire par l'effet d'une prescription acquisitive.

Si le bien est vendu à un tiers, la **vente** est **nulle** (Cass. 1e civ. 2-4-1963 : AJDA 1963 p. 486 note J. Dufau). L'acheteur est tenu à restitution, l'administration devant quant à elle lui rembourser le prix et lui verser une indemnité s'il était de bonne foi. L'action en revendication ouverte à la personne publique est imprescriptible.

Les tiers peuvent également se prévaloir de l'inaliénabilité pour obtenir que la **vente** leur soit déclarée **inopposable** (Cass. 1e civ. 3-5-1988 : AJDA 1988 p. 679 note J. Dufau).

Exceptions Il existe des exceptions et aménagements à l'inaliénabilité du domaine public. **14081**

Les biens qui relèvent du domaine public de l'État, des collectivités territoriales, de leurs groupements et des établissements publics peuvent être cédés à l'amiable, sans déclassement préalable, **entre** ces **personnes publiques**, lorsqu'ils sont destinés à l'exercice des compétences de la personne publique qui les acquiert et relèveront de son domaine public (CGPPP art. L 3112-1).

Ces biens peuvent également faire l'objet d'un échange entre personnes publiques dans les mêmes conditions en vue de permettre l'amélioration des conditions d'exercice d'une mission de service public (CGPPP art. L 3112-2). Ils peuvent encore, dans le même but, être échangés avec des biens appartenant à **des personnes privées** ou relevant du domaine privé de personnes publiques ; un déclassement est alors nécessaire (CGPPP art. L 3112-3). Dans ces deux hypothèses, l'acte d'échange doit comporter des clauses permettant de préserver l'existence et la continuité du service public.

Par ailleurs, un bien relevant du domaine public peut faire l'objet d'une **promesse de vente** (ou d'attribution d'un droit réel) dès lors que sa **désaffectation**, qui permettra son déclassement, a été **décidée** par l'autorité compétente et que les nécessités du service public ou de l'usage direct du public justifient qu'elle ne prenne effet que dans un délai fixé par la promesse (CGPPP art. L 3112-4, al. 1). À peine de nullité, la promesse doit comporter des clauses précisant que l'engagement de la personne publique propriétaire reste subordonné à l'absence, postérieurement à la formation de la promesse, d'un motif tiré de la continuité des services publics ou de la protection des libertés auxquels le domaine en cause est affecté qui imposerait le maintien du bien dans le domaine public (CGPPP art. L 3112-4, al. 2). La réalisation de cette condition pour un tel motif ne donne lieu à indemnisation du bénéficiaire de la promesse que dans la limite des dépenses engagées par lui et profitant à la personne publique propriétaire (CGPPP art. L 3112-4, al. 3).

Enfin, pour les opérations de cessions réalisées avant le 21 avril 2017, les biens relevant initialement du domaine public cédés sans déclassement préalable peuvent faire l'objet d'un **déclassement rétroactif** dès lors que ces biens n'étaient, au jour de la cession, plus affectés à un service public ou à l'usage direct du public (Ord. 2017-562 du 19-4-2017 art. 12).

> **Précisions** Avant l'ordonnance du 19 avril 2017 qui a prévu expressément la possibilité d'un déclassement rétroactif, des biens du domaine public pouvaient faire l'objet d'une **promesse de vente sous condition suspensive** de leur déclassement (CE 15-11-2017 n° 409728, Cne d'Aix-en-Provence et SEM d'équipement du pays d'Aix : BPIM 1/18 inf. 42).

DROITS RÉELS SUR LE DOMAINE PUBLIC

14082 **Servitudes** Des servitudes établies par **convention** passée entre les propriétaires conformément à l'article 639 du Code civil peuvent grever des dépendances du domaine public de l'État, des collectivités territoriales et de leurs groupements ainsi que des établissements publics, dans la mesure où leur existence est compatible avec l'affectation des biens sur lesquels elles s'exercent (CGPPP art. L 2122-4).

La possibilité de constituer contractuellement des servitudes au profit de personnes privées ou publiques doit notamment faciliter la **gestion des immeubles** comprenant à la fois des dépendances du domaine public et des locaux privés **et** les opérations de **division en volumes**.

> **Précisions a. Avant l'ordonnance du 21 avril 2006**, aucune servitude ne pouvait être valablement instituée sur le domaine public. La jurisprudence admettait la subsistance des servitudes existant avant l'acquisition du bien par la personne publique, à la condition qu'elles ne soient pas incompatibles avec son affectation (CE ass. 11-5-1959 n° 9229 : Lebon p. 294 ; CE 29-11-1969 : Lebon p. 453). En revanche, elle excluait radicalement l'établissement d'une servitude sur un bien déjà incorporé (CE 10-12-1954, Cne de Champigny-sur-Marne : Lebon p. 658 ; T. confl. 28-4-1980, SCIF Résidence des Perriers : Lebon p. 506).
> **b.** Une **servitude conventionnelle de droit privé** constituée avant l'entrée en vigueur du CGPPP peut être maintenue sur une parcelle appartenant au domaine public à la double condition d'avoir été consentie avant l'incorporation de cette parcelle dans le domaine public, lorsque cette incorporation est elle aussi antérieure à l'entrée en vigueur du Code, et qu'elle est compatible avec son affectation (CE 26-2-2016 n° 383935, Syndicat des copropriétaires de l'immeuble « Le Mercure » : BPIM 2/16 inf. 149 ; T. confl. 5-7-2021 n° 4218, SCI LMG c/ Cne d'Évecquemont : BPIM 6/21 inf. 383).
> **c.** Le titulaire d'une servitude de droit privé permettant l'implantation d'ouvrages sur le terrain d'une personne publique, maintenue après son incorporation dans le domaine public, doit être regardé comme titulaire d'une **autorisation d'occupation du domaine public** à raison de ces ouvrages, même s'il n'acquitte pas de redevance à ce titre. Il doit donc supporter les frais de déplacement des ouvrages implantés à raison de cette servitude, pour permettre l'exécution de travaux dans l'intérêt du domaine public et conformes à sa destination (CE 31-3-2022 n° 453904, Département du Val-d'Oise : BPIM 3/22 inf. 258).

14084 **Occupations constitutives de droits réels** Le titulaire d'une autorisation d'occupation temporaire du **domaine public de l'État** a, sauf prescription contraire de son titre, un droit réel sur les ouvrages, constructions et installations de caractère immobilier qu'il réalise pour l'exercice de l'activité autorisée. Pour la durée de l'autorisation – qui peut aller jusqu'à 70 ans –, il exerce les prérogatives et assume les obligations du propriétaire. Le régime de ce droit réel est fixé par les articles L 2122-6 s. du CGPPP. Il porte non seulement sur les ouvrages édifiés par l'occupant mais également sur l'occupation elle-même, tant que les ouvrages n'ont pas été édifiés (droit de superficie).

De leur côté, les **collectivités territoriales** sont autorisées à consentir sur leur domaine public des baux emphytéotiques dont la durée peut aller jusqu'à 99 ans (CGCT art. L 1311-2 s.). Parallèlement, il existe un régime d'autorisations d'occupation constitutives de droits réels (CGCT notamment art. L 1311-5 s.). Dans ses modalités, ce régime s'inspire de celui mis en place pour l'État ; toutefois, il ne peut être mis en œuvre que pour l'accomplissement par une collectivité territoriale d'une opération d'intérêt général relevant de ses compétences.

> **Précisions** Les **établissements publics d'enseignement supérieur** sont compétents pour assurer l'entretien et la gestion des biens immobiliers dont ils sont propriétaires ou qui sont mis à leur disposition par l'État ainsi que la valorisation immobilière de ces biens et les opérations immobilières d'aménagement des campus (hors cession des biens mis à disposition par l'État). Ils sont compétents pour délivrer à des tiers des titres constitutifs de droits réels sur ces biens. Une autorisation préalable est toutefois requise lorsque cette délivrance concerne des biens immobiliers mis à disposition par l'État et nécessaires à la continuité du service public (CGPPP art. L 2341-2).

2. DOMAINE PRIVÉ

CONSISTANCE DU DOMAINE PRIVÉ

Dispositions expresses Le législateur est intervenu pour faire échapper à la domanialité publique des catégories de biens qui, remplissant les conditions dégagées par la jurisprudence, auraient dû en faire partie. C'est ainsi que des dispositions expresses incluent dans le domaine privé : **14100**

– les biens immobiliers à usage de **bureaux**, à l'exclusion de ceux formant un ensemble indivisible avec des biens immobiliers appartenant au domaine public (CGPPP art. L 2211-1, al. 2). À noter qu'un point d'accueil et d'orientation du public aménagé dans des bureaux appartenant à une commune et affectés aux services municipaux ne peut être regardé comme un aménagement indispensable à l'exécution, par ces services, de leurs missions de service public (voir n° 14070). Il ne retire donc pas aux locaux leur caractère de biens immobiliers à usage de bureaux exclus du régime de la domanialité publique en vertu de l'article L 2211-1 du CGPPP (CE 23-1-2020 n°s 430192 et 430359, Sté JV Immobilier c/ Cne de Bussy-Saint-Georges : BPIM 2/20 inf. 132) ;

– les **réserves foncières** ;

– les **chemins ruraux** ainsi que les **bois et forêts** des personnes publiques relevant du domaine forestier (CGPPP art. L 2212-1).

Les biens immobiliers de **La Poste** qui faisaient partie de son domaine public ont été déclassés en 2001 pour être rattachés à son domaine privé (Loi 90-568 du 2-7-1990 art. 23 modifié). Depuis le 1er mars 2010, La Poste a été transformée en société anonyme dont l'État est l'actionnaire majoritaire (Loi 2010-123 du 9-2-2010 art. 1).

Par ailleurs, les dispositions législatives applicables aux établissements publics d'**habitations à loyer modéré** (CCH art. L 421-1 s.) ont été interprétées en ce sens que les immeubles d'habitation leur appartenant font partie de leur domaine privé (CE 23-2-1979 n° 9663 : Dr. adm. 1979 n° 125, RD publ. 1979 p. 1763).

Définition négative En dehors des biens visés par des dispositions expresses, le domaine privé comprend l'ensemble des biens des personnes publiques qui ne sont **pas inclus** dans leur domaine public (CGPPP art. L 2211-1, al. 1). Il s'agit donc d'une notion résiduelle ou subsidiaire. Relèvent du domaine privé les biens publics qui soit ne sont pas affectés à l'usage du public ou à un service public, soit, étant affectés à un service public, n'ont pas fait l'objet d'un aménagement indispensable. **14102**

On relèvera que les **forêts domaniales**, qu'elles appartiennent à l'État ou aux collectivités territoriales, sont des dépendances du domaine privé même si certains aménagements ont été réalisés en vue de leur ouverture au public (CE sect. 28-11-1975 n° 90772, Office national des forêts : D. 1976 p. 355 note J.-M. Auby).

Les biens acquis par voie d'**expropriation** font partie du domaine privé de la collectivité expropriante tant qu'ils n'ont pas été effectivement affectés à l'usage prévu par la déclaration d'utilité publique (CE 19-11-1993 n° 59586 : AJDA 1994 p. 252 obs. R. Hostiou). Il en va de même des biens acquis par l'exercice du droit de **préemption**.

> **Précisions** Une **maison** forestière concédée à un agent de l'Office national des forêts, directement **rattachée à l'exploitation des bois et forêts** qui relèvent du domaine privé de l'État, fait elle-même partie de son domaine privé en l'absence d'aménagement spécial nécessaire à l'exécution du service public et de clauses exorbitantes du droit commun dans la convention de concession (Cass. 3e civ. 21-9-2022 n° 21-10.895 FS-B, N. c/ Office national des forêts : BPIM 6/22 inf. 432).

RÉGIME APPLICABLE

Les règles applicables au domaine privé relèvent du **droit privé** et coïncident pour partie avec celles que définit le Code civil. Comme les biens des personnes physiques et des personnes morales de droit privé, les biens du domaine privé des personnes publiques peuvent être vendus **14104**

ou échangés. Ils peuvent changer de propriétaire par l'effet de la prescription acquisitive. La délimitation des dépendances du domaine privé est effectuée par bornage dans les conditions du droit commun (C. civ. art. 646).
Le régime du domaine privé présente cependant un **fort particularisme** ; il est loin de coïncider entièrement avec le régime applicable aux biens des personnes privées.

14108 **Vente** Comme les biens du domaine public, ceux qui relèvent du domaine privé sont **insaisissables** (Cass. 1e civ. 21-12-1987 n° 86-14.167 : JCP 1989 n° 21183 note B. Nicot). Par suite, ils ne peuvent pas être hypothéqués, sauf si la loi en dispose autrement.
Les biens du domaine privé peuvent en revanche être **vendus volontairement ou expropriés** au profit d'une autre collectivité publique.
Certaines dépendances du domaine privé sont cependant **rendues inaliénables** par des dispositions expresses. Les immeubles acquis pour constituer des réserves foncières ne peuvent pas être cédés en pleine propriété à des personnes privées, cette règle ne faisant pas obstacle aux cessions en vue desquelles la réserve a été constituée (C. urb. art. L 221-2). La vente des bois et forêts domaniaux doit être autorisée par la loi (CGPPP art. L 3211-5, faisant une exception pour certains bois de faible étendue).
Sur les conditions de la vente et sur les procédures applicables, voir n°s 14290 s.

14114 **Litiges** En principe, les litiges relatifs aux biens du domaine privé relèvent de la compétence des **tribunaux judiciaires**. Il en va ainsi, notamment, des litiges concernant les contrats d'achat et de vente (T. confl. 30-6-1930 : D. 1931 p. 33), même dans le cas où le contrat met à la charge de la commune la réalisation de travaux sur le bien (T. confl. 17-6-2024 n° 4306).
Le législateur a cependant confié au **juge administratif** certains litiges intéressant le domaine privé, notamment ceux qui concernent les ventes d'immeubles de l'État (CGPPP art. L 3231-1, reprenant l'article 4 de la loi du 28 pluviôse an VIII ; la règle vaut même en l'absence de clauses exorbitantes du droit privé dans l'acte de vente), le partage des biens communaux (Lois 10-6-1793 et 9 ventôse an XII) ou les baux emphytéotiques portant sur des immeubles du domaine privé (CGCT art. L 1311-3, 4°).

> **Précisions a.** La **décision prise par l'organe compétent** de la collectivité publique de procéder (ou non) à l'acquisition ou à la vente du bien est détachable du contrat éventuellement conclu et peut faire l'objet d'un recours pour excès de pouvoir devant le tribunal administratif (CE 10-11-1967 n° 66204 : Lebon p. 421 ; CE 11-7-1991 n° 73948, Cne de Saint-Crépin : RD publ. 1992 p. 1182 ; CE 25-7-1975 n° 91104 : Lebon p. 438).
En cas d'**annulation de la décision**, le juge de l'exécution doit rechercher si l'illégalité commise peut être régularisée et, dans l'affirmative, enjoindre à la personne publique de procéder à cette régularisation. Pour un exemple de régularisation, CAA Nantes 22-9-2020 n° 20NT01144, Association intercommunale de sauvegarde et de valorisation du patrimoine c/ Cne de Langesse : BPIM 6/20 inf. 406.
Lorsque l'illégalité commise ne peut pas être régularisée, le juge de l'exécution doit apprécier si, eu égard à la nature de cette illégalité et à l'atteinte que l'**annulation ou** la **résolution du contrat** est susceptible de porter à l'intérêt général, il y a lieu d'enjoindre à la personne publique de saisir le juge du contrat afin qu'il tire les conséquences de l'annulation de la décision (CE 29-12-2014 n° 372477, Cne d'Uchaux : BPIM 1/15 inf. 52).
Enfin, dans le cas où la **décision** peut être **régularisée**, l'acte pris à cet effet par le conseil municipal a un effet rétroactif et sa légalité s'apprécie à la date de l'acte annulé (CE 10-4-2015 n° 370223, Cne de Levallois-Perret : BPIM 3/15 inf. 202).
b. L'acheteur d'un immeuble d'une commune ne peut pas invoquer la théorie du mandat apparent pour échapper à la **nullité de la vente** signée par le maire alors que la délibération du conseil municipal ayant autorisé cette vente a été annulée par le juge administratif (Cass. 3e civ. 16-6-2016 n° 15-14.906 FS-PB : BPIM 5/16 inf. 317).
c. Un recours contre une délibération du conseil municipal ou un arrêté du maire relatif à la cession d'un bien du domaine privé relève de la juridiction administrative (CE 17-10-1980 n° 23226 : Lebon p. 378 ; CE 10-3-1995 n° 108753, Cne de Digne : Lebon p. 123). En revanche, la juridiction judiciaire est normalement compétente pour connaître d'une contestation d'une personne privée dirigée contre une décision des autorités municipales relative à des **relations contractuelles** entre cette personne et la commune **ayant pour objet la valorisation ou la protection du domaine privé** et n'affectant ni son périmètre ni sa consistance (T. confl. 22-11-2010 n° 3764, Sté Brasserie du Théâtre). Mais le recours d'un tiers contre la décision de la commune de conclure un tel contrat et le refus de le résilier, de même que le recours d'une personne souhaitant en conclure un contre le refus opposé par la commune relève du juge administratif (T. confl. 4-12-2023 n° C4294, Association intercommunale de chasse agréée de Fosse-Vira : BPIM 3/24 inf. 220).

d. Si l'acte d'une personne publique, délibération ou décision, modifie la **consistance** ou le **périmètre du domaine privé**, la juridiction administrative est compétente pour juger d'une demande d'annulation de l'acte mais aussi, d'une action tendant à la réparation du préjudice qu'il a causé (T. confl. 13-3-2023 n° 4260, Sté Boucherie cannoise, s'agissant en l'espèce d'un litige relatif à l'acquisition par une commune d'un fonds de commerce de boucherie : BPIM 4/23 inf. 269). La même règle de compétence s'applique au refus de prendre l'acte ou à son retrait, ainsi qu'à leurs conséquences dommageables.

e. Un recours devant le tribunal administratif contre la décision d'une collectivité publique de vendre une parcelle de son domaine privé peut être assorti d'une demande en **référé** tendant à la **suspension** de son exécution. Cette demande perd toutefois son objet dès que la vente est conclue (CE 29-4-2013 n° 364058, Synd. d'agglomération nouvelle du Val d'Europe et Cne de Chessy : BPIM 3/13 inf. 211).

f. Si le contrat portant cession par une commune de biens immobiliers faisant partie de son domaine privé est, en principe, un contrat de droit privé, y compris lorsque l'acheteur est une autre personne publique, l'existence dans le contrat d'une ou de plusieurs **clauses** impliquant dans l'intérêt général qu'il relève d'un **régime exorbitant de droit public** confère à ce contrat un caractère administratif. Un litige relatif au contrat doit alors être porté devant la juridiction administrative (T. confl. 6-6-2016 n° 4051, Cne d'Aragnouet c/ Cne de Vignec : BPIM 4/16 inf. 266 ; T. confl. 6-6-2016 n° 4052, Sté Generim c/ Ville de Marseille ; T. confl. 13-3-2023 n° 4266, Cne de Phalsbourg c/ Sté SGTP 67 : BPIM 4/23 inf. 268).

B. Autorités compétentes pour décider les acquisitions et les cessions

1. ÉTAT ET ÉTABLISSEMENTS PUBLICS NATIONAUX

Les acquisitions et les cessions immobilières de l'État sont décidées par le **préfet ou** le **ministre** compétent. Toutefois, l'administration des domaines est seule habilitée à passer les actes d'acquisition (voir n° 14272, Précisions a). 14160

Pour les établissements publics nationaux, l'opération est décidée par l'organe compétent désigné par le texte qui régit l'établissement. Il s'agit normalement du **conseil d'administration**. Toutefois, si le prix d'acquisition excède l'évaluation des domaines, l'opération devra être autorisée par l'autorité de tutelle ou de contrôle après accord du ministre du budget (voir n° 14256).

> **Précisions** **a.** Les **établissements publics nationaux** présentent une grande **diversité** et les conditions dans lesquelles ils peuvent acquérir et céder des biens immobiliers dépendent des textes qui les régissent, sous réserve de l'application des dispositions du Code du domaine de l'État qui visent les établissements publics. Les établissements ne sont pas toujours propriétaires des immeubles qu'ils utilisent, lesquels peuvent appartenir à l'État qui les leur remet à titre de dotation en s'en réservant la propriété ; le législateur a prévu que les biens acquis par la « SNCF Réseau et sa filiale » le sont au nom de l'État (C. transports art. L 2111-20).

b. Les biens immobiliers de **La Poste** ont été déclassés et cet ancien établissement public a été transformé en société anonyme (voir n° 14100). Ces biens peuvent être vendus dans les conditions du droit commun, l'État se réservant toutefois la possibilité de s'opposer aux cessions qui compromettraient la bonne exécution par la société de ses obligations de service public, ou de subordonner leur réalisation à la condition qu'elles ne préjudicient pas à la bonne exécution desdites obligations. À cette fin, La Poste et ses filiales doivent communiquer au ministre chargé des postes tout projet de cession ou d'apport d'un immeuble leur appartenant, accompagné du projet de convention avec le cessionnaire ou le destinataire de l'apport. Le ministre dispose d'un délai d'un mois pour s'opposer à l'opération ou la soumettre à des conditions particulières (Loi 90-568 du 2-7-1990 art. 23 modifié ; Décret 2010-191 du 26-2-2010 art. 8).

2. COLLECTIVITÉS TERRITORIALES, GROUPEMENTS DE COLLECTIVITÉS ET ÉTABLISSEMENTS PUBLICS LOCAUX

Les acquisitions sont décidées par les **organes délibérants**, l'opération étant ensuite conclue par l'**exécutif de la collectivité**. 14180

COMMUNE

14182 **Compétence du conseil municipal** Le conseil municipal délibère sur la gestion des biens et les opérations immobilières effectuées par la commune, sous réserve des dispositions relatives aux sections de commune (CGCT art. L 2241-1).

La décision d'acquérir ou de céder un bien immobilier relève donc de la compétence du conseil ; cette compétence ne peut pas faire l'objet d'une **délégation** au profit du maire. La décision doit être prise au vu d'un **avis** du directeur départemental des finances publiques (voir nos 14250 et 14320). La délibération devient exécutoire après transmission au préfet et accomplissement des formalités de publicité.

> **Précisions a.** Les **membres du conseil municipal intéressés**, à titre personnel ou comme mandataires, à une affaire soumise au conseil doivent s'abstenir de siéger (CGCT art. L 2131-11). Par ailleurs, l'article 1596 du Code civil interdit aux « administrateurs » des communes de se rendre adjudicataires des biens de la commune (voir nos 13236 s.).
D'une manière générale, l'article 432-12 du Code pénal prohibe la « prise illégale d'intérêt » ; cet article contient cependant des dispositions dérogatoires, applicables dans les communes de 3 500 habitants au plus, qui autorisent à certaines conditions les maires, adjoints et conseillers municipaux délégués ou agissant en remplacement du maire à acquérir des biens immobiliers auprès de la commune.
Des conseillers municipaux exerçant les fonctions de président et de membre du conseil d'administration d'un office public d'aménagement et de construction ne sont **pas regardés comme personnellement intéressés** à la cession de terrains communaux à cet office ; ils peuvent par suite prendre part à la délibération qui décide la cession (CAA Versailles 15-5-2008 n° 06VE01131, Ville de Versailles).
b. La transmission des délibérations au préfet lui permet d'exercer le **contrôle de légalité**. Le préfet dispose de 2 mois pour déférer une délibération qu'il juge illégale devant le tribunal administratif. L'annulation de l'acte, éventuellement précédée de la suspension de son exécution, interdira la conclusion de l'opération immobilière ; si celle-ci est déjà acquise à la date à laquelle le tribunal statue, la commune devra exercer les voies de droit permettant de la remettre en cause. Le contrat lui-même, acte de droit privé s'agissant de biens du domaine privé, ne peut pas être déféré au tribunal administratif.
c. Sur les **conséquences de l'annulation de la délibération autorisant la cession** d'un bien du domaine privé, voir n° 14114, Précisions.
d. Lorsqu'un maire dispose d'une **délégation** du conseil municipal **pour exercer le droit de préemption** au nom de la commune, cette délégation lui permet de signer l'acte d'acquisition du bien préempté (Rep. Masson : Sén. 20-5-2021 n° 18751). En déléguant au maire son droit de préemption, le conseil municipal se dessaisit de cette compétence. Le maire délégataire devenant seul compétent pour décider ou non de préempter, une nouvelle délibération n'est pas nécessaire pour l'autoriser à signer l'acte d'acquisition.

14184 **Rôle du maire** Le maire exécute les **décisions du conseil municipal** et, notamment, passe les actes de vente ou d'échange (CGCT art. L 2122-21, 7°). Le maire peut déléguer une partie de ses fonctions à ses adjoints, à des conseillers municipaux, au directeur général des services et au directeur général adjoint, au directeur général et au directeur des services techniques (CGCT art. L 2122-18 et 2122-19).

Les contrats d'achat ou de vente de biens immobiliers ne sont pas au nombre des actes devant être transmis au préfet (CGCT art. L 2131-2). L'acte peut être passé en la forme administrative et authentifié par le maire en vue de sa publication au service de la publicité foncière (CGCT L 1311-13) ; ce pouvoir d'authentification ne peut pas être délégué (Rép. Demange : AN 24-10-1988 p. 3748 n° 4444). Le recours à un acte notarié n'est pas exclu (voir nos 14270 s.).

14186 **Biens indivis entre plusieurs communes** Lorsque plusieurs communes possèdent des biens indivis, leur gestion est confiée à une **commission syndicale** composée de délégués des conseils municipaux concernés. Toutefois, les acquisitions et les ventes demeurent de la compétence des conseils municipaux, la passation des actes pouvant seule être confiée au président de la commission syndicale. Une majorité des 2/3 des conseils municipaux intéressés est requise (CGCT art. L 5222-2).

ÉTABLISSEMENTS PUBLICS DE COOPÉRATION INTERCOMMUNALE

14196 Les établissements publics de coopération intercommunale (EPCI) sont les syndicats de communes (CGCT art. L 5212-1 s.), les communautés de communes (CGCT art. L 5214-1 s.), les communautés urbaines (CGCT art. L 5215-1 s.), les communautés d'agglomération (CGCT art. L 5216-1 s.) et les métropoles (CGCT art. L 5217-1 s.). Les **règles applicables aux communes** en ce qui concerne notamment les compétences respectives de l'organe délibérant et de l'exécutif, le contrôle de légalité, sont transposables. L'obligation de recueillir l'avis du directeur départemental des finances publiques préalablement aux acquisitions et aux cessions vaut également pour ces personnes publiques.

DÉPARTEMENT

Il appartient au **conseil départemental** de statuer sur l'acquisition, la vente et l'échange des propriétés départementales (CGCT art. L 3213-1). Rien ne s'oppose à ce que le conseil départemental délègue cette attribution à sa commission permanente dans les conditions prévues à l'article L 3211-2 du CGCT ; en revanche, il ne saurait la déléguer à son président. La délibération doit être précédée d'un avis du directeur départemental des finances publiques (voir nos 14250 et 14320). Elle ne devient exécutoire qu'après transmission au préfet et accomplissement des mesures de publicité (voir no 14182, Précisions b). **14200**

L'exécution des délibérations est confiée au **président du conseil départemental** qui peut déléguer l'exercice d'une partie de ses fonctions aux vice-présidents et, au besoin, à d'autres membres du conseil départemental (CGCT art. L 3221-3). Le président du conseil départemental peut authentifier un acte passé en la forme administrative en vue de sa publication au service de la publicité foncière (CGCT art. L 1311-13).

RÉGION

Le **conseil régional** règle par ses délibérations les affaires de la région (CGCT art. L 4221-1). À ce titre, il statue sur l'acquisition et la vente des biens de la région. Il peut déléguer cette attribution à sa commission permanente dans les conditions prévues à l'article L 4221-5 du CGCT. Il ne peut pas la déléguer, en revanche, à son président. La délibération doit être précédée d'un avis du directeur départemental des finances publiques (voir nos 14250 et 14320). Elle ne devient exécutoire qu'après transmission au préfet de région et accomplissement des mesures de publicité (voir no 14182, Précisions b). **14204**

L'exécution des délibérations est confiée au **président du conseil régional** qui peut déléguer l'exercice d'une partie de ses fonctions aux vice-présidents et, au besoin, à d'autres membres du conseil régional (CGCT art. L 4231-3). Le président du conseil régional peut authentifier un acte passé en la forme administrative en vue de sa publication au service de la publicité foncière (CGCT art. L 1311-13).

ÉTABLISSEMENTS PUBLICS LOCAUX

Les règles de compétence en matière d'acquisition et de cession d'immeubles par les établissements publics locaux résultent des textes qui régissent **chaque catégorie** d'établissements. L'exhaustivité étant impossible, on se bornera à évoquer deux catégories. **14210**

Établissements publics fonciers locaux

Les établissements publics fonciers locaux sont des établissements publics à caractère industriel et commercial créés par des communes ou des établissements publics intercommunaux pour constituer des réserves foncières en vue d'opérations d'aménagement (C. urb. art. L 324-1 s. et R 324-1 s.). **14212**

L'assemblée générale, où chaque membre de l'établissement est représenté, élit en son sein un **conseil d'administration** qui règle par ses délibérations les affaires de l'établissement et arrête notamment le programme annuel d'acquisitions foncières (C. urb. art. L 324-5, 1°). Les délibérations sont soumises au contrôle de légalité.

Les acquisitions et cessions foncières que les établissements effectuent pour leur compte ou pour le compte d'une collectivité territoriale, d'un établissement public de coopération intercommunale ou d'un syndicat mixte sont soumises aux dispositions relatives à la **transparence des opérations immobilières** de ces collectivités ou établissements.

Aucune opération ne peut en principe être réalisée sans **l'avis favorable de la commune** sur le territoire de laquelle l'opération est prévue, cet avis étant réputé rendu si la commune ne répond pas dans le délai de 2 mois (C. urb. art. L 324-1, al. 10).

Offices publics de l'habitat

Les offices publics de l'habitat sont des établissements publics à caractère industriel et commercial (CCH art. L 421-1 s.). L'organe délibérant est le **conseil d'administration**. L'organe exécutif est le directeur général qui est compétent pour passer tous actes et contrats au nom de l'office (CCH art. R 421-18). **14214**

› Précisions a. Les **ventes de logements au profit des locataires** sont régies par des dispositions spéciales (CCH art. L 443-7 s. et R 443-10 s.). La convention d'utilité sociale conclue pour six ans par l'organisme d'HLM avec l'État emporte autorisation de vendre les logements inscrits sur le plan de mise en vente qui lui est annexé (CCH art. L 445-1). La vente d'autres logements non mentionnés dans ce plan peut être autorisée par le préfet (CCH art. L 443-7, al. 5). La commune d'implantation du logement est consultée lors de l'élaboration de la convention et de l'instruction d'une demande d'autorisation ; son silence pendant deux mois vaut avis favorable. Si la commune n'a pas atteint la proportion de logements sociaux exigée par la loi, son opposition fait obstacle à la vente. Le silence du préfet pendant quatre mois sur une demande d'autorisation vaut autorisation. L'autorisation préfectorale est normalement valable six ans mais devient caduque en cas de signature d'une nouvelle convention d'utilité sociale.

L'inscription d'un logement dans le plan de mise en vente ou la délivrance d'une autorisation préfectorale permet la cession à une société de vente d'habitations à loyer modéré, qui devra la céder à un acquéreur pendant la durée de validité du plan ou de l'autorisation ou, à défaut, demander une nouvelle autorisation (CCH art. L 443-7).

Un **logement occupé** ne peut être vendu qu'à son locataire s'il occupe le logement depuis au moins deux ans ; un logement **vacant** peut être vendu, par ordre décroissant de priorité, à une personne physique remplissant les conditions pour bénéficier des opérations d'accession à la propriété, notamment le locataire d'un autre logement social, à une collectivité territoriale et à toute autre personne physique (CCH art. L 443-11, II et III). La vente se fait après publicité à un prix fixé par l'organisme propriétaire en fonction du prix d'un logement comparable, selon le cas, occupé ou vacant (CCH art. L 443-11, IV).

b. La cession de logements sociaux **entre organismes de HLM** est soumise à une simple déclaration au préfet et au maire de la commune d'implantation (CCH art. L 443-11, I).

c. S'agissant des **biens autres que les logements**, la décision de vendre doit seulement être notifiée au préfet dans le délai d'un mois à compter de la date de l'acte la constatant (CCH art. L 443-14).

C. Acquisition par la collectivité

1. MODES D'ACQUISITION

14230 L'acquisition **à titre onéreux** d'un bien immobilier par une collectivité publique peut se faire à l'amiable, à la suite d'un achat, d'un échange ou d'une dation en paiement (CGPPP art. L 1111-1 à L 1111-5). Elle peut également avoir lieu selon des procédés de **contrainte**, à la suite notamment d'une expropriation ou de l'exercice du droit de préemption (CGPPP art. L 1112-1 à L 1112-6).

Par ailleurs, l'acquisition peut être effectuée **à titre gratuit**, par acceptation de dons et legs, par la dévolution à l'État des successions en déshérence et des biens confisqués par décision de justice ou par l'incorporation dans le domaine de la commune ou de l'État des biens sans maître (CGPPP art. L 1121-1 à L 1124-1).

Les règles de la **prescription acquisitive** peuvent bénéficier aux collectivités publiques (Cass. 3e civ. 11-6-1997 n° 95-16.550 : Bull. civ. III n° 138 ; Cass. 3e civ. 4-1-2023 n° 21-18.993 FS-B : BPIM 1/23 inf. 40).

› Précisions a. Tout comme une collectivité peut bénéficier des règles de la prescription acquisitive, un **particulier** peut prescrire à l'encontre d'une personne publique sur des immeubles compris dans le domaine privé (Cass. 3e civ. 2-10-1975 n° 74-10.868 : Bull. civ. III n° 274 ; Cass. 3e civ. 15-6-1988 n° 87-10.687 : Bull. civ. III n° 110).

b. Les **voies privées ouvertes à la circulation publique** dans des ensembles d'habitations peuvent, après enquête publique, être **transférées d'office**, sans indemnité, dans le domaine public de la commune par une délibération du conseil municipal ou, en cas d'opposition d'un propriétaire, par le préfet à la demande de la commune (C. urb. art. L 318-3). Les intéressés peuvent, dans un délai de 2 mois à compter de la date à laquelle la décision de transfert leur est notifiée, demander au tribunal administratif de l'annuler. Ce délai doit être mentionné dans la notification ; à défaut, les intéressés ont un an pour saisir le tribunal (CE 25-9-2020 n° 430945, SCI La Chaumière : BPIM 6/20 inf. 446).

c. Le contentieux de l'incorporation des **biens sans maître** dans le domaine communal relève en principe du juge administratif. Toutefois, le juge judiciaire est seul compétent pour se prononcer sur l'existence d'un droit de propriété sur le bien et pour indemniser le propriétaire du préjudice résultant de la perte de la valeur du bien (CE 18-3-2024 nos 463364 et 474558 : BPIM 3/24 inf. 221).

ACHAT

L'achat de biens immobiliers par les collectivités publiques s'opère selon les règles du **Code civil** (CGPPP art. L 1111-1). Certaines règles procédurales particulières sont cependant applicables (voir n°s 14250 s.). 14232

Les communes sont, sur proposition des vendeurs, autorisées à acquérir, **moyennant** le **paiement d'une rente viagère**, les immeubles qui leur sont nécessaires pour des opérations de restauration immobilière, d'aménagement ou d'équipement (CGCT art. L 2241-4). Le contrat de vente viagère doit comporter, au profit du vendeur occupant l'immeuble et à celui de son conjoint habitant avec lui à la date de l'acte de vente, la réserve d'un droit d'habiter totalement ou partiellement ledit immeuble leur vie durant.

Si l'acquisition amiable d'immeuble par une commune est soumise au Code civil, le recours à la **vente à terme**, la vente avec faculté de rachat (**vente à réméré**) ou l'acquisition en **démembrement de propriété** ne paraît aisément envisageable que pour les biens ayant vocation à rejoindre le domaine privé (Rép. Masson : Sén. 30-6-2016 n° 18834). Si le bien acquis est appelé à dépendre du domaine public communal, de telles opérations sont impossibles. Pour une illustration à propos d'une réserve d'usage par le vendeur (CE 8-11-2019 n° 421491, Association Club seynois multisport : BPIM 1/20 inf. 20).

ÉCHANGE

Les échanges d'**immeubles appartenant à l'État** sont autorisés par le préfet. Cette autorité se prononce à la suite d'une demande du propriétaire intéressé et après avis du directeur départemental des finances publiques ; ce dernier détermine la valeur des immeubles dont l'échange est envisagé et fixe, s'il y a lieu, le montant de la soulte (CGPPP art. L 1111-2 et L 3211-21, R 1111-1 s. et R 3211-43 s.). 14234

Si le bien est grevé d'inscriptions, la partie qui apporte le bien en échange est tenue d'en rapporter mainlevée et radiation dans un délai de 3 mois à compter de la notification qui lui en aura été faite par l'administration, sauf clause contraire de ce contrat stipulant un délai plus long. À défaut, le contrat d'échange est résolu de plein droit (CGPPP art. L 1111-3 et L 3211-22).

Les **collectivités territoriales** ainsi que leurs groupements et établissements publics peuvent également procéder à des échanges d'immeubles (CGPPP art. L 1111-4 et L 3211-23). Un avis du directeur départemental des finances publiques est requis (CGPPP art. L 3222-2 et L 3222-3).

› Précisions a. Lorsque l'**acte d'échange d'un bien appartenant à l'État** est **établi en la forme administrative**, il est passé dans le département de situation de ce bien ou de sa part la plus importante (CGPPP art. R 1212-2).

b. Sur la **charge des frais engagés** lors de la procédure d'échange de biens appartenant à l'État et à ses établissements publics, voir CGPPP art. L 1212-8 et L 3222-1.

c. Les **bois et forêts de l'État** ne peuvent être échangés qu'avec des biens de même nature et avec l'accord du ministre chargé des forêts (CGPPP art. L 3211-21, al. 2). Des conditions restrictives s'appliquent à l'échange comme à l'aliénation des **bâtiments de l'État situés sur des terrains relevant du régime forestier** (CGPPP art. L 3211-5-1).

d. Le conseil municipal ne peut pas décider d'échanger contre le terrain d'un particulier ni une dépendance du domaine public, eu égard à l'inaliénabilité de ce domaine, ni l'assiette d'un **chemin rural**, les cessions de chemins ruraux devant s'effectuer selon la procédure prévue à l'article L 161-10 du Code rural et de la pêche maritime (CE 5-7-2022 n° 459683 : BPIM 5/22 inf. 371). Toutefois, l'échange d'une parcelle supportant un chemin rural est désormais possible si l'opération a pour objet de modifier le tracé ou l'emprise de ce chemin (C. rur. art. L 161-10-2 ; CGPPP art. L 3222-2, al. 2). L'acte d'échange comporte des clauses permettant de garantir la continuité du chemin rural. Le nouveau chemin doit présenter au moins la même largeur et la même qualité environnementale que le chemin remplacé. Un avis est affiché en mairie et les plans, ainsi qu'un registre pour consigner des observations, sont mis à la disposition du public un mois avant la délibération du conseil municipal autorisant l'échange.

2. PROCÉDURES D'ACQUISITION

a. Avis du directeur départemental des finances publiques

L'acquisition à titre onéreux d'un bien immobilier par une collectivité publique doit être précédée d'un avis du directeur départemental des finances publiques (anciennement, avis du service des Domaines). Cette règle vaut pour l'État et ses établissements publics à l'exception des établissements de crédit (CGPPP art. R 1211-1 s.). Elle vaut également pour les collectivités territoriales, leurs groupements et leurs établissements publics à l'exception des établissements 14250 publics locaux agréés pour réaliser des opérations de crédit et des associations foncières de remembrement (CGCT art. L 1311-9 s. et R 1311-3 s. et, pour les offices de HLM, CCH art. L 451-5 et R 451-10). Cependant, l'avis n'a pas exactement la même **portée** dans les deux cas (voir n° 14256).

OPÉRATIONS CONCERNÉES

14252 Les opérations concernées sont les acquisitions à l'amiable, par adjudication ou par exercice du droit de préemption, d'immeubles, droits réels immobiliers, fonds de commerce et droits sociaux donnant vocation à l'attribution en pleine propriété d'immeubles ou parties d'immeubles d'une valeur égale ou supérieure à **180 000 €** (Arrêté ECFE1634125A du 5-12-2016 art. 2). Sont également visées les acquisitions par voie d'expropriation pour cause d'utilité publique.

MODALITÉS DE LA CONSULTATION

14254 L'avis doit être sollicité avant toute entente amiable (et, pour les collectivités territoriales, avant la délibération de l'organe compétent pour décider de l'acquisition).

L'avis doit être rendu dans le **délai** d'un mois à compter de la saisine du service (sous réserve, pour les demandes de l'État et de ses établissements publics, d'une prolongation de l'instruction motivée par la complexité du dossier). Si le service ne s'est pas manifesté dans ce délai, l'avis est réputé rendu.

OBJET ET PORTÉE DE L'AVIS

14256 L'avis porte sur les **conditions financières** de l'opération. Pour l'État et ses établissements publics à caractère administratif, le directeur départemental des finances publiques se prononce également sur son opportunité (choix des emplacements et constructions, utilité de l'opération au regard du patrimoine existant).

Pour les **collectivités territoriales**, leurs groupements et leurs établissements publics, l'avis du directeur départemental des finances publiques n'a pas de portée contraignante : l'organe délibérant fixe librement le prix de l'acquisition. S'agissant, en revanche, de l'**État et** de **ses établissements publics**, un montant supérieur à l'évaluation domaniale ne peut être retenu que par une décision motivée du ministre responsable de l'opération – ou, pour les établissements publics, de l'autorité chargée de la tutelle ou du contrôle – après accord du ministre du budget. Le préfet est toutefois compétent si le montant de l'acquisition n'excède pas 300 000 € (CGPPP art. R 1211-6 : Arrêté BUDE1229788A du 6-8-2012).

> **Précisions** Pour l'État et ses établissements publics, il est fait défense aux membres du corps de contrôle général économique et financier d'enregistrer des **actes qui n'ont pas été soumis** préalablement au directeur départemental des finances publiques. De leur côté, les comptables publics ne peuvent pas effectuer de règlements en l'absence de l'avis du directeur départemental et le cas échéant d'une décision de passer outre (CGPPP art. R 1211-7).

b. Actes

14270 L'État, les collectivités territoriales et leurs groupements ainsi que les établissements publics ont qualité pour passer en la **forme** administrative leurs actes d'acquisition d'immeubles et de droits réels immobiliers ou de fonds de commerce. Mais ces personnes publiques peuvent également procéder à ces acquisitions par acte notarié (CGPPP art. L 1212-1).

> **Précisions a.** Dans **certains départements**, dont la liste est fixée par arrêté interministériel, l'**administration des domaines** est seule habilitée à poursuivre les acquisitions immobilières pour le compte des services civils et militaires de l'État (CGPPP art. R 1212-9).
> Dans ces mêmes départements, les établissements publics de l'État peuvent demander à cette administration de poursuivre, pour leur compte et moyennant une rémunération, certaines catégories d'acquisitions immobilières (CGPPP art. R 1212-10 s.). La même possibilité est ouverte aux communes, aux départements, à leurs établissements publics et aux sociétés d'économie mixte dont la majorité du capital est publique (Décret 67-568 du 12-7-1967).
> **b.** Dans la **région Île-de-France**, un **service spécialisé**, placé sous l'autorité du directeur général des finances publiques, participe aux acquisitions poursuivies par l'État dans le cadre de certaines opérations (réalisation d'ensembles immobiliers d'habitation ou industriels) (CGPPP art. R 1212-19). Les collectivités territoriales peuvent recourir à ce service (CGPPP art. R 1212-24 ; Décret 59-795 du 4-7-1959).

ACTE PASSÉ EN LA FORME ADMINISTRATIVE

Les préfets reçoivent les actes d'acquisitions immobilières passés en la forme administrative par l'**État** et en assurent la conservation. Ils confèrent à ces actes l'authenticité en vue de leur publication au fichier immobilier (CGPPP art. L 1212-4). **14272**

Pour les acquisitions des **établissements publics de l'État**, les mêmes fonctions sont accomplies par les autorités de ces établissements qui sont habilitées par leurs statuts à signer les actes d'acquisitions immobilières passés en la forme administrative (CGPPP art. L 1212-5).

Pour les **collectivités territoriales** et leurs établissements publics, le maire, le président du conseil départemental ou régional ou de l'établissement public ou du syndicat mixte est habilité à recevoir et à authentifier les actes concernant les droits réels immobiliers passés en la forme administrative (CGPPP art. L 1212-6 ; CGCT art. L 1311-13). Afin de garantir une certaine neutralité, la personne qui signe l'acte au nom de la collectivité ou de l'établissement est un adjoint ou un vice-président, dans l'ordre de leur nomination (CGCT art. L 1311-13, al. 2).

Des règles de compétence particulières s'appliquent en Alsace et en Moselle (CGPPP art. L 1212-7 ; CGCT art. L 1311-14).

› **Précisions a.** Lorsqu'un acte d'acquisition immobilière est établi en la forme administrative, l'**administration des domaines** est seule habilitée à le passer pour le compte des services civils ou militaires de l'État. Elle est assistée en tant que de besoin par un représentant du ministère ou du service intéressé (CGPPP art. R 1212-1). Une exception est faite pour les acquisitions par voie d'expropriation pour lesquelles le juge de l'expropriation fixe le montant de l'indemnité et prononce le transfert de propriété.

b. Pour les acquisitions immobilières passées en la forme administrative par les communes et leurs établissements publics, un **acompte** peut être payé au vendeur, dès l'expiration des délais ouverts pour prendre les inscriptions ayant un effet rétroactif, dans la limite maximum des 3/4 de la différence entre le prix stipulé et celui des charges et accessoires. Cet acompte est payé après autorisation de l'autorité habilitée à recevoir l'acte administratif (CGCT art. R 2241-6). La même règle s'applique pour les départements et régions, leurs établissements publics et les établissements publics de coopération intercommunale (CGCT art. R 3213-7, R 4221-6 et R 5211-13-5).

ACTE NOTARIÉ

Lorsque les collectivités publiques procèdent à des acquisitions immobilières à l'amiable suivant les règles du droit civil, ou lorsque l'acquisition a lieu sur licitation, le notaire rédacteur de l'acte procède, s'il y a lieu et sous sa responsabilité, à la **purge des hypothèques**. Les fonds qui lui sont remis sont alors considérés comme reçus en raison de ses fonctions. La règle vaut aussi bien pour l'État (CGPPP art. L 1212-2) que pour les communes, les départements, les régions et leurs groupements et établissements publics (CGPPP art. L 1212-3 ; CGCT art. L 2241-3, L 3213-2-1, L 4221-4-1, L 5211-27-2 et L 5722-9). **14274**

› **Précisions a.** Le **paiement du prix** des acquisitions immobilières faites à l'amiable suivant les règles du droit civil pour le compte des communes et de leurs établissements publics peut intervenir au profit du vendeur, après publication de l'acte au fichier immobilier, **sans formalités de purge** des hypothèques inscrites lorsqu'il n'excède pas un montant fixé par arrêté interministériel (CGCT art. R 2241-7 ; dans l'attente de l'intervention de l'arrêté, demeure applicable le montant de 7 700 € pour l'ensemble de l'immeuble acquis, fixé expressément par l'art. R 2241-5 dans sa rédaction issue du décret 2001-183 du 22-2-2001). La même règle existe pour les départements, les régions, leurs établissements publics et pour les établissements publics de coopération intercommunale (CGCT art. R 3213-8, R 4221-7 et R 5211-13-6).

b. La **remise des fonds au notaire** qui procède à la purge des hypothèques décharge le comptable public de toute responsabilité (CGCT art. R 2241-3, R 3213-4, R 4221-3 et R 5211-13-2). C'est au notaire de s'assurer du caractère libératoire du règlement en lieu et place du comptable public. Le mandatement du prix d'un immeuble acquis par une collectivité territoriale par acte notarié, autrement dit l'acte administratif donnant l'ordre au comptable public de payer la dette de la collectivité, peut donc intervenir sans que soit apportée la preuve que l'acte authentique a été publié au fichier immobilier (Rép. Masson : Sén. 14-12-2017 n° 1134).

Remploi du prix de l'acquisition Lorsque le prix des acquisitions immobilières réalisées selon les règles du droit commun par l'État, les collectivités territoriales et leurs établissements publics donne lieu à **remploi en immeubles**, les comptables publics remettent les fonds au notaire rédacteur de l'acte portant mutation de l'immeuble acquis en remploi (CGPPP art. R 1212-4 ; CGCT art. R 2241-4, R 3213-5, R 4221-4 et R 5211-13-3). La **remise des fonds** a **14276**

lieu sur la demande du vendeur et sur production d'une attestation du notaire certifiant l'accomplissement de la mission de remploi qui lui a été confiée. Cette attestation comporte obligatoirement l'identité des parties, ainsi que la désignation de l'immeuble et le prix d'acquisition.

En cas de **remploi en valeurs mobilières**, les comptables publics remettent les fonds au prestataire de services d'investissement autre qu'une société de gestion de portefeuille désigné par le vendeur, par contrat ou par autorité de justice, pour procéder à l'achat et requérir l'immatriculation des fonds acquis en remploi (CGPPP art. R 1212-5 ; CGCT art. R 2241-5, R 3213-6, R 4221-5 et R 5211-13-4). La remise des fonds a lieu sur production d'une attestation du prestataire de services d'investissement – autre qu'une société de gestion de portefeuille – certifiant l'accomplissement de la mission qui lui a été confiée.

D. Cession par la collectivité

14290 Comme on l'a vu, la cession ne peut normalement porter que sur des biens relevant du **domaine privé** de la collectivité concernée, soit parce qu'ils n'ont jamais été incorporés dans son domaine public, soit parce qu'ils ont été régulièrement déclassés. Les seules exceptions sont celles qui sont mentionnées n° 14081.

1. MODES DE CESSION

14292 La cession des immeubles des collectivités publiques peut résulter d'une vente (CGPPP art. L 3211-1 à L 3211-16), d'un échange (CGPPP art. L 3211-21 à L 3211-23 ; voir n° 14234), ou d'un apport d'un immeuble de l'État en vue de la réalisation d'une opération d'aménagement ou de construction (CGPPP art. L 3211-24).

PRINCIPES GÉNÉRAUX DE LA VENTE

14294 La vente est soumise au principe, dégagé par le Conseil constitutionnel, selon lequel les biens des personnes publiques ne doivent pas être cédés à des personnes poursuivant des fins d'intérêt privé à des **prix inférieurs à leur valeur** (Cons. const. 25 et 26-6-1986, Privatisations : Rec. p. 61, 58e considérant ; Cons. const. 18-9-1986, Liberté de communication : Rec. p. 141, 47e considérant).

Réalisée pour un prix inférieur à sa valeur, la vente d'un immeuble par une collectivité territoriale (commune, département ou région) est une **aide économique** strictement encadrée : les aides doivent donner lieu à l'établissement d'une convention et leur montant est calculé par référence aux conditions du marché, selon les règles de plafonds et de zone déterminées par voie réglementaire et considérées comme compatibles avec les règles du marché intérieur de l'Union européenne (CGCT art. L 1511-3 et R 1511-5 ; Décret 2022-968 du 30-6-2022 modifié par le décret 2023-1286 du 26-12-2023).

Dès lors, la **vente à l'euro symbolique** d'un immeuble dépendant du domaine privé d'une collectivité publique est interdite. Cette solution s'oppose à la jurisprudence antérieure – et désormais obsolète – qui justifiait de telles cessions par des motifs d'intérêt général, tel le cas où la décision d'un conseil municipal de céder un terrain à une entreprise pour un franc symbolique avait été jugée légale, dès lors que la cession avait pour contrepartie l'engagement de créer 5 emplois dans un délai de 3 ans ou de rembourser le prix du terrain (CE sect. 3-11-1997 n° 169473, Cne de Fougerolles : AJDA 1997 p. 1010 obs. L. Richer).

L'État peut toutefois vendre des terrains destinés à la **construction de logements sociaux** avec une décote (CGPPP art. L 3211-7 et R 3211-13 s.). Ce dispositif dit de « mobilisation du foncier public en faveur du logement » a été étendu aux établissements publics de l'État dont la liste est fixée par décret, aux sociétés mentionnées à l'article 141 de la loi 2006-1771 du 30-12-2006 et à SNCF Réseau et sa filiale chargée de la gestion des gares de voyageurs (CGPPP art. L 3211-13-1 et R 3211-32-1 et s.). La **décote** peut atteindre 100 % de la valeur du terrain et elle est de droit si certaines conditions sont remplies. L'avantage financier qui en résulte est exclusivement et en totalité répercuté sur le prix de revient des logements locatifs sociaux. Une convention conclue entre l'État et l'acquéreur fixe les conditions d'utilisation du terrain et les programmes de logements à réaliser. Des dispositions spéciales sont applicables en outre-mer (CGPPP art. L 5151-1, L 5441-6 ; Décret 2011-2076 du 29-12-2011). La décote peut également jouer pour des opérations de **rénovation ou réhabilitation** et pour la réalisation d'équipements publics destinés en tout ou partie aux occupants des logements sociaux (CGPPP art. L 3211-7, R 3211-17-2 et R 3211-32-7).

L'**acte d'aliénation** mentionne le montant de la décote et prévoit, en cas de non-réalisation du programme de logements dans le délai de cinq ans, soit la résolution de la vente sans indemnité pour l'acquéreur et le versement du montant des indemnités contractuelles applicables, soit le versement du montant d'une indemnité préjudicielle pouvant atteindre le double de la décote consentie. En cas de réalisation partielle ou non conforme, l'acte prévoit le versement d'un complément de prix correspondant à l'avantage financier indûment consenti. Le délai de cinq ans est suspendu si l'opération est paralysée par un recours devant la juridiction administrative ou des fouilles d'archéologie préventive. Lorsque la cession s'inscrit dans le cadre d'une opération d'aménagement, la convention entre le préfet de région et l'acquéreur peut prévoir une réalisation par tranches échelonnées sur une durée totale supérieure à cinq ans, la première devant toutefois intervenir dans les cinq ans (CGPPP art. L 3211-7, V).

> **Précisions a.** Une commune peut céder un terrain à une association locale pour un prix inférieur à sa valeur lorsque la cession est justifiée par des **motifs d'intérêt général et** comporte des **contreparties suffisantes** (CE 25-11-2009 n° 310208, Cne de Mer : BPIM 1/10 inf. 40 ; CE 14-10-2015 n° 375577, Cne de Châtillon-sur-Seine : BPIM 6/15 inf. 400). Une réponse ministérielle, relative à la vente de terrains communaux à des particuliers à des prix inférieurs à ceux du marché, rappelle la double condition posée par la jurisprudence (Rép. Masson : Sén. 23-11-2017 n° 594) : ces ventes destinées à faciliter l'installation sur le territoire de la commune sont généralement assorties d'une obligation de conserver le terrain pendant 10 ans ou de ne pas réaliser de plus-value en cas de cession avant l'expiration de ce délai, la question du caractère suffisant d'une telle contrepartie demeure posée.
>
> **b.** Depuis le 11 mai 2019, l'aliénation avec décote des terrains de l'État et de certains de ses établissements publics est possible pour la réalisation d'un programme comportant **au moins 50 % de logements** (75 % auparavant), dont une partie au moins de logements sociaux ou de logements financés en prêts locatifs sociaux, de logements en accession à la propriété ou de logements faisant l'objet d'un bail réel solidaire (CGPPP art. L 3211-7, I, R 3211-14 et R 3211-32-2). Pour ces trois dernières catégories, la décote est limitée à 50 %. Cet abaissement du seuil favorise le développement de projets mixtes, associant du logement, dont une partie de logement social, mais aussi des commerces et des bureaux. Lorsque la vente des terrains est consentie à une collectivité territoriale, un établissement public, une société ou un organisme de foncier solidaire qui dispose de réserves foncières ou de biens permettant la réalisation de logements sociaux, le taux de la décote est plafonné (CGPPP art. L 3211-7, II dernier al. et R 3211-15-1).
>
> **c.** Les **opérations de dépollution** des immeubles cédés par l'État peuvent être mises à la charge de l'acquéreur, leur coût s'imputant alors sur le prix de vente à concurrence du montant fixé à ce titre dans l'acte de cession, déterminé par un expert indépendant choisi d'un commun accord par l'État et l'acquéreur (CGPPP art. L 3211-1, al. 2). Le diagnostic de pollution, le rapport d'expertise (établi de manière contradictoire) et le relevé des mesures de dépollution à réaliser sont annexés à l'acte de vente. Une fois la cession intervenue, l'acquéreur supporte les dépenses liées aux mesures supplémentaires de dépollution nécessaires à l'utilisation future de l'immeuble cédé.
>
> **d.** Lorsqu'une commune décide de vendre un terrain faisant l'objet d'un **bail emphytéotique** et renonce ainsi au transfert dans son patrimoine, à l'échéance du bail, des constructions réalisées par le preneur, le prix de cession doit en tenir compte et le conseil municipal doit être éclairé sur la valeur des constructions (CE 13-9-2021 n° 439653, Cne de Dourdan : BPIM 6/21 inf. 387). Lorsque le bail emphytéotique portait sur la construction d'un **édifice cultue**l, sa résiliation anticipée doit se faire dans le respect de la loi du 9 décembre 1905 de séparation des églises et de l'État ; par suite, les conditions financières de la cession ne doivent pas être constitutives d'une aide à l'exercice du culte (CAA Paris plén. 22-9-2023 n° 22PA02509, Cne de Bagnolet : BPIM 6/23 inf. 374).
>
> **e.** Une personne publique ne peut pas louer un bien à une personne poursuivant des fins d'intérêt privé pour un **loyer inférieur à sa valeur locative** que si ce tarif préférentiel est justifié par des motifs d'intérêt général et comporte des contreparties suffisantes (CE 28-9-2021 n° 431625, Centre communal d'action sociale de Pauillac : BPIM 6/21 Inf. 405).

IMMEUBLES DONT L'ÉTAT EST L'UN DES PROPRIÉTAIRES

Les immeubles dont l'État est propriétaire en **indivision** avec d'autres personnes physiques ou morales, et qui sont insusceptibles de partage, sont vendus en totalité dans les formes et conditions fixées pour ceux qui lui appartiennent sans part d'autrui. Les indivisaires reçoivent leur part dans le prix, à la date du ou des paiements (CGPPP art. L 3211-3). **14296**

Peuvent être également vendus selon ces modalités, avec l'accord des propriétaires intéressés, les immeubles appartenant **divisément** à l'État et à des personnes physiques ou morales, lorsque la part de chaque propriétaire ne peut être commodément isolée (CGPPP art. L 3211-4).

DISPOSITIONS SPÉCIALES

14298 De nombreuses dispositions spéciales régissent certaines **ventes immobilières de l'État** : bois et forêts, bâtiments situés sur des terrains relevant du régime forestier, immeubles cédés en vue de la réalisation d'opérations d'aménagement et de construction, immeubles expropriés rétrocédés, biens provenant de successions en déshérence, constructions provisoires édifiées par l'État, immeubles acquis par l'État dans les ZAD, etc. (CGPPP art. L 3211-5 s. et R 3211-9 s.).

Des dispositions spéciales régissent également l'aliénation de certains **immeubles communaux**. La vente des chemins ruraux désaffectés peut être décidée par le conseil municipal après enquête, à moins que les intéressés, groupés en association syndicale, ne demandent à se charger de l'entretien. Les propriétaires riverains doivent être mis en demeure d'acquérir les terrains ; s'ils ne soumissionnent pas ou si leurs offres sont insuffisantes, il est procédé à la vente dans les conditions de droit commun (C. rur. art. L 161-10). La vente d'une forêt communale, sans distraction préalable du régime forestier, est entachée de nullité.

La vente à des particuliers de **biens inclus dans une réserve foncière** est interdite, à l'exception des cessions en vue desquelles la réserve a été constituée (C. urb. art. L 221-2).

> **Précisions a.** Les immeubles à usage de **bureaux** peuvent être vendus alors qu'ils continuent à être utilisés par les services de l'État. Dans ce cas, l'acte de vente doit comporter des clauses permettant de préserver la continuité du service (CGPPP art. L 3211-2). Si le vendeur est un établissement public ne présentant pas un caractère industriel et commercial, une autorisation ministérielle est requise (CGPPP art. L 3211-13).
> **b.** L'aliénation des immeubles domaniaux reconnus inutiles par le **ministre de la défense** a lieu avec publicité et mise en concurrence, soit par adjudication publique, soit à l'amiable. La cession amiable est précédée d'une publicité, adaptée à la nature et à l'importance de l'immeuble dont la cession est envisagée, permettant une mise en concurrence (CGPPP art. R 3211-26).
> **c.** Pour l'application de l'article L 161-10 du Code rural et de la pêche maritime, les **propriétaires riverains d'un chemin rural** sont ceux qui possèdent au moins une parcelle contiguë au chemin, peu important que le chemin ne soit pas une voie d'accès à leur propriété. La mise en demeure d'acquérir l'emprise du chemin constituant une garantie pour les intéressés, le **défaut de mise en demeure** d'un propriétaire entache d'illégalité la délibération du conseil municipal décidant l'aliénation (CE 20-11-2013 nº 361986 : BPIM 1/13 inf. 40). En ce qui concerne l'échange d'une parcelle supportant un chemin rural, voir nº 14234, Précisions, d.

2. PROCÉDURES DE CESSION

CESSION DES IMMEUBLES DE L'ÉTAT

14310 L'aliénation des **immeubles** du domaine privé de l'État est normalement consentie avec publicité et mise en concurrence, soit par adjudication publique, soit à l'amiable (CGPPP art. R 3211-2, al. 1).

La cession amiable est possible en vue de la réalisation d'opérations d'aménagement ou de construction, ou en cas de cessions avec décote comportant plus de 50 % de logements sociaux (CGPPP art. L 3211-6, al. 1). Elle est également possible en vue de la réalisation d'un projet partenarial d'aménagement (C. urb. art. L 312-1) associant l'État à un EPCI, un établissement public territorial, la Ville de Paris ou la Métropole de Lyon (CGPPP art. L 3211-6, al. 2).

Le ministre chargé du domaine établit le cahier des charges type fixant les conditions générales des aliénations et détermine les modalités générales de la publicité préalable aux adjudications. Ces prescriptions ne sont pas applicables aux aliénations dont l'État confie la réalisation à des professionnels habilités (CGPPP art. R 3211-2, al. 3).

14312 **Adjudication** L'adjudication publique est autorisée par le préfet après avis du directeur départemental des finances publiques (anciennement, avis des Domaines). Ce dernier fixe la **mise à prix** (CGPPP art. R 3211-3).

14314 **Cession amiable avec mise en concurrence** En cas de cession amiable avec mise en concurrence, le préfet publie un **avis** soit par voie de presse dans une publication habilitée à recevoir des annonces légales ou spécialisée dans le secteur de l'immobilier, soit par voie électronique (CGPPP art. R 3211-4).

Les **critères de sélection** des offres tiennent compte des conditions financières proposées et des garanties de bonne fin et de solvabilité (CGPPP art. R 3211-5).

La cession est consentie par le préfet au **prix** convenu entre les parties et selon les modalités financières fixées par le directeur départemental des finances publiques. Elle est autorisée par le ministre chargé du domaine quand la valeur vénale excède 2 000 000 € (CGPPP art. R 3211-6 ; C. dom. État art. A 104-1).

Cession amiable sans mise en concurrence À titre dérogatoire, la cession peut être faite à l'amiable sans mise en concurrence, dans les **cas** suivants (CGPPP art. R 3211-7) : 14316
– des dispositions spéciales impliquent ou permettent la cession de l'immeuble à un acquéreur ou à une catégorie d'acquéreurs déterminée ;
– une adjudication est demeurée infructueuse ;
– l'immeuble est nécessaire à l'accomplissement d'une mission de service public ou à la réalisation d'une opération d'intérêt général par une personne exclue du bénéfice d'une convention d'utilisation mentionnée à l'article R 2313-1 du CGPPP (ce type de convention permet une mise à disposition des immeubles appartenant à l'État ou qu'il détient en jouissance, au profit des services civils ou militaires de l'État et de ses établissements publics afin de leur permettre d'assurer le fonctionnement du service public dont ils sont chargés) ou par un établissement public de l'État à caractère industriel ou commercial ; est regardée comme une opération d'intérêt général l'aliénation des immeubles, bâtis ou non bâtis, du domaine privé de l'État lorsqu'elle est nécessaire à la réalisation d'une opération immobilière comportant plus de 70 % de la surface totale de plancher affectée aux logements relevant de certaines catégories à vocation sociale ou étudiantes ;
– les conditions particulières d'utilisation de l'immeuble le justifient ;
– l'immeuble fait l'objet d'une convention d'utilisation mentionnée à l'article R 2313-1 du CGPPP ou a été confié en gestion à un établissement public industriel ou commercial qui souhaite l'acquérir.
La cession est consentie par le préfet (ou le ministre chargé du domaine si la valeur vénale de l'immeuble excède 2 000 000 €) au **prix** convenu entre les parties et selon les modalités financières fixées par le directeur départemental des finances publiques.
Dans le cas où des **dispositions spéciales imposent la cession à un acquéreur ou à une catégorie d'acquéreurs** déterminée, la cession est consentie par le préfet quelle que soit la valeur vénale. À défaut d'accord sur le prix déterminé par le directeur départemental des finances publiques, le prix est fixé comme en matière d'expropriation.

Acquéreur défaillant L'acquéreur qui n'a pas payé le prix aux échéances peut être déchu de la vente. Il doit alors payer, à titre de dommages et intérêts, sans préjudice de la restitution des fruits, une **amende** égale à 10 % de la somme exigible (et au minimum à 5 % du prix de vente). Dans le cas de vente par adjudication, il n'y a pas lieu à la réitération des enchères (CGPPP art. L 3211-12). 14318
La **déchéance** est prononcée par le préfet sur proposition du directeur départemental des finances publiques. La reprise de possession de l'immeuble par le domaine ne peut avoir lieu qu'un mois après la notification par lettre recommandée avec demande d'avis de réception de la décision de déchéance à l'acquéreur défaillant, à ses ayants cause, au détenteur et aux créanciers inscrits sur l'immeuble. Tant que le délai n'est pas expiré, ces personnes peuvent payer les sommes exigibles. Ceux qui ont effectué le paiement sont subrogés dans les droits du Trésor pour leur remboursement (CGPPP art. R 3211-8).

CESSION DES IMMEUBLES DES COLLECTIVITÉS TERRITORIALES

Les collectivités territoriales ont toute **liberté** pour définir les modalités de cession. Leurs biens peuvent être vendus à l'amiable quelle que soit leur valeur et, quand une collectivité recourt à l'adjudication, elle n'est pas tenue de choisir le plus offrant (CE 12-6-1987 n° 71507, Cne de Cestas : Lebon T. p. 629). 14320
Il est toutefois prévu que toute cession d'immeubles ou de droits réels immobiliers donne lieu à une **délibération motivée** de la collectivité portant sur les conditions de la vente et ses caractéristiques essentielles. L'organe délibérant statuera au vu d'un **avis émis par le directeur départemental des finances publiques** (CGPPP art. R 3221-6), avis qui est réputé donné si cette autorité ne s'est pas prononcée dans le délai d'un mois. Cette obligation vaut pour les communes de plus de 2 000 habitants (CGCT art. L 2241-1), les départements (CGCT art. L 3213-2), les régions (CGCT art. L 4221-4), les établissements publics de coopération intercommunale (CGCT art. L 5211-37) et les syndicats mixtes (CGCT art. L 5722-3). L'avis porte sur les conditions de la vente et ses caractéristiques essentielles ; il ne lie pas la collectivité.
Dans les communes de plus de 3 500 habitants et les autres collectivités territoriales, toute cession d'immeubles ou de droits réels immobiliers doit être inscrite sur un **tableau récapitulatif** annexé au compte administratif de la collectivité.
L'acte de vente est passé, selon le cas, par le maire, le président du conseil départemental ou régional (CGCT art. R 2241-1, R 3213-1 et R 4221-1).

› Précisions a. Un avis du directeur départemental des finances publiques est également requis préalablement aux cessions des **établissements publics fonciers locaux** (CGPPP art. L 3221-2) et des **établissements publics d'habitations à loyer modéré** (CGPPP art. L 3221-3).

b. La délibération d'un conseil municipal décidant le déclassement et la cession de dépendances du domaine public est irrégulière si les **conseillers municipaux n'ont pas reçu l'avis** des Domaines (CAA Versailles 15-5-2008 n° 06VE01131, Ville de Versailles : BPIM 4/08 inf. 310).

c. La circonstance que le document communiqué par le service des domaines n'ait pas été remis aux conseillers municipaux n'entache pas la délibération d'illégalité, dès lors que la **teneur de l'avis** était **reprise dans la note de synthèse** jointe à la convocation qui leur était adressée et qu'ils ont ainsi eu connaissance de l'estimation par ce service de la valeur du terrain (CE 11-5-2011 n° 324173, Cne de Vélizy-Villacoublay : BPIM 4/11 inf. 316).

d. À la suite de l'annulation pour vice de procédure de la délibération du conseil municipal autorisant la cession d'un bien du domaine privé, le conseil municipal peut adopter une **nouvelle délibération approuvant rétroactivement la cession**, conclue entre-temps par acte notarié (CE 8-6-2011 n° 327515, Cne de Divonne-les-Bains : BPIM 4/11 inf. 315).

e. En cas de **rétractation de la commune ayant consenti une promesse unilatérale de vente**, le bénéficiaire qui n'avait pas encore levé l'option ne pouvait pas prétendre à la réalisation forcée de la vente, mais seulement à des dommages et intérêts (CE 2-4-2015 n° 364539, Cne de Case-Pilote : BPIM 3/15 inf. 196). Dans cet arrêt, le Conseil d'État se réfère expressément aux dispositions du Code civil et à la jurisprudence de la Cour de cassation en la matière. Or, l'**article 1124** du Code civil, applicable aux promesses conclues depuis le 1er octobre 2016, prend le contrepied de cette solution (Ord. 2016-131 du 10-2-2016 ; voir notamment B. Mercadal, Réforme du droit des contrats, Éd. Francis Lefebvre 2016 n° 218). Sous l'empire de cette disposition, la Cour de cassation a jugé que la rétractation du promettant n'empêche pas la formation de la vente même pour une promesse antérieure à 2016 (Cass. 3e civ. 23-6-2021 n° 20-17.554 FS-PBI : BPIM 4/21 inf. 264).

f. Sur la **nullité de la vente** en cas d'annulation par le juge administratif de la délibération du conseil municipal autorisant la vente, voir n° 14114, Précisions a et b.

g. En acceptant sans condition une **proposition relative à l'acquisition**, par une personne déterminée pour un certain prix, d'un bien du domaine privé de la commune, le conseil municipal parfait la vente, sur laquelle il ne peut pas revenir ultérieurement (CE 15-3-2017 n° 393407, Sté Bowling du Hainaut : RJDA 10/17 n° 684 ; CE 26-1-2021 n° 433817, SA Pigeon entreprises).

h. Une délibération autorisant **la cession à une personne privée** d'une dépendance du domaine public, sous réserve des décisions mettant fin à son affectation au service public et prononçant son déclassement, ne crée pas de droit à la réalisation de la vente et peut être abrogée par le conseil municipal tant que la désaffectation et le déclassement ne sont pas intervenus (CE 25-6-2018 n° 402078, Sté Groupe Bigard). En revanche, une délibération prévoyant la cession d'une dépendance du domaine public communal **à une personne publique** en vue de l'exercice de ses compétences, en précisant le prix et sans prévoir de condition, est créatrice de droits pour le cessionnaire car, en application de l'article L 3112-1 CGCT, une telle opération n'implique pas un déclassement du domaine public (CE 29-7-2020 n° 427738, Sivom de la région de Chevreuse : BPIM 5/20 inf. 328).

i. Une délibération du conseil municipal décidant de céder à un particulier un bien immobilier de la commune relevant du **régime forestier** a pour seule portée d'autoriser cette cession sous la réserve que le bien soit préalablement distrait de ce régime par l'autorité compétente de l'État. Par suite, elle ne confère, par elle-même, aucun droit à la réalisation de la vente et peut être retirée par le conseil municipal tant que la distraction n'a pas été prononcée (CAA Marseille 13-12-2020 n° 19MA04554, Cne de Vezzani : BPIM 2/21 inf. 133).

j. Si elle est illégale, la **délibération** d'un conseil municipal ayant eu pour effet de rendre parfaite la vente d'un terrain de son domaine privé peut être **retirée** dans un délai de quatre mois ; la commune doit alors saisir le juge judiciaire qui statuera sur la validité de la vente (CAA Nantes 11-6-2021 n° 20NT02617, Cne de Moncé-en-Belin).

k. La délibération du conseil municipal relative à l'aliénation d'une parcelle supportant un **chemin rural** ou une **voie communale** doit être notifiée aux riverains, sans quoi le délai de recours contentieux ne court pas à leur égard (CE 5-7-2002 n° 459683 : BPIM 5/22 inf. 371).

14322 **Adjudications organisées par les communes** Lorsque le maire procède à une adjudication publique pour le compte de la commune, il est assisté de deux membres du conseil municipal désignés par le conseil municipal ou, à défaut, appelés dans l'ordre du tableau. Toutes les difficultés qui peuvent s'élever sur les opérations préparatoires de l'adjudication sont résolues, séance tenante, par le maire et les deux assistants, à la majorité des voix (CGCT art. L 2241-6).

SECTION 3 MANDAT ET PORTE-FORT

RECOURS AU MANDAT OU AU PORTE-FORT

Le mandat de droit commun et le porte-fort sont deux techniques nettement distinctes qui permettent d'établir un contrat alors que l'**une des parties est physiquement absente** lors de sa conclusion. Le mandat à effet posthume est amené à jouer lorsque son auteur est décédé. **14360**

A. Mandat de droit commun

TEXTES APPLICABLES

Les **parties** à un acte ou à un contrat ne sont pas tenues d'établir cet acte ou ce contrat en personne. Elles peuvent confier à un **tiers** mandataire le pouvoir d'agir en leur lieu et place. Le recours à cette faculté est extrêmement fréquent dans la pratique de la vente d'immeuble. **14362**
Le mandat conventionnel est soumis aux dispositions de **droit spécial** prévues aux articles 1984 à 2010 du Code civil.
En outre, pour les contrats conclus depuis le 1er octobre 2016, s'applique le **droit commun de la représentation** issu de la réforme du droit des contrats (C. civ. art. 1153 à 1161). Pour les contrats conclus depuis le 1er octobre 2018, la loi de ratification de l'ordonnance du 10 février 2016 a apporté une retouche importante en matière de conflits d'intérêts (C. civ. art. 1161). L'avant-projet de réforme des contrats spéciaux, qui prévoit de moderniser les règles relatives au mandat (Titre XIII), ne devrait pas modifier les règles relatives aux pouvoirs.
Les règles générales du droit des contrats s'appliquant sous réserve des règles particulières à certains contrats (C. civ. art. 1105), ces différentes dispositions doivent être combinées entre elles pour connaître l'ensemble du régime du mandat.

> **Précisions** Le projet de loi de simplification de la vie économique donne deux ans au Gouvernement pour réformer par **ordonnance** les règles applicables aux contrats spéciaux, notamment le mandat (projet de loi Sén. 24-4-2024 n° 550 art. 11). Rappelons que sous la présidence du professeur Stoffel-Munck, une commission a été chargée d'élaborer un avant-projet de réforme des contrats spéciaux dont le rapport a été remis au garde des Sceaux. Celui-ci avait alors annoncé qu'il avait confié à la Direction des affaires civiles et du Sceau le soin d'élaborer un projet (voir BRDA 9/23 inf. 17).

1. PRÉSENTATION DU MANDAT DE DROIT COMMUN

DÉFINITION DU MANDAT

Le mandat est l'acte par lequel **une personne** donne à une autre le pouvoir de faire quelque chose **pour elle et en son nom** (C. civ. art. 1984, al. 1). Il se forme par l'acceptation du mandataire. **14364**
Appliqué à la vente d'immeuble, le mandat est l'acte par lequel le vendeur ou l'acquéreur, selon le cas, donne à un tiers le pouvoir de conclure ou de constater la réalisation d'une vente ou d'une acquisition.
Le **pouvoir de représentation**, entendu comme la faculté d'engager juridiquement le représenté (mandant), caractérise le mandat. Ce pouvoir ne résulte pas exclusivement d'un mandat, une partie à un acte de vente ou d'acquisition d'immeuble pouvant être représentée par l'effet :
– d'un pouvoir légal (un enfant mineur est représenté par ses parents, agissant conjointement, pour procéder à l'achat d'un immeuble) ;
– ou d'un pouvoir judiciaire (sur le fondement de l'article 219 du Code civil, l'un des époux peut se faire autoriser à représenter son conjoint si celui-ci se trouve hors d'état de manifester sa volonté).
Seule la **représentation conventionnelle** est ici étudiée.

TERMINOLOGIE

S'agissant de la **convention** elle-même, les termes de « mandat » ou de « procuration » sont souvent employés indistinctement (par exemple, C. civ. art. 1984). On réservera plus particulièrement le terme de « mandat » à l'opération juridique liant le mandant au mandataire, et celui de « procuration » au support écrit constatant cette opération. Le terme de « pouvoir » est également employé en pratique pour désigner aussi bien le contrat que l'écrit qui le constate. Les **14366** termes « délégation de pouvoirs » et « délégation de signature » doivent être réservés aux situations dans lesquelles le pouvoir est donné par un dirigeant social à un tiers afin d'agir au nom de la société (voir n° 14424).

Les **parties** au mandat sont désignées respectivement « mandant » ou « constituant » pour celui qui donne le pouvoir de représentation, et « mandataire » pour celui qui le reçoit. Pour bien matérialiser le fait que le mandataire n'agit pas pour son compte mais pour celui de son mandant, on indique fréquemment qu'il agit « ès qualités » (sous-entendu « de représentant »).

DISTINCTION AVEC LE MANDAT D'ENTREMISE

14368 Le mandat donné à un **agent immobilier ou** à un **notaire** en vue de rechercher un cocontractant dans le cadre de la négociation immobilière est un contrat d'entremise plutôt qu'un véritable mandat. En principe, il permet à l'intermédiaire d'accomplir des actes matériels (recherche d'un cocontractant ou d'un bien, visite de ce bien, publicités et démarches diverses) mais non de représenter le mandant à un acte juridique ou de conclure la vente. Il n'agit pas en lieu et place du vendeur. Les pouvoirs pour conclure un contrat d'entremise sont moindres.

Sur le mandat de l'agent immobilier, voir n°s 2245 s.

NATURE ET UTILITÉ DU MANDAT

14370 Le mandat est un **contrat** qui se forme par l'acceptation du mandataire (C. civ. art. 1984, al. 2). Il n'est pas nécessaire que le contrat soit formé immédiatement ; il peut l'être ultérieurement, comme il peut ne pas l'être si le mandataire désigné n'accepte pas. Avant cette acceptation, l'acte établi est une offre de mandat.

Le recours au mandat est très utile en **pratique**. Il permet la conclusion et la réalisation d'actes au nom de l'une des parties qui est physiquement absente, mais qui sera engagée par son mandataire avec exactement la même efficacité que si elle avait été présente. Ce sont généralement l'éloignement géographique ou l'indisponibilité de l'une des parties qui conduisent à recourir au mandat. Le contrat peut même être valablement conclu alors qu'aucune des parties ne serait présente.

2. CONCLUSION DU MANDAT

a. Conditions de fond du mandat

CAPACITÉ DU MANDANT

14420 Le mandant doit, au moment où il donne pouvoir au mandataire de le représenter, avoir la capacité d'accomplir l'acte en vue duquel le mandat est donné : pouvoir de **vendre ou** pouvoir d'**acquérir**. Cette capacité doit s'apprécier au regard des règles générales et spéciales de la capacité juridique (voir n°s 12000 s.).

La capacité du mandant doit donc être vérifiée au **moment** où le mandat est donné ; elle doit également exister lors de la conclusion de l'acte en son nom (sur l'incidence du décès ou de l'incapacité du mandant, voir n°s 14664 et 14666).

L'acte passé par le mandataire au moyen d'une procuration frappée de **nullité pour incapacité** du mandant est également nul (pour le rappel de cette règle Cass. 3e civ. 12-10-2022 n° 21-15.669 F-D). Il s'agit d'une nullité relative qui ne peut être soulevée que par la personne protégée ou son représentant.

14422 **Représentant légal ou judiciaire** Le représentant légal (par exemple, les parents administrateurs légaux d'un enfant mineur) ou judiciaire (par exemple, un tuteur autorisé par le conseil de famille ou le juge des tutelles à réaliser une opération au nom du majeur protégé) d'un contractant n'est pas obligé d'intervenir à l'acte personnellement. Il peut **désigner un mandataire** à l'effet de le représenter. Le mandat doit alors être étroitement défini et limité à la seule régularisation d'un acte dont les conditions auront été préalablement fixées (par les mandants s'il s'agit des parents d'un enfant mineur, par le conseil de famille ou le juge s'ils sont intervenus pour autoriser l'opération). Le mandataire ne dispose ainsi d'aucune marge d'initiative et n'exerce aucune des prérogatives relevant de la personne ou de l'organe ayant autorisé l'opération.

Le mandat cesse en cas de **cessation des fonctions** du mandant. Par exemple, le mandat donné par un tuteur cesse si le juge des tutelles met fin à ses fonctions.

Sous le régime de la **curatelle**, le curateur ne peut pas être désigné comme mandataire de la personne protégée pour conclure en son nom un acte en cumulant les fonctions de mandataire et d'assistant.

Mandataire social Un mandataire social, représentant d'une société, peut consentir une **délégation de signature** qui peut être assimilée à une procuration, permettant à un tiers de signer en ses lieu et place un acte déterminé relevant des pouvoirs que lui-même tient des statuts ou d'une décision collective de l'organe délibérant. Dans ce cas, la délégation prend fin à la cessation des fonctions du dirigeant. 14424

Cette délégation doit être distinguée de la **délégation de pouvoirs** par laquelle le dirigeant confie au tiers le pouvoir de réaliser au nom de la société une fonction déterminée, par exemple la direction technique, commerciale ou financière de la société. Dans ce cas, et sauf prévisions de la délégation ou des statuts, les pouvoirs conférés ne sont pas affectés par la cessation des fonctions du dirigeant. La délégation de pouvoirs ne peut pas être assimilée à une procuration en ce que le délégataire représente alors directement la société et non le dirigeant qui l'a désigné (sur ces distinctions, voir Mémento Sociétés commerciales n°s 13530 s. et Mémento Sociétés civiles n°s 7460 s.).

CAPACITÉ DU MANDATAIRE

Le mandataire ne s'oblige pas personnellement lorsqu'il exécute le mandat, de sorte qu'il n'est pas exigé de lui de **capacité particulière**. Un mineur non émancipé peut même être choisi comme mandataire ; mais le mandant n'aura d'action contre lui que d'après les règles générales relatives aux obligations des mineurs (C. civ. art. 1990). Autrement dit, le mandataire mineur ne sera tenu qu'à hauteur de son enrichissement (C. civ. art. 1352-4). 14426

La recherche de la **sécurité** et la prudence impose en tout état de cause de recourir à un mandataire doté de la capacité générale, c'est-à-dire un majeur ne souffrant d'aucune incapacité d'exercice.

Il est par ailleurs fait **interdiction** à un mandataire, sous peine de nullité de l'acte, d'acquérir un bien qu'il est chargé de vendre (C. civ. art. 1596). Pour plus de précisions sur cette question, voir n°s 13228 s.

Sur la survenance de l'**incapacité du mandataire en cours de mandat**, voir n° 14666.

Conflits d'intérêts Pour les **contrats conclus depuis le 1er octobre 2018**, en matière de représentation des personnes physiques, un représentant ne peut, sous peine de nullité, agir pour le compte de plusieurs parties au contrat en opposition d'intérêts, ni contracter pour son propre compte avec le représenté, sauf si la loi l'y autorise ou si le représenté a autorisé ou ratifié l'acte (C. civ. art. 1161). 14427

Deux hypothèses sont visées par ce texte :

– celle où le **représentant fournit la contrepartie au contrat**. Cette hypothèse est aussi prévue par le droit spécial de la vente, le mandataire ne pouvant pas se porter acquéreur du bien qu'il est chargé de vendre (C. civ. art. 1596). Sur cette question, voir n°s 13228 s. ;

– celle où le représentant agit pour le compte des deux parties au contrat soit, dans le cas de la vente d'immeuble, un **même mandataire représentant le vendeur et l'acquéreur**. Comme le précise le texte, la double représentation peut toutefois être prévue dans le mandat si le représenté l'autorise expressément. Dans ce cas, l'acte devra contenir une clause autorisant le représentant commun avec, le cas échéant une renonciation à la prohibition de l'article 1161, alinéa 1, du Code civil, contenant indication de la situation d'opposition d'intérêts. À défaut, le représenté pourra encore ratifier l'acte.

On déduit de l'expression « opposition d'intérêts » que la coreprésentation des parties ayant la même qualité n'est pas concernée par le principe d'interdiction de la double représentation (sur ce sujet, voir notamment B. Bonneau, Changements apportés au principe d'interdiction de la coreprésentation : SNH 15/18 inf. 14). Ainsi, en cas de vente d'immeuble, un **même mandataire** peut représenter **plusieurs vendeurs ou plusieurs acquéreurs** (voir notamment Bull. Cridon Paris 15-10-2016 p. 35).

> **› Précisions** L'avant-projet de réforme des contrats spéciaux impose au mandataire « de déclarer au mandant tout conflit d'intérêts, direct ou indirect, qu'il ne peut légitimement ignorer » (art. 1996). S'il n'a jamais été formulé expressément, ce devoir coïncide avec les solutions retenues en droit positif.

CONSENTEMENT DES PARTIES

Le **mandant**, au moment où il établit la procuration, doit manifester la volonté que le mandataire le représente et que l'acte ainsi passé en son nom ait à son égard pleine efficacité, comme s'il l'avait passé lui-même directement. Ce consentement ne doit être vicié ni par l'erreur, spontanée ou provoquée par le dol, ni par la violence. 14428

Le **mandataire** doit accepter le mandat pour que celui-ci se forme en tant que contrat (C. civ. art. 1984, al. 2). L'acceptation du mandataire peut résulter de l'intervention du mandataire à la procuration elle-même ou d'une déclaration séparée. L'acceptation peut même être uniquement tacite et résulter de l'exécution par le mandataire du mandat qui lui a été confié (C. civ. art. 1985, al. 2).

b. Conditions de forme du mandat

LIBERTÉ DE LA FORME

14450 En **principe**, le mandat peut être donné par acte authentique, par acte sous signature privée ou encore par lettre. Il peut aussi être donné verbalement (C. civ. art. 1985).

Cependant, la forme verbale **doit être évitée** en matière de vente ou d'acquisition d'immeuble, pour plusieurs raisons :

– la force probatoire de l'écrit est précieuse eu égard aux intérêts en jeu ;

– la forme écrite permettra de s'assurer que le mandat est exprès, ce caractère étant exigé du mandat destiné à un acte de propriété (voir n° 14522) ;

– le mandat écrit permettra au notaire de respecter l'obligation d'annexer à l'acte notarié la procuration ou de la déposer au rang de ses minutes (Décret 71-941 du 26-11-1971 art. 21, al. 2).

Le notaire instrumentaire peut établir une procuration sur **support électronique** lorsqu'une ou les parties à cet acte ne sont pas présentes devant lui (Décret 71-941 du 26-11-1971 art. 20-1 modifié par décret 2020-1422 du 20-11-2020). L'échange des informations nécessaires à l'établissement de l'acte et le recueil, par le notaire instrumentaire, du consentement de la ou des parties à l'acte qui ne sont pas présentes s'effectuent au moyen d'un système de traitement sécurisé et agréé. Ce recours possible à la **comparution à distance** permet de simplifier certaines difficultés rencontrées par les Français habitant à l'étranger compte tenu de la disparition des fonctions notariales consulaires ou diplomatiques. Il est aussi devenu très fréquent depuis la crise du Covid, les déplacements étant beaucoup moins systématiques.

ATTENTION

En pratique, les **clercs du notaire** instrumentaire sont fréquemment désignés comme mandataires du vendeur ou de l'acquéreur. Mais il est **interdit** au notaire de laisser intervenir à l'acte l'un de ses clercs qui ne serait pas muni d'un mandat écrit (Décret 45-117 du 19-12-1945 art. 14, 6°).

PRÉCAUTIONS

14452 Il est recommandé d'établir la **procuration par acte authentique** lorsque le mandant n'est pas connu du cocontractant ou du rédacteur de l'acte, qu'il y a des doutes sur son identité, la qualité de son consentement ou sa capacité juridique. Le notaire qui établit une procuration doit vérifier ces différents points, ce qui assure une plus grande garantie à l'acte qui sera passé au nom du représenté.

Lorsque la **procuration** est établie **par acte sous signature privée**, il est recommandé de faire certifier la signature du mandant par une autorité publique (dans une mairie ou dans un commissariat de police) ou par un notaire. À défaut, et avec une moindre fiabilité, il est possible de s'assurer de l'identité du mandant et de vérifier sa signature au moyen de la présentation d'une pièce d'identité en cours de validité (carte d'identité ou passeport) ou de sa photocopie.

Sur l'**obligation renforcée de vérification** qui semble peser sur le **notaire** lorsqu'une partie est représentée par un mandataire, voir n° 70055.

FORME AUTHENTIQUE IMPÉRATIVE

14454 La procuration pour vendre ou acquérir doit impérativement être reçue en la forme authentique dans quelques circonstances particulières :

– s'il s'agit d'acquérir un **immeuble à construire**, à terme ou en l'état futur d'achèvement, ou encore un **immeuble à rénover**, en raison de la forme obligatoirement authentique de ce type de contrats (CCH art. L 261-11 et L 262-4) ;

– s'il s'agit de conclure en qualité d'accédant un contrat de **location-accession** à la propriété immobilière, cet acte étant nécessairement établi par acte authentique (Loi 84-595 du 12-7-1984 art. 4), ou en qualité de cessionnaire des droits que le cédant tient de ce contrat ;

– lorsque la procuration comporte le pouvoir d'établir, à l'occasion de l'opération immobilière, un acte accessoire pour la validité duquel la forme authentique est impérative : consentir une **hypothèque** (C. civ. art. 2409), donner mainlevée d'une inscription hypothécaire garantissant par exemple le paiement du prix ou consentir une cession d'antériorité de rang hypothécaire.

La procuration notariée peut être établie en **brevet** et l'original de l'acte remis au mandant ou au mandataire si elle est destinée à servir à une opération unique. En revanche, si la procuration doit servir à plusieurs occasions (par exemple, lors de la régularisation de l'avant-contrat et ultérieurement pour la signature de l'acte authentique) ou à la réalisation d'opérations multiples, le notaire établira l'acte en **minute**, le conservera et en délivrera autant de copies (authentiques) que nécessaire.

> **Précisions a.** La procuration pour consentir une **sûreté réelle** peut être établie en la forme sous signature privée lorsqu'elle porte sur un bien appartenant à une personne morale de droit privé et que les pouvoirs résultent d'une délibération de la société ou d'une délégation de pouvoirs d'un représentant (C. civ. art. 2326). Bien qu'elle ne soit pas strictement prévue par le texte légal, la même solution est admise lorsqu'il s'agit de donner mainlevée d'une inscription hypothécaire.
> **b.** La procuration du **débiteur** donnant pouvoir de consentir en son nom une **subrogation conventionnelle** dans les droits du créancier désintéressé peut être établie par acte sous signature privée alors même que l'article 1346-2 du Code civil prescrit pour la validité de la subrogation que l'acte d'emprunt et la quittance soient passés devant notaire.

FORME AUTHENTIQUE SOLENNELLE

Lorsque le mandant ne sait pas ou ne peut pas signer, la procuration doit être établie en la forme authentique solennelle : la présence d'un **second notaire ou** de **deux témoins** est alors obligatoire (Loi du 25 ventôse an XI art. 9, 3°). **14456**

PREUVE DU MANDAT

La preuve du mandat doit être rapportée dans les conditions de droit commun. Elle doit résulter d'un écrit notarié ou sous signature privée lorsque l'**objet du mandat dépasse un certain seuil**, actuellement de 1 500 € (Décret 80-533 du 15-7-1980). **14458**

La force probatoire de la **procuration** établie **par acte sous signature privée** n'est pas subordonnée à l'exigence dite du « double original » prévue par l'article 1375 du Code civil.

Les impératifs de rapidité ou l'éloignement géographique en matière immobilière conduisent parfois à l'envoi d'une procuration par **télécopie**, laquelle obéit en principe au régime probatoire des copies. Il arrive également que soit produite une **photocopie** et non l'original de la procuration, ce qui est possible dès lors que la copie est présumée fiable jusqu'à preuve du contraire : la copie doit résulter d'une reproduction à l'identique de la forme et du contenu de l'acte et dont l'intégrité est garantie dans le temps par un procédé conforme défini par décret (C. civ. art. 1379). En pratique et par souci de sécurité, la présentation de la procuration originale sera privilégiée.

Quant à l'écrit sous **forme électronique**, il est admis en preuve au même titre que l'écrit sur support papier sous réserve que puisse être dûment identifiée la personne dont il émane et qu'il soit établi et conservé dans des conditions de nature à en garantir l'intégrité (C. civ. art. 1366).

Si la **procuration** a été établie **par acte authentique**, sa copie authentique a la même force probante que l'original.

FORMULES SACRAMENTELLES

Les formules « bon pour pouvoir », « bon pour mandat » ou « bon pour procuration » qui précèdent généralement la signature dans les procurations sous signature privée procèdent d'un usage dépourvu de fondement comme de **portée**. Ces mentions peuvent être omises sans inconvénient. **14460**

FORMALITÉS

Si la procuration est établie par acte authentique, elle est soumise au **droit d'enregistrement** sur état au tarif de 25 € (CGI art. 846 bis, al. 1). Le droit fixe s'applique également à la procuration sous signature privée présentée à la formalité de l'enregistrement. **14466**

Lorsqu'elle est **utilisée à l'occasion d'un acte notarié**, la procuration doit y être annexée, à moins qu'elle ne soit déposée au rang des minutes du notaire rédacteur. Dans ce dernier cas, il est fait mention dans l'acte authentique du dépôt de la procuration (Décret 71-941 du 26-11-1971 art. 21, al. 2).

Un notaire est autorisé à retenir par voie de dépôt le brevet ou une copie authentique de la procuration reçue par un confrère (Règlement professionnel du notariat 2024 art. 22.2).

L'inobservation de l'obligation de faire figurer les procurations en annexe de l'acte authentique ou de les déposer au rang de ses minutes ne fait pas perdre à l'acte son caractère authentique ni son caractère exécutoire (Cass. ch. mixte 21-12-2012 nos 11-28.688 et 12-15.063 : Bull. ch. mixte nos 3 et 4, BPIM 1/13 inf. 63). Cette annexion ou ce dépôt n'en sont pas moins obligatoires.

3. CONTENU DU MANDAT

a. Pouvoirs conférés par le mandat

ÉTENDUE DES POUVOIRS

14520 Le **mandat** est **spécial** lorsqu'il porte sur un ou plusieurs biens déterminés ou si, portant sur l'ensemble des biens du mandant, il autorise seulement certaines opérations déterminées (C. civ. art. 1987). Lorsque le pouvoir est spécialement déterminé, le représentant peut uniquement accomplir les actes pour lesquels il est habilité et ceux qui en sont l'accessoire (C. civ. art. 1155, al. 2).

Par opposition, le **mandat** est dit **« général »** lorsqu'il est donné à l'effet de représenter le mandant pour l'ensemble de ses affaires (C. civ. art. 1987). Certains auteurs considèrent que le mandat est général non seulement lorsqu'il porte sur l'ensemble des biens du mandant, mais également lorsqu'il permet de réaliser sur ces biens les actes les plus larges possible. À défaut, il s'agirait d'un pouvoir spécial portant sur un objet étendu.

14522 Le **mandat** doit être **exprès** s'il est donné pour faire un acte de propriété ou un acte de disposition, qu'il s'agisse d'acheter ou de vendre (C. civ. art. 1988, al. 2). Ce caractère s'entend de l'indication précise et explicite de l'opération juridique (en l'espèce, vente ou acquisition) que le mandataire peut réaliser. Est ainsi censurée la cour d'appel qui admet l'existence d'un mandat de vendre un immeuble donné à un agent immobilier en se fondant sur une correspondance qui ne comportait pas expressément un tel mandat au profit de cet agent (Cass. 1e civ. 21-12-1976 nº 75-11.964). Le caractère exprès n'impose pas, strictement, que l'immeuble soit précisément désigné (pouvoir de vendre la totalité des immeubles du mandant) ou que le prix soit indiqué (mandat de vendre au prix que le mandataire avisera). Le pouvoir exprès est celui qui indique sans équivoque que le mandataire peut contracter une vente ou une acquisition au nom du mandant.

Le mandat conçu en termes généraux permet seulement au mandataire de réaliser des actes d'administration et non de disposition (C. civ. art. 1988, al. 1 et 1155, al. 1, qui ajoute les actes conservatoires). Un mandat conçu en des termes généraux peut être en même temps un mandat général (mandat de gérer l'ensemble des affaires du mandant) ou, à l'inverse, un mandat spécial (mandat d'assurer la gestion de tel immeuble). Un mandat conçu en des termes généraux peut également contenir un mandat exprès de vendre un ou plusieurs immeubles du mandant (Cass. 1e civ. 6-7-2000 nº 98-12.800 : Bull. civ. I nº 209).

ÉNONCIATION DES POUVOIRS DU MANDATAIRE

14524 Le mandataire doit s'en tenir aux **termes du mandat** : il ne peut rien faire au-delà de ce qui y est porté (C. civ. art. 1989). Pour cette raison, la procuration doit être précise et complète.

La procuration destinée à représenter l'une des parties à un acte de vente d'immeuble énoncera les **caractéristiques de l'opération** pour laquelle le mandataire oblige le mandant, c'est-à-dire :

– la nature de l'engagement juridique du mandant : vente ou acquisition ;
– le ou les actes que le mandataire peut accomplir : signature de l'acte authentique uniquement et/ou conclusion d'un avant-contrat, avec indication de sa nature (promesse synallagmatique ou unilatérale, vente conditionnelle...) ;
– la désignation de l'immeuble objet de la vente en précisant, le cas échéant, si la vente porte également sur des objets mobiliers ;
– le prix de la vente, ses modalités de paiement ainsi que les charges incombant au vendeur ou à l'acquéreur et qui minoreraient ou augmenteraient ce prix ;
– les conditions de la vente qui seraient contraires aux dispositions supplétives du Code civil (par exemple, une clause d'exonération de la garantie des vices cachés due en principe par le vendeur) ;
– la ou les conditions suspensives affectant l'opération ;
– les déclarations du mandant que le mandataire devra reproduire à l'acte ; s'agissant du vendeur, elles concerneront par exemple : les travaux réalisés dans l'immeuble, les autorisations de construire obtenues, les contrats d'assurances de construction souscrits ou non, les défauts de la chose vendue, la superficie du lot de copropriété, etc.

14526 Le mandat peut conférer une **marge d'initiative** plus ou moins étendue. Le mandataire pourra, par exemple, être chargé de vendre l'immeuble en une ou plusieurs fois, à telle personne, au prix ou aux charges et conditions qu'il avisera... Un tel pouvoir permet au mandataire d'engager le mandant à l'égard du tiers contractant ; mais dans ses relations avec le mandant, le mandataire a tout intérêt à se faire autoriser aux conditions de l'opération projetée.

La procuration ne vise généralement pas **de manière exhaustive** tous les actes et toutes les formalités que le mandataire pourra accomplir, au risque d'en oublier et de rendre le mandat partiellement inefficace. Pour éviter cela, il y est fréquemment précisé qu'à l'effet de l'opération considérée (vendre ou acquérir) le mandataire pourra, « de manière générale, signer tous actes et pièces, faire toutes formalités, et généralement faire tout ce qui sera nécessaire ».

INTERPRÉTATION DU MANDAT

De la règle selon laquelle le mandataire ne peut pas agir au-delà de ce qui est porté dans le mandat (C. civ. art. 1989) est déduit un principe d'interprétation stricte. 14528

Il est ainsi considéré que le pouvoir donné pour vendre ne permet pas au mandataire de recevoir le prix, de convenir avec l'acquéreur d'une modalité de paiement ou de conditions de vente différentes de celles prévues par le mandant. En revanche, il est admis que le **mandat s'étend aux actes et formalités** (antérieures ou postérieures) qui en sont le préalable ou la suite nécessaires. Par exemple, le pouvoir de vendre et de percevoir le prix permet au mandataire de payer les honoraires d'intermédiaire incombant au mandant, le pouvoir d'acquérir permet au mandataire de se faire remettre les clefs à l'effet de prendre livraison de l'immeuble.

PROTECTION DE L'ACQUÉREUR EMPRUNTEUR

Lorsque l'opération, en raison de la nature du bien et de la qualité de l'acquéreur, entre dans le champ d'application du dispositif de protection de l'acquéreur emprunteur (C. consom. art. L 313-1 s.), le mandant doit indiquer **dans la procuration**, afin que le mandataire réitère cette déclaration dans l'acte, si le prix est payé directement ou indirectement, même en partie, avec ou sans l'aide d'un prêt (C. consom. art. L 313-40). 14530

Si l'acquéreur qui donne mandat ne recourt pas à un prêt, il doit porter dans la procuration sous signature privée la **mention manuscrite** prévue par l'article L 313-42 du Code de la consommation. Le mandataire précisera dans l'acte que la mention manuscrite figure dans la procuration. Sur cette déclaration et la mention manuscrite, voir n°s 42210 s.

DÉLAI DE RÉFLEXION OU DE RÉTRACTATION

L'**acquéreur non professionnel** qui achète un **immeuble d'habitation** bénéficie du droit de rétractation ou du délai de réflexion prévus par l'article L 271-1 du CCH (voir n°s 45000 s.). 14532
Lorsque l'acquéreur est représenté à l'acte par un mandataire conventionnel, c'est le mandant qui bénéficie de la protection, et c'est donc lui qui doit en principe être rendu destinataire de la notification prévue par ce texte.
Sur le dispositif protecteur et l'incidence d'une procuration, voir n° 45328.

DÉFAUT OU DÉPASSEMENT DE POUVOIRS

Le **mandant** n'est en principe pas tenu d'exécuter les engagements souscrits par le mandataire au-delà de ce qui a été prévu au mandat (C. civ. art. 1998). L'acte accompli par un représentant sans pouvoir ou au-delà de ses pouvoirs est inopposable au représenté (C. civ. art. 1156, al. 1). 14533
De son côté, le **tiers contractant** dans l'ignorance du défaut ou du dépassement de pouvoir du représentant peut invoquer la nullité de l'acte (C. civ. art. 1156, al. 2).
Le représenté a la possibilité d'assurer la pleine **efficacité de l'acte** passé en son nom **en le ratifiant** expressément ou tacitement (C. civ. art. 1998, al. 2 ; pour une illustration, Cass. 1e civ. 2-7-2014 n° 13-19.626 : BPIM 5/14 inf. 333). Dans ce cas, l'inopposabilité comme la nullité de l'acte ne peuvent plus être invoquées (C. civ. art. 1156, al. 3).

> **Précisions** Avant la réforme du droit des contrats, la **sanction** du défaut ou du dépassement de pouvoirs était la nullité de l'acte accompli par le mandataire. En substituant la sanction de l'inopposabilité à celle de la nullité, le nouveau droit commun de la représentation, applicable aux contrats conclus depuis le 1er octobre 2016, offre une situation plus favorable au représenté victime, qui n'a dorénavant aucune action à intenter pour se protéger (voir D. Martin, La représentation dans le nouveau droit des obligations : JCP G 2016 n° 580).

Mandat apparent L'acte accompli par un représentant sans pouvoir ou au-delà de ses pouvoirs est inopposable au représenté sauf si le **tiers contractant a légitimement cru en la réalité des pouvoirs du représentant**, notamment en raison du comportement ou des déclarations du représenté (C. civ. art. 1156, al. 1). 14534
Ce texte vient consacrer la théorie jurisprudentielle du mandat apparent qui permet, dans certaines circonstances, d'assurer l'efficacité de l'acte passé au-delà des prévisions du mandat et

donc de protéger le tiers cocontractant (Cass. ass. plén. 13-12-1962 n° 57-11.569 : Bull. ass. plén. n° 2 ; Cass. 3e civ. 25-5-2005 n° 03-19.411 : Bull. civ. III n° 117, D. 2005 p. 2836 obs. S. Amrani-Mekki et B. Fauvarque-Cosson ; Cass. 3e civ. 23-9-2020 n° 19-14.261 FS-PBI : D 2020 p. 1890, RDI 2021 p. 19 obs. J.-F. Struillou). Elle suppose la croyance légitime de l'acquéreur, tiers au mandat, à l'étendue du mandat, en des circonstances l'autorisant à ne pas vérifier les limites des pouvoirs du mandataire. Cette théorie est cependant difficilement recevable en matière de **vente d'immeuble** en raison des vérifications que la gravité de l'acte conduit le notaire et le cocontractant à effectuer. Elle joue nécessairement un rôle marginal en matière de vente immobilière (voir son exclusion pour une offre de vente, Cass. 1e civ. 11-3-2020 n° 18-20.414 F-D : BPIM 3/20 inf. 203).
La théorie du mandat apparent est exclue s'agissant d'un **acte établi par un notaire avec le concours d'un confrère**, les deux officiers publics et ministériels étant tenus de vérifier leurs pouvoirs respectifs (Cass. 1e civ. 5-11-2009 n° 08-18.056 F-PB ; Cass. 1e civ. 20-3-2013 n° 12-11.567 : BPIM 3/13 inf. 213).

EXEMPLE

Un homme décède, laissant six indivisaires. L'actif de succession comporte notamment une propriété. Cinq indivisaires sur six résidant au Brésil, donnent à celui établi en France :
– un mandat de gestion et d'administration avec la possibilité de consentir des baux ;
– une procuration aux fins de vendre la propriété à la commune où elle se situe, sous certaines conditions. La procuration est rédigée en portugais par un notaire brésilien.
Par deux actes authentiques reçus le même jour par un notaire, le mandataire conclut au nom de l'indivision au profit de la commune un contrat de location pour trois ans et un contrat de vente de la propriété en fin de bail sous diverses conditions suspensives. La procuration est annexée à l'acte de vente sans traduction. La commune cède ensuite ses droits à une communauté d'agglomération. Estimant que les conditions fixées dans le mandat n'étaient pas respectées, les indivisaires assignent la commune et la communauté d'agglomération en nullité de la vente initiale et des actes subséquents.
Le recours est rejeté. Pour les juges du fond, la commune a pu légitimement croire aux pouvoirs du mandataire dès lors que celui-ci était assisté par un avocat lors de la signature de l'acte notarié de vente et que la procuration y était mentionnée. De plus, le notaire, en raison de son devoir de conseil, était tenu de vérifier l'étendue de ses pouvoirs. Confirmation en cassation : une personne peut être engagée sur le fondement d'un mandat apparent lorsque la croyance du tiers aux pouvoirs du prétendu mandataire a été légitime, ce caractère supposant que les circonstances autorisaient ce tiers à ne pas vérifier lesdits pouvoirs (Cass. 1e civ. 28-9-2022 n° 20-21.631 F-D : BPIM 6/22 inf. 433, décision rendue au visa de C. civ. art. 1998 transposable depuis l'entrée en vigueur de C. civ. art. 1156).

DÉTOURNEMENT DE POUVOIRS

14535 En cas de détournement de pouvoirs par le représentant au détriment du représenté, ce dernier peut invoquer la **nullité** de l'acte accompli si le tiers contractant avait connaissance du détournement ou ne pouvait l'ignorer (C. civ. art. 1157).
Le texte ne donne pas de **définition** du détournement de pouvoirs. Selon nous, il devrait recouvrir l'hypothèse où le représenté utilise volontairement ses pouvoirs dans un but différent de celui pour lequel ils lui ont été consentis.

> **Précisions** **Avant la réforme** du droit des contrats, applicable aux contrats, conclus depuis le 1er octobre 2016, les tribunaux sanctionnaient déjà, sur le fondement de la fraude, le détournement de ses pouvoirs par un mandataire qui les avait utilisés pour favoriser le cocontractant (Cass. 3e civ. 29-11-1972 n° 71-12.554 : Bull. civ. III n° 646, concernant la vente d'un immeuble par le mandataire au prix minimum fixé dans le contrat de mandat en dissimulant au mandant l'existence d'une offre d'achat émanant d'autres personnes à un prix supérieur). **Désormais**, le détournement peut être sanctionné sans que soit établie une fraude, telle l'existence d'un concert frauduleux entre le mandataire et le tiers qu'il voulait avantager. Il suffit au mandant d'établir que le tiers avait connaissance du détournement ou ne pouvait l'ignorer. Le détournement peut résulter de la mauvaise foi du tiers et non plus de sa complicité frauduleuse avec le mandataire (B. Mercadal, Réforme du droit des contrats, Éd. Francis Lefebvre 2016 n° 388).

DOUTE SUR L'ÉTENDUE DU POUVOIR DU REPRÉSENTANT CONVENTIONNEL

14536 Le tiers contractant, s'il doute de l'étendue du pouvoir du représentant conventionnel à l'occasion de la conclusion d'un acte qu'il s'apprête à conclure, peut **demander par écrit au représenté** de lui confirmer, dans un délai raisonnable, que le représentant est habilité à conclure cet acte. L'écrit mentionne qu'à défaut de réponse dans ce délai, le représentant est réputé habilité à conclure cet acte (C. civ. art. 1158).

CONSEIL

L'article 1158 du Code civil exige que le tiers fasse sa demande par écrit. Pour que sa **demande** soit **efficace**, le tiers a intérêt à recourir à la lettre recommandée avec demande d'avis de réception et le contenu de cet écrit doit être conforme aux conditions posées par l'article 1158 (B. Mercadal : Réforme du droit des contrats, Éd. Francis Lefebvre 2016 n° 391).

b. Désignation du mandataire

IDENTIFICATION DU MANDATAIRE

À quel **moment** le mandataire doit-il être clairement identifié (nom, prénoms, date et lieu de naissance, adresse...) ? En principe, lorsque la procuration est établie. C'est impérativement le cas lorsque la procuration est passée par acte authentique reçu en minute. Il est cependant admis que, dans la procuration sous signature privée ou dans celle authentique reçue en brevet, le nom du mandataire soit laissé en blanc et puisse être complété au moment de la passation de l'acte. L'avant-projet de réforme des contrats spéciaux consacre d'ailleurs le recours au « mandat en blanc » en prévoyant que « la procuration peut être établie par un écrit ne comportant pas le nom du mandataire, qui sera déterminé par la suite » (art. 1992). Son introduction dans le Code civil n'est toutefois pas à l'abri de critiques (T. Gérard, Le mandat dans l'avant-projet de réforme du droit des contrats spéciaux : D. 2022 p. 1982). **14550**

Le mandataire peut être une **partie à l'acte** ; il y interviendra alors en sa double qualité de partie et de mandataire (on précise souvent dans l'acte qu'il (elle) agit « ès nom et qualités »). Par exemple, l'un des époux représente son conjoint ou un indivisaire représente l'un de ses coïndivisaires. La représentation d'une partie par une autre est toutefois limitée par l'opposition d'intérêts qui pourrait exister entre le mandant et le mandataire. Le notaire authentificateur de l'acte ne peut pas être mandataire de son client.

La procuration peut désigner **plusieurs mandataires** et préciser si ceux-ci devront agir ensemble ou séparément.

Le mandataire peut être un collaborateur du notaire qui reçoit l'acte.

› Précisions a. L'exécution d'un **mandat donné à un « clerc » de l'office notarial** ne peut être confiée qu'aux seuls collaborateurs de l'étude accomplissant des tâches juridiques avec une qualification adaptée, et non à un salarié ayant la qualité de secrétaire (Cass. 1e civ. 12-7-2012 n° 11-22.637 : BPIM 4/12 inf. 338). À défaut, l'acte peut être annulé pour défaut de pouvoir de son signataire, mais il s'agit d'une nullité relative qui peut être couverte par une ratification ultérieure du mandant (Cass. 1e civ. 22-1-2014 n° 12-28.298).

b. Le représentant légal d'une personne morale partie à un acte notarié ne peut être un **parent ou allié du notaire** en ligne directe, à tous les degrés, et en ligne collatérale jusqu'au degré d'oncle ou de neveu inclusivement, en application de l'article 2 du décret 71-941 du 26 novembre 1971 (Cass. 1e civ. 31-10-2012 n° 11-25.789 F-PBI). Cet arrêt ne tranche pas la question de savoir si un parent ou allié du notaire instrumentaire peut être le mandataire conventionnel de l'une des parties à l'acte. La prudence commande d'éviter cette situation.

SUBSTITUTION DE MANDATAIRE

Le Code civil permet implicitement au mandataire désigné par le mandant de se substituer un tiers pour exécuter le mandat qui lui a été donné, alors même que cette **faculté** n'aurait pas été prévue dans le mandat (C. civ. art. 1994). Cette faculté serait cependant écartée si le mandant l'avait exclue. **14552**

Lorsque la faculté de substitution de mandataire est prévue, le **choix du mandataire substitué** peut être opéré par le mandant ou laissé à l'initiative du mandataire initial. Le mandant peut imposer que le mandataire substitué soit choisi dans un cercle de personnes déterminées : par exemple, un membre de la famille ou un coïndivisaire.

Le mandat peut également prévoir que la substitution ne sera pas discrétionnaire et ne pourra être effectuée par le mandataire initial que s'il est dans l'**impossibilité d'agir** au nom du mandant.

ATTENTION

La faculté de substitution prévue dans une procuration n'autorise pas l'**ajout** par le notaire rédacteur à la suite du nom du mandataire, qui était un de ses clercs ayant quitté l'étude, **du nom d'un autre** de ses collaborateurs, avec la mention que les mandataires auront la faculté d'agir séparément (Cass. 1e civ. 23-1-2008 n° 06-17.489 FS-PB).

14554 **Effets de la substitution** S'agissant des effets de la substitution, le mandant sera tenu par l'acte accompli par le mandataire régulièrement substitué comme s'il avait été accompli par le mandataire initial.

Le **mandataire initial** n'est **pas responsable**, à l'égard du mandant, des actes accomplis par le mandataire substitué lorsque la faculté de substitution a été prévue et que le choix du substitué a été limité par le mandant. La limitation de la responsabilité du mandataire initial est cependant subordonnée au respect par celui-ci des prévisions du mandat.

En revanche, le mandataire initial est **responsable** de celui qu'il s'est substitué dans deux cas (C. civ. art. 1994) :

– lorsque la faculté de substitution n'a pas été prévue dans la procuration ;

– lorsque la faculté de substitution a été prévue sans désignation d'une personne et que le mandataire substitué se révèle incapable ou insolvable.

4. OBLIGATIONS DES PARTIES AU MANDAT

OBLIGATIONS DU MANDATAIRE

14610 Le mandataire doit **exécuter** le mandat qu'il a accepté tant qu'il en demeure chargé (C. civ. art. 1991). Il doit respecter l'étendue de la mission qui lui a été confiée, de manière complète et précise.

Bien que le Code civil ne l'impose pas expressément, le mandataire doit **informer** le mandant au fur et à mesure de l'exécution de sa mission. Il doit spécialement tenir le mandant informé des difficultés qu'il rencontre, et solliciter s'il y a lieu des instructions lui permettant de poursuivre sa mission.

Le mandataire doit **rendre compte** de sa gestion et informer le mandant de tout ce qu'il a reçu en vertu de sa procuration (C. civ. art. 1993). Cette reddition de compte consiste en la présentation par le mandataire d'un compte reprenant les encaissements de fonds réalisés par lui pour le compte du mandant ; elle s'étend aux sommes que le mandataire n'aurait pas perçues par sa faute. Appliquée au mandat donné dans le cadre d'une vente d'immeuble, l'obligation de rendre compte impose au mandataire de restituer les sommes qu'il a perçues à un titre ou à un autre pour le compte du mandant : prix de vente, remboursement d'un prorata de loyers et de charges dus par un locataire, remboursement d'un dépôt de garantie, régularisation de charges de copropriété entre les parties, etc.

14612 Le mandant doit délivrer une **décharge** de mandat au mandataire qui a exécuté la mission qui lui a été confiée et, s'il y a lieu, dont il a approuvé le compte. Cette décharge est une espèce de quitus qui libère le mandataire de ses obligations.

Le mandataire engage sa **responsabilité** pour les fautes, dolosives ou non, qu'il commet dans l'exécution du mandat (C. civ. art. 1992, al. 1). Il peut s'agir, par exemple, d'un défaut d'exécution du mandat ou d'un retard d'exécution préjudiciable au mandant. La responsabilité relative aux fautes est appliquée moins rigoureusement au mandataire dont le mandat est gratuit qu'à celui qui reçoit un salaire (C. civ. art. 1992, al. 2).

Sur la responsabilité spécifique du mandataire en cas de substitution, voir n° 14554.

OBLIGATIONS DU MANDANT

14614 Le mandant est tenu d'exécuter les **engagements contractés par le mandataire** conformément au pouvoir qui lui a été donné, dans la même mesure que s'il avait agi en personne (C. civ. art. 1998, al. 1).

Le mandant sera tenu à l'égard du mandataire à des obligations qui seront, sauf circonstances particulières, limitées lorsqu'il s'agit d'une opération ponctuelle de vente ou d'achat portant sur un immeuble.

En principe, le mandat est gratuit (C. civ. art. 1986). Les parties peuvent toutefois convenir de la **rémunération** du mandataire, ce qui est exceptionnel en matière immobilière. Si le mandat stipule néanmoins la rémunération du mandataire, le mandant est tenu de lui verser la somme convenue dès lors qu'il a exécuté sa mission, et cela même si l'opération n'a pas abouti. En revanche, le mandant n'est pas tenu à ce paiement si le mandataire a commis une faute (C. civ. art. 1999).

Sous la même réserve de sa faute, le mandataire a droit au remboursement par le mandant des **avances et frais** exposés dans l'exécution du mandat (C. civ. art. 1999). Il s'agira, par exemple, de l'avance que le mandataire du vendeur aura faite des frais de mesurage d'un lot de copropriété ou d'établissement des diagnostics obligatoires.

Le mandant doit en outre indemniser le mandataire des **pertes** que celui-ci aurait éprouvées à l'occasion de l'exécution du mandat, sauf le cas d'imprudence de sa part (C. civ. art. 2000).

> **Précisions** **a.** Les manœuvres dolosives du mandataire n'engagent pas la **responsabilité** du mandant, sauf s'il a commis personnellement une faute (Cass. ch. mixte 29-10-2021 n° 19-18.470 BR). Dans l'avant-projet de réforme des contrats spéciaux, il est question de revenir sur cette jurisprudence ; il y est prévu que le mandant répond des manœuvres dolosives du mandataire (art. 2009).
> **b.** Le dol du mandataire est, à notre avis, opposable au mandant n'y ayant pas participé en cas de demande d'**annulation du contrat**.

5. EXTINCTION DU MANDAT

RÉVOCATION DU MANDAT

Le **mandant** peut librement révoquer le mandat qu'il a donné. Il peut exiger du mandataire que celui-ci lui remette la procuration qu'il détient (original de l'acte établi sous signature privée ou en brevet, copie authentique de l'acte établi en minute) afin de rendre effective la révocation en rendant de fait impossible l'usage du document (C. civ. art. 2004). **14660**

La révocation peut être **tacite**. Ainsi, la constitution (par le mandant) d'un nouveau mandataire pour la même opération vaut révocation du premier, à compter du jour où elle a été notifiée à celui-ci (C. civ. art. 2006). La révocation est également tacite lorsque le mandant procède lui-même à la régularisation de l'acte en vue duquel il avait donné mandat.

S'agissant de ses **effets**, la révocation notifiée au seul mandataire ne peut pas être opposée aux tiers qui ont traité avec ce dernier dans l'ignorance de la révocation (C. civ. art. 2005). Si le mandataire utilise la procuration au mépris de la révocation, le mandant dispose d'un recours à son encontre.

> **Précisions** Le mandant n'a pas à préciser les motifs de la révocation du mandat ou à respecter un délai de préavis ; la révocation est **abusive** seulement en cas d'intention de nuire du mandant ou de légèreté blâmable de sa part (Cass. com. 4-10-2023 n° 22-15.781 F-B). L'avant-projet de réforme du droit des contrats spéciaux prévoit de distinguer selon que le mandat est gratuit ou à titre onéreux. Pour le mandat gratuit, le principe demeurerait celui de la libre révocation. Pour le mandat à titre onéreux, la révocation devrait être précédée d'un préavis raisonnable, ou conforme aux usages, sauf motif légitime, tel qu'une faute grave du mandataire dans l'accomplissement de sa mission (art. 2016).

RENONCIATION AU MANDAT

Le **mandataire** peut renoncer au mandat, en notifiant sa renonciation au mandant (C. civ. art. 2007, al. 1). Si cette renonciation lui préjudicie, le mandant devra en être indemnisé par le mandataire, à moins que celui-ci ne se trouve dans l'impossibilité de continuer le mandat sans en éprouver lui-même un préjudice considérable (C. civ. art. 2007, al. 2). **14662**

DÉCÈS DES PARTIES AU MANDAT

Le mandat prend fin par le décès du **mandant** survenant avant la régularisation de l'acte en vue duquel il avait été consenti (C. civ. art. 2003). Cet effet du décès ne joue pour autant que le mandataire en a eu connaissance, de sorte qu'un acte effectué par le mandataire dans l'ignorance du décès serait efficace à l'égard du cocontractant. **14664**

Le mandat prend également fin par le décès du **mandataire** (C. civ. art. 2003). Les pouvoirs donnés à celui-ci ne sont pas transmis à ses héritiers ou successeurs, sauf stipulation contraire du mandat.

INCAPACITÉ ET INTERDICTION DU MANDATAIRE

Les pouvoirs du représentant cessent s'il est atteint d'une incapacité ou frappé d'une interdiction (C. civ. art. 1160). **14666**

Les **actes** du mandataire **postérieurs** à la survenance de ces faits sont des actes accomplis sans pouvoir dès le jour où la cause d'incapacité ou d'interdiction est définitivement établie. Le mandat cesse par l'effet de la loi. Peu importe qu'une décision de justice ait, le cas échéant, été nécessaire pour faire reconnaître l'existence et la date de l'incapacité ou celle de l'interdiction ; cette décision n'aura qu'une valeur déclarative (B. Mercadal : Réforme du droit des contrats, Éd. Francis Lefebvre 2016 n° 394).

> **Précisions** Pour les **mandats conclus avant le 1er octobre 2016**, seule la mise sous **tutelle** du mandataire ou du mandant était visée comme cause d'extinction automatique du mandat (C. civ. art. 2003 ancien).

DÉCONFITURE DES PARTIES AU MANDAT

14668 Le mandat prend fin par la déconfiture du mandant ou du mandataire (C. civ. art. 2003). Cette solution doit être adaptée pour tenir compte des évolutions du régime des procédures collectives.

En cas de **procédure de sauvegarde ou** de **redressement judiciaire** du mandant, le mandat subsiste et permet au mandataire d'effectuer les actes que le mandant pourrait continuer à effectuer sur son patrimoine (voir n°s 73125 s.). En revanche, le mandataire ne peut plus effectuer les actes que le mandant n'a plus la capacité de faire seul. La sauvegarde ou le redressement judiciaire du mandataire sont indifférents à la poursuite du mandat. Celui-ci conserve ses effets.

La **liquidation judiciaire** du mandant met fin au mandat dans la mesure où celui-ci a pour objet les droits et actions dont le débiteur est dessaisi et dont l'exercice est confié au liquidateur judiciaire (voir n°s 73160 s.). Il en va de même en cas de liquidation du mandataire.

Le mandat pour vendre donné par le débiteur surendetté en situation de **rétablissement personnel avec liquidation judiciaire** ne devrait plus pouvoir être mis en œuvre en raison du dessaisissement dont l'intéressé fait l'objet (n° 73215).

SURVENANCE DU TERME DU MANDAT

14670 Le mandat peut être consenti pour une période déterminée, correspondant par exemple à l'indisponibilité temporaire du mandant. Les pouvoirs conférés au mandataire s'éteignent alors à la date ou à l'expiration du délai prévu.

> **Précisions** L'avant-projet de réforme des contrats spéciaux prévoit que lorsque le mandat est conclu pour une durée déterminée, il n'est en principe pas automatiquement reconduit par **tacite reconduction**. Seule une clause contraire permettra sa reconduction (art. 1994).

6. FORMULES DE PROCURATION

14674 MODÈLE **Procuration pour vendre**

Constituant : ...
Mandataire : ...

Pouvoirs conférés

Le constituant donne pouvoir au mandataire à l'effet de vendre en son nom à M... (*ou* : à qui le mandataire avisera), moyennant le prix de... € (... €), payable comptant (*ou* : moyennant le prix que le mandataire avisera), l'immeuble ainsi désigné :

Désignation

(*Reprendre la désignation de l'immeuble*)
A cet effet, obliger le constituant, et notamment :

Prix

Quittancer le prix (*ajouter éventuellement* : le recevoir) et consentir toutes subrogations.

Transfert de propriété et entrée en jouissance

Convenir de la date de transfert de propriété et la date d'entrée en jouissance.

Obligations du constituant

Garantie des vices : convenir de toutes clauses d'exonération de la garantie des vices cachés due par le vendeur.
Garantie d'éviction : convenir de toutes clauses d'exonération de la garantie d'éviction due par le vendeur.
Délivrance : convenir des modalités de délivrance de l'immeuble et des éléments d'équipement vendus ; convenir de toute clause de non-garantie de la contenance de l'immeuble vendu.
Assurance incendie : passer avec l'acquéreur toutes conventions concernant l'assurance incendie.
Impôts et contributions : convenir avec l'acquéreur de tout remboursement de prorata des taxes foncières.

Déclarations

Situation sanitaire et environnementale de l'immeuble : faire toutes déclarations concernant la situation sanitaire et environnementale de l'immeuble vendu, relativement notamment à la réglementation concernant les installations classées pour la protection de l'environnement, le risque d'amiante, le risque d'accessibilité au plomb et le risque de présence de mérule, de termites ou

autres insectes xylophages, les états des installations intérieures de gaz et d'électricité, le diagnostic de performance énergétique, l'état des risques naturels et technologiques, le mode d'assainissement de l'immeuble vendu.
Déclarations générales : faire toutes déclarations concernant la situation matérielle du bien vendu, sa situation administrative, les servitudes qui le grèveraient ainsi que sa situation locative.

Pouvoirs pour la publicité foncière

Donner à tout clerc du notaire rédacteur de l'acte de vente les pouvoirs à l'effet d'établir tous actes complémentaires ou rectificatifs pour mettre l'acte de vente en conformité avec tous documents hypothécaires, cadastraux ou d'état civil.

Déclarations fiscales

Impôt sur la mutation et sur la plus-value : faire toutes déclarations concernant l'impôt sur la mutation et l'impôt de plus-value, signer toutes déclarations de plus-values, autoriser irrévocablement le paiement de cet impôt par prélèvement sur le prix.
Affirmations de sincérité : faire toutes affirmations prescrites concernant la sincérité du prix, affirmer, comme le constituant le fait ici, que ce prix n'est pas contredit par une contre-lettre contenant augmentation du prix.

Pouvoirs généraux

Signer tous actes et pièces, faire établir tout avant-contrat ou tout acte notarié constatant la vente, signer ces actes, faire toutes déclarations, toutes formalités, obliger le constituant à tous engagements complémentaires dans le cadre de la vente, consentir toutes subrogations et généralement faire tout ce qui sera nécessaire.
Fait à...
Le...

MODÈLE

Procuration pour acquérir 14676

Constituant : ...
Mandataire : ...

Pouvoirs conférés

Le constituant donne pouvoir au mandataire à l'effet d'acquérir en son nom de M..., moyennant le prix de... € (... €), payable comptant (*ou* : moyennant le prix que le mandataire avisera), l'immeuble ainsi désigné :

Désignation

(*Reprendre la désignation de l'immeuble*)
À cet effet, obliger le constituant, et notamment :

Prix

Payer le prix, faire toutes déclarations concernant l'origine des deniers employés au paiement du prix, consentir toutes subrogations.

Transfert de propriété et entrée en jouissance

Convenir de la date de transfert de propriété et la date d'entrée en jouissance.

Obligations du constituant

Garantie des vices : convenir de toutes clauses d'exonération de la garantie des vices cachés due par le vendeur.
Garantie d'éviction : convenir de toutes clauses d'exonération de la garantie d'éviction due par le vendeur.
Délivrance : convenir des modalités de délivrance de l'immeuble et des éléments d'équipement vendus ; convenir de toute clause de non-garantie de la contenance de l'immeuble vendu.
Assurance incendie : passer avec le vendeur toutes conventions concernant l'assurance incendie.
Impôts et contributions : convenir avec le vendeur de tout remboursement de prorata des taxes foncières.

Pouvoirs pour la publicité foncière

Donner à tout clerc du notaire rédacteur de l'acte de vente les pouvoirs à l'effet d'établir tous actes complémentaires ou rectificatifs pour mettre l'acte de vente en conformité avec tous documents hypothécaires, cadastraux ou d'état civil.

Affirmations de sincérité

Faire toutes affirmations prescrites concernant la sincérité du prix, affirmer, comme le constituant le fait ici, que ce prix n'est pas contredit par une contre-lettre contenant augmentation du prix.

Pouvoirs généraux

Signer tous actes et pièces, faire établir tout avant-contrat ou tout acte notarié constatant la vente, signer ces actes, faire toutes déclarations, toutes formalités, obliger le constituant à tous engagements complémentaires dans le cadre de la vente, consentir toutes subrogations et généralement faire tout ce qui sera nécessaire.

Fait à...

Le...

B. Mandat à effet posthume

RECOURS AU MANDAT À EFFET POSTHUME

14700 Toute personne peut, sous certaines conditions, désigner de son vivant un ou plusieurs mandataires, personnes physiques ou morales, qui seront chargés après son décès d'**administrer tout ou partie du patrimoine successoral** pour le compte et dans l'intérêt d'un ou de plusieurs héritiers identifiés (C. civ. art. 812 à 812-7).

Le **mandataire** peut être un héritier (C. civ. art. 812, al. 2). Il ne peut s'agir du notaire chargé du règlement de la succession (C. civ. art. 812, al. 4).

Le mandat doit être justifié par un **intérêt sérieux et légitime** au regard de la personne de l'héritier ou du patrimoine successoral, cet intérêt devant être précisément motivé (C. civ. art. 812-1-1, al. 1). Peuvent constituer un intérêt sérieux et légitime :

– la présence d'un héritier (mineur ou majeur) dont l'incapacité, l'inexpérience, l'oisiveté, la prodigalité ou toute autre faiblesse le rendent inapte à administrer convenablement tout ou partie du patrimoine successoral ;

– et/ou la détention d'un patrimoine dont la gestion nécessite des compétences particulières (entreprise, notamment).

Le mandat à effet posthume est obligatoirement établi en la **forme** authentique (C. civ. art. 812-1-1).

POUVOIRS DU MANDATAIRE

14705 La mission du mandataire est avant tout d'administrer et de gérer tout ou partie des biens de la succession pour le compte et dans l'intérêt d'un ou de plusieurs héritiers identifiés (C. civ. art. 812). Dès lors, la question se pose de savoir si le mandataire peut **vendre un immeuble successoral** faisant l'objet du mandat.

Pour le ministère de la justice, la « **notion de gestion** autorise le recours aux actes de disposition de certains éléments du patrimoine lorsqu'ils s'insèrent dans une logique de conservation, d'administration ou de valorisation du patrimoine successoral » (Circ. min. justice 73-07/C1/5-2/GS du 29-5-2007 p. 27). En outre, même à supposer que le mandataire ne puisse pas vendre un immeuble successoral au regard des pouvoirs que lui reconnaît la loi, la possibilité de stipuler une **clause expresse** l'y autorisant devrait pouvoir être admise (voir F. Sauvage, Les pouvoirs du mandataire posthume à l'épreuve des droits des héritiers : Defrénois 2010 art. 39149 n° 12).

Le mandataire posthume ne peut pas s'opposer à la **vente décidée par les héritiers** des biens mentionnés dans le mandat, cette aliénation constituant une des causes d'extinction du mandat (C. civ. art. 812-4 ; Cass. 1e civ. 12-5-2010 n° 09-10.556 FS-PBI).

C. Porte-fort

RECOURS AU PORTE-FORT

14730 On peut se porter fort **en promettant le fait d'un tiers** (C. civ. art. 1204, al. 1).

La promesse de porte-fort ou clause de porte-fort est, en matière contractuelle, la **convention** par laquelle une personne prend l'engagement à l'égard d'une autre d'obtenir d'un tiers le consentement nécessaire à la validité d'un contrat, sous forme d'une approbation ou d'une ratification de ce contrat.

La technique du porte-fort met en évidence **trois personnages** : celui qui se porte-fort pour autrui, dénommé « promettant » ou encore « porte-fort » ; celui pour lequel on se porte fort, dénommé « tiers », tout du moins tant qu'il n'a pas ratifié ; le cocontractant du promettant, appelé « bénéficiaire » de la promesse.

Justification et utilité Par ce procédé, une personne dépourvue de pouvoir de représentation contracte avec une autre une opération, en s'engageant à **obtenir le consentement qui fait défaut**, et sous la sanction d'être tenue à des dommages et intérêts si le tiers dont le consentement est requis refuse de ratifier le contrat passé en son nom. En réalité, le tiers pour lequel le promettant s'est porté fort ne sera personnellement engagé que lorsqu'il aura ratifié le contrat. 14732

Aujourd'hui, la promesse de porte-fort n'est plus qu'**exceptionnellement utilisée** et doit d'ailleurs être déconseillée pour une opération aussi grave qu'une vente ou une acquisition d'immeuble. Pour cette raison, les développements qui lui sont consacrés ici seront brefs et limités à l'hypothèse la plus fréquemment rencontrée en pratique, celle d'une vente réalisée avec promesse de ratification par un vendeur frappé d'incapacité juridique.

RÉGIME DU CONTRAT CONCLU AVEC PROMESSE DE PORTE-FORT

Validité provisoire du contrat Le contrat conclu avec promesse de porte-fort est considéré comme provisoirement valable. Les droits de mutation sont immédiatement exigibles et l'acte est soumis à la formalité de publicité foncière. 14780

Le contrat est cependant inopposable au tiers dont la ratification est nécessaire à sa **validité définitive**. Celui-ci, s'il refusait la ratification, pourrait agir en revendication à l'encontre de l'acquéreur.

Défaut de ratification Le promettant est libéré de toute obligation si le tiers accomplit le fait promis. Dans le cas contraire, il peut être condamné à des **dommages et intérêts** (C. civ. art. 1204, al. 2). Le promettant qui n'a pas réussi à convaincre le tiers de tenir l'engagement promis engage donc sa responsabilité envers le bénéficiaire de la promesse, sans pouvoir contester la validité de cet engagement ni se prévaloir du fait que le tiers ne s'est pas engagé à titre principal (Cass. 1e civ. 16-4-2015 n° 14-13.694 : RJDA 7/15 n° 478). 14782

Par ailleurs, si le **contrat** n'est pas ratifié par le tiers, pour cause de refus ou d'impossibilité, il ne peut plus produire effet et est anéanti.

Selon une partie de la doctrine ancienne, le contrat pourrait être maintenu lorsque le contrat considéré n'intéresse pas uniquement comme cocontractant le tiers pour lequel on s'est porté fort, mais également des personnes majeures et maîtresses de leurs droits (ce qui serait le cas, par exemple, si la vente concernait des indivisaires dont certains ou l'un d'entre eux seraient majeurs, et l'un ou les autres incapables mineurs). Dans ce cas, le tiers, bien qu'il n'ait pas consenti, serait obligé en application du mécanisme de la gestion d'affaires.

Tiers héritier du promettant décédé Le décès du promettant laissant à sa survivance le tiers acceptant sa succession est une hypothèse fréquente dans la mesure où c'est généralement un parent, administrateur d'un enfant mineur, qui contracte en se portant fort de la ratification par celui-ci. En sa qualité de tiers au contrat, l'héritier reste **libre de refuser** la ratification ; mais ce faisant, il est tenu d'indemniser, en qualité de successeur du promettant, le bénéficiaire cocontractant (Cass. 2e civ. 26-11-1975 n° 74-10.356 : Bull. civ. I n° 351). 14784

En revanche, le tiers héritier (acceptant) du promettant décédé serait **tenu par le contrat** et ne pourrait pas le critiquer si le promettant était intervenu à l'acte non seulement pour promettre la ratification, mais également comme contractant autonome (par exemple, comme coïndivisaire vendeur, conjointement avec le mineur incapable), à ce titre tenu à garantie. Il serait lui-même tenu à garantie vis-à-vis du tiers, en sa qualité de successeur du promettant, et ne pourrait évincer le cocontractant bénéficiaire de la promesse.

Ratification du contrat Le contrat conclu avec promesse de porte-fort est en tous points consolidé lorsqu'il est ratifié par celui dont le promettant avait promis de rapporter le consentement. Cette ratification opère de manière **rétroactive** (C. civ. art. 1204, al. 3) : la situation est la même que si le tiers ratifiant avait consenti au contrat dès le départ. L'acte ne souffre donc d'aucune infériorité juridique et constitue un titre valable pour le cocontractant du promettant. 14786

La ratification n'est soumise à aucune **forme** impérative. Elle peut être tacite ; il suffit que la volonté du ratifiant soit certaine. S'agissant d'une opération immobilière, cette ratification sera le plus souvent expresse et prendra la forme d'une déclaration unilatérale dans un acte dressé à cet effet.

La ratification d'une convention soumise à **publicité foncière** doit elle-même être publiée au service de la publicité foncière. Elle doit donc, pour permettre l'accomplissement de la formalité, être constatée en la forme authentique.

CHAPITRE 2

VICES DU CONSENTEMENT

SOMMAIRE

SECTION 1

TROIS VICES DU CONSENTEMENT

16000 La vente immobilière est soumise au respect des dispositions du Code civil applicables aux contrats ou obligations (C. civ. art. 1100 s.). Parmi les conditions essentielles de **validité des contrats**, on trouve le consentement de la partie qui s'oblige (C. civ. art. 1128, al. 1). La vente naît d'un consentement réciproque sur la chose et sur le prix (C. civ. art. 1583), qui doit être exprimé par des personnes saines d'esprit (C. civ. art. 1129).

À cette condition positive d'**existence du consentement**, s'ajoute une condition négative : celle de l'absence de tout vice du consentement.

Les vices du consentement figurent au Code civil (C. civ. art. 1130 s.). Il en est de même du **devoir d'information précontractuel** qui porte sur toute information dont l'importance est déterminante pour le consentement de l'autre (C. civ. art. 1112-1). Le dol constitue d'ailleurs une forme particulière de violation d'une obligation précontractuelle d'information (Cass. 3e civ. 7-4-2016 n° 15-13.064 FS-PB : RJDA 2/17 n° 73) ; voir n° 16772.

Est également inscrite dans le Code civil une obligation générale et d'ordre public de bonne foi dans la négociation, la formation et l'exécution des contrats (C. civ. art. 1104).

DOMAINE DES VICES DU CONSENTEMENT

Pour être valable et créer les effets de droit qui y sont attachés, le consentement ne doit pas avoir été donné par **erreur**, ni extorqué par **violence** ou surpris par **dol** (C. civ. art. 1130). Le Code civil admet donc l'existence de trois vices du consentement qui peuvent frapper la convention de nullité. 16002

La vente immobilière étant un contrat synallagmatique (C. civ. art. 1106), le **vendeur** et l'**acquéreur** s'obligent réciproquement l'un envers l'autre. Ils pourront donc, l'un comme l'autre, invoquer la nullité de la vente pour vice du consentement (pour des exemples d'erreurs affectant le consentement du vendeur, voir n° 16268).

Les vices du consentement peuvent affecter les **actes de vente**, mais également les **actes préparatoires** (pour un exemple de nullité de promesse synallagmatique, Cass. 3e civ. 23-5-1991 n° 89-16.084).

DISPOSITIONS COMMUNES AUX TROIS VICES DU CONSENTEMENT

L'erreur, le dol ou la violence vicient le consentement « lorsqu'ils sont de telle nature que, sans eux, l'une des parties n'aurait pas contracté ou aurait contracté à des conditions substantiellement différentes » (C. civ. art. 1130, al. 1). Le **caractère déterminant** de chacun de ces vices s'apprécie eu égard aux personnes et aux circonstances dans lesquelles le consentement a été donné (C. civ. art. 1130, al. 2). Le vice s'apprécie donc toujours in concreto, c'est-à-dire en fonction des aptitudes ou des connaissances personnelles de la victime, de sa qualité de professionnel expérimenté ou de novice ou encore de la présence de conseils à ses côtés. 16003

Les vices du consentement sont une cause de **nullité relative** du contrat (C. civ. art. 1131). Seul celui qui en est victime peut l'invoquer.

NOTIONS VOISINES DES VICES DU CONSENTEMENT

La **lésion** consiste en un déséquilibre des prestations réciproques. Les différences fondamentales entre les deux notions résident, d'une part, dans le fait que la lésion ne peut être invoquée que par le vendeur et, d'autre part, dans le fait que pour rapporter la preuve de son existence, il suffit de démontrer que le prix de l'immeuble indiqué dans l'acte est inférieur aux 7/12e de sa valeur réelle (C. civ. art. 1674 ; voir nos 24350 s.). La lésion existe donc à défaut même de toute erreur de discernement ou de toute manœuvre du cocontractant. Lorsque le déséquilibre résulte d'une erreur d'appréciation portant sur les caractéristiques substantielles de l'immeuble vendu, il s'agit d'une erreur qui recouvre également les éléments constitutifs de la lésion. 16004

Le **vice caché** consiste en un défaut non apparent que l'acquéreur ne pouvait pas déceler au moment de la conclusion du contrat et qui rend le bien impropre à son usage (C. civ. art. 1641). Dans la vente immobilière, seul l'acquéreur peut en être victime. Or le vice du consentement constitué par une erreur portant sur la destination du bien acquis peut également recevoir la qualification de vice caché. 16006

Sur la question primordiale du concours des actions en garantie des vices cachés et annulation de la vente pour vice du consentement, voir nos 50220 s.

Le **délit d'escroquerie** peut porter sur un immeuble, lequel constitue un bien au sens de l'article 313-1 du Code pénal (Cass. crim. 28-9-2016 n° 15-84.485 FS-PB : D. 2016 p. 2382). Ainsi par exemple, se rend coupable d'escroquerie, celui qui se porte acquéreur d'un bien sans intention de mener cet achat à terme, dans le seul but d'avoir un intérêt à agir pour contester le permis de construire d'un voisin et de le forcer ainsi à l'indemniser en contrepartie de la renonciation à son recours (Cass. crim. 15-9-2021 n° 20-80.239 F-D : BPIM 6/21 inf. 382). Mais le délit d'escroquerie ne peut être retenu en présence d'un simple mensonge : il suppose l'usage d'un faux nom ou d'une fausse qualité, l'abus d'une qualité vraie ou l'emploi de manœuvres frauduleuses (C. pén. art. 313-1). La notion de dol est plus large car elle inclut la réticence dolosive, c'est-à-dire la dissimulation intentionnelle d'une information qu'on sait déterminante pour l'autre partie (C. civ. art. 1137, al. 2). Ainsi, le mensonge d'une certaine gravité peut à lui seul constituer un dol, mais il ne peut caractériser une escroquerie que s'il est corroboré par un élément extérieur lui donnant force et crédit (Cass. crim. 24-9-1998 n° 97-81.748 : Bull. crim. n° 236 ; Cass. crim. 8-1-2014 n° 13-80.442 F-D : RJDA 12/14 n° 909). En conséquence, rien n'interdit au juge civil de rechercher si le dol est constitué par une réticence dolosive, alors même que le cocontractant a été relaxé du chef d'escroquerie (Cass. com. 14-6-2016 n° 14-24.843 F-D : RJDA 12/16 n° 844). 16008

DEVOIR GÉNÉRAL D'INFORMATION

L'**obligation précontractuelle** d'information est d'ordre public (C. civ. art. 1112-1). Le manquement à ce devoir d'information peut entraîner l'annulation du contrat dans les conditions prévues pour les actions pour vices du consentement. Pour engager la responsabilité de l'auteur de la dissimulation, l'information doit avoir été déterminante dans le consentement de la victime. 16015

Le devoir précontractuel d'information se distingue néanmoins des vices du consentement en ce sens que la demande en réparation peut intervenir alors même que le contrat n'a pas encore été conclu. Ainsi, un candidat contractant peut demander réparation du fait de la réticence d'une information déterminante durant les négociations préalables au contrat (ex. : frais de négociation, perte de chance de conclure un autre contrat...).

SECTION 2

ERREUR AFFECTANT LE CONSENTEMENT

A. Domaine de l'erreur

1. ERREUR-OBSTACLE

NOTION DE L'ERREUR-OBSTACLE

16060 L'erreur-obstacle est celle dont la gravité est telle que le consentement des parties ne s'est finalement jamais concrétisé, faute pour les contractants de s'être entendus sur l'objet même ou la nature même du contrat. La **doctrine** a développé cette notion parce que le Code civil pose une restriction portant sur les caractères de l'erreur. Pour être recevable en tant que cause de nullité, l'erreur doit en effet porter sur « les qualités essentielles de la prestation due ou sur celles du cocontractant » (dans les contrats conclus en considération de la personne pour ce dernier cas) (C. civ. art. 1132). Dès lors, le cas de l'erreur portant non pas sur la prestation ou la substance de la chose mais sur l'objet ou la nature du contrat n'a pas été prévu. De façon très pragmatique, la **jurisprudence** admet les erreurs qui portent sur l'objet ou la nature du contrat, sans même les qualifier d'erreurs-obstacles. La nullité étant fondée sur un vice du consentement, elle est relative (C. civ. art. 1131).

› **Précisions** **a.** Contrairement à ce qui est admis en matière d'erreur vice du consentement (n° 16272), le **caractère inexcusable** de l'erreur-obstacle ne paralyse pas l'action de la victime (Cass. 3e civ. 21-5-2008 n° 07-10.772 FS-PB). En effet, l'erreur qui porte sur l'objet même du contrat fait obstacle à la rencontre des consentements, de sorte que, fût-elle inexcusable, elle entraîne la nullité de la convention (Cass. 3e civ. 16-11-2023 n° 22-11.275 F-D).

b. L'ordonnance portant **réforme du droit des contrats** n'a pas consacré la notion d'erreur-obstacle. Mais comme l'ont relevé plusieurs auteurs, le silence du texte sur ce point « ne doit pas être analysé comme le rejet de la notion d'inexistence mais comme le refus d'un texte jugé inutile » (P. Rémy-Corlay et D. Fenouillet, Pour une réforme du droit des contrats : Dalloz 2008 dir. F. Terré p. 170).

ERREUR-OBSTACLE EN IMMOBILIER

16062 Les cocontractants peuvent commettre une **erreur sur la nature du contrat**, l'un croyant opérer une vente, par exemple, tandis que l'autre pense devenir titulaire d'un bail. Encourt la nullité en raison d'une erreur-obstacle la promesse de vente consentie par un propriétaire non francophone qui pensait signer un pacte de préférence (CA Paris 30-11-2006 n° 05-08232), la vente conclue dans l'ignorance de ce qu'elle recouvre en fait un échange (Cass. 3e civ. 18-3-1980 n° 78-13.125 : Bull. civ. III n° 65) ou une opération en viager (Cass. req. 9-6-1947 : S. 1949 I p. 75). En revanche, l'erreur **sur la qualification** du contrat n'est pas prise en compte dès lors que les termes en étaient explicites et ont été acceptés par les parties sans ambiguïté (CA Bordeaux 29-5-1997 n° 94/4706, concernant un bail commercial).

L'erreur-obstacle portant **sur l'objet du contrat** est plus rare en matière immobilière, car les actes contiennent une désignation précise des lieux et ces derniers sont généralement visités préalablement à toute signature. Néanmoins, si des omissions et inexactitudes dans l'acte de vente ont eu des conséquences importantes sur la définition des biens vendus et la consistance de la vente, le vendeur, qui a cru légitimement que l'un des locaux n'est pas compris dans les biens vendus, peut obtenir la nullité de la vente sur le fondement de l'erreur sur l'objet même de la vente (Cass. 3e civ. 21-5-2008 n° 07-10.772 FS-PB). Jugé notamment qu'il y a défaut d'accord sur le bien lorsque l'acquéreur croit acheter un appartement alors que le vendeur entend céder des parts sociales donnant droit à l'attribution de l'appartement (CA Paris 8-7-1966 : Gaz. Pal. 1967 I p. 33) ou lorsque l'immeuble vendu était qualifié, par une partie, d'immeuble ancien rénové et, par l'autre, de maison entièrement refaite (Cass. 3e civ. 20-12-2006 n° 06-10.122 FS-D : RJDA 5/07 n° 461).

2. ERREUR SUR LES QUALITÉS ESSENTIELLES

L'erreur n'est une cause de nullité de la convention que si elle porte sur les qualités essentielles de la prestation due ou sur celles du cocontractant (C. civ. art. 1132). Avant la réforme du droit des contrats, l'ancien article 1110 du Code civil visait non pas les qualités essentielles de la prestation mais « la substance même de la chose ». Cette modification terminologique ne devrait pas modifier la jurisprudence rendue sous l'empire de ce texte. L'erreur doit porter sur l'un des éléments qui a véritablement déterminé l'acquéreur ou le vendeur à consentir à l'opération, à savoir sur les **qualités substantielles de la prestation** pour les contrats conclus en considération de la chose vendue **ou** sur celles **du cocontractant** dans les contrats conclus en considération de la personne. 16160

Les qualités essentielles de la prestation sont celles qui ont été expressément ou tacitement convenues et en considération desquelles les parties ont contracté (C. civ. art. 1133). En principe, est considérée comme portant sur la substance même de la chose l'erreur qui atteint un degré tel que, sans elle, la partie n'aurait pas donné son consentement à la convention (Cass. civ. 28-1-1913 : S. 1913 I p. 487). Par exemple, les acquéreurs qui font de l'existence d'une servitude conventionnelle de passage, mentionnée dans l'acte de vente, un élément déterminant de leur consentement peuvent obtenir l'annulation de la vente si cette servitude n'existe pas, quand bien même ils bénéficieraient d'une servitude légale de passage en raison de l'état d'enclave du fonds (Cass. 3e civ. 21-6-2018 n° 17-16.575 F-D : BPIM 4/18 inf. 280).

En revanche, l'**erreur sur un simple motif**, étranger aux qualités essentielles de la prestation due ou du cocontractant, n'est pas une cause de nullité, à moins que les parties n'en aient fait expressément un élément déterminant de leur consentement (C. civ. art. 1135). Ainsi, la recherche d'un avantage d'ordre fiscal ne peut pas entraîner l'annulation du contrat pour vice du consentement, faute d'une stipulation expresse qui aurait fait entrer ce motif dans le champ contractuel en l'érigeant en condition de ce contrat (Cass. 1e civ. 13-2-2001 n° 98-15.092 : Bull. civ. I n° 31, RJDA 5/01 n° 553 ; Cass. com. 22-6-2022 n° 20-11.846 FS-B : BRDA 17/22 inf. 10). Il en va de même de l'inadéquation du bien à l'activité professionnelle de l'acquéreur (Cass. com. 11-4-2012 n° 11-15.429 F-PB : RJDA 12/12 n° 1035), du potentiel locatif suffisant pour permettre à l'acquéreur de réussir une opération de défiscalisation (Cass. 3e civ. 14-12-2017 n° 16-24.096 F-D) ou de la possibilité d'obtenir un permis de construire aux fins d'aménager les bâtiments en gîtes (Cass. 3e civ. 13-2-2020 n° 18-26.486 F-D).

En revanche, l'erreur qui résulte d'un dol constitue une cause de nullité relative, alors même qu'elle porterait sur un simple motif du contrat (C. civ. art. 1139).

Jugé également que la violation d'une disposition d'ordre public relative à l'obligation générale d'**information précontractuelle du consommateur** vicie son consentement sur un élément essentiel du contrat et entraîne sa nullité (Cass. 1e civ. 14-11-2018 n° 17-21.699 ; Cass. 1e civ. 14-11-2018 n° 17-21.696, décisions rendues dans le cadre de prestation de service, sur le fondement d'un défaut de définition préalable des tarifs visé à l'art. L 111-1 du Code de la consommation). Cette solution nous semble transposable à la vente d'un bien immobilier, par exemple lorsqu'un vendeur professionnel vend à un acquéreur ayant la qualité de consommateur (pour une illustration jurisprudentielle, Cass. 1e civ. 26-9-2018 n° 16-23.500).

a. Erreur sur la personne

L'erreur sur les qualités essentielles du cocontractant n'est une cause de nullité que dans les contrats conclus en considération de la personne (C. civ. art. 1134). Pour que l'erreur sur la personne puisse être invoquée valablement à l'appui d'une demande en nullité, la cause principale de la convention doit donc précisément résider dans la personne avec laquelle on a contracté. Les cas d'erreur sur la personne sont donc relativement rares en matière de vente immobilière car la volonté de contracter se fait essentiellement en considération du bien immobilier pour l'acquéreur, ou de la contre-valeur qui peut en résulter pour le vendeur, mais nullement en considération de la personne de qui l'on acquiert ou à qui l'on vend. Or c'est uniquement lorsque l'**acte** aura véritablement été **conclu intuitu personae** qu'une erreur sur la personne pourra être invoquée. 16161

Les cas existent cependant. Ainsi, il pourrait y avoir vice du consentement en cas d'erreur sur l'âge du crédirentier dans une vente moyennant rente viagère. Il a cependant été jugé à cet égard qu'une erreur minime de 2 ans n'était pas suffisante pour vicier le consentement (CA Paris 17-2-1938 : S. 1938 II p. 207). De même, une vente immobilière assortie de modalités particulières de paiement, par lesquelles le vendeur octroie un crédit à l'acquéreur, pourrait certainement être qualifiée de convention intuitu personae car conclue en considération de la confiance placée dans l'acquéreur emprunteur. Par exemple, le fait de penser légitimement contracter avec un emprunteur de bonne foi constitue une condition déterminante dans la relation conclue entre un prêteur et un emprunteur, au même titre que la prise en compte de ses biens, dettes et patrimoine (Cass. 1e civ. 27-6-2018 n° 17-15.039 F-D : RJDA 11/18 n° 860).

ILLUSTRATIONS

La **solvabilité du cessionnaire** d'un fonds de commerce a été considérée comme qualité substantielle sans laquelle le cédant n'aurait pas contracté, dès lors que la cession avait été consentie à crédit (CA Reims 18-12-1985 : Juris-Data n° 1985-044108). Ce cas d'espèce peut très certainement être transposé aux cas de vente immobilière. L'erreur sur la personne du cocontractant a également été retenue à l'égard d'un vendeur ayant cédé son château à un acquéreur qu'il croyait capable alors que celui-ci avait en réalité été condamné à la confiscation de ses biens présents et à venir (Cass. 1e civ. 20-3-1963 n° 61-11.900 : Bull. civ. I n° 179).

b. Erreur de fait ou erreur de droit

16162 L'erreur de droit ou de fait peut être une cause de nullité du contrat (C. civ. art. 1132). Ainsi, les qualités substantielles de la chose pour lesquelles les parties ont contracté peuvent être de nature factuelle et porter sur la situation technique ou matérielle du bien. La méprise est alors qualifiée d'**erreur de fait**. Mais les qualités peuvent également être de nature juridique et porter sur l'existence, le sens ou la portée d'un droit ou d'une règle de droit, auquel cas la confusion est appelée **erreur de droit**. En d'autres termes, l'erreur de droit résulte de la méconnaissance d'une règle de droit, tandis que l'erreur de fait réside dans l'ignorance des caractéristiques de la chose vendue. Ainsi, a commis une erreur de droit le vendeur qui, ignorant l'inexistence du droit de préemption de l'acquéreur, a cru ne pouvoir vendre qu'à ce dernier (Cass. 3e civ. 5-7-1995 n° 92-20.425 : Bull. civ. III n° 174 ; Cass. 3e civ. 24-5-2000 n° 98-16.132 FS-PB : RJDA 9-10/00 n° 828 ; Cass. 3e civ. 20-10-2010 n° 09-66.113 FS-PB : RJDA 2/11 n° 103). De même en est-il de l'acquéreur qui ignorait la nécessité d'une autorisation de la copropriété pour percer le mur séparatif entre son appartement et le bâtiment acquis (Cass. 3e civ. 8-11-2005 n° 04-16.126 F-D : RJDA 3/06 n° 397). Mais l'erreur de droit n'est cause de nullité qu'à la condition d'avoir provoqué une erreur de fait (J. Ghestin, Traité de droit civil, La formation du contrat 3e éd. LGDJ 1993, n° 825). Dans l'exemple précédent, la Cour avait ainsi rappelé que l'erreur de droit avait rendu l'acquisition inutile puisque le percement du mur était l'unique solution pour accéder au bien acquis.

Sous l'empire du droit antérieur à l'ordonnance portant réforme du droit des contrats, la Cour de cassation considérait que l'**erreur** de droit justifiait l'annulation même si elle était **inexcusable** (Cass. 3e civ. 20-10-2010 n° 09-66.113 FS-PB : RJDA 2/11 n° 103). À présent, l'erreur de droit est expressément visée comme étant source de nullité du contrat. Mais elle est également soumise aux mêmes conditions que l'erreur de fait, à savoir notamment le caractère excusable de l'erreur (C. civ. art. 1132). La jurisprudence selon laquelle l'erreur de droit peut justifier l'annulation même si elle est inexcusable pourrait donc disparaître.

> **Précisions** L'erreur de droit consécutive à une **diversité de jurisprudence** et à une controverse établie ne saurait être une cause de la nullité d'une convention (Cass. soc. 24-10-1946 : D. 1947 p. 72 ; Cass. soc. 5-12-1952 : Bull. civ. IV n° 890). De même, l'erreur de droit portant sur les **conséquences juridiques de l'acte** est rarement admise comme source de nullité (Cass. 1e civ. 3-3-1953 : D. 1953 p. 301). Le seul critère véritablement déterminant réside donc dans l'atteinte portée au consentement de celui qui s'est engagé, que l'erreur s'applique à une règle de droit ou aux caractéristiques de la chose vendue ou acquise.

c. Erreur sur l'usage envisagé du bien

16182 L'assimilation de la destination aux qualités essentielles de la chose est telle que certaines erreurs n'acquièrent les qualités nécessaires à la caractérisation du vice du consentement que si elles rendent l'**immeuble impropre à sa destination**.

ERREUR SUR LA QUALITÉ ESSENTIELLE ET LA DESTINATION DU BIEN

16184 Dans la mesure où il s'agit d'évaluer la validité du **consentement donné par l'acquéreur**, les qualités substantielles de l'immeuble dépendent non pas tant de ses caractéristiques objectives, que des qualités subjectives pour lesquelles les parties ont contracté. Les qualités essentielles de la prestation sont celles qui ont été expressément ou tacitement convenues et en considération desquelles les parties ont contracté (C. civ. art. 1133, al. 1).

Pour le vendeur, il s'agit presque toujours de la volonté d'obtenir une contrepartie financière. Pour l'acquéreur, en revanche, tout dépendra de l'utilisation à laquelle il destine le bien. Les qualités substantielles d'un terrain, par exemple, diffèrent considérablement selon que celui-ci est destiné à l'exploitation agricole ou à la construction. Il résulte de cette constatation que l'utilisation envisagée de l'immeuble s'assimile bien souvent à la cause de l'achat. Toute erreur rendant impossible le **projet pour lequel l'achat a été réalisé** peut donc s'analyser comme une erreur portant sur les qualités substantielles du bien. Il est en conséquence logique que l'erreur la plus souvent invoquée et la plus communément admise soit celle qui porte sur la destination du bien acquis.

L'**erreur sur un simple motif**, étranger aux qualités essentielles de la prestation due ou du cocontractant, n'est pas une cause de nullité, à moins que les parties n'en aient fait expressément un élément déterminant de leur consentement (C. civ. art. 1135). Pour que l'usage auquel le bien est destiné puisse être considéré comme erreur sur la substance même de la chose, il faut donc qu'il apparaisse avec **évidence ou** qu'il ait été porté à la **connaissance du vendeur** au moment de la signature de l'acte (Cass. 3e civ. 23-5-1991 nº 89-16.084 : RTD civ. 1992 p. 80 obs. J. Mestre). 16186

L'acquéreur qui invoque une erreur rendant la réalisation de son projet impossible sera débouté de son action en nullité de la vente s'il n'avait pas informé le vendeur préalablement à l'acte de l'existence de ce projet, à moins que ce projet ne soit évident (volonté de construire pour l'acquisition d'un terrain à bâtir, par exemple). Il est donc particulièrement important pour l'acquéreur de faire porter à l'acte la destination qu'il entend donner au bien objet du contrat.

ILLUSTRATIONS

La jurisprudence admet l'erreur dès lors que l'intention d'affecter un terrain à la **construction d'une habitation** est manifestée dans l'acte (Cass. 3e civ. 15-12-1981 : D. 1982 IR p. 164) ou que le projet de **création d'un lotissement** était connu du vendeur (Cass. civ. 23-11-1931 : DP 1932 I p. 129 note Josserand). En revanche, un contrat de bail portant sur un **ancien bien d'église** n'encourt pas la nullité si le preneur s'était dispensé d'informer le bailleur de ses préoccupations religieuses (CA Bordeaux 15-6-1926 : S. 1926 II p. 119). L'acquéreur ne peut pas invoquer l'erreur sur la **destination commerciale** d'un local que s'il avait averti le vendeur de cette volonté d'affectation particulière (Cass. 3e civ. 13-10-1993 nº 91-13.615 : Dr. et patrimoine 1994 nº 12 p. 62 obs. C. Saint-Alary-Houin).

ERREUR SUR LE CONTENU DE LA DESTINATION

Pour un **immeuble destiné à l'habitation**, il va de soi que l'habitabilité constitue une qualité substantielle, sans laquelle il ne peut pas y avoir de consentement valable. Par exemple, une maison d'habitation qui risque d'être emportée par un éboulement, sans qu'il soit possible d'obtenir l'autorisation de la reconstruire, comporte un défaut portant sur ses qualités substantielles (Cass. 3e civ. 23-5-1991 nº 89-16.084 : RTD civ. 1992 p. 80 obs. J. Mestre). De même, porte sur une qualité essentielle de la maison, l'erreur commise par l'acquéreur sur l'**habitabilité d'une partie de la maison**, dès lors que le rez-de-chaussée qu'il croyait habitable ne peut pas être affecté à cet usage (Cass. 3e civ. 13-7-2022 nº 20-21.293 F-D : BPIM 5/22 inf. 372). 16188

De même, l'**usage professionnel** particulier auquel est voué l'immeuble acheté constitue une qualité substantielle de ce bien si cet usage ressort de l'acte. Ainsi, il y a erreur sur la substance de la chose lorsque la vente porte sur un hôtel de 30 chambres et que la réalisation de 20 chambres d'hôtel se révèle impossible (Cass. 3e civ. 1-4-1992 nº 90-14.899) ou lorsque l'immeuble acheté en vue de la location présente des défauts de conformité au regard de la sécurité physique et de la santé des locataires (Cass. 3e civ. 30-9-2015 nº 14-17.434 FS-D).

En revanche, l'acquéreur ne peut pas invoquer l'impossibilité de louer le bien qu'il a acquis pour son usage d'habitation et qu'il a habité pendant six ans s'il n'est pas établi qu'un **projet de location** était envisagé lors de la signature du contrat de vente. Sa demande d'annulation de la vente pour erreur sur les qualités substantielles de la chose vendue ne peut pas être accueillie, quand bien même le bien ne répond pas aux conditions d'habitabilité posées par le règlement sanitaire départemental (Cass. 3e civ. 16-3-2023 nº 21-25.041 F-D).

ERREUR SUR L'OPPORTUNITÉ ÉCONOMIQUE

D'une manière générale, la Cour de cassation considère que l'**appréciation erronée de la rentabilité** économique d'une opération immobilière ne constitue pas une erreur sur la substance de nature à vicier le consentement (Cass. 3e civ. 31-3-2005 nº 03-20.096 FS-PB : RJDA 3/06 nº 219). Ni le chiffre d'affaires réalisé par le locataire d'un local commercial ni la rentabilité économique d'un investissement immobilier ne constituent une qualité substantielle du bien vendu, dès lors que la rentabilité n'est pas entrée dans le champ contractuel (Cass. 3e civ. 5-11-2020 nº 19-21.575 F-D : RJDA 3/21 nº 144). Ainsi, s'il ne ressort ni du mandat de vente, ni de la promesse de vente, 16189

ni d'aucun autre élément de preuve, que les promettants aient subordonné leur consentement à l'acquisition concomitante d'un terrain constructible sur lequel ils entendaient faire construire un nouveau logement, l'appréciation erronée de l'opportunité économique de l'opération n'est pas constitutive d'une erreur sur la substance de nature à vicier le consentement des bénéficiaires, et la preuve d'une erreur sur les qualités essentielles du bien n'est pas rapportée (Cass. 3e civ. 6-7-2023 no 22-16.999 F-D). Mais s'agissant d'un **immeuble de rapport**, une erreur portant sur la rentabilité du bien acheté pourra être considérée comme afférente aux qualités substantielles de celui-ci, lorsque, par exemple, les loyers trimestriels auront été inexactement considérés comme mensuels (TGI Fontainebleau 9-12-1970 : D. 1972 p. 89 note J. Ghestin ; RTD civ. 1972 p. 386 obs. Y. Loussouarn).
S'agissant du dol sur la valeur, voir no 16715.

ERREUR SUR LA CONSTRUCTIBILITÉ

16190 Pour un **terrain à bâtir**, le caractère constructible constitue une qualité substantielle de la parcelle (Cass. 3e civ. 21-6-1995 no 92-12.969). Ainsi, pourra être annulée la vente d'une parcelle enclavée, s'il est démontré que l'acquéreur avait acquis la certitude légitime, mais inexacte, que le vendeur était tenu de lui octroyer une issue sur la voie publique (Cass. req. 8-1-1936 : S. 1936 I p. 86).
Le principe s'applique même si l'**inconstructibilité** n'est révélée que postérieurement à l'acte de vente, par exemple à la suite de sondages effectués par l'entreprise de construction (Cass. 3e civ. 30-3-2005 no 04-10.661 F-D : RJDA 12/05 no 1336, 2e esp.), ou de la révélation, après la mutation, d'un risque lié à la présence d'une cavité souterraine (Cass. 3e civ. 12-6-2014 no 13-18.446 FS-PB : BPIM 4/14 inf. 264) ou d'un procès devant le tribunal administratif engagé par un tiers postérieurement à l'acquisition (Cass. 3e civ. 28-1-2009 no 07-20.729 FS-D). La nullité peut être prononcée même si le terrain est certes constructible, mais néanmoins impropre à la construction projetée (Cass. 3e civ. 28-10-1980 : Gaz. Pal. 1981 pan. p. 104).
Dans le cas où l'inconstructibilité résulte de l'annulation rétroactive d'un certificat d'urbanisme, voir no 16280.
En revanche, l'erreur ne sera pas admise si les requérants ne pouvaient pas ignorer la procédure de révision des zones de constructibilité et si la décision administrative classant le terrain dans une zone inconstructible est postérieure à la vente (Cass. 3e civ. 13-11-2014 no 13-24.027 FS-PBR : BPIM 1/15 inf. 50).

> **Précisions** La tendance prétorienne à consacrer la **garantie des vices cachés** comme l'unique fondement possible à l'exclusion de toute action en nullité fondée sur l'erreur (voir no 50220) pourrait trouver à s'appliquer tout particulièrement aux terrains à construire, car la Cour de cassation a admis que l'inconstructibilité constituait un vice caché de la chose vendue (Cass. 3e civ. 1-10-1997 no 95-22.263 : RJDA 12/97 no 1476, voir également pour la présence de la mérule : Cass. 3e civ. 30-11-2017 no 16-24.518 F-D : RJDA 3/18 no 221). Une action en nullité fondée sur l'erreur constituée par la croyance que le terrain était constructible pourrait donc bien être à présent rejetée au motif que seule la garantie des vices cachés peut en constituer le fondement. La Cour de cassation a cependant également admis que l'inconstructibilité révélée pouvait fonder une action en **nullité pour erreur** dès lors que l'existence d'une ancienne carrière remblayée et la mauvaise qualité du sol en résultant, qui rendaient impossible toute construction ordinaire, constituaient un élément substantiel de la qualité d'un terrain à bâtir (Cass. 3e civ. 30-3-2005 no 04-10.661 F-D : RJDA 12/05 no 1336, 2e esp.). La solution demeure donc incertaine.

d. Erreur sur des qualités distinctes de l'usage

16210 L'erreur invoquée, si elle ne porte pas sur la destination du bien, pourra toutefois être retenue comme vice du consentement, à la condition qu'elle atteigne un certain **degré de gravité**, la gravité s'assimilant à l'importance accordée par l'acquéreur à l'élément sur lequel porte son erreur. En d'autres termes, il conviendra de rapporter la preuve d'une déception réelle et légitime.

ERREUR SUR LA CONTENANCE DE L'IMMEUBLE

16212 En principe, l'erreur de contenance ne suffit pas à elle seule à caractériser le vice du consentement. Pour ce faire, la contenance doit constituer une qualité substantielle du bien acquis, c'est-à-dire qu'elle devra être suffisamment importante ou entraîner une impropriété à la destination prévue (inconstructibilité, par exemple) ; voir également no 49390.

ILLUSTRATIONS

La vente peut être annulée pour erreur sur la substance si la différence de contenance empêche l'usage envisagé par l'acheteur (Cass. civ. 23-11-1931 : DP 1932 I p. 149 note Josserand). Il y a erreur sur les qualités substantielles d'un logement en cas de différence importante entre la superficie annoncée et la superficie réelle d'un **lot de copropriété** (Cass. 3e civ. 9-11-1999 n° 98-15.009). De même, jugé que constituait une erreur sur une qualité substantielle l'indication dans une promesse de vente d'une superficie de **terrain** de 1.000 m² alors que la superficie réelle était de 775 m², différence dont il n'était pas aisé de s'apercevoir compte tenu de la présence de deux bâtiments importants (Cass. 3e civ. 30-3-2005 n° 04-12.224 : RJDA 12/05 n° 1336, 1e esp.). En revanche, n'est pas constitutive d'une erreur la différence de contenance limitée à 0,70 m² pour des terrasses couvertes, soit une proportion de 1,6 %, et à 0,02 m² pour un porche, soit 0,4 % (Cass. 3e civ. 5-12-2012 n° 11-24.499 : BPIM 1/13 inf. 48). Les juges du fond, s'ils y sont invités par les conclusions, doivent rechercher si le vendeur aurait consenti à la vente de sa **parcelle** s'il avait été conscient de l'erreur commise sur la superficie (Cass. 1e civ. 20-10-1965 n° 64-10.047 : Bull. civ. I n° 563).

ERREUR SUR LA CONFIGURATION DE L'IMMEUBLE

Une erreur portant sur la configuration d'une propriété peut être considérée par les tribunaux comme portant sur la substance du bien acquis. L'acquéreur qui croyait légitimement devenir propriétaire d'un domaine d'un seul tenant alors qu'il achète des parcelles morcelées pourra donc obtenir l'annulation de la vente pour vice du consentement (Cass. 3e civ. 1-2-1995 n° 92-16.729 P : Bull. civ. III n° 36, RJDA 5/95 n° 535). **16214**

ERREUR SUR LA SITUATION JURIDIQUE DE L'IMMEUBLE

Une erreur sur la situation juridique de l'immeuble à l'égard de sa conformité aux **règles d'urbanisme** et au **règlement de copropriété** peut constituer un vice du consentement, s'il est établi que l'acquéreur n'aurait pas conclu le contrat de vente s'il avait été informé de ces irrégularités (Cass. 3e civ. 12-3-2003 n° 01-17.207 FS-PB). **16216**

Ces erreurs doivent être suffisamment rédhibitoires pour recevoir le qualificatif de vice du consentement.

ILLUSTRATIONS

Les cas d'erreur sur la situation juridique du bien sont nombreux et peuvent consister en une **indisponibilité immédiate** du bien, surtout si l'acquéreur est marchand de biens (CA Lyon 25-3-1999 : Juris-Data n° 040348), en l'**absence d'insonorisation** conforme à la réglementation (CA Paris 22-10-2008 n° 08-03379) ou en l'existence de **charges importantes et imprévues** (Cass. 1e civ. 27-2-1967 : D. 1967 p. 413 note G. Cornu). L'erreur peut encore résulter de la situation locative du bien interdisant une reprise, s'il est établi que l'acquéreur avait fait de cette **reprise personnelle du logement** une condition à défaut de laquelle il n'aurait pas contracté (CA Versailles 4-12-1984 : D. 1984 IR p. 134). L'erreur sur la substance même de la chose est caractérisée si des lots de copropriété sont vendus sans restriction quant à leurs **modalités de location ou de jouissance**, alors qu'ils doivent être donnés à bail à un exploitant commercial en vertu du règlement de copropriété (Cass. 3e civ. 27-6-2019 n° 18-16.203 F-D). La vente de terrains par un vendeur ayant fait l'objet d'une liquidation des biens peut être annulée pour erreur sur les qualités substantielles, dès lors que le bien vendu n'est plus négociable en raison de la **menace d'inopposabilité** (CA Lyon 25-3-1999 : JCP G 2000 IV n° 9).

Mais n'est pas suffisante pour demander la nullité la découverte d'une **modification du règlement de copropriété** applicable au bien acquis ayant pour seule conséquence une légère diminution des charges de copropriété et sans incidence notable sur le pouvoir de décision des intéressés dans la copropriété et la valeur du bien (CA Paris 25-1-2001).

ERREUR SUR LE PRIX DE L'IMMEUBLE

L'erreur sur la valeur par laquelle, sans se tromper sur les qualités essentielles de la prestation, un contractant fait seulement de celle-ci une **appréciation économique inexacte**, n'est pas une cause de nullité (C. civ. art. 1136). L'erreur sur la valeur ne peut donc être retenue comme cause de nullité que si elle résulte d'une erreur sur les qualités substantielles de l'immeuble (Cass. 1e civ. 24-1-1979 n° 77-11.519 : Bull. civ. I n° 34) ou qu'elle résulte d'un dol (C. civ. art. 1139). Ainsi, un malentendu sur le prix peut fonder une action en nullité pour erreur. L'erreur sur le prix peut résulter d'une confusion dans l'**unité monétaire** choisie ou reposer sur un malentendu dû à une offre ou un acte mal rédigé. Une vente « TVA incluse » a ainsi été annulée pour erreur, le vendeur ayant été déterminé par l'idée fausse qu'il allait recevoir l'intégralité du prix alors qu'il était tenu de reverser la TVA (Cass. 3e civ. 17-6-2008 n° 07-14.554 F-D : RJDA 12/08 n° 1238). L'erreur sur le mode d'expression du prix, résultant, par exemple, d'une confusion entre les anciens et les nouveaux francs ou entre les francs et les euros, est cependant rarement admise en matière immobilière. **16218**

Ce moyen sera donc rejeté s'il n'est pas accrédité par des éléments probants complémentaires (Cass. 3e civ. 2-12-1998 n° 97-13.387).
S'agissant d'une erreur de conversion jugée inexcusable, voir n° 16272.

B. Critères d'appréciation de l'erreur

AUTEURS DE L'ERREUR

16268 L'erreur est une cause de nullité, qu'elle porte sur la prestation de l'une ou de l'autre partie (C. civ. art. 1133, al. 2). L'erreur peut donc porter sur sa propre prestation. Dans les ventes, elle peut être invoquée indifféremment par l'acquéreur ou le vendeur. Ainsi, la vente peut être annulée si le vendeur a contracté dans la conviction erronée que le terrain vendu n'était pas constructible (Cass. 3e civ. 6-7-2017 n° 15-26.330 F-D ; Cass. 3e civ. 21-5-2008 n° 07-10.772 FS-PB).
L'erreur peut entraîner la nullité de l'acte, non pas seulement lorsque seul celui qui l'invoque en a été victime, mais également lorsque **tous les contractants** l'ont commise. Une erreur partagée par le vendeur et l'acquéreur peut donc entraîner la nullité de l'acte (Cass. 3e civ. 12-6-1979 : Gaz. Pal. 1979 pan. p. 430). Cependant, s'agissant d'une nullité relative (C. civ. art. 1131), si l'**un seulement** des contractants est victime d'une erreur, seul ce dernier peut l'invoquer (voir n° 16840).

ERREUR DÉTERMINANTE DU CONSENTEMENT

16270 Que l'erreur porte sur la substance, sur le prix ou sur la personne, elle n'est source de nullité que si elle a véritablement déterminé la ou les parties à donner leur consentement (Cass. req. 16-3-1898 : DP 1898 I p. 31 ; Cass. 3e civ. 3-10-1972 n° 71-11.705 : Bull. civ. III n° 485). Ainsi, l'acceptation d'un aléa sur une qualité de la prestation exclut l'erreur relative à cette qualité (C. civ. art. 1133). Le caractère déterminant de l'erreur s'apprécie eu égard aux personnes et aux circonstances dans lesquelles le consentement a été donné (C. civ. art. 1130).

ERREUR EXCUSABLE

16272 L'erreur de droit ou de fait n'est pas une cause de nullité si elle est inexcusable (C. civ. art. 1132). Sauf en présence d'une erreur-obstacle (n° 16060), la nullité n'est en effet admise que si l'erreur est excusable (Cass. 1e civ. 2-3-1964 : Bull. civ. I n° 122 ; Cass. 3e civ. 27-11-1979 : Bull. civ. III n° 215 ; CA Paris 6-1-2000 : RJDA 11/00 n° 968). L'erreur est excusable lorsqu'elle a été provoquée par une manœuvre ou réticence dolosive de l'autre partie (Cass. 3e civ. 21-2-2001 n° 98-20.817 FS-PBI : RJDA 5/01 n° 554 ; Cass. 3e civ. 29-1-2002 n° 00-17.201 F-D : RJDA 4/02 n° 355). Les circonstances dans lesquelles le consentement a été donné doivent donc pouvoir justifier que l'erreur a été commise. À défaut, l'erreur est inexcusable et le défendeur à l'action en nullité pourra valablement opposer ce moyen.
L'**ignorance** devient **illégitime** dès lors que les juges du fond considèrent que celui qui l'invoque était informé ou avait le devoir de s'informer. Une erreur est donc inexcusable lorsque celui qui l'a commise aurait dû, soit la déduire directement, avec un peu d'attention et de discernement, de la situation factuelle et notamment des termes clairs et simples du contrat (Cass. 3e civ. 13-7-2017 n° 16-19.353 F-D : BPIM 5/17 n° 347), soit la déceler en procédant à une recherche complémentaire (Cass. 3e civ. 5-12-2012 n° 11-18.773 FS-D : RJDA 6/13 n° 495). À défaut d'avoir porté un regard critique sur les engagements pris, ou de s'être suffisamment renseigné sur les caractéristiques du bien acquis, le contractant peut donc être considéré comme mal fondé dans son action en nullité.

ILLUSTRATIONS

a. Erreur inexcusable : L'appréciation erronée de la rentabilité économique d'une opération de construction n'est pas constitutive d'une erreur sur la substance de nature à vicier le consentement d'une société d'attribution à qui il appartient d'apprécier la valeur économique et les obligations souscrites (Cass. 3e civ. 31-3-2005 n° 03-20.096 FS-PB : RJDA 3/06 n° 219). Un vendeur ne peut ignorer que les terrains vendus se trouvaient, par leur proximité d'une grande ville, dans une zone privilégiée et qu'ils deviendraient constructibles à terme (Cass. 3e civ. 8-10-2014 n° 13-18.150 FS-D : BPIM 6/14 inf. 402). Un **commerçant** ne peut valablement invoquer une confusion entre les anciens et les nouveaux francs (Cass. 1e civ. 17-10-1970 : JCP G 1971 II, 16710) et est inexcusable l'erreur sur le prix résultant d'une conversion erronée en euros du prix négocié en francs, dès lors qu'elle est commise par un **marchand de biens**, professionnel de la vente et censé à ce titre savoir déterminer et contrôler la conversion (Cass. 3e civ. 4-7-2007 n° 06-15.881 FS-PB : RJDA 12/07 n° 1204). De même, est inexcusable l'erreur sur la constructibilité d'un terrain commise par un **architecte** (Cass. 1e civ. 2-3-1964 : Bull. civ. I n° 122), l'erreur sur la nature des locations mentionnées dans l'acte commise par un **acquéreur** particulièrement **au fait des affaires de construction** (Cass. 3e civ. 9-10-1969 : Bull. civ. III n° 634) ou l'erreur commise par un **particulier** qui n'a pas vérifié avant l'achat d'un box automobile si la taille du box lui permettait d'y garer son véhicule (CA Versailles 20-10-2006 n° 05/04430 : RJDA 3/07 n° 223). Un acheteur commet également une erreur inexcusable en considérant que son projet de réhabilitation de l'immeuble constitue une simple rénovation et non une reconstruction nécessitant l'obtention d'un permis de construire, alors qu'une note de renseignements d'urbanisme annexée à l'acte de vente aurait dû le conduire à s'informer sur la faisabilité de son projet (Cass. 3e civ. 5-12-2012 n° 11-18.773 FS-D : RJDA 6/13 n° 495).

b. Erreur excusable : En revanche, est excusable l'erreur commise par l'acquéreur d'une maison individuelle, qui découvre après la vente que la structure est en bois, dès lors que l'aspect tant extérieur qu'intérieur ne permettait pas à un **profane** en construction de se rendre compte de la nature de la structure (Cass. 3e civ. 26-10-2005 n° 04-15.354 FS-D : RJDA 4/06 n° 398).

À supposer même que l'acquéreur ait été avisé du projet d'installation d'éoliennes, il ne pouvait pas, antérieurement à leur construction, anticiper l'existence du bruit continu comparable à une lessiveuse ou un gros ventilateur, audible à l'intérieur de la maison. Cette erreur était donc excusable, compte tenu de l'évolution récente du parc éolien et du manque d'information dont disposaient les particuliers sur l'impact sonore d'une telle installation (Cass. 3e civ. 29-6-2017 n° 16-19.337 F-D).

L'acquéreur d'un logement loué à un tiers peut obtenir la nullité de la vente pour erreur sur une qualité essentielle de la chose vendue : la possibilité de louer (Cass. 3e civ. 3-5-2018 n° 17-11.132 FS-PB : BPIM 3/18 inf. 235).

Acceptation du risque L'acceptation d'un aléa sur une qualité de la prestation exclut l'erreur relative à cette qualité (C. civ. art. 1133, al. 3). La prise acceptée d'un risque est donc assimilée à une erreur inexcusable. Ainsi, l'erreur n'est pas déterminante lorsque les parties ont admis un certain aléa dans l'opération ou lorsque la prétendue victime avait en réalité connaissance des éléments sur lesquels elle prétend s'être trompée. Le caractère déterminant de l'erreur s'apprécie eu égard aux personnes et aux circonstances dans lesquelles le consentement a été donné (C. civ. art. 1130). La qualité de professionnel de l'intéressé est donc naturellement prise en compte par les tribunaux pour apprécier l'existence de cet aléa ou de cette connaissance. Il a été jugé, par exemple, qu'une SCI n'ayant pas la qualité de professionnel de l'immobilier, l'erreur sur la possibilité de mettre en location le bien vendu était excusable à son égard (Cass. 3e civ. 3-5-2018 n° 17-11.132 FS-PB). 16274

La méprise sur la substance de la chose n'est pas excusable si elle a été commise en toute connaissance de cause. Lorsque le contractant connaît le défaut portant sur la substance même de la chose ou même seulement le risque d'un tel défaut, il ne s'agit plus d'une erreur sans laquelle il n'aurait pas contracté, mais au contraire d'un défaut ou d'un risque de défaut en dépit duquel il a accepté de donner son consentement (Cass. civ. 16-5-1939 : S. 1939 I p. 260). Une cour d'appel ne peut pas retenir l'erreur de l'acquéreur sur les qualités substantielles du terrain, en l'espèce son caractère inconstructible, sans rechercher si, en qualité d'**architecte** et de promoteur immobilier expérimenté dans la région, l'acheteur, qui avait déclaré dans l'acte de vente « connaître parfaitement le bien vendu », « avoir pris par lui-même tous renseignements relatifs aux règles d'urbanisme », faire son affaire personnelle de ces règles « la vente ayant lieu à ses risques et périls », ne s'était pas engagé en connaissance de cause de l'existence d'un risque lié au caractère avalancheux de la route d'accès au terrain (Cass. 3e civ. 9-6-2010 n° 08-13.969 FS-D : RJDA 11/10 n° 1054).

DATE D'APPRÉCIATION DE L'ERREUR

Connaissance de l'erreur La validité du consentement s'apprécie au moment de la **formation du contrat** (Cass. 1e civ. 20-3-1989 : Bull. civ. I n° 127 ; Cass. 1e civ. 12-7-2007 n° 06-15.090 F-PB : RJDA 2/08 n° 100). Il va de soi que si l'erreur a été découverte avant l'échange des consentements, la nullité pour erreur ne sera pas prononcée car, en pareille situation, l'erreur est inexcusable et s'analyse en fait en une prise consciente d'un risque (voir n° 16274). 16278

Ainsi, l'erreur portant sur les qualités substantielles d'un immeuble ne peut être valablement invoquée que si elle a été portée à la connaissance de celui qui s'en prévaut après la **signature de la promesse** de vente (Cass. 3e civ. 23-5-1991 n° 89-16.084).

Dans le cas d'une promesse unilatérale de vente, seul le promettant s'engage à vendre. Le bénéficiaire ne contracte pas l'obligation d'acheter. Il en résulte que c'est à la date de l'acte authentique de vente, et non de la promesse unilatérale, que la validité du consentement des parties doit être appréciée (Cass. 3e civ. 2-2-2022 n° 20-23.468 FS-DB : BPIM 2/22 inf. 135).

Le principe selon lequel la validité du consentement s'apprécie au moment de la formation du contrat ne fait pas obstacle à la possibilité pour le demandeur en nullité de se servir d'**éléments d'appréciation postérieurs** à la vente pour prouver l'existence d'une erreur au moment de l'échange des consentements (Cass. 1e civ. 13-12-1983 : Bull. civ. I n° 293 ; Cass. 3e civ. 30-3-2005 n° 04-10.661 F-D : RJDA 12/05 n° 1336, 2e esp.).

> **Précisions a.** En cas de vente d'un **immeuble appartenant à une entreprise en liquidation judiciaire** sur autorisation du juge-commissaire, c'est à la date de cette autorisation qu'est appréciée l'existence d'un éventuel vice du consentement de l'acquéreur et non à celle des actes portant réalisation de la vente (CA Paris 1-10-2009 n° 08/19089 : RJDA 4/10 n° 413).
> **b.** L'acquéreur non professionnel d'un immeuble à usage d'habitation bénéficie d'un **délai de rétractation** de 10 jours lors de la conclusion de l'avant-contrat, qu'il soit établi sous signature privée ou par acte notarié (CCH art. L 271-1). Il est donc envisageable que la jurisprudence exige en pareil cas que la victime de l'erreur n'ait été informée de l'existence du vice que postérieurement, non pas à la date de signature de l'avant-contrat, mais à la date de l'expiration de ce délai de rétractation. Car même si le consentement a bien été donné au moment de la signature de l'acte, le futur acquéreur dispose de la faculté de le réformer. Lorsque l'acquisition n'a pas été précédée d'un avant-contrat, la question ne se pose pas, puisqu'en pareil cas, le bénéficiaire dispose d'un **délai de réflexion** de même durée. C'est donc bien la date de l'échange des consentements qui est, d'une certaine façon, reportée de 10 jours.

16280 **Apparition du défaut à l'origine de l'erreur** En ce qui concerne la date, non plus de la prise de conscience de l'erreur commise, mais de la naissance du vice qui est à l'origine de l'erreur, la jurisprudence exige également que le vice invoqué existe au moment de la formation du contrat. Une question demeure cependant controversée lorsque le vice invoqué, bien qu'apparaissant postérieurement à la vente, bénéficie d'un effet rétroactif. En pareil cas, la jurisprudence ne semble pas clairement fixée.

La question se pose essentiellement en matière de constructibilité des terrains vendus. Il s'agit de savoir si le retrait de l'autorisation de construire **postérieurement à l'échange des consentements** peut servir à une action en nullité pour erreur.

La première chambre civile de la Cour de cassation a jugé que le retrait d'un permis de construire pour illégalité ayant un effet rétroactif, le permis devait être réputé n'avoir jamais existé et l'erreur devait être admise (Cass. 1e civ. 1-6-1983 n° 82-10.945 : Bull. civ. I n° 168).

La troisième chambre civile a considéré au contraire que la rétroactivité était sans incidence sur l'erreur, qui doit s'apprécier au moment du contrat, rejetant de ce fait l'action fondée sur l'erreur (Cass. 3e civ. 25-10-1977 : Bull. civ. III n° 270 ; Cass. 3e civ. 26-5-2004 n° 02-19.354 FS-PB : RJDA 10/04 n° 1081 ; Cass. 3e civ. 23-5-2007 n° 06-11.889 FS-PB : RJDA 11/07 n° 1075). Ainsi, l'acheteur d'un terrain qui obtient après la vente un permis de construire, retiré ensuite pour risque d'inondations, ne peut pas demander la nullité de la vente pour erreur, celle-ci devant s'apprécier au moment de la formation de la vente (Cass. 3e civ. 24-11-2016 n° 15-26.226 FS-PB : BPIM 1/17 inf. 27).

La troisième chambre admet toutefois l'existence d'un vice portant sur la constructibilité d'un terrain en dépit du fait que le vice ne soit apparu que postérieurement à la vente si le vice existait antérieurement à celle-ci. Ainsi, l'inconstructibilité due à l'annulation d'un POS en application d'une loi antérieure à la vente existait au moment de la vente puisque dans cette hypothèse, le terrain était déjà inconstructible en vertu de la loi (Cass. 3e civ. 13-7-1999 n° 97-16.362 PB : Bull. civ. III n° 178, RJDA 11/99 n° 1191). De même, si le permis de construire délivré aux acheteurs avant la vente est retiré postérieurement en raison de la suspicion de la présence d'une cavité souterraine, l'erreur doit être admise car le risque lié à la présence d'une cavité souterraine existait à la date de la vente (Cass. 3e civ. 12-6-2014 n° 13-18.446 FS-PB : BPIM 4/14 inf. 264). L'erreur peut également être admise si le terrain est rendu inconstructible car le permis de construire délivré aux acheteurs est suspendu après la vente en raison de l'annulation du PLU suite aux recours exercés avant la promesse de vente et dont les parties n'avaient pas connaissance (Cass. 3e civ. 15-6-2022 n° 21-11.708 F-D : SNH 26/22 inf. 2).

Bien sûr, dès lors que l'inconstructibilité ne réside pas dans un défaut inhérent au terrain, mais résulte de l'expiration de la durée de validité de l'autorisation de construire, aucune erreur n'a vicié le consentement de l'acquéreur qui connaissait le caractère précaire et temporaire de la constructibilité du terrain (Cass. 3e civ. 22-6-2023 n° 22-12.407 F-D : RJDA 10/23 inf. 496).

C. Preuve de l'erreur

ADMINISTRATION DE LA PREUVE DE L'ERREUR

Conformément au droit commun, la **charge de la preuve** de l'erreur pèse sur le demandeur en nullité (Cass. 1e civ. 16-12-1964 : D. 1965 p. 136). Ce dernier ne doit pas seulement établir l'existence d'une erreur, il doit également attester du caractère substantiel des qualités qu'il reproche au bien de ne pas posséder, c'est-à-dire du caractère déterminant pour lui de l'erreur commise (Cass. 1e civ. 13-6-1967 : Bull. civ. I no 215 ; Cass. 1e civ. 26-12-1972 : D. 1972 p. 517). 16330
La preuve se fait par tous **moyens**.

ILLUSTRATIONS

La venderesse lucide et avertie, qui agit avec l'assistance de son propre notaire et qui prétend avoir effectué une vente avec réserve d'usufruit d'un appartement, alors qu'il s'agissait d'une donation déguisée, ne rapporte pas la preuve de son erreur (Cass. 1e civ. 4-1-1965 : Bull. civ. I no 3).

APPRÉCIATION DES ÉLÉMENTS DE PREUVE DE L'ERREUR

Les **juges du fond** ont le pouvoir souverain d'apprécier le caractère déterminant de l'erreur (Cass. 1e civ. 28-10-1964 : Bull. civ. I no 477 ; Cass. 1e civ. 26-2-1980 : Bull. civ. I no 66). Mais ils ne peuvent rejeter une exception de nullité pour cause d'erreur sans répondre aux conclusions par lesquelles il est allégué que le consentement n'aurait pas été donné sans l'erreur commise (Cass. 1e civ. 20-10-1965 : Bull. civ. I no 563). S'ils entendent relever d'office le moyen tiré de l'existence d'un vice du consentement, ils doivent inviter les parties à présenter au préalable leurs observations (pour une illustration jurisprudentielle, Cass. com. 5-9-2018 no 17-11.351 F-D). 16332
La **Cour de cassation** contrôle, le cas échéant, la qualification juridique des faits relevés.

SECTION 3

VIOLENCE AFFECTANT LE CONSENTEMENT

La violence exercée contre celui qui a contracté est une cause de nullité lorsqu'elle est de telle nature que, sans elle, l'une des parties n'aurait pas contracté ou aurait contracté à des conditions substantiellement différentes (C. civ. art. 1130, al. 1). Il y a violence lorsqu'une partie s'engage sous la pression d'une contrainte qui lui inspire la crainte d'exposer sa personne, sa fortune ou celles de ses proches à un mal considérable (C. civ. art. 1140). L'engagement est provoqué, non pas par une appréciation erronée de la réalité comme en matière d'erreur ou de dol, mais par une menace d'une telle ampleur qu'elle contraint la victime à donner son consentement alors qu'autrement elle ne l'aurait pas donné. 16380

A. Domaine de la violence

RÔLE PRÉVENTIF DE L'AUTHENTICITÉ DU CONTRAT

Les vices du consentement affectent tous les actes, qu'ils soient rédigés en la **forme** authentique ou sous signature privée. Toutefois, comme l'a souligné la Cour de cassation, la violence, si elle est théoriquement possible, ne peut incontestablement être que très rare lorsqu'il s'agit d'un acte notarié. 16382
La vente immobilière n'est pas un acte solennel et l'authenticité n'est pas nécessaire à sa validité. Il n'en demeure pas moins que l'efficacité de cet acte étant soumise à la publication au service de la publicité foncière, il est dans les faits toujours rédigé en la forme authentique. Or, la **présence du notaire** constitue un rempart efficace contre les risques de vices du consentement et particulièrement de violence, car cet officier public est à même de les détecter. En pareil cas, il opposera aux parties un refus d'instrumenter.
En pratique, les **tribunaux** admettront beaucoup plus difficilement l'existence de faits de violence lorsqu'un notaire aura prêté son ministère à la réalisation de l'opération.
Les cas de nullité des actes de vente immobilière pour violence demeurent donc rares, mais restent possibles car la violence peut se manifester à l'insu du notaire, notamment lorsque l'échange des consentements se fait hors sa présence, préalablement à son intervention (au cours d'une promesse synallagmatique de vente, par exemple, ou lorsque le contractant victime de la violence est représenté par un mandataire).

ILLUSTRATIONS

Un notaire requis pour dresser un acte authentique de vente d'un bien immobilier a légitimement opposé un **refus d'instrumenter** aux acquéreurs qu'il avait entendus menacer la venderesse, malade et incapable de s'exprimer, de l'abandonner si elle ne procédait pas à la vente (Cass. 3e civ. 19-2-1969 : Bull. civ. III n° 157).

Lorsque les allégations de la prétendue victime, commerçant avisé et habitué aux affaires, ne sont assorties d'aucune justification et que le **notaire atteste** de l'entier consentement des parties, les juges du fond, par ces seuls motifs, justifient légalement l'absence de vice du consentement (Cass. 3e civ. 29-6-1988 n° 86-19.516). Le fait que celui qui se dit victime de violences ayant vicié son consentement n'ait formulé aucune réserve sur la validité de l'**acte** lorsque celui-ci a été **remis au notaire** est de nature à démentir ses allégations (Cass. 1e civ. 20-12-1993 n° 91-10.673). Mais la présence de l'officier public à l'acte peut être insuffisante à prouver l'absence de violence lorsque les **pressions** ont été exercées **hors la vue du notaire** et que ce dernier ne pouvait pas les détecter (CA Nîmes 23-3-2004 : Juris-Data n° 2004-238377).

VIOLENCE PHYSIQUE

16384 La violence peut se manifester par une atteinte à l'**intégrité physique** (T. civ. Nantes 6-1-1956 : Gaz. Pal. 1956 p. 61). Ainsi, un compromis de vente entre ex-concubins peut être annulé, lorsqu'il apparaît que l'ex-concubine venderesse vivait dans un état permanent de violence tant physique que morale, qui pouvait lui laisser craindre un mal considérable et présent (CA Montpellier 8-6-2004 n° 02/05593 : Juris-Data n° 2004-251473).

VIOLENCE MORALE

16386 Les juridictions admettent également les faits de violence morale comme étant constitutifs du vice du consentement (Cass. 1e civ. 30-6-1954 : JCP G 1954 II, 8325). En matière immobilière, la grande **majorité des cas** de violence admis par les juridictions sont d'ailleurs fondés sur cette forme particulière de brutalité. Elle s'exprime d'autant plus facilement que la victime est en état de nécessité et que le coupable est en position de force.

ILLUSTRATIONS

Caractérisent les violences morales exercées sur la propriétaire d'un terrain pour la contraindre à signer une promesse de vente les faits suivants : le candidat se comportait déjà comme l'acquéreur du terrain avant la signature de la promesse ; ce **comportement** réitéré était corroboré par son attitude ultérieure, par des messages téléphoniques contenant des menaces explicites de poursuivre une procédure engagée devant la Cour de cassation alors qu'il avait déclaré y renoncer et par le dépôt d'une plainte pour escroquerie ; la propriétaire avait dû suivre un traitement antidépresseur (Cass. 3e civ. 12-6-2014 n° 13-18.947 FS-D : RJDA 12/14 inf. 883).

16388 **Abus d'un état de dépendance** Il y a également violence lorsqu'une partie, abusant de l'état de dépendance dans lequel se trouve son cocontractant à son égard, obtient de lui un engagement qu'il n'aurait pas souscrit en l'absence d'une telle contrainte et en tire un avantage manifestement excessif (C. civ. art. 1143). L'état de nécessité dans lequel se trouve la victime ne suffit pas à lui seul à caractériser la violence (T. civ. Saumur 5-6-1947 : Gaz. Pal. 1947 p. 59). L'état de dépendance du contractant s'apprécie compte tenu des relations de ce dernier avec son cocontractant.

Ce n'est que s'il y a abus de cette situation particulière et avantage manifestement excessif par le cocontractant que la nullité pour violence morale sera prononcée, cet abus résultant le plus souvent du **déséquilibre** constaté au détriment de la victime du vice dans la convention souscrite.

ILLUSTRATIONS

Lorsque l'acte est souscrit en toute connaissance de cause et présente des avantages indéniables, le consentement donné seulement en raison de la nécessité de remédier à une situation financière désespérée ne recèle **aucune violence morale** (Cass. com. 9-7-1991 n° 89-20.889).

La nécessité apparue de vendre plus rapidement et à des conditions moins avantageuses que prévu un appartement nécessaire à une autre acquisition ne caractérise pas non plus, en elle-même, la violence alléguée et n'est donc pas propre à vicier le consentement donné (Cass. 1e civ. 24-1-1990 n° 88-16.689).

S'agissant des **cas de violence reconnus**, constitue un abus de l'état de nécessité dans lequel se trouve une personne ayant besoin de soins dus à la vieillesse et à la maladie la vente de biens immobiliers consentie moyennant un prix symbolique (Cass. 3e civ. 19-2-1969 : Bull. civ. III n° 157). Les ventes immobilières consenties pendant l'occupation allemande par les personnes persécutées relèvent également du domaine de la violence morale (T. com. Seine 12-3-1945 : Gaz. Pal. 1945 p. 107 ; Trib. cant. Cernay 12-12-1946 : Gaz. Pal. 1947 p. 90).

Abus d'une position de force La position de force dans laquelle se trouve l'un des cocontractants ne suffit pas non plus, à elle seule, à caractériser la violence morale (Cass. com. 20-5-1980 n° 78-10.833 : Bull. civ. IV n° 212). 16390

Seule l'exploitation d'une situation de force faite dans le but de tirer profit de la crainte d'un mal considérable peut vicier de violence le consentement (Cass. 1e civ. 3-4-2002 n° 00-12.932 : Bull. civ. I n° 108).

Il faut de surcroît que le cocontractant ait tiré de l'acte un avantage manifestement excessif (C. civ. art. 1143).

ILLUSTRATIONS

La **violence** morale ne peut **pas résulter de** la position de force dans laquelle se trouverait le constructeur d'un pavillon en l'état futur d'achèvement à l'égard de l'acquéreur, s'il n'est allégué par ce dernier aucun fait précis laissant présumer la réalité d'un abus ayant pu altérer son consentement (Cass. 3e civ. 7-7-1993 n° 91-14.032).

En revanche, **constituent une violence illégitime** de nature à entraîner la nullité de la convention les pressions exercées par un père sur son fils souffrant d'un déséquilibre nerveux, pressions caractérisées non seulement par le blocage des comptes en banque de la défunte mère, mais aussi par la rétention d'une reconnaissance de dette (Cass. 1e civ. 22-4-1986 n° 85-11.666 : Bull. civ. I n° 98) ou l'emprise morale résultant d'un comportement autoritaire et agressif exercé contre une personne en état de vulnérabilité psychique et physique (Cass. 1e civ. 4-7-2018 n° 16-24.498 F-D).

État de nécessité et position de force Les deux circonstances particulières que sont l'état de nécessité de la victime et la position dominante de l'auteur des violences ne sont pas exclusives l'une de l'autre et les situations factuelles révèlent au contraire fréquemment un **cumul** des deux. 16392

ILLUSTRATIONS

Les **animateurs d'une secte**, qui exercent des violences physiques et morales sur l'un de leurs membres et parviennent à le convaincre de conclure l'acte de vente de sa maison en faveur d'une société afin que les membres de la secte y soient hébergés, usent de leur position de force à l'égard d'une personne placée en état de nécessité eu égard à sa vulnérabilité et à sa situation familiale difficile (Cass. 3e civ. 13-1-1999 n° 96-18.309 PB : Bull. civ. III n° 11, RJDA 3/99 n° 252).

Le **maire d'une commune** qui conditionne l'octroi d'un permis de construire à la renonciation, en cas d'expropriation de l'immeuble, à toute indemnité pour les travaux réalisés abuse d'une position dominante à l'égard d'un administré placé en état de nécessité puisque dans le besoin d'obtenir une autorisation de construire (Cass. 3e civ. 9-11-1971 n° 70-11.397 : Bull. civ. III n° 541).

Menace d'une action en justice La menace d'une voie de droit ne constitue pas une violence. Il en va autrement lorsque la voie de droit est détournée de son but ou lorsqu'elle est invoquée ou exercée pour obtenir un avantage manifestement excessif (C. civ. art. 1141). 16394

La menace d'une action en justice révèle donc un comportement qui, en certaines circonstances, peut être constitutif de violences morales. Traduisant une forme particulière de la position dominante, cette menace ne constitue pas en elle-même une violence de nature à vicier le consentement donné (Cass. 1e civ. 5-6-1961 : Bull. civ. I n° 289), à moins qu'il y ait **abus de la voie de droit**, soit en la détournant de son but, soit en en usant pour obtenir une promesse ou un avantage sans rapport ou hors de proportion avec l'engagement primitif (Cass. 3e civ. 17-1-1984 n° 82-15.753 : Bull. civ. III n° 13).

ILLUSTRATIONS

La menace de **poursuites** préalables à l'acte de vente immobilière, dès lors qu'elles sont **légitimes** et que la convention ne présente aucun déséquilibre, ne peut pas suffire à établir la violence alléguée, et ce, que l'action envisagée soit pénale (Cass. 1e civ. 17-11-1987 n° 86-10.852) ou civile (Cass. 3e civ. 17-1-1984 n° 82-15.753 : Bull. civ. III n° 13).

En revanche, une locataire âgée de 78 ans, qui, deux jours après sa sortie d'hôpital, reçoit la visite du propriétaire assisté d'un commissaire de justice la menaçant de procéder à un constat des lieux de sortie et qui, sous cette menace, accepte un arrangement hors de proportion avec le droit à réparation auquel aurait pu réellement prétendre le bailleur s'il avait fait procéder réellement à un état des lieux, a été jugée recevable en sa demande d'**annulation** de l'accord **pour violence morale** (Cass. 3e civ. 21-11-1995 n° 93-19.885).

B. Critères d'appréciation de la violence

1. CARACTÈRES DE LA VIOLENCE

CARACTÈRE DÉTERMINANT DE LA MENACE

16450 La violence vicie le consentement lorsqu'elle est de telle nature que, sans elle, l'une des parties n'aurait pas contracté ou aurait contracté à des conditions substantiellement différentes. Son caractère déterminant s'apprécie eu égard aux personnes et aux circonstances dans lesquelles le consentement a été donné (C. civ. art. 1130).

La violence doit revêtir un degré de gravité suffisamment important pour pouvoir être qualifiée de mal considérable au sens de l'article 1140 du Code civil. Or la gravité de la menace s'apprécie au regard de la capacité de celle-ci à avoir emporté le **consentement de la victime**. Les moyens utilisés doivent ainsi avoir été de nature à faire impression sur la victime et avoir pu lui inspirer la crainte d'exposer sa personne ou sa fortune ou celles de ses proches à un mal considérable (C. civ. art. 1140).

ILLÉGITIMITÉ DE LA MENACE

16452 La menace doit être illégitime. Tel est évidemment le cas de la violence physique. Néanmoins, toute forme de menace n'est pas considérée comme illégitime. Une menace résultant d'un **droit effectif** et utilisée de **bonne foi** peut être proférée pour inciter à contracter. Il en est ainsi de l'utilisation des voies de droit (voir n° 16394). Pour échapper à la nullité, celui qui se prétend créancier ou titulaire d'une voie de droit doit ainsi présenter la menace sans détournement de son but et sans démesure ni altération de la vérité.

L'**absence de détournement** suppose un lien de connexité suffisant entre la convention envisagée et la menace légitime dont se prévaut le titulaire.

ILLUSTRATIONS

Après avoir exactement énoncé que la menace de l'emploi d'une voie de droit **ne constitue pas une violence** s'il n'y a pas abus de cette voie de droit soit en la détournant de son but, soit en en usant pour obtenir un avantage indu, une cour d'appel peut rejeter la demande en nullité au motif qu'il existe un rapport direct entre un droit de créance découlant d'une reconnaissance de dette et le règlement partiel de cette créance par son imputation sur le prix de la vente, par le débiteur, de son appartement et des meubles qu'il contient (Cass. 3e civ. 17-1-1984 n° 82-15.753 : Bull. civ. III n° 13).

En revanche, une reconnaissance de dette obtenue sous la menace d'une saisie immobilière relative au recouvrement d'une autre créance peut être **annulée pour violence** (Cass. 1e civ. 25-3-2003 n° 99-21.348).

DÉLAI DE SURVENANCE DU MAL

16454 L'ordonnance portant **réforme** du droit des contrats a abandonné la référence au mal « présent » (C. civ. art. 1112 ancien dans sa rédaction antérieure à l'ord. 2016-131 du 10-2-2016). Le mal considérable redouté par la victime de la violence n'a plus à être imminent (C. civ. art. 1140). Il en résulte que le délai de survenance n'a plus à être pris en compte pour statuer sur l'action en nullité.

Cependant, si le mal n'est pas imminent, le demandeur aura probablement plus de difficulté à caractériser le degré de gravité suffisant à la qualification d'un mal « considérable » (voir n° 16450). Le critère de l'imminence du mal a donc disparu des conditions légales nécessaires à la qualification de la violence, mais demeurera probablement **l'un des éléments factuels** susceptibles de participer à cette qualification.

ILLUSTRATIONS

Les juges du fond saisis d'une action en nullité peuvent considérer que le contractant n'a subi aucune contrainte au motif notamment qu'il disposait d'un délai relativement long pour trouver la somme réclamée ou pour obtenir un répit (Cass. 1e civ. 18-5-1966 : Bull. civ. I n° 304).

2. VICTIME DE LA VIOLENCE

MÉTHODE D'APPRÉCIATION DE LA VIOLENCE

16500 Le caractère déterminant de la violence s'apprécie eu égard aux personnes et aux circonstances dans lesquelles le consentement a été donné (C. civ. art. 1130, al. 2). Il s'apprécie donc in concreto, c'est-à-dire en **considération de la situation personnelle de la victime** et non pas par comparaison avec des critères généraux de normalité, qui seraient communs à toutes les victimes.

Les juges du fond ont la possibilité de retenir tout **élément factuel personnel** à la victime afin d'apprécier si la violence a pu être déterminante à son égard. Toutefois, si la situation particulière de la victime peut venir confirmer le caractère déterminant des violences exercées, elle peut également servir à attester du contraire, dès lors qu'il ressort des constatations faites par les juges du fond que les compétences ou l'expérience de la victime rendent improbable toute influence efficace sur elle. 16502

L'ordonnance portant réforme du droit des contrats a abandonné toute référence à l'**âge** et au **sexe** des personnes comme critères devant être pris en considération. Il va de soi que cet abandon ne devrait pas modifier la jurisprudence qui retient souvent ces critères comme étant déterminants (Cass. 3e civ. 19-2-1969 : Bull. civ. III n° 157, concernant une femme âgée de 77 ans ; Cass. 3e civ. 21-11-1995 n° 93-19.885, concernant une femme âgée de 78 ans).

ILLUSTRATIONS

Au titre des **critères pouvant être retenus** afin d'apprécier le caractère déterminant de la violence pour la victime, figurent : l'inexpérience (Cass. 1e civ. 3-11-1959 : D. 1960 p. 187 note Holleaux), la maladie (Cass. 3e civ. 19-2-1969 : Bull. civ. III n° 157), l'état de femme séparée de son époux ayant à sa charge des enfants (Cass. 3e civ. 13-1-1999 n° 96-18.309 : Bull. civ. III n° 11), le besoin pressant d'argent dû notamment à la maladie d'un enfant (Cass. soc. 5-7-1965 : Bull. civ. V n° 545), le déséquilibre nerveux altérant les capacités intellectuelles (Cass. 1e civ. 22-4-1986 n° 85-11.666 : Bull. civ. I n° 98).

Les juridictions, **écartant le vice** de violence, retiennent, par exemple, la profession et l'expérience de la victime prétendue (Cass. com. 22-2-1983 n° 81-15.432 : Bull. civ. IV n° 72 ; Cass. 3e civ. 29-6-1988 n° 86-19.516 ; Cass. com. 18-11-2020 n° 18-23.710 F-D) ou encore le fait qu'elle ait été assistée, tout au long des négociations, par des techniciens avisés et des juristes d'entreprise qui ont contribué à la rédaction des conventions (Cass. com. 22-2-1983 n° 81-15.432 : Bull. civ. IV n° 72 ; Cass. com. 9-7-1991 n° 89-20.889).

VICTIMES CONCERNÉES PAR LA VIOLENCE

S'agissant des **personnes physiques**, la violence est une cause de nullité du contrat, non seulement lorsqu'elle a été exercée sur la partie contractante, mais encore lorsqu'elle l'a été sur ses proches (C. civ. art. 1140). Par exemple, la vue par une femme d'âge mûr de violences graves exercées sur la personne de sa fille constitue un vice qui entache de nullité la reconnaissance de dette signée sous cette contrainte (CA Caen 21-3-2002 n° 01/00384). 16504

Les **personnes morales** peuvent invoquer un vice du consentement (voir n° 16842). Dans ce cas, les faits de violence exercés peuvent viser la personne morale elle-même ou bien l'un de ses représentants légaux (Cass. soc. 8-11-1984 n° 82-14.816 : Bull. civ. V n° 423). Les personnes morales invoqueront le plus souvent l'abus de l'état de dépendance (C. civ. art. 1143). En présence d'une telle contrainte l'auteur de la violence doit cependant en avoir tiré un avantage manifestement excessif.

3. AUTEUR DE LA VIOLENCE

La violence est une cause de nullité qu'elle ait été exercée par une partie ou par un tiers (C. civ. art. 1142). L'auteur de la contrainte n'est donc pas nécessairement le cocontractant. La vente est nulle pour violence lorsque la vendeuse, atteinte de troubles mentaux, prouve les manipulations de son concubin, tiers au contrat, qui a retiré de son compte 10 000 € après la vente selon une procuration obtenue deux mois avant (Cass. 3e civ. 4-5-2016 n° 15-12.454 FS-D : BPIM 4/16 inf. 262). 16550

C. Preuve de la violence

ADMINISTRATION DE LA PREUVE DE LA VIOLENCE

Conformément aux règles de droit commun, la **charge de la preuve** repose sur le demandeur en nullité. 16650

La charge de la preuve des violences sera d'autant plus difficile à rapporter que le demandeur est expérimenté et assisté de conseils extérieurs (voir n° 16382). De surcroît, les éléments versés au débat tendant à rapporter la preuve des violences exercées doivent reposer sur des éléments objectifs et précis, seuls admissibles en preuve.

La preuve se fait par tous **moyens**.

Précisons que, même si celui qui pourrait se prévaloir de la nullité peut y renoncer, la confirmation ne peut toutefois intervenir qu'après que la violence a cessé (C. civ. art. 1182).

ILLUSTRATIONS

Les juges du fond peuvent décider que, quels que puissent avoir été les motifs ayant conduit la demanderesse en nullité à signer le mandat de vente donné à l'agence immobilière et l'incidence éventuelle du dépôt d'une **requête en divorce** par son époux le jour même, la preuve n'était rapportée ni d'un comportement dolosif émanant de l'agence immobilière ni de la violence reprochée à son mari (Cass. 3e civ. 20-3-1996 n° 94-10.759).
Les accusations portées contre un agent immobilier et un acquéreur, d'avoir trahi les intérêts du vendeur pour créer une situation financière tellement obérée que ce dernier se serait trouvé, sous l'effet de la violence morale ainsi exercée, contraint de consentir à l'acte de vente, ne peuvent suffire à fonder une action en nullité si elles ne reposent que sur « une **interprétation subjective** et manifestement tendancieuse des actes qui ont précédé la vente » (Cass. 1e civ. 24-1-1990 n° 88-16.689).

APPRÉCIATION DES ÉLÉMENTS DE PREUVE DE LA VIOLENCE

16652 Les **juges du fond** bénéficient d'un pouvoir souverain d'appréciation de l'existence des violences et de leur caractère déterminant (Cass. 3e civ. 29-4-1998 n° 96-14.596). Cependant, ils doivent préciser la nature de la menace. Une décision qui se contente d'admettre l'existence de la violence, sans la caractériser, encourt donc la censure.
Les juges du fond ne peuvent pas rejeter le moyen tiré de l'existence de violences sans y répondre expressément. Mais, saisis d'une demande en annulation d'une vente pour dol, ils ne sont pas tenus de rechercher si l'action pouvait aboutir sur le fondement de la violence (Cass. 3e civ. 22-6-2010 n° 09-68.083 F-D).
Bien entendu, la **Cour de cassation** contrôle, le cas échéant, la qualification juridique des faits relevés.

ILLUSTRATIONS

Manque de base légale l'arrêt qui déclare un bail nul pour violence sans préciser ni la **nature de la menace** subie par le souscripteur de l'acte, ni son caractère déterminant (Cass. 3e civ. 7-2-1984 n° 82-14.163 : Bull. civ. III n° 27).
Méconnaissent l'**objet du litige** les juges du fond qui déboutent le demandeur d'une action en nullité, au motif que ce dernier n'établit pas l'absence de cause de l'obligation invoquée à son encontre, alors qu'il fondait également sa demande sur la violence qui, exercée à son égard, avait vicié son consentement (Cass. 1e civ. 30-6-1998 n° 96-14.812).

SECTION 4

DOL AFFECTANT LE CONSENTEMENT

16700 Le dol s'apparente à l'erreur en ce qu'il suppose un consentement donné librement, mais sur la base de **fausses informations**, contrairement à la violence, qui suppose un consentement donné sous la contrainte ou la menace. Mais le dol s'apparente également à la violence en ce sens qu'il suppose un consentement obtenu au moyen d'un **comportement fautif** de l'un des contractants, caractérisé ici par des manœuvres, un mensonge ou une simple réticence.

A. Domaine du dol

16702 Le dol est le fait pour un contractant d'obtenir le consentement de l'autre par des **manœuvres** ou des **mensonges**. Constitue également un dol la **dissimulation intentionnelle** par l'un des contractants d'une information dont il sait le caractère déterminant pour l'autre partie. Néanmoins, ne constitue pas un dol le fait pour une partie de ne pas révéler à son cocontractant son estimation de la valeur de la prestation (C. civ. art. 1137).
La notion de manœuvres frauduleuses suppose donc une action positive destinée à abuser le cocontractant. Mais la jurisprudence admet depuis fort longtemps que le dol peut également être caractérisé en l'absence de tout acte positif, alors même que le cocontractant fautif, sans manœuvre, ni même mensonge, se serait contenté de taire une information. Il s'agit alors de réticences dolosives, qui peuvent suffire à provoquer la nullité de la convention.

MANŒUVRES

Le paroxysme du dol réside bien entendu dans la mise en œuvre de moyens **techniques ou juridiques** pour dissimuler un fait, généralement l'une des caractéristiques de l'immeuble vendu, ou au contraire faire croire à son existence. Dès lors que la preuve des manœuvres est rapportée, les juges doivent rechercher si l'acheteur aurait poursuivi la vente en l'absence de ces manœuvres (Cass. 3e civ. 7-4-2015 n° 14-13.738 F-D : BPIM 3/15 inf. 197). 16704

ILLUSTRATIONS

Commet un dol le cocontractant qui procède à l'apposition de trois couches de papiers peints identiques afin de dissimuler d'importantes moisissures (Cass. 3e civ. 1-10-2020 n° 19-21.051 F-D : RJDA 1/21 n° 2) ou à un **replâtrage superficiel de l'immeuble** vendu afin de dissimuler des désordres existants (CA Versailles 6-5-1999 : RDI 1999 p. 418 obs. J.-C. Groslière). En revanche, l'application d'une couche de peinture avant de proposer un bien à la vente constitue une pratique usuelle pour le mettre en valeur. Elle n'a donc en elle-même aucun caractère suspect et ne démontre pas nécessairement une intention de dissimuler un vice (Cass. 3e civ. 12-5-2021 n° 19-25.547 F-D).

De même, constitue une manœuvre dolosive l'**annexion d'un bail à la promesse** de vente alors qu'aucune location n'est en cours au jour de la signature de l'acte authentique, lorsque l'occupation par un locataire au jour de la vente est une condition substantielle du consentement de l'acheteur (Cass. 3e civ. 11-2-2014 n° 12-29.986 F-D).

Dès lors qu'il est établi que les vendeurs ont envoyé des SMS au gérant d'un bar lui demandant de **réduire au minimum l'intensité du son** pendant les visites de l'acquéreur, les juges doivent rechercher si l'acheteur aurait poursuivi la vente en l'absence de ces manœuvres (Cass. 3e civ. 7-4-2015 n° 14-13.738 F-D : BPIM 3/15 inf. 197). Dans ce cas d'espèce, la cour d'appel de renvoi a toutefois considéré que le dol n'était pas établi car il n'était pas prouvé que les sms du vendeur au gérant du bar avaient eu un rôle déterminant du consentement de celui-ci (Cass. 3e civ. 21-12-2017 n° 16-27.821 F-D : BPIM 2/18 inf. 30).

MENSONGE

Le dol peut être caractérisé par un mensonge (C. civ. art. 1137, al. 1). Contrairement à la simple réticence, il ne s'agit pas de taire une information, mais véritablement de travestir la vérité. Il est admis en effet qu'un simple mensonge, même **sans machinations**, c'est-à-dire non appuyé d'actes extérieurs, peut constituer un dol (Cass. 3e civ. 6-11-1970 n° 69-11.665 : Bull. civ. III n° 587, JCP G 1971 II 16942 note J. Ghestin). 16706

En matière immobilière, les cas d'espèce ne sont pas rares, la Cour de cassation considérant que « les manœuvres frauduleuses [sont] caractérisées par l'insertion d'énonciations mensongères dans un acte authentique » (Cass. 1e civ. 21-5-1996 n° 94-11.669).

Le mensonge peut porter sur la situation matérielle, mais aussi juridique du bien. Ainsi, commet un dol la société qui se prétend bailleresse alors qu'elle est en réalité elle-même locataire, ne conférant dès lors au preneur qu'une sous-location et non une location (CA Versailles 11-5-2006 n° 05/5789 : RJDA 1/07 n° 16).

ILLUSTRATIONS

Le **dol** peut être **retenu** au motif que la société venderesse a faussement laissé croire que la résidence de services disposait d'une assistance médicale (CA Versailles 11-5-2001 n° 97/9910 : RJDA 11/01 n° 1090), que le vendeur a donné des informations inexactes sur la surface du bien (CA Paris 14-10-1999 : RDI 2000 p. 62 obs. J.-C. Groslière), que le vendeur a indiqué faussement qu'à sa connaissance le bien n'avait jamais connu de sinistres résultant de catastrophes naturelles (Cass. 3e civ. 7-11-2019 n° 18-13.463 F-D) ou que le vendeur a présenté la proximité du golf comme ne présentant que des avantages, alors que les balles projetées dans la propriété représentaient un danger et un désagrément (Cass. 3e civ. 22-11-2006 n° 05-16.719 FS-D : RJDA 5/07 n° 462).

En revanche, n'est **pas** constitutive d'une **manœuvre dolosive** la seule insistance manifestée par de fréquentes démarches pour convaincre l'autre partie de vendre un bien (Cass. com. 2-6-1981 n° 79-13.931 : Bull. civ. IV n° 259). De même, le seul fait que l'acquéreur d'un immeuble ait fait la connaissance du vendeur dans une maison de santé et ait tiré avantage de la situation ne constitue pas une manœuvre dolosive (Cass. 1e civ. 15-1-1968 : Bull. civ. I n° 17).

Publicité trompeuse Le mensonge peut caractériser à la fois la **faute civile** de dol, justifiant ainsi la nullité de l'acte, **et l'infraction pénale** de pratique commerciale trompeuse (C. consom. art. L 121-2) sanctionnée par 2 ans d'emprisonnement et 300 000 € d'amende. Le montant de l'amende peut être porté, de manière proportionnée aux avantages tirés du délit, à 10 % du chiffre d'affaires moyen annuel ou à 50 % des dépenses engagées pour la réalisation de la publicité ou de la pratique constituant ce délit (C. consom. art. L 132-2). 16708

La pratique commerciale trompeuse ne recevra la qualification de dol que si elle en revêt tous les éléments constitutifs. Ainsi, sont dolosives les affirmations mensongères qui vont bien au-delà de la simple exagération publicitaire (Cass. 3e civ. 7-4-2016 n° 14-24.164 F-D : RJDA 7/16 n° 518). Mais s'il est prouvé que la publicité, bien que trompeuse, n'a pas déterminé le consentement, elle ne pourra pas fonder d'action en nullité (Cass. 3e civ. 21-3-2001 n° 99-14.399).

> **Précisions a.** Les pratiques commerciales trompeuses peuvent seulement être retenues contre des **vendeurs professionnels** (voir Mémento Concurrence consommation 2023 n° 66810).
> **b.** Le classement du bien vendu au regard de sa **performance énergétique** et **d'émissions de gaz à effet de serre** doit être mentionné dans toute annonce relative à la vente d'un bien immobilier devant faire l'objet d'un tel diagnostic. Tout manquement par un professionnel ou un non-professionnel est passible d'une amende administrative (CCH art. L 126-33). L'autorité administrative compétente met l'intéressé en demeure de se conformer au texte dans un délai qu'elle détermine. Depuis le 1er juillet 2021, le diagnostic de performance énergétique a une valeur contractuelle et est opposable au vendeur (CCH art. L 271-4) ; voir n° 21360. Avant, il avait une simple valeur informative. L'absence d'affichage du DPE dans l'annonce immobilière pouvait être sanctionnée pour dol (Rép. Roatta : AN 11-1-2011 n° 95911 ; Rép. Carayon : AN 26-7-2011 n° 93988). Cette sanction ne pouvait intervenir que si les informations étaient considérées comme suffisamment déterminantes (voir n° 16774) et si l'absence d'affichage était intentionnelle (voir n° 16772), ce qui était difficile à établir.

16710 **Exagération du vendeur** L'exagération dans la présentation de son bien par le vendeur ne doit pas être confondue avec le mensonge. La jurisprudence considère en effet qu'enjoliver n'est pas mentir. L'exagération commise dans la description d'un bien, si elle ne dépasse pas ce qui est habituel dans la **pratique**, ne peut recevoir la qualification de dol (Cass. com. 13-12-1994 n° 92-20.806 D : RJDA 4/95 n° 420). Ce n'est que si la présentation franchit les **limites** de l'exagération et de l'habileté permises à tout vendeur, que ce comportement excessif peut être qualifié de dol (CA Paris 22-1-1953 : D. 1953 p. 136). Or la jurisprudence peut être très sévère à cet égard (voir l'exemple du vendeur qui avait présenté la proximité d'un golf comme ne constituant que des avantages, n° 16706).

DISSIMULATION D'INFORMATION

16712 Constitue un dol la dissimulation intentionnelle par l'un des contractants d'une information dont il sait le caractère déterminant pour l'autre partie (C. civ. art. 1137). La jurisprudence admet depuis longtemps que le dol peut résulter d'une simple réticence, en l'absence même de tout acte positif (Cass. 3e civ. 15-1-1971 n° 69-12.180 : Bull. civ. III n° 38). L'**obligation de contracter de bonne foi** impose en effet aux cocontractants de s'informer mutuellement et complètement des caractéristiques du bien et de l'opération dans sa globalité. Tout manquement à cette obligation, c'est-à-dire toute omission d'informer son cocontractant, peut, si elle est intentionnelle de la part du coupable (n° 16772) et déterminante pour la victime (n° 16776), entraîner la nullité de la convention pour dol. Ainsi, est dolosif le fait de dissimuler les travaux de réfection réalisés après des désordres importants (fissure, instabilité, affaissement du sol...) dus à la sécheresse (Cass. 3e civ. 29-3-2018 n° 17-13.964 F-D), l'existence d'une action en cours tendant à l'annulation du permis de construire (Cass. 1re civ. 12-12-1995 n° 93-21.076) ou mettant en cause les qualités substantielles du terrain vendu (Cass. 3e civ. 30-6-1992 n° 90-19.093 : Bull. civ. III n° 238, au sujet de la présence d'une nappe d'eau en sous-sol). Est également dolosive la dissimulation de l'existence d'une fosse à purin non vidée, nuisible à la santé, désagréable en termes de nuisances olfactives et dévalorisant le bien (Cass. 3e civ. 7-7-2015 n° 14-20.336 F-D : BPIM 5/15 inf. 337) ou de l'affaissement du plancher, du dysfonctionnement de la pompe de relevage, de l'humidité anormale du sous-sol et de la nécessité de remplacer la chaudière (Cass. 3e civ. 21-6-2018 n° 17-19.512 F-D) ou l'absence de raccordement au réseau d'eau potable d'une maison d'habitation, même située en zone rurale (Cass. 3e civ. 26-10-2022 n° 20-15.382 F-D : BPIM 6/22 inf. 434). Sur le plan économique, le vendeur doit informer l'investisseur même averti, des risques liés à l'achat d'un bien immobilier entrant dans un programme de défiscalisation. Il doit justifier qu'il a exécuté cette obligation, sans s'être tu sur ceux qui y sont associés (Cass. 3e civ. 16-3-2023 n° 21-25.984 F-D). Le vendeur ne saurait s'exonérer au motif qu'il considérait l'information litigieuse comme erronée. Ainsi, même s'il a la conviction que l'immeuble acquis 2 ans auparavant à usage d'habitation peut encore être vendu à cette fin, le vendeur commet un dol s'il n'informe pas l'acquéreur de ce que la commune refusait la destination d'habitation à ce bien (Cass. 3e civ. 25-3-2009 n° 07-20.234 FS-D : RJDA 4/10 n° 347). De même, le fait que tous les délais de recours aient expiré n'exonère pas le vendeur de son obligation d'informer l'acquéreur de l'existence de travaux exécutés sans permis de construire (Cass. 3e civ. 18-6-2008 n° 07-13.568 FS-D : RJDA 11/08 n° 1102). Et, même si à l'époque où il a contracté aucune obligation légale spécifique d'information concernant la présence d'amiante dans l'immeuble ne pesait sur lui (c'est-à-dire avant l'entrée en vigueur de la loi SRU du 13-12-2000), le vendeur, tenu à un devoir général de loyauté, ne pouvait pas dissimuler intentionnellement à son cocontractant la présence d'amiante (Cass. 3e civ. 16-3-2011 n° 10-10.503 FS-PB : BPIM 3/11 inf. 218). Toutefois, les juges peuvent souverainement considérer que les vendeurs ont omis en toute bonne foi d'informer les acquéreurs de l'existence de travaux d'infrastructure routière condamnant l'accès direct à l'établissement, dès lors que, pour eux, il était évident que les acquéreurs en avaient connaissance (Cass. 3e civ. 21-11-2019 n° 18-22.128 F-D).

> **Précisions a.** La réticence d'une information peut être sanctionnée alors même que le **contrat n'est pas encore conclu**. Il convient alors de viser, non pas le vice du consentement, qui par définition n'a pas encore été donné, mais le manquement au devoir d'information précontractuel portant sur toute information dont l'importance est déterminante pour le consentement de l'autre (C. civ. art. 1112-1).

b. Le **revendeur** d'une maison dont l'acte d'achat ne mentionne ni l'existence d'une cave ni la présence d'étais soutenant la dalle du séjour peut agir **contre ses vendeurs** sur le fondement de la réticence dolosive après avoir été condamné à indemniser ses acheteurs (Cass. 3e civ. 30-11-2017 n° 15-15.885 F-D : BPIM 1/18 inf. 40).

c. Le vendeur qui dissimule à l'acheteur l'existence d'une **action en cours** s'expose non seulement à une action pour dol, mais également à un recours en révision de la décision obtenue, fondé sur l'article 595 du Code de procédure civile, formé par l'acquéreur qui n'a pas été partie à la procédure (Cass. 3e civ. 10-11-2016 n° 14-25.318 FS-PB : BPIM 1/17 inf. 28). Car même si en matière d'assurance-construction, le bénéficiaire de l'indemnité est la personne qui était propriétaire au moment du sinistre (Cass. 3e civ. 16-12-2009 n° 09-65.697 FS-PB : BPIM 1/10 inf. 37), en cas de revente, lorsqu'une action en garantie engagée par l'acheteur initial est en cours, celui-ci doit en informer le nouvel acquéreur et prévoir dans le contrat de revente, soit qu'il conserve l'action en garantie (le prix tient compte alors des désordres), soit que l'action est transmise à l'acquéreur.

Objet de la réticence La réticence peut porter sur la situation matérielle du bien vendu. Mais les vices physiques étant généralement visibles, la rétention d'information portera le plus souvent sur la situation juridique de l'immeuble acquis ou sur les charges qui y sont attachées. Dès lors que l'objectif de défiscalisation est bien entré **dans le champ contractuel** et que l'objectif fiscal avait déterminé le consentement de l'acquéreur, le dol à l'occasion d'une vente doit s'apprécier au regard de **l'ensemble du montage** qui a été mis en place et non des spécifications du seul contrat de vente (Cass. 1e civ. 31-1-2018 n° 16-19.389, 16-19.445 F-D). **16714**

ILLUSTRATIONS

S'agissant des **caractéristiques physiques** du bien vendu, commet un dol le vendeur qui omet de prévenir l'acquéreur que le bien vendu est un préfabriqué et non une construction traditionnelle (Cass. 3e civ. 19-12-2007 n° 06-19.343 FS-D : RJDA 5/08 n° 505), que le terrain à bâtir est en fait une mare remblayée (Cass. 3e civ. 14-12-1994 n° 93-10.926), qu'il existe des cuves de stockage d'hydrocarbures sur le terrain (Cass. 3e civ. 6-7-2023 n° 22-13.614 F-D) ou une cave et des étais soutenant la dalle du séjour (Cass. 3e civ. 30-11-2017 n° 15-15.885 F-D : BPIM 1/18 inf. 40), que le bien a déjà subi plusieurs inondations (CA Paris 15-12-2004 n° 03/14514 : RJDA 6/05 n° 668), que les parcelles vendues sont séparées par un canal, ce qui rend impossible toute construction au regard des prescriptions d'urbanisme (Cass. 3e civ. 15-12-1998 n° 97-12.791) ou le vendeur qui, se bornant à annexer un état parasitaire négatif, n'indique pas à l'acquéreur que l'immeuble a été infesté par les termites 10 ans auparavant et traité à deux reprises (Cass. 3e civ. 14-3-2006 n° 05-13.030 F-D : RJDA 8-9/06 n° 885).

Concernant les **qualités immatérielles** du bien vendu, commet un dol le vendeur qui omet de prévenir l'acquéreur que la maison a fait l'objet de travaux d'agrandissement sans autorisation (Cass. 3e civ. 21-10-2014 n° 13-12.433 F-D : BPIM 1/15 inf. 51) ou qu'il existe une action en cours tendant à l'annulation d'un arrêté préfectoral ayant autorisé la création de lots supplémentaires dans un lotissement (Cass. 1e civ. 26-2-1991 n° 88-14.676 : Bull. civ. I n° 73). Une commune qui acquiert une parcelle doit avertir le vendeur du déclenchement de la révision du plan d'occupation des sols (Cass. 3e civ. 27-3-1991 n° 89-16.975 : Bull. civ. III n° 108 ; dans le même sens, Cass. 3e civ. 11-9-2012 n° 11-22.389 F-D : BPIM 6/12 inf. 455 ; Cass. 3e civ. 29-1-2013 n° 12-11.944 F-D : BPIM 2/13 inf. 133). Les vendeurs d'un appartement en copropriété qui connaissent le caractère très incomplet et provisoire de l'estimation des travaux portée dans la note du syndic de l'immeuble trompent leur acquéreur en lui laissant croire par leur silence et leur omission à la vraisemblance d'une faible contribution (Cass. 3e civ. 15-2-2000 n° 98-15.750).

Dissimuler des informations sur l'**environnement situé à proximité** du bien peut aussi être constitutif d'un dol, que le vice soit existant ou seulement à l'état de projet. Tel est le cas lorsque le vendeur garde le silence sur l'installation prochaine d'une porcherie (Cass. 3e civ. 2-10-1974 n° 73-11.901 : Bull. civ. III n° 330), d'une décharge (Cass. 3e civ. 4-5-2016 n° 14-18.490 F-D : BPIM 4/16 inf. 261), d'une déviation routière affectant la vue et la tranquillité du bien (Cass. 3e civ. 11-7-2019 n° 18-18.299 F-D : RJDA 11/19 n° 672), les troubles de voisinage dus à la projection de balles occasionnée par un parcours de golf (Cass. 3e civ. 22-11-2006 n° 05-16.719 FS-D : RJDA 5/07 n° 462), les nuisances olfactives et sonores importantes liées à une installation classée soumise à autorisation (Cass. 3e civ. 25-5-2011 n° 09-16.677 FS-D : RJDA 10/11 n° 780), un projet immobilier contigu privant le bien vendu de son principal intérêt pour l'acheteur (Cass. 3e civ. 20-12-1995 n° 94-14.887 : Bull. civ. III n° 268, RJDA 2/96 n° 206), un projet d'implantation d'un parc éolien (CA Rennes 18-3-2010 n° 07/07420 : RJDA 6/10 n° 609), un projet de ligne à très haute tension (Cass. 3e civ. 10-9-2013 n° 12-23.626 F-D : BPIM 6/13 inf. 405).

16715 **Apport de la réforme du droit des contrats** La **non-divulgation d'une information sur la valeur**, fût-elle intentionnelle, n'est pas une cause de nullité. La loi 2018-287 du 20 avril 2018 ratifiant l'ordonnance 2016-131 du 10 février 2016 portant réforme du droit des contrats a modifié l'article 1137 du Code civil relatif au dol, en ajoutant un alinéa précisant que « ne constitue pas un dol le fait pour une partie de ne pas révéler à son cocontractant son estimation de la valeur de la prestation » (C. civ. art. 1137, al. 3 ; voir « Ratification de l'ordonnance de réforme des obligations : précisions sur le dol par réticence » : BPIM 3/18 inf. 168).

Cet article est applicable aux contrats conclus depuis le 1er octobre 2018.

Cette disposition est toutefois à rapprocher de l'article 1139 du Code civil qui précise que l'erreur qui résulte d'un dol est une cause de nullité, alors même qu'elle porterait sur la valeur de la prestation.

Il résulte de l'application combinée de ces deux articles que si le fait de ne pas révéler à son cocontractant son estimation de la valeur réelle du bien ne constitue pas un dol (C. civ. art. 1137, al. 3), cela ne l'autorise bien évidemment pas à dissimuler des informations qui, sans porter directement sur le prix, sont susceptibles d'avoir une répercussion sur la valeur du bien. Il en résulte que le vendeur peut parfaitement vendre à un prix supérieur à celui du marché, à condition toutefois de ne dissimuler à l'acquéreur aucune information susceptible de diminuer la valeur du bien, telle que, par exemple, l'existence de désordres importants (Cass. 3e civ. 29-3-2018 n° 17-13.964 F-D), d'une action en cours (Cass. 1e civ. 12-12-1995 n° 93-21.076) ou d'un accord de libération des lieux pris avec l'occupant (Cass. 3e civ. 2-2-2022 n° 20-23.468 FS-DB : BPIM 2/22 inf. 135) ; voir n° 16712.

Le champ d'application de l'alinéa 3 de l'article 1137 est donc à circonscrire aux seules informations portant sur l'estimation de la valeur du bien et non sur celles ayant une incidence quelconque sur cette valeur. Les contractants sont donc dispensés de s'informer mutuellement de la valeur de la prestation, tant au titre de l'obligation précontractuelle d'information (C. civ. art. 1112-1) que de la prohibition du dol par réticence (C. civ. art. 1137), mais ils doivent s'informer mutuellement des éléments ayant une incidence sur la valeur du bien.

S'agissant de l'erreur sur l'opportunité économique d'une opération immobilière, voir n° 16189.

ILLUSTRATIONS

Pour la **jurisprudence antérieure**, rendue avant la loi 2018-287 du 20 avril 2018 : commet un dol l'acquéreur professionnel de l'immobilier qui laisse croire au vendeur que son offre d'achat est avantageuse, alors qu'il ne pouvait ignorer le caractère volontairement inexact et sous-évalué des informations contenues dans une estimation établie par un agent immobilier (Cass. 3e civ. 5-12-2006 n° 05-20.247 F-D : RJDA 8-9/07 n° 829) ou le copartageant qui omet d'informer son cocontractant qu'il a déjà obtenu l'autorisation de diviser le terrain qu'il se fait attribuer et qui sait que la valeur réelle de ce dernier est approximativement le double de celle fixée dans l'acte de partage (Cass. 1e civ. 23-6-1987 n° 86-10.033). En revanche, le fait pour un acquéreur professionnel de ne pas révéler à son vendeur l'information sur le prix de l'immeuble qu'il détenait en sa qualité d'agent immobilier et de marchand de biens, tandis que le vendeur est agriculteur devenu manœuvre et ne peut lui-même connaître la valeur de son pavillon, ne constitue pas un manquement au devoir de loyauté et ne caractérise pas une réticence dolosive, car l'acquéreur, même professionnel, n'est pas tenu d'une obligation d'information au profit du vendeur sur la valeur du bien acquis (Cass. 3e civ. 17-1-2007 n° 06-10.442 FS-PB : RJDA 6/07 n° 599).

16716 **Étendue de la réticence** Le fait, non pas de dissimuler une information, mais de la délivrer avec insuffisamment de **précision** peut suffire à caractériser l'élément constitutif du dol. Le vendeur qui informe les acquéreurs de l'existence d'un désordre, mais qui omet d'en préciser l'importance et la cause réelle, commet donc un dol. Tel est le cas du vendeur qui informe de l'existence d'un phénomène de mobilité des sols, mais omet de mentionner l'existence d'un rapport d'expert faisant état de vices de construction et d'un défaut de portance du sol nécessitant des travaux de reprise importants (Cass. 3e civ. 12-9-2006 n° 05-17.251 F-D : RJDA 1/07 n° 28) ou du vendeur qui informe l'acquéreur que la hauteur sous plafond est plus basse que prévu, mais qui omet de lui préciser que cette modification rend impossible l'usage commercial envisagé (Cass. 3e civ. 7-11-2006 n° 05-17.312 F-D : RJDA 3/07 n° 244). En revanche, il ne peut pas être reproché à un cocontractant de n'avoir pas donné des renseignements plus précis sur la situation de l'immeuble, lorsqu'il ne détient lui-même pas suffisamment d'informations sur la question au moment de l'échange des consentements.

Même lorsque le **risque** est **seulement éventuel**, l'obligation de bonne foi impose au contractant de révéler l'existence de ce risque potentiel. À défaut, cette réticence peut être qualifiée de dol.

ILLUSTRATIONS

La clause rédigée sous forme usuelle et générique par laquelle « les parties reconnaissent avoir été informées que la vente pouvait être soumise à un droit de préemption » ne suffit pas à exonérer le vendeur de son obligation d'informer l'acquéreur d'un **fait précis**, tel que l'inclusion de la parcelle dans un périmètre réservé au plan local d'urbanisme (CA Versailles 17-11-2006 n° 05/4446 : RJDA 3/07 n° 224).

Le vendeur et l'agent immobilier qui se bornent à signaler l'existence d'une fenêtre ouvrant sur la propriété voisine **sans fournir de précisions** à l'acquéreur quant aux conséquences juridiques qui en résultent, à savoir l'obligation d'obstruer cette ouverture, se rendent coupables de manœuvres dolosives (Cass. 3e civ. 13-10-1999 n° 97-16.160).

L'acquéreur d'un appartement en l'état futur d'achèvement, informé de l'existence d'une deuxième tranche de travaux à venir, qui amputera nécessairement la vue dont il dispose, ne peut reprocher au promoteur de ne pas l'avoir informé plus précisément sur cette construction future, alors qu'**au moment de la vente**, le permis de construire y afférent n'était pas encore obtenu et que le terrain n'avait pas encore été acquis (Cass. 3e civ. 12-3-2003 n° 02-10.372 FS-PB).

Les vendeurs d'un appartement qui n'attirent pas l'attention des acquéreurs sur l'existence d'un **éventuel projet** immobilier contigu commettent une réticence dolosive, quand bien même l'édification finalement réalisée résulterait d'un autre projet, postérieur à la vente (Cass. 3e civ. 20-12-1995 n° 94-14.887 P : Bull. civ. III n° 268, RJDA 2/96 n° 206).

En revanche, la mention mensongère relative au respect par le preneur des obligations du bail contenue dans le contrat de vente ne peut pas être retenue à l'encontre du vendeur, dès lors que les loyers étaient payés depuis l'origine par des cautions sérieuses et solvables qui avaient respecté leurs engagements et que ce n'était que postérieurement à la vente des murs que celles-ci en contestaient la validité (Cass. 3e civ. 4-3-2021 n° 20-10.657 F-D : RJDA 6/21 n° 358).

B. Caractérisation du dol

AUTEUR DU DOL

Le dol émanant de l'une des **parties** est une cause de nullité de l'acte. Il est également constitué **16770**
s'il émane du représentant, gérant d'affaires, préposé ou porte-fort du contractant, ou encore d'un tiers de connivence (C. civ. art. 1138). Quand les deux sociétés cédante et acheteuse d'un immeuble ont le même dirigeant, l'existence d'un dol peut être caractérisée au préjudice de celle qui a été défavorisée au profit de l'autre (Cass. 3e civ. 27-1-2015 n° 13-20.974 F-D ; Cass. 3e civ. 11-5-2022 n° 21-16.992 F-D : RJDA 8-9/22 n° 458).

La victime d'un dol peut obtenir la nullité du contrat et la réparation de son préjudice, que le dol ait été commis par son cocontractant (C. civ. art. 1131) ou uniquement par un tiers (C. civ. art. 1138).

Dans le cas d'un dol commis par le mandataire d'une partie, la victime peut opposer au mandant non fautif le vice du consentement pour obtenir l'annulation du contrat. En revanche, les demandes en réparation de son préjudice doivent être dirigées contre le mandataire fautif (C. civ. art. 1178, 1240 et 1241) car les manœuvres dolosives qu'il a commises n'engagent la responsabilité du mandant que s'il a lui aussi commis personnellement une faute (C. civ. art. 1998 ; Cass. ch. mixte 29-10-2021 n° 19-18.470 B-R : RJDA 5/22 n° 270).

Dans la grande majorité des cas, le dol est commis par le **vendeur**. Les cas de dol commis par **l'acquéreur** sont évidemment beaucoup plus rares, le vendeur connaissant généralement mieux le bien objet de la convention. Mais la situation peut néanmoins se présenter, car l'obligation de bonne foi contractuelle est telle qu'elle impose à l'acquéreur d'informer le vendeur des qualités du bien proposé à la vente (à l'exception des informations portant sur la valeur du bien, voir n° 16715).

ILLUSTRATIONS

Constitue une réticence dolosive commise par l'acquéreur :
– le fait, après une promesse unilatérale de vente, de conclure un accord de libération des lieux avec l'occupant, sans en informer le vendeur lors de la signature de l'acte authentique (Cass. 3e civ. 2-2-2022 n° 20-23.468 FS-DB : BPIM 2/22 inf. 135) ;
– le fait de dissimuler l'existence de richesses du sous-sol qui permettent l'ouverture d'une carrière (Cass. 3e civ. 15-11-2000 n° 99-11.203 FS-PB : RJDA 1/01 n° 19) ;
– le fait, pour une commune, de ne pas informer le vendeur de l'existence d'un projet de modification du plan local d'urbanisme visant à supprimer une restriction d'urbanisme grevant la parcelle vendue (Cass. 3e civ. 11-9-2012 n° 11-22.389 F-D : BPIM 6/12 inf. 455) ;
– ou le fait, pour le maire d'une commune, de s'abstenir de révéler au vendeur l'état d'avancement d'une procédure de révision du plan d'occupation des sols ayant pour effet de rendre le bien acheté constructible (Cass. 3e civ. 29-1-2013 n° 12-11.944 F-D : BPIM 2/13 inf. 133).
En revanche, la **réticence dolosive** a été **écartée** pour un acquéreur architecte qui avait réalisé une mission d'aménagement de la maison, dès lors qu'il n'était pas démontré qu'il disposait d'informations sur la constructibilité future du terrain que le vendeur n'était pas en mesure d'obtenir (Cass. 3e civ. 16-9-2015 n° 14-11.912 FS-D : RJDA 2/16 n° 95).

16772 **Caractère intentionnel du dol** La dissimulation intentionnelle par l'un des contractants d'une information dont il sait le caractère déterminant pour l'autre partie constitue un dol (C. civ. art. 1137, al. 2). Le **législateur** semble donc circonscrire le caractère intentionnel aux seuls cas de dissimulation d'une information à l'exclusion des cas de manœuvres ou de mensonges. La solution est logique car les manœuvres et les mensonges révèlent nécessairement l'intention de tromper. Seul le mensonge par omission ne comprend pas nécessairement cette intention. En pareil cas, il convient donc de rapporter la preuve de l'intention frauduleuse.
La **jurisprudence** a toujours considéré que le dol était une faute civile intentionnelle. Il suppose l'intention de tromper (Cass. soc. 5-12-1952 : Bull. civ. IV n° 890). De simples **exagérations** ne suffisent pas (voir n° 16710). De même, le manquement à une **obligation précontractuelle d'information** ne peut suffire à caractériser le dol par réticence si ne s'y ajoute la constatation du caractère intentionnel de ce manquement et d'une erreur déterminante provoquée par celui-ci (Cass. com. 28-6-2005 n° 03-16.794 F-PB : RJDA 12/05 n° 1314 ; Cass. 3e civ. 26-3-2008 n° 07-13.582 F-D : RJDA 10/08 n° 1003 ; Cass. 3e civ. 13-3-2012 n° 11-10.584 F-D : RJDA 7/12 n° 652 ; Cass. 3e civ. 7-4-2016 n° 15-13.064 FS-PB : BPIM 3/16 n° 179).

ILLUSTRATIONS

Ainsi, **ne commet pas une réticence dolosive** le vendeur ignorant l'irrégularité administrative de la création d'étangs sur son bien, dès lors qu'il n'est pas un professionnel du droit, de l'immobilier et des questions écologiques (Cass. 3e civ. 2-2-2017 n° 15-26.515 FS-D : BPIM 2/17 inf. 123) ou le vendeur d'une maison construite sans autorisation, dès lors qu'il n'avait pas lui-même été informé par les constructeurs sur les circonstances de sa réalisation et compte tenu de l'ancienneté de la maison (environ 20 ans avant la vente) (Cass. 3e civ. 15-3-2018 n° 17-11.850 F-D : BPIM 3/18 inf. 202). Pas de dol non plus lorsque le vendeur d'un immeuble ne révèle pas à l'acquéreur le mauvais état de la toiture alors que ces désordres étaient apparents et qu'il n'a rien fait pour les cacher (Cass. 3e civ. 29-3-2011 n° 10-14.503 F-D : RJDA 10/11 n° 779).
En revanche, l'élément intentionnel du dol est **suffisamment caractérisé** dès lors que les juges du fond ont relevé que la maison vendue avait été inondée au moins à deux reprises avant la vente, que le vendeur le savait et qu'il avait dissimulé cet élément à l'acquéreur ; l'attestation de l'agent immobilier intervenu lors de la vente mentionnant que l'acquéreur avait été informé des inondations ne suffisait pas, à elle seule, à prouver que le vendeur avait informé l'acquéreur (Cass. 3e civ. 3-3-2010 n° 08-21.056 FS-PB : RJDA 7/10 n° 808). Jugé qu'il y a également réticence dolosive de la part du vendeur à l'égard de l'acquéreur d'un bien loué s'il ne l'a pas informé de la réelle difficulté financière du locataire alors qu'il savait que la situation locative constituait un élément déterminant de son consentement (Cass. 3e civ. 16-9-2021 n° 20-19.229 F-D : BPIM 6/21 inf. 385) ou à l'égard de l'acquéreur d'un terrain s'il est resté silencieux sur l'éventuelle inconstructibilité ou restriction du droit d'aménager de ce terrain résultant du plan de prévention des risques naturels, le vendeur ayant eu l'information que le terrain litigieux était inclus dans une zone concernée par un arrêté préfectoral sur les risques naturels et technologiques, cet arrêté ayant été affiché en mairie et mentionné dans un journal diffusé dans le département (Cass. 3e civ. 21-3-2019 n° 17-21.963). De même, les vendeurs qui habitent les lieux depuis de nombreuses années et payent un impôt foncier sur une superficie bien inférieure à la superficie réelle ne peuvent ignorer que leur maison avait fait l'objet de travaux d'agrandissement sans autorisation (Cass. 3e civ. 21-10-2014 n° 13-12.433 : BPIM 1/15 inf. 51).

Connaissance du caractère déterminant de l'information Le vendeur doit avoir été informé du caractère déterminant pour son contractant de l'information qu'il lui est reproché d'avoir dissimulée. Le plus souvent, la connaissance du caractère déterminant se déduira des faits de la cause, l'information revêtant une importance commune à tout candidat. Mais il peut arriver qu'une information particulière ne présente un intérêt qu'au regard de la situation spécifique du cocontractant. En pareil cas, le dol ne sera établi que si l'auteur connaissait l'importance de l'information litigieuse pour son cocontractant, d'où l'importance, pour ce dernier, de contractualiser les éléments déterminants de son consentement. Il s'agira, par exemple, pour l'acquéreur, d'informer le vendeur de son intention de construire ou d'exercer une activité professionnelle. 16774

ILLUSTRATIONS

Le vendeur qui dissimule à l'acquéreur le comportement problématique de son voisin de palier commet un dol entraînant la nullité de la promesse de vente, la **tranquillité et la sécurité d'un logement** étant des éléments déterminants pour tout candidat acquéreur (Cass. 3e civ. 18-4-2019 n° 17-24.330 F-D : BPIM 3/19 inf. 193).
À l'inverse, le vendeur d'un terrain déjà construit qui omet d'informer son cocontractant de l'existence d'une **servitude non aedificandi** ne se rend pas coupable de dol par réticence, s'il ignorait que son acquéreur souhaitait démolir la construction existante pour effectuer une opération immobilière particulière (Cass. 3e civ. 13-7-1999 n° 96-17.013). Dès lors que le prix fixé correspond à celui de terres agricoles et non d'un terrain à bâtir et que l'acquéreur ne rapporte pas la preuve qu'il avait souhaité acheter un **terrain constructible**, aucun dol ni erreur ne peut être retenu (Cass. 3e civ. 12-4-2005 n° 04-11.929 : RJDA 8-9/05 n° 948).

VICTIME DU DOL

Caractère déterminant pour la victime Le dol vicie le consentement lorsqu'il est de **telle nature** que, sans lui, l'une des parties n'aurait pas contracté ou aurait contracté à des conditions substantiellement différentes. Le caractère déterminant du vice s'apprécie **eu égard aux personnes et aux circonstances** dans lesquelles le consentement a été donné (C. civ. art. 1130). Dès lors qu'il est établi que des manœuvres ont été commises, les juges doivent rechercher si l'acheteur aurait poursuivi la vente en l'absence de ces manœuvres. 16776

Cependant, il n'est pas nécessaire d'établir expressément que l'acquéreur n'aurait pas contracté s'il avait été parfaitement informé. Dès lors qu'il apparaît que la personne trompée **aurait acquis à un prix inférieur** si elle avait connu la situation exacte, les juges peuvent annuler le contrat pour dol (Cass. 3e civ. 22-6-2005 n° 04-10.415 FS-PB : RJDA 1/06 n° 15). C'est ce que l'on appelle le « dol incident ». Il importe toutefois de rapporter la preuve du caractère décisif des manœuvres. Les informations mensongères délivrées, ou au contraire dissimulées, à la victime doivent véritablement l'avoir déterminée à donner son consentement. En conséquence, elles porteront sur des vices d'une gravité suffisante. Le caractère déterminant du consentement peut résulter de la disproportion du coût nécessaire pour remédier au vice, par rapport au prix d'acquisition de l'immeuble (Cass. 3e civ. 6-7-2023 n° 22-13.614 F-D).

Lorsqu'un élément est déterminant du consentement d'une des parties, celle-ci a intérêt à le faire préciser dans l'acte. Cette **insertion dans le champ contractuel** permet de faciliter la preuve du caractère déterminant de l'information qui a été dissimulée et du caractère intentionnel de la dissimulation commise (voir n° 16772). Ainsi par exemple, le fait que dans une promesse de vente, le devoir d'information du vendeur ait été spécialement renforcé sur la situation locative du bien, permet d'établir que celle-ci était déterminante du consentement de l'acquéreur et que le vendeur le savait (Cass. 3e civ. 16-9-2021 n° 20-19.229 F-D : BPIM 6/21 inf. 385).

ILLUSTRATIONS

Il n'y a pas de dol lorsque la dissimulation invoquée n'est pas susceptible de vicier le consentement de la victime, faute d'affecter réellement l'immeuble d'un vice et d'une moins-value suffisamment importants (Cass. 3e civ. 9-10-1969 n° 67-12.648 : Bull. civ. III n° 635). Tout vice caché peut être écarté, s'il ne ressort pas des conclusions de l'expert que l'appartement est atteint d'un déficit d'isolation phonique suffisamment grave pour compromettre son usage d'habitation (Cass. 3e civ. 20-1-2015 n° 13-12.244 : BPIM 2/15 inf. 123).

Connaissance du vice par la victime La victime ne peut se prévaloir d'un dol s'il est établi qu'elle connaissait l'information qui aurait prétendument vicié son consentement. 16778

ILLUSTRATIONS

Un vice connu de **notoriété publique** et de surcroît identifié dans le cahier des charges ne peut pas être invoqué à l'appui d'une demande en nullité pour dol (Cass. 3e civ. 16-1-1970 n° 67-14.241 : Bull. civ. III n° 42). Ainsi, le risque du départ du locataire au terme de la période

16778 (suite) triennale du bail commercial ne peut pas être méconnu par l'acquéreur du bien (Cass. 3e civ. 5-11-2020 no 19-21.575 F-D : RJDA 3/21 no 144).

L'**acquéreur** qui disposait d'une clé et qui avait visité les locaux peut se voir débouter de sa demande en nullité pour dol portant sur la superficie des lieux (Cass. 3e civ. 8-11-1995 no 93-14.152). Il en va de même pour le preneur à bail professionnel qui sollicite la nullité du bail en raison d'une superficie réelle. Ainsi, une différence de 32 m^2, soit 30 % de la superficie mentionnée, ne peut échapper à une personne travaillant quotidiennement dans les lieux (Cass. 3e civ. 24-1-2019 no 17-27.895). Il en va de même de l'acheteur qui invoque l'humidité du jardin, dès lors que le diagnostic parasitaire indique un fort taux d'humidité et qu'il a pu, avant la vente, visiter le bien (Cass. 3e civ. 23-3-2017 no 15-15.266 F-D : BPIM 3/17 inf. 221) ou des acquéreurs d'un immeuble à usage commercial qui invoquent l'absence de servitude de passage permettant d'accéder à des parkings, dès lors qu'ils sont des professionnels habitués à ce type de projets d'investissements, qu'ils ont été mis en mesure d'examiner minutieusement les actes et qu'ils ont reconnu avoir reçu une note les informant de ce que le parking ne reposait que sur une simple tolérance (Cass. 3e civ. 18-3-2021 no 19-24.638 F-D : RJDA 7/21 no 460).

De même, le dol ne peut pas être retenu en cas de **silence gardé par le vendeur** à propos :

– d'un projet d'inscription de l'immeuble vendu à l'inventaire des monuments historiques dès lors qu'il n'est pas démontré que l'inscription aurait été de nature à influer de manière nouvelle et sensible sur les contraintes pesant déjà sur l'édifice, contraintes que l'acquéreur connaissait, non seulement en sa qualité de professionnel de l'immobilier, mais encore parce qu'elles résultaient des mentions du certificat d'urbanisme annexé à l'acte de vente (Cass. 3e civ. 17-4-1996 : RJDA 7/96 no 967) ;

– des ruissellements d'eau en sous-sol ayant contribué à l'effondrement du terrain sur lequel était située la maison vendue dès lors que l'acheteur était informé du phénomène d'érosion marine et que les ruissellements ne pouvaient avoir une valeur déterminante pour lui (Cass. 3e civ. 16-1-2002 no 00-15.620 FS-D : RJDA 4/02 no 368) ;

– de la présence d'humidité, de moisissures, d'auréoles au plafond, de planches et de placards imbibés d'eau, dès lors que les acquéreurs avaient visité le bien à plusieurs reprises et que les désordres allégués n'avaient pu apparaître dans le court laps de temps de trois jours ayant suivi leur dernière visite (Cass. 3e civ. 7-11-2019 no 18-21.473 F-D) ;

– de l'existence d'une opération de ravalement obligatoire de l'immeuble, dès lors qu'au jour de la signature de l'acte de vente les acquéreurs n'ignoraient pas que l'immeuble était situé dans un périmètre de ravalement obligatoire, qu'ils reconnaissaient que le notaire leur avait fourni tous éclaircissements complémentaires sur la portée, l'étendue et les effets de ces charges, et qu'ils déclaraient être parfaitement informés de cette situation et voulaient en faire leur affaire personnelle sans recours contre quiconque (Cass. 3e civ. 17-10-2019 no 18-15.942 F-D : BPIM 6/19 inf. 412) ;

– du mauvais état de la toiture dès lors que le caractère apparent des désordres indiquait clairement la nécessité d'engager d'importants travaux (Cass. 3e civ. 29-3-2011 no 10-14.503 : RJDA 10/11 no 779) ;

– de la présence d'une carrière en activité à 700 mètres environ de la maison et des tirs de mine qui en résultaient, alors que l'acheteur avait visité le bien à plusieurs reprises, que la carrière était visible de la maison et de la route qui y conduisait et que l'exploitation de la carrière était notoire (Cass. 3e civ. 9-10-2012 no 11-23.869 : BPIM 6/12 inf. 456) ;

– de la présence d'une installation classée ayant entraîné une pollution des sols, dès lors que l'acquéreur avait mené des travaux préparatoires de voirie et de réseaux avant la vente et que les entrepreneurs en charge portaient des masques pour se protéger des émanations de soufre lors du creusement des tranchées qui faisaient apparaître une terre bleutée (Cass. 3e civ. 21-9-2022 no 21-21.933 FS-B : BPIM 6/22 inf. 436) ;

– de la présence de termites, dès lors que les acquéreurs avaient été informés par le vendeur et le notaire de l'état du bien vendu, qu'ils avaient pu visiter l'immeuble à plusieurs reprises, accompagnés d'hommes de l'art, et se rendre compte de l'état de celui-ci et qu'ils avaient eu connaissance d'un rapport attestant de la présence des termites (Cass. 3e civ. 27-6-2019 no 18-14.581 F-D) ;

– de la médiocre qualité de l'isolation phonique dès lors qu'un tel défaut est courant dans les immeubles anciens, que les acheteurs ont pu, par leurs visites, prendre connaissance des caractéristiques acoustiques de l'appartement et qu'ils ne rapportent pas la preuve de manœuvres (Cass. 3e civ. 20-1-2015 no 13-12.244 : BPIM 2/15 inf. 123) ;

– de l'impossibilité d'utiliser une ouverture sur la voie d'un lotissement, dès lors qu'il n'est pas prouvé que les vendeurs ont présenté cette possibilité comme un avantage du terrain vendu, ni que l'accès sur cette voie a été érigé en élément déterminant du consentement de l'acquéreur (Cass. 3e civ. 28-5-2020 no 18-25.427 F-D).

De son côté, le **vendeur** ne peut pas obtenir la nullité de la vente pour dol en raison de la dissimulation par l'acheteur de son identité au moment de l'offre d'achat s'il a été en mesure de prendre connaissance de l'identité réelle de celui-ci le jour de la signature de la promesse de vente (Cass. 3e civ. 29-2-2012 no 10-26.118 : RJDA 12/12 no 1059).

Compétences de la victime La situation personnelle de la victime peut être prise en compte pour déterminer son aptitude, ou au contraire son incapacité, à **identifier les manœuvres** utilisées pour tenter de la déterminer à contracter (C. civ. art. 1130). 16780

Cependant, la circonstance que l'acte soit intervenu **entre professionnels** ne dispense pas ceux-ci de communiquer les informations en leur possession, chaque partie étant tenue d'une obligation de contracter de bonne foi.

ILLUSTRATIONS

« Il apparaît invraisemblable qu'étant **agent immobilier** et rompu à la pratique des affaires » un acquéreur ait accepté de s'engager sans s'être préalablement informé de la nature exacte du procès existant entre son vendeur et l'auteur de ce dernier et dont il avait connaissance (Cass. 3e civ. 24-10-1972 n° 71-13.151 : Bull. civ. III n° 543). Un acheteur **professionnel avisé et expérimenté** des transactions immobilières qui déclare avoir vu et visité l'immeuble ne peut invoquer l'insalubrité des logements achetés (Cass. 3e civ. 7-5-2014 n° 13-15.073 : BPIM 4/14 inf. 265).

Une société immobilière commet une réticence dolosive à l'égard d'une autre société de même nature en ne lui faisant pas connaître la date à partir de laquelle courait le délai de 4 ans pour revendre l'immeuble, cette information étant déterminante dans le cadre de transactions **entre marchands de biens** (Cass. 3e civ. 9-11-1999 n° 98-15.212).

Indignité de la victime Nul ne peut se prévaloir de sa propre turpitude. Mais l'acquéreur victime de manœuvres dolosives qui, au moment où il contracte, pense lui aussi réaliser une opération très déséquilibrée à son profit, et ainsi obtenir un profit injustifié, est néanmoins recevable en son action en nullité (Cass. 1e civ. 22-6-2004 n° 01-17.258 : Bull. civ. I n° 182). 16782

Caractère excusable de l'erreur commise par la victime La réticence dolosive rend toujours excusable l'erreur provoquée (C. civ. art. 1139). Autrement dit, il n'y a pas lieu de prendre en compte la faute de la victime. 16783

Cette règle légale, posée par la réforme du droit des contrats, consacre les solutions jurisprudentielles antérieures (Cass. 3e civ. 21-2-2001 n° 98-20.817 FS-PBI : RJDA 5/01 n° 554 ; Cass. 3e civ. 4-1-2006 n° 04-17.662 FS-D : RJDA 5/06 n° 520).

ILLUSTRATIONS

A ainsi été censurée la cour d'appel qui a refusé d'annuler la vente d'un immeuble à usage d'hôtel et du fonds de commerce qui y était exploité au motif que l'erreur commise par l'acquéreur, qui ignorait que l'hôtel était exploité sans autorisation d'ouverture et n'était pas conforme aux règles de sécurité, était inexcusable dans la mesure où il avait l'**obligation de se renseigner** (Cass. 3e civ. 21-2-2001 n° 98-20.817 : Bull. civ. I n° 20, RJDA 5/01 n° 554). Dans un cas où le vendeur d'un appartement situé dans un immeuble jouxtant une discothèque, condamné pour réticence dolosive en raison de troubles anormaux de voisinage, avait soutenu que l'acquéreur, informé de la proximité de la discothèque, avait manqué à une prudence élémentaire en ne s'informant pas sur d'éventuelles nuisances, la Cour de cassation a rejeté son pourvoi en retenant que le vendeur avait connaissance de ces nuisances et ne les avait pas portées à la connaissance de l'acquéreur (Cass. 3e civ. 4-1-2006 n° 04-17.662 : RJDA 5/06 n° 520). Est excusable l'erreur portant sur la rentabilité d'un bien dès lors qu'elle a été provoquée par les affirmations mensongères du promoteur qui avait assuré aux investisseurs un placement sûr et rentable à court terme alors que le marché était saturé et que l'immeuble avait été vendu à un prix supérieur à sa valeur réelle de 30 à 50 % (Cass. 3e civ. 7-4-2016 n° 14-24.164 F-D : RJDA 7/16 n° 518).

TEMPS DU DOL

Le dol n'entraîne la nullité de la convention que s'il se produit au moment où les parties s'engagent l'une envers l'autre (Cass. civ. 30-4-1884 : S. 1885 I p. 336). L'existence d'une réticence dolosive s'apprécie au **moment de la formation du contrat**, peu importe que l'étendue du dommage en résultant ne soit pas encore connue de son auteur. Ainsi, le vendeur doit informer l'acquéreur de toute action ou risque de condamnation portant sur le bien vendu, même s'il n'a pas encore été condamné au moment de la vente. À défaut, s'il est condamné après la vente, il est coupable de dol (Cass. 3e civ. 23-9-2020 n° 19-18.598 F-D : BPIM 6/20 inf. 402). En revanche, le non-respect par l'un des cocontractants de ses obligations relève de l'inexécution contractuelle (par exemple obligation de délivrance ou de paiement) et ne peut donc pas caractériser un dol (Cass. com. 25-10-2023 n° 22-14.485 F-D : RJDA 2/24 inf. 72). 16784

Les juges du fond peuvent tenir compte d'éléments postérieurs au contrat pour qualifier le dol (Cass. com. 13-12-1994 n° 92-20.806 D : Bull. civ. IV n° 375).

PREUVE DU DOL

16786 **Administration de la preuve** La **charge de la preuve** de l'existence du dol repose sur le demandeur en nullité, selon le droit commun (C. civ. art. 1353). La victime devra prouver les manœuvres, le caractère déterminant de celles-ci sur son consentement ainsi que l'intention de tromper. La preuve se fait par **tous moyens**.

ILLUSTRATIONS

Ainsi, l'acquéreur peut être débouté s'il ne rapporte la preuve, ni de l'insuffisance de l'isolation thermique et acoustique qu'il dénonce ni de l'intention de tromper du vendeur qui s'est contenté de présenter le bien vendu comme un logement de grand standing et rénové haut de gamme (Cass. 3e civ. 13-7-2023 n° 22-15.816 F-D : SNH 29/23 inf. 2). Il en est de même s'il ne parvient à démontrer ni que l'immeuble ne bénéficiait pas des prestations annoncées ni qu'il y avait de la part du vendeur des manœuvres ou des réticences tendant à dissimuler un fait qui contredirait les spécificités de la chose déterminée entre les parties (Cass. 3e civ. 26-3-2014 n° 12-19.609). Doivent être déboutés les acquéreurs qui ne démontrent pas que les vendeurs étaient de mauvaise foi et savaient que la parcelle n'était pas clôturée dans le respect des bornes (Cass. 3e civ. 19-9-2019 n° 18-18.773 F-D). De même, ne rapporte pas la preuve de l'antériorité et de la dissimulation du désordre l'acquéreur qui produit des attestations des habitants voisins, alors qu'un rapport d'expertise indique que les infiltrations litigieuses sont apparues 4 ans après la vente (Cass. 3e civ. 7-4-2015 n° 14-14.323 : BPIM 3/15 inf. 198). Une demande de renseignement sur le point litigieux peut prouver l'importance que l'acquéreur attachait à l'information qui lui a été fautivement dissimulée (Cass. 3e civ. 15-2-2000 n° 98-15.750).

16788 **Appréciation des éléments de preuve** Les **juges du fond** jouissent d'un pouvoir souverain d'appréciation de l'existence du dol (Cass. 3e civ. 20-3-1996 n° 94-10.759 ; Cass. 3e civ. 7-4-2015 n° 14-14.323 : BPIM 3/15 inf. 198). Pour autant, ils doivent préciser le caractère déterminant pour la victime de l'information qui lui a été cachée et caractériser l'attitude dolosive du coupable. La seule existence de vices cachés n'est pas de nature à caractériser l'existence d'un dol : il faut également constater que le prétendu auteur du dol en avait connaissance (Cass. 3e civ. 15-2-2000 n° 98-20.129). Ils ne peuvent pas rejeter une demande en nullité pour dol sans rechercher si les vendeurs n'ont pas délibérément omis de communiquer à l'acquéreur des informations qui étaient de nature à lui présenter les risques de l'opération globale dans laquelle ils l'invitaient à s'engager (Cass. 3e civ. 23-9-2020 n° 19-12.219 F-D : RJDA 1/21 inf. 3). En revanche, les juges peuvent déduire l'existence d'un dol par le vendeur du fait qu'il a toujours soutenu avoir réalisé en auto-construction les travaux de réfection de la toiture et que la présence de termites était établie lors de ces travaux réalisés avant la vente, de sorte qu'il connaissait le vice (Cass. 3e civ. 21-12-2023 n° 22-21.727 F-D).

En outre, si l'action envisagée au titre d'un prétendu dol apparaît manifestement vouée à l'échec, le juge des référés peut rejeter la demande **d'expertise** présentée sur le fondement de l'article 145 du Code de procédure civile (Cass. com. 18-1-2023 n° 22-19.539 F-B : RJDA 4/23 inf. 233).

Saisis d'une demande en annulation d'une vente pour dol, les juges ne sont pas tenus de rechercher si l'action pouvait aboutir sur le fondement de la violence (Cass. 3e civ. 22-6-2010 n° 09-68.083).

Bien entendu, la **Cour de cassation** contrôle, le cas échéant, la qualification juridique des faits relevés.

> **Précisions** Sauf exception légale, le **secret professionnel** du notaire est intangible ; le demandeur ne peut donc pas rapporter la preuve du dol en produisant des informations confidentielles échangées entre le défendeur et son notaire (Cass. 1e civ. 4-6-2014 n° 12-21.244 FS-PBI : BPIM 4/14 inf. 292).

SECTION 5

SANCTIONS DES VICES DU CONSENTEMENT

ACTIONS OUVERTES À LA VICTIME D'UN VICE DU CONSENTEMENT

16830 À défaut de consentement valable, l'acte de vente est frappé de **nullité relative** (C. civ. art. 1131), sur le fondement de l'erreur, du dol ou de la violence. Mais cette nullité n'est pas acquise de plein droit. En effet, la nullité doit être **prononcée par le juge**, à moins que les parties ne la constatent d'un commun accord (C. civ. art. 1178, al. 1). Le juge doit **motiver le jugement**, il ne peut pas prononcer l'annulation d'une promesse de vente sans répondre aux conclusions du vendeur. Par exemple sur la découverte de remblais enfouis dans le sol, le vendeur soutenait que la clause de la promesse de vente excluait toute volonté de dissimulation de sa part, car elle autorisait immédiatement l'acquéreur à procéder à des études de sol afin de vérifier que la construction ne nécessitait pas, au regard de son projet, un investissement dépassant le coût normal de tels travaux (Cass. 3e civ. 28-1-2021 n° 20-10.715 F-D).

Indépendamment de l'annulation du contrat, la partie lésée peut demander **réparation** du dommage subi dans les conditions du droit commun de la responsabilité extracontractuelle (C. civ. art. 1178, al. 4). La victime du vice du consentement peut donc exercer, outre une action en annulation du contrat, une **action en responsabilité extracontractuelle** pour obtenir réparation du préjudice qu'elle a subi (Cass. 1e civ. 4-2-1975 : JCP G II, n° 18100 note Ch. Laroumet ; Cass. com. 15-1-2002 n° 99-18.774 : RJDA 5/02 n° 490 ; Cass. 1e civ. 25-6-2008 n° 07-18.108 F-PB).

CHOIX DE L'ACTION POUR VICE DU CONSENTEMENT

La victime d'un vice du consentement a donc le choix entre l'annulation du contrat, accompa- **16832** gnée le cas échéant de dommages-intérêts, ou le maintien du contrat moyennant la perception d'une indemnisation pécuniaire qui peut prendre la forme de la restitution de l'excès de prix que la victime a été conduite à payer (Cass. com. 27-5-1997 n° 95-15.930 pour un cas de dol ; dans le même sens, Cass. 3e civ. 11-1-2012 n° 10-23.141 FS-PB : BPIM 2/12 inf. 138). Si la victime fait le choix de ne pas demander l'annulation du contrat à la suite du dol dont elle a été victime, son préjudice réparable correspond uniquement à la perte d'une chance d'avoir pu contracter à des conditions plus avantageuses (Cass. com. 5-6-2019 n° 16-10.391 F-D : jurisprudence rendue en matière de cession de titres de société mais transposable à la vente immobilière).

En outre, le **rejet de la demande principale en nullité** de la vente pour dol dirigée contre le vendeur ne fait pas obstacle à une demande subsidiaire de l'acquéreur en responsabilité extracontractuelle du tiers fautif et à l'indemnisation de son préjudice (Cass. 3e civ. 14-1-2021 n° 19-24.881 FS-P : BPIM 2/21 inf. 130).

La victime peut également décider d'user de la voie de la confirmation (voir n° 16834).

Mais quel que soit le choix de l'acquéreur, le caractère dolosif de la vente ne l'exonère pas de son obligation de payer le **prix restant dû** après allocation de dommages-intérêts. Si les acquéreurs ont demandé et obtenu l'allocation de dommages-intérêts, la vente est parfaite et ils doivent donc s'acquitter du prix restant à payer, **après compensation**, c'est-à-dire déduction faite des dommages et intérêts. Cette somme est exigible depuis le jour de la vente (Cass. 3e civ. 24-10-2007 n° 06-20.710 FS-D).

> **Précisions** **a.** L'action en nullité et l'action en responsabilité délictuelle engagées par la victime d'un vice du consentement sont des **actions distinctes** ; il en résulte notamment les conséquences suivantes :
> – même en cas de **renonciation** ou de désistement à l'action en nullité, la victime peut agir en responsabilité contre son cocontractant (Cass. 1e civ. 4-10-1988 : Bull. civ. I n° 265 ; Cass. com. 18-10-1994 n° 92-19.390 : Bull. civ. IV n° 293, RJDA 2/95 n° 102, rectificatif RJDA 4/95 n° 401) ;
> – la victime du vice du consentement, qui a choisi d'agir en nullité en **première instance**, ne peut pas en **appel** opter pour une demande en dommages-intérêts (Cass. com. 18-1-1984 : Bull. civ. IV n° 23 ; Cass. com. 30-11-1999 n° 97-15.733 : Bull. civ. IV n° 211, RJDA 4/00 n° 496) car les deux actions ne tendent pas aux mêmes fins (n° 16904) ;
> – le **juge** ne peut pas **substituer** des dommages-intérêts à la nullité, seule demandée, sans avoir au préalable invité les parties à présenter leurs observations (Cass. com. 3-10-2000 n° 97-22.344 : RJDA 1/01 n° 3).
> **b.** Lorsque les juges sont saisis non pas d'une demande tendant à l'annulation d'une vente pour dol mais seulement d'une **action en dommages-intérêts**, la première chambre civile de la Cour de cassation considère que les juges du fond peuvent y faire droit sans avoir à se prononcer expressément sur le caractère intentionnel d'un manquement à l'obligation précontractuelle d'information du vendeur (Cass. 1e civ. 28-5-2008 n° 07-13.487 F-PB : RJDA 5/09 n° 406). Au contraire, la chambre commerciale de la Cour de cassation considère que le manquement à une **obligation précontractuelle d'information** ne peut suffire à caractériser le dol par réticence. Elle exige que le caractère intentionnel de la réticence soit établi, aussi bien lorsque l'acheteur agit en annulation de la vente (Cass. com. 28-6-2005 n° 03-16.794 F-PB : RJDA 12/05 n° 1314) que lorsqu'il demande réparation (Cass. com. 7-6-2011 n° 10-13.622 FS-PB : RJDA 8-9/11 n° 691 ; Cass. com. 7-2-2012 n° 11-10.487 F-PB : RJDA 6/12 n° 557). Celui qui agit en annulation ou en réparation sur le fondement du dol a donc toujours intérêt à présenter une défense subsidiaire sur le fondement de l'article 1240 du Code civil pour manquement à l'obligation précontractuelle de bonne foi. Il faut viser ce moyen dès la première instance car la victime qui a choisi d'agir en première instance

sur le fondement de l'ancien article 1116 du Code civil sanctionnant le dol ne peut pas opter en appel pour une demande fondée sur l'article 1240 (Cass. com. 30-11-1999 n° 97-15.733 : Bull. civ. IV n° 211, RJDA 4/00 n° 496).

c. L'**action en nullité** du contrat et l'**action en réduction** de prix dont dispose la victime d'un dol n'ont pas le même objet. Le demandeur n'est donc pas tenu à peine d'irrecevabilité de les présenter dans la même instance et peut agir en réduction du prix de vente après avoir été débouté de sa demande en nullité par un arrêt devenu irrévocable (Cass. 3e civ. 11-1-2012 n° 10-23.141 FS-PB : RJDA 5/12 n° 467).

CONFIRMATION DE L'ACTE ENTACHÉ D'UN VICE DU CONSENTEMENT

16834 La nullité relative peut être couverte par la confirmation. La confirmation est l'acte par lequel celui qui pourrait se prévaloir de la nullité y renonce (C. civ. art. 1182). Cet **acte mentionne** l'objet de l'obligation et le vice affectant le contrat. La jurisprudence estime que la confirmation ne se présume pas (Cass. 1e civ. 27-4-1953 : Bull. civ. I p. 115).

L'**exécution volontaire** du contrat, en connaissance de la cause de nullité, vaut aussi confirmation (C. civ. art. 1182). La jurisprudence selon laquelle la confirmation peut être tacite dans la mesure où la volonté de confirmer est non équivoque paraît donc toujours valable (Cass. 1e civ. 6-2-1957 : Bull. civ. I n° 60 ; Cass. 3e civ. 20-11-1974 n° 73-12.328 : Bull. civ. III n° 421).

La confirmation ne peut intervenir qu'**après la conclusion du contrat**. En cas de violence, la confirmation ne peut intervenir qu'après que la violence a cessé (C. civ. art. 1182). Si l'action en nullité relative a plusieurs titulaires, la renonciation de l'un n'empêche pas les autres d'agir (C. civ. art. 1181).

La confirmation **emporte renonciation** aux moyens et exceptions qui pouvaient être opposés, sans préjudice néanmoins des droits des tiers (C. civ. art. 1182, al. 4).

Une partie peut demander par écrit à celle qui pourrait se prévaloir de la nullité soit de confirmer le contrat soit d'agir en nullité dans un délai de 6 mois à peine de forclusion. La cause de la nullité doit avoir cessé. L'écrit mentionne expressément qu'à défaut d'action en nullité exercée avant l'expiration du délai de 6 mois, le contrat sera réputé confirmé (C. civ. art. 1183).

Pour le demandeur, cette action présente l'avantage de soumettre la victime de la cause de nullité à un délai de forclusion très court (6 mois) qui n'est susceptible ni d'interruption, ni de suspension, ni d'aménagement contractuel. Mais cette **sommation** présente également le risque, pour le demandeur, de caractériser une reconnaissance de l'existence du vice. Il conviendra donc d'être très prudent dans la rédaction de la sommation.

16836 Une question essentielle est régulièrement posée aux juridictions en cas de **pluralité de qualifications**. La victime d'un vice du consentement dispose-t-elle du choix de l'action à engager lorsque son erreur peut également être qualifiée de vice caché ou de lésion (pour une distinction des notions, voir nos 16004 et 16006) ?

La réponse est lourde de **conséquences procédurales**, puisque la prescription applicable aux différents recours diffère notablement. Alors que l'action en nullité pour erreur, dol ou violence se prescrit par 5 ans (C. civ. art. 2224), la demande en rescision pour lésion doit être engagée dans un délai de 2 ans de la vente (C. civ. art. 1676). Quant au recours en présence de vices cachés, l'action doit être intentée dans le délai de 2 ans à compter de sa découverte (C. civ. art. 1648) sans pouvoir dépasser 20 ans à compter de la vente (C. civ. art. 2232).

Lorsque le vice du consentement (ou le vice caché) recèle un acte lésionnaire, il est admis que l'action fondée sur la **lésion** est possible. La victime du vice demeure donc libre du choix de l'action. En outre, les **garanties contractuelles** s'ajoutent aux dispositions légales. Il en résulte que si l'acte contient une garantie conventionnelle (telle qu'une garantie d'actif dans le cas d'une vente de parts sociales), cette clause ne prive pas les parties du droit de demander l'annulation de l'acte sur le fondement d'un vice du consentement (Cass. com. 3-2-2015 n° 13-12.483 F-PB : RJDA 5/15 inf. 349). S'agissant de l'action ouverte en cas de coexistence d'un vice du consentement et d'un **vice caché**, voir n° 50220.

A. Nullité de la vente pour vice du consentement

1. ACTION EN NULLITÉ POUR VICE DU CONSENTEMENT

DEMANDEUR DE LA NULLITÉ POUR VICE DU CONSENTEMENT

16840 La nullité consécutive à la constatation d'un vice du consentement est une nullité **relative** (C. civ. art. 1131). L'action en nullité ne peut donc être formée que par la partie **victime** du vice du consentement (Cass. 1e civ. 1-3-1988 n° 86-17.492 : Bull. civ. I n° 56 concernant un cas d'erreur ; Cass. 1e civ. 4-7-1995 n° 93-15.005 : Bull. civ. I n° 291 pour un cas de violence). Elle ne peut pas l'être par celui qui s'est rendu coupable de dol ni un **tiers** au contrat vicié. Ainsi, l'acquéreur d'un bien immobilier vendu loué est sans qualité pour engager une action en nullité du bail à raison du dol commis par le locataire à l'égard du précédent propriétaire (Cass. 3e civ. 18-10-2005 n° 04-16.832 F-PB : RJDA 4/06 n° 371). Cependant, la victime d'un vice du consentement est en droit d'invoquer la nullité du contrat vicié contre le tiers qui se prévaut de celui-ci (Cass. 1e civ. 21-2-1995 n° 92-17.814 : Bull. civ. I n° 91, RJDA 6/95 n° 678 concernant un cas de dol). L'**auteur du vice** peut seulement provoquer la confirmation (C. civ. art. 1182).

En raison du caractère patrimonial de l'action en nullité pour vice du consentement, les **ayants cause universels** peuvent également agir en nullité, s'ils rapportent la preuve que le consentement de leur auteur a bien été vicié (Cass. 1e civ. 4-7-1995 n° 93-15.005 : Bull. civ. I n° 291). Les héritiers peuvent donc agir en nullité.

Le **liquidateur judiciaire** peut également agir en nullité car il exerce les droits et actions du débiteur (Cass. com. 7-12-2004 n° 01-15.437 : RJDA 4/05 n° 354).

La **caution** peut opposer au créancier toutes les exceptions, personnelles ou inhérentes à la dette, qui appartiennent au débiteur (C. civ. art. 2298). En revanche, elle ne peut pas :

– invoquer le défaut de capacité à contracter du débiteur personne physique dès lors qu'elle en avait connaissance (C. civ. art. 2293, al. 2) ;

– se prévaloir des mesures légales ou judiciaires dont bénéficie le débiteur en conséquence de sa défaillance, sauf disposition spéciale contraire (C. civ. art. 2298).

Sous ces seules réserves, la caution peut donc invoquer les exceptions purement personnelles au débiteur, telles que celles relatives aux vices du consentement du débiteur.

Avant la réforme du droit des sûretés, ce n'était pas possible. N'étant pas partie au contrat principal, la caution ne pouvait pas invoquer la nullité relative de ce contrat en raison du dol viciant le consentement du débiteur principal car cette nullité, destinée à protéger ce dernier, constituait une exception qui lui était purement personnelle (Cass. mixte 8-6-2007 n° 03-15.602 PBRI : RJDA 3/08 n° 327). La caution pouvait seulement invoquer la nullité de son cautionnement sur le fondement du vice affectant son propre consentement.

Les vices du consentement peuvent être invoqués par les **personnes morales**. 16842

Le consentement étant exprimé par l'intermédiaire des **représentants légaux** personnes physiques, c'est au regard de ces derniers que l'erreur, la violence ou le dol seront examinés (Cass. soc. 8-11-1984 : RTD civ. 1985 p. 368 obs. J. Mestre). Mais en raison du caractère relatif de la nullité, seul l'**associé** dont le consentement a été surpris par erreur, dol ou violence peut s'en prévaloir valablement (Cass. 3e civ. 21-10-1998 n° 96-19.646 PB : Bull. civ. III n° 204, RJDA 12/98 n° 1372).

En ce qui concerne les faits de violence exercés contre une personne morale, ils peuvent viser la société elle-même ou bien l'un de ses représentants légaux (Cass. soc. 8-11-1984 n° 82-14.816 : Bull. civ. V n° 423).

PRESCRIPTION DE L'ACTION EN NULLITÉ POUR VICE DU CONSENTEMENT

L'**action en nullité** se prescrit par 5 ans (C. civ. art. 2224). Ce délai ne court, en cas d'erreur ou de dol, que du jour où ils ont été découverts et, en cas de violence, que du jour où elle a cessé (C. civ. art. 1144). La jurisprudence, antérieure à la réforme du droit des contrats, selon laquelle la prescription ne **commence à courir** qu'à compter de la connaissance avérée du vice et non pas seulement soupçonnée devrait donc perdurer (Cass. 1e civ. 31-5-1972 n° 71-10.571 : Bull. civ. I n° 142). Ainsi, une erreur quant au régime fiscal applicable à la vente est réputée découverte à compter de la notification du premier redressement fiscal et non de l'issue de l'instance engagée devant le tribunal administratif (Cass. 3e civ. 19-10-2004 n° 03-14.482 : RJDA 5/05 n° 521). Les juges du fond peuvent souverainement retenir que le point de départ du délai de prescription de l'action en nullité relative pour vice du consentement doit être fixé à la date à laquelle la venderesse a découvert la connivence frauduleuse entre l'acquéreur et le notaire (Cass. 3e civ. 29-3-2018 n° 17-13.641 F-D) ou à la date de la lettre du notaire avisant les acquéreurs de la demande de revendication de la propriété des parcelles (Cass. 3e civ. 16-11-2017 n° 16-21.666 F-D). 16890

L'**exception de nullité** ne se prescrit pas si elle se rapporte à un contrat qui n'a reçu aucune exécution (C. civ. art. 1185). Cette disposition consacre la jurisprudence selon laquelle si l'action est temporaire, l'exception, elle, est perpétuelle (Cass. 1e civ. 19-12-1995 n° 94-10.812 : Bull. civ. I n° 477). Il en résulte que l'accomplissement du délai de prescription éteint l'action en nullité mais pas le droit, qui est perpétuel, d'opposer la nullité comme exception en défense à une action principale (Cass. 3e civ. 25-3-1998 n° 96-17.307 : Bull. civ. III n° 74, RJDA 6/98 n° 722 ; Cass. 3e civ. 9-11-1999 n° 97-16.454 : Bull. civ. III n° 298, RJDA 3/00 n° 242). Mais ce principe ne s'applique pas si l'acte litigieux a reçu un commencement d'exécution (Cass. 1e civ. 10-9-2015 n° 14-24.291 ; Cass. 1e civ.

30-09-2010 n° 09-67.930 F-PBI). De même, si l'action en exécution est introduite avant que l'action en nullité ne soit prescrite, l'exception de nullité doit être soulevée avant l'expiration du délai de prescription auquel elle est soumise (Cass. com. 26-5-2010 n° 09-14.431 F-PB).
La prescription de l'action en nullité court, à l'égard du liquidateur judiciaire qui exerce les droits et actions du débiteur, à compter de la même date qu'à l'égard du débiteur (Cass. com. 7-12-2004 n° 01-15.437 : RJDA 4/05 n° 354).

CLAUSES DE NON-GARANTIE

16892 Les clauses restrictives ou élusives de garantie, autorisées par la loi (C. civ. art. 1643), sont fréquentes, voire systématiques dans les actes de vente de biens immobiliers, généralement vendus « en l'état ». Il serait cependant inutile de les invoquer pour faire obstacle à une action en nullité fondée sur l'existence d'un vice du consentement, car les règles protectrices posées par les articles 1130 et suivants du Code civil sont d'**ordre public**. Ainsi, la mention suivant laquelle l'acheteur prend l'immeuble en l'état ne dispense pas le vendeur de l'informer des vices qui affectent le bien (Cass. 3e civ. 6-7-2005 n° 01-03.590 FS-PB : RJDA 2/06 n° 122).

MOYENS DE NULLITÉ POUR VICE DU CONSENTEMENT

16904 En principe, les moyens tirés de la nullité pour vice du consentement doivent être présentés dès la **première instance**. Ils ne peuvent pas être avancés pour la première fois devant la Cour de cassation (Cass. 3e civ. 16-7-1975 n° 73-12.655 : Bull. civ. III n° 254), ni même devant la cour d'appel. En effet, les parties au litige ne peuvent pas présenter **en appel** des prétentions ne tendant pas aux mêmes fins que celles soumises au premier juge (CPC art. 564).
Le demandeur a **intérêt à présenter** dès l'instance relative à la première demande l'ensemble des moyens qu'il estime de nature à fonder celle-ci afin de ne pas se voir opposer, le cas échéant, l'autorité de la chose jugée (Cass. ass. plén. 7-7-2006 n° 04-10.672 PBRI ; Cass. 1e civ. 24-9-2009 n° 08-10.517 FS-PB). En effet, le seul changement de fondement juridique ne suffit pas à écarter l'autorité de la chose jugée qui s'attache à la décision ayant statué sur la demande originaire.

16905 De même, l'**appel en garantie d'un tiers** doit être formé dès la première instance, sauf à ce que l'opportunité de cet appel ne soit apparue qu'ultérieurement en raison d'une évolution du litige (Cass. 1e civ. 21-5-1996 n° 94-11.669).
En revanche, tous les moyens visant à faire constater l'existence d'un vice du consentement tendant aux mêmes fins, il est possible d'**ajouter ou** d'**interchanger les moyens de dol, erreur ou violence jusqu'en appel**.

ILLUSTRATIONS

L'action en rescision pour lésion ne tendant pas aux mêmes fins que l'action en nullité pour vice du consentement, elle ne peut pas être présentée pour la première fois en cause d'appel (Cass. 3e civ. 21-5-1979 n° 78-10.578 : Bull. civ. III n° 110 ; voir également Cass. 2e civ. 21-1-1970 n° 68-12.282 : Bull. civ. II n° 17, concernant une action en nullité pour défaut de prix).

PRÉTENTIONS EXAMINÉES POUR UNE ACTION EN NULLITÉ

16910 Les **juges** ne statuent que sur les prétentions énoncées au dispositif et n'examinent les moyens au soutien de ces prétentions que s'ils sont invoqués dans la discussion (CPC art. 446-2 pour les procédures orales, art. 768 pour les procédures devant un tribunal judiciaire et art. 954 pour les procédures devant une cour d'appel).

ILLUSTRATIONS

Le demandeur qui, dans le dispositif de ses écritures, ne présente qu'une demande de résolution pour non-conformité ne peut pas obtenir du juge la nullité de la vente pour erreur sur les qualités essentielles si ce moyen ne figurait que dans les motifs de ses conclusions (Cass. 3e civ. 5-3-2020 n° 19-14.478 F-D, jurisprudence rendue sous l'empire du texte antérieur mais qui sera maintenue à notre sens).

PUBLICITÉ DE L'ACTION EN NULLITÉ

16920 Les **demandes en justice** tendant à obtenir la résolution, l'annulation ou la rescision d'une convention soumise à publicité foncière doivent être elles-mêmes publiées (Décret 55-22 du 4-1-1955 art. 28, 4° c). Est ainsi concernée l'action en justice intentée sur le fondement d'un vice du consentement aux fins d'obtenir la nullité d'une vente d'immeuble publiée au service chargé de la publicité foncière.
La sanction du défaut de publication est l'**irrecevabilité de la demande** (Décret 55-22 du 4-1-1955 art. 30, 5). Seules les parties, ainsi que leurs ayants cause à titre universel, ont qualité pour soulever cette fin de non-recevoir. La jurisprudence a toutefois sensiblement restreint le

champ d'application de la sanction en interdisant au juge de soulever d'office l'exception d'irrecevabilité et en admettant une publication tardive, allant même jusqu'à accepter la régularisation au stade de l'appel (Cass. 3e civ. 18-11-2009 n° 08-11.893 FS-PB : RJDA 4/10 n° 444 ; Cass. 1e civ. 7-11-2012 n° 11-22.275 F-D : AJDI 2013 p. 60 note S. Porcheron). Toutefois, si le justificatif de la publication au service de la publicité foncière est annexé à des conclusions écartées des débats comme étant tardives, les juges du fond doivent déclarer l'action en annulation de la vente pour dol irrecevable (Cass. 3e civ. 18-10-2018 n° 17-21.462).

> **Précisions** L'obligation préalable de publier la demande en justice en nullité d'une vente d'immeuble, sous peine d'irrecevabilité, contribue à la **sécurité juridique** et ne porte **pas atteinte au droit d'accès à la justice** protégé par la convention européenne des droits de l'Homme (Cass. 3e civ. 22-6-2017 n° 16-13.651 FS-PBI : BPIM 5/17 inf. 348).

2. ÉTENDUE DE LA NULLITÉ DE L'ACTE ENTACHÉ D'UN VICE DU CONSENTEMENT

Lorsque la cause de nullité n'affecte qu'une ou plusieurs clauses du contrat, elle n'emporte nullité de l'**acte tout entier** que si cette ou ces clauses ont constitué un élément déterminant de l'engagement des parties ou de l'une d'elles. Le contrat est maintenu lorsque la loi répute la clause non écrite, ou lorsque les fins de la règle méconnue exigent son maintien (C. civ. art. 1184). En matière de vice du consentement, dans la mesure où l'élément déterminant du consentement constitue une condition d'existence du vice, la cause de nullité devrait toujours emporter nullité de l'acte dans sa globalité, **sauf** choix contraire de la victime du vice. **16940**

Dès lors qu'un acte est annulé dans son entier pour vice du consentement, aucune des clauses qu'il contient ne peut trouver à s'appliquer. Ainsi, le demandeur en nullité ne peut demander l'application de la **clause pénale** et l'agent immobilier ne peut obtenir la commission prévue au contrat, l'opération n'étant pas effective (Cass. 1e civ. 20-3-2007 n° 06-12.770). La demande en réparation du préjudice subi par la victime du vice, d'une part, et l'agent immobilier, d'autre part, ne peut donc se faire que par l'octroi de dommages-intérêts.

L'action tendant à obtenir **seulement l'annulation d'une clause** insérée dans l'acte authentique peut être jugée recevable. Ainsi, une clause mettant à la charge de l'acquéreur des travaux de copropriété peut être annulée si elle a été acceptée au moyen d'une réticence dolosive commise par les vendeurs (Cass. 3e civ. 15-2-2000 n° 98-15.750).

3. EFFETS DE LA NULLITÉ POUR VICE DU CONSENTEMENT

Le contrat annulé est censé n'avoir jamais existé (C. civ. art. 1178, al. 2). En conséquence, les **actes subséquents** dont la validité est conditionnée à la réalisation de la vente sont annulés de plein droit. En effet, lorsque l'exécution de plusieurs contrats est nécessaire à la réalisation d'une même opération et que l'un d'eux disparaît, sont caducs les contrats dont l'exécution est rendue impossible par cette disparition et ceux pour lesquels l'exécution du contrat disparu était une condition déterminante du consentement d'une partie. La caducité n'intervient toutefois que si le contractant contre lequel elle est invoquée connaissait l'existence de l'opération d'ensemble lorsqu'il a donné son consentement (C. civ. art. 1186, al. 3). **16960**

> **Précisions** Le prononcé de la nullité de l'acte de vente immobilière pour dol entraîne l'annulation de l'acte de **prêt immobilier** soumis aux articles L 313-1 et suivants du Code de la consommation, au motif que la convention principale ne peut avoir été conclue dans le délai de 4 mois fixé par l'article L 313-36 (Cass. 1e civ. 10-5-2005 n° 02-11.759 F-PB : RJDA 10/05 n° 1139).

RESTITUTIONS RÉCIPROQUES EN CAS D'ANNULATION DE L'ACTE

Les prestations exécutées donnent lieu à **restitution** dans les conditions prévues aux articles 1352 à 1352-9 du Code civil. **16962**

La restitution d'une chose autre que d'une somme d'argent a lieu en **nature** ou, lorsque cela est impossible, en **valeur**, estimée au jour de la restitution (C. civ. art. 1352). En cas de **destruction du bien**, par exemple, la partie qui ne peut pas restituer le bien doit s'acquitter du prix correspondant (Cass. 1e civ. 16-3-1999 n° 97-12.930 : Bull. civ. I n° 95, RJDA 5/99 n° 510). En matière de vente immobilière, par l'effet de la nullité, l'acquéreur et le vendeur sont donc astreints à restituer respectivement le bien acquis pour le premier et la somme perçue pour le second.

Celui qui restitue la chose répond des **dégradations et détériorations** qui en ont diminué la valeur, à moins qu'il ne soit de bonne foi et que celles-ci ne soient pas dues à sa faute (C. civ. art. 1352-1). Celui qui l'ayant reçue de bonne foi a vendu la chose ne doit restituer que le

prix de la vente. S'il l'a reçue de mauvaise foi, il en doit la valeur au jour de la restitution lorsqu'elle est supérieure au prix (C. civ. art. 1352-2).
La restitution inclut les **fruits** et la **valeur de la jouissance** que la chose a procurés. La valeur de la jouissance est évaluée par le juge au jour où il se prononce. Sauf stipulation contraire, la restitution des fruits, s'ils ne se retrouvent pas en nature, a lieu selon une valeur estimée à la date du remboursement, suivant l'état de la chose au jour du paiement de l'obligation (C. civ. art. 1352-3).
Celui qui a reçu de mauvaise foi doit les intérêts et les fruits qu'il a perçus à compter du paiement. Celui qui a reçu de bonne foi ne les doit qu'à compter du jour de la demande en restitution (C. civ. art. 1352-7). Les juges ne doivent pas se fonder sur la bonne ou mauvaise foi du vendeur mais sur la bonne ou mauvaise foi de l'acquéreur (Cass. 3e civ. 21-11-2019 n° 18-21.959 F-D : RJDA 2/20 n° 65, solution rendue au visa des anciens articles 547, 549 et 550 du Code civil mais transposable à l'article 1352-7 en vigueur).

INDEMNITÉ D'OCCUPATION EN CAS D'ANNULATION DE L'ACTE

16970 Le vendeur est bien fondé à réclamer une indemnité d'occupation à l'acquéreur, dès lors que ce dernier, par l'effet de l'annulation rétroactive, a occupé les lieux sans droit ni titre. La restitution doit en effet inclure la valeur de la jouissance que la chose a procurée (C. civ. art. 1352-3).
La restitution est **évaluée** par le juge au jour où il se prononce (C. civ. art. 1352-3). Celui qui a reçu de mauvaise foi doit la valeur de la jouissance à compter du paiement. Celui qui a reçu de bonne foi ne la doit qu'à compter du jour de la demande (C. civ. art. 1352-7).
Cette indemnisation n'empêche pas le propriétaire du bien de formuler une demande de dommages-intérêts dus au titre d'un **préjudice distinct**, telle la dépréciation du bien, et il devra prouver la faute de l'acquéreur, conformément aux règles en la matière (voir n° 16990). Par exemple, le vendeur peut être indemnisé lorsqu'il a été contraint de détruire ou de mettre en conformité des aménagements illicites réalisés par l'acheteur (CA Angers 9-3-2010 n° 06/150 : RJDA 10/10 n° 940). La dépréciation due à la vétusté n'emporte pas droit à réparation (Cass. 1e civ. 8-3-2005 n° 02-11.594 F-PB : RJDA 2/06 n° 126 ; dans le même sens, Cass. 3e civ. 6-11-2013 n° 12-21.108 FS-D : RJDA 3/14 n° 210).

REMBOURSEMENT DES DROITS FISCAUX EN CAS D'ANNULATION DE L'ACTE

16972 Les frais de publicité et de mutation payés par l'acquéreur ne peuvent pas être mis à la charge du vendeur dès lors qu'ils sont restituables par l'administration fiscale (Cass. 3e civ. 12-3-2003 n° 01-17.207 FS-PB : RJDA 7/03 n° 710 ; Cass. 3e civ. 8-4-2009 n° 07-20.706 FS-PB : RJDA 11/09 n° 948).

B. Indemnisation de la victime d'un vice du consentement

16990 Outre la nullité du contrat (ou au lieu et place de celle-ci), la victime du vice du consentement peut exercer une action en responsabilité délictuelle pour obtenir réparation de son préjudice (sur le choix entre l'action en nullité et l'action en responsabilité ou sur le cumul des deux actions, voir n° 16832).
Conformément au droit commun, la victime du vice du consentement devra rapporter la preuve d'un préjudice et d'une **faute** en rapport causal avec le préjudice (C. civ. art. 1240). En cas de dol ou de violence, le comportement qui a conduit les juges à prononcer la nullité constitue en lui-même une faute civile. Il faudra donc essentiellement rapporter la preuve d'un **préjudice** distinct, non réparé par l'annulation de la vente et la restitution du prix (Cass. com. 9-10-2007 n° 05-22.023 : RJDA 12/07 n° 1243 ; Cass. com. 12-7-2011 n° 10-19.297 : RJDA 11/11 n° 922). Par exemple, le vendeur d'un pavillon qui a dissimulé la présence d'amiante dans les murs et les cloisons, obligeant ainsi l'acheteur à procéder au désamiantage de l'immeuble, peut être condamné à verser des dommages-intérêts correspondant au coût des travaux de désamiantage (Cass. 3e civ. 16-3-2011 n° 10-10.503 FS-PB : BPIM 3/11 inf. 218). De même, l'acquéreur qui obtient l'annulation de la vente pour dol peut également obtenir l'indemnisation de son préjudice moral distinct de l'indemnité accordée sur le fondement de l'article 700 du Code de procédure civile (Cass. 3e civ. 5-3-2020 n° 18-26.124 F-D), ou de son préjudice financier résultant du paiement des frais de vente et de la commission de l'agence immobilière, de son préjudice de jouissance caractérisé par l'impossibilité de se reloger du fait de l'indisponibilité du prix de vente et de son préjudice moral constitué par l'obligation de continuer à habiter la maison malgré l'existence de désordres (Cass. 3e civ. 9-7-2013 n° 12-13.327 : RJDA 12/13 n° 972). En cas d'erreur, les fautes souvent invoquées consistent en un manquement à une obligation précontractuelle de renseignement insuffisant pour caractériser le dol. Par ailleurs, le préjudice doit être actuel et certain et pas seulement éventuel ou hypothétique (CA Rouen 7-4-2005 n° 03/4059 : RJDA 8-9/05 n° 985).

La victime doit diriger son **action en réparation** contre celui ou ceux par la faute du ou desquels le préjudice est arrivé. Ce peut être le cocontractant (Cass. 3e civ. 29-11-1968 : Gaz. Pal. 1969 p. 63 ; CA Aix 12-7-1979 : Bull. Aix 1979, 3, n° 192) ou un tiers, tel le rédacteur de l'acte qui aurait manqué à son devoir de conseil (CA Bordeaux 5-4-1994 : Juris-Data n° 1994-042770) ou encore l'expert qui aurait commis une faute (Cass. 1e civ. 7-11-1995 n° 93-11.418 : Bull. civ. I n° 401, RJDA 4/96 n° 478).
Lorsque **plusieurs fautes** ont contribué à la réalisation du préjudice, il y a lieu de demander la condamnation **in solidum** de toutes les personnes qui les ont commises.

> **Précisions a.** Même lorsque l'action en réparation est dirigée contre le cocontractant, elle est de **nature délictuelle** et non contractuelle car la faute commise par le cocontractant est préalable au contrat.
> **b.** Le vendeur condamné à payer des dommages-intérêts en réparation du préjudice résultant du dol qu'il a commis à l'égard des acquéreurs n'a pas de recours en garantie contre le **coauteur non fautif** du dommage. Ainsi, le vendeur qui tait l'existence d'un désagrément ne peut appeler en garantie celui qui est à l'origine de ce trouble dès lors que celui-ci n'a pas participé au dol (Cass. 3e civ. 22-11-2006 n° 05-16.719 FS-D : RJDA 5/07 n° 462).
> **c.** Le vendeur qui commet une **réticence dolosive** ayant conduit un diagnostiqueur à rendre un état parasitaire erroné n'est pas fondé à demander la garantie de ce professionnel (Cass. 3e civ. 19-11-2008 n° 07-17.880 FS-PB : RJDA 7/09 n° 621).

FAUTE D'UN TIERS

Lorsque le préjudice subi est dû à la faute d'un tiers, celui-ci sera généralement appelé en la cause. Il peut être condamné non seulement à **réparer le préjudice** distinct qui résulte de la nullité de l'acte, mais également à **garantir l'acquéreur** de la restitution du prix par le vendeur. Mais il y a lieu de bien distinguer l'obligation de garantir de l'obligation de réparer. **16994**
Les juridictions rappellent souvent que la restitution à laquelle un contractant est condamné à la suite de l'annulation d'un contrat ne constitue pas, par elle-même, un préjudice indemnisable (Cass. 1e civ. 28-3-1995 : JCP G 1995 IV, 1355 ; Cass. 1e civ. 14-10-1997 n° 95-19.083 : Bull. civ. I n° 275). Le tiers fautif qui a contribué à l'annulation d'un acte ne peut donc pas être condamné à payer le prix de vente.
Ainsi, un **acquéreur** ne peut pas obtenir la **condamnation du notaire** à lui verser des dommages-intérêts correspondant au montant du prix de la vente. Il peut en revanche demander à ce que l'officier public le garantisse de la restitution du prix par le vendeur en cas d'insolvabilité de celui-ci (Cass. 3e civ. 5-3-2020 n° 18-26.124 F-D ; Cass. 1e civ. 25-11-1997 n° 96-10.207 : Bull. civ. I n° 330 ; Cass. 1e civ. 1-6-1999 n° 97-14.063 P : Bull. civ. I n° 184, RJDA 12/99 n° 1313 ; Cass. 3e civ. 1-12-2004 n° 02-11.181 FS-D : RJDA 7/05 n° 797 ; Cass. 3e civ. 5-10-2011 n° 09-70.571 FS-D : RJDA 1/12 n° 52). Jugé dans le même sens à propos d'un agent immobilier (Cass. 1e civ. 28-6-2023 n° 21-21.181 FS-B : BPIM 4/23 inf. 282). Ce n'est que si le demandeur peut prouver l'existence d'un préjudice distinct qu'il lui sera octroyé des dommages-intérêts qui peuvent même, en certaines circonstances, s'élever au montant du bien (Cass. 1e civ. 12-12-1995 n° 93-21.076).
En ce qui concerne le **vendeur**, puisque par l'effet de la résolution du contrat le bien lui sera restitué par l'acquéreur, il est irrecevable à demander que le notaire le garantisse des sommes qu'il est tenu de restituer (Cass. 1e civ. 21-1-1997 n° 94-21.970 : Defrénois 1997 art. 36591 n° 83 obs. J.-L. Aubert ; Cass. 1e civ. 14-10-1997 n° 95-19.083 : Bull. civ. I n° 275 ; Cass. 1e civ. 27-2-2007 n° 05-21.677 F-PB : RJDA 7/07 n° 709). Là encore, ce n'est que s'il justifie d'un préjudice distinct indemnisable qu'il pourra obtenir réparation (Cass. 3e civ. 13-4-2005 n° 03-19.749 FS-D : RJDA 10/05 n° 1090).

> **Précisions** Si l'appelant en garantie a connaissance des éléments nécessaires pour apprécier l'opportunité d'une telle mise en cause, il doit la former dès la **première instance**. L'appel en garantie du notaire rédacteur de l'acte devant la cour d'**appel** est donc irrecevable si le litige n'a pas évolué depuis la première instance (Cass. 1e civ. 21-5-1996 n° 94-11.669).

TITRE IV

Objet du contrat : l'immeuble

CHAPITRE 1

VARIÉTÉ DES IMMEUBLES

SOMMAIRE

18000 Sont étudiés ici les différents types d'immeubles existants, qu'il s'agisse de leurs **caractéristiques physiques ou juridiques**, et les particularités qui en découlent pour leur vente (précautions à prendre, formalités à accomplir...).

SECTION 1

TERRAIN NON BÂTI

A. Terrain à bâtir en secteur diffus

CONSTRUCTIBILITÉ DU TERRAIN

18002 La constructibilité d'un terrain résulte notamment des **règles d'urbanisme** qui lui sont applicables (RNU, PLU, etc.). Pour connaître le contenu de celles-ci et vérifier ainsi que le terrain est bien constructible, on sollicite avant la vente la délivrance d'un certificat d'urbanisme.
Les **sujétions de droit privé** auxquelles est soumis le terrain peuvent également influencer sa constructibilité. Il en va ainsi, par exemple, des servitudes susceptibles de grever le bien acheté : servitude non ædificandi qui interdit de construire, servitude non altius tollendi qui impose une règle de hauteur maximale pour les constructions pouvant être édifiées, etc. Pour connaître l'existence de telles servitudes, on a recours aux déclarations et affirmations du vendeur, à la consultation et à l'examen des titres de propriété – titre immédiat et titres antérieurs – et à la demande d'un renseignement hypothécaire qui révélera les servitudes publiées au service chargé de la publicité foncière.
Concernant les **taxes forfaitaires** auxquelles peuvent être soumises les cessions de **terrains nus qui ont été rendus constructibles**, voir n°s 64000 s.
Sur la définition des terrains à bâtir en matière de **TVA**, voir n°s 60350 s.

DESCRIPTIF DU TERRAIN À BÂTIR

18004 Il s'agit d'un dispositif d'information de l'acquéreur visant à le protéger. Toute promesse unilatérale de vente ou d'achat, tout contrat réalisant ou constatant la vente d'un terrain indiquant l'intention de l'acquéreur de construire un **immeuble à usage d'habitation ou** à usage **mixte** d'habitation et professionnel sur ce terrain mentionne si le descriptif dudit terrain résulte d'un **bornage** (C. urb. art. L 115-4, al. 1). En d'autres termes, l'**acte** doit préciser si, oui ou non, le terrain vendu a fait l'objet d'un bornage, que celui-ci soit amiable ou judiciaire. Par ailleurs, si le terrain est situé dans un lotissement, issu d'une division effectuée à l'intérieur d'une ZAC ou issu d'un remembrement réalisé par une AFU, la mention du descriptif du terrain résultant du bornage doit figurer dans la promesse ou le contrat (C. urb. art. L 115-4, al. 2). À la différence de l'hypothèse précédente, ici, les parties ont l'obligation de recourir à un bornage.
En cas d'**absence** de l'une ou l'autre des **mentions prescrites**, l'acquéreur peut agir en nullité de la vente jusqu'à l'expiration d'un délai d'un mois à compter de la signature de l'acte authentique de vente. Toutefois, lorsque l'acte authentique comporte la mention requise, l'acquéreur ne peut plus agir en nullité sur ce fondement (C. urb. art. L 115-5).

En l'**absence de bornage**, le descriptif du terrain « indiquera le nom des confronts, la nature de la parcelle voisine (terre, pré, bois), les signes matériels existant sur les lieux (haies, arbres, fossés, clôtures, murs, etc.), et donnera un minimum d'information sur les présomptions de mitoyenneté, sur la nature des limites et la sécurité juridique du tracé de ces limites » (S. Pérignon, Le bornage des terrains à bâtir : Defrénois 2002 art. 37462). **18006**

Pour savoir si le terrain vendu a fait l'objet d'un **procès-verbal de bornage**, on sollicitera un **renseignement hypothécaire,** lequel révélera tout procès-verbal publié. Il est également possible d'interroger le fichier central Aurige, base de données créée par l'ordre des géomètres experts et qui a pour mission, notamment, de recenser l'ensemble des opérations de bornage réalisées sur le territoire français depuis janvier 2000 (cette consultation permettra d'avoir connaissance des procès-verbaux de bornage sous seing privé n'ayant pas fait l'objet d'une mesure de publicité foncière).

> **Précisions** La **définition du bornage** couramment retenue est l'opération qui consiste à déterminer, entre les propriétaires de deux propriétés contiguës, la ligne séparative de ces propriétés, et à marquer cette ligne par des signes extérieurs appelés « bornes ». Le **bornage** peut être **amiable ou judiciaire**. Dans le premier cas, il n'est soumis à aucune condition de forme ; toutefois, en pratique, un procès-verbal de bornage est établi par un géomètre expert et signé par toutes les parties concernées sans contestation ni réserve. Lorsqu'il résulte d'une décision judiciaire, le bornage prend la forme d'un procès-verbal dressé par le greffier du tribunal judiciaire puis signé par les parties ou, en cas de refus, homologué par le tribunal.

TERRAIN SITUÉ DANS UNE ZONE EXPOSÉE AUX MOUVEMENTS DE TERRAINS

Dans les zones exposées au phénomène de mouvement de terrain différentiel consécutif à la sécheresse et à la réhydratation des sols (terrain argileux notamment), le vendeur d'un terrain non bâti constructible doit fournir une **étude géotechnique préalable**, valable 30 ans si aucun remaniement du sol n'a été effectué (CCH art. L 132-4, L 132-5 et R 132-6) ; elle suit les mutations successives du terrain. L'objectif étant de sécuriser les constructions de maisons individuelles, l'étude n'est pas requise si les dispositions d'urbanisme interdisent dans le secteur leur réalisation. **18008**

Avant la conclusion de tout contrat ayant pour objet des travaux de construction ou la maîtrise d'œuvre d'un ou plusieurs immeubles à usage d'habitation ou à usage professionnel et d'habitation ne comportant pas plus de 2 logements, le maître de l'ouvrage doit transmettre cette étude au constructeur. Si elle n'est pas annexée au titre de propriété du terrain, le maître d'ouvrage doit fournir une étude équivalente ou une **étude géotechnique de conception** prenant en compte l'implantation et les caractéristiques du bâtiment. À la différence de l'étude géotechnique préalable, l'étude géotechnique de conception n'est valable que pour le projet en vue duquel elle a été réalisée. En cas de vente de l'ouvrage, les études géotechniques réalisées sont annexées à la promesse de vente ou, à défaut de promesse, à l'acte authentique de vente.

> **Précisions** **a.** Ne sont **pas concernés** par l'étude géotechnique les contrats ayant pour objet des travaux qui n'affectent pas les fondations ou la structure du bâtiment, l'écoulement des eaux ou les échanges thermiques entre le bâtiment et le terrain adjacent (CCH art. R 132-7). Il en est de même pour les contrats ayant pour objet des travaux relatifs à des extensions, y compris des vérandas et des garages, sous réserve que la superficie du projet soit inférieure à 20 m^2 et que la nouvelle construction soit désolidarisée du bâtiment existant (CCH art. R 132-7).
> **b.** La carte des **zones exposées** au phénomène de mouvement de terrain identifie 4 catégories de zones et l'obligation de fournir l'étude géotechnique ne concerne que les deux premières zones : les zones d'exposition forte et les zones d'exposition moyenne (CCH art. R 132-3). Elle est consultable sur le site www.georisques.gouv.fr.

Pour les permis de construire délivrés depuis le 1er janvier 2024, une **attestation « retrait-gonflement des argiles »** (RGA) doit être transmise à l'autorité ayant délivré le permis de construire, à l'achèvement des travaux de construction ou de rénovation (C. urb. art. L 462-4 ; CCH art. L 122-11, 3° et R 122-38 créé par le décret 2023-1173 du 12-12-2023 ; Arrêté TREL2326229A du 21-12-2023). Il s'agit d'un document qui, élaboré par un professionnel du bâtiment, justifie du respect des règles de prévention des risques liés aux terrains argileux. Dans le cas où survient un sinistre, ayant pour cause les mouvements de terrains consécutifs à la sécheresse et à la réhydratation des sols, le propriétaire doit justifier de la transmission de l'attestation RGE pour bénéficier de la garantie CatNat retrait-gonflement des sols pendant 10 ans à compter de la réception des travaux (C. ass. art. L 125-7). Les bâtiments construits sans permis sont exclus de la garantie (C. ass. art. L 125-7 créé par ord. 2023-78 du 8-2-2023). **18010**

Pour faciliter cette justification en cas de changement de propriétaire, l'attestation RGA doit être annexée à la **promesse de vente** ou à l'**acte authentique de vente** (CCH art. L 132-8). L'attestation reste annexée au titre de propriété du bien et suit les mutations successives de celui-ci.

B. Lot de lotissement

DÉFINITION

18060 Constitue un lotissement la division en propriété ou en jouissance d'une **unité foncière** ou de plusieurs unités foncières contiguës ayant pour objet de créer un ou plusieurs lots destinés à être bâtis (C. urb. art. L 442-1). En dehors d'exceptions précisément délimitées (C. urb. art. R 442-1), la procédure de lotissement est applicable dès le premier détachement.

> **Précisions a.** Le **périmètre du lotissement** comprend le ou les lots destinés à l'implantation de bâtiments ainsi que, s'ils sont prévus, les voies de desserte et les espaces communs à ces lots. Le maître d'ouvrage peut toutefois choisir d'inclure dans le périmètre du lotissement des parties déjà bâties de l'unité foncière ou des unités foncières concernées (C. urb. art. L 442-1-2).

b. Par dérogation à l'article L 442-1 du Code de l'urbanisme, pour mettre en œuvre les actions d'une **convention d'opération de revitalisation du territoire (ORT)**, un lotissement peut comprendre des unités foncières qui ne sont pas contiguës, lorsque l'opération d'aménagement garantit l'unité architecturale et paysagère des sites concernés et s'inscrit dans le respect des orientations d'aménagement et de programmation du plan local d'urbanisme (CCH art. L 303-2, III-al. 17). La délivrance d'un permis d'aménager sur des unités foncières non contiguës est également possible pour une opération d'aménagement prévue par un contrat de **projet partenarial d'aménagement** (C. urb. art. L 312-2-1).

AUTORISATION DE LOTISSEMENT

18062 Les lotissements relèvent soit d'un permis d'aménager, soit d'une déclaration préalable. Ils ne sont jamais dispensés de toute **formalité au titre du Code de l'urbanisme**. L'autorisation de lotir prend donc la forme d'un permis ou d'une décision de non-opposition à une déclaration.

18064 **Lotissement soumis à permis d'aménager** Seuls les lotissements comprenant la création de voies, d'espaces ou d'équipements communs, ou ceux situés dans un site classé ou en instance de classement, dans un site patrimonial remarquable ou dans les abords d'un monument historique sont soumis à permis d'aménager (C. urb. art. L 442-2 et R 421-19).

Toutes les divisions en vue de bâtir, même si elles consistent en un détachement d'un seul lot, sont ainsi soumises à permis d'aménager si le lotissement est situé dans un **site classé** ou en instance de classement, dans les **abords d'un monument historique** ou dans un périmètre de **site patrimonial remarquable**.

En dehors de ces espaces protégés, le lotissement est soumis à permis d'aménager dès lors qu'il y a création ou aménagement (élargissement, renforcement) de voies, d'espaces ou d'**équipements communs** à plusieurs lots et propres au lotissement. Les équipements pris en compte sont les équipements dont la réalisation est à la charge du lotisseur. Il y a donc lotissement soumis à permis d'aménager lorsqu'il y a travaux sur les équipements propres du lotissement, distincts des branchements qui seront des équipements propres à l'opération de construction sur chacun des lots.

18066 **Lotissement soumis à déclaration préalable** Les lotissements qui ne sont pas soumis à permis d'aménager doivent être précédés d'une déclaration préalable (C. urb. art. R 421-23). Le lotissement déclaré est donc un lotissement situé hors site classé ou en instance de classement ou site patrimonial remarquable ou abord d'un monument historique et un **lotissement sans travaux** relatifs à des voies, espaces ou équipements communs. Les seuls travaux nécessaires à la construction sur les lots seront des équipements propres à l'opération de construction sur les lots, c'est-à-dire les branchements, à la charge des constructeurs et non à celle du lotisseur.

PUBLICITÉ COMMERCIALE

18068 Toute publicité relative à la vente ou à la location de terrains situés dans un lotissement doit mentionner de manière explicite si le **permis d'aménager** a été ou non délivré **ou** si la **déclaration préalable** a ou non fait l'objet d'une opposition (C. urb. art. L 442-5).

Toute publicité postérieure au permis ou à la non-opposition à la déclaration doit préciser la date de la décision et mentionner que le dossier peut être consulté à la mairie. Cette publicité

ne doit comporter aucune indication non conforme à la décision et à ses prescriptions ou susceptible d'induire l'acquéreur en erreur sur les charges et conditions des ventes ou des locations imposées par le lotisseur (C. urb. art. L 442-6).
La publicité ici réglementée s'entend de toute **forme de publicité** : panneaux d'affichage, campagnes de sondage, etc. Cette règle s'applique aux lotissements communaux.

AVANT-CONTRAT DE VENTE

Lotissement soumis à permis d'aménager Aucune promesse de vente ou de location d'un terrain situé dans un lotissement ne peut être consentie et aucun acompte ne peut être accepté avant la **délivrance du permis d'aménager** (C. urb. art. L 442-4). À compter de la délivrance du permis d'aménager, le lotisseur peut consentir une **promesse de vente unilatérale spécifique** indiquant la consistance du lot, sa délimitation, son prix et son délai de livraison (C. urb. art. L 442-8). **18070**
En échange de l'immobilisation du lot, le lotisseur peut obtenir de l'acquéreur potentiel une **indemnité d'immobilisation** ne pouvant pas excéder 5 % du prix de vente (C. urb. art. R 442-12). Cette somme est versée sur un compte bloqué. Elle est indisponible, incessible et insaisissable jusqu'à la conclusion de la vente.
La promesse de vente ne devient définitive qu'après un **délai de rétractation** de 10 jours pendant lequel l'acquéreur a la possibilité de se rétracter par lettre recommandée avec demande d'avis de réception ou tout autre moyen offrant des garanties équivalentes. En cas de rétractation, les fonds sont restitués dans un délai de 21 jours à compter du lendemain de la date de cette rétractation. Même s'il ne se rétracte pas, l'acquéreur conserve la liberté de ne pas acquérir en abandonnant l'indemnité d'immobilisation. En effet, l'indemnité lui est restituée dans les 3 mois sauf si la vente n'est pas conclue de son fait alors que toutes les conditions de la promesse sont réalisées (C. urb. art. L 442-8).

Lotissement soumis à déclaration préalable En cas de lotissement soumis à déclaration préalable, le lotisseur peut consentir une promesse de vente avant l'**expiration du délai de réponse à la déclaration**. L'interdiction de conclure une promesse de vente ou de location d'un terrain situé dans un lotissement avant la délivrance du permis d'aménager (C. urb. art. L 442-4) ne concerne en effet, par hypothèse, que le permis d'aménager. **18072**
De même, les dispositions applicables aux lotissements soumis à permis d'aménager et qui imposent un **type d'avant-contrat** déterminé et accordent une **faculté de rétractation** à l'acquéreur ont été ici écartées (C. urb. art. L 442-4 et L 442-8). La vente du lot est ainsi soumise au **droit commun de la vente** de terrain.

CONSEIL
On prendra soin d'insérer dans l'avant-contrat une condition suspensive de non-opposition à la déclaration préalable. Dans le cas d'une promesse unilatérale de vente, la levée d'option ne pourra intervenir qu'après l'obtention de cette décision de non-opposition.

Précautions rédactionnelles communes Qu'il s'agisse d'un lotissement soumis à permis d'aménager ou à déclaration préalable, la promesse de vente sera le plus souvent conclue sous deux **conditions suspensives** : **18073**
– l'une, de l'absence de recours contre l'autorisation de lotir (permis d'aménager ou décision de non-opposition à déclaration préalable) ;
– l'autre, de l'obtention d'un permis de construire purgé du recours des tiers et du droit de retrait de l'autorité administrative l'ayant délivré.

DESCRIPTIF DU LOT

Dès lors que le terrain est situé dans un lotissement et que l'acquéreur envisage d'y construire un immeuble à usage d'habitation ou à usage mixte d'habitation et professionnel, le **bornage** est obligatoire et la mention du descriptif du terrain résultant de celui-ci doit être inscrite dans la promesse de vente et dans la vente (C. urb. art. L 115-4, al. 2) ; voir n°s 18004 s. **18074**
Question : l'obligation de mention du bornage s'applique-t-elle uniquement lors de la (première) vente du lot consentie par le lotisseur (en ce sens, S. Pérignon, Le bornage des terrains à bâtir : Defrénois 2002 art. 37462) ou doit-elle s'étendre, le cas échéant, à la **revente** du lot à un sous-acquéreur ? Si la seconde option devait être retenue, l'obligation persiste-t-elle lorsque le lotissement a plus de 10 ans et que ses règles d'urbanisme sont caduques (n° 18100) ? En l'absence de jurisprudence significative ayant tranché la question, la prudence commande de reprendre le descriptif du bornage chaque fois que cela est possible.

> **Précisions** Le descriptif du terrain résultant d'un simple **piquetage** sous la mention « bornage » de l'acte de vente suffit. En l'espèce, les documents d'arpentage et de piquetage ont été annexés à l'acte qui comportait la description des limites du terrain (Cass. 3e civ. 30-6-2016 no 15-20.623 FS-PB : BPIM 4/16 inf. 265).

ACTE DE VENTE

18076 Le fait de vendre ou louer des terrains, bâtis ou non, sans avoir obtenu le permis d'aménager, sans s'être conformé aux obligations de déclaration préalable ou sans avoir respecté les prescriptions imposées par le permis ou la décision sur la déclaration est **sanctionné pénalement** et **le contrat** peut être **annulé** (C. urb. art. L 480-4-1 et L 480-15).
L'interdiction de vendre ou de louer avant le permis d'aménager est absolue et vise même les **ventes sous condition suspensive**. En revanche, comme on le verra ci-après, il peut être dérogé, dans certains cas, à l'interdiction de commercialiser les lots avant l'exécution des travaux imposés au lotisseur.

18078 **Vente avant tout ou partie des travaux** Lorsque le **permis d'aménager** le prévoit et que le lotisseur justifie d'une garantie d'achèvement des travaux, les ventes peuvent intervenir avant tout ou partie des travaux imposés au lotisseur (C. urb. art. R 442-13, b). Le permis doit fixer la date limite au-delà de laquelle le garant devra intervenir si les travaux ne sont pas achevés.
Cette **garantie d'achèvement** des travaux est donnée par une banque, un établissement financier ou une société de caution mutuelle constituée conformément aux dispositions des articles L 515-4 s. du Code monétaire et financier. L'engagement du garant est un contrat privé qui relève des juridictions de l'ordre judiciaire (CA Reims 17-5-1995 : Gaz. Pal. 1996 som. p. 39). Cette intervention peut prendre la forme (C. urb. art. R 442-14) :
– soit d'une ouverture de crédit par laquelle celui qui l'a consentie s'oblige à avancer au lotisseur ou à payer pour son compte les sommes nécessaires à l'achèvement des travaux, cette convention devant stipuler au profit des futurs attributaires de lots le droit d'en exiger l'exécution ;
– soit d'une convention aux termes de laquelle la caution s'oblige envers les futurs attributaires de lots, solidairement avec le lotisseur, à payer les sommes nécessaires à l'achèvement des travaux.

18080 **Vente avant les travaux de finition** Pour éviter la **dégradation des voies** durant l'édification des constructions, le lotisseur peut, sur sa demande, être autorisé à différer la réalisation du revêtement définitif des voies, l'aménagement des trottoirs et la pose de leurs bordures, les équipements qui dépendent de ces trottoirs et les plantations prescrites. Cette autorisation est de droit, dès lors que les conditions légales sont remplies.
Cette autorisation est subordonnée à l'engagement de terminer les travaux dans les délais fixés par le permis de lotir et à la **consignation** à cette fin, en compte bloqué, d'une somme équivalant à leur coût fixé par le permis. Le déblocage de la somme consignée peut être autorisé, au fur et à mesure de l'avancement des travaux (C. urb. art. R 442-13, a). La consignation peut être remplacée par une garantie d'achèvement conforme à l'article R 442-14.
Les collectivités publiques sont dispensées de cette consignation.

CONSTRUCTIBILITÉ DU LOT

18084 **Date de délivrance du permis de construire** Le **permis de construire** peut être accordé sur les lots (C. urb. art. R 442-18) :
– soit à compter de l'**achèvement des travaux** d'aménagement constaté et déclaré par l'aménageur ;
– soit à compter de la délivrance de l'autorisation de procéder à la vente ou à la location des lots **avant exécution des travaux**, à condition que les équipements desservant le lot soient achevés. L'acquéreur doit alors joindre à la demande de permis de construire un certificat du lotisseur attestant, sous sa responsabilité, l'achèvement de ces équipements ;
– soit, dès la **délivrance du permis d'aménager**, sous réserve que le permis de construire ne soit mis en œuvre que lorsque les équipements desservant le lot seront achevés. Cette dernière possibilité n'est toutefois ouverte que si la construction projetée n'est pas une maison individuelle au sens de l'article L 231-1 du CCH (en pratique, cela concerne donc essentiellement les lotissements commerciaux ou artisanaux).
Cet encadrement spécifique de la délivrance du permis de construire sur un lot de lotissement ne concerne que les **lotissements soumis à permis d'aménager** (C. urb. art. R 442-18, al. 1).

Conformité aux règles du lotissement De manière plus générale, le permis de construire ne peut être délivré que dans le respect de la **réglementation** des lotissements **et** des **documents approuvés du lotissement** : permis d'aménager, déclaration préalable, règlement de lotissement, plan de division parcellaire (CE 8-11-1995 n° 89646 : Dr. adm. 1995 n° 792). En revanche, le **cahier des charges**, document purement privé, ne s'impose pas au permis de construire. 18085

Stabilisation des droits à construire Le permis de construire sur un lot de lotissement ne peut être refusé ou assorti de prescriptions spéciales sur le fondement de dispositions d'urbanisme nouvelles intervenues dans un **délai de 5 ans** suivant (C. urb. art. L 442-14) : 18086
– la date de la **non-opposition à déclaration**, lorsque le lotissement a fait l'objet d'une déclaration préalable ;
– la date de délivrance du permis d'aménager et jusqu'au terme du délai de 5 ans qui suit la constatation de l'**achèvement des travaux**, lorsque le lotissement a fait l'objet d'un permis d'aménager.

Toutefois, les dispositions résultant des modifications des documents du lotissement en application des articles L 442-10, L 442-11 et L 442-13 du Code de l'urbanisme sont opposables.

Cette « **cristallisation** » des règles d'urbanisme à la date de l'autorisation de lotir s'applique aux demandes de permis de construire (la date du récépissé de dépôt en mairie faisant foi) intervenues avant l'expiration du délai de 5 ans à compter de la date d'achèvement du lotissement c'est-à-dire, à compter de la réception, par l'administration, de la déclaration attestant l'achèvement et la conformité des travaux (DACT) du lotissement (CE 19-7-2017 n° 396775 : BPIM 5/17 inf. 330).

L'**annulation**, totale ou partielle, ou la **déclaration d'illégalité du document d'urbanisme** pour un « motif étranger » aux règles d'urbanisme applicables au lotissement n'empêche pas l'application des règles au vu desquelles le permis d'aménager a été accordé ou la décision de non-opposition a été prise (C. urb. art. L 442-14, dernier al.).

Lorsque ce **délai** de 5 ans est **expiré** à la date de la demande de permis de construire, le permis est délivré conformément aux règles en vigueur au moment où la décision est prise.

Surface de plancher maximale autorisée La surface de plancher maximale autorisée sur le périmètre d'un lotissement ne peut pas être supérieure à celle qui résulte de l'application des règles de densité du document d'urbanisme à la totalité du terrain faisant l'objet de l'autorisation de lotir. Cette surface de plancher maximale peut être répartie librement entre les différents lots, soit par l'autorité compétente à l'occasion de la délivrance du permis d'aménager, soit par le lotisseur lors de la vente des lots (Fich. tech. loi Alur, Effet de la suppression du COS dans les quartiers de lotissement : min. logement, mai 2014). 18088

Le dispositif antérieur à la **loi Alur** du 24 mars 2014 – qui a supprimé le **coefficient d'occupation des sols** dans les PLU (voir n° 22190) – était le suivant. Lorsqu'un coefficient d'occupation des sols était applicable, la surface de plancher maximale autorisée dans le lotissement ne pouvait pas être supérieure à celle qui résultait de l'application de ce COS à la totalité du terrain faisant l'objet de la demande d'autorisation de lotir (y compris les voiries et autres espaces collectifs). Elle pouvait être répartie librement entre les différents lots soit par l'autorité compétente à l'occasion de la délivrance du permis d'aménager, soit par le lotisseur à l'occasion de la vente ou de la location des lots, que l'autorisation de lotir résulte d'un permis ou d'une déclaration. En l'absence de répartition par l'autorité compétente ou le lotisseur, la surface de plancher maximale autorisée pour chaque lot résultait de l'application du COS à la superficie de chaque lot (C. urb. art. R 442-9 et R 442-10). Ce dispositif reste applicable pour les lotissements qui ont été autorisés avant l'entrée en vigueur de la loi Alur.

Ce dispositif reste également applicable si le lotissement est situé dans une zone couverte par un POS maintenu en vigueur (voir n° 22030), ce dernier n'étant pas concerné par la suppression du COS.

DOCUMENTS DU LOTISSEMENT

Lors de la signature de la promesse ou de l'acte de vente, le **permis d'aménager et** le **cahier des charges** – s'il en a été établi un – doivent être remis à l'acquéreur après lui avoir été préalablement communiqués (C. urb. art. L 442-7). 18090

Si le lotissement prévoit des équipements communs, il convient également de donner à l'acquéreur les **statuts de l'association syndicale** à laquelle seront dévolus la propriété, la gestion et l'entretien de ces équipements et des terrains y afférents jusqu'à leur transfert éventuel dans le domaine d'une personne morale de droit public.

> **Précisions a.** L'aménageur joint à la demande d'autorisation de lotir un projet de **règlement** s'il envisage d'apporter des compléments aux règles d'urbanisme en vigueur (C. urb. art. R 442-6, a).
b. Le **cahier des charges**, document purement contractuel, a pour **objet** d'organiser la vie collective au sein du lotissement en déterminant les droits et obligations régissant les rapports des colotis entre eux. Ses clauses, qui engagent les colotis entre eux pour ce qui y est indiqué, prévalent sur les stipulations contraires des actes individuels de vente (Cass. 3e civ. 17-6-2009 n° 06-19.347 : BPIM 5/09 inf. 348).
c. L'**adhésion à une association syndicale** libre se forme par le consentement du propriétaire, exprimé par écrit (Ord. 2004-632 du 1-7-2004 art. 7, al. 1). En matière de lotissement, l'adhésion de l'acquéreur résulte le plus souvent d'une mention de l'acte de vente en ce sens.

REVENTE DU LOT

18092 **Bornage** Sur le descriptif du lot revendu et sa soumission ou non au bornage, voir n° 18074.

18094 **Information de l'acquéreur** Lors de la revente du lot, les différents **documents du lotissement** (règlement, cahier des charges, statuts de l'association syndicale, etc.) doivent être remis à l'acquéreur.
Dès lors que le bien vendu dépend d'un lotissement existant et qu'une association syndicale fonctionne depuis quelque temps déjà, il est indispensable, afin d'assurer l'information et la protection de l'acquéreur, de se préoccuper de la **situation financière du vendeur** à l'égard de l'association. À l'occasion des formalités préalables à l'acte de vente, le notaire adressera au président de l'association une demande de renseignements sur l'état du compte du vendeur, les travaux en cours et les procédures éventuellement engagées.

CONSEIL
Les références des différents documents du lotissement (date, numéro de délivrance, mentions de publication...) doivent d'abord être recherchées dans le **titre de propriété** du vendeur. À défaut, il conviendra de solliciter un **état hypothécaire** sur la (les) parcelle(s) d'origine du lotissement afin d'obtenir la « fiche générale » du lotissement, seule habile à révéler les mentions recherchées (J.-M. Delpérier et J.-D. Roché, Les règles d'urbanisme applicables à la revente d'un bien dépendant d'un lotissement : Defrénois 2003 art. 37735).

18096 **Formalités** Si une association syndicale a été constituée, un **avis de mutation** doit lui être adressé par lettre recommandée avec demande d'avis de réception par le notaire qui a reçu l'acte dans les 15 jours de la date du transfert de propriété (Ord. 2004-632 du 1-7-2004 art. 3, al. 3, renvoyant aux conditions prévues à l'article 20 de la loi 65-557 du 10-7-1965 fixant le statut de la copropriété des immeubles bâtis). L'association peut alors faire opposition sur le paiement du prix de vente (voir n° 18098).
Par ailleurs, la mutation du lot inclus dans le périmètre d'une association syndicale doit faire l'objet d'une **notification** au président de l'association qui tient à jour l'état nominatif des propriétaires d'immeubles inclus dans son périmètre ainsi que le plan parcellaire (Ord. 2004-632 du 1-7-2004 art. 4, al. 1). Bien que le texte soit muet quant aux forme et délai de notification, le notaire sera bien avisé d'y procéder par lettre recommandée avec demande d'avis de réception, au même moment que l'avis de mutation.

CONSEIL
L'avis de mutation et la notification étant deux **formalités indépendantes** l'une de l'autre, elles seront effectuées, par **précaution**, de manière séparée (deux lettres recommandées différentes).

18098 **Paiement des charges** La question suppose que le lotissement soit pourvu d'une association syndicale.
En cas de vente du lot, les **provisions versées** par le vendeur pour travaux votés restent acquises à l'association et celles pour travaux éventuels lui sont restituées (Cass. 3e civ. 30-6-1998 n° 96-18.819). Cette situation peut, au demeurant, être réglée par les statuts.
Les associations syndicales bénéficient de la **procédure d'opposition** prévue par l'article 20 de la loi du 10 juillet 1965 relative à la copropriété, en cas de vente de lot par un propriétaire resté débiteur de l'association (Ord. 2004-632 du 1-7-2004 art. 3). Sur le régime de l'opposition en matière de copropriété, voir nos 19040 s.
Le système de l'**hypothèque légale** qui existe au profit des syndics de copropriété a également été étendu aux associations syndicales (Ord. 2004-632 du 1-7-2004 art. 6). Les conditions d'inscription et de mainlevée de cette hypothèque sont celles prévues par le droit de la copropriété (nos 19812 s.).

En revanche, contrairement à ce qui est prévu pour les créances du syndicat des copropriétaires (nos 19920 s.), il n'existe pas d'**hypothèque légale spéciale** au profit de l'association syndicale.

> **Précisions a.** Une **clause de solidarité entre acheteur et vendeur** d'un lot peut valablement figurer dans les statuts de l'association syndicale (CA Reims 14-11-1995 : Administrer juin 1996 p. 41).
> **b.** Lorsqu'une **association syndicale autorisée** (ASA) n'a pas été informée d'une mutation de propriété dans les conditions légales (n° 18096), l'ancien propriétaire inscrit sur les rôles demeure redevable, à ce titre, des redevances ainsi mises à sa charge (CE 13-11-2013 n° 340304, Sté Icade promotion logement : BPIM 1/14 inf. 43).

LOTISSEMENT ANCIEN

Les **règles d'urbanisme contenues dans les documents du lotissement** (notamment règlement, cahier des charges approuvé ou clauses de nature réglementaire d'un cahier des charges non approuvé) deviennent caduques au terme de 10 années à compter de la délivrance de l'autorisation de lotir si, à cette date, le lotissement est couvert par un PLU ou un document d'urbanisme en tenant lieu (C. urb. art. L 442-9, al. 1). 18100

Lorsqu'une majorité de colotis avait demandé le maintien de ces règles au-delà de 10 ans comme ils en avaient la possibilité avant la loi Alur du 24 mars 2014, elles cessent de s'appliquer dès l'adoption d'un PLU ou d'un document d'urbanisme en tenant lieu (C. urb. art. L 442-9, al. 2).

Règles concernées par la caducité Pour l'application de l'article L 442-9 dans sa rédaction antérieure à la loi Alur du 24 mars 2014, les « **règles d'urbanisme** » concernées par la règle de caducité étaient celles que contenaient les documents approuvés du lotissement et qui pouvaient figurer dans le règlement d'un PLU : destination des constructions autorisées, règles de distance, de hauteur, clôtures, plantations (Rép. Péricard : AN 8-6-1992 p. 2570 n° 46361) ou encore clause relative au nombre maximal de lots (CE avis 24-7-2019 n° 430362 : BPIM 5/19 inf. 323). 18105

Le **plan de division parcellaire** faisait également partie des règles d'urbanisme qui cessaient de s'appliquer lorsqu'il avait été approuvé par l'autorité administrative (CE Avis 5-7-1991 n° 124072, Caussieu : JO 23-7 ; CE 8-11-1995 n° 89646).

Ces solutions restent à notre avis applicables.

Spécificités du cahier des charges Sous l'empire des dispositions antérieures à la loi du 24 mars 2014, les règles qui figuraient dans le cahier des charges, approuvé ou non par l'autorité administrative, n'étaient pas remises en cause par la caducité automatique (Cass. 3e civ. 31-3-2010 n° 09-10.024 : Constr.-urb. 2010 comm. n° 84). Elles conservaient toujours entre les colotis un **caractère contractuel** et subsistaient au-delà des 10 ans (Cass. 3e civ. 11-1-1995 n° 92-15.732 : Bull. civ. III n° 13), même s'il s'agissait de règles d'urbanisme (Cass. 3e civ. 12-2-1997 n° 95-11.599 : Bull. civ. III n° 34 ; Cass. 3e civ. 11-2-1998 n° 96-16.819 : Dr. et patrimoine juin 1998 p. 76). 18110

Désormais, les **règles d'urbanisme contenues dans le cahier des charges** sont expressément soumises au principe de caducité (C. urb. art. L 442-9, al. 1). L'ensemble du cahier des charges est concerné s'il a été approuvé. En revanche, le nouveau texte ne vise que les « clauses de nature réglementaire » en cas de cahier des charges non approuvé. Le juge devra préciser le sens exact de cette expression. Aux termes des travaux parlementaires, l'objectif est d'« imposer au juge judiciaire de ne plus considérer en bloc le cahier des charges d'un lotissement comme un document de droit privé mais à faire la distinction, parmi ces clauses, entre celles qui relèvent du droit privé et celles qui relèvent du droit public » (Rapport Sén. n° 65, t. I, déposé le 9-10-2013). Pour le ministère, ces clauses de droit public sont celles qui portent sur l'application du droit des sols (Débats AN 13-9-2013, 2e séance, discussion de l'amendement 1097). La Cour de cassation a jugé qu'une clause relative à la hauteur des haies n'avait pas de nature réglementaire (Cass. 3e civ. 12-7-2018 n° 17-21.081 FS-PBI). Au contraire, une clauses imposant la réalisation de maisons individuelles ou fixant des règles de retrait par rapport aux voies publiques est de nature réglementaire (CAA Lyon 7-7-2020 n° 18LY04001 : BPIM 5/20 inf. 311).

Par ailleurs, est maintenue la règle selon laquelle ce dispositif ne remet pas en cause « les droits et obligations régissant les rapports entre colotis définis dans le cahier des charges du lotissement, ni le mode de gestion des parties communes » (C. urb. art. L 442-9, al. 3). L'**essence contractuelle** du cahier des charges dicte, aujourd'hui comme hier, la solution. L'administration peut toutefois, après enquête publique et délibération du conseil municipal, modifier le cahier des charges pour le mettre en concordance avec le document d'urbanisme localement applicable ou bien, si une majorité qualifiée des colotis le demande ou l'accepte, modifier les documents du lotissement dans le respect de la réglementation d'urbanisme (C. urb. art. L 442-11 ; C. urb. art. L 442-10 ; CE avis 24-7-2019 n° 430362 : BPIM 5/19 inf. 323).

> **Précisions** À la demande d'une majorité des colotis ou s'ils l'acceptent, l'administration peut, en suivant la **procédure de l'article L 442-10**, modifier le cahier des charges pour le rendre compatible avec la réglementation locale d'urbanisme. Mais cette procédure ne permet pas de modifier des clauses étrangères au droit de l'urbanisme et intéressant les seuls colotis (Cons. const. 19-10-2018 nº 2018-740 QPC : BPIM 6/18 inf. 398). Ces clauses-là pourraient être modifiées avec l'accord unanime des colotis ou dans les conditions fixées par le cahier des charges (Rép. Kasbarian : AN 9-7-2019 p. 6515 nº 19752) ou encore dans les conditions fixées par les statuts de l'ASL adoptés à l'unanimité des colotis (Cass. 3ᵉ civ. 27-6-2019 nº 18-14.003 FS-PBI : BPIM 4/19 inf. 243).

SECTION 2 IMMEUBLE BÂTI

18150 L'immeuble bâti est évoqué ici pour mémoire, tant les particularités matérielles ou juridiques susceptibles d'en affecter la vente sont diverses. On voudra donc bien se reporter à chacune des **études spécifiques** qui lui sont consacrées (par exemple, concernant l'immeuble neuf, voir nº 20110, l'immeuble avec ascenseur, voir nº 20286, les diagnostics techniques à effectuer sur le bâtiment, voir nºˢ 21240 s., etc.).

S'agissant de la vente d'une **maison**, les points à examiner sont notamment :
- la situation du terrain au regard du droit de l'urbanisme (existence d'un lotissement ou d'une zone opérationnelle, servitudes d'utilité publique...) ;
- l'état du sol et du sous-sol ;
- l'existence de servitudes de droit privé ;
- les droits de préemption ouverts au profit des collectivités publiques (droit de préemption urbain, droit de préemption des ZAD...) et de certains particuliers ou organismes privés (locataire d'habitation, fermier, Safer...) ;
- les règles sanitaires (diagnostics plomb, amiante...), techniques (termites, plomb, électricité...) et environnementales (état des risques naturels et technologiques, diagnostic de performance énergétique, plan pluriannuel de travaux, assainissement...) ;
- la date et l'état de la construction, les travaux postérieurs effectués, les éléments d'équipement de la maison (chaudière, cuisine aménagée...) ;
- l'existence d'une piscine ;
- les contrats portant sur le bien vendu (bail, contrat d'affichage...) ;
- les sûretés prises sur l'immeuble (hypothèque, privilège).

SECTION 3 LOT DE COPROPRIÉTÉ

I. GÉNÉRALITÉS

A. Champ d'application du statut de la copropriété

IMMEUBLES CONCERNÉS PAR LE STATUT DE LA COPROPRIÉTÉ

18200 **Copropriété à titre obligatoire** Le statut de la copropriété s'applique aux **immeubles bâtis** dont la propriété est répartie entre plusieurs personnes auxquelles il permet d'avoir des droits privatifs dans la structure irréductiblement collective et indivisible du bâtiment et de son sol. Cette répartition de la propriété s'exprime par la division de l'immeuble en lots, comprenant chacun une partie privative et, de manière indissociable, une quote-part des parties communes (Loi 65-557 du 10-7-1965 art. 1, al. 1).

L'application du statut suppose que l'immeuble soit bâti et que la propriété des lots soit répartie entre **au moins deux personnes** différentes (Cass. 3e civ. 12-1-2011 n° 09-13.822 : BPIM 2/11 inf. 142). Le régime de la copropriété ne peut pas s'appliquer à un terrain non bâti ; mais il est possible qu'un terrain non bâti, tel un emplacement de stationnement, constitue un lot d'une copropriété. Le statut s'applique également aux **groupes d'immeubles** bâtis dont la propriété est divisée par lots comprenant chacun une partie privative et une quote-part de parties communes (Loi 65-557 du 10-7-1965 art. 1, al. 1).

Le lot peut être un **lot transitoire**, formé d'une partie privative constituée d'un droit de construire précisément défini quant aux constructions qu'il permet de réaliser, et d'une quote-part de parties communes correspondante (Loi 65-557 du 10-7-1965 art. 1, al. 3).

> **Précisions** La **réunion de tous les lots** entre les mains d'un même copropriétaire entraîne de plein droit la disparition de la copropriété et la dissolution du syndicat, qui ne survit que pour les besoins de sa liquidation (Cass. 3e civ. 4-7-2007 n° 06-11.015 : Bull. civ. III n° 121).

Copropriété à défaut d'organisation différente Le régime de la copropriété a également vocation à régir (Loi 65-557 du 10-7-1965 art. 1) : 18202

– tout **immeuble ou groupe d'immeubles** bâtis à destination totale autre que d'habitation dont la propriété est répartie par lots entre plusieurs personnes ;

– tout **ensemble immobilier** qui, outre des terrains, des volumes, des aménagements et des services communs, comporte des parcelles ou des volumes, bâtis ou non, faisant l'objet de droits de propriété privatifs.

Dans les deux cas, la liberté contractuelle est la règle, sous réserve que soit mise en place une organisation conventionnelle qui réponde à plusieurs exigences : elle doit déroger expressément à la loi de 1965, disposer de la personnalité morale et être suffisamment structurée pour permettre la gestion des éléments communs.

Le statut de la copropriété n'est cependant pas adapté aux ensembles immobiliers importants. La rigidité de ses règles contrarie les possibilités d'évolution, et il est très difficile d'obtenir les majorités requises par la loi pour la prise des décisions, d'où l'intérêt d'opter pour un mode d'organisation différent lorsque celui-ci est possible. La loi ne définit pas « l'organisation différente » qu'il est possible d'adopter dans le cas des ensembles immobiliers. Ce pourra être une union de syndicats, une association syndicale, une association foncière urbaine, voire une société civile, ou encore, plus simplement, une convention de gestion des éléments communs aux divers immeubles (Cass. 3e civ. 28-11-2001 n° 00-14.539 : Bull. civ. III n° 138). Cette dernière solution suppose que ces éléments soient peu nombreux et que les modalités de leur gestion ne soient pas, a priori, évolutives.

ATTENTION

Lorsque des **immeubles**, groupes d'immeubles et ensembles immobiliers sont déjà **régis par la loi du 10 juillet 1965**, l'unanimité des voix de tous les copropriétaires composant le syndicat est nécessaire pour qu'ils puissent être soumis à une **organisation différente** (Loi 65-557 du 10-7-1965 art. 1, II-dernier al.).

COPROPRIÉTÉ HORIZONTALE

Certains ensembles immobiliers composés de **maisons individuelles** sont régis par un règlement de copropriété faisant expressément référence à la loi 65-557 du 10 juillet 1965. Le terme de « copropriété pavillonnaire » est parfois utilisé pour désigner ce type d'ensembles. Il est généralement attaché à chaque maison la jouissance privative d'une partie du terrain d'assiette de l'ensemble qui forme une partie commune. 18204

Le recours à la copropriété pour organiser ce type d'opération est critiqué car la division du sol en propriété ou en jouissance relève de la **réglementation des lotissements** (C. urb. art. L 442-1), et le choix du statut de la copropriété est le plus souvent dicté par la volonté de s'en affranchir. Certains montages, non moins controversés, attribuent à chaque lot la propriété privative d'une construction et une quote-part du sol de l'ensemble immobilier, sans aucune attribution privative de surface, afin d'éviter la critique de la division en jouissance du sol. Il n'y a pas d'obstacle en revanche à ce qu'une copropriété soit réalisée au sein d'un lotissement, sur l'un de ses lots, à condition que la construction soit compatible avec les règles du lotissement. Les deux réglementations se superposent alors.

DIVISION EN VOLUMES DE L'IMMEUBLE

La propriété d'un immeuble peut faire l'objet d'une division différente de celle qui résulte de la copropriété. Il s'agit de la division en volumes distincts, définis en **trois dimensions** de manière 18206 horizontale et verticale par référence à des cotes de niveaux exprimées par rapport au nivellement général de la France, système dit « orthométrique » (cotes NGF). Voir nos 19980 s.

> **Précisions** Il n'y a pas de copropriété dans le cas d'un ensemble immobilier divisé en volumes qui ne comporte **pas de parties communes** (Cass. 3e civ. 8-9-2010 no 09-15.554 : BPIM 6/10 inf. 484). Cette exclusion du statut de la copropriété tient non pas à l'existence d'une organisation différente au sens de l'article 1 alinéa 4 de la loi du 10 juillet 1965 mais à l'hétérogénéité et à l'indépendance des volumes.

DIVISIONS EN COPROPRIÉTÉ INTERDITES

18208 Certains immeubles ne sont pas divisibles. La vente de lots issus d'une division interdite serait irrégulière.

S'agissant des **immeubles concernés**, est interdite, qu'elle soit en propriété ou en jouissance, qu'elle résulte de mutations à titre gratuit ou onéreux, de partage ou de locations (CCH art. L 126-17 et L 126-21) :

– toute division par appartements d'immeubles qui sont frappés d'une interdiction d'habiter, ou d'un arrêté de mise en sécurité ou de traitement de l'insalubrité, ou comportent pour le quart au moins de leur superficie totale des logements loués ou occupés classés dans la catégorie IV visée par la loi 48-1360 du 1er septembre 1948. La division d'un immeuble bâti ou d'un groupe d'immeubles bâtis, entre plusieurs personnes, par lots comprenant chacun une partie privative et une quote-part de parties communes est néanmoins autorisée lorsqu'il s'agit d'y réaliser des travaux de restauration immobilière déclarés d'utilité publique en application de l'article L 313-4 du Code de l'urbanisme ;

– toute division d'immeuble en vue de mettre à disposition des locaux à usage d'habitation d'une superficie et d'un volume habitables inférieurs respectivement à 14 m^2 et à 33 m^3 (les installations ou pièces communes mises à disposition des locaux à usage d'habitation nés de la division n'étant pas comprises dans le calcul de la superficie et du volume de ces locaux) ou qui ne sont pas pourvus d'une installation d'alimentation en eau potable, d'une installation d'évacuation des eaux usées ou d'un accès à la fourniture de courant électrique, ou qui n'ont pas fait l'objet de diagnostics amiante et risque de saturnisme (CSP art. L 1311-1 et L 1334-5) ; la création de lots privatifs par individualisation des « chambres de bonne » est néanmoins possible même si ces locaux ont une surface ou un volume inférieurs respectivement à 14 m^2 et 33 m^3 pour les locaux à usage d'habitation (Cass. 3e civ. 3-6-2021 no 20-16.777 FS-P : BPIM 4/21 inf. 272) ;

– toute division par appartements d'immeuble de grande hauteur à usage d'habitation ou à usage professionnel ou commercial et d'habitation dont le contrôle exercé par la commission de sécurité a donné lieu à un avis défavorable de l'autorité compétente ou à des prescriptions qui n'ont pas été exécutées.

18210 **Sanction** Les personnes qui mettent en vente, en location ou à la disposition d'autrui des locaux destinés à l'habitation et provenant d'une division réalisée en méconnaissance des interdictions définies ci-dessus sont punies d'un emprisonnement de 2 ans et d'une amende de 75 000 € (CCH art. L 183-15, al. 1).

Les **personnes physiques** encourent également la peine complémentaire d'interdiction, pour une durée de 5 ans au plus, d'exercer une activité professionnelle ou sociale dès lors que les facilités que procure cette activité ont été sciemment utilisées pour préparer ou commettre l'infraction. Cette interdiction n'est toutefois pas applicable à l'exercice d'un mandat électif ou de responsabilités syndicales (CCH art. L 183-15, al. 2).

Les peines encourues par les **personnes morales** sont (CCH art. L 183-15, al. 3) :

– le quintuple de l'amende ;

– des peines complémentaires d'interdiction d'exercice, de fermeture d'établissement, de confiscation et de publicité de la décision.

B. Division de l'immeuble

PARTIES PRIVATIVES ET PARTIES COMMUNES

18260 **Parties privatives** Sont privatives les parties des bâtiments et des terrains réservées à l'**usage exclusif** d'un copropriétaire déterminé. Les parties privatives sont la propriété exclusive de chaque copropriétaire (Loi 65-557 du 10-7-1965 art. 2).

Les parties privatives sont généralement l'intérieur des locaux, les murs non porteurs, les enduits et revêtements de sol et muraux, les ouvrants, portes et fenêtres, les équipements intérieurs tels que les appareils sanitaires et de chauffage...

Parties communes Sont communes les parties des bâtiments et des terrains affectées à l'**usage** ou à l'utilité **de tous** les copropriétaires ou de plusieurs d'entre eux (Loi 65-557 du 10-7-1965 art. 3). La loi répute parties communes, dans le silence ou la contradiction des titres : 18262
- le sol, les cours, les parcs et jardins, les voies d'accès ;
- le gros œuvre des bâtiments, les éléments d'équipement commun, y compris les parties de canalisations y afférentes qui traversent des locaux privatifs ;
- les coffres, gaines et têtes de cheminées ;
- les locaux des services communs ;
- les passages et corridors ;
- tout élément incorporé dans les parties communes.

Sont réputés **droits accessoires** aux parties communes, dans le silence ou la contradiction des titres (Loi 65-557 du 10-7-1965 art. 3, al. 3) :
- le droit de surélever un bâtiment affecté à l'usage commun ou comportant plusieurs locaux qui constituent des parties privatives différentes, ou d'en affouiller le sol ;
- le droit d'édifier des bâtiments nouveaux dans les cours, parcs ou jardins constituant des parties communes ;
- le droit d'affouiller de tels cours, parcs ou jardins ;
- le droit de mitoyenneté afférent aux parties communes ;
- le droit d'affichage dans les parties communes ;
- le droit de construire afférent aux parties communes.

Qualification Les dispositions légales définissant les parties privatives et les parties communes sont supplétives de volonté. Le **règlement de copropriété** énonce généralement par voie d'énumération détaillée les deux catégories de parties de l'immeuble de manière suffisamment précise pour éviter toute incertitude sur la qualification. 18264

Si un problème de qualification se posait néanmoins, il conviendrait d'appliquer les **critères légaux** (Loi 65-557 du 10-7-1965 art. 2 et 3) et de rechercher si la partie d'immeuble est à l'usage exclusif d'un copropriétaire ou bien affectée à l'usage de tous les copropriétaires ou de plusieurs d'entre eux (Cass. 3e civ. 30-3-2010 n° 09-14.229 : BPIM 3/10 inf. 236 ; Cass. 3e civ. 9-7-2020 n° 19-14.368 F-D : BPIM 5/20 inf. 332), quand bien même ils n'en ont pas l'utilité (Cass. 3e civ. 8-2-2024 n° 22-24.119 : BPIM 2/24 inf. 132).

En pratique, les difficultés de qualification concernent souvent les balcons et terrasses, les combles, les locaux ou les surfaces accessibles uniquement par un local privatif... Mais, s'il résulte des stipulations du règlement de copropriété que les balcons sont privatifs, il n'est pas nécessaire de se référer aux dispositions supplétives des articles 2 et 3 de la loi du 10 juillet 1965 pour déterminer leur nature commune ou privative (Cass. 3e civ. 7-1-2021 n° 19-19.459 FS-P, Synd. copr. 24 rue Montpensier : BPIM 2/21 inf. 138).

Parties communes à usage privatif Le **règlement de copropriété** peut prévoir qu'une partie commune est à usage privatif ou exclusif d'un copropriétaire, ou que ce copropriétaire en a la jouissance exclusive. La loi **Élan** a consacré ce droit de jouissance privative, créé par la pratique et admis de longue date par la jurisprudence en le définissant comme les parties communes « affectées à l'usage ou à l'utilité exclusifs » d'un lot, rédaction qui doit permettre une certaine souplesse pour la constitution des parties communes à jouissance privative (Loi 65-557 du 10-7-1965 art. 6-3). Il peut s'agir d'une terrasse ou d'une toiture-terrasse, d'un espace de terrain au droit d'un lot de rez-de-chaussée... 18266

La partie de l'immeuble soumise à jouissance privative appartient indivisément à tous les copropriétaires et demeure une partie commune dont la charge incombe en principe à la copropriété, sauf à tenir compte des stipulations du règlement de copropriété qui peuvent imposer au copropriétaire l'**entretien ou** certaines **réparations** (par exemple, l'entretien des dalles d'une terrasse).

L'existence de parties communes à jouissance privative est subordonnée à leur mention expresse dans le règlement de copropriété (Loi 65-557 du 10-7-1965 art. 6-4). L'obligation de faire figurer dans le règlement de copropriété les mentions relatives aux parties communes à jouissance privative s'appliquent aux immeubles mis en copropriété **après le 1er juillet 2022** (Loi Élan 2018-1021 du 23-11-2018 art. 209, II modifié par loi 3DS 2022-217 du 21-2-2022 art. 89).

Pour les immeubles mis en copropriété **avant le 1er juillet 2022** et dont le règlement de copropriété ne mentionne pas les parties communes à jouissance privative existantes, le syndic doit inscrire à l'ordre du jour de chaque assemblée générale des copropriétaires la question de l'inscription de cette mention dans le règlement de copropriété. Cette décision est prise à la majorité de l'article 24 (majorité des voix exprimées des copropriétaires présentés, représentés ou ayant voté par correspondance).

L'absence de mention relative à ces questions dans les règlements de copropriété est sans conséquence sur l'existence de ces droits, ce qui devrait permettre d'écarter le risque de remise en cause des droits acquis par les copropriétaires en cas de non-mise en conformité des règlements de copropriété (Rapport AN 4721 p. 348).

> **Précisions a.** La **cession** par un copropriétaire à un autre de **tout ou partie du droit de jouissance exclusif** d'une partie commune attaché à son lot nécessite l'accord de l'assemblée générale (Cass. 3e civ. 17-12-2013 n° 12-23.670 : BPIM 1/14 inf. 51). A contrario, la cession d'un droit de jouissance privatif non attaché à un lot ne nécessite pas l'autorisation préalable du syndicat.
>
> **b.** Des **aménagements à l'exclusivité de la jouissance** sont possibles. Ainsi, la clause du règlement de copropriété qui prévoit que le titulaire d'un droit de jouissance privatif sur une terrasse devra laisser un passage suffisant pour préserver l'accès à une galerie marchande et à la piscine aux autres copropriétaires doit être respectée (Cass. 3e civ. 24-10-2019 n° 18-21.202 F-D : BPIM 6/19 inf. 416).

18268 **Parties communes spéciales à certains copropriétaires** Certaines parties communes peuvent être à l'usage ou à l'utilité non pas de tous les copropriétaires mais de certains d'entre eux (Loi 65-557 du 10-7-1965 art. 3). La création, par le règlement de copropriété, de parties communes spéciales, définies comme celles affectées à l'usage et à l'utilité de plusieurs copropriétaires (Loi 65-557 du 10-7-1965 art. 6-2) est utile lorsque la copropriété comprend des **bâtiments distincts** (par exemple, un bâtiment à usage de logements et un bâtiment de parkings) **ou** des **éléments d'équipement** qui ne desservent que certains locaux, tel un ascenseur.

L'existence de parties communes spéciales est subordonnée à leur **mention expresse** dans le **règlement de copropriété** (Loi 65-557 du 10-7-1965 art. 6-4). L'obligation de faire figurer dans le règlement de copropriété les mentions relatives aux parties communes spéciales (Loi 65-557 du 10-7-1965 art. 1 et 6-4) s'appliquent aux immeubles mis en copropriété **après le 1er juillet 2022** (Loi Élan 2018-1021 du 23-11-2018 art. 209, II modifié par loi 3DS 2022-217 du 21-2-2022 art. 89).

Pour les immeubles mis en copropriété **avant le 1er juillet 2022** et dont le règlement de copropriété ne mentionne pas les parties communes spéciales existantes, le syndic doit inscrire à l'ordre du jour de chaque assemblée générale des copropriétaires la question de l'inscription de cette mention dans le règlement de copropriété. Cette décision est prise à la majorité de l'article 24 (majorité des voix exprimées des copropriétaires présentés, représentés ou ayant voté par correspondance).

L'absence de mention relative à ces questions dans les règlements de copropriété est sans conséquence sur l'existence de ces droits, ce qui devrait permettre d'écarter le risque de remise en cause des droits acquis par les copropriétaires en cas de non-mise en conformité des règlements de copropriété (Rapport AN 4721 p. 348).

> **ATTENTION**
>
> La **répartition des charges** doit tenir compte de l'existence de ces parties communes spéciales : seuls les copropriétaires intéressés doivent supporter les charges correspondantes. Il en est de même des décisions concernant ces parties communes : seuls doivent y participer les copropriétaires titulaires (Loi 65-557 du 10-7-1965 art. 6-2 ; Cass. 3e civ. 1-6-2022 n° 21-16.232 FS-B : BPIM 4/22 inf. 315 ; Cass. 3e civ. 6-4-2023 n° 22-10.722 F-D : BPIM 3/23 inf. 205).

DROITS ET OBLIGATIONS DES COPROPRIÉTAIRES

18270 Chaque copropriétaire dispose des **parties privatives** comprises dans son lot (Loi 65-557 du 10-7-1965 art. 9, al. 1). Des restrictions à l'absolutisme du droit de propriété et des prérogatives qui en découlent normalement sont toutefois justifiées par le cadre collectif dans lequel s'exerce ce droit, telles que celles tenant (Loi 65-557 du 10-7-1965 art. 9, I et II) :
– à l'exigence de ne pas porter atteinte aux droits des autres copropriétaires ;
– au respect de la destination de l'immeuble ;
– à la nécessité de travaux si les circonstances l'exigent.

18272 Chaque copropriétaire use et jouit librement des **parties communes** sous la condition de ne porter atteinte ni aux droits des autres copropriétaires ni à la destination de l'immeuble (Loi 65-557 du 10-7-1965 art. 9, I-al. 1). Les restrictions aux droits de chacun sont justifiées par l'existence des droits concurrents des autres copropriétaires.

Outre ces principes généraux, le règlement de copropriété peut détailler plus ou moins précisément les conditions d'usage des parties communes ou des éléments d'équipements communs.

ATTENTION
Lorsqu'une partie commune est réservée à la **jouissance privative** d'un lot (nº 18266), le copropriétaire a des droits de nature exclusive. Il n'en reste pas moins tenu de respecter les droits des autres copropriétaires et la destination de l'immeuble. C'est ainsi qu'un copropriétaire ne peut pas réaliser une construction sur un jardin ou sur une terrasse dont il a la jouissance privative.

En cas d'**indivision**, les indivisaires, qui ont des droits concurrents et égaux sur le bien indivis, doivent être représentés par un mandataire commun qui est, à défaut d'accord, désigné par le président du tribunal judiciaire à la requête de l'un d'entre eux ou du syndic (Loi 65-557 du 10-7-1965 art. 23, al. 2). **18274**

En cas d'**usufruit**, et en l'absence d'accord entre le nu-propriétaire et l'usufruitier, les intéressés sont, à défaut d'accord, représentés par le nu-propriétaire. Celui-ci a en effet vocation à recouvrer à terme la pleine propriété du bien, tandis que l'usufruitier n'est titulaire que d'un droit de jouissance, par nature, temporaire. Le nu-propriétaire ne peut rien faire qui nuise à la jouissance de l'usufruitier (C. civ. art. 599, al. 1). En cas de pluralité de nus-propriétaires, le mandataire commun est, à défaut d'accord, désigné par le président du tribunal judiciaire saisi par l'un d'entre eux ou par le syndic, qui statue selon la procédure accélérée au fond (Loi 65-557 du 10-7-1965 art. 23, al. 3).

La désignation judiciaire d'un mandataire commun se fait aux frais des indivisaires ou des nus-propriétaires concernés.

Dans les **autres hypothèses de démembrement** du droit de propriété, à défaut d'accord, les intéressés sont représentés par le propriétaire. Il s'agit notamment des lots grevés d'un droit d'usage et d'habitation réglementé par les articles 625 et suivants du Code civil.

Le choix du mandataire commun pourra être opéré dans l'acte de vente lui-même ou dans un acte séparé, antérieur ou postérieur. L'indication de ce mandataire commun doit figurer dans la notification de la vente adressée par le notaire au syndic (Décret 67-223 du 17-3-1967 art. 6, al. 2) ; voir nos 18980 s.

Un indivisaire peut représenter une indivision sans mandat écrit, notamment lorsqu'il est l'époux de son coïndivisaire (Cass. 3e civ. 12-5-2016 nº 15-12.575 : BPIM 3/16 inf. 198).

C. État descriptif de division et règlement de copropriété

GÉNÉRALITÉS

Le règlement de copropriété et l'état descriptif de division sont des **actes distincts**, pourtant fréquemment confondus. **18320**

RÈGLEMENT DE COPROPRIÉTÉ

Le règlement de copropriété a pour **objet** : **18322**

– de déterminer la destination des parties tant privatives que communes et les conditions de leur jouissance (Loi 65-557 du 10-7-1965 art. 8, al. 1) ;
– de fixer, sous réserve des dispositions de la loi du 10 juillet 1965 et de son décret d'application, les règles relatives à l'administration des parties communes (Loi 65-557 du 10-7-1965 art. 8, al. 1) ;
– de fixer la quote-part afférente à chaque lot dans chacune des catégories de charge (Loi 65-557 du 10-7-1965 art. 10, al. 3), en indiquant les éléments pris en considération et la méthode de calcul permettant de fixer les quotes-parts de parties communes et la répartition des charges (Loi 65-557 du 10-7-1965 art. 10, al. 4) ;
– de déterminer les règles de fonctionnement et les pouvoirs des assemblées générales, dans le respect des dispositions impératives de la loi (Loi 65-557 du 10-7-1965 art. 22) ;
– d'énumérer les parties communes spéciales et celles à jouissance privative (Loi 65-557 du 10-7-1965 art. 8, al. 1) ;
– de définir les différentes catégories de charges et de distinguer celles afférentes à la conservation de l'immeuble, celles relatives au fonctionnement et à l'entretien de chacun des éléments d'équipement commun et celles entraînées par chaque service collectif (Décret 67-223 du 17-3-1967 art. 1, al. 2).

Outre l'**état descriptif de division**, il peut également comporter la ou les conventions par lesquelles un copropriétaire ou un tiers se réserve l'exercice d'un **droit accessoire** : droit d'édifier, droit de mitoyenneté (Décret 67-223 du 17-3-1967 art. 2).

S'agissant de la **forme**, le règlement de copropriété est impérativement établi en la forme authentique (C. civ. art. 710-1). Il peut, dans des circonstances exceptionnelles, résulter d'une décision judiciaire relevant de la compétence du tribunal judiciaire (Décret 67-223 du 17-3-1967 art. 3). Aucun règlement ne peut, après la naissance de la copropriété, être adopté sans avoir été voté par une assemblée générale ou homologué par le tribunal judiciaire. L'établissement d'un règlement de copropriété par un notaire désigné par un juge-commissaire n'est pas suffisant (Cass. 3e civ. 22-3-2018 no 17-16.449 : BPIM 3/18 inf. 209).

ÉTAT DESCRIPTIF DE DIVISION

18324 L'état descriptif de division est un document technique distinct du règlement de copropriété, dont l'**objet** est la définition des lots pour les besoins de leur identification au regard des règles de la publicité foncière (Décret 55-22 du 4-1-1955 art. 7, al. 3).

L'état descriptif de division peut être matériellement inclus dans le **règlement de copropriété** (Loi 65-557 du 10-7-1965 art. 8 ; Décret 67-223 du 17-3-1967 art. 2, al. 1), mais le règlement doit alors être rédigé de manière à éviter toute confusion entre ses différentes parties (Décret 67-223 du 17-3-1967 art. 3, al. 2). La distinction entre le règlement de copropriété et l'état descriptif de division a une réelle portée, notamment au regard de la notion de destination de l'immeuble, la nature contractuelle étant reconnue au premier mais déniée au second (no 18450).

Etabli distinctement du règlement de copropriété, l'état descriptif de division doit, comme lui, être obligatoirement établi en la forme authentique pour être publié au fichier immobilier (C. civ. art. 710-1).

> **Précisions** Contrairement au règlement de copropriété, document contractuel, l'état descriptif de division établi pour les besoins de la publicité foncière est en principe un **document non contractuel** (Cass. 3e civ. 8-7-1992 no 90-11.578 : Bull. civ. III no 241 ; Cass. 3e civ. 8-4-2014 no 13-11.633), et ce même s'il est inclus dans le règlement de copropriété (Cass. 3e civ. 3-6-1998 no 96-20.142 : Loyers et copr. 1998 comm. no 226). Le juge a donc le pouvoir de rectifier une erreur matérielle de numérotation des lots figurant dans l'état descriptif de division (Cass. 3e civ. 22-3-2018 no 17-14.168 FS-PBI : BPIM 3/18 inf. 210). Toutefois, lorsque l'état descriptif de division, auquel le règlement de copropriété a conféré une **valeur contractuelle**, est plus précis que le règlement de copropriété lui-même, ses dispositions priment sur celles du règlement (Cass. 3e civ. 6-7-2017 no 16-16.849 FS-PBI : BPIM 5/17 inf. 351).

DÉSIGNATION DES LOTS DE COPROPRIÉTÉ

18326

Formule pouvant être utilisée indifféremment dans l'avant-contrat ou dans l'acte authentique afin de désigner le(s) lot(s) vendu(s)

Désignation

Dans un immeuble soumis au régime de la copropriété situé commune de..., rue..., édifié sur un terrain cadastré section... n° ... pour... m²,

Le lot numéro..., consistant en :

Un appartement de trois pièces principales situé au troisième étage, composé de : séjour, deux chambres, cuisine, salle de bains, cellier, W.-C.,

Et... millièmes (.../1 000es) de la propriété du sol et des parties communes.

Et le lot numéro..., consistant en :

Un garage particulier au sous-sol,

Et... millièmes (.../1 000es) de la propriété du sol et des parties communes.

Ces lots sont identifiés en l'acte contenant état descriptif de division reçu par Me ..., notaire à..., publié au service chargé de la publicité foncière de..., le..., volume..., n° ...

Ajouter s'il y a lieu : Cet acte a été modifié suivant acte reçu par Me ..., notaire à..., publié au service chargé de la publicité foncière le..., volume..., n° ...

DIFFICULTÉS PRATIQUES

18328 Il arrive qu'au stade de l'avant-contrat de vente, le **local vendu** ne soit **pas encore identifié** par un numéro de lot par référence à un état descriptif de division et que la quote-part de parties communes attachée aux locaux privatifs vendus ne soit pas déterminée. C'est le cas notamment lorsqu'un propriétaire d'immeuble vend une fraction de celui-ci, circonstance entraînant une mise en copropriété, ou lorsque le syndicat des copropriétaires vend un local qui constitue une partie commune (par exemple, des combles ou une ancienne loge de concierge), et que l'état descriptif de division n'a pas encore été établi ou modifié. La question se pose alors de savoir si la vente est parfaite, alors que son objet, dans sa composante que représentent les droits dans le sol et les parties communes, n'est pas déterminé.

À cette question, la jurisprudence apporte des **réponses divergentes**. La perfection d'une vente de combles à un copropriétaire a été constatée, alors pourtant que le nouveau lot, constitué d'une partie commune et d'une quote-part des parties communes n'était pas encore créé, les juges considérant que l'objet de la vente était déterminable (Cass. 3e civ. 10-9-2008 n° 07-16.858 : Bull. civ. III n° 131). À l'inverse, la réalisation forcée de la vente par son propriétaire du premier étage d'un chalet a été refusée, la quote-part dans la propriété du sol et dans les parties générales n'étant pas indiquée dans l'acte ; cet élément étant essentiel pour les parties, la vente n'était pas parfaite en l'absence de détermination suffisante de l'objet du contrat (Cass. 3e civ. 11-2-2009 n° 07-20.237 : Bull. civ. III n° 37). Circonstance particulière de l'espèce : le terrain d'assiette de l'immeuble était de 1 400 m^2, de sorte que la détermination de la quote-part des parties communes représentait un enjeu important. Une décision plus récente valide une vente de locaux, alors que le règlement de copropriété n'a pas été préalablement établi, dès lors que les lots sont individualisés (Cass. 3e civ. 17-11-2010 n° 10-11.287 : BPIM 1/11 inf. 45).

En cas de divergence entre les mentions de l'acte de vente d'un lot et le règlement de copropriété, ce dernier prévaut (Cass. 3e civ. 7-7-2010 n° 09-13.498 : BPIM 6/10 inf. 485).

CONSEIL

Il ne sera pas toujours possible ni souhaité par les parties de suspendre la concrétisation de leur accord à l'intervention du géomètre pour identifier le lot vendu (délai plus ou moins long...). Le vendeur ne voudra peut-être pas supporter le coût de l'intervention de ce professionnel, alors que la vente est encore incertaine en raison de l'existence de conditions suspensives ou d'un droit de rétractation. Il est suggéré dans ce cas d'établir **dans l'avant-contrat** une description précise des locaux privatifs et des éventuelles parties communes à jouissance privative. La convention précisera également que les parties communes seront déterminées par le géomètre selon les critères posés par l'article 5 de la loi du 10 juillet 1965 et que cette détermination au stade de l'avant-contrat n'est pas déterminante du consentement des parties.

II. OPPOSABILITÉ DU RÈGLEMENT DE COPROPRIÉTÉ, DE L'ÉTAT DESCRIPTIF DE DIVISION ET DE LEURS MODIFICATIFS

OPPOSABILITÉ AUX AYANTS CAUSE À TITRE PARTICULIER

L'opposabilité est assurée par les règles de la **publicité foncière**. Ce n'est qu'à compter de leur **18380**
publication au fichier immobilier que le règlement de copropriété et ses modificatifs éventuels sont opposables aux ayants cause à titre particulier des copropriétaires (Loi 65-557 du 10-7-1965 art. 13). Les ayants cause à titre particulier des copropriétaires sont les acquéreurs, les adjudicataires, les donataires, les échangistes et les légataires particuliers.

Il résulte de ces règles qu'une **clause modificative** du règlement **non publiée** au service chargé de la publicité foncière ne peut pas être opposée à un ayant cause à titre particulier d'un copropriétaire qui a acquis son lot postérieurement à cette modification.

ATTENTION

La **publication** du règlement de copropriété au service chargé de la publicité foncière est **obligatoire** (Décret 55-22 du 5-1-1955 art. 35-6°). Il en est de même de l'état descriptif de division (Décret 55-22 du 5-1-1955 art. 7, al. 3). Leurs modificatifs doivent également être publiés.

OPPOSABILITÉ SPÉCIALE À L'ACQUÉREUR DU LOT

L'opposabilité du règlement de copropriété et de ses modificatifs à l'acquéreur de lot résultera **18382**
en principe de leur publication au fichier immobilier dans les conditions de droit commun, l'acquéreur étant un ayant cause à titre particulier du copropriétaire (voir n° 18380).

Par ailleurs, tout acte de vente d'un lot doit mentionner expressément que l'acquéreur a eu préalablement connaissance du règlement de copropriété, de l'état descriptif de division et de leurs modificatifs (Décret 67-223 du 17-3-1967 art. 4, al. 1 et 2). Cette **mention expresse dans l'acte**, si elle indique en outre que l'acquéreur a adhéré aux obligations qui résultent de ces actes et modificatifs, les lui rend opposables alors même qu'ils n'auraient pas été publiés (Décret 67-223 du 17-3-1967 art. 4, al. 3). À défaut de la double mention prescrite, l'opposabilité ne saurait résulter de la preuve que l'acquéreur avait connaissance des actes intéressant la copropriété et de leurs modificatifs.

> **Précisions a.** La **remise préalable** à l'acquéreur du règlement de copropriété, de l'état descriptif et de leurs modificatifs incombe au vendeur, à qui ces actes ont en principe été communiqués lors de sa propre acquisition. À défaut, elle doit être assurée par le notaire, celui-ci devant transmettre à l'acquéreur toutes informations lui permettant d'apprécier la consistance de l'objet de la vente ainsi que l'étendue de ses droits et obligations.
> **b.** L'obligation pour le vendeur de remettre à l'acquéreur l'état descriptif de division, le règlement de copropriété et leurs modificatifs peut également dériver de l'**obligation de délivrance** des accessoires de la chose vendue (C. civ. art. 1615), cette notion d'accessoire comprenant en général les documents administratifs se rattachant à l'objet de la vente. La particularité tient ici au fait que cette remise est préalable à la signature de l'acte de vente.
> **c.** Les **frais** parfois engagés pour obtenir les copies des actes auprès du service chargé de la publicité foncière ou du notaire rédacteur lorsque le vendeur ne peut pas les produire sont généralement imputés à ce dernier et non à l'acquéreur, à qui cette remise est due.
> **d.** Doivent obligatoirement être **communiqués à l'acquéreur** l'état descriptif de division, le règlement de copropriété et s'il y a lieu, leurs modificatifs en cas de vente d'un lot ou une fraction de lot ou de cession d'un droit réel immobilier relatif à un lot ou une fraction de lot d'un immeuble bâti à usage total ou partiel d'habitation et soumis au statut de la copropriété (CCH art. L 721-2 ; voir n°s 18790 s.).

18384 **Conseils de rédaction de l'acte** La mention dans l'acte de la connaissance préalable par l'acquéreur doit correspondre strictement à la réalité ; il ne peut en aucun cas s'agir d'une **clause de style** ou d'une formule systématiquement insérée dans les actes, sans égard à la réalité des faits.

L'acte fera la **liste précise** des actes et pièces dont l'acquéreur a eu connaissance : état descriptif de division et règlement de copropriété, qui font souvent l'objet d'un même acte, et modificatifs s'il y a lieu.

Lorsque l'état descriptif de division et le règlement de copropriété n'auront pas été publiés au fichier immobilier – c'est souvent le cas lorsque la **vente** intervient **immédiatement après la mise en copropriété** de l'immeuble – ou qu'un modificatif sera intervenu sans être publié, l'acte précisera non seulement que l'acquéreur en a eu préalablement connaissance (ce qui assure son information), mais également qu'il a adhéré aux obligations qui en résultent (ce qui assure l'opposabilité des documents à son égard).

Le rédacteur qui omet de donner communication à l'acquéreur des actes intéressant la copropriété, alors que ceux-ci ont été publiés, engage sa **responsabilité** si l'acquéreur apporte la preuve que l'ignorance d'une clause, bien que cette dernière lui soit opposable, lui a causé un préjudice.

OPPOSABILITÉ AU LOCATAIRE

18386 L'acquéreur ou le propriétaire d'un lot de copropriété qui le destine à la location doit se préoccuper du respect par son locataire des obligations résultant du règlement de copropriété, lesquelles peuvent avoir une incidence sur les **conditions de jouissance** du lot et des parties communes.

La manière la plus évidente de rendre le règlement de copropriété opposable au locataire est de lui en donner connaissance lors de la conclusion du bail et de l'obliger au respect des dispositions qu'il contient concernant l'utilisation du lot et des parties communes. Cette information est d'ailleurs obligatoire lorsque le local est loué à usage d'**habitation principale** ou à usage mixte professionnel ou d'habitation principale (Loi 89-462 du 6-7-1989 art. 3, al. 14). Dans ce cas, le copropriétaire bailleur est tenu de communiquer au locataire les extraits du règlement de copropriété concernant la destination de l'immeuble, la jouissance et l'usage des parties privatives et communes et précisant la quote-part afférente au lot loué dans chacune des catégories de charges. Ces extraits du règlement de copropriété sont communiqués par voie dématérialisée, sauf opposition explicite de l'une des parties au contrat.

Indépendamment des règles de la publicité foncière (le locataire n'est pas un tiers au sens de celles-ci), le règlement de copropriété est à notre avis opposable au locataire qui ne peut pas s'y soustraire au motif que le bailleur ne lui en aurait pas donné connaissance. Un arrêt semble toutefois remettre en cause cette opinion : le **locataire** qui n'a **pas été informé** par le bailleur de l'existence d'une copropriété ne peut se voir reprocher un manquement à son règlement (Cass. 3e civ. 3-3-2004 n° 02-14.396 : Bull. civ. III n° 47). D'où l'intérêt pour le copropriétaire bailleur de s'assurer que l'activité de son locataire est compatible avec les dispositions du règlement de copropriété, et de porter à sa connaissance l'existence du règlement et son contenu.

III. DESTINATION DE L'IMMEUBLE EN COPROPRIÉTÉ

GÉNÉRALITÉS

Chaque copropriétaire dispose des parties privatives comprises dans son lot ; il use et jouit librement des parties privatives et des parties communes sous la condition de ne porter atteinte ni aux droits des autres copropriétaires ni à la destination de l'immeuble (Loi 65-557 du 10-7-1965 art. 9, al. 1). Le règlement de copropriété ne peut imposer aucune restriction aux droits des copropriétaires en dehors de celles qui seraient justifiées par la destination de l'immeuble, telle qu'elle est définie aux actes, par ses caractères ou sa situation (Loi 65-557 du 10-7-1965 art. 8, al. 2). **18440**

La notion de destination de l'immeuble est centrale en matière de copropriété. Tantôt elle **justifie les restrictions** que peut imposer le règlement de copropriété aux droits des copropriétaires, tantôt elle **protège les copropriétaires**, en encadrant précisément les limites qui peuvent leur être opposées dans l'exercice des prérogatives de leur droit de propriété.

La destination de l'immeuble traduit un équilibre entre les aspirations de la collectivité des copropriétaires et l'absolutisme de principe du droit de propriété du copropriétaire.

NOTION DE DESTINATION DE L'IMMEUBLE

Ni la loi du 10 juillet 1965, ni son décret d'application du 17 mars 1967 ne donnent de définition de la notion de destination. **18442**

La destination de l'immeuble est une notion complexe qui peut être définie comme l'usage auquel les **caractéristiques de l'immeuble** le désignent, compte tenu de données volontaires (stipulations des actes fondateurs de la copropriété – état descriptif de division et surtout règlement de copropriété – sur l'affectation des parties privatives et communes, et les conditions d'usage de celles-ci) et de données de fait, soit intrinsèques (caractéristiques techniques de l'immeuble : qualité des matériaux, standing, configuration matérielle des locaux), soit extrinsèques (situation de l'immeuble dans un quartier plus ou moins résidentiel).

Une **clause du règlement** de copropriété fixe généralement la destination de l'immeuble : il y sera par exemple indiqué que l'immeuble est « à usage d'habitation » ou « à usage mixte de commerce et d'habitation », ou encore « à usage d'unité de retraite » ou de « résidence pour personnes âgées ».

Les différents éléments qui concourent à définir la destination de l'immeuble doivent être en **cohérence** les uns par rapport aux autres : le règlement de copropriété ne pourrait pas, par exemple, contenir de sévères restrictions d'usage fondées sur un niveau de standing de l'immeuble contredit par les caractéristiques physiques de l'immeuble ou par son environnement.

La destination de l'immeuble est définie avec un **degré de précision** variable selon la rigueur et la qualité rédactionnelle des actes (état descriptif de division et règlement de copropriété) ainsi que les caractéristiques physiques et environnementales du bâtiment. La cohérence de ces différentes composantes contribue à cette précision. Plus la destination de l'immeuble sera clairement et nettement définie, plus il sera aisé pour le copropriétaire ou l'acquéreur d'apprécier si l'utilisation du lot qu'il envisage est possible ou non. **18444**

La destination de l'immeuble peut connaître une **évolution dans le temps.** Si les dispositions du règlement de copropriété sont intangibles, sauf modifications décidées par l'assemblée des copropriétaires, les caractéristiques de l'immeuble peuvent évoluer, notamment sa qualité technique ou son état qui peut se dégrader, entraînant une baisse de son standing. De la même façon, l'environnement de l'immeuble peut changer et devenir, par exemple, moins résidentiel.

DESTINATION DES PARTIES PRIVATIVES ET COMMUNES

Un **règlement conventionnel** de copropriété, incluant ou non l'état descriptif de division, détermine la destination des parties tant privatives que communes (Loi 65-557 du 10-7-1965 art. 8). **18446**
Cette destination correspond à l'**affectation** que cet acte assigne aux fractions considérées de l'immeuble, suivant leur nature privative (appartement, boutique, cave, grenier, cellier...) ou commune (loge de concierge, local à vélos, local poubelles, emplacements de stationnement, espace vert, aire de jeux...).

> **Précisions** En l'**absence de règlement** au sein de la copropriété, ce qui peut se produire exceptionnellement pour des copropriétés anciennes, le statut de la copropriété n'en est pas moins applicable. La destination de l'immeuble résulte alors uniquement du caractère de l'immeuble et de sa situation.

18448 **Indications complémentaires** La destination de l'immeuble énoncée par le règlement de copropriété est généralement complétée par des prescriptions qui fixent les **conditions d'usage** des parties privatives et communes. Le règlement de copropriété prévoira par exemple que « les appartements ne pourront être occupés que bourgeoisement », ou que « l'exercice d'une profession libérale est autorisée dans les appartements, à l'exclusion de toute autre activité professionnelle ». S'agissant des parties communes, le règlement de copropriété interdira par exemple de les encombrer, ou restreindra la possibilité de poser des enseignes ou des plaques professionnelles sur la façade, y compris dans un immeuble comportant des locaux commerciaux (Cass. 3e civ. 26-3-2020 n° 18-22.441 FS-PB : BPIM 3/20 inf. 209).

Cette affectation et ces conditions d'usage correspondent à la **composante volontaire** de la notion de destination de l'immeuble que le ou les fondateurs de la copropriété peuvent imposer lors de sa mise en place. La complexité de la notion de destination tient notamment au fait que cette volonté, en même temps qu'elle contribue à sa définition, est contrainte par elle, puisque le règlement de copropriété ne peut imposer aucune restriction aux droits des copropriétaires en dehors de celles qui seraient justifiées par elle, telle qu'elle est définie aux actes, par ses caractères ou sa situation (Loi 65-557 du 10-7-1965 art. 8, al. 2).

18450 **Portées respectives du règlement de copropriété et de l'état descriptif de division** La détermination de la destination des parties privatives et communes et les conditions de leur jouissance relèvent du règlement de copropriété (Loi 65-557 du 10-7-1965 art. 8, al. 1). C'est cet acte qui peut contenir des restrictions aux droits des copropriétaires justifiées par la destination de l'immeuble (Loi 65-557 du 10-7-1965 art. 8, al. 2).

Le **caractère contractuel** est reconnu sans contestation au règlement de copropriété. Il est en revanche dénié à l'état descriptif de division qui est dressé seulement pour les besoins de la publicité foncière (Cass. 3e civ. 30-5-1995 n° 93-16.021, F. c/ SCI Les Palmiers). En principe, seules les indications figurant dans le règlement de copropriété peuvent être opposées à un copropriétaire lorsqu'il s'agit de faire respecter la destination de l'immeuble.

Ce sont les règles de la publicité foncière qui imposent que l'état descriptif indique la nature du lot (Décret 55-1350 du 14-10-1955 art. 71-5). En l'**absence de caractère contractuel** de l'état descriptif de division, cette indication n'a pas, au regard de la destination de l'immeuble, la portée d'une mention figurant dans le règlement de copropriété. Le juge y fait néanmoins souvent référence pour corroborer des énonciations tirées du règlement de copropriété.

> **Précisions** En principe, l'état descriptif de division ne peut pas prévaloir sur le règlement de copropriété en ce qui concerne la destination des lots (Cass. 3e civ. 14-12-1999 n° 96-12.963 : Constr.-urb. 2000 n° 97 ; Cass. 3e civ. 15-11-2018 n° 17-26.727 F-D : BPIM 1/19 inf. 70) et la publication, postérieurement au règlement de copropriété, d'un nouvel état descriptif de division non contesté ne lui donne pas valeur contractuelle (Cass. 3e civ. 7-9-2011 n° 10-14.154 : BPIM 6/11 inf. 491). Mais la Cour de cassation admet la **valeur contractuelle de l'état descriptif** lorsque, faute de règlement de copropriété établi pour l'immeuble, il est le seul document de référence définissant la nature et la destination de chaque lot (Cass. 3e civ. 3-12-2008 n° 07-19.313 : BPIM 1/09 inf. 58). Cette valeur contractuelle peut être conférée par le règlement de copropriété lui-même, notamment lorsque l'état descriptif est plus précis (Cass. 3e civ. 6-7-2017 n° 16-16.849 FS-PBI : BPIM 5/17 inf. 351).

INTERPRÉTATION DE LA NOTION DE DESTINATION DE L'IMMEUBLE

18452 **Généralités** Un **copropriétaire ou** le **syndicat de copropriété** peuvent être amenés à faire une interprétation de l'état descriptif de division et du règlement de copropriété pour rechercher, à la lumière de ses autres composantes, quelle est la destination de l'immeuble. Le premier effectuera cette démarche lorsqu'il s'interrogera sur la possibilité d'affecter le lot à tel ou tel usage ; le second, lorsqu'il entendra s'opposer à l'usage d'un lot par un copropriétaire qui lui paraît contraire à la destination de l'immeuble.

Les **principes** posés par les articles 1188 et suivants du Code civil pour l'interprétation des contrats sont applicables ici. Cela tient à la nature contractuelle du règlement de copropriété. Les clauses restrictives des droits des copropriétaires doivent être interprétées de manière étroite, par application de l'article 1190 du Code civil qui dispose que, dans le doute, le contrat de gré à gré s'interprète contre le créancier et en faveur du débiteur.

L'interprétation relève de l'appréciation souveraine des juges du fond, sous le contrôle de la Cour de cassation en cas de dénaturation d'une clause claire.

18454 **Consultation de l'assemblée générale de copropriété** Dans les **cas litigieux ou** à la **recherche d'un surcroît de sécurité**, un copropriétaire peut solliciter l'assemblée pour lui demander de reconnaître que l'activité ou l'affectation envisagée n'est pas contraire aux dispositions du règlement de copropriété ni incompatible avec la destination de l'immeuble. Si la réponse de l'assemblée – donnée à la majorité ordinaire de l'article 24 de la loi (majorité des voix exprimées des copropriétaires présents ou représentés) – est affirmative, le copropriétaire peut réaliser son projet sans risque une fois la décision devenue définitive, c'est-à-dire après expiration du délai de 2 mois suivant la notification de la décision de l'assemblée aux copropriétaires (Loi 65-557 du 10-7-1965 art. 42).

ATTENTION

Cette **solution pratique et empirique**, qui n'est prévue par aucun texte, a ses **limites**. Elle ne peut pas être utilisée pour obtenir l'autorisation d'exercer dans le local une activité manifestement contraire aux prescriptions du règlement de copropriété ou incompatible avec la destination de l'immeuble, une telle autorisation requérant une décision unanime des copropriétaires.

SANCTION DU NON-RESPECT DE LA DESTINATION DE L'IMMEUBLE

Les obligations imposées par le règlement de copropriété sont de nature contractuelle. En cas **18456** de non-respect des dispositions du règlement, et spécialement d'exercice dans le lot d'une activité contraire à l'affectation du lot ou incompatible avec la destination de l'immeuble, le copropriétaire peut se voir imposer sur le fondement de l'article 1222 du Code civil de cesser l'irrégularité et, s'il y a lieu, le rétablissement du local dans son état antérieur.

L'action tendant à faire cesser un **usage irrégulier du lot** peut être intentée par le syndicat ou un copropriétaire agissant individuellement. L'obligation violée étant de nature contractuelle, l'action individuelle d'un copropriétaire est même recevable sans que ce dernier ait à démontrer qu'il subit un préjudice personnel et spécial, distinct de celui dont souffre la collectivité des membres du syndicat (Cass. 3e civ. 22-3-2000 n° 98-13.345 : Bull. civ. III n° 64).

Les actions nées de l'application de la loi du 10 juillet 1965 sont soumises au délai quinquennal de prescription de droit commun visé à l'article 2224 du Code civil (Loi 65-557 du 10-7-1965 art. 42).

Le respect de la destination de l'immeuble ou de l'affectation donnée au local ne permet pas au **18458** copropriétaire une utilisation sans limite de son lot : le copropriétaire doit, dans l'exercice de ses droits, s'abstenir de porter atteinte aux droits des autres copropriétaires (Loi 65-557 du 10-7-1965 art. 9, al. 1). Il doit ainsi éviter de causer aux autres occupants de l'immeuble un **trouble anormal de jouissance** par des nuisances sonores, olfactives ou visuelles, des vibrations ou encore une activité dangereuse ou insalubre.

Les nuisances subies par les autres copropriétaires, autre limite au droit de transformer l'usage du lot, sont une question de fait liée aux caractéristiques de l'activité considérée.

CHANGEMENT DE DESTINATION DE L'IMMEUBLE

L'assemblée générale ne peut pas, à quelque majorité que ce soit, imposer à un copropriétaire **18460** une modification de la destination de ses parties privatives ou des modalités de leur jouissance, telles qu'elles résultent du règlement de copropriété (Loi 65-557 du 10-7-1965 art. 26, al. 2). Elle ne peut pas non plus, sauf à l'**unanimité des voix de tous les copropriétaires** (et non des seuls copropriétaires présents ou représentés), décider l'aliénation des parties communes dont la conservation est nécessaire au respect de la destination de l'immeuble (Loi 65-557 du 10-7-1965 art. 26, al. 3).

Il est également considéré que l'unanimité est requise lorsque la décision prise par l'assemblée conduit à modifier la destination de l'immeuble, qu'il s'agisse d'**autoriser une activité interdite** car contraire à cette destination (Cass. 3e civ. 7-5-1962 : JCP G 1962 II n° 12829, concernant l'autorisation de louer en meublé en contradiction avec une clause d'habitation bourgeoise ; Cass. 3e civ. 2-10-1979 : Bull. civ. III n° 163) **ou** d'**interdire une activité autorisée** par le règlement de copropriété. Ainsi, une décision de l'assemblée ayant interdit l'exploitation d'un restaurant ou d'un commerce alimentaire dans les lots du rez-de-chaussée à usage commercial alors que le règlement ne prévoit aucune restriction d'usage ne pouvait être adoptée à quelque majorité que ce soit et doit être annulée (Cass. 3e civ. 16-9-2003 n° 02-16.129, Synd. des copr. du 2 rue de la Paroisse c/ Sté Le Welcome). De même, une clause du règlement de copropriété définissant la destination de l'immeuble ne peut pas devenir caduque parce qu'elle n'est pas appliquée depuis plus de 10 ans et la décision de l'assemblée générale qui se contente de constater une situation de fait qui n'est plus conforme à la destination de l'immeuble telle que définie dans le règlement de copropriété pour prendre acte de sa modification est nulle (Cass. 3e civ. 19-10-2011 n° 10-20.634 : BPIM 6/11 inf. 492).

Un fait de **tolérance ou** l'**inaction du syndicat** de copropriété à la suite d'une infraction au règlement ne saurait être constitutif d'un droit pour le copropriétaire.

ALIÉNATION DE LA LOGE DE CONCIERGE

18462 La suppression du poste de concierge ou de gardien et l'aliénation du logement affecté au concierge ou au gardien lorsqu'il appartient au syndicat, sous réserve qu'elles ne portent pas atteinte à la destination de l'immeuble ou aux modalités de jouissance des parties privatives de l'immeuble, sont prises à la **majorité** des membres du syndicat représentant au moins les deux tiers des voix. Ces deux questions doivent être mises à l'ordre du jour de la même assemblée (Loi 65-557 du 10-7-1965 art. 26, c).

L'**unanimité** est en revanche toujours requise lorsque la suppression et l'aliénation affecteront la destination de l'immeuble ou les modalités de jouissance des parties privatives. Cette situation peut se concevoir dans une résidence de grand standing dans laquelle le concierge apporte des services importants : réception et distribution du courrier, surveillance des locaux, nettoyage quotidien des parties communes, etc. L'appréciation de l'atteinte à la destination de l'immeuble causée par la suppression du poste de concierge et l'aliénation de la loge relève du juge en cas de contestation.

IV. CLAUSES AFFECTANT LES DROITS DES COPROPRIÉTAIRES

18510 L'**état descriptif de division et**, plus fréquemment, le **règlement de copropriété** peuvent contenir de multiples dispositions ou clauses dont l'objet est de définir, de manière plus ou moins précise ou contraignante, la destination de l'immeuble ainsi que l'affectation ou les conditions d'usage des lots. Certaines sont licites, d'autres ne le sont pas.

Un classement de ces différents types de stipulations ou de clauses peut être fait, selon leur **nature ou** le **but poursuivi**. L'attention est attirée sur le fait que les solutions mises en évidence doivent être transposées avec prudence, dans la mesure où elles reposent sur l'appréciation au cas par cas par le juge de données de droit et de fait le plus souvent complexes, associant la rédaction des actes, les caractères de l'immeuble, sa situation et l'activité exercée ou projetée dans le lot.

Dès lors qu'une **clause** est **restrictive** des droits d'un copropriétaire, c'est-à-dire qu'elle porte atteinte au droit pour le copropriétaire d'user et de jouir librement de son lot, elle doit être justifiée par la destination de l'immeuble.

Une **clause** déclarée illicite est **réputée non écrite**. Elle ne peut pas être opposée au copropriétaire. L'action du copropriétaire tendant à faire déclarer une clause non écrite par le juge n'est pas soumise au délai de prescription de 5 ans prévu par l'article 42 de la loi 65-557 du 10 juillet 1965 et doit être considérée comme imprescriptible.

A. Clauses relatives à l'utilisation des lots

1. CLAUSES INDICATIVES DE LA DESTINATION OU DE L'USAGE DU LOT

INDICATION DE LA SEULE NATURE DU LOT

18512 Le règlement de copropriété et/ou l'état descriptif de division peuvent se limiter à l'indication de la nature du lot : boutique (pour un local du rez-de-chaussée), appartement, grenier, cave... Cette destination donnée aux **parties privatives** peut alors poser des difficultés d'interprétation (la destination est-elle indicative ou exclusive ?), notamment en cas de changement d'usage du lot (par exemple, une boutique peut-elle être transformée en atelier, un appartement en bureau ou un grenier en appartement ?).

18514 **Portée des documents de la copropriété** En principe, la nature du lot indiquée dans l'**état descriptif de division** ne peut pas être opposée à un copropriétaire ou invoquée par lui pour justifier l'usage qui est fait d'un lot, en raison de l'absence de caractère contractuel de ce document. Cette constatation est cependant limitée dans ses conséquences dans la mesure où la nature du lot ainsi formulée dans l'état descriptif est fréquemment reprise dans les dispositions du règlement de copropriété consacrées à la description de l'immeuble.

Les indications du **règlement de copropriété** sur la nature du lot doivent correspondre aux caractéristiques du local. Dans le cas contraire, c'est le principe de liberté d'usage du lot qui prévaut. C'est ce qui a été jugé concernant un lot désigné comme grenier alors que sa superficie, sa configuration et ses éléments d'équipement permettaient de l'utiliser comme appartement (Cass. 3e civ. 12-1-1982, confirmant CA Paris 20-3-1980).

Changement d'affectation d'un lot principal La difficulté la plus fréquemment soulevée est celle de l'utilisation à un usage professionnel ou commercial d'un lot que le règlement de copropriété désigne comme « appartement » ou « local à usage d'habitation ». 18516
En principe, il n'est pas possible d'affecter à un autre usage un **lot destiné à l'habitation** dépendant d'un immeuble à usage exclusif ou mixte d'habitation, le lot étant situé à un étage où il n'y a aucun autre lot affecté à l'usage sollicité ; à défaut, le changement d'affectation serait contraire aux dispositions du règlement de copropriété et à la destination de l'immeuble (Cass. 3e civ. 7-2-1990 n° 88-13.309, Synd. des copr. du 29 rue François-Ier).
Ce principe vaut quels que soient la **nature et** le **sens du changement**, qu'il s'agisse de passer d'un usage d'habitation à un usage professionnel, commercial, artisanal ou libéral, ou qu'il s'agisse du changement inverse.

Changement d'activité commerciale Lorsque le **lot** est **déjà affecté à un usage commercial** et que le règlement de copropriété détermine la nature de l'activité qui peut y être exercée, ne serait-ce qu'en raison de la configuration physique du local (atelier, salle de spectacle, restaurant, station-service...), le changement de nature d'activité n'implique pas une modification de la destination de l'immeuble et peut s'effectuer librement, sous réserve de ne pas porter atteinte aux droits des autres copropriétaires, ni à des limitations conventionnelles figurant dans le règlement de copropriété et justifiées par la destination de l'immeuble (Cass. 3e civ. 20-1-2004 n° 02-17.120, Synd. des copr. du 68, bd du Maréchal-Foch). Un règlement de copropriété ne peut pas, en même temps qu'il autorise l'exercice du commerce, restreindre l'usage d'un local à l'activité de garage (Cass. 3e civ. 22-7-1987 n° 86-11.587 : Bull. civ. III n° 155). 18518
Dans ce cas, aucune autorisation ne doit être demandée à l'assemblée des copropriétaires. Mais avant de procéder à des **travaux ou** à des **agencements** dans le local, il peut être prudent de soumettre à l'assemblée le projet d'activité pour lui faire reconnaître sa régularité ; si l'assemblée rejette la résolution, le copropriétaire pourra engager une instance judiciaire afin que son droit soit constaté.
Une nouvelle activité, voisine de celle précédemment et licitement exploitée, peut être incompatible avec la destination de l'immeuble si elle apporte des **nuisances pour les copropriétaires** d'un immeuble d'habitation bourgeoise (Cass. 3e civ. 15-5-1991 n° 89-21.827, Sté Murinvest c/ Synd. des copr. du 22 rue de Tourville, s'agissant de la transformation d'un café-bar en night-club-bar américain-restaurant). A contrario, l'interdiction faite par un règlement de copropriété d'un immeuble à usage mixte d'exercer dans les lots une « profession bruyante ou exhalant de mauvaises odeurs » ne peut pas justifier une interdiction a priori de transformer un salon de thé en restaurant, dès lors que cette activité n'est pas expressément interdite par le règlement (Cass. 3e civ. 14-12-2010 n° 09-71.134 : BPIM 1/11 inf. 63).

La dénomination de « **boutique** » donnée au local permet d'y exercer une activité commerciale quelconque, sous la même réserve des droits des autres copropriétaires et du respect d'éventuelles limitations du règlement de copropriété justifiées par la destination de l'immeuble. Elle exclut en principe qu'une activité d'une autre nature y soit exercée : activité artisanale ou de transformation, stockage... Les juges ont ainsi considéré que l'usage de boutique s'entend strictement comme un lieu d'étalage et de vente sans fabrication, ce qui exclut le stockage entraînant une surcharge dépassant la limite de résistance des planchers (Cass. 3e civ. 12-1-2000 n° 98-13.794, SCI Oscar bis c/ Synd. des copr. du 29 rue Popincourt). 18520

ATTENTION

En l'absence de clause d'interdiction de l'activité considérée, la réserve des droits des autres copropriétaires et l'obligation de ne pas y porter atteinte limitent le **droit de changer d'activité**, par ailleurs licite. La question se pose fréquemment lorsqu'il s'agit d'installer dans un lot à usage commercial un **restaurant**, activité généralement considérée comme incommodante. L'activité source de nuisances est cependant admise si des solutions techniques appropriées peuvent être mises en œuvre par le propriétaire pour éliminer la gêne occasionnée.

Changement d'affectation d'un lot accessoire La jurisprudence contemporaine considère que la dénomination donnée à un lot accessoire (cave, cellier, grenier...) n'empêche pas de changer l'usage résultant de cette dénomination, sous la double réserve que ce changement ne soit pas contraire à la destination de l'immeuble et qu'il ne nuise pas aux droits des autres copropriétaires. 18522
Il a ainsi été jugé que dans un immeuble d'habitation, un **grenier ou** des **combles** peuvent être aménagés en logements (Cass. 3e civ. 3-5-2001 n° 99-18.179, SCI Quincydent c/ SCI Médicis) et que,

dans un immeuble à usage commercial ou à usage mixte d'habitation et commercial, une **cave** peut être transformée en annexe de local commercial (Cass. 3e civ. 15-1-1997 n° 95-10.113, Synd. des copr. du 17-19 rue Lauriston c/ SCI Fraca, concernant la transformation d'une cave en cuisine de restaurant).
Mais jugé qu'est contraire à la destination de l'immeuble, dans le cas d'un **immeuble « de taille humaine »**, un changement qui augmente sensiblement le nombre d'occupants (CA Paris 22-2-2001 : AJDI 2001 p. 447, concernant la transformation de combles en logements).

18524 **Changement d'affectation dans un immeuble mixte** Lorsque l'immeuble est à usage mixte d'habitation et professionnel ou d'habitation et commercial, le changement d'usage est en principe admis.
Cette liberté cède cependant devant la disposition du règlement de copropriété qui impose aux lots des destinations différentes **selon les étages** : un copropriétaire ne peut pas établir une brasserie sur trois niveaux alors que l'usage commercial est réservé aux seules boutiques du rez-de-chaussée (Cass. 3e civ. 20-5-1998 n° 96-16.235, Sté Cobenko c/ Synd. des copr. du 12 rue Pierre-Lescot).
Lorsque c'est le **lot** qui est **à usage mixte**, il est possible de l'affecter en totalité à l'un des usages considérés, sous les seules réserves du respect de la destination de l'immeuble et des droits des autres copropriétaires. S'agissant d'un lot comprenant un magasin et un logement, son propriétaire peut transformer la partie habitation en locaux techniques, annexe du commerce (Cass. 3e civ. 6-12-1989 n° 88-10.014 : Bull. civ. III n° 225).

18526 **Lot à usage de bureau** Lorsqu'un lot est à usage de bureau, cette affectation fait obstacle à ce qu'une **activité commerciale** y soit exercée.
Lorsque l'immeuble est à destination d'**habitation bourgeoise** et que l'exercice d'une profession libérale est autorisé, cette exception ne permet pas l'installation de bureaux administratifs (Cass. 3e civ. 3-5-1990 n° 88-14.620, Conseil général du Gard c/ Synd. des copr. du 3 place des Arènes).

CLAUSES D'HABITATION OU D'OCCUPATION BOURGEOISE

18528 Le règlement de copropriété peut, sous différentes formulations, réserver l'immeuble ou certains étages à l'« occupation bourgeoise » ou à l'« habitation bourgeoise ». Une distinction est faite entre la clause dite « d'habitation **exclusivement bourgeoise** », qui interdit toute activité professionnelle ou commerciale dans l'immeuble, et celle dite « d'**habitation bourgeoise simple** » ou non exclusive, qui permet l'exercice d'une activité professionnelle, le plus souvent libérale.
Lorsque l'exercice d'une **profession libérale** est autorisé dans un immeuble réservé à l'habitation bourgeoise, cet usage professionnel ne peut être étendu à une activité autre que libérale (Cass. 3e civ. 17-6-2003 n° 02-30.398, Centre hospitalier Sainte-Anne, concernant l'affectation d'un local à un service médical qualifié de « clinique de jour », jugée irrégulière). En revanche, l'activité d'associations doit être admise dès lors que le règlement de copropriété, prévoyant une occupation bourgeoise, tolère les activités libérales (Cass. 3e civ. 16-3-1983). L'exercice de professions libérales dans un immeuble à destination d'habitation bourgeoise implique la réception en nombre limité de visiteurs usant bourgeoisement des parties communes empruntées (Cass. 3e civ. 21-2-1995 n° 93-12.828, Sté d'assurances Trieste et Venise c/ Synd. des copr. du 3/5 rue Logelbach).
En dehors de toute autre restriction, la clause d'habitation bourgeoise n'interdit pas la **transformation en** « **studios** » ou en « garçonnières » de locaux qualifiés de « celliers » ou de « réserves » (Cass. 3e civ. 3-6-1998 n° 96-20.142, Sté CMIP c/ Synd. des copr. Villa Mélissa).

2. CLAUSES RESTRICTIVES DES CONDITIONS D'UTILISATION DES LOTS

CLAUSES INTERDISANT CERTAINES ACTIVITÉS

18550 Le règlement de copropriété peut interdire directement **un type d'activité** : par exemple, l'activité commerciale, l'activité artisanale ou l'activité professionnelle. Cette interdiction est licite et doit être respectée sous la seule réserve, généralement satisfaite, qu'elle soit justifiée par la destination de l'immeuble (Cass. 3e civ. 24-10-1990 n° 88-18.193 : Bull. civ. III n° 200).
Le règlement de copropriété peut également interdire certaines **activités particulières**, généralement sources de nuisances ou supposées telles (restaurant, poissonnerie ou tout commerce alimentaire, animalerie, sex-shop...) alors même que le local est dénommé « boutique » ou « à usage commercial ». De même, l'installation d'un cabinet de vénérologie ou de radiologie peut être interdite alors que l'exercice de professions médicales est autorisé dans l'immeuble. Sous la seule réserve qu'elles soient justifiées par la destination de l'immeuble, ces clauses sont licites et doivent être respectées.

ATTENTION

Il arrive fréquemment que le règlement de copropriété interdise **de manière générale** les activités susceptibles de créer des nuisances (bruits, odeurs, vibrations) ou plus généralement de nuire à la tranquillité de l'immeuble. Ces clauses sont licites mais imposent de confronter au règlement de copropriété l'activité que le propriétaire ou l'acquéreur du lot souhaite y exercer afin d'en déterminer la compatibilité avec les prévisions contractuelles. Certaines activités, par leurs caractéristiques, sont directement exclues, alors que d'autres peuvent être sujettes à appréciation (en ce sens Cass. 3e civ. 16-9-2015 no 14-14.518 : BPIM 6/15 inf. 405 sur l'installation d'un centre religieux dans un local à usage de boutique).

CLAUSES RESTRICTIVES DE LA CONCURRENCE

Les clauses dont l'objet est de restreindre ou d'interdire la concurrence dans l'immeuble sont en principe illicites. Elles sont généralement inspirées non pas par la destination de l'immeuble mais par le souci du rédacteur du règlement de copropriété de satisfaire un intérêt particulier, souvent lié à sa propre activité professionnelle ou commerciale dans l'immeuble, et parfois même à l'extérieur de celui-ci ; elles sont contraires au principe de **liberté du commerce**. 18556

Une clause du règlement de copropriété prévoyant l'**interdiction** dans l'immeuble d'activités commerciales ou professionnelles concurrentes, **sous réserve de dérogations** consenties par les professionnels eux-mêmes ou les copropriétaires concurrents, impose une restriction non justifiée par la destination de l'immeuble (Cass. 3e civ. 2-5-1979 no 78-10.773 : Bull. civ. III no 96 ; CA Paris 31-3-1998, Synd. des copr. du 25 rue Quentin-Bauchart : Defrénois 1998 art. 36828 no 84 note C. Atias). Car la dispense, à supposer l'interdiction justifiée par la destination de l'immeuble, ne peut être laissée au pouvoir d'une catégorie de copropriétaires sans méconnaître la règle majoritaire (C. Atias, note précitée). Il en est de même d'une clause interdisant d'exploiter dans l'immeuble une activité identique ou similaire à celle déjà exercée à titre principal dans le centre commercial (Cass. 3e civ. 16-6-1971 no 70-12.071 : Bull. civ. III no 384).

L'interdiction d'insérer dans le règlement de copropriété une restriction de concurrence ne peut pas être tournée par une stipulation figurant **dans l'acte de vente** du lot, le vendeur étant l'auteur du règlement de copropriété (Cass. 3e civ. 22-1-1975 no 73-14.002 : Bull. civ. III no 26).

Une clause restreignant la concurrence, ou imposant une activité particulière, est licite dans un règlement de copropriété s'appliquant à un **centre commercial** situé à l'extérieur d'une agglomération, lorsqu'elle est justifiée par la destination de l'immeuble qui est de pourvoir par la création et la continuité de commerces stables à la demande quotidienne de la population d'un quartier excentrique (Cass. 3e civ. 25-11-1980 no 79-12.562 : Bull. civ. III no 184). 18558

B. Clauses restrictives du droit de louer les lots

Les restrictions au droit de louer librement un lot ou une fraction de lot sont fréquentes. Elles sont le plus souvent inspirées par le souci de ne pas modifier le **standing de l'immeuble**, en évitant l'augmentation du nombre d'occupants ou la modification du type d'occupation. 18610

CLAUSES INTERDISANT LA DIVISION EN VUE DE LA LOCATION

Ces clauses ne sont pas en elles-mêmes licites ou illicites. Seule la destination de l'immeuble, appréciée au cas par cas, peut permettre de déterminer si la clause est justifiée et opposable au copropriétaire. 18612

Est licite la **clause du règlement** de copropriété d'un immeuble à caractère résidentiel prévoyant que les lots ne pourront pas être divisés en vue de la vente ou de la location (Cass. 3e civ. 6-5-1987 no 85-16.543). Est également valable, dans le même type d'immeuble, la clause interdisant la location des pièces d'un même lot à des personnes différentes (Cass. 3e civ. 8-12-1976 no 75-13.290 : Bull. civ. III no 454). Cette espèce concernait une villa formant un lot dans un ensemble immobilier de grand luxe, divisée par son propriétaire en 16 studios et 5 appartements de 2 pièces.

La destination de l'immeuble peut faire obstacle à la division, même en l'**absence de clause** l'interdisant. Il en a été ainsi jugé s'agissant d'un local commercial dont la division aurait eu pour effet de rompre l'équilibre entre l'habitation bourgeoise et l'usage commercial coexistant au sein d'un immeuble à destination mixte (Cass. 3e civ. 4-5-1995 no 93-10.785, SCI Rodier Maubeuge c/ Synd. des copr. du 10/12 rue Rodier) ou de la division d'un appartement en studios affectés à une activité quasi hôtelière qui portait atteinte à la destination résidentielle de l'immeuble (Cass. 3e civ. 8-3-2018 no 14-15.864 F-D : BPIM 2/18 inf. 135).

CLAUSES CONCERNANT LES CHAMBRES DE SERVICE

18614 Les chambres de service sont fréquentes dans les **immeubles** collectifs **anciens** des grandes villes (par exemple, dans les immeubles haussmanniens à Paris). Les règlements de copropriété en limitent souvent et de différentes manières les conditions d'utilisation, pour maintenir le standing de l'immeuble.

Est licite la clause du règlement de copropriété d'un immeuble de grand standing qui interdit la location des chambres de service à des **personnes étrangères à la copropriété** (CA Paris 4-6-1997 : Loyers et copr. 1997 n° 298). En revanche, doit être réputée non écrite le clause du règlement de copropriété qui soumet la location en meublé à une autorisation du syndicat alors que ce type de location ne cause pas plus de nuisances qu'une activité libérale expressément autorisée par le règlement de copropriété (Cass. 3e civ. 8-6-2011 n° 10-15.891 : BPIM 4/11 inf. 324).

Une clause du règlement de copropriété imposant aux copropriétaires un **supplément de charges** en cas de location à des personnes étrangères à leur personnel domestique est cependant illicite comme constituant une restriction aux droits des copropriétaires non justifiée par la destination de l'immeuble, et doit être réputée non écrite (CA Paris 31-1-1976 : AJPI 1976 p. 880).

Dans un immeuble cossu, la clause disposant notamment que les chambres de service sont réservées exclusivement au logement du **personnel domestique** et qu'il est interdit d'en laisser l'utilisation à d'autres personnes a été jugée licite (Cass. 3e civ. 26-11-2003 n° 02-14.158, T. c/ Synd. des copr. du 15 rue Duret, le règlement de copropriété prévoyant en outre que les locaux ne pouvaient être occupés que bourgeoisement).

C. Clauses restrictives du droit de diviser ou de réunir des lots

18660 Un copropriétaire a en principe toute **liberté** de diviser un lot ou de réunir deux lots contigus. Aucune autorisation préalable de l'assemblée générale n'est requise ; celle-ci doit seulement approuver la modification de la répartition des quotes-parts de charges des lots concernés par la division ou la réunion.

Les règlements de copropriété prévoient parfois l'**interdiction** de diviser un lot, plus rarement de réunir deux lots. Ces clauses trouvent leur justification dans le souci de ne pas modifier les conditions d'occupation des logements – spécialement dans les immeubles de standing – ou la répartition du coût de services collectifs (service d'un concierge, fourniture d'eau ou de chauffage...) et de respecter les conditions d'utilisation des parties communes ou de certains équipements communs (ascenseurs, parkings, tennis...).

L'interdiction de diviser est licite lorsqu'elle est justifiée par la **destination de l'immeuble**. Cela sera le cas, par exemple, dans un immeuble résidentiel composé de logements spacieux (Cass. 3e civ. 6-5-1987 n° 85-16.543 ; en sens contraire, CA Paris 4-3-1998, Synd. copr. du 6 bd Voltaire c/ Sté Gardal : Defrénois 1998 art. 36828 n° 83).

L'aliénation séparée d'une partie de lot peut être subordonnée par le règlement de copropriété à une **décision de l'assemblée** générale, le souci d'éviter une subdivision de parties privatives étant justifié par la destination de l'immeuble. Il en a été jugé ainsi dans un cas où la division, liée à l'absence de lots accessoires, aurait entraîné un encombrement des parties communes et gêné l'utilisation normale de l'immeuble (Cass. 3e civ. 10-3-1981 n° 79-12.950 : Bull. civ. III n° 52).

Les clauses restrictives du droit de réunir deux lots contigus sont plus rares, et leur justification plus délicate à démontrer.

> **Précisions a.** La division du lot (ou la réunion de lots) entraîne une **modification de la répartition des charges** soumise à l'**approbation de l'assemblée générale** statuant à la majorité des voix exprimées des copropriétaires présents ou représentés (Loi 65-557 du 10-7-1965 art. 11). Il était admis en doctrine et en jurisprudence que cette approbation pouvait intervenir après la vente des lots issus de la subdivision ; mais un arrêt semble contredire indirectement mais certainement cette solution en énonçant qu'à défaut d'approbation de la modification de la répartition des charges l'assemblée ne peut pas valablement délibérer (Cass. 3e civ. 2-2-2005 n° 03-16.900, Synd. des copr. 25 bd Rabelais c/ B.). Il existe donc un risque, à défaut d'approbation préalable par l'assemblée, soit que le syndic ne reconnaisse pas l'acquéreur et n'accepte pas qu'il participe aux assemblées à venir, soit s'il accepte sa participation que la régularité des résolutions adoptées soit ultérieurement contestée.
>
> **b.** L'**interdiction** de diviser un lot existant peut résulter de **dispositions légales** dans certaines circonstances (voir n° 18208).

D. Clauses restrictives du droit de vendre les lots

CLAUSES INTERDISANT LA VENTE D'UN LOT ACCESSOIRE

Une clause interdisant la vente d'un lot accessoire à une **personne étrangère à la copropriété** 18710
n'est licite que si elle est justifiée par la destination de l'immeuble, justification qui est délicate à caractériser en pratique (pour un exemple de clause jugée illicite, CA Paris 4-7-2001 : Loyers et copr. 2002 comm. n° 48, s'agissant d'une cave).

L'aliénation séparée des **chambres de service** est la source d'un contentieux fourni. Une clause d'interdiction est licite si elle est justifiée par la destination de l'immeuble. Ce sera notamment le cas s'il s'agit d'un immeuble de standing situé dans un quartier résidentiel, occupé par peu de copropriétaires, et que la clause traduit la volonté de ne pas augmenter le nombre d'occupants. L'absence de constitution des chambres de service en lots séparés confortera l'interdiction (Cass. 3e civ. 4-6-1998 n° 96-16.452, Synd. des copr. du 12 rue Oswaldo-Cruz). On signalera toutefois deux arrêts antérieurs ayant adopté la solution inverse, les juges ayant pris soin de relever – dans les deux affaires – que le local dont le propriétaire envisageait la vente était « distinct et indépendant » (Cass. 3e civ. 17-7-1972 n° 71-11.248 : Bull. civ. III n° 463 ; Cass. 3e civ. 6-3-1973 n° 72-10.714 : Bull. civ. III n° 170).

Pour la Cour de cassation, le juge, pour réputer non écrite une clause restreignant la vente séparée d'un garage comme n'étant pas justifiée par la destination de l'immeuble, doit avoir égard non seulement aux dispositions du règlement de copropriété, mais également aux caractères ou à la situation de l'immeuble (Cass. 3e civ. 9-6-2010 n° 09-14.206 : BPIM 5/10 inf. 394).

CLAUSES PRÉVOYANT UN DROIT DE PRÉFÉRENCE

Est irrégulière et doit être réputée non écrite la **clause d'un règlement de copropriété** imposant 18712
en cas de vente d'un lot un droit de préférence au profit des autres copropriétaires (Cass. 3e civ. 29-5-1979 n° 78-11.530 : Bull. civ. III n° 118).

Un droit de préférence établi par **décision de l'assemblée** générale des copropriétaires constitue une restriction au droit de chaque copropriétaire de disposer librement de son lot, ce qui requiert une décision unanime (Cass. 3e civ. 26-5-1994 n° 92-16.877, Synd. des copr. du 89 av. de Villiers c/ SCI 89 av. de Villiers).

Droit de priorité à l'occasion de la vente d'emplacements de stationnement 18714

Le **règlement de copropriété** peut prévoir un droit de priorité au profit des copropriétaires en cas de vente de lots à usage exclusif de stationnement (Loi 65-557 du 10-7-1965 art. 8-1). Ce droit de préférence peut être prévu dans le règlement lors de la mise en copropriété de l'immeuble. Il ne semble pas y avoir d'obstacle à ce que la clause soit introduite dans le règlement d'une copropriété existante, mais se posera alors la question de la majorité requise : la clause entraînant une restriction au droit de disposer d'une partie privative d'un lot, on peut soutenir que l'unanimité est requise. C'est en tout cas l'opinion du secrétaire d'État au logement (Rép. Bono : AN 3-1-2012 n° 120883).

Si les copropriétaires choisissent d'instaurer un tel droit de priorité, ils seront bien avisés de **compléter le dispositif légal** par des précisions destinées à pallier les insuffisances du texte, examinées ci-après : informations données au syndic en cas de vente simultanée de plusieurs lots, manière de départager les candidats acquéreurs, forme que devra emprunter la décision d'acquérir, etc.

S'agissant des **immeubles concernés**, le droit de préférence ne peut être instauré qu'au sein 18716
d'immeubles dont le permis de construire a été délivré conformément à un plan local d'urbanisme ou d'autres documents d'urbanisme imposant la réalisation d'aires de stationnement. Le texte de la loi n'est pas explicite. Il semble que la faculté d'insertion du droit de préférence dans le règlement de copropriété suppose que le permis de construire de l'immeuble considéré ait imposé la réalisation d'emplacements de stationnement comme condition de sa délivrance. Mais sa formulation permet également de penser que cette exigence résulte non pas strictement du permis de construire, mais des documents d'urbanisme applicables lors de sa délivrance.

Le droit de priorité ne joue qu'en cas de **vente**. S'agissant d'une restriction au droit de disposer, il doit être écarté à l'occasion d'opérations voisines qui ne constituent pas des ventes : échange avec soulte, dation en paiement, cession de droits sociaux d'une société dont l'actif est constitué par un ou plusieurs emplacements de stationnement, partages ou opérations assimilées.

Le **lot soumis au droit de priorité** doit être à usage exclusif de stationnement. Le droit de préférence ne jouerait pas si le lot était destiné au stationnement et à un autre usage, comme par exemple l'entreposage de matériaux, la manœuvre, le dépotage ou le déchargement de véhicules. En outre, le droit de préférence ne paraît jouer qu'en cas de vente isolée de lot(s) d'emplacement de stationnement ; il serait exclu si un même propriétaire vendait simultanément un ou plusieurs autres lots de nature différente (par exemple, un appartement).
Enfin, la vente doit intervenir **au sein de la copropriété** : le droit de préférence ne joue pas si le copropriétaire vend un lot de stationnement dont il est propriétaire dans une copropriété voisine.

18718 S'agissant du **mécanisme du droit de priorité**, préalablement à la conclusion de toute vente, le copropriétaire vendeur doit faire connaître au syndic par lettre recommandée avec demande d'avis de réception son intention de vendre, en indiquant le prix et les conditions de la vente. Cette information, transmise sans délai par le syndic à chaque copropriétaire par lettre recommandée avec demande d'avis de réception, vaut offre de vente pendant une durée de 2 mois à compter de sa notification (Loi 65-557 du 10-7-1965 art. 8-1).
Cette transmission est faite aux frais du vendeur. Ces frais peuvent être très élevés dans une copropriété importante.
Le texte ne précise pas si le vendeur doit indiquer un prix unitaire s'il vend plusieurs parkings, ceci afin de permettre à plusieurs copropriétaires de se rendre acquéreurs séparément. Il est également muet quant à la forme de la réponse du copropriétaire désireux d'acquérir ou sur la solution à adopter lorsque plusieurs copropriétaires souhaitent acquérir le même lot.
La loi ne précise pas non plus la **sanction** attachée au défaut de purge du droit de préférence des copropriétaires. Il appartiendra à la jurisprudence de déterminer s'il s'agit d'une nullité ou, plus vraisemblablement, d'une inopposabilité de la vente aux copropriétaires.

18720 **Droit de priorité à l'occasion de la vente d'un lot situé dans le périmètre d'une Oril** En cas de vente d'un lot d'un immeuble en copropriété situé dans le périmètre d'une **opération de réhabilitation de l'immobilier de loisir** (Oril), le propriétaire vendeur doit notifier, avant toute autre forme de publicité, son intention de vendre au syndic de la copropriété (Loi 2016-1888 du 28-12-2016 art. 81). Il doit indiquer le prix souhaité et les conditions de la vente projetée. Cette information est communiquée dans un délai de 10 jours ouvrés par le syndic à chaque copropriétaire par tout moyen permettant d'en accuser réception, aux frais du syndic. Lors de la notification aux copropriétaires, le syndic doit préciser que cette information est donnée par le vendeur à titre indicatif et qu'elle ne constitue pas une offre de vente (C. urb. art. L 318-6). Elle permet toutefois aux autres copropriétaires de prendre connaissance de la mise en vente du bien et, le cas échéant, de formuler une offre d'achat.
Cette obligation d'information s'applique également aux **cessions d'usufruit ou de nue-propriété**, pour lesquelles sont notamment précisées la consistance et la valeur des biens concernés.

E. Clauses imposant l'adhésion à une association

18760 Les clauses de cette nature, fréquentes dans les règlements de copropriété de **centres commerciaux**, sont en contradiction avec les règles qui régissent les associations, spécialement celle de la liberté d'association.
Nul ne peut être tenu d'adhérer à une association ou d'en demeurer membre, sauf lorsque la loi en dispose autrement (Cass. ass. plén. 9-2-2001 n° 99-17.642 : RJDA 5/01 n° 599).

V. FORMALITÉS LIÉES À LA VENTE DU LOT

A. Formalités préalables à la vente du lot

1. ANNONCES IMMOBILIÈRES

18780 Un certain nombre de documents spécifiques doivent être transmis à l'acquéreur à deux étapes cruciales de la vente : la promesse de vente et la vente elle-même. En revanche, rien n'était prévu pour réglementer le **contenu** des annonces immobilières, première source d'information

du candidat acquéreur. La loi Alur 2014-366 du 24 mars 2014, considérant que cette information était incomplète et tardive, a normé le contenu des annonces immobilières qui doivent désormais **mentionner** (CCH art. L 721-1 et R 721-1) :
– le fait que le bien est soumis au statut de la copropriété ;
– le nombre de lots ;
– le montant moyen annuel de la quote-part, à la charge du vendeur, du budget prévisionnel correspondant aux dépenses courantes de maintenance, de fonctionnement et d'administration des parties communes et équipements communs de l'immeuble ;
– pour les lots à usage d'habitation et à titre d'information, une indication sur le montant des dépenses théoriques de l'ensemble des usages énumérés dans le diagnostic de performance énergétique (DPE).
Les annonces doivent également préciser si le syndicat des copropriétaires fait l'objet de mesures de sauvegarde.

2. INFORMATIONS PRÉALABLES À L'ENGAGEMENT DE L'ACQUÉREUR D'UN LOGEMENT

GÉNÉRALITÉS

En sus des obligations de diagnostic qui incombent à tout vendeur (nos 18860 s.), plusieurs formalités sont prévues par la loi du 10 juillet 1965 et désormais par le Code de la construction et de l'habitation (CCH art. L 721-2 et L 721-3). **18790**
Pour faciliter l'information des acquéreurs de lots de copropriété et accomplir la mission qui leur est confiée en application de l'article L 711-5 du Code de la construction et de l'habitation, les notaires ont accès à l'ensemble des données du registre d'immatriculation des copropriétés (CCH art. L 711-3, al. 2).

ÉTENDUE DE L'INFORMATION DE L'ACQUÉREUR

Cas ordinaire En cas de promesse de vente d'un lot ou d'une fraction de lot d'un immeuble bâti à usage total ou partiel d'habitation, sont **remis** à l'acquéreur, au plus tard à la date de sa signature, ou à défaut, lors de la notification du projet d'acte authentique de vente : **18792**
1. Les documents relatifs à l'organisation de l'immeuble :
a. La fiche synthétique de la copropriété établie par le syndic, regroupant les données financières et techniques essentielles relatives à la copropriété et à son bâti (voir n° 18780) ;
b. Le règlement de copropriété et l'état descriptif de division ainsi que les actes les modifiant, s'ils ont été publiés ;
c. Les procès-verbaux des assemblées générales des trois dernières années, sauf si le copropriétaire vendeur n'a pas été en mesure d'obtenir ces documents auprès du syndic ;
2. Les informations financières :
a. Le montant des charges courantes du budget prévisionnel et des charges hors budget prévisionnel payées par le copropriétaire vendeur au titre des deux exercices comptables précédant la vente ;
b. Les sommes susceptibles d'être dues au syndicat des copropriétaires par l'acquéreur ;
c. L'état global des impayés de charges au sein du syndicat et de la dette vis-à-vis des fournisseurs ;
d. Lorsque le syndicat des copropriétaires dispose d'un fonds de travaux, le montant de la part du fonds de travaux rattachée au lot principal vendu et le montant de la dernière cotisation au fonds versée par le copropriétaire vendeur au titre de son lot ;
Les informations mentionnées aux a, c et d du 2 doivent être à jour des informations soumises à l'assemblée générale annuelle chargée d'approuver les comptes précédant la signature de la promesse.
3. Le carnet d'entretien de l'immeuble ;
4. La notice d'information relative aux droits et obligations des copropriétaires ainsi qu'au fonctionnement des instances du syndicat de copropriété dont le contenu doit être fixé par l'arrêté ministériel ;
5. Le cas échéant, les conclusions du diagnostic technique global (voir n° 18880) ;
6. Depuis le 1er janvier 2024 pour les copropriétés de plus de 200 lots, à compter du 1er janvier 2025 pour les copropriétés qui comprennent entre 51 et 200 lots et du 1er janvier 2026 pour les copropriétés d'au moins 50 lots, le plan pluriannuel de travaux adopté ou, à défaut, le projet de plan pluriannuel de travaux s'il a été élaboré (CCH art. L 721-2 ; Loi 65-557 du 10-7-1965 art. 14-2, I et II).

18794 **Petites copropriétés** Par exception, lorsque le syndicat des copropriétaires comporte **au plus 5 lots**, les sommes pouvant rester dues par le copropriétaire vendeur au syndicat des copropriétaires, les sommes qui seront dues au syndicat par l'acquéreur et l'état global des impayés de charges au sein du syndicat et de la dette vis-à-vis des fournisseurs n'ont pas à être annexés à la promesse de vente ou, à défaut de promesse, à l'acte authentique de vente (CCH art. L 721-2).

ATTENTION

L'article 14-3 de la loi 65-57 du 10 juillet 1965, auquel renvoie l'article L 721-2 du Code de la construction et de l'habitation, a été modifié par l'ordonnance 2019-1101 du 30 octobre 2019 portant réforme de la copropriété qui est **entrée en vigueur le 1er juin 2020**. Les dispositions concernant les petites copropriétés font désormais l'objet d'un chapitre IV ter dans la loi de 1965. Une petite copropriété est définie comme comportant au plus 5 lots (moins de 10 lots avant le 1er juin 2020) à usage de logements, de bureaux ou de commerces, ou comme celle dont le budget prévisionnel moyen du syndicat des copropriétaires sur une période de trois exercices consécutifs est inférieur à 15 000 € (Loi 65-557 du 10-7-1965 art. 41-8). Par dérogation à l'article 14-3, une petite copropriété n'est pas tenue à une **comptabilité en partie double** ; ses engagements peuvent être constatés en fin d'exercice (Loi 65-557 du 10-7-1965 art. 41-10).

18796 **Acquéreur déjà membre du syndicat** Lorsque l'acquéreur est déjà, au jour de la promesse, **propriétaire d'au moins un lot** dans la copropriété, sont seules exigibles les informations suivantes :

– le montant des charges courantes du budget prévisionnel et des charges hors budget prévisionnel payées par le copropriétaire vendeur au titre des deux exercices comptables précédant la vente ;
– les sommes susceptibles d'être dues au syndicat des copropriétaires par l'acquéreur ;
– l'état global des impayés de charges au sein du syndicat et de la dette vis-à-vis des fournisseurs ;
– lorsque le syndicat des copropriétaires dispose d'un fonds de travaux, le montant de la part du fonds de travaux rattachée au lot principal vendu et le montant de la dernière cotisation au fonds versée par le copropriétaire vendeur au titre de son lot.

18798 **Vente d'un lot annexe** Lorsque la vente a pour objet un lot ou une fraction de lot annexe, sont **seuls exigés** les documents et informations suivantes :

– la fiche synthétique de la copropriété établie par le syndic regroupant les données financières et techniques essentielles relatives à la copropriété et à son bâti ;
– le règlement de copropriété et l'état descriptif de division ainsi que les actes les modifiant, s'ils ont été publiés ;
– le montant des charges courantes du budget prévisionnel et des charges hors budget prévisionnel payées par le copropriétaire vendeur au titre des deux exercices comptables précédant la vente ;
– les sommes susceptibles d'être dues au syndicat des copropriétaires par l'acquéreur ;
– l'état global des impayés de charges au sein du syndicat et de la dette vis-à-vis des fournisseurs ;
– lorsque le syndicat des copropriétaires dispose d'un fonds de travaux, le montant de la part du fonds de travaux rattachée au lot principal vendu et le montant de la dernière cotisation au fonds versée par le copropriétaire vendeur au titre de son lot.

> **Précisions** Sont notamment considérés comme un lot annexe un emplacement de stationnement ou un local tel qu'une cave, un grenier, un débarras, un placard, une remise, un garage ou un cellier. L'énonciation n'étant pas limitative, des lots annexes autres que ceux-cités par la loi sont concernés : par exemple une chambre de service, un casier à skis.

MODALITÉS DE L'INFORMATION DE L'ACQUÉREUR

18800 **Vente précédée d'une promesse** Les informations et documents doivent être remis à l'acquéreur sur **tous supports** et par **tous moyens** (support papier, par l'insertion des informations dans le corps de la promesse et l'annexe à celle-ci des documents ou par voie dématérialisée, sous réserve d'acceptation expresse par l'acquéreur).

Les informations financières sont le plus souvent délivrées dans un document dénommé « **pré-état daté** », établi par le syndic, sur un modèle mis au point au terme d'une concertation entre le Conseil supérieur du notariat et des organismes représentatifs de syndics de copropriété.

L'acquéreur **atteste** de cette remise soit dans l'acte contenant la promesse de vente par sa simple signature s'il s'agit d'un acte authentique. Lorsque l'acte est établi sous signature privée, la remise des documents est attestée par l'acquéreur dans un **document daté et signé de sa main**.

Vente non précédée d'une promesse Lorsque l'acte authentique de vente n'est pas précédé d'une promesse de vente et que la vente est réalisée au profit d'un **acquéreur non professionnel**, sont joints au projet d'acte, notifié ou remis à l'acquéreur en application de l'article L 271-1, alinéa 5 du CCH (voir n° 45260), les documents suivants (CCH art. L 721-2, III) : 18802
– la fiche synthétique de la copropriété établie par le syndic regroupant les données financières et techniques essentielles relatives à la copropriété et à son bâti (voir n° 18780) ;
– le règlement de copropriété et l'état descriptif de division ainsi que les actes les modifiant, s'ils ont été publiés ;
– les procès-verbaux des assemblées générales des trois dernières années, sauf si le copropriétaire vendeur n'a pas été en mesure d'obtenir ces documents auprès du syndic ;
– l'état global des impayés de charges au sein du syndicat et de la dette vis-à-vis des fournisseurs ;
– le carnet d'entretien de l'immeuble ;
– la notice d'information relative aux droits et obligations des copropriétaires ainsi qu'au fonctionnement des instances du syndicat de copropriété dont le contenu doit être fixé par l'arrêté ministériel ;
– le cas échéant, les conclusions du diagnostic technique global (voir n° 18880) ;
– depuis le 1er janvier 2024 pour les copropriétés de plus de 200 lots, à compter du 1er janvier 2025 pour les copropriétés qui comprennent entre 51 et 200 lots et du 1er janvier 2026 pour les copropriétés d'au moins 50 lots, le plan pluriannuel de travaux adopté ou, à défaut, le projet de plan pluriannuel de travaux s'il a été élaboré (CCH art. L 721-2 ; Loi 65-557 du 10-7-1965 art. 14-2, I et II).

Sont applicables dans cette hypothèse les exceptions à l'obligation d'information examinées ci-dessus, tenant au fait que l'acquéreur est déjà propriétaire d'un lot ou que la vente a pour objet un lot annexe (nos 18796 et 18798).

Les modalités de remise des informations et documents sont celles applicables lorsque la vente est précédée d'une promesse (n° 18800).

Vente publique En cas de vente publique d'un lot, d'une fraction de lot ou d'un droit réel immobilier relatif à un lot ou à une fraction de lot d'un immeuble bâti soumis au statut de la copropriété à usage total ou partiel d'habitation, doivent être **annexés au cahier des charges** les mêmes documents et informations exigés dans le cas d'une vente amiable. Les exceptions à l'obligation d'information sont les mêmes que celles applicables à l'acquéreur déjà propriétaire d'un lot ou à la vente ayant pour objet un lot annexe (nos 18796 et 18798). 18805

SANCTION EN CAS DE NON-RESPECT DE L'OBLIGATION D'INFORMATION

Lorsque les documents et informations requis ne sont pas remis à l'acquéreur au plus tard à la date de signature de la promesse de vente, le **délai de rétractation** dont bénéficie l'acquéreur non professionnel d'un immeuble d'habitation (voir nos 45000 s.) ne court qu'à compter du lendemain de la communication de ces documents et informations à l'acquéreur. À défaut de communication, ou si la communication est irrégulière ou incomplète, l'acquéreur pourra librement se rétracter et l'acte authentique de vente ne pourra pas être signé. 18808

Lorsque, à défaut d'établissement d'une promesse, les documents et informations requis ne sont pas joints au projet d'acte authentique de vente, le **délai de réflexion** ne court qu'à compter du lendemain de la communication de ces documents et informations à l'acquéreur.

Dans tous les cas, cette communication complémentaire doit emprunter l'une des formes requises pour la communication de la promesse ou du projet d'acte authentique (voir nos 45280 s.).

> **Précisions** Le champ d'application des articles L 721-2 et L 721-3 du CCH est plus large que celui de l'article L 271-1 du même Code, qui ne s'applique qu'à l'acquéreur non professionnel. Cette sanction particulière ne joue donc pas lorsque l'acquéreur est professionnel, ce qui ne dispense pas le vendeur de la fourniture de l'information.

3. ÉTAT DATÉ

AUTEUR DE LA DEMANDE D'ÉTAT DATÉ

Tant le notaire chargé d'établir l'acte de vente que le copropriétaire **qui vend tout ou partie de ses droits** sur un lot ou des lots objets d'une même mutation peuvent solliciter du syndic un « état daté » relatif aux charges en cours (Décret 67-223 du 17-3-1967 art. 5, al. 1). Cet état d'informations préalables est également appelé « note de renseignements ». 18810

ATTENTION

Le texte n'impose pas strictement au notaire l'obligation de solliciter l'état daté. Mais c'est de fait une exigence pour ce professionnel afin qu'il puisse exécuter correctement son **obligation d'information et de conseil** à l'égard du vendeur et de l'acquéreur. Les informations fournies par l'état seront en outre utiles pour permettre aux parties d'apprécier l'opportunité de prendre des accords particuliers concernant la répartition des charges exigibles à une époque proche de la vente ou l'incidence pécuniaire des procédures en cours intéressant la copropriété (voir nos 19210 s.).

CONTENU DE L'ÉTAT DATÉ

18812 Dans la première partie de l'état, le syndic indique, d'une manière même approximative et sous réserve de l'apurement des comptes, les **sommes dues par le vendeur** au syndicat au titre (Décret 67-223 du 17-3-1967 art. 5, 1°) :

– des provisions exigibles du budget prévisionnel ;
– des provisions exigibles sur dépenses hors budget prévisionnel ;
– des charges impayées sur les exercices antérieurs ;
– de la part des dépenses d'amélioration que le copropriétaire a refusé de voter et pour lesquelles il bénéficie d'un paiement fractionné et du montant de la quote-part de l'emprunt collectif restant dû par le copropriétaire l'ayant souscrit ;
– des avances exigibles.

La deuxième partie de l'état précise, également de manière approximative et sous réserve de l'apurement des comptes, les **sommes dues au vendeur** par le syndicat au titre (Décret 67-223 du 17-3-1967 art. 5, 2°) :

– des avances remboursables au copropriétaire (fonds destinés par le règlement de copropriété ou une décision de l'assemblée à constituer des réserves ou qui représentent un emprunt du syndicat auprès des copropriétaires) ;
– des provisions non encore échues mais appelées par anticipation à titre de sanction auprès d'un copropriétaire défaillant.

Dans la troisième partie de l'état, le syndic indique les **sommes dues par l'acquéreur** au titre de la reconstitution des avances et des provisions non encore exigibles du budget prévisionnel et des dépenses hors budget prévisionnel (Décret 67-223 du 17-3-1967 art. 5, 3°).

18818 La dernière partie de l'état doit être accompagnée d'une annexe précisant, pour les **deux exercices précédents**, la quote-part afférente à chaque lot considéré dans le budget prévisionnel et dans le total des dépenses hors budget prévisionnel (Décret 67-223 du 17-3-1967 art. 5, 3°).

Cette annexe mentionne également, s'il y a lieu, l'objet et l'état des **procédures en cours** dans lesquelles le syndicat est partie. Il peut s'agir de procédures dans lesquelles le syndicat agit comme demandeur ou comme défendeur. L'instance dans laquelle le syndicat est engagé peut avoir des conséquences pécuniaires pour la copropriété et, par contrecoup, pour les copropriétaires, soit qu'elle entraîne une dépense (par exemple, une indemnité due à la suite du licenciement abusif d'un concierge), soit au contraire qu'elle procure un profit (par exemple, une indemnisation par le constructeur ou une entreprise ayant effectué des travaux à la suite d'une malfaçon ou d'un défaut de conformité).

DESTINATAIRES DES INFORMATIONS

18820 Les informations figurant dans l'état daté sont avant tout destinées aux parties. Le **vendeur** trouvera dans ses première et deuxième parties les renseignements lui permettant de connaître sa situation, débitrice ou créditrice, à l'égard du syndicat.

L'**acquéreur** pourra apprécier, à l'examen de la troisième partie et de ses annexes, l'étendue des engagements qui seront les siens en sa qualité de copropriétaire. On signalera cependant que l'état, généralement sollicité et délivré après la signature de l'avant-contrat, n'est communiqué à l'acquéreur qu'au stade de l'acte notarié, alors que certains des renseignements auraient pu avoir une incidence sur le principe même ou sur les modalités de son engagement...

Vendeur et acquéreur pourront ainsi passer les **conventions particulières** qu'ils estimeront utiles pour définir leurs contributions respectives, spécialement en ce qui concerne les provisions exigibles au titre des travaux (provisions concernant les dépenses non comprises dans le budget prévisionnel) ou des procédures intéressant la copropriété.

18822 Les indications figurant dans la première partie de l'état sont communiquées au notaire ou au vendeur « à charge pour eux de les porter à la connaissance, le cas échéant, des **créanciers inscrits** » (Décret 67-223 du 17-3-1967 art. 5, 1°). Les créanciers hypothécaires du copropriétaire

vendeur sont intéressés à l'existence des créances du syndicat de copropriété, en raison du privilège dont celui-ci bénéficie pour le recouvrement de certaines charges et qui peut, selon les cas, les primer ou les concurrencer (voir n° 19922).
Le texte ne précise pas si cette communication aux créanciers est obligatoire ou s'il s'agit d'une simple faculté.

4. CERTIFICATS DITS « DE L'ARTICLE 20 »

CERTIFICAT RELATIF À L'ABSENCE DE CHARGES DUES PAR LE VENDEUR

Lors de la vente d'un lot de copropriété, le **vendeur** peut, préalablement et en vue de celle-ci, se rapprocher du syndic pour apurer son compte de charges. Si le copropriétaire est libre de toute obligation à l'égard du syndicat (soit qu'aucune charge n'était exigible, soit qu'il s'en est acquitté à l'occasion de cette demande), un certificat en attestant lui sera délivré par le syndic (Loi 65-557 du 10-7-1965 art. 20, I). **18840**
Au vu d'un tel certificat, daté de moins d'un mois à la date de l'acte de vente, le notaire pourra sans restriction se dessaisir en faveur du vendeur (ou de ses créanciers inscrits ou saisissants) du prix de vente.

CERTIFICAT RELATIF À L'ABSENCE DE CHARGES DUES PAR L'ACQUÉREUR

Préalablement à l'établissement de l'acte authentique de vente d'un lot ou d'une fraction de lot, le cas échéant après que le titulaire du droit de préemption urbain renforcé a renoncé à l'exercice de ce droit, le notaire notifie au syndic de la copropriété le nom du candidat **acquéreur** ou le nom des mandataires sociaux et des associés de la société civile immobilière ou de la société en nom collectif se portant acquéreur, ainsi que le nom de leurs conjoints ou partenaires liés par un pacte civil de solidarité (Loi 65-557 du 10-7-1965 art. 20, II). **18845**
Dans un délai d'un mois, le syndic délivre au notaire un certificat datant de moins d'un mois attestant :
– soit que l'acquéreur ou les mandataires sociaux et les associés de la société se portant acquéreur, leurs conjoints ou partenaires liés à eux par un pacte civil de solidarité ne sont pas copropriétaires de l'immeuble concerné par la mutation ;
– soit, si l'une de ces personnes est copropriétaire de l'immeuble concerné par la mutation, qu'elle n'a pas fait l'objet d'une mise en demeure de payer du syndic restée infructueuse depuis plus de 45 jours.
Si le copropriétaire n'est pas à jour de ses charges après mise en demeure, le notaire notifie aux parties l'impossibilité de conclure la vente.
Dans l'hypothèse où un avant-contrat de vente a été signé préalablement à l'acte authentique de vente, l'acquéreur ou les mandataires sociaux et les associés de la société se portant acquéreur, leurs conjoints ou partenaires liés à eux par un pacte civil de solidarité, dont les noms ont été notifiés par le notaire, disposent d'un délai de 30 jours à compter de cette notification pour s'acquitter de leur dette vis-à-vis du syndicat. Si aucun certificat attestant du règlement des charges n'est produit à l'issue de ce délai, l'avant-contrat est réputé nul et non avenu aux torts de l'acquéreur.

5. DOCUMENTS TECHNIQUES SPÉCIFIQUES

Sur l'amiante, le plomb, les termites, etc., voir l'étude consacrée à la situation sanitaire et environnementale du bien vendu (n°s 21240 s.). **18860**

a. Plan pluriannuel de travaux

ÉTABLISSEMENT ET CONTENU DU PLAN PLURIANNUEL DE TRAVAUX

La loi Climat modifie le plan pluriannuel de travaux (PPT) pour le rendre obligatoire dans l'ensemble des copropriétés (Loi 65-557 du 10-7-1965 art. 14-2). **18870**
Quinze ans après la **date de réception d'un immeuble en copropriété**, il sera obligatoire de faire élaborer et de soumettre à l'assemblée générale des copropriétaires un projet de plan pluriannuel de travaux. Le décret 2022-663 du 25 avril 2022 fixe la liste des compétences dont doit justifier la personne qui réalise le PPT. Il détermine également le niveau de qualification requis et les garanties exigées en termes d'impartialité ou d'indépendance vis-à-vis du syndic, des fournisseurs d'énergie et des entreprises intervenant sur l'immeuble et les équipements sur lesquels porte le projet de plan pluriannuel de travaux. Ce plan devra être **actualisé tous les 10 ans**.

Ce projet de PPT comprendra, à partir d'une analyse du bâti et des équipements de l'immeuble ainsi que du diagnostic de performance énergétique (sauf lorsqu'un diagnostic réalisé après le 1er juillet 2021 permet d'établir que le bâtiment a un classement énergétique des classes A, B ou C), et, le cas échéant, à partir du diagnostic technique global dès lors que ce dernier a été réalisé :
1° La liste des **travaux nécessaires** à la sauvegarde de l'immeuble, à la préservation de la santé et de la sécurité des occupants, à la réalisation d'économies d'énergie et à la réduction des émissions de gaz à effet de serre ;
2° Une estimation du **niveau de performance énergétique** au sens de l'article L 173-1-1 du Code de la construction et de l'habitation que les travaux mentionnés au 1° permettent d'atteindre ;
3° Une **estimation** sommaire du coût de ces travaux et leur hiérarchisation ;
4° Une proposition d'**échéancier** pour les travaux dont la réalisation apparaît nécessaire dans les 10 ans à venir.
Cette **obligation ne s'appliquera pas** si le diagnostic technique global a conclu à l'absence de nécessité de travaux.
Le PPT est **présenté à la première assemblée générale** des copropriétaires qui suit son élaboration ou sa révision. S'il fait apparaître la nécessité de travaux dans les 10 années à venir, le syndic inscrit à l'**ordre du jour** de cette même assemblée la question de l'adoption de tout ou partie du projet de PPT. Cette question est soumise au vote à la majorité des voix de tous les copropriétaires (majorité absolue).
Si le projet de PPT n'est pas **adopté**, le syndic inscrit à l'ordre du jour de chaque assemblée générale appelée à approuver les comptes la question de l'adoption de tout ou partie du projet.
Lorsque le plan est adopté, une **cotisation obligatoire au fonds de travaux** au moins égale à 2,5 % du montant estimé des travaux s'appliquera. Dans tous les cas, la cotisation obligatoire au fonds de travaux devra représenter un montant au moins égal à 5 % du budget prévisionnel. L'obligation de constituer un fonds de travaux sera valable à compter de 10 ans après la réception des travaux de l'immeuble (contre 5 ans aujourd'hui).
Les travaux prescrits dans le plan pluriannuel de travaux ainsi que leur échéancier et, le cas échéant, ceux prescrits par le diagnostic technique global sont intégrés dans le **carnet d'entretien de l'immeuble**.
Ces dispositions **entrent en vigueur** au 1er janvier 2023 pour les copropriétés de plus de 200 lots, au 1er janvier 2024 pour les copropriétés qui comprennent entre 51 et 200 lots et au 1er janvier 2025 pour les copropriétés d'au moins 50 lots.
Le plan pluriannuel de travaux adopté ou, à défaut, le projet de plan pluriannuel de travaux s'il a été élaboré, doit être **communiqué à l'acquéreur** depuis le 1er janvier 2024 pour les copropriétés de plus de 200 lots, et devra l'être à compter du 1er janvier 2025 pour les copropriétés qui comprennent entre 51 et 200 lots et du 1er janvier 2026 pour les copropriétés d'au moins 50 lots (CCH art. L 721-2).

ATTENTION

Dans le **cadre de la police de la sécurité et de la salubrité des immeubles**, l'autorité administrative compétente (selon la situation, le préfet ou le maire) peut demander au syndic la transmission du PPT afin de vérifier que les travaux programmés permettent de garantir la sauvegarde de l'immeuble et la sécurité de ses occupants (Loi 65-557 du 10-7-1965 art. 14-2, III). Si le PPT n'est pas transmis dans un délai d'un mois à compter de la notification de la demande ou si le plan transmis ne prescrit manifestement pas des travaux adaptés, l'autorité peut élaborer ou actualiser d'office le PPT en lieu et place du syndicat et aux frais de ce dernier. Dès réception du PPT notifié par l'autorité administrative, le syndic convoque l'assemblée générale qui se prononce sur la question de l'adoption de tout ou partie de ce projet de plan.

b. Diagnostic technique global

ÉTABLISSEMENT ET CONTENU DU DIAGNOSTIC TECHNIQUE GLOBAL

18880 En application de l'article L 731-1 du Code de la construction et de l'habitation (tel que modifié par loi 2024-322 du 9-4-2024), le syndic doit soumettre à l'assemblée générale des copropriétaires, dans les immeubles à destination partielle ou totale d'habitation, la question de la réalisation d'un diagnostic technique global (DTG) par un tiers, disposant de compétences qui devront être justifiées auprès du syndicat des copropriétaires et du conseil syndical (CCH art. D 731-2), comportant :
– une analyse de l'état apparent des parties communes et des équipements communs de l'immeuble ;

– un état technique de l'immeuble et des équipements communs au regard des obligations légales et réglementaires au titre de la construction ;
– une analyse des améliorations possibles de la gestion technique et patrimoniale de l'immeuble ;
– un diagnostic de performance énergétique de l'immeuble tel que prévu aux articles L 126-28 ou L 126-31 du Code de la construction et de l'habitation.

Ce diagnostic doit faire apparaître une évaluation sommaire du coût et une liste des travaux nécessaires à la conservation de l'immeuble, en précisant notamment ceux qui devraient être menés dans les dix prochaines années. Le contenu de ce diagnostic est présenté à l'assemblée générale des copropriétaires qui statue sur la question de l'élaboration d'un plan pluriannuel de travaux ainsi que sur les modalités générales de leur éventuelle mise en œuvre à la majorité simple de l'article 24 (CCH art. L 731-1 et L 731-4).

Ces conditions s'appliquent au tiers choisi par le propriétaire en cas de **mise en copropriété d'un immeuble de plus de 10 ans** (CCH art. D 731-3).

Si le DTG existe, la liste des travaux jugés nécessaires à la conservation de l'immeuble, qui doit préciser les équipements ou éléments du bâtiment concernés par ces travaux ainsi que l'échéancier recommandé, sont intégrés dans le **carnet d'entretien** (Décret 2001-477 du 30-5-2001 art. 4).

COMMUNICATION DU DIAGNOSTIC TECHNIQUE GLOBAL

En cas de vente d'un lot ou d'une fraction de lot ou de cession d'un droit réel immobilier relatif à un lot ou à une fraction de lot d'un immeuble bâti à usage total ou partiel d'habitation et soumis au statut de la copropriété, le diagnostic technique global doit être annexé à la promesse de vente ou, à défaut de promesse, à l'acte authentique de vente (CCH art. L 721-2). 18882

c. Carnet d'entretien de la copropriété

Le **syndic** est notamment chargé « d'établir et de tenir à jour et à disposition des copropriétaires 18890 un carnet d'entretien de l'immeuble » (Loi 65-557 du 10-7-1965 art. 18, I). Ce carnet d'entretien permet à l'acquéreur d'apprécier l'état technique de l'immeuble, au travers des travaux effectués dans le passé et de ceux prévus ou nécessaires à l'avenir.

CONTENU DU CARNET D'ENTRETIEN DE LA COPROPRIÉTÉ

Le carnet d'entretien mentionne notamment (Décret 2001-477 du 30-5-2001 art. 3 à 5) : 18892
– les références des **contrats d'assurance** de l'immeuble souscrits par le syndicat des copropriétaires, ainsi que la date d'échéance de ces contrats ;
– l'année de réalisation des **travaux importants**, tels que le ravalement des façades, la réfection des toitures, le remplacement de l'ascenseur, de la chaudière ou des canalisations, ainsi que l'identité des entreprises ayant réalisé ces travaux ;
– la référence des contrats d'**assurance dommages-ouvrage** souscrits pour le compte du syndicat des copropriétaires, dont la garantie est en cours ;
– s'ils existent, les références des **contrats d'entretien et de maintenance** des équipements communs, ainsi que la date d'échéance de ces contrats ;
– s'il existe, l'échéancier du **programme pluriannuel de travaux** décidé par l'assemblée générale des copropriétaires ;
– sur décision de l'assemblée générale des copropriétaires, des **informations complémentaires** sur l'immeuble, telles que celles relatives à sa construction ou celles relatives aux études techniques réalisées.

ATTENTION

Le **défaut d'établissement ou d'actualisation** du carnet d'entretien peut engager la responsabilité du syndic dans les conditions de droit commun à l'initiative de l'acquéreur s'il en résulte pour ce dernier un préjudice.

COMMUNICATION DU CARNET D'ENTRETIEN DE LA COPROPRIÉTÉ

Le carnet d'entretien doit être annexé à la promesse de vente ou, à défaut de promesse, à l'acte 18894 authentique de vente (CCH art. L 721-2) ; voir n°s 18790 s.

6. FORMULES

18930 Les deux formules qui suivent ont pour objet les **informations générales** sur la copropriété à insérer dans l'avant-contrat et dans l'acte authentique de vente.

18932 MODÈLE

Informations sur la copropriété à insérer dans l'avant-contrat

Copropriété

Information de l'acquéreur

Conformément à l'article L 721-2 du Code de la construction et de l'habitation, pour l'information de l'acquéreur, sont annexés au présent acte les documents suivants (*variante*: ont été préalablement remis à l'acquéreur les documents suivants, par ailleurs énoncés dans l'attestation de remise datée et signée de sa main, et annexée au présent acte):

Organisation et état de l'immeuble

– la fiche synthétique de la copropriété prévue à l'article 8-2 de la loi 65-557 du 10 juillet 1965 fixant le statut de la copropriété des immeubles bâtis;
– le règlement de copropriété de l'immeuble, reçu par Me ..., notaire à..., le..., contenant l'état descriptif de l'immeuble;
– le(s) acte(s) modificatif(s) du règlement de copropriété, reçu(s) par Me ..., notaire à..., le...;
– les procès-verbaux des assemblées générales des trois dernières années;
– le carnet d'entretien de l'immeuble;
– la notice d'information relative aux droits et obligations des copropriétaires ainsi qu'au fonctionnement des instances du syndicat de copropriété (*document dont le contenu doit être déterminé par arrêté ministériel*);
– le diagnostic technique global prévu à l'article L 731-1 du Code de la construction et de l'habitation (*ce diagnostic est imposé en cas de mise en copropriété d'un immeuble construit depuis plus de 10 ans ou, en dehors de cette situation, décidé par le syndicat*);
– depuis le 1er janvier 2024 pour les copropriétés de plus de 200 lots, à compter du 1er janvier 2025 pour les copropriétés qui comprennent entre 51 et 200 lots et du 1er janvier 2026 pour les copropriétés d'au moins 50 lots, le plan pluriannuel de travaux adopté dans les conditions prévues au premier alinéa du II de l'article 14-2 de la loi 65-557 du 10 juillet 1965 ou, à défaut, le projet de plan pluriannuel de travaux s'il a été élaboré.

Informations financières

Une note (*variante*: un pré-état délivré par le syndic de copropriété le...) portant indication des informations suivantes:
– le montant des charges courantes du budget prévisionnel payées par le vendeur au titre des deux exercices comptables précédents;
– le montant des sommes qui seront dues par l'acquéreur au syndicat (*information non exigée pour les copropriétés d'au plus 5 lots ou dont le budget annuel apprécié sur trois exercices successifs est inférieur à 15 000 €*);
– l'état global des impayés de charges au sein du syndicat (*information non exigée pour les copropriétés d'au plus 5 lots ou dont le budget annuel apprécié sur trois exercices successifs est inférieur à 15 000 €*);
– l'état global de la dette du syndicat vis-à-vis des fournisseurs (*information non exigée pour les copropriétés d'au plus 5 lots ou dont le budget annuel apprécié sur trois exercices successifs est inférieur à 15 000 €*);
– le syndicat disposant d'un fonds de travaux, le montant de la part du fonds de travaux rattachée au lot principal promis en vente et le montant de la dernière cotisation au fonds versée par le copropriétaire vendeur au titre de son lot.

Vérification de la situation du candidat acquéreur à l'égard du syndicat

Pour se conformer à l'article 20, II de la loi 65-557 du 10 juillet 1965, le notaire rédacteur, préalablement à la constatation de la vente par acte authentique, notifiera au syndic de copropriété le nom de l'acquéreur (*ou, selon le cas*: le nom des mandataires sociaux et des associés de la société civile immobilière *ou*: de la société en nom collectif acquéreur) ainsi que le nom de leur(s) conjoint(s) ou partenaire(s) lié(s) par un pacte civil de solidarité.

L'acquéreur est informé qu'en application de l'article 20, II de la loi 65-557 du 10 juillet 1965, les personnes dont les noms ont été notifiés par le notaire disposent d'un délai de 30 jours à compter de la notification pour s'acquitter de leur dette vis-à-vis du syndicat, et que si aucun certificat attestant du règlement des charges n'est produit à l'issue de ce délai, l'avant-contrat est réputé nul aux torts de l'acquéreur.

Respect du règlement de copropriété

L'acquéreur s'oblige au respect des dispositions du règlement de copropriété régissant l'ensemble immobilier dont dépendent les lots promis en vente.

Destination de l'immeuble et conditions d'usage des parties privatives

Il est ici précisé :
– que la destination de l'immeuble, telle qu'elle est prévue au règlement de copropriété (article n° ...) est : ... ;
– que cet acte contient les restrictions d'usage suivantes applicables aux lots vendus : ... (*énoncer s'il y a lieu les clauses restrictives figurant dans le règlement de copropriété telles que clause d'habitation bourgeoise, interdiction de division de lot, interdiction de location séparée, etc.*).

Consistance des lots vendus

Le vendeur déclare :
– qu'il n'a pas été réalisé dans les lots promis en vente des travaux relevant de l'autorisation du syndicat des copropriétaires sans cet accord ;
– que la consistance et l'emprise de ces lots n'ont pas été modifiées par appropriation irrégulière de parties communes.

Coordonnées du syndic

Le syndic de l'ensemble immobilier est le Cabinet..., dont le siège est à..., rue de... ».

MODÈLE

Informations sur la copropriété à insérer dans l'acte authentique de vente 18934

Copropriété

Information de l'acquéreur

Conformément à l'article L 721-2 du Code de la construction et de l'habitation, pour l'information de l'acquéreur, ont été annexés à l'avant-contrat de vente les documents suivants (*variante* : ont été préalablement remis à l'acquéreur les documents suivants, par ailleurs énoncés dans l'attestation de remise datée et signée de sa main, et annexée au présent acte) :

Organisation et état de l'immeuble

– la fiche synthétique de la copropriété prévue à l'article 8-2 de la loi 65-557 du 10 juillet 1965 fixant le statut de la copropriété des immeubles bâtis ;
– le numéro d'immatriculation du syndicat ;
– le règlement de copropriété de l'immeuble, reçu par Me ..., notaire à..., le..., contenant état descriptif de l'immeuble ;
– le(s) acte(s) modificatif(s) du règlement de copropriété, reçu(s) par Me ..., notaire à..., le... ;
– les procès-verbaux des assemblées générales des trois dernières années ;
– le carnet d'entretien de l'immeuble ;
– la notice d'information relative aux droits et obligations des copropriétaires ainsi qu'au fonctionnement des instances du syndicat de copropriété (*document dont le contenu doit être déterminé par arrêté ministériel*) ;
– le diagnostic technique global prévu à l'article L 731-1 du Code de la construction et de l'habitation (*ce diagnostic est imposé en cas de mise en copropriété d'un immeuble construit depuis plus de 10 ans, ou, en dehors de cette situation, décidé par le syndicat*) ;
– depuis le 1er janvier 2024 pour les copropriétés de plus de 200 lots, à compter du 1er janvier 2025 pour les copropriétés qui comprennent entre 51 et 200 lots et du 1er janvier 2026 pour les copropriétés d'au moins 50 lots, le plan pluriannuel de travaux adopté dans les conditions prévues au premier alinéa du II de l'article 14-2 de la loi 65-557 du 10 juillet 1965 ou, à défaut, le projet de plan pluriannuel de travaux s'il a été élaboré.

Informations financières

Une note (*variante* : un pré-état délivré par le syndic de copropriété le...) portant indication des informations suivantes :
– le montant des charges courantes du budget prévisionnel payées par le vendeur au titre des deux exercices comptables précédents ;

18934 (suite) – le montant des sommes qui seront dues par l'acquéreur au syndicat (*information non exigée pour les copropriétés d'au plus 5 lots ou dont le budget annuel apprécié sur trois exercices successifs est inférieur à 15 000 €*) ;
– l'état global des impayés de charges au sein du syndicat (*information non exigée pour les copropriétés d'au plus 5 lots ou dont le budget annuel apprécié sur trois exercices successifs est inférieur à 15 000 €*) ;
– l'état global de la dette du syndicat vis-à-vis des fournisseurs (*information non exigée pour les copropriétés d'au plus 5 lots ou dont le budget annuel apprécié sur trois exercices successifs est inférieur à 15 000 €*) ;
– le syndicat disposant d'un fonds de travaux, le montant de la part du fonds de travaux rattachée au lot principal promis en vente et le montant de la dernière cotisation au fonds versée par le copropriétaire vendeur au titre de son lot.

Respect du règlement de copropriété

L'acquéreur s'oblige au respect des dispositions du règlement de copropriété régissant l'ensemble immobilier dont dépendent les lots vendus.

Destination de l'immeuble et conditions d'usage des parties privatives

Il est ici précisé :
– que la destination de l'immeuble, telle qu'elle est prévue au règlement de copropriété (article n° ...) est : ... ;
– que cet acte contient les restrictions d'usage suivantes applicables aux lots vendus : ... (*énoncer s'il y a lieu les clauses restrictives figurant dans le règlement de copropriété telles que clause d'habitation bourgeoise, interdiction de division de lot, interdiction de location séparée, etc.*).

Consistance des lots vendus

Le vendeur déclare :
– qu'il n'a pas été réalisé dans les lots vendus des travaux relevant de l'autorisation du syndicat des copropriétaires sans cet accord ;
– que la consistance et l'emprise de ces lots n'ont pas été modifiées par appropriation irrégulière de parties communes.

Coordonnées du syndic

Le syndic de l'ensemble immobilier est le Cabinet..., dont le siège est à..., rue de... ».

Règlement de copropriété

L'acquéreur s'oblige au respect des dispositions du règlement de copropriété régissant l'ensemble immobilier dont dépendent les lots vendus, dont il déclare avoir eu préalablement connaissance et dont une copie lui a été remise avec le projet du présent acte.

Informations préalables communiquées par le syndic

Le syndic a délivré le... l'état daté prévu par l'article 5 du décret du 17 mars 1967, lequel état sera annexé au présent acte après mention.
Le notaire soussigné en a donné connaissance aux parties.

Notification au syndic

La présente vente sera signifiée au syndic, par les soins du notaire soussigné, en application des dispositions de l'article 6 du décret du 17 mars 1967.

Situation du vendeur au regard des charges de copropriété

Le vendeur a justifié qu'il était libre de toute obligation à l'égard du syndicat par la production du certificat prévu par l'article 20 de la loi du 10 juillet 1965, daté de moins d'un mois.
Ou, si le vendeur n'a pas justifié qu'il était libre de toute obligation à l'égard du syndicat par la production du certificat prévu par l'article 20 de la loi du 10 juillet 1965 :

Avis de mutation

Avis de la présente mutation sera en outre donné au syndic, par les soins du notaire soussigné, en application des dispositions de l'article 20, I de la loi du 10 juillet 1965.
Le vendeur est informé qu'en application de l'article 20, I, al. 2 in fine de la loi 65-557 du 10 juillet 1965, le notaire libère les fonds dès l'accord entre le syndic et le vendeur sur les sommes restant dues, et qu'à défaut d'accord, dans un délai de trois mois après la constitution par le syndic de l'opposition régulière, le notaire verse les sommes retenues au syndicat, sauf contestation de l'opposition devant les tribunaux par l'une des parties, les effets de l'opposition étant limités au montant ainsi énoncé.

Vérification de la situation du candidat acquéreur à l'égard du syndicat

Pour se conformer à l'article 20, II, al. 2 in fine de la loi 65-557 du 10 juillet 1965, le notaire soussigné a préalablement à la présente vente notifié au syndic de copropriété le nom de l'acquéreur (*ou, selon le cas* : le nom des mandataires sociaux et des associés de la société civile immobilière *ou* : de la société en nom collectif) acquéreur ainsi que le nom de leur(s) conjoint(s) ou partenaire(s) lié(s) par un pacte civil de solidarité.
Le syndic a délivré le... un certificat de moins d'un mois de date attestant que ces personnes ne sont pas copropriétaires de l'immeuble dont dépend(ent) le(s) lot(s) vendu(s) (*ou* : que... est copropriétaire de cet immeuble, mais n'a pas fait l'objet par le syndic d'une mise en demeure de payer restée infructueuse depuis plus de quarante-cinq jours.

Mandataire commun

Ajouter si acquisition en indivision ou en démembrement de propriété :
Les acquéreurs, en application de l'article 23, alinéa 2 de la loi du 10 juillet 1965, désignent comme mandataire commun à l'égard de la copropriété et de son syndic M...

B. Formalités postérieures à la vente du lot

1. NOTIFICATION DU TRANSFERT DE PROPRIÉTÉ

GÉNÉRALITÉS

La notification du transfert de propriété a pour **objectif** de porter la vente à la connaissance du syndic et de la rendre opposable au syndicat des copropriétaires. Elle permet au syndic de tenir à jour la liste des copropriétaires et des titulaires de droits démembrés (Décret 67-223 du 17-3-1967 art. 32). **18980**
La formalité donne à l'acquéreur du lot la **qualité de copropriétaire** vis-à-vis du syndicat. À défaut, c'est à l'ancien copropriétaire que les convocations aux assemblées et les appels de charges seront adressés.

ATTENTION

L'**opposabilité au syndicat** des copropriétaires de la cession d'une fraction d'un lot divisé n'est pas subordonnée à l'approbation de la nouvelle répartition des charges par l'assemblée générale ; elle résulte de la seule notification du transfert de propriété au syndic (Cass. 3e civ. 7-2-2019 n° 17-31.101 FS-PBI, SCI GRM c/ Synd. copr. de l'immeuble Eden II : BPIM 2/19 inf. 130).

CAS DANS LESQUELS LA NOTIFICATION DOIT ÊTRE EFFECTUÉE

La notification doit être effectuée en cas de transfert de propriété d'un **lot ou** d'une **fraction** de lot. **18982**
Peu importe que la mutation ait lieu en **pleine propriété ou** porte sur un **droit démembré** (usufruit, nue-propriété, droit d'usage et d'habitation).
La notification doit être faite **indépendamment de l'avis de mutation**. Les deux formalités peuvent paraître voisines par leur contenu et leur destinataire, ce qui a conduit certains praticiens à les confondre – sciemment ou non – par le passé, mais la distinction est aujourd'hui expressément formulée par les textes (Décret 67-223 du 17-3-1967 art. 6, al. 3). L'avis de mutation ne remplace pas la notification (Cass. 3e civ. 7-9-2010 n° 09-11.158 : BPIM 6/10 inf. 488).

AUTEUR DE LA NOTIFICATION

La notification est effectuée par les parties – vendeur ou acquéreur – ou le notaire qui établit l'acte (soit encore par l'avocat qui a obtenu la décision judiciaire réalisant le transfert de propriété). **18984**
Si le texte ouvre aux parties la possibilité d'effectuer la notification, **en pratique**, les opérations concernées portant sur des immeubles étant obligatoirement soumises à publicité foncière, c'est le juriste professionnel en charge du dossier (notaire ou avocat) qui, systématiquement, procédera à la formalité en raison de son obligation d'assurer l'efficacité de ses actes.

PROCÉDURE DE NOTIFICATION

La notification doit être effectuée « **sans délai** » (Décret 67-223 du 17-3-1967 art. 6, al. 1). Il est de l'intérêt de tous que le syndic, averti au plus tôt, puisse en tirer les conséquences en ce qui concerne la tenue des archives de la copropriété et l'imputation des charges. C'est à compter de la date de cette formalité que le syndic appellera les provisions des dépenses hors budget **18986**

prévisionnel non plus auprès du vendeur mais auprès de l'acquéreur (Décret 67-223 du 17-3-1967 art. 6-2). En cas de notification tardive, le vendeur pourrait se voir réclamer des charges devenues exigibles après la vente.
Sur la **forme**, la notification doit être faite par lettre recommandée avec demande d'avis de réception (Décret 67-223 du 17-3-1967 art. 64, al. 1), par remise contre récepissé ou émargement (Décret 67-223 du 17-3-1967 art. 64, al. 2), ou, si le copropriétaire l'a expressément autorisé, par voie électronique (Décret 67-223 du 17-3-1967 art. 64-2)
S'agissant du **destinataire**, la notification est adressée au siège du syndicat ou au domicile du syndic (Décret 67-223 du 17-3-1967 art. 65, al. 3).

CONTENU DE LA NOTIFICATION

18988 La notification doit comporter (Décret 67-223 du 17-3-1967 art. 6) :
– la désignation du **lot** ou de la fraction de lot concerné ;
– l'indication des nom, prénoms, domicile réel ou élu et, sous réserve de leur accord exprès, l'adresse électronique de l'**acquéreur** ou du titulaire de droit et, le cas échéant, du mandataire commun représentant les intéressés en cas d'indivision ou de démembrement de propriété (voir n° 18274) ;
– l'accord écrit du nouveau propriétaire, du prêteur et de la caution lorsque l'obligation de payer la quote-part d'emprunt souscrit au nom du syndicat est transmise au nouveau propriétaire.

SANCTIONS EN CAS DE NON-RESPECT DE LA PROCÉDURE DE NOTIFICATION

18990 À défaut de notification au syndic du **transfert de propriété**, celui-ci est inopposable au syndicat des copropriétaires.
Le défaut d'accomplissement de cette formalité est constitutif d'une faute susceptible d'engager la **responsabilité** du professionnel ayant réalisé la vente ou y ayant concouru (notaire ou avocat), si cette défaillance cause un préjudice au vendeur ou à l'acquéreur. Les parties ont la possibilité de suppléer cette défaillance en effectuant elles-mêmes la formalité.

2. AVIS DE MUTATION

19010 En l'**absence du certificat de l'article 20** (certificat ayant moins d'un mois de date et attestant que le vendeur est libre de toute obligation à l'égard du syndicat, voir n° 18840), le notaire est tenu d'aviser le syndic de la mutation intervenue, formalité qui ouvre à celui-ci la possibilité de former opposition au versement du prix dans la limite des sommes restant dues par l'ancien copropriétaire. Le notaire libère les fonds dès l'accord entre le syndic et le vendeur sur les sommes restant dues. À défaut d'accord, dans un délai de trois mois après la constitution par le syndic de l'opposition régulière, il verse les sommes retenues au syndicat, sauf contestation de l'opposition devant les tribunaux par une des parties (Loi 65-557 du 10-7-1965 art. 20, I-al. 1).
L'avis de mutation est distinct de la notification du transfert de propriété, et doit, en l'absence de certificat de l'article 20, être établi distinctement de celui-ci.

CAS DANS LESQUELS L'AVIS DE MUTATION DOIT ÊTRE DONNÉ

19012 L'avis de mutation doit être donné au syndic lors du transfert de propriété à titre onéreux du lot (Loi 65-557 du 10-7-1965 art. 20, I-al. 1). L'exclusion des mutations à titre gratuit s'explique par le fait que l'avis de mutation ne présente d'utilité que si l'opération a une **contrepartie pécuniaire**. Sont notamment concernées la vente amiable, y compris en la forme administrative, la vente sur adjudication et les procédures d'expropriation ou de préemption.

AUTEUR DE L'AVIS DE MUTATION

19014 Dans le cadre d'une **vente** amiable **classique**, l'avis de la mutation est donné par le notaire qui établit l'acte (Loi 65-557 du 10-7-1965 art. 20, I-al. 1).
Si le lot a fait l'objet d'une vente sur **licitation ou** sur **saisie** immobilière, l'avis de mutation est donné au syndic par le notaire ou par l'avocat du demandeur ou du créancier poursuivant.
Si le lot est cédé dans le cadre d'une **expropriation** pour cause d'utilité publique **ou** de l'exercice d'un droit de **préemption** publique, l'avis de mutation est donné par le notaire, l'expropriant ou le titulaire du droit de préemption.
S'agissant d'une **vente administrative**, c'est l'autorité qui authentifie la convention qui délivrera l'avis de mutation (Décret 67-223 du 17-3-1967 art. 5-1, al. 3).

PROCÉDURE DE NOTIFICATION DE LA MUTATION

19016 L'avis de mutation doit être notifié au syndic dans le **délai** de 15 jours à compter du transfert de propriété (Loi 65-557 du 10-7-1965 art. 20, al. 1).

Les conditions de **forme** sont les mêmes que pour la procédure de notification : l'avis de mutation est donné au syndic par lettre recommandée avec demande d'avis de réception (Loi 65-557 du 10-7-1965 art. 20, I-al. 1).
S'agissant du **destinataire**, l'avis de mutation est adressé au siège du syndicat ou au domicile du syndic (Décret 67-223 du 17-3-1967 art. 65, al. 3).

CONTENU DE L'AVIS DE MUTATION

Dans le **silence des textes** (la loi de 1965 est muette sur ce point), le contenu de l'avis de mutation doit être dicté par la logique et quelques considérations pratiques : le syndic doit pouvoir y trouver tous renseignements lui permettant de mettre en œuvre, le cas échéant, la procédure d'opposition au paiement du prix. 19018
Ainsi, **en pratique**, l'avis mentionnera notamment :
– l'identification suffisante du copropriétaire cédant ;
– l'indication du ou des lots concernés ;
– l'identité et l'adresse du notaire qui a reçu l'acte ;
– une élection de domicile pour la réception de l'opposition.
Le prix de la vente n'est pas au nombre des informations devant figurer dans l'avis de mutation (Cass. 3e civ. 26-5-1994 no 92-17.143, Synd. des copr. de la résidence Orphée c/ Sté Sanibat).

SANCTIONS EN CAS DE DÉFAUT D'AVIS DE MUTATION

À défaut d'avis de mutation, le **délai d'opposition** ne court pas, permettant au syndic de pratiquer celle-ci à tout moment (Cass. 3e civ. 18-7-2001 no 00-13.404 : Bull. civ. III no 99). 19020
Le syndic sera fondé à demander à l'acquéreur le **paiement des charges** dont le vendeur reste débiteur. Le paiement du prix au vendeur est en effet inopposable au syndicat des copropriétaires. L'acquéreur ne pourra prétendre échapper à la demande de paiement du syndic que s'il apporte la preuve que le défaut d'avis de mutation n'a causé aucun préjudice au syndicat. Cela serait le cas, par exemple, si le prix était entièrement absorbé par les créanciers inscrits (sauf à préciser qu'un créancier inscrit ne prime pas nécessairement le syndicat, en raison de l'hypothèque légale spéciale dont celui-ci bénéficie pour certaines de ses créances : voir no 19922).

ATTENTION
Le défaut d'accomplissement de la formalité de l'avis de mutation est constitutif d'une faute, susceptible d'engager la **responsabilité du professionnel** ayant réalisé la vente ou y ayant concouru (notaire ou avocat) si elle cause un préjudice à l'acquéreur.

3. OPPOSITION DU SYNDIC À LA VENTE

Le syndic, alerté par l'avis de mutation, peut faire opposition au versement des **fonds provenant de la vente** pour obtenir le paiement des sommes restant dues par le vendeur. 19040

MODALITÉS DE L'OPPOSITION DU SYNDIC

Sur les conditions de **forme**, le syndic, s'il forme opposition, doit recourir à l'acte extrajudiciaire, c'est-à-dire à l'exploit de commissaire de justice. Le recours à la lettre recommandée est clairement exclu (Cass. 3e civ. 18-12-1996 no 94-18.754 : Bull. civ. III no 240). 19042
Le **délai** imparti au syndic pour faire opposition est de 15 jours à compter de la réception de l'avis de mutation (Loi 65-557 du 10-7-1965 art. 20, I). Ce délai est ainsi décompté :
– il court à compter du lendemain de la réception de l'avis de mutation par le syndic ;
– il expire le 15e jour à minuit ;
– si son expiration tombe un samedi, un dimanche ou un jour férié, il est prorogé au premier jour ouvrable suivant.
Quant au **destinataire**, l'opposition est effectuée au domicile élu par l'auteur de l'avis de mutation, c'est-à-dire le plus souvent chez le notaire en cas de vente amiable.

CONTENU DE L'OPPOSITION DU SYNDIC

L'opposition formée par le syndic doit énoncer le **montant et** les **causes** (Loi 65-557 du 10-7-1965 art. 20, I ; Décret 67-223 du 17-3-1967 art. 5-1) : 19044
– des créances de toute nature du syndicat (Loi 65-557 du 10-7-1965 art. 10 et 30) pour l'année courante et les deux dernières années échues ainsi que pour les deux années antérieures aux deux dernières années échues ;
– des créances de toute nature du syndicat garanties par une hypothèque légale et non comprises dans les créances privilégiées ;
– des créances de toute nature du syndicat autres que celles précitées.

La distinction ainsi opérée entre les différentes créances ne tient pas à leur nature, mais aux garanties dont elles sont assorties.
Les créances énoncées par l'opposition doivent être effectivement **liquides et exigibles**. La créance est liquide lorsqu'il est possible de la chiffrer et de l'exprimer en argent, situation qui correspond à une décision prise en assemblée d'engager la dépense et d'en fixer le montant. La créance est exigible lorsque le syndic peut procéder à l'appel de fonds : ce sera le cas, par exemple, de l'avance de trésorerie permanente prévue au règlement de copropriété ou des provisions du budget prévisionnel.
L'opposition doit énoncer les créances avec **précision**. Cela exclut une évaluation « provisoire » ou « à parfaire ». Cette exigence est à rapprocher, pour l'en distinguer, de l'approximation admise pour les énonciations de la note de renseignements préalable, antérieure à la vente (Décret 67-223 du 17-3-1967 art. 5).

> **› Précisions a.** L'opposition ne peut pas concerner une **créance du syndic**, notamment celle due au titre de ses « **frais de mutation** ».
> **b.** L'opposition ne peut valablement porter que sur les **dettes afférentes au lot vendu**. Pour être régulière, elle doit comporter : la répartition des charges et des travaux selon le privilège ou le « superprivilège » que le syndicat invoque ; le détail des sommes réclamées selon leur nature ; le lot objet de la vente auxquelles ces sommes sont afférentes (Cass. 3e civ. 3-11-2011 nº 10-20.182 : BPIM 6/11 inf. 493).

EFFETS DE L'OPPOSITION DU SYNDIC

19046 Le **paiement du prix** ainsi que le transfert amiable ou judiciaire des fonds faits en violation d'une opposition régulière sont inopposables au syndic (Loi 65-557 du 10-7-1965 art. 20, I-al. 2). L'opposition entraîne donc de fait une indisponibilité du prix entre les mains du notaire qui en constate le paiement par sa comptabilité ou entre celles de l'acquéreur si celui-ci ne s'en est pas encore libéré, par exemple en cas de paiement à terme.
L'opposition ne produit effet qu'à concurrence du montant des créances du syndicat qui y sont énoncées (Loi 65-557 du 10-7-1965 art. 20, I-al. 1) ; le **surplus du prix** reste disponible.
Le transfert amiable, inopposable au syndicat, est la transmission de la **créance de prix** à un tiers, au moyen d'une délégation ou d'une novation, ou son extinction par voie de compensation entre le vendeur et l'acquéreur. Le transfert judiciaire correspond à l'hypothèse d'une saisie-attribution postérieure à la notification de l'opposition ; une telle saisie ne serait pas efficace en raison de l'indisponibilité de la créance (à concurrence du montant de la créance du syndicat énoncé à l'acte).
L'opposition n'a pas les effets d'une saisie. Elle n'opère pas **attribution de la créance** au syndicat.
L'opposition régulière vaut mise en œuvre de l'**hypothèque légale spéciale** (ancien privilège immobilier spécial) du syndicat prévu par l'article 2402, 3° du Code civil (dans sa rédaction issue de Ord. 2021-1192 du 15-9-2021 de réforme des sûretés art. 35, V). Cette hypothèque permet, selon l'ancienneté de la créance, soit de primer les créanciers inscrits bénéficiant d'un privilège de vendeur ou d'un privilège de prêteur de deniers (charges exigibles de l'année courante et des deux années antérieures), soit de venir en concours avec eux (charges des troisième et quatrième années précédant la cession). Sur cette hypothèque, voir nos 19920 s.

SANCTIONS

19048 Une opposition est susceptible de multiples irrégularités. S'il s'agit du non-respect de l'exigence d'un acte extrajudiciaire, d'une signification au-delà du délai de 15 jours ou adressée à un mauvais destinataire, l'opposition est irrecevable et dépourvue de tout effet ; elle est considérée comme inexistante et fait perdre au syndicat la possibilité de considérer que le **paiement du prix** lui est inopposable. Il en est de même si l'opposition est nulle faute d'énonciation du montant et des causes de la créance (Loi 65-557 du 10-7-1965 art. 20, I-al. 1).
En l'absence d'opposition ou en cas d'opposition irrégulière, le syndic n'est pas déchu du droit de poursuivre le **recouvrement des charges** dues par le vendeur par toutes les autres voies de droit. Il conserve le bénéfice de l'hypothèque légale si elle a été inscrite, et peut agir par voie de saisie-attribution ou de saisie conservatoire à condition de disposer d'un titre exécutoire.
En outre, l'opposition irrégulière ne vaut pas mise en œuvre de l'**hypothèque légale spéciale** (ancien privilège immobilier spécial) de l'article 2402, 3° du Code civil : la créance du syndicat est chirographaire.

ATTENTION
Une irrégularité de l'opposition imputable au syndic engage la **responsabilité professionnelle** de celui-ci s'il en résulte un préjudice pour le syndicat des copropriétaires.

LIBÉRATION DES FONDS

Le vendeur à qui l'opposition aura été communiquée par le notaire doit prendre position quant au paiement des sommes énoncées. 19050

Le notaire libère les fonds dès l'accord entre le syndic et le vendeur. À défaut d'accord, dans un délai de 3 mois après la constitution par le syndic de l'opposition régulière, le notaire verse les fonds retenus au syndicat, sauf contestation de l'opposition devant les tribunaux de l'une des parties. Dans certaines situations, le paiement ne pourra pas être effectué, ou pas complètement ; cela se produira si le prix est entièrement absorbé par un créancier privilégié de rang préférable, par exemple un créancier bénéficiant d'une hypothèque conventionnelle, judiciaire ou légale primant le syndicat.

> **Précisions** Le notaire peut estimer, sous sa responsabilité, que l'**opposition** est **manifestement irrégulière** et dépourvue d'effet, lui permettant ainsi de remettre le prix au vendeur ou à ses créanciers sans en tenir compte. Cela sera notamment le cas si l'opposition est notifiée par courrier recommandé et non par acte extrajudiciaire, si elle est notifiée hors délai, ou si elle n'énonce pas le montant et/ou les causes de la créance.

INFORMATION DES CRÉANCIERS INSCRITS

Lorsqu'il reçoit une opposition formée par le syndic, le **notaire** a l'obligation d'en informer les créanciers inscrits et, sur leur demande, de leur en adresser une copie (Décret 67-223 du 17-3-1967 art. 6-1). Cette obligation pèse également sur l'avocat qui a poursuivi la vente, l'expropriant, le titulaire du droit de préemption et l'autorité qui établit un acte administratif. 19052

Cette information est importante pour certains créanciers inscrits, qui peuvent être primés ou concurrencés par le syndicat, titulaire pour certaines créances d'une hypothèque légale spéciale (voir n° 19922). Elle les renseigne sur les **perspectives de recouvrement** de leurs propres créances et peut les amener à mettre en œuvre d'autres garanties ou mesures de recouvrement.

ATTENTION

Le texte légal ne prévoit aucune **sanction** si la personne chargée de cette information – le plus souvent, le notaire – ne s'y conforme pas. Cette omission est cependant constitutive d'une faute susceptible d'engager sa responsabilité professionnelle si elle cause un préjudice au créancier inscrit.

VI. RÉPARTITION DES CHARGES LORS DE LA VENTE DU LOT

A. Difficultés de la répartition des charges

La question de la répartition des charges entre le vendeur et l'acquéreur du lot de copropriété se pose de manière quasi systématique. Selon qu'elle sera abordée ou non, selon la façon dont elle aura été réglée, les **conséquences pécuniaires** seront différentes tant pour le vendeur que pour l'acquéreur. 19100

Le **vendeur** souhaite généralement se faire rembourser les charges acquittées à titre de provision, pour la fraction afférente à la période postérieure à la vente, ainsi que les avances qu'il aura éventuellement été amené à verser en application du règlement de copropriété ou d'une décision de l'assemblée générale ; il entend également le plus souvent que ne lui soient pas imputées des charges afférentes à des travaux qui, bien que décidés avant la vente, seront réalisés après celle-ci.

De son côté, l'**acquéreur** peut s'inquiéter de devoir supporter les conséquences d'un dépassement du budget réalisé par rapport au budget prévisionnel pour l'année au cours de laquelle la mutation intervient, et donc de l'insuffisance des provisions versées par le vendeur, ou encore de devoir faire face à des charges afférentes à des travaux qui auraient été décidés avant son acquisition et dont il ignorerait l'existence, la nature et les conséquences pécuniaires. Il souhaite également savoir si le vendeur peut lui demander le remboursement de l'avance qu'il a versée ou s'il appartient au syndic de la lui réclamer.

L'attention des parties doit être attirée sur les **litiges et procédures** intéressant la copropriété et pouvant avoir une incidence pécuniaire : recouvrement de charges impayées à l'encontre d'un copropriétaire défaillant, procès pour malfaçons à l'encontre du constructeur ou de son assureur de responsabilité, licenciement d'un concierge, mise en cause de la responsabilité civile du 19110

syndicat... La question se pose de savoir qui, du vendeur ou de l'acquéreur, en supportera les conséquences financières – favorables ou défavorables – à l'issue du litige ou de l'instance.
La question est complexe : d'une part, en ce qu'elle intéresse non seulement les parties dans leurs relations réciproques, mais aussi les relations de chacune d'elles avec le syndicat des copropriétaires, représenté par le syndic ; d'autre part, en ce qu'elle porte sur plusieurs objets (charges courantes, charges pour travaux, avances, litiges et procédures...). Cette **complexité** est renforcée par le fait qu'un intervalle de temps plus ou moins long sépare le moment où les parties prennent leurs accords, le plus souvent à l'occasion de l'avant-contrat, de la régularisation de l'acte authentique et de la notification de la vente au syndic. Dans cet intervalle, divers événements peuvent survenir : des provisions deviennent exigibles, une assemblée est convoquée et décide de travaux, le syndic prend l'initiative de travaux urgents qu'impose la sauvegarde de l'immeuble...

B. Règles appliquées par le syndic

GÉNÉRALITÉS

19150 Les textes fixent l'**obligation à la dette** : ils déterminent à qui le syndic pourra réclamer les charges ou le moins-perçu sur provisions, ou qui du vendeur ou de l'acquéreur pourra exiger du syndic le remboursement d'un trop-perçu ou d'une avance.
Cette détermination peut, dans les relations des parties, n'être que provisoire si celles-ci définissent par leurs conventions une règle de **contribution à la dette** différente.

CHARGES

19152 La **provision exigible du budget provisionnel**, correspondant aux charges dites « courantes », incombe au vendeur (Décret 67-223 du 17-3-1967 art. 6-2). Cette provision, en principe trimestrielle, peut couvrir une période pour partie antérieure à la mutation, et pour le surplus postérieure. La créance est exigible le premier jour de chaque trimestre ou de la période fixée par l'assemblée si elle est différente (Loi 65-557 du 10-7-1965 art. 14-1, al. 3). Le syndic ne procédera donc pas en principe à l'établissement d'un compte prorata temporis en fonction de la date de signature de l'acte authentique ou de la date d'entrée en jouissance, pour la répartition de la provision pour charges courantes entre le vendeur et l'acquéreur. Sa gestion est de ce fait facilitée.
Le paiement des **provisions sur dépenses hors budget prévisionnel** incombe à celui, vendeur ou acquéreur, qui est copropriétaire au moment de l'exigibilité (Décret 67-223 du 17-3-1967 art. 6-2). Ces charges correspondent aux travaux intéressant la copropriété. L'exigibilité s'entend de la possibilité pour le syndic de procéder régulièrement à l'appel de fonds.
Lors de l'approbation des comptes de l'exercice, le budget réalisé fait ressortir un **trop ou moins-perçu sur provisions** par rapport au budget prévisionnel sur la base duquel les appels trimestriels ont été calculés et appelés. Ce trop ou moins-perçu est porté au crédit ou au débit du compte de celui, vendeur ou acquéreur, qui est copropriétaire lors de l'approbation des comptes (Décret 67-223 du 17-3-1967 art. 6-2). Il s'agira en principe de l'acquéreur compte tenu du délai qui sépare la fin d'un exercice et l'approbation des comptes.
Pour l'application des règles de répartition des charges, la **qualité de « copropriétaire »** vis-à-vis du syndic est acquise à la réception par celui-ci de la notification du transfert de propriété (Décret 67-223 du 17-3-1967 art. 6). Elle est distincte de la date de la vente du lot ou de celle du transfert de propriété opéré entre le vendeur et l'acquéreur. Elle n'est pas subordonnée à l'approbation de la nouvelle répartition des charges par l'assemblée générale lorsque le lot dont la propriété est transférée est issu de la division d'un autre lot (Cass. 3e civ. 7-2-2019 n° 17-31.101 FS-PBI, SCI GRM c/ Synd. copr. de l'immeuble Eden II : BPIM 2/19 inf. 130).

AVANCES DE TRÉSORERIE

19155 Les avances sont les fonds destinés, par le règlement de copropriété ou une décision de l'assemblée générale, à constituer des **réserves** (Décret 67-223 du 17-3-1967 art. 45-1, al. 2). Les termes « fonds de roulement » ou « avance permanente de trésorerie » sont parfois utilisés pour les désigner.
Les avances étant remboursables au copropriétaire vendeur par le syndic (Décret 67-223 du 17-3-1967 art. 45-1, al. 3), ce dernier doit demander à l'acquéreur de **reconstituer l'avance** par un versement d'un montant correspondant.

ATTENTION

Le versement visant à reconstituer l'avance doit être intégral ; l'acquéreur ne peut prétendre n'en acquitter qu'une fraction, au prorata de la durée de l'exercice pendant laquelle il a été propriétaire de lots (Cass. 3e civ. 27-3-2013 no 12-11.808 : BPIM 3/13 inf. 214).

REMBOURSEMENT D'EMPRUNT

Le syndicat de copropriété peut conclure un emprunt, à **adhésion individuelle**, juridiquement sécurisé pour financer les travaux sur les parties communes, les travaux d'intérêt collectif sur les parties privatives ou des actes d'acquisition régulièrement votés (Loi 65-557 du 10-7-1965 art. 26-4, I et II modifiés par loi 2024-322 du 9-4-2024). Le **montant** de l'emprunt ne peut excéder le montant total des quotes-parts de dépenses des copropriétaires souhaitant bénéficier du prêt ; seuls ces bénéficiaires auront à rembourser le syndicat et à lui payer les intérêts, frais et honoraires se rapportant à cet emprunt (Loi 65-557 du 10-7-1965 art. 26-6, al. 1 et 2). 19170

L'assemblée générale peut autoriser le syndic, à la majorité de l'article 25, à déléguer à l'établissement prêteur la faculté de **prélever** les sommes dues au titre du remboursement de l'emprunt collectif et du paiement des accessoires directement sur les comptes bancaires des copropriétaires y participant, ainsi qu'à mettre en œuvre les voies de recouvrement en cas d'impayé (Loi 65-557 du 10-7-1965 art. 26-6, dernier al.).

En cas de **transfert d'un lot de copropriété** (vente, donation, etc.) alors que l'emprunt n'est pas totalement remboursé, les sommes restant dues par le copropriétaire et le paiement des accessoires deviennent immédiatement exigibles. Mais l'obligation de payer ces sommes peut être transmise au nouveau copropriétaire avec son accord ainsi que celui du prêteur et de la caution. Le notaire doit alors en informer le syndic (Loi 65-557 du 10-7-1965 art. 26-8).

Le syndicat des copropriétaires peut également souscrire un **emprunt collectif** pour financer les travaux essentiels et de rénovation énergétique visés à l'article 24, II-a à f de la loi du 10 juillet 1965 (Loi 65-557 du 10-7-1965 art. 26-4, III créé par loi 2024-322 du 9-4-2024). L'**ensemble des copropriétaires** est présumé adhérer à l'emprunt collectif. Cependant, les copropriétaires qui ne veulent pas participer à l'emprunt peuvent notifier leur **refus** au syndic dans les 2 mois de la notification du procès-verbal de l'assemblée ayant voté le recours à l'emprunt, sous réserve de verser leur quote-part du prix des travaux dans les 6 mois de la notification du procès-verbal. À défaut, le copropriétaire est tenu par l'emprunt. Les **sommes** à verser dans les 6 mois par le copropriétaire ne souhaitant pas adhérer au prêt sont définies comme celles qui correspondent à la contribution exigible au remboursement du capital et des intérêts, ainsi qu'au paiement des frais et honoraires (Loi 65-557 du 10-7-1965 art. 26-13 créé par loi 2024-322 du 9-4-2024). 19175

Seuls les copropriétaires bénéficiant de l'emprunt collectif sont tenus de contribuer chaque mois ou chaque trimestre, en fonction du montant pour lequel ils participent à l'emprunt selon la grille établie pour la répartition des quotes-parts de dépenses prêt (Loi 65-557 du 10-7-1965 art. 26-10 créé par loi 2024-322 du 9-4-2024) :

– à son remboursement, en capital, intérêts et frais éventuels de caution, au syndicat des copropriétaires ;

– au paiement des frais et des honoraires afférents générés par le montage et la gestion du prêt.

En cas de **mutation du lot**, la charge de la contribution au remboursement de l'emprunt est transférée aux propriétaires successifs. Le nouveau propriétaire du lot peut toutefois préférer s'en libérer et le rembourser par anticipation au syndicat des copropriétaires. Dès leur versement, ces sommes sont affectées sans délai par le syndic au remboursement de l'emprunt (Loi 65-557 du 10-7-1965 art. 26-11 créé par loi 2024-322 du 9-4-2024).

LITIGES ET PROCÉDURES EN COURS

Un litige ou une procédure judiciaire intéressant la copropriété peuvent avoir des conséquences pécuniaires importantes pour le syndicat des copropriétaires et pour ses membres, au prorata de leurs tantièmes, soit qu'ils engendrent une charge, soit au contraire qu'ils entraînent une recette en compensation d'un préjudice subi. Ils représentent donc pour l'acquéreur, selon les circonstances et lorsque leur issue est postérieure à la signature de l'acte authentique, la perspective d'un **risque ou** d'un **profit**. 19180

Ni la loi de 1965 ni le décret de 1967 ne règlent la répartition des conséquences pécuniaires des litiges et procédures en cours à la différence de ce qui est prévu pour les charges et avances. Dans le **silence des textes**, la seule obligation qui pèse sur le syndic est de faire mention des procédures dans l'annexe à la troisième partie de l'état d'information préalable à la vente (Décret 67-223 du 17-3-1967 art. 5). Le syndic imputera en conséquence la charge ou la recette en résultant au compte du copropriétaire dont il a connaissance au moment de sa traduction comptable.

> **Précisions** À l'occasion de la mutation à titre onéreux d'un lot, le trop ou moins-perçu sur provisions, révélé par l'approbation des comptes, est porté au crédit ou au débit du compte de celui qui est copropriétaire lors de l'approbation des comptes (Décret 67-223 du 17-3-1967 art. 6-2, 3°). Cette règle s'applique aux sommes remboursées par le syndicat à chacun des copropriétaires correspondant à leurs quotes-parts dans des travaux de confortation et de reconstruction des parties communes, travaux pris en charge par une compagnie d'assurance. Jugé que c'est celui qui a la qualité de copropriétaire lors de l'approbation des comptes qui bénéficie du remboursement, et non le vendeur alors même que c'est ce dernier qui a avancé le coût des travaux (Cass. 3e civ. 19-12-2012 n° 11-17.178 : BPIM 1/13 inf. 70).

C. Conventions entre parties sur la répartition des charges

GÉNÉRALITÉS

19210 Le vendeur et l'acquéreur peuvent convenir d'une répartition des charges différente de celle qui résulte des dispositions légales. La **licéité** de telles conventions n'est pas discutée. Elle est d'ailleurs implicitement confirmée par l'article 6-3 du décret de 1967 qui énonce que de tels accords n'ont effet qu'entre les parties.

Ces conventions ne sont pas **justifiées** en toutes circonstances. Les solutions légales peuvent parfaitement convenir aux parties, ce qui suppose que ces dernières aient été informées des implications pécuniaires de la vente et qu'elles les aient appréciées de manière convergente.

1. INFORMATION DES PARTIES

ENJEUX DE L'INFORMATION

19212 La première information à donner aux parties est celle portant sur les règles qui détermineront leurs relations respectives avec le syndicat des copropriétaires (nos 19150 s.). Cette connaissance leur permettra d'apprécier l'opportunité de convenir entre elles d'**accords contraires ou complémentaires**. À ce stade, les parties peuvent prendre des conventions particulières portant sur la répartition des charges ou l'imputation des conséquences pécuniaires d'un litige en cours, ou au contraire décider de laisser jouer les dispositions réglementaires. Elles auront ainsi supprimé certaines incertitudes.

Mais de telles conventions laissent subsister une interrogation non moins importante pour les parties : quel sera le montant exact des sommes que chacune d'elles devra payer au final ? Pour que la vente ne soit pas, de ce point de vue, une **opération aléatoire** pour les parties, une information complète doit permettre de déterminer non seulement qui paiera, mais aussi, et avec le plus de précision possible, combien le débiteur ainsi désigné paiera.

SOURCES DE L'INFORMATION

19230 **État d'informations préalables** L'une des premières sources d'informations utiles aux parties pour apprécier l'opportunité de convenir d'accords particuliers est l'état préalable délivré par le syndic (nos 18810 s.).

Mais attention, les informations contenues dans cet état ne sont **pas nécessairement exactes** car elles sont données « d'une manière même approximative et sous réserve de l'apurement des comptes » (Décret 67-223 du 17-3-1967 art. 5, 1° et 2°). Elles sont également **incomplètes** puisque le montant du trop ou du moins-perçu sur provisions ne pourra être déterminé qu'après clôture de l'exercice et comparaison du budget réalisé par rapport au budget prévisionnel.

19232 **Procès-verbaux d'assemblées et appels de charges** La consultation des procès-verbaux des dernières assemblées des copropriétaires et des appels de charges permet de compléter l'information des parties sur les travaux décidés par la copropriété et sur les charges correspondantes. Elle permet également de savoir si des **travaux** sont **envisagés**, si des **devis** ont été effectués, ou si des **désordres évoqués** appellent une intervention sur l'immeuble.

L'état de renseignements préalables ne doit, strictement, faire état que de l'objet et de l'état des procédures en cours. Les procès-verbaux d'assemblée permettent à l'acquéreur de savoir s'il existe des **litiges éventuels** pour lesquels le syndicat n'est pas encore engagé dans un lien judiciaire d'instance mais est susceptible de l'être.

Le copropriétaire vendeur a en principe été rendu destinataire des procès-verbaux et appels de charges et devrait être en mesure de les produire. La consultation de ces documents sur les **trois dernières années** fournit généralement une bonne connaissance de la situation de la copropriété en ce qui concerne les travaux décidés.

Carnet d'entretien La consultation du carnet d'entretien peut révéler à l'acquéreur des informations sur les travaux nécessaires, envisagés ou prévus à l'avenir (n° 18892). 19234

Syndic Le syndic peut être sollicité pour fournir des **renseignements complémentaires** à ceux fournis par l'état d'informations préalables ou une confirmation des informations déduites des autres pièces dont les parties disposent. Cette démarche auprès du syndic est souvent nécessaire s'agissant des litiges et procédures en cours, les informations fournies dans le cadre de l'état daté étant généralement insuffisantes pour que les parties puissent apprécier les risques ou perspectives de gains pouvant en résulter. 19236

ATTENTION

Le syndic serait fondé à refuser de délivrer ces renseignements à l'acquéreur, qu'il ne connaît pas et à l'égard duquel il n'a aucune obligation. Il engage cependant sa responsabilité en donnant une information incomplète à l'acquéreur d'un lot ne permettant pas à celui-ci d'avoir une exacte connaissance de la situation, et en particulier de l'existence d'un vice de construction (Cass. 3e civ. 20-6-2019 n° 18-10.516 F-D : BPIM 4/19 inf. 278). En pratique, le syndic sera le plus souvent **interrogé par** le vendeur ou l'intermédiaire (notaire ou agent immobilier) chargé d'établir l'avant-contrat de vente.

Le syndic doit procéder à l'**immatriculation** de la copropriété en saisissant, par voie dématérialisée, les principales données relatives au syndicat dans le **registre national d'immatriculation des syndicats de copropriétaires** (CCH art. L 711-1 à L 711-7). 19237

Ces **principales données** devant figurer au registre doivent permettre (CCH art. L 711-2, III modifié par loi 2024-322 du 9-4-2024) :

– de connaître la situation financière de la copropriété ;

– de connaître les caractéristiques techniques des immeubles constituant la copropriété, notamment celles prévues dans les diagnostics de performance énergétique (DPE), relatives aux performances énergétiques des immeubles et à leur impact en matière d'émissions de gaz à effet de serre ;

– aux services de l'État et aux collectivités territoriales de mettre en œuvre les dispositifs de repérage et d'accompagnement des copropriétés en difficulté ;

– d'informer de l'existence d'un dépôt de plainte ou d'une condamnation pour infraction dans le cadre des textes visant à réprimer les marchands de sommeil sur le fondement de l'article 225-14 du Code pénal (conditions d'hébergement d'une personne vulnérable incompatibles avec la dignité humaine) ou de l'article 3-4 de la loi 89-462 du 6 juillet 1989 tendant à améliorer les rapports locatifs (refus d'établir un contrat conforme, de délivrer un reçu ou une quittance ou de dissimuler ces obligations), si le syndic en a connaissance ;

– d'informer d'un refus d'autorisation préalable de mise en location d'un logement, si le syndic en a connaissance.

Une fois la déclaration d'immatriculation effectuée, le syndicat se voit attribuer un numéro d'immatriculation qui devra figurer dans l'acte authentique de vente (CCH art. L 711-5).

L'immatriculation est **obligatoire** pour toutes les copropriétés, quelle que soit leur taille.

Le syndic établit une **fiche synthétique de la copropriété** regroupant les données financières et techniques essentielles relatives à la copropriété et à son bâti. Elle est **mise à la disposition des copropriétaires**, sous peine de sanctions financières à l'encontre du syndic. En cas de **vente d'un lot**, la fiche synthétique est annexée à la promesse de vente ou, à défaut de promesse, à l'acte authentique. Chaque année, le syndic procède à la mise à jour des informations qu'elle contient (Loi 65-557 du 10-7-1965 art. 8-2). Les données correspondantes sont établies dans un délai de deux mois suivant la notification du procès-verbal de l'assemblée générale au cours de laquelle les comptes de l'exercice clos ont été approuvés. 19238

La fiche synthétique, qui doit informer le futur acquéreur de l'état financier de la copropriété, **mentionne** (Décret 2016-1822 du 21-12-2016) :

1° L'identification de la copropriété pour laquelle la fiche est établie ;

2° L'identité du syndic ou de l'administrateur provisoire ayant établi la fiche ;

3° L'organisation juridique de la copropriété ;

4° Les caractéristiques techniques de la copropriété ;

5° Les équipements de la copropriété ;

6° Les caractéristiques financières de la copropriété.

Les **syndicats comportant au plus 5 lots** à usage de logements, de bureaux ou de commerces ou dont le budget prévisionnel moyen sur une période de trois exercices consécutifs est inférieur à 15 000 € ne sont pas tenus de fournir le nombre de copropriétaires débiteurs et le montant des impayés.

La fiche mentionne la **date de délivrance** du document, le nom et la **signature** de l'autorité qui l'a délivrée accompagnés de son cachet.
Si la fiche de synthèse est **extraite du registre national d'immatriculation des copropriétés**, elle comporte la date de délivrance du document et la mention « fiche délivrée par le registre national des copropriétés sur la foi des déclarations effectuées par le représentant légal ».
La fiche synthétique de la copropriété doit être **produite** par tous les syndicats de copropriétaires, quelle que soit leur taille.

ATTENTION

En l'**absence** de mise à disposition d'un copropriétaire de la **fiche synthétique** au-delà d'un délai d'un mois à compter de la demande, des **pénalités par jour de retard**, dont le montant est fixé par décret, sont imputées sur la rémunération forfaitaire annuelle du syndic. Ces pénalités sont déduites de la rémunération du syndic lors de l'arrêté des comptes à soumettre à l'assemblée générale (Loi 65-557 du 10-7-1965 art. 8-2).

MOMENT DE L'INFORMATION

19260 La **situation idéale** serait de disposer de la totalité des informations utiles, notamment de l'état d'informations du syndic et des procès-verbaux des dernières assemblées, au moment où les parties s'engagent, c'est-à-dire généralement au stade de l'avant-contrat.
Toutefois, **en pratique**, le rédacteur de l'avant-contrat ne dispose au mieux que des procès-verbaux d'assemblées des derniers exercices et éventuellement des appels de charges. Ce n'est généralement qu'après la signature de l'avant-contrat que le notaire chargé de la constatation de la vente par acte authentique sollicitera l'état d'informations préalables.

2. OBJET DES CONVENTIONS

RÉPARTITION DES CHARGES

19280 **Charges du budget prévisionnel** Les parties conviennent le plus souvent que l'acquéreur acquittera les charges de copropriété à compter de son **entrée en jouissance**. La solution est logique : ces charges sont la contrepartie de services collectifs et d'éléments d'équipement communs (chauffage, ascenseur, consommation d'eau froide...), de l'entretien de l'immeuble et du fonctionnement du syndicat, qu'il est cohérent de lier à la jouissance des locaux.
Cette solution est généralement retenue même lorsque l'acquéreur a la jouissance du ou des lots à une date différente de celle du transfert de propriété à la suite d'une entrée en **jouissance anticipée ou** au contraire d'une **réserve de jouissance** par le vendeur.
Toutefois, rien n'interdit aux parties de lier la contribution aux charges à la **date du transfert de propriété** et non à celle de l'entrée en jouissance.
Conséquence logique du choix opéré par les parties, il est généralement convenu que l'acquéreur remboursera au vendeur le jour de l'acte authentique une fraction de la somme payée d'avance au titre de la provision trimestrielle, calculée **prorata temporis**.

EXEMPLE

Si la vente intervient le 15 avril alors que le vendeur a payé la provision pour charges du deuxième trimestre portant sur les mois d'avril, mai et juin, l'acquéreur lui remboursera le prorata qui court de la date de la vente, soit le 15 avril, jusqu'au terme de la période, soit le 30 juin. En l'occurrence, le prorata temporis correspond aux 5/6es de la provision trimestrielle.

19282 **Trop ou moins-versé sur provisions** Le syndic portant le trop ou moins-perçu sur provisions, révélé par l'approbation des comptes, au crédit ou au débit du compte de celui qui est alors copropriétaire (Décret 67-223 du 17-3-1967 art. 6-2), les parties ont le choix entre deux solutions :
– soit elles s'en tiennent purement et simplement à l'**application des textes**. Cette solution a pour elle l'avantage de la simplicité. Elle s'appuie sur la considération que l'écart entre le budget réalisé et le budget prévisionnel ne devrait pas être important et l'ajustement qui en résultera minime, spécialement si la vente intervient en début d'exercice ;
– soit elles conviennent que le **prorata** du trop ou moins-perçu afférent à la période antérieure à l'entrée en jouissance de l'acquéreur (ou au transfert de propriété) sera remboursé au vendeur ou supporté par lui.

19284 **Charges hors budget prévisionnel** Les charges de **travaux votés et exigibles** avant la notification du transfert de propriété sont réclamées par le syndic au vendeur.
Les parties peuvent convenir que ces charges seront supportées par l'acquéreur, car c'est lui qui profitera de l'éventuelle amélioration de l'immeuble qui en résultera, spécialement lorsque les

travaux ne sont pas encore réalisés ou achevés. Si cette solution est retenue, l'acquéreur rembourse au vendeur le montant de ces charges.

Concernant les charges de **travaux votés mais non exigibles** au moment de la notification au syndic (par exemple, travaux devant être réalisés par tranches), le vendeur et l'acquéreur peuvent convenir qu'elles seront supportées par l'un d'eux, désigné à l'acte.

Les parties ont également la possibilité de régler le sort des charges afférentes aux éventuels **travaux décidés entre la promesse et l'acte authentique**. Il peut s'agir de travaux votés par une assemblée générale réunie dans cet intervalle de temps, de travaux justifiés par la sauvegarde de l'immeuble et décidés par le syndic dans le cadre de son pouvoir d'initiative ou encore, mais plus rarement, de travaux prescrits par l'autorité administrative. Si ces travaux sont mis à la charge de l'acquéreur, il est judicieux de prévoir, au cas où une assemblée générale se réunirait entre la signature de l'avant-contrat et celle de l'acte authentique, l'obligation pour le vendeur de transmettre sa convocation à l'acquéreur ainsi qu'un pouvoir permettant à celui-ci de prendre part à l'assemblée et de voter à sa place. Autre solution possible : convenir que le vendeur assistera à l'assemblée, mais qu'il sera obligé de voter selon les indications de l'acquéreur. Cette stipulation sera utilement complétée par une clause selon laquelle le vendeur, faute de se conformer aux indications de vote, supportera seul les charges afférentes aux travaux éventuellement décidés.

Les parties peuvent en outre moduler la répartition des charges suivant la **nature et/ou l'état d'avancement des travaux**. Par exemple, le vendeur supportera le coût de remplacement de l'ascenseur alors que l'acquéreur aura la charge des frais de ravalement de la façade, les travaux en cours seront payés par le vendeur et ceux qui n'ont pas débuté par l'acquéreur...

Sur le **remboursement** d'un emprunt contracté par le syndicat de copropriété en cas de transfert d'un lot de copropriété, voir n° 19170.

LITIGES INTÉRESSANT LA COPROPRIÉTÉ

S'agissant des **conséquences pécuniaires** de tel ou tel litige ou procédure, vendeur et acquéreur décideront d'en attribuer la charge ou le profit à l'un d'entre eux. Les parties peuvent également prévoir que l'une est exposée au risque de perte tandis que l'autre bénéficie des perspectives de gain. **19310**

AVANCES

Les dispositions réglementaires prévoyant que les avances sont remboursables (Décret 67-223 du 17-3-1967 art. 45-1, al. 3), il est **en principe inutile** pour les parties de passer une convention concernant l'avance ou le fonds de roulement éventuellement versé par le vendeur au syndicat. Le remboursement au vendeur des sommes versées à ce titre et la reconstitution de l'avance par l'acquéreur sur appel de fonds du syndic sont des solutions satisfaisantes à laquelle les parties n'auront généralement aucune raison de déroger. **19330**

FONDS DE TRAVAUX

Dans les immeubles à usage total ou partiel d'habitation, doit être constitué un « fonds de travaux », destiné au financement des travaux non compris dans le budget prévisionnel (Loi 65-557 du 10-7-1965 art. 14-2-1, III). **19340**

Ce fonds est alimenté par une **cotisation annuelle obligatoire** versée par les copropriétaires selon les mêmes modalités que celles décidées par l'assemblée générale pour le versement des provisions du budget prévisionnel, et dont le montant, décidé par l'assemblée générale, ne peut être inférieur à 5 % du budget prévisionnel de la copropriété. Elle est répartie selon les mêmes principes que les charges relatives à la conservation et à l'entretien des parties communes, c'est-à-dire en fonction des tantièmes de copropriété affectés aux lots (Cass. 3e civ. 4-7-2024 n° 22-21.758 FS-B : BPIM 4/24 inf. 268).

Depuis le 1er janvier 2023 pour les copropriétés de plus de 200 lots, le 1er janvier 2024 pour les copropriétés qui comprennent entre 51 et 200 lots et à compter du 1er janvier 2025 pour les copropriétés d'au plus 50 lots, le fonds de travaux doit être alimenté par une cotisation obligatoire d'un montant minimal de 2,5 % du montant des travaux prévus dans le **plan pluriannuel de travaux** et de 5 % du budget prévisionnel prévu à l'article 14-1 de la loi de 1965 (voir n° 18870) (Loi 65-557 du 10-7-1965 art. 14-2-1).

Les sommes versées au titre du fonds de travaux sont attachées au lot et définitivement acquises au syndicat des copropriétaires. Elles ne donnent pas lieu à un remboursement par le syndicat à l'occasion de la cession d'un lot (Loi 65-557 du 10-7-1965 art. 14-2-1, III). Un **remboursement** par l'acquéreur au vendeur des sommes non encore affectées à des travaux peut cependant être convenu. Il s'agit alors d'une charge augmentative du prix, fiscalement taxable (voir n° 60030).

3. PORTÉE DES CONVENTIONS

19350 Les conventions prises ont plein effet **entre les parties**.
Elles n'ont en revanche aucune portée **vis-à-vis du syndic** à qui elles sont inopposables (Décret 67-223 du 17-3-1967 art. 6-3) ; les parties ne peuvent pas imposer au syndic d'en tenir compte et de répartir les charges entre elles en fonction de leurs accords. Cette inopposabilité est d'ailleurs à double sens, le syndic ne pouvant pas se prévaloir de la convention pour réclamer le paiement des charges à une partie autre que celle désignée par le texte.

4. MISE EN ŒUVRE DES CONVENTIONS

ÉTAPES

19370 **Avant-contrat** Lors de l'avant-contrat, les parties doivent se mettre d'accord sur leurs **contributions respectives** aux différentes catégories de charges et sur l'incidence entre elles des procédures et litiges intéressant la copropriété. Elles le font en fonction des informations dont elles disposent ; plus ces informations sont complètes et précises, mieux les parties peuvent apprécier les conséquences pécuniaires de leurs accords.

19372 **Acte authentique** Lors de la signature de l'acte authentique, les parties procéderont entre elles aux **remboursements** résultant de leurs accords précédents, compte tenu de la date d'entrée en jouissance (ou du transfert de propriété) et des informations complémentaires obtenues (état d'informations préalables notamment).
Ces règlements seront utilement relatés dans l'acte authentique et/ou effectués par la comptabilité du notaire rédacteur de la vente afin que la **preuve** puisse en être facilement rapportée.

CONSEIL

Si les accords des parties conduisent le vendeur à supporter à l'avenir certaines charges non encore exigibles, le **séquestre** d'une partie du prix de vente peut être prévu à l'effet de faciliter le remboursement de ces charges à l'acquéreur lorsque le syndic les lui réclamera.

19374 **Approbation des comptes** Si les parties conviennent d'ajuster la répartition des charges après l'approbation des comptes de l'exercice, elles devront se concerter à l'issue de l'assemblée. L'acquéreur fournira au vendeur les pièces comptables justifiant l'écart entre le budget réalisé et le budget prévisionnel. Les parties pourront alors déterminer le **montant et** le **sens de l'ajustement** de trésorerie qui en résulte.
Il en sera de même lorsque les parties auront par exemple prévu que le vendeur supporterait des charges afférentes à des travaux non encore réalisés et dont les appels de fonds n'étaient pas encore exigibles le jour de l'acte authentique, ou les aléas d'une procédure en cours.

PROPOSITION DE FORMULES

19390 Les formules qui suivent ne peuvent prétendre répondre à toutes les éventualités et doivent être adaptées en fonction des particularités de chaque espèce, des informations dont disposent les parties et des solutions souhaitées.

19392 MODÈLE **Formule à insérer dans l'avant-contrat**

Charges de copropriété

Rappel des dispositions réglementaires

Art. 6-2 du décret 67-223 du 17 mars 1967

« À l'occasion de la mutation à titre onéreux d'un lot :

1° Le paiement de la provision exigible du budget prévisionnel, en application du troisième alinéa de l'article 14-1 de la loi du 10 juillet 1965, incombe au vendeur ;

2° Le paiement des provisions des dépenses non comprises dans le budget prévisionnel incombe à celui, vendeur ou acquéreur, qui est copropriétaire au moment de l'exigibilité ;

3° Le trop ou moins-perçu sur provisions, révélé par l'approbation des comptes, est porté au crédit ou au débit du compte de celui qui est copropriétaire lors de l'approbation des comptes ».

Art. 6-3 du décret 67-223 du 17 mars 1967

« Toute convention contraire aux dispositions de l'article 6-2 n'a d'effet qu'entre les parties à la mutation à titre onéreux. »

Art. 45-1, alinéa 3 du décret 67-223 du 17 mars 1967 19392 (suite)
« Les avances sont remboursables. »
Art. 14-2-1, III de la loi 65-557 du 10 juillet 1965
« Les sommes versées au titre du fonds de travaux sont attachées au lot et définitivement acquises au syndicat des copropriétaires. Elles ne donnent pas lieu à un remboursement par le syndicat à l'occasion de la cession d'un lot. »

Conventions des parties

Charges comprises dans le budget prévisionnel

1° Charges du trimestre en cours
L'acquéreur supportera les charges comprises dans le budget prévisionnel à compter du jour de l'entrée en jouissance (*variante* : à compter du transfert de propriété).
2° Ajustement de charges après approbation des comptes de l'exercice
Les parties régulariseront entre elles les charges de l'exercice en cours, après approbation des comptes dudit exercice, de sorte que chacun du vendeur et de l'acquéreur supporte les charges correspondant à la durée pendant laquelle il a eu la jouissance (*variante* : la propriété) des lots vendus telles qu'elles seront déterminées en fonction du budget réalisé et non du budget prévisionnel.
Variante du 2° : pas de régularisation de charges après l'approbation des comptes
Les parties conviennent de s'en tenir à la règle énoncée ci-dessus (Décret du 17 mars 1967, art. 6-2, 3°). En conséquence, chacune des parties fera, selon le cas, son profit ou sa perte de la différence, révélée par l'approbation des comptes, entre le budget réalisé et le budget prévisionnel sur lequel ont été calculées les provisions.

Charges non comprises dans le budget prévisionnel

Dans la formule suivante, le vendeur supporte tous les travaux décidés avant la signature de l'acte authentique de vente.
Le vendeur supportera les charges non comprises dans le budget prévisionnel, décidées par une assemblée antérieurement à la date de l'acte authentique de vente, que les travaux décidés soient exécutés, en cours ou même non encore commencés à cette date, sans avoir égard à l'exigibilité de la charge correspondante vis-à-vis du syndicat.
Ajouter éventuellement : Le vendeur supportera de même le coût des travaux d'urgence nécessaires à la sauvegarde de l'immeuble décidés par le syndic, ainsi que les travaux prescrits par l'autorité administrative, antérieurement à la signature de l'acte authentique.
De son côté, l'acquéreur ne supportera que les charges afférentes aux travaux décidés ou prescrits postérieurement à la signature de l'acte authentique.
Variante : l'acquéreur supporte le coût des travaux décidés et non exécutés à la date de l'acte authentique de vente.
Le vendeur supportera les charges non comprises dans le budget prévisionnel décidées antérieurement à la date de l'acte authentique de vente et correspondant à des travaux qui seront exécutés ou en cours à cette date. L'acquéreur supportera de son côté le coût des travaux qui, quoique décidés antérieurement, ne seraient pas encore commencés, ainsi que le coût des travaux qui seraient décidés postérieurement à la signature de l'acte authentique.
Ajouter éventuellement : Cette répartition s'appliquera, suivant les mêmes distinctions, aux travaux d'urgence nécessaires à la sauvegarde de l'immeuble décidés par le syndic, ainsi qu'aux travaux prescrits par l'autorité administrative.
Ajouter, si le vendeur a connaissance de travaux décidés et qui ne seront exécutés qu'après la signature de l'acte authentique : Pour l'information de l'acquéreur, il est ici précisé que le syndicat des copropriétaires, lors de son assemblée du..., a décidé les travaux de..., pour un budget prévisionnel de... euros, dont la réalisation doit intervenir à partir du mois de... de l'année... *Variante* : prise en compte de l'éventualité de travaux pouvant être votés lors d'une réunion des copropriétaires intervenant entre l'avant-contrat et l'acte authentique, en vue de les imputer à l'acquéreur.
Le vendeur supportera les charges non comprises dans le budget prévisionnel, décidées par une assemblée antérieurement à ce jour, que ces travaux soient exécutés, en cours ou même non encore commencés, sans avoir égard à l'exigibilité de la charge correspondante vis-à-vis du syndicat.
Ajouter éventuellement : Le vendeur supportera de même le coût des travaux d'urgence nécessaires à la sauvegarde de l'immeuble décidés par le syndic, ainsi que les travaux prescrits par l'autorité administrative, antérieurement à ce jour.
L'acquéreur supportera le coût des travaux qui seraient décidés par une assemblée des copropriétaires postérieurement à ce jour et avant la signature de l'acte authentique. Pour permettre à l'acquéreur de connaître la nature et l'incidence pécuniaire de ces travaux, le vendeur s'oblige à lui adresser par lettre recommandée avec accusé de réception ou à lui remettre contre récépissé au moins huit jours francs à l'avance la convocation ainsi que tous documents l'accompagnant et un pouvoir lui permettant de prendre part aux délibérations et au vote ; à défaut de cette remise dans

les conditions et délai indiqués ci-dessus, le coût des travaux qui seraient décidés par cette assemblée resteraient à la charge du vendeur.
L'acquéreur supportera également le coût des travaux qui seraient décidés postérieurement à la signature de l'acte authentique.

Fonds de travaux

Les sommes versées par le vendeur s'il y a lieu au titre du fonds de travaux sont attachés au lot et définitivement acquises au syndicat des copropriétaires. Elles ne feront l'objet d'aucun remboursement par l'acquéreur au vendeur (*variante* : Elles seront remboursées par l'acquéreur au vendeur le jour de l'acte authentique pour leur montant non encore affecté à des travaux).

Avances

Les avances versées par le vendeur s'il y a lieu lui seront remboursées par le syndic, ainsi que le prescrit l'article 45-1 du décret du 17 mars 1967. L'acquéreur devra de son côté faire face à l'appel de fonds qui lui sera éventuellement adressé par le syndic pour reconstituer ces avances.

Litiges et procédures intéressant la copropriété

Les conséquences pécuniaires des éventuels litiges et procédures intéressant la copropriété et existant à ce jour seront à la charge de l'acquéreur qui en supportera le coût ou en encaissera le bénéfice, sans recours contre le vendeur au cas où leur issue générerait une charge, et sans que le vendeur puisse prétendre au profit qui en résulterait dans le cas contraire.
Variante : Les conséquences pécuniaires des éventuels litiges et procédures intéressant la copropriété et existant à ce jour seront à la charge du vendeur qui en supportera le coût ou en encaissera le bénéfice, sans recours contre l'acquéreur au cas où leur issue générerait une charge, et à l'inverse sans que ce dernier puisse prétendre au profit qui en résulterait. En conséquence, le vendeur remboursera à l'acquéreur la fraction de charges qui sera supportée par celui-ci à ce titre. Quant à l'acquéreur, il reversera au vendeur la fraction de bénéfice dont il serait, le cas échéant, crédité.
L'acquéreur s'oblige à fournir au vendeur, sur sa demande, toutes informations dont il disposerait sur l'issue de ces litiges et procédures.

Régularisations entre les parties

Régularisation le jour de l'acte authentique

La provision trimestrielle pour charges comprises dans le budget prévisionnel qui aura été versée par le vendeur pour le trimestre au cours duquel interviendra l'entrée en jouissance (*variante* : le transfert de propriété) fera l'objet d'une répartition prorata temporis entre les parties, l'acquéreur s'obligeant à rembourser au vendeur le jour de l'acte authentique la fraction de cette provision correspondant à la période restant à courir de la date d'entrée en jouissance (*variante* : du transfert de propriété) à la fin du trimestre considéré.
De même, les parties procéderont à la même date à tous remboursements de charges non comprises dans le budget prévisionnel en application de leurs accords ci-dessus, dans la mesure où elles disposeront à cette date des justifications les permettant.

Régularisation après l'approbation des comptes

Les parties s'obligent au remboursement à celle d'entre elles qui pourra y prétendre, en application de leurs accords ci-dessus, du trop ou moins-perçu sur provisions révélé par l'approbation des comptes de l'exercice, et qui sera porté par le syndic au débit ou au crédit du compte du copropriétaire à la date de l'approbation des comptes.
Elles s'obligent également à tous remboursements de charges non comprises dans le budget prévisionnel en application de leurs accords ci-dessus, dans la mesure où elles ne disposaient pas lors de la signature de l'acte authentique des informations et justificatifs le permettant.
Variante : pas de régularisation des charges après approbation des comptes.
Il ne sera procédé à aucune régularisation de charges entre les parties après approbation des comptes de l'exercice.

19394 MODÈLE

Formule à insérer dans l'acte authentique de vente

Charges de copropriété

Rappel des dispositions réglementaires

Rappeler ici le texte des articles 6-2, 6-3 et 45-1, alinéa 3 du décret 67-223 du 17 mars 1967 et de l'article 14-2-1, III de la loi 65-557 du 10 juillet 1965 (voir n° 19392).

Conventions des parties

Dans l'avant-contrat régularisé entre elles le..., les parties ont convenu ce qui suit ici littéralement reproduit *(énoncer intégralement la teneur les accords des parties)*.

Régularisations entre les parties

Régularisation ce jour

L'acquéreur a remboursé au vendeur, ce jour, à la vue du notaire soussigné par la remise d'un chèque bancaire, la somme de... euros correspondant à la fraction de la provision pour charges du... trimestre comprises dans le budget prévisionnel pour la période à courir de la date d'entrée en jouissance (*variante*: de ce jour) à la fin du trimestre considéré.

Variante: lorsque les parties ont convenu que l'acquéreur rembourserait au vendeur des charges non comprises dans le budget prévisionnel exigibles et appelées par le syndic auprès du vendeur avant la vente.

L'acquéreur a remboursé au vendeur, ce jour, à la vue du notaire soussigné par la remise d'un chèque bancaire, la somme de... euros, correspondant:

– à concurrence de... euros, à la fraction de la provision pour charges du... trimestre comprises dans le budget prévisionnel pour la période à courir de la date d'entrée en jouissance (*variante*: de ce jour) à la fin du trimestre considéré;

– à concurrence de... euros, aux charges de travaux de... décidés par l'assemblée du..., incombant à l'acquéreur en vertu de l'accord des parties rappelé ci-dessus.

Variante: lorsque les parties ont convenu que l'acquéreur rembourserait au vendeur les sommes versées par ce dernier au titre du fonds de travaux, ajouter

– à concurrence de... euros, aux sommes versées par le vendeur au titre du fonds de travaux et non encore affectées à des travaux.

Régularisation après l'approbation des comptes

Les parties s'obligent au remboursement à celle d'entre elles qui pourra y prétendre, en application de leurs accords ci-dessus, du trop ou moins-perçu sur provisions révélé par l'approbation des comptes de l'exercice qui sera porté par le syndic au débit ou au crédit du compte du copropriétaire à la date de l'approbation des comptes.

Elles s'obligent également à tous remboursements de charges non comprises dans le budget prévisionnel en application de leurs accords ci-dessus, dans la mesure où elles ne disposent pas à ce jour des justificatifs le permettant.

Variante: pas de régularisation après approbation des comptes.

Il ne sera procédé à aucune régularisation de charges entre les parties après approbation des comptes de l'exercice, ainsi qu'il est convenu entre les parties.

VII. FRAIS DE MUTATION DU SYNDIC

Les syndics de copropriété, à l'occasion de la vente d'un lot, exigent très généralement des frais dits « de mutation » rémunérant les prestations qu'ils effectuent à l'occasion de la mutation du lot. **19440**

Ces frais sont prévus dans le **contrat de syndic** approuvé par l'assemblée générale.

Par dérogation au principe général selon lequel les charges d'administration des parties communes sont réparties proportionnellement aux valeurs relatives des parties privatives comprises dans chaque lot, les frais et honoraires du syndic afférents aux prestations qu'il doit effectuer pour l'établissement de l'état daté à l'occasion de la mutation à titre onéreux d'un lot ou de plusieurs lots objets de la même mutation, pour la délivrance sur support papier d'une copie du carnet d'entretien, des diagnostics techniques ou d'une copie certifiée conforme ou d'un extrait de procès-verbal d'assemblée générale, sont imputables au seul **copropriétaire concerné**, c'est-à-dire au copropriétaire vendeur (Loi 65-557 du 10-7-1965 art. 10-1 ; Décret 67-223 du 17-3-1967 ann. 1). Ces honoraires, convenus par le syndicat des copropriétaires et le syndic, ne peuvent excéder 380 € TTC (Décret 2020-153 du 21-2-2020 art. 1).

La seule **vérification à effectuer** est celle du contrat de syndic, qui doit prévoir le principe et le montant des frais pouvant être réclamés pour l'établissement de l'état daté à l'occasion de la mutation à titre onéreux d'un lot ou d'une fraction de lot.

L'imputation au vendeur d'**autres frais que ceux de l'état daté** (frais de mise à jour du fichier des copropriétaires, frais de clôture ou d'ouverture de compte, etc.) est irrégulière, compte tenu du caractère dérogatoire de l'article 10-1 modifié de la loi du 10 juillet 1965 au principe d'une répartition entre tous les copropriétaires. Il en va de même pour l'imputation à l'acquéreur de frais, quelle qu'en soit la nature ou la dénomination.

> **Précisions** Le Conseil d'État a jugé qu'il n'y avait pas lieu de transférer au Conseil constitutionnel la question prioritaire de constitutionnalité portant sur le montant maximum des honoraires du syndic de copropriété relatif à l'état daté. Il a considéré que ce plafonnement, fixé à 380 € TTC, ne portait pas une atteinte disproportionnée à la liberté d'entreprendre ou au principe d'égalité devant les charges publiques (CE 29-12-2021 n° 441005).

VIII. INDICATION ET GARANTIE DE LA SUPERFICIE DU LOT

GÉNÉRALITÉS

19490 Le vendeur d'un lot de copropriété a l'obligation d'indiquer la **superficie de la partie privative** de ce lot (Loi 65-557 du 10-7-1965 art. 46). Au-delà d'un certain seuil, une information inexacte et défavorable oblige le vendeur à indemniser l'acquéreur, de manière telle qu'il en résulte pour ce dernier une véritable garantie de la superficie.

Ce dispositif de mesurage obligatoire est parfois désigné en pratique sous le nom de « **loi Carrez** », du nom du député auteur de la proposition de loi à l'Assemblée nationale l'ayant instauré (Loi 96-1107 du 18-12-1996).

A. Champ d'application par la mesure de la superficie du lot

1. ACTES CONCERNÉS

PROMESSES UNILATÉRALES

19492 Le texte légal (Loi 65-557 du 10-7-1965 art. 46) vise directement la promesse unilatérale de **vente ou** d'**achat**. Ces deux types de promesses parfaitement qualifiées et identifiables ne soulèvent pas de difficultés particulières.

CONTRATS RÉALISANT OU CONSTATANT LA VENTE

19494 Cette catégorie d'actes, expressément visée par la loi, comprend :

– la **promesse synallagmatique** de vente, quelle que soit la dénomination utilisée par les parties (« compromis de vente », notamment) ; cette promesse, valant vente, constate bien une vente ;

– la **vente conditionnelle** sous signature privée, souvent utilisée en pratique (principalement par les agents immobiliers) ;

– la **promesse** synallagmatique de vente **ne valant pas vente**, car les contractants se sont obligés à la vente, même si la formation de celle-ci a été retardée, le plus souvent à la signature de l'acte authentique de vente ;

– l'**acte notarié** établi par le notaire, réalisant la vente lorsqu'il n'a pas été précédé par un avant-contrat, ou la constatant dans le cas contraire.

SITUATIONS PARTICULIÈRES

19496 L'obligation d'indiquer et de garantir la superficie est-elle applicable aux opérations qui ne sont pas directement visées par le texte légal ?

En **cas de doute**, il est souhaitable de procéder au mesurage et d'indiquer la superficie dans l'acte.

19498 **Offre d'achat ou de vente** Une offre d'achat ou de vente est susceptible de déboucher sur une vente formée du seul fait de son acceptation. Si l'offre portant sur un lot de copropriété est **formulée par écrit**, il est opportun qu'elle contienne l'indication de la superficie.

L'auteur d'une offre d'achat ne connaissant généralement pas la superficie exacte du lot, une telle offre contiendra rarement cette information. Le propriétaire **destinataire de l'offre** aura intérêt soit à communiquer l'information à son partenaire pour qu'il reformule son offre après l'avoir complétée, soit à émettre lui-même une offre de vente dans laquelle la superficie sera indiquée.

19500 **Pacte de préférence** L'indication de la superficie n'est pas exigée lors de la **conclusion** d'un pacte de préférence. L'analyse, contestable, retenue en matière de publicité foncière, selon laquelle le pacte de préférence serait une promesse unilatérale de vente sous condition suspensive ne peut justifier une solution contraire. Au surplus, aucun prix n'est généralement communiqué au bénéficiaire du pacte au moment de sa conclusion. Or, la superficie est un élément qui doit être corrélé avec le prix pour qu'un acquéreur bénéficie d'une véritable information, propre à lui permettre d'émettre un consentement de qualité.

En revanche, l'indication de la superficie est requise lors de la **mise en œuvre** du pacte, lorsque les conditions de la vente sont communiquées à son bénéficiaire pour lui permettre de faire jouer la préférence contractuelle à son profit.

Location-accession ou location-vente Les contrats de location-accession à la propriété (Loi 84-595 du 12-7-1984) et de location-vente reposent notamment sur un mécanisme de **promesse unilatérale de vente**. L'obligation d'indiquer la superficie s'applique donc à ces contrats lorsqu'ils portent sur un lot de copropriété. 19502

Crédit-bail immobilier La solution retenue en matière de contrat de location-accession ou de location-vente doit être retenue en matière de crédit-bail immobilier, ce type de contrat reposant également sur un mécanisme de **promesse unilatérale de vente**. 19504

Vente par adjudication L'application du dispositif protecteur de l'acquéreur d'un lot de copropriété à l'occasion d'une **adjudication judiciaire** était controversée. La Cour de cassation a tranché, excluant l'obligation de mesurage au motif qu'un jugement d'adjudication ne constitue pas un contrat réalisant ou constatant une vente (Cass. 2e civ. 3-10-2002 no 00-18.395 FS-PBR : RJDA 2/03 no 130, s'agissant d'une vente sur saisie immobilière). 19506

La solution contraire, c'est-à-dire l'application du dispositif, doit en revanche être retenue pour l'**adjudication volontaire** devant notaire. Le respect de l'obligation légale sera assuré par l'indication de la superficie dans le cahier des charges.

Droit de préemption du locataire L'obligation de mesurage et d'information ne concerne pas le **congé pour vendre** adressé au locataire titulaire d'un bail d'habitation (Loi 89-462 du 6-7-1989 art. 15, II). 19508

Bien que la solution qui précède ne concerne expressément que le congé en vue de la vente donné dans le cadre de la loi du 6 juillet 1989 à l'effet de s'opposer au renouvellement du bail et de libérer le logement, il nous semble que le congé adressé au locataire lorsqu'il s'agit de la **première vente après division** de l'immeuble (Loi 75-1351 du 31-12-1975 art. 10) n'entraîne pas obligation de mesurage.

Licitation La loi est-elle applicable en cas de vente à titre de licitation faisant ou non cesser l'indivision, c'est-à-dire en cas de vente de droits indivis **entre indivisaires** ? La logique juridique, notamment en ce qu'elle attache à cet acte l'effet déclaratif du partage, tendrait à l'exclusion de la protection. À l'inverse, la logique protectrice du texte pencherait pour son application, l'opération se présentant à de multiples égards pour le colicitant acquéreur comme une acquisition ordinaire. En raison de la gravité de la sanction encourue et en l'absence de jurisprudence nette sur cette question, le doute conduit à procéder au mesurage et à indiquer la superficie dans l'acte. 19510

Il est en revanche certain que la licitation **au profit d'un tiers**, c'est-à-dire la vente par tous les indivisaires faisant cesser l'indivision, est soumise à l'obligation de mesurage et d'information de l'acquéreur.

Expropriation L'exclusion du dispositif ne fait aucun doute en cas d'expropriation prononcée par **jugement**. 19512

La question peut se poser, en revanche, pour la **vente amiable** consentie par le propriétaire à l'autorité publique expropriante après déclaration d'utilité publique. L'opinion majoritaire est que l'obligation d'information et de garantie ne s'applique pas car, d'une part, le législateur n'a certainement pas entendu protéger l'expropriant et, d'autre part, la cession amiable produit les mêmes effets que l'ordonnance d'expropriation (C. expr. art. L 222-2).

2. BIENS CONCERNÉS PAR LA MESURE DE LA SUPERFICIE DU LOT

GÉNÉRALITÉS

L'obligation de mesurage s'applique au **lot ou** à la **fraction de lot** dépendant d'un immeuble soumis au régime de la copropriété. La fraction de lot s'entend de la partie détachée d'un lot et qui n'est pas encore identifiée par l'attribution d'un numéro de lot, la modification de l'état descriptif de division n'étant pas réalisée au moment où intervient l'accord des parties. 19530

La loi ne distinguant pas selon l'usage de l'immeuble, la garantie s'applique quelle que soit l'**affectation du lot** ou de la fraction de lot : habitation, usage professionnel, commerce, industrie, etc.

COPROPRIÉTÉ HORIZONTALE

Il arrive qu'une **maison individuelle** ou plus généralement un immeuble soit soumis au régime de la copropriété dite « horizontale », soit parce que l'ensemble du sol est commun, chaque 19532 maison étant un lot privatif auquel est attachée la jouissance privative du terrain partie commune, soit parce que les seules parties communes consistent en des espaces verts collectifs et de la voirie (ensemble immobilier soumis au régime de la copropriété). La loi n'opérant aucune distinction, il y a lieu dans ce cas de procéder au mesurage.

LOT BÂTI OU NON BÂTI

19534 La loi ne distingue pas selon que le lot est bâti ou non bâti. Mais le mode de calcul de la superficie, consistant à mesurer les surfaces de planchers des **locaux clos et couverts**, conduit à penser que seuls les lots bâtis entrent dans le champ d'application du dispositif. Les lots non bâtis sont d'ailleurs le plus souvent des emplacements de stationnement, locaux accessoires expressément exclus.

LOT TRANSITOIRE

19536 Lorsque la vente porte sur un lot transitoire, c'est-à-dire prenant place le plus souvent dans une opération complexe comportant plusieurs tranches à édifier successivement, son objet est le droit de réaliser sur un périmètre défini un bâtiment d'une consistance déterminée. La loi ne distinguant pas, il est considéré que le texte s'applique et que l'obligation est formellement satisfaite par l'indication de la superficie du **terrain d'assiette du bâtiment** à l'exclusion des surfaces à construire, non mesurables car non réalisées.

LOT ACCESSOIRE

19538 La loi n'est pas applicable aux caves, garages et emplacements de stationnement (Loi 65-557 du 10-7-1965 art. 46, al. 3). Les lots faisant l'objet de cette **énumération légale** ne doivent donc pas être mesurés.

N'étant pas expressément exclus, les **autres lots accessoires** (cellier, grenier, débarras, chambre de service, réserve pour un local commercial, local à skis...) sont en revanche soumis au dispositif de garantie. On signalera toutefois que de tels lots sont souvent d'une superficie modeste et peuvent alors être exclus du mesurage obligatoire à un autre titre (voir n° 19540).

19539 Lorsqu'un lot désigné à l'état descriptif de division, comme une cave ou un garage – exclus par principe du dispositif légal –, a été matériellement intégré, par suite de travaux, à un lot soumis à la garantie de superficie, il était recommandé de procéder à son mesurage car le consentement de l'acquéreur est déterminé par la **configuration réelle des locaux** et non par leur définition telle qu'elle résulte des actes. La Cour de cassation a validé cette pratique et approuvé le mesurage qui procède à une appréciation concrète de la situation prenant en considération les changements intervenus dans les surfaces réellement habitables, du moins lorsque ces changements ont été autorisés par l'assemblée générale des copropriétaires et mentionnés dans l'acte de vente (Cass. 3e civ. 5-12-2007 n° 06-19.550 : BPIM 1/08 inf. 71, concernant un local en sous-sol aménagé en pièce d'habitation mais que le règlement de copropriété désignait comme étant une cave ; voir également à propos d'une cave transformée en réserve : Cass. 3e civ. 2-10-2013 n° 12-21.918 : BPIM 6/13 inf. 414). À l'inverse, une buanderie, située en sous-sol, à côté du garage, avec des murs en parpaing et un sol en béton brut, pourvue d'une seule bouche d'aération et dont l'alimentation en eau et en électricité n'est assurée que par des fils volants, est assimilable à une cave ou à un garage et doit être déduite de la superficie des parties privatives (Cass. 3e civ. 8-6-2011 n° 10-12.004 : BPIM 5/11 inf. 403).

LOT DE FAIBLE SUPERFICIE

19540 L'obligation de mesurage ne s'applique pas aux lots d'une superficie **inférieure à** 8 m^2 (Loi 65-557 du 10-7-1965 art. 46, al. 3 ; Décret 67-223 du 17-3-1967 art. 4-2). Cette superficie doit être déterminée selon la méthode de calcul prévue par la loi.

Les locaux de faible superficie exclus du mesurage doivent être des lots ou fractions de **lots autonomes**. Sont soumises à l'obligation de mesurage et de garantie les pièces de faible superficie lorsqu'elles ne constituent pas des lots ou des fractions de lots distincts, comme par exemple des pièces d'une superficie inférieure à 8 m^2 et d'une hauteur supérieure à 1,80 m, comprises dans un lot.

Lorsqu'un lot est d'une **superficie proche du seuil**, il faut en pratique procéder au mesurage pour savoir si ce lot est soumis ou non au dispositif protecteur de l'acquéreur. Mais la superficie, si elle est inférieure à 8 m^2, ne devra pas être mentionnée dans l'acte.

Sur l'incidence d'un prix unique s'appliquant à des lots dont certains sont soumis à mesurage alors que d'autres en sont exclus, voir n° 19672.

Lorsque la vente porte sur une **« unité d'habitation » constituée par la réunion de plusieurs lots**, la superficie des parties privatives à prendre en compte pour l'application de la loi est celle du local tel qu'il se présente matériellement, les lots d'une surface inférieure à 8 m^2 ne devant pas être exclus du calcul (Cass. 3e civ. 13-4-2005 n° 03-21.004 : Bull. civ. III n° 91).

VENTE « EN BLOC » D'UN ENSEMBLE DE LOTS

L'obligation de mesurage s'applique en cas de vente en bloc d'un ensemble de lots **moyennant un prix unique** (Cass. 3e civ. 28-3-2007 n° 06-13.796 : BPIM 3/07 inf. 219 ; Cass. 3e civ. 7-11-2007 n° 06-18.519 : BPIM 1/08 inf. 73). La jurisprudence antérieure qui, en excluant les ventes en bloc du champ d'application de la loi Carrez, permettait de contourner les dispositions impératives de cette loi en fixant un prix global est ainsi condamnée de la façon la plus nette. Et il n'y a pas à distinguer selon que les lots vendus constituent ou non une unité d'habitation. 19541

VENTE PORTANT SUR LA TOTALITÉ DES LOTS

Il arrive que la totalité des lots soit réunie entre les mains d'un seul propriétaire et que celui-ci ne procède pas à l'annulation de l'état descriptif de division – règlement de copropriété. Cette circonstance entraîne de plein droit la disparition de la copropriété (voir n° 18208) et l'exclusion de l'obligation de mesurage (Cass. 3e civ. 28-1-2009 n° 06-19.650 : Bull. civ. III n° 25). Lorsqu'**un seul vendeur**, propriétaire de la totalité des lots, cède le tout à un seul acquéreur, l'obligation de mesurage ne s'applique donc pas. 19542

Mais ce sont parfois **plusieurs vendeurs** qui vendent aux termes d'un même acte la totalité des lots à un seul acquéreur. La disparition de la copropriété est alors la conséquence de la conjonction des différentes ventes, elle ne leur est pas préalable. Il nous semble dans ce cas préférable de procéder au mesurage compte tenu de la généralité des termes de la loi et de sa finalité protectrice.

VOLUME IMMOBILIER

Le fait que le dispositif de garantie soit intégré dans la loi 65-557 du 10 juillet 1965 fixant le **statut de la copropriété** des immeubles bâtis permet d'en limiter l'objet aux véritables lots de copropriété et d'exclure le volume immobilier, régi par la seule convention des parties et par le réseau de servitudes qu'elles ont défini. 19544

TITRES DE SOCIÉTÉ

Lorsque la vente porte sur des titres donnant droit à la jouissance de locaux dans un immeuble collectif, telles les parts ou actions d'une **société d'attribution** (CCH art. L 212-1 à L 212-13 et R 212-1 à R 212-16) ou d'une société d'attribution d'immeubles en jouissance à temps partagé (Loi 86-18 du 6-1-1986), il nous semble que l'obligation de mesurage n'est pas applicable, l'opération ne portant pas directement sur un lot de copropriété (en ce sens, mais sous réserve des décisions des tribunaux, Rép. Idrac : AN 9-3-1998 n° 8577). 19546

VENTE D'IMMEUBLE À RÉNOVER

Lorsque la vente porte sur un local à rénover dans un immeuble soumis au régime de la copropriété, le rénovateur est tenu d'indiquer au contrat la superficie de la partie privative du lot ou de la fraction de lot, en application de l'article 46 de la loi 65-557 du 10 juillet 1965 (CCH art. L 262-4, a). Le texte ne précise pas si la superficie est celle des **locaux existant** au moment de la vente, **ou** celle des **locaux rénovés** après travaux, ces derniers ayant pu modifier la configuration des lots (par exemple la pose de cloisons ou d'un escalier, ou leur suppression) ou leur affectation (des fractions exclues du mesurage ne l'étant plus, ou inversement). Tant que la question ne sera pas tranchée par la Cour de cassation, il est conseillé de procéder à la mention de deux superficies : celle des surfaces existantes et celle des surfaces promises. 19548

B. Mesurage du lot

CALCUL DE LA SUPERFICIE DE LA PARTIE PRIVATIVE

Définition de la superficie La superficie d'un lot ou d'une fraction de lot est, **au sens de la loi**, « la superficie des planchers des locaux clos et couverts après déduction des surfaces occupées par les murs, cloisons, marches et cages d'escalier, gaines, embrasures de portes et de fenêtres. Il n'est pas tenu compte des planchers des parties des locaux d'une hauteur inférieure à 1,80 mètre » (Décret 67-223 du 17-3-1967 art. 4-1). 19600

L'allusion du texte aux locaux clos et couverts conduit à **exclure du mesurage** les balcons, loggias et terrasses, qui ne répondent pas à ces critères. En revanche, lorsque le balcon, la terrasse ou la loggia, d'une hauteur égale ou supérieure à 1,80 m auront été matériellement fermés, ce qui se produit souvent en pratique, leur surface devra être prise en compte indépendamment de la question de savoir si la fermeture a été autorisée et est régulière au regard de la copropriété. Cela, sans préjudice de l'information due par le vendeur à l'acquéreur sur la transformation effectuée, ni de celle due par le notaire à ce dernier sur le risque d'une demande ultérieure du syndic ou d'un copropriétaire ayant pour objet le rétablissement des lieux dans leur configuration d'origine.

> **Précisions a.** Une **loggia** close et habitable au moment de la vente doit être prise en compte pour le calcul de la superficie des parties privatives vendues (Cass. 3e civ. 28-1-2015 n° 13-26.035 : BPIM 2/15 inf. 127).
>
> **b.** S'agissant d'une **mezzanine** de 3,60 m² constituée d'une structure légère et démontable à laquelle on accède par un escalier s'apparentant à une échelle, seule la surface plane sur laquelle est installée cette mezzanine peut être prise en compte dans le calcul de la surface privative comme constituant un plancher ausens de la loi Carrez (Cass. 3e civ. 22-11-2006 n° 05-17.420 : Bull. civ. III n° 232). Il en va différemment si la mezzanine, existant au jour de la vente, fait corps avec l'immeuble et constitue une véritable pièce (Cass. 3e civ. 6-5-2014 n° 13-16.510 : AJDI 2014 p. 623 obs. S. Porcheron). Une mezzanine, construite illicitement mais faisant partie intégrante du lot selon le règlement de copropriété, doit être comprise dans le mesurage (Cass. 3e civ. 13-4-2005 n° 03-21.004 : Bull. civ. III n° 91).

19602 **Surface indiquée lors d'un achat sur plan** Le vendeur en l'état futur d'achèvement de **locaux à usage d'habitation** ou à usage professionnel et d'habitation est tenu de fournir à l'acquéreur, entre autres pièces, un plan avec les cotes utiles du bien vendu, et de lui indiquer les surfaces de chacune des pièces et des dégagements (CCH art. R 261-13).

La **reprise de la superficie** indiquée dans l'acte d'achat pour satisfaire à l'obligation de mesurage est à déconseiller fortement, pour deux raisons : la superficie ainsi indiquée n'est pas calculée selon les règles techniques de l'article 4-1 du décret de 1967 et elle n'a pas l'exactitude d'un véritable mesurage puisque le calcul n'a été effectué que de manière graphique sur un plan ; une tolérance contractuelle (pouvant aller jusqu'à 5 %) est de surcroît prévue dans la plupart des contrats afin de tenir compte des contraintes de construction.

En **pratique**, on conseillera donc au vendeur de faire procéder à un mesurage par expert.

19604 **Parties communes à usage privatif** Le droit à la jouissance exclusive d'une partie commune n'**est pas un droit de propriété** et ne peut constituer la partie privative d'un lot de copropriété (Cass. 3e civ. 16-1-2008 n° 06-15.314 : Bull. civ. III n° 8, à propos d'un jardin ; Cass. 3e civ. 8-10-2008 n° 07-16.540 : Bull. civ. III n° 149, à propos de constructions édifiées sur une terrasse d'origine, formant deux avancées closes sur le jardin ; plus récemment Cass. 3e civ. 16-9-2015, n° 14-20.137 : BPIM 5/15 inf. 334 à propos d'une véranda édifiée sur une partie commune à jouissance privative). Les surfaces considérées ne peuvent donc pas être incluses dans le mesurage.

AUTEUR DU MESURAGE DU LOT

19606 La loi ne prescrit pas que le mesurage soit effectué par un professionnel. Le **vendeur** peut très bien y procéder, mais il prend alors un risque particulier.

Le recours à un **professionnel** qualifié (géomètre expert, architecte, diagnostiqueur, etc.) est conseillé, en raison de la technicité de l'opération de mesurage dans certaines circonstances et des conséquences pécuniaires graves d'une erreur. Lorsque le local vendu doit faire l'objet d'un constat amiante, d'un état des risques d'accessibilité au plomb ou d'un certificat parasitaire, le technicien qui réalise ces recherches est souvent en mesure de réaliser le mesurage.

Comme pour toutes leurs prestations, il est conseillé de vérifier que les professionnels sollicités ont souscrit une **assurance** couvrant le risque de mise en jeu de leur responsabilité en cas d'erreur.

RESPONSABILITÉ DES INTERVENANTS PROFESSIONNELS

19608 **Absence de mesurage** Engage sa responsabilité l'**agent immobilier** qui ne fait pas procéder au mesurage et n'informe pas le vendeur de cette obligation (CA Paris 6-3-2003 n° 02-5167 : Constr.-urb. 2003 n° 159).

Cette solution serait bien entendu applicable au **notaire** s'il commettait la même faute.

19610 **Erreur de mesurage** Lorsque le **mesurage** a été **effectué par un professionnel**, le notaire est exonéré de toute responsabilité lorsqu'il a annexé le métré à l'acte authentique ; il n'a pas l'obligation de se rendre sur les lieux ni de vérifier la conformité du document établi avec la réalité (CA Paris 11-2-2003 : Constr.-urb. 2003 n° 160 ; CA Versailles 30-1-2004 : Juris-Data n° 238 039).

Le notaire n'a pas la possibilité de **contraindre le vendeur** à faire effectuer le mesurage par un professionnel, mais il doit attirer son attention sur les risques encourus du fait du non-respect des modalités de mesurage aboutissant à une erreur. La reproduction des dispositions légales applicables au mesurage dans l'avant-contrat réalise l'avertissement requis (CA Versailles 30-1-2004 : Juris-Data n° 238 039). En revanche, a vu sa responsabilité engagée le notaire qui ne justifie pas avoir averti le vendeur dès la première entrevue pour la signature de l'avant-contrat des modalités selon lesquelles le mesurage devait être effectué et des risques encourus du fait du non-respect de ces dispositions (CA Aix-en-Provence 6-5-2004 : Juris-Data n° 243 434).

CONSEIL

La prudence commande aux intervenants, notaires et agents immobiliers, de conseiller au vendeur de faire procéder au **mesurage par un professionnel**, de l'avertir des risques encourus et de se préconstituer la preuve des conseils et informations ainsi donnés. Cette précaution doit être prise si possible au stade de l'avant-contrat et, à défaut, dans l'intervalle de temps précédant la signature de l'acte notarié.

Sur les **recours du vendeur** à l'égard du professionnel ayant effectué le mesurage, voir n° 71790.

Automesurage Si le **mesurage** est **effectué par le vendeur lui-même**, celui-ci n'est pas fondé à reprocher au notaire de ne pas l'avoir contraint à recourir à un professionnel, aucune disposition légale ne lui imposant de le faire (CA Aix-en-Provence 10-6-2003 : Constr.-urb. 2003 n° 255). En procédant à un automesurage, le vendeur agit à ses risques et périls lorsque son attention a été attirée par le notaire (et par l'agence immobilière) sur l'importance du mesurage (CA Lyon 6-2-2003 : Constr.-urb. 2003 n° 255). 19612

Le notaire engage cependant sa responsabilité s'il est établi qu'il disposait d'éléments de nature à faire douter de l'exactitude des informations reçues du vendeur (Cass. 1e civ. 25-3-2010 n° 09-66.282 : BPIM 4/10 inf. 338).

ATTENTION

Les particuliers qui procèdent eux-mêmes au mesurage ont parfois tendance à déclarer une **superficie volontairement sous-évaluée** par rapport aux mesures effectuées, pour minimiser sinon éliminer le risque d'une erreur préjudiciable à l'acquéreur. Cette attitude est à déconseiller car le mesurage n'est pas destiné à éviter la mise en cause de la garantie de contenance due par le vendeur mais à fournir à l'acquéreur une information exacte, propre à lui permettre d'exprimer un consentement éclairé.

FRAIS DE MESURAGE DU LOT

La **loi** ne précise pas à qui du vendeur ou de l'acquéreur incombent les frais de mesurage. 19614

La **pratique**, en accord avec une majorité des commentateurs, s'est assez largement orientée vers la solution consistant à faire supporter ces frais par le vendeur, en considérant qu'il s'agissait de frais accessoires aux obligations d'information et de délivrance pesant sur celui-ci, et non de « frais d'actes et autres accessoires à la vente », qui sont en principe à la charge de l'acquéreur (C. civ. art. 1593). Cette pratique est d'ailleurs d'autant plus naturelle que le professionnel chargé du mesurage est souvent sollicité par le propriétaire au début de la phase de recherche d'acquéreur, et que le coût de son intervention est généralement réglé avant même qu'un acquéreur ne soit trouvé. Les premières décisions des juges sont en ce sens (CA Paris D 23-5-2002 n° 2002/00325, W. c/ SCP Yves Le Gal : Constr.-urb. 2002 n° 277). Cette solution n'exclut pas, bien entendu, que les frais soient conventionnellement mis à la charge de l'acquéreur.

C. Incidences rédactionnelles sur la promesse ou l'acte de vente du lot

MENTION DE LA SUPERFICIE DE LA PARTIE PRIVATIVE

Mentions formelles Le dispositif légal a pour **principal objectif** l'information de l'acquéreur sur la superficie du lot de copropriété objet de la vente, cette superficie étant considérée comme un élément caractéristique du bien dans le cadre d'un marché immobilier dont les éléments de comparaison sont souvent exprimés par une valeur au mètre carré. 19660

La promesse ou l'acte réalisant ou constatant la vente d'un lot ou d'une fraction de lot « mentionne la superficie de la partie privative de ce lot ou de cette fraction de lot ».

L'exigence de cette mention est sans doute de rigueur, à l'exclusion d'**autres procédés**. Il nous semble, par exemple, qu'une attestation de superficie annexée à l'acte ne répondrait pas à l'exigence légale, pas plus qu'une information donnée à l'acquéreur au stade de la négociation, dans une correspondance ou dans une annonce immobilière, si elle n'est pas reprise dans l'acte.

ATTENTION

La protection dont bénéficie l'acquéreur de lot de copropriété a un **caractère d'ordre public**. Toutes clauses contraires au dispositif sont réputées non écrites (Loi 65-557 du 10-7-1965 art. 43). Il en est ainsi des clauses qui écarteraient directement l'application de la loi de 1965 ou subordonneraient la garantie à l'exigence d'une différence supérieure au vingtième ou encore minoreraient la réduction de prix. Les **clauses de non-garantie** de contenance, qui sont souvent maintenues dans les actes par habitude rédactionnelle, doivent être réputées non écrites, tout du moins lorsque l'écart de superficie de la partie privative excède le seuil de 5 %.

19662 **Formules** Les deux formules qui suivent concernent la mention obligatoire de la superficie de la partie privative dans l'**avant-contrat et** dans l'**acte authentique** de vente.

19664 MODÈLE

Indication de la superficie de la partie privative dans l'avant-contrat

Conformément aux dispositions de l'article 46 de la loi du 10 juillet 1965, il est ici indiqué la superficie de la partie privative des biens, objet des présentes, qui est de... m², selon mesurage effectué par M..., géomètre expert à..., dont le certificat sera annexé au présent acte.
Les parties sont informées de la possibilité pour l'acquéreur d'agir en révision du prix si la superficie réelle est inférieure de plus d'un vingtième à celle-ci-dessus indiquée, le vendeur supportant, à la demande de l'acquéreur, une diminution du prix proportionnelle à la moindre mesure.

19666 MODÈLE

Indication de la superficie de la partie privative dans l'acte authentique

Conformément aux dispositions de l'article 46 de la loi du 10 juillet 1965, il est ici indiqué la superficie de la partie privative des biens, objet des présentes, qui est de... m², selon mesurage effectué par M..., géomètre expert à..., dont le certificat sera annexé au présent acte après mention.
Les parties sont informées de la possibilité pour l'acquéreur d'agir en révision du prix si la superficie réelle est inférieure de plus d'un vingtième à celle-ci-dessus indiquée.
Conformément à l'article 4-3 du décret 67-223 du 17 mars 1967, le texte de l'article 46 de la loi 65-557 du 10 juillet 1965 est ci-après littéralement rapporté :
« Article 46 – Toute promesse unilatérale de vente ou d'achat, tout contrat réalisant ou constatant la vente d'un lot ou d'une fraction de lot mentionne la superficie de la partie privative de ce lot ou de cette fraction de lot. La nullité de l'acte peut être invoquée sur le fondement de l'absence de toute mention de cette superficie.
« Cette superficie est définie par le décret en Conseil d'État prévu à l'article 47.
« Les dispositions du premier alinéa ci-dessus ne sont pas applicables aux caves, garages, emplacements de stationnement ni aux lots ou fractions de lots d'une superficie inférieure à un seuil fixé par le décret en Conseil d'État prévu à l'article 47.
« Le bénéficiaire en cas de promesse de vente, le promettant en cas de promesse d'achat ou l'acquéreur peut intenter l'action en nullité, au plus tard à l'expiration d'un délai d'un mois à compter de l'acte authentique constatant la réalisation de la vente.
« La signature de l'acte authentique constatant la réalisation de la vente mentionnant la superficie de la partie privative du lot ou de la fraction de lot entraîne la déchéance du droit à engager ou à poursuivre une action en nullité de la promesse ou du contrat qui l'a précédé, fondée sur l'absence de mention de cette superficie.
« Si la superficie est supérieure à celle exprimée dans l'acte, l'excédent de mesure ne donne lieu à aucun supplément de prix.
« Si la superficie est inférieure de plus d'un vingtième à celle exprimée dans l'acte, le vendeur, à la demande de l'acquéreur, supporte une diminution du prix proportionnelle à la moindre mesure.
« L'action en diminution du prix doit être intentée par l'acquéreur dans un délai d'un an à compter de l'acte authentique constatant la réalisation de la vente, à peine de déchéance. »
Il a été délivré ce jour à chacune des parties le certificat prévu par l'article 4-3 du décret du 17 mars 1967.
(*Variante* : il sera délivré ce jour à chacune des parties une copie simple du présent acte).

19668 **Détail des surfaces par local** La loi n'impose pas de fournir une surface distincte de **chaque pièce** ou local composant le lot ou la fraction de lot, même si en pratique les professionnels qui procèdent au mesurage fournissent généralement un chiffrage détaillé dont le total correspond à la superficie de la partie privative du lot ou de la partie de lot.

En tout état de cause, seule la **superficie globale** est prise en compte pour apprécier si le vendeur est tenu à une garantie de contenance.
Deux lots ou fractions de **lots distincts**, même contigus ou matériellement réunis, doivent faire l'objet d'un mesurage faisant ressortir la superficie de chacun d'eux lorsqu'ils sont simultanément vendus.

VENTILATION DU PRIX SELON LES SURFACES

Lorsque la vente porte sur **plusieurs lots soumis à mesurage**, l'acte doit mentionner la superficie de la partie privative de chacun d'eux. **19670**
Il est opportun alors que le prix soit ventilé, pour permettre le **calcul de la réduction** de prix si la différence de mesurage excédant le vingtième n'affectait qu'un seul des lots. Cette ventilation du prix est particulièrement justifiée si les lots distincts sont de nature et donc de valeur différentes.

La question de la ventilation du prix se pose également lorsque la vente a pour objet **plusieurs lots**, certains **soumis à mesurage et** les autres **exclus** (lots distincts inférieurs à 8 m^2 ou lots de caves, garages et emplacements de stationnement). **19672**
Une erreur de mesurage sur les lots soumis à l'obligation d'information rendrait en effet délicate la mise en jeu de la garantie en cas de prix global : dans ce cas, comment effectuer le **calcul de la réduction** d'un prix qui englobe des locaux non soumis au mesurage et donc étrangers à l'erreur et à la garantie ?
Lorsque la **ventilation** du prix a été **effectuée**, la réduction du prix, si elle est encourue, ne joue que sur la fraction du prix affectée au lot considéré.
En l'**absence de ventilation**, la réduction du prix doit se calculer sur le prix global diminué de la valeur des biens et lots exclus du champ d'application de la loi Carrez (Cass. 3e civ. 16-1-2008 nº 06-21.696 : Bull. civ. III nº 9 ; Cass. 3e civ. 19-11-2008 nº 07-18.384 : Bull. civ. III nº 177). Une mesure d'expertise devra être ordonnée afin d'évaluer les lots qui ne sont pas soumis à mesurage.
La ventilation du prix n'est pas pour autant dépourvue d'intérêt, ne serait-ce que pour écarter les aléas de toute expertise, le ralentissement de procédure provoqué par une telle mesure d'instruction ou encore le risque d'un revirement de jurisprudence. Quant à la ventilation, elle doit être effectuée rigoureusement. Il ne saurait être admis une minoration volontaire de l'évaluation du lot soumis à mesurage et une majoration du coût de ceux qui en sont exclus afin de réduire l'importance pécuniaire d'une éventuelle réduction de prix.
En pratique, c'est surtout lorsque le mesurage est effectué par le vendeur lui-même que le risque d'une erreur sur la superficie existe vraiment.

ACTE CONSTATANT LA RÉALISATION DE LA VENTE

Le jour de la signature de l'acte authentique constatant la réalisation de la vente, la loi impose au notaire (ou à l'autorité administrative qui authentifie la convention) de **remettre aux parties**, contre émargement ou récépissé (Décret 67-223 du 17-3-1967 art. 4-3) : **19674**
– une copie de l'acte signé ou un certificat reproduisant la clause de l'acte mentionnant la superficie de la partie privative du lot ou de la fraction du lot vendu ;
– une copie des dispositions légales lorsqu'elles ne sont pas reprises intégralement dans l'acte ou le certificat.
Pour l'application du dispositif **en pratique**, la plupart des notaires utilisent le procédé du certificat attestant la signature de l'acte, portant indication de la superficie du ou des lots vendus et reproduisant le texte intégral de l'article 46 de la loi de 1965. Le certificat est établi en trois exemplaires signés par le notaire, le vendeur et l'acquéreur (pour valoir émargement ou récépissé). Un exemplaire sera remis à chacune des parties et le dernier conservé par le notaire.
Le texte ne prévoit pas de **sanction** en cas d'omission de cette formalité. Le rédacteur de l'acte engagerait sa responsabilité civile délictuelle dans les conditions de droit commun si cette omission, constitutive d'une faute, causait un préjudice à l'acquéreur.

ATTENTION

Dans une affaire où le vendeur a formé un recours en garantie contre le notaire, après avoir subi une diminution du prix en raison de l'inexactitude du mesurage, il a été jugé que la **simple lecture de l'acte** ne suffit pas et que seul l'accomplissement des formalités requises peut dégager le notaire de toute responsabilité (Cass. 3e civ. 5-7-2006 nº 05-16.469 : Bull. civ. III nº 168).

D. Sanctions

1. ABSENCE D'INDICATION DE LA SUPERFICIE DE LA PARTIE PRIVATIVE

19720 La sanction de l'absence d'indication de la superficie de la partie privative est la **nullité** de l'acte.

ACTION EN NULLITÉ

19722 **Délai pour agir** Le bénéficiaire en cas de promesse de vente, le promettant en cas de promesse d'achat ou l'acquéreur peut intenter l'action en nullité au plus tard à l'expiration d'un délai d'un mois à compter de la **signature de l'acte authentique** (Loi 65-557 du 10-7-1965 art. 46, al. 4).

Plusieurs situations peuvent se présenter **suivant l'état d'avancement** de la vente.

1° L'avant-contrat ne mentionne pas la superficie de la partie privative alors que l'acte authentique de vente n'est pas encore signé : le bénéficiaire, le promettant ou l'acquéreur peut agir en nullité sans attendre l'acte authentique ou refuser de signer cet acte.

2° Ni l'avant-contrat ni l'acte authentique ne mentionnent la superficie de la partie privative : l'action en nullité est ouverte dans le délai d'un mois à compter de l'acte authentique.

3° L'avant-contrat mentionne la superficie de la partie privative alors que l'acte authentique ne la mentionne pas : l'action en nullité n'est pas ouverte avant la signature de l'acte authentique mais peut être exercée dans le mois de cet acte.

4° Il n'a pas été établi d'avant-contrat et l'acte authentique ne mentionne pas la superficie de la partie privative : l'action en nullité peut être exercée dans le mois de cet acte.

5° L'avant-contrat ne mentionne pas la superficie de la partie privative alors que l'acte authentique la mentionne : l'action en nullité n'est pas ouverte (voir n° 19728).

Si l'**acte comporte plusieurs dates** (les parties ont signé à des dates différentes), c'est la date de signature de l'acte par le notaire, c'est-à-dire la date à compter de laquelle l'acte a le caractère de l'authenticité, qui doit être prise en compte.

La loi ne précise pas si le délai d'un mois est un délai préfix, non susceptible de **suspension ou** d'**interruption**, ou, ce qui serait plus favorable à l'acquéreur, un délai de procédure, susceptible de **prorogation** si le dernier jour tombe un samedi, un dimanche ou un jour férié ou chômé.

19724 **Caractères de la nullité** La nullité de l'acte ne peut être demandée que par l'acquéreur ; il s'agit donc d'une **nullité relative**. La qualité de l'acquéreur est indifférente : la protection bénéficiera au professionnel (par exemple au marchand de biens) comme au particulier.

Le juge, saisi d'une action en nullité, est tenu de la prononcer : il s'agit d'une **nullité de droit** ou obligatoire. Le juge n'a pas à rechercher si l'absence dans l'acte de mention de la superficie de la partie privative a eu effectivement un impact sur la qualité du consentement de l'acquéreur, ou si l'acquéreur avait par ailleurs connaissance de cette superficie.

19726 **Modalités de l'action en nullité** L'action en nullité sera exercée par voie d'assignation du vendeur, portée devant le **tribunal judiciaire**.

L'action en nullité intervenant après la signature de l'acte authentique est soumise à **publicité foncière** auprès du service chargé de la publicité foncière compétent (Décret 55-22 du 4-1-1955 art. 28, 4°-c). Cette publication est une condition de recevabilité de la demande (Décret 55-22 du 4-1-1955 art. 30, 5°).

ATTENTION

L'action en nullité intervenant après la signature mais **avant la publication de l'acte** au service de la publicité foncière ne dispense pas le notaire de publier la vente ni de payer les droits de mutation (Décret 55-22 du 4-1-1955 art. 32 ; CGI art. 1701) et, le cas échéant, la TVA. Toutefois, les droits et taxes sont restituables dans ce cas une fois la nullité prononcée (n° 19730).

DISPARITION DE LA NULLITÉ

19728 L'absence de mention de la superficie de la partie privative dans l'avant-contrat ne rend pas la nullité inéluctable : « La signature de l'acte authentique constatant la réalisation de la vente mentionnant la superficie de la partie privative du lot ou de la fraction de lot entraîne la **déchéance** du droit à engager ou à poursuivre une action en nullité de la promesse ou du contrat qui l'a précédé, fondée sur l'absence de mention de cette superficie » (Loi 65-557 du 10-7-1965 art. 46, al. 5). Les parties ne peuvent convenir de compléter, par un additif de même valeur juridique (le certificat de mesurage signé par les acheteurs), une promesse dans laquelle le vendeur aurait omis de déclarer la superficie du lot (Cass. 3e civ. 22-11-2018 n° 17-23.366 FS-PBI : BPIM 1/19 inf. 48).

Cette déchéance suppose donc que l'acquéreur accepte de signer l'acte authentique et que cet acte mentionne la superficie de la partie privative.
Le titulaire de l'action en nullité peut y renoncer, dès lors que l'action lui est ouverte. Cette **renonciation** est expresse si elle résulte d'une déclaration de l'acquéreur en ce sens pendant le délai qui lui est ouvert pour agir. Elle est tacite, sous forme d'une déchéance de son droit à agir, si l'acquéreur régularise l'acte authentique de vente portant mention de la superficie alors que le contrat qui le précédait ne contenait pas cette mention. Elle sera également tacite si l'acquéreur laisse volontairement passer le délai d'un mois pour agir.
Si l'action en nullité est déjà engagée, la renonciation est toujours possible et prend alors la forme d'un **désistement d'instance**.

EFFETS DE LA NULLITÉ

Restitutions La nullité de l'acte entraîne la remise des parties dans l'état d'origine. Prononcée au **stade de l'avant-contrat**, elle impose la restitution à l'acquéreur des sommes versées au titre de la contrepartie du droit d'option ou d'un acompte. 19730
Intervenant **après la signature de l'acte authentique**, la nullité impose la restitution du prix. Les droits d'enregistrement ou la taxe de publicité foncière et la contribution de sécurité immobilière sont restituables si l'annulation est prononcée par un jugement ou un arrêt passé en force de chose jugée (CGI art. 1961, al. 2). De même, la TVA déjà versée peut être récupérée en cas d'opération annulée (CGI art. 272, 1), cette récupération – soumise à un formalisme – se faisant par voie d'imputation sur la TVA due ultérieurement ou, le cas échéant, par voie de remboursement.
Aucun émolument n'est dû au notaire sur l'acte déclaré nul par sa faute (C. com. art. R 444-64).
Le **nouveau transfert de propriété** de l'immeuble en sens inverse qui en résulte ne subit pas non plus de droits de mutation ni de contribution de sécurité immobilière (CGI art. 1961, al. 3). En matière de TVA, la taxe qui a été perçue à l'occasion de ventes ou de services est imputée ou remboursée dans les mêmes conditions que la taxe déductible lorsque ces ventes ou services sont par la suite résiliés ou annulés (CGI art. 272).

Sort du prêt Lorsque le prix de la vente a été financé au moyen d'un emprunt, se pose la question de savoir si le prêt est maintenu ou non. 19732
S'il s'agit d'un **prêt immobilier soumis au Code de la consommation**, l'offre [de prêt] est toujours acceptée sous la condition résolutoire de la non-conclusion, dans un délai de 4 mois à compter de son acceptation, du contrat pour lequel le prêt est demandé (C. consom. art. L 312-12). Le contrat de prêt se trouve par ailleurs résolu de plein droit en cas de résolution ou d'annulation du contrat principal, qui ont un effet rétroactif (Cass. 1e civ. 21-10-2003 n° 01-11.760 : RJDA 5/04 n° 610).
La question n'est en revanche pas tranchée lorsque le **prêt** est **exclu du dispositif protecteur** des emprunteurs immobiliers.

2. ERREUR DE SUPERFICIE DE LA PARTIE PRIVATIVE

L'erreur portant sur la superficie de la partie privative indiquée dans l'acte peut jouer dans deux sens : la superficie réelle peut lui être supérieure ou inférieure. 19750
Dans le premier cas, favorable à l'acquéreur, « l'**excédent de mesure** ne donne lieu à aucun supplément de prix » (Loi 65-557 du 10-7-1965 art. 46, al. 6).
Au regard du dispositif légal, seule l'erreur défavorable à l'acquéreur, résultant d'un **déficit de superficie**, entraîne une diminution du prix.

> **Précisions a.** Si l'excédent de superficie de la partie privative est réellement substantiel, le vendeur peut toujours se tourner vers l'**action en rescision pour lésion**, mais les conditions d'admission de cette action sont sévères : la lésion doit être au moins des 7/12es de la valeur de l'immeuble (voir nos 24350 s.).
> **b.** En cas de **superficie différente dans l'avant-contrat et l'acte notarié**, celle figurant dans l'acte notarié, erronée, étant supérieure, c'est la première superficie qui sert de point de comparaison avec la superficie réelle pour apprécier si l'action en diminution de prix est ouverte à l'acquéreur, l'accord sur la chose et sur le prix rendant la vente parfaite dès l'avant-contrat (Cass. 3e civ. 13-3-2007 n° 06-12.199 : BPIM 2/07 inf. 141).
> **c.** La sanction de l'erreur de mesurage s'applique sans avoir égard à la **cause de l'erreur** (Cass. 3e civ. 24-1-2012 n° 10-24.217 : AJDI 2012 p. 280 obs. S. Porcheron à propos de la différence de superficie qui tenait notamment à la prise en compte, à tort, d'une partie commune).
> **d.** Sur le **recours du vendeur contre le professionnel** ayant commis l'erreur de mesurage, voir n° 71790.

ACTION EN DIMINUTION DE PRIX

19752 **Taux de l'erreur** L'action en diminution de prix n'est recevable que pour autant que la **superficie réelle** de la partie privative est inférieure de plus de 1/20e à celle exprimée dans l'acte (Loi 65-557 du 10-7-1965 art. 46, al. 7). Pour déterminer le seuil d'ouverture de l'action en diminution de prix, il faut partir de la **superficie de la partie privative indiquée dans l'acte** et la comparer à celle constatée dans la réalité.

EXEMPLE

Si la superficie indiquée dans l'acte est de 85 m², le seuil d'ouverture de l'action est de 4,25 m². Si la superficie réelle est de 80 m², l'action en réduction de prix est ouverte puisque l'erreur, de 5 m², est supérieure à ce seuil. Si la superficie réelle est de 81,50 m², l'erreur est de 3,5 m² ; l'action n'est alors pas recevable.

19754 **Modalités de l'action** La **charge de la preuve** pèse sur l'acquéreur, à qui il incombe de justifier que la superficie réelle de la partie privative est moindre que celle mentionnée dans l'acte. Spécialement, le justificatif produit par l'acquéreur ne peut consister en un certificat de mesurage faisant ressortir la superficie du lot, sans caractériser les surfaces déduites conformément à l'article 4-1 du décret du 17 mars 1967 (Cass. 3e civ. 7-11-2001 n° 99-20.199 : Bull. civ. III n° 124). En d'autres termes, l'acquéreur doit justifier des surfaces déduites dans le calcul et qui conduisent à une superficie réelle inférieure à celle déclarée dans l'acte.

L'action en diminution de prix doit être intentée, à peine de déchéance, dans le **délai d'un an** à compter de l'acte authentique constatant la réalisation de la vente (Loi 65-557 du 10-7-1965 art. 46, al. 8). Il s'agit d'un délai de forclusion (Cass. 3e civ. 2-6-2016 n° 15-16.967 : BPIM 4/16 inf. 264). Il en résulte qu'en cas de référé expertise le délai n'est pas suspendu jusqu'au dépôt du rapport d'expertise (arrêt précité). Il est en revanche interrompu par l'assignation en référé expertise (Cass. 3e civ. 12-11-2015 n° 14-18.390). L'acheteur a donc un an à compter de l'ordonnance prescrivant une expertise pour agir en diminution du prix.

> **Précisions** La **connaissance par l'acquéreur avant la vente de la superficie réelle** du bien vendu ne le prive pas de son droit à la diminution du prix, qui n'est donc pas subordonné à la preuve d'un préjudice (Cass. 3e civ. 5-12-2007 n° 06-19.676 : BPIM 1/08 inf. 72 ; Cass. 3e civ. 2-7-2008 n° 07-14.639 : BPIM 5/08 inf. 382 ; Cass. 3e civ. 10-12-2015 n° 14-13.832 : BPIM 1/16 inf. 45).

DIMINUTION DU PRIX

19756 **Calcul** Lorsque l'action en diminution de prix est recevable, le vendeur supporte une diminution du prix « proportionnelle à la moindre mesure » (Loi 65-557 du 10-7-1965 art. 46, al. 7). Cette **proportion de la moindre mesure** est appliquée au prix de vente.

La règle du 1/20e constitue une limite d'erreur et non une franchise : dès que le seuil est atteint, la réduction est encourue **dès les premiers mètres carrés manquants**, et non pour la fraction de ces mètres carrés excédant le seuil (CA Aix-en-Provence 10-6-2003 : Constr.-urb. 2003 n° 255).

Lorsque la vente porte sur **plusieurs lots**, tous ou certains d'entre eux seulement étant soumis au dispositif de garantie, il est opportun de procéder à une ventilation de la valeur des lots. Sur cette question, voir nos 19670 s.

EXEMPLE

Soit une vente portant sur **un seul lot** d'appartement dont la superficie réelle de la partie privative est de 80 m², alors que l'acte mentionne une superficie de 85 m². Le prix de vente s'est élevé à 255 000 €. L'action en diminution de prix est ouverte, le seuil étant ici de 4,25 m² (85 1/20e), et la diminution du prix est ainsi calculée : 255 000 € (5/85) = 15 000 €.

Soit une vente ayant pour objet **trois lots** (appartement, cave et garage) dont le prix global est de 260 000 €. La superficie de la partie privative déclarée pour l'appartement, seul lot soumis au mesurage, est de 65 m², alors que sa superficie réelle est de 60 m². La différence (5 m²), supérieure au vingtième de celle exprimée dans l'acte (3,25 m²), permet à l'acquéreur de demander la réduction du prix à concurrence de la moindre mesure.

En supposant que le seul lot soumis à mesurage ait été évalué pour 247 000 € aux termes de la **ventilation** du prix effectuée par les parties, le montant de la réduction serait des 5/65es de cette somme, soit 19 000 €.

19757 **Frais et droits d'acquisition** L'acquéreur ne peut pas obtenir du vendeur le remboursement d'une somme correspondant aux **frais d'acte notarié** (droits d'enregistrement et émoluments du notaire) indûment payés sur les mètres carrés manquants (Cass. 3e civ. 22-11-2006 n° 05-17.420 : RJDA 5/07 n° 469), y compris à titre de dommages-intérêts (Cass. 3e civ. 22-9-2010 n° 09-68.469 : BPIM 6/10 inf. 487). Ce remboursement, s'il n'est pas de droit, n'est cependant pas

exclu ; il suppose la démonstration d'une faute du vendeur en lien direct avec le dommage dont l'acquéreur demande réparation (CA Paris 11-2-2003 n° 2001/12160 : Constr.-urb. 2003 n° 160).
L'action en diminution de prix permet cependant, en cas de succès, le dépôt d'une demande en restitution de la fraction de **droits d'enregistrement** afférente à la diminution de prix effectivement obtenue. Cette action en restitution doit être engagée par une réclamation formée avant le 31 décembre de la deuxième année suivant celle, selon le cas, du prononcé de la décision judiciaire fixant définitivement le prix de cession ou de la conclusion entre les parties d'un accord amiable portant réduction de prix, l'administration conservant son droit de contrôle tant sur le prix initial que sur le prix rectifié, et pouvant s'opposer à toute réclamation fondée sur un accord amiable qui n'apparaît pas sincère et véritable (Rép. Carrez : AN 14-3-2006 n° 85746, solution non reprise au Bofip, mais qui nous semble toujours applicable).

Paiement L'admission de la diminution de prix entraîne une créance de l'acquéreur à l'encontre du vendeur. **19758**
Confronté à l'action de l'acquéreur, le vendeur pourra s'exécuter **spontanément** s'il reconnaît son bien-fondé.
Si le vendeur conteste l'action, la restitution sera ordonnée par le tribunal saisi et le jugement, devenu définitif, fournira à l'acquéreur un titre lui permettant de poursuivre le **recouvrement forcé** au moyen des voies d'exécution.

IX. RECOUVREMENT DES CHARGES À L'OCCASION DE LA VENTE

GÉNÉRALITÉS

Le **syndicat des copropriétaires** dispose de plusieurs moyens et garanties pour recouvrer les charges qui lui sont dues par un copropriétaire. Dans cette perspective, la vente du lot fournit une occasion de règlement d'autant plus opportune qu'elle s'accompagne souvent du déménagement du débiteur, circonstance qui est susceptible de rendre les poursuites plus difficiles. **19810**
Seront ici examinés les **moyens spécifiques** dont dispose le syndicat des copropriétaires, et non les moyens de droit commun auxquels tout créancier peut recourir à l'encontre de son débiteur, telles la saisie immobilière, la saisie-attribution ou la saisie conservatoire.
Concernant l'opposition du syndicat à l'occasion de la vente, voir n°s 19040 s.

> **Précisions** L'assemblée générale peut autoriser le syndic à engager une procédure de saisie immobilière même si le syndicat ne dispose pas encore de titre exécutoire à la date de l'assemblée (Cass. 3e civ. 3-7-2013 n° 12-18.952 : BPIM 4/13 inf. 288).

A. Hypothèque légale du syndicat

CRÉANCES GARANTIES PAR L'HYPOTHÈQUE LÉGALE

Les créances de toute nature du syndicat exigibles à l'encontre de chaque copropriétaire sont, qu'il s'agisse de **provision** ou de **paiement définitif**, garanties par une hypothèque légale sur son lot (Loi 65-557 du 10-7-1965 art. 19, al. 1). La formulation du texte permet de prendre inscription non seulement pour des charges, mais également pour des dommages et intérêts auxquels le copropriétaire serait tenu à l'égard du syndicat. **19812**
Aucune inscription ou inscription complémentaire ne peut être requise pour des créances exigibles depuis plus de 5 ans (Loi 65-557 du 10-7-1965 art. 19, al. 4). Un syndic qui serait déchu de la possibilité de prendre efficacement inscription en raison de l'**ancienneté de la dette** du syndicat au préjudice de celui-ci engagerait sa responsabilité.
L'hypothèque peut également être prise pour garantir les sommes dues par un copropriétaire ayant demandé le bénéfice du **paiement par annuités** des travaux d'amélioration (Loi 65-557 du 10-7-1965 art. 33).

TITULAIRE DE L'HYPOTHÈQUE LÉGALE

Le syndicat des copropriétaires est le bénéficiaire de l'inscription (Loi 65-557 du 10-7-1965 art. 19, al. 1) ; **19814**
il bénéficie de la **personnalité civile**, qui lui permet d'être titulaire d'une sûreté réelle (Loi 65-557 du 10-7-1965 art. 14).

PROCÉDURE D'INSCRIPTION DE L'HYPOTHÈQUE LÉGALE

19816 L'hypothèque peut être inscrite **après mise en demeure**, restée infructueuse, du copropriétaire (Loi 65-557 du 10-7-1965 art. 19, al. 1). La mise en demeure peut être valablement effectuée par lettre recommandée avec demande d'avis de réception (Décret 67-223 du 17-3-1967 art. 64, al. 1) ou, si le copropriétaire l'a expressément autorisé, par voie électronique (Décret 67-223 du 17-3-1967 art. 64-2). La loi n'indique pas le délai à partir duquel l'inscription pourra être prise après la mise en demeure restée infructueuse.

Lorsque l'hypothèque légale garantit un différé de charges résultant du paiement par annuités de travaux d'amélioration, l'inscription peut être prise **sans mise en demeure**, dès que le copropriétaire concerné a sollicité le paiement différé (Loi 65-557 du 10-7-1965 art. 19, al. 1).

Le syndic a qualité, sans autorisation de l'assemblée générale, pour faire inscrire l'hypothèque légale (Loi 65-557 du 10-7-1965 art. 19, al. 2). La formalité doit être réalisée par un avocat, un notaire ou un commissaire de justice au moyen du dépôt d'un **bordereau** d'inscription en deux exemplaires au service chargé de la publicité foncière dans le ressort duquel se trouve l'immeuble.

> **Précisions** L'inscription d'hypothèque légale est exonérée de **taxe de publicité foncière** (CGI art. 663, 1° a contrario et 677, 5° a contrario). Est seule exigible la **contribution de sécurité immobilière** au taux de 0,05 % sur le montant de la somme garantie, avec un minimum de perception de 8 € (CGI art. 881 H et 881 M).

EFFETS DE L'INSCRIPTION DE L'HYPOTHÈQUE LÉGALE

19820 L'hypothèque légale confère au syndicat des copropriétaires les prérogatives attachées à toute sûreté hypothécaire : **droit de préférence** sur le prix en cas de vente du lot grevé **et droit de suite** entre les mains de tout ayant droit.

L'inscription prend **rang** à sa date. Mais elle peut être primée par d'autres inscriptions prises antérieurement. Elle serait en outre inefficace si elle était requise postérieurement à la publication de la vente, à la mise en redressement judiciaire du copropriétaire vendeur ou à la publication d'un commandement de saisie effectuée à l'initiative d'un autre créancier, ces événements entraînant arrêt du cours des inscriptions.

MAINLEVÉE

19822 Le **syndic** a qualité, **sans autorisation de l'assemblée générale**, pour consentir la mainlevée et requérir la radiation de l'inscription en cas d'extinction de la dette (Loi 65-557 du 10-7-1965 art. 19, al. 2). En revanche, la mainlevée de l'inscription sans extinction de la dette ou sans paiement total sera donnée par le **syndic autorisé par l'assemblée** à la majorité des 2/3.

Le copropriétaire défaillant peut, sous condition d'une offre de paiement suffisante ou d'une garantie équivalente, demander la mainlevée totale ou partielle au **président du tribunal judiciaire** statuant selon la procédure accélérée au fond (Loi 65-557 du 10-7-1965 art. 19, al. 3).

La radiation, sauf le cas où elle est prononcée judiciairement, suppose l'établissement d'un acte notarié entraînant des **frais** (émoluments proportionnels et de formalités dus au notaire, TVA sur ces émoluments, droit fixe d'enregistrement et contribution de sécurité immobilière).

B. Privilège mobilier

19870 Les créances de toute nature du syndicat à l'encontre de chaque copropriétaire bénéficient du privilège mobilier du **bailleur d'immeuble** prévu par l'article 2332, 1° du Code civil (Loi 65-557 du 10-7-1965 art. 19, al. 5).

Ce privilège porte sur ce tous les meubles garnissant les lieux appartenant au copropriétaire ainsi que sur les sommes dues par le locataire à son bailleur (Loi 65-557 du 10-7-1965 art. 19, al. 5).

C. Hypothèque légale spéciale

CRÉANCES GARANTIES PAR L'HYPOTHÈQUE LÉGALE SPÉCIALE

19920 **Depuis le 1er janvier 2022**, le privilège immobilier spécial du syndicat des copropriétaires a été transformé en hypothèque légale spéciale (C. civ. art. 2402, 3°). Son champ d'application et ses effets restent les mêmes. Les privilèges immobiliers spéciaux nés avant le 1er janvier 2022 seront pour l'avenir assimilés à des hypothèques légales, sans préjudice le cas échéant de la rétroactivité de leur rang (Ord. 2021-1192 du 15-9-2021 art. 37, IV).

Le syndicat des copropriétaires bénéficie lors de la vente d'un lot de l'hypothèque légale spéciale prévu par l'article 2402, 3° du Code civil qui garantit les créances de toute nature du

syndicat à l'encontre de chaque copropriétaire relatives à l'année courante ainsi qu'aux quatre dernières années échues (Loi 65-557 du 10-7-1965 art. 19-1). Il s'agit notamment des créances relatives à certains frais imputables au seul copropriétaire en application de l'article 10-1 de la loi du 10 juillet 1965 (mise en demeure, relance, honoraires et frais pour l'établissement de l'état daté, astreintes, etc.) ou encore de la clause pénale stipulée dans le règlement de copropriété.
Sont également garanties par l'hypothèque légale spéciale les sommes correspondant au remboursement de l'emprunt souscrit par le syndicat pour le financement de travaux concernant les parties communes, de travaux d'intérêt collectif sur parties privatives, d'acquisitions conformes à l'objet du syndicat des copropriétaires et régulièrement votés, le préfinancement de subventions publiques accordées au syndicat pour la réalisation des travaux votés (Loi 65-557 du 10-7-1965 art. 26-7 al. 4). L'hypothèque légale spéciale garantit également les cotisations au fonds de travaux prévu à l'article 14-2 de la loi de 1965, les créances afférentes aux travaux de restauration immobilière réalisés en application de l'article 24, II-c, les dommages et intérêts alloués par les juridictions au syndicat et le remboursement des dépens (Loi 65-557 du 10-7-1965 art. 19-1).

RANG DE L'HYPOTHÈQUE LÉGALE SPÉCIALE

L'hypothèque légale spéciale a une portée différente **selon l'ancienneté de la créance** du syndicat (C. civ. art. 2418) : 19922
– elle prime toutes les autres hypothèques de l'année en cours et des deux dernières années échues ;
– elle vient en concours avec les hypothèques légales spéciales du vendeur ou du prêteur de deniers pour les années antérieures.
L'année s'entend de l'exercice comptable d'une période de douze mois dont l'assemblée générale fixe la date de clôture lors de la première assemblée (Décret 67-223 du 17-3-1967 art. 5-2).
Le point de départ des délais est la **date de la vente** du lot. Le syndicat aura ainsi une hypothèque plus étendue si la vente intervient en fin plutôt qu'en début d'exercice comptable.
Pour les charges au-delà de la quatrième année, le syndicat est déchu de l'hypothèque et sa **créance** est **chirographaire**. Les privilèges du vendeur et du prêteur de deniers sont à son égard pleinement efficaces.
Pour le cas de concours du syndicat avec les autres créanciers d'un copropriétaire faisant l'objet d'une **procédure collective** d'apurement du passif, voir Mémento Gestion immobilière n° 36390.

MISE EN ŒUVRE DE L'HYPOTHÈQUE LÉGALE SPÉCIALE

L'hypothèque légale spéciale étant occulte, elle fait l'objet d'une **dispense d'inscription** au service chargé de la publicité foncière (C. civ. art. 2418). Il s'agit d'un avantage pour le syndicat, puisque l'hypothèque n'est subordonnée ni à la formalité du dépôt de bordereaux ni aux frais y afférents. 19924
La loi établit un **lien entre l'opposition et l'hypothèque** du syndicat : celle-là, régulièrement effectuée, vaut mise en œuvre de celle-ci (Loi 65-557 du 10-7-1965 art. 20, al. 3). Une opposition irrégulière (sur le contenu obligatoire de l'opposition et la sanction de ses irrégularités, voir n°s 19044 s.) ne permet donc pas au syndicat de se prévaloir de son hypothèque (Cass. 3e civ. 25-10-2006 n° 05-16.835 : BPIM 6/06 inf. 458 ; Cass. 3e civ. 12-10-2023 n° 22-18.723 F-D : BPIM 6/23 inf. 396).
L'avis de mutation de l'article 20 de la loi du 10 juillet 1965 ne doit pas être confondu avec la notification du transfert de propriété de l'article 6 du décret du 17 mars 1967, laquelle ne fait pas courir le délai d'opposition.
L'auteur de l'avis de mutation doit **informer les créanciers inscrits** de l'opposition reçue et, sur leur demande, leur en adresser copie (Décret 67-223 du 17-3-1967 art. 6-1). Cette information est destinée à suppléer à l'égard de ces créanciers le caractère occulte de l'hypothèque qui les prime ou qui les concurrence ; elle leur permet également d'apprécier l'opportunité de mettre en œuvre d'autres moyens de recouvrement s'ils estiment que le prix sera insuffisant pour les désintéresser de leur créance.

EFFETS DE L'HYPOTHÈQUE LÉGALE SPÉCIALE

Le principal effet de l'hypothèque légale réside dans le **droit de préférence** qu'elle confère au syndicat, ce droit s'entendant comme celui d'être payé prioritairement à d'autres créanciers sur le prix de vente de l'immeuble. Cette priorité doit toutefois être nuancée. Elle a une portée différente selon l'ancienneté de la créance du syndicat vis-à-vis du vendeur et du prêteur de deniers (voir n° 19922). Par ailleurs, si elle est totale à l'égard des créanciers chirographaires du copropriétaire, même saisissants du prix, et des autres créanciers hypothécaires, elle cède en revanche devant les créanciers bénéficiaires d'un privilège général immobilier (notamment C. civ. art. 2377). Les conflits entre créanciers ou les difficultés sur la répartition du prix entre eux sont réglés par la procédure d'ordre. 19930

En raison de son caractère occulte, le privilège du syndicat des copropriétaires ne bénéficie pas du **droit de suite** : si le paiement du prix était effectué au mépris de son privilège, le syndicat perdrait le droit de saisir l'immeuble entre les mains de l'acquéreur ou d'un tiers détenteur afin d'être payé par priorité sur le prix. Cette situation ne devrait être qu'exceptionnelle ou accidentelle en raison de l'intervention du notaire dans le processus de règlement du prix et des créanciers. Conséquence logique, le syndicat ne bénéficie pas non plus du droit de surenchère dans le cadre d'une éventuelle procédure de purge.

SECTION 4 LOT DE VOLUME IMMOBILIER

GÉNÉRALITÉS

19980 La notion d'« **ensemble immobilier complexe** » (EIC) répond à la nécessité, dans les centres des grandes agglomérations, d'utiliser au maximum les surfaces bâtissables ou aménageables, en permettant de superposer, juxtaposer ou imbriquer, à l'intérieur d'un ou plusieurs ensembles immobiliers, des locaux soumis à des régimes juridiques différents et destinés à recevoir des affectations différentes (par exemple, la dalle de la Défense ou les Halles de Paris).

> **Précisions** La division en volume peut également s'appliquer à un **bâtiment « simple »**, permettant ainsi de prendre en considération les deux régimes de propriété qui s'y appliquent et de transposer cette situation sur un support juridique publiable au service de la publicité foncière (Cass. 3e civ. 18-1-2012 no 10-27.396 : Bull. civ. III no 14, concernant un immeuble élevé de plusieurs étages sur cave et dont un couloir situé au rez-de-chaussée est indivis entre le propriétaire de l'immeuble et un voisin).

NOTION DE VOLUME IMMOBILIER

19982 Pour **individualiser le droit de construire** afférent à chacune des futures constructions, l'aménageur (au sens large) d'un EIC va procéder à la division du volume global constructible en volumes immobiliers cessibles, dont les destinations pourront être différentes en fonction de leurs affectations. L'organisation en volumes, à la différence de la copropriété des immeubles bâtis, repose sur l'abandon de la notion classique de l'unicité de la propriété foncière et s'appuie sur la dissociation entre le sol, l'espace et le tréfonds, aboutissant ainsi à la création de volumes abstraits, subdivisibles en autant de volumes réels que le permettent les règles d'urbanisme et les techniques de construction.

Le volume immobilier peut être schématiquement défini comme un **droit réel de propriété**, détaché du sol, portant sur une tranche tridimensionnelle et homogène d'espace ou de tréfonds, correspondant à un immeuble construit ou à construire, de forme géométrique ou non, mais déterminé à partir de cotes altimétriques et par référence à des plans cotés, ne comportant pas de parties communes indivises et inséré dans un réseau de mitoyennetés et de servitudes réciproques ou non. À l'intérieur de son volume, et sous réserve des prescriptions des documents réglementaires ou contractuels relatifs à la destination des locaux, chaque propriétaire est libre d'appliquer le régime de propriété de son choix (par exemple, une copropriété régie par la loi 65-557 du 10 juillet 1965).

DOCUMENTS DE L'EIC

19984 À l'occasion de la vente d'un volume immobilier ou d'un bien dépendant d'un volume immobilier, il est souhaitable que le vendeur porte à la connaissance de l'acquéreur, en lui en remettant une copie, l'ensemble des documents relatifs à l'organisation et à la gestion de l'EIC.

19986 **État descriptif de division en volumes** L'**individualisation des volumes** résulte de l'établissement d'un état descriptif de division. Cet acte authentique, obligatoirement soumis à la publicité foncière, a pour objet, à partir de l'assiette parcellaire des terrains auxquels il s'applique :
– d'individualiser, en tréfonds ou dans l'espace, au moyen de plans et par référence à des cotes altimétriques, des volumes matériels ou immatériels, constituant autant de propriétés distinctes et comportant des parties privatives auxquelles il n'est pas attaché de parties communes ;
– d'en définir la destination et la composition et de les assujettir à un réseau cohérent de servitudes perpétuelles.

Les **rapports entre les volumes** créés seront régis par les dispositions du Code civil relatives à la mitoyenneté et aux servitudes. Certaines de ces servitudes grèveront, parfois à titre réciproque, l'ensemble des volumes. Il s'agit essentiellement des servitudes d'appui, d'accrochage, de surplomb, de vues, de prospect, de passage de personnes, de canalisations, etc. Ces servitudes sont complétées par des prescriptions d'usage, d'entretien, de sécurité et de reconstruction.

Cahier des règles d'usage et d'occupation Ce document, publié au service de la publicité foncière, définit les règles d'utilisation des différents **volumes et équipements collectifs** et fixe les règles de répartition des charges de l'EIC. Il édicte des servitudes générales d'utilisation des équipements collectifs. Il fixe également les règles d'utilisation des volumes déjà bâtis, pendant que se poursuit l'opération de construction, ainsi que celles relatives à la surveillance et à la sécurité générale de l'EIC, une fois celui-ci achevé, notamment quand certains locaux sont destinés à recevoir du public. **19988**

Statuts de l'association Cette association – en général, une association syndicale libre (**ASL**) **ou** une association foncière urbaine libre (**Aful**) – a le plus souvent pour objet de recevoir, à titre gratuit, de l'aménageur, la propriété et/ou la gestion des biens à usage collectif (jusqu'à leur classement, le cas échéant, dans le domaine public) et des volumes correspondant au tréfonds et au droit de surélévation. Ses statuts doivent être publiés au service chargé de la publicité foncière. Contrairement à ce qui se produit souvent en matière de lotissement, où l'association est amenée à disparaître lors du classement de la voirie dans le domaine public communal, l'organisme gestionnaire des parties communes d'un EIC est destiné à se perpétuer car l'usage des équipements communs n'intéressera la plupart du temps que les seuls propriétaires de volumes. **19990**

Cette association peut se voir conférer le **pouvoir** de faire respecter les règlements et servitudes applicables dans l'ensemble immobilier (en ce sens, Cass. 3e civ. 5-10-1994 n° 92-13.426 : Bull. civ. III n° 166).

CONSEIL

En pratique, afin d'assurer une information de l'acquéreur aussi complète que possible, on sollicitera du vendeur la communication des procès-verbaux des **assemblées** de l'ASL ou de l'Aful des trois dernières années.

RECOUVREMENT DES CHARGES

Une partie des règles relatives au recouvrement des charges de copropriété a été transposée aux Aful et ASL lorsque l'un de leur membre est débiteur de sommes à leur égard (s'agissant d'une ASL, voir n° 18098). Ainsi, en cas vente du lot, l'association bénéficie de la **procédure d'opposition** au paiement du prix (voir nos 19040 s.). **19992**

Afin d'obtenir une information exhaustive sur la situation financière du vendeur, les travaux en cours et les procédures éventuelles, il convient d'adresser une **demande de renseignements** préalables au président de l'ASL ou de l'Aful.

SECTION 5

TITRES DE SOCIÉTÉ D'ATTRIBUTION

GÉNÉRALITÉS

Les sociétés d'attribution, souvent dénommées dans le langage courant « sociétés immobilières de copropriété », ont pour objet l'acquisition ou la construction d'immeubles en vue de leur division par fractions destinées à être attribuées aux associés en propriété ou en jouissance. Cet objet comprend également la gestion et l'entretien de ces immeubles jusqu'à la mise en place d'une organisation différente. **20040**

Contrairement au droit commun des sociétés, les droits sociaux de chaque associé (parts ou actions) correspondent à une partie déterminée de l'actif social, à laquelle ils donnent vocation et qui est destinée à lui être attribuée en partage en fin d'opération. L'actif est ainsi prédivisé entre les associés.

CESSION DE TITRES

20042 Malgré la nature particulière de la société d'attribution, la cession ne porte pas sur un immeuble ou une fraction d'immeuble mais bien sur des titres de société, c'est-à-dire des droits de créance (en ce sens, Cass. 3e civ. 15-5-1970 : Bull. civ. III n° 340, refusant d'appliquer à une cession de parts l'article 1641 du Code civil sur la garantie des vices cachés due par le vendeur).

Si la cession intervient **avant l'achèvement de l'immeuble**, elle est soumise à un régime particulier (CCH art. R 212-11).

Intervenant **après l'achèvement de l'immeuble**, la cession est soumise aux règles de droit commun de toute vente de titres en fonction du statut juridique propre à la forme de société adoptée. Si des clauses d'agrément existent, elles devront être respectées.

La vente peut être passée par acte sous signature privée, la forme authentique n'étant pas requise en l'absence de publicité foncière. S'agissant de la loi Carrez, la garantie de superficie ne semble pas applicable (voir n° 19546). Quant aux différents droits de préemption susceptibles d'exister, on voudra bien se reporter aux études qui leur sont consacrées.

ATTENTION

Afin d'assurer l'**information de l'acquéreur**, devront lui être remis, notamment, les statuts de la société, l'état descriptif de division de l'immeuble et le règlement de jouissance (appelé à devenir, le plus souvent, règlement de copropriété).

RETRAIT D'ASSOCIÉ ET DISSOLUTION DE LA SOCIÉTÉ

20044 Après retrait partiel ou dissolution-partage de la société, l'(ex-)associé vendeur ne cède plus ses droits sociaux mais la **fraction d'immeuble** qui lui a été attribuée. Dès lors, ce sont les règles applicables à toute vente d'immeuble qui gouverneront l'opération.

Le plus souvent, en pratique, le futur régime juridique de l'immeuble social sera le **statut de la copropriété** des immeubles bâtis. L'état de copropriété prend alors naissance dès le premier retrait d'un associé ou, à défaut, une fois le partage définitif de la société intervenu.

SECTION 6 VENTE D'IMMEUBLE À RÉNOVER

GÉNÉRALITÉS

20050 Le **régime légal** de la vente d'immeuble à rénover (CCH art. L 262-1 s.) emprunte largement à celui de la vente d'immeuble à construire.

Le but de cette réglementation est d'assurer la **protection de l'acquéreur**. Elle s'applique à des opérations de rénovation donnant lieu à d'importants travaux et ne constituant pas pour autant un agrandissement ou une restructuration complète de l'immeuble, assimilable à une reconstruction.

Les dispositions relatives à la vente d'immeuble à rénover sont d'**ordre public** (CCH art. L 262-10).

Sur le **régime fiscal** de la vente en l'état futur de rénovation, voir n° 60364.

A. Champ d'application

IMMEUBLES

20052 Sont concernés les immeubles ou parties d'**immeubles bâtis existants** à usage d'habitation ou à usage professionnel et d'habitation (CCH art. L 262-1). En sont exclus les immeubles commerciaux, industriels ou à usage professionnel exclusif, ou encore à usage mixte d'habitation et commercial. La réglementation concerne donc le « **secteur protégé** ». La jurisprudence précise qu'il faut se référer à l'usage effectif des locaux. Ainsi, une résidence avec services, même exploitée commercialement, relève du secteur protégé lorsque les lots vendus sont à usage d'habitation (Cass 3e civ. 7-1-2016 n° 14-29.655 : BPIM 1/16 inf. 29).

L'usage d'habitation ou mixte professionnel et d'habitation s'apprécie non seulement avant réalisation des travaux mais aussi si l'immeuble est destiné à l'un de ces usages, après réalisation des travaux (CCH art. L 262-1).

Les parties peuvent soumettre conventionnellement en tout ou en partie au régime de la vente d'immeuble à rénover une vente qui n'en relève pas, par exemple une vente d'immeuble à usage professionnel exclusif.

PARTIES AU CONTRAT

La loi ne distingue pas selon la qualité du **vendeur** : il s'agit de toute personne morale ou physique, particulier aussi bien que professionnel. 20054
De même, la qualité de l'**acquéreur** est indifférente.

TRAVAUX

Le vendeur doit s'engager, dans un délai déterminé par le contrat, à réaliser directement ou indirectement des travaux sur l'immeuble ou la fraction d'immeuble vendu. Sont donc pris en compte les travaux que le vendeur ferait réaliser par une personne interposée, une société distincte qu'il dirige ou une filiale. 20056

Nature et importance des travaux Aucune indication relative à la nature et à l'importance des travaux n'est donnée par les textes à titre de seuil plancher pour entraîner l'application du dispositif de la vente à rénover : il s'agit de tous travaux portant sur un immeuble bâti existant (CCH art. R 262-1). La loi procède en fait par voie d'exclusion, écartant du dispositif les travaux d'**agrandissement ou** de **restructuration complète de l'immeuble**, assimilables à une reconstruction, et qui rendent à l'état neuf : 20058
1° Soit la majorité des fondations.
2° Soit la majorité des éléments hors fondations déterminant la résistance et la rigidité de l'ouvrage.
3° Soit la majorité de la consistance des façades hors ravalement.
4° Soit l'ensemble des éléments de second œuvre suivants, dans une proportion au moins égale à deux tiers pour chacun des éléments mentionnés :
– les planchers ne déterminant pas la résistance ou la rigidité de l'ouvrage ;
– les huisseries extérieures ;
– les cloisons intérieures ;
– les installations sanitaires et de plomberie ;
– les installations électriques ;
– pour les opérations réalisées en métropole, le système de chauffage.
Le régime de la vente d'immeuble à rénover est donc susceptible de s'appliquer à des **travaux de faible ampleur**. Mais sa complexité et le coût lié à l'intervention d'un homme de l'art devraient en limiter l'application à des travaux d'une certaine importance, le vendeur ayant intérêt, si les travaux sont peu importants, à les réaliser avant la vente.

> **Précisions** **a.** La liste des travaux qui, en raison de leur importance, font échapper la vente au régime de la vente d'immeuble à rénover correspond à celle qui fait entrer l'immeuble dans la catégorie des immeubles neufs dont la cession est, dans certaines conditions, soumise à la **TVA**.
> **b.** Si la rénovation envisagée ne relève ni du statut de la vente d'immeuble à rénover ni de celui de la vente d'immeuble à construire, l'opération constituera alors une **vente ordinaire de droit commun** assortie, le cas échéant, d'un marché de travaux.

PERCEPTION DE SOMMES D'ARGENT

Le contrat doit prévoir le versement par l'acquéreur au vendeur de sommes d'argent avant la **livraison des travaux**. Échappe ainsi au régime de la vente d'immeuble à rénover le contrat qui prévoit la réalisation de travaux par le vendeur, mais diffère l'exigibilité de tout ou de partie du prix à l'achèvement des travaux. 20060

B. Régime juridique

DISPOSITIONS APPLICABLES

La vente d'immeuble à rénover est soumise aux dispositions de droit commun du **Code civil** pour tout ce qui n'est pas réglé par les règles spécifiques issues du **Code de la construction et de l'habitation** et qui sont ici exposées (CCH art. L 262-1, al. 4). Elle sera également soumise au droit de rétractation ou au délai de réflexion lorsque les critères d'application de ce dispositif (immeuble à usage d'habitation et acquéreur non professionnel) seront réunis. 20062

AVANT-CONTRAT

20064 **Forme** À la différence de la vente en l'état futur d'achèvement, il n'est pas prévu pour la vente d'immeuble à rénover de **contrat préparatoire spécifique**, de type contrat de réservation, ni même l'obligation d'établir un avant-contrat. Les parties peuvent donc librement recourir à la promesse unilatérale ou à la promesse synallagmatique de vente.

Il semble que relève des dispositions spécifiques de la vente d'immeuble à rénover l'avant-contrat constatant l'engagement du vendeur de réaliser des travaux après sa signature, même si ces **travaux** doivent être réalisés **avant la signature de l'acte notarié**, dès lors que les critères définis ci-dessus sont réunis, notamment la perception d'une somme avant réalisation des travaux, quelle qu'en soit la qualification (acompte, dépôt de garantie, indemnité d'immobilisation, etc.). Dans ce cas, l'avant-contrat serait soumis au statut, alors que la vente consécutive y échapperait, à la condition toutefois qu'à ce second stade les travaux soient effectivement achevés.

20066 **Contenu** Le contenu de l'avant-contrat, s'il est établi, est réglementé. Il doit, à peine de nullité, comporter les **mentions obligatoires** suivantes (CCH art. L 262-9 et R 262-14) :

– les indications essentielles relatives aux caractéristiques du bien vendu, au dossier de diagnostic technique prévu à l'article L 271-4 du CCH, au descriptif et au délai de réalisation des travaux ;

– le prix ;

– l'engagement du vendeur de produire lors de la signature de l'acte authentique de vente les justifications de la garantie d'achèvement et des assurances de construction s'il y a lieu.

Seront **annexés à l'avant-contrat**, outre le plan :

– une note technique indiquant la nature et la qualité des matériaux et des éléments d'équipement et, si le contrat porte sur une partie d'immeuble, indiquant les équipements collectifs qui présentent une utilité pour la partie d'immeuble vendue ;

– le dossier de diagnostic technique.

> **Précisions a.** S'agissant des **caractéristiques du bien vendu**, la promesse mentionnera sa surface avec les mêmes indications que pour l'acte authentique (n° 20072), le nombre de pièces principales et l'énumération des pièces de service, dépendances et dégagements. S'il s'agit d'une partie d'immeuble, la promesse précisera la situation de cette partie dans l'immeuble.
>
> **b.** La **superficie** sera établie selon les critères de la **loi Carrez** lorsqu'il s'agira de la vente d'un lot de copropriété (CCH art. L 262-4). En revanche, le décret ne précise pas les modalités de calcul de la superficie lorsque la vente ne porte pas sur un lot de copropriété ; dans ce cas, les modalités de calcul de la Loi Carrez peuvent toujours être retenues conventionnellement.
>
> La superficie à prendre en compte est selon nous celle de l'immeuble après rénovation, et non celle de l'existant (la question est d'importance en cas de modification de cloisons ou d'un escalier, par exemple).

VERSEMENT D'UNE SOMME D'ARGENT

20068 Le décret d'application ne précise pas si le vendeur peut, au stade de l'avant-contrat, percevoir une somme d'argent.

Deux **arguments** textuels semblent s'y opposer :

– le vendeur ne peut accepter aucun règlement avant que la créance soit exigible (CCH art. L 262-8, al. 2) ;

– aucun versement ne peut intervenir avant réalisation des conditions suspensives (CCH art. R 262-10, al. 5) ; or l'avant-contrat est en pratique toujours soumis à des conditions suspensives.

Mais le texte soumet par ailleurs la vente au droit commun, et ne réglemente pas spécifiquement la question du versement d'une somme d'argent au stade de l'avant-contrat.

Certains **commentateurs** semblent favorables à la possibilité d'un versement, dès lors qu'il ne porte que sur le prix de l'existant, à l'exclusion du prix des travaux (O. Herrnberger et Th. Delesalle, Décret n° 2008-1338 du 16 décembre 2008 relatif à la vente d'immeuble à rénover. Analyse thématique et approche pratique : JCP N 2009 n° 1133).

CONSEIL

La prudence commande d'éviter tout versement tant que la Cour de cassation n'a pas répondu à la question de savoir si une somme d'argent peut être versée au vendeur dès le stade de l'avant-contrat, en raison de la sanction (nullité) et de la responsabilité encourues pour le rédacteur de l'acte.

CONTRAT DE VENTE

Forme du contrat Le contrat d'immeuble à rénover doit, à peine de nullité, être conclu par acte authentique (CCH art. L 262-4, al. 1). Il s'agit donc d'un **contrat solennel**. 20070

Contenu du contrat Le contrat définitif doit comporter les **mentions obligatoires** suivantes (CCH art. L 262-4, al. 2 et R 262-8 s.) : 20072
– la description, les caractéristiques de l'immeuble ou de la partie d'immeuble vendu ;
– la description des travaux à réaliser précisant, le cas échéant, les travaux concernant les parties communes et ceux concernant les parties privatives ;
– le prix de l'immeuble, distinguant le prix de l'existant et le prix des travaux, ainsi que les modalités de sa révision s'il est révisable ;
– le délai de réalisation des travaux, avec la date indicative de livraison des travaux ;
– la justification de la garantie financière d'achèvement des travaux fournie par le vendeur ;
– la justification des assurances de responsabilité et de dommages souscrites par le vendeur concernant les travaux lorsque ceux-ci sont soumis à obligation d'assurance.

Le contrat doit en outre comporter en **annexe** :
– les indications utiles relatives à la consistance et aux caractéristiques techniques des travaux. Les documents concernés peuvent aussi être déposés chez un notaire, l'acte de dépôt étant visé à l'acte de vente, au lieu d'être annexés ;
– le plan coté du local et une notice indiquant les éléments d'équipement propres à ce local ;
– une attestation de la réalité de la répartition du prix de l'immeuble entre l'existant et les travaux.

La **sanction** de l'inobservation des dispositions relatives à la forme et au contenu du contrat est sa nullité relative. Celle-ci ne peut donc être invoquée que par l'acquéreur, et doit l'être avant la livraison de l'immeuble.

> **Précisions** **a.** En cas de vente portant sur un **lot de copropriété**, sont communiqués à l'acquéreur préalablement à la signature du contrat les documents et informations requis pour toute vente, notamment la superficie de la partie privative du lot ou de la fraction du lot en application de l'article 46 de la loi 65-557 du 10 juillet 1965 fixant le statut de la copropriété des immeubles bâtis (n°s 18790 s. et 19490 s.).
> **b.** La **consistance des travaux** résulte du devis descriptif, des plans, avec les cotes utiles et l'indication des hauteurs de plafond et des surfaces de chacune des pièces et dégagements. Ces indications sont complétées, si l'immeuble est compris dans un ensemble immobilier, par un plan faisant apparaître le nombre de bâtiments de cet ensemble, leur emplacement et le nombre d'étages de chacun d'eux.
> **c.** Les **caractéristiques techniques des travaux** qui seront réalisés aussi bien dans le local vendu que dans le bâtiment ou la partie de bâtiment dans lequel se trouve ce local résultent du devis descriptif servant de base aux marchés, ou d'une notice descriptive conforme à un modèle type agréé par arrêté du ministre chargé de la construction.

GARANTIE FINANCIÈRE D'ACHÈVEMENT

S'agissant du **type de garantie** d'achèvement des travaux, le vendeur doit fournir une caution solidaire donnée par un établissement de crédit, une société de financement ou une entreprise d'assurance agréée à cet effet (CCH art. L 262-7). 20074

La caution s'oblige envers l'acquéreur, solidairement avec le vendeur, à payer les sommes nécessaires à l'achèvement des travaux prévus au contrat (CCH art. R 262-12). La **garantie** financière peut être **mise en œuvre** par l'acheteur en cas de défaillance financière du vendeur, caractérisée par une absence des fonds nécessaires à l'achèvement de l'immeuble (CCH art. L 262-7 renvoyant à L 261-10-1, al. 2). Le garant financier s'oblige envers l'acquéreur à payer les sommes nécessaires à la réalisation des travaux mais pour assurer la réalisation effective des travaux, le garant peut faire désigner un administrateur ad hoc qu'il rémunère et qui aura pour mission de faire réaliser les travaux à la place du vendeur défaillant. Une fois le garant intervenu, c'est à lui que le solde du prix de vente doit être versé et non au vendeur.

La **garantie prend fin** à l'achèvement des travaux prévus au contrat, attesté par un homme de l'art (CCH art. R 262-13). Dans la mesure où cet achèvement peut être constaté malgré des défauts de conformité non substantiels ou des malfaçons qui ne rendent pas les ouvrages nouveaux impropres à leur utilisation, la garantie d'achèvement ne s'étend pas à ces défauts de conformité et à ces malfaçons.

PRIX DE VENTE

20076 **Montant** Le contrat doit préciser le prix payé par l'acquéreur tout en distinguant celui de l'**existant** au jour de la vente **et** celui des **travaux** devant être réalisés par le vendeur. La réalité de cette répartition est attestée par un homme de l'art (voir n° 20072).

20078 **Révision** En cas de révision du prix, celle-ci ne peut être calculée qu'en fonction de la variation de l'**indice** BT 01, l'indice de base étant le dernier publié au jour de la signature du contrat, la variation prise en compte résultant de la comparaison de cet indice avec le dernier indice publié avant la date de chaque paiement ou dépôt.
La révision est **limitée** à 70 % de la variation de l'indice et ne porte que sur le prix des travaux (CCH art. L 262-5 et R 262-11).

20080 **Paiements** L'acquéreur effectue le règlement du prix en fonction de l'état d'avancement des travaux (CCH art. L 262-8). Le prix de l'existant est payé lors de la signature du contrat. Quant à l'**échelonnement** des paiements relatifs au prix des travaux, la somme de ces derniers ne peut excéder (CCH art. R 262-10) :
– 50 % une fois achevés les travaux représentant la moitié du prix total des travaux ;
– 95 % une fois achevé l'ensemble des travaux.
La constatation de l'achèvement des travaux représentant la moitié du prix total des travaux ou de la totalité des travaux est faite par un homme de l'art.
Des paiements intermédiaires sont possibles, à la condition que leur somme ne dépasse pas les seuils impératifs, et que l'avancement des travaux aux seuils intermédiaires, prévus au contrat, soit constaté par l'homme de l'art.
Le **solde du prix** est payé à la livraison. Il peut toutefois être consigné en cas de défaut de conformité ou de vices apparents mentionnés sur le procès-verbal de livraison.
Le contrat peut prévoir des **pénalités de retard** de paiement du prix, dont le taux ne peut excéder le taux de l'intérêt légal en vigueur au moment de la conclusion du contrat, majoré de deux points (CCH art. R 262-10, dernier al.).

20082 **Sanctions** Le vendeur ne peut exiger ou accepter aucun versement, aucun dépôt, aucune souscription ou acceptation d'effets de commerce avant la date à laquelle la **créance** est **exigible** (CCH art. L 262-8).
Toute personne qui exige ou accepte un versement en violation de cette interdiction est punie d'un **emprisonnement** de 2 ans et d'une **amende** de 9 000 € ou de l'une de ces deux peines seulement. Ne sont toutefois pas considérés comme des versements les dépôts de fonds effectués sur un compte bancaire ouvert au nom du déposant et dont celui-ci peut à tout moment disposer sans restriction d'aucune sorte (CCH art. L 263-1).
Les **détournements de fonds** versés par l'acquéreur sont sanctionnés par les peines de l'abus de confiance prévues par les articles 314-1 et 314-10 du Code pénal. Est visée toute personne qui, ayant reçu ou accepté un ou plusieurs versements, dépôts, souscriptions d'effets de commerce, à l'occasion d'une vente d'immeuble à rénover, détourne tout ou partie de ces sommes (CCH art. L 263-2).

ATTENTION

À titre de **sanctions professionnelles**, s'ajoute aux peines ci-dessus, pour les personnes qui y sont condamnées, l'interdiction de procéder habituellement, à titre quelconque, directement ou par personne interposée, pour leur compte ou pour celui d'autrui, aux opérations de ventes d'immeubles à construire ou à rénover (CCH art. L 263-3).

TRANSFERT DE PROPRIÉTÉ

20086 Le vendeur transfère immédiatement à l'acquéreur ses droits sur le sol ainsi que la propriété des constructions existantes. Les ouvrages à venir deviennent la propriété de l'acquéreur au fur et à mesure de leur exécution (CCH art. L 262-1, al. 2).

CONDUITE DES TRAVAUX

20088 Le vendeur d'un immeuble à rénover conserve la **qualité de maître de l'ouvrage** jusqu'à réception des travaux (CCH art. L 262-2, al. 1). Ses pouvoirs comportent ceux de choisir les architectes, entrepreneurs et autres techniciens, d'arrêter librement les conventions passées avec eux et d'effectuer la réception des travaux qu'ils ont faits ou dirigés, y compris les travaux nécessaires à la levée des réserves. Ils comportent également ceux de faire toute demande d'autorisation ou déclaration prévue au Code de l'urbanisme et nécessaire à la réalisation des travaux faisant l'objet du contrat (CCH art. R 262-3, al. 2).

La vente d'immeuble à rénover peut par ailleurs être assortie de **mandats** (CCH art. R 262-2). Tout d'abord un mandat donné par l'acquéreur au vendeur à l'effet de passer les actes de disposition devant affecter les biens et droits vendus et indispensables à la réalisation des travaux prévus au contrat, ainsi que les actes indispensables aux travaux d'autres bâtiments désignés par le mandat si ces bâtiments comportent des parties communes avec celui dont tout ou partie forme l'objet de la vente. Ce mandat doit indiquer spécialement la nature, l'objet et les conditions des actes en vue desquels il est donné.
Par mandat peut également être donné au vendeur le pouvoir de passer tous les actes de disposition portant sur les parties communes et qui se révéleraient nécessaires :
– pour satisfaire aux prescriptions d'urbanisme ;
– pour satisfaire aux obligations imposées par le permis de construire délivré pour les travaux portant sur le bâtiment faisant l'objet de la vente auxquelles pourrait être subordonnée la délivrance d'un tel permis pour les travaux sur d'autres bâtiments concernés par le mandat ;
– pour assurer la desserte de ces immeubles ou leur raccordement avec les réseaux de distribution et les service publics.

ACHÈVEMENT

Les travaux de rénovation que le vendeur s'est obligé à réaliser sont réputés achevés lorsqu'ils sont exécutés. Pour l'appréciation de cet achèvement, ne sont pris en considération ni les **défauts de conformité** avec les prévisions du contrat lorsqu'ils n'ont pas de caractère substantiel, ni les **malfaçons** qui ne rendent pas les ouvrages impropres à leur utilisation (CCH art. R 262-4, al. 1 et 2). 20092
En principe, l'achèvement fait l'objet d'une **certification** par un homme de l'art désigné par les parties. En cas de désaccord entre elles sur l'achèvement des travaux, celui-ci est constaté par une personne qualifiée désignée par ordonnance sur requête, non susceptible de recours, du président du tribunal judiciaire du lieu de situation de l'immeuble parmi celles que le tribunal commet habituellement (CCH art. R 262-4, al. 3).
La constatation de l'achèvement des travaux n'emporte par elle-même ni reconnaissance de la conformité aux prévisions du contrat, ni renonciation de l'acquéreur à agir en réparation des vices ou des défauts de conformité apparents (CCH art. R 262-4, al. 4).

RÉCEPTION

La réception est une opération qui intéresse le maître d'ouvrage (le **vendeur**) **et** le ou les **constructeurs** ; l'acquéreur n'y participe pas. Elle intervient selon le droit commun (CCH art. R 262-5 ; C. civ. art. 1792-6). Il s'agit de l'acte par lequel le maître de l'ouvrage déclare accepter l'ouvrage avec ou sans réserves. Elle intervient à la demande de la partie la plus diligente, à l'amiable ou judiciairement. Elle est, en tout état de cause, prononcée contradictoirement. 20094
La **particularité de la vente d'immeuble à rénover** est que la réception est effectuée pour l'ensemble des travaux à une date unique (CCH art. L 262-2).

LIVRAISON

La livraison des travaux résulte de l'établissement d'un **procès-verbal** de livraison établi entre le vendeur et l'acquéreur (CCH art. L 262-3). 20096
Les **modalités** d'établissement du procès-verbal sont les suivantes :
– une fois les travaux achevés, c'est-à-dire exécutés et constatés, et reçus par le vendeur, ce dernier convoque l'acquéreur ou son mandataire afin de procéder à l'établissement du procès-verbal de livraison des travaux ;
– cette convocation, à laquelle est annexé le procès-verbal de réception, est notifiée à l'acquéreur ou à son mandataire par lettre recommandée avec demande d'avis de réception reçue au moins 15 jours avant la date prévue pour la livraison ou par tout autre moyen présentant des garanties équivalentes pour la détermination de la date de réception ou de remise ;
– en cas d'absence de l'acquéreur, la constatation de la livraison des travaux fait l'objet d'une déclaration devant le notaire qui a reçu la vente par une personne qualifiée judiciairement désignée, cette déclaration tenant lieu de procès-verbal de livraison et assurant la perfection de la constatation. Cette constatation est notifiée par la partie la plus diligente à l'autre par lettre recommandée avec accusé de réception, la notification valant livraison à la date de cette réception.

> **Précisions** **a.** Les dispositions applicables font allusion à la **« livraison des travaux »** et non à la « livraison de l'immeuble ». L'acquéreur devrait ainsi être en mesure de prendre possession de l'immeuble existant ou des fractions non concernées par les travaux lors de la signature de l'acte authentique, la livraison des travaux intervenant ultérieurement.
b. À l'absence de l'acquéreur envisagée par le texte, doit être assimilé le **refus de l'acquéreur** de prendre livraison des travaux.

GARANTIE DES VICES DE CONSTRUCTION

20098 Les vices et les défauts de conformité apparents affectant les **travaux de rénovation** doivent être dénoncés par l'acquéreur dans l'acte de livraison des travaux ou dans un délai d'un mois après cette livraison. L'action en réparation des vices de construction ou des défauts de conformité ainsi dénoncés peut être intentée dans un délai d'un an après la livraison (CCH art. L 262-3).

S'agissant des désordres cachés affectant les travaux nouveaux de rénovation, le vendeur est tenu des garanties biennale et décennale, à condition que ces travaux puissent être qualifiés d'ouvrages (CCH art. L 262-2, al. 3). Si les travaux de rénovation ne peuvent pas être qualifiés de travaux de construction d'un ouvrage ou si les désordres n'ont pas la gravité suffisante pour relever de la garantie bienno-décennale, l'acheteur devra engager la responsabilité de droit commun du vendeur-rénovateur au titre du droit de la vente (Ph. Malinvaud, Les nouvelles règles de responsabilité du rénovateur : RDI 2007 p. 39, qui exclut la responsabilité de droit commun encourue au titre du droit de la construction).

Pour les **parties existantes de l'immeuble**, les désordres relèveront de la garantie des vices cachés qui pèse sur tout vendeur (C. civ. art. 1641 s.) et les défauts de conformité, de son obligation de délivrance (H. Périnet-Marquet, Le nouveau statut de la vente d'immeuble à rénover : RDI 2006 p. 329). La responsabilité du vendeur rénovateur est ici limitée à 5 ans à compter du jour où l'acquéreur a eu connaissance du vice ou du défaut de conformité (C. civ. art. 2224), sans pouvoir excéder 20 ans à compter de l'acte de vente (C. civ. art. 2232).

OBLIGATIONS D'ASSURANCE

20102 Concernant la souscription des **assurances construction** obligatoires, le statut de la vente d'immeuble à rénover semble en limiter la portée aux travaux de rénovation (CCH art. L 262-4). Pourtant, les dommages causés à l'existant doivent être couverts par une assurance dommages-ouvrage et une assurance de responsabilité lorsque les ouvrages existants, totalement incorporés dans l'ouvrage neuf, en deviennent techniquement indivisibles (C. ass. art. L 243-1-1, II). Pour surmonter l'apparente contradiction de ces deux textes, un auteur relève que « dans la plupart des cas où les travaux nouveaux seront indissociables des existants, la rénovation sera assimilable à une reconstruction, et en conséquence, s'appliquera le régime de la vente d'immeubles à construire, supprimant tout problème d'interprétation » (H. Périnet-Marquet, Le nouveau statut de la vente d'immeuble à rénover : RDI 2006 p. 329).

En outre, le vendeur professionnel d'un immeuble bâti ou d'une partie d'immeuble bâti, à usage d'habitation ou à usage professionnel et d'habitation, devant être rénové doit justifier d'une **assurance de responsabilité civile professionnelle** (CCH art. L 123-6). Le défaut de souscription de cette assurance est pénalement sanctionné : emprisonnement de 6 mois et amende de 75 000 € ou l'une de ces deux peines seulement (CCH art. L 183-17).

Le texte ne précise pas le sens à donner au mot « professionnel » : professionnel de la rénovation ou, de manière plus large, professionnel de l'immobilier. Ce second sens sera, par précaution, retenu tant que la Cour de cassation ne se sera pas prononcée.

On soulignera que, pour être soumis aux obligations d'assurance de responsabilité et de dommage, les travaux considérés doivent constituer des « travaux de construction ».

ATTENTION

Il incombera au **notaire** qui constatera la vente de s'assurer que le vendeur a bien souscrit ces différentes assurances. À défaut, sa **responsabilité** serait inévitablement retenue en cas de préjudice subi par l'acquéreur.

TRANSFERT DU CONTRAT

20104 La cession par l'acquéreur des droits qu'il tient d'une vente d'immeuble à rénover substitue **de plein droit** le cessionnaire dans les obligations de l'acquéreur envers le vendeur. Cette règle s'applique à toute mutation entre vifs, volontaire ou forcée, ou à cause de mort (CCH art. L 262-6, al. 1 et 3).

Si la **vente** a été **assortie d'un mandat**, celui-ci se poursuit entre le vendeur et le cessionnaire (CCH art. L 262-6, al. 2).

INTERVENTION D'UN HOMME DE L'ART ET D'UN PROFESSIONNEL QUALIFIÉ

20106 Les parties doivent désigner un homme de l'art, qui sera obligatoirement un **architecte**, indépendant, impartial et spécifiquement assuré pour son intervention dans le cadre de l'opération de vente d'immeuble à rénover. À défaut d'accord des parties, l'architecte sera désigné par ordonnance, sur requête, non susceptible de recours, du président du tribunal judiciaire du lieu de situation de l'immeuble parmi les personnes que le tribunal commet habituellement (CCH art. R 262-7). Ses **fonctions** sont multiples :

– il constate l'achèvement des travaux, s'il est désigné par accord entre les parties (CCH art. R 262-4) ;

– il atteste la réalité de la répartition du prix de vente de l'immeuble entre celui de l'existant et celui des travaux (CCH art. R 262-9) ;
– il constate que l'achèvement des travaux représente la moitié du prix total des travaux, ou leur achèvement total, pour permettre le paiement du prix (CCH art. R 262-10) ou fixer le terme de la garantie d'achèvement (CCH art. R 262-13).
Une **personne qualifiée**, nécessairement désignée par ordonnance sur requête, non susceptible de recours, du président du tribunal judiciaire du lieu de situation de l'immeuble parmi les personnes que le tribunal commet habituellement, peut être désignée dans les **cas** suivants :
– lorsqu'il s'agit de constater l'achèvement des travaux à défaut d'accord des parties sur la désignation d'un homme de l'art (CCH art. R 262-4, al. 3) ;
– en cas d'absence de l'acquéreur pour procéder à l'établissement du procès-verbal de livraison (CCH art. R 262-6, al. 3).

PROTECTION DU LOCATAIRE OU DE L'OCCUPANT DE BONNE FOI

Lorsque tout ou partie d'un immeuble est occupé par des locataires ou des occupants de bonne foi et que des **travaux effectués présentent un caractère abusif et vexatoire**, le juge saisi en référé peut prescrire l'interdiction ou l'interruption des travaux, le cas échéant sous astreinte (CCH art. L 183-16). **20108**

ATTENTION

À titre de **sanction**, quiconque exécute ou fait exécuter des travaux présentant un caractère abusif et vexatoire malgré une décision d'interdiction ou d'interruption est puni d'un emprisonnement de 2 ans et d'une amende de 4 500 €. Le juge peut en outre ordonner la remise en état des lieux aux frais du condamné (CCH art. L 183-16).

SECTION 7 SITUATIONS PARTICULIÈRES

A. Immeuble récemment construit ou rénové

GÉNÉRALITÉS

En matière immobilière, il existe un système d'assurance obligatoire des **risques de la construction** destinée à couvrir la réparation des dommages de nature décennale. Cette assurance est à double détente : **20110**
– un **premier volet** est constitué de l'assurance de dommages (« dommages-ouvrage »). Il s'agit d'une assurance de chose qui est mise en œuvre par le propriétaire. Elle permet la réparation directe du sinistre sans que les responsabilités soient discutées ;
– un **second volet** est constitué de l'assurance de responsabilité. Celle-ci est obligatoire pour les constructeurs responsables. Elle intervient sur recours du tiers lésé, qui, dans l'esprit de la loi, devrait être l'assureur de dommages subrogé dans les droits de la victime.

1. OBLIGATION D'ASSURANCE

L'**assurance de responsabilité** doit être souscrite par toute personne qui répond de la garantie décennale à propos des travaux de construction. Il s'agit des constructeurs, qualification qui désigne en réalité plusieurs catégories de prestataires, et notamment ceux réputés constructeurs tel le vendeur avant ou après achèvement de l'immeuble qu'il a construit ou fait construire, qu'il s'agisse d'un professionnel ou d'un non-professionnel. Les auto-entrepreneurs, dont le statut ne diffère en rien des professionnels du bâtiment, sont concernés (Rép. Depierre : AN 16-6-2009 n° 48463). **20112**
Pour la Cour de cassation, est réputé constructeur et tenu de la garantie décennale le vendeur non professionnel qui a construit pour son propre compte ou fait construire en totalité ou en partie l'immeuble vendu, que l'intention de vendre ait été ou non concomitante à l'opération de construction (Cass. 3e civ. 12-5-1997 : Defrénois 1997 art. 36599-91 note Dubois, D. 1998 p. 234 note Strock, Resp. civ. et assur. 1997 n° 200 note H. Groutel ; Cass. 3e civ. 14-1-1998 n° 95-19.916 : Bull. civ. III n° 11, Defrénois art. 36977-13 note H. Périnet-Marquet, RDI 1998 p. 262 obs. Ph. Malinvaud ; Cass. 3e civ. 23-2-2000 n° 98-15.127 : Constr.-urb. 2000 comm. 128 note D. Sizaire).

L'obligation d'**assurance dommages-ouvrage** incombe à « toute personne physique ou morale qui, agissant en qualité de propriétaire de l'ouvrage, de vendeur ou de mandataire de propriétaire de l'ouvrage, fait réaliser des travaux de construction » (C. ass. art. L 242-1). Sont ainsi concernés : le maître d'ouvrage classique (c'est-à-dire celui pour le compte de qui les travaux sont exécutés), le vendeur d'immeuble à construire ou achevé (car il a été maître d'ouvrage avant de vendre), le promoteur immobilier et le mandataire du propriétaire qui, sans avoir souscrit un contrat de promotion immobilière, fait réaliser des travaux pour le compte de ce dernier.
L'obligation d'assurance fait l'objet de **sanctions pénales** (6 mois de prison et/ou 75 000 € d'amende), sauf s'il s'agit d'une « personne physique construisant un logement pour l'occuper elle-même ou le faire occuper par son conjoint, ses ascendants, ses descendants ou ceux de son conjoint » (C. ass. art. L 243-3). Même si le vendeur est un simple particulier qui a lui-même effectué les travaux – souvent appelé « **castor** » en pratique –, il n'en est pas moins tenu à l'obligation d'assurance (Cass. 3e civ. 14-1-1998 n° 95-916 : Defrénois 1999 art. 36977-13 note H. Périnet-Marquet). En revanche, s'il remplit la condition précédente, il n'encourt aucune sanction pénale en l'absence d'assurance.

ATTENTION

L'obligation de souscrire une assurance, telle l'assurance de dommages-ouvrage, a pour corollaire pour les assureurs une **obligation d'assurer**. En cas de refus, l'assujetti à l'obligation d'assurance peut saisir le bureau central de tarification, dont le rôle exclusif, en cas de **refus d'un assureur**, est de fixer le montant de la prime moyennant laquelle ce dernier sera tenu de garantir le risque (Rép. Thien Ah Koon : AN 7-2-2006 n° 80177).

2. PUBLICITÉ DE L'ASSURANCE

20114 Lorsqu'un acte intervient avant l'expiration d'un délai de 10 ans à compter de la réception des travaux et a pour effet de transférer la propriété ou la jouissance du bien, **mention** doit être faite dans le corps de cet acte, ou en annexe, de l'existence ou de l'absence d'assurance (C. ass. art. L 243-2, al. 3). Par ces dispositions, le législateur a voulu que tous les éventuels bénéficiaires des assurances construction obligatoires soient informés de leur existence ou, le cas échéant, de leur absence. Si l'assurance responsabilité existe, une **attestation** qui en justifie, conforme à un modèle contenant des obligations minimales, doit être annexée à l'acte (C. ass. art. L 243-2, al. 3 ; Arrêté FCPT1502194A du 5-1-2016).
Les **actes concernés** sont ceux qui opèrent transfert de propriété ou de jouissance de l'immeuble, quelle que soit la nature du contrat, à l'exception toutefois des baux à loyer. Se trouvent ainsi visés, outre la vente d'immeuble, des contrats tels que le bail à construction, le bail emphytéotique, le crédit-bail immobilier, etc.
Le point de départ du délai de 10 ans est la **réception des travaux**. Celle-ci est généralement constatée aux termes d'un procès-verbal signé par le maître d'ouvrage et le(s) constructeur(s). À défaut, la réception peut être prononcée en justice. Ce sont donc la date du procès-verbal de réception en cas de réception amiable, la date fixée par le juge en cas de réception judiciaire ou encore la date de la réception tacite retenue qui font courir le délai, à l'exclusion de celle de tous autres documents tels la déclaration d'achèvement et de conformité des travaux ou le procès-verbal de livraison d'un appartement acheté sur plan.
Ces dispositions engendrent de nombreuses **obligations pour le rédacteur** d'actes de vente, notamment des investigations à mener auprès du vendeur ; le rédacteur ne peut pas s'en tenir aux dires du vendeur et mentionner l'existence d'un contrat sans vérifier son existence.

ATTENTION

La jurisprudence est extrêmement sévère à l'égard des **notaires** qui mentionnent de façon inexacte l'existence d'assurances construction ou qui ne portent aucune mention dans l'acte (Cass. 1e civ. 7-2-1989 : Bull. civ. I n° 69, Defrénois 1989 art. 34554-57 note J.-L. Aubert, JCP N 1990 II p. 66 note Th. Sanseau ; Cass. 1e civ. 7-3-1995 : Bull. civ. I n° 116 : RGAT 1995 p. 395 note Hauteville ; Cass. 1e civ. 18-2-1997 : RGDA 1997 p. 521 note H. Périnet-Marquet ; Cass. 1e civ. 4-1-2005 : RDI 2005 p. 91 obs. D. P. ; Cass. 1e civ. 28-5-2009 n° 08-15.813 : Resp. civ. et assur. juillet/août 2009 comm. n° 220 ; voir toutefois, moins sévère, Cass. 3e civ. 10-10-2012 n° 11-17.627 : RDI 2012 p. 638 obs. P. Dessuet).

a. Contrats d'assurance concernés

20116 Lors de la publication de la loi 78-12 du 4 janvier 1978 ayant institué l'assurance obligatoire des risques de la construction, les dispositions de l'article L 243-2, alinéa 3 du Code des assurances ont fait l'objet de **lectures divergentes** quant aux assurances dont l'existence ou l'absence devait être mentionnée dans l'acte. Pour certains commentateurs, les dispositions légales ne visaient que l'assurance dommages-ouvrage. Pour d'autres, étaient concernées tant l'assurance dommages-ouvrage que l'assurance responsabilité. C'est cette seconde interprétation qui a été retenue par la jurisprudence (Cass. 1e civ. 7-2-1989 : Bull. civ. I n° 69, JCP N 1990 II p. 66 obs. Th. Sanseau ; Cass. 1e civ. 7-3-1995 : Bull. civ. I n° 116, RGAT 1995 p. 395 note Hauteville ; Cass. 1e civ. 7-5-2002 n° 99-13.458 : RGDA 2002 p. 717 note Hauteville). S'agissant de l'annexion à l'acte de l'attestation d'assurance conforme à un modèle, seule l'assurance responsabilité est concernée.

CONSEIL

La mention de l'existence d'une assurance dommages-ouvrage, qui protège l'acquéreur de l'immeuble en lui assurant un préfinancement des travaux en cas de désordre, ne dispense pas pour autant de faire mention de l'existence ou de l'absence de l'assurance de responsabilité du vendeur. L'acquéreur dont l'action en garantie contre l'assureur en dommages-ouvrage serait déclarée prescrite au regard des dispositions de l'article L 114-1 du Code des assurances pourrait alors agir en qualité de tiers lésé contre l'assureur en responsabilité (Cass. 1e civ. 4-6-1996 : Juris-Data n° 002299, Constr.-urb. hors-série décembre 2000 n° 337).

b. Immeubles concernés

IMMEUBLE NEUF OU RÉCEMMENT ÉDIFIÉ

Toutes les ventes d'immeuble n'entrent pas dans le champ des dispositions de l'article L 243-2, alinéa 3 du Code des assurances qui ne vise que les actes intervenant avant l'expiration du **délai de 10 ans** prévu à l'article 1792-4-1 du Code civil. Sont donc concernées les ventes d'immeubles construits depuis moins de 10 ans ; ce délai court à compter de la réception de l'immeuble. Les ventes d'immeuble à construire sont également visées, encore que dans cette hypothèse, le jour de la signature de l'acte authentique, le vendeur-constructeur ne peut souvent produire que des notes de couverture et non des contrats d'assurance définitifs. **20132**

> **Précisions** Si aux termes de l'article L 112-2, alinéa 6 du Code des assurances, la **note de couverture** est un contrat qui engage tout autant que la police d'assurance, elle est un document ambigu parce qu'elle peut constituer soit un simple accord temporaire, soit la constatation provisoire d'un engagement définitif (voir Zavaro : L'assurance et les garanties financières de la construction Litec 1997 n° 138). Lorsque la note de couverture ne constate qu'un engagement provisoire, l'assureur n'est engagé que jusqu'au terme fixé (Cass. 1e civ. 9-11-1999 : Resp. civ. et assur. 2000 n° 105 ; Cass. 3e civ. 27-2-2007 n° 06-11.937).

IMMEUBLE RÉNOVÉ

La vente d'immeuble rénové ou ayant fait l'objet de travaux depuis moins de 10 ans peut également relever des dispositions de l'article L 243-2, alinéa 3 du Code des assurances. En effet, tous les ouvrages réalisés à l'aide de travaux de construction pouvant engager la responsabilité de leur auteur sont soumis à l'obligation d'assurance, sauf s'ils figurent sur la liste des exclusions résultant de l'article L 243-1-1 du Code des assurances (J.-P. Karila, Responsabilité assurance-construction : la réforme du 8 juin 2005 : supplément Le Moniteur du 16-9-2005 n° 5312 ; H. Périnet-Marquet, Les constructeurs mieux responsabilisés : Le Moniteur du 16-9-2005 p. 114, Tous les ouvrages sont concernés sauf... : Le Moniteur du 23-9-2005 p. 94). **20134**

Pour rendre obsolète la jurisprudence antérieure qui étendait le bénéfice de l'assurance à la réparation des dommages affectant la totalité de l'ouvrage alors même que les parties neuves et anciennes n'étaient pas rendues indivisibles (Cass. 1e civ. 29-2-2000 n° 97-19.143 : Bull. civ. I n° 65 ; en sens contraire, Cass. 3e civ. 5-7-2006 : Bull. civ. III n° 167, Constr.-urb. 2006 n° 352 obs. H. Groutel), l'ordonnance 2005-658 du 8 juin 2005 a consacré la notion d'indivisibilité. Les obligations d'assurance ne sont pas applicables aux **ouvrages existant** avant l'ouverture du chantier, à l'exception de ceux qui, totalement incorporés dans l'ouvrage neuf, en deviennent techniquement indivisibles (C. ass. art. L 243-1-1, II). Il en résulte que l'assurance obligatoire ne garantit les dommages à l'existant provoqués par la construction d'un ouvrage neuf que dans le cas d'une indivisibilité technique des deux ouvrages et si celle-ci procède de l'incorporation totale de l'existant dans le neuf. Ces deux conditions sont cumulatives et les dommages subis par l'ouvrage existant ne sont pas garantis lorsque c'est l'ouvrage neuf qui vient s'y incorporer (Cass. 3e civ. 30-5-2024 n° 22-20.711 FP-B).

Récemment jugé que, s'ils ne constituent pas un ouvrage, les éléments d'équipements adjoints à l'existant ne relèvent ni de la garantie décennale ni de la garantie biennale, mais de la responsabilité contractuelle de droit commun, non soumise à l'assurance obligatoire des constructeurs (Cass. 3e civ. 21-3-2024 n° 22-18.694 FS-BR). La Cour de cassation fait ainsi marche arrière sur la jurisprudence de 2017 qui visait à assurer la protection du maître de l'ouvrage, en vain. Elle avait étendu la garantie décennale aux **équipements sur existants** dont les désordres pouvaient rendre l'ouvrage impropre à sa destination (Cass. 3e civ. 15-6-2017 n° 16-19.640 FS-PBRI : BPIM 4/17 inf. 279 ; Cass. 3e civ. 14-9-2017 n° 16-17.323 FS-PBRI : BPIM 5/17 inf. 345 ; Cass. 3e civ. 26-10-2017 n° 16-18.120 FS-PBRI : BPIM 6/17 inf. 417), faisant entrer dans le champ de l'assurance dommages-ouvrage obligatoire des éléments d'équipement qui n'en relevaient pas. Ce revirement découle du constat que la souscription des assurances obligatoires ne s'est pas développée.

> **Précisions** **a.** Si les dommages subis par les existants du fait des travaux neufs ne sont plus, sauf exception, dans le champ d'application des assurances obligatoires, il n'en demeure pas moins qu'ils engagent la **responsabilité des constructeurs**. Il est apparu nécessaire que ces derniers puissent disposer d'une couverture d'assurance si le propriétaire le souhaite. Une convention entre l'État, les assureurs et les maîtres d'ouvrage, en date du 8 septembre 2005, formalise l'engagement des assureurs à apporter aux maîtres d'ouvrage qui font exécuter des travaux une garantie dommages aux existants, hors du champ de l'assurance obligatoire (Convention du 8-9-2005 : Le Moniteur du 16-9-2005 p. 397).

b. Le **rédacteur d'acte** chargé d'authentifier la vente d'un immeuble rénové ou ayant fait l'objet de travaux depuis moins de 10 ans devra, sauf à engager sa responsabilité, s'interroger sur la nature de ces travaux, afin de déterminer si le propriétaire vendeur devait ou non souscrire les assurances construction obligatoires et, dans l'affirmative, porter dans l'acte la mention de l'absence ou de l'existence des assurances (par exemple, Cass. 1e civ. 27-5-2003 : RGDA 2003 p. 741 note Karila).

c. S'agissant de l'assurance construction dans le **statut de la vente d'immeuble à rénover**, voir n° 20102.

TERRAIN À BÂTIR OU LOT DE LOTISSEMENT

20140 L'extension jurisprudentielle de l'obligation d'assurance construction faisait entrer les voies et réseaux divers (**VRD**) dont la réalisation faisait appel aux techniques de travaux de bâtiment dans le champ d'application de l'assurance obligatoire.

L'ordonnance 2005-658 du 8 juin 2005 pourrait avoir modifié les données du problème : l'article L 243-1-1, alinéa 2 du Code des assurances exclut des obligations d'assurance les ouvrages tels que « les voiries, les ouvrages piétonniers, les parcs de stationnement, les réseaux divers, les canalisations [...], sauf si l'ouvrage ou l'élément d'équipement est accessoire à un ouvrage soumis à ces obligations d'assurance ».

Est-ce à dire que le lotisseur n'est plus soumis à l'obligation d'assurance ? La jurisprudence devra trancher. On signalera toutefois que le rapport de présentation de l'ordonnance du 8 juin 2005 précise que la **notion d'accessoire** conduit, pour les voiries et réseaux divers d'un lotissement, à soumettre à l'assurance obligatoire les seules parties de voiries et réseaux divers situées sur l'unité foncière d'implantation du futur bâtiment, lui-même soumis à obligation d'assurance, et commanditées par le maître dudit ouvrage ou pour son compte ; en revanche, les voiries et réseaux divers qui sont réalisés dans le cadre global de l'opération d'aménagement ne seront pas soumis aux obligations d'assurance.

3. CONSÉQUENCES PRATIQUES DE L'OBLIGATION D'ASSURANCE

JUSTIFICATION DE L'ASSURANCE

20160 Toute personne assujettie à l'obligation d'assurance responsabilité doit justifier, à l'ouverture du chantier, qu'elle a souscrit un contrat d'assurance la couvrant pour cette responsabilité (C. ass. art. L 241-1). Autrement dit, le constructeur doit justifier de son assurance responsabilité de manière systématique et spontanée, sans que le maître d'ouvrage ait à le lui demander. Cette justification prend la forme d'**attestations** d'assurance délivrées par l'assureur, jointes aux devis et factures des professionnels assurés (C. ass. art. L 243-2, al. 2). Le modèle-type d'attestation comportant des mentions minimales est fixé par arrêté (Arrêté FCPT1502194A du 5-1-2016).

Le vendeur d'immeuble doit également justifier qu'il a satisfait à son obligation d'assurance dommages-ouvrage (C. ass. art. L 243-2, al. 1) mais à la différence de l'assurance de responsabilité décennale, l'attestation qui en justifie échappe à la modélisation et à l'obligation d'annexion.

Le rédacteur d'acte a tout intérêt à se faire produire le **contrat d'assurance** et à ne pas se contenter d'une attestation sauf à engager sa responsabilité (Cass. com. 12-10-2004 : RDI 2004 p. 519 note Leguay). Jugé que l'**attestation d'assurance** est un document délivré à l'assuré pour lui permettre de justifier de la souscription d'une assurance qui ne constitue qu'une présomption de garantie (voir, à propos de la preuve du contrat d'assurance dommages-ouvrage, Cass. 3e civ. 22-11-2006 : RGDA 2007 p. 110 note Karila), même si les inexactitudes pouvant tromper les bénéficiaires sur l'étendue des garanties accordées engagent la responsabilité de leur auteur (Cass. 1e civ. 3-3-2004 : RGDA 2004 p. 460 note Karila ; Cass. 3e civ. 19-3-2006 : Constr.-urb. 2006 n° 138 ; Cass. 3e civ. 11-5-2006 : Constr.-urb. 2006 n° 171 obs. M.-L. Pagès de Varenne).

Outre l'existence de l'assurance, le notaire doit également s'assurer de son efficacité en se faisant communiquer la **quittance de la prime** (voir G. Morin et M. Vion : Recueil de solutions d'examens professionnels t. 1 Defrénois 11e éd. p. 189) et en vérifiant que le montant des travaux réalisés ne dépasse pas celui assuré.
Idéalement, la police et la quittance de la prime devraient être **déposées au rang des minutes** d'un notaire (notaire du programme lorsqu'il s'agit de la construction d'un ensemble immobilier) afin d'en assurer la conservation et permettre ainsi, lors des reventes ultérieures dans le délai de 10 ans, un accès simple et rapide à l'information en matière d'assurance construction (voir R. Crône, Vente en l'état futur de rénovation et d'achèvement – Formule : Defrénois 2004 art. 38032).

La loi ne précise pas le **moment de la justification**. Pour la Cour de cassation, l'article L 243-2 du Code des assurances édicte une obligation générale de justification des assurances obligatoires et cette justification ne peut pas être tenue pour suffisante si elle n'est apportée qu'à la date de la signature de l'acte translatif de propriété (Cass. 3e civ. 23-4-1992 n° 90-13.553 : Bull. civ. III n° 134). **20162**
Autrement dit, le bénéficiaire d'une promesse de vente peut refuser de signer l'acte authentique si l'absence d'assurance ne lui est révélée que le jour de la réitération.
Au titre de leur **devoir de conseil**, notaire et agent immobilier ont vu leur responsabilité engagée pour ne pas avoir vérifié lors de la préparation de l'avant-contrat si les assurances avaient été ou non souscrites (Cass. 3e civ. 18-2-2004 n° 02-18.455 : Bull. civ. III n° 34 concernant un notaire ; CA Paris 31-10-2002 : Constr.-urb. 2003 n° 75 concernant un agent immobilier), faisant ainsi perdre à l'acquéreur potentiel une chance d'acquérir le bien convoité et au vendeur celle de conclure l'opération en toute connaissance de cause.
Dans le **régime de la vente d'immeuble à rénover**, il est prévu que le contrat doit, à peine de nullité, préciser les justifications de l'assurance de responsabilité et de dommages souscrites par le vendeur concernant les travaux lorsque ceux-ci relèvent bien du champ de l'assurance construction (CCH art. L 262-4, f).

ABSENCE D'ASSURANCE

L'absence d'assurance doit être mentionnée **dans l'acte de vente**. À défaut de porter une telle mention, le rédacteur d'acte engage sa responsabilité. **20164**
En revanche, lorsque le notaire mentionne l'absence d'assurance, il n'est pas tenu d'appeler spécialement l'attention des parties sur les conséquences résultant nécessairement de cette absence (Cass. 1e civ. 13-3-2001 : Bull. civ. I n° 67, Defrénois 2001 art. 37382 note B. Gelot). Cette jurisprudence isolée sur la **responsabilité notariale** ne manque pas de surprendre, car la solution contraste singulièrement avec la sévérité dont fait preuve la Cour de cassation à l'égard des notaires qui ont mentionné l'existence d'assurances sans procéder à toutes les vérifications utiles. On imagine mal un rédacteur d'acte ne pas attirer l'attention du vendeur et de l'acquéreur sur les conséquences de l'absence d'assurance. Sur le devoir de conseil du notaire en matière d'assurance, voir n° 70297.
Si l'absence d'assurance ne rend pas le bien indisponible à la vente – il ne s'agit pas d'un accessoire indispensable de l'immeuble vendu (Cass. 3e civ. 13-11-2003 n° 02-13.974 : Bull. civ. III n° 201 ; Cass. 3e civ. 2-3-2011 n° 09-72.576 : Bull. civ. III n° 30) –, il n'en reste pas moins que les conséquences de cette situation doivent être prises en compte par les deux parties, notamment quant à l'impossibilité d'obtenir un préfinancement des travaux de réparation en cas de sinistre. En l'absence d'assurance dommages-ouvrage et d'assurance de responsabilité, le **patrimoine du vendeur** dont la responsabilité est engagée reste le seul gage de l'acquéreur. La consolation peut être illusoire et, dans la pratique, les acquéreurs essayent d'obtenir une diminution du prix du bien vendu pour compenser l'absence d'assurance (et ne pas supporter le risque de l'insolvabilité du vendeur en cas de sinistre).

B. Immeuble irrégulièrement édifié

Au regard du **droit de l'urbanisme**, un immeuble doit être considéré comme irrégulièrement édifié ou modifié lorsqu'il a été construit ou modifié soit sans autorisation d'urbanisme, soit en violation des prescriptions d'une autorisation délivrée, soit sur le fondement d'une autorisation qui a été annulée par le juge administratif. **20210**
Un tel immeuble peut faire l'objet d'une vente (il n'est pas hors du commerce) ; la seule circonstance qu'il soit en infraction n'entraîne pas la nullité de la vente (Cass. 3e civ. 15-6-1982 n° 81-10.509 : Bull. civ. III n° 155). Il importe néanmoins que l'acquéreur soit parfaitement informé de la situation et des **risques** encourus.

L'acquisition d'une construction illégale est également source de **contraintes** si des **travaux** sont envisagés **sur l'immeuble irrégulièrement édifié** (voir n° 22444), et, en cas de démolition, les possibilités de reconstruire peuvent être limitées (voir n° 22440). Enfin, une construction illégale ne peut pas être raccordée définitivement aux **réseaux urbains** d'eau, d'électricité, de gaz ou de téléphone (C. urb. art. L 111-12) et ce, quelle que soit la date de la construction puisqu'il s'agit d'une mesure de police (CE 23-7-1993 n° 125331 ; CE 7-10-1998 n° 140759).

Il appartient au vendeur d'apporter tous éléments démontrant que la construction vendue est régulière au titre du droit de l'urbanisme. La fourniture d'une attestation certifiant la non-contestation de la conformité par l'administration (ou d'un certificat de conformité), délivrée par la mairie ou le préfet, est un élément important. Mais il ne s'agit pas d'une garantie absolue contre le risque de démolition, un voisin pouvant se prévaloir d'une violation des règles d'urbanisme sur le fondement de l'article 1240 du Code civil et établir cette violation par tous moyens alors même qu'un certificat de conformité a été délivré (Cass. 3e civ. 23-10-2013 n° 12-24.919 : Bull. civ. III n° 134, BPIM 6/13 inf. 379).

ATTENTION

S'il apparaît que la construction est illégale, une **information complète et précise** doit être donnée à l'acquéreur, l'importance des risques variant en fonction de l'ancienneté de la construction, de l'importance de l'illégalité et, bien évidemment, de l'existence ou non d'un contentieux pénal, civil ou administratif en cours.

RESPONSABILITÉ PÉNALE

20212 **Sanctions encourues** Le fait de réaliser des travaux soumis à permis de construire ou à déclaration préalable de travaux sans l'avoir obtenu ou sans respecter ses prescriptions constitue une infraction pénale (C. urb. art. L 480-4). Le contrevenant s'expose à une **amende** comprise entre 1 200 € et un montant qui ne peut excéder, dans le cas de construction d'une surface de plancher, 6 000 € par mètre carré de surface construite, démolie ou rendue inutilisable et, dans les autres cas, 300 000 €. En cas de récidive, un **emprisonnement** de 6 mois peut en outre être prononcé. En cas de condamnation, le tribunal pénal doit statuer sur les **mesures de restitution**, c'est-à-dire soit sur la mise en conformité des ouvrages avec la réglementation d'urbanisme ou avec le permis de construire ou la déclaration de travaux, soit sur la démolition des ouvrages en vue du rétablissement des lieux dans leur état antérieur (C. urb. art. L 480-5). Ces mesures de restitution sont facultatives et les juges du fond apprécient souverainement s'il y a lieu de les ordonner (Cass. crim. 5-2-1985 n° 84-92.609 : Bull. crim. n° 64). Elles peuvent être assorties d'astreintes et/ou d'exécution d'office (C. urb. art. L 480-7 à L 480-9). Seul l'auteur des travaux irréguliers peut être condamné pénalement.

20214 **Risques pour l'acquéreur** La **prescription** de l'action pénale est de 6 ans. Le délai court à compter de l'achèvement des travaux irréguliers, c'est-à-dire à partir du moment où l'immeuble est en état d'être affecté à l'usage auquel il est destiné (Cass. crim. 19-1-1982 n° 81-91.906 : RDI 1982 p. 441 ; Cass. crim. 27-5-2014 n° 13-80.574 : BPIM 4/14 inf. 238). Lorsqu'un ensemble de travaux forme une entreprise unique, le délai court à la date à laquelle l'immeuble est intégralement achevé, quand bien même les derniers travaux auraient été régulièrement autorisés (Cass. crim. 14-9-2021 n° 20-86.773 F-D : BPIM 6/21 inf. 354). Si une vente intervient avant l'expiration de ce délai ou alors qu'un contentieux pénal est en cours, l'acquéreur risque de se trouver exposé aux conséquences d'une condamnation pénale de son vendeur. En effet, si la **condamnation à démolir** ou à mettre en conformité qui peut être ordonnée à titre de mesure de restitution pèse sur l'auteur de l'infraction, c'est-à-dire le vendeur, cette mesure à caractère réel suit le bien, quel que soit le propriétaire, et son exécution peut être poursuivie pendant 30 ans. Si le bien est vendu, l'exécution de la mesure de restitution ne peut toutefois intervenir qu'après accord du nouveau propriétaire du bien ou décision du tribunal judiciaire (C. urb. art. L 480-9, al. 2). L'acquéreur n'est pas dépourvu de tout moyen d'action. Il peut en effet **agir contre le vendeur** pour obtenir l'annulation de la vente ou une indemnité destinée à réparer le préjudice subi du fait de la démolition ou de la mise en conformité (Circ. 91-07 et note technique du 8-3-1991 : BO équipement 19/91 du 10-7-1991 p. 25). Il peut aussi, si les règles d'urbanisme le permettent, demander un **permis de régularisation** qui, s'il est délivré, fera obstacle à l'exécution des mesures de restitution (CE 26-2-2001 n° 211318).

RESPONSABILITÉ CIVILE

20216 La personne qui subit un préjudice du fait de l'existence d'une construction irrégulière peut introduire, contre le propriétaire de cette construction (et donc l'acquéreur), une action en **responsabilité extra-contractuelle** devant la juridiction civile sur le fondement de l'article 1240

du Code civil. Le succès de l'action exige, outre la preuve d'une **violation d'une servitude d'urbanisme**, celle d'un préjudice et d'un lien direct entre la violation et ce préjudice. Par « violation d'une servitude d'urbanisme », il convient d'entendre violation d'une règle de fond prévue par un document local d'urbanisme ou le RNU, y compris les règles « permissives » (Cass. 3e civ. 28-3-2001 n° 99-13.781 : Bull. civ. III n° 40). Le simple fait qu'un permis n'a pas été sollicité ou que les travaux ne sont pas conformes au permis ne suffit pas.
L'action en responsabilité civile peut déboucher sur une indemnisation ou même sur la démolition de la construction.

En cas de **construction sans permis ou en méconnaissance du permis**, l'action en responsabilité civile peut être introduite pendant un délai de 5 ans à compter de la constatation du dommage (C. civ. art. 2224) et le juge civil peut statuer sans intervention du juge administratif. 20218
Une action en démolition peut également être intentée par la commune ou l'établissement public de coopération intercommunale compétent en matière de PLU dans les 10 ans de l'achèvement des travaux (C. urb. art. L 480-14).

En cas de **construction conforme à un permis** de construire, l'action en responsabilité civile fondée sur la méconnaissance des règles d'urbanisme ou des servitudes d'utilité publique se prescrit par 2 ans et il faut distinguer l'action en démolition de l'action en dommages-intérêts (C. urb. art. L 480-13). Il peut s'agir de la méconnaissance de règles de fond ou de règles de procédure pourvu que l'auteur du recours démontre un préjudice en lien de causalité avec cette méconnaissance (Cass. 3e civ. 11-1-2023 n° 21-19.778 FS-B, Association Vigilance patrimoine paysager et naturel c/ Sté Énergie renouvelable du Languedoc : BPIM 1/23 inf. 12) 20220
Le propriétaire ne peut être condamné à **démolir** la construction que si, préalablement, le permis a été annulé pour excès de pouvoir par le juge administratif et si la construction est située dans l'un des secteurs protégés ou à risque énumérés à l'article L 480-13 du Code de l'urbanisme : sites inscrits ou classés, zones figurant dans des PPRNP ou PPRT, périmètres de servitudes sur des terrains pollués, abords de monuments historiques, sites patrimoniaux remarquables, etc. Seule la localisation géographique de la construction à l'intérieure de la zone protégée compte (Cass. 3e civ. 16-11-2022 n° 21-24.473 FS-B : BPIM 1/23 inf. 13). Le délai de prescription de 2 ans court alors de « la décision devenue définitive de la juridiction administrative ». Lorsque les conditions d'application de l'action en démolition de l'article L 480-13 sont réunies, l'action en responsabilité extracontractuelle (C. civ. art. 1240) est exclue (Cass. 3e civ. 21-3-2019 n° 18-13.288 FS-PBI : BPIM 2/19 inf. 99). Lorsque le permis a été annulé sur déféré préfectoral pour un motif non susceptible de régularisation, le préfet peut engager l'action civile en démolition que le terrain soit situé, ou non, dans un secteur protégé ou à risque.
La condamnation du constructeur à des **dommages-intérêts** est possible si, préalablement, le permis a été soit annulé pour excès de pouvoir, soit déclaré illégal par le juge administratif saisi d'une question préjudicielle. Le délai de prescription de 2 ans court alors de l'achèvement des travaux. Il est à noter que c'est le constructeur, et non le propriétaire, qui peut être condamné à des dommages-intérêts.

Lorsque la construction entreprise porte **atteinte à un droit réel**, le juge civil peut être saisi sur d'autres fondements que l'article 1240 du Code civil : par exemple, article 545 en cas d'empiètement sur la propriété d'un tiers, article 555 en cas de construction sur le fonds d'autrui ou encore articles 675 et suivants en cas de création illicite de jours et de vues sur une propriété. De telles actions se prescrivent par 30 ans (C. civ. art. 2227). Lorsque la construction a été édifiée conformément à un permis de construire, ces actions n'impliquent aucune appréciation de la légalité de ce permis, qui a été délivré sous réserve des droits des tiers, et donc aucune intervention du juge administratif (Cass. 3e civ. 23-5-2002 n° 00-20.861 : Bull. civ. III n° 108). 20222

C. Autres situations particulières

IMMEUBLE LOUÉ

Généralités Le fait que l'immeuble fasse l'objet d'un bail n'entraîne **pas d'interdiction de vendre** pour son propriétaire ; cette faculté lui est d'ailleurs reconnue par l'article 1743 du Code civil. L'existence du bail emporte toutefois des conséquences à plusieurs niveaux. 20270
Sur le respect du droit de préemption existant, le cas échéant, au profit du locataire, voir nos 40510 s. (première vente après division), nos 41090 s. (vente à la découpe) et nos 39500 s. (bail rural).

20272 **Information de l'acquéreur** Le vendeur doit informer le candidat à l'acquisition de l'**existence du bail** ; à défaut, il devra garantir l'acquéreur au titre des charges non déclarées (Cass. 1e civ. 15-10-1963 : Bull. civ. I n° 372). En outre, la dissimulation du bail peut entraîner la nullité de la vente sur le fondement de l'erreur (CA Paris A 11-2-1997 : RJDA 5/97 n° 628) ou du dol.

Au titre des **documents à remettre** à l'acquéreur, on peut citer : le contrat de bail lui-même, ses avenants éventuels, les quittances de loyers, les autorisations données au locataire en matière de travaux, etc.

Si l'immeuble est loué à titre d'**habitation principale**, l'acquéreur doit être informé qu'en sa qualité de futur bailleur il sera tenu de délivrer un **logement décent**. Par « logement décent », il faut entendre un logement « ne laissant pas apparaître de risques manifestes pouvant porter atteinte à la sécurité physique ou à la santé, exempt de toute infestation d'espèces nuisibles et parasites, répondant à un niveau de performance énergétique minimale et doté des éléments le rendant conforme à l'usage d'habitation » (Loi 89-462 du 6-7-1989 art. 6 al. 1). La « décence » est donc appréciée sur des critères objectifs correspondant à des caractéristiques techniques précises (Décret 2002-120 du 30-1-2002). Pour les contrats de location conclus depuis le 1er janvier 2023, un logement ne pourra être qualifié d'« énergétiquement décent » que si sa consommation en énergie finale estimée par mètre carré et par an est inférieure à 450 kWh (Décret 2002-120 art. 3 bis). Lorsque le logement ne présente pas les caractéristiques du logement décent, le locataire peut à tout moment demander au propriétaire sa mise en conformité.

L'acquéreur doit être informé que le **niveau de performance** d'un logement décent sera compris, au sens de l'article L 173-1-1 du CCH et de l'article 6 de la loi 89-462 du 6 juillet 1989, pour les contrats de location conclus :

– à compter du 1er janvier 2025, entre la classe A et la classe F ;
– à compter du 1er janvier 2028, entre la classe A et la classe E ;
– à compter du 1er janvier 2034, entre la classe A et la classe D.

L'acquéreur doit être informé également de la réglementation applicable au **congé** s'il souhaite reprendre le logement ou le vendre (Loi 89-462 du 6-7-1989 art. 15, I) :

– lorsque le terme du contrat de location en cours intervient moins de 3 ans après la date d'acquisition, le bailleur ne peut donner **congé pour vendre** à son locataire qu'au terme de la première reconduction tacite ou du premier renouvellement du contrat de location en cours. Si le terme du contrat de location en cours intervient plus de 3 ans après la date d'acquisition, le congé peut être donné au locataire au terme du contrat de location en cours ;
– lorsque le terme du contrat en cours intervient moins de 2 ans après l'acquisition, le **congé pour reprise** donné par le bailleur au terme du contrat de location en cours ne prend effet qu'à l'expiration d'une durée de 2 ans à compter de la date d'acquisition.

En cas de vente d'un **bien agricole**, l'acquéreur doit être averti par le notaire chargé de la vente du fait qu'il supportera, à l'expiration du bail, quelle que soit la cause qui a mis fin au bail, la charge de l'indemnité éventuellement due au preneur au titre des améliorations apportées au fonds loué par son travail ou ses investissements. Le preneur sortant doit formuler sa demande d'indemnisation au titre des améliorations apportées au fonds loué dans les 12 mois à compter de la date de fin de bail. Sont assimilées aux améliorations les réparations nécessaires à la conservation d'un bâtiment indispensable pour assurer l'exploitation du bien loué ou l'habitation du preneur, effectuées avec l'accord du bailleur et excédant les obligations légales du preneur. Il en est de même des travaux ayant pour objet de permettre d'exploiter le bien loué en conformité avec la législation ou la réglementation (C. rur. art. L 411-69).

20274 **Formule** à insérer dans l'acte de vente lorsque l'**immeuble** est **en mauvais état ou ancien** – information sur le logement décent.

MODÈLE

Information sur l'obligation de fournir au locataire un logement décent

L'acquéreur est informé qu'en vertu de l'article 6, alinéa 1er, de la loi 89-462 du 6 juillet 1989, « le bailleur est tenu de remettre au locataire un logement décent ne laissant pas apparaître de risques manifestes pouvant porter atteinte à la sécurité physique ou à la santé, exempt de toute infestation d'espèces nuisibles et parasites, répondant à un niveau de performance minimale au sens de l'article L 173-1-1 du Code de la construction et de l'habitation et doté des éléments le rendant conforme à l'usage d'habitation ». Le décret 2002-120 du 30 janvier 2002, dont le texte est repris dans une note qui sera annexée au présent acte après mention, précise les caractéristiques du logement décent, savoir notamment :

– le logement doit comporter au moins une pièce principale ayant soit une surface habitable de 9 m^2 et une hauteur de plafond au moins égale à 2,20 mètres, soit un volume habitable de 20 mètres cubes (article 4 dudit décret) ;

– le logement doit comporter une installation permettant un chauffage « normal », un dispositif d'évacuation des eaux ménagères, une cuisine ou un coin cuisine comprenant un évier pourvu d'eau chaude et d'eau froide et un aménagement permettant de recevoir un appareil de cuisson, une installation sanitaire intérieure au logement comprenant une baignoire ou une douche et un W.-C., et un réseau électrique suffisant pour assurer l'éclairage du logement et le fonctionnement des appareils ménagers courants (article 3 dudit décret) ;
– les pièces principales du logement (pièces de séjour et chambres) doivent bénéficier d'un éclairement naturel suffisant et d'un ouvrant donnant à l'air libre ou sur un volume vitré donnant à l'air libre. Le logement doit être protégé contre les infiltrations d'air parasites et permettre une aération suffisante (article 2 dudit décret).

En vertu de l'article 20-1, alinéa 1er, de la loi 89-462 du 6 juillet 1989, le locataire peut demander au propriétaire la mise en conformité du logement. Cette demande est possible même si le contrat de bail est en cours (article 41-1 de ladite loi) et n'est enfermée dans aucun délai. L'information du bailleur par l'organisme payeur de l'aide au logement de son obligation de mise en conformité du logement, telle que prévue à l'article L 843-1 du CCH, tient lieu de demande de mise en conformité par le locataire (article 20-1, alinéa 2 de ladite loi). En cas de vente, la mise en conformité est à la charge de l'acquéreur en sa qualité de propriétaire.

Information du locataire S'agissant d'un **bail d'habitation**, le nouveau propriétaire est tenu de notifier la vente au locataire en indiquant son nom ou sa dénomination et son domicile ou son siège social, ainsi que, le cas échéant, ceux de son mandataire (Loi 89-462 du 6-7-1989 art. 3, avant-dernier al.). Dans le cadre du **bail mobilité** (Loi 89-462 du 6-7-1989 art. 25-12 à 25-18), le bailleur est tenu de notifier la vente à son locataire dans les mêmes conditions (Loi 89-462 du 6-7-1989 art. 25-13). 20276

CONSEIL

La notification imposée au nouveau propriétaire n'est soumise à aucune **condition de forme** ; toutefois, on conseillera d'effectuer la notification par lettre recommandée avec accusé de réception pour une question évidente de preuve.

Opposabilité du bail La vente de l'immeuble ne met pas un terme au bail en cours ; celui-ci est transmis de plein droit à la charge de l'acquéreur, qui ne peut donc pas expulser le locataire (C. civ. art. 1743). Le maintien du bail n'est cependant prévu au bénéfice du locataire que lorsque celui-ci est titulaire d'un **bail authentique ou ayant date certaine** (C. civ. art. 1743). À ces deux cas légaux d'opposabilité du bail, la jurisprudence en a ajouté un troisième : lorsque l'acquéreur a eu **connaissance du bail** antérieurement à l'acquisition (Cass. 3e civ. 12-3-1969 : Bull. civ. III n° 217 ; Cass. 3e civ. 20-1-2009 n° 07-20.216). 20278

ATTENTION

Les **baux de plus de 12 ans** doivent être publiés au service de la publicité foncière. À défaut, un bail non publié ne serait opposable à l'acquéreur que pour 12 ans seulement (Décret 55-22 du 4-1-1955 art. 30, 3).

Portée du transfert de bail En principe, les droits et obligations du bailleur vendeur ne sont transmis à l'acquéreur que pour l'avenir. Sauf cession de créance dont le locataire est régulièrement informé ou subrogation dans les droits du vendeur, les **loyers** antérieurs à la vente restent dus au précédent propriétaire. L'acquéreur ne devient créancier que des loyers exigibles après la vente. 20280

De même, les **droits ou actions** à fin de dommages-intérêts qui ont pu naître au profit du vendeur (dégradations commises par le locataire, non-paiement des loyers…) ne sont pas transmis à l'acquéreur, sauf cession de créance ou subrogation expresse dans les droits du vendeur (Cass. 3e civ. 2-10-2002 n° 01-00.696 : Bull. civ. III n° 189). En revanche, l'acquéreur pourra agir contre le locataire pour des manquements antérieurs à la vente s'ils se sont renouvelés postérieurement (Cass. 3e civ. 12-4-1995 n° 92-21.446 : RJDA 7/95 n° 823, concernant un bail commercial).

La vente de l'immeuble ne dispense pas l'ancien bailleur de son obligation d'effectuer les **travaux nécessaires** qui pesaient sur lui lorsqu'il était propriétaire. Il reste par ailleurs tenu d'indemniser le locataire du trouble de jouissance subi du fait de la non-exécution de ces travaux, y compris pour la période postérieure à la vente, ce trouble ne pouvant cesser que par leur exécution (Cass. 3e civ. 14-11-2007 n° 06-18.430 : BPIM 1/08 inf. 54).

À la fin du bail, le locataire doit demander la restitution du **dépôt de garantie** à l'ancien bailleur (Cass. 3e civ. 30-1-1979 : Bull. civ. III n° 27) et ne peut en principe l'exiger du nouveau propriétaire. **En pratique**, les parties souhaitent souvent écarter cette règle et insérer dans l'acte de vente une clause mettant l'obligation de restituer à la charge de l'acquéreur. Mais ce type de clause est

inopposable au locataire (Cass. 3e civ. 18-1-1983 : Bull. civ. III n° 14). En présence d'une telle stipulation, le locataire a en fait le choix entre l'invoquer et demander la restitution à l'acquéreur ou la refuser et s'adresser à l'ancien bailleur. Jugé par ailleurs que l'acquéreur ne saurait demander un nouveau dépôt de garantie au locataire qui en a déjà versé un lors de son entrée dans les lieux (Cass. 3e civ. 26-3-2014 n° 13-10.698 : BPIM 3/14 inf. 189). En matière de baux d'habitation, la restitution du dépôt de garantie incombe de droit à l'acquéreur (nouveau bailleur), toute convention contraire n'ayant d'effet qu'entre les parties à la cession (Loi 89-462 du 6-7-1989 art. 22, al. 8).
Sauf stipulation contraire, le **cautionnement** garantissant le paiement des loyers est transmis de plein droit au nouveau propriétaire (Cass. ass. plén. 6-12-2004 n° 03-10.713 : RJDA 4/05 n° 458, chron. Ph. Simler p. 295 s.).
L'**autorisation de sous-location** donnée par le vendeur n'est opposable à l'acquéreur que si elle a date certaine ou si elle est connue de l'acquéreur avant la vente (Cass. 3e civ. 17-11-1998 n° 97-13.494, concernant un bail à usage de commerce et d'habitation).
Concernant le sort du **congé** délivré par le vendeur avant la vente **et** celui d'une **procédure d'expulsion** en cours au moment de la vente, voir n° 48466.

> **Précisions** **a.** Si l'acte de vente ou la loi prévoit le transfert de l'obligation de restituer le dépôt de garantie à la charge du nouveau propriétaire, il convient d'en tirer les conséquences sur le plan financier en exigeant du **vendeur** qu'il **rembourse à l'acquéreur**, le jour de la signature, le montant de la somme versée par le locataire à ce titre. Dans le même ordre d'idée, il est fréquemment convenu, lorsque le loyer est payable d'avance, que le vendeur en rembourse à l'acquéreur le prorata courant de la date de signature de la vente jusqu'au terme de la période de paiement en cours (laquelle peut être mensuelle, trimestrielle ou autre, sachant qu'en matière de baux d'habitation le paiement mensuel est de droit si le locataire en fait la demande).
> **b.** Le **mandat de gestion** de l'immeuble n'est pas opposable à l'acquéreur, lequel n'est pas tenu de notifier au mandataire du vendeur la constitution d'un nouveau mandataire (Cass. 1e civ. 17-11-2011 n° 10-22.865 : RJDA 2/12 n° 145).

20282 **Durée du bail** La durée minimale d'un **bail d'habitation** est de 3 ans si le propriétaire est une personne physique et de 6 ans s'il s'agit d'une personne morale (Loi 89-462 du 6-7-1989 art. 10, al. 1). La vente de l'immeuble loué n'a aucun effet sur la durée du bail en cours. En revanche, si elle a eu pour effet de faire passer la propriété du bien des mains d'une personne morale à celles d'une personne physique, ou inversement, la durée du bail renouvelé en sera modifiée.
Dans le cas où la vente est consentie par une **personne morale à** une **personne physique**, le bail renouvelé après la vente verra sa durée réduite à 3 ans au lieu de 6 ans.
Inversement, lorsque la vente est consentie par une **personne physique à** une **personne morale**, la durée du bail renouvelé sera portée à 6 ans alors que celle du bail en cours au moment de la vente n'était que de 3 ans.
La vente en bloc d'un **immeuble de plus de 5 logements** peut également avoir une incidence sur la durée du bail : pour échapper au droit de préemption, l'acquéreur peut prendre l'engagement de proroger les baux pour une durée de 6 ans (voir n° 41178).

IMMEUBLE AVEC PISCINE

20284 Afin de prévenir les **risques de noyade**, les propriétaires de certaines piscines doivent installer des dispositifs de sécurité normalisés (CCH art. L 134-10 et D 134-51 à D 134-54). Lorsque l'immeuble vendu comporte une piscine, il est donc impératif de savoir si celle-ci respecte la législation applicable.
Les **piscines concernées** sont, qu'elles soient à usage familial ou collectif (hôtels, campings, villages de vacances), les piscines privées de plein air, dont le bassin est totalement ou partiellement enterré, ne relevant pas de la réglementation spécifique aux établissements de natation (CCH art. L 134-10 et D 134-51). Sont donc exclues les piscines situées à l'intérieur d'un bâtiment et celles hors-sol, c'est-à-dire simplement posées sur le sol, qu'elles soient gonflables ou démontables.
Le **dispositif à installer** n'est pas imposé, il doit seulement répondre aux normes de sécurité en vigueur (CCH art. D 134-52). Parmi les systèmes existants, on trouve des barrières de protection, des couvertures, des abris ou encore des alarmes. Le constructeur ou l'installateur doit remettre au propriétaire une note technique indiquant les caractéristiques, conditions de fonctionnement et d'entretien du dispositif. Si celui-ci a été installé avant le 8 juin 2004, le propriétaire doit obtenir du fabricant, du vendeur, de l'installateur ou d'un contrôleur technique une attestation, rédigée selon un modèle type, certifiant la conformité de l'installation. Le propriétaire peut également, mais

sous sa responsabilité, attester de cette conformité en remplissant un document type accompagné de justificatifs techniques.
En cas d'**infraction** ou de non-conformité, le propriétaire de la piscine risque une amende de 45 000 € (CCH art. L 183-13). Bien entendu, la vente du bien n'est pas interdite pour autant (Rép. Giudicelli : Sén. 3-3-2011 nº 15930).
L'**acte de vente** mentionnera l'existence ou non d'un tel dispositif ; dans l'affirmative, la note technique ou l'attestation de conformité sera visée, voire annexée.
Si les acheteurs ont l'intention de **construire une piscine** d'une certaine taille et qu'il s'agit pour eux, d'un élément déterminant de leur consentement à acquérir, le notaire devra insérer dans la promesse de vente une condition suspensive d'obtention d'une autorisation d'urbanisme, définitive, de construire une piscine pour une taille et un emplacement déterminé.

ATTENTION

Si la réalisation de la piscine entre dans le champ d'application de l'obligation d'**assurance construction** (par exemple, piscine d'un particulier construite en même temps que la maison d'habitation), le notaire devra mentionner dans l'acte de vente l'existence ou l'absence d'assurance (voir nos 20110 s.).

IMMEUBLE AVEC ASCENSEUR

Lorsque l'ascenseur a été installé **avant le 27 août 2000**, il doit être équipé de dispositifs de sécurité permettant d'atteindre divers objectifs définis par décret (pour la liste, voir CCH art. R 134-2). Selon le dispositif concerné, trois échéances ont été fixées, la dernière étant le 3 juillet 2018 (CCH art. R 134-3). Cette dernière échéance a été repoussée de 2018 à 2021 par la loi 2009-323 du 25-3-2009 (CCH art. L 134-5 et L 186-3). Le propriétaire a l'obligation d'assurer l'entretien de l'ascenseur afin de le maintenir en bon état de fonctionnement et d'assurer la sécurité des personnes. **20286**
Pour les ascenseurs mis sur le marché **depuis le 27 août 2000**, plusieurs exigences essentielles de sécurité et de santé des personnes doivent être respectées. Par exemple, la cabine doit être équipée de moyens de communication permettant d'obtenir une liaison permanente avec un service d'intervention rapide (CCH art. R 134-1 s.).
Pour tous les ascenseurs, un **contrôle technique** doit être réalisé tous les 5 ans (CCH art. L 134-4 et R 134-11).
Si l'immeuble est vendu en totalité, le vendeur remettra à l'acquéreur : le contrat d'entretien et de maintenance de l'ascenseur, le dernier rapport du contrôle technique (ascenseur ancien), la déclaration de conformité (ascenseur neuf)... Si la vente porte sur un lot de copropriété, l'acquéreur pourra prendre connaissance de ces différents documents auprès du syndic, notamment en consultant le carnet d'entretien de l'immeuble (voir nos 18890 s.).

IMMEUBLE AVEC PORTE AUTOMATIQUE DE GARAGE

L'installation de portes automatiques de garage non conformes aux **règles de sécurité** est interdite (CCH art. L 134-11 et R 134-55 s.). Sont visés également par la réglementation les portails automatiques ou semi-automatiques de garage (CCH art. L 134-11). Pour satisfaire aux règles de sécurité, portes, portails automatiques ou semi-automatiques de garage doivent être conçus, installés et maintenus en bon état de fonctionnement de façon à éviter toute mise en danger des personnes dans le cadre d'une utilisation normale. **20287**
Il convient de s'assurer à l'occasion de la vente de l'immeuble que l'installation est conforme.

IMMEUBLE MONUMENT HISTORIQUE

Le **classement** d'un immeuble en tant que monument historique **ou** son **inscription** ont de nombreux effets sur le régime juridique de l'immeuble concerné, notamment quant aux travaux et à la vente de l'immeuble. **20288**
Toute vente d'un immeuble classé ou inscrit doit, dans les 15 jours, être notifiée au **préfet de région** (C. patr. art. R 621-84). L'immeuble classé ou inscrit appartenant à l'État ou à l'un de ses établissements publics ne peut être vendu qu'après observations du ministre chargé de la culture prises après avis de la Commission nationale du patrimoine et de l'architecture (C. patr. art. L 621-29-9). À défaut, l'autorité administrative peut, dans un délai de 5 ans, faire prononcer la nullité de la vente.
L'acquéreur doit être informé du classement ou de l'inscription (C. patr. art. L 621-29-6). En pratique, l'acte de vente comportera une **mention expresse** de la mesure de classement ou d'inscription. Les études et documents afférents à l'ensemble des travaux réalisés sur l'immeuble doivent également lui être transmis (C. patr. art. L 621-29-3).

Le montant des **sommes dues à l'État** au titre des travaux exécutés d'office devient en principe exigible par l'effet de la vente, sauf agrément de l'acquéreur dans les obligations du vendeur (C. patr. art. L 621-14).

IMMEUBLE DE GRANDE HAUTEUR ET IMMEUBLE DE MOYENNE HAUTEUR

20290 Les immeubles de grande hauteur (IGH) et les immeubles de moyenne hauteur (IMH) doivent être conformes à certaines **règles de sécurité**, notamment en matière d'incendie, propres à ce type d'immeubles (CCH art. L 141-2, L 145-1 et L 146-1).

Constitue un IGH tout corps de bâtiment dont le plancher bas du dernier niveau est situé, par rapport au niveau du sol le plus haut utilisable pour les engins des services publics de secours et de lutte contre l'incendie (CCH art. R 146-3) :

– à 50 mètres pour les immeubles à usage d'habitation ;

– à plus de 28 mètres pour tous les autres immeubles.

N'est toutefois pas un IGH l'immeuble à usage principal d'habitation dont le plancher bas du dernier niveau est situé à plus de 28 mètres et au plus à 50 mètres, et dont les locaux autres que ceux à usage d'habitation répondent, pour ce qui concerne le risque incendie, à des conditions d'isolement par rapport aux locaux à usage d'habitation.

Constitue un IMH tout **immeuble à usage d'habitation** dont le plancher bas du logement le plus haut est situé à plus de 28 mètres au-dessus du niveau du sol le plus haut utilisable pour les engins de services publics de secours et de lutte contre l'incendie et qui n'est pas considéré comme un immeuble de grande hauteur (CCH art. R 145-2).

Le **fichier départemental** de contrôle des IGH (CCH art. R 146-33) peut être consulté à la préfecture (service interministériel de défense et de protection civile) et à la direction départementale des services d'incendie et de secours. Le rédacteur d'acte sollicitera, le cas échéant, la copie du dernier procès-verbal de visite de l'immeuble établi par la commission consultative départementale de la protection civile. Cette démarche permettra de vérifier que l'immeuble n'est pas en infraction avec la réglementation et, si tel n'était pas le cas, de connaître les éventuelles mesures prescrites par la commission.

Si l'immeuble est vendu en totalité, le vendeur remettra à l'acquéreur le **registre de sécurité** sur lequel sont portés les renseignements indispensables au contrôle de la sécurité (CCH art. R 146-35). Dans le cas d'une vente de lot de copropriété dépendant d'un IGH, l'acquéreur pourra, s'il le souhaite, prendre connaissance du registre auprès du syndic.

DIVISION D'UN IMMEUBLE SITUÉ DANS UNE ZONE PROTÉGÉE

20294 Le conseil municipal peut décider, par délibération motivée, de soumettre à déclaration préalable, à l'intérieur de zones spécifiques qu'il délimite, toute **division** volontaire, en propriété ou en jouissance, d'une propriété foncière, par ventes ou locations simultanées ou successives, qui n'est pas soumise à permis d'aménager. Ces dispositions ne sont applicables que dans les parties des communes identifiées comme nécessitant une protection particulière en raison de la qualité des sites, des milieux naturels et des paysages (C. urb. art. L 115-3). Le texte n'élimine pas a priori les terrains bâtis. Mais étant donné sa finalité, on peut penser qu'il ne vise que des espaces non bâtis, sauf hypothèses très exceptionnelles.

La **procédure de déclaration** relève du droit commun (voir n° 22490).

S'agissant du contenu de la déclaration, celle-ci précise l'identité du déclarant, la localisation et la superficie du terrain ainsi que la description du projet de division (C. urb. art. R 441-9). Le dossier joint à la déclaration comprend : un plan de situation du terrain dans la commune, un plan sommaire des lieux indiquant les bâtiments existants, un croquis et un plan coté faisant apparaître la division projetée (C. urb. art. R 441-10).

À compter du dépôt en mairie d'un dossier complet, l'autorité compétente a un mois en principe pour faire **opposition à la division** envisagée si celle-ci, par son importance, le nombre de lots ou les travaux qu'elle implique, est susceptible de compromettre gravement le caractère naturel des espaces, la qualité des paysages ou le maintien des équilibres biologiques (C. urb. art. L 115-3, al. 2). Passé ce délai, le déclarant peut procéder librement à la division ; il dispose de 3 ans pour le faire (C. urb. art. R 424-18).

ATTENTION

À titre de **sanction**, lorsqu'une vente a été effectuée en violation des dispositions de l'article L 115-3 du Code de l'urbanisme, l'autorité compétente peut demander à l'autorité judiciaire de constater la nullité de l'acte. L'action en nullité se prescrit par 5 ans à compter de la publication de l'acte ayant effectué la division (C. urb. art. L 115-3, al. 3).

IMMEUBLE FAISANT L'OBJET D'UNE OBLIGATION RÉELLE ENVIRONNEMENTALE

Les propriétaires de biens immobiliers peuvent conclure un contrat avec une collectivité publique, un établissement public ou une personne morale de droit privé agissant pour la **protection de l'environnement** en vue de faire naître à leur charge, ainsi qu'à la charge des propriétaires ultérieurs du bien, les obligations réelles que bon leur semble, ayant pour finalité le maintien, la conservation, la gestion ou la restauration d'éléments de la biodiversité ou de fonctions écologiques (C. envir. art. L 132-3, al. 1). L'obligation réelle environnementale étant une **charge réelle**, elle suit le bien à chaque mutation et s'impose à ses acquéreurs successifs. 20296
Le contrat doit être établi par **acte authentique** et publié au service chargé de la publicité foncière. L'état hors formalité permettra donc au rédacteur d'en être informé avant la vente, de prévenir l'acquéreur des charges qui lui incomberont et de lui indiquer dans quelles conditions le contrat peut être révisé ou résilié (C. envir. art. L 132-3, al. 3 et 4). La **durée** du bail ne peut pas excéder 99 ans (C. envir. art. L 132-3, al. 3).

> **Précisions** Quand une collectivité exerce son droit de préemption sur une **surface agricole située dans une aire de captage d'eau potable** (C. urb. art. L 218-1 s. ; voir n° 37505 s.) et que par la suite, le bien préempté est cédé, l'acquéreur, qu'il s'agisse d'une personne privée ou d'une personne publique, a l'obligation de signer un contrat portant obligation réelle environnementale (C. urb. art. L 218-13). Conclu entre l'acquéreur et le titulaire (ou délégataire) du **droit de préemption**, le contrat prévoit, au minimum, les mesures garantissant la préservation de la ressource en eau. Il est annexé à l'acte de vente et les obligations « attachées à la terre » se transmettent aux acquéreurs successifs du bien.

SALUBRITÉ ET SÉCURITÉ DES IMMEUBLES

Police des immeubles menaçant ruine et insalubres À l'occasion des formalités préalables à la signature de l'acte authentique de vente, le notaire doit s'assurer que l'immeuble vendu n'a pas fait l'objet d'un **arrêté de traitement de l'insalubrité** ou d'un **arrêté de mise en sécurité** (CCH art. L 511-1 s. dans leur rédaction issue de la loi 2024-322 du 9-4-2024 ; R 511-1 s.). 20298
Le préfet est compétent en matière d'insalubrité et le maire (ou l'EPCI compétent) est compétent lorsque l'immeuble menace ruine ou, de façon générale, n'offre pas les garanties de solidité nécessaire au maintien de la sécurité publique.

Les cas où l'état de l'immeuble crée des **risques pour la sécurité** et la **santé des personnes** recouvre **quatre situations** :

– murs, bâtiments ou édifices quelconques n'offrant pas les garanties de solidité nécessaires au maintien de la sécurité des occupants ou des tiers ;
– fonctionnement défectueux ou défaut d'entretien des équipements communs d'un immeuble collectif d'habitation, créant des risques sérieux pour les occupants ou les tiers, ou compromettant gravement leurs conditions d'habitation ou d'utilisation ;
– entreposage, dans un local attenant ou compris dans un immeuble collectif à usage principal d'habitation, de matières explosives ou inflammables, en infraction avec les règles de sécurité ou créant des risques sérieux pour la sécurité des occupants ou des tiers ;
– insalubrité, laquelle vise tout local, installation, bien immeuble ou groupe de locaux, d'installations ou de biens immeubles, vacants ou non, qui constitue, soit par lui-même, soit par les conditions dans lesquelles il est occupé, exploité ou utilisé, un danger ou un risque pour la santé ou la sécurité physique des personnes. La présence de revêtements dégradés contenant du plomb à des concentrations supérieures aux seuils peut rendre le logement insalubre. Ne peuvent pas être mis à disposition aux fins d'habitation les locaux insalubres que constituent les caves, sous-sols, combles, pièces dont la hauteur sous plafond est insuffisante, pièces de vie dépourvues d'ouvertures sur l'extérieur ou dépourvues d'éclairement naturel suffisant ou de configuration exiguë, et autres locaux par nature impropres à l'habitation ni les locaux utilisés dans des conditions conduisant manifestement à leur suroccupation (CSP art. L 1331-22 et L 1331-23).

Il est indispensable d'avoir **connaissance d'un état d'insalubrité ou de dangerosité** de l'immeuble, celle-ci pouvant entraîner pour le propriétaire l'obligation de réaliser des travaux ou d'en supporter le coût, de supporter une mesure d'interdiction d'habiter ou d'utiliser les lieux, de subir la démolition de l'immeuble, voire une expropriation. Outre sa notification au propriétaire (Cass. 3e civ. 22-9-2016 n° 15-19.672 FS-PB : BPIM 6/16 inf. 404), l'arrêté de mise en sécurité ou de traitement de l'insalubrité est publié au service chargé de la publicité foncière à la demande de l'autorité compétente (CCH art. L 511-12). L'état hors formalité permettra donc au rédacteur d'être informé de tout arrêté publié visant l'immeuble vendu.

CONSEIL

Pour les cas où la procédure serait en cours ou l'arrêté pris mais non encore publié, il est de **bonne pratique** d'interroger, lors de la constitution du dossier de vente, la direction départementale des territoires (en cas d'insalubrité) ou, s'il en existe un, le service communal d'hygiène et de santé, mais aussi la mairie du lieu de situation de l'immeuble (situations autres qu'insalubrité).

20301 **Recouvrement des frais** Deux mesures destinées à permettre à l'État et aux autres collectivités publiques de récupérer plus aisément sur les propriétaires les frais d'exécution d'office exposés à l'occasion des **procédures de traitement de l'insalubrité et de mise en sécurité** peuvent avoir une incidence en cas de vente :

– une **hypothèque légale spéciale** (ancien privilège immobilier spécial) garantissant les créances de la commune ou de l'État résultant, notamment, de l'exécution d'office des arrêtés de mise en sécurité ou de traitement de l'insalubrité et du relogement des occupants (C. civ. art. 2402, 7°) ;

– une **solidarité entre** les **propriétaires successifs** pour le paiement des sommes dues à l'autorité publique au titre des mesures exécutées d'office, et ce compris l'astreinte éventuellement prononcée, et des frais d'hébergement et de relogement des occupants (CCH art. L 541-2). La solidarité ne joue que pour les ventes intervenant après la publication au service chargé de la publicité foncière des arrêtés de mise en sécurité ou de traitement de l'insalubrité.

Le **notaire** qui dresse l'acte **notifie sans délai** cette mutation à l'auteur de l'arrêté, ainsi qu'au maire de la commune (CCH art. L 541-6).

> **Précisions** Pour être conservée, l'**hypothèque** doit normalement faire l'objet d'une **double inscription** au service chargé de la publicité foncière ou au livre foncier (C. civ. art. 2404). La première est l'inscription, par son auteur, de l'arrêté qui doit comporter une évaluation sommaire du coût des mesures prescrites. La seconde est l'inscription, également par son auteur, du titre de recouvrement de la créance. Si ces deux inscriptions ont été effectuées, l'hypothèque prend rang à dater de la première à concurrence du montant évalué (à moins qu'il ne soit supérieur au montant finalement exposé) et à dater de la seconde pour la fraction excédant le montant de l'évaluation. Cependant l'**hypothèque** peut ne faire l'objet d'une inscription qu'à l'occasion de l'émission du titre de recouvrement. Elle prend alors **rang** à compter de l'émission du titre. Pour qu'il soit conservé, le titre doit cependant avoir été présenté à l'inscription dans les deux mois de l'émission.

IMMEUBLE RURAL

20302 La notion d'immeuble rural peut être comprise comme recouvrant les terrains de culture (terres labourables), les exploitations agricoles (domaines agricoles, vignes, vergers...), les bois et forêts, ainsi que les bâtiments d'exploitation ou d'habitation dépendant d'une propriété agricole. D'un point de vue plus « urbanistique », l'immeuble rural est celui qui n'est pas situé dans une zone urbaine ; il dépend, aux termes du PLU, d'une zone agricole ou naturelle.

Seules quelques questions essentielles seront brièvement abordées ici concernant les spécificités liées à la vente d'un tel immeuble. Le rédacteur doit notamment se préoccuper de notifier la vente à la Safer compétente pour l'informer ou lui permettre d'exercer son **droit de préemption** (voir n°s 38500 s.) et de purger le droit de préemption d'un éventuel preneur (voir n°s 39500 s.).

Si un propriétaire a exercé sur un bien rural un droit de reprise à l'encontre d'un précédent locataire, il est tenu en principe d'exploiter cette propriété pendant au moins 9 ans (C. rur. art. L 411-59). De fait, le **bien repris** se trouve inaliénable le temps de cette période, sauf cas de force majeure, renonciation de l'ancien locataire à son droit acquis à invoquer l'engagement du bailleur ou vente portant sur une infime partie du bien repris et restant sans conséquence sur la capacité de production du bien (Cass. 3e civ. 13-10-1976 : Bull. civ. III n° 348). La même « indisponibilité » pèse sur le **bien acquis par un preneur** dans l'exercice de son droit de préemption (C. rur. art. L 412-12).

Lorsque le **bien** vendu a été précédemment **acquis d'une Safer**, celle-ci peut avoir imposé à l'acquéreur, à cette occasion, un cahier des charges comportant l'engagement de maintenir pendant 10 ans au moins (ou 18 ans dans les périmètres de protection et de mise en valeur des espaces agricoles et naturels périurbains) la destination agricole du bien et de soumettre pendant ce même délai toute revente à son accord préalable (C. rur. art. R 142-1). De même, lorsque l'exploitation a été vendue à un agriculteur qui s'installe, ce dernier doit obtenir l'accord de la Safer pour toute cession conduisant au morcellement de la propriété ou à son changement de destination, dans les 10 ans (C. rur. art. R 142-2).

ATTENTION

Si l'acquéreur des terres a l'intention de les exploiter, le rédacteur veillera à ce que les conditions posées par la législation sur le **contrôle des structures** soient bien respectées (voir Memento Agriculture n°s 80800 s.).

Opération d'aménagement foncier agricole et forestier en cours Depuis le 1er janvier 2006 et la réforme des modes d'aménagement foncier, la procédure d'aménagement foncier agricole et forestier a remplacé celle du **remembrement** (Loi 2005-157 du 23-2-2005). En pratique, l'expression « remembrement » est encore couramment employée. **20303**

À compter de la délibération du conseil départemental ou, en cas de procédure d'aménagement liée à la réalisation de grands ouvrages publics (C. rur. art. L 123-24), de la décision de son président fixant le périmètre de l'opération d'aménagement foncier, tout projet de mutation de propriété entre vifs doit être sans délai porté à la connaissance de la **commission communale ou intercommunale d'aménagement foncier** (C. rur. art. L 121-20, al. 1). Cette commission autorise la mutation ou, si elle estime que la mutation est de nature à entraver la réalisation de l'aménagement foncier, transmet la demande à la commission départementale d'aménagement foncier. Cette dernière doit alors statuer dans les 3 mois de la demande ; à défaut, son silence vaut acceptation (C. rur. art. L 121-20, al. 2 et 3).

La **demande d'autorisation** doit être présentée sur papier libre et signée par les intéressés, leur mandataire ou un notaire. Elle doit préciser la désignation cadastrale et la superficie de la ou des parcelles ou parties de parcelles faisant l'objet du projet de mutation. Elle est adressée, par lettre recommandée avec demande d'avis de réception, au président de la commission communale ou intercommunale d'aménagement foncier ; elle peut aussi être déposée à la mairie, siège de la commission communale ou intercommunale, qui en délivre récépissé (C. rur. art. R 121-28, al. 1).

La demande n'est plus recevable si elle parvient à la commission communale ou intercommunale après l'approbation du plan d'aménagement foncier agricole et forestier ou, dans le cas d'échanges et de cessions amiables d'immeubles ruraux et forestiers, après la décision de la commission départementale (C. rur. art. R 121-28, al. 2).

Les textes ne précisent pas la **sanction** attachée au défaut d'information, au défaut d'autorisation, ou à une vente passée au mépris d'une interdiction prononcée par la commission départementale d'aménagement foncier.

ATTENTION

La **délibération** du conseil départemental **ordonnant les opérations** d'aménagement foncier et en délimitant le périmètre doit faire l'objet d'une double **publicité** (C. rur. art. R 121-23) :
– affichage pendant 15 jours à la mairie des communes intéressées ;
– insertion au recueil des actes administratifs de l'État dans le département.

À l'issue d'une opération d'aménagement foncier agricole et forestier **20304**

Tout **projet de division** de parcelles comprises dans le périmètre d'une opération d'aménagement foncier doit être soumis, pendant les 10 années qui suivent la clôture de celle-ci, à la commission départementale d'aménagement foncier. La commission départementale veille à ce que les nouvelles parcelles créées se trouvent dans des conditions d'exploitation comparables à celles de l'immeuble divisé, notamment en ce qui concerne les accès (C. rur. art. L 123-17).

La commission doit se prononcer dans les 2 mois de sa saisine. À l'expiration de ce délai, la commission est réputée avoir entériné le projet (C. rur. art. R 123-19).

ATTENTION

Tous actes régularisés sans saisine préalable de la commission sont nuls (C. rur. art. L 123-17). Cette nullité, d'ordre public, peut être invoquée par toute personne y ayant un intérêt et ne peut résulter que d'une décision de justice. Elle se prescrit par 5 ans, mais peut être invoquée perpétuellement par voie d'exception de nullité.

PROPRIÉTÉ PRIVÉE SUPPORTANT UNE SÉPULTURE

Même située sur une propriété privée, une sépulture est « hors commerce », c'est-à-dire qu'elle **20306**
ne peut pas être vendue. Les règles traditionnelles régissant la propriété des biens et leur libre disposition doivent être en cette matière écartées. La solution, bien établie, remonte au XIXe siècle (Cass. req. 23-1-1894 : DP 1894, 1, 474).

La propriété sur laquelle se trouve la sépulture n'en est pas moins aliénable et peut faire l'objet d'une procédure de saisie immobilière sous réserve qu'il en soit fait mention dans le cahier des charges et qu'un accès soit réservé à la famille (Cass. 2e civ. 17-10-2013 n° 12-23.375 : Bull. civ. II n° 206, BPIM 6/13 inf. 409). S'il a été jugé qu'en cas de vente de la propriété sur laquelle se trouve une sépulture, celle-ci de par son **inaliénabilité et** son **incessibilité** se trouve réservée de droit, ainsi que sa voie d'accès qui en est l'accessoire, alors même que l'acte de vente ne contiendrait aucune clause à ce sujet (Cass. civ. 11-4-1938 : DH 1938, 321 ; CA Amiens 28-10-1992 : D. 1993 p. 372), il est toutefois de bonne pratique que l'acte le prévoie expressément.

Ces règles valent aussi bien en cas d'inhumation d'une **urne funéraire** que d'un **cercueil** (Rép. Batho : AN 8-9-2009 n° 44012 ; Rép. Carré : AN 16-8-2011 n° 103097).

Le **propriétaire du terrain** ne peut pas intervenir sur la sépulture, qui reste sous la responsabilité de ses propriétaires.

IMMEUBLE SUPPORTANT UN ÉQUIPEMENT SPORTIF

20314 Tout propriétaire d'un équipement sportif (à l'exception des équipements sportifs à usage exclusivement familial ou relevant du ministre chargé de la défense) doit le déclarer au **préfet** (direction régionale ou départementale de la jeunesse et des sports) du département dans lequel cet équipement est implanté, dans un délai de 3 mois de sa mise en service, délai courant à compter de la réalisation de son aménagement dans le cas d'un espace ou d'un site aménagé pour les sports de nature (C. sport art. R 312-3).

Une **déclaration aux fins d'autorisation** doit être faite dans les mêmes formes avant toute modification des données déclarées, changement d'affectation, cession ou suppression d'un équipement sportif dont le financement a été assuré par une ou des personnes morales de droit public pour au moins 20 % de la dépense susceptible d'être subventionnée ou, à défaut d'une telle dépense, pour au moins 20 % du coût total hors taxe de l'équipement sportif. Cette déclaration vaut demande d'autorisation.

Une **déclaration simple** suffit lorsque le financement de l'équipement sportif n'a pas été assuré par une ou des personnes morales de droit public.

Est un équipement sportif au sens de cette réglementation tout bien immobilier appartenant à une personne publique ou privée, spécialement aménagé ou utilisé, de manière permanente ou temporaire, en vue d'une pratique sportive et ouvert aux pratiquants à titre gratuit ou onéreux (C. sport art. R 312-2). La liste des équipements sportifs est consultable sur le site internet du ministère des sports et des jeux olympiques et paralympiques.

Le défaut de déclaration est sanctionné par l'amende prévue pour les contraventions de la deuxième classe (C. sport art. R 312-7).

IMMEUBLE ENTRETENU OU OCCUPÉ PAR UN SALARIÉ DU VENDEUR

20318 Lorsque l'immeuble vendu est entretenu ou occupé par un salarié du vendeur, la question se pose de savoir si l'acquéreur est lié par le contrat de travail existant entre le vendeur et l'employé.

Le fondement d'une obligation de reprise du salarié pourrait être recherché dans l'article L 1224-1 du Code du travail, qui impose le **maintien des contrats de travail** en cas de modification dans la situation juridique de l'entreprise, notamment par vente.

Mais la Cour de cassation apporte une réponse négative à cette question, au motif que l'immeuble n'est **pas une entreprise** ou un ensemble organisé de personnes et d'éléments corporels et incorporels permettant l'exercice d'une activité économique poursuivant un objectif propre, qu'il s'agisse d'une femme de ménage dans une résidence secondaire (Cass. soc. 3-10-1989 n° 98-42.070 : RJS 11/89 n° 825) ou dans un immeuble locatif (Cass. soc. 31-1-2001 n° 87-43.952 : RJS 4/01 n° 415), d'un jardinier (Cass. soc. 23-1-2002 n° 99-45.350 : RJS 4/02 n° 394) ou d'un gardien (Cass. soc. 23-9-2009 n° 07-40.844 : RJDA 12/09 n° 1069).

La circonstance que l'acte de vente prévoie que l'acquéreur est subrogé dans les baux en cours est indifférente (Cass. soc. 31-1-2001 n° 87-43.952 : RJS 4/01 n° 415).

À défaut de transfert légal du contrat de travail, l'acquéreur et l'employé peuvent convenir de la conclusion d'un contrat de travail entre eux.

TERRAIN SUPPORTANT UNE CONSTRUCTION LÉGÈRE DE LOISIRS (MOBILE HOME OU CHALET)

20322 La vente d'un mobile home ou d'un chalet soulève la question de la qualification mobilière ou immobilière de la construction. Sont **meubles** les constructions et installations qui reposent sur le sol par leur seul poids, ne sont pas incorporées au sol par des fondations, et pourraient être déplacées. Sont par contre **immeubles** par nature, appartenant au propriétaire du terrain par accession, ces ouvrages lorsqu'ils sont liés au sol par un soubassement en béton, et reliés à divers réseaux (adduction et évacuations d'eaux).

Dans le premier cas, la vente portera selon les circonstances soit sur le seul terrain, soit sur le terrain et la construction légère, et ne sera soumise aux **droits de mutation** à titre onéreux que pour la fraction du prix affectée au terrain. Dans le second cas, la vente portera simultanément sur le terrain et la construction, sans qu'il soit nécessaire de ventiler le prix, et les droits de mutation seront assis sur ce prix global.

Seule la constitution d'un **droit de superficie**, publié au service de la publicité foncière, permet de dissocier la propriété du terrain de celle de la construction.

VENTE D'UN LOGEMENT CONVENTIONNÉ

Le propriétaire bailleur d'un logement peut se voir accorder une aide par l'Agence nationale de l'habitat (Anah) pour y réaliser des travaux d'amélioration à la condition que le **logement** soit **donné en location** pour une durée fixée par le règlement général de l'agence (CCH art. L 321-3). Une convention est alors signée entre l'Anah et le propriétaire, définissant notamment le montant maximum des loyers ou le plafond de ressources de l'occupant (CCH art. L 321-4). 20326

En cas de mutation d'un bien ainsi subventionné, la convention en cours s'impose de plein droit au nouveau propriétaire, les engagements qu'elle comporte faisant l'objet d'une **mention obligatoire dans l'acte de vente**. Un avenant précisant l'identité du nouveau propriétaire est signé entre celui-ci et l'Agence, sous peine de sanctions : refus d'une nouvelle demande d'aide pendant 5 ans, sanction pécuniaire dans la limite de la moitié de l'aide accordée ou somme équivalant à 2 ans de loyers (CCH art. L 321-11).

CHAPITRE 2

SITUATION SANITAIRE ET ENVIRONNEMENTALE

SOMMAIRE

OBLIGATION PARTICULIÈRE D'INFORMATION SUR LA SITUATION SANITAIRE ET ENVIRONNEMENTALE

21000 Le vendeur est tenu d'expliquer clairement ce à quoi il s'oblige (C. civ. art. 1602). À ce titre, le vendeur a un **devoir d'information** vis-à-vis de l'acheteur. Il s'agit d'une obligation de moyens dont l'inexécution engage la responsabilité du vendeur et autorise l'acheteur à demander des dommages-intérêts.
Mais au-delà de ce devoir général d'information, plusieurs **réglementations particulières** imposent au vendeur de transmettre à l'acquéreur des informations sur la situation sanitaire et environnementale de l'immeuble. Cette obligation prend la forme, dans certains domaines, d'un constat ou diagnostic technique portant sur l'immeuble.
Signalons enfin que, même si ces réglementations particulières prévoient des **sanctions** spécifiques en cas de violation des dispositifs mis en place, le défaut de communication des différents documents imposés peut toujours être sanctionné sur le fondement du droit commun, notamment par le biais du dol ou par la mise en œuvre de la garantie des vices cachés.

A. Risques divers

RISQUES NATURELS, MINIERS, TECHNOLOGIQUES ET DE SISMICITÉ

21002 **Plans de prévention** En cas de vente d'un bien immobilier situé dans une zone couverte par un plan de prévention des risques technologiques ou un plan de prévention des risques naturels prévisibles, dans les zones de sismicité définies par décret ou dans une zone exposée aux risques délimités par un plan de prévention des risques miniers (voir n°s 22290 s.), ou dans les zones à potentiel radon (voir n° 21008), le vendeur doit informer l'acquéreur de l'existence des risques visés par le plan ou le décret (C. envir. art. L 125-5, I et R 125-23).
La loi Climat du 22 août 2021 prévoit qu'en plus des zones mentionnées ci-dessus cette information environnementale concerne, depuis le 1er janvier 2023, les biens situés dans les zones susceptibles d'être atteintes par le **recul du trait de côte** (C. envir. art. L 125-5). Le « recul du trait de côte » consiste à déplacer vers l'intérieur des terres la limite du domaine maritime afin de protéger le littoral menacé par l'érosion ou la montée des eaux. La liste des communes dont l'action en matière d'urbanisme et la politique d'aménagement doivent être adaptées aux phénomènes hydro-sédimentaires entraînant l'érosion du littoral est fixée par décrets (Décret 2022-750 du 29-4-2022 ; Décret 2023-698 du 31-7-2023 ; Décret 2024-531 du 10-6-2024). Les 317 communes incluses dans cette liste au 12 juin 2024 se soumettent volontairement au dispositif qui offre aux élus locaux, moyennant l'intégration d'une cartographie des zones menacées dans leur document d'urbanisme, des outils pour anticiper le recul du trait de côte et

enclencher des dynamiques locales d'adaptation (droit de préemption, bail réel d'adaptation à l'érosion côtière, etc.).

Un **état des risques naturels et technologiques** (renommé « état des risques et pollution ») est établi à partir des informations mises à disposition par le préfet et selon un modèle défini par arrêté ministériel (Arrêté TREP1819058A du 13-7-2018). L'imprimé est disponible en préfecture, sous-préfecture et en mairie).

L'état, établi depuis moins de 6 mois, est annexé à la promesse de vente ou, à défaut de promesse, à l'acte authentique de vente (C. envir. art. L 125-5, I et R 125-24 et R 125-25 dans leur rédaction issue du décret 2022-1289 du 1-10-2022). Si plus de 6 mois se sont écoulés entre la date à laquelle a été établi l'état des risques joint à la promesse de vente et la date à laquelle est signé l'acte authentique constatant la vente, un nouvel état doit être dressé et joint à ce dernier (CCH art. L 271-5, al. 2). De même, si, après la promesse de vente, la parcelle sur laquelle est implanté l'immeuble est inscrite dans une des zones à risques ou si l'arrêté préfectoral définissant ces zones fait l'objet d'une mise à jour, le dossier de diagnostic technique est complété lors de la signature de l'acte authentique de vente par un nouvel état des risques ou par la mise à jour de l'état existant (CCH art. L 271-5, al. 4).

Depuis le 1er janvier 2023 :

– toute annonce immobilière, quel que soit son support de diffusion, relative à la vente d'un bien devant faire l'objet d'un état des risques comprend une mention précisant le moyen d'accéder aux informations environnementales (C. envir. art. L 125-5, I bis-al. 1 ; C. envir. art. L 125-5, II-al. 1 ; C. envir. art. R 125-25, I) ;

– le vendeur et le bailleur doivent fournir l'état des risques lors de la première visite de l'immeuble, si une telle visite a lieu (C. envir. art. L 125-5, I bis-al. 2 ; C. envir. art. L 125-5, II-al. 2 ; C. envir. art. R 125-25, II) ;

– en cas de vente, l'état des risques doit être annexé à l'acte authentique de vente mais remis à l'acquéreur au plus tard lors de la promesse de vente, étant précisé que, s'il n'est pas remis, le délai de rétractation prévu par l'article L 271-1 du CCH ne commence à courir qu'à compter du lendemain de sa communication à l'acquéreur (C. envir. art. L 125-5, I bis-al. 6).

L'obligation d'information s'applique aux propriétaires ou gestionnaires de biens **autres que les logements**, ainsi qu'aux responsables des activités qui y sont implantés (C. envir. art. L 515-16-2, I, al. 3 et R 515-41).

À défaut d'annexe d'un état en cours de validité, l'acquéreur peut, à titre de **sanction**, poursuivre la résolution du contrat ou demander au juge une diminution du prix (C. envir. art. L 125-5, V).

> **Précisions a.** Pour **obtenir les informations** nécessaires à l'établissement de l'état des risques, le vendeur peut s'adresser au maire de la commune et à la chambre départementale des notaires, auxquels le préfet doit transmettre l'arrêté de la liste des risques et documents de référence (documents graphiques, règlement, note de présentation...). Un service en ligne dénommé « georisques » publiant l'ensemble des cartes des risques naturels et technologiques majeurs a par ailleurs été mis en place par le ministère de l'écologie sur son portail internet dédié à la prévention des risques majeurs (http://www.georisques.gouv.fr/).
> Les informations mises à disposition par le préfet sur le site internet de la préfecture relatives aux zones à risque n'ont qu'une **valeur informative**. Le vendeur doit faire des vérifications plus approfondies en consultant les recueils administratifs (Cass. 3e civ. 19-9-2019 no 18-16.700 FS-PBI : BPIM 6/19 inf. 422).
> **b.** S'agissant des **risques sismiques**, l'acquéreur avisé prendra connaissance – en les demandant au vendeur – des rapports établis lors du contrôle technique auquel sont soumises les opérations de construction ayant pour objet la réalisation (CCH art. R 111-38) :
> – d'immeubles situés dans les zones de sismicité 4 ou 5 délimitées conformément à l'article R 563-4 du Code de l'environnement et dont le plancher bas du dernier niveau est situé à plus de 8 mètres par rapport au niveau du sol ;
> – d'établissements de santé et bâtiments appartenant aux catégories d'importance III et IV au sens de l'article R 563-3 du Code de l'environnement, situés dans les zones de sismicité 2, 3, 4 ou 5, délimitées conformément à l'article R 563-4 du même Code.
> **c.** L'état des risques naturels et technologiques doit être joint au **dossier de diagnostic technique** (voir no 21374).

Sinistres Le vendeur doit informer par écrit l'acquéreur de tout sinistre consécutif à une catastrophe naturelle ou technologique et ayant donné lieu au versement d'une indemnité à ce titre pendant la période où il a été propriétaire (ou dont il a lui-même été informé en tant qu'acquéreur) ; cette **information** sera mentionnée dans l'acte authentique de vente (C. envir. art. L 125-5, IV). **21003**

Si cette obligation n'est pas respectée, l'acquéreur peut, à titre de **sanction**, poursuivre la résolution du contrat ou demander au juge une diminution du prix (C. envir. art. L 125-5, V).

> **Précisions** Si les parties communes d'un **immeuble en copropriété** sont endommagées suite à une catastrophe technologique, le syndic doit convoquer une assemblée générale sous 15 jours. Lors de cette assemblée, qui doit se tenir dans les 2 mois de la catastrophe, les décisions autorisant le syndic à engager des travaux de remise en état rendus nécessaires par l'urgence sont prises à la majorité des copropriétaires présents ou représentés (Loi 65-557 du 10-7-1965 art. 38-1). Bien entendu, cela ne dispense pas le syndic de faire procéder de sa propre initiative aux travaux nécessaires à la sauvegarde de l'immeuble, sans attendre la tenue de l'assemblée (Loi 65-557 du 10-7-1965 art. 18, al. 3).

MINES

21004 Le vendeur d'un terrain dans le tréfonds duquel une mine a été exploitée est tenu d'en **informer par écrit** l'acheteur ; il l'informe également, pour autant qu'il les connaisse, des dangers ou inconvénients importants qui résultent de l'exploitation (C. minier art. L 154-2). Il s'agit d'informer l'acquéreur des risques d'effondrement liés à l'exploitation d'une ancienne mine (les régions de la Lorraine et du Nord-Pas-de-Calais sont notamment concernées).

À cet effet, une demande en ligne de renseignement minier peut être effectuée directement sur le site internet du Bureau de recherches géologiques et minières (http://dpsm.brgm.fr). Il est également possible de consulter, s'il en a été établi une, la carte communale délimitant les sites où sont situées des cavités souterraines et des marnières susceptibles de provoquer l'effondrement du sol (C. envir. art. L 563-6, I).

À titre de **sanction** en l'absence de cette information, l'acheteur a le choix de poursuivre la résolution de la vente ou de se faire restituer une partie du prix ; il peut aussi demander, aux frais du vendeur, la suppression des dangers ou des inconvénients qui compromettent un usage normal du terrain lorsque le coût de cette suppression ne paraît pas disproportionné par rapport au prix de la vente.

Par ailleurs, toute **clause exonératoire** de responsabilité stipulée au profit de l'exploitant quant aux dommages liés à son activité minière est frappée de nullité d'ordre public lorsque la vente est conclue avec une collectivité locale ou avec une personne physique non professionnelle (C. minier art. L 155-4).

> **Précisions a.** On recherchera l'existence éventuelle d'un **plan de prévention des risques miniers**, qui est élaboré dans des conditions similaires à celles du plan de prévention des risques naturels et emporte les mêmes effets (C. minier art. L 174-5 ; Décret 2000-547 du 16-6-2000).
> **b.** Il existe une base de données nationale sur les **cavités souterraines (hors mines)**, consultable sur le site http://www.georisques.gouv.fr.

21006 **Formule** Cette formule concerne la vente d'un immeuble dans le tréfonds duquel une mine a été exploitée.

MODÈLE

Exploitation d'une mine dans le tréfonds de l'immeuble

Le vendeur déclare en application de l'article L 154-2 du Code minier :

– qu'une mine a été exploitée dans le tréfonds de l'immeuble vendu ;

– qu'en ce qui le concerne, il n'a jamais éprouvé un quelconque désagrément ou inconvénient dû à l'éventuelle existence de cavités souterraines et, qu'à sa connaissance, il n'existe aucun danger pouvant résulter d'une ancienne exploitation.

Les parties sont informées qu'en application des articles L 155-4 et L 155-5 du même Code :

« Dans un contrat de mutation immobilière conclu, après le 17 juillet 1994, avec une collectivité territoriale ou avec une personne physique non professionnelle, toute clause exonérant l'exploitant de la responsabilité des dommages liés à son activité minière est frappée de nullité d'ordre public.

« Lorsqu'une clause exonérant l'exploitant de la responsabilité des dommages liés à son activité minière a été valablement insérée dans un contrat de mutation immobilière conclu avec une collectivité locale ou une personne physique non professionnelle, l'État assure dans les meilleurs délais l'indemnisation des dommages matériels directs et substantiels qui n'auraient pas été couverts par une autre contribution et qui ont pour cause déterminante un sinistre minier. Il est subrogé dans les droits des victimes nés de ce sinistre à concurrence des sommes qu'il serait amené à verser en application du présent alinéa.

« Un sinistre minier se définit, au sens du présent article, comme un affaissement ou un accident miniers soudains ne trouvant pas leur origine dans des causes naturelles et provoquant la ruine

d'un ou plusieurs immeubles bâtis ou y occasionnant des dommages dont la réparation équivaut à une reconstruction totale ou partielle. Cet affaissement ou cet accident est constaté par le représentant de l'État qui prononce à cet effet l'état de sinistre minier. »
Ajouter éventuellement : Le vendeur déclare qu'en ce qui le concerne il n'a passé avec l'exploitant de la mine aucune convention exonérant l'exploitant de la responsabilité des dommages liés à son activité.

RADON

Le radon est un gaz radioactif d'origine naturelle provenant de la désintégration de l'uranium et du radium contenus dans la croûte terrestre. Il est présent partout à la surface de la Terre mais surtout dans les sous-sols granitiques et volcaniques. 21008
Le vendeur d'un bien immobilier situé dans une zone à potentiel radon significatif doit en **informer** l'acquéreur (C. envir. art. L 125-5 et C. envir. art. R 125-23 ; CSP art. L 1333-22 et CSP art. R 1333-29).
Cette obligation d'information est effective depuis le 1er juillet 2018, date de l'entrée en vigueur de l'arrêté de zonage du radon (Arrêté SSAP1817819A du 27-6-2018) et l'information doit figurer dans l'état des risques (voir n° 21002).

PCB (POLYCHLOROBIPHÉNYLES)

Les PCB sont des dérivés chimiques chlorés, susceptibles d'être toxiques pour l'homme. 21010
Le vendeur d'un **immeuble dans lequel se trouve un appareil** dont le fluide contient des PCB et quel qu'en soit l'usage, public ou privatif, professionnel ou d'habitation, doit en informer l'acheteur. Le vendeur déclare ce changement de détention à l'Inventaire national (C. envir. art. R 543-25). Le contenu et les modalités de cette déclaration sont fixés par arrêté (Arrêté DEVP1400525A du 14-1-2014).

RISQUES D'INONDATION

S'agissant du caractère inondable de certains immeubles, le candidat à l'acquisition peut désormais identifier plus facilement ce risque, d'une part, grâce à un repère qui doit être apposé sur l'immeuble et visible de la voie publique et, d'autre part, en consultant la liste des **repères de crues**, jointe au document d'information communal sur les risques majeurs, disponible en mairie (C. envir. art. R 563-11 s.). 21012
Les repères de crues indiquent le niveau atteint par les plus hautes eaux connues.
L'**existence d'un plan** de prévention des risques naturels prévisibles (voir nos 22292 s.) peut également être recherchée et le plan local d'urbanisme et ses documents graphiques consultés.
Pour obtenir toutes **informations utiles** sur les risques d'inondation, on peut consulter sur internet les sites « georisques » (http://www.georisques.gouv.fr/) et « carte de vigilance crues » (http://www.vigicrues.gouv.fr/), mis en ligne par le ministère de l'écologie.

OBLIGATION DE DÉBROUSSAILLEMENT

L'article L 134-16 du Code forestier impose au propriétaire d'un terrain concerné par l'obligation légale de débroussaillement ou de maintien en état débroussaillé d'en **informer l'acquéreur** et, depuis le 12 juillet 2023, subordonne la mutation d'un terrain, d'une construction, d'un chantier ou d'une installation au respect de ces obligations de débroussaillement. 21013
Le cédant du terrain doit en outre, depuis le 3 mars 2024, **attester sur l'honneur** de la réalisation du débroussaillement ou du maintien en l'état débroussaillé, et notamment du respect des modalités de mise en œuvre arrêtées par le préfet. L'attestation sur l'honneur doit être annexée, selon le cas à la promesse de vente ou au contrat préliminaire, ainsi qu'à l'acte authentique de vente (C. for. art. D 134-7 dans sa rédaction issue du décret 2024-284 du 29-3-2024).
À compter du 1er janvier 2025, l'information sur l'obligation de débroussailler ou de maintenir en l'état débroussaillé sera intégrée dans **l'état des risques**. Un décret du 29 avril 2024 précise que cette information prendra la forme d'une fiche d'information qui sera disponible sur le site www.georisques.gouv.fr. (C. envir. art. R 125-24 dans sa rédaction issue du décret 2024-405 du 29-4-2024). Elle devra être produite dès l'annonce immobilière et actualisée, si besoin est, à chaque étape de la vente (C. envir. art. R 125-23 dans sa rédaction issue du décret 2024-405 du 29-4-2024).

B. Classements divers

RÉSERVES NATURELLES

Des parties du territoire d'une ou de plusieurs communes peuvent être classées en réserve naturelle lorsque la conservation de la faune, de la flore, du sol, des eaux, des gisements de minéraux et de fossiles et, en général, du milieu naturel présente une importance particulière ou qu'il 21014

convient de les soustraire à toute intervention artificielle susceptible de les dégrader (C. envir. art. L 332-1, I).
Le vendeur d'un immeuble classé en réserve naturelle est tenu d'**informer** l'acquéreur de l'existence du classement (C. envir. art. L 332-7, al. 2). La vente doit être **notifiée**, dans les 15 jours, par le vendeur ou son notaire au préfet pour les réserves nationales et au président du conseil régional pour les réserves régionales (C. envir. art. L 332-7, al. 3).

MONUMENTS NATURELS ET SITES CLASSÉS

21016 Le vendeur d'un monument naturel ou d'un terrain situé dans un site naturel classé (cirque de Gavarnie, sites préhistoriques, vieux port de Nice...) est tenu d'**informer** l'acquéreur de l'existence du classement (C. envir. art. L 341-9).
Le non-respect de ces deux obligations est sanctionné par une peine d'emprisonnement de 6 mois et une **amende** de 30 000 € (C. envir. art. L 341-19).

> **Précisions** La décision de classement d'un monument naturel ou d'un site doit faire l'objet d'une **publication** au service chargé de la publicité foncière compétent (C. envir. art. L 341-8). Elle sera donc révélée par le renseignement hypothécaire délivré lors de la constitution du dossier de vente.

SITES NATURA 2000

21018 Les sites « Natura 2000 » sont des **zones particulières de protection** désignées par l'administration comme « zones spéciales de conservation » (pour les habitats naturels, la faune et la flore sauvages) et « zones de protection spéciale » (pour les oiseaux sauvages) (C. envir. art. L 414-1 s. et R 414-1 s.).
Pour chaque site, un **document d'objectifs** définit les orientations de gestion, les mesures de protection, les modalités de leur mise en œuvre et les dispositions financières d'accompagnement (C. envir. art. L 414-2). Les mesures de protection et de prévention sont prises en application des dispositions législatives ou réglementaires, notamment de celles relatives aux parcs nationaux, aux réserves naturelles, aux biotopes ou aux sites classés, ou dans le cadre de contrats conclus entre l'administration et les propriétaires ou titulaires de droits réels et personnels portant sur les terrains inclus dans le site (**contrat Natura 2000**) (C. envir. art. L 414-1, V-dernier al.).
Les titulaires de droits réels et personnels portant sur les terrains inclus dans le site peuvent également adhérer à une **charte Natura 2000**. Cette charte comporte un ensemble d'engagements définis par le document d'objectifs pour lesquels aucune disposition financière d'accompagnement n'est prévue (C. envir. art. L 414-3, II).
En cas de **vente de tout ou partie d'un terrain** sur lequel porte un contrat Natura 2000, l'acquéreur peut s'engager à poursuivre les engagements souscrits ; dans ce cas, ces engagements sont transférés à l'acquéreur et donnent lieu à un avenant qui prend en compte le changement de cocontractant (C. envir. art. R 414-16). À défaut de transfert, le contrat est résilié de plein droit et le préfet, ainsi que l'autorité compétente de la région, statuent sur le remboursement des sommes perçues par le cédant (article précité).

> **Précisions** Une circulaire du 27 avril 2012 relative à la gestion contractuelle des sites Natura 2000 fait la synthèse, en un seul document, de tout ce qu'il faut savoir sur Natura 2000 (Circ. du 27-4-2012 : BO Écologie du 25-6-2012 p. 68).

C. Risques de pollution

TERRAINS RELEVANT DE LA RÉGLEMENTATION SUR LES INSTALLATIONS CLASSÉES

21060 **Installation classée dont l'exploitation a cessé** Lorsqu'un propriétaire vend un terrain sur lequel a été exploitée une installation classée soumise à autorisation ou à enregistrement, il doit **informer l'acheteur** par écrit ; il doit l'informer également, pour autant qu'il les connaisse, des dangers ou inconvénients importants qui résultent de l'exploitation (C. envir. art. L 514-20, al. 1). Si le vendeur est l'exploitant de l'installation classée, il doit indiquer par écrit à l'acquéreur si son activité a entraîné la manipulation ou le stockage de substances chimiques ou radioactives ; l'acte de vente doit attester de l'accomplissement de cette formalité (C. envir. art. L 514-20, al. 2).
Constituent des installations classées les bâtiments, ateliers, usines et autres « sources fixes de nuisances » qui sont soumises à un régime particulier (autorisation, enregistrement ou déclaration auprès de l'administration) dès lors qu'elles ont pour objet des activités inscrites à la

« nomenclature des installations classées » annexée à l'article R 511-9 du Code de l'environnement (C. envir. art. L 511-1 et L 511-2). Tel est le cas des abattoirs selon leur capacité d'abattage, des garages en fonction de leur superficie d'atelier, des entreprises produisant ou utilisant des substances radioactives, etc.

> **Précisions a.** En pratique, afin de savoir si le terrain vendu comportait une installation classée, on adressera par courrier une **demande de renseignements** à la préfecture ou à la direction régionale de l'industrie, de la recherche et de l'environnement (Drire) compétente (il est également possible de consulter sur internet le site http://installationsclassees.developpement-durable.gouv.fr). Par ailleurs, deux bases de données créées à l'initiative du ministère de l'écologie, « Basol » (http://basol.developpement-durable.gouv.fr) et « Basias » (http://basias.brgm.fr), concernent les sites et sols pollués. Si la réponse est positive, il y a lieu de constituer un dossier spécifique à l'intention de l'acquéreur regroupant tous les éléments de l'autorisation et de la cessation d'activité.
> **b.** Le vendeur peut avoir intérêt à procéder à un **audit environnemental** du site (à cet effet, le ministère de l'écologie a établi plusieurs guides méthodologiques). Il remplira de cette façon l'obligation d'information prévue par le Code de l'environnement et, s'il a communiqué les résultats de l'expertise à son acquéreur, au moment de la vente, conférera au vice de pollution un caractère apparent, de sorte qu'il ne sera tenu à aucune garantie en application de l'article 1642 du Code civil. Le vendeur professionnel restera toutefois garant des vices indécelables qui n'auront pas été révélés par l'étude d'environnement.
> **c.** L'information devant être écrite et l'acte de vente devant attester de cette **formalité**, on peut déduire qu'elle doit être **préalable** à la signature de tout engagement. En pratique, elle pourra prendre la forme d'un courrier portant sur cette information adressé à l'acquéreur ou d'un courrier d'envoi du projet d'acte contenant cette information.

Aux termes stricts de la loi, l'**obligation d'information** ne **porte** que **sur** les installations soumises à autorisation (ou enregistrement) et non à déclaration (Cass. 3e civ. 20-6-2007 n° 06-15.663 : Bull. civ. III n° 111) ; il est cependant recommandé en pratique de communiquer les mêmes informations dans tous les cas. **21061**

L'obligation d'information nécessite qu'une installation classée ait été implantée, en tout ou partie, sur le terrain vendu : elle ne s'applique pas à la vente d'un **bien situé à proximité** de l'installation classée (Cass. 3e civ. 22-11-2018 n° 17-26.209 FS-PBI : BPIM 1/19 inf. 46 ; jugé en sens contraire, sur le fondement de l'obligation d'information de droit commun : Cass. 3e civ. 25-5-2011 n° 09-16.677 : BPIM 4/11 inf. 310, qui retient un dol commis par le vendeur). Jugé que l'obligation d'information s'applique au terrain vendu dans le **périmètre** de l'installation classée, s'agissant d'une parcelle constituant l'entrée d'une usine exploitée pour une activité de traitement des déchets d'usines à gaz (Cass. 3e civ. 21-9-2022 n° 21-21.933 FS-B, Établissement Bordeaux Métropole c/ Sté Établissements A Gré et Cie : BPIM 6/22 Inf. 436, solution qui apparaît plus protectrice pour l'acheteur que celle rendue en 2018 (arrêt précité)).

L'obligation d'information se limite à la vente de terrains sur lesquels l'exploitation de l'installation classée a cessé. Il en découle deux conséquences :

– l'obligation d'information ne s'applique qu'à la vente du terrain lui-même, de telle sorte qu'elle ne s'impose pas à la vente portant seulement sur des locaux édifiés sur le terrain (CA Paris 1-10-2009 n° 08-19089 : RJDA 4/10 n° 413 et, sur pourvoi, Cass. com. 3-5-2011 n° 09-72.664 : RJDA 10/11 n° 762) ;

– le vendeur n'y est pas tenu lorsque l'exploitation est en cours (Cass. 3e civ. 9-4-2008 n° 07-10.795 : RJDA 10/08 n° 1007) ; en revanche, l'obligation s'impose même si l'installation soumise à autorisation ou enregistrement a cessé d'être exploitée avant l'entrée en vigueur de l'article L 514-20 du Code de l'environnement, c'est-à-dire avant juillet 1976 (Cass. 3e civ. 17-11-2004 n° 03-14.038 : RJDA 5/05 n° 532).

En cas de **manquement** du vendeur à son obligation légale d'information, et si une pollution constatée rend le **terrain impropre à la destination précisée dans le contrat**, l'acheteur peut poursuivre la résolution de la vente ou se faire restituer une partie du prix, dans un délai de 2 ans à compter de la découverte de la pollution ; il peut aussi demander la réhabilitation du site aux frais du vendeur lorsque le coût de cette réhabilitation ne paraît pas disproportionné par rapport au prix de vente (C. envir. art. L 514-20, al. 3). **21062**

Le vendeur ne saurait échapper à son obligation d'information écrite en apportant la preuve que l'acquéreur savait dès avant la vente du terrain qu'une installation classée y avait été exploitée, y compris lorsque cette information lui a été communiquée, dans le cadre de ses fonctions, par un tiers (Cass. 3e civ. 12-1-2005 n° 03-18.055 : RJDA 6/05 n° 680).

21063 **Installation classée dont l'exploitation est en cours** L'exploitant d'une installation **Seveso**, d'une **carrière** ou d'une installation de **stockage des déchets** est tenu de mettre à jour à chaque changement notable des conditions d'exploitation un état de la pollution des sols et de le transmettre au préfet, au maire et au propriétaire du terrain (C. envir. art. L 512-18).

Le dernier état réalisé est joint à toute promesse unilatérale de vente ou d'achat et à tout contrat réalisant ou constatant la vente des terrains sur lesquels est sise l'installation classée.

21064 **Remise en état du site** Lors de la mise à l'arrêt d'une installation classée ou après la cessation définitive de l'activité, la remise en état du site pèse en principe sur le **dernier exploitant** ou, s'il a disparu, sur son ayant droit.

L'obligation de remise en état peut être transférée à un **tiers intéressé** (C. envir. art. L 512-21 et R 512-76 à R 512-81).

Le tiers peut demander au préfet de se substituer à l'exploitant, avec son accord, pour réaliser les travaux de réhabilitation en fonction de l'usage que ce tiers envisage pour le terrain concerné. Il doit adresser au préfet un mémoire de réhabilitation et apporter des garanties quant à sa capacité technique et financière à mener à bien les travaux envisagés. Le silence gardé par le préfet pendant un délai de 4 mois suivant la réception du dossier de demande de substitution vaut rejet de la demande (C. envir. art. R 512-78 III, 3°).

Une procédure spéciale est prévue lorsque l'installation classée n'a **plus d'exploitant connu** (C. envir.) art. R 512-79). Dans une telle situation, ce sont le maire (ou le président de l'EPCI compétent) et le propriétaire du terrain qui donnent leur accord au tiers demandeur sur la proposition d'usage futur du terrain.

En cas de défaillance du tiers intéressé dans la réalisation des opérations et d'impossibilité de mettre en œuvre les garanties financières annoncées, la responsabilité de la remise en état pèse à nouveau sur le dernier exploitant qui doit mettre en œuvre les mesures de réhabilitation prévues en l'absence d'intervention d'un tiers.

21065 **Formules** La réglementation sur les installations classées et les données de fait peuvent conduire à une grande **variété de situations**, selon que le vendeur est ou non l'exploitant, que l'exploitation a cessé ou sera continuée, que des travaux ont ou non été prescrits, qu'ils sont ou non effectués, que l'exploitant a ou non respecté les obligations à sa charge. La rédaction de l'acte doit être minutieuse, complète et précise pour assurer la parfaite information de l'acquéreur et éviter que la responsabilité du vendeur ne soit recherchée.

21068 La formule suivante concerne la vente, par l'(ancien) exploitant, d'un immeuble ayant fait l'objet d'une installation classée soumise à autorisation, dont l'**exploitation a cessé**.

MODÈLE

Installation classée dont l'exploitation a cessé

Rappel des dispositions légales

Pour l'information des parties, il est ici reproduit le texte des dispositions de l'article L 514-20 du Code de l'environnement :

« Lorsqu'une installation soumise à autorisation ou à enregistrement a été exploitée sur un terrain, le vendeur de ce terrain est tenu d'en informer par écrit l'acheteur ; il l'informe également, pour autant qu'il les connaisse, des dangers ou inconvénients importants qui résultent de l'exploitation.

Si le vendeur est l'exploitant de l'installation, il indique également par écrit à l'acheteur si son activité a entraîné la manipulation ou le stockage de substances chimiques ou radioactives. L'acte de vente atteste de l'accomplissement de cette formalité.

À défaut, et si une pollution constatée rend le terrain impropre à la destination précisée dans le contrat, dans un délai de 2 ans à compter de la découverte de la pollution, l'acheteur a le choix de poursuivre la résolution de la vente ou de se faire restituer une partie du prix ; il peut aussi demander la réhabilitation du site aux frais du vendeur, lorsque le coût de cette réhabilitation ne paraît pas disproportionné par rapport au prix de vente. »

Caractéristiques de l'installation exploitée

Le vendeur déclare :

– qu'une installation de... (*décrire l'activité et indiquer la référence ou les références à la nomenclature*) a été exploitée dans l'immeuble vendu, et que cette activité relevait de la réglementation des exploitations classées pour la protection de l'environnement et était soumise à autorisation (*variante : ou à enregistrement*) ;

– que l'autorisation d'exploiter a été donnée par arrêté de Monsieur le préfet de... le... pour une durée expirant le... ;

– qu'elle a débuté le... et s'est poursuivie jusqu'au... ;

– que l'installation a été exploitée conformément aux réglementations applicables ;
– qu'elle n'a pas connu d'incident ayant généré une pollution ;
– qu'elle n'a fait l'objet d'aucune mesure administrative de suspension, de suppression ou de fermeture ;
– qu'aucune plainte n'a été formée à son encontre ;
– que cette exploitation n'a pas entraîné, que ce soit en surface ou en sous-sol, de manipulation ou de stockage de substances chimiques ou radioactives (*ou* : a entraîné la manipulation des substances suivantes visées par le second alinéa de l'article L 514-20 du Code de l'environnement : ... *détailler les substances et préciser les informations techniques communiquées à l'acquéreur*).

Cessation d'activité

Le vendeur déclare :
– que la notification de cessation d'activité a été adressée aux services préfectoraux de... le... ;
– que les travaux de remise en état du site prescrits par ces services ont été réalisés de manière à ne présenter aucun danger ou inconvénient pour la commodité du voisinage, la santé, la sécurité, la salubrité publique, l'agriculture, la protection de la nature ou de l'environnement, la conservation des sites et des monuments ainsi que des éléments du patrimoine archéologique ;
– qu'un procès-verbal de recollement, dont la copie sera annexée au présent acte après mention, a été établi par Monsieur l'inspecteur des installations classées le..., lequel procès-verbal constate la conformité des travaux.

Dangers et inconvénients de l'exploitation

Le vendeur déclare qu'à sa connaissance il résulte de l'activité exploitée les dangers et inconvénients suivants : ... (*décrire le plus précisément possible les dangers et inconvénients*) ;
(*Variante* : Le vendeur déclare qu'à sa connaissance il n'en résulte aucun risque ou inconvénient pour les personnes ou l'environnement, et qu'il n'existe pas de pollution).

TERRAINS SITUÉS EN SECTEUR D'INFORMATION SUR LES SOLS

Les terrains situés en secteur d'information sur les sols (SIS) comprennent les terrains où la connaissance de la **pollution des sols** justifie, notamment en cas de changement d'usage, la réalisation d'études de sols et de mesures de gestion de la pollution pour préserver la sécurité, la santé ou la salubrité publiques et l'environnement (C. envir. art. L 125-6). **21080**

La loi Climat du 22 août 2021 définit « l'usage » comme la fonction ou la ou les activités ayant cours ou envisagées pour un terrain ou un ensemble de terrains donnés, le sol de ces terrains ou les constructions et installations qui y sont implantées (C. envir. art. L 556-1 A, I). Le ou les usages d'un site ou d'un sol pollué sont classés par catégories : usage industriel, usage tertiaire, usage résidentiel, usage récréatif de plein air, usage agricole, usage d'accueil des populations sensibles, usage de renaturation et autres usages (C. envir. art. D 556-1 A).

La **liste des secteurs d'information sur les sols** devait être établie par le représentant de l'État dans le département avant le 1er janvier 2019, sur la base des données dont l'État a connaissance entre le 1er janvier 2016 et le 1er janvier 2019 (C. envir. art. R 125-41, I). Toutes les listes n'ont pas été établies au 1er janvier 2019. Une carte d'avancement par département de l'élaboration des SIS est consultable sur le site www.georisques.gouv.fr.

En cas de **vente portant sur un terrain** situé en secteur d'information sur les sols, le vendeur est tenu d'en informer par écrit l'acquéreur (C. envir. art. L 125-7 ; C. envir. art. R 125-26 et R 125-27). Il doit communiquer les informations rendues publiques par l'État et l'acte de vente atteste de l'accomplissement de cette formalité. À défaut et si une pollution constatée rend le terrain impropre à la destination précisée dans le contrat, l'acheteur peut demander la résolution du contrat ou se faire restituer une partie du prix de vente, dans un délai de 2 ans à compter de la découverte de la pollution. L'acheteur peut aussi demander la réhabilitation du terrain aux frais du vendeur lorsque le coût de cette réhabilitation ne paraît pas disproportionné par rapport au prix de vente.

Cette obligation se cumule avec l'obligation d'information à laquelle est soumis le vendeur d'un terrain sur lequel a été exploitée une installation classée soumise à autorisation ou à enregistrement (C. envir. art. L 125-7 ; n°s 21060 s.).

D. Dossier d'intervention ultérieure sur l'ouvrage

21120 Sauf exception, le maître d'ouvrage doit faire établir et compléter par le coordonnateur du chantier un dossier d'intervention ultérieure sur l'ouvrage (DIUO) rassemblant toutes les données de nature à faciliter la prévention des **risques professionnels** lors d'interventions à venir sur l'immeuble construit (C. trav. art. L 4532-16).

CHAMP D'APPLICATION

21122 Les **immeubles concernés** sont uniquement ceux construits depuis le 1er janvier 1995, c'est-à-dire dont le chantier a fait l'objet d'un ordre de service de commencer les travaux à compter de cette date (Circ. min. trav. 96-5 du 10-4-1996, VI, 6-1-1). Si l'immeuble est soumis au régime de la copropriété, un exemplaire du dossier doit être remis au syndic.

En revanche, ne sont **pas concernés** les immeubles construits dans le cadre d'une opération de bâtiment ou de génie civil entreprise par un particulier pour son usage personnel, celui de son conjoint, partenaire lié par un pacte civil de solidarité, concubin ou de ses ascendants ou descendants (C. trav. art. L 4532-7).

VENTE DE L'IMMEUBLE

21124 En **principe**, le dossier doit être joint aux actes notariés établis à chaque mutation de l'ouvrage (C. trav. art. R 4532-97, al. 2). À cet effet, une copie du DIUO sera annexée à l'acte authentique de vente ou remise en main propre à l'acquéreur contre récépissé.

Cependant, **en pratique**, le dossier étant le plus souvent un document extrêmement volumineux, le respect strict de cette obligation est beaucoup trop contraignant. Pour cette raison, le ministère du travail et des affaires sociales a adopté une interprétation plus souple du texte en décidant que (Lettre min. du 4-12-1995 : Circ. 96-5 du 10-4-1996 ann. III, 3) :

– si l'ensemble immobilier est géré par un syndic, la solution du dépôt d'un dossier au rang des minutes du notaire est suffisante ;

– chaque acte de vente ultérieure se limitera alors à viser l'acte de dépôt.

FORMULES

21126 La formule suivante concerne la vente d'un immeuble soumis au dispositif légal dont le **DIUO** a été **établi**.

MODÈLE **Dossier d'intervention ultérieure sur l'ouvrage**

Le vendeur déclare que le dossier d'intervention ultérieure sur l'ouvrage prescrit par l'article L 4532-16 du Code du travail a été établi par M..., coordonnateur de travaux.

Un exemplaire de ce dossier sera annexé au présent acte après mention, en application des dispositions de l'article R 4532-97 du même Code (*variante* : Un exemplaire de ce dossier a été déposé au rang des minutes de Me ..., notaire à..., suivant acte du... L'acquéreur pourra prendre connaissance du dossier auprès du syndic qui en détient un exemplaire à jour).

21128 La formule suivante concerne la vente d'un immeuble soumis au dispositif légal dont le **DIUO** n'a **pas** été **établi**.

MODÈLE **Dossier d'intervention ultérieure sur l'ouvrage**

Le vendeur déclare que le dossier d'intervention ultérieure sur l'ouvrage prescrit par l'article L 4532-16 du Code du travail n'a pas été à ce jour établi.

Le vendeur s'oblige à faire établir ce document par le coordonnateur de travaux et à en transmettre un exemplaire à l'acquéreur.

Le vendeur déclare être informé de la sanction prévue par l'article L 4744-4 du Code du travail (amende de 10 000 euros).

La formule suivante concerne la vente d'un immeuble dont la **construction a débuté avant le 1er janvier 1995**. 21130

MODÈLE

Dossier d'intervention ultérieure sur l'ouvrage

Le vendeur déclare que les travaux de construction de l'immeuble vendu ayant débuté avant le 1er janvier 1995, il n'était pas soumis à l'établissement du dossier d'intervention ultérieure sur l'ouvrage prescrit par l'article L 4532-16 du Code du travail.

La formule suivante concerne la vente d'un **immeuble construit par un particulier** pour son usage personnel, celui de son conjoint ou de ses ascendants ou descendants. 21132

MODÈLE

Dossier d'intervention ultérieure sur l'ouvrage

Le vendeur déclare qu'il n'a pas été désigné de coordonnateur de travaux et qu'il n'a pas été établi de dossier d'intervention ultérieure sur l'ouvrage prescrit par l'article L 4532-16 du Code du travail, conformément aux dispositions de l'article L 4532-7 du même Code, l'immeuble vendu ayant été réalisé par lui en qualité de particulier pour son usage personnel et celui de sa famille.

E. Assainissement

La question de l'assainissement de l'immeuble, c'est-à-dire de l'**évacuation des eaux** qu'il rejette, est devenue ces dernières années l'une des principales sources du contentieux de l'après-vente de l'immeuble bâti d'habitation. 21180
Il existe à cet égard plusieurs types d'« eaux » :
– les eaux pluviales ;
– les eaux ménagères (salle de bains, cuisine, nettoyage de la maison) ;
– les eaux vannes (W.-C.).
Les deux dernières catégories – eaux ménagères et eaux vannes – forment les eaux usées domestiques.

1. EAUX PLUVIALES

Les eaux pluviales font l'objet de quelques dispositions dans le **Code civil**. Ainsi, tout propriétaire doit établir son toit de telle manière que les eaux pluviales s'écoulent sur son terrain ou sur la voie publique, il ne peut les faire verser sur le fonds de son voisin (C. civ. art. 681). Il existe également une servitude d'écoulement des eaux pluviales (C. civ. art. 640 et 641). 21182
Pour le reste, les eaux pluviales sont soumises au **règlement sanitaire départemental** type annexé à la circulaire du 9 août 1978 le révisant (JONC 13-9 p. 7188 s.). Il y est notamment prévu que le réseau d'évacuation des eaux pluviales doit être distinct de celui des eaux usées et maintenu en bon état de fonctionnement et d'étanchéité (J.-F. Sagaut, L'assainissement dans la vente d'immeuble, un problème nauséabond ? RDC 2006 p. 561).
La récupération des eaux de pluie et leur usage à l'intérieur et à l'extérieur des bâtiments font l'objet d'une réglementation spécifique (Arrêté du 21-8-2008 : JO 29). Si l'immeuble vendu est équipé d'un **dispositif de récupération des eaux de pluie**, le vendeur doit en informer l'acquéreur. Si le dispositif permet la distribution des eaux à l'intérieur du bâtiment, la fiche d'attestation de conformité établie à la mise en service des équipements sera opportunément annexée à l'acte de vente et le carnet sanitaire de l'installation remis à l'acquéreur (pour des modèles de clauses à insérer dans l'acte de vente, voir S. Durteste et R. Glon, Récupération et distribution des eaux de pluie : JCP N 2008 n° 1338).

> **Précisions** Les équipements de récupération de l'eau de pluie doivent être conçus et réalisés, conformément aux règles de l'art, de manière à ne pas présenter de risques de contamination vis-à-vis des réseaux de distribution d'**eau destinée à la consommation humaine**.

2. EAUX USÉES

21200 Les **communes** (ou leurs établissements publics de coopération) doivent procéder à un **zonage** en matière d'eaux usées (CGCT art. L 2224-10). Elles délimitent notamment, après enquête publique :
– les zones d'assainissement collectif où elles sont tenues d'assurer la collecte des eaux usées domestiques et le stockage, l'épuration et le rejet ou la réutilisation de l'ensemble des eaux collectées ;
– les zones relevant de l'assainissement non collectif où elles sont tenues d'assurer le contrôle de ces installations et, si elles le décident, le traitement des matières de vidange et, à la demande des propriétaires, l'entretien et les travaux de réalisation et de réhabilitation des installations d'assainissement non collectif.

> **Précisions a.** Est interdite la vente de locaux destinés à l'habitation et provenant de la **division d'un immeuble** lorsqu'ils ne sont pas pourvus d'une installation d'évacuation des eaux usées ; la violation de cette interdiction est punie de 2 ans d'emprisonnement et de 75 000 euros d'amende (CCH art. L 111-6-1).
> **b.** Dans les **zones en attente** d'un réseau collectif, le maire peut proroger le délai de raccordement ultérieur jusqu'à 10 ans afin de permettre aux propriétaires d'amortir leur installation d'assainissement non collectif (Rép. Bourdin : Sén. 3-1-2008 p. 17 n° 400).

RÉSEAU PUBLIC D'ASSAINISSEMENT

21202 Tout propriétaire d'un immeuble a l'**obligation de raccorder** celui-ci au réseau public de collecte des eaux usées domestiques établi sous la voie publique à laquelle son immeuble a accès soit directement, soit par l'intermédiaire de voies privées ou de servitudes de passage (CSP art. L 1331-1). Ce raccordement doit être réalisé dans les 2 ans à compter de la mise en service du réseau.
En **cas de non-raccordement** au réseau et après mise en demeure restée infructueuse, le propriétaire qui n'exécute pas les travaux de branchement obligatoires peut voir la commune ou l'établissement public de coopération intercommunale en charge de l'assainissement y procéder d'office et à ses frais (CSP art. L 1331-6). Le propriétaire sera en outre obligé de payer une somme au moins équivalente à la redevance qu'il aurait payée au service public d'assainissement si son immeuble avait été raccordé au réseau ou équipé d'une installation d'assainissement autonome réglementaire, et qui peut être majorée dans une proportion fixée par le conseil municipal dans la limite de 100 % (CSP art. L 1331-8).

> **Précisions a.** Si l'obligation de raccordement résulte de la loi, elle ne dérive pas du régime ordinaire de la propriété et constitue une **servitude non apparente** au sens de l'article 1638 du Code civil. L'acte de vente ayant simplement mentionné que l'immeuble vendu était desservi par le réseau de tout-à-l'égout sans préciser qu'il n'était pas raccordé, le vendeur doit garantir l'acquéreur contre l'**éviction partielle** résultant pour lui de l'obligation de mise en conformité du branchement d'assainissement, sans pouvoir invoquer la clause de non-garantie, formulée de manière trop générale (Cass. 3e civ. 23-11-2005 n° 04-19.533, M. c/ SCI Moulins de la Marche).
> **b.** Les **dérogations à l'obligation au raccordement** sont exceptionnelles. Un arrêté du 19 juillet 1960, modifié, prévoit diverses hypothèses auxquelles il faut ajouter les cas de raccordements particulièrement difficiles et coûteux.

INSTALLATION INDIVIDUELLE D'ASSAINISSEMENT

21204 Tout **immeuble non raccordé au réseau public** doit être équipé d'une installation d'assainissement non collectif dont le propriétaire assure l'entretien et la vidange (CSP art. L 1331-1-1).
L'**entretien et la vidange** de l'installation doivent être effectués par une personne agréée par le représentant de l'État dans le département selon des modalités fixées par arrêté (CSP art. L 1331-1-1, I ; Arrêté DEVO0920065A du 7-9-2009).
Le **contrôle des installations** est assuré par les communes qui doivent y procéder selon une périodicité qui ne peut pas excéder 10 ans (CGCT art. L 2224-8, III). À l'issue du contrôle, la commune délivre au propriétaire de l'installation d'assainissement un rapport de visite (CGCT art. L 2224-8, III ; Arrêté DEVO0920064A du 7-9-2009). Un arrêté précise les modalités de l'exécution de la mission de contrôle exercée par les communes (Arrêté DEVL1205609A du 27-4-2012).
En cas de vente de tout ou partie d'un immeuble à usage d'habitation équipé d'une installation d'assainissement non collectif, le document issu du contrôle de l'installation doit être joint au **dossier de diagnostic technique** (CSP art. L 1331-11-1) ; sur le dossier de diagnostic technique, voir nos 21370 s. Ce document doit dater de moins de 3 ans au moment de la signature de l'acte de

vente ; si le contrôle est plus ancien ou inexistant, le vendeur doit en faire réaliser un nouveau à sa charge (CSP art. L 1331-11-1).
En l'absence de document de moins de 3 ans annexé à l'acte authentique de vente, aucune clause d'exonération des vices cachés ne peut être stipulée au profit du vendeur à raison des vices constitués par l'installation individuelle d'assainissement (CCH art. L 271-4, II).
En cas de non-conformité de l'installation individuelle d'assainissement lors de la signature de l'acte authentique de vente, l'acquéreur doit faire procéder aux travaux de mise en conformité dans un délai d'un an après l'acte de vente (CCH art. L 271-4, II).

› **Précisions a.** Ne sont **pas soumis à l'obligation d'une installation individuelle** d'assainissement (CSP art. L 1331-1-1, I-al. 2) :
– les immeubles abandonnés ou dont la destruction ou la cessation d'utilisation est prévue ;
– les immeubles raccordés à une installation d'épuration industrielle ou agricole sous réserve d'une convention entre la commune et le propriétaire définissant les conditions, notamment financières, de raccordement de ces effluents privés.
b. Si la **mise en conformité** de l'installation est **impossible** pour des raisons techniques (par exemple, du fait de l'exiguïté de la parcelle ou de la configuration des lieux), les eaux vannes peuvent être dirigées vers une fosse chimique ou une fosse d'accumulation, après accord de la commune (Rép. Zimmermann : AN 5-2-2008 p. 1003 n° 7920).
c. Le **rapport de visite** de l'installation d'assainissement établi par la commune consigne les observations faites lors de la visite des lieux et, le cas échéant, les risques de pollution environnementale que l'installation présente. Il peut en outre comporter (Arrêté DEVO0920064A du 7-9-2009) :
– des recommandations à l'adresse du propriétaire sur l'accessibilité, l'entretien ou la nécessité de faire des modifications ;
– en cas de risques sanitaires et environnementaux dûment constatés, la liste des travaux classés, le cas échéant, par ordre de priorité à réaliser par le propriétaire de l'installation dans les 4 ans. Le maire peut toutefois raccourcir ce délai selon le degré d'importance du risque.

INFORMATION DE L'ACQUÉREUR

Afin d'obtenir toutes informations utiles sur la situation de l'immeuble vendu au regard de l'assainissement, il convient tout d'abord d'**interroger le vendeur** : **21206**
– si l'immeuble est situé dans une zone d'assainissement collectif, l'immeuble est-il raccordé ? Le raccordement est-il aux normes ? L'installation a-t-elle été contrôlée par le service municipal ou de coopération intercommunale ? Existe-t-il une ancienne fosse, et dans l'affirmative a-t-elle été mise hors d'état de servir et de nuire ? Si le bien n'est pas raccordé alors que le réseau existe, pour quelle raison le raccordement n'a-t-il pas été effectué ? Dans ce cas, est-il équipé d'un système autonome en bon état ?
– si l'immeuble est situé dans une zone d'assainissement non collectif, est-il équipé d'un système autonome en bon état ? A-t-il été contrôlé et des prescriptions ont-elles été imposées et respectées ?
Mais il est inconcevable d'en rester là (vendeur ignorant de bonne foi la situation juridique et matérielle exacte de son bien, besoin de confirmer ses affirmations éventuelles...).
On adressera donc une **demande de renseignements** aux services techniques de la commune (ou de l'établissement public de coopération intercommunale) concernée. Si le bien se révélait être non raccordé, les parties devraient en tirer toutes les conséquences juridiques et financières en insérant une clause appropriée dans l'acte de vente.

F. Diagnostics sanitaires

Les différents diagnostics que le vendeur d'immeuble doit porter à la connaissance de l'acquéreur à l'occasion de la vente de l'immeuble ont été regroupés dans un document unique : le **dossier de diagnostic technique** (nos 21370 s.), dont l'élaboration doit être confiée à des professionnels satisfaisant à certaines conditions (voir nos 71620 s.). **21240**
La réglementation applicable figure, selon le diagnostic en cause, dans le Code de la santé publique, dans le Code de la construction et de l'habitation ou encore dans le Code de l'environnement tandis que les dispositions concernant le dossier de diagnostic technique sont fixées par le Code de la construction et de l'habitation. Cette **dispersion des textes** et leur articulation parfois imprécise posent quelques problèmes d'interprétation.
Tout logement doit être équipé d'au moins un **détecteur de fumée** normalisé (CCH art. L 142-1), mais aucune disposition spécifique n'est prévue en cas de vente de l'immeuble.

1. AMIANTE

21242 Les propriétaires d'immeubles bâtis dont le permis de construire a été délivré avant le **1er juillet 1997** doivent produire, lors de la vente du bien, un état mentionnant la présence ou, le cas échéant, l'absence de matériaux ou produits contenant de l'amiante (CSP art. L 1334-13 et art. R 1334-14 à R 1334-16 et R 1334-29-7).

> **Précisions a.** Concernant la **terminologie**, on utilise aussi bien le terme de « constat » que celui d'« état » amiante.

b. Cet état doit être joint au **dossier de diagnostic technique** (CCH art. L 271-4, I sur renvoi de CSP art. L 1334-13).

c. Il est interdit de **diviser un immeuble** en vue de créer des locaux à usage d'habitation si l'immeuble n'a pas fait l'objet d'un diagnostic amiante. À défaut, le propriétaire qui met en vente un logement issu d'une telle division risque 2 ans de prison et 75 000 € d'amende (CCH art. L 183-15).

CHAMP D'APPLICATION DU DISPOSITIF

21244 L'obligation s'applique à tous les **immeubles** bâtis, qu'ils appartiennent à des personnes privées ou publiques et quel que soit le statut juridique de l'immeuble. Peu importe l'affectation de l'immeuble : habitation, bureaux, usage commercial... Sont concernés les immeubles tant collectifs (copropriété) qu'individuels (maison, pavillon).

Seule condition : que la **date du permis de construire** soit antérieure au 1er juillet 1997.

L'état amiante doit être fourni alors même que l'immeuble vendu est destiné à la **démolition**, ce diagnostic ayant directement trait à la santé des personnes ayant à effectuer les travaux (CSP art. R 1334-19 ; Rép. Gorges : AN 24-2-2009 p. 1800 n° 32577). Ce diagnostic amiante avant travaux (DAT) n'est pas exigé en cas de rénovation sans démolition (Cass. 3e civ. 1-10-2020 n° 19-16.251 FS-PBI : BPIM 6/20 inf. 424).

CONTENU DU CONSTAT AMIANTE

21246 Le constat est constitué (CSP art. R 1334-29-7) :

– en cas de vente d'un immeuble d'habitation comportant **un seul logement**, par un rapport de repérage des matériaux et produits des listes A et B annexées au Code de la santé publique ;

– en cas de vente de tout ou partie d'**immeubles collectifs d'habitation**, par les rapports de repérage des matériaux et produits des listes A et B relatifs aux parties privatives vendues et de la fiche récapitulative relative aux parties communes du dossier technique amiante (n° 21248) ;

– pour la vente d'**autres immeubles**, de la fiche récapitulative du dossier technique amiante (n° 21248).

Le repérage des matériaux et produits de la **liste A** est limité aux flocages, calorifugeages et faux plafonds (CSP annexe 13-9). Les repérages des flocages, calorifugeages et faux plafonds réalisés avant le 1er février 2012 en application de l'ancienne réglementation (CSP art. R 1334-15 ancien) tiennent lieu du repérage de la liste A exigée par la nouvelle réglementation (Décret 2011-629 du 3-6-2011 art. 4).

Les matériaux et produits de la **liste B** sont présentés sous la forme d'un tableau figurant à l'annexe 13-9 du Code de la santé publique et reproduit ci-après. Il s'agit notamment, à l'intérieur du bâtiment, des enduits projetés et des revêtements durs des murs et cloisons, des planchers et des plafonds, des conduits et canalisations et, à l'extérieur, des composants des toitures, des bardages de façade et des conduits extérieurs. Cette liste ne reprend pas à l'identique le repérage étendu qu'imposait l'ancien article R 1334-26 du Code de la santé publique puisqu'elle y ajoute le contrôle de certains éléments extérieurs. Les matériaux de la liste B n'ayant pas été contrôlés avant le 1er février 2012 devront donc faire l'objet d'un repérage complémentaire pour la réalisation du constat amiante lors de la prochaine vente (Décret 2011-629 du 3-6-2011 art. 4, II).

Matériaux et produits de la liste B 21247

Composant de la construction	Partie du composant à vérifier ou à sonder
1.- Parois verticales intérieures	
Murs et cloisons « en dur » et poteaux (périphériques et intérieurs)	Enduits projetés, revêtements durs (plaques menuiserie, amiante-ciment) et entourages de poteaux (carton, amiante-ciment, matériau sandwich, carton + plâtre), coffrage perdu
Cloisons (légères et préfabriquées), gaines et coffres	Enduits projetés, panneaux de cloisons
2.- Planchers et plafonds	
Plafonds, poutres et charpentes, gaines et coffres	Enduits projetés, panneaux collés ou vissés.
Planchers	Dalles de sol
3.- Conduits, canalisations et équipements intérieurs	
Conduits de fluides (air, eau, autres fluides...)	Conduits, enveloppes de calorifuges
Clapets/volets coupe-feu	Clapets, volets, rebouchage
Portes coupe-feu	Joints (tresses, bandes)
Vide-ordures	Conduits
4.- Éléments extérieurs	
Toitures	Plaques, ardoises, accessoires de couverture (composites, fibres-ciment), bardeaux bitumineux
Bardages et façades légères	Plaques, ardoises, panneaux (composites, fibres-ciment)
Conduits en toiture et façade	Conduits en amiante-ciment : eaux pluviales, eaux usées, conduits de fumée

Lot de copropriété Lorsque la vente porte sur un lot de copropriété, le constat doit porter sur les parties privatives et les parties communes (CSP art. R 1334-29-7, 2°). 21248

Concernant les parties communes, la production de la **fiche récapitulative** contenue dans le dossier technique amiante de l'immeuble suffit. Le contenu de cette fiche est précisé par arrêté (Arrêté AFSP1243362A du 21-12-2012).

> **Précisions a.** En l'absence du **dossier technique amiante** (tout immeuble en copropriété doit posséder son dossier), le copropriétaire qui a le projet de vendre doit saisir le syndic de cette anomalie et lui demander la convocation d'une assemblée afin qu'il y soit remédié de toute urgence. À défaut, le vendeur ne pourrait s'exonérer de la garantie des vices cachés quant à la présence d'amiante dans les parties communes de l'immeuble (voir n° 21256).

b. S'agissant du **contenu du dossier technique amiante**, celui-ci doit porter sur (CSP art. R 1334-29-5, I) :

– les rapports de repérage des matériaux et produits des listes A et B contenant de l'amiante ;

– le cas échéant, la date, la nature, la localisation et les résultats des évaluations périodiques de l'état de conservation, des mesures d'empoussièrement, des travaux de retrait ou de confinement de matériaux et produits contenant de l'amiante et des mesures conservatoires mises en œuvre ;

– les recommandations générales de sécurité à l'égard de ces matériaux et produits, notamment les procédures d'intervention, y compris les procédures de gestion et d'élimination des déchets ;

– une fiche récapitulative.

c. Afin d'être en conformité avec la nouvelle réglementation, les éléments de la liste B n'ayant pas été contrôlés avant le 1er février 2012 devront faire l'objet d'un repérage complémentaire pour la **mise à jour du dossier technique amiante** lors de la prochaine vente (Décret 2011-629 du 3-6-2011 art. 4, II, 1° sur renvoi art. 5, al. 2 ; Arrêté AFSP1243362A du 12-12-2012).

AUTEUR DU CONSTAT AMIANTE

Les opérations de repérage et de diagnostic amiante doivent être réalisées par un professionnel répondant à des **conditions** strictes de compétence, d'assurance, d'impartialité et d'indépendance (voir nos 71620 s.). 21250

La charge financière du constat est supportée en principe par le vendeur au titre des **frais accessoires** à ses obligations d'information et de délivrance (Cass. 3e civ. 21-9-2011 n° 10-22.939 : RJDA 5/12 n° 489). Toutefois, rien n'interdit aux parties de prévoir le contraire et de l'attribuer conventionnellement à l'acquéreur (voir n° 21376).

En pratique, le **coût d'un constat** est variable selon le type de bien (appartement, maison, parties communes d'un immeuble...), la superficie, le nombre de pièces, la configuration et l'accessibilité des lieux, etc. Les professionnels habilités à intervenir étant libres de fixer les tarifs de leurs prestations, il convient de faire jouer la concurrence.

DATE DU CONSTAT AMIANTE

21252 **Moment de la production** Le constat amiante doit être annexé à la **promesse de vente** ou, à défaut de promesse, à l'**acte authentique** de vente (CCH art. L 271-4, I sur renvoi de CSP art. L 1334-13). C'est donc dès le stade de l'avant-contrat que l'obligation s'applique.

En l'absence de constat, vendeur et acquéreur, pressés de s'engager, peuvent-ils conclure un avant-contrat sous la **condition suspensive** de la production ultérieure du constat ? La protection qu'offre cette condition à l'acquéreur dépend de sa rédaction. Ainsi la clause selon laquelle la vente est subordonnée à « la réalisation » des diagnostics n'est pas protectrice pour l'acquéreur puisque la condition sera réalisée du seul fait de la communication du diagnostic, quel que soit son résultat (CA Rennes 8-3-2007 n° 05-6979 : Dict. perm. Transactions immobilières bull. 36 p. 9448). La clause doit donc préciser, pour chacun des diagnostics manquants, le résultat qui emporte réalisation de la condition (par exemple promesse ou vente conclue sous la condition suspensive que les diagnostics ne révèlent pas la présence d'amiante). Rappelons qu'en cas de non-réalisation de la condition, le bénéficiaire de la promesse ou l'acquéreur peut toujours renoncer à la condition suspensive stipulée en sa faveur (voir D. Boulanger, L'amiante, le plomb et la condition suspensive : JCP N 2002 n° 1689, qui préconise de stipuler la condition dans l'intérêt des deux parties et non dans celui du seul acquéreur). Pour le cas où les parties souhaiteraient s'engager sous condition suspensive d'un état négatif, voir n° 30892 pour des modèles de clause.

21254 **Durée de validité** La validité d'un constat amiante n'est pas limitée dans le temps. Peu importe donc sa date d'établissement pourvu qu'il porte bien sur les différents points à vérifier (ce qui, compte tenu des changements incessants de réglementation en la matière, exclut de fait les **constats** trop **anciens**).

SANCTIONS

21256 **Absence de constat** En l'absence de constat annexé à l'acte authentique de vente, le vendeur ne peut pas s'exonérer de la **garantie des vices cachés** constitués par la présence d'amiante dans les éléments de construction soumis au repérage (CSP art. L 1334-13 ; CCH art. L 271-4, II). En d'autres termes, la clause d'exonération de la garantie des vices cachés – qui est une quasi-clause de style dans les actes de vente d'immeubles par un particulier – sera inefficace quant à la présence d'amiante. Concrètement, cette sanction vise essentiellement le vendeur particulier car celui qui est professionnel n'a pas la possibilité, en principe, de s'exonérer de la garantie des vices cachés.

Aux termes de l'article L 271-4, II du Code de la construction et de l'habitation, la sanction prévue en cas d'absence du constat n'est donc applicable que si cette **absence** est **constatée au moment de la signature** de l'acte authentique de vente. Mais comment concilier cette affirmation avec celle contenue au I du même article selon laquelle le dossier de diagnostic technique, dont fait partie le constat, doit être annexé à la promesse de vente ou, à défaut de promesse, à l'acte authentique de vente ? Quelle sera la sanction si le constat a été annexé à l'avant-contrat mais pas à l'acte authentique le réitérant ou si, inversement, annexé à l'acte authentique, le constat ne l'a pas été à l'avant-contrat ? En attendant que les tribunaux tranchent ces questions et dès lors qu'un avant-contrat est signé (ce qui est quasiment toujours le cas en pratique), il nous semble souhaitable d'annexer le constat (le dossier de diagnostic technique) tant à la promesse qu'à l'acte authentique de réitération. À défaut, le vendeur prendrait à notre avis le risque – si un contentieux était porté en justice – de ne pas pouvoir s'exonérer de la garantie des vices cachés correspondante.

21258 **Constat tardif** Si le vendeur n'a pas obtenu le constat au jour de l'avant-contrat mais doit le recevoir sous peu, on ne peut que conseiller aux parties de **reporter la signature** à la réception effective du document.

Mais que faire si les parties s'aperçoivent, après coup, qu'elles ont signé un avant-contrat sans constat alors que celui-ci était nécessaire ? Si l'oubli est identifié **avant** que la **notification de l'avant-contrat** ne soit intervenue (voir nos 45000 s.), le document peut-il être joint à cette occasion ? Il nous semble que le procédé conduit à une alternative, dont l'acquéreur aura la maîtrise : soit il décide de ne pas acquérir et se rétracte ; soit il décide d'acquérir et ne se rétracte pas, mais cela ne le prive pas, à notre avis, du droit de se prévaloir de l'inefficacité de la clause de non-garantie des vices cachés (voir n° 21256) et de demander, le cas échéant, une diminution du prix sur le fondement de l'article 1644 du Code civil.

Si l'**avant-contrat a déjà été notifié** lorsque les parties prennent conscience de l'oubli, c'est au stade de la signature de l'acte authentique que la problématique est reportée. Soit la vente est passée sans autre formalité, le constat y étant annexé, et l'acquéreur pourra à notre avis invoquer la garantie des vices cachés liés à la présence d'amiante puisque le constat aurait dû être produit dès la promesse. Soit l'acquéreur accepte, une fois le constat produit et au vu de celui-ci, de renoncer à son droit acquis à bénéficier de la garantie des vices cachés en signant un acte de vente qui prévoit l'exonération du vendeur quant au risque considéré ; il conviendra alors, nous semble-t-il, de réitérer les formalités prévues par la loi SRU avant la signature de la vente chez le notaire (toutefois, en sens contraire : CA Rennes 4e ch. 8-3-2007 n° 05-6979), en prenant la précaution de recueillir l'assentiment des parties sur l'opportunité et l'exigibilité de cette nouvelle notification (J.-Cl. Notarial Formulaire fasc. 132 par J. Lafond n° 88). À défaut de notification, le rédacteur veillera à tout le moins à insérer dans l'acte de vente une clause de renonciation expresse de l'acquéreur au droit qui lui était acquis à bénéficier de la garantie. Bien entendu, dans les deux cas, l'acquéreur pourra subordonner sa renonciation à une renégociation du prix ou à la prise en charge par le vendeur de tout ou partie des travaux d'éradication ou de confinement de l'amiante. Pour plus de précisions sur les conséquences des modifications substantielles entre l'acte ou le projet d'acte notifié et l'acte authentique proposé à la signature quant au délai de réflexion de l'acquéreur, voir nos 45580 s.

Constat positif La liberté contractuelle l'impose : même si le constat est positif, rien n'empêche les parties de conclure la vente (avant-contrat et acte définitif). La question essentielle est de déterminer qui, du vendeur ou de l'acquéreur, en assumera les conséquences juridiques et financières. La réponse est d'autant plus importante que les travaux de confinement ou de retrait de l'amiante sont, le plus souvent, très onéreux. **21262**

En l'**absence de clause spécifique** réglant la question, et dans le silence de la loi, l'acquéreur, en devenant propriétaire, supportera seul les risques liés à la présence d'amiante. D'où l'importance de s'assurer que l'acquéreur s'engage en toute connaissance de cause en lui fournissant une information aussi claire et complète que possible. Le notaire sera bien avisé de lui faire signer une reconnaissance de conseils donnés. Il peut même être particulièrement opportun, en présence d'un état positif, de faire établir un véritable « diagnostic » précisant les mesures (curatives ou préventives) à prendre.

Les parties ont également la possibilité de **régler par convention** la charge de ces conséquences. Si elles sont imputées au vendeur, celui-ci peut soit s'engager à acquitter directement les travaux qui seront effectués (il est alors utile de prévoir une clause de séquestre d'une partie du prix de vente pour un montant équivalent), soit consentir une diminution du prix corrélative, l'acquéreur en supportant en droit (mais non en fait) le coût financier. Dans cette dernière hypothèse, une clause de l'acte indiquera que l'acquéreur, parfaitement informé de la situation, déclare prendre le bien en l'état, sans recours contre le vendeur.

> **Précisions** **a.** Le propriétaire qui ne respecte pas ses obligations en matière de « **recherche d'amiante** » – c'est-à-dire indépendamment de toute vente du bien concerné – encourt des **sanctions pénales** (contravention de 3e ou 5e classe). En cas de vente, l'ancien propriétaire pourra être poursuivi dans la limite du délai de prescription (1 an, s'agissant de contravention) qui commence à courir à compter de la date du transfert de propriété.
>
> **b.** L'acquéreur d'un immeuble autre qu'une maison individuelle doit être informé qu'en cas de **repérage antérieur** ayant révélé la présence de matériaux ou produits dégradés contenant de l'amiante dans les flocages, calorifugeages et faux plafonds, le propriétaire a 36 mois pour effectuer des **travaux de confinement ou de retrait** si le niveau d'empoussièrement de l'atmosphère devient supérieur à 5 fibres par litre.

Constat erroné Le vendeur remplit son obligation légale en matière d'amiante en joignant à l'acte de vente un état conforme à la réglementation, quel que soit son contenu (Cass. 3e civ. 23-9-2009 n° 08-13.373 : RJDA 2/10 n° 141). Par conséquent, lorsque le constat est négatif alors qu'en réalité l'**immeuble contient de l'amiante** révélée par un constat ultérieur, la garantie du vendeur ne peut être recherchée en l'absence d'un engagement spécifique de sa part de livrer un immeuble exempt d'amiante. Ainsi, la clause d'exclusion de garantie des vices **21264**

cachés garde toute son efficacité si le vendeur profane n'a pas eu connaissance de la présence d'amiante avant la vente (Cass. 3e civ. 6-7-2011 no 10-18.882 : RJDA 11/11 no 897).
Reste la possibilité pour l'acquéreur de mettre en cause la responsabilité du diagnostiqueur (voir nos 71680 s.).

2. PLOMB

21280 Afin de lutter contre les risques d'intoxication au plomb (la maladie qui en résulte a pour nom le saturnisme) soit directement, soit par les sels de plomb se trouvant dans les peintures anciennes, le vendeur de tout ou partie d'un immeuble d'habitation construit avant le **1er janvier 1949** doit produire un constat de risque d'exposition au plomb (CSP art. L 1334-6 ; CCH art. L 271-4, al. 3).

> **Précisions a.** Le constat de risque d'exposition au plomb sera joint au **dossier de diagnostic technique** (voir no 21374).
> **b.** Il est interdit de **diviser un immeuble** en vue de créer des locaux à usage d'habitation si l'immeuble n'a pas fait l'objet d'un constat de risque d'exposition au plomb. À défaut, le propriétaire qui met en vente un logement issu d'une telle division risque 2 ans de prison et 75 000 euros d'amende (CCH art. L 111-6-1, al. 5).

CHAMP D'APPLICATION DU DISPOSITIF

21282 Ne sont concernés que les **immeubles** d'habitation construits avant le 1er janvier 1949. Seule la date de construction de l'immeuble est prise en compte, peu important que l'immeuble ait fait l'objet d'une réhabilitation entre-temps (Circ. DGS/EA 2 no 2007-321 du 13-8-2007 : BO santé 2007/9 p. 149) mais si un constat met en évidence que les travaux ont fait disparaître tout risque d'exposition au plomb, il n'est pas nécessaire de faire établir un nouveau constat à chaque vente (voir no 21288).
Le constat de risque d'exposition au plomb porte uniquement sur les **revêtements privatifs** du logement, y compris ses revêtements extérieurs : volet, portail, grille, balcon, etc. (Arrêté du 19-8-2011 relatif au constat de risque d'exposition au plomb, annexe 1 : JO 1-9). Si le bien concerné est affecté en partie à des usages autres que l'habitation, le constat ne doit porter que sur les parties affectées à l'habitation et les locaux annexes destinés à un usage courant (par exemple, la buanderie).
En cas de vente d'un **immeuble en copropriété**, de droits réels immobiliers ou encore de parts donnant droit ou non à l'attribution ou à la jouissance en propriété des locaux, le constat ne porte que sur les parties privatives affectées au logement (CCH art. L 271-4, al. 14) et donc pas sur les parties communes.
S'agissant des **contrats** concernés, le constat doit être produit à l'occasion de la vente mais aussi en cas de cession de droits réels immobiliers ou de parts sociales donnant droit ou non à l'attribution ou à la jouissance en propriété des locaux (CCH art. L 271-4, al. 14).

> **Précisions a.** En dehors de toute vente, les **parties à usage commun** d'un immeuble collectif affecté en tout ou partie à l'habitation, construit avant le 1er janvier 1949, doivent avoir fait l'objet d'un constat de risque d'exposition au plomb avant le 12 août 2008 (CSP art. L 1334-8, al. 3).
> **b.** Le constat de risque d'exposition au plomb doit être fourni alors même que l'immeuble vendu est destiné à la **démolition**, ce diagnostic ayant directement trait à la santé des personnes ayant à effectuer les travaux (Rép. Gorges : AN 24-2-2009 p. 1800 no 32577).

CONTENU DU CONSTAT

21284 Le constat de risque d'exposition au plomb doit (CSP art. L 1334-5 et R 1334-10 ; Arrêté ETSP1123269A du 19-8-2011 annexes 1 et 2) :
– identifier les éléments comportant un **revêtement** ;
– préciser la **concentration en plomb** de ces revêtements **et** la **méthode** d'analyse utilisée pour la mesurer ;
– décrire l'**état de conservation** des revêtements contenant du plomb ;
– mentionner, le cas échéant, la liste des **facteurs de dégradation** du bâti ;
– comporter en annexe une **notice d'information** qui résume les effets du plomb sur la santé et les précautions à prendre en présence de revêtements contenant du plomb.
Les **résultats du constat** de risque d'exposition au plomb doivent permettre de connaître non seulement le risque immédiat lié à la présence de revêtements dégradés contenant du plomb (qui génèrent spontanément des poussières ou des écailles pouvant être ingérées par un enfant),

mais aussi le risque potentiel lié à la présence de revêtements en bon état contenant du plomb (encore non accessible) (Arrêté ETSP1123269A du 19-8-2011, art. 1).

> **Précisions a.** Le risque d'exposition au plomb existe si le constat met en évidence la présence de revêtements dégradés contenant du plomb à des concentrations supérieures aux seuils suivants (Arrêté ETSP1123269A du 19-8-2011, art. 5) :
> – en l'absence d'analyse chimique, **concentration surfacique** en plomb total mesurée à l'aide d'un appareil portable à fluorescence X égale à 1 mg/cm^2 ;
> – si une analyse chimique est réalisée et quel que soit le résultat de l'analyse par fluorescence X, **concentration massique** en plomb acido-soluble mesurée en laboratoire égale à 1,5 mg/g.
> **b.** La recherche de **canalisations** en plomb ne fait pas partie du champ d'application du constat de risque d'exposition au plomb (Arrêté ETSP1123269A du 19-8-2011 annexe 1).

AUTEUR DU CONSTAT

Le constat de risque d'exposition au plomb est dressé par un professionnel répondant à des **conditions** strictes de compétence, d'assurance, d'impartialité et d'indépendance (voir n°s 71620 s.). **21286**
Concernant la prise en **charge des frais et** le **coût** d'établissement du constat, voir n° 21376.

DATE DU CONSTAT

Le constat de risque d'exposition au plomb doit être annexé à la **promesse de vente** ou, à défaut de promesse, à l'**acte authentique** de vente (CSP art. L 1334-6 ; CCH art. L 271-4, I). C'est donc dès le stade de l'avant-contrat que l'obligation s'applique. **21288**
Sur la possibilité de prévoir, dans l'avant-contrat, une **condition suspensive** d'obtention du constat, voir n° 21252.
Le constat doit avoir été établi moins d'**un an** avant la promesse de vente ou l'acte de vente auquel il doit être joint (CCH art. D 271-5). Si le constat produit lors de la signature de la promesse de vente n'est plus en cours de validité à la date de la signature de l'acte authentique de vente, il est remplacé par un nouveau document pour être annexé à l'acte authentique de vente (CCH art. D 271-5, al. 2). Toutefois, si le constat en établit l'absence ou s'il fait état de la présence de revêtements contenant du plomb à des concentrations inférieures à celles exposées n° 21284 Précisions, a, il n'y a pas lieu de faire établir un nouveau constat à chaque mutation ; le constat initial est alors joint au dossier de diagnostic technique (CCH art. D 271-5, al. 3).

SANCTIONS

En l'**absence de constat** de moins d'un an annexé à l'acte authentique de vente, aucune clause d'exonération des vices cachés ne peut être stipulée au profit du vendeur à raison des vices constitués par le risque de saturnisme (CCH art. L 271-4, II). Sur l'hypothèse de la production tardive d'un constat non annexé à l'avant-contrat, les développements consacrés au constat amiante sont transposables (voir n° 21258). **21290**
Si le **constat** met en évidence la présence de **revêtements dégradés** contenant du plomb à des concentrations supérieures aux seuils prescrits (n° 21284 Précisions, a), le propriétaire doit (CSP art. L 1334-9 et R 1334-12) :
– en informer les occupants et les personnes amenées à faire des travaux dans l'immeuble ou la partie d'immeuble concerné en leur remettant une copie du constat ;
– procéder aux travaux appropriés pour supprimer le risque d'exposition au plomb, tout en garantissant la sécurité des occupants.
Il est essentiel, **en pratique**, que vendeur et acquéreur aient déterminé dès l'avant-contrat celui d'entre eux qui supporterait le coût des travaux et des mesures accessoires (par exemple, relogement temporaire des occupants de l'immeuble pendant le chantier) ; l'information de l'acquéreur sur la situation et ses conséquences, notamment la nature et l'étendue des travaux, doit être aussi complète et précise que possible.

> **Précisions** Si le constat fait apparaître la présence de **facteurs de dégradation**, l'auteur du constat transmet, dans un délai de 5 jours ouvrables, une copie de ce document au directeur général de l'agence régionale de santé, en informe le propriétaire, le syndicat des copropriétaires ou l'exploitant du local d'hébergement et le précise dans son rapport (CSP art. L 1334-10 et R 1334-10 ; Arrêté ETSP1123269A du 19-8-2011, art. 8). Sur proposition du directeur général de l'agence (ou du directeur du service communal d'hygiène et de santé de la commune concernée), le préfet peut prescrire toutes mesures conservatoires, y compris l'arrêt du chantier, si des travaux entraînent un risque d'exposition au plomb pour les occupants d'un immeuble ou la population environnante ; le coût de ces mesures est mis à la charge du propriétaire ou du syndicat de copropriétaires (CSP art. L 1334-11).

3. TERMITES

21310 La présence de termites est aujourd'hui relevée dans plus de la moitié des départements français (les principales régions concernées sont le Sud-Ouest, les départements des côtes atlantique et méditerranéenne, les départements bordant les vallées du Rhône, de la Garonne et de la Loire, ainsi que l'Île-de-France). Parce qu'ils dégradent les **bois et** ses **matériaux dérivés**, ces insectes peuvent affecter la qualité d'usage des bâtiments jusqu'à mettre en péril leur solidité.
Pour organiser la lutte contre ces insectes, le vendeur d'un immeuble situé en **zone contaminée** doit produire un état relatif à la présence de termites (CCH art. L 126-24).
L'état parasitaire doit être joint au **dossier de diagnostic technique** (voir n° 21374).

CHAMP D'APPLICATION DU DISPOSITIF

21312 Sont seuls concernés les **immeubles bâtis**, à l'exclusion des terrains nus, situés dans une zone délimitée par arrêté préfectoral. Le préfet délimite, sur proposition ou après consultation des conseils municipaux concernés, les zones contaminées ou susceptibles de l'être à court terme lorsque des foyers de termites sont identifiés dans une ou plusieurs communes (CCH art. L 131-3).
L'information sur l'existence d'une telle zone peut être obtenue, notamment, auprès de la mairie de la commune du lieu de situation de l'immeuble ou de la chambre départementale des notaires compétente. La carte des régions infestées peut également être consultée sur le site internet de l'Observatoire national des termites mis en place par le Centre technique du bois et de l'ameublement (http://www.termite.com.fr).
Le dispositif légal ne s'applique ni aux **insectes** xylophages **autres que les termites** (vrillettes, capricornes...) ni aux **parasites lignivores** (telle la mérule qui fait l'objet d'une réglementation spécifique (voir n° 21325)). Toutefois, les parties ont la possibilité de signer un avant-contrat sous la condition suspensive (purement conventionnelle) de la production d'un état ne révélant pas la présence de parasites lignivores ou d'insectes xylophages autres que les termites. Elles peuvent même stipuler une telle condition suspensive en y incluant les termites lorsque l'immeuble n'est pas situé dans une zone contaminée. Tout est affaire de négociation et de consentement.

> **Précisions** Si l'**immeuble** vendu n'est **pas situé dans une zone contaminée** ou susceptible de l'être, le droit commun de la vente s'applique. Le vendeur qui n'est pas un professionnel peut s'exonérer de la garantie des vices cachés constitués par la présence de termites, la clause fût-elle rédigée en termes généraux (Cass. 3e civ. 12-11-1975 : Bull. civ. III n° 330). Bien entendu, le vendeur doit être de bonne foi, c'est-à-dire ignorant la contamination.

CONTENU DE L'ÉTAT PARASITAIRE

21314 L'état doit identifier l'**immeuble** concerné et indiquer (CCH art. R 133-7) :
– les parties visitées et celles n'ayant pu l'être ;
– les éléments infestés ou ayant été infestés par la présence de termites et ceux qui ne le sont pas ;
– la **date** de son établissement.
L'état est établi conformément au modèle défini par l'arrêté SOCU0751093A du 29 mars 2007.
Lors de la réalisation d'un état parasitaire sur un **immeuble bâti isolé**, il est de bonne pratique de faire porter cet état parasitaire sur les abords immédiats non bâtis de la construction afin de déceler une infestation potentielle ou en cours.
S'agissant des **immeubles en copropriété**, l'état porte uniquement sur la partie privative du lot vendu (CCH art. L 271-4, al. 14).

AUTEUR DE L'ÉTAT PARASITAIRE

21316 L'état relatif à la présence de termites doit être établi par un professionnel répondant à des **conditions** strictes de compétence, d'assurance, d'impartialité et d'indépendance (voir nos 71620 s.).
Concernant la prise en **charge des frais et** le **coût** d'établissement de l'état, voir n° 21376.

DATE DE L'ÉTAT PARASITAIRE

21318 L'état relatif à la présence de termites doit être annexé à la **promesse de vente** ou, à défaut de promesse, à l'**acte authentique** de vente (CCH art. L 126-24 et L 271-4, I). C'est donc dès le stade de l'avant-contrat que l'obligation s'applique.
L'état doit avoir été établi moins de **6 mois** avant la date de la promesse de vente ou de l'acte authentique (CCH art. D 271-5).
Si l'état produit lors de la signature de la promesse de vente n'est **plus en cours de validité** à la date de la signature de l'acte authentique de vente, il est remplacé par un nouveau document pour être annexé à l'acte authentique de vente (CCH art. L 271-5, al. 2).

Sur la possibilité de prévoir, dans l'avant-contrat, une **condition suspensive** d'obtention de l'état, voir n° 21252.

SANCTIONS

En l'**absence d'état** de moins de 6 mois annexé à l'acte authentique de vente, aucune clause d'exonération des vices cachés ne peut être stipulée au profit du vendeur à raison des vices constitués par la présence de termites (CCH art. L 271-4, II). Sur les conséquences de la production tardive d'un état non annexé à l'avant-contrat, les développements consacrés au constat amiante sont transposables (voir n° 21258). **21320**

L'acquéreur peut s'engager même si l'**état** est **positif**. Le notaire en charge du dossier veillera à ce que l'acquéreur soit parfaitement informé de la législation applicable en matière de lutte contre la propagation des termites. Quant à l'acte de vente, il est souhaitable qu'il détermine celui, du vendeur ou de l'acquéreur, qui supportera la charge des travaux d'éradication (lesquels peuvent faire l'objet d'une injonction du maire). Le vendeur, dès qu'il reçoit l'état révélant la présence de termites, doit en faire la déclaration en mairie, par lettre recommandée avec AR ou remise en main propre contre décharge (CCH art. R 133-3, al. 1).

> **Précisions a.** Le défaut de **déclaration d'un immeuble contaminé** est sanctionné par une amende de 450 € (CCH art. R 133-6, al. 1).
> **b.** Dès lors que le vendeur n'a pas informé l'acquéreur d'une **ancienne infestation** par les termites relatée dans l'état parasitaire annexé à son propre acte d'achat, il ne peut pas se prévaloir de la clause de non-garantie à raison de ce vice en invoquant l'état parasitaire négatif produit à l'acte de (re)vente du bien (Cass. 3e civ. 8-4-2009 n° 08-12.960 : RJDA 11/09 n° 942 ; voir aussi Cass. 3e civ. 16-12-2009 n° 09-10.540).

4. MÉRULE

Le vendeur d'un immeuble situé en zone contaminée doit communiquer une information sur la présence d'un risque de mérule (CCH art. L 131-3). Il s'agit d'une simple information, et non d'un diagnostic. **21325**

Sont seuls concernés les **immeubles bâtis**, à l'exclusion des terrains nus, situés dans une zone délimitée par arrêté préfectoral. Le préfet délimite, sur proposition ou après consultation des conseils municipaux concernés, les zones de présence d'un risque de mérule lorsque des foyers de mérule sont identifiés dans une ou plusieurs communes (CCH art. L 131-3). L'information sur l'existence d'une telle zone peut être obtenue, notamment, auprès de la préfecture du lieu de situation de l'immeuble.

L'information relative à la présence de mérule doit être annexée à la **promesse de vente** ou, à défaut de promesse, à l'**acte authentique** de vente (CCH art. L 126-25 et art. L 271-4, I). C'est donc dès le stade de l'avant-contrat que l'obligation s'applique.

Les textes ne détaillent pas le **contenu** précis de cette information. Aucune **sanction** n'est prévue en cas de défaut de communication de l'information.

5. INSTALLATION INTÉRIEURE DE GAZ

Le vendeur d'un bien comportant une installation intérieure de gaz doit produire un état de cette installation en vue d'évaluer les risques pouvant compromettre la sécurité des personnes (CCH art. L 134-9 et R 134-6 à R 134-9). **21330**

L'état de l'installation intérieure de gaz doit être joint au **dossier de diagnostic technique** (voir n° 21374).

CHAMP D'APPLICATION DU DISPOSITIF

Sont seules concernées les installations intérieures de gaz réalisées depuis **plus de 15 ans**. Peu importe le type de gaz utilisé (gaz naturel, gaz propane liquide, etc.). **21332**

Par ailleurs, l'état n'est requis que pour les **immeubles** ou parties d'immeuble à usage d'habitation (CCH art. L 271-4, I). En cas de vente d'un **lot de copropriété** et en cas de cession de droits réels immobiliers sur les locaux ou de parts donnant droit ou non à l'attribution ou à la jouissance en propriété des locaux, l'état ne porte que sur la partie privative du lot.

CONTENU DE L'ÉTAT

L'état de l'installation intérieure de gaz décrit, au regard des exigences de sécurité (CCH art. R 134-7) : **21334**

– l'état des **appareils** fixes de chauffage et de production d'eau chaude sanitaire ou mettant en œuvre un moteur thermique, alimentés par le gaz ;

– l'état des **tuyauteries** fixes d'alimentation en gaz et leurs accessoires ;
– l'aménagement des **locaux** où fonctionnent les appareils à gaz, permettant l'aération de ces locaux et l'évacuation des produits de combustion.
L'état est réalisé sans démontage d'éléments des installations. Il est établi selon un modèle et selon une méthode fixée par l'arrêté SOCU0751203A du 6 avril 2007.

AUTEUR DE L'ÉTAT

21336 L'état de l'installation intérieure de gaz doit être établi par un professionnel répondant à des **conditions** strictes de compétence, d'assurance, d'impartialité et d'indépendance (voir n°s 71620 s.).
Concernant la prise en **charge des frais et** le **coût** d'établissement de l'état, voir n° 21376.

DATE DE L'ÉTAT

21338 L'état de l'installation intérieure de gaz doit être annexé à la **promesse de vente** ou, à défaut de promesse, à l'**acte authentique** de vente (CCH art. L 134-9 et L 271-4, I). C'est donc dès le stade de l'avant-contrat que l'obligation s'applique.
L'état doit avoir été établi moins de **3 ans** avant la date de la promesse de vente ou de l'acte authentique de vente (CCH art. R 271-5).
Si l'état produit lors de la signature de la promesse de vente n'est **plus en cours de validité** à la date de la signature de l'acte authentique de vente, il est remplacé par un nouveau document pour être annexé à l'acte authentique de vente.
Toutefois, **tient lieu d'état** de l'installation intérieure de gaz s'il a été établi depuis moins de 3 ans à la date à laquelle il doit être produit :
– le certificat de conformité visé par un organisme agréé et établi à l'occasion de la modification de l'installation intérieure de gaz (CCH art. R 134-9) ;
– le diagnostic réalisé avant le 1er novembre 2007 dans le cadre d'opérations organisées par des distributeurs de gaz (Décret 2006-1147 du 14-9-2006 art. 3).
Sur la possibilité de prévoir, dans l'avant-contrat, une **condition suspensive** d'obtention de l'état, voir n° 21252.

SANCTIONS

21340 En l'**absence d'état** de moins de 3 ans annexé à l'acte authentique de vente, aucune clause d'exonération des vices cachés ne peut être stipulée au profit du vendeur à raison des vices constitués par l'installation de gaz (CCH art. L 271-4, II).
Sur les conséquences de la **production tardive d'un état** non annexé à l'avant contrat, les développements consacrés au constat amiante sont transposables (voir n° 21258).

6. INSTALLATION INTÉRIEURE D'ÉLECTRICITÉ

21345 En cas de vente de tout ou partie d'un immeuble à usage d'habitation, un état de l'installation intérieure d'électricité doit être produit en vue d'évaluer les risques pouvant porter atteinte à la sécurité des personnes (CCH art. L 134-7 ; Décret 2008-384 du 22-4-2008 art. 2).

> **Précisions a.** L'état de l'installation intérieure d'électricité doit être joint au **dossier de diagnostic technique** (voir n° 21374).
> **b.** Est interdite, sous peine d'un emprisonnement de 2 ans et d'une amende de 75 000 €, la mise en vente de locaux destinés à l'habitation et provenant de la **division d'un immeuble** lorsqu'ils ne sont pas pourvus d'un accès à la fourniture de courant électrique (CCH art. L 183-15).

CHAMP D'APPLICATION DU DISPOSITIF

21346 Sont seules concernées les installations intérieures d'électricité réalisées depuis **plus de 15 ans**.
Par ailleurs, l'état n'est requis que pour les **immeubles** ou parties d'immeubles à usage d'habitation (CCH art. L 271-4). En cas de vente d'un **lot de copropriété** et en cas de cession de droits réels immobiliers sur les locaux ou de parts donnant droit ou non à l'attribution ou à la jouissance en propriété des locaux, l'état ne porte que sur la partie privative du lot.

CONTENU DE L'ÉTAT

21347 Le **contrôle porte sur** les parties privatives des locaux à usage d'habitation et sur leurs dépendances ; il est réalisé en aval de l'appareil général de commande et de protection de l'installation propre à chaque logement (compteur individuel) jusqu'aux bornes d'alimentation et aux socles des prises de courant. Sont également vérifiées l'adéquation des équipements fixes

aux caractéristiques du réseau et les conditions de leur installation au regard des exigences de sécurité (CCH art. R 134-10).
L'état de l'installation intérieure d'électricité signale l'existence et décrit, au regard des **exigences de sécurité**, les caractéristiques (CCH art. R 134-11) :
– d'un appareil général de commande et de protection et de son accessibilité ;
– d'au moins un dispositif différentiel de sensibilité appropriée aux conditions de mise à la terre, à l'origine de l'installation électrique ;
– d'un dispositif de protection contre les surintensités adapté à la section des conducteurs, sur chaque circuit ;
– d'une liaison équipotentielle et d'une installation électrique adaptées aux conditions particulières des locaux contenant une baignoire ou une douche.
Il identifie également les matériels électriques inadaptés à l'usage ou présentant des risques de contacts directs avec des éléments sous tension et les conducteurs non protégés mécaniquement (CCH art. R 134-11).
Le **modèle** et les modalités de réalisation de l'état de l'installation électrique sont fixés par arrêté (Arrêté DEVU0811947A du 8-7-2008).

AUTEUR DE L'ÉTAT

L'état de l'installation intérieure d'électricité doit être établi par un professionnel répondant à des **conditions** strictes de compétence, d'assurance, d'impartialité et d'indépendance (voir n°s 71620 s.). **21348**
Concernant la prise en **charge des frais et** le **coût** d'établissement de l'état, voir n° 21376.

DATE DE L'ÉTAT

L'état de l'installation intérieure d'électricité doit être annexé à la **promesse de vente** ou, à défaut de promesse, à l'**acte authentique** de vente (CCH art. L 134-9 et L 271-4, I). C'est donc dès le stade de l'avant-contrat que l'obligation s'applique. **21349**
L'état doit avoir été établi moins de **3 ans** avant la date de la promesse de vente ou de l'acte authentique de vente (CCH art. D 271-5).
Si l'état produit lors de la signature de la promesse de vente n'est **plus en cours de validité** à la date de la signature de l'acte authentique de vente, il est remplacé par un nouveau document pour être annexé à l'acte authentique de vente.
Peuvent tenir lieu d'état de l'installation l'attestation de conformité délivrée par un organisme agréé ou le diagnostic réalisé avant le 1er janvier 2009 par un distributeur d'énergie dès lors que ce document a été établi depuis moins de 3 ans à la date à laquelle il est produit (CCH art. R 134-13 ; Décret 2008-384 du 22-4-2008 art. 3).
Sur la possibilité de prévoir, dans l'avant-contrat, une **condition suspensive** d'obtention de l'état, voir n° 21252.

SANCTIONS

En l'**absence d'état** de moins de 3 ans annexé à l'acte authentique de vente, aucune clause d'exonération des vices cachés ne peut être stipulée au profit du vendeur à raison des vices constitués par l'installation d'électricité. **21350**
Sur les conséquences de la **production tardive d'un état** non annexé à l'avant-contrat, les développements consacrés au constat amiante sont transposables (voir n° 21258).

7. PERFORMANCE ÉNERGÉTIQUE

MENTION DU CLASSEMENT ÉNERGÉTIQUE DANS LES ANNONCES IMMOBILIÈRES

Le classement du bien vendu au regard de sa performance énergétique (eu égard à la quantité annuelle d'énergie consommée ou estimée, pour le chauffage, la production d'eau chaude sanitaire et le refroidissement, rapportée à la surface du bâtiment ou de la partie du bâtiment) doit être mentionné, dans toute annonce relative à la vente d'un bien immobilier devant faire l'objet d'un diagnostic de performance énergétique (CCH art. L 126-33), selon les modalités suivantes : **21351**
– si l'annonce est insérée dans la **presse** écrite, elle doit mentionner la lettre correspondant à l'échelle de référence du classement énergétique ; cette mention précédée des mots « classe énergie » doit être en majuscules et d'une taille au moins égale à celle des caractères du texte de l'annonce (CCH art. R 134-5-1) ;
– si elle est **affichée** dans les locaux des professionnels de l'immobilier, elle fait apparaître le classement énergétique du bien sur l'échelle de référence ; cette mention, lisible et en couleur, doit représenter au moins 5 % de la surface du support (CCH art. R 134-5-2) ;

– si elle est diffusée au public par un réseau de **communications électroniques**, elle doit faire apparaître de manière lisible et en couleur le classement énergétique du bien sur l'échelle de référence, la mention devant respecter au moins les proportions suivantes : 180 pixels x 180 pixels (CCH art. R 134-5-3).

Échappent en revanche à ces prescriptions les annonces faites par affichage sur la voie publique ou chez les commerçants.

Aux termes de la loi énergie et climat, à compter du 1er janvier 2028, la consommation énergétique, déterminée sur la technique du DPE, des bâtiments à usage d'habitation ne devra pas excéder le **seuil de 330 kWh** d'énergie primaire par m^2 et par an (CCH art. L 173-2).

Il en résulte les dispositions suivantes pour les annonces immobilières :

– depuis le 1er janvier 2022, toutes les publicités relatives à la mise en vente ou à la mise en location d'un bien à usage d'habitation dépassant le seuil de 330 kWh doivent mentionner l'obligation, sauf dérogation, de parvenir, au plus tard au 1er janvier 2028, à ce seuil fatidique ;

– à compter du 1er janvier 2028, les publicités de mise en vente ou de mise en location de biens excédant le seuil de 330 kWh par m^2 et par an devront mentionner le non-respect de l'obligation d'atteindre ce seuil.

Le décret 2020-1609 du 17 décembre 2020 apporte les précisions suivantes :

– depuis le 1er juillet 2021, les annonces immobilières doivent mentionner le **classement énergétique et climatique** du bien (CCH art. R 134-5-1 et R 134-5-2) ;

– depuis le 1er janvier 2022, les annonces immobilières doivent comporter une indication sur le montant des **dépenses théoriques annuelles** de l'ensemble des usages énergétiques (CCH art. R 134-5-3, R 134-5-2 et R 721-1).

Un arrêté du 22 décembre 2021 précise que, depuis le 1er janvier 2022, les annonces immobilières des biens dont la classe est F ou G (« passoires thermiques ») doivent indiquer la mention suivante : « Logement à consommation énergétique excessive : classe F/classe G » (Arrêté LOGL2135032A du 22-12-2021).

> **Précisions** Le classement énergétique de l'immeuble est attribué à l'issue de l'établissement du diagnostic de performance énergétique. L'exigence de sa mention dans les annonces immobilières impose donc au propriétaire de faire réaliser ce diagnostic dès avant la mise de l'immeuble sur le marché, ce qui n'est guère pénalisant dans la mesure où ce diagnostic a une durée de validité de 10 ans et doit être, en tout état de cause, joint à l'acte de vente (n° 21354).

21352 **Champ d'application** Les exigences exposées ci-dessus s'imposent non seulement aux **professionnels** de l'immobilier (tels les agents immobiliers et les notaires) mais aussi aux **particuliers** proposant une vente dans la presse ou sur internet.

Sont visées toutes les ventes (exception faite de la vente d'un immeuble à construire ; CCH art. R 134-5-4) dès lors qu'elles portent sur un **immeuble** susceptible de faire l'objet d'un diagnostic de performance énergétique en vertu de l'article L 126-26 du même Code.

21353 **Sanctions** La loi Climat du 22 août 2021 prévoit que le particulier dont l'annonce n'indiquerait pas le classement énergétique du logement encourt, comme le professionnel personne physique, une amende administrative dont le montant ne peut excéder 3 000 euros (CCH art. L 126-33, III).

L'autorité administrative mettra le propriétaire en demeure de respecter son obligation tout en lui permettant de présenter ses observations dans un délai déterminé.

COMMUNICATION DU DIAGNOSTIC DE PERFORMANCE ÉNERGÉTIQUE

21354 Le vendeur d'immeuble doit produire un diagnostic de performance énergétique (DPE), qui permet d'estimer la consommation en énergie d'un immeuble et son impact sur l'effet de serre (CCH art. L 126-28).

Le DPE doit être réalisé et tenu à la disposition des candidats à l'acquisition dès la **mise en vente** de l'immeuble (CCH art. L 126-28).

Il doit ensuite être annexé à la **promesse de vente** ou, à défaut de promesse, à l'**acte authentique** de vente (CCH art. L 126-28 et L 271-4, I). Il est joint au **dossier de diagnostic technique** (voir n° 21374).

En cas de vente d'un **lot de copropriété**, le diagnostic réalisé dans le cadre du contrôle de la performance énergétique des bâtiments équipés d'une installation collective de chauffage ou de refroidissement (CCH art. L 126-31) peut être produit par le vendeur s'il est en cours de validité (CCH art. R 134-4-3, II-al. 4).

ÉTABLISSEMENT DU DIAGNOSTIC DE PERFORMANCE ÉNERGÉTIQUE

Immeubles susceptibles de faire l'objet d'un DPE Les immeubles concernés par le DPE sont les **bâtiments clos et couverts** dotés d'une installation de chauffage ou d'eau chaude (CCH art. R 134-1). Ainsi, un diagnostic n'est pas requis pour un lot de copropriété représentant un emplacement de stationnement ou une cave (Rép. Huyghe : AN 9-1-2007 p. 313 n° 108051). 21355

La loi Climat du 22 août 2021 prévoit que tous les bâtiments d'habitation collective dont le permis de construire a été déposé avant le 1er janvier 2013 doivent disposer d'un DPE (début d'application de la RT2012) (CCH art. L 126-31, al. 1).

Ne donnent **pas lieu à un diagnostic** (CCH art. R 134-1) :

– les constructions provisoires prévues pour une durée d'utilisation égale ou inférieure à 2 ans ;

– les bâtiments indépendants dont la surface de plancher est inférieure à 50 m^2 ;

– les bâtiments ou parties de bâtiments à usage agricole, artisanal ou industriel, autres que les locaux servant à l'habitation, dans lesquels le système de chauffage ou de refroidissement ou de production d'eau chaude pour l'occupation humaine produit une faible quantité d'énergie au regard de celle nécessaire aux activités économiques ;

– les bâtiments servant de lieux de culte ;

– les monuments historiques classés ou inscrits à l'inventaire ;

– les bâtiments ou parties de bâtiments non chauffés ou pour lesquels les seuls équipements fixes de chauffage sont des cheminées à foyer ouvert, et ne disposant pas de dispositif de refroidissement des locaux ;

– les bâtiments ou parties de bâtiments résidentiels qui sont destinés à être utilisés moins de 4 mois par an.

En l'état actuel des textes, le DPE n'est requis que pour les immeubles situés en **France métropolitaine**. En effet, comme le précise le site internet du ministère de l'égalité des territoires et du logement, la procédure actuelle d'établissement de ce diagnostic ne permet pas encore de traiter convenablement les spécificités d'**outre-mer** (climat, type de construction, mode d'occupation des bâtiments) et des études complémentaires sont nécessaires. Le DPE n'est donc pas obligatoire pour l'instant dans les départements d'outre-mer, à l'exception de la Guadeloupe et de la Martinique qui ont adapté officiellement le DPE à leurs problématiques.

Lorsque la **consommation énergétique antérieure** du bâtiment est **inconnue** parce qu'il est dépourvu de système de chauffage, le propriétaire est dispensé d'établir un DPE (CCH art. R 134-1, f).

Contenu du DPE Le DPE indique la **quantité d'énergie** effectivement consommée ou estimée pour une utilisation standardisée du bâtiment, ainsi qu'une classification en fonction de valeurs de référence afin de permettre aux consommateurs de comparer et d'évaluer sa performance énergétique ; il est accompagné de **recommandations** destinées à améliorer cette performance (CCH art. L 126-26). 21356

Le DPE intègre le double seuil réglementaire en ajoutant les mentions des émissions de gaz à effet de serre induites et de la performance en matière d'émissions de gaz à effet de serre (CCH art. L 126-26).

Il doit aussi indiquer la quantité d'énergie issue de sources d'énergies renouvelables dans les bâtiments d'habitation en distinguant celle produite par des équipements installés à demeure de celle véhiculée par des réseaux de distribution d'électricité, de gaz ou de chaleur (CCH art. L 126-26-1).

Figurent désormais dans le DPE les conditions d'aération ou de ventilation du bâtiment (CCH art. L 126-26).

Le **protocole** de réalisation du diagnostic **et** les **modalités de calcul** sont fixés par plusieurs arrêtés.

Le diagnostic comporte notamment une estimation chiffrée en euros et **deux étiquettes**, l'une affichant la consommation d'énergie (comme pour l'électroménager), et l'autre l'impact de ces consommations sur l'effet de serre.

Lorsque le DPE porte sur un bâtiment ou une partie d'un bâtiment qui bénéficie d'un **dispositif collectif de chauffage**, de refroidissement ou de production d'eau chaude, le propriétaire du dispositif collectif, son mandataire ou le syndic de copropriété fournit à la personne qui demande le diagnostic et aux frais de cette dernière (CCH art. R 134-3) :

– la quantité annuelle d'énergie consommée pour ce bâtiment ou cette partie de bâtiment par le dispositif collectif ;

– le calcul ou les modalités ayant conduit à la détermination de cette quantité à partir de la quantité totale d'énergie consommée par le dispositif collectif ;

– une description des installations collectives de chauffage, de refroidissement ou de production d'eau chaude et de leur mode de gestion. Depuis le 1er janvier 2022, le DPE doit indiquer une estimation chiffrée d'énergie finale (plus lisible). Le DPE relatif à des logements relevant des actuelles classes F et G devra contenir un audit énergétique.

Trois arrêtés du 31 mars 2021 établissent les dispositions techniques applicables aux DPE (Arrêté LOGL2033917A du 31-3-2021 : JO 13 texte n° 28 ; Arrêté LOGL2106175A du 31-3-2021 : JO 13 texte n° 29 ; Arrêté LOGL2107220A du 31-3-2021 : JO 13 texte n° 30).

La loi Climat du 22 août 2021 donne une assise législative au classement de A à G du DPE. Elle insère dans le Code de la construction et de l'habitation (CCH) la classification de la performance des bâtiments ou parties de bâtiment existants à usage d'habitation, en fonction de leur niveau de performance énergétique et de leur performance en matière d'émissions de gaz à effet de serre (CCH art. L 173-1-1).

> **Précisions** De manière **plus détaillée**, le DPE comprend, depuis le 1er juillet 2021 (CCH art. R 134-2) :
> – les caractéristiques pertinentes du bâtiment ou de la partie de bâtiment et un descriptif de ses équipements de chauffage, de production d'eau chaude sanitaire, de refroidissement, de ventilation et, dans certains types de bâtiments, de l'éclairage intégré des locaux en indiquant, pour chaque catégorie d'équipements, les conditions de leur utilisation et de leur gestion ayant des incidences sur les consommations énergétiques ;
> – l'indication, pour chaque catégorie d'équipements, de la quantité annuelle d'énergie consommée ou estimée selon une méthode de calcul conventionnel ainsi qu'une évaluation des dépenses annuelles résultant de ces consommations ;
> – l'évaluation de la quantité d'émissions de gaz à effet de serre liée à la quantité annuelle d'énergie consommée ou estimée ;
> – une information sur les énergies d'origine renouvelable produites par les équipements installés à demeure et utilisées dans le bâtiment ou la partie de bâtiment en cause ;
> – le classement du bâtiment ou de la partie de bâtiment en application d'une échelle de référence, prenant en compte la zone climatique et l'altitude, établie en fonction de la quantité annuelle d'énergie consommée ou estimée, pour le chauffage, le refroidissement, la production d'eau chaude sanitaire, l'éclairage et les auxiliaires de chauffage, de refroidissement, d'eau chaude sanitaire et de ventilation, rapportée à la surface du bâtiment ou de la partie du bâtiment ;
> – le classement du bâtiment ou de la partie de bâtiment en application d'une échelle de référence, prenant en compte la zone climatique et l'altitude, établie en fonction de la quantité d'émissions de gaz à effet de serre, pour le chauffage, le refroidissement, la production d'eau chaude sanitaire, l'éclairage et les auxiliaires de chauffage, de refroidissement, d'eau chaude sanitaire et de ventilation, rapportée à la surface du bâtiment ou de la partie du bâtiment ;
> – des recommandations visant à améliorer la performance énergétique, sans augmenter la quantité d'émission de gaz à effet de serre liée à la quantité annuelle d'énergie consommée ou estimée, du bâtiment ou de la partie de bâtiment, accompagnées d'une évaluation de leur coût et de leur efficacité ;
> – le cas échéant, le dernier document en date mentionné à l'article R 224-33 ou R 224-41-8 du Code de l'environnement ;
> – des éléments d'appréciation sur la capacité du bâtiment ou de la partie de bâtiment à assurer un confort thermique en période estivale.

21357 **Auteur du DPE** Le DPE doit être établi par un professionnel répondant à des **conditions** strictes de compétence, d'assurance, d'impartialité et d'indépendance (voir n°s 71620 s.). Le diagnostic établi jusqu'au 31 octobre 2007 par un technicien qualifié demeure toutefois valable (Décret 2006-1147 du 14-9-2006 art. 3).

Concernant la prise en **charge des frais et** le **coût** d'établissement du diagnostic, voir n° 21376.

21358 **Durée de validité du DPE** Le DPE a une durée de validité de **10 ans** (CCH art. R 134-4-2). Cette validité est appréciée à la date de la promesse de vente ou, à défaut de promesse, à la date de l'acte authentique de vente (CCH art. L 271-5).

Si le DPE produit lors de la signature de la promesse de vente n'est **plus en cours de validité** à la date de la signature de l'acte authentique de vente, il est remplacé par un nouveau document pour être annexé à l'acte authentique de vente (CCH art. L 271-5).

Lorsque le DPE a été réalisé **avant le 1er juillet 2021**, sa durée de validité est fixée dans les limites suivantes (CCH art. D 134-4-2) :

– réalisé entre le 1er janvier 2013 et le 31 décembre 2017, le diagnostic est valide jusqu'au 31 décembre 2022 ;

– réalisé entre le 1er janvier 2018 et le 30 juin 2021, le diagnostic est valide jusqu'au 31 décembre 2024.
Sur la possibilité de prévoir, dans l'avant-contrat, une **condition suspensive** d'obtention du diagnostic, voir n° 21252.

Défaut d'établissement du DPE Pour les diagnostics réalisés jusqu'au 30 juin 2021, l'acquéreur ne peut pas se prévaloir à l'encontre du propriétaire des informations contenues dans le DPE qui n'a qu'une **valeur informative** (CCH art. L 271-4, II-al. 4, dans sa rédaction antérieure à la loi 2018-1021 du 23-11-2018). Jugé que le préjudice des acheteurs ne consiste pas dans le coût des travaux nécessaires pour permettre une isolation conforme au niveau constaté par le diagnostic erroné, mais en une perte de chance de négocier une réduction du prix de vente (Cass. 3e civ. 21-11-2019 n° 18-23.251 FS-PBI : BPIM 1/20 inf. 62). **21360**
Depuis le 1er juillet 2021, les informations relatives à la performance énergétique (exemple : classement E) sont **opposables au vendeur**. Le DPE a une **valeur contractuelle**. Seules les recommandations (exemple : isolation des combles) conservent une valeur purement informative.

8. DIFFICULTÉS PRATIQUES DE RÉALISATION DES DIAGNOSTICS

IMMEUBLE LOUÉ

En matière de diagnostics, le propriétaire qui vend l'immeuble occupé est soumis aux mêmes obligations que celui qui le vend libre. La situation locative du bien est sans incidence à cet égard. **21361**
Dans les **baux d'habitation**, il est généralement stipulé que le locataire aura l'**obligation de laisser visiter les lieux** en vue de leur vente ou de leur location dans un créneau horaire défini. Toutefois, une telle clause est encadrée et ne peut ni excéder 2 heures par jour, ni être mise en œuvre les jours fériés (Loi 89-462 du 6-7-1989 art. 4, a). Le vendeur pourra ainsi accéder aux locaux pendant la période de préavis afin de faire établir les diagnostics, puisque ceux-ci sont précisément dressés « en vue de la vente ». Par ailleurs, la doctrine considère qu'il peut être stipulé dans le bail une clause permettant au bailleur de réaliser des « visites techniques » des biens loués (J-Cl. Notarial v° Bail d'habitation ou mixte fasc. 80 n° 56). L'établissement des diagnostics pourra entrer dans ce cadre.
À défaut de stipulation relative à la visite des lieux en vue de leur vente, le bailleur, qui est tenu d'assurer une jouissance paisible des lieux (Loi 89-462 du 6-7-1989 art. 6, b, reprenant la règle de l'article 1719 du Code civil), aura l'interdiction d'y pénétrer avant leur libération par le locataire.
Il faudra donc patienter avant d'organiser une visite par le diagnostiqueur.
Si le logement est vendu occupé, le bailleur qui n'aura pas pris la précaution d'insérer dans le bail les clauses précitées n'a pas légalement la faculté d'imposer au locataire une visite des lieux par le diagnostiqueur. Il ne pourra donc pas s'exonérer de sa garantie des vices cachés, sauf à alléguer une impossibilité juridique de faire dresser les diagnostics.
Il en ira de même en matière de **baux commerciaux** puisque ceux-ci obéissent, en ce qui concerne les obligations de délivrance et d'entretien des lieux par le bailleur, aux règles du Code civil.
Dans le cas où le **local** serait **vendu au locataire en place**, la connaissance des lieux par ce dernier ne dispense pas le vendeur de fournir les diagnostics requis. On peut simplement s'attendre à ce que le locataire soit plus enclin à laisser le diagnostiqueur accéder à l'immeuble.

IMPOSSIBILITÉ DE FAIRE ÉTABLIR LES DIAGNOSTICS

Il y a lieu de distinguer l'impossibilité matérielle de l'impossibilité juridique de faire établir les diagnostics. **21362**
L'**impossibilité matérielle**, qui s'analysera la plupart du temps en une simple crainte de pénétrer dans l'immeuble, ne saurait être de nature à dispenser le vendeur de ses obligations. Si l'état de l'immeuble est tel qu'un homme de l'art considère son accès comme dangereux, il convient alors de faire officiellement reconnaître cette situation au moyen d'un arrêté de péril.
Si l'état du bâtiment ne permet pas de garantir la sécurité des occupants, le maire peut assortir l'arrêté de péril d'une interdiction d'habiter et d'utiliser les lieux qui peut être temporaire ou définitive (CCH art. L 511-2). En cas de péril grave et imminent, l'évacuation de l'immeuble peut même être ordonnée (CCH art. L 511-3). L'**impossibilité** de faire dresser les diagnostics devient alors **juridique**. L'accès à l'immeuble est interdit par une législation d'ordre public fondée sur la sécurité des personnes. La non-production des diagnostics ne saurait dès lors être imputée au vendeur de bonne foi. Ce raisonnement a été soutenu au sujet de la production des diagnostics sur les parties communes d'un immeuble en copropriété. Plusieurs auteurs estiment que la responsabilité du copropriétaire ne peut pas être retenue en l'absence de ces diagnostics s'il

prouve qu'il a enjoint au syndic de procéder aux recherches légales (J. Lafond, Dossier technique amiante et parties communes des immeubles en copropriété : JCP N 2003 n° 1282 ; T. Delesalle, Les risques liés à la mauvaise rédaction du dernier décret relatif à l'amiante : JCP N 2002 n° 1561). Une réponse ministérielle a été rendue dans le même sens (Rép. Beaudeau : Sén. 23-1-2003 p. 267 n° 3954).
On peut donc penser que la garantie du vendeur ne pourrait être recherchée malgré l'absence des diagnostics. Toutefois, aucune jurisprudence n'est venue confirmer cet argumentaire.

ÉTAT DE L'IMMEUBLE AYANT ÉVOLUÉ

21363 L'évolution de l'état de l'immeuble peut se produire **pendant la durée** même **de validité des diagnostics** : le vendeur peut réaliser des travaux qui rendent accessibles l'amiante, le plomb ou les termites, ou encore qui modifient les données relatives à la performance énergétique de l'immeuble (ajout d'une véranda, construction d'une extension, changement du système de chauffage, etc.). Le problème se pose avec une particulière acuité en matière de performance énergétique où le diagnostic est d'une durée de validité relativement longue (10 ans).
La doctrine considère au sujet du **diagnostic de performance énergétique** que, si une modification des caractéristiques énergétiques du bâtiment intervient avant l'arrivée du terme de validité, un nouveau diagnostic devra être réclamé (D. Boulanger, Quel diagnostic de performance énergétique pour les ventes : JCP N 2006 n° 585). Dans le cas où les travaux ont amélioré les performances énergétiques de l'immeuble, cette contrainte pourra être exploitée par le vendeur comme un argument de vente supplémentaire. La solution semble transposable aux **autres diagnostics**. Si les textes ne subordonnent pas expressément la validité du diagnostic à une absence de modification de l'immeuble, la responsabilité du vendeur pourrait être engagée sur le fondement du dol dans la mesure où il aurait sciemment fourni un document qu'il savait ne plus correspondre à l'état du bien.

DIAGNOSTIC NÉGATIF PÉRIMÉ

21364 Faut-il réaliser un second diagnostic lorsque le premier diagnostic, périmé, était négatif ? La question se pose pour tous les diagnostics dont la conclusion est binaire : l'élément nocif est soit présent, soit absent. Il s'agira donc des recherches d'**amiante**, de **plomb** et de **termites** (par opposition aux diagnostics sur le gaz, l'électricité ou la performance énergétique, dont les résultats consistent en une évaluation qualitative de l'installation).
Le législateur n'examine cette difficulté que dans le cas du plomb pour dispenser le vendeur de fournir un nouveau diagnostic (n° 21288). Pourtant, dans ce domaine comme en matière d'amiante et de termites, la **situation** est **susceptible d'évoluer** dans les faits : des travaux de rénovation peuvent mettre à nu des peintures au plomb auparavant non décelables, des termites peuvent venir infester l'immeuble. La situation peut également évoluer en raison d'une **modification de la législation**, comme cela a été le cas notamment à de multiples reprises concernant les éléments à contrôler pour le repérage de l'amiante.
L'établissement d'un nouveau diagnostic est donc conseillé pour l'amiante et le plomb en cas de travaux ayant rendu accessibles des parties de l'ouvrage qui ne l'étaient pas antérieurement. En cas de modification de la législation, comme par exemple pour l'amiante, l'établissement d'un nouveau diagnostic s'impose, même en l'absence de modification matérielle de l'état de l'immeuble. Pour les termites, la question ne se pose pas : un nouveau diagnostic est obligatoire, l'infestation pouvant être survenue postérieurement au diagnostic précédent.
En tout état de cause, le problème se résoudra sur le terrain de la garantie des vices cachés : en l'absence d'annexion d'un diagnostic en cours de validité, la garantie sera automatiquement due par le vendeur (n° 21384). Sa responsabilité n'en sera pas pour autant engagée ; elle ne le sera qu'en cas de présence de matériaux incriminés qu'il n'aurait pas signalée. L'absence de fourniture d'un nouveau diagnostic est donc constitutive d'un risque dont le propriétaire est seul juge.

G. Dossier de diagnostic technique

21370 Un dossier de diagnostic technique regroupant les différents états, constats ou diagnostics sanitaires exigés par la législation doit être fourni par le vendeur et annexé à la promesse de vente ou, à défaut de promesse, à l'acte authentique de vente (CCH art. L 271-4 à L 271-6).
Sur le statut et la responsabilité des **diagnostiqueurs immobiliers** habilités à établir le dossier de diagnostic technique, voir n°s 71600 s.

CHAMP D'APPLICATION DU DISPOSITIF

21372 Est visée la vente de tout ou partie d'un **immeuble** bâti (CCH art. L 271-4) et, en l'absence de précision, quelle que soit sa destination (habitation, bureaux, commerce...).

Le dossier de diagnostic technique doit être joint tant aux **promesses** synallagmatiques de vente qu'aux promesses unilatérales d'achat ou de vente. En revanche, il est à notre avis exclu pour l'échange d'immeubles et la dation d'un immeuble en paiement.
En cas de **vente publique**, le dossier est annexé au cahier des charges (CCH art. L 271-4).
Le dossier de diagnostic technique n'est pas applicable au **département de Saint-Pierre-et-Miquelon** (CCH art. L 281-1).

CONTENU DU DOSSIER

Le dossier de diagnostic technique comprend, dans les conditions définies par les dispositions qui les régissent, les documents suivants (CCH art. L 271-4, I) : **21374**
1° Le constat de risque d'exposition au **plomb** prévu aux articles L 1334-5 et L 1334-6 du Code de la santé publique (voir n°s 21280 s.) ;
2° L'état mentionnant la présence ou l'absence de matériaux ou produits contenant de l'**amiante** prévu à l'article L 1334-13 du Code de la santé publique (voir n°s 21242 s.) ;
3° L'état relatif à la présence de **termites** dans le bâtiment prévu à l'article L 126-24 du Code de la construction et de l'habitation (voir n°s 21310 s.) ;
4° L'état de l'installation intérieure de **gaz** prévu à l'article L 134-9 du Code de la construction et de l'habitation (voir n°s 21330 s.) ;
5° Dans les zones mentionnées au I de l'article L 125-5 du Code de l'environnement, l'état des **risques naturels et technologiques** prévu au deuxième alinéa du I du même article (voir n° 21002) ;
6° Le diagnostic de **performance énergétique** prévu à l'article L 126-26 du Code de la construction et de l'habitation (voir n°s 21351 s.) et le cas échéant l'audit énergétique prévu à l'article L 126-28 du Code de la construction et de l'habitation ;
7° L'état de l'installation intérieure d'**électricité** prévu à l'article L 134-7 du Code de la construction et de l'habitation (voir n°s 21345 s.) ;
8° Le rapport de visite établi à l'issue du contrôle des installations d'**assainissement** non collectif mentionné à l'article L 1331-11-1 du Code de la santé publique (voir n° 21204) ;
9° L'information sur la présence d'un risque de **mérule** prévu à l'article L 131-3 du Code de la construction et de l'habitation (n° 21325) ;
10° L'acquéreur doit savoir si le bien est situé ou non dans une zone de bruit définie par un plan d'exposition au bruit des aérodromes (C. urb. art. L 112-11, I). Le document n'a qu'une valeur indicative.
11° Un certificat attestant la conformité de l'appareil de **chauffage au bois** aux règles d'installation et d'émission fixées par le représentant de l'État dans le département lorsque le bien est situé dans le périmètre d'un plan de protection de l'atmosphère prévu à l'article L 222-4 du Code de l'environnement ;
12° Depuis le 11 avril 2024, les arrêtés pris au titre de la **police de sécurité et de la salubrité** des immeubles, locaux et installations (CCH art. L 271-4, I dans sa rédaction issue de la loi 2024-322 du 9-4-2024, dite loi « Rénovation de l'habitat dégradé »).

> **Précisions** **a.** Chacun de ces **documents** ne doit figurer dans le dossier de diagnostic technique que dans la mesure où la **réglementation spécifique** à ce document l'exige (CCH art. L 271-4, I). Par exemple, l'état relatif à la présence de termites ou à l'existence de risques naturels n'est pas requis si l'immeuble concerné est situé dans une zone géographique qui n'est pas exposée à ces problèmes. Le dossier de diagnostic technique requis pour la vente d'un immeuble ne comporte donc pas nécessairement l'intégralité des documents prévus par l'article L 271-4, I du Code de la construction et de l'habitation.
b. S'agissant de la vente d'un lot de copropriété, lorsqu'il est établi en même temps que les différents diagnostics, le **certificat de mesurage loi Carrez** est en pratique joint au dossier de diagnostic technique mais cela ne signifie pas qu'il est pour autant soumis au régime de ce dernier. En effet, l'obligation d'établir ce métrage fait l'objet de dispositions et de sanctions spécifiques (voir n°s 19490 s.).

21375 **Tableau récapitulatif**

Objet du contrôle	Immeuble concerné	Élément contrôlé	Durée de validité du certificat
Plomb	Immeuble d'habitation dont le permis de construire a été délivré avant le 1-1-1949	Peintures de l'immeuble ou de la partie privative affectée au logement : oui Canalisations d'eau : non	Illimitée : constat négatif Un an : constat positif
Amiante	Immeuble dont le permis de construire a été délivré avant le 1-7-1997	Parois verticales intérieures et enduits, planchers, plafonds et faux plafonds, conduits et canalisations, ascenseur et monte-charge, toitures, bardages, façades légères, conduits extérieurs	Illimitée : constat négatif
Termites	Immeuble bâti situé dans une zone délimitée par le préfet	Immeuble ou partie privative d'un lot de copropriété	6 mois
Mérule	Immeuble bâti situé dans une zone délimitée par le préfet	Immeuble ou partie privative d'un lot de copropriété	Information à fournir au moment de la vente
Gaz	Bâtiment d'habitation comportant une installation intérieure de gaz de plus de 15 ans	Immeuble ou partie privative d'un lot de copropriété	3 ans
Électricité	Bâtiment d'habitation comportant une installation d'électricité de plus de 15 ans	Immeuble ou partie privative d'un lot de copropriété	3 ans
Assainissement	Immeuble à usage d'habitation non raccordé au réseau collectif d'égout	Installation d'assainissement non collectif	3 ans
Risques	Immeuble situé dans une zone couverte par un plan de prévention des risques naturels prévisibles ou des risques miniers résiduels, plan de prévention des risques technologiques ou dans certaines zones sismiques	Immeuble	6 mois
Performance énergétique	Immeuble clos et couvert équipé d'une installation de chauffage (sous réserve de quelques exceptions) dont la vente est intervenue depuis le 1-11-2006 ou, en cas d'immeuble neuf, dont le permis de construire a été déposé depuis le 1-7-2007	Immeuble ou partie privative d'un lot de copropriété	10 ans

CHARGE FINANCIÈRE DU DOSSIER

21376 La charge des frais d'établissement du dossier de diagnostic technique incombe normalement au vendeur comme dérivant de son obligation d'information. Les parties peuvent cependant convenir de mettre à la charge de l'acheteur le coût de ce dossier (Cass. 3e civ. 16-1-2013 no 11-22.591 : RJDA 5/13 no 396). La solution, déjà admise pour l'état parasitaire termites (Cass. 3e civ. 21-9-2011 no 10-22.939 : RJDA 5/12 no 489), est étendue à l'ensemble des pièces composant le dossier technique amiante.

DÉFAUT OU IRRÉGULARITÉ DU DOSSIER

Les sanctions prévues en cas d'absence d'un des documents composant le dossier de diagnostic technique ne sont applicables que si elle est constatée au **moment** de la signature de l'acte authentique de vente (CCH art. L 271-4, II) ; voir toutefois nos interrogations au n° 21256. 21384

Ces sanctions, qui ont été examinées dans les développements consacrés à chaque constat, état ou diagnostic, diffèrent **selon le document concerné**. Rappelons simplement qu'en l'absence d'un constat ou état en cours de validité relatif à l'amiante, au plomb, aux termites, aux installations de gaz et d'électricité ainsi qu'aux installations d'assainissement non collectif, le vendeur ne peut pas s'exonérer de la garantie des vices cachés correspondante. En l'absence d'état des risques naturels et technologiques, l'acquéreur peut demander la résolution de la vente ou une diminution du prix. Quant au défaut de diagnostic de performance énergétique, il n'y a pas véritablement de sanction.

Outre ces sanctions spécifiques, le défaut de communication des documents composant le diagnostic technique peut toujours être sanctionné **en application du droit commun**, par exemple sur le fondement du dol ou d'un manquement au devoir d'information ou encore par la mise en œuvre de la garantie des vices cachés.

H. Carnet d'information du logement

La loi Élan avait créé un carnet numérique de suivi et d'entretien du logement (CCH art. L 111-10-5 abrogé par l'ord. 2020-71 du 29-1-2020) dont les modalités d'application devaient être précisées par un décret qui n'est pas paru. 21385

Il est remplacé, dans la loi Climat, par un **carnet d'information du logement**, destiné à faciliter et accompagner les travaux d'amélioration de la performance énergétique du logement ainsi que l'installation d'équipements de contrôle et de gestion active de l'énergie (CCH art. L 126-35-2 s.).

Le carnet d'information du logement doit permettre de conserver les **informations utiles sur les caractéristiques du logement et sur les travaux passés**, dont la connaissance est indispensable à l'évaluation de la performance énergétique et à la programmation d'opérations de rénovation efficaces sur le bâti et les systèmes énergétiques (équipements de chauffage, pilotage des consommations énergétiques, ventilation, etc.).

Il est établi pour chaque logement dont la construction ou les travaux de rénovation font l'objet d'une demande de permis de construire ou d'une déclaration préalable déposée depuis le 1er janvier 2023. En l'absence de toute formalité d'urbanisme, il est réalisé pour les travaux faisant l'objet d'un devis accepté depuis le 1er janvier 2023 ou, à défaut de devis, pour ceux débutant depuis le 1er janvier 2023 (CCH art. L 126-35-4).

Les **catégories de travaux de rénovation concernés** sont les travaux d'isolation thermique des toitures, des planchers bas, des murs, parois vitrées et portes donnant sur l'extérieur. Il s'agit également des travaux d'installation, de régulation ou de remplacement de systèmes de chauffage ou de refroidissement, ou encore des travaux d'installation d'équipements de chauffage ou de production d'eau chaude sanitaire utilisant une source d'énergie renouvelable (CCH art. R 126-33, I).

Chaque **constructeur** au sens de l'article 1792-1 du Code civil transmet au propriétaire du logement les éléments le concernant pour constituer le carnet d'information, au plus tard à la réception des travaux. Si le propriétaire du logement n'est pas le maître de l'ouvrage, le carnet d'information doit lui être transmis par le maître de l'ouvrage au plus tard à la livraison du logement ou à la réception des travaux (CCH art. L 126-35-5).

Il est transféré à l'acquéreur lors de la **mutation du logement** (CCH art. L 126-35-10). Le document remis est celui « tel qu'il est au moment de la vente ». La transmission du carnet aura lieu au plus tard à la date de la signature de l'acte authentique. L'acquéreur devra alors en attester dans l'acte authentique lui-même.

CHAPITRE 3

RÉGLEMENTATION D'URBANISME

SOMMAIRE

PRÉSENTATION DE LA RÉGLEMENTATION D'URBANISME

22000 Les **règles d'occupation et d'utilisation du sol** sont issues d'une multitude de documents ou de dispositions qui peuvent être d'origine locale ou nationale et dont l'enchevêtrement et la superposition sont d'une grande complexité.

Les **documents locaux d'urbanisme** fixent de nombreuses prescriptions qui peuvent limiter les possibilités d'utilisation d'un terrain en le rendant partiellement ou totalement inconstructible. Ces prescriptions, limitations au droit de construire, servitudes d'utilité publique sont parfois issues de **législations particulières** ou de documents étatiques dont les dispositions sont directement opposables aux autorisations d'urbanisme et avec qui les documents locaux doivent être compatibles. Il en va ainsi, par exemple, de la **loi littoral** qui interdit les constructions dans une bande de 100 m à compter de la limite haute du rivage en dehors des espaces urbanisés et n'admet qu'une extension limitée de l'urbanisation dans les espaces proches du rivage (C. urb. art. L 121-13 s. et L 121-16 s.). De même, la **loi montagne** fixe un principe d'urbanisation en continuité avec les bourgs, villages, hameaux ou groupes de constructions traditionnelles ou d'habitations existants (C. urb. art. L 122-5 s.).

C'est en examinant ces différentes normes que l'acquéreur immobilier pourra savoir si le **projet de construction ou de travaux** qu'il envisage à la suite de son acquisition est ou non réalisable. Nous présentons ici les principales règles et prescriptions d'urbanisme.

A. Documents locaux d'urbanisme

22005 Sont ici dénommés « documents locaux d'urbanisme » les documents élaborés à l'initiative d'une commune ou d'un établissement public de coopération intercommunale (EPCI) déterminant les règles touchant à l'affectation et à l'occupation du sol opposables aux personnes publiques ou privées. Ces documents sont les plans locaux d'urbanisme, les plans de sauvegarde et de mise en valeur des sites patrimoniaux remarquables et, dans une moindre mesure, les cartes communales.

Il existe d'autres documents d'initiative locale, tels les schémas de cohérence territoriale (Scot), mais en principe ils ne sont pas directement opposables aux particuliers à l'occasion d'une demande de permis de construire ou d'une déclaration préalable de travaux. Par exception, certaines opérations importantes ou réalisées dans un espace boisé classé devront être compatibles avec leurs dispositions. Ainsi, par exemple, les zones d'aménagement concerté (ZAC) et les lotissements ou constructions portant sur une surface de plancher supérieure à 5 000 m^2 devront être compatibles avec les dispositions du schéma de cohérence territoriale.

1. RÈGLES APPLICABLES EN L'ABSENCE DE DOCUMENT LOCAL D'URBANISME

RÈGLEMENT NATIONAL D'URBANISME

Le règlement national d'urbanisme (RNU) est intégré aux règles générales de l'urbanisme applicables aux constructions, aménagements, installations et travaux faisant l'objet d'un permis ou d'une déclaration ainsi qu'aux autres utilisations du sol régies par le Code de l'urbanisme (C. urb. art. L 111-1 et R 111-1). 22010

Les **règles générales d'urbanisme**, y compris les dispositions du règlement national d'urbanisme (RNU) qui concernent les autorisations de construire, sont en **principe** applicables sur tout le territoire national, y compris dans les territoires régis par un PLU ou un document d'urbanisme en tenant lieu (C. urb. art. R 111-1). Ces **règles d'application cumulative** sont concurrentes des règles locales contenues dans un PLU. En pratique, lors de l'examen de la demande d'autorisation de travaux, la règle la plus exigeante s'appliquera soit parce qu'elle est plus restrictive, soit parce qu'elle est impérative (CE 20-4-2005 n° 248233, Sté Bouygues Télécom : BPIM 4/05 inf. 239). Il en va ainsi par exemple des règles relatives à la salubrité et à la sécurité publique (C. urb. art. R 111-2) ou des règles relatives à la protection des sites et vestiges archéologiques (C. urb. art. R 111-4). À exigence égale entre les règles du PLU et celles du RNU, c'est par rapport à celles du PLU que devra être appréciée la légalité de la décision (CE 28-12-2018 n° 402321, Association du Vajra Triomphant Mandarom Aumisme : BPIM 1/19 inf. 7).

Par **exception**, la plupart des dispositions du RNU relatives à la localisation, l'implantation et la desserte des constructions et aménagements (C. urb. art. R 111-3 et R 111-5 à R 111-19) ainsi que celles relatives à la préservation des éléments présentant un intérêt architectural, patrimonial, paysager ou écologique (C. urb. art. R 111-28 à R 111-30) revêtent un **caractère supplétif**. Elles cessent de s'appliquer lorsque le territoire est couvert par un PLU ou un document en tenant lieu (C. urb. art. L 111-1, 1°). Elles restent applicables sur le territoire couvert par une carte communale qui n'est pas un document tenant lieu de PLU (CE 13-7-2011 n° 335066, Min. écologie : BPIM 5/11 inf. 353). En cas d'annulation du PLU ou du document en tenant lieu, ces dispositions du RNU peuvent redevenir applicables.

Les règles contenues dans le **RNU** sont classées en **sept groupes principaux** qui concernent la localisation, l'implantation et la desserte des constructions et aménagements (C. urb. art. R 111-2 à R 111-20), la densité et la surface de plancher des constructions (C. urb. art. R 111-21 et R 111-22), les performances environnementales et énergétiques (C. urb. art. R 111-23 et R 111-24), la réalisation d'aires de stationnement (C. urb. art. R 111-25), la préservation des éléments présentant un intérêt architectural, patrimonial, paysager ou écologique (C. urb. art. R 111-26 à R 111-30), le camping et le caravaning, ainsi que les résidences démontables constituant l'habitat permanent de leurs utilisateurs (C. urb. art. R 111-31 à R 111-51) et enfin, les installations de production d'énergie photovoltaïque sur des terrains naturels, agricoles ou forestiers (C. urb. art. L 111-27 à L 111-34).

Certaines de ces **règles** sont dites « **permissives** » en ce sens qu'elles laissent un fort pouvoir d'appréciation à l'administration : « le projet peut être refusé ou n'être accepté que sous réserve de l'observation de prescriptions spéciales ». D'autres, au contraire, sont « **impératives** » : l'administration est tenue de refuser l'autorisation demandée si la règle n'est pas respectée. Il est à noter que des règles similaires à celles du RNU se retrouvent bien souvent dans les PLU.

RÈGLE DE CONSTRUCTIBILITÉ LIMITÉE

En l'absence de carte communale, de PLU ou document d'urbanisme en tenant lieu (PSMV, etc.), les constructions sont interdites en dehors des parties actuellement urbanisées des communes, sous réserve de certaines exceptions et dérogations (C. urb. art. L 111-3 et L 111-4). 22012

Cette règle, dite « règle de constructibilité limitée », est donc une règle suspensive de l'application du RNU hors des zones actuellement urbanisées des communes concernées.

Notion de « parties actuellement urbanisées » La notion de « parties actuellement urbanisées » ne fait l'objet d'aucune définition légale. En pratique, c'est le service chargé de l'instruction de la demande d'occuper ou d'utiliser le sol qui se prononce sur l'identification 22014 de ces « parties actuellement urbanisées », sous le contrôle du juge administratif. Il s'agit d'une question de fait. La jurisprudence se fonde généralement sur le nombre de constructions agglomérées, la distance par rapport à ces constructions, la desserte par les équipements publics (voies d'accès et réseaux d'eau et d'électricité). L'application des critères jurisprudentiels relève de l'appréciation des juges du fond. Le Conseil d'État, en sa qualité de juge de cassation, contrôle seulement la validité des critères utilisés (CE 26-7-1996 n° 160065 : BJDU 4/96 p. 290). Le **sens de la jurisprudence** n'est pas facile à déterminer compte tenu de la très grande diversité des situations concrètes.

22016 **Exceptions et dérogations** Échappent à la règle de constructibilité limitée (C. urb. art. L 111-4 et L 111-5) :
– les travaux sur les bâtiments existants : adaptation, réfection, extension, changement de destination ;
– la construction de bâtiments nouveaux à usage d'habitation à l'intérieur du périmètre regroupant les bâtiments d'une ancienne exploitation agricole, dans le respect des traditions architecturales locales. Si le projet entraîne une réduction des surfaces utilisées pour l'agriculture ou à vocation agricole, l'avis préalable de la commission départementale de préservation des espaces naturels, agricoles et forestiers est nécessaire ;
– les constructions nécessaires à l'exploitation agricole, à des équipements collectifs (si elles sont compatibles avec l'exercice d'une activité agricole, pastorale ou forestière sur le terrain), à la réalisation d'aires d'accueil ou de terrains de passage pour les gens du voyage, à la mise en valeur des ressources naturelles et à la réalisation d'opérations d'intérêt national. Sont considérées comme nécessaires à l'exploitation agricole les installations de production et, le cas échéant, de commercialisation, par un ou plusieurs exploitants agricoles, de biogaz, d'électricité et de chaleur par la méthanisation sous réserve que cette production soit issue pour au moins 50 % de matières provenant d'exploitations agricoles. Si le projet de construction entraîne une réduction des surfaces utilisées pour l'agriculture ou à vocation agricole, l'avis préalable de la commission départementale de préservation des espaces naturels, agricoles et forestiers est nécessaire ;
– les constructions et installations nécessaires à la transformation, au conditionnement et à la commercialisation des produits agricoles, lorsque ces activités constituent le prolongement de l'acte de production et si elles sont compatibles avec l'exercice d'une activité agricole, pastorale ou forestière sur le terrain. L'avis préalable de la commission départementale de la préservation des espaces naturels, agricoles et forestiers est nécessaire. Ces constructions et installations ne peuvent pas être implantées en zones naturelles ni porter atteinte à la sauvegarde des espaces naturels et des paysages ;
– les constructions et installations incompatibles avec le voisinage des zones habitées ainsi que l'extension mesurée de ces constructions et installations existantes (station d'épuration, usine de traitement des ordures ménagères, par exemple). L'avis préalable de la commission départementale de préservation des espaces naturels, agricoles et forestiers est, là aussi, nécessaire en cas de réduction des surfaces utilisées pour l'agriculture ou à vocation agricole.
En outre, des dérogations sont possibles, sur délibération motivée du conseil municipal. Il ne peut s'agir que de constructions ou d'installations de petite importance motivées par l'intérêt de la commune (notamment pour éviter une diminution de la population). Ces constructions et installations ne doivent pas porter atteinte à la sauvegarde des espaces naturels et des paysages, à la salubrité et à la sécurité publiques, entraîner un surcroît important de dépenses publiques, ni être contraires aux principes généraux applicables en matière d'aménagement et d'urbanisme et aux dispositions particulières aux zones de montagne ou au littoral ou aux directives territoriales d'aménagement. Le juge contrôle la réalité du motif invoqué (CE 17-12-2007 n° 295425, min. transports c/ Malot : BPIM 1/08 inf. 4). Ces constructions et installations ne peuvent être autorisées qu'après avis conforme de la commission départementale de préservation des espaces naturels, agricoles et forestiers.

2. PLAN LOCAL D'URBANISME

22030 Le plan local d'urbanisme (PLU) constitue le principal document d'urbanisme local. Il a normalement remplacé les plans d'occupation des sols (POS) ; si cela n'a pas été le cas, le règlement national d'urbanisme s'applique sur le territoire concerné (C. urb. art. L 174-1 s.). Exceptionnellement, l'annulation ou la déclaration d'illégalité d'un PLU peut faire revivre le POS immédiatement antérieur pour une durée limitée (24 mois).
Les PLU ont fait l'objet d'un profond remaniement dans le cadre du **Grenelle II** de l'environnement (Loi 2010-788 du 12-7-2010 ; Décret 2012-290 du 29-2-2012) puis de la **loi Alur** (Loi 2014-366 du 24-3-2014).

Les PLU existants doivent intégrer les dispositions du Grenelle II et de la loi Alur, sauf exceptions, à l'occasion de leur révision. La **loi Climat** est venue apporter diverses modifications portant sur le contenu du PLU et liées à l'objectif de lutte contre l'artificialisation des sols ainsi qu'à la protection des zones littorales exposées au recul du trait de côte. En principe, les objectifs de lutte contre l'artificialisation des sols devront être intégrés dans les PLU au plus tard le 22 février 2028 ; à défaut, aucune autorisation d'urbanisme ne pourra être délivrée dans les zones à urbaniser délimitées par le plan (Loi Climat 2021-1104 du 22-8-2021 art. 194, IV dans sa rédaction issue de la loi 2023-630 du 20-7-2023).

a. Dossier du PLU

Après un rapport de présentation, le PLU comprend le projet d'aménagement et de développement durables (PADD) du territoire concerné, des orientations d'aménagement et de programmation, un règlement, des documents graphiques et des annexes (C. urb. art. L 151-2). Lorsqu'il tient lieu de programme local de l'habitat ou de plan de mobilité, il comprend également un programme d'orientations et d'actions permettant la mise en œuvre de la politique de l'habitat ou des transports et des déplacements (C. urb. art. L 151-45). 22040

Le PLU peut comprendre un ou plusieurs plans de secteur couvrant chacun l'intégralité du territoire d'une ou de plusieurs communes membres de l'EPCI responsable du PLU (C. urb. art. L 151-3). Ces plans de secteur dotés d'un règlement spécifique précisent les orientations d'aménagement et de programmation applicables à ce secteur.

RAPPORT DE PRÉSENTATION DU PLU

À partir d'un diagnostic de prévisions et de besoins réalisé pour le territoire concerné, le rapport de présentation explique les **choix retenus** pour établir le projet d'aménagement et de développement durables, les orientations d'aménagement et de programmation et le règlement. Il expose les **motifs** de la délimitation des zones et des règles qui y sont applicables. Il évalue les **incidences** des orientations du plan sur l'environnement et expose la manière dont le plan prend en compte le souci de sa préservation et de sa mise en valeur. Il analyse la capacité de densification et de mutation de l'ensemble des espaces bâtis et expose les dispositions qui favorisent la densification de ces espaces ainsi que la limitation de la consommation des espaces naturels, agricoles ou forestiers. Il présente une analyse de la consommation des espaces naturels, agricoles et forestiers sur les 10 années précédant l'arrêt du projet de PLU ou depuis sa dernière révision et justifie des objectifs de modération de cette consommation et de lutte contre l'étalement urbain fixés par le PLU au regard des objectifs déterminés par le schéma de cohérence territoriale. Il établit un inventaire des capacités de stationnement de véhicules motorisés, de véhicules hybrides et électriques et de vélos des parcs ouverts au public et des possibilités de mutualisation de ces capacités (C. urb. art. L 151-4 et R 151-1 s.). En cas de modification, de révision ou de mise en compatibilité, il comporte l'exposé des motifs des changements apportés (C. urb. art. R 151-5). 22042

Les règles et indications du rapport de présentation ne sont pas directement opposables aux autorisations d'urbanisme (CE 27-5-1977 n° 97875 : Lebon p. 258).

PROJET D'AMÉNAGEMENT ET DE DÉVELOPPEMENT DURABLES (PADD)

Ce document a pour objet de définir les **orientations générales** des politiques d'aménagement, d'équipement, d'urbanisme, de protection des espaces et de préservation ou de remise en bon état des continuités écologiques. Il arrête les orientations générales concernant l'habitat, les transports et les déplacements, les réseaux d'énergie, le développement des énergies renouvelables, le développement des communications numériques, l'équipement commercial, le développement économique et les loisirs (C. urb. art. L 151-5). En vue de réaliser les objectifs de la loi Climat en matière de lutte contre l'artificialisation des sols, le PADD fixe des objectifs chiffrés de modération de la consommation de l'espace et de lutte contre l'étalement urbain. 22044

Le PADD n'est pas directement opposable aux projets de construction (C. urb. art. L 152-1 a contrario).

ORIENTATIONS D'AMÉNAGEMENT ET DE PROGRAMMATION

Ce document d'orientation comporte des dispositions relatives à l'**aménagement** : actions et opérations à mettre en œuvre (éventuellement par quartiers ou secteurs spécifiques), échéancier prévisionnel de l'ouverture à l'urbanisation, caractéristiques des voies et espaces publics, aménagement des entrées de ville, lutte contre l'insalubrité, préservation de l'environnement, 22046

renouvellement urbain, mesures d'adaptation au recul du trait de côte et échéancier prévisionnel dans les territoires littoraux exposés au recul du trait de côte, etc. (C. urb. art. L 151-6 et L 151-7). Lorsque le PLU est élaboré au **niveau intercommunal** et qu'il tient lieu de programme local de l'habitat, ces orientations d'aménagement sont complétées par des dispositions relatives à l'habitat et, s'il tient lieu de plan de mobilité, elles sont complétées par des dispositions relatives aux transports et aux déplacements (C. urb. art. L 151-46 et L 151-47). En l'absence de Scot, le PLU intercommunal doit comporter les orientations relatives à l'équipement commercial et artisanal et déterminer les conditions d'implantation des équipements commerciaux susceptibles d'avoir un impact significatif sur l'aménagement du territoire et le développement durable (C. urb. art. L 151-6 al. 2). En l'absence de Scot, ces orientations d'aménagement peuvent identifier des zones d'accélération pour l'implantation d'installations terrestres de production d'énergies renouvelables.
Les diverses opérations et autorisations d'urbanisme doivent être compatibles avec ces orientations d'aménagement (C. urb. art. L 152-1, al. 2). À l'occasion d'un recours contre une délibération approuvant le PLU, ces orientations d'aménagement peuvent être contestées si elles sont de nature à justifier un refus d'autorisation d'urbanisme (CE 8-11-2017 n° 402511 : BPIM 6/17 inf. 383).
Certains secteurs de **zones urbaines** ou **à urbaniser** peuvent être aménagés et équipés sans être encadrés des dispositions du règlement du PLU mais par ces simples orientations d'aménagement et de programmation (C. urb. art. R 151-8). Pour ces secteurs, les orientations d'aménagement sont tenues de garantir la cohérence des projets d'aménagement et de construction avec le PADD (C. urb. art. R 151-8).

RÈGLEMENT DU PLU

22048 Le règlement du PLU fixe les **règles générales** et les **servitudes d'utilisation du sol** pouvant comporter l'interdiction de construire. Il délimite les différentes zones du plan et fixe, pour chacune d'elles, les règles d'implantation des constructions (C. urb. art. L 151-8 et R 151-17 s.). À proximité des transports collectifs existants ou programmés, il peut délimiter des secteurs dans lesquels une densité minimale de construction est imposée (C. urb. art. L 151-26). À chaque zone ou sous-zone du PLU correspond un chapitre du règlement comprenant plusieurs articles.
Le règlement peut renvoyer à un « **cahier de prescriptions architecturales** », adopté selon les mêmes modalités procédurales, le soin d'expliciter ou de préciser certaines des règles fixées par le règlement auquel il s'incorpore. Toutefois, ce type de document ne peut être opposé aux demandes d'autorisation d'urbanisme que si le règlement y fait expressément référence et que le cahier concerné se borne à expliciter ou préciser sans les contredire ou les méconnaître des règles figurant déjà dans le règlement (CE 2-6-2023 n° 461645, SCI du 90-94 avenue de la République ; D. Chauvaux, « Le Conseil d'État définit le statut du cahier de prescriptions architecturales annexé au PLU » : BPIM 4/23 inf. 229).
Les dispositions du règlement peuvent être différentes, dans une même zone, selon la **destination des constructions** et leur sous-destination (C. urb. art. R 151-27 et R 151-28 ; Arrêté LHAL1622621A du 10-11-2016) :
– exploitation agricole ou forestière ;
– habitation : logement, hébergement ;
– commerce et activités de services : artisanat et commerce de détail, restauration, commerce de gros, activités de services ou s'effectue l'accueil d'une clientèle, hôtels, autres hébergements touristiques, cinéma ;
– équipements d'intérêts collectifs et services publics : locaux et bureaux accueillant du public des administrations publiques et assimilés, locaux techniques et industriels des administrations publiques et assimilés, établissements d'enseignement, de santé et d'action sociale, salles d'art et de spectacles, équipements sportifs, lieux de culte, autres équipements recevant du public ;
– autres activités des secteurs primaire, secondaire et tertiaire : industrie, entrepôt, bureau, centre de congrès et d'exposition, cuisine dédiée à la vente en ligne (ou « dark kitchen »).
Si les dispositions du règlement du PLU peuvent être différentes dans une même zone en fonction de la destination des constructions, elles ne peuvent pas prévoir des règles différentes pour des constructions qui relèvent de la même catégorie de destination (CAA Nantes 6-10-2020 n° 19NT03666, SCI de la Lande : BPIM 6/20 inf. 364, s'agissant d'un PLU interdisant le changement de destination des seuls établissements hôteliers existant à la date de son adoption).

› Précisions **a.** Les **locaux accessoires** sont réputés avoir la même destination et sous-destination que le local principal (C. urb. art. R 151-29, al. 2).

b. Le règlement peut seulement préciser le **contenu des catégories de destination** des constructions ; il ne peut ni créer une nouvelle catégorie ni soumettre certains locaux d'une catégorie aux règles d'une autre catégorie (CE 30-12-2014 n° 360850, Sté Groupe Patrick Pichet : BPIM 1/15 inf. 4).

c. Sont assimilés à des entrepôts les locaux destinés à la réception et au stockage ponctuel de marchandises afin de permettre une livraison rapide de clients par des livreurs à bicyclette (**dark stores**), même si des points de retrait peuvent y être installés (CE 23-3-2023 n° 268360, Ville de Paris ; Arrêté LHAL1622621A du 10-11-2016). Y sont également assimilés les centres de données (« **data centers** »).

Contenu du règlement Le règlement d'un PLU peut notamment : **22050**

– interdire certains usages et affectation des sols, certains types d'activités et les constructions ayant certaines destinations ou sous-destinations (C. urb. R 151-30) ;
– soumettre à des conditions particulières les types d'activités qu'il définit et les constructions ayant certaines destinations et sous-destinations (C. urb. R 151-33) ;
– fixer les conditions de desserte des terrains par les voies publiques ou privées et d'accès aux voies ouvertes au public (C. urb. R 151-47) ;
– fixer les conditions de desserte des terrains par les réseaux publics d'eau, d'énergie et notamment d'électricité et d'assainissement, ainsi que, dans les zones relevant de l'assainissement non collectif, les conditions de réalisation d'un assainissement individuel (C. urb. R 151-49) ;
– prévoir des règles maximales d'emprise au sol et de hauteur des constructions qui peuvent être exprimées par rapport aux voies et emprises publiques, aux limites séparatives et aux autres constructions sur une même propriété ainsi qu'en fonction des objectifs de continuité visuelle, urbaine et paysagère attendus (C. urb. R 151-39) ;
– prévoir des règles minimales d'emprise au sol et de hauteur pour traduire un objectif de densité minimale des constructions qu'il justifie de façon circonstanciée ; ces règles peuvent être exprimées par rapport aux voies et emprises publiques, aux limites séparatives et aux autres constructions sur une même propriété ainsi qu'en fonction des objectifs de continuité visuelle, urbaine et paysagère attendus (C. urb. R 151-39) ;
– définir des règles permettant d'imposer une mixité des destinations ou sous-destinations au sein d'une construction ou d'une unité foncière (C. urb. art. R 151-37, 1°) ;
– définir pour certaines destinations et sous-destinations des majorations du volume constructible en référence à l'emprise au sol et la hauteur (C. urb. art. R 151-37, 2°) ;
– prévoir des règles alternatives afin d'adapter des règles volumétriques pour assurer l'insertion de la construction dans ses abords, en lien avec les bâtiments contigus (C. urb. art. R 151-41) ;
– prévoir des dispositions concernant les caractéristiques architecturales des façades et toitures des constructions et des clôtures (C. urb. art. R 151-41) ;
– identifier et délimiter des quartiers, îlots et voies dans lesquels est préservée ou développée la diversité commerciale, notamment à travers les commerces de détail et de proximité (C. urb. art. L 151-16) ;
– délimiter des secteurs dans lesquels la préservation ou le développement d'infrastructures et d'équipements logistiques est nécessaire (C. urb. art. L 151-16) ;
– fixer les emplacements réservés aux espaces verts ainsi qu'aux espaces nécessaires aux continuités écologiques en précisant leur destination et les collectivités, services et organismes publics bénéficiaires (C. urb. R 151-43) ;
– imposer que les surfaces non imperméabilisées ou éco-aménageables (coefficient de biotope) d'un projet représentent une proportion minimale de l'unité foncière ; la loi Climat en fait une obligation pour le règlement du PLU des communes situées dans une zone tendue en matière de logement (C. urb. art. L 151-22 et C. urb. art. R 151-43, 1°) ;
– délimiter des secteurs dans lesquels l'implantation d'installations de production d'énergies renouvelables est soumise à condition, voire interdite (C. urb. art. L 151-42-1) ;
– imposer des obligations aux constructeurs en matière de réalisation d'aires de stationnement (C. urb. R 151-44) ;
– imposer la réalisation d'aires de livraison pour tenir compte des besoins logistiques liés à l'utilisation de la construction (C. urb. art. L 151-33-1) ;
– imposer des obligations aux constructeurs en matière de réalisation d'espaces libres et de plantations, d'aires de jeux et de loisirs (C. urb. R 151-43) ;
– fixer des obligations en matière de performances énergétiques et environnementales des constructions, travaux, installations et aménagements (C. urb. R 151-42) ;
– fixer des obligations aux constructions, travaux, installations et aménagements, en matière d'infrastructures et réseaux de communications électroniques (C. urb. R 151-49).

DOCUMENTS GRAPHIQUES

Les différents éléments composant le dossier de PLU (rapport de présentation, PADD, orientations d'aménagement et de programmation, règlement et annexes) peuvent comprendre un ou **22052**

plusieurs documents graphiques (C. urb. art. L 151-2). Ces documents peuvent contenir des indications relatives au relief des espaces auxquels il s'applique.
Le **règlement** du PLU est constitué d'une partie écrite et d'une partie graphique. Seuls la partie écrite et les documents composant la partie graphique sont opposables aux projets de construction. Lorsqu'une règle fait exclusivement l'objet d'une représentation dans un document graphique, la partie écrite du règlement le mentionne expressément (C. urb. art. R 151-10 et R 151-11 al. 2). Tout élément graphique ou figuratif compris dans la partie écrite du règlement est réputé constituer une illustration dépourvue de caractère contraignant, à moins qu'il n'en soit disposé autrement par une mention expresse (C. urb. art. R 151-11, al 3).

ANNEXES

22054 Les annexes indiquent, à titre d'information, outre les servitudes d'utilité publique affectant l'utilisation des sols, les différents secteurs, zones et périmètres délimités en dehors de la procédure du PLU (C. urb. art. R 151-51 à R 151-53 dans sa rédaction issue du décret 2024-295 du 29-3-2024).
Il s'agit principalement des sites patrimoniaux remarquables, des ZAC, des zones de préemption (DPU, ZAD, ENS), des périmètres d'intervention au titre des espaces agricoles et naturels périurbains, des plans d'exposition au bruit des aérodromes, des dispositions d'un projet de plan de prévention des risques naturels prévisibles opposables par anticipation, des secteurs d'information sur les sols, des cartes de préfiguration des zones soumises au recul du trait de côte, des périmètres où le permis de démolir a été institué, des périmètres où les ravalements de façades et les poses de clôture ont été soumis à déclaration préalable et enfin, des secteurs concernés par des obligations de débroussaillement ou de maintien en état débroussaillé.

b. Zonage

ZONES URBAINES (ZONES U)

22070 Peuvent être classés en zone U les secteurs déjà urbanisés et les secteurs suffisamment équipés pour permettre de desservir les constructions à implanter. Un secteur en cours d'équipement peut également être classé en zone U si la capacité des équipements en cours de réalisation est suffisante pour desservir les constructions envisagées (C. urb. art. R 151-18).
Le règlement peut délimiter des secteurs dans lesquels les programmes de logements doivent respecter un certain pourcentage de logements d'une taille minimale ou une certaine répartition entre les différentes catégories de logements dans le respect des objectifs de mixité sociale (C. urb. art. L 151-14 et L 151-15).
Le règlement peut restreindre fortement les constructions nouvelles en zone U, dès lors que cette restriction se justifie par le parti d'aménagement tel qu'il est défini par les orientations générales et le programme d'aménagement et de développement durable (CE 30-7-2021 n° 437709, Cne des Avenières Veyrins-Thuellin : BPIM 5/21 inf. 312). Tout est question de mesure : une interdiction générale et absolue des constructions nouvelles dans un secteur bâti déjà largement construit serait sans doute jugée illégale.

ZONES À URBANISER (ZONES AU)

22072 Il s'agit des secteurs naturels de la commune qui pourront être urbanisés à l'occasion soit d'une modification ou d'une révision du PLU, soit immédiatement dans les conditions fixées par les orientations d'aménagement et de programmation et le règlement sous réserve de l'équipement de la zone. L'urbanisation immédiate d'une zone AU n'est possible que lorsque les voies publiques et les réseaux d'eau, d'électricité et, le cas échéant, d'assainissement existant à la périphérie immédiate de la zone ont une capacité suffisante pour desservir les constructions à implanter dans l'ensemble de cette zone. Les constructions y sont autorisées soit lors de la réalisation d'une opération d'aménagement d'ensemble, soit au fur et à mesure de la réalisation des équipements internes à la zone prévus par les orientations d'aménagement et de programmation et le règlement (C. urb. art. R 151-20). Une opération d'aménagement d'ensemble peut, en principe, ne porter que sur une partie seulement des terrains de la zone concernée (CE 28-9-2020 n° 426961 : BPIM 6/20 inf. 365). La réalisation de programmes de logements peut faire l'objet de dispositions particulières quant à la taille ou la catégorie des logements (C. urb. art. L 151-14 et L 151-15).
Les zones à urbaniser qui, dans les 9 ans de leur création, n'ont pas été ouvertes à l'urbanisation ou n'ont pas fait l'objet d'acquisitions foncières significatives de la part de la commune ou de l'EPCI compétent, directement ou par l'intermédiaire d'un opérateur foncier, ne peuvent être ouvertes à l'urbanisation qu'après révision du PLU. La loi Climat a réduit le délai de 9 ans à 6 ans pour les zones AU créées depuis le 1er janvier 2018 (C. urb. art. L 153-31, I-4 ; loi 2021-1104 du 22-8-2021 art. 199).

ZONES AGRICOLES (ZONES A)

Il s'agit des secteurs à protéger en raison du potentiel agronomique, biologique ou économique des terres agricoles (C. urb. art. R 151-22). Peu importe que le secteur soit équipé ou non. Seules **les constructions nécessaires à l'exploitation agricole** ou au **stockage** et à l'**entretien du matériel agricole** par des coopératives agricoles agréées peuvent être admises dans cette zone (C. urb. art. R 151-23). Toutefois, les constructions et installations nécessaires à des **équipements collectifs** peuvent être autorisées si elles sont compatibles avec l'exercice d'une activité agricole, pastorale ou forestière sur le terrain concerné et si elles ne portent pas atteinte à la sauvegarde des espaces naturels et des paysages (C. urb. art. L 151-11, 1°). 22074

Le règlement peut aussi désigner les bâtiments qui peuvent faire l'objet d'un **changement de destination**, dès lors que ce changement de destination ne compromet pas l'exploitation agricole ou la qualité paysagère du site (C. urb. art. L 151-11, 2°). Ces bâtiments sont identifiés par les documents graphiques (C. urb. art. R 151-14) et leur changement de destination est soumis à l'avis conforme de la commission départementale de la préservation des espaces agricoles, naturels et forestiers.

Les **bâtiments d'habitation** existants peuvent faire l'objet d'extensions ou d'annexes dès lors que ces extensions ou annexes ne compromettent pas l'activité agricole ou la qualité paysagère du site et après avis de la commission départementale de la préservation des espaces naturels, agricoles et forestiers (C. urb. art. L 151-12). Le règlement précise leur zone d'implantation et les conditions de hauteur, d'emprise et de densité permettant d'assurer leur insertion dans l'environnement et leur compatibilité avec le maintien du caractère agricole de la zone.

Le règlement peut autoriser les **constructions** et **installations nécessaires à la transformation**, au **conditionnement et à la commercialisation des produits agricoles**, lorsque ces activités constituent le prolongement de l'acte de production dès lors qu'elles sont compatibles avec l'exercice d'une activité agricole, pastorale ou forestière et qu'elles ne portent pas atteinte à la sauvegarde des espaces naturels et des paysages. Sont considérées comme telles les installations de production et le cas échéant, de commercialisation par des exploitants agricoles de biogaz, d'électricité ou de chaleur par la méthanisation. Ces projets sont soumis à l'avis de la commission départementale de la préservation des espaces naturels, agricoles ou forestiers (C. urb. art. L 151-11, II et III).

Le règlement peut également délimiter, à titre exceptionnel et après avis de la commission départementale de la préservation des espaces naturels, agricoles et forestiers, des secteurs constructibles de taille et de capacité d'accueil limitées. Le caractère exceptionnel s'apprécie en tenant compte notamment des caractéristiques du territoire, du type d'urbanisation du secteur, de la distance entre les constructions ou de la desserte par les réseaux ou par les équipements collectifs. Outre des constructions, ces secteurs (ou **pastilles**) peuvent accueillir des aires d'accueil des gens du voyage ou des résidences démontables constituant l'habitat permanent de leurs utilisateurs. Le règlement précise les conditions de hauteur, d'implantation, de densité et de raccordements aux réseaux des constructions, permettant d'assurer leur insertion dans l'environnement et leur compatibilité avec le maintien du caractère agricole de la zone (C. urb. art. L 151-13).

ZONES NATURELLES ET FORESTIÈRES (ZONES N)

Il s'agit des secteurs, équipés ou non, à protéger en raison soit de la qualité des sites, des milieux naturels, des paysages, et de leur intérêt, notamment du point de vue esthétique, historique ou écologique, soit de l'existence d'une exploitation forestière, soit de leur caractère d'espaces naturels. 22076

Les **constructions** et **installations nécessaires à l'exploitation agricole et forestière** peuvent y être autorisées ; celles nécessaires à des **équipements collectifs** également, mais sous réserve de ne pas être incompatibles avec l'exercice d'une activité agricole, pastorale ou forestière sur le terrain concerné et de ne pas porter atteinte à la sauvegarde des espaces naturels et des paysages.

Le règlement peut désigner les bâtiments qui peuvent faire l'objet d'un **changement de destination**, dès lors que ce changement de destination ne compromet pas l'exploitation agricole ou la qualité paysagère du site (C. urb. art. L 151-11, I-2°). Ce changement de destination est soumis à l'avis conforme de la commission départementale de la nature, des paysages et des sites.

Les **bâtiments d'habitation** existants peuvent faire l'objet d'extensions ou d'annexes dès lors que ces extensions ou annexes ne compromettent pas l'activité agricole ou la qualité paysagère du site et après avis de la commission départementale de la préservation des espaces naturels, agricoles et forestiers (C. urb. art. L 151-12). Le règlement précise leur zone d'implantation et les conditions de hauteur, d'emprise et de densité permettant d'assurer leur insertion dans l'environnement et leur compatibilité avec le maintien du caractère agricole de la zone. Le règlement peut également délimiter, comme en zone agricole, des « **pastilles constructibles** » compatibles avec le maintien du caractère naturel, agricole ou forestier de la zone (C. urb. art. L 151-13). Le PLU peut aussi délimiter des périmètres plus importants à l'intérieur desquels des transferts de constructibilité sont possibles (C. urb. art. L 151-25).

C. Opposabilité des règles du PLU

ÉTENDUE DE L'OPPOSABILITÉ

22100 Le règlement du PLU et ses documents graphiques sont opposables à toute personne publique ou privée pour l'exécution de tous travaux, constructions, plantations, affouillements ou exhaussements des sols, pour la création de lotissements et l'ouverture des installations classées appartenant aux catégories déterminées dans le plan. Ces travaux ou opérations doivent en outre être compatibles avec les orientations d'aménagement, lorsqu'elles existent (C. urb. art. L 152-1).
Lorsqu'une partie de la commune est couverte par un plan de sauvegarde et de mise en valeur, les dispositions de ce plan s'appliquent à la place de celles du PLU (n° 22130).

ADAPTATIONS MINEURES AUX RÈGLES DU PLU

22102 En **principe**, les règles et servitudes définies par un PLU ne peuvent faire l'objet d'aucune dérogation, à l'exception des **adaptations mineures** rendues nécessaires par la nature du sol, la configuration des parcelles ou le caractère des constructions avoisinantes (C. urb. art. L 152-3). Les adaptations doivent être motivées. La **jurisprudence** est très **restrictive** en la matière et le point de savoir si une adaptation doit ou non être considérée comme mineure relève de l'appréciation souveraine des juges du fond (CE 30-6-1999 n° 194720 : BJDU 6/99 p. 459). Même si le pétitionnaire ne le lui demande pas, l'administration doit s'interroger sur la possibilité de délivrer l'autorisation d'urbanisme à la faveur d'une adaptation mineure aux règles du PLU (CE 11-2-2015 n° 367414 : BPIM 2/15 inf. 87).

DÉROGATIONS AUX RÈGLES DU PLU

22103 **À titre exceptionnel**, l'autorité compétente pour délivrer le permis de construire peut, par décision motivée, accorder des dérogations à une ou plusieurs règles du PLU pour permettre la reconstruction de bâtiments détruits ou endommagés à la suite d'une **catastrophe naturelle** survenue depuis moins d'un an, lorsque les prescriptions imposées aux constructeurs en vue d'assurer la sécurité des biens et des personnes sont contraires à ces règles. Elle peut en faire de même pour permettre la restauration ou la reconstruction de **monuments historiques**, lorsque les contraintes architecturales propres à ces immeubles sont contraires à ces règles, ou pour autoriser des travaux nécessaires à l'accessibilité des personnes **handicapées** à un logement existant. L'accord du préfet et du maire ou du président de l'établissement public de coopération intercommunale est nécessaire, lorsqu'ils ne sont pas ceux qui délivrent le permis de construire (C. urb. art. L 152-4).

22104 Des dérogations aux règles du PLU peuvent aussi être accordées pour favoriser l'**isolation extérieure** des constructions dès lors qu'elles sont adaptées aux techniques architecturales de la façade ou de la toiture et qu'elles ne portent pas atteinte à la qualité architecturale du bâtiment et à son insertion dans le bâti environnant. Des dérogations peuvent également être accordées pour autoriser, sur les aires de stationnement, l'installation d'ombrières dotées de procédés de production d'énergie renouvelable (C. urb. art. L 152-5 et R 152-5 s.). Ces dérogations ne s'appliquent pas aux immeubles protégés.

22105 Par ailleurs, afin de faciliter la **construction de logements** dans les communes où s'applique la taxe sur les logements vacants (Décret 2013-392 du 10-5-2013 ann.) et dans les communes en croissance démographique dont le parc existant de logements locatifs sociaux justifie un effort de production supplémentaire (Décret 2013-671 du 24-7-2013 ann. II), l'autorité compétente pour délivrer le permis de construire peut accorder des dérogations à certaines règles du PLU ou du document en tenant lieu. L'autorité compétente peut même, après avis de la commission régionale du patrimoine et de l'architecture, accorder une dérogation supplémentaire dans la limite de 5 % si le projet présente un intérêt public du point de vue de la qualité et de l'innovation ou de la création architecturale (C. urb. art. L 152-6, der. al.). Les règles auxquelles il peut être dérogé varient selon la nature du projet (C. urb. art. L 152-6 dans sa rédaction issue de la loi 2023-973 du 23-10-2023) :
– pour une construction principalement à usage d'habitation : dans le respect d'un objectif de mixité sociale, il peut être accordé une dérogation aux règles de gabarit et de densité afin de permettre un dépassement de la hauteur autorisée par le PLU dans la limite de la hauteur de la construction contiguë. Il peut aussi être accordé une dérogation aux règles de retrait fixant une distance minimale par rapport aux limites séparatives ;

– pour la surélévation d'une construction existante de plus de 2 ans afin d'y réaliser des logements ou pour agrandir la surface de logements, dans le respect d'un objectif de mixité sociale : il peut être accordé une dérogation aux règles de densité et de réalisation de places de stationnement. En outre, en cas de construction contiguë, une dérogation à la règle de gabarit peut être accordée pour permettre de dépasser la hauteur autorisée par le PLU dans la limite de la hauteur de la construction contiguë ;
– pour une transformation à usage principal d'habitation d'un bâtiment existant par reconstruction, rénovation ou réhabilitation, dans la limite d'une majoration de 30 % du gabarit de l'immeuble existant : il peut être accordé une dérogation aux règles de densité et de réalisation de places de stationnement et, si la commune ne fait pas l'objet d'un arrêté de carence en matière de logements sociaux (CCH art. L 302-9-1), la dérogation peut s'étendre aux obligations de mixité sociale imposées par le PLU à tout programme de réalisation de logements (affectation d'un pourcentage du programme à des catégories de logements définis par le PLU) ;
– pour la construction de logements : il peut être accordé une dérogation totale ou partielle aux obligations de création d'aires de stationnement pour les logements. Le projet doit se situer à moins de 500 m d'une gare, d'une station de transport public guidé ou de transport collectif en site propre.
– pour les constructions contribuant à la qualité du cadre de vie par la création d'espaces extérieurs en continuité des habitations, assurant un équilibre entre les espaces construits et les espaces libres : il peut être accordé une dérogation supplémentaire de 15 % des règles relatives au gabarit. Cette possibilité de dérogation supplémentaire, introduite par la loi Climat, ne peut pas avoir pour effet d'excéder un dépassement total de 50 %.

Pour accorder la dérogation au titre de la construction de logements, l'autorité compétente doit dans tous les cas tenir compte de la nature du projet et de la zone d'implantation. Selon la nature du projet, des conditions supplémentaires sont fixées laissant parfois un pouvoir d'appréciation à l'autorité compétente. Ainsi, pour l'alignement au faîtage de la construction contiguë et la dérogation aux règles de retrait, « le projet doit s'intégrer harmonieusement dans le milieu urbain environnant », la dérogation totale ou partielle aux règles de stationnement doit « tenir compte de la qualité de la desserte, de la densité urbaine ou des besoins propres au projet au regard des capacités de stationnement existantes à proximité ».

Sur le **dépassement des règles volumiques** fixées par le PLU, voir n°s 22192 s.

Dans le **périmètre** d'une **grande opération d'urbanisme** (C. urb. art. L 312-3) ou d'une **opération de revitalisation du territoire** (CCH art. L 303-2), l'autorité compétente pour délivrer le permis de construire peut déroger au règlement du PLU (ou du document en tenant lieu) pour contribuer au développement ou à la revitalisation du territoire et pour faciliter le renouvellement urbain et la maîtrise de l'étalement urbain (C. urb. art. L 152-6-4 dans sa rédaction issue de la loi 2023-973 du 23-10-2023). Cela concerne **tous types de construction** et pas seulement les logements. **22107**

Sont concernées les règles de retrait fixant une distance minimale par rapport aux limites séparatives, les règles de gabarit et de densité (dans la limite d'une majoration de 30 %), les obligations en matière de stationnement.

L'autorité compétente peut également autoriser une destination non autorisée par le document d'urbanisme, dès lors que ce **changement de destination** contribue à la diversification des fonctions urbaines du secteur concerné. Elle peut enfin accorder une dérogation supplémentaire de 15 % des règles de gabarit pour les **constructions contribuant à la qualité du cadre de vie**, par la création d'espaces extérieurs en continuité des habitations, assurant un équilibre entre les espaces construits et les espaces libres. Cette dérogation supplémentaire ne peut concourir à excéder 50 % de dépassement au total.

La dérogation doit être motivée. Elle doit tenir compte de la nature du projet, de la zone d'implantation, de son intégration harmonieuse dans le tissu urbain existant, de la contribution au développement, à la transformation ou à la revitalisation de la zone concernée et à la lutte contre la consommation des espaces naturels agricoles et forestiers, ainsi qu'au respect des objectifs de mixité sociale et fonctionnelle.

D'autres hypothèses de dérogations aux règles du PLU sont prévues. L'autorité compétente pour délivrer le permis de construire peut : **22108**
– déroger aux règles de hauteur et d'aspect des constructions, afin d'autoriser l'installation de **dispositifs de végétalisation des façades et des toitures** dans les zones urbaines et à urbaniser (C. urb. art. L 152-5-1) ;
– déroger aux règles de hauteur pour une construction faisant preuve « d'**exemplarité environnementale** », afin d'éviter une limitation du nombre d'étages par rapport à un autre type de construction (C. urb. art. L 152-5-2) ;

– réduire l'obligation de réaliser des **aires de stationnement** pour véhicules motorisés prévue par le PLU. Pour chaque aire de stationnement en moins, il devra être réalisé les infrastructures ou l'aménagement d'espaces permettant le stationnement sécurisé d'au moins 6 vélos (C. urb. art. L 152-6-1) ;
– pour les projets de construction ou de travaux sur une **friche**, déroger aux règles de gabarit dans la limite d'une majoration de 30 % ainsi qu'aux obligations en matière de stationnement, dès lors que ces constructions et travaux visent à permettre le réemploi de la friche (C. urb. art. L 152-6-2).

SANCTIONS

22110 Les constructions ou installations réalisées en infraction avec les dispositions du PLU tombent sous le coup des mesures répressives visées aux articles L 480-1 à L 480-9 du Code de l'urbanisme (amende, démolition, mise en conformité, le tout éventuellement sous astreinte). Les sanctions encourues sont donc les mêmes qu'en cas de construction sans autorisation.

3. CARTE COMMUNALE

22120 Les communes (ou les EPCI) qui ne sont pas dotées d'un PLU peuvent approuver une carte communale (ou intercommunale) afin d'**écarter la règle de constructibilité limitée** (n° 22012). Cette carte permet d'élargir le périmètre constructible au-delà des parties actuellement urbanisées ou de créer de nouveaux secteurs constructibles qui ne sont pas obligatoirement situés en continuité avec l'urbanisation existante.
La carte communale n'a pas pour objet de définir des règles spécifiques relatives à la superficie des terrains, aux modes d'implantation des constructions, à leur aspect, à leur densité (Rép. Vachet : AN 30-3-2004 p. 2620 n° 32312). Elle ne permet pas la création d'emplacements réservés.
Dans les territoires couverts par la carte communale, les **autorisations d'occuper et d'utiliser le sol** (notamment les permis de construire) sont instruites et délivrées sur le fondement du RNU et des autres dispositions législatives et réglementaires applicables (C. urb. art. R 162-1).

22122 La carte comprend un **rapport de présentation**, expliquant les choix retenus pour le développement de la commune, et un ou plusieurs **documents graphiques**. Seuls les documents graphiques sont opposables (C. urb. art. R 162-2). Ils délimitent les **secteurs constructibles** de la commune et ceux qui ne le sont pas. Notons que les objectifs liés à lutte contre l'artificialisation des sols imposés par la **loi Climat** devront en principe être intégrés dans les cartes communales au plus tard le 22 février 2028 ; à défaut, aucune autorisation d'urbanisme ne pourra être délivrée dans les secteurs constructibles délimités par la carte (Loi Climat 2021-1104 du 22-8-2021 art. 194, IV dans sa rédaction issue de la loi 2023-630 du 20-7-2023).
Dans les **secteurs inconstructibles** restent toutefois possibles l'adaptation, le changement de destination, la réfection, l'extension des constructions existantes ainsi que l'édification d'annexes à proximité d'un bâtiment existant (C. urb. art. L 161-4). Sont également possibles les constructions et installations nécessaires :
– à des équipements collectifs ;
– à l'exploitation agricole ou forestière ainsi qu'à la transformation, au conditionnement et à la commercialisation des produits agricoles lorsque ces activités constituent le prolongement de l'acte de production. Sont considérés comme telles les installations de production et le cas échéant, de commercialisation par l'exploitant agricole de biogaz, d'électricité et de chaleur par méthanisation. L'avis de la commission départementale de la préservation des espaces naturels, agricoles et forestiers est requis ;
– à la mise en valeur des ressources naturelles ;
– au stockage et à l'entretien du matériel des coopératives d'utilisation de matériel agricole. L'avis de la commission départementale de la préservation des espaces naturels, agricoles et forestiers est requis.
Ces constructions et installations jugées nécessaires ne sont admises que si elles sont compatibles avec l'exercice d'une activité agricole, pastorale ou forestière sur le terrain concerné et si elles ne portent pas atteinte à la sauvegarde des espaces naturels et des paysages, à l'exploitation agricole ou forestière et à la mise en valeur des ressources naturelles.
La carte peut réserver certains secteurs à l'implantation d'activités, notamment celles qui sont incompatibles avec le voisinage des zones habitées (C. urb. art. R 161-5). Elle peut délimiter les secteurs dans lesquels la reconstruction à l'identique d'un bâtiment détruit par un sinistre n'est pas autorisée (C. urb. art. R 161-7).

Dans les communes non couvertes par un Scot, la carte communale peut délimiter les zones d'accélération pour l'implantation d'installations terrestres de production d'énergies renouvelables, arrêtées conformément au Code de l'énergie (C. énergie art. L 141-5-3).
La carte communale peut délimiter des secteurs dans lesquels l'implantation d'installations d'énergies renouvelables est soumise à condition, voire exclue (C. urb. art. L 161-4, II).

4. PLAN DE SAUVEGARDE ET DE MISE EN VALEUR

OBJET DU PSMV

Le plan de sauvegarde et de mise en valeur (PSMV) est le document d'urbanisme applicable dans un **site patrimonial remarquable**. Les sites patrimoniaux remarquables ont pour objet la protection des villes, villages ou quartiers dont la conservation, la restauration, la réhabilitation ou la mise en valeur présente, au point de vue historique, architectural, archéologique, artistique ou paysager, un intérêt public (C. patr. art. L 631-1). Peuvent aussi être classés « sites patrimoniaux remarquables » les espaces ruraux et les paysages qui forment avec ces villes, villages ou quartiers un ensemble cohérent ou qui contribuent à leur mise en valeur ou à leur conservation. 22130
Le PSMV du site patrimonial remarquable contient des dispositions similaires à celles d'un PLU mais à l'échelle d'une ville, d'un village ou d'un quartier. Les détails sont beaucoup plus précis et le **zonage** se fait presque à la parcelle (C. urb. art. R 313-2 à R 313-6). Il prescrit les limitations à l'usage du sol et informe sur les **servitudes d'utilité publique** instituées dans le secteur. Il comporte des prescriptions spécialement adaptées à la protection et à la mise en valeur de ce secteur. Il contient l'indication des immeubles ou des parties d'immeubles dont la démolition, l'enlèvement ou l'altération sont interdits et dont la modification est soumise à des conditions spéciales, mais aussi l'indication des immeubles ou parties d'immeubles dont la démolition ou la modification pourra être imposée par l'autorité administrative à l'occasion d'opérations d'aménagement publiques ou privées (C. urb. art. L 313-1, III).
La décision mettant à l'étude le nouveau plan de sauvegarde et de mise en valeur applicable dans un site patrimonial remarquable vaut mise en révision du plan local d'urbanisme ou de tout document d'urbanisme en tenant lieu (C. urb. art. L 313-1, II-al. 1). Une fois adopté, le PSMV remplace dans la zone considérée les dispositions du PLU (C. urb. art. L 153-1). Le périmètre du site patrimonial remarquable est reporté en annexe du PLU.

RÉALISATION DE TRAVAUX EN SITE PATRIMONIAL REMARQUABLE

Les travaux dans les sites patrimoniaux remarquables sont sous la surveillance de l'**architecte des bâtiments de France** (ABF). En principe, les travaux ayant pour effet de modifier l'état des immeubles sont soumis à son accord (C. patr. art. L 632-1, L 632-2 et R 621-96 sur renvoi de D 632-1). Mais dans des cas particuliers (par exemple : mesures prescrites pour les immeubles d'habitation insalubres, installation d'antennes de radiotéléphonie mobile), un simple avis de l'ABF est requis (C. patr. art. L 632-2-1). Lorsqu'une autorisation d'urbanisme est requise, cet accord (ou cet avis) est donné dans le cadre des procédures d'autorisation existantes (déclaration préalable, permis de construire, permis de démolir, permis d'aménager). Les autorisations ne peuvent être données que si les opérations, travaux et occupations du sol, sont conformes aux dispositions du PSMV. L'ABF peut subordonner leur réalisation au respect de prescriptions spéciales. 22132

B. Principales prescriptions d'urbanisme

1. ALIGNEMENT

La limite du domaine public routier au droit des propriétés riveraines est fixée soit par un plan d'alignement, soit par un alignement individuel (C. voirie routière art. L 112-1). 22150

PLAN D'ALIGNEMENT

L'établissement d'un plan général d'alignement permet de procéder aux redressements et aux élargissements de faible importance d'une voie publique ; pour la création de voies nouvelles ou les travaux importants, c'est la procédure d'expropriation qui doit être utilisée. 22152
À la date de publication du plan d'alignement et dans les limites fixées par ce plan, le **sol des propriétés non closes et non bâties** est transféré dans le domaine publiC. La prise de possession intervient après paiement ou consignation d'une indemnité fixée à l'amiable ou par le juge de l'expropriation (C. voirie routière art. L 112-2).

Le **sol des propriétés bâties ou closes de murs** est attribué dans les mêmes conditions au propriétaire de la voie dès la destruction du bâtiment, quelle que soit la cause de cette destruction (démolition volontaire, sinistre, vétusté).
La partie des bâtiments débordant sur l'alignement est frappée d'une **servitude de reculement**, sauf s'il s'agit d'un immeuble classé monument historique. Cette servitude ne rend pas l'immeuble inaliénable mais interdit l'exécution de travaux confortatifs (C. voirie routière art. L 112-6). Cette interdiction a pour objet d'entraîner à terme la destruction du bâtiment. L'indemnité sera évaluée à cette date et portera donc sur la valeur d'un terrain nu, mais elle devra tenir compte du préjudice subi du fait de la servitude de reculement (Cons. const. 2-12-2011 n° 2011-201 QPC : JO 3 p. 20497). Pour la jurisprudence, sont exonérés de la servitude de reculement les immeubles frappés sur une trop grande profondeur ou dont le fractionnement aurait pour effet de bouleverser les aménagements intérieurs et de rendre malaisée leur utilisation selon leur destination actuelle (CE 16-11-1983 n° 28951 : Lebon p. 457 ; CE 9-12-1987 n° 81456, Cne d'Aumerval).
Sont des **travaux confortatifs** tous les travaux de nature à augmenter la solidité et la durée de la construction, notamment les reprises en sous-œuvre, la pose de tirants, d'ancres ou d'équerres. Il a toutefois été jugé que les travaux de réparation de toiture ne sont pas des travaux confortatifs (CE 19-3-1886 : Lebon p. 248). Les travaux autorisés (crépis et rejointoiements, mise en place de linteaux, exhaussement ou abaissement des murs de façade, réparation du chaperon d'un mur, ouverture et suppression de fenêtres) doivent être réalisés dans le respect de certaines conditions. Les travaux intérieurs peuvent être réalisés sans autorisation, dès lors qu'ils ne concernent pas les parties en saillie des façades et murs latéraux ou n'ont pas pour objet de les conforter (Circ. 79-99 du 16-10-1979 : BO équipement 79/47).
Dans les **communes couvertes par un PLU**, le plan d'alignement doit être annexé au document local d'urbanisme au titre des servitudes d'utilité publique (C. urb. art. R 151-51). À défaut, le plan d'alignement n'est pas opposable (C. urb. art. L 152-7).

ALIGNEMENT INDIVIDUEL

22154 L'alignement individuel est un acte unilatéral de l'administration donné sous forme d'arrêté. Il s'agit d'un acte purement déclaratif valable un an qui n'a aucun effet sur le droit de propriété du riverain et qui concerne uniquement les **limites de la voie publique**. L'arrêté individuel d'alignement est obligatoirement conforme au plan d'alignement, s'il existe ; sinon, il est conforme à la situation effective sur le terrain. Dans ce dernier cas, il se borne à constater les limites réelles de la voie telles qu'elles se présentent en fait sur le terrain (C. voirie routière art. L 112-1).
Aucune **construction** ne peut être édifiée sans être conforme à l'alignement (CCH art. L 112-1). Des dérogations peuvent être accordées sous certaines conditions pour certaines parties décoratives ou utilitaires d'un immeuble (balcons, auvents, marquises, enseignes, corniches...), c'est ce que l'on appelle les « **saillies autorisées** » (C. voirie routière art. L 112-5).
Un arrêté d'alignement doit être obligatoirement demandé lorsque des travaux intéressent un immeuble joignant la voie publique. La demande peut être faite sur papier libre. Le permis de construire tient lieu d'alignement individuel.

ARTICULATION AVEC LES DOCUMENTS D'URBANISME

22156 Les limites de la voie publique peuvent également résulter du PLU ou, dans les sites patrimoniaux remarquables, du plan de sauvegarde et de mise en valeur. La création de nouvelles voies ou les élargissements importants peuvent figurer dans le plan. Les terrains bâtis ou non bâtis concernés sont alors inscrits en tant qu'**emplacements réservés**. Cette inscription entraîne l'inconstructibilité du terrain, mais elle n'a pas le caractère attributif de propriété du plan général d'alignement. La création ou l'élargissement se réalisera dans le cadre d'une expropriation ou après délaissement par le propriétaire du terrain.

2. MARGE DE RECUL

22170 L'objet de cette règle est d'imposer un **retrait des constructions** par rapport à la limite du **domaine routier** (ou à l'axe de la voie). L'instauration d'une telle marge de recul est sans incidence sur le droit de propriété ; elle n'a pas l'effet attributif d'un plan d'alignement, mais le permis de construire sera refusé si la construction ne respecte pas la marge de recul.

22172 Dans les **communes dotées d'un PLU**, le règlement ou les documents graphiques de chaque zone peuvent fixer des règles d'implantation des constructions par rapport aux voies et emprises publiques et aux limites séparatives pour assurer l'intégration urbaine paysagère et environnementale des constructions (C. urb. art. R 151-39). Peut ainsi être fixée une marge de recul frappant d'inconstructibilité le terrain riverain de la voie publique sur une certaine profondeur.

La marge applicable peut être différente selon la zone ou la sous-zone du plan. La règle de recul peut dépendre de la nature de la voie (route départementale ou communale) ou de la largeur de l'emprise de la voie (plus celle-ci est importante, plus la marge de recul sera importante). La marge de recul peut également résulter d'une règle de prospect : plus la hauteur de la construction est élevée, plus son implantation doit être reculée par rapport à la voie. La formulation de cette règle de prospect est généralement la suivante : « la distance (D) comptée horizontalement de tout point de la construction au point le plus proche et le plus bas de l'alignement opposé doit être au moins égale à la différence d'altitude (H) entre ces 2 points ». En outre, il peut être prévu dans tous les cas le respect d'une distance minimale, par exemple 5 m.

Dans les **communes non couvertes par un PLU** ou un document en tenant lieu, une règle similaire du RNU s'applique dans les espaces urbanisés pour les constructions édifiées en bordure d'une voie publique ou privée (C. urb. art. R 111-16).

D'une manière générale, la loi interdit en dehors des espaces urbanisés les constructions à moins de 100 m de l'axe des **autoroutes**, des routes express et des déviations au sens du Code de la voirie routière et à moins de 75 m de l'axe des autres **routes classées à grande circulation** (C. urb. art. L 111-6). **22174**

Cette interdiction ne s'applique ni aux constructions ou installations liées ou nécessaires aux infrastructures routières, ni aux services publics exigeant la proximité immédiate des infrastructures routières, ni aux bâtiments d'exploitation agricole, ni aux réseaux d'intérêt public, ni aux infrastructures de production d'énergie solaire, photovoltaïque ou thermique (C. urb. art. L 111-7).

Le préfet peut accorder une dérogation à cette règle nationale (éventuellement renforcée localement) lorsque les contraintes géographiques ne permettent pas d'implanter, au-delà de la marge de recul, une installation ou une construction présentant un intérêt communal motivé.

Dans le même esprit, le PLU ou le document en tenant lieu peut fixer des règles d'implantation différentes lorsqu'il comporte une étude justifiant, en fonction des particularités géographiques locales, que ces règles sont compatibles avec la prise en compte des nuisances, de la sécurité, de la qualité architecturale, ainsi que de la qualité de l'urbanisme et des paysages. Dans les communes dotées d'une carte communale, la commune ou l'EPCI compétent peut, au vu d'une étude similaire, après accord du préfet et avis de la commission départementale des sites, fixer des règles d'implantation différentes.

> **Précisions** Les marges de recul par rapport aux voies publiques ne sont pas les seules à influer sur l'**implantation des constructions**. Ainsi, par exemple, il existe des règles similaires relatives à l'implantation des bâtiments par rapport aux limites séparatives. On les retrouve dans le RNU (C. urb. art. R 111-17) ou dans le règlement du PLU (C. urb. art. R 151-39). De même, des distances minimales peuvent être imposées entre des bâtiments n'ayant pas la même affectation ; il existe notamment un **principe de réciprocité** quant à l'exigence d'éloignement entre les **bâtiments agricoles** et les bâtiments d'habitation (C. rur. art. L 111-3).

3. RÈGLES DE DENSITÉ

SUPPRESSION DU COS

Jusqu'à la loi Alur, le règlement du PLU avait la possibilité de fixer, hors zone agricole, une **règle de densité particulière** exprimée par le coefficient d'occupation du sol (COS). Cette possibilité est supprimée. Le COS, désormais dépourvu de base légale dans les **PLU**, ne peut plus être opposé depuis le 27 mars 2014. L'autorité compétente doit statuer en se fondant sur les autres règles fixées par le PLU, notamment en matière de hauteur, gabarit, volume, emprise au sol ou implantation par rapport aux limites séparatives. S'agissant des **POS maintenus provisoirement en vigueur**, le COS éventuellement prévu s'applique encore. En effet, la loi Alur n'a pas modifié les dispositions de l'article L 123-1 dans sa rédaction antérieure à la loi SRU 2000-1208 du 13 décembre 2000. Cet article législatif, qui mentionne expressément la possibilité de fixer un ou des COS dans chaque zone ou partie de zone délimitée par le plan, est toujours en vigueur pour les POS (C. urb. art. L 174-4). **22190**

DÉPASSEMENT DES RÈGLES DE DENSITÉ

Constructions à usage d'habitation Un dépassement des règles **relatives au gabarit, à la hauteur et à l'emprise au sol** prévues par le PLU est possible pour permettre l'agrandissement ou la construction de bâtiments à usage d'habitation. Les secteurs concernés sont délimités à l'intérieur des zones urbaines par le règlement du PLU. Le **dépassement** autorisé est encadré par une **double limite** : il ne peut pas aller au-delà de 20 % pour chacune des règles concernées et ne peut pas aboutir à la création d'une surface de plancher supérieure de plus de **22192**

20 % à la surface de plancher existante (C. urb. art. L 151-28). Les secteurs délimités sont mentionnés sur un document graphique du règlement du PLU (C. urb. art. R 151-37, 5°).
Ces possibilités de dépassement ne s'appliquent pas dans les zones A, B ou C des plans d'exposition au bruit des aéroports (C. urb. art. L 151-29, al. 1).

22195 **Logements locatifs sociaux** Afin de favoriser la réalisation de programmes de logements comportant des logements locatifs sociaux, le règlement du PLU peut délimiter des secteurs à l'intérieur desquels ces programmes bénéficient d'une majoration du **volume constructible** tel qu'il résulte des règles relatives au gabarit, à la hauteur et à l'emprise au sol. La **majoration** fixée pour chaque secteur est soumise à une **double limite** : elle ne peut pas excéder 50 % et ne peut pas être supérieure au rapport entre le nombre de logements locatifs sociaux et le nombre total des logements réalisés dans le cadre de l'opération (C. urb. art. L 151-28, 2°). Une majoration supplémentaire, soit du volume constructible, soit des règles relatives au gabarit, peut être obtenue dans la limite de 5 % pour les projets présentant un intérêt public du point de vue de la qualité et de l'innovation ou de la création architecturale et après avis de la commission régionale du patrimoine et de l'architecture (C. urb. art. L 151-29-1). Les secteurs délimités sont mentionnés sur un document graphique du règlement du PLU (C. urb. art. R 151-37, 6°).

22196 **Constructions énergétiquement performantes** Dans les zones urbaines ou à urbaniser, le règlement peut autoriser l'édification des constructions faisant preuve d'exemplarité énergétique ou environnementale ou qui intègrent des procédés de production d'énergie renouvelable en **dépassement des règles relatives au gabarit** dans la **limite** de 30 % et dans le respect des autres règles du PLU ou du document en tenant lieu (C. urb. art. L 151-28, 3°). Ce dépassement ne peut pas excéder 20 % dans les zones ou pour les immeubles protégés et ne permet pas de déroger aux servitudes d'utilité publique (C. urb. art. L 151-29, al. 2). Une majoration supplémentaire, soit du volume constructible, soit des règles relatives au gabarit, peut être obtenue dans la limite de 5 % pour les projets présentant un intérêt public du point de vue de la qualité et de l'innovation ou de la création architecturale et après avis de la commission régionale du patrimoine et de l'architecture (C. urb. art. L 151-29-1). Pour assurer l'insertion et la qualité environnementale des constructions, le règlement du PLU peut identifier des secteurs dans lesquels ces constructions bénéficient d'une majoration du volume constructible qu'il détermine en référence à l'emprise au sol et la hauteur (C. urb. art. R 151-42).
Le règlement peut **moduler l'ampleur du dépassement** sur tout ou partie du territoire couvert par le PLU. Sous réserve d'une justification spéciale motivée par la protection du patrimoine bâti, des paysages ou des perspectives monumentales et urbaines, le règlement peut **supprimer la possibilité de dépassement** dans certains secteurs limités. La modulation du dépassement ne peut pas être modifiée ou supprimée pendant 2 ans à compter de l'adoption de la modification simplifiée du règlement qui l'a instauré (C. urb. art. L 153-46).
Pour pouvoir prétendre à un dépassement des règles de gabarit et de densité, le pétitionnaire doit joindre à sa **demande de permis de construire** un document attestant que sa construction respectera les critères de performance énergétique (C. urb. art. R 431-18).

22197 **Logements intermédiaires** Le règlement peut prévoir des secteurs à l'intérieur desquels la réalisation de programmes de logements comportant des logements intermédiaires bénéficie d'une **majoration du volume constructible** tel qu'il résulte des règles relatives au gabarit, à la hauteur ou à l'emprise au sol dans la limite de 30 %. Pour chaque opération, la majoration ne peut pas être supérieure au rapport entre le nombre de logements intermédiaires et le nombre total de logements de l'opération (C. urb. art. L 151-28, 4°). Une majoration supplémentaire, soit de l'emprise au sol, soit de la hauteur, peut être obtenue dans la limite de 5 % pour les projets présentant un intérêt public du point de vue de la qualité et de l'innovation ou de la création architecturale et après avis de la commission régionale du patrimoine et de l'architecture (C. urb. art. L 151-29-1). Les secteurs délimités sont mentionnés sur un document graphique du règlement du PLU (C. urb. art. R 151-37, 7°). Les logements intermédiaires, qui ne sont pas des logements sociaux, sont subventionnés et destinés à être occupés à titre de résidence principale par des personnes physiques dont les ressources ne dépassent pas certains plafonds. Le prix d'acquisition du logement, ou le loyer en cas de location, est également plafonné (CCH art. L 302-16).

APPLICATION COMBINÉE DES POSSIBILITÉS DE DÉPASSEMENT

22198 Les quatre possibilités de dépassement examinées ci-dessus se combinent de la façon suivante :
– le dépassement en faveur de l'habitation ne peut pas se cumuler avec les dépassements pour logements locatifs sociaux, performance énergétique ou logements intermédiaires (C. urb. art. L 151-29, al. 4) ;

– les dépassements pour logements locatifs sociaux, performance énergétique et logements intermédiaires peuvent se cumuler sous réserve de ne pas entraîner un dépassement de plus de 50 % du volume autorisé par le gabarit de la construction (C. urb. art. L 151-29, dernier al.).

4. EMPLACEMENT RÉSERVÉ

OBJET

PLU, document en tenant lieu et PSMV peuvent inscrire en tant qu'emplacement réservé tout ou partie des terrains, bâtis ou non, nécessaires à la réalisation des voies, ouvrages publics, installations d'intérêt général, espaces verts, espaces nécessaires aux continuités écologiques, espaces nécessaires à la relocalisation d'équipements, de constructions et d'installations exposés au recul du trait de côte et dans les zones urbaines ou à urbaniser, ceux nécessaires à la réalisation de programmes de logements qu'il définit dans un objectif de mixité sociale (C. urb. art. L 151-41, 1° à 4° et 6°). Cette liste est limitative. La **destination** de l'emplacement réservé doit figurer dans les documents graphiques du plan ainsi que la collectivité, le service ou l'organisme public qui en est bénéficiaire (C. urb. art. R 151-34, R 151-38, R 151-48, R 151-50). Le **bénéficiaire de la réserve** doit avoir la capacité d'exproprier. 22210
En principe, le terrain réservé sera acquis par le réservant par expropriation ou délaissement du propriétaire. L'emplacement peut également être acquis à l'amiable.

> **Précisions** La **réserve** peut **disparaître** à l'occasion d'une modification ou d'une révision du document d'urbanisme. Elle n'est plus opposable lorsque, à l'occasion de la mise en œuvre du droit de délaissement, le bénéficiaire n'a pas saisi le juge de l'expropriation en fixation du prix dans le délai de 3 mois qui suit le délai d'un an dont il disposait pour se prononcer sur la demande d'acquisition (C. urb. art. L 230-4).

EFFETS

L'institution d'un emplacement réservé ne produit aucun effet sur la propriété du sol. Le propriétaire conserve la liberté de **vendre**, aucune formalité spécifique n'est requise au titre de l'emplacement réservé (en pratique, le droit de préemption sera très souvent applicable). Le propriétaire peut jouir de son bien tant que le bénéficiaire de la réserve n'a pas pris la décision de l'acquérir pour réaliser l'équipement prévu. Les **constructions nouvelles** sont toutefois interdites, mais un permis de construire peut exceptionnellement être accordé après l'accord du bénéficiaire de la réserve, si la construction à édifier présente un caractère précaire (C. urb. art. L 433-1). 22212

« SERVITUDE D'URBANISATION »

À côté des emplacements réservés au sens strict (ceux de l'article L 151-41, 1° à 4° et 6° du Code de l'urbanisme), la loi permet l'instauration de servitudes d'urbanisation dont le régime et les incidences sur la propriété ou l'utilisation du sol ne sont pas nettement définis. Les propriétaires des terrains grevés bénéficient d'un droit de délaissement (C. urb. art. L 152-2). 22214
Ainsi, dans les zones urbaines et à urbaniser, le plan peut instituer une servitude consistant à interdire, sous réserve d'une justification particulière, pour 5 ans au plus dans l'attente de l'approbation par la commune d'un projet d'aménagement global, les constructions ou installations d'une superficie supérieure à un certain seuil défini par le règlement. Ces servitudes ne peuvent pas avoir pour effet d'interdire les travaux ayant pour objet l'adaptation, le changement de destination, la réfection ou l'extension limitée des constructions existantes (C. urb. art. L 151-41, 5°). Les terrains concernés figurent dans les documents graphiques qui précisent à partir de quelle surface les constructions ou installations sont interdites et la date à laquelle la servitude sera levée (C. urb. art. R 151-32).
Une autre servitude d'urbanisation permet au PLU d'instaurer une sorte de **pré-emplacement réservé**. Cette servitude consiste à indiquer la localisation et les caractéristiques des voies et ouvrages publics ainsi que les installations d'intérêt général et les espaces verts à créer ou à modifier, en délimitant les terrains qui peuvent être concernés par ces équipements (C. urb. art. L 151-41, dernier al.).

5. PÉRIMÈTRE D'UN MONUMENT HISTORIQUE

DÉLIMITATION

Les immeubles situés aux abords d'un monument historique font l'objet d'une surveillance particulière afin de mettre en valeur le monument et de préserver son champ de visibilité. 22230
Le préfet de région institue un **périmètre délimité des abords** sur proposition de l'architecte des bâtiments de France ou, sur proposition de la collectivité publique compétente en matière

de PLU, de document en tenant lieu ou de carte communale, après enquête publique, diverses consultations dont celle de la commune concernée. Lorsque l'ABF est l'auteur de la proposition, elle est soumise à l'accord de l'autorité compétente en matière de PLU (commune ou EPCI). À l'inverse, si la proposition émane de l'autorité compétente en matière de PLU, elle est soumise à l'accord de l'ABF (C. patr. art. L 621-31). Si le maire (ou l'EPCI compétent en matière de PLU) ou l'ABF n'a pas donné son accord, la décision est prise, soit par arrêté du préfet de région après avis de la commission régionale du patrimoine et de l'architecture lorsque le périmètre ne dépasse pas 500 m, soit par décret en Conseil d'État après avis de la Commission nationale du patrimoine et de l'architecture si le périmètre est supérieur à 500 m. Lorsque le projet de périmètre est instruit en même temps que l'élaboration, la modification ou la révision d'un PLU ou d'une carte communale, une enquête publique unique est diligentée, portant à la fois sur le projet de document d'urbanisme et sur le projet de périmètre délimité des abords. Le périmètre délimité des abords peut être modifié dans les mêmes conditions.
En l'absence de périmètre délimité, la protection au titre des abords s'applique automatiquement aux immeubles visibles du monument historique ou visible en même temps que lui et situés à moins de 500 m (C. patr. art. L 621-30 et L 621-31).
La protection au titre des abords a le caractère de **servitude d'utilité publique** affectant l'utilisation du sol. Le tracé du périmètre de protection est annexé au PLU, au document d'urbanisme en tenant lieu ou à la carte communale (C. urb. art. R 151-51 et R 161-8).

EFFETS

22232 Le fait pour un immeuble d'être situé dans le périmètre de protection d'un monument historique n'emporte aucune conséquence sur le droit de propriété du sol. L'immeuble peut faire l'objet d'une **vente** sans formalité particulière liée à ce titre.
Comme pour les sites patrimoniaux remarquables, tous travaux aux abords d'un monument historique sont sous la surveillance de l'**ABF**. Sauf cas particuliers où un simple avis est requis, une autorisation préalable particulière est nécessaire pour les travaux susceptibles d'affecter l'aspect de l'immeuble protégé au titre des abords (C. patr. art. L 621-32 et R 621-96 s.). Lorsque les travaux nécessitent une autorisation d'urbanisme (permis de construire, déclaration préalable, etc.), l'autorisation d'urbanisme vaut autorisation spéciale si l'architecte des bâtiments de France a donné son accord (ou son avis favorable), le cas échéant assorti de prescriptions motivées (C. patr. art. L 632-2 et L 632-2-1 sur renvoi de L 621-32).

6. ZONE DE BRUIT DES AÉRODROMES

22250 Le bruit autour des aérodromes n'est pas le seul à être pris en compte par la réglementation d'urbanisme, mais c'est celui qui fait l'objet des **prescriptions** les plus **importantes**. Elles sont examinées ci-après.
L'État s'est également donné comme objectif de lutter contre le bruit des **infrastructures de transports terrestres** (voies routières et ferrées à trafic important). Dans chaque département, le préfet recense et classe les infrastructures de transports terrestres en fonction de leurs caractéristiques sonores et du trafiC. Sur la base de ce classement, il détermine les secteurs situés au voisinage de ces infrastructures qui sont affectés par le bruit, les niveaux de nuisances sonores à prendre en compte pour la construction de bâtiments et les prescriptions techniques de nature à les réduire (C. envir. art. L 571-10). Les secteurs ainsi déterminés et les prescriptions relatives aux caractéristiques acoustiques sont reportés en annexe du PLU des communes concernées (C. urb. art. R 151-53). Les mêmes informations sont tenues à la disposition du public dans les mairies, les directions départementales des territoires et de la mer ainsi que dans les préfectures concernées (C. envir. art. R 125-28).

DÉFINITION DES ZONES DE BRUIT

22251 Au voisinage des grands **aérodromes**, il existe des règles d'urbanisme particulières visant à interdire ou à limiter les possibilités de construction dans les zones soumises au bruit des aéronefs, telles qu'elles sont délimitées par un **plan d'exposition au bruit** (PEB), propre à chaque aérodrome.
Ce plan comprend un rapport de présentation et des documents graphiques découpant le territoire concerné en zones de bruit (A, B et éventuellement C et D) selon l'importance de la gêne sonore (C. urb. art. L 112-7 et R 112-1 s.).
L'approbation du PEB rend applicables des **prescriptions d'urbanisme particulières**. Ces prescriptions sont opposables à toute personne publique ou privée pour l'exécution de tous travaux, constructions, affouillements ou exhaussements des sols, pour la création de lotissements et l'ouverture des installations classées (C. urb. art. L 112-4). Elles peuvent être rendues applicables

par anticipation pendant la durée d'élaboration ou de révision du PEB (C. urb. art. L 112-14 et L 112-15). Une fois approuvé, le PEB doit être annexé au PLU, au PSMV ou à la carte communale (C. urb. art. L 112-6, al. 2).
En cas de **vente d'un bien** à usage d'habitation ou à usage mixte professionnel et d'habitation ou d'un terrain non bâti constructible situé dans l'une des zones de bruit d'un PEB, le futur acquéreur en est informé (C. urb. art. L 112-11). Un **certificat d'urbanisme** doit signaler l'existence de la zone de bruit et rappeler l'obligation de respecter des règles d'isolation acoustique (C. urb. art. L 112-13).

RÈGLES DE CONSTRUCTION

Principe Dans la **zone D** délimitée par le PEB, toutes les constructions sont autorisées. Dans les **zones A, B et C**, toute urbanisation est au contraire interdite, sous réserve de certaines exceptions examinées ci-après, dès lors qu'elle conduit à exposer immédiatement ou à terme de nouvelles populations aux nuisances sonores des aéronefs (C. urb. art. L 112-10). **22252**
Lorsqu'elles sont autorisées, les constructions doivent respecter des règles d'isolation acoustique particulières (C. urb. art. L 112-12).

Constructions nouvelles à usage d'habitation Elles sont interdites dans les zones de bruit A, B et C à l'exception : **22254**
– dans ces trois zones, des logements nécessaires à l'activité civile ou militaire de l'aérodrome ou liés à celle-ci ;
– dans les zones B et C et dans les secteurs déjà urbanisés de la zone A, des logements de fonction nécessaires aux activités industrielles ou commerciales admises dans la zone et des constructions directement liées ou nécessaires à l'activité agricole ;
– dans la zone C, des maisons d'habitation individuelles non groupées situées dans des secteurs déjà urbanisés et desservis par des équipements publics, dès lors qu'elles n'entraînent qu'un faible accroissement de la capacité d'accueil d'habitants exposés aux nuisances ;
– dans la zone C, des opérations de reconstruction de bâtiments d'habitation rendues nécessaires par une opération de démolition réalisée en zone A ou en zone B, sous réserve que ces opérations n'entraînent pas d'accroissement de la population exposée aux nuisances, que les normes d'isolation phonique fixées par l'autorité administrative soient respectées et que le coût d'isolation soit à la charge exclusive du constructeur.

Constructions nouvelles autres que d'habitation Les constructions à usage industriel, commercial ou de bureaux sont interdites dans les zones A, B et C dès lors qu'elles risquent d'entraîner l'implantation d'une population permanente. **22256**
Les équipements publics ou collectifs ne sont admis dans les zones A et B que s'ils sont nécessaires à l'activité aéronautique (superstructures de l'aéroport) ou indispensables aux populations existantes (par exemple, crèches ou écoles). En aucun cas, ils ne doivent être dimensionnés de telle sorte qu'ils induisent ou imposent un apport d'habitants nouveaux.

Travaux sur constructions existantes Dans les zones A, B et C, sont interdites la rénovation, la réhabilitation, l'amélioration, l'extension mesurée ou la reconstruction des constructions existantes dès lors qu'elles entraînent un accroissement de la capacité d'accueil d'habitants exposés aux nuisances. Dans les zones A et B, les opérations autorisées ne doivent pas conduire à un agrandissement équivalant à une construction neuve. **22258**
À l'intérieur des zones C, le PEB ou le préfet peuvent délimiter des secteurs où, pour permettre le renouvellement urbain des quartiers ou villages existants, des opérations de réhabilitation et de réaménagement urbain peuvent être autorisées, à condition qu'elles n'entraînent pas d'augmentation de la population soumise aux nuisances sonores.
Par exception, les contrats de développement territorial du « Grand Paris » peuvent prévoir des opérations de réhabilitation ou de réaménagement urbain en zone C dès lors qu'elles n'entraînent pas une augmentation significative de la population soumise aux nuisances sonores (Loi Alur 2014-366 du 24-3-2014 art. 166, I).

7. ZONE DE PARCS ET DE RÉSERVES

PARCS NATIONAUX

Création et objet Dans un but de protection et de conservation d'un milieu naturel, un décret en Conseil d'État peut créer sur le territoire de tout ou partie d'une ou plusieurs communes un parc national (C. envir. art. L 331-1 et L 331-2). Les parcs nationaux sont des **servitudes d'utilité publique** affectant l'utilisation des sols. Dans les communes dotées d'un PLU, ils sont **22270**

annexés à ce document (C. urb. art. R 151-51). Autour du (ou des) « cœur[s] du parc » (de la « zone centrale » pour les parcs créés avant le 16 avril 2006), le décret de création peut instituer une « aire d'adhésion » (la « zone périphérique » pour les parcs créés avant le 16 avril 2006) à l'intérieur de laquelle les mesures de protection sont moins sévères (C. envir. art. L 331-1). À l'intérieur du cœur du parc peuvent être instituées par décret des « réserves intégrales » où les mesures de protection sont renforcées (C. envir. art. L 331-16).

Depuis la réforme de 2006, l'établissement public gestionnaire du parc doit établir une charte du parc définissant les objectifs de protection et précisant les modalités d'application de la réglementation (C. envir. art. L 331-3). Sur la portée de cette charte, voir ci-après les explications entièrement transposables données à propos des parcs régionaux.

22272 **Travaux à l'intérieur du parc** Les règles générales fixées par la loi sont complétées par des règles particulières figurant dans le décret de création et la charte du parc (C. envir. art. L 331-4-1). Les travaux réalisés à l'intérieur du parc peuvent être interdits ou soumis à un régime particulier (C. envir. art. L 331-4-1 et R 331-18). Des sanctions pénales sont prévues en cas d'infraction (C. envir. art. L 331-26 s.).

Dans **le cœur du parc**, les constructions, installations et travaux sont soumis à autorisation spéciale préalable (à l'exception des travaux d'entretien et, pour les équipements d'intérêt général, des grosses réparations). Cette autorisation spéciale est délivrée :

– dans les espaces non urbanisés, par l'établissement public du parc après avis de son conseil scientifique ;

– dans les espaces déjà urbanisés délimités par le décret de création, par le préfet après avis de l'établissement public.

Lorsque les travaux sont soumis à autorisation d'urbanisme, l'avis conforme de l'établissement ou du préfet vaut autorisation spéciale. Des prescriptions architecturales ou d'intégration paysagère peuvent être imposées en tant que de besoin. Ces dispositions valent servitudes d'utilité publique et sont annexées au PLU.

Dans tout le **périmètre du parc**, les travaux soumis à évaluation environnementale ou à autorisation environnementale (au titre de la loi sur l'eau ou de celle sur les installations classées) ne peuvent être autorisés ou approuvés que sur avis conforme de l'établissement public du parc après avis de son conseil scientifique, dès lors qu'ils sont de nature à affecter de façon notable le cœur ou les espaces maritimes du parc (C. envir. art. L 331-4).

À compter de la décision prenant en considération la création du parc, il peut être **sursis à statuer** sur les demandes d'autorisation de travaux, de construction ou d'installation projetés dans les espaces ayant vocation à figurer dans le cœur du parc (C. envir. art. L 331-6).

La réglementation du parc et la charte peuvent prévoir, notamment au profit des **résidents permanents** au cœur du parc (habitants et professionnels), des dispositions plus favorables pour l'attribution des autorisations concernant les travaux sur bâtiments existants (C. envir. art. L 331-4-2 et R 331-20).

Les travaux doivent être compatibles avec le caractère du parc et les objectifs de protection. Le juge administratif a été amené à apprécier l'altération du caractère du parc au regard de l'ampleur des travaux (CE 4-4-1990 n° 105162, Sivom du canton d'Accous et Parc national des Pyrénées occidentales : RJE 1990 p. 415).

PARCS NATURELS RÉGIONAUX

22276 Les parcs naturels régionaux (PNR) sont créés à l'initiative des régions (C. envir. art. L 333-1 et R 333-1).

Le parc régional est régi par une charte, laquelle détermine les orientations du parc en matière de protection, de mise en valeur et de développement ainsi que les mesures permettant de les mettre en œuvre. Les schémas de cohérence territoriale (Scot) doivent être compatibles avec la charte. En l'absence de Scot, les PLU, documents en tenant lieu ou cartes communales doivent être compatibles avec la charte (C. envir. art. L 333-1, V ; C. urb. art. L 131-1 et L 131-7). Toutefois, ces documents d'urbanisme n'ont pas à être compatibles avec les orientations et les mesures de la charte qui seraient territorialement contraires au schéma régional d'aménagement, de développement durable et d'égalité des territoires (C. envir. art. L 333-1, V-al. 2).

La **charte d'un PNR** est un document d'orientation de l'action des pouvoirs publics. Elle ne peut pas légalement imposer, par elle-même, des obligations aux tiers. Ainsi, elle ne peut pas contenir de règles de procédure. En revanche, pour la mise en œuvre de ses orientations générales, la charte peut préciser certaines règles de fond avec lesquelles les décisions prises par l'État et les collectivités territoriales dans l'exercice de leurs compétences respectives devront être cohérentes (CE 8-2-2012 n° 321219, Union des industries de carrières et matériaux de construction de Rhône-Alpes). La charte conditionne l'utilisation des sols par sa prise en compte par les documents d'urbanisme. Ses dispositions ne sont pas directement opposables aux demandes de permis de construire (CE 2-4-1993 n° 79507) mais l'autorité compétente en matière de permis doit s'assurer de la cohérence de la demande individuelle avec les orientations et les mesures fixées dans la charte du parc et dans les documents qui y sont annexés (CE 21-4-2022 n° 442953, Association pour le développement durable de l'Ouest ornais et de ses environs).

RÉSERVES NATURELLES

Les réserves naturelles peuvent être créées à l'initiative de l'État ou des régions, éventuellement sur demande des propriétaires concernés (C. envir. art. L 332-2, L 332-2-1 et R 332-30). Sur les **sites Natura 2000**, voir n° 21018. 22278

La **décision de classement** précise les limites de la réserve, les actions, activités, travaux, constructions, installations et modes d'occupation du sol qui y sont réglementés ou interdits, le cas échéant, la durée du classement ainsi que les conditions générales de gestion de la réserve (C. envir. art. L 332-3, R 332-10 et R 332-34). La décision de classement et le plan de délimitation sont reportés en annexe du document d'urbanisme s'il existe : PLU ou PSMV (C. envir. art. R 332-13).

La décision de classement peut comporter des prescriptions entraînant pour les propriétaires concernés une modification de l'état ou de l'utilisation antérieure des lieux. S'ils en subissent un préjudice direct, matériel et certain, une indemnisation est possible (C. envir. art. L 332-5).

Les territoires classés en réserve naturelle ne peuvent être ni détruits ni modifiés dans leur état ou dans leur aspect, sauf **autorisation spéciale** du conseil régional pour les réserves régionales, du représentant de l'État ou du ministre chargé de la protection de la nature pour les réserves nationales (C. envir. art. L 332-9). Dans les réserves nationales, une simple **déclaration préalable** adressée au préfet est suffisante lorsque les travaux ont été prévus par le plan de gestion de la réserve (C. envir. art. R 332-26). Cette autorisation ou déclaration spéciale ne dispense pas d'obtenir les autorisations d'urbanisme nécessaires. On signalera sur ce point, par exemple, qu'il sera impossible d'obtenir un permis tacite (n° 22464). Lorsque des travaux urgents indispensables à la sécurité des personnes et des biens sont requis, ils peuvent être régularisés a posteriori par le préfet (C. envir. art. R 332-27).

Les effets du classement suivent le territoire classé en quelques mains qu'il passe. En cas d'**aliénation** d'un immeuble situé dans une réserve naturelle, le vendeur est soumis à une obligation d'information de l'acquéreur et de l'administration (C. envir. art. L 332-7).

8. ZONE DE PRÉVENTION DES RISQUES

En cas de **vente** d'un bien immobilier situé dans une zone couverte par un plan de prévention des risques technologiques ou un plan de prévention des risques naturels prévisibles ou encore dans des zones de sismicité définies par décret, le vendeur doit informer l'acquéreur de l'existence des risques visés par le plan ou le décret. Cette **obligation d'information** est d'autant plus nécessaire que l'existence d'un plan de prévention des risques naturels ou technologiques peut entraîner des obligations à la charge des propriétaires et implique certaines contraintes et limites au droit de propriété. Ainsi, par exemple, les biens exposés à un risque naturel ou technologique peuvent être expropriés. 22290

PLAN DE PRÉVENTION DES RISQUES NATURELS PRÉVISIBLES

Objet et contenu Les PPRNP sont élaborés pour prendre en compte les risques tels que les inondations, les mouvements de terrain, les avalanches, les incendies de forêt, les séismes, les éruptions volcaniques, les tempêtes ou les cyclones (C. envir. art. L 562-1, I). Une fois approuvé, le PPRNP vaut **servitude d'utilité publique** et doit être annexé au PLU ou à la carte communale (C. envir. art. L 562-4, al. 1 ; C. urb. art. L 153-60, R 151-53 et R 161-8). 22292

Chaque plan comprend une note de présentation, des documents graphiques et un règlement précisant, notamment, les mesures d'**interdiction** et les **prescriptions** applicables aux différentes constructions. Il indique les mesures de **prévention**, de protection et de sauvegarde à prendre pour les constructions existantes et futures, en mentionnant, le cas échéant, celles dont la mise en œuvre est obligatoire et dans quel délai (C. envir. art. R 562-3 et R 562-4). Les prescriptions du PPRNP s'imposent directement aux autorisations de construire même si elles ne figurent pas dans le permis ; si la situation l'exige, le maire peut préciser dans le permis les conditions d'application des prescriptions générales du PPRNP ou fixer des prescriptions spéciales complémentaires sur le fondement du règlement national d'urbanisme (CE 4-5-2011 n° 321357, Cne de Fondettes : BPIM 3/11 inf. 179). Les mesures de prévention incombant aux particuliers ne s'imposent directement aux autorisations de construire que lorsque leur réalisation a été rendue obligatoire (CE 20-6-2018 n° 412650 : BPIM 4/18 inf. 240).

> **Précisions a.** Les anciens plans d'exposition aux risques prévisibles, plans de surfaces submersibles, plans de zones sensibles aux **incendies de forêts** et périmètres de risques valent PPRNP (C. envir. art. L 562-6).

b. Au plus tard le 31 décembre 2026, la première version d'une carte analysant la sensibilité du territoire européen de la France au danger prévisible de **feux de forêts et de végétation** doit être mise à la disposition du public sur le site www.georisques.gouv.fr (C. envir. art. R 567-1 ; Décret 2024-405 du 29-4-2024 art. 4-II). Sur le fondement de cette carte notamment, une liste des communes exposées à un danger élevé ou très élevé de feux de forêts et de végétation doit être établie par arrêté interministériel.

c. En l'absence de **PPRNP – incendies de forêts** en vigueur dans une commune figurant sur la liste de celles qui sont exposées à un danger élevé ou très élevé de feux de forêt et de végétation, le préfet peut délimiter **une zone de danger** valant servitude d'utilité publique, dans laquelle sont rendues opposables à toute personne publique ou privée des interdictions et prescriptions (C. envir. art. L 567-4 et L 567-5 créés par la loi 2023-580 du 10-7-2023). Lorsqu'un PPRNP-incendies de forêt couvrant une partie d'une « zone de danger » est approuvé, les servitudes de la zone de danger cessent d'être opposables dans le périmètre couvert par le PPRNP (C. envir. art. R 567-4, I créé par le décret 2024-405 du 29-4-2024). Si le PPRNP-incendies de forêt couvre l'intégralité de la « zone de danger », cette dernière est abrogée (C. envir. art. R 567-4, II créé par le décret 2024-405 du 29-4-2024).

d. L'État peut mettre en œuvre des plans de prévention des **risques miniers** qui, élaborés dans des conditions similaires à celles des PPRNP, emportent les mêmes effets (C. minier art. L 174-5 ; Décret 2000-547 du 16-6-2000).

e. Dans les zones particulièrement exposées à un **risque sismique ou cyclonique**, des règles particulières de construction peuvent être imposées. Si un PPRNP est approuvé dans l'une de ces zones, il peut éventuellement fixer des règles plus sévères (C. envir. art. L 563-1).

f. Dans les **zones submersibles ou inondables**, le PPRNP peut définir les interdictions et prescriptions nécessaires au libre écoulement des eaux et au bon usage des champs d'inondation (C. envir. art. L 562-8). À l'échelon de chaque bassin, pour les territoires exposés à ce risque, il existe un plan de gestion des risques. Ce plan peut comporter des mesures pour la maîtrise de l'urbanisation et la cohérence du territoire au regard du risque d'inondation. Il peut identifier des travaux et mesures à mettre en œuvre dans un certain délai (C. envir. art. L 566-7). Certaines de ces mesures s'imposent directement aux documents d'urbanisme qui devront être compatibles avec elles.

22294 **Constructions nouvelles** Le PPRNP peut fixer des règles particulières de construction, d'aménagement ou d'exploitation en ce qui concerne la nature et les caractéristiques des bâtiments ainsi que leurs équipements et installations (CCH art. R 132-1). Il peut interdire toutes constructions ou les soumettre à des prescriptions spéciales. Des mesures similaires peuvent être prescrites dans des zones même non directement exposées aux risques pour les constructions ou aménagements de nature à aggraver les risques ou à en provoquer de nouveaux. Dans ces zones, les plans déterminent les mesures devant être prises par les collectivités publiques et celles relevant des particuliers. Ils définissent également les modalités d'utilisation et d'exploitation des constructions et aménagements pouvant être imposées aux propriétaires, exploitants ou utilisateurs. Enfin, ils définissent des exceptions aux interdictions ou aux prescriptions afin de ne pas s'opposer à l'implantation d'installations de production d'énergie solaire dès lors qu'il n'en résulte pas une aggravation des risques (C. envir. art. L 562-1, II).

22296 **Constructions existantes** Les propriétaires, exploitants ou utilisateurs de constructions et d'ouvrages existant avant l'approbation du PPRNP peuvent se voir imposer l'exécution d'un certain nombre de prescriptions du plan (interdiction de construire, travaux imposés, etc.). Toutefois, les simples travaux d'entretien ne peuvent pas être interdits. Les travaux qui seraient imposés à des biens régulièrement construits ou aménagés avant l'approbation du plan ne peuvent porter que sur des aménagements limités dont le coût est inférieur à 10 % de la valeur des biens (C. envir. art. L 562-1, V ; Rép. Hyest : Sén. 6-7-2000 p. 2377 n° 22549). La réalisation des mesures prescrites par le plan peut être rendue obligatoire dans le délai de 5 ans, délai pouvant être réduit en cas d'urgence (C. envir. art. R 562-5). À défaut d'exécution, le préfet peut, après mise en demeure, en ordonner la réalisation aux frais du propriétaire, de l'exploitant ou de l'utilisateur (C. envir. art. L 562-1, III).

Les prescriptions des PPRNP sont au nombre des dispositions d'urbanisme susceptibles de faire obstacle à la reconstruction à l'identique d'un bâtiment détruit ou démoli depuis moins de 10 ans (C. urb. art. L 111-15 ; CE 17-12-2008 n° 305409 : Lebon p. 467, BPIM 1/09 inf. 9).

PLAN DE PRÉVENTION DES RISQUES TECHNOLOGIQUES

Objet Les PPRT déterminent autour des installations classées présentant des risques élevés (installations dites « Seveso seuil haut » ou installations de stockages sous-terrains) un **périmètre d'exposition aux risques** à l'intérieur duquel d'importantes servitudes d'urbanisme peuvent être édictées pour limiter l'urbanisme au voisinage de ces installations (C. envir. art. L 515-15 s.). Chaque PPRT comprend des documents graphiques, un règlement et des recommandations. Une fois approuvé, il vaut **servitude d'utilité publique** et doit être annexé au PLU (C. envir. art. L 515-23). 22300

Prescriptions du PPRT À l'intérieur du périmètre d'exposition aux risques, le plan délimite des zones dites « de maîtrise de l'urbanisation future » et des zones dites « de prescription » relatives à l'urbanisation existante qui peuvent elles-mêmes être subdivisées en secteurs dits « de délaissement » et en secteurs dits « d'expropriation » (C. envir. art. L 515-16). 22302

Dans les zones de **maîtrise de l'urbanisation future**, la réalisation d'aménagements ou d'ouvrages ainsi que les constructions nouvelles et l'extension des constructions existantes sont interdites ou subordonnées au respect de prescriptions spéciales (règles de construction, d'utilisation ou d'exploitation). Des dérogations peuvent être accordées par le préfet, après avis de la commune et de l'EPCI concernés, pour permettre l'implantation d'installations de production d'énergie renouvelable (C. envir. art. L 515-16-1).

Dans les **zones de prescription**, le plan peut fixer les **mesures de protection des populations** qui devront être prises par les propriétaires, exploitants et utilisateurs dans des délais déterminés. Ces mesures sont relatives à l'aménagement, l'utilisation ou l'exploitation des constructions, des ouvrages, des installations et des voies de communication existants. Lorsque des travaux de protection d'un logement sont prescrits, et que leur coût excède 10 % de la valeur vénale ou estimée du bien ou 20 000 €, l'obligation de réaliser des travaux est limitée au plus petit de ces montants et le propriétaire définit les travaux qu'il souhaite réaliser en priorité (C. envir. art. L 515-16-2, II et R 515-42). Dans les secteurs de délaissement et d'expropriation, les propriétaires d'immeubles ou de droits réels immobiliers peuvent mettre en demeure la collectivité (ou l'EPCI compétent) d'acquérir leur bien. Lorsque le propriétaire d'un **local commercial loué** envisage d'exercer son droit de délaissement, il doit notifier son intention au locataire. Cette notification vaut offre de vente au profit du locataire qui peut décider d'acquérir le bien, mettant ainsi fin à la procédure de délaissement si elle a été engagée (C. envir. art. L 515-16-3).

C. Information sur les règles d'urbanisme

1. LE PORTAIL NATIONAL DE L'URBANISME

Un géoportail national de l'urbanisme permet l'**accès libre et gratuit sur internet** à l'ensemble des documents d'urbanisme et servitudes d'utilité publique opposables aux projets de construction (C. urb. art. L 133-1). 22350

Les communes (ou leurs groupements compétents) doivent transmettent à l'État, sous forme électronique, au fur et à mesure des modifications, les Scot, PLU, documents en tenant lieu, les cartes communales et les cartes de préfiguration des zones exposées au recul du trait de côte applicables sur leur territoire (C. urb. art. L 133-2).

Les autorités gestionnaires de servitudes d'utilité publique doivent adresser à l'État, par voie électronique en vue de leur insertion dans le portail national de l'urbanisme, les servitudes dont elles assurent la gestion (C. urb. art. L 133-3).

Le caractère exécutoire d'un Scot ou d'un PLU est conditionné par la publication du document sur le portail national de l'urbanisme (C. urb. art. L 143-24 et L 153-23). Il faut néanmoins tenir compte des éventuelles difficultés de fonctionnement du portail.

2. ANCIENNE NOTE DE RENSEIGNEMENTS D'URBANISME

Depuis le **1er octobre 2007**, la note de renseignements d'urbanisme ne peut plus être officiellement sollicitée et obtenue, car son formulaire de demande a été supprimé. Elle est « avantageusement » remplacée par le certificat d'urbanisme d'information générale (Rép. Nicolin : AN 11-3-2008 p. 2092 n° 13317), ce qui paraît douteux lorsque ce certificat est délivré tacitement (voir n° 22356). Les communes ne sont donc nullement tenues par le Code de l'urbanisme de répondre aux questionnaires d'information relatifs à l'état des réseaux publics et au classement de terrains qui leur sont encore adressés (Rép. Leroy : Sén. 19-4-2012 p. 973 n° 15795 ; Rép. Fromantin : AN 27-8-2013 p. 9074 n° 25914). 22351

Cette note de renseignements était plus particulièrement adaptée à la mutation d'un immeuble bâti sans modification de son état (Circ. 73-217 du 31-12-1973 : BO équipement 73/103 bis ; Circ. 85-27 du 22-4-1985 : BO équipement 85/20). En principe délivrée « rapidement » (aucun délai n'était fixé), elle n'avait pas pour **objet** de se prononcer sur la constructibilité du terrain. Il s'agissait d'un acte purement informatif précisant les dispositions d'urbanisme et les limitations administratives au droit de propriété intéressant l'immeuble (servitudes d'utilité publique, existence d'une zone de préemption, d'une zone d'aménagement concerté, d'un emplacement réservé, etc.). À la différence du certificat d'urbanisme, elle ne conférait aucun droit et aucune garantie pour l'avenir, les renseignements donnés étant valables au moment où elle était délivrée (Rép. Jacquat : AN 10-5-1999 p. 2881 n° 24692).

3. CERTIFICAT D'URBANISME

22352 Le certificat d'urbanisme est un document administratif de renseignements sur la situation d'urbanisme d'un immeuble donné (C. urb. art. L 410-1 s. et R 410-1 s.).

DUALITÉ DU CERTIFICAT D'URBANISME

22354 Deux types de certificats d'urbanisme peuvent être sollicités.

Le **certificat dit « d'information générale », « informatif »** ou « neutre » indique la situation du terrain au regard des dispositions d'urbanisme, des limitations administratives au droit de propriété et du régime des taxes et participations d'urbanisme. Ce certificat ne précise pas si le terrain est constructible ou non. Il ne mentionne pas l'état des équipements publics existants ou prévus.

Le **certificat dit « opérationnel »** porte sur une opération déterminée, dont les caractéristiques sont précisées dans la demande (localisation approximative et destination des bâtiments projetés). Ce certificat d'urbanisme comporte les mêmes indications qu'un certificat informatif et précise, en outre, si l'opération envisagée peut être réalisée sur le terrain (certificat positif ou négatif). Il mentionne l'état des équipements publics existants ou prévus.

Un **certificat d'urbanisme, positif ou négatif**, n'est jamais, en lui-même, une autorisation ou un refus d'autorisation : ce n'est qu'un document d'information. Son objet n'est pas d'autoriser une construction ou la réalisation d'une opération d'urbanisme sur le terrain pour lequel il est délivré (Avis CE 13-10-2000 n° 223297 : JO 9-11 p. 17752 ; Cass. 1e civ. 9-6-2010 n° 09-12.995 : RJDA 11/10 n° 1122, BPIM 5/10 inf. 351). Un certificat d'urbanisme « positif », s'il peut conférer certains droits acquis (voir n° 22360), n'apporte aucune certitude de l'obtention ultérieure du permis de construire (CE 11-2-1987 n° 47195, Sté Négofia Investissements : Lebon p. 39 ; CE 11-10-1989 n° 73750 : AJDA 1990 p. 114). À l'inverse, un certificat d'urbanisme « négatif » peut être suivi de cette obtention (CE 13-2-1987 n° 55073).

DÉLIVRANCE DU CERTIFICAT D'URBANISME

22356 Une demande de certificat d'urbanisme peut être déposée par toute personne intéressée. La **demande** (formulaire Cerfa 13410 accompagné d'un plan de situation du terrain) est adressée par lettre recommandée avec demande d'avis de réception ou déposée contre décharge à la mairie du lieu de situation du terrain. Le formulaire est disponible dans les mairies, les directions départementales des territoires et de la mer (anciennement DDE) et sur le site internet de l'administration. Le certificat d'urbanisme peut aussi être demandé par voie électronique.

Le **délai d'instruction** est fixé à un mois pour le certificat d'information générale et à 2 mois pour le certificat opérationnel (C. urb. art. R 410-9 et R 410-10). À défaut de notification d'une réponse dans le délai imparti, le demandeur obtient un certificat d'urbanisme tacite qui a pour seul effet de cristalliser les dispositions d'urbanisme applicables (C. urb. art. R 410-12). Sur l'effet cristallisateur du certificat d'urbanisme, voir n° 22360.

> **Précisions** S'agissant spécialement du **certificat d'urbanisme opérationnel**, d'après les articles L 410-1, R 410-10 et R 410-12 du Code de l'urbanisme combinés, si l'administration ne répond pas dans les 2 mois, le demandeur obtient un certificat d'urbanisme opérationnel tacite dont le seul effet est de cristalliser les dispositions d'urbanisme applicables. Notons que deux décrets listant les exceptions au principe « silence de l'administration vaut acceptation », l'un concernant les actes de l'État et l'autre, les actes des collectivités territoriales, prévoient que le silence de l'administration à une demande de certificat opérationnel vaut rejet de la demande (CRPA art. L 231-6 ; Décret 2014-1299 du 23-10-2014 ; Décret 2015-1461 du 10-11-2015). Voir toutefois n° 22360 sur le maintien probable de l'effet cristallisateur du certificat d'urbanisme opérationnel dont la demande a été rejetée.

DURÉE DE VALIDITÉ DU CERTIFICAT D'URBANISME

La durée de validité du certificat d'urbanisme exprès ou tacite est de 18 mois (C. urb. art. L 410-1, al. 4). **22358**
Pour le certificat tacite, le délai court à compter de son acquisition, même si, par la suite, l'administration délivre un certificat exprès (C. urb. art. R 410-18).

La durée du certificat d'urbanisme peut être prorogée d'année en année, sur demande présentée au moins 2 mois avant l'expiration du délai de validité, si les prescriptions d'urbanisme, les servitudes administratives de tous ordres et le régime des taxes et participations d'urbanisme applicables n'ont pas évolué (C. urb. art. R 410-17). En absence de réponse expresse de l'administration dans les 2 mois de la demande, la prorogation est tacitement accordée. Cette prorogation tacite d'un an prend effet au terme de la validité de la décision initiale ou, à notre avis, de la prorogation précédente (C. urb. art. R 410-17-1).

DROITS CONFÉRÉS PAR LE CERTIFICAT D'URBANISME

Lorsqu'une demande d'autorisation ou une déclaration préalable est déposée dans le délai de **22360**
validité du certificat et respecte les **dispositions d'urbanisme** qui existaient à la date de ce certificat, celles-ci ne peuvent pas être remises en cause. Quel que soit le type de certificat : simple, opérationnel positif ou négatif, son titulaire peut se prévaloir des règles d'urbanisme applicables à la date de sa délivrance (CE 18-12-2017 n° 380438 : BPIM 1/18 inf. 12). C'est l'effet « stabilisateur » ou « cristallisateur » du certificat d'urbanisme. Il en est de même du régime des taxes et participations d'urbanisme ainsi que des limitations administratives au droit de propriété applicables au terrain, à l'exception de celles qui ont pour objet la préservation de la sécurité ou de la salubrité publiques (C. urb. art. L 410-1).

Cette disposition a pour objet de protéger le demandeur contre un **changement des règles d'urbanisme** pendant la durée de validité du certificat.

Cette **protection** est **limitée** puisque, par exemple, les dispositions d'un plan de prévention des risques ou de l'article R 111-2 du Code de l'urbanisme sur la sécurité ou la salubrité publiques pourront être opposées à tout moment au demandeur d'un permis de construire bénéficiaire d'un certificat d'urbanisme (même positif).

Cet **effet stabilisateur** du certificat d'urbanisme (ou effet « cristallisateur ») **concerne** les dispositions réellement applicables au terrain à la date du certificat – que ces dispositions y aient ou non été mentionnées. Un certificat mentionnant des dispositions erronées, illégales, pas encore en vigueur ou pas légalement applicables à la date de sa délivrance ne confère pas de droits acquis (CE 4-11-1994 n° 102929, SCI Le Parc de Vaugien : BJDU 6/94 p. 30 concl. C. Maugüé ; CE 11-2-2004 n° 212855, Sté France Travaux : BPIM 4/04 inf. 199 ; CE 18-2-2019 n° 414233, Cne de l'Houmeau : BPIM 2/19 inf. 90).

Par ailleurs, les **certificats opérationnels positifs** – c'est-à-dire ceux qui indiquent que l'opération envisagée par le demandeur peut être réalisée sur le terrain – ne prennent parti qu'au regard de la localisation approximative du ou des bâtiments dans l'unité foncière, de leur destination et de la desserte par les équipements publics existants ou prévus (C. urb. art. R 410-13). En outre, l'autorité compétente pour délivrer l'autorisation n'est pas liée par les mentions du certificat d'urbanisme relatives à l'état des équipements existants ou prévus. Elle doit tenir compte des équipements existant à la date à laquelle elle statue (CE 13-12-1996 n° 119548 : BPIM 2/97 inf. 97). Les **certificats opérationnels négatifs** ou assortis de prescriptions doivent être motivés (C. urb. art. R 410-14).

Les effets de la délivrance d'un **certificat d'information général tacite** sont limités à la cristallisation des règles applicables (C. urb. art. R 410-12).

S'agissant du **certificat opérationnel**, puisque sa demande est rejetée en l'absence de réponse de l'administration à l'issue du délai d'instruction (voir n° 22356, Précisions), on pourrait penser que le demandeur ne peut pas se prévaloir de la cristallisation des règles applicables. Mais la jurisprudence considère qu'un certificat d'urbanisme opérationnel est divisible : il comporte, d'une part, la réponse à une demande sur la faisabilité de l'opération envisagée et, d'autre part, l'indication des règles d'urbanisme applicables au terrain (CAA Marseille 23-1-2015 n° 13MA04455, Cne de Lauris). La décision de rejet de l'administration pourrait donc être comprise comme un rejet de la demande sur la faisabilité de l'opération envisagée. En revanche, le demandeur pourrait toujours se prévaloir de la cristallisation des règles applicables sur le terrain.

> **Précisions** L'omission d'une **taxe ou participation d'urbanisme** dans un certificat n'empêche pas cette taxe ou participation d'être exigible au stade du permis de construire si celle-ci était bien en vigueur au moment de la délivrance du certificat (CE 22-1-2010 n° 312425 : RJF 4/10 n° 364). De la même façon, la mention erronée d'un taux de taxe d'aménagement de 0,3 % alors que le conseil municipal l'a fixé à 3 % n'est pas de

nature à créer un droit acquis à ne pas acquitter les sommes dues au taux de 3 % (CE 8-2-2019 n° 422007). Par exception, les permis de construire ou d'aménager délivrés sur la base de certificats d'urbanisme en cours de validité au 1er mars 2012 constituent le fait générateur de la taxe d'aménagement qui peut être instituée depuis cette même date (Loi 2010-1658 du 29-12-2010 art. 28, I-B-3 ; CirC. écologie du 18-6-2013 § 5.2). En cas d'erreur ou d'omission dans la délivrance du certificat, un recours indemnitaire contre l'administration est possible en cas de préjudice direct, matériel et certain.

QUEL CERTIFICAT PRIVILÉGIER ?

22362 Le choix entre le certificat informatif ou le certificat opérationnel est conditionné par le projet de l'acquéreur :
– le **certificat d'urbanisme informatif** sera utile lorsque l'immeuble considéré est d'une certaine importance, ou que l'acquéreur, sans avoir de projet précis, n'exclut pas d'y réaliser dans le futur des travaux (agrandissement, aménagement, rénovation, changement de destination, etc.) ;
– le **certificat d'urbanisme opérationnel** est à recommander lorsque l'acquéreur envisage de réaliser une opération de construction, ou des travaux d'une certaine importance.
Il importe donc que le rédacteur interroge l'acquéreur sur ses projets, relativement à l'immeuble, afin de définir sous la condition suspensive de la délivrance de quel document l'opération sera placée (voir nos 30820 s.).
Bien qu'un certificat d'urbanisme opérationnel « positif » ouvre des droits au demandeur et lui garantisse en principe la possibilité de réaliser le projet au vu duquel le certificat a été délivré, il est préférable, s'agissant d'une véritable opération de construction, de soumettre l'acquisition à une condition suspensive de délivrance d'un **permis de construire** purgé de tous recours et droit de retrait (voir n° 30950). Le permis sera en effet instruit au vu d'un projet beaucoup plus détaillé que celui qui serait décrit dans un certificat d'urbanisme, et donc beaucoup plus proche de l'opération réellement envisagée par l'acquéreur.

D. Permis de construire et déclaration de travaux

22400 Nous nous bornerons à donner les renseignements utiles à l'acquéreur si celui-ci envisage l'exécution de travaux après son acquisition.
Les principes gouvernant la délimitation des procédures d'obtention du permis de construire et des autres autorisations d'urbanisme sont les suivants. Trois catégories d'opérations doivent être distinguées : celles qui ne sont soumises à aucune formalité au titre du Code de l'urbanisme, celles qui exigent seulement une déclaration préalable (à laquelle l'administration pourra s'opposer) et celles qui sont subordonnées à l'obtention d'un permis de construire.
Cette délimitation obéit à deux logiques différentes selon que le projet porte sur une construction neuve ou concerne des travaux sur une construction existante.

1. CONSTRUCTIONS NEUVES

CONSTRUCTIONS NEUVES SOUMISES À PERMIS DE CONSTRUIRE

22410 Les constructions nouvelles, même ne comportant pas de fondations, doivent être précédées de la délivrance d'un permis de construire, à l'exception de celles qui sont dispensées de toute formalité en vertu des articles R 421-2 à R 421-8-2 et de celles qui doivent faire l'objet d'une déclaration préalable en vertu des articles R 421-9 à R 421-12 du Code de l'urbanisme (C. urb. art. R 421-1).

CONSTRUCTIONS NEUVES DISPENSÉES DE TOUTE FORMALITÉ

22412 En dehors des sites patrimoniaux remarquables, des abords d'un monument historique et des sites classés ou en instance de classement, sont notamment dispensés de toute formalité au titre du Code de l'urbanisme (C. urb. art. R 421-2) :
– les constructions dont la hauteur au-dessus du sol ne dépasse pas 12 m et dont l'emprise au sol et la surface de plancher sont inférieures ou égales à 5 m^2 (ces trois critères sont cumulatifs) ;
– les habitations légères de loisirs dont la surface de plancher ne dépasse pas 35 m^2 implantées dans un terrain autorisé à cet effet ;
– les piscines dont le bassin a une superficie inférieure ou égale à 10 m^2 ;
– les châssis et serres dont la hauteur au-dessus du sol est inférieure ou égale à 1,80 m ;

– les murs dont la hauteur au-dessus du sol est inférieure à 2 m, sauf s'ils constituent des clôtures soumises à déclaration préalable (voir n° 22418) ;
– les clôtures qui ne sont pas soumises à déclaration préalable, ainsi que les clôtures nécessaires à l'activité agricole ou forestière ;
– les terrasses de plain-pied ;
– les travaux de ravalement en dehors des cas où ils sont soumis à déclaration préalable ou à permis de construire (voir n°s 22432 et 22436) ;
– les murs de soutènement (C. urb. art. R 421-3, a) ;
– les canalisations souterraines (C. urb. art. R 421-4).

CONSTRUCTIONS NEUVES SOUMISES À DÉCLARATION PRÉALABLE

Cas général Sont principalement soumises à déclaration préalable les constructions suivantes, à moins qu'elles n'entrent dans un cas de dispense de toute formalité (C. urb. art. R 421-9) : **22414**
– les constructions dont l'emprise au sol ou la surface de plancher est supérieure à 5 m^2 et qui, tout à la fois, ont une hauteur limitée à 12 m et une emprise au sol et une surface de plancher inférieure ou égale à 20 m^2 ;
– les habitations légères de loisirs dont la surface de plancher est supérieure à 35 m^2 implantées dans un terrain autorisé à cet effet ;
– les constructions (à l'exception des éoliennes, des centrales solaires photovoltaïques installées au sol et des antennes-relais de radiotéléphonie mobile) dont la hauteur au-dessus du sol est supérieure à 12 m et dont l'emprise au sol et la surface de plancher sont inférieures ou égales à 5 m^2 (ces trois critères sont cumulatifs) ;
– les murs dont la hauteur au-dessus du sol est supérieure ou égale à 2 m ;
– les piscines dont le bassin a une superficie inférieure ou égale à 100 m^2 et qui ne sont pas couvertes ou dont la couverture, fixe ou mobile, a une hauteur au-dessus du sol inférieure à 1,80 m ;
– les antennes-relais de radio-téléphonie mobile et leurs systèmes d'accroche, quelle que soit leur hauteur, et les locaux ou installations techniques nécessaires à leur fonctionnement, dès lors que ces locaux ou installations techniques ont une surface de plancher et une emprise au sol supérieures à 5 m^2 et inférieures ou égales à 20 m^2 ;
– les châssis et serres dont la hauteur au-dessus du sol est comprise entre 1,80 m et 4 m, et dont la surface au sol n'excède pas 2 000 m^2 sur une même unité foncière.

Cas des secteurs protégés Dans les **sites patrimoniaux remarquables**, les **abords des monuments historiques**, les **sites classés** ou **en instance de classement**, les **réserves naturelles**, le cœur des **parcs nationaux** en projet ou délimité, les constructions nouvelles suivantes doivent être précédées d'une déclaration préalable (C. urb. art. R 421-11, I) : **22416**
– les constructions dont la hauteur au-dessus du sol ne dépasse pas 12 m et dont l'emprise au sol et la surface de plancher sont inférieures ou égales à 20 m^2 (ces trois critères sont cumulatifs) ;
– les murs, quelle que soit leur hauteur.
En outre, dans les sites classés ou en instance de classement, dans les sites patrimoniaux remarquables et dans les abords des monuments historiques, une déclaration préalable est exigée pour notamment (C. urb. art. R 421-11, II) :
– les habitations légères de loisirs quelle que soit leur surface de plancher implantées dans un terrain autorisé à cet effet ;
– les piscines dont le bassin a une superficie inférieure ou égale à 100 m^2 et qui ne sont pas couvertes ou dont la couverture, fixe ou mobile, a une hauteur au-dessus du sol inférieure à 1,80 m ;
– les châssis et serres dont la hauteur au-dessus du sol est inférieure à 4 m et dont la surface au sol n'excède pas 2 000 m^2 sur une même unité foncière ;
– les terrasses de plain-pied.

Cas des clôtures L'édification d'une clôture (en principe dispensée de toute formalité) est soumise à déclaration dans les secteurs suivants (C. urb. art. R 421-12) : **22418**
– site patrimonial remarquable classé, abords d'un monument historique ;
– site inscrit, site classé ou en instance de classement ;
– secteur délimité par le plan local d'urbanisme au titre des secteurs à protéger, à mettre en valeur ou à requalifier pour des motifs d'ordre culturel, historique ou écologique ;
– commune ou partie de commune où le conseil municipal ou l'organe délibérant de l'établissement de coopération intercommunale compétent en matière de plan local d'urbanisme a décidé de soumettre les clôtures à déclaration.

2. TRAVAUX SUR CONSTRUCTIONS EXISTANTES

TRAVAUX DISPENSÉS DE TOUTE FORMALITÉ

22430 Pour les travaux sur une construction existante, la règle de principe est l'absence de formalité, sauf pour les opérations expressément soumises soit à l'obtention d'un permis de construire (C. urb. art. R 421-14 et R 421-16), soit au dépôt d'une déclaration préalable (C. urb. art. R 421-17 et R 421-17-1). Les travaux qui revêtent le caractère de travaux d'entretien ou de réparations ordinaires sont toujours dispensés de toute formalité.

TRAVAUX SOUMIS À PERMIS DE CONSTRUIRE

22432 Réalisés sur une construction existante, les travaux suivants sont soumis à permis de construire (C. urb. art. R 421-14 et R 421-16) :
– travaux ayant pour effet la création d'une emprise au sol ou d'une surface de plancher supérieure à 20 m^2 ;
– travaux, réalisés dans une zone urbaine d'un plan local d'urbanisme ou d'un document en tenant lieu, ayant pour effet de créer une emprise au sol ou une surface de plancher supérieure à 20 m^2 mais inférieure ou égale à 40 m^2, dès lors que la surface ou l'emprise totale de la construction après travaux dépasse le seuil de recours obligatoire à un architecte (par exemple, 150 m^2 pour une construction non agricole) ;
– travaux, réalisés dans une zone urbaine d'un plan local d'urbanisme ou d'un document en tenant lieu, ayant pour effet de créer une emprise au sol ou une surface de plancher supérieure à 40 m^2, dès lors que la surface ou l'emprise totale de la construction après travaux ne dépasse pas le seuil de recours obligatoire à un architecte ;
– travaux ayant pour effet de modifier les structures porteuses ou la façade du bâtiment, lorsque ces travaux s'accompagnent d'un changement de destination entre les différentes destinations et sous-destinations définies n° 22438 ;
– travaux nécessaires à la réalisation d'une opération de restauration immobilière ;
– travaux portant sur un immeuble ou une partie d'immeuble inscrit au titre des monuments historiques, à l'exception des travaux d'entretien et de réparations ordinaires (C. urb. art. R 421-16), notamment certains travaux de ravalement.

TRAVAUX SOUMIS À DÉCLARATION PRÉALABLE

22436 Lorsqu'ils ne sont pas soumis à permis de construire, certains travaux exécutés sur des constructions existantes doivent faire l'objet d'une déclaration préalable. Il s'agit notamment (C. urb. art. R 421-17 et R 421-17-1) :
– des travaux de ravalement sur une construction existante protégée ou située dans un secteur protégé ou dans lequel le conseil municipal ou l'organe délibérant de l'établissement de coopération intercommunale compétent en matière de plan local d'urbanisme a décidé de soumettre les ravalements à déclaration ;
– des travaux ayant pour effet de modifier l'aspect extérieur d'un bâtiment existant (sauf ravalement) ;
– des travaux effectués à l'intérieur ou à l'extérieur des immeubles dans les sites patrimoniaux remarquables protégés par un plan de sauvegarde et de mise en valeur et pendant la phase de mise à l'étude de ce plan, des travaux à l'intérieur des immeubles compris dans son périmètre d'étude ;
– des travaux ayant pour effet de modifier ou de supprimer un élément que le plan local d'urbanisme, un document d'urbanisme en tenant lieu a identifié comme présentant un intérêt culturel, historique, architectural ou écologique ;
– des travaux ayant pour effet de créer une emprise au sol ou une surface de plancher supérieure à 5 m^2 sans créer d'emprise au sol ou de surface de plancher supérieure à 20 m^2 ;
– des travaux, réalisés dans une zone urbaine d'un plan local d'urbanisme ou d'un document en tenant lieu, ayant pour effet de créer une emprise au sol ou une surface de plancher supérieure à 5 m^2 sans créer d'emprise au sol ou de surface de plancher supérieure à 40 m^2, dès lors que la surface ou l'emprise totale de la construction après travaux ne dépasse pas le seuil de recours obligatoire à un architecte ;
– la transformation de plus de 5 m^2 de surface close et couverte non comprise dans la surface de plancher de la construction en un local constituant de la surface de plancher.

CAS DES CHANGEMENTS DE DESTINATION ET DE SOUS-DESTINATION

22438 Lorsqu'il s'accompagne de travaux ayant pour effet de modifier les structures porteuses ou la façade du bâtiment, le passage d'une destination à une autre ou d'une sous-destination à une autre au sein d'une même destination exige un permis de construire (C. urb. art. R 421-14, c ; CAA Paris 28-12-2023 n° 23PA01639, Ville de Paris : BPIM 1/24 inf. 9).

En l'absence de travaux modifiant les structures porteuses ou la façade, le passage d'une destination à une autre est soumis à déclaration préalable (C. urb. art. R 421-17, b). En revanche, le passage d'une sous-destination à une autre au sein d'une même destination n'est soumis à aucune formalité.
Par « changement de destination », il faut entendre un passage de l'une à l'autre des destinations mentionnées au n° 22048. Les destinations des constructions comprennent les sous-destinations, elles-mêmes mentionnées au n° 22048.
Il faut cependant tenir compte des **autres dispositions exigeant un permis ou une déclaration préalable** en cas de travaux sur une construction existante. Ainsi, un permis est exigé en cas de création ou d'extension de surface au-delà de certains seuils, ou si les travaux concernent une opération de restauration immobilière (C. urb. art. R 421-14, a, b et d). Une déclaration préalable est requise dans plusieurs hypothèses et, notamment, lorsque les travaux modifient l'aspect extérieur du bâtiment (C. urb. art. 421-17, a).

ATTENTION

Les destinations et sous-destinations mentionnées au n° 22048 déterminent si un projet nécessite un permis de construire, une déclaration préalable ou est dispensé de formalité même si le PLU concerné évoque encore les 9 destinations de l'**ancien article R 123-9 du Code de l'urbanisme** (CAA Paris du 20-5-2021 n° 19PA00986 confirmé par CE 7-7-2022 n° 454789, Ville de Paris ; O. Bonneau, É. Fabre, Décryptage de l'état actuel (et complexe) du droit des changements de destination des constructions : BPIM 5/21 inf. 305).

TRAVAUX DE RECONSTRUCTION

Le permis de construire est exigé aussi bien pour une construction que pour une reconstruction, même à l'identique. Les travaux de reconstruction totale d'un bâtiment sur des fondations préexistantes nécessitent l'obtention d'un permis de construire. Il en est de même d'une modification importante de l'implantation. 22440
La reconstruction d'un **bâtiment détruit ou démoli** depuis moins de 10 ans est autorisée nonobstant toute disposition d'urbanisme contraire, sauf si le PLU, la carte communale ou le plan de prévention des risques naturels prévisibles en dispose autrement par une disposition expresse ou si le bâtiment a été édifié irrégulièrement (C. urb. art. L 111-15 ; CE 8-11-2017 n° 403599, Sté Battos : BPIM 6/17 inf. 388 ; Rép. Goulard : AN 28-1-2002 p. 472 n° 65052). Cette règle ne vaut que pour une reconstruction à l'identique. Il demeure nécessaire de demander un permis de construire (CE 20-2-2002 n° 235725 : BJDU 3/02 p. 175), mais celui-ci ne peut pas normalement être refusé. Si la reconstruction du bâtiment est de nature à exposer ses occupants à un risque grave, certain et prévisible, le permis peut toutefois être refusé ou assorti de prescriptions spéciales de salubrité ou de sécurité sur le fondement de dispositions d'urbanisme ayant pour objet la prévention des risques.
Les **bâtiments édifiés irrégulièrement**, dont la reconstruction ne peut pas être autorisée, sont ceux qui ont été construits sans autorisation, ou en violation des prescriptions de l'autorisation délivrée, ou encore sur le fondement d'une autorisation annulée par le juge administratif ou retirée par l'administration (CE 9-5-2012 n° 341259, Cne de Tomino et Cne de Meria : BPIM 4/12 inf. 294). En revanche, l'administration ne saurait refuser le permis demandé en vue de la reconstruction au motif que le permis initial était illégal (CE 5-3-2003 n° 252422 : BJDU 1/03 p. 13). Sur la vente d'un immeuble irrégulièrement édifié, voir n°s 20210 s.

> **Précisions a. Avant le 14 mai 2009**, seuls les bâtiments détruits par un sinistre étaient concernés par l'article L 111-3 du Code de l'urbanisme (devenu L 111-15). Désormais, le bâtiment peut être démoli volontairement par son propriétaire à des fins de réhabilitation et la reconstruction est enfermée dans le délai de 10 ans, tant en cas de destruction qu'en cas de démolition.
> **b. Avant le 14 mai 2009**, aucun délai n'était prévu pour la reconstruction dès lors que celui-ci restait raisonnable (CE 9-5-2012 n° 341259, Cne de Tomino et Cne de Meria : BPIM 4/12 inf. 294). Pour les **sinistres antérieurs** au 14 mai 2009, deux hypothèses sont à distinguer (CE 21-1-2015 n° 382902, Sté EURL 2B : BPIM 2/15 inf. 92 ; CE 16-3-2016 n° 386878, SCI Gilpierre) :
> – le délai raisonnable était déjà expiré au 14 mai 2009. Dans ce cas, le propriétaire ne peut plus se prévaloir d'un droit de reconstruction ;
> – le délai raisonnable n'était pas encore expiré au 14 mai 2009. Dans ce cas, le propriétaire dispose de 10 ans pour user de son droit de reconstruction à compter de cette date.
> **c.** Les **travaux de réfection** d'un bâtiment existant entrepris à la suite d'un incendie ne nécessitent pas de permis s'ils n'entraînent ni modification extérieure, ni création d'un niveau supplémentaire, ni changement de destination, ni accroissement de volume

(Rép. Türk : Sén. 1-7-1993 p. 1055 n° 69). Par exemple, un permis ne sera pas requis pour la réinstallation d'une charpente sur les murs, demeurés intacts et ayant conservé intégralement leur aplomb et leur fonction d'appui, d'une grange incendiée (CAA Lyon 7-7-1998 n° 96-357, Griffet : BPIM 2/99 inf. 107). En revanche, la **reconstruction** à l'identique d'un bâtiment dont seuls les murs n'ont pas été détruits par le feu exige un permis de construire, dès lors que les travaux envisagés concernent la structure de l'édifice, par exemple la reconstruction d'un mur pignon (Rép. Berthol : AN 25-1-1999 p. 494 n° 20264).

TRAVAUX SUR UN BÂTIMENT NON CONFORME AUX RÈGLES D'URBANISME

22442 La circonstance qu'un **bâtiment**, **édifié conformément à un permis de construire**, ne respecte pas les dispositions du PLU (soit que ce permis, devenu définitif, ait méconnu ces dispositions, soit qu'elles aient été édictées après sa délivrance) ne fait pas obstacle à la réalisation de travaux sur l'immeuble. Sous réserve du cas où le plan contiendrait des dispositions particulières relatives à la modification des immeubles existants, les travaux envisagés peuvent être autorisés s'ils rendent l'immeuble plus conforme aux dispositions méconnues ou s'ils sont étrangers à ces dispositions (CE sect. 27-5-1988 n° 79530 : JCP G 1990 II n° 21414, s'agissant d'un permis de construire ; CE 13-10-1993 n° 126112 : BJDU 1/94 p. 53, s'agissant d'une déclaration de travaux). Les travaux ne sont pas étrangers aux dispositions méconnues lorsque, confortant l'irrégularité, ils rendent plus difficile la mise en conformité ultérieure de la construction. Par exemple, si un immeuble existant ne respecte pas la marge de recul par rapport aux limites séparatives imposée par le PLU, sa surélévation sera interdite. De même, l'agrandissement d'un pavillon n'est pas étranger aux dispositions du plan fixant le nombre de places de stationnement en fonction de la superficie des constructions. En revanche, l'ouverture d'une fenêtre n'aggrave pas l'illégalité résultant de l'emprise au sol de l'immeuble.

TRAVAUX SUR UN BÂTIMENT CONSTRUIT SANS PERMIS OU EN MÉCONNAISSANCE D'UN PERMIS

22444 Lorsque les travaux sont envisagés sur un bâtiment qui a été construit sans permis ou en violation du permis délivré, la demande de permis devra porter sur l'**ensemble de la construction** : travaux illégalement réalisés et travaux envisagés (CE 9-3-1984 n° 41314 : Lebon T. p. 775). Il n'en va autrement que dans le cas où le permis initial autorisait la construction de plusieurs immeubles distincts et où la modification demandée ne concerne pas ceux de ces immeubles qui ont été édifiés en violation du permis (CE 25-4-2001 n° 207095 : BPIM 5/01 inf. 289). La même règle s'applique lorsqu'un bâtiment, édifié en vertu d'un permis de construire, a fait l'objet de modifications nécessitant un permis qui n'a pas été sollicité : pour y apporter de nouvelles modifications, il faudra déposer une demande de permis portant à la fois sur les modifications déjà effectuées et sur celles qui sont envisagées ; il importe peu que l'élément nouveau prenne ou non directement appui sur un élément construit irrégulièrement (CE 9-7-1986 n° 51172 : Lebon p. 201 ; CE 13-12-2013 n° 349081 : BPIM 1/14 inf. 8). La présentation d'une demande de permis d'ensemble est également requise lorsque l'élément nouveau de construction ne relève pas du permis de construire, mais du régime de la déclaration (CE 30-3-1994 n° 137881 : Lebon T. p. 1269). Saisie d'une déclaration, l'autorité compétente doit la rejeter et inviter le pétitionnaire à solliciter un permis, qui ne pourra normalement être délivré que si, à l'issue des travaux, la construction est conforme à la réglementation d'urbanisme.

Toutefois, s'agissant d'une **construction ancienne**, à l'égard de laquelle aucune action pénale ou civile n'est plus possible, la jurisprudence reconnaît à l'administration la faculté, après avoir apprécié les différents intérêts publics et privés en présence, d'autoriser, parmi les travaux envisagés, ceux qui sont nécessaires à la préservation du bâtiment et au respect des normes (CE 3-5-2011 n° 320545 : BPIM 3/11 inf. 186 ; CE 16-3-2015 n° 369553 : BPIM 3/15 inf. 155).

Par exception, les **travaux d'entretien ou de réparations** ordinaires (par exemple, le remplacement des huisseries par d'autres identiques) ou des travaux ne modifiant pas l'aspect extérieur de la construction, qui ne sont pas soumis à autorisation, peuvent être effectués (Rép. Flory : AN 16-12-2008 p. 10934 n° 27730).

Lorsque l'immeuble a seulement été édifié en méconnaissance d'un permis, la **construction** irrégulière pourra être **régularisée** au bout de 10 ans (voir n° 22446). Le nouveau permis ne pourra pas être refusé sur le fondement de l'irrégularité de la construction initiale, sauf si, au vu de l'importance des non-conformités par rapport au projet initialement autorisé, la construction existante doit être regardée comme réalisée sans permis (CAA Marseille 22-9-2011 n° 09MA03419, SCI La Chapelle).

Lorsque l'immeuble a seulement été édifié en méconnaissance d'un permis et qu'à l'époque des faits, alors qu'une **déclaration d'achèvement des travaux** a été adressée à l'administration, elle n'a pas contesté les travaux dans les délais impartis par la loi (C. urb. art. L 462-2 et R 462-6), elle ne peut plus, à l'occasion d'une nouvelle demande de permis de construire (ou dépôt d'une déclaration préalable), exiger que la demande de permis porte sur l'**ensemble de la construction** : travaux illégalement réalisés et travaux envisagés (CE 26-11-2018 n° 411991 : BPIM 1/19 inf. 15).

RÉGULARISATION DES CONSTRUCTIONS ACHEVÉES DEPUIS PLUS DE 10 ANS

Lorsque la construction est achevée depuis plus de 10 ans, un refus de permis (ou une opposition à une déclaration) ne peut pas être fondé sur l'irrégularité de la construction initiale au regard du droit de l'urbanisme (C. urb. art. L 421-9). Cette prescription administrative des irrégularités entachant les constructions ne s'applique pas dans les cas suivants : **22446**

– construction réalisée sans qu'aucun permis n'ait été obtenu alors que celui-ci était requis, quelle que soit l'importance des travaux. Ne sont pas concernés les travaux réalisés sans déclaration préalable (CE 3-2-2017 n° 373898 : BPIM 2/17 inf. 89) ;
– construction visée par une action en démolition engagée dans les conditions prévues par l'article L 480-13 (voir n° 20220) ;
– construction située dans un site classé ou un parc naturel ;
– construction située sur le domaine public ;
– construction de nature, par sa situation, à exposer ses usagers ou des tiers à un risque de mort ou de blessures de nature à entraîner une mutilation ou une infirmité permanente ;
– construction située dans une zone de danger d'un plan de prévention des risques naturels prévisibles.

› **Précisions a.** La question de la prescription décennale ne se pose pas si, à l'époque des travaux irréguliers, une **déclaration d'achèvement des travaux** a été déposée et que l'administration n'a pas contesté la conformité des travaux dans les délais impartis par la loi : 3 mois ou 5 mois lorsque le récolement des travaux est obligatoire (C. urb. art. L 462-2 et R 462-6 ; CE 26-11-2018 n° 411991 : BPIM 1/19 inf. 15). À l'occasion d'une nouvelle demande de permis, l'administration ne peut pas invoquer l'irrégularité des travaux antérieurs pour fonder un refus de permis.

b. Même si les irrégularités entachant la construction ont plus de 10 ans, lorsque de nouveaux travaux sont envisagés, la **demande de permis de construire** doit porter sur l'ensemble de la construction : les irrégularités antérieures et les travaux envisagés (CE 16-3-2015 n° 369553 : BPIM 3/15 inf. 155), sauf, si à l'époque des faits irréguliers, une déclaration d'achèvement des travaux a été déposée et que l'administration n'a pas contesté la conformité des travaux dans les délais impartis (CE 26-11-2018 n° 411991 : BPIM 1/19 inf. 15).

3. OBTENTION D'UN PERMIS DE CONSTRUIRE

PRÉSENTATION DE LA DEMANDE

Le **demandeur** d'un permis de construire peut être le propriétaire du terrain, son mandataire, une personne attestant être autorisée par eux à exécuter les travaux, un coïndivisaire en cas d'indivision ou une personne ayant qualité pour bénéficier de l'expropriation du terrain (C. urb. art. R 423-1). Depuis le 1er octobre 2007, la « personne attestant être autorisée par le propriétaire ou son mandataire à exécuter les travaux » remplace la « personne justifiant d'un titre l'habilitant à construire sur le terrain ». Lors du dépôt de la demande l'intéressé devra seulement attester remplir les conditions pour demander un permis. Ces modifications renforcent la règle selon laquelle l'administration n'a pas en principe à vérifier la qualité du demandeur. Une demande d'autorisation dans laquelle le demandeur a indiqué son identité et déclare être autorisé par le propriétaire à exécuter les travaux devra donc être instruite normalement (Rép. Filippetti : AN 25-11-2008 p. 10185 n° 17953) sauf si cette attestation est manifestement inexacte, soit qu'elle est frauduleuse, soit qu'il est clair que le demandeur n'a aucun droit à déposer une telle demande. Dans un tel cas, l'autorité compétente est tenue de refuser la demande de permis (CE 23-3-2015 n° 348261 : BPIM 3/15 inf. 158, s'agissant en l'espèce d'une déclaration préalable mais transposable). Si la déclaration n'est pas sincère et que le permis a été obtenu par fraude, il pourra être retiré par l'administration ou annulé par le juge (CE 6-12-2013 n° 354703 : BPIM 1/14 inf. 9). Un **copropriétaire** désirant effectuer des travaux privatifs affectant les parties communes ou l'aspect extérieur de l'immeuble doit seulement attester avoir qualité pour effectuer les travaux. Il n'a plus à compléter son dossier de permis de construire ou de déclaration préalable par l'autorisation de l'assemblée générale (CE 15-2-2012 n° 333631 : BPIM 2/12 inf. 105 ; CE 3-4-2020 n° 422802, Ville de Paris : BPIM 3/20 inf. 183). Même le fait que le copropriétaire se soit vu refuser l'autorisation par l'assemblée générale ne l'empêche pas de demander un permis, dès lors que sa qualité de propriétaire (ou copropriétaire) suffit pour présenter la demande **22450**

(CE 23-10-2020 n° 425457, Ville de Paris : BPIM 6/20 inf. 369). Ce **système déclaratif** ne remet pas en cause l'obligation pour ce copropriétaire d'obtenir l'accord de l'assemblée générale avant d'effectuer les travaux (Rép. Breton : AN 6-7-2010 p. 7645 n° 51235). En effet, la détention d'un permis ne l'autorise pas à réaliser les travaux sans l'accord de la copropriété et celle-ci dispose de voies de droit devant la juridiction civile pour faire respecter ses droits.

DÉPÔT DE LA DEMANDE

22451 La demande de permis, établie sur **formulaire** réglementaire, et le dossier qui l'accompagne sont déposés en au moins 4 exemplaires à la mairie du lieu de situation de l'immeuble (lettre recommandée avec demande d'avis de réception ou remise contre décharge). Les imprimés Cerfa 13406 pour une maison individuelle et Cerfa 13409 dans les autres cas sont disponibles en mairie, auprès des directions départementales des territoires et de la mer (anciennement DDE) et sur le site internet de l'administration. Une demande de permis peut être demandée par voie électronique (CRPA art. L 112-8 s. et C. urb. art. R 474-1) et une « téléprocédure spécifique » permet aux communes dont le nombre total d'habitants est supérieur à 3 500 d'instruire sous forme dématérialisée les demandes d'autorisation d'urbanisme (C. urb. art. L 423-3).

ENREGISTREMENT DE LA DEMANDE

22452 Un **récépissé** de la demande est délivré par la mairie sous forme papier ou par voie électronique (C. urb. art. R 423-3 et R 423-5-1). L'administration dispose alors d'un délai d'un mois pour inviter le demandeur à compléter son dossier et pour lui notifier un délai d'instruction différent du délai de droit commun indiqué dans le récépissé. À défaut, le dossier sera réputé complet et un permis tacite naîtra à l'expiration du délai de droit commun.
Toutes les pièces et informations qui peuvent être exigées du pétitionnaire dans le cadre d'un dossier de permis sont énumérées de manière précise et exhaustive par le Code de l'urbanisme. Seules les pièces nécessaires à la vérification du respect du droit de l'Union européenne, du droit de l'urbanisme et de ses règles connexes peuvent être demandées par l'administration (C. urb. art. L 423-1, al. 2). Aucune autre pièce ou information ne peut être demandée (C. urb. art. R 431-4, der. al.). L'administration peut formuler plusieurs **demandes de complément de dossier** à condition que le délai d'un mois ne soit pas écoulé, qu'il s'agisse d'une pièce énumérée par le Code de l'urbanisme et que chaque nouvelle demande récapitule l'ensemble des pièces manquantes (C. urb. art. R 423-40 et R 423-41). Les pièces manquantes doivent être adressées à la mairie dans les 3 mois de la dernière demande de complément de dossier. À défaut, la demande de permis fera l'objet d'une décision tacite de rejet. Le délai d'instruction commencera à courir à compter de la réception des pièces manquantes (C. urb. art. R 423-39).

ATTENTION

Les **pièces des dossiers de demande de permis et de déclarations préalables** sont **mises à la disposition** de l'administration à des fins de contrôle, de traitement des taxes d'urbanisme, de suivi des changements relatifs aux propriétés bâties dans le cadre de l'assiette de la fiscalité directe locale, de mise en œuvre et de suivi des politiques publiques basées sur la construction neuve et de statistiques (C. urb. art. L 423-2 et R 423-75 à R 423-79).

DÉLAI D'INSTRUCTION

22454 **Délai de droit commun** Le délai d'instruction de droit commun du permis de construire dépend de la nature du projet : 2 mois pour une **maison individuelle** ou ses annexes et 3 mois pour les **autres projets** (C. urb. art. R 423-23).
En fonction de la nature du projet ou de sa localisation, des délais particuliers – tous plus longs que le délai de droit commun – ou des majorations du délai de droit commun sont applicables. Le demandeur doit en être informé dans le mois du dépôt de son dossier (même incomplet). À défaut, c'est le délai de droit commun qui s'applique.

22456 **Délais particuliers** Des délais particuliers sont prévus dans certaines hypothèses (C. urb. art. R 423-26 à R 423-32-1). Ces délais se substituent au délai d'instruction applicable (il ne faut donc pas les ajouter au délai de droit commun). Par **exemple**, le délai est de 5 mois lorsque le permis concerne un immeuble inscrit au titre des monuments historiques. Il est de 3 mois lorsque le permis doit être précédé d'une autorisation de défrichement (5 mois si le défrichement est soumis à reconnaissance de la situation et de l'état des terrains, 7 mois s'il est soumis à enquête publique).

22458 **Majoration du délai de droit commun** Lorsque aucun délai particulier n'est applicable, le délai d'instruction peut parfois être majoré (C. urb. art. R 423-33). La majoration s'ajoute au délai de droit commun, elle est au maximum de 2 mois.

La **majoration** est **d'un mois** lorsque le projet (C. urb. art. R 423-24) :
– est soumis à un régime d'autorisation ou à des prescriptions prévus par une autre législation ou réglementation que le Code de l'urbanisme ;
– est situé dans un site patrimonial remarquable ;
– est situé dans les abords d'un monument historique ;
– doit être soumis à l'avis de la commission départementale de la préservation des espaces naturels, agricoles et forestiers ;
– nécessite l'instruction d'une dérogation aux règles du plan local d'urbanisme : reconstruction après une catastrophe naturelle, restauration ou reconstruction d'un monument historique, travaux nécessaires à l'accessibilité des personnes handicapées à un logement existant, construction de logements dans les communes où existe un déséquilibre marqué entre l'offre et la demande de logements ;
– a une incidence sur l'environnement et est soumis à participation du public hors procédures particulières.
La **majoration** est **de 2 mois** lorsque le permis est soumis à la consultation d'une commission départementale ou régionale, à celle du ministre de l'agriculture au titre de la protection des aires de production délimitées, lorsque le permis exige que soit instruite une dérogation à la distance réglementaire d'éloignement entre les habitations et les bâtiments agricoles ou aux règles de construction lorsqu'il s'agit d'un projet de surélévation dans les communes où existe un déséquilibre marqué entre l'offre et la demande de logements, lorsque le projet porte sur un projet soumis à autorisation d'exploitation commerciale ou, enfin, lorsqu'un projet ayant une incidence sur l'environnement est soumis à participation du public par voie électronique (C. urb. art. R 423-25).

Prolongation exceptionnelle du délai notifié Normalement, le délai indiqué au demandeur ne peut pas être modifié une fois expiré le délai d'un mois à compter du dépôt du dossier. Toutefois, des exceptions sont prévues afin de prendre en compte des obligations de procédure qui ne peuvent être connues avant l'expiration de ce délai. Le demandeur doit être informé dans le mois qui suit le dépôt de sa demande que son projet est au nombre de ceux qui peuvent donner lieu à une prolongation exceptionnelle ; si, par la suite, les conditions de cette prolongation se trouvent réunies, le demandeur doit en être informé avant l'expiration du délai notifié initialement. **22460**
Sauf dans le cas d'une évocation par le ministre, ces prolongations exceptionnelles s'ajoutent au délai indiqué dans le délai d'un mois, qui peut être soit le délai de droit commun mentionné par le récépissé, soit un délai spécial dont l'intéressé a été informé par la suite.
Lorsque le permis est subordonné à une autorisation de **défrichement**, le délai d'instruction est prolongé de 3 mois quand le préfet a décidé de prolonger de 3 mois le délai d'instruction de l'autorisation de défrichement (C. urb. art. R 423-34).
Lorsque le permis est subordonné à l'accord de l'**architecte des Bâtiments de France** et que le maire ou l'autorité compétente pour délivrer le permis a saisi le préfet de région ou le préfet de Corse d'un recours contre l'avis de l'ABF, le délai d'instruction est prolongé de 2 mois quand le projet se situe dans le périmètre d'un site patrimonial remarquable ou dans les abords d'un monument historique (C. urb. art. R 423-35).
Lorsque le permis est subordonné à une autorisation d'**aménagement cinématographique** et que le refus de la commission départementale fait l'objet, dans le délai d'instruction du permis, d'un recours devant la commission nationale, le délai d'instruction du permis est prolongé de 5 mois à compter du recours (C. urb. art. R 423-36).
Lorsque le permis tient lieu de l'autorisation d'**aménagement commercial** et que l'avis de la commission départementale fait l'objet, dans le délai d'instruction du permis, d'un recours devant la commission nationale, le délai d'instruction du permis est prolongé de 5 mois à compter de ce recours. Dans les mêmes conditions, le délai d'instruction est prolongé de 2 mois lorsque le projet est soumis à la procédure d'avis conforme de la commission départementale (C. urb. art. R 423-36-1). Lorsque le préfet décide de « geler » une demande d'autorisation commerciale dans les zones concernées par une opération de revitalisation du territoire (C. com. art. L 752-1-2), le délai d'instruction du permis est suspendu jusqu'au terme du « gel » fixé par l'arrêté préfectoral.
Lorsque le projet fait l'objet d'une **évocation par le ministre** chargé des sites ou de la protection de la nature, le délai d'instruction est porté à 8 mois (C. urb. art. R 423-37).
Lorsque le projet est susceptible de comporter un effet significatif sur un **site Natura 2000** et que l'avis de la Commission européenne est requis, le délai d'instruction du permis est suspendu jusqu'à la date de réception de cet avis par le maire ou l'autorité compétente pour délivrer le permis (C. urb. art. R 423-37-1).

Lorsque l'autorité compétente pour autoriser un projet ayant une incidence sur l'environnement impose au maître d'ouvrage l'organisation d'une **concertation préalable**, le délai d'instruction est suspendu jusqu'à la date de publication de cette concertation (C. urb. art. R 423-37-2).
Lorsque le projet doit faire l'objet d'une **évaluation environnementale** et que, par conséquent, le dossier de permis doit être complété par une étude d'impact, le délai d'instruction est suspendu jusqu'à la date de réception du rapport du commissaire-enquêteur ou de la commission d'enquête ou, le cas échéant, de la synthèse des observations du public (C. urb. art. R 423-37-3).

PERMIS DE CONSTRUIRE TACITE

22464 En l'absence de décision notifiée avant la **date d'expiration du délai d'instruction** (délai de droit commun mentionné dans le récépissé ou délai modifié notifié dans le mois suivant le dépôt du dossier, éventuellement prolongé à titre exceptionnel), le demandeur se trouve en principe titulaire d'un permis tacite. Toutefois, dans certaines hypothèses, l'obtention d'un **permis tacite est impossible**. L'absence de réponse à l'issue du délai d'instruction vaut alors refus implicite de permis. Il s'agit des cas suivants (C. urb. art. R 424-2) :
a. Lorsque les travaux sont soumis à autorisation du ministre de la défense ou à autorisation au titre des sites classés ou en instance de classement ou des réserves naturelles ;
b. Lorsque le projet a fait l'objet d'une évocation par le ministre chargé des sites ou des réserves naturelles ;
c. Lorsque le projet porte sur un immeuble inscrit au titre des monuments historiques ;
d. Lorsque le projet est soumis à enquête publique environnementale ou à participation du public par voie électronique ;
e. Lorsque le projet est soumis à l'avis de l'Assemblée de Corse ;
f. Lorsque le projet est situé dans le cœur d'un parc national délimité ou dans un espace ayant vocation à être classé dans le cœur d'un futur parc national dont la création a été prise en considération ;
g. Lorsque le projet est soumis à une autorisation d'aménagement cinématographique et que cette autorisation a été refusée par la commission départementale ;
h. Lorsque le projet tient lieu d'autorisation d'aménagement commercial (C. urb. art. L 425-4) et que l'avis requis de commission départementale ou nationale d'aménagement commerciale est défavorable ;
i. Lorsque le projet est soumis à un avis conforme d'aménagement commercial et que cet avis de la commission départementale ou nationale est défavorable ;
j. Lorsque le projet porte sur une démolition soumise à permis en site inscrit ;
k. Lorsque le projet de surélévation, envisagé dans une commune où existe un déséquilibre marqué entre l'offre et la demande de logements, nécessite une dérogation aux règles de construction et que cette dérogation a été refusée.

22465 Le défaut de notification d'une décision expresse dans le délai d'instruction vaut également décision implicite de rejet lorsque la décision est soumise à l'**accord de l'architecte des Bâtiments de France** et que celui-ci a notifié à l'autorité compétente un avis défavorable ou un avis favorable assorti de prescriptions. Il en va de même, en cas de recours de l'autorité compétente contre l'avis défavorable de l'ABF, lorsque le préfet de région a rejeté le recours (C. urb. art. R 424-3).
Lorsque la demande n'était pas accompagnée de toutes les **pièces requises par le Code de l'urbanisme** et que l'autorité compétente, dans le mois qui suit la réception du dossier, a invité l'intéressé à lui transmettre la ou les pièces manquantes, une décision implicite de rejet naît à défaut de production de ces pièces dans les trois mois de cette invitation (C. urb. art. R 423-38 et R 423-39 ; CE sect. 9-12-2022 n° 454521, Cne de Saint-Herblain : BPIM 1/23 inf. 7).

22466 Le **demandeur** est **informé de l'impossibilité d'obtenir un permis tacite**. Le récépissé du dépôt du dossier lui indique qu'il sera titulaire d'un permis tacite si aucune décision ne lui est notifiée dans le délai de droit commun, en précisant toutefois que ces indications sont provisoires et peuvent être modifiées dans le délai d'un mois à compter de l'enregistrement. Si l'examen préliminaire du dossier révèle qu'il entre dans l'un des cas indiqués ci-dessus, l'intéressé doit être informé dans ce délai d'un mois qu'il n'est pas susceptible d'obtenir un permis tacite. Si un avis de l'architecte des Bâtiments de France est requis, l'autorité compétente doit indiquer qu'un permis tacite ne naîtra à l'issue du délai d'instruction que si l'ABF rend un avis favorable sans l'assortir de prescriptions.
Lorsque le permis tient lieu d'autorisation d'exploitation commerciale (C. urb. art. L 425-4), la lettre de notification de l'avis de la commission départementale d'aménagement commercial au pétitionnaire l'informe de la prolongation du délai d'instruction du permis en cas de recours

devant la commission nationale et lui précise qu'en cas d'avis défavorable de la commission nationale (ou confirmation tacite d'un avis défavorable de la commission départementale) il ne pourra pas se prévaloir d'un permis tacite (C. urb. art. R 423-44-1, al. 4 à 7). La même règle s'applique en cas d'avis défavorable, lorsque le projet est soumis à avis conforme de la CDAC (C. urb. art. R 423-44-2) et lorsque le projet est subordonné à une autorisation d'aménagement cinématographique, en cas de refus de la commission départementale d'aménagement cinématographique (C. urb. art. R 423-44-1, al. 1 à 3).
Par ailleurs, l'ABF, s'il rend un avis défavorable ou un avis favorable assorti de prescriptions, doit informer le demandeur qu'il ne pourra pas obtenir un permis tacite ; tout comme le préfet de région s'il rejette le recours contre l'avis défavorable de l'ABF (C. urb. art. R 424-4).
Ces dispositions assurent l'information du demandeur dans les cas où l'impossibilité d'obtenir un permis tacite résulte d'un événement (l'avis négatif de la CDAC, l'avis défavorable de l'ABF, etc.) postérieur à l'expiration du délai d'un mois à compter de l'enregistrement du dossier.

PRESCRIPTIONS PARTICULIÈRES

Un permis peut être accordé purement et simplement ; il autorise alors la réalisation du projet décrit dans le dossier de demande. Le permis accordé peut également imposer certaines prescriptions particulières qui devront être respectées par le demandeur (espaces verts, voirie, assainissement, sites, etc.). Ces prescriptions doivent avoir un fondement législatif ou réglementaire exprès et ne peuvent intervenir que pour des objets précis et limités, directement dépendants de la règle d'occupation ou d'utilisation du sol. Elles doivent être **motivées** et tous les éléments concrets nécessaires à leur bonne exécution doivent figurer dans l'arrêté accordant le permis. **22468**
L'inobservation de ces prescriptions rend le constructeur passible des sanctions applicables en cas de non-respect des dispositions du permis de construire (voir nº 20212).
Lorsque la décision accordant le permis met des contributions d'urbanisme à la charge du constructeur, elle doit indiquer le montant de chacune d'elles (C. urb. art. R 424-7).

REFUS DE PERMIS

Le refus de permis fait échec à la réalisation du projet. Tout refus doit être motivé et cette motivation doit indiquer l'intégralité des motifs qui ont justifié le refus (C. urb. art. L 424-3). Les **motifs** du refus doivent être tirés du non-respect de dispositions législatives ou réglementaires, soit essentiellement les documents d'urbanisme, le règlement national d'urbanisme ou encore des documents à caractère réglementaire régissant les lotissements ou les groupes d'habitations, la législation sur les monuments historiques et les sites, les règles d'alignement des constructions, les espaces boisés, etc. **22470**
Lorsque la demande de permis de construire a fait l'objet d'un rejet implicite (non-réponse à l'issue du délai d'instruction dans les cas où la délivrance d'un permis de construire tacite est impossible), le pétitionnaire peut demander à l'administration de lui indiquer les motifs de ce rejet (CRPA art. L 232-4). Cette demande de communication doit recevoir une réponse dans le délai d'un mois.

SURSIS À STATUER

Objet Dans certaines hypothèses, l'administration peut différer sa réponse sur la demande de permis en opposant un sursis à statuer. Cette faculté dont l'administration use de manière discrétionnaire lui permet de **refuser d'examiner la demande** à un moment où celle-ci devrait être acceptée au regard des textes en vigueur pour appliquer plus tard une règle différente qui lui permettra, le cas échéant, de s'opposer aux travaux. En pratique, un sursis à statuer précède donc généralement un refus de permis. **22472**

Cas d'ouverture Le sursis peut être opposé dans les cas suivants : **22474**
a. À compter de l'ouverture de l'enquête préalable à la **déclaration d'utilité publique** d'une opération concernant le terrain objet de la demande de permis (C. urb. art. L 424-1) ;
b. Pendant 10 ans à compter de la publication de la décision de prise en considération d'un projet de **travaux publics** par l'autorité administrative, dans un terrain délimité à cet effet, si les constructions projetées sont susceptibles d'en compromettre l'exécution ou de le rendre plus onéreux (C. urb. art. L 424-1 et R 424-24) ;
c. Dans les communes subissant l'érosion du littoral où l'autorité compétente a engagé une procédure d'évolution du PLU ou de révision de la carte communale afin de délimiter des zones exposées au **recul du trait de côte**, lorsqu'une délibération a adopté une carte de préfiguration de ces zones et que le projet, situé dans une zone préfigurée, est susceptible de compromettre ou rendre plus onéreuse l'exécution du futur document d'urbanisme (C. urb. art. L 424-1, al. 2 renvoyant à C. urb. art. L 121-22-3 et L 121-22-7).

d. Pendant 10 ans à compter de la publication de la décision de prise en considération d'une **opération d'aménagement** par le conseil municipal ou l'organe délibérant de l'établissement public de coopération intercommunale si les constructions projetées sont susceptibles d'en compromettre l'exécution ou de la rendre plus onéreuse ou, dans le périmètre des opérations d'intérêt national, par le préfet (C. urb. art. L 424-1, L 102-13, 6° et R 424-24) ;
e. Lors de la prescription de l'**élaboration** ou de la **révision d'un PLU** (non la simple modification du PLU) et dès lors qu'a eu lieu le débat sur les orientations générales du projet d'aménagement et de développement durable, si le projet soumis à autorisation est de nature à compromettre ou rendre plus onéreuse l'exécution du futur plan (C. urb. art. L 153-11 et L 153-33) ;
f. À compter de la publication de l'acte créant une **zone d'aménagement concerté** (ZAC) pour les terrains compris dans la zone, lorsque le projet est susceptible de compromettre ou de rendre plus onéreux l'aménagement et l'équipement de la zone (C. urb. art. L 311-2, al. 2) ;
g. À compter de la décision de prise en considération de la création d'un **parc national**, si le projet a pour effet de modifier l'état des lieux ou l'aspect des espaces ayant vocation à figurer dans le cœur du parc (C. envir. art. L 331-6).

22476 **Décision et suites du sursis** La décision de sursis à statuer fait l'objet d'un arrêté motivé indiquant la **durée du sursis**, qui ne peut pas excéder 2 ans. Au terme de ce délai, un nouveau sursis ne peut pas être opposé pour le même motif. En cas de motif différent, le sursis global ne peut pas excéder 3 ans. Lorsqu'un premier sursis est annulé par le juge et qu'un nouveau sursis est opposé, il ne faut pas tenir compte de la durée pendant laquelle ce premier sursis a produit ses effets jusqu'à son annulation contentieuse (CE 9-3-2016 n° 383060, Cne de Beaulieu : BPIM 3/16 inf. 165).

À l'**expiration du délai**, si l'intéressé confirme sa demande dans les 2 mois, l'autorité compétente doit statuer sur la demande de permis dans les 2 mois de cette confirmation. À défaut de notification de la décision dans ce délai, l'autorisation est réputée accordée telle qu'elle a été demandée (C. urb. art. L 424-1, al. 8).

Ce **permis tacite** de l'article L 424-1 du Code de l'urbanisme obéit à un régime particulier. Selon la jurisprudence, les limitations auxquelles est soumise la naissance d'un permis tacite à la suite de la demande initiale ne s'appliquent pas dans ce cas. Ainsi :
– un permis tacite peut naître même quand le projet est au nombre de ceux pour lesquels un permis tacite est impossible (CAA Lyon 21-7-1998 n° 98LY00594, Cne de Lans-en-Vercors : Dr. adm. 1998 comm. n° 383) ;
– le délai de 2 mois imparti à l'administration pour statuer ne peut être prorogé ni par une invitation à compléter le dossier ni par la circonstance que la consultation de certains services est nécessaire (CAA Nancy 10-12-1998 n° 95-1328, Cne de Cinqueux : BPIM 2/99 inf. 108).

22477 **Sursis à statuer sur les projets artificialisants** Un sursis à statuer peut être opposé aux projets susceptibles de compromettre l'atteinte des objectifs de réduction de la consommation d'espaces naturels, agricoles et forestiers fixés par le document d'urbanisme en cours d'élaboration ou de modification durant la première période décennale prévue par la loi Climat (Loi 2021-1104 du 22-8-2021 art. 194, IV-14° créé par la loi 2023-630 du 20-7-2023). Un sursis ne peut pas être opposé si l'impact du projet est compensé par une action de renaturation d'une surface au moins équivalente à l'emprise du projet.

Le sursis peut être **prononcé** ou **prolongé** jusqu'à l'approbation du document d'urbanisme intégrant les objectifs territorialisés de lutte contre l'artificialisation des sols (soit au plus tard le 22 février 2028, date limite fixée pour la modification des PLU et des cartes communales).

À l'expiration du délai de validité du sursis à statuer, l'autorité compétente doit statuer sur la demande d'autorisation d'urbanisme dans les 2 mois de la confirmation par le pétitionnaire de cette demande. À défaut, l'autorisation est considérée comme accordée dans les termes de la demande.

Le propriétaire du terrain qui se voit opposer un sursis bénéficie d'un droit de **délaissement** (C. urb. art. L 230-1 s.).

DÉLAI DE VALIDITÉ DU PERMIS

22478 Le permis de construire est **périmé** si les constructions ne sont pas commencées dans le délai de 3 ans à compter de sa notification ou de sa délivrance tacite (C. urb. art. R 424-17). Le **commencement des travaux** résulte de circonstances de fait, à savoir la mise en œuvre du permis matérialisée par la réalisation de travaux immobiliers conformes à ses prescriptions. Il peut s'agir de travaux préparatoires (réalisation de sondages, terrassements, clôtures, démolitions, fondations, etc.), s'ils présentent une importance suffisante.

Si le permis est attaqué par un tiers devant le tribunal administratif ou si une action en démolition est engagée devant le juge civil, le **délai** de péremption est **suspendu** jusqu'au prononcé d'une décision de justice irrévocable (C. urb. art. R 424-19).
Le permis est également périmé si, passé le délai de 3 ans, les **travaux** sont **interrompus** par décision du bénéficiaire pendant plus d'un an. Il s'agit, ici encore, de considérations purement matérielles. Si le permis est périmé, il faudra obtenir une nouvelle autorisation pour poursuivre l'exécution des travaux (Rép. Zimmermann : AN 26-2-2008 p. 1647 n° 12446).
La validité du permis peut être **prorogée** deux fois d'un an, sur demande de son bénéficiaire, formulée au moins 2 mois avant l'expiration du délai de validité, à condition que les prescriptions d'urbanisme et les servitudes administratives de tous ordres, auxquelles est soumis le projet, n'aient pas évolué de façon défavorable à son égard (C. urb. art. R 424-21). Cette prorogation peut être expresse (arrêté de prorogation) ou tacite (absence de réponse dans les 2 mois). Elle prend effet à compter de la date d'expiration de la validité de la décision initiale (C. urb. art. R 424-23).

RETRAIT DU PERMIS

Le permis délivré crée des droits au profit de son titulaire. Son retrait par l'administration est **22479** donc subordonné à des **conditions** très strictes. À moins qu'il ne soit demandé par le titulaire, le retrait n'est possible que si le permis est illégal. Par ailleurs, il est enfermé dans un délai de 3 mois qui court à compter de la date à laquelle il a été délivré. Les mêmes règles s'appliquent pour le retrait d'une décision de non-opposition à une déclaration préalable (C. urb. art. L 424-5).
La décision de retrait doit être signée et notifiée au bénéficiaire du permis avant l'expiration du délai de 3 mois (CE 13-2-2012 n° 351617, Association Société protectrice des animaux de Vannes : BPIM 2/12 inf. 108).
La **décision** de retrait est en principe expresse, elle doit être motivée et prise après une procédure contradictoire (le titulaire du permis ayant été mis à même de présenter des observations écrites et, s'il en fait la demande, des observations orales). Un permis tacite est réputé implicitement retiré si l'autorité compétente notifie au demandeur, dans le délai de retrait, un refus explicite ou une décision de sursis à statuer (CE ass. 1-6-1973 n° 85804 : Lebon p. 390 ; CE 26-3-1990 n° 86482, Cne de Mesnil-Saint-Père : AJDA 1990 p. 549 concl. Abraham). Ce retrait doit être précédé d'une procédure contradictoire (CE 30-5-2007 n° 288519, SCI Agyr : BPIM 4/07 inf. 255).
Le **titulaire du permis** de construire peut **demander un autre permis** sur le même terrain sans qu'il soit nécessaire d'obtenir le retrait du précédent permis. L'obtention du permis n'emporte pas retrait implicite du précédent. Ainsi, il est possible de faire évoluer son projet en envisageant une autre destination sur son terrain sans perdre le bénéfice de l'autorisation déjà acquise.

RECOURS DES TIERS

Intérêt pour agir Tout tiers ayant un intérêt pour agir, personnel et direct, peut, en cas **22480** de contestation de la légalité de la décision accordant une autorisation d'urbanisme (permis de construire, de démolir ou d'aménager, déclaration préalable), introduire un recours gracieux, hiérarchique ou contentieux contre cette décision. Le plus souvent, il s'agira d'un **voisin lésé** (propriétaire ou occupant). Il faut que la construction, l'aménagement ou le projet autorisé soit de nature à affecter directement les conditions d'occupation, d'utilisation ou de jouissance du bien que le tiers détient ou occupe régulièrement, cette condition n'étant applicable ni à l'État ni aux collectivités territoriales ou à leurs groupements ni aux associations (C. urb. art. L 600-1-2).
Tel qu'il résulte de cette définition, l'intérêt à agir a été apprécié sévèrement par les juges. Le tiers doit démontrer, par des éléments précis et étayés, en quoi l'atteinte invoquée est susceptible d'affecter directement les conditions d'occupation, d'utilisation ou de jouissance de son bien (CE 13-4-2016 n° 389798 : BPIM 2/16 inf. 87). Les juges sont moins exigeants envers le **voisin immédiat** qui, parce qu'il est dans une « situation particulière », n'a pas à être aussi précis. Il justifie d'un intérêt à agir s'il se prévaut d'éléments relatifs à la nature, à l'importance ou à la localisation du projet de construction (CE 13-4-2016 n° 389798 : BPIM 3/16 inf. 168). Concrètement, il s'agit pour le voisin de faire état de troubles occasionnés par les travaux, des conséquences du projet sur sa vue, son cadre de vie, etc.
Sauf pour le requérant à justifier de circonstances particulières, son intérêt pour agir doit s'apprécier à la date d'affichage en mairie de la demande de permis (C. urb. art. L 600-1-3).

Notification du recours L'auteur d'un recours contentieux contre un permis de construire doit, dans un délai de 15 jours, notifier ce recours par lettre recommandée avec demande **22482** d'avis de réception à l'auteur de la décision et à son bénéficiaire (C. urb. art. R 600-1). L'**omission de la formalité** de notification entraîne l'irrecevabilité du recours contentieux sauf si l'obligation de notification et sa sanction n'ont pas été mentionnées dans l'affichage du permis conformément à l'article R 424-15 du Code de l'urbanisme (CE 28-5-2014 n° 369456 : BPIM 4/14 inf. 231). L'auteur d'un recours administratif, gracieux ou hiérarchique, est également tenu de notifier ce recours. S'il s'abstient de le faire, le recours administratif n'aura pas pour effet de proroger le délai du recours contentieux.

22484 **Délai de recours contentieux** Le délai de recours contentieux des tiers à l'encontre des autorisations de construire délivrées ou réputées accordées (permis de construire tacite ou déclaration de travaux sans opposition ou avec prescriptions) est de 2 mois. Le **point de départ** de ce délai est le premier jour d'une période continue de 2 mois d'affichage sur le terrain (C. urb. art. R 600-2). L'affichage doit être conforme aux dispositions des articles R 424-15 et A 424-15 à A 424-19 du Code de l'urbanisme (taille du panneau, visibilité depuis la voie publique, mentions obligatoires, etc.) ; à défaut, le délai ne court pas. Sur les mentions obligatoires à faire figurer sur le panneau (C. urb. art. A 424-16), une erreur affectant l'une d'entre elles n'empêche le déclenchement du délai de recours que si cette erreur fausse l'appréciation des tiers sur l'importance et la consistance du projet, l'identification du permis ou le lieu de consultation du dossier (CE 16-10-2019 n° 419756 : BPIM 6/19 inf. 376 ; CE 16-10-2020 n° 429357, Sté Chemin de Trabacchina : BPIM 6/20 inf. 371). Dans le cas d'une contestation de la régularité de l'affichage, c'est au bénéficiaire du permis de justifier qu'il a bien rempli les formalités d'affichage prescrites : date du début et continuité de l'affichage, contenu et visibilité suffisants du panneau d'affichage. La preuve de cet affichage peut être rapportée par tout moyen, tels des constats d'huissier (CE 23-9-1991 n° 112785, Synd. copr. de l'immeuble 9 boulevard Pugliesi-Conti à Ajaccio) ou des témoignages contemporains de cet affichage, dans la mesure où ces personnes n'ont pas de lien avec le bénéficiaire du permis (CE 7-5-2007 n° 279565, Ville de Chartres). En cas de litige, le juge forge sa conviction en comparant souverainement la valeur probante des attestations produites par chacune des parties (CE 5-12-2001 n° 225511 ; CE 25-3-2002 n° 219353) et le constat d'huissier n'est pas le seul moyen probant qu'il retient (Rép. Apparu : AN 8-1-2013 p. 220 n° 9331).

Si le délai de recours n'a pas été déclenché par l'exécution des formalités de publicité, la décision demeure vulnérable : elle peut être attaquée à tout moment. Toutefois, sont irrecevables les recours présentés plus de 6 mois après l'achèvement des travaux (C. urb. art. R 600-3) dès lors que le bénéficiaire de l'autorisation a déposé une déclaration d'achèvement et de conformité des travaux (DACT). La production de l'avis de réception de la DACT ne constitue qu'une présomption de la date d'achèvement ; le demandeur peut, par tous moyens, apporter devant le juge la preuve d'une date d'achèvement postérieure (CE 6-12-2013 n° 358843).

Le délai de recours contentieux est un délai franc. Pour déterminer le **dernier jour du délai**, il convient donc d'ajouter une unité à la date du jour qui en constitue le point de départ. Par exemple, si un permis a été affiché de manière continue pendant 2 mois à compter du 7 janvier, la requête du demandeur doit parvenir au tribunal administratif le 8 mars au plus tard. Toutefois, si le 8 mars est un samedi, un dimanche ou un jour férié, la requête sera recevable si elle parvient au tribunal le premier jour ouvrable suivant.

22486 En cas de **recours gracieux ou hiérarchique**, le **délai** de recours contentieux est **prorogé**. Un nouveau délai de 2 mois court à compter de la notification de la décision expresse de rejet du recours administratif ou, au plus tard, de l'expiration du délai de 2 mois au terme duquel le silence gardé par l'autorité saisie vaut rejet implicite.

Par suite du cumul des délais, un **permis de construire** ne devient éventuellement **définitif** qu'au bout de 6 mois (délai de recours administratif : 2 mois ; délai de réponse : 2 mois en cas de silence ; délai de saisine du tribunal : 2 mois). Le titulaire d'un permis de construire qui, 15 jours après l'expiration du délai de recours contentieux, ne reçoit pas notification d'un recours administratif ou contentieux peut considérer que son droit de construire est devenu définitif. Il convient, toutefois, de tenir compte du délai d'acheminement postal du pli recommandé contenant la notification (celle-ci étant réputée accomplie à la date d'envoi, et non de réception, de ce pli) et de l'interruption du délai de recours en cas de demande d'aide juridictionnelle (voir JCP éd. N 1995 prat. n° 3572 ; Avis CE 28-6-2013 n° 363460 : JO 3-7 p. 11116).

22488 Le titulaire du permis de construire peut se faire délivrer par le greffe de la juridiction compétente un **document attestant de l'absence de recours** portant sur son permis ; si un recours a été enregistré au greffe, l'attestation indiquera sa date d'enregistrement (C. urb. art. R 600-7). Le titulaire du permis peut ainsi vérifier l'existence ou l'absence d'un recours et obtenir un document qui lui permet d'en justifier.

4. PROCÉDURE DE LA DÉCLARATION PRÉALABLE

DÉPÔT DE LA DÉCLARATION

Pour l'essentiel, la procédure de déclaration préalable suit les règles relatives au permis de construire. Les personnes habilitées à déposer une déclaration sont celles qui ont qualité pour demander un permis de construire. La déclaration est établie sur le **formulaire** Cerfa 13404 disponible en mairie, auprès des directions départementales des territoires et de la mer (anciennement DDE) et sur le site internet de l'administration. À côté de ce formulaire général et complet, utilisable dans tous les cas, il existe deux formulaires simplifiés, l'un pour les lotissements et divisions foncières ne relevant pas du permis d'aménager (Cerfa 13702), l'autre pour les travaux non soumis à permis de construire et concernant une maison individuelle et/ou ses annexes (Cerfa 13703). 22490

La déclaration est accompagnée d'un **dossier** comprenant notamment un plan de situation, un plan-masse de la construction et une représentation de son aspect extérieur. Le dépôt d'au moins 2 exemplaires du dossier se fait en mairie (lettre recommandée avec demande d'avis de réception ou remise contre décharge).

La déclaration préalable peut être déposée par voie électronique dans toutes les mairies (CRPA art. L 112-8), une téléprocédure permet à certaines communes (celles dont le nombre total d'habitants dépasse 3 500 habitants) d'instruire sous forme dématérialisée les déclarations préalables (C. urb. art. L 423-3).

INSTRUCTION ET DÉCISION

Le **délai** d'instruction **de droit commun** est fixé à un mois (C. urb. art. R 423-23). Ce délai est mentionné dans le récépissé délivré par la mairie. Ce document, délivré sous forme papier ou par voie électronique, indique la date à laquelle les travaux pourront être entrepris en l'absence d'opposition (C. urb. art. R 423-4). Aucun délai particulier d'instruction n'est prévu. En revanche, le **délai** peut être **majoré** d'un mois lorsque le projet est soumis à un régime d'autorisation ou à des prescriptions prévus par une autre législation ou réglementation que le Code de l'urbanisme, nécessite l'instruction d'une dérogation aux règles du plan local d'urbanisme (reconstruction après une catastrophe naturelle, restauration ou reconstruction d'un monument historique, travaux nécessaires à l'accessibilité des personnes handicapées à un logement existant, construction de logements dans les communes où existe un déséquilibre marqué entre l'offre et la demande de logements), est situé dans un site patrimonial remarquable ou aux abords d'un monument historique, doit être soumis à l'avis de la commission départementale de la préservation des espaces naturels, agricoles et forestiers ou lorsque le projet, ayant une incidence sur l'environnement, est soumis à participation du public (C. urb. art. R 423-24). Le délai est majoré de deux mois lorsque le projet est soumis à participation du public par voie électronique (C. urb. art. R 423-25). Comme en matière de permis de construire, l'administration doit notifier le nouveau délai d'instruction au déclarant dans le mois de l'enregistrement de son dossier. C'est également dans ce délai que l'administration peut demander au déclarant de compléter son dossier s'il n'a pas fourni toutes les pièces exigées par le Code de l'urbanisme. 22492

L'**autorité compétente** (en principe le maire) peut s'opposer aux travaux ou imposer des prescriptions particulières pour la réalisation des travaux déclarés (C. urb. art. L 421-7). Le silence gardé par le maire vaut non-opposition tacite sauf en cas d'évocation du ministre chargé des sites (Décret 2014-1271 du 23-10-2014 ; Décret 2015-1461 du 10-11-2015) ; les travaux peuvent alors être exécutés conformément à la déclaration (C. urb. art. R 424-1). Sur le retrait de la décision de non-opposition, voir n° 22479.

RÉALISATION DES TRAVAUX

La mention de l'absence d'opposition ou la mention des prescriptions particulières doit être affichée en mairie et sur le terrain pendant au moins 2 mois. Cet **affichage** est conservé sur le terrain pendant toute la durée des travaux ; il doit être visible depuis la voie publique. L'affichage sur le terrain déclenche le délai de recours des tiers contre la décision de non-opposition. 22494

Les travaux doivent être entrepris dans le délai de 3 ans à compter de la naissance de la décision de non-opposition et ne pas être interrompus pendant plus d'un an (C. urb. art. R 424-17). Le **délai de validité** d'une décision de non-opposition peut être prorogé comme en matière de permis de construire.

CHAPITRE 4

ORIGINE DE PROPRIÉTÉ

SOMMAIRE

DÉFINITIONS

23000 L'**origine de propriété** de l'immeuble est la suite des mutations (ventes, donations, successions, etc.) au terme desquelles l'immeuble, dont la vente est envisagée, est devenu la propriété du ou des vendeurs. Ces mutations peuvent résulter de **faits juridiques** ; tel est le cas lorsque le vendeur est devenu propriétaire de l'immeuble par suite du décès de son précédent propriétaire ou par prescription acquisitive. Elles peuvent également résulter d'**actes juridiques**, c'est-à-dire d'opérations telles qu'une vente, une donation, un partage, un apport en société ou d'une décision judiciaire en cas d'expropriation ou d'adjudication réalisée à la barre du tribunal.

23001 On désigne sous le vocable de **titre** la cause ou le fondement du droit de propriété du propriétaire. Le titre du vendeur est par exemple un achat, une donation ou une succession. Le terme est parfois associé à des qualificatifs qui caractérisent le mode d'acquisition. On parle alors :
– d'acte à titre onéreux, lorsque l'aliénation donne lieu à une contrepartie ;
– d'acte à titre gratuit, en l'absence de contrepartie ;
– d'acte translatif, si l'acte emporte transfert de propriété ;
– ou d'acte déclaratif, lorsque l'acte ne fait que constater un droit de propriété préexistant.

Le titre désigne également l'écrit qui constate la transmission opérée par l'acte ou le fait juridique en vertu duquel le vendeur est devenu propriétaire ; on parle alors de **titre de propriété**. Il s'agit le plus souvent de la copie authentique de l'acte notarié qui a constaté la mutation, qu'on désigne également sous le vocable d'« expédition » ; il peut s'agir également de la copie d'une décision judiciaire, comme un jugement d'adjudication, ou d'un acte administratif comme, par exemple, la vente faite en la forme administrative par une collectivité locale ou un établissement public.

VÉRIFICATION DE L'ORIGINE DE PROPRIÉTÉ

23002 **Objet de la vérification** Lorsqu'une vente immobilière est envisagée, plusieurs vérifications sont à opérer. La première est celle de la **réalité du droit de propriété** du vendeur : celui-ci est-il bien propriétaire et a-t-il qualité pour vendre ? Est-il seul propriétaire ou l'est-il avec d'autres personnes dont le concours est requis ? Il faut se référer au(x) titre(s) de propriété.

L'examen du ou des titres de propriété permet aussi de connaître l'**étendue du droit de propriété** du vendeur. Celui-ci ne peut, en effet, transférer plus de droits qu'il n'en a.

Il est également nécessaire de vérifier la **régularité et** la **stabilité du droit de propriété** dont la mutation est envisagée. Le droit de propriété peut parfois, en raison de la nature du titre qui le constate, de la situation d'un ancien propriétaire ou de circonstances particulières ayant affecté une mutation antérieure, être exposé à un risque d'anéantissement par suite d'une nullité, d'une résolution, d'une caducité, d'une réduction ou d'une rescision. Cet anéantissement, selon les cas, trouve son fondement dans la loi ou dans des modalités contractuelles figurant dans un acte antérieur (n°s 23010 s.).
Enfin, l'examen du titre ou des titres de propriété peut révéler l'existence d'un droit d'acquisition prioritaire au profit d'un tiers, sous forme d'un pacte de préférence, pouvant ne pas avoir été publié au fichier immobilier (n°s 36460 s.).

Origine de propriété trentenaire C'est non seulement le titre immédiat du vendeur qui doit être vérifié, mais aussi la **chaîne des mutations antérieures**. Sauf circonstances exceptionnelles, cette recherche dans le temps est limitée à une **période de 30 ans**, ce qu'on appelle en pratique l'origine de propriété trentenaire (dans ce sens, Cass. 1e civ. 17-11-2011 n° 10-25.583 F-D : BPIM 1/12 inf. 87). Cette limite est justifiée par le double jeu des prescriptions qui consolident le droit de propriété du vendeur : la prescription extinctive qui éteint, au terme d'un délai de 30 ans à compter du jour où le titulaire du droit a connu ou aurait dû connaître les faits lui permettant d'exercer son droit, les actions réelles immobilières qui peuvent être exercées contre le propriétaire (C. civ. art. 2227) ; la prescription acquisitive, dont le délai le plus long est également fixé à 30 ans, qui permet au vendeur, selon certaines conditions, de se prévaloir de la propriété du bien du fait de sa possession malgré la défectuosité de son titre (C. civ. art. 2272). 23003
La vérification est opérée sur une **période supérieure à 30 ans** lorsqu'il existe pendant la période de 30 ans précédant la vente une cause de suspension de la prescription : état de minorité ou soumission au régime de la tutelle des majeurs du propriétaire (C. civ. art. 2235).
Il en va de même lorsque le vendeur a recueilli le bien par succession, les actes déclaratifs de propriété (partage, attestation de propriété) pouvant ne pas rappeler des servitudes, charges ou conditions particulières figurant dans une vente qui leur est antérieure. La vérification consiste à remonter jusqu'au dernier acte translatif de propriété à titre onéreux ayant plus de 30 ans pour l'examiner.

> **Précisions** Certaines opérations immobilières ne donnent **pas lieu à l'établissement d'une origine de propriété trentenaire**. C'est notamment le cas en matière de saisie immobilière : le versement du prix ou sa consignation et le paiement des frais de la vente purgent de plein droit l'immeuble de toute sûreté publiée du chef du débiteur à compter de la publication du titre de vente (C. exécution L 322-14).

RÔLE DU NOTAIRE

Le notaire est tenu de s'assurer de l'**efficacité des actes** reçus par lui en réalisant les vérifications et les formalités qui s'imposent. À ce titre, il doit vérifier l'origine de propriété du bien cédé pour éviter tout trouble ou éviction de l'acquéreur. Pour y procéder, il se doit de procéder à un examen attentif des titres de propriété. Le notaire ne peut pas se contenter de reprendre les origines de propriété qui, retracées dans des actes antérieurs, se sont révélées erronées. Il doit mener d'autres investigations pour vérifier la qualité de propriétaire du cédant et assurer l'efficacité de ses actes (Cass. 3e civ. 3-11-2016 n° 14-21.568 F-D : BPIM 1/17 inf. 68, à propos de l'établissement d'un acte de donation). Il s'aide également des renseignements obtenus des services de la publicité foncière ainsi que du cadastre. 23004

L'établissement du droit de propriété par le notaire ne doit pas être confondu avec la mention de l'**effet relatif** dans l'acte notarié. En principe, l'indication de l'effet relatif dans l'origine de propriété suffit. Toutefois, les mentions composant l'effet relatif (date, volume et numéro de publication du titre au service de la publicité foncière) doivent être isolées en partie normalisée, au sein d'un paragraphe particulier, concernant les actes normalisés (vente d'immeuble, notamment). La mention de l'effet relatif prend alors la forme d'un résumé de l'origine de propriété immédiate de l'immeuble. Pour plus de précisions, se reporter au Dossier pratique Publicité foncière, Éditions Francis Lefebvre 3e éd. 2021, n°s 7100 s. par M. Suquet-Cozic. 23005

RÔLE DE LA PUBLICITÉ FONCIÈRE

Le système de publicité foncière joue un **double rôle** à l'égard d'un certain nombre de risques d'éviction. 23006
Tout d'abord, il permet d'**informer les tiers** qui contractent avec le propriétaire. La consultation du fichier immobilier au moyen d'une demande de renseignements hypothécaires est un moyen simple et efficace de disposer d'informations sur la situation juridique d'un immeuble au

stade de sa mise en vente ou de la préparation d'un avant-contrat. L'informatisation des services chargés de la publicité foncière permet aux notaires d'obtenir les renseignements sous quelques jours, voire quelques minutes, grâce à une consultation directe en ligne du fichier immobilier, par l'intermédiaire du dispositif « Accès des notaires au fichier immobilier » (ANF). Elle rend exploitables ces informations pour la rédaction de l'acte authentique de vente, mais également à l'occasion de l'établissement de l'avant-contrat. Cette consultation est vivement conseillée le plus tôt possible, même s'il ne peut être imposé au notaire d'obtenir un état hypothécaire préalablement à la conclusion d'une promesse de vente (Cass. 1e civ. 29-11-2023 no 22-20.789 F-D).
Le second rôle de la publicité foncière est de **départager des titulaires de droits concurrents** sur l'immeuble, en permettant le dénouement du conflit en faveur, en principe, de celui dont le droit a été publié le premier (voir no 56008).
Mais tous les risques d'éviction ne sont pas révélés par une publication au fichier immobilier, notamment ceux qui trouvent leur source dans la loi. La publication par l'acquéreur de son titre n'est pas la garantie que son droit de propriété ne sera pas remis en cause pour une cause que le fichier immobilier n'aura pas révélée, comme l'usucapion par exemple (Cass. 3e civ. 17-12-2020 no 18-24.434 FP-PBI : BPIM 1/21 inf. 50).

RÔLE DU CADASTRE

23007 Le cadastre peut **se définir comme** l'ensemble de la documentation cartographique recensant les propriétés foncières du territoire en vue d'en permettre l'imposition. Cette documentation (plans, registres, matrice cadastrale) a donc pour finalité le recouvrement des impôts fonciers (M. Suquet-Cozic : Dossier pratique Publicité foncière, Éditions Francis Lefebvre 3e éd. 2021, no 590). Quel lien avec la publicité foncière ? La mise à jour du cadastre est assurée par les services de la publicité foncière qui informent des mutations faisant l'objet d'une publication. Pour autant, les documents cadastraux ne valent pas **titre de propriété** et le Conseil d'État l'a affirmé à plusieurs reprises : les énonciations cadastrales, par elles-mêmes et quelle que soit leur ancienneté, ne constituent pas un titre de propriété (CE 25-7-1975 no 92863, Dame Bastid ; CE 4-5-2023 no 462404, SCI Pora Pora c/ Présidence de la Polynésie française : SNH 19/23 inf. 3).

> **Précisions** S'il y a lieu de **rectifier les énonciations cadastrales**, l'interventionnisme de l'administration cadastrale pour ce faire est limité en cas de litige sur le droit de propriété. En l'absence de modification du fichier immobilier, l'administration doit refuser de prononcer une mutation cadastrale (CGI art. 1402 et décret 55-22 du 4-1-1955 art. 2 ; pour une illustration, CAA Marseille 19-10-1999 no 97-307 : RJF 4/00 no 506). Qu'en est-il **en cas de rénovation cadastrale** ? Il faut opérer la distinction suivante (CE 4-5-2023 no 462404, précité) :
> – au cours des opérations de rénovation du cadastre, l'administration a légalement la faculté de se borner à faire état du litige et des personnes concernées, sous réserve d'une contestation sérieuse du droit de propriété (Délib. 90-126 AT du 13-12-1990 art. 23 a contrario en l'espèce et, par extension, décret 55-471 du 30-4-1955 art. 19 a contrario) ;
> – lorsque le litige sur le droit de propriété s'élève à la suite des opérations de rénovation cadastrale, la rectification du cadastre n'est possible que sur accord des parties ou décision de justice. À défaut, l'administration est tenue de se conformer à la situation de propriété telle qu'elle a été constatée pour l'élaboration des documents cadastraux (voir également CE 29-12-1978 no 02343, Min. de l'économie et des finances c/ S. ; CE 29-1-1993 no 126134).

PERTURBATIONS DU DROIT DE PROPRIÉTÉ

23009 Il est des situations dans lesquelles le **droit de propriété** est **inexistant ou résolu**, le plus souvent à l'insu même du vendeur. Parfois, le vendeur est pleinement propriétaire mais son droit est susceptible d'être anéanti, selon une probabilité plus ou moins forte. La fragilité du droit de propriété peut tenir non seulement au mode d'acquisition ou au titre du vendeur, mais aussi à une transmission antérieure parfois ancienne. L'établissement d'une origine de propriété ne s'arrête pas à la vérification du titre immédiat du vendeur.
Il est parfois possible de **remédier** plus ou moins efficacement **à la vulnérabilité du droit de propriété** du vendeur. Dans certaines situations, par contre, l'éviction du vendeur ou le risque d'éviction de l'acquéreur est irréversible.
Seront examinées ici les particularités tenant à l'origine de propriété les plus à même de se présenter en pratique, ainsi que les **précautions à prendre** au stade de l'avant-contrat ou de l'acte authentique de vente pour assurer, autant que faire se peut, la sécurité de la vente envisagée.

A. Immeuble provenant d'une acquisition amiable

EN RÉSUMÉ

L'intervention du notaire, obligatoire lorsque la vente porte sur un immeuble, garantit en principe la régularité et l'incommutabilité du droit de propriété transmis. Certains **risques d'éviction** du propriétaire, et donc de l'acquéreur, peuvent cependant exister. 23010

1. DROIT DE PROPRIÉTÉ CONDITIONNEL

HYPOTHÈSE VISÉE

Le droit de propriété du vendeur peut être conditionnel, sous **deux modalités différentes** : il peut être affecté d'une condition suspensive ou d'une condition résolutoire (sur l'ensemble de la question, voir n°s 30000 s.). 23015

DROIT DE PROPRIÉTÉ ASSORTI D'UNE CONDITION SUSPENSIVE

Lorsque le titre du vendeur révèle une condition suspensive, il convient de vérifier la réalité du droit de propriété du vendeur. Le caractère pur et simple du droit du vendeur, et donc la possibilité de procéder à la vente sans que le droit de l'acquéreur soit soumis à la même incertitude que le droit du vendeur, impose de s'assurer de la **réalisation de la condition**. Il s'agit ici d'une question de fond qui relève des justifications que le vendeur doit fournir à l'acquéreur. Il importe de vérifier non seulement que l'événement érigé en condition s'est bien réalisé selon les termes du contrat, mais aussi que cette réalisation est intervenue dans le délai éventuellement prévu. 23016

Cette vérification effectuée, il convient de s'assurer que le droit du vendeur est bien **opposable aux tiers**, c'est-à-dire qu'il ne risque pas d'être supplanté ou concurrencé par un droit qui aurait été transmis ou constitué par le précédent propriétaire au profit d'une autre personne que le vendeur. La consultation du fichier immobilier est à cet égard indispensable.

Les **formalités de publicité foncière** s'effectuent en deux temps :

– l'acte portant ou constatant transfert de propriété immobilière doit, lorsqu'il est soumis à une condition suspensive, être soumis immédiatement à la formalité de publicité foncière (Décret 55-22 du 4-1-1955 art. 28, 1°-a et 30, 1). Cette publication est assortie de l'opposabilité aux tiers ;

– la réalisation de la condition suspensive doit également être publiée au service de la publicité foncière, mais dans le seul but d'informer les tiers, puisque l'opposabilité aux tiers n'est pas attachée à la publication de l'acte constatant la réalisation de la condition. Le défaut de publication est sanctionné par des dommages et intérêts (Décret 55-22 du 4-1-1955 art. 28, 4°-b et 30, 1 a contrario ; Cass. 3e civ. 13-7-2011 n° 10-19.461 FS-PB : BPIM 5/11 inf. 399).

DROIT DE PROPRIÉTÉ ASSORTI D'UNE CONDITION RÉSOLUTOIRE

Le vendeur dont le droit est soumis à une condition résolutoire est propriétaire tant que la condition ne se réalise pas. Il peut donc, en principe, vendre l'immeuble. Mais les droits de l'acquéreur seraient fragiles puisque cette réalisation, si elle survenait, entraînerait l'anéantissement rétroactif des droits du vendeur et, corrélativement, des droits qu'il aurait pu constituer ou transmettre. 23018

Lorsque le droit de propriété du vendeur est soumis à une condition résolutoire, il faut s'assurer, au fond, de la **défaillance de la condition** selon les prévisions du contrat, et donc de la consolidation du droit de propriété du vendeur.

L'acte sous condition résolutoire doit être soumis à la **formalité de publicité foncière** dès sa signature car il produit effet immédiatement. La publication au fichier immobilier permet à l'acquéreur d'être informé de l'existence de la condition résolutoire et, le cas échéant, de sa réalisation, c'est-à-dire de la résolution du droit du vendeur. En outre, la publication de la clause résolutoire est la condition pour que, en cas de mise en œuvre de la résolution, celle-ci soit opposable aux ayants cause de l'acquéreur dont le droit a été anéanti qui auraient publié leur droit dans l'intervalle (Décret 55-22 du 4-1-1955 art. 30, 1-dernier al.). Le transfert de propriété résultant de la résolution de la condition résolutoire donne également lieu à un acte soumis à publicité foncière.

IMMEUBLE ACQUIS EN TONTINE

L'acquisition en tontine repose sur la **technique conditionnelle** : chaque acquéreur en tontine réalise l'acquisition de l'entier immeuble sous condition suspensive de sa survie et sous condition résolutoire de son prédécès. Depuis la réforme du droit des contrats, entrée en vigueur le 23020

1er octobre 2016, la réalisation de la condition suspensive rend l'obligation pure et simple. Jusqu'alors, le jeu de la condition suspensive accomplie avait un effet rétroactif au jour auquel l'engagement avait été contracté (C. civ. art. 1179 ancien). Il reste toutefois possible de déroger à ce principe ; encore faut-il que les parties prévoient expressément au pacte tontinier le caractère rétroactif de la condition (C. civ. art. 1304-6). En vertu de ce pacte tontinier (ou clause d'accroissement), le dernier survivant des acquéreurs est réputé seul propriétaire de la totalité de l'immeuble depuis l'achat tandis que le ou les acquéreurs prédécédés sont réputés n'avoir jamais eu aucun droit de propriété sur l'immeuble (sur le procédé de l'acquisition en tontine, voir nos 13090 s.).

Lors de la publication au service de la **publicité foncière** de l'acte d'achat en tontine, mention de la clause d'accroissement est portée au fichier immobilier en tant que charge sur l'immeuble, à l'instar de toute condition résolutoire.

23022 Tant que les **acquéreurs** en tontine sont **tous vivants**, il n'y a pas d'obstacle à ce qu'ils réalisent ensemble la vente au profit d'un tiers. Le droit de propriété est ainsi régulièrement transmis.

Lorsque l'**un des acquéreurs** en tontine est **décédé** et que le ou les survivants procèdent à la vente, il convient de s'assurer du décès par la production d'un acte de décès, ou de l'acte notarié constatant le décès et le double jeu des conditions qui aura été dressé à l'effet d'accomplir la formalité de publicité dans les conditions de droit commun (Décret 55-22 du 4-1-1955 art. 28, 4°-b).

> **Précisions** Les coacquéreurs en tontine peuvent, d'un commun accord, **renoncer à la clause d'accroissement** insérée dans leur titre d'acquisition de l'immeuble. Une telle opération de résolution partielle d'une modalité de l'acquisition devrait être publiée au service de la publicité foncière en tant qu'acte constatant la résolution ou la révocation d'une convention publiée (Décret 55-22 du 4-1-1955 art. 28, 4°-c). Sur cette question, voir M. Suquet-Cozic, Séparation des concubins : comment publier la renonciation à une tontine ? : SNH 2/21 inf. 12.

2. DROIT DE PROPRIÉTÉ RESCINDABLE POUR LÉSION

DOMAINE D'APPLICATION

23040 La lésion, qui peut être **définie comme** le préjudice que subit un cocontractant en raison du déséquilibre originel des prestations réciproques des parties, n'est pas en principe considérée comme un vice affectant la validité du contrat. Elle est cependant exceptionnellement **admise** comme tel **dans deux cas** : la vente d'immeuble (pour une étude complète de la lésion en matière de vente immobilière, voir nos 24350 s.) et le partage (sur le risque de rescision pour lésion lorsque l'immeuble appartient à un vendeur par suite d'un partage intervenu avant le 1-1-2007, voir n° 23422).

En outre, les actes passés par un **mineur non émancipé** peuvent être rescindés pour lésion (C. civ. art. 1149, al. 1). Il en va de même pour les actes accomplis par un **majeur protégé** (C. civ. art. 435, al. 2 et nos 12228 s., pour la sauvegarde de justice ; C. civ. art. 488, al. 1 et n° 12380, pour le mandat de protection future).

RISQUE

23042 Le **vendeur** d'immeuble qui est **lésé de plus de sept douzièmes**, c'est-à-dire qui reçoit pour prix moins de cinq douzièmes de la valeur de l'immeuble, peut demander en justice la rescision de la vente, c'est-à-dire son anéantissement rétroactif (C. civ. art. 1674). On parle également de lésion d'« outre moitié ». Par **exemple**, si l'immeuble a été vendu 95 000 € alors que sa valeur était au moment de sa vente de 240 000 €, le seuil de la lésion est de 100 000 € (soit 5/12e de la valeur de l'immeuble). La vente est donc rescindable.

Le **délai** pour exercer l'action en rescision est de 2 ans du jour de la vente (C. civ. art. 1676, al. 1), délai susceptible d'être notamment interrompu par une demande en justice (C. civ. art. 2241).

Pour plus de précisions sur l'appréciation de la lésion (voir nos 24400 s.) et le délai pour agir (voir nos 24550 s.).

23044 L'action en rescision pour lésion ne remet pas en cause par elle-même le droit de propriété de l'acheteur (Cass. 3e civ. 14-12-2011 n° 10-25.408 FS-PB : RJDA 3/12 n° 278). La rescision de la vente peut être évitée par le **rachat de la lésion** si l'acheteur choisit de verser au vendeur un complément de prix (appelé « supplément du juste prix »), correspondant à la différence entre le prix de vente et la valeur de l'immeuble sous la déduction du dixième du prix total (C. civ. art. 1681, al. 1). L'acheteur, qui a le choix entre rendre l'immeuble en récupérant le prix payé ou le garder en payant un supplément de prix, doit exercer cette option dans le délai prévu par la décision qui admet la lésion ou, à défaut, dans un délai raisonnable (Cass. 3e civ. 5-1-2022 n° 20-18.918 FS-B : BPIM 1/22 inf. 46).

En cas de revente du bien, le **tiers acquéreur** menacé d'éviction par le vendeur lésé a également la possibilité d'échapper à cette éviction en offrant de lui verser le supplément du juste prix, dans les mêmes conditions que son propre vendeur. Il peut alors se retourner contre ce dernier et l'actionner en garantie (C. civ. art. 1681, al. 2). Sur les modalités de calcul du supplément de prix, voir nos 24720 s.

Vérifications à effectuer La première vérification à effectuer lors de la vente d'un immeuble est celle de la date d'acquisition. Si l'**acquisition** a été **réalisée depuis plus de 2 ans** et si aucune demande en justice n'est intervenue dans ce délai, l'action en rescision ne peut plus être introduite et tout risque est donc écarté. 23046
Dans le cas d'une acquisition réalisée **depuis moins de 2 ans**, l'examen comparé du prix d'acquisition et du prix de revente permet de déceler un risque s'il apparaît une différence importante permettant de penser que le vendeur a pu, lors de son achat, être lésé au-delà du taux critique.
L'action en justice tendant à la rescision de la vente doit être publiée au **fichier immobilier** (Décret 55-22 du 4-1-1955 art. 28, 4°-c). Cette publication, qui peut être régularisée en cours d'instance et au plus tard en appel (notamment, Cass. 1e civ. 7-11-2012 n° 11-22.275 F-D), est la condition de la recevabilité de l'action par le tribunal (Décret 55-22 du 4-1-1955 art. 30, 5). Destinée à l'information des tiers, la publication de l'action en rescision n'emporte pas d'opposabilité aux tiers. La publication de l'acte (promesse synallagmatique ou acte de vente) ne met donc pas l'acquéreur à l'abri d'une action en rescision pour lésion exercée par un ancien propriétaire. La consultation du fichier immobilier reste néanmoins utile pour savoir si une action a été engagée.

COMMENT ÉCHAPPER AU RISQUE DE RESCISION POUR LÉSION ?

Lorsque le risque de rescision existe, il est possible de sécuriser l'opération par la **renonciation du vendeur** d'origine à agir en rescision. Cette renonciation s'exprime soit par son concours à l'avant-contrat, soit au plus tard le jour de l'acte de vente notarié. À défaut d'obtenir ce concours, l'avant-contrat peut utilement contenir une condition suspensive de l'obtention de cette renonciation (voir n° 30910) ; la période de temps ouverte jusqu'à la signature de l'acte authentique est alors mise à profit pour essayer d'obtenir ce concours. 23048
Si la renonciation par le précédent propriétaire à l'action en rescision ne paraît pas possible, ou si le vendeur estime inopportun de la solliciter, il est possible de **nantir le prix** ou une partie de celui-ci au profit de l'acquéreur jusqu'à l'expiration du délai de 2 ans. Cela afin de garantir que l'acquéreur devenu vendeur puisse faire face à l'exigibilité du supplément du juste prix si l'action en rescision était intentée et prospérait.

3. RÉSOLUTION DE LA VENTE POUR DÉFAUT DE PAIEMENT DU PRIX

RISQUE

Lorsque le vendeur (ou un ancien propriétaire) a acquis l'immeuble moyennant un **prix payable à terme**, le vendeur impayé est garanti par : 23070
– l'hypothèque légale de vendeur (C. civ. art. 2402, 1°), hypothèque légale spéciale qui s'est substituée, depuis le 1er janvier 2022, au privilège immobilier spécial de vendeur (C. civ. art. 2374, 1° ancien) à la suite de l'entrée en vigueur de la réforme du droit des sûretés (Ord. 2021-1192 du 15-9-2021) ;
– l'action résolutoire (C. civ. art. 1654).
Sur les garanties de paiement du prix de vente d'immeuble, voir n° 26302.
L'inscription de l'**hypothèque légale de vendeur** auprès du service chargé de la publicité foncière informe généralement l'acquéreur de l'existence d'un différé de paiement et de l'action résolutoire. Mais cette inscription est facultative et il est concevable que l'hypothèque n'ait pas été inscrite, ou que l'inscription soit périmée alors que la dette de prix n'a pas été réglée.
L'**action résolutoire** ne peut pas être exercée après l'extinction de l'hypothèque spéciale du vendeur, ou à défaut d'inscription de cette hypothèque, au préjudice des tiers qui ont acquis les droits sur l'immeuble du chef de l'acquéreur et qui les ont publiés (C. civ. art. 2403). L'ancien propriétaire impayé peut donc agir en résolution de la vente et évincer le sous-acquéreur (l'acquéreur de son propre acquéreur) tant que celui-ci n'a pas publié son droit.

SOLUTION

Lorsque le titre du vendeur constate un paiement à terme, il convient de s'assurer que l'ancien propriétaire a été payé ou a renoncé à agir en résolution, même si l'inscription de l'hypothèque légale de vendeur est périmée ou n'a pas été formalisée. 23072

Si la **justification du paiement** du prix n'est **pas rapportée**, la vente peut intervenir. Mais il est prudent de publier rapidement l'acte de vente et de ne remettre au vendeur le prix qu'après publication de la vente au service chargé de la publicité foncière, au vu d'un état hypothécaire ne révélant pas d'inscription d'hypothèque légale de vendeur ou de publication d'une action en résolution.

Rappelons que les dispositifs « **Télé@ctes** » (système de télétransmission mis en place par les notaires dans leurs relations avec les services de publicité foncière) et « **ANF** » (Accès des Notaires au Fichier immobilier conférant un accès direct en ligne au fichier immobilier) permettent :

– d'une part, de connaître avec un décalage de quelques jours seulement les informations publiées au fichier immobilier ou en instance de publication ;

– d'autre part, de publier un acte très rapidement (à la limite, le jour de sa régularisation), ce qui réduit très sensiblement la durée de l'indisponibilité du prix.

4. PARTICULARITÉS TENANT À LA PERSONNE DU VENDEUR

VENDEUR MARIÉ

23090 **Risque de nullité de la vente** Le fait qu'un vendeur ait acquis le bien seul ne lui permet pas nécessairement de procéder seul à sa revente. Deux circonstances imposent le concours du conjoint du vendeur à la vente alors pourtant que ce dernier paraissait seul concerné.

Si ce vendeur était, lors de son acquisition, marié sous un **régime de communauté de biens**, l'immeuble dépend de la communauté, et le consentement du conjoint est nécessaire même s'il n'est pas intervenu à l'acte (C. civ. art. 1424). Une action en nullité est ouverte au conjoint dont le consentement a été négligé, pendant 2 années à partir du jour où il a eu connaissance de l'acte et sans pouvoir jamais être intentée plus de 2 ans après la dissolution de la communauté (C. civ. art. 1427, al. 2).

Il est également concevable que, lorsque le bien appartient au vendeur pour l'avoir reçu par donation, l'acte de donation contienne une **clause « d'entrée en communauté »**, conférant à l'immeuble un caractère commun alors même que le conjoint du donataire n'a pas comparu à l'acte. Cette comparution n'est pas nécessaire et est d'ailleurs évitée pour écarter le risque d'une taxation fiscale désavantageuse en l'absence de lien de parenté entre le donateur et le conjoint du donataire.

Les vigilances exercées par le notaire lors de la vente d'un immeuble rendent peu vraisemblable que le consentement d'un conjoint commun en biens ait été omis. Le risque existe surtout lorsque l'acquisition a été réalisée par un **époux en instance de divorce** antérieurement à la date d'effet du divorce entre les époux (sur la détermination de cette date, voir n° 12656).

L'acte notarié doit indiquer, concernant la situation maritale des parties, le nom du conjoint (Décret 55-22 du 4-1-1955 art. 5, al. 1). L'indication du régime matrimonial n'est, en revanche, pas prescrite et impose parfois des recherches complémentaires.

23092 La circonstance qu'un vendeur ait été, lors de son acquisition, marié sous le régime de la séparation de biens ou qu'il ait été marié sous un régime de communauté et qu'il soit propriétaire de l'immeuble à titre de bien propre (immeuble acquis avant le mariage ou reçu par succession ou donation) n'exclut pas que le consentement du conjoint doive être exceptionnellement requis pour procéder à son aliénation. C'est le cas lorsque l'immeuble constitue le **logement de la famille** au sens de l'article 215, alinéa 3 du Code civil. L'époux dont le consentement requis n'a pas été donné peut demander l'annulation de la vente dans l'année à partir du jour où il a eu connaissance de l'acte, sans pouvoir jamais intenter l'action plus d'un an après la dissolution du régime matrimonial (voir nos 12470 s.).

L'acquéreur court un risque d'éviction si le conjoint dont le consentement était requis agit en nullité. Ce risque pèse également sur le ou les sous-acquéreurs si le bien a été entre-temps revendu.

23094 **Solution** La première vérification à opérer consiste à s'assurer que lors de la précédente vente de l'immeuble le consentement du conjoint, nécessaire à sa validité, a été donné.

Lorsque ce consentement a été omis, il convient de vérifier si le **droit d'agir en nullité** est prescrit. La brièveté du délai de l'action en nullité (2 ans pour un immeuble commun ou un an pour le logement de la famille) est un facteur de sécurité. La difficulté vient cependant de la détermination délicate du point de départ de ces délais : ils courent à compter du jour où le conjoint a eu connaissance de l'aliénation irrégulière. Seule la dissolution du régime matrimonial offre à cet égard un repère incontestable.

À défaut de prescription de l'action en nullité, il est toujours possible de consolider le droit de propriété du propriétaire postérieurement à l'aliénation litigieuse en obtenant le **consentement du conjoint**, ou sa renonciation à agir en nullité de l'aliénation irrégulière. À défaut de ce concours du conjoint, l'opération n'est pas impossible, mais elle présente pour l'acquéreur un risque dont il doit être clairement informé.

Si la difficulté est perçue au stade de l'**avant-contrat**, une condition suspensive de l'accord du conjoint dont le consentement était requis pourra y être insérée. Cela permet aux parties de s'engager immédiatement tout en protégeant l'acquéreur du risque que ce consentement ne soit pas obtenu.

VENDEUR LIÉ PAR UN PACTE CIVIL DE SOLIDARITÉ

Risque Les partenaires liés par un **Pacs conclu depuis le 1er janvier 2007** sont soumis au régime de la séparation des patrimoines (C. civ. art. 515-5). Les partenaires peuvent toutefois décider, dans la convention initiale ou par convention modificative, de soumettre à un régime d'indivision les biens qu'ils acquièrent ensemble ou séparément à compter de l'enregistrement de ces conventions (C. civ. art. 515-5-1). 23096

Les partenaires liés par un **Pacs conclu avant le 1er janvier 2007** sont soumis à une présomption d'indivision pour les biens dont ils deviennent propriétaires à titre onéreux après la conclusion du pacte : les biens sont présumés indivis par moitié si l'acte d'acquisition n'en dispose pas autrement (C. civ. art. 515-5, al. 2 dans sa rédaction applicable avant le 1-1-2007).

Un immeuble acquis par un célibataire seul peut donc appartenir pour moitié au partenaire avec lequel il était lié par un Pacs lors de l'achat, alors même que ce partenaire n'apparaît pas dans l'acte d'achat. Le propriétaire révélé par l'acte n'est dans ce cas propriétaire que de la moitié de l'immeuble et n'a donc pas qualité pour le vendre seul.

Sur le régime du pacte civil de solidarité, voir nos 12990 s.

> **Précisions** **a.** Dans les hypothèses où le **concours du partenaire comme covendeur** est nécessaire bien qu'il n'apparaisse pas dans le titre d'acquisition, le fichier immobilier n'a pas été annoté à son nom. Cette situation particulière doit être expliquée au paragraphe « Effet relatif » de l'acte de vente afin d'éviter un rejet de la formalité de publicité foncière de l'acte au motif que le covendeur ne serait pas titré.
> **b.** Le risque d'indivision occulte avec le partenaire lié au vendeur par un Pacs est écarté pour les **acquisitions réalisées** par un célibataire **avant le 18 novembre** 1999, date d'entrée en vigueur de l'article 515-5, alinéa 2 du Code civil dans sa rédaction initiale.

Solution La consultation du **titre de propriété** permet le plus souvent de savoir si l'acquéreur était soumis à un Pacs lors de son achat. Le notaire qui a reçu la vente a généralement effectué la recherche et en a rendu compte dans son acte. 23098

Tous les pactes enregistrés, même ceux conclus avant le 1er janvier 2007, sont mentionnés en marge de l'**acte de naissance** de chaque partenaire, avec indication de l'identité de l'autre partenaire (C. civ. art. 515-3-1). Le notaire peut donc avoir connaissance de leur existence en demandant à la mairie un extrait d'acte de naissance des intéressés. Attention, pour les personnes de nationalité étrangère nées à l'étranger, la demande s'effectue désormais auprès du service central d'état civil du ministère de l'Europe et des affaires étrangères.

Si le titre de propriété précise que **le vendeur n'a pas souscrit de Pacs** lors de son achat, et en justifie par la référence ou l'annexe, selon le cas, d'un acte de naissance ou d'un « certificat de non-pacte civil de solidarité », celui-ci a bien qualité pour vendre seul l'immeuble. Si l'acte révèle qu'il était engagé par un **Pacs « ancien régime »**, c'est-à-dire conclu avant le 1er janvier 2007, lors de son acquisition, il convient de vérifier si la présomption d'indivision a été écartée par une mention appropriée de l'acquéreur dans l'acte même ; en l'absence de mention écartant la présomption d'indivision, le concours comme covendeur du partenaire est nécessaire. Si, par contre, il s'agit d'un **pacte « nouveau régime »**, il convient de s'assurer, ce que le titre en principe devrait préciser, que ce pacte ne soumet pas les partenaires au régime de l'indivision, auquel cas le concours du partenaire n'est pas non plus requis.

ATTENTION

Si exceptionnellement le **titre de propriété** est **muet** sur cette question, il faut rechercher si le vendeur n'était pas engagé dans un Pacs lors de son achat. La consultation de l'acte de naissance du vendeur pour connaître l'existence d'un éventuel pacte n'est toutefois pas une démarche suffisante : un pacte conclu avant le 1er janvier 2007 mais dissous avant le 1er janvier 2008 ne figure pas, en effet, en marge de l'acte de naissance des partenaires et le greffe du tribunal d'instance du lieu de naissance de l'acquéreur (alors compétent) ne peut plus être consulté par le notaire sur l'existence d'un Pacs.

B. Immeuble provenant d'un échange

RISQUE

23150 L'échangiste qui est évincé de la chose reçue dans l'échange bénéficie d'une **alternative** (C. civ. art. 1705) : demander des dommages et intérêts ou exercer l'action en répétition. La rescision pour cause de lésion n'a pas lieu dans le contrat d'échange (C. civ. art. 1706).
L'**action en répétition** entraîne l'anéantissement rétroactif du contrat d'échange et des droits réels constitués sur le bien. Elle est donc dangereuse pour le tiers qui contracte avec un vendeur dont le titre est un acte d'échange. Il risque d'être évincé si le cocontractant de son vendeur l'exerce et revendique l'immeuble qu'il a cédé dans l'échange, comme conséquence d'une éviction qu'il a lui-même subie dans l'immeuble reçu en contre-échange (par exemple, en raison d'inscriptions hypothécaires ou de charges non révélées).

SOLUTION

23152 Les échangistes peuvent renoncer à l'action en répétition. Cette **renonciation** peut intervenir lors de l'échange ou postérieurement.
En cas de vente d'un immeuble provenant d'un échange, la première précaution consiste à examiner le titre de propriété pour vérifier que le coéchangiste a renoncé à l'action en répétition. Si tel est le cas, le risque est écarté ; dans le cas contraire, la solution est d'obtenir cette renonciation.
Si la renonciation à l'action en répétition ne peut pas être obtenue, la vente peut être réalisée. Mais l'acquéreur court alors un risque d'éviction dont il doit être averti.

C. Immeuble provenant d'une donation

1. DISPOSITIONS LÉGALES POUVANT ENTRAÎNER L'ÉVICTION DE L'ACQUÉREUR

PROTECTION DU DONATEUR OU DE SES PRÉSOMPTIFS HÉRITIERS

23200 Dans certaines configurations familiales, la loi assure la protection du donateur ou de ses présomptifs héritiers. La mise en œuvre de ces protections peut entraîner l'éviction de l'acquéreur.

a. Révocation de la donation pour survenance d'enfant

PRÉSENTATION GÉNÉRALE

23202 Une donation entre vifs consentie par une personne qui n'a pas d'enfant ou de descendant vivant lors de la donation est révoquée ou est susceptible de l'être en cas de survenance ultérieure d'un **enfant du donateur**. Cette règle repose sur la protection de la volonté présumée du donateur : celui-ci n'aurait pas procédé à la donation s'il avait eu un enfant ou un descendant au moment de la donation. Soulignons toutefois que les donations entre époux de biens présents ne sont pas révoquées par la survenance d'enfants (C. civ. art. 1096, al. 3).
La révocation pour survenance d'enfant est **prévue par** l'article 960 du Code civil. Ce texte a été modifié par la loi 2006-728 du 23 juin 2006 qui a substitué à un mécanisme de révocation de plein droit et d'ordre public un mécanisme **facultatif** nécessitant, pour être mis en œuvre, une manifestation de volonté du donateur.
La modification du régime de la révocation des donations pour survenance d'enfant impose de distinguer les **deux principales hypothèses** qui peuvent se présenter et qui sont soumises à des régimes différents : l'application de la révocation sous l'empire des règles issues de la loi du 23 juin 2006 si la donation a été consentie depuis le 1er janvier 2007 ; l'application des règles antérieures au 1er janvier 2007 si elle l'a été avant cette date.
Les donations de ce type sont assez rares **en pratique**, compte tenu du taux élevé des droits fiscaux applicable aux donations autres qu'en ligne directe. De telles donations ont pu cependant être réalisées à la faveur de régimes temporaires d'exonération ou de réductions de droits liées à l'âge du donateur.

23204 **Donations consenties depuis le 1er janvier 2007** La révocation des donations pour cause de survenance d'enfant ne joue pas de plein droit. Elle est soumise à deux **conditions cumulatives** : la révocation doit avoir été prévue dans l'acte de donation (C. civ. art. 960) ; le donateur (et lui seul) peut et doit la demander (C. civ. art. 966). L'action en révocation intentée par le donateur n'est recevable en justice que si elle a été publiée au service de la publicité foncière (Décret 55-22 du 4-1-1955 art. 28, 4°-c).

La révocation peut avoir lieu encore que l'enfant du donateur fût conçu au temps de la donation (C. civ. art. 961). La mort de l'enfant du donateur est sans effet sur la révocation (C. civ. art. 964).

L'**adoption en la forme plénière** d'un enfant par le donateur produit le même effet que la naissance d'un enfant : le donateur peut révoquer la donation si l'acte prévoit cette possibilité (C. civ. art. 960).

> **Précisions a.** Notons que si la **donation** a été **faite avant le 1er janvier 2007 et** que **le donateur n'est pas décédé à cette date**, la révocation est impossible : elle échappe à la révocation de plein droit compte tenu de l'application immédiate des règles issues de la loi du 23 juin 2006 ; la révocation facultative ne peut pas être exercée puisque l'acte de donation ne peut l'avoir prévue pour la raison que la révocation était alors de plein droit. Cette solution est assez radicale, si l'on considère le caractère d'ordre public de la loi ancienne et les règles habituelles d'application de la loi dans le temps concernant les situations contractuelles ; mais il semble que c'est à cette solution que conduisent les dispositions transitoires de la loi nouvelle (en ce sens, voir T. Le Bars, 1re Commission : le nouveau régime de la révocation des donations pour survenance d'enfant : LPA 12-9-2012 no PA201218305 p. 16).
> **b.** Le cas de l'adoption plénière comme cause de révocation pour survenance d'enfant est expressément prévu par le texte, qui opère un renvoi vers les dispositions du Code civil gouvernant ce type d'adoption (« dans les formes et conditions prévues au chapitre Ier du titre VIII du livre Ier »). L'**adoption simple** semblait exclue. L'ordonnance 2022-1192 du 5 octobre 2022 prise en application de l'article 18 de la loi 2022-219 du 21 février 2022 visant à réformer l'adoption est entrée en vigueur le 1er janvier 2023. Elle procède à une refonte, purement formelle et à droit constant, du titre VIII du livre Ier du Code civil « De la filiation » (Rapport ord. 2022-1292 du 5-10-2022). Toutefois, à la suite de la modification formelle de ce titre, le chapitre Ier auquel il est renvoyé, anciennement « De l'adoption plénière », traite désormais « De l'adoptant ». Faut-il y voir un oubli malencontreux de mise à jour du renvoi opéré par l'article 960 de la part des rédacteurs de l'ordonnance ou bien une extension du champ d'application de la révocation en cas de survenance d'enfant en faveur de l'adoption simple ? Les effets substantiels de l'adoption simple n'ont pas été modifiés par la loi réformant l'adoption, susvisée. Dès lors, tout prête à penser que la règle demeure, limitée à l'adoption plénière, malgré un renvoi désormais incorrect et à corriger (La révocation pour survenance d'enfant chambardée par une ordonnance de refonte à droit constant : SNH 25/23 inf. 13).

L'**action en révocation** du donateur se prescrit par 5 ans à compter de la naissance ou de l'adoption du dernier enfant (C. civ. art. 966). En cas de révocation, les biens et droits compris dans la donation rentrent dans le patrimoine du donateur, libres de toutes charges et hypothèques du chef du donataire (C. civ. art. 963). **23206**

Facteur de sécurité, le donateur peut **renoncer à exercer l'action** en révocation pour survenance d'enfant à tout moment, avant comme après la survenance de l'enfant (C. civ. art. 965). Il peut donc être sollicité pour renoncer à la révocation à l'occasion de la vente de l'immeuble donné afin d'assurer la sécurité de la mutation.

Donations consenties avant le 1er janvier 2007 Les donations entre vifs faites par les personnes qui n'avaient pas d'enfant ou de descendant vivant lors de la donation étaient **révoquées de plein droit** par la survenance d'un enfant du donateur né depuis la donation, même posthume (C. civ. art. 960 dans sa rédaction applicable avant le 1-1-2007). Le donateur qui se prévalait de la révocation (ou son ayant droit) ne devait pas agir en révocation mais en revendication si le donataire refusait de lui restituer le bien. Échappaient toutefois à la révocation les donations entre époux, même portant sur des biens présents (C. civ. art. 1096 ancien). **23208**

Les **effets** de la révocation étaient particulièrement redoutables : en cas de survenance d'enfant, la donation était rétroactivement anéantie, sans même que le donateur soit tenu d'exercer une action en justice, de sorte que le bénéficiaire de la donation était censé n'avoir jamais été propriétaire et que les biens donnés rentraient dans le patrimoine du donateur, libres de toutes charges et hypothèques du chef du donataire (C. civ. art. 963 ancien). Si l'immeuble avait été entre-temps vendu, le tiers acquéreur était de plein droit dépossédé de la propriété du bien.

Le principe de la révocation étant d'ordre public, une clause de l'acte de donation l'écartant aurait été inefficace (C. civ. art. 965 ancien).

Il n'existait **aucun moyen de se prémunir de la révocation** pour cause de survenance d'enfant : le donateur ne pouvait pas, avant la survenance d'enfant, y renoncer ; il ne pouvait pas davantage, après qu'elle se soit produite, confirmer la donation.

23209 Lorsque le bien dont la vente est envisagée provient d'une donation consentie avant le 1er janvier 2007 et que le **donateur** est **décédé avant cette date**, la publicité foncière ne joue aucun rôle. D'une part, elle n'informe pas l'acquéreur du risque de révocation pour survenance d'enfant puisque cette cause légale de révocation n'est pas soumise à publication et qu'aucune action en justice n'est nécessaire et ne doit donc être publiée. D'autre part, l'acquéreur qui a publié son droit de propriété ne peut se prévaloir d'une quelconque opposabilité de son titre à l'égard du donateur.
On peut retenir les **applications pratiques** suivantes :
– le risque de révocation pour survenance d'enfant n'existe pas lorsque le donateur avait déjà un enfant ou un descendant au moment où il a procédé à la donation ; c'est évidemment le cas lorsque le donataire est lui-même un enfant du donateur ;
– le risque de révocation est écarté lorsque le donateur est décédé sans postérité, ce dont il est possible de s'assurer par la production d'un acte de notoriété établi par un notaire après son décès ;
– la révocation s'est irrémédiablement produite si, depuis la donation, le donateur a eu un enfant alors qu'il n'en avait pas au moment de la donation : le donataire n'est alors plus propriétaire de l'immeuble, même si le donateur n'a rien revendiqué et que le donataire est resté en possession, l'un et l'autre étant dans l'ignorance de la révocation ainsi survenue.
En cas de révocation, le donataire, ses héritiers ou ayants cause, ou les autres détenteurs de l'immeuble, dépossédés de la propriété du bien, sont exposés à une action en restitution de la part des héritiers du donateur. Seule la **prescription trentenaire**, s'il y a lieu augmentée des périodes d'interruption de la prescription, permet au donataire, à ses héritiers ou ayants cause de faire valoir la donation comme titre, malgré la révocation. Le point de départ de cette prescription est la date de la naissance du dernier enfant du donateur, même posthume (C. civ. art. 966 ancien, alors applicable).

b. Réduction des donations excessives

EN BREF

23210 Une donation ne devient véritablement définitive qu'à l'issue des **opérations de liquidation** de la succession du donateur. Tant que cette liquidation n'est pas intervenue, la donation est susceptible d'être remise en cause afin de fournir aux présomptifs héritiers réservataires du donateur la part de succession que la loi leur garantit.

RISQUE DE RÉDUCTION

23212 Certains héritiers bénéficient d'une **réserve héréditaire**, c'est-à-dire d'une fraction des biens qu'ils doivent être assurés de trouver dans la succession de leur auteur. Dans les successions ouvertes depuis le 1er janvier 2007, il s'agit des descendants (enfants et descendants de ces derniers) et exceptionnellement du conjoint survivant en l'absence de descendant.
Cette réserve, dont le **taux** est variable selon le nombre et la qualité des héritiers réservataires, est calculée sur une masse composée des biens que le défunt laisse à son décès ainsi que de ceux dont il a disposé de son vivant (C. civ. art. 922). La donation faite par le défunt est susceptible d'être « réduite » si son importance est telle que les biens existant au décès sont insuffisants pour fournir la réserve des héritiers (sur la réduction des libéralités, voir Mémento Successions Libéralités nos 32700 s.).
Lorsque le donateur laisse plusieurs héritiers réservataires ou que la libéralité n'a pas été consentie à l'héritier réservataire unique, le risque de réduction existe. Cette réduction, si elle est encourue, entraîne la **remise en cause totale ou partielle** de la libéralité, selon ce qui est nécessaire pour fournir aux héritiers réservataires leur réserve.
La loi portant réforme des successions et des libéralités du 23 juin 2006 a modifié les règles applicables à la réduction des libéralités. Elle est applicable aux successions ouvertes depuis le 1er janvier 2007, y compris si des libéralités ont été consenties par le défunt antérieurement à celle-ci (Loi 2006-728 du 23-6-2006 art. 47). Cela impose de distinguer les **deux hypothèses** qui peuvent se présenter et qui sont soumises à des régimes différents : l'application des règles issues de la loi de 2006, si le donateur est vivant ou décédé depuis le 1er janvier 2007 ; le risque de réduction sous l'empire des règles antérieures au 1er janvier 2007, si le donateur est décédé avant cette date.

> **Précisions** Dans les successions ouvertes avant le 1er janvier 2007, les ascendants étaient **réservataires** lorsque le défunt ne laissait pas de descendant. Dans les successions ouvertes entre le 1er juillet 2002 et le 31 décembre 2006, le conjoint survivant non divorcé n'était réservataire que si le défunt ne laissait ni descendant ni père et mère.

Rôle de la publicité foncière La publicité foncière ne joue aucun rôle dans la prévention du risque de réduction. D'une part, elle n'informe pas l'acquéreur de ce risque puisque cette cause légale de révocation n'est pas soumise à publication. D'autre part, la révocation est opposable à l'acquéreur, bien qu'il ait publié son droit antérieurement, car la cause de la révocation réside dans la loi (Décret 55-22 du 4-1-1955 art. 30, 1-dernier al.). 23214

Donateur vivant ou décédé depuis le 1er janvier 2007 La loi 2006-728 du 23 juin 2006 portant réforme des successions et des libéralités, qui s'applique aux successions ouvertes depuis le 1er janvier 2007 sans avoir égard à la date des libéralités consenties par le défunt, contient un certain nombre de **dispositions qui concourent à la stabilité des donations**, dans le but de favoriser l'anticipation successorale : 23216

– la diminution du nombre des héritiers réservataires, les ascendants du défunt ayant perdu cette qualité ;

– la généralisation du principe de la réduction en valeur, qui permet au donataire non successible d'échapper à la réduction en indemnisant les héritiers réservataires ;

– la réduction du délai d'exercice de l'action en réduction en cas de donation simple, de 30 à 5 ans à compter du décès du donateur, ou, au-delà, jusqu'à 10 ans après le décès, à condition d'être exercée dans les 2 ans de la découverte de l'atteinte à la réserve (C. civ. art. 921 ; Cass. 1e civ. 7-2-2024 no 22-13.665 FS-B : BPAT 2/24 inf. 74).

Une donation est donc, moins que sous l'empire de la loi ancienne, menacée par l'effet résolutoire de la réduction en nature (nos 23226 s.). Mais le risque subsiste.

ATTENTION

Le délai de **prescription** de l'action en réduction contre une **donation-partage** est de 5 ans à compter de l'ouverture de la succession. En cas de donation-partage faite conjointement par les deux époux, l'action en réduction ne peut être introduite qu'après le décès du survivant des disposants, sauf pour l'enfant non commun qui peut agir dès le décès de son auteur (C. civ. art. 1077-2, al. 2).

SOLUTION AU RISQUE DE RÉDUCTION

Consentement à l'aliénation La **première solution** pour éliminer le risque de réduction de la libéralité et donc le risque de remise en cause de la propriété de l'immeuble donné est, dans le principe et les effets, la même, que soient concernées les nouvelles ou les anciennes règles. Dans un souci de sécurité juridique, la loi prévoit que l'action en réduction ou en revendication ne peut plus être exercée contre les tiers détenteurs de l'immeuble lorsque le donateur, s'il vit toujours au jour de l'aliénation, et tous les réservataires présomptifs nés et vivants au moment de la vente, ont donné leur consentement à l'aliénation (C. civ. art. 924-4, al. 2 nouveau ; C. civ. art. 930, al. 2 ancien). Au moyen de ces consentements, les tiers sont à l'abri de toute demande en réduction ou action en revendication exercée à leur encontre. 23218

La **mise en œuvre** de cette solution suppose que l'on connaisse les personnes dont le consentement est requis. Cela ne soulève généralement pas de difficultés concernant le donateur, dont on sait ou dont on peut savoir s'il est vivant ou décédé. Cela peut être plus délicat s'agissant des réservataires et il est recommandé, pour connaître la postérité du donateur, de se faire produire l'acte de notoriété établi après le décès du donateur, s'il est survenu, ou de faire établir cet acte s'il est encore vivant. On peut se contenter de déclarations du donateur, mais la responsabilité du notaire sera sans doute écartée s'il a, d'une part, utilisé tous les moyens pour connaître les héritiers, en établissant l'acte de notoriété, et s'il a informé l'acquéreur du risque résiduel irréductible tenant à l'existence d'un héritier réservataire inconnu ou non révélé.

Le **consentement** du donateur et des héritiers réservataires **porte sur** l'aliénation de l'immeuble. Il ne consiste pas pour les présomptifs héritiers à renoncer à l'action en réduction, mais à renoncer à agir en revendication à l'encontre du tiers détenteur de l'immeuble. Ce consentement revient à leur faire supporter le risque d'insolvabilité du donataire si celui-ci n'était pas en mesure de s'acquitter de l'indemnité de réduction dont il serait redevable à leur égard. 23220

L'idéal consiste à obtenir et à constater les consentements du donateur et des héritiers réservataires dans l'**avant-contrat**, de sorte que la sécurité de l'acquéreur soit assurée immédiatement. Si cela n'est pas possible, l'avant-contrat peut être soumis à la **condition suspensive** que ces consentements soient donnés au plus tard le jour de la réalisation de l'acte de vente (voir no 30910) ; la sécurité de l'acquéreur sera ainsi assurée, mais avec le risque que la condition ne se réalise pas et donc que la vente ne puisse pas aboutir.

Le fait que cette question n'ait pas été perçue ni traitée lors de l'avant-contrat place les parties dans une **situation délicate** : le droit de propriété du vendeur, tant qu'aucune réduction n'est encourue, est plein et entier. L'acquéreur ne dispose donc a priori d'aucun moyen de se soustraire à son exécution, sauf à prétendre qu'il a été victime d'un vice du consentement et que cette particularité juridique liée à l'origine de propriété est constitutive d'une erreur sur l'objet du contrat ou sur une qualité substantielle sans laquelle il n'aurait pas contracté.

23222 **En pratique**, c'est bien souvent le notaire qui, préparant le dossier de vente, soulève la difficulté à l'examen des titres de propriété et s'efforce de la résoudre en sollicitant les personnes dont le consentement est requis. Mais il n'y parvient pas toujours, les vendeurs pouvant s'opposer à ce que soient sollicités les autres présomptifs héritiers, ou ces derniers pouvant légitimement et discrétionnairement refuser de consentir à la vente. La prise en compte de cette particularité au stade de l'avant-contrat est préférable, car il est dommageable, tant pour le vendeur que pour l'acquéreur et pour les différents professionnels intervenants (agent immobilier, notaire...), d'entreprendre des démarches et des formalités pour un dossier de vente dont on peut constater très tôt qu'il n'aboutira pas.

Le consentement à l'aliénation peut être **donné « au jour de la donation ou postérieurement »** (C. civ. art. 924-4, al. 1). Sous l'empire des solutions applicables avant la réforme introduite par la loi du 23 juin 2006, la question était discutée de savoir s'il était possible d'insérer dans une donation une clause pour mettre à l'abri les ayants cause des donataires contre les effets de la réduction ; elle est désormais résolue positivement.

23224 **Renonciation anticipée à l'action en réduction** La loi portant réforme des successions et des libéralités du 23 juin 2006 a introduit la possibilité pour un héritier réservataire présomptif de renoncer à l'avance à agir en réduction dans une succession non ouverte, c'est-à-dire **avant le décès du disposant** (C. civ. art. 929). Cette renonciation, beaucoup plus radicale que la renonciation à agir en réduction ou en revendication à l'encontre du tiers détenteur de l'immeuble (nos 23218 s.), est rigoureusement encadrée (voir Mémento Successions Libéralités nos 33830 s.).

L'exercice de cette faculté est désormais un **facteur d'appréciation du risque de réduction** de la donation. Il ne l'exclut cependant pas, d'une part, parce qu'il peut exister d'autres présomptifs héritiers que le renonçant, d'autre part, parce qu'il existe des causes légales de révocation de la renonciation, notamment l'état de besoin du renonçant au jour de l'ouverture de la succession (C. civ. art. 930-3, 2°).

23226 **Donateur décédé avant le 1er janvier 2007** En principe, la réduction de la donation excessive se fait **en valeur** lorsque le bénéficiaire est un successible acceptant la succession (C. civ. art. 866 et 924 anciens) : le ou les autres héritiers sont remplis de leurs droits réservataires au moyen d'une indemnité de réduction dont le gratifié sera redevable à leur égard. Dans ce cas, la propriété du bien ne sera pas remise en cause, même si le bien provient d'une donation dont le montant excède la quotité disponible.

La réduction se fait par contre **en nature** lorsque la libéralité a été adressée à un non-successible, ou bien à un héritier qui perd cette qualité de successible par suite d'une renonciation à la succession.

Si le **bien donné** a été **aliéné** par le bénéficiaire de la donation, la réduction s'opérera en valeur, c'est-à-dire que le donataire devra indemniser en numéraire le ou les héritiers bénéficiaires de la réduction. Mais en cas d'**insolvabilité du donataire**, la réduction s'opérera en nature par voie de revendication à l'encontre de tout tiers détenteur (C. civ. art. 930, al. 1 ancien). L'acquéreur d'un immeuble provenant d'une donation court donc le risque d'être évincé en totalité ou en partie en cas de conjonction des circonstances suivantes : existence d'un ou de plusieurs héritiers réservataires, atteinte à leur réserve (révélée par les opérations de calcul de la quotité disponible et d'imputation des libéralités dans le cadre de la liquidation de la succession) en raison de l'importance de la donation par rapport à la fraction disponible des biens du donateur, demande en réduction émanant d'un héritier réservataire et insolvabilité du donataire.

23228 Si le risque de **réduction en nature** est, dans certains cas, faible en probabilité, les conséquences en sont néanmoins redoutables : la réduction entraîne l'anéantissement partiel ou total de la donation et donc du droit de propriété du donataire, dans la mesure nécessaire pour remplir le ou les réservataires de leurs droits garantis. En cas de réduction **totale**, le donataire ou tout autre détenteur de l'immeuble (acquéreur, héritier du donataire, etc.) perdra toute propriété ; si la réduction n'est que **partielle**, elle entraînera une situation d'indivision entre le donataire et le ou les héritiers. Au-delà de ce risque d'éviction que l'acquéreur dûment averti peut prendre, s'ajoute celui d'être confronté lors de la revente par celui-ci de l'immeuble à la réticence d'un sous-acquéreur qui, lui, n'acceptera pas de le courir, ou qui n'achètera qu'à des conditions moins avantageuses pour le vendeur en raison de la vulnérabilité du titre.

Pour les successions ouvertes avant le 1er janvier 2007, le **délai de prescription** de l'action en réduction ayant pour objet une **donation** était celui de droit commun, fixé à 30 ans (C. civ. art. 2262 ancien). Depuis le 1er janvier 2007, la prescription de l'action en réduction est prévue par un texte spécial, lequel en réduit considérablement le délai (n° 23216). Ce nouveau délai ne s'applique qu'aux successions ouvertes après l'entrée en vigueur de cette réforme (Cass. 1e civ. 22-2-2017 n° 16-11.961 F-PB). **23230**

Une **incertitude** demeure sur l'incidence de la réforme de la prescription civile (Loi 2008-561 du 17-6-2008). En effet, le délai de prescription de droit commun a été réduit de 30 ans à 5 ans à compter du jour où le titulaire du droit a connu ou aurait dû connaître les faits lui permettant d'exercer l'action (C. civ. art. 2224). Bien que la loi s'applique depuis le 19 juin 2008 aux actions non prescrites à cette date sans que la durée totale de la prescription puisse excéder la durée prévue par la loi antérieure (Loi 2008-561 du 17-6-2008 art. 26), il n'est pas certain qu'elle s'applique aux actions en réduction concernant un bien immobilier dans la mesure où l'article 2224 ne vise que les « actions personnelles ou mobilières ». Sur cette incertitude, voir Mémento Successions Libéralités n° 29705.

Le délai pour agir en réduction est de 5 ans à compter du décès du donateur ou du survivant des donateurs lorsque l'immeuble a été transmis par **donation-partage** (C. civ. art. 1077-2, al. 2 ancien).

L'appréciation du **risque** de réduction ou de revendication résulte de l'examen d'éléments factuels. Le risque est tout d'abord **exclu** dans trois hypothèses : **23232**

– le donateur ne laisse pas d'héritier réservataire, ou la donation a été faite à un héritier réservataire unique ; la production d'un acte de notoriété établi par un notaire après son décès permet d'effectuer cette vérification ;
– la succession du donateur a été réglée et liquidée et les opérations de calcul de la quotité disponible et d'imputation des libéralités ont mis en évidence que la donation considérée n'est pas réductible ;
– le donateur est décédé depuis plus de 30 ans en cas de donation simple, ou le survivant des donateurs est décédé depuis plus de 5 ans en cas de donation-partage.

Dans ces hypothèses, la vente de l'immeuble provenant de la donation peut être réalisée sans autre précaution.

Le **risque existe**, en revanche, lorsque la succession n'est ni réglée ni liquidée et que le donataire de l'immeuble n'est pas un héritier réservataire unique, ou n'est pas lui-même réservataire en présence d'un ou de plusieurs héritiers qui le sont. Ce risque peut être apprécié plus ou moins précisément en fonction de données qui doivent être combinées : **23233**

– l'importance de la donation relativement à l'importance du patrimoine du donateur : plus la valeur de la donation est élevée par rapport au patrimoine, plus le risque de réduction est élevé ;
– le caractère de la libéralité : une libéralité en avance de part successorale s'imputant sur la réserve du donataire est moins exposée à la réduction qu'une donation hors part successorale (anciennement dite « préciputaire »), qui s'impute directement sur la quotité disponible, c'est-à-dire sur la quote-part dont le donateur peut disposer librement ;
– le nombre de libéralités et le rang de la donation dont provient l'immeuble vendu parmi ces libéralités : plus la donation est récente et précédée d'autres libéralités, plus elle risque, en raison des règles d'imputation des libéralités, d'être imputée sur la quotité disponible et d'être réduite si elle l'excède ;
– la qualité des héritiers réservataires et leur nombre : ces données déterminent en effet le taux de la réserve et donc le seuil de déclenchement de la réduction ;
– la qualité du donataire : s'il s'agit d'un non-successible, la réduction s'opère en nature, alors qu'elle s'opère en valeur s'il s'agit d'un successible, lequel pourra alors remplir ses cohéritiers de leurs droits en argent ;
– la solvabilité du donataire successible : si celui-ci dispose manifestement des capitaux permettant de remplir les héritiers de leurs droits, la réduction pourra être effectuée en valeur, ce qui repousse le risque d'une réduction en nature.

Lorsque le bien provient d'une **donation-partage**, que tous les enfants vivants ou représentés de l'ascendant donateur ont reçu un lot dans le partage anticipé, l'ont accepté et qu'il n'a pas été prévu de réserve d'usufruit sur une somme d'argent, le bien donné est, pour l'appréciation d'une éventuelle réduction, évalué au jour de la donation et non, comme pour les donations ordinaires, au jour du décès du donateur (C. civ. art. 1078 ancien). Cette règle concourt à la stabilité du partage d'ascendant et réduit d'autant plus le risque de réduction que la libéralité est ancienne, sans l'exclure pour autant. **23234**

Le descendant qui n'a pas concouru à la donation-partage, ou qui a reçu un lot inférieur à sa part de réserve, peut exercer l'action en réduction s'il n'existe pas à l'ouverture de la succession suffisamment de biens pour compléter ou composer sa réserve compte tenu des libéralités dont il a pu bénéficier (C. civ. art. 1077-1 ancien). Sur le délai de prescription de l'action en réduction en présence d'une donation-partage, voir n° 23230.

c. Ventes de parents à descendants assimilées à des donations

EN BREF

23236 La donation, qui constitue un titre de propriété souvent fragile pour le propriétaire, n'est pas toujours ostensible. Elle est parfois présumée alors que le titre du vendeur est un acte de vente : c'est le cas pour certains types de ventes intervenant entre parent(s) et enfant(s).

PRÉSOMPTION DE GRATUITÉ

23238 La vente à charge de rente viagère, à fonds perdus ou avec réserve d'usufruit à un successible en ligne directe est, par **principe**, assimilée à une donation hors part successorale. La valeur en pleine propriété de l'immeuble vendu sous cette modalité au successible est imputée dans la succession de l'ascendant sur la quotité disponible et l'excédent, s'il y a lieu, est sujet à réduction (C. civ. art. 918). C'est une présomption d'insincérité qui fonde cette solution : il s'agit de combattre le risque que le vendeur ne réclame pas les arrérages de la rente ou n'exerce pas l'usufruit réservé et qu'il réalise en réalité une donation sous le déguisement d'une vente.
L'**aliénation à fonds perdus** correspond à la vente dont le prix est converti en des prestations à charge de l'acquéreur et qui s'éteignent au décès du créancier, c'est-à-dire du vendeur. Il s'agit par exemple de la stipulation d'une rente viagère prévue par le texte, ou d'un bail à nourriture par lequel le débiteur (l'acquéreur) s'oblige à nourrir, soigner et entretenir le créancier (le vendeur).
La présomption de donation de l'article 918 du Code civil a un **caractère** irréfragable : le successible ne peut pas apporter la preuve que l'opération est sincère et qu'il s'est bien acquitté de la prestation qui pesait sur lui (Cass. 1e civ. 29-1-2014 n° 12-14.509 F-PB : BPAT 2/14 inf. 70).
Le Conseil constitutionnel a déclaré **conformes à la Constitution** les dispositions de l'article 918 du Code civil établissant une présomption de gratuité à l'encontre des ventes consenties par le défunt à un successible en ligne directe à charge de rente viagère ou à fonds perdus ou encore avec réserve d'usufruit (Cons. const. 1-8-2013 n° 2013-337 QPC).

> **Précisions** La présomption **ne joue pas** en cas de vente en viager à une société dont un héritier réservataire est associé (Cass. 1e civ. 30-9-2009 n° 08-17.411 F-PB : BPAT 6/09 inf. 242). En l'espèce, l'héritier possédait 20 % du capital de la SCI acquéreur de l'immeuble en viager, le reste du capital appartenant à une société dont l'héritier détenait également des parts.

RISQUE

23240 Le risque pour l'acquéreur est que la donation ainsi présumée **dépasse la quotité disponible** et que sa réduction soit poursuivie par le ou les héritiers réservataires. La réduction s'exerce en principe en valeur, mais le sous-acquéreur risque, lui, d'être exposé à une action en revendication des cohéritiers réservataires en cas d'insolvabilité du débiteur de l'indemnité de réduction. Le risque est de même nature pour l'acquéreur que si le titre du vendeur était directement un acte de donation (voir nos 23212 s.).

23242 La **publicité foncière** ne joue ici aucun rôle. D'une part, elle n'informe pas l'acquéreur de ce risque, puisque cette cause légale de révocation n'est pas soumise à publication. D'autre part, la révocation est opposable à l'acquéreur, bien qu'il ait publié son droit antérieurement, car la cause de la révocation réside dans la loi (Décret 55-22 du 4-1 1955 art. 30, 1-dernier al.).

23244 Le risque du jeu de la présomption de gratuité n'existe que si le successible qui souhaite revendre son immeuble a des **cohéritiers membres du même ordre**, c'est-à-dire des frères et sœurs ou des descendants d'eux en cas de prédécès. Si le successible était enfant unique, tout risque est écarté. Les **collatéraux de l'ascendant** (ses propres frères et sœurs, neveux et nièces, oncles et tantes) ne peuvent pas demander que la vente soit considérée comme une donation (C. civ. art. 918).
Si l'ascendant qui a procédé à la vente au successible est décédé, il sera possible de connaître ses héritiers par la production d'un acte de notoriété établi par le notaire qui aura réglé sa succession.

SOLUTION

23246 Dans le cas d'existence d'autres successibles membres du même ordre d'héritiers que le successible acquéreur, l'article 918 du **Code civil** donne une solution pour éviter le jeu de la présomption de donation : la réduction ne pourra pas être demandée par ceux des autres successibles en ligne directe qui auront consenti à l'aliénation.
Le **consentement** des autres successibles requis pour mettre à l'abri le successible acquéreur et le sous-acquéreur peut être contemporain de l'aliénation. Il peut également lui être postérieur.

Ce consentement peut donc être donné à l'occasion de la revente de l'immeuble par le successible si ses cohéritiers y sont disposés.

Si les **cohéritiers refusent leur concours**, la vente n'est pas pour autant impossible, mais l'acquéreur court un risque d'éviction dont il doit être averti. Ce risque sera d'autant moindre que l'importance du patrimoine de l'ascendant permettra, du fait de l'importance de la quotité disponible, d'éviter la réduction, ou que l'importance du patrimoine du successible lui permettra de s'acquitter d'une éventuelle indemnité de réduction. L'appréciation de ce risque est cependant délicate sinon hasardeuse en raison des nombreuses circonstances qui entrent en ligne de compte pour déterminer si une libéralité est réductible : taux de la quotité disponible en fonction du nombre d'enfants au jour du décès, ordre d'imputation des libéralités consenties par l'ascendant, incidence d'une renonciation à succession sur le caractère rapportable d'une libéralité, évolution des patrimoines des intéressés, etc. 23248

> **Précisions** Le 119e Congrès des notaires consacré au logement et réuni à Deauville les 28 et 29 septembre 2023 a proposé, par l'intermédiaire de sa 3e Commission « Pour pérenniser le logement », de transformer la présomption irréfragable de donation en présence de la vente en nue-propriété ou de celle moyennant rente viagère consenties à un héritier présomptif, en **présomption simple**. L'acquéreur serait ainsi mis en mesure de rapporter la preuve de la sincérité des paiements. La consécration légale d'une telle proposition viendrait tarir la pratique des consentements à aliénation chaque fois que la sincérité de tels contrats serait facile à prouver.

d. Révocation pour ingratitude

RISQUE

Le risque de révocation d'une donation pour ingratitude du donataire doit être considéré, même s'il est marginal. Une telle révocation, qui doit être prononcée par le juge, suppose en effet des **circonstances** particulières : le donataire doit avoir attenté à la vie du donateur, ou bien s'être rendu coupable envers lui de sévices, délits ou injures graves, ou bien encore lui avoir refusé des aliments (C. civ. art. 955). 23250

La demande en révocation pour ingratitude doit être formée dans l'année du délit ou du jour où le délit a été connu par le donateur (C. civ. art. 957, al. 1), étant précisé que ce délai n'est susceptible ni de suspension ni d'interruption (Cass. 1e civ. 1-2-2012 n° 10-27.276 F-PBI : BPAT 2/12 inf. 111). La brièveté du **délai** d'un an donne une importance particulière à la reconnaissance du fait d'ingratitude. Il a ainsi été jugé qu'une action en expulsion engagée par le donataire à l'encontre du donateur constituait le point de départ de ce délai (Cass. 1e civ. 20-5-2009 n° 08-14.761 : Bull. civ. I n° 97) ; en revanche, dans une hypothèse d'accusations mensongères formulées par le donataire à l'encontre du donateur, il a été jugé que le délai d'un an ne courait qu'à compter de la date de la décision judiciaire constatant de manière définitive le caractère mensonger des accusations (Cass. 1e civ. 19-3-2008 n° 07-11.861 FS-PB). Si les faits reprochés constituent une infraction pénale et si le donateur a mis en mouvement l'action publique dans le délai d'un an, le point de départ du délai est reporté au jour où la réalité des faits est établie par la condamnation de l'auteur de l'infraction (Cass. 1e civ. 20-10-2010 n° 09-16.451 FS-PBI ; Cass. 1e civ. 30-1-2019 n° 18-10.091 F-PB). La réalité des faits n'est établie par la condamnation que du jour où celle-ci est devenue définitive (Cass. 1e civ. 19-3-2014 n° 13-15.662 FS-PB : BPAT 3/14 inf. 134).

La demande en révocation pour ingratitude ainsi que le jugement prononçant la révocation ou rejetant cette demande doivent être publiés au service chargé de la **publicité foncière** (Décret 55-22 du 4-1-1955 art. 28, 4°-c et d).

La révocation **ne préjudicie pas** aux aliénations faites par le donataire ni aux droits réels constitués sur l'immeuble avant la publication au service chargé de la publicité foncière de la demande en révocation (C. civ. art. 958, al. 1). Peu importe à cet égard que l'acquéreur ait lui-même publié ou inscrit son droit à la date de cette publication : ce n'est pas le jeu de l'opposabilité lié au système de publicité foncière qui joue, mais la règle spécifique posée par l'article 958 du Code civil. Cette règle est fondée sur l'idée que seul le donataire ingrat doit être frappé par la peine et que les tiers doivent être épargnés.

SOLUTION

La consultation du **fichier immobilier** est déterminante et apporte une grande sécurité à l'acquéreur. Il suffit qu'aucune demande en révocation ne soit publiée au moment où il contracte avec le donataire pour que la peine qui serait prononcée à l'encontre de ce dernier pour ingratitude soit sans incidence sur les droits constitués par lui sur l'immeuble. La publication d'une telle action empêcherait le donataire de contracter, en raison du risque d'anéantissement de la donation si la révocation était prononcée. 23252

Le donateur peut **renoncer à l'action** en révocation pour ingratitude après survenance du fait constitutif d'ingratitude. Cette renonciation apporte toute sécurité à l'acquéreur et permet donc de réaliser la vente de l'immeuble donné en toute sécurité.

e. Donations entre époux de biens présents

DONATIONS CONSENTIES DEPUIS LE 1er JANVIER 2005

23258 Il faut distinguer selon que les donations prennent ou non effet pendant le mariage.
Les **donations** de biens présents entre époux **qui prennent effet pendant le mariage** (par exemple, une donation d'immeuble) sont irrévocables, sauf pour inexécution des charges et pour ingratitude (C. civ. art. 1096). Elles sont donc à l'abri du risque de révocation par la volonté discrétionnaire du donateur. Elles échappent en outre au risque de révocation pour survenance d'enfant. Elles encourent cependant le risque de réduction pour atteinte à la réserve.
En cas de divorce, ces donations sont maintenues (C. civ. art. 265, al. 1). Il a été jugé que l'acte de donation ne peut pas prévoir une clause résolutoire en cas de divorce, l'article 265, alinéa 1 étant d'ordre public (Cass. 1e civ. 14-3-2012 no 11-13.791 FS-PBRI : BPAT 2/12 inf. 116).
Les **donations** entre époux de biens présents **qui ne prennent pas effet pendant le mariage** (telle une réversion d'usufruit au profit du conjoint survivant) sont au contraire librement révocables par le donateur (C. civ. art. 1096, al. 2 a contrario et loi 2006-728 du 23-6-2006 art. 46). Elles échappent, en revanche, au risque de révocation pour survenance d'enfant (C. civ. art. 1096, al. 3).

> **Précisions** Lorsqu'un époux a fait **donation** à l'autre **de deniers** pour l'achat d'un immeuble, il n'existe pas de lien d'indivisibilité entre la somme donnée et l'immeuble acquis : la donation porte sur les deniers et non sur l'immeuble acquis (C. civ. art. 1099-1). La propriété du bien ne peut donc pas être remise en cause par une révocation ou une action en réduction et le tiers acquéreur ne court pas le risque d'être évincé.

DONATIONS CONSENTIES AVANT LE 1er JANVIER 2005

23260 Les donations de biens présents entre époux consenties jusqu'au 31 décembre 2004 demeurent librement révocables par le donateur (C. civ. art. 1096 ancien ; Loi 2006-728 du 23-6-2006 art. 47, III). Ces donations sont extrêmement rares, en raison précisément de leur libre révocabilité.
On notera également que les **donations déguisées** entre époux consenties avant le 1er janvier 2005 sont nulles (C. civ. art. 1099, al. 2 dans sa rédaction antérieure à la loi 2004-439 du 26-5-2004). La loi du 26 mai 2004 qui a abrogé l'article 1099 ne contenant pas de mention expresse de rétroactivité, la nullité peut être demandée après le 1er janvier 2005 (Cass. 1e civ. 9-12-2009 no 08-20.570 FS-PB : BPAT 1/10 inf. 34, jugeant recevable la demande en nullité d'un mari de la donation déguisée sous forme de vente d'un immeuble consentie à son épouse en 1998).

2. CLAUSES DE LA DONATION POUVANT ENTRAÎNER L'ÉVICTION DE L'ACQUÉREUR

EN BREF

23280 Le donateur a pu, dans l'acte de donation, insérer des clauses particulières restreignant directement ou indirectement la possibilité pour le donataire de disposer de l'immeuble donné. Ces stipulations peuvent entraîner un risque d'éviction pour l'acquéreur.

CLAUSE D'INTERDICTION D'ALIÉNER

23282 **Mécanisme** Le donateur peut interdire au donataire de disposer du bien donné ou de l'hypothéquer. Cela expose le donataire à ne pas pouvoir vendre le bien qui y est soumis, sauf à obtenir que l'interdiction soit levée.
La clause d'inaliénabilité est le plus souvent **insérée dans** l'acte de donation. Elle peut être stipulée dans un acte postérieur.
La clause d'inaliénabilité constituant une restriction au droit de disposer contraire au principe de liberté économique, sa validité est subordonnée au respect de deux conditions : elle doit être temporaire et justifiée par un intérêt sérieux et légitime (C. civ. art. 900-1).
Le **caractère temporaire** trouve sa mesure et sa limite dans l'intérêt qu'il s'agit de protéger. Cela permet de valider une inaliénabilité la vie durant du donateur, lorsque cet intérêt doit perdurer jusqu'à son décès.
C'est généralement dans l'**intérêt** et pour la durée de la vie du donateur que la clause est prévue. Il s'agit par exemple pour lui d'avoir l'assurance de conserver le donataire comme nu-propriétaire en cas de donation avec réserve d'usufruit, ou de garantir un droit de retour

conventionnel (voir n° 23294). Plus rarement, la clause est justifiée par la protection du bénéficiaire de la donation dont le donateur craint la prodigalité, ou à qui il souhaite garantir la permanence d'un toit ou d'un revenu. C'est exceptionnellement l'intérêt d'un tiers qui est pris en compte, par exemple lorsqu'une réversion d'usufruit ou de rente est stipulée en faveur de ce tiers.

Publicité foncière La clause d'inaliénabilité est soumise **obligatoirement** à la formalité de publicité foncière (Décret 55-22 du 4-1-1955 art. 28, 2°). Elle fait l'objet d'une mention particulière au fichier immobilier en tant que charge sur l'immeuble. Cette publication est la condition de l'opposabilité de la clause d'inaliénabilité aux tiers, notamment à l'acquéreur de l'immeuble. 23284
La consultation du fichier immobilier permet donc, de même que la consultation des titres, d'avoir connaissance de cette clause.

Risque lié à la violation de la clause d'inaliénabilité La sanction de la violation de l'interdiction d'aliéner est grave : il s'agit de la **nullité** de l'aliénation. Cette nullité est relative en ce sens que seule la personne dans l'intérêt de laquelle la clause a été stipulée peut l'invoquer : le donateur, le donataire ou le tiers. Ce caractère permet également que la nullité de l'aliénation faite en contravention de l'interdiction soit ultérieurement couverte par une confirmation émanant de la même personne. 23286
Le donateur peut également demander la **révocation** de la donation pour inexécution de la charge (voir nos 23304 s.) : c'est alors la donation qui tombe, privant rétroactivement le donataire de tout droit, et entraînant consécutivement l'anéantissement de l'aliénation qui la suit. Dans les deux cas, nullité ou révocation, le tiers acquéreur est évincé de sa propriété.
Si l'interdiction d'aliéner a été stipulée **dans l'intérêt du donataire**, celui-ci ne peut pas demander la nullité de la vente qu'il a consentie car il est tenu à garantie vis-à-vis de son acquéreur et ne peut pas l'évincer.

Solution Le donataire peut valablement disposer du bien s'il obtient le **consentement du donateur** qui s'exprimera sous la forme d'une renonciation à l'interdiction d'aliéner ou d'un consentement à la vente. 23288
Il est souhaitable de déceler au stade de l'**avant-contrat** l'existence de l'interdiction d'aliéner afin d'obtenir, si possible, le consentement du donateur dans l'avant-contrat même. Il peut également être inséré dans l'acte une condition suspensive de ce consentement, si celui-ci ne peut pas être obtenu immédiatement. C'est même vivement conseillé, même si un arrêt de la Cour de cassation a validé un compromis qui ne contenait ni intervention du donateur pour renoncer à l'interdiction d'aliéner ni condition suspensive de son consentement à la vente, au motif que la réalisation de la vente était intervenue après le décès du donateur (Cass. 3e civ. 30-1-2020 n° 18-25.381 FS-PBI : BPIM 2/20 inf. 127).
Le donataire peut également solliciter une **autorisation judiciaire** de disposer du bien si l'intérêt qui avait justifié la clause a disparu ou s'il advient qu'un intérêt plus important l'exige (C. civ. art. 900-1, al. 1). Tel est le cas de la clause d'inaliénabilité stipulée en faveur des donateurs leur vie durant pour assurer l'efficacité du droit de retour conventionnel lorsque la vente du bien grevé est nécessaire à la pérennité de l'exploitation agricole du donataire (CA Lyon 5-3-2024 n° 21/08470). Il est également possible d'insérer une condition suspensive de l'obtention de cette autorisation dans l'avant-contrat. On notera toutefois que les clauses d'inaliénabilité pouvant grever des donations consenties à des personnes morales (ou à des personnes physiques à charge de constituer des personnes morales) ne peuvent pas être judiciairement révisées en application de l'article 900-1, alinéa 1 (Cass. 1e civ. 23-1-2008 n° 06-16.120 F-PB : BPIM 4/08 inf. 305). La personne morale ne peut que demander judiciairement la révision de l'interdiction d'aliéner lorsque, par suite d'un changement des circonstances, l'exécution en est devenue pour elle extrêmement difficile ou sérieusement dommageable (C. civ. art. 900-2).
À défaut de mise en œuvre dans l'avant-contrat de l'une des solutions ci-dessus (le risque n'ayant pas été perçu), c'est le notaire en charge de rédiger l'acte constatant la vente qui sollicitera ce consentement. Mais les parties sont exposées au risque que cette **démarche** soit **infructueuse**. Dans ce cas, elles devront convenir de la résolution de la promesse, car la réitération de la vente sera, de fait, irréalisable en raison du danger qu'elle présente pour l'acquéreur.

CLAUSE DE RAPPORT EN NATURE

Risque Une donation, lorsque son bénéficiaire est l'un des héritiers du donateur, est présumée faite « en avancement de part successorale ». Cela signifie qu'elle remplit de façon anticipée le gratifié de ses droits dans la succession du donateur. La **donation** est également dite 23290

« **rapportable** » : le donataire devra la rapporter à la succession pour l'intégrer dans les opérations de partage, afin de garantir l'égalité entre les héritiers.
Ne sont **pas rapportables** les donations faites à un non-successible, ainsi que les donations que le donateur a consenties « hors part successorale », c'est-à-dire avec dispense de rapport (donations anciennement dites « préciputaires »). Les donations consenties à un successible qui renonce à la succession ne sont également pas rapportables, sauf dans les successions ouvertes depuis le 1er janvier 2007, si le donateur a prévu dans la donation que le donataire serait tenu au rapport même dans le cas où il renoncerait à la succession. Dans ce cas, le « pseudo-rapport » s'effectue obligatoirement en valeur (C. civ. art. 845).
Le rapport de la donation se fait en principe **en valeur** : le donataire conserve la propriété du bien donné et rapporte à la succession et au partage la valeur de ce bien. Le rapport peut toutefois avoir lieu **en nature** dans deux cas : lorsque la donation le prévoit (C. civ. art. 858, al. 1), ou lorsque le donataire le décide, le bien devant alors être libre de toute charge ou occupation dont il n'aurait pas été grevé à l'époque de la donation (C. civ. art. 859). Ces dérogations sont rares en pratique.
Dans le cas de rapport en nature, le bien donné est intégré dans la masse indivise à partager, et le droit du donataire se trouve rétroactivement anéanti. Cette résolution entraîne l'extinction des aliénations et constitutions de droits réels consenties par le donataire (C. civ. art. 858, al. 3). L'acquéreur d'un bien provenant d'une donation avec clause de rapport en nature se trouve donc exposé à la résolution de son droit de propriété si le rapport est exigible.

23292 **Solution** Le **consentement du donateur** à l'aliénation permet d'éviter l'extinction des aliénations et des droits réels consentis par le donataire (C. civ. art. 858, al. 3). Ce consentement entraîne substitution d'un rapport en valeur au rapport en nature initialement prévu.
Ce consentement pourra être donné dans l'**avant-contrat** et réitéré dans l'acte notarié de vente. À défaut d'être obtenu à ce stade, son obtention pourra être érigée en condition suspensive.
La clause de rapport en nature fait nécessairement l'objet d'une publication au **fichier immobilier** (Décret 55-22 du 4-1-1955 art. 28, 2°), de sorte que le risque d'éviction sera nécessairement révélé au plus tard lors de la préparation de l'acte de vente par le notaire. Il pourra alors être évité par l'obtention du concours à la vente du donateur ; en cas de refus de sa part, la promesse sera caduque si cet accord faisait l'objet d'une condition suspensive ; à défaut, la seule solution sera la renonciation de l'acquéreur à la vente et la résolution de la promesse.

DROIT DE RETOUR CONVENTIONNEL

23294 **Intérêt civil et fiscal** Le donateur peut insérer dans l'acte de donation une clause selon laquelle les biens donnés lui feront retour pour le cas de **prédécès du donataire ou** de prédécès **du donataire et de ses descendants**. Ce droit ne peut être stipulé qu'au profit du donateur seul (C. civ. art. 951). Cette clause peut également, du consentement du donateur et du donataire, être insérée dans un acte postérieur à la donation.
Sur le plan civil, la stipulation procède de la volonté du donateur de ne pas voir le bien donné dévolu aux successeurs du donataire : c'est ce dernier seul qu'il a voulu gratifier. S'y ajoute souvent une préoccupation fiscale lorsque le retour est prévu pour le cas de **prédécès du donataire sans postérité** : le droit de retour permet que le bien revienne au donateur sans charge de droits de mutation à titre gratuit pour être ensuite, au décès de ce dernier, dévolu entre vifs ou par décès à ses autres enfants au tarif applicable en ligne directe, beaucoup moins élevé que celui qui aurait frappé une mutation entre collatéraux. En outre, les droits de donation initialement acquittés sont restituables sur réclamation (CGI art. 791 ter, al. 2) ou imputables sur les droits dus à raison d'une nouvelle donation des mêmes biens à un autre descendant du donateur dans les 5 ans du retour (CGI art. 791 ter, al. 1). L'imputation et la restitution des droits peuvent être combinées lorsque les biens, après retour dans le patrimoine du donateur, font l'objet d'une nouvelle donation avant le 31 décembre de la deuxième année qui suit le décès du donataire (BOI-ENR-DMTG-20-30-20-60 n° 50). Ainsi, lorsque les droits dus sur la seconde donation sont inférieurs à ceux acquittés sur la première, l'excédent non imputable est restituable sur réclamation. En revanche, la contribution de sécurité immobilière n'est jamais restituable.

23296 **Publicité foncière** La clause de droit de retour est **obligatoirement** publiée au service chargé de la publicité foncière, cette publication étant une condition de son opposabilité. La formalité de publicité foncière est opérée soit en même temps que l'acte de donation qui la contient (Décret 55-22 du 4-1-1955 art. 28, 1°), soit à la suite de l'acte distinct qui la contient (Décret 55-22 du 4-1-1955 art. 28, 2°). Dans tous les cas, elle fait l'objet d'une mention particulière au fichier immobilier en tant que charge sur l'immeuble.

Risque Le droit de retour conventionnel emprunte la technique juridique de la **condition résolutoire** : le prédécès du donataire, seul ou sans postérité selon les prévisions de l'acte, est l'événement futur et incertain dont la survenance entraîne de son seul fait, et dès sa survenance, résolution rétroactive de la donation. Tant qu'il **ne s'est pas produit**, la donation produit pleinement ses effets. Le donataire, sauf si une clause d'inaliénabilité a été également prévue (voir n° 23282) peut, en principe, librement disposer du bien donné ; mais le risque passe alors sur la tête du nouveau propriétaire. 23298

Si **la condition se réalise** (le décès survient), le droit du donataire est rétroactivement anéanti ; le donateur recouvre de plein droit la propriété des biens donnés « libres de toutes charges et hypothèques » (C. civ. art. 952). Étant censé n'avoir jamais eu aucun droit, le donataire n'a pu en conférer aucun. S'il a entre-temps aliéné le bien, cette aliénation est ipso facto anéantie.

L'automaticité du jeu de la condition résolutoire semble cependant pouvoir être écartée par une renonciation du donateur intervenant après le décès du donataire (Cass. 1e civ. 18-2-1975 n° 72-14.587 : Bull. civ. I n° 67 ; M. Grimaldi : Libéralités. Partages d'ascendants, Litec 2000, n° 1236).

L'acquéreur d'un immeuble soumis à un droit de retour est exposé à un risque d'**éviction totale**. Si l'âge et l'état de santé du donateur par rapport à ceux du donataire, ainsi que l'éventuelle postérité de ce dernier, permettent, dans certains cas, de considérer que la probabilité de la survenance de ce risque est faible, ses effets sont tels qu'ils doivent dissuader l'amateur d'acquérir et le prêteur de deniers de financer.

Solution Tant que la **condition** est **pendante**, le donateur, en faveur de qui elle a été stipulée, peut y renoncer. C'est là l'application d'une règle ordinaire relevant de la technique de la condition modalité (voir n° 30604). Si la donation portait sur plusieurs biens dont un seul est vendu, la renonciation du donateur peut être limitée à ce bien. 23300

Cette renonciation peut être constatée dans l'**avant-contrat** lui-même, c'est même souhaitable, ou dans l'acte notarié constatant la vente. Elle peut être également l'objet d'une condition suspensive dans l'avant-contrat si elle ne peut pas être obtenue immédiatement. N'étant pas considérée comme un supplément de donation malgré l'avantage qu'elle procure au donataire, la renonciation au droit de retour n'est pas soumise au **formalisme** des donations et peut donc être exprimée dans un acte sous signature privée, par exemple la promesse elle-même ; elle sera dans ce cas réitérée ou constatée dans l'acte authentique de vente.

À défaut de mise en œuvre de l'une de ces solutions dans l'avant-contrat, le risque n'ayant pas été perçu, c'est le notaire en charge de rédiger l'acte constatant la vente qui sollicitera cette renonciation. Si cette **démarche** est **infructueuse**, l'acquéreur dûment averti du risque encouru pourra persister dans sa volonté d'acquérir, sauf à être garanti par le vendeur s'il venait à être évincé. 23302

À défaut de réalisation de la vente, les parties pourront convenir de la résolution de la promesse. Si le vendeur s'y refuse, l'acquéreur pourra demander judiciairement la nullité de la promesse en se plaçant sur le terrain de l'erreur sur l'objet du contrat ou sur une qualité substantielle, en arguant qu'il n'aurait pas contracté s'il avait eu connaissance de la fragilité du titre du vendeur et du risque d'éviction.

CHARGES IMPOSÉES AU DONATAIRE

Risque Si la donation impose des charges au donataire (par exemple, le versement d'une rente viagère ou l'inaliénabilité de l'immeuble), celui-ci est exposé au risque de révocation de la donation en cas d'**inexécution** des charges (C. civ. art. 953). Cette cause d'anéantissement est la mise en œuvre de la faculté de droit commun de demander la résolution d'une convention pour inexécution (C. civ. art. 1217). 23304

En cas de révocation, les biens donnés rentrent dans les mains du donateur libres de toutes charges et droits réels constitués par le donataire, et le donateur peut exercer à l'encontre de tout tiers détenteur de l'immeuble donné tous les droits qu'il aurait contre le donataire lui-même (C. civ. art. 954). La révocation opère de manière rétroactive, ce qui la rend redoutable pour les tiers qui ont acquis des droits du chef du donataire, notamment l'acquéreur.

La révocation est judiciaire (n° 23306), mais elle peut également se faire **par voie de notification** si l'on considère que la résolution par notification n'est pas réservée aux seuls contrats à titre onéreux (C. civ. art. 1226). Le donateur doit alors mettre préalablement en demeure le donataire de satisfaire à son engagement dans un délai raisonnable, et indiquer expressément qu'à défaut, il pourra résoudre le contrat. La jurisprudence ne s'est pas prononcée sur la validité de la résolution unilatérale par notification d'une donation.

Procédure de révocation judiciaire La révocation de la donation pour inexécution des charges ne peut jamais avoir lieu de plein droit (C. civ. art. 956). 23306

Elle peut se faire par la voie d'une **action en justice** (C. civ. art. 956 et 1227). Cette action est exercée par le donateur s'il est vivant, ou par ses héritiers. Le juge dispose d'un certain pouvoir d'appréciation et peut rejeter la demande, notamment si l'inexécution n'est que partielle, ou si la charge n'était pas déterminante du consentement du donateur.

23307 **Rôle de la publicité foncière** L'action judiciaire en révocation d'une **donation immobilière** doit obligatoirement faire l'objet d'une publication au service chargé de la publicité foncière (Décret 55-22 du 4-1-1955 art. 28, 4°-c). Cette publication n'est pas une condition d'opposabilité mais de recevabilité de l'action (Décret 55-22 du 4-1-1955 art. 30, 5). La publicité foncière joue uniquement un rôle d'information, si l'action en révocation a déjà été engagée et donc publiée au moment de la vente. Mais le **défaut de publication** de l'action révocatoire ne permet pas au tiers acquéreur de se retrancher derrière la publication de son propre titre : un acquéreur qui aurait contracté avec le donataire dans l'ignorance de l'action en révocation ou même du jugement ayant prononcé la révocation serait évincé. Toutefois, il pourrait prétendre à des dommages-intérêts dans cette hypothèse (Décret 55-22 du 4-1-1955 art. 30, 4). De même, l'acquéreur serait évincé si une action en révocation était fructueusement engagée par le donateur à l'encontre du donataire postérieurement à la publication de l'aliénation par celui-ci de l'immeuble donné (C. civ. art. 954).

23308 **Solution** Une **première précaution** consiste à consulter la donation qui constitue le titre de propriété du vendeur ou un titre antérieur. En l'absence de charge stipulée, le risque d'anéantissement de la donation est écarté. Tel est le cas de la réserve d'usufruit, dans une donation, qui ne peut pas être qualifiée de charge même en présence des clauses usuelles sur les conditions et charges, leur sanction et l'interdiction d'aliéner ; sa violation n'ouvre donc pas l'action en révocation pour inexécution des charges (CA Paris 24-4-2024 n° 22/01797). **En cas de stipulation d'une charge**, l'examen du fichier immobilier permettra de vérifier si une révocation de la donation est intervenue. Si aucune révocation n'est intervenue, et si la donation contient une charge inexécutée ou susceptible d'inexécution, il conviendra de faire intervenir à l'acte d'aliénation le donateur (ou les héritiers titulaires de l'action en inexécution s'il est décédé), à l'effet de constater sa renonciation à demander la révocation. Sans cette mention dans l'acte, l'acquéreur court un risque important d'éviction dont il doit être précisément averti.

À défaut d'obtenir cette renonciation, le **tiers détenteur** de l'immeuble peut se substituer au donataire pour exécuter la charge et échapper ainsi à la révocation qui aurait pour effet d'anéantir rétroactivement ses droits. S'il exécute la charge en l'acquit du donataire pour éviter l'éviction, il dispose d'une action en garantie contre ce dernier.

Si le **bénéficiaire de la charge est un tiers** à la donation, il n'y a pas à obtenir son concours lors de la vente du bien. Celui-ci n'est pas titulaire de l'action en révocation : il peut uniquement agir en exécution de la charge.

D. Immeuble provenant d'une succession

SUCCESSION LÉGALE

23350 **Titrement** Lorsque le bien appartient au vendeur par suite d'une succession, son titre est une **attestation immobilière** de propriété établie par un notaire (Décret 55-22 du 4-1-1955 art. 29). Cet acte désigne et identifie les successeurs du défunt devenus propriétaires de l'immeuble à la suite de son décès. Il est obligatoire pour tous les décès survenus depuis le 1er janvier 1956.

Le non-respect par l'héritier de l'obligation d'établir et de faire publier une attestation immobilière de propriété n'est pas sanctionné par l'inopposabilité. La **publication au fichier immobilier** joue ici un rôle purement documentaire et informatif ; l'opposabilité des droits de l'héritier résulte du seul décès. L'héritier encourt toutefois deux **sanctions** : des dommages-intérêts au profit des tiers subissant un préjudice du fait du défaut de publication (Décret 55-22 du 4-1-1955 art. 30, 4) et l'impossibilité, du fait de la règle de l'effet relatif, de publier tout autre acte tant que son titre de propriété n'a pas été publié (Décret 55-22 du 4-1-1955 art. 3).

> **Précisions a. Avant le 1er janvier 1956**, seul l'héritier unique était tenu de faire transcrire son droit de propriété au service chargé de la publicité foncière.
> **b.** L'attestation immobilière constate une transmission qui a été opérée dès le décès et de son seul fait au profit du ou des héritiers. Ce n'est pas cet acte qui opère **transfert de propriété**. Cet acte n'a pour rôle que de constituer un titre de propriété et de permettre la formalité de publicité foncière.

Omission d'héritiers Le risque réside dans l'impossibilité de garantir que tous les héritiers sont connus et identifiés. Deux **exemples** illustrent ce risque : comment être sûr que le défunt n'a pas eu un enfant hors mariage, avant ou pendant le mariage, d'une personne autre que le conjoint, dont la filiation existerait par reconnaissance ou par le jeu de la possession d'état ? Comment être certain d'avoir trouvé tous les héritiers lorsque le défunt ne laisse pas de parents proches ? 23360

L'attestation de propriété est en principe établie au vu de l'**acte de notoriété** dressé par le notaire. L'acte de notoriété établit la dévolution de la succession en fonction du lien de parenté des héritiers que le défunt laisse (C. civ. art. 730-1 à 730-5).

L'article 730-3 du Code civil contient une **présomption** qui conforte l'acte de notoriété régulièrement dressé et donc l'attestation immobilière de propriété établie au vu de celui-ci : les héritiers qui y sont désignés sont présumés avoir des droits héréditaires dans la proportion qui s'y trouve indiquée. Les tiers qui contractent avec ces héritiers sont donc présumés avoir traité avec les véritables propriétaires. Sur l'acte de notoriété, voir Mémento Successions Libéralités nos 21905 s.

> **Précisions** Une attestation immobilière de propriété qui ne serait pas établie au vu d'un acte de notoriété régulièrement dressé, mais au vu par exemple d'un **intitulé d'inventaire**, aurait une moindre force probante. La responsabilité du notaire serait plus facilement reconnue (Cass. 1e civ. 18-2-1964 : D. 1964 p. 411).

Option successorale La consultation de l'attestation immobilière de propriété permet de connaître l'option successorale exercée par les héritiers : acceptation pure et simple, acceptation à concurrence de l'actif net ou renonciation. L'acte doit en effet indiquer si les successibles ou légataires ont accepté la succession et, éventuellement, les modalités de cette acceptation (Décret 55-22 du 4-1-1955 art. 29, al. 1 et 2). 23362

Un héritier qui a **a accepté** la succession **purement et simplement** est le continuateur de la personne du défunt et peut donc exercer ses droits, avec le concours des autres successeurs en cas de pluralité.

Un héritier qui **a renoncé à la succession** lui devient étranger et a donc perdu qualité pour vendre un immeuble successoral.

Un héritier qui **a accepté la succession à concurrence de l'actif net** est tenu à un certain nombre d'obligations pour l'aliénation des biens successoraux, sous la sanction non pas de la nullité de celle-ci, mais de la déchéance de son acceptation à concurrence de l'actif net (sur les modalités de réalisation des biens, voir Mémento Successions Libéralités nos 38150 s.).

SUCCESSION TESTAMENTAIRE

Trois risques peuvent être mis en évidence lorsque le vendeur tient ses droits sur l'immeuble d'un testament : irrégularité du testament, révocation pour inexécution des charges imposées par le testateur et réduction de la libéralité excessive au regard de la réserve acquise aux héritiers réservataires. 23364

Risque d'irrégularité du testament Le testament est un acte solennel. Le respect de formes impératives conditionne sa validité. Selon la forme du testament, la nature du legs et la qualité du légataire, la loi organise **différents modes de contrôles** exercés soit par les héritiers, soit par le juge : 23366

– en présence d'héritiers réservataires, le légataire universel, s'il n'est lui-même héritier, doit demander à ces héritiers la délivrance de son legs (C. civ. art. 1004) ;

– le légataire à titre universel ou particulier de l'immeuble doit, s'il n'est pas lui-même héritier, demander la délivrance de son legs aux héritiers (C. civ. art. 1011 et 1014) ;

– en l'absence d'héritiers réservataires et en présence d'un légataire universel institué par testament olographe ou mystique, le notaire chargé de dresser le procès-verbal de l'ouverture et de l'état du testament (c'est-à-dire le notaire dépositaire des dispositions de dernières volontés, qui n'est pas nécessairement, en pratique, le notaire chargé du règlement de la succession) vérifie les conditions de la saisine du légataire au regard du caractère universel de sa vocation et de l'absence d'héritier réservataire et porte mention de ces vérifications sur le procès-verbal. Il en adresse ensuite une expédition ainsi qu'une copie figurée du testament au greffier du tribunal judiciaire compétent. En cas de contestation des droits du légataire dans le mois suivant la réception de ces documents par le greffier, le légataire doit se faire envoyer en possession par une ordonnance du tribunal (C. civ. art. 1007, al. 3). Si le légataire universel est institué par testament authentique, il n'a aucune habilitation à demander pour être mis en possession de l'objet de son legs et en disposer (C. civ. art. 1006).

Il convient de s'assurer que les formalités qu'imposaient la nature du titre ou du legs, ou la qualité du légataire ont bien été accomplies.

> **Précisions** Pour les **successions ouvertes avant le 1er novembre 2017**, le légataire universel institué par testament olographe ou mystique devait systématiquement demander au président du tribunal de grande instance (devenu, depuis le 1-1-2020, tribunal judiciaire) une ordonnance d'envoi en possession judiciaire de son legs (C. civ. art. 1008 ancien, abrogé par la loi 2016-1547 du 18-11-2016).

23368 **Rôle de la publicité foncière** Le transfert de propriété au légataire de l'immeuble légué doit obligatoirement être constaté dans une attestation immobilière de propriété soumise à la formalité de publicité foncière (Décret 55-22 du 4-1-1955 art. 29). Lorsqu'il s'agit d'un legs particulier, cette formalité doit être effectuée à peine d'inopposabilité du droit de propriété du légataire particulier à l'égard des ayants cause du défunt (Décret 55-22 du 4-1-1955 art. 30, 4-al. 2).

23370 **Risque de révocation du legs** Le testateur a pu imposer des charges au légataire. Ces charges peuvent consister en la délivrance de legs particuliers ou en une obligation imposée au légataire.

Le non-respect de ces charges est susceptible d'entraîner une remise en cause de la libéralité, à l'initiative des héritiers ou de toute personne intéressée, sous forme d'une action en révocation pour **inexécution des charges** (C. civ. art. 1046). Cette révocation doit être prononcée par le juge ; le legs ainsi révoqué est rétroactivement anéanti.

Il importe donc, **en pratique**, d'examiner si le testament impose au légataire des charges susceptibles d'inexécution. Dans l'affirmative, il conviendra de s'assurer que les charges ont été exécutées ou, à défaut, d'obtenir une renonciation à l'action en révocation de la part de ceux qui peuvent l'exercer (successeurs du défunt).

Les clauses susceptibles d'entraîner la révocation d'une transmission d'immeuble par décès doivent être reproduites littéralement dans l'attestation notariée (Décret 55-22 du 4-1-1955 art. 29, al. 3). Elles seront donc révélées par la consultation du fichier immobilier.

23372 **Risque de réduction du legs excessif** Un legs peut faire l'objet d'une réduction si le disposant laisse des **héritiers réservataires** et que la libéralité excède la quotité disponible, c'est-à-dire la quote-part de ses biens dont le défunt pouvait disposer librement. Cet excédent permet de remplir les héritiers réservataires de leurs droits.

La détermination du caractère éventuellement réductible d'un legs passe par des opérations comptables qui sont les mêmes que lorsqu'il s'agit de déterminer si une donation réalisée par une personne de son vivant peut s'exécuter (voir n° 23212).

Lorsque le titre du vendeur est un legs, il convient de s'assurer que celui-ci n'est pas susceptible d'être en totalité ou en partie anéanti par l'effet d'une action en réduction. Si la succession a été liquidée, l'acte de liquidation établi par le notaire, s'il a été approuvé par les héritiers réservataires, permet de sécuriser l'acquéreur. À défaut, la prudence commande d'obtenir des héritiers réservataires un consentement à exécution du legs ou une renonciation à exercer une action en revendication à l'encontre du tiers acquéreur.

Si le défunt ne laisse **pas d'héritiers ayant droit à une réserve** dans sa succession, le legs est à l'abri du risque de réduction. Il est possible de s'assurer de l'absence d'héritier à réserve par la production d'un acte de notoriété établi par le notaire ayant réglé la succession.

IMMEUBLE APPORTE ET RÉATTRIBUÉ A L'APPORTEUR

23380 Il est fréquent que dans le cadre du règlement d'une succession, les héritiers soient amenés à vendre l'immeuble qui en dépend. L'hypothèse peut se présenter même lorsque l'unique ayant droit est le conjoint qui y résidait avec le de cujus, par exemple parce qu'il n'est plus suffisamment autonome pour y vivre seul. Lorsque l'époux propriétaire d'un immeuble propre l'a apporté à la communauté avec clause d'attribution intégrale de ladite communauté au dernier survivant, au décès de son conjoint, ledit immeuble lui revient par l'effet de cette clause. Dans cette **situation**, quel risque y aurait-il à la revente si la publication de ces différentes opérations, apport à la communauté et attribution de la communauté au survivant à la suite du décès du conjoint, n'a pas été faite ?

En pratique, face à la concomitance des opérations d'attribution de la communauté au survivant et de revente de l'immeuble, l'interrogation du client au notaire n'est pas rare et est légitime : à quoi bon dresser des actes pour constater l'apport de l'immeuble en communauté puis son attribution au survivant, ce qui consiste à revenir à la case départ en générant des frais ? Le conjoint qui a autrefois acquis l'immeuble et qui en est récemment redevenu le seul propriétaire ne peut-il pas le vendre directement ?

L'**origine de propriété** telle qu'elle doit apparaître dans l'acte de revente de l'immeuble doit en **principe** retracer les opérations suivantes : 23382
– premièrement, acquisition de l'immeuble par le vendeur à titre de bien propre (par exemple, avant son mariage ou en remploi) ;
– deuxièmement, apport à la communauté lors du changement de régime matrimonial ;
– troisièmement, attribution de la communauté au survivant à la suite du décès du conjoint.
Il en résulte que le titre de propriété du vendeur réside dans l'attestation immobilière qui doit être dressée à la suite du décès du conjoint prémourant. C'est cet acte qu'il y aura lieu de viser dans l'effet relatif (en ce sens, Bull. AMC 1996 art. 1718).
Si cet acte n'est pas établi, et qu'il est choisi de ne viser dans l'effet relatif que le seul acte de vente, le rédacteur de l'acte de revente se trouvera face à un **dilemme** : soit il rédige une origine de propriété complète retraçant le changement de régime matrimonial et l'attribution au conjoint survivant, mais celle-ci ne sera alors pas en concordance avec les mentions du paragraphe « Effet relatif » ; soit il tronque l'origine de propriété détaillée pour n'y relater que l'acquisition de façon à faire concorder celle-ci avec les stipulations du paragraphe « Effet relatif ».

Dans l'hypothèse d'une **origine de propriété complète**, mais en l'absence de publication de l'attestation immobilière dressée à la suite du prédécès du conjoint, le paragraphe « Effet relatif » de l'acte de revente est incomplet. Cette incohérence interne est visible par tout lecteur de l'acte, notamment des agents du service chargé de la publicité foncière (SPF), ce qui expose à un sérieux risque de refus de publication de sa part. Certes, le disposant est bien titulaire d'un titre publié – l'acte d'acquisition – qui apparaît toujours actif au fichier immobilier. Il est donc considéré comme le « dernier titulaire » et satisfait en cela aux exigences posées par la jurisprudence « Hedreul » pour que le SPF accepte la publication (Cass. 3e civ. 12-6-1996 no 94-18.004 : Bull. civ. III no 145 ; sur cette question, voir M. Suquet-Cozic : Dossier pratique Publicité foncière, Éditions Francis Lefebvre 3e éd. 2021, no 7120). Mais il n'en demeure pas moins que l'acte est lacunaire et que le véritable titre de propriété – l'attestation immobilière dressée après le décès du conjoint – n'a pas été publié au plus tard simultanément à la revente, comme l'exige les préceptes de la publicité foncière (Décret 55-1350 du 14-10-1955 art. 32, 2). Si en principe les agents du SPF doivent contrôler la concordance de l'acte par rapport aux données déjà publiées au fichier (Décret 55-1350 du 14-10-1955 art. 34, 1), il ne leur est pas interdit de tenir compte d'autres éléments. L'ensemble de leur travail est gouverné par le principe assigné par le législateur en 1955 : s'assurer que le fichier reflète fidèlement « la situation juridique actuelle des immeubles » (Décret 55-22 du 4-1-1955 art. 1). Cela implique l'exhaustivité du fichier immobilier quant aux mutations réalisées. 23384

Dans une seconde hypothèse, l'acte de revente serait établi en éludant volontairement une partie de l'origine de propriété, tant dans l'origine développée, en deuxième partie de l'acte de revente, que dans le paragraphe « Effet relatif » figurant dans la partie normalisée de l'acte de revente. Dans les deux cas, l'apport en communauté universelle suivie du décès du conjoint seraient omis de façon à assurer la cohérence de ces deux paragraphes. Certes, le SPF ne serait ainsi pas en mesure de déceler les actes manquants et l'acte de revente franchirait probablement avec succès le stade de la publication, mais peut-on se permettre une **origine de propriété tronquée** dans l'acte notarié de revente ? Sans hésitation, la réponse est non. Pour s'en convaincre, rappelons cette jurisprudence récente qui n'a pas hésité à qualifier de faux une attestation après décès qui ne mentionnait pas un litige en cours sur le droit de propriété du défunt (Cass. 3e civ. 12-11-2020 no 18-19.077 FS-PBI : SNH 39/20 inf. 2). Cette solution paraît ainsi plus grave encore que la précédente dans la mesure où elle entraîne potentiellement le rédacteur de l'acte de revente sur le terrain du droit pénal. Elle pose aussi un problème déontologique et fiscal dans le fait d'éluder certains actes constituant l'origine de propriété et les droits d'enregistrement qui en résultent. 23386

CONSEIL

S'il était autrefois parfois conseillé de ne pas **immédiatement publier un apport en communauté**, dans un souci d'économie fiscale à court terme, cette pratique a montré ses limites face à des clients – ou leurs héritiers – peu enclins à régler la facture cumulée lors de l'acte subséquent. Les risques civil, pénal, fiscal et déontologique qui s'ajoutent à cette difficulté incitent à bannir cette pratique notariale.

E. Immeuble provenant d'un partage amiable

RISQUE

23422 Le partage, qui est par essence une opération non spéculative, doit tendre à l'égalité entre les parties. Lorsqu'un copartageant reçoit moins de droits que ceux auxquels il avait droit dans la masse indivise, le **partage** est **lésionnaire**. La lésion n'est sanctionnée que lorsqu'elle prive un copartageant de plus du quart des biens, autrement dit lorsqu'il reçoit une part inférieure aux trois quarts de ce qu'il aurait dû recevoir si l'égalité avait été respectée.

L'acquéreur d'un immeuble provenant d'un partage ou d'une licitation réalisés depuis le 1er janvier 2007 n'est pas soumis à un risque d'éviction.

La loi 2006-728 du 23 juin 2006 portant réforme des successions et des libéralités a modifié les sanctions applicables aux partages successoraux lésionnaires. Elle a substitué à la rescision pour lésion, qui constituait un risque d'éviction pour l'acquéreur d'un immeuble provenant d'un partage, une **action en complément de part** (C. civ. art. 887 ancien et 889 s. nouveaux) qui sécurise l'ayant droit du copartageant attributaire de l'immeuble. L'action permet, en effet, de rétablir l'égalité entre les copartageants tout en maintenant le partage. Le défendeur doit, à son choix, fournir un complément de part soit en numéraire, soit en nature au copartageant lésé. L'action se prescrit par 2 ans à compter du partage. Elle permet de contester tout acte, quelle que soit sa dénomination, qui a fait cesser l'indivision entre copartageants. Il peut s'agir non seulement de partages successoraux, mais aussi de partages d'indivision entre époux et d'indivisions résultant d'une acquisition conjointe, ou bien encore d'une licitation entre indivisaires.

> **Précisions** Le risque d'exercice d'une action en rescision pour lésion sur le fondement de l'ancien article 887 du Code civil pour les **partages réalisés jusqu'au 31 décembre 2006** n'existe plus aujourd'hui, cette action se prescrivant par 5 ans (C. civ. art. 2224). L'acquéreur d'un bien provenant d'un partage réalisé avant le 1er janvier 2007 ne risque plus, en principe, de voir son droit remis en cause par une action en rescision pour lésion.

F. Immeuble acquis par prescription

MÉCANISME DE LA PRESCRIPTION ACQUISITIVE

23470 La propriété d'un immeuble peut s'acquérir par prescription (C. civ. art. 712 et 2258). On parle indifféremment de prescription acquisitive ou d'usucapion.

Un tel mode d'acquisition de la propriété repose sur une **possession** utile et prolongée de l'immeuble. Autrement dit, la possession doit être (C. civ. art. 2261 et 2272) :

– continue et non interrompue. Tel n'est pas le cas lorsque le possesseur d'un bien est privé pendant plus d'un an de la jouissance de ce bien soit par le propriétaire, soit même par un tiers (C. civ. art. 2271). De la même façon, un référé-expertise qui vise à prouver l'empiétement du mur édifié par le voisin interrompt la prescription acquisitive (Cass. 3e civ. 29-6-2023 n° 21-25.390 FS-B) ;

– paisible. Par conséquent, les actes de violence ne peuvent pas fonder une possession capable d'opérer la prescription. La possession utile ne commence que lorsque la violence a cessé (C. civ. art. 2263) ;

– publique, c'est-à-dire à la vue et au su de tous. La possession doit s'exercer par des actes apparents, ce qui peut en pratique poser quelques difficultés en présence d'immeubles « invisibles » comme les caves ou les greniers ;

– non équivoque ;

– à titre de propriétaire ;

– et d'une durée minimale de 30 ans.

Peu importe que le possesseur soit de bonne foi (C. civ. art. 2258), encore que ce critère ait une incidence sur la durée de la prescription (n° 23475).

> **Précisions a.** Seuls les **biens susceptibles d'être prescrits** peuvent s'acquérir par usucapion et la catégorie des immeubles en fait partie. Pour preuve, il suffit de se référer à l'article 2272 du Code civil qui envisage la prescription acquisitive immobilière. Sont notamment concernés les lots de copropriété (Cass. 3e civ. 8-10-2015 n° 14-16.071 FS-PB : BPIM 6/15 inf. 412, à propos de la prescription de la propriété d'un lot de copropriété par un syndicat des copropriétaires), le droit de jouissance privatif sur des parties communes d'une copropriété (Cass. 3e civ. 24-10-2007 n° 06-19.260 FS-PB : BPIM 6/07 inf. 430), tout comme les droits réels principaux que sont l'usufruit, le droit d'usage et d'habitation ou encore le droit de superficie. Toutefois, **sont imprescriptibles** (bien qu'aliénables) certains immeubles comme les immeubles classés en tant que monuments historiques (C. patr. art. L 621-17 ; pour une illustration, Cass. 3e civ.

11-12-2013 n° 12-11.519 FS-PB), les monuments naturels ou sites classés (C. envir. art. L 341-14, à propos de la prescription, sur un monument naturel ou sur un site classé, de droit de nature à modifier son caractère ou à changer l'aspect des lieux) ou les servitudes discontinues ou non apparentes (C. civ. art. 691 ; pour une illustration, Cass. 3e civ. 17-6-2021 n° 20-19.968 F-B : BPIM 4/21 inf. 302).

b. Il n'y a pas lieu de transmettre au Conseil constitutionnel une **question prioritaire de constitutionnalité** selon laquelle la prescription acquisitive serait une atteinte au **droit de propriété** (Cass. 3e civ. QPC 17-6-2011 n° 11-40.014 FS-PB). En effet, la prescription acquisitive n'a ni pour objet ni pour effet de priver une personne de son **droit de propriété** mais de conférer au possesseur, sous certaines conditions, et par l'écoulement du temps, un titre de propriété correspondant à la situation de fait qui n'a pas été contestée dans un certain délai. Cette institution répond à un motif d'intérêt général de sécurité juridique en faisant correspondre le droit de propriété à une situation de fait durable, caractérisée par une possession continue et non interrompue, paisible, publique, non équivoque et à titre de propriétaire.

c. Par dérogation au droit commun de la prescription acquisitive (C. civ. art. 2261), sur les territoires de la **Guadeloupe, la Guyane, la Martinique, La Réunion, Mayotte, Saint-Barthélemy, Saint-Martin et Saint-Pierre-et-Miquelon**, la possession par un indivisaire d'un immeuble dépendant d'une succession ouverte avant le 11 avril 2024 et non partagée à cette date est réputée non équivoque à l'égard de ses coïndivisaires, y compris durant la période de possession antérieure au 11 avril (Loi 2024-322 du 9-4-2024 art. 51, III-2°).

ÉLÉMENTS CONSTITUTIFS DE LA POSSESSION

La possession est caractérisée lorsque deux éléments sont réunis : le corpus et l'animus. Élément matériel, le corpus est analysé comme l'accomplissement d'actes purement matériels sur la chose. Élément psychologique, l'animus est l'intention de se comporter comme le véritable propriétaire du droit (V. Lafargue et E. Colas, Le notaire confronté à la prescription acquisitive : instrumenter en toute sécurité : SNH 33/23 inf. 9). 23471

Actes matériels de possession La possession permettant de prescrire à son profit suppose des actes matériels de possession, par **exemple** la réalisation de travaux de construction ou d'amélioration. On l'aura compris, la nature de ces actes diffère en fonction du bien qui est l'objet de la prescription. Les travaux de construction évoqués vont porter sur un bâtiment, mais il pourra s'agir de clôture ou de plantation s'agissant d'un terrain cultivable. Par ailleurs, doivent être accomplis des actes traduisant l'usage ou la jouissance de la chose (Cass. 3e civ. 3-10-1990 n° 88-14.069 : Bull. civ. III n° 179). 23472

L'accomplissement d'**actes juridiques** renforce les actes matériels effectués sur la chose, mais sont insuffisants à eux seuls pour établir la possession (pour une illustration, Cass. 3e civ. 11-7-2019 n° 18-14.503 F-D : SNH 27/19 inf. 2, à propos d'un acte de notoriété acquisitive).

> **Précisions** **Un seul acte matériel** peut suffire pour rapporter la preuve d'une possession si toutefois la condition de durée trentenaire est remplie (Cass. 3e civ. 20-2-2013 n° 11-25.398 FS-PB : RTD civ. 2013 p. 412 note W. Dross). En effet, si la possession utile pour prescrire ne peut s'établir à l'origine que par des actes matériels, celle-ci se conserve, tant que le cours n'en est pas interrompu ou suspendu, par la seule intention.

Volonté du possesseur La possession implique également la volonté du possesseur de **se comporter comme** le propriétaire du bien (C. civ. art. 2256). Elle est en revanche exclue pour celui qui possède pour autrui, comme un locataire ou un usufruitier, simples « détenteurs » (C. civ. art. 2266). 23473

En définitive, un indivisaire peut ainsi devenir propriétaire d'un bien indivis par prescription acquisitive si les actes de possession ont été accomplis pendant plus de 30 ans avec la volonté de se comporter en seul et unique propriétaire (Cass. 3e civ. 11-6-1992 n° 90-16.439 : Bull. civ. III n° 199).

Possession établie sur des actes illicites ou irréguliers Est-il possible de prescrire en vertu d'une possession s'établissant sur des actes illicites ou irréguliers ? La **jurisprudence ancienne** répondait par la négative, affirmant le principe selon lequel « nul ne peut prescrire en vertu d'une possession s'établissant sur des actes illicites ou irréguliers » (Cass. 3e civ. 13-11-1969 n° 67-13.790 : Bull. civ. III n° 729). Toutefois, la Cour de cassation a opéré ces dernières années un **revirement de jurisprudence** tendant à admettre que l'irrégularité de certaines situations n'entrave pas nécessairement la possibilité d'acquérir des biens ou des droits réels immobiliers par prescription. Ainsi, l'absence de déclaration préalable d'urbanisme et le défaut d'autorisation des travaux de percement par l'assemblée générale des copropriétaires ne font 23474 pas obstacle à l'acquisition d'une servitude de vue par prescription (Cass. 3e civ. 21-4-2022 n° 21-12.240 FS-B : RDI 2022. p. 388 obs. J.-L. Bergel). De la même façon, le non-respect de règles d'urbanisme applicables à des travaux de construction ne fait pas obstacle, en l'absence d'actes de possession illicites pour être contraires à l'ordre public ou aux bonnes mœurs, à ce que le possesseur du terrain d'assiette en acquiert la propriété par prescription (Cass. 3e civ. 21-9-2022 n° 21-17.409 FS-B : RDI 2022 p. 655 obs. J.-L. Bergel).

DURÉE DE LA POSSESSION

23475 **Possession trentenaire** La durée de la possession permettant de faire jouer la prescription est de 30 ans (C. civ. art. 2272, al. 1). Il est possible pour celui qui possède de joindre à sa propre possession celle de son auteur, c'est-à-dire de celui dont il tient son droit de propriété, qu'il tienne ce droit en raison d'une vocation universelle ou à titre particulier, qu'il soit acquéreur à titre lucratif ou à titre gratuit (C. civ. art. 2265). Autrement dit, par ce mécanisme dit « de la **jonction de possession** », l'acquéreur peut joindre à sa possession acquisitive celle de son vendeur si le bien est compris dans la vente. Prenons l'exemple suivant : bien que les actes de vente mentionnent le lot de copropriété n° 81, les ventes ont porté, dans l'intention des parties, sur la cave occupée par l'acquéreur depuis son acquisition et correspondant à l'emplacement du lot n° 82. Par conséquent, l'usucapion porte sur le lot n° 82 (Cass. 3e civ. 19-10-2022 n° 21-19.852 F-D : SNH 37/22 inf. 1, Defrénois 5-5-2023 n° DEF213y0 p. 25 note J. Laurent). En revanche, un acquéreur, ayant cause à titre particulier, ne peut pas joindre à sa possession celle de son vendeur pour prescrire un bien resté en dehors de la vente (Cass. 3e civ. 17-4-1996 n° 94-15.748 : Bull. civ. III n° 107). En présence d'un immeuble soumis au statut de la copropriété, la jonction de possession implique donc que la partie commune appropriée soit comprise dans la vente (Cass. 3e civ. 15-2-2023 n° 21-21.446 F-D : AJDI 2023 p. 299 note S. Porcheron). Déterminer si le bien est compris dans la vente, c'est avant tout se référer à l'intention des parties et non pas à la lettre du titre. La jonction de possession produira effet si l'intention des parties était d'inclure la parcelle dans la vente (Cass. 3e civ. 9-7-2020 n° 19-14.892 F-D : AJDI 2020 p. 782 obs. S. Porcheron ; Cass. 3e civ. 19-10-2022 n° 21-19.852 F-D : AJDI 2023 p. 139 obs. N. Le Rudulier).

> **Précisions** Par dérogation au principe de la prescription trentenaire (C. civ. art. 2272), le délai pour acquérir la propriété immobilière sur les territoires de la **Guadeloupe, la Guyane, la Martinique, La Réunion, Mayotte, Saint-Barthélemy, Saint-Martin et Saint-Pierre-et-Miquelon** est abaissé à 10 ans, depuis le 11 avril 2024 jusqu'au 31 décembre 2038 (Loi 2024-322 du 9-4-2024 art. 51, III-1°).

23476 **Possession abrégée** La durée de possession est réduite à **10 ans** lorsque le possesseur de bonne foi a un juste titre (C. civ. art. 2272, al. 2). Le juste titre s'entend de l'acte qui, considéré en soi, aurait été de nature à transférer la propriété s'il avait émané du véritable propriétaire (F. Terré et P. Simler : Les biens, Précis Dalloz 9e éd. 2014, n° 467). Constitue un juste titre une vente (Cass. 3e civ. 30-4-2003 n° 01-15.078 : Bull. civ. III n° 91, à propos des actes de ventes de biens immobiliers constitués par des lots de copropriété) ou un jugement d'adjudication sur saisie (Cass. 1e civ. 10-4-2008 n° 06-20.248 F-D). À l'inverse, un acte de partage n'emportant pas transfert de propriété, il ne constitue donc pas un juste titre permettant le jeu de la prescription abrégée (Cass. 3e civ. 11-2-2015 n° 13-24.770 FS-PB : AJDI 2015 p. 625 note N. Le Rudelier). Autrement dit, le juste titre est celui qui, considéré en soi, réunit les trois conditions suivantes :
– être de nature à transférer la propriété (notamment, Cass. 3e civ. 13-1-1999 n° 96-19.735 : Bull. civ. III n° 13) ;
– avoir date certaine (Cass. 3e civ. 16-1-1969 : D. 1969 p. 453) ;
– être consenti par une personne qui n'est pas le véritable propriétaire (notamment, Cass. 3e civ. 30-10-1972 n° 71-11.541 : Bull. civ. III n° 575).
Par ailleurs, le juste titre doit porter sur la totalité du bien que le possesseur entend prescrire (notamment, Cass. 3e civ. 26-11-1970 n° 69-11.883 : Bull. civ. III n° 645, RDI 2007 p. 147 obs. J.-L. Bergel).

> **Précisions** **a.** Avant le 19 juin 2008, date de l'entrée en vigueur de la loi 2008-561 du 17 juin 2008 portant réforme de la prescription civile, la prescription abrégée du possesseur ayant un juste titre supposait une possession portée de 10 à 20 ans lorsque le **possesseur** habitait **hors du ressort où était situé l'immeuble** (C. civ. art. 2265 ancien). L'article 26 de la loi du 17 juin 2008, qui règle l'application dans le temps de la loi du 17 juin 2008, prévoit que les dispositions nouvelles qui réduisent la durée de la prescription s'appliquent aux prescriptions à compter du jour de son entrée en vigueur, sans que la durée totale puisse excéder la durée prévue par la loi antérieure.
> **b.** Le vendeur d'un bien immobilier puis ses héritiers, tenus à la **garantie d'éviction** à

l'égard de l'acquéreur, ne peuvent pas se prévaloir de la possession après la vente pour revendiquer la propriété du bien à son encontre, alors même que l'acquéreur n'a pas fait usage de son droit de propriété pendant 30 ans. Il s'agit là d'une application de l'adage « qui doit garantie ne peut évincer » (Cass. 3e civ. 13-7-2010 n° 09-13.472 FS-PB : AJDI 2022 p. 307 note F. Cohet).

c. Selon le ministre de l'intérieur, une **commune** ne peut pas acquérir par prescription, cette modalité d'acquisition d'un bien ne figurant pas parmi celles que prévoit le Code général de la propriété des personnes publiques (Rép. Zimmermann : AN 22-3-2011 p. 2727 n° 93233). Cependant, la Cour de cassation a reconnu sans ambiguïté aux communes la possibilité d'invoquer la prescription acquisitive (Cass. 3e civ. 4-1-2011 n° 09-72.708 F-D : AJ Collectivités territoriales 2023 p. 306 note M. Bahouala ; Cass. 3e civ. 15-12-2016 n° 15-24.931 F-D ; Cass. 3e civ. 4-1-2023 n° 21-18.993 FS-B : BPIM 1/23 inf. 40). Inversement, un particulier peut prescrire à l'encontre d'une personne publique sur des immeubles compris dans le domaine privé (Cass. 3e civ. 2-10-1975 n° 74-10.868 : Bull. civ. III n° 274 ; Cass. 3e civ. 15-6-1988 n° 87-10.687 : Bull. civ. III n° 110).

Point de départ du délai de possession Le délai commence à courir au jour de la prise de possession, c'est-à-dire au jour de la réalisation du premier acte matériel de possession (P. Jourdain : Les biens, Dalloz, n° 188, p. 248). Par la suite, le possesseur est présumé avoir possédé dans le temps intermédiaire, sauf preuve contraire (C. civ. art. 2264). 23477

Le cours du délai de la prescription peut être **interrompu ou suspendu** dans les conditions de droit commun (C. civ. art. 2259). Il a ainsi pu être jugé qu'une assignation en référé pour dénoncer l'empiétement du mur édifié par le voisin et demander une expertise contradictoire en se prévalant de la propriété de la bande de terrain litigieuse interrompt le délai de prescription acquisitive de 30 ans. Le mur ayant été construit en 1986 et l'assignation en référé étant intervenue en 2009, le voisin n'a pas pu acquérir la propriété du terrain par prescription (Cass. 3e civ. 29-6-2023 n° 21-25.390 FS-B). La prescription acquisitive est également interrompue lorsque le possesseur d'un bien est privé pendant plus d'un an de la jouissance de ce bien soit par le propriétaire, soit même par un tiers (C. civ. art. 2271).

JUSTIFICATION DE LA POSSESSION

Droit commun Celui qui se prévaut de la prescription pour fonder son droit de propriété doit justifier de l'existence de sa possession et de la durée de celle-ci. 23480

Cette justification est généralement, mais non nécessairement, apportée par un **acte de notoriété** dressé par un notaire à la **requête** de celui qui entend prendre la qualité de possesseur. Il opère comme simple moyen de preuve et non comme source intangible du droit de propriété.

À cet acte interviennent au moins deux déclarants ou **témoins**, dignes de foi, ayant connaissance de la réunion des conditions ayant permis au possesseur de se prévaloir de la prescription, et en attestant.

Ces déclarations sont corroborées par des **éléments de preuve** annexés à l'acte (avis d'imposition de taxes foncières, abonnements, etc.). Il n'existe pas de liste exhaustive des éléments probatoires susceptibles d'étayer la demande d'établissement de l'acte de notoriété acquisitive. Si l'on s'en réfère à la circulaire portant mise en œuvre du texte relatif à l'acte de notoriété en Corse et dans les DOM (nos 23484 s.), pourront par exemple être admis comme éléments de nature à justifier la réalité des actes matériels caractérisant la possession des attestations, témoignages, constat d'huissier, photographies prouvant la réalisation d'actes matériels de possession ou d'exploitation de l'immeuble (tel que des plantations, l'édification, une clôture ou de constructions sur la parcelle, son entretien, etc.) pendant la période concernée.

Quelle est la **portée de cet acte** ? La portée de cet acte peut sembler limitée puisqu'il n'est pas constitutif du droit : c'est la réunion des conditions prévues par la loi qui permet de prescrire, et non la constatation dans un acte de la réunion de ces conditions (Cass. 3e civ. 27-4-1983 n° 82-11.511 : Bull. civ. III n° 98 ; Cass. 3e civ. 11-6-1992 n° 90-16.439 : Bull. civ. III n° 199 : Defrénois 15-12-1992 n° CJ1992DEF152N1 p. 1521 note I. Defrenois-Souleau ; Cass. 3e civ. 4-10-2000 n° 98-11.780 FS-PB : RDI 2001 p. 148 note M. Bruschi). L'acte de notoriété n'est pas un titre de propriété. Une action en revendication, par nature imprescriptible, est toujours possible. Ainsi, une commune qui revendique la propriété d'une parcelle voit son droit reconnu grâce à l'exhumation d'un arrêt rendu le 2 août 1858 par la cour impériale de Bastia. Peu importe que la même parcelle ait fait l'objet depuis d'un acte notarié de notoriété acquisitive au profit d'un particulier. Dans cette affaire, les juges du fond ont usé, à raison selon la Cour de cassation, de leur pouvoir souverain d'appréciation de la valeur et de la portée des éléments de preuve qui ont été soumis à son examen. Ils ont notamment retenu une interprétation de l'arrêt ambigu de 1858 : celui-ci répartit entre deux communes la propriété de parcelles dont celle litigieuse, alors que pour le particulier évincé, elle déterminerait le droit de propriété exclusif de parcelles entre deux communes, à l'exclusion de celles exploitées ou bâties au premier rang desquels la parcelle convoitée (Cass. 3e civ. 16-5-2024 no 22-18.290 F-D).

L'établissement d'un acte de notoriété acquisitive présente toutefois un **intérêt** majeur sur le plan de la preuve puisqu'il assure la collecte et la conservation de l'ensemble des éléments permettant de justifier de la possession à l'aide d'éléments matériels (factures de travaux, impôt, etc.) et factuels (témoignages des voisins, par exemple).

23481 **Missions du notaire** Le notaire joue un **rôle central** en matière de prescription acquisitive. En amont de l'établissement de l'acte de notoriété acquisitive, il doit s'assurer que les conditions de la possession sont réunies. Pour cela, il doit se faire remettre l'ensemble des éléments probatoires de nature à conforter la possession invoquée, qui seront utilement annexés à l'acte. En parallèle, l'origine de propriété trentenaire du bien prescrit doit être vérifiée.

Le choix des témoins intervenant à l'acte doit également être effectué sous son contrôle, dans la mesure où ces derniers doivent être fiables. Ils doivent avoir la capacité de confirmer la véracité des faits, c'est-à-dire en avoir la connaissance et être sans lien de parenté ou d'alliance avec le requérant.

Le praticien doit se poser les questions nécessaires à la caractérisation de l'usucapion : prendre le soin de distinguer la possession de la simple détention, de vérifier que les conditions de la possession sont réunies, que la durée de la prescription est acquise, qu'elle n'a pas été suspendue ou interrompue, etc.

Il est enfin tenu d'informer le requérant de la véritable portée de cet acte. Cette information peut être doublée d'une reconnaissance de conseil donné aux termes de laquelle le possesseur reconnaît avoir été averti qu'il est propriétaire par l'effet de la loi et non en vertu de l'acte de notoriété qui, une fois établi, n'interdit pas un contentieux sur le droit de propriété du bien objet de la notoriété.

Lorsqu'il établit un acte de notoriété acquisitive qui se révèle ultérieurement erroné, sa **responsabilité** n'est engagée de ce fait que lorsqu'il dispose d'éléments de nature à le faire douter de la véracité des énonciations dont il lui est demandé de faire état, sans avoir à rechercher les origines de propriété du bien en cause qui ne sont pas susceptibles de contredire la possession ainsi attestée (Cass. 3e civ. 22-1-2014 no 12-26.601 FS-D : Sol. Not. 4/14 inf. 93 obs. M. Suquet-Cozic). En cas de vente de l'immeuble acquis par usucapion, l'acquéreur devra être sensibilisé par son notaire au risque d'éviction en cas d'action en revendication de la propriété par le propriétaire titré évincé.

23482 **Publicité foncière** L'acquisition par prescription est assortie par elle-même de son opposabilité aux tiers, du seul fait de la réunion des conditions requises. La publicité foncière n'est pas requise (Décret 55-22 du 4-1-1955 art. 3, al. 2), sous réserve des régimes spéciaux en vigueur en Corse et dans les DOM (no 23486). Une telle formalité n'apporterait aucune force supplémentaire aux droits de celui qui prescrit à l'égard des tiers (pour une illustration, Cass. 3e civ. 9-6-2004 no 03-10.656 FS-D : RJDA 12/04 no 1404, annulant un acte de notoriété acquisitive publié et faisant prévaloir l'usucapion réalisée par un autre possesseur et non constatée par un acte de notoriété). L'acquéreur d'un immeuble, ayant négligé de publier son titre, peut valablement opposer son usucapion à un second acquéreur du même immeuble titulaire d'un titre régulièrement publié (Cass. 3e civ. 17-12-2020 no 18-24.434 FP-PBI : BPIM 1/21 inf. 50 obs. M. Suquet-Cozic). Pour les besoins de l'**effet relatif**, il suffit d'indiquer dans l'acte de vente que le cédant est propriétaire du bien pour en avoir eu de façon continue la possession paisible, publique, non équivoque et à titre de propriétaire depuis plus de 30 ans, ou 10 ans si les conditions de la prescription abrégée sont réunies (Décret 55-22 du 4-1-1955 art. 3, al. 2 ; décret 55-1350 du 14-10-1955 art. 35, 1°-1). Au regard de la seule publicité foncière, la publication préalablement à la vente d'un acte de notoriété acquisitive est inutile. En pratique, les notaires publient le plus souvent les actes de notoriété acquisitives qu'ils dressent sans opposition de la part des services de la publicité foncière.

Par ailleurs, la rédaction d'une attestation notariée est sans doute nécessaire pour l'établissement, dans un acte de vente, de l'**origine de propriété** de l'immeuble vendu, lorsque celui-ci est advenu au vendeur par prescription. Mais, encore une fois, elle n'est pas indispensable pour que l'acte de vente puisse être publiée (Bull. AMC 1980 art. 1190).

MODÈLE **Effet relatif d'un immeuble acquis par usucapion**

L'acte de revente de l'immeuble acquis par prescription peut être publié directement, en précisant l'origine de propriété particulière par une mention du type : « Le cédant déclare qu'il est propriétaire de la parcelle... pour en avoir eu de façon continue la possession paisible, publique, non équivoque et à titre de propriétaire pendant plus de 30 ans » (M. Suquet-Cozic, Comment vendre un immeuble acquis par usucapion sur une partie de parcelle ? : SNH 1/17 inf. 17 n° 2).

Corse et outre-mer Pour résorber le désordre foncier en Corse caractérisé par l'absence largement répandue de titres de propriété et faciliter leur reconstitution, le législateur a mis en place l'acte notarié de **notoriété acquisitive**. Lorsqu'il constate une possession répondant aux conditions de la prescription acquisitive, l'acte de notoriété acquisitive fait foi de la possession, sauf preuve contraire. Il ne peut être contesté que pendant 5 ans à compter de la dernière des publications de cet acte par voie d'affichage, sur un site internet et au service de la publicité foncière (Loi 2017-285 du 6-3-2017 art. 1). **23484**

Entré en vigueur le 1er janvier 2018, ce dispositif s'applique aux actes de notoriété acquisitive dressés et publiés avant le 31 décembre 2027. Il consacre une pratique développée depuis 1983 par le conseil régional des notaires corse en partenariat avec le ministère de la justice. Cette pratique consiste à publier des actes de notoriété acquisitive de façon à déclencher les éventuelles oppositions des tiers, ce qui fait office de procédure de titrement (pour plus de détails sur ce dispositif : M. Suquet-Cozic, Loi du 6 mars 2017 : un espoir de résorption du désordre foncier en Corse et dans les DOM : Sol. Not. 5/17 inf. 128).

Le même dispositif existe en Guadeloupe, en Martinique, à La Réunion, en Guyane, à Saint-Barthélemy, à Saint-Martin et à Mayotte (Loi 2009-594 du 27-5-2009 art. 35-2 crée par loi 2017-256 du 28-2-2017 art. 117).

Le contenu de l'acte de notoriété est normé, contrairement au droit commun (nos 23480 s.). Il **doit désigner** les personnes et les immeubles conformément aux exigences de la publicité foncière (ou du Livre foncier pour Mayotte). Il liste également les témoignages et éléments de preuve des actes matériels qui caractérisent la possession de l'immeuble et reproduit le texte de l'alinéa 1 de l'article 1 de la loi 2017-285 du 6 mars 2017 pour les immeubles en Corse ou celui de l'article 35-2 de la loi 2009-594 du 27 mai 2009 pour les immeubles situés en Guadeloupe, en Martinique, à La Réunion, en Guyane, à Saint-Barthélemy, à Saint-Martin et à Mayotte. Pourront par exemple être admis comme éléments de nature à justifier la réalité des actes matériels caractérisant la possession des attestations, témoignages, constats d'huissier, photographies prouvant la réalisation d'actes matériels de possession ou d'exploitation de l'immeuble (tel que des plantations, l'édification d'une clôture ou de constructions sur la parcelle, son entretien, etc.) pendant la période concernée (Circ. Justice JUSC1814046C du 4-7-2018 p. 3). **23486**

L'acte doit ensuite être **publié** au fichier immobilier (ou au Livre foncier pour Mayotte). Un extrait de l'acte de notoriété est affiché en mairie pendant 3 mois et sur le site internet de la préfecture pendant 5 ans. La dernière de ces trois publications fait courir le délai de contestation réduit de 5 ans. En Corse, l'acte de notoriété doit, en outre, être publié sur le site internet de la collectivité de Corse, mais cette formalité apparaît comme une simple condition du délai de contestation abrégé, sans en influencer le point de départ (Décret 2017-1802 du 28-12-2017).

À défaut de respecter ce processus, l'acte de notoriété non publié, et objet d'une opposition de la part de tiers, caractérise une possession équivoque et non publique de sorte que le possesseur doit établir une possession trentenaire dans les conditions de droit commun pour pouvoir prescrire (CA Bastia 5-10-2022 n° 21/00232).

La publication au fichier immobilier d'un acte de notoriété acquisitive portant sur un immeuble situé en Corse dans le cadre de ce dispositif est **exonérée** de taxe de publicité foncière pour les actes dressés et publiés depuis le 1er janvier 2023 et avant le 31 décembre 2027 (Loi 2017-285 du 6-3-2017 art. 1er dans sa rédaction issue de la loi 2022-1726 du 30-12-2022). **23488**

L'inscription au Livre foncier de Mayotte des actes de notoriété acquisitive dressés dans ce cadre et déposés depuis le 6 octobre 2022 ne donne lieu à aucune perception au profit du Trésor (CGI art. 1043 B dans sa rédaction issue de la loi 2022-1726 du 30-12-2022 ; Loi 2022-1726 du 30-12-2022 art. 27, II).

> **Précisions** La forme de la **contestation éventuelle de la prescription accomplie** n'est pas prévue par le texte (Décret 2017-1802 du 28-12-2017). Il y a lieu de penser que celle-ci devra se manifester par une action judiciaire en contestation de la possession, laquelle sera donc limitée à 5 ans. En revanche, les actions en revendication demeurent possibles sans limitation de durée.

23500 **Comment vendre un immeuble acquis par usucapion sur une partie de parcelle ?**

En principe, lorsqu'un acte réalise ou constate une division de la propriété du sol entraînant changement de limite, il doit désigner les fractions d'immeuble au vu d'un **document d'arpentage** dressé par un géomètre expert et déposé à l'appui de la formalité de publicité foncière (Décret 55-22 du 4-1-1955 art. 7, al. 2 ; Décret 55-1350 du 14-10-1955 art. 19 et 27). À défaut, le déposant encourt un refus (Décret 55-22 du 4-1-1955 art. 34, 2). L'acquisition par usucapion réalise une mutation de propriété qui ne bénéficie pas d'une dispense pour l'établissement du document d'arpentage (BOI-CAD-MAJ 10-10 n° 30 s. a contrario). La revente de la partie de parcelle acquise par prescription entre donc bien dans le champ d'application de l'obligation de fournir un document d'arpentage.

Néanmoins, la situation de l'espèce est particulière en ce que la revente ne fait que constater une division du sol déjà ancienne. À la différence d'une vente avec document d'arpentage classique, le vendeur n'est ici pas propriétaire du surplus de la parcelle et ne l'a jamais été. Par suite, la division de la parcelle sur laquelle porte en partie la prescription s'apparente plutôt à un **bornage** en ce qu'elle a pour objet de fixer la limite séparative entre deux terrains appartenant à des propriétaires différents.

Il s'ensuit que le vendeur ne peut réaliser seul le document d'arpentage exigé, et que l'intervention du propriétaire du surplus – contre lequel il a été prescrit – paraît indispensable.

En tout état de cause, la publication d'un procès-verbal de bornage n'évite pas l'établissement préalable d'un document d'arpentage dès lors que le bornage entraîne un déplacement de la limite de propriété par rapport à la limite précédemment connue au cadastre (Rép. min. : AN 2-9-1967 p. 3152, JCP N 1967 IV n° 4267). Selon cette logique, il conviendrait donc de faire établir le document d'arpentage par le propriétaire historiquement titré sur la parcelle litigieuse, puis de publier le bornage réalisé entre lui-même et l'usucapeur sur la même limite. Le cas échéant, une demande en bornage judiciaire pourra être nécessaire si le propriétaire historique refuse le principe d'un bornage amiable. Dans ce cas, le juge peut le contraindre sous astreinte à signer le document d'arpentage indispensable pour pouvoir publier la décision de justice subséquente (Cass. 3e civ. 26-9-2007 n° 06-15.805 FS-PB).

On précisera par ailleurs que la clause figurant en fin d'acte, par laquelle les parties donnent tous pouvoirs aux clercs de faire dresser les actes rectificatifs et complémentaires nécessaires pour mettre l'acte en concordance avec les documents hypothécaires et cadastraux, ne permet pas au notaire de faire établir le document d'arpentage seul, sans l'intervention du propriétaire de la parcelle concernée (CA Saint-Denis-de-la-Réunion 12-10-2012 n° 09/01484 ; dans cette affaire, la responsabilité du notaire a été retenue pour ne pas avoir requis du vendeur préalablement à la signature de la vente le document d'arpentage indispensable pour pouvoir publier celle-ci).

Si l'on ne souhaite pas faire appel au propriétaire historiquement titré sur la parcelle, on doit rechercher une solution sur un autre terrain. À cet égard, on peut considérer ici que l'usucapeur a acquis une partie de **parcelle sans le concours du titulaire du droit**.

Or, en pareille hypothèse, le législateur a prévu une procédure spéciale permettant de dresser par procès-verbal d'huissier un état descriptif de division (EDD) sans l'intervention du propriétaire (Décret 55-22 du 4-1-1955 art. 50-2 ; sur ce dispositif, voir l'excellente étude de S. Lamiaux, L'état descriptif de division « forcé » : JCP N 2015 n° 1062). Malheureusement, ce texte semble circonscrit au seul cas du défaut d'EDD et, constituant une exception, doit être interprété strictement. Cette procédure ne devrait donc pas permettre, selon nous, de dresser le document d'arpentage qui fait défaut en l'espèce.

La dernière solution pourrait consister à considérer que nous nous trouvons face à une propriété qui, sans être une copropriété ni une indivision, n'a pas de limites matérialisées sur le plan cadastral, autrement dit un **bien non délimité** (BND). Toutefois, l'administration restreint les cas de BND aux hypothèses où les propriétaires ont été dans l'impossibilité de délimiter les contours des différentes propriétés lors de la confection ou de la rénovation du cadastre (Rép. Robin-Rodrigo : AN 7-2-2006 n° 63766). Il en découle qu'il n'apparaît plus possible de créer de nouveaux BND de nos jours (G. Beaussonie, L'indivision faute de mieux pour les biens non délimités : JCP N 2009 n° 1116). Il ne paraît donc pas envisageable au cas particulier de présenter à la publication un acte de vente portant sur une partie de parcelle définie d'autorité par le seul vendeur, dans la mesure où cette parcelle n'est pas déjà identifiée comme un BND au cadastre. **23500** (suite)

Le seul moyen, pour le vendeur ayant acquis la portion de parcelle par usucapion, de faire délimiter cette portion, tout en faisant reconnaître son droit de propriété, semble être d'assigner le propriétaire titré en **bornage judiciaire**.

À défaut, si le vendeur souhaite régulariser la vente sans attendre et sans faire intervenir un tiers, **deux solutions concrètes** s'offrent à lui :

– soit essayer d'établir l'usucapion sur la totalité de la parcelle voisine, ce qui écarte tout problème de division cadastrale ;

– soit ne pas évoquer du tout, dans l'acte de vente, l'usucapion de cette partie de parcelle, laissant ainsi l'acquéreur continuer à prescrire lui-même jusqu'à une éventuelle action en revendication de la part d'un tiers.

Aucune de ces solutions n'étant véritablement satisfaisante, le cas soumis met en évidence une nouvelle lacune du droit de la publicité foncière qui se révèle parfois inadapté à des situations pourtant régulières en droit civil.

TITRE V

Prix de vente

CHAPITRE 1 FIXATION DU PRIX

SOMMAIRE

SECTION 1 GÉNÉRALITÉS

ÉLÉMENT ESSENTIEL DE LA VENTE

La vente est parfaite entre les parties, et la propriété est acquise de droit à l'acheteur à l'égard du vendeur, dès qu'on est convenu de la chose et du prix, quoique la chose n'ait pas encore été livrée ni le prix payé (C. civ. art. 1583). En conséquence, « le prix constitue un élément essentiel de la vente : **pas de prix, pas de vente** » (Ph. Malaurie, L. Aynès et P.-Y. Gauthier : Droit civil – les contrats spéciaux Cujas 2004 n° 200). 24000

Si les parties jouissent d'une grande liberté pour fixer le prix, la loi et la jurisprudence apportent néanmoins quelques limites : le prix doit être déterminé, ou à tout le moins déterminable (n°s 24050 s.) ; il doit être réel et sérieux (n°s 24250 s.) et enfin, dans une certaine mesure, il doit être juste (n°s 24350 s.).

> **Précisions** Les notaires doivent transmettre au **Conseil supérieur du notariat** (CSN) les données relatives au prix des ventes immobilières. Le CSN met gratuitement les résultats statistiques à la disposition du public sur internet (Décret 2013-803 du 3-9-2013).
> Le public peut librement accéder aux informations que l'administration fiscale détient concernant les valeurs foncières déclarées à l'occasion des mutations immobilières des 5 dernières années (LPF art. L 112 A).
> Cette communication se fait par l'intermédiaire du site internet « **Demande de valeur foncière** » (DVF) (https://app.dvf.etalab.gouv.fr). Les éléments d'information mis à disposition pour chaque transfert de propriété sont : la date et la nature de la mutation, le prix du bien, son adresse, ses références cadastrales et le descriptif

du bien dès lors qu'il a été déclaré à l'administration (LPF art. R 112 A-1 s.).
Les acheteurs et vendeurs potentiels d'un bien immobilier ont également accès au téléservice « **Patrim** » qui donne des informations sur les transactions immobilières portant sur des biens similaires (LPF art. L 107 B). L'utilisation du service « Patrim » (accessible sur l'espace particulier du site www.impots.gouv.fr, onglet Autres services > Rechercher des transactions immobilières) est limitée à des hypothèses particulières (notamment expropriation, obligation déclarative nécessitant l'évaluation d'un bien immobilier, évaluation d'un bien immobilier en tant que vendeur ou acquéreur) et à 50 consultations tous les 3 mois.

A. Forme du prix

DIVERSITÉ ADMISE

24010 Le plus souvent le prix est libellé sous forme d'une **somme d'argent**. Il peut alors être fixé globalement ou encore à tant la mesure (tant d'euros le m^2). Le choix entre ces deux modalités, sans incidence directe sur la fixation du prix, détermine en revanche l'étendue de l'obligation de délivrance du vendeur et peut, dans certains cas de discordance entre la surface convenue et celle mise à disposition de l'acquéreur, donner lieu à un réajustement du prix (n°s 49390 s.).
Sur l'indexation du prix, voir n°s 26308 s.
La vente peut valablement être réalisée moyennant une **contrepartie autre** qu'un versement d'une somme d'argent. Au lieu ou en complément du paiement du prix, l'acquéreur peut par exemple s'engager à réaliser une construction sur la partie du terrain restée la propriété du vendeur (Cass. 3e civ. 9-12-1986 n° 85-13.373 : Bull. civ. III n° 177), à viabiliser celui-ci, à reprendre la charge du crédit ayant permis l'acquisition initiale. Les parties peuvent aussi convenir d'une dation en paiement (n°s 26180 s.), c'est-à-dire de la remise d'un bien mobilier ou immobilier en paiement du prix.
La vente peut également être consentie moyennant une rente viagère (n°s 26700 s.), une obligation de soins ou un bail à nourriture (n°s 26900 s.).

B. Personnes habilitées à fixer le prix

PRÉÉMINENCE DE LA LIBERTÉ CONTRACTUELLE

24020 La détermination du prix est réservée aux **parties** (C. civ. art. 1591). Le **juge** n'est pas autorisé à pallier leur carence (n°s 24170 s.). Toutefois, certaines ventes peuvent être subordonnées à l'autorisation d'un juge. Ce peut être le cas notamment lorsque le vendeur est soumis à un régime de protection (tutelle ou minorité par exemple) ou à une **procédure collective**. Ainsi, après l'ouverture d'une procédure de liquidation judiciaire, c'est le juge-commissaire qui autorise la vente de gré à gré d'un bien et qui en fixe le prix et les conditions (C. com. art. L 642-18, al. 3). Mais le juge-commissaire ne peut autoriser le liquidateur à vendre un immeuble de gré à gré que s'il existe pour ce dernier au moins une offre d'achat préalable (Cass. com. 15-5-2019 n° 17-23.753 F-PB : RJDA 8-9/19 n° 579). Lorsqu'il fixe le prix de cession d'un bien du débiteur, le juge-commissaire peut retenir une valeur inférieure à celle retenue par les experts, compte tenu notamment de l'état du bien et de l'absence d'offres d'achat pour celui-ci (CA Paris 11-12-2018 n° 18/10264 : RJDA 5/19 n° 358 ; CA Paris 11-12-2018 n° 18/08873 : RJDA 5/19 n° 358). Une fois autorisée par le juge-commissaire, l'offre d'achat de gré à gré ne peut pas être rétractée (Cass. com. 14-11-2019 n° 18-15.871 F-PB : SNH 5/20 inf. 5) et, une fois que l'ordonnance du juge-commissaire a acquis autorité de chose jugée, le prix qu'il a fixé ne peut plus être réduit, pas même par la Safer qui exerce son droit de préemption sur ce bien (Cass. 3e civ. 11-7-2019 n° 17-22.716 F-D : BPIM 5/19 inf. 342).
Sur la question de savoir qui est habilité à percevoir le prix de vente d'un bien appartenant à une personne placée en liquidation judiciaire, voir n° 26060.

24025 Les parties peuvent laisser la détermination du prix à l'**arbitrage d'un tiers** (C. civ. art. 1592).
La désignation du tiers doit résulter de l'accord des parties ; à défaut, il n'y a pas vente. En effet, le juge ne peut pas se substituer aux parties pour le désigner, à moins qu'elles n'aient expressément prévu son intervention (Cass. civ. 25-4-1952 : D. 1952 p. 635 ; Cass. com. 23-1-1990 n° 88-11.644 : Bull. Joly 1990 n° 76 p. 275). Si le tiers ne veut pas (c'est-à-dire s'il refuse la mission) ou ne peut pas faire l'estimation, il n'y a point vente, sauf estimation par un autre tiers (C. civ. art. 1592).
Le tiers ne doit pas être dépendant de l'une des parties (Cass. 1e civ. 2-12-1997 n° 95-19.791 : Bull. civ. I n° 334, RJDA 4/98 n° 403). Une telle dépendance, qu'elle résulte de liens familiaux, professionnels ou de relations d'affaires, n'est pas en soi répréhensible. Le tiers désigné ne peut être écarté qu'en raison de relations personnelles entretenues avec l'une des parties de nature à faire naître un doute légitime et actuel sur son impartialité (Cass. com. 5-10-2004 n° 02-21.545 :

RJDA 12/04 n° 1307 ; CA Paris 29-5-2008 n° 07/506 : RJDA 1/09 n° 32). Il en va de même s'il a dissimulé l'existence de ces relations à l'autre partie, ne lui permettant pas ainsi d'exprimer son choix en toute connaissance de cause (Cass. 1e civ. 2-12-1997 n° 95-19.791 : Bull. civ. I n° 334, RJDA 4/98 n° 403).

Le prix fixé par le tiers s'impose, en principe, aux parties ainsi qu'au juge (Cass. com. 3-11-1952 : Bull. civ. III n° 333 ; Cass. com. 4-11-1987 n° 86-10.027 : Bull. civ. IV n° 226), sauf :

– en cas d'erreur grossière commise par le tiers (Cass. com. 22-4-1976 n° 74-14.896 : Bull. civ. IV n° 129 ; Cass. com. 9-4-1991 n° 89-21.611 : Bull. civ. IV n° 139, RJDA 7/91 n° 561 ; Cass. 1e civ. 25-11-2003 n° 00-22.089 : Bull. civ. I n° 243, RJDA 5/04 n° 568) ;

– de dol ou de violence (Cass. com. 6-6-1950 : Bull. civ. III n° 205 ; Cass. com. 12-11-1962 : Bull. civ. III n° 44) ;

– ou si, conformément aux règles de droit commun du mandat, le tiers avait outrepassé ses pouvoirs.

Toutefois, même si elles ne sont pas grossières, les erreurs commises par le tiers engagent sa responsabilité à l'égard des parties (Cass. com. 4-2-2004 n° 01-13.516 : Bull. civ. IV n° 23, RJDA 6/04 n° 688). Le vendeur est ainsi en droit d'obtenir réparation du préjudice que lui cause une sous-évaluation fautive (Cass. com. 4-2-2004 précité).

> **Précisions** La clause par laquelle les parties donnent mission à un tiers, non pas d'exercer un pouvoir juridictionnel, mais de procéder sur des éléments de fait à une évaluation s'imposant à elles, ne constitue pas une **clause compromissoire** au sens des articles 1442 et suivants du Code de procédure civile (Cass. com. 16-2-2010 n° 09-11.586 FS-PB : RJDA 7/10 n° 750).

SECTION 2

PRIX DÉTERMINÉ OU DÉTERMINABLE

A. Force de l'exigence

APPRÉCIATION LIBÉRALE DE L'EXIGENCE D'UN PRIX DÉTERMINÉ

Le prix de la vente doit être déterminé par les parties (C. civ. art. 1591). Aux termes d'une **jurisprudence ancienne et constante**, il n'est pas pour autant nécessaire que le montant en soit fixé, 24050
dans le principe, d'une manière absolue, ni que l'acte porte en lui-même l'indication du prix (Cass. 3e civ. 26-9-2007 n° 06-14.357 FS-PB : RJDA 1/08 n° 19) ; il suffit, pour la formation de la vente, que le prix soit déterminable en vertu des clauses du contrat (notamment Cass. req. 7-1-1925 : DH 1925 p. 57 ; Cass. req. 14-2-1927 : D. 1928 I p. 80 ; Cass. 3e civ. 5-1-1972 n° 70-13.759 : Bull. civ. III n° 4 ; CE 26-1-2021 n° 433817 : RJDA 8-9/21 n° 559).

Autrement dit, **à défaut de chiffrage du prix** dans l'acte de vente, ce dernier doit indiquer les éléments de référence sur la base desquels les parties sont convenues de le fixer et, le cas échéant, la méthode de calcul qu'elles ont retenue.

Il appartient au **juge** de dire si le prix est déterminable en fonction des éléments d'appréciation précis et concrets produits par les parties (Cass. com. 24-1-2018 n° 16-22.039 F-D). Ni le juge ni l'expert qu'il a désigné ou encore le tiers choisi par les parties pour fixer le prix ne peuvent pallier un manque ou une imprécision du contrat en prenant en considération des éléments extérieurs à celui-ci (nos 24170 s.).

> **Précisions** **a.** L'indétermination du prix ne peut résulter que des **stipulations contractuelles**. Par suite doit être censuré l'arrêt d'une cour d'appel qui déduit des diverses contradictions, insuffisances et erreurs du rapport de l'expert désigné par les parties que le prix de la cession litigieuse était indéterminable (Cass. com. 9-3-1993 n° 91-13.510 : RJDA 10/93 n° 806).
> **b.** Dans les **contrats-cadres**, il peut être convenu que le prix sera fixé unilatéralement par l'une des parties, à charge pour elle d'en motiver le montant en cas de contestation. En cas d'abus dans la fixation du prix, le juge peut être saisi d'une demande tendant à obtenir des dommages et intérêts et le cas échéant la résolution du contrat (C. civ. art. 1164 ; Cass. ass. plén. 1-12-1995 n° 91-15.578, n° 91-15.999, n° 91-19.653 et n° 93-13.688).

24055 **Illustrations** Jugé que la vente dont le **prix** est **déclaré payé par compensation** avec une créance de l'acquéreur sur les vendeurs qui se révèle ne pas exister n'est pas nulle. Le prix était bien déterminé dans l'acte, et son existence n'était pas affectée par une éventuelle impossibilité de le compenser (Cass. 1e civ. 24-5-2018 n° 16-26.378 FS-PB : BPIM 4/18 inf. 283 ; Cass. 3e civ. 7-6-2018 n° 17-17.779 FS-PBI : RJDA 10/19 n° 716). À l'inverse, jugé que s'il résulte du compromis de vente que le **prix** définitif doit être **fixé après bornage de la parcelle** et que c'est au jour de l'acte authentique que doit être constaté l'accord sur la chose et sur le prix, les vendeurs sont fondés à refuser le résultat des opérations de bornage et la signature de l'acte authentique car il n'y a pas eu d'accord sur le prix de vente (Cass. 3e civ. 11-6-2014 n° 13-15.147 F-D). De même, il n'y a aucun accord sur la chose et sur le prix si la délibération du conseil communautaire ne détermine ni la teneur des parcelles, ni leur superficie exacte, ni le prix (Cass. 3e civ. 10-3-2015 n° 13-28.695 F-D).

B. Pluralité de vendeurs ou d'acquéreurs

INCIDENCE DE LA RÉPARTITION DU PRIX SUR LE CARACTÈRE DÉTERMINÉ DU PRIX

24070 L'exigence de la détermination du prix n'implique pas, en cas de pluralité de **vendeurs**, que la part revenant à chacun d'eux soit déterminée par le contrat (Cass. 3e civ. 6-7-1983 n° 82-12.022 : Bull. civ. III n° 162 ; CA Paris 23-9-1988).

Jugé ainsi que n'est pas indéterminé le prix de cession d'un ensemble de parcelles de terrain appartenant de manière indivise à six personnes différentes et qu'un mandataire avait été chargé de vendre pour un prix global qu'il lui incombait de répartir ensuite entre ses mandants au prorata des surfaces et des qualités des parcelles dont ils étaient propriétaires (Cass. 3e civ. 19-3-1986 n° 84-13.582 : Bull. civ. III n° 36).

Réciproquement, la clause de ventilation du prix qui figure parmi les déclarations des **acquéreurs** dans le projet d'acte de vente d'un immeuble n'engage que ceux-ci et est inopposable au vendeur, si bien que cette clause est sans portée sur la validité de l'accord sur la chose et sur le prix (Cass. 3e civ. 21-3-1990 n° 88-19.924 : Bull. civ. III n° 84).

C. Critères

LIBERTÉ ENCADRÉE PAR LA JURISPRUDENCE

24090 Aux termes d'une jurisprudence constante et ancienne, à défaut d'être déterminé, le prix doit être déterminable, au vu des clauses du contrat, par des éléments ne dépendant pas de la **volonté de l'un des contractants** ou de la **réalisation d'accords ultérieurs** (notamment Cass. req. 14-2-1927 : D. 1928 I p. 80 ; Cass. 3e civ. 15-11-1968 : Bull. civ. III n° 477 ; Cass. 1e civ. 12-11-1974 n° 73-10.850 : Bull. civ. I n° 301 ; Cass. com. 16-1-2001 n° 98-15.663 : Bull. Joly 2001 p. 391 n° 97 ; Cass. 1e civ. 16-11-2016 n° 15-23.548 F-D).

Une **clause de révision de prix** insérée dans l'acte de vente peut, selon les termes utilisés pour sa rédaction, remettre en cause le caractère déterminable du prix.

Il y a également indétermination du prix lorsque la **mise en œuvre des éléments de référence** retenus se révèle **impossible** (Cass. com. 5-5-1970 n° 68-13.523 : Bull. civ. IV n° 147 ; Cass. com. 13-1-1971 n° 69-12.174 : Bull. civ. IV n° 13).

> **Précisions** La prohibition d'une détermination du prix laissée à l'appréciation d'une seule des parties à la cession s'apparente à première vue à celle prévue par l'article 1304-2 du Code civil qui déclare nulle toute obligation contractée sous une **condition potestative** de la part de celui qui s'oblige, c'est-à-dire sous une condition dont la réalisation dépend de la volonté discrétionnaire de ce dernier (sur la condition potestative, voir nos 30200 s.).
> Quelques décisions font encore expressément référence au caractère potestatif de la clause fixant le prix (par exemple, Cass. com. 15-6-1982 : JCP G 1984 II, n° 20141 note Grillet-Ponton). Pourtant, l'**assimilation** est **contestable**. D'une part, la potestativité n'est sanctionnée que si elle affecte une condition, elle-même modalité d'une obligation ; or la fixation du prix n'est pas une condition mais un élément constitutif du contrat de vente (en ce sens M. A. Frison-Roche, L'indétermination du prix : RTD civ. 1992 p. 269 nos 30 s. ; D. Mainguy, Bref retour sur l'indétermination du prix : JCP E 1998, Cah. dr. entr. n° 2 p. 24 ; O. Barret : Rép. civ. Dalloz v° Vente nos 471 s.). D'autre part,

l'article 1304-2 du Code civil n'a vocation à s'appliquer que si l'exécution de l'obligation est laissée à la discrétion du seul débiteur de celle-ci alors qu'en matière de prix de vente la prohibition vise tant le prix laissé à la volonté du cédant (notamment Cass. com. 5-5-1959 n° 57-11.318 : Bull. civ. III n° 193) que celui abandonné à celle de l'acquéreur (par exemple CA Paris 22-11-1972 : D. 1974 p. 93 note Ph. Malaurie et, sur pourvoi, Cass. 1e civ. 12-11-1974 n° 73-10.850 : Bull. civ. I n° 301).

D. Illustrations

VENTES ATYPIQUES

La question de l'indétermination du prix se pose rarement en matière de vente immobilière dans la mesure où l'immeuble est vendu soit pour un prix global soit pour un prix au mètre carré, hypothèse dans laquelle il ne reste plus qu'à déterminer la surface cédée. **24120**

Les principes énoncés n° 24090 ont donc vocation à s'appliquer dans les ventes un peu atypiques, comportant, par **exemple**, des actes successifs pour une même vente, des contreparties autres que monétaires ou encore des modalités de paiement remettant en cause le caractère définitif du prix.

Prix jugé déterminable A été jugé que le prix est déterminable : **24125**

– lorsque les parties se réfèrent à un prix au mètre carré tel qu'il résulte d'un indice publié dans une revue spécialisée et que cet indice continue à faire l'objet d'une publication à la date de fixation du prix (Cass. 3e civ. 12-6-1991 n° 89-20.272 : Bull. civ. III n° 177) ;

– dans un cas où la cession de plusieurs parcelles de terrains destinées à la réalisation d'un lotissement a fait l'objet de trois conventions successives comportant des prix différents dès lors que le dernier acte a fixé le prix de vente à la somme de 1 800 000 F (Cass. 3e civ. 7-10-1998 n° 97-11.448 : Bull. civ. III n° 202, RJDA 12/98 n° 1342 dans une affaire où la vente avait été consentie moyennant l'obligation pour l'acquéreur de viabiliser le terrain) ;

– en cas de vente d'un immeuble consentie moyennant diverses obligations à la charge de l'acquéreur dont celle de verser au vendeur, au cas où celui-ci viendrait à perdre ses revenus, une pension lui permettant de vivre décemment, cette clause laissant au juge la possibilité de déterminer le prix de la vente par voie de relation avec des éléments ne dépendant pas de la volonté des parties (Cass. 3e civ. 5-1-1972 n° 70-13.759 : Bull. civ. III n° 4) ;

– dès lors que, si l'acte de vente n'indique pas le prix convenu, il mentionne en revanche que le vendeur donne quittance à l'acquéreur du paiement du prix, ce qui démontre à l'évidence que celui-ci a été déterminé et désigné par les parties au jour de la signature de l'acte, voire antérieurement (Cass. 3e civ. 26-9-2007 n° 06-14.357 FS-PB : RJDA 1/08 n° 19) ;

– dès lors que le vendeur a accepté que le prix de vente du terrain soit réduit proportionnellement à la surface conservée par lui, et qu'ainsi les parties sont convenues d'une nouvelle vente en déterminant un nouvel objet résultant de la nouvelle délimitation ainsi que d'un nouveau prix déterminable par réduction du prix proposé à proportion de la surface effectivement vendue (Cass. 3e civ. 17-12-2013 n° 12-27.125 F-D : RJDA 4/14 n° 312) ;

– dès lors que les parties ont précisé dans la promesse synallagmatique de vente que le prix de la parcelle revendue au vendeur serait égal à la différence entre le prix global de vente et le montant cumulé du coût des travaux de rénovation-réhabilitation de la maison existante et que le prix des terrains vendus ne pourrait en aucun cas excéder le prix fixé à la promesse. Il résulte de ces éléments que le prix de vente est déterminé dès la conclusion de la promesse, sans pouvoir être affecté par les modalités de paiement (Cass. 3e civ. 3-5-2018 n° 17-15.258 F-D : RJDA 8-9/18 n° 630).

Prix jugé indéterminable En revanche, le prix de vente a été considéré comme indéterminable lorsque : **24130**

– une promesse synallagmatique portant vente en l'état futur d'achèvement d'un immeuble à usage de résidence de tourisme prévoyait un prix ferme et définitif de 10 700 000 F hors taxe, mais comportait une autre clause permettant une éventuelle modification du prix en fonction d'éléments dépendant de la seule volonté de l'une des parties (Cass. 3e civ. 29-6-1994 n° 92-13.019 : Contrats, conc., consom. 1994 comm. 217 note Leveneur) ;

– un acte de vente d'une parcelle de terrain prévoyait que le vendeur s'engageait à le viabiliser et que le prix serait ultérieurement arrêté d'une façon précise lors de la passation des marchés des voies et réseaux divers et qu'il s'établirait dans les limites d'une fourchette donnée, ce dont il résultait que le montant définitif du prix devait faire l'objet d'une fixation ultérieure en fonction de travaux dont ni l'importance ni le coût n'étaient exactement déterminés (Cass. 3e civ. 10-5-1995 n° 93-10.718 : Contrats, conc., consom. 1998 comm. n° 140) ;

– des immeubles avaient été vendus afin de rembourser un prêt consenti par l'acheteur au vendeur et que le prix avait été déclaré égal au montant du prêt restant dû à une date donnée, sans qu'il y ait lieu de faire de comptes entre les parties (Cass. 1e civ. 11-3-1986 n° 84-12.940 : Bull. civ. I n° 67) ;
– des parties étaient convenues que le prix de vente d'un immeuble serait payable en sa majeure partie sous forme de dation en paiement d'un appartement destiné au logement du vendeur, alors que cet appartement n'était pas déterminé, qu'aucun délai de livraison n'était prévu et que le plan de l'appartement, seul susceptible de témoigner de la consistance et de la valeur du bien, n'était pas annexé au compromis ni signé du vendeur (CA Rennes 30-9-1997, 1e ch. civ. : JCP G 1998 IV, n° 2174).

E. Sanctions de l'indétermination du prix

1. FIXATION JUDICIAIRE DU PRIX

MARGE DE MANŒUVRE RÉDUITE DU JUGE

24170 En présence d'une vente immobilière dont le prix est indéterminable (nos 24050 s.) ou dérisoire (nos 24250 s.), entre-t-il dans les pouvoirs du juge de fixer ce prix ?
La réponse est clairement négative. Les termes de l'article 1591 du Code civil, qui réserve la fixation du prix aux parties, interdisent au juge de se substituer aux parties lorsqu'elles n'ont pas satisfait à cette obligation.
Sans doute appartient-il au juge de rechercher quelle a été, à cet égard, la **commune intention des parties**. Il dispose, alors, d'un large pouvoir d'interprétation (notamment Cass. com. 5-5-1970 n° 68-13.523 : Bull. civ. IV n° 147 ; Cass. com. 16-11-1993 n° 91-19.740 : Bull. civ. IV n° 415, RJDA 4/94 n° 394). Encore faut-il qu'il se réfère bien à la volonté des parties telle qu'elle lui paraît résulter du contrat ; il ne peut donc pas se référer à des éléments extérieurs à l'acte de cession et procéder ainsi à une fixation judiciaire du prix (Cass. 1e civ. 19-1-1999 n° 97-10.695 : Bull. civ. I n° 25, RJDA 3/99 n° 272 ; Cass. 1e civ. 28-11-2000 n° 98-10.433 : RJDA 3/01 n° 284). Ainsi, le juge ne peut pas considérer que le prix fixé par les parties est celui prévu dans une vente précédemment conclue entre les mêmes parties et par la suite résolue d'une façon amiable (Cass. com. 12-11-1997 n° 95-14.214).
Si le prix n'est pas déterminable au vu de la méthode de calcul retenue par les parties, il ne peut pas non plus désigner un expert chargé de le fixer (Cass. 1e civ. 16-7-1998 n° 96-17.414 : Bull. civ. I n° 265 ; Cass. com. 10-3-1998 n° 96-10.168 : Bull. civ. IV n° 99, RJDA 7/98 n° 865).

24175 Ces prohibitions s'appliquent également lorsque la **méthode de détermination** du prix retenue par les parties est **devenue inapplicable** (Cass. 1e civ. 25-4-1972 : D. 1973 p. 661), par exemple en raison d'une modification législative ou réglementaire (Cass. com. 29-6-1981 n° 80-11.821 : Bull. civ. IV n° 298).
Sur le pouvoir du juge à l'égard du prix fixé par un tiers désigné à cette fin par les parties, voir n° 24025.

2. NULLITÉ DE LA VENTE

NATURE

24190 Lorsque le prix est indéterminable ou lorsque, bien que déterminé, il n'est ni réel ni sérieux (nos 24250 s.), la vente est nulle (notamment Cass. com. 5-5-1959 n° 57-11.318 : Bull. civ. III n° 193 ; Cass. com. 13-1-1971 n° 69-12.174 : Bull. civ. IV n° 13) et il n'est pas possible de demander une fixation judiciaire du prix (nos 24170 s.).
En matière de vente, la **jurisprudence dominante** moderne a opéré un revirement de jurisprudence considérant qu'il s'agit d'une **nullité relative**.
La **chambre commerciale** a jugé ainsi que l'action en nullité d'une vente conclue pour un prix indéterminé ou vil qui tend à la protection des intérêts privés des cédants relève du régime des actions en nullité relative (Cass. com. 22-3-2016 n° 14-14.218 FS-PB : RJDA 5/16 inf. 359 ; à propos d'une cession de parts sociales, Cass. com. 10-4-2019 n° 14-12.409 F-D). Elle considérait auparavant qu'à défaut de prix sérieux la vente était affectée d'une nullité fondée sur l'absence d'un élément essentiel de ce contrat et qu'il s'agissait donc d'une nullité absolue (Cass. com. 23-10-2007 n° 06-13.979 FS-PB : RJDA 2/08 n° 115).
La **troisième chambre civile** opte également pour une nullité relative fondée sur l'absence de cause (Cass. 3e civ. 21-9-2011 n° 10-21.900 FS-PB : BPIM 6/11 inf. 461 ; Cass. 3e civ. 24-10-2012 n° 11-21.980 FS-D : RJDA 2/13 n° 100). Elle précise ainsi que le contrat conclu pour un prix dérisoire ou vil n'est pas inexistant, mais nul pour défaut de cause, et que l'action en nullité de ce contrat

relève d'un intérêt privé et d'une nullité relative (Cass. 3e civ. 24-10-2012 n° 11-21.980 FS-D ; Cass. 3e civ. 11-2-2014 n° 12-25.756 F-D : JCP G 2014 n° 699).
Quant à la **première chambre civile**, elle retient que la nullité d'un contrat pour défaut de cause, protectrice du seul intérêt particulier de l'un des cocontractants, est une nullité relative (Cass. 1e civ. 29-9-2004 n° 03-10.766 FS-PB). Elle considérait auparavant qu'il s'agissait d'une nullité absolue susceptible d'être invoquée par tout intéressé (Cass. 1e civ. 20-10-1981 n° 80-14.741 : Bull. civ. I n° 301), en raison de l'inexistence de l'acte (Cass. 1e civ. 24-3-1993 n° 90-21.462).

CONFIRMATION DE LA VENTE

La personne qui peut invoquer la nullité peut confirmer l'acte nul de nullité relative (C. civ. art. 1181, al. 2). **24195**
Cette faculté interroge dans la mesure où le prix est un élément essentiel de la vente (J.-Cl. Civil Art. 1591 à 1593 fasc. unique : Vente – Nature et forme – Prix et frais n° 34 par M. Mignot).

> **Précisions** Si la **nullité absolue** de la vente est retenue (n° 24190), la ratification ou la confirmation de la vente litigieuse est impossible (Cass. 1e civ. 8-11-1977 n° 75-12.562 : Bull. civ. I n° 404 ; Cass. com. 30-11-1983 n° 82-12.045 : Bull. civ. IV n° 333). Ainsi, en cas de prix composé d'une partie fixe payable immédiatement et d'un complément exigible ultérieurement mais dont le montant est indéterminable, l'**exécution de la vente** après le versement de la fraction fixe du prix ne peut pas éteindre le droit du vendeur de faire prononcer la nullité de la cession pour indétermination du prix (Cass. com. 5-5-1959 : Bull. civ. III n° 193). Lorsque le **demandeur** en nullité n'est **pas partie à la cession**, il ne peut pas être déduit de sa présence lors de la signature de la vente la confirmation de cet acte et sa renonciation à en contester ultérieurement la validité (Cass. 1e civ. 4-8-1952 : Bull. civ. I n° 260).

EXERCICE DE L'ACTION EN NULLITÉ

La nature de la nullité encourue, absolue ou relative, détermine les personnes ayant **qualité pour agir en nullité** de la vente. S'agissant d'une nullité relative, elle ne peut être invoquée que par la partie que la loi entend protéger. Si l'on s'en tient à la jurisprudence moderne dominante (n° 24190), seul le vendeur peut en demander la nullité (C. civ. art. 1181, al. 1). **24200**
La **nullité** est, en principe, **de droit** : le juge est tenu de la prononcer lorsque les conditions en sont réunies. Mais il est admis que la nullité puisse être « **facultative** », le juge appréciant alors discrétionnairement l'opportunité de la prononcer ou non.

> **Précisions** Dans les cas où la **nullité absolue** de la cession serait retenue (n° 24190), l'action en nullité est **ouverte à** tout intéressé et non pas réservée aux seules parties à la cession. Par exemple, une fondation, légataire d'une exploitation agricole, a été autorisée à remettre en cause pour vileté du prix la vente en viager de cette exploitation conclue par le testateur avec ses métayers après le legs (Cass. 1e civ. 24-3-1993 n° 90-21.462).
> La **nullité** doit être **expressément invoquée** par le demandeur. En effet, le juge qui constate l'impossibilité de déterminer le prix n'est pas tenu de prononcer la nullité de la cession si celle-ci n'est pas poursuivie (Cass. 1e civ. 20-1-1993 n° 90-21.321 : Bull. civ. I n° 31).
> Une fois prononcée, la nullité peut aussi être invoquée par toute personne qui y a intérêt.

PRESCRIPTION

L'action en nullité se prescrit dans les **conditions de droit commun**, à savoir par 5 ans à compter de la date à laquelle le demandeur a connu ou aurait dû connaître cette indétermination si l'action est personnelle ou mobilière (C. civ. art. 2224) et par 30 ans à compter du même jour si l'action est réelle immobilière (C. civ. art. 2227). **24203**
Une action relative à un droit réel immobilier ou à une vente immobilière n'est pas nécessairement une action réelle immobilière : la **distinction entre les 2 catégories d'actions** précitées dépend de la nature du droit dont la protection est demandée (droit réel, personnel ou mobilier) et de l'objet de la demande (restitution du bien ou du prix, indemnisation...). Pour qu'une action soit qualifiée de réelle immobilière, il faut, d'une part, que le demandeur soit bien celui qui se prétend titulaire de droits réels immobiliers car c'est au regard de la demande que se détermine la nature d'une action et, d'autre part, que la finalité de la procédure soit bien la protection de ce droit. L'action doit véritablement avoir pour objet de statuer à l'égard de tous sur le droit de propriété de l'immeuble et non pas seulement viser à réparer un trouble porté à ce droit.
Ainsi, l'**action en nullité pour indétermination du prix** est soumise, à notre avis, à la prescription trentenaire lorsqu'elle est **engagée par le vendeur** dans la mesure où elle lui permet d'établir qu'il a conservé la propriété du bien et de demander la restitution de celui-ci ; l'action concerne

alors bien la protection d'un droit réel immobilier. La même action **engagée par l'acquéreur** vise au contraire à faire constater qu'il n'y a pas eu transfert de propriété (et qu'il n'est pas tenu de payer le prix). Son action est donc de nature mobilière et à ce titre soumise, en principe, à la prescription quinquennale.
Rappelons également que la prescription d'une action en nullité ne fait pas obstacle au droit d'opposer cette nullité comme exception en défense à l'action principale (Cass. 3e civ. 19-7-1984 n° 83-12.355 : Bull. civ. III n° 145), à moins que l'acte n'ait commencé à recevoir exécution (voir n° 16890).

> **Précisions** **L'action du vendeur en résolution d'une vente immobilière** pour défaut de paiement du prix par l'acquéreur tend à sanctionner une obligation de nature personnelle, même si elle aura pour effet la restitution du bien dans son patrimoine. L'action est donc soumise à la prescription quinquennale de l'article 2224 du Code civil (Cass. 3e civ. 11-1-2023 n° 21-22.467 F-D : RJDA 04/23 n° 187 ; Cass. 3e civ. 2-3-2022 n° 20-23.602 FS-B pour une action en résolution de la vente par adjudication pour défaut de paiement du prix par l'adjudicataire). De même, la **demande en paiement d'une clause pénale**, qui ne tend qu'au paiement de dommages-intérêts dont le montant a été forfaitairement prévu au contrat, est de nature personnelle, quelle que soit la nature de l'obligation dont la clause sanctionne le non-respect, même celle résultant d'une servitude à caractère réel et immobilier (Cass. 3e civ. 11-1-2023 n° 21-16.143).

SECTION 3

PRIX RÉEL ET SÉRIEUX

A. Ventes visées

DOMAINE D'APPLICATION LARGE

24250 En **principe**, les ventes d'immeubles sont soumises à l'exigence d'un prix réel et sérieux.
La vente isolée d'un **immeuble appartenant à une personne en sauvegarde, en redressement ou en liquidation judiciaire** (Cass. com. 28-9-2004 n° 02-11.210 : Bull. civ. IV n° 167, RJDA 4/05 n° 436) est soumise à cette exigence. En revanche, si cette vente s'inscrit dans le cadre d'une cession d'unité de production, opération dont le caractère forfaitaire implique l'existence d'un aléa (Cass. com. 12-10-1993 n° 91-18.505 : Bull. civ. IV n° 331, RJDA 2/94 n° 221), elle ne peut pas être annulée pour défaut de prix sérieux (Cass. com. 3-3-1998 n° 95-18.409 : Bull. civ. IV n° 93, RJDA 7/98 n° 851).
Dans les **ventes en viager**, qui constituent des contrats aléatoires dans la mesure où le prix finalement payé par l'acquéreur dépend de la durée de vie du vendeur, l'existence de l'aléa interdit d'apprécier le caractère sérieux du prix. Mais encore faut-il qu'il existe bien un aléa (n° 26716).
Sur la vente consentie en contrepartie d'une obligation de soins, dit « **bail à nourriture** », voir nos 26900 s.

B. Portée de l'exigence

ATTEINTE À LA VALIDITÉ DU CONTRAT

24280 La formation du contrat de vente suppose l'accord des parties sur la chose et sur le prix (C. civ. art. 1583). Par conséquent, l'**absence de prix**, à laquelle est assimilé le **prix dérisoire** (ou vil prix), porte atteinte à la validité du contrat. Le caractère réel et sérieux du prix ne se confond pas avec la valeur du bien vendu (Cass. 1e civ. 18-11-1997 n° 95-20.540). L'hypothèse ici visée n'est pas celle du **prix ne correspondant pas exactement à la valeur réelle** de l'immeuble (hypothèse de la lésion exposée nos 24350 s.), mais celle où le prix est si bas, voire absent, qu'il n'existe pas de contrepartie à l'obligation du vendeur de délivrer l'immeuble. La jurisprudence exige donc que le prix de vente soit réel et sérieux.
À défaut, la **sanction** est la même que celle exposée en cas d'indétermination du prix : la nullité de la vente. Elle s'exerce dans les mêmes conditions (nos 24190 s.). L'action en nullité pour vileté du prix est distincte de l'action en rescision pour lésion : elle peut donc s'exercer indépendamment de celle-ci (Cass. 3e civ. 18-7-2001 n° 99-17.496 : Bull. civ. III n° 101).
L'hypothèse du **prix symbolique** est étudiée nos 24320 s.
La faculté pour l'acquéreur de demander une **réduction du prix** lorsque l'immeuble comporte un vice caché est exposée nos 50260 s.

CONSEIL

Si le vendeur a consenti à la vente pour un prix dérisoire à la suite d'une erreur de sa part ou encore à la suite de manœuvres dolosives ou de violences émanant de l'acquéreur ou du mandataire de celui-ci, il peut invoquer un **vice du consentement** pour demander l'annulation de la vente et/ou des dommages-intérêts (n°s 16830 s.).

C. Critères d'appréciation

APPORT ESSENTIEL DE LA JURISPRUDENCE

L'appréciation du caractère réel et sérieux du prix se fait au regard non seulement du montant de celui-ci mais aussi de l'ensemble des engagements souscrits par l'acheteur (Cass. 3e civ. 26-9-2007 n° 06-16.292 FS-D : RJDA 1/08 n° 27 ; CA Riom 6-10-2011 n° 10/02136 : RJDA 4/12 n° 392). Elle relève du **pouvoir** souverain **des juges du fond** (Cass. 3e civ. 26-3-1969 : Bull. civ. III n° 265 ; Cass. 3e civ. 11-3-2003 n° 01-11.756 F-D : RJDA 7/03 n° 709 ; Cass. 3e civ. 26-9-2007 n° 06-16.292 précité). 24300

L'appréciation du caractère réel et sérieux du prix se fait à la **date** de l'engagement des parties (Cass. com. 25-10-2017 n° 15-24.219 FS-PB : RJDA 2/18 n° 114). Ainsi, pour contrôler le caractère sérieux du prix de vente d'une parcelle de terrain, il convient d'apprécier sa constructibilité à la date de l'échange des consentements, et non à une date ultérieure, quand bien même un plan local d'urbanisme l'aurait par la suite rendue constructible (Cass. 3e civ. 23-10-2012 n° 11-22.180 F-D). De la même manière, lorsqu'un prix de vente est fixé dans le cadre d'une promesse de vente qui dépend de la réalisation d'un événement, c'est à la date à laquelle le prix a été fixé qu'il convient de se placer pour apprécier son éventuelle vileté (Cass. 3e civ. 20-11-2013 n° 12-24.103 FS-D ; Cass. com. 15-3-2017 n° 15-22.314 F-D : RJDA 6/17 n° 411).

La **Cour de cassation** exerce néanmoins un **contrôle** sur la motivation et vérifie, notamment lorsqu'il s'agit d'un prix symbolique, que le juge a relevé les contreparties à une telle cession ou, en cas de vente moyennant rente viagère, qu'il a constaté la disparition de l'aléa (Cass. 3e civ. 12-6-1996 n° 94-16.988 : Bull. civ. III n° 147, RJDA 10/96 n° 1180).

ILLUSTRATIONS

Jugé ainsi qu'une cour d'appel avait justifié sa décision **refusant d'annuler la vente** dès lors qu'elle avait souverainement retenu que le prix convenu pour la livraison de terrains, même modeste, ne pouvait être considéré comme inexistant (Cass. 3e civ. 11-3-2003 n° 01-11.756 F-D : RJDA 7/03 n° 709). N'est pas dérisoire, même s'il est faible, le prix d'un terrain correspondant à celui pratiqué, à la date de la vente, dans la zone concernée et s'expliquant par les relations de parenté entre les parties (Cass. 3e civ. 6-5-2008 n° 07-12.034 F-D).

En l'absence de tout élément sur l'évolution du marché immobilier dans le secteur pendant cette période, le seul fait qu'un terrain ait été revendu au prix auquel il a été acquis ne suffit pas à établir la vileté de son prix (Cass. 3e civ. 25-1-2005 n° 03-19.113 F-D : RJDA 5/05 n° 534).

Dans un cas où une personne avait laissé, par acte sous signature privée, tous ses biens après à sa mort à « son fidèle compagnon et serviteur » et lui avait, de son vivant, vendu une propriété pour un prix de 190 000 F (environ 37 000 €), l'acte de vente précisant que ce prix serait payé par compensation avec la somme de 100 000 F (environ 19 000 €) représentant le montant en principal de l'ensemble des arriérés de salaires dus à l'acquéreur, le solde étant converti en obligation de soins, a légalement justifié sa décision la cour d'appel qui a déduit, tant des termes du testament que des précisions de l'acte de vente, que le prix prévu dans celui-ci était réel et sérieux (Cass. 3e civ. 15-12-1998 n° 97-16.152).

N'a pas eu lieu à vil prix, et est donc valable, la vente de 10 hectares de terrain consentie en 1951 par des parents à leur fils pour la somme de 30 000 F (environ 4 570 €) eu égard à l'importance de l'aide financière apportée à ses parents par le fils qui leur avait fait profiter de la jouissance d'une propriété, du versement de diverses sommes d'argent et de l'acquisition d'un appartement dont ils étaient locataires (Cass. 3e civ. 26-9-2006 n° 05-18.703 F-D : RJDA 3/07 n° 252).

En revanche, doit être **annulée pour vileté du prix** la vente par laquelle un lotisseur achète à 2 €/m² trois parcelles de terrain (pour les revendre 2 ans plus tard à 74 €/m² après travaux de viabilisation), alors qu'un an auparavant, un terrain limitrophe bénéficiant de la même vue panoramique exceptionnelle sur Nice et la baie des Anges avait été vendu 37 €/m² et que le marché de l'immobilier était orienté à la hausse (Cass. 3e civ. 25-5-2011 n° 10-14.875 FS-D : RJDA 3/12 n° 267).

De même, doit être annulé pour vileté du prix l'acte de vente de la nue-propriété d'un bien pour un prix inférieur aux 2/3 de son prix réel, moyennant une condition particulière visant à priver le vendeur, malgré son usufruit, des revenus que pouvait lui rapporter son bien (Cass. 3e civ. 29-1-2013 n° 12-12.780 F-D : BPIM 2/13 inf. 140).

D. Cas particulier du prix symbolique

VALIDITÉ CONDITIONNÉE

24320 L'exigence d'un prix réel et sérieux ne remet pas nécessairement en cause la validité d'une vente convenue pour un prix symbolique. Celle-ci est valable à condition que le prix s'accompagne d'une autre **contrepartie onéreuse** qui restitue à l'opération sa cause (CA Paris 9-9-1997 : Bull. Joly 1998 p. 20 ; voir aussi Cass. 3e civ. 26-9-2007 n° 06-16.292 FS-D : RJDA 1/08 n° 27 ; Cass. com. 10-10-2018 n° 17-12.564 F-D : RJDA 1/19 n° 20) ou que l'opération s'inscrive dans un ensemble indivisible procurant au vendeur un **avantage réel** (en ce sens, Cass. 3e civ. 3-3-1993 n° 91-15.613 : Bull. civ. III n° 28).

ILLUSTRATIONS

Ainsi, la **promesse de vente d'un garage au prix symbolique d'un euro** n'est pas nulle dès lors qu'elle est indivisible de la vente d'une maison et que le prix payé pour cette maison constitue une **contrepartie sérieuse** à la cession de l'ensemble immobilier (CA Riom 6-10-2011 n° 10/02136 : RJDA 4/12 n° 392).

De même, dans un cas où une personne avait acheté, d'une part, à une société exploitant une briqueterie, ses locaux et son matériel pour 1 750 000 F (environ 366 000 €) et, d'autre part, à un actionnaire de la société le **terrain au prix d'un franc**, l'acquéreur s'engageant à prendre en charge les dettes de la société, jugé que, dans le cadre de l'économie générale du contrat, la vente du terrain était causée et avait une **contrepartie réelle** dès lors que la vente du terrain sur lequel était bâtie l'usine, pour le prix d'un franc, était une condition de réalisation d'une opération d'ensemble concernant la vente d'une entreprise de briqueterie formant un tout indivisible et que cette vente permettant l'apurement des dettes et la poursuite de l'activité, le vendeur du terrain avait grand intérêt à sa réalisation, tant à titre personnel pour éviter les poursuites de ses créanciers, qu'à titre d'actionnaire de la société venderesse des bâtiments dont il détenait avec son épouse près de la moitié des parts sociales (Cass. 3e civ. 3-3-1993 n° 91-15.613 : Bull. civ. III n° 28).

En revanche, dans un cas où le propriétaire d'un **terrain comportant une carrière** exploitée par un tiers l'avait **vendu à une commune moyennant la somme d'un franc**, le reversement par la commune des redevances d'exploitation (droits de fortage) en cas d'extension de la carrière et le transport des terres qu'il laissait sur le terrain, la vente a été annulée pour **absence de prix réel et sérieux**. En effet, la cession du terrain d'une surface d'environ 97 hectares et situé près de l'agglomération de Villefranche-sur-Saône n'avait pas d'autre contrepartie immédiate que le franc symbolique ; l'obligation de restituer les droits de fortage en cas de mise en exploitation de certaines parcelles, à défaut d'évaluation, ne pouvait constituer un prix, ce d'autant moins que le cédant bénéficiait déjà de ces droits sur l'intégralité du site ; le transport des terres ne pouvait pas davantage constituer une contrepartie sérieuse en l'absence d'évaluation ou possibilité d'évaluation (Cass. 3e civ. 23-5-2007 n° 06-13.629 FS-PB : RJDA 11/07 n° 1080).

24325 **Ventes de terrains par les communes** Les ventes de terrains consenties par les communes pour 1 € symbolique, destinées à susciter l'implantation d'entreprises sur leur territoire, et donc considérées comme des aides indirectes, ne sont plus possibles. En revanche, les cessions par les communes à un prix inférieur à la valeur vénale de l'immeuble, constitutif d'une aide économique, sont admises sous conditions. En effet, les aides accordées sous forme de rabais sur le prix de vente, ou de location-vente de terrains nus ou aménagés ou de bâtiments neufs ou rénovés, de prêts, d'avances remboursables ou de crédit-bail doivent être calculées par référence aux conditions du marché, selon des règles de plafond, de zone et de PME bénéficiaires déterminées par décret (CGCT art. L 1511-3 et R 1511-5).

> **Précisions** Lorsqu'une commune ne soutient pas qu'elle a entendu consentir à l'acquéreur une **aide indirecte**, la vente intervenue à un prix très inférieur à la valeur vénale du bien constitue un avantage injustifié attribué à l'acquéreur (CE 25-9-2009 n° 298918 : BPIM 6/09 inf. 437).

SECTION 4 PRIX LÉSIONNAIRE

PRÉSENTATION GÉNÉRALE

24350 Par **exception au droit commun de la vente**, le vendeur d'immeuble est autorisé à demander la rescision de la vente lorsqu'il a été lésé sur le prix de vente dans une certaine proportion (C. civ. art. 1674).

Dans l'esprit des rédacteurs du **Code civil**, l'action en rescision visait à protéger le consentement du vendeur qui, pressé par les événements, aurait été contraint de vendre son immeuble à un prix trop faible. La **jurisprudence** voit plutôt dans cette action le moyen de sanctionner un déséquilibre objectif entre la valeur réelle du bien vendu et le prix fixé par les parties.
Cette action est distincte de l'**action en nullité pour vileté du prix** (Cass. 3e civ. 16-12-1998 n° 97-11.541 : Bull. civ. III n° 256, RJDA 2/99 n° 162 ; Cass. 3e civ. 18-7-2001 n° 99-17.496 : Bull. civ. III n° 101, RJDA 1/02 n° 33 ; Cass. 3e civ. 15-12-2010 n° 09-16.838 FS-PB : RJDA 4/11 n° 303). En comparaison, l'action en nullité pour vileté du prix a un domaine d'application plus étendu, un régime juridique moins strict.
Les conditions de mise en œuvre de l'action sanctionnant la lésion sont très rigoureuses et rendent l'exercice de l'action en rescision hasardeux et long.

A. Champ d'application

VENTE D'IMMEUBLE

La lésion n'est envisagée dans le Code civil que de façon exceptionnelle. S'agissant du contrat de vente, elle ne concerne que la vente immobilière. Il en résulte deux conséquences. **24355**
Il faut en premier lieu qu'il s'agisse d'une vente. En conséquence, **ne peuvent être rescindés** :
– une donation déguisée (Cass. 1e civ. 10-1-1952 : Bull. civ. II n° 22 ; CA Nîmes 28-6-1976 : Gaz. Pal. 1978 I p. 38) ;
– un échange (C. civ. art. 1706) ;
– un apport en société, même portant sur un immeuble (Cass. req. 12-6-1945 : S. 1946 I p. 32).
En revanche, une **dation en paiement** peut être rescindée (Cass. 3e civ. 4-7-1968 : Bull. civ. III n° 324).
En présence de **contrats mixtes ou complexes**, tels que les **baux assortis d'une promesse de vente par exemple**, il convient de distinguer selon que l'ensemble contractuel est ou non divisible. S'il y a indivisibilité, le contrat complexe se distingue d'une vente et l'action en rescision n'est pas ouverte au vendeur. Au contraire, si les actes sont divisibles, l'acte qui est qualifiable de vente et détachable de l'opération globale peut donner lieu à une action en rescision pour lésion (Cass. 3e civ. 7-7-2010 n° 09-14.579 FS-PB : RJDA 11/10 n° 1061). Ont été considérés comme divisibles un bail à construction et la promesse unilatérale de vente dont il était assorti, dès lors que l'indivisibilité de ces deux contrats n'était pas stipulée dans l'acte, que le locataire s'était réservé le droit d'acquérir ou non et que les deux conventions existaient et pouvaient être exécutées indépendamment l'une de l'autre (Cass. 3e civ. 4-4-2013 n° 12-14.134 FS-D : RJDA 6/13 n° 501).
Concernant le **contrat de crédit-bail**, qui prévoit la vente de l'immeuble à la fin d'une période de location, la doctrine considère généralement que la société de crédit-bail ne peut pas agir en rescision pour lésion dans la mesure où la modicité du prix se justifie par la nature particulière de ce contrat (voir notamment J.-Cl. Civil Art. 1674 à 1685 fasc. unique n° 16 par F. Collart-Dutilleul).
Une vente dont l'efficacité a été reconnue par une **décision de justice** ayant autorité de la chose jugée ne peut plus être remise en cause pour lésion (n° 24490).

En second lieu, la vente doit avoir pour objet un **immeuble** : par suite, une cession de parts sociales, même d'une société civile immobilière, n'est pas rescindable puisque ces parts, en vertu de l'article 529 du Code civil, sont des meubles (Cass. 3e civ. 9-4-1970 n° 68-13.956 : Bull. civ. III n° 234, D. 1970 p. 726). En revanche, la vente de tous droits immobiliers peut être rescindée (servitudes, usufruit, quote-part indivise, etc.). **24360**

VENTE JUDICIAIRE

Même lorsqu'elles ont pour objet un immeuble, l'action en rescision est expressément exclue à l'égard des ventes qui ne peuvent être faites que d'autorité de justice (C. civ. art. 1684). **24365**
Ainsi, **la lésion ne peut pas être invoquée pour** :
– les ventes sur saisie y compris, à notre avis, lorsque le juge a autorisé le saisi à vendre l'immeuble à l'amiable car le prix est alors encadré judiciairement (C. exécution art. R 322-21 ; dans le même sens sous l'empire des textes antérieurs, Cass. 1e civ. 27-4-1964 n° 62-10.019 : Bull. civ. I n° 215) ; sur le cas particulier de la conversion en vente amiable consentie par le créancier poursuivant, voir n° 24367 ;
– les ventes d'immeubles dépendant d'une succession bénéficiaire (Cass. req. 7-11-1927 : DP 1928 I p. 43) ;
– la vente entre majeurs pour laquelle les enchères ont été imposées par le désaccord persistant des vendeurs (Cass. 1e civ. 25-4-1984 n° 82-16.052 : Bull. civ. I n° 135) ;

– la vente des immeubles d'un débiteur en liquidation judiciaire par le liquidateur, fût-elle de gré à gré, cette vente ne pouvant être faite que d'autorité de justice (C. com. art. L 642-18 ; pour des illustrations jurisprudentielles, Cass. com. 16-6-2004 n° 01-17.185 FS-PB : RJDA 12/04 n° 1359 ; Cass. 3e civ. 6-10-2010 n° 09-66.683 FS-PB : RJDA 12/10 n° 1179).

VENTE AMIABLE SUR AUTORISATION JUDICIAIRE

24367 La vente amiable sur autorisation judiciaire produit les effets d'une vente volontaire mais ne peut pas donner lieu à rescision pour lésion (C. exécution art. L 322-3).

VENTE ALÉATOIRE

24370 En **principe**, les ventes aléatoires ne peuvent pas être rescindées pour cause de lésion car « l'aléa chasse la lésion » : on ne peut pas déterminer dans un contrat aléatoire s'il y a un défaut d'équivalence entre les prestations réciproques des parties (Cass. 1e civ. 14-6-1977 : Bull. civ. I n° 279).

Sont ainsi **visées** :
– les ventes consenties moyennant versement d'une rente viagère ou assorties d'une obligation de soins et d'entretien (Cass. 3e civ. 26-5-1992 : Bull. civ. III n° 177 ; Cass. 3e civ. 5-11-2008 n° 07-17.106 FS-D : RJDA 4/09 n° 328) ;
– les ventes avec réserve d'usufruit (Cass. 1e civ. 17-1-1956 : Bull. civ. I n° 32) ;
– les ventes avec réserve d'un droit d'usage et d'habitation (Cass. 3e civ. 9-1-1978 : D. 1979 IR p. 240 ; Cass. 1e civ. 19-7-1983 : Bull. civ. I n° 212).

La rescision pour lésion est, par **exception**, possible si la vente ne revêt pas véritablement un caractère aléatoire. Ainsi, la vente conclue moyennant rente viagère sans contrepartie effective peut être rescindée pour lésion (Cass. 3e civ. 12-6-1996 n° 94-16.988 : Bull. civ. III n° 147, RJDA 10/96 n° 1180 ; Cass. 3e civ. 10-6-1998 n° 94-11.778 : Bull. civ. III n° 125, RJDA 8-9/98 n° 971).

24375 Le caractère aléatoire des contrats relève de l'**appréciation souveraine des juges du fond** (Cass. 3e civ. 3-10-1991 n° 90-12.591 : Bull. civ. III n° 219). Pour des exemples de ventes qui ne sont pas aléatoires, voir n° 26710.

L'aléa doit s'apprécier **au jour de** la réalisation de la vente (Cass. 3e civ. 7-7-2010 n° 09-14.579 FS-PB : RJDA 11/10 n° 1061 ; Cass. 3e civ. 4-4-2013 n° 12-14.134 FS-PB : RJDA 6/13 n° 501). Ainsi, en cas de faculté d'option, l'aléa s'apprécie au jour de la levée de l'option (Cass. 3e civ. 7-7-2010 n° 09-14.579 précité).

B. Appréciation de la lésion

DÉFINITION DE LA LÉSION

24400 Si le vendeur a été lésé de plus de sept douzièmes dans le prix d'un immeuble, il a le droit de demander la rescision de la vente (C. civ. art. 1674). En d'autres termes, **pour qu'il y ait lésion**, le prix indiqué à l'acte de vente doit être inférieur aux cinq douzièmes de la valeur de l'immeuble au moment de la vente.

Par suite, la constatation d'une lésion égale aux sept douzièmes de cette valeur ne saurait entraîner la rescision de la vente (Cass. 3e civ. 20-11-1984 : Bull. civ. III n° 195). Par **exemple**, la vente d'un immeuble qui vaut 240 000 € ne pourra être attaquée pour lésion que si son prix est inférieur à 100 000 €.

24402 Aucune **autre condition** n'est exigée : notamment la preuve d'un dol ou d'une contrainte morale subie par le vendeur n'a pas à être rapportée (Cass. req. 28-12-1932 : DP 1933 I p. 87 ; Cass. req. 21-3-1933 : DH 1933 p. 235 ; Cass. civ. 21-4-1950 : JCP 1950 II n° 580).

La **preuve** de la lésion ne peut être admise que selon des modalités très précises et contraignantes (nos 24620 s.).

DÉTERMINATION DE LA VALEUR DE L'IMMEUBLE

24405 Les **juges** du fond disposent d'un **pouvoir** souverain pour déterminer, retenir et apprécier les éléments constitutifs de la valeur de l'immeuble (Cass. 1e civ. 19-1-1966 : Bull. civ. I n° 50 ; Cass. 3e civ. 4-10-1972 n° 71-11.984 : Bull. civ. III n° 500 ; Cass. 3e civ. 24-1-2001 n° 99-15.282 FS-D).

24407 Les juges ne peuvent que se référer au **contenu de l'acte de vente** pour déterminer la consistance des biens vendus (Cass. 1e civ. 2-5-1960 : Bull. civ. I n° 226) ; ils ne peuvent donc pas fonder leur appréciation sur des **éléments étrangers** à l'état du bien vendu et à sa valeur vénale au moment de la vente (Cass. 3e civ. 6-2-1974 n° 73-10.435 : Bull. civ. III n° 68, refusant de prendre en considération un abattement pour « frais de mutation »). De même, ils doivent estimer la valeur d'un terrain non bâti à partir de la surface indiquée dans l'acte de vente et non de celle mentionnée au cadastre (Cass. 3e civ. 5-12-2012 n° 11-21.026 FS-PB : RJDA 2/13 n° 106).

Pour déterminer les biens à évaluer, il faut tenir compte des **accessoires de l'immeuble** comme les immeubles par destination qui, incorporés ou affectés à l'immeuble, doivent être estimés avec lui (Cass. req. 9-3-1942 : S. 1942 I p. 126). 24409

En cas de **vente portant sur un ensemble unique et indivisible**, la lésion s'apprécie au regard de l'opération globale (Cass. 3e civ. 30-6-1999 n° 97-16.882 : Bull. civ. III n° 161, RJDA 8-9/99 n° 912 ; Cass. 3e civ. 3-11-2011 n° 10-19.452 FS-PB : RJDA 2/12 n° 149). Ainsi, si une vente par lots a été réalisée par deux actes distincts à la suite d'une promesse portant sur le tout et si la levée de l'option a été faite pour le tout, la lésion s'apprécie par comparaison entre la valeur réelle de l'ensemble d'immeubles avant sa division et le prix global payé pour celui-ci (Cass. 3e civ. 30-6-1999 n° 97-16.882 précité). De même, en cas de vente de plusieurs biens appartenant à des propriétaires distincts pour un prix unique, la lésion invoquée pour un seul des biens doit s'apprécier au regard de l'opération dans son ensemble si elle est indivisible (Cass. 3e civ. 3-11-2011 n° 10-19.452 précité).

En revanche, si la **vente porte sur un bien sinistré** et que par acte distinct daté du même jour il est fait donation à l'acquéreur de l'indemnité d'assurance, une cour d'appel peut souverainement retenir que cette indemnité, librement donnée par le vendeur à l'acheteur afin qu'il puisse reconstruire l'immeuble, n'a pas à être prise en considération pour en déterminer la valeur au jour de la vente (Cass. 3e civ. 15-12-2010 n° 09-68.625 FS-D : RJDA 4/11 n° 302). En outre, si la **vente de l'immeuble fait partie d'une opération globale** avec maintien du personnel et cession de fonds de commerce et de matériel d'exploitation, les juges ne peuvent prendre en considération ni la valeur du fonds de commerce ni la masse salariale (Cass. 3e civ. 8-1-1992 n° 90-12.141 : Bull. civ. III n° 9).

La **valeur vénale** de l'immeuble correspond au prix que le vendeur aurait pu obtenir si la vente de l'immeuble s'était faite dans des conditions normales, compte tenu du marché immobilier à l'époque de la vente. 24415

Les juges, qui ne sont pas tenus de suivre les conclusions du rapport d'expertise (n° 24630), peuvent notamment **prendre en considération** :

– la situation de l'immeuble et sa « convenance » pour un acquéreur éventuel (Cass. 1e civ. 28-4-1953 : Bull. civ. I n° 142) ;

– l'existence d'un bail même si l'acquéreur en est le bénéficiaire car elle déprécie la valeur de l'immeuble (Cass. 3e civ. 13-3-1979 n° 77-10.598 : Bull. civ. III n° 64) ;

– l'estimation la plus haute fixée par les experts lorsqu'il résulte du rapport d'experts que la valeur de l'immeuble variait sensiblement selon qu'il était vendu à usage d'hôtel ou d'immeuble à louer par lots (Cass. 3e civ. 21-7-1999 n° 96-22.185 : Bull. civ. III n° 187, RJDA 11/99 n° 1192) ;

– la somme représentant le droit viager d'habitation que s'est réservé le vendeur pour la déduire de la valeur vénale de l'immeuble vendu (Cass. 1e civ. 7-6-1966 : Bull. civ. I n° 346 ; Cass 3e civ. 10-10-2012 n° 11-11.069 FS-D).

Pour estimer l'immeuble, les juges du fond sont libres de choisir leur **méthode de calcul** : méthode utilisée par les juridictions d'expropriation, prise en considération du prix du terrain et du coût de la construction après une éventuelle déduction de la dépréciation tenant à la vétusté de l'immeuble, ou encore prix au mètre carré de la surface habitable. Lorsque les experts proposent plusieurs méthodes d'évaluation de la valeur vénale (méthode linéaire, méthode de comparaison et méthode de reconstitution de la marge, par exemple), les juges du fond, qui relèvent que la méthode d'expertise linéaire est fondée sur des calculs mathématiques et statistiques qui ne peuvent être pris en considération que dans la mesure où les termes de comparaison sont multiples, peuvent souverainement déduire du rapport d'expertise que le prix de vente du terrain exclut la lésion (Cass. 3e civ. 11-1-2011 n° 10-15.226 F-D).

DATE D'APPRÉCIATION

L'immeuble doit être estimé suivant son état et sa valeur au **moment de la vente** (C. civ. art. 1675, al. 1 ; Cass. 1e civ. 7-11-1962 : Bull. civ. I n° 469 ; Cass. 3e civ. 25-3-1971 n° 70-10.434 : Bull. civ. III n° 222 ; Cass. 3e civ. 21-5-1974 n° 73-10.051 : Bull. civ. III n° 220). 24420

Les modifications qui ont affecté la valeur de l'immeuble **après la vente** ne sont en principe pas prises en compte, telles par exemple la division ultérieure du terrain en plusieurs lots (Cass. 1e civ. 7-11-1962 : Bull. civ. I n° 469). De même, l'estimation d'un terrain par rapport à la valeur locative des futurs locaux, ou en retenant sa valeur avec des aménagements à venir, prend en compte des modifications susceptibles d'influencer l'usage et la valeur du terrain après la vente. Ces méthodes d'évaluation et de comparaison n'apportent pas la preuve de faits assez graves pour faire présumer la lésion (Cass. 3e civ. 21-9-2022 n° 21-15.125 FS-D).

Mais une évaluation faite par expertise est valable, même si elle intervient 19 mois après la vente, dès lors que l'acheteur n'apporte aucun élément probant permettant d'établir qu'une modification a affecté la valeur de l'immeuble entre le jour de la vente et celui de l'expertise (Cass. 3e civ. 18-10-2011 n° 10-25.025 F-D : BPIM 6/11 inf. 473).

24422 S'agissant d'un **terrain**, il est possible de prendre en compte un projet de modification d'un POS laissant envisager la **constructibilité** prochaine du terrain (Cass. 3e civ. 12-7-1995 n° 93-14.838 : Dr. et patrimoine 1995 p. 76 ; Cass. 1e civ. 27-2-2013 n° 11-27.523 F-D). Il a été jugé également que la valeur d'un terrain doit être déterminée au vu de son classement futur et certain en zone constructible du plan d'occupation des sols de la commune sur lequel il se situe, et non selon son classement effectif au jour de la vente (CA Rennes 5-6-2003).

Mais si aucune décision de déclassement d'une partie quelconque du terrain n'est intervenue au moment de l'instance, la demande en rescision doit être rejetée (Cass. 3e civ. 26-3-2003 n° 01-15.901 FS-D).

Cependant, il a été auparavant jugé que l'incertitude quant à la possibilité d'obtenir les autorisations administratives nécessaires pour construire peut être prise en compte comme dévalorisant l'immeuble (Cass. 3e civ. 18-7-1972 n° 71-12.827 : Bull. civ. III n° 480).

Enfin, affirmant l'absence d'incidence de la rétroactivité sur la lésion, la Cour de cassation a jugé que l'annulation du plan d'occupation des sols, si elle emportait remise en vigueur du plan antérieur (rendant le terrain vendu à nouveau constructible), n'avait pas pour effet, dès lorsqu'elle n'était pas notoirement inéluctable, de faire disparaître la dévalorisation que ce plan avait fait subir au terrain en le rendant inconstructible à la date de la vente (Cass. 3e civ. 17-6-2009 n° 08-15.055 FS-PB : RJDA 12/09 n° 1068).

24425 En cas de **promesse unilatérale de vente**, la lésion s'apprécie au jour de la réalisation (C. civ. art. 1675, al. 2), donc au jour de la levée de l'option (Cass. 3e civ. 23-5-1978 n° 77-11.067 : Bull. civ. III n° 215 ; Cass. 3e civ. 29-9-1999 n° 97-21.738 : Bull. civ. III n° 195, RJDA 12/99 n° 1315 ; Cass. 3e civ. 2-12-2008 n° 07-19.347 : RJDA 7/09 n° 625).

En cas de **vente sous condition suspensive**, la lésion s'apprécie à la date de la réalisation de la condition. Toutefois, si les parties souhaitent maintenir l'effet rétroactif de la condition (C. civ. art. 1304-6), la lésion s'apprécie au jour de la vente ou de la promesse synallagmatique.

Dans les ventes **sous condition résolutoire** et dans les ventes liées à une **autorisation administrative**, il faut prendre en considération la date de la vente (Cass. civ. 5-4-1949 : JCP 1949 n° 4961).

Lorsque l'acte apparent de vente est précédé d'une **contre-lettre** (n° 24810), c'est à la date de cette dernière que remonte l'accord des volontés et que doit être appréciée la lésion (Cass. 1e civ. 3-7-1951 : S. 1952 I p. 78).

DÉTERMINATION DU PRIX DE VENTE

24430 L'appréciation de la lésion consiste à comparer le prix de vente avec la valeur vénale de l'immeuble au jour de la vente.

Le prix de vente qui doit être comparé est le prix principal, c'est-à-dire la **somme d'argent** et les éventuelles **prestations en nature** qui sont imposées à l'acheteur et qui ont profité au vendeur.

Il faut aussi tenir compte :

– des **frais** payés par l'acheteur alors qu'ils incombaient normalement au vendeur : les frais de purge des hypothèques légales (CA Lyon 13-5-1953 : D. 1953 p. 468) mais pas des frais dont l'acquéreur est légalement tenu (Cass. 3e civ. 20-11-1984 n° 83-14.155 : Bull. civ. III n° 195, pour la TVA ; CA Rennes 26-1-1948 : D. 1949 p. 159, pour les frais d'acte et droits d'enregistrement) ;

– du montant des **impositions arriérées** dues pour l'immeuble vendu et que l'acheteur a été contraint de payer à la place du vendeur (T. civ. Rochefort 19-8-1856 : S. 1857 2 p. 241) ;

– de l'**indemnité** versée par l'acquéreur au vendeur **en contrepartie de la renonciation au bénéfice d'une condition suspensive** (Cass. 1e civ. 27-5-1964 : Bull. civ. I n° 281) ;

– de la **somme versée** par l'acheteur **à l'occupant** des lieux pour qu'il les quitte (Cass. com. 8-7-1980 n° 77-13.164 : Bull. civ. IV n° 290) ;

– du **prix des meubles** si la vente porte à la fois sur un immeuble et des meubles, le prix devant alors être ventilé pour déterminer la lésion sur la partie du prix applicable aux immeubles (CA Paris 24-4-1989).

Les juges peuvent prendre en considération l'avantage conféré à l'acquéreur par la stipulation du **paiement** du prix de vente **à crédit** sur 15 ans sans intérêts ni indexation (Cass. 3e civ. 4-10-1995 n° 93-19.702 : Bull. civ. III n° 215, RJDA 1/96 n° 113), le calcul de cet avantage relevant du pouvoir souverain des juges du fond (Cass. 3e civ. 29-9-1999 n° 97-21.738 : Bull. civ. III n° 195, RJDA 12/99 n° 1315).

Le juge doit prendre en considération le prix indiqué dans l'acte apparent, sans avoir à tenir compte des majorations résultant de **contre-lettres** frappées de nullité (Cass. 1e civ. 1-2-1960 : Bull. civ. I n° 68 ; sur ces contre-lettres, voir nos 24810 s.).

C. Action en rescision

1. DEMANDEUR

QUALITÉ

Seul le **vendeur** peut exercer l'action en rescision : la rescision pour lésion n'a pas lieu en faveur de l'**acheteur** (C. civ. art. 1683). 24480

Les **créanciers** du vendeur peuvent exercer l'action en rescision pour lésion par la voie de l'action oblique (C. civ. 1341-1). En revanche, l'**usufruitier** qui prend les choses dans l'état où elles sont (C. civ. art. 600), n'a pas qualité pour intenter une action ayant pour but de faire rentrer dans le patrimoine des héritiers des biens qui ne s'y trouvaient plus au moment de l'ouverture de l'usufruit et ne peut donc exercer une action en rescision (Cass. 1e civ. 26-11-1962 : Bull. civ. I n° 503).

Lorsque le vendeur est une **commune**, c'est le maire, après délibération du conseil municipal, qui doit agir en rescision (CGCT art. L 2122-22, 16°).

Sur les **héritiers** qui peuvent agir en rescision, voir n° 24500.

DEMANDEUR AYANT RENONCÉ À L'ACTION

Le vendeur peut l'exercer même s'il a expressément **renoncé dans l'acte de vente** à la faculté de demander cette rescision (C. civ. art. 1674 ; Cass. 1e civ. 17-6-1963 : Bull. civ. I n° 322 ; Cass. 3e civ. 4-10-1995 n° 93-19.702 : Bull. civ. III n° 215, RJDA 1/96 n° 113) ; il s'agit de protéger le vendeur qui, en état d'infériorité, pourrait être contraint d'accepter un prix lésionnaire. Toute clause par laquelle le vendeur renonce à l'action en rescision doit donc être réputée non écrite. 24490

Toutefois, conformément au principe selon lequel on peut toujours **renoncer** à un droit acquis, la renonciation peut être faite valablement **postérieurement à la cession** à condition que :

– le vendeur ait eu connaissance de la lésion (Cass. civ. 19-12-1853 : DP 1854 I p. 31) ;

– sa volonté de renoncer soit certaine (Cass. req. 3-6-1863 : DP 1863 I p. 429) ;

– et qu'il ait reçu la totalité du prix stipulé (T. civ. Bordeaux 6-1-1948 : JCP 1948 II n° 4209), mais cette dernière condition ne fait pas l'unanimité en doctrine.

La nullité peut également être couverte par la confirmation (C. civ. art. 1182 s.).

De même, le **vendeur** peut invoquer la lésion même s'il **a déclaré donner la plus-value** (C. civ. art. 1674).

> **Précisions** Outre une éventuelle renonciation, le vendeur peut se voir opposer la **prescription de l'action en rescision** (n° 24550) ainsi que l'**autorité de la chose jugée** dont bénéficie une précédente décision de justice ayant reconnu la validité de la vente (Cass. 3e civ. 13-2-2008 n° 06-22.093 FS-PBI : RJDA 7/08 n° 790 ; Cass. 3e civ. 16-3-2010 n° 09-13.180 F-D). Il appartient en effet au vendeur de présenter dès la demande initiale (formée à titre principal ou en défense à une action) tous les moyens utiles à l'appui de cette demande, y compris éventuellement la lésion (Cass. ass. plén. 7-7-2006 n° 04-10.672 : Bull. civ. ass. plén. n° 8 ; Cass. 3e civ. 13-2-2008 n° 06-22.093 précité).

PLURALITÉ DE DEMANDEURS

Si plusieurs vendeurs ont aliéné un même immeuble ou si le vendeur est décédé en laissant plusieurs héritiers, chacun des **vendeurs** ou des **héritiers** peut agir séparément en rescision pour sa part de l'immeuble (C. civ. art. 1685, 1668 et 1669) ; il en résulte que la décision rendue n'aura d'effet qu'à l'égard du vendeur ou de l'héritier qui a agi et qu'en cas de rescision celle-ci ne sera que partielle, de sorte qu'il en découlera une indivision entre l'acquéreur et les vendeurs ou les héritiers qui ne sont pas intervenus. 24500

L'acquéreur peut cependant exiger que tous les covendeurs et tous les cohéritiers soient mis en cause afin de se concilier entre eux pour la reprise de l'immeuble entier (C. civ. art. 1670). La recevabilité de la demande en rescision suppose alors l'**accord** unanime de tous les covendeurs ou cohéritiers mis en cause par l'acquéreur. 24503

Mais l'unanimité n'est pas nécessaire si l'un des coïndivisaires a conclu la vente litigieuse en tant que mandataire du vendeur (Cass. 1e civ. 9-11-1966 : Gaz. Pal. 1967 I p. 52) ou lorsque l'adhésion d'un des coïndivisaires à la demande en rescision est impossible, notamment parce qu'il est précisément l'acheteur contre lequel l'action est exercée (Cass. 1e civ. 2-5-1961 : Bull. civ. I n° 223). De même, il n'est pas nécessaire que les coïndivisaires qui n'ont pas participé à la vente donnent leur accord à la demande en rescision (Cass. 1e civ. 6-10-1954 : JCP 1954 G II n° 8444).

24505 À **défaut d'accord** intervenu entre les covendeurs dans le délai que le juge leur a imparti, l'acquéreur dispose d'une fin de non-recevoir qui lui permettra de faire rejeter la demande en rescision (Cass. 1e civ. 20-2-1951 : S. 1952 I p. 19).

Jugé qu'une **conciliation tardive**, c'est-à-dire intervenue après l'expiration du délai de l'action en rescision (nos 24550 s.), n'entraîne pas le rejet de l'action car le retard de certains vendeurs, par négligence ou malice, ne doit pas priver les demandeurs diligents du bénéfice de leur initiative (Cass. 3e civ. 5-11-1974 no 73-12.531 : Bull. civ. III no 402).

OBJET DE LA DEMANDE

24506 Lorsqu'il invoque la lésion, le vendeur ne peut demander que la **rescision de la vente**, c'est-à-dire son annulation (no 24700), et non la **révision du prix** ou la revalorisation de la rente viagère (Cass. 3e civ. 6-6-2007 no 06-14.773 FS-PB : RJDA 11/07 no 1081). Seul l'acquéreur peut, en cours d'instance, offrir cette revalorisation pour éviter que la vente ne soit rescindée ; l'acquéreur peut alors choisir entre ces deux solutions (nos 24680 s.).

2. DÉFENDEUR

INCIDENCES DE L'ACTION EN RESCISION POUR LE DÉFENDEUR

24530 Lorsque l'**acheteur** est **en possession de l'immeuble**, son droit de propriété n'est pas remis en cause par l'action en rescision pour lésion. Il peut donc, pendant la procédure, effectuer des **travaux sur le bien vendu** (Cass. 3e civ. 14-12-2011 no 10-25.408 FS-PB : RJDA 3/12 no 278). Si l'action en rescision aboutit et si l'acheteur opte pour la restitution de l'immeuble, le vendeur qui se verra restituer l'immeuble avec les constructions devra rembourser au choix à l'acheteur évincé, à condition que celui-ci soit de **bonne foi** et ait effectué les travaux avec des matériaux lui appartenant, une somme égale à l'augmentation de la valeur du fonds ou le coût des matériaux et le prix de la main-d'œuvre à la date du remboursement (C. civ. art. 555). Est de mauvaise foi la personne qui, au moment où elle demande et obtient un permis de construire, puis fait édifier un immeuble sur le terrain ayant fait l'objet de la vente, sait que ce terrain ne lui appartient pas puisqu'elle ne l'a pas payé et n'a pas signé l'acte de vente. Sa demande de remboursement de l'augmentation de la valeur de l'immeuble ou du coût des matériaux et de la main-d'œuvre doit donc être rejetée (Cass. 3e civ. 8-12-2016 no 15-10.127 FS-D).

24532 Lorsque l'acquéreur a revendu l'immeuble, le vendeur peut-il agir directement en rescision contre le **sous-acquéreur** sans poursuivre préalablement l'acquéreur initial ?

La Cour de cassation ne s'est pas prononcée directement sur ce point : elle a juste considéré que le sous-acquéreur était un véritable défendeur à l'action en justice du vendeur initial de sorte que ce dernier pouvait saisir le tribunal du siège social du sous-acquéreur (Cass. 3e civ. 8-12-1993 no 90-22.070 : Bull. civ. III no 165).

En toute hypothèse, le sous-acquéreur peut intervenir à l'instance pour écarter la rescision en offrant de payer le supplément de prix (C. civ. art. 1681, al. 2). Plus généralement, tout **titulaire de droit réel** sur l'immeuble (créancier hypothécaire) a la faculté de payer le supplément du juste prix pour éviter l'anéantissement de son droit (Cass. 1e civ. 6-7-1965 : Bull. civ. I no 455).

24535 En cas de **décès de l'acheteur**, si ce dernier a laissé plusieurs héritiers, si l'immeuble est encore indivis ou s'il a été partagé en nature entre les héritiers, l'action en rescision ne peut être exercée contre chacun d'eux que pour sa part ; en revanche, si par le partage, l'immeuble est échu au lot de l'un des héritiers, l'action peut être intentée contre lui pour le tout (C. civ. art. 1685 et 1672).

3. DÉLAI POUR AGIR EN RESCISION

BREF DÉLAI

24550 La demande n'est plus recevable après l'expiration d'une **durée** de 2 ans à compter du jour de la vente (C. civ. art. 1676, al. 1).

La tardiveté de l'action ne peut pas être relevée d'office par le juge (Cass. 3e civ. 6-3-1979 no 77-15.094 : Bull. civ. III no 56).

POINT DE DÉPART

24555 Que faut-il entendre par « jour de la vente » (C. civ. art. 1676) ? Le délai court à compter de la rencontre des volontés du vendeur et de l'acheteur (Cass. 3e civ. 29-3-2000 no 98-16.741 : Bull. civ. III no 79, RJDA 6/00 no 648).

Ainsi, lorsque l'**acte authentique de vente** n'est que l'**exacte traduction** de la volonté des parties exprimée antérieurement par un acte sous signature privée, le délai court à compter de ce dernier. En cas de promesse de vente, le délai court donc à compter de la promesse si elle est synallagmatique, et de la levée de l'option si elle est unilatérale (Cass. 3e civ. 24-2-1999 n° 97-15.683 : Bull. civ. III n° 53, RJDA 5/99 n° 537 ; Cass. 3e civ. 2-12-2008 n° 07-19.347 F-D : RJDA 7/09 n° 625 ; Cass. 3e civ. 5-7-2011 n° 10-19.280 F-D : BPIM 5/11 inf. 392).

Mais lorsqu'il y a eu **modification d'un élément essentiel de la vente** entre l'acte sous signature privée et l'acte authentique, le délai ne part que du jour de la signature de l'acte authentique (Cass. 1e civ. 18-11-1965 : JCP 1966 II n° 14501 ; Cass. 3e civ. 25-1-1978 n° 76-15.199 : Bull. civ. III n° 55 ; Cass. 3e civ. 9-7-1984 n° 83-12.493 : Bull. civ. III n° 137 ; Cass. 3e civ. 14-12-2010 n° 10-11.058 F-D).

En présence d'une **vente sous condition suspensive**, le délai ne court que du jour où la condition est réalisée (Cass. 1e civ. 24-3-1965 n° 62-11.877 : Bull. civ. I n° 220 ; Cass. 3e civ. 11-12-1984 n° 83-14.829 : Bull. civ. III n° 212 ; Cass. 3e civ. 16-11-2005 n° 04-11.152 FS-PB : RJDA 4/06 n° 401) ou de la renonciation par l'acquéreur au bénéfice de la condition suspensive conclue dans son intérêt exclusif (Cass. 1e civ. 27-5-1964 : Bull. civ. I n° 281 ; Cass. 3e civ. 1-10-1997 n° 95-20.897 : Bull. civ. III n° 182, RJDA 12/97 n° 1532). 24560

En cas de vente **sous condition résolutoire**, le délai court à compter du contrat car une telle vente produit tous les effets d'une vente parfaite dès sa conclusion (CA Nîmes 28-4-1982, 1e ch.).

En cas de vente assortie d'un **terme suspensif**, le délai court du jour de l'accord des volontés et non du jour de l'arrivée du terme (Cass. 1e civ. 9-4-1937 : DH 1937 p. 302 ; solution critiquée par la doctrine).

En cas de **vente avec faculté de rachat** (appelée vente à réméré avant 2009), le délai court à compter de la vente (C. civ. art. 1676, al. 2). 24565

Si la **vente** est **assortie d'une promesse de porte-fort**, la ratification de la promesse lui donne effet rétroactif et remonte au jour de l'acte ratifié : c'est donc à cette date qu'a commencé à courir le délai de 2 ans (Cass. 1e civ. 8-7-1964 : D. 1964 p. 560).

Lorsque le contrat de **location-accession** indique que l'accédant à la propriété entend recourir à un ou plusieurs prêts régis par les articles L 313-1 et suivants du Code de la consommation, la vente conclue en exécution de ce contrat est nécessairement conclue sous la condition suspensive de l'obtention des prêts indiqués, de sorte que le délai de prescription de l'action en rescision ne peut avoir commencé à courir à la date de la levée de l'option (Cass. 1e civ. 20-1-1998 n° 96-13.073 : Bull. civ. I n° 24).

CAUSES DE SUSPENSION OU D'INTERRUPTION

Le délai biennal est un **délai préfix** (ou de forclusion) qui n'est donc pas susceptible de suspension. A ainsi été jugé qu'à l'expiration du délai de 2 ans, le vendeur, qui est resté en possession de l'immeuble, ne peut plus invoquer la lésion tant par voie d'action que par voie d'exception, par exemple pour refuser la délivrance (Cass. req. 3-5-1927 : DH 1927 p. 302 ; Cass. civ. 29-3-1950 : D. 1950 p. 396). 24570

En revanche, le délai est interrompu par un acte d'exécution forcée (C. civ. art. 2244) et une demande en justice (C. civ. art. 2241).

4. PUBLICATION DE LA DEMANDE

MISE À JOUR DU FICHIER IMMOBILIER

La demande en rescision doit être publiée au service chargé de la publicité foncière du lieu de l'immeuble, sous peine d'irrecevabilité (Décret 55-22 du 4-1-1955 art. 28, 4°-c et 30, 5) ; le vendeur doit **justifier** de cette publication **par** un certificat du service chargé de la publicité foncière ou la production d'une copie de la demande revêtue de la mention de publicité (Décret précité art. 30, 5). Aucune autre pièce n'est recevable (pour le rejet d'une demande justifiée par une facture de la conservation des hypothèques : CA Paris 5-7-2012 n° 11/12240 ; CA Paris 16-6-2017 n° 16/02431). 24600

Cependant, la **publication tardive** n'entraîne aucune déchéance : jugé que l'action en rescision est recevable dès lors que la demande a été publiée avant la clôture des débats (Cass. 1e civ. 18-12-1962 : D. 1963 p. 146), même en cause d'appel (Cass. 1e civ. 21-6-1965 n° 63-10.031 : Bull. civ. I n° 410 ; Cass. 1e civ. 7-11-2012 n° 11-22.275 F-D). Le **défaut de publication** de la demande constitue une fin de non-recevoir et non un vice de forme (Cass. 1e civ. 7-11-2012 n° 11-22.275 précité). Par suite, seules les parties peuvent l'invoquer et il ne peut être relevé d'office par le juge (Cass. 2e civ. 19-10-2017 n° 16-50.031 F-D).

Cette publication ne s'impose que dans la mesure où la vente rescindable a elle-même été publiée (Cass. 1e civ. 14-11-1967 : D. 1968 p. 77).

5. PREUVE DE LA LÉSION

PROCÉDURE EN DEUX TEMPS

24620 Le législateur, afin de limiter le nombre d'actions en rescision, a instauré un **système complexe** prévoyant l'exercice en deux temps de l'action en rescision : dans un premier temps, le demandeur doit être autorisé par un jugement à rapporter la preuve de la lésion et cette preuve ne peut se faire que selon des modalités très contraignantes ; dans un second temps, les juges statuent au fond sur l'existence de la lésion et sa sanction.

L'action peut même comporter une **procédure préalable** car la preuve des faits dont pourrait dépendre la solution d'un litige peut être ordonnée avant tout procès (CPC art. 145). Une expertise peut ainsi être ordonnée pour rapporter la preuve du caractère vraisemblable de la lésion (Cass. 3e civ. 12-6-2014 n° 13-12.322 FS-D : RJDA 3/15 n° 176).

JUGEMENT D'AUTORISATION

24625 Conformément au **droit commun de la preuve**, il appartient au demandeur à l'action en rescision, donc au vendeur, de prouver la lésion ; mais le vendeur doit être autorisé, par un premier jugement, à rapporter cette preuve ; en effet, la preuve de la lésion ne peut être admise que par jugement et dans le cas seulement où les faits articulés seraient assez vraisemblables et assez graves pour faire présumer la lésion (C. civ. art. 1677).

Cette première phase est **obligatoire** : les juges ne peuvent directement statuer au fond sans examiner au préalable la recevabilité de l'action (Cass. 3e civ. 20-12-1994 n° 92-21.392 : Bull. civ. III n° 230, RJDA 4/95 n° 495).

Dans ce premier jugement, le juge doit constater que les **faits** articulés par le vendeur sont assez **vraisemblables et** assez **graves** pour faire présumer la lésion (C. civ. art. 1677), le juge disposant en la matière d'un pouvoir souverain d'appréciation (Cass. 3e civ. 3-5-1968 n° 64-14.321 : Bull. civ. III n° 188 ; Cass. 3e civ. 15-2-1972 n° 70-13.592 : Bull. civ. III n° 105 ; Cass. 3e civ. 28-3-2006 n° 05-14.134 F-D : RJDA 10/06 n° 1012). Si cela lui est demandé, il doit rechercher si les valeurs retenues par un juge de l'expropriation ne faisaient pas présumer le caractère lésionnaire de la vente (Cass. 3e civ. 16-3-2023 n° 21-23.702).

> **Précisions** La **décision qui** déclare les faits assez vraisemblables et graves **tranche une partie du principal** et est susceptible d'appel avant le jugement définitif (Cass. 3e civ. 29-6-1977 n° 76-11.636 : Bull. civ. III n° 300 ; Cass. 3e civ. 14-10-1981 n° 80-13.429 : Bull. civ. III n° 160 ; Cass. 3e civ. 14-11-1991 n° 90-12.210 : Bull. civ. III n° 269) ou de pourvoi en cassation. Ainsi, peut faire l'objet d'un pourvoi la décision d'une cour d'appel qui tranche une partie du principal en admettant la recevabilité de l'action en rescision, en fixant la date de la vente et en ordonnant une expertise avant dire droit (Cass. 3e civ. 14-12-2010 n° 10-11.058 F-D). Mais cette décision n'a d'autorité que sur le plan de la recevabilité de l'action et non sur l'existence de la lésion (Cass. 3e civ. 18-7-1972 : D. 1973 p. 208).

ILLUSTRATIONS

24626 Il a été jugé que les **faits** ne sont **pas assez vraisemblables ou graves** pour faire présumer la lésion lorsque :

– le rapport officieux produit par le vendeur ne fournit aucune justification des estimations et évaluations qu'il donne, ni aucun élément à l'appui des chiffres et affirmations qu'il énonce (Cass. 1e civ. 18-12-1963 : Bull. civ. I n° 568) ;

– le prix de vente de la parcelle litigieuse a été fixé en prenant pour base de calcul la valeur déterminée par l'adjudication du bien rural dont elle dépendait (Cass. 3e civ. 10-10-1968 : Bull. civ. III n° 372) ;

– le rapport d'expertise ne prend pas en compte une clause de nature à diminuer sensiblement la valeur vénale du bien vendu (Cass. 3e civ. 12-11-2015 n° 14-23.228 F-D) ;

– la densification des opérations d'habitat et la modification du PLU n'étaient pas envisageables au moment de la vente (Cass. 3e civ. 16-6-2015 n° 14-14.758 F-D) ;

– les pièces présentées à l'appui de la demande en rescision pour lésion ne peuvent pas s'appliquer utilement à la parcelle litigieuse, terrain agricole (Cass. 3e civ. 20-5-2014 n° 13-16.948 F-D) ;

– l'évaluation de l'immeuble produite par le demandeur ne repose sur aucun terme de comparaison pertinent contemporain à la promesse de vente (Cass. 3e civ. 30-11-2017 n° 16-15.597 F-D) ;

– les estimations ou expertises privées visées à l'appui de la demande ne tiennent pas compte de la situation du bien et, notamment, de la vocation agricole du terrain au moment de la vente, de l'absence de chemin d'accès viabilisé et d'assainissement individuel, de l'existence

d'une servitude de passage exclusive au profit du vendeur et des particularités que présente l'achat d'un immeuble en voie d'achèvement (surveillance des travaux et prise de risques liés aux aléas inhérents à toute opération de construction) (Cass. 3e civ. 27-5-2010 n° 09-14.172 FS-D) ;
– l'argumentation de l'acquéreur est vague et repose sur des considérations générales (Cass. 3e civ. 21-6-1978 n° 77-12.181 : Bull. civ. III n° 267) ou se fonde sur un rapport établi à sa demande qui ne contient aucun élément précis et objectif (Cass. 3e civ. 30-11-2010 n° 09-11.713 F-D) ;
– l'acquéreur se prévaut uniquement de la liste des ventes immobilières notariales ayant eu lieu dans la commune pour des biens similaires alors qu'il convient, compte tenu de la situation du bien en zone sismique et de l'absence de raccordement au réseau public d'assainissement, de prendre en considération la valeur moyenne du prix au mètre carré (Cass. 3e civ. 28-3-2006 n° 05-14.134 F-D : RJDA 10/06 n° 1012).

> **Précisions** En revanche, le juge ne peut pas rejeter la demande de rescision pour lésion au motif qu'un prix de 40 € le mètre carré a été retenu par le service des domaines pour une parcelle voisine, sans rechercher, comme il le lui était demandé, si les valeurs retenues par le juge de l'expropriation sur la localité concernée à hauteur de 97,85 € le mètre carré, ne faisaient pas présumer le caractère lésionnaire de la vente, dès lors que le seuil de la lésion s'élevait en l'espèce à 77,16 € le mètre carré (Cass. 3e civ. 16-3-2023 n° 21-23.702).

EXPERTISE

Établissement d'un rapport d'expertise Une fois admise la recevabilité de l'action, vient le problème de la preuve de la lésion. Cette preuve ne peut résulter que d'un rapport de **trois experts** (C. civ. art. 1678) qui sont nommés d'office, à moins que les parties ne se soient accordées pour les nommer tous les trois conjointement (C. civ. art. 1680). 24630
Les experts sont tenus de dresser un seul procès-verbal commun et de ne former qu'**un seul avis** à la pluralité des voix (C. civ. art. 1678). S'il y a des **avis différents**, le procès-verbal en contient les motifs, sans qu'il soit permis de faire connaître de quel avis chaque expert a été (C. civ. art. 1679).

Office du juge Les **juges** qui statuent au fond apprécient souverainement s'il y a lieu de suivre l'avis des experts. 24635
Ainsi, ils peuvent s'en détacher, l'expertise ne leur fournissant qu'un élément d'appréciation (Cass. civ. 17-6-1957 : D. 1957 p. 594 ; Cass. 2e civ. 9-11-1961 : Bull. civ. II n° 746 ; Cass. 3e civ. 11-1-1977 : D. 1977 IR p. 176). Ils **doivent** même **s'en détacher**, si cet avis ne respecte pas l'obligation d'apprécier la valeur du bien selon « son état et sa valeur au moment de la vente » (n° 24420). Il en va de même lorsque le collège d'experts a eu recours à une méthode d'évaluation du bien litigieux prenant en compte des transactions trop hétérogènes quant à la superficie et à la localisation des biens, le demandeur produisant au contraire des éléments probants et circonstanciés de la lésion (Cass. 3e civ. 2-6-2016 n° 14-21.142 F-D).
Ils **peuvent** au contraire **s'y conformer** s'ils constatent que le collège d'experts s'est fondé, pour l'évaluation par comparaison, sur la vente de deux biens qui constituaient des termes de référence par la similitude de leur composition, de leur superficie et de leur situation géographique avec le bien litigieux (Cass. 3e civ. 21-12-2017 n° 16-25.932 F-D). Ils peuvent également s'y conformer quand bien même le bien litigieux, acquis 190 000 € en mars, aurait été revendu 850 000 € en juin de la même année, dès lors que la valeur des terrains litigieux a été fixée d'un commun accord par le collège d'experts, par comparaison avec des parcelles semblables, en tenant compte de l'absence de viabilisation des terrains vendus (Cass. 3e civ. 5-5-2015 n° 14-14.450 F-D).

D. Sanctions de la lésion

SANCTION OPTIONNELLE

Lorsque l'action en rescision est admise, **l'acquéreur** a le choix, ou de rendre l'immeuble en récupérant le prix payé, ou de le garder en payant un supplément de prix (C. civ. art. 1681). 24680

EXERCICE DE L'OPTION

Qualité pour agir L'initiative de l'option entre l'annulation de la vente ou le maintien de celle-ci avec paiement du supplément de prix appartient à l'**acheteur** et au tiers possesseur, c'est-à-dire au **sous-acquéreur** risquant d'être évincé si la rescision est admise (C. civ. art. 1681, al. 2). 24685

Les **créanciers** hypothécaires de l'acheteur peuvent également opter pour le paiement du supplément du juste prix par le biais de l'action oblique (Cass. 1e civ. 6-7-1965 : Bull. civ. I n° 455). Si l'**acheteur** est **en liquidation judiciaire** au moment de l'action en rescision, l'exercice de l'option appartient, non pas à l'acheteur qui est dessaisi de l'administration de ses biens (C. com. art. L 641-9, I-al. 1), mais au liquidateur judiciaire qui n'a pas à demander l'autorisation préalable du juge-commissaire (Cass. 3e civ. 8-11-2006 n° 05-17.773 FS-PB : RJDA 3/07 n° 276).

En revanche, le **vendeur** ne peut pas demander une revalorisation du prix, l'acquéreur seul pouvant offrir cette revalorisation pour éviter que la vente ne soit rescindée (Cass. 3e civ. 6-6-2007 n° 06-14.773 FS-PB : RJDA 11/07 n° 1081).

24686 **Délai pour opter** En l'absence de **délai fixé par la loi**, l'acheteur peut exercer son choix jusqu'à l'exécution de la décision qui admet la lésion et même après l'exécution s'il n'a pas connu celle-ci (Cass. 3e civ. 15-10-1970 n° 69-11.352 : Bull. civ. III n° 521 ; CA Paris 12-11-1997 : RJDA 2/98 n° 162).

Dans tous les cas, il doit exercer son choix dans le **délai prévu par la décision** qui admet la lésion, le cas échéant, ou, à défaut, dans un **délai raisonnable**. L'appréciation du délai raisonnable relève du pouvoir souverain d'appréciation des juges du fond. A ainsi été jugé que l'acquéreur qui fait connaître aux vendeurs sa volonté de conserver le bien et offre de payer le supplément de prix 4 ans après le jugement ayant prononcé la lésion, agit dans un délai raisonnable (Cass. 3e civ. 5-1-2022 n° 20-18.918 FS-B : RJDA 4/22 n° 192).

L'acheteur peut encore exercer son choix après le prononcé de la rescision et la restitution de l'immeuble dès lors que le jugement n'avait pas ordonné la restitution de l'acompte (Cass. 3e civ. 20-3-1978 n° 76-14.942 : Bull. civ. III n° 129).

24687 **Formalisme** Aucune **forme** particulière n'est requise par la loi pour l'exercice de l'option, notamment une offre réelle du prix avec consignation n'est pas nécessaire (Cass. 1e civ. 5-4-1954 : Bull. civ. I n° 117). Le silence persistant de l'acheteur peut être interprété comme une renonciation à l'exercice de l'option et la vente doit être en conséquence rescindée et la restitution de l'immeuble ordonnée (Cass. 3e civ. 15-10-1970 n° 69-11.352 : Bull. civ. III n° 521 ; Cass. 3e civ. 17-3-1976 n° 74-13.050 : Bull. civ. III n° 128). Le vendeur peut toujours mettre l'acheteur en demeure d'exercer son option (Cass. civ. 12-5-1952 : D. 1952 p. 793).

24690 **Fixation du complément de prix** Le complément de prix (nos 24720 s.) doit-il être fixé par le juge **avant l'exercice du droit d'option** pour que celui-ci intervienne en toute connaissance de cause et est-il nécessaire de recourir au préalable à une nouvelle mesure d'expertise ? La réponse est négative : la juridiction qui prononce la rescision peut, par la même décision, écarter comme non satisfaisante l'offre de supplément de prix présentée par l'acquéreur, sans être tenue d'ordonner au préalable une mesure d'expertise (Cass. 3e civ. 4-12-2002 n° 00-21.205 FS-PBR : RJDA 2/03 n° 128). En revanche, les juges du fond ne sauraient prononcer la rescision définitive pour lésion au motif que l'offre de supplément du prix n'est pas satisfactoire alors que si la venderesse s'opposait à l'offre de supplément de prix proposée par l'acquéreur à titre principal, les parties s'accordaient, à titre subsidiaire, sur une offre d'un montant supérieur (Cass. 3e civ. 16-9-2014 n° 13-19.864 F-D).

RESCISION DE LA VENTE

24700 **Modalités d'exercice** L'acheteur peut choisir la rescision de la vente, c'est-à-dire l'annulation rétroactive du contrat ; dans ce cas, il doit restituer l'immeuble et le vendeur doit restituer le prix.

En l'absence de texte spécifique, il semble que les problèmes liés à la **restitution de l'immeuble** (en cas de perte ou dégradation de l'immeuble notamment) doivent être résolus de la même manière que ceux afférents à l'action en nullité de la vente (voir nos 16960 s.).

L'acquéreur n'a pas l'obligation de restituer l'immeuble au moment même où il exerce ce choix, mais s'il a décidé de restituer le bien en demandant des sommes supérieures à celle qu'il a versée pour l'acheter, il ne peut pas différer son départ jusqu'à ce que la somme qui lui était due soit chiffrée et il peut être condamné à libérer les lieux dans un délai de 6 mois (CA Paris 12-11-1997 : RJDA 2/98 n° 162).

24703 L'acheteur doit rendre les **fruits** du jour de la demande en rescision (C. civ. art. 1682, al. 2). Mais il ne peut pas être condamné au paiement d'une **indemnité pour l'occupation** de l'immeuble pendant la période précédant la résolution de la vente (Cass. mixte 9-7-2004 n° 02-16.302 : Bull. mixte n° 2, RJDA 2/05 n° 116 ; Cass. 3e civ. 19-12-2007 n° 07-12.824 FS-D : RJDA 5/08 n° 511 ; Cass. 3e civ. 16-1-2013 n° 11-18.483 FS-D : RJDA 5/13 n° 397). L'acquéreur ne peut pas être condamné au paiement d'une indemnité pour l'occupation de l'immeuble entre la date de levée d'option et la date d'assignation en rescision, car sa situation au regard d'une telle indemnité dépend du choix qu'il fait de rendre la chose ou de la garder en payant le supplément du juste prix (Cass. 3e civ. 29-7-1999 n° 97-21.738 : Bull. civ. III n° 195).

La **restitution du prix** par le vendeur doit s'accompagner du paiement des **intérêts** au taux légal ; ils courent à partir du jour de la demande en rescision ou du jour du paiement si l'acheteur n'a perçu aucun fruit (C. civ. art. 1682, al. 3). 24705

Les **frais** de mutation et de publication payés par l'acheteur doivent lui être restitués par l'administration fiscale dès lors que la rescision a été prononcée par un jugement ou un arrêt passé en force de chose jugée (CGI art. 1961, al. 2). L'acheteur ne peut donc pas en réclamer le remboursement au vendeur (Cass. 3e civ. 12-3-2003 n° 01-17.207 FS-PB : RJDA 7/03 n° 710 ; Cass. 3e civ. 8-4-2009 n° 07-20.706 FS-PB : RJDA 11/09 n° 948). La question ne se pose pas en matière de TVA puisque c'est le vendeur de l'immeuble qui est redevable de la taxe (n° 60440). Celui-ci pourra, en principe, récupérer la TVA acquittée sur l'opération annulée (CGI art. 272, 1).

Formalités de publicité foncière Le jugement qui prononce la rescision de la vente doit obligatoirement être publié au service chargé de la publicité foncière (Décret 55-22 du 4-1-1955 art. 28, 4°-c). En cas de défaut de publicité, le vendeur peut être condamné à indemniser le tiers auquel l'absence de publication aurait causé un préjudice (Décret 55-22 du 4-1-1955 art. 30, 4). Sur la publication de la demande en rescision, voir n° 24600. 24710

RÉVISION DU PRIX

Détermination du complément de prix L'acquéreur peut choisir de conserver l'immeuble et de payer le supplément de prix, destiné à rétablir le **juste prix**. Il faut déduire de ce supplément le dixième du prix total (C. civ. art. 1681, al. 1), afin que l'acheteur garde quelque bénéfice de cette vente. 24720

En période de **stabilité monétaire**, la règle est facilement applicable et aboutit à des solutions équitables : ainsi dans un cas où un immeuble a été vendu 10 000 € alors qu'il valait 70 000 €, le supplément de prix à payer est de 70 000 – 10 000 – 7 000 = 53 000 €.

Mais la **dépréciation monétaire** complique le calcul du complément : comme il peut s'écouler plusieurs années entre la conclusion de la promesse de vente et le procès au fond et que la valeur de l'immeuble peut avoir pendant ce temps beaucoup augmenté, le vendeur risque d'être encore lésé après le versement du complément du prix si celui-ci n'est pas réévalué.

C'est pourquoi la **jurisprudence** a établi des règles de calcul tenant compte de l'érosion monétaire tant au niveau du calcul du supplément du prix qu'au regard du calcul des intérêts dus par l'acquéreur.

Le complément de prix doit être calculé **en se référant**, non pas à la valeur vénale de l'immeuble au moment où il a été vendu, mais à sa valeur réelle à l'époque où doit intervenir ce règlement complémentaire (Cass. 1e civ. 7-6-1966 : Bull. civ. I n° 346 ; Cass. 3e civ. 4-7-1968 : Bull. civ. III n° 324 ; Cass. 1e civ. 20-11-1968 : Bull. civ. I n° 290 ; Cass. 3e civ. 16-10-1969 : Bull. civ. III n° 648). 24725

Il ne doit porter que sur la **partie impayée du juste prix**. Par suite, le supplément du juste prix est égal à la quotité impayée de l'immeuble, exprimée en fonction de la valeur actuelle de l'immeuble, moins un dixième de cette valeur (Cass. 3e civ. 22-1-1970 n° 68-12.429 : Bull. civ. III n° 57).

L'**immeuble** doit donc être **évalué deux fois** : une première fois à la date de la vente pour apprécier l'importance de la lésion et fixer la fraction impayée et une seconde fois au jour du paiement pour fixer la valeur actuelle de cette fraction.

Le dixième, admis à titre de **réduction**, porte sur le prix total résultant des deux versements, initial et complémentaire, effectués par l'acquéreur (Cass. 3e civ. 4-12-1973 n° 72-12.856 : Bull. civ. III n° 614).

EXEMPLE

Soit un immeuble vendu au prix de 100 000 € et dont la valeur au moment de la vente était de 250 000 € ; au moment du règlement du complément du prix, la valeur de l'immeuble est de 350 000 €.
La quotité de la lésion est de (250 000 – 100 000)/250 000 = 3/5.
Le supplément est égal à 350 000 × 3/5 = 210 000 €.
Le dixième du prix est égal à (100 000 + 210 000) × 1/10 = 31 000 €.
L'acheteur devra donc verser au vendeur un **complément de prix** d'un montant de 210 000 – 31 000 = 179 000 €.

Intérêts dus sur le complément de prix L'acquéreur qui préfère garder la chose et payer le supplément de prix doit les intérêts sur ce complément **à compter du jour** de la demande en rescision (C. civ. art. 1682, al. 1) et non à compter de celui de la publication de cette demande au service chargé de la publicité foncière (Cass. 3e civ. 10-11-1982 n° 81-13.740 : Bull. civ. III n° 222). 24730

24735 Il est difficile de **déterminer le montant du capital** sur lequel ces intérêts doivent être calculés car, d'une part, ces intérêts courent du jour de la demande en rescision sur un complément de prix évalué au moment où il doit être payé et, d'autre part, le montant théorique de la valeur de l'immeuble et donc du complément du prix étant variable, il est toujours délicat de calculer les intérêts sur un capital subissant des variations importantes (le problème est identique pour toutes les « dettes de valeur »).

La **Cour de cassation** a jugé que le supplément du juste prix, qui produit cet intérêt, étant une quotité de la valeur du bien que l'acquéreur a préféré garder, suit, jusqu'à son évaluation définitive, les variations de valeur de ce bien (Cass. 3e civ. 3-5-1972 n° 71-11.404 : Bull. civ. III n° 284 ; Cass. 3e civ. 1-2-2024 n° 22-11.297 F-D : BPIM 2/24 inf. 123).

Elle a ainsi refusé d'appliquer la méthode qui retient comme masse de calcul la valeur qu'a le supplément du juste prix au jour du contrat (méthode adoptée par l'arrêt de la cour d'appel de Paris qu'elle a cassé) ainsi que celle qui prend en compte la valeur de ce supplément au jour du paiement (méthode adoptée par certaines cours d'appel).

Mais elle n'a pas pris parti sur la façon de calculer les intérêts du capital variable.

Sur proposition de la **doctrine** (P. Malaurie, D. 1972 p. 598), la cour d'appel de renvoi (CA Orléans 14-6-1973 : D. 1974 p. 485, qui a fait l'objet d'un pourvoi, rejeté par Cass. 1e civ. 21-1-1976 n° 73-13.643 : Bull. civ. I n° 29) a considéré que, à défaut d'une progression constante et régulière de la fraction de l'immeuble impayé, il est impossible d'évaluer exactement le capital pour chacune des années écoulées entre la date de la demande en rescision et celle du règlement effectif du supplément du prix ; elle a donc retenu comme solution, approximative mais équitable, une formule prenant pour masse de calcul la moyenne du supplément du juste prix évalué, d'une part, à la date de la vente, et, d'autre part, à celle de son règlement. La solution est toutefois assez complexe et exige plusieurs évaluations.

EXEMPLE

Reprenons les chiffres de l'exemple précédent : soit un immeuble vendu au prix de 100 000 € et dont la valeur au moment de la vente était de 250 000 € ; au moment du règlement du complément du prix, la valeur de l'immeuble est de 350 000 €.

Il faut d'abord calculer le complément de prix évalué à la date de la vente : le montant de la lésion étant de 3/5, le supplément du prix serait de 250 000 3/5 = 150 000 €, d'où il faut déduire le dixième du prix total, c'est-à-dire le dixième de la somme de 150 000 + 100 000 = 250 000 €, soit 25 000 € à déduire ; on arrive ainsi à un complément de prix de 125 000 €.

Le complément de prix réellement payé par l'acquéreur est de 179 000 € (voir n° 24725).

Le capital sur lequel les intérêts seront calculés est la moyenne de ces deux chiffres, soit (125 000 + 179 000) 1/2 = 152 000 €.

24740 **Taux et capitalisation des intérêts** Les intérêts payés sont calculés au taux légal ; le juge peut décider en outre la capitalisation des intérêts échus et dus depuis le jour de la demande en rescision (Cass. 1e civ. 21-1-1976 n° 73-13.643 précité).

SECTION 5

SIMULATION ET DONATION INDIRECTE

DÉFINITIONS DE LA SIMULATION ET DE LA DONATION INDIRECTE

24800 Les notions de simulation et de donation indirecte correspondent à des hypothèses bien distinctes.

La **simulation** repose sur un mensonge : ce qui est dans l'acte ne correspond pas à ce dont les parties ont réellement convenu. Dans une vente d'immeuble, en pratique, la simulation peut avoir pour objet de masquer un dessous-de-table (complément de prix occulte), de masquer une donation (il s'agit d'une donation déguisée) ou encore d'échapper à des créanciers.

La **donation indirecte** ne repose pas sur un mensonge : ce qui est dans l'acte correspond à la réalité. Simplement, le vendeur a consenti un prix de faveur à l'acheteur dans une intention libérale.

A. Simulation

1. COMPLÉMENT DE PRIX OCCULTE

ACCORD OCCULTE

L'hypothèse est celle dans laquelle, outre le prix indiqué dans l'acte de vente, les parties sont convenues du versement d'une somme complémentaire qui échappe ainsi aux droits d'enregistrement. Cet accord occulte, parfois appelé **contre-lettre** par opposition à l'acte de vente appelé acte apparent ou ostensible, est un procédé qui comporte des risques importants. **24810**

Par **exemple** constitue un supplément de prix dissimulé un chèque émis aux fins de paiement de prétendus biens mobiliers et travaux d'aménagement (Cass. 1e civ. 19-11-2009 n° 08-16.356 F-D) ou un chèque tiré parallèlement à une promesse synallagmatique de vente mais hors la vue du notaire et alors que le paiement du chèque doit intervenir après la vente (Cass. 3e civ. 11-6-2013 n° 12-17.245 F-D).

RISQUES JURIDIQUES DE L'OPÉRATION

Nullité de l'acte secret **Est nulle** toute contre-lettre ayant pour objet une augmentation du prix stipulé dans le traité de cession d'un office ministériel. Est également nul tout contrat ayant pour but de dissimuler une partie du prix, lorsqu'elle porte sur une vente d'immeubles, une cession de fonds de commerce ou de clientèle, une cession d'un droit à un bail, ou le bénéfice d'une promesse de bail portant sur tout ou partie d'un immeuble et tout ou partie de la soulte d'un échange ou d'un partage comprenant des biens immeubles, un fonds de commerce ou une clientèle (C. civ. art. 1202). Et d'une manière plus générale, le contrat ne peut déroger à l'ordre public ni par son contenu ni par son but, que ce dernier ait été connu ou non par toutes les parties (C. civ. art. 1162). **24815**

Il s'agit d'une nullité **d'ordre public** (Cass. 3e civ. 25-6-1985 n° 84-13.160 : Bull. civ. III n° 103), qui s'applique quels que soient les mobiles de la dissimulation (Cass. 3e civ. 18-3-1981 n° 79-15.951 : Bull. civ. III n° 61) et même si l'acte secret n'a pas été constaté dans un écrit (Cass. 3e civ. 5-3-1997 n° 95-14.838 : Bull. civ. III n° 51, RJDA 6/97 n° 824). Elle peut être invoquée par l'une quelconque des parties (Cass. 3e civ. 25-6-1985 : D. 1986 p. 212 ; Cass. com. 18-1-1994 n° 92-10.841 : Bull. civ. IV n° 29, RJDA 6/94 n° 638) et par les tiers. Ainsi, peu importe que la convention occulte ait été signée non pas par l'acquéreur visé dans le contrat ostensible, mais par la mère de celui-ci (Cass. 3e civ. 18-2-2015 n° 13-26.319 FS-D).

Charge de la preuve et prescription Le **débiteur** de la preuve est celui qui allègue la simulation de la vente, c'est-à-dire qu'il doit en rapporter la preuve (Cass. 1e civ. 29-10-2014 n° 13-24.037 F-D). **24816**

L'exigence d'un **écrit** ne s'applique à la preuve, **entre les parties**, de la simulation alléguée par l'une d'elles qu'hors les exceptions prévues aux articles 1360 et suivants du Code civil (Cass. 1e civ. 2-4-2014 n° 12-24.583 F-D). **À l'égard des tiers**, la preuve de la simulation peut être rapportée par tous moyens (Cass. 3e civ. 18-5-2017 n° 16-14.750 F-D). Même en l'absence d'un écrit, la preuve de l'existence d'une contre-lettre peut donc être rapportée, les juges du fond pouvant souverainement estimer que les vendeurs se sont trouvés par exemple dans l'impossibilité morale de se procurer une preuve littérale de la contre-lettre (Cass. 1e civ. 9-7-2014 n° 13-15.812 F-D : AJDI 2018 p. 142). En revanche, une simple demande d'information de l'administration fiscale ne suffit pas à démontrer la preuve de l'existence d'une contre-lettre (Cass. 3e civ. 21-12-2017 n° 16-23.002 F-D : AJDI 2018 p. 142). De même, le fait que les sommes versées sur le compte d'une SCI par son associé majoritaire aient permis à celle-ci de régler la partie du prix d'acquisition versée comptant de plusieurs lots de copropriété, les deux premières annuités des prêts immobiliers qu'elle avait souscrits pour financer cette acquisition ainsi que les travaux d'intérieur, ne suffit pas à établir que la SCI ne serait pas le véritable acquéreur des biens immobiliers (Cass. 3e civ. 21-9-2022 n° 21-11.372 FD : AJDI 2022 p. 781). Par ailleurs, celui qui se borne à alléguer une fraude sans établir aucun fait propre à caractériser celle-ci ne peut prouver par témoins l'existence de la contre-lettre dont il se prévaut (Cass. 1e civ. 16-10-2013 n° 12-24.119 F-D).

L'action en simulation de prix est soumise à la **prescription** quinquennale de droit commun (C. civ. art. 2224), laquelle court en principe à compter du jour où la contre-lettre a été conclue entre les parties (Cass. 3e civ. 17-11.2021 n° 19-26.104 : AJDI 2022 p. 69).

Incidence de la nullité de l'acte secret sur celui apparent La nullité prévue par l'article 1202 du Code civil ne vise que la convention secrète et non l'acte de vente apparent (Cass. 1e civ. 20-12-1961 : Bull. civ. I n° 621). Les obligations résultant de ce dernier subsistent donc **24818**

pour les parties (Cass. mixte 12-6-1981 n° 78-14.971 : Bull. mixte n° 5 ; Cass. com. 11-5-1984 n° 83-11.875 : Bull. civ. IV n° 155). Par suite, le vendeur doit se contenter du prix stipulé dans l'acte apparent et doit, le cas échéant, restituer le complément occulte qu'il a perçu (Cass. 3e civ. 5-3-1997 n° 95-14.838 : Bull. civ. III n° 51, RJDA 6/97 n° 824 ; Cass. 1e civ. 17-12-2009 n° 08-13.276 : Bull. civ. I n° 254, RJDA 3/10 n° 227). Ainsi, par **exemple**, si la mère de l'acquéreur a payé 1 258 000 € correspondant à l'intégralité du prix prévu par l'acte de vente, plus la somme de 600 000 € demandée par le vendeur dans un document distinct, la cour d'appel peut en déduire qu'une contre-lettre a été conclue entre la société venderesse et l'acquéreur et que le paiement de la partie occulte du prix en exécution de la contre-lettre annulée oblige le vendeur à restituer la somme correspondante (Cass. 3e civ. 18-2-2015 n° 13-26.319 FS-D). Le vendeur qui reçoit un acompte non déclaré sur le prix de vente ne peut pas se prévaloir de la cause illicite de la remise pour se soustraire à sa restitution (Cass. 3e civ. 25-2-2004 n° 02-15.269 : Bull. civ. III n° 42, RJDA 7/04 n° 799). Il ne peut pas non plus agir contre l'acheteur pour réclamer le complément de prix occulte payé avec un chèque sans provision (Cass. 3e civ. 10-1-2012 n° 10-18.881 F-D : RJDA 4/12 n° 371).

> **Précisions a.** La nullité n'atteint pas l'acte apparent de vente même s'il est **indivisible de l'acte secret.**
> **b.** Le vendeur ne peut pas s'opposer à la **restitution du complément occulte** sur le fondement de l'adage selon lequel nul ne peut se prévaloir de sa propre turpitude ou sur celui affirmant qu'en présence de turpitudes égales des parties, il n'y a point de restitution (pour une illustration jurisprudentielle, Cass. 3e civ. 4-10-2018 n° 17-23.235 F-D).

RISQUES FISCAUX DE L'OPÉRATION

24820 Si l'administration parvient à prouver l'existence d'un complément de prix occulte, les **sanctions** suivantes sont **encourues** :
– amende égale à 80 % du montant des droits afférents à la partie occulte du prix, qui s'ajoute aux droits simples et à l'intérêt de retard (CGI art. 1729). Toutefois, la somme versée par les acquéreurs d'un immeuble en plus du prix de vente mentionné dans l'acte ne constitue pas, pour le vendeur, un profit accessoire imposable dans la catégorie des bénéfices non commerciaux mais un supplément de plus-value (CAA Nantes 30-1-2020 n° 18NT00678 : BPIM 2/20 inf. 163) ;
– peines correctionnelles, qui peuvent aller jusqu'à trois ans d'emprisonnement et 45 000 € d'amende (CGI art. 1837).

2. DONATION DÉGUISÉE

QUALIFICATION DE L'ACTE DE VENTE EN DONATION DÉGUISÉE

24830 La donation déguisée est celle qui est faite sous l'apparence d'un acte à titre onéreux, ici une vente immobilière, généralement en vue de bénéficier de droits de mutation moins élevés.
Sauf cas particulier exposé n° 24832, les juges ne peuvent requalifier une vente en donation qu'en constatant l'**intention libérale du vendeur envers l'acheteur** (Cass. com. 4-12-1990 n° 88-18.566 : Bull. civ. IV n° 307, RJF 4/91 n° 533). Ainsi, les juges du fond ne peuvent décider qu'un héritier doit rapporter à la succession une certaine somme au motif que ses parents lui ont consenti une donation en s'abstenant de lui réclamer le paiement de la rente viagère dont ils bénéficiaient, sans constater, outre l'appauvrissement des donateurs, leur intention libérale à l'égard de leur fils. Mais ils peuvent souverainement apprécier que les parents manifestent leur intention libérale et consentent à leur fils donataire une donation rapportable du montant des arrérages non versés en s'abstenant d'en réclamer le paiement (à propos d'une donation indirecte, Cass. 1e civ. 1-2-2017 n° 16-12.856 et, sur renvoi, Cass. 1e civ. 15-5-2019 n° 18-17.372 F-D). À cette fin, les juges se fondent sur un **faisceau d'indices** qui peuvent concerner :
– le vendeur : son âge, son état de santé ; les liens de parenté, d'alliance ou d'affection qui l'unissent à l'acquéreur ; sa situation de fortune qui, le mettant à l'abri du besoin, ne motive pas une aliénation à titre onéreux ;
– l'acheteur : sa qualité d'héritier présomptif ou de légataire du cédant ; sa situation de fortune qui ne lui permet pas d'acquitter le prix ;
– le contrat lui-même : stipulation d'une réserve d'usufruit viager ou d'une rente viagère ; prix payé comptant hors la vue et la comptabilité du notaire ; prix notablement inférieur à la valeur des biens transmis ; renonciation au privilège du vendeur (devenu hypothèque légale du vendeur depuis le 1-1-2022) ;
– ou l'absence de versement du prix.

Mais l'intention libérale ne peut pas être déduite du seul déséquilibre entre les engagements respectifs des parties (Cass. 1e civ. 14-2-1989 n° 87-14.205 : Bull. civ. I n° 79, RJF 5/89 n° 643 ; Cass. com. 4-12-1990 n° 88-18.566 : Bull. civ. I n° 79, RJF 4/91 n° 533). De même, la modicité du prix peut ne pas suffire à établir l'intention libérale (Cass. 1e civ. 19-12-2018 n° 18-10.234 F-D).

ILLUSTRATIONS

Constitue une donation déguisée le fait pour une personne de vendre sa maison à la concubine de son neveu moyennant un prix converti en obligation de soins jusqu'à son décès dès lors que l'intention libérale du vendeur résulte des éléments suivants : 24831
– il existait des liens d'affection entre le vendeur, son neveu et la concubine, concubine que le vendeur avait instituée légataire universel ;
– les concubins étaient dans l'incapacité d'assumer l'obligation de soins mentionnée à l'acte et les opérations effectuées sur le compte bancaire du vendeur par le neveu, son mandataire, révélaient qu'en réalité c'était bien le vendeur qui supportait la charge de cette obligation (Cass. com. 22-2-2000 n° 97-20.611 P : Bull. civ. IV n° 40, RJDA 6/00 n° 651).
De même, jugé qu'une vente pour un prix converti en obligation de soins dissimule une donation dès lors que les parties sont liées par des liens d'affection, que la venderesse a manifesté sa générosité envers les acquéreurs en leur remettant des sommes d'argent trois mois avant et deux mois après l'acte par des chèques dont ils ne justifiaient pas la cause onéreuse qu'ils alléguaient, que les acquéreurs, bien que disposant de ressources modestes, avaient déposé à leur banque une somme importante, et que l'attitude de la venderesse, qui avait décidé postérieurement à l'acte de séjourner dans une maison de retraite, impliquait que cette dernière n'attendait pas l'exécution de la contrepartie stipulée à la charge des acquéreurs (Cass. com. 29-11-1994 n° 93-12.971 D : RJF 3/95 n° 420).
À défaut de versement du prix, l'absence de contrepartie à la vente du bien conduit à analyser celle-ci comme une libéralité consentie, dès lors que les documents versés aux débats par les acquéreurs dans le cadre des notes en délibéré ne rapportent pas la preuve de ce que la somme correspondait au paiement des dettes des vendeurs (Cass. com. 8-2-2017 n° 15-23.043 F-D : RJF 5/17 n° 503).
En revanche, la **qualification de donation déguisée** a été **écartée** pour la vente de la nue-propriété d'un enclos et d'une parcelle de terrain conclue entre le propriétaire, décédé quelques jours plus tard, et sa concubine depuis 27 ans : en effet, outre le prix de 60 000 F versé par l'acheteuse et qui correspondait aux économies investies dans l'activité professionnelle de son compagnon et provenant de sa propre activité salariée, le complément de prix était représenté par l'activité non rémunérée qu'elle avait déployée dans la gestion de l'atelier de son compagnon qu'elle exploitait avec celui-ci ; enfin la vente était assortie d'une obligation de soins pour laquelle elle fournissait des attestations (Cass. 1e civ. 28-10-1986 n° 84-17.664 : Bull. civ. I n° 244).
La vente faite par des parents à l'un de leurs 12 enfants ne constitue pas non plus une donation déguisée, dès lors que les demandeurs ne produisent aucun élément sur la valeur des immeubles à l'époque de la vente et ne démontrent donc pas la modicité du prix de vente (Cass. 1e civ. 21-10-2015 n° 14-20.131).

PARTICULARISME DE LA PRÉSOMPTION DE GRATUITÉ

Les **ventes avec réserve d'usufruit ou à charge de rente viagère** consenties **à un successible en ligne directe** sont présumées constituer des donations et s'imputer sur la quotité disponible (C. civ. art. 918). Il s'agit d'une **présomption irréfragable** (Cass. 1e civ. 29-1-2014 n° 12-14.509 F-PB). Par conséquent, peu importe que le parent vendeur ait agi sans intention libérale. Si la valeur du bien vendu excède la quotité disponible, les héritiers réservataires peuvent demander la réduction de la donation. 24832
Toutefois, cette présomption ne peut pas être invoquée par les héritiers réservataires dès lors qu'ils ont donné leur **consentement à l'aliénation**. Il est donc de l'intérêt de l'enfant acheteur d'obtenir de ses frères et sœurs qu'ils renoncent par avance à toute demande ultérieure en réduction de la libéralité présumée. Sur le plan du **formalisme**, le consentement à aliénation peut être constaté dans l'acte d'aliénation lui-même ou bien par acte séparé. Si, dans ces derniers cas de figure, le consentement est exprès, ce dernier peut tout aussi bien résulter d'un accord tacite entre héritiers présomptifs (pour une illustration, Cass. 1e civ. 26-1-2022 n° 20-14.155 FS-B : BPAT 2/22 inf. 88). La preuve du consentement à aliénation relève de l'appréciation souveraine des juges du fond (pour un précédent jurisprudentiel, Cass. 1e civ. 28-4-1965 n° 62-11.637 : Bull. civ. I n° 270).

> **Précisions a.** Les dispositions de l'article 918 du Code civil sont justifiées par un motif d'intérêt général et ne portent pas une atteinte disproportionnée aux conditions d'exercice du droit de propriété et à la liberté contractuelle : la **présomption** de gratuité est donc **conforme** à la Constitution (Cons. const. 1-8-2013 n° 2013-337 QPC : Sol. Not. 10/13 inf. 237).
> **b.** La **présomption** de gratuité posée par l'article 918 du Code civil **ne s'applique pas** lorsqu'une décision de justice définitive a jugé que la vente à charge de rente viagère consentie aux enfants ne constituait pas une donation déguisée, car alors, l'autorité de la chose jugée (C. civ. art. 1355) l'emporte sur la présomption de gratuité posée par l'article 918 (Cass. 1e civ. 28-2-2006 n° 03-20.281 F-PB : Bull. civ. I n° 129).

VALIDITÉ DE LA DONATION DÉGUISÉE

24835 Les donations faites sous le couvert d'actes à titre onéreux sont valables si elles remplissent les **conditions** (Cass. 1e civ. 29-5-1980 n° 79-11.378 : Bull. civ. I n° 164 ; Cass. 1e civ. 27-10-1993 n° 91-11.648 : Bull. civ. I n° 300) :
– **de forme** requises pour la constitution des actes dont elles empruntent l'apparence, ici celles de la vente immobilière (consentement, capacité, accord sur un immeuble déterminé et sur un prix déterminable, etc.) ;
– **de fond** propres aux actes à titre gratuit (capacité de donner et de recevoir des intéressés, intention libérale du donateur, irrévocabilité, etc.).

RISQUES AFFÉRENTS À L'OPÉRATION

24840 **Risques civils** Si la donation déguisée produit ses pleins effets entre les parties, elle n'est pas **opposable aux tiers** (C. civ. art. 1201). Ces derniers (le plus souvent les héritiers ou l'administration fiscale) peuvent, selon leur intérêt, soit s'en tenir à l'acte de vente apparent, soit se prévaloir de la situation réelle en exerçant l'action en déclaration de simulation.

24841 La donation déguisée est une source de **conflits entre les héritiers du donateur** lors du règlement de la succession :
– en dépit de son caractère occulte, une donation déguisée est présumée **rapportable** à la succession de son auteur (sauf dans le cas indiqué n° 24832). Si le bénéficiaire est l'un des héritiers du donateur, la valeur du bien donné devra être ajoutée à l'actif successoral au moment du partage pour déterminer la part de chaque héritier (pour une illustration jurisprudentielle, Cass. 1e civ. 11-7-2019 n° 18-19.415 F-D : BPAT 5/19 inf. 194). Il a été précisé que l'interposition d'une société ne fait pas obstacle au rapport à la succession d'une donation (Cass. 1e civ. 24-1-2018 n° 17-13.017 FS-PB : RJDA 4/18 inf. 317) ;
– si le donateur laisse des héritiers réservataires (descendants ou conjoint survivant) au jour de son décès, la donation déguisée sera **réductible** si elle empiète sur la part que la loi réserve à ces héritiers.
Ajoutons que le donataire encourt les peines du **recel successoral** s'il omet sciemment de révéler la donation à ses cohéritiers, dans le but, frauduleux aux droits de ceux-ci, de rompre à leur détriment l'égalité du partage. Le bénéficiaire de la donation est alors privé du bien donné qui revient aux autres héritiers et il est considéré comme ayant accepté la succession purement et simplement (C. civ. art. 778). Les demandes en rapport d'une donation déguisée dont aurait bénéficié un héritier et en application de la sanction du recel successoral ne peuvent être formées qu'à l'occasion d'une instance en partage judiciaire (Cass. 1e civ. 30-1-2019 n° 18-11.078 F-D).

> **Précisions** Le délai de **prescription** de l'action en déclaration de simulation d'une donation de biens communs en vue d'en obtenir la réduction court, pour moitié de la libéralité, au jour du décès du premier des époux donateurs et, pour le surplus, au décès du conjoint codonateur (Cass. 1e civ. 5-1-2023 n° 21-13.151 FS-B : BPAT 1/23 inf. 37).

24842 **Charge et modalités de la preuve** Il appartient à celui qui invoque l'existence d'une donation déguisée d'en apporter la **preuve** (Cass. 1e civ. 28-1-1997 n° 94-20.922 ; Cass. 1e civ. 25-6-2008 n° 07-11.128 F-D ; Cass. 1e civ. 21-10-2015 n° 14-20.131 F-D ; Cass. 1e civ. 22-3-2017 n° 16-10.839 F-D). Ne suffit pas à caractériser les éléments matériel et intentionnel d'une donation permettant de requalifier un acte de cession en donation déguisée le fait que le défendeur, à la suite d'une sommation interpellative, n'ait pas entendu justifier l'origine des fonds ayant servi à payer le prix (Cass. 1e civ. 24-6-2015 n° 14-12.427 F-D) ou en complément de part ou en partage complémentaire. Une telle action ne peut donc plus être engagée lorsque les parties ayant déjà procédé au partage amiable de la succession ne sont plus en indivision (Cass. 1e civ. 6-11-2019 n° 18-24.332 FS-PBI : SNH 39/19 inf. 1).

Risques fiscaux Sur le plan fiscal, les donations déguisées relèvent de la procédure de répression des **abus de droit** (LPF art. L 64). 24843

Lorsqu'elle est établie, la donation déguisée rend bien sûr exigibles les droits de mutation à titre gratuit. Elle est en outre sanctionnée par une pénalité égale à 80 % des droits mis à la charge du contribuable lorsqu'il est établi que celui-ci a été le principal initiateur ou le principal bénéficiaire des actes abusifs (ramenée à 40 % lorsque cette preuve n'est pas rapportée), qui s'ajoute à l'intérêt de retard de 0,20 % par mois (CGI art. 1727 et 1729).

La **charge de la preuve** de la fictivité de l'acte incombe à l'administration en cas de réclamation lorsque le comité de l'abus de droit fiscal n'a pas été saisi.

En cas de saisine du comité de l'abus de droit fiscal, l'administration supporte la charge de la preuve lors d'un contentieux ultérieur, quel que soit l'avis du comité. Par exception, la charge de la preuve incombe au contribuable lorsqu'il n'a pas présenté de comptabilité ou de pièces en tenant lieu, ou, si l'imposition est établie conformément à l'avis du comité, lorsque sa comptabilité comporte de graves irrégularités (LPF art. L 192).

Le plus souvent, l'administration invoque un faisceau de présomptions graves, précises et concordantes de nature à emporter la conviction du juge. Il appartient alors au contribuable d'apporter la preuve contraire (pour un exemple, Cass. com. 22-2-2000 n° 97-20.611 P : RJF 5/00 n° 723). Sur les circonstances de nature à inciter l'administration à requalifier une vente en donation déguisée, voir n°s 24830 s.

> **Précisions** La présomption tenant au caractère de donation déguisée de certaines **ventes entre parents et enfants** (n° 24832) n'est pas en tant que telle applicable en matière fiscale. Mais la loi fiscale pose une présomption de fictivité des ventes consenties avec réserve d'usufruit au profit d'un présomptif héritier ou d'un donataire ou légataire (CGI art. 751). Le bien vendu est censé être resté la propriété du vendeur, si bien que l'acquéreur devra, au moment du décès, acquitter les droits de succession sur la pleine propriété du bien (sous déduction des droits d'enregistrement acquittés lors de la vente). Cette présomption n'est toutefois pas irréfragable et supporte la preuve contraire ; en pratique, l'acquéreur doit démontrer que la nue-propriété a réellement été acquise à titre onéreux et, en particulier, qu'il en a payé le prix. Cette preuve peut être apportée par tous moyens, par exemple en justifiant du paiement de l'impôt sur le revenu sur la rente viagère stipulée en paiement du prix (CA Rennes 18-10-2016 n° 15/05553 : RJF 2/17 n° 183).

3. FRAUDE AUX DROITS DES CRÉANCIERS

PRINCIPE

En présence d'une simulation, les tiers ont la possibilité de faire prévaloir l'**acte secret** (C. civ. art. 1201) à condition d'en rapporter la preuve. Cette preuve peut être faite par tous moyens, même à l'encontre d'un acte authentique (Cass. 1e civ. 4-3-1981 n° 80-14.123 : Bull. civ. I n° 79). 24845

ILLUSTRATIONS

Un créancier peut par exemple invoquer la **fictivité d'un acte** pour demander la réintégration d'un bien dans le patrimoine du vendeur. Il a ainsi été jugé que l'acquisition d'un pavillon par une société civile immobilière constituée par les enfants mineurs d'un contribuable débiteur à l'égard de l'administration fiscale dissimulait en réalité l'achat d'une quote-part de ce bien par le débiteur qui n'ignorait pas que l'administration avait entrepris des poursuites afin de recouvrer sa créance. Cette dernière a donc obtenu que la quote-part de droit du contribuable soit réintégrée dans son patrimoine (Cass. 1e civ. 17-2-2011 n° 10-10.664 F-D : RJDA 5/11 n° 378). 24847

De la même façon, s'il est établi que la société venderesse avait pour gérant celui qui détenait 99 % du capital de la SCI acquéreur et que celle-ci n'avait aucun revenu locatif et ne disposait pas des fonds nécessaires pour acquérir le bien litigieux, les juges peuvent en déduire que la SCI était un simple prête-nom pour détourner un patrimoine personnel (Cass. 3e civ. 18-5-2017 n° 16-14.750 F-D).

> **Précisions** L'existence d'une **simulation** par interposition d'acquéreur n'est pas incompatible avec l'exercice d'une activité réelle de la société interposée (Cass. com. 5-4-2023 n° 21-21.880 F-D : RJDA 8-9/23 n° 421).

B. Donation indirecte

PRÉSENTATION GÉNÉRALE

24900 Une donation indirecte peut être **définie comme** une convention qui, sans aucune simulation, revêt accessoirement le caractère d'une libéralité. S'agissant d'une vente d'immeuble, le vendeur aura volontairement minoré le prix dans le but d'avantager son acheteur. Par **exemple**, constitue une donation indirecte l'acte de vente moyennant rente viagère, dès lors que la modicité du prix trouve sa cause dans l'intention libérale (Cass. 1e civ. 6-1-1969 : Bull. civ. I n° 8). La sous-évaluation systématique du montant des transactions intervenues entre les parties (cession d'une exploitation agricole et de terres agricoles) et le caractère occulte des avantages ainsi consentis démontrent la volonté manifeste des époux vendeurs de gratifier leur fille acquéreur (Cass. 1e civ. 21-10-2015 n° 14-24.926 F-PB).

Les **conditions de validité** de la donation indirecte qui résulte de la vente d'un bien à un prix inférieur à sa valeur réelle sont celles exposées n° 24835 à propos des donations déguisées. Sont de même communs aux deux types de donations les risques de **conflits entre les héritiers** du donateur au décès de ce dernier (n° 24841).

> **Précisions** La distinction entre donation indirecte et donation déguisée lorsque la vente est réalisée pour un **prix modique** n'est pas nettement tranchée en jurisprudence. La **doctrine majoritaire** reconnaît l'existence d'une donation indirecte à chaque fois que l'acte à titre onéreux est déséquilibré en faveur de l'une des parties, sous réserve de caractériser l'intention libérale. La sincérité de l'acte apparent ne se discute pas. À défaut de simulation, on ne peut y voir une donation déguisée (M. Grimaldi : Libéralités. Partages d'ascendants, Litec 2000, n° 1332 ; pour un avis contraire, Rép. civ. Dalloz, v. Donation par I. Najjar, n° 294). La **jurisprudence dominante** retient la qualification de donation indirecte (Cass. 1e civ. 16-7-1959 : D. 1960. 185 note R. Savatier ; à propos d'une rente viagère, Cass. 1e civ. 6-1-1969 : Bull. civ. I n° 8 ; Cass. 3e civ. 7-4-1976 n° 74-12.883 : Bull. civ. III n° 144), sans écarter de manière systématique celle de donation déguisée (Cass. 1e civ. 12-10-1964 : Bull. civ. I n° 438 ; Cass. 1e civ. 11-7-2019 n° 18-19.415 F-D : BPAT 5/19 inf. 194, RTD civ. 2019 p. 634 obs. M. Grimaldi).

TRAITEMENT FISCAL

24910 Sur le plan fiscal, l'administration peut, si elle parvient à faire la preuve de l'intention libérale, taxer la donation indirecte aux **droits de mutation à titre gratuit**. Le plus souvent, cette taxation n'intervient pas immédiatement ; elle est opérée au décès du donateur sur le fondement de l'article 784 du CGI (rappel fiscal des donations antérieures).

CHAPITRE 2

PAIEMENT DU PRIX

SOMMAIRE

SECTION 1

PRINCIPES GÉNÉRAUX

A. Auteurs du paiement

RÉGLEMENTATION APPLICABLE AU PAIEMENT DU PRIX

Le paiement du prix constitue la principale obligation de l'acquéreur selon les dispositions du **Code civil** consacrées spécifiquement à la vente (C. civ. art. 1582 et 1650 à 1657). D'autres textes, ou l'acte de vente lui-même, créent d'autres obligations à la charge de l'acquéreur, concernant la continuation des contrats en cours relatifs à l'immeuble (n°s 52130 s.). 26000

Le paiement du prix relève non seulement des dispositions précitées du titre du Code civil consacrées à la vente, mais aussi de celles consacrées au paiement des obligations. Sont concernées les dispositions visées au chapitre portant sur l'extinction des obligations (C. civ. art. 1342 s.). Cette section commence par **définir le paiement** comme étant l'exécution volontaire de la prestation due (C. civ. art. 1342). Elle est divisée en quatre sous-sections, consacrées respectivement aux dispositions générales, aux dispositions particulières aux obligations de sommes d'argent, à la mise en demeure et au paiement avec subrogation.

DÉBITEURS DU PAIEMENT DU PRIX DE VENTE ET PERSONNES INTÉRESSÉES À CE PAIEMENT

26002 C'est bien évidemment l'acquéreur qui est, au premier chef, débiteur du prix de vente (C. civ. art. 1582 et 1650).

En pratique, certaines personnes peuvent être intéressées au paiement. Il peut s'agir non seulement de la **caution** qui, par définition, s'est engagée à payer le prix de vente au lieu et place de l'acquéreur, du débiteur principal, mais également du **coacquéreur** qui, ayant intérêt à interrompre l'action du vendeur, paiera la totalité du prix de vente et non pas seulement la part lui incombant.

Ce peut être également un **créancier hypothécaire** de l'acquéreur, qui, pour éviter l'exercice de l'action résolutoire du vendeur, préférera acquitter la dette de son débiteur.

Les exemples qui précèdent entrent dans les hypothèses où le tiers pourra bénéficier d'une subrogation légale dans les droits du vendeur (C. civ. art. 1346), et notamment dans le bénéfice de l'hypothèque légale du vendeur, laquelle s'est substituée au privilège du vendeur depuis le 1er janvier 2022, et de l'action résolutoire.

26004 **Acquéreurs conjoints** En cas de pluralité d'acquéreurs conjoints, il est de l'intérêt du vendeur de stipuler la **solidarité** entre eux. En effet, la solidarité entre les débiteurs oblige chacun d'eux à toute la dette. Le créancier peut demander le paiement au débiteur solidaire de son choix. Les poursuites exercées contre l'un des débiteurs solidaires n'empêchent pas le créancier d'en exercer de pareilles contre les autres. Mais bien sûr, le paiement fait par l'un des débiteurs les libère tous envers le créancier (C. civ. art. 1313). La solidarité renforce donc considérablement les garanties du créancier, en lui permettant de demander à n'importe lequel ou à chacun des acquéreurs le paiement de la totalité du prix. À défaut, chacun des acquéreurs ne sera tenu que du paiement d'une fraction du prix correspondant à la fraction acquise.

PAIEMENT PAR UN TIERS NON TENU

26006 L'obligation peut être acquittée par un tiers qui n'y est pas tenu, sauf refus légitime du créancier (C. civ. art. 1342-1).

Les **hypothèses visées** sont plus rares en pratique, mais il est permis d'imaginer qu'une personne paye pour le compte d'une autre, sans obligation de sa part, qu'elle ait eu l'intention d'effectuer une libéralité ou, même en l'absence d'intention libérale, par application des principes de la gestion d'affaires (C. civ. art. 1301 s.).

> **Précisions** Le paiement par un tiers oblige cependant le professionnel (notaire ou agent immobilier) à une grande prudence au regard de ses obligations en matière de **lutte contre le blanchiment** dans la mesure où il doit identifier le client et, le cas échéant, le bénéficiaire effectif de la relation d'affaires et se renseigner sur l'origine des fonds et leur destination ainsi que sur l'objet de l'opération et l'identité de la personne qui en bénéficie (voir nos 29110 s.).

26008 **Absence de subrogation** Le texte précise expressément que, pour valoir paiement du prix, le tiers ne doit pas se faire subroger dans les droits du créancier (C. civ. art. 1342, al. 3). En effet, dans ce cas, la dette de paiement du prix ne serait pas éteinte, puisque la créance de prix n'aurait, par l'effet de la subrogation, que changé de titulaire. Si le tiers a agi par **intention libérale**, par définition, il n'a pas de créance contre l'acquéreur ; s'il a agi dans le cadre de la **gestion d'affaires**, c'est une nouvelle créance qui est née, distincte de la créance de prix.

26010 **Répétition de l'indu** Si le **paiement** a été **effectué par erreur** par le tiers, celui-ci a un recours contre l'acquéreur (C. civ. art. 1302). Ainsi en a-t-il été décidé à propos d'un notaire qui a versé le prix de vente au vendeur, alors que l'acquéreur n'avait pas versé à sa comptabilité ce prix de vente (Cass. 1e civ. 13-10-1998 n° 96-22.515 : Bull. civ. I n° 299, RJDA 1/99 n° 16, rapport Y. Chartier p. 14). De même, si les fonds déposés par un acquéreur ont été remis à un tiers par un agent immobilier qui cherchait à dissimuler les escroqueries qu'il avait commises au préjudice de ses clients, l'acquéreur propriétaire des fonds ainsi détournés peut agir valablement en répétition de l'indu contre ce tiers, même s'il est de bonne foi (Cass. 3e civ. 11-5-2022 n° 21-11.501). En revanche, le paiement d'un créancier privilégié fait par erreur par un notaire n'ouvre pas droit à répétition. Dans la mesure où le notaire a commis une erreur sur l'ordre des privilèges, la cour d'appel en a exactement déduit que ce paiement n'ouvrait pas droit à répétition, dès lors que les créanciers bénéficiaires du paiement n'avaient reçu que ce que leur devait le débiteur. La demande en restitution du notaire a donc été rejetée (Cass. 1e civ. 24-10-2019 n° 18-22.549 FS-PBI : RJDA 1/20 n° 4, solution rendue à propos de privilèges mais transposable à l'ensemble des sûretés notamment aux créanciers hypothécaires au lendemain de la réforme du droit des sûretés par l'ord. 2021-1192 du 15-9-2021).

Le **paiement**, même **fait volontairement et en connaissance de cause**, donne lieu à répétition lorsqu'il est indu, sans qu'il y ait lieu de rapporter aucune autre preuve et il est indifférent que ce paiement ait pu intervenir à la suite d'une faute commise par celui qui a payé, circonstance qui pourrait seulement justifier, le cas échéant, l'allocation de dommages-intérêts (Cass. 1e civ. 30-4-2014 n° 13-11.261 F-D). La répétition peut être réduite si le paiement procède d'une faute (C. civ. art. 1302-3, al. 2). **26012**

B. Créancier du paiement

DISPOSITIONS GÉNÉRALES

Le **principe** est évidemment que le paiement doit être fait au créancier ou à la personne désignée pour le recevoir (C. civ. art. 1342-2, al. 1). Le paiement fait à une personne qui n'avait pas qualité pour le recevoir est néanmoins valable si le créancier le ratifie ou s'il en a profité, tandis que celui fait à un créancier dans l'incapacité de contracter n'est pas valable, s'il n'en a tiré profit (C. civ. art. 1342-2, al. 2 et 3). **26050**

VENDEUR MARIÉ

En **règle générale**, il convient de suivre, tant pour la capacité de vendre, que pour la perception du prix de vente, les règles applicables compte tenu du régime matrimonial du vendeur. **26052**

Immeuble dépendant de la communauté Si les vendeurs sont mariés sous le régime de la communauté réduite aux acquêts, et que l'immeuble vendu est commun, l'un des vendeurs ne peut, sans son conjoint, recevoir les fonds provenant de la vente (C. civ. art. 1424, al. 1). **26054**
Le **paiement** fait **à un seul des époux** communs en biens est nul (C. civ. art. 1427 ; nullité relative) et doit normalement aboutir à une restitution des fonds et à un nouveau paiement en présence des deux époux. Le conjoint qui n'a pas concouru à la perception du prix peut également considérer que le paiement ne lui est pas opposable. Si l'époux qui a reçu le paiement l'a entre-temps dilapidé, l'autre époux est en droit de réclamer un second paiement à l'acquéreur à moins que celui-ci ne prouve que le premier paiement a bénéficié à la communauté (Cass. 1e civ. 30-10-2006 n° 03-20.589 FS-PB : RJDA 5/07 n° 488).
Si les époux vendeurs en sont d'accord, il est possible de prévoir dans l'acte de vente une clause selon laquelle chacun des époux pourra percevoir seul le prix de vente.

> **Précisions** Rappelons que le contrat par lequel un époux donne mandat, non pas d'aliéner le bien commun, mais seulement de rechercher des acquéreurs, est un **contrat d'entremise** qui peut valablement être signé par un seul des époux (Cass. 1e civ. 20-11-2013 n° 12-26.128 F-PB : RJDA 3/14 n° 209).

Immeuble indivis entre époux Si les vendeurs sont mariés sous le régime de la séparation de biens et que l'immeuble est indivis entre époux, seule une liquidation permettra de déterminer les droits de chacun dans le partage de ce prix. Cette liquidation sera également utile pour déterminer les droits des créanciers personnels à chaque époux (nos 28230 s.). **26056**

CAPACITÉ DU VENDEUR

Le notaire qui reçoit l'acte de vente d'immeuble doit vérifier la capacité du vendeur, non seulement à **consentir la vente**, mais également à en **percevoir le prix** (C. civ. art. 1342-2). Cette question l'oblige à appliquer les différentes règles relatives à la représentation ou à l'assistance des mineurs et des majeurs protégés. **26058**
En pratique, consentement à la vente et perception du prix sont en effet décalés dans le temps, non seulement quand il y a paiement à terme du prix, mais aussi quand le consentement à la vente est donné lors de l'avant-contrat.
La capacité à percevoir le prix doit également être exigée si, lors de l'avant-contrat, un acompte est versé au vendeur.

MANDATS JUDICIAIRES ET INCAPACITÉS DIVERSES

La capacité du vendeur à percevoir le prix doit également être examinée si une **procédure collective** a été engagée contre lui ou, plus généralement, si un mandataire judiciaire a été nommé à l'effet d'administrer et de gérer son patrimoine. **26060**
Si le vendeur fait l'objet d'une liquidation judiciaire ou d'une procédure de rétablissement personnel (réservée aux débiteurs irrémédiablement surendettés), il est dessaisi de ses droits et actions portant sur ses biens composant le patrimoine engagé par l'activité professionnelle,

même de ceux qu'il a acquis à quelque titre que ce soit, au profit du liquidateur pendant la durée de la procédure (C. com. art. L 641-9, I ; C. consom. art. L 742-15).
Toutefois, l'absence du liquidateur judiciaire du vendeur à l'acte réitérant une vente immobilière parfaite avant le jugement d'ouverture n'a pas pour effet de rendre inopposable à la procédure collective le droit de propriété de l'acquéreur. Seul le paiement du prix, en ce qu'il a été fait entre les mains du débiteur lui-même, est inopposable (Cass. com. 6-3-2019 n° 17-24.608 F-D : RJDA 6/19 n° 451).
Sur la question de savoir qui est habilité à fixer le prix de vente d'un bien appartenant à une personne placée en liquidation judiciaire, voir n° 24020.

> **Précisions a.** Le jugement qui ouvre une sauvegarde, un redressement ou une liquidation judiciaire est publié au registre du commerce et des sociétés si le débiteur est un commerçant ou au registre national des entreprises pour les entreprises individuelles qui y sont immatriculées et fait l'objet d'un avis au Bodacc et dans un support d'annonces légales du lieu où le débiteur a le siège de son entreprise ou des établissements secondaires (C. com. art. R 621-8). Le jugement ouvrant un rétablissement personnel fait aussi l'objet d'un avis au Bodacc (C. consom. art. R 742-9). Ces **mesures de publicité** permettent aux tiers appelés à contracter avec lui et aux différents professionnels, notaires ou agents immobiliers, de prendre connaissance des mesures d'incapacité frappant leur interlocuteur.
> **b.** Sur la **responsabilité du notaire** qui a omis de procéder à une telle vérification, voir n° 70045.

DÉCÈS DU VENDEUR

26062 Il peut arriver que le vendeur décède avant paiement du prix. Dans ce cas, ce prix constitue pour les héritiers un **actif successoral**, divisible entre eux (C. civ. art. 1309).
Cette créance de prix, comme tout actif successoral a pu faire l'objet d'un legs par le vendeur, ou peut être attribuée à l'un des héritiers dans le cadre d'un partage.
En tout état de cause il conviendra, avant de remettre ce prix de vente, de déterminer le ou les véritables ayants droit, et de constater officiellement la dévolution successorale au moyen d'un acte de notoriété. En présence d'héritiers mineurs, l'intervention du juge des tutelles sera en principe nécessaire.

DÉLÉGATION DE PAIEMENT

26064 Comme toute créance, la créance de prix de vente peut être l'objet d'une délégation, parfaite ou imparfaite (C. civ. art. 1336 s.), voire d'une simple indication de paiement du prix entre les mains d'un tiers.
En pratique, l'**initiative** vient **du vendeur** qui souhaite utiliser le prix de vente à l'extinction de sa propre dette et qui, à cet effet, donne au notaire un ordre irrévocable de verser tout ou partie de ce prix à son créancier, en général pour garantir le remboursement d'un crédit relais consenti par une banque pour financer l'achat d'un autre immeuble, ou bien pour éviter une procédure de saisie immobilière.
Formellement, cet ordre, s'il est accepté par le notaire et par le créancier, constitue une délégation imparfaite, puisqu'il crée une nouvelle obligation du notaire à l'égard du créancier du vendeur, sans éteindre l'obligation du vendeur à l'égard de ce créancier.
On peut imaginer également qu'un tel **engagement** soit **pris par l'acquéreur**. Tel est le cas lorsque le prix de la vente est constitué, en tout ou en partie, par l'obligation pour l'acquéreur d'acquitter tel ou tel autre passif du vendeur.

26066 **Quel qu'en soit le signataire**, il faut éviter, par cet engagement, de porter atteinte aux droits des créanciers hypothécaires ou privilégiés inscrits sur l'immeuble ou, si le bénéficiaire de la délégation est lui-même créancier hypothécaire ou privilégié, de modifier l'ordre de paiement de ces créanciers. Ainsi, par **exemple**, une promesse de vente a été déclarée nulle dans un cas où une personne physique avait consenti un prêt de 900 000 € à une société, remboursable en une seule échéance 6 mois plus tard et garanti par une hypothèque de second rang (le Trésor public étant inscrit en premier rang) sur une parcelle de terre appartenant à l'emprunteur. Le même jour, l'emprunteur et le prêteur avaient signé une promesse synallagmatique de vente portant sur la même parcelle au prix de 900 000 € aux termes de laquelle la promesse serait nulle et non avenue et une indemnité libératoire serait due, si l'emprunteur remboursait le prêt à son échéance. La Cour de cassation a confirmé la nullité de cette promesse synallagmatique de vente aux motifs notamment que :
– le prêt et la promesse étaient liés et concouraient à une même opération ;
– il s'agissait pour le prêteur de s'assurer d'une sûreté efficace destinée à contourner les règles de la saisie immobilière ;

– la promesse de vente s'analysait en une clause de voie parée de nature à contourner le cours normal des procédures d'exécution et non pas en un pacte commissoire puisqu'elle ne satisfaisait pas aux conditions des articles 2459 et 2460 du Code civil (C. civ. art. 2452 et 2453 modifiés par ord. 2021-1192 du 15-9-2021) (Cass. 3e civ. 20-12-2018 n° 17-17.939 F-D : RJDA 5/19 n° 326).
En tout état de cause, le notaire, s'il accepte un ordre irrévocable de paiement, précisera utilement au bénéficiaire que cet ordre ne sera efficace que pour autant que la vente soit bien régularisée en son étude et qu'il n'existe pas de créanciers inscrits au jour de sa publication.
Par contre, une telle délégation constitue un moyen efficace d'éviter, à due concurrence, une saisie effectuée par un créancier chirographaire, en rendant le prix indisponible à son égard (C. exécution art. L 211-3).

C. Modes de paiement

1. MONNAIE DE PAIEMENT

RAPPEL DE LA DIVERSITÉ DES MODES DE PAIEMENT ADMIS

En **principe**, dans une vente d'immeuble, la prestation à fournir par l'acquéreur est un prix exprimé en monnaie ayant cours légal ; il est cependant admis par la **jurisprudence** que la propriété de l'immeuble soit transférée moyennant, par exemple, une prestation de services (Cass. 1e civ. 12-10-1967 : Bull. civ. I n° 292) ou le service d'une rente viagère (nos 26700 s.). **26100**
De même, la contrepartie peut être une autre chose ; mais dans ce cas, il s'agit d'un contrat d'échange, régi spécialement par le Code civil avec un renvoi à certaines dispositions relatives à la vente (C. civ. art. 1707).

MONNAIE AYANT COURS LÉGAL

La **monnaie de la France** est l'euro, divisé en centimes (C. mon. fin. art. L 111-1). **26102**

> **Précisions** Les actifs numériques que sont les **cryptomonnaies** peuvent se définir comme : « toute représentation numérique d'une valeur qui n'est pas émise ou garantie par une banque centrale ou par une autorité publique, qui n'est pas nécessairement attachée à une monnaie ayant cours légal et qui ne possède pas le statut juridique d'une monnaie, mais qui est acceptée par des personnes physiques ou morales comme un moyen d'échange et qui peut être transférée, stockée ou échangée électroniquement » (C. mon. fin. art. L 54-10-1, 2°, à propos des prestataires de services sur actifs numériques). A contrario, les cryptomonnaies ne peuvent être qualifiées de monnaies ayant cours légal ni de monnaies électroniques. Elles ne constituent pas un moyen de paiement reconnu par la loi mais un moyen d'échange admis par la loi.

MONNAIE ÉTRANGÈRE

Le paiement, en France, d'une obligation de somme d'argent s'effectue en euros. Toutefois, le paiement peut avoir lieu en une autre devise si l'obligation ainsi libellée procède d'une **opération à caractère international ou** d'un **jugement étranger** (C. civ. art. 1343-3). Pour ce type d'actes conclus ou établis depuis le 1er octobre 2018, les parties peuvent convenir que le paiement aura lieu en devise s'il intervient entre professionnels, lorsque l'usage d'une monnaie étrangère est communément admis pour l'opération concernée (C. civ. art. 1343-3). **26104**

En principe, la monnaie étrangère peut être utilisée comme **monnaie de compte**, c'est-à-dire, non pas comme un instrument de paiement, mais comme un moyen d'évaluer la dette du débiteur en euros. La clause qui le prévoit est valable, dès lors que le débiteur n'a pas l'obligation de payer en monnaie autre que celle ayant cours légal. En pareil cas, la conversion de la monnaie étrangère en euros s'impose au moment du paiement. Le problème se posera alors de savoir à quelle date devra être effectuée la conversion de la dette ainsi libellée en monnaie étrangère. À défaut de stipulation contractuelle, il est le plus souvent communément admis que la conversion doit intervenir au jour du paiement, sauf si le retard apporté à celui-ci est imputable à l'une des parties (Cass. 1e civ. 18-12-1990 n° 88-20.232 : Bull. civ. I n° 300). **26105**

Le contrat peut également prévoir que la monnaie étrangère est utilisée comme **monnaie de paiement**. La validité de cette clause dépend alors de la nature du contrat. Elle est nulle si elle est insérée dans un contrat purement interne, sans élément d'extranéité (Cass. com. 27-4-1964 : Bull. civ. III n° 209). Mais elle est valable s'il s'agit d'un paiement international ou d'un paiement fait en France, entre résidents étrangers et dans un contrat de droit étranger (en ce sens, Cass. 3e civ. 22-4-1976 n° 75-11.496 : Bull. civ. III n° 163). Pour l'indexation du prix sur une monnaie étrangère, voir n° 26308. **26106**

> **Précisions** Les emprunteurs d'un **crédit immobilier** régi par le Code de la consommation ne peuvent contracter de prêts libellés dans une devise autre que l'euro, remboursables en euros ou dans la devise concernée, que s'ils déclarent percevoir principalement leurs revenus ou détenir un patrimoine dans cette devise au moment de la signature du contrat de prêt, excepté si le risque de change n'est pas supporté par l'emprunteur (C. consom. art. L 313-64).

MONNAIE SCRIPTURALE

26108 Les paiements effectués ou reçus par un notaire pour le compte des parties à un **acte authentique** et **donnant lieu à publicité** foncière doivent obligatoirement être faits par virement à partir de 3 000 € (C. mon. fin. art. L 112-6-1 et R 112-5, I).

S'agissant des **autres actes**, les règles actuelles sont les suivantes (C. mon. fin. art. L 112-6, I-al. 1 et D 112-3).

Lorsque le débiteur a son domicile fiscal en France ou agit pour les besoins d'une activité professionnelle, il est interdit de payer en espèces au-delà de 1 000 € ou au moyen de monnaie électronique au-delà de 3 000 €.

Lorsque le débiteur n'a pas son domicile fiscal en France et n'agit pas pour les besoins d'une activité professionnelle, il faut distinguer. Le seuil de l'interdiction, que le paiement soit effectué en espèces ou au moyen de monnaie électronique, est de :

– 15 000 € lorsque le débiteur paie une dette au profit d'un notaire ou de toute autre personne soumise aux obligations de lutte contre le blanchiment (visées au C. mon. fin. art. L 561-2) ;
– 10 000 € dans le cas contraire.

Ces interdictions ne s'appliquent pas (C. mon. fin. art. L 112-6, III) :

– aux paiements réalisés par des personnes qui sont incapables de s'obliger par chèque ou par un autre moyen de paiement, ainsi que par celles qui n'ont pas de compte de dépôt ;
– aux paiements des dépenses de l'État et des autres personnes publiques ;
– aux paiements effectués entre personnes physiques n'agissant pas pour des besoins professionnels et à certains paiements réalisés en monnaie électronique.

26110 La violation de ces interdictions, qu'il s'agisse d'un acte authentique ou de tout autre acte, expose l'auteur du paiement à une **amende** dont le montant tient compte de la gravité du manquement et qui ne peut pas excéder 5 % des sommes payées irrégulièrement. L'auteur et le bénéficiaire du paiement sont solidairement responsables du règlement de cette amende (C. mon. fin. art. L 112-7).

26112 La démonstration de la remise d'un moyen de paiement ne suffit pas à en rapporter la preuve. Pour les paiements par chèque qui subsistent, il est toujours préférable d'obtenir de l'acquéreur un **chèque certifié ou de banque** car seul l'encaissement du chèque vaut paiement (C. mon. fin. art. L 131-67 ; Cass. 1e civ. 4-4-2001 n° 99-14.927 : Bull. civ. I n° 102).

Toutefois, dans la mesure où l'exigence d'un chèque de banque n'a pas de caractère d'ordre public, le notaire ne peut pas refuser formellement d'instrumenter pour ce motif (Cass. 1e civ. 15-2-2005 n° 03-10.946 F-PB : RJDA 6/05 n° 673, JCP N 2005 n° 1363 p. 1388 note D. Lepeltier, Defrénois 15-8-2005 n° CJ2005DEF1246N1 p. 1246 note J.-L. Aubert).

> **Précisions a.** Le **virement** et le **prélèvement Sepa** (Single Euro Payments Area) remplacent le virement et le prélèvement nationaux tant pour les paiements nationaux que transfrontaliers (intra-européens ou internationaux). Pour émettre un virement, les coordonnées bancaires du bénéficiaire sous forme d'Iban (International Bank Account Number) et de BIC (Bank Identifier Code) figurant sur les relevés d'identité bancaire sont nécessaires.
>
> **b.** La **monnaie électronique** est une valeur monétaire qui est stockée sous une forme électronique, y compris magnétique, représentant une créance sur l'émetteur, qui est émise contre la remise de fonds aux fins d'opérations de paiement définies à l'article L 133-3 du Code monétaire et financier et qui est acceptée par une personne physique ou morale autre que l'émetteur de monnaie électronique (C. mon. fin. art. L 315-1).

2. PREUVE DU PAIEMENT ET QUITTANCE DU PRIX DE VENTE

PREUVE DU PAIEMENT

26130 Lorsque le prix est payé comptant le jour de la signature de l'acte authentique de vente et que celui-ci transite par la **comptabilité du notaire**, la quittance de ce paiement résulte de l'acte lui-même, de sorte que la réalité du paiement et de son montant est constatée personnellement par le notaire dans un acte authentique. Le paiement ne peut alors être contesté que par la procédure d'inscription de faux.

En revanche, quand le prix (même quittancé dans l'acte) est payé **hors la comptabilité du notaire**, ce dernier ne fait que constater la déclaration des parties, dont il n'a pas pu vérifier personnellement la réalité ou l'exactitude, selon laquelle le paiement est intervenu. La preuve contraire peut alors être rapportée par tous moyens (C. civ. art. 1342-8) et sans recourir à la procédure d'inscription de faux (Cass. 1e civ. 2-11-2005 n° 03-19.622 F-PB : RJDA 5/06 n° 607). La charge de la preuve du non-paiement incombe toutefois au créancier (Cass. 1e civ. 6-12-2007 n° 06-19.666 F-D). Avant la réforme du droit des contrats, la jurisprudence considérait que le prix quittancé payé hors la comptabilité du notaire devait être prouvé par écrit conformément aux dispositions de l'ancien article 1341 du Code civil, repris en substance à l'article 1359 du Code civil (Cass. 3e civ. 27-2-2008 n° 07-10.222 FS-PB : RJDA 7/08 n° 846 ; Cass. 1e civ. 4-11-2011 n° 10-27.035 F-PBI ; Cass. 1e civ. 9-5-2019 n° 18-10.885 F-PB : D. 2019 act. p. 1046). Cette jurisprudence est-elle toujours valable ? Pour certains auteurs, la preuve du paiement, fait juridique, serait libre.

Office du juge Même si l'acte donne quittance d'un paiement hors la comptabilité du notaire, les juges du fond **apprécient souverainement** les éléments de preuve produits et peuvent estimer que la quittance n'a pas de valeur libératoire (Cass. 1e civ. 4-12-2013 n° 12-24.207 F-D). Ni le transfert de la propriété de la chose vendue, ni sa délivrance à l'acheteur ne forment, au profit de celui-ci, présomption légale de libération du prix (Cass. 15-7-1942 : DC 1943 p. 104 note A. C.). Les juges du fond ne peuvent déduire l'existence d'un commencement de preuve par écrit des seules réponses mentionnées par un huissier de justice dans une sommation interpellative à laquelle l'acquéreur a répondu ne pas pouvoir payer la somme due (Cass. 3e civ. 29-9-2016 n° 15-20.177 F-PB ; solution transposable au commissaire de justice, profession issue de la fusion de celle d'huissier de justice et de celle de commissaire-priseur judiciaire, en vigueur depuis le 1-7-2022). Mais ils peuvent considérer qu'une SCI ne rapporte pas la preuve du paiement en produisant uniquement des comptes bancaires, des talons de chèques et des retraits en espèces, dès lors qu'aucune quittance ni photocopie de chèques n'est versée et que, surtout, postérieurement au dernier paiement qu'elle prétend avoir fait, elle a reconnu le non-respect de ses obligations de paiement en proposant un échéancier (Cass. 1e civ. 12-11-2015 n° 14-14.127 F-D). Si le paiement est contesté par un tiers, la preuve du non-paiement incombe à celui-ci et peut être rapportée par tous moyens (Cass. 1e civ. 11-3-2009 n° 07-20.132 FS-PB : RJDA 11/09 n° 1003 ; Cass. 1e civ. 3-4-2019 n° 18-18.679). 26132

OBLIGATION DE CONSEIL DU NOTAIRE

Le notaire doit attirer l'attention de l'acquéreur sur les risques de **paiement en dehors de sa comptabilité** et directement au vendeur. En effet, si l'acquéreur doit effectuer les formalités de purge, à l'égard des créanciers hypothécaires inscrits sur l'immeuble, il sera tenu d'offrir la totalité du prix à ces créanciers et risque soit de devoir payer une seconde fois les sommes ainsi versées, soit, s'il est évincé de la vente par suite de surenchère, de ne pas pouvoir obtenir la restitution de la partie de ce prix remise directement au vendeur (n° 28029). 26133

EXIGIBILITÉ DU PAIEMENT

Le paiement doit être fait sitôt que la dette devient exigible (C. civ. art. 1342). En règle générale, l'**avant-contrat** de vente d'immeuble précise très clairement que le prix de vente sera payé comptant à la comptabilité du notaire, le jour de la signature de l'acte authentique. Et si un paiement à terme est prévu, la date d'exigibilité de chacune des échéances est également très clairement précisée. 26134

Faute de stipulation précise dans le **Code civil** à cet égard, il convient de considérer que le fait générateur du paiement du prix de vente réside dans la livraison de l'immeuble par le vendeur (C. civ. art. 1612 et 1651 ; pour une illustration jurisprudentielle, Cass. 1e civ. 30-6-1992 n° 90-14.903). Sauf convention particulière, l'obligation de l'acheteur de payer le prix de vente résulte donc de l'exécution complète, par le vendeur, de son obligation de délivrance (Cass. 1e civ. 19-11-1996 n° 94-18.502 : Bull. civ. I n° 411, RJDA 2/97 n° 193 ; Cass. 3e civ. 26-3-2014 n° 13-10.984 FS-PB). Il en résulte d'une part que tous les **fruits** de l'immeuble appartiennent à l'acquéreur depuis le jour de la vente, quand bien même le paiement aurait été retardé, dès lors que ce retard est dû à l'inexécution de son obligation par le vendeur (Cass. 3e civ. 26-3-2014 n° 13-10.984 FS-PB : BPIM 3/14 inf. 188) et d'autre part que les vendeurs qui se maintiennent dans les lieux peuvent être condamnés au paiement d'une indemnité d'occupation (Cass. 3e civ. 7-9-2022 n° 21-20.387 : RJDA 2/23 n° 67).

PAIEMENT PARTIEL

Le débiteur ne peut forcer le **créancier** à recevoir en partie le paiement d'une dette, même divisible (C. civ. art. 1342-4). Le créancier est donc en droit de refuser un paiement seulement partiel. 26136

Le **juge** peut toutefois reporter ou échelonner le paiement des sommes dues compte tenu de la situation du débiteur et en considération des besoins du créancier, dans la limite de 2 années (C. civ. art. 1343-5, al. 1). Toute stipulation contraire est réputée non écrite (C. civ. art. 1343-5, al. 5).

3. PAIEMENT PAR COMPENSATION

COMPENSATION LÉGALE

26150 La compensation constitue l'un des modes d'extinction des obligations (C. civ. art. 1347 à 1348-2). Elle opère entre deux personnes qui sont respectivement débitrice et créancière l'une de l'autre, lorsque ces créances sont fongibles, certaines, liquides et exigibles, et qu'elles portent soit sur une somme d'argent, soit sur une quantité de choses fongibles (C. civ. art. 1347 et 1347-1). Le juge a la faculté de prononcer la compensation judiciaire lorsque l'une des obligations n'est pas liquide ou exigible (C. civ. art. 1348).

La compensation **opère** à hauteur de la créance la moins élevée, au jour où ses conditions sont réunies, sous réserve d'être invoquée (C. civ. art. 1347, al. 2).

En pratique, cela signifie que, dès lors qu'à la date fixée pour le paiement du prix de vente, l'acquéreur est lui-même créancier du vendeur et que sa créance est liquide et exigible, il pourra invoquer la compensation légale.

26152 Par exception, la compensation légale **n'opère pas** pour les créances insaisissables et les obligations de restitution d'un dépôt, d'un prêt à usage ou d'une chose dont le propriétaire a été injustement dépouillé, à moins que le créancier y consente (C. civ. art. 1347-2).

En revanche, le **délai de grâce** ne fait pas obstacle à la compensation (C. civ. art. 1347-3).

> **Précisions** Les exceptions aux règles de la compensation légale (C. civ. art. 1347-2) ne s'étendent pas aux créances et dettes qui font l'objet d'une **compensation judiciaire** (C. civ. art. 1348) dont l'appréciation incombe aux juges du fond (Cass 1e civ. 11-5-2022 n° 21-16.600 FS-B : SNH 17/22 inf. 4, à propos d'une demande de compensation judiciaire entre l'indemnité d'occupation d'un bien sans droit ni titre et les sommes dues au titre du recel successoral).

COMPENSATION CONVENTIONNELLE

26154 Les parties peuvent librement décider la compensation de leurs dettes, conformément au principe de liberté contractuelle (C. civ. art. 1348-2). La compensation **prend effet** à la date de leur accord ou, s'il s'agit d'obligations futures, à celle de leur coexistence (C. civ. art. 1348-2).

Il est donc possible, d'un commun accord entre vendeur et acquéreur, que la compensation **s'opère** entre deux créances ne présentant pas les caractères nécessaires à la compensation légale, par exemple en cas de défaut d'exigibilité de l'une de ces créances.

Tel est le cas lorsque l'acquéreur s'acquitte du prix au moyen d'une créance à terme contre le vendeur, non pas en raison de la loi, mais par l'effet de l'accord de ce dernier.

Cette opération ne se distingue pas de la **dation en paiement**, dans laquelle l'une des parties remet une chose, en l'occurrence un immeuble, en extinction de sa dette.

INOPPOSABILITÉ AUX CRÉANCIERS DU VENDEUR

26156 La compensation ne préjudicie pas aux droits acquis par des tiers (C. civ. art. 1347-7). Dans la mesure où, pour effectuer la **purge des inscriptions**, l'acquéreur doit proposer la totalité du prix aux créanciers inscrits sur l'immeuble, la compensation, qu'elle soit légale ou conventionnelle, ne dispensera pas l'acquéreur de proposer à ces créanciers la partie de prix payée par compensation.

4. DATION EN PAIEMENT

MÉCANISME

26180 Le créancier peut accepter de recevoir en paiement autre chose que ce qui lui est dû (C. civ. art. 1342-4, al. 2). Dans ce cas, le paiement se fait par une dation en paiement. La dation en paiement consiste donc à modifier, d'un commun accord entre les deux parties, l'obligation initialement prévue.

Les **applications pratiques** dans lesquelles un débiteur remet, en paiement d'une créance de somme d'argent, un immeuble qui lui appartient sont nombreuses, quelle que soit la cause de la créance initiale : par exemple, remise d'un immeuble propre en paiement d'une soulte dans un partage de communauté, remise d'un immeuble en paiement d'une créance de salaire différé. Peu importe l'origine de la créance éteinte, ce qui est important c'est qu'elle soit éteinte au moyen de la remise d'un immeuble.

L'hypothèse la plus fréquente, dans laquelle on se réfère, d'ailleurs de façon inexacte, à la notion de dation en paiement, est celle de la **vente de terrains à bâtir contre remise de locaux à construire** (voir notamment Cass. 3e civ. 9-12-1986 n° 85-13.373 : Bull. civ. III n° 177). En effet, l'un des montages utilisés par la pratique consiste à ce que la totalité du terrain soit vendue moyennant un prix converti, en tout ou en partie, en l'obligation pour l'acquéreur de construire, et, après achèvement de remettre au vendeur du terrain certains locaux dont la consistance est précisée. **26182**

Il n'y a donc dans ce premier acte, qu'une simple promesse de dation, un deuxième acte étant nécessaire pour constater, le moment venu, le transfert de propriété des lots, objet de la promesse.

> **Précisions** **a.** Lorsqu'une partie du prix de vente a été prévue sous forme de remise d'une maison que l'acquéreur a l'obligation de construire sur l'une des parcelles vendues, le vendeur ne peut exiger le **transfert de propriété**, s'agissant d'une chose future, que lorsque la chose est en mesure d'être livrée par celui qui doit la donner car l'objet de la dation n'est pas la parcelle mais une maison de la valeur du solde du prix que l'acquéreur avait l'obligation de construire, la convention stipulant que la dation ne s'opérerait qu'au jour de l'achèvement de la construction (Cass. 3e civ. 22-9-2010 n° 09-15.781 FS-PB : RJDA 2/11 n° 179).
b. Dès lors que les paiements de la partie du prix, en vue duquel l'inscription d'un privilège du vendeur (devenu hypothèque légale du vendeur) a été prise, doivent être effectués en l'étude d'un notaire, ce dernier se doit d'appeler l'attention des vendeurs sur l'importance du **renouvellement du privilège** avant sa péremption, afin de garantir tant le solde du prix en numéraire que l'exécution de la dation en paiement (Cass. 1e civ. 30-10-2013 n° 12-28.926 F-D, solution transposable à l'hypothèque légale de vendeur laquelle s'est substituée au privilège de vendeur le 1-1-2022).
c. Il résulte de l'article 269 2 a bis du CGI, aux termes duquel, pour les livraisons d'immeubles à construire, la TVA est exigible lors de chaque versement des sommes correspondant aux différentes échéances prévues par le contrat en fonction de l'avancement des travaux, qu'en cas de dation en paiement, dès lors que la livraison des locaux remis en dation relève d'un contrat portant sur un immeuble à construire, l'exigibilité de la taxe due à ce titre intervient à la livraison du terrain qui en constitue la contrepartie (Cass. crim. 13-10-2021 n° 20-81.324 : RJF 1/22 n° 85). Ainsi, lors d'une dation en paiement, la **TVA** est exigible dès la livraison du terrain si l'opération est certaine et les éléments connus (TA Nice 30-6-2022 n° 1903192 : BPIM 1/23 Inf. 68).

D. Prescription de l'action en paiement

DÉLAI DE PRESCRIPTION

En **principe**, l'action en paiement du prix n'est pas soumise à un délai de prescription dérogatoire du droit commun. Elle est donc généralement soumise au délai de 5 ans (C. civ. art. 2224). Les actions réelles immobilières se prescrivent par 30 ans (C. civ. art. 2227), mais l'action en paiement est une action de nature personnelle, et non réelle. Le délai trentenaire ne peut donc s'appliquer aux actions en paiement du prix engagées par le vendeur. **26200**

L'**action des professionnels, pour les biens ou les services qu'ils fournissent aux consommateurs**, se prescrit par 2 ans (C. consom. art. L 218-2). La règle a une portée générale. En l'absence de dispositions particulières, elle a donc vocation à s'appliquer à toute action engagée par un professionnel de l'immobilier, telle que l'action en paiement du solde du prix dû par un accédant particulier à un promoteur dans le cadre d'une VEFA (Cass. 3e civ. 26-10-2017 n° 16-13.591 FS-PBI : BPIM 6/17 inf. 414).

Pour la prescription de l'**action en résolution de la vente pour non-paiement du prix**, voir n° 26450.

POINT DE DÉPART DU DÉLAI DE PRESCRIPTION

La prescription court **à compter du jour** où le vendeur a connu ou aurait dû connaître les faits lui permettant d'exercer son action. En matière de vente, il s'agira généralement du jour où la dette devient exigible. Ainsi, la prescription ne court pas, à l'égard d'une créance qui dépend d'une condition, jusqu'à ce que la condition arrive, ni à l'égard d'une créance à terme, jusqu'à ce que ce terme soit arrivé (C. civ. art. 2233). **26202**

SUSPENSION, INTERRUPTION DU DÉLAI DE PRESCRIPTION

26204 Le délai de prescription de l'action en paiement peut être suspendu ou interrompu par les **causes de droit commun** (C. civ. art. 2233 à 2246). Ainsi, par **exemple**, la reconnaissance par le débiteur de son obligation au paiement interrompt le délai de prescription (C. civ. art. 2240). La jurisprudence en déduit que des paiements partiels et réguliers effectués par l'acquéreur impliquent une reconnaissance de la dette et que ces paiements sont interruptifs du délai de prescription (Cass. 1e civ. 25-2-2016 n° 15-15.994 F-D). Toutefois, le report du point de départ, la suspension ou l'interruption de la prescription ne peut avoir pour effet de porter le délai de la prescription extinctive au-delà de 20 ans à compter du jour de la naissance du droit (C. civ. art. 2232). Ce **délai butoir** reste néanmoins affecté par l'effet suspensif attaché aux obligations conditionnelles ou à terme ou aux obligations entre époux ou partenaires liés par un pacte civil de solidarité, et par l'effet interruptif attaché à une demande en justice, une mesure conservatoire ou un acte d'exécution forcée.

Pour la prescription applicable aux **actions en paiement des arrérages d'une rente viagère**, voir n° 26826.

AMÉNAGEMENT DU DÉLAI DE PRESCRIPTION

26206 La durée de la prescription peut être **abrégée** ou **allongée** par accord des parties. Elle ne peut toutefois être réduite à moins d'un an ni étendue à plus de 10 ans. Les parties peuvent également, d'un commun accord, ajouter aux causes de suspension ou d'interruption de la prescription prévues par la loi (C. civ. art. 2254, al. 1 et 2). L'aménagement de la prescription n'est toutefois pas applicable aux actions en paiement ou en répétition des arrérages de rente et, généralement, aux actions en paiement de tout ce qui est payable par années ou à des termes périodiques plus courts (C. civ. art. 2254, al. 3). Il n'est pas non plus applicable aux contrats conclus entre un professionnel et un consommateur (C. consom. art. L 218-1).

SECTION 2

PAIEMENT À TERME ET GARANTIE DU VENDEUR

IMPORTANCE ÉCONOMIQUE DE LA VENTE AVEC PAIEMENT À TERME

26300 Avec le développement du crédit immobilier, le paiement à terme, c'est-à-dire le **« crédit » consenti par le vendeur à un acquéreur**, ne revêt plus qu'une importance économique secondaire, d'autant qu'en général les acquéreurs peuvent aujourd'hui se procurer pour leurs opérations d'accession à la propriété des crédits à un taux aussi intéressant.

Indépendamment de cette hypothèse de libre négociation d'un paiement à terme entre vendeurs et acquéreurs, toujours possible, il faut toutefois citer le cas des **adjudications** d'immeuble, dans lesquelles il est d'usage de prévoir un paiement à très court terme, et surtout les **ventes d'immeuble à construire**, dans le secteur protégé du logement, dans lesquelles les paiements ou dépôts sont réglementairement fixés en fonction de l'état d'achèvement des travaux (CCH art. R 261-14).

> **Précisions** L'**obligation** est **à terme** lorsque son exigibilité est différée jusqu'à la survenance d'un événement futur et certain, encore que la date en soit incertaine (C. civ. art. 1305). Le terme peut être exprès ou tacite. À défaut d'accord, le juge peut le fixer en considération de la nature de l'obligation et de la situation des parties (C. civ. art. 1305-1).

TITRE ET GARANTIES DU VENDEUR

26302 Le paiement à terme bénéficie de garanties particulières, et notamment d'une **hypothèque légale spéciale de vendeur** (C. civ. art. 2402, 1° dans sa rédaction issue de l'ord. 2021-1192 du 15-9-2021) fondée, comme la plupart des hypothèques légales spéciales, sur l'idée de plus-value apportée au patrimoine du débiteur.

L'**intérêt** de cette hypothèque légale, par rapport à une hypothèque conventionnelle, réside dans sa gratuité puisqu'elle est exonérée de taxe de publicité foncière (CGI art. 663, 1° a contrario).

Par ailleurs, le vendeur impayé bénéficie d'une **action résolutoire** mais celle-ci doit être expressément réservée lors de l'inscription de l'hypothèque légale, et inscrite au fichier immobilier, pour pouvoir être conservée et exercée ultérieurement (C. civ. art. 2403).
À noter que les hypothèques légales spéciales se sont substituées aux **privilèges immobiliers spéciaux** à la suite de l'entrée en vigueur de la réforme du droit des sûretés, le 1er janvier 2022 (Ord. 2021-1192 du 15-9-2021). Pour plus de précisions, voir nos 26330 s.

MODALITÉS DU PAIEMENT À TERME

Les modalités du paiement à terme, qu'elles portent sur la date d'échéance, sur le lieu de paiement ou, éventuellement, sur l'échelonnement du paiement (par annuités, par mensualités, etc.), sont librement fixées par les parties, en principe dans le contrat de vente. **26306**
L'octroi d'un **échelonnement du prix de vente** ne revêt pas nécessairement les caractères d'une vente à terme. La distinction peut générer des effets importants en cas de procédure collective de l'acquéreur. En effet, l'ouverture d'une procédure collective interdit les actions en justice contre le débiteur tendant à la résolution d'un contrat pour défaut de paiement d'une somme d'argent de la part des créanciers dont la créance est née avant le jugement d'ouverture (C. com. art. L 622-21, I et, sur renvoi, C. com. art. L 622-17). Si les parties ont conclu une vente à terme, l'exigibilité de la créance est reportée en fin de contrat et le vendeur peut agir en résolution de la vente. En revanche, si elles ont prévu le transfert immédiat de la propriété du bien, la créance invoquée par le vendeur est née au jour de l'acte de vente, soit avant l'ouverture de la procédure collective, quand bien même son exigibilité aurait été échelonnée. Le vendeur se trouve dès lors soumis à la règle de l'interdiction des poursuites (Cass. com. 20-3-2019 n° 17-20.629 F-D : RJDA 6/19 n° 443).
Comme en matière de prêt d'argent, il est conseillé au vendeur de stipuler une **indivisibilité de l'obligation** entre les héritiers en cas de décès de l'acquéreur, et une clause d'**anatocisme**, selon laquelle les intérêts se capitalisent et portent eux-mêmes intérêts un an après leur échéance (C. civ. art. 1343-2).

Indexation Le montant de la somme due peut varier par le jeu de l'indexation (C. civ. art. 1343, al. 2). **Est interdite** toute clause prévoyant une indexation fondée sur le Smic, sur le niveau général des prix et des salaires, ou sur le prix des biens, produits ou services n'ayant pas de relation directe avec l'objet du contrat ou avec l'activité de l'une des parties. **26308**
Toutefois, **est réputée en relation directe** avec l'objet d'une convention relative à un immeuble bâti, et donc notamment avec une vente d'immeuble bâti, toute clause prévoyant une indexation sur la variation de l'indice national du coût de la construction publié par l'Insee (C. mon. fin. art. L 112-2, al. 1). Il en va de même de la clause prévoyant, pour les activités autres que commerciales ou artisanales et pour les activités exercées par les professions libérales, une indexation sur la variation de l'indice trimestriel des loyers des activités tertiaires publié par l'Insee (C. mon. fin. art. L 112-2, al. 2). La validité d'une clause d'indexation fondée sur une monnaie étrangère est également subordonnée à l'existence d'une relation directe avec l'objet de la convention ou l'activité de l'une des parties, ce qui est le cas dès lors qu'il existe une relation directe du taux de change, dont dépendait la révision du taux d'intérêt initialement stipulé, avec la qualité de banquier de l'une des parties (Cass. com. 22-5-2001 n° 98-14.406 FS-P : RJDA 11/01 n° 1145). Ainsi, la clause d'un prêt bancaire prévoyant une indexation sur le franc suisse est valable comme ayant un rapport avec l'objet du contrat dès lors que le prêteur est une banque, même si l'opération est purement interne (Cass. 1e civ. 29-3-2017 n° 16-13.050 FS-PBRI : BPIM 3/17 inf. 228). L'absence de caractère international du contrat importe peu (Cass. 1e civ. 12-1-1988 n° 86-11.966 F-D ; Cass. com. 22-5-2001 n° 98-14.406 précité). Cette solution ne vaut plus cependant que pour les crédits autres que les crédits immobiliers régis par le Code de la consommation (voir n° 26100).
Une indexation prohibée par la loi est **sanctionnée** par la nullité absolue et n'est susceptible ni de confirmation ni de ratification (Cass. com. 3-11-1988 n° 87-10.043 : Bull. civ. IV n° 287). Cette solution a été rendue avant la codification de la distinction dégagée par la jurisprudence entre nullité relative et nullité absolue (C. civ. art. 1179) mais nous semble toujours d'actualité, à défaut de texte spécial sur la nature de la nullité d'une clause d'indexation. A été jugé que la nullité de la clause d'indexation n'entraîne l'annulation de la convention tout entière que si elle peut être considérée comme une cause déterminante de la convention, appréciation qui relève des juges du fond (Cass. 3e civ. 24-6-1971 n° 70-11.730 : Bull. civ III n° 405). Cette solution qui est une application du droit commun des contrats nous semble pérenne au lendemain de la réforme du droit des contrats (C. civ. art. 1184, al. 1 modifié par l'ord. 2016-131 du 10-2-2016). **26309**

Taux d'intérêt Il est possible de stipuler un taux d'intérêt sous réserve toutefois de respecter les dispositions sur l'**usure**, lesquelles concernent non seulement les prêts conventionnels, mais également les crédits accordés à l'occasion de la vente à tempérament (C. consom. art. L 314-6, al. 2). **26310**

Bien qu'il y ait lieu de distinguer formellement la vente à tempérament, qui est celle dont le prix est payable par fractions périodiques, de la vente à crédit dont le prix est simplement stipulé payable à terme, la plupart des commentateurs s'accordent pour considérer que les dispositions sur l'usure s'appliquent aussi bien à l'une qu'à l'autre (notamment, G. Morin, Les prêts usuraires : Defrénois 1967 art. 28948 p. 231).

26312 Concernant **l'emprunteur**, la réglementation sur l'usure s'applique aux prêts conventionnels et aux ventes à tempérament qui ont été consentis à des personnes physiques n'agissant pas pour leurs besoins professionnels ou à des personnes morales ne se livrant pas à une activité industrielle, commerciale, artisanale, agricole ou professionnelle non commerciale (C. consom. art. L 314-9 a contrario).

Le taux de l'intérêt peut donc être librement fixé par les parties lorsque les prêts sont accordés à des personnes physiques agissant pour leurs besoins professionnels ou à des personnes morales se livrant aux activités précitées. Pour ces personnes, seuls les découverts en compte restent soumis au respect du taux d'usure.

26314 Les dispositions sur l'usure impliquent l'indication dans l'acte du **taux effectif global** (TEG), lequel ne doit pas être supérieur, de plus du tiers, au taux effectif moyen pratiqué au cours du trimestre précédent par les établissements de crédit et les sociétés de financement pour des opérations de même nature comportant des risques analogues, telles que définies par l'autorité administrative (C. consom. art. L 314-6, al. 1).

En outre, **pour être valable**, la stipulation d'intérêt conventionnel doit être fixée par écrit (C. civ. art. 1907, al. 2). L'intérêt est réputé annuel par défaut (C. civ. art. 1343-1, al. 2).

Les taux de l'usure au 1er juillet 2024 sont ceux indiqués dans les tableaux ci-dessous (Avis ECOT2417711V du 29-6-2024 : JO 29 texte n° 133).

Pour les prêts immobiliers accordés aux particuliers :

Type de prêt	Taux effectif pratiqué au cours des 3 mois précédant le 1er juillet 2024 par les établissements de crédit (%)	Seuil de l'usure applicable depuis le 1er juillet 2024 (%)
Prêts à taux fixe :		
– Prêts d'une durée < 10 ans	3,45	4,60
– Prêts compris entre 10 et moins de 20 ans	4,60	6,13
– Prêts d'une durée ≥ 20 ans	4,62	6,16
Prêts à taux variable	4,48	5,97
Prêts-relais	5,08	6,77

Pour les prêts accordés aux personnes morales n'ayant pas d'activité industrielle, commerciale, artisanale, agricole ou professionnelle non commerciale :

Type de prêt	Taux effectif pratiqué au cours des 3 mois précédant le 1er juillet 2024 par les établissements de crédit (%)	Seuil de l'usure applicable depuis le 1er juillet 2024 (%)
Prêts à taux variable d'une durée initiale > 2 ans	5,90	7,87
Prêts à taux fixe d'une durée comprise entre 2 et moins de 10 ans	4,97	6,63
Prêts à taux fixe d'une durée comprise entre 10 et moins 20 ans	5,05	6,73
Prêts à taux fixe d'une durée ≥ 20 ans	5,04	6,72
Découverts en compte	14,11	18,81
Autres prêts d'une durée initiale inférieure ou égale à 2 ans	5,51	7,35

> **Précisions** **a.** Les **catégories d'usure pour les personnes morales** n'ayant pas d'activité industrielle, commerciale, artisanale, agricole ou professionnelle non commerciale ont été modifiées (Arrêté ECOT2216180A du 29-6-2022). La catégorie des « prêts à taux fixe d'une durée initiale supérieure à 2 ans » a été scindée en trois selon la durée du prêt. La catégorie des « prêts consentis en vue d'achats ou de ventes à tempérament » a été supprimée.
> **b.** Les modalités de détermination du **taux d'usure pour les prêts accordés aux syndicats de copropriétaires** ont été fixées par arrêté (Arrêté ECOT2317586A du 27-6-2023).
> **c.** Sur le **calcul du TEG**, voir Mémento Concurrence consommation n°s 96400 s.
> **d.** L'usure est **sanctionnée** tant sur le plan civil que sur le plan pénal.
> **e.** Les parties peuvent aussi convenir que les intérêts arriérés produiront eux-mêmes intérêts (**convention** dite « **d'anatocisme** » ou « de capitalisation des intérêts ») (C. civ. art. 1343-2).
> **f.** Lorsque l'**obligation de somme d'argent porte intérêt**, le débiteur se libère en versant le principal et les intérêts et le paiement partiel s'impute d'abord sur les intérêts (art. 1343-1).

A. Hypothèque légale du vendeur

FONDEMENT

Le droit des sûretés a donné lieu à une réforme entrée en vigueur le **1er janvier 2022** (Ordonnance 2021-1192 du 15-9-2021 : JO 16 texte n° 19). 26330

L'hypothèque légale spéciale du vendeur d'immeuble **s'est substituée au** privilège du vendeur (C. civ. art. 2402, 1° anciennement art. 2374, 1°).

Les **modifications** sont relativement marginales, à l'exception de la date de prise d'effet de la sûreté, l'hypothèque légale de vendeur ne bénéficiant pas du principe de rétroactivité à la date de la vente (et non à la date du dépôt du bordereau) attaché aux privilèges immobiliers spéciaux lorsqu'ils étaient inscrits dans les 2 mois de celle-ci (n° 26404). Comme auparavant, l'hypothèque légale spéciale se forme par l'effet de la loi avec les mêmes conditions que celles qui régissaient, avant leur disparition programmée, les privilèges spéciaux immobiliers.

Les **principaux avantages** de l'hypothèque spéciale du vendeur résident dans le fait qu'elle est assortie de l'action résolutoire (n° 26450) et bénéficie de l'exonération de taxe de publicité foncière, puisque celle-ci ne frappe que les inscriptions d'hypothèques judiciaires ou conventionnelles, à l'exclusion des hypothèques légales (CGI art. 663, 1°).

> **Précisions** Les **privilèges** immobiliers spéciaux **nés avant le 1er janvier** 2022, date d'entrée en vigueur de la réforme, sont pour l'avenir assimilés à des hypothèques légales, sans préjudice le cas échéant de la rétroactivité de leur rang. Ceux qui n'ont pas fait l'objet des formalités de publicité foncière à la date d'entrée en vigueur de l'ordonnance seront inscrits au fichier immobilier selon les dispositions applicables avant cette date (Ord. 2021-1192 précitée art. 37, IV).

1. ASSIETTE

IMMEUBLES

Les biens susceptibles de faire l'objet d'une hypothèque spéciale du vendeur sont, comme pour toute **hypothèque immobilière**, tous les droits réels immobiliers qui sont dans le commerce, les améliorations qui s'étendent à l'immeuble hypothéqué ainsi que les accessoires réputés immeubles (C. civ. art. 2388 et 2389 modifiés par ord. 2021-1192 du 15-9-2021). 26340

IMMEUBLES PAR DESTINATION

Les hypothèques légales spéciales s'étendent automatiquement aux immeubles par destination (C. civ. art. 2389 modifié par ord. 2021-1192 du 15-9-2021 et art. 524 et 525), **à condition que** ces immeubles par destination, meubles par nature, appartiennent au même propriétaire que l'immeuble auquel ils sont affectés. 26342

Si, par **exemple**, l'immeuble affecté à l'exploitation d'un fonds agricole, commercial ou industriel, est grevé d'une hypothèque, celle-ci portera également sur l'ensemble du matériel affecté à cette exploitation dès lors que ce matériel appartient au même propriétaire que l'immeuble, et qu'il ne fait pas l'objet d'une vente séparée.

Gage sur les meubles immobilisés par destination Depuis le 1er janvier 2022, un gage peut avoir pour objet des meubles immobilisés par destination (C. civ. art. 2334, al. 1 modifié par ord. 2021-1192 du 15-9-2021). Ce gage peut donc entrer en **conflit** avec les hypothèques qui grèvent les immeubles par destination (C. civ. art. 2389). L'hypothèse peut opposer, par **exemple**, un créancier gagiste au titre d'un panneau photovoltaïque alors qu'il n'était pas 26343

encore installé sur l'immeuble, à un créancier hypothécaire au titre de l'immeuble recevant ledit panneau et l'immobilisant.
Sur l'**ordre de préférence** entre ces deux créanciers en cas de concours, voir n° 26410.

CONSEIL

En pratique, il sera recommandé au **notaire** d'interroger l'emprunteur et de lui faire déclarer s'il existe ou non des meubles déjà donnés en gage appelés à être immobilisés ou étant déjà immobilisés dans le bien immobilier concerné, et d'interroger le registre des sûretés mobilières et autres opérations connexes tenu par le greffe du tribunal de commerce dans le ressort duquel le propriétaire de l'équipement mobilier est immatriculé ou possède son siège ou son domicile (C. com. art. R 521-1 à R 521-34) (en ce sens, B. Bonneau, Réforme des sûretés : point de vue d'un notaire sur les sûretés réelles hypothécaires de demain : BPIM 6/21 inf. 341). Le registre est consultable en ligne : https: //suretesmobilieres. fr/rechercheParSiren.

USUFRUIT ET NUE-PROPRIÉTÉ

26344 L'hypothèque légale spéciale peut également porter sur la nue-propriété ou sur l'usufruit. En cas de **cession distincte** de l'usufruit et de la nue-propriété, ceux-ci peuvent faire l'objet d'hypothèques différentes. Toutefois, alors que l'hypothèque inscrite sur la nue-propriété a vocation, à l'extinction de l'usufruit, à porter sur la pleine propriété de l'immeuble, celle inscrite sur l'usufruit a vocation à s'éteindre avec ce droit d'usufruit.

BAIL À CONSTRUCTION ET BAIL EMPHYTÉOTIQUE

26346 Le bail à construction confère au preneur un droit réel immobilier qui peut être hypothéqué avec les constructions édifiées sur le terrain (CCH art. L 251-3, al. 2).
La constitution d'une hypothèque légale du vendeur sur un bail à construction et sur les constructions édifiées sur le terrain peut se rencontrer chaque fois que le preneur est appelé à céder ses droits résultant du bail à construction. Comme en matière d'hypothèque légale spéciale portant sur un droit d'usufruit, les hypothèques légales spéciales portant sur les droits résultant d'un bail à construction sont appelées à s'éteindre avec les droits eux-mêmes.

2. CONTRAT DONNANT NAISSANCE À L'HYPOTHÈQUE LÉGALE DU VENDEUR

ACQUISITION À TITRE ONÉREUX

26370 L'existence de l'hypothèque légale spéciale du vendeur sur « la créance du prix de vente d'un immeuble » implique un acte ayant la nature d'une **vente** (C. civ. art. 2402, 1° modifié par ord. 2021-1192 du 15-9-2021).
Sous l'empire des privilèges immobiliers spéciaux, le privilège du vendeur avait également été reconnu, tant par la jurisprudence que par la doctrine, à d'autres actes constatant un transfert de propriété à titre onéreux tels que l'échange ou la dation en paiement. La modification de la nature de la sûreté à la suite de la réforme du droit des sûretés (Ord. 2021-1192 du 15-9-2021 qui substituent aux privilèges immobiliers spéciaux des hypothèques légales spéciales) ne devrait pas modifier cette jurisprudence à notre avis (en ce sens, B. Bonneau, Réforme des sûretés : point de vue d'un notaire sur les sûretés réelles hypothécaires de demain : BPIM 6/21 inf. 341).
Pour l'**échange**, cette reconnaissance se justifie d'autant plus qu'il est expressément prévu l'application à ce contrat des règles prescrites pour le contrat de vente (C. civ. art. 1707). L'existence d'une soulte est toutefois nécessaire ; l'inscription de l'hypothèque légale de vendeur se fera à hauteur du montant non payé de cette soulte.
L'application de l'hypothèque légale du vendeur à la **dation en paiement** est sans doute d'application pratique beaucoup moins fréquente ; elle suppose en effet que l'objet de la dation en paiement soit un immeuble et que la valeur de cet immeuble soit supérieure au montant de la créance à éteindre. Dans cette hypothèse, c'est la soulte due par le créancier d'origine, recevant l'immeuble, qui pourra bénéficier de l'hypothèque légale du vendeur.
En revanche, l'hypothèque légale de vendeur d'immeuble ne semble pas applicable à la **cession du droit de construire** dès lors que celle-ci a été consentie à charge d'effectuer des travaux et non contre le versement d'une somme d'argent (Cass. 1e civ. 13-3-2007 n° 05-21.150 FS-PB : RJDA 7/07 n° 711, solution rendue à propos d'un privilège de vendeur mais transposable à notre avis).

LICITATION

26372 Si l'immeuble licité est vendu à un **tiers à l'indivision**, le fait que la vente porte sur un immeuble indivis ne modifie en rien la nature du contrat : il s'agit bien d'un contrat de vente permettant aux coïndivisaires de bénéficier de l'hypothèque légale du vendeur à hauteur du prix ou de la partie de prix non payés.

Si la licitation a lieu au profit de l'un des **coïndivisaires** et que l'opération constitue une cession à titre de licitation faisant cesser l'indivision, elle bénéficie alors de l'effet déclaratif du partage (C. civ. art. 883, al. 1). Il n'est pas distingué selon que l'acte fait cesser l'indivision en tout ou en partie, à l'égard de certains biens ou de certains héritiers seulement (C. civ. art. 883, al. 2). Par conséquent, font cesser l'indivision ceux des actes qui ont pour effet d'attribuer à l'un des indivisaires la propriété de tout ou partie des immeubles indivis, ou de certains d'entre eux, ainsi que ceux qui ont pour effet de faire sortir totalement l'un ou l'autre des indivisaires de l'indivision (sur ce sujet, Rép. civ. Dalloz, v. Partage : droit commun – Effet du partage par C. Brenner, n°s 311 s.). Dans ces cas, la cession n'a pas la nature d'une vente et ne peut pas bénéficier de l'hypothèque légale du vendeur, mais de celle du copartageant (C. civ. art. 2402, 4° anciennement art. 2374, 3°).

> **Précisions a. L'hypothèque légale de copartageant** s'applique quelle que soit la **nature de l'indivision** à laquelle le partage met fin. Il n'est désormais plus fait référence au seul partage de succession. Par ailleurs, s'agissant des **créances garanties** par cette hypothèque, elle porte sur celles d'un copartageant « par l'effet du partage, du rapport ou de la réduction », et non plus seulement aux « soultes et retours de lots » (C. civ. art. 2402, 4° anciennement art. 2374, 3°). Enfin malgré l'effet déclaratif attaché au partage, la **prise de rang** de l'hypothèque légale de copartageant ne se fera qu'à la date de sa publication (et non à la date de la naissance de l'indivision comme admis pour le privilège de copartageant ; voir, en ce sens, Cass. 1e civ. 13-7-2004 n° 02-10.073 FS-P).
> **b.** L'effet déclaratif ne s'applique qu'aux actes ou droits existants et valablement constitués (Cass. 3e civ. 13-7-2023 n° 22-17.146 : RJDA 11/23 n° 621).

3. FORMALITÉS D'INSCRIPTION

ASSIETTE

Au moment de son inscription, l'hypothèque légale du vendeur ne s'étend qu'à l'immeuble (et ses accessoires ou améliorations) ou aux droits immobiliers vendus. **26400**

Comme cela a déjà été précisé (n°s 26344 s.), il est admis qu'en cas d'hypothèque légale de vendeur portant sur un **immeuble grevé d'usufruit ou objet d'un bail à construction**, le créancier ou hypothécaire inscrit du chef du propriétaire bénéficie de l'extinction d'usufruit ou du terme du bail à construction. À l'opposé, les créanciers inscrits du chef de l'usufruitier ou du chef du titulaire du bail à construction subissent l'extinction de ces droits.

INSCRIPTION DE L'HYPOTHÈQUE LÉGALE

À la différence des privilèges généraux immobiliers (C. civ. art. 2376), les hypothèques légales, et notamment l'hypothèque spéciale de vendeur, sont soumises à la **nécessité**, pour produire leurs effets, d'une inscription au service de la publicité foncière (C. civ. art. 2418 modifié par ord. 2021-1192 du 15-9-2021). En outre, cette formalité est attributive de rang. Par exception, **l'hypothèque légale du syndicat des copropriétaires** exposée n°s 19920 s. est dispensée d'inscription (C. civ. art. 2418, al. 2 modifié). **26402**

Les **modalités** d'inscription sont fixées par les articles 2421 et 2423 du Code civil. Est notamment prévu le dépôt de 2 bordereaux soumis à des conditions de forme fixées par décret (Décret 55-1350 du 14-10-1955 art. 54-1 s.).

DÉLAI

L'inscription d'hypothèque légale spéciale n'est soumise à **aucun délai** limite. Dans la mesure où l'hypothèque ne prend rang qu'à compter du jour de cette inscription (C. civ. art. 2418 modifié par ord. 2021-1192 du 15-9-2021), il est nécessaire d'y procéder le plus tôt possible, d'une part pour prendre rang et d'autre part afin d'éviter la survenance d'une cause d'arrêt du cours des inscriptions. **26404**

Bien que facultative, l'inscription hypothécaire est **en pratique** indispensable pour rendre la sûreté opposable aux tiers et rendre ainsi effectifs le droit de préférence et le droit de suite du créancier sur l'immeuble.

> **Précisions** Les **privilèges immobiliers spéciaux nés avant l'entrée en vigueur de la réforme des sûretés**, le 1er janvier 2022, sont pour l'avenir assimilés à des hypothèques légales, sans préjudice le cas échéant de la rétroactivité de leur rang. Ceux qui n'ont pas fait l'objet des **formalités de publicité foncière** à la date d'entrée en vigueur de l'ordonnance sont inscrits au fichier immobilier selon les dispositions applicables à cette date (Ord. 2021-1192 du 15-9-2021 art. 37, IV). Pour rappel, les bordereaux d'inscription du privilège

de vendeur devaient être déposés dans le **délai** de 2 mois à compter de l'acte de vente auprès du service chargé de la publicité foncière compétent afin qu'il rétroagisse à la date de la vente. À défaut d'inscription dans ce délai de 2 mois, le privilège de vendeur prenait rang à sa date d'inscription (C. civ. art. 2379 ancien).

CONCOURS AVEC D'AUTRES CRÉANCIERS HYPOTHÉCAIRES

26406 Sur le **principe**, les hypothèques légales, judiciaires et conventionnelles n'ont rang que du jour de leur inscription au fichier immobilier (C. civ. art. 2418 modifié par ord. 2021-1192 du 15-9-2021).
Concernant le rang respectif des **hypothèques qui sont prises le même jour**, l'hypothèque légale du vendeur est réputée, avec l'hypothèque légale de prêteur de deniers, d'un rang antérieur aux hypothèques **judiciaires ou conventionnelles**. En cas de concours entre l'hypothèque légale du vendeur et l'hypothèque **légale du prêteur de deniers**, la première est réputée antérieure à la seconde (C. civ. art. 2418 modifié). Si elles sont inscrites le même jour, l'hypothèque du vendeur prime donc l'hypothèque du prêteur de deniers.
L'hypothèque légale **occulte du syndicat des copropriétaires** prime l'hypothèque légale du vendeur pour l'année courante et pour les 2 dernières années échues et vient en concours avec elle pour les années antérieures (C. civ. art. 2418 modifié) (n°s 19920 s.).

26408 Les inscriptions des hypothèques légales des **époux**, sur les biens du **tuteur** et sur les biens des **comptables publics** (C. civ. art. 2393, 1°, 2° et 3°) et de l'hypothèque légale de **séparation des patrimoines** (C. civ. art. 2402, 5°) sont réputées d'un rang antérieur à celui de toute autre formalité requise le même jour (Décret 55-22 du 4-1-1955 art. 31, 5).

> **Précisions** L'hypothèque légale sur les biens des comptables publics ne peut plus être inscrite depuis le 1er janvier 2023 suite à son **abrogation** (Ord. 2022-408 du 23-3-2022, art. 12).

CONCOURS AVEC DES CRÉANCIERS GAGISTES

26410 S'agissant du gage sur des biens mobiliers qui ont vocation à être intégrés à des immeubles (C. civ. art. 2334 modifié par ord. 2021-1192 du 15-9-2021), l'**ordre de préférence** entre les créanciers hypothécaires et les créanciers gagistes inscrits est déterminé par les dates auxquelles les titres respectifs ont été publiés, nonobstant le droit de rétention des créanciers gagistes (C. civ. art. 2419 modifié par ord. 2021-1192 du 15-9-2021). Il s'agit, pour le gage sur meubles immobilisés par destination, de la date d'inscription sur le registre des sûretés mobilières et autres opérations connexes (C. civ. art. 2338 modifié par ord. 2021-1192 du 15-9-2021) et, pour l'hypothèque sur les immeubles par destination, de la date de publication au service de la publicité foncière (voir n° 26406).

B. Action résolutoire

PRINCIPE

26450 La réforme du droit des sûretés **n'a pas modifié** les règles applicables à l'action résolutoire (Ord. 2021-1192 du 15-9-2021 : JO 16 texte n° 19).
Si l'acheteur ne paye pas le prix, le vendeur peut demander la résolution de la vente (C. civ. art. 1654). Peu importe qu'une partie seulement du prix, même faible, soit due (Cass. com. 21-7-1980 n° 78-16.381 : Bull. civ. IV n° 315). En revanche, le vendeur n'est pas fondé, en raison de l'effet rétroactif de la résolution de la vente, à obtenir une indemnité d'occupation, l'enrichissement sans cause (devenu enrichissement injustifié) n'étant pas applicable aux restitutions consécutives à l'anéantissement d'un contrat (Cass. 3e civ. 16-11-2022 n° 21-19.241 F-D : BPIM 1/23 inf. 41, solution identique en matière de résolution d'une vente viagère, voir n° 26810).
En outre, la résolution de la vente d'immeubles est prononcée aussitôt si le vendeur est en danger de perdre la chose et le prix. Si ce danger n'existe pas, le juge peut accorder à l'acquéreur un délai plus ou moins long suivant les circonstances. Ce délai passé sans que l'acquéreur ait payé, la résolution de la vente sera prononcée (C. civ. art. 1655).
L'action en résolution d'une vente immobilière pour non-paiement du prix se **prescrit** par 5 ans (Cass. 3e civ. 11-1-2023 n° 21-22.467 F-D : RJDA 4/23 n° 231 ; voir également : Cass. 3e civ. 2-3-2022 n° 20-23.602 FS-B pour une action en résolution de la vente par adjudication pour défaut de paiement du prix par l'adjudicataire).

> **Précisions a.** Le **droit commun des contrats** prévoit que le juge saisi d'une demande en résolution du contrat puisse, selon les circonstances, constater ou prononcer la résolution ou ordonner l'exécution du contrat, en accordant éventuellement un délai au débiteur, ou allouer seulement des dommages et intérêts (C. civ. art. 1228), étant précisé que la

résolution d'un contrat peut être prononcée pour inexécution, même si celle-ci n'est pas fautive (Cass. com. 18-1-2022 n° 21-16.812 F-B : RJDA 4/23 n° 183 s'agissant d'un contrat inexécuté en raison de la crise sanitaire).

b. L'**effacement d'une dette** résultant d'un jugement de rétablissement personnel n'em porte pas extinction de la dette, de sorte qu'il ne prive pas le juge, saisi d'une demande de résolution judiciaire du contrat, de la faculté d'apprécier si le défaut de paiement justifie de prononcer la résolution (à propos d'un bail d'habitation, Cass. 2e civ. 10-1-2019 n° 17-21.774 F-PB : Defrénois 23-5-2019 n° 148t5 p. 37 note J.-B. Seube).

c. En cas de résolution de la vente pour non-paiement du prix, les acheteurs, qui ont réalisé dans leur intérêt propre et à leurs risques et périls des travaux de rénovation, ne peuvent prétendre à leur remboursement sur le fondement de l'enrichissement sans cause (Cass. 1e civ. 1-7-2020 n° 19-15.089 F-D : BPIM 5/20 inf. 329, AJDI 2020 p. 792, décision rendue sous l'ancien art. 1371 du Code civil, transposable selon nous à l'enrichissement injustifié désormais codifié aux art. 1303 s. du même Code).

CLAUSE DE RÉSOLUTION DE PLEIN DROIT

La résolution peut résulter de l'application d'une clause résolutoire (C. civ. art. 1224). La clause résolutoire doit indiquer les engagements dont l'inexécution entraînera la résolution du contrat. La résolution est subordonnée à une **mise en demeure** infructueuse, s'il n'a pas été convenu que celle-ci résulterait du seul fait de l'inexécution. La mise en demeure ne produit effet que si elle mentionne expressément la clause résolutoire (C. civ. art. 1225). En outre, la portée de la mise en demeure est limitée à son objet. Ainsi, une sommation de payer n'équivaut pas à une mise en demeure d'exécuter une obligation stipulée en nature (Cass. 3e civ. 23-3-2017 n° 16-13.060 FS-PBI : BPIM 3/17 inf. 224). **26451**

En l'insérant dans l'acte de vente et en la mettant en œuvre au moyen de la mise en demeure de payer, il faut être conscient de la **rigueur de la sanction** qu'elle entraîne, puisque, après cette sommation, le juge ne peut pas accorder de délai de paiement à l'acquéreur et est obligé de constater la résolution de la vente (C. civ. art. 1656). Le **professionnel rédacteur** doit toutefois la proposer au vendeur, faute de quoi sa responsabilité pourrait être engagée. Ainsi, la Cour de cassation a reconnu la responsabilité de notaires et d'avocats ayant prêté leur concours à la vente de biens immobiliers et de fonds de commerce dont le prix était partiellement payable à terme pour n'avoir pas conseillé au vendeur d'insérer dans l'acte une clause résolutoire de plein droit (Cass. 1e civ. 29-11-2005 n° 02-13.550 FS-PB). En l'espèce, les garanties constituées s'étaient révélées insuffisantes pour prémunir le vendeur des conséquences patrimoniales de la défaillance de l'acquéreur ayant fait l'objet d'une procédure de liquidation judiciaire. **26452**

> **Précisions a.** À défaut de convention particulière, c'est l'acquéreur débiteur qui décide à quelles échéances impayées ses paiements doivent être imputés. Ainsi, après délivrance par le vendeur d'un commandement de payer visant la clause résolutoire, si l'acquéreur règle le montant dû dans le mois du commandement, les juges du fond ne peuvent pas prononcer la résolution au motif que le vendeur créancier est bien fondé à affecter cette somme au règlement des échéances impayées les plus anciennes. En effet, en application de la règle d'**imputation des paiements** (C. civ. art. 1342-10), les juges doivent rechercher si l'acquéreur n'a pas entendu, de manière non équivoque, imputer ses paiements aux échéances visées par le commandement et ainsi éviter l'acquisition de la clause résolutoire (Cass. 1e civ. 13-12-2012 n° 11-24.414 F-D). En outre, le débiteur de plusieurs dettes a le droit de déclarer, lorsqu'il paye, quelle dette il entend acquitter (Cass. 1e civ. 24-10-2019 n° 18-15.852 F-PBI : RJDA 3/20 n° 171).

b. Le **jugement d'ouverture d'une procédure collective** interrompt ou interdit les actions en justice tendant à la résolution d'un contrat pour défaut de paiement d'une somme d'argent (C. com. art. L 622-21, I). En revanche, la résolution du contrat de vente en viager peut intervenir par l'effet d'une clause résolutoire de plein droit, dès lors que celle-ci a produit ses effets avant le jugement d'ouverture (Cass. com. 25-11-1997 n° 95-16.242 ; Cass. com. 8-12-1998 n° 96-20.834 D : RJDA 2/99 n° 196 ; Cass. com. 19-3-2002 n° 99-14.046 ; Cass. com. 13-2-2007 n° 05-19.329 F-D : RJDA 5/07 n° 523 ; Cass. com. 12-1-2010 n° 07-20.476 F-D).

INOPPOSABILITÉ DE L'ACTION RÉSOLUTOIRE

L'action résolutoire établie par l'article 1654 du Code civil **ne peut être exercée** après l'extinction de l'hypothèque spéciale du vendeur, ou à défaut d'inscription de cette hypothèque, au préjudice des tiers qui ont acquis les droits sur l'immeuble du chef de l'acquéreur et qui les ont publiés (C. civ. art. 2403 modifié par ord. 2021-1192 du 15-9-2021). **26453**

Ce texte institue l'inopposabilité de l'action résolutoire, mais uniquement contre les **ayants cause particuliers de l'acquéreur** qui ont fait publier leurs droits, c'est-à-dire les sous-acquéreurs et les créanciers inscrits du chef de l'acquéreur. L'action résolutoire doit ainsi être expressément réservée au moment de l'inscription de l'hypothèque légale pour pouvoir être exercée le moment venu, le cas échéant. Elle fait l'objet d'une mention particulière au **fichier immobilier**. La seule publication de la vente ne suffit pas à publier la clause résolutoire qu'elle contient (Cass. 3e civ. 15-10-2015 n° 14-20.400 FS-PB : Sol. Not. 12/15 inf. 221).

26454 En cas de revente par l'acquéreur, alors que la sûreté du vendeur n'a pas été inscrite et qu'elle aurait dû l'être, les sous-acquéreurs ne seront donc définitivement garantis que lorsque leur titre d'acquisition aura été lui-même publié (en ce sens, J. Béchade, L'action résolutoire depuis la réforme de la publicité foncière : JCP N 1964 IV, 18029).

La Cour de cassation a d'ailleurs rejeté un pourvoi contre un arrêt d'appel qui avait déclaré opposable au sous-acquéreur d'un immeuble la résolution d'une vente prononcée à la requête du vendeur qui n'avait pas fait inscrire son privilège, après avoir constaté que le sous-acquéreur n'avait lui-même publié, à la date de l'assignation en résolution, non soumise à publication, aucun droit acquis par lui sur l'immeuble litigieux (Cass. 3e civ. 6-2-1974 n° 72-12.240 : Bull. civ. III n° 67, rendu au sujet du privilège de vendeur mais qui nous paraît transposable à l'hypothèque légale de vendeur). Lorsque l'acquéreur d'un immeuble est poursuivi par son vendeur en résolution de la vente pour non-paiement du prix, le sous-acquéreur qui n'a pas fait publier son titre au service de la publicité foncière ne peut donc pas s'opposer à cette résolution, peu importe que l'assignation en réitération de la seconde vente ait fait l'objet d'une publication dès lors que celle-ci est facultative (Cass. 3e civ. 1-10-2020 n° 19-17.549 FS-PBI : RJDA 1/21 n° 58).

RENONCIATION À L'ACTION RÉSOLUTOIRE

26455 L'action résolutoire étant établie dans l'intérêt du vendeur, celui-ci peut y renoncer. Il est possible de **renoncer** à l'action résolutoire **après que l'inexécution se soit produite**. La résolution peut être expresse ou même tacite, pourvu qu'elle soit certaine et non équivoque. Il s'agit d'une question de fait, laissée à l'appréciation souveraine des juges du fond (Cass. 1e civ. 25-10-1948 : Bull. civ. I n° 272). Mais il ne peut être déduit de la délivrance du bien avant le paiement total du prix et de la non-inscription du privilège de vendeur une renonciation non équivoque du vendeur à son action résolutoire dès lors que la vente stipulait un paiement échelonné et des garanties de paiement (Cass. 3e civ. 13-7-2016 n° 14-26.958 FS-PB : BPIM 5/16 inf. 315, solution rendue à propos du privilège de vendeur mais qui nous paraît transposable à l'hypothèque légale de vendeur).

Il est également possible de **renoncer par avance**, dans le contrat même, à agir en résolution, l'article 1224 du Code civil (C. civ. art. 1184 ancien) n'étant pas d'ordre public (Cass. 3e civ. 3-11-2011 n° 10-26.203 FS-PB : RJDA 2/12 n° 125).

Cette renonciation est fréquente lorsqu'un prêteur intervient à la demande d'un prêteur qui se fait consentir une sûreté hypothécaire sur l'immeuble, ce prêteur souhaitant éviter que par l'effet de la résolution sa sûreté soit anéantie. Elle ne peut jouer lorsque le vendeur est un consommateur et l'acquéreur un professionnel, la clause de renonciation étant dans ce cas irréfragablement considérée comme abusive (C. consom. art. R 212-1, 7°).

AUTRES CAUSES DE RÉSOLUTION DE LA VENTE

26456 La clause résolutoire de l'article 1656 du Code civil ne vise que le non-paiement du prix. Il est possible, mais relativement **rare en pratique**, que l'acte de vente stipule la résolution du contrat pour l'inexécution d'une obligation autre que le paiement du prix. Cela est d'autant plus rare que la principale obligation de l'acquéreur, dans une vente d'immeuble, est de payer le prix. Si une telle clause de résolution est stipulée dans l'acte de vente, les juges estiment qu'il ne s'agit que d'un simple renvoi aux dispositions du Code civil relatives à la résolution judiciaire (Cass. req. 3-5-1937 : DH 1937 p. 364, RTD civ. 1937 p. 620 obs. Demogue). Pour écarter l'intervention du juge, les parties doivent préciser expressément que la résolution aura lieu « de plein droit » par le seul fait de l'inexécution des obligations de l'une des parties (J.-Cl. Notarial Formulaire v° Vente d'immeuble fasc. 640 n° 103 par S. Castagné et V. Zalewski-Sicard).

RÉSOLUTION AMIABLE

26458 Les parties, constatant l'inexécution par l'acquéreur de l'obligation de payer le prix et soucieuses d'éviter une instance judiciaire, peuvent se mettre d'accord pour procéder à une résolution amiable de la vente.

D'un **point de vue civil**, cette résolution est possible, mais elle ne sera pas opposable aux tiers qui auraient acquis des droits concurrents, réels ou personnels sur l'immeuble (bail, hypothèque, servitude...), à moins que l'acte ait prévu une clause de résolution de plein droit, publiée au fichier immobilier.

D'un **point de vue fiscal**, la résolution amiable d'une vente d'immeuble emporte mutation de la propriété apparente. Elle est donc passible des **droits de mutation à titre onéreux**, liquidés sur le prix exprimé dans l'acte de résolution, à défaut sur le prix stipulé dans l'acte de vente initial, ou sur la valeur vénale de l'immeuble au jour de la résolution si celle-ci est supérieure (BOI-ENR-DMTOI-10-10-30-40 n° 30). Ce traitement est plus défavorable qu'une résolution judiciaire, qui n'entraîne aucun droit de mutation, à la condition toutefois que le juge, statuant sur le fond, prononce bien la résolution de la vente et ne se contente pas d'entériner l'accord des parties sur le principe de la résolution (auquel cas il s'agit d'un jugement d'expédient, lui aussi passible des droits de mutation de la même manière que la résolution amiable) (BOI-ENR-DG-70-20 n° 90). 26460

La résolution amiable pour défaut de paiement du prix ne permet pas d'obtenir la restitution des droits acquittés lors de la vente résolue (CGI art. 1961, al. 1).

En matière de **TVA**, la solution est actuellement incertaine. S'agissant de la TVA acquittée par le vendeur, elle nous paraît susceptible d'être récupérée par celui-ci si les conditions posées par l'article 272, 1 du CGI sont remplies. En revanche, le droit de vente ou le droit fixe acquitté lors de l'opération n'est pas susceptible d'être récupéré par l'acquéreur (voir ci-dessus). Dans l'hypothèse où la mutation résultant de la résolution entre dans le champ d'application de la TVA (ce qui suppose que l'acquéreur qui devient vendeur soit un assujetti agissant en tant que tel et que le bien soit taxable), la question de sa soumission à la TVA se pose. Sous l'empire de la législation antérieure à la réforme de la TVA de 2010, la jurisprudence considérait que l'acte constatant la résolution était imposable à la TVA s'il portait sur une construction neuve (Cass. com. 20-1-2015 n° 13-27.454 F-PB : RJF 5/15 n° 413). Ce raisonnement nous semble pouvoir être maintenu.

RÉSOLUTION UNILATÉRALE

La partie victime d'un manquement de son cocontractant à ses obligations est autorisée à résilier de façon unilatérale à **ses risques et périls** le contrat lorsque la gravité du comportement du cocontractant peut le justifier (C. civ. art. 1226, al. 1 en vigueur depuis le 1-10-2016 et antérieurement Cass. 1e civ. 20-2-2001 n° 99-15.170 : RJDA 6/01 n° 662 ; Cass. 1e civ. 28-10-2003 n° 01-03.662 F-P : RJDA 6/04 n° 666) ; Cass. com. 1-10-2013 n° 12-20.830 F-D : RJDA 2/14 n° 83). 26480

Elle doit, au préalable, lui adresser une **mise en demeure** lui laissant un délai raisonnable pour exécuter son engagement et mentionnant expressément qu'à défaut, elle sera en droit de résoudre le contrat (C. civ. art. 1226, al. 2). 26482

Le créancier de l'obligation peut procéder à la **notification de la résolution** lorsque l'inexécution persiste (C. civ. art. 1226, al. 3).

Cette notification doit mentionner les **motifs** de la résolution justifiant la réalité du manquement du débiteur à son engagement (C. civ. art. 1226, al. 1). Sa forme n'est pas précisée. Les parties se préserveront en suivant celle prévue par le Code de procédure civile (Cass. com. 13-6-1999 n° 93-15.046 : RJDA 2/96 n° 176).

Le débiteur peut à tout moment saisir le juge pour **contester la résolution**. Le créancier doit alors prouver la gravité de l'inexécution (C. civ. art. 1226, al. 4). 26484

Si le **juge** trouve la résolution justifiée telle qu'elle a été dénoncée dans la notification, il se borne à constater une situation existante dont il donne acte. Il s'ensuit que son jugement est déclaratif et non constitutif de la résolution. La résolution existe en effet au jour de la réception de la notification par le débiteur (C. civ. art. 1229, al. 2).

Si le juge estime la résolution injustifiée, l'article 1226 ne dit pas quelles conséquences il en résulte. Il ne peut, à notre avis, accorder à la partie qui a contesté la résolution que des dommages-intérêts.

SECTION 3 PRÊT IMMOBILIER ET GARANTIE DU PRÊTEUR

IMPORTANCE ÉCONOMIQUE DES PRÊTS IMMOBILIERS

Le marché immobilier est lui-même soutenu par le marché des prêts immobiliers notamment dans le domaine du logement, dans la mesure où le pourcentage du prix couvert par le prêt n'a cessé d'augmenter avec le développement du crédit immobilier, permettant l'accession à la propriété 26500

d'un nombre de plus en plus important d'acquéreurs alors que la durée des prêts s'est elle-même allongée, contribuant ainsi à la diminution des mensualités de remboursement.
Nous envisagerons ci-après les **sûretés immobilières** dont peuvent être assortis les crédits immobiliers : hypothèque légale de prêteur de deniers, laquelle s'est substituée au privilège de prêteur de deniers depuis le 1er janvier 2022 (Ord. 2021-1192 du 15-9-2021) et, plus rarement, subrogation dans l'hypothèque légale de vendeur.
Les établissements de crédit recourent également de plus en plus aux **sûretés personnelles**, en général au moyen de sociétés de caution mutuelle auxquelles adhèrent les emprunteurs, et qui prennent en charge le remboursement du prêt en cas de défaillance de ces derniers. La société de caution exerce alors son recours contre le débiteur, de telle sorte que l'établissement de crédit est déchargé de tout le contentieux consécutif au défaut de remboursement. La répercussion du coût des sûretés sur le taux effectif global du crédit varie selon la durée du prêt ; il semble que pour des prêts de longue durée, l'hypothèque légale de prêteur de deniers soit moins onéreuse, parce que son coût est le même quelle que soit la durée du prêt, tandis que le coût d'une société de caution mutuelle serait moindre pour des prêts de plus courte durée.
Sur la **réglementation du crédit immobilier**, voir nos 42000 s.

A. Hypothèque légale du prêteur de deniers

FONDEMENT

26510 Le **droit des sûretés** a fait l'objet d'une **réforme** entrée en vigueur le 1er janvier 2022 (Ord. 2021-1192 du 15-9-2021 : JO 16 texte n° 19), aux termes de laquelle les privilèges immobiliers spéciaux ont été remplacés par des hypothèques légales spéciales.
Le privilège du prêteur de deniers est donc devenu une hypothèque légale du prêteur de deniers (C. civ. art. 2402, 2° anciennement 2374, 2°). Les **modifications** sont relativement marginales, à l'exception de la date de prise d'effet de la sûreté, l'hypothèque légale du prêteur de deniers ne bénéficiant plus du principe de rétroactivité à la date de la vente (et non à la date du bordereau), attaché aux privilèges immobiliers spéciaux lorsqu'ils étaient inscrits dans les 2 mois de celle-ci (n° 26404). Comme auparavant, l'hypothèque légale spéciale se forme par l'effet de la loi avec les mêmes conditions que celles qui régissaient, avant leur disparition programmée, les privilèges immobiliers spéciaux.
S'agissant de l'hypothèque légale du prêteur de deniers, elle naît de la **double déclaration**, par actes authentiques, de la promesse d'emploi, d'une part, et de la déclaration d'origine des deniers, d'autre part (C. civ. art. 2402, 2°), tandis que les modalités d'inscription sont déterminées, comme pour l'hypothèque légale du vendeur, par les articles 2421 et suivants du même Code (voir nos 26400 s.).

> **Précisions** Les **privilèges** immobiliers spéciaux **nés avant le 1er janvier 2022** sont pour l'avenir assimilés à des hypothèques légales, sans préjudice le cas échéant de la rétroactivité de leur rang. Ceux qui n'ont pas fait l'objet des formalités de publicité foncière à la date d'entrée en vigueur de l'ordonnance seront inscrits au fichier immobilier selon les dispositions applicables avant cette date (Ord. 2021-1192 du 15-9-2021 art. 37, IV).

1. ASSIETTE

26520 Comme pour l'hypothèque légale du vendeur d'immeuble, l'hypothèque légale du prêteur de deniers **ne peut porter que** sur des droits réels immobiliers qui sont dans le commerce, les améliorations qui s'étendent à l'immeuble hypothéqué ainsi que les accessoires réputés immeubles ou droits immobiliers susceptibles d'hypothèque (C. civ. art. 2388 et 2389 modifiés par ord. 2021-1192 du 15-9-2021).
Il n'y a donc aucune distinction à établir à cet égard entre les deux hypothèques immobilières légales spéciales. Il a ainsi été jugé que le privilège du prêteur de deniers pour l'acquisition d'un immeuble, **assimilé au privilège du vendeur**, s'étend aux constructions qui y sont incorporées par accession (Cass. 3e civ. 10-6-1981 n° 79-15.449 : Gaz. Pal. 1982. 1. pan. 32). Cette jurisprudence devrait être maintenue (en ce sens, B. Bonneau, Réforme des sûretés : point de vue d'un notaire sur les sûretés réelles hypothécaires de demain : BPIM 6/21 inf. 341).

2. CONTRAT DONNANT NAISSANCE À L'HYPOTHÈQUE LÉGALE DU PRÊTEUR DE DENIERS

ACQUISITION À TITRE ONÉREUX

Dans la mesure où l'hypothèque légale du prêteur de deniers est accordée à « celui qui a fourni les deniers pour l'acquisition d'un immeuble » (C. civ. art. 2402, 2° modifié par ord. 2021-1192 du 15-9-2021), cette hypothèque concerne essentiellement les ventes d'immeuble, mais également, sous les mêmes remarques qu'en matière d'hypothèque légale du vendeur (n° 26370), les **échanges** d'immeuble et les **dations en paiement**, en garantie dans les deux cas, du paiement des soultes. 26530

De même qu'en matière d'hypothèque légale spéciale de vendeur, la soulte du **partage** ou encore l'indemnité de rapport ou de réduction, est garantie par l'hypothèque légale de copartageant et non pas par l'hypothèque du prêteur de deniers. En matière de **licitation** avec soulte, il convient d'opérer la même distinction qu'en matière d'hypothèque légale du vendeur entre celles faisant cesser l'indivision et bénéficiant de l'effet déclaratif du partage et celles qui ne la font pas cesser (n° 26372). Le prêteur qui ne peut pas bénéficier de l'hypothèque légale du prêteur de deniers peut se faire subroger dans l'hypothèque légale du copartageant.

ACTE D'EMPRUNT

Dans la mesure où cette hypothèque ne profite pas au vendeur lui-même mais au prêteur des deniers servant au paiement du prix, l'opération donnant naissance à cette hypothèque implique non seulement une vente d'immeuble, mais également un acte d'emprunt. 26532

Ces deux actes peuvent résulter d'un même instrumentum, lorsque le prêt est constaté dans l'acte de vente, ou peuvent résulter de deux actes différents, lorsque l'acte d'emprunt résulte d'un acte séparé de l'acte de vente.

Pour la validité de l'hypothèque légale du prêteur de deniers, il faut que soit constaté par **acte authentique** (C. civ. art. 2402, 2° modifié par ord. 2021-1192 du 15-9-2021) :

– par l'acte d'emprunt, que la somme était destinée au paiement du prix (**promesse d'emploi**),

– et par la quittance du vendeur, que ce paiement a été fait par des deniers empruntés (**déclaration d'origine des deniers**) ; jugé que cette formalité tend seulement à certifier l'origine des deniers vis-à-vis des tiers (Cass. 3e civ. 18-2-1987 n° 85-12.434 : Bull. civ. III n° 31, solution rendue à propos d'un privilège de prêteur de deniers mais transposable selon nous à l'hypothèque légale de prêteur de deniers).

Dans la mesure où la déclaration d'origine des deniers doit résulter de la quittance authentique du prix de vente par le vendeur, il importe donc que l'emprunt soit concomitant à la vente et à la quittance du vendeur, et qu'ils résultent tous du même acte authentique (**instrumentum unique**), ou que l'acte d'emprunt précède l'acte de vente (**dualité d'instrumentum**).

> **Précisions** Si l'acte de prêt souscrit par un seul **époux**, **commun en biens**, n'est pas inefficace, la mise en œuvre du privilège de prêteur de deniers est subordonnée au consentement de son conjoint à l'emprunt (Cass. 1e civ. 5-5-2021 n° 19-15.072 FS-P : SNH 17/21 inf. 1, solution rendue à propos d'un privilège de prêteur de deniers mais transposable selon nous à l'hypothèque légale de prêteur de deniers).

AUTONOMIE DE L'HYPOTHÈQUE LÉGALE DU PRÊTEUR DE DENIERS

L'hypothèque légale du prêteur de deniers est attribuée par la loi même en l'absence de subrogation (C. civ. art. 2402, 2° modifié par ord. 2021-1192 du 15-9-2021). 26534

Il suffit donc, pour la validité de l'hypothèque, de respecter strictement, notamment quant à la forme authentique du ou des actes, et quant à l'ordre des opérations, les prescriptions légales (C. civ. art. 2402, 2° modifié par ord. 2021-1192 du 15-9-2021).

L'**authenticité** exigée par ce texte n'a pas pour objet la protection de l'emprunteur, comme en matière d'hypothèque conventionnelle, mais la protection des tiers par la garantie de la réalité et de la date des opérations d'emprunt et de paiement du prix. Par voie de conséquence, il n'est pas indispensable que la procuration dressée par l'une des parties à ces actes le soit en la forme authentique (Ph. Théry : Sûretés et Publicité foncière, PUF 1998, p. 201 n° 133, au sujet du privilège de prêteur de deniers mais qui nous paraît transposable à l'hypothèque légale).

PAIEMENT À TERME ET QUITTANCE POSTÉRIEURE À L'ACTE DE VENTE

En cas de **paiement à terme de tout ou partie du prix de vente**, le bénéfice de l'hypothèque légale du prêteur de deniers n'est pas exclu ; simplement, il convient de dresser un acte authentique de quittance par le vendeur avec origine des deniers, après chaque versement, ou après le dernier versement. 26536

Lorsqu'il y a un **paiement échelonné** du prix de vente, comme en matière de vente en état futur d'achèvement, le coût et la lourdeur des quittances successives conduisent en général à préférer un prêt assorti d'une hypothèque conventionnelle qui, elle, peut être inscrite dès l'origine et sans attendre le déblocage des fonds. Une subrogation dans l'hypothèque légale du vendeur peut également être envisagée (n°s 26600 s.).

PLURALITÉ D'ACQUÉREURS ET/OU D'EMPRUNTEURS

26538 **Coacquéreur non emprunteur** Lorsque, dans une acquisition immobilière, il y a plusieurs acquéreurs, et que chacun emprunte auprès d'une banque différente, ou qu'un seul des acquéreurs emprunte pour payer sa quote-part dans le prix, la validité du privilège du prêteur de deniers a été affirmée par le **professeur Philippe Théry**, dès lors que les conditions de validité sont respectées (Du recours au privilège du prêteur de deniers en cas d'acquisition par deux personnes : Bull. Cridon Paris 15-5-1990). Selon cet auteur, la situation envisagée est celle d'une vente d'un immeuble à deux acquéreurs et non celle de la vente de droits indivis, de sorte que le privilège porte sur l'entier immeuble et que son efficacité ne peut être affectée par l'effet déclaratif du partage.

À notre connaissance, cette position n'a été contredite par aucun autre commentateur et la **jurisprudence** a consacré cette solution. Lorsqu'un immeuble est acheté par deux personnes et qu'un seul des acheteurs emprunte pour payer sa quote-part dans le prix, le privilège du prêteur de deniers dont bénéficie le prêteur grève la totalité du bien (Cass. 1e civ. 9-1-2019 n° 17-27.411 FS-PBI : RJDA 4/19 n° 293). Si la sûreté est inscrite non pas sur l'immeuble mais sur la seule quote-part de l'indivisaire, le créancier n'a pas de droit de poursuite directe sur le bien indivis, de sorte qu'il ne dispose que de la faculté de provoquer le partage au nom de son débiteur ou d'intervenir dans le partage provoqué par lui. Par conséquent, l'inscription erronée d'un PPD sur la seule quote-part acquise par le coïndivisaire emprunteur entraîne bien un préjudice pour le créancier, qui justifie la responsabilité du notaire (Cass. 1e civ. 2-2-2022 n° 20-11.793 F-D : BPIM 2/22 inf. 138). Ces solutions jurisprudentielles devraient être maintenues à la suite de la transformation du privilège de prêteur de deniers en hypothèque légale de prêteur de deniers par la réforme du droit des sûretés (Ord. 2021-1192 du 15-9-2021 ; en ce sens, B. Bonneau, Réforme des sûretés : point de vue d'un notaire sur les sûretés réelles hypothécaires de demain : BPIM 6/21 inf. 341).

Dans un tel cas, il convient d'attirer l'attention du coacquéreur non emprunteur sur le fait que la sûreté grèvera l'immeuble acquis dans sa totalité.

26540 **Coemprunteur non acquéreur** Différente est la question de la validité de l'hypothèque légale du prêteur de deniers en présence de plusieurs emprunteurs, alors qu'un seul de ces emprunteurs effectue l'acquisition de l'immeuble. Cette situation répond en général à une exigence des banques qui préfèrent avoir plusieurs coemprunteurs, plutôt qu'un emprunteur et une caution.

Dans ce cas, la **validité** de l'hypothèque légale du prêteur de deniers garantissant la totalité des fonds prêtés et grevant la totalité de l'immeuble, alors qu'il n'a été pris que du chef d'un seul codébiteur, **semble admise**, dès lors que ce codébiteur acquéreur est tenu au paiement de la totalité du prêt. « Celui qui n'achète pas donne pouvoir à l'autre d'utiliser ses fonds pour une acquisition en son nom propre » (M.-A. Manhès : Les sûretés dans la vente immobilière éd. Masson, Coll. Pratique de l'immobilier 1989 question n° 12 p. 51).

Le professeur Michel Dagot (Pluralité d'emprunteurs et privilège du prêteur de deniers : JCP N 1996 I, p. 337) **critique** cette solution ; selon lui, l'exigence du texte concernant l'origine des deniers ne peut être satisfaite en l'occurrence.

La solution (régularité et efficacité de la sûreté), qui n'a été confirmée ni infirmée par aucune **jurisprudence**, a été confortée par l'avis de deux auteurs, d'une part, le professeur Frédéric Vauvillé (Dr. et patrimoine mai 1998 p. 40) et, d'autre part, Me Bernard Pacaud, président de la 1e commission du 96e Congrès des notaires de France (Les sûretés immobilières en cas de pluralité d'emprunteurs ou d'acquéreurs : Defrénois 15-3-2000 n° AD2000DEF273N1 p. 273).

Pour s'en tenir aux aspects strictement civils, et sans entrer dans les conséquences fiscales éventuelles, liées aux avantages indirects que l'acquéreur pourrait tirer des paiements effectués par l'autre, il apparaît que le coemprunteur non acquéreur se trouve dans la situation du codébiteur solidaire non intéressé à la dette.

Cette situation peut engendrer des difficultés ultérieures, en cas d'avances faites par le coemprunteur à l'acquéreur, soit de preuves, soit de qualification de ces avances (prêt ou donation).

CONSEIL

Au titre de son devoir de conseil, le **notaire** doit donc informer les parties des éventuelles difficultés qui pourront naître ultérieurement, étant toutefois précisé que ce problème se pose dans les mêmes termes qu'en cas de caution solidaire ou de paiement comptant effectué par l'un des acquéreurs pour le compte de l'autre.

3. FORMALITÉS D'INSCRIPTION

PRINCIPES

En règle générale, les formalités concernant l'hypothèque légale de prêteur de deniers ne diffèrent pas de celles à accomplir pour la préservation de l'hypothèque légale de vendeur (n°s 26400 s.). 26560

Toutefois, quelques différences avec l'hypothèque légale de vendeur méritent d'être notées :
– le prêteur de deniers qui a régulièrement inscrit son hypothèque légale ne bénéficie pas de l'**action résolutoire** (C. civ. art. 2403 modifié par ord. 2021-1192 du 15-9-2021, a contrario) ;
– en cas de **paiement à terme**, et notamment de paiements échelonnés dans le cadre d'une vente en état futur d'achèvement, ces paiements sont en général assortis d'une hypothèque conventionnelle, qui malgré le surcoût représenté par la taxe de publicité foncière, présente l'avantage de pouvoir être prise immédiatement et d'éviter une ou des quittances ultérieures.

CONSEIL

L'inscription devra en être faite en même temps que la publication de la vente afin de prévenir le **double risque** d'une inscription intercalaire du chef de l'acquéreur ou de la survenance d'un événement arrêtant le cours des inscriptions (publication d'une nouvelle mutation, jugement d'ouverture d'une procédure collective, publication d'un commandement de saisie, etc.). Lorsque le prêt et la vente sont reçus par **deux notaires différents**, ceux-ci devront s'accorder (voir M. Grimaldi et C. Gijsbers, Les sûretés sur immeubles : D. 2022 p. 294).

RANG DES SÛRETÉS

En principe, l'hypothèque légale du prêteur de deniers, comme l'**hypothèque légale du vendeur**, prend rang à la date de son inscription (C. civ. art. 2418, al. 1 modifié par ord. 2021-1192 du 15-9-2021). Si ces deux inscriptions sont prises le même jour, l'hypothèque spéciale du vendeur est réputée antérieure à l'hypothèque spéciale du prêteur de deniers (C. civ. art. 2418, al. 4 modifié par ord. 2021-1192 du 15-9-2021). 26562

Sous certaines conditions, ces deux hypothèques sont primées par l'hypothèque légale du syndicat des copropriétaires ou entrent en concours avec elle (n°s 19920 s.).

Concours avec d'autres créanciers hypothécaires Sur le **principe**, les hypothèques légales, judiciaires et conventionnelles n'ont rang que du jour de leur inscription au fichier immobilier (C. civ. art. 2418 modifié par ord. 2021-1192 du 15-9-2021). 26563

Concernant le rang respectif des **hypothèques qui sont prises le même jour**, l'hypothèque légale du prêteur de deniers est réputée, avec l'hypothèque légale du vendeur, d'un rang antérieur aux hypothèques **judiciaires ou conventionnelles**.

Les inscriptions des hypothèques légales des **époux**, sur les biens du **tuteur** et sur les biens des **comptables publics** (C. civ. art. 2393, 1°, 2° et 3°) et de l'hypothèque légale de **séparation des patrimoines** (C. civ. art. 2402, 5°) sont réputées d'un rang antérieur à celui de toute autre formalité requise le même jour (Décret 55-22 du 4-1-1955 art. 31, 5).

> **Précisions** L'**hypothèque légale sur les biens des comptables publics** ne peut plus être inscrite depuis le 1er janvier 2023 suite à son **abrogation** (Ord. 2022-408 du 23-3-2022, art. 12).

CONVENTION DE RANG ET CESSION D'ANTÉRIORITÉ

Il est fréquent, notamment en matière de vente en l'état futur d'achèvement, de prévoir des conventions sur le rang des diverses inscriptions, afin, par **exemple**, de permettre au prêteur d'être préféré au vendeur. 26564

Aux termes d'une telle convention, « les créanciers hypothécaires renoncent l'un au profit de l'autre à la règle établie par l'article 2425 (ancien) du Code civil [...] (C. civ. art. 2418 modifié par ord. 2021-1192 du 15-9-2021). Cette opération consiste en un échange de rang, chacun des deux créanciers conservant sa créance et en prenant le rang de l'autre » (E. Frank, note sous Cass. 3e civ. 23-1-1973 : D. 1973 p. 427).

Dès lors que cette cession de rang n'a aucune **incidence sur les autres sûretés inscrites**, comme par exemple celles qui seraient toutes antérieures ou toutes postérieures aux sûretés dont le rang va être interverti, elle n'a pas formellement à être portée à la connaissance des tiers.
Dans la mesure où « l'effet de la cession d'antériorité ou de rang est de ne garantir le cessionnaire que dans la limite de la garantie qu'elle conférait au cédant et sous les mêmes conditions » (E. Franck, note précitée), une mention en marge de la cession de rang devient indispensable pour être rendue opposable aux tiers s'il existe un **risque d'inscription intercalaire** entre les inscriptions prises par les deux parties à la cession de rang.
Depuis la réforme des sûretés (Ord. 2021-1192 du 15-9-2021), une **solution plus simple** paraît possible. Désormais, les hypothèques légales, judiciaires et conventionnelles n'ont rang que du jour de leur inscription au fichier immobilier (C. civ. art. 2418). Les exceptions à cette règle ne concernent, hormis le cas particulier de l'hypothèque occulte du syndicat des copropriétaires, que le cas où plusieurs inscriptions sont prises le même jour. Par suite, pour attribuer un ordre particulier aux différentes sûretés à constituer, il faut et il suffit d'en prendre inscription au fichier immobilier à des dates distinctes dans l'ordre voulu. Le rang souhaité sera ainsi obtenu immédiatement dès l'origine. La cession d'antériorité conserve un intérêt dans le cas où la volonté des créanciers de modifier l'ordre de leurs sûretés respectives intervient, non à la constitution, mais plus tardivement, une fois que leurs sûretés ont déjà été inscrites.

B. Subrogation du prêteur dans l'hypothèque légale du vendeur et dans le bénéfice de l'action résolutoire

INTÉRÊT PRATIQUE

26600 Avant l'affirmation de l'autonomie du privilège du prêteur de deniers (Loi 71-579 du 16-7-1971), les organismes de prêt et le notariat avaient recours, pour la garantie des prêts immobiliers, à la subrogation dans le privilège du vendeur et dans le bénéfice de l'action résolutoire.
Fort logiquement, la loi du 16 juillet 1971 a entraîné un déclin progressif du recours à ce montage, en faveur du privilège du prêteur de deniers.
Toutefois, même si le recours à l'action résolutoire peut apparaître lourd et onéreux dans sa mise en œuvre, il constitue un moyen de pression efficace à l'égard du débiteur, et une garantie complémentaire non négligeable en cas de procédure collective le frappant, intérêt pérenne à la suite de la substitution de l'hypothèque légale de prêteur de deniers au privilège de prêteur de deniers.

SUBROGATION CONVENTIONNELLE DU PRÊTEUR DE DENIERS

26602 Dans la mesure où **pour être efficace**, l'action résolutoire nécessite la réserve de l'hypothèque légale du vendeur et son inscription (C. civ. art. 2403), il convient de constater dans l'acte de vente lui-même, ou par un acte de quittance subrogative ultérieure, la subrogation du prêteur (C. civ. art. 1346). Cette subrogation peut être consentie par le vendeur ou par l'acquéreur.
Par principe, l'hypothèque s'étend aux **intérêts et autres accessoires de la créance garantie**. Cette extension profite au tiers subrogé dans la créance garantie pour les intérêts et autres accessoires qui lui sont dus (C. civ. art. 2390 modifié par ord. 2021-1192 du 15-9-2021). De sorte qu'il n'est plus nécessaire d'exiger de l'emprunteur qu'il consente une coûteuse hypothèque complémentaire pour garantir le prêteur subrogé du paiement des nouveaux intérêts et autres accessoires nés à son profit après la subrogation (M. Grimaldi et C. Gijsbers, Les sûretés sur immeubles : D. 2022 p. 294).

SECTION 4 PRIX PAYABLE MOYENNANT RENTE VIAGÈRE

CARACTÉRISTIQUES GÉNÉRALES

26700 Le paiement moyennant rente viagère est celui par lequel l'acquéreur (le **débirentier**) verse au vendeur (le **crédirentier**) ou à un tiers désigné, des sommes (arrérages) pendant toute la vie de

ce dernier et selon des échéances et des conditions conventionnellement précisées (C. civ. art. 1968 à 1983). Il s'agit d'une vente, mais aléatoire (C. civ. art. 1108, al. 2), car le montant total de l'acquisition pour le débirentier dépend de la durée de vie du ou des crédirentiers.
Comme toute vente immobilière, la vente en viager est soumise au droit commun des ventes d'immeuble et notamment à ses règles de fond et de forme (authenticité, opposabilité, préemption, consentement, capacité, pouvoir). Elle peut porter sur la pleine propriété (**viager libre**) ou seulement sur la nue-propriété de l'immeuble vendu (le crédirentier se réservant alors l'usufruit ou seulement un droit d'usage et d'habitation : **viager occupé**). Ce type particulier de vente présente cependant certaines spécificités.

> **Précisions a.** La rente peut être constituée, non pas par l'obligation de verser une somme d'argent, mais par le seul engagement de pourvoir à la subsistance du vendeur ; il ne s'agit alors pas d'une vente, mais d'un **bail à nourriture** (nos 26900 s.).
b. En principe, une rente viagère ne revêt pas de **caractère alimentaire**, sauf à l'avoir expressément stipulé à l'acte (CA Aix-en-Provence 23-2-2006 n° CT0014).
c. Le paiement au moyen d'une rente viagère peut porter sur une **cession de parts de SCI**. Les règles applicables seront les mêmes que la vente d'un bien immobilier en viager (pour une illustration, voir Cass. 3e civ. 27-5-2010 n° 09-65.258 FS-D : RJDA 10/10 n° 941).
d. Les engagements perpétuels sont prohibés et sanctionnés par la nullité absolue (C. civ. art. 1210). Mais **le bail viager**, conclu pour la durée de vie du locataire, est licite, le décès du locataire, même si sa date est inconnue, représentant un événement certain (Cass. 3e civ. 18-1-1995 n° 92-17.702 : Bull. civ. III n° 16, RJDA 3/95 n° 257 ; Cass. 3e civ. 10-3-2010 n° 09-12.135 FS-PB : RJDA 5/10 n° 477). A ainsi été qualifiée de bail viager la convention par laquelle le propriétaire d'une maison a accordé un droit d'habitation à vie sur celle-ci à un ami, qui payait la moitié des charges et a réalisé d'importants travaux non remboursables (Cass. 3e civ. 22-10-2020 n° 18-17.802 F-D : BPIM 1/21 inf. 68).
e. En revanche, le **droit d'usage et d'habitation** est un droit réel qui ne peut être perpétuel et ne peut être consenti, comme l'usufruit, que pour une durée déterminée (C. civ. art. 617 et 625). Il peut donc être mis fin à tout moment au droit **viager** d'occuper un appartement et d'en jouir gratuitement car la durée, limitée par le décès de son titulaire, est indéterminée (Cass. 3e civ. 9-5-2019 n° 18-11.820 F-D : RJDA 7/19 n° 534).
f. Les aliénations moyennant rente viagère servie pour totalité ou pour l'essentiel sous forme de prestations de services personnels ne peuvent faire l'objet d'un droit de **préemption** de la Safer (C. rur. art. L 143-4, 2°).

A. Spécificités de la vente moyennant rente viagère

LÉSION

La rente en viager étant un **contrat aléatoire**, les règles de la rescision de la vente pour cause de lésion de plus des sept douzièmes (nos 24350 s.) lui sont en principe inapplicables à moins que les circonstances permettent au juge de considérer que la vente ne revêt **pas** véritablement un caractère **aléatoire**. Tel est le cas lorsque le contrat révèle une conversion pure et simple du prix en rente viagère, qui ne constitue dès lors qu'une modalité de paiement du prix. 26710
Ainsi, la **rescision pour lésion** peut être **admise** :
– lorsque le prix du bien est exprimé en capital dans le contrat et ensuite converti en une rente viagère (Cass. 1e civ. 8-2-1955 n° 52-225 : Bull. civ. I n° 63) ;
– lorsque seule une faible partie du prix de vente est transformée en rente viagère (Cass. 3e civ. 25-1-1978 n° 76-15.199 : Bull. civ. III n° 55) ;
– ou lorsque l'acquéreur ne court aucun risque (Cass. 3e civ. 10-6-1998 n° 94-11.778 : Bull. civ. III n° 125, RJDA 8-9/98 n° 971).
Mais les juges du fond n'ont pas à procéder d'office à une telle recherche. C'est au vendeur de prouver que le contrat ne comporte pas d'aléa (Cass. 3e civ. 5-11-2008 n° 07-17.106 FS-D : RJDA 4/09 n° 328).

> **Précisions a.** Le vendeur qui invoque la lésion ne peut le faire que dans le but d'obtenir la rescision de la vente et non pour obtenir une **majoration de la rente viagère** (n° 24506).
b. Le fait d'indiquer dans l'acte de vente moyennant rente viagère la valeur de l'immeuble afin de liquider les droits fiscaux de mutation ne fixe pas définitivement la **valeur exacte de l'immeuble** et ainsi ne permet pas de conclure à l'absence d'aléa et de rendre la vente rescindable (Cass. 3e civ. 12-12-1973 n° 72-14.244 : Bull. civ. III n° 629).

PRÉSOMPTION DE DONATION DÉGUISÉE

26712 Les ventes à charge de rente viagère consenties à un successible en ligne directe sont réputées constituer des donations hors part successorale ; cette présomption est irréfragable (C. civ. art. 918 ; nº 24832).

ATTENTION

La vente d'immeuble à charge de rente viagère peut tomber sous le coup de la **présomption fiscale** de l'article 751 du CGI. En effet, en vertu de ce texte et sauf preuve contraire, l'immeuble vendu avec réserve d'usufruit à un futur héritier est censé rester la propriété du vendeur. Cette présomption a été jugée applicable lorsque la rente en laquelle a été converti le prix de vente de la nue-propriété n'a pas été versée ; dans ce cas, les nus-propriétaires doivent payer des droits de succession sur la valeur en pleine propriété du bien qui aurait dû leur revenir sans le paiement d'aucun droit (Cass. com. 12-7-2011 nº 10-18.471 F-PB : RJF 11/11 nº 1242).

ACQUÉREUR EMPRUNTEUR

26714 L'acquisition faite au moyen d'un prix converti en rente viagère ne permet pas de bénéficier des dispositions protectrices du Code de la consommation relatives au **crédit immobilier** applicables à l'acquéreur emprunteur (C. consom. art. L 313-1 s. ; CA Paris 24-2-1983 nº J 2812).

26715 **Accord sur le prix** Comme en matière de vente traditionnelle, l'accord sur la chose et sur le prix est nécessaire pour consacrer l'échange des consentements et donc la vente. Mais les **particularismes** liés à la détermination du prix moyennant rente viagère impliquent que les parties aient déterminé tous les éléments permettant le calcul de la rente pour que le prix soit considéré comme étant déterminé. Un accord dans lequel seraient rappelés le prix du « bouquet » (nº 26730) et la base servant au calcul de la rente viagère pourrait donc ne pas suffire à constituer une vente, faute de stipuler l'âge du vendeur crédirentier, élément sans lequel le calcul de la rente est impossible (CA Paris 20-9-2007 nº 06/734 : RJDA 3/08 nº 242, rendu dans un cas où le bien vendu n'était pas non plus clairement déterminé).

NÉCESSITÉ D'UN ALÉA

26716 En l'**absence d'aléa**, la vente moyennant rente viagère est nulle. Dans ce type de vente, l'événement incertain qui caractérise les contrats aléatoires (C. civ. art. 1108, al. 2) réside dans le décès du vendeur. En l'absence d'incertitude sur ce point, la vente est donc frappée de nullité.

Il en est ainsi, par **exemple**, lorsque l'institution de la rente viagère ne constitue qu'une modalité de paiement du prix et non un contrat aléatoire (Cass. 3e civ. 23-10-1990 nº 89-12.472). Il en est de même lorsque, au jour du contrat, la personne sur la tête de laquelle le viager a été consenti est déjà décédée (C. civ. art. 1974) ou est atteinte d'une maladie dont elle succombe dans les 20 jours suivant la date du contrat (C. civ. art. 1975).

Si le décès survient dans un délai supérieur, les juges peuvent également annuler la vente mais sur un fondement tiré du droit commun des contrats (défaut de prix réel et sérieux, notamment). Par exemple, est nulle pour absence d'aléa la vente conclue moyennant rente viagère alors même que le décès a lieu plus de 20 jours après la signature de l'acte dès lors que l'acquéreur savait au jour de la vente que le décès du vendeur était imminent (Cass. 1e civ. 2-3-1977 nº 75-14.556 : Bull. civ. I nº 115). La connaissance de l'état de santé du crédirentier peut se déduire des rapports constants et privilégiés qu'il avait avec les débirentiers, de la proximité immédiate de leur domicile et de la gravité, de l'ancienneté et de la visibilité de l'affection dont il était atteint (CA Agen 6-12-2005 nº 04/117). La vente est également nulle lorsque le crédirentier n'est pas décédé de la maladie dont il était atteint au jour de l'acte, mais que le débirentier était en mesure de prévoir l'imminence du décès, de par sa qualité de médecin traitant du crédirentier (Cass. 1e civ. 16-4-1996 nº 93-19.661 : Bull. civ. I nº 184, RJDA 1/97 nº 33).

Mais si le décès du crédirentier n'était pas prévisible, le **caractère aléatoire** du contrat est **respecté**, quand bien même la mort surviendrait entre la promesse de vente valant vente et la réitération par acte authentique (Cass. 3e civ. 4-7-2007 nº 06-13.275 FS-PB : RJDA 12/07 nº 1188) ou seulement un peu moins de trois mois après la conclusion de la vente (Cass. 3e civ. 18-1-2023 nº 21-24.862 : AJDI 2023 p. 306, dans une affaire où le crédirentier âgé de 78 ans était décédé des suites d'une chute). L'essentiel étant qu'au moment de la signature de la promesse l'incertitude sur la durée de vie du crédirentier soit complète.

La nullité ne s'applique pas non plus si la rente viagère a été constituée sur la tête de deux vendeurs, que seul l'un d'entre eux meurt dans les 20 jours et que la rente est payable jusqu'au décès du dernier mourant et est totalement réversible (Cass. 1e civ. 7-1-1971 nº 70-10.054 : Bull. civ. I nº 8).

> **Précisions a.** La nullité tirée de l'antériorité du **décès** du vendeur à la date du contrat s'applique alors même que celui-ci serait survenu **entre la conclusion du contrat et la réalisation des conditions suspensives**, en dépit de l'effet rétroactif normalement attaché à la réalisation desdites conditions (nos 30536 s.).
> **b.** La **sanction tirée de l'article 1975 du Code civil** est une nullité absolue (Cass. 3e civ. 2-12-1992 n° 90-19.032). Rappelons que la nullité est absolue lorsque la règle violée a pour objet la sauvegarde de l'intérêt général (C. civ. art. 1179, al. 1).
> **c.** La jurisprudence sanctionne également les contrats par lesquels les parties prévoient que la constitution de la rente cessera à l'issue d'un certain délai, dans le cas où le décès du crédirentier n'interviendrait pas avant. Elle qualifie cette clause de **pacte sur succession future**, pacte prohibé car contraire à l'ordre public successoral (Cass. 1e civ. 7-12-1983 n° 82-13.790 : Bull. civ. I n° 290 ; CA Paris 17-12-1994, annulant la seule clause litigieuse et non l'acte de vente, au motif, dans la 2e espèce, que la clause ne constituait pas une condition déterminante du consentement des parties à la vente).

CONTRATS CONCLUS À DISTANCE ET HORS ÉTABLISSEMENT (ANCIEN DÉMARCHAGE À DOMICILE)

Les contrats portant sur des biens vendus en viager ou par autorité de justice (sur saisie notamment) ne tombent pas sous le coup de la réglementation des contrats conclus à distance et hors établissement et ne sont donc pas soumis au délai de rétractation de 14 jours visé à l'article L 221-18 du Code de la consommation (C. consom. art. L 221-2, 12° et 13°). **26718**
Le démarchage est interdit aux **notaires** mais la sollicitation personnalisée est autorisée (n° 2602).
Le démarchage n'est pas interdit aux **agents immobiliers**.
Sur la question de savoir si le mandat de l'agent immobilier relève ou non de la réglementation précitée, voir n° 2289.
Pour plus de détails sur la réglementation des contrats conclus à distance et hors établissement, voir Mémento Concurrence consommation nos 30000 s.

B. Détermination du prix moyennant rente viagère

MÉCANISME

Les parties prévoient généralement le versement immédiat, au moment de la signature de l'acte, d'une partie du prix de vente, appelée « **bouquet** ». Le montant des **arrérages** de la rente est alors calculé en contrepartie du solde restant dû (après déduction du bouquet) et déduction faite de la valeur des réserves octroyées au profit du crédirentier (usufruit, droit d'usage et d'habitation notamment). Il convient ensuite de tenir compte de l'âge (ou plus exactement de l'espérance de vie) et de l'état de santé de la personne sur la tête de laquelle la rente est constituée, ainsi que de la rentabilité du bien cédé. **26730**
À défaut d'indication de l'âge du vendeur crédirentier dans l'acte, la rente n'est pas déterminable (CA Paris 20-9-2007 n° 06/734 : RJDA 3/08 n° 242).

1. CALCUL DE LA RENTE VIAGÈRE

MODALITÉS D'ÉVALUATION

Les parties sont libres de fixer le montant des arrérages de la rente au taux qui leur convient (C. civ. art. 1976). Mais toute évaluation incohérente risque de provoquer la nullité du contrat en cas de prix dérisoire ou la requalification du contrat en donation ou en prêt usuraire. **26740**
En pratique, le montant des arrérages est fixé par référence à des **barèmes**. Il existe notamment des tableaux, édités par la Caisse nationale de prévoyance ou les **compagnies d'assurances**, qui permettent de déterminer la rente viagère qui serait versée au crédirentier s'il plaçait le capital représentatif de la valeur de l'immeuble auprès de l'un de ces organismes. Mais ces barèmes tiennent compte des marges bénéficiaires et des frais de gestion appliqués par les assureurs, qui n'ont évidemment pas à être inclus dans le calcul de la rente entre particuliers. Il peut donc sembler logique de majorer légèrement le montant de la rente déterminée en application de ces barèmes.
Le montant des arrérages doit également tenir compte du **type de viager**, libre ou occupé. S'il est libre, le taux de rente dépend du prix du bien. S'il ne l'est pas, il convient de déterminer la valeur occupée du bien.

2. PRIX RÉEL ET SÉRIEUX

APPLICATION DU DROIT COMMUN DE LA VENTE

26750 En dépit de la liberté conventionnelle laissée aux parties, la validité de la vente est subordonnée à l'existence d'un prix sérieux et déterminé, conformément au droit commun (C. civ. art. 1591). Si le prix est inexistant ou dérisoire, la vente encourt la nullité.

ABSENCE DE PRIX RÉEL ET SÉRIEUX

26752 La vente peut être annulée lorsque le montant des arrérages est dérisoire car l'absence de prix réel et sérieux **prive la vente d'aléa**, l'acquéreur étant certain d'obtenir un bénéfice quelle que soit l'espérance de vie du vendeur (Cass. 3e civ. 12-6-1996 n° 94-16.988 : Bull. civ. III n° 147, RJDA 10/96 n° 1180).
Tel est le cas lorsque le **montant des arrérages** est **inférieur** aux **revenus que le bien est susceptible de procurer** (Cass. 3e civ. 21-1-2015 n° 13-25.689 FS-D). Ces revenus sont calculés sur la base de la valeur vénale de l'immeuble à la date de la vente et non sur celle du prix convenu par les parties dans l'acte de vente (Cass. 3e civ. 4-7-2007 n° 06-14.122 FS-PB : RJDA 12/07 n° 1210 ; déjà en ce sens, Cass. 3e civ. 12-6-1996 n° 94-16.988 précité, prononçant la nullité de la vente en raison de la sous-évaluation manifeste du prix de vente servant de base au calcul de la rente). De même, les juges ne peuvent pas dire valable la constitution de la rente viagère au motif que l'usufruit de la crédirentière, âgée de 73 ans au moment de la vente, représentait 30 % de la valeur du bien en application du barème fiscal habituellement utilisé (CGI art. 669), sans répondre au moyen selon lequel le **barème fiscal applicable au jour de la vente**, conclue sous l'empire du droit antérieur (avant le 1er janvier 2004), fixait ce pourcentage à 10 % (CGI art. 762 ancien) (Cass. 3e civ. 6-7-2023 n° 22-15.282 F-D).

ILLUSTRATIONS

Jugé que les **arrérages** de la rente sont **largement inférieurs aux revenus générés par l'immeuble** au jour de la cession :
– lorsque le bien immobilier est loué par l'acquéreur pour un montant mensuel de près du triple du montant de la rente viagère (Cass. 3e civ. 27-5-2010 n° 09-65.258 FS-D : RJDA 10/10 n° 941) ;
– lorsque la vente a lieu moyennant un prix principal de 83 000 € (543 000 F) avec versement d'un « bouquet » de 9 000 € (60 000 F) et d'une rente annuelle de 4 500 € (30 000 F) (Cass. 3e civ. 1-3-2011 n° 10-30.123 F-D : RJDA 6/11 n° 515) ;
– lorsque la rente mensuelle est fixée à la somme de 300 € alors que les revenus mensuels du bien s'élèvent à 450 € (Cass. 3e civ. 16-11-2010 n° 09-17.293 F-D) ;
– lorsque la valeur locative de l'immeuble s'élève à 713 € par mois, tandis que le montant total de la rente et des charges est fixé à 770 €, soit un solde en faveur du crédirentier de 57 € par mois, et que, par une contre-lettre ultérieure, le vendeur autorise les acquéreurs à résider dans le bien vendu sans limite de temps ni contrepartie (Cass. 1e civ. 13-12-2017 n° 16-17.772 F-D).
De même, a été annulée pour vileté du prix la vente de la nue-propriété d'un garage pour un montant de 7 366 € payé avec un bouquet de 6 860 € et une rente viagère de 36,60 € par an au motif que le prix de vente était au moins inférieur des deux tiers au prix réel, que le débirentier bénéficiait de l'usage du garage, ce qui privait le crédirentier, malgré son usufruit, des revenus que pouvait lui apporter son bien, sans autre contrepartie qu'une rente et un loyer dérisoires enlevant tout aléa à l'opération et que le débirentier allait jouir totalement de la partie essentielle de l'immeuble durant la vie du crédirentier (Cass. 3e civ. 29-1-2013 n° 12-12.780 F-D : BPIM 2/13 inf. 140).

26753 **Diversité des critères** Les **revenus pris en compte** pour effectuer la comparaison ne s'entendent pas seulement des fruits et intérêts effectivement perçus, mais plus largement des revenus potentiels que la propriété dudit bien est susceptible de procurer à l'acquéreur. Ainsi, lorsque l'immeuble vendu moyennant rente viagère fait l'objet de baux commerciaux manifestement sous-évalués et que ces baux sont révisables, la vente est nulle en dépit du fait que les loyers soient inférieurs au montant des arrérages, car il est loisible à l'acquéreur d'augmenter les loyers une fois la vente intervenue (Cass. 1e civ. 5-5-1982 n° 81-11.821 : Bull. civ. I n° 164). En revanche, seuls les revenus qui résultent de la propriété du bien doivent être pris en compte, à l'exclusion de ceux que l'acquéreur peut retirer grâce à son propre travail (Cass. 1e civ. 24-10-1978 n° 76-14.798 : Bull. civ. I n° 319).
Lorsque le **vendeur s'est réservé la jouissance de l'immeuble** vendu, l'appréciation se fait par comparaison entre le montant de la rente et l'intérêt que procurerait le capital représenté par la propriété grevée de cette réserve (Cass. 1e civ. 4-7-1995 n° 93-16.913 : Bull. civ. I n° 304, RJDA 1/96 n° 28 ; Cass. 3e civ. 16-7-1998 n° 96-12.720 : Bull. civ. III n° 169, RJDA 11/98 n° 1204). On peut ainsi soit ajouter au montant de la rente versée au crédirentier l'équivalent représentant l'avantage tiré de la jouissance du local (CA Versailles 7-12-1995 n° 94/2415), soit déduire des revenus de l'immeuble la partie réservée au crédirentier. Ainsi, lorsque le vendeur continue d'habiter une partie de

l'immeuble vendu, seule la partie dont les acquéreurs ont effectivement la jouissance doit être prise en compte (Cass. 3e civ. 16-7-1998 n° 96-12.720 précité). À moins, cependant, que les juges ne constatent que la partie occupée par le vendeur n'est pas productrice de revenus et qu'ils tiennent compte de la diminution de la valeur d'agrément résultant de la cohabitation forcée des parties (Cass. 1e civ. 12-10-1977 n° 76-14.177 : Bull. civ. I n° 367). La réserve de jouissance n'est pas prise en compte lorsque l'acquéreur est le concubin du vendeur (Cass. 3e civ. 21-10-2009 n° 08-13.843 FS-D : RJDA 4/10 n° 354). Si les vendeurs crédirentiers ont conservé l'usufruit de l'immeuble et si au montant des arrérages de la rente s'ajoutent l'obligation en nature, évaluée par les vendeurs à la somme de 60 000 €, et le paiement des impôts et taxes afférents à l'immeuble supportés par l'acquéreur débirentier, la cour d'appel, qui s'est référée aux revenus procurés par un capital équivalent à la valeur de la nue-propriété de l'immeuble, a pu retenir souverainement que le prix convenu était réel et sérieux (Cass. 3e civ. 7-7-2015 n° 14-15.871 F-D).
La Cour de cassation considère encore que le montant du versement en capital doit tenir compte de l'**âge du crédirentier** (notamment Cass. 3e civ. 12-6-1996 n° 94-16.988 : Bull. civ. III n° 147, RJDA 10/96 n° 1180). Plus celui-ci est âgé, plus ce versement doit être important. Jugé ainsi que, l'espérance de vie des crédirentiers, âgés de 94 et 80 ans, étant des plus réduite, le versement en capital prévu dans deux ventes, soit 7 600 € sur un prix de 30 500 € et 15 250 €, sur un prix de 95 300 €, était manifestement dérisoire, toutes les chances de gain étant pour le débirentier qui obtenait le bien pour une valeur inférieure à sa valeur réelle en ne courant aucun risque réel de perte (Cass. 3e civ. 26-3-2008 n° 07-13.127 F-D : RJDA 6/08 n° 627).
La vente peut encore être annulée dès lors que les juges relèvent que la collusion entre le notaire et l'acquéreur avait été dissimulée à la venderesse, qui avait été privée du devoir de conseil et de mise en garde incombant à un notaire impartial et objectif, et que ceux-ci avaient mis à profit son état de faiblesse et l'altération de ses facultés mentales afin de lui faire conclure un contrat de vente à un prix dérisoire, avec des **clauses déséquilibrées et sans cause**, et la spolier de son bien (Cass. 3e civ. 29-3-2018 n° 17-13.641 F-D : AJDI 2018 p. 454).

> **Précisions a.** Les **juges** du fond **apprécient souverainement** le caractère dérisoire de la rente (Cass. 1e civ. 4-7-1995 n° 93-16.913 : Bull. civ. I n° 304, RJDA 1/96 n° 28), la Cour de cassation exerçant toutefois un contrôle sur la méthode de comparaison, qui doit tenir compte des éléments exposés ci-dessus (notamment Cass. 3e civ. 4-7-2007 n° 06-14.122 FS-PB : RJDA 12/07 n° 1210).
> **b.** Les juges n'ont pas à **rechercher d'office** le caractère dérisoire de la rente (Cass. 3e civ. 5-11-2008 n° 07-17.106 FS-D : RJDA 4/09 n° 328). C'est au **demandeur** d'en rapporter la **preuve** par tous moyens. Ainsi, les juges du fond peuvent rejeter une demande en nullité de la vente, au motif que les estimations produites ne démontrent pas la vileté du prix de vente, celles-ci ayant été effectuées sur la base d'un immeuble libre plus de 3 ans après la vente ou selon une méthode de calcul non appropriée à une vente en viager ou non explicitée (Cass. 3e civ. 29-6-2017 n° 16-18.226 F-D).
> **c.** La sous-évaluation manifeste du prix conduit également à l'**annulation de la vente** sur le fondement, non pas nécessairement de l'absence d'aléa, mais sur celui de l'absence de prix (pour une illustration de vente d'un bien évalué au prix de 42 700 € alors que la valeur réelle s'élevait à 140 000 € : Cass. 3e civ. 21-10-2009 n° 08-13.843 FS-D : RJDA 4/10 n° 354).
> **d.** Sur la faculté pour le juge de **requalifier** la vente en donation, voir n° 26754, Précisions.

ACTION POUR DÉFAUT DE PRIX OU ABSENCE DE PRIX SÉRIEUX

Avant la réforme de la **prescription**, l'action en résolution pour défaut de prix ou absence de prix sérieux pouvait être intentée pendant un délai de 30 ans (Cass. com. 23-10-2007 n° 06-13.979 FS-PB : RJDA 2/08 n° 115, Defrénois 30-12-2007 n° CJ2007DEF1729N1 p. 1729 § 74 note R. Libchaber). À notre avis, la réforme, entrée en vigueur le 19 juin 2008, ne remet pas en cause cette solution, s'agissant de l'action engagée par le vendeur pour obtenir restitution d'un bien **immobilier** qui relève donc de l'article 2227 du Code civil (Loi 2008-561 du 17-6-2008). Sur cette question, voir nos 24203 et 26828. **26754**

> **Précisions** La vente conclue à un prix dérisoire peut néanmoins valoir **donation indirecte**, s'il résulte des circonstances de fait que la modicité de la rente dissimule une intention libérale (Cass. 1e civ. 6-1-1969 : Bull. civ. I n° 8). Les juges peuvent même considérer que l'opération réalisée s'analyse, d'une part en une vente, d'autre part en une donation concomitante à la vente portant sur la partie payable au comptant lorsqu'il apparaît que celle-ci n'a pas été versée (Cass. 3e civ. 11-12-1996 n° 95-12.972). Lorsque les juges requalifient l'acte de vente en donation, il y a lieu de faire application des règles de réduction et de rapport desdites donations. Mais les juges ne peuvent ordonner le rapport à la succession au seul motif que le vendeur s'est abstenu de réclamer à l'acquéreur le paiement de la rente viagère, sans constater l'intention libérale des époux à l'égard de leur fils (Cass. 1e civ. 22-3-2017 n° 16-18.243 F-D).

3. INDEXATION DE LA RENTE

CLAUSE D'INDEXATION

26780 Les clauses d'indexation (ou **clauses d'échelle mobile**) de la rente viagère sont libres. Même s'il existe des corrections légales et judiciaires, ces clauses sont indispensables pour assurer l'équilibre du contrat dans le temps. Lorsque la convention est souscrite entre particuliers, les rentes viagères sont regardées comme des dettes d'aliment. L'**indice** choisi n'a donc pas à être en relation directe avec l'objet de la convention ou avec l'activité de l'une des parties (C. mon. fin. art. L 112-2, al. 3 et 4). L'indice le plus fréquemment utilisé est l'indice mensuel des prix à la consommation publié par l'Insee, avec une révision annuelle, à la date anniversaire du contrat. C'est au crédirentier d'exiger la revalorisation.
Sur la **prescription** applicable, voir n° 26828.

CORRECTION LÉGALE DES EFFETS DE L'INDEXATION

26782 **Montant plafond du jeu de l'indexation** L'indexation ne doit pas avoir pour effet de porter le montant des arrérages (au moment de l'échéance) à un montant supérieur en capital à la valeur du bien cédé en contrepartie (Loi 49-420 du 25-3-1949 art. 4, al. 1). La **valeur de la rente en capital** est déterminée par application des barèmes de la Caisse nationale d'assurance sur la vie. Cette disposition est d'ordre public. Le crédirentier ne peut donc imposer au débirentier d'y renoncer.

> **Précisions** Le plafond ne s'applique pas aux rentes viagères consenties en contrepartie de l'aliénation d'une **exploitation agricole** et dont le montant a été fixé en fonction de la valeur annuelle du produit du fonds (Loi 49-420 du 25-3-1949 art. 4, al. 6). Tel est le cas si l'indexation retient le cours des principales denrées produites par l'exploitation (Cass. 3e civ. 29-5-2002 n° 00-19.663 FS-D : RJDA 10/02 n° 1004).

26784 **Montant plancher du jeu de l'indexation** A contrario, le montant des arrérages doit au minimum se voir appliquer le montant des majorations forfaitaires légales, fixées par arrêté ministériel chaque année (Loi 51-695 du 24-5-1951 art. 2 sur renvoi de la loi 49-420 du 25-3-1949 art. 1). Lorsque **aucune indexation** n'est **prévue**, la majoration légale constitue donc une indexation minimale. Lorsqu'une **indexation** est **prévue**, elle ne doit pas avoir pour effet de porter le montant des arrérages à un montant inférieur à la valeur des rentes conclues à la même date, auxquelles les majorations forfaitaires légales auraient été appliquées. Le débirentier est donc tenu d'appliquer une indexation minimale, mais peut cependant obtenir une remise de majoration, s'il établit que sa situation personnelle ne lui permet pas d'en supporter les conséquences financières (Loi 49-420 du 25-3-1949 art. 4, al. 3).
Les taux des **majorations légales forfaitaires** applicables depuis le 1er janvier 2024 aux rentes viagères constituées entre particuliers sont les suivants (Arrêté ECOB2333224A du 18-12-2023 : JO 20 texte n° 8) :

Période au cours de laquelle est née la rente originaire	Taux de la majoration (en pourcentage)
Avant le 01/08/1914	124 058,40
Du 01/08/1914 au 31/12/1918	70 850,40
Du 01/01/1919 au 31/12/1925	29 779,50
Du 01/01/1926 au 31/12/1938	18 226,20
Du 01/01/1939 au 31/08/1940	13 128,00
Du 01/09/1940 au 31/08/1944	7 953,50
Du 01/09/1944 au 31/12/1945	3 875,70
Années 1946, 1947, 1948	1 820,70
Années 1949, 1950, 1951	996,30
Années 1952 à 1958 incluse	729,60
Années 1959 à 1963 incluse	592,20
Années 1964 et 1965	555,10
Années 1966, 1967, 1968	524,20
Années 1969 et 1970	490,50
Années 1971, 1972 et 1973	427,40
Année 1974	303,00

26784 (suite)

Période au cours de laquelle est née la rente originaire	Taux de la majoration (en pourcentage)
Année 1975	281,10
Années 1976 et 1977	248,30
Année 1978	223,50
Année 1979	194,90
Année 1980	161,80
Année 1981	132,00
Année 1982	115,40
Année 1983	104,90
Année 1984	95,70
Année 1985	90,30
Année 1986	87,30
Année 1987	82,70
Année 1988	78,70
Année 1989	74,20
Année 1990	69,70
Année 1991	65,60
Année 1992	61,30
Année 1993	58,20
Année 1994	55,60
Année 1995	52,50
Année 1996	50,20
Année 1997	48,50
Année 1998	46,70
Année 1999	46,10
Année 2000	44,10
Année 2001	41,90
Année 2002	39,10
Année 2003	37,10
Année 2004	35,00
Année 2005	32,50
Année 2006	30,00
Année 2007	28,00
Année 2008	26,10
Année 2009	24,60
Année 2010	22,70
Année 2011	20,70
Année 2012	18,50
Année 2013	17,10
Année 2014	16,50
Année 2015	16,40
Année 2016	16,30
Année 2017	15,10
Année 2018	13,30
Année 2019	12,20
Année 2020	12,00
Année 2021	10,50
Année 2022	4,80

Exemple de calcul : les majorations s'ajoutent à la rente originaire. Ainsi, une rente mensuelle de 200 € constituée en 1975 se calcule comme suit au 1er janvier 2024 :
200 + [(200 × 281,10) / 100] = 762,20 €.

CORRECTION JUDICIAIRE DES EFFETS DE L'INDEXATION

26786 Si l'équilibre du contrat, tel que choisi à l'origine par les parties est bouleversé en raison de circonstances économiques nouvelles, les rentes indexées peuvent faire l'objet d'une correction judiciaire (Loi 49-420 du 25-3-1949 art. 4, al. 4).

Pour obtenir un **accroissement** supérieur à la majoration forfaitaire légale, le crédirentier doit prouver que le bien vendu a reçu un coefficient de plus-value supérieur au coefficient de la majoration forfaitaire. Les juges comparent la valeur initiale de l'immeuble telle qu'elle résulte de l'acte avec sa valeur au jour de la demande de correction et tiennent compte des éventuelles réserves faites au profit du crédirentier ainsi que des intérêts en présence. Mais ils n'ont pas à constater l'état de besoin du débirentier qui n'est pas une condition de la majoration (Cass. 1e civ. 27-10-1993 n° 91-13.296).

La majoration judiciaire est **plafonnée** à 75 % du coefficient de la plus-value acquise par le bien ou de l'augmentation des revenus en cas d'usufruit (Loi 49-420 du 25-3-1949 art. 2 bis, al. 2).

En principe, les actions en révision judiciaire ne peuvent être exercées qu'une fois par contrat. Mais en pratique, les délais sont réouverts à chaque publication de l'arrêté portant relèvement des taux (Loi 99-1172 du 30-12-1999 art. 126, VII). Les actions peuvent donc être exercées plusieurs fois. Ainsi, la demande en révision formée par un crédirentier qui a déjà obtenu précédemment une révision de sa rente est recevable (Cass. 1e civ. 24-6-1975 n° 74-13.253 : Bull. civ. I n° 211).

C. Paiement de la rente viagère

PRINCIPES

26800 Le ou les débirentiers doivent payer le bouquet (n° 26730), puis les arrérages convenus et éventuellement majorés, pendant toute la durée de vie de celui sur la tête duquel la rente a été constituée. S'il existe plusieurs débirentiers, la solidarité ne se présumant pas (C. civ. art. 1310), il convient d'insérer une **clause de solidarité** afin que le créancier des arrérages puisse obtenir de l'un quelconque de ses débiteurs le paiement de la totalité des sommes dues (C. civ. art. 1313).

En cas de **non-paiement de la rente**, le crédirentier ne jouit pas d'une résolution de plein droit. Contrairement au droit commun des contrats qui permet la résolution unilatérale en cas d'inexécution suffisamment grave (C. civ. art. 1224), le crédirentier ne peut pas exiger la résolution pour défaut de paiement du prix. À défaut de stipulation contraire, seule l'action en **exécution forcée du contrat** (action en paiement, mise en jeu des cautions, saisie et vente des biens appartenant au débirentier, exercice de l'hypothèque légale du vendeur) lui est ouverte (C. civ. art. 1978).

Cette disposition, qui empêche le crédirentier d'obtenir la résolution pour défaut de paiement du prix, trouve cependant très rarement à s'appliquer, car non seulement les parties y dérogent généralement par l'insertion d'une clause **résolutoire** (n° 26802), mais de surcroît la **jurisprudence** a étendu la portée de cette clause par le biais de la commune intention des parties. Dès lors que les parties ont inséré une clause résolutoire, et quelle que soit son étendue, les juges considèrent que les parties ont souhaité déroger à l'article 1978 (Cass. 1e civ. 6-1-1987 n° 85-11.527 : Bull. civ. I n° 6), ce qui permet au vendeur d'obtenir la résolution judiciaire pour inexécution suffisamment grave (C. civ. art. 1224), même si les conditions de mise en jeu de la clause résolutoire ne sont pas réunies. Ainsi, si la clause résolutoire ne prévoit la résolution qu'en cas de non-régularisation des impayés, les juges du fond peuvent accorder la résolution judiciaire pour inexécution par les acheteurs de leurs engagements dès lors que les retards renouvelés, certes toujours régularisés, constituaient une violation grave de leurs obligations dans la mesure où le paiement régulier était essentiel pour les vendeurs âgés de plus de 80 ans et n'ayant que de modestes ressources (Cass. 3e civ. 8-6-2006 n° 05-14.356 FS-PB : RJDA 11/06 n° 1128).

De la même manière, la clause résolutoire qui prévoit la résolution de la vente à défaut de paiement de la rente produit ses effets en cas de défaut de paiement des sommes dues au titre de l'indexation de la rente. A ainsi été jugé que l'indexation, condition essentielle et déterminante du contrat, est une composante de la rente et la clause résolutoire est applicable en cas de défaut de paiement des sommes dues à ce titre. L'absence de réclamation par les crédirentiers pendant plusieurs années des sommes dues au titre de l'indexation de la rente n'établit pas leur mauvaise foi. En conséquence, la résolution du contrat est acquise à défaut de paiement des sommes dues dans le mois du commandement de payer (Cass. 3e civ. 22-11-2018 n° 16-28.656 F-D : AJDI 2019 p. 79).

En outre, lorsque le contrat de vente en viager comporte **deux clauses résolutoires**, l'une en cas de **défaut de paiement du prix**, l'autre en cas de **défaut de paiement de la rente**, la première

clause doit recevoir application pour défaut de paiement de la rente, alors même que les conditions de mise en œuvre de la seconde clause résolutoire ne sont pas réunies. Motif : la rente viagère ne constitue qu'une modalité de paiement du prix et l'acheteur est défaillant dans son obligation de payer le prix au moment où il est exigible (Cass. ass. plén. 4-4-2008 n° 07-14.523 PBRI : RJDA 6/08 n° 631 ; solution contraire adoptée par la troisième chambre civile de la Cour de cassation dans la même affaire ainsi écartée par l'assemblée plénière : Cass. 3e civ. 14-3-2006 n° 05-14.765 F-D).
Si le débirentier soutient que le crédirentier l'a dispensé du paiement en contrepartie de la prise en charge de travaux d'aménagement mais n'en rapporte pas la preuve, les juges du fond peuvent en déduire qu'il a admis ne pas avoir payé la rente (Cass. 1e civ. 24-2-2016 n° 14-19.081 F-D).
En revanche, s'il est établi que les parties ont convenu de modifier la clause de l'acte notarié relative aux obligations en nature des acquéreurs, le vendeur ne saurait leur reprocher de prétendus manquements à l'exécution du contrat, objet d'un accord entre les parties valable en son principe (Cass. 3e civ. 24-11-2016 n° 15-14.010 F-D).

> **Précisions a.** L'action en résolution pour non-paiement du prix est toujours possible (C. civ. art. 1654 et 1224), lorsque les sommes impayées recouvrent non pas les arrérages, mais la **partie en capital**, dite « le **bouquet** » (Cass. 3e civ. 28-5-1986 n° 85-13.112 : Bull. civ. III n° 84).
> **b.** Le crédirentier peut toujours demander la résolution du contrat lorsque le débirentier ne lui a pas donné les **sûretés** stipulées pour l'exécution du contrat (C. civ. art. 1977).

MAJORATION CONVENTIONNELLE DE LA RENTE

Lorsque le crédirentier s'est réservé un droit d'usage et d'habitation sur l'immeuble vendu en viager ou encore un usufruit (**viager occupé**), se pose la question de la libération des lieux de son vivant, souvent pour cause de santé, le logement devenant inadapté à ses besoins. Un souhait fréquent des parties, lors de la conclusion de la rente viagère, est de permettre une majoration de celle-ci en cas de **libération des lieux par le crédirentier**, le débirentier recouvrant dans ce cas la pleine jouissance du bien. Une telle clause de majoration est parfaitement licite (Cass. 3e civ. 5-3-1971 n° 70-11.423 : Bull. civ. III n° 174). Plus rarement, les parties conviendront du versement d'un capital. **26801**
La majoration de la rente correspond en réalité à une renonciation par le crédirentier à son droit réel de jouissance. Il importe, par voie de conséquence, que le prix de cette renonciation soit déterminé ou à tout le moins déterminable. Il sera possible par exemple de se fonder sur la valeur locative ou encore sur la valeur réelle du droit d'usage lors de son abandon. La liberté des parties demeure entière à ce niveau. Il pourra également être opportun de prévoir, qu'en cas de désaccord entre elles, la détermination du supplément de rente, sera laissée à l'arbitrage d'un tiers (C. civ. art. 1592). Ce tiers pourra être choisi d'un commun accord entre les parties ; à défaut, il sera désigné par le tribunal judiciaire, saisi par la partie la plus diligente.
S'agissant de la renonciation à un droit réel portant sur un immeuble, celle-ci est soumise à **publicité foncière** et doit par conséquent être établie par acte notarié.
Pour une étude détaillée, G. Raoul-Cormeil et B. Travely, La vente d'immeuble en viager : focus pratique en 10 points : SNH 22/21 inf. 11 avec formules, dont celle-ci-après littéralement rapportée.

MODÈLE

Clause de majoration de la rente

De convention expresse entre les parties, le CRÉDIRENTIER, bénéficiaire par ailleurs du droit d'usage et d'habitation réservé par lui aux présentes, aura la faculté de renoncer unilatéralement audit droit réel, stipulé dans son intérêt exclusif, notamment pour raison de santé.

Dans cette hypothèse, le CRÉDIRENTIER ou tout mandataire à celui-ci, notifiera au DÉBIRENTIER, sa volonté de renoncer audit droit, par lettre recommandée avec demande d'avis de réception ou par acte extrajudiciaire.

Dans le mois suivant ladite notification, la rente présentement constituée, sera de plein droit majorée suivant la formule de calcul suivante :

Valeur économique du droit d'usage et d'habitation au moment de la renonciation × taux de la rente.

Le taux de la rente sera lui-même déterminé en fonction d'un taux financier (le plus souvent équivalent à celui des Obligations assimilables du Trésor à échéance de 10 ans) ainsi que de l'espérance de vie du CRÉDIRENTIER au moment de la renonciation.

CLAUSE RÉSOLUTOIRE

26802 **Validité des clauses résolutoires** La sanction légale en cas de défaut de paiement de la rente (C. civ. art. 1978) n'étant pas d'ordre public, il est toujours loisible aux parties d'y déroger, en insérant dans l'acte une clause résolutoire (Cass. 1e civ. 6-1-1987 n° 85-11.527 : Bull. civ. I n° 6).

Il peut s'agir d'une **clause résolutoire simple**, qui ne permet d'obtenir la résolution que par voie judiciaire et qui laisse au juge une large liberté d'appréciation tenant notamment à la situation du débiteur. Il peut ainsi être octroyé des délais à ce dernier. La résolution n'ayant pas lieu de plein droit, les héritiers du crédirentier ne peuvent poursuivre la résolution (Cass. 1e civ. 13-12-1988 n° 86-16.290 : Bull. civ. I n° 353), à moins que le crédirentier ait, de son vivant, manifesté expressément sa volonté de se prévaloir de la clause résolutoire (Cass. 1e civ. 15-10-1974 n° 72-13.921 : Bull. civ. I n° 268). De surcroît, si la clause prévoit que la résolution devra être précédée d'un commandement de payer, le seul envoi d'une lettre recommandée rappelant les termes de la clause résolutoire et exprimant clairement la volonté du crédirentier de se prévaloir de cette clause ne suffit pas pour ouvrir droit aux héritiers à agir en résolution. Il faut dans ce cas que le crédirentier ait de son vivant envoyé un commandement de payer (Cass. 1e civ. 15-6-1994 n° 92-14.907 : Bull. civ. I n° 217 ; Cass. 1e civ. 11-5-2016 n° 15-18.556 F-D). De même, si la clause résolutoire prévoit que la résolution du contrat est acquise après la délivrance d'un commandement de payer resté infructueux, ce dernier doit nécessairement impartir au débiteur un délai pour s'acquitter de sa dette (Cass. com. 17-10-2018 n° 17-17.935 F-D : RJDA 2/19 n° 71).

Les parties peuvent également insérer une **clause résolutoire de plein droit**. Ces clauses sont très fréquentes en pratique. Dans ce dernier cas, le contrat est résolu de plein droit du seul fait du non-paiement par le débirentier (voir, par exemple, Cass. 3e civ. 13-7-2016 n° 15-16.626 FS-D). Le juge ne dispose d'aucun pouvoir d'appréciation. Il doit constater la résolution dès lors que le non-paiement et les modalités fixées au contrat sont constatés.

Pour échapper à la nullité, le débirentier ne peut soutenir qu'il a procédé à une compensation entre le compte relatif aux rentes viagères et le compte des charges de copropriété, dès lors qu'il ne peut procéder, de sa propre autorité, à une compensation unilatérale et qu'il ne pouvait croire, en raison des termes clairs et précis de l'acte de vente, qu'il incombait à la crédirentière de faire l'avance de toutes les charges (Cass. 3e civ. 15-3-2018 n° 17-10.633 F-D).

La résolution étant acquise de plein droit par le seul effet du non-paiement, les héritiers du crédirentier peuvent se prévaloir de la clause, alors même que le crédirentier n'aurait pas manifesté cette volonté de son vivant (CA Lyon 1-6-1972 : Gaz. Pal. 1972, 2, p. 873). En revanche, l'héritier du crédirentier ne peut agir en résolution pour inexécution lorsque le prix de vente avait été converti en une obligation de soin et non en paiement d'une rente. Seul le crédirentier étant en mesure d'apprécier le respect des obligations souscrites, l'héritier est irrecevable à demander la résolution de la vente dès lors que le crédirentier n'a pas exercé cette action de son vivant (Cass. 1e civ. 19-9-2007 n° 05-20.771 F-PB : RJDA 2/08 n° 119).

N'est pas résolutoire de plein droit la clause qui donne la faculté aux parties de faire prononcer la résolution en cas de manquement à ses obligations par l'autre partie au contrat (Cass. 1e civ. 16-7-1992 n° 90-17.760 : Bull. civ. I n° 227) ou qui a pour seul objet de permettre au crédirentier de demander en justice le prononcé de la résolution (Cass. 3e civ. 7-9-2022 n° 21-16.437 F-D : BPIM 5/22 inf. 373). En revanche, est résolutoire de plein droit la clause prévoyant la possibilité pour le crédirentier de faire prononcer la résolution de l'acte de vente en cas de non-paiement d'un seul terme de la rente « si bon lui semble, sans qu'il ait besoin d'aucune formalité judiciaire » (Cass. com. 13-2-2007 n° 05-19.329 F-D : RJDA 5/07 n° 523).

> **Précisions** **a.** La clause résolutoire **peut être mise en œuvre** alors même que le débirentier aurait témoigné de sa bonne foi en apurant l'intégralité de sa dette après l'expiration du délai fixé par le commandement de payer (Cass. 3e civ. 24-9-2003 n° 02-12.474 FS-PB : RJDA 1/04 n° 10). La résolution peut même être prononcée en cas, non pas de défaut de paiement, mais seulement de retards réitérés dans le paiement des arrérages (Cass. 3e civ. 27-11-1991 n° 89-21.252). La résolution peut également être prononcée alors que le débirentier justifie le non-paiement des arrérages par un manquement du crédirentier à ses obligations (n° 26820).
> **b. Conseiller l'insertion** dans l'acte de vente d'une clause résolutoire de plein droit destinée à protéger le vendeur en cas de non-paiement du prix fait partie des obligations du **notaire** (Cass. 1e civ. 29-11-2005 n° 02-13.550 FS-PB).
> **c.** Si l'acheteur affirme avoir cessé le règlement en raison d'une dispense de paiement consentie par le vendeur et de son vivant, il doit rapporter la preuve de l'**intention libérale** du vendeur ; à défaut, la résolution peut être prononcée (Cass. 3e civ. 25-1-2011 n° 10-30.471 F-D).

Modalités de mise en œuvre La clause résolutoire doit prévoir les modalités de sa mise en œuvre. Il est généralement prévu que le crédirentier doit faire délivrer un **commandement de payer** par lequel il met en demeure le débirentier de payer les arrérages échus avant un certain délai (un mois, par exemple). Dans ce cas, ce n'est qu'après l'expiration de ce délai que le crédirentier pourra exiger la résolution de la vente. Il a été précisé qu'une **assignation en résolution** ne vaut pas mise en demeure (Cass. 3e civ. 4-1-1990 n° 88-10.668 ; Cass. 1e civ. 12-6-2012 n° 11-17.380 F-D). En outre, une **sommation de payer** n'équivaut pas à une mise en demeure d'exécuter une obligation stipulée en nature (Cass. 3e civ. 23-3-2017 n° 16-13.060 FS-PBI : BPIM 3/17 inf. 224). 26804
En revanche, un commandement délivré pour une somme supérieure au montant réellement dû **est valable** et produit ses effets pour la partie non contestée des arrérages (Cass. 3e civ. 15-6-1977 n° 75-15.403 : Bull. civ. III n° 263 ; Cass. 1e civ. 4-5-1999 n° 97-14.803 : Bull. civ. I n° 145, RJDA 12/99 n° 1289). De même, est valable le commandement qui ne reproduit que partiellement les termes de la clause résolutoire, dès lors que le débirentier est informé clairement de l'intention du crédirentier de se prévaloir du bénéfice de cette clause et est averti que le contrat de vente sera résolu à défaut de paiement dans un délai de 30 jours, peu important que la portée de la clause et les conséquences encourues par le débiteur en cas d'inexécution ne soient pas rappelées (Cass. 1e civ. 2-10-2013 n° 10-11.841 F-D).

Conformément au droit commun des contrats, la clause résolutoire doit être mise en œuvre de **bonne foi** (C. civ. art. 1104). Pour ce faire, les juges du fond doivent rechercher si la clause résolutoire n'a pas été mise en œuvre de mauvaise foi par le crédirentier. Cela suppose de ne pas se borner à apprécier la seule mise en œuvre procédurale de la clause résolutoire pour en juger. 26805
Ils doivent ainsi s'interroger, par exemple, sur la mauvaise foi du tuteur de la crédirentière dans la mise en œuvre de la clause résolutoire lorsque, en dépit des demandes réitérées des débirentiers, il a attendu plus d'une année après sa nomination pour leur faire connaître les nouvelles coordonnées bancaires de la crédirentière et leur a fait délivrer le commandement de payer un 28 décembre, au milieu des fêtes de fin d'année, à peine une semaine après leur avoir adressé un courrier leur laissant croire que le montant qu'ils devaient se compensait avec des sommes dont ils avaient fait l'avance (Cass. 3e civ. 8-7-2021 n° 20-10.803 F-D : D. 2022 pan. p. 310 obs. R. Boffa, solution rendue au visa de l'art. 1134, al. 3 ancien mais transposable).

Formalité de publication Pour être opposable aux tiers, la **clause résolutoire** doit être régulièrement publiée au **service chargé de la publicité foncière** (Décret 55-22 du 4-1-1955 art. 28, 2°). Le défaut de publication est cependant sans incidence dans les relations entre les parties. La clause résolutoire peut donc être valablement opposée par le crédirentier au débirentier, même à défaut de publication (Cass. 3e civ. 28-5-1997 n° 95-17.564 : Bull. civ. III n° 122, RJDA 8-9/97 n° 1091 ; pour une illustration en sens contraire, Cass. 3e civ. 15-10-2015 n° 14-20.400 FS-PB : Sol. Not. 12/15 inf. 221, mais justifié probablement par les particularités de l'espèce l'acquéreur, en liquidation judiciaire, avait déjà revendu l'immeuble). 26806
La **demande tendant à faire prononcer la résolution** de l'acte doit également être publiée à peine d'irrecevabilité (Décret 55-22 du 4-1-1955 art. 30-5 ; Cass. 3e civ. 19-3-1997 n° 95-16.247 : Bull. civ. III n° 67, RJDA 5/97 n° 716 ; Cass. 3e civ. 20-10-2010 n° 09-16.640 FS-PB : RJDA 2/11 n° 192).

> **Précisions** Le **notaire** qui omet de procéder dans les délais légaux au renouvellement de l'inscription du privilège du vendeur, rendant impossible la résolution de la vente, commet une faute dont il doit réparation (Cass. 1e civ. 12-7-1978 n° 77-11.743 : Bull. civ. I n° 273, solution qui paraît transposable à l'hypothèque légale de vendeur, laquelle s'est substituée au privilège de vendeur le 1-1-2022).

Renonciation au bénéfice de la clause La renonciation au bénéfice de la clause résolutoire est possible mais ne peut résulter que d'un **acte positif**, manifestant sans équivoque la volonté des crédirentiers de renoncer à leur droit (Cass. 3e civ. 4-3-1992 n° 90-16.678 : RJDA 4/92 n° 319). La perception par le crédirentier de mensualités postérieurement à la manifestation de son intention parfaitement claire d'invoquer le bénéfice de la clause résolutoire ne constitue pas une renonciation expresse au bénéfice de ladite clause (Cass. 3e civ. 10-9-2008 n° 07-11.528 FS-D : RJDA 3/09 n° 207). De la même façon, l'acceptation du paiement de rentes échues plus d'un an après l'échéance fixée par le commandement de payer délivré au débirentier ne permet pas d'établir la renonciation du crédirentier à se prévaloir du bénéfice de la clause résolutoire, la délivrance d'un second commandement de payer pour les mensualités postérieures établissant au contraire sa volonté de poursuivre la procédure (Cass. 3e civ. 8-12-2021 n° 20-20.000 F-D : RJDA 4/22 n° 191). 26808

SORT DES ARRÉRAGES VERSÉS EN CAS DE RÉSOLUTION DE LA VENTE

26810 En **principe**, la résolution du contrat impose aux parties de restituer les prestations fournies, le bien acquis pour le débirentier et les arrérages versés pour le crédirentier. Mais les juges admettent souvent que les arrérages déjà payés demeurent acquis au vendeur crédirentier à titre de dommages et intérêts, en réparation du préjudice qu'il a subi du fait de la **résolution fautive** imputable au débirentier (Cass. 3e civ. 11-4-1973 n° 72-11.353 : Bull. civ. III n° 280 ; Cass. 3e civ. 22-11-2018 n° 16-13.321 F-D).

À son action en résolution, le demandeur (crédirentier) ajoute alors une **demande en réparation** – et non en paiement des arrérages (Cass. 3e civ. 10-11-1992 n° 90-20.193 : Bull. civ. III n° 294). Il s'opère donc une compensation entre l'obligation de restituer les arrérages en raison de la résolution de la vente et l'allocation de dommages et intérêts au crédirentier, qui n'est pas tenu de restituer les arrérages qu'il a perçus. En décidant que les arrérages versés de la rente restent acquis au crédirentier, les juges du fond ne font qu'user de leur pouvoir souverain de fixer les modalités et l'étendue de la réparation du préjudice dont ils ont constaté l'existence (Cass. 3e civ. 11-4-1973 n° 72-11.353 : Bull. civ. III n° 280). Et en raison de l'effet rétroactif de la vente de l'immeuble, toute demande d'indemnité d'occupation présentée par le débirentier doit être rejetée (Cass. 3e civ. 13-7-2017 n° 13-21.599 F-D). Lorsque la clause résolutoire du contrat de rente viagère prévoit que seuls les arrérages versés demeurent acquis au vendeur, les juges ne peuvent pas laisser au vendeur le « bouquet » ainsi que les arrérages échus et impayés au jour de la résolution sans retenir qu'ils constituent des **dommages-intérêts** (Cass. 3e civ. 14-9-2023 n° 22-13.209 FS-B : BPIM 5/23 inf. 327). Le demandeur doit donc agir en indemnisation.

Par ailleurs, si rien n'est précisé dans le jugement à cet égard, le crédirentier est en principe tenu de restituer au débirentier les **frais d'enregistrement** et **d'acte notarié** ainsi que les **impôts fonciers** acquittés (Cass. 2e civ. 13-7-2006 n° 05-17.359 F-D). Il convient donc d'inclure ces sommes dans la demande en dommages et intérêts formulée par le crédirentier. Mais il a été jugé que si le débirentier se borne à solliciter la restitution des charges de copropriété et des taxes foncières relatives au bien vendu, sans produire aucune pièce permettant de déterminer le montant de sa demande, il est considéré comme n'ayant formulé aucune prétention et sa demande est écartée (Cass. 1e civ. 11-5-2016 n° 15-18.556 F-D).

Les arrérages demeurent également acquis au vendeur en cas de non-paiement par l'acquéreur lorsque la convention le prévoit par une clause expresse (pour un exemple, voir Cass. 3e civ. 25-1-2011 n° 10-30.471 F-D). Mais s'agissant d'une **clause pénale**, les juges ont en principe le pouvoir de la réviser si elle est manifestement excessive ou dérisoire (C. civ. art. 1231-5). Ainsi en est-il de la clause résolutoire qui prévoit qu'en cas de résolution, tous les arrérages perçus par le crédirentier et tous les embellissements et améliorations apportés à l'immeuble seront définitivement acquis au crédirentier et que la destination de la part du prix payé comptant sera laissée à l'appréciation des tribunaux (Cass. 1e civ. 2-10-2013 n° 10-11.841 F-D). En conséquence, viole les dispositions du Code civil la cour d'appel qui retient que la conservation des arrérages n'est que la conséquence de la mise en œuvre de la clause résolutoire et ne saurait être analysée comme une clause pénale dans la mesure où il ne s'agit pas de l'évaluation forfaitaire d'une indemnité en cas d'inexécution mais de la conséquence préalablement consentie de ladite exécution (Cass. 3e civ. 20-5-2014 n° 13-16.534 F-D).

SORT DES ARRÉRAGES EN CAS DE PROCÉDURE COLLECTIVE

26811 Le jugement d'ouverture d'une procédure collective interdit les paiements des créances antérieures au jugement d'ouverture et des créances postérieures « non utiles » (C. com. art. L 622-7, I qui renvoie à l' art. L 622-17). Tout paiement opéré au mépris de cette interdiction est nul, d'une nullité absolue (C. com. art. L 622-7, III). Par conséquent, en cas de procédure collective à l'encontre du débirentier, celui-ci ne peut plus payer les arrérages échus **postérieurement au jugement d'ouverture** (Cass. 1e civ. 10-5-2006 n° 04-15.184 F-PB). Seul le juge-commissaire a le pouvoir de fixer la créance au passif (Cass. com. 17-2-2015 n° 13-27.117 F-D). Le crédirentier ne peut plus agir en résolution de la vente en viager pour défaut de paiement des arrérages de la rente échus avant ou après le jugement d'ouverture (pour des arrérages antérieurs, Cass. com. 3-12-1996 n° 94-15.088 ; Cass. com. 5-1-1999 n° 96-21.186 ; pour des arrérages postérieurs, Cass. com. 28-2-1995 n° 94-12.108 : Bull. civ. IV n° 59, RJDA 7/95 n° 892 ; Cass. com. 22-10-1996 n° 94-20.275 ; pour des arrérages antérieurs et postérieurs, Cass. com. 2-3-1999 n° 96-19.743).

Le non-paiement des arrérages de la rente échus après le jugement d'ouverture, qui s'impose au débiteur comme aux organes de la procédure collective ne constitue pas une faute justifiant l'allocation de **dommages-intérêts** au profit du crédirentier qui invoque un préjudice né du non-paiement de ces arrérages (Cass. com. 4-7-2018 n° 17-10.208 F-D).

LIEU ET DATE DE PAIEMENT

À défaut de stipulation précisant le lieu de paiement, la rente est une dette **quérable** (C. civ. art. 1342-6). C'est donc au crédirentier de réclamer le recouvrement de sa créance chez le débirentier à chaque échéance convenue. Pour pallier cet inconvénient, l'acte de vente prévoit généralement que la dette est au contraire **portable** en fixant avec précision les modalités de paiement auxquelles le débiteur doit se conformer sans que le crédirentier n'ait à se manifester (lieu, échéance notamment). La **périodicité** retenue est libre et peut ainsi être mensuelle, trimestrielle, semestrielle, voire annuelle. Le paiement peut être stipulé à terme échu (il doit alors intervenir en fin de période), ou payable d'avance (il doit alors intervenir au début de la période et en cas de décès au cours de cette période, la totalité de l'échéance demeure acquise au crédirentier : n° 26814). 26812

FIN DE L'OBLIGATION DE PAIEMENT DES ARRÉRAGES

Décès du crédirentier Le débirentier n'est libéré de l'obligation de paiement qu'au jour du décès de celui ou de ceux sur la tête du ou desquels la rente a été constituée. Il s'agit généralement du ou des crédirentiers, à moins que la rente ne soit constituée sur la tête d'un tiers désigné. C'est au bénéficiaire de la rente qui demande le paiement des arrérages, de justifier de ce que la personne sur la tête de laquelle la rente a été constituée est vivante (C. civ. art. 1983). Cette **preuve**, si elle est exigée, peut être rapportée par tous moyens et notamment par la production d'un certificat de vie. Mais le contrat peut prévoir que le crédirentier sera dispensé de présenter un tel certificat, notamment lorsque c'est lui qui touche les arrérages. 26814

Les **arrérages** dus pour la **période** au cours de laquelle intervient le **décès** ne le sont qu'en proportion du nombre de jours vécus (C. civ. art. 1980, al. 1). Le mois du décès, le débirentier est donc en droit de procéder à une correction prorata temporis, afin que la mensualité ne comprenne que la durée antérieure au décès. Cette correction est cependant impossible si les parties avaient prévu que la rente viagère serait payée d'avance (C. civ. art. 1980, al. 2). Dans ce cas, l'échéance payée est acquise au crédirentier (et à ses héritiers) le jour de l'échéance convenue. Les héritiers pourront donc poursuivre le paiement des arrérages échus et non versés (Cass. 1e civ. 18-4-2000 n° 98-11.950 : Bull. civ. I n° 116).

Le **décès du débirentier** ne met pas fin au contrat, ses héritiers devront donc poursuivre le paiement de la rente.

Démolition de l'immeuble Les parties peuvent convenir que la démolition de l'immeuble emporte extinction de l'obligation de la rente (Cass. 1e civ. 16-2-1966 : Bull. civ. I n° 121). 26815

Rachat de la rente Lorsque le débirentier estime que le paiement des arrérages devient trop onéreux, il ne peut pas se libérer du paiement de la rente, même en offrant de racheter la rente par un remboursement du capital et une renonciation à se faire restituer les arrérages qu'il a versés (C. civ. art. 1979). Cependant, les parties peuvent insérer **une clause de rachat**, l'autorisant expressément. Cette clause est licite (Cass. 1e civ. 21-5-1958 : Bull. civ. I n° 264) et prévoit généralement que le débirentier pourra cesser le versement de la rente s'il verse à la Caisse des dépôts et consignations ou à une compagnie d'assurance sur la vie une somme suffisante pour servir au crédirentier une rente d'un montant égal à celui dû en vertu du contrat de vente initial. 26816

Le rachat est quelque fois envisagé comme le versement par le débirentier d'un capital au crédirentier avec renonciation par ce dernier aux arrérages à venir. Le capital est alors déterminé comme s'il allait permettre en cas de son aliénation par le crédirentier de constituer une nouvelle rente viagère, pour la durée de sa vie restant à courir, équivalente à celle précédente (sur la clause de rachat, voir également G. Raoul-Cormeil et B. Travely, la vente d'immeuble en viager : focus pratique en 10 points : SNH 22/21 inf. 11 n° 10 avec formules ci-après reprises).

Les juges du fond, si cela leur est demandé, doivent rechercher si l'ensemble des circonstances dans lesquelles les crédirentiers ont refusé les 5 offres de rachat présentées par la débirentière pour mettre fin au service de la rente, n'excluaient pas leur **bonne foi** dans la mise en œuvre de la clause résolutoire dont ils entendaient ainsi « éviter la novation », et si l'inexécution des formalités propres à assurer une substitution de débirentier, dans les conditions prévues au contrat, n'était pas imputable, à faute, à la venderesse (Cass. 1e civ. 16-11-2016 n° 15-23.164 F-D).

MODÈLE

Clauses de rachat de la rente

Hypothèse d'une libération du débirentier par constitution d'une rente financière

De convention expresse entre les parties, le DÉBIRENTIER aura la faculté de se libérer pour le futur du service de la rente viagère présentement constituée.

Ceci à condition de verser auprès de toute compagnie d'assurance-vie agréée, un capital suffisant afin d'assurer au CRÉDIRENTIER, la perception d'une rente équivalente, avec en outre la garantie d'une indexation similaire à celle ci-dessus prévue.

Variante : Libération du débirentier par remise d'un capital au crédirentier

« De convention expresse entre les parties, le DÉBIRENTIER aura la faculté de se libérer pour le futur du service de la rente viagère présentement constituée.

Ceci à condition de verser au CRÉDIRENTIER, un capital suffisant afin d'assurer à celui-ci, si bon lui semblait, la perception d'une rente équivalente à celle présentement constituée, en cas d'aliénation immédiate dudit capital auprès d'une compagnie d'assurance-vie agréée. »

26818 **Transfert de la rente** Le débirentier peut également **revendre à un tiers** le bien qu'il a acquis. Le second acquéreur acquiert alors un bien, éventuellement grevé des droits que le crédirentier s'est réservé (usufruit, droit d'usage et d'habitation).

Mais l'obligation de verser les arrérages ne lui est pas nécessairement transférée. Il peut y avoir vente du bien **sans transfert de la rente**. L'acte de vente peut en effet prévoir que seul le débirentier initial demeurera obligé de verser les arrérages. La vente se fait alors au prix de la valeur réelle du bien (déduction faite des réserves souscrites au profit du crédirentier s'il y a lieu). Le nouvel acquéreur exigera bien sûr la mainlevée des garanties prises au profit du crédirentier, mais ce dernier n'est nullement tenu de donner cette mainlevée des sûretés dont il dispose en garantie du versement de sa rente (hypothèque légale du vendeur qui s'est substituée au privilège de vendeur depuis le 1-1-2022, clause résolutoire). Il ne le fera d'ailleurs que si le débirentier initial lui offre des garanties similaires et suffisantes. C'est pourquoi cette technique est rarement utilisée.

Le plus souvent, la vente du bien à un nouvel acquéreur s'effectue **avec transfert de l'obligation de verser la rente**. Dans ce cas, les garanties prises au profit du crédirentier demeurent inscrites et augmentent même en efficacité, puisque le débirentier initial et le sous-acquéreur deviennent tenus solidairement au paiement de la rente envers le crédirentier. En effet, le débirentier initial qui revend le bien n'est déchargé de son obligation personnelle à l'égard du crédirentier que si ce dernier accepte expressément la substitution et la libération du débirentier initial de toute obligation. Le sous-acquéreur devient alors le seul débirentier. Mais cette solution ne présente guère d'avantage pour le crédirentier, qui n'a donc pas intérêt à accepter la décharge du débirentier initial.

À défaut d'acceptation par le crédirentier de lui octroyer une substitution libératoire, le débirentier initial qui procède à la vente du bien demeure donc tenu solidairement au paiement de la rente. Il doit alors exiger à son tour des garanties (hypothèque légale du vendeur notamment) de la part du sous-acquéreur qui devient son « codébirentier ».

> **Précisions** **a.** L'acte par lequel le débirentier revend le bien à un sous-acquéreur qui s'engage à verser la rente doit préciser si l'acquéreur supporte les **majorations ultérieures de la rente** afférentes à la période antérieure à la vente (conventionnelles et légales ; n°s 26780 s.). Et l'acquéreur doit être éclairé sur la portée exacte de cette clause (CA Paris 17-1-1977 : Journ. not. 1978 art. 54359).
> **b.** Lorsque le transfert de la propriété du bien à un tiers est dû à une **expropriation**, le débirentier exproprié reste tenu au paiement des arrérages et le crédirentier n'a pas qualité pour intervenir dans la procédure de fixation de l'indemnité d'expropriation (Rép. Grasset-Morel : AN 25-8-1962 p. 3019 n° 16312). Il est généralement inséré dans l'acte de vente initial une clause qui prévoit qu'en cas d'expropriation, il sera prélevé sur l'indemnité d'expropriation une somme suffisante pour assurer le service de la rente.

26820 **Manquement des parties à leurs obligations** En application du droit commun de la vente, l'**acquéreur débirentier**, troublé ou ayant de justes raisons de craindre de l'être, est en droit de suspendre les paiements (C. civ. art. 1653). Mais il s'agit d'un simple droit de rétention, dont il ne peut se prévaloir sans mettre le vendeur en mesure de faire cesser le trouble ou

de fournir une caution, conformément au texte (pour une illustration, Cass. 3e civ. 26-5-1992 n° 90-15.883 : Bull. civ. III n° 176).
De son côté, le **vendeur crédirentier** doit garantir à l'acquéreur une propriété paisible ainsi que les défauts cachés de l'immeuble ou les vices rédhibitoires (C. civ. art. 1625). En cas d'éviction totale, le débirentier peut prétendre à la restitution du prix (C. civ. art. 1630). En cas d'éviction partielle, il a le choix entre la résiliation de la vente (C. civ. art. 1636) ou la diminution du prix (C. civ. art. 1637).
Le manquement du crédirentier à ses obligations, constitué par le fait d'avoir cessé l'utilisation personnelle du bien et introduit d'autres personnes dans les lieux, ne justifie pas la suspension du paiement de la rente par le débirentier. Cette suspension fautive du paiement des arrérages justifie donc la résolution du contrat (Cass. 3e civ. 27-11-1991 n° 89-13.644).

Renonciation à la rente Le crédirentier peut valablement renoncer à percevoir la rente et dispenser ainsi le débirentier du paiement des arrérages ultérieurs (Cass. 1e civ. 15-6-1973 n° 72-12.811 : Bull. civ. I n° 205). Mais cette renonciation **ne se présume pas**. Le silence et l'inaction du crédirentier, qui ne délivre aucune mise en demeure ou aucun rappel écrit, ne constituent pas des faits positifs et non équivoques témoignant d'une volonté manifeste de renoncer aux prestations définies dans l'acte de vente (Cass. 3e civ. 4-1-1991 n° 89-14.858). Par ailleurs, lorsque l'acte de vente détermine les modalités d'exercice de la renonciation, cette dernière ne peut en aucun cas avoir lieu de manière tacite (Cass. 3e civ. 9-9-2021 n° 20-14.189 F-D : BPIM 6/21 inf. 388, à propos d'un droit d'usage et d'habitation viager). **26822**

Résolution Le contrat prend également fin par la résolution **pour cause de** non-paiement (n° 26802) ou de non-constitution des sûretés stipulées pour l'exécution du contrat. Le crédirentier peut en effet demander la résolution du contrat lorsque le débirentier ne lui a pas donné les sûretés stipulées dans l'acte de vente (C. civ. art. 1977). **26824**

PRESCRIPTION DES ARRÉRAGES ÉCHUS

Le droit de demander le versement des arrérages échus se prescrit par 5 ans conformément au **droit commun** (C. civ. art. 2224). Le crédirentier ne peut donc revenir sur une période supérieure à 5 années pour les arrérages qui lui sont dus. Les parties ne peuvent pas modifier conventionnellement cette prescription (C. civ. art. 2254, al. 3). **26826**

PRESCRIPTION DU SERVICE DE LA RENTE

L'action en recouvrement de la rente est soumise à la prescription quinquennale prévue pour les actions personnelles et mobilières, catégorie dans laquelle entre l'action en paiement des arrérages (C. civ. art. 2224). À notre avis, le crédirentier demeuré inactif pendant 5 ans se verra opposer la prescription, non seulement pour les arrérages échus depuis plus de 5 ans, mais également pour les arrérages échus depuis moins de 5 ans. **26828**

> **Précisions** **a.** Avant la **réforme de la prescription** du 17 juin 2008, la jurisprudence considérait que si le crédirentier demeurait plus de 5 ans sans interrompre la prescription, il ne pouvait certes pas réclamer les arrérages échus depuis plus de 5 ans, mais il ne perdait pas pour autant le droit de réclamer les arrérages échus depuis moins de 5 ans. C'était seulement s'il restait 30 ans sans interrompre la prescription par un acte interruptif adressé au débirentier lui demandant le versement de la rente qu'il perdait tout droit au service de celle-ci (Cass. 1e civ. 3-5-1983 n° 82-12.068 : Bull. civ. I n° 137). Car la prescription trentenaire de l'ancien article 2262 du Code civil s'appliquait alors. La même règle valait pour l'indexation de la rente (Cass. 3e civ. 5-12-2006 n° 03-15.414 : Bull. civ. III n° 531). Pour les **actions introduites avant le 19 juin 2008** (date d'entrée en vigueur de la loi 2008-561 du 17-6-2008 portant réforme de la prescription en matière civile), l'action est poursuivie et jugée conformément à cette interprétation.

b. Le **point de départ** de la **prescription** de l'action en recouvrement de la rente est fixé au jour où la rente est constituée si elle n'a jamais été payée, mais il est reporté au jour du paiement du dernier arrérage si des paiements ont eu lieu (CA Montpellier 13-11-2001, rendu en application des anciennes dispositions mais transposable).

c. La prescription ne court pas ou est suspendue contre les **mineurs non émancipés** et les **majeurs en tutelle**, sauf pour les actions en paiement ou en répétition des arrérages de rente (C. civ. art. 2235).

d. La faculté des parties d'**aménager conventionnellement** les modalités de la prescription ne s'applique pas aux actions en paiement ou en répétition des arrérages de rente (C. civ. art. 2254, al. 3).

e. C'est au crédirentier qu'il appartient de **prouver** qu'il n'est pas resté sans recevoir aucun arrérage.

SECTION 5

PRIX CONSTITUÉ PAR DES PRESTATIONS EN NATURE

PRÉSENTATION GÉNÉRALE

26900 Le prix de vente peut consister en la fourniture par l'acquéreur au vendeur de prestations en nature nécessaires à son existence : nourriture, logement, soins...
L'opération ici examinée est celle de l'aliénation d'un immeuble en contrepartie de ces prestations. Il s'agit d'une variété de **bail à nourriture**, contrat par lequel une personne s'oblige, en contrepartie du versement d'un capital ou d'un bien, meuble ou immeuble, à fournir à son cocontractant ces contreparties.
Même si l'opération est juridiquement assimilable sur de nombreux aspects à une vente, la terminologie habituellement retenue est celle de « bail à nourriture », l'acquéreur étant qualifié de « bailleur », et le vendeur de « preneur ».
Le bail à nourriture n'est pas réglementé par des dispositions spécifiques du **Code civil**. Il s'agit d'une création de la **pratique**, qui relève du droit commun des contrats et dont le régime est défini ponctuellement par la **jurisprudence**. Il en résulte que le bail à nourriture ne peut pas être annulé sur le fondement de l'article 1975 du Code civil applicable à la rente viagère (n° 26716 ; pour une illustration, Cass. civ. 28-1-1952 : D. 1952 p. 321 obs. H. Lalou), à moins que les prestations en nature ne soient qu'une obligation accessoire à un contrat de rente viagère (Cass. 1e civ. 4-6-1971 n° 70-10.658 : Bull. civ. I n° 179).

> **Précisions** **a.** Un type particulier de bail à nourriture ne relève pas du droit commun. Il s'agit de l'accueil habituel par une personne (« **accueillant familial** »), à son domicile, à titre onéreux, des personnes âgées ou handicapées adultes n'appartenant pas à sa famille jusqu'au quatrième degré inclus (CASF art. L 441-1 s.).
> **b.** Le **délaissement**, en un lieu quelconque, d'une personne qui n'est pas en mesure de se protéger en raison de son âge ou de son état physique ou psychique est puni de 5 ans d'emprisonnement et de 75 000 € d'amende (C. pén. art. 223-3). La relaxe du preneur d'un bail à nourriture, pénalement poursuivi du chef de délaissement, n'empêche pas que soient constatés, sur le plan civil, des manquements à ses obligations contractuelles (Cass. 3e civ. 14-4-2010 n° 08-21.346 FS-PB : RJDA 10/10 n° 1020).

A. Caractéristiques de la vente contre prestations en nature

CARACTÈRE ALÉATOIRE

26910 Le bail à nourriture est un **contrat aléatoire** lorsque, ce qui est très généralement le cas, l'obligation souscrite par l'acquéreur est de subvenir à la vie et aux besoins du vendeur, spécialement, en lui assurant la fourniture et la prise en charge de ses aliments (Cass. 1e civ. 31-1-1995 n° 93-12.572 : RJDA 3/95 n° 265 ; Cass. 1e civ. 20-2-2008 n° 06-19.977 F-PB : RJDA 7/08 n° 791), jusqu'au décès de celui-ci, et non pendant une durée limitée. L'obligation de fournir des prestations au vendeur peut être le complément d'une conversion d'une partie du prix en rente viagère. Le contrat est alors aléatoire à ces deux titres. Ce caractère aléatoire de l'opération exclut l'action en nullité pour vileté du prix (Cass. 1e civ. 26-4-1988 n° 86-12.481 : Bull. civ. I n° 121) ainsi que l'action en rescision pour lésion prévue par l'article 1674 du Code civil (Cass. req. 6-5-1946 : D. 1946 p. 287).
Mais le contrat peut être requalifié en vente, et résolu pour vileté du prix, si les prestations convenues ne comprennent pas la **subsistance du vendeur** (Cass. 1e civ. 20-2-2008 n° 06-19.977 précité). Tel est le cas lorsque l'acquéreur s'est seulement engagé à fournir au vendeur deux promenades hebdomadaires ainsi que son habillement et de suivre sa correspondance (même arrêt) ou à s'occuper du ménage, des commissions, de la préparation des repas, de l'entretien du linge et à soigner le vendeur, en l'absence d'obligation alimentaire (Cass. 1e civ. 31-1-1995 n° 93-12.572 : RJDA 3/95 n° 265).
La nullité pour absence de prix et défaut de cause peut également être poursuivie lorsque le bail à nourriture est contracté par un vendeur âgé, dont le mauvais **état de santé** laisse peu de doute sur la durée du bail (CA Douai 13-12-2004). Il n'est pas nécessaire, pour accueillir l'action en nullité, que le preneur soit décédé de la maladie dont il est atteint le jour de la signature du

contrat ; il suffit que l'acquéreur ait eu connaissance de la gravité de l'état de santé du vendeur (Cass. 1e civ. 30-3-1999 no 97-10.929).

> **Précisions** L'existence de l'aléa doit être **appréciée au moment** où se forme le contrat et non au jour où il est réitéré en la forme authentique (Cass. 3e civ. 4-7-2007 no 06-13.275 FS-PB : RJDA 12/07 no 1188 ; en l'espèce, le preneur, âgé de 85 ans, était décédé 18 jours après la promesse et avant la signature de l'acte authentique).

NATURE ET ÉTENDUE DES PRESTATIONS

Les parties définissent l'étendue des prestations que le bailleur sera tenu de fournir au vendeur. Il s'agit des **besoins vitaux du créancier** (no 26910) : nourriture, habillement, logement chez le bailleur ou en un autre lieu, chauffage, soins médicaux, tant en santé qu'en maladie. Peuvent s'y ajouter d'**autres prestations** : des visites, le suivi de la correspondance et des formalités administratives, le paiement des primes d'assurance, l'organisation des funérailles... Le logement peut être assuré par une réserve par le vendeur à son profit du droit d'usage et d'habitation de tout ou partie de l'immeuble vendu. L'obligation de fournir au preneur le logement n'impose pas nécessairement au bailleur une vie commune avec celui-ci (Cass. soc. 9-1-1961 : D. 1961 p. 255). **26915**

BÉNÉFICIAIRE DES PRESTATIONS

Le bénéficiaire des prestations est **le plus souvent** le vendeur ou, en cas de pluralité de vendeurs, ceux-ci et le survivant d'eux. Il peut s'agir d'un tiers (par exemple un membre de la famille du vendeur). **26917**

BAIL À NOURRITURE ET LIBÉRALITÉ

Le bail à nourriture est en principe un contrat à titre onéreux ; toutefois, l'opération peut constituer une **donation déguisée** si les circonstances révèlent que le vendeur n'attend pas en réalité que ce dernier fournisse réellement les prestations prévues (no 24830). La donation est valable mais elle comporte des risques civils et fiscaux (nos 24840 s.). **26920**

En outre, le bail à nourriture est assimilé à un contrat à fonds perdu au sens de l'article 918 du Code civil, ce qui rend applicable la **présomption de libéralité** hors part successorale prévue par ce texte lorsque l'acquéreur est un successible en ligne directe du vendeur (pour une illustration, Cass. 1e civ. 28-1-2009 no 08-12.039 F-D). La donation peut alors être réduite (no 24832).

B. Exécution de la vente contre prestations en nature

CARACTÈRE PERSONNEL

Le contrat est en principe conclu en considération de la personne du bailleur, ce qui impose en principe que la **prestation** attendue soit **fournie par** le cocontractant lui-même. Le contrat peut cependant prévoir que les obligations souscrites par le bailleur seront exécutées par une tierce personne en raison de la distance géographique entre le bailleur et le preneur (par exemple, par une aide-ménagère payée par l'acquéreur ; Cass. 1e civ. 19-9-2007 no 05-20.771 F-PB : RJDA 2/08 no 119). **26940**

De même, l'obligation n'est en principe pas transmise aux **héritiers du bailleur** prédécédé. Il est dans ce cas prudent de prévoir cette éventualité, et de convenir que le paiement d'une rente serait substitué aux prestations en nature.

IMPOSSIBILITÉ OU DIFFICULTÉ D'EXÉCUTER LE CONTRAT

Les circonstances peuvent conduire à l'impossibilité ou à la difficulté matérielle, morale ou psychologique d'exécuter le contrat : c'est le cas, par **exemple**, en cas de mésentente entre les parties, ou de placement du preneur en établissement de soins ou en maison de retraite. La **solution** retenue par la jurisprudence dans cette situation n'est pas nécessairement la résolution mais peut être la substitution aux prestations convenues d'une rente viagère mieux adaptée aux circonstances (Cass. 1e civ. 18-5-1978 no 76-12.110 : Bull. civ. I no 194). La rente doit alors être équivalente à l'obligation de soins et non au solde du prix de vente dont cette obligation est la contrepartie (Cass. 1e civ. 18-7-1984 no 83-12.672 : Bull. civ. I no 237). Les parties peuvent prévoir ces éventualités et convenir, dès la conclusion de la vente, la substitution d'une rente aux prestations initiales. **26950**

> **Précisions** La **conversion d'un bail à nourriture en rente viagère** n'entraîne pas novation par changement d'objet de la convention mais seulement modification des modalités d'exécution. Il en résulte que les clauses de résolution contractuellement prévues s'appliquent dans les mêmes conditions et suivant les mêmes modalités au non-paiement de la rente viagère qui remplace l'obligation en nature d'entretien et de logement (Cass. 1e civ. 21-1-1959 : Bull. civ. I n° 38).

RÉSOLUTION

26960 La résolution de la vente peut être **judiciairement** demandée par le preneur en cas d'inexécution suffisamment grave par le bailleur de son obligation (C. civ. art. 1224). Ainsi, s'il est établi que le débiteur d'une obligation de soins s'est fait rétribuer par le conseil général pour l'entretien et les soins donnés à la bénéficiaire et lui a fait payer un loyer, contrevenant ainsi au droit d'usage et d'habitation qui lui était réservé, les juges du fond peuvent considérer que ces manquements sont d'une gravité suffisante pour justifier la résolution du contrat (Cass. 1e civ. 24-2-2016 n° 14-19.081 F-D). En outre, dès lors que les prestations objet d'un contrat n'ont pas été exécutées et que l'inexécution est d'une gravité suffisante, les juges ne peuvent pas rejeter la demande en résolution au seul motif que l'inexécution n'était pas fautive (Cass. com. 18-1-2023 n° 21-16.812 F-B : RJDA 4/23 n° 183). Le juge peut dans les conditions de droit commun accorder au bailleur un délai pour s'exécuter (C. civ. art. 1228). L'action en résolution a un caractère personnel et ne se transmet pas aux héritiers du preneur (Cass. 1e civ. 19-9-2007 n° 05-20.771 F-PB : RJDA 2/08 n° 119). Les héritiers pourront néanmoins agir en résolution s'ils établissent que le preneur, de son vivant, avait manifesté l'intention d'agir en résolution.

Le comportement du preneur peut avoir une incidence sur l'issue de la demande : celui-ci doit être de bonne foi (CA Poitiers 4-7-2006 ; en l'espèce, le preneur n'avait pendant 19 ans formulé aucune critique à l'encontre du bailleur qui n'exécutait pas ses obligations).

L'acte de vente peut contenir une **clause résolutoire de plein droit** en cas de non-exécution de ses obligations par le bailleur. Dans ce cas, le juge saisi est tenu de constater la résolution, sans pouvoir d'appréciation de la gravité de la faute, dès lors que l'inexécution est avérée. Jugé que lorsqu'un acte de vente prévoit qu'une obligation d'entretien pèse sur l'acheteur, avec clause résolutoire après mise en demeure, la sommation de payer délivrée au débiteur ne peut entraîner l'acquisition de la clause résolutoire (Cass. 3e civ. 23-3-2017 n° 16-13.060 FS-PBI : BPIM 3/17 inf. 224).

GARANTIES

26970 Le vendeur peut faire inscrire au plus vite après la vente l'hypothèque légale de vendeur avec le bénéfice de l'action résolutoire, cela afin de garantir l'exécution des obligations du bailleur et de pouvoir opposer l'action résolutoire aux tiers qui auraient eux-mêmes acquis des droits sur l'immeuble du chef de l'acquéreur et les auraient publiés (C. civ. art. 2403 modifié par ord. 2021-1192 du 15-9-2021, anciennement art. 2379).

CHAPITRE 3

DÉSINTÉRESSEMENT DES CRÉANCIERS DU VENDEUR

SOMMAIRE

L'IMMEUBLE COMME ÉLÉMENT DE SÛRETÉ

L'immeuble est toujours, malgré la progression des placements mobiliers, un élément important du patrimoine. Cela explique qu'il soit encore utilisé fréquemment comme sûreté, en garantie, non seulement du financement de son acquisition, mais plus généralement de nombreux autres investissements, professionnels ou autres. **28000**

À cette importance ancestrale du patrimoine immobilier s'est ajouté, depuis une cinquantaine d'années, le développement du crédit immobilier qui a été, en général, garanti par un privilège ou une hypothèque sur l'immeuble acquis. Nous avons assisté à cette situation paradoxale, dans laquelle la durée des prêts immobiliers s'est allongée de plus en plus, tandis que la durée de détention des immeubles se raccourcissait, de sorte que la **vente d'un immeuble hypothéqué** est une situation **de plus en plus fréquente**, alors qu'elle était, il y a seulement un demi-siècle, le signe d'une situation de fortune obérée.

Un second paradoxe apparaît aujourd'hui : la tendance accrue des établissements de crédit à garantir les prêts immobiliers au moyen de **sûretés personnelles**, par des sociétés de caution mutuelle, alors que, lors d'une précédente réforme des sûretés en 2006, les pouvoirs publics ont prétendu développer le crédit hypothécaire en garantie de dépenses de consommation (Ord. 2006-346 du 23-3-2006).

Une nouvelle réforme du droit des sûretés est entrée en vigueur le **1er janvier 2022** (Ord. 2021-1192 du 15-9-2021). Elle a pour objet de simplifier le droit des sûretés et de renforcer son efficacité, tout en assurant un équilibre entre les intérêts des créanciers, titulaires ou non de sûretés, et ceux des débiteurs et des garants. À cette fin notamment, les privilèges immobiliers spéciaux soumis à publicité ont été remplacés par des hypothèques légales spéciales. Rappelons que les hypothèques légales sont générales ou spéciales. Le créancier bénéficiaire d'une hypothèque générale peut inscrire son droit sur tous les immeubles appartenant à son débiteur, tandis que le créancier bénéficiaire d'une hypothèque spéciale ne peut l'inscrire que sur l'immeuble sur lequel elle porte (C. civ. art. 2392). **28002**

Les **privilèges immobiliers spéciaux nés avant** l'entrée en vigueur de l'ordonnance sont pour l'avenir assimilés à des hypothèques légales, sans préjudice le cas échéant de la rétroactivité de leur rang. Ceux qui n'ont pas fait l'objet des formalités de publicité foncière à la date d'entrée en vigueur de l'ordonnance sont inscrits au fichier immobilier selon les dispositions applicables avant cette date (Ord. 2021-1192 art. 37, IV).

28003 **Obligations du notaire** La simple publication au service chargé de la publicité foncière des titres translatifs de propriété ne purge pas les hypothèques établies sur l'immeuble (C. civ. art. 2462, al. 1 modifié par ord. 2021-1192 du 15-9-2021, anciennement art. 2477) (hors cas des ventes sur saisie immobilières et expropriation, C. civ. art. 2461 modifié par ord. 2021-1192 du 15-9-2021, voir n° 28053). Le vendeur transmet à l'acquéreur la propriété et les droits qu'il avait lui-même sur le bien, sous l'affectation des mêmes hypothèques dont le bien était grevé (C. civ. art. 2462, al. 2, anciennement art. 2477, al. 2). Or, les deux prérogatives essentielles de l'**hypothèque** (droit de suite sur l'immeuble et droit de préférence sur le prix) obligent le notaire chargé de la rédaction d'un acte de vente, au titre de son obligation de conseil et d'efficacité vis-à-vis de l'acquéreur, à se préoccuper de sa situation hypothécaire (pour une illustration, Cass. 1e civ. 8-11-2017 n° 16-23.197 F-D : BPIM 1/18 inf. 86). Il doit faire en sorte que l'immeuble soit livré à l'acquéreur libre de toutes inscriptions et sans menace d'éviction de la part des créanciers inscrits du chef du vendeur ou des précédents propriétaires (pour la responsabilité notariale, voir n° 70065). L'existence d'un privilège ou d'une hypothèque sur un immeuble ne fait obstacle ni à sa vente ni à l'inscription d'une nouvelle sûreté réelle sur ce bien (Cass. 3e civ. 18-6-2008 n° 07-15.129 FS-PB : RJDA 11/08 n° 1185). Mais elle oblige le notaire à la réalisation de formalités particulières.

28006 Le notaire peut également être impliqué dans le paiement des créanciers, même **en dehors de toute inscription d'hypothèque ou de privilège immobilier**, lorsque ceux-ci ont opéré une saisie sur le prix de vente entre ses mains (nos 28300 s.).

28009 **Insolvabilité du vendeur** Il faut encore signaler, bien qu'elles ne soient pas traitées ici, les différentes procédures d'insolvabilité (procédures collectives, rétablissement personnel du débiteur surendetté), lesquelles débordent très largement le problème de la répartition du prix de vente entre les créanciers, mais ont une influence sur la **capacité** même du vendeur concerné par de telles procédures, et donc sur la validité des actes passés par lui.

SECTION 1

PAIEMENT DES CRÉANCIERS HYPOTHÉCAIRES INSCRITS DU CHEF DU VENDEUR

RÔLE ET MISSION DU NOTAIRE

28020 Dans une vente d'immeuble, le notaire n'est en **principe** pas investi de la mission de répartir le prix de vente entre les créanciers du vendeur. C'est uniquement parce que le vendeur doit garantir l'acheteur contre toute menace d'éviction que le notaire doit intervenir pour tenter de désintéresser les créanciers inscrits du chef du vendeur sur l'immeuble vendu. De même, la procédure de purge incombe uniquement à l'acquéreur qui demeure libre de l'engager ou non.
La répartition du prix constitue cependant une opération susceptible d'engager la **responsabilité du notaire** à qui il incombe de rédiger un acte efficace et valide. Sur les obligations notariales en matière de purge des hypothèques, voir nos 70065 et 70170.

28022 L'opération visant à désintéresser les créanciers, simple dans les principes, peut se révéler complexe par suite de **difficultés multiples**, comme par exemple :
– le vendeur est en désaccord avec ses créanciers sur le montant des créances garanties dont le décompte s'avère compliqué par des incidents de paiement (intérêts, pénalités de retard), voire par le calcul de l'indemnité de remboursement anticipé ;
– le montant des créances garanties est supérieur au prix de vente, de sorte qu'à défaut d'accord des créanciers sur le prix de vente, l'acquéreur devra recourir aux formalités de purge des inscriptions (nos 28053 s.) ;
– l'immeuble vendu est indivis et des créanciers sont inscrits du chef de certains des indivisaires ; il faut alors effectuer, avant le paiement de ces créanciers, des opérations de liquidation et de partage du prix pour déterminer les droits de chaque indivisaire sur ce prix (nos 28230 s.) ;
– le désaccord peut exister non pas entre le vendeur et ses créanciers mais entre ces derniers eux-mêmes soit sur le rang de chacun, soit pour la raison qu'un créancier de rang inférieur conteste le montant de la créance garantie d'un créancier de rang supérieur.

En pratique, le notaire cherche à obtenir un **accord de mainlevée** moyennant paiement, les créanciers en dernier rang acceptant parfois un paiement partiel, lorsqu'ils estiment que le prix de vente est satisfaisant et qu'ils souhaitent éviter la longueur d'une vente sur saisie immobilière, ou d'une procédure de purge, suivie d'une procédure de distribution judiciaire du prix de vente. Il arrive également que des créanciers en rang non utile acceptent de donner mainlevée sans paiement de leur créance. **28023**

Mais, lorsque cet **accord** est **impossible** à obtenir, il faut alors distinguer entre les enjeux et les différentes opérations à accomplir pour parvenir à une vente d'immeuble libre de toute inscription (en laissant à une procédure judiciaire ultérieure le problème de la répartition du prix entre créanciers). **28026**

Tout d'abord, il faut obtenir l'accord des créanciers inscrits sur le prix, et leur renonciation à leur droit de surenchère, pour éviter l'accomplissement des formalités de purge (C. civ. art. 2463 et 2464 modifiés par ord. 2021-1192 du 15-9-2021, anciennement art. 2475) ; cette opération est appelée en pratique « purge amiable » (n°s 28053 s.). Cette renonciation résulte d'une intervention des créanciers à l'acte de vente, ou par accord séparé, lequel n'est soumis à aucun formalisme particulier.

Ensuite, il convient d'opérer le paiement du prix de vente entre les mains de ces créanciers (n°s 28100 s.).

Enfin, il faut obtenir la radiation des inscriptions (n°s 28112 s.).

Attention, il est indispensable que le **prix** soit effectivement **réservé aux créanciers inscrits** du chef du vendeur : tout versement effectué directement au vendeur est inopposable à ces créanciers et l'acquéreur s'expose à devoir acquitter de nouveau les sommes ainsi versées, sauf à se retourner contre le vendeur, lequel risque d'être insolvable. **28029**

Cette règle vaut quelle que soit la cause du versement : acompte sur le prix lors d'une promesse de vente, imputation d'une partie des loyers dans un bail avec promesse de vente, voire compensation avec une créance du vendeur contre l'acquéreur...

En se dessaisissant des fonds au détriment des créanciers inscrits, le notaire engagerait sa **responsabilité**. En effet, le notaire qui est « responsable à l'égard des tiers de toute faute préjudiciable commise par lui dans l'exercice de ses fonctions agit en qualité de mandataire de l'acquéreur lorsqu'il est chargé de la distribution du prix et doit désintéresser les créanciers inscrits pour obtenir la mainlevée des inscriptions hypothécaires avant toute remise des fonds au vendeur » (Cass. 1e civ. 10-9-2014 n° 13-23.189 : BPIM 6/14 inf. 408), voir n° 70170.

A. Principes généraux

1. OPPOSABILITÉ DU PRIX DE VENTE AUX CRÉANCIERS HYPOTHÉCAIRES

RÈGLES GÉNÉRALES

Si l'acquéreur veut se garantir de l'effet des poursuites des créanciers inscrits, il est tenu de procéder aux **formalités de purge** soit avant les poursuites, soit dans le mois au plus tard à compter de la première sommation qui lui est faite (C. civ. art. 2464 modifié par ord. 2021-1192 du 15-9-2021, anciennement art. 2478). La purge permet de rendre le prix de vente opposable aux créanciers inscrits. **28050**

Les formalités de purge des hypothèques impliquent la publication préalable de l'acte de vente au **fichier immobilier** (C. civ. art. 2464, anciennement art. 2478).

Cette publication arrête le **cours des inscriptions du chef du vendeur** (C. civ. art. 2422 modifié par ord. 2021-1192 du 15-9-2021, anciennement art. 2427) et permet de connaître la liste définitive des créanciers inscrits de son chef ou du chef des précédents propriétaires. Toute inscription postérieure à la publication de la vente est donc inopposable à l'acquéreur, sa connaissance personnelle des prêts consentis par la banque au vendeur et des sûretés les ayant garantis ne pouvant pas suppléer à l'inscription, seul mode légal de publicité (Cass. 3e civ. 17-7-1986 n° 85-11.627 : Bull. civ. III n° 118). Cette publication postérieure à la vente, si elle arrête le cours des inscriptions, ne purge bien évidemment pas les hypothèques préalablement établies sur l'immeuble (C. civ. art. 2462 modifié par ord. 2021-1192 du 15-9-2021, anciennement art. 2477). Encore faut-il engager par la suite la procédure de purge.

La **procédure** de purge est **facultative** pour l'acquéreur, à qui incombe seul la responsabilité de la déclencher. Toutefois, même si l'acquéreur est le seul sur qui repose le choix de procéder à la formalité de purge, le **notaire** doit être prudent car les créanciers inscrits pourraient engager sa responsabilité. Ils peuvent en effet invoquer le comportement fautif du notaire qui n'a pas engagé la procédure de purge et cela alors même que lors de ventes précédentes, le prix avait déjà été absorbé par les premiers créanciers inscrits (Cass. 3e civ. 11-5-2011 no 10-12.135).

DOMAINE DE LA PURGE

28053 Indépendamment des aliénations à l'occasion desquelles tous les créanciers inscrits ont donné leur accord sur le prix et renoncé à leur droit de surenchère (no 28065), **certaines aliénations valent purge** et en sont donc dispensées (C. civ. art. 2461 modifié par ord. 2021-1192 du 15-9-2021) :
– les adjudications judiciaires d'immeuble et certaines cessions amiables d'immeuble dépendant d'une liquidation judiciaire (C. com. art. L 642-18, al. 4) ;
– les expropriations pour cause d'utilité publique et les cessions amiables consenties après déclaration d'utilité publique ; l'ordonnance d'expropriation ne purge pas seulement les sûretés réelles, elle éteint, par elle-même et à sa date, tous droits réels ou personnels existant sur les immeubles expropriés, en cela compris les servitudes par exemple (C. expr. art. L 222-2) ;
– les adjudications sur saisie immobilière et les ventes amiables sur autorisation judiciaire réalisées dans le cadre de la saisie immobilière, après consignation du prix et paiement des frais de la vente (C. exécution art. L 322-14 modifié par ord. 2021-1192 du 15-9-2021). L'effet de la purge est conditionné à la publication du titre de vente ; ce n'est donc qu'à compter de la publication de la vente judiciaire que l'aliénation vaut purge.
Cette purge vaut a fortiori pour les adjudications sur surenchère, en application du principe selon lequel « surenchère sur surenchère ne vaut » (C. exécution art. R 322-55) ; en effet, selon une jurisprudence antérieure à la réforme des saisies immobilières, une surenchère ne peut être exercée qu'une seule fois (Cass. 2e civ. 15-1-2004 no 02-12.688 FS-PB).
La **liste** des hypothèses dans lesquelles cette purge de plein droit intervient n'est **pas limitative** (C. civ. art. 2461).

> **Précisions** On notera que la dispense de purge ne concerne ni les **adjudications amiables** ni même certaines **adjudications judiciaires** et notamment pas :
> – les adjudications sur licitation judiciaire ;
> – les adjudications de biens de mineurs ou d'incapables ;
> – les adjudications d'immeubles dépendant de successions acceptées à concurrence de l'actif net.
> Ainsi, lorsqu'une inscription est prise du chef de l'un des indivisaires, le créancier de cet indivisaire ne peut pas procéder à la saisie immobilière de l'immeuble, mais il peut provoquer le partage (C. civ. art. 815-17, al. 2 et 3), ce qui permet d'aboutir non pas à une adjudication sur saisie immobilière entraînant purge, mais à une adjudication sur licitation judiciaire qui n'entraîne pas une telle purge. Toutefois, lorsque deux personnes acquièrent ensemble un immeuble en indivision et qu'une seule d'entre elles emprunte, l'hypothèque légale de vendeur, laquelle s'est substituée au privilège de prêteur de deniers depuis le 1er janvier 2022, grève de plein droit la totalité de l'immeuble de sorte que le notaire commet une faute en ne l'inscrivant que sur la seule quote-part acquise par l'emprunteur (Cass. 1e civ. 9-1-2019 no 17-27.411 FS-PBI : RJDA 4/19 no 293).
> Lorsqu'un seul des propriétaires indivis d'un immeuble est en liquidation judiciaire, le mandataire-liquidateur ne peut pas provoquer l'adjudication de l'immeuble indivis dans le cadre de la liquidation judiciaire, mais peut provoquer le partage et l'adjudication sur licitation judiciaire de l'immeuble indivis. En effet, les créanciers n'ont pas plus de droits dans ce cas que leur débiteur.

28059 Si, en règle générale, l'acquéreur a la faculté de procéder à la purge, il existe quelques exceptions à ce principe. Ainsi, l'**acquéreur** n'est **pas susceptible de procéder à la purge** notamment lorsque :
– l'acquisition est sous condition suspensive et que la condition n'est pas encore réalisée (Planiol et Ripert, Tome XIII 2e éd. 1953, par Becqué no 1196 p. 543). Par contre, l'acquéreur sous condition résolutoire peut purger parce que l'acquisition lui confère immédiatement le droit de propriété (ouvrage précité no 1197 p. 545) ;
– l'acquisition ne porte pas sur la propriété ou un droit réel susceptible d'hypothèque, par exemple l'acquisition d'une part indivise d'un immeuble ;
– l'acquéreur est tenu personnellement au paiement de la dette (Cass. req. 5-12-1882 cité par Planiol et Ripert, ouvrage précité no 1199 p. 547). Cette exception est justifiée par le fait qu'étant tenu au paiement de la dette, il ne peut, par cette procédure, obtenir un paiement partiel, voire même un paiement anticipé, s'il s'agit d'une créance à terme ;
– l'acquéreur a participé à la constitution de l'hypothèque, ce qui vise par exemple l'affectation hypothécaire d'un immeuble à la garantie de la dette d'autrui appelée à tort caution réelle (C. civ. art. 2325 modifié par ord. 2021-1192 du 15-9-2021).

Enfin, l'acquéreur doit toujours avoir la qualité de **tiers détenteur** lorsqu'il effectue les formalités de purge, de sorte que, s'il revend l'immeuble hypothéqué, il ne peut plus procéder à la purge. Par contre, le sous-acquéreur pourra procéder à la purge des inscriptions révélées lors de la publication de la vente à son profit, même de celles existant du chef des précédents propriétaires.

NOTIFICATION AUX FINS DE PURGE

Une fois que l'acquéreur a publié son titre, il doit procéder à la notification de la vente aux créanciers, à fin de purge. La notification a pour **objet** d'informer les créanciers du prix qu'offre l'acquéreur. Cette notification intervient soit avant les poursuites, soit dans le mois, au plus tard, à compter de la première sommation qui est faite à l'acquéreur, de notifier aux créanciers (C. civ. art. 2464 modifié par ord. 2021-1192 du 15-9-2021, anciennement art. 2478). 28062

Elle est effectuée par acte de commissaire de justice. Elle est **adressée à** tous les créanciers inscrits, révélés par l'état délivré sur la publication de la vente, à l'exception des créanciers qui ont préalablement renoncé au droit de surenchère et ont donné leur accord à la vente. Elle doit être délivrée aux **domiciles** élus par les créanciers dans leurs inscriptions (CPC art. 1281-13 modifié par décret 2021-1887 du 29-12-2021, anciennement C. civ. art. 2478).

À ce stade, il n'appartient pas à l'acquéreur de se faire juge de la validité ou de l'efficacité des inscriptions révélées, vérification qui sera effectuée ultérieurement dans le cadre de la distribution.

La notification **doit contenir** (CPC art. 1281-13) :

– un extrait de son titre de propriété, contenant la date et la nature de l'acte, l'identité du vendeur ou du donateur, la nature et la situation de l'immeuble vendu ou donné, le prix de la vente, ou, s'il y eu donation, l'évaluation de l'immeuble ;

– un extrait de la publication de l'acte de vente ou de l'acte de donation ;

– un état hypothécaire sommaire sur formalités faisant apparaître les charges réelles qui grèvent l'immeuble ;

– le cas échéant, un extrait des inscriptions au registre des sûretés mobilières et autres opérations connexes (C. com. art. R 521-1).

La notification contient la déclaration de l'acquéreur qu'il est « prêt à acquitter sur-le-champ les dettes hypothécaires, exigibles ou non exigibles, mais jusqu'à concurrence du prix stipulé dans l'acte d'acquisition ou, s'il a reçu l'immeuble par donation, de la valeur qu'il déclare » (C. civ. art. 2464 modifié par ord. 2021-1192 du 15-9-2021, anciennement art. 2479).

> **Précisions** **a.** L'offre d'affecter l'intégralité du prix de vente à l'acquittement des charges hypothécaires ne peut être remise en cause par des **stipulations particulières**, qui seraient inopposables aux créanciers inscrits (Cass. req. 7-11-1939 : DC 1941 I p. 65 note Voirin).
> **b.** En cas de **résolution de la vente après la notification faite aux créanciers**, l'acquéreur est réputé n'avoir jamais été tiers détenteur et les engagements personnels qu'il a pu prendre en cette qualité sont dépourvus d'effet (Cass. civ. 13-7-1903 : DP 1905 I p. 393 note de Loynes).

RÉPONSE DES CRÉANCIERS

L'un ou l'autre des créanciers inscrits peut refuser le prix de l'acquéreur et faire **surenchère**, ce qui entraîne la mise en vente de l'immeuble aux enchères, dans un délai de 40 jours suivant la notification qui lui a été faite. Il doit, pour ce faire, surenchérir d'un dixième sur le prix stipulé ou sur la valeur déclarée et fournir caution à due concurrence (C. civ. art. 2465 modifié par ord. 2021-1192 du 15-9-2021, anciennement art. 2480). 28065

Le créancier qui poursuit la vente aux enchères de l'immeuble **notifie l'acte de réquisition** par acte de commissaire de justice au débiteur principal, au tiers acquéreur ainsi qu'aux autres créanciers titulaires d'une inscription sur l'immeuble. Cet acte contient, à peine de nullité, la constitution de l'avocat du requérant, la surenchère et l'offre de caution (CPC art. 1281-14, al. 1 modifié par décret 2021-1888 du 29-12-2021).

L'acte de réquisition de vente aux enchères comporte l'attestation par l'avocat du créancier qu'il s'est fait remettre, une caution bancaire irrévocable ou toute garantie équivalente (CPC art. 1281-14, al. 2 modifié par décret 2021-1888 du 29-12-2021).

À **défaut** d'exercice du droit **de surenchère** par l'un ou l'autre des créanciers inscrits, la valeur de l'immeuble est définitivement fixée au prix stipulé ou à la valeur déclarée. L'immeuble est, en conséquence, libéré de toute hypothèque par le paiement de cette somme aux créanciers inscrits, ou par sa consignation (C. civ. art. 2467 modifié par ord. 2021-1192 du 15-9-2021, anciennement art. 2481). Il y a donc acceptation tacite par eux de l'offre de l'acquéreur et confirmation du prix de vente. Pour autant, les sûretés ne sont pas levées. Elles subsistent jusqu'à ce 28066 que l'acquéreur ait payé ou consigné le prix, la répartition de celui-ci résultant soit d'un accord amiable de tous les créanciers, soit d'une procédure de distribution du prix (C. exécution art. R 331-1 s.).

ADJUDICATION SUR SURENCHÈRE

28068 L'adjudication sur surenchère est **poursuivie par** le créancier surenchérissant et a lieu « selon les formes établies par le Code de procédure civile » (C. civ. art. 2468 modifié par ord. 2021-1192 du 15-9-2021, anciennement 2482 ; CPC art. 1281-14 s.).

Elle peut également être poursuivie par le nouveau propriétaire (le « tiers acquéreur ») (C. civ. art. 2468 modifié) ou par un autre créancier inscrit (subrogé à la poursuite, conformément à l'article R 311-9 du Code des procédures civiles d'exécution).

Le créancier requérant ne peut par son désistement, et même s'il offre de payer la surenchère, empêcher l'adjudication publique, sauf si tous les autres créanciers inscrits y consentent (C. civ. art. 2466 modifié par ord. 2021-1192 du 15-9-2021, anciennement art. 2485).

L'adjudication sur surenchère ne peut être frappée d'aucune autre surenchère (C. exécution art. R 322-55 ; n° 28053). Cette règle, selon laquelle « **surenchère sur surenchère ne vaut** », s'applique dans le cadre de la procédure de purge comme dans le cadre des adjudications d'immeubles en général.

EFFETS DE LA SURENCHÈRE VIS-À-VIS DE L'ACQUÉREUR

28071 Si l'acquéreur, aux termes de l'adjudication sur surenchère, est **proclamé adjudicataire**, cette adjudication le confirme dans ses droits de propriétaire (Planiol et Ripert : Tome XIII 2e éd. 1953, par Becqué n° 1285). Il n'est pas tenu de faire publier le jugement d'adjudication (C. civ. art. 2470, al. 1 modifié par ord. 2021-1192 du 15-9-2021, anciennement art. 2484). Il dispose d'un recours contre son vendeur pour le remboursement de ce qui excède le prix stipulé et pour l'intérêt de cet excédent à compter du jour de son paiement (C. civ. art. 2470, al. 2).

Si, par contre, l'acquéreur n'est **pas déclaré adjudicataire** sur surenchère, on considère que son titre se trouve anéanti à compter de la signification de la surenchère. Toutefois, le tiers acquéreur évincé par la procédure de purge a le droit d'être indemnisé des frais qu'il a exposés pour l'acquisition de l'immeuble hypothéqué. Dans ce cas, c'est le nouvel adjudicataire qui restitue à l'acquéreur dépossédé, le tiers acquéreur, les « coûts de son contrat, y compris de sa publication, ainsi que ceux de la notification et tous les autres frais exposés en vue de la purge » (C. civ. art. 2469 modifié par ord. 2021-1192 du 15-9-2021, anciennement art. 2468). Il a également été jugé que l'acquéreur évincé conserve les fruits qu'il a perçus durant sa possession (Cass. civ. 18-11-1924 : DP 1925 I p. 25 note Matter).

28074 **Purge amiable** Lorsque, à l'occasion de la vente d'un immeuble hypothéqué, tous les créanciers inscrits conviennent avec le débiteur que le prix sera affecté au paiement total ou partiel de leurs créances ou de certaines d'entre elles, ils exercent leur droit de préférence sur le prix et ils peuvent l'opposer à tout cessionnaire comme à tout créancier saisissant de la créance de prix. Par l'effet de ce paiement, l'immeuble est purgé du droit de suite attaché à l'hypothèque. À défaut d'un tel accord, il est procédé aux formalités de purge légale (C. civ. art. 2462 et 2464 modifiés par ord. 2021-1192 du 15-9-2021, anciennement art. 2475).

Bien que cette terminologie ne soit pas formellement utilisée par cette disposition, c'est bien la **pratique notariale** de la purge amiable que ces articles tendent à légaliser. L'hypothèse vise la répartition amiable du prix de vente d'un immeuble entre tous les créanciers inscrits, en général préalablement ou concomitamment à la signature de l'acte de vente grevé de ces inscriptions.

La purge amiable, qui permet aux créanciers inscrits d'exercer leur droit de préférence sur le prix de vente, est une **procédure facultative** qui nécessite également l'accord du vendeur sans qu'il soit tenu d'y consentir. Le vendeur reste libre de refuser la purge amiable en dépit de l'accord de mainlevée du créancier (Cass. 3e civ. 5-3-2020 n° 19-10.398 : RJDA 6/20 n° 330, solution rendue à propos de l'art. 2475 ancien mais transposable selon nous sous l'empire du nouveau droit des sûretés).

28076 En pratique, l'usage est que le notaire interroge le fichier immobilier dont dépend l'immeuble vendu au moyen d'un état hypothécaire « **hors formalité** », afin de s'assurer que le vendeur est bien propriétaire de l'immeuble et que celui-ci n'est grevé d'aucune charge particulière ni de sûreté. En revanche, dans la mesure où l'arrêt du cours des inscriptions du chef du vendeur ne résultera que de la publication de la vente, des inscriptions dites « intercalaires » sont toujours possibles, inscriptions dont le notaire ne prendra connaissance que lors de la délivrance de l'état « sur formalité », à l'occasion de la publication de cette vente.

Malgré cette incertitude, la pratique s'est instaurée de remettre le prix sans attendre la délivrance de cet état « **sur formalité** », le notariat ayant souscrit une assurance spécifique à cet

effet, de sorte que la répartition du prix entre créanciers inscrits connus au jour de la vente est possible, l'assurance couvrant, dans une certaine limite et à certaines conditions, le risque de nouvelles inscriptions.
Deux **effets** seraient ainsi attachés à l'accord des créanciers :
– rendre opposable le droit de préférence de ces créanciers à tous créanciers saisissants ;
– et, par l'effet du paiement, purger l'immeuble du droit de suite.

Si une **nouvelle inscription inconnue au moment de la vente** survient, il est évident que le créancier titulaire ne pourra pas profiter de ces deux effets, ou plus précisément que l'immeuble ne sera pas considéré comme purgé à son égard, de sorte que ce créancier pourra exercer son droit de suite sur l'immeuble. En revanche, le droit de préférence de ce créancier qui n'aurait pas participé à la purge amiable ne serait pas opposable aux créanciers saisissants : ainsi, le droit de préférence sur le prix resterait attaché à l'exercice du droit de suite ou à la renonciation à s'en prévaloir (en ce sens, J. Combarieu, La purge amiable des privilèges et hypothèques : JCP N 2008 n° 1059 p. 34). La garantie parfaite à l'égard des créanciers hypothécaires resterait donc la pratique ancienne du **nantissement-séquestre** du prix de vente en garantie, au profit de l'acquéreur, de la délivrance d'un immeuble libre de toute inscription, solution qui permet de conserver le prix de vente afin de recourir à la purge de ces inscriptions jusqu'à la délivrance de l'état « sur formalité ». 28078

> **Précisions a.** S'agissant du **paiement du prix au vu de l'état « hors formalité »**, la Cour de cassation a jugé qu'aucun texte n'impose à un notaire, à l'occasion de la signature d'un acte de vente, de conserver le prix de vente jusqu'à la délivrance de l'état « sur formalité » (Cass. 1e civ. 23-11-2004 n° 03-10.233 : Bull. civ. I n° 285 ; Defrénois 15-4-2005 n° CJ2005DEF063N1 p. 633 note J.-L. Aubert ; JCP N 2006 n° 1012 note J. de Poulpiquet ; voir aussi F. Vauvillé, La responsabilité du notaire en cas d'inscription « intermédiaire » : Defrénois 30-10-2005 n° AD2005DEF1553N1 p. 1553). Cette décision a été rendue dans un conflit opposant le créancier inscrit au notaire auquel il était reproché de ne pas avoir effectué le paiement de ce créancier avant de remettre le prix au vendeur. La signification de cette décision est très limitée dans la mesure où elle ne prive pas le créancier inscrit de son droit de suite sur l'immeuble. Par contre, elle ne préjuge pas de la solution qui aurait été retenue en cas de conflit entre l'acquéreur et le notaire, dont la responsabilité serait vraisemblablement retenue, dans l'hypothèse où, du fait de cette remise du prix, l'acquéreur ne pourrait pas désintéresser les créanciers inscrits. On remarquera également qu'en cas de vente d'un immeuble grevé d'une inscription d'hypothèque judiciaire provisoire, la consignation d'une partie du prix s'impose (n° 28168).
> **b.** Dans le même sens, jugé que, avant l'ordonnance du 23 mars 2006, le créancier ne bénéficiait d'aucun **droit de préférence** sur le prix, tant que n'était pas mis en œuvre son **droit de suite** ou une procédure de purge, de sorte que, à défaut de mandat exprès l'y autorisant, le notaire ne pouvait se dessaisir du prix de vente entre les mains du créancier bénéficiant du privilège de prêteur de deniers. En conséquence, est cassé l'arrêt qui a retenu la responsabilité du notaire à l'égard du créancier inscrit pour ne pas l'avoir désintéressé au moment de la vente (Cass. 3e civ. 8-2-2018 n° 16-27.941 FS-PB : BPIM 2/18 inf. 164).

2. DISTRIBUTION DU PRIX DE VENTE ENTRE LES CRÉANCIERS INSCRITS ET RADIATION DES INSCRIPTIONS

NÉCESSITÉ DE PAYER LE PRIX DE VENTE

Pour être protégé du droit de suite des créanciers inscrits, il ne suffit pas à l'acquéreur d'éteindre leur droit de surenchère, il faut encore qu'il leur paye ce prix, conformément à l'ordre établi entre eux, ou qu'il le consigne (C. civ. art. 2467, al. 2 modifié par ord. 2021-1192 du 15-9-2021, anciennement art. 2481). 28100

En pratique, lorsque le notaire sait, dès avant la signature de l'acte de vente, que le prix sera insuffisant pour désintéresser les créanciers inscrits, il conseille aux parties de nantir le prix au profit de l'acquéreur, en garantie de la délivrance de l'immeuble libre de toute inscription, et de remettre ce prix à un tiers séquestre dont la mission est variable selon les circonstances : accomplir les notifications à fin de purge ou obtenir des créanciers la dispense de cette notification, et établir une répartition consensuelle ou requérir une répartition amiable ou judiciaire.

> **Précisions** La consignation visée à l'article 2467 du Code civil s'entend d'une consignation libératoire, dénommée en pratique « **grande consignation** » par opposition à la « **petite consignation** ». Nécessairement opérée à la CDC par le biais d'un formulaire de déclaration de consignation, la première dessaisit définitivement le notaire des fonds.

La seconde, qui correspond au versement du prix sur un compte séquestre ou sur le compte de dépôt obligatoire du notaire, n'équivaut pas à une telle consignation et ne satisfait donc pas aux prescriptions légales.
Lorsqu'elle est correctement réalisée, la consignation donne lieu à la délivrance d'un récépissé de consignation (C. mon. fin. art. R 518-31). Présenté au tribunal judiciaire, il permet d'obtenir la **radiation des inscriptions** (n° 28112). La distribution du prix peut ensuite être réalisée (C. exécution art. R 331-3). Ainsi a été jugé que, pour voir judiciairement constater la purge de deux hypothèques et obtenir en conséquence la radiation de ces inscriptions, l'acquéreur devait justifier d'une véritable consignation du prix de vente à la CDC par la production d'un récépissé de consignation, à l'exclusion de l'avis d'opéré de la CDC faisant état du versement du prix de vente sur le compte du notaire ouvert en ses livres (Cass. 3e civ. 12-5-2021 n° 19-25.393 FS-P : BPIM 4/21 inf. 266).

RÉTENTION DU PRIX DE VENTE PAR L'ACQUÉREUR

28103 La **menace d'une action hypothécaire** peut permettre à l'acquéreur d'un immeuble de ne pas payer le prix de vente tant que persiste cette menace (C. civ. art. 1653).
Cette **mesure de protection** particulièrement efficace pour l'acquéreur, qui n'est pas propre au risque d'action hypothécaire, mais vise également l'action en revendication d'un tiers, est cependant rarement mise en œuvre soit parce que la répartition amiable du prix de vente entre les créanciers du vendeur est organisée dès la signature de l'acte, soit parce que l'acquéreur paye son prix de vente au moyen d'un prêt et que la mise à disposition du montant du prêt est elle-même conditionnée par l'inscription d'une hypothèque légale qui implique une quittance du vendeur : hypothèque légale de prêteur de deniers ou hypothèque légale du vendeur par subrogation (C. civ. art. 1346-2 ; C. civ. art. 2374 modifié par ord. 2021-1192 du 15-9-2021, anciennement art. 2374).
Comme cela a été démontré (J.-P. Sénéchal, Sur la détention et la distribution du prix de vente d'un immeuble appartenant à une personne en liquidation judiciaire : Defrénois 15-7-1993 n° AD1993DEF817N1 p. 817), l'**intérêt essentiel** de la rétention du prix de vente par l'acquéreur réside dans les hypothèses où, en présence d'une procédure collective frappant le vendeur ou menaçant de le frapper, le prix risquerait de ne pas revenir aux créanciers inscrits sur l'immeuble vendu.
Elle permet également à l'acquéreur, en cas d'exercice du droit de surenchère, dans le cadre des formalités de purge, d'éviter tout retard dans la restitution de son prix de vente.

› **Précisions** Même si formellement le prix peut n'être payé qu'après l'accomplissement des formalités de purge et l'écoulement du délai de surenchère (nos 28062 s.), la **pratique notariale** tend, dans cette hypothèse, à exiger de l'acquéreur le versement du prix de vente dès la signature de l'acte et sa remise à un « tiers convenu » chargé d'une mission analogue à celle qui lui serait confiée en cas de quittancement du prix. Simplement, dans cette hypothèse, dans la mesure où le paiement et la quittance du prix de vente ne sont pas intervenus, le tiers convenu ne détient pas ce prix pour le compte du vendeur, mais pour le compte de l'acquéreur.
Cette solution implique également, pour la sécurité du vendeur, une réserve d'hypothèque légale et d'action résolutoire (C. civ. art. 2402 modifié par ord. 2021-1192 du 15-9-2021, anciennement art. 2374).

ORDRE DE DÉSINTÉRESSEMENT DES CRÉANCIERS INSCRITS

28105 **Principes** Entre les créanciers, les hypothèques légales, judiciaires et conventionnelles prennent **rang à compter du** jour de l'inscription prise par le créancier au fichier immobilier, dans la forme et de la manière prescrites par la loi (C. civ. art. 2418 modifié par ord. 2021-1192 du 15-9-2021, anciennement art. 2425, al. 1). Cette règle a donc vocation à régler les conflits pouvant naître entre différents créanciers ayant chacun inscrit une hypothèque sur le même immeuble et privilégie le créancier titulaire de l'hypothèque de premier rang.

28106 Lorsque **plusieurs inscriptions** sont **requises le même jour** relativement au même immeuble, leur rang respectif est déterminé comme suit, quel que soit l'ordre qui résulte du registre des dépôts (C. civ. art. 2418 modifié, anciennement art. 2425) :
– l'inscription d'une hypothèque légale est réputée d'un rang antérieur à celui de l'inscription d'une hypothèque judiciaire ou conventionnelle ; et s'il y a plusieurs inscriptions d'hypothèques légales, elles viennent en concurrence, sauf s'il s'agit de l'hypothèque spéciale du vendeur et de l'hypothèque spéciale du prêteur de deniers, la première étant réputée antérieure à la seconde ;
– en présence de plusieurs inscriptions d'hypothèques conventionnelles ou judiciaires, celle qui est prise en vertu du titre portant la date la plus ancienne est réputée d'un rang antérieur ; et si les titres ont la même date, elles viennent en concurrence.
Les règles particulières de rang afférentes à l'**hypothèque rechargeable** et à ses rechargements sont reprises à l'identique (C. civ. art. 2420 modifié par ord. 2021-1192 du 15-9-2021, anciennement art. 2422, al. 5 et 2425, al. 5 et 6).

ATTENTION

En toute hypothèse, les inscriptions des **hypothèques légales** des **époux**, sur les biens du **tuteur** et sur les biens des **comptables publics** (C. civ. art. 2393, 1°, 2° et 3° modifié par ord. 2021-1192 du 15-9-2021) et de l'hypothèque légale de **séparation des patrimoines** (C. civ. art. 2402, 5° modifié) sont réputées d'un rang antérieur à celui de toute autre formalité requise le même jour (Décret 55-22 du 4-1-1955 art. 31, 5).
Notons que l'hypothèque légale sur les biens des comptables publics ne peut plus être inscrite depuis le 1er janvier 2023 suite à son abrogation (Ord. 2022-408 du 23-3-2022 art. 12).

Hypothèques légales spéciales Depuis le 1er janvier 2022, date d'entrée en vigueur de la réforme du droit des sûretés, les privilèges de vendeur et de prêteur de deniers ont été remplacés par des hypothèques légales spéciales. Ces dernières ne bénéficient plus du principe, sous condition d'inscription dans les 2 mois de l'acte de vente, de **rétroactivité** à la date dudit acte, attaché aux privilèges immobiliers spéciaux. L'hypothèque légale spéciale **prend rang** du jour de son inscription prise au fichier immobilier, dans la forme et de la manière prescrites par la loi (C. civ. art. 2418 modifié par ord. 2021-1194 du 15-9-2021). **28107**
Si ces deux hypothèques légales sont inscrites le même jour, l'hypothèque spéciale du vendeur est réputée antérieure à celle du prêteur de deniers (C. civ. art. 2418 modifié).

Afin d'**éviter toute incertitude** à cet égard, le rang entre vendeur et prêteur de deniers est en général réglé par la convention (n° 26562). L'hypothèque du prêteur de deniers dont bénéficie un organisme bancaire est opposable au vendeur qui n'a publié ni son hypothèque de vendeur, en s'engageant dans l'acte de vente à céder son rang aux créanciers qui auraient pris inscription entre-temps, ni la clause résolutoire (Cass. 3e civ. 15-10-2015 n° 14-20.400 FS-PB : RJDA 2/16 n° 99). **28108**
En ce qui concerne l'**assiette** de la sûreté, il a été jugé que, lorsqu'un immeuble est acheté par deux personnes et qu'un seul des acheteurs emprunte pour payer sa quote-part dans le prix, le privilège du prêteur de deniers (devenu hypothèque légale du prêteur de deniers) dont bénéficie le prêteur grève la totalité du bien. Le prêteur peut donc poursuivre la vente forcée de l'immeuble dont il a partiellement financé l'acquisition sans engager une procédure préalable de partage et sans que puissent lui être opposés les démembrements de la propriété convenus entre les acquéreurs (Cass. 1e civ. 9-1-2019 n° 17-27.411 FS-PBI : RJDA 4/19 n° 293).

Pour ce qui est du **syndicat des copropriétaires**, il bénéficie d'une hypothèque légale occulte (nos 19920 s.). L'assiette de cette sûreté est très large puisque sont visées les « **créances de toute nature** du syndicat des copropriétaires relatives à l'année courante ainsi qu'aux 4 dernières années échues » (C. civ. art. 2402, 3° modifié par ord. 2021-1192 du 15-9-2021, anciennement art. 2374, 1° bis). Le syndicat est préféré au vendeur et au prêteur de deniers pour les créances afférentes à l'année en cours et aux deux dernières années et vient conjointement avec eux pour les 2 années antérieures (C. civ. art. 2418 modifié par ord. 2021-1192 du 15-9-2021, anciennement art. 2425). **28109**

Créancier titulaire de plusieurs créances La prise de rang ne peut permettre à un même créancier qui détient plusieurs créances à l'encontre du propriétaire de l'immeuble de déterminer, à la place du débiteur, la dette que ce dernier a le plus intérêt à acquitter (C. civ. art. 1342-10). Les juges du fond peuvent donc souverainement décider que l'antériorité de la dette née du premier prêt et l'intérêt pour le débiteur de se libérer à la fois vis-à-vis de la banque et à l'égard de la caution commandent l'imputation du produit de la vente de l'immeuble sur le premier prêt et en déduire que la demande de mainlevée de la saisie des rémunérations de la caution doit être accueillie (Cass. 3e civ. 12-6-2014 n° 13-18.595 FS-PB : RJDA 12/14 n° 937). Toutefois, le choix d'imputation des paiements du débiteur suppose un paiement intégral. En effet, si le débiteur de plusieurs dettes a le droit de déclarer quelle dette il veut acquitter en priorité, l'exercice de ce droit ne joue pas, sauf accord du créancier, lorsqu'il procède au paiement partiel de cette dette (Cass. 1e civ. 27-11-2019 n° 18-21.570 FS-PBI : RJDA 3/20 n° 170). Rappelons que le choix d'imputation du débiteur peut être tacite, s'il résulte de son comportement non équivoque (Cass. com. 9-10-2019 n° 18-15.793 F-D : D. 2019 act. p. 2037) et qu'il s'impose à la caution hypothécaire qui ne peut pas contester un accord entre le créancier et le débiteur prévoyant l'imputation d'un paiement partiel sur la partie non cautionnée de la dette (Cass. 1e civ. 24-10-2019 n° 18-15.852 F-PBI : RJDA 3/20 n° 171). **28110**

Erreur ou omission d'un créancier Le créancier qui a reçu un paiement à la suite d'une erreur sur l'ordre des privilèges doit restituer les sommes ainsi versées (C. com. art. L 643-7-1). Il en résulte qu'un créancier hypothécaire qui a reçu, au détriment d'un créancier privilégié de meilleur rang, une somme par suite de l'omission de celui-ci sur l'état de collocation dressé par le liquidateur doit la restituer à ce dernier, qui n'est pas tenu par le délai de contestation de l'état de collocation (Cass. com. 4-10-2023 n° 22-15.456 F-B : RJDA 1/24 n° 45). **28111**

DROIT DE SUITE

28112 En cas d'aliénation de l'immeuble, l'hypothèque le suit entre les mains du **tiers acquéreur** (C. civ. art. 2454, al. 1 modifié par ord. 2021-1192 du 15-9-2021). Le tiers acquéreur est ainsi obligé, dans la limite des inscriptions, à toute la dette garantie, en capital et intérêts, quel qu'en soit le montant (C. civ. art. 2454, al. 2 modifié). S'il reste impayé, le créancier hypothécaire peut poursuivre en justice la vente de l'immeuble hypothéqué dans les conditions prévues pour la saisie immobilière au Code des procédures civiles d'exécution (C. civ. art. 2454, al. 3 modifié).

Le droit de suite attaché à l'hypothèque est un **droit réel** opposable à tout acquéreur indépendamment de sa bonne ou mauvaise foi (Cass. 3e civ. 6-11-2002 nº 01-11.882 FS-PB : RJDA 2/03 nº 193), mais il ne peut pas être exercé par les créanciers d'un acquéreur à l'encontre du vendeur redevenu propriétaire à la suite de la résolution de la vente, dont l'effet rétroactif a eu pour conséquence l'anéantissement de tous les droits constitués sur l'immeuble (Cass. 3e civ. 7-1-2016 nº 14-18.360 : D. 2016 act. p. 124). En revanche, l'obligation de restitution inhérente à un prêt annulé demeure tant qu'elle n'a pas été exécutée et reste garantie par les sûretés en considération desquelles le prêt a été consenti. Le prêteur peut donc solliciter le maintien de ses garanties jusqu'au remboursement complet de sa créance (solution rendue en présence d'une hypothèque, Cass. 3e civ. 5-11-2008 nº 07-17.357 FS-PB : RJDA 4/09 nº 381 ; Cass. 3e civ. 26-10-2022 nº 21-12.765 FD ; en présence d'un privilège de prêteur de deniers, Cass. 3e civ. 26-10-2017 nº 16-15.754 F-D ; en présence des deux, Cass. 1e civ. 12-9-2019 nº 18-17.598 F-D : BPIM 6/19 inf. 413). La réforme du droit des contrats a consacré cette solution jurisprudentielle (C. civ. art. 1352-9).

Toutes les inscriptions hypothécaires, même l'hypothèque légale du Trésor qui prend rang à la date de son inscription au fichier immobilier, permettront un désintéressement des créanciers inscrits selon leur rang. Le droit de préférence, dont bénéficie chaque créancier hypothécaire, se reporte ainsi sur le prix de l'immeuble.

RADIATION DES INSCRIPTIONS

28113 Dès lors que sont connus les créanciers définitivement inscrits sur l'immeuble au jour de la publication de la vente et que le droit de surenchère est définitivement éteint (soit par renonciation concomitamment à l'acte, soit par écoulement du délai de surenchère dans le cadre de la formalité de purge), il convient de procéder à la **distribution du prix** de vente entre ces créanciers. Un **accord** peut intervenir entre eux dans le cadre d'une distribution consensuelle, accompagnée de la mainlevée des inscriptions.

À **défaut d'accord** entre eux, et les causes de désaccord peuvent être multiples (contestation sur le montant d'une créance hypothéquée, contestation sur la validité d'une inscription ou sur l'ordre entre plusieurs inscriptions, silence d'un créancier inscrit ne participant pas à la répartition...), il convient de recourir à une distribution amiable ou judiciaire (C. exécution art. R 331-1 s.). La procédure de distribution du prix de l'immeuble prévue en matière de saisie immobilière s'applique en effet, sauf dispositions contraires, à la répartition entre créanciers du prix d'un immeuble vendu en dehors de toute procédure d'exécution, après purge des inscriptions. Dans ce cas, la juridiction saisie, qui est le tribunal judiciaire, désigne un séquestre, à moins que la consignation ne soit ordonnée (C. exécution art. R 331-3).

28115 Depuis la **réforme de 2006**, la procédure de distribution a été accélérée et la vente sur saisie immobilière, qu'il s'agisse de la vente amiable sur autorisation judiciaire ou de la vente par adjudication judiciaire, permet dorénavant la radiation immédiate (C. exécution art. R 322-25 et R 322-65). Par contre, aucune disposition analogue n'a été prévue en cas de **vente en dehors de toute procédure d'exécution**, de sorte que l'acquéreur doit alors attendre la répartition du prix pour obtenir cette radiation. Même si, du fait de la purge de ces inscriptions, il ne court aucun risque d'éviction dès lors que le prix se trouve réservé au profit des créanciers, l'existence de ces inscriptions est toujours une gêne en cas de revente ou de constitution de droits réels sur l'immeuble.

> **Précisions** Si aucune disposition spécifique n'est prévue pour la radiation des inscriptions, la **radiation judiciaire** peut être obtenue sur le fondement du droit commun (C. civ. art. 2438 modifié par ord. 2021-1192 du 15-9-2021, anciennement art. 2443) dès lors que les conditions de l'article 2467 du Code civil (anciennement C. civ. art. 2481) sont remplies : accomplissement ou dispense des formalités de purge, absence de surenchère et consignation du prix (nº 28100). En effet, il résulte de l'article 2438 du Code civil (anciennement C. civ. art. 2443) que, tant que l'inscription d'une hypothèque subsiste, sa radiation peut toujours être demandée lorsque l'inscription a été faite sans être fondée ni sur la loi ni sur un titre, ou lorsqu'elle l'a été en vertu d'un titre soit irrégulier, soit éteint ou soldé, ou lorsque les droits d'hypothèque sont effacés par les voies légales (Cass. 3e civ. 16-3-2022 nº 20-21.337 FS-B : BPIM 3/22 inf. 228).

B. Situations particulières

1. IMMEUBLE GREVÉ D'UNE HYPOTHÈQUE JUDICIAIRE CONSTITUÉE À TITRE CONSERVATOIRE

L'hypothèque judiciaire est une **mesure conservatoire** offerte à la personne dont la créance paraît fondée en son principe et capable de justifier de circonstances susceptibles d'en menacer le recouvrement. Elle est régie par le Code des procédures civiles d'exécution (C. civ. art. 2408 modifié par ord. 2021-1192 du 15-9-2021, anciennement art. 2412 ; C. exécution art. L 511-1 s. et R 531-1 s.). L'autorisation est en général donnée par le juge de l'exécution (COJ art. L 213-6). **28160**

EFFETS DE L'INSCRIPTION D'HYPOTHÈQUE JUDICIAIRE CONSTITUÉE À TITRE CONSERVATOIRE

La sûreté est conservée pendant une **durée** de 3 ans à compter de la publicité provisoire, avec possibilité de renouvellement pour la même durée (C. exécution art. R 532-7, al. 1). **28163**

Cette publicité provisoire doit être confirmée par une publicité définitive, laquelle prendra rang à la date de la formalité initiale, dans les limites des sommes conservées par cette dernière (C. exécution art. R 533-1). Ainsi, dès lors que la décision de justice emportant mutation au profit des acquéreurs a été publiée moins de 3 ans après la publication de l'assignation qu'ils avaient fait délivrer à cette fin, elle est opposable aux tiers dès cette première publication et les inscriptions d'hypothèques prises postérieurement du chef de leur vendeur ne leur sont plus opposables (Cass. 2e civ. 7-4-2016 n° 15-12.307 F-PB : RJDA 4/17 n° 284).

Jusqu'à l'accomplissement de la publicité définitive, le créancier, titulaire de la sûreté provisoire, jouit des mêmes **droits** que le titulaire d'une sûreté conventionnelle ou légale. Simplement, en cas de vente, la part qui lui reviendrait dans la distribution du prix est consignée jusqu'à la signification de son titre à la personne chargée de la répartition du prix dans le délai de deux mois prévu à l'article R 533-4 du Code des procédures civiles d'exécution (C. exécution art. R 532-8 et R 533-5).

VENTE DU BIEN GREVÉ

En soi, le fait que l'immeuble soit grevé d'une inscription d'hypothèque judiciaire n'empêche pas le notaire de recevoir l'acte de vente envisagé. Simplement, la somme couverte par l'hypothèque provisoire sera consignée en cas de distribution du prix de vente (C. exécution art. R 532-8, al. 1). **28165**

Si le **prix** n'était **pas suffisant pour désintéresser** l'ensemble des créanciers hypothécaires, y compris le créancier bénéficiaire d'une hypothèque judiciaire provisoire, il faudrait demander à tous ces créanciers la dispense de purge pour pouvoir procéder à la vente ou avertir l'acquéreur de la nécessité de procéder à cette purge pour libérer l'immeuble de ces droits, alors même que le prix serait suffisant pour désintéresser les autres créanciers que le créancier bénéficiaire de l'hypothèque judiciaire provisoire.

CONSIGNATION DU PRIX

L'immeuble grevé d'une inscription d'hypothèque judiciaire provisoire peut être vendu (C. exécution art. L 531-2) et si le bien est vendu avant que la publicité définitive ait été accomplie, le créancier titulaire de la sûreté judiciaire jouit des mêmes droits que le titulaire d'une sûreté conventionnelle ou légale. Toutefois, la part qui lui revient dans la distribution du prix est consignée auprès de la **Caisse des dépôts et consignations** (C. exécution art. R 532-8). **28168**

Il faut donc déterminer le **montant de la part** du créancier, muni d'une hypothèque judiciaire provisoire, susceptible d'être consignée. Cette opération simple lorsqu'il n'y a que cette inscription et qu'elle est inférieure au montant du prix, deviendra complexe chaque fois qu'il y aura plusieurs inscriptions dont une provisoire et que le montant des créances garanties sera susceptible de contestation. En effet, dans cette hypothèse, c'est en pratique à la consignation de la totalité du prix que l'on risque de procéder, dans l'attente de la purge et de la distribution.

EXEMPLE

Soit une vente pour un prix de 100 d'un immeuble grevé de deux hypothèques conventionnelles pour 40 chacune, et, en troisième rang, d'une inscription d'hypothèque judiciaire provisoire de 40. En pratique, ce ne sera pas le montant de l'hypothèque judiciaire provisoire (40) qui sera consigné, mais soit la totalité du prix (100), soit uniquement le solde après paiement des deux premiers créanciers inscrits (20), si le notaire recueille l'accord de tous les créanciers sur le montant du prix, et leur renonciation au droit de surenchère.

Si, toutes choses égales par ailleurs, le créancier bénéficiaire d'une inscription d'hypothèque judiciaire provisoire est en second rang, la solution sera la même lors de la consignation ; par contre, le montant reçu définitivement par le troisième créancier dépendra du sort de l'inscription d'hypothèque judiciaire provisoire prise en second rang.

INSCRIPTION DÉFINITIVE DE L'HYPOTHÈQUE

28171 Lorsque le créancier obtient un titre exécutoire, l'inscription de l'hypothèque à titre définitif « **rétroagit à la date** de la première inscription dans la limite de la créance visée dans l'autorisation » (Ph. Théry : Sûretés et publicité foncière, PUF 2e éd. n° 132) et dans la limite des sommes conservées par l'inscription provisoire (C. exécution art. R 533-1). La publicité définitive doit être effectuée dans le délai de 2 mois à compter du jour où le titre constatant les droits du créancier est passé en force de chose jugée (C. exécution art. R 533-4).

Il a été jugé que le **montant** pour lequel une inscription provisoire d'hypothèque judiciaire a été autorisée, qui a été évalué globalement en principal, intérêts et frais, constitue la limite des sommes conservées par cette inscription provisoire et donc la limite dans laquelle l'inscription définitive d'hypothèque rétroagira à la date de l'inscription provisoire (Cass. 3e civ. 17-6-1992 n° 90-20.438 : Bull. civ. III n° 211).

EXEMPLE

« Si l'autorisation est donnée pour 100, mais que le jugement rendu au profit du créancier retient une créance de 120, la rétroactivité ne jouera que pour 100. Il y va de la protection des tiers qui, connaissant l'inscription provisoire, doivent pouvoir s'en tenir à la somme qu'elle énonce » (Ph. Théry : Sûretés et publicité foncière, PUF 2e éd. n° 132).

28174 Précisons que lorsque le juge a procédé à une **évaluation globale**, incluant le capital, les intérêts et les autres accessoires, seule cette somme globale est conservée : l'article 2427 du Code civil est écarté, parce que l'inscription provisoire est une mesure conservatoire (P. Crocq et L. Aynès : Droit des sûretés LGDJ 12e éd. 2018 n° 711).

Il convient toutefois de conserver, en plus du montant de l'inscription, le montant des **frais** de mainlevée et de radiation puisque ceux-ci incombent au vendeur en sa qualité de débiteur.

2. VENTE D'IMMEUBLE SAISI

EFFETS DE LA SAISIE IMMOBILIÈRE

28200 À compter de la publication du **commandement de payer** valant saisie, l'immeuble saisi ne peut être ni aliéné ni grevé de droits réels par le débiteur sous réserve des dispositions de l'article L 322-1, alinéa 1 du Code des procédures civiles d'exécution qui prévoit la réalisation de l'immeuble dans le cadre de cette saisie soit à l'amiable sur autorisation judiciaire, soit par adjudication (C. exécution art. L 321-2). La saisie immobilière est opposable aux tiers à compter de sa publication au fichier immobilier, de sorte que la sanction frappant l'aliénation non publiée ou publiée postérieurement est classiquement son **inopposabilité** aux créanciers poursuivants et à celui qui se rend acquéreur dans le cadre de la saisie (C. exécution art. L 321-5). Si la saisie est finalement radiée, le débiteur qui consent une promesse de vente après la délivrance d'un commandement de payer valant saisie immobilière ne peut pas se prévaloir des effets de l'indisponibilité du bien prévue à l'article L 321-2 du Code des procédures civiles d'exécution pour s'opposer à la réitération de la vente (C. exécution art. L 321-5) (Cass. 2e civ. 7-12-2017 n° 16-21.356 F-PB : BPIM 1/18 inf. 41).

Après la publication du commandement, le juge de l'exécution peut autoriser le débiteur à vendre amiablement le bien saisi (C. exécution art. L 322-1 al. 1 et R 322-15, R 322-21, R 322-22).

Par dérogation aux dispositions de l'article R 311-6 du Code des procédures civiles d'exécution, la demande du débiteur aux fins d'autorisation de la vente amiable de l'immeuble ainsi que les actes consécutifs à cette vente sont dispensés du ministère d'avocat. Cette demande peut être formulée **verbalement à l'audience** d'orientation (C. exécution art. R 322-17) par le débiteur ou son avocat (Cass. 2e civ. 7-4-2016 n° 15-14.856 F-PB : RJDA 10/16 n° 730). Le juge fixe la date de l'audience à laquelle l'affaire doit être rappelée dans un délai qui ne peut excéder 4 mois. À cette audience, le juge ne peut accorder un délai supplémentaire que si le demandeur justifie d'un engagement écrit d'acquisition et qu'à fin de permettre la rédaction et la conclusion de l'acte authentique de vente. Ce délai ne peut excéder trois mois (C. exécution art. R 322-21).

Si le juge peut autoriser la vente amiable, il n'est pas compétent en revanche pour autoriser le débiteur **propriétaire indivis d'un bien immobilier saisi** à passer seul un acte pour lequel le consentement d'un coïndivisaire serait nécessaire, même si le refus de ce dernier met en péril l'intérêt commun. En effet, cette faculté particulière relève du fonctionnement de l'indivision (C. civ. art. 815-5) et de la compétence du président du tribunal judiciaire (Cass. 2e civ. avis 16-7-2021 n° 21-70.008 F-D).

En outre, en cas d'accord entre le débiteur, le créancier poursuivant, les créanciers inscrits sur l'immeuble saisi à la date de la publication du commandement de payer valant saisie, les créanciers inscrits sur l'immeuble avant la publication du titre de vente et qui sont intervenus dans la procédure ainsi que le syndicat des copropriétaires (créancier mentionné au 3° de l'article 2402 du Code civil), les biens peuvent également être vendus de gré à gré même après l'orientation en vente forcée et jusqu'à l'ouverture des enchères (C. exécution art. L 322-1, al. 2).

> **Précisions a.** La procédure de vente aux enchères d'un immeuble saisi qui permet au créancier poursuivant d'en devenir, à défaut d'enchère, propriétaire au prix fixé par lui n'est pas contraire au **principe constitutionnel de protection du droit de propriété** (Cons. const. 16-12-2011 n° 2011-206 QPC).
> **b.** Aucun texte ne le prévoyant, la publication d'un commandement valant saisie immobilière n'est pas assimilable à une inscription d'**hypothèque sur l'immeuble saisi**. Par conséquent, la créance détenue ne peut être admise qu'à titre chirographaire à la procédure collective du débiteur (Cass. 2e civ. 28-9-2017 n° 16-20.437 F-PB).
> **c.** La **saisie simultanée de plusieurs immeubles** est autorisée à condition que la saisie d'un seul ou de certains des immeubles du débiteur ne soit pas suffisante pour désintéresser le créancier saisissant et les créanciers inscrits (C. exécution art. L 311-5, al. 1). Le créancier ne peut saisir les immeubles qui ne sont pas hypothéqués en sa faveur que dans le cas où l'hypothèque dont il bénéficie ne lui permet pas d'être rempli de ses droits (C. exécution art. L 311-5, al. 2).
> **d.** Les contrats portant sur des biens vendus sur saisie ou de quelque autre manière par autorité de justice sont exclus du champ d'application des dispositions applicables aux **contrats conclus à distance et hors établissement** (C. consom. art. L 221-2, 13°).

PÉREMPTION DE LA SAISIE

Le commandement de payer valant saisie cesse de plein droit de produire effet si, dans le **délai** de 5 ans à compter de sa publication, il n'a pas été mentionné en marge de cette publication un jugement constatant la vente du bien saisi (C. exécution art. R 321-20). Ainsi, dès lors que la péremption du commandement valant saisie immobilière est acquise à une date antérieure à la publication du jugement d'adjudication, ledit jugement a cessé de produire effet et aucune distribution du prix ne peut intervenir (Cass. 2e civ. 30-9-2021 n° 20-14.779 FD : RJDA 4/22 n° 220). Le saisi recouvre donc la liberté de vendre à l'issue du délai de péremption. **28203**

Depuis le 1er janvier 2021, le commandement de payer valant saisie a vu passer son délai d'efficacité de 2 à 5 ans. En pratique, si, dans les 5 ans (et non plus dans les 2 ans) à compter de sa publication, un jugement constatant la vente du bien saisi n'a pas été mentionné en marge de cette publication, il cesse de produire effet (C. exécution art. R 321-20, al. 1). L'augmentation de ce délai s'applique aux instances en cours au 1er janvier 2021 (Décret 2020-1452 du 27-11-2020 art. 12). Sont donc concernés les commandements non périmés au 31 décembre 2020 dont la durée est prorogée de 3 ans (en ce sens, M. Cazajus, Prorogation de deux à cinq ans de la durée de validité du commandement de payer valant saisie : Defrénois 28-1-2021 n° 168c8 p. 19).

Toute personne intéressée peut demander au juge de l'exécution de constater cette péremption et d'ordonner sa publication par mention en marge de la publication de commandement (C. exécution art. R 321-21). La péremption du commandement qui opère **de plein droit** s'impose au juge qui la constate et met fin à la procédure de saisie (C. exécution art. R 321-20). C'est, dès lors, par une exacte application de ces dispositions qu'une cour d'appel, saisie d'une demande de péremption du commandement valant saisie et d'une demande de caducité de celui-ci, examine en premier lieu si le commandement est périmé et, ayant constaté qu'il l'était, ne statue pas sur la demande de caducité (Cass. 2e civ. 19-3-2020 n° 19-11.722 F-PBI : RJDA 8-9/20 n° 451).

Toutefois, le délai est **suspendu ou prorogé**, selon le cas, par la mention en marge de la copie du commandement publié d'une décision de justice ordonnant la suspension des procédures d'exécution, le report de la vente, la prorogation des effets du commandement ou la décision ordonnant la réitération des enchères (C. exécution art. R 321-22). Attention, le jugement ordonnant la réitération des enchères ne suspend le cours du délai de péremption qu'entre sa publication et la date prévue pour l'adjudication. Les renvois ultérieurement ordonnés, pour des motifs étrangers aux causes de report de l'adjudication, sont donc sans effet sur le cours de ce délai de péremption (Cass. 2e civ. 7-9-2017 n° 16-17.824 F-PB : RJDA 2/18 n° 171). En outre, la demande de sursis à exécution ne peut pas proroger les effets du commandement valant saisie immobilière si la décision de justice, faisant droit à cette demande, n'est publiée qu'après l'expiration du délai de péremption de 5 ans prévu par l'article R 321-20 du Code des procédures civiles d'exécution (Cass. 2e civ. 19-10-2017 n° 16-15.236 F-PB : RJDA 2/18 n° 172, solution rendue alors que le délai de péremption était de 2 ans mais transposable).

De surcroît, si les poursuites ne peuvent être engagées sur un commandement de payer à fin de saisie-vente qui n'est pas suivi d'un acte d'exécution dans un délai de 5 ans suivant sa signification, ce commandement ne se trouve pas pour autant frappé de caducité (Cass. 2e civ. 16-3-2017 n° 16-12.610 F-PB, solution rendue alors que le délai de péremption était de 2 ans mais transposable). Un commandement frappé de péremption conserve donc certains effets tels que l'effet interruptif de prescription (Cass. 2e civ. 11-1-2018 n° 16-27.889 F-D) et de mise en demeure. Et, la caducité du commandement valant saisie immobilière anéantit rétroactivement la mesure d'exécution, mais elle laisse subsister la disposition du jugement statuant sur une demande en revendication, laquelle n'a pas perdu son fondement juridique (Cass. 2e civ. 2-6-2016 n° 15-12.828 FS-PB).

› Précisions a. Si un commandement conserve son effet interruptif de prescription en dépit de sa péremption, tel n'est pas le cas d'un **commandement annulé**. En effet, les dispositions de l'article 2241, alinéa 2 du Code civil (en vertu desquelles un acte de saisine de la juridiction annulé par l'effet d'un vice de procédure conserve son effet interruptif) ne sont pas applicables aux actes d'exécution forcée, de sorte que l'annulation du commandement de payer valant saisie immobilière prive cet acte de son effet interruptif de prescription (Cass. 2e civ. 1-3-2018 n° 16-25.746 F-PB : RJDA 8-9/18 n° 695). En revanche, en l'absence d'anéantissement du commandement et de l'assignation à comparaître à l'audience d'orientation, l'effet interruptif de la prescription attachée à la délivrance de cette assignation produit ses effets jusqu'à l'extinction de l'instance introduite par cet acte introductif, à savoir jusqu'au jugement ayant constaté la péremption du commandement (Cass. 2 e civ. 1-3-2018 n° 17-11.238 F-PB).
b. La sanction de la péremption prévue par les articles R 321-20 et R 321-21 du Code des procédures civiles d'exécution s'applique à l'**ordonnance du juge-commissaire** ordonnant la vente d'un immeuble d'un débiteur en liquidation judiciaire par adjudication judiciaire. Le juge de l'exécution est compétent pour statuer sur une demande de prorogation des effets d'une telle ordonnance (Cass. com. avis 18-4-2018 n° 18-70.005). Rappelons qu'un **créancier hypothécaire** peut former un recours contre l'ordonnance du juge-commissaire autorisant la vente de l'immeuble hypothéqué s'il justifie de son intérêt à agir en démontrant que ses droits et obligations sont affectés par cette décision. Tel n'est pas le cas lorsque le prix de vente de l'immeuble fixé par le juge-commissaire permet le paiement intégral de la créance hypothécaire (Cass. com. 1-7-2020 n° 19-11.337 F-D : RJDA 10/20 n° 509).

MAINLEVÉE DE LA SAISIE

28206 Il a toujours été admis que la vente volontaire de l'immeuble était possible en obtenant la mainlevée de la saisie par le créancier saisissant et les créanciers associés à la saisie, c'est-à-dire ceux qui peuvent également reprendre la procédure. Rien ne semble remettre en cause cette **pratique**. Cette possibilité est d'ailleurs prévue implicitement puisque le commandement de payer valant saisie doit être dénoncé aux créanciers inscrits au jour de la publication (C. exécution art. R 322-6) et que, du jour de la mention en marge du commandement au fichier immobilier de l'assignation à comparaître et de ces dénonciations, l'inscription de ce commandement ne peut plus être radiée que du consentement de tous les créanciers inscrits (ou en vertu d'un jugement qui leur soit opposable) (C. exécution art. R 322-9).
Par voie de conséquence, selon que la mainlevée intervient avant ou après cette mention en marge, elle doit émaner du seul créancier poursuivant ou également des créanciers inscrits auxquels cette dénonciation a été faite.

28208 **Vente sans mainlevée de la saisie** Cette aliénation demeure possible mais implique la **consignation** d'une somme suffisante pour acquitter en principal, intérêts et frais, ce qui est dû aux créanciers inscrits ainsi qu'au créancier poursuivant ; la somme ainsi consignée leur est affectée spécialement (C. exécution art. L 321-5). Son opposabilité implique que cette consignation leur soit signifiée avant l'audience d'adjudication, sans qu'il puisse être accordé de délai pour y procéder (C. exécution art. R 321-14).
Cette vente ne peut qu'être **déconseillée** dans la mesure où la consignation ne permettra pas de désintéresser les créanciers postérieurs qui seront révélés lors de la publication de l'acte de vente.
À la demande du débiteur, le juge de l'exécution peut également autoriser la vente amiable de l'immeuble saisi, par acte notarié, qui présente l'avantage de permettre la purge des privilèges et hypothèques et la radiation judiciaire des inscriptions grevant l'immeuble saisi, après constatation par le juge que la vente est bien conforme aux conditions qu'il a fixées, que le prix a été consigné et que l'état ordonné des créances a été dressé (C. exécution art. L 322-3 et L 322-4 et art. R 322-20 à R 322-25). L'acte de vente amiable ne pouvant être établi par le notaire que sur justification du paiement par l'acquéreur, en sus de la consignation du prix de vente, des frais de la vente et des frais taxés (C. exécution art. L 322-4 et R 322-24, al. 2), les parties à l'acte de vente ne peuvent déroger à ces dispositions par une clause mettant les frais de poursuite de la procédure de saisie immobilière à la charge du vendeur (Cass. 2e civ. 22-6-2017 n° 16-12.882 F-PB : RJDA 1/18 n° 64). Le notaire chargé d'établir l'acte de vente peut obtenir, contre récépissé, la remise par le créancier poursuivant des documents recueillis pour l'élaboration du cahier des conditions de vente (C. exécution art. R 322-24).

Il existe donc **4 modes de vente amiable d'immeuble saisi** :
– la vente amiable avec mainlevée de cette saisie qui implique l'accord du saisissant et de tous les créanciers inscrits au jour de la publication du commandement de saisie ;
– la vente amiable avec désintéressement de ces mêmes personnes ;
– la vente amiable sur autorisation judiciaire ;
– et la vente amiable sur accord.

3. VENTE D'IMMEUBLE INDIVIS

EN PRATIQUE

La vente d'un immeuble indivis hypothéqué est de **pratique courante**, tant les causes de l'indivision peuvent être nombreuses : indivision successorale, indivision entre époux séparés de biens, entre concubins, entre pacsés, etc. (pour la situation des créanciers personnels d'un indivisaire, voir n° 28309). **28230**

LIQUIDATION-PARTAGE DU PRIX DE VENTE

La vente d'immeuble indivis hypothéqué suscite une première difficulté d'ordre pratique, qui consiste à déterminer, parmi les créanciers inscrits, les **créanciers de l'indivision**, ou inscrits du chef de tous les coïndivisaires (C. civ. art. 2412 modifié par ord. 2021-1192 du 15-9-2021, anciennement art. 2414), et les créanciers **de chaque indivisaire**, lesquels ne peuvent prétendre appréhender que la part revenant à leur débiteur dans le partage de ce prix de vente. **28233**

Encore faut-il, et c'est la seconde difficulté d'une telle situation, déterminer la **quote-part due à chaque indivisaire** dans le partage du prix. En effet, il arrive fréquemment que l'indivisaire du chef de qui l'hypothèque a été inscrite n'ait pas de droits dans ce prix correspondant à la quote-part théorique (moitié, un tiers, etc. selon le nombre de coïndivisaires), parce que sa quote-part se trouve absorbée en partie par l'effet d'un rapport dont il est débiteur ou d'une créance d'un autre indivisaire contre l'indivision. **28236**
Le partage d'un prix de vente d'immeuble, comme tout partage, implique une liquidation, qui seule déterminera les droits de chacun des indivisaires.
Il est d'ailleurs possible que la détermination de la quote-part réelle joue au contraire en faveur de l'indivisaire débiteur, ce qui profitera, le cas échéant, à ses créanciers.

EXEMPLE

Soit un immeuble acquis indivisément par moitié par deux concubins (ou deux époux séparés de biens), vendu 200.
Un prêt leur a été consenti solidairement pour cette acquisition, sur lequel il reste dû au jour de la vente, 70, garantis par une hypothèque légale du prêteur de deniers.
Un second prêt leur a été consenti par la même banque, pour des travaux d'aménagement, sans hypothèque, sur lequel il reste dû 10.
Madame a payé, de ses deniers personnels, la part de ces travaux, non couverte par ce second prêt, part que les vendeurs conviennent d'évaluer, conformément à l'article 815-13 du Code civil, à la somme de 10 au jour de la vente.
Ces prêts ont été remboursés par parts égales.
Enfin, il a été pris, contre Monsieur, une hypothèque judiciaire d'un montant de 100, en garantie d'une dette strictement personnelle.
Liquidation des droits :

Le prix de		200
Duquel il convient de déduire :		
– le solde du premier prêt	70	
– le solde du second prêt	10	
– et la créance pour travaux de Madame	10	
Total à déduire	90	– 90
Solde à partager		110
Dont moitié pour chacun		1/2
Soit :		55
Répartition :		
Madame recevra, outre sa part :		55
– sa créance pour travaux :		10
soit, au total :		65
Monsieur recevra sa part, soit :		55

laquelle sera totalement appréhendée par son créancier qui, donc, ne sera pas intégralement désintéressé.

PURGE DES INSCRIPTIONS

28239 Dans cet **exemple**, bien que la totalité des créances inscrites soit inférieure au montant du prix de vente, il faudra néanmoins recourir aux formalités de purge pour rendre le prix opposable aux créanciers inscrits, ou obtenir leur accord sur ce prix, avec renonciation au droit de surenchère.

AUTRES INCIDENCES DU PARTAGE

28242 L'exemple précité montre à quel point l'exactitude de la liquidation des droits a une incidence sur la répartition du prix de vente entre les créanciers.

On notera également que le créancier non hypothécaire de l'indivision (prêt pour travaux dans l'exemple) est payé avant le créancier hypothécaire de l'un des indivisaires.

SECTION 2 SAISIE DU PRIX DE VENTE ENTRE LES MAINS DU NOTAIRE

A. Règles générales : notion de créance de sommes d'argent

HYPOTHÈSES VISÉES

28300 Le **notaire**, pris en qualité de débiteur (détenteur) de sommes d'argent, en l'occurrence le prix de vente, peut faire l'objet de saisies de la part des créanciers du vendeur. Compte tenu des conséquences de telles saisies, il doit donc s'interroger sur leur efficacité.

Une telle situation peut également se présenter pour l'**agent immobilier** qui détient un acompte sur le prix de vente.

Le bâtonnier de l'ordre des **avocats** d'un barreau désigné comme séquestre de fonds provenant de la vente sur licitation d'un immeuble a la qualité de tiers saisi dans les procédures de saisie-attribution et saisies conservatoires portant sur le prix d'adjudication ainsi consigné entre ses mains (Cass. 2e civ. 17-3-2016 n° 14-16.985 F-PB).

28303 La **question que le notaire doit se poser** en recevant une saisie est de savoir s'il est ou non effectivement débiteur de sommes d'argent au moment où la saisie a été opérée. Dans l'affirmative, il doit déclarer au créancier (en pratique au commissaire de justice qui procède à la saisie) l'étendue de ses obligations à l'égard du débiteur (le vendeur) ainsi que les modalités qui pourraient les affecter et, s'il y a lieu, les cessions de créances, délégations, nantissements ou saisies antérieures (C. exécution art. L 211-3). L'obligation de déclaration du tiers saisi est ainsi étendue aux nantissements dans le cadre d'une saisie-attribution à la suite de la réforme du droit des sûretés.

Sans prendre parti sur le problème du concours entre créanciers hypothécaires et créanciers saisissants (n° 28383), il est souhaitable que le notaire réserve systématiquement, dans la réponse au créancier saisissant, les droits susceptibles d'être exercés par les créanciers hypothécaires, y compris, le cas échéant, l'hypothèque légale, occulte, du syndicat des copropriétaires (voir n° 28109).

Si, en général, la saisie ne porte que sur les sommes effectivement détenues par le notaire sur le compte du client débiteur, la **distinction entre somme d'argent et créance de somme d'argent** présente néanmoins une importance que les professeurs Perrot et Théry soulignent.

Citons un **exemple** : le prix de vente d'un immeuble est remis à un notaire qui doit en faire la répartition entre les créanciers inscrits ; ce prix est versé à la Caisse des dépôts et consignations. La saisie doit être pratiquée auprès du notaire quoiqu'il ne « détienne » plus les fonds représentant le prix. En effet, ce dépôt qu'imposent les règles professionnelles laisse inchangée la créance du vendeur à l'encontre du notaire, et c'est cette créance seule qui est saisie (R. Perrot et Ph. Théry : Procédures civiles d'exécution, Dalloz 2005, n° 353 p. 367).

En revanche, la saisie ne peut avoir aucun effet attributif immédiat sur des créances qui n'existaient pas au jour où elle a été opérée.

Le problème n'est donc pas de savoir si la saisie est valable uniquement le jour de sa délivrance, mais si le jour de sa délivrance, le notaire, tiers saisi, est ou non débiteur d'une somme d'argent à l'égard du débiteur, c'est-à-dire le vendeur, et le cas échéant, si cette dette est assortie de conditions.

> **Précisions** Lorsque le notaire exerce sa profession au sein d'une société civile professionnelle, le créancier doit poursuivre la **SCP** et non le notaire personnellement ; en effet, seule la SCP, au nom de laquelle chaque notaire associé exerce ses fonctions et qui détient les fonds de ses clients, peut être tenue d'une obligation de paiement (Cass. 2e civ. 21-10-2004 n° 03-10.131 : RJDA 4/05 n° 451). Cette solution, adoptée pour une SCP titulaire d'un office notarial, est transposable à notre avis à une **société d'exercice libéral** de notaires, laquelle exerce la fonction de notaire et tient pour son propre compte la comptabilité de l'office notarial (Décret 93-78 du 13-1-1993 art. 42), mais non aux sociétés et autres groupements de moyens ni aux sociétés en participation de notaires, qui n'exercent pas la fonction de notaire.

SAISIES PRATIQUÉES AVANT RÉCEPTION DE L'ACTE DE VENTE

En matière de saisie-attribution, saisie conservatoire et saisie administrative à tiers détenteur, distinguer créance conditionnelle et créance éventuelle est d'importance. Un arrêt a clairement établi cette distinction dans une affaire qui concernait une promesse unilatérale de cession de contrat de crédit-bail immobilier, mais dont la solution est totalement transposable à la promesse de vente d'immeuble (à propos d'un avis à tiers détenteur, Cass. com. 13-3-2001 n° 98-12.700 : Bull. civ. IV n° 58, RJF 8-9/01 n° 1136 ; Rev. Huissiers 2001 p. 250 obs. J.-J. Bourdillat ; Droit Fiscal 2001 n° 714 p. 11059 ; Defrénois 15-8-2001 n° CJ2001DEF946N1 p. 946 obs. Ph. Théry). 28306

Il résulte de cet arrêt qu'entre l'avant-contrat et la vente définitive, la créance de prix de vente ne constitue qu'une **créance éventuelle**, non susceptible de saisie.

De même, a été jugé qu'un notaire, mandaté pour vendre un immeuble et en recevoir le prix, n'était tenu, en cas de saisie-attribution pratiquée entre ses mains 2 jours avant la réalisation de la vente, à aucun paiement dès lors qu'il ne détenait pas encore les fonds destinés au vendeur (Cass. 2e civ. 7-6-2006 n° 04-16.937 : JCP N 2006 n° 1363 note J.-P. Garçon). Cette exigence de détention par le notaire réduit les possibilités de saisie entre ses mains, notamment lorsqu'un avant-contrat a été signé mais que les fonds ne lui pas encore été versés. Si la saisie est diligentée le même jour que la signature de la vente, il est important que l'acte de vente comporte l'heure précise de sa réception pour apporter la preuve de l'ordre respectif de la saisie et de la vente.

Par contre, en ce qui concerne le dépôt versé entre les mains du notaire par suite de l'avant-contrat, on doit considérer que le vendeur était bien à cette date titulaire d'une **créance conditionnelle** contre lui dans la mesure où elle était subordonnée à la réalisation effective de la vente, et plus généralement au dénouement de cet avant-contrat. À cet égard, dans son commentaire précité, le professeur Philippe Théry précise que la décision rapportée « illustre s'il en était besoin, la dépendance dans laquelle se trouve le droit de l'exécution par rapport au droit substantiel : pour déterminer si le notaire doit quelque chose au cédant, en d'autres termes s'il existe une créance saisissable, il faut se référer au droit des obligations, ce qui justifie d'ailleurs de donner à l'arrêt une portée générale, englobant toutes les mesures portant sur des créances de sommes d'argent (saisie-attribution, saisie conservatoire de créance) ».

Certes, dans son commentaire, l'auteur ne vise ensuite que l'indemnité d'immobilisation, mais son invitation à analyser le rapport d'obligation existant entre les diverses parties conduit à considérer qu'il pourrait y avoir une créance conditionnelle du vendeur contre le notaire, à hauteur du montant du versement effectué en vertu de l'avant-contrat.

SAISIE D'UNE SOMME INDIVISE

Les créanciers personnels d'un indivisaire ne peuvent pas saisir la part de leur débiteur dans les biens indivis mais peuvent provoquer le partage (C. civ. art. 815-17, al. 2 et 3 ; Cass. 1e civ. 1-12-1999 n° 97-20.965 : Bull. civ. I n° 331). Pour qu'une saisie soit possible, il faut que l'appartenance du bien ne soit pas contestable. C'est le cas, par **exemple**, à la suite d'une vente simultanée de l'usufruit et de la nue-propriété portant sur des biens immobiliers. Le créancier personnel de l'usufruitier peut recourir à une saisie-attribution sur la portion du prix correspondant à la valeur de l'usufruit ; portion sur laquelle l'usufruitier a un droit propre (Cass. 1e civ. 15-5-2019 n° 18-12.779 FS-PB). 28309

Or, un bien en indivision n'est pas la propriété exclusive du débiteur saisi, celle-ci étant suspendue au résultat du partage.

Par conséquent, une saisie-attribution faite par un créancier personnel d'un indivisaire sur une créance indivise n'est pas « efficace ». Seule la créance du débiteur dégagée par le partage peut être saisie.

Cependant, cette saisie-attribution peut valoir comme **opposition à partage**, qui permet à un créancier personnel d'un indivisaire de pouvoir veiller sur ses droits, prendre toutes précautions et formuler toutes exigences qu'imposent ses intérêts (J.-Cl. Notarial répertoire v° Partage fasc. 180 nos 40 s. par S. Mazeaud-Leveneur), sous réserve d'avoir été portée à la connaissance de tous les copartageants (R. Crône, La saisie-attribution : Defrénois 15-6-1999 n° AD1999DEF641N1 p. 641 § 20) ou, selon nous, du notaire chargé du règlement des sommes.

L'opposition a pour conséquence d'interdire aux copartageants de procéder au partage, hors la présence des créanciers (C. civ. art. 882), qui peuvent ainsi vérifier que le partage a été fait en conformité aux règles légales.

En principe, une fois le **partage réalisé**, la situation du créancier opposant ne diffère pas de celle des autres créanciers du même indivisaire. Il n'a aucun droit de préférence sur les biens mis dans le lot de celui-ci (Cass. 1e civ. 16-5-1972 n° 70-13.553 : Bull. civ. I n° 130 ; F. Terré, Y. Lequette et S. Gaudemet : Les successions, Les libéralités, Dalloz 4e éd. 2014, n° 957 ; R. Crône, La saisie-attribution : Defrénois 15-6-1999 n° AD1999DEF641N1 p. 641 § 20).

> **Précisions** **a.** Les dispositions de l'article 1360 du Code de procédure civile, qui imposent au demandeur en **partage judiciaire** de préciser les diligences entreprises en vue de parvenir à un partage amiable, ne sont pas applicables à l'action oblique en partage engagée par le créancier personnel d'un indivisaire, sur le fondement de l'article 815-17 du Code civil (Cass. 1e civ. 13-1-2016 n° 14-29.534 F-PB : RJDA 12/16 n° 914).
> **b.** Les dispositions protectrices du **logement familial** de l'article 215, alinéa 3 du Code civil, ne peuvent, hors le cas de fraude, être opposées aux créanciers personnels d'un indivisaire usant de la faculté de provoquer le partage au nom de leur débiteur en application de l'article 815-17, alinéa 3 du même Code. Le créancier personnel d'un époux indivisaire peut donc demander la vente du logement de la famille (Cass. 1e civ. 16-9-2020 n° 19-15.939 FS-PB : BPIM 6/20 inf. 403).

RESPONSABILITÉ DU TIERS SAISI EN CAS DE DÉFAUT DE RÉPONSE OU DE RÉPONSE INEXACTE

28312 Le tiers saisi est tenu d'une **responsabilité spécifique**. En effet, le tiers saisi qui, sans motif légitime, ne fournit pas sur-le-champ au commissaire de justice, les renseignements exposés n° 28303 est condamné, à la demande du créancier, à payer les sommes dues à ce dernier, sans préjudice de son recours contre le débiteur (C. exécution art. R 211-4 et R 211-5, al. 1). Il peut aussi être condamné à des dommages et intérêts en cas de négligence fautive ou de déclaration inexacte ou mensongère (art. R 211-5, al. 2).

Toutefois, la Cour de cassation a précisé que :

– le **tiers saisi**, qui **ne fournit aucun renseignement au commissaire de justice**, ne peut être condamné à payer les causes de la saisie que s'il était effectivement tenu d'une obligation à l'égard du débiteur saisi à la date de la saisie (Cass. com. 8-1-2002 n° 98-22.377 : RJDA 6/02 n° 669 ; Cass. 2e civ. 24-3-2005 n° 01-14.212 F-PB : RJDA 7/05 n° 887 ; Cass. 2e civ. 23-11-2006 n° 05-20.255 FS-D : RJDA 4/07 n° 357) ; or il appartient au créancier saisissant d'établir que son débiteur était créancier du tiers saisi, dès lors que ce dernier conteste ce fait (Cass. 2e civ. 10-2-2011 n° 10-30.008 F-PB : RJDA 6/11 n° 572) ;

– en cas de **déclaration inexacte ou incomplète**, le tiers saisi ne peut pas être condamné aux causes de la saisie mais seulement à des dommages-intérêts (Cass. 2e civ. 5-7-2000 n° 97-19.629 : Bull. civ. II n° 115, RJDA 11/00 n° 1041, 1e et 2e esp. ; Cass. 2e civ. 10-9-2009 n° 08-18.590 F-PB : RJDA 12/09 n° 1118) ;

– le **tiers saisi** qui **répond** au commissaire de justice, mais **sans préciser** le montant des sommes détenues au moment de la saisie, ne peut pas être considéré comme n'ayant pas fourni les renseignements et ne peut pas être condamné à payer les causes de la saisie (Cass. 2e civ. 26-5-2011 n° 10-16.343 F-PB : RJDA 10/11 n° 839). En revanche, le tiers saisi qui, sans motif légitime, répond **avec retard** à l'interpellation du commissaire de justice et n'indique pas que sa dette est susceptible d'être anéantie peut être condamné à payer les causes de la saisie (Cass. 2e civ. 10-2-2011 n° 10-10.055) ;

– le juge ne peut condamner un notaire, tiers saisi, à verser au créancier saisissant une indemnité au motif qu'il a omis d'informer le commissaire de justice instrumentaire de l'identité du véritable acquéreur et de la date de réitération de la vente en la forme authentique, sans rechercher si, au regard de la teneur de l'interpellation faite par le commissaire de justice, de telles informations n'étaient pas soumises au **secret professionnel** (Cass. 1e civ. 22-9-2016 n° 15-12.289 FS-D).

> **Précisions** La condamnation du tiers saisi au paiement de dommages et intérêts, dont l'opportunité relève de l'appréciation souveraine des juges du fond, n'est que l'application des principes de la responsabilité civile délictuelle de droit commun et suppose donc que le créancier démontre que la déclaration incomplète ou inexacte lui a causé un **préjudice** (Cass. 2e civ. 5-7-2000 n° 97-21.606 : Bull. civ. II n° 110, RJDA 11/00 n° 1041, 3e esp. ; Cass. 2e civ. 3-7-2008 n° 07-13.915 FS-PB : RJDA 2/09 n° 137 ; Cass. 2e civ. 10-9-2009 n° 08-18.590 F-PB : RJDA 12/09 n° 1118). Mais elle peut être prononcée même si le tiers saisi n'était tenu d'aucune obligation à l'égard du débiteur.
> Ainsi, encourt la cassation l'arrêt qui a écarté la responsabilité du notaire au seul motif qu'il ne détenait aucuns fonds au jour de la saisie

sans répondre aux conclusions de la banque saisissante qui demandait aussi la condamnation de ce notaire pour manquement à son **obligation de conseil** (Cass. 2e civ. 7-6-2006 n° 04-16.937 FS-D : JCP N 2006 n° 1363 note J.-P. Garçon). Outre que l'expression d'« obligation de conseil » semble incorrecte dès lors que le créancier saisissant n'est ni client du notaire, ni partie à un acte reçu par lui, et que celle d'obligation de renseignement aurait été plus appropriée, il est permis de s'interroger sur le contenu de cette obligation : le notaire pourrait peut-être préciser qu'un avant-contrat a été effectivement signé par le débiteur, mais sans indiquer la date fixée pour la signature de l'acte définitif : la marge laissée au notaire saisi, tenu au secret professionnel, est très réduite. Peut-être la Cour a-t-elle voulu simplement rappeler que l'obligation de renseignement existait même s'il n'y a rien à saisir.

B. Les différentes saisies

SAISIE-ATTRIBUTION DE SOMMES D'ARGENT

La saisie-attribution de sommes d'argent **entraîne** l'attribution immédiate de la créance saisie au profit du créancier (C. exécution art. L 211-2 et R 211-1 s.). **28330**
C'est pourquoi une saisie-attribution est possible à **condition** de disposer d'un titre exécutoire et d'une créance certaine, liquide et exigible. La créance est liquide lorsqu'elle est évaluée en argent ou lorsque le titre contient tous les éléments permettant son évaluation (C. exécution art. L 111-6).

> **Précisions** Aucune disposition légale ne fait obstacle à ce qu'un créancier dispose de **deux titres exécutoires pour la même créance**. Le créancier titulaire d'un titre exécutoire notarié peut donc introduire une action en justice aux fins d'obtenir un second titre exécutoire et interrompre ainsi le délai de prescription de la créance (Cass. 1e civ. 1-3-2017 n° 15-28.012 F-PB).

La **procédure** se déroule de la façon suivante. La saisie-attribution est signifiée au tiers saisi par acte de commissaire de justice, lequel doit, à peine de nullité, contenir certaines énonciations (C. exécution art. R 211-1). Le tiers saisi est tenu de déclarer sur-le-champ au commissaire de justice l'étendue de ses obligations à l'égard du débiteur ainsi que les modalités qui pourraient les affecter et, s'il y a lieu, toutes cessions de créances, délégation ou saisie antérieure (C. exécution art. L 211-3 et art. R 211-4). Le tiers saisi est également tenu de déclarer les nantissements (C. exécution art. L 211-3 modifié par ord. 2021-1192 du 15-9-2021) ; sur les sanctions du non-respect de cette obligation, voir n° 28312. **28333**
Dans le délai de 8 jours, à peine de caducité, la saisie est dénoncée au débiteur par acte de commissaire de justice. À défaut de contestation dans le délai d'un mois de la saisie par le débiteur, le tiers saisi procède au paiement sur la présentation d'un certificat délivré par le greffe ou établi par le commissaire de justice qui a procédé à la saisie, attestant qu'aucune contestation n'a été formée (C. exécution art. R 211-3 et R 211-6).
En cas de pluralité de saisies-attributions pratiquées le même jour, les créanciers sont en concours pour le paiement de leurs créances.
La saisie, mesure d'exécution réalisant un transfert d'un patrimoine à l'autre, doit être pratiquée par le commissaire de justice en personne et non par un clerc assermenté (Cass. 1e civ. 18-2-2003 n° 99-20.672).

SAISIE CONSERVATOIRE

La saisie conservatoire n'a pas pour **effet**, à la différence de la saisie-attribution, d'attribuer immédiatement la créance saisie, mais elle produit les effets d'une consignation (C. exécution art. L 523-1), c'est-à-dire ceux produits par le privilège du créancier gagiste. La saisie conservatoire entraîne le « cantonnement légal » de la créance à hauteur des sommes réclamées (Ph. Théry, Le notaire et les procédures civiles d'exécution : Petites Affiches 11-8-1997 n° 96 p. 9). **28336**
Cette indisponibilité a pour conséquence d'interdire au saisi, titulaire de la créance, d'exercer les droits qui découlent normalement de sa qualité de créancier ; pour cette raison, il ne pourra recevoir aucun paiement du tiers saisi (en l'occurrence le notaire) (R. Perrot et Ph. Théry : Procédures civiles d'exécution, Dalloz 2005, n° 844 p. 755).

Le déroulement de la procédure de saisie conservatoire suppose l'accomplissement de certaines **modalités d'exécution**. **28339**
À peine de caducité de la saisie conservatoire, le créancier doit notamment :
– dans le mois qui suit la saisie, introduire ou poursuivre une procédure ou accomplir les formalités nécessaires à l'obtention d'un titre exécutoire s'il n'en possède pas (C. exécution art. L 511-4 et art. R 511-7) ;

– signifier au notaire, tiers saisi, une copie des actes attestant les diligences requises par l'article R 511-7 du Code des procédures civiles d'exécution dans un délai de 8 jours à compter de leur date (C. exécution art. R 511-8).
La mainlevée de la saisie doit être obtenue auprès du juge (C. exécution art. R 512-1).
Lorsque le créancier a obtenu un titre exécutoire, il peut demander le paiement de sa créance (C. exécution art. L 523-2). Il signifie au notaire un acte de conversion (conversion de saisie conservatoire en saisie-attribution) qui contient, à peine de nullité, plusieurs mentions dont une demande de paiement des sommes dues à concurrence de celles dont le tiers s'est reconnu ou a été déclaré débiteur (C. exécution art. R 523-7).
Le tiers saisi effectue alors le paiement sur présentation d'un certificat du greffe ou du commissaire de justice ayant procédé à la saisie attestant l'absence de contestation (C. exécution art. R 211-6 et R 523-9).

SAISIE ADMINISTRATIVE À TIERS DÉTENTEUR (SATD)

28342 Les créances dont les comptables publics sont chargés du **recouvrement** peuvent faire l'objet d'une saisie administrative à tiers détenteur notifiée aux dépositaires, détenteurs ou débiteurs de sommes appartenant ou devant revenir aux redevables (LPF art. L 262, 1-al. 1). Cette procédure peut être utilisée par l'administration fiscale pour le recouvrement d'impôts garantis ou non par le **privilège du Trésor**.
Seuls les comptables des finances publiques peuvent y recourir. Par conséquent, les autres créanciers doivent utiliser les procédures de droit commun prévues par le Code des procédures civiles d'exécution, à savoir les saisies-attributions et saisies conservatoires.

28345 La SATD ne peut porter que sur des sommes d'argent appartenant ou devant revenir au contribuable (LPF art. L 262, 1-al. 1). Elle permet de saisir des **créances** certaines, même conditionnelles, à terme ou à exécution successive, mais pas des créances futures, éventuelles ou hypothétiques (LPF art. L 262, 1-al. 5). En l'occurrence, il s'agira du prix de vente.
Une seule SATD peut être notifiée pour le recouvrement de plusieurs créances, même si elles sont de nature différente (LPF art. L 262, 1-al. 2).
La SATD est **notifiée** au redevable et au tiers détenteur (le plus souvent le notaire dans le cas d'une saisie du prix de vente). L'avis de saisie destiné au redevable, notifié par voie postale, comprend, sous peine de nullité, les délais et voies de recours. L'avis de saisie destiné au tiers détenteur lui est notifié par voie postale. Toutefois, sont obligatoirement notifiées par voie électronique les saisies adressées aux établissements de crédit. Les saisies adressées aux autres tiers détenteurs peuvent, avec leur accord préalable, être notifiées par voie électronique.
Comme la saisie-attribution de droit commun, la saisie administrative à tiers détenteur emporte, à concurrence des sommes pour lesquelles elle est pratiquée, **attribution immédiate** de la créance saisie, disponible entre les mains du tiers (LPF art. L 262, 1-al. 4). Dès réception de la saisie par le tiers détenteur, la propriété de la créance appréhendée est transférée au créancier.
Le **tiers détenteur est tenu** de payer l'impôt en l'acquit du contribuable, à concurrence des fonds qu'il détient ou qu'il doit, étant précisé que le Trésor ne peut exiger ce paiement avant l'expiration d'un **délai** de 30 jours à compter de la réception de l'acte (LPF art. L 262, 3-al. 1). Lorsque la SATD porte sur des créances conditionnelles, à terme ou à exécution successive, le tiers saisi est tenu de verser immédiatement les fonds dès que ces créances deviennent exigibles (LPF art. L 262, 3-al. 2).
S'il s'abstient, sans raison valable, de déférer en temps voulu à la SATD qui lui a été adressée, le tiers détenteur peut se voir réclamer les sommes saisies majorées du taux d'intérêt légal (LPF art. L 262, 3-al. 1).
Le tiers saisi est tenu de déclarer immédiatement par tous moyens l'étendue de ses obligations à l'égard du redevable dans les conditions prévues à l'article L 211-3 du Code des procédures civiles d'exécution (LPF art. L 262, 3 bis).
Le tiers saisi qui s'abstient, sans motif légitime, de faire cette déclaration ou fait une déclaration inexacte ou mensongère peut être condamné, à la demande du créancier, au paiement des sommes dues à ce dernier, sans préjudice d'une condamnation à des dommages et intérêts (LPF art. L 262, 3 bis-al. 4).
Lorsqu'une personne est simultanément destinataire de plusieurs saisies administratives à tiers détenteur, elle doit, en cas d'insuffisance des fonds, exécuter ces saisies en proportion de leurs montants respectifs (LPF art. L 262, 4).

PAIEMENT DIRECT

Le paiement direct est une procédure particulière prévue au profit du **créancier d'aliments** pour faciliter le paiement des pensions alimentaires (C. exécution art. L 213-1 s. et R 213-1 s.). 28348
Cette procédure entraîne attribution au profit du bénéficiaire des sommes qui en font l'objet au fur et à mesure qu'elles deviennent exigibles (C. exécution art. L 213-2).

OPPOSITION PAR LETTRE SIMPLE OU RECOMMANDÉE

Une opposition pratiquée sans autorisation du juge ni titre exécutoire ne constitue pas une **voie d'exécution efficace**. 28351
En effet, en matière de vente d'immeuble, seule une saisie-attribution, une saisie conservatoire ou une saisie administrative à tiers détenteur entre les mains du notaire, tiers saisi, « paralyse » tout paiement effectué par celui-ci pour le montant de la créance du saisissant.
Selon le professeur Vauvillé (Valeur d'une opposition par l'huissier : Dr. et Patrimoine juillet-août 1997 p. 46), le **notaire** devrait informer le créancier de son impossibilité de tenir compte de la lettre, en l'absence d'une voie d'exécution efficace, et de la contestation de son client sur le bien-fondé de la créance.
Cette opinion ne paraît pas s'imposer de façon générale dans la mesure où le notaire n'est pas tenu à une obligation de conseil à l'égard des tiers et qu'il est, par contre, tenu au secret professionnel.

C. Concours entre créanciers hypothécaires et créanciers saisissants

Le risque de saisie du prix de vente d'un immeuble hypothéqué par les créanciers chirographaires est suffisamment grave pour que les notaires prennent toutes dispositions en vue de **protéger les créanciers hypothécaires**. 28383
Parmi ces moyens, il y a bien sûr la purge amiable qui permet de protéger les créanciers hypothécaires contre les créanciers saisissants (n° 28074) et la clause de nantissement de prix, mais également les modes de transmission de créance (cession, délégation), en vertu desquels la créance de prix de vente aura quitté à due concurrence le patrimoine du vendeur (en ce sens, R. Perrot et Ph. Théry : Procédures civiles d'exécution, Dalloz 2005, n° 356 p. 370).
À défaut d'une affectation du prix de vente, ou même de la créance de prix de vente en cas de paiement à terme, la prudence impose au notaire de **ne pas détenir ce prix de vente** pour le compte du vendeur dans sa comptabilité, ce qui implique qu'il sache, lors de la signature de l'acte de vente, ce qu'il adviendra de ce prix :
– soit, d'un commun accord, les créanciers hypothécaires révélés par l'état « hors formalité » seront payés quasi immédiatement et le solde du prix de vente remis au vendeur, le risque de révélation de nouvelles inscriptions lors de l'état « sur formalité » pesant alors sur l'acquéreur ;
– soit, au contraire, la totalité du prix de vente sera affectée au paiement des créanciers hypothécaires révélés par cet état « sur formalité », ce qui imposera que le notaire, en exécution de la clause prévue à cet effet dans l'acte de vente, séquestre les fonds jusqu'à la réception de cet état et l'accomplissement éventuel des formalités de purge.

CHAPITRE 4

OBLIGATIONS LIÉES À LA LUTTE CONTRE LE BLANCHIMENT

SOMMAIRE

CONTRÔLE EXERCÉ SUR CERTAINES VENTES IMMOBILIÈRES

29000 Deux dispositifs de contrôle sont susceptibles de concerner les ventes immobilières. Le premier est relatif au **contrôle des investissements étrangers** en France. D'origine très ancienne, il ne présente plus aujourd'hui qu'un régime résiduel d'autorisation frappant les investissements susceptibles d'affecter les intérêts considérés comme essentiels, pour la cession de certaines branches d'activité (C. mon. fin. art. L 151-2 s. et R 151-1 à R 151-17). Il est complété par une déclaration obligatoire à la Banque de France pour les ventes dépassant 15 millions d'euros (C. mon. fin. art. R 152-3).
Le second a pour finalité la lutte contre le **blanchiment d'argent et le financement du terrorisme.** Plus récent, il tend à se développer sous l'influence de l'Union européenne (en dernier lieu : Règl. UE 2024/1624 du 31-5-2024 : JOUE 19-6). Les obligations qu'il met en place se développant et pouvant donner lieu à des sanctions de plus en plus lourdes pour les professionnels assujettis, il est présenté ici de manière détaillée.

SECTION 1

CHAMP D'APPLICATION DU DISPOSITIF ANTIBLANCHIMENT

PROFESSIONNELS SOUMIS AU DISPOSITIF

29100 Les **agents immobiliers, les avocats** et les **notaires,** expressément visés par le Code monétaire et financier, sont tenus au respect des obligations liées à la lutte contre le blanchiment (C. mon. fin. art. L 561-2, 8° et 13°). Les obligations incombant aux avocats et aux notaires sont cependant moins étendues car ils bénéficient des exonérations propres aux professionnels du droit.

29101 **Personne chargée de procéder aux déclarations de soupçon** Les **professionnels de l'immobilier** doivent communiquer l'identité et la qualité de la personne habilitée à procéder à la déclaration de soupçon (voir nos 29130 et s.) au sein de leur structure. Le nom de ce déclarant est indiqué sur un document distinct, joint à l'appui de la première déclaration transmise au service Tracfin (C. mon. fin. art. R 561-23, I-al. 2). Pour cela, il est recommandé d'utiliser le formulaire proposé sur le site de Tracfin (www.economie.gouv.fr/tracfin/declarants). Tout changement concernant les déclarants désignés doit être porté, sans délai, à la connaissance du service Tracfin et de l'autorité de contrôle.

Les **avocats et les notaires,** eux, sont tenus de s'acquitter personnellement de l'obligation de déclaration, quelles que soient les modalités de leur exercice professionnel ; ils reçoivent personnellement les accusés de réception de ces déclarations (C. mon. fin. art. R 561-23, IV et R 561-25).

Personne chargée de répondre aux demandes des autorités de contrôle 29102

L'avocat, le notaire et l'agent immobilier doivent communiquer au service Tracfin (voir n° 29128) et à leur autorité de contrôle (voir n° 29156) l'identité des dirigeants ou préposés (appelés « **correspondants** ») chargés de répondre aux demandes de ce service et de cette autorité et d'assurer la diffusion aux membres concernés du personnel des informations, avis ou recommandations de caractère général qui en émanent (C. mon. fin. art. R 561-24 al. 2). Cependant, l'avocat et le notaire doivent répondre **personnellement** aux demandes émanant de Tracfin (C. mon. fin. art. R 561-25).

Tout **changement** concernant les correspondants désignés doit être porté immédiatement à la connaissance du service Tracfin et de l'autorité de contrôle.

ACTIVITÉS CONCERNÉES PAR LE DISPOSITIF

Notaires Les notaires sont tenus au respect du dispositif antiblanchiment lorsque 29103 (C. mon. fin. art. L 561-2, 13° et L 561-3, I) :

– ils participent au nom et pour le compte de leur client à toute transaction financière ou immobilière ou agissent en qualité de fiduciaires ;

– ils assistent leur client dans la préparation ou la réalisation des transactions concernant : l'achat et la vente de biens immeubles ou de fonds de commerce ; la gestion de fonds, titres ou autres actifs appartenant au client ; l'ouverture de comptes bancaires, d'épargne ou de titres ou de contrats d'assurance ; l'organisation des apports nécessaires à la création des sociétés ; la constitution, la gestion ou la direction de fiducies, régies par les articles 2011 à 2031 du Code civil ou de droit étranger, ou de toute autre structure similaire ; la constitution ou la gestion de fonds de dotation ou de fonds de pérennité ;

– ils fournissent des conseils en matière fiscale, directement ou par personne interposée à laquelle ils sont liés.

Échappent aux obligations de déclaration de soupçon et de communication d'informations à Tracfin, outre les opérations non visées à l'article L 561-3, I du Code monétaire et financier, les consultations juridiques à moins qu'elles n'aient été fournies à des fins de blanchiment ou en sachant que le client les demande aux fins de blanchiment (C. mon. fin. art. L 561-3, III). Mais, quelle que soit l'activité concernée, les notaires restent tenus aux obligations de vigilance.

ATTENTION

Le dispositif concerne l'ensemble des transactions réalisées en France. À cet égard, le blanchiment peut être constitué en France même si l'infraction d'origine a été commise **à l'étranger** et que les juridictions françaises ne sont pas compétentes pour la juger. Tel est le cas par exemple de l'acquisition en France de biens immobiliers par un ministre d'un pays étranger, acquisition financée à l'aide de commissions versées par des compagnies pétrolières en contrepartie de l'octroi de droits d'exploitation dans son pays (Cass. crim. 24-2-2010 n° 09-82.857 : RJDA 7/10 n° 776). À noter que les ministres étrangers font partie des personnes politiquement exposées, soumises à une vigilance renforcée (voir n° 29116).

Avocats Les avocats sont tenus au respect du dispositif antiblanchiment dans les mêmes 29104 conditions que les notaires (voir n° 29103). Ils bénéficient d'une exonération supplémentaire lorsque l'activité visée à l'article L 561-3 se rattache à une **procédure juridictionnelle,** que les informations dont ils disposent soient reçues ou obtenues avant, pendant ou après cette procédure, y compris dans le cadre de conseils relatifs à la manière d'engager ou d'éviter une telle procédure (C. mon. fin. art. L 561-3, II).

> **Précisions a.** L'avocat qui rédige un **acte préparatoire à une vente immobilière,** en dehors de toute procédure judiciaire, est tenu de respecter les mêmes obligations que les notaires.
>
> **b.** Quelle que soit l'activité ayant donné lieu au **maniement de fonds** concerné (judiciaire ou non), Tracfin bénéficie d'un droit de communication auprès des caisses autonomes des règlements pécuniaires des avocats (voir n° 29128).

Professionnels de l'immobilier Les agents immobiliers sont soumis à l'ensemble des 29105 obligations de vigilance et de déclaration. Toutes les **activités visées** par la loi 70-9 du 2 janvier 1970 sont concernées, à l'exception de la cession de cheptel, de la gestion immobilière, de

l'activité de syndic de copropriété ainsi que la vente de listes ou de fichiers (C. mon. fin. art. L 561-2, 8°).
À noter qu'en matière de **location,** les agents immobiliers sont seulement soumis aux obligations de vigilance et de déclaration pour les mandats de transaction de biens immeubles dont le loyer mensuel est supérieur ou égal à 10 000 € (C. mon. fin. art. L 561-2, 8°).

> **Précisions** Les **marchands de biens** et les **promoteurs** immobiliers n'étant pas mentionnés expressément par le Code monétaire et financier, ils ne sont pas soumis aux obligations en matière de blanchiment et de financement du terrorisme. Ils sont toutefois particulièrement exposés au risque de blanchiment (Rapport du conseil d'orientation de la lutte contre le blanchiment de capitaux et le financement du terrorisme du 14-2-2023).

SECTION 2

OBLIGATIONS RÉSULTANT DU DISPOSITIF ANTIBLANCHIMENT

A. Procédures et contrôle internes

DISPOSITIF D'IDENTIFICATION ET D'ÉVALUATION DES RISQUES

29107 Les professionnels doivent **moduler** les mesures de vigilance qui leur sont imposées en fonction des risques de blanchiment de capitaux et de financement du terrorisme présentés par leur activité. Chaque structure (cabinet, étude, agence immobilière) doit mettre en place un dispositif adapté, prévoyant (C. mon. fin. art. L 561-4-1 et L 561-32) :
– une classification des risques en fonction de la nature des produits ou services offerts, des conditions de transaction proposées, des canaux de distribution utilisés, des caractéristiques des clients ainsi que du pays ou du territoire d'origine ou de destination des fonds ;
– une politique adaptée à chacun de ces risques.
Établir un document reprenant des recommandations générales antiblanchiment est insuffisant ; il faut que l'évaluation des risques soit adaptée à l'**activité** de chaque professionnel (CNS déc. 4-6-2016 n° 2015-20, agence immobilière appartenant à un réseau d'une vingtaine d'agences ayant toutes le même document ; CNS déc. 17-6-2021 n° 2019-54 : BPIM 5/21 inf. 362 ; CNS déc. 12-5-2022 n° 2020-08 : BPIM 5/22 inf. 390, agences ayant repris les fiches d'un syndicat professionnel sans les personnaliser en fonction de leur clientèle). À noter que l'élaboration d'une cartographie des risques est obligatoire même si l'agence n'a jamais effectué de déclaration de soupçons (CNS déc. 11-2-2021 n° 2019-46).
Le dispositif doit être adapté à la **taille** de la structure et être doté d'outils et de moyens matériels et humains permettant une vigilance effective (C. mon. fin. art. R 561-38). Mettre en place une organisation interne informelle n'est pas suffisant (CNS déc. 21-1-2021 n° 2019-24).
Les professionnels doivent également prévoir un dispositif de **contrôle interne** adapté à leur taille ainsi qu'à la nature, à la complexité et au volume de leurs activités et comprenant des moyens humains suffisants (C. mon. fin. art. R 561-38-3 s.). Lorsque la taille des établissements et leur activité le justifient, un contrôle interne périodique réalisé par des personnes dédiées, de manière indépendante à l'égard des personnes, entités et services qu'elles contrôlent, doit être réalisé.

> **Précisions** **a.** Les professionnels appartenant à un **groupe de sociétés** dont l'entreprise mère a son siège social en France mettent en place un dispositif d'identification et d'évaluation au niveau du groupe (C. mon. fin. art. L 561-4-1, al. 3).
> **b.** Lorsqu'une **société exploite plusieurs agences immobilières,** elle doit s'assurer de la bonne exécution du dispositif dans l'ensemble du réseau (CNS déc. 4-6-2016 n° 2015-20). À notre avis, les réseaux d'agences immobilières sont aussi concernés par l'obligation de mettre en place un contrôle interne périodique.
> **c.** La cartographie des risques doit prévoir les actions correspondant à chaque risque accompagnées d'un **scoring** (CNS déc. 11-4-2022 n° 2020-12 : BPIM 5/22 inf. 390).
> **d.** Pour établir sa classification, l'assujetti doit tenir compte de l'**analyse nationale des risques** (www.tresor.economie.gouv.fr/Articles/cf505823-7337-4178-abd2-e5bdecc0ce41/files/eec8335d-8bf8-4fea-b1ad-8075072408eb), ainsi que de l'**analyse**

sectorielle de la DGCCRF consacrée au secteur immobilier (Rapport DGCCRF du 28-9-2023 : BPIM 6/23 inf. 394). Ce dernier document, réalisé en se fondant sur les cas types ressortant des déclarations de soupçons faites à Tracfin et des travaux d'enquête judiciaire, distingue les investissements immobiliers reposant sur des fonds issus d'infractions primaires (fraude fiscale, par exemple) des opérations immobilières utilisées comme moyens actifs de blanchiment (crédits immobiliers frauduleux notamment). Il met en avant les principales vulnérabilités du secteur : zone géographique dans laquelle se situe le bien vendu (zone frontalière, outre-mer et Corse) ; modes d'acquisition ou de financement (Vefa, certaines rénovations de biens, opérations de prêts entre particuliers, montages complexes) ; acteurs de la transaction (transaction de gré à gré, fonds d'investissement spécialisés immatriculés à l'étranger, intervention de certains marchands de biens) ; caractéristiques du bien (notamment les biens de luxe à Paris ou sur la Côte d'Azur).

Les critères de risque dans le secteur de l'immobilier 29108

L'administration a publié le 6 novembre 2018 des lignes directrices relatives à la lutte contre le blanchiment et le financement du terrorisme pour les professionnels du secteur de l'immobilier (www.economie.gouv.fr/tracfin/lignes-directrices). Afin d'aider les professionnels à identifier les **indices** devant conduire à une vigilance renforcée ou à une déclaration de soupçons, une liste (non exhaustive) des critères d'alertes spécifiques est donnée :

- discordance entre le profil du client (âge, revenu, catégorie socioprofessionnelle) et la valeur du bien objet de l'opération ;
- discordance entre la valeur de marché du bien immobilier et le montant de la transaction ;
- présence d'un tiers au côté du client, dont le comportement tend à faire penser qu'il s'agit du bénéficiaire réel de l'opération ;
- le client procède à des achats et reventes dans un temps bref ;
- les fonds sont émis à partir d'un compte différent du compte de l'acquéreur ;
- recours à l'interposition de plusieurs personnes morales qui tend à opacifier l'identification du bénéficiaire réel de l'opération ;
- sensibilité du secteur d'activité duquel les fonds proviendraient (BTP, restauration, téléphonie...) ;
- comportement insolite ou atypique du client ;
- connivence supposée entre le vendeur et l'acquéreur ;
- montage anormalement complexe au regard de l'opération ;
- présence d'une personne politiquement exposée (voir n° 29117) ;
- zone géographique sensible.

En fonction de la clientèle ou du secteur géographique, ces critères peuvent être repris par les professionnels afin d'établir leur **cartographie** des risques. Ils complètent les analyses nationale et sectorielle des risques (n° 29107).

À signaler également, s'agissant des agents immobiliers, que la Commission nationale des sanctions (CNS) a estimé à plusieurs reprises que le **secteur des biens immobiliers de luxe** ou de prestige présente des risques particuliers, nécessitant une attention soutenue au regard des obligations antiblanchiment.

Ces critères sont également mis en évidence dans des fiches pratiques à destination des **notaires** diffusées par Tracfin en mars 2022. Doivent aussi attirer leur attention toute difficulté à établir un contact direct avec l'acquéreur, la présence d'une clause de substitution dans l'acte ou encore le versement anticipé des fonds (https://www.economie.gouv.fr/files/files/directions_services/tracfin).

B. Obligations de vigilance

VÉRIFICATION DE L'IDENTITÉ DES CLIENTS

Obligation générale de vérification Chaque professionnel doit identifier son **client** 29110
et, le cas échéant, **le bénéficiaire effectif** de la relation d'affaires par des moyens adaptés au risque de blanchiment. Les éléments d'identification doivent être vérifiés sur présentation de tout document probant, document qui devra être ensuite conservé quel qu'en soit le support (C. mon. fin. art. L 561-5, R 561-1 à R 561-3 et R 561-7 à R 561-9).

L'accomplissement de ces formalités s'impose pour toute vente immobilière, même si le professionnel **connaît personnellement** le client (CNS déc. 2-1-2021 n° 2019-52). Par exemple, le fait qu'un agent immobilier exerçait l'activité de syndic de l'immeuble vendu et connaissait par conséquent le vendeur ne le dispense pas de vérifier son identité lorsqu'il intervient pour la vente (CNS déc. 10-5-2017 n° 2015-34 ; CNS déc. 19-12-2018 n° 2017-55).

La vérification s'impose à tous les **professionnels** intervenant au cours de la vente. Par conséquent, les agents immobiliers ne peuvent pas se contenter de laisser le notaire vérifier l'identité des clients lors de la signature du compromis de vente (CNS déc. 22-7-2015 n° 2015-09 ; CNS déc. 25-7-2018 n° 2017-26 ; CNS déc. 14-1-2021 n° 2019-63) ou prétendre que les vérifications ont déjà été accomplies par la banque (CNS déc. 9-6-2022 n° 2021-02 : BPIM 5/22 inf. 390).

Si la **vérification** s'avère **impossible**, le professionnel n'exécute pas l'opération et ne poursuit aucune relation d'affaires (C. mon. fin. art. L 561-8). Si la relation a déjà été établie, il y met un terme et effectue une déclaration de soupçon (voir n°s 29130 s.).

> **Précisions** **a.** La vérification de l'identité d'une **personne physique** se fait par la présentation d'un document officiel en cours de validité comportant sa photographie. Sont à relever et à conserver les nom, prénoms, date et lieu de naissance de la personne, ainsi que la nature, les date et lieu de délivrance du document et les nom et qualité de l'autorité ou de la personne qui a délivré le document et, le cas échéant, l'a authentifié (C. mon. fin. art. R 561-5, 1° et R 561-5-1). Demander uniquement au vendeur son titre de propriété n'est pas suffisant, y compris lorsque le risque de blanchiment est faible car la clientèle de l'agence immobilière, située dans un secteur rural, est essentiellement française et connue des agents (CNS déc. 17-11-2015 n° 2015-11). La conservation des copies des pièces d'identité des clients est obligatoire sous peine de sanctions disciplinaires (CNS déc. 21-1-2021 n° 2019-24).
> **b.** Concernant les **personnes morales**, il convient de se procurer l'original ou la copie de tout acte ou extrait de registre officiel datant de moins de 3 mois constatant la dénomination, la forme juridique, le numéro d'immatriculation et l'adresse du siège social et l'identité des associés et dirigeants sociaux mentionnés aux 1° et 2° de l'article R 123-54 du Code de commerce ou de leurs équivalents en droit étranger (C. mon. fin. art. R 561-5, 2°). Si la direction effective de l'activité s'exerce dans un autre lieu qu'au siège social, l'adresse de ce lieu doit aussi être relevée. La vérification de l'identité de la personne morale peut également être réalisée en obtenant une copie certifiée du document directement via les greffes des tribunaux de commerce ou un document équivalent en droit étranger. L'identité des bénéficiaires effectifs de la personne morale doit être vérifiée également (voir n° 29112). Elle nécessite alors la vérification des statuts : un extrait Kbis n'est pas suffisant (CNS déc. 13-5-2022 n° 2020-09 : BPIM 5/22 inf. 390).

29111 **Vérification de l'identité préalable à la relation ou au compromis** En principe, il faut vérifier l'identité du client **avant d'entrer en relation** d'affaires (C. mon fin. art. L 561-5, I). Mais lorsque le risque de blanchiment paraît faible et que c'est nécessaire pour ne pas interrompre l'exercice normal de l'activité, il est possible de reporter la vérification au moment de la conclusion du contrat (C. mon. fin. art. L 561-5, IV).

La vérification d'identité concerne aussi bien le vendeur que l'acquéreur du bien ; si une première vérification a lieu **au moment de** la signature du mandat de vente, il faut la compléter ensuite, une fois qu'un acquéreur a été trouvé (CNS déc. 25-7-2018 n° 2017-26).

ATTENTION

Lorsque le professionnel a de bonnes raisons de penser que l'identité de son client et de son bénéficiaire effectif et les éléments d'identification précédemment obtenus ne sont plus exacts ou pertinents, il doit procéder à une **nouvelle identification** (C. mon. fin. art. R 561-11).

29112 **Identité des bénéficiaires effectifs** Les professionnels doivent également vérifier l'identité du bénéficiaire effectif, c'est-à-dire de la personne physique qui contrôle, directement ou indirectement, le client ou pour lequel la vente immobilière est exécutée (pour un exemple de condamnation d'une agence immobilière en cas d'acquisition par une SCI : CNS déc. 22-12-2018 n° 2018-02).

La **définition** du bénéficiaire effectif est donnée par le Code monétaire et financier pour chaque entité juridique : société, association, fonds de dotation, fiducie, etc. (C. mon. fin. art. R 561-1 s.). Si le client est une société, il s'agit de la ou des personnes physiques qui soit détiennent, directement ou indirectement, plus de 25 % du capital ou des droits de vote de la société, soit exercent, par tout autre moyen, un pouvoir de contrôle sur la société au sens des 3° et 4° du I de l'article L 233-3 du Code de commerce. Lorsqu'il n'est **pas possible d'identifier** la personne physique contrôlant certains groupements, des bénéficiaires effectifs par défaut sont désignés (par exemple, le gérant pour les SARL ou le président pour les fondations).

Les informations concernant les bénéficiaires effectifs des personnes morales et autres entités juridiques sont consignées par ces entités dans un **registre** dédié, tenu par les greffes des tribunaux de commerce (C. mon. fin. art. R 561-55 s.). Agents immobiliers, notaires et avocats ont accès gratuitement à l'intégralité des informations contenues dans le registre des bénéficiaires effectifs lorsqu'ils vérifient l'identité de leur client dans le cadre de leurs obligations de vigilance (C. mon. fin. art. R 561-58). Ils doivent signaler au greffe du tribunal de commerce toute divergence entre les informations inscrites au registre et les informations dont ils disposent (C. mon. fin. art. L 561-47-1 et R 561-64), via un portail (https://registrebeneficiaireseffectifs.infogreffe.fr/connexion).

VÉRIFICATION DE L'OBJET ET DE LA NATURE DE LA RELATION D'AFFAIRES

Avant d'entrer en relation d'affaires avec un client, le professionnel doit recueillir les informations relatives à l'objet et à la nature de cette relation et tout autre élément d'information pertinent sur son client (C. mon. fin. art. L 561-5, L 561-5-1 et R 561-12, 1°). **29113**

Il exerce ensuite **pendant toute la durée de la relation** d'affaires une vigilance constante et pratique un examen attentif des opérations, en veillant à ce que celles-ci soient cohérentes avec la connaissance actualisée qu'il a de son client (C. mon. fin. art. L 561-6, al. 2). Il recueille, met à jour et analyse les éléments d'information utiles, qui permettent de conserver une connaissance appropriée de ce client. La collecte et la conservation de ces informations doivent être réalisées en adéquation avec les objectifs d'évaluation du risque de blanchiment des capitaux et de financement du terrorisme et de surveillance adaptée à ce risque (C. mon. fin. art. R 561-12, 2°).

Un arrêté établit la liste des **informations utiles à recueillir.** Y figurent notamment : le montant et la nature des opérations envisagées, la provenance et la destination des fonds, les revenus ou tout élément permettant d'estimer les ressources et le patrimoine des personnes physiques, les mandats et pouvoirs ainsi que tout élément permettant d'apprécier la situation financière des personnes morales (Arrêté ECET0918201A du 2-9-2009 art. 1). En matière de vente immobilière, les professionnels doivent par conséquent se renseigner sur l'**origine des fonds** utilisés pour financer l'opération. Les agences immobilières ne sont pas dispensées de cette vérification lorsqu'elles ne manient pas de fonds et n'ont pas de compte séquestre (CNS déc. 12-11-2019 n° 2018-19 : BPIM 1/20 inf. 82). Les documents justificatifs sur cette origine doivent être conservés, sous peine de sanction disciplinaire (CNS déc. 21-1-2021 n° 2019-24).

> **Précisions** Une **relation d'affaires** est une relation professionnelle ou commerciale avec un client, y compris avec le bénéficiaire effectif de l'opération (C. mon. fin. art. L 561-2-1). Au moment où le contact est établi, elle est censée s'inscrire dans une certaine durée. Elle peut être prévue par un contrat comprenant plusieurs opérations successives ou des obligations continues. Elle peut aussi être nouée en l'absence de contrat, lorsqu'un client bénéficie de manière régulière de l'intervention d'un professionnel pour réaliser de telles opérations. Une simple vente immobilière est aussi une relation d'affaires, en raison de la durée s'écoulant entre la date de première mise en relation au sein de l'agence et la date de signature de l'opération chez le notaire ; une actualisation des informations est donc nécessaire (CNS déc. 13-5-2022 n° 2020-09 : BPIM 5/22 inf. 390).

VIGILANCE ACCRUE EN CAS D'OPÉRATION RISQUÉE OU COMPLEXE

Dans certaines **circonstances**, une simple vérification de l'identité des parties, de l'objet et de la nature de l'opération ne suffit pas. Il convient de renforcer l'intensité des mesures de vérification et de vigilance lorsque : **29114**

– le risque de blanchiment des capitaux et de financement du terrorisme paraît élevé (C. mon. fin. art. L 561-10-1) ;

– l'opération est « particulièrement complexe », porte sur un « montant inhabituellement élevé » ou ne paraît pas avoir de « justification économique ou d'objet licite » (C. mon. fin. art. L 561-10-2).

Le professionnel doit alors **se renseigner** auprès de son client **sur** l'origine des fonds et leur destination ainsi que sur l'objet de l'opération et l'identité de la personne qui en bénéficie. Tant que ces vérifications ne sont pas achevées, la relation d'affaires doit être suspendue (CNS déc. 11-2-2021 n° 2019-46, relevant plusieurs facteurs de risque dont la nationalité des parties, la présence de représentants, l'existence de clauses de substitution entre le compromis et la vente et des prix élevés). À cet égard, la conclusion rapide d'une vente n'exclut pas la nécessité de procéder aux mesures de vigilance supplémentaires exigées par le Code monétaire et financier (CNS déc. 1-3-2022 n° 2020-16 : BPIM 5/22 inf. 390).

CONSEIL

En matière de vente immobilière, les **principaux points de vigilance** sont l'origine ou la destination des fonds et la résidence des parties à l'opération. Par exemple, la commission nationale des sanctions a estimé qu'une vigilance renforcée doit être mise en place lorsqu'une acquisition est financée exclusivement sur des fonds personnels et pour des montants importants (CNS déc. 11-2-2021 n° 2019-46). La consultation des documents régulièrement publiés par le Groupe d'action financière (Gafi), organisme intergouvernemental, et notamment la liste des pays dont la participation active à la lutte contre le blanchiment est jugée insuffisante (n° 29118), est recommandée. Tracfin a également donné une liste des critères d'alerte dans des lignes directrices spécifiques au secteur de l'immobilier (voir n° 29108).

VIGILANCE ACCRUE EN CAS D'ANONYMAT

29116 Une vigilance accrue est exigée du professionnel **lorsque** le produit ou l'opération favorise l'anonymat (C. mon. fin. art. L 561-10, 2°). Sont concernés les bons, titres et contrats au porteur ainsi que des opérations portant sur ces produits (C. mon. fin. art. R 561-19).

VIGILANCE ACCRUE EN PRÉSENCE D'UN CLIENT PARTICULIÈREMENT EXPOSÉ

29117 Des mesures de vigilance particulières s'imposent encore **lorsque** le client ou le bénéficiaire effectif est une personne exposée à des risques particuliers en raison des fonctions politiques, juridictionnelles ou administratives qu'elle exerce ou a exercées pour le compte d'un État ou de celles qu'exercent ou ont exercées des membres directs de sa famille ou des personnes connues pour lui être étroitement associées (C. mon. fin. art. L 561-10, 2° et, pour une définition de la personne particulièrement exposée, R 561-18).

Dans ce cas, en plus des mesures de vérification, les professionnels doivent appliquer toutes les **mesures suivantes** (C. mon. fin. art. R 561-20-2) :

– renforcer les mesures de vigilance prévues par l'article R 561-12-1 du Code monétaire et financier, relatives à la cohérence des opérations effectuées au regard de la connaissance de la relation d'affaires ;

– réserver la décision de nouer une relation d'affaires avec cette personne à un membre de l'organe exécutif ou toute personne habilitée à cet effet par l'organe exécutif ;

– rechercher, pour l'appréciation des risques de blanchiment, l'origine du patrimoine et des fonds impliqués dans la relation d'affaires ou la transaction.

VIGILANCE ACCRUE LORSQUE L'UNE DES PARTIES EST ÉTABLIE DANS CERTAINS ÉTATS

29118 Le professionnel doit également appliquer des mesures complémentaires lorsque l'opération est effectuée avec des personnes physiques ou morales, y compris leurs filiales ou établissements, domiciliées, enregistrées ou établies dans un État ou un territoire figurant sur les listes publiées par le Gafi ou par la Commission européenne parmi ceux dont la législation ou les pratiques font obstacle à la lutte contre le blanchiment des capitaux et le financement du terrorisme (C. mon. fin. art. L 561-10, 3°). Des documents publiés par le Gafi établissent en effet la liste des pays dont la participation active à la lutte contre le blanchiment est jugée insuffisante (http://www.fatf-gafi.org ; il est conseillé de vérifier souvent cette liste, qui évolue régulièrement).

En toute circonstance, le professionnel doit mettre en œuvre des **procédures** lui permettant d'identifier les opérations susceptibles d'être effectuées avec des personnes domiciliées ou établies dans ces pays (C. mon. fin. art. R 561-20-4).

Si tel est le cas, le professionnel doit **évaluer le niveau de risque** de blanchiment de capitaux ou de financement du terrorisme de l'opération.

Lorsque l'opération présente un niveau élevé de risque, il doit appliquer chacune des **mesures suivantes** (C. mon. fin. art. R 561-20-4) :

– la décision de nouer ou de maintenir la relation d'affaires ne peut être prise que par un membre de l'organe exécutif ou toute personne habilitée à cet effet par l'organe exécutif ;

– il doit recueillir des éléments d'information complémentaires relatifs à la connaissance du client et de son bénéficiaire effectif, à la nature de la relation d'affaires, à l'origine des fonds et du patrimoine du client et à l'objet des opérations envisagées ou réalisées ;

– il doit renforcer la fréquence des contrôles réalisés tout au long de la relation d'affaires et adapter les critères en fonction desquels les opérations doivent faire l'objet d'un examen plus approfondi.

ATTENTION

Si le professionnel néglige ces obligations complémentaires, il s'expose à des **sanctions** disciplinaires. Pour un exemple de condamnation d'une agence immobilière en présence d'un client domicilié en Iran : CNS déc. 4-6-2016 n° 2015-20.

VIGILANCE ACCRUE À LA DEMANDE DE TRACFIN

Tracfin peut demander aux professionnels de renforcer, pour une **durée** de 6 mois renouvelable, leur vigilance sur des opérations particulières (en raison soit de leur nature, soit de la zone géographique concernée) ou sur des personnes déterminées (C. mon. fin. art. L 561-26 et R 561-36-1). Il est alors **interdit** aux professionnels de porter à la connaissance de leurs clients ou de tiers les informations transmises par Tracfin. **29119**

SUBSISTANCE D'UN DOUTE APRÈS VÉRIFICATION

À l'issue des mesures de vigilance complémentaires prises en application de l'article L 561-10, si celles-ci n'ont pas permis de lever tout doute, le professionnel doit procéder à la **déclaration** de soupçon (C. mon. fin. art. L 561-15, III). **29122**

CONSERVATION DES DOCUMENTS

Les professionnels sont tenus de conserver pendant une **durée** de 5 ans (C. mon. fin. art. L 561-12) : **29125**

– à compter de la clôture des comptes ou de la cessation des relations, les documents et informations, quel qu'en soit le support, justifiant de l'identité de leurs clients ;

– à compter de l'exécution de l'opération, quel qu'en soit le support, les documents et informations relatifs aux opérations faites par leurs clients (y compris les documents relatifs à l'origine des fonds utilisés).

ATTENTION

L'obligation de conserver les documents relatifs à une vente immobilière s'impose aux **agents immobiliers** même si ces documents sont également conservés par les notaires (CNS déc. 4-6-2016 n° 2015-20). Pour un exemple de condamnation d'une agence qui ne conservait que 2 années d'archives : CNS déc. 5-6-2018 n° 2017-22.

CONTRÔLES ET DROIT DE COMMUNICATION DE TRACFIN

À tout moment, les professionnels doivent être en mesure de justifier aux autorités de contrôle l'**adéquation des mesures** de vigilance qu'elles ont mises en œuvre au risque de blanchiment de capitaux et de financement du terrorisme présenté par la relation d'affaires (C. mon. fin. art. R 561-12). **29128**

Sur demande, ils doivent communiquer à Tracfin l'ensemble des **documents, informations ou données** qu'ils sont tenus de conserver au titre de la lutte contre le blanchiment (C. mon. fin. art. L 561-26). La remise doit intervenir dans les délais fixés par le service.

Le professionnel doit également remettre toute **information** aux services de l'État chargés de mettre en œuvre une mesure de gel ou d'interdiction de mouvement ou de transfert des fonds, lorsque ces informations peuvent permettre de vérifier l'identité des personnes visées par cette mesure (C. mon. fin. art. L 562-8).

> **Précisions a.** S'agissant des **avocats,** Tracfin bénéficie d'un droit de communication auprès des caisses autonomes des règlements pécuniaires des avocats (Carpa) à qui elle peut demander les informations relatives au montant, à la provenance et à la destination des fonds, effets ou valeurs déposés par un avocat, l'identité de l'avocat concerné et l'indication de la nature de l'affaire enregistrée par la caisse (C. mon. fin. art. L 561-25-1). Ces caisses communiquent les informations demandées à Tracfin par l'intermédiaire du bâtonnier de l'ordre auprès duquel l'avocat concerné est inscrit. Il est interdit de porter à la connaissance de quiconque les informations provenant de l'exercice par Tracfin de ce droit de communication.
> **b.** Les documents et information recueillis doivent être communiqués à l'**administration fiscale** si elle en fait la demande (LPF art. L 88). Le refus de communication est sanctionné par une amende de 10 000 € (CGI art. 1734).

C. Déclaration de soupçon

FAITS GÉNÉRATEURS DE L'OBLIGATION DE DÉCLARATION

Soupçon Les professionnels qui participent à une vente immobilière sont tenus de procéder à une déclaration de soupçon lorsqu'ils savent, soupçonnent ou ont de bonnes raisons de soupçonner que les **sommes** inscrites sur leurs livres ou portant sur les opérations auxquelles ils concourent : **29130**

– proviennent d'une **infraction** (ou d'une tentative d'infraction) **passible d'une peine privative de liberté** supérieure à un an (C. mon. fin. art. L 561-15, I-al. 1er et L 561-15, V bis pour la tentative), ce qui englobe le vol, l'escroquerie, l'abus de confiance, l'abus de faiblesse, l'abus de biens sociaux, la banqueroute, la contrefaçon, l'extorsion, la contrebande, etc. ;

– ou sont liées au **financement** ou à la tentative de financement **du terrorisme** (C. mon. fin. art. L 561-15, I-al. 1er et L 561-15, V bis pour la tentative) ;
– ou proviennent d'une **fraude fiscale** ou d'une tentative de fraude fiscale (C. mon. fin. art. L 561-15, II et L 561-15, V bis pour la tentative).
Dans ce cas, la déclaration ne s'impose qu'en présence d'au moins un des seize critères visés à l'article D 561-32-1, II du Code monétaire et financier.

> **Précisions a.** Les 16 **critères de l'article D 561-32-1** regroupent les techniques utilisées par les blanchisseurs afin de rendre plus opaque l'origine des fonds utilisés et les opérations anormales les plus répandues. Sont visés par exemple : le refus du client de produire des pièces justificatives quant à la provenance des fonds reçus ou quant aux motifs avancés des paiements (11e critère) ; le dépôt par un particulier de fonds sans rapport avec son activité ou sa situation patrimoniale connues (15e critère) ; la réalisation d'une transaction immobilière à un prix manifestement sous-évalué (16e critère).
b. Tracfin a établi avec la DGCCRF une liste non exhaustive de **critères d'alerte** auxquels les professionnels de l'immobilier doivent être attentifs lors d'une transaction : voir n° 29108.

29134 **Opération inhabituelle** À l'issue des mesures de vigilance complémentaires nécessaires en cas de **risque élevé ou** d'**opération complexe** (nos 29114 s.), le professionnel doit effectuer, « le cas échéant », une déclaration de soupçon (C. mon. fin. art. L 561-15, III). La jurisprudence précise d'ailleurs, d'une façon plus générale, que si les explications ou les vérifications paraissent insuffisantes, il convient de procéder à une déclaration, en l'absence même de réels soupçons (CE 3-12-2003 n° 244084 ; CE 31-3-2004 n° 256355).

EXEMPLE

Dans les rapports annuels et les lettres d'information mensuelles qu'il publie, Tracfin donne des **exemples de situation** devant conduire les professionnels de l'immobilier à procéder à une déclaration de soupçon. Tel est le cas lorsque le profil de l'acheteur révèle des incohérences : acquéreur de 23 ans sans profession ou réception d'un virement bancaire en provenance d'un compte à l'étranger par des personnes dont les professions ne génèrent pas habituellement de revenus aussi conséquents (Lettre d'information Tracfin n° 12, p. 3).
Autre exemple dans une affaire où le notaire a été sanctionné pour ne pas avoir effectué une déclaration de soupçons : la vente de la nue-propriété d'un bien à une personne physique et de l'usufruit (surévalué) à une SCI, représentée par la personne physique acquéreur de la nue-propriété ; les modifications opérées entre la signature du compromis et celles de l'acte de vente (parties, modalités de paiement et débiteur du prix) ; le paiement de l'usufruit dès le compromis ; des versements effectués à partir du compte Carpa d'un avocat (Cass. 1e civ. 22-5-2019 n° 18-12.101 F-PB : BPIM 4/19 inf. 277).
Les lignes directrices pour les professionnels de l'immobilier donnent également des exemples de cas (se reporter notamment à l'achat d'un bien pour le compte d'une personne tierce ou en utilisant un « compte taxi »).

29138 **Information nouvelle** Si une déclaration de soupçon a été faite, toute information de nature à infirmer, conforter ou **modifier les éléments contenus dans cette déclaration** doit être portée, sans délai, à la connaissance du service Tracfin (C. mon. fin. art. L 561-15, IV).

FORME DE LA DÉCLARATION

29140 La déclaration doit en principe être établie par **écrit**. Exceptionnellement, elle peut être recueillie **verbalement**, mais doit dans ce cas comporter les mêmes informations que pour une déclaration écrite et suppose la présence du déclarant (C. mon. fin. art. L 561-15, VI et R 561-31).
Les avocats doivent adresser leur déclaration au bâtonnier de l'ordre dont ils dépendent. Le bâtonnier effectue ainsi un **filtre** : il vérifie notamment que les conditions d'une déclaration sont remplies (C. mon. fin. art. L 561-17), puis transmet la déclaration à Tracfin (C. mon. fin. art. R 561-32).
Les agents immobiliers et les notaires doivent en revanche adresser leur déclaration **directement** à Tracfin. Cette déclaration est remplie :
– soit via le portail Ermes mis en ligne sur le site internet de Tracfin (www.economie.gouv.fr/tracfin/declarer) ;
– soit en renseignant de façon dactylographiée le formulaire disponible sur le site internet de Tracfin à qui il doit être adressé par courrier (10, rue Auguste Blanqui 93186 Montreuil-sous-Bois Cedex).
À noter qu'un **nouveau formulaire** de déclaration a été déployé en 2024, de manière échelonnée pour chaque profession, afin d'améliorer la qualité des informations transmises. Il a été conçu en collaboration avec les représentants des différentes professions déclarantes ainsi que leurs autorités de contrôles (Communiqué ministère de l'Économie du 25-6-2024).

ATTENTION

Le service Tracfin ne prend pas en charge les déclarations qui lui sont adressées par **mail.** L'envoi par **télécopie** est strictement réservé aux cas d'urgence signalés préalablement, sous réserve de la bonne lisibilité de la déclaration. Un guide d'utilisation est disponible sur le site internet du ministère de l'économie (www.economie.gouv.fr/files/files/directions_services/tracfin/ERMES_082020.pdf).

CONTENU DE LA DÉCLARATION

La déclaration doit **comporter** la signature du déclarant (dématérialisée en cas de déclaration via le portail Ermes) ainsi que tous les éléments d'identification et de connaissance du client et, le cas échéant, du bénéficiaire effectif, l'objet et la nature de la relation d'affaires, le descriptif des opérations concernées ainsi que les éléments d'analyse qui ont conduit à nouer cette relation (C. mon. fin. art. R 561-31). 29141

Lorsque la déclaration concerne une personne physique, il faut mentionner son activité professionnelle et les éléments composant son patrimoine. Pour les personnes morales, il est demandé d'ajouter le numéro d'immatriculation au registre du commerce et des sociétés, la forme juridique et le secteur d'activité (Arrêté EFIZ1234360A du 6-6-2013 art. 1). Les bénéficiaires effectifs des personnes morales et autres entités juridiques sont complétés après consultation du registre des bénéficiaires effectifs (voir n° 29112).

Lorsque la déclaration porte sur une **opération qui n'a pas encore été exécutée**, elle indique son délai d'exécution. Lorsqu'elle porte sur une tentative de blanchiment, la déclaration comporte l'identité du client ainsi que les autres informations qui ont pu être recueillies (C. mon. fin. art. R 561-31).

Elle doit être **accompagnée** de toute pièce ou tout document justificatif utile à son exploitation.

NON-RESPECT DES CONDITIONS DE FORME ET DE CONTENU

Lorsqu'une déclaration ne remplit pas les conditions de fond ou de forme, Tracfin invite le déclarant, dans un délai de 10 jours ouvrables à compter de sa réception, à **régulariser** sa déclaration en lui précisant les éléments à régulariser. Le déclarant dispose alors d'un mois pour rectifier sa déclaration. 29142

À défaut de régularisation, le déclarant est informé de l'**irrecevabilité** de sa déclaration, au plus tard dans un délai de 10 jours ouvrables (C. mon. fin. art. R 561-31 ; Arrêté EFIZ1234360A du 6-6-2013 art. 5).

SUITES DONNÉES À LA DÉCLARATION

Accusé de réception et information du déclarant Le service Tracfin accuse réception de la déclaration « à moins que le déclarant n'ait indiqué expressément ne pas vouloir en être destinataire » (C. mon. fin. art. L 561-15, VI). 29143

Si le procureur de la République est saisi sur le fondement de cette déclaration, le déclarant en est informé (C. mon. fin. art. L 561-30-1 et L 561-30-2). Cette information est strictement **confidentielle** (voir n° 29158).

Opposition à exécution Une opposition à l'exécution de l'opération non encore exécutée peut être notifiée au déclarant. Dans ce cas, l'**opération est reportée** pendant 10 jours ouvrables à compter du jour d'émission de la notification. Ce délai peut être allongé par le président du tribunal judiciaire de Paris (C. mon. fin. art. L 561-24, I). Il est interdit au déclarant de prévenir l'auteur de l'opération ou des tiers (autres que les autorités de contrôle ou l'autorité judiciaire ou les enquêteurs en cas d'action en responsabilité) que Tracfin s'est opposé à l'exécution de l'opération (C. mon. fin. art. L 561-24, II). 29144

En l'**absence d'opposition,** l'opération qui a fait l'objet de la déclaration peut être exécutée (C. mon. fin. art. L 561-25, I-al. 4).

> **Précisions** **a.** Lorsque le service Tracfin soupçonne qu'une opération est liée au blanchiment d'une infraction ou au financement du terrorisme, il peut faire opposition non seulement à l'exécution de cette opération, mais également à d'**autres opérations qui seraient liées** à la même infraction (C. mon. fin. art. L 561-24, I).

b. En cas d'opposition à exécution, les professionnels assujettis sont par ailleurs exonérés de toute **responsabilité** pour non-exécution de l'opération (même article).

DÉCLARATION PAR LES AUTORITÉS DE CONTRÔLE

29146 Lorsque, dans l'accomplissement de leur mission, les autorités de contrôle et les ordres professionnels découvrent des faits susceptibles d'être liés au blanchiment des capitaux ou au financement du terrorisme ou toute somme ou opération visée à l'article L 561-15, ils en informent sans délai Tracfin. S'agissant du Conseil de l'Ordre des avocats, le bâtonnier informe non pas Tracfin, mais le procureur général près la cour d'appel qui transmet cette information sans délai à Tracfin (C. mon. fin. art. L 561-28).

SECTION 3 IMMUNITÉS ET SANCTIONS

IMMUNITÉS

29150 **Immunité pénale** Pour les sommes ou les opérations ayant fait l'objet de la **déclaration de soupçon**, aucune poursuite fondée sur les articles 226-10 (dénonciation calomnieuse), 226-13 et 226-14 du Code pénal (atteinte au secret professionnel) ne peut être engagée contre le déclarant (C. mon. fin. art. L 561-22, I).
Lorsque l'opération a été exécutée, la même immunité prévaut pour toute poursuite fondée sur la **participation à une transaction illégale** « sauf concertation frauduleuse avec le propriétaire des sommes ou l'auteur de l'opération » (C. mon. fin. art. L 561-22, IV). Cette immunité ne vaut pas en cas de déclaration tardive (CE 3-12-2003 n° 244084 ; Cass. crim. 19-6-2024 n° 22-81.808 FS-B).

29152 **Immunité civile et disciplinaire** Aucune action en responsabilité civile ni aucune sanction disciplinaire ne peut être intentée contre le déclarant qui a procédé à une déclaration de soupçon de bonne foi, **même si** la preuve du caractère délictueux des faits à l'origine de la déclaration n'est pas rapportée, ou si ces faits ont fait l'objet d'une décision de non-lieu, de relaxe ou d'acquittement (C. mon. fin. art. L 561-22, III). Seul l'État répond donc des éventuels dommages subis à raison d'une déclaration infondée.

SANCTIONS ENCOURUES

29154 Les manquements aux obligations de vigilance ou de déclaration de soupçon ne sont susceptibles d'entraîner que des sanctions disciplinaires et administratives et non pénales. Seule la révélation de certaines informations peut générer des poursuites pénales.
Mais le professionnel qui, malgré des indices apparents de blanchiment, négligerait de déclarer ses soupçons pourrait être poursuivi en tant que complice du blanchisseur.

29156 **Sanctions disciplinaires et administratives** Lorsque, par suite, soit d'un grave défaut de vigilance, soit d'une carence dans l'organisation de ses procédures internes de contrôle, le professionnel omet de procéder à l'une des obligations de déclaration ou de vigilance posées en matière de lutte contre le blanchiment, l'**autorité de contrôle** dont il relève engage une procédure sur le fondement des règlements professionnels ou administratifs et en avise le procureur de la République (C. mon. fin. art. L 561-36, I et L 561-36, II).
Le contrôle des **notaires** est exercé par la chambre des notaires de leur ressort, le cas échéant assistée par le Conseil supérieur du notariat (C. mon. fin. art. L 561-36, I-4°), celui des **avocats** par le Conseil de l'Ordre du barreau auprès duquel ils sont inscrits (C. mon. fin. art. L 561-36, I-3°), tandis que les inspections des **agents immobiliers** sont conduites par des agents de la DGCCRF (C. mon. fin. art. L 561-36, I-14° et R 561-40). Ils peuvent se voir infliger des sanctions disciplinaires par la Commission nationale des sanctions (CNS), autorité administrative relevant du ministère de l'économie.

29157 Tout manquement aux obligations en matière de blanchiment peut donner lieu aux **mesures et sanctions suivantes** (C. mon. fin. art. L 561-36-3) :
– une injonction ordonnant à l'une de ces personnes de mettre un terme au comportement en cause et lui interdisant de le réitérer ;
– une interdiction temporaire d'exercice ;
– une amende administrative dont le montant ne peut être supérieur à un million d'euros. Lorsque l'avantage retiré du manquement peut être déterminé, cette sanction peut être au plus le double du montant de cet avantage.
L'autorité compétente peut sanctionner la **personne** ayant commis les manquements mais également ses dirigeants ou toute autre personne physique salariée, préposée, ou agissant pour le

compte de cette personne, du fait de son implication personnelle dans les manquements en cause. Le montant et le type de la sanction infligée en cas de manquement sont **fixés en tenant compte**, notamment, de la gravité et de la durée des manquements, du degré de responsabilité de l'auteur des manquements, de sa situation financière, de l'importance des gains qu'il a obtenus ou des pertes qu'il a évitées, de son degré de coopération lors du contrôle et de la procédure ainsi que des manquements qu'il a précédemment commis et des préjudices subis par des tiers du fait des manquements.
Les **décisions de sanction** sont en principe rendues publiques et l'autorité de sanction peut mettre à la charge de la personne sanctionnée tout ou partie des **frais** occasionnés par les mesures de contrôle ayant permis la constatation des faits.

> **Précisions** Lorsque la **publication** de la décision sanctionnant un notaire pour non-respect des mesures de lutte contre le blanchiment est prononcée, elle intervient sur le site internet du Conseil supérieur du notariat (C. mon. fin. art. R 561-42-1). Les décisions concernant les avocats sont publiées sur le site du Conseil national des barreaux. Quant aux agents immobiliers, la publication est effectuée sur le site de la CNS (C. mon. fin. art. R 561-50-1).

Sanctions pénales Le fait de **porter à la connaissance de toute personne l'existence de la déclaration** de soupçon ou de donner des informations sur les suites qui lui ont été réservées (C. mon. fin. art. L 561-18) ou encore de divulguer à quiconque l'exercice par le service Tracfin de son droit de communication (C. mon. fin. art. L 561-26) est puni d'une peine d'amende de 22 500 € (C. mon. fin. art. L 574-1). Toutefois, certains professionnels (notaires, avocats, huissiers de justice notamment) peuvent s'informer mutuellement de l'existence et du contenu de la déclaration lorsqu'ils interviennent pour un même client et dans une même transaction (C. mon. fin. art. L 561-21) ou lorsqu'ils appartiennent au même réseau ou à une même structure d'exercice professionnel (C. mon. fin. art. L 561-20, II). 29158
Le **manquement à l'obligation de déclaration** n'emporte aucune sanction pénale. Mais la Cour de cassation considère que le fait d'avoir sciemment méconnu ses obligations en matière de lutte contre le blanchiment peut conforter la preuve d'une participation consciente à l'infraction de blanchiment aggravé (Cass. crim. 19-6-2024 n° 22.808 FS-B : condamnation d'une banque pour mise à disposition d'un compte et exécution d'ordres de virement malgré des alertes d'opérations frauduleuses). Il a aussi été jugé que le fait de s'affranchir sciemment des obligations antiblanchiment, et donc du coût qu'elles représentent pour une entreprise, crée un avantage concurrentiel indu et constitue une concurrence déloyale (Cass. com. 27-9-2023 n° 21-21.995 F-B : RJDA 1/24 n° 58).

TITRE VI

Opération affectée d'une condition ou d'un terme

CHAPITRE 1

OPÉRATION AFFECTÉE D'UNE CONDITION

SOMMAIRE

IMPORTANCE DES CONDITIONS DANS LES VENTES IMMOBILIÈRES

La **technique conditionnelle** est à ce point utilisée dans les avant-contrats de vente d'immeubles que l'on pourrait la croire inhérente à ces opérations juridiques. En réalité, il s'agit d'une modalité adjointe à un contrat à tous autres égards complet et fonctionnel. 30000

Le caractère juridiquement accessoire de la condition ne doit cependant pas tromper sur son **importance pratique** : il est exceptionnel qu'un **avant-contrat** ne soit pas affecté d'une ou plusieurs conditions suspensives et la mise au point des clauses correspondantes retient souvent l'attention des parties et du rédacteur. À raison d'ailleurs, puisque l'examen de la jurisprudence révèle que c'est souvent sur elles que le conflit se cristallise lorsque l'une des parties prétend échapper à ses engagements.

La condition est surtout utile au stade de l'avant-contrat, préparatoire à la vente. L'acte notarié constatant la vente est très généralement régularisé lorsque tous les éléments d'incertitude ont été dissipés ; c'est la raison pour laquelle cet acte n'est qu'exceptionnellement conditionnel.
La réforme du droit des contrats et du droit des obligations opérée par l'ordonnance 2016-131 du 10 février 2016, retouchée et ratifiée par la loi 2018-287 du 20 avril 2018, a simplifié les règles consacrées par le Code civil à l'obligation conditionnelle, sans remettre en cause la plupart des solutions antérieures.

SECTION 1

CONDITION DANS LE CONTRAT

DÉFINITIONS DE LA CONDITION

30010 Le terme de « condition » connaît **plusieurs significations** dans le langage juridique, ce qui crée des risques de confusions.
Au sens de **modalité de l'obligation ou du contrat**, la condition est l'événement futur et incertain à la survenance duquel est subordonnée la formation ou la disparition de ce contrat ou de cette obligation. Selon l'article 1304, alinéa 1 du Code civil, « l'obligation est conditionnelle lorsqu'elle dépend d'un événement futur et incertain ».
La condition se distingue du terme, autre modalité de l'obligation, sur deux points : le terme est un événement futur mais, à la différence de la condition, il a un caractère certain ; le terme n'affecte pas l'existence de l'obligation mais son exigibilité (n°s 33000 s.).

30012 La condition modalité, qui est seule traitée ici, doit être distinguée des **conditions de fond nécessaires à l'existence ou à la validité de l'acte juridique**. Au nombre de ces conditions figurent les conditions de validité du contrat que sont le consentement des parties, leur capacité de contracter et un contenu licite et certain (C. civ. art. 1128). Ces conditions sont des éléments constitutifs de la convention sans lesquels celle-ci ne pourrait pas exister. À ces conditions s'ajoutent des **conditions de validité** ou de **perfection** qui résultent d'exigences additionnelles impératives, et sans lesquelles la vente ne serait pas régulière : par exemple, le consentement du conjoint, l'autorisation du juge des tutelles ou du juge-commissaire lorsque la vente porte sur un immeuble servant au logement de la famille, sur un immeuble appartenant à un mineur ou à un majeur protégé ou sur un immeuble appartenant à un propriétaire soumis à une procédure de liquidation judiciaire.
La distinction entre la condition élément de formation et la condition modalité n'est pas seulement terminologique ; elle est également fonctionnelle, puisqu'un même élément ne peut pas être en même temps nécessaire à la validité de la convention et être utilisé comme modalité conditionnelle de celle-ci (n° 30250).
Les conditions de formation ou de validité sont généralement fixées par la loi. Mais les contractants peuvent, conventionnellement, s'imposer une condition de formation du contrat supplémentaire, en rehaussant la portée juridique d'un élément ordinairement accessoire pour le rendre essentiel : ce sera, par exemple, la signature de l'acte authentique de vente érigée en élément de formation de la vente (voir n° 10504).

30014 La condition modalité doit être distinguée de la **condition de forme** qui affecte non plus l'existence mais l'efficacité de la convention. Par exemple, le respect de la règle dite « du double original » est une condition d'efficacité de l'écrit sous signature privée comme mode de preuve parfait ; l'authenticité de l'acte est une condition de sa publication au fichier immobilier, et donc de son opposabilité aux tiers.

30016 La condition modalité ne doit pas non plus être confondue avec la **condition de la vente**, entendue comme l'une des obligations nées du contrat, généralement énoncées dans les développements consacrés aux « charges et conditions ». Cette terminologie est utilisée en pratique dans le droit des contrats, et spécialement en matière de vente d'immeuble.

PORTÉE DE LA CONDITION

30018 La condition modalité affecte soit une obligation, soit la convention en son entier, même si les dispositions du Code civil qui lui sont consacrées font référence à l'obligation et non au contrat.

C'est la **volonté des parties** qui détermine si la condition affecte seulement une obligation en particulier ou le **contrat** dans sa globalité. Cette dernière situation est systématique en matière de vente immobilière et spécialement d'avant-contrat : la situation contractuelle est généralement dans son ensemble asservie à la réalisation ou à la défaillance de la condition, compte tenu de l'importance que les parties ou l'une d'elles lui assignent ou de la réciprocité des obligations des parties. Mais il est possible que seule **une obligation en particulier** soit concernée, et non le contrat en son entier.

INTÉRÊT DE LA CONDITION

La condition, au sens de modalité, permet aux parties de contracter immédiatement en intégrant dans leur convention un événement futur et incertain suffisamment important pour que l'existence même du contrat dépende de sa survenance. En matière de vente, elle correspond à une démarche très concrète : « j'achète si... » ou « je vends à la condition que tel événement se produise... ». **30020**

L'événement considéré est futur et incertain. S'il n'était pas futur, les parties pourraient immédiatement contracter ; s'il n'était pas incertain, elles le pourraient également. La condition modalité est un facteur de **sécurité juridique** : si elles n'y recouraient pas, les parties seraient confrontées à une alternative dont aucune des branches ne serait satisfaisante : elles pourraient faire le choix de ne pas contracter immédiatement, en attendant que l'événement attendu se produise, mais au risque de ne pas pouvoir le faire plus tard si le partenaire n'y est plus disposé ; elles pourraient préférer contracter définitivement et immédiatement, mais elles prendraient alors le risque que l'événement attendu ne se produise jamais. La condition modalité permet d'intégrer la **contrainte temporelle** dans les contrats. Elle est très utile en matière immobilière, en raison de la durée du processus contractuel et des nombreux paramètres à prendre en compte et vérifications à effectuer pour parvenir à une vente sûre et efficace.

La condition d'obtention de prêt illustre très bien la possibilité qu'offre la condition de contracter en toute sécurité en anticipant sur un événement incertain mais possible : plutôt que d'attendre d'avoir son prêt pour s'engager dans une acquisition, ou plutôt que de s'y engager tout de suite au risque de ne pas avoir son prêt, l'acquéreur préfère contracter immédiatement sous la condition que le prêt soit obtenu.

SOURCES DE LA CONDITION

La source des conditions est en principe la **volonté des parties** contractantes : ce sont elles qui conviennent d'assortir leur accord d'une modalité conditionnelle, sur la définition de laquelle elles s'accordent. **30022**

Un contractant ne peut, en principe, être contraint d'accepter une condition suspensive qui ne lui conviendrait pas.

Dans certaines situations, la **loi** recourt explicitement à la technique conditionnelle. C'est le cas notamment du dispositif protecteur de l'acquéreur-emprunteur (C. consom. art. L 313-41 s.), qui prévoit deux conditions suspensives (obtention du prêt et, en cas de pluralité de prêts, interdépendance des prêts entre eux) et deux conditions résolutoires (non-conclusion du contrat financé dans les 4 mois de l'acceptation de l'offre de prêt et défaut d'agrément de l'emprunteur au titre de l'assurance collective qui lui est offerte ou qui est exigée de lui).

TYPOLOGIE DES CONDITIONS

Conditions suspensive et résolutoire La **condition** est **suspensive** quand la naissance du contrat ou de l'obligation dépend de la survenance de l'événement futur et incertain considéré. Son accomplissement rend l'obligation pure et simple (C. civ. art. 1304, al. 2). Ce type de condition répond particulièrement aux besoins éprouvés en matière d'avant-contrats de vente d'immeubles. Il est exceptionnel qu'un tel contrat soit établi sans y recourir. **30024**

La **condition** est **résolutoire** quand de sa survenance dépend la disparition d'une obligation ou d'un contrat déjà nés, exécutoires et même parfois exécutés. Son accomplissement entraîne l'anéantissement de l'obligation (C. civ. art. 1304, al. 3). La condition résolutoire est beaucoup plus rarement utilisée en pratique, parce qu'elle est généralement traumatisante pour les parties : en raison de son caractère rétroactif, elle leur impose une remise en l'état de leur situation juridique antérieure à la conclusion du contrat, et donc des restitutions parfois délicates (n° 30570) ; au surplus, la loi fiscale les expose à un paiement immédiat des droits de mutation (n° 60021), alors que le redevable de l'imposition souhaitera légitimement différer leur exigibilité à la consolidation de l'obligation, lorsque celle-ci, incertaine, sera devenue certaine. De la même manière, la TVA est exigible lors de la signature de l'acte de vente sous condition résolutoire (voir n° 60430).

Un **même événement**, pourvu qu'il soit futur et incertain, peut être une condition suspensive ou résolutoire, selon la formulation retenue. Par exemple, une vente peut être conclue sous la **30026**

condition suspensive de la délivrance d'une autorisation administrative, ou sous la condition résolutoire de l'absence de délivrance de cette même autorisation. Dans les deux cas, le sort du contrat dépend de la réalisation ou de la défaillance de la condition, mais la situation juridique des parties est différente avant le dénouement de la situation conditionnelle : lorsque la condition est suspensive, le contrat est provisoirement inefficace, alors que si celle-ci est résolutoire le contrat est provisoirement efficace.
Un **même contrat** peut être affecté simultanément de conditions suspensive(s) et résolutoire(s).

30030 **Conditions casuelle, potestative et mixte** Depuis la réforme du droit des contrats et du droit des obligations issue de l'ordonnance 2016-131 du 10 février 2016 (ratifiée par la loi 2018-287 du 20 avril 2018), le Code civil n'énonce plus la distinction entre les conditions casuelle, potestative et mixte qui reposait sur le rôle que la volonté des parties peut jouer sur la survenance ou la défaillance de l'événement considéré. Cette distinction n'avait pas de réelle portée pratique.
La **condition casuelle** est « celle qui dépend du hasard et qui n'est nullement au pouvoir du créancier ou du débiteur » (C. civ. art. 1169 dans sa rédaction antérieure à l'ord. 2016-131 du 10-2-2016). Elle était et reste valable après l'ordonnance du 10 février 2016. Il en va de même de la **condition mixte** qui est « celle qui dépend tout à la fois de la volonté d'une des parties contractantes et de la volonté d'un tiers » (C. civ. art. 1171 dans sa rédaction antérieure à l'ord. 2016-131 du 10-2-2016).
La **condition potestative** est celle dont la réalisation dépend de la seule volonté du débiteur. L'article 1304-2 du Code civil, dans sa rédaction issue de l'ordonnance 2016-131 du 10 février 2016, n'emploie plus le terme de « condition potestative », mais conserve la substance de ce que cette terminologie recouvrait. Cette condition revient à permettre à celui qui a ce pouvoir de contracter s'il le veut puisque le sort du contrat ne dépend que de lui. Elle était et reste nulle (voir n°s 30200 s.).

30032 **Conditions positive et négative** La condition est positive lorsque le sort du contrat est subordonné à la survenance d'un événement. Elle est au contraire négative lorsque c'est de l'absence de survenance de l'événement que dépend son existence.
Un même événement choisi comme condition peut parfois être formulé de manière positive ou négative. **Exemple** : un acte peut être conclu sous condition suspensive de la survie de l'une des parties ou du défaut de son prédécès dans un certain délai.

SECTION 2 CHOIX DE LA CONDITION

30060 Le choix d'une condition peut être apprécié sous plusieurs aspects. Tout d'abord celui de sa **licéité** : répond-elle aux critères posés par la loi pour sa validité ? Ensuite celui de son **opportunité** : l'incertitude de la condition ne fragilise-t-elle pas trop le contrat qui la contient ? Enfin, si on excepte les quelques conditions légales destinées à protéger l'acquéreur, et qui s'imposent aux parties, la condition doit passer l'obstacle de l'**accord du cocontractant**.
Seront ici examinés les seuls critères de choix de la condition modalité tenant à sa licéité.

A. Événement futur et incertain de la condition

30070 Seul un événement futur et incertain peut constituer une condition. L'incertitude est le **caractère essentiel** de la condition : la condition doit être susceptible de se réaliser ou de défaillir. Cette exigence disqualifie un événement qui ne serait pas futur ou qui ne serait pas incertain.

ÉVÉNEMENT PASSÉ OU PRÉSENT

30078 Un événement passé ou présent ne peut pas techniquement constituer une condition. Peu importe que la réalisation de l'événement soit connue ou ignorée des parties au moment où elles contractent.
Lorsqu'un **événement réalisé mais inconnu des parties** est retenu à tort comme condition suspensive, le contrat n'est pas nul. Il est au contraire pur et simple dès sa conclusion.

Confrontées à la situation d'un événement inconnu d'elles mais peut-être réalisé, les parties doivent trouver une solution technique si elles veulent contracter immédiatement alors qu'elles ne sont pas en mesure de procéder immédiatement à la vérification de sa réalisation. Par **exemple**, l'acquéreur peut souhaiter insérer dans l'avant-contrat la condition suspensive que l'immeuble soit bien raccordé au réseau d'assainissement collectif, alors que le vendeur n'est pas en mesure de le renseigner à ce sujet au moment où les parties contractent. Si l'immeuble est raccordé, il s'agit d'un événement présent inconnu des parties, impropre donc à être l'objet d'une condition. Il est **conseillé en pratique**, dans ce cas, de prévoir la condition suspensive que les recherches qui seront menées auprès du service compétent mettent en évidence le raccordement au réseau d'assainissement. L'événement est futur et incertain : il s'agit du résultat positif d'une recherche, et non du raccordement en lui-même.

ÉVÉNEMENT FUTUR ET CERTAIN

Un événement futur dont la réalisation est certaine ne constitue pas une condition mais un terme. L'exemple du décès est le plus souvent présenté : l'événement est futur en même temps qu'inéluctable. En revanche, l'incertitude existe lorsque l'**événement** est **enfermé dans un certain délai** (par exemple : condition que l'une des parties ou qu'un tiers sera toujours en vie au jour prévu pour la levée d'option, ou pour la réalisation de la vente par acte authentique) ou **caractérisé par une circonstance particulière** qui représente un facteur d'incertitude (par exemple : condition, en cas de survenance d'un décès, que celui-ci ne soit pas accidentel). **30080**

ÉVÉNEMENT SUBJECTIVEMENT CERTAIN

L'événement considéré est parfois tenu pour certain par les parties alors qu'il est objectivement incertain. Par exemple, une vente sera réalisée « dès la réalisation par l'acquéreur de la vente de son propre immeuble et la perception de son prix ». Cette formulation maladroite imposera, en cas de conflit, une interprétation judiciaire. Le juge recherchera la **commune intention des parties** : il s'agira soit d'un terme à échéance incertaine, soit d'une condition, selon que l'opération était aux yeux des parties certaine et simplement différée dans son exécution, ou au contraire soumise à un aléa qui la rendait incertaine dans son principe même (Cass. 3e civ. 9-7-1984 n° 83-12.223 : Bull. civ. III n° 135, qui juge que la clause par laquelle le débiteur s'est engagé à rembourser un prêt « au moment de la vente du château » affecte seulement la date du paiement de la dette et non l'existence de l'obligation ; pour une hypothèse où la qualification de condition a au contraire été retenue : Cass. 1e civ. 13-4-1999 n° 97-11.156 : Bull. civ. I n° 131). **30082**

B. Conditions impossibles, illicites ou contraires aux bonnes mœurs

L'événement érigé en condition doit être licite. À défaut, l'obligation est nulle (C. civ. art. 1304-1). **30130**
Avant la réforme du droit des contrats et du droit des obligations issue de l'ordonnance 2016-131 du 10 février 2016, le Code civil distinguait les conditions impossibles, celles contraires aux bonnes mœurs et celles illicites. Le concept de **condition impossible** ne figure plus dans le Code civil mais subsiste dans les faits. La **contrariété aux bonnes mœurs** a été absorbée par la notion d'illicéité.

CONDITION IMPOSSIBLE

La condition impossible est celle dont il est sûr, dès la conclusion du contrat, qu'elle ne se réalisera pas. Cette impossibilité peut être matérielle ou juridique. Dans les opérations concourant à la vente d'immeubles, l'impossibilité est généralement juridique. Il s'agira, par **exemple**, d'une vente sous condition suspensive de la délivrance d'un permis de construire dont il est démontré qu'il n'aurait pas pu être délivré en raison des contraintes du plan local d'urbanisme en vigueur. Le fait que les parties ignorent le caractère impossible de l'événement est sans incidence. La condition n'est pas valable, même si les parties ignorent que la condition ne peut pas se réaliser par suite d'impossibilité. **30134**

L'impossibilité doit exister **dès la conclusion du contrat**. Survenant après, elle entraîne la défaillance de la condition. Ce sera par exemple le cas si un changement de législation ou de réglementation survenu au cours de la période conditionnelle rend impossible la délivrance d'une autorisation administrative qui avait été érigée en condition suspensive.

Avant comme après la réforme issue de l'ordonnance 2016-131 du 10 février 2016, la condition impossible (non reprise dans le Code civil depuis la réforme), lorsqu'elle est suspensive, entraîne logiquement la nullité de la situation contractuelle qui en dépend. Il n'y a en effet aucune raison de reconnaître la moindre vitalité à un acte ou à une obligation condamnés à l'inexistence. Il a été jugé qu'il s'agit d'une nullité relative (Cass. 3e civ. 8-10-2008 n° 07-14.396 : Bull. civ. III n° 148).

Si la condition est résolutoire, la situation contractuelle doit être considérée comme définitivement pure et simple, puisque l'événement qui entraînerait sa résolution ne peut se produire.

30136 L'impossibilité peut caractériser, non pas la réalisation de la condition, mais sa défaillance ; c'est le cas lorsque la condition ne peut pas ne pas se réaliser. Elle est alors qualifiée de **condition nécessaire** (pour la distinguer de la condition impossible au sens strict susvisée). Il s'agirait, par exemple, de la condition suspensive de l'établissement d'un document d'arpentage. La condition est nécessaire en ce que ce document sera nécessairement délivré dès lors qu'il sera demandé. L'absence d'incertitude qui caractérise l'événement nécessaire permet également de le qualifier de terme incertain, modalité qui n'a pour effet que de retarder l'exigibilité de l'obligation : seul le moment de la survenance de l'événement est inconnu.

Lorsqu'elle est suspensive, la condition nécessaire est sans **incidence** sur la situation contractuelle. La situation contractuelle est pure et simple puisque la défaillance de l'événement conditionnel est impossible.

CONDITION ILLICITE

30138 Il est rare que la condition soit illicite parce que directement prohibée par la loi. C'est le cas de la condition « potestative » (nos 30200 s.) ou de la condition de la non-préemption par la Safer (no 38586). Le plus souvent, c'est l'incompatibilité de la condition avec une norme impérative ou une prohibition qui entraîne son caractère illicite. Serait illicite la condition suspensive qui imposerait un fait interdit : par exemple, qu'un tiers renonce par avance à un droit qui ne lui est pas encore ouvert (action en nullité, en rescision, etc.), ou qu'il commette une infraction pénale (par exemple, un faux). Cette incompatibilité peut aussi exister à l'égard du concept plus général d'**ordre public** : ce serait le cas d'une condition qui aurait pour objet d'empêcher, de restreindre ou de fausser le jeu de la concurrence économique.

La contrariété de la condition avec les **bonnes mœurs**, bien qu'exceptionnelle en matière de vente d'immeuble, rend également la condition illicite.

30142 La **sanction** de la condition illicite est la nullité de l'obligation (C. civ. art. 1304-1) et non celle de la convention. Mais, aucune restriction n'étant donnée au pouvoir des juges de prononcer la nullité de la convention, ils pourront juger que la nullité de l'obligation sous une condition illicite emporte celle du contrat s'ils estiment qu'elle est déterminante du consentement des parties.

La sanction de la condition illicite est la nullité absolue. Les deux parties peuvent s'en prévaloir, et elle est insusceptible de confirmation.

C. Conditions potestatives

DÉFINITION DE LA CONDITION POTESTATIVE

30200 La « condition potestative » était celle « dont la réalisation dépend de la seule volonté du débiteur » (C. civ. art. 1170 dans sa rédaction antérieure à l'ord. 2016-131 du 10-2-2016). Cette terminologie n'a pas été reprise depuis la réforme du droit des contrats et des obligations, mais sa **substance** a été conservée : « Est nulle l'obligation contractée sous une condition dont la réalisation dépend de la seule volonté du débiteur » (C. civ. art. 1304-2). Étant couramment utilisé par les praticiens, il est probable que l'emploi du terme « potestatif » perdurera néanmoins. C'est le parti que nous avons pris dans les développements ci-après.

La condition potestative est en principe prohibée car la condition ne serait pas incertaine s'il était au pouvoir de l'une des parties d'en provoquer la survenance ou la défaillance selon son bon vouloir. Au surplus, la force obligatoire du contrat et la notion même d'engagement s'en trouveraient altérées puisque l'une des parties aurait la possibilité de s'en affranchir arbitrairement.

Les tribunaux ont admis cependant la validité de la condition potestative dans certains cas (no 30204), la notion de condition potestative ayant **évolué**.

30202 La distinction opérée par la **doctrine antérieure** entre les **conditions purement potestatives** (condition du type « si je le juge bon » ou « si je maintiens mon accord ») qui seraient soumises au bon vouloir exclusif de l'un des contractants comme portant directement sur le consentement et celles **simplement potestatives** (du type « si je déménage dans telle ville ») qui ne seraient pas totalement abandonnées à la volonté discrétionnaire de l'un des contractants en ce qu'elles associeraient sa volonté à un élément additionnel consistant en une prestation ou une abstention n'a pas été reprise par l'ordonnance du 10 février 2016.

L'enjeu de cette distinction était lié à la nullité des conditions potestatives prévue par l'ancien article 1174 du Code civil. Les conditions purement potestatives subissent sans discussion la sanction de la nullité, alors que celles simplement potestatives y échapperaient.

La distinction entre les différents types de conditions potestatives s'est révélée délicate à faire en pratique. La condition peut très bien imposer au débiteur de réaliser une prestation (auquel cas elle serait simplement potestative), mais sa défaillance relève toujours de la pure volonté du contractant obligé sous la condition (auquel cas elle serait purement potestative). Par exemple, la condition « si je déménage » dépend de la possibilité de trouver un logement pour se réaliser ; mais elle ne dépend que de celui en faveur de qui elle a été stipulée pour défaillir, car il est en son pouvoir discrétionnaire de ne pas déménager.

La **jurisprudence antérieure** à l'ordonnance du 10 février 2016 a abandonné le plus souvent la distinction entre la condition purement potestative et celle simplement potestative, largement hasardeuse. Les tribunaux examinaient au coup par coup l'**emprise** effective **de la volonté du débiteur** sur la condition pour décider si elle était potestative et encourait la nullité. La condition était potestative, non seulement si elle portait sur le consentement même du débiteur, mais aussi lorsque sa réalisation ou sa défaillance dépendait d'une décision arbitraire, voire du caprice de ce dernier ; c'est l'absence de contrainte ou de sacrifice pour le débiteur dans l'accomplissement ou la défaillance de la condition qui révélait le caractère arbitraire de l'accomplissement ou de la défaillance de la condition. **30204**

La condition n'était pas potestative si le cocontractant devait se déterminer en fonction de données objectives, sur lesquelles le juge pouvait porter une appréciation.

DOMAINE D'INTERDICTION DE LA CONDITION POTESTATIVE

La condition potestative est interdite non seulement dans les **contrats unilatéraux** mais également dans les **contrats synallagmatiques** (qui créent des obligations réciproques pour les deux parties) si elle donne à un contractant le pouvoir arbitraire et sans contrepartie de se soustraire à ses engagements (Cass. 3e civ. 7-6-1983 n° 82-10.281 : Bull. civ. III n° 132, solution transposable après la réforme issue de ord. 2016-131 du 10-2-2016). En l'espèce, la vente et le transfert de propriété étaient soumis à la condition suspensive de la signature de l'acte par l'acquéreur et le paiement du prix dans un délai fixé. **30206**

C'est la **condition** potestative **au pouvoir du débiteur** qui est prohibée et sanctionnée. La condition potestative peut être au pouvoir **du créancier** sans menacer le contrat. Le bénéficiaire d'une promesse unilatérale de vente peut contracter sous une condition potestative en son pouvoir ; cela ne présente aucun inconvénient puisqu'il n'est, de toute manière, pas obligé d'acheter. La situation serait cependant différente si la promesse unilatérale, sans perdre ce caractère, s'insérait dans une convention synallagmatique prévoyant comme contrepartie de l'engagement du promettant le versement d'une somme d'argent à charge du bénéficiaire, pour prix de l'option. Cette règle peut prendre appui sur le texte même de l'article 1304-2 du Code civil. Elle trouve également sa justification dans la constatation que la dette existe valablement même si le créancier, par l'insertion d'une condition potestative, se réserve la possibilité, en jouant sur la condition, de ne pas en demander l'exécution, ce qu'il peut toujours faire. **30210**

SANCTION DE LA CONDITION POTESTATIVE

L'obligation contractée sous une **condition dépendant de la seule volonté du débiteur** est nulle (C. civ. art. 1304-2). **30212**

Ce n'est pas seulement la condition que le Code civil annule : l'obligation ou le contrat ne survit pas à la condition potestative illicite. La solution est logique, puisque la condition potestative est la négation même de l'engagement.

L'absence de réel consentement de celui qui s'oblige sous une condition qu'il peut faire défaillir à sa guise permet de penser que ce consentement, condition de formation du contrat fait défaut, ce qui justifierait une **nullité absolue**. C'est la solution qui était généralement admise avant la réforme issue de l'ordonnance 2016-131 du 10 février 2016. Le texte sur la condition potestative ayant été réécrit à droit constant, elle ne devrait pas être remise en cause. À noter toutefois que certains auteurs ont affirmé que la nullité ne serait que relative, seul celui que la condition met à la merci du caprice ou de l'arbitraire de l'autre pouvant l'invoquer (Malaurie, Aynès et Stoffel-Munck : Cours de droit civil, Les obligations, Defrénois, 4e éd. n° 1317).

La **nullité de la condition** ne peut cependant **pas être invoquée** lorsque l'obligation a été exécutée en connaissance de cause (C. civ. art. 1304-2).

D. Extériorité de l'événement par rapport au contrat

1. ÉLÉMENTS DE VALIDITÉ DU CONTRAT

30250 Le terme de « condition » désigne deux notions différentes : la condition élément de formation du contrat et la condition modalité (nos 30010 s.). La condition modalité étant une modalité d'un contrat à tous autres égards formé et fonctionnel, elle ne doit **pas être confondue** avec les éléments de formation du contrat définis par l'article 1128 du Code civil et ne peut pas être choisie parmi eux. La Cour de cassation l'a clairement affirmé, la clause qui prévoit une condition portant sur un élément essentiel à la formation du contrat doit être réputée non écrite (Cass. 3e civ. 22-10-2015 no 14-20.096 FS-PB).

C'est ainsi que ne peuvent être érigés en conditions suspensives le consentement de l'une des parties, sa capacité de contracter, ou encore l'existence d'un contenu licite et certain au contrat. Ces éléments sont nécessairement structurants du contrat ; s'ils constituaient dans l'esprit des parties l'événement futur et incertain auquel est subordonnée l'existence du contrat, celui-ci n'existerait pas, tout simplement.

La condition est **accessoire au contrat**, au sens où elle vient se greffer sur un contrat qui, sans elle, fonctionnerait parfaitement, parce qu'il réunit dès l'origine tous les éléments nécessaires et suffisants à sa formation et à sa validité. Une vérification de la validité de la condition consiste d'ailleurs à « retirer » intellectuellement celle-ci : si le contrat reste valable, la condition est, à l'égard de cette exigence d'extériorité, bien choisie ; dans le cas contraire, elle n'est pas une condition modalité mais une condition de formation du contrat.

La condition suspensive de l'accord du juge des tutelles illustre parfaitement ce critère de choix de la condition (no 30270).

30254 L'exigence d'extériorité vaut également pour les **éléments additionnels que la loi impose** parfois de manière circonstancielle pour la validité même d'une opération et à défaut de respect ou d'existence desquels le contrat serait nul. L'autorisation du juge-commissaire pour la vente d'un bien appartenant à une personne soumise à une procédure de liquidation de ses biens fournit un exemple de cette exigence d'extériorité de la condition par rapport à un élément « vital » pour le contrat.

30258 La condition suspensive ne permet donc pas de répondre techniquement à toutes les situations d'incertitude. Elle montre ses **limites** lorsque l'événement futur et incertain est un **élément de formation**, **de validité ou de perfection de la vente**.

OBTENTION D'UN CONSENTEMENT

30260 La validité de la vente d'un immeuble est parfois soumise à un consentement : consentement du conjoint pour l'aliénation d'un **immeuble commun aux deux époux** (C. civ. art. 1424) ou lorsque la vente porte sur l'immeuble qui, bien qu'appartenant en propre au vendeur, constitue le **logement de la famille** (C. civ. art. 215, al. 3).

Dans ces situations, le consentement requis doit être préalable ou concomitant à la vente, à peine de nullité de celle-ci. Ce consentement ne peut pas être une condition suspensive de celle-ci.

PURGE D'UN DROIT DE PRÉEMPTION

30262 La condition suspensive de la purge du droit de préemption dont est titulaire une société d'aménagement foncier et d'établissement rural (**Safer**) est prohibée et réputée non écrite (C. rur. art. L 143-5). En revanche, la condition suspensive de la renonciation par le **preneur rural** à son droit de préemption est possible selon la Cour de cassation (Cass. 3e civ. 3-2-1982 : JCP N 1982 II p. 178).

30264 La purge d'**autres droits de préemption** (droit de préemption urbain, droit de préemption dans une zone d'aménagement différé ou dans un périmètre naturel sensible, droit de préemption du locataire d'habitation suite à un congé délivré en vue de la vente ou à la division de l'immeuble) est fréquemment en pratique érigée en condition suspensive.

Le recours à la **technique conditionnelle** est pourtant **contestable** lorsque le non-respect du droit de préemption est frappé par la nullité de la vente, ce qui est la sanction commune aux divers droits de préemption prévus par la loi. Cela tient au fait qu'un élément, fût-il futur et incertain, ne peut être en même temps une condition suspensive et un élément de validité ou de perfection de la vente.

Au-delà de cette justification, l'inaptitude de la purge d'un droit de préemption à être une condition suspensive valable est révélée par deux éléments du régime juridique de la condition, qui ne peuvent pas dans ce cas fonctionner. Tout d'abord, les parties ne peuvent pas renoncer à la condition suspensive de la purge du droit de préemption puisque cette renonciation rendrait la convention aussitôt nulle, alors que la renonciation à une condition est en principe toujours possible. Ensuite, la faute de celui en faveur de qui la condition a été stipulée, conduisant à sa défaillance, ne peut être sanctionnée sur le fondement de l'article 1304-3 du Code civil puisque la convention deviendrait dans le même temps pure et simple et donc nulle (nos 30700 s.).
La condition suspensive de la purge du droit de préemption urbain est, malgré la critique qui peut lui être faite, généralisée **en pratique**. La Cour de cassation la prohibe lorsqu'elle est insérée dans un acte authentique et, paradoxalement, l'admet dans les actes sous signature privée (Cass. 3e civ. 19-7-1982 n° 81-11.080 : Bull. civ. III n° 180). Une réponse ministérielle l'admet également (Rép. Berthol : AN 29-10-1990 p. 5062 n° 27666).
La vente de l'immeuble sous condition résolutoire de l'exercice du droit de préemption est prohibée : une telle vente serait nulle en application de l'article L 213-2 du Code de l'urbanisme, car consentie avant la purge alors que celle-ci doit être préalable.

Un arrêt de la Cour de cassation a donné l'occasion à la doctrine de se prononcer sur la pratique consistant, avant toute notification au **locataire commercial**, de signer une promesse de vente sous condition suspensive de non-préemption (Cass. 3e civ. 28-6-2018 n° 17-14.605 FS-PB). Pour certains auteurs, cette décision aurait pour effet de condamner cette pratique (J. Lafond, Droit de priorité du locataire « commercial » : des pratiques condamnées : JCP N 2018 n° 1291) tandis que pour d'autres, elle ne devrait pas l'interdire (C. Gijsbers, Le sort des honoraires de négociation en cas de préemption par le locataire : regard crique sur un arrêt : JCP G 2018 n° 984). **30266**

Il est possible de **passer un avant-contrat de vente sans recourir à la condition** suspensive de la purge d'un droit de préemption ou sans attendre que la purge soit intervenue. Le propriétaire et l'amateur de l'immeuble peuvent convenir d'une promesse synallagmatique de vente ne valant pas vente en stipulant que par dérogation aux articles 1583 et 1589, alinéa 1 du Code civil, la vente promise réciproquement ne sera formée que lorsque le titulaire du droit de préemption y aura renoncé, et de ce seul fait. La vente est alors formée successivement et non plus conditionnellement. **30268**

OBTENTION D'UNE AUTORISATION JUDICIAIRE

La vente d'un immeuble est parfois, pour sa validité, subordonnée à une autorisation judiciaire : autorisation du **juge des tutelles** en cas de vente ou d'acquisition d'un immeuble appartenant à une personne soumise à un régime de protection des mineurs ou majeurs protégés (sur le régime de ces opérations, voir nos 12005 s. et 12170 s.). Le représentant du protégé n'a pas le pouvoir d'engager le protégé sans être préalablement autorisé par le juge des tutelles. **30270**
Il en est de même en cas de vente amiable par un mandataire de justice d'un immeuble appartenant à une personne soumise à une procédure collective. L'autorisation préalable du **juge-commissaire** doit être obtenue (C. com. art. L 642-19).
Dans ces deux situations, l'autorisation requise doit être préalable ou concomitante à la vente, à peine de nullité de celle-ci. Cette autorisation ne peut pas être une condition suspensive de la vente puisqu'il s'agit d'un consentement élément de formation du contrat (dans le cas de l'autorisation du juge des tutelles) et d'un consentement élément de perfection additionnel impératif prescrit par la loi (dans le cas de l'autorisation du juge-commissaire).

La condition suspensive de l'autorisation du **juge des tutelles** est souvent utilisée en pratique et est d'ailleurs fréquemment encouragée par les juges des tutelles eux-mêmes, qui subordonnent l'examen d'une requête en autorisation de vente amiable à la présentation d'un avant-contrat de vente sous condition suspensive. Le procédé n'a pas été condamné par la jurisprudence, ce qui ne signifie pas pour autant qu'il est valide. Il faut noter qu'un arrêt a jugé que l'autorisation du juge des tutelles à laquelle était soumise la vente d'un terrain constituait, non une modalité conditionnelle de l'accord des parties, mais un élément légal de validité du transfert de propriété (Cass. 1e civ. 10-2-1998 n° 96-16.614). **30272**
Peuvent constituer des solutions alternatives à la condition suspensive de l'accord du juge des tutelles l'obtention d'une offre d'achat assortie d'un délai signée par l'acquéreur (voir n° 12085) ou la signature d'une promesse autonome de vente (voir n° 12086).
En matière de procédures collectives, la technique de la condition suspensive ne peut pas être utilisée : la vente amiable sous condition d'obtention d'une ordonnance du **juge-commissaire** est nulle (Cass. com. 27-10-1998 n° 95-17.463 : Bull. civ. IV n° 259). Il s'agissait en l'espèce de la vente

d'un fonds de commerce sous condition résolutoire du défaut d'obtention de cette ordonnance, mais la solution est transposable à la condition suspensive appliquée à une vente d'immeuble.

2. OBLIGATIONS NÉES DU CONTRAT

30280 La condition suspensive ne peut pas être choisie parmi les obligations que le contrat génère. L'existence du contrat ne peut pas en effet, sous l'angle de la technique de la condition modalité, dépendre de son exécution.
L'inexécution d'une obligation issue du contrat a une incidence sur le sort du contrat. Mais cette incidence s'exprime par un mécanisme résolutoire étranger à la notion de condition modalité. Ce mécanisme résolutoire est, soit celui légal de la résolution pour inexécution, soit celui conventionnel de la clause résolutoire expresse.

SECTION 3 SITUATION DES PARTIES DURANT LA PÉRIODE CONDITIONNELLE

30300 Qu'elle soit suspensive ou résolutoire, la condition confère à l'**obligation** ou à la **convention** en son entier un **caractère incertain**. Dans le premier cas, c'est la vitalité de l'engagement qui est en cause ; dans le second, c'est son maintien.
Avant réalisation ou défaillance de la condition, autrement dit pendant la période d'incertitude, la **condition** est dite « **pendante** ».
L'engagement peut ne pas exister, comme il peut devenir totalement efficient. Il n'est pas plus concevable de ne reconnaître aucun droit au titulaire d'un droit conditionnel que de lui reconnaître la plénitude des droits que produirait le contrat s'il était pur et simple.

A. Convention affectée d'une condition suspensive

30310 Différentes analyses sont proposées pour justifier le fait que le contractant sous condition suspensive (par exemple, le bénéficiaire d'une promesse unilatérale ou synallagmatique ou un acquéreur) puisse exercer diverses prérogatives.
En suivant une progression dans la densité des droits qu'il est possible de reconnaître au contractant conditionnel, on peut tout d'abord estimer qu'il n'a aucun droit, mais que l'espérance qu'il a que la condition se réalise justifie qu'il puisse exercer des actions destinées essentiellement à protéger sa situation. Une autre analyse consiste à considérer que le titulaire d'un droit conditionnel a « en germe » le ou les droits affectés par la condition : il est titulaire d'un droit conditionnel. La position la plus avancée attribue à la convention conditionnelle la production de tous ses effets, seule l'exigibilité des obligations issues du contrat étant éventuelle et de ce fait retardée.
Aucune analyse n'est vraiment satisfaisante ni même utile dans la mesure où elles ne permettent pas de déterminer de manière déductive et cohérente les **prérogatives de l'un et l'autre des contractants**. La situation respective de ces derniers doit être examinée de manière empirique et pratique.

EXÉCUTION DES OBLIGATIONS PENDANT LA PÉRIODE CONDITIONNELLE

30312 Pendant la période conditionnelle, les parties ne peuvent pas exiger l'une de l'autre l'exécution des obligations en suspens. Ainsi, le **vendeur** ne peut pas exiger de l'acquéreur le paiement du prix. Ce qui a été payé avant la réalisation de la condition peut être répété par l'acquéreur (C. civ. art. 1304-5, al. 2). L'**acquéreur** ne peut pas exiger du vendeur la délivrance de l'immeuble ni la garantie des vices cachés ou d'éviction.

PROPRIÉTÉ, ADMINISTRATION ET JOUISSANCE DE L'IMMEUBLE

Le vendeur sous condition suspensive reste propriétaire de l'immeuble et en conserve l'adminis- **30314**
tration et la jouissance. Cette absence de transfert de propriété résulte également en matière d'avant-contrats de vente d'immeubles du fait que les parties ont souvent conventionnellement retardé ce transfert de propriété à la signature de l'acte notarié, soit au-delà même de la réalisation des conditions suspensives.

Il en est de même de la jouissance de l'immeuble. Mais les parties peuvent convenir que l'acquéreur pourra occuper l'immeuble pendant la période conditionnelle, à des conditions qu'elles fixent (sur l'exigibilité d'une indemnité d'occupation, voir n° 48794).

Par ailleurs, le débiteur doit **s'abstenir** de tout acte qui empêcherait la bonne exécution de l'obligation (C. civ. art. 1304-5, al. 1).

TRANSFERT DES RISQUES DE L'IMMEUBLE

Logiquement, le transfert des risques, c'est-à-dire le risque de **perte de l'immeuble**, est lié au **30316**
transfert de propriété (C. civ. art. 1196, al. 3). Sauf convention contraire des parties, l'obligation devient pure et simple à compter de l'accomplissement de la condition (C. civ. art. 1304-6, al. 1) ; depuis le 1er octobre 2016, elle ne rétroagit pas au jour de la conclusion de l'acte. Le transfert de propriété se produit donc sans rétroactivité lors de la réalisation de la condition et l'immeuble est aux risques du vendeur jusqu'à la réalisation de la dernière des conditions suspensives. Si les parties restaurent par convention l'effet rétroactif du jeu de la condition et prévoient que l'effet de la condition rétroagira au jour du contrat, l'immeuble n'en demeure pas moins aux risques du débiteur, c'est-à-dire du vendeur (C. civ. art. 1304-6, al. 2). Il n'y a pas lieu de distinguer la perte totale de la simple détérioration, ni de rechercher si le débiteur y a contribué.

Par conséquent, il est opportun de **prévoir** une gestion des risques par le contrat lui-même. Cette anticipation permet également d'intégrer l'incidence de la prise en charge du sinistre par le contrat d'assurance souscrit par le vendeur. Une clause est proposée n° 9750 sous l'intitulé « Transfert des risques ».

TRANSMISSION DES DROITS CONDITIONNELS

Le droit conditionnel est susceptible d'être transmis. L'affirmation vaut pour les transmissions **à** **30322**
titre gratuit (donation, legs ou institution contractuelle) comme pour les transmissions à titre onéreux (vente, échange, dation en paiement, etc.).

Un immeuble acquis sous condition suspensive peut être **revendu** par l'acquéreur (voir n° 30534). La **particularité de l'opération** tient au fait que le contractant titulaire d'un droit conditionnel ne peut transmettre plus de droits qu'il n'en possède. La réalisation de la condition suspensive consolidera le droit du disposant et, par conséquent, la transmission ou la constitution des droits auxquels il a lui-même procédé. À l'inverse, la caducité du droit du disposant par suite de la défaillance de la condition suspensive retentira sur la situation de son ayant droit en ce qu'elle l'anéantira.

AFFECTATION EN GARANTIE DES DROITS CONDITIONNELS

Le droit conditionnel peut être grevé de **droits réels** (hypothèque, notamment). La sûreté est **30324**
alors soumise à la même incertitude que le droit de propriété (C. civ. art. 2411).

MESURES CONSERVATOIRES PENDANT LA PÉRIODE CONDITIONNELLE

Le créancier bénéficiaire de la condition suspensive peut accomplir tout acte conservatoire et **30326**
attaquer les actes du débiteur accomplis **en fraude de ses droits** (C. civ. art. 1304-5, al. 1).

L'acquéreur conditionnel serait fondé à faire **prendre des mesures en cas de négligence** du propriétaire : assurance contre l'incendie, mesures de sauvegarde en cas de péril pour l'immeuble, travaux d'urgence, actions contre tous risques d'empiétement émanant de tiers, interruption du cours d'une prescription, etc.

AMÉNAGEMENTS CONVENTIONNELS PENDANT LA PÉRIODE CONDITIONNELLE

Les parties peuvent, dans le contrat, définir les **obligations du propriétaire** durant la période **30330**
conditionnelle, de manière à sauvegarder les droits du cocontractant ou l'intégrité de l'immeuble : obligation de maintenir l'assurance contre l'incendie, de prendre les mesures conservatoires propres à assurer sa sécurité, d'assurer son entretien et les réparations de remise en état en cas de sinistre, interdiction de lui apporter des modifications matérielles (travaux, enlèvement d'éléments d'équipements) ou juridiques (interdiction de le grever d'un droit réel, telle une servitude, ou d'un droit personnel, tel un bail ou un prêt à usage).

PUBLICITÉ FONCIÈRE DU CONTRAT SOUS CONDITION SUSPENSIVE

30332 Sont obligatoirement publiés au service de la publicité foncière les actes portant ou constatant entre vifs mutation ou constitution de droits réels immobiliers « même assortis d'une condition suspensive » (Décret 55-22 du 4-1-1955 art. 28, 1°). Les actes constatant l'accomplissement d'une condition suspensive font l'objet d'une publication distincte et tout aussi obligatoire, même si ses effets diffèrent (Décret 55-22 du 4-1-1955 art. 28, 4°-b).

L'**opposabilité du droit conditionnel** ainsi publié est attachée à la publication de l'acte conditionnel et non à celle de l'acte constatant la réalisation de la condition. Ce dernier n'est publié que sous peine de dommages-intérêts, les deux sanctions ne pouvant se cumuler (Décret 55-22 du 4-1-1955 art. 30, 1 ; Cass. 3e civ. 13-7-2011 n° 10-19.461 : Bull. civ. III n° 133, BPIM 5/11 inf. 399).

Ce système de publicité assure l'**information** et donc la protection des tiers qui pourraient acquérir des droits concurrents sur un immeuble affecté par une condition. Ils sont soit dissuadés d'acquérir ces droits, soit avertis de l'incertitude qui les caractérise.

B. Convention affectée d'une condition résolutoire

30350 L'acte soumis à une condition résolutoire est pur et simple tant que la condition ne s'est pas réalisée. C'est donc l'acquéreur qui exerce pleinement les **prérogatives du propriétaire** tant que la condition est pendante.

Le droit du propriétaire soumis à une condition résolutoire peut être cédé ou grevé de droits réels. Les droits réels transmis ou constitués sont alors soumis au même aléa. La réalisation de la condition résolutoire entraîne résolution rétroactive de ces droits. Inversement, ces droits sont consolidés en cas de défaillance de la condition résolutoire.

L'existence de droits immobiliers soumis à une condition résolutoire est fréquente : tel est le cas, par exemple, des immeubles provenant d'une donation et grevés d'un **droit de retour** conventionnel au profit du donateur pour le cas de prédécès du donataire sans postérité. Ce droit de retour repose sur le mécanisme conditionnel.

Le risque de résolution entraîne en pratique une sérieuse restriction à la possibilité pour le propriétaire de disposer de son immeuble. En raison du risque d'anéantissement de ses droits, il lui sera quasi impossible de le vendre ou de le donner en garantie pour obtenir du crédit.

Les tiers sont informés de l'existence de la condition résolutoire par la **publicité foncière**, celle-ci étant soumise à publication obligatoire sous peine d'inopposabilité aux tiers de la résolution exercée (Décret 55-22 du 4-1-1955 art. 28, 2° et 30, 1°). La publicité joue ici son double rôle : informer les tiers sur la situation juridique de l'immeuble et départager par l'opposabilité ceux qui deviendraient du chef du même auteur titulaires de droits réels concurrents sur l'immeuble.

SECTION 4 DÉLAI DE RÉALISATION DE LA CONDITION

PRÉVISION D'UN DÉLAI DE RÉALISATION DE LA CONDITION

30380 Depuis la réforme du droit des contrats et du droit des obligations par l'ordonnance 2016-131 du 10 février 2016, le Code civil ne contient plus de **dispositions relatives au délai** de réalisation des conditions suspensives ou résolutoires. Avant la réforme, le Code civil envisageait la situation de la **condition positive** et prévoyait que « Lorsqu'une obligation est contractée sous la condition qu'un événement arrivera dans un temps fixe, cette condition est censée défaillie lorsque le temps est expiré sans que l'événement soit arrivé » (C. civ. art. 1176 dans sa rédaction antérieure à l'ord. 2016-131 du 10-2-2016).

Le Code civil envisageait également la situation de la **condition négative** : « Lorsqu'une obligation est contractée sous la condition qu'un événement n'arrivera pas dans un temps fixe, cette condition est accomplie lorsque ce temps est expiré sans que l'événement soit arrivé » (C. civ. art. 1177 dans sa rédaction antérieure à l'ord. 2016-131 du 10-2-2016).

Ce même texte envisageait la **certitude** que l'événement ne se produirait pas et lui faisait logiquement produire les mêmes effets que l'expiration du délai : « Elle l'est également, si avant le terme il est certain que l'événement n'arrivera pas ». Dans ce cas, l'opération devient pure et simple. Ces solutions logiques perdurent bien que le Code civil ne les exprime plus.

DÉLAI IMPLICITE DE RÉALISATION DE LA CONDITION

Il a été jugé que lorsque les parties n'ont pas fixé de terme à la condition, celle-ci a la **durée de la promesse** elle-même (CA Paris 1e ch. G 22-9-1999 : RDI 2000 p. 585). **30382**

La Cour de cassation a considéré, lorsque la réalisation des conditions suspensives n'est assortie d'aucun délai et que l'acte est stipulé **intervenir au plus tard à une date déterminée**, que si cette date constitue un terme et non une condition, il inclut nécessairement la réalisation des conditions suspensives (Cass. 3e civ. 9-12-2003 n° 02-16.592).

ABSENCE DE DÉLAI DE RÉALISATION DE LA CONDITION

Les articles 1176 et 1177 du Code civil dans leur rédaction antérieure à l'ordonnance 2016-131 du 10 février 2016 donnaient les solutions applicables lorsqu'il n'avait pas été prévu de délai de réalisation de la condition. **30386**

Pour la **condition positive**, il était prévu que « S'il n'y a point de temps fixe, la condition peut toujours être accomplie ; et elle n'est censée défaillie que lorsqu'il est devenu certain que l'événement n'arrivera pas. » (C. civ. art. 1176 ancien). Si la condition est **négative**, « elle n'est accomplie que lorsqu'il est certain que l'événement n'arrivera pas » (C. civ. art. 1177 ancien).

Ces **solutions** subsistent en dépit du fait qu'elles ne figurent plus dans le Code civil depuis l'ordonnance 2016-131 du 10 février 2016.

La **jurisprudence** rendue avant l'ordonnance 2016-131 du 10 février 2016 a affirmé à plusieurs reprises ce principe de subsistance de l'engagement affecté d'une condition suspensive dépourvue d'un terme fixe aussi longtemps que la condition n'est pas défaillie (pour un exemple, voir Cass. com. 6-3-2007 n° 05-17.546 : Bull. civ. IV n° 78).

Lorsqu'une **promesse unilatérale de vente** ne prévoyant pas de délai spécifique de réalisation des conditions suspensives stipule qu'elle sera caduque à la date de son expiration (date butoir prévue pour la réitération de la vente par acte authentique), les conditions doivent impérativement être réalisées au plus tard à cette date ; le bénéficiaire ne peut prétendre réaliser la vente si la réalisation des conditions suspensives intervient après cette date (Cass. 3e civ. 24-1-2012 n° 10-24.156).

En revanche, il a été jugé que la réalisation d'une condition suspensive non affectée d'un délai spécifique peut intervenir à tout moment, y compris après la date butoir prévue pour la signature de l'acte authentique de vente, si cette date ne constitue pas un terme extinctif entraînant la caducité de la promesse de vente mais est le point de départ à partir duquel l'une des parties peut obliger l'autre à s'exécuter (Cass. 3e civ. 6-10-2010 n° 09-15.566 : RJDA 1/11 n° 24 ; Cass. 3e civ. 21-11-2012 n° 11-23.382 : Bull. civ. III n° 173, RJDA 3/13 n° 210 ; Cass. 3e civ. 15-1-2014 n° 12-28.362 FS-D : BPIM 2/14 inf. 115).

Le **juge** pouvait, sur le fondement de l'article 1175 du Code civil dans sa rédaction antérieure à l'ordonnance 2016-131 du 10 février 2016, sonder la **commune intention des parties** pour **dégager un délai tacite ou implicite**. Par exemple, il a été considéré qu'une condition d'obtention d'un permis de construire, dont la réalisation n'avait pu intervenir faute pour la commune d'avoir statué sur le plan d'occupation des sols, ne pouvait plus s'accomplir plus de 6 ans après la signature de l'acte, dès lors que les parties n'avaient pas prévu d'indexation ou de revalorisation du prix (Cass. 3e civ. 3-2-1982 n° 80-15.794 : Bull. civ. III n° 37). La Cour de cassation a également jugé que la stipulation d'une condition suspensive sans terme fixe ne pouvait conférer à l'obligation un caractère perpétuel et relevé que la cour d'appel avait souverainement estimé que les parties avaient eu la commune intention de fixer un délai raisonnable pour la réalisation de la condition suspensive avec pour conséquence le fait que l'acquéreur au bénéfice de qui la condition avait été convenue ne pouvait plus y renoncer (Cass. 3e civ. 20-5-2015 n° 14-11.851 : BPIM 4/15 inf. 262). **30388**

Cette **solution** n'est pas remise en cause par la réforme du droit des contrats bien que les dispositions de l'ancien article 1175 n'aient pas été reprises dans le Code civil par l'ordonnance du 10 février 2016.

OPPORTUNITÉ ET IMPORTANCE D'UN DÉLAI DE RÉALISATION DE LA CONDITION

Sauf exceptions (n° 30394), la stipulation d'une condition n'est pas obligatoirement accompagnée d'un délai de réalisation. La prévision d'un délai est cependant conseillée en pratique. **30390**

Lorsque les parties n'ont pas prévu de délai de réalisation de la condition, l'**incertitude** sur l'issue du contrat, tenant à sa nature conditionnelle, se double d'une incertitude sur le délai dans lequel l'incertitude sera levée.

CONSEIL

Dans les contrats de vente d'immeuble, il est opportun de **prévoir le délai de réalisation** de la ou des conditions suspensives. En cas de pluralité de conditions, des délais différents peuvent d'ailleurs être prévus, selon les conditions. Par exemple, la condition d'obtention de prêt pourra être enfermée dans un délai assez bref, alors que la durée de la condition suspensive de survie de l'acquéreur pourra être calée sur le délai de réalisation de la vente par acte authentique.

LONGUEUR DU DÉLAI DE RÉALISATION DE LA CONDITION

30392 Les contractants doivent avoir conscience de l'importance du délai de réalisation des conditions convenu : le **dépassement du délai** sans que la condition se soit réalisée, si elle est positive, ou sans qu'une renonciation à la condition soit régulièrement intervenue, entraîne en principe la caducité automatique et irréversible du contrat (voir nos 30500 s.). Plusieurs arrêts donnent des illustrations de la caducité du contrat par suite de la défaillance de la condition à la date prévue pour la régularisation de la vente par acte authentique (Cass. 3e civ. 29-5-2013 no 12-17.077 : Bull. civ. III no 69, BPIM 4/13 inf. 273 ; Cass. 3e civ. 9-3-2017 no 15-26.182 FS-PB : BPIM 3/17 inf. 222 ; Cass. 3e civ. 7-6-2018 no 17-17.282 F-D).

De manière générale, plus le délai est long, plus la **probabilité de la réalisation de la condition** positive est grande. À l'inverse, plus le délai est long et plus la probabilité que la condition négative se réalise diminue.

DÉLAIS IMPOSÉS POUR LA RÉALISATION DE LA CONDITION

30394 Les dispositions du Code civil consacrées à la condition suspensive n'imposent pas qu'un délai soit fixé. En revanche, le droit spécial peut prévoir des délais.

C'est le cas du droit de la consommation, en ses dispositions applicables au **crédit immobilier** :

– la condition suspensive de l'**obtention d'un prêt**, pour les opérations entrant dans le champ d'application du dispositif protecteur de l'acquéreur emprunteur, est d'une durée qui ne peut être inférieure à un mois à compter de la date de la signature de l'acte ou de son enregistrement si celui-ci est obligatoire à peine de nullité (C. consom. art. L 313-41) ;

– la condition résolutoire qui lie le prêt à la **conclusion de l'opération** pour laquelle le financement est sollicité est enfermée dans un délai de 4 mois, délai légal mais cependant non impératif dans la mesure où les parties peuvent convenir d'un délai plus long (C. consom. art. L 313-36).

SECTION 5

DÉNOUEMENT DE LA SITUATION CONDITIONNELLE

A. Réalisation ou défaillance de la condition

CARACTÉRISATION DE LA RÉALISATION OU DE LA DÉFAILLANCE DE LA CONDITION

30450 C'est le **rôle des parties** de définir de quelle manière la condition sera considérée comme réalisée ou au contraire défaillie. Une grande précision lors de la rédaction s'impose, pour qu'à la période d'incertitude liée à l'existence de la condition ne succède pas une période d'incertitude tenant à la divergence d'appréciation des parties sur le sens de sa dissipation, l'une prétendant que les droits sont devenus purs et simples, l'autre qu'ils sont caducs.

L'article 1175 du Code civil dans sa rédaction antérieure à l'ordonnance 2016-131 du 10 février 2016 affirmait la liberté dont disposent les parties de définir l'événement conditionnant leur engagement, en même temps qu'il interdisait à l'interprète de se référer à autre chose que la commune intention des parties. Les **juges** du fond disposaient à cet égard d'un large pouvoir d'appréciation, sous la seule réserve du contrôle de la Cour de cassation sur la dénaturation d'une clause claire ou la contradiction de motifs. L'ordonnance du 10 février 2016 n'a pas repris les dispositions de l'article 1175 ancien du Code civil. Néanmoins, ces solutions devraient être maintenues conformément aux règles générales du droit des contrats qui prévoient que le contrat s'interprète d'après la commune intention des parties plutôt qu'en s'arrêtant au sens littéral de ses termes (C. civ. art. 1188).

MODALITÉS D'ACCOMPLISSEMENT DE LA CONDITION

La condition doit en principe être accomplie **de la manière spécifiée** et non par équivalent. Il a 30456
par exemple été jugé que le vendeur ne peut pas considérer que la condition est réalisée s'il offre à son acquéreur un crédit-vendeur, alors que c'est une condition d'obtention de prêt qui a été convenue (Cass. 3e civ. 9-11-1988 n° 87-10.586 : Bull. civ. III n° 159). Mais il n'est pas exclu que dans certaines circonstances la condition accomplie **par équivalent** soit admise, s'il apparaît que dans l'esprit des parties seul l'événement importait et non la manière dont il se réalise, et que la situation de celui en faveur de qui la condition est stipulée n'est aucunement altérée par le mode de réalisation.

B. Effets de la réalisation ou de la défaillance de la condition

1. RÈGLES GÉNÉRALES

DÉNOUEMENT AUTOMATIQUE DE LA CONDITION

La situation conditionnelle est dénouée de manière automatique, qu'il y ait défaillance ou réali- 30500
sation de la condition. Ce dénouement s'opère **de plein droit** et s'impose aux parties sans qu'elles aient à s'adresser à la justice pour faire constater cet effet. Ce n'est qu'en cas de litige ou d'incertitude sur le sens du dénouement qu'il faudra recourir au juge.

Il faut **toutefois** réserver la possibilité reconnue par la jurisprudence à celle des parties dans l'intérêt de laquelle la condition a été stipulée de renoncer à se prévaloir de la défaillance (voir n° 30650).

DÉNOUEMENT IRRÉVERSIBLE DE LA CONDITION

Une fois l'incertitude dissipée par la réalisation de la condition ou sa défaillance, les parties ne 30502
peuvent plus revenir sur l'effet produit.

À titre d'**exemples** :

– la défaillance de la condition résultant d'un refus de prêt n'est pas remise en cause par l'octroi ultérieur du prêt (CA Paris 25-2-1982 n° 09072 : Juris-Data n° 020898) ;

– lorsque qu'une promesse de vente a été faite sous condition suspensive du non-exercice du droit de préemption urbain de la commune, la renonciation ultérieure par la ville à son droit de préemption après fixation judiciaire du prix ne permet pas à l'acquéreur initial de prétendre à la réalisation de la vente, la renonciation de la commune n'ayant d'effet que pour l'avenir (Cass. 3e civ. 10-10-2012 n° 11-15.473 : Bull. civ. III n° 142, BPIM 6/12 inf. 459) ;

– le refus de permis de construire n'est pas effacé par un permis ultérieurement accordé au vu d'une nouvelle demande, différente de la précédente (Cass. 3e civ. 14-11-1979 n° 78-12.975). Il n'en irait autrement que si les parties avaient prévu l'éventualité d'une pluralité de demandes, et un délai suffisamment long pour que la réalisation de la condition consécutive à une défaillance initiale intervienne dans ce délai.

Si les **parties conviennent** de ne pas exécuter une convention devenue pure et simple, elles le 30504
peuvent mais ce résultat est l'effet d'une résolution de leur « consentement mutuel » au sens de l'article 1193 du Code civil. Si au contraire elles souhaitent exécuter la convention malgré la défaillance de la condition, cette exécution est l'effet d'un nouveau contrat.

Seul l'**effacement rétroactif de l'événement érigé en condition** peut avoir une incidence sur le 30506
contrat. C'est le cas de l'annulation d'un contrat de vente financé par un prêt soumis aux dispositions du Code de la consommation relatives au crédit immobilier : lorsqu'elle survient après le délai légal de 4 mois de la condition résolutoire prévue par l'article L 313-36 du Code de la consommation, l'annulation du contrat en vue duquel le prêt a été demandé entraîne la résolution du prêt (voir n° 42656). Ce tempérament au principe selon lequel un événement postérieur au jeu de la condition est sans incidence sur la situation résultant de ce jeu est lié au caractère rétroactif de la disparition de l'événement conditionnel.

RÉTROACTIVITÉ DU DÉNOUEMENT DE LA CONDITION

La **réalisation de la condition suspensive** n'a pas d'effet rétroactif : « L'obligation devient pure et 30508
simple à compter de l'accomplissement de la condition suspensive » (C. civ. art. 1304-6, al. 1).

Ce principe a un caractère supplétif : les parties peuvent **restaurer la rétroactivité** de la condition (C. civ. art. 1304-6, al. 2). Cette faculté ne présente aucun intérêt en matière immobilière, puisque,

au contraire, les effets du contrat (transfert de propriété et exigibilité des obligations) sont généralement contractuellement reportés à la signature de l'acte authentique, soit au-delà de la réalisation des conditions.
À l'inverse, si la **condition suspensive défaille**, l'obligation est considérée comme n'ayant jamais existé (C. civ. art. 1304-6, al. 3).

30510 L'**accomplissement de la condition résolutoire** éteint rétroactivement l'obligation, sans remettre en cause, le cas échéant, les actes conservatoires et d'administration. Toutefois, la rétroactivité n'a pas lieu : si les parties l'ont écartée par convention ou si les prestations échangées ont trouvé leur utilité au fur et à mesure de l'exécution réciproque des parties (C. civ. art. 1304-7).
Corrélativement, si la condition résolutoire **défaille**, l'obligation est considérée comme ayant toujours été pure et simple.

2. INCIDENCE DU DÉNOUEMENT DE LA CONDITION SUSPENSIVE

DÉFAILLANCE DE LA CONDITION SUSPENSIVE

30520 **Sort de la convention** La défaillance de la condition suspensive met obstacle à la naissance de la convention. L'obligation est réputée n'avoir jamais existé (C. civ. art. 1304-6, dernier al.). Les parties se trouvent dans la même situation que si elles n'avaient pas contracté : chacune d'elles est libre de tout engagement à l'égard de l'autre.
La convention est frappée de **caducité** (pour des illustrations en jurisprudence, voir n° 30392). Cette notion désigne l'état d'inexistence juridique qui caractérise un acte initialement valable lorsqu'un élément nécessaire à son efficacité (il s'agit ici de l'événement conditionnel) fait défaut postérieurement à sa naissance (C. civ. art. 1186). La notion est différente de celle de nullité, définie comme l'anéantissement d'un acte entaché d'un défaut au stade de sa formation. C'est par un abus de langage qu'il est parfois précisé qu'en cas de défaillance de la condition la convention sera « nulle et non avenue ».

> **Précisions** La défaillance de la condition suspensive fait disparaître tout lien contractuel entre le vendeur et l'acquéreur. Le vendeur n'est pas tenu, sur le fondement d'une obligation de bonne foi qui a disparu avec le contrat, de soumettre prioritairement de **nouvelles propositions** à l'acquéreur initial (Cass. 3e civ. 14-9-2005 n° 04-10.856 : Bull. civ. III n° 166).

30528 **Restitutions** En principe, un acte sous condition suspensive ne donne pas lieu à une exécution anticipée. Si les parties ont néanmoins convenu d'une telle exécution, elles sont tenues à restitution. L'acquéreur conditionnel qui aurait été mis en possession de la **chose vendue** devrait, sauf convention contraire, en faire la restitution avec les **fruits** qu'il aurait perçus.
Sur l'exigibilité d'une indemnité d'**occupation** due par l'acquéreur mis en possession, voir n° 48794.

30530 La restitution de la **somme versée** au propriétaire ou bien entre les mains d'un tiers séquestre par un bénéficiaire de promesse ou un acquéreur conditionnel dépend de la qualification donnée à ce versement dans la convention. S'il s'agit d'un **acompte** sur le prix, l'absence de vente fait disparaître l'exigibilité du prix et donc la possibilité pour le propriétaire de prétendre conserver une somme versée au titre de ce prix, fût-ce un acompte. Il en est de même, en principe, s'il s'agit d'une somme versée au titre d'une faculté de **dédit** : l'acquisition de cette somme au vendeur est la contrepartie du droit pour son cocontractant d'anéantir un contrat formé, alors précisément que la défaillance de la condition exclut cette formation.
En cas de **défaillance de la condition d'obtention de prêt**, la somme versée, quelle qu'en soit la qualification, doit être intégralement et impérativement remboursée sans retenue ni indemnité à quelque titre que ce soit (C. consom. art. L 313-41, al. 2).
Dans les **autres cas**, c'est la convention qui détermine le sort de la somme versée. Les parties peuvent convenir que celle-ci restera acquise au vendeur par imputation sur le prix si la vente se réalise, et qu'elle lui sera également acquise en cas de défaillance de la condition. Cette situation peut se rencontrer lorsque la condition est insérée dans l'intérêt de l'acquéreur ; elle représente alors la contrepartie pour le vendeur de l'aléa qu'il subit en raison de la possibilité qu'il a donnée à l'acquéreur d'insérer dans le contrat une condition lui profitant et de l'indisponibilité de son bien pendant la période conditionnelle.

CONSEIL

Il est recommandé de **préciser dans l'avant-contrat** le sort des sommes versées par le bénéficiaire au propriétaire ou entre les mains d'un tiers séquestre, en cas de réalisation comme en cas de défaillance de la condition suspensive. À défaut, il appartiendra au juge de rechercher la commune intention des parties.

Sort des frais La convention conditionnelle a pu entraîner des frais qui ne seront pas remboursables : débours et droits fiscaux, rémunération d'un rédacteur et d'experts, frais d'études, frais de publicité foncière, etc. En l'**absence de prévision des parties** à ce sujet, il est logique de laisser à la charge du propriétaire les frais liés à son obligation d'information : coût des diagnostics techniques (amiante, plomb, termites, etc.), coût du mesurage (voir à ce sujet nº 19614). L'acquéreur ou le bénéficiaire de la promesse conservera à sa charge les frais des études qu'il aura réalisées dans le cadre de son projet personnel (frais d'architecte, par exemple). Chacun conservera les frais liés à l'intervention de son conseil personnel. Enfin, il sera tentant d'imputer au bénéficiaire ou à l'acquéreur les autres frais, sur le fondement de l'article 1593 du Code civil qui met à la charge de l'acheteur les « frais d'actes et autres accessoires ». 30532
Pour éviter toute discussion ou incertitude, il sera **conseillé en pratique** de préciser dans l'acte la répartition de la charge des frais.
En ce qui concerne la **rémunération de l'intermédiaire** en cas de défaillance de la condition, voir nº 30650.

Sort des droits conditionnels cédés Lorsque les droits conditionnels ont été cédés, la caducité ne frappe pas la cession ; seul l'acte conditionnel est privé d'existence. Cela tient au fait que la cession d'un droit conditionnel est possible et qu'il s'agit en principe d'un contrat ferme portant sur un objet incertain. L'acte de cession des droits conditionnels demeure donc valable mais l'acquéreur ne deviendra jamais propriétaire des droits cédés du fait de leur caducité par suite de la défaillance de la condition suspensive. 30534
Mais rien n'empêche les parties à la cession de soumettre la cession à la même condition que celle qui affecte les droits conditionnels cédés. Ainsi, la caducité du droit du disposant entraînera l'anéantissement de la cession des droits conditionnels.

RÉALISATION DE LA CONDITION SUSPENSIVE

Validation de la convention Lorsque la condition suspensive se réalise, le contrat ou l'obligation devient pur et simple du jour de l'accomplissement de la condition (C. civ. art. 1304-6, al. 1). Il doit être exécuté, sauf si les parties ont convenu d'un terme à cette exécution. 30536

Effets à l'égard des tiers L'absence d'effet rétroactif de la réalisation de la condition suspensive produit les conséquences suivantes s'agissant des **actes de disposition** et d'**administration** passés avec des tiers par le vendeur : celui-ci peut, dans sa relation avec les tiers, exercer la plénitude de ses droits, puisqu'il reste propriétaire jusqu'à l'accomplissement de la condition. À l'inverse, l'acquéreur bénéficiaire de la condition suspensive ne peut effectuer que des actes **conservatoires**, seuls actes que la loi l'autorise à accomplir (C. civ. art. 1304-5, al. 1). Les autres actes ne peuvent être valablement effectués puisque, sauf clause contraire rétablissant la rétroactivité, l'acquéreur ne devient propriétaire qu'à compter du jour de la réalisation de la condition suspensive. 30540
La portée pratique de ces règles est toutefois à combiner avec le jeu des **règles de la publicité foncière** : lorsque le tiers a acquis des droits concurrents à ceux de l'acquéreur, soumis comme les siens à la formalité de publicité foncière à peine d'inopposabilité, la priorité est donnée à celui qui a publié son titre le premier (Décret 55-22 du 4-1-1955 art. 30).

Incidences fiscales Voir nº 60021 pour les droits d'enregistrement et nº 60430 pour la TVA. 30544

3. INCIDENCE DU DÉNOUEMENT DE LA CONDITION RÉSOLUTOIRE

En cas de **défaillance** de la condition résolutoire, l'acte conditionnel est consolidé. Il était provisoirement efficace ; il le devient définitivement et irréversiblement. 30570
En cas de **réalisation** de la condition résolutoire, l'obligation ou le contrat qui y était soumis est anéanti rétroactivement. Les actes accomplis par l'acquéreur sont également anéantis puisque celui-ci est considéré n'avoir eu aucun droit sur l'immeuble. Ne sont toutefois pas remis en cause les actes conservatoires et d'administration (C. civ. art. 1304-7).
Sur les **incidences** en matière de **droits d'enregistrement et de TVA**, voir respectivement nº 60021 et nº 60430.

C. Renonciation à la condition

30600 La réforme du droit des contrats et du droit des obligations a consacré la **faculté de renoncer** à une condition qui était admise par la jurisprudence antérieure : « Une partie est libre de renoncer à la condition suspensive stipulée dans son intérêt exclusif, tant que celle-ci n'est pas accomplie ou n'a pas défailli » (C. civ. art. 1304-4).

CONDITIONS CONCERNÉES PAR LA RENONCIATION

30602 Il devrait en **principe** être possible de renoncer à toute condition affectant le contrat : les parties sont aussi libres de les supprimer que de les prévoir à l'origine.

Certaines conditions, usuelles en pratique, ne se prêtent cependant pas à une renonciation. Il s'agit, par exemple, de la condition suspensive de l'**accord du juge des tutelles** lorsque l'une des parties est placée sous un régime de protection des mineurs ou des majeurs protégés ou de celle de la **purge du droit de préemption urbain**. Le fait qu'il ne soit pas possible de renoncer à de telles conditions, dans la mesure où elles portent sur un élément essentiel du contrat (un élément de base s'agissant du consentement et de la capacité, et un élément additionnel impératif à peine de nullité s'agissant de la préférence légale), révèle que la condition est mal choisie (voir n° 30012).

MOMENT DE LA RENONCIATION À LA CONDITION

30604 La partie dans l'intérêt exclusif de laquelle la condition a été stipulée peut y renoncer **tant qu'elle n'est pas accomplie ou n'a pas défailli** (C. civ. art. 1304-4). Avant d'être inscrite dans le Code civil, cette solution était déjà admise par les tribunaux qui jugeaient que, pour être efficace, la renonciation à la condition doit intervenir pendant la période d'incertitude, c'est-à-dire s'il a été prévu, dans le délai de réalisation de la condition suspensive ou résolutoire, et avant défaillance de celle-ci (pour une illustration, voir Cass. 3e civ. 28-4-2011 n° 10-15.630).

30606 Depuis le 1er octobre 2016, l'article 1304-4 du Code civil (dans sa rédaction modifiée par la loi 2018-287 du 20-4-2018) affirme clairement l'impossibilité, pour la partie dans l'intérêt exclusif de laquelle la condition a été stipulée, de renoncer à celle-ci après sa défaillance.

Cette solution était admise par une partie majoritaire de la doctrine avant la réforme du droit des contrats de 2016. La renonciation à la **condition suspensive** après sa défaillance ou après l'expiration du délai dans lequel elle devait se réaliser est impossible, pour la raison que le contrat est devenu automatiquement et irréversiblement caduc (n° 30520). La condition ayant défailli, il n'existe plus d'incertitude, et la caducité a emporté l'effacement du contrat et de la condition qui l'assortissait. Seul un nouvel accord peut prospérer. Ainsi, un acquéreur ne peut plus renoncer unilatéralement à la condition suspensive d'obtention d'un prêt qui assortit une promesse de vente si le prêt lui a été refusé, ou s'il ne lui a pas été accordé dans le délai prévu pour la réalisation de la condition mais quelques jours plus tard.

La question se pose de savoir si la règle posée par l'article 1304-4 est d'ordre public ou s'il s'agit d'une règle supplétive à laquelle les parties peuvent déroger en insérant dans le contrat une clause prévoyant expressément une possible renonciation unilatérale par le bénéficiaire de la condition suspensive après sa défaillance. La doctrine est divisée sur cette question et il n'existe pas encore de jurisprudence. Selon nous, la question de la renonciation à une condition après sa défaillance est davantage la question de la renonciation à se prévaloir des effets produits par la défaillance de la condition (voir nos 30650 s.).

Par une interprétation a contrario de l'article 1304-4 du Code civil dans sa rédaction initiale issue de l'ordonnance 2016-131 du 10 février 2016, le rapport au Président de la République relatif à ladite ordonnance affirmait qu'une renonciation ne pouvait pas intervenir après la défaillance de la condition suspensive, le contrat étant définitivement anéanti. Il ajoutait que la partie qui avait un intérêt à la condition pourrait toujours y renoncer après cette défaillance si elle obtenait l'accord de son cocontractant (Rapport au Président de la République : JO 11-2-2016 texte n° 25).

En présence d'une **condition résolutoire**, la renonciation à la condition après sa défaillance ou l'expiration du délai dans lequel elle devait se réaliser est impossible car le contrat est devenu définitivement pur et simple depuis sa conclusion.

AUTEUR DE LA RENONCIATION À LA CONDITION

30608 Une partie est libre de renoncer à la condition suspensive **stipulée dans son intérêt exclusif**, tant que celle-ci n'est pas accomplie (C. civ. art. 1304-4). Il s'agit d'une consécration de la jurisprudence antérieure à l'ordonnance 2016-131 du 10 février 2016 qui admettait que celui en faveur de qui la condition avait été insérée pouvait y renoncer discrétionnairement. Il s'agira, par exemple, de l'acquéreur qui aura contracté sous condition d'obtenir un permis de construire ou d'obtenir un prêt.

Pour éviter toute incertitude, il est **conseillé en pratique** de désigner dans le contrat la partie en faveur de laquelle la condition est prévue, et qui pourra donc y renoncer. Si l'acte ne le prévoit pas, ce sont les juges du fond qui apprécient souverainement en faveur de laquelle des parties la condition a été stipulée (pour illustration, Cass. 3e civ. 12-1-2010 n° 08-18.624 : Bull. civ. III n° 6, condition suspensive de l'obtention d'un permis de construire jugée prévue dans le seul intérêt de l'acquéreur).

La **renonciation conjointe** à la condition par les deux cocontractants ne soulève aucune difficulté : la volonté commune et les consentements convergents des parties sont souverains.

Il peut arriver que la **condition** suspensive soit insérée **en faveur des deux parties**. Elles ne pourront donc y renoncer que de leur accord mutuel (en ce sens, Cass. 3e civ. 4-6-2009 n° 08-15.587 : RJDA 12/09 n° 1059). C'est par exemple le cas lorsque le vendeur n'a pas, au stade de l'avant-contrat, procédé aux recherches d'amiante ou d'accessibilité au plomb et que les parties veulent néanmoins conclure un avant-contrat. Le vendeur a intérêt à ce que l'immeuble ne contienne pas le matériau incriminé, car il serait alors tenu à garantir l'acquéreur (n° 21256). De son côté, l'acquéreur peut souhaiter ne pas acquérir si l'immeuble contient de l'amiante ou présente un risque d'accessibilité au plomb. Les parties pourront insérer dans la convention une condition suspensive que les diagnostics techniques ne révèlent pas l'existence de ces matériaux et préciser que la condition étant stipulée dans l'intérêt tant du vendeur que de l'acquéreur, il ne pourra y être renoncé que de leur accord réciproque. Cette solution n'est pas remise en cause par la réforme du droit des contrats et des obligations. 30610

> **Précisions** Il a été jugé que l'**avant-contrat ne spécifiant pas** que la condition suspensive d'un diagnostic ne révélant pas la présence d'amiante était stipulée dans l'intérêt exclusif de l'acquéreur, ce dernier ne pouvait efficacement prétendre y renoncer seul (Cass. 3e civ. 7-5-2014 n° 13-13.694). La condition était donc stipulée dans l'intérêt des deux parties.

FORME DE LA RENONCIATION À LA CONDITION

La renonciation à la condition n'est en **principe** enfermée dans aucun formalisme. La volonté de celui qui y procède devra cependant s'extérioriser et être portée à la connaissance du cocontractant. **En pratique**, il vaut mieux prévoir dans le contrat la forme qui devra être utilisée et privilégier un procédé qui permet de conserver la preuve de la renonciation et de sa communication au cocontractant. La lettre recommandée avec accusé de réception paraît bien adaptée, de même que la signification par commissaire de justice si l'importance des intérêts en cause justifie ce surcroît de sécurité. Pour éviter toute discussion, il est utile de préciser que la forme prévue est impérative et qu'aucune autre forme ne sera recevable. 30612

La **renonciation à la condition suspensive de l'obtention de prêt** doit être entourée d'une attention particulière lorsque l'opération entre dans le champ d'application des dispositions du Code de la consommation relatives au crédit immobilier. Il est **conseillé** d'imposer à l'acquéreur qui renonce à la condition parce qu'il a décidé de ne plus recourir à l'emprunt d'indiquer que le prix sera payé sans l'aide d'un prêt (C. consom. art. L 313-40) et de porter sur le document contenant cette déclaration la mention manuscrite prévue par l'article L 313-42 du Code de la consommation (voir n° 42232). 30614

EFFETS DE LA RENONCIATION À LA CONDITION

En cas de renonciation à la **condition suspensive** qui l'affecte, l'obligation ou la convention considérée devient pure et simple. Si la condition à laquelle il est renoncé est **résolutoire**, la situation contractuelle qui était provisoirement pure et simple le devient définitivement. Avec la disparition de la condition disparaît l'incertitude. 30616

La convention demeure conditionnelle si elle est soumise à une **autre condition que celle à laquelle il est renoncé**, et que cette autre condition est toujours pendante.

D. Renonciation à se prévaloir de la caducité du contrat

ACCORD DES PARTIES SUR LA RENONCIATION À LA CADUCITÉ DU CONTRAT

La renonciation à se prévaloir de la défaillance survenue de la condition suspensive ou de la survenance de la condition résolutoire diffère de la renonciation à la condition pendante. La **renonciation** intervient alors **après dénouement de la condition** et ses effets sont déterminés par le fait que le lien juridique entre les parties procède d'une nouvelle convention, et non de la convention initiale, même si elle en est en tous points identique. 30650

Des conséquences doivent être tirées de l'existence de ce nouvel accord, à différents égards. Tout d'abord, les conditions tenant à la capacité et aux pouvoirs des contractants doivent être appréciées au jour du nouvel accord. C'est également au jour du nouvel accord que commencera à courir le délai de l'action en rescision pour lésion (Cass. 3e civ. 25-1-1978 n° 76-15.199 : Bull. civ. III n° 55).
Il faudra par ailleurs tenir compte de la protection dont bénéficie l'acquéreur non professionnel d'un immeuble d'habitation : celui-ci bénéficiera d'un **droit de rétractation** s'il est établi un nouvel accord, ou du droit de réflexion s'il est passé directement à l'acte notarié, même si le droit de rétractation a été initialement purgé. Sur ce dispositif de protection de l'acquéreur, voir nos 45000 s.

> **Précisions** Un traitement particulier est réservé aux **honoraires de l'intermédiaire**. Celui-ci conserve son droit à commission bien que la vente procède d'un nouvel accord, pour la raison que l'opération pour laquelle il s'est entremis s'est réalisée (Cass. 1e civ. 18-1-1983 n° 81-14.611 : Bull. civ. I n° 26). Mais son droit à rémunération disparaît si le maintien du projet de vente entre les parties se fait en dehors des obligations précises prévues dans l'acte initial devenu caduc (Cass. 3e civ. 24-5-1989 n° 87-18.919 : Bull. civ. III n° 119).

RENONCIATION UNILATÉRALE À LA CADUCITÉ DU CONTRAT

30652 Avant la réforme du droit des contrats de 2016, la jurisprudence admettait que le contractant au bénéfice exclusif duquel la condition était stipulée pouvait renoncer à se prévaloir de la caducité du contrat après la **défaillance de la condition suspensive** (pour une condition suspensive d'obtention d'un prêt destiné à l'acquisition d'un immeuble, Cass. 3e civ. 20-6-2006 n° 05-12.319 : RJDA 1/07 n° 25 ; Cass. 3e civ. 17-11-2009 n° 08-20.721 ; pour une condition d'obtention de permis de construire, Cass. 3e civ. 12-1-2010 n° 08-18.624 : BPIM 2/10 inf. 121 ; pour une condition suspensive relative à la situation hypothécaire du bien vendu, Cass. 1e civ. 17-10-2012 n° 11-16.951).
Depuis le 1er octobre 2016, ce n'est plus le cas. Une partie peut renoncer à la condition stipulée dans son intérêt exclusif uniquement si elle n'est pas accomplie ou n'a pas encore défailli (C. civ. art. 1304-4 dans sa rédaction issue de la loi 2018-287 du 20-4-2018 ; Loi 2018-287 art. 16, I).
La question est posée de savoir si les parties, souhaitant favoriser la réalisation du contrat malgré la défaillance de la condition, peuvent **déroger à l'article 1304-4 du Code civil** en insérant dans le contrat une clause prévoyant une possible renonciation unilatérale par le bénéficiaire de la condition suspensive après sa défaillance. En attendant que cette question soit tranchée par les tribunaux, la prudence recommande d'interdire toute renonciation unilatérale à une condition défaillie par celle des parties dans l'intérêt de laquelle la condition aura été stipulée.

> **Précisions** La faculté reconnue au bénéficiaire, par la **jurisprudence antérieure à la réforme du droit des contrats**, de renoncer à se prévaloir de la caducité du contrat après la défaillance de la condition suspensive présentait un grave inconvénient en pratique : lorsque la condition ne s'était pas réalisée dans le délai, le cocontractant ne pouvait pas se considérer libéré du contrat tant que celui dans l'intérêt duquel la condition avait été stipulée ne s'était pas prononcé sur son intention de se prévaloir ou non de la défaillance. Elle était également choquante sur le plan des principes, puisque le sort du contrat était suspendu au bon vouloir d'un seul des contractants.
> Des arrêts de la Cour de cassation ont limité dans le temps la possibilité pour le bénéficiaire de la condition de renoncer à sa défaillance : lorsque le contrat dissociait la date de réalisation de la condition de celle postérieure de réitération de la vente, la renonciation devait intervenir avant cette dernière date (Cass. 3e civ. 17-12-2008 n° 07-18.062 : Bull. civ. III n° 211 ; Cass. 3e civ. 29-5-2013 n° 12-17.077 FS-PBR : BPIM 4/13 inf. 273 ; Cass. 3e civ. 9-3-2017 n° 15-26.182 FS-PB : BPIM 3/17 inf. 222).

SECTION 6

CONDITION RÉPUTÉE RÉALISÉE

30700 L'**emprise** de la volonté **de l'une des parties sur le jeu de la condition** peut se révéler au cours de la période conditionnelle : par tricherie, mauvaise foi ou manœuvres, l'une des parties peut empêcher l'accomplissement de la condition ou provoquer sa défaillance. L'article 1304-3 du Code civil sanctionne a posteriori le **comportement déloyal** de la partie qui a eu intérêt à empêcher l'accomplissement de la condition suspensive ou à provoquer l'accomplissement de la condition résolutoire.

La **sanction** est particulière : il ne s'agit pas de la nullité de l'obligation ou du contrat mais au contraire de son renforcement, puisque la condition suspensive est réputée réalisée. La condition résolutoire est réputée défaillie.

COMPORTEMENT FAUTIF DU COCONTRACTANT

Défaillance volontaire Pour être sanctionné, le cocontractant déloyal doit avoir fautivement empêché la réalisation de la condition ou provoqué sa défaillance. Le comportement sanctionné peut être une faute volontaire ou une **négligence délibérée** du cocontractant désireux de s'affranchir de l'obligation qu'il a souscrite ou du contrat dans lequel il s'est engagé. Il peut s'agir d'une négligence légère, sans que la mauvaise foi soit nécessairement caractérisée (Cass. 3e civ. 25-4-1978 n° 76-13.933 : Bull. civ. III n° 158). En l'espèce, il était reproché à l'acquéreur des démarches incomplètes auprès de l'organisme de crédit, carence motivée par l'insuffisance démontrée de son apport personnel. 30702

C'est à l'acquéreur de prouver qu'il a accompli ses démarches conformément aux stipulations du contrat (voir pour le dépôt d'une demande de prêt conforme aux stipulations de la promesse, Cass. 3e civ. 30-1-2008 n° 06-21.117 : Bull. civ. III n° 22). Mais une fois cette **preuve** rapportée, c'est au créancier de l'obligation sous condition suspensive, autrement dit le promettant, de démontrer que la défaillance de la condition suspensive est imputable à la faute du bénéficiaire (Cass. 3e civ. 26-5-2010 n° 09-15.317 : Bull. civ. III n° 103).

ILLUSTRATIONS

Jugé qu'ont **empêché la réalisation de la condition** ou provoqué sa défaillance :

– l'acquéreur qui n'a pas effectué les démarches pour obtenir une autorisation d'urbanisme commercial érigée en condition suspensive (Cass. 3e civ. 10-9-2008 n° 07-16.177 : Bull. civ. III n° 132) ;

– l'acquéreur qui ne dépose pas de demande de permis de construire conformément à la condition suspensive de la promesse et modifie son projet de construction sans l'accord du vendeur (Cass. 3e civ. 1-4-2021 n° 20-14.194 F-D : BPIM 3/21 inf. 201) ;

– l'acquéreur qui a formulé une demande de prêt à titre personnel en sachant qu'elle serait refusée eu égard à sa capacité d'endettement alors qu'il avait la possibilité de poursuivre l'acquisition en constituant une SCI avec d'autres investisseurs (Cass. 3e civ. 12-2-2013 n° 12-13.760 : BPIM 2/13 inf. 134) ;

– l'acquéreur qui n'a pas formulé sa demande de prêt, s'est abstenu de communiquer au prêteur les pièces lui permettant de l'instruire, ou a sollicité un prêt ne correspondant pas aux caractéristiques de la promesse (Cass. 3e civ. 20-11-2013 n° 12-29.021 : BPIM 1/14 inf. 36, taux d'intérêt légèrement inférieur au taux prévu par la promesse ; Cass. 3e civ. 9-7-2020 n° 19-18.893 F-D : BPIM 5/20 inf. 327, montant d'emprunt supérieur à celui prévu par la promesse ; Cass. 3e civ. 19-5-2016 n° 12-30.172 F-D, demande de prêt non conforme aux stipulations de la promesse et postérieure à l'expiration de la durée de validité de la condition suspensive).

Défaillance involontaire Même si le débiteur de l'obligation n'a pas rempli ses obligations, il peut échapper à l'application de l'article 1304-3 du Code civil s'il **démontre qu'en tout état de cause la condition ne pouvait pas se réaliser** pour des motifs indépendants de sa volonté. Ainsi, la certitude de la défaillance de la condition suspensive peut purger le comportement fautif de l'acquéreur. 30703

ILLUSTRATIONS

Il a été jugé que l'acquéreur n'a **pas empêché la réalisation de la condition suspensive** si :

– il s'est abstenu de déposer une demande de permis lorsque celle-ci n'aurait pas pu être acceptée en raison des contraintes du POS (Cass. 3e civ. 15-12-2010 n° 10-10.473 : Bull. civ. III n° 225) ;

– sa demande de permis de construire pour une surface inférieure aux stipulations de la promesse est refusée, dès lors qu'une demande portant sur la surface convenue aurait nécessairement été refusée (Cass. 3e civ. 11-9-2012 n° 11-22.345 F-D : RJDA 12/12 n° 1062) ;

– sa demande d'agrément de prêt locatif social est refusée, peu importe que sa demande sollicitait des dérogations (Cass. 3e civ. 28-9-2023 n° 22-20.679 F-D : BPIM 6/23 inf. 387) ;

– il dépose une demande de prêt inférieur au montant maximum prévu par la promesse (Cass. 3e civ. 14-1-2021 n° 20-11.224 F-P : BPIM 2/21 inf. 135) ;

– il refuse un prêt accordé par la banque à un montant inférieur au montant demandé correspondant au montant maximum indiqué dans la promesse de vente (Cass. 3e civ. 14-12-2022 n° 21-24.539 FS-B : BPIM 1/23 inf. 42) ;

– il a été exagérément optimiste sur ses capacités financières et qu'il a commis une erreur sur l'adéquation de ses revenus avec les sommes qu'il se proposait d'emprunter (Cass. 3e civ. 12-7-2018 n° 17-21.763 F-D) ;

– il demande un prêt non conforme aux stipulations de la promesse de vente dès lors que la banque lui aurait de toute façon refusé le prêt en raison de l'insuffisance de ses capacités financières (Cass. 3e civ. 9-11-2023 n° 22-13.900 F-D : BPIM 1/24 inf. 48) ;

– il a déposé une demande de prêt au-delà du délai prévu par la promesse de vente dès lors que ce prêt lui a été refusé pour raisons médicales (Cass. 3e civ. 5-1-2017 n° 15-25.882 F-D : BPIM 2/17 inf. 135).

SANCTION DU COMPORTEMENT FAUTIF DU COCONTRACTANT

30704 C'est au **juge** qu'il appartient de **prononcer la sanction** prévue par l'article 1304-3 du Code civil. Le juge se déterminera non seulement en considération de l'attitude qu'il est possible d'attendre d'un cocontractant normalement diligent, mais également en fonction des obligations particulières imposées par le contrat au cocontractant bénéficiaire de la condition.

Il est donc **conseillé en pratique** de fixer dans le contrat le niveau de diligences auxquelles le cocontractant doit satisfaire pour favoriser la réalisation de la condition suspensive : par exemple, déposer un dossier de permis de construire ou de demande de prêt dans un certain délai, répondre sans retard aux demandes de pièces ou de renseignements complémentaires qui lui seront adressées par le service instructeur, etc.

Les précisions qui figureront dans le contrat seront importantes à un double titre : elles auront un effet coercitif sur le cocontractant de nature à le dissuader d'une attitude déloyale sous couvert d'une rédaction imprécise ; elles guideront le juge pour apprécier la faute et appliquer la sanction correspondante. Pour une proposition de formule s'agissant d'une demande de prêt, voir n° 30980.

30706 La sanction principale du comportement déloyal prévue par l'article 1304-3 du Code civil est la **neutralisation de la condition** : la condition défaillie par la faute du cocontractant est réputée réalisée et le contrat devient pur et simple. L'incertitude est dissipée dans le sens inverse de celui auquel la faute du cocontractant sanctionné devait conduire. Celui qui, par exemple, n'a pas déposé son dossier de demande de permis de construire ou de demande de prêt doit acquérir, comme si l'autorisation de construire ou le financement était accordé.

30708 Le jeu de l'article 1304-3 du Code civil sera souvent assorti de la **résolution du contrat** aux torts de la partie défaillante, lorsque la défaillance de la condition fait obstacle à l'exécution du contrat réputé pur et simple. L'exemple le plus caractéristique de l'utilité d'une résolution immédiate du contrat est celui fourni par la condition suspensive d'obtention de prêt : sa défaillance prive l'acquéreur du financement lui permettant de payer le prix d'une vente devenue pure et simple par l'effet de la condition réputée accomplie. L'application de la sanction de l'article 1304-3 combiné avec la résolution du contrat ouvre au vendeur la possibilité d'une **indemnisation** sans l'exposer aux inconvénients d'un contrat inexécuté.

Ce sera le plus souvent pour obtenir cette indemnisation que le promettant ou le vendeur victime de la déloyauté de son cocontractant sollicite le juge pour voir appliquer l'article 1304-3 du Code civil. Par des arrêts rendus sous l'empire de l'article 1178 ancien du Code civil mais toujours d'actualité, les juges ont ainsi sanctionné pécuniairement celui qui a fait défaillir volontairement la condition suspensive (voir pour une attribution au promettant de l'acompte versé par le bénéficiaire, Cass. 1e civ. 19-6-1990 n° 88-16.196 : Bull. civ. I n° 175 ; Cass. 3e civ. 9-7-2020 n° 19-18.893 F-D : BPIM 5/20 inf. 327 ; et voir pour une application de la clause pénale prévue dans la promesse de vente, Cass. 3e civ. 20-11-2013 n° 12-29.021 : Bull. civ. III n° 150, BPIM 1/14 inf. 36 ; Cass. 3e civ. 1-4-2021 n° 20-14.194 F-D : BPIM 3/21 inf. 201).

SECTION 7

CONSEILS PRATIQUES ET FORMULES

30800 Les conditions qui peuvent être insérées dans un avant-contrat sont d'une grande variété. Sont ici examinées les conditions suspensives les plus fréquentes, ainsi que celles qui présentent des particularités ou soulèvent des difficultés.

A. Vérifications préalables à la vente

30810 Au moment où elles contractent une promesse de vente, les parties ne disposent pas de toutes les **informations sur la situation de l'immeuble**, informations multiples qui conditionnent l'engagement de l'acquéreur. La condition suspensive permet de contracter immédiatement, sans attendre que la vérification soit effectuée.

L'information recherchée est le plus souvent un événement non pas futur mais présent et inconnu des parties, et donc impropre à constituer une condition (n° 30078). L'événement futur, érigé en condition, est le résultat conforme aux prévisions du contrat de la recherche de cette information ou de la vérification à effectuer.

1. SITUATION DE L'IMMEUBLE AU REGARD DES RÈGLES D'URBANISME

Même si l'acquéreur réalise l'acquisition « en l'état » et n'envisage pas de travaux ou de transformations, certaines particularités liées à la situation de l'immeuble au regard des règles d'urbanisme peuvent être déterminantes de son consentement en ce qu'elles affectent sa valeur ou son utilisation. Lorsqu'il n'est pas possible de les connaître au moment de la régularisation de l'avant-contrat, la **condition suspensive de la délivrance de renseignements d'urbanisme** conformes aux prévisions du contrat pourra utilement protéger l'acquéreur et éviter de l'engager dans un achat qui, vérification faite, ne correspond pas à ses attentes. **30820**

La condition suspensive doit être, non la délivrance d'un certificat d'urbanisme, puisqu'il suffit que le document soit demandé pour qu'il soit délivré, mais celle d'un **certificat d'urbanisme au contenu particulier**. Ce contenu peut être défini de manière négative : il s'agira d'un certificat ne révélant pas de prescriptions d'urbanisme particulières ; il peut être défini de manière positive : ce sera par exemple le caractère positif d'un certificat d'urbanisme préopérationnel sur un projet bien précis. **30822**

L'indication dans l'acte du projet de l'acquéreur permet d'établir la concordance entre ce projet et le type de demande formulée. Elle permet de préconstituer la preuve que le rédacteur a rempli son obligation de conseil en recherchant par le moyen le plus approprié l'information utile.

CONSEIL

Mieux vaut préciser, lors de la rédaction de la condition suspensive relative aux renseignements d'urbanisme, que ne seront pas prises en compte les **prescriptions peu contraignantes**, spécialement lorsque la vente porte sur un immeuble bâti sans modification de son état : situation dans une zone de bruit, dans une zone de faisceaux hertziens, dans le périmètre d'un monument historique, etc. Cela permettra d'éviter qu'un acquéreur ne souhaitant plus acquérir s'en prévale pour prétendre que la condition a défailli.

DÉLIVRANCE D'UN CERTIFICAT D'URBANISME INFORMATIF

La formule ci-après subordonne la réalisation de la vente à la délivrance d'un certificat d'urbanisme ne révélant pas de prescriptions particulières. **30826**

MODÈLE

Condition suspensive de délivrance d'un certificat d'urbanisme informatif

« La présente convention est soumise à la condition suspensive de la délivrance d'un certificat d'urbanisme informatif ne révélant pas de dispositions d'urbanisme ou de limitations administratives au droit de propriété intéressant l'immeuble qui en est l'objet et qui mettraient obstacle à son utilisation normale compte tenu de sa destination actuelle, qui restreindraient cette utilisation ou qui en diminueraient significativement la valeur.

Ne sera pas considérée comme une sujétion entraînant défaillance de la condition, la situation de l'immeuble dans le périmètre d'un monument historique, d'une zone de bruit, d'une zone de faisceaux hertziens, d'un site patrimonial remarquable ou d'un secteur de parc.

L'acquéreur déclare qu'il n'envisage pas, dans un avenir prévisible, de réaliser dans l'immeuble acquis des travaux de construction, reconstruction, agrandissement, ou des modifications relevant de l'autorisation de construire ou de la déclaration de travaux.

Cette condition est stipulée en faveur de l'acquéreur, qui pourra toujours y renoncer. »

DÉLIVRANCE D'UN CERTIFICAT D'URBANISME PRÉOPÉRATIONNEL

Lorsque l'acquéreur a un projet de travaux qui relève de l'autorisation de construire, il est préférable de demander un certificat préopérationnel pour vérifier la faisabilité de son projet. La condition suspensive de la délivrance de ce certificat peut être rédigée de la manière ci-après. **30828**

MODÈLE

Condition suspensive de délivrance d'un certificat d'urbanisme préopérationnel

« L'acquéreur déclare qu'il envisage de réaliser dans (*ou* sur) l'immeuble acquis des travaux relevant de l'autorisation de construire (*ou* de la déclaration de travaux) et consistant en (*préciser les caractéristiques de l'opération projetée*).

La présente convention est soumise à la condition suspensive de la délivrance d'un certificat d'urbanisme précisant, d'une part que l'opération considérée peut être réalisée, et ne révélant pas d'autre part de dispositions d'urbanisme ou de limitations administratives au droit de propriété intéressant l'immeuble qui en est l'objet et qui mettraient obstacle à son utilisation normale compte tenu de sa destination actuelle, qui restreindraient cette utilisation ou qui en diminueraient significativement la valeur.

Ne sera pas considérée (*la suite comme dans la formule précédente* : voir n° 30826).

Cette condition est stipulée en faveur de l'acquéreur, qui pourra toujours y renoncer. »

2. SUJÉTIONS PARTICULIÈRES INTÉRESSANT L'IMMEUBLE

30850 Les certificats d'urbanisme ne révèlent pas les mesures qui intéressent individuellement l'immeuble et qui peuvent être prescrites par le maire dans le cadre de ses pouvoirs de police lorsqu'un édifice menace ruine (CCH art. L 511-11).

En cas de vente d'un **immeuble en mauvais état**, il peut être prudent d'interroger la mairie (la préfecture de police à Paris) pour savoir si l'immeuble fait l'objet d'une procédure, d'urgence en cas de danger imminent, ou ordinaire en cas de danger non imminent.

La première démarche consiste à interroger le propriétaire à qui l'arrêté, s'il a été pris, a été notifié. Pour ne pas s'en remettre à la seule loyauté du vendeur, ou pour éviter le risque que l'arrêté n'ait pas été porté à sa connaissance, il peut être utile d'interroger l'autorité compétente. Si ce renseignement n'est pas obtenu le jour où l'avant-contrat est établi, il peut être inséré dans l'avant-contrat une condition suspensive que les renseignements qui seront sollicités de cette autorité ne révèlent pas que l'immeuble considéré a fait l'objet d'un arrêté de mise en sécurité.

Il est proposé une **formule de clause** permettant de tenir compte de l'éventualité d'un arrêté de mise en sécurité intéressant l'immeuble.

MODÈLE

Condition suspensive de non-révélation d'un arrêté de mise en sécurité

« La présente convention est soumise à la condition suspensive que la recherche qui sera effectuée sous forme d'une demande formulée par lettre adressée à l'autorité compétente ne révèle pas l'existence d'un arrêté de mise en sécurité portant sur l'immeuble vendu (*ou* promis en vente) ou l'intéressant, ou encore l'engagement par cette autorité d'une procédure dans le cadre de la législation concernant la police de la sécurité des immeubles.

Cette condition est stipulée en faveur de l'acquéreur, qui pourra toujours y renoncer. »

3. SITUATION DE L'IMMEUBLE AU REGARD DE L'AUTORISATION DE CONSTRUIRE

30860 Il importe à l'acquéreur que l'immeuble soit dans une situation régulière au regard de l'autorisation de construire. Sur les risques et inconvénients d'une construction irrégulière, voir n°s 20210 s.

La première des démarches est d'interroger le vendeur ou le propriétaire pour savoir s'il a réalisé des **travaux dans l'immeuble** relevant de l'autorisation de construire ou de la déclaration de travaux, ou s'il a connaissance que de tels travaux ont été réalisés par un précédent propriétaire, et de se faire produire tous les documents qui seraient en sa possession. La mairie peut également être interrogée.

Si, au stade de l'avant-contrat, les pièces et renseignements permettant d'informer l'acquéreur sur la situation exacte et complète de l'immeuble au regard de la réglementation de l'autorisation de construire ne peuvent pas être obtenus, il peut être inséré dans la promesse une condition suspensive que les recherches qui seront effectuées auprès de la mairie ne révèlent pas que l'immeuble se trouve dans une situation d'irrégularité ou de non-conformité entraînant un risque de démolition ou d'inconstructibilité à l'avenir.

Il est proposé une **formule de clause** subordonnant la réalisation de la vente à l'absence d'irrégularité de la situation de l'immeuble au regard de l'autorisation de construire.

Possibilité peut être donnée à l'acquéreur de renoncer à la condition suspensive et de réaliser l'acquisition malgré l'irrégularité révélée s'il lui apparaît que celle-ci est mineure ou n'entraîne pas de conséquences préjudiciables ou irréversibles.

MODÈLE

Condition suspensive d'absence d'irrégularité de la construction

« La présente convention est soumise à la condition suspensive que les renseignements qui seront sollicités en mairie ne mettent pas en évidence que l'immeuble a été irrégulièrement édifié au regard de la réglementation de l'autorisation de construire, ou que des travaux ou des ouvrages y ont été irrégulièrement réalisés.

L'absence de déclaration attestant l'achèvement et la conformité des travaux (DAACT) pour les travaux réalisés par le vendeur ou par un précédent propriétaire, alors que les travaux étaient soumis à une autorisation de construire, entraînera défaillance de la condition.

(*variante*: Le refus de délivrance d'une attestation de non-contestation à la DAACT pour les travaux réalisés par le vendeur ou par un précédent propriétaire avec le permis ou la déclaration entraînera défaillance de la condition).

Cette condition est stipulée en faveur de l'acquéreur, qui pourra toujours y renoncer. »

4. ABSENCE DE POLLUTION

Une pollution affectant un terrain peut soit mettre obstacle à la réalisation d'un projet de construction, soit entraîner des frais de remise en état. Il est donc conseillé, en cas de suspicion d'une pollution (pouvant résulter d'une activité polluante sur le site, de l'utilisation de terres de remblai d'origine et de qualité incertaines ou de l'existence de déchets, etc.) de réaliser une **étude de sol**. Le résultat négatif de cette étude peut être une condition suspensive de la vente. Les frais d'une telle étude pouvant être élevés, il convient de préciser qui du vendeur ou de l'acquéreur les supportera. **30870**

L'absence de toute pollution en tissu urbain est rare. Il est donc prudent de préciser que seule l'existence d'une pollution entraînant un coût de remise en état du site excédant un montant déterminé, ou incompatible avec une activité définie, provoquera la défaillance de la condition.

MODÈLE

Condition suspensive de non-révélation d'une pollution

« La vente promise est soumise à la condition suspensive que les études de sol et les sondages qui seront réalisés par l'acquéreur à ses frais ne révèlent pas l'existence d'une pollution de quelque nature que ce soit susceptible d'entraîner une obligation de remise en état du site dont le coût excéderait... € (*variante*: qui serait incompatible avec l'usage auquel l'acquéreur destine le terrain, soit la construction d'un immeuble à usage de... [*préciser l'usage*]).

Cette condition est stipulée dans l'intérêt exclusif de l'acquéreur, qui pourra toujours y renoncer.

L'acquéreur est informé que la condition serait considérée comme réalisée en application de l'article 1304-3 du Code civil si, par sa faute ou sa négligence, il en empêchait la réalisation ou provoquait sa défaillance. »

5. ABSENCE DE RISQUES LIÉS À LA QUALITÉ DU SOL OU DU SOUS-SOL

L'exploitation de **mines** ou de **carrières** dans le sous-sol de l'immeuble vendu ou la mauvaise qualité du sol (existence de remblais, de vestiges, etc.) peuvent provoquer des désordres ou des affaissements dans les immeubles existants, ou entraîner des surcoûts en cas de constructions neuves. **30880**

La condition suspensive permet à l'acquéreur de contracter immédiatement tout en se ménageant la possibilité de ne pas acquérir si les recherches effectuées révèlent des défauts affectant la qualité du sol ou du sous-sol.

30882 Cette **formule** correspond à l'éventualité de **cavités souterraines** dans le tréfonds de l'immeuble vendu et peut s'appliquer à la vente d'un immeuble bâti ou d'un terrain.

MODÈLE

Condition suspensive de non-révélation de cavités souterraines

« La vente promise est soumise à la condition suspensive que les documents d'urbanisme et les recherches qui seront effectuées auprès des services compétents ne révèlent pas l'existence dans le tréfonds de l'immeuble vendu de cavités souterraines naturelles ou résultant de l'exploitation de mines ou de carrières, même remblayées.

Cette condition est stipulée dans l'intérêt exclusif de l'acquéreur, qui pourra toujours y renoncer. »

30884 Cette **formule** est adaptée à la vente d'un terrain sur lequel l'acquéreur a un **projet de construction** pour lequel il souhaite éviter un surcoût lié à la mauvaise qualité du sol ou du sous-sol.

MODÈLE

Condition suspensive de non-révélation de particularités du terrain

« La vente promise est soumise à la condition suspensive que les études de sol et les sondages qui seront réalisés par l'acquéreur à ses frais ne révèlent pas la nécessité liée aux particularités du terrain de réaliser des fondations spéciales entraînant, pour quelque cause que ce soit, un surcoût de plus de... % par rapport au coût de fondations normales envisagées par lui dans le cadre de sa demande de permis de construire compte tenu des caractéristiques de la construction projetée.

Cette condition est stipulée dans l'intérêt exclusif de l'acquéreur, qui pourra toujours y renoncer.

L'acquéreur est informé que la condition serait considérée comme réalisée en application de l'article 1304-3 du Code civil si, par sa faute ou sa négligence, il en empêchait sa réalisation ou provoquait sa défaillance. »

6. ABSENCE DES RENSEIGNEMENTS PRESCRITS AU STADE DE L'AVANT-CONTRAT (AMIANTE, PLOMB, TERMITES, INSTALLATION INTÉRIEURE DE GAZ OU D'ÉLECTRICITÉ...)

30890 L'obligation de renseignement qui pèse sur le vendeur d'immeuble doit être exécutée par celui-ci au stade de l'avant-contrat par l'annexion de **documents techniques** à l'acte constatant ou réalisant la vente.

Il arrive que les parties souhaitent contracter alors que les recherches n'ont pas été effectuées, ou que leurs **résultats** ne sont **pas connus**. Elles peuvent soumettre leur convention à la condition suspensive que les diagnostics, constats et certificats qui seront fournis ne révèlent pas la présence de matériaux contenant de l'amiante, de peintures entraînant un risque d'accessibilité au plomb, une contamination par des termites, la présence de mérules ou une défectuosité de l'installation de gaz ou de l'installation électrique.

CONSEIL

Il faut **préciser dans l'acte** que la condition suspensive (de la délivrance de diagnostics, constats et certificats ne révélant pas la présence de matériaux contenant de l'amiante, de peintures entraînant un risque d'accessibilité au plomb, une contamination par des termites, une défectuosité de l'installation de gaz ou d'électricité ou le cas échéant de mérules) est prévue dans l'intérêt des deux parties et qu'il ne peut y être renoncé que de leur consentement mutuel. Si elle était stipulée au profit du seul acquéreur, celui-ci pourrait renoncer à la condition, auquel cas le vendeur ne pourrait pas se prévaloir d'une éventuelle stipulation de non-garantie puisque les documents n'auraient pas été annexés à l'acte. Ce dernier serait alors exposé à l'action estimatoire ou à l'action rédhibitoire pour vice caché (voir n°s 21252 s.).

Une telle condition fragilise la convention, dans la mesure où il n'est pas exceptionnel qu'un immeuble bâti contienne des matériaux contenant de l'amiante ou présente un risque d'accessibilité au plomb. Il est possible et opportun de prévoir qu'**en cas de diagnostics positifs** la condition sera néanmoins considérée comme réalisée si le vendeur supprime, à ses frais et en respectant la réglementation, les risques révélés.

La **formule** suivante intéresse un immeuble soumis à la recherche d'**amiante et** de risque d'exposition au **plomb**. 30892

MODÈLE

Condition suspensive de non-révélation d'amiante et de plomb

« La vente promise est soumise à la condition suspensive que les contrôles qui seront effectués par le vendeur à ses frais par une entreprise qualifiée disposant des certificats de compétence et ayant souscrit une assurance de responsabilité, en cours de validité, ne révèlent pas la présence de matériaux ou produits de construction contenant de l'amiante ni de peintures présentant, en raison de leur état, un risque d'accessibilité au plomb d'une concentration supérieure au seuil réglementaire.
Cette condition est stipulée dans l'intérêt des deux parties. Il ne pourra y être renoncé que par leur double consentement.
Le vendeur aura la possibilité de faire procéder à ses frais à l'enlèvement des produits et matériaux contenant de l'amiante et de faire supprimer l'exposition au plomb ; dans ce cas, la condition suspensive sera considérée comme réalisée et la réalisation de la vente pourra être poursuivie. Ces travaux devront être réalisés selon les règles de l'art par une entreprise habilitée à y procéder. Le vendeur justifiera que l'immeuble ne présente plus de risques par la présentation d'un rapport de repérage et d'un état des risques négatifs. »

La **formule** suivante intéresse un immeuble soumis à la recherche de contamination éventuelle par les **termites**. 30894

MODÈLE

Condition suspensive d'absence de termites

« La vente promise est soumise à la condition suspensive de la délivrance, par une entreprise qualifiée disposant du certificat de compétence et ayant souscrit une assurance de responsabilité, d'un état parasitaire ne révélant pas la contamination de l'immeuble par des termites ou d'autres insectes xylophages.
Cette condition est stipulée dans l'intérêt des deux parties. Il ne pourra y être renoncé que par leur double consentement. »

7. VÉRIFICATION DE LA SITUATION HYPOTHÉCAIRE DE L'IMMEUBLE

Lorsqu'un immeuble est grevé d'une ou plusieurs inscriptions hypothécaires garantissant des créances dont le montant est supérieur au prix, la **procédure de purge hypothécaire** permet à l'acquéreur d'éviter d'être tenu hypothécairement de la dette, en offrant le prix au(x) créancier(s) inscrit(s). Cette procédure, si elle assure la sécurité de l'acquéreur, présente néanmoins pour lui des inconvénients qui pourraient, s'il en avait connaissance, le dissuader d'acquérir : incertitude sur la bonne fin de l'opération, risque de surenchère, obligation de verser le prix en l'offrant aux créanciers, sans avoir l'assurance de devenir propriétaire, difficulté de disposer des fonds provenant d'un financement bancaire en raison de l'impossibilité de mettre en place la garantie hypothécaire demandée, faute de quittance du prix par le vendeur, etc. 30900
Une condition suspensive que la vérification de la situation hypothécaire de l'immeuble ne révèle pas la nécessité de procéder à une procédure de purge permet à l'acquéreur d'éviter ces inconvénients. La possibilité qui lui est réservée de renoncer à la condition lui permet par ailleurs d'acquérir malgré l'exigence de cette procédure. Il peut être en outre prévu la possibilité pour le vendeur d'écarter le jeu de la condition, s'il obtient des créanciers une dispense de purge et une renonciation de leur part à exercer leur droit de surenchère (voir n°s 28020 s.).

MODÈLE

Condition suspensive de non-révélation d'inscriptions hypothécaires supérieures au prix

« La présente convention est soumise à la condition suspensive que les renseignements hypothécaires qui seront levés sur l'immeuble ne révèlent pas l'existence d'inscriptions garantissant des sommes restant dues dont le montant serait supérieur au prix, exposant ainsi l'acquéreur à une procédure de purge hypothécaire.
Cette condition étant stipulée dans l'intérêt exclusif de l'acquéreur, celui-ci pourra toujours y renoncer, quelle que soit la probabilité de la survenance du risque ou ses conséquences pour l'acquéreur.

Elle cessera par ailleurs d'avoir effet si le vendeur justifie, dans le délai de réalisation des conditions suspensives, de la dispense de purge par tous les créanciers, de leur renonciation à leur droit de surenchère et de leur accord pour donner mainlevée contre paiement de la fraction du prix leur revenant compte tenu de leur rang hypothécaire. »

8. VÉRIFICATION DU DROIT DE PROPRIÉTÉ DU VENDEUR

30910 L'examen du ou des titres de propriété du vendeur lors de la rédaction de l'avant-contrat peut révéler un **risque de remise en cause** du droit de propriété, résultant par exemple de l'existence d'une condition résolutoire figurant dans un titre antérieur (nº 23018), d'un droit de retour (nº 23294), d'une éventuelle action en réduction (nºs 23210 s.) ou en rescision (nº 23042), etc. Ce premier examen n'est pas toujours suffisant pour s'assurer de la régularité du droit de propriété du vendeur ; des informations peuvent être révélées par les titres antérieurs ou par la consultation du fichier immobilier qui sera effectuée par le notaire au service de la publicité foncière.

La condition suspensive permet à l'acquéreur de ne pas être engagé par une vente offrant un risque de contestation.

Les risques de contestation ne sont pas tous les mêmes, qu'il s'agisse de la probabilité de leur survenance, de leurs conséquences pour l'acquéreur ou encore de la possibilité d'y remédier. Permettre à l'acquéreur de renoncer à la condition offre une certaine souplesse dont celui-ci a la maîtrise.

Il peut par ailleurs être réservé au vendeur la possibilité de neutraliser le jeu de la condition en faisant disparaître le risque qui aura été révélé, au moyen par exemple du concours à la vente de tiers pouvant agir en contestation du droit de propriété, ou de leur renonciation aux actions dont ils disposent.

MODÈLE

Condition suspensive de non-révélation d'un risque affectant le droit de propriété

« La présente convention est soumise à la condition suspensive que les recherches qui seront effectuées par le notaire dans le cadre de l'établissement de l'origine de propriété de l'immeuble ne révèlent pas de risque de remise en cause totale ou partielle du droit de propriété du vendeur sous forme notamment d'une action en nullité ou en résolution, d'une action en rescision, en réduction ou en revendication, d'une clause de droit de retour ou d'une condition résolutoire.

La vérification du caractère incommutable du droit de propriété du vendeur sera effectuée sur une période trentenaire, augmentée s'il y a lieu de la durée des périodes pendant lesquelles la prescription des actions qui auraient pu être exercées contre le propriétaire aura été interrompue.

Cette condition étant stipulée dans l'intérêt exclusif de l'acquéreur, celui-ci pourra toujours y renoncer, quelle que soit la probabilité de la survenance du risque ou ses conséquences pour lui, conséquences qu'il supporterait sans recours contre le vendeur.

La condition cessera par ailleurs d'avoir effet si le vendeur justifie de manière certaine, dans le délai de réalisation des conditions suspensives, de la disparition de ce risque. »

B. Obtention d'une autorisation administrative

OBTENTION D'UNE AUTORISATION DE CONSTRUIRE

30950 Lorsque la vente porte sur un terrain à bâtir, un immeuble bâti destiné à être démoli en vue d'être reconstruit ou auquel seront adjointes des constructions relevant de l'autorisation de construire, la condition suspensive de l'**obtention du permis de construire** et, s'il y a lieu, du permis de démolir, est importante sinon essentielle pour l'acquéreur à un double point de vue : l'immeuble ne présente souvent d'utilité pour l'acquéreur que s'il permet la réalisation de son projet ; sa valeur économique est, en outre, généralement liée à sa constructibilité.

La constructibilité de l'immeuble peut être connue par un certificat d'urbanisme, plus ou moins précisément selon qu'il s'agit d'un certificat informatif ou préopérationnel (nºs 22352 s.). L'obtention d'un permis de construire présente cependant **deux avantages** :

– il donne à l'acquéreur une garantie supérieure de pouvoir réaliser son projet, l'arrêté de permis de construire correspondant précisément à ce projet ;

– l'acquéreur pourra entreprendre les travaux dès réalisation de la vente, alors que le certificat d'urbanisme devra être suivi d'un permis de construire. La condition suspensive d'obtention du permis de construire suppose cependant que le projet de l'acquéreur soit suffisamment défini pour permettre le dépôt de la demande dès signature de l'avant-contrat.
Le **délai de réalisation de la condition** devra tenir compte de différents délais : délais contractuels de dépôt de la demande et d'affichage sur le terrain, délais pratiques d'instruction et de délivrance, délais de recours des tiers et de retrait par l'autorité qui a délivré l'autorisation (sur ces délais, voir n°s 22454 s. et 22479 s.).

MODÈLE

Condition suspensive de l'obtention d'un permis de construire

« La présente convention est soumise à la condition suspensive que l'acquéreur obtienne sur l'immeuble promis en vente (*éventuellement* : un permis de démolir les constructions existantes et) un permis de construire un immeuble à usage de..., sur... niveaux, d'une surface de plancher de... m^2, défini par le descriptif technique et les plans annexés au présent acte (*éventuellement* : défini par le dossier de demande de permis de construire établi par l'acquéreur et dont un exemplaire est annexé à la présente promesse).

L'acquéreur est autorisé par le vendeur à déposer une demande de permis de construire et s'oblige à effectuer le dépôt d'un dossier complet et conforme aux dispositions du plan local d'urbanisme au plus tard le...

L'acquéreur s'oblige à tout mettre en œuvre pour que sa demande aboutisse et notamment à fournir à l'autorité administrative qui instruira sa demande tous documents, toutes pièces et tous justificatifs et, de manière générale, à tout mettre en œuvre pour que sa demande aboutisse dans le délai ci-après fixé.

L'acquéreur s'oblige à faire procéder à l'affichage réglementaire, dans le délai de huit jours à compter de sa réception, de l'arrêté municipal de permis de construire (*éventuellement* : et de l'arrêté de démolir), à faire constater à ses frais par constats de commissaire de justice l'affichage sur le terrain du (des) permis dans les cinq jours de cet affichage, dans le second mois d'affichage ainsi que dans les cinq jours à compter de l'expiration du délai de recours des tiers. Il s'oblige en outre à justifier de ces diligences par la remise au vendeur et au notaire chargé de la rédaction de l'acte authentique de vente des copies de ces constats dans les huit jours de leur établissement.

La réalisation de la condition suspensive s'entend de la délivrance par la commune d'un arrêté de permis de construire n'ayant pas fait l'objet de recours en annulation ou en suspension émanant de tiers pendant le délai de deux mois à compter de l'affichage continu sur le terrain, ni d'un retrait par la commune pendant le délai de trois mois à compter de la délivrance ou d'un déféré préfectoral pendant le délai de deux mois à compter de sa transmission.

Cette condition est stipulée dans l'intérêt exclusif de l'acquéreur qui pourra toujours y renoncer et devra, dans ce cas, avertir de sa décision par lettre recommandée avec demande d'avis de réception adressée par voie postale ou par voie électronique au notaire chargé de la régularisation de l'acte authentique de vente.

L'acquéreur est informé que la condition serait considérée comme réalisée en application de l'article 1304-3 du Code civil si, par sa faute ou sa négligence, il en empêchait sa réalisation ou provoquait sa défaillance. »

OBTENTION D'UNE AUTORISATION D'EXPLOITATION COMMERCIALE

Lorsque le projet de l'acquéreur est de nature commerciale (commerce de détail ou cinématographique, par exemple) et d'une importance telle que sa réalisation relève d'une autorisation d'exploitation commerciale (C. com. art. L 752-1 s.), l'opération pourra être soumise à la condition suspensive de l'obtention de cette autorisation. 30952
La condition pourra être rédigée selon la **formule** suivante.

MODÈLE

Condition suspensive d'obtention d'une autorisation d'exploitation commerciale

« La présente convention est soumise à la condition suspensive que l'acquéreur obtienne sur l'immeuble promis en vente une autorisation d'exploitation commerciale permettant d'y créer un magasin de commerce de détail d'une surface de vente de... m^2.

L'acquéreur est autorisé par le vendeur à déposer une demande d'autorisation auprès de la commission départementale d'aménagement commercial compétente et s'oblige à effectuer le dépôt d'un dossier complet et conforme aux dispositions légales et réglementaires au plus tard le...

L'acquéreur s'oblige à tout mettre en œuvre pour que sa demande aboutisse et notamment à fournir à l'autorité administrative qui l'instruira tous documents, toutes pièces et tous justificatifs et, de manière générale, à tout mettre en œuvre pour que sa demande aboutisse dans le délai ci-après fixé.

La réalisation de la condition suspensive s'entend de la délivrance d'une autorisation définitive, c'est-à-dire n'ayant pas fait l'objet de recours dans le délai d'un mois de sa notification ou de son intervention tacite auprès de la Commission nationale d'aménagement commercial, ou après rejet explicite ou implicite du ou des recours qui auraient été formés.

L'acquéreur s'oblige à exercer dans le délai légal le recours contre la décision de refus d'autorisation par la commission départementale qui lui serait notifiée.

Cette condition est stipulée dans l'intérêt exclusif de l'acquéreur, qui pourra toujours y renoncer et devra dans ce cas avertir de sa décision par lettre recommandée avec demande d'avis de réception le notaire chargé de la régularisation de l'acte authentique de vente.

L'acquéreur est informé que la condition serait considérée comme réalisée en application de l'article 1304-3 du Code civil si, par sa faute ou sa négligence, il en empêchait sa réalisation ou provoquait sa défaillance. »

C. Obtention d'un financement

OBTENTION D'UN PRÊT

30980 **Condition légale d'obtention d'un prêt** Lorsque l'acquisition est réalisée par un non-professionnel et porte sur un immeuble relevant du secteur de l'habitation, la condition suspensive d'obtention de prêt est de droit (C. consom. art. L 313-41) et est régie par le droit de la consommation (voir nos 42000 s.).

La condition d'obtention de prêt peut être rédigée selon la **formule** ci-après.

MODÈLE **Condition suspensive d'obtention d'un prêt**

« La présente convention est, conformément aux dispositions de l'article L 313-41 du Code de la consommation, soumise à la condition suspensive que l'acquéreur obtienne le ou les prêts qu'il s'engage à solliciter en vue de la présente acquisition, aux conditions suivantes :

– montant global maximum du ou des prêts : ... € ;

– durée minimum : ... ans ;

– taux d'intérêt annuel maximum, hors assurance, frais de dossier et de garanties tant réelles que personnelles, compris entre... % et... %.

L'acquéreur déclare expressément que ses ressources et son état actuel d'endettement lui permettent de solliciter ce ou ces prêts et qu'ils correspondent à ses possibilités de remboursement.

L'acquéreur s'oblige à effectuer toutes les démarches nécessaires auprès de l'établissement bancaire ou financier de son choix en vue de l'obtention de ce concours financier et notamment à déposer le dossier de demande de prêt dans un délai de... jours à compter de la signature du présent acte. Il sera tenu de suivre l'instruction de son dossier, de fournir sans retard tous renseignements et documents qui pourront lui être demandés et, de manière générale, de tout mettre en œuvre pour qu'aboutisse la demande de prêt, dans le délai des conditions suspensives.

La condition suspensive sera considérée comme réalisée par la remise à l'emprunteur, dans le délai de réalisation des conditions suspensives ci-après fixé, d'une offre préalable de prêt conforme aux conditions ci-dessus ou à sa demande.

Cette condition suspensive est stipulée en faveur de l'acquéreur, lequel pourra toujours y renoncer par simple lettre adressée au notaire rédacteur de l'acte de vente. Pour être valable, cette renonciation devra être effectuée par l'envoi au notaire rédacteur de l'acte de vente, avant le délai de réalisation des conditions suspensives, d'une lettre recommandée avec demande d'accusé de réception, adressée par voie postale ou par voie électronique, contenant la déclaration selon laquelle l'acquéreur n'entend plus recourir à un prêt pour financer son acquisition, et portant la mention manuscrite prévue par l'article L 313-42 du Code de la consommation.

L'acquéreur est informé :

– que la condition serait considérée comme réalisée en application de l'article 1304-3 du Code civil si, par sa faute ou sa négligence, il en empêchait sa réalisation ou provoquait sa défaillance ;

– que le fait de demander un prêt à des conditions différentes de celles prévues ci-dessus peut entraîner l'application de cette sanction à son encontre. »

Condition conventionnelle d'obtention d'un prêt Lorsque l'opération, en raison de la qualité de l'acquéreur ou de la nature de l'immeuble qui en est l'objet, n'est pas soumise aux dispositions impératives des articles L 313-41 et suivants du Code de la consommation, c'est la convention et elle seule qui organise la protection de l'acquéreur qui doit recourir à l'emprunt pour financer le prix de son acquisition. Dans cette hypothèse, la condition suspensive n'est pas de droit et doit être agréée par le vendeur. Elle peut être rédigée selon la **formule** suivante. 30982

MODÈLE **Condition suspensive d'obtention d'un prêt**

« La présente convention est soumise à la condition suspensive que l'acquéreur obtienne le ou les prêts qu'il s'engage à solliciter en vue de la présente acquisition, aux conditions suivantes :
– montant global maximum du ou des prêts : ... € ;
– durée minimum : ... ans ;
– taux d'intérêt annuel maximum, hors assurance, frais de dossier et de garanties tant réelles que personnelles, compris entre... % et... %.

L'acquéreur déclare expressément que ses ressources et son état actuel d'endettement lui permettent de solliciter ce ou ces prêts, et qu'ils correspondent à ses possibilités de remboursement.

L'acquéreur s'oblige à effectuer toutes les démarches nécessaires auprès de l'établissement bancaire ou financier de son choix en vue de l'obtention de ce concours financier et notamment à déposer le dossier de demande de prêt dans un délai de... jours à compter de la signature du présent acte. Il sera tenu de suivre l'instruction de son dossier, de fournir sans retard tous renseignements et documents qui pourront lui être demandés et, de manière générale, de tout mettre en œuvre pour qu'aboutisse la demande de prêt, dans le délai des conditions suspensives.

La condition suspensive sera considérée comme réalisée par l'indication de la banque ou de l'établissement prêteur que le prêt est accordé sans conditions ou que les éventuelles conditions auxquelles l'octroi du prêt est subordonné sont réalisées ou peuvent l'être.

Cette condition suspensive est stipulée en faveur de l'acquéreur, lequel pourra toujours y renoncer par simple lettre adressée au notaire rédacteur de l'acte de vente.

L'acquéreur est informé :
– que la condition serait considérée comme réalisée en application de l'article 1304-3 du Code civil si, par sa faute ou sa négligence, il en empêchait sa réalisation ou provoquait sa défaillance ;
– que le fait de demander un prêt à des conditions différentes de celles prévues ci-dessus peut entraîner l'application de cette sanction à son encontre. »

VENTE PAR L'ACQUÉREUR D'UN BIEN LUI APPARTENANT

Il arrive fréquemment que le financement de l'acquéreur soit assuré en totalité ou en partie au moyen du prix de vente d'un immeuble lui appartenant. 30984

Dans cette hypothèse, deux situations peuvent se présenter : soit l'acquéreur achètera avant d'avoir vendu, et souscrira un prêt-relais qui sera remboursé lorsque la vente sera réalisée ; soit il subordonnera son acquisition à la vente préalable de son immeuble.

La condition suspensive de la **vente préalable d'un immeuble** par l'acquéreur lui appartenant et nécessaire à son financement doit être agréée par le vendeur, car celui-ci ne peut jamais être contraint de l'accepter. Cette condition affecte en effet d'une incertitude supplémentaire la bonne fin de l'opération pour le vendeur, incertitude plus ou moins grande selon le degré d'engagement par l'acquéreur du processus de vente de son propre immeuble.

> **Précisions** Le **rédacteur professionnel** a une obligation de conseil et engage sa **responsabilité** s'il ne conseille pas à l'acquéreur l'insertion d'une condition suspensive de la vente de son bien lorsque le produit de cette vente est nécessaire au financement de son acquisition (Cass. 1e civ. 15-7-1999 nº 97-18.984 : Bull. civ. I nº 231). En l'espèce, l'agence immobilière chargée par l'acquéreur de la vente de son appartement ne rapportait pas la preuve qu'elle l'avait informé des risques que lui faisait courir l'opération projetée et l'avait conseillé sur les moyens de les éviter.

Si un acquéreur a été trouvé Si la condition porte sur la réalisation d'une vente pour laquelle un acquéreur a été trouvé et un avant-contrat signé, le vendeur pourra apprécier l'incertitude résultant de cette condition en se faisant communiquer la teneur de cet avant-contrat et le stade de réalisation des différentes conditions l'affectant. 30986

La condition peut être rédigée selon la **formule** ci-après.

MODÈLE

Condition suspensive de la régularisation d'un acte de vente par l'acquéreur

« La vente promise est soumise à la condition suspensive que soit réalisée et régularisée par acte authentique au plus tard le... la vente par l'acquéreur au profit de M... (*préciser ses nom et prénom*) de l'immeuble dont il est propriétaire, situé à... (*préciser l'adresse exacte*), pour lequel un avant-contrat de vente soumis à diverses conditions suspensives a été régularisé le... au prix de... €.

L'acquéreur s'oblige à tout mettre en œuvre pour que cette vente soit réalisée dans les conditions ci-dessus, étant informé que cette condition serait considérée comme réalisée en application de l'article 1304-3 du Code civil si, par sa faute ou sa négligence, il en empêchait la réalisation ou provoquait sa défaillance.

Cette condition est convenue dans l'intérêt exclusif de l'acquéreur, qui pourra toujours y renoncer. Cette renonciation sera exprimée par lettre simple adressée au notaire chargé de la régularisation par acte authentique de la vente présentement promise. »

30988 **Si un acquéreur n'a pas encore été trouvé** Lorsque l'**immeuble** est seulement **mis en vente** par l'acquéreur au moment où il contracte son achat, la condition de vente de cet immeuble est suspecte de potestativité et donc de nullité (voir n°s 30200 s.). Il peut en effet dépendre du bon vouloir de l'acquéreur de réaliser ou non la vente, puisqu'il lui suffit de retirer l'immeuble de la vente, d'exiger un prix excessif ou de ne pas accepter les offres qui lui seraient faites. La Cour de cassation écarte cette critique et valide la condition suspensive de la vente d'un bien appartenant à l'acquéreur (Cass. 3e civ. 22-11-1995 n° 94-11.014 : Bull. civ. III n° 243 ; Defrénois 1996 art. 36272 p. 348, espèce où les acquéreurs avaient donné un mandat à un intermédiaire).

L'incertitude liée à la condition peut être réduite si les diligences de l'acquéreur pour parvenir à la vente de son logement et donc à la réalisation de la condition sont encadrées : obligation de confier des mandats de recherche à d'autres intermédiaires, obligation d'accepter une offre de vente au prix demandé, etc. Il sera également prudent d'enfermer la réalisation de la condition dans un délai.

L'acquéreur, s'il faisait volontairement défaillir la condition ou en empêchait la réalisation pour échapper à son engagement vis-à-vis de son vendeur, pourrait être sanctionné sur le fondement de l'article 1304-3 du Code civil (voir n°s 30706 s.) ; la condition de la vente de son bien serait alors considérée comme réalisée, et il devrait procéder à l'acquisition bien qu'il n'ait pas vendu son bien, ou supporter les conséquences de sa défaillance s'il n'y parvenait pas, faute de financement.

Il sera prudent d'écarter la condition suspensive de la vente par l'acquéreur d'un bien qu'il n'a **pas encore mis en vente** au moment où il contracte l'avant-contrat destiné à son achat, et ceci pour une raison juridique et une raison d'opportunité : le risque de potestativité et donc de nullité est dans ce cas réel ; l'aléa pour le vendeur est en outre excessif.

La **formule** ci-après correspond à l'hypothèse de la condition suspensive de la vente par l'acquéreur d'un immeuble qu'il a mis en vente sans avoir trouvé d'acquéreur.

MODÈLE

Condition suspensive de la vente d'un bien immobilier par l'acquéreur

« La vente promise est soumise à la condition suspensive de la vente et de sa régularisation par acte authentique au plus tard le... par l'acquéreur de l'immeuble dont il est propriétaire, situé à... (*préciser l'adresse exacte*), pour lequel mandat de mise en vente et de recherche d'acquéreur a été confié à l'agence... (*préciser les nom et adresse*) au prix de... €.

L'acquéreur s'oblige à tout mettre en œuvre pour que cette vente se réalise. Il s'oblige notamment à confier un mandat à ce prix à une seconde agence, à accepter toute offre au prix demandé émanant d'une personne solvable ou finançable.

L'acquéreur est informé que cette condition serait considérée comme réalisée en application de l'article 1304-3 du Code civil si, par sa faute ou sa négligence, il en empêchait sa réalisation ou provoquait sa défaillance.

Cette condition est convenue dans l'intérêt exclusif de l'acquéreur, qui pourra toujours y renoncer. Cette renonciation sera exprimée par lettre simple adressée au notaire chargé de la régularisation par acte authentique de la vente présentement promise. »

D. Conditions diverses

ACQUISITION DU BIEN VENDU PAR LE VENDEUR

Le vendeur peut souhaiter vendre un bien qu'il n'a pas encore acquis, sous la condition suspensive de son acquisition. 31000

Cette condition ne tombe pas sous le coup de la nullité de la **vente de la chose d'autrui** (C. civ. art. 1599) pour la raison qu'au moment où il contracte l'acte conditionnel, le vendeur ne transfère pas la propriété, et qu'il sera propriétaire au moment de ce transfert, s'il se réalise. Par ailleurs, la vente de la chose sur laquelle le vendeur ne possède qu'un droit conditionnel n'est pas la vente de la chose d'autrui et est seulement soumise à la même condition que le droit du vendeur (Cass. 3e civ. 20-6-1973 n° 72-12.719 : Bull. civ. III n° 433).

La **condition** d'acquisition du bien est **potestative** et entraîne la nullité de la convention si le vendeur est libre d'acquérir ou de ne pas acquérir l'immeuble, sans être contraint par aucun délai ni par la perte d'aucun des avantages stipulés en sa faveur en cas de défaillance de la condition (Cass. 3e civ. 13-10-1993 n° 91-15.424 : Bull. civ. III n° 121). Serait en revanche valable la condition d'acquisition d'un bien par le vendeur alors que celui-ci serait engagé à cette acquisition et qu'il ne disposerait pas d'un droit discrétionnaire ou sans conséquences préjudiciables pour lui de se retirer de son acquisition.

Même lorsqu'une telle condition est valable, le vendeur peut engager sa **responsabilité contractuelle** s'il exerce son influence pour la faire défaillir ou empêcher sa réalisation (nos 30700 s.). L'application de l'article 1304-3 du Code civil serait ici impossible : il ne sera pas possible de considérer l'opération comme pure et simple, puisque la faute du vendeur aura privé la vente de son objet. Pour la même raison, les parties ne peuvent pas renoncer à la condition.

MODÈLE

Condition suspensive que le vendeur devienne propriétaire du bien vendu

« La vente promise est soumise à la condition suspensive que le vendeur devienne propriétaire de l'immeuble vendu par suite de la régularisation par acte authentique au plus tard le... de l'acte de vente par son propriétaire actuel à son profit de l'immeuble objet de la présente promesse, vente en vue de laquelle une promesse réciproque de vente sous diverses conditions suspensives a été régularisée le...

L'acquéreur s'oblige à tout mettre en œuvre pour que cette vente se réalise.

Aucune des parties ne pourra renoncer à cette condition, le défaut de réalisation de l'événement considéré privant la vente promise de son objet. »

SURVIE DE L'UNE DES PARTIES

Les engagements pris par un contractant passent à ses héritiers en cas de décès. Une opération d'acquisition peut ne présenter d'intérêt que pour l'acquéreur s'il destine l'immeuble à son habitation personnelle ou à une activité particulière qui ne serait pas exercée par ses successeurs. Il est possible de conditionner la réalisation de la vente à la survie de l'une des parties, le plus souvent l'**acquéreur**. 31002

Cette condition fragilise le contrat, de sorte que le cocontractant n'y sera pas toujours favorable. Sa réticence pourra cependant être amoindrie, s'il prend en compte la faible probabilité de la survenance d'un décès pendant l'intervalle de temps assez bref qui sépare la promesse de vente de l'acte définitif. Au surplus, il pourra trouver avantage, si un décès survient, à échapper aux éventuelles difficultés ou délais d'exécution de la vente avec les successeurs du défunt.

Il est proposé une **formule** de condition suspensive de survie de l'acquéreur. Une condition suspensive de survie du vendeur ou de chacune des parties pourrait tout aussi bien être envisagée.

MODÈLE

Condition suspensive de la survie de l'acquéreur

« La présente convention est soumise à la condition suspensive que l'acquéreur soit toujours en vie au jour de la régularisation de la vente par acte authentique.

Cette condition est stipulée en faveur de l'acquéreur, qui pourra toujours y renoncer. »

CHAPITRE 2

OPÉRATION AFFECTÉE D'UN TERME

DÉFINITION ET TYPOLOGIE DE L'OBLIGATION À TERME

33000 Le Code civil donne une définition de l'obligation à terme : « L'obligation est à terme lorsque son exigibilité est différée jusqu'à la survenance d'un **événement futur et certain**, encore que la date en soit incertaine. » (C. civ. art. 1305). Le terme est donc un événement futur et certain dont dépend l'exigibilité ou l'extinction de l'obligation. Deux traits distinguent le terme de la condition : l'événement est ici certain, et non plus incertain ; ce n'est plus l'existence d'une obligation dont il s'agit, mais de son exigibilité ou de son extinction.

33008 Le terme est **suspensif** lorsque sa survenance rendra l'obligation exigible. Il est **extinctif** lorsque cette survenance entraînera extinction de l'obligation.

33010 L'événement choisi est le plus souvent l'écoulement d'une certaine période de temps, qui peut être exprimée en jours, semaines, mois, etc. (par exemple : « dans un délai de 2 mois à compter de ce jour »), ou par référence à une date (par exemple : « le 30 novembre 2025 »). Le **terme** est alors qualifié de **certain**, par opposition au **terme incertain**, correspondant à un événement dont la survenance est certaine, mais la date de survenance inconnue. L'exemple le plus couramment cité est celui du décès d'une personne : l'événement est certain dans son principe, et incertain dans le moment de sa réalisation.

33012 Le terme peut être **exprès ou tacite** (C. civ. art. 1305-1, al. 1). Le plus souvent, il est prévu et agencé par les parties elles-mêmes, dans le **contrat**. C'est parfois la **loi** qui prévoit un terme ; par exemple, « le délai de 30 jours à compter de sa réception par l'emprunteur » est le terme extinctif minimum de l'obligation pour le prêteur de maintenir les conditions de l'offre de prêt (C. consom. art. L 313-34, al. 1).

Lorsque le terme n'a pas été fixé, le **juge** peut, à défaut d'accord entre les parties, le fixer en considération de la nature de l'obligation et de la situation des parties (C. civ. art. 1305-1, al. 2).

APPLICATIONS PRATIQUES DE L'OBLIGATION À TERME

33014 C'est principalement, mais non exclusivement, dans les **avant-contrats** qu'il est fait usage du terme. Cela s'explique aisément, si on considère que l'un des objectifs majeurs des avant-contrats est précisément d'intégrer et de maîtriser la contrainte temporelle dans le processus qui conduit à la vente d'immeuble, alors qu'au stade de l'acte authentique de vente il est le plus souvent constaté l'exécution simultanée et instantanée des obligations des parties : paiement du prix, transfert de propriété, délivrance de l'immeuble, etc.

Sont ici donnés quelques **exemples** de termes qui peuvent affecter une opération de vente d'immeuble.

33016 **Terme suspensif** Le délai de **réitération de l'acte authentique** de vente figurant dans un avant-contrat peut, le plus souvent, être analysé en un terme suspensif de l'obligation qui pèse sur les parties de procéder à la signature de cet acte. Tant que ce délai n'est pas expiré, les parties peuvent, d'un commun accord, y procéder mais aucune d'elles ne peut contraindre l'autre. Une fois le délai expiré, chacun des cocontractants peut mettre son cocontractant en demeure de s'exécuter. Ce délai est le plus souvent certain, par exemple : « La signature de l'acte de vente interviendra au plus tard le 30 novembre 2025 ». Il peut être incertain, par exemple : « La signature de l'acte de vente interviendra au plus tard dans le délai d'un mois de la date de réalisation de la dernière des conditions suspensives. »

Le **transfert de propriété** de l'immeuble est le plus souvent, lorsque l'acte authentique est précédé d'un avant-contrat, affecté d'un terme suspensif : ce transfert est retardé à la signature de l'acte authentique constatant la vente. Il s'agit ainsi d'éviter que ce transfert soit prématurément opéré lors de la formation de la vente, que cette formation résulte de la promesse elle-même en cas de promesse réciproque ou de la levée d'option en cas de promesse unilatérale.

Lorsque le vendeur conserve la **jouissance** de l'immeuble vendu au-delà de la signature de l'acte authentique, l'expiration du délai prévu marque le terme suspensif de son obligation de délivrance.

Terme extinctif L'exemple le plus significatif de terme extinctif est celui du **délai d'option** dans une promesse unilatérale de vente (nos 7150 s.). Sa survenance sans que l'option n'ait été levée entraîne de fait l'extinction de l'obligation de vendre souscrite par le promettant. Le contrat de promesse ne survit pas à l'extinction de l'obligation principale qu'il organisait, et se trouve donc frappé de caducité. **33018**

Ce terme extinctif, dans une promesse unilatérale, est le plus souvent certain : il correspond alors à une date, ou à un délai décompté à partir de la signature de l'acte. Il peut être incertain : la promesse peut avoir pour durée la vie de l'une des parties.

Sur le dépassement de la date de réalisation de l'acte authentique entraînant l'anéantissement de la promesse synallagmatique, voir n° 8650.

TITRE VII

Acquéreur prioritaire

CHAPITRE 1

PACTE DE PRÉFÉRENCE

SOMMAIRE

A. Présentation générale du pacte de préférence

DÉFINITION DU PACTE DE PRÉFÉRENCE

Le pacte de préférence est le contrat par lequel une partie s'engage à proposer prioritairement à son bénéficiaire de traiter avec lui pour le cas où elle se déciderait de contracter (C. civ. art. 1123, al. 1). Cette convention instaure une espèce de **droit de préemption conventionnel** au profit de son bénéficiaire. 36000

Le pacte de préférence peut porter sur différents types de contrats : une vente, un échange, un bail, etc. Il peut porter sur des biens de toute nature : biens immobiliers, fonds de commerce, droit au bail, droits sociaux, etc. Les développements qui suivent sont consacrés au pacte de préférence convenu en vue d'une vente d'immeuble.

PRÉCISION TERMINOLOGIQUE

La terminologie utilisée pour désigner les parties au pacte de préférence emprunte à la matière des avant-contrats, spécialement à la promesse unilatérale : les parties sont en pratique dénommées respectivement « **promettant** » et « **bénéficiaire** ». 36002

NATURE JURIDIQUE DU PACTE DE PRÉFÉRENCE

Le pacte de préférence n'est pas à proprement parler un avant-contrat de vente d'immeuble puisque son objet n'est pas directement une vente mais l'organisation d'une préférence contractuelle. Il relève plutôt de la catégorie des **contrats préparatoires à la vente** d'immeuble. 36004

Depuis l'ordonnance 2016-131 du 10 février 2016 portant réforme du droit des obligations et des contrats (ratifiée par la loi 2018-287 du 20 avril 2018), le pacte de préférence est un **contrat nommé** par le Code civil ; l'article 1123 du Code civil le définit et énonce quelques règles qui lui sont applicables. Auparavant, le pacte de préférence était un contrat innomé auquel le Code civil ne consacrait aucune disposition spécifique.

36006 Le pacte de préférence est généralement un contrat **unilatéral** qui ne crée d'obligations qu'à la charge du promettant. Bien que le promettant ne soit pas tenu de vendre l'immeuble, le pacte est un véritable contrat créateur d'obligations à sa charge. Le contrat devient toutefois **synallagmatique** lorsque le pacte est consenti à titre onéreux.
Le pacte de préférence peut être consenti **à titre gratuit ou à titre onéreux**. Dans ce second cas, l'engagement du promettant a une contrepartie pécuniaire à la charge du bénéficiaire.

UTILITÉ PRATIQUE DU PACTE DE PRÉFÉRENCE

36010 Le pacte de préférence présente une utilité surtout **pour son bénéficiaire**. Il le met dans la position d'apprécier, prioritairement, l'opportunité d'acquérir l'immeuble lorsque le promettant décide de le vendre.
Le **promettant** ne retire aucune utilité directe du pacte de préférence, tout du moins lorsque celui-ci est consenti à titre gratuit. Au contraire, il s'aliène le droit de contracter une vente avec l'acquéreur de son choix (ce qui est une contrainte si la personne de l'acquéreur lui importe). En contrepartie, le promettant peut espérer que l'existence du pacte de préférence entraînera une concurrence et donc une émulation des personnes intéressées par l'immeuble, les amenant à proposer ou accepter un prix élevé pour dissuader le bénéficiaire d'user de son droit d'acquisition prioritaire.

B. Conclusion du pacte de préférence

36050 Le **régime juridique** du pacte de préférence relève de l'article 1123 du Code civil, des règles générales applicables aux contrats et obligations ainsi que des stipulations particulières convenues entre les parties.

1. CONDITIONS DE FOND DU PACTE DE PRÉFÉRENCE

CONSENTEMENT

36060 Le consentement des parties au pacte de préférence ne présente aucune particularité par rapport aux exigences applicables à tout contrat : il doit exister et ne pas être vicié (sur les vices du consentement, voir nos 16000 s.).

CAPACITÉ

36064 **Capacité du promettant** Dans la mesure où le promettant ne s'engage pas à vendre, mais s'oblige seulement à offrir la vente à une personne déterminée s'il décide d'y procéder, la capacité requise pour consentir un pacte de préférence est celle, générale, de contracter. La capacité de vendre devra exister au moment où le promettant, décidant de vendre, formulera l'offre de vente au bénéficiaire.
Dans la mesure où le promettant ne s'oblige pas à vendre, le **représentant de l'incapable** peut, sans autorisation, consentir un pacte au nom de la personne protégée. L'autorisation judiciaire ne sera requise que lorsqu'il s'agira de formuler une offre au bénéficiaire.
Le **promettant marié sous un régime de communauté** a le pouvoir de consentir seul un pacte de préférence portant sur un immeuble commun puisqu'il ne s'agit pas d'un acte de disposition ; le consentement ou le concours du conjoint ne sera requis que lorsque les époux décideront de vendre et qu'une offre de vente sera formulée au bénéficiaire en exécution du pacte. De même, si l'immeuble objet du pacte est le logement de la famille, le consentement du conjoint prescrit par l'article 215, alinéa 3 du Code civil ne devra être donné qu'à l'occasion de la mise en œuvre du pacte, c'est-à-dire lors de la formulation d'une offre de vente.

36066 **Capacité du bénéficiaire** Le bénéficiaire du pacte, **hors le cas où il verse une somme** en contrepartie de la préférence qui lui est conférée, ne souscrit aucune obligation. Seule sa capacité de contracter est requise. Ce n'est que lorsqu'une offre lui sera faite en exécution du pacte que la capacité d'acquérir sera requise du bénéficiaire, s'il décide d'exercer son droit.

2. CONDITIONS DE FORME DU PACTE DE PRÉFÉRENCE

36080 Le pacte de préférence, contrat consensuel, n'est soumis à aucune exigence particulière de forme : les parties peuvent librement choisir la forme qu'empruntera leur accord.
Un écrit n'est exigé que pour faire la **preuve** du pacte de préférence, si une contestation s'élève sur son existence ou sur ses modalités. L'écrit présente cependant une grande importance pratique, compte tenu des nombreux points sur lesquels les parties au pacte doivent s'accorder pour éviter les incertitudes et les risques de litiges.

Étant un contrat unilatéral, le pacte de préférence n'est pas soumis à la **règle dite du « double original »** prévue par l'article 1375 du Code civil qui prévoit que les actes sous signature privée contenant des conventions synallagmatiques ne font preuve que s'ils sont établis en autant d'originaux que de parties. Cependant, lorsque la préférence est consentie moyennant le versement d'une somme d'argent par le bénéficiaire ou la souscription par lui d'une obligation, le contrat est synallagmatique ; il importe alors que chacune des parties puisse apporter la preuve de l'obligation souscrite par son cocontractant et le pacte doit alors être établi en deux exemplaires (sur le régime de l'acte sous signature privée, voir n°s 54200 s.).
Le pacte de préférence doit être établi par **acte authentique** lorsque les parties souhaitent sa publication au service de la publicité foncière. Si le pacte est établi par acte sous signature privée, il ne pourra pas être publié, même après dépôt au rang des minutes d'un notaire avec reconnaissance d'écritures et de signatures (C. civ. art. 710-1) ; pour être publié au fichier immobilier, le pacte devra être réitéré dans un acte authentique.

3. FORMALITÉS DE PUBLICITÉ DU PACTE DE PRÉFÉRENCE

PUBLICITÉ FONCIÈRE

Le pacte de préférence est, au regard de la publicité foncière, analysé en une **promesse unilatérale de vente conditionnelle** soumise à la **publicité facultative** prévue par l'article 37, 1-1° du décret 55-22 du 4 janvier 1955 pour la seule information des tiers. La publicité n'a donc pas pour effet de rendre opposable le pacte aux tiers qui auraient acquis sur l'immeuble des droits concurrents et les auraient publiés après le pacte (Cass. 3e civ. 16-3-1994 n° 91-19.797 : Bull. civ. III n° 58). Sur les deux rôles de la publicité foncière, voir n°s 56005 s. **36100**
Par prudence, il est **conseillé** de requérir la publication du pacte de préférence même lorsqu'il est inséré dans un acte lui-même soumis à la formalité de publicité foncière (par exemple vente, partage ou bail de plus de 12 ans portant sur l'immeuble objet du pacte). À défaut, la connaissance du pacte risquerait d'échapper au notaire, non rédacteur du pacte, chargé de régulariser une vente de l'immeuble. En outre, le défaut de publication peut engager la responsabilité du notaire s'il cause un préjudice au bénéficiaire. Le pacte étant soumis à publicité facultative, il convient de requérir expressément sa publication, afin qu'une mention spéciale soit portée au fichier immobilier.
La publication du pacte au service de la publicité foncière suppose qu'il soit établi par acte authentique ou inséré dans un acte de cette nature. La publication rend exigible la **contribution de sécurité immobilière** au taux de 0,10 %, assise, en principe, sur l'estimation de l'immeuble figurant dans l'acte. Cette contribution n'est cependant pas exigible lorsque le pacte de préférence est une disposition dépendante, ce qui est le cas si elle est inséparable de la convention principale et qu'elle constitue l'un des éléments corrélatifs et nécessaires d'un contrat unique.

> **Précisions** Avant la réforme de la publicité foncière opérée par la loi 2011-331 du 28 mars 2011, il était préconisé d'asseoir le montant du salaire du conservateur des hypothèques (remplacé par la contribution de sécurité immobilière) sur la valeur propre du pacte et non sur la valeur de l'immeuble. Mais le conservateur étant maître de sa perception, il pouvait décider de percevoir son salaire sur la valeur de l'immeuble, ce qui imposait de déclarer cette valeur (Bulletin de l'association des conservateurs des hypothèques 1977 art. 1090). On peut penser que cette position est maintenue par les services de la publicité foncière depuis la réforme, malgré le changement de nature de la perception, car l'article 881 K du CGI fondant la **contribution de sécurité immobilière** est rédigé dans les mêmes termes que l'ancien article 296 de l'annexe III au CGI relatif au salaire du conservateur.

ENREGISTREMENT

Le **pacte** de préférence **constaté dans un acte sous signature privée** n'est pas soumis à la formalité obligatoire de l'enregistrement prescrite par l'article 1589-2 du Code civil pour les promesses unilatérales de vente, ce texte étant d'interprétation stricte. En revanche, les parties peuvent soumettre le pacte de préférence volontairement à la formalité de l'enregistrement pour lui donner date certaine. **36108**

4. PACTE DE PRÉFÉRENCE AUTONOME OU ACCESSOIRE À UN AUTRE CONTRAT

Le pacte de préférence peut être conclu de manière autonome dans un acte distinct ou à titre principal. Il est assez souvent inséré dans un autre contrat ou en relation avec un **autre contrat**. **36130**

Associé à un **bail**, le pacte permet au locataire d'acquérir par priorité le bien loué si le bailleur décide de le vendre. Le droit de préemption joue sur les seuls locaux loués et ne peut pas être exercé en cas de vente de l'immeuble dans son intégralité (Cass. 3e civ. 9-4-2014 n° 13-13.949 : Bull. civ. III n° 52).

Intégré dans un **partage**, le pacte permet à un copartageant de devenir propriétaire d'un bien attribué à un coïndivisaire si celui-ci décide de l'aliéner, évitant ainsi que le bien ne sorte de la famille. Il permet également de reconstituer une unité foncière démembrée à l'occasion d'un partage.

Établi à l'occasion d'un **prêt**, le pacte joue le rôle de garantie pour le prêteur qui se verra proposer en priorité la possibilité d'acquérir un bien sur le prix duquel il pourra imputer, à due concurrence, le montant impayé de sa créance.

Lorsqu'un vendeur procède à la **vente** d'une partie de sa propriété, ou qu'il possède un immeuble contigu ou voisin de l'immeuble vendu, l'acquéreur pourra souhaiter se faire consentir un pacte de préférence afin de bénéficier de la priorité en cas de vente ultérieure de ce bien. Si au contraire elle est stipulée au profit du vendeur et porte sur l'immeuble vendu, la préférence permettra à ce dernier de pouvoir en redevenir propriétaire en cas de revente par l'acquéreur.

Le pacte de préférence inséré dans une **convention d'indivision** permettra à l'un des indivisaires de devenir prioritairement acquéreur des droits indivis de ses coïndivisaires en cas de cession interne à l'indivision. Ce pacte de préférence ne peut pas être prévu au profit d'un tiers étranger à l'indivision en raison de l'application impérative dans cette hypothèse du droit de préemption prévu par l'article 815-14 du Code civil, sauf à convenir que le pacte ne jouera qu'en cas de renonciation à acquérir des indivisaires.

Lorsque le pacte est accessoire à un autre contrat, il est utile de préciser le **lien d'indivisibilité entre les deux conventions**. En cas d'association avec un bail, il est conseillé de préciser si le pacte survit ou non à la résiliation du bail ou à son renouvellement, faute de quoi le juge devra rechercher la commune intention des parties. Par exemple, il a été jugé qu'un pacte de préférence a cessé de produire effet au renouvellement du bail commercial dans lequel il était inséré, alors même que l'avenant de renouvellement portait la précision « toutes les clauses et conditions du bail précédent demeurant inchangées » (Cass. 3e civ. 21-12-1988 n° 87-14.943). Inversement, il a été jugé que le pacte de préférence consenti dans un avenant à un bail commercial s'inscrivait dans la même durée que le bail et en constituait l'extension, de sorte qu'en vendant le bien sans prévenir le bénéficiaire du pacte, le bailleur avait manqué à son obligation contractuelle (Cass. 3e civ. 6-6-2012 n° 11-30.142).

> **Précisions** La Cour de cassation considère qu'est irrégulière et doit être réputée non écrite la clause d'un **règlement de copropriété** imposant, en cas de vente d'un lot, un droit de préférence au profit des autres copropriétaires (Cass. 3e civ. 29-5-1979 n° 78-11.530 : Bull. civ. III n° 118). Sur la possibilité, toutefois, de prévoir dans un règlement de copropriété un droit de priorité au profit des copropriétaires en cas de vente de lots à usage exclusif de stationnement, voir nos 18714 s.
> Un droit de préférence, s'il est adopté par **décision de l'assemblée générale des copropriétaires**, constitue une restriction au droit de chaque copropriétaire de disposer librement de son lot, restriction qui requiert pour son adoption une décision unanime (Cass. 3e civ. 26-5-1994 n° 92-16.877).

C. Contenu du pacte de préférence

36170 Le **contenu impératif** d'un pacte de préférence est limité : seule l'indication de l'immeuble qui en est l'objet est strictement nécessaire. De multiples **précisions** peuvent toutefois être utilement apportées afin d'éviter des difficultés d'exécution.

1. IMMEUBLE OBJET DU PACTE DE PRÉFÉRENCE

DÉSIGNATION DE L'IMMEUBLE OBJET DU PACTE

36180 La désignation de l'immeuble dont la vente pourra être offerte en priorité au bénéficiaire doit être suffisamment précise pour éviter toute équivoque, notamment si le pacte porte sur une fraction d'immeuble, ou si le promettant est propriétaire d'immeubles contigus.

L'indication des références cadastrales de l'immeuble peut être utile, ainsi que, dans certains cas, le recours à un plan. Un surcroît de précisions est préférable à une désignation lacunaire ou imprécise.

Le pacte peut porter sur un **immeuble dont le promettant n'est pas encore propriétaire** et dont il est susceptible de devenir propriétaire. En revanche, il ne peut pas porter sur un bien dépendant d'une succession non ouverte que le promettant aurait vocation à recevoir, en raison de la prohibition de principe des pactes sur succession future.

DISCORDANCE ENTRE L'IMMEUBLE OBJET DU PACTE ET L'IMMEUBLE VENDU

Relative à la consistance du bien Des difficultés peuvent se présenter lorsque l'immeuble que le promettant décide de vendre ne correspond pas strictement à l'immeuble sur lequel porte le pacte. Il en est ainsi lorsque la **vente porte sur une partie seulement de l'immeuble** ; dans ce cas, le promettant doit, en principe, offrir la vente au bénéficiaire (Cass. 3e civ. 2-7-1974 n° 73-10.380 : Bull. civ. III n° 283). 36184

Lorsque la vente a un objet **plus important** que l'objet du pacte, la solution dépend des termes du pacte et de la commune intention des parties dégagée par le juge. Ainsi, il a été jugé que le vendeur engage sa responsabilité s'il vend un immeuble entier sans l'offrir au bénéficiaire lorsque le pacte ne porte que sur un appartement de cet immeuble (Cass. 3e civ. 19-6-1970 n° 69-11.499 : Bull. civ. III n° 436) ou sur les seuls locaux commerciaux de cet immeuble (Cass. 3e civ. 6-6-2012 n° 11-12.893 : BPIM 4/12 inf. 326).

À l'inverse, il a été jugé que le propriétaire d'un pré grevé d'un pacte de préférence n'avait pas renoncé à vendre en bloc ce pré et la maison contiguë qui constituait avec ce pré un ensemble économique, et n'était pas tenu de procéder à une ventilation du prix dans l'offre qu'il avait faite au bénéficiaire du pacte d'acquérir l'ensemble (Cass. 3e civ. 15-12-1971 n° 70-13.755 : Bull. civ. III n° 635) ; dans le même sens, une cour d'appel a considéré que l'existence d'un pacte portant sur une partie d'un bien (deux parcelles d'une propriété foncière) ne pouvait pas faire obstacle à la vente de la totalité du bien en un seul bloc, le pacte de préférence ne pouvant être invoqué ni pour obtenir la préférence sur l'ensemble ni pour obtenir la préférence sur l'objet du pacte après division et ventilation du prix, alors même que les parcelles objet du pacte seraient aisément détachables du reste du lot (CA Versailles 3e ch. 16-12-2005 n° 05-1199) ; solution confirmée par la Cour de cassation dans un arrêt affirmant que le droit de préférence conféré au locataire sur les locaux loués par une clause du bail ne saurait imposer au propriétaire de diviser son bien en vue de le céder à des personnes distinctes (Cass. 3e civ. 9-4-2014 n° 13-13.949 : Bull. civ. III n° 52).

CONSEIL

Pour éviter toute incertitude, il est **utile de prévoir** si le pacte de préférence jouera, et de quelle manière, en cas de vente d'un bien ne correspondant pas strictement à l'immeuble objet du pacte. Deux idées directrices peuvent être retenues : le pacte ne doit pas restreindre le droit pour le propriétaire de déterminer, en fonction de son intérêt, l'étendue de la vente à laquelle il procède ; d'autre part, il faut que cette liberté ne lui permette pas de vider le pacte de toute effectivité, mettant de fait le bénéficiaire dans l'impossibilité d'exercer son droit.

Relative à la destination du bien Le **changement** d'affectation ou de destination **entre la conclusion du pacte et la vente** de l'immeuble est en principe sans incidence sur les obligations du promettant : la vente doit être proposée par le promettant. Ainsi jugé, par exemple, dans un cas où le promettant avait vendu 3 500 mètres carrés devenus constructibles d'une parcelle en nature de labour d'une contenance de 4 hectares 30 ares et 40 centiares objet du pacte (Cass. 3e civ. 2-7-1974 n° 73-10.380 : Bull. civ. III n° 283). 36186

2. BÉNÉFICIAIRE DU PACTE DE PRÉFÉRENCE

Le bénéficiaire de la préférence est en principe le **cocontractant du promettant**. Il peut cependant s'agir d'un **tiers**, sur le fondement du mécanisme de la stipulation pour autrui (C. civ. art. 1205). Le tiers bénéficiaire dispose dans ce cas d'un droit direct contre le promettant, droit qui devient irrévocable s'il en accepte le bénéfice (C. civ. art. 1206). 36200

3. DURÉE DU PACTE DE PRÉFÉRENCE

ABSENCE DE DURÉE

Un pacte de préférence peut être prévu sans indication de la durée pendant laquelle le promettant y sera tenu : la stipulation d'un délai n'est pas une **condition de validité** (Cass. 1e civ. 6-6-2001 n° 98-20.673 : Bull. civ. I n° 166). Il a été jugé que, dans ce cas, le promettant est tenu à l'égard du bénéficiaire sans limitation de durée et sans pouvoir se prévaloir de la prescription à compter de la conclusion du pacte. Ainsi, pour une décision rendue avant la réforme de la prescription civile opérée par la loi 2008-561 du 17-6-2008 ayant ramené de 30 à 5 ans la prescription de droit 36220

commun pour les actions personnelles ou mobilières, la préférence a pu être invoquée 37 ans après la conclusion du pacte (Cass. 1e civ. 22-12-1959 : Bull. civ. I n° 558).
Cependant, le fait de ne pas préciser la durée du pacte expose les parties à une grande **incertitude**, particulièrement depuis la réforme du droit des contrats issue de l'ordonnance 2016-131 du 10 février 2016. Si un litige survient entre les parties, quelle qualification le juge donnera-t-il au pacte ? Considérera-t-il qu'il s'agit d'un « contrat conclu pour une durée indéterminée » auquel il peut être mis fin, en application de l'article 1211 du Code civil, à tout moment par chacune des parties, sous réserve de respecter le délai prévu contractuellement ou, à défaut, un délai raisonnable ? Le qualifiera-t-il de « contrat perpétuel », contrat prohibé par l'article 1210 du Code civil auquel il peut être mis fin dans les conditions prévues pour le contrat à durée indéterminée ?

PRÉVISION D'UNE DURÉE

36226 La fixation d'une durée est souhaitable pour limiter dans le temps l'obligation du promettant et de ses successeurs et éviter l'incertitude exposée ci-dessus.
L'obligation souscrite par le promettant peut être limitée par un **terme certain** : une date déterminée ou l'écoulement d'une durée fixe. Il peut s'agir également d'un terme **incertain**, comme par exemple le décès du promettant si les parties ont convenu que le pacte ne serait pas transmis à ses successeurs.
Les parties peuvent **proroger la durée** du pacte si elles en sont d'accord.

4. ALIÉNATIONS CONCERNÉES PAR LE PACTE DE PRÉFÉRENCE

ALIÉNATIONS DONNANT OUVERTURE À LA PRÉFÉRENCE

36240 Il est généralement prévu que la préférence jouera en cas de **vente de gré à gré** de l'immeuble. Seront généralement exclues les aliénations à l'occasion desquelles le promettant ne reçoit pas de prix (donation, dation en paiement) ou reçoit une contrepartie que le bénéficiaire ne peut pas offrir (apport en société, échange ou partage).
Lorsque le pacte de préférence est prévu en cas de vente, le promettant peut aliéner l'immeuble selon un autre procédé (apport en société, échange, donation, bail à nourriture, etc.) sous la seule réserve de ne pas réaliser une opération déguisant sous la forme d'un autre contrat une transmission à titre onéreux à un tiers en fraude des droits du bénéficiaire : par exemple, apport à une société constituée à cet effet suivi d'une cession de toutes les parts à un tiers, ou échange moyennant une soulte importante dissimulant en réalité une vente.
Il est conseillé d'exclure expressément l'application du pacte à l'occasion des **aliénations dont la contrepartie n'est pas un prix**, et de préciser si une telle aliénation rend le pacte caduc ou si les effets de celui-ci ne sont que reportés à la vente opérée ultérieurement par l'ayant droit du promettant.
Le droit de préférence peut être prévu en cas de **vente par adjudication**, mais sa mise en œuvre soulève alors des difficultés pratiques (n° 36420). Il est admis que la préférence doit jouer en cas de vente publique même si le pacte ne prévoit pas cette éventualité dès lors qu'il ne l'exclut pas.

EXCLUSION DES ALIÉNATIONS AU PROFIT D'ACQUÉREURS DÉTERMINÉS

36248 Le pacte peut exclure le droit de préférence lorsque la mutation intervient au profit de personnes déterminées. Ces personnes sont généralement des membres de la famille du promettant, déterminées par référence à leur proximité d'alliance ou de degré de parenté : il sera par exemple convenu que la préférence ne s'exercera pas à l'occasion des ventes intervenant au profit de parents du promettant jusqu'au quatrième degré ou au profit de son conjoint. Cette neutralisation du droit de préférence peut également être prévue en cas de vente à une personne nominativement identifiée.
Il est dans ce cas **utile de préciser** si le droit de préférence disparaît par l'aliénation à une personne ainsi désignée, ou s'il est seulement suspendu et subsiste lors de l'aliénation ultérieure de l'immeuble réalisée par l'ayant droit du promettant.

ALIÉNATIONS SUCCESSIVES

36250 Il est **utile de préciser** dans le pacte si le bénéficiaire sera déchu de son droit de préférence s'il n'exerce pas son droit à l'occasion de la première mutation de l'immeuble suivant la conclusion du pacte ou s'il pourra exercer son droit lors des mutations ultérieures et successives de l'immeuble.

ÉCHEC DE LA VENTE

Vente à un tiers Il est utile de préciser dans le pacte si le droit de préférence est définitivement purgé ou s'il subsiste en cas de défaut de réalisation de la vente à l'occasion de laquelle le **bénéficiaire a renoncé à exercer son droit**. Sont concernées les situations de caducité de la vente, par exemple à la suite de la défaillance d'une condition suspensive l'affectant, ou d'effacement rétroactif par suite de nullité ou de résolution. 36252

Vente au bénéficiaire Il peut être précisé que le droit de préférence, s'il a été exercé par le bénéficiaire, est définitivement purgé si la vente à son profit n'aboutit pas pour une **raison non imputable au vendeur** : défaut de réalisation d'une condition suspensive, résolution pour inexécution aux torts du bénéficiaire acquéreur, exercice du droit de rétractation, etc. 36254

INCIDENCE D'UN PARTAGE

En principe, le partage d'un immeuble indivis objet d'un pacte de préférence n'est pas, en raison de sa nature, soumis à la préférence. L'attributaire du bien sera cependant tenu de respecter le pacte s'il venait à aliéner l'immeuble pendant la durée du pacte. 36256

5. PRIX DU PACTE DE PRÉFÉRENCE

PRIX DE LA PRÉFÉRENCE

Le pacte de préférence peut être consenti à titre gratuit. L'engagement du promettant envers le bénéficiaire peut également avoir une contrepartie financière à la charge de ce dernier. 36270

PRIX DE LA VENTE OFFERTE

Le prix de la vente qui sera offerte au bénéficiaire, si le promettant décide de vendre l'immeuble, ne doit pas nécessairement être **fixé au moment de la conclusion du pacte**. Il peut cependant l'être, si les parties en conviennent. Mais elles prennent alors le risque que ce prix ne corresponde plus à la valeur de l'immeuble lorsque la préférence s'exercera, surtout si le pacte est conclu pour une longue durée, si le promettant procède à des modifications de l'immeuble ou si ce dernier change de destination. 36278

Le prix de la vente de l'immeuble est en principe déterminé **lors de la formulation de l'offre de vente** par le promettant au bénéficiaire. Il est, selon les prévisions du pacte, soit fixé par le promettant lorsqu'il décide de vendre, soit déterminé par référence au prix offert par un tiers amateur de l'immeuble, le bénéficiaire pouvant alors acquérir aux mêmes conditions et par préférence à celui-ci.

Il est **conseillé** de prévoir ces deux modes de fixation du prix afin d'éviter au promettant de devoir rechercher un tiers acquéreur uniquement pour déterminer le prix qu'il proposera au bénéficiaire. Le pacte de préférence ainsi rédigé permet au promettant de proposer au bénéficiaire la vente à un prix qu'il détermine. Cette solution permet aux parties de trouver un accord, éventuellement au terme d'une négociation, sans devoir inutilement mobiliser des tiers amateurs ni solliciter des intermédiaires, tels des agents immobiliers.

Afin d'éviter que le promettant ne propose un prix trop élevé destiné à dissuader le bénéficiaire d'acquérir, la convention peut prévoir que la préférence s'exercera de nouveau si le promettant vend ultérieurement l'immeuble à un tiers, à un prix ou à des conditions différentes de celles initialement notifiées ou plus avantageuses. La formulation et les modalités de mise en œuvre du droit de préférence pourront s'inspirer du dispositif légal mis en place par l'article 15, II de la loi 89-462 du 6 juillet 1989 pour le droit de préemption du locataire d'habitation en cas de congé pour vendre (nos 40890 s.).

> **Précisions a.** N'est pas une **vente à des conditions plus avantageuses** une vente intervenant plusieurs années après la purge du droit de préférence au prix de l'offre faite au bénéficiaire, même si les conditions du marché ont évolué, rendant le prix plus attractif (Cass. 3e civ. 29-1-2003 no 01-03.707 : Bull. civ. III no 24).
> **b.** N'est **pas contraire au droit de propriété**, et est donc valable, la clause d'un pacte de préférence d'une durée de validité de 20 ans, prévoyant qu'en cas de vente, le prix du bien devant être proposé au bénéficiaire ne pourrait excéder un montant prédéterminé actualisé en fonction de la variation de l'indice Insee du coût de la construction (Cass. 3e civ. 23-9-2009 no 08-18.187 : Bull. civ. III no 203 ; RJDA 2/10 no 135).

6. MODALITÉS DE MISE EN ŒUVRE DU PACTE DE PRÉFÉRENCE

36290 La détermination des modalités de mise en œuvre du droit de préférence, si le vendeur se décide à vendre, relève en principe du pacte. **À défaut de précision dans le pacte**, les parties doivent privilégier des modalités permettant d'apporter la preuve que le promettant a régulièrement offert la vente au bénéficiaire et que celui-ci a, sans ambiguïté, exercé son option.

NOTIFICATION DE L'OFFRE DE VENTE AU BÉNÉFICIAIRE DU PACTE

36300 **Date et contenu de la notification** Le pacte de préférence impose au promettant de donner la préférence au bénéficiaire lorsqu'il prend la **décision de vendre** le bien (Cass. 3e civ. 6-12-2018 n° 17-23.321 FS-PBI : BPIM 1/19 inf. 47). Le bénéficiaire doit être mis à même d'apprécier l'opportunité d'acquérir. Doivent être portées à sa connaissance les **informations** qui peuvent être déterminantes de son consentement : la désignation de l'immeuble, le prix de la vente, ses modalités de paiement, les éventuelles charges imposées ou incombant à l'acquéreur, les droits personnels (existence d'un bail) et les charges réelles (servitudes) grevant l'immeuble, ainsi que l'existence de droits de préemption légaux prioritaires par rapport au bénéficiaire.

Par sécurité, il peut être utile de notifier au bénéficiaire du pacte un projet d'acte de vente. Cette notification ne sera toutefois strictement obligatoire que si le pacte le prévoit.

La notification faite au bénéficiaire précisera utilement qu'elle vaut **offre de vente** aux conditions proposées et que la vente sera formée par son acceptation. Afin d'éviter la prématurité des effets d'une vente résultant de l'acceptation par le bénéficiaire de l'offre formulée par le promettant, le pacte pourra prévoir que le transfert de propriété de l'immeuble sera reporté à la signature de l'acte authentique de vente. Il pourra également être prévu un délai, indicatif ou impératif, pour la régularisation de l'acte authentique de vente après la réception par le promettant de l'acceptation du bénéficiaire.

Les informations que le vendeur est tenu de communiquer à l'acquéreur selon la nature du bien (diagnostics de recherche d'amiante, état des risques d'accessibilité au plomb, informations sur les installations classées ou l'exploitation d'une mine dans le tréfonds de l'immeuble, indication de la superficie en cas de vente d'un lot de copropriété, etc.) devront figurer dans l'offre ; les pièces dont la loi prévoit l'annexe au contrat réalisant la vente ou la constatant devront être jointes.

36302 **Choix de notifier** Le pacte peut prévoir que même si l'aliénation n'est pas soumise au droit de préférence du bénéficiaire, elle devra lui être notifiée par le promettant. Il s'agit de permettre au bénéficiaire de **contrôler la réalité du motif d'exemption** à son droit de préférence et donc la régularité de l'opération. En dehors de cette hypothèse, l'aliénation, lorsqu'elle n'est pas soumise au droit de préférence, ne doit pas être notifiée au bénéficiaire.

En cas de **doute sur l'ouverture du droit de préférence**, il est possible de soumettre l'opération au bénéficiaire, au besoin par sommation interpellative, afin de l'inviter à se prononcer. Si le bénéficiaire admet que son droit ne joue effectivement pas, la vente peut intervenir au profit d'un tiers ; dans le cas contraire, le promettant pourra choisir soit d'offrir la préférence au bénéficiaire, soit de saisir le juge afin qu'il interprète le pacte.

36304 **Forme** La forme de la notification de l'offre de vente est libre lorsque les parties ne l'ont pas déterminée dans le pacte. La forme d'une lettre recommandée ou d'un acte de commissaire de justice est le plus souvent retenue en pratique car elle permet de préconstituer la **preuve** de l'exécution par le promettant de son obligation.

Pour éviter tout risque de litige, il est **conseillé** de préciser que l'emploi de la forme prévue est impératif et que le recours à une autre forme sera dépourvu de valeur. Si une forme impérative est prévue, sans autre précision, cette forme doit être strictement respectée.

> **Précisions** Le **bénéficiaire du pacte** de préférence peut prétendre former la vente à son profit aux conditions contenues dans une promesse unilatérale de vente alors même que le promettant ne l'a pas informé de la conclusion de la promesse (Cass. 3e civ. 31-1-2007 n° 05-16.175, solution rendue en matière de fonds de commerce, mais transposable en matière immobilière).

36306 **Auteur de l'offre de vente** La vente sera offerte, selon les circonstances et les prévisions du pacte, soit par le promettant qui aura décidé de mettre en vente, soit par le notaire chargé d'établir l'acte authentique.

Lorsque le **vendeur** est **en liquidation judiciaire**, le liquidateur judiciaire qui a été autorisé par le juge-commissaire à céder ses biens est tenu de respecter le pacte de préférence stipulé au profit d'un tiers (Cass. com. 13-2-2007 n° 06-11.289 : Bull. civ. IV n° 34, RJDA 8-9/07 n° 826, rendu à propos de la vente d'un fonds de commerce comprenant un bail commercial stipulant un droit de préférence au profit du bailleur, mais transposable à la vente d'immeuble). 36307

Dans cette hypothèse, la purge du droit de préférence grevant le bien vendu ne peut intervenir qu'une fois l'ordonnance du juge-commissaire devenue définitive (Cass. com. 7-9-2010 n° 09-66.284 : Bull. civ. IV n° 132, RJDA 1/11 n° 68, également rendu à propos d'un fonds de commerce mais transposable à la vente d'immeuble).

Durée de l'offre Il est utile que le bénéficiaire destinataire d'une offre de vente soit enfermé dans un délai pour l'accepter ou la décliner. Ce délai doit être **prévu dans le pacte** et sera utilement rappelé dans la notification. 36308

Ce délai doit, dans l'intérêt du promettant, être relativement court pour limiter la période d'incertitude. Il doit être suffisant pour permettre au bénéficiaire d'exercer effectivement son option.

À défaut de prévision d'un délai, le délai d'exercice du droit de préférence sera le délai de prescription quinquennal courant à compter du jour où le titulaire a connu ou aurait dû connaître les faits lui permettant de l'exercer, c'est-à-dire la notification par le promettant de la vente projetée (C. civ. art. 2224), sans que le report du point de départ puisse porter le délai au-delà de 20 ans à compter de la naissance du droit, cette naissance devant s'entendre de la vente générant le droit de préférence (C. civ. art. 2232).

Computation des délais Pour éviter toute incertitude, il est conseillé de préciser si l'**offre faite par le promettant** et l'**acceptation du bénéficiaire** devront être émises ou parvenir à leur destinataire dans les délais convenus. Dans le même souci de sécurité, il peut aussi être précisé que la computation des délais s'effectuera selon les prescriptions de l'article 642 du Code de procédure civile, selon lequel tout délai expire le dernier jour à vingt-quatre heures et le délai qui expirerait normalement un samedi, un dimanche ou un jour férié ou chômé est prorogé jusqu'au premier jour ouvrable suivant. 36310

EXERCICE DE LA PRÉFÉRENCE

Destinataire et forme de l'option Le pacte prévoit généralement que la décision du bénéficiaire d'exercer son droit de préférence devra emprunter une forme identique à celle de la notification de l'offre : lettre recommandée ou acte de commissaire de justice. 36312

Le pacte doit préciser si la réponse du bénéficiaire devra être notifiée au promettant ou pourra l'être au notaire chargé de la réalisation de la vente.

Fermeté de l'acceptation Dès lors que l'offre formulée par le promettant respecte les prévisions du pacte, l'acceptation par le bénéficiaire ne peut être assortie de **réserves** ou de **conditions** qui ne seraient pas prévues par le pacte ou qui créeraient une discordance avec cette offre. Le bénéficiaire ne peut pas, par exemple, accepter la vente à la condition que le prix soit payable à terme alors que l'offre était celle d'une vente au prix payable comptant (Cass. 3e civ. 5-4-1968 : Bull. civ. III n° 162). 36314

La réponse formulée par le bénéficiaire, si elle ne correspond pas à l'offre, ne peut pas entraîner la formation de la vente. Il est possible qu'en pratique elle constitue de la part du bénéficiaire une **contre-offre** et ouvre une période de négociation contractuelle pouvant déboucher sur une vente à des conditions différentes de l'offre. Mais cette vente procédera alors d'un nouvel accord et non, strictement, de la mise en œuvre du pacte.

Sur les conditions suspensives pouvant assortir une acceptation de la vente offerte, voir nos 36414 s.

7. TRANSMISSION DU PACTE DE PRÉFÉRENCE

TRANSMISSION DU PACTE PAR DÉCÈS

Le pacte de préférence est en principe transmis aux successeurs par **décès du promettant** (Cass. 3e civ. 16-5-1973 n° 72-11.778 : Bull. civ. III n° 356). Ces successeurs peuvent être des héritiers, des légataires universels ou des légataires à titre universel du promettant. Il en est autrement si les parties ont convenu que le pacte serait caduc en cas de décès du promettant avant survenance du terme prévu, ou si les circonstances révèlent une intention contraire, même tacite, des parties (Cass. 1e civ. 24-2-1987 n° 85-16.279 : Bull. civ. I n° 75). 36330

36336 Le pacte de préférence est en principe transmis aux successeurs par **décès du bénéficiaire.** Mais les parties peuvent préciser que le pacte est conclu en considération de la personne du bénéficiaire (ou intuitu personae), ce qui fait obstacle à sa transmission.
L'intransmissibilité du pacte peut ne pas être expressément prévue. Elle peut résulter de la volonté contraire des parties, tacitement déduite du contexte rédactionnel de l'acte ou de l'opération.

CESSION DU PACTE À UN TIERS

36338 Le pacte de préférence crée au profit du bénéficiaire un **droit de créance** qu'il peut en principe céder à un tiers. La cession peut être consentie sans contrepartie pécuniaire ou à titre onéreux.
Pour être valable, la cession doit être constatée par écrit à peine de nullité (C. civ. art. 1322). Elle n'est opposable au promettant que si elle lui a été notifiée ou s'il en a pris acte (C. civ. art. 1324, al. 1).
Les parties peuvent convenir de l'intransmissibilité entre vifs du droit de préférence, ou d'une transmissibilité limitée (transmissibilité restreinte au cercle familial du bénéficiaire ou excluant une transmission à titre onéreux).

TRANSMISSION DU PACTE DANS LE CADRE D'UNE PROCÉDURE COLLECTIVE

36340 Le pacte de préférence constituant un droit de nature personnelle, la **cession du contrat de bail contenant le pacte de préférence** ordonnée par le tribunal après la mise en redressement judiciaire du locataire n'emporte pas transmission au profit du cessionnaire du pacte de préférence inclus dans le bail (Cass. com. 13-2-2007 n° 05-17.296 : Bull. civ. IV n° 38). En l'espèce, le jugement homologuant le plan de cession comprenant le bail incluant le pacte de préférence ne comportait aucune disposition particulière concernant la reprise du pacte par le repreneur. Mais, il résultait des termes clairs du pacte de préférence que celui-ci était personnel au locataire initial et incessible.

8. EXTINCTION DU PACTE DE PRÉFÉRENCE

36350 Le pacte de préférence s'éteint à l'**expiration de la durée** pour laquelle il a été prévu sans que le promettant ait décidé de la vente de l'immeuble.
Il est également caduc si le **bénéficiaire décline l'offre** de vente qui lui est faite, sauf si le pacte prévoit que la préférence pourra jouer lors des aliénations ultérieures.
Le bénéficiaire, titulaire d'un droit de créance à l'encontre du promettant, peut toujours y **renoncer**. Cette renonciation peut être tacite pourvu qu'elle soit certaine et non équivoque (Cass. 3e civ. 3-11-2011 n° 10-20.297 : Bull. civ. III n° 181, RJDA 2/12 n° 139). Dans cette affaire, le locataire d'un bail commercial n'ayant pas manifesté son intention d'exercer son droit de préférence, alors qu'il avait eu connaissance des deux ventes successives de l'immeuble et avait payé ses loyers au nouveau propriétaire après chaque cession, il a été réputé avoir renoncé tacitement à se prévaloir de son droit. On notera qu'avant cette décision, la Cour de cassation exigeait du bénéficiaire une manifestation non équivoque de renoncer au bénéfice du pacte de préférence ; ainsi, le bénéficiaire d'un pacte de préférence ne pouvait pas être réputé avoir renoncé à son droit de préférence au motif qu'il ne s'en était pas prévalu dans un délai normal après la notification qui lui avait été faite par le propriétaire de son intention de vendre (Cass. 3e civ. 17-1-2006 n° 04-19.787).
Afin d'éviter toute incertitude, il est utile de **formaliser la renonciation** de façon que celle-ci soit certaine et que la preuve puisse en être rapportée par le promettant, en cas de contestation. Car si l'intention de renoncer du bénéficiaire n'est pas caractérisée, le pacte continue à produire ses effets.
Les parties peuvent aussi, comme pour tout contrat, procéder conventionnellement à la **résolution** du pacte.
La renonciation au pacte ainsi que sa résolution peuvent être publiées au service de la **publicité foncière** pour l'information des tiers.

D. Mise en œuvre du pacte de préférence

RESPECT DES STIPULATIONS DU PACTE

36400 Les stipulations du pacte doivent être scrupuleusement respectées si le promettant se décide à vendre, afin d'éviter le **risque d'une contestation de la vente** par le bénéficiaire du pacte. En cas de doute sur l'existence de la préférence, il est préférable de procéder à une notification (voir n° 36302).

CONCURRENCE AVEC UN DROIT DE PRÉEMPTION LÉGAL

La loi peut organiser, sous forme d'un droit de préemption, une préférence légale qui entre en **conflit avec le pacte de préférence**. Lorsque le droit de préemption est d'ordre public (droit de préemption de la Safer, du preneur en place, droit de préemption urbain ou dans un périmètre sensible, droit de préemption du locataire ou de l'occupant de bonne foi lors de la première vente suivant la mise en copropriété, droit de préemption du locataire d'habitation en cas de congé pour vendre, etc.), il prime les droits que le bénéficiaire tire du pacte de préférence (par exemple, Cass. 3e civ. 2-12-1981 n° 80-13.589 : Bull. civ. III n° 200, à propos du droit de préemption de la Safer ; Cass. 3e civ. 24-3-2016 n° 15-14.004 F-D, s'agissant du droit de préemption du locataire d'un bien d'habitation loi de 1989 ; Cass. 3e civ. 11-1-2024 n° 21-24.580 FS-B : BPIM 1/24 inf. 46, s'agissant du droit de préemption du preneur à bail rural). Le titulaire du pacte ne pourra valablement exercer son droit de préférence que sous la condition que le titulaire de la préférence légale n'exerce pas son droit ou y renonce. 36410

EXERCICE DU DROIT DE RÉTRACTATION OU DU DÉLAI DE RÉFLEXION

L'article L 271-1 du Code de la construction et de l'habitation (qui organise un droit de rétractation ou un délai de réflexion au profit de l'acquéreur non professionnel à l'occasion de tout acte ayant pour objet l'acquisition d'un immeuble à usage d'habitation) ne vise pas le pacte de préférence. Il semble que ce texte ne soit pas applicable au pacte de préférence pour deux raisons : d'une part, le bénéficiaire n'a pas besoin d'être protégé puisqu'au stade du pacte il ne s'engage pas à acquérir ; d'autre part, il pourra bénéficier de la protection légale ultérieurement. 36412

La question n'est cependant pas tranchée de savoir si l'acquéreur bénéficie d'un droit de rétractation à compter du lendemain de la notification de son acceptation de l'offre d'acquérir – faite en exécution du pacte – ayant formé la vente, ou s'il dispose d'un délai de réflexion de 10 jours à compter du lendemain de la notification du projet d'acte authentique (sur le dispositif de rétractation et de réflexion, voir nos 45000 s.).

INCIDENCE DES CONDITIONS SUSPENSIVES DE LA VENTE SUR LE PACTE

Il est rare qu'au moment où vendeur et acquéreur conviennent de la vente, celle-ci ne soit pas soumise à des conditions suspensives, certaines étant dictées par la nature de l'opération alors que d'autres tiennent au projet particulier de l'acquéreur. Le pacte de préférence doit anticiper ces modalités souvent incontournables. 36414

Conditions suspensives tenant à la nature de l'opération Il s'agit des conditions suspensives liées aux vérifications que le notaire doit en toutes circonstances faire lorsqu'il procède à une vente d'immeuble : **vérification de la situation de l'immeuble** au regard des dispositions d'urbanisme, de la situation hypothécaire de l'immeuble, du caractère incommutable du droit de propriété du vendeur, etc. L'offre faite au bénéficiaire sera une offre de vente conditionnelle. Elle énoncera ces conditions et spécifiera de quelle manière celles-ci seront réalisées ou défailliront (sur la technique de la condition, voir nos 30000 s.). 36416

Conditions suspensives tenant au projet du bénéficiaire En **principe**, l'acceptation du bénéficiaire ne peut pas être soumise à des conditions suspensives qui n'ont pas été prévues dans le pacte ou qui ne figurent pas dans la notification. C'est ainsi que le bénéficiaire ne peut accepter l'offre sous la condition suspensive d'obtenir un permis de construire à l'effet de réaliser un projet de construction, ou sous la condition suspensive de vendre préalablement un immeuble afin de disposer des liquidités lui permettant de financer le prix d'acquisition. 36418

La situation est différente lorsque, en raison de la qualité de l'acquéreur et de la nature de l'immeuble, l'opération entre dans le champ d'application du **dispositif d'ordre public de protection de l'acquéreur emprunteur** prévu par les articles L 313-1 et suivants du Code de la consommation (sur ce dispositif, voir nos 42000 s.). Le pacte doit anticiper cette éventualité si la nature du bien, immeuble d'habitation ou à usage professionnel et d'habitation, et la qualité du bénéficiaire, personne physique ou morale de droit privé, rendent probable ou possible l'application impérative du régime de protection légale. Le pacte (s'inspirant sur ce point de la solution retenue pour le droit de préemption du locataire en cas de congé pour vente) peut prévoir que si dans sa réponse le bénéficiaire notifie son intention de recourir à un prêt, sa décision d'acquérir sera soumise à la condition suspensive de ce prêt et le délai de réalisation de la vente augmenté pour tenir compte des contraintes liées à la demande de prêt, à l'instruction de la demande et à la remise de l'offre préalable. Afin de réduire l'influence de l'acquéreur sur la réalisation de la condition, il sera utile d'imposer dans le pacte au bénéficiaire de préciser dans son acceptation les caractéristiques du prêt : montant, durée, taux d'intérêt, etc.

VENTE PAR ADJUDICATION DE L'IMMEUBLE OBJET DU PACTE

36420 La stipulation d'un pacte de préférence jouant en cas d'adjudication de l'immeuble soulève des difficultés pratiques, tenant essentiellement au fait que le prix qui devra être proposé au bénéficiaire ne sera déterminé que par le jeu des enchères et à leur terme.

Le droit du bénéficiaire du pacte de préférence s'analyse alors en un **droit de substitution** au dernier enchérisseur s'ouvrant à la dernière enchère et s'exerçant pendant un délai qui doit être prévu.

Si l'éventualité d'une vente par adjudication n'est pas prévue dans le pacte, le rédacteur du cahier des charges (notaire ou avocat) doit prévoir les **modalités de la mise en œuvre de la préférence** afin d'informer les amateurs et porteurs d'enchères et de respecter les droits du bénéficiaire. Ces modalités doivent permettre au bénéficiaire d'exercer son droit de manière satisfaisante, en adaptant autant que faire se peut les prévisions du pacte aux contraintes de la vente publique : notification au bénéficiaire des lieux, jour et heure retenus pour la vente, forme et délai de la décision du bénéficiaire, incidence d'une surenchère, etc.

E. Violation du pacte de préférence

1. PRÉVENTION DE LA VIOLATION DU PACTE DE PRÉFÉRENCE

36460 Dans un souci de sécurité, le **tiers qui envisage de contracter** avec le vendeur et qui **soupçonne l'existence d'un pacte de préférence** peut demander par écrit au bénéficiaire présumé de confirmer, dans un délai qu'il fixe et qui doit être raisonnable, l'existence d'un pacte et s'il entend s'en prévaloir (C. civ. art. 1123, al. 3). L'écrit doit mentionner qu'à défaut de réponse dans ce délai le bénéficiaire du pacte ne pourra plus solliciter sa substitution au contrat conclu avec le tiers ou sa nullité (C. civ. art. 1123, al. 4). Si le bénéficiaire du pacte ne répond pas ou fait savoir qu'il n'entend pas se prévaloir du pacte, cela ne dispense pas, à notre avis, le promettant de purger le droit de préférence, ce dernier n'étant pas concerné par l'action interrogatoire.

L'article 1123 soulève une interrogation : le tiers a-t-il intérêt à user de cette action interrogatoire qui révèle sa connaissance du pacte si celui-ci est avéré ? N'a-t-il pas plutôt intérêt, en s'abstenant de s'informer, à accréditer l'idée de sa méconnaissance du pacte et donc de sa bonne foi ?

2. SANCTIONS DE LA VIOLATION DU PACTE DE PRÉFÉRENCE

DOMMAGES ET INTÉRÊTS

36470 **Responsabilité contractuelle du promettant** Le promettant conserve la propriété du bien objet du pacte. Il peut, à l'égard des tiers, effectuer les actes d'administration et les actes de disposition, mais ces actes peuvent être fautifs et préjudiciables à l'égard du bénéficiaire.

Si le promettant **conclut un contrat avec un tiers** en violation du pacte de préférence, le bénéficiaire peut obtenir réparation du préjudice subi (C. civ. art. 1123, al. 2). Ce pourra être le cas si le promettant **vend** l'immeuble à un tiers **sans offrir la préférence** au bénéficiaire. Cette solution était déjà admise par la jurisprudence antérieure à l'ordonnance 2016-131 du 10 février 2016.

L'indemnisation peut comprendre non seulement le préjudice matériel éprouvé par le bénéficiaire, mais également son éventuel préjudice moral.

La faute du promettant peut également résulter de la **conclusion d'un bail, après la conclusion du pacte de préférence**, au profit d'un locataire dont le droit et l'occupation de l'immeuble seraient opposables au bénéficiaire si celui-ci venait à accepter l'offre qui lui serait faite par le promettant. Le fait pour le promettant de louer l'immeuble objet du pacte de préférence à un locataire titulaire d'un droit de préemption en cas de vente est constitutif d'une faute qui engage sa responsabilité civile contractuelle à l'égard du bénéficiaire (Cass. 3e civ. 1-4-1992 n° 90-16.985 : Bull. civ. III n° 116, jugé avant l'entrée en vigueur de l'ord. 2016-131 du 10-2-2016 mais selon nous transposable). L'existence du pacte limite donc la liberté du promettant de conclure un bail ouvrant au profit du locataire un droit de préemption légal qui contrarierait le droit de préférence. En effet, un droit de préemption légal prime le droit de préférence (n° 36410) et le bénéficiaire du pacte peut difficilement obtenir l'annulation d'une vente frauduleuse (n° 36476).

CONSEIL

Pour dissuader le promettant de ne pas exécuter son engagement et éviter de devoir saisir le juge pour l'évaluation du préjudice, il est possible d'insérer dans le pacte une **clause pénale**, c'est-à-dire une clause qui prévoit une sanction en cas d'inexécution par le promettant de son engagement (pour un exemple, Cass. 3e civ. 5-10-2011 n° 10-17.234). Le montant de la peine pourra être prédéterminé ou fixé à un certain pourcentage du prix de la vente litigieuse.

Responsabilité extracontractuelle du tiers acquéreur Le tiers acquéreur qui contracte une vente avec le promettant alors qu'il a **connaissance du pacte** et de la volonté du bénéficiaire de s'en prévaloir commet une faute qui engage sa responsabilité. Cette responsabilité est de nature extracontractuelle, le tiers acquéreur n'étant pas partie au pacte. Cette solution a été consacrée par la réforme du droit des contrats issue de l'ordonnance 2016-131 du 10 février 2016 (C. civ. art. 1123, al. 2). 36472

La **mauvaise foi du tiers acquéreur**, tenant à la connaissance du pacte et à la volonté du bénéficiaire, s'apprécie à la date de la promesse de vente valant vente intervenue entre lui et le vendeur, et non à la date de réitération de la vente par acte authentique (Cass. 3e civ. 25-3-2009 n° 07-22.027 : Bull. civ. III n° 68, en l'espèce, le bénéficiaire du pacte demandait la substitution dans les droits du tiers acquéreur, mais la solution est transposable à la recherche de la responsabilité civile extracontractuelle du tiers acquéreur).

La **publication** au service de la publicité foncière du pacte de préférence permet à l'acquéreur de connaître l'existence du pacte. Toutefois, la cour d'appel de Paris a jugé que la publication du pacte ne crée aucune présomption de connaissance du pacte par les tiers et a refusé de substituer le bénéficiaire du pacte dans les droits du tiers acquéreur (CA Paris 19-5-2011 n° 09/28881).

La Cour de cassation estime aussi que le tiers acquéreur, étranger au pacte mais informé de son existence, n'a pas à prendre l'initiative de vérifier auprès du bénéficiaire s'il a l'**intention de s'en prévaloir**. S'il ne le fait pas, il ne commet pas de faute à l'origine du préjudice subi par le bénéficiaire du pacte (Cass. 3e civ. 29-6-2010 n° 09-68.110 F-D). Dans le même sens, elle retient qu'il ne peut pas être reproché à l'acquéreur de s'être abstenu de procéder à des vérifications autres que celles opérées au fichier immobilier (Cass. 3e civ. 4-3-2021 n° 19-22.971 FS-P : BPIM 2/21 inf. 129).

Responsabilité extracontractuelle de l'agent immobilier ou du notaire

Le rédacteur de l'acte engage sa responsabilité s'il concourt à l'établissement d'une vente à un tiers au mépris d'un pacte de préférence qu'il connaissait ou qu'il ne pouvait pas ignorer. Le notaire ayant connaissance d'un pacte de préférence doit, préalablement à l'authentification d'un acte de vente, veiller au respect des droits du bénéficiaire et, le cas échéant, refuser d'authentifier la vente conclue en violation de ce pacte (Cass. 1e civ. 11-7-2006 n° 03-18.528 : Bull. civ. I n° 389). 36474

Le professionnel ne pourra pas se retrancher derrière l'**absence de publication du pacte** au service de la publicité foncière pour prétendre qu'il ignorait l'existence du pacte, si celui-ci figurait dans le titre du vendeur, ou bien dans un acte distinct établi par lui ou en son étude.

ANNULATION DE LA VENTE FRAUDULEUSE ET SUBSTITUTION DU BÉNÉFICIAIRE À L'ACQUÉREUR

La vente contractée au profit d'un tiers au mépris du pacte de préférence n'est pas nulle de ce seul fait. Elle n'est pas non plus inopposable au bénéficiaire, même si le pacte a été publié au fichier immobilier, en raison de l'analyse faite par la Cour de cassation de la convention au regard de la publicité foncière (n° 36100). 36476

Toutefois, le bénéficiaire du pacte peut **agir en nullité** ou demander au juge sa **substitution** au tiers dans le contrat conclu en violation du pacte, à la double condition que le tiers ait eu connaissance du pacte et de l'intention de son bénéficiaire de s'en prévaloir (C. civ. art. 1123, al. 2).

Il s'agit d'une consécration de la jurisprudence antérieure à la réforme du droit des contrats (Cass. ch. mixte 26-5-2006 n° 03-19.376 : Bull. civ. mixte n° 4 ; Cass. 3e civ. 3-11-2011 n° 10-20.936 : Bull. civ. III n° 185, RJDA 2/12 n° 140). Dans une décision plus récente, la Cour de cassation a confirmé que le bénéficiaire d'un pacte de préférence ne pouvait obtenir l'annulation de la vente consentie à un tiers en méconnaissance de ses droits qu'en rapportant la preuve que le tiers acquéreur avait eu connaissance de l'existence du pacte (Cass. 3e civ. 28-2-2018 n° 17-11.111 F-D, décision rendue sous l'empire du droit antérieur à l'ord. 2016-131 du 10-2-2016). Elle considérait que la connaissance du pacte par le tiers s'appréciait à la date de la promesse de vente qui vaut vente, et non à celle de sa réitération par acte authentique (Cass. 3e civ. 25-3-2009 n° 07-22.027 : Bull. civ. III n° 68 confirmé par Cass. 3e civ. 25-9-2012 n° 11-24.235).

La **double preuve** de la connaissance du pacte et de l'intention de son bénéficiaire de s'en prévaloir, incombant à ce dernier (Cass. 3e civ. 2-11-2011 n° 10-25.240 : BRDA 23/11 inf. 25 ; Cass. 3e civ. 4-3-2021 n° 19-22.971 FS-P : BPIM 2/21 inf. 129), est délicate, surtout s'agissant de l'intention du bénéficiaire de se prévaloir du pacte (pour des arrêts admettant qu'elle était rapportée, voir Cass. 3e civ. 14-2-2007 n° 05-21.814 : Bull. civ. III n° 25 ; Cass. 3e civ. 3-11-2011 n° 10-20.936). La publication au fichier immobilier d'un acte notarié rappelant l'existence du pacte et exprimant l'intention de son bénéficiaire de s'en prévaloir n'apporte pas la preuve de la connaissance de ces éléments par le tiers acquéreur (Cass. 3e civ. 7-3-2024 n° 22-10.639 F-D : BPIM 3/24 inf. 198). En effet, la publication d'un tel acte ne produit aucun effet car elle n'est prévue par aucun texte.
En cas d'**exercice d'un droit de préemption légal**, le bénéficiaire du pacte ne peut obtenir l'annulation de la vente ou sa substitution au titulaire du droit de préemption que s'il établit un concert frauduleux du vendeur et du préempteur ayant pour unique dessein de faire échec à son droit. La simple connaissance par le préempteur, lors de la vente, de l'existence du pacte et de la volonté du bénéficiaire de s'en prévaloir est insuffisante à caractériser la fraude du vendeur et du préempteur (Cass. 3e civ. 11-1-2024 n° 21-24.580 FS-B : BPIM 1/24 inf. 46).

F. Formule

36500 La formule proposée ci-après est celle d'un **pacte de préférence convenu à titre principal**. Le pacte de préférence peut être intégré dans une autre convention (le plus souvent un bail) ; la formule doit alors être adaptée.
Il est important que le pacte de préférence soit porté à la connaissance des tiers par sa publication au fichier immobilier. C'est donc une formule de pacte de préférence par acte authentique qui est ici proposée.

MODÈLE Pacte de préférence

L'an
Le
À
Maître..., notaire à..., soussigné,
A reçu le présent acte contenant PACTE DE PRÉFÉRENCE, à la requête de :
1°) M...
propriétaire de l'immeuble ci-après désigné,
D'une part.
2°) M...
bénéficiaire du pacte,
D'autre part.
(*Pour satisfaire aux règles définies par le décret du 4 janvier 1955 sur la publicité foncière, une partie personne physique doit être identifiée par son nom, ses prénoms dans l'ordre de l'état civil, ses date et lieu de naissance, son domicile et le nom de son conjoint. Une personne morale doit être identifiée par sa dénomination, sa forme juridique, son siège, son numéro d'identification au répertoire Sirene complété, s'il s'agit d'une société immatriculée au registre du commerce et des sociétés par la mention RCS suivie du nom de la ville où se trouve le greffe où elle est immatriculée et, s'il s'agit d'une association ou d'un syndicat par la date et le lieu de sa déclaration ou du dépôt de ses statuts ; en outre, doivent être indiqués les nom, prénoms et domicile du ou des représentants de la personne morale*).

Pacte de préférence

Le propriétaire confère au bénéficiaire, qui l'accepte, un droit d'acquisition prioritaire de l'immeuble ci-après désigné.

Désignation

Un immeuble à usage de... situé commune de... rue de..., repris au cadastre section... numéro... pour... ha... a... ca.
(*Pour satisfaire aux règles définies par le décret du 4 janvier 1955 sur la publicité foncière, l'immeuble doit être désigné par sa nature, sa situation, sa contenance et sa désignation cadastrale formée de la section, du numéro de plan et du lieu-dit, le lieu-dit étant remplacé par l'indication de la rue et du numéro pour les immeubles situés dans les communes urbaines. Lorsqu'il s'agit d'un lot de copropriété, la fraction d'immeuble doit être désignée par l'indication du lot tel que défini par l'état descriptif de division ; doit être indiquée la quote-part de ce lot dans la propriété du sol*).

Opérations soumises au droit de préférence

Le droit de préférence ne pourra être exercé qu'à l'occasion d'une vente. Il ne pourra pas s'appliquer en cas de partage ou d'échange, même avec soulte, ni en cas d'apport en société de l'immeuble. Il s'appliquerait cependant en cas de vente ultérieure par le copartageant attributaire, le coéchangiste ou la société bénéficiaire de l'apport intervenant pendant la durée du pacte. 36500 (suite)

(*Préciser éventuellement*) Le droit de préférence jouera en cas de vente de la totalité ou de partie de cet immeuble, bâtie ou non bâtie, comme en cas de vente d'une propriété plus importante appartenant au propriétaire et comprenant cet immeuble, le bénéficiaire devant dans ce second cas exercer son droit de préférence sur l'entier immeuble, sans pouvoir exiger de division de l'objet de la vente et de division du prix.

Le droit de préférence jouera en cas de vente autorisée par le juge-commissaire en cas de liquidation judiciaire du promettant.

Mise en œuvre du droit de préférence

Vente amiable

Le propriétaire, s'il décidait de vendre cet immeuble, s'oblige à donner la préférence au bénéficiaire sur tout autre acquéreur éventuel.

Cette préférence s'exercera, que le propriétaire ait ou non reçu une offre d'acquérir émanant d'un tiers.

Selon le cas, le propriétaire s'oblige à faire connaître au bénéficiaire le prix et les conditions de l'offre qu'il aurait reçue du tiers ou celles auxquelles il serait disposé à consentir la vente de l'immeuble.

Ces conditions s'entendent des modalités de paiement du prix et des obligations respectives du vendeur et de l'acquéreur.

Ces conditions seront portées par le propriétaire à la connaissance du bénéficiaire par acte de commissaire de justice ou par lettre recommandée avec demande d'avis de réception adressée par voie postale ou par voie électronique à son domicile indiqué ci-dessus ou à toute autre adresse que celui-ci lui indiquerait pendant la durée du pacte. Il y sera joint le dossier de diagnostic technique prescrit par l'article L 271-4 du Code de la construction et de l'habitation.

Cet acte de commissaire de justice ou cette lettre vaudra offre de vente au bénéficiaire.

Le bénéficiaire disposera d'un délai de... à compter du lendemain de l'acte du commissaire de justice ou de la distribution de la lettre recommandée pour porter à la connaissance du propriétaire son intention d'exercer son droit de préférence et d'acquérir l'immeuble. Sa décision devra être formulée par acte de commissaire de justice ou par lettre recommandée avec demande d'avis de réception adressée par voie postale ou par voie électronique et parvenir au propriétaire avant le dernier jour à minuit de ce délai. En cas de lettre recommandée, la date de sa première présentation sera considérée pour la notification par le bénéficiaire au propriétaire de sa décision d'acquérir.

Qu'il s'agisse de l'information donnée au bénéficiaire ou de la réponse de celui-ci, le délai serait reporté au premier jour ouvré s'il expirait un jour férié.

Les modalités d'information ci-dessus imposées tant au propriétaire qu'au bénéficiaire sont de rigueur. Aucun autre procédé ne sera admis.

À défaut de réponse dans le délai ci-dessus prévu, le bénéficiaire sera déchu de son droit de préférence, et le propriétaire pourra librement réaliser la vente aux conditions portées à sa connaissance. La vente ainsi réalisée emportera caducité définitive du droit de préférence, lequel ne pourra donc pas s'exercer en cas de revente ultérieure du bien, même si celle-ci intervient pendant la durée du présent pacte.

Le promettant, s'il décidait de vendre l'immeuble à des conditions différentes de celles notifiées au bénéficiaire, serait tenu de procéder à une nouvelle notification du droit de préférence du bénéficiaire, en respectant les conditions de forme ci-dessus, sans qu'il y ait lieu de distinguer selon que ces conditions sont ou non plus avantageuses pour l'acquéreur.

Vente par adjudication

En cas de vente aux enchères publiques, que l'adjudication soit amiable ou judiciaire, le propriétaire sera tenu de porter à la connaissance du bénéficiaire du pacte, au moins quinze jours à l'avance, par acte de commissaire de justice ou par lettre recommandée avec demande d'avis de réception adressée par voie postale ou par voie électronique à son domicile indiqué ci-dessus ou à toute autre adresse que celui-ci lui indiquerait pendant la durée du pacte, la date, l'heure et le lieu de l'adjudication, ainsi que les conditions de l'adjudication (mise à prix, montant de la consignation et conditions des enchères).

Le bénéficiaire du droit de préférence pourra se substituer au dernier enchérisseur lors de l'adjudication, en faisant part de son intention au plus tard lors de l'établissement du procès-verbal d'adjudication.

En cas de surenchère, il sera notifié au bénéficiaire du pacte de préférence qui se sera substitué au dernier enchérisseur, dans les mêmes conditions que ci-dessus, les date, heure et conditions de la

36500 (suite) nouvelle adjudication. Le bénéficiaire du pacte aura la faculté de se substituer au surenchérisseur en faisant part de son intention au plus tard lors de l'établissement du procès-verbal d'adjudication sur surenchère.

(*Variante : Il est possible de prévoir la simple information du bénéficiaire du pacte de préférence pour le cas de vente par adjudication. Ses droits sont alors sauvegardés par la possibilité qui lui est donnée de concourir aux enchères*). En cas de vente aux enchères publiques, que l'adjudication soit amiable ou judiciaire, le propriétaire sera tenu de porter à la connaissance du bénéficiaire du pacte, au moins quinze jours à l'avance, par acte de commissaire de justice ou par lettre recommandée avec demande d'avis de réception adressée par voie postale ou par voie électronique à son domicile indiqué ci-dessus ou à toute autre adresse que celui-ci lui indiquerait pendant la durée du pacte, la date, l'heure et le lieu de l'adjudication, ainsi que les conditions de l'adjudication (mise à prix, montant de la consignation et conditions des enchères). Le bénéficiaire du pacte ne disposera alors pas d'autre droit que celui de participer aux enchères.

En cas de surenchère, il sera notifié au bénéficiaire du pacte de préférence qui se sera substitué au dernier enchérisseur, dans les mêmes conditions que ci-dessus, les date, heure et conditions de la nouvelle adjudication, afin de lui permettre de participer à la nouvelle adjudication.

(*Variante*) La surenchère ne devra pas être notifiée au bénéficiaire.

Durée de la préférence

Le droit de préférence est consenti pour une durée expirant le... inclusivement (*Variante* : pour une durée de... à compter de ce jour). Il sera caduc à cette date sans que le propriétaire soit tenu d'effectuer quelque formalité que ce soit à l'égard du bénéficiaire.

Transmission du pacte

Aliénation entre vifs à titre gratuit de l'immeuble

Le propriétaire conserve le droit de disposer de l'immeuble par donation. Dans ce cas, le droit de préférence sera définitivement caduc et ne pourra pas s'exercer en cas de vente ultérieure de l'immeuble par le donataire.

(*Variante*) Le propriétaire conserve le droit de disposer de l'immeuble par donation. Dans ce cas, le droit de préférence s'imposera au donataire en cas de vente ultérieure par celui-ci de l'immeuble avant l'expiration de la durée du pacte fixée ci-dessus, dans les mêmes conditions que si la vente était effectuée par le propriétaire lui-même.

Décès du propriétaire

En cas de décès du propriétaire survenant pendant la durée du pacte, le droit de préférence du bénéficiaire sera de ce seul fait et dès sa survenance caduc.

(*Variante*) En cas de décès du propriétaire survenant pendant la durée du pacte, le droit de préférence du bénéficiaire s'imposera à ses successeurs universels, à titre universel ou à titre particulier et pourra être exercé par le bénéficiaire en cas de vente intervenant avant l'expiration de la durée du pacte fixée ci-dessus, dans les mêmes conditions que si la vente était effectuée par le propriétaire lui-même.

Incessibilité et intransmissibilité du chef du bénéficiaire

Le droit de préférence est consenti au bénéficiaire strictement en considération de sa personne. En conséquence, celui-ci ne pourra le céder à qui que ce soit, à titre gratuit ou à titre onéreux, et il sera caduc du seul fait de son décès.

(*Variante : cessibilité et transmissibilité du chef du bénéficiaire*)

Le droit de préférence conféré au bénéficiaire pourra être librement cédé à titre gratuit ou à titre onéreux par le bénéficiaire. Conformément à l'article 1322 du Code civil, cette cession devra être constatée par écrit à peine de nullité. Elle ne sera opposable au propriétaire que si les formalités de notification ou de prise d'acte prescrites par l'article 1324 du Code civil sont effectuées à son égard, à l'exclusion de toute autre information.

En ce cas de cession et d'exercice du droit de préférence par le cessionnaire, le bénéficiaire cédant sera tenu solidairement avec ce dernier à l'égard du propriétaire des obligations de la vente ainsi formée.

Le droit de préférence sera, en cas de décès du bénéficiaire, transmis à ses successeurs, lesquels pourront l'exercer dans les mêmes conditions que leur auteur, à la stricte condition d'avoir justifié auprès du propriétaire de leur qualité par la production d'un acte de notoriété.

(*Variante : incessibilité et transmissibilité du chef du bénéficiaire*)

Le droit de préférence est consenti au bénéficiaire strictement en considération de sa personne. En conséquence, celui-ci ne pourra le céder à qui que ce soit, à titre gratuit ou à titre onéreux.

Le droit de préférence sera, en cas de décès du bénéficiaire, transmis à ses successeurs, lesquels pourront l'exercer dans les mêmes conditions que leur auteur, à la stricte condition d'avoir justifié auprès du propriétaire de leur qualité par la production d'un acte de notoriété.

Réalisation de la vente en cas d'exercice du droit de préférence 36500 (suite)

Protection de l'acquéreur emprunteur

Si, par la qualité du bénéficiaire et la nature de l'immeuble, la vente formée par l'exercice du droit de préférence relève des dispositions des articles L 313-1 et suivants du Code de la consommation relatives au crédit immobilier, le bénéficiaire devra, dans la lettre ou l'acte du commissaire de justice adressé au propriétaire, indiquer s'il recourt à un prêt pour financer le prix d'acquisition.

Dans l'affirmative, il y sera précisé le montant, la durée minimum et le taux d'intérêt du prêt (compris dans une fourchette d'un point) que le bénéficiaire sera tenu de solliciter dans le délai de quinze jours de la date de cette lettre ou de l'acte du commissaire de justice. La vente sera alors soumise à la condition suspensive de l'obtention du prêt dans le délai de quarante-cinq jours de la décision du bénéficiaire d'acquérir.

Dans la négative, la décision d'acquérir empruntera obligatoirement la forme d'une lettre recommandée adressée par voie postale ou par voie électronique qui contiendra impérativement la mention manuscrite prévue par l'article L 313-42 du Code de la consommation.

Protection de l'acquéreur non professionnel d'un immeuble d'habitation

Si, par la qualité du bénéficiaire et la nature de l'immeuble, la vente formée par l'exercice du droit de préférence relève des dispositions de l'article L 271-1 du Code de la construction et de l'habitation, le propriétaire sera tenu de lui notifier dans les conditions et selon les formes prévues par cet article l'ensemble formé par la notification de la vente et par l'acceptation du bénéficiaire. Le bénéficiaire disposera alors du droit de rétractation prévu par ce texte, l'exercice de ce droit entraînant caducité du droit de préférence à l'égard de toute vente ultérieure de l'immeuble intervenant même pendant la durée ci-dessus fixée.

Prix

(*Ajouter éventuellement, si le droit de préférence est consenti à titre onéreux*)

Le présent droit de préférence est consenti et accepté moyennant le prix de... €, lequel prix a été payé comptant, ce jour, ainsi que le constate la comptabilité du notaire soussigné, par le bénéficiaire au promettant, qui le reconnaît et lui en donne quittance.

Publicité foncière

Pour permettre la publication de ce pacte au fichier immobilier, pour l'information des tiers, il est ici précisé :

– pour le contrôle de la règle de l'effet relatif de la publicité foncière, que la mention de publication au service de la publicité foncière de... donnée au titre du propriétaire est la suivante : le..., volume..., numéro... ;

– pour le calcul de la contribution de sécurité immobilière, que l'immeuble désigné ci-dessus sur lequel porte le droit de préférence est évalué... € (*ou* : que la valeur propre du pacte est évaluée à... € ; *voir* n° 36100 Précisions).

Frais

Les frais et droits du présent acte seront supportés par le bénéficiaire, qui s'y oblige.

Dont acte établi sur... pages.

Que lecture faite, les parties ont signé avec le notaire soussigné.

CHAPITRE 2

DROIT DE PRÉEMPTION DES INDIVISAIRES

SOMMAIRE

A. Champ d'application du droit de préemption des indivisaires

OBJET DU DROIT DE PRÉEMPTION DES INDIVISAIRES

37000 Lorsqu'un immeuble est en indivision entre plusieurs personnes, sa vente nécessite en principe l'accord de tous les coïndivisaires ou une autorisation judiciaire (voir n°s 13180 s.). Lorsque l'un des indivisaires souhaite **vendre sa quote-part dans l'indivision**, il doit en avertir les autres qui bénéficient alors d'un droit de préemption (C. civ. art. 815-14). L'objet de ce droit de préemption est de limiter les risques de voir un tiers étranger à l'indivision y entrer ; il n'est applicable que si la cession intervient au bénéfice d'une personne étrangère à l'indivision. Une cession entre deux coïndivisaires n'ouvre pas de droit de préemption au profit des autres membres de l'indivision.

INDIVISIONS CONCERNÉES PAR LE DROIT DE PRÉEMPTION

37002 Le droit de préemption légal de l'indivisaire s'applique quelle que soit l'origine de l'indivision : succession, divorce, convention (Cass. 1e civ. 23-4-1985 n° 83-16.703 : Bull. civ. I n° 124). Il s'applique quel que soit le type d'indivision : indivision de pleine propriété, indivision en usufruit, indivision en nue-propriété. Seules les **indivisions forcées et perpétuelles** échappent au droit de préemption (Cass. 1e civ. 12-2-1985 n° 84-10.301 : Bull. civ. I n° 58 ; Cass. 1e civ. 28-2-2006 n° 04-15.937 : Bull. civ. I n° 120).

BÉNÉFICIAIRES DU DROIT DE PRÉEMPTION DES INDIVISAIRES

37004 Le droit de préemption appartient à tous les **indivisaires** membres de l'indivision concernée et seulement à eux (C. civ. art. 815-14). Toutefois, en cas d'indivision d'un droit de propriété démembré, des personnes juridiquement étrangères à l'indivision vont bénéficier d'un droit de préemption subsidiaire. Ainsi, en cas de cession d'une quote-part de nue-propriété, l'**usufruitier** dispose d'un droit de préemption subsidiaire et doit être informé de la cession. Il en va de même dans le cas inverse, s'agissant du **nu-propriétaire**, en cas de cession d'une quote-part d'usufruit. Ce droit de préemption est subsidiaire : l'usufruitier ne peut acquérir la part de nue-propriété que si aucun nu-propriétaire ne se porte acquéreur et, inversement, le nu-propriétaire ne peut acquérir une part d'usufruit que si aucun usufruitier ne se porte acquéreur (C. civ. art. 815-18).

> **Précisions** Le **curateur à une succession déclarée vacante** peut exercer le droit de préemption de l'indivisaire décédé sur les droits indivis cédés par un coïndivisaire (Cass. 3e civ. 14-3-2007 n° 06-16.618 : RJDA 7/07 n° 792).

MUTATIONS CONCERNÉES PAR LE DROIT DE PRÉEMPTION DES INDIVISAIRES

37006 Le droit de préemption de l'indivisaire ne s'applique qu'en cas de **cession** à titre onéreux. Peu importe qu'il s'agisse d'une vente amiable ou sur adjudication, que le prix soit fixe ou converti en rente viagère.

Sont exclues les **donations** car le caractère gratuit et l'absence de prix rendent impossible l'exercice de la préemption (Cass. 1e civ. 11-12-1984 n° 83-13.874 : Bull. civ. I n° 331). De même, et sauf le

cas de fraude, les **échanges** (notamment d'immeubles) ou les cessions comportant une prestation personnelle à la charge de l'acquéreur (bail à nourriture ou prestation de soins, par exemple) ne peuvent donner lieu à préemption car seul l'acquéreur pressenti peut fournir la contrepartie promise (Cass. 1e civ. 3-10-1985 n° 83-11.928 : D. 1986 p. 373 note A. Breton ; Cass. 1e civ. 21-5-1997 n° 95-12.460 : Bull. civ. I n° 164).
Le « montage » qui consiste, dans un premier temps, à faire donation d'une quote-part minime de son droit indivis à une personne étrangère à l'indivision, pour la faire ainsi entrer dans l'indivision, puis à lui céder ultérieurement le reste de sa quote-part peut être considéré comme constituant une **fraude** destinée à éluder le droit de préemption des indivisaires (Cass. 1e civ. 11-3-1997 n° 95-15.480).

OBJET DE LA CESSION DES DROITS INDIVIS

37008 Le droit de préemption s'applique que la cession porte sur la totalité de la **quote-part** de l'indivisaire dans le bien indivis ou sur une **fraction** de celle-ci.
Il ne s'applique pas, en revanche, en cas de cession du bien indivis lui-même (Cass. 1e civ. 30-6-1992 n° 90-19.052 P : Bull. civ. I n° 208 ; Cass. 1e civ. 22-9-2011 n° 10-17.149 F-D). Cette solution se justifie par la finalité du droit de préemption : éviter qu'un tiers étranger à l'indivision n'entre dans celle-ci sans contrôle, au risque de mettre en cause l'affection devant exister entre les indivisaires. Lorsque c'est un bien indivis dans sa totalité qui est mis en vente, et non des droits indivis, le tiers acquéreur n'entrera pas dans l'indivision puisque le bien qu'il acquiert en sort.

ATTENTION

Le droit de préemption trouve à s'appliquer, même si l'**entière propriété revient au même acquéreur**, lorsqu'il est procédé à **plusieurs cessions** distinctes de droits indivis à des dates distinctes et par actes séparés (Cass. 1e civ. 5-1-2012 n° 10-21.208 FS-D : RJDA 4/12 n° 446). Dans ce cas, en effet, il y a un risque d'entrée d'un tiers dans l'indivision si l'un des projets de cession échoue.

B. Cession amiable de droits indivis

NOTIFICATION DE LA CESSION AUX INDIVISAIRES

37030 **Destinataires et forme de la notification** L'indivisaire qui entend céder à titre onéreux ses droits indivis ou une quote-part de ceux-ci à une personne étrangère à l'indivision est tenu de notifier son intention aux autres indivisaires par acte de commissaire de justice (C. civ. art. 815-14, al. 1).
Une notification doit être adressée à **chaque indivisaire**. Cette obligation s'impose, même si les indivisaires entendent vendre leurs droits à la même personne, dès lors que le projet a fait l'objet d'actes séparés (un par indivisaire) signés à des dates différentes (Cass. 1e civ. 5-1-2012 n° 10-21.208 FS-D : RJDA 4/12 n° 446). Lorsque l'indivision porte sur un droit de propriété démembré, une notification identique doit être faite à tout nu-propriétaire et à tout usufruitier (C. civ. art. 815-18, al. 2).
Le recours à l'**acte extrajudiciaire** est obligatoire ; tout autre procédé est irrégulier même si l'irrégularité ne cause aucun préjudice (Cass. 1e civ. 5-3-2002 n° 00-13.511 : Bull. civ. I n° 77).

37032 **Contenu de la notification** La notification doit comporter le prix et les conditions de la cession projetée ainsi que les nom, domicile et profession de celui qui se propose d'acquérir (C. civ. art. 815-14, al. 1).
Si l'acquéreur pressenti s'est réservé la **faculté de se substituer** une personne de son choix pour la réalisation effective de la vente, les coïndivisaires devront être informés de l'identité de l'acquéreur définitif (Cass. 1e civ. 28-1-2009 n° 07-18.120 PBI : Bull. civ. I n° 18, RJDA 6/09 n° 585 ; Cass. 1e civ. 5-1-2012 n° 10-21.208 FS-D : RJDA 4/12 n° 446). En pratique, si le candidat acquéreur se substitue un tiers, l'indivisaire cédant devra adresser une nouvelle notification à ses coïndivisaires pour leur permettre d'exercer leur droit de préemption. S'il ne le fait pas, l'acte de vente est nul (Cass. 1e civ. 5-1-2012 n° 10-21.208 FS-D : RJDA 4/12 n° 446).
Les **conditions de la vente** méritent une attention particulière dans la mesure où, s'il préempte, le coïndivisaire devra respecter les mêmes conditions. Ainsi, dès lors qu'il a été informé par la notification de l'existence et du montant de la commission de l'agent immobilier mise à la charge de l'acquéreur, il devra s'en acquitter (Cass. 1e civ. 26-3-1996 n° 93-17.574 : RJDA 10/96 n° 1255). Seules les conditions figurant dans la notification sont opposables à l'indivisaire préempteur.

37034 **Nature de la notification** La notification faite au titulaire du droit de préemption de l'intention de vendre ses droits indivis ne vaut pas offre de vente. L'indivisaire cédant peut donc **renoncer à son projet de vente** malgré la manifestation de volonté d'un indivisaire d'exercer son droit de préemption (Cass. 1e civ. 5-6-1984 n° 83-10.660 : Bull. civ. I n° 183 ; Cass. 1e civ. 9-2-2011 n° 10-10.759 FS-PBI : Bull. civ. I n° 25). Ce droit de repentir peut être exercé tant que l'indivisaire usant du droit de préemption n'a pas signé la vente.

RÉPONSE DES INDIVISAIRES À LA NOTIFICATION DE CESSION

37036 Les indivisaires disposent d'un **délai** d'un mois à compter de la notification qui leur est faite de la cession envisagée pour faire savoir à l'indivisaire vendeur qu'ils exercent leur droit de préemption (C. civ. art. 815-14, al. 2).

La décision de préempter prend obligatoirement la **forme** d'un acte extrajudiciaire signifié par commissaire de justice à l'indivisaire vendeur. Si plusieurs indivisaires souhaitent préempter, chacun d'eux devra faire signifier son intention à titre personnel. Bien que le texte ne le précise pas, l'absence de réponse dans le délai d'un mois équivaut à une renonciation à préempter.

Le droit de préemption est exercé aux **prix et conditions** qui ont été notifiés. L'indivisaire qui préempte ne peut discuter ni le prix ni les conditions posées. En préemptant, il se substitue à l'acquéreur dans tous ses droits et toutes ses obligations (Cass. 1e civ. 26-3-1996 n° 93-17.574 P : RJDA 10/96 n° 1255). Il est donc soumis, le cas échéant, aux conditions suspensives prévues par le projet (Cass. 1e civ. 1-6-1983 n° 82-10.759 : Bull. civ. I n° 166). Si l'indivisaire ne présente pas au coïndivisaire vendeur un projet de cession conforme au projet initial quant au prix et aux conditions, sa déclaration de préemption est nulle (Cass. 1e civ. 18-1-2012 n° 10-28.311 F-PBI : Bull. civ. I n° 5, en l'espèce le projet d'acte prévoyait une condition d'octroi d'un prêt non prévue dans l'acte initial).

Quand des délais de paiement ont été consentis par le cédant et sauf convention contraire des parties, les sommes restant dues peuvent être révisées, dans la même proportion, lorsque, par suite de circonstances économiques, la valeur des biens diminue ou augmente de plus du quart (C. civ. art. 828 sur renvoi de l'art. 815-14, al. 5).

Le droit de préemption appartenant à tous les membres de l'indivision, il peut arriver que **plusieurs indivisaires** exercent ensemble leur droit de préemption. Dans ce cas, chacun d'eux est réputé acquérir la quote-part mise en vente en proportion de sa part dans l'indivision. Une convention contraire peut permettre aux indivisaires préempteurs de se répartir différemment la quote-part (C. civ. art. 815-14, al. 4).

RÉALISATION DE LA VENTE AU PROFIT DU COÏNDIVISAIRE

37038 L'indivisaire qui préempte dispose d'un **délai** de 2 mois pour passer l'acte de vente. Le délai court à compter de la date d'envoi de sa décision de préemption.

Passé ce délai, la déclaration de préemption est nulle de plein droit. Toutefois, cette nullité n'est pas automatique. Elle intervient 15 jours après une **mise en demeure** restée sans effet. L'initiative de la mise en demeure n'est pas réservée au vendeur, elle peut être le fait de l'acquéreur évincé. En revanche, seul le vendeur peut invoquer la nullité de la déclaration de préemption (Cass. 1e civ. 12-12-2007 n° 06-19.531 FS-PB : RJDA 4/08 n° 465). Il peut, en outre, réclamer des **dommages et intérêts** au préempteur négligent (C. civ. art. 815-14, al. 3).

C. Adjudication de droits indivis

DROIT DE SUBSTITUTION À L'ADJUDICATAIRE

37060 Lorsque la cession des droits indivis intervient sous la forme d'une adjudication, des **règles particulières** s'appliquent (C. civ. art. 815-15). L'adjudication s'entend de toute forme de vente aux enchères, volontaire ou forcée. En pratique, la situation se présente rarement, sauf adjudication volontaire. Les indivisaires disposent d'un droit de substitution qui remplace le droit de préemption.

Ces dispositions ne s'appliquent qu'en cas d'adjudication portant sur les droits d'un indivisaire dans les biens indivis et non sur les biens indivis eux-mêmes (Cass. 1e civ. 28-5-2002 n° 00-11.587).

> **Précisions** En cas de **licitation du bien indivis** lui-même, le droit de substitution légal ne s'applique pas (Cass. 1e civ. 10-3-1993 n° 91-15.054). Toutefois, les indivisaires peuvent valablement prévoir une faculté de substitution contractuelle au moyen d'une clause insérée dans le cahier des charges de l'adjudication (Cass. 3e civ. 3-5-1989 n° 87-17.094 : Bull. civ. III n° 99 ;

Cass. 1e civ. 18-3-2015 n° 14-11.299 FS-PB : Bull. civ. I n° 56, BPIM 3/15 inf. 203). La simple reproduction de l'article 815-15 du Code civil dans le cahier des conditions de la vente suffit à ouvrir le droit de substitution (Cass. 1e civ. 1-6-2011 n° 10-18.564 F-D : BPAT 4/11 inf. 253). Le cahier des charges peut conditionner la validité de la déclaration de substitution au paiement préalable du montant de l'adjudication (Cass. 2e civ. 6-10-1993 n° 90-18.590 : Bull. civ. II n° 275).

Il a été jugé que l'indivisaire qui exerce la faculté de substitution ne peut se voir opposer le droit de préemption de la Safer (Cass. 3e civ. 1-2-2012 n° 11-11.972 FS-PB : Bull. civ. III n° 22, BPIM 2/12 inf. 146).

NOTIFICATION DE L'ADJUDICATION AUX INDIVISAIRES

Comme en matière de vente de gré à gré, les indivisaires titulaires et subsidiaires vont recevoir une notification les informant de la vente prochaine (C. civ. art. 815-15, al. 1 et 815-18, al. 2). Le **contenu** obligatoire de cette notification est limité à son objet : informer les coïndivisaires de la date de l'adjudication. **37062**

La notification doit intervenir au moins un mois avant la **date** prévue pour la vente. Elle émane de l'avocat ou du notaire chargé de cette vente, selon que l'adjudication est judiciaire ou volontaire. La notification peut prendre la **forme** d'une lettre recommandée avec demande d'avis de réception ou d'un acte de commissaire de justice. En cas de notification par lettre recommandée, c'est la date de réception qui est prise en compte.

INFORMATION DES CANDIDATS ADJUDICATAIRES

Les adjudicataires potentiels sont informés de l'existence d'un droit de substitution bénéficiant aux indivisaires par l'insertion d'une mention spécifique dans le cahier des conditions de vente (C. civ. art. 815-15, al. 2). **37064**

DÉCLARATION DE SUBSTITUTION À L'ADJUDICATAIRE

À compter du jour de l'adjudication, les indivisaires disposent d'un **délai** d'un mois pour se substituer à l'adjudicataire si celui-ci n'est pas membre de l'indivision. La suspension des effets de l'adjudication par la surenchère emporte celle du délai de substitution jusqu'à ce que le tribunal statue sur cette surenchère (Cass. 1e civ. 18-3-2015 n° 14-11.299 FS-PB : Bull. civ. I n° 56, BPIM 3/15 inf. 203, l'arrêt emploie le terme de « suspension » mais applique le mécanisme de l'« interruption » de délai). **37066**

Chaque indivisaire peut exercer son droit de substitution, sauf lorsque l'**adjudicataire** est lui-même un **coïndivisaire** (Cass. 1e civ. 17-11-2010 n° 09-68.013 F-PBI : BPAT 1/11 inf. 54).

Il est à noter que la loi ne prévoit aucune **information** des coïndivisaires quant au résultat de l'adjudication (notamment prix et identité de l'adjudicataire).

La décision de substitution fait l'objet d'une déclaration au greffe du tribunal ou au notaire chargé de la vente. La loi n'impose aucune **forme** particulière pour cette déclaration (C. civ. art. 815-15, al. 1).

Si **plusieurs coïndivisaires** exercent leur droit de substitution, seul celui qui déclare en premier est substitué comme acquéreur à l'adjudicataire (Cass. 1e civ. 7-10-1997 n° 95-17.071 : RJDA 3/98 n° 364, D. 1998 p. 145 concl. J. Sainte-Rose, décision rendue à propos de la licitation d'un bien indivis et à notre avis transposable).

> **Précisions** L'indivisaire devenu adjudicataire après s'être prévalu de la faculté de substitution prévue au cahier des charges devient propriétaire de l'immeuble ; l'indivision cesse donc au jour de l'adjudication de sorte qu'aucune **indemnité d'occupation** n'est due à compter de cette date (Cass. 1e civ. 11-4-2018 n° 17-17.495 F-PB : RJDA 7/18 n° 612).

D. Sanction du manquement au droit de préemption des indivisaires

Toute cession ou adjudication intervenue au mépris des formalités prescrites par les articles 815-14 et 815-15 du Code civil est nulle (défaut de notification du projet aux indivisaires, notification incomplète ou irrégulière). **37090**

L'action en nullité de la vente est soumise à une **prescription** de 5 ans, et cette prescription court à compter du jour où le coïndivisaire du vendeur a eu connaissance de la vente (Cass. 1e civ. 5-3-2014 n° 12-28.348 FS-PBI : RJDA 6/14 n° 576). Il s'agit d'une nullité relative. L'action ne peut être exercée que par ceux que la loi a entendu protéger, à savoir ceux à qui les notifications devaient être faites et leurs héritiers (C. civ. art. 815-16).

37090 (suite)

› Précisions Dans le cas particulier de la **licitation d'un bien indivis** pour laquelle un droit de substitution conventionnel était organisé par le cahier des charges, il a été jugé que la nullité de la déclaration de substitution pouvait être demandée par toute personne y ayant un intérêt né et actuel, notamment par l'adjudicataire, puisque aucun texte de loi ne réservait l'exercice de cette action en nullité au colicitant (Cass. 2e civ. 6-10-1993 no 90-18.590 : Bull. civ. II no 275).

CHAPITRE 3

DROITS DE PRÉEMPTION EN MATIÈRE D'URBANISME

SOMMAIRE

DÉFINITION DU DROIT DE PRÉEMPTION

Le droit de préemption en matière d'urbanisme se définit comme la faculté, accordée à l'État, une collectivité publique, un établissement public de coopération intercommunale, un établissement public territorial du Grand Paris ou un organisme délégataire (par exemple une autre personne publique ou le concessionnaire d'une opération d'aménagement), d'acquérir par priorité, dans certaines zones préalablement définies, les biens mis en vente, en vue de réaliser des opérations d'intérêt général. Il prime les droits de préemption et de préférence dont peuvent être bénéficiaires les personnes privées. **37500**

Les communes, les établissements publics de coopération intercommunale (EPCI) et autres délégataires désignés par la loi bénéficient d'un **droit de priorité** pour certains projets de cession d'immeubles ou de droits sociaux donnant vocation à l'attribution en propriété ou en jouissance d'un immeuble situé sur leur territoire et appartenant à l'État, à des sociétés dont il détient la majorité du capital ou à certains établissements publics (notamment SNCF, SNCF Réseau et SNCF Voyageurs, Voies navigables de France Assistance publique-Hôpitaux de Paris). Ce droit de priorité fait l'objet d'une procédure spécifique (C. urb. art. L 240-1 à L 240-3), mise en œuvre à la place de celle du droit de préemption urbain (C. urb. art. L 211-3). **37501**

A. Finalités du droit de préemption

OPÉRATIONS D'AMÉNAGEMENT

Le droit de préemption urbain (**DPU**) et celui qui s'applique dans le cadre des zones d'aménagement différé (**ZAD**), ainsi que dans les périmètres provisoires de ZAD (**pré-ZAD**), sont des instruments fonciers institués pour permettre la réalisation des actions ou opérations d'aménagement de la nature de celles visées à l'article L 300-1 du Code de l'urbanisme (C. urb. art. L 210-1, al. 1). Ces dernières ont pour objet (C. urb. art. L 300-1 dans sa rédaction issue de la loi 2023-630 du 20-7-2023) : **37502**
– de mettre en œuvre un projet urbain ;

– de mettre en œuvre une politique locale de l'habitat, incluant la réalisation des aires d'accueil pour les gens du voyage (Circ. du 16-3-1992 : JO 3-4), l'aménagement des terrains familiaux de caravanage (Circ. 2003-76 du 17-12-2003 : BO équipement 2003/24 du 10-1-2004 p. 279) ou encore l'hébergement de réfugiés protégés en vertu du droit communautaire (CE 13-10-2023 n° 468694, Cne de Cannes : BPIM 6/23 inf. 362) ;
– d'organiser la mutation, le maintien, l'extension ou l'accueil des activités économiques ;
– de favoriser le développement des loisirs et du tourisme ;
– de réaliser des équipements collectifs, des locaux de recherche ou d'enseignement supérieur ;
– de lutter contre l'insalubrité et l'habitat indigne ou dangereux ;
– de permettre le recyclage foncier ou le renouvellement urbain ;
– de sauvegarder, de restaurer ou de mettre en valeur le patrimoine bâti ou non bâti et les espaces naturels ;
– de renaturer ou de désartificialiser des sols, notamment en recherchant l'optimisation de l'utilisation des espaces urbanisés et à urbaniser.

Le droit de préemption peut être exercé en vue de la constitution de **réserves foncières** dans l'attente de l'utilisation à terme du bien préempté pour la réalisation d'une telle opération d'aménagement (C. urb. art. L 210-1, al. 1).

Dans les communes faisant l'objet d'un **constat de carence** pour non-respect de leurs obligations de réalisation de logements locatifs sociaux, c'est en principe le préfet qui exerce le droit de préemption lors de l'aliénation d'un des biens ou droits énumérés aux 1° à 4° de l'article L 213-1 du Code de l'urbanisme et les biens préemptés doivent être utilisés pour une opération d'aménagement ou de construction permettant la réalisation des objectifs fixés par le programme local de l'habitat ou déterminés par le plan de rattrapage pluriannuel (C. urb. art. L 210-1, al. 2).

Le DPU (mais pas celui applicable dans les ZAD ou les pré-ZAD) peut être utilisé pour remédier aux **conséquences d'une opération d'aménagement**. Il peut ainsi être exercé en vue de la relocalisation d'activités industrielles, commerciales, artisanales ou de services ainsi que pour le relogement d'occupants définitivement évincés d'un bien à usage d'habitation ou mixte à cause de travaux rendus nécessaires par une opération d'aménagement (C. urb. art. L 211-1, al. 5). Le DPU peut également être exercé pour **lutter contre l'habitat dégradé** et réaliser une opération programmée d'amélioration de l'habitat (Opah), un plan de sauvegarde d'immeubles en difficulté ou une opération de requalification de copropriétés dégradées (Orcod) (C. urb. art. L 211-2-4 dans sa rédaction issue de la loi 2024-322 du 9-4-2024), quand bien même ces opérations pourraient ne pas être qualifiées d'opérations d'aménagement eu égard à l'ampleur et à la consistance du projet appréciées dans le contexte de la commune.

ANTICIPATION DE L'ÉROSION LITTORALE SUR LA GESTION DES SOLS

37503 Un **droit de préemption spécifique** a été créé au bénéfice de la commune ou de l'EPCI pour les biens exposés à l'érosion littorale afin d'adapter la gestion foncière du territoire au **recul du trait de côte**. Il a pour objet de prévenir les conséquences de ce recul en permettant au titulaire du droit de préemption d'assurer la gestion des biens qu'il préempte au regard de l'évolution prévisible du trait de côte et de procéder à leur renaturation. Avant cette renaturation, le bien pourra, de manière transitoire, être occupé en vertu d'une convention ou d'un bail, notamment un bail réel d'adaptation à l'érosion côtière (C. envir. art. L 321-18 s.), et faire l'objet d'aménagements temporaires (C. urb. art. L 219-11).

Le **régime** de ce droit de préemption présente de **grandes similitudes** avec les règles prévues en matière de DPU, de droit de préemption dans les ZAD et les périmètres provisoires. Certaines règles sont identiques (C. urb. art. L 219-12 et R 219-7 dans sa rédaction issue du décret 2024-638 du 27-6-2024) : délégation du droit de préemption (C. urb. art. L 213-3 et R 213-1 à R 213-3), décision de préemption et ses suites (C. urb. art. R 123-8 à R 123-13), consignation et libération du prix en cas de saisine du juge de l'expropriation (C. urb. art. L 213-4-1 et L 213-4-2), particularités applicables aux ventes par adjudication obligatoire (C. urb. art. R 213-14 et R 213-15), extinction des droits réels et personnels en cas de déclaration d'utilité publique (C. urb. art. L 213-5), renonciation à préempter (C. urb. art. L 213-7 et L 213-8), droits des locataires et des occupants (C. urb. art. L 213-9 et L 213-10), paiement du prix (C. urb. art. L 213-14 et L 213-15), règles de forme des notifications (C. urb. art. R 213-25), règles particulières applicables à Paris, Marseille et Lyon (C. urb. art. R 213-27 à R 213-30).

PROTECTION DES ESPACES NATURELS

37504 Afin de préserver la qualité des sites, des paysages, des milieux naturels et des champs naturels d'expansion des crues et d'assurer la sauvegarde des habitats naturels, chaque département peut élaborer et mettre en œuvre une politique de protection, de gestion et d'ouverture au public des **espaces naturels sensibles** (ENS). Cette politique a pour objectif de permettre, au moyen d'un droit de préemption, l'acquisition des terrains en question par la collectivité en vue de leur utilisation effective comme espaces naturels aménagés pour être ouverts au public, sauf exceptions justifiées par la fragilité du milieu naturel (C. urb. art. L 113-8 et L 215-21) ou des raisons de sécurité (CE 7-6-2006 n° 277562, Dépt du Var : Lebon p. 287). Le régime de ce droit de préemption présente quelques particularités avec les règles prévues en matière de DPU ou de ZAD. Mais certaines règles sont identiques (C. urb. art. L 215-20) et les règles de procédure souvent similaires (voir par exemple, C. urb. art. R 215-9).

Afin de protéger les **espaces agricoles et naturels périurbains** contre l'urbanisation, les départements peuvent délimiter des périmètres d'intervention foncière dans lesquels (en dehors des zones de préemption au titre des espaces naturels sensibles) les sociétés d'aménagement foncier et d'établissement rural (Safer) exercent, au nom du département ou à défaut en leur nom propre, le droit de préemption de l'article L 143-2, 9° du Code rural et de la pêche maritime afin de mettre en œuvre un programme d'action destiné à favoriser l'exploitation agricole, la gestion forestière, la préservation et la valorisation des espaces naturels et des paysages. En l'absence de Safer, c'est le département qui exerce ce droit. Ce droit peut également être exercé par les établissements publics fonciers locaux et ceux de l'État (C. urb. art. L 113-25). Les modalités de mise en œuvre de ce droit de préemption figurent pour partie dans le Code rural et de la pêche maritime (C. rur. art. R 143-15 à R 143-19) et pour partie dans le Code de l'urbanisme (C. urb. art. R 113-19 à R 113-29). Les biens acquis doivent être utilisés en vue de la réalisation des objectifs définis par le programme d'action. Ils peuvent être cédés, loués ou concédés temporairement à des personnes privées ou publiques après appel à candidature. Ils peuvent également être mis à la disposition de la Safer (C. urb. art. R 113-28). Les cahiers des charges annexés aux différents actes comportent des clauses types obligatoires (C. urb. art. R 113-29).

Dans certains secteurs spécifiques, le **droit de préemption urbain** peut aussi avoir pour finalité la mise en œuvre de mesures de protection (voir n° 37524).

DROIT DE PRÉEMPTION EN VUE DE PRÉSERVER LES RESSOURCES EN EAU

Objet Pour préserver les ressources en eau destinées à la **consommation humaine**, la commune (ou le groupement de communes compétent en matière de préservation de l'eau) peut préempter des terres et des biens à vocation agricole situés en tout ou partie dans une aire d'alimentation de captage d'eau potable (C. urb. art. L 218-1 s. et R 218-1 s.). Il s'agit d'un droit de préemption spécifique. Pour assurer la protection des points de prélèvement d'eau destinée à la consommation humaine, il est également possible de mobiliser le droit de préemption urbain (voir n° 37524). 37505

Institution du droit de préemption Sur demande de la commune ou du groupement de communes, le préfet est compétent pour instituer ce droit de préemption et délimiter les zones de préemption. Lorsqu'une parcelle est située à l'intérieur de plusieurs aires de captage relevant de personnes publiques différentes, l'arrêté préfectoral précise l'**ordre de priorité** d'exercice des différents droits de préemption en fonction des dates d'instauration de ces droits (C. urb. art. R 218-8). 37506

Ce droit de préemption **ne prévaut** ni sur le droit de préemption urbain, ni sur celui applicable dans les ZAD et pré-ZAD, ni sur celui applicable dans les ENS (C. urb. art. L 218-4). En revanche, il **prime** celui des sociétés d'aménagement foncier et d'établissement rural (Safer) (C. urb. art. L 143-6 sur renvoi de L 218-6).

Opérations soumises au droit de préemption Le droit de préemption pour la préservation des ressources en eau est calqué sur celui des Safer, mais il figure dans le Code de l'urbanisme. 37508

Sont **notamment visées** les aliénations à titre onéreux de biens immobiliers (bâtiment ou terrain) à usage ou à vocation agricole, de bâtiments d'habitation faisant partie d'une exploitation agricole ainsi que les aliénations à titre onéreux d'usufruit et de nue-propriété visant ces biens, sous certaines conditions (C. rur. art. L 143-1, al. 1, 2, 5, 6 et 7 sur renvoi de C. urb. art. L 218-5).

Sont **exclues du droit de préemption** les aliénations réalisées au profit d'agriculteurs au sens large sous réserve qu'ils conservent la destination agricole du bien pendant 10 ans à compter du transfert de propriété. Sont également exclues les aliénations de terrains destinés à la construction, aux aménagements industriels ou à l'extraction de substances minérales sous réserve que cette destination soit donnée dans les 3 ans de la réception de la notification par la Safer (C. rur. art. R 143-3 sur renvoi de C. urb. art. R 218-9).

Procédure de préemption À peine de nullité, une **déclaration préalable** doit être adressée par le propriétaire au titulaire du droit de préemption ou au délégataire, une copie est 37510 transmise à la Safer. La forme de la déclaration doit faire l'objet d'un arrêté encore à paraître. Cette déclaration comporte l'indication du prix et des conditions de l'aliénation projetée ou, en cas d'adjudication amiable, l'estimation du bien ou sa mise à prix. Lorsque la contrepartie de l'aliénation fait l'objet d'un paiement en nature, la déclaration doit mentionner le prix d'estimation de cette contrepartie. Le destinataire de la déclaration dispose d'un **délai** de 2 mois **pour se prononcer** ; le silence vaut renonciation. Le délai de 2 mois est **suspendu** si des documents complémentaires sont réclamés au propriétaire. La liste des documents exigibles est limitative (C. urb. art. R 218-12). Lorsque l'aliénation a lieu sous la forme d'une **adjudication** rendue obligatoire par la loi ou le règlement ou lorsqu'elle est autorisée ou ordonnée par un juge, la procédure de préemption obéit à des règles particulières (C. urb. art. R 218-13 et R 218-14) qui sont similaires à celles applicables au DPU et dans les ZAD.

Le titulaire du droit qui décide de préempter doit transmettre une copie de la déclaration au responsable départemental ou régional des services fiscaux (**service des Domaines**) (C. urb. art. R 218-5) et notifier au propriétaire son **offre d'acquérir** le bien à un prix qu'il propose lui-même (et qui peut être différent de l'estimation fournie dans la déclaration) et, à défaut d'acceptation de cette offre, son intention de faire fixer le prix par le juge de l'expropriation (C. urb. art. R 213-9 sur renvoi de R 218-10).

La **préemption partielle** d'une unité foncière totalement comprise dans la zone de préemption n'est possible qu'avec l'accord du vendeur qui peut exiger l'acquisition de toute l'unité foncière (C. urb. art. R 218-17).

37512 **Utilisation des biens préemptés** Les biens préemptés seront intégrés dans le domaine privé de la collectivité territoriale (ou de l'EPCI) en vue d'une **exploitation agricole** compatible avec l'objectif de préservation de la ressource en eau.

En cas de **location**, le bail doit comporter des clauses environnementales. Si le bail est en cours lors de la préemption, elles seront introduites, au plus tard, lors du renouvellement du bail. En cas de **cession**, l'acquéreur doit accepter un contrat portant obligations réelles environnementales. L'ensemble en vue d'assurer la préservation de l'eau (C. urb. art. L 218-13 et R 218-19).

Les biens préemptés peuvent également être **mis à disposition de la Safer** avec l'engagement d'assurer le maintien ou le rétablissement de leur usage agricole dans le respect de l'objectif de préservation de la ressource en eau (C. urb. art. R 218-20).

PROTECTION DES DOMAINES NATIONAUX

37515 Les domaines nationaux sont des ensembles immobiliers présentant un lien exceptionnel avec l'histoire de la Nation et dont l'État est propriétaire au moins pour partie (C. patr. art. L 621-34 et R 621-98 dans sa rédaction issue du décret 2024-472 du 24-5-2024). En cas de cession d'une partie du domaine appartenant à une personne autre que l'État ou l'un de ses établissements publics, l'État bénéficie d'un droit de préemption (C. patr. art. L 621-39). Il est exercé par le ministre de la culture selon les modalités applicables au droit de préemption urbain et aux zones d'aménagement différé (C. patr. art. R 621-99).

PROTECTION DU COMMERCE DE PROXIMITÉ

37516 Les communes qui ont délimité, après avis de la chambre de commerce et de l'industrie territoriale et de la chambre des métiers et de l'artisanat, un périmètre de sauvegarde du commerce et de l'artisanat de proximité peuvent exercer un droit de préemption sur les aliénations à titre onéreux de **fonds artisanaux**, de **fonds de commerce**, de **baux commerciaux** ou de **terrains** portant ou destinés à porter dans les 5 ans de leur vente des commerces de vente au détail ou des centres commerciaux d'une surface de vente comprise entre 300 et 1 000 m^2 (C. urb. art. L 214-1 et R 214-1). Ce droit de préemption doit s'exercer en vue de la réalisation, dans l'intérêt général, des actions ou opérations d'aménagement répondant aux objets de l'article L 300-1 du Code de l'urbanisme (C. urb. art. L 210-1) et, notamment, la mutation, le maintien, l'extension ou l'accueil des activités économiques. Des motifs de protection de la sécurité et de l'ordre public (par exemple des troubles de voisinage) ne peuvent pas justifier l'utilisation de ce droit de préemption (CE 26-4-2013 n° 362949 : BPIM 3/13 inf. 177).

La commune est en principe **titulaire** de ce droit de préemption. C'est le conseil municipal qui exerce le droit, avec possibilité de **délégation** de cet exercice au maire (CGCT art. L 2122-22, 21°). Lorsqu'elle est membre d'un EPCI, la commune peut, avec son accord, lui déléguer tout ou partie de ses compétences en la matière (C. urb. art. L 214-1-1, al. 1). La commune (ou l'EPCI délégataire) peut aussi déléguer ce droit de préemption à un établissement public y ayant vocation, à une société d'économie mixte, au concessionnaire d'une opération d'aménagement, au titulaire d'un contrat de revitalisation commerciale, à une société publique locale d'aménagement ou une société publique locale d'aménagement d'intérêt national (C. urb. art. L 214-1-1, al. 2). Dans le périmètre d'une grande opération d'urbanisme (GOU) le droit de préemption est exercé par la collectivité ou l'établissement public signataire du contrat de projet partenarial d'aménagement, avec possibilité de délégation à un établissement public y ayant vocation ou au concessionnaire d'une opération d'aménagement (C. urb. art. L 214-1-1, al. 3).

La **procédure** de préemption est très proche de celle d'exercice du DPU de « droit commun » (C. urb. art. R 214-3 s.). L'aliénation doit être précédée, à peine de nullité, d'une déclaration faite par le cédant à la commune sur le formulaire Cerfa n° 13644*02 (C. urb. art. A 214-1).

La déclaration de cession doit comporter, outre le prix, l'activité de l'acquéreur pressenti, le nombre de salariés du cédant, la nature de leur contrat de travail et les conditions de la cession. Elle doit également comporter le bail commercial et préciser le chiffre d'affaires lorsque la cession porte sur un bail commercial ou un fonds artisanal ou commercial (C. urb. art. L 214-1, al. 3).

Lorsque l'aliénation porte sur un terrain à vocation commerciale, c'est une déclaration d'intention d'aliéner (DIA) « classique » qu'il faut déposer (voir n° 37702) en précisant la surface de vente existante sur le terrain ou la possibilité d'y implanter dans les 5 ans une surface de vente comprise entre 300 et 1 000 m^2 (C. urb. art. R 214-4, al. 3).

La commune dispose d'un délai de 2 mois pour préempter selon les modalités prévues par les articles L 213-4 à L 213-7 du Code de l'urbanisme (C. urb. art. L 214-1, al. 4). L'absence de réponse vaut renonciation à préempter et le cédant peut vendre aux prix et conditions figurant dans la déclaration (C. urb. art. L 214-1, al. 4 et R 214-5, al. 3). En cas de désaccord sur le prix, celui-ci est fixé par le juge de l'expropriation à la demande de la commune (C. urb. art. R 214-6).

La commune ne peut légalement préempter que si elle justifie, à la date de sa décision, de la **réalité d'un projet** répondant aux objets de l'article L 300-1 du Code de l'urbanisme (même si les caractéristiques précises de ce projet n'ont pas encore été définies) et mentionner la nature de ce projet dans la décision de préemption. En outre, la mise en œuvre du droit de préemption doit répondre à un **intérêt général** suffisant, eu égard notamment aux caractéristiques du bien (fonds artisanal ou commercial ou bail commercial) faisant l'objet de l'opération et au coût prévisible de cette dernière (CE 15-12-2023 n° 470167, Sté NM Market : BPIM 1/24 inf. 27).

La commune qui a préempté doit, dans le délai de 2 ans, **rétrocéder** le fonds, le bail ou le terrain à une entreprise immatriculée au registre du commerce ou au répertoire des métiers **en vue d'une exploitation** destinée à préserver la diversité et à promouvoir le développement de l'activité commerciale et artisanale dans le périmètre concerné. La commune ne peut rétrocéder un bail commercial qu'avec l'accord préalable du bailleur, à peine de nullité de la rétrocession, et cet accord doit figurer dans l'acte de rétrocession (C. urb. art. L 214-2 et R 214-13). Pendant le délai de rétrocession, le statut des baux commerciaux reste applicable au fonds ou au bail préempté, mais le bailleur ne peut pas invoquer le défaut d'exploitation pour mettre fin au bail (C. com. art. L 145-2, III). La commune peut mettre le fonds en **location-gérance** ; dans un tel cas, le délai de rétrocession est porté à 3 ans (C. urb. art. L 214-2, al. 1 et 4).

> **Précisions a.** Toute **cession réalisée en violation du droit de préemption** de la commune est nulle (C. urb. art. L 214-1, al. 3). L'action en nullité se prescrit par 5 ans à compter de la cession (C. civ. art. 2224). L'action doit être engagée devant le tribunal judiciaire du lieu de situation du bien vendu (C. urb. art. R 214-10).
> **b.** Lorsqu'un **terrain** situé dans un périmètre de sauvegarde du commerce et de l'artisanat de proximité est **vendu sans DIA préalable**, le vendeur doit en informer l'acquéreur par une mention spécifique dans l'acte de vente ou le cahier des charges de l'adjudication (C. urb. art. R 214-4-3).
> **c.** En cas de **préemption d'un terrain** à vocation commerciale **soumis à la fois au droit de préemption sur les commerces et au DPU** (ou au droit de préemption dans les ZAD), la commune doit indiquer sur le fondement de quel droit de préemption elle agit (C. urb. art. R 214-4-2).
> **d.** Un **droit de préemption sur les commerces**, dérogatoire au droit commun, peut être institué **à l'intérieur d'une GOU** mise en œuvre dans tout ou partie d'une zone d'activité économique (**ZAE**) qu'elle a pour objet de transformer. Dans un tel cas, les aliénations à titre onéreux de terrains portant ou destinés à porter des commerces d'une surface de vente comprise entre 1 000 et 4 000 m^2 sont également soumises au droit de préemption. En outre, le délai de rétrocession peut être porté à 6 ans (au lieu de 2) ou à 7 ans (au lieu de 3) en cas de location-gérance (C. urb. art. L 214-2-1 dans sa rédaction issue de la loi 2023-973 du 23-10-2023).

MAINTIEN DANS UN LOGEMENT

En cas de **vente d'un immeuble à usage d'habitation**, la commune peut utiliser le droit de pré- 37518
emption urbain ou celui applicable dans les ZAD pour assurer le maintien dans les lieux des locataires (C. urb. art. L 210-2). Sur ce point, voir n°s 41179 s.

Une commune, ou par délégation un office public de l'habitat, peut exercer un droit de préemption en cas de **vente sur saisie de la résidence principale d'une personne en difficulté** (CCH art. L 616). Ce droit de préemption est destiné à permettre le maintien dans les lieux de la personne saisie dès lors qu'elle remplit les conditions de ressources pour l'attribution d'un logement à loyer modéré. Il s'exerce selon les modalités prévues pour le DPU en cas de vente par adjudication lorsque cette procédure est autorisée ou ordonnée par un juge.

B. Champ d'application géographique

1. LOCALISATION DES ZONES DE PRÉEMPTION

ZONE D'AMÉNAGEMENT DIFFÉRÉ

37520 La **création** d'une zone d'aménagement différé (ZAD) peut intervenir sur n'importe quelle partie du territoire national que la commune soit ou non dotée d'un plan local d'urbanisme (PLU). La ZAD est en principe créée par le préfet, sur proposition ou après avis de la commune ou de l'établissement public de coopération intercommunale concerné, par un arrêté motivé qui fixe le **périmètre** de la zone et désigne le titulaire du droit de préemption. En cas d'avis défavorable de la commune, la ZAD est créée par décret en Conseil d'État. La ZAD peut également être créée par un EPCI à fiscalité propre compétent en matière de PLU ou, en dehors des périmètres fixés par le conseil de la métropole du Grand Paris pour la mise en œuvre d'opérations d'aménagement d'intérêt métropolitain, par un établissement public territorial du Grand Paris après avis des communes concernées par la zone. En cas d'avis défavorable de l'une de ces communes, la ZAD ne peut être créée que par arrêté du préfet (C. urb. art. L 212-1).

Dès qu'il est saisi d'une proposition de création de ZAD ou dès qu'il a demandé son avis à la commune sur ce projet, le préfet peut prendre un arrêté délimitant un périmètre provisoire pour la ZAD (C. urb. art. L 212-2-1, al. 1). Cette **« pré-ZAD »** devient caduque si la ZAD n'est pas créée dans les 2 ans (C. urb. art. L 212-2-1, al. 4).

La création d'une ZAD peut être prévue dans le cadre d'un contrat de développement territorial du « **Grand Paris** » (Loi 2010-597 du 3-6-2010 art. 21, III) ou d'un contrat pour la réalisation d'un **projet d'intérêt majeur** (C. urb. art. L 350-4).

Dans le périmètre d'une opération d'intérêt national (**OIN**) ou d'une grande opération d'urbanisme (**GOU**), l'acte qualifiant et délimitant l'opération peut créer une ZAD et désigner le bénéficiaire du droit de préemption (C. urb. art. L 102-15 et L 312-6).

37522 Dans les ZAD, le droit de préemption peut être exercé, à compter de la publication de l'acte créant la zone, pendant une **durée** de 6 ans renouvelable (C. urb. art. L 212-2). Lorsqu'il existe une **pré-ZAD**, la date de publication de l'acte délimitant le périmètre provisoire de la future ZAD se substitue à celle de l'acte créant la ZAD pour le calcul du délai de 6 ans (C. urb. art. L 212-2-1, al. 5).

Dans les ZAD créées pour la réalisation d'une **OIN** ou d'une **GOU**, le droit de préemption peut être exercé pendant 10 ans, renouvelable une fois (C. urb. art. L 102-15, al. 2 et L 312-6, al. 2).

ZONE DE DROIT DE PRÉEMPTION URBAIN

37524 La décision d'instituer le droit de préemption urbain (DPU) est en principe de la **compétence** du conseil municipal ou de l'organe délibérant de l'établissement public de coopération intercommunale. Il en est de même de celle qui le supprime, le rétablit ou en modifie le champ d'application territorial. Ces décisions n'ont pas à être motivées (CE 6-7-2007 n° 300384 : BJDU 3/2007 p. 202). Dans les communes faisant l'objet d'un constat de carence pour non-respect de leurs obligations de réalisation de logements locatifs sociaux, le préfet peut instituer ou rétablir le DPU pour les immeubles affectés ou destinés à être affectés au logement ; dans ces communes dont le plan d'occupation des sols (POS) serait caduc, le DPU est maintenu au bénéfice du préfet pendant la durée d'application de l'arrêté de carence (C. urb. art. L 211-1, al. 3). Sur l'instauration du « DPU renforcé », voir n° 37650.

Le DPU ne peut pas être institué s'il existe une ZAD ou une pré-ZAD sur le même territoire. Si la ZAD est créée après l'instauration du DPU, ce dernier cesse d'être applicable sur le territoire concerné et c'est celui de la ZAD qui s'applique (C. urb. art. L 212-1 et L 212-2-1, al. 2).

Le DPU peut être institué dans tout ou partie des zones urbaines ou à urbaniser (d'urbanisation future) des communes dotées d'un **PLU** ou, dans les sites patrimoniaux remarquables dotés d'un plan de sauvegarde et de mise en valeur (**PSMV**).

Le DPU peut être institué par une commune dotée d'une **carte communale** en vue de la réalisation d'une opération d'aménagement ou d'un équipement déterminé. Dans ce cas, la délibération du conseil municipal instaurant le DPU détermine le ou les secteurs concernés et, pour chaque périmètre, précise l'opération ou l'équipement projeté (C. urb. art. L 211-1, al. 2).
Le DPU peut être également institué, mais par une délibération motivée, dans les « **secteurs prioritaires à mobiliser** » présentant un potentiel foncier majeur pour favoriser l'atteinte des objectifs de **lutte contre l'artificialisation des sols**. Ces secteurs sont délimités par le PLU, le document en tenant lieu ou la carte communale (y compris en dehors des zones urbaines ou des zones à urbaniser). Peuvent notamment être concernés des terrains contribuant à la préservation ou à la restauration de la nature en ville, présentant un fort potentiel en matière de renaturation ou susceptibles de contribuer au renouvellement urbain, à l'optimisation de la densité des espaces urbanisés ou à la réhabilitation des friches (C. urb. art. L 211-1-1 dans sa rédaction issue de la loi 2023-630 du 20-7-2023).
Le DPU peut enfin être institué dans certains secteurs nécessitant une protection particulière. Sa finalité est alors la mise en œuvre de mesures de protection. À ce titre, le DPU peut être institué dans les périmètres de protection rapprochée des **points de prélèvement d'eau** destinée à l'alimentation des collectivités humaines, et ce même dans les communes dépourvues de PLU (CSP art. L 1321-2 et R 1321-13-3). Le DPU a alors pour objet de s'assurer que les modes d'utilisation du sol préservent la qualité de la ressource en eau. Le DPU peut être institué dans les zones de maîtrise de l'urbanisation future d'un **plan de prévention des risques technologiques**. Le DPU peut enfin être institué dans les zones de rétention temporaire des **eaux de crues** ou de ruissellement et dans les zones de mobilité d'un cours d'eau. Son objet est alors de permettre la mise en œuvre des servitudes d'utilité publique qui peuvent être instituées afin de réduire les risques d'inondation.
À la **Guadeloupe** et à la **Martinique**, le DPU peut être institué sur tout ou partie des espaces urbains et des secteurs d'urbanisation diffuse de la zone des 50 pas géométriques et des terrains exondés relevant du domaine public maritime (C. urb. art. L 211-1, al. 1).

ZONE DE PRÉEMPTION LIÉ AU RECUL DU TRAIT DE CÔTE

Le droit de préemption lié au recul du trait de côte est institué dans les zones délimitées par le PLU **37525**
des **communes littorales concernées** dont la liste est fixée par décret (C. urb. art. L 219-1, al. 1 et 3 ; Décret 2022-750 du 29-4-2022 dans sa rédaction issue du décret 2024-531 du 10-6-2024). À l'exception des communes déjà couvertes par un plan de prévention des risques littoraux comportant des dispositions relatives au recul du trait de côte, ces communes littorales ont l'obligation d'intégrer dans leur PLU ou leur carte communale une **cartographie d'exposition** de leur territoire au recul du trait de côte.
Dans les zones du PLU exposées à un recul du trait de côte à horizon inférieur à 30 ans, le droit de préemption s'applique automatiquement sur la totalité de la zone. Dans les zones exposées à un recul plus lointain, entre 30 et 100 ans, le droit pourra être instauré par délibération de la commune ou de l'EPCI sur tout ou partie du périmètre défini par le PLU (C. urb. art. L 219-1, al. 4 et 5 et art. R 219-1 dans sa rédaction issue du décret 2024-638 du 27-6-2024). L'**entrée en vigueur** du droit de préemption est donc conditionnée dans les deux types de zones par l'intégration de la ligne du retrait de trait de côte dans le PLU.

ZONE DE PRÉEMPTION DANS LES ESPACES NATURELS SENSIBLES

Zone de préemption créée par le conseil départemental Les zones de pré- **37526**
emption au titre des espaces naturels sensibles (ENS) peuvent être créées à l'initiative du département (C. urb. art. L 113-14).
Dans les communes **dotées d'un PLU opposable**, la zone de préemption ne peut être créée par le département qu'avec l'accord de la commune (ou de l'établissement public de coopération intercommunale concerné). En cas de désaccord, la zone de préemption ne peut pas être créée ; il s'agit d'un droit de veto.
Dans les communes qui ne sont **pas dotées d'un PLU**, le préfet peut donner son accord à la création de la zone de préemption par le département en cas d'opposition de la commune ou de l'EPCI compétent (C. urb. art. L 215-1).
Le droit de préemption au titre des ENS s'applique également, et selon les mêmes modalités, dans les **anciens périmètres sensibles** délimités avant la loi 85-729 du 18 juillet 1985, même si ces périmètres n'ont pas été incorporés dans les zones de préemption créées au titre des ENS (C. urb. art. L 215-4-1 et R 215-20 dans sa rédaction issue du décret 2023-1174 du 12-12-2023).

37528 **Zone de préemption créée par le Conservatoire du littoral** Lorsqu'il est territorialement compétent, le Conservatoire de l'espace littoral et des rivages lacustres peut prendre l'**initiative** de l'institution de zones de préemption à l'extérieur des zones déjà délimitées par le département, des zones urbaines ou à urbaniser délimitées par les PLU et des zones constructibles délimitées par les cartes communales.
Le **périmètre** de la zone est fixé par arrêté préfectoral. Si la commune (ou l'EPCI) s'oppose à la création d'une telle zone de préemption, la décision est prise par décret en Conseil d'État.
Par **dérogation**, les zones de préemption sont délimitées par « l'autorité administrative compétente de l'État » dans les espaces terrestres et marins, sites et paysages remarquables ou caractéristiques du patrimoine naturel et culturel du littoral et les milieux nécessaires au maintien des équilibres biologiques identifiés par une directive territoriale d'aménagement, une directive territoriale d'aménagement et de développement durable ou un schéma d'aménagement régional.
À l'intérieur de ces différents périmètres, le Conservatoire exerce les **compétences** attribuées au département au titre du droit de préemption dans les espaces naturels sensibles (C. urb. art. L 215-2).

2. LOCALISATION DU BIEN DANS UNE ZONE DE PRÉEMPTION

BIEN PARTIELLEMENT COMPRIS DANS UNE ZONE DE PRÉEMPTION

37540 Un bien ne peut être préempté que s'il est entièrement situé dans une zone de préemption. Toutefois, lorsqu'une unité foncière est partiellement incluse dans une zone de préemption (pré-ZAD, ZAD, DPU, recul du trait de côte ou ENS) et lorsqu'une opération d'aménagement le justifie – la décision de préemption devra être particulièrement motivée sur ce point –, la seule fraction de cette unité foncière située dans la zone de préemption peut être préemptée. La **fraction de l'unité foncière** qui n'est pas dans la zone de préemption ne peut pas être préemptée, mais son propriétaire peut exiger que le titulaire du droit de préemption se porte acquéreur de la totalité de l'unité foncière (C. urb. art. L 213-2-1, L 215-12 et L 219-5). Lorsque la totalité de l'unité foncière est située dans la zone de préemption, une préemption partielle est impossible (Rép. Zimmermann : AN 2-9-2008 n° 20238).
En cas de préemption partielle, le juge devra fixer le **prix d'acquisition** en tenant compte de l'éventuelle dépréciation subie par la fraction de l'unité foncière non préemptée.
Un bien situé entièrement en zone de préemption mais **à cheval sur deux communes** peut faire l'objet d'une préemption. Toutefois, une commune ne peut préempter la partie de l'unité foncière située sur le territoire de l'autre commune que si elle a reçu délégation de cette commune (TA Amiens 16-10-2007 n° 05-2557 : JCP N 2008 n° 1005 § 4 obs. D. Dutrieux).

> **Précisions a.** En cas de **vente par adjudication judiciaire** d'une unité foncière dont une partie n'est pas située en zone de préemption, toute préemption est impossible. La commune ne peut préempter ni la partie du bien située hors zone de préemption (CE 21-5-2008 n° 310951, Sté EPM : BJDU 2/08 p. 108) ni la partie du bien située en zone de préemption (CE 7-4-2010 n° 320125, Cne de Lescun : BPIM 3/10 inf. 207).
> **b.** La **décision de préempter la totalité d'une unité foncière située partiellement dans la zone de préemption** est nulle dans son entier et non seulement en ce qu'elle porte sur la partie qui n'est pas comprise dans la zone de préemption (CE 7-7-2010 n° 331412, Cne de Châteaudouble : BPIM 5/10 inf. 360 ; Rép. Tardy : AN 10-12-2013 n° 22547).
> **c.** La **décision d'extension de l'acquisition** à l'ensemble de l'unité foncière prise à la demande du propriétaire n'est pas une décision confirmative de la décision de préemption partielle. En cas de recours contre la décision d'extension, le requérant pourra contester la justification et la motivation de la préemption (CE 10-2-2010 n° 322399, Cne Hyères-les-Palmiers : BPIM 2/10 inf. 99).

BIEN LOCALISÉ DANS PLUSIEURS ZONES DE PRÉEMPTION DIFFÉRENTES

37542 Lorsque le bien est situé dans une pré-ZAD ou une **ZAD** et en zone de **DPU**, seul le droit de préemption de la ZAD est applicable (C. urb. art. L 212-1 et L 212-2-1, al. 2).
Le bien peut être situé à la fois dans une **ZAD** et dans une zone de préemption au titre des **ENS** (CE 3-7-1998 n° 126606, Dépt des Yvelines : Lebon p. 275 ; CE 3-7-1998 n° 132250, préfet des Yvelines : Lebon p. 276). Ces deux droits de préemption peuvent coexister et il conviendra donc de les purger tous les deux. La question de savoir si l'un est prioritaire sur l'autre n'est pas réglée.
Lorsque le bien est situé pour partie dans une zone soumise au **DPU** et pour partie dans une zone de préemption au titre des **ENS**, il peut être préempté dès lors que les règles de mise en œuvre de

ces deux droits sont respectées et à condition que les objectifs poursuivis dans la mise en œuvre de chacun de ces droits soient compatibles (en ce sens, CE 26-2-2003 n° 231558 : Lebon p. 59).
Lorsque le bien est situé à la fois dans une zone de **DPU** (ou dans une ZAD, ou dans une zone de protection du commerce de proximité) et dans une zone de préemption au titre du **recul du trait de côte**, seul ce dernier droit de préemption s'applique. En revanche, il ne prévaut pas sur le droit de préemption applicable dans les **ENS**. Il peut s'exercer en coopération avec les **Safer** sur les immeubles non bâtis à usage ou à vocation agricole et sur les bâtiments d'exploitation agricole (C. urb. art. L 219-1).
Le droit de préemption en vue de **préserver les ressources en eau** ne prévaut ni sur le **DPU**, ni sur celui applicable dans les **ZAD** et pré-ZAD, ni sur celui applicable dans les **ENS** (C. urb. art. L 218-4).
Un terrain peut aussi être situé à la fois dans une zone de **DPU** (ou une ZAD) et une zone de **protection du commerce de proximité**. Le cas échéant, il conviendra de purger les deux droits de préemption, mais par une seule DIA (C. urb. art. R 214-4, al. 3). La commune devra préciser quel droit de préemption elle fait jouer (C. urb. art. R 214-4-2). La commune qui a délégué son DPU (ou celui applicable dans les ZAD) et qui renonce à préempter au titre de la protection du commerce de proximité doit transmettre copie de la DIA au délégataire du DPU (ou de celui applicable dans les ZAD) pour qu'il puisse exercer son droit au titre de l'urbanisme (Rép. Goujon : AN 15-2-2011 n° 87739). Dans un tel cas, le droit de préemption au titre de la protection du commerce de proximité semble prioritaire.

INFORMATION DU PROPRIÉTAIRE

Tout propriétaire peut savoir si son bien est ou non situé à l'intérieur d'une ZAD ou d'une pré-ZAD, d'une zone de DPU ou de DPU renforcé, ou d'une zone de préemption au titre des ENS en s'adressant à l'administration par simple lettre ou en sollicitant un certificat d'urbanisme. **37544**

ATTENTION

Le fait que le droit de préemption applicable ne soit pas mentionné sur le **certificat d'urbanisme** ne dispense pas de la purge de ce droit et ne met pas obstacle à une action en nullité de la vente (Rép. Demange : AN 9-9-1991 n° 42443). En cas de nullité, le propriétaire peut engager la responsabilité de l'auteur du renseignement d'urbanisme inexact ou incomplet. Le droit de préemption instauré après la délivrance d'un certificat d'urbanisme ne peut pas être exercé en cas de vente du bien concerné pendant la durée de validité du certificat (Rép. Sueur : Sén. 12-9-2013 n° 3713).

DROIT DE DÉLAISSEMENT DU PROPRIÉTAIRE

Lorsque le bien est situé dans une zone où le DPU s'applique, le propriétaire bénéficie d'un droit de délaissement, c'est-à-dire qu'il peut provoquer l'acquisition de son bien par le titulaire du droit de préemption. Le droit de délaissement n'est pas applicable dans les ENS. Il l'est dans les zones littorales soumises au recul du trait de côte (C. urb. art. L 219-10). Dans les pré-ZAD et les ZAD, il ne peut être mis en œuvre que par celui qui est propriétaire au moment de la création de la zone (ou par ses ayants cause universels ou à titre universel). **37548**
La **demande d'acquisition** prend la forme d'une déclaration d'intention d'aliéner (voir n° 37708) dans laquelle le propriétaire fixe le prix qu'il souhaite retirer de la vente. Le titulaire du droit de préemption dispose de 2 mois pour répondre à la demande.
En cas de **refus d'acquérir** ou d'absence de réponse (ou encore de réponse hors délai), le propriétaire dispose de 3 ans pour vendre au prix indiqué dans sa demande d'acquisition révisé en fonction de la variation de l'indice du coût de la construction sans que le DPU ou le droit de préemption lié au recul du trait de côte soit applicable (C. urb. art. L 211-5, L 213-8 et L 219-10). Dans les ZAD, le refus ou l'absence de réponse fait sortir le bien du champ d'application du droit de préemption ; le propriétaire peut donc vendre le bien au prix qu'il souhaite et sans condition de délai (C. urb. art. L 212-3, al. 4). Si le refus du titulaire du droit de préemption intervient une fois le prix fixé par le juge de l'expropriation, le DPU ou le droit de préemption lié au recul du trait de côte ne peut plus être exercé à l'égard du même propriétaire pendant 5 ans à condition que le bien soit vendu au prix fixé judiciairement éventuellement révisé en fonction de la variation de l'indice Insee du coût de la construction depuis cette décision (C. urb. art. L 211-5, L 213-8 et L 219-10). Dans les ZAD, le refus d'acquérir une fois le prix judiciairement fixé fait sortir le bien du champ d'application du droit de préemption ; le propriétaire peut donc vendre le bien au prix qu'il souhaite et sans condition de délai (Rép. Hage : AN 23-10-1989 p. 4723 n° 600).
En cas d'**accord sur l'acquisition**, le prix doit être payé ou consigné dans les 4 mois de la décision d'acquérir au prix demandé ou de la décision judiciaire fixant le prix. À défaut, le propriétaire (ou ses ayants cause universels ou à titre universel) retrouve la libre disposition de son bien et

peut le vendre sans nouvelle formalité au titre du droit de préemption, et ce, quelles que soient les modalités de la vente ; la solution est valable dans les ZAD et pour le DPU (C. urb. art. L 213-14) ; elle l'est aussi pour le droit de préemption lié au recul du trait de côte (C. urb. art. L 219-12).

> **Précisions a.** Dans les ZAD et pré-ZAD, lorsque le titulaire du droit de préemption **renonce à acquérir** dans le cadre de la procédure de délaissement, le propriétaire est en droit d'obtenir, sur simple requête, une attestation de sa part confirmant que le bien n'est plus soumis au droit de préemption de la ZAD ou de la pré-ZAD (C. urb. art. R 212-5).
> **b.** Lorsque le titulaire du droit de préemption a notifié son **intention d'acquérir** sur délaissement, le propriétaire est tenu d'en informer les locataires, preneurs ou occupants de bonne foi de l'immeuble et de les faire connaître à ce titulaire (C. urb. art. L 213-9 et L 219-12).

C. Champ d'application matériel

CRITÈRES RETENUS

37600 Deux critères cumulatifs permettent de déterminer si une opération est ou non soumise au droit de préemption. Cette opération doit porter sur un **bien** soumis à ce droit et doit se réaliser par un **type de mutation** soumis à ce droit. S'agissant des ventes d'immeubles, la définition de ce champ d'application ne suscite que peu d'interrogations.

1. DROIT DE PRÉEMPTION DANS LES ZONES D'AMÉNAGEMENT DIFFÉRÉ

OPÉRATIONS SOUMISES AU DROIT DE PRÉEMPTION DANS LES ZAD

37602 **Principe** Relèvent du droit de préemption les aliénations ou cessions à titre onéreux sous quelque forme que ce soit (C. urb. art. L 213-1). Les **ventes amiables** de gré à gré sont donc concernées, quelles que soient les modalités de paiement du prix (immédiat, différé, en nature, par rente viagère) ou les conditions de la vente (réserve d'usufruit ou d'un droit d'usage et d'habitation).

Sont également soumises au droit de préemption les **ventes sur adjudication**, que ces ventes soient ou non volontaires. Ainsi une vente par licitation faisant cesser l'indivision est en principe soumise au droit de préemption (voir n° 37608).

Sont soumises au droit de préemption les **donations** entre vifs d'immeubles ou de droits sociaux donnant vocation à l'attribution en propriété ou en jouissance d'un immeuble ou d'une partie d'immeuble, bâti ou non bâti, sauf si elles interviennent entre ascendants et descendants, entre collatéraux jusqu'au 6e degré inclus, entre époux ou partenaires d'un Pacs, entre une personne et les descendants de son conjoint ou de son partenaire de Pacs ou entre ces descendants (C. urb. art. L 213-1-1).

37604 **Cas particuliers** À notre avis, la **vente à pacte de rachat** (vente à réméré) est soumise au droit de préemption, mais pas l'exercice du rachat car il n'y a pas de nouvelle mutation.

Le contrat de **location-accession** y est soumis, mais la purge du droit de préemption intervient à la date de signature du contrat et non lors de la levée de l'option.

En principe, les **transferts de jouissance** ne sont pas soumis au droit de préemption. Toutefois un tel contrat qui prévoit un transfert de la propriété du bien loué ou concédé en fin du contrat de jouissance relève du droit de préemption (bail emphytéotique, bail à construction).

Les **échanges** sont considérés comme constituant une double mutation, ils sont donc soumis au droit de préemption.

Les **apports en société** sont en principe assimilés à une vente et soumis au droit de préemption. L'apport en nature au sein d'une SCI d'un immeuble ou d'un ensemble de droits sociaux donnant vocation à l'attribution en propriété ou en jouissance d'un immeuble ou d'une partie d'immeuble est soumis au droit de préemption (C. urb. art. L 213-1-2).

Échappent au droit de préemption les cessions d'immeubles compris dans le cadre d'un **plan de cession d'une entreprise** ordonnée en application de l'article L 631-22 ou L 642-1 s. du Code de commerce (redressement ou liquidation judiciaires) ; en dehors d'un plan de cession, le bien peut être préempté (CE 17-12-2008 n° 316411 : RJDA 5/09 n° 417, 2e esp.).

BIENS SOUMIS AU DROIT DE PRÉEMPTION DANS LES ZAD

37606 **Principe** Sont soumis au droit de préemption les **immeubles ou parties d'immeubles**, bâtis ou non bâtis (C. urb. art. L 213-1). Il s'agit :

– des terrains nus quelle que soit leur taille ou leur situation ;

– des maisons individuelles avec leurs dépendances (comprises ou non dans un lotissement ou dans une copropriété « horizontale ») ;
– des immeubles collectifs en monopropriété ;
– des lots de copropriété (fractions divises d'un bâtiment collectif soumis au statut de la copropriété).

Sont soumises au droit de préemption les **parts ou actions** de sociétés donnant vocation à l'attribution en propriété ou en jouissance d'un immeuble ou d'une partie d'immeuble bâti ou non bâti, sauf si elles sont vendues avant achèvement de l'immeuble ou dans les 10 ans de cet achèvement. Il s'agit des parts de sociétés d'attribution et de sociétés coopératives de construction.

Les parts de SCI sont également soumises au droit de préemption (C. urb. art. L 213-1, 3°). Plusieurs conditions sont requises :
– la cession doit concerner la majorité des parts de la SCI ou permettre à l'acquéreur de devenir majoritaire à la suite de cette cession ;
– le patrimoine de la SCI doit être constitué par une unité foncière, bâtie ou non, dont la cession serait soumise au droit de préemption ;
– la SCI ne doit pas être constituée exclusivement entre parents et alliés jusqu'au 4e degré inclus.

Les droits sociaux des autres sociétés sont considérés comme des meubles et exclus à ce titre du droit de préemption.

Cas particuliers Les **droits indivis** portant sur un immeuble ou une partie d'immeuble, bâti ou non bâti, soumis au droit de préemption sont soumis au droit de préemption, sauf si la cession est consentie à l'un des coïndivisaires. En revanche, même réalisée au profit d'un des indivisaires, la cession par adjudication de l'ensemble d'un bien indivis reste soumise au droit de préemption (CAA Lyon 28-5-2019 n° 17LY02377 : BPIM 5/19 inf. 326). **37608**

Les **cessions de tantièmes de terrain contre remise de locaux** à construire sont soumises au droit de préemption.

Les immeubles faisant l'objet d'une **vente d'immeuble à construire** (vente en l'état futur d'achèvement ou vente à terme) sont exclus du droit de préemption, sauf lorsque ces dispositions sont appliquées à un bâtiment existant (cas de la vente à réhabiliter ou à rénover).

Les **immeubles à usage professionnel** cédés au locataire en exécution d'une promesse de vente insérée dans un contrat de **crédit-bail immobilier** conclu avec une société de crédit-bail sont exclus du droit de préemption.

Les immeubles appartenant aux organismes **HLM** sont soumis au droit de préemption, sauf acquisition par leurs locataires et assimilés. Par exception, ne sont pas soumis au droit de préemption les immeubles HLM ayant fait l'objet d'une décision d'agrément du préfet en vue de la construction ou de l'acquisition de logements neufs faisant l'objet d'un contrat de location-accession. Par ailleurs, les immeubles des sociétés coopératives d'habitations à loyer modéré de location-attribution sont exclus du droit de préemption.

> **Précisions** Certaines **situations très spécifiques** font également l'objet d'**exclusions légales**. Ainsi ne sont pas soumis au droit de préemption (C. urb. art. L 213-1 dans sa rédaction issue de la loi 2023-1269 du 27-12-2023) :
– les immeubles ayant fait l'objet d'une **mise en demeure d'acquérir adressée** par le propriétaire **à l'administration** (exercice du droit de délaissement par le propriétaire en cas de sursis à statuer, servitudes d'urbanisation, emplacements réservés, terrains compris dans une ZAC, terrains compris dans le périmètre d'une déclaration d'utilité publique) ;
– les terrains, bâtis ou non, vendus par l'État, ses établissements publics ou certaines sociétés dont il détient la majorité du capital en vue de la réalisation de logements dans le périmètre des **opérations d'intérêt national** ;
– les immeubles appartenant à l'État et à ses établissements publics transférés en pleine propriété au profit de la **Sovafim** (société détenue par l'État chargée d'assurer la valorisation de ces biens) ;
– les biens acquis par un **établissement public foncier** d'État ou local lorsqu'il agit à la demande de la collectivité titulaire du droit de préemption ;
– les cessions entre la **SNCF**, SNCF Réseau et sa filiale, SNCF Voyageurs et la société en charge des activités relatives à la fourniture des services de transport ferroviaire de marchandises lorsque les biens sont nécessaires à leur mission de service public ;
– les cessions à la **Société des grands projets** des biens nécessaires à la réalisation et à l'exploitation des projets d'infrastructures du réseau de transport public du Grand Paris ou dont la maîtrise d'ouvrage est confiée à la Société des grands projets.

2. DROIT DE PRÉEMPTION URBAIN

a. Principe

37620 Le champ d'application matériel du droit de préemption urbain est théoriquement le même que celui prévu dans les ZAD, tant du point de vue des ventes que des biens concernés (voir n°s 37602 s.). Toutefois, certains biens sont exclus de ce champ d'application soit par décision de la collectivité soit de plein droit par la loi, la commune pouvant réintroduire ces exclusions dans le champ d'application en décidant d'un exercice renforcé du DPU. Selon les communes ou les parties de la commune, certains biens seront ou ne seront pas soumis au DPU.
Le DPU ne s'applique pas lorsque la procédure du droit de priorité visée n° 37501 est mise en œuvre (C. urb. art. L 211-3).

b. Exclusions propres au DPU

EXCLUSIONS DU DPU DÉCIDÉES PAR LA COLLECTIVITÉ

37630 Lorsqu'un **lotissement** a été autorisé ou une **zone d'aménagement concerté** (ZAC) créée, la commune peut exclure du champ d'application du DPU la vente des lots de ce lotissement ou des terrains de cette ZAC pendant une durée de 5 ans (C. urb. art. L 211-1, al. 4). Cette exclusion volontaire ne concerne que les ventes réalisées par le lotisseur ou l'aménageur. La délibération d'exclusion doit intervenir après la création du lotissement ou de la ZAC, elle est notifiée au lotisseur ou à l'aménageur (C. urb. art. R 211-4).

EXCLUSIONS LÉGALES DU DPU

37632 La loi exclut du champ d'application du DPU un certain nombre d'opérations qui en relèvent normalement.

37633 **Vente d'un terrain** N'est pas soumise au DPU la vente d'un terrain au profit du preneur à bail à construction conclu à l'occasion d'une opération d'accession sociale à la propriété (C. urb. art. L 211-3). Cette exclusion ne peut pas être supprimée par la commune.

37634 **Vente d'un lot de copropriété** N'est pas soumise au DPU la vente d'un ou plusieurs lots constitués soit par un seul local à usage d'habitation, à usage professionnel ou à usage mixte, soit par un tel local et ses locaux accessoires, soit par un ou plusieurs locaux accessoires à un tel local, compris dans un bâtiment effectivement soumis, à la date du projet d'aliénation, au régime de la copropriété, soit à la suite du partage total ou partiel d'une société d'attribution, soit depuis 10 années au moins dans les cas où la mise en copropriété ne résulte pas d'un tel partage (C. urb. art. L 211-4, a).
Cette **exclusion**, ainsi définie, impose la satisfaction de **plusieurs conditions cumulatives**.
a. L'exclusion concerne la vente d'un ou plusieurs lots constituant un seul **local** principal. C'est la réalité physique qui doit être prise en compte et non celle de l'état descriptif de division : un appartement en duplex constitue un seul local même s'il correspond à deux lots de copropriété. L'aliénation de plusieurs locaux principaux reste soumise au DPU même si elle intervient au profit du même acquéreur. La pluralité de locaux n'est admise au titre de l'exclusion qu'en ce qui concerne les locaux accessoires (garage, cave, chambre de bonne, etc.), vendus séparément ou non du local principal. La vente d'un local « accessoire » alors que le vendeur ne possède pas de local principal dans l'immeuble n'est pas soumise au DPU (Rép. Zimmermann : AN 6-8-2001 n° 60165).
b. Pour être exclu, le local doit être à **usage** d'habitation, à usage professionnel ou à usage mixte professionnel et d'habitation. La notion de local professionnel doit être entendue au sens strict. Ainsi, un local commercial n'est pas un local professionnel (CAA Paris 2-7-1996 n° 94PA00751, Ville de Paris). Un local commercial est donc soumis au DPU, tout comme un local à usage industriel ou artisanal, même lorsqu'ils sont aliénés en même temps qu'un local d'habitation. C'est l'usage effectif du local par le vendeur au moment de la vente qui est pris en compte.
c. Pour être exclu, le local doit se situer dans un **bâtiment**. Reste donc soumise au DPU la vente du bâtiment entier, qu'il s'agisse d'une maison individuelle dans une copropriété horizontale ou d'un lot de copropriété constituant à lui tout seul un bâtiment.
d. Pour être exclu, le local vendu doit se situer dans un bâtiment soumis au régime de la **copropriété depuis au moins 10 ans**. C'est la date de publication du règlement de copropriété au service de la publicité foncière qui constitue le point de départ du délai de 10 ans. À défaut de règlement de copropriété, la publication de l'état descriptif de division peut faire courir le délai (Cass. 3e civ. 24-3-2016 n° 15-10.215 : BPIM 3/16 inf. 173). Si l'état de copropriété résulte du partage d'une société d'attribution, aucun délai n'est exigé entre l'entrée en vigueur du régime de la copropriété et celle de l'aliénation pour que l'exception s'applique.

ATTENTION

Une simple **modification du règlement** de copropriété est sans incidence sur le délai de 10 ans. Il en va autrement si, à la suite de l'acquisition de tous les lots, et donc de l'entier immeuble, par un même propriétaire, le règlement de copropriété fait l'objet d'une **refonte totale**. Il s'agit alors d'une nouvelle copropriété et le droit de préemption devra être purgé en cas de vente des lots.

Vente d'un immeuble bâti Le DPU n'est pas applicable à l'aliénation d'un immeuble bâti, quelle que soit sa destination, pendant une période de 4 ans à compter de son **achèvement**. Le délai court à compter du dépôt de la déclaration administrative d'achèvement et de conformité des travaux (DACT). En l'absence de cette déclaration, la preuve de la date d'achèvement peut être apportée par tous moyens. En cas de conclusion d'un contrat de **location-accession** à la propriété immobilière, le délai de 4 ans s'apprécie à la date de signature du contrat et non à la date de la levée de l'option par l'accédant (C. urb. art. L 211-4, c). **37636**

Aucune destination pour l'immeuble n'étant fixée par la loi, tout immeuble bâti peut donc bénéficier de cette exclusion. L'exception vise tous les immeubles bâtis, qu'il s'agisse d'un immeuble individuel, d'un immeuble collectif, ou d'une fraction d'immeuble (lot de copropriété ou de volumes). Les immeubles ayant fait l'objet d'une **rénovation lourde** relèvent de cette exclusion si les travaux ont fait l'objet d'un permis de construire et sont assimilables à la construction d'un immeuble neuf. La vente d'un immeuble inachevé est soumise au DPU.

ATTENTION

L'exclusion du DPU en cas de vente de tout ou partie d'un immeuble bâti pendant 4 ans à compter de l'achèvement de cet immeuble se combine, le cas échéant, avec celle concernant la vente d'un **lot de copropriété**. Est ainsi soumise au DPU la vente d'un lot de copropriété à usage d'habitation, à usage professionnel ou mixte entre les 4 ans de son achèvement et les 10 ans de la publication du règlement de copropriété (voir n° 37634).

Vente de droits sociaux Le DPU n'est pas applicable à la cession de parts ou d'actions de **sociétés d'attribution ou coopératives de construction** donnant vocation à l'attribution d'un local d'habitation, d'un local professionnel ou d'un local mixte et des locaux qui lui sont accessoires (C. urb. art. L 211-4, b). En principe, les cessions de parts ou d'actions de ces sociétés entrent dans le champ d'application du droit de préemption 10 ans après l'achèvement de l'immeuble (voir n° 37606), mais, dès lors que ces droits sociaux concernent l'attribution d'un local de la nature de ceux visés ici, leur cession reste exclue du DPU même après 10 ans. **37638**

c. Renforcement du DPU

Les exclusions légales spécifiques au DPU qui sont énumérées n°s 37634 s. peuvent être supprimées par une délibération spécialement motivée du conseil municipal (C. urb. art. L 211-4, al. 5). Les opérations en question sont alors soumises au DPU ; on parle de « DPU renforcé ». Cette délibération renforçant le DPU reste valable tant qu'elle n'est pas rapportée. **37650**

Le DPU renforcé peut faire l'objet d'une modulation géographique ; il peut s'appliquer sur tout ou partie du territoire de la commune selon les secteurs délimités par la délibération. En revanche, il ne peut pas faire l'objet d'une modulation matérielle : la commune ne peut pas supprimer l'une ou l'autre des exclusions légales ; la suppression est totale ou elle n'est pas.

Dans les communes faisant l'objet d'un constat de carence pour non-respect de leurs obligations de réalisation de logements locatifs sociaux, le préfet peut, par arrêté motivé, décider d'appliquer le DPU renforcé sur tout ou partie du territoire communal (C. urb. art. L 211-4, al. 6).

› **Précisions a.** La **délibération instaurant le DPU renforcé** doit indiquer, notamment au regard des caractéristiques propres de la commune, les raisons pour lesquelles il est décidé d'appliquer le droit de préemption à des cessions qui en sont normalement exclues (CE 4-2-2002 n° 217258, Sté Constructions Transactions Mauro : BJDU 1/02 p. 21). Le DPU renforcé peut être utilisé pour mettre en œuvre une opération de revitalisation de territoire (ORT) ou une opération de requalification de copropriétés dégradées (Orcod) (CCH art. L 303-2, III-al. 16 et art. L 741-1, al. 10 dans sa rédaction issue de la loi 2024-322 du 9-4-2024).

b. Dans les secteurs sauvegardés (devenus sites patrimoniaux remarquables), les périmètres de rénovation urbaine, de restauration immobilière ou de résorption de l'habitat insalubre qui étaient compris dans une **zone d'intervention foncière au 1er juin 1987**, l'exercice renforcé du DPU s'applique de plein droit sans qu'il soit besoin d'une délibération spéciale du conseil municipal (Loi 85-729 du 18-7-1985 art. 9, II).

3. DROIT DE PRÉEMPTION LIÉ AU RECUL DU TRAIT DE CÔTE

ALIÉNATIONS SOUMISES AU DROIT DE PRÉEMPTION LIÉ AU RECUL DU TRAIT DE CÔTE

37660 Sont soumis au droit de préemption lié au recul du trait de côte (C. urb. art. L 219-2, I) :

– les **immeubles** ou ensembles de **droits sociaux** donnant vocation à l'attribution en propriété ou en jouissance d'un immeuble ou d'une partie d'immeuble, **bâti ou non bâti**, lorsqu'ils sont aliénés, à titre onéreux, sous quelque forme que ce soit, à l'exception de ceux qui sont compris dans un **plan de cession de l'entreprise** arrêté en application des articles L 631-22 ou L 642-1 à L 642-7 du Code de commerce (redressement ou liquidation judiciaire) ;

– les cessions de **droits indivis** portant sur un immeuble ou une partie d'immeuble, bâti ou non bâti, sauf lorsqu'elles sont consenties à l'un des coindivisaires, et les cessions de **tantièmes contre remise de locaux à construire** ;

– les cessions de la majorité des parts d'une **SCI** ou les cessions conduisant un acquéreur à détenir la majorité des parts de ladite société, lorsque le patrimoine de cette société est constitué par une unité foncière, bâtie ou non bâtie, dont la cession serait soumise au droit de préemption. Ne sont pas concernées les SCI constituées exclusivement entre parents et alliés jusqu'au 4e degré inclus ;

– les immeubles construits ou acquis par un **organisme HLM** (CCH art. L 411-2) et propriété de ce dernier (sauf si agrément préfectoral en vue de la construction ou de l'acquisition de logements neufs faisant l'objet d'un contrat de location accession).

> **Précisions** **a.** En cas de **contrat de location-accession** régi par la loi 84-595 du 12 juillet 1984, le droit de préemption s'exerce avant la signature de ce contrat et non au moment de la levée de l'option par l'accédant (C. urb. art. L 219-2, I-al. 7).

b. En cas d'**adjudication**, lorsque cette procédure est **autorisée** ou **ordonnée par un juge**, l'acquisition par le titulaire du droit de préemption a lieu au prix de la dernière enchère, par substitution à l'adjudicataire. Cette règle n'est pas applicable à la vente mettant fin à une indivision créée volontairement, à moins que celle-ci ne résulte d'une donation-partage (C. urb. art. L 219-2, I-al. 6).

ALIÉNATIONS EXCLUES DU DROIT DE PRÉEMPTION LIÉ AU RECUL DU TRAIT DE CÔTE

37662 Ne sont pas soumis au droit de préemption lié au recul du trait de côte (C. urb. art. L 219-2, II) :

– les immeubles ayant fait l'objet d'une **mise en demeure d'acquérir** adressée par le propriétaire à l'administration (exercice du droit de délaissement par le propriétaire en cas de sursis à statuer, emplacements réservés, terrains compris dans une ZAC, terrains compris dans le périmètre d'une déclaration d'utilité publique) ;

– les transferts en pleine propriété des immeubles appartenant à **l'État** ou à ses établissements publics à la **Sovafim** (société détenue par l'État chargée d'assurer la valorisation de ces biens) ;

– les biens acquis par un **établissement public foncier** d'État ou local lorsqu'il agit à la demande expresse de la collectivité titulaire du droit de préemption.

DONATIONS ENTRE VIFS

37664 Sont soumises au droit de préemption lié au recul du trait de côte les donations d'**immeubles** ou d'ensembles de **droits sociaux** donnant vocation à l'attribution en propriété ou en jouissance d'immeubles ou de parties d'immeubles, bâties ou non, sauf si la donation est effectuée entre ascendants et descendants, entre collatéraux jusqu'au 6e degré, entre époux ou partenaires d'un Pacs et entre une personne et les descendants de son conjoint ou de son partenaire de Pacs, ou entre ces descendants (C. urb. art. L 219-3).

APPORT À UNE SCI

37666 Sont soumis au droit de préemption lié au recul du trait de côte les **immeubles** ou ensemble de **droits sociaux** donnant vocation à l'attribution en propriété ou en jouissance d'un immeuble ou d'une partie d'immeuble, bâti ou non bâti, lorsqu'ils constituent un apport en nature au sein d'une SCI. La DIA est alors accompagnée d'un état de la situation sociale, financière et patrimoniale de la SCI (C. urb. art. L 219-4).

4. DROIT DE PRÉEMPTION DANS LES ESPACES NATURELS SENSIBLES

OPÉRATIONS SOUMISES AU DROIT DE PRÉEMPTION DANS LES ENS

Il s'agit des **aliénations**, à titre onéreux, sous quelque forme que ce soit : vente de gré à gré, adjudication (C. urb. art. L 215-9). Le champ d'application est donc sur ce point très proche de celui des ZAD et du DPU. **37670**

Les **échanges** d'immeubles ruraux réalisés dans les conditions prévues aux articles L 124-1 s. du Code rural et de la pêche maritime sont exclus du champ d'application de ce droit (C. urb. art. L 215-10).

Les **donations** entre vifs d'immeubles ou d'ensembles de droits sociaux sont soumis au droit de préemption. Sont toutefois exclues les donations entre ascendants et descendants, entre collatéraux jusqu'au 6e degré, entre époux ou partenaires liés par un pacte civil de solidarité, entre une personne et les descendants de son conjoint ou de son partenaire de Pacs, ou entre ces descendants (C. urb. art. L 215-13-1).

BIENS SOUMIS AU DROIT DE PRÉEMPTION DANS LES ENS

Droit de préemption du département Le droit de préemption du conseil départemental au titre des ENS porte sur tout **terrain** ou ensemble de **droits sociaux** donnant vocation à l'attribution en propriété ou en jouissance de terrains (sociétés d'attribution). Il ne s'applique pas en cas de cession, même totale, de droits sociaux d'une société qui n'est pas d'attribution (Rép. Derosier : AN 6-11-2000 n° 45974). Dans le cas d'un terrain en **indivision**, seule la cession de l'ensemble des droits indivis représentant l'immeuble est soumise au droit de préemption du département (Rép. Poignant : AN 6-10-2009 n° 47004). **37672**

À titre exceptionnel, l'**existence d'une construction** ne fait pas obstacle à l'exercice du droit de préemption dans les ENS dès lors que le terrain est de dimension suffisante pour justifier son ouverture au public et qu'il est, par sa localisation, nécessaire à la mise en œuvre de la politique de protection. Si la construction est conservée, elle doit être affectée à un usage permettant la fréquentation du public et la connaissance des milieux naturels (C. urb. art. L 215-11). Cette disposition confère à l'administration d'importants pouvoirs d'appréciation, ce qui, en pratique, est source de difficultés quant à l'opportunité, dans une telle situation, de déposer ou non une déclaration d'intention d'aliéner. En tout état de cause, il est prudent d'informer par écrit le vendeur du terrain de l'**incertitude** sur le bien-fondé du dépôt de la déclaration ainsi que sur le risque de préemption en cas de dépôt ou d'action en nullité dans le cas contraire.

Droit de préemption du Conservatoire du littoral Le droit de préemption exercé par le Conservatoire du littoral (en direct ou par substitution au département) concerne les biens pouvant être préemptés par le département (C. urb. art. L 215-2 et L 215-5). En outre, il est étendu à la cession partielle de **droit indivis** portant sur un immeuble ou une partie d'immeuble bâti ou non bâti et à la cession de **parts de SCI** (même à caractère familial). S'agissant des parts de SCI, plusieurs conditions sont posées (C. urb. art. L 215-13) : **37674**

– il doit s'agir de la cession de la majorité des parts ;
– le patrimoine de la SCI doit être constitué par une unité foncière (bâtie ou non) comprise totalement ou partiellement dans la zone de préemption ;
– la SCI doit produire un état de sa situation sociale et financière ;
– le conseil d'administration du Conservatoire doit prendre une délibération spécialement motivée.

D. Procédure de préemption

L'exercice du droit de préemption par la collectivité titulaire est soumis à une procédure stricte qui est identique, que le bien soit situé dans une ZAD ou dans une zone de DPU (C. urb. art. L 213-2 s.), et très similaire si le bien est soumis au droit de préemption dans les ENS (C. urb. art. L 215-14 s.) ou dans les zones concernées par le recul du trait de côte (C. urb. art. L 219-6 s.). **37700**

1. DÉCLARATION D'INTENTION D'ALIÉNER

DÉPÔT DE LA DIA

Cas général Toute aliénation entrant dans le champ d'application du droit de préemption doit faire l'objet au préalable d'une déclaration d'intention d'aliéner (DIA). Cette déclaration, de **37702**

préférence établie sur formulaire réglementaire (Cerfa n° 10072*03), doit être envoyée en 4 exemplaires (3 exemplaires dans les zones concernées par le recul du trait de côte) par lettre recommandée avec demande d'avis de réception ou déposée contre décharge à la mairie du lieu de situation de l'immeuble. La DIA peut aussi être adressée par voie électronique sécurisée en un seul exemplaire (C. urb. art. R 213-5 et R 219-2 dans sa rédaction issue du décret 2024-638 du 27-6-2024). Dans les ENS, la DIA est adressée en version papier (ou électronique) au président du conseil départemental ou déposée contre décharge au siège du conseil départemental (C. urb. art. R 215-10).

L'accomplissement de la formalité incombe au propriétaire vendeur à la date de la déclaration (CE 1-3-2023 n° 462877 : BPIM 3/23 inf. 180). En pratique, la DIA est souscrite par le notaire rédacteur de l'acte, mandataire du vendeur. La signature par le notaire de la DIA doit le faire regarder comme le mandataire du vendeur (CE 30-6-2006 n° 274062, Cne de Mane : BJDU 4/06 p. 289).

Dans les zones concernées par le recul du trait de côte, le propriétaire doit transmettre une copie de la DIA au directeur départemental ou régional des finances publiques (service des Domaines) (C. urb. art. L 219-6, al. 1 et art. R 219-2 dans sa rédaction issue du décret 2024-638 du 27-6-2024).

ATTENTION

S'agissant du droit de préemption dans les ZAD ou du DPU, le **destinataire de la DIA** est toujours la mairie du lieu de situation du bien, peu important l'identité du titulaire du droit de préemption ou l'existence d'une éventuelle délégation de ce droit ou de l'exercice de ce droit (Cass. 3e civ. 13-2-2013 n° 11-20.655 : BPIM 2/13 inf. 110). C'est également le cas pour le droit de préemption lié au recul du trait de côte (C. urb. art. R 219-2 dans sa rédaction issue du décret 2024-638 du 27-6-2024). Le maire destinataire d'une DIA visant à tort le DPU, alors que le droit de préemption dans les ENS est applicable, n'est pas tenu de la transmettre au président du conseil départemental (Cass. 3e civ. 10-5-2007 n° 05-21.485 : RJDA 10/07 n° 955).

37704 **Cas de l'adjudication autorisée ou ordonnée par un juge** Lorsque l'aliénation prend la forme d'une adjudication autorisée ou ordonnée par un juge, la vente doit être précédée d'une DIA du greffier de la juridiction ou du notaire chargé de procéder à l'adjudication, faisant connaître la date et les modalités de celle-ci. Elle doit être adressée en mairie 30 jours au moins avant la date fixée pour l'adjudication, par lettre recommandée avec demande d'avis de réception ou voie électronique sécurisée (C. urb. art. R 213-15 et R 219-7 dans sa rédaction issue du décret 2024-638 du 27-6-2024). Le cahier des charges d'adjudication (cahier des conditions de vente) doit être annexé à la DIA (Rép. Moyne-Bressand : AN 15-10-1990 p. 4857 n° 31307). Dans les ENS, la déclaration est adressée au siège du conseil départemental (C. urb. art. R 215-18).

37706 **Cas des ventes simultanées** En cas de vente simultanée de plusieurs biens, il doit être souscrit autant de DIA que de biens mis en vente, afin que le titulaire puisse éventuellement exercer son droit sur un ou plusieurs des biens offerts à la vente. Les contrats préparatoires portant sur un ensemble de biens devront donc envisager le cas d'une préemption fragmentaire.

Par « bien », il convient d'entendre **unité foncière**, c'est-à-dire un îlot de propriété d'un seul tenant, composé d'une ou plusieurs parcelles appartenant à un même propriétaire ou à la même indivision (CE 27-6-2005 n° 264667, Cne de Chambéry : BJDU 4/05 p. 298). Lorsqu'un même propriétaire vend deux immeubles contigus en formulant deux DIA précisant que ces biens sont l'objet d'une même offre de vente, ces DIA doivent être regardées comme concernant la même unité foncière de sorte que la commune ne peut pas préempter un immeuble sans préempter l'autre (CAA Douai 16-10-2008 n° 07DA01873, Cne de Dunkerque). En revanche, dès lors que les unités foncières sont distinctes, il n'est pas possible de rendre ces ventes indissociables par une mention dans la DIA avec l'indication d'un prix global. L'administration s'y oppose et le vendeur doit déposer une nouvelle DIA portant sur la seule unité foncière soumise au droit de préemption (CAA Lyon 30-3-2023 n° 22LY00878, Cne de Corpeau : BPIM 3/23 inf. 179). Une tolérance toutefois (et non un droit) dans certains cas limites, comme celui de la vente d'une maison d'habitation et de son garage situés sur deux unités foncières distinctes mais proches.

La question soulève des difficultés d'un autre ordre lorsque la vente envisagée concerne **un immeuble et un bien meuble**, notamment un fonds de commerce exploité par le propriétaire. En effet, étant un bien meuble, le fonds de commerce ne peut pas être préempté (voir toutefois n° 37516). L'indication d'une indivisibilité dans la DIA étant inopposable à l'administration, seul l'immeuble peut être préempté et le vendeur ne peut pas imposer au titulaire du droit de préemption d'acquérir le fonds (Cass. 3e civ. 11-5-2000 n° 97-18.610 : BJDU 2/00 p. 115). Certes il pourra l'acquérir à l'amiable en dehors des règles du droit de préemption, mais rien ne l'y oblige. Le

juge éventuellement saisi ne peut pas tenir compte de la valeur du fonds de commerce pour fixer le prix de la préemption (Cass. 3e civ. 9-6-2004 n° 03-70.066 : Bull. civ. III n° 117).
Lorsque le fonds est exploité par un locataire, celui-ci peut à tout moment quitter les lieux et résilier le bail. Le titulaire du droit de préemption, devenu propriétaire de l'immeuble, ne peut ni s'y opposer ni lui réclamer une indemnité à ce titre. Il est tenu de lui verser des indemnités auxquelles il peut prétendre, notamment l'indemnité d'éviction. En cas de litige, ces indemnités sont fixées par le juge de l'expropriation (C. urb. art. L 213-10).

CONTENU DE LA DIA

Modèle Le modèle de DIA est annexé à l'article A 213-1 du Code de l'urbanisme. Il est disponible sur internet, dans les mairies et les directions départementales des territoires et de la mer (DDTM). L'utilisation du **formulaire Cerfa** n° 10072*03 n'est pas obligatoire. La déclaration peut être établie sur papier libre, pourvu qu'elle contienne les éléments imposés par l'article A 213-1 du Code de l'urbanisme. 37708
Aucune disposition légale n'interdit de **compléter ce modèle** par une annexe, un plan de situation ou un plan de masse du terrain dès lors que l'imprimé de DIA mentionne l'existence de ces pièces annexées (Cass. 3e civ. 17-2-1999 n° 97-14.225 : Bull. civ. III n° 44). Seules sont opposables au titulaire du droit de préemption les conditions contenues dans la DIA ou dans les pièces qui lui sont clairement annexées.

Indications obligatoires de la DIA La DIA comporte obligatoirement l'indication du **prix et des conditions** de l'aliénation projetée avec, le cas échéant, l'indication du droit offert en contrepartie ou, en cas d'adjudication amiable, l'estimation du bien ou sa mise à prix, éventuellement la faculté de baisse. Lorsque la contrepartie de l'aliénation est un paiement en nature, la déclaration doit mentionner le prix d'estimation de cette contrepartie (C. urb. art. R 213-5). En cas de donation entre vifs, la DIA ne mentionne pas de prix (C. urb. art. L 213-1-1, al. 6). Des règles similaires s'appliquent pour le droit de préemption lié au recul du trait de côte (C. urb. art. L 219-6, al. 2). 37709
La DIA comporte une **description du bien** et diverses informations sur le secteur, la consistance et l'utilisation actuelle et future de ce bien. Elle doit préciser si une installation classée pour la protection de l'environnement (ICPE) soumise à autorisation ou à enregistrement a été exploitée sur le terrain et indiquer les dangers ou inconvénients importants résultant de cette exploitation. Si le vendeur est l'exploitant de cette ICPE, la DIA doit indiquer si l'activité exercée a entraîné la manipulation ou le stockage de substances chimiques ou radioactives. Dans le cadre des opérations de requalification des copropriétés dégradées, il peut être imposé de joindre à la DIA un rapport relatif à la salubrité et à la sécurité du bien (C. urb. art. L 213-2, al. 1 ; CCH art. L 741-1 dans sa rédaction issue de la loi 2024-322 du 9-4-2024). En cas d'apport en nature d'un immeuble au sein d'une SCI, la DIA doit être accompagnée d'un état de la situation sociale, financière et patrimoniale de la société (C. urb. art. L 213-1-2). Le formulaire de DIA prévoit une description juridique du bien indiquant l'usage de celui-ci (habitation, professionnel, commercial, etc.), ses modalités d'occupation (propriétaire, locataire, etc.) ainsi que les droits réels et personnels dont il est grevé. La mention de l'existence d'un locataire doit figurer dans la DIA, mais il n'est pas nécessaire de joindre à cette déclaration une copie du bail (Rép. Masson : Sén. 1-3-2005 p. 1077 n° 13536).

Autres indications de la DIA L'indication de l'**identité de l'acquéreur éventuel** est facultative. Ces renseignements doivent être fournis si l'acquéreur l'exige car celui-ci peut éventuellement bénéficier, dans les ZAD et en cas de DPU, d'un droit de rétrocession si le bien préempté n'est pas utilisé conformément aux textes et, en cas de méconnaissance de ce droit de rétrocession, d'une action en dommages et intérêts. En pratique, pour dégager sa responsabilité, l'auteur de la DIA fera préciser par l'acquéreur s'il souhaite indiquer son nom et, dans l'affirmative, l'usage qu'il entend réserver au bien. L'identité de l'acquéreur ne constitue pas un engagement du vendeur (CE 6-1-1995 n° 123371). Celui-ci n'est pas tenu de présenter une nouvelle DIA en cas de changement d'acquéreur dès lors que le prix et les conditions de l'aliénation projetée ne sont pas modifiés (Cass. 3e civ. 8-10-2008 n° 07-15.935 : RJDA 4/09 n° 325 ; CE 29-5-2024 n° 489337, SCI Cel Pires : BPIM 4/24 inf. 243) ; si une nouvelle DIA est néanmoins déposée, la commune pourra préempter même si elle y avait renoncé précédemment (CE 5-7-2013 n° 349664 : BPIM 5/13 inf. 322). 37710
L'exercice du droit de préemption laisse intact le droit à **commission de l'agent immobilier** ou de l'intermédiaire (Cass. 1e civ. 9-3-1999 n° 96-21.259 : Bull. civ. I n° 79). Le titulaire du droit de préemption doit s'acquitter de la commission prévue dans la promesse de vente dès lors que la DIA mentionne son montant et précise qu'elle est à la charge de l'acquéreur (Cass. 3e civ. 26-9-2007 n° 06-17.337 : RJDA 1/08 n° 21 ; Cass. 1e civ. 25-11-2020 n° 16-22.616 F-D : BPIM 1/21 inf. 85). En cas de préemption à un prix inférieur au prix de vente indiqué dans la DIA, la commission reste due en

intégralité si son montant n'est pas fixé en pourcentage du prix de vente (en ce sens, Cass. 1e civ. 24-1-2006 n° 02-18.746 : AJDI 2006 p. 484). En cas de fixation judiciaire du prix de la préemption, le juge ne peut ni supprimer ni réduire la commission de l'intermédiaire (Cass. 3e civ. 14-12-2017 n° 16-20.150 PBI). À défaut de mention de sa commission dans la DIA, l'agent immobilier peut obtenir la condamnation du notaire fautif au versement de dommages et intérêts (Cass. 1e civ. 26-3-1996 n° 94-14.381).

Peut engager sa responsabilité à l'égard du vendeur le notaire qui n'indique pas dans la déclaration d'intention d'aliéner des **renseignements** qui, sans être obligatoires, peuvent être **utiles à la collectivité** pour apprécier l'opportunité de préempter ou non l'immeuble (Cass. 1e civ. 12-7-2007 n° 06-15.633 : RJDA 12/07 n° 1206).

COMPLÉMENT D'INFORMATION À LA DEMANDE DE LA COMMUNE

37711 **Communication de documents** Dans les 2 mois de la réception de la DIA, le titulaire du droit de préemption applicable dans les **ZAD** ou du **DPU** peut demander au propriétaire la communication de documents complémentaires permettant d'apprécier la consistance et l'état de l'immeuble et, le cas échéant, la situation sociale, financière et patrimoniale de la SCI. Cette demande de renseignements complémentaires ne peut être formulée qu'une seule fois (C. urb. art. L 213-2, al. 1). La demande de renseignements complémentaires suspend le délai de réponse à la DIA (voir n° 37740). Des règles similaires s'appliquent en matière de préemption liée au **recul du trait de côte** (C. urb. art. L 219-6), mais pas dans les ENS.

Selon la nature du bien faisant l'objet de la DIA, **peuvent être demandés** le ou les documents suivants (C. urb. art. R 213-7) :

– le dossier de diagnostic technique lié à la vente : plomb, amiante, termites, mérule, gaz, électricité, risques naturels ou technologiques, performance énergétique, installation d'assainissement individuel, zone du plan d'exposition au bruit d'un aérodrome, conformité du chauffage au bois dans le périmètre d'un plan de protection de l'atmosphère, arrêtés pris au titre de la police de la sécurité et de la salubrité des immeubles (CCH art. L 271-4 dans sa rédaction issue de la loi 2024-322 du 9-4-2024) ;

– l'information relative à l'existence d'un sinistre consécutif à une catastrophe naturelle ou technologique ayant donné lieu au versement d'une indemnité à ce titre pendant la période où le vendeur a été propriétaire ou dont il a lui-même été informé en tant qu'acquéreur (C. envir. art. L 125-5, IV) ;

– s'il a été réalisé, le diagnostic technique global de l'immeuble en cas de copropriété (CCH art. L 731-1 dans sa rédaction issue de la loi 2024-322 du 9-4-2024) ;

– l'information et les documents relatifs au risque de pollution des sols : secteurs d'information sur les sols (C. envir. art. L 125-7) ou site d'exploitation d'une installation classée (C. envir. art. L 512-18) ;

– la superficie de la partie privative du lot de copropriété (loi Carrez) ou, dans les autres cas et s'il existe, le mesurage de la superficie effectué par un professionnel ;

– les extraits de l'avant-contrat de vente contenant les éléments significatifs relatifs à la consistance et l'état de l'immeuble ;

– la convention ou le bail constitutif de droit réels ou personnels (y compris les pièces annexées) dont l'existence a été mentionnée dans la DIA ;

– l'acte constitutif d'une servitude publié au registre de la publicité foncière dont l'existence a été mentionnée dans la DIA ;

– les statuts à jour de la SCI dont les parts sont cédées ;

– les livres, les documents sociaux et le rapport de reddition des comptes de la SCI pour le dernier exercice social clos ou, à défaut, un état certifié par le gérant établissant la composition de l'actif ainsi que du passif de la SCI et précisant le bénéfice du dernier exercice clos.

Concernant le droit de préemption lié au **recul du trait de côte**, la liste limitative des documents susceptibles d'être demandés est la même. Elle comporte en plus les documents d'expertise, devis ou diagnostics établis à l'occasion ou en prévention d'un sinistre lié au recul du trait de côte (C. urb. art. L 219-6, al. 4 et R 219-3 dans sa rédaction issue du décret 2024-638 du 27-6-2024).

37712 **Visite du bien** Pour parfaire son information, le titulaire du droit de préemption applicable dans les ZAD ou du DPU peut demander à visiter le bien (C. urb. art. L 213-2, al. 7) ; c'est également possible dans les ENS (C. urb. art. L 215-14, al. 3) et dans les zones concernées par le recul du trait de côte (C. urb. art. L 219-6, al. 7), mais les modalités pratiques n'ont pas encore été fixées s'agissant des ENS.

La **demande** de visite, formulée dans les 2 mois de la réception de la DIA, suspend le délai de réponse à la DIA (voir n° 37740). La demande est nécessairement écrite. Elle est notifiée, par lettre recommandée avec demande d'avis de réception, acte de commissaire de justice (huissier), dépôt contre décharge ou voie électronique sécurisée, au propriétaire (ou à son mandataire) et au notaire mentionnés dans la DIA (C. urb. art. D 213-13-1 et D 219-4 dans sa rédaction issue du décret 2024-638 du 27-6-2024). Elle reproduit en caractères apparents les dispositions des articles L 213-2, D 213-13-2 et D 213-13-3 du Code de l'urbanisme rappelant les droits du propriétaire lorsque le titulaire du droit de préemption souhaite user de cette faculté de visite. Pour le droit de préemption lié au recul du trait de côte, les articles L 219-6, D 219-4 et D 219-5 doivent être reproduits. La demande mentionne les nom et coordonnées des personnes que le propriétaire peut contacter pour déterminer les modalités de la visite (C. urb. art. D 213-13-4 et D 219-4 dans sa rédaction issue du décret 2024-638 du 27-6-2024).

Le propriétaire dispose de 8 jours à compter de la réception de la demande pour notifier sa **réponse** : accord ou refus ; le silence valant refus tacite (C. urb. art. D 213-13-3 et D 219-4 dans sa rédaction issue du décret 2024-638 du 27-6-2024). En cas d'acceptation, la visite doit être réalisée dans les 15 jours (à défaut, le délai suspendu de réponse à la DIA reprend son cours). La visite ne peut pas avoir lieu un samedi, un dimanche ou un jour férié. C'est le propriétaire, son mandataire ou le notaire qui doit prévenir les éventuels occupants de l'acceptation de la visite. Celle-ci se déroule en présence du propriétaire et du titulaire du droit de préemption ou de leurs représentants. Un constat de visite est signé précisant la date de la visite et les nom et qualité des personnes présentes (C. urb. art. D 213-13-2 et D 219-5 dans sa rédaction issue du décret 2024-638 du 27-6-2024).

DIA ERRONÉE OU INCOMPLÈTE

Hors le cas de fraude, une DIA incomplète ou entachée d'une erreur substantielle portant sur la consistance du bien, son prix ou les conditions de son aliénation est sans incidence sur la légalité de la décision de préemption (CE 26-7-2011 n° 324767, SCI du Belvédère : BPIM 5/11 inf. 369 ; CE 12-2-2014 n° 361741, Sté Ham Investissement : BPIM 2/14 inf. 98). **37713**

La solution retenue par le Conseil d'État est manifestement inspirée par le souci d'éviter qu'un vice dans la déclaration, éventuellement volontaire, ne puisse entraîner l'annulation de la décision de préemption. Une telle annulation fait en effet courir un délai d'un an pendant lequel le propriétaire peut librement vendre son bien sans être tenu par le prix et les conditions qui figuraient dans la DIA et sans que la collectivité puisse exercer son droit de préemption (C. urb. art. L 213-8, al. 5). Toutefois, même si la décision de préemption est reconnue légale, il n'est pas certain que la commune puisse procéder à la préemption au prix indiqué par erreur. Normalement, l'acceptation par la collectivité du prix mentionné dans la DIA entraîne la cession à ce prix, un acte authentique devant être dressé dans les 3 mois pour constater le transfert de propriété (C. urb. art. R 213-12). Il est permis de se demander si un tel acte serait valable en présence d'une erreur démontrable entachant la DIA. La question pourra être soulevée devant la juridiction judiciaire compétente qui pourra refuser de régulariser la vente en tenant compte de l'erreur contenue dans la DIA (CE 12-2-2014 n° 361741, Sté Ham Investissement : BPIM 2/14 inf. 98). Elle pourra, par exemple, estimer que cette erreur fait obstacle à la rencontre des volontés (en ce sens, Cass. 3e civ. 18-11-1998 n° 96-20.230 ; Cass. 3e civ. 11-3-2014 n° 13-11.660).

MODIFICATION DE LA DIA

En cas de modification dans le **prix** ou dans les **conditions** de la vente, une nouvelle DIA doit être déposée. Ce principe s'applique lorsque le vendeur souhaite rectifier une **erreur** ou un **oubli** dans la DIA (par exemple la mention des honoraires de négociation à la charge de l'acquéreur). Les modifications entraînant la nécessité d'une nouvelle DIA sont celles pouvant avoir une incidence sur la décision de la commune de préempter ou non (Cass. 3e civ. 25-1-2012 n° 10-25.143 FS-D). Une modification par lettre recommandée avec demande d'avis de réception est inopposable. Le dépôt d'une DIA rectificative, assimilée à une nouvelle DIA, ouvre donc un nouveau délai de 2 mois au titulaire du droit de préemption pour se prononcer (voir n° 37740) ; il n'est donc pas possible dans ce cas de passer la vente aux conditions de la première DIA, même si la purge a été obtenue au vu de celle-ci, tant que la seconde DIA est pendante. **37714**

RETRAIT DE LA DIA

Le vendeur peut retirer la DIA (et rétracter ainsi l'offre de vente qu'elle constitue) en notifiant son intention, pourvu que ce retrait soit porté à la connaissance de la collectivité avant que celle-ci ait notifié au propriétaire sa décision de préempter (CE 22-2-1995 n° 123421, Cne de Veyrier-du-Lac : Dr. adm. 1995 n° 234 ; CAA Nantes 29-7-2008 n° 07-2693, Communauté de communes Cœur côte fleurie : BPIM 3/09 inf. 198). C'est la date de remise au destinataire de la notification de la décision de préempter qui compte (CAA Bordeaux 7-2-2012 n° 11BX00761, Cne de Mont-de-Marsan : BPIM 2/12 inf. 116). En cas de concomitance entre la date de notification de la décision de préemption et celle de la notification de la décision de rétractation, cette dernière est privilégiée (en ce sens, Cass. 3e civ. 17-9-2014 n° 13-21.824 : BPIM 6/14 inf. 373). **37716**

DÉFAUT DE DIA

37718 La **sanction** de l'absence de déclaration, d'une déclaration tardive ou irrégulière est la nullité relative de l'aliénation. La même sanction est encourue lorsque l'aliénation diffère, quant à son objet, son prix ou ses conditions, des indications portées dans la DIA. L'action en nullité se prescrit par 5 ans à compter de la publication de l'acte portant transfert de propriété (C. urb. art. L 213-2, L 215-14 et L 219-9). Elle doit être introduite par le titulaire du droit de préemption devant le tribunal judiciaire du lieu de situation de l'immeuble (C. urb. art. R 213-26, R 215-7 et R 219-6 dans sa rédaction issue du décret 2024-638 du 27-6-2024). L'annulation de la vente n'a pas pour effet de substituer le titulaire du droit de préemption dans la propriété du bien aliéné.

Le titulaire du droit de préemption peut aussi intenter une action en responsabilité pour faute contre le vendeur et, le cas échéant, le rédacteur de l'acte.

Le dépôt de la DIA est une formalité préalable ; la vente authentique ne peut pas intervenir avant la renonciation expresse ou implicite du titulaire du droit de préemption (Cass. 3e civ. 19-7-1982 n° 81-11.080 : Bull. civ. III n° 180 ; Cass. 3e civ. 20-3-1996 n° 94-13.960 : RJDA 8-9/96 n° 1099).

Une vente sous **condition résolutoire** de non-préemption est impossible. En revanche, le propriétaire peut valablement, selon la Cour de cassation, s'engager par acte sous signature privée à vendre son bien avant d'avoir déposé la DIA si la vente ou la promesse de vente est conclue sous la **condition suspensive** de non-préemption (Cass. 3e civ. 8-11-1995 n° 93-18.987 : RJDA 12/95 n° 1432). La solution est juridiquement contestable au regard des exigences de la technique de la condition suspensive, mais elle constitue le droit positif en même temps qu'elle est très majoritairement adoptée en pratique (voir n° 30264).

En l'absence de DIA (ou en cas de DIA irrégulière), il apparaît difficile de **régulariser la situation** avant l'expiration du délai de 5 ans. Il est possible d'obtenir de l'administration son accord à la vente passée et son renoncement à invoquer la nullité, mais la validité juridique de ce renoncement paraît discutable.

2. RÉPONSE À LA DIA

DÉLAI DE RÉPONSE

37740 Pour le **DPU**, dans les **ZAD** ou les zones concernées par le **recul du trait de côte**, le titulaire du droit de préemption dispose de 2 mois (à compter de la date de l'avis de réception postal ou électronique ou de la décharge de la DIA) pour décider d'acquérir. Il s'agit d'un délai préfix qui se calcule de quantième à quantième (CE 16-6-1993 n° 135411, Cne d'Étampes). Par exemple, si la DIA est réceptionnée le 4 mars, le délai s'achève le 4 mai à minuit. Si le dernier jour tombe un dimanche ou un jour férié, il semble que la question de savoir si le délai est reporté au premier jour ouvrable suivant n'a pas été tranchée par la jurisprudence (sur cette question, D. Dutrieux, « Calcul des délais pour les préemptions publiques : de quantum à quantum... » : JCP N 2011 n° 1103). En cas de **demande de communication de documents complémentaires ou de visite du bien**, le délai de réponse est suspendu à compter de la réception de la demande. Il reprend à compter de la réception des éléments communiqués, du refus du propriétaire de laisser visiter, de la visite du bien ou de l'absence de visite dans les 15 jours de l'acceptation du propriétaire. C'est le plus tardif de ces évènements qui est pris en compte (CE 29-5-2024 n° 489337, SCI Cel Pires : BPIM 4/24 inf. 244). Si le délai restant à courir est inférieur à un mois, le titulaire du droit de préemption dispose d'un mois pour se prononcer (C. urb. art. L 213-2, al. 5, art. L 219-6 et D 213-13-2, al. 6).

Dans les **ENS**, trois organismes sont susceptibles de préempter le bien : le conseil départemental dans les 2 mois de la DIA (C. urb. art. R 215-12) ; à défaut, le Conservatoire du littoral dans les 75 jours de la DIA (C. urb. art. R 215-14) ; encore à défaut, la commune ou l'établissement public de coopération intercommunale, voire l'établissement public chargé d'une réserve naturelle ou d'un parc naturel – avec l'accord explicite du département s'il s'agit d'un parc régional (C. urb. art. L 215-6) – dans les 3 mois de la DIA (C. urb. art. L 215-15 et R 215-16). Les dispositions légales relatives à la suspension du délai ne sont pas applicables dans les ENS.

> **Précisions a.** Avant la loi Alur qui a introduit une possibilité de suspension du délai de réponse à la DIA dans les ZAD et pour le DPU, il était admis que le **délai** de réponse pouvait être **prorogé** par une demande de précisions complémentaires de la part de l'administration, mais seulement si la DIA initiale était incomplète ou entachée d'une erreur substantielle portant sur la consistance du bien objet de la vente, son prix ou les conditions de son aliénation (CE 24-7-2009 n° 316158, Sté Finadev : BPIM 5/09 inf. 352 ; CE 12-2-2014 n° 361741, Sté Ham Investissement : BPIM 2/14 inf. 98). Dans ce cas, un nouveau délai courait à compter de la réception par l'administration de la DIA rectifiée ou complétée. Cette jurisprudence pourrait encore s'appliquer s'agissant du droit de préemption dans les ENS.

b. Si un **périmètre de ZAD** ou un périmètre provisoire de ZAD est **créé** entre le dépôt de la DIA et l'expiration du délai de 2 mois, un nouveau délai de 2 mois court à compter de la date de publication de l'acte créant la ZAD ou le périmètre provisoire (C. urb. art. L 213-17).

c. Dans les **ZAD** prévues par un contrat de développement territorial dans le cadre du « **Grand Paris** », la commune bénéficie d'un droit de préemption à titre subsidiaire lorsqu'elle n'est pas le bénéficiaire du droit de préemption à titre principal. Le délai de réponse à la DIA est de 2 mois pour le bénéficiaire à titre principal. S'il renonce à la préemption, le délai à l'expiration duquel le silence gardé vaut renonciation à l'exercice du droit de préemption est porté à 3 mois pour permettre à la commune de préempter. Le vendeur est informé de cette prorogation (Loi 2010-597 du 3-6-2010 art. 21, III). Les règles sont similaires pour les ZAD créées dans le cadre des contrats pour la réalisation des **projets d'intérêt majeur** (C. urb. art. L 350-4).

RÉPONSE HORS DÉLAI

Le titulaire du droit de préemption qui envisage d'acquérir doit notifier sa décision au vendeur, au notaire et, le cas échéant, à l'acquéreur évincé (C. urb. art. L 213-2, al. 6 et L 219-6). **37742**

Pour être valable, la **décision** de préemption doit être **notifiée** avant l'expiration du délai imparti. À défaut, le titulaire du droit est censé avoir renoncé à préempter même si sa décision a été prise dans les délais. À défaut de précision dans la DIA, la notification est valablement faite au signataire de la déclaration (CE 30-6-2006 n° 274062, Cne de Mane : BJDU 4/2006 p. 289). Cette notification peut être faite par lettre recommandée avec demande d'avis de réception, voie électronique sécurisée, acte de commissaire de justice (huissier) ou dépôt contre décharge (C. urb. art. R 213-25) ; elle peut être faite en la forme administrative par un policier municipal (Rép. Masson : Sén. 5-10-2017 n° 1223). En cas de notification par lettre recommandée, la date à retenir est celle de la première présentation du courrier à l'adresse indiquée dans la DIA (CE 10-5-2017 n° 398736, Sté ABH investissements : BPIM 4/17 inf. 264). La notification par acte de commissaire de justice (huissier) est réputée effective à la date de la signification à domicile, si personne ne peut ou ne veut recevoir copie de l'acte (CPC art. 656).

En outre, pour être exécutoire, la décision doit avoir été **transmise au préfet** dans le même délai ; à défaut, la décision est considérée comme étant intervenue hors délai (Cass. 3e civ. 8-11-1995 n° 93-19.168 : RJDA 12/95 n° 1431).

Une décision de préemption intervenue tardivement est inopposable au vendeur (Cass. 3e civ. 4-7-1984 n° 83-11.711 : Gaz. Pal. 9-3-1985 pan. p. 23 ; CE 16-6-1993 n° 135411, Cne d'Étampes ; CE 9-4-2004 n° 262660, SCI Abimar : BJDU 4/04 p. 305) ; elle reste opposable à l'administration tant qu'elle n'a pas été annulée (CE 13-5-1996 n° 152472, Cne de Franconville-la-Garenne : RJDA 10/96 n° 1247).

ATTENTION

La décision de préemption doit être notifiée au propriétaire (CE 15-5-2002 n° 230015, Ville de Paris : Lebon p. 173), à l'adjudicataire en cas de vente par adjudication (CE 17-12-2008 n° 304840, Office d'habitation du Gers : BPIM 1/09 inf. 19) et à l'acquéreur évincé s'il est mentionné dans la DIA (CE 16-12-2019 n° 419220 : BPIM 1/20 inf. 20). Le **défaut d'indication des voies et délais de recours dans la notification** rend inopposable le délai de recours contentieux de 2 mois contre la décision de préemption, mais l'action en contestation de la décision devra néanmoins intervenir dans un délai raisonnable, qui est en principe d'un an à compter de la date à laquelle l'intéressé a eu connaissance de la décision (CE ass. 13-7-2016 n° 387763 : BPIM 5/16 inf. 297 ; CE 16-12-2019 n° 419220 : BPIM 1/20 inf. 20 ; CE avis 12-7-2023 n° 474865 : BPIM 5/23 inf. 296).

DÉCISION DE NE PAS PRÉEMPTER

Sans attendre l'expiration du délai imparti, le titulaire du droit de préemption peut renoncer à acquérir par décision expresse. L'absence de réponse dans le délai vaut renonciation à préempter (C. urb. art. L 213-2, al. 4, art. L 219-6 et R 213-7). **37744**

Dans les ENS, trois organismes étant susceptibles de préempter le bien (n° 37740), la renonciation à préempter suppose donc trois réponses négatives expresses ou tacites dans un délai cumulé de 3 mois (C. urb. art. L 215-15).

L'administration qui renonce à préempter, que ce soit par l'effet de l'expiration du délai imparti ou par une décision explicite prise avant l'expiration de ce délai, ne peut pas revenir sur sa position et décider de préempter (CE 12-11-2009 n° 327451, Sté Comilux : BPIM 1/10 inf. 19). Cela ne signifie pas qu'elle a définitivement renoncé à préempter ; elle pourra le faire à l'occasion d'une nouvelle DIA (CE 5-7-2013 n° 349664 : BPIM 5/13 inf. 322).

En cas de renonciation du titulaire (expresse ou tacite), le propriétaire dispose de 3 ans pour vendre son bien au prix de la DIA révisé en fonction de la variation de l'indice du coût de la construction sans que le droit de préemption soit applicable. Toute autre modification dans le prix ou la consistance du bien impose l'envoi d'une nouvelle DIA. La même solution s'applique dans les ENS et les zones concernées par le recul du trait de côte (C. urb. L 213-8, al. 1 et 2 sur renvoi de L 215-20 et L 219-10, al. 3).

DÉCISION D'ACQUÉRIR

37746 Quatre cas doivent être envisagés en fonction du type de vente.

1. Vente amiable de gré à gré sans contrepartie en nature

Le titulaire du droit de préemption peut décider (C. urb. art. R 213-8, R 215-9 et R 219-7 dans sa rédaction issue du décret 2024-638 du 27-6-2024) :

– soit d'acquérir aux prix et conditions proposés par le propriétaire dans la DIA (la vente est alors parfaite et toute renonciation du vendeur ou rétractation du préempteur est impossible). L'acte authentique (notarié ou administratif si le vendeur l'accepte) doit être dressé dans les 3 mois (C. urb. art. R 213-12, R 215-9 et R 219-7 dans sa rédaction issue du décret 2024-638 du 27-6-2024) ;

– soit de proposer lui-même un autre prix et, à défaut d'acceptation de cette offre par le propriétaire, de faire fixer le prix du bien par le juge de l'expropriation. Une contre-proposition à un prix très inférieur à celui figurant dans la DIA et insuffisant au regard du marché est sans incidence sur la légalité de la décision de préemption (CE 7-1-2013 n° 357230, Cne de Montreuil : BPIM 2/13 inf. 111).

2. Adjudication volontaire ou cession avec une contrepartie en nature

Sont notamment visés les échanges, apports en société, cessions de terrain moyennant locaux à construire. Dans ce cas, le titulaire du droit de préemption ne peut que notifier une offre d'acquérir le bien à un prix qu'il propose lui-même (et qui peut être différent de l'estimation fournie dans la DIA) et, à défaut d'acceptation de cette offre par le propriétaire, son intention de faire fixer le prix par le juge de l'expropriation (C. urb. art. R 213-9, R 215-9 et R 219-7 dans sa rédaction issue du décret 2024-638 du 27-6-2024).

3. Adjudication autorisée ou ordonnée par un juge

À la différence des adjudications volontaires, la décision de préemption en cas d'adjudication autorisée ou ordonnée par un juge intervient après l'adjudication. Le titulaire du droit dispose d'un délai de 30 jours à compter de la dernière enchère ou surenchère pour notifier au greffier ou au notaire sa décision de se substituer à l'adjudicataire. Le respect de ce délai doit s'apprécier à la date de la réception de la décision de préemption par le notaire ou le greffier du tribunal. Une décision reçue après l'expiration du délai de 30 jours est illégale (CE 17-12-2008 n° 304840, Office d'habitation du Gers : BPIM 1/09 inf. 19), même si le titulaire du droit a informé le greffe de sa volonté de préempter avant l'adjudication (Cass. 3e civ. 25-6-2014 n° 13-19.429 : Bull. civ. III n° 91). La substitution intervient au prix de la dernière enchère ou de la surenchère (C. urb. art. R 213-15, R 215-18 et R 219-7 dans sa rédaction issue du décret 2024-638 du 27-6-2024).

4. Donations

Pour les donations entre vifs hors cadre familial, le titulaire du droit de préemption indique dans sa décision de préemption l'estimation du bien faite par les services fiscaux (C. urb. art. L 213-1-1, al. 6, art. L 215-13-1, al. 6 et art. L 219-6, al. 6).

› **Précisions a.** Le **défaut de conclusion de l'acte authentique** dans les 3 mois de la décision de préemption aux prix et conditions de la DIA n'entraîne pas la nullité de la préemption. Si, à l'expiration de ce délai, aucun acte n'a été dressé, le juge judiciaire peut être saisi par le titulaire du droit de préemption ou le vendeur pour faire acter le transfert (Rép. Jacquat : AN 21-10-1996 n° 42117). Le **défaut de paiement** (ou de consignation) du prix dans les 4 mois de la décision de préemption permet au vendeur de vendre librement son bien (C. urb. art. L 213-14).

b. Lorsque le titulaire du droit de préemption a notifié sa **décision de préempter**, le notaire la transmet aux **titulaires de droits** d'emphytéose, d'habitation ou d'usage, aux personnes bénéficiaires de servitudes, aux fermiers et aux locataires mentionnés dans la DIA (C. urb. art. L 213-2, al. 6 et L 219-6, al. 6).

c. Un **avant-contrat de vente sous condition suspensive** de non-préemption devient caduque dès la décision de préemption, même si la commune renonce finalement à préempter après la fixation judiciaire du prix (Cass. 3e civ. 10-10-2012 n° 11-15.473 : BPIM 6/12 inf. 459).

CONTENU DE LA DÉCISION DE PRÉEMPTION

37748 **Indication du prix** La décision de préemption doit viser les conditions de la vente et comporter les éléments définis par les articles R 213-8 ou R 213-9 du Code de l'urbanisme (voir n° 37746). Une simple lettre d'intention n'est pas suffisante. La décision de préemption doit comporter un prix et doit intervenir avant l'expiration du délai de réponse. Une décision prise dans les délais mais qui ne fait mention ni de l'acceptation du prix proposé, ni de l'offre d'un autre prix est illégale (CE 16-5-2001 n° 229739, Cne de Saint-Suliac : Lebon p. 240). Une décision de préemption proposant un prix dont le montant indiqué en toutes lettres diffère du montant indiqué en chiffes doit être considérée comme ne comportant aucun prix, elle est donc illégale (CAA Paris 29-2-2024 n° 22PA03860, Établissement public territorial Plaine Commune : BPIM 2/24 inf. 105).

Avis et évaluation domaniale Avant de réaliser certaines opérations immobilières, les collectivités territoriales, leurs groupements, leurs établissements publics et leurs concessionnaires doivent solliciter l'avis de la **direction de l'immobilier de l'État** (anciennement service des Domaines) et délibérer au vu de cet avis du directeur départemental (ou régional) des finances publiques. Sont notamment concernées les acquisitions par exercice du droit de préemption d'immeubles, de droits réels immobiliers, de fonds de commerce et de droits sociaux donnant vocation à l'attribution, en pleine propriété, d'immeubles ou de parties d'immeubles, d'une valeur totale égale ou supérieure à 180 000 € (CGCT art. L 1311-9, al. 1 et L 1311-10, 2° ; Arrêté ECFE1634125A du 5-12-2016 art. 2). Toutefois, lorsque le bien est situé dans une ZAD, une pré-ZAD ou une zone où le DPU renforcé s'applique, la consultation préalable de la direction de l'immobilier de l'État est obligatoire, quel que soit le prix figurant dans la DIA (C. urb. art. R 213-21, al. 2). 37750
Lorsqu'il envisage d'acquérir, le titulaire du droit de préemption transmet sans délai une copie de la DIA au directeur départemental des finances publiques (C. urb. art. L 213-2, al. 6 et L 219-6, al. 6). L'avis doit être rendu dans le **délai** d'un mois de la réception de la demande. Il ne s'agit pas d'un délai franc (CE 23-1-2008 n° 308995, Cne de Romainville : BJDU 1/2008 p. 46). En l'absence de réponse, le titulaire du droit de préemption peut procéder librement à l'acquisition (C. urb. art. R 213-21, al. 3 ; CGCT art. L 1311-12). Lorsque le titulaire du droit de préemption envisage d'acquérir en retenant un **prix supérieur à l'évaluation** domaniale, l'organe délibérant de la personne morale intéressée (par exemple, le conseil municipal) doit au préalable prendre une délibération motivée. Cette délibération est notifiée par le préfet au directeur départemental des finances publiques (Décret 86-455 du 14-3-1986 art. 10).
La **consultation préalable** de la direction de l'immobilier de l'État à l'occasion de chaque DIA constitue une garantie tant pour le titulaire du droit de préemption que pour l'auteur de la DIA ; son omission entache d'illégalité la décision de préemption (CE 23-12-2014 n° 364785, Communauté urbaine Brest métropole océane : BPIM 1/15 inf. 21). L'avis écrit de la direction de l'immobilier de l'État doit être reçu et vu avant la décision de préemption (CE 18-7-2006 n° 291569 : BJDU 5/06 p. 382 ; CE 24-7-2009 n° 316694, SCI 40 Servan : BPIM 5/09 inf. 351). Face à une décision de préemption, il conviendra donc de vérifier si cet avis était requis, s'il a été demandé, s'il a été reçu dans les délais et, lorsque le titulaire du droit de préemption a décidé de passer outre à l'évaluation domaniale, si une délibération spéciale a été prise.

> **Précisions a.** L'avis du service des Domaines rendu dans le cadre d'une procédure de préemption est un **document administratif communicable** (Avis Cada 28-7-2006 n° 2006-4177).
> **b.** Une pratique consiste fréquemment pour le service des Domaines à préciser que le **délai de validité** de son **avis** est limité. Dans ce cas, la décision du titulaire du droit de préemption doit être prise avant la péremption de l'avis, à peine d'être entachée d'illégalité (TA Amiens 27-1-2009 n° 07-246).
> **c.** À **Paris, Marseille et Lyon**, le maire d'arrondissement doit donner son avis sur tout projet d'acquisition ou d'aliénation d'immeubles ou de droits immobiliers envisagé par la commune dans l'arrondissement. Il est informé des DIA présentées pour des immeubles situés dans l'arrondissement. En outre, le maire de la commune doit informer, chaque mois, le maire d'arrondissement de la suite réservée à ces DIA (CGCT art. L 2511-30). Concernant les acquisitions par préemption, il ne s'agit pas d'une demande d'avis mais d'une simple information (CE 10-6-2020 n° 428072, Sté France immo : BPIM 4/20 inf. 245).

Motivation de la préemption La décision de préemption doit être motivée et mentionner l'**objet** et la nature du projet pour lequel le droit de prééemption est exercé (C. urb. art. L 210-1, al. 3 ; CE 7-3-2008 n° 288371, Cne de Meung-sur-Loire : RJDA 6/08 n° 629, 2e espèce). 37752
Cette motivation doit figurer dans la décision ou dans un document annexé auquel il est fait référence (CE 31-3-1989 n° 88113, Sté d'ingénierie et de développement économique et Ville d'Arcueil : JCP éd. N 1989 II p. 253, 2e espèce). Il s'agit là d'une **formalité substantielle** dont la méconnaissance entache d'illégalité la décision considérée. Le juge administratif sanctionne les décisions de préemption comportant une motivation insuffisante ou trop générale.
Dans le cadre d'une **ZAD** ou du **DPU** cet objet doit correspondre à l'une des finalités légales du droit de préemption (voir n° 37502), peu importe que l'action ou l'opération qui fonde la décision de préemption ne s'accompagne d'aucune mesure d'urbanisation ni d'aucune réalisation d'équipement (CE 6-2-2006 n° 266821, Cne de Lamotte-Beuvron : Lebon p. 61, en l'espèce, la préemption était motivée par la revente à une entreprise locale pour permettre son maintien sur le territoire de la

commune ; CE 21-11-2008 n° 302144 : RJDA 6/09 n° 532). Toutefois, l'opération doit être d'une certaine importance. Une opération ponctuelle de résorption de l'habitat insalubre ne peut pas justifier le recours au droit de préemption (CE 6-5-2009 n° 311167, Cne du Plessis-Trévise : BPIM 4/09 inf. 269), sauf pour le DPU dans le cadre d'une Opah, d'un plan de sauvegarde ou d'une Orcod (C. urb. art. L 211-2-4 dans sa rédaction issue de la loi 2024-322 du 9-4-2024).

Le titulaire du droit de préemption doit être en mesure de **justifier**, à la date de la décision, soit de la réalité d'une action ou opération d'aménagement, soit de la constitution d'une réserve foncière servant à réaliser ultérieurement une telle opération. Mais il n'est pas nécessaire que les caractéristiques précises du projet aient déjà été définies (CE 7-3-2008 n° 288371, Cne de Meung-sur-Loire : RJDA 6/08 n° 629, 2e espèce). La mise en œuvre du droit de préemption doit également répondre à un intérêt général suffisant, eu égard notamment aux caractéristiques du bien ou au coût prévisible de l'opération, ce que le juge vérifie dans le cadre d'un contrôle complet (CE 6-6-2012 n° 342328, Sté RD Machines outils : BPIM 4/12 inf. 311 ; CE 28-1-2021 n° 429584, Sté Matimo : BPIM 2/21 inf. 111). Le titulaire du droit de préemption n'a pas à justifier que la préemption est son seul recours pour réaliser le projet (CE 13-3-2019 n° 419259 : BPIM 2/19 inf. 101).

Les pièces produites par le titulaire du droit de préemption doivent **prouver** la réalité du projet (voir par exemple CAA Versailles 17-12-2008 n° 08VE023041, Cne de Dugny : BPIM 2/09 inf. 112, 2e espèce). À défaut, la décision de préemption sera annulée (voir par exemple, CAA Versailles 2-4-2009 n° 07VE01974, Cne d'Argenteuil : BPIM 3/09 inf. 197 ; CAA Versailles 30-11-2017 n° 15VE02791, Cne du Raincy : BPIM 1/18 inf. 19).

Dans les zones de préemption au titre des **ENS**, l'objet du projet doit être de protéger des espaces naturels de qualité en vue de leur ouverture au public (C. urb. art. L 215-21). Aucune autre finalité n'est admise comme, par exemple soumettre des terrains à la gestion d'une société de chasse (CE 29-6-1992 n° 107174 : Lebon p. 275), conforter l'activité agricole des terrains (CE 16-6-1995 n° 140022, Préfet des Yvelines : Dr. adm. 1995 n° 475), rétablir l'accès des promeneurs et pêcheurs aux berges d'une rivière (CE sect. 22-2-2002 n° 208769, Association de riverains pour la gestion et la sauvegarde du bassin hydrographique du Trieux, du Left et de leur milieu vivant : BJDU 2/02 p. 126) ou réaliser une zone coupe-feu (CAA Marseille 8-11-2021 n° 19MA05051, Cne de Peypin : BPIM 1/22 inf. 23, 1re espèce).

L'objet d'une décision de préemption au titre du **recul du trait de côte** est spécifique (voir n° 37503).

> **Précisions** Dans certaines hypothèses, la loi autorise une **motivation par référence à une délibération ou un acte antérieur** (C. urb. art. L 210-1, al. 3 et 4) :
> – lorsque le droit de préemption est exercé à des fins de **réserves foncières** dans le cadre d'une **ZAD**, la décision peut se référer aux motivations générales mentionnées dans l'acte créant la zone ;
> – lorsque la commune a délibéré pour définir le cadre des actions qu'elle entend mettre en œuvre pour mener à bien un **programme local de l'habitat** ou pour mener à bien un programme de construction de **logements locatifs sociaux** la décision de préemption peut (sauf s'il s'agit d'un bien visé nos 37634 s.) se référer à la délibération du conseil municipal ayant défini ce cadre ;
> – lorsque la commune a délibéré pour délimiter des **périmètres déterminés** dans lesquels elle décide d'intervenir pour les aménager et améliorer leur qualité urbaine, la décision de préemption peut se référer à la délibération ayant délimité le périmètre d'intervention.
> Dans ces hypothèses, l'**obligation de motivation** doit être regardée comme **remplie** lorsque la décision de préemption fait référence aux dispositions de la délibération ou de l'acte antérieur et qu'un tel renvoi permet de déterminer la nature de l'action ou de l'opération d'aménagement que la collectivité publique entend mener au moyen de cette préemption. À cette fin, la collectivité peut soit indiquer l'action ou l'opération d'aménagement prévue par la décision antérieure à laquelle la décision de préemption participe, soit renvoyer à cette décision antérieure elle-même si celle-ci est suffisamment précise et permet d'identifier la nature de l'opération ou de l'action d'aménagement poursuivie (CE 20-11-2009 n° 316732, Cne d'Ivry-sur-Seine ; CE 20-11-2009 n° 316961, Cne de Noisy-le-Grand). Il n'en reste pas moins que, dans ces hypothèses, la décision de préemption devra être utile à la réalisation des objectifs en vue desquels la zone a été créée ; le juge vérifiera l'absence d'erreur manifeste dans cette appréciation (CE 17-6-2014 n° 358438 : BPIM 4/14 inf. 241).

37754 **Utilisation du bien préempté** Le titulaire du DPU ou du droit de préemption dans les ZAD n'est pas lié par l'objectif légal motivant sa décision de préemption. Il peut **utiliser ou vendre le bien à un autre usage** dès lors que celui-ci est inclus dans les usages légaux. Tout changement d'affectation doit faire l'objet d'une décision de l'organe délibérant de la collectivité ou du délégataire du droit de préemption. Si le bien préempté doit être utilisé au profit d'une personne privée autre qu'un concessionnaire d'aménagement ou qu'une société d'HLM, une délibération motivée est nécessaire (C. urb. art. L 213-11). Les biens acquis dans le cadre d'une délégation spéciale par les organismes en charge du logement social ne peuvent être utilisés qu'en vue de la réalisation d'opérations d'aménagement ou de construction permettant la réalisation des objectifs du programme local de l'habitat ou du plan de rattrapage pluriannuel de réalisation de logements locatifs sociaux (C. urb. art. L 211-2, al. 3).

Lorsqu'un bien a été préempté dans le cadre d'une **ZAD** ou du **DPU** depuis moins de 5 ans, son utilisation ou sa vente à une autre fin que celles définies par l'article L 210-1 du Code de l'urbanisme ouvre un **droit de rétrocession** préalable au profit de son ancien propriétaire (ou ayant cause universel ou à titre universel). Si celui-ci renonce au rachat, la rétrocession doit être proposée à l'acquéreur évincé dont l'identité a été indiquée dans la DIA (C. urb. art. L 213-11 et R 213-16 s.). Ce droit de rétrocession n'est pas applicable lorsque le bien est situé dans une zone d'aménagement concerté (C. urb. art. L 311-3). À défaut de proposer la rétrocession, le titulaire du droit de préemption s'expose à une action en **dommages et intérêts** si l'ancien propriétaire (ou subsidiairement l'acquéreur évincé) justifie que l'utilisation non conforme du bien préempté lui cause un préjudice direct et certain (Cass. 3e civ. 8-11-2000 n° 98-15.921 : BJDU 1/01 p. 39). Cette action devant le tribunal judiciaire se prescrit par 5 ans à compter de la mention de l'affectation ou de l'aliénation du bien en cause sur le registre communal des opérations de préemption. L'action en dommages et intérêts reste ouverte en cas de renonciation à la rétrocession (C. urb. art. L 213-12).

Le droit de rétrocession existe aussi en cas de préemption dans les **ENS**, mais selon des modalités différentes. Si, dans les 10 ans de son acquisition, le bien n'est pas utilisé comme espace naturel dans les conditions légales, son ancien propriétaire (ou ayant cause universel ou à titre universel) peut en demander la rétrocession. Cette demande doit être formulée dans les 3 ans qui suivent l'expiration du délai de 10 ans (C. urb. art. L 215-22 et R 215-19).

Il n'existe pas de droit de rétrocession dans les zones concernées par le **recul du trait de côte**. La personne publique qui devient propriétaire doit assurer la gestion des biens acquis au regard de l'évolution prévisible du trait de côte et procéder à leur renaturation. Elle peut éventuellement en confier la gestion à une personne publique ou privée y ayant vocation. Les biens peuvent faire l'objet, de façon transitoire, avant leur renaturation, d'une convention ou d'un bail en vue d'occuper, d'exploiter, d'aménager, de construire ou de réhabiliter des installations, ouvrages ou bâtiments en tenant compte de l'évolution prévisible du trait de côte (C. urb. art. L 219-11).

PASSER OUTRE À UNE PRÉEMPTION ILLÉGALE

Une vente conclue en violation d'une décision de préemption encourt la nullité (le titulaire du droit de préemption doit introduire son action devant la juridiction judiciaire). **37760**

Face à une décision de préemption qui semble illégale, vendeur et acquéreur évincé peuvent-ils conclure la vente envisagée par l'avant-contrat sans encourir cette nullité ? Il convient de distinguer.

Si le titulaire du droit de préemption a **accepté l'offre de la DIA**, il est impossible d'exécuter l'avant-contrat. La seule solution pour le vendeur (ou l'acquéreur évincé) consiste à déposer devant le tribunal administratif un **recours pour excès de pouvoir** visant à faire annuler la décision de préemption qui, bien qu'illégale, existe. Ce recours pour excès de pouvoir peut être accompagné d'un **référé-suspension** destiné à suspendre l'exécution de la décision de préemption dans l'attente du jugement au fond. La suspension d'une décision de préemption a normalement pour conséquence, d'une part, de faire obstacle à l'acquisition des parcelles concernées par le titulaire du droit de préemption et, d'autre part, de permettre la conclusion de la transaction envisagée par le propriétaire de ces parcelles. Le juge peut cependant ne suspendre que certains des effets de l'acte attaqué et se borner à paralyser l'acquisition des parcelles par la collectivité (CE 23-7-2003 n° 254837, Sté Atlantique terrains : BJDU 6/03 p. 422). **37762**

Lorsque le titulaire du droit de préemption répond à la DIA par une **contre-proposition**, la vente n'est pas encore formée (pas d'accord sur la chose et le prix) ; il peut donc être envisagé d'exécuter l'avant-contrat si l'on estime la décision de préemption illégale. Au préalable, il est nécessaire d'intenter une action en annulation de la décision devant le tribunal administratif éventuellement accompagnée d'un référé-suspension. En effet, il importe d'éviter que la décision de préemption ne devienne définitive une fois le délai de recours contentieux de 2 mois expiré. Une décision de préemption étant une décision individuelle, il ne sera pas possible, si cette décision est définitive, d'en soulever l'exception d'illégalité à l'occasion du contentieux ouvert devant le juge civil en annulation de la vente passée en violation du droit de préemption. On relèvera toutefois que, lorsque l'illégalité d'un acte administratif est manifeste au regard d'une jurisprudence bien établie du juge administratif, le juge judiciaire peut constater cette illégalité **37764** et en tirer les conséquences (T. confl. 17-10-2011 n° 3828 : Lebon p. 697). Ainsi jugé s'agissant du non-respect des délais en matière de préemption (T. confl. 16-6-2014 n° 3953 : BPIM 4/14 inf. 242 ; dans le même sens, Cass. 1e civ. 18-10-1994 n° 92-18.142 : Bull. civ. I n° 299).

CONSÉQUENCES DE L'ANNULATION DE LA PRÉEMPTION SUR LA VENTE ENVISAGÉE

37770 En cas d'annulation (ou de déclaration d'illégalité) d'une décision de préemption par la juridiction administrative, le titulaire du droit de préemption doit être regardé comme n'ayant jamais décidé de préempter. Il ne peut plus exercer son droit sur le bien en cause pendant un an à compter de la décision juridictionnelle devenue définitive et le propriétaire peut vendre sans être tenu par les prix et conditions qu'il avait mentionnés dans la DIA (C. urb. art. L 213-8, al. 5).

Cette annulation paralyse le **transfert de propriété** entre le vendeur et la collectivité, si ce transfert n'est **pas encore intervenu**.

En raison de l'effet rétroactif attaché à la décision d'annulation, la décision de préemption est réputée n'être jamais intervenue et le vendeur ne peut pas obliger la collectivité à passer la vente (Cass. 3e civ. 25-5-2005 n° 01-14.398 : AJDI 2005 p. 939). Vendeur et acquéreur évincé sont renvoyés à l'avant-contrat d'origine, qui reste valable. La condition suspensive de non-préemption figurant dans cet avant-contrat doit être considérée comme remplie. En conséquence, l'une des deux parties peut demander, éventuellement en justice, la réitération de la vente (Cass. 3e civ. 22-6-2005 n° 03-20.473 : RJDA 3/06 n° 252). Seule pourrait s'y opposer la non-réalisation d'une autre condition suspensive stipulée dans l'avant-contrat d'origine ou la caducité de l'acte. Ainsi jugé pour une promesse synallagmatique de vente fixant une date limite pour la signature de l'acte authentique, date dépassée à la date du jugement annulant la décision de préemption (Cass. 3e civ. 13-1-2010 n° 09-11.057 : RJDA 7/10 n° 733) ou pour une promesse unilatérale de vente dont l'option n'a pas été levée dans le délai contractuellement fixé (Cass. 3e civ. 22-9-2010 n° 09-14.817 : RJDA 2/11 n° 134) – cette non-levée de l'option autorise d'ailleurs le vendeur à conserver l'indemnité d'immobilisation. L'insertion d'une clause de caducité de l'avant-contrat nous paraît une précaution indispensable dès lors que l'annulation peut intervenir après de nombreuses années de procédure. Il semble possible d'insérer dans l'avant-contrat une clause prévoyant que la notification d'une décision de préemption vaudra à elle seule défaillance de la condition, quel que soit le sort ultérieur de cette décision (C. Debouy, « Les conséquences de l'illégalité de la décision de préemption » : AJDI 1998 p. 34). Dans un domaine voisin, la jurisprudence va dans ce sens en jugeant qu'une vente sous condition suspensive de non-préemption devient caduque dès la décision de préemption, même si la commune renonce finalement à préempter après la fixation judiciaire du prix (Cass. 3e civ. 10-10-2012 n° 11-15.473 : Bull. civ. III n° 142).

37772 Lorsque le **transfert** de propriété entre la collectivité et le vendeur est **déjà intervenu** (c'est-à-dire lorsque l'acte authentique a été signé et le prix payé ou consigné), l'annulation ou la déclaration d'illégalité de la décision de préemption n'a pas d'effet direct sur la vente. Le titulaire du droit de préemption doit proposer à l'ancien propriétaire (ou à ses ayants cause universels ou à titre universel) d'acquérir le bien par priorité. Le prix proposé doit rétablir autant que possible et sans enrichissement injustifié de l'une des parties les conditions de la transaction à laquelle l'exercice illégal du droit de préemption a fait obstacle. À défaut d'accord amiable, le prix est fixé par le juge de l'expropriation. À compter de la fixation judiciaire du prix, l'ancien propriétaire dispose de 3 mois pour acquérir ; à défaut, il est réputé y avoir renoncé. En cas de refus exprès ou tacite de l'ancien propriétaire, l'acquisition doit être proposée à l'acquéreur évincé si son nom figurait dans la DIA (C. urb. art. L 213-11-1 et L 219-11-1) ou s'il le demande (CE 28-9-2020 n° 432063, Cne de Montagny-lès-Beaune : BPIM 6/20 inf. 378). Si le titulaire du droit de préemption refuse de rétrocéder le bien, le juge administratif, saisi par l'ancien propriétaire ou l'acquéreur évincé, pourra ordonner à la collectivité, le cas échéant sous astreinte, de prendre les mesures qu'implique l'annulation de la décision de préemption et de proposer aux personnes intéressées l'acquisition du bien (T. confl. 12-6-2017 n° 4085, Sté Foncière Mahdia c/ OPH Paris Habitat : RJDA 2/18 n° 115). Le juge pourra refuser de prononcer cette injonction si le rétablissement de la situation initiale porte une atteinte excessive à l'intérêt général (CE 28-9-2020 n° 436978, Ville de Paris et CE 28-9-2020 n° 430951 : BPIM 6/20 inf. 377). Il peut être judicieux de faire la demande de rétrocession lors de l'instance en annulation de la décision de préemption. Si la collectivité a déjà revendu à un tiers le bien illégalement préempté, le juge administratif ne peut pas ordonner à l'administration de remettre en cause cette cession (CE 26-2-2003 n° 231558 : Lebon p. 59, BPIM 6/03 inf. 323).

À défaut de se voir proposer la rétrocession du bien, ancien propriétaire et acquéreur évincé peuvent également engager devant le juge judiciaire une action en dommages et intérêts contre le titulaire ou le délégataire du droit de préemption. Cette action reste possible même s'ils ont renoncé à la rétrocession. L'action doit être introduite dans les 5 ans de la décision définitive de la juridiction administrative annulant ou déclarant illégale la préemption (C. urb. art. L 213-12).

> **Précisions a.** Le prix de revente à **l'acquéreur évincé** ou au propriétaire initial doit tenir compte des éventuelles modifications apportées à la consistance et à l'état du bien après la préemption. Le prix mentionné dans la DIA doit, d'une part, être majoré du coût des travaux indispensables à la conservation du bien que la collectivité a réalisés et de la plus-value consécutive aux travaux utiles d'amélioration ou de démolition qu'elle a menés à bien et, d'autre part, en cas de dégradation du bien, être diminué des dépenses que l'acquéreur devra exposer pour le remettre dans l'état dans lequel il se trouvait initialement. En revanche, il n'y a pas lieu de tenir compte de la modification des règles d'urbanisme applicables et des évolutions du marché immobilier postérieures à la décision de préemption (CE sect. 31-12-2008 n° 293853 : BJDU 6/08 p. 440). Le prix mentionné dans la DIA ne doit pas être affecté d'un coefficient d'érosion monétaire (CAA Marseille 19-5-2011 n° 11MA00612 : BPIM 5/11 inf. 368). Lorsque le prix de revente demandé par la commune n'est pas compatible avec les principes d'évaluation fixés par la jurisprudence, le juge peut, à titre exceptionnel, fixer lui-même la limite supérieure du prix de rétrocession (CAA Marseille 19-5-2011 n° 11MA00612 : BPIM 5/11 inf. 368).
>
> **b.** Il est toujours loisible à la collectivité publique de conclure une **transaction avec l'acquéreur évincé** en vue de déterminer les conditions de la cession ou de la renonciation de ce dernier à tout droit sur le bien et, le cas échéant, de réparer les préjudices que la décision de préemption illégale a pu lui causer (Rép. Zimmermann : AN 23-4-2013 n° 19325).

3. DÉCISION DU PROPRIÉTAIRE EN CAS DE CONTRE-PROPOSITION

Dès lors que le titulaire du droit de préemption n'accepte pas d'acquérir aux prix et conditions proposés et qu'il a formulé sa propre offre d'acquérir, le propriétaire dispose d'un délai de 2 mois à compter de la réception de l'offre du titulaire du droit, pour lui notifier : **37790**
- soit qu'il accepte le prix ou les nouvelles modalités qui lui sont proposés ;
- soit qu'il maintient le prix ou l'estimation figurant dans la DIA et accepte, en conséquence, que le prix soit fixé par la juridiction compétente en matière d'expropriation ;
- soit qu'il renonce à l'aliénation.

Le **silence** gardé par le propriétaire dans le délai de 2 mois équivaut à une renonciation d'aliéner (C. urb. art. R 213-10). Dans un tel cas, d'une part, le titulaire du droit de préemption ne peut pas saisir le juge en fixation du prix (Cass. 3ᵉ civ. 12-3-2003 n° 02-70.049 : Bull. civ. III n° 62) et, d'autre part, le propriétaire ne peut pas exiger du titulaire de la promesse de vente la réalisation forcée de la vente (Cass. 3ᵉ civ. 4-6-2003 n° 00-17.084 : Bull. civ. III n° 124). Le propriétaire peut décider de remettre le bien en vente mais il devra déposer une nouvelle DIA.

Si le **propriétaire accepte le prix** proposé par le titulaire du droit de préemption, la vente est parfaite et toute renonciation du vendeur ou rétractation du titulaire du droit de préemption est impossible (Cass. 3ᵉ civ. 2-6-1999 n° 97-17.576 : RJDA 8-9/99 n° 910). Un acte authentique doit être dressé dans un délai de 3 mois (C. urb. art. R 213-12). Le transfert de propriété intervient à la plus tardive des dates auxquelles sont intervenus le paiement et l'acte authentique (C. urb. art. L 213-14, al. 1).

4. FIXATION DU PRIX PAR LE JUGE DE L'EXPROPRIATION

SAISINE DU JUGE

À défaut d'accord amiable sur le prix, le **titulaire du droit de préemption** peut : **37800**
- soit **renoncer** expressément (ou implicitement en ne saisissant pas la juridiction d'expropriation) à exercer son droit de préemption. Le propriétaire peut alors vendre son bien au prix indiqué dans la DIA révisé en fonction de l'indice du coût de la construction depuis la date de la DIA ; à défaut de vente dans les 3 ans de la décision de renonciation, une nouvelle DIA devra être déposée (C. urb. art. L 213-8, al. 1 et 2) ;
- soit, dans le délai de 15 jours à compter de la réception de la réponse du propriétaire, **saisir le juge** de l'expropriation et le faire savoir au propriétaire (C. urb. art. L 213-4 et R 213-11). Le propriétaire vendeur ne peut pas saisir le juge de l'expropriation.

Dans un délai de 3 mois à compter de la saisine de la juridiction, le titulaire du droit de préemption doit avoir consigné une somme égale à 15 % de l'évaluation du directeur départemental des finances publiques (service des Domaines) et notifié le récépissé de cette consignation au juge et au propriétaire. À défaut, il est réputé avoir renoncé à l'exercice de son droit de préemption (C. urb. art. L 213-4-1 et R 213-11 ; Cass. 3ᵉ civ. 9-5-2012 n° 11-12.551 : Bull. civ. III n° 72).

MODALITÉS DE FIXATION DU PRIX

37803 Le prix de la préemption est fixé selon les **règles applicables en matière d'expropriation** (notamment pour la qualification de terrain à bâtir) sous réserve de quelques particularités prévues par l'article L 213-4 du Code de l'urbanisme. Afin que le principe de l'égalité des armes garanti par l'article 6-1 de la convention de sauvegarde des droits de l'Homme et des libertés fondamentales soit respecté lors de la fixation du prix par le juge de l'expropriation, les propriétaires dont le bien est préempté peuvent **accéder** librement **aux éléments d'information que l'administration fiscale détient** concernant les valeurs foncières déclarées à l'occasion des mutations intervenues dans les 5 dernières années (LPF art. L 112 A). Cette communication se fait par l'intermédiaire du site Demande de Valeur Foncière (DVF) (https://app.dvf.etalab.gouv.fr/). La transmission est effectuée dans le cadre d'une procédure électronique, sans mesure d'identification ou de justification préalable. Les éléments d'information mis à disposition s'entendent de la date et de la nature de la mutation, du prix de l'immeuble, de son adresse, de sa description (sous réserve qu'elle ait été déclarée à l'administration : surface Carrez, surface réelle, code type de local, type de local, nombre de pièces principales, surface du terrain) et de ses références cadastrales (qui incluent pour un bien faisant partie d'une copropriété, le nombre de lots et le numéro de lot dans la limite de 5 lots par mutation). Ces éléments sont accessibles gratuitement. Actualisées semestriellement, les informations sont mises à disposition sous forme d'un fichier téléchargeable qui ne doit permettre ni l'identification des personnes concernées ni une indexation sur des moteurs de recherche en ligne (LPF art. R 112 A-1, R 112 A-2 et R 112 A-3). Ces propriétaires peuvent également, dans certaines conditions et limites, obtenir communication d'informations relatives aux cessions de biens immobiliers similaires intervenues dans un périmètre et pendant une période déterminés par l'intermédiaire du téléservice Patrim (LPF art. L 107 B). Parallèlement, le Conseil supérieur du notariat (**CSN**) met gratuitement à la disposition du public, sur internet, des statistiques de prix concernant le marché immobilier de certaines communes. Ces informations, extraites des bases de données « Bien » et « Perval », ainsi que de la base de données des avant-contrats reçus par les notaires, sont disponibles en ligne sur le site www.immobilier.notaires.fr > Prix immobilier. Le CSN peut également transmettre à tout demandeur, moyennant rémunération, des informations statistiques plus complètes (incluant notamment les références cadastrales des biens vendus et le profil de l'acquéreur) concernant les ventes réalisées sur un secteur et une période donnés (Décret 2013-803 du 3-9-2013 art. 3 et 4). Ce service est accessible sur le site www.immobilier.notaires.fr.

37806 Dans les zones concernées par le **recul du trait de côte**, le prix fixé par le juge de l'expropriation doit « tenir compte de l'exposition du bien au recul du trait de côte » (C. urb. art. L 219-7, I). Si l'immeuble est situé dans une zone de recul à horizon de 30 ans, son prix est fixé en priorité par référence à des mutations et accords amiables portant sur des biens de même qualification et avec un niveau d'exposition similaire situés dans cette même zone. Si ces références sont insuffisantes, le prix du bien est fixé en priorité par référence à des mutations et accords amiables portant sur des biens de même qualification situés hors de la zone exposée au recul du trait de côte dans laquelle il se situe. Dans ce cas, pour tenir compte de la durée limitée restant à courir avant la disparition du bien, un abattement est pratiqué sur la valeur de ces références. Cet abattement peut, notamment, être déterminé par application d'une décote calculée en fonction du temps écoulé depuis la première délimitation de la zone dans laquelle se situe le bien, rapporté à la durée totale prévisionnelle avant la disparition du bien à compter de cette première délimitation (C. urb. art. L 219-7, III).

37810 Le prix fixé par le juge pour le bien préempté est exclusif de toute **indemnité accessoire** (réemploi, éviction, dépréciation, relogement, etc.). Le juge ne peut pas se prononcer sur la valeur d'un bien exclu du champ d'application du droit de préemption (Cass. 3e civ. 9-6-2004 n° 03-70.066 : JCP N 2004 n° 1527). Le juge amené à fixer le prix d'un bien dont l'aliénation est envisagée sous forme de vente avec constitution de **rente viagère**, doit respecter les conditions de paiement proposées par le vendeur mais peut réviser le montant de cette rente et le capital éventuel (C. urb. art. L 213-4, dernier al., art. L 215-17, al. 6 et L 219-7-1).

En cas de **préemption partielle** (voir n° 37540), le juge devra fixer le prix en tenant compte de l'éventuelle dépréciation subie par la fraction de l'unité foncière non préemptée (C. urb. art. L 213-4, al. 2, art. L 215-19, al. 1 et L 219-8, al. 1).

37813 Le bien doit être évalué en prenant en considération son usage effectif à la **date de référence**. Par dérogation à l'article L 322-2 du Code de l'expropriation, la date de référence à retenir pour le DPU et dans les ENS est celle à laquelle est devenu opposable aux tiers le plus récent des actes rendant public, approuvant, modifiant ou révisant le POS ou approuvant, modifiant ou révisant le PLU et délimitant la zone dans laquelle est situé le bien (C. urb. art. L 213-4, a). En l'absence d'un tel document dans les ENS, la date de référence à retenir est 5 ans avant la DIA (C. urb. art. L 215-17, al. 3).

Pour le droit de préemption lié au recul du trait de côte, la date de référence est celle à laquelle est devenu opposable aux tiers le plus récent des actes rendant public, approuvant, révisant ou modifiant le PLU ou la carte communale et délimitant la zone exposée au recul du trait de côte dans laquelle il est situé (C. urb. art. L 219-7, II).
Si le bien est situé dans une ZAD, cette date de référence est la suivante (C. urb. art. L 213-4, a) :
a. la date du dernier renouvellement de l'acte créant la ZAD ;
b. ou, en l'absence de renouvellement :
– la date de publication de l'acte délimitant le périmètre provisoire de la ZAD lorsque le bien est situé dans un tel périmètre ou lorsque l'acte créant la zone est publié dans le délai de validité d'un périmètre provisoire ;
– la date de publication de l'acte créant la ZAD si un périmètre provisoire de ZAD n'a pas été délimité.

> **Précisions** La loi ne fixe pas de date de référence particulière lorsque l'exercice du droit de préemption urbain intervient, dans les communes dépourvues de PLU, sur le fondement d'une carte communale, d'un plan de prévention des risques technologiques, d'un périmètre de protection des points de prélèvement d'eau ou d'une zone d'inondation (voir n° 37524).

FACULTÉ DE RENONCIATION

Une fois le prix de la préemption définitivement fixé par le juge, chacune des parties dispose d'un **délai** de 2 mois pour renoncer à la mutation. Ce délai court à compter de la signification de la décision judiciaire définitive (Cass. 3e civ. 4-12-1996 n° 95-70.088 : RJDA 3/97 n° 399). Le silence des parties vaut acceptation du prix fixé par le juge et transfert de propriété au profit du titulaire du droit (C. urb. art. L 213-7, al. 2). Dans ce cas, l'acte authentique doit être dressé dans les 3 mois de la date à laquelle la décision judiciaire est devenue définitive (C. urb. art. R 213-12). **37814**
Lorsque la renonciation émane du **propriétaire**, la remise en vente du bien nécessite une nouvelle DIA.
Lorsque la renonciation émane du **titulaire du droit de préemption**, celui-ci ne peut plus exercer son droit à l'égard du même propriétaire pendant un délai de 5 ans à compter de la décision juridictionnelle définitive à condition que le bien soit vendu au prix fixé par la juridiction et révisé, s'il y a lieu, en fonction des variations de l'indice du coût de la construction publié par l'Insee depuis cette décision (C. urb. art. L 213-8, al. 3). Le propriétaire doit informer le titulaire du droit de préemption du prix auquel la vente a été réalisée (C. urb. art. R 213-13, al. 2). Toute vente à un prix supérieur ou inférieur à celui fixé par le juge et éventuellement révisé nécessite le dépôt d'une nouvelle DIA.

> **Précisions a.** Par « **décision juridictionnelle définitive** », il y a lieu d'entendre une décision exécutoire, non susceptible de recours suspensif d'exécution, c'est-à-dire soit la date à laquelle le délai d'appel est expiré pour la décision rendue en première instance, soit celle de la décision de la cour d'appel devenue exécutoire par sa notification ou sa signification, le pourvoi en cassation n'ayant pas, sauf exception prévue par la loi, d'effet suspensif (Rép. Hage : AN 7-8-1989 p. 3531 n° 604 ; Cass. 3e civ. 27-6-1990 n° 89-14.389 : Bull. civ. III n° 160 ; Cass. 3e civ. 4-5-2016 n° 15-14.892 FS-PB). En cas de désistement d'appel, le jugement de première instance devient définitif à la date de ce désistement (Cass. 3e civ. 29-6-2017 n° 16-14.622 FS-PBI : BPIM 4/17 inf. 265).
> **b.** Les **indices du coût de la construction** à retenir sont ceux publiés respectivement à la date à laquelle la décision juridictionnelle est devenue définitive et à la date de l'acte authentique (C. urb. art. R 213-13).
> **c.** Un avant-contrat de vente sous **condition suspensive de non-préemption** devient caduc dès la décision de préemption, même si la commune renonce finalement à préempter après la fixation judiciaire du prix (Cass. 3e civ. 10-10-2012 n° 11-15.473 : BPIM 6/12 inf. 459).
> **d.** La **commune** qui préempte légalement, puis renonce légalement à préempter peut engager sa **responsabilité sans faute** si le propriétaire subit un grave préjudice excédant les aléas ou sujétions que doivent normalement supporter des vendeurs de terrains situés en zone urbaine (CE 13-6-2022 n° 437160, Sté Immotour : BPIM 4/22 inf. 279).

5. PAIEMENT DU PRIX ET TRANSFERT DE PROPRIÉTÉ

DÉLAI DE PAIEMENT

Le prix est payé ou, en cas d'obstacle au paiement, consigné selon les règles applicables en matière d'expropriation (C. urb. art. L 213-4, al. 3, art. L 215-17, al. 2 et art. L 219-7, I-al. 2). Le paiement ou la consignation devra intervenir dans les 4 mois suivant (C. urb. art. L 213-14) : **37830**
– soit la décision d'acquérir le bien au prix indiqué par le vendeur ou accepté par lui ;
– soit la décision définitive du juge de l'expropriation ;
– soit la date du procès-verbal ou du jugement d'adjudication.

Jusqu'au paiement du prix ou sa consignation, l'ancien propriétaire conserve la jouissance du bien (C. urb. art. L 213-15 ; Cass. 3e civ. 10-12-2003 no 02-12.894 : RJDA 5/04 no 546), de sorte qu'il perçoit les loyers de l'immeuble éventuellement loué étant entendu qu'il ne pourra pas modifier l'état du bien ou le grever de charges (bail, hypothèques, etc.).

RETARD OU DÉFAUT DE PAIEMENT

37832 En l'absence de paiement ou de consignation à l'issue du délai de 4 mois, le propriétaire peut vendre librement son bien sans nouvelle DIA (C. urb. art. L 213-14).

La possibilité pour le vendeur de préférer obtenir la **réalisation forcée de la vente** (Cass. 3e civ. 2-6-1999 no 97-17.576 : RJDA 8-9/99 no 910) ne nous paraît pas exclue. Comme celle de demander des **intérêts moratoires** devant le juge judiciaire (T. confl. 9-12-1996 no 2994 : RJDA 3/97 no 400 ; CE 21-4-2000 no 180325, Sté Foncier immobilier Lyonnais : RJDA 3/01 no 288). En revanche, il ne peut pas saisir le juge de l'expropriation en fixation d'un nouveau prix (Cass. 3e civ. 24-10-1990 no 89-70.317 : Bull. civ. III no 209).

TRANSFERT DE PROPRIÉTÉ

37834 Le transfert de propriété est conditionné par la signature de l'acte authentique et le paiement du prix ou sa consignation. Il intervient à la plus tardive des dates auxquelles sont intervenus le paiement et l'acte authentique (C. urb. art. L 213-14).

CHAPITRE 4

DROIT DE PRÉEMPTION DE LA SAFER

SOMMAIRE

PRÉSENTATION DES SAFER

Les **sociétés d'aménagement foncier et d'établissement rural** (Safer) ont pour missions de contribuer, dans leur zone d'intervention, à la mise en œuvre du volet foncier de la politique d'aménagement et de développement durable du territoire rural. Pour l'essentiel, elles ont donc vocation à favoriser l'installation ou le maintien d'exploitants agricoles ou forestiers, concourir à la préservation de l'environnement et assurer la transparence du marché foncier rural (C. rur. art. L 141-1). 38500

Leurs modalités d'action sont diverses. Elles peuvent notamment acquérir amiablement des biens ruraux dans le but de les rétrocéder ainsi que des actions ou parts de sociétés détenant en propriété ou en jouissance des biens immobiliers à usage ou à vocation agricole ou détenant des droits sur de telles sociétés (C. rur. art. L 141-1, II). Elles bénéficient aussi :

– d'un large **droit d'information** (C. rur. art. L 141-1-1).

– d'un **droit de préemption**, à l'occasion de certaines opérations, leur permettant de se substituer au cessionnaire pressenti d'un bien rural (C. rur. art. L 143-1 s.).

Nous présentons le régime résultant de ces dispositions.

> **Précisions** Les Safer peuvent apporter leur concours à l'État et aux collectivités territoriales pour la mise en œuvre des droits de préemption dont ces personnes morales sont titulaires. Elles agissent, dans ce cas, au nom de ces personnes morales et selon une procédure spécifique (C. rur. art. L 141-5 s.). Sur le droit de préemption des départements, voir n° 37504.

SECTION 1

OBLIGATION D'INFORMER LA SAFER

38510 Pour leur permettre d'exercer leurs missions, les Safer bénéficient d'une très large information préalablement à toute cession entre vifs portant sur les biens ruraux. La charge de cette information incombe au premier chef aux notaires (C. rur. art. L 141-1-1).

A. Champ d'application de l'obligation d'information

38512 Le champ d'application de l'obligation d'information est défini à partir d'un **double critère** : la nature de l'opération envisagée et celle du bien qui en est l'objet.
Il est plus large que celui du droit de préemption de la Safer.

OPÉRATIONS CONCERNÉES

38515 La Safer doit être informée de toute **cession entre vifs à titre onéreux ou gratuit** d'un bien rural (C. rur. art. L 141-1-1). Sont donc concernés les ventes, les apports en société, les échanges, les donations, les donations-partages, etc. Peu importe le cessionnaire, fût-il un membre de la famille. En revanche, les partages n'ont pas, à notre avis, à être notifiés parce qu'ils ne constituent pas des cessions.
La cession est à notifier qu'elle porte sur la **propriété pleine ou démembrée** du bien.

ATTENTION

L'obligation d'information concerne également toute opération emportant modification de la **répartition du capital social** ou des **droits de vote** et aboutissant à transférer le **contrôle d'une société** détenant en propriété ou en jouissance des biens immobiliers à usage ou à vocation agricole ou détenant des droits sur de telles sociétés (C. rur. art. L 141-1-1, I).

BIENS CONCERNÉS

38518 Les opérations précitées sont à porter à la connaissance des Safer si elles portent sur « des biens ou droits mobiliers ou immobiliers mentionnés au II de l'article L 141-1 du Code rural et de la pêche maritime situés dans leur ressort » (C. rur. art. L 141-1-1, al. 1).
L'article L 141-1, II vise les biens ruraux, les terres, les exploitations agricoles ou forestières ainsi que les actions ou parts de sociétés détenant en propriété ou en jouissance des biens immobiliers à usage ou à vocation agricole ou détenant des droits sur de telles sociétés (C. rur. art. L 141-1, II).
L'information doit bien sûr être donnée en présence d'un **bien préemptable** (n°s 38620 s.).
Mais elle est également due pour des biens **non préemptables**.
Ainsi, les **biens ruraux** (qui ne sont pas précisément définis par la loi) et les terres comprennent, semble-t-il :
– tous les immeubles, bâtis ou non, à usage ou vocation agricole, peu important leur superficie et leur situation et notamment leur classement ou non dans une zone agricole, naturelle, forestière, etc. ;
– les immeubles, bâtis ou non, sans usage agricole, mais situés en zone agricole ou naturelle, c'est-à-dire en zone non constructible, à l'inverse des immeubles situés en zone urbaine ou à urbaniser ;
– les bois et forêts, référencés ou non comme tels au cadastre.
Les **exploitations** agricoles ou forestières peuvent comprendre des immeubles mais aussi des matériels divers, des animaux, semences, récoltes, etc. Ceci dit, les formulaires types établis par la Fédération nationale des Safer et le Conseil supérieur du notariat ne prévoient l'information que si les biens mobiliers sont cédés en même temps que des biens immobiliers.
Enfin, les **parts et actions** de société possédant ou exploitant des biens immobiliers à usage ou à vocation agricole ou détenant des droits sur de telles sociétés renvoient notamment aux titres des sociétés civiles d'exploitation agricole (SCEA) et des SARL agricoles mais plus largement **à toutes les sociétés** possédant ou exploitant un immeuble à usage ou à vocation agricole. Sont aussi expressément visés par l'article L 141-1, II les parts de groupements fonciers agricoles (GFA) ou de groupements fonciers ruraux (GFR).

> **Précisions** Avant la **loi** du 23 décembre 2021 **portant mesures d'urgence pour assurer la régulation de l'accès au foncier agricole au travers des structures sociétaires**, l'information aux Safer concernait les parts ou actions de société ayant pour objet principal l'exploitation ou la propriété agricole (C. rur. art. L 141-1-1, I renvoyant à C. rur. art. L 141-1, II-3° dans sa rédaction antérieure à la loi 2021-1756 du 23-12-2021). Elle concerne désormais les parts et actions de toutes les sociétés possédant ou exploitant un immeuble à usage ou à vocation agricole sans considération de leur objet principal (C. rur. art. L 141-1-1, I renvoyant à C. rur. art. L 141-1, II-3° dans sa rédaction issue à la loi 2021-1756 du 23-12-2021).

B. Modalités de l'information

AUTEUR, DÉLAI ET LIEU DE L'INFORMATION

L'information donnée à la Safer **émane** du notaire chargé d'instrumenter ou, dans le cas d'une cession de parts ou actions de société, du cédant ou du cessionnaire (C. rur. art. L 141-1-1 et R 141-2-1). **38525**
Elle doit intervenir dans un **délai** de 2 mois avant la date envisagée pour l'opération (C. rur. art. R 141-2-1). Ce délai s'entend de 2 mois avant la date de la réitération par acte authentique et non avant le compromis formalisant l'accord.
Pour les **opérations sociétaires**, l'information est donnée à la Safer du lieu du siège social de la société concernée ou, si le siège est situé hors de France, auprès de la Safer du lieu du siège d'exploitation ou du lieu où se trouve la plus grande superficie de terres détenues ou exploitées par la société.

> **Précisions** Pour les opérations emportant **modification du capital social** ou des **droits de vote** et aboutissant à transférer le contrôle d'une société visée au n° 38518 (voir n° 38515), la formalité de notification est accomplie par le gérant de la société, par le représentant légal de la société ou par son délégataire.

FORME DE L'INFORMATION

L'information déclarative émanant du **notaire** a lieu par voie électronique sécurisée et selon des modalités techniques convenues par convention entre le Conseil supérieur du notariat (CSN) et la Fédération nationale des Safer (C. rur. art. L 141-1-1, IV). Pour les **opérations sociétaires**, qu'elles interviennent avec ou sans le concours d'un notaire, la transmission des informations a lieu uniquement par la voie de la télédéclaration sur le site internet de la Safer (C. rur. art. L 141-1-1, IV). **38527**

CONTENU DE L'INFORMATION

Mentions obligatoires dans tous les cas La notification doit donner une information complète sur l'opération, avec des indications expressément listées (C. rur. art. R 141-2-1 s.). **38528**
Elle doit **identifier les biens et les parcelles** concernés en indiquant :
– la nature et la consistance du bien ou du droit mobilier ou immobilier cédé (terres, bâtiments, matériel, affectation des biens, superficie ou quantité, etc.) ;
– la désignation cadastrale des parcelles cédées ou de celles dont la société, dont les parts sont cédées, est propriétaire ou qu'elle exploite, leur localisation, le cas échéant la mention de leur classification dans un document d'urbanisme ou l'existence d'un mode de production biologique.

La notification doit préciser le **prix ou** la **valeur**, les **conditions** demandées ainsi que les **modalités de l'aliénation** (C. rur. art. R 141-2-1). **38531**
La valeur renvoie au cas du bien donné et non cédé à titre onéreux.
Lorsqu'il s'agit d'une cession à titre onéreux, le prix indiqué doit distinguer le prix de l'immeuble vendu et les autres frais tels que la commission de l'intermédiaire, les honoraires du notaire et les droits d'enregistrement (Cass. 3e civ. 29-6-1977 : JCP G 1978 II 18804). En cas de vente d'une parcelle boisée avec une autre à destination agricole, l'indication du prix de chacune d'elles permet à la première d'échapper à la préemption (n° 38657).
La notification valant offre de vente (nos 38720 s.), elle doit préciser toutes les conditions particulières existantes. À défaut, celles-ci ne sont pas opposables à la Safer. Par exemple, la notification doit faire mention de :
– la clause suspensive existante ;
– l'obligation de l'acquéreur de prendre en charge la commission de l'agent immobilier, la mention devant préciser le montant de la commission et son bénéficiaire (Cass. 3e civ. 14-3-1979 : Rev. Loyers 1979 p. 377) ;

– l'existence d'un bail rural au profit d'un preneur qui ne bénéficie pas d'un droit de préemption prioritaire (Cass. 3e civ. 9-10-1996 : RD rur. 1997 p. 62) ;
– en cas d'apport en société, des modalités de l'apport envisagé et de la valeur attribuée à l'immeuble.

38534 La notification doit mentionner l'existence de l'un des **obstacles à la préemption** prévus aux articles L 143-4 et L 143-6 (C. rur. art. R 141-2-1). Il s'agit des obstacles tenant à la nature de l'acte, la qualité des cessionnaires, la destination des terrains ou l'existence d'autres acquéreurs prioritaires. Celui tenant à la superficie minimale n'est pas expressément visé mais il est pris en compte puisque la description de la consistance du bien le fera apparaître.

38537 Enfin, la notification doit donner l'**identité des parties** à l'acte de cession, c'est-à-dire leur nom, prénoms, date de naissance, domicile et profession. La substitution d'acquéreur impose, même si elle intervient en application du contrat initial, une nouvelle notification (Cass. 3e civ. 3-5-2012 no 11-10.788 : RJDA 12/12 no 1066).
L'indication de l'identité n'est pas requise pour les cessions d'actions mentionnées au 3o du II de l'article L 141-1 lorsque la société dont les titres sont cédés est admise aux négociations sur un marché réglementé ou sur un système multilatéral de négociation.

38540 **Mentions spécifiques dans certains cas** En cas de **cession de la totalité des parts ou actions d'une société**, la Safer doit recevoir, en plus des informations précitées, une « photographie » de l'entreprise (C. rur. art. R 141-2-1, al. 2). Le notaire ou le cédant lui transmet :
– les statuts à jour, le bilan et le compte de résultats des 3 derniers exercices ;
– l'avant-contrat de cession ;
– les contrats en cours, les conventions de garantie d'actif et de passif et, s'il en existe, tout engagement faisant peser sur la société cédée une incidence financière ;
– tout élément relatif à sa situation contentieuse.
La Safer peut demander au notaire ou au cédant, dans les 2 mois avant la date de la cession envisagée, des éléments d'information complémentaire nécessaires à l'appréciation des conditions de transmission des parts ou actions (C. rur. art. R 141-2-1, al. 3). Le délai de préemption est alors suspendu (no 38711).

38541 Pour toutes les **opérations sociétaires, y compris les cessions de parts ou d'actions de sociétés**, l'information à la Safer est complétée par d'autres éléments (C. rur. art. R 141-2-1, al. 4 à 13) :
– l'indication de la nature de l'opération ;
– les coordonnées de la société faisant l'objet de l'opération ;
– la surface totale, par commune et par nature de culture, ainsi que le mode de détention ou d'exploitation des biens immobiliers agricoles détenus ou exploités par la société faisant l'objet de l'opération ;
– les prises de participation, directes ou indirectes, de la société faisant l'objet de l'opération dans des sociétés détenant en propriété ou en jouissance des biens immobiliers à usage ou à vocation agricole ou détenant des droits sur de telles sociétés, ainsi que l'ensemble des surfaces concernées ;
– les coordonnées des parties prenantes à l'opération ainsi que la surface des biens immobiliers à usage ou à vocation agricole qu'elles détiennent ou exploitent et, lorsque la partie prenante à l'opération est une société, sa composition, son objet et les titres sociaux détenus par les associés ;
– la liste des prises de participation, directes ou indirectes, des parties prenantes à l'opération, dans des sociétés détenant en propriété ou en jouissance des biens immobiliers à usage ou à vocation agricole ou détenant des droits sur de telles sociétés, ainsi que l'ensemble des surfaces que chaque société détient ;
– le cas échéant, la justification que l'opération est exemptée de la procédure spécifique de contrôle des sociétés possédant ou exploitant du foncier agricole visée aux articles L 333-1 s. du Code rural et de la pêche maritime.

38543 Pour le cas de cession en **démembrement de propriété**, la Safer doit être informée de la consistance et de la valeur des droits démembrés, de la durée de l'usufruit ainsi que de son mode d'exploitation et des pouvoirs des titulaires des droits (C. rur. art. R 141-2-1, der. al.).

38546 Enfin, il est obligatoire de communiquer les éléments nécessaires à l'identification des **droits à paiement** cédés avec des terrains à vocation agricole à l'occasion d'une vente, d'un échange, d'un apport en société et de la cession de la totalité des parts ou actions d'une société à objet agricole (C. rur. art. R 141-2-2).

PIÈCES JOINTES

38549 Lorsque le **droit de préemption de la Safer est écarté** parce que l'acquéreur s'engage sur la destination du bien acquis, l'**engagement personnel** de ce dernier doit être joint à la notification de l'opération (C. rur. art. R 143-3). C'est le cas lorsque l'acquéreur s'engage à exploiter le bien en lui conservant sa destination agricole durant 10 ans (n° 38617) ou à l'affecter à la destination annoncée (n°s 38645 et 38648).

Cet engagement doit émaner de l'acquéreur lui-même et non du notaire chargé de la vente (Cass. 3e civ. 19-2-1997 : Bull. civ. III n° 41). Il doit porter sur des obligations claires et précises. Une simple déclaration d'intention n'est pas suffisante (Cass. 3e civ. 12-11-1974 : Defrénois 1975 art. 30978 p. 1135 ; Cass. 3e civ. 4-10-1978 : JCP N 1979 II p. 157). Un engagement tardif, c'est-à-dire postérieur à la notification de l'opération à la Safer prive l'acquéreur du bénéfice de l'exemption de la préemption.

Lorsque l'apport en société de biens ruraux est assorti d'une **condition suspensive de non-préemption de la Safer** (voir n° 38593), l'engagement de l'apporteur de conserver les droits sociaux en contrepartie de l'apport pendant au moins 5 ans doit être joint à la notification préalable faite à la Safer de l'opération d'apport.

MENTION DANS L'ACTE DE CESSION

Dès lors que l'opération envisagée doit donner lieu à information de la Safer, le notaire ou la personne chargée de dresser l'acte est tenu de rappeler aux parties cette obligation d'informer et doit indiquer dans l'acte que ces dispositions ont été observées (C. rur. art. R 141-2-4). **38552**

SECTION 2

DOMAINE DU DROIT DE PRÉEMPTION DE LA SAFER

DÉCRET ATTRIBUTIF

Le droit de préemption n'est pas automatique. Il est accordé à la demande de la Safer par décret. **38570**
Ce droit est attribué sans limite de **durée**, mais il peut être modifié (C. rur. art. L 143-7). Il peut aussi, à titre de sanction, être suspendu, voire retiré (C. rur. art. L 143-1).

Le décret attributif, propre à chaque Safer, **détermine** :

– la zone de préemption et la ou les superficies minimum des biens susceptibles d'être préemptés (C. rur. art. L 143-7 et R 143-1) ;

– le cas échéant, les zones ou catégories de biens ruraux pour lesquelles les propriétaires désireux de vendre par adjudication volontaire sont tenus de les offrir au préalable à l'amiable à la Safer (C. rur. art. L 143-12).

En général, le droit de préemption est exclu pour les terrains où s'appliquent les droits de préemption urbains. Certains décrets attributifs visent toutes les « zones urbaines inscrites aux documents d'urbanisme rendus publics », d'autres spécifient selon que les terrains relèvent de telle ou telle zone d'aménagement (ZAC...).

> **Précisions a.** Le droit de préemption des Safer ne porte pas une atteinte disproportionnée au **droit de propriété** et à la liberté contractuelle dès lors qu'il est subordonné à des objectifs spécifiques d'intérêt général et qu'une procédure en organise l'exercice et le contrôle (Cass. 3e civ. 3-4-2014 n° 14-40.006 : BPIM 3/14 inf. 192).
> **b.** Une propriété agricole située sur la **zone d'action de deux Safer**, indivisible et vendue pour un prix global, peut être préemptée par les deux Safer qui s'engagent ensemble, mais chacune sur son propre territoire d'action (Cass. 3e civ. 7-12-2017 n° 16-24.190 F-PB, M. c/ Safer Auvergne : BPIM 1/18 inf. 45). Une délégation de pouvoir peut également être consentie par l'une des Safer compétentes à l'autre afin que cette dernière préempte la totalité du bien.

CONCURRENCE AVEC D'AUTRES DROITS DE PRÉEMPTION

Le droit de préemption de la Safer est d'ordre public (Cass. 3e civ. 14-11-2007 n° 06-19.633 : Bull. civ. III n° 209). **38573**

Mais il est dit de « second rang ». Il s'efface devant les droits de préemption établis au profit (C. rur. art. L 143-6) :

– de l'État, des **collectivités publiques**, des établissements publics. Le cas échéant, il conviendra donc de purger au préalable les droits de préemption en matière d'urbanisme, notamment ceux

applicables dans les zones d'aménagement différé et les espaces naturels sensibles (voir n°s 37500 s.) ou celui applicable pour préserver les ressources en eau potable (C. urb. art. L 218-1 s. ; voir n° 37505 s.). Ce n'est que si la collectivité ne préempte pas que la Safer pourra le faire ;
– des **cohéritiers** bénéficiaires de l'attribution préférentielle prévue à l'article 832-1 du Code civil. Le droit de préemption de la Safer est en outre écarté en cas de cession de droits indivis ou de partage entre indivisaires (n° 38611) ;
– du **preneur** en place, de son conjoint ou de son descendant régulièrement subrogé si ce preneur exploite le bien depuis au moins 3 ans, la condition de durée d'exploitation pouvant être remplie par le preneur, son conjoint ou par un ascendant de lui-même ou de son conjoint. Encore faut-il que le preneur remplisse les conditions pour bénéficier du droit de préemption (voir n° 39509).
En revanche, un **pacte de préférence** ne peut pas paralyser le droit de préemption de la Safer (Cass. 3e civ. 2-12-1981 : JCP G 1982 II n° 19872).

A. En cas d'aliénation à titre onéreux

38580 Les aliénations à titre onéreux de biens ruraux sont susceptibles de donner lieu à préemption par la Safer (C. rur. art. L 143-1). Mais il existe des exceptions justifiées par la nature de l'opération, la qualité de l'acquéreur ou la destination du bien.

1. OPÉRATIONS DONNANT LIEU À PRÉEMPTION

a. Principe

38583 Le droit de préemption de la Safer s'applique en cas d'aliénation à titre onéreux (C. rur. art. L 143-1, al. 1), quelles que soient sa forme et les modalités de paiement du prix (vente de gré à gré, sur adjudication volontaire ou non, dation en paiement...).

38586 Les parties ne peuvent pas y faire obstacle en concluant la vente sous la **condition suspensive dans l'intérêt du vendeur** de non-préemption par la Safer. Cette condition est réputée non écrite (C. rur. art. L 143-5 ; Cass. 3e civ. 18-10-2006 n° 05-17.327 : RJDA 3/07 n° 250).
Toutefois, si l'opération est un échange ou un apport en société, la stipulation d'une telle condition est valable (n°s 38593 et 38596).

CONSEIL

Prévoir que l'acquéreur sera libéré de son engagement d'achat en cas de préemption par la Safer est valable puisque cela ne revient pas à mettre en échec le droit de préemption de la Safer. C'est même une préoccupation essentielle. À défaut, l'acquéreur peut se voir tenu de réaliser l'achat plusieurs années après son offre. C'est notamment le cas lorsque, après une procédure en fixation du prix, la Safer renonce à préempter (n° 38829). Or, entre-temps, l'acquéreur a pu faire d'autres choix et n'être plus du tout intéressé par l'opération.
Pour répondre à cette préoccupation, les ventes sont souvent conclues sous la **condition suspensive au bénéfice de l'acquéreur** de non-préemption de la Safer. Pourtant, cette solution nous paraît juridiquement contestable en raison de l'interdiction prévue par l'article L 143-5. En effet, la vente, fût-elle sous condition, ne peut pas être conclue avant que la Safer ait fait connaître son intention de préempter ou non. C'est pourquoi il nous semble préférable que la condition affecte non pas la vente mais la promesse de vente, celle-ci pouvant prévoir, en cas de préemption par la Safer, que :
– la promesse sera caduque de plein droit dans les relations vendeur-acquéreur ;
– ou que l'acquéreur pourra, à son initiative, s'en libérer en exerçant une faculté de dédit qui peut être gratuite.

b. Limites tenant à la nature de l'acte

ALIÉNATION EN DÉMEMBREMENT DE PROPRIÉTÉ

38590 Le droit de préemption **peut s'exercer** à l'occasion d'une aliénation à titre onéreux de l'usufruit ou de la nue-propriété d'un bien rural (C. rur. art. L 143-1, al. 7).
Il est toutefois d'**application limitée** lorsqu'il porte sur la nue-propriété d'un bien. La préemption doit en effet viser à reconstituer la pleine propriété. Aussi la Safer ne peut-elle agir que dans les trois cas suivants :
– elle détient l'usufruit du bien ;
– elle est en mesure d'acquérir l'usufruit concomitamment à la nue-propriété ; ce cas vise notamment la cession simultanée de l'usufruit et de la nue-propriété par leurs titulaires respectifs à un même acquéreur ou par un propriétaire à deux acquéreurs distincts ;
– la durée de l'usufruit restant à courir ne dépasse pas 2 ans.

Dans la même logique, la **préemption** est **exclue** lorsque l'acquéreur potentiel est l'usufruitier ou le nu-propriétaire du bien vendu car la Safer ne peut pas faire obstacle à la reconstitution de la pleine propriété. Ne peuvent donc pas faire l'objet d'une préemption les acquisitions de la nue-propriété d'un bien par ses usufruitiers et celles de l'usufruit d'un bien par ses nus-propriétaires (C. rur. art. L 143-4).

APPORT EN SOCIÉTÉ

L'apport en société d'un bien rural est **soumis** au droit de préemption de la Safer (C. rur. art. L 143-5 et C. rur. art. L 322-8, al. 3 a contrario). **38593**
Font toutefois **exception** :
– les apports à un groupement foncier agricole (GFA) ou à un groupement foncier rural (GFR) dès lors que le groupement est constitué entre membres de la même famille jusqu'au 4e degré inclus ou que l'apport est fait par l'exploitant du bien (C. rur. art. L 322-8, al. 3 et L 322-22, al. 1) ;
– les apports assortis d'une condition suspensive dans l'intérêt de l'apporteur de non-préemption de la Safer. Par dérogation au principe général (no 38586), une telle clause est valable en cas d'apport car il est impossible à la Safer de fournir la contrepartie promise. Si la condition suspensive est satisfaite, l'apporteur doit s'engager à conserver la totalité de ses droits sociaux reçus en contrepartie pendant au moins 5 ans à compter de la date de l'apport (C. rur. art. L 143-5). Sur les conséquences du non-respect de cet engagement, voir no 39070.
Si la Safer n'exerce pas son droit de préemption à l'occasion de l'apport, elle peut pendant cinq ans **se faire communiquer** par l'administration fiscale la répartition entre les associés du capital de la société bénéficiaire de l'apport en vue de demander, le cas échéant, l'annulation de cet apport (C. rur. art. L 143-9 ; LPF art. L 164). Cette disposition anti-fraude permet à la Safer de lutter contre les sociétés fictives en surveillant les cessions de parts.

ÉCHANGE

Les échanges sont **soumis** au droit de préemption sauf s'ils sont effectués conformément à l'article L 124-1 du Code rural et de la pêche maritime (C. rur. art. L 143-4, 1°). **38596**
Échappent à la préemption :
– les échanges assortis d'une condition suspensive de non-préemption par la Safer, une telle clause étant admise par exception au principe général (C. rur. art. L 143-5) ;
– les échanges d'immeubles ruraux qui sont assimilés aux échanges réalisés par voie d'aménagement foncier agricole et forestier : échanges d'immeubles ruraux situés soit dans le même canton, soit dans un canton ou dans une commune limitrophe de celui-ci, soit encore lorsque l'un des immeubles échangés est contigu aux propriétés de celui qui le recevra (C. rur. art. L 124-3) ; échanges d'immeubles forestiers réalisés dans un périmètre d'aménagement foncier (C. rur. art. L 124-9).
L'importance de la **soulte** versée à l'occasion d'un échange d'immeubles ruraux peut néanmoins conduire à la requalification de l'opération en vente et donc à la mise en œuvre du droit de préemption.

VENTES PARTICULIÈRES

Les ventes moyennant **rente viagère** relèvent du droit de préemption de la Safer sauf si la rente est servie pour la totalité ou pour l'essentiel sous forme de prestations de services personnels (C. rur. art. L 143-4, 2°). Cette exception vise le bail à nourriture, une obligation de soins, etc. Au contraire, une rente viagère en argent ne permet pas d'échapper au droit de préemption. **38599**
La **vente à réméré** par laquelle le vendeur se réserve le droit de reprendre le bien vendu moyennant restitution du prix et des frais dans un délai déterminé (C. civ. art. 1659) est soumise au droit de préemption de la Safer. En revanche, l'exercice du réméré y échappe car il n'y a pas de nouvelle mutation mais accomplissement d'une condition résolutoire replaçant les parties dans l'état où elles se trouvaient avant la vente.

PARTAGE D'INDIVISION

Les partages d'indivision n'entrent pas dans le champ d'application du droit de préemption (C. rur. art. L 143-4, 3° qui vise C. civ. art. 883). Sont concernés tous les actes qui font cesser, totalement ou partiellement une indivision, peu important l'origine de celle-ci. **38602**
Sur les cessions entre indivisaires, voir no 38611.

PROCÉDURE COLLECTIVE

Le droit de préemption ne s'applique pas aux biens compris dans un **plan de cession** totale ou partielle d'une entreprise opéré dans le cadre d'un plan de sauvegarde (C. com. art. L 626-1) ou d'une procédure de liquidation (C. com. art. L 642-5, al. 4 et C. rur. art. L 143-4, 7°) ou de redressement judiciaire (C. com. art. L 631-22 renvoyant aux règles de la liquidation judiciaire). La Safer ne peut **38605**

pas faire appel ou se pourvoir en cassation contre la décision qui a écarté sa candidature en qualité de repreneur (Cass. 3e civ. 19-5-2010 n° 09-14.167 : Bull. civ. III n° 102).
En revanche, le droit de préemption est susceptible de s'appliquer à l'occasion d'une vente d'un immeuble **non compris dans un plan** de cession (Cass. 3e civ. 30-4-2003 n° 521 : Bull. civ. III n° 94).

c. Exclusions tenant à la personne de l'acquéreur

38608 Certaines aliénations de biens ruraux sont exclues du droit de préemption en raison de la qualité de l'acquéreur. Il en va ainsi de certaines ventes entre proches ou à des agriculteurs professionnels.

VENTE ENTRE PROCHES

38611 Sont exclues du droit de préemption de la Safer (C. rur. art. L 143-4, 3°) :
– les ventes consenties entre **parents ou alliés jusqu'au 4e degré** inclus. Il en va différemment en cas de vente forcée même si l'adjudicataire est un parent ou allié jusqu'au 4e degré (Cass. 3e civ. 10-6-2009 n° 08-13.166 : Bull. civ. III n° 141) ; dans le même sens à propos d'une vente aux enchères publiques autorisée par le juge du partage (Cass. 3e civ. 2-7-2014 n° 13-17.768 : BPIM 4/14 inf. 267) ;
– les ventes consenties à des **cohéritiers ou** à leur **conjoint survivant** ;
– les acquisitions effectuées par des **cohéritiers sur licitation** amiable ou judiciaire. Peu importe que le cohéritier soit acquéreur en qualité d'adjudicataire ou par substitution à l'adjudicataire initial ; peu importe également que ce droit de substitution résulte de la loi en cas de cession de droits indivis (C. civ. art. 815-15) ou de la convention des parties, comme en l'espèce où le cahier des charges avait étendu le droit de substitution au cas de licitation du bien indivis lui-même (Cass. 3e civ. 1-2-2012 n° 11-11.972 : Bull. civ. III n° 22).
L'exception au droit de préemption au profit des cohéritiers est d'ordre public (Cass. 3e civ. 1-2-2012 n° 11-11.972 précité).
Échappent également au droit de préemption les actes conclus **entre indivisaires** en application des articles 815-14 et 815-15 du Code civil. Il s'agit des cessions de droit indivis conclues entre indivisaires en application de leur droit de préemption ou, en cas d'adjudication, de leur droit substitution (nos 37000 s.) L'exemption joue quelle que soit l'origine de l'indivision. Peu importe également que les cessions mettent ou non fin à l'indivision. Est par ailleurs concerné par l'exemption tout acte de partage (C. civ. art. 883 ; n° 38602).

VENTE À UN PROFESSIONNEL

38614 Le droit de préemption de la Safer est écarté lorsque la cession intervient au profit d'un agriculteur qui s'installe ou se réinstalle (C. rur. art. L 143-4, 4° et R 143-3).
Il en va ainsi des acquisitions faites par les **personnes suivantes** :
– les salariés agricoles, les aides familiaux et les associés d'exploitation à condition que ces acquéreurs soient majeurs, qu'ils aient l'une de ces qualités au moment de l'acquisition depuis au moins un an et qu'ils remplissent certaines conditions d'aptitudes professionnelles ;
– les fermiers ou métayers évincés de leur exploitation agricole pour avoir subi, soit une reprise pour exploiter, pour construire une maison d'habitation ou pour exploiter une carrière (C. rur. art. L 411-5 s., L 411-57 s. et L 411-67), soit une résiliation ou un refus de renouvellement par une collectivité publique (C. rur. art. L 415-10 s.). La Safer retrouve son droit de préemption lorsque l'éviction du preneur rural trouve son origine dans une cause autre telle que la résiliation pour défaut de paiement ou pour changement de destination agricole ;
– les agriculteurs à titre principal expropriés. Sont considérés comme tels les agriculteurs qui ont cédé leurs terres à l'amiable après déclaration d'utilité publique (Cass 3e civ. 4-3-2021 n° 20-12.253 F-D).
Dans les deux derniers cas, c'est sous réserve que l'exercice du droit de reprise ou l'expropriation ait eu, pour l'exploitation de l'intéressé, l'une des conséquences énoncées au « II, 2°, de l'article L 331-2 du Code rural et de la pêche maritime » (réduction de superficie) ou qu'elle l'ait supprimée totalement.

38617 Dans tous les cas, le droit de préemption de la Safer n'est écarté que si **3 conditions** sont réunies (C. rur. art. R 143-3) :
– le bien vendu doit constituer une exploitation agricole ou forestière ;
– la superficie de l'exploitation ainsi constituée reste en dessous du seuil du contrôle des structures ;
– l'acquéreur s'engage, pour lui et ses ayants cause, à exploiter le bien et à lui conserver sa destination agricole pendant 10 ans à compter de la date de transfert de propriété. Il doit prendre un engagement d'installation personnelle dans l'année de l'acquisition (C. rur. art. R 143-3).

2. BIENS SUSCEPTIBLES DE PRÉEMPTION

a. Principe

IMMEUBLES À USAGE AGRICOLE

Le droit de préemption concerne les biens immobiliers à usage agricole (C. rur. art. L 143-1, al. 1). **38620**
Sont visés les immeubles **bâtis ou non** pourvu qu'ils soient **affectés**, au jour de la vente, à l'exercice d'une activité agricole.
En revanche, sont hors du champ de la préemption les biens immobiliers à utilisation agricole faisant l'objet d'un **bail rural** cessible hors du cadre familial dès lors que le bail est conclu depuis au moins 3 ans (C. rur. art. L 418-1).

Situation géographique et superficie minimale Un bien immobilier à usage agricole n'est soumis à préemption que s'il se situe dans la **zone** géographique **de préemption** et s'il a la superficie minimale pour celle-ci (C. rur. art. L 143-7). **38622**
Ce **seuil** varie selon le type de culture ou la zone géographique. Il est fixé par le décret attributif. Le plus souvent ce seuil est ramené à zéro dans les périmètres d'aménagement foncier en cours et dans les zones A et N d'un plan local d'urbanisme (PLU), ce qui a pour conséquence de rendre tout terrain préemptable. De même, le décret attributif autorise généralement la préemption d'une parcelle enclavée quelle que soit sa superficie.

BÂTIMENTS D'HABITATION D'UNE EXPLOITATION

Sont susceptibles de préemption les bâtiments d'habitation s'ils font partie d'une exploitation agricole (C. rur. art. L 143-1, al. 2). L'existence de cette exploitation doit être effective au jour de l'aliénation. **38623**
Il n'y a pas de condition de superficie applicable.

IMMEUBLES À VOCATION AGRICOLE

Terrains nus à vocation agricole Sont susceptibles de préemption les terrains nus à vocation agricole (C. rur. art. L 143-1, al. 1), sous réserve de leur situation géographique et de leur **superficie** (n° 38622). **38626**
La **vocation agricole** résulte de la situation des terrains dans des zones particulières :
– zone agricole protégée (C. rur. art. L 112-2) ;
– intérieur d'un périmètre de protection et de mise en valeur des espaces agricoles et naturels périurbains (C. urb. art. L 113-16) ;
– zone agricole ou zone naturelle et forestière délimitée par un document d'urbanisme ;
– en l'absence d'un document d'urbanisme, secteurs ou parties non encore urbanisés des communes, à l'exclusion des bois et forêts.
On peut donc penser qu'il s'agit des terrains situés :
– en présence d'un PLU, en zones A et N, à l'exclusion des zones U ou AU ;
– en présence d'une carte communale, en zones naturelles, c'est-à-dire les zones où l'urbanisation n'est pas permise (Rép. Clément : AN 13-10-2015 n° 85273).

Sont assimilés à des **terrains nus** les terrains ne supportant que des friches, des ruines ou des installations temporaires, occupations ou équipements qui ne sont pas de nature à compromettre définitivement leur vocation agricole (C. rur. art. L 143-1, al. 5). **38629**
A contrario, la préemption ne peut pas s'appliquer à des terrains qui bien qu'ayant une vocation agricole de par leur situation dans les zones précitées, sont « occupés », c'est-à-dire ceux qui supportent des installations, des occupations ou des équipements compromettant définitivement leur vocation agricole. C'est, par exemple, le cas d'équipements industriels ou d'un parking pour accueillir les clients d'un commerce.

ATTENTION

En application des **dispositions anciennes**, la préemption de la Safer avait été écartée à propos de terrains qui étaient le support d'activités non agricoles. Ainsi jugé à propos :
– d'un terrain d'agrément boisé avec un bungalow (Cass. 3e civ. 4-3-2009 n° 08-11.281 : Bull. civ. III n° 59) ;
– d'un potager et d'un verger destinés à la consommation personnelle de ses propriétaires non agriculteurs (Cass. 3e civ. 28-9-2011 n° 10-14.004 : Bull. civ. III n° 160).
L'exclusion visait les terrains qui étaient « le support d'un équipement permanent en usage ou d'une activité, sans rapport avec une destination agricole ou forestière » (C. rur. art. R 143-2 ancien). Mais il n'était pas fait référence au classement des terrains dans les documents d'urbanisme.
Aujourd'hui, il nous semble qu'un terrain boisé avec bungalow, un potager et un verger, dès lors qu'ils se situent dans une des zones listées n° 38626, seraient préemptables car leur affectation ne compromet pas « définitivement » leur vocation agricole.

38632 **Bâtiments à vocation agricole** Ces bâtiments doivent remplir une double condition (C. rur. art. L 143-1).
Ils doivent être **situés** dans des zones particulières :
– soit dans les zones ou espaces citées n° 38626 (zone agricole protégée, périmètre de protection et de mise en valeur des espaces agricoles et naturels périurbains, zone agricole ou zone naturelle et forestière délimitée par un document d'urbanisme ou, en l'absence de document d'urbanisme, secteurs ou parties non encore urbanisés des communes) ;
– soit dans les communes et parties de communes de montagne telles que définies par la loi 85-30 du 9 janvier 1985.
Ils doivent aussi avoir été utilisés pour l'exercice d'une **activité agricole au cours des 5 dernières années** qui ont précédé l'aliénation. On peut se demander si cette formulation vise uniquement les bâtiments d'exploitation ou si elle peut englober les bâtiments d'habitation d'une ancienne exploitation.
En tout état de cause, la **préemption doit** avoir pour objet de rendre à ces bâtiments un usage agricole. La Safer ne peut pas préempter en faisant une **contre-proposition de prix** lorsque les bâtiments concernés ont fait l'objet d'un changement de destination conformément aux règles d'urbanisme (exclusion de C. rur. art. L 143-10 ; n°s 38820 s.).

38633 Dans les zones ou espaces cités au n° 38626 des **communes littorales**, les bâtiments peuvent être préemptés s'ils ont été utilisés :
– soit pour l'exercice d'une **activité agricole au cours des 20 années** qui ont précédé l'aliénation (C. rur. art. L 143-1, al. 4) ;
– soit pour l'exploitation de cultures marines exigeant la proximité immédiate de l'eau au cours des 20 années qui ont précédé l'aliénation (C. rur. art. L 143-1, al. 3).
Dans les deux cas, la **préemption doit** avoir pour objet de rendre à ces bâtiments leur usage ancien : agricole ou exploitation de culture marine.
La Safer ne peut pas faire de **contre-proposition de prix** si le bâtiment a fait l'objet d'un changement de destination (exclusion de C. rur. art. L 143-10 ; n°s 38820 s.), sauf si ce changement de destination a eu lieu au cours des 20 années précédentes en violation des règles d'urbanisme (C. rur. art. L 143-1, al. 3 et 4).

> **› Précisions** les **communes « littorales »** sont les communes riveraines des mers et océans, des étangs salés, des plans d'eau intérieurs d'une superficie supérieure à 1 000 hectares ainsi que les communes riveraines des estuaires et des deltas, situées en aval de la limite de la salure des eaux et qui participent aux équilibres économiques et écologiques littoraux (communes visées par C. envir. art. L 321-2).

BIENS MOBILIERS ATTACHÉS AU BIEN IMMOBILIER

38635 S'ils sont vendus en même temps qu'un bien immobilier à usage agricole, les biens mobiliers qui leur sont attachés peuvent être préemptés (C. rur. art. L 143-1, al. 1).
La formule « **biens immobiliers** à usage agricole » renvoie aux terrains et bâtiments à usage agricole au jour de l'aliénation (n° 38620). Mais l'article R 143-2 du Code rural et de la pêche maritime vise les « biens immobiliers définis à l'article L 143-1 ». Sont donc aussi concernés, même si concrètement on ne voit pas quel bien mobilier pourrait leur être rattaché, les terrains à vocation agricole, les bâtiments d'habitation appartenant à une exploitation et les bâtiments d'exploitation en usage, à tout le moins dans les 5 dernières années.
Sont considérés comme **biens mobiliers** attachés aux immeubles (C. rur. art. R 143-2) :
– les cheptels morts ou vifs ;
– les stocks nécessaires à l'exploitation. À l'inverse, ceux destinés à être vendus ne sont pas des immeubles par destination ;
– tout autre élément ou investissement réalisé en vue d'améliorer le fonds ou de diversifier et de commercialiser la production.
Il semble que les éléments incorporels attachés à l'exploitation soient aussi concernés, par exemple, le droit de produire telle quantité ou sous telle appellation.
Si ces biens mobiliers sont **vendus séparément**, la Safer ne peut pas les préempter (CE 10-4-2002 n° 225073, Fédération des syndicats d'exploitants agricoles de l'Île-de-France : Ann. Loyers 2002 p. 1591).

38638 Sont également concernés les **droits à paiement découplés** créés dans le cadre de la politique agricole commune : lorsque l'aliénation à titre onéreux porte de façon conjointe sur des terrains à vocation agricole et des droits à paiement découplés, le droit de préemption de la Safer peut s'exercer globalement sur l'ensemble ainsi constitué aux seules fins d'une rétrocession conjointe des terrains et des droits ainsi acquis (C. rur. art. L 143-1, al. 6).

PARTS ET ACTIONS DE SOCIÉTÉ

Les parts ou actions d'une société ayant pour objet principal l'exploitation ou la propriété agricole peuvent être préemptées à **deux conditions** (C. rur. art. L 143-1, al. 8) : 38641
– leur aliénation à titre onéreux porte sur la totalité des parts ou actions de la société ;
– la préemption a pour objet l'installation d'un agriculteur.
Ce droit de préemption est prévu « sous réserve du I de l'article L 143-7 » qui se réfère aux zone géographique et surface minimum fixées dans le décret attributif. Autrement dit, la Safer peut préempter les droits sociaux si les terres que la société cédante possède ou exploite sont dans sa zone d'intervention et d'une superficie égale ou supérieure au seuil fixé.

b. Limites au droit de préemption

TERRAINS DESTINÉS À LA CONSTRUCTION OU AUX AMÉNAGEMENTS INDUSTRIELS

Sont exclus du droit de préemption les terrains destinés à la construction ou à des aménagements industriels (C. rur. art. L 143-4, 5°-a). 38645
Pour bénéficier de cette exemption, l'acquéreur doit prendre l'**engagement** de donner au terrain la destination prévue dans un délai de 3 ans à compter de la date de réception de la notification par la Safer (C. rur. art. R 143-3, al. 4).
En outre, lorsqu'il s'agit de terrains destinés à la **construction**, l'exemption ne joue que sous certaines conditions. Ainsi, lorsqu'il s'agit de la construction (C. rur. art. R 143-3, al. 5) :
– de maisons individuelles, la superficie du terrain doit être inférieure à 2 500 m^2 par maison ou au seuil minimal de préemption de la Safer s'il est supérieur. Dans le cas contraire, la Safer peut préempter la totalité du terrain (Cass. ass. plén. 5-12-1986 n° 85-10.335 : Bull. plén. n° 13 qui censure une cour d'appel qui avait déduit la surface de 2 500 m^2 pour une maison et estimé que la surface restante était inférieure au seuil autorisant la préemption : Cass. 3e civ. 24-9-2014 n° 13-20.577 : BPIM 6/14 inf. 406 qui relève que la superficie totale du terrain étant supérieure à 2 500 m^2, la Safer pouvait préempter le tout bien que la surface de la partie constructible de la parcelle soit de 1 995 m^2) ;
– d'un immeuble collectif d'habitation, l'exemption s'applique sans limitation de superficie dès lors que les constructions à édifier couvrent, avec leurs cours et jardins, la totalité des terrains acquis ;
– d'un immeuble qui n'est pas affecté à l'habitation pour au moins les 3/4 de sa superficie, l'exemption est applicable dans la limite des surfaces occupées par la construction à édifier et par les dépendances nécessaires à l'exploitation de cette construction.

TERRAINS DESTINÉS À L'EXTRACTION DE SUBSTANCES MINÉRALES

Les terrains destinés à l'extraction de substances minérales ne peuvent pas être préemptés (C. rur. art. L 143-4, 5°-a). 38648
Un **engagement d'affectation** doit être pris par l'acquéreur et réalisé dans les 3 ans à compter de la date de réception de la notification par la Safer (C. rur. art. R 143-3, al. 4).

JARDINS FAMILIAUX

Les acquisitions de terrains destinés à la constitution ou à la préservation de jardins familiaux ne donnent pas lieu à préemption de la Safer à **condition** que ces terrains (C. rur. art. L 143-4, 5°-b) : 38651
– soient situés à l'intérieur d'une agglomération et aient une superficie inférieure ou égale à 1 500 m^2 ;
– ou bien, soient situés dans une zone affectée à cette fin par le document local d'urbanisme opposable ou par une décision de la collectivité publique. L'appréciation de cette situation se fait à la date d'acquisition projetée, les modifications ultérieures des dispositions d'urbanisme applicables étant indifférentes (Cass. 3e civ. 1-7-2014 n° 13-16.523).
Aucun engagement n'est exigé de l'acquéreur sur l'affectation des parcelles vendues (Cass. 3e civ. 1-7-2014 n° 13-16.523).

BOIS ET FORÊT

Les bois et forêts sont **exclus du droit de préemption**. Plus précisément, c'est le cas des parcelles classées comme tels au cadastre (C. rur. art. L 143-4, 6°). Cette exclusion résulte aussi du fait qu'il est prévu qu'en l'absence de document d'urbanisme, les bois et forêts ne peuvent pas être regardés comme des terrains à vocation agricole (C. rur. art. L 143-1, al. 1 in fine). 38654

> **Précisions** La **Safer d'Île-de-France** peut préempter des parcelles en nature réelle de bois ou classées en nature de bois et forêt au cadastre, d'une superficie totale inférieure à trois hectares et situées dans certaines zones délimitées par le document local d'urbanisme lorsque l'exercice de ce droit a pour objet la protection et la mise en valeur de la forêt desdites parcelles (C. rur. art. L 143-2-1, al. 1). Ce **droit de préemption** de la Safer d'Île-de-France **est primé par** le droit de préférence des propriétaires de parcelles boisées contiguës (C. for. art. L 331-19) ainsi que par les droits de préemption de la commune et de l'État sur les bois et forêts (C. for. art. L 331-22 et L 331-23), lorsque ces droits de préférence et de préemption sont applicables (voir nos 40300 s.).

38657 Sont **soumis au droit de préemption** de la Safer (C. rur. art. L 143-4, 6°) :
– les parcelles mixtes classées en bois et forêts mises en vente avec d'autres parcelles non boisées dépendant de la même exploitation agricole (C. rur. art. L 143-4, 6-a°). Il n'est pas exigé que ces parcelles non boisées soient prépondérantes et constituent en elles-mêmes une exploitation agricole (Cass. 3e civ. 19-3-2008 n° 07-11.383 : Bull. civ. III n° 50 ; Cass. 3e civ. 23-5-2019 n° 18-11.194 F-D). Toutefois, l'acquéreur a la faculté de conserver les parcelles boisées si le prix de celles-ci a fait l'objet d'une mention expresse dans la notification faite à la Safer ou dans le cahier des charges de l'adjudication ;
– les semis ou plantations sur des parcelles de faible étendue dont la commission communale d'aménagement foncier a décidé la destruction en application de l'article L 123-7 du Code rural et de la pêche maritime (C. rur. art. L 143-4, 6° –b) ;
– les semis ou plantations effectués en violation des dispositions de l'article L 126-1 du Code, article qui autorise les conseils généraux à définir des zones dans lesquelles sont interdits ou réglementés les plantations et semis d'essences forestières (C. rur. art. L 143-4, 6 ° –b) ;
– les parcelles de bois et forêts qui ont fait l'objet d'une autorisation de défrichement ou pour lesquelles une déclaration de défrichement n'est pas requise en application de l'article L 342-1, 1°du Code forestier, c'est-à-dire les bois d'une superficie inférieure à un certain seuil fixé par arrêté préfectoral compris, selon les départements, entre 50 ares et 4 hectares (C. rur. art. L 143-4, 6° –c) ;
– les parcelles de bois et forêts situées dans un périmètre d'aménagement foncier agricole et forestier en zone forestière prévu aux articles L 123-18 à L 123-22 du Code rural et de la pêche maritime (C. rur. art. L 143-4, 6° –d).

B. En cas d'aliénation à titre gratuit

38665 Certaines aliénations à titre gratuit sont soumises au droit de préemption des Safer (C. rur. art. L 143-16). Mais ce droit ne peut s'exercer que dans une **triple limite** tenant à la nature de l'opération, aux biens qui en font l'objet et aux bénéficiaires de celle-ci.

NATURE DE L'OPÉRATION

38668 Ne peuvent donner **lieu à préemption** que les seules cessions entre vifs à titre gratuit. Sont donc principalement concernées les donations mais potentiellement aussi les donations-partages.
Sont en revanche **hors du champ** de la préemption les cessions à titre gratuit à cause de mort.

BIENS OBJET DE L'OPÉRATION

38671 La préemption **peut s'exercer** à l'occasion d'une donation portant sur les biens, droits réels et droits sociaux mentionnés à l'article L 143-1, al. 1, 7 et 8 (C. rur. art. L 143-16).
Il s'agit, sous les mêmes réserves et conditions qu'en cas d'aliénation à titre onéreux, de la propriété pleine ou démembrée :
– des biens immobiliers, bâtis ou non, à usage agricole et des biens mobiliers qui leur sont attachés (nos 38620 et 38635) ;
– des terrains nus à vocation agricole (n° 38626) ;
– des parts ou actions d'une société ayant pour objet principal l'exploitation ou la propriété agricole (n° 38641).
La préemption de la Safer est donc **exclue** lorsque la donation porte sur des bâtiments d'habitation ou à vocation agricole, des bâtiments qui, par le passé, ont été utilisés pour l'exploitation de culture marine ou des droits à paiement découplés conjointement avec des terrains à vocation agricole (visés par C. rur. art. L 143-1, al. 2, 3, 4, 6 et 9).

› Précisions Sous les mêmes réserves et conditions que celles applicables à toutes les Safer qui exercent leur droit de préemption à l'occasion d'une aliénation à titre gratuit (C. rur. art. L 143-16), la **Safer d'Île-de-France** peut exercer son droit de préemption à l'occasion d'une donation de parcelles en nature réelle de bois ou classées en nature de **bois et forêt** au cadastre, d'une superficie totale inférieure à trois hectares et situées dans certaines zones délimitées par le document local d'urbanisme, lorsque l'exercice de ce droit a pour objet la protection et la mise en valeur de la forêt desdites parcelles (C. rur. art. L 143-2-1, al. 2).

BÉNÉFICIAIRE DE L'OPÉRATION

Restent **hors du champ de la préemption** les cessions entre vifs à titre gratuit entre (C. rur. art. L 143-16, al. 1) : **38674**
- ascendants et descendants ;
- collatéraux jusqu'au 6e degré ;
- époux ou partenaires de Pacs ;
- une personne et les descendants de son conjoint ou de son partenaire de Pacs, ou entre ces descendants.

SECTION 3 PRÉEMPTION À L'OCCASION D'UNE CESSION DE GRÉ À GRÉ

Les modalités de la préemption par une Safer sont définies par renvoi aux règles applicables au droit de préemption du preneur rural (C. rur. art. L 143-8 qui renvoie à C. rur. art. L 412-8 à L 412-11 et L 412-12, al. 3). **38700**

A. Délai de réponse de la Safer

DURÉE DU DÉLAI

La Safer dispose de **2 mois** pour se prononcer (C. rur. art. L 412-8, al. 3 sur renvoi de C. rur. art. L 143-8). Ce délai se calcule de quantième en quantième. Bien que s'agissant d'un délai préfix, s'il expire un samedi, un dimanche ou un jour férié ou chômé, il est prorogé jusqu'au premier jour ouvrable suivant (CPC art. 641, al. 1 et art. 642). À la demande du notaire et moyennant rémunération pour service rendu, la Safer peut formuler une « réponse rapide » (Rép. O'Petit : AN 3-5-2022 n° 45101). **38702**
Le délai de validité du compromis de vente convenu entre le propriétaire et l'acquéreur évincé n'est pas opposable à la Safer (Cass. 3e civ. 20-9-2006 n° 05-16.991 : RJDA 1/07 n° 33, 1er moyen). Même s'il expire alors qu'elle n'a pas encore fait connaître sa position, elle n'est pas tardive dès lors qu'elle se prononce dans les deux mois de la notification (Cass. 3e civ. 20-5-2015 n° 14-13.188 : BPIM 4/15 inf. 266).

La **réponse** doit parvenir au notaire ou à la personne chargée de dresser l'acte avant l'expiration du délai de 2 mois. **38705**
Le défaut de réponse de la Safer équivaut à une décision de ne pas préempter.

POINT DE DÉPART

Le délai de 2 mois court à compter de la **réception de la notification** complète de l'opération envisagée. Il se confond donc, en principe, avec le délai d'information de la Safer (n° 38525). **38708**
Le point de départ est toutefois repoussé dans deux hypothèses.
En cas de **notification incomplète ou erronée**, il ne commence à courir qu'à compter de la notification des éléments manquants ou de la notification rectificative. Ainsi jugé à propos de l'identité exacte de l'acquéreur (Cass. 3e civ. 15-4-1982 n° 81-10.411 : Bull. civ. III n° 94 pour une société en cours de constitution ; Cass. 3e civ. 3-5-2012 n° 11-10.788 : RJDA 12/12 n° 1066 en cas de substitution d'acquéreur). Le délai de préemption ne court qu'à compter d'une notification « complète et exacte », c'est-à-dire récapitulant l'ensemble des éléments propres à la vente permettant à la

Safer d'exercer son droit en connaissance de cause (Cass. 3e civ. 16-3-2017 no 15-22.397 FS-PB pour une notification qui ne précisait pas la situation locative du bien et la renonciation du preneur à exercer son droit de préemption ; Cass. 3e civ. 11-7-2019 no 17-19.392 F-D pour une notification précisant suffisamment la consistance du bien).
En présence d'un **droit** de préemption **prioritaire** ou d'un droit préférentiel, le délai de 2 mois ne commence à courir qu'à compter de la date de réception de la décision du titulaire du droit prioritaire (C. rur. art. R 143-7). Le notaire doit communiquer cette décision à la Safer dans les 8 jours où il en a connaissance.
La Safer peut anticiper et indiquer qu'elle souhaite préempter. Mais cette décision reste suspendue à la non-préemption par le titulaire du droit prioritaire.

SUSPENSION DU DÉLAI

38711 En cas de **cession** de la **totalité des parts ou actions** de société ayant pour objet principal l'exploitation ou la propriété agricole, la Safer peut demander des éléments d'information complémentaire (no 38540). Le **délai** prévu pour l'exercice du droit de préemption est suspendu à compter de la réception de cette demande par le notaire ou le cédant. Il reprend à compter de la réception par la société de ces documents ou de l'indication par le notaire ou le cédant des raisons pour lesquelles il est dans l'impossibilité de les communiquer (C. rur. art. R 141-2-1, al. 3).

PROROGATION DU DÉLAI

38714 Lorsque, au cours du délai de 2 mois, le propriétaire décide de **modifier ses prétentions**, il doit, via le notaire chargé d'instrumenter, notifier ses nouvelles conditions à la Safer qui bénéficie alors d'un délai augmenté de 15 jours (C. rur. art. L 412-9 sur renvoi de C. rur. art. L 143-8).

B. Portée de la notification à la Safer

PRINCIPE

38720 La notification faite à la Safer « vaut **offre de vente** aux prix et conditions qui y sont contenus » (C. rur. art. L 412-8, al. 2 sur renvoi de C. rur. art. L 143-8).
Historiquement, ce renvoi aux règles applicables au preneur rural était prévu alors que le droit de préemption de la Safer était, comme celui du fermier, limité au cas d'aliénation à titre onéreux. En dépit de l'extension du champ d'action des Safer aux cas de cession entre vifs à titre gratuit, ce renvoi a été maintenu, sans réserve ni aménagement.

LIMITES

38723 La notification ne vaut pas offre de vente lorsqu'elle est affectée d'une **erreur substantielle**. C'est le cas si l'erreur porte sur le prix ; par exemple en cas d'erreur grossière de dactylographie (Cass. civ. 23-1-1970 : Gaz. Pal. 1970, I, 210).
À l'inverse, une simple inexactitude ne suffit pas à remettre en cause l'offre de vente. Ainsi en est-il en présence d'une référence cadastrale erronée dès lors qu'il est établi que les parties étaient d'accord sur la chose vendue (Cass. 3e civ. 18-10-2006 no 05-17.327 : RJDA 3/07 no 250).

38726 Il n'y a pas offre de vente lorsque l'**opération** notifiée est **hors du champ de la préemption** de la Safer.
Sous l'empire du **régime antérieur** à la loi d'avenir pour l'agriculture de 2014, il a été jugé que notifier à tort la cession d'un bien non préemptable n'autorisait pas la Safer à préempter car l'offre était alors affectée d'une erreur substantielle. Ainsi jugé à propos :
– d'un bien dont la nature excluait qu'il puisse être préempté (Cass. 3e civ. 31-5-2007 no 06-13.874 : Bull. civ. III no 97) ;
– d'un bien grevé d'une clause d'inaliénabilité dont l'efficacité n'était pas contestée (Cass. 3e civ. 5-11-1975 no 74-12.268 : Bull. civ. III no 319).
Dans le même sens, la déclaration à la Safer d'un projet de vente non soumis à sa préemption (C. rur. art. R 143-9 ancien) ne vaut pas offre de vente et ne permet donc pas à la Safer de se prévaloir d'une vente parfaite à compter de son acceptation (Cass. 3e civ. 5-11-2015 no 14-21.854 : RJDA 2/16 no 98 à propos de la notification d'une vente au profit du preneur rural dont la Safer contestait le droit de préemption prioritaire).
Désormais, l'information délivrée est identique que l'opération soit soumise ou non à son droit de préemption, le notaire devant signaler les obstacles à ce droit. En conséquence, la notification faite à la Safer ne peut valoir offre de vente que dans le cas où elle est titulaire d'un droit de préemption sans obstacle.

Autre limite, le défaut de **pouvoir du cédant**. La notification ne vaut pas offre de vente lorsque le cédant ne dispose pas du pouvoir de vendre (Cass. 3e civ. 10-4-1973 : Bull. civ. III n° 272). 38729
Le notaire chargé de l'opération est considéré comme le « **mandataire légal** » du propriétaire vendeur et la notification notariée est censée traduire la volonté de ce dernier (Cass. 3e civ. 4-10-2000 : RD rur. 2000 p. 512).
En l'absence d'élément permettant à la Safer de douter des pouvoirs du notaire d'engager le vendeur, l'offre est donc valable, peu important que ce dernier ait ou non donné son consentement à la cession. Ainsi jugé dans un cas où le curateur du vendeur n'a pas signé la promesse de vente (Cass. 3e civ. 15-12-2004 n° 03-12.007 : RJDA 6/05 n° 678) et dans un cas où il y a notification d'une vente unique de 4 parcelles par 4 indivisaires alors que le notaire devait notifier 4 ventes distinctes (Cass. 3e civ. 15-12-2004 n° 03-15.530 : Bull. civ. III n° 246).
Pour un cas où la théorie de l'apparence n'a pas permis de valider l'offre, l'absence de consentement de l'épouse apparaissant dans la lettre du notaire (Cass. 3e civ. 13-5-2009 n° 08-16.720 : Bull. civ. III n° 110).
En pratique, il est recommandé au notaire de se faire spécialement mandater par le (ou les) propriétaire(s) pour procéder à la notification.

L'offre de vente est caduque si le propriétaire **décède** avant l'acceptation de la Safer (Cass. 3e civ. 10-5-1989 : Bull. civ. III n° 109). La solution est conforme à l'article 1117 du Code civil. 38732

RÉVOCATION OU MODIFICATION DE L'OFFRE

Tant que l'**offre** n'a **pas** été **acceptée** par la Safer, le vendeur peut revenir sur sa décision de vendre (Cass. 3e civ. 1-6-1976 : Bull. civ. III n° 247). 38735
Il peut aussi y apporter des modifications (C. rur. art. L 412-9 sur renvoi de C. rur. art. L 143-8). Il doit alors, par l'intermédiaire de son notaire, notifier ses nouvelles conditions à la Safer qui dispose de 15 jours supplémentaires pour se positionner (n° 38714).
Ces modifications des conditions de vente sont à distinguer de celles pouvant impacter la raison d'être de la préemption, qui impliquent une **nouvelle notification** du projet de cession et font courir un nouveau délai de préemption. C'est le cas lorsque l'objet de la vente est modifié (ajout ou suppression d'une parcelle par exemple) ou qu'il y a une substitution d'acquéreur.
C'est aussi le cas si la modification intervient une fois le délai de réflexion expiré.

RÉITÉRATION DE L'OFFRE

Dans tous les cas, lorsqu'**un an** après l'envoi de la dernière notification, la vente n'étant pas réalisée, le vendeur persiste dans son intention de vendre, il est tenu de procéder à une nouvelle notification (C. rur. art. L 412-9 sur renvoi de C. rur. art. L 143-8). 38738

C. Décision de ne pas préempter

Cette décision est **expresse ou tacite** (silence gardé pendant 2 mois). La Safer ne peut pas être contrainte d'exercer son droit de préemption. Elle est seule juge de l'opportunité d'y recourir (Cass. 3e civ. 18-5-2005 n° 03-21.187 : Bull. civ. III n° 111). 38750

Dès que la décision de la Safer est connue, le propriétaire peut **réaliser la cession** aux prix ou valeur et conditions mentionnés dans la notification. 38753
L'acte authentique doit indiquer que les dispositions relatives au droit d'information de la Safer ont été respectées (n° 38552).
L'aliénation doit intervenir dans le **délai** d'un an à compter de la dernière notification. À défaut, elle devra à nouveau être notifiée à la Safer pour purger son droit de préemption (n° 38738).

La **vente** doit être **notifiée** à la Safer dans les 10 jours par lettre recommandée avec demande d'avis de réception ou acte de commissaire de justice (C. rur. art. L 412-9, al. 3 sur renvoi de C. rur. art. L 143-8). Cette notification permet à cette dernière de s'assurer que ses droits ont bien été respectés et, le cas échéant, de contester la vente (voir nos 39050 s.). 38756
Le défaut de notification de la vente n'emporte aucune sanction particulière sinon qu'il empêche le délai d'action en nullité de la vente de courir... et donc d'expirer.

Si le propriétaire vend à des **conditions de prix différentes**, une nouvelle notification doit être faite par le notaire. À défaut, la Safer dispose de 6 mois pour demander la nullité de la cession ou, le cas échéant, sa substitution à l'acquéreur (voir nos 39050 s.). 38759

D. Décision de préempter

1. FORMALISME APPLICABLE

OPTIONS DE LA SAFER

38780 La Safer peut préempter aux conditions du vendeur ou en faisant une contre-proposition ou encore en limitant l'étendue de sa préemption. Elle doit recueillir l'**accord préalable** des commissaires du gouvernement pour (C. rur. art. R 141-10) :

– les acquisitions qui excèdent un certain montant fixé par arrêté ;

– certaines acquisitions inférieures à ce montant si les commissaires du gouvernement en ont décidé ainsi.

Leur accord doit être exprès lorsqu'il s'agit d'une préemption assortie d'une contre-proposition (n°s 38820 et 38852).

Par ailleurs, lorsque la préemption a pour objet la protection de l'environnement (C. rur. art. L 143-2, 8°), la Safer doit recueillir l'**avis préalable** du directeur régional de l'environnement, de l'aménagement et du logement ou, le cas échéant, du directeur du parc national ou régional compétent ou du directeur du conservatoire de l'espace littoral et des rivages lacustres, ou, pour la région Île-de-France, du directeur de l'agence des espaces verts (C. rur. art. R 143-5).

La décision doit être **signée par** le président du conseil d'administration de la Safer ou par toute personne régulièrement habilitée à cet effet (C. rur. art. R 143-6).

> **Précisions** Jugé que la théorie du **mandat apparent** ne peut valider la décision d'une Safer non datée, donnée sous forme d'un tampon et signée « pour ordre » sans mention de son auteur ce qui interdisait de vérifier le pouvoir de celui-ci (Cass. 3e civ. 19-1-2010 n° 09-12.257 : BPIM 2/10 inf. 127 pour une renonciation à préempter).

PUBLICITÉ DE LA DÉCISION

38783 À peine de nullité, la décision de préemption doit être **notifiée** par courrier recommandé avec demande d'avis de réception, par voie électronique sécurisée ou par acte de commissaire de justice au notaire chargé d'instrumenter (C. rur. art. L 143-3 et R 143-6).

Elle est également notifiée à l'acquéreur évincé, par lettre recommandée avec demande d'avis de réception. Cette notification doit intervenir dans un délai de 15 jours à compter de la date de réception de la notification faite au notaire (C. rur. art. R 143-6, al. 2) ; il s'agit d'un délai maximal pour procéder à la notification mais le texte n'impose pas qu'elle soit postérieure à celle faite au notaire (Cass. 3e civ. 18-1-2023 n° 21-14.523 FS-D). La date de la notification par voie postale est la date d'envoi par la Safer, sans qu'il soit exigé une remise à personne de la lettre (Cass. 3e civ. 15-6-2005 n° 04-10.701 : Bull. civ. III n° 134). Il n'y a pas de notification si le pli est adressé à une adresse non valable (Cass. 3e civ. 21-2-2019 n° 17-19.370 F-D).

Une analyse de la décision est adressée dans le même délai au maire de la commune intéressée en vue de son **affichage** en mairie pendant 15 jours (C. rur. art. R 143-6, al. 3).

MENTIONS OBLIGATOIRES

38786 La décision de préemption doit mentionner l'identification cadastrale des **biens** concernés et leur **prix** d'acquisition (C. rur. art. R 143-6).

Lorsqu'elle préempte à l'occasion d'une cession à titre gratuit, la Safer indique la **valeur** du bien telle qu'estimée par les services fiscaux (C. rur. art. L 143-16).

38789 La décision de préemption doit en outre être **motivée** c'est-à-dire préciser en quoi l'opération répond aux objectifs fixés par la loi (C. rur. art. L 143-2). La Safer ne doit pas se contenter d'une motivation générale en reprenant la formulation de l'un des objectifs légaux. Il faut qu'elle donne des indications concrètes et précises sur l'opération qui permettent de vérifier la réalité de l'objectif allégué et sa concordance avec les objectifs légaux (Cass. 3e civ. 21-11-1990 : Bull. civ. III n° 243 ; Cass. 3e civ. 16-2-2010 n° 09-65.901 : BPIM 2/10 inf. 128).

Elle peut, en revanche, retenir pour motiver une **décision de rétrocession** des objectifs différents de ceux visés dans la décision de préemption. (Cass. 3e civ. 20-2-2007 n° 06-11.333 : BPIM 3/07 inf. 210).

Lorsqu'elle intervient à l'occasion d'une **cession entre vifs à titre gratuit**, la préemption ne peut être mise en œuvre que pour des motifs qui se rattachent principalement à leur mission de favoriser l'installation, le maintien et la consolidation d'exploitations agricoles ou forestières afin que celles-ci atteignent une dimension économique viable au regard des critères du schéma

directeur régional des exploitations agricoles, ainsi que l'amélioration de la répartition parcellaire des exploitations (C. rur. art. L 143-16).
Dans tous les cas, l'obligation de motivation est sanctionnée par la nullité de la préemption (n° 39010).

> **Précisions** **a.** L'exercice du **droit de préemption doit avoir pour objet** (C. rur. art. L 143-2) :
> – l'installation, la réinstallation ou le maintien des agriculteurs. Permettre l'accession à la propriété par l'agriculteur en place est un motif admis (Cass. 3e civ. 15-5-2008 n° 07-13.784 : Bull. civ. III n° 87) ;
> – la consolidation d'exploitations afin de permettre à celles-ci d'atteindre une dimension économique viable au regard des critères du schéma directeur régional des exploitations agricoles et l'amélioration de la répartition parcellaire des exploitations existantes, dans les conditions prévues à l'article L 331-2 du Code rural et de la pêche maritime ;
> – la préservation de l'équilibre des exploitations lorsqu'il est compromis par l'emprise de travaux d'intérêt public ;
> – la sauvegarde du caractère familial de l'exploitation ;
> – la lutte contre la spéculation foncière ;
> – la conservation d'exploitations viables existantes lorsqu'elle est compromise par la cession séparée des terres et de bâtiments d'habitation ou d'exploitation ;
> – la mise en valeur et la protection de la forêt ainsi que l'amélioration des structures sylvicoles dans le cadre des conventions passées avec l'État ;
> – la protection de l'environnement, principalement par la mise en œuvre de pratiques agricoles adaptées, dans le cadre de stratégies définies par l'État, les collectivités territoriales ou leurs établissements publics ou approuvées par ces personnes publiques en application du Code rural ou celui de l'environnement. La mise en œuvre de pratiques agricoles adaptées constitue le moyen privilégié pour atteindre l'objectif environnemental mais la loi ne rend pas impératif l'usage de ce moyen (Cass. 3e civ. 11-7-2024 n° 22-22.488 FS-B) ;
> – la protection et la mise en valeur des espaces agricoles et naturels périurbains, dans les conditions prévues par la section 3 du chapitre III du titre Ier du livre Ier du Code de l'urbanisme.
> La décision de préemption doit indiquer le projet de mise en valeur dans laquelle elle s'inscrit, étant précisé que l'acquisition de terres incluses dans une Znieff ne constitue pas en soi un projet (Cass. 3e civ. 28-9-2011 n° 10-15.008 : Bull. civ. III n° 161).
> **b.** Pour **motiver concrètement** sa décision, la Safer peut fournir des données sur les exploitants susceptibles de bénéficier de sa décision sans qu'il y ait détournement de pouvoir dès lors qu'elle rappelle que les orientations envisagées ne sont pas définitives et que d'autres candidatures peuvent se manifester (Cass. 3e civ. 9-12-2008 n° 07-22.013 : AJDI 2009 p. 216).

2. PRÉEMPTION PURE ET SIMPLE

VENTE PARFAITE

La décision de préemption pure et simple a pour effet de rendre la **vente** parfaite. **38800**
Le **propriétaire** ne peut plus renoncer à l'opération ni en modifier les conditions. Il ne peut notamment pas demander à la Safer de payer le montant de la commission de l'agent immobilier si celui-ci n'a pas été indiqué dans la notification.
Si le vendeur décède, ses héritiers acceptants sont tenus de la même façon.

> **Précisions** **a.** Dans le cas d'un **échange** ou d'un **apport en société**, le vendeur peut renoncer à la vente si une condition de non-préemption par la Safer a été prévue (nos 38593 et 38596).
> **b.** Lorsque la Safer décide de faire usage de son droit de préemption à l'occasion d'une vente portant sur des **terrains** dépendant de la même exploitation agricole, certains étant **boisés**, d'autres non, le vendeur peut décider de retirer la partie boisée de la vente pourvu que cette possibilité ait été prévue dans la notification et que le prix de la partie boisée ait été indiqué (n° 38657).

La **Safer** ne peut pas préempter sous **condition résolutoire** telle que l'inopposabilité des baux consentis par les vendeurs aux acquéreurs (Cass. 3e civ. 30-5-1996 : Bull. civ. III n° 130). **38803**
Il en va de même d'une condition suspensive. Il n'existe qu'une seule exception à ce principe : lorsque la Safer déclare vouloir préempter sous réserve de l'exercice d'un droit prioritaire (voir n° 38708).
Elle est tenue à toutes les conditions prévues par l'acte de cession qui lui ont été régulièrement notifiées. Rappelons toutefois que les clauses contractuelles ne lui sont opposables que si elles n'ont pas pour effet de limiter l'exercice de ses prérogatives (voir n° 38702 s'agissant de la durée de validité contractuelle du compromis).

SIGNATURE DE L'ACTE AUTHENTIQUE

38806 L'acte authentique concrétisant la vente doit être signé dans un **délai** de 2 mois de la date d'envoi de la notification de la décision de préemption faite au propriétaire.

38809 **À défaut de respecter** ce délai, la **Safer** peut être mise en demeure par acte de commissaire de justice de régulariser la vente (C. rur. art. L 412-8, al. 4 sur renvoi de C. rur. art. L 143-8).

Cette **mise en demeure** peut être à l'initiative du vendeur ou de l'acquéreur évincé (Cass. 3e civ. 7-12-2011 n° 10-27.027 : BPIM 1/12 inf. 53). Mais elle doit être faite par acte extrajudiciaire ; la simple remise par un commissaire de justice d'un pli cacheté rédigé par l'acquéreur évincé n'est pas valable (Cass. 3e civ. 21-5-2014 n° 12-35.083 : BPIM 4/14 inf. 268).

Si la mise en demeure reste sans effet pendant 15 jours, c'est-à-dire si l'acte authentique n'est pas signé dans ce délai, la décision de préemption est nulle de plein droit (Cass. 3e civ. 19-11-2008 n° 07-16.476 : Bull. civ. III n° 182). Encore faut-il que l'absence de régularisation soit imputable à la Safer (Cass. 3e civ. 18-6-2014 n° 13-13.617 : BPIM 4/14 inf. 269). Ce n'est pas le cas si entre sa décision de préemption et la mise en demeure, les conditions de la vente ont changé par exemple, parce que le preneur en place qui avait renoncé à se prévaloir du statut de fermage sur les terres litigieuses est revenu sur sa décision (Cass. 3e civ. 18-6-2014 n° 13-13.617 : BPIM 4/14 inf. 269).

L'action en **nullité** peut être initiée par le vendeur ou l'acquéreur évincé (C. rur. art. L 412-8 sur renvoi de L 143-8). L'acquéreur évincé, au sens de ce texte, est la personne mentionnée dans la notification faite à la Safer, comme celle qui se propose d'acquérir (Cass. 3e civ. 13-6-2024 n° 22-20.992 FS-B). Le délai pour agir en nullité se prescrit par 5 ans à compter de l'expiration du délai de 15 jours imparti par la mise en demeure adressée à la Safer de régulariser la vente (Cass. 3e civ. 14-12-2023 n° 22-11.505 FS-B, SCI Le Buisson aux bois c/ Safer du centre : BPIM 1/24 inf. 47).

38812 Si c'est le **vendeur** qui résiste à régulariser l'acte authentique, la Safer peut saisir le tribunal judiciaire pour voir reconnaître son titre de propriété. Elle n'a pas obligation de délivrer une sommation au vendeur (Cass. 3e civ. 20-9-2006 n° 05-16.991 : RJDA 1/07 n° 33, 1er moyen).

Elle peut introduire son action plus de 2 mois après la notification sans que la préemption encoure la nullité dès lors que la Safer n'a pas été mise en demeure, par acte de commissaire de justice, de régulariser la vente (ce qui est, par hypothèse, le cas lorsque le vendeur refuse de signer l'acte authentique ; Cass. 3e civ. 15-11-2006 n° 05-15.475 : Bull. civ. III n° 227).

3. PRÉEMPTION AVEC CONTRE-PROPOSITION

DÉCISION DE PRÉEMPTION

38820 Si elle estime le prix et les conditions d'aliénation exagérés notamment en fonction des prix pratiqués dans la région pour des immeubles de même ordre, la Safer peut faire une contre-proposition.

Elle notifie au notaire, après accord des commissaires du gouvernement, sa décision de préemption assortie d'une **offre d'achat** établie à ses propres conditions (C. rur. art. L 143-10 et R 143-12).

Cette offre doit notamment :

– mentionner le prix offert ;

– être motivée de façon concrète tant au regard de l'objectif légal poursuivi qu'au regard du caractère exagéré du prix et des conditions de vente. Mais il n'est pas nécessaire que l'offre mentionne les prix pratiqués dans la région (Cass. 3e civ. 18-2-2009 n° 08-10.575 : Bull. civ. III n° 46) ;

– mentionner l'accord exprès des commissaires du gouvernement ;

– indiquer les différentes possibilités d'action qui s'offrent alors au vendeur.

Elle prend la **forme** d'un courrier recommandé avec demande d'avis de réception ou d'un envoi électronique sécurisé.

> **Précisions a.** En cas de vente de parcelles agricoles dans le cadre d'une **liquidation judiciaire**, la Safer ne peut pas émettre une contre-proposition de prix car l'exercice de son droit de préemption ne peut avoir pour effet de modifier les conditions de la vente autorisée par le juge-commissaire (Cass. 3e civ. 19-9-2012 n° 10-21.858 : Bull. civ. III n° 129 ; Cass. 3e civ. 11-7-2019 n° 17-22.716 F-D, Safer de Bretagne : BPIM 5/19 inf. 342).
>
> **b.** En cas de préemption de **bâtiments** situés en zone de vocation agricole, qui, **par le passé, ont eu un usage agricole**, la Safer ne peut pas faire de contre-proposition de prix si les bâtiments concernés ont fait l'objet d'un changement de destination (voir nos 38632 et 38633).

OPTIONS DU VENDEUR

Le propriétaire dispose d'un **délai** de 6 mois pour prendre position et faire parvenir sa réponse à la Safer. Ce délai court à compter de la réception, par le notaire, de l'offre d'achat émise par la Safer (C. rur. art. R 143-12). 38823

Le vendeur dispose de trois possibilités (C. rur. art. L 143-10).

Il peut **refuser l'offre** en retirant le bien de la vente. Ce retrait doit être notifié par le notaire à la Safer. Une simple lettre recommandée émanant du vendeur est inefficace et permet à la vente de se réaliser aux conditions offertes par la Safer, le silence du vendeur valant acceptation tacite (voir ci-après).

Étant la conséquence d'une décision de préemption, ce retrait désengage le propriétaire vis-à-vis de l'acquéreur initial. Et même si, postérieurement, le propriétaire conclut une vente amiable avec la Safer, l'acquéreur initial ne peut pas contester la transaction (Cass. 3e civ. 22-2-1989 : RD rur. 1989 p. 315 ; Cass. 3e civ. 14-9-2011 n° 10-22.953 : RJDA 12/11 n° 1015). En revanche, si le propriétaire souhaite à nouveau vendre le bien à l'acquéreur initial ou à tout autre acheteur, il devra recommencer la procédure de notification à la Safer.

Le vendeur peut aussi **accepter l'offre**, ce qui rend la vente parfaite au prix proposé par la Safer (sauf s'il existe un droit prioritaire). Cette acceptation est expresse, via une notification à la Safer par le notaire, ou tacite. Dans ce dernier cas, elle résulte soit de l'inaction du propriétaire pendant le délai de 6 mois, soit de l'inefficacité de son action par exemple s'il a informé la Safer de son refus par lettre recommandée (Cass. 3e civ. 3-10-2012 n° 11-19.069 : Rev. loyers 2012 p. 423).

Notons qu'en cas de décès du vendeur avant l'expiration des 6 mois, cette présomption n'est pas opposable à ses ayants droit. La Safer doit réitérer son offre.

Enfin le vendeur a la possibilité de **demander la révision du prix** proposé par la Safer en saisissant le tribunal.

ATTENTION

Le vendeur peut régulièrement **disposer de son bien** sans attendre que le notaire ait notifié à la Safer le refus de son offre, pourvu que la notification de la décision intervienne dans le délai de 6 mois (Cass. 3e civ. 9-6-2015 n° 14-12.347). En l'espèce, le vendeur avait fait donation du bien avant que soit, dans le délai légal, notifié à la Safer le retrait du bien de la vente. La solution rendue en application des dispositions antérieures à la loi d'avenir pour l'agriculture du 13 octobre 2014 et à la loi pour la croissance, l'activité et l'égalité des chances économiques du 6 août 2015 est partiellement transposable : le vendeur peut toujours disposer du bien sans attendre d'avoir notifié son refus de l'offre de la Safer ; toutefois, s'agissant d'une donation, il devrait désormais procéder à une nouvelle information de la Safer, celle-ci pouvant alors exercer son droit de préemption au titre de cette donation si elle bénéficie de ce droit en raison de la qualité du donataire.

FIXATION JUDICIAIRE DU PRIX

Le **tribunal compétent** est le tribunal judiciaire (C. rur. art. R 143-12). Il doit être saisi dans les 6 mois de la contre-proposition de la Safer. 38826

Il décide, après enquête et expertise, du prix du bien à partir de sa valeur vénale au jour du jugement et non au jour de la notification de l'offre. Il apprécie de la même façon la valeur des biens en cas d'apport en société, de cession d'usufruit ou de nue-propriété et en cas d'échange.

Une fois le prix définitivement déterminé par la justice, propriétaire et Safer peuvent, chacun de leur côté, renoncer à l'opération (C. rur. art. L 143-10).

La **Safer** dispose d'un mois à compter du jour où le jugement est devenu définitif pour accepter les conditions fixées par le juge et faire parvenir son acceptation au notaire. À défaut, elle est réputée avoir renoncé à l'acquisition (C. rur. art. R 143-12). La vente peut alors être conclue avec l'acquéreur initial. Si ce dernier s'est dédit (éventuellement grâce à une clause prévue en ce sens, voir n° 38586) et si un nouvel acquéreur se présente, le droit de préemption de la Safer doit à nouveau être purgé. 38829

Le **vendeur**, lui, dispose de 3 ans à compter de la décision de justice devenue définitive pour faire connaître sa décision. 38832

Il peut renoncer à vendre aux conditions fixées par le juge :

– expressément, en notifiant sa décision à la Safer ;

– tacitement, en gardant le silence durant le délai de 3 ans.

Si après coup, il souhaite de nouveau vendre, il devra recommencer toute la procédure de purge.

Le vendeur peut décider de réaliser la vente aux conditions fixées par le juge. S'il le demande dans le délai de 3 ans, la Safer ne peut pas s'y soustraire (C. rur. art. L 143-10). Le prix de l'acquisition est celui fixé par le tribunal. Il est éventuellement révisé si la vente intervient au cours des 2 dernières années. Signalons toutefois que certains considèrent que la Safer ne peut être forcée à acquérir que si elle a accepté le prix fixé par le juge.

4. PRÉEMPTION PARTIELLE

PRINCIPES

38840 Les Safer peuvent opérer une préemption partielle (C. rur. art. L 143-1-1). Il s'agit de leur permettre de limiter leur intervention aux biens présentant un intérêt direct pour l'exploitation agricole et d'éviter que des parcelles ne puissent être préemptées compte tenu du coût global de la vente ou parce que les biens aliénés ne sont pas tous préemptables.

La préemption partielle est donc **possible lorsque** l'aliénation porte simultanément sur des terrains à usage agricole ou à vocation agricole et sur une ou plusieurs des catégories de biens suivantes :

– des bâtiments à usage agricole et les biens mobiliers qui leur sont attachés ;

– des bâtiments d'habitation faisant partie d'une exploitation agricole ;

– dans les communes littorales, des bâtiments situés dans des zones ou espaces particuliers (zone agricole protégée ; périmètre de protection et de mise en valeur des espaces agricoles et naturels périurbains ; zone agricole ou zone naturelle ou forestière délimitées par un document d'urbanisme ; en l'absence de document d'urbanisme, secteurs ou parties non urbanisés des communes ; voir n° 38626), qui ont été utilisés pour l'exercice d'une activité agricole ou pour l'exploitation de cultures marines au cours des 20 dernières années ;

– des bâtiments situés dans des zones ou espaces particuliers (zone agricole protégée ; périmètre de protection et de mise en valeur des espaces agricoles et naturels périurbains ; zone agricole ou zone naturelle ou forestière délimitées par un document d'urbanisme ; en l'absence de document d'urbanisme, secteurs ou parties non urbanisés des communes ; voir n° 38626) ou situés dans les communes ou parties de communes de montagne, qui ont été utilisés pour l'exercice d'une activité agricole au cours des 5 dernières années ;

– des biens pour lesquels la Safer ne bénéficie pas d'un droit de préemption.

38843 La **préemption** peut alors se **limiter** :

– aux terrains à usage ou à vocation agricole et aux biens mobiliers qui leur sont attachés ;

– ou à ces terrains et à un ou plusieurs des bâtiments précités.

38846 Lorsque la Safer fait part au vendeur de son intention de ne préempter qu'une partie des biens aliénés, le **propriétaire peut** (C. rur. art. L 143-1-1, der. al.) :

– exiger qu'elle se porte acquéreur de l'ensemble des biens aliénés ;

– accepter la préemption partielle et exiger qu'elle l'indemnise de la perte de valeur des biens non acquis. À défaut d'accord amiable sur le montant de l'indemnisation, celui-ci est fixé par le tribunal judiciaire.

OFFRE DE LA SAFER

38849 Si la notification du **projet d'aliénation comporte des valeurs distinctes** pour chaque catégorie de biens, la Safer fait connaître son intention au notaire selon les modalités ordinaires (C. rur. art. R 143-4, al. 1) : elle notifie sa préemption en précisant les biens concernés, leur prix, et le ou les motifs de la décision (C. rur. art. R 143-6).

38852 Si la notification du projet de vente ne comporte qu'un **montant global**, la Safer présente une offre de prix pour les terrains à usage agricole ou à vocation agricole et les biens mobiliers attachés ou pour ces terrains et une ou plusieurs des catégories de bâtiments n° 38840 (C. rur. art. R 143-4, al. 2). Elle doit, au préalable, avoir reçu un accord exprès des commissaires du gouvernement.

Dans son offre, la Safer informe le vendeur :

– de ses droits, à savoir la possibilité d'exiger qu'elle se porte acquéreur pour le tout ou qu'elle l'indemnise, s'il accepte la préemption partielle, de la perte de la valeur des biens non acquis, avec la faculté de saisir le tribunal pour fixer le montant de l'indemnisation (C. rur. art. L 143-1-1, dernier al.) ;

– des conditions de rétrocession lorsqu'elle a été tenue d'acquérir le tout (C. rur. art. L 143-1-2).

RÉPONSE DU VENDEUR

38855 À réception de la notification de l'offre, le vendeur a 2 mois pour faire connaître, via son notaire, sa décision (C. rur. art. R 143-4, al. 3).

Il peut **accepter l'offre**. L'acceptation est tacite si sa réponse ne parvient pas à la Safer dans ce délai.

Si le vendeur accepte l'offre d'achat partiel **sous réserve d'être indemnisé** de la perte de valeur des biens non compris dans cette offre, la Safer dispose d'un mois pour faire connaître au notaire sa décision d'acceptation, de refus ou de renonciation à l'achat, en indiquant l'avis des commissaires du gouvernement.

En cas de **désaccord des parties**, c'est-à-dire si le vendeur refuse l'offre d'achat ou si la Safer refuse l'indemnisation demandée, la décision manifeste ce désaccord sur le montant de l'indemnisation. Elle ouvre à la partie la plus diligente un délai de 15 jours pour saisir le tribunal judiciaire compétent afin qu'il en fixe le montant.
Enfin, si le vendeur **exige la préemption du tout**, la Safer peut soit acquérir aux prix et conditions d'aliénation, soit renoncer. À compter de la réception de la décision du vendeur, elle a un mois pour faire parvenir sa décision au notaire, son silence valant renonciation et rétractation.
Dans tous les cas, la Safer notifie sa décision au notaire chargé d'instrumenter et au vendeur, par lettre recommandée avec avis de réception ou sous forme électronique.
Lorsque la Safer a été tenue d'acquérir tous les biens, elle doit les **rétrocéder** prioritairement à l'acquéreur évincé (C. rur. art. L 143-1-2).

SECTION 4

PRÉEMPTION ET ADJUDICATION

Les Safer ont la possibilité d'exercer leur droit de préemption en cas d'adjudication. Mais elles ne peuvent alors pas discuter le prix qui est fixé par les enchères (C. rur. art. L 143-12). **38880**
Pour écarter cet inconvénient, l'adjudication doit, pour certains biens ou dans certaines zones définis dans le décret attributif, être précédée d'une offre préalable à la Safer. Si celle-ci est acceptée, il n'est plus possible de recourir à l'adjudication (C. rur. art. L 143-12).

A. Règles communes à toutes les adjudications

INFORMATION DE LA SAFER

Que l'adjudication soit volontaire ou forcée, le notaire chargé de la vente ou, en cas de vente poursuivie devant le tribunal, le secrétaire-greffier en chef dudit tribunal doit par lettre recommandée avec demande d'avis de réception ou par acte de commissaire de justice : **38885**
– **informer la Safer**, un mois au moins avant l'adjudication, des conditions de celle-ci (C. rur. art. R 143-13). Exception faite de l'identité de l'acquéreur pressenti, les informations devant être communiquées sont les mêmes que celles exigées lors d'une vente amiable (n°s 38528 s.) ;
– **convoquer la Safer** à l'adjudication au moins 20 jours avant celle-ci (C. rur. art. L 412-11 sur renvoi de C. rur. art. R 143-13). À défaut, la nullité de la vente est encourue.
Une seule notification peut être faite pour remplir ces deux obligations pourvu que le délai le plus long soit respecté.

La Safer doit également être informée, dans les 8 jours, des **reports** et des **décisions d'adjudication** (C. rur. art. R 143-13). **38888**
Elle doit être avertie de l'existence d'une **surenchère** de la même façon que l'adjudicataire pour pouvoir, le cas échéant, faire valoir son droit de préemption (C. rur. L 412-11 sur renvoi de C. rur. art. R 143-13).

DÉCISION DE LA SAFER

Délai La Safer dispose d'un délai d'un mois à compter de l'adjudication pour faire part de sa décision d'acquérir (C. rur. art. L 143-11). En cas de surenchère, un nouveau délai d'un mois à compter de l'adjudication sur surenchère s'ouvre. Attention, le délai n'est pas repoussé en cas de contentieux : la Safer est tardive si elle préempte dans le mois du jugement définitif qui a annulé la surenchère (Cass. 3e civ. 5-6-2013 n° 11-26.088 : Bull. civ. III n° 77). **38891**
Néanmoins, en cas d'adjudication volontaire, ce délai est éventuellement augmenté de 5 jours à compter de la date d'expiration du délai de surenchère fixé par le cahier des charges (C. rur. art. L 143-11).

Décision de préemption La décision de préemption prend la **forme** d'un acte authentique ou d'un acte de commissaire de justice qui est annexé au procès-verbal ou au jugement d'adjudication (C. rur. art. L 412-11 sur renvoi de C. rur. art. R 143-13). **38894**

À peine de nullité, elle doit être :
– approuvée par les commissaires du gouvernement (C. rur. art. R 143-13) ;
– motivée (C. rur. art. L 143-3 ; Cass. 3e civ. 29-6-2011 n° 10-30.272 : Bull. civ. III n° 116), voir n° 38789 ;
– notifiée, d'une part, au notaire chargé de la vente ou, le cas échéant, au secrétaire-greffier en chef du tribunal, d'autre part, à l'adjudicataire évincé dans les 15 jours de la notification faite à la personne chargée de dresser l'acte d'aliénation (C. rur. art. R 143-6 ; Cass. 3e civ. 29-6-2011 n° 10-30.272 : Bull. inf. C. cass. 15-11-2011 n° 1454 ; Cass. 3e civ. 11-10-2018 n° 17-16.174 F-D, Safer de Bretagne).
Elle doit également être affichée en mairie (C. rur. art. R 143-6).
Par l'**effet** de la préemption, la Safer se substitue à l'adjudicataire aux prix et conditions acceptés par ce dernier.

38897 **Renonciation à préemption** La Safer peut également **renoncer à son droit de préemption** de façon expresse en adressant une notification en ce sens ou tacitement en gardant le silence pendant un mois éventuellement augmenté de 5 jours.

B. Règles particulières de l'offre amiable préalable

VENTES CONCERNÉES PAR L'OFFRE AMIABLE PRÉALABLE

38950 Lorsque le vendeur souhaite céder son bien par adjudication volontaire, il doit au préalable proposer à la Safer de l'acquérir à l'amiable. Cette obligation s'impose dès lors que (C. rur. art. L 143-12) :
– le recours à l'adjudication a été choisi. Elle ne s'applique pas lorsque la procédure d'adjudication a été autorisée ou ordonnée par un juge (C. rur. art. L 143-12). Sont donc dispensées de l'offre préalable amiable à la Safer non seulement les ventes qui ne peuvent pas, aux termes de la loi ou du règlement, se dérouler autrement que par adjudication mais aussi celles pour lesquelles le juge, sans y être tenu, a décidé qu'elles se feraient par adjudication, par exemple pour les ventes décidées dans le cadre d'une liquidation judiciaire ou d'une mesure de tutelle ;
– le bien concerné relève d'une catégorie de biens et se situe dans une zone pour lesquelles le recours à la procédure de l'offre préalable a été autorisé par le décret attributif.

> **Précisions** Si le prix de vente d'un bien a été, dans le cadre d'une préemption, fixé par le tribunal (voir nos 38826 s.), le vendeur **ne peut pas procéder à l'adjudication amiable** avant 3 ans à compter du jour où le jugement fixant le prix est devenu définitif (C. rur. art. L 143-12). Pendant ce délai, la Safer est obligée d'acquérir le bien au prix du tribunal.

NOTIFICATION DE L'OFFRE AMIABLE

38953 Le notaire chargé de l'opération doit, au moins 2 mois avant la date fixée pour l'adjudication, notifier à la Safer l'offre amiable préalable (C. rur. art. R 143-14, al. 1).
Cette offre doit indiquer le prix demandé (il faut bien distinguer le montant de la mise à prix et le prix auquel le vendeur est prêt à vendre), ainsi que la date, le lieu et les modalités prévues pour l'adjudication.
Cette notification est faite par lettre recommandée avec demande d'avis de réception ou par acte de commissaire de justice (C. rur. art. R 143-22).

RÉPONSE DE LA SAFER

38956 À réception de l'offre, la Safer dispose d'un **délai** de 2 mois pour faire parvenir sa décision au notaire. À défaut, elle est réputée avoir refusé l'offre (C. rur. art. L 143-12).
Elle dispose de **3 possibilités** (C. rur. art. R 143-14) :
– accepter l'offre amiable. C'est alors une vente amiable qui est conclue sous réserve de la purge préalable des droits de préemption prioritaire (urbanisme, fermier, coïndivisaire...) ;
– renoncer à acquérir en répondant ou en gardant le silence. Dans ce cas, l'adjudication peut avoir lieu selon les modalités mentionnées dans l'offre excepté le prix. Toutefois, une nouvelle convocation doit être adressée à la Safer si une modification intervient dans la date, le lieu ou les modalités de l'adjudication mentionnés dans l'offre amiable initiale ;
– faire une contre-proposition si elle estime le prix et les conditions de l'offre exagérés. Le vendeur, comme dans la procédure de vente de gré à gré, peut accepter l'offre, renoncer à vendre ou saisir le juge en fixation du prix (n° 38823). Une fois le prix fixé par le juge, le vendeur peut encore retirer le bien de la vente. Il ne pourra pas procéder à une vente aux enchères du bien

pendant 3 ans. Mais il pourra pendant ce même délai obliger la Safer à acquérir au prix fixé par le juge éventuellement révisé pour les 2 dernières années. Il faudra, au préalable, purger les droits de préemption prioritaires.

SECTION 5 CONTENTIEUX

Le **tribunal compétent** pour connaître du contentieux relatif au droit de préemption des Safer est le tribunal judiciaire (C. rur. art. L 141-1-1, II), sauf question préjudicielle portant sur l'existence ou la légalité des décisions des commissaires du gouvernement qui sont des actes administratifs unilatéraux et dont le contentieux relève des tribunaux administratifs (T. confl. 8-12-1969 : Lebon p. 685). 39000
Territorialement, le tribunal compétent est celui de la situation de l'immeuble.

A. Préemption irrégulière

La **sanction** d'une décision de préemption irrégulière est la nullité. C'est notamment le cas lorsque la Safer : 39010
– a agi sans habilitation ; par exemple si le conseil d'administration n'a pas voté une délégation de pouvoir ou si le commissaire du gouvernement n'a pas autorisé l'opération concernée ;
– n'a pas notifié sa décision de préemption au notaire ou à l'acquéreur évincé (C. rur. art. L 143-3) ou a notifié sa décision de préemption à une adresse non valable, empêchant la délivrance du pli à son destinataire (Cass. 3e civ. 21-2-2019 n° 17-19.370 F-D). Le défaut d'affichage en mairie n'est pas sanctionné par la nullité (Cass. 3e civ. 19-11-2020 n° 19-21.469 FS-PBI). Il retarde le point de départ de l'action en nullité de la préemption ;
– n'a pas correctement motivé sa décision de préemption (C. rur. art. L 143-3) ;
– n'a pas agi dans le cadre des objectifs légaux qui lui sont assignés (C. rur. art. L 143-2). En revanche, l'impossibilité de prévoir le délai dans lequel l'objectif retenu pourra être réalisé n'est pas de nature à remettre en cause la validité de la préemption (Cass. 3e civ. 1-4-2003 n° 01-17.960 : Bull. civ. III n° 72).

Le vendeur ou un acquéreur évincé peut **saisir le tribunal**. Ce dernier n'est pas tenu de mettre en cause le vendeur initial (Cass. 3e civ. 10-11-2004 n° 03-15.703 : Bull. civ. III n° 198). 39013
S'agissant du **délai** pour agir, deux hypothèses doivent être envisagées (C. rur. art. L 143-13 et L 143-14) :
– si l'action est fondée sur un motif autre que la violation des objectifs légaux, elle doit être intentée dans les 6 mois à compter du jour où la décision de préemption a été rendue publique. Est par exemple soumise à ce délai l'action qui tend à contester la nature préemptable des terres (Cass. 3e civ. 8-12-2010 n° 09-71.830 : Bull. civ. III n° 219) ;
– si l'action est fondée sur la violation des objectifs légaux, elle doit être engagée, au plus tard, à l'expiration d'un délai de 6 mois courant du jour où la décision motivée de rétrocession a été rendue publique.
Dans les deux cas, le délai commence à courir, en principe, du jour de l'affichage en mairie (Cass. 3e civ. 25-9-2002 n° 01-03.638 : Bull. civ. III n° 185 ; Cass. 3e civ. 29-3-2000 n° 98-15.996 : Bull. civ. III n° 77). Mais, s'agissant de l'acquéreur évincé, le délai de 6 mois ne peut courir contre lui que si la décision de préemption ou de rétrocession lui a été notifiée (Cass. 3e civ. 30-10-2013 n° 12-19.870 : BPIM 6/13 inf. 407 rendu à propos d'une contestation fondée sur la violation des objectifs légaux mais transposable).
L'assignation demandant la nullité de la préemption doit être publiée au **fichier immobilier**. Mais cette formalité n'a pas à être accomplie dans les 6 mois du jour où le demandeur a connu la préemption (Cass. 3e civ. 28-1-2004 n° 02-13.786 : Bull. civ. III n° 16).

Si la préemption au prix proposé par la Safer est annulée, l'**acquéreur initial** acquiert le bien mais au prix initial qu'il avait accepté et non au prix révisé. En effet, l'annulation ayant un effet rétroactif, la Safer est censée avoir renoncé à préempter et la promesse synallagmatique de vente conclue entre le vendeur et l'acquéreur initial retrouve toute sa valeur (Cass. 3e civ. 27-6-2007 n° 06-14.329 : RJDA 12/07 n° 1211). 39016
La Safer peut aussi être condamnée à des **dommages et intérêts** si le demandeur justifie avoir subi un préjudice du fait de la préemption irrégulière.

B. Non-respect de l'obligation d'information

BIEN OU DROIT PRÉEMPTABLE

39050 La Safer peut agir pour faire respecter son droit de préemption (C. rur. art. L 141-1-1, II).

> **Précisions** Le droit de préemption de la Safer s'exerçant aux mêmes conditions que celui du preneur rural, le renvoi aux sanctions prévues par l'article L 412-10 du Code rural et de la pêche maritime reste théoriquement actif (C. rur. art. L 143-8). Mais cette lecture n'est pas cohérente avec le régime de sanctions autonomes qui a été instauré par la loi d'avenir pour l'agriculture du 13 octobre 2014 et son décret d'application du 31 juillet 2015.

39053 **En cas d'aliénation consentie à un tiers** La Safer peut **demander** l'annulation de l'acte en cause.

Au cas particulier de la vente, elle peut aussi demander à être déclarée acquéreur en lieu et place du tiers (C. rur. art. L 141-1-1, II). A contrario, la substitution n'est pas possible en présence d'une aliénation d'une autre nature.

Le **délai** pour agir est de 6 mois à compter de la publication de l'acte de vente ou de l'acte de donation ou, à défaut de publication, dans les 6 mois à compter du jour où la Safer a connaissance de cet acte.

> **Précisions** **Dans le régime antérieur**, l'action en nullité, avec ou sans substitution, devait être engagée dans un délai de 6 mois à compter du jour où la Safer avait eu **connaissance de la date de la vente** (C. rur. art. L 412-12, al. 3 ; Cass. 3e civ. 12-1-1994 : RD rur. 1994 p. 278). A été jugé que la publication de la vente au service de la publicité foncière ne fait pas, à elle seule, courir le délai de forclusion, lequel suppose de la part de la Safer, la connaissance effective de la date de la vente (Cass. 3e civ. 23-11-2011 no 10-10.788 : Bull. civ. III no 201, JCP N 2012 no 1110 note J.-J. Barbieri ; voir dans le même sens : Cass. 3e civ. 3-7-2002 no 00-21.422, inédit). La Cour de cassation a semblé ainsi définitivement abandonner sa jurisprudence qui admettait que la connaissance de la date de vente résultait de la publication de la vente au service de la publicité foncière (Cass. 3e civ. 2-2-2011 no 09-73.004 : BPIM 2/11 inf. 130, JCP N 2011 no 1117 note J.-J. Barbieri).

39056 **En cas de qualification à tort de donation** La Safer peut **demander** l'annulation d'une cession à titre gratuit si elle estime qu'elle aurait dû lui être notifiée en tant que cession à titre onéreux. La substitution n'est pas envisagée (C. rur. art. L 141-1-1, II).

La Safer dispose d'un **délai** pour agir de 6 mois à compter de la date à laquelle elle a été informée de la cession à titre gratuit.

BIEN OU DROIT NON PRÉEMPTABLE

39059 En cas d'aliénation au profit d'un tiers, sans information préalable de la Safer, d'un bien ou droit mobilier ou immobilier qui n'est pas soumis au droit de préemption de celle-ci, le préfet de région peut prononcer une **amende administrative** (C. rur. art. L 141-1-1 III et R 143-20).

Il agit d'office ou à la demande de la Safer.

L'amende administrative est égale au moins au montant fixé pour les contraventions de la cinquième classe, soit 1 500 € (C. pén. art. 131-13), et au plus à 2 % du montant de la transaction concernée. Les frais résultant des mesures nécessaires à l'exécution de cette sanction sont à la charge du contrevenant.

39062 La **procédure** est la suivante : le préfet de région avise préalablement l'auteur du manquement, c'est-à-dire le notaire chargé d'instrumenter ou à défaut le cédant. Il l'informe des faits relevés à son encontre, des dispositions qu'il a enfreintes et des sanctions qu'il encourt. Il lui fait connaître le délai dont il dispose pour faire valoir ses observations écrites et, le cas échéant, les modalités selon lesquelles il peut être entendu s'il en fait la demande. Il l'informe de son droit à être assisté du conseil de son choix.

La décision de sanction ne peut pas être prise plus d'un an après la constatation des faits.

Elle peut faire l'objet d'un **recours** de pleine juridiction devant la juridiction administrative.

C. Non-respect des engagements par l'acquéreur

En cas de non-respect de l'engagement pris par l'acquéreur, la cause d'exemption disparaît. On peut alors considérer que la vente a été réalisée en violation du droit de préemption et qu'elle doit être déclarée nulle. La loi prévoit expressément qu'en cas de non-respect de l'engagement pris par l'apporteur de conserver ses droits sociaux reçus en contrepartie pendant 5 ans à compter de l'apport (C. rur. art. L 143-5), sauf accord exprès de sa part, la Safer peut, dans les 6 mois à compter du jour où elle en a eu connaissance, demander l'annulation de l'apport. Évidemment cette solution pose problème car la nullité pure et simple sanctionne injustement le vendeur qui, lui, n'a pris aucun engagement. **39070**

La Safer peut-elle être substituée à l'acquéreur en cas de vente ?

La question s'est déjà posée sous l'empire des dispositions anciennes. La substitution a été admise (Cass. 3e civ. 20-2-1985 no 317 : RD rur. 1985 p. 470 qui fait application du droit antérieur au 8-11-1978). Mais en sens contraire (CA Colmar 1e ch. 7-3-1997 no 97-557 : Bull. inf. C. cass. 15-11-1997 no 1335).

CHAPITRE 5

DROIT DE PRÉEMPTION DU PRENEUR RURAL

SOMMAIRE

CARACTÉRISTIQUES DU DROIT DU PRENEUR

39500 Le titulaire d'un bail rural est prioritaire pour acquérir les terres qu'il exploite. Il dispose d'un droit de préemption qui lui permet, en cas de vente du fonds, d'évincer l'acquéreur pressenti (C. rur. art. L 412-1).

39503 Ce droit est d'**ordre public**. Il ne peut pas être tenu en échec par :
– une clause contraire (C. rur. art. L 412-4) tel qu'un pacte de préférence antérieur au bail, une clause du bail ou un accord conclu en cours de bail ;
– une renonciation anticipée. Le preneur ne peut valablement renoncer à son droit de préemption qu'une fois celui-ci acquis, c'est-à-dire après que le notaire lui ait notifiée une offre de vente formelle (Cass. 3e civ. 5-4-2018 n° 16-23.742 F-D) comprenant le prix, les charges, les conditions et les modalités de la vente projetée.

> **Précisions** **a.** Une **vente** peut valablement être conclue **sous** la **condition suspensive de non-préemption** par le preneur. Mais elle ne doit pas priver ce dernier de la possibilité d'exercer son droit (Cass. 3e civ. 3-11-1981 et Cass. 3e civ. 3-2-1982 : JCP N 1982 II p. 178). Ainsi, une clause prévoyant la caducité de la vente en cas de préemption par le preneur est illicite.
> **b.** Le **recours** à la **technique de la condition suspensive**, s'il est admis en droit positif, soulève des réserves au regard de l'analyse juridique (voir n° 38586).

39506 Le droit du fermier est **personnel** : il n'est pas cessible (C. rur. art. L 412-4) ; il ne peut être exercé que par le preneur lui-même. Une déclaration de préemption « moi en mon nom propre ou toute personne morale me substituant » n'est donc pas valable (Cass. 3e civ. 26-3-2020 n° 19-11.420 F-D). Si ce dernier est en liquidation judiciaire, le mandataire liquidateur ne peut pas se substituer (Cass. 3e civ. 7-4-2004 n° 02-19.519 : Bull. civ. III n° 78). Une nuance toutefois : les descendants ou le conjoint du preneur ou son partenaire « pacsé » peuvent être subrogés (C. rur. art. L 412-5 ; nos 39590 s.).

39509 Le droit de préemption du preneur **s'efface devant** celui :
– de l'État, des collectivités publiques et des établissements publics (C. rur. art. L 412-4) ;
– des coïndivisaires (C. civ. art. 815-14).
Il **prime**, en revanche, celui de la Safer si le preneur (ou bien son conjoint ou un ascendant de lui-même ou de son conjoint) exploite le bien concerné depuis au moins 3 ans (C. rur. art. L 143-6).

Encore faut-il que le preneur remplisse les conditions pour bénéficier du droit de préemption (Cass. 3e civ. 13-7-2011 n° 10-19.734 : Bull. inf. C. cass. 1-12-2011 n° 1531).
En outre, cette primauté ne vaut que si le statut du fermage a vocation à s'appliquer au regard des critères légaux. L'adoption contractuelle de ce statut dans un cas où il n'a pas vocation à s'appliquer (petite parcelle par exemple) n'autorise pas le preneur à revendiquer un droit de préemption primant celui de la Safer (Cass. 3e civ. 14-11-2007 n° 06-19.633 : RJDA 2/08 n° 122).

SECTION 1

TITULAIRES DU DROIT DE PRÉEMPTION

A. Preneur en place

CONDITION TENANT AU CONTRAT DE BAIL

Le preneur, personne physique ou morale, doit justifier d'un **bail rural en cours de validité** au moment de la vente. Cela vise les baux à ferme ou métayage, les locations de longue durée et les baux annuels renouvelables, peu important que le contrat soit écrit ou verbal, enregistré ou non. Un bail à ferme consenti sous condition ouvre à son titulaire un droit de préemption (Cass. 3e civ. 17-2-2010 n° 09-10.756 : Bull. civ. III n° 46 dans un cas où le bail avait été conclu sous la condition d'octroi d'une autorisation d'exploiter et où la vente avait eu lieu avant l'obtention de cette autorisation). **39520**
L'exigence d'un bail en cours de validité exclut notamment :
– le preneur dont le bail a expiré. S'il a reçu un congé, il conserve la possibilité d'exercer son droit jusqu'à la date d'effet du congé. Si le bail est résilié par voie judiciaire, le preneur peut préempter tant que la décision de justice ne lui a pas été signifiée (Cass. mixte 16-12-2005 n° 03-12.206 : Bull. civ. n° 8) ;
– le preneur et le sous-locataire qui ont conclu une sous-location illicite ;
– le preneur et le cessionnaire qui ont conclu une cession illicite.

CONDITIONS TENANT AU PRENEUR

Cas général Le preneur bénéficie du droit de préemption s'il remplit, au moment où il exerce son droit de préemption, trois conditions détaillées ci-après (C. rur. art. L 412-5). **39523**
Première condition : le preneur doit avoir exercé, au moins pendant 3 ans, la profession agricole. Il peut avoir exercé cette profession dans le cadre du fonds loué ou d'une autre exploitation, en qualité de chef d'exploitation ou d'ouvrier agricole. Il importe peu qu'il ait eu une activité annexe non agricole.

Deuxième condition : le preneur doit exploiter le fonds mis en vente par lui-même ou par sa famille. En cas de contestation, il lui appartient de prouver que cette condition est remplie (Cass. 3e civ. 8-11-1995 : Bull. civ. III n° 226). **39526**
L'exigence d'une exploitation personnelle signifie que le preneur doit participer aux travaux de façon effective et permanente (Cass. 3e civ. 11-6-1997 : Bull. civ. III n° 137 ; Cass. 3e civ. 4-2-2014 nos 12-22.538 et 12.23.066) et demeurer sur l'exploitation ou à proximité. Toutefois, il peut, dans le cadre d'un échange de jouissance, confier l'exploitation de certaines terres à un autre agriculteur (C. rur. art. L 411-39).
La « famille » du preneur est comprise au sens large : conjoint, descendants mais aussi ascendants, ou frères et sœurs. Pour un exemple où l'épouse, venant aux droits de son mari décédé, avait exercé depuis plus de trois ans la profession agricole de collaboratrice de son conjoint, lui-même associé de la société qui exploitait les terres louées (Cass. 3e civ. 10-2-2015 n° 13-26.864).
L'appréciation de l'effectivité de l'exploitation se fait en prenant en compte l'ensemble des terres affermées et non la seule parcelle vendue ; ne perd donc pas son droit de préemption le preneur qui utilise partiellement la parcelle vendue pour déverser ses restes de désherbants après rinçages mais qui, par ailleurs, cultive effectivement le reste des terres (Cass. 3e civ. 4-6-2014 n° 13-14.143 : BPIM 4/14 inf. 270).

Troisième condition : le preneur ne doit pas être déjà propriétaire de parcelles représentant une superficie supérieure à 3 fois le seuil pour les autorisations d'exploiter fixé par le schéma directeur régional des exploitations agricoles (C. rur. art. L 412-5 qui renvoie au seuil mentionné à C. rur. art. L 312-1). **39529**

Sont comptabilisées toutes les parcelles dont le preneur est propriétaire, peu important que celles-ci soient exploitées ou non (Cass. 3e civ. 25-9-2002 : Bull. civ. III no 174), de bon ou de mauvais rendement, exploitées par le preneur ou par un tiers.
Les biens indivis sont pris en compte au prorata des droits du preneur sur ces biens.
Si le preneur est marié, il est tenu compte de ses biens personnels ou propres et de la moitié des biens communs (Cass. 3e civ. 7-5-2014 no 13-11.776 : BPIM 4/14 inf. 271). Quant aux biens propres du conjoint, ils n'entrent pas en ligne de compte dès lors que ce dernier, même s'il est preneur, ne préempte pas lui-même (Cass. 3e civ. 26-9-2001 : Bull. civ. III no 106 ; Cass. 3e civ. 7-5-2014 no 13-11.776 : BPIM 4/14 inf. 271). Sur les époux copreneurs, voir no 39541.

39532 **Sont exclues** les parcelles :
– du fonds loué déjà acquises en cours de bail (Cass. soc. 19-6-1953 : Bull. civ. IV no 480) ;
– dont le preneur n'a que l'usufruit (Cass. soc. 13-11-1953 : Bull. civ. IV no 712).
La prise en compte ou non des parcelles dont le preneur est nu-propriétaire est discutée.

39535 L'étendue des propriétés du preneur **s'apprécie au jour** où ce dernier notifie sa décision de préemption. Pour ce faire, encore faut-il que la notification de l'intention de vendre soit valable et qu'elle ait fait courir le délai de réponse (Cass. 3e civ. 5-4-2006 no 04-13.286 : Bull. civ. III no 97).
Si, pendant son délai d'option, le preneur se sépare de terres, l'acte translatif de propriété doit être publié au service chargé de la publicité foncière pour qu'il en soit tenu compte.

> **Précisions** Lorsque les propriétés du preneur s'étendent sur plusieurs départements, le **maximum de superficie à considérer** est celui que fixe l'arrêté applicable au département où se trouve la propriété vendue (Cass. 3e civ. 29-1-1974 : Bull. civ. III no 38 ; Cass. 3e civ. 3-5-1978 : Bull. civ. III no 182).
Par ailleurs, si la superficie maximale est modifiée entre la date de la notification de l'offre de vente et la date à laquelle le fermier préempte, c'est la superficie en vigueur à la date de l'acceptation des conditions de vente qui doit être retenue (Cass. 3e civ. 29-5-1968 : Bull. civ. III no 238).

39538 **Cas particuliers** Le droit de préemption est acquis au preneur même s'il a la qualité de **copropriétaire** du bien mis en vente (C. rur. art. L 412-1).

39541 Quant aux **copreneurs** (en général des époux), chacun d'eux dispose d'un droit personnel de préemption (Cass. soc. 26-1-1956 : JCP G 1956 II no 9268).
Ils peuvent le faire valoir conjointement, le bien étant alors acquis en indivision. Un copreneur peut également préempter individuellement s'il a obtenu l'accord du ou des autres intéressés. Si plusieurs copreneurs sont en concurrence, il semble que leurs droits s'annulent, l'un ne pouvant pas prévaloir sur l'autre.
Par ailleurs, les engagements pris par les copreneurs sont solidaires et indivisibles ce qui emporte les conséquences suivantes :
– si les intéressés se sont réparti l'exploitation des terres, l'un d'eux ne peut pas limiter sa préemption sur la partie qu'il exploite personnellement ;
– si l'un est privé de son droit de préemption (par exemple parce qu'il ne remplit pas une des conditions précitées, nos 39523 s.), l'autre l'est également.
Quant à savoir comment apprécier la condition tenant à la superficie maximale des terres déjà possédées par le préempteur marié, il a été décidé que :
– si les époux exercent conjointement leur droit de préemption, il est tenu compte des terres de chacun d'eux, étant précisé que la limite à ne pas dépasser reste inchangée (elle ne double pas) ;
– si un seul d'entre eux préempte, la solution est la même que lorsqu'un seul époux est titulaire du bail : il est tenu compte de ses biens et de la moitié des terres communes (no 39529).

B. Descendant du preneur

39590 Le **preneur peut** faire bénéficier ses descendants, quel que soit leur degré de parenté, de son droit de préemption en (C. rur. art. L 412-5) :
– **exerçant personnellement son droit** pour faire assurer l'exploitation du fonds par un descendant. Le preneur doit répondre aux conditions précédemment évoquées (nos 39523 s.). Quant au descendant, il doit avoir exercé la profession agricole pendant 3 ans au moins ou être titulaire d'un diplôme d'enseignement agricole. Notons que la condition tenant à la superficie maximale des propriétés (no 39529) doit, semble-t-il, s'appliquer aux terres du preneur et non à celles du descendant. En effet, ce dernier ne devient pas propriétaire du fonds qu'il exploite ;

– **subrogeant** dans l'exercice de ce droit un descendant majeur ou mineur émancipé qui a exercé la profession agricole pendant 3 ans au moins ou est titulaire d'un diplôme d'enseignement agricole. Le descendant subrogé devient propriétaire du fonds. En conséquence, il ne doit pas être déjà propriétaire de parcelles représentant une superficie supérieure à 3 fois la surface minimum d'installation. La subrogation peut avoir lieu même en cas de vente sur adjudication volontaire ou forcée (C. rur. art. L 412-11).

Le **descendant** qui a bénéficié du droit de préemption d'une manière ou d'une autre, **doit** exploiter personnellement le fonds pendant au moins 9 ans à compter de la préemption (nos 40020 s.). **39593**

C. Conjoint du preneur ou partenaire d'un Pacs

Le **preneur peut** (C. rur. art. L 412-5) : **39620**
– préempter le fonds à titre personnel et en confier l'exploitation à son conjoint ou son partenaire pacsé ;
– subroger son conjoint ou son partenaire pacsé dans l'exercice de ce droit.
Ces possibilités sont ouvertes à **condition** que le conjoint ou le partenaire du Pacs :
– participe à l'exploitation (même à temps partiel) ;
– remplisse les mêmes conditions que celles exigées pour les descendants (compétence professionnelle et, le cas échéant, superficie des parcelles possédées).
Contrairement au descendant, le conjoint ne peut pas être subrogé à l'occasion d'une adjudication (C. rur. art. L 412-11).
Le conjoint ou le partenaire du Pacs a l'**obligation** d'exploiter personnellement le fonds pendant au moins 9 ans à compter de la préemption (nos 40020 s.).

D. Héritiers du preneur

Bénéficient du droit de préemption, dans l'ordre, le conjoint du preneur décédé, son partenaire de Pacs, ses ascendants et ses descendants âgés d'au moins 16 ans, au profit desquels le bail continue et à **condition** que le bénéficiaire du droit (C. rur. art. L 412-5) : **39640**
– ait exercé la profession agricole pendant 3 ans au moins ou soit titulaire d'un diplôme d'enseignement agricole ;
– exploite par lui-même ou par sa famille le fonds mis en vente, à la date d'exercice du droit ;
– ne soit pas propriétaire de parcelles représentant une superficie supérieure à 3 fois la surface minimum d'installation.

> **Précisions a.** En cas de décès du preneur, le **bail continue au profit de** son conjoint, de son partenaire de Pacs, de ses ascendants et de ses descendants participant à l'exploitation ou y ayant participé effectivement au cours des 5 années antérieures au décès. Le droit au bail peut, toutefois, être attribué par le tribunal paritaire au conjoint ou à l'un des ayants droit réunissant les conditions précitées (C. rur. art. L 411-34). S'il a été fait usage de cette dernière faculté, seul l'**héritier attributaire** du bail peut exercer le droit de préemption puisque, alors, le bail s'est poursuivi à son seul profit.
> **b.** L'héritier qui a obtenu un **bail en application de l'article 832-2 du Code civil** (bail sur des terres qu'il exploite mais qui, dans le cadre du partage, ont été attribuées à d'autres copartageants) bénéficie du droit de préemption sans que les limitations prévues à l'article L 412-5 du Code rural et de la pêche maritime lui soient opposables. En outre, il conserve son droit de préemption même s'il existe entre l'acquéreur éventuel et le propriétaire un lien de parenté ou d'alliance n'excédant pas le troisième degré (C. rur. art. L 412-14).

Si un seul héritier remplissant ces conditions reçoit le bail, lui seul peut **exercer le droit de préemption** (Cass. 3e civ. 21-2-1996 : Bull. civ. III no 53). **39643**
Si le bail se poursuit au bénéfice de plusieurs héritiers, l'ordre d'attribution du droit de préemption précédemment indiqué doit être respecté. Mais l'exercice de ce droit ne prive pas les autres héritiers du droit au bail qu'ils ont recueilli dans la succession (Cass. ass. plén. 25-5-1971 : Bull. ass. plén. no 2) : en cas de revente du bien, même partielle, ceux-ci peuvent faire jouer leur droit de préemption.

SECTION 2

OPÉRATIONS SUSCEPTIBLES DE PRÉEMPTION

OPÉRATIONS SOUMISES AU DROIT DE PRÉEMPTION

39680 En principe, toutes les **aliénations à titre onéreux** de biens ruraux sont soumises au droit de préemption du preneur en place (C. rur. art. L 412-1). Sont donc concernées :
– les aliénations volontaires ou forcées. Ainsi en est-il de la vente réalisée dans le cadre de la réalisation de l'actif du bailleur en liquidation judiciaire (Cass. 3e civ. 5-2-2003 : Bull. civ. III no 28) ;
– les ventes de gré à gré ou sur adjudication, même sur surenchère (C. rur. art. L 412-2) ;
– les « attributions » décidées par les Safer de parcelles précédemment préemptées ;
– les dations en paiement ;
– les ventes avec constitution de rente viagère (Cass. soc. 20-10-1955 : Bull. civ. IV no 721).

OPÉRATIONS NON SOUMISES AU DROIT DE PRÉEMPTION

39683 Certaines **aliénations à titre onéreux** ne sont pas soumises au droit de préemption. C'est le cas de :
– l'expropriation pour cause d'utilité publique (C. rur. art. L 412-1) ;
– la cession amiable après déclaration d'utilité publique (Cass. soc. 5-2-1953 : Bull. civ. IV no 121). En revanche, si l'arrêté déclarant l'utilité publique est annulé, le preneur est autorisé à exercer son droit de préemption (Cass. 3e civ. 4-6-1980 : Bull. civ. III no 112) ;
– l'apport du fonds loué en société (Cass. 3e civ. 4-3-1971 : JCP éd. G 1971 II no 16903), sauf cas de fraude, par exemple si la société est fictive ;
– la cession de parts d'une société propriétaire d'un bien rural loué ;
– la conclusion d'un bail à nourriture par lequel l'acquéreur s'engage à subvenir entièrement et personnellement aux besoins du vendeur (Cass. 3e civ. 13-2-1985 : Rev. Loyers 1985 p. 275). Il semble que le preneur ne recouvre pas son droit de préemption si, par la suite, l'obligation en nature est transformée en rente viagère ;
– l'échange (Cass. ch. réunies 3-7-1957 : D. 1958 p. 185). Le droit de préemption est exclu même si le bien reçu en échange n'est pas un fonds rural (Cass. 3e civ. 8-2-1978 : Bull. civ. III no 75), ou si une soulte est prévue. Il n'en va autrement qu'en cas de fraude, par exemple lorsqu'une soulte importante masque une vente (Cass. 3e civ. 9-1-1991 : Bull. civ. III no 18) ou lorsque les parcelles échangées sont aussitôt revendues (Cass. 3e civ. 3-3-1976 : Bull. civ. III no 102, revente 5 jours après).

> **Précisions a.** S'agissant des **échanges**, la jurisprudence est bien plus large que la loi qui exclut le droit de préemption uniquement des « échanges même avec soulte, de parcelles de terre de l'exploitation contre d'autres parcelles ou biens ruraux en vue d'opérations assimilables à des opérations d'aménagement foncier agricole et forestier ou rentrant dans le cadre de telles opérations, à condition que les parcelles ou biens nouvellement acquis rentrent dans l'exploitation à la place des parcelles ou biens distraits » (C. rur. art. L 412-3).
> **b.** La **résolution judiciaire d'une vente** immobilière ne peut pas être assimilée à un acte d'aliénation à titre onéreux. Le preneur ne peut donc pas exercer son droit de préemption à cette occasion (Cass. 3e civ. 4-1-1995 : Bull. civ. III no 5).
> **c.** Le droit de préemption du preneur ne s'applique pas à l'occasion d'une opération de **remembrement** qui ne peut pas être assimilée à une aliénation à titre onéreux.

39686 Le droit de préemption du preneur ne s'applique pas à l'occasion d'**aliénations à titre gratuit**. Ainsi en est-il d'une donation ou d'un legs, exception faite du cas de fraude, par exemple si la donation cache un acte à titre onéreux ou si le bailleur, dénué d'intention libérale, a pour seul objectif de contourner le droit de préemption du preneur (Cass. 3e civ. 15-4-2021 no 20-15.332 F-D).

CAS PARTICULIERS

39689 **Vente à des proches** Le droit de **préemption** du preneur est **écarté** lorsque la vente profite à des parents ou alliés du propriétaire jusqu'au 3e degré inclus (C. rur. art. L 412-1). C'est par exemple le cas d'une vente consentie au profit d'un frère, un neveu ou un oncle du bailleur.

Cette règle s'applique que la vente porte sur la pleine propriété ou uniquement sur la nue-propriété ou l'usufruit d'un bien (Cass. 3e civ. 16-1-1991 : Bull. civ. III n° 23). Elle s'applique même si :
– l'acquisition porte sur un bien propre d'un époux alors que l'acquéreur ne justifie d'un lien d'alliance qu'avec le conjoint (Cass. 3e civ. 17-3-1975 : Bull. civ. III n° 105) ;
– l'acquéreur d'un bien indivis justifie d'un lien de parenté avec certains indivisaires seulement (Cass. 3e civ. 7-4-1976 : Bull. civ. III n° 139).
Encore faut-il que le lien de parenté soit établi. Tel n'est pas le cas pour l'héritier qui a renoncé, avec ses cohéritiers, à la succession de son père : la succession est alors vacante et les biens se trouvent sans propriétaire connu (Cass. 3e civ. 18-2-2009 n° 08-11.108 : Bull. civ. III n° 44).

Toutefois, le preneur **retrouve son droit de préemption** s'il est lui-même parent ou allié du propriétaire jusqu'au 3e degré inclus (C. rur. art. L 412-1). Dans le cas où le bien vendu est commun à deux époux, il suffit que le lien de parenté ou d'alliance existe avec l'un des époux. Le droit du preneur prévaut même si : **39692**
– l'acquéreur justifie d'un lien de parenté plus étroit (Cass. 3e civ. 1-2-1977 : Bull. civ. III n° 53) ;
– le conjoint qui a créé l'alliance est décédé (Cass. 3e civ. 7-5-1969 : Bull. civ. III n° 349).
Par ailleurs, le preneur, titulaire d'un bail en application de l'article 832-2 du Code civil, conserve son droit de préemption quel que soit le lien de parenté entre l'acquéreur éventuel et le vendeur (n° 39640).

Partage Les opérations de partage partiel ou total ne sont **pas soumises au droit de préemption** du preneur en place. Plus précisément, toute acquisition par un cohéritier des parts de ses coïndivisaires est exclusive du droit de préemption car une telle opération ne constitue pas une aliénation à titre onéreux donnant au preneur le bénéfice du droit de préemption (Cass. 3e civ. 16-4-1970 n° 67-13.666 : Bull. civ. III n° 242). En effet, en raison de l'effet déclaratif du partage, l'attributaire est censé avoir été le propriétaire des terres louées dès le début de l'indivision. **39695**
Il en va notamment ainsi en cas :
– d'adjudication d'un bien successoral au profit de l'un des héritiers (Cass. 1e civ. 25-6-1996 n° 94-20.395 : Bull. civ. I n° 273) ;
– d'attribution du bien à l'un des indivisaires dans le cadre d'un partage amiable intervenu entre plusieurs cohéritiers (Cass. 3e civ. 14-3-1979 n° 77-13.996 : Bull. civ. III n° 66) ;
– de cession entre indivisaires de droits indivis portant sur le bien rural loué (Cass. 3e civ. 24-11-2010 n° 09-69.327 : Bull. civ. III n° 207).
Peu importe le degré de famille existant entre le propriétaire et l'attributaire du bien. En dépit de la formulation de l'article L 412-1 du Code rural qui semble limiter l'exclusion de la préemption entre parents jusqu'au 3e degré, le droit de préemption du preneur est écarté quel que soit le degré de parenté des indivisaires avec le bailleur.
De même, l'exception et la contre-exception liées au lien de parenté ou d'alliance de l'acquéreur et du preneur (C. rur. art. L 412-1 ; n° 39689) ne trouvent pas à s'appliquer en cas de vente sur licitation au profit d'un indivisaire (Cass. 3e civ. 30-9-1998 n° 96-21.322 : Bull. civ. III n° 184).

En revanche, est **soumise au droit de préemption** du preneur : **39698**
– l'adjudication de biens indivis ou la cession de droits successifs au profit d'un tiers à l'indivision (Cass. 3e civ. 28-10-2009 n° 08-17.019 : Bull. civ. III n° 238) sauf application, le cas échéant, de l'exception et de la contre-exception liées au lien de parenté ou d'alliance de l'acquéreur et du preneur (n° 39689) ;
– la vente d'un actif social réalisée au profit d'un associé au cours de la liquidation de la société en vue d'apurer le passif social et avant le partage car elle constitue une aliénation à titre onéreux (Cass. 3e civ. 13-6-2012 n° 11-16.277 : Bull. civ. III n° 93).

SECTION 3

BIENS SUSCEPTIBLES DE PRÉEMPTION

OBJET DU BAIL

Le droit de préemption s'applique lorsque la vente concerne le bien loué. Il importe peu que les parcelles soient susceptibles de changer d'affectation en vertu des documents d'urbanisme. En **39750** effet dans ce cas, si le bailleur n'a pas usé de sa possibilité de résilier le bail (C. rur. art. L 411-32), le droit de préemption du preneur subsiste (Cass. 3e civ. 6-2-1974 : Bull. civ. III n° 60 ; Cass. 3e civ. 10-6-1975 : Bull. civ. III n° 195).

39753 **Petites parcelles** En **principe**, le droit de préemption n'existe pas lorsqu'il s'agit de fonds dont « la location est dispensée de la forme écrite dans les conditions prévues à l'article L 411-3 » (C. rur. art. L 412-3). Il s'agit des petites parcelles dont la location n'est pas soumise à la réglementation des baux ruraux. Leur superficie maximale est déterminée par arrêté préfectoral, après avis de la commission consultative des baux ruraux.

Toutefois, le droit de préemption peut trouver à s'appliquer notamment si l'arrêté préfectoral fixe la superficie minimale à zéro ou si la parcelle concernée, bien qu'inférieure au seuil précité, constitue une partie essentielle de l'exploitation agricole.

PROPRIÉTÉ DÉMEMBRÉE

39756 En **principe**, le droit de préemption du preneur s'applique, que l'aliénation porte sur la pleine propriété du bien loué, la nue-propriété ou l'usufruit.

Une **exception** : ce droit est écarté lorsque l'acheteur, déjà nu-propriétaire ou usufruitier, acquiert l'usufruit ou la nue-propriété et reconstitue ainsi la pleine propriété du bien (C. rur. art. L 412-2). Notons que cette exception ne peut pas être invoquée lorsque l'acquéreur achète par le même acte la nue-propriété d'une part et l'usufruit d'autre part (Cass. 3e civ. 16-1-1991 : Bull. civ. III n° 23).

FONDS COMPRENANT PLUSIEURS EXPLOITATIONS DISTINCTES

39759 Dans le cas où le bailleur veut aliéner, en une seule fois, un **fonds comprenant plusieurs exploitations distinctes**, il doit mettre en vente chacune d'elles séparément pour que chaque titulaire du droit de préemption puisse exercer son droit sur la partie qu'il exploite (C. rur. art. L 412-6). Le propriétaire ne peut pas soutenir que son fonds est indivisible pour tenter de faire échec aux droits des preneurs (Cass. 3e civ. 30-11-1983 : Rev. Loyers 1984 p. 72).

BIEN VENDU PARTIELLEMENT LOUÉ

39762 **En principe**, si la vente porte sur un bien loué pour une partie seulement, le vendeur doit diviser l'opération pour que le preneur puisse exercer son droit de préemption sur la partie qu'il loue.

Il existe deux **exceptions** à cette règle :

– en présence d'un bien indivisible, le vendeur peut faire une vente globale et le preneur est en droit de préempter le tout (Cass. 3e civ. 10-7-2002 : Bull. civ. III n° 162). L'impossibilité de limiter la préemption à la partie louée risque de priver le preneur de la possibilité d'acheter si le prix du tout est trop élevé. C'est pourquoi l'indivisibilité d'un bien est appréciée restrictivement par le juge en fonction de la disposition des parcelles concernées et de leurs conditions d'exploitation ; pour des exemples d'indivisibilité (Cass. 3e civ. 5-2-2008 n° 03-20.109 ; Cass. 3e civ. 1-06-2010 n° 09-15.656 ; Cass. 3e civ. 11-10-2018 n° 17-23.634 F-D). En cas d'adjudication, le preneur doit contester le caractère indivisible du fonds avant l'adjudication. À défaut et s'il exerce son droit de préemption, il est substitué à l'adjudicataire pour le tout ;

– en présence d'une adjudication portant sur un bien partiellement loué, le cahier des charges peut étendre le droit de préemption à l'ensemble de la parcelle vendue (Cass. 3e civ. 19-2-1980 : Bull. civ. III n° 40 ; Cass. 3e civ. 17-11-2021 n° 20-16.904 F-D : BPIM 1/22 inf. 47).

VENTE PARTIELLE DU BIEN LOUÉ

39765 Si la vente porte sur une partie seulement du bien loué, le preneur peut exercer son droit de **préemption** même si la superficie de la partie vendue est inférieure au minimum donnant accès au statut du fermage.

En revanche, le preneur ne peut pas exercer son droit de préemption lorsque la vente porte sur une « petite parcelle » (n° 39753) et que le bail ne porte plus que sur cette parcelle, le preneur ayant déjà acquis les autres parcelles faisant l'objet du bail (Cass. 3e civ. 12-2-1980 : Bull. civ. III n° 34).

SECTION 4
PROCÉDURE DE PRÉEMPTION

A. Vente de gré à gré

1. NOTIFICATION AU PRENEUR

AUTEUR DE LA NOTIFICATION

C'est en principe le **notaire** chargé de la vente qui doit notifier le projet au preneur (C. rur. art. L 412-8). 39820

Toutefois, la notification qui émane du **propriétaire** n'est pas automatiquement nulle. Il appartient au preneur de prouver que l'irrégularité a gêné l'exercice de son droit de préemption (Cass. 3e civ. 17-12-2003 : Bull. civ. III n° 239).

DESTINATAIRE DE LA NOTIFICATION

La notification doit être adressée au « **preneur bénéficiaire du droit de préemption** » (C. rur. art. L 412-8). Il s'agit du preneur qui remplit les conditions précédemment évoquées. Celui-ci dispose du droit de préemption dès lors qu'il remplit ces conditions au jour de son acceptation, peu important : 39823

– qu'il ne les remplissait pas lors de la notification (Cass. 3e civ. 28-3-1969 : Bull. civ. III n° 279) ;

– qu'une action en résiliation de bail soit pendante. Le preneur peut valablement exercer son droit de préemption tant que la décision prononçant la résiliation de son bail ne lui a pas été notifiée (Cass. ch. mixte 16-12-2005 n° 03-12.206 : Bull. civ. n° 8).

En présence de copreneurs ou d'héritiers au profit desquels le bail s'est poursuivi, le notaire doit notifier le projet à chacun d'eux.

Si la notification est **adressée par erreur à un tiers** et non au preneur en place, ce dernier exerce néanmoins valablement son droit de préemption en notifiant au vendeur son intention d'acquérir aux prix et conditions notifiés ; la vente est alors parfaite (Cass. 3e civ. 1-2-2012 n° 11-11.315 : Bull. civ. III n° 20).

> **Précisions** En pratique, bien que les différents droits de préemption des **héritiers** soient subsidiaires (n° 39640), le notaire chargé de la vente notifie le projet à tous les héritiers concernés en même temps. Ceux-ci doivent faire connaître leur décision dans le même délai. Si deux d'entre eux veulent préempter, seule la notification de l'héritier le mieux placé dans l'ordre défini par l'article L 412-5 du Code rural et de la pêche maritime est prise en compte.

Il n'est pas obligatoire de notifier le projet de vente au **preneur qui ne bénéficie pas du droit de préemption** (Cass. 3e civ. 8-3-1983 : Rev. Loyers 1983 p. 312). Mais que se passe-t-il si le preneur accepte une offre qui lui a été notifiée à tort ? La vente n'est pas valablement formée car la notification par erreur d'une offre de vente n'ouvre pas un droit de préemption au preneur rural qui n'en bénéficie pas (Cass. 3e civ. 5-7-1995 : Bull. civ. III n° 174 ; Cass. 3e civ. 12-10-2011 n° 10-19.285 : Bull. civ. III n° 168 dans un cas où l'acquéreur était un parent du propriétaire jusqu'au 3e degré). 39826

FORME ET CONTENU DE LA NOTIFICATION

Prix et conditions de la vente La notification prend la **forme** d'une lettre recommandée avec demande d'avis de réception ou d'un acte de commissaire de justice (C. rur. art. L 412-8). Que la lettre recommandée ne soit pas réclamée par le preneur n'impose pas au notaire de procéder par acte de commissaire de justice (Cass. 3e civ. 27-11-2012 n° 11-27.500 : Defrénois 2013 p. 194 note F. Delorme et J.-J. Barbieri) et n'empêche pas le délai de préemption de courir, celui-ci commençant à compter de la date du premier avis postal (Rép. Morel-À-L'huissier : AN 7-5-2013 p. 4949 n° 2164). 39829

La notification doit porter **mention** du prix, des charges, des conditions et des modalités de la vente projetée (C. rur. art. L 412-8). De façon plus générale, elle doit mentionner tous les éléments d'information mettant le preneur en mesure d'exercer utilement son droit de préemption (Cass. 3e civ. 23-5-2012 n° 10-20.170 : Bull. civ. III n° 79). Il faut donc préciser : 39832

– les noms et adresses des vendeurs (Cass. 3e civ. 23-5-2012 n° 10-20.170 : Bull. civ. III n° 79, à propos de coïndivisaires vendeurs) ;

– le prix acte en main avec notamment le montant de la commission de l'intermédiaire, l'indication uniquement du prix principal de la vente ne permettant pas au preneur de connaître le coût réel de l'opération (Cass. 3e civ. 24-6-2015 n° 14-18.684 : BPIM 4/15 inf. 267) ; une information loyale du preneur exige que le notaire mentionne, dans la notification valant offre de vente, les conditions de vente stipulées dans le compromis initial ainsi que, le cas échéant, celles de l'avenant qui en modifie le prix (Cass. 3e civ. 12-3-2020 n° 19-10.924 et 19-10.925 F-D) ;
– les conditions particulières stipulées dans l'acte. En revanche, les conditions habituelles des ventes n'ont pas à être visées.

Lorsque la possibilité de transformer la cession en plusieurs **ventes partielles** est prévue, la notification doit comporter non seulement les indications relatives à la vente globale mais aussi le prix, les charges, conditions et modalités de vente de chaque lot et ce, pour permettre au preneur en place de n'acquérir qu'une partie des biens vendus. Ainsi jugé dans un cas où la notification faite au preneur n'indiquait que le prix global de la vente alors qu'elle mentionnait la possibilité d'une vente partielle et que le domaine a effectivement été vendu divisément à trois acquéreurs (Cass. 3e civ. 27-5-1975 n° 73-14.007 : Bull. civ. III n° 176) ; dans le même sens pour une promesse de vente faite à une Safer prévoyant la possibilité de se substituer plusieurs acquéreurs (Cass. 3e civ. 21-9-2005 n° 04-15.835 : Bull. civ. III n° 170).

> **Précisions** La notification doit porter mention du montant de la commission due à l'**agent immobilier** par l'acquéreur et donc, en cas de préemption, par le preneur. À défaut, le notaire engage sa responsabilité envers l'agent immobilier (Cass. 1e civ. 8-4-1970 : Bull. civ. I n° 107 à propos d'une préemption par une Safer).

39835 **Nom et domicile de l'acquéreur potentiel** L'acquéreur potentiel peut, notamment pour rassurer le preneur et faire qu'il renonce à son droit de préemption, s'engager à ne pas user de son **droit de reprise** pendant une durée qu'il fixe.

Dans ce cas, la notification doit indiquer les nom et domicile de cet acquéreur (C. rur. art. L 412-8). S'il est concomitant à la notification, l'engagement de l'acquéreur est joint. S'il est pris pendant le délai d'option du preneur (2 mois), il est notifié au bénéficiaire du droit de préemption dans les mêmes formes que la notification initiale, c'est-à-dire par lettre recommandée ou acte de commissaire de justice.

Le preneur qui n'a pas exercé son droit de préemption pourra se prévaloir de cette déclaration aux fins d'annulation de tout congé portant reprise avant l'expiration de cette période.

> **Précisions** En pratique, **le nom de l'acquéreur** potentiel doit être indiqué dans tous les cas c'est-à-dire même s'il n'a pris aucun engagement quant à l'exercice de son droit de reprise. En effet, cette mention préserve ses droits pour le cas où le preneur manquerait à son obligation d'exploiter personnellement le fonds préempté (n° 40090).

EFFET DE LA NOTIFICATION

39838 La notification vaut **offre de vente** aux prix et conditions qui y sont contenus (C. rur. art. L 412-8). Le notaire chargé de l'opération étant considéré comme le mandataire légal du propriétaire, la notification qu'il établit est censée traduire la volonté du vendeur et engage ce dernier (Cass. 3e civ. 4-10-2000 : Bull. civ. III n° 160 ; Cass. 3e civ. 5-6-2002 : Bull. civ. III n° 131 rendus à propos du droit de préemption des Safer).

39841 Tant que l'offre n'est pas acceptée, le propriétaire peut **retirer le bien de la vente**. Il rétracte ainsi son offre.

Il peut aussi **modifier le prix ou les conditions** de la vente (C. rur. art. L 412-9). Le notaire doit alors procéder à une nouvelle notification et le délai d'option est allongé (n° 39870).

39844 **Lorsqu'un an après** l'envoi de la dernière notification, **la vente n'est pas réalisée** et que le vendeur persiste dans son intention de vendre, il est tenu de réitérer la procédure de purge du droit de préemption (C. rur. art. L 412-9) : il doit procéder à une nouvelle notification et le preneur dispose d'un nouveau délai de 2 mois pour se prononcer.

Mais une nouvelle notification ne s'impose pas en cas de réitération par acte authentique de la vente au-delà d'un an dès lors que l'écoulement du délai prévu dans la promesse initiale n'a pas entraîné la caducité de celle-ci (Cass. 3e civ. 10-7-2013 n° 10-25.979 : RJDA 2/14 n° 99).

En cas de saisine du tribunal paritaire, le délai d'un an est interrompu, voir n° 39897.

39847 L'offre de vente est **caduque** si le propriétaire décède avant l'acceptation du preneur.

2. RÉPONSE DU PRENEUR

FORME ET DÉLAI DE LA RÉPONSE

La réponse du preneur doit être parvenue au bailleur dans un **délai** de 2 mois sous peine de forclusion (C. rur. art. L 412-8). 39870

Ce délai court **à compter de** la réception de la lettre recommandée ou de l'acte de commissaire de justice. La réception d'une seconde notification mentionnant le délai de préemption rouvre ce délai (Cass. 3e civ. 10-1-1996 : Bull. civ. III n° 7). Ainsi jugé dans un cas où la seconde notification complétait la première qui ne comportait pas toutes les mentions obligatoires.

Le délai est **allongé** de 15 jours si, dans les 2 mois, le vendeur modifie le prix ou les conditions de la vente (C. rur. art. L 412-9).

C'est toutefois un nouveau délai d'option de 2 mois qui commence à courir lorsque :

– pendant le délai d'option, l'objet même de la vente est modifié, par exemple par l'ajout ou la suppression d'une parcelle (Cass. 3e civ. 12-6-1996 : Bull. civ. III n° 144) ;

– le propriétaire modifie ses prétentions après l'expiration du délai de 2 mois.

Dans le cas où le preneur fait connaître son intention d'acquérir en réponse à une notification faite par erreur à un tiers, on a vu qu'il exerçait régulièrement son droit de préemption (voir n° 39823). Reste la difficulté tenant au délai pour préempter. Le délai de 2 mois s'impose-t-il bien que le preneur n'ait pas été destinataire de la notification ? La question n'est pas tranchée.

> **Précisions a.** La décision de recourir à une **adjudication** plutôt qu'à une vente de gré à gré n'est pas considérée comme une modification des conditions de la vente. Elle n'entraîne donc pas d'allongement du délai d'option dès lors que les formalités préalables à une adjudication ont été observées (Cass. soc. 13-5-1965 : Bull. civ. IV n° 379).
>
> **b.** Le **délai se décompte** de quantième à quantième (CPC art. 641 ; Cass. 3e civ. 21-12-1987 : Bull. civ. III n° 216). S'il expire un samedi, un dimanche ou un jour férié ou chômé, il est prorogé jusqu'au premier jour ouvrable suivant (CPC art. 641, al. 1 et art. 642).

La réponse du preneur doit être exclusivement **adressée au** bailleur. Elle est valable si elle est adressée au domicile élu du propriétaire indiqué dans la notification du projet de cession (Cass. 3e civ. 12-3-2014 n° 12-22.440 : BPIM 2/14 inf. 117). Envoyée au notaire, elle est inefficace (Cass. 3e civ. 4-4-2001 : Bull. civ. III n° 44), à moins que celui-ci ne soit pas seulement notaire instrumentaire mais également mandataire du propriétaire pour la vente du bien (Cass. 3e civ. 15-2-2012 n° 11-10.580 : Bull. civ. III n° 31). L'appréciation de ce mandat relève du pouvoir souverain des juges du fond (même arrêt). 39873

Le preneur fait, en principe, connaître sa décision de préemption sous la **forme** d'une lettre recommandée avec demande d'avis de réception ou d'un acte de commissaire de justice (C. rur. art. L 412-8). Mais est valable une acceptation verbale non contestée par le bailleur (Cass. soc. 27-7-1951 : Bull. civ. IV n° 613) ou une lettre simple (Cass. 3e civ. 24-1-1979 : Bull. civ. III n° 24).

Le silence du preneur équivaut à une renonciation au droit de préemption.

Le **bénéficiaire du droit de préemption peut** : 39876

– accepter l'offre aux prix, charges et conditions communiqués. Il doit alors indiquer les nom et domicile de la personne qui exerce le droit de préemption (C. rur. art. L 412-8), c'est-à-dire lui-même, son conjoint ou un descendant subrogé. Le cas échéant, il doit aussi préciser l'identité de la personne pour le compte de qui il préempte (conjoint participant à l'exploitation ou descendant) ;

– refuser l'offre ;

– accepter l'offre en contestant le prix et les conditions de la vente. Toutefois, la possibilité de saisir le tribunal en fixation du prix (n° 39888) n'est pas ouverte au fermier qui dispose d'un bail cessible hors du cadre familial et conclu depuis au moins 3 ans (C. rur. art. L 418-1 renvoyant à L 412-7).

ACCEPTATION PURE ET SIMPLE

L'acceptation pure et simple de l'offre rend la **vente** parfaite (C. rur. art. L 412-8 qui renvoie à C. civ. art. 1589). La vente devient parfaite à la réception, par le vendeur, de l'acceptation de l'offre (Cass. 3e civ. 16-6-2011 n° 09-72.679 : Bull. inf. C. cass. 15-11-2011 n° 1373). 39879

Le preneur doit régulariser l'**acte** de vente **authentique** dans les 2 mois qui suivent la date d'envoi de sa réponse au vendeur.

À défaut, le propriétaire peut lui adresser une mise en demeure par acte de commissaire de justice. Il en va de même de l'acquéreur évincé (Cass. 3e civ. 7-12-2011 n° 10-27.027 : BPIM 1/12 inf. 53 rendu à propos d'une Safer mais transposable, l'article L 143-8 renvoyant à C. rur. art. L 412-8).

Si celle-ci reste sans effet pendant 15 jours, la déclaration de préemption est nulle de plein droit. L'action en nullité appartient au propriétaire vendeur et à l'acquéreur évincé.
La nullité de la préemption constatée, le bailleur se trouve alors en droit de vendre son bien à un tiers aux prix et conditions notifiés au preneur.

REFUS DE PRÉEMPTER

39882 Le refus de préempter peut être :
– exprès : le preneur peut renoncer à son droit par lettre recommandée avec demande d'avis de réception, acte de commissaire de justice ou par une mention dans l'acte de vente conclu avec un tiers ;
– tacite : il résulte du silence du preneur pendant le délai d'option ou, éventuellement, de circonstances de fait particulières valant renonciation implicite à exercer son droit.
Dès que la décision du preneur est connue, le propriétaire peut **réaliser la vente** aux prix et conditions mentionnés dans la notification. Rappelons que cette vente doit intervenir dans le délai d'un an à compter de la dernière notification de l'offre. À défaut, la procédure de purge du droit de préemption doit être réitérée.

39885 La **vente** doit être **notifiée** dans les 10 jours au bénéficiaire du droit de préemption (C. rur. art. L 412-9). Cette formalité permet au preneur de connaître l'identité de son nouveau bailleur et de s'assurer que ses droits ont été respectés. Elle fait, en outre, courir le délai pour agir en nullité (C. rur. art. L 412-12 ; n° 40067).

CONTESTATION DU PRIX OU DES CONDITIONS DE VENTE

39888 **Initiatives du preneur** Le bénéficiaire du droit de préemption qui estime que le prix et les conditions demandés sont exagérés doit, dans le délai d'option de 2 mois :
– saisir le **tribunal** paritaire des baux ruraux de sa demande de fixation du prix (C. rur. art. L 412-7 ; Cass. 3e civ. 5-7-1995 : Bull. civ. III n° 168) ;
– informer le **propriétaire** de son intention de préempter le bien (Cass. soc. 18-2-1954 : JCP G 1956 II 9674 ; Cass. 3e civ. 4-4-2001 : Bull. civ. III n° 44).
À défaut, le preneur ne peut plus exercer son droit de préemption.

39891 **Décision du tribunal** Le tribunal fixe le prix et les conditions de la vente après enquête et expertise (C. rur. art. L 412-7). La valeur des biens s'apprécie au jour du jugement et non au jour de l'exercice de la préemption (Cass. 3e civ. 23-11-1976 : Bull. civ. III n° 421 à propos d'une Safer). Il est par exemple tenu compte de la plus-value résultant du classement des parcelles en zone constructible intervenu après la notification de l'offre de vente (Cass. 3e civ. 9-11-2011 n° 10-24.687 : Bull. civ. III n° 192). Il est aussi tenu compte de la moins-value résultant de l'existence du bail consenti au preneur même si celui-ci est l'acquéreur (Cass. 3e civ. 7-11-1990 : Bull. civ. III n° 220 ; Cass. 3e civ. 9-11-2011 n° 10-24.687 : Bull. civ. III n° 192). Cette moins-value est souverainement appréciée par les juges qui peuvent considérer qu'elle n'existe pas lorsqu'il ne reste que 2 années de bail à courir (Cass. 3e civ. 12-10-1994 : Bull. civ. III n° 177).

39894 **Décision des intéressés** Une fois le prix judiciairement fixé, le **propriétaire** est en droit de renoncer à la vente (C. rur. art. L 412-7). Il conserve cette possibilité même si les juges ont confirmé son prix (Cass. 3e civ. 31-5-1983 : Bull. civ. III n° 128 ; Cass. 3e civ. 19-1-2005 n° 03-16.899 : Bull. civ. III n° 11). Si, par la suite, il remet son bien en vente, il doit notifier au preneur le nouveau projet de vente.

39897 Le **preneur** peut également renoncer à l'achat. Dans ce cas, le bailleur est libre de vendre son bien à un tiers au prix initialement fixé, la vente devant être notifiée au preneur dans les 10 jours (n° 39885).
Notons que le délai d'un an à l'expiration duquel le vendeur doit, si la vente n'est pas réalisée, purger à nouveau le droit du preneur (n° 39844) est interrompu par l'action en fixation du prix. Il ne recommence à courir qu'à compter du jugement ayant pris acte de la renonciation du preneur à son droit de préemption (Cass. 3e civ. 18-2-2009 n° 08-10.677 : Bull. civ. III n° 47 ; Cass. 3e civ. 10-7-2013 n° 10-25.979 : RJDA 2/14 n° 99).

39900 La loi n'impose aucun **délai** aux intéressés pour prendre parti. Il est donc utile de demander au tribunal de fixer ce délai. À défaut, c'est au plus diligent de mettre l'autre en demeure d'avoir à se prononcer. Il semble que la notification au preneur d'une offre de vente aux prix et conditions fixés par le tribunal vaut mise en demeure (Cass. 3e civ. 30-9-1998 : JCP N 1999 p. 52).

39903 Dans le cas où la vente n'a pas lieu, les **frais d'expertise** sont à la charge de la partie qui refuse la décision du tribunal (C. rur. art. L 412-7). Si la vente est conclue, ces frais sont partagés par moitié.

B. Adjudication

NOTIFICATION AU PRENEUR

Le preneur bénéficiaire du droit de préemption doit être **convoqué** 20 jours au moins avant la date de l'adjudication que celle-ci soit volontaire ou forcée (C. rur. art. L 412-11). La convocation prend la **forme** d'une lettre recommandée avec demande d'avis de réception ou d'un acte de commissaire de justice. 39950

Elle est **à l'initiative** du notaire chargé de la vente ou, en cas de vente poursuivie devant le tribunal, du secrétaire-greffier en chef dudit tribunal.

La convocation doit **indiquer** la date de l'adjudication. Mais les conditions de la vente n'ont pas à y figurer.

Ces formalités sont **sanctionnées** par la nullité de la vente (C. rur. art. L 412-11).

> **Précisions** Il a été jugé que le **cahier des charges** qui reconnaissait à tort au preneur un droit de préemption liait le vendeur et l'adjudicataire (Cass. 3e civ. 19-2-1980 : Rev. Loyers 1980 p. 362 ; Cass. 3e civ. 22-6-1976 : Bull. civ. III no 275). Ceci dit, il est douteux que cette jurisprudence reste d'actualité puisque postérieurement, dans les ventes de gré à gré, la Cour de cassation a décidé qu'une notification par erreur à un preneur qui ne bénéficie pas du droit de préemption ne lui ouvre pas ce droit (voir no 39826).

EXERCICE DU DROIT DE PRÉEMPTION

Délai Le **preneur** n'est pas tenu de participer aux enchères puisqu'il dispose d'un délai de 20 jours à compter de l'adjudication pour faire valoir son droit de préemption (C. rur. art. L 412-11). Ce délai commence à courir le lendemain de l'adjudication à zéro heure (CPC art. 641 ; Cass. 3e civ. 19-3-2003 : Bull. civ. III no 67). S'il expire un samedi, un dimanche ou un jour férié ou chômé, il est prorogé jusqu'au premier jour ouvrable suivant (CPC art. 642). 39953

Durant ces 20 jours, l'**adjudicataire** peut s'engager à ne pas user de son **droit de reprise** au cours d'une période déterminée. Cette renonciation doit être adressée au bénéficiaire du droit de préemption sous la forme d'une lettre recommandée avec demande d'avis de réception, d'un acte de commissaire de justice, ou d'une déclaration insérée dans le procès-verbal de l'adjudication (C. rur. art. L 412-11). 39956

Par la suite, le preneur qui n'a pas préempté pourra se prévaloir de cet engagement pour obtenir l'annulation de tout congé portant reprise avant l'expiration de cette période (C. rur. art. L 412-11).

Préemption La décision de préemption doit prendre la **forme** d'un acte authentique ou d'un acte de commissaire de justice adressé au notaire chargé de la vente ou, en cas de vente poursuivie devant le tribunal, au secrétaire-greffier en chef dudit tribunal (C. rur. art. L 412-11). 39959

Elle est **annexée** au procès-verbal ou au jugement d'adjudication et publiée en même temps que celui-ci.

La déclaration de préemption doit comporter l'**indication** de la personne exerçant le droit de préemption, c'est-à-dire le preneur ou un descendant subrogé (no 39590).

Refus de préemption Le refus de préempter **résulte** soit d'une renonciation expresse, soit du silence du preneur pendant son délai d'option. L'adjudication devient alors définitive. 39962

EFFET DE LA PRÉEMPTION

L'exercice du droit de préemption par le preneur lui-même ou par le descendant subrogé emporte **substitution** pure et simple à l'adjudicataire (C. rur. art. L 412-11). 39965

Le preneur ne peut pas contester le prix et les conditions de l'adjudication devant le tribunal paritaire. Il doit respecter le cahier des charges et notamment :
– payer le prix dans les délais et conditions prévus (Cass. 3e civ. 19-4-2000 : Bull. civ. III no 83) ;
– régler la commission de l'agent immobilier (Cass. 3e civ. 26-11-1974 : Bull. civ. III no 437) ;
– préempter la totalité du lot objet de la vente par adjudication, même si le lot comprend des biens loués et d'autres non loués (Cass. 3e civ. 17-11-2021 no 20-16.904 F-D : BPIM 1/22 inf. 47).

Il doit aussi rembourser à l'acquéreur évincé les frais et loyaux coûts exposés à l'occasion du contrat (C. rur. art. L 412-13).

Le preneur qui ne respecte pas le cahier des charges peut, à titre de **sanction**, être déchu du bénéfice de sa préemption (Cass. 3e civ. 30-5-1972 : Bull. civ. III no 346). Encore faut-il que le manquement soit suffisamment grave, ce qui n'est pas le cas d'un retard minime dans le paiement des frais (Cass. 3e civ. 16-3-1983 : Bull. civ. III no 78). 39968

Seuls le vendeur et l'acquéreur évincé peuvent demander la déchéance de la préemption. Le créancier saisissant, lui, peut demander la réitération des enchères (Cass. 3e civ. 27-6-1990 : Bull. civ. III no 158 qui fait application de l'ancienne folle enchère).

SURENCHÈRE

39971 La surenchère doit être dénoncée au preneur pour que celui-ci puisse faire valoir son droit de préemption (C. rur. art. L 412-11). Cette obligation s'impose, que le preneur ait déjà exercé ou non son droit.
La dénonciation est faite dans les mêmes formes et délais qu'à l'adjudicataire.
En cas de contestation de la validité de la surenchère, le preneur peut intervenir à l'instance (C. rur. art. L 412-11).

SECTION 5 OBLIGATIONS DU BÉNÉFICIAIRE DE LA PRÉEMPTION

OBLIGATION D'EXPLOITER PERSONNELLEMENT

40020 **Règle générale** Celui qui fait usage du droit de préemption doit exploiter le fonds concerné dans les mêmes conditions que le bailleur qui exerce son droit de reprise (C. rur. art. L 412-5 et L 412-12 qui renvoient aux articles L 411-58 à L 411-63 et L 411-67).
L'intéressé doit donc exploiter le fonds personnellement pendant 9 ans à compter de la préemption. Cela **impose** à l'acquéreur sur préemption :
– une exploitation en qualité de propriétaire. Le bénéficiaire de la préemption ne peut pas revendre le fonds et l'exploiter en location (Cass. ch. réunies 2-7-1957 : D. 1958 p. 185). Il ne peut pas en revendre une partie même s'il assure une exploitation normale en se passant des bâtiments vendus (Cass. 3e civ. 4-1-1973 : Bull. civ. III no 9) ;
– une participation effective et permanente aux travaux à l'exclusion de toute activité annexe non agricole (Cass. 3e civ. 10-7-1972 : Bull. civ. III no 447) ;
– une résidence sur place ou à proximité ;
– le maintien de la destination du bien. La transformation des lieux, en gravière par exemple, est sanctionnée (Cass. 3e civ. 2-2-2000 : Rev. Loyers 2000 p. 312).

40023 **Cas particulier** Le bénéficiaire de la préemption peut faire **apport** du bien concerné **à une société** à la condition de se consacrer personnellement à l'exploitation des biens de cette société.
Il peut s'agir d'un GFA (C. rur. art. L 412-12), d'une société dotée de la personnalité morale, d'une société en participation dont les statuts sont établis par un écrit ayant acquis date certaine (C. rur. art. L 411-59 sur renvoi de l'article L 412-12) ou d'un Gaec (C. rur. art. L 323-15).

EXCEPTION

40026 Le preneur qui exerce son droit de préemption au profit de son **conjoint** ou d'un **descendant** n'est pas tenu d'exploiter personnellement le fonds. Cette obligation incombe au bénéficiaire de la préemption. En revanche, le preneur doit rester propriétaire du bien pendant 9 ans.

40029 Le fermier préempteur de la **nue-propriété** n'est pas tenu d'exploiter le fonds lorsqu'il est évincé par l'usufruitier qui fait usage de son droit de reprise (C. rur. art. L 412-12).

SECTION 6 SANCTIONS

40050 Le **tribunal compétent** pour connaître des litiges nés à l'occasion de la préemption d'un fonds rural est le tribunal paritaire des baux ruraux.

1. VIOLATION DU DROIT DE PRÉEMPTION

NULLITÉ DE LA VENTE ET SUBSTITUTION

Le bénéficiaire du droit de préemption peut obtenir la nullité de la vente réalisée en violation de son droit et sa substitution à l'acquéreur dans **3 cas** (C. rur. art. L 412-10) : **40055**
– la vente à un tiers a été conclue avant l'expiration des délais dans lesquels le preneur peut exercer son droit ;
– la vente a eu lieu à un prix ou à des conditions de paiement différents de ceux demandés au bénéficiaire du droit de préemption. C'est le cas lorsque le propriétaire vend en plusieurs lots le bien proposé au preneur en un lot unique (Cass. 3e civ. 27-5-1975 : Bull. civ. III n° 176). En revanche, en cas d'ajout de parcelles, la substitution n'est pas admise (Cass. 3e civ. 7-1-2009 n° 07-18.191 : Bull. civ. III n° 2) ;
– le propriétaire exige du bénéficiaire du droit de préemption des conditions tendant à l'empêcher d'acquérir.
Ces trois cas sont **appréciés restrictivement** par la jurisprudence. Toutes les autres violations du droit de préemption ne permettent pas la substitution du bénéficiaire du droit de préemption à l'acquéreur.

Dans le cadre de la substitution, le preneur ne doit payer que le **prix** qui lui a été notifié, même si l'acquéreur a acheté plus cher. En revanche, si la vente s'est faite à un prix inférieur, le preneur en profite : il ne doit que le prix effectivement payé par l'acquéreur (C. rur. art. L 412-10). **40058**

NULLITÉ DE LA VENTE ET DOMMAGES ET INTÉRÊTS

Exception faite des 3 cas de nullité avec substitution de l'acquéreur, toutes les autres violations du droit de préemption autorisent son bénéficiaire à demander la nullité de la vente et l'allocation de dommages et intérêts (C. rur. art. L 412-12). C'est notamment le cas lorsque le projet de vente ou la date de l'adjudication n'a pas été notifié au preneur dans les délais prévus ou lorsque le bailleur procède à un échange ou à une donation pour faire fraude au droit du preneur... **40061**

> **Précisions** La **nullité** résultant du défaut de convocation du preneur à une adjudication est **relative**. Le preneur peut donc valablement y renoncer (Cass. soc. 13-3-1953 : Bull. civ. IV n° 214).

CONDITIONS ET DÉLAI D'ACTION

Quel qu'en soit le fondement, les demandes de nullité de la vente sont soumises aux mêmes conditions. **40064**
Le **demandeur à l'action** ne peut être que le bénéficiaire du droit de préemption. Le liquidateur judiciaire n'a pas qualité pour agir (Cass. 3e civ. 7-4-2004 n° 02-19.519 : Bull. civ. III n° 78).

À peine de forclusion, le **délai** pour saisir le tribunal est de 6 mois à compter du jour où le bénéficiaire du droit de préemption a eu connaissance de la date de la vente (C. rur. art. L 412-12). Ce délai s'impose même si la vente intervient alors que les parties sont en cours de procédure et que le preneur a obtenu une décision définitive l'autorisant à préempter (Cass. 3e civ. 29-6-2011 n° 10-16.434 : Bull. inf. C. cass. 15-11-2011 n° 1374). Ce délai ne s'impose pas forcément si la vente intervient alors que les parties sont en cours de procédure et la qualité de preneur discutée (Cass. 3e civ. 26-1-2022 n° 20-22.266 F-D). **40067**
Le délai commence à courir à compter de la connaissance de la date exacte de la vente (Cass. 3e civ. 30-5-2024 n° 21-21.366 FS-B), qui ne résulte pas de la seule publication de la vente au service chargé de la publicité foncière (Cass. 3e civ. 23-11-2011 n° 10-10.788 : Bull. civ. III n° 201, JCP N 2012 n° 1110 note J.-J. Barbiéri, à propos d'une Safer) et qui ne résulte pas non plus de cette publication combinée à la connaissance par le preneur des actes préparatoires à la vente (Cass. 3e civ. 22-9-2016 n° 16-20.783 FS-PB). La simple connaissance de l'existence de la vente ne suffit pas à faire courir le délai d'action (Cass. 3e civ. 15-2-1995 : Bull. civ. III n° 52 ; Cass. 3e civ. 12-6-2007 n° 06-14.171, ADJA 2008 p. 229 obs. S. Prigent).
Attention, **ce délai ne s'applique que si** l'objet de la contestation est une vente. En présence d'opérations autres (donation, échange ou apport en société destiné à faire échec au droit de préemption du preneur), le bénéficiaire du droit de préemption peut agir au-delà des 6 mois (Cass. 3e civ. 9-3-1994 : Bull. civ. III n° 46).

Comme tout acte emportant mutation de la propriété immobilière, doivent être **publiées** au service chargé de la publicité foncière (Décret 55-22 du 4-1-1955 art. 28 et 30) : **40070**
– la demande tendant à la nullité de la vente. À défaut, elle sera jugée irrecevable (Cass. 3e civ. 22-6-2017 n° 16-13.651 FS-PBI) ;
– la décision ordonnant la nullité.

2. DÉFAUT D'EXPLOITATION PERSONNELLE DU FONDS PRÉEMPTÉ

40090 Le preneur qui n'exploite pas personnellement le fonds pendant 9 ans peut être condamné à des **dommages-intérêts** (C. rur. art. L 412-12).
Seul l'acquéreur évincé peut agir en ce sens. Il s'agit de celui dont l'intention d'acquérir a été portée à la connaissance du preneur au moment de la vente (Cass. 3e civ. 3-2-1988 : Bull. civ. III n° 25).
La Cour de cassation a soumis l'action de cet acquéreur à la prescription décennale de l'article 2270-1 (ancien) du Code civil (Cass. 3e civ. 13-6-2001 : JCP N 2001 n° 43 p. 1599). Depuis la réforme intervenue en 2008 (Loi 2008-561 du 17-6-2008), la prescription quinquennale de droit commun paraît s'imposer (C. civ. art. 2224).
Le demandeur doit prouver l'existence de son préjudice.
Le bénéficiaire de la préemption peut échapper à toute condamnation en rapportant la preuve de la force majeure telle que des problèmes de santé importants justifiant la conclusion d'un bail au profit d'un tiers (Cass. 3e civ. 13-5-1998 : Droit et Patrimoine sept. 1999 n° 74 p. 103).

40093 Le défaut d'exploitation personnelle du fonds loué n'entraîne pas la **nullité** de la préemption (Cass. soc. 2-7-1954 : Bull. civ. IV n° 474), sauf cas de fraude.

3. MISE EN ŒUVRE INDUE DU DROIT DE PRÉEMPTION

40100 La vente conclue au bénéfice du preneur qui a fait valoir son droit de préemption est **nulle** si ce dernier n'était pas titulaire du droit à défaut de remplir les conditions requises (Cass. 3e civ. 17-2-2010 n° 09-10.474 : Bull. civ. III n° 49). L'acquéreur évincé à tort a **qualité pour agir** en nullité (même arrêt).

CHAPITRE 6

DROITS DE PRÉEMPTION ET DE PRÉFÉRENCE SUR LES TERRAINS BOISÉS

SOMMAIRE

POLITIQUES FORESTIÈRES

En vue de lutter contre le **morcellement de la forêt**, les propriétaires de terrains boisés bénéficient d'un droit de préférence en cas de vente d'une propriété boisée contiguë inférieure à 4 hectares (C. for. art. L 331-19 s.). Des droits de préemption au profit de la commune et de l'État ainsi qu'un droit de préférence au profit de la commune existent également (C. for. art. L 331-22 s.). **40300**
Enfin, un droit de préemption au profit de la commune existe pour prévenir et lutter contre les **incendies de forêts** (C. for. art. L 131-6-1 créé par la loi 2023-580 du 10-7-2023).

40305

Hiérarchie les droits de priorité forestiers

De nombreux droits de préemption et de préférence sont susceptibles d'être exercés lors de la vente de parcelles boisées car outre les droits de priorité spécifiques aux bois et forêts, leur vente peut ouvrir le droit de préemption au titre des espaces naturels sensibles dits « ENS » (C. urb. art. L 113-14 et L 215-1), le droit de préemption du coïndivisaire (C. civ. art. 815-14), ou encore celui du preneur à bail rural (C. rur. art. L 412-1).

Ces droits de priorité s'appliquent dans l'**ordre de préférence** suivant, la purge des droits ne respecte pas nécessairement cette hiérarchie (A. Gence et E. Meiller, Hiérarchie des droits de priorité : SNH 16/18 inf. 12) :

1. Droit de préemption du **coïndivisaire** (C. civ. art. 815-14).
2. Droit de préemption de l'**État** en cas de vente de bois et forêts (C. for. art. L 331-23).
3. Droit de préemption au titre des **ENS** (C. urb. art. L 113-14 et L 215-1).
La loi n'établit toutefois pas expressément de hiérarchie entre ce droit de préemption et ceux de l'État et de la commune.
4. Droit de préemption de la **commune** pour lutter contre le risque d'**incendie** (C. for. art. L 131-6-1).
5. Droit de préemption de la commune en cas de vente de **bois contigus** (C. for. art. L 331-22).
6. Droit de préemption du **preneur à bail** rural depuis **plus de 3 ans** (C. rur. art. L 412-1).

Le droit de préemption du preneur s'efface devant celui de l'État, des collectivités publiques et des établissements publics (C. rur. art. L 412-4).

7. Droit de préemption de la **Safer** (C. rur. art. L 143-1).

Le droit de préemption de la Safer s'efface devant les droits de préemption de l'État, des collectivités publiques, des établissements publics et des cohéritiers bénéficiaires de l'attribution préférentielle de l'article 832-1 du Code civil (C. rur. art. L 143-6).

8. Droit de préemption du **preneur à bail rural** depuis **moins de trois ans** (C. rur. art. L 143-6).

9. Droit de préférence des **propriétaires de bois contigus** (C. for. art. L 331-19) et droit de préférence de la **commune** (C. for. art. L 331-24).

Ces deux droits de préférence sont concurrents. Le vendeur choisit librement l'acquéreur en cas de pluralité de candidats, commune comprise. Par exception, si la commune est l'acquéreur retenu au titre de son droit de préférence forestier, le droit de préemption de la Safer d'Île-de-France sur les bois et forêts de moins de 3 hectares prime.

10. Droit de préemption de la **Safer d'Île-de-France** sur les bois et forêts de moins de 3 hectares (C. rur. art. L 143-2-1).

11. Droit de préférence **contractuel**.

SECTION 1

DROITS DE PRÉFÉRENCE SUR LES BOIS ET FORÊTS

A. Droit des propriétaires de parcelles boisées contiguës

1. CHAMP D'APPLICATION DU DROIT DE PRÉFÉRENCE

LES BIENS SOUMIS

40310 Sont soumises au droit de préférence les propriétés boisées, classées au cadastre en nature de bois et forêts, d'une superficie totale inférieure à 4 hectares (C. for. art. L 331-19).

Pour ouvrir le droit de préférence, les biens vendus doivent être classés en nature de bois et forêts au cadastre. Si la propriété vendue est réellement boisée mais qu'elle n'est pas formellement inscrite au cadastre en nature de bois et forêts, le propriétaire n'a pas à purger le droit de préférence (Rép. Joyandet : Sén. 1-3-2018 n° 2902).

Il semble que le droit de préférence vise non pas la parcelle cadastrale, mais l'**unité foncière** appartenant à un même propriétaire.

Si un propriétaire souhaite vendre **plusieurs parcelles** inférieures à 4 hectares **en un seul lot**, supérieur à 4 hectares, la vente, selon le ministre de l'agriculture, ne relève pas du droit de préférence (Rép. Chassaigne : AN 22-11-2011 p. 12240 n° 118007). La loi 2012-387 du 22-3-2012, qui a remplacé le terme de « parcelle » par celui de « propriété », conforte cette interprétation. Si un propriétaire souhaite vendre plusieurs parcelles constituées par plusieurs îlots épars dont la superficie totale est inférieure à 4 hectares, le droit de préférence devra être purgé auprès de chaque propriétaire voisin de chaque îlot. Le droit de préférence aura pour objet la totalité de la propriété vendue (Rép. Morel-À-L'Huissier : AN 15-5-2012 n° 130734 ; Ch. Gourgues, Terrains boisés : clairs-obscurs sur le droit de préférence : JCP N 2012 n° 27, 1289).

> **Précisions** Les catégories de la **nomenclature cadastrale** entrant dans le classement « bois et forêts », figurant à la matrice cadastrale sous la colonne GR/SS GR sont B (bois divers), BF (futaie feuillue), BM (futaie mixte), BO (oseraie), BP (peupleraie), BR (futaie résineuse), BS (taillis sous futaie) et BT (taillis simples). Les landes boisées (LB) ne relevant pas du groupe « bois et forêts » de la matrice cadastrale, elles ne sont pas soumises au droit de préférence d'après la cour d'appel de Paris (CA Paris 15-4-2016 n° 14/21394).

LES OPÉRATIONS SOUMISES

Sont **soumises** au droit de préférence les ventes ainsi que les cessions de droits indivis ou de droits réels de jouissance. **40330**

Il semble prudent de considérer que les ventes par adjudication volontaires ou forcées y sont aussi soumises. En effet, sous l'empire de l'ancien Code forestier (C. for. art. L 514-1 ancien issu de la loi 2010-874 du 27-7-2010 art. 65), il était considéré que les adjudications forcées et les ventes aux enchères publiques n'étaient pas concernées (Rép. Hénart : AN 11-1-2011 p. 164 n° 95627). Dans ces cas, selon le ministre de l'agriculture, la publicité prévue par les textes spécifiques semblait suffisante pour que tous les voisins aient connaissance de la vente ; elle se substituait à l'information directe du propriétaire par lettre recommandée. Lors des travaux parlementaires de la loi 2012-387 du 22-3-2012, un amendement avait été déposé en vue de l'exclusion expresse des ventes par adjudication volontaires ou forcées. Mais il a été supprimé, de sorte que, par sécurité, mieux vaut considérer que le droit de préférence joue pour les ventes de ce type.

Sont expressément **exclues** les ventes (C. for. art. L 331-21) : **40340**

– au profit d'un propriétaire d'une parcelle contiguë en nature de bois et forêts. En cas de vente de parcelles boisées éparses à un propriétaire contigu d'une seule des parcelles vendues et non de la totalité des parcelles éparses, le droit de préférence n'a pas à être purgé (Rép. Morel-À-L'huissier : AN 7-5-2013 p. 4954 n° 23218) ;

– dans le cadre d'une opération d'aménagement foncier rural et forestier (C. rur. L I T II), ce dispositif ayant justement pour objet de lutter contre le morcellement forestier ;

– au profit du conjoint, du partenaire lié par un Pacs, du concubin ou de parents ou alliés du vendeur jusqu'au 4e degré inclus ;

– réalisées pour la mise en œuvre d'un projet déclaré d'utilité publique ;

– au profit d'un conservatoire régional d'espaces naturels agréé (C. envir. art. L 414-11) dans le cadre d'une stratégie et d'un périmètre d'intervention définis à l'avance et approuvés par le préfet de région, ou au profit du Conservatoire de l'espace littoral et des rivages lacustres (C. envir. art. L 322-1) dans le cadre de sa stratégie validée par le conseil d'administration ;

– au profit d'un coïndivisaire, portant sur tout ou partie des droits indivis relatifs à la parcelle boisée ;

– mettant fin à un démembrement de propriété (vente en usufruit au profit du nu-propriétaire ou vente en nue-propriété au profit de l'usufruitier) ;

– portant sur un terrain classé entièrement au cadastre en nature de bois mais dont la partie boisée représente moins de la moitié de la surface totale ;

– portant sur une propriété comportant une ou plusieurs parcelles classées au cadastre en nature de bois et un ou plusieurs autres biens bâtis ou non ; ainsi les terrains « mixtes », c'est-à-dire ceux comprenant à la fois des parcelles boisées en nature de bois au cadastre et des parcelles cadastrées d'une autre nature ne relèvent pas du droit de préférence et peuvent être vendues par leur propriétaire à l'acheteur de leur choix (Rép. Morel-À-L'huissier : AN 20-11-2012 p. 6735 n° 6372). Cette exception n'implique pas une prépondérance de la partie non boisée. En revanche, elle suppose une pluralité de parcelles cadastrales (Inst. agriculture AGRT1512498C du 3-6-2015 n° 23) ;

– au profit d'un exploitant de carrières ou d'un propriétaire de terrains à usage de carrières, lorsque la parcelle se situe dans ou en contiguïté d'un périmètre d'exploitation déterminé par arrêté préfectoral.

> **Précisions** Un chemin, qu'il soit public ou privé, ne rompt pas la **contiguïté**, à la différence d'une autoroute, d'une rivière, d'un canal de navigation ou d'une voie ferrée qui sont des obstacles difficilement franchissables (Rép. Leroy : Sén. 7-11-2013 p. 2849 n° 08388).

CONCURRENCE AVEC D'AUTRES DROITS DE PRÉEMPTION

Le droit de préférence des propriétaires de bois voisins est de **même « force »** que celui des communes, le vendeur choisissant alors librement à qui céder son bien (n° 40396). **40350**

Il est en revanche **primé par** :

– le droit de préemption, et la rétrocession qui en découle, prévu au bénéfice de personnes morales chargées d'une mission de service public par le Code rural et de la pêche maritime ou par le Code de l'urbanisme (C. for. art. L 331-19, al. 6). En conséquence, le droit du/des propriétaires d'une parcelle boisée contiguë ne joue pas en cas de préemption et de rétrocession par la Safer d'un terrain boisé. Par exception, le droit du/des propriétaires voisins prime le droit de préemption de la Safer d'Île-de-France sur les parcelles boisées de moins de 3 hectares (C. rur. art. L 143-2-1) ;

– le droit de préemption des communes sur les bois et forêts de moins de 4 hectares (C. for. art. L 331-22, al. 3 ; sur la difficulté d'interprétation du texte, voir n° 40416) ;

– le droit de préemption des communes pour prévenir et lutter contre les incendies de forêts (C. for. art. L 131-6-1 créé par la loi 2023-580 du 10-7-2023). Voir n° 40440 ;
– le droit de préemption de l'État sur les bois et forêts (C. for. art. L 331-23 ; n° 40431).

Le **texte** est **muet** sur le concours du droit de préférence avec le droit de préemption du coïndivisaire, ou encore avec un droit de préférence conventionnel. Il est vraisemblable que le droit de préférence légal prime le droit de préférence conventionnel, sauf si le bénéficiaire de ce dernier est le conjoint, le partenaire lié par un Pacs, le concubin ou un parent ou allié du vendeur jusqu'au 4e degré inclus.

2. PROCÉDURE DE PURGE DU DROIT DE PRÉFÉRENCE

NOTIFICATION

40370 **Publicité** L'**auteur** de la publicité est en principe le vendeur (C. for. art. L 331-19, al. 2). Le notaire, que la loi ne désigne pas à l'effet d'effectuer cette formalité, pourra agir en vertu d'un mandat conventionnel exprès.

La publicité prend en principe la **forme** (C. for. art. L 331-19, al. 2) d'une notification aux propriétaires des parcelles boisées contiguës, par lettre recommandée avec demande d'avis de réception ou par remise contre récépissé.

Lorsque le nombre de notifications est égal ou supérieur à dix, le vendeur peut rendre publique la cession projetée par voie d'affichage en mairie durant un mois et de publication d'un avis sur un support habilité à recevoir des annonces légales.

La notification comme l'affichage et la publication **indiquent** le prix et les conditions de la cession projetée. Le nom de l'acquéreur pressenti par le vendeur n'est pas au nombre des informations requises.

À défaut de disposition législative le précisant, la notification, comme l'affichage et la publication ne valent pas offre de vente (Cass. 3e civ. 28-9-2023 n° 22-15.576 FS-B : BPIM 6/23 inf. 388).

> **Précisions a. L'acte extrajudiciaire**, bien que non visé par le texte, peut être utilisé pour la notification (CPC art. 651, al. 3).
> **b.** Bien que le texte ne le précise pas, la publicité doit être faite à la **mairie du lieu** de situation de la parcelle vendue. En cas de terrain situé sur plusieurs communes, l'affichage sera par précaution effectué dans chaque mairie.

40373 **Destinataires** Les destinataires de la notification sont les **propriétaires**, tels qu'ils sont désignés sur les documents cadastraux, d'une parcelle boisée contiguë à celle objet de la vente. La superficie de la parcelle contiguë est indifférente.

Il semble suffire que la parcelle contiguë à celle vendue soit, de fait, boisée, mais non nécessairement qu'elle soit classée au cadastre en nature de bois et forêts, le texte ne l'exigeant pas (en ce sens, CA Amiens 1-6-2017 n° 15/04740).

RÉPONSE DU DESTINATAIRE

40376 Pour faire connaître au vendeur s'il(s) exerce(nt) son (leur) droit, le(s) destinataire(s) dispose(nt) d'un délai de 2 mois à compter de la date d'affichage en mairie ou de la notification (C. for. art. L 331-19, al. 3). Étant exprimé en mois, ce délai expire le jour du second mois qui porte le même quantième que le jour de la notification qui fait courir le délai (CPC art. 641, al. 2). Le destinataire devant « faire connaître » sa décision au vendeur dans le délai, il devra veiller à ce que sa réponse lui parvienne dans ce délai.

Il doit répondre sous la **forme** d'une lettre recommandée avec demande d'avis de réception ou remise contre récépissé.

Celui qui **exerce son droit** ne peut le faire qu'aux prix et conditions qui lui ont été notifiés. Il n'a pas la faculté de négocier le prix.

Il peut aussi **renoncer** à son droit, soit tacitement en laissant expirer le délai 2 mois, soit expressément en informant le vendeur qu'il a décidé de ne pas acquérir.

EXERCICE DU DROIT DE PRÉFÉRENCE

40379 Le vendeur est tenu de **réaliser la vente** au profit du propriétaire de parcelle boisée contiguë qui aura exercé régulièrement son droit de préférence. Toutefois, la notification ne valant pas offre de vente, le vendeur est libre de renoncer à la vente, même après l'exercice de son droit de préférence par le propriétaire voisin (Cass. 3e civ. 28-9-2023 n° 22-15.576 FS-B : BPIM 6/23 inf. 388).

Lorsque plusieurs propriétaires de parcelles contiguës exercent leur droit de préférence, le vendeur **choisit** librement celui auquel il souhaite céder son bien (C. for. art. L 331-19, al. 4).

L'**acte authentique** constatant la vente doit être réalisé dans le délai de 4 mois à compter de la réception de la déclaration d'exercice de ce droit. À défaut de réalisation de la vente résultant d'une défaillance de l'acheteur, le droit de préférence n'est plus opposable au vendeur (C. for. art. L 331-19, al. 5). 40382

3. SANCTION DE LA VIOLATION DU DROIT DE PRÉFÉRENCE

NULLITÉ

Est nulle toute vente opérée en violation du droit de préférence (C. for. art. L 331-20). 40385
Il s'agit d'une nullité relative, dont l'action ne peut être **exercée** que **par** ceux à qui la notification devait être adressée ou par leurs ayants droit.
Elle se **prescrit** par 5 ans.

B. Droit de préférence des communes sur les bois et forêts

CONDITIONS

Les communes bénéficient d'un droit de préférence calqué sur celui des propriétaires de bois contigus (C. for. art. L 331-24). 40390
Ce droit peut être exercé aux **conditions suivantes** :
– le bien concerné est une propriété classée au cadastre en nature de bois et forêts et d'une superficie totale inférieure à 4 hectares ;
– l'opération envisagée est une vente ou une cession de droits indivis ou de droits réels de jouissance relatifs à cette propriété ;
– le bénéficiaire du droit est la commune sur le territoire de laquelle se trouve la propriété vendue.
Il n'est pas requis que cette commune possède un bois contigu à la propriété.
Le droit de préférence de la commune est **exclu** dans les mêmes cas que ceux prévus pour les propriétaires de bois voisins, énumérés n° 40340.

PROCÉDURE DE PURGE

Le **vendeur** ou le notaire expressément mandaté est tenu de notifier au maire le prix et les conditions de la vente projetée par lettre recommandée avec demande d'avis de réception. 40393
Le **maire** dispose d'un délai de 2 mois à compter de la notification pour faire connaître au vendeur qu'il exerce le droit de préférence de la commune au prix et aux conditions indiqués (C. for. art. L 331-24, al. 2). La forme de la notification de la préemption n'étant pas précisée, la lettre recommandée ou la remise contre récépissé peut être utilisée.

> **Précisions** Le vendeur doit **notifier au maire** son projet de cession par lettre recommandée avec demande d'avis de réception même s'il effectue la publicité des prix et conditions de la vente, à destination des propriétaires de bois voisins, par affichage en mairie et par publication sur un support habilité à recevoir les annonces légales.

EXERCICE DU DROIT

Lorsqu'un ou plusieurs propriétaires de parcelles contiguës à la propriété exercent **concurremment** à la commune leur droit de préférence, le vendeur choisit librement à qui céder son bien (C. for. art. L 331-24, al. 3). 40396
Si la commune se prévaut de son droit de préférence, la **réalisation de la vente** doit intervenir dans un délai de 2 mois à compter de la réception par le vendeur de la déclaration de la commune. À défaut, son droit de préférence n'est plus opposable au vendeur (C. for. art. L 331-24, al. 4).
Les bois et forêts acquis dans ces conditions sont soumis au régime forestier à l'expiration d'un délai de 5 ans à compter de leur incorporation au domaine communal.

SANCTION

Est nulle toute vente opérée en violation du droit de préférence de la commune, l'action en nullité se prescrivant par 5 ans (C. for. art. L 331-24, al. 6). 40399

SECTION 2

DROITS DE PRÉEMPTION SUR LES BOIS ET FORÊTS

A. Droits de préemption pour lutter contre le morcellement forestier

1. DROIT DE PRÉEMPTION DES COMMUNES SUR LES BOIS ET FORÊTS

CONDITIONS DU DROIT DE PRÉEMPTION

40410 Le droit de préemption est ouvert lorsque l'**opération** envisagée est une vente (C. for. art. L 331-22, al. 1).

Il faut en outre que le **bien vendu** soit :

– une propriété classée au cadastre en nature de bois et forêts et d'une superficie totale inférieure à 4 hectares ;

– ou une propriété classée au cadastre en nature de bois et forêts, sans condition de superficie, lorsque le vendeur est une personne publique dont les bois et forêts relèvent du régime forestier en application du 2° du I de l'article L 211-1 du Code forestier. Sont donc visés les régions, la collectivité territoriale de Corse, les départements, les communes ou leurs groupements, les sections de communes, les établissements publics ou d'utilité publique, les sociétés mutualistes et les caisses d'épargne.

Le **bénéficiaire** du droit de préemption est la commune sur le territoire de laquelle se trouve la propriété vendue et qui possède une parcelle boisée contiguë soumise à un document d'aménagement (C. for. art. L 122-3, 1°, a). Il n'est pas nécessaire que la parcelle soit classée au cadastre en bois et forêt ; il suffit qu'elle soit effectivement boisée.

› **Précisions a.** N'est pas prévue par le texte l'hypothèse de la vente d'une **propriété boisée sur plusieurs communes** différentes, possédant chacune une parcelle boisée contiguë soumise à un document d'aménagement. La pratique propose que la vente soit notifiée à toutes les communes concernées, sans que le vendeur soit contraint de ventiler le prix. N'ayant pas vocation à préempter hors de leur territoire, les communes concernées seraient paralysées dans l'exercice de leur droit de préemption (A. Gence, É. Meiller, Les droits de priorité au profit des personnes publiques : SNH 16/18 inf. 11).
b. N'est pas prévue par le texte l'hypothèse de la vente portant sur un **bien mixte**, comprenant une parcelle boisée contiguë à celle de la commune et une parcelle ayant un autre classement au cadastre. La pratique propose la solution suivante : la vente du bien dans sa globalité doit être notifiée mais la présence de parcelles non classées en bois et forêts paralyse le droit de préemption de la commune. Le propriétaire peut aussi ventiler le prix entre les parcelles classées boisées au cadastre et les autres, avec l'accord de l'acquéreur en présence d'un avant-contrat. Dans ce cas, la commune peut préempter les seules parcelles classées boisées au cadastre (A. Gence, É. Meiller, Les droits de priorité au profit des personnes publiques : SNH 16/18 inf. 11).

PURGE DU DROIT DE PRÉEMPTION

40413 La **procédure** est la suivante : le vendeur ou le notaire expressément mandaté est tenu de notifier au maire le prix et les conditions de la vente projetée par lettre recommandée avec demande d'avis de réception.

Le maire dispose d'un délai de 2 mois à compter de la notification pour faire connaître au vendeur qu'il exerce le droit de préemption de la commune aux prix et conditions indiqués (C. for. art. L 331-22, al. 2).

40416 Le **droit de préférence des propriétaires** de bois voisins n'est pas applicable (C. for. art. L 331-22, al. 3).

La formulation du texte est ambiguë : elle ne permet pas de savoir si ce droit de préférence est définitivement exclu, même si la commune ne préempte pas, ou s'il est simplement paralysé tant que la commune ne s'est pas prononcée. La seconde interprétation, plus conforme à l'esprit du texte, à savoir le regroupement de la propriété forestière, est à retenir (A. Gence, É. Meiller, Les droits de priorité au profit des personnes publiques : SNH 16/18 inf. 11).

Ce droit de préemption dont sont titulaires les communes possédant une parcelle boisée contiguë soumise à un document d'aménagement s'efface devant le **droit de préemption « risque incendie »** appartenant aux communes en cas de vente de bois et forêts inclus sur leur territoire (C. for. art. L 131-6-1 dans sa rédaction issue de la loi 2023-580 du 10-7-2023).

La **sanction** en cas de non-respect du droit de préemption n'est pas précisée. Il serait logique qu'il s'agisse de la nullité relative de la vente, se prescrivant par 5 ans. 40419

2. DROIT DE PRÉEMPTION DE L'ÉTAT SUR LES BOIS ET FORÊTS

L'État bénéficie d'un droit de préemption aux trois **conditions** suivantes (C. for. art. L 331-23) : 40425
– l'opération envisagée est une vente ;
– le bien vendu est une propriété classée au cadastre en nature de bois et forêts et d'une superficie totale inférieure à 4 hectares ;
– une forêt domaniale jouxte la parcelle en vente.

La **procédure de purge** du droit de préemption incombe à l'officier public en charge de la vente et non au vendeur. Cet officier informe le préfet de département. Aucun formalisme particulier n'est requis. Une lettre recommandée avec AR est au minimum nécessaire pour faire courir le délai de réponse de l'État. Celui-ci a 3 mois pour se prononcer, son silence valant renonciation à exercer son droit. 40428

S'il préempte, ce droit **prime** le droit de préférence des voisins propriétaires de parcelles contiguës ainsi que les droits de préemption de la commune (voir nos 40410 s. et 40440). Même si la loi ne l'indique pas, ce droit de préemption de l'État prime nécessairement le droit de préférence de la commune dans la mesure où ce droit de préférence ne prime pas celui des voisins propriétaires (S. Besson, H. Bosse-Platière, F. Collard et B. Travely, Droit(s) de préférence forestiers et autres droits de préemption épineux : JCP N 2015 nº 10 p. 40). 40431

Le texte ne précise pas la **sanction** de la vente sans purge préalable du droit de préemption. Comme pour le droit de préemption de la commune, il ne peut pas ne pas y avoir de sanction et celle-ci ne peut être que la nullité relative se prescrivant par 5 ans. 40434

B. Droit de préemption pour lutter contre le risque d'incendie

PRÉSENTATION DU DROIT DE PRÉEMPTION

Pour protéger les forêts contre les risques d'incendie, une loi du 10 juillet 2023 a créé un droit de préemption au profit de la **commune** lors de la vente d'une propriété boisée située sur son territoire (C. for. art. L 131-6-1 dans sa rédaction issue de la loi 2023-580 du 10-7-2023). 40440
La propriété acquise relève du **régime forestier**.

OPÉRATIONS SOUMISES AU DROIT DE PRÉEMPTION

Le droit de préemption est ouvert lorsque l'**opération** envisagée est une **vente** d'une propriété classée en nature de bois et forêt au cadastre (C. for. art. L 131-6-1 dans sa rédaction issue de la loi 2023-580 du 10-7-2023). 40445
Sont visées les propriétés :
– non dotées d'un **plan de gestion** régissant les bois et forêts des particuliers (C. for. art. L 122-3, 2°) ;
– situées dans un **massif forestier** inclus dans le périmètre d'un plan départemental ou interdépartemental de protection des forêts contre les incendies. Un arrêté du 6 février 2024 liste les départements devant soumettre leurs massifs forestiers à ce type de plan (Arrêté AGRT2401596A du 6-2-2024).

HIÉRARCHIE ENTRE LES DROITS DE PRÉFÉRENCE ET DE PRÉEMPTION FORESTIERS

Le droit de préemption « risque incendie » **ne prime pas** le droit de préemption appartenant à l'État en cas de vente d'une propriété classée au cadastre en nature de bois et forêts, de moins de 4 hectares, si une forêt domaniale jouxte la parcelle en vente. 40450
Il prime en revanche le droit de préemption au profit de la commune possédant une parcelle boisée contiguë ainsi que les droits de préférence des propriétaires voisins et de la commune.

CHAPITRE 7

DROITS DE PRÉEMPTION DU LOCATAIRE D'HABITATION

SOMMAIRE

INTRODUCTION

40500 Le locataire d'un local à usage d'habitation ou à usage mixte d'habitation et professionnel dispose de trois droits de préemption qui ont vocation à être mis en œuvre dans des situations très différentes :

– l'un peut être actionné en cas de **vente du logement après division de l'immeuble** par lots (Loi 75-1351 du 31-12-1975 art. 10). Même s'il ne préempte pas, le locataire conserve son titre locatif ;

– un autre résulte du **congé** donné par le propriétaire **pour vendre** le logement (Loi 89-462 du 6-7-1989 art. 15, II). Dans ce cas, à défaut de préempter, le locataire perd son droit d'occuper les locaux ;

– le troisième a vocation à être mis en œuvre en cas de **vente en bloc d'un immeuble** de plus de 5 logements (Loi 75-1351 du 31-12-1975 art. 10-1).

En outre, en cas de vente par lots de plus de 10 logements, deux accords collectifs qui combinent les deux premiers droits de préemption s'appliquent.

CONCOURS ENTRE DROITS DE PRÉEMPTION

40503 Les droits de préemption des **collectivités publiques** prévalent sur ceux des locataires (n°s 37500 s.).

Qu'en est-il **entre les différents droits de préemption du locataire** ? Le droit ouvert en cas de vente après la division de l'immeuble ne prime pas celui qui existe en cas de congé pour vendre : les procédures sont indépendantes. Ainsi a-t-il été jugé que le droit de préemption après division de l'immeuble n'a pas à être purgé avant celui né du congé pour vendre (Cass. 3e civ. 14-12-1994 n° 93-18.463 : RJDA 2/95 n° 121).
Lorsque les conditions de ces deux droits sont remplies, c'est-à-dire lorsque la division d'un immeuble en lots intervient alors qu'une location arrive à expiration, le bailleur dispose d'une **alternative.** Il peut :
– chercher à libérer le logement en donnant un congé pour vendre ou,
– décider de vendre le logement occupé ; c'est alors le droit de préemption après division de l'immeuble qui s'appliquera.
Le bailleur ne commet pas de fraude s'il met en œuvre le droit de préemption en cas de congé pour vendre et non celui prévu après la division de l'immeuble (Cass. 3e civ. 26-6-1996 n° 94-18.306 : RJDA 10/96 n° 1170 ; Cass. 3e civ. 2-10-1996 n° 95-10.342 : RJDA 12/96 n° 1450). De même, la délivrance au locataire d'un congé avec offre de vente au visa de la loi de 1989 ne prive pas le locataire du droit d'arguer du bénéfice du droit de préemption de la loi de 1975 lorsqu'il estime qu'il y a eu fraude à son détriment à l'occasion de la vente ultérieure de l'immeuble dont dépend son appartement (Cass. 3e civ. 8-12-2010 n° 09-16.939 : BPIM 1/11 inf. 74).
Notons que la procédure des ventes de logements concernés par les accords collectifs **déroge** au principe de non-cumul (n° 41124).

SECTION 1

DROIT DE PRÉEMPTION EN CAS DE VENTE APRÈS DIVISION DE L'IMMEUBLE

A. Conditions du droit de préemption en cas de vente après division de l'immeuble

Le locataire ou l'occupant de bonne foi dispose d'un droit de préemption sur le local qu'il habite lorsque la vente de ce local est consécutive à la division initiale ou à la subdivision de tout ou partie de l'immeuble par lots (Loi 75-1351 du 31-12-1975 art. 10 ; Décret 77-742 du 30-6-1977). 40510

DIVISION PRÉALABLE D'UN IMMEUBLE PAR LOTS

La première condition pour que le droit de préemption existe est la division ou la subdivision de tout ou partie de l'immeuble concerné (Loi 75-1351 du 31-12-1975 art. 10, I). 40513

Division initiale de l'immeuble Un bâtiment est juridiquement divisé dès lors qu'un état descriptif de division identifiant chaque lot est établi (Décret 55-1350 du 14-10-1955 art. 71, al. 3). 40516
Chaque **lot** doit être **identifié par** un état descriptif de division (Décret 77-742 du 30-6-1977 art. 1) et une division matérielle effective. Toutefois, l'exercice du droit de préemption n'est pas subordonné à la publication préalable au fichier immobilier de l'état descriptif de division (Cass. 3e civ. 27-2-1985 n° 83-13.187 : Bull. civ. III n° 45).

La vente d'un appartement dans un immeuble placé, dès sa construction, sous le régime de la **copropriété** n'ouvre pas droit à préemption du locataire (Cass. 3e civ. 30-11-1982 n° 81-15.724 : JCP éd. N 1983 p. 113 ; Cass. 3e civ. 8-4-1987 n° 84-15.191 : Bull. civ. III n° 87). Il importe peu que le règlement de copropriété n'ait pas encore été établi (Cass. 3e civ. 19-2-1992 n° 90-12.677 : Bull. civ. III n° 54). Ce qui compte c'est la volonté du propriétaire de procéder à la division (Rép. Autexier : AN 21-5-1990 n° 17148). 40519

Lorsque les propriétaires d'un immeuble en **indivision** le vendent en entier à un acquéreur pour un prix global, le ou les locataires ne bénéficient pas du droit de préemption qui ne concerne que la vente d'appartements et non la vente de la totalité d'un immeuble (Cass. 3e civ. 23-10-1984 : Rev. Loyers 1985 p. 390). 40522

En revanche, si la division de l'immeuble est intervenue et a fait l'objet de la publicité requise par le décret de 1977 (identification de chaque lot par un état descriptif de division), les copropriétaires divis, lorsqu'ils vendent ensemble à un tiers dans un seul acte le bâtiment en entier, doivent respecter le droit de préemption du locataire puisqu'il s'agit là de la première vente des appartements consécutive à la division de l'immeuble.

40525 **Subdivision de l'immeuble** Le droit de préemption s'applique également à toute vente consécutive à la subdivision de tout ou partie d'un immeuble par lots. Il est donc susceptible de s'appliquer à :
– la division d'un lot déjà vendu, par exemple la première vente d'un lot constitué d'une chambre de bonne à l'issue d'une subdivision (Cass. 3e civ. 29-11-1989 no 88-12.468 : Bull. civ. III no 223) ;
– la vente d'un lot ayant été compris dans la vente d'un bâtiment entier ou dans la vente de l'ensemble des locaux à usage d'habitation ou assimilés dudit bâtiment.

PREMIÈRE VENTE APRÈS LA DIVISION DE L'IMMEUBLE

40528 **Vente** Le droit de préemption a vocation à être mis en œuvre lors d'une vente sans avoir égard aux modalités de paiement du prix, à l'existence d'un terme ou d'une condition ou à la contrepartie donnée.
La vente de la seule nue-propriété avec réserve d'usufruit au profit du vendeur ouvre le droit de préemption du locataire. En revanche, la cession du seul usufruit n'emporte pas, selon l'opinion dominante, ouverture de ce droit.

40531 Par **exception,** le droit de préemption ne s'applique pas :
– aux ventes intervenant entre parents ou alliés jusqu'au 4e degré inclus (Loi 75-1351 du 31-12-1975 art. 10, III). À égalité de liens de parenté avec le vendeur, l'acquéreur est préféré à l'occupant (Cass. 3e civ. 13-5-1987 no 86-10.368 : D. 1987 IR p. 134) ;
– aux ventes dont la contrepartie interdit la substitution du locataire à l'acquéreur, par exemple lorsque la contrepartie est une obligation d'entretien et de soins, des droits sociaux, la constitution d'un droit d'usage et d'habitation, etc. (Cass. 3e civ. 1-3-1989 no 87-14.109 : Bull. civ. III no 56 à propos d'un droit d'usage et d'habitation).

40534 Sauf cas de fraude, n'ouvrent pas le droit de préemption les **autres aliénations** n'ayant pas à proprement parler le caractère de vente, à savoir :
– les aliénations à titre gratuit par donation, succession ou legs ;
– la cession de droits indivis ;
– le partage d'un immeuble par lots entre les indivisaires (« allotissement des indivisaires ») ;
– les échanges, sauf lorsque l'échange comporte une soulte importante, laquelle peut autoriser la requalification de l'opération en vente ;
– les apports en société, la contrepartie de l'opération étant non pas la perception d'un prix mais l'obtention de droits sociaux que le locataire ne serait pas en mesure d'offrir (Cass. ch. réunies 3-7-1957 : JCP éd. G 1957 II no 10104).

> **Précisions** Une succession d'opérations qui, prises isolément, n'accordent pas de droit de préemption au locataire pourrait le lui conférer si la preuve de la volonté d'organiser la division de l'immeuble dès la première opération peut être apportée (Cass. 3e civ. 4-11-1987 : Defrénois 1988 p. 31).

40537 **Première vente** La vente doit être consécutive à la division ou à la subdivision de l'immeuble (Loi 75-1351 du 31-12-1975 art. 10, I). En conséquence, le **droit** de préemption n'est **reconnu** au locataire que lors de la première vente suivant la division initiale ou la subdivision (Cass. 3e civ. 6-11-1986 no 85-11.288 : Bull. civ. III no 153 ; Cass. 3e civ. 5-4-1995 no 92-16.574 : RJDA 6/95 no 699). C'est le cas pour :
– les ventes à des acquéreurs différents de lots issus d'un bâtiment acquis en son entier ou provenant d'un ensemble de locaux à usage d'habitation ou assimilé. Ainsi lorsqu'une société vend un immeuble entier pour lequel elle fait établir, le même jour, l'état descriptif et le règlement de copropriété, le droit de préemption du locataire peut s'exercer lorsque l'acquéreur revend séparément les lots (Cass. 3e civ. 16-11-2005 no 04-12.563 : RJDA 5/06 no 516) ;
– la vente d'un appartement dont le propriétaire tient ses droits d'un acte de donation-partage. En effet, cette dernière entraîne la division de l'immeuble par lots mais n'est pas une vente. La vente qui suit la donation-partage est donc la première qui suit la division de l'immeuble (CA Paris 17-11-1992 : Rev. loyers 1993 p. 173).
En revanche, le locataire en place ne peut **pas faire valoir** son droit de préemption lors de la seconde mutation du bien. Ainsi, suite à une vente entre parents ou alliés jusqu'au 4e degré, il

ne semble pas contestable que la revente par le parent ou allié soit exclue du champ d'application de la loi car il s'agit alors de la seconde mutation faisant suite à la division de l'immeuble. La solution est identique lorsqu'il s'agit de la deuxième cession de droits sociaux donnant vocation à l'attribution du bien, sans tenir compte du partage de l'immeuble éventuellement intervenu entre-temps (Cass. 3e civ. 24-11-1993 : Loyers et copr. 1994 n° 14).

La loi ne subordonne pas le droit de préemption à l'écoulement d'un **délai** maximal entre la division ou subdivision de l'immeuble et la première vente. 40540

OBJET DE LA VENTE

Sont **soumises au droit de préemption** les ventes portant sur : 40543
– un ou plusieurs locaux à usage d'habitation ou à usage mixte d'habitation et professionnel ;
– des locaux accessoires au bien loué, tels les caves, garages, parkings, chambres de bonne, dépendant des appartements loués (pour des chambres de service dépendant des appartements donnés en location, Cass. 3e civ. 13-6-1990 n° 88-18.095 : Bull. civ. III n° 148) ;
– des parts ou actions des sociétés dont l'objet est la division d'un immeuble par fractions destinées à être attribuées aux associés en propriété ou en jouissance à temps complet (Loi 75-1351 du 31-12-1975 art. 10, III-al. 1). Il s'agit là des sociétés d'attribution, des coopératives d'attribution et des sociétés soumises à la loi du 28 juin 1938. C'est la première cession de droits sociaux consécutive à la division de l'immeuble, ayant eu pour effet d'individualiser les lots auxquels les associés ont vocation, qui donne naissance au droit de préemption. Par suite, la première vente en toute propriété suivant le partage (partiel ou total) échappera au droit de préemption.

Ne donnent **pas lieu à préemption** les ventes portant sur : 40546
– un bien faisant l'objet d'un bail professionnel (CA Paris 13-1-1998 : BPIM 3/98 inf. 224 ; CA Paris 17-3-1998 : Loyers et copr. 1998 n° 155) ;
– un ou plusieurs locaux à usage d'habitation ou à usage mixte d'habitation et professionnel d'un même immeuble à un organisme HLM (Loi 75-1351 du 31-12-1975 art. 10, III) ;
– un local (ou plusieurs locaux d'un même immeuble) à usage d'habitation ou à usage mixte d'habitation et professionnel éligible à l'aide personnalisée au logement lorsque l'acquéreur est une société d'économie mixte bénéficiant d'exonérations fiscales et d'aides spécifiques de l'État au titre du service d'intérêt général ou un organisme agréé agissant en faveur du logement et de l'hébergement des personnes défavorisées (Loi 75-1351 du 31-12-1975 art. 10, III) ;
– un bâtiment entier ou l'ensemble des locaux à usage d'habitation ou à usage mixte d'habitation et professionnel dudit bâtiment (Loi 75-1351 du 31-12-1975 art. 10, III ; Cass. 3e civ. 29-6-1994 : Loyers et copr. 1994 n° 418 ; Cass. 3e civ. 19-5-1999 n° 95-17.784 : RJDA 7/99 n° 769). Dans ce cas, le droit de préemption des locataires se trouve reporté à la vente suivante dès lors qu'est mise en œuvre la division ou subdivision de l'immeuble (notons que le droit de préemption en cas de vente en bloc d'un immeuble de plus de 5 logements pourra, le cas échéant, s'exercer, n° 41170).

Par « bâtiment entier », il faut entendre un bâtiment qui présente une indépendance structurelle par rapport aux constructions voisines (accès autonome, murs séparatifs, toiture). Ainsi en est-il d'une maison individuelle non divisée en lots (Cass. 3e civ. 11-6-1992 n° 90-19.060 : RJDA 12/92 n° 1111). L'existence d'éléments d'équipement ou d'aménagement communs n'est pas un obstacle pour considérer l'indépendance structurelle de chaque immeuble.

ATTENTION

Il n'y a pas vente en bloc permettant d'écarter le droit de préemption du locataire lorsque :
– après division d'une maison d'habitation en deux lots, il y a vente d'un des lots. Peu importe que le lot soit vendu pour un prix global et qu'il regroupe deux appartements (Cass. 3e civ. 1-4-2009 n° 08-11.305 : RJDA 10/09 n° 828) ;
– après la publication de l'état descriptif de division, le propriétaire vend tout l'immeuble à l'exception d'un lot à usage d'habitation ayant été cédé suite à sa préemption par la commune (Cass. 3e civ. 8-6-2005 n° 04-12.999 : RJDA 12/05 n° 1333).

B. Titulaires du droit de préemption en cas de vente après division de l'immeuble

TITRE D'OCCUPATION DU LOGEMENT

Le titulaire du droit de préemption est le locataire ayant conclu un **contrat de location,** quel que soit le régime juridique de cette location (loi du 6 juillet 1989, loi du 23 décembre 1986, loi du 1er septembre 1948 ou application pure et simple du Code civil). 40580

Ce contrat doit être en cours au moment où le bailleur est tenu de faire la notification préalable à la conclusion de la vente.
Si le bail ou l'occupation est postérieure à la division ou à la subdivision de l'immeuble, le locataire ou l'occupant de bonne foi ne bénéficie pas du droit de préemption (Décret 2020-1150 du 17-9-2020 : JO 19 texte n° 23).
L'**occupant de bonne foi** au sens de l'article 4, alinéa 2, de la loi du 1er septembre 1948 bénéficie également du droit de préemption.

40583 Lorsque le contrat a été conclu avec **plusieurs locataires,** chacun d'eux bénéficie à titre individuel d'un droit de préemption. Il en est de même des époux pour le droit au bail du local qui sert effectivement à leur habitation et des signataires d'un Pacs.
Les règles sont identiques en présence de plusieurs occupants de bonne foi.

40586 En cas d'instance de **divorce** ou de séparation de corps, et malgré l'éventuelle attribution provisoire de la jouissance des locaux à l'un des époux, chacun d'eux bénéficie des dispositions de la loi tant que le divorce ou la séparation de corps n'est pas définitivement prononcé (Décret 77-742 du 30-6-1977 art. 5, I).
En cas d'**abandon de domicile** ou de **décès** d'un locataire ou occupant pouvant se prévaloir du droit au maintien dans les lieux en application de la loi du 1er septembre 1948, le bénéfice de la loi persiste au profit de son conjoint, son partenaire de Pacs, ses ascendants, descendants ou personnes à charge qui vivaient effectivement avec lui depuis plus d'un an (Décret 77-742 du 30-6-1977 art. 5, II). La dévolution du bail au conjoint survivant n'étant pas exclusive de sa dévolution aux descendants du défunt, ceux-ci sont également titulaires du droit de préemption, sous réserve qu'ils remplissent l'autre condition tenant à l'occupation des lieux (Cass. 3e civ. 15-11-2006 n° 04-15.679 : RJDA 2/07 n° 136).

OCCUPATION EFFECTIVE DES LIEUX

40589 Le locataire ou l'occupant de bonne foi doit occuper les lieux effectivement (Décret 77-742 du 30-6-1977 art. 1 ; Cass. 3e civ. 16-4-1986 n° 84-13.820 : Bull. civ. III n° 44). Cette obligation s'impose également à l'ayant droit du locataire en titre (Cass. 3e civ. 15-11-2006 n° 04-15.679 : RJDA 2/07 n° 136). La charge de la preuve de cette occupation incombe au locataire ou à l'occupant.

C. Mise en œuvre du droit de préemption en cas de vente après division de l'immeuble

NOTIFICATION PRÉALABLE DE LA VENTE DE L'IMMEUBLE AU LOCATAIRE

40640 Le titulaire du droit de préemption doit être informé de la vente envisagée.
La notification doit **émaner** du vendeur ou de son mandataire. Valant offre de vente, toutes les personnes ayant un droit sur l'immeuble doivent concourir à son établissement, par exemple, les deux époux si l'immeuble est un bien commun. Le mandataire, lui, doit justifier d'un pouvoir exprès pour vendre.
La notification doit, à peine de nullité de la vente (Loi 75-1351 du 31-12-1975 art. 10, I) :
– prendre la **forme** d'une lettre recommandée avec avis de réception. Elle peut aussi être faite par acte d'huissier (Cass. 3e civ. 23-1-1991 n° 89-14.071 : RJDA 3/91 n° 200 pour un acte d'huissier délivré en mairie) ;
– **être adressée** à chacun des locataires ou occupants de bonne foi (sur les conséquences d'une notification adressée par erreur à un locataire ne disposant pas du droit de préemption, voir n° 40667) ;
– **indiquer** le prix et les conditions de la vente projetée. Notons que l'offre faite au titulaire du droit de préemption est nulle dès lors qu'elle prévoit que le prix est payable « en ce compris les honoraires de négociation » (Cass. 3e civ. 17-12-2008 n° 07-15.943 : RJDA 7/09 n° 613) ;
– **reproduire** les 5 premiers alinéas de l'article 10, I de la loi du 31 décembre 1975. Quand il y a pluralité de titulaires, les paragraphes I et II de l'article 4 du décret du 30 juin 1977 doivent aussi être reproduits dans chaque notification.
La notification doit également faire état, le cas échéant, de l'existence d'un autre droit de préemption applicable (Décret 77-742 du 30-6-1977 art. 2, al. 2). Sur le concours entre les deux droits de préemption du locataire, voir n° 40503.

Lorsque le logement est situé dans un **immeuble en copropriété,** l'offre de vente doit préciser : 40643
– exactement, ou au moins de façon déterminable, la part des millièmes de copropriété affectée au lot vendu afin d'informer le locataire sur ses charges et obligations futures (CA Paris 23-11-1989 : AJDI 2000 p. 144) ;
– la superficie de la partie privative (Loi 65-557 du 10-7-1965 art. 46). Si une telle mention n'a pas à être indiquée dans un congé pour vendre soumis à l'article 15 de la loi du 6 juillet 1989 (Loi 89-462 du 6-7-1989 art. 15, II ; Cass. 3e civ. 13-3-2002 n° 00-18.044 : RJDA 6/02 n° 614), rien de tel n'est précisé pour le congé de la loi du 31 décembre 1975. La prudence commande donc de faire mention, dans ce congé, de la superficie.

En dépit des dispositions de l'article 1751 du Code civil, la notification est de plein droit opposable au **conjoint du locataire** ou occupant de bonne foi si l'existence de celui-ci n'a pas été préalablement portée à la connaissance du bailleur (Loi 75- 1351 du 31-12-1975 art. 10, I-al. 5). Cette règle renverse la charge de la preuve : il appartient au locataire d'établir qu'il a informé en son temps le bailleur du changement survenu dans son état matrimonial. 40646

Lorsque le locataire ou l'occupant est **mineur sous administration légale,** la notification est valablement adressée à son administrateur légal (Cass. 3e civ. 15-11-2006 n° 04-15.679 : RJDA 2/07 n° 136). S'il est **mineur sous tutelle ou majeur protégé,** la notification le concernant lui est personnellement adressée. Sauf en cas de curatelle, la même notification est faite au représentant dudit mineur ou majeur protégé (Décret 77-742 du 30-6-1977 art. 6). 40649

La notification vaut **offre de vente** pendant 2 mois à compter de sa réception par le locataire ou l'occupant de bonne foi. Pendant ce délai, le bailleur ne peut pas retirer son offre. 40652

OPTIONS DU TITULAIRE DU DROIT DE PRÉEMPTION EN CAS DE VENTE APRÈS DIVISION DE L'IMMEUBLE

Refus de l'offre de vente Le refus de l'offre peut **résulter** du silence du locataire pendant le délai d'option ou d'une renonciation expresse. 40655

Le refus de l'offre n'a aucune **incidence sur le contrat de location** qui se poursuivra normalement avec le nouveau propriétaire (sous réserve de son opposabilité à ce dernier, c'est-à-dire sous réserve de sa date certaine ou de la connaissance, par l'acquéreur, de l'existence du bail). 40658

La renonciation expresse ou tacite par le locataire ou l'occupant de bonne foi n'a pour effet d'éteindre le droit de préemption qu'à son égard. En cas de **pluralité de bénéficiaires** de ce droit, le refus de l'un est inopposable aux autres. Il en est de même de la renonciation par un des époux : l'autre pourra se porter acquéreur. 40661

Acceptation de l'offre de vente L'acceptation du titulaire du droit de préemption doit prendre la **forme** d'une lettre recommandée avec avis de réception (Décret 77-742 du 30-6-1977 art. 2, al. 3). Une remise contre décharge ou une réponse par exploit d'huissier est également possible. 40664
Le **destinataire** de la réponse est le bailleur ou la personne qu'il a désignée comme mandataire. Pour être valable, l'acceptation doit être pure et simple, sans réserve ni **condition.** Un accord purement conservatoire donné sous condition ne vaut pas acceptation et n'interrompt donc pas le délai d'option (Cass. 3e civ. 1-4-1998 n° 96-15.828 : RJDA 6/98 n° 694).
Par exception, si le locataire mentionne son intention de recourir à un prêt, son acceptation est subordonnée à l'obtention de ce prêt.

La notification valant offre de vente, la vente est valablement formée dès l'acceptation du locataire (C. civ. art. 1583). 40667

> **Précisions** À propos d'un bail rural, il a été jugé que la vente n'est pas valablement formée lorsque le preneur accepte une offre de vente qui lui a été notifiée par erreur, le propriétaire ayant cru à tort qu'il était titulaire du droit de préemption (Cass. 3e civ. 5-7-1995 n° 92-20.425 : Bull. civ. III n° 174). Cette jurisprudence nous paraît transposable au droit de préemption du locataire (Cass. 3e civ. 24-5-2000 n° 98-16.132 : JCP G 2001 II n° 10494 note C. Duvert).

Réalisation de la vente Le **délai** de réalisation de l'acte de vente par le locataire est de 2 mois à compter de l'envoi de sa réponse s'il n'a pas déclaré solliciter un prêt et de 4 mois dans le cas contraire. 40670

40673 **À défaut de respecter** ce délai, l'acceptation est nulle de plein droit (Loi 75-1351 du 31-12-1975 art. 10, I-al. 2). Il importe peu que, dans ce délai, le locataire ait déposé à la Caisse des dépôts et consignations, par le biais de son avocat, un chèque d'un montant correspondant au prix de vente (CA Paris 13-3-1990 : Juris-Data n° 021664).
Toutefois, la force majeure ou la cause légitime peut autoriser un dépassement de délai, par exemple en cas de discordance entre la description figurant dans le règlement de copropriété et la réalité des lieux occupés par le locataire (Cass. 3e civ. 19-5-1993 : Loyers et copr. 1993 n° 382).
De même, si le défaut de réalisation de la vente incombe au vendeur, celui-ci ne pourrait pas, à notre avis, se prévaloir de l'expiration du délai légal pour refuser de réaliser la vente.
Notons que même si l'acceptation est nulle, le titulaire du droit conserve sa qualité de locataire ou d'occupant de bonne foi.

DROIT DE PRÉEMPTION SUBSIDIAIRE DU LOCATAIRE

40676 Le locataire ou l'occupant de bonne foi bénéficie d'un second droit de préemption lorsque le propriétaire décide de vendre à des conditions ou à un prix plus avantageux pour l'acquéreur.
Dans ce cas, le propriétaire ou le notaire rédacteur de l'acte doit **notifier** au titulaire du droit ces conditions et prix à peine de nullité de la vente (Loi 75-1351 du 31-12-1975 art. 10, I-al. 3).
Les formes et mentions obligatoires de cette notification sont les mêmes que celles applicables à la notification du projet de vente initial (nos 40640 s.).
La loi n'a pas imparti de délai pour procéder à cette notification. Cette absence de précision est regrettable.

40679 La notification vaut **offre de vente** au profit du locataire ou de l'occupant de bonne foi.
À la différence de la première notification, cette offre n'est valable que pendant une durée d'un mois à compter de sa réception. Faute d'acceptation dans ce délai, l'offre est caduque.
Les délais de **réalisation de la vente** sont identiques à ceux indiqués dans la première notification (n° 40670). Si, à l'expiration des délais, la vente n'a pas été réalisée, l'acceptation de l'offre de vente est nulle de plein droit sauf cas particuliers.

ATTENTION

À notre avis, le locataire peut valablement exercer son droit de préemption subsidiaire quand bien même il n'aurait accepté la première offre que sous la condition suspensive d'**obtention du prêt** qui ne s'était pas réalisée. Cette solution rendue sur le fondement du droit de substitution de l'article 15 de la loi du 6 juillet 1989 nous paraît transposable (Cass. 3e civ. 1-10-2003 n° 02-12.857 : RJDA 1/04 n° 28 ; n° 41034).

D. Sanction en cas de non-respect du droit de préemption du locataire

40720 En l'absence de notification préalable ou en cas de notification incomplète ou irrégulière, la **vente** conclue avec un tiers est **nulle** (Loi 75-1351 du 31-12-1975 art. 10, I-al. 1). Mais cette nullité n'ouvre aucun droit de substitution au profit du locataire (Cass. 3e civ. 15-11-2006 n° 04-15.679 : RJDA 2/07 n° 136). Elle n'ouvre pas droit non plus à l'émission d'une nouvelle offre au profit du locataire (Cass. 3e civ. 12-4-2018 n° 17-11.015 FS-PBI : BPIM 3/18 inf. 228).
Cette sanction vaut pour la notification initiale ou celle qui doit intervenir en cas de vente à un prix ou à des conditions plus avantageux pour l'acquéreur. La sanction vaut également lorsque la dernière offre de vente est postérieure à la promesse synallagmatique de vente conclue avec le tiers, peu important la date de réitération de la vente (Cass. 3e civ. 13-10-2016 n° 15-21.238 F-D : BPIM 6/16 inf. 388).
La nullité de la vente peut être invoquée par le locataire ou l'occupant de bonne foi. Elle est acquise même s'il est établi par différents courriers que les locataires ont eu une parfaite connaissance du prix et des conditions de la vente (Cass. 3e civ. 26-1-1994 : Rev. loyers 1994 p. 204).
Elle est également acquise sans que le locataire ait à démontrer l'existence d'un préjudice si la notification de l'offre ne reproduit pas les cinq alinéas de l'article 10 de la loi de 1975.
La nullité de la vente permet à l'intéressé de faire valoir son **droit de préemption** dès lors que le bailleur-vendeur persiste dans sa volonté de vendre les lieux loués. En effet, en l'absence de notification régulière, le délai d'option n'a pas pu commencer à courir (Cass. 3e civ. 26-1-1994 : Rev. loyers 1994 p. 204). Voir toutefois contra pour une vente nulle en l'absence de notification préalable au locataire mais sans que le droit de préemption (ou de substitution) ait été reconnu ouvert au locataire (Cass. 3e civ. 15-11-2000 : Ajdi 2001 p. 277).

> **Précisions** **a.** La nullité qui sanctionne le défaut ou l'irrégularité de la notification est relative. Elle doit être invoquée dans le **délai** de 5 ans (C. civ. art. 2224).
b. En cas de **résolution de la vente,** les droits d'enregistrement sont restitués à l'acquéreur évincé. Bien entendu, les droits sont dus dans les conditions habituelles sur le nouvel acte de vente consenti à l'ancien locataire.

E. Mise en œuvre du droit de préemption en cas de vente par adjudication

PROCÉDURE

Que l'**adjudication** soit volontaire ou forcée, le locataire ou l'occupant de bonne foi doit être mis en mesure d'exercer son droit de préemption (Loi 75-1351 du 31-12-1975 art. 10, II ; Décret 77-742 du 30-6-1977 art. 7). Il doit donc être convoqué à l'adjudication, y compris dans le cas de surenchère (non contestée ou validée) ou de poursuites pour folle enchère. **40740**

La **convocation** est adressée au locataire ou à l'occupant de bonne foi à la diligence soit du vendeur ou du poursuivant, soit de leur mandataire. **40743**
Elle doit prendre la forme d'une lettre recommandée avec avis de réception et être envoyée au moins un mois avant la date de l'adjudication.
La convocation doit mentionner :
– l'existence ou non d'une mise à prix ; dans l'affirmative, l'indication du montant de la mise à prix ;
– le jour, le lieu et l'heure de l'audience de l'adjudication ;
– l'indication du tribunal ou du notaire devant lequel aura lieu l'adjudication ;
– l'indication que, si l'adjudication a lieu devant le tribunal, les enchères devront être portées par ministère d'avocat ;
– les termes du paragraphe II de l'article 10 de la loi du 31 décembre 1975.
En cas de **report de l'adjudication,** il est procédé à une nouvelle convocation dans les délais et formes précités (Décret 77-742 du 30-6-1977 art. 7, I-al. 3).

Le locataire convoqué a la possibilité de **participer aux enchères** comme n'importe quel enchérisseur. **40746**

DROIT DE SUBSTITUTION DU LOCATAIRE EN CAS DE VENTE PAR ADJUDICATION

Le **défaut de convocation** du locataire ou de l'occupant à l'adjudication est **sanctionné** par la faculté qui lui est offerte de se substituer à l'adjudicataire dans un délai d'un mois à compter de la date à laquelle il a eu connaissance de l'adjudication (Loi 75-1351 du 31-12-1975 art. 10, II-al. 2). **40749**
En revanche, le locataire ne bénéficie pas de cette possibilité de substitution en cas de **défaut de reproduction** dans la convocation des termes de l'article 10, II de la loi de 1975 (CA Paris 4-4-2006 : Loyers et copr. 2006 n° 144).

Mise en œuvre du droit de substitution « Tout jugement ou procès-verbal d'adjudication doit être **notifié** » au locataire ou à l'occupant de bonne foi (Décret 77-742 du 30-6-1977 art. 7, II). Il semble donc que cette formalité s'impose dans tous les cas et pas uniquement lorsque le locataire n'a pas été convoqué aux enchères. Pourtant, ce n'est que dans cette dernière hypothèse que le locataire dispose d'un droit de substitution. **40752**
L'obligation de notifier **incombe** au greffier du tribunal ou au notaire devant lequel l'adjudication a été prononcée. La notification doit intervenir entre le 10e et le 15e jour suivant l'adjudication (Décret 77-742 du 30-6-1977 art. 7, II).
Elle **précise** le montant de la dernière enchère, le nom et l'adresse de l'adjudicataire ou éventuellement de l'adjudicataire commandé. Elle doit reproduire le texte du paragraphe II de l'article 10 de la loi de 1975 et indiquer, s'il y a lieu, que la convocation à l'adjudication n'a pas été faite (Décret 77-742 du 30-6-1977 art. 7, II-al. 2).

En cas de **surenchère,** il est procédé à la notification après le jugement appréciant la validité de la surenchère (Décret 77-742 du 30-6-1977 art. 7, III-al. 1 et 2). Si celle-ci est invalidée, la notification est envoyée dans les 2 jours après le prononcé du jugement. **40755**
Si la surenchère n'est pas contestée ou est validée, il est procédé à une nouvelle convocation comme indiqué n° 40743 et, après l'adjudication, celle-ci est notifiée comme précédemment indiqué (Décret 77-742 du 30-6-1977 art. 7, III-al. 3).
Si, à raison d'une **réitération des enchères,** il est procédé à une nouvelle adjudication, une convocation doit être adressée au locataire ou à l'occupant de bonne foi dans les formes et

délais cités n° 40743. Notons qu'il faut en tout état de cause le convoquer même si, n'ayant pas été convoqué à l'adjudication initiale, il a déclaré se substituer à l'adjudicataire à la suite de la notification postérieure.

40758 La **déclaration de substitution** à l'adjudicataire doit être adressée par lettre recommandée avec demande d'avis de réception soit au greffier du tribunal, soit au notaire qui a procédé à l'adjudication. Cette déclaration doit être envoyée dans le délai d'un mois à compter de la réception de la notification de l'adjudication (Décret 77-742 du 30-6-1977 art. 7, IV).

40761 **Exception à l'exercice du droit de substitution** Le locataire ou l'occupant de bonne foi ne peut pas se substituer à l'adjudicataire :
– lorsque l'adjudication est placée hors du champ d'application du droit de préemption (vente d'un bâtiment dans son entier, vente de la totalité des locaux à usage d'habitation et assimilés d'un même bâtiment, adjudication au profit d'un parent ou allié jusqu'au 4e degré inclus) ;
– en cas de vente sur licitation si l'adjudication a été prononcée en faveur d'un indivisaire (Loi 75-1351 du 31-12-1975 art. 10, II-al. 2) : en effet, dans ce cas, il s'agit d'un partage et non d'une vente.

SECTION 2

DROIT DE PRÉEMPTION EN CAS DE CONGÉ POUR VENDRE

40810 Le droit de préemption institué par la loi du 6 juillet 1989 cherche à protéger le droit au logement des locataires tout en préservant la liberté du propriétaire de vendre son bien libre de toute occupation.

A. Domaine d'application du droit de préemption en cas de congé pour vendre

PRINCIPE

40820 **Bail** Le droit de préemption a vocation à **s'appliquer** si le locataire est titulaire d'un bail régi par la loi 89-462 du 6 juillet 1989, c'est-à-dire d'un bail portant sur des locaux à usage de résidence principale ou à usage mixte de résidence principale et professionnel.
Cette condition **exclut** du champ d'application du droit de préemption notamment :
– les locations soumises à la loi du 1er septembre 1948, les locations meublées et les locations conclues avec des organismes de HLM ;
– les locations consenties pour un usage exclusivement professionnel ;
– les occupations en vertu d'un titre autre qu'une location tel qu'un usufruit, un prêt, une convention d'occupation précaire ou une convention d'occupation entre indivisaires... ;
– les occupations sans droit ni titre (bail arrivé à son terme, bail résilié ou squatter).

40823 **Congé** Le droit de préemption s'ouvre lorsque le bailleur délivre un congé pour vendre. Le locataire ne peut pas préempter si :
– son titre locatif n'est pas remis en cause, c'est-à-dire si le bien est **vendu occupé** (Cass. 3e civ. 11-7-2007 n° 06-15.455 : RJDA 11/07 n° 1070 ; Cass. 3e civ. 1-4-2008 n° 07-11.942 : Rev. loyers 2008 p. 329). Dans ce cas, c'est éventuellement le droit de préemption de la loi de 1975 qui pourra s'appliquer ;
– l'opération ne constitue **pas une vente.** Ainsi, l'apport de l'immeuble dans lequel se situe le logement loué, qui donne lieu à l'attribution d'actions nouvelles de la société bénéficiaire de l'apport, ne présente pas la nature juridique d'une vente (Cass. 3e civ. 3-10-2007 n° 06-16.948 : Administrer février 2008 p. 26).

EXCEPTIONS

Vente à un parent proche Le droit de préemption n'est pas applicable en **cas** de vente entre parents jusqu'au 3e degré inclus. « Parents » doit s'entendre comme parents par le sang : neveux et nièces, oncles et tantes, arrière-grands-parents. L'exception ne joue pas lorsque : 40826
– l'acquéreur est un parent par alliance ;
– la vente est consentie par une SCI de famille à l'un de ses associés. La société dispose en effet d'une personnalité juridique distincte de celle de ses associés (Cass. 3e civ. 5-6-1991 no 89-15.203 : Bull. civ. III no 162).

En outre, le droit de préemption du locataire n'est écarté qu'à la **condition** que l'acquéreur occupe le logement pendant une durée de 2 ans au minimum à compter de l'expiration du délai de préavis (Loi du 6-7-1989 art. 15, II-al. 7).

Locaux très vétustes Le droit de préemption n'est pas applicable aux ventes portant sur les immeubles mentionnés aux 2° et 3° de l'article L 126-17 du Code de la construction et de l'habitation. Il s'agit des immeubles : 40829
– frappés d'interdiction d'habiter ou d'un arrêté de péril ;
– déclarés insalubres ;
– comportant pour le quart au moins de leur superficie totale des logements loués ou occupés classés dans la catégorie IV de la loi du 1er septembre 1948.

B. Bénéficiaire du droit de préemption en cas de congé pour vendre

Le titulaire du droit de préemption est le **locataire** en titre. En cas de colocation, chaque colocataire peut y prétendre. Il en va de même de chacun des **époux** ou des **deux partenaires liés par un pacte civil de solidarité** sans avoir à rechercher s'ils sont ou non tous les deux signataires du contrat de bail. En effet, celui-ci est réputé appartenir aux deux époux, même s'il a été conclu avant le mariage, ou aux deux partenaires liés par un pacte civil de solidarité dès lors que les partenaires en font la demande conjointement (C. civ. art. 1751). Notons que la nouvelle rédaction du Code civil issue de la loi Alur concernant la cotitularité du bail des partenaires de Pacs laisse planer un doute sur la signification de « demande » conjointe. Le bailleur devra-t-il répondre à cette demande pour que la cotitularité s'exerce ? Le bailleur pourra-t-il refuser la demande ? La loi ne le précise pas... 40860

En cas d'**abandon du logement ou** de **décès** du locataire, le droit de préemption revient à ceux qui se trouvent substitués de plein droit dans les droits et obligations du défunt : son conjoint, ses descendants qui vivaient avec lui depuis au moins un an, son partenaire pacsé, ses ascendants, concubin notoire ou personnes à charge, qui vivaient avec lui depuis au moins un an (Loi 89-462 du 6-7-1989 art. 14).

C. Mise en œuvre du droit de préemption en cas de congé pour vendre

1. CONGÉ DONNÉ EN VUE DE LA VENTE

FORMALISME DU CONGÉ POUR VENDRE

Délai de notification du congé Le congé doit être notifié par lettre recommandée avec avis de réception ou par exploit d'huissier au moins 6 mois avant le terme du bail. Il évite la reconduction tacite du bail. 40890

> **Précisions a.** Le **congé** peut être donné **plus de 6 mois avant** l'expiration du bail mais il ne prendra effet qu'au terme du bail (Cass 3e civ. 13-6-2006 no 05-13.252 : RJDA 10/06 no 1000).
> **b.** Un congé donné **moins de 6 mois avant** le terme du bail est **nul** et ne voit pas ses effets reportés (Cass. 3e civ. 31-5-2011 no 10-30.707 : Loyers et copr. 2011 comm. no 236 note B. Vial-Pedroletti). Il ne peut pas davantage valoir pour la période suivante dont bénéficie le locataire par l'effet de la tacite reconduction.

40893 **Mentions obligatoires** Le congé **doit**, à peine de nullité, **indiquer** :
– le nom ou la dénomination sociale du propriétaire mais pas celui de l'acquéreur pressenti ;
– le motif du congé, c'est-à-dire l'intention de vendre ;
– le prix et les conditions de la vente projetée.
Il doit également informer le locataire de son droit de préemption et, à peine de nullité, reproduire les 5 premiers alinéas de l'article 15, II de la loi du 6 juillet 1989. Cette reproduction doit être intégrale et conforme au texte en vigueur à la date du congé (CA Paris 18-1-2000 n° 98-15307 : RJDA 4/00 n° 393 ; voir toutefois n° 40920 pour la sanction). Elle peut figurer sur un document annexe annoncé dans le corps du congé (Cass. 3e civ. 18-2-2009 n° 08-11.114 : RJDA 10/09 n° 826).
En revanche, les dispositions de l'article 15, I n'ont pas à être reproduites (Cass. 3e civ. 17-4-1996 n° 04-14.650 : RJDA 7/96 n° 903).

AUTEUR DU CONGÉ POUR VENDRE

40896 Le congé doit émaner du **bailleur** ou de son **mandataire,** ce dernier devant, alors, être investi d'un pouvoir exprès pour vendre. Il doit mentionner, à peine de nullité, le nom ou la dénomination sociale du propriétaire, les coordonnées du mandataire ne suffisant pas (Cass. ass. plén. 13-2-1998 n° 95-10.378 : RJDA 5/98 n° 574). On peut se demander s'il ne devrait pas également mentionner l'adresse du propriétaire.
En présence d'**époux** communs en biens et si le bien vendu est commun, le congé n'est valable que s'il est délivré par les deux conjoints (C. civ. art. 1424).
En cas de **démembrement de la propriété** du bien loué, il doit être délivré conjointement par l'usufruitier et le nu-propriétaire puisqu'il vaut offre de vente.
Enfin, lorsque le bien concerné est **indivis,** le congé doit émaner de tous les indivisaires (Cass. 3e civ. 8-4-1999 n° 97-15.706 : Bull. civ. III n° 88). Il ne suffit pas qu'il soit délivré au nom de « l'indivision X représentée par M. X ». Le nom de chacun des indivisaires doit être indiqué (Cass. 3e civ. 25-4-2001 n° 99-14.368 : Bull. civ. III n° 50).

DESTINATAIRE DU CONGÉ POUR VENDRE

40899 Le congé doit être adressé au **locataire.**
Lorsque le bailleur a consenti deux baux sur des lots différents à un même locataire, chaque bail doit, à peine de nullité, donner lieu à un congé distinct sauf à démontrer l'indivisibilité des deux conventions ou celle des locaux constituant le logement du locataire (Cass. 3e civ. 16-6-2004 n° 03-10.862 : RJDA 10/04 n° 1101 ; Cass. 3e civ. 24-11-2004 : Rev. loyers 2005 p. 30).
En **cas de décès** du locataire ou d'**abandon du domicile** par lui, le congé devra être adressé à ceux qui peuvent prétendre à la poursuite du bail (voir n° 40860).
En présence de colocataires, le congé doit être adressé à chacun d'eux. Si l'un des locataires n'en a pas été destinataire, le congé lui est, en principe, inopposable.
Sauf cas particuliers, le bailleur ne peut pas délivrer de congé pour vendre à un locataire âgé de **plus de 65 ans** qui dispose de **faibles revenus** (Loi 89-462 du 6-7-1989 art. 15, III).

40902 En présence de **locataires mariés** le congé doit être notifié par lettre distincte à chacun des époux (Cass. 3e civ. 10-5-1989 n° 88-10.363 : Bull. civ. III n° 103).
Toutefois, celui qui a été délivré à l'un des époux est pleinement opposable à l'autre lorsque le locataire n'a pas porté à la connaissance du bailleur l'existence de son conjoint (Loi 89-462 du 6-7-1989 art. 9-1).
Ces solutions sont applicables aux locataires liés par un **pacte civil de solidarité** (Loi 89-462 du 6-7-1989 art. 9-1).

40905 Lorsqu'un propriétaire vend l'**intégralité d'un immeuble** en le libérant de tous ses locataires, il est tenu de notifier à chacun d'eux un congé pour vendre.
Lorsque le projet de vente concerne un immeuble comportant plus de 5 logements, il doit respecter la procédure des ventes par lots (voir nos 41100 s.).

OBJET DU CONGÉ POUR VENDRE

40908 **Offre de vente** Le congé doit contenir une offre de vente **portant sur** l'intégralité des lieux loués. Par suite, est nul l'acte qui ne vise pas les locaux accessoires loués avec le logement tels que :
– une cave (Cass. 3e civ. 21-6-2000 n° 98-14.043 : RJDA 9-10/00 n° 843) ;
– un garage (Cass. 3e civ. 6-4-2004 : Loyers et copr. 2004 n° 124) ;
– des chambres de domestique situées à un autre étage (CA Paris 5-2-1996 : Loyers et copr. 1996 n° 157).
Seul le locataire peut invoquer cette cause de nullité (Cass. 3e civ. 18-2-2009 n° 08-11.615 : RJDA 10/09 n° 827).

L'**objet de la vente** devant être **déterminé,** le congé doit mentionner, en cas de vente d'un lot de copropriété : 40911

– la quote-part des millièmes de copropriété affectés au lot à vendre (CA Paris 23-11-1999 : AJDI 2000 p. 144) ;

– les numéros des lots concernés.

Toutefois, il n'est pas nécessaire d'annexer au congé le règlement de copropriété et l'état descriptif de division (Cass. 3e civ. 17-10-2007 n° 06-12.533 : RJDA 1/08 n° 15). L'établissement de ces documents n'est même pas un préalable obligatoire pour la validité du congé (Cass. 3e civ. 1-7-2003 n° 00-19.757 : Bull. civ. III n° 137 ; contra CA Paris 3-10-2000 : BPIM 2/01 inf. 157, 2e esp.). Il suffit que l'objet de la vente soit déterminé « quant à son espèce » (Cass. 3e civ. 22-1-2003 n° 01-13.909 : RJDA 4/03 n° 370).

La jurisprudence fait preuve d'une souplesse certaine. Il a été jugé qu'un congé visant « une cave à désigner » ne pouvait être annulé que si l'imprécision causait un grief au locataire, destinataire de ce congé, dont le bail incluait une cave (Cass. 3e civ. 24-6-2008 n° 07-16.156 : RJDA 10/08 n° 999).

En outre, le congé n'a pas à indiquer :

– la superficie de la partie privative du lot de copropriété vendu (Loi 89-462 du 6-7-1989 art. 15, II-al. 1) ;

– l'état et la consistance des installations communes ;

– les informations sur l'état de l'immeuble relatives à la présence de plomb ou de termites (CA Paris 30-10-2001 : Loyers et copr. 2002 n° 115).

Notons que ces solutions font que le locataire qui exerce son droit de préemption est moins bien informé que n'importe quel autre acheteur qui, lui, est en droit d'exiger un métrage du logement et une information sur l'état de l'immeuble.

Le congé doit préciser le prix et les conditions de la vente projetée. Si le projet du contrat de vente n'a pas à être communiqué dans son intégralité au locataire, toutes les conditions particulières doivent l'être. 40914

Le **prix** doit être clairement indiqué. Ne satisfait pas aux exigences légales le congé qui fait mention d'un prix à débattre (CA Paris 20-3-1989 : Juris-Data n° 022039). En cas de vente en viager, le bouquet, le montant de la rente ainsi que la valeur de l'appartement doivent être indiqués (CA Paris 6e ch. C 14-2-2006 : Loyers et copr. 2006 comm. n° 98).

Le propriétaire a toute liberté pour fixer le montant du prix, sauf au locataire à rapporter la preuve de l'utilisation du congé par le bailleur à des fins détournées (Cass. 3e civ. 7-2-1996 n° 93-21.175 : RJDA 5/96 n° 622). Ainsi, le congé peut être déclaré nul pour prix « volontairement dissuasif » ou « excessif » (Cass. 3e civ. 5-7-1995 n° 93-17.283 : RJDA 8-9/95 n° 960). Tel n'est pas le cas lorsque le prix de vente proposé par le bailleur est égal à 112 % de l'estimation de l'expert, l'intention frauduleuse du bailleur ne pouvant pas résulter de son désir de réaliser un profit modeste en vendant son bien (Cass. 3e civ. 19-4-2000 n° 98-18.123 : RJDA 6/00 n° 639).

Si le propriétaire vend un immeuble entier, il doit ventiler le prix de manière à indiquer dans chaque congé le prix correspondant à chaque appartement loué (Cass. 3e civ. 13-7-1999 n° 97-18.862 : RJDA 10/99 n° 1060 ; CA Paris 30-5-1990 : BRDA 23/90 p. 15 rendu sous le régime de la loi de 1982 mais transposable à la loi de 1989). Dans le même sens, en cas de vente d'un immeuble dont seule une partie est louée, la cession proposée ne peut porter que sur les locaux objets du bail (Cass. 3e civ. 1-2-2012 n° 11-14.089 : BPIM 2/12 inf. 168) et le congé doit indiquer le prix du seul local objet de la location et non celui de l'entier immeuble (CA Agen 18-11-1997 : Loyers et copr. n° 122).

La **commission de l'agent immobilier** n'est en principe pas à la charge du titulaire du droit de préemption qui n'a bénéficié d'aucune prestation de sa part. Ainsi jugé dans le cas d'une vente après division avec un prix qui incluait les honoraires de négociation (Cass. 3e civ. 17-12-2008 n° 07-15.943 : RJDA 7/09 n° 613 ; Cass. 3e civ. 3-7-2013 n° 12-19.442 : RJDA 11/13 n° 882 ; n° 40640). La solution est transposable. Mais elle est discutée par une partie de la doctrine.

Les **conditions de la vente** doivent également être mentionnées dans le congé. Si le projet de contrat de vente n'a pas à être communiqué dans son intégralité, le locataire doit être informé de toutes les conditions particulières telle l'existence d'une clause suspensive ou résolutoire, d'une servitude...

> **Précisions** Le congé ne peut pas valablement préciser qu'en cas d'acceptation de l'offre de vente, le locataire a l'obligation de consigner à titre d'**indemnité d'immobilisation** 10 % du prix (Cass. 3e civ. 1-3-2000 n° 98-16.836 : RJDA 5/00 n° 522).

40917 **Durée de l'offre de vente** Le congé vaut **offre de vente** au profit du locataire à compter de la délivrance du congé (réception de la lettre recommandée ou signification de l'acte d'huissier) jusqu'à la fin du 2e mois du délai légal de préavis. Pendant ce délai, le bailleur ne peut pas **modifier** ou **rétracter** son offre (Cass. 3e civ. 10-12-2008 n° 07-15.386 : RJDA 3/09 n° 190 ; Cass. 3e civ. 19-5-2010 n° 09-13.474 : RJDA 8-9/10 n° 836).

SANCTION EN CAS DE CONGÉ NON CONFORME

40920 La loi prévoit que le congé qui n'est pas délivré en respectant les conditions de forme énumérées par la loi est **nul,** autrement dit, il ne produit aucun effet. Le bail est alors reconduit tacitement.

Toutefois, la jurisprudence est partagée sur la mise en œuvre de cette sanction : certaines décisions refusent de prononcer la nullité pour **vice de forme** si l'irrégularité n'a causé aucun grief au locataire (en ce sens Cass. 3e civ. 21-2-1990 n° 88-16.788 : Bull. civ. III n° 60 ; CA Paris 1-10-1992 : Loyers et copr. 1993 n° 42) ; d'autres décisions retiennent la nullité du congé sans considérer l'existence ou l'absence d'un grief (Cass. 3e civ. 6-2-1991 n° 89-13.942 : Bull. civ. III n° 51).

Par exemple, il a été jugé que l'irrégularité du congé pour vendre reproduisant l'article 15 de la loi du 6 juillet 1989 dans sa rédaction initiale au lieu de celle modifiée par la loi du 21 juillet 1994 ne cause pas de préjudice au locataire qui a reçu par ailleurs une lettre du notaire valant offre de vente à un prix inférieur et reprenant les dispositions du droit positif ; dès lors cette irrégularité ne saurait être sanctionnée par la nullité (Cass. 3e civ. 13-3-2002 n° 00-15.916 : RJDA 6/02 n° 615). Voir aussi n° 40911 à propos de la désignation des locaux.

La **prescription** est de 3 ans pour un congé non conforme aux règles de fond et de forme fixées par la loi de 1989 (Loi 89-462 du 6-7-1989 art. 7-1).

> **Précisions** Lorsque le congé pour vendre délivré irrégulièrement est annulé, le droit de préemption est réputé n'être jamais né et le locataire ne peut donc pas se prévaloir de la privation de ce droit pour demander une indemnisation (Cass. 3e civ. 9-11-2011 n° 10-23.542 : RJDA 3/12 n° 264).

2. DÉCISION DU LOCATAIRE

DÉLAI D'OPTION ACCORDÉ AU LOCATAIRE

40950 Le délai d'option accordé au locataire est égal aux deux premiers mois du délai de préavis (Loi 89-462 du 6-7-1989 art. 15, II-al. 1).

Lorsque le congé est délivré par anticipation, autrement dit plus de 6 mois avant l'expiration du bail, le délai de réflexion accordé au locataire n'est pas avancé pour autant : il ne court que pendant les deux premiers mois du délai légal de préavis (Cass. 3e civ. 29-10-2008 n° 07-17.911 : RJDA 7/09 n° 612).

Le délai d'option peut être abrégé par décision expresse du locataire soit d'accepter l'offre, soit d'y renoncer.

Il n'est pas suspendu par une procédure de contestation du congé (Cass. 3e civ. 8-1-1997 n° 94-21.625 : RJDA 2/97 n° 186).

> **Précisions** Le délai accordé pour accepter l'offre de vente du bailleur n'interdit pas au locataire d'invoquer les irrégularités du congé au-delà de ce délai (Cass. 3e civ. 7-10-1998 n° 96-18.082 : RJDA 12/98 n° 1339 ; Cass. 3e civ. 18-2-2003 n° 01-02.362 : RJDA 5/03 n° 481).

REFUS DE L'OFFRE PAR LE LOCATAIRE

40953 **Forme** Le refus de l'offre par le locataire peut être :

– exprès, par exemple en intervenant à l'acte de cession au profit de l'acquéreur pressenti ;

– tacite. Le silence du locataire pendant le délai d'option équivaut à un refus d'acquérir aux conditions de vente proposées.

40956 **Effets** Sauf exercice éventuel du droit de préemption subsidiaire (nos 41020 s.), le **locataire** qui n'a pas accepté l'offre dans le délai légal est déchu du droit de se porter acquéreur et de tout droit locatif à l'expiration du contrat (Loi 89-462 du 6-7-1989 art. 15, II-al. 2).

Le **bailleur,** lui, retrouve toute liberté pour céder son bien à l'acquéreur de son choix. Il peut aussi, le cas échéant, remettre à la location les lieux initialement loués. La loi n'impose aucun délai entre le départ du locataire sortant et la signature d'un nouveau contrat de bail.

Toutefois, le locataire qui s'estime victime d'une manœuvre frauduleuse de la part du bailleur peut saisir le juge. Ce dernier apprécie, en fonction des circonstances matérielles, la bonne foi du propriétaire bailleur quant à son intention de vendre. Ainsi, la relocation d'un bien 3 mois après la fin du bail, pour un loyer presque doublé, trahit l'intention frauduleuse du bailleur qui avait délivré au premier locataire un congé pour vendre (Cass. 3e civ. 16-1-2002 n° 00-11.824 : RJDA 3/02 n° 236). Outre les sanctions civiles encourues pour irrégularité du congé, le fait pour un bailleur de délivrer un **congé justifié frauduleusement** par sa décision de vendre le logement est puni d'une amende pénale maximale de 6 000 € pour une personne physique et de 30 000 € pour une personne morale. Le locataire peut se constituer partie civile et demander la réparation de son préjudice (Loi 89-462 du 6-7-1989 art. 15, IV).

ACCEPTATION DE L'OFFRE PAR LE LOCATAIRE

Le locataire peut se porter acquéreur aux prix et **conditions** proposés. L'acceptation de l'offre doit être donnée sans restriction ou condition. **40959**
Deux exceptions à ce principe :
– le locataire peut valablement accepter l'offre sous la condition résolutoire tenant à l'appréciation judiciaire de la validité du congé (Cass. 3e civ. 17-10-2007 n° 06-12.533 : RJDA 1/08 n° 15) ;
– si le locataire décide de recourir à un prêt, son acceptation est conditionnée à l'obtention de ce prêt. La décision du locataire de recourir à un prêt doit figurer dans la réponse faite au bailleur (Loi 89-462 du 6-7-1989 art. 15, II-al. 3).
L'acceptation de l'offre n'est soumise à aucun **formalisme** légal. Le locataire doit seulement se ménager la preuve de son acceptation dans le délai. Une lettre recommandée avec demande d'avis de réception, un exploit d'huissier ou une remise en main propre contre récépissé ou émargement s'impose donc.
Signalons qu'à propos d'un bail rural, dans le cas où l'**offre** a été **notifiée par erreur** à un preneur ne disposant pas du droit de préemption, il a été jugé que l'acceptation de l'offre par ce dernier était inefficace (Cass. 3e civ. 5-7-1995 n° 92-20.425 : Bull. civ. III n° 174).

L'acceptation de l'offre de vente a pour **effet** de proroger le contrat de location jusqu'à l'expiration du délai de réalisation de la vente. **40962**

RÉALISATION DE LA VENTE

Le **délai** de réalisation de l'acte de vente imparti au locataire est de 2 mois lorsque le locataire n'a pas fait état de son intention de recourir à un prêt et de 4 mois dans le cas contraire. **40965**
Ce délai court à compter de la date d'envoi de la réponse au bailleur. Il s'agit d'un délai préfix, non susceptible de prorogation ou d'interruption.
Le bailleur ne peut pas abréger ces délais légaux car il priverait le locataire de son droit effectif de préemption (Cass. 3e civ. 1-3-2000 n° 98-16.836 : RJDA 5/00 n° 522).

La réalisation de la vente a pour **effet** de mettre fin au contrat de location. Le locataire devient propriétaire avec toutes les prérogatives et obligations attachées à la propriété. Il est libre de revendre le bien à son gré, même en faisant un profit substantiel, aucune disposition légale ne lui interdisant une telle opération (Cass. 3e civ. 16-10-1991 n° 89-20.260 : RJDA 11/91 n° 903 : en l'espèce, la cession avait précédé la régularisation de l'opération). **40968**

À défaut de réalisation de la vente dans le délai imparti, l'acceptation de l'offre est nulle de plein droit et le locataire est déchu de plein droit de tout titre d'occupation du local (Loi 89-462 du 6-7-1989 art. 15, II-al. 3 ; Cass. 3e civ. 3-4-1996 n° 94-17.350 : RJDA 7/96 n° 904). **40971**
Il en va toutefois autrement lorsque le défaut de réalisation de la vente est imputable au seul bailleur (Cass. 3e civ. 8-4-1992 n° 90-20.002 : RJDA 6/92 n° 569 ; Cass. 3e civ. 8-11-1995 n° 93-19.827 : RJDA 12/95 n° 1341). Ainsi, ce dernier ne peut pas se prévaloir de la nullité s'il a laissé expirer le délai alors qu'il avait proposé de prendre en charge les démarches nécessaires et d'avertir le locataire du jour où la signature de l'acte authentique serait possible (Cass. 3e civ. 11-6-1992 n° 90-14.881 : RJDA 8-9/92 n° 805 ; Cass. 3e civ. 8-11-1995 n° 93-19.827 : Bull. civ. III n° 222).

3. MISE EN ŒUVRE DU DROIT DE PRÉEMPTION EN CAS DE VENTE PAR ADJUDICATION

Il ne fait aucun doute que la vente par adjudication d'un local qui fait l'objet d'un bail d'habitation est possible. Mais alors, comment concilier le formalisme du congé prévu par la loi de 1989 et les règles particulières des ventes aux enchères ? Notamment, quelles mentions indiquer dans le **congé** ? **40990**
À notre avis, le congé doit, au titre des conditions, indiquer que la vente se fera aux enchères, étant précisé que celles-ci ne pourront pas se tenir avant l'expiration du délai d'option du locataire.
S'agissant du prix, le congé doit mentionner un prix fixe qui sera le prix de réserve du propriétaire, c'est-à-dire le prix en dessous duquel celui-ci renoncera à la vente. Il est essentiel que le congé distingue sans ambiguïté le prix de réserve et celui de la mise à prix (qui est toujours inférieur).

40993 Le **locataire** dispose alors d'une option :
– accepter l'offre au prix de réserve et les enchères n'ont finalement pas lieu. Il ne pourrait pas prétendre accepter l'offre au montant de la mise à prix qui ne peut pas être considéré comme le prix de vente offert par le propriétaire ;
– refuser l'offre et, le cas échéant, tenter sa chance lors de l'adjudication.

40996 Que se passe-t-il si **l'adjudication se réalise à un prix inférieur** au prix de réserve indiqué dans le congé ?
Le bailleur doit notifier au locataire une nouvelle offre de vente au prix de l'adjudication pour que ce dernier puisse exercer, s'il le souhaite, son droit de préemption subsidiaire (n°s 41020 s.). Il faut aussi que le cahier des charges de l'adjudication prévoie ce cas et précise que l'adjudication se fera sous la condition suspensive de non-préemption par le locataire.

D. Droit de préemption subsidiaire du locataire

41020 Lorsque le bailleur décide de vendre à un **prix ou** à des **conditions plus avantageux** que ceux initialement notifiés, le locataire dispose d'un second droit de préemption (Loi 89-462 du 6-7-1989 art. 15, II-al. 4 à 6).
Ce droit de préemption subsidiaire du locataire ne peut s'exercer que si un congé pour vendre a été adressé au locataire par le vendeur pour mettre un terme au bail en vue de la vente (Cass. 3e civ. 20-9-2006 n° 05-14.898 : RJDA 12/06 n° 1209).
L'exercice de ce droit n'est enfermé dans aucun délai, la seule condition étant que le prix ou les conditions offerts par le bailleur soient plus avantageux que ceux notifiés dans le congé.

41023 Pour permettre l'exercice de ce droit et sous peine de nullité de la vente, le propriétaire ou, à défaut, le notaire rédacteur de l'acte doit **notifier** le prix et les conditions nouvelles.
Cette notification doit être faite dans les mêmes formes et comporter les mêmes mentions que la première (voir n°s 40890 s.).
Elle doit être envoyée à l'adresse indiquée par le locataire ou, à défaut d'une telle indication, à l'adresse des locaux dont la location avait été consentie.

41025 Cette seconde notification vaut **offre de vente.** Elle est valable pendant un mois à compter de sa réception. Le locataire doit notifier sa réponse dans ce délai soit au bailleur, soit au notaire rédacteur de l'acte. À défaut, l'offre est caduque. Le silence du locataire équivaut à un refus.

41028 En cas de **pluralité de locataires,** chacun d'eux a la faculté d'exercer ce droit de préemption.
En cas de vente d'un immeuble servant à l'habitation de deux **époux,** chacun d'eux bénéficie d'un droit de préemption aux conditions fixées par le propriétaire. Le locataire conjoint, omis dans la procédure de notification du congé, est en droit de ne pas se prévaloir de l'inopposabilité du congé à son égard prévue dans son seul intérêt et d'user en revanche du droit de préemption ouvert au locataire (Cass. 3e civ. 16-10-1991 n° 89-20.260 : Bull. civ. III n° 243). Cette solution nous paraît transposable pour la vente d'un immeuble servant d'habitation à deux partenaires liés par un **pacte civil de solidarité.**

41031 Le locataire ne peut que **refuser** l'offre ou l'**accepter** purement et simplement. Toutefois, si le locataire a mentionné son intention de recourir à un prêt, son acceptation est subordonnée à l'obtention de ce prêt.

41034 Lorsque le locataire notifie son acceptation, il dispose d'un délai de 2 mois à compter de la date d'envoi de sa réponse pour la **réalisation de l'acte de vente.** S'il a notifié son intention de recourir à un prêt, ce délai est porté à 4 mois.
Si, à l'expiration de ce délai, la vente n'a pas été réalisée, l'acceptation de l'offre de vente est nulle de plein droit.

> **Précisions** **a.** La **vente de la totalité de l'immeuble** ne donne pas droit à l'exercice d'un droit de préemption au profit du locataire, lequel n'est donc pas fondé à revendiquer le bénéfice du droit de préemption subsidiaire (Cass. 3e civ. 11-3-2015 n° 14-10.447 : BPIM 3/15 inf. 223).
> **b. Le bénéficiaire d'un compromis de vente,** évincé par l'exercice par le locataire de son droit de préemption à la suite de la notification d'une nouvelle offre, la vente étant réalisée à des conditions plus avantageuses que celles figurant dans le congé initial, n'est pas fondé à actionner le notaire instrumentaire en dommages-intérêts lorsque l'acte authentique est dressé au-delà du délai de deux mois ; seul le **bailleur** peut se prévaloir de la nullité de l'acceptation de l'offre pour dépassement du délai de réalisation de la vente (Cass. 1e civ. 15-1-2015 n° 14-11.019 : Bull. civ. I n° 7).

SECTION 3

PROTECTION EN CAS DE VENTE À LA DÉCOUPE

La vente à la découpe est une pratique qui **consiste,** pour le propriétaire d'un immeuble entier, à procéder à sa vente appartement par appartement. Cette vente à la découpe se fait parfois en deux temps. Dans un premier temps, le propriétaire vend l'immeuble en bloc à un investisseur puis, dans un second temps, celui-ci divise l'immeuble en lots et les vend en ayant ou non réalisé des travaux. **41090**

Les premières opérations de ce type ont été menées par des bailleurs institutionnels qui ont été amenés à signer, avec des organismes représentant les locataires, un premier **accord** en date **du 9 juin 1998** (BO équipement 99/16 du 10-9-1999 p. 110) organisant une meilleure information des locataires et aménageant la procédure de congé. Cet accord a été rendu obligatoire par décret (Décret 99-628 du 22-7-1999). **41093**

Devant la multiplication de ce type d'opérations, les pouvoirs publics ont souhaité qu'il y ait une nouvelle concertation qui a donné lieu à un second **accord en date du 16 mars 2005,** rendu également obligatoire (Décret 2006-1366 du 10-11-2006).

Par ailleurs, alors que ces deux accords collectifs visent les ventes par lots de plus de 10 logements dans un même immeuble, un **droit de préemption** est prévu au profit des locataires en cas de vente, dans leur totalité et en une seule fois, des immeubles à usage d'habitation ou à usage mixte d'habitation et professionnel de plus de 5 logements.

A. Protection en cas de vente par lots

RÉGLEMENTATIONS APPLICABLES EN CAS DE VENTE PAR LOTS

Les **deux accords collectifs** de 1998 et 2005 ont le même objet, s'appliquent aux mêmes personnes (depuis leur extension par décret) et concernent les mêmes opérations (depuis l'interprétation du premier accord par la Cour de cassation). Pour autant, ils diffèrent sensiblement sur certains points. La question se pose donc de savoir comment ces deux textes s'articulent puisque aucun des deux n'a été dénoncé et/ou abrogé. On peut légitimement penser que le second accord, sollicité pour parfaire le premier, complète ou se substitue à celui-ci. C'est la raison pour laquelle la procédure à suivre pour les projets de vente par lots de plus de 10 logements dans un même immeuble sera étudiée tour à tour à la lumière de chacun de ces accords. **41100**

Bailleurs concernés Les bailleurs concernés par les accords des 9 juin 1998 et 16 mars 2005 sont tout bailleur **personne morale** quelle qu'elle soit, à l'exception (Loi 86-1290 du 23-12-1986 art. 41 ter issu de la loi SRU 2000-1208 du 13-12-2000) : **41103**

– des SCI constituées exclusivement entre parents et alliés jusqu'au 4e degré inclus, lesquelles sont assimilées aux personnes physiques et relèvent d'un 3e secteur locatif ;
– des organismes d'HLM.

> Précisions Initialement, les accords n'étaient opposables qu'à leurs signataires. Suite à leur extension intervenue respectivement les 22 juillet 1999 et 10 novembre 2006, ces deux accords collectifs se sont appliqués :
– aux SEM, aux sociétés immobilières à participation majoritaire de la Caisse des dépôts et consignations, aux collectivités publiques, aux sociétés filiales d'un organisme collecteur de la contribution des employeurs à l'effort de construction et aux filiales de ces organismes autres que celles liées aux organismes d'HLM ;
– aux entreprises d'assurance, aux sociétés immobilières créées en application de l'ordonnance du 24 septembre 1958 relative aux sociétés immobilières conventionnées, aux sociétés immobilières d'investissements créées en application de la loi du 15 mars 1963 portant réforme de l'enregistrement, du timbre et de la fiscalité immobilière, aux établissements de crédit et aux filiales de ces organismes autres que celles mentionnées ci-dessus et celles liées aux organismes d'HLM.

OPÉRATIONS CONCERNÉES PAR LA RÉGLEMENTATION DE LA VENTE PAR LOTS

Les opérations concernées par cette réglementation sont, aux termes de l'accord collectif du 9 juin 1998, « les ventes par lots de **plus de 10 logements** dans un même immeuble » et, aux **41106**

41106 (suite) termes de l'accord collectif du 16 mars 2005, « les ventes par lots de plus de 10 logements, libres ou occupés, dans un même immeuble ».

Il faut donc que l'immeuble concerné comporte plus de 10 logements, ce qu'il appartient au locataire de prouver (Cass. 3e civ. 4-3-2009 n° 08-10.977 : RJDA 6/09 n° 527, pour l'application de l'accord du 9-6-1998).

L'accord collectif du 9 juin 1998 ne s'applique pas en cas de **vente sur adjudication** (Cass. 3e civ. 20-12-2018 n° 18-10.355 FS-PBI : BPIM 1/19 inf. 71).

Pour le reste, **peu importe** :

– le nombre de congés à délivrer (Cass. 3e civ. 5-5-2004 n° 03-11.224 : RJDA 8-9/04 n° 957 à propos de l'accord du 9-6-1998). Dans le même sens, l'accord du 16 mars 2005 vise les logements libres ou occupés ;

– le régime locatif des logements concernés. Qu'il s'agisse de locations régies par le Code civil, la loi du 1er septembre 1948 (ce qui empêchera de donner un congé pour vente), ou la loi du 6 juillet 1989, tous les lots susceptibles d'être vendus doivent être comptabilisés pour apprécier l'obligation de respecter la réglementation étudiée ;

– l'absence de simultanéité ou de programmation dans un délai limité des ventes (CA Paris 28-11-2006 n° 04-22282 : AJDI 2007 p. 138 ; CA Paris 6-12-2007 n° 05-19863 : AJDI 2008 p. 213). C'est ainsi que la procédure mise en place par ces accords doit s'appliquer quand bien même il se serait écoulé plusieurs années entre la dernière vente et la délivrance d'un nouveau congé (Cass. 3e civ. 18-1-2012 n° 11-30.003 : RJDA 6/12 n° 573).

La mise en œuvre des accords n'est en outre pas limitée au cas d'un immeuble appartenant à un même propriétaire et qui fait l'objet d'une première division en lots de copropriété (Cass. 3e civ. 9-1-2008 n° 06-18.856 : RJDA 4/08 n° 389 qui précise que si l'accord de 1998 renvoie pour l'offre de vente aux modalités de forme de l'article 10 de la loi du 31 décembre 1975, il ne renvoie pas à son champ d'application).

En revanche, une question majeure reste sans réponse certaine : les accords collectifs de 1998 et 2005 s'appliquent-ils **en l'absence de** délivrance d'un **congé pour vente,** du seul fait de l'émission d'une offre de vente dans les prévisions de l'article 10, I de la loi du 31 décembre 1975 ? La rédaction des accords milite pour leur non-application. Mais les juges du fond divergent sur la réponse à y apporter. Si la quatrième chambre du pôle 4 de la cour d'appel de Paris a déclaré les accords applicables (CA Toulouse 16-12-2008 n° 07/04770), la troisième chambre du même pôle a rendu deux décisions contraires (contre l'application, CA Paris 25-6-2009 n° 07/05818 ; pour l'application, CA Paris 4-11-2010 n° 08/23271 ; Ph. Pelletier et V. Busquet, Les règles propres à la vente d'immeubles d'habitation par lots s'appliquent-elles en l'absence de congé-vente ? : Defrénois 2011 n° 39207 p. 433). Toutefois, cette dernière a récemment jugé que les accords collectifs des 9 juin 1998 et 16 mars 2005 doivent s'appliquer aussi bien aux offres de vente qu'aux congés pour vendre dès lors qu'« il ne résulte pas du texte des accords que cette obligation (d'information) soit expressément limitée aux seuls cas où un congé pour vendre est délivré » (CA Paris 17-11-2011 n° 10/11589). Cette solution a été confirmée par la Cour de cassation. L'information incombant au propriétaire d'un immeuble vendu par lots prévue par l'accord collectif du 9 juin 1998 doit être fournie aux locataires dès l'offre de vente sans que le propriétaire puisse attendre le congé pour vendre pour s'en acquitter (Cass. 3e civ. 5-9-2012 n° 11-17.630 : RJDA 12/12 n° 1055, solution applicable à notre avis à l'accord collectif de 2005).

› Précisions Sur l'**entrée en vigueur** des accords, il a été jugé que :

– un locataire ne peut pas revendiquer les dispositions d'un accord dès lors qu'il est entré en application à une date postérieure à la déchéance du titre d'occupation, déchéance résultant d'un congé pour vendre (Cass. 3e civ. 24-3-2004 n° 02-19.242 : RJDA 6/04 n° 685 ; dans le même sens : Cass. 3e civ. 20-9-2006 n° 05-19.612 : RJDA 12/06 n° 1208) ;

– un congé délivré après l'entrée en vigueur de la loi SRU comprenant l'offre de vente encourt la nullité, faute de répondre à l'exigence posée par cette loi de dissocier le congé de l'offre de vente (CA Paris 20-11-2003 : Rev. loyers 2004 p. 413) ;

– les congés pour vendre qui ne respectent pas les formalités prévues par l'accord sont nuls, peu important que la décision de procéder à la vente par lots soit antérieure à l'entrée en vigueur de l'accord (Cass. 3e civ. 24-6-2009 n° 08-14.731 : RJDA 10/09 n° 829) ;

– lorsqu'un bailleur procédait depuis plusieurs années à une vente par lots entrant dans les prévisions de l'accord collectif, un locataire auquel il a délivré, après l'intervention de la loi du 13 décembre 2000, un congé pour vendre qui s'inscrit dans cette opération, bénéficie des termes de l'accord suivant lesquels les bailleurs s'engagent à examiner les dossiers au cas par cas, peu important que la décision de procéder à cette vente par lots soit antérieure à la date à laquelle l'accord collectif a été étendu (Cass. 3e civ. 8-7-2009 n° 08-15.934 : RJDA 10/09 n° 830).

Cas particulier de Paris Le maire de Paris a pris un arrêté le 21 avril 2005 imposant aux propriétaires envisageant de mettre en vente par lots plus de 10 logements dans un même immeuble une **information** complète **de la mairie** par remise de l'ensemble des documents d'information devant être transmis aux locataires, ainsi qu'un état de la situation locative de chaque lot mis en vente. 41109

Cette obligation d'information s'applique également aux opérations en cours pour lesquelles le propriétaire se serait limité à une information incomplète transmise avant l'arrêté municipal.

RÉGIME RÉSULTANT DE L'ACCORD DU 9 JUIN 1998

Information des locataires Cette information **consiste en** : 41112

– une réunion préalable à laquelle sont invités les locataires et leurs associations. Pour des raisons de preuve, la convocation à la réunion se fera par lettre recommandée. Pour ce qui est du délai de prévenance à respecter, l'accord ne le précise pas et les tribunaux en font une appréciation variable. Un délai de 10 jours a été jugé insuffisant (CA Paris 7-2-2008 n° 06-20843 : Loyers et copr. 2008 comm. n° 128), mais en sens contraire pour un délai de 8 jours (CA Paris 21-3-2006 : Loyers et copr. 2006 comm. n° 129) ;

– une information écrite générale adressée à chaque locataire sur les modalités envisagées pour la vente ;

– une information écrite particulière destinée aux locataires susceptibles de se porter acquéreurs. Cette information est donnée à titre indicatif et ne constitue pas une offre de vente.

L'**information générale sur l'opération** doit être donnée aux locataires dans un langage approprié. Elle porte sur : 41115

– les phases importantes de l'opération de vente et les droits respectifs des locataires et des propriétaires, tels que définis par la loi et l'accord collectif ;

– les règles générales de fonctionnement des copropriétés, ainsi que la nature et le niveau des charges particulières aux copropriétaires par rapport à ceux des charges locatives ;

– les conditions de crédit du moment, telles que connues et proposées par plusieurs établissements financiers, ainsi que la possibilité de recourir au prêt du 1 % logement (désormais Action Logement) ;

– les prix moyens au mètre carré au moment de la mise en vente avec, le cas échéant, les critères de différenciation des prix entre les logements et le ou les avantages éventuellement accordés aux locataires par rapport aux acquéreurs extérieurs, en particulier en fonction de l'ancienneté du locataire dans les lieux et de la durée du bail restant à courir ;

– les possibilités de relogement par le bailleur, par location ou accession, notamment dans son propre parc.

Le bailleur doit donner aux locataires une **information particulière concernant leur lot.** Il doit leur adresser : 41118

– l'état descriptif de division de l'immeuble pour les lots les concernant ;

– une fiche individuelle précisant le prix du logement.

Cette information doit être complétée par la mise à disposition, pour consultation, du futur règlement de copropriété et de l'ensemble des contrats de prestations de services liés à l'exploitation de l'immeuble.

Enfin, le bailleur doit donner des informations sur l'**état de l'immeuble.** Il doit mettre à la disposition des locataires, au plus tard avec l'offre de vente prévue à l'article 10 de la loi du 31 décembre 1975, les diagnostics et bilans techniques relatifs à l'immeuble. Ces rapports doivent porter sur les éléments essentiels du bâti et les équipements communs et de sécurité susceptibles d'entraîner des dépenses importantes pour les futurs copropriétaires dans les années qui suivront la vente. Ils doivent renseigner sur le clos, le couvert, l'isolation thermique, les conduites et canalisations collectives, les équipements de chauffage collectif, les ascenseurs et la sécurité en matière d'incendie. Les modalités de réalisation des diagnostics et bilans techniques prévues par l'accord sont d'ordre public. Leur non-respect est sanctionné par la nullité (n° 41147). 41121

À ces diagnostics et bilans doivent être joints la récapitulation des travaux réalisés dans les parties communes les 5 dernières années et les coûts exposés, ainsi que la liste des travaux qu'il serait souhaitable d'entreprendre à court et moyen terme.

> **Précisions** Le fait que l'**état parasitaire** joint à l'offre de vente ait été établi plus de six mois avant la formulation de cette vente ne constitue pas une irrégularité, l'état parasitaire devant être annexé soit à la promesse, soit à l'acte authentique (Cass. 3e civ. 10-2-2015 n° 13-27.103).

41124 **Aménagement de la procédure de congé** La **combinaison des droits de préemption** en cas de division de l'immeuble et suite à un congé pour vendre est précisée.

Après la confirmation de vente faite par le bailleur à l'égard de chaque locataire, le bailleur doit respecter un délai de 3 mois avant d'envoyer au locataire l'offre de vente prévue à l'article 10 de la loi du 31 décembre 1975.

Une fois notifiée l'offre de vente, le congé pour vente peut être envoyé conformément aux dispositions de l'article 15 de la loi du 6 juillet 1989.

Une **double notification,** sous le visa de la loi de 1975 puis celui de la loi de 1989, s'impose. Mais le délai à respecter entre ces deux actes n'est pas précisé. Un congé délivré aussitôt après la réception de l'offre de vente faite au visa de la loi de 1975 a été jugé valable (CA Paris 21-9-2006 n° 06-02801 : Rev. loyers 2007 p. 380).

Cette combinaison est **écartée** pour les opérations ne rentrant pas dans le champ d'application de cette réglementation (n° 40503).

41127 Pour faciliter la réalisation de la vente ou les conditions de son départ, le locataire peut, le cas échéant, demander au bailleur une **prorogation de son droit d'occupation** sur son logement.

Cette possibilité existe lorsque la durée du bail restant à courir est inférieure à 30 mois à compter de la date de l'offre de vente prévue à l'article 10 de la loi du 31 décembre 1975.

La prorogation est accordée par le bailleur sur justification, les justifications semblant être la nécessité d'obtenir un prêt, de vendre un bien immobilier, un départ à la retraite, une mutation professionnelle, ainsi que toute autre circonstance dûment justifiée.

Le bailleur doit confirmer son accord par écrit au plus tard 4 mois avant la date d'expiration du bail.

41130 Le **locataire qui ne peut pas acheter son logement** peut proposer comme acquéreur son conjoint ou concubin notoire vivant avec lui depuis au moins un an à la date de l'offre de vente, un ascendant ou un descendant.

Enfin, certaines catégories de locataires sont protégées lorsque ceux-ci ne peuvent pas se porter acquéreurs. Il en est ainsi :

– du locataire qui justifie d'un revenu inférieur à 80 % du plafond de ressources PLI (prêts locatifs intermédiaires) en vigueur. Dans ce cas, le congé ne peut lui être délivré sans une proposition de relogement compatible avec ses besoins et situé, si cela est souhaité par le locataire et dans la mesure du possible pour le bailleur, dans une commune ou un quartier voisin du lieu de résidence du locataire ;

– du locataire qui ne peut pas déménager en raison de son âge supérieur à 70 ans, de son état de santé présentant un caractère de gravité reconnu, d'un handicap physique ou d'une dépendance psychologique établie, ou de sa situation dûment justifiée. Dans ce cas, son bail doit être renouvelé.

RÉGIME RÉSULTANT DE L'ACCORD DU 16 MARS 2005

41133 L'accord collectif du 16 mars 2005 diffère de celui du 9 juin 1998 sur les points ci-après évoqués.

S'agissant de l'**information,** l'accord de 2005 précise que :

– lorsque l'opération est menée par un propriétaire unique, il est également procédé à l'affichage dans les parties communes des date, lieu et heure de la première réunion d'information ;

– concernant l'information générale, le bailleur doit également informer les locataires des dispositifs légaux et réglementaires destinés à protéger les locataires en difficulté, notamment en raison de leur âge ou de leurs ressources, ainsi que des dispositifs légaux et réglementaires destinés à faciliter les opérations pour les locataires ;

– s'agissant de l'information sur l'état de l'immeuble ou sur l'état des travaux, le propriétaire doit s'assurer que les diagnostics et bilans sont aisément lisibles, faute de quoi il peut demander une version simplifiée aux auteurs de ces documents.

41135 Sur le fond, il semble que l'accord collectif veuille imposer au bailleur de prévoir un ou des **avantages** pour le locataire, notamment sur le prix (pour une période de 6 mois), en particulier en fonction de l'ancienneté de ce dernier dans les lieux et de la durée du bail restant à courir. On relèvera effectivement que dans l'accord précédent, il était question du ou des avantages « éventuellement accordés au locataire (pour une période de 6 mois) par rapport aux acquéreurs extérieurs, en particulier en fonction de l'ancienneté du locataire dans les lieux et de la durée du bail restant à courir ».

41138 En outre, dans l'accord de 2005, il est prévu que devront être évoqués entre le bailleur et le locataire l'**état du logement** et la prise en charge par le bailleur des dépenses d'amélioration et des travaux qui ne relèvent pas des réparations locatives (art. 2.3), alors que ceci n'était qu'une éventualité dans le texte précédent.

Concernant les mesures destinées à faciliter les opérations, l'accord de 2005 aménage le dispositif relatif à la **prorogation du bail** en précisant que cette prorogation est de droit si le locataire occupe le logement depuis plus de 6 ans à la date de l'offre de vente prévue par l'article 10 de la loi du 31 décembre 1975, la durée de l'occupation résultant de la prorogation du bail étant calculée à raison d'un mois par année d'ancienneté. Il prévoit également que le contrat est prorogé de plein droit jusqu'à la fin de l'année scolaire dès lors que le locataire a, à sa charge, des enfants scolarisés. 41141

Il aménage également la **faculté de substitution** accordée au locataire pour acquérir le logement occupé. L'acquéreur peut être le conjoint, le partenaire avec lequel le locataire est lié par un Pacs ou son concubin vivant avec lui depuis au moins un an à la date de l'offre de vente, un ascendant ou un descendant, ainsi que ceux de son conjoint, partenaire par le Pacs ou concubin.

Quant aux **personnes qui ne peuvent pas se porter acquéreurs** de leur logement, elles bénéficient du renouvellement de plein droit de leur bail. Sont concernés : 41144

– le locataire qui justifie d'un revenu inférieur à 100 % du plafond de ressources PLI en vigueur auquel il ne peut être délivré de congé sans qu'une proposition de relogement lui soit offerte dans les conditions mentionnées au 1er paragraphe du III de l'article 15 de la loi du 26 juillet 1989, l'accord précisant les conditions de relocation (art. 4.1, al. 2) ;

– le locataire qui ne peut déménager en raison de son état de santé présentant un caractère de gravité reconnu médicalement ;

– le locataire âgé de plus de 70 ans à la date d'expiration de son bail, qui n'est pas assujetti à l'impôt de solidarité sur la fortune ;

– le locataire titulaire soit d'une rente d'invalidité du travail correspondant à une incapacité au moins égale à 80 %, soit d'une allocation servie à toute personne dont l'infirmité entraîne au moins 80 % d'incapacité permanente.

SANCTIONS EN CAS DE NON-RESPECT DES ACCORDS

Aucune sanction n'est prévue par l'**accord collectif du 9 juin 1998.** Mais il a été jugé que les congés pour vendre délivrés sans avoir respecté les exigences de l'accord étaient nuls et de nuls effets (Cass. 3e civ. 9-1-2008 n° 06-18.856 : RJDA 4/08 n° 389). La nullité des congés et des offres de vente notifiés aux preneurs est également encourue si les diagnostics techniques n'ont pas été réalisés selon les modalités requises par l'accord de 1998 (Cass. 3e civ. 20-2-2008 n° 06-21.122 : RJDA 5/08 n° 500). 41147

Outre la nullité de l'offre de vente et du congé pour vente, la nullité de la vente consentie à un tiers a été prononcée sur le fondement de l'article 10 de la loi du 31 décembre 1975 auquel l'accord collectif renvoie (CA Paris 29-1-2009 : Loyers et copr. 2009 n° 114 note B. Vial-Pedroletti ; CA Paris 3-2-2011 n° 08/23272). Cette solution a été confirmée par la Cour de cassation (Cass. 3e civ. 23-6-2010 nos 09-13.153 et 09-13.327 : RJDA 11/10 n° 1050).

L'**accord du 16 mars 2005** prévoit que le non-respect de certaines de ses dispositions (art. 3.2, 3.3, 4.1 à 4.4) entraîne de plein droit la nullité du congé pour vente. Sont visés la prorogation du bail, la définition des personnes susceptibles d'acquérir au lieu et place du locataire et les cas particuliers de protection pour les locataires n'entendant pas se porter acquéreur de leur logement.

En tout état de cause, depuis le 14 juin 2006, lorsque les droits locatifs que peut revendiquer le locataire relèvent de la **loi du 6 juillet 1989,** le non-respect de l'une des obligations relatives au congé pour vente d'un accord conclu en application de l'article 41 ter de la loi du 23 décembre 1986, et rendu obligatoire par décret, donne lieu à l'annulation du congé (Loi 89-462 du 6-7-1989 art. 15, II).

B. Protection en cas de vente d'immeuble en entier

Les locataires ou occupants de bonne foi disposent d'un droit de préemption en cas de vente en bloc de l'immeuble qu'ils occupent (Loi 75-1351 du 31-12-1975 art. 10-1). 41170

CHAMP D'APPLICATION DU DROIT DE PRÉEMPTION EN CAS DE VENTE D'IMMEUBLE EN ENTIER

Principe Le droit de préemption a vocation à s'appliquer : 41173

– aux ventes qui portent sur la **totalité et en une seule fois d'un immeuble** étant précisé que l'immeuble doit être à usage d'habitation ou à usage mixte d'habitation et professionnel et qu'il doit comporter plus de 5 logements ;

– aux cessions de la totalité des **parts ou actions** de sociétés ou de SCI ordinaires lorsque ces parts ou actions portent attribution en propriété ou en jouissance à temps complet de chacun des logements d'un immeuble de plus de 5 logements.

41176 **Exclusion** Le droit de préemption est exclu pour les cessions d'immeubles aux **acquéreurs** suivants :
– parents ou alliés jusqu'au 4e degré inclus ;
– organisme visé à l'article L 411-2 du Code de la construction et de l'habitation, c'est-à-dire les organismes d'HLM que sont les offices publics de l'habitat, les sociétés anonymes d'habitations à loyer modéré, les sociétés anonymes coopératives de production, les sociétés anonymes coopératives d'intérêt collectif d'habitations à loyer modéré et les fondations d'habitations à loyer modéré ;
– société d'économie mixte visée à l'article L 481-1 du CCH, lorsque les logements font l'objet de conventions conclues en application de l'article L 831-1 du même Code (relatif à l'aide personnalisée au logement).

41178 Le droit de préemption est également exclu lorsque l'acquéreur offre des **garanties aux locataires,** c'est-à-dire qu'il s'engage à proroger les contrats de bail en cours à la date de la conclusion de la vente, de sorte que chaque locataire ou occupant de bonne foi dispose du logement pour une durée de 6 ans à compter de la signature de l'acte authentique. L'engagement doit être indiqué dans l'acte de vente avec la liste des locataires concernés.
La loi ne prévoit pas que la prorogation acceptée par l'acquéreur doive donner lieu à un avenant au contrat de bail mais il sera opportun de procéder ainsi pour que chaque partie connaisse la date d'échéance exacte du bail. Celle-ci sera celle du 6e anniversaire de la date de signature de l'acte authentique de vente de l'immeuble sur lequel porteront les baux.
Bien que la loi ne vise la prorogation que des contrats de bail à usage d'habitation, on peut penser que le contrat de bail à usage mixte d'habitation et professionnel bénéficie de la même faculté de prorogation.

41179 **Combinaison avec les autres dispositions protectrices** Le droit de préemption des locataires est **subsidiaire** aux droits des collectivités publiques.
En cas d'exercice par la collectivité de l'un des droits de préemption institués par les chapitres I et II du titre I du livre II du Code de l'urbanisme (droit de préemption urbain et droit de préemption dans les zones d'aménagement différé et périmètres provisoires), le droit de préemption du locataire organisé par l'article 10-1 de la loi du 31 décembre 1975 ne s'applique pas (Loi 75-1351 du 31-12-1975 art. 10-1, II). La commune peut utiliser son droit de préemption notamment afin d'« assurer le maintien dans les lieux des locataires » (C. urb. art. L 210-2 issu de la loi 2006-685 du 13-6-2006). Ce droit de préemption de la commune de protection des locataires s'applique à tout immeuble à usage d'habitation quel que soit le nombre de logements dans l'immeuble vendu (CE 2-12-2011 n° 343104, Bourgeois : BPIM 1/12 inf. 21).
Dans le cas de la vente dans sa totalité et en une seule fois d'un immeuble à usage d'habitation ou à usage mixte d'habitation et professionnel de plus de 5 logements, l'article 10-1 de la loi de 1975 fait peser sur le propriétaire une obligation d'information de la commune. Celui-ci doit communiquer au maire de la commune d'implantation de l'immeuble le prix et les conditions de la vente globale. Lorsque l'immeuble est soumis à l'un des droits de préemption institués par les chapitres Ier et II du titre Ier du livre II du Code de l'urbanisme (droit de préemption urbain et droit de préemption dans les zones d'aménagement différé et périmètres provisoires), la déclaration préalable d'intention d'aliéner faite au titre de l'article L 213-2 du même Code vaut communication au maire (n°s 37702 s.).

41182 Le droit de préemption du locataire en cas de vente en bloc de l'immeuble a vocation à s'appliquer en amont des dispositions protectrices prévues par le droit de préemption de l'article 10 de la **loi de 1975** et les **accords** de 1998 et 2005. En effet, il concerne les ventes d'immeubles entiers et en une seule fois tandis que le droit de préemption de l'article de la loi de 1975 suppose que l'immeuble ait été divisé tout comme les accords qui s'appliquent aux ventes par lots d'immeubles de plus de 10 logements.

MISE EN ŒUVRE DU DROIT DE PRÉEMPTION EN CAS DE VENTE D'IMMEUBLE EN ENTIER

41185 Si l'acquéreur ne s'est pas engagé à proroger les contrats de bail en cours (voir n° 41178), le **bailleur doit,** avant la réalisation de l'opération et sous peine de nullité de la vente, faire connaître à chacun des locataires ou occupants de bonne foi :
– le prix et les conditions de la vente de l'immeuble dans sa totalité et en une seule fois ;

– le prix et les conditions de vente pour le local qu'il occupe.
Cette notification doit prendre la **forme** d'une lettre recommandée avec avis de réception. Elle doit reproduire les dispositions de l'article 10-1, I-A et être accompagnée :
– d'un projet de règlement de copropriété ;
– d'un diagnostic technique portant constat de l'état apparent de la solidité du clos et du couvert et de celui de l'état des conduites et canalisations collectives ainsi que des équipements communs et de sécurité. Ce constat est établi par un contrôleur technique ou un architecte indépendant du propriétaire, de son mandataire et des locataires concernés (les dépenses afférentes à ce diagnostic sont à la charge du bailleur).
La notification doit être **adressée à** chacun des locataires. En présence de locataires mariés ou pacsés, chaque époux ou chaque partenaire doit en être destinataire. Toutefois, la notification adressée à l'un est opposable à l'autre si l'existence du conjoint n'a pas été préalablement portée à la connaissance du bailleur.

La notification vaut **offre de vente** au profit du locataire ou de l'occupant de bonne foi. Elle ne vaut que pour le logement occupé par l'intéressé, l'indication du prix et des conditions de vente dans sa totalité et en une seule fois n'étant qu'une information d'ordre économique (Rép. Fouché : Sén. 19-4-2007 n° 24092). L'offre de vente est valable pendant une durée de 4 mois à compter de sa réception. **41188**
Le **locataire peut** :
– refuser l'offre ;
– accepter l'offre dans le délai de 4 mois précité. L'acte de vente doit alors être réalisé dans un délai de 2 mois à compter de la date d'envoi de sa réponse au bailleur. Si, dans sa réponse, le locataire notifie son intention de recourir à un prêt, son acceptation de l'offre est subordonnée à l'obtention du prêt et le délai de réalisation de la vente est porté à 4 mois. À défaut de réalisation de la vente dans les délais indiqués, l'acceptation de l'offre de vente est nulle de plein droit.

DROIT DE PRÉEMPTION SUBSIDIAIRE DU LOCATAIRE

Les locataires disposent d'un second droit de préemption dans le **cas suivant** : l'immeuble fait l'objet d'une mise en copropriété en raison de la vente d'au moins un logement à un locataire ou un occupant de bonne foi et le bailleur décide de vendre les lots occupés à des conditions ou à un prix plus avantageux à un tiers. **41192**

Pour permettre la mise en œuvre de ce second droit de préemption, le propriétaire ou le notaire chargé de la vente doit **notifier** au locataire ou à l'occupant de bonne foi ces conditions et prix à peine de nullité de la vente. Les conditions de forme de la rectification sont celles applicables à la première notification. **41195**
La notification vaut **offre de vente.** Le locataire dispose d'un délai d'un mois à compter de sa réception pour l'accepter. À défaut, l'offre est caduque.
S'il refuse d'offre de vente, le propriétaire retrouve sa liberté pour vendre le bien à l'acquéreur de son choix.
Si le locataire accepte l'offre, il dispose d'un délai de 2 mois à compter de la date d'envoi de sa réponse au propriétaire ou au notaire pour réaliser l'acte de vente. Lorsque, dans sa réponse, il a notifié son intention de recourir à un prêt, l'acceptation est subordonnée à l'obtention du prêt et le délai de réalisation de l'acte de vente est porté à 4 mois.
À défaut de réalisation de la vente dans les délais prévus, l'offre de vente est nulle de plein droit.

> **Précisions** **En dehors du droit de préemption,** d'autres dispositions protectrices des locataires sont prévues et notamment :
> – les collectivités territoriales peuvent consentir des avantages fiscaux aux acquéreurs qui, lors d'une vente par lots d'appartements occupés déclenchant l'un des droits de préemption du locataire, s'engagent, dans l'acte d'acquisition, à affecter le logement à la location pendant une période minimale de 6 ans à compter de la date d'acquisition (CGI art. 1584 bis et 1594 F sexies) ;
> – la reconduction des baux pour une durée de 2 ans à compter de la notification du congé pour vendre lorsque celui-ci intervient moins de 2 ans avant le terme du bail et qu'il s'inscrit dans le cadre d'une vente par lots de plus de 5 logements dans le même immeuble par un bailleur relevant de secteurs locatifs définis aux alinéas 4 et 5 de l'article 41 ter de la loi 86-1290 du 23 décembre 1986 (Loi 89-462 du 6-7-1989 art. 11-1).

CHAPITRE 8

DROIT DE PRÉEMPTION DU LOCATAIRE COMMERCIAL OU ARTISANAL

SOMMAIRE

DROIT DE PRÉEMPTION LÉGAL

41500 La loi 2014-626 du 18 juin 2014, dite « loi Pinel », a instauré un droit de préemption (également appelé « droit de préférence ») au profit du locataire lors de la vente d'un local commercial ou artisanal (C. com. art. L 145-46-1) dont le régime est calqué sur celui du locataire d'habitation.

L'article L 145-46-1 du Code de commerce est une disposition d'ordre public et ne peut pas être écarté (Cass. 3ᵉ civ. 28-6-2018 nº 17-14.605 FS-PBI : RJDA 10/18 nº 710).

DROIT DE PRÉEMPTION CONVENTIONNEL

41505 Certains baux, notamment ceux antérieurs à l'instauration du droit de préemption légal, contiennent un pacte de préférence (régi depuis le 1ᵉʳ octobre 2016 par l'art. 1123, al. 1 du Code civil), par lequel le bailleur s'engage, en cas de vente des locaux loués, à donner la préférence au locataire.

La **coexistence** d'un **droit de préemption légal et** d'un doit de préemption **conventionnel** peut poser des difficultés de mise en œuvre surtout quand les délais et modalités d'exercice de ces droits diffèrent.

Par ailleurs, des difficultés peuvent se présenter lorsque la **vente** a un **objet plus important que l'objet du pacte.** La solution dépend alors des termes de ce dernier et de la commune intention des parties souverainement appréciée par les juges du fond. Ainsi, dans un cas où le bail prévoyait un pacte de préférence « en cas de vente des locaux présentement loués », il a été jugé que le vendeur avait manqué à son obligation contractuelle en vendant l'immeuble entier sans l'offrir au bénéficiaire dès lors que le pacte ne distinguait pas l'hypothèse de la vente de la totalité de l'immeuble de celle de la vente des seuls locaux loués (Cass. 3ᵉ civ. 6-6-2012 nº 11-12.893 FS-D : RJDA 11/12 nº 944). À l'inverse, il a été jugé que l'existence d'un pacte portant sur une partie d'un bien ne pouvait pas faire obstacle à la vente de la totalité du bien en un seul bloc, le pacte de préférence ne pouvant être invoqué ni pour obtenir la préférence sur l'ensemble ni pour obtenir la préférence sur l'objet du pacte après division et ventilation du prix (CA Versailles 3ᵉ ch. 16-12-2005 nº 05-1199 : RJDA 10/06 nº 1002). Jugé également que le droit de préemption conféré au locataire sur les locaux loués par une clause du bail ne saurait imposer au propriétaire de diviser son bien en vue de le céder à des personnes distinctes (Cass. 3ᵉ civ. 9-4-2014 nº 13-13.949 : RJDA 8-9/14 nº 690).

En pratique, pour éviter toute incertitude, il est utile de préciser dans le pacte de préférence s'il jouera, et de quelle manière, lorsque la vente porte sur un bien ne correspondant pas strictement à celui objet du pacte.

La rédaction du pacte peut également avoir une incidence sur le **prix auquel va s'exercer la préférence.** Ainsi, lorsque le pacte met en place un mécanisme de substitution du locataire dans les droits de l'acquéreur évincé plutôt qu'un droit prioritaire comme le prévoit l'article L 145-46-1 du Code de commerce, le locataire est tenu de payer la totalité du prix convenu avec cet acquéreur, y compris la **commission de l'agent** immobilier (Cass. 3e civ. 28-9-2922 n° 21-18.007 F-D : RJDA 1/23 n° 12, en l'espèce le droit de préemption conventionnel imposait au bailleur d'indiquer au locataire, avant de réaliser la vente, l'identité de l'acquéreur potentiel, le prix offert par celui-ci et les conditions générales et particulières de la vente projetée).

› Précisions Le locataire, bénéficiaire d'un pacte de préférence, peut toujours y renoncer. La Cour de cassation a posé en principe que cette **renonciation** pouvait être tacite pourvu qu'elle soit certaine et non équivoque (Cass. 3e civ. 3-11-2011 n° 10-20.297 FS-PB : RJDA 2/12 n° 139). Tel est le cas lorsque le locataire, informé de la vente et invité à faire une offre, a payé les loyers au nouveau propriétaire pendant deux ans sans se prévaloir du pacte (Cass. 3e civ. 2-2-2022 n° 21-10.527 F-D : RJDA 6/22 n° 326). En revanche, la simple connaissance postérieure à l'acte de vente du changement d'identité du bailleur ne vaut pas renonciation (Cass. 3e civ. 14-12-2011 n° 10-18.105 FS-D : RJDA 4/12 n° 386).
Afin d'éviter toute incertitude, il est donc utile de formaliser la renonciation de façon que celle-ci soit certaine et que la preuve puisse en être apportée par le promettant en cas de contestation. Si l'intention de renoncer du bénéficiaire n'est pas caractérisée, le pacte continue à produire ses effets.

A. Champ d'application du droit de préemption légal du locataire commercial ou artisanal

BIENS CONCERNÉS PAR LE DROIT DE PRÉEMPTION LÉGAL

Sont soumis au droit de préemption les **locaux à usage commercial ou artisanal.** Le fait qu'il s'agisse d'un local doit conduire à exclure l'immeuble non bâti : un terrain, une vitrine, un simple emplacement publicitaire. 41510

Le local vendu doit être l'objet d'un bail soumis au statut des baux commerciaux.

Ne sont pas soumises au droit de préemption les ventes de locaux objet d'un **bail dérogatoire** (baux dont la durée totale ou la durée des baux successifs n'excède pas trois ans) ou d'une **convention d'occupation précaire** (caractérisée, quelle que soit sa durée, par le fait que l'occupation n'est autorisée qu'en raison de circonstances particulières indépendantes de la seule volonté des parties) : les dispositions du Code de commerce relatives aux baux commerciaux, dont relève l'article L 145-46-1, sont expressément écartées pour ces deux types de baux (C. com. art. L 145-5, al. 1 et L 145-6).

L'usage commercial ou artisanal requis du local soumis au droit de préemption devrait conduire à exclure du champ d'application les ventes de **locaux à usage exclusivement professionnel** pour lesquels les parties ont écarté l'application des règles spécifiques aux locaux de cette nature (Loi 86-1290 du 23-12-1986 art. 57 A) pour les soumettre conventionnellement au statut des baux commerciaux, comme le permet l'article L 145-2, I-7° du Code de commerce.

Les locaux à usage de **bureaux** semblent soumis au droit de préemption s'ils permettent directement ou accessoirement l'exercice d'une activité commerciale et sont de ce fait soumis au statut des baux commerciaux (CA Paris 1-12-2021 n° 20/00194 : BPIM 2/22 inf. 155).

Les locaux à usage **industriel** ne sont pas visés par le texte. Leur exclusion du champ d'application du droit de préemption résulte des travaux parlementaires de la loi 2014-626 du 18 juin 2014 (dite « loi Pinel ») et, plus récemment, de la jurisprudence de la Cour de cassation qui en donne pour la première fois une définition, calquée sur celle retenue par le Conseil d'État en matière fiscale : doit être considéré comme à usage industriel tout local principalement affecté à l'exercice d'une activité qui concourt directement à la fabrication ou la transformation de biens corporels mobiliers et pour laquelle le rôle des installations techniques, matériels et outillages mis en œuvre est prépondérant (Cass. 3e civ. 29-6-2023 n° 22-16.034 FS-B : BPIM 5/23 inf. 332).

En cas d'**indivision,** seule la vente portant sur l'entier immeuble, réalisée par tous les indivisaires, semble soumise au droit de préemption : le texte vise la vente d'« un local » par son propriétaire. En cas de **démembrement de propriété,** seule la vente de la nue-propriété devrait être soumise au droit de préemption, le texte visant le « propriétaire » et non le « bailleur ».

Le locataire commercial bénéficie d'un droit de préemption lorsque le **propriétaire « envisage » de vendre** le local (C. com. art. L 145-46-1). Il en résulte que ce droit ne s'applique pas à une **vente judiciaire** (Cass. 3e civ. 17-5-2018 n° 17-16.113 FS-PBI : RJDA 3/18 n° 217). Le juge l'a écarté dans une espèce où une vente aux enchères publiques avait lieu dans le cadre d'une liquidation amiable d'une SCI. Il ne s'applique pas non plus en cas de **vente sur saisie,** le mécanisme même de la vente sur adjudication étant inconciliable avec l'obligation faite au propriétaire de notifier au

locataire les prix et les conditions de la vente envisagée (Cass. 3e civ. 30-11-2023 n° 22-17.505 FS-B : BPIM 1/24 inf. 62).
Le locataire de locaux commerciaux qui, ayant reçu **congé avec refus de renouvellement,** se maintient dans les lieux en attendant le paiement de l'indemnité d'éviction ne bénéficie pas du droit de préemption instauré par l'article L 145-46-1 du Code de commerce, car il a non plus la qualité d'un locataire titulaire d'un bail en cours, mais celle d'un locataire évincé (CA Paris 28-3-2018 n° 16/13272 : RJDA 10/18 n° 706).

> **Précisions** Le locataire de locaux qu'il exploite en résidence étudiante, hôtelière ou en Éhpad bénéficie, en cas de cession de l'immeuble, du droit de préemption du preneur commercial s'il fournit trois prestations d'hébergement : petit-déjeuner, ménage, linge de maison ou réception (Rép. Le Grip : AN 13-11-2018 n° 9737 : BPIM 6/18 inf. 439).

BIENS EXCLUS DU DROIT DE PRÉEMPTION LÉGAL

41520 Le texte prévoit **quatre** exclusions, tenant à la particularité de l'objet de la vente :
– la vente unique de plusieurs locaux d'un ensemble commercial ;
– la vente unique de locaux commerciaux distincts ;
– la vente globale d'un immeuble comprenant des locaux commerciaux ;
– la cession d'un local au conjoint du bailleur, ou à un ascendant ou un descendant du bailleur ou de son conjoint.
Depuis le 23 février 2022, date d'entrée en vigueur de la loi 2022-217 du 21 février 2022 relative à la différenciation, la décentralisation, la déconcentration et portant diverses mesures de simplification de l'action publique locale (« Loi 3DS »), le droit de préemption du locataire est également exclu lorsque les locaux font l'objet de préemption par une collectivité territoriale sur le fondement du droit de préemption urbain (DPU), en zone d'aménagement différé (ZAD), ou dans les périmètres provisoires de ZAD prévus par le Code de l'urbanisme (C. com. art. L 145-46-1, al. 6 modifié et C. urb. art. L 213-9). Par ailleurs, l'aliénation d'un bien acquis par l'exercice de l'un de ces droits de préemption n'ouvre pas non plus droit à un droit de préférence au profit du locataire commercial (C. com. art. L 145-46-1, al. 6 modifié et C. urb. art. L 213-11).

> **Précisions a.** L'article L 145-46-1 du Code de commerce dispose que le droit de préemption ne s'applique pas à la **cession globale d'un immeuble comprenant des locaux commerciaux.** Des doutes persistent sur l'application à une cession globale d'un immeuble comprenant un seul local commercial. Des réponses ministérielles ont précisé que le droit de préemption n'était pas applicable dans ce cas, car son application viendrait porter une atteinte trop importante au droit de propriété du bailleur, en l'obligeant à diviser la vente en ne cédant que le local au preneur ou à céder l'intégralité de l'immeuble à ce dernier (Rép. Massat : AN 12-4-2016 n° 95592 ; Rép. Quentin : AN 6-12-2016 n° 98594 ; Rép. Fabre : AN 14-8-2018 n° 5054), le ministre de l'économie ajoutant en dernier lieu que, « si la jurisprudence (en l'état peu significative) ne confirmait pas cette interprétation, il appartiendra au législateur de préciser le texte dans ce sens » (Rép. Marseille : Sén. 22-4-2021 n° 21155).
> **b.** L'article L 145-46-1 du Code de commerce exclut le droit de préemption en cas de « **cession unique de locaux commerciaux distincts** » mais ne l'a pas défini, de sorte que ce sont les tribunaux qui, au fil des affaires, en précisent les contours. Ainsi, cette exception permet au bailleur de ne pas avoir à purger de droit de préférence quand il cède, par un acte unique, la propriété de **locaux commerciaux distincts,** ce qui s'entend de locaux faisant l'objet de baux commerciaux distincts consentis à des locataires également distincts susceptibles chacun d'exercer, dès lors de manière concurrente, le droit de préférence dont ils bénéficient (TGI Paris 24-1-2020 n° 18/08952 : RJDA 7/20 n° 361), peu important l'usage fait de ces locaux (TGI Paris 24-1-2020, précité), que ces derniers fussent situés dans le même immeuble ou que la vente ait également porté sur un lot à usage d'habitation et sur des caves (Cass. 3e civ. 29-6-2022 n° 21-16.452 FS-B : RJDA 10/22 n° 552).
> La notion de **cession unique** vise une opération juridique globale constatée en un seul acte (CA Paris 17-3-2021 n° 19/10232 : RJDA 8-9/21 n° 557 confirmé par Cass. 3e civ. 29-6-2022 n° 21-16.452, précité) mais aussi être matérialisée par deux actes distincts signés le même jour pour les besoins pratiques de la publicité foncière, les parties s'étant entendues sur une vente globale de locaux commerciaux distincts (CA Amiens 14-1-2021 n° 10/03229, en l'espèce le bailleur avait vendu deux immeubles à usage de commerce situés à Amiens et Narbonne).
> **c.** Dans un **immeuble en copropriété,** la notion de « local commercial » s'apprécie au regard de la destination stipulée au règlement de copropriété qui ne peut pas être modifiée unilatéralement par le propriétaire d'un lot, une telle modification devant être autorisée par l'assemblée générale (Cass. 3e civ. 15-9-2015 n° 14-11.602 F-D ; Cass. 3e civ. 17-12-2014 n° 13-25.134 FS-PB : Bull. civ. III n° 168). Ainsi, ne bénéficie pas du

droit de préemption le locataire d'un local commercial au rez-de-chaussée d'un immeuble en copropriété lorsque le propriétaire vend ce local ainsi qu'un autre lot commercial du même rez-de-chaussée à un tiers, peu important que l'état descriptif de division définisse le second lot comme un logement, dès lors que seul a valeur contractuelle le règlement de copropriété, lequel prévoyait que tous les lots du rez-de-chaussée de l'immeuble étaient à usage commercial (Cass. 3e civ. 15-11-2018 no 17-26.727 F-D : RJDA 3/19 no 170).

BÉNÉFICIAIRE DU DROIT DE PRÉEMPTION LÉGAL

Le **locataire,** personne physique ou morale, bénéficie du droit de préemption. **41540**

En l'absence de précision du texte sur la situation de copreneurs, tels des époux, il est suggéré de retenir les solutions fixées par la jurisprudence en matière de droit de préemption du preneur rural (voir no 39541), le texte étant inspiré de la même finalité de protection de l'activité économique du locataire.

Le locataire ne peut se substituer un autre acquéreur, telle une société civile ; il doit réaliser l'acquisition en son nom propre.

EXCEPTION

Le droit de préemption n'est pas applicable si la cession a lieu au profit du conjoint du bailleur, ou d'un ascendant ou d'un descendant (quel que soit le degré de parenté) du bailleur ou de son conjoint. Cette exception est d'interprétation stricte et ne s'applique donc pas aux partenaires pacsés ou aux collatéraux. **41545**

OPÉRATIONS SOUMISES AU DROIT DE PRÉEMPTION LÉGAL

Le droit de préemption du locataire du local à usage commercial ou artisanal s'applique en cas de **vente** amiable. **41560**

Le texte, visant le propriétaire qui « envisage » de vendre son local, semble exclure la vente forcée, notamment la vente par adjudication judiciaire. Ainsi, le locataire titulaire d'un bail commercial ne peut pas exercer son droit de préemption lorsque les locaux loués sont vendus de gré à gré dans le cadre de la liquidation judiciaire du bailleur (Cass. com. 23-3-2022 no 20-19.174 F-B : BPIM 3/22 inf. 235).

OPÉRATIONS EXCLUES DU DROIT DE PRÉEMPTION LÉGAL

Sont expressément exclues du droit de préemption, en raison de la qualité de l'acquéreur : **41570**
– la vente d'un local commercial au copropriétaire d'un ensemble commercial ;
– la vente d'un local au conjoint du bailleur, à un ascendant ou à un descendant du bailleur ou de son conjoint.

B. Mise en œuvre du droit de préemption légal du locataire commercial ou artisanal

NOTIFICATION AU LOCATAIRE DE LA VENTE ENVISAGÉE

Le propriétaire qui envisage la vente est tenu d'en informer le locataire par lettre recommandée avec demande d'avis de réception, ou par remise en main propre contre récépissé ou émargement. La notification par acte d'huissier, bien que non visée par le texte, est néanmoins possible (CPC art. 651). **41600**

La notification doit comporter le prix et les conditions de la vente envisagée. Les conditions de la vente s'entendent des modalités de paiement du prix et des éventuelles charges imposées à l'acquéreur. L'offre de vente ne peut pas inclure les honoraires de négociation de l'agent immobilier (Cass. 3e civ. 28-6-2018 no 17-14.605 FS-PBI : BPIM 4/18 inf. 297 ; Cass. 3e civ. 23-9-2021 no 20-17.799 FS-B : BPIM 6/21 inf. 397). Si un acquéreur est pressenti, il n'est pas imposé d'indiquer son identité.

Il sera prudent de joindre à la notification le dossier de diagnostic technique, et de préciser que le vendeur, en cas d'acceptation de l'offre, ne sera pas tenu de la garantie des vices cachés.

Les dispositions des quatre premiers alinéas de l'article L 145-46-1 du Code de commerce sont, à peine de nullité, reproduites dans la notification.

La notification faite vaut offre de vente au profit du locataire. Le propriétaire ne semble pas pouvoir la rétracter pendant ce délai.

> **Précisions a.** L'offre de vente notifiée à l'acquéreur ne doit pas comprendre les honoraires de l'agent immobilier (Cass. 3e civ. 28-6-2018 n° 17-14.605 FS-PBI : RJDA 10/18 n° 710). Mais l'offre est valable si le montant de ces honoraires est indiqué au locataire et s'il peut les retrancher du prix (TGI Paris 28-3-2019 n° 18/15054 : BPIM 4/19 inf. 289) ou s'il n'est pas résulté de cette offre une confusion pour le locataire qui savait ne pas avoir à en supporter la charge et pouvait accepter le prix proposé hors frais d'agence (Cass. 3e civ. 23-9-2021 n° 20-17.799 FS-B : RJDA 12/21 n° 767).
> **b.** L'article L 145-46-1 du Code de commerce impose au bailleur d'indiquer dans son offre de vente le prix et les conditions de la vente envisagée, la vente se faisant à ce prix et à ces conditions si le locataire accepte l'offre qui lui est notifiée. Il en résulte qu'avant de notifier une offre le bailleur doit pouvoir entamer les démarches préalables inhérentes à tout processus de commercialisation afin de déterminer le prix de son bien et de vérifier l'existence d'un marché immobilier (TGI Paris 28-3-2019 n° 18/15054 : BPIM 4/19 inf. 289). Toutefois, selon la cour d'appel de Douai, le bailleur ne doit pas attendre une offre d'achat pour informer le locataire de la possibilité qu'il a de se porter acquéreur du local commercial (CA Douai 28-3-2019 n° 17/03524 : Loyers et copr. 2019 comm. n° 79).
> **c.** Est régulière l'offre de vente notifiée par le bailleur commercial au locataire titulaire du droit de préférence avant la vente, peu importe tant que des démarches aient été entreprises auparavant et qu'une promesse de vente ait été signée (Cass. 3e civ. 23-9-2021 n° 20-17.799 FS-B : BPIM 6/21 inf. 397).
> **d.** La régularité de l'offre de vente prévue par l'article L 145-46-1, al. 1 du Code de commerce, adressée par le bailleur à son locataire préalablement à la vente du local commercial loué, n'est affectée ni par le mandat de vente consenti par le bailleur à une agence immobilière avant la notification de cette offre, ni par l'organisation de visites du bien loué, ni par la conclusion d'une promesse unilatérale de vente sous la condition suspensive du non-exercice par le locataire de son droit de préférence (Cass. 3e civ. 23-9-2021 n° 20-17.799 FS-B : RJDA 12/21 n° 767).

RÉPONSE DU LOCATAIRE À LA NOTIFICATION

41620 Le locataire dispose d'un **délai d'un mois** à compter de la notification qui lui est faite de la vente envisagée pour faire savoir au propriétaire qu'il exerce son droit de préemption (C. com. art. L 145-46-1, al. 1).

Le texte n'impose aucune forme pour la décision de préempter. Il sera recommandé le recours à l'une des formes proposées au vendeur pour sa notification : lettre recommandée avec demande d'avis de réception ou remise en main propre contre récépissé ou émargement.

Le droit de préemption est exercé aux prix et conditions qui ont été notifiés : le locataire qui préempte ne peut discuter ni le prix ni les conditions notifiées. Il peut cependant dans sa réponse notifier son intention de recourir à un prêt.

RÉALISATION DE LA VENTE DES LOCAUX LOUÉS

41640 Le locataire qui préempte dispose d'un **délai de deux mois** pour passer l'acte de vente. Le délai court à compter de la date d'envoi au bailleur de sa décision de préemption.

Si, dans sa réponse, le locataire notifie son intention de recourir à un **prêt,** son acceptation de l'offre de vente est subordonnée à l'obtention du prêt et le délai de réalisation de la vente est porté à **quatre mois.**

Si, à l'expiration ce délai, la vente n'a pas été réalisée, l'acceptation de l'offre est sans effet (C. com. art. L 145-46-1, al. 2) et le bailleur peut vendre le local.

Il faut réserver l'hypothèse d'un défaut de réalisation dans le délai pour une raison non imputable au preneur. Ainsi, le locataire qui a exercé son droit de préférence et qui a fait preuve de diligence pour parvenir à la réalisation de la vente ne saurait se voir priver de son droit d'acquérir le local loué lorsque le défaut de signature de l'acte de vente est exclusivement **imputable au bailleur** (CA Paris 26-10-2022 n° 21/09608). À l'inverse, s'il est imputable au locataire, le défaut de réalisation de la vente prive d'effet l'acceptation de l'offre (Cass. 3e civ. 24-11-2021 n° 20-16.238 F-D : RJDA 2/22 n° 67 ; CA Paris 26-10-2022) et l'assignation en réalisation forcée délivrée par le locataire commercial juste avant l'expiration du délai imparti ne permet pas de pallier l'absence de signature de l'acte de vente dans ce délai (Cass. 3e civ. 24-11-2021 n° 20-16.238 F-D : BPIM 2/22 inf. 158).

VENTE DES LOCAUX LOUÉS À DES CONDITIONS OU À UN PRIX PLUS AVANTAGEUX

41660 Dans le cas où le propriétaire décide de vendre à des conditions ou à un prix plus avantageux pour l'acquéreur, le notaire doit, lorsque le bailleur n'y a pas précédemment procédé, notifier au locataire, par lettre recommandée avec demande d'avis de réception, ou par remise en main

propre contre récépissé ou émargement, ces conditions et ce prix. Les dispositions des quatre premiers alinéas de l'article L 145-46-1 du Code de commerce sont, à peine de nullité, reproduites dans la notification.
Cette notification vaut offre de vente au profit du locataire, lequel dispose d'un délai d'un mois à compter de sa réception pour accepter l'offre. En cas de signification de l'acceptation, le locataire dispose d'un délai de deux mois pour réaliser l'acte de vente, ce délai étant porté à quatre mois s'il a dans sa réponse notifié son intention de recourir à un prêt.
Si, à l'expiration ce délai, la vente n'a pas été réalisée, l'acceptation de l'offre est sans effet (C. com. art. L 145-46-1, al. 4 in fine) et le bailleur peut vendre le local.

C. Sanction du non-respect du droit de préemption légal du locataire commercial ou artisanal

Le texte légal ne précise pas la sanction du défaut de notification de l'offre de vente au locataire. Il ne fait aucun doute que la vente intervenue au mépris du droit de préemption du locataire commercial est nulle de **nullité relative.** L'action en nullité de la vente est soumise à une **prescription** de cinq ans à compter du jour où le locataire a eu ou aurait dû avoir connaissance de la vente. Si l'on suit la solution retenue en matière de droit de préemption coïndivisaire, le locataire doit être réputé avoir eu connaissance de la vente faite au mépris de ses droits à la date de la publication de la vente au service de la publicité foncière (voir n° 37090). **41700**
Le défaut d'indication du prix et des conditions de la vente et de reproduction des quatre premiers alinéas de l'article L 145-46-1 du Code de commerce est sanctionné par la nullité de l'offre et donc, par voie de conséquence, de la vente ultérieurement passée.
Le locataire, dont le droit de préemption n'a pas été respecté lors de la vente du local loué, peut demander l'annulation de la vente, même après que ce local a été détruit par un incendie (Cass. 3e civ. 14-9-2023 n° 22-15.427 F-D : BPIM 6/23 inf. 403).

nº 01-14.744 : RJDA 3/05 nº 317). De la même façon, l'article 313-25 relatif à l'offre de crédit ne s'applique pas lorsque le prêt transféré est un prêt aidé par l'État pour l'accession à la propriété (Cass. 1e civ. 13-11-1996 nº 95-04.039 : RJDA 6/97 nº 804).

CAS PARTICULIERS

Une vente avec un **crédit-vendeur**, c'est-à-dire un prix payable en totalité ou en partie à terme, peut rentrer dans le champ d'application de la loi, en raison de la qualité du vendeur (voir nº 42052). **42130**

Un prêt consenti après la vente de l'immeuble pour **apurer le solde** restant dû sur le **prêt immobilier initial** accordé pour l'achat de cet immeuble s'inscrit dans l'opération d'acquisition du bien et est donc soumis à la réglementation (Cass. avis 20-6-1997 nº 97-20.013 : Bull. civ. nº 4). **42132**

Le **regroupement de crédits** accordés à un particulier, opération qui consiste à racheter des crédits pour les rassembler en un prêt unique, est encadré par des dispositions spécifiques (C. consom. art. L 314-10 à L 314-14 et R 314-18 à R 314-21). **42133**

Le prêt issu du regroupement relève de la réglementation sur le crédit immobilier si le regroupement concerne exclusivement des crédits immobiliers ou si la part de ces crédits représente 60 % du montant total de l'opération de regroupement. Toutefois, les opérations de regroupement de crédit garanties par une hypothèque, par une autre sûreté comparable sur les biens immobiliers à usage d'habitation ou par un droit lié à un bien immobilier à usage d'habitation relèvent, quel que soit leur objet, de la réglementation sur le crédit immobilier (C. consom. art. L 314-12, al. 2).

Lorsque l'opération de crédit a pour objet le remboursement d'au moins deux créances antérieures dont un crédit en cours, le prêteur (ou l'intermédiaire de crédit) doit établir, après dialogue avec l'emprunteur, un document qu'il lui fournit afin de garantir sa bonne information (C. consom. art. R 314-19).

Ce document doit être établi sur un support durable et comporter, présentées de manière claire et lisible, les informations et mentions suivantes (C. consom. art. R 314-20) :

– pour chaque contrat de crédit dont le regroupement est envisagé, des informations relatives à ce contrat ainsi qu'aux conditions et modalités de son remboursement ;

– dans le cas où l'opération de regroupement a également pour objet le remboursement de dettes autres que des crédits, la liste de ces dettes ainsi que, pour chacune d'entre elles, son montant et la date à laquelle elle est exigible ;

– un avertissement adressé à l'emprunteur, adapté à sa situation, lui indiquant notamment qu'il doit continuer à s'acquitter des mensualités dues au titre des crédits dont le regroupement est envisagé, jusqu'à leur remboursement effectif ;

– les informations concernant les modalités de mise en œuvre et de prise d'effet de l'opération de regroupement envisagée ;

– les éléments permettant à l'emprunteur de procéder à l'évaluation du bilan économique du regroupement envisagé.

> **Précisions** Avant la fourniture de l'**offre préalable de prêt** mentionnée à l'article L 313-24 du Code de la consommation (voir nºs 42812 s.), et sauf s'il apparaît manifestement que tel n'est pas le cas, le prêteur (ou l'intermédiaire de crédit) doit demander à l'emprunteur si l'opération de crédit a pour objet le remboursement d'au moins deux créances antérieures dont un crédit en cours (C. consom. art. R 313-21). En cas de réponse positive, l'emprunteur bénéficie de l'information prévue aux articles R 314-19 à R 314-21 du Code de la consommation.

L'application du dispositif protecteur aux **actes de licitation entre indivisaires ou de partage avec soulte** est incertaine. Ces opérations peuvent mettre fin à une indivision volontaire, lorsqu'elles concernent des indivisaires qui ont acquis l'immeuble en commun, ou à une indivision subie lorsque celle-ci est de nature postcommunautaire ou postsuccessorale. **42134**

En l'absence de jurisprudence sur cette question, la doctrine recommande la prudence et donc l'assujettissement volontaire de l'opération au dispositif protecteur lorsqu'elle comporte le paiement d'une soulte. C'est la solution qui est très généralement retenue en pratique.

La **cession de droits indivis** à un tiers à l'indivision est en tous points une vente. Elle est soumise au dispositif protecteur. **42136**

L'exercice par le bénéficiaire d'une promesse d'une **faculté de cession** ou de **substitution** prévue dans l'avant-contrat soulève des difficultés : se pose la question de l'application du dispositif protecteur si le cessionnaire ou le substitué recourt à l'emprunt alors que le cédant ou le substituant avait déclaré ne pas y recourir, ou si la situation inverse se produit (voir nºs 6766 et 6970 s. pour les promesses unilatérales de vente et nº 9140 pour les promesses synallagmatiques de vente). **42138**

SECTION 2

INTERDÉPENDANCE DE LA VENTE ET DE SON FINANCEMENT

42200 L'interdépendance de la vente et de son financement se manifeste à deux niveaux :
– l'acquéreur ne doit pas être engagé définitivement dans une opération immobilière sans avoir l'assurance d'obtenir le financement dont il a besoin pour la réaliser ; et s'il recourt à plusieurs prêts, il doit n'être engagé que s'il obtient la totalité des concours financiers sollicités ;
– il convient que l'emprunteur soit libéré du prêt si l'opération pour laquelle il recourt à l'emprunt ne se réalise pas.
Deux situations doivent être distinguées : l'acquéreur recourt ou ne recourt pas à l'emprunt.

A. Absence de recours au crédit immobilier

42210 Celui qui dispose des ressources financières pour acquitter le prix et les frais de l'acquisition qu'il envisage de réaliser n'a pas besoin d'être protégé. Sa situation est cependant prise en compte par un certain nombre de règles, destinées précisément à caractériser sa situation à l'effet de l'exclure de la protection légale.

1. INDICATION SUR L'ABSENCE DE FINANCEMENT À CRÉDIT

42220 L'acte écrit ayant pour objet de constater une acquisition entrant dans le champ d'application de la loi (voir nos 42005 s.) doit indiquer si le prix sera payé directement ou indirectement, même en partie, avec ou sans l'aide d'un ou plusieurs prêts (C. consom. art. L 313-40).
Aucune **formulation** sacramentelle n'est imposée. L'acte doit simplement indiquer de manière explicite que l'acquéreur ne recourt pas à l'emprunt pour le financement de l'opération considérée.

42221 L'indication doit figurer dans l'**acte écrit**, que cet écrit soit établi sous signature privée ou en la forme notariée. La promesse unilatérale de vente est expressément visée, mais sont aussi concernées la promesse synallagmatique de vente, valant ou ne valant pas vente, et la vente conditionnelle ou compromis. Bien que le texte légal vise la promesse unilatérale « acceptée », il n'est pas douteux qu'est concernée la promesse unilatérale acceptée en tant que telle, c'est-à-dire avant que l'option soit levée.
L'offre d'acquérir doit contenir la même indication, dans la mesure où son acceptation par le propriétaire de l'immeuble la transforme en contrat constatant l'une des opérations visées au 1° de l'article L 313-1 auquel renvoie l'article L 313-40.

42222 L'article L 313-40 ne fait référence qu'au seul **prix payé**. Ce terme désigne en premier lieu le prix d'acquisition. On peut considérer qu'il désigne également le coût des travaux si l'acquéreur déclare dans l'acte d'achat qu'il envisage d'y procéder, l'acquisition et les travaux représentant pour lui une opération d'ensemble. Cette opinion trouve d'ailleurs un soutien textuel dans l'article L 313-1, 1°, qui vise les dépenses de construction, réparation, amélioration ou entretien.

42224 **Conseil pratique** Une bonne démarche consiste à déterminer dans l'acte le **plan de financement** de l'acquéreur, incluant le prix d'achat augmenté du coût des travaux s'il y a lieu, le montant prévisionnel des frais et droits d'acte et l'éventuelle rémunération de l'intermédiaire si elle incombe à l'acquéreur. Il est de l'intérêt du vendeur que l'acquéreur ne s'engage dans une opération que s'il peut intégralement la financer ; en effet, faute pour son acquéreur de pouvoir payer les **frais d'achat**, la vente ne serait pas régularisée et le vendeur ne recevrait pas son prix.

2. MENTION MANUSCRITE

42230 L'acquéreur qui indique ne pas recourir à l'emprunt dans l'acte est soumis à l'obligation de porter dans celui-ci une mention manuscrite particulière (C. consom. art. L 313-42). Cette mention est destinée à garantir que l'acquéreur a bien eu conscience que l'indication de l'acte selon laquelle il ne recourait pas à l'emprunt le privait de la protection que constitue la condition suspensive de l'obtention d'un prêt.

La condition suspensive de prêt et la mention manuscrite sont exclusives l'une de l'autre. La pratique qui consiste, lorsque l'acquéreur déclare recourir à un prêt dont le montant ne couvre pas la totalité du prix, à insérer dans l'acte en sus de la condition suspensive une mention manuscrite selon laquelle il reconnaît être informé qu'il n'est pas protégé par cette condition s'il recourt à un prêt pour un montant supérieur à celui indiqué, n'a aucun fondement ni aucune justification.

FORMULATION

L'article L 313-42 donne des précisions sur le texte de la mention manuscrite. L'acquéreur doit reconnaître qu'il a été informé que s'il recourt néanmoins à un prêt il ne peut pas se prévaloir des dispositions du chapitre III du titre I du livre III de la partie législative du Code de la consommation. 42232

La longueur et le caractère abscons pour l'acquéreur profane du texte suggéré par la loi ont conduit à l'adoption en pratique de mentions elliptiques et éloignées de la lettre du texte, comme « je renonce à la condition suspensive », ou « je renonce à la loi Scrivener », ou encore « je reconnais que je ne bénéficie pas de la loi ». Les mentions de ce type sont condamnées par la jurisprudence. Ainsi, n'est pas conforme à l'exigence légale la mention « je renonce au statut protecteur de la loi du 13 juillet 1979 » (CA Paris 13-5-1992 : JCP N 1993 II p. 333). La mention doit justifier que l'acquéreur a été informé des conséquences de sa renonciation et spécialement du fait que s'il recourt néanmoins à un prêt il ne pourra alors se prévaloir de la loi.

EXEMPLE

La formulation suivante peut être retenue : « Je confirme que pour le financement de cette acquisition je ne recours à aucun prêt. Je reconnais être informé que si je recours néanmoins à un prêt je ne pourrai pas me prévaloir des dispositions protectrices du Code de la consommation applicables au crédit immobilier, spécialement de la condition suspensive d'obtention d'un prêt ».

La mention doit être portée dans l'acte même. La jurisprudence considère que n'est pas conforme à l'exigence légale une mention portée sur un document distinct, sauf si l'acte constatant l'engagement des parties fait référence à l'acte séparé contenant cette renonciation (Cass. 1e civ. 16-2-1994 n° 91-17.270 : RJDA 8-9/94 n° 951). En l'espèce, deux documents avaient été établis le même jour, le premier contenant une promesse unilatérale de vente et dépourvu de la mention manuscrite, le second contenant la levée d'option et la mention manuscrite, la promesse ne contenant aucune référence à ce document. 42234

La mention manuscrite doit figurer dans chaque exemplaire de l'**acte sous signature privée** lorsque les parties contractent sous cette forme et qu'il est établi autant d'exemplaires que de parties.

L'**acte authentique notarié** (C. civ. art. 1369, al. 3 ; Cass. 3e civ. 18-3-2021 n° 20-16.354 : RJDA 8-9/21 n° 598) et l'**acte sous signature privée contresigné par avocat** (C. civ. art. 1374, al. 3) sont dispensés de la mention manuscrite.

La dispense de mention manuscrite ne dispense pas le **notaire** de son devoir d'information. Ce **devoir d'information** du notaire (et sa responsabilité) devrait même s'en trouver renforcé. Le notaire devra pouvoir établir que le client a signé l'acte en parfaite conscience de l'étendue de son engagement. Le plus simple dans une telle hypothèse consiste à faire déclarer verbalement au client la teneur de la mention manuscrite et à rapporter cette déclaration dans l'acte.

EXEMPLE

La formulation suivante peut être retenue : « L'acquéreur déclare au notaire soussigné que le prix et les frais de la présente acquisition seront payés sans l'aide d'un prêt. Il déclare avoir été informé par le notaire soussigné que s'il recourait néanmoins à un prêt, il ne pourrait se prévaloir des dispositions protectrices du Code de la consommation applicables au crédit immobilier, spécialement de la condition suspensive d'obtention d'un prêt ».

CAS PARTICULIERS

Pluralité d'acquéreurs En cas de pluralité d'acquéreurs, la mention doit être portée par **chacun d'eux**. Il n'est pas possible que seul l'un d'eux porte la mention et qu'un coacquéreur se contente de signer, même sous la mention « lu et approuvé ». 42236

Personne ne sachant pas écrire Lorsque l'acquéreur ne sait pas écrire par suite d'**illettrisme**, il lui est impossible de porter la mention manuscrite ; même s'il s'appliquait à la recopier, il n'aurait pas l'intelligence des signes ainsi tracés. 42238

Dans ce cas, le recours à l'acte sous signature privée est exclu. Il n'existe aucun palliatif, pas même la présence de deux témoins qui attesteraient de la déclaration de l'intéressé exprimant

qu'il est informé. Il convient impérativement de recourir à l'acte notarié ou à l'acte sous signature privée contresigné par avocat, qui ne sont pas soumis à mention manuscrite.
Lorsque l'acquéreur ne peut pas écrire par suite d'une **infirmité**, les mêmes règles s'appliquent. Un aveugle ou un malvoyant qui sait écrire, ce qui est fréquent lorsque la cécité est accidentelle, peut valablement porter sur un acte la mention manuscrite. Mais puisqu'un acte sous signature privée ne peut pas être régulièrement établi par une personne qui n'est pas en mesure de le lire, il conviendra de recourir à un acte notarié ou à un acte sous signature privée contresigné par avocat, dans lesquels la mention n'a pas à être portée.

42240 **Personne ne comprenant pas le français** Une personne ne parlant, ne comprenant pas le français et ne sachant pas l'écrire ne peut pas participer à un acte sous signature privée établi en français. Le fait pour elle de recopier une mention qu'elle ne comprend pas n'aurait aucun sens.
Il faut dans ce cas, avec l'aide d'un interprète, recourir à l'acte notarié ou à l'acte sous signature privée contresigné par avocat, dans lesquels la mention n'a pas à être portée.

ILLUSTRATIONS

La mention peut être écrite dans une **langue étrangère**, s'il est établi que l'acheteur a eu une parfaite connaissance du texte français qu'il devait signer et qu'il a eu le temps et les moyens de s'entourer de tous les renseignements nécessaires (Cass. 3e civ. 18-12-2012 no 11-25.055 : RJDA 4/13 no 358).

42242 **Mandataire** Lorsque l'acquéreur n'est pas présent lors de la signature de l'acte et se fait représenter par un mandataire, la mention manuscrite ne peut pas émaner de ce dernier. La mention sera alors valablement portée sur la **procuration** par l'acquéreur, et l'acte relatera cette mention.
La procuration donnera au mandataire le pouvoir d'indiquer dans l'acte au nom du mandant que celui-ci ne recourt pas à un prêt pour le financement de son acquisition, ceci pour satisfaire à l'exigence de l'article L 313-40.

3. SANCTIONS

42260 **Faute d'indication** sur le recours ou l'absence de recours à un prêt, ou en cas d'**absence de mention manuscrite**, ou encore en cas de **mention irrégulière** comme n'étant pas de la main de l'acquéreur ou ne figurant pas dans l'acte, et si l'acquéreur demande néanmoins un prêt, l'acte est soumis à la condition suspensive de l'obtention de ce prêt. La loi protège l'acquéreur par une espèce de présomption de prêt (C. consom. art. L 313-42, al. 2).

42262 Il arrive que l'acquéreur précise dans l'acte qu'il ne recourt pas à l'emprunt et y porte la mention manuscrite correspondante, alors que son financement est assuré, en totalité ou en partie, par un prêt. Ces **indication et mention mensongères** sont parfois le fruit d'une initiative prise par l'acquéreur, soucieux de présenter son offre sous un jour favorable ; elle est le plus souvent le résultat de l'exigence ou de la pression d'un vendeur en position de force, et qui n'entend pas être soumis à l'aléa de la condition suspensive de l'obtention de prêt ni au risque de collusion qu'il suspecte entre un acquéreur versatile et un banquier complaisant.
La Cour de cassation considère que la mention mensongère doit être assimilée à un défaut de mention et sanctionnée comme telle (Cass. 1e civ. 10-3-1987 no 85-15.839 : Bull. civ. I no 90). Toutefois, l'acquéreur auteur d'une déclaration sur son financement et d'une mention manuscrite insincères doit rapporter la **preuve** de la fraude à la loi (Cass. 1e civ. 16-5-1995 no 93-13.653 : RJDA 3/96 no 373) : le seul fait pour l'acquéreur de demander un prêt alors que l'acte contient une déclaration sur un financement sans prêt et une mention manuscrite inexactes ne lui permet pas de bénéficier de la condition suspensive légale. Cet arrêt semble ouvrir une distinction, selon que le vendeur a ou non participé à la fraude :
– dans le premier cas, où le **mensonge** est **partagé avec le vendeur**, la condition suspensive légale s'appliquerait ;
– dans le second, le **vendeur**, étranger à la fraude et **ignorant le mensonge**, ne devrait pas se voir imposer la condition suspensive si l'acquéreur n'obtient pas le prêt qu'il a sollicité.
Dans le prolongement de cet arrêt, et dans le cas particulier d'un acte dans lequel la mention manuscrite portée par l'acquéreur de l'absence de recours à un prêt était contredite par l'indication du recours à un « prêt-relais éventuel », la Cour de cassation précise que le juge doit rechercher si le vendeur avait connaissance, lors de la conclusion de la promesse, de l'intention de l'acquéreur de recourir à un prêt (Cass. 3e civ. 29-1-2014 no 12-28.836 : RJDA 5/14 no 471).

Il reste l'hypothèse d'une **fraude** ignorée du vendeur et **partagée par l'acquéreur et l'intermédiaire**. Dans ce cas, le seul recours de l'acquéreur, s'il subissait un préjudice, devrait être de mettre en cause la responsabilité du rédacteur, auteur, coauteur ou complice de la fraude.

Pour que la condition suspensive affecte le contrat, l'absence d'indication sur le financement ou le défaut de mention manuscrite ne suffit pas. Il faut en outre que l'acquéreur **demande effectivement un prêt** et ne l'obtienne pas. **42264**

> **Précisions a.** Aucun **délai** n'est imposé par la loi pour cette demande de prêt et sa **preuve** peut être rapportée par tous moyens (Cass. 3e civ. 10-12-1986 n° 85-16.144 : Bull. civ. III n° 181, JCP N 1987 II p. 190). Le fait que le prêt ait été demandé avant et non après l'acte ne contenant pas l'indication prescrite est indifférent ; la sanction est la même : l'acte est soumis à la condition suspensive de l'obtention de ce prêt (Cass. 3e civ. 24-6-1987 n° 86-11.545 : Bull. civ. III n° 132, Defrénois 1988 art. 34202-17).
> **b.** Lorsque la mention manuscrite requise en l'absence de recours à l'emprunt ne figure pas dans la promesse ou dans un document auquel celle-ci se réfère, le vendeur ne peut reprocher au **notaire**, qui n'a pas participé à l'élaboration de cette promesse, d'avoir manqué à son **obligation de conseil** en ne l'alertant pas à réception de celle-ci des risques encourus en raison du mode de financement des acquéreurs et de l'absence de renonciation manuscrite au bénéfice de la condition suspensive (Cass. 1e civ. 22-3-2012 n° 10-25.981 : RJDA 2/13 n° 101 ; dans cette espèce, les acquéreurs devaient financer l'achat avec des fonds personnels et, ne pouvant finalement pas en disposer, ont sollicité un emprunt qui leur a été refusé).

B. Recours au crédit immobilier

1. INDICATION SUR LE FINANCEMENT À CRÉDIT

Que l'acquéreur recoure ou ne recoure pas à l'emprunt, l'acte doit contenir une indication sur le financement, en application de l'article L 313-40 (voir nos 42220 s.). Dans le premier cas, l'indication est positive ; dans le second, elle est négative. **42300**

Le prêt dont il est question au sens de l'article L 313-40 est celui défini à l'article L 311-1, 6° par renvoi de l'article L 313-1 du Code de la consommation, c'est-à-dire un prêt qui entre dans le champ d'application du dispositif protecteur (voir nos 42005 s.). **42302**

Lorsque l'acquéreur recourt à un prêt n'entrant pas dans le champ d'application de la loi, par exemple lorsqu'il s'agit d'un prêt consenti de manière occasionnelle par un particulier, un proche ou un membre de sa famille, l'acte le précisera. L'opération ne sera alors pas soumise aux différentes composantes du dispositif protecteur, comme la formulation de l'offre, le délai de réflexion, la condition suspensive légale de l'obtention du prêt, ou la condition résolutoire de non-réalisation de l'opération principale dans le délai de 4 mois. Les parties peuvent prévoir que l'acte sera soumis à une **condition suspensive** purement **conventionnelle** de l'obtention du prêt. Dans le cadre de son obligation de conseil, le rédacteur de l'avant-contrat devra d'ailleurs préconiser cette solution.

La loi n'impose pas de définir dans l'acte le **détail du financement** que l'acquéreur envisage de solliciter (voir n° 42452). Il est cependant **opportun de le faire** pour deux raisons : **42304**
– la première est factuelle : elle permet de savoir si l'acquéreur a déjà pris des renseignements auprès d'un organisme de crédit, s'il est en mesure d'apprécier la charge financière du prêt par rapport à ses ressources et si sa démarche est sérieuse et réaliste ;
– la seconde est juridique : elle tient à l'encadrement qu'elle impose à l'acquéreur dans les démarches qu'il effectuera dans sa demande de prêt(s) et à la caractérisation plus facile de sa faute en cas de refus de prêt voir (n° 42506).

2. CONDITION SUSPENSIVE DE L'OBTENTION DU PRÊT IMMOBILIER

Lorsque l'acte indique que le prix est payé directement ou indirectement à l'aide d'un prêt, régi par les dispositions du Code de la consommation sur le crédit immobilier, cet acte est conclu sous la condition suspensive légale de l'obtention de ce ou de ces prêts (C. consom. art. L 313-41, al. 1). Cette condition suspensive est, avec l'information de qualité que la loi lui garantit, l'élément majeur de la protection de l'acquéreur ; il est par ailleurs celui qui a l'impact le plus important sur l'opération de vente. **42320**

La nécessité pour l'acquéreur de recourir à l'emprunt pour financer son acquisition révèle un **lien économique** entre l'achat et le prêt. Le Code de la consommation impose un lien **juridique** entre les deux contrats : l'échec de la demande de prêt invalide l'achat.
Cette règle présente un caractère d'**ordre public** qui limite, sans les exclure, les aménagements que les parties souhaitent lui apporter.

42322 Lorsque l'acquéreur envisage de solliciter **plusieurs prêts**, l'avant-contrat le précisera, de sorte que le défaut d'obtention de l'un de ces prêts, quel qu'en soit le montant, entraînera la défaillance de la condition et l'anéantissement de l'acte conditionnel.
Ce lien entre l'ensemble des crédits nécessaires au financement est renforcé par l'interdépendance des prêts entre eux (voir n°s 42600 s.).

42324 Dans l'hypothèse où l'emprunteur dépose des demandes de **prêts destinés à financer l'acquisition ainsi que des travaux**, qu'il s'agisse de travaux de construction ou d'amélioration, celui-ci ne peut pas se prévaloir du refus du prêt complémentaire destiné à financer les travaux lorsque ce prêt n'était pas prévu dans l'avant-contrat (Cass. 1e civ. 21-2-1989 n° 87-15.355 : Bull. civ. I n° 91).

a. Notion d'obtention du prêt

42330 La loi n'a pas défini la notion d'obtention de prêt. Pour la Cour de cassation, l'obtention du prêt s'entend de « la présentation par un organisme de crédit d'une offre régulière ferme et sans réserve correspondant aux caractéristiques du financement de l'opération stipulées par l'emprunteur dans l'acte » (Cass. 1e civ. 9-12-1992 n° 91-12.498 : RJDA 3/93 n° 239, 2e espèce ; Cass. 3e civ. 7-11-2007 n° 06-17.413 : RJDA 3/08 n° 245).
L'**offre** dont la présentation permet de considérer que le prêt est obtenu, et donc la condition réalisée, est celle d'un prêt conforme aux stipulations contractuelles. Sur les précisions à apporter dans l'acte sur les **caractéristiques** du prêt et sur les conséquences d'une discordance entre l'offre et ces prévisions ou avec la demande de l'emprunteur, voir notre conseil n° 42406.
Il est indifférent que l'**acquéreur** accepte ou bien **n'accepte pas le prêt** ; le prêt est considéré comme obtenu dès la présentation de l'offre de prêt, indépendamment de sa décision à l'issue du délai de réflexion visé au n° 42850.

42332 Il arrive fréquemment que la banque émette un accord sur l'octroi du prêt avant d'établir et d'adresser à l'acquéreur une offre préalable de prêt respectant le formalisme du Code de la consommation. Cette situation donne naissance à de nombreux contentieux lorsque cet **accord de la banque** intervient dans le délai de réalisation de la condition alors que l'offre est émise après l'expiration de ce délai, le vendeur tirant argument de la défaillance de la condition suspensive, faute de réception de l'offre de prêt dans le délai, pour refuser de réitérer la vente par acte authentique.
La Cour de cassation a jugé que le prêt peut être considéré comme obtenu dès l'accord de la banque dans le délai de la condition suspensive, même si l'offre n'est formalisée que postérieurement (Cass. 3e civ. 24-9-2003 n° 02-11.815 : RJDA 1/04 n° 89) ; en l'espèce, la banque avait non seulement donné son accord sur le prêt avant le délai de réalisation de la condition suspensive, mais en avait en outre informé l'acquéreur avant son expiration.
Depuis, la Cour de cassation a réaffirmé sa jurisprudence en précisant la **notion d'offre de prêt** : la condition suspensive d'obtention d'une offre de prêt est réputée accomplie dès délivrance d'une offre ferme et sans réserve caractérisant l'obtention d'un prêt conforme aux stipulations contractuelles (Cass. 3e civ. 7-11-2007 n° 06-17.413 : RJDA 3/08 n° 245). Dans cette affaire, l'acquéreur soutenait que la vente était formée alors qu'il ne pouvait faire état que d'une attestation d'accord de principe pour un prêt d'un certain montant figurant sur une télécopie à l'en-tête de la banque. Un tel accord de principe ne constitue pas une offre ferme et sans réserve, tout comme la notification d'un accord de prêt dont la mise en place est subordonnée à la réalisation de formalités contractuelles et à la prise de garanties stipulées dans l'offre de prêt à venir (Cass. 3e civ. 7-11-2007 n° 06-19.148 ; Cass. 3e civ. 9-11-2023 n° 22-13.900 F-D : BPIM 1/24 inf. 48).
En revanche, la condition est réalisée lorsque l'acheteur fait état du courrier électronique d'une banque, comprenant une proposition de prêt de 105 000 € aux conditions prévues dans la promesse de vente, ainsi qu'une lettre ultérieure de la même banque lui notifiant son accord (Cass. 3e civ. 7-11-2007 n° 06-11.750 : RJDA 3/08 n° 244) ; en l'espèce, la promesse n'exigeait pas de forme spéciale pour la notification, par les acquéreurs, de l'octroi de leur crédit bancaire. De même, une offre de crédit émise « sous réserve de l'acceptation à l'assurance des emprunteurs » ne porte pas atteinte au caractère ferme de l'offre de crédit caractérisant l'obtention d'un prêt au sens de la loi (Cass. 1e civ. 14-1-2010 n° 08-21.520 : RJDA 7/10 n° 779 ; Cass. 3e civ. 23-6-2010 n° 09-15.963 : RJDA 11/10 n° 1100).
La Cour de cassation a apporté une précision sur la date à laquelle la condition suspensive était réalisée, cette date étant importante lorsque la condition est enfermée dans un délai : il s'agit

de la **transmission** de l'offre à l'acquéreur (Cass. 3e civ. 11-5-2011 n° 10-14.536 : RJDA 8-9/11 n° 689). Il subsiste une incertitude : celle de savoir si l'offre doit avoir été adressée par la banque ou reçue par l'emprunteur avant la date de réalisation de la condition.

Le **formalisme** strict **imposé par le Code de la consommation** aux offres de prêt immobilier (notamment un écrit comportant des mentions obligatoires) ne peut pas être invoqué par le vendeur pour contester l'offre reçue par l'acquéreur ; ce formalisme est destiné à protéger l'emprunteur, et lui seul peut en invoquer le non-respect (Cass. 3e civ. 7-11-2007 n° 06-11.750 : RJDA 3/08 n° 244).

La présentation d'une offre préalable de crédit **conforme** aux dispositions du Code de la consommation n'est donc pas nécessaire à la réalisation de la condition suspensive d'obtention du prêt au sens de l'article L 313-41 du Code de la consommation (Cass. 1e civ. 14-1-2010 n° 08-21.520 : RJDA 7/10 n° 779). Toutefois, si les parties précisent dans la promesse de vente les circonstances de la réalisation de la condition en se référant expressément au Code de la consommation, les juges peuvent admettre que le vendeur s'oppose à la vente si l'offre de prêt n'est pas conforme aux exigences de la loi. Ainsi, lorsque l'obligation légale d'une offre écrite de la banque est reprise dans le contrat, la condition n'est pas réalisée si l'acquéreur produit seulement un courrier manuscrit de la banque attestant que le prêt demandé est accordé mais que les offres sont en cours d'édition (Cass. 3e civ. 7-11-2007 n° 06-17.589).

En **pratique**, pour éviter toute incertitude, il est conseillé de rédiger précisément la clause relative à la condition suspensive de l'obtention de prêt. La précision suivante peut être apportée.

EXEMPLE

« L'obtention du prêt et donc la réalisation de la condition s'entendent de la réception par l'emprunteur (*variante* : de l'envoi par la banque) dans le délai de réalisation de la condition d'une offre préalable de prêt établie selon les prescriptions des articles L 313-24, L 313-25, L 313-38 et L 313-39 du Code de la consommation, adressée sur papier (ou sur un autre support durable), à l'exclusion de tout accord de prêt, même sans réserve, donné par l'établissement prêteur sous une autre forme. À défaut de réalisation de la condition suspensive de la manière ainsi spécifiée, le présent acte sera caduc, chacune des parties pouvant se prévaloir de cette caducité ».

Les parties peuvent convenir que le prêt sera considéré comme obtenu non pas par la remise **42334**
d'une offre, mais par son acceptation (Cass. 3e civ. 30-4-1997 n° 95-15.452 : RJDA 7/97 n° 922). Cet **aménagement conventionnel**, malgré la potestativité, est possible et ne contrevient pas au caractère d'ordre public de la loi, puisqu'il prévoit une solution moins exigeante pour l'acquéreur, et n'accroît donc pas ses obligations.

Si la clause retardant l'obtention de prêt à l'acceptation du prêt est licite, il faut néanmoins s'interroger sur son **opportunité**. Le surcroît de protection qu'elle procure à l'acquéreur est en effet un facteur d'insécurité et d'incertitude pour le **vendeur**, puisque le sort du contrat est laissé à la décision discrétionnaire de son cocontractant. L'attention du vendeur devra être doublement attirée :

– d'une part sur le fait que la solution contenue est dérogatoire à la règle légale telle qu'interprétée par la jurisprudence ;

– d'autre part sur le fait qu'elle affaiblit sa position contractuelle et les perspectives de réalisation de l'opération.

Cet affaiblissement concerne également l'**intermédiaire** qui aura éventuellement mis en relation le vendeur et l'acquéreur, puisque son droit à rémunération est attaché à la réalisation de l'opération.

b. Délai de validité de la condition suspensive

FIXATION DU DÉLAI

La **durée minimale** de validité de la condition suspensive légale d'obtention du prêt est d'**un** **42350**
mois à compter de la date de signature de l'acte ou, s'il s'agit d'un acte sous signature privée soumis à peine de nullité à la formalité de l'enregistrement (promesse unilatérale de vente et cession de promesse unilatérale de vente), à compter de la date de l'enregistrement (C. consom. art. L 313-41, al. 1). Ce délai d'un mois est considéré par le législateur comme la période minimale permettant à un acquéreur de présenter à une ou plusieurs banques une demande de prêt, et à la banque sollicitée d'établir une offre et de la lui présenter selon le formalisme légal.

Si le **délai** prévu est **inférieur** à un mois, sa durée est portée au minimum légal.

L'**absence de délai** n'invalide pas la convention. Il est dans ce cas considéré que le vendeur doit pouvoir mettre en demeure l'acquéreur d'obtenir son prêt dans le délai d'un mois.

CONSEIL

Il est opportun pour le vendeur, s'il veut réduire la durée d'incertitude de la période conditionnelle, de prévoir un délai. Ce délai doit être **suffisamment long** pour permettre à l'acquéreur de monter son dossier de financement et de répondre aux sollicitations de la banque (fourniture de justificatifs de revenus et d'endettement, formalités d'adhésion à une assurance décès, collective ou individuelle...) ; il ne doit **pas être trop long** pour limiter l'immobilisation de l'immeuble, et permettre au vendeur de le remettre en vente au plus vite en cas d'échec de la demande de prêt.

Un délai de 6 semaines à 2 mois représente un **compromis** satisfaisant entre les contraintes imposées à l'acquéreur et les aspirations du vendeur. Un délai plus court risque d'asservir le sort du contrat au hasard des contraintes matérielles d'organisation de la banque.

PROROGATION DU DÉLAI

42354 Le délai convenu peut être prorogé par les parties, une ou plusieurs fois, pourvu que la prorogation intervienne avant l'expiration du délai initial. Une prorogation tardive serait impuissante à sauver le contrat de l'anéantissement produit par la défaillance de la condition. Elle serait toutefois efficace, en ce qu'elle donnerait naissance à un nouveau contrat.

c. Effets de l'obtention du prêt

SITUATION DU VENDEUR

42380 En cas d'obtention du prêt par l'acquéreur, le vendeur est tenu des obligations à sa charge résultant de l'avant-contrat. Ces obligations, de conditionnelles, sont devenues pures et simples. De même, il peut exiger de l'acquéreur l'exécution de la vente, dans le délai prévu pour la signature de l'acte authentique, et sous la réserve qu'aucune autre condition suspensive ne soit pendante.

SITUATION DE L'ACQUÉREUR

42382 L'acquéreur est dans la même situation : il est purement et simplement tenu des obligations à sa charge, de même qu'il peut exiger du vendeur la réalisation de la vente. Il est néanmoins placé devant une alternative : celle d'accepter l'offre de prêt qui lui est faite à l'issue du délai de réflexion ou de la refuser.

La **liberté** pour l'emprunteur **de refuser le prêt** est cependant singulière. S'il l'exerce, il reste tenu des obligations de l'avant-contrat et de la vente auquel celui-ci conduit, alors qu'il se prive des deniers qui lui permettent d'en acquitter le prix. Et s'il ne dispose pas d'une autre source de financement lui permettant de réaliser la vente, il s'expose à être défaillant et à engager sa responsabilité contractuelle et risque de subir les conséquences pécuniaires liées à cette défaillance : dommages et intérêts, ou mise en jeu d'une clause pénale et abandon de la somme éventuellement versée d'avance. Dans bien des cas, cette liberté de choix sera pour l'acquéreur toute théorique : il sera tenu d'accepter l'offre, compte tenu des conséquences préjudiciables pour lui d'un défaut d'acceptation. Ce choix doit être exercé dans le **délai de validité de l'offre** (voir n° 42820). L'expiration de ce délai sans acceptation entraîne la caducité de l'offre.

Si le **prêt** est **accepté** et que la **vente ne se réalise pas** dans le délai de 4 mois de son acceptation, ou dans le délai plus long qui aura été convenu, le prêt est résolu par l'effet de la condition résolutoire légale qui l'affecte (voir n°s 42650 s.).

SITUATION DU PRÊTEUR

42384 La situation du prêteur est conditionnée par le choix que fera l'emprunteur d'accepter ou de ne pas accepter le prêt qui lui est offert. L'offre étant acceptée, le prêt est formé mais reste soumis à la condition résolutoire de **non-conclusion de la vente** dans le délai de 4 mois ou du délai plus long qui aura été convenu (C. consom. art. L 313-36). Sur les conséquences pécuniaires en matière de prêt du défaut de réalisation de la vente dans ce délai, voir n°s 42662 s.

Tant que l'offre n'est pas acceptée, aucun **versement**, sous quelque forme que ce soit, ne peut être fait par le prêteur à l'emprunteur au titre de l'opération en cause, ni par l'emprunteur au prêteur. Jusqu'à cette acceptation, l'emprunteur ne peut, au même titre, faire aucun dépôt, souscrire ou avaliser un effet de commerce, ni signer aucun chèque. Si une autorisation de prélèvement sur compte bancaire ou postal est signée par l'emprunteur, sa validité et sa prise d'effet sont subordonnées à celle du contrat de crédit (C. consom. art. L 313-35).

SITUATION DE L'INTERMÉDIAIRE

42386 L'intermédiaire ne peut prétendre à sa commission tant que l'opération qu'il a contribué à nouer est conditionnelle. Son droit à **rémunération** est donc acquis à l'obtention du prêt, selon la définition que la Cour de cassation a donnée de cet événement, et sous réserve que les autres conditions de ce droit à rémunération soient par ailleurs remplies (Cass. 1e civ. 2-6-1993 n° 91-10.578 : Bull. civ. I n° 198, JCP N 1994 I p. 286). Voir également n° 42422.

d. Défaillance de la condition suspensive

Le Code de la consommation ne le précise pas, mais la conséquence du défaut d'obtention du prêt va de soi, comme procédant du régime du mécanisme conditionnel : c'est la caducité de l'acte conditionnel. Chacune des parties reprend sa liberté et toute somme versée d'avance par l'acquéreur ou pour son compte doit lui être restituée sans retenue ni indemnité (C. consom. art. L 313-41, al. 2). **42400**
Organisée autour de la personne de l'acquéreur, la protection peut cependant se révéler utile pour le vendeur. Lorsque l'acquéreur ne peut financer son acquisition, faute d'avoir obtenu son financement, le mécanisme de la condition suspensive libère le vendeur des liens du contrat, et lui permet de rechercher un autre acquéreur.
Sur l'absence d'automaticité de la caducité lorsque la condition est établie dans le seul intérêt de l'acquéreur, voir n° 42556.

CARACTÉRISATION

Défaut de réponse du prêteur dans le délai Le défaut de présentation d'une offre dans le délai convenu entraîne la défaillance de la condition et l'anéantissement du contrat. Il arrive que l'offre de prêt soit présentée après l'expiration du délai de réalisation de la condition suspensive. Si les parties conviennent néanmoins de réaliser la vente, celle-ci est alors le fruit d'un nouvel accord de volonté. L'accord sur le prêt avant l'expiration du délai permet de considérer que le prêt est obtenu même si l'offre est formalisée postérieurement (Cass. 3e civ. 24-9-2003 n° 02-11.815 : RJDA 1/04 n° 89) ; sur ce point, voir toutefois n° 42332. **42402**

Refus de prêt La loi ne réglemente pas le **formalisme** du refus de prêt. La réponse négative est le plus souvent concrétisée par une lettre du prêteur sollicité adressée à l'acquéreur ou une attestation faisant état du refus, et en énonçant parfois le motif. **42404**

Offre de prêt non conforme aux prévisions du contrat La présentation d'une offre non conforme aux prévisions contractuelles entraîne la défaillance de la condition. **42406**
La solution est incontestable si les **conditions** proposées sont **défavorables** pour l'emprunteur : taux d'intérêt plus élevé, durée des remboursements plus longue, qui génère une masse d'intérêts importante, demande de la part du prêteur de garanties supplémentaires et coûteuses...
La défaillance de la condition est plus délicate à caractériser lorsque le **défaut de concordance** entre les conditions financières définies au contrat et l'offre proposée est **minime**, ou si l'inconvénient qui en résulte pour l'emprunteur est contrebalancé par un avantage. Le juge devra être saisi si les parties ne sont pas d'accord sur les conséquences qu'il convient de tirer de la discordance constatée. Pour que l'emprunteur puisse se prévaloir de la discordance, il faut qu'il ait sollicité un prêt correspondant à ce qui avait été prévu et qu'il en justifie (Cass. 3e civ. 30-1-2008 n° 06-21.117 : RJDA 7/08 n° 775). À défaut, le vendeur pourrait prétendre que l'acquéreur a empêché par son fait la réalisation de la condition et demander judiciairement la mise en œuvre de la sanction prévue à l'article 1304-3, al. 1 du Code civil dans le but indirect de conserver à titre de dédommagement la somme versée par lui (voir nos 42514 s.).
Il arrive fréquemment que l'**acquéreur accepte l'offre** présentée, bien que celle-ci soit **différente** de ce qui avait été prévu au contrat et de ce qu'il avait demandé. La condition est alors considérée comme réalisée, cette acceptation de l'offre valant implicitement renonciation par l'acquéreur à se prévaloir du défaut de réalisation de la condition selon les spécifications convenues.

CONSEIL

Il est possible et opportun de convenir dans l'acte que la condition sera considérée comme réalisée par la présentation à l'emprunteur d'une offre de prêt conforme aux prévisions du contrat « ou à la demande de l'acquéreur ». Cette **clause contractuelle** est valide puisqu'elle ne peut faire grief à l'acquéreur : si le prêt est accordé, il a alors, selon le cas, obtenu soit ce qu'il avait convenu de demander, soit ce qu'il a effectivement demandé. De son côté, le vendeur y trouve avantage : le prêt sera plus facilement considéré comme obtenu ce qui augmente les perspectives de réalisation de la vente. Et si le prêt est refusé alors que la demande est différente de ce que le contrat a prévu, la faute de l'acquéreur sera alors caractérisée, ce qui ouvrira au vendeur la possibilité de demander à être indemnisé (sur la faute de l'acquéreur et ses conséquences, voir nos 42500 s.).

42410 **Rétractation de l'offre par le prêteur** L'éventualité de la rétractation par le prêteur d'une offre de prêt avant son acceptation par l'emprunteur n'est pas prévue par la loi. Elle peut se produire si un événement particulier survient après l'émission de l'offre ou si le prêteur a connaissance d'une situation ou d'un fait qui aurait dû mettre obstacle à l'octroi de prêt s'il en avait eu connaissance ou si ce fait s'était produit avant l'émission de l'offre.

Dans ce cas, et si la rétractation n'est pas la conséquence d'un fait fautif de l'emprunteur, la condition est considérée comme non réalisée si le retrait intervient **avant la date prévue pour la vente**. Ainsi jugé à propos de l'annulation par la banque avant la réalisation de la vente de l'offre qu'elle avait faite, l'emprunteur ayant perdu son emploi par suite de son licenciement par son employeur (Cass. 3e civ. 19-7-2000 no 98-19.238 : RJDA 12/00 no 1154).

En revanche, la Cour de cassation a considéré que si le retrait de l'offre par le prêteur intervient **après la date** ultime **prévue** pour la réalisation de la vente, celle-ci n'est pas régularisée du fait de l'emprunteur, qui ne peut alors obtenir la restitution de l'indemnité d'immobilisation (Cass. 1e civ. 17-11-1998 no 96-18.884 : RJDA 1/99 no 88) ; dans cette espèce, le prêteur avait retiré son offre à l'annonce du licenciement de l'emprunteur.

42411 **Information du vendeur par l'acquéreur** Aucun texte n'impose à l'acquéreur d'informer le vendeur du défaut d'obtention du financement. En pratique, cette information sera le plus souvent donnée spontanément par l'acquéreur, notamment à l'appui d'une demande de restitution d'une somme qu'il aura versée.

L'acquéreur ne commet aucune faute susceptible d'engager sa responsabilité en n'informant pas le vendeur de la défaillance de la condition suspensive de prêt et de l'abandon de son projet, prolongeant ainsi l'immobilisation du bien (Cass. 3e civ. 11-5-2006 no 05-12.629 : RJDA 11/06 no 1120). Selon nous, cette solution ne met pas obstacle à ce que l'avant-contrat impose à l'acquéreur d'informer le vendeur ou le notaire du refus de prêt (voir no 42460).

42412 **Offre par le vendeur d'un crédit vendeur** La condition d'obtention de prêt doit en principe être accomplie de la manière spécifiée et non par équivalent. Il a par exemple été jugé que le vendeur ne pouvait considérer que la condition était réalisée s'il offrait à son acquéreur un crédit-vendeur, alors qu'une condition d'obtention de prêt avait été convenue (Cass. 3e civ. 9-11-1988 no 87-10.586 : Bull. civ. III no 159). La Cour de cassation prend soin de préciser qu'en la circonstance les parties n'étaient pas convenues d'un autre mode de financement susceptible de se substituer au prêt refusé.

RESTITUTION À L'ACQUÉREUR DE TOUTE SOMME VERSÉE

42414 **Modalités** Lorsque la condition suspensive d'obtention de prêt n'est pas réalisée, toute somme versée d'avance par l'acquéreur à l'autre partie ou pour le compte de cette dernière est sans **délai** et intégralement remboursable sans retenue ni indemnité à quelque titre que ce soit (C. consom. art. L 313-41, al. 2). À compter du 15e jour suivant la demande de remboursement, cette somme est productive d'**intérêts** au taux légal majoré de moitié (C. consom. art. L 341-35), soit 12,24 % pour le second semestre 2024.

En outre, le vendeur qui, en infraction aux dispositions de l'article L 313-41 du Code de la consommation, ne restitue pas la somme versée par l'acquéreur risque une amende de 300 000 € et des peines complémentaires (C. consom. art. L 341-43 et L 341-44).

> **Précisions** L'exigibilité d'intérêts majorés sur la somme versée jusqu'à sa restitution n'est applicable qu'en cas de défaillance de la condition d'obtention de prêt. Lorsque la **vente** est **annulée**, cette majoration n'est pas applicable (Cass. 3e civ. 20-3-2002 no 00-17.637 : RJDA 7/02 no 751). Dans ce cas, l'acquéreur peut demander des **intérêts** moratoires, mais il s'agira de ceux exigibles dans les conditions de droit commun au taux légal (8,16 % pour le second semestre 2024), non majorés, et dus à compter de la mise en demeure (C. civ. art. 1231-6).

42416 **Contestation du cocontractant** Il arrive que le vendeur s'oppose à la restitution de la somme versée par l'acquéreur, quelle que soit la qualification donnée à ce versement. Le vendeur considère que l'acquéreur a commis une faute et que la somme versée lui est acquise et doit lui être remise à titre de dédommagement.

Le **détenteur de la somme versée** est le plus souvent un tiers, séquestre ou dépositaire : agent immobilier qui a négocié la vente, ou notaire désigné pour établir l'acte notarié. Celui-ci ne peut se faire juge de la situation, devenue litigieuse, et il engagerait sa responsabilité en prenant parti pour l'un ou pour l'autre. Le dépositaire ne peut se dessaisir des fonds que sur les instructions concordantes des parties ou, à défaut, selon le sens d'une décision judiciaire devenue définitive, tranchant la difficulté (Cass. 1e civ. 13-11-1997 n° 95-18.276 : Defrénois 1998 art. 36753-30 p. 358, Bull. civ. I n° 310). Cette **action judiciaire** peut être engagée à l'initiative de la partie la plus diligente : soit le vendeur qui prétend à l'acquisition de la somme versée à titre d'indemnisation, soit l'acquéreur qui demande qu'elle lui soit restituée. Si le refus émane du vendeur, le séquestre l'informera utilement des éventuelles conséquences pécuniaires de sa position, si elle se révélait injustifiée (exigibilité d'intérêts au taux légal majoré, peine pécuniaire).

ATTENTION

L'acte autorise parfois **à l'avance** le séquestre à remettre la somme versée à la partie qui pourra y prétendre selon les stipulations du contrat : l'acquéreur en cas de défaillance de la condition et le vendeur en cas de faute de l'acquéreur, « les parties donnant au séquestre par avance toutes autorisations à cet effet ». Cette clause ne modifie pas les règles rappelées ci-dessus et ne permet pas au séquestre de se libérer des fonds plus rapidement. Elle doit être **évitée** non seulement parce qu'elle est inefficace, mais aussi parce qu'elle crée dans l'esprit de chacune des parties l'illusion d'une solution.

Imputation à l'acquéreur des frais engagés Différentes personnes sont suscep- 42418
tibles d'engager des frais au cours du processus de vente et avant son aboutissement, au risque que le prêt ne soit pas obtenu : le vendeur, l'agent immobilier et le notaire. La question se pose de savoir si et dans quelle mesure ces frais pourront être imputés à l'acquéreur qui n'aura pas obtenu son prêt, au besoin par prélèvement sur la somme qu'il aura éventuellement versée.

Le **vendeur** aura fait réaliser en vue de la vente des prestations diverses génératrices de coûts 42420
parfois élevés : selon les cas, rapport amiante, certificat parasitaire de recherche de termites ou d'un constat des risques d'exposition au plomb, plan de bornage, document d'arpentage en vue d'une division parcellaire, ou encore certificat de mesurage d'un lot de copropriété... Aucune charge au titre de ces formalités ne peut être imputée à l'acquéreur ni retenue sur quelque somme versée par lui lors de la régularisation de l'avant-contrat en cas de défaillance de la condition, et hors le cas de faute de sa part. D'une part, le texte de l'article L 313-41, alinéa 2 du Code de la consommation s'y oppose ; d'autre part, les frais engagés sont, pour la plupart, la conséquence de l'exécution par le vendeur des obligations qui pèsent sur lui, spécialement au titre des multiples informations qu'il doit à l'acquéreur, frais qui seraient d'ailleurs généralement restés à sa charge en cas de réalisation de la vente.

L'**agent immobilier** ne peut prétendre de la part de l'acquéreur qui n'obtient pas son prêt à 42422
aucun remboursement de frais ou débours. Les frais qu'il engage dans le cadre de son activité représentent des charges d'exploitation. S'agissant du droit à commission, voir n° 42386.

La situation du **notaire** est sans doute différente. Destinataire de l'avant-contrat, il aura effectué 42426
des formalités et déboursé des sommes en l'acquit de l'acquéreur en vue de la régularisation de la vente, sans attendre de savoir si le prêt serait ou non accordé : demandes de renseignements hypothécaires, demandes de pièces, de copies d'actes... Il ne paraît pas possible au notaire d'imputer ces débours sur la somme versée d'avance par l'acquéreur dans le cadre de la relation contractuelle nouée par celui-ci avec le vendeur, en raison du texte de l'article L 313-41, alinéa 2 du Code de la consommation. Il semble en revanche possible pour le notaire de solliciter de l'acquéreur une provision sur frais distincte pour faire face aux débours qu'il aura acquittés pour son compte.

L'**architecte** chargé de concevoir une maison faisant l'objet d'un contrat de construction de mai- 42428
son individuelle qui a perçu un acompte au titre des honoraires est tenu de rembourser cet acompte en cas de défaillance de la condition d'obtention de prêt (Cass. 1e civ. 3-1-1996 n° 93-19.128 : RJDA 4/96 n° 525 ; Cass. 3e civ. 28-3-2007 n° 06-11.280 : RJDA 7/07 n° 769).

e. Renforcement conventionnel des obligations de l'emprunteur

Le régime légal de protection fait souvent craindre au vendeur et à l'intermédiaire, lorsqu'il 42450
intervient, que le sort du contrat soit soumis à la volonté arbitraire de l'acquéreur emprunteur, lequel pourrait à sa guise influer sur l'issue de l'opération, selon le degré d'empressement qu'il manifesterait dans la formulation et le suivi de sa demande de prêt. Cette crainte conduit souvent les rédacteurs d'actes à prévoir des clauses dont l'objet est de canaliser la conduite de l'acquéreur, en lui imposant diverses obligations.

Il existe en pratique une grande **variété de clauses**, qui révèlent des **objectifs** différents :
– certaines guident la démarche de l'acquéreur dans la recherche et la mise en place de son financement, dans le but de renforcer ses chances de succès ;

– d'autres, souvent ouvertement comminatoires, révèlent la méfiance du vendeur à l'égard d'un acquéreur présumé indélicat qu'elles sanctionnent si son comportement fait apparaître qu'il n'a pas accompli toutes diligences pour obtenir son crédit.
Toutes ces clauses ne sont pas régulières. Le **caractère d'ordre public** de la protection dont bénéficie l'acquéreur met obstacle à ce que des stipulations contractuelles accroissent les exigences légales. En outre, un certain nombre de clauses, imaginées par les rédacteurs d'actes, même si elles ne sont pas sanctionnées par la jurisprudence, sont contestables dans la mesure où elles entraînent ou risquent d'entraîner un déséquilibre dans les relations entre les parties, au détriment de l'emprunteur. Certaines de ces clauses ont par ailleurs été critiquées par la **Commission des clauses abusives** et font l'objet de recommandations tendant à leur suppression.

CLAUSES ADMISES

42452 **Clause précisant les conditions financières du prêt** Strictement, la loi n'impose pas que les conditions financières du prêt figurent dans l'avant-contrat : seule l'indication du recours à un prêt est prévue. Saisie pour avis, la Cour de cassation a d'ailleurs précisé qu'aucune disposition du Code de la consommation ne subordonne la validité de la condition suspensive à la mention, dans l'acte, du taux du prêt envisagé, de la durée de son remboursement ou du montant maximal des échéances mensuelles (Cass. avis 18-5-1998 n° 98-20.009 : RJDA 8-9/98 n° 1033). Cependant, moins l'avant-contrat sera précis sur ces conditions financières, plus grande sera la latitude pour l'acquéreur de déterminer les paramètres de sa demande de prêt, au risque qu'il les formule de manière telle qu'il s'expose, volontairement ou non, à un risque accru de refus.

CONSEIL

Il est conseillé de déterminer dans l'**avant-contrat** les **conditions financières du prêt** que l'acquéreur s'oblige à solliciter : son montant, sa durée, son taux maximal et éventuellement le montant maximal des échéances. Afin de ne pas passer des dangers de l'imprécision à l'excès inverse d'une trop grande rigidité, il est suggéré de laisser une certaine souplesse à l'acquéreur, en indiquant par exemple des fourchettes concernant les différents paramètres de la demande : un prêt compris entre tel et tel montant, une durée de tant à tant d'années, un taux d'intérêt compris entre tel et tel pourcentage. Au sujet du taux, l'acte précisera utilement que ce taux s'entend hors incidence de l'assurance des frais de dossier ou des garanties personnelles ou réelles exigées de l'établissement de crédit, afin d'éviter tout risque de divergences d'interprétation de la clause. Ces précisions ont un autre mérite : elles imposent à l'acquéreur, dès le stade de l'avant-contrat, de s'interroger sur les conditions financières de son achat, et parfois même le conduisent, si ces renseignements lui sont demandés dès avant la signature de l'avant-contrat, à se renseigner auprès d'un organisme de crédit et à mieux apprécier la faisabilité de son projet.

42460 **Obligation de tenir le vendeur informé de ses démarches et de leur sort**
Le vendeur souhaite souvent et légitimement être informé des démarches de son cocontractant, et de la réponse du prêteur. Cela lui permet de prendre ses propres dispositions, selon l'issue de l'opération : éventuellement prévoir son déménagement, si le prêt de son acquéreur est obtenu et qu'il a l'assurance que la vente se réalisera ; ou bien, dans le cas contraire, rechercher un autre acquéreur, ou demander un prêt-relais s'il envisageait d'utiliser le prix de la vente pour financer de son côté une opération sur laquelle il s'est lui-même engagé.
Il est licite de prévoir dans l'avant-contrat que l'acquéreur devra informer le vendeur de **différents événements** : dépôt de sa demande de prêt, réponse du prêteur, qu'elle soit positive ou négative, date de l'acceptation de l'offre qui lui aura été faite... L'acte pourra prévoir également sous quel délai et sous quelle forme ou au moyen de quels justificatifs cette information devra être donnée.
L'inobservation de l'obligation d'information à laquelle l'acquéreur est tenu ne peut pas avoir pour effet d'entraîner la caducité de la vente, le caractère d'ordre public de l'article L 313-41 interdisant la stipulation d'obligations contractuelles de nature à accroître les exigences du texte (Cass. 3e civ. 7-11-2007 n° 06-17.867 : RJDA 3/08 n° 321 ; CA Douai 30-5-2011 n° 10/01407 : BPIM 4/11 inf. 320). Dans la première espèce, la Cour prend soin de relever qu'un accord d'octroi de prêt avait été notifié et les offres de prêt délivrées avant l'expiration du délai de réalisation de la condition.

42462 **Obligation de formuler plusieurs demandes de prêt** Certaines clauses imposent à l'acquéreur de déposer plusieurs demandes de prêt, leur nombre étant le plus souvent précisé. Une telle clause est licite (Cass. 3e civ. 21-7-1998 n° 97-11.787 : Contrats conc. consom. 1999 comm. n° 46 ; Cass. 1e civ. 22-5-2008 n° 07-11.719 : Contrats conc. consom. 2008 comm. n° 250). Elle peut en outre présenter un avantage pour l'emprunteur si elle débouche sur plusieurs offres concurrentes entre lesquelles il aura le choix.

Pour que l'acquéreur soit tenu de formuler plusieurs demandes de prêt, il faut que l'obligation soit spécialement prévue dans le contrat. Le vendeur ne peut reprocher à l'acquéreur de ne pas avoir effectué des démarches complémentaires auprès d'autres établissements après un refus de prêt, alors que l'acte, sans avoir limité à un ou deux établissements de crédit les diligences à effectuer, n'avait pas pour autant prévu l'obligation pour le bénéficiaire de la promesse de faire plusieurs demandes (Cass. 3e civ. 8-12-1999 n° 98-10.766 : RJDA 2/00 n° 140).

La **Commission des clauses abusives** recommande que soient éliminées des contrats les clauses ayant pour effet ou pour objet « de subordonner le droit au remboursement du consommateur à la preuve de plusieurs refus de prêt » (Recommandation 88-01 du 22-1-1988). Il faut noter que la Commission ne recommande pas directement d'éliminer la clause imposant à l'emprunteur de déposer plusieurs demandes de prêt, mais celles subordonnant le droit au remboursement à la preuve de plusieurs refus de prêt.

CONSEIL

Si cette clause est insérée, il est préférable qu'elle oblige l'acquéreur à déposer plusieurs demandes de prêt **simultanément**. L'obligation de déposer une nouvelle demande **consécutivement** à un refus de prêt prolongerait en effet grandement la période d'incertitude. Le nombre de demandes imposées à l'emprunteur ne doit pas être excessif, un chiffre de trois demandes paraissant raisonnable. Au-delà, la clause se trouverait affaiblie par les diligences injustifiées qu'elle imposerait à l'acquéreur au regard de la jurisprudence restrictive en la matière (CA Douai 30-5-2011 n° 10/01407 : BPIM 4/11 inf. 320).

Mandat donné à l'intermédiaire de déposer des demandes de prêt au nom de l'acquéreur L'avant-contrat contient parfois un mandat donné par l'acquéreur à l'agent immobilier de rechercher un prêt pour son compte, le plus souvent pour le cas de rejet de la demande de prêt formulée par l'acquéreur. La clause est valable. 42466

Deux points doivent cependant attirer l'attention des parties et de l'intermédiaire, rédacteur de la convention. Tout d'abord, les conditions financières du crédit (taux, durée, montant des échéances...) doivent être suffisamment précisées dans le mandat pour éviter qu'un acquéreur se voie proposer un crédit ne correspondant pas à ses possibilités de remboursement, et qui pourrait l'entraîner à terme vers une situation de surendettement. Ensuite, il convient de veiller à la compatibilité du délai nécessaire à l'instruction de cette demande diligentée par l'intermédiaire avec la durée de la condition suspensive d'obtention de prêt (voir n° 42350) : l'expiration du délai convenu sans qu'une offre soit présentée entraînerait en effet automatiquement défaillance de la condition, et l'acquéreur serait irrémédiablement libéré du contrat.

La **Commission des clauses abusives** recommande que « soient éliminées des contrats les clauses ayant pour effet ou pour objet... de donner mandat au professionnel de rechercher des prêts sans que ce mandat soit exprès et comporte toutes les précisions utiles sur les conditions du prêt » (Recommandation 88-01 du 22-1-1988). Le risque existe en effet que le mandataire, trop largement missionné, sollicite des prêts à des conditions désavantageuses pour l'emprunteur ou qui ne correspondent pas à ses possibilités de remboursement. En outre, le mandataire risque de se trouver dans une situation de conflit d'intérêts : comme intermédiaire, il aura intérêt à ce que le prêt soit accordé, car de la réalisation de la vente dépend sa rémunération ; alors que l'intérêt de son mandant sera parfois de renoncer à un achat déraisonnable ou à un financement désavantageux. 42468

CLAUSES IRRÉGULIÈRES

Indication d'un délai pour le dépôt de la demande de prêt Le vendeur souhaite souvent que le prêt soit demandé à bref délai. Le sort réservé à la demande de prêt met en effet fin à une incertitude qui le concerne au même titre que l'acquéreur : si la réponse de l'organisme de crédit est positive, la vente est consolidée ; dans le cas contraire, il sera libéré et pourra rechercher un autre acquéreur. 42470

Il est donc fréquent, en pratique, qu'une clause impose à l'acquéreur un délai **impératif** pour déposer son dossier de prêt.

Cette clause est strictement prohibée (Cass. 3e civ. 12-2-2014, n° 12-27.182 : RJDA 11/14 n° 861). Dans cette espèce, la promesse de vente imposait à l'acheteur de déposer sa demande de prêt dans un délai de 10 jours.

Selon nous, il reste possible de fixer dans l'acte un délai **indicatif**, ou de préciser que la demande devra être effectuée « dans les meilleurs délais », dès lors qu'aucune sanction n'est contractuellement attachée au défaut de respect de cette diligence, tout en étant conscient que le non-respect de ce délai ne sera pas automatiquement sanctionné sur le fondement de l'article 1304-3, al. 1 du Code civil et ne permettra pas d'obtenir le paiement de la clause pénale si elle a été prévue.

42474 **Clause sanctionnant le défaut de réponse de l'organisme prêteur dans le délai convenu par la perte de la somme versée par l'acquéreur** Cette clause est directement en contradiction avec la protection organisée par la loi au profit de l'acquéreur emprunteur. Elle est nettement condamnée par la Cour de cassation, au motif que la loi est d'ordre public et que son application ne peut être affectée par la stipulation d'obligations contractuelles de nature à accroître les exigences en résultant. Ainsi jugé à propos d'une stipulation selon laquelle, à défaut de réponse de l'organisme prêteur dans le délai convenu, l'indemnité d'immobilisation serait acquise au promettant (Cass. 1e civ. 7-7-1993 n° 91-20.395 : RJDA 2/94 n° 186).

42476 **Clause imposant à l'acquéreur la signification au vendeur de la non-obtention des prêts dans le délai légal** C'est l'obtention du prêt ou sa non-obtention qui doit intervenir dans le délai légal, et non la signification au vendeur par l'emprunteur dans le même délai de sa non-obtention. La Cour de cassation condamne une telle clause au motif qu'elle fait échec aux dispositions d'ordre public de la loi (Cass. 1e civ. 9-5-1996 n° 94-12.133 : Bull. civ. I n° 196).

42478 **Clause assimilant le défaut d'information du vendeur par l'acquéreur à l'obtention du prêt** Cette clause est irrégulière au motif qu'elle a pour effet de faire échec aux dispositions protectrices d'une loi d'ordre public (Cass. 3e civ. 18-7-1986 n° 85-12.604 : Bull. civ. III n° 126), ou que la loi subordonne la conclusion de l'acte de vente à l'obtention réelle des prêts et non à une quelconque fiction d'obtention de ceux-ci (Cass. 1e civ. 11-7-1988 n° 86-18.919 : Bull. civ. III n° 239). Dans la première espèce, l'acte prévoyait que la non-obtention des prêts devrait être notifiée par l'acquéreur au vendeur au plus tard dans les 4 jours suivant le délai de réalisation de la condition suspensive, à défaut de quoi l'acquéreur serait censé avoir obtenu son offre de prêt et la condition suspensive de l'obtention des prêts serait réputée réalisée. Dans la seconde espèce, il était stipulé que le financement serait réputé obtenu si l'acquéreur n'avait pas notifié au vendeur avant une date fixée le refus ou la non-obtention du prêt sollicité.
Cette clause peut au surplus être dangereuse pour le vendeur si l'acquéreur n'a pas obtenu son prêt : la condition étant réputée réalisée, la vente est parfaite alors que l'acquéreur ne dispose pas du financement permettant d'en acquitter le prix, selon le cas en totalité ou en partie.

42480 **Clause assimilant le défaut de notification du refus de prêt dans le délai prévu à une renonciation à la condition** Il n'est pas possible de prévoir dans la convention que faute pour l'acquéreur d'avoir notifié au vendeur le refus de sa demande de prêt, il serait considéré comme ayant renoncé au bénéfice de la condition. Cette clause est tout aussi contestable que la précédente, et repose également sur une présomption ou une fiction qui n'est pas compatible avec le caractère d'ordre public des dispositions légales.

42482 **Clause sanctionnant le défaut de justification par l'emprunteur de ses diligences par une peine pécuniaire à charge de ce dernier** La peine pécuniaire est le plus souvent l'abandon de l'acompte ou de l'indemnité d'immobilisation versée. La Cour de cassation, sous le visa de l'article 17 de la loi, devenu l'article L 313-41 du Code de la consommation, condamne cette clause au motif que l'application du texte d'ordre public ne peut être affectée par la stipulation d'obligations contractuelles imposées à l'acquéreur de nature à accroître les exigences légales (Cass. 1e civ. 28-1-1992 n° 89-11.152 : Bull. civ. I n° 35).

f. Faute de l'emprunteur

42500 L'acquéreur emprunteur peut avoir un comportement fautif vis-à-vis de son vendeur, en vue de se dégager d'une vente qu'il ne souhaite plus réaliser. La condition suspensive de l'obtention d'un prêt, comme beaucoup d'autres conditions suspensives, se prête à cette tentation.
L'examen de la jurisprudence révèle d'ailleurs que c'est le conflit entre le vendeur et l'acquéreur, suspecté de déloyauté, qui nourrit la part la plus importante du contentieux relatif au dispositif de protection de l'acquéreur emprunteur.

CARACTÉRISATION DE LA FAUTE

42502 Le meilleur moyen pour que le prêt ne soit pas obtenu consiste à ne pas le demander, ou à le demander dans des conditions telles qu'il ne puisse être que refusé. La jurisprudence fournit de nombreux exemples de comportements fautifs qu'elle sanctionne : négligences, déloyauté... Une attitude passive tout autant que des manœuvres positives peuvent constituer une faute ouvrant un recours au vendeur.

Dépôt de la demande de prêt Le **défaut de demande** de prêt par l'acquéreur est une faute qui justifie l'application de la sanction de l'article 1304-3, al. 1 du Code civil. La condition est alors en application de ce texte réputée réalisée, et l'acquéreur ne peut plus se prévaloir du refus de prêt. 42504

Le **dépôt tardif** de la demande de prêt, qui a mis obstacle à la réalisation de la condition dans le délai convenu, peut être constitutif d'une faute (Cass. 1e civ. 19-6-1990 n° 88-16.196 : Bull. civ. I n° 175). En l'espèce, l'emprunteur avait formulé sa demande de prêt le jour de l'expiration de la promesse alors qu'il s'agissait de surcroît d'un délai prorogé après un refus de prêt.

L'application de l'article 1304-3, al. 1 du Code civil est en revanche écartée lorsqu'il n'est pas constaté que le retard mis par l'acquéreur dans sa demande de prêt est à l'origine du refus de la banque (Cass. 3e civ. 7-11-2007 n° 06-14.227). En l'espèce, l'acquéreur avait pris contact avec la banque le 21 mai, la promesse de vente du 29 avril fixant le délai de réalisation de la condition suspensive d'obtention de prêt au plus tard le 3 juin et une réitération par acte authentique le 30 juillet.

En cas de **négligences dans la demande** de prêt, le juge, s'il est saisi, pourra déceler dans l'attitude de l'emprunteur un comportement révélant qu'il a empêché la réalisation de la condition ou qu'il a provoqué sa défaillance. Il peut s'agir d'un dossier incomplet, d'un défaut de fourniture à l'organisme de crédit des pièces et renseignements nécessaires à l'instruction du dossier, de renseignements sciemment insuffisants, de retards... Le juge sanctionne un tel comportement déloyal en appliquant l'article 1304-3, al. 1 du Code civil : le prêt est réputé obtenu ; l'acquéreur qui ne peut pas réaliser la vente ne peut pas obtenir la restitution de la somme qu'il a versée à titre de dépôt de garantie ou d'indemnité d'immobilisation (Cass. 1e civ. 25-10-1994 n° 92-11.400 : RJDA 2/95 n° 179).

Non-respect des prévisions de la convention Le fait pour l'emprunteur de ne pas respecter les prévisions de la convention relatives au financement peut constituer une faute. 42506

La plus courante de ces fautes consiste à demander un prêt pour un **montant supérieur** à ce qui a été prévu (Cass. 3e civ. 19-5-1999 n° 97-14.529 : RJDA 8-9/99 n° 905 ; Cass. 3e civ. 16-1-2013 n° 11-26.557 : RJDA 5/13 n° 393, 1e esp. ; dans cet arrêt, le prêt demandé excédait de 8,8 % le montant prévu). En effet, plus le prêt est important, plus le taux d'endettement de l'emprunteur est élevé, ce qui accroît le risque de refus par l'organisme de crédit. En revanche, le fait de demander et d'obtenir un prêt inférieur au montant maximal prévu dans la promesse de vente n'est pas fautif (Cass. 3e civ. 14-1-2021 n° 20-11.224 F-P : BPIM 2/21 inf. 135). De même, l'acheteur qui demande un prêt conforme au maximum prévu par la promesse mais obtient un prêt inférieur qu'il refuse, n'est pas sanctionné (Cass. 3e civ. 14-12-2022 n° 21-24.539 FS-B : RJDA 3/23 n° 135).

Est fautif l'emprunteur qui formule une demande de prêt avec une **durée de remboursement plus courte** que celle qui a été prévue (pour une illustration : Cass. 3e civ. 17-10-2019 n° 17-21.859) ; il augmente ainsi ses charges périodiques de remboursement et diminue sa solvabilité.

Une demande de prêt à un **taux inférieur** à celui indiqué dans l'avant-contrat et que la banque ne peut accepter est également fautive (Cass. 3e civ. 20-11-2013 n° 12-29.021 : RJDA 2/14 n° 93 ; dans cette espèce, l'acquéreur s'est vu refuser un prêt qu'il avait sollicité au taux de 4,20 % alors que la promesse prévoyait un taux maximum de 4,75 % ; Cass. 3e civ. 17-10-2019 n° 17-21.859). Il en va de même d'une demande de prêt avec une facilité de remboursement de 2 ans qui n'avait pas été prévue dans la convention (Cass. 3e civ. 13-10-1999 n° 98-12.025 : RJDA 12/99 n° 1306).

A été considéré comme fautif le fait de solliciter de la banque le financement non seulement de l'immeuble objet de l'avant-contrat mais également et simultanément celui d'un bâtiment professionnel, ce qui avait compliqué la situation à examiner par la banque et conduit celle-ci à formuler des exigences supérieures en termes de garanties (Cass. 3e civ. 17-2-2015 n° 13-17.201 : BPIM 3/15 inf. 204). Est également fautif l'acheteur qui demande un prêt pour le financement non seulement de l'acquisition mais également de travaux de rénovation, contrairement aux dispositions de la promesse de vente signée sous condition suspensive d'obtention d'un prêt (Cass. 3e civ. 13-10-2016 n° 15-17.832 : BPIM 6/16 inf. 387).

Pourraient être également considérées comme fautives des déclarations mettant obstacle à l'admission au bénéfice de l'**assurance**, ou un refus injustifié de fournir les **garanties** demandées par l'organisme de crédit.

La faute peut consister pour l'acquéreur à solliciter à titre personnel une demande de prêt qu'il sait **vouée à l'échec** alors que la banque s'était engagée à accepter une demande au nom d'une SCI constituée avec des tiers (Cass. 3e civ. 12-2-2013 n° 12-13-760 : RJDA 5/13 n° 393, 2e esp.) ou encore faire une demande de prêt au nom d'une SCI en cours de constitution et pas en son nom comme le prévoyait le contrat (Cass. 3e civ. 27-2-2013 n° 12-13.796 : RJDA 6/13 n° 497).

Si la clause du contrat qui impose à l'acquéreur de justifier au vendeur de ses **diligences** ne peut pas prévoir une sanction, sous la forme d'une fiction conventionnelle de la condition réputée réalisée ou sous celle d'une pénalisation pécuniaire (voir nos 42478 et 42482), le juge peut parfaitement sanctionner la défaillance de l'acquéreur au moyen de l'application de l'article 1304-3, al. 1 du Code civil.

> **Précisions** Le **notaire** rédacteur de la promesse engage sa responsabilité à l'égard de l'acquéreur en ne l'avertissant pas du **risque de perte de la somme** versée à l'occasion de l'avant-contrat en cas de refus de prêt consécutif à une demande de prêt non conforme aux prévisions de contrat (Cass. 1e civ. 11-6-2003 no 99-20.720, s'agissant d'une demande de crédit excédant les prévisions du contrat).

42507 Si la demande de prêt **ne correspond pas exactement aux prévisions** du contrat, il n'y a pas faute de l'acquéreur si le prêt prévu par le contrat était en tout état de cause excessif au regard des facultés de remboursement de l'acquéreur (Cass. 3e civ. 12-9-2007 no 06-15.640 : RJDA 1/08 no 20, arrêt rendu en dehors du droit de la consommation mais dont la solution est transposable). En l'espèce, la Cour a refusé de considérer que le fait d'avoir successivement sollicité un prêt sur 12 et 10 ans alors que le contrat prévoyait une durée de 15 ans était constitutif d'une faute de l'acquéreur dès lors que le refus de prêt était justifié : les calculs produits par la banque démontraient que le prêt prévu par le contrat excédait les possibilités financières de l'acquéreur. De même, ne connaît pas de faute l'acquéreur qui présente une demande de prêt à un taux moindre que celui convenu dès lors que la banque aurait, en toute hypothèse, rejeté la demande de prêt (Cass. 3e civ. 1-4-2021 no 19-25.180 : RJDA 6/21 no 376). Dans cette affaire, l'acquéreur avait demandé un prêt au taux de 1,80 % alors que la promesse synallagmatique de vente avait été conclue sous la condition suspensive de l'obtention d'un prêt au taux de 2,30 %. La Cour de cassation ne retient pas la faute de l'acquéreur, la banque ayant précisé que la demande de prêt aurait également été rejetée si le taux demandé avait été de 2,30 %.
N'est également pas fautif le fait de s'adresser à un courtier en prêts immobiliers alors que l'avant-contrat prévoyait que les démarches devaient être faites « auprès d'organismes financiers et notamment tout organisme bancaire » (Cass. 3e civ. 12-2-2014 no 12-27.182 : RJDA 11/14 no 861).

42508 Même s'il a commis une faute, l'acheteur peut prouver que la défaillance de la condition est due à une **cause indépendante** de sa volonté (Cass. 3e civ. 17-3-2004 no 02-17.984 F-D : RJDA 10/04 no 1106 : prêt refusé pour des raisons indépendantes du comportement de celui l'ayant demandé ; Cass. 3e civ. 15-12-2010 no 10-10.473 FS-PB : RJDA 4/11 no 282 : permis de construire jamais demandé, mais insusceptible d'être accordé compte tenu des contraintes d'urbanisme).

42510 **Annulation par l'emprunteur de sa demande de prêt** Le fait pour l'acquéreur d'« annuler » auprès de la banque sa demande de prêt avant que celle-ci se soit prononcée ne lui permet pas d'invoquer la défaillance de la condition. L'acquéreur reste en conséquence tenu de ses obligations vis-à-vis de son cocontractant (Cass. 1e civ. 16-7-1991 no 89-13.269 : JCP N 1993 II p. 56). Cette hypothèse est différente de celle d'une rétractation par l'organisme de crédit de l'offre de prêt (voir no 42410).

42512 **Complaisance de l'organisme de crédit** L'organisme de crédit est facilement suspecté de complaisance avec l'acquéreur qui souhaite ne pas obtenir le prêt qu'il s'est engagé à solliciter. La relation commerciale que le prêteur entretient souvent avec l'acquéreur renforce cette suspicion. Souvent alléguée, la complaisance du prêteur est rarement établie car difficile à démontrer. D'une part, les raisons ne manquent pas pour justifier techniquement le refus de prêt : taux d'endettement excessif, insuffisance des garanties, précarité de l'emploi... D'autre part, le crédit repose non seulement sur des paramètres objectifs, mais encore largement sur la confiance, ce qui justifie que la volonté du prêteur et sa subjectivité soient assez largement décisives.
La banque n'est pas tenue de faire droit à la demande du vendeur, fondée sur l'article 145 du Code de procédure civile, de lui communiquer le dossier de demande de prêt de l'acquéreur afin de s'assurer que cette demande a bien été introduite et traitée (TGI Brest ord. 29-6-2009 : JCP E 2009 no 1728).

SANCTION DE LA FAUTE

42514 La jurisprudence sanctionne la faute de l'emprunteur en appliquant l'article 1304-3, al. 1 du Code civil. Ce texte répute la condition accomplie lorsque le débiteur, obligé sous la condition, en a empêché l'accomplissement (voir n°s 30700 s.). Dans ses relations avec le vendeur, l'acquéreur est considéré comme ayant obtenu son prêt, et doit donc exécuter ses engagements.

Dans l'esprit des parties en conflit, la caractérisation de la faute de l'emprunteur a pour **enjeu** essentiel la restitution de la somme versée par lui ou sa préhension par le vendeur, à titre d'indemnité. En même temps qu'il tente de démontrer la faute de son cocontractant, le vendeur demande, comme conséquence de cette faute, que la somme versée par son cocontractant lui soit versée à titre d'indemnité. **42516**

Or les questions ne sont pas directement liées, car la sanction de l'article 1304-3, al. 1 du Code civil n'est pas en elle-même directement pécuniaire : elle prive l'acquéreur emprunteur de la protection de la condition suspensive, en considérant celle-ci comme réalisée, au moyen d'une fiction prévue par la loi et dont la mise en œuvre est décidée par le juge. Lorsque la faute est reconnue et la sanction prononcée, l'opération, jusqu'alors conditionnelle, devient pure et simple. Et ce n'est qu'accessoirement et secondairement que le vendeur devra demander à être indemnisé ou mettre à exécution la clause pénale si celle-ci a été prévue.

Les choses sont d'ailleurs juridiquement plus complexes pour le vendeur qui demandera la mise en jeu de la sanction de l'article 1304-3, al. 1 du Code civil. En même temps qu'il formule cette demande, et indépendamment de la question de son indemnisation, il devra veiller à solliciter du juge que soit prononcée la **résolution du contrat** de vente ou de promesse pour inexécution de son cocontractant, afin d'être libéré du contrat. **À défaut**, il resterait tenu par une vente ou par une promesse que son acquéreur ne pourra très vraisemblablement pas exécuter, puisque par hypothèse il n'aura pas obtenu son prêt.

CONSEIL

Avant de s'adresser au juge pour voir sanctionner son cocontractant indélicat, le vendeur devra faire la balance des **avantages et inconvénients** de chaque solution :
– soit il renoncera à faire reconnaître judiciairement la faute de l'acquéreur, et il admettra alors que la condition d'obtention de prêt ne s'est pas réalisée, ce qui le libérera du contrat et lui permettra de rechercher immédiatement un autre acquéreur, sans perspective d'obtenir une indemnisation pécuniaire ;
– soit il engagera une instance judiciaire, en demandant simultanément la sanction de l'article 1304-3, al. 1 du Code civil, la résolution de la vente ou de la promesse ainsi que son indemnisation, mais ceci au détriment de la possibilité de rechercher un autre acquéreur tant que le lien avec le précédent n'aura pas été définitivement rompu.

PREUVE DE LA FAUTE

La mise en œuvre de la sanction de l'article 1304-3, al. 1 du Code civil suppose une instance judiciaire, car il appartient au juge d'apprécier le fait fautif de l'emprunteur et de prononcer la sanction. La **charge de la preuve** pèse en **principe** sur le vendeur ; celui-ci doit prouver que la défaillance de la condition est due à la négligence, à la faute ou aux manœuvres de l'emprunteur. Mais la charge de la preuve est **renversée** lorsque le débat judiciaire porte sur la conformité de la demande par rapport aux prévisions du contrat : il appartient alors au demandeur de crédit de faire la preuve qu'il a demandé un crédit conforme à l'obligation qu'il avait souscrite (Cass. 3e civ. 13-1-1999 n° 97-14.349 : RJDA 3/99 n° 254 ; Cass. 1e civ. 9-2-1999 n° 97-10.195 : Defrénois 1999 art. 37008-46 p. 755 ; Cass. 3e civ. 30-1-2008 n° 06-21.117 : RJDA 7/08 n° 775). La solution est logique puisque l'emprunteur est le mieux sinon le seul à même d'apporter la preuve de la demande qu'il a formulée. Un emprunteur qui ne communique pas les éléments d'information fournis au prêteur et qui sont à l'origine des refus de prêt est sanctionné : la condition suspensive est réputée accomplie et le promettant peut être autorisé à conserver l'indemnité d'immobilisation versée par le bénéficiaire lors de la conclusion de la promesse (Cass. 1e civ. 7-5-2002 n° 99-17.520 : RJDA 10/02 n° 976). Mais l'acquéreur n'a pas à aller au-delà de cette justification de la présentation d'une demande de prêt conforme aux caractéristiques stipulées. Dès lors qu'il en a justifié, c'est au promettant de rapporter la preuve que l'acquéreur avait empêché l'accomplissement de la condition (Cass. 3e civ. 6-10-2010 n° 09-69.914 : RJDA 2/11 n° 121). **42520**

g. Renonciation à la condition suspensive

Il n'est pas possible pour l'acquéreur emprunteur de renoncer à l'avance, c'est-à-dire au stade de l'**avant-contrat**, à la condition suspensive de l'obtention du prêt. Le caractère d'ordre public de la protection s'y oppose, et une telle renonciation serait inopérante, de sorte que l'acte serait néanmoins conditionnel. **42550**

Cette renonciation ne peut davantage prendre la forme d'une **déclaration mensongère** de l'acquéreur selon laquelle il ne recourt pas à l'emprunt, même accompagnée de la mention manuscrite correspondante. Ce mensonge, lorsqu'il implique le vendeur, activement ou même passivement, est inefficace (voir n° 42262).

42552 En revanche, il peut arriver qu'**après signature de l'avant-contrat**, alors que la protection lui est acquise, et avant la signature de l'acte authentique, l'acquéreur décide de ne plus recourir à l'emprunt, pour la raison qu'il dispose des liquidités lui permettant de réaliser son acquisition. Il lui est possible alors de renoncer à la condition suspensive, stipulée en sa faveur, cette renonciation étant la conséquence d'une renonciation à l'emprunt.
Cette faculté est désormais consacrée par le Code civil : « Une partie est libre de renoncer à la condition suspensive stipulée dans son intérêt exclusif, tant que celle-ci n'est pas accomplie ou n'a pas défailli » (C. civ. art. 1304-4).

42554 Bien que la renonciation à la condition ne soit soumise à aucun formalisme, il vaut mieux privilégier la lettre recommandée avec accusé de réception (ou la signification par huissier) qui permettra de conserver la **preuve** de la renonciation. Il est conseillé d'imposer à l'acquéreur qui renonce à la condition parce qu'il a décidé de ne plus recourir à l'emprunt d'indiquer que le prix sera payé sans l'aide d'un prêt et de porter sur le document contenant cette déclaration la mention manuscrite visée au n° 42232.

42556 Lorsque la condition suspensive est établie dans le seul intérêt de l'acquéreur, ce qui est généralement le cas lorsque la vente est conclue sous condition suspensive de l'obtention par celui-ci d'un prêt, seul l'acquéreur – et non le vendeur – peut se prévaloir de la **caducité de la promesse** par non-réalisation de la condition et renoncer à s'en prévaloir (Cass. 3e civ. 13-7-1999 n° 97-20.110 : RJDA 10/99 n° 1065). Dans ce cas, il ne s'agit pas strictement d'une renonciation à la condition suspensive, mais d'une **renonciation** aux effets de sa défaillance.
Le fait que la condition suspensive soit stipulée dans l'**intérêt exclusif** de l'acquéreur doit être suffisamment caractérisé : la mention selon laquelle, passé le délai convenu pour l'obtention d'une offre de prêt, la condition suspensive est réputée non réalisée et le vendeur délié de tout engagement ne permet pas de considérer que l'acquéreur est le bénéficiaire exclusif de la condition ; il ne peut pas, dans ce cas, opposer au vendeur qui refuse de réitérer la vente sa renonciation à se prévaloir de la défaillance de la condition (Cass. 3e civ. 7-11-2007 n° 06-17.729 : BRDA 23/07 inf. 29).

CONSEIL

La possibilité pour l'acquéreur de renoncer à se prévaloir de la défaillance de la condition peut être désavantageuse pour le vendeur : il ne peut pas se considérer comme libéré du contrat du seul fait de la défaillance de la condition alors que cette défaillance risque de priver l'acquéreur de la possibilité de payer le prix ou d'être la cause d'un retard dans la réitération de la vente. Il peut également se produire que l'acquéreur maintienne le vendeur dans l'incertitude sur sa décision. Pour éviter ces situations, les parties ont intérêt à convenir et préciser dans l'avant-contrat que la promesse sera **caduque de plein droit** tant à l'égard du vendeur que de l'acquéreur du seul fait de la non-obtention du prêt dans le délai prévu, sans que l'acquéreur puisse prétendre à la survie du contrat nonobstant la défaillance de la condition suspensive.

3. INTERDÉPENDANCE DES PRÊTS ENTRE EUX

42600 Lorsque l'acquéreur recourt à plusieurs prêts, ce qui est fréquent en pratique, le risque existe que le **financement** soit **partiellement obtenu**. Dans cette situation, l'acquéreur emprunteur doit être protégé, car un financement partiel ne lui permet pas plus de réaliser l'opération qu'une absence de financement.

MÉCANISME CONDITIONNEL

42602 Pour régler cette difficulté, la loi instaure une interdépendance des prêts entre eux : en cas de pluralité, chaque prêt est conclu sous la condition suspensive de l'octroi de chacun des autres prêts. Cette disposition ne s'applique qu'aux prêts dont le montant est supérieur à 10 % du crédit total (C. consom. art. L 313-37).

CONDITIONS D'APPLICATION

42604 La loi pose deux conditions à la soumission de l'opération de crédit à cette condition suspensive : l'information du prêteur d'une part et l'importance de chaque prêt par rapport au crédit total d'autre part.
Le **prêteur** doit être **informé** de la pluralité de prêts. Cette information, bien que la loi ne le précise pas, doit être donnée lors de la demande de prêt. Le recours à plusieurs prêts est

d'ailleurs l'un des paramètres de l'endettement que chaque prêteur prendra en considération pour se prononcer sur la demande de prêt.
Les **prêts de faible importance**, inférieurs à 10 % du crédit total, rentrent dans le calcul de ce crédit total, pour déterminer s'ils dépassent ou non ce taux. Mais ils sont étrangers au mécanisme conditionnel, à un double titre : si un prêt dépassant 10 % du crédit total n'est pas obtenu, ils ne sont pas affectés par la condition suspensive ; si eux-mêmes ne sont pas obtenus, ils n'affectent pas le ou les autres prêts représentant plus de 10 % du crédit total.

EXEMPLE

Deux prêts sont demandés : l'un de 905 000 € et l'autre de 95 000 €. Le second entre dans le calcul du crédit total, qui est donc de 1 000 000 €. Il est inférieur à 10 % du crédit total, et n'est donc pas concerné par la condition suspensive légale qui lie les prêts entre eux.
Si le prêt de 95 000 € n'est pas obtenu, il ne remet pas en cause le prêt de 905 000 €. Et à l'inverse, la non-obtention du prêt de 905 000 € n'affecte pas le prêt de 95 000 € s'il a été obtenu.

EFFETS

42606 Lorsque la condition suspensive est amenée à jouer, aucun des prêts supérieurs à 10 % du crédit total n'est réputé conclu. Deux conséquences en découlent : l'emprunteur est libéré de l'**opération d'achat** qui elle-même était conditionnée par l'obtention du ou des prêts (C. consom. art. L 313-41, al. 1) ; l'emprunteur n'est pas redevable de **frais de dossier** au titre des prêts qui avaient été obtenus.

STIPULATIONS CONTRACTUELLES

42608 Un prêt inférieur à 10 % du crédit total n'est pas **légalement** concerné par la condition suspensive qui lie les différents prêts entre eux. Cependant, la vente pourra être **conventionnellement** soumise à la condition suspensive de l'obtention de ce prêt s'il est déclaré par l'acquéreur, nonobstant le fait que son montant soit inférieur à 10 % du crédit total. S'il n'est pas obtenu, la condition défaillira, ce qui mettra obstacle à la réalisation de la vente et entraînera la résolution des autres prêts sur le fondement de l'article L 313-36 au titre de l'interdépendance du prêt par rapport à l'opération financée (voir nos 42650 s.).

4. INTERDÉPENDANCE ENTRE LE PRÊT IMMOBILIER ET LE CONTRAT PRINCIPAL

42650 L'opération de vente et celle de prêt sont liées de manière telle que l'acquéreur ne soit pas tenu d'acheter s'il n'obtient pas son prêt. Ce lien résulte de la condition suspensive légale de l'obtention du prêt (voir nos 42320 s.). L'interdépendance entre les deux opérations joue dans l'autre sens : l'emprunteur n'est pas tenu par le prêt qu'il a obtenu si l'opération en vue de laquelle ce prêt a été demandé ne se réalise pas.

MÉCANISME

42652 L'offre de prêt est toujours acceptée sous la **condition résolutoire** de la non-conclusion, dans un délai de 4 mois à compter de son acceptation, du contrat pour lequel le prêt est demandé (C. consom. art. L 313-36).
La solution est logique, car le prêt précède en principe la réalisation de l'opération financée. Une condition suspensive n'est d'ailleurs pas concevable, dans la mesure où deux opérations ne peuvent être conclues simultanément sous condition suspensive de la réalisation l'une de l'autre.

CONDITIONS D'APPLICATION

42654 Le **défaut de conclusion** dans le délai légal de 4 mois du contrat pour lequel le prêt est demandé entraîne le jeu de la condition résolutoire légale affectant le prêt.
Plusieurs événements peuvent se produire, empêchant la réalisation de la vente et entraînant donc le jeu de la condition résolutoire légale. Le défaut de conclusion du contrat financé peut résulter de l'absence d'un élément nécessaire à sa vitalité : il peut s'agir du consentement du bénéficiaire d'une promesse unilatérale de vente ou d'achat, qui décide de ne pas lever l'option, du consentement requis pour la validité de l'opération, comme celui du conjoint du vendeur si l'aliénation porte sur le logement de la famille, d'une autorisation judiciaire requise, comme celle du juge des tutelles si le vendeur ou l'un d'eux est soumis à un régime de protection imposant cette autorisation. Il peut également résulter de la défaillance d'une condition suspensive autre que celle de l'obtention du prêt affectant le contrat financé, à tous autres égards parfait, et entraînant son anéantissement.

42656 Bien que le texte légal n'envisage strictement que le défaut de conclusion dans le délai de 4 mois du contrat financé, le prêt est affecté par l'anéantissement rétroactif du contrat principal, après sa conclusion, et même si cet anéantissement intervient au-delà de ce délai de 4 mois.

Il en est ainsi si la **vente** est **annulée** sur le fondement d'une erreur commise par l'acheteur (Cass. 1e civ. 16-12-1992 n° 90-18.151 : Bull. civ. I n° 316, Defrénois 1993 art. 35622 p. 1133, à propos d'une erreur sur la qualité substantielle de la chose vendue). La même solution s'applique lorsque la **vente** est **résolue** à la demande de l'acquéreur par suite du comportement fautif du vendeur : par exemple, omission du vendeur de mentionner à l'acquéreur l'existence d'une servitude consistant en une conduite souterraine d'alimentation en eau (Cass. 1e civ. 1-12-1993 n° 91-20.539 : RJDA 3/94 n° 316), défaut de délivrance de la chose vendue (Cass. 1e civ. 13-2-1996 n° 93-20.894 : RJDA 7/96 n° 949).

La solution, qui ne découle pas directement de la formulation du texte légal, est fondée sur l'**effet rétroactif** de l'annulation ou de la résolution judiciaire du contrat de vente. Cet effet conduit à considérer que celui-ci est réputé n'avoir jamais été conclu. Le souci de protéger l'emprunteur a incontestablement été pris en compte par la Cour de cassation. Le fondement juridique de la solution doit conduire à considérer que la solution est la même dans toutes les hypothèses d'anéantissement rétroactif de la convention : non seulement nullité de la vente ou résolution judiciaire pour faute du vendeur, mais également résolution judiciaire pour faute de l'acquéreur ou acquisition des effets d'une autre condition résolutoire stipulée par les parties ou d'une clause résolutoire expresse.

En cas d'annulation ou de résolution de la vente, la **résolution du prêt** doit être judiciairement demandée et constatée, même si, fondée sur l'article L 313-36 du Code de la consommation, cette résolution est de droit. Le **délai de prescription** de l'action est de 5 ans (C. civ. art. 2224) ; ce délai court à compter non pas de la connaissance du vice affectant la vente, mais de l'annulation de la vente (Cass. 1e civ. 10-5-2005 n° 02-11.759 : RJDA 10/05 n° 1139).

La nullité de la vente ayant pour conséquence la nullité du prêt, une banque peut réclamer au **notaire** responsable de cette nullité réparation du préjudice subi du fait de la perte des intérêts conventionnels auxquels elle avait droit (Cass. 3e civ. 30-1-2013 n° 11-26.074 : RJDA 5/13 n° 394). La banque est fondée à être indemnisée au titre de la restitution des frais du prêt annulé, mais pas du montant des intérêts contractuels non perçus (Cass. 3e civ. 1-6-2017 n° 16-14.428 : RJDA 10/17 n° 613).

> **Précisions** La jurisprudence en matière de résolution a été établie sous l'empire du droit antérieur à la réforme du droit des contrats (Ord. 2016-131 du 10-2-2016, entrée en vigueur le 1-10-2016). Désormais, l'article 1186, alinéa 2 du Code civil prévoit expressément l'**interdépendance des contrats** lorsque ceux-ci ont été conclus en vue d'une opération d'ensemble et que la disparition de l'un d'eux rend impossible ou sans intérêt l'exécution de l'autre.
> L'extinction du contrat subséquent se traduit par sa **caducité**, laquelle n'interviendra toutefois que si le contractant contre lequel elle est invoquée connaissait l'existence de l'opération d'ensemble lorsqu'il a donné son consentement (C. civ. art. 1186, al. 3). Reste à savoir si la vente immobilière financée à crédit relève ou non de ces nouvelles dispositions. Si tel est le cas, la solution jurisprudentielle antérieure n'est pas pour autant bouleversée.
> Bien que différente de la résolution en ce qu'elle sanctionne un événement postérieur à la conclusion du contrat et qu'elle l'éteint pour l'avenir sans remettre le passé en cause, la caducité peut donner lieu à **restitution** dans les conditions prévues aux articles 1352 à 1352-9 du Code civil (C. civ. art. 1187).

DURÉE DE LA CONDITION

42658 La condition résolutoire est d'une **durée minimale** de 4 mois à compter de l'acceptation du contrat de prêt.

Les parties peuvent convenir d'un délai plus long (C. consom. art. L 313-36, al. 2). La **prolongation** de la durée de la condition résolutoire n'est pas de droit. Elle doit être convenue avec l'organisme de crédit. Celui-ci peut ne pas l'accepter, notamment en cas de hausse des taux.

42660 Le texte ne précise pas à quel **moment** cette **convention** peut intervenir. S'il ne fait pas de doute qu'un délai plus long peut être convenu entre le prêteur et l'emprunteur dès l'origine, il est permis de considérer que cette prolongation de délai peut également intervenir après l'acceptation du prêt, car un délai plus long ne peut pas nuire aux intérêts de l'emprunteur. Celui-ci peut au contraire y trouver l'avantage d'augmenter les perspectives de réalisation d'une opération qui lui convient.

La question se pose cependant de savoir si cette prolongation doit nécessairement intervenir avant l'expiration du délai initial de 4 mois. La logique du mécanisme de la condition résolutoire impose en principe cette solution, car le défaut de réalisation de l'événement conditionnel dans le délai prévu entraîne automatiquement et irréversiblement l'anéantissement du contrat. Dans l'incertitude, il est préférable que l'emprunteur sollicite la prorogation avant l'expiration du délai de 4 mois.

EFFETS DE LA RÉSOLUTION DU PRÊT

En cas de **réalisation de la condition**, c'est-à-dire de défaut de conclusion du contrat pour lequel le prêt est demandé, le contrat de prêt est résolu. Cette résolution peut affecter un contrat de prêt qui n'en est qu'au stade de l'offre acceptée. Elle peut aussi frapper un prêt constaté par acte notarié, et ayant déjà donné lieu à un versement de fonds ; ce sera notamment le cas lorsque le défaut de conclusion de l'opération financée sera la conséquence d'une difficulté survenant en fin du processus contractuel. **42662**

La **conséquence pécuniaire** de cette résolution du prêt est la suivante : lorsque le contrat en vue duquel le prêt a été demandé n'est pas conclu dans le délai fixé en application de l'article L 313-36, l'emprunteur est tenu de rembourser la totalité des sommes que le prêteur lui aurait effectivement versées ou qu'il aurait versées pour son compte, ainsi que les intérêts y afférents (C. consom. art. L 313-38).

Le **prêteur** peut retenir ou demander des **frais d'étude** dont le montant est fixé à 0,75 % du montant du prêt, sans pouvoir excéder 150 €, à la condition que le montant de ces frais ainsi que les conditions dans lesquelles ils sont perçus figurent distinctement dans l'offre (C. consom. art. L 313-38 et R 313-22). **42664**

Le prêteur qui ne rembourserait pas les frais qu'il aurait perçus pour la fraction excédant le montant maximal légal ou qui demanderait des frais d'étude excédant ce montant s'exposerait à une amende pénale de 300 000 € et à des peines complémentaires (C. consom. art. L 341-43 et L 341-44).

Lorsque la résolution du prêt est consécutive à la **résolution ou** à l'**annulation de la vente**, et non à sa non-conclusion, la solution est différente sur le plan des restitutions : l'emprunteur doit restituer au prêteur les fonds que celui-ci lui a remis et le prêteur doit rembourser le montant des échéances perçues, en capital et en intérêts, les sommes se compensant à due concurrence (Cass. 1e civ. 7-4-1999 n° 97-15.728 : RJDA 4/00 n° 467). Les intérêts au taux légal peuvent être dus par l'emprunteur, mais dans les conditions de droit commun, c'est-à-dire après mise en demeure et à compter de celle-ci, et non à compter de la date du prêt (Cass. 1e civ. 26-11-2002 n° 99-19.919 : RJDA 3/03 n° 303). **42666**

> **Précisions** Lorsqu'un prêt global est consenti pour **acquérir un terrain et financer une construction** sur ce terrain, et que le contrat de construction est annulé, cette annulation entraîne réalisation de la condition résolutoire, de sorte que le prêt global et non seulement la fraction affectée à la construction est résolu (Cass. 1e civ. 7-7-1998 n° 96-15.098 : RJDA 10/98 n° 1148).

RENONCIATION À LA RÉSOLUTION

La jurisprudence admet que l'emprunteur puisse renoncer à se prévaloir de l'interdépendance du prêt et du contrat principal et par suite de la résolution du contrat de prêt à la condition que cette renonciation ne soit pas équivoque (Cass. 1e civ. 1-3-2005 n° 03-10.456 : RJDA 7/05 n° 880, qui exige un acte positif caractérisant sans équivoque la volonté de l'emprunteur). Dans une autre espèce, il a été considéré que les emprunteurs, en conservant les fonds versés par le prêteur, avaient pu manifester leur volonté de ne pas se prévaloir de cette interdépendance, de sorte que la résolution de la vente n'entraînait pas celle du prêt (Cass. 1e civ. 6-1-1998 n° 95-21.205 : Bull. civ. I n° 6). **42668**

5. SUSPENSION JUDICIAIRE DU PRÊT IMMOBILIER FINANÇANT DES TRAVAUX

Lorsqu'il est déclaré dans le prêt que celui-ci est destiné à financer des ouvrages ou des travaux immobiliers au moyen d'un contrat de promotion, de construction, de maîtrise d'œuvre ou d'entreprise, le tribunal peut, en cas de contestation ou d'accidents affectant l'exécution des contrats et jusqu'à la solution du litige, suspendre l'exécution du contrat de prêt (C. consom. art. L 313-44). **42700**

Cette disposition est une autre manifestation de l'interdépendance entre le contrat de prêt et l'opération financée. Elle peut concerner un acquéreur qui contracte un prêt global destiné non seulement à l'achat de l'immeuble, qu'il s'agisse d'un terrain ou d'un immeuble bâti, mais aussi au financement de travaux immobiliers.

L'article L 313-44 réserve le droit du prêteur à une éventuelle indemnisation.

La suspension judiciaire des travaux suppose que le prêteur intervienne à l'instance ou soit mis en cause par l'une des parties.

SECTION 3

RAPPORTS PRÊTEUR-EMPRUNTEUR

42800 La protection de l'acquéreur emprunteur passe non seulement par l'interdépendance instituée par la loi entre le ou les contrats de prêt et le contrat principal. Elle résulte également d'une **information** de qualité, gage d'un consentement éclairé du consommateur de crédit. Le titre de la loi du 13 juillet 1979 est d'ailleurs explicite sur cette volonté du législateur, puisqu'il s'agit d'une loi « relative à l'information et à la protection des emprunteurs dans le domaine immobilier ». Cette protection est assurée par la réglementation des deux manifestations de volonté nécessaires à la formation du contrat de prêt : l'offre de prêt et son acceptation.
L'ordonnance 2016-351 du 25 mars 2016 renforce la protection des emprunteurs en soumettant le prêteur à de nouvelles obligations d'information au moment de la mise en place du crédit.
Des dispositions particulières concernant la souscription par l'emprunteur d'un contrat d'assurance collective complètent le dispositif protecteur.

A. Formation du contrat de prêt immobilier

42802 Plusieurs règles sont destinées à garantir la qualité de l'information de l'emprunteur : celles qui obligent le prêteur à lui fournir des informations avant même que soit mis en place le crédit, celles qui entourent l'offre d'un formalisme minutieux et rigoureux, et celles qui lui imposent le temps de la réflexion avant qu'il puisse accepter cette offre et former le contrat de prêt.

1. MISE EN PLACE DU PRÊT IMMOBILIER

REMISE D'UNE FICHE D'INFORMATION STANDARDISÉE

42803 L'établissement prêteur doit fournir à l'emprunteur, sur support papier ou sur un autre support durable, une fiche d'information standardisée européenne (Fise). Ce document doit être remis à l'emprunteur au plus tard lors de l'émission de l'offre de crédit. Il comporte des informations permettant à l'emprunteur de comparer les différentes offres du marché, d'évaluer leurs implications et de se déterminer en toute connaissance de cause sur l'opportunité de conclure un crédit (C. consom. art. L 313-7).
La liste et le contenu des informations doivent être présentés suivant un **modèle type** et porter notamment sur (C. consom. art. R 313-4) :
– le prêteur ou l'intermédiaire de crédit ;
– les principales caractéristiques du prêt ;
– le taux d'intérêt et les autres frais ;
– le nombre, la périodicité et le montant de chaque versement ;
– l'échéancier indicatif, le cas échéant ;
– le remboursement anticipé ;
– les caractéristiques variables ;
– les réclamations ;
– les conséquences pour l'emprunteur du non-respect de ses engagements.
Lorsque le contrat de crédit permet des adaptations du **taux débiteur**, cette possibilité et ses effets possibles sur les montants dus et sur le taux annuel effectif global doivent être mentionnés dans la Fise. À cette fin, un taux annuel effectif global supplémentaire illustrant les risques éventuels liés à une augmentation substantielle du taux débiteur doit être fourni à l'emprunteur. Lorsque le taux débiteur n'est pas plafonné, ces informations doivent être assorties d'un avertissement rappelant que le coût total du crédit pour l'emprunteur, indiqué par le taux annuel effectif global, peut évoluer (C. consom. art. R 313-6).
Si le prêteur souhaite donner à l'emprunteur des **informations complémentaires**, il doit le faire dans un document distinct de cette fiche. Ce document peut cependant être joint en annexe à la fiche d'information standardisée européenne (C. consom. art. R 313-7).

DEVOIR D'EXPLICATION DU PRÊTEUR

42804 L'établissement prêteur doit fournir gratuitement à l'emprunteur les **explications adéquates** lui permettant de déterminer si le ou les crédits proposés et les éventuels services accessoires sont adaptés **à ses besoins et à sa situation financière** (C. consom. art. L 313-11).

Ces explications comprennent notamment :
– les informations contenues dans la fiche d'information standardisée ;
– les principales caractéristiques du ou des crédits et services accessoires proposés ;
– les effets spécifiques que le ou les crédits et services accessoires proposés peuvent avoir sur l'emprunteur, y compris les conséquences d'un défaut de paiement de l'emprunteur, notamment en cas de réalisation des garanties. Lorsque la garantie est constituée par un cautionnement accordé par un organisme de cautionnement professionnel, le prêteur doit informer l'emprunteur de la nature, des bénéficiaires et des conditions dans lesquelles celle-ci peut être actionnée et des conséquences pour l'emprunteur ;
– s'agissant des éventuels services accessoires liés au contrat de crédit, l'indication de la possibilité ou non de résilier chaque composante séparément et les implications d'une telle procédure pour l'emprunteur.

DEVOIR DE MISE EN GARDE DU PRÊTEUR

L'établissement prêteur doit mettre en garde gratuitement l'emprunteur lorsque, compte tenu **42805**
de sa situation financière, le crédit peut induire des **risques spécifiques** pour lui (C. consom. art. L 313-12 créé par Ord. 2016-351 du 25-3-2016). Ce devoir de mise en garde s'applique quel que soit le caractère, averti ou non, de l'emprunteur.

Cette obligation d'information entérine l'obligation de conseil et de mise en garde que la Cour de cassation fait peser sur le prêteur quand l'**emprunteur est profane** : il doit le mettre en garde sur le caractère excessif de la charge du crédit par rapport à ses ressources (Cass. ch. mixte 29-6-2007 n° 05-21.104 et 06-11.673 : RJDA 11/07 n° 1142). Pour apprécier la capacité contributive de l'emprunteur, la Cour de cassation juge que doivent être pris en considération son patrimoine (Cass. com. 31-5-2011 n° 09-71.509 : RJDA 10/11 n° 837 ; Cass. com. 6-12-2011 n° 10-24.268 : RJDA 3/12 n° 328), ses revenus existant à la date de l'octroi de crédit ou ceux devant « raisonnablement » échoir (Cass. 1e civ. 12-7-2005 n° 1265 et 1266 : RJDA 3/06 n° 319 ; Cass. com. 3-5-2006 n° 04-15.517 : RJDA 11/06 n° 1159), ses dettes existantes ou potentielles, tel un cautionnement en cours (Cass. com. 24-1-2018 n° 16-19.330) ou encore la valeur du bien immobilier financé, sous déduction du montant de la dette au jour de la conclusion du prêt (Cass. 1e civ. 9-11-2022 n° 21-16.846 : RJDA 3/23 n° 160).

Si le prêt est adapté aux capacités financières de l'emprunteur, la banque n'est pas tenue à mise en garde (Cass. 1e civ. 19-11-2009 nos 08-13.601, 07-21.382, 08-11.866 : RJDA 10/10 n° 995), peu important l'existence de risques affectant l'opération (Cass. com. 23-9-2014 n° 13-22.475 : RJDA 1/15 n° 38).

Ce devoir de mise en garde est identique que le prêt soit remboursable par échéances successives ou en une seule fois à la fin du prêt (Cass. com. 8-11-2023 n° 22-13.750 F-B : RJDA 2/24 n° 125).

La responsabilité de la banque n'est pas engagée dès lors que l'emprunteur profane lui a sciemment fourni des informations erronées, en lui dissimulant par exemple l'existence de prêts en cours ou en majorant ses ressources réelles (Cass. 1e civ. 30-10-2007 n° 06-17.003 : RJDA 5/08 n° 565 ; Cass. 1e civ. 25-6-2009 n° 08-16.434 : RJDA 4/10 n° 422 ; Cass. 1e civ. 25-2-2010 n° 08-70.072 : RJDA 5/10 n° 548). Semble toutefois réservé le cas où la banque aurait normalement pu déceler la déloyauté (Cass. 1e civ. 30-10-2007 n° 06-17.003 précité), par exemple en présence d'informations comportant des contradictions ou d'omissions laissant suspecter une fausse déclaration.

L'action en responsabilité de l'emprunteur non averti à l'encontre du prêteur au titre d'un manquement à son devoir de mise en garde se prescrit par 5 ans à compter du jour du premier incident de paiement et non à compter de la conclusion du prêt (Cass. 1e civ. 5-1-2022 n° 20-18.893 : RJDA 4/22 n° 215 ; Cass. 1e civ. 5-1-2022 n° 20-17.325 : RJDA 5/22 n° 306). S'agissant d'un investissement immobilier locatif avec défiscalisation, la prescription de l'action en responsabilité court à compter de la date de la révélation à l'investisseur d'une rentabilité inférieure à celle promise (Cass. 3e civ. 26-10-2022 n° 21-19.898 FS-B : BRDA 23/22 inf. 9 ; Cass. 2e civ. 5-10-2023 n° 23-13.104 F-B : RJDA 1/24 n° 14), ou de celle où il a appris qu'il serait dans l'impossibilité de revendre le bien à un prix lui permettant de rembourser le capital emprunté (Cass. 3e civ. 1-2-2024 n° 22-13.446 FS-B : RJDA 4/24 n° 264).

À l'égard d'un **emprunteur averti** (pour une illustration : Cass. 1e civ. 5-1-2022 n° 19-24.436 : RJDA 5/22 n° 300), la banque n'est tenue d'un devoir de mise en garde que dans le cas exceptionnel où elle possède, sur les facultés contributives de l'emprunteur, des informations que lui-même ignore (Cass. 1e civ. 12-7-2005 n° 1264 : RJDA 3/06 n° 319).

> **Précisions** Comme toute partie à un contrat, le prêteur qui connaît une information dont l'importance est **déterminante pour le consentement** de l'emprunteur doit l'en informer dès lors que légitimement ce dernier ignore cette information ou fait confiance au prêteur (C. civ. art. 1112-1).

CONTRÔLE DE LA SOLVABILITÉ DE L'EMPRUNTEUR

42806 L'établissement prêteur doit vérifier que les obligations découlant du contrat de crédit seront vraisemblablement respectées par l'emprunteur conformément à ce qui est prévu au contrat. À cette fin, le prêteur doit procéder à une **évaluation rigoureuse** de la solvabilité de l'emprunteur avant de conclure le prêt (C. consom. art. L 313-16).

Cette évaluation doit prendre en compte de manière appropriée les facteurs pertinents permettant d'apprécier la capacité de l'emprunteur à remplir ses obligations. Le prêteur doit s'appuyer sur les informations nécessaires, suffisantes et proportionnées relatives notamment à (C. consom. art. R 313-14) :

– ses revenus, son épargne et ses actifs ;

– ses dépenses régulières, ses dettes et ses autres engagements financiers.

Ces informations sont recueillies auprès de sources internes ou externes pertinentes, y compris de l'emprunteur et comprennent notamment les informations fournies, le cas échéant, par l'intermédiaire de crédit au cours de la procédure de demande de crédit.

L'emprunteur est informé par le prêteur, au stade précontractuel, des informations nécessaires à la conduite de l'évaluation de solvabilité et les délais dans lesquels celles-ci doivent lui être fournies.

Le prêteur doit également consulter, comme en matière de crédit à la consommation, le **fichier national des incidents de remboursement des crédits aux particuliers** (FICP).

À l'issue de la vérification de la solvabilité, si la **demande de crédit est rejetée**, le prêteur doit informer l'emprunteur dans les meilleurs délais. Lorsque la décision est fondée sur le résultat de la consultation du fichier, le prêteur doit en informer l'emprunteur et lui communiquer également le résultat ainsi que les renseignements issus de cette consultation.

42807 Le prêteur ne peut **ni résilier ni modifier** ultérieurement le contrat de crédit conclu avec l'emprunteur au motif que les informations fournies étaient incomplètes ou qu'il a vérifié la solvabilité de manière incorrecte, sauf si des informations essentielles à la conclusion du contrat ont été **sciemment dissimulées ou falsifiées** par l'emprunteur (C. consom. art. L 313-17).

42808 Le prêteur doit **réévaluer la solvabilité** de l'emprunteur, sur la base d'informations mises à jour, avant qu'une **augmentation significative** du montant total du crédit ne soit accordée après la conclusion du contrat de crédit, à moins que ce crédit supplémentaire n'ait été prévu et intégré dans l'évaluation initiale de la solvabilité (C. consom. art. L 313-18).

SANCTIONS

42809 Le prêteur qui accorde un crédit sans communiquer à l'emprunteur la **fiche d'information standardisée européenne** (Fise) peut être déchu du droit aux intérêts, en totalité ou dans la proportion fixée par le juge (C. consom. art. L 341-26).

Le prêteur qui accorde un crédit à l'emprunteur sans lui avoir fourni les **explications adéquates** permettant à celui-ci de déterminer si le contrat de crédit et les éventuels services accessoires sont adaptés à ses besoins et à sa situation financière ou sans l'avoir **mis en garde contre les risques spécifiques** que le prêt peut induire pour lui :

– peut être déchu du droit aux intérêts dans la proportion fixée par le juge, jusqu'à un montant ne pouvant excéder 30 % des intérêts et plafonné à 30 000 € (C. consom. art. L 341-27) ;

– peut être condamné à une amende de 30 000 € (C. consom. art. L 341-31).

Le prêteur qui accorde un crédit sans réaliser l'**étude de solvabilité** peut être déchu du droit aux intérêts, en totalité ou dans la proportion fixée par le juge (C. consom. art. L 341-28).

42810 Lorsque le prêteur est **déchu du droit aux intérêts**, l'emprunteur n'est tenu qu'au seul remboursement du capital suivant l'échéancier prévu ainsi que, le cas échéant, au paiement des intérêts dont le prêteur n'a pas été déchu. Les sommes perçues au titre des intérêts, qui sont productives d'intérêts au taux de l'intérêt légal à compter du jour de leur versement, sont restituées par le prêteur ou imputées sur le capital restant dû (C. consom. art. L 341-47).

2. OFFRE DE PRÊT IMMOBILIER

TRANSMISSION DE L'OFFRE

42812 L'offre doit être fournie, gratuitement, sur **support papier** ou sur **un autre support durable** (C. consom. art. L 313-24). La loi n'exige plus que l'offre soit envoyée obligatoirement par voie postale. Elle peut donc être adressée par voie électronique. La preuve de l'envoi et de sa date ne pourra être faite que si l'emprunteur conserve l'enveloppe ou le courrier électronique contenant l'offre.

DESTINATAIRES DE L'OFFRE

L'offre doit être adressée à l'**emprunteur** ainsi qu'aux **cautions** déclarées par l'emprunteur lorsqu'il s'agit de personnes physiques (C. consom. art. L 313-24). Le prêteur ne respecte pas cette obligation en adressant l'offre préalable, non à l'emprunteur, mais au mandataire auquel l'emprunteur a confié le soin de rechercher un prêteur (Cass. 1e civ. 16-1-2013 n° 05-12.081 : RJDA 8-9/13 n° 746). 42814

En cas de **pluralité** d'emprunteurs ou de cautions, une offre doit être faite à chacun d'eux. Seule la remise d'une offre distincte à chacun des emprunteurs et des cautions permet la mise en œuvre des délais attachés à la réception de l'offre : délai de réflexion et durée minimale de maintien de l'offre.

La pratique d'une offre unique lorsque les emprunteurs vivent en couple, mariés ou non, s'est généralisée, l'offre devant bien entendu être signée par les deux emprunteurs. Il ne semble pas que se soit développé un contentieux sur le point de savoir si l'offre devait dans ce cas être adressée à chacun des membres du couple ou si une offre unique répondait à l'exigence légale.

CONTENU DE L'OFFRE

L'offre préalable de prêt doit **impérativement** (C. consom. art. L 313-25) : 42816

– mentionner l'identité des parties, et éventuellement des cautions déclarées ;

– préciser la nature, l'objet, les modalités du prêt, notamment celles qui sont relatives aux dates et conditions de mise à disposition des fonds ;

– pour les prêts à taux fixe, comprendre un échéancier des amortissements détaillant pour chaque échéance la répartition du remboursement entre le capital et les intérêts ;

– pour les prêts à taux variable ou révisable, être accompagnée d'une notice présentant les conditions et modalités de variation du taux d'intérêt et d'un document d'information contenant une simulation de l'impact d'une variation de ce taux sur les mensualités, la durée du prêt et le coût total du crédit (ce document d'information doit mentionner le caractère indicatif de la simulation et l'absence de responsabilité du prêteur quant à l'évolution réelle des taux d'intérêt pendant le prêt) ;

– indiquer le montant du crédit susceptible d'être consenti et, le cas échéant, celui de ses fractions périodiquement disponibles, son coût total, son taux effectif global défini conformément aux dispositions légales relatives à l'usure, par référence aux articles L 314-1 à L 314-4 du Code de la consommation, ainsi que, s'il y a lieu, les modalités de l'indexation ;

– énoncer, en donnant une évaluation de leur coût, les stipulations, les assurances et les sûretés réelles ou personnelles exigées, qui conditionnent la conclusion du prêt ;

– mentionner que l'emprunteur peut souscrire auprès de l'assureur de son choix une assurance présentant un niveau de garantie équivalent à celle proposée par le prêteur et préciser les documents que doit contenir la demande de substitution ;

– faire état des conditions requises pour un transfert éventuel du prêt à une tierce personne ;

– rappeler les dispositions de l'article L 313-34, c'est-à-dire la durée minimale de l'offre et les conditions de son acceptation : respect du délai de 10 jours et acceptation par la voie postale (ou tout autre moyen convenu entre les parties de nature à rendre certaine la date de l'acceptation). Si le prêteur souhaite que l'offre ait une durée supérieure à 30 jours, l'offre précisera cette durée ;

– indiquer distinctement le montant des frais d'étude dus au prêteur en cas de résolution du contrat de prêt pour défaut de conclusion du contrat en vue duquel le prêt est demandé (C. consom. art. L 313-38).

> **Précisions a.** Pour la détermination du **taux annuel effectif global (TAEG)**, sont ajoutés aux intérêts les frais, les taxes, les commissions ou rémunérations de toute nature, directs ou indirects, supportés par l'emprunteur et connus du prêteur à la date d'émission de l'offre de crédit ou de l'avenant au contrat de crédit, ou dont le montant peut être déterminé à ces mêmes dates, et qui constituent une condition pour obtenir le crédit ou pour l'obtenir aux conditions annoncées (C. consom. art. L 314-1).

Sont ainsi compris dans le taux annuel effectif global du prêt, lorsqu'ils sont nécessaires pour obtenir le crédit ou pour l'obtenir aux conditions annoncées, notamment (C. consom. art. R 314-4) :

– les frais de dossier ;

– les frais payés ou dus à des intermédiaires intervenus de quelque manière que ce soit dans l'octroi du prêt, même si ces frais, commissions ou rémunérations correspondent à des débours réels ;

– les coûts d'assurance et de garanties obligatoires ;

– les frais d'ouverture et de tenue d'un compte donné, d'utilisation d'un moyen de paiement permettant d'effectuer à la fois des opérations et des prélèvements à partir de ce compte ainsi que les autres frais liés aux opérations de paiement ;

– le coût de l'évaluation du bien immobilier, hors frais d'enregistrement liés au transfert de propriété du bien immobilier.

Ne sont en revanche pas compris dans le TAEG (C. consom. art. R 314-5) :
– les frais liés à l'acquisition des immeubles à usage d'habitation ou à usage professionnel et d'habitation tels que les taxes y afférentes et les frais d'acte notarié ;
– les frais à la charge de l'emprunteur en cas de non-respect de l'une de ses obligations prévues dans le contrat de crédit.
b. Le défaut d'indication du TAEG ou l'indication dans l'offre de prêt d'un TAEG incorrect est sanctionné par une **amende** de 150 000 € et par des **peines complémentaires** (C. consom. art. L 341-37 et L 341-44).
Le prêteur peut en outre être **déchu du droit aux intérêts** dans la proportion fixée par le juge, au regard notamment du préjudice pour l'emprunteur (C. consom. art. L 341-34 modifié par Ord. 2019-740 du 17-7-2019 entrée en vigueur le 19-7-2019). Pour les contrats conclus avant le 19 juillet 2019, le régime des sanctions en cas de défaut ou d'erreur du TEG est uniformisé : seule peut être prononcée la déchéance du droit aux intérêts dans la proportion fixée par le juge, au regard notamment de la gravité de la faute du prêteur et du préjudice subi par l'emprunteur (Cass. avis 1e civ. 10-6-2020 n° 15004 PBRI : RJDA 10/20 n° 523 ; Cass. 1e civ. 10-6-2020 n° 18-24.287 FS-PBRI : RJDA 10/20 n° 524). Cette sanction ne joue qu'en cas d'écart supérieur à une décimale entre le taux mentionné dans le prêt et le taux réel (Cass. 1e civ. 5-2-2020 n° 19-11.939 FS-PBI : RJDA 6/20 n° 327 ; Cass. 1e civ. 10-6-2020 n° 18-24.287 FS-PBRI : RJDA 10/20 n° 524).

DURÉE DE VALIDITÉ DE L'OFFRE

42820 L'envoi de l'offre oblige le prêteur à maintenir les conditions qu'elle indique pendant une **durée minimale** de 30 jours à compter de sa réception par l'emprunteur (C. consom. art. L 313-34).
S'agissant d'une durée minimale, l'offre peut prévoir une durée plus longue. À défaut d'acceptation dans le délai, l'offre prévoit généralement sa caducité.
Le jour de réception n'étant pas compris dans le délai, celui-ci **commence à courir** à compter du lendemain de cette réception. Il **expire** le dernier jour à minuit.
En cas de **pluralité d'offres**, lorsqu'il y a plusieurs emprunteurs ou une ou plusieurs cautions, c'est à notre avis la date de la dernière réception qui doit être prise en compte pour déterminer le délai de validité de l'offre.

MODIFICATION DE L'OFFRE DE PRÊT

42821 Toute modification des conditions d'obtention d'un **prêt à taux fixe**, notamment du **montant** ou du **taux** du crédit, donne lieu à la fourniture à l'emprunteur d'une nouvelle offre préalable sur support papier ou sur un autre support durable (C. consom. art. L 313-27).
Une prolongation de la **durée** du prêt ne nécessite pas que soit établie une nouvelle offre préalable lorsque ce prêt porte sur la même somme et que ses conditions sont inchangées (Cass. 1e civ. 8-10-1996 n° 94-18.745 : RJDA 3/97 n° 387).

MODIFICATION DU PRÊT

42822 En cas de **renégociation de prêt**, les modifications au contrat de crédit initial sont apportées sous la seule forme d'un **avenant** établi sur support papier ou sur un autre support durable. Il comprend un échéancier des amortissements détaillant pour chaque échéance le capital restant dû en cas de remboursement anticipé, le taux annuel effectif global ainsi que le coût du crédit sur la base des seuls échéances et frais à venir. Pour les prêts à taux variable ou révisable, l'avenant doit comprendre le TAEG et le coût du crédit jusqu'à la date de révision du taux ainsi que les conditions et modalités de variation de ce taux.
L'emprunteur dispose d'un délai de réflexion de 10 jours à compter de la réception de la proposition d'avenant. L'acceptation doit être donnée par lettre, le cachet de l'opérateur postal faisant foi, ou selon tout autre moyen convenu entre les parties de nature à rendre certaine la date de l'acceptation par l'emprunteur (C. consom. art. L 313-39).

> **Précisions a.** L'article L 313-39 vise expressément la renégociation de prêt et son contenu concerne manifestement un prêt en cours de remboursement. Il ne peut être mis en œuvre pour réaliser une **modification des conditions d'une offre** acceptée avant que le remboursement ait débuté, situation dans laquelle les modifications doivent faire l'objet d'une nouvelle offre (voir n° 42821).
b. Si toute modification des conditions d'obtention du prêt doit faire l'objet de la remise d'une nouvelle offre préalable, cette exigence ne concerne pas les **modifications du prêt** prévues dans un plan conventionnel de redressement de la situation de surendettement de l'emprunteur (Cass. 1e civ. 4-10-2000 n° 99-04.122 : RJDA 1/01 n° 74).
c. En cas de renégociation du prêt immobilier, le taux et la durée de la période permettant de calculer le TAEG n'ont pas à figurer dans l'avenant (Cass. 1e civ. 5-2-2020 n° 18-26.769 F-PBI : BRDA 6/20 inf. 18).
d. Sur le **regroupement de crédits**, voir n° 42133.

SANCTIONS

La loi prévoit en cas de non-respect par le prêteur des règles formelles applicables à l'offre préalable de prêt des sanctions : 42824

– **civiles** : déchéance du droit aux intérêts en totalité ou dans la proportion fixée par le juge, ou en cas d'erreur ou de défaut de TAEG, déchéance du droit aux intérêts dans la proportion fixée par le juge au regard notamment du préjudice pour l'emprunteur (C. consom. art. L 341-34 modifié par Ord. 2019-740 du 17-7-2019) ;

– **pénales** : amende de 150 000 € (C. consom. art. L 341-37) et peines complémentaires (C. consom. art. L 341-44).

La nullité du prêt n'est pas encourue en cas de non-respect de ces obligations (Cass. 1e civ. 9-3-1999 et Cass. 1e civ. 23-3-1999 : RJDA 5/99 n° 597 ; Cass. 1e civ. 2-7-2002 n° 99-20.254 : RJDA 11/02).

> **Précisions** **a.** La déchéance des intérêts ne sanctionnant pas une condition de formation du contrat, l'action est soumise à la **prescription** de 5 ans de l'article L 110-4 du Code de commerce (Cass. 1e civ. 30-9-1997 n° 96-04.005 : RJDA 4/98 n° 495 ; Cass. 1e civ. 9-7-2003 n° 1043 : RJDA 11/03 n° 1114 ; Cass. 1e civ. 15-2-2005 n° 381 : RJDA 6/05 n° 753). Le délai court à compter du jour où l'emprunteur a connu ou aurait dû connaître les faits lui permettant d'exercer son droit (C. civ. art. 2224). La déchéance peut être invoquée par l'emprunteur dans le même délai par voie d'exception, comme moyen de défense à une action en paiement diligentée contre lui par le prêteur (Cass. 1e civ. 4-5-1999 n° 97-04.119 : RJDA 7/99 n° 830).

b. Le **juge** civil est compétent pour prononcer la déchéance du droit aux intérêts, il peut la relever d'office.

Le prononcé de la déchéance du droit aux intérêts relève du pouvoir discrétionnaire du juge du fond et son appréciation est souveraine.

c. Lorsque le prêteur est déchu du droit aux intérêts, l'emprunteur n'est tenu qu'au seul **remboursement du capital** suivant l'échéancier prévu ainsi que, le cas échéant, au paiement des intérêts dont le prêteur n'a pas été déchu. Les sommes perçues au titre des intérêts, qui sont productives d'intérêts au taux de l'intérêt légal à compter du jour de leur versement, sont restituées par le prêteur ou imputées sur le capital restant dû (C. consom. art. L 341-47 et L 341-48-1).

d. L'absence de **signature d'un représentant** de l'organisme de crédit sur l'offre de prêt n'est pas sanctionnée par la déchéance du droit aux intérêts, seules les omissions portant sur des exigences légales pouvant être ainsi sanctionnées (Cass. 1e civ. 6-6-2000 n° 98-13.164 : RJDA 9-10/00 n° 901).

e. Le prêteur n'a pas l'obligation de mentionner dans l'offre préalable de prêt les **clauses** sanctionnant l'inexécution du contrat et ne peut donc pas être sanctionné à ce titre (Cass. 1e civ. 20-6-2000 n° 97-22.394 : RJDA 2/01 n° 214).

f. En cas de **transfert** de prêt, l'absence de mention du prix de la mutation à charge du bénéficiaire du transfert n'est pas sanctionnée par la déchéance du droit aux intérêts, dans la mesure où cette information n'est pas prévue par la loi et ne concourt pas à la protection de l'emprunteur mais à celle de ce bénéficiaire (Cass. 1e civ. 18-1-2000 n° 98-13.230 : RJDA 3/00 n° 328).

3. ACCEPTATION

DÉLAI D'ACCEPTATION

Le ou les emprunteurs ainsi que la ou les cautions doivent, s'ils veulent que le contrat de prêt se forme, accepter l'offre qui leur a été faite pendant la durée de validité de l'offre (voir n° 42820), mais après l'expiration d'un **délai de réflexion** de 10 jours (C. consom. art. L 313-34, al. 2). Ce délai est destiné à permettre à l'emprunteur d'émettre un consentement mûrement réfléchi. 42850

Ce délai est ainsi calculé :

– le point de départ du délai est le jour qui suit celui de la réception de l'offre ;

– l'acceptation ne peut intervenir qu'après l'expiration du 10e jour, soit à compter du 11e jour suivant la réception.

EXEMPLE

Une offre de prêt adressée par voie postale le 10 du mois parvient à l'acquéreur le lendemain, soit le 11. Le délai de 10 jours commence à courir le 12, et se termine le 21. L'offre peut être acceptée à compter du 22.

FORME DE L'ACCEPTATION

L'acceptation de l'offre de prêt doit être donnée par **lettre**, le cachet de la poste faisant foi de sa date, ou selon **tout autre moyen** convenu entre les parties de nature à rendre certaine la date de l'acceptation par l'emprunteur. Bien que la loi ne le précise pas, l'acceptation doit être signée 42852 par l'emprunteur ou la caution, la signature jouant le double rôle d'identification de son auteur et d'existence de son consentement.

INTERDICTION DES VERSEMENTS

42854 Jusqu'à l'acceptation de l'offre par l'emprunteur, aucun versement, sous quelque forme que ce soit, ne peut, au titre de l'opération en cause, être fait par le prêteur à l'emprunteur ou pour le compte de celui-ci, ni par l'emprunteur au prêteur (C. consom. art. L 313-35, al. 1).
Jusqu'à cette acceptation, l'emprunteur ne peut, au même titre, faire aucun dépôt, souscrire ou avaliser aucun effet de commerce, ni signer aucun chèque. Si une autorisation de prélèvement sur compte bancaire ou postal est signée par l'emprunteur, sa validité et sa prise d'effet sont subordonnées à celle du contrat de crédit (C. consom. art. L 313-35, al. 2).

SANCTIONS

42856 **Acceptation non datée ou portant une fausse date** Le prêteur qui fait souscrire par l'emprunteur ou les cautions déclarées, ou reçoit de leur part, l'acceptation de l'offre non datée ou portant une date fausse de nature à faire croire qu'elle a été donnée après expiration du délai de 10 jours est puni d'une amende de 300 000 € (C. consom. art. L 341-40).
À cette peine s'ajoutent de manière facultative la déchéance du droit aux intérêts, en totalité ou dans la proportion fixée par le juge (C. consom. art. L 341-34) et des peines complémentaires (C. consom. art. L 341-44).

42858 **Non-respect du délai de 10 jours** La Cour de cassation considère qu'une acceptation effectuée alors que le délai de réflexion de 10 jours n'a pas été respecté entraîne la **nullité du prêt**, en raison du caractère d'ordre public de la loi. Cette nullité est une nullité **relative** qui ne peut être invoquée que par la personne qu'elle a vocation à protéger (l'emprunteur ou la caution) et dans le délai de 5 ans (Cass. 1e civ. 27-2-2001 n° 98-19.857 : RJDA 5/01 n° 626 ; Cass. 1e civ. 9-7-2003 n° 01-11.153 : RJDA 11/03 n° 1114).
La Cour de cassation tempère cette rigueur en admettant que, bien que le caractère d'ordre public de la loi mette obstacle à ce que l'irrégularité d'une acceptation soit couverte par une confirmation, rien n'empêche l'emprunteur de **renouveler son acceptation** après l'expiration de ce délai (Cass. 1e civ. 18-1-2000 n° 97-20.750) et que la signature de l'acte authentique au-delà du délai de 10 jours peut valoir nouvelle acceptation, permettant ainsi d'écarter l'irrégularité (Cass. 1e civ. 2-11-2005 n° 03-20.918).

> **Précisions** Il faut noter que la nullité du prêt est une **sanction pénalisante pour l'emprunteur**, car il doit restituer la totalité des sommes versées, alors que la déchéance des intérêts peut être pour lui avantageuse, voire très avantageuse, selon que la déchéance est partielle ou totale. On relèvera qu'un arrêt de la cour d'appel de Paris a refusé de prononcer la nullité du prêt alors que la banque avait laissé l'emprunteur accepter son offre de prêt avant l'expiration du délai de 10 jours, et a prononcé la déchéance des intérêts (CA Paris13-10-1998 n° 96-16373 : RJDA 2/99 n° 214). L'arrêt laisse par ailleurs entendre que la nullité, bien qu'elle n'ait pas été prononcée, n'était pas pour autant exclue, si elle pouvait être fondée sur un vice du consentement, dans les conditions de droit commun.

42860 **Non-respect de la forme de l'acceptation** Lorsque l'acceptation de l'offre de prêt par l'emprunteur à l'expiration du délai de 10 jours n'est pas donnée par lettre, le cachet de la poste faisant foi, la seule sanction civile de l'inobservation de cette règle de forme est la perte, en totalité ou en partie, du droit aux intérêts (Cass. 1e civ. 29-10-2002 n° 99-17.333 : RJDA 2/03 n° 180).

B. Assurance collective

42900 La souscription par l'emprunteur d'assurances couvrant des risques de nature à diminuer ses capacités de remboursement, et donc sa solvabilité (risques de décès, d'invalidité, d'incapacité de travail ou de perte d'emploi), est en pratique une garantie toujours exigée par le prêteur.
Il arrive fréquemment que le prêteur propose à l'emprunteur l'adhésion à un contrat d'assurance collective, également appelée « **assurance groupe** », dans le but de garantir le remboursement total ou partiel du montant du prêt restant dû, soit tout ou partie des échéances du prêt.

1. CONCLUSION DU CONTRAT D'ASSURANCE GROUPE

INFORMATION SUR LES RISQUES GARANTIS

Notice Lorsque le prêteur propose à l'emprunteur un contrat d'assurance en vue de garantir en cas de survenance d'un des risques que ce contrat définit, soit le remboursement total ou partiel du prêt restant dû, soit le paiement de tout ou partie des échéances de ce dit prêt, il doit être annexé au contrat de prêt une notice énumérant les **risques garantis** et précisant toutes les **modalités de mise en jeu** de l'assurance (C. consom. art. L 313-29, 1°). Cette notice doit également indiquer la possibilité pour l'emprunteur de résilier le contrat d'assurance à tout moment à compter de la signature de l'offre de prêt (voir n° 42924 s.) (C. consom. art. L 313-8). **42902**

La remise à l'emprunteur de la notice est **impérative**. Le fait qu'aient été remises à l'emprunteur les conditions générales de l'assurance collective, les conditions particulières et la demande d'adhésion n'équivaut pas à la remise d'une notice au sens du Code de la consommation (Cass. 2e civ. 25-1-2007 n° 05-19.700 : RJDA 7/07 n° 766, 1e espèce ; Cass. 1e civ. 5-4-2018 n° 13-27.063 : RJDA 8-9/18 n° 674).

Fiche standardisée d'information Cette fiche doit être fournie, lors de la **première simulation**, à toute personne qui se voit proposer ou qui sollicite une assurance ayant pour objet de garantir le remboursement d'un prêt immobilier (C. consom. art. L 313-10 et R 313-8 à R 313-10). **42904**

Elle doit notamment préciser les types de garanties proposées, mentionner la possibilité pour l'emprunteur de souscrire auprès de l'assureur de son choix une assurance présentant un niveau de garantie équivalent à celle proposée par le prêteur et indiquer que l'assurance en cours peut être résiliée à tout moment (Arrêté FCPT1425918A du 29-4-2015 modifié par arrêté ECOT2213644A du 27-5-2022).

Obligation d'information et de conseil Le banquier a une obligation d'information et de conseil à l'égard de l'emprunteur, qui lui impose de l'éclairer sur l'**adéquation des risques** couverts à sa situation personnelle lorsqu'il lui propose d'adhérer au contrat d'assurance groupe qu'il a souscrit ; la remise de la notice ne suffit pas à satisfaire à cette obligation (Cass. ass. plén. 2-3-2007 n° 06-15.267 : RJDA 7/07 n° 766, 2e espèce ; Cass. 1e civ. 22-1-2009 n° 07-19.867 : RJDA 6/09 n° 573 ; Cass. com 2-5-2024 n° 22-21.642 F-B). Lorsque l'emprunteur n'adhère pas au contrat d'assurance de groupe proposé par la banque, cette dernière doit néanmoins l'éclairer sur l'adéquation d'un défaut d'assurance à sa situation personnelle (Cass. com 2-5-2024 n° 22-21.642 F-B). **42906**

Le devoir d'information de la banque en matière d'assurance bénéficie à tous les emprunteurs, même avertis. Il s'impose indépendamment de tout risque d'endettement excessif (Cass. 1e civ. 30-9-2015 n° 14-18.854 : BPIM 6/15 inf. 404).

À défaut d'information, la banque fait **perdre une chance** au client emprunteur de souscrire une assurance mieux adaptée à sa situation personnelle (Cass. com. 31-1-2012 n° 11-11.700 : RJDA 4/12 n° 429), toute perte de chance étant réparable (Cass. 2e civ. 20-5-2020 n° 18-25.440 : RJDA 11/20 n° 592).

S'agissant de la charge de la preuve, il ne peut pas être exigé de l'assuré qu'il démontre que, s'il avait été parfaitement informé par la banque sur l'adéquation ou non de l'assurance à sa situation, il aurait souscrit, de manière certaine, un contrat mieux adapté (Cass. 2e civ. 20-5-2020 n° 18-25.440 ; Cass. 2e civ. 15-9-2022 n° 21-13.670 : RJDA 12/22 n° 711) ou une assurance garantissant le risque réalisé (Cass. 2e civ. 17-6-2021 n° 19-24.467 : RJDA 10/21 n° 651).

L'emprunteur qui a adhéré à une assurance de groupe peut agir en **responsabilité** contre le prêteur qui ne l'a pas éclairé sur l'adéquation des risques couverts par l'assurance à sa situation personnelle dans un délai de 5 ans à partir du refus de garantie de l'assureur (Cass. com. 6-1-2021 n° 18-24.954 : RJDA 4/21 n° 256 ; Cass. 1e civ. 5-1-2022 n° 19-24.436 et Cass. 1e civ. n° 20-16.031 : RJDA 5/22 n° 300). **42907**

> **Précisions** En cas d'emprunt par acte authentique, le **notaire** doit informer l'emprunteur sur les conséquences de la non-souscription d'une assurance décès facultative proposée par le prêteur ; la preuve de l'exécution de cette obligation lui incombant (Cass. 1e civ. 8-1-2020 n° 18-23.948 : RJDA 4/20 n° 235).

INFORMATION SUR LE COÛT DE L'ASSURANCE

Tout document remis à l'emprunteur, sur support papier ou tout autre support durable, préalablement à la formulation de l'offre de prêt et comportant un ou plusieurs éléments chiffrés sur **42908**

l'assurance de groupe doit mentionner le coût de cette assurance (C. consom. art. L 313-8). Ce coût doit être exprimé :
– à l'exclusion de tout autre taux, en **taux annuel effectif de l'assurance**, pour permettre une comparaison avec le taux annuel effectif global du crédit ;
– en **montant total dû** en euros au titre de l'assurance, sur une durée de 8 ans et sur la durée totale du prêt ;
– en **euros et par période**, selon la périodicité de paiement. Il doit être précisé si ce montant s'ajoute ou non à l'échéance de remboursement du crédit.
Tout intermédiaire d'assurance ou organisme assureur proposant à l'emprunteur une assurance en couverture d'un crédit immobilier est soumis à ces obligations (C. consom. art. L 313-9).
Les modalités de calcul du taux annuel effectif de l'assurance (TAEA) sont définies à l'article R 314-12 du Code de la consommation.

PRISE EN COMPTE DE L'ÉTAT DE SANTÉ DE L'EMPRUNTEUR

42910 **Questionnaire de santé** L'emprunteur est tenu de répondre exactement aux **questions posées** par l'assureur notamment dans le formulaire de déclaration du risque (C. ass. art. L 113-2, 2°).
En cas de réticence ou de fausse déclaration intentionnelle de la part de l'assuré, le contrat d'assurance est nul, quand cette réticence ou fausse déclaration change l'objet du risque ou en diminue l'opinion pour l'assureur, alors même que le risque omis ou dénaturé par l'assuré a été sans influence sur le sinistre (C. ass. art. L 113-8, al. 1).
Aucune information relative à l'état de santé de l'emprunteur ni aucun examen médical ne peut toutefois être exigé lorsque (C. ass. art. L 113-2-1) :
– la part assurée sur l'encours cumulé des contrats de crédit n'excède pas 200 000 € par emprunteur ;
– l'échéance du remboursement du crédit contracté intervient avant les 60 ans de l'emprunteur.

> **Précisions** Un décret pourra définir des conditions **plus favorables** pour l'assuré en termes de plafond de la quotité assurée et d'âge de l'assuré (C. ass. art. L 113-2-1, dernier al.).

42912 **Convention Aeras** Une procédure spéciale (convention Aeras : « s'assurer et emprunter avec un risque aggravé de santé ») est prévue pour les personnes dont le dossier a été refusé par l'assureur groupe en raison d'un **risque aggravé de santé** : personne souffrant d'une maladie grave ou d'un handicap (CSP art. L 1141-2).
Cette procédure s'applique à la souscription d'un prêt immobilier si les conditions suivantes sont simultanément réunies : le prêt ne dépasse pas 420 000 €, l'emprunteur sera âgé de 70 ans au plus à la fin du prêt, l'encours cumulé des prêts immobiliers et professionnels souscrits par l'emprunteur n'excède pas 420 000 €. Le dossier de l'emprunteur est automatiquement transféré vers un dispositif d'assurance « de deuxième niveau » pour réexamen. En cas de nouveau refus, le dossier est alors transmis directement par l'assureur à une commission spéciale dite des risques aggravés qui statue.

42914 La convention Aeras a instauré un « **droit à l'oubli** » permettant aux personnes ayant été atteintes d'un cancer ou d'une hépatite C, de ne pas le déclarer au moment de souscrire une assurance emprunteur. Les personnes guéries sont dispensées de déclarer leur ancienne pathologie à l'assureur 5 ans après la fin du protocole thérapeutique, quel que soit l'âge auquel la maladie a été diagnostiquée (CSP art. L 1141-5, al. 4).
La convention Aeras a également mis en place une grille de référence permettant de déterminer pour certains types d'affection les délais au-delà desquels les anciens malades ne pourront se voir appliquer de surprimes ou d'exclusions de garantie (CSP art. L 1141-5, al. 2).

> **Précisions** Les assureurs ou les prêteurs proposant un contrat d'assurance groupe doivent remettre aux emprunteurs un **document d'information** portant sur les conditions de mise en œuvre du droit à l'oubli et les modalités de consultation de la grille de référence.

INOPPOSABILITÉ DES MODIFICATIONS ULTÉRIEURES

42916 Toute modification apportée ultérieurement à la définition des risques garantis, aux modalités de mise en jeu de l'assurance, ou à la tarification du contrat, est inopposable à l'emprunteur si celui-ci n'a pas donné son acceptation (C. consom. art. L 313-29, 2°). Cette disposition est édictée dans l'intérêt exclusif de l'adhérent au contrat d'assurance collective ; lui seul peut s'en prévaloir (Cass. 1e civ. 11-6-2003 n° 00-14.124 : RJDA 11/03 n° 1116). Il en résulte que la compagnie ne peut pas opposer à l'emprunteur son absence d'acceptation d'une modification de la police favorable à ce dernier.

Pendant toute la durée du contrat d'assurance du prêt, l'assureur ne peut pas le **résilier pour cause d'aggravation du risque**, sauf dans certaines conditions résultant d'un changement de comportement volontaire de l'assuré (C. ass. art. L 113-12-2, al. 3). 42918

Pour pouvoir procéder à une telle résiliation, les conditions suivantes doivent être réunies (C. ass. art. R 113-13) :

– l'assuré pratique régulièrement une **activité sportive** présentant un risque particulier pour sa santé ou sa sécurité ;

– l'exercice de cette nouvelle activité conduit à rendre inexactes ou caduques les réponses faites par l'assuré aux questions relatives à sa pratique sportive ;

– l'assuré n'a pas déclaré cette nouvelle activité.

CONDITION RÉSOLUTOIRE DE L'AGRÉMENT

Lorsque l'assureur a subordonné sa garantie à l'agrément de la personne de l'assuré et que cet agrément n'est pas donné, le contrat de prêt est résolu de plein droit à la demande de l'emprunteur sans frais ni pénalité d'aucune sorte. Cette demande doit être présentée dans le délai d'un mois à compter de la notification du refus de l'agrément (C. consom. art. L 313-29, 3°). 42920

> **Précisions** En cas de refus d'agrément de la part de l'assurance, les banques se sont engagées à accepter des **garanties alternatives** à l'assurance groupe lorsque ces garanties leur offrent le même niveau de sécurité (par exemple, souscription d'une assurance décès-invalidité par laquelle l'emprunteur désigne la banque comme bénéficiaire du contrat, nantissement d'un portefeuille de valeurs mobilières, mise en place de caution ou de gage).

2. L'ALTERNATIVE À L'ASSURANCE GROUPE : L'ASSURANCE INDIVIDUELLE

CHOIX DE L'ASSURANCE INDIVIDUELLE AVANT LA SIGNATURE DE L'OFFRE DE PRÊT

L'emprunteur peut souscrire auprès de l'assureur de son choix une assurance équivalente à celle proposée par le prêteur (C. consom. art. L 313-25, 7°). 42922

Jusqu'à la signature de l'offre de prêt par l'emprunteur, le prêteur **ne peut pas refuser** en garantie un autre contrat d'assurance présenté par l'emprunteur dès lors que ce contrat présente un niveau de garantie équivalent au contrat d'assurance qu'il propose (C. consom. art. L 313-30).

Si l'offre de prêt a été émise, le prêteur **informe** l'emprunteur sur support papier ou tout autre support durable de **sa décision** d'acceptation ou de refus et lui adresse, s'il y a lieu, l'offre modifiée, dans un délai de 10 jours ouvrés à compter de la réception de la demande de substitution (C. consom. art. L 313-31, al. 1).

Toute décision de **refus** doit être explicite et comporter l'intégralité des motifs de refus. Elle doit préciser, le cas échéant, les informations et garanties manquantes (C. consom. art. L 313-30).

Le prêteur **ne peut, en contrepartie de son acceptation** en garantie d'un contrat d'assurance autre que celui qu'il propose (C. consom. art. L 313-32) :

– ni modifier le taux, qu'il soit fixe, variable ou révisable, ou les conditions d'octroi du crédit, y compris son mode d'amortissement ;

– ni exiger le paiement de frais supplémentaires, y compris les frais liés aux travaux d'analyse de l'autre contrat d'assurance.

RÉSILIATION À TOUT MOMENT DE L'ASSURANCE APRÈS LA SIGNATURE DE L'OFFRE DE PRÊT

L'emprunteur peut résilier le contrat d'assurance à tout moment à compter de la signature de l'offre de prêt (C. ass. art. L 113-12-2, al. 1). Il doit **notifier** à l'assureur sa demande de résiliation par lettre ou tout autre support durable, par déclaration faite au siège social ou chez le représentant de l'assureur, par acte extrajudiciaire, par un mode de communication à distance si l'assureur a proposé la conclusion du contrat via ce mode ou par tout autre moyen prévu au contrat (C. ass. art. L 113-12-2, al. 1 et, sur renvoi, art. L 113-14). Il doit également adresser au prêteur le nouveau contrat d'assurance qui **ne peut le refuser** dès lors que ce dernier présente un niveau de garantie équivalent à son contrat d'assurance (C. consom. art. L 313-30). 42924

Le prêteur doit **informer** l'emprunteur de sa **décision d'acceptation ou de refus** dans un délai de 10 jours ouvrés à compter de la réception de l'autre contrat d'assurance (C. consom. art. L 313-31). Toute décision de refus doit être explicite et comporter l'intégralité des motifs de refus. Elle doit préciser, le cas échéant, les informations et garanties manquantes (C. consom. art. L 313-30). 42926

L'emprunteur doit **notifier** à l'assureur par recommandé postal ou électronique (C. ass. art. L 113-12-2, al. 1) :
– la décision du prêteur ;
– ainsi que, le cas échéant, la date de prise d'effet du contrat accepté en substitution.

42928 En cas de **refus** par le prêteur, le contrat d'assurance initial n'est pas résilié.
En cas d'**acceptation**, la résiliation du contrat d'assurance prend effet 10 jours après la réception par l'assureur de la décision du prêteur ou à la date de prise d'effet du contrat accepté en substitution par le prêteur si celle-ci est postérieure (C. ass. art. L 113-12-2, al. 1). Le prêteur doit alors modifier par voie d'avenant, dans un délai de 10 jours ouvrés à compter de la réception de la demande de substitution, le contrat de crédit en y mentionnant, notamment, le nouveau taux annuel effectif global (C. consom. art. L 313-31, al. 3). Il ne peut, en contrepartie de cette acceptation (C. consom. art. L 313-32) :
– ni modifier le taux, qu'il soit fixe, variable ou révisable, ou les conditions d'octroi du crédit, y compris son mode d'amortissement ;
– ni exiger le paiement de frais supplémentaires, y compris les frais liés aux travaux d'analyse de l'autre contrat d'assurance.

42930 L'**assureur** doit **informer** chaque année l'emprunteur, sur support papier ou tout autre support durable, du droit qu'il a de résilier le contrat d'assurance à tout moment, des modalités de résiliation et des différents délais de notification et d'information qu'il doit respecter (C. ass. art. L 113-15-3, al. 1).
Les manquements à cette obligation sont passibles d'une **amende** de 3 000 € pour une personne physique et 15 000 € pour une personne morale (C. ass. art. L 113-15-3, al. 4).

> **Précisions** Le **prêteur** qui ne respecte pas l'une des obligations prévues aux articles L 313-30 à L 313-32 du Code de la consommation est également passible d'une **amende** de 3 000 € pour une personne physique et 15 000 € pour une personne morale (C. consom. art. L 341-44-1).

C. Exécution du contrat de prêt immobilier

42940 Le législateur a prévu un certain nombre de mesures en faveur de l'emprunteur au cours de l'exécution du contrat de prêt. Ces mesures concernent :
– l'information de l'emprunteur pour les prêts à taux variable (n° 42942) ;
– les indemnités dues au prêteur en cas de remboursement anticipé par l'emprunteur (nos 42944 s.) ;
– les mesures de remédiation en cas de difficultés de remboursement par l'emprunteur (n° 42956) ;
– les conséquences de la défaillance de l'emprunteur dans l'exécution de ses obligations (nos 42958 s.).

1. INFORMATION DE L'EMPRUNTEUR IMMOBILIER

42942 Pour les prêts à **taux variable ou révisable**, le prêteur doit informer l'emprunteur en cours d'exécution du prêt : il doit lui indiquer, une fois par an, le montant du capital restant à rembourser (C. consom. art. L 313-46, al. 1).
En cas de modification du taux débiteur, l'emprunteur doit être informé sur support papier ou sur un autre support durable, avant que la modification n'entre en vigueur. Cette information doit indiquer le montant des échéances après l'entrée en vigueur du nouveau taux débiteur ainsi que, le cas échéant, toute modification du nombre ou de la périodicité des échéances (C. consom. art. L 313-46, al. 2).
Lorsque la modification du taux débiteur résulte d'une variation du taux de référence, que le nouveau taux de référence est rendu public et que l'information relative au nouveau taux de référence est également disponible dans les locaux du prêteur, les parties peuvent convenir dans le contrat de crédit que cette information est communiquée périodiquement à l'emprunteur avec le montant des nouveaux paiements périodiques (C. consom. art. L 313-46, al. 3).
Le prêteur qui n'a pas respecté l'obligation d'information de l'emprunteur en cas de modification du taux débiteur peut être déchu du droit aux intérêts, en totalité ou dans la proportion fixée par le juge (C. consom. art. L 341-45).

2. REMBOURSEMENT ANTICIPÉ

LICÉITÉ

Par dérogation aux règles de droit commun du prêt à intérêt, selon lesquelles l'emprunteur doit rembourser le prêt aux échéances convenues, la loi autorise expressément l'emprunteur, à son initiative, à rembourser par anticipation, en partie ou en totalité, son prêt immobilier, lorsque celui-ci entre dans son champ d'application (C. consom. art. L 313-47). 42944

Le contrat de prêt peut cependant interdire les remboursements inférieurs ou égaux à 10 % du montant initial du prêt, sauf s'il s'agit de son solde (C. consom. art. L 313-47, al. 1).

INDEMNISATION DU PRÊTEUR

Le remboursement anticipé du prêt prive le prêteur de la possibilité de percevoir la totalité des intérêts qu'il escomptait sur la durée totale du prêt. La loi autorise le prêteur à percevoir une **indemnité au titre des intérêts non échus** (C. consom. art. L 313-47, al. 2). Cette clause doit être expresse (Cass. 1e civ. 24-4-2013 n° 12-19.070 : RJDA 10/13 n° 835). 42946

Le **montant** de l'indemnité ne peut excéder la valeur d'un semestre d'intérêts sur le capital remboursé au taux moyen du prêt, sans pouvoir dépasser 3 % du capital restant dû avant le remboursement (C. consom. art. R 313-25, al. 1).

Dans le cas où le contrat de prêt est assorti de **taux d'intérêt différents** selon les périodes de remboursement, l'indemnité de remboursement anticipé peut être majorée de la somme permettant d'assurer au prêteur, sur la durée courue depuis l'origine, le taux moyen prévu lors de l'octroi du prêt (C. consom. art. R 313-25, al. 2). Les modalités de calcul de cette majoration doivent être mentionnées dans l'offre préalable de prêt ; à défaut, la majoration n'est pas exigible (Cass. 1e civ. 21-2-1995 n° 92-21.748 : RJDA 6/95 n° 748).

L'article L 313-47, en même temps qu'il précise que le prêteur est en droit d'être indemnisé, réserve le recours possible par l'emprunteur à l'article 1231-5 du Code civil, texte qui permet au juge de modérer la **peine** lorsqu'elle est **manifestement excessive**. La relative modicité de l'indemnisation du prêteur, compte tenu de ses limites forfaitaires, la baisse importante des taux d'intérêt ces dernières années ainsi que la nécessité d'un excès pour justifier la révision judiciaire rendent l'utilisation de ce texte assez théorique. À la différence de l'indemnité elle-même, la majoration prévue en cas de taux d'intérêt différents n'est pas une clause pénale et ne peut pas être réduite par le juge (Cass. 1e civ. 30-3-1994 n° 92-11.759 : RJDA 1/95 n° 54). 42948

Le prêteur doit fournir gratuitement sans tarder à l'emprunteur, après réception de la demande de remboursement par anticipation, sur support papier ou sur un autre support durable, les informations nécessaires à l'examen de cette faculté. Ces informations doivent chiffrer au moins les conséquences financières du remboursement anticipé pour l'emprunteur. Les hypothèses utilisées doivent être clairement formulées (C. consom. art. L 313-47, al. 3). 42950

Aucune **indemnité** ni aucun **coût autres** que ceux mentionnés aux articles L 313-47 et L 313-48 ne peuvent être mis à la charge de l'emprunteur dans le cas de remboursement par anticipation (C. consom. art. L 313-49). Le prêteur qui ne respecterait pas cette interdiction serait passible d'une amende de 300 000 € (C. consom. art. L 341-46). 42952

Pour les contrats de **prêt conclus après le 30 juin 1999** (entrée en vigueur de la loi 99-532 du 25 juin 1999), aucune indemnité n'est due par l'emprunteur lorsque le remboursement anticipé est motivé soit par la vente de l'immeuble faisant suite à un changement du lieu d'activité professionnelle de l'emprunteur ou de son conjoint, soit par le décès ou la cessation d'activité forcée de ces derniers (C. consom. art. L 313-48). 42954

3. MESURES DE REMÉDIATION

Les prêteurs doivent désormais mettre en place des politiques et des procédures « adéquates les incitant à faire preuve d'une tolérance raisonnable avant d'engager une procédure d'exécution à l'encontre d'un emprunteur en difficulté ». Ils doivent lui « proposer, s'il y a lieu, des mesures de renégociation tenant notamment compte de sa situation personnelle » (C. consom. art. L 313-49-1 créé par ord. 2023-1139 du 6-12-2023). 42956

Deux **types de mesures** peuvent être proposés :

– soit le refinancement total ou partiel du contrat de crédit ;

– soit la modification des conditions existantes de ce contrat, notamment : prolongation de sa durée ; suspension de tout ou partie des versements du remboursement pendant une période donnée ; modification du taux d'intérêt ; réaménagement de l'échéancier, et notamment réduction du montant des versements du remboursement ; remise de dette partielle et consolidation de la dette.

Avant de modifier les conditions du contrat de crédit, le prêteur doit communiquer à l'emprunteur les **informations** relatives (C. consom. art. L 313-46-1 créé par ord. 2023-1139 du 6-12-2023) :
– aux modifications envisagées, en précisant celles qui nécessitent son consentement ;
– au calendrier de leur mise en œuvre ;
– aux modalités de réclamation et de médiation.
La liste des informations devant être communiquées à l'emprunteur est fixée par décret (C. consom. art. R 313-24-1 créé par décret 2023-1211 du 20-12-2023).

4. DÉFAILLANCE DE L'EMPRUNTEUR IMMOBILIER

42958 L'emprunteur est défaillant lorsqu'il n'exécute pas ses obligations, au premier rang desquelles celle de rembourser le prêt aux échéances contractuelles. La loi réglemente, en vue de les limiter, les conséquences pécuniaires de cette défaillance. Deux hypothèses peuvent se présenter, selon que le prêteur exige ou n'exige pas le remboursement anticipé du prêt.

ABSENCE DE DEMANDE DE REMBOURSEMENT IMMÉDIAT

42960 Lorsqu'il n'exige pas le remboursement immédiat du capital restant dû, le prêteur peut appliquer une **majoration du taux d'intérêt** que l'emprunteur défaillant aura à payer jusqu'à ce qu'il ait repris le cours normal des échéances contractuelles (C. consom. art. L 313-50). La majoration de taux est fixée à 3 points d'intérêts (C. consom. art. R 313-26).
Lorsque la banque ne demande pas le remboursement immédiat du capital, la majoration des intérêts peut, sur une longue durée, produire une masse importante d'intérêts. Une banque ne commet pas une faute en ne demandant pas le remboursement immédiat du prêt, et en exigeant de l'emprunteur des sommes bien supérieures à celles auxquelles elle aurait pu prétendre si elle avait poursuivi la vente du bien financé dans des délais normaux (Cass. 1e civ. 6-11-2001 nº 00-04.164 : RJDA 3/02 nº 298 ; en l'espèce, les intérêts s'étaient accumulés sur 15 ans).

42962 La majoration doit être **prévue dans le contrat**. Son point de départ est fixé à l'expiration d'une mise en demeure infructueuse faite à l'emprunteur d'avoir à payer. Le contrat peut prévoir que la majoration s'appliquera de plein droit, sans que le prêteur soit tenu à mettre en demeure l'emprunteur.
Il n'est pas nécessaire que la clause sanctionnant l'inexécution du contrat figure dans l'offre de prêt. Elle peut figurer dans les conditions générales du prêt annexées à l'acte authentique (Cass. 1e civ. 20-6-2000 nº 97-22.394 : RJDA 2/01 nº 214).

DEMANDE DE RÉSOLUTION DU CONTRAT ET DE REMBOURSEMENT

42964 Le prêteur pourra préférer demander la résolution du contrat de prêt, notamment si les perspectives que l'emprunteur reprenne le cours normal des remboursements n'existent pas ou sont faibles. Cette résolution peut d'ailleurs succéder à une période au cours de laquelle il n'aura pas demandé la résolution, afin de laisser à l'emprunteur la possibilité de rattraper son retard de remboursement.
La résolution résultera soit d'une **procédure judiciaire**, le prêteur invoquant devant le juge l'inexécution de l'emprunteur, soit le plus souvent d'une **clause résolutoire** qui aura été insérée dans le contrat, et dont les effets seront acquis de plein droit sans formalités ou à l'expiration d'un délai suivant une mise en demeure infructueuse (C. civ. art. 1225, al. 2).

42966 Lorsque le prêteur demande la résolution du contrat de prêt, il peut exiger le **remboursement immédiat du capital** restant dû, ainsi que le **paiement des intérêts échus**. Jusqu'à la date du règlement effectif, les sommes restant dues produisent des **intérêts de retard** à un taux égal à celui du prêt (C. consom. art. L 313-51). En outre, le prêteur peut demander à l'emprunteur défaillant une **indemnité** qui ne peut pas excéder 7 % des sommes dues au titre du capital restant dû ainsi que des intérêts échus et non versés (C. consom. art. R 313-28).

42968 L'article L 313-51 réserve la possibilité pour l'emprunteur, sur le fondement de l'article 1231-5 du Code civil, de demander au juge la modération de l'**indemnité** si elle est **manifestement excessive**. Il peut aussi demander sa diminution à proportion de l'intérêt que l'exécution partielle de l'engagement a procuré au créancier, sur le fondement de l'article 1231-5, al. 3 du Code civil. De son côté, le prêteur pourrait demander que soit augmenté le montant de la clause pénale, s'il l'estimait **dérisoire** ; mais ce recours, en ce qui le concerne, paraît purement théorique.

42970 Le prêteur peut, outre l'indemnité, réclamer à l'emprunteur le **remboursement des frais taxables** qui lui auront été occasionnés par cette défaillance, sur justification, à l'exclusion de tout remboursement forfaitaire de frais de recouvrement (C. consom. art. L 313-52, al. 2). Les frais taxables représentent les frais de mise en demeure par acte extrajudiciaire et les frais de procédure que le prêteur aura engagés en raison de la défaillance de l'emprunteur.

Aucune **indemnité** ni aucun **coût autres** que ceux mentionnés à l'article L 313-51 ne peuvent être mis à la charge de l'emprunteur dans le cas de défaillance de celui-ci (C. consom. art. L 313-52, al. 1). Le prêteur qui ne respecterait pas cette interdiction serait passible d'une amende de 300 000 € et de peines complémentaires (C. consom. art. L 341-46). 42972

L'énonciation limitative des sommes que le prêteur peut réclamer à l'emprunteur en cas de défaillance de celui-ci ne met pas obstacle à ce qu'il poursuive le recouvrement de la créance qu'il détient sur lui à un autre titre (Cass. 1e civ. 20-10-1998 n° 96-17.324 : RJDA 2/99 n° 212, à propos des cotisations d'assurance-vie que le prêteur était chargé de recouvrer à l'encontre de l'emprunteur pour le compte de l'assureur).

> **Précisions** L'action en paiement d'un crédit immobilier se prescrit par 2 ans (C. consom. art. L 218-2 ; Cass. 1e civ. 28-11-2012 n° 11-26.508 : RJDA 2/13 n° 153). Elle a un point de départ différent selon que l'action porte sur les mensualités impayées ou sur le capital restant dû. L'action en paiement des mensualités impayées se prescrit à compter de leurs dates d'échéance successives tandis que l'action en paiement du capital restant dû se prescrit à compter de la déchéance du terme (Cass. 1e civ. 11-2-2016 nos 14-22.938, 14-27.143, 14-28.383 et 14-29.539 : RJDA 6/16 n° 473).
>
> Pour bénéficier du **délai biennal de prescription**, l'emprunteur doit avoir la qualité de **consommateur**, défini comme la personne physique agissant à des fins qui n'entrent pas dans le cadre de son activité commerciale, industrielle, artisanale, libérale ou agricole (C. consom. art. liminaire). Tel n'est pas le cas d'une personne morale, comme une SCI, qui reste soumise au délai de prescription de droit commun de 5 ans (C. civ. art. 2224). Le fait pour une SCI de soumettre volontairement le prêt à la réglementation protectrice du Code de la consommation ne lui confère pas la qualité de consommateur (Cass. 1e civ. 3-2-2016 n° 15-14.689 : RJDA 6/16 n° 497 ; Cass. 1e civ. 14-2-2018 n° 16-28.550). Tel n'est pas non plus le cas d'une personne physique inscrite au registre des sociétés en qualité de loueur en meublé professionnel qui emprunte pour acquérir des lots de copropriété en vue de les louer (Cass. 1e civ. 25-1-2017 n° 16-10.105 : BRDA 6/17 inf. 18). En revanche, la caution peut se prévaloir de la prescription biennale du Code de la consommation, que son engagement ait été souscrit après le 1er janvier 2022, soit la date d'entrée en vigueur de l'ordonnance du 15 septembre 2021 portant réforme du droit des sûretés (C. civ. art. 2298 issu de l'ord. 2021-1192 du 15-9-2021) ou avant cette date (Cass. 1e civ. 20-4-2022 n° 20-22.866 FS-B : RJDA 7/22 n° 432).

DÉLAI DE GRÂCE

L'emprunteur qui éprouve des difficultés peut solliciter du juge des contentieux de la protection qu'il lui accorde, par ordonnance, un délai de grâce, dont l'effet est de suspendre pendant une certaine durée l'exécution de ses obligations (C. consom. art. L 314-20). La loi vise l'hypothèse du **licenciement** pour justifier l'octroi du délai de grâce, mais l'emploi de l'adverbe « **notamment** » ouvre la possibilité pour l'emprunteur de mettre en évidence d'autres événements dans sa demande. 42974

L'ordonnance peut décider que, durant le délai de grâce, les sommes dues ne produiront point intérêt (C. consom. art. L 314-20).

La loi renvoie aux dispositions du Code civil applicables au délai de grâce, prévues à l'article 1343-5. S'appliquent donc les règles suivantes, nonobstant toutes stipulations contraires qui seraient réputées non écrites : 42976

- le délai de grâce peut être accordé dans la limite de 2 années ;
- le juge peut prescrire que les sommes correspondant aux échéances reportées porteront intérêt à un taux réduit au moins égal au taux légal, ou que les paiements s'imputeront d'abord sur le capital ;
- le juge peut subordonner les mesures qu'il prononce à l'accomplissement, par le débiteur, d'actes propres à faciliter ou à garantir le paiement de la dette ;
- la décision du juge suspend les procédures d'exécution qui auraient été engagées par le créancier ;
- les majorations d'intérêts ou les pénalités encourues en cas de retard cessent d'être dues pendant le délai fixé par le juge.

Le délai de grâce peut être accordé à l'emprunteur alors même que le prêteur a prononcé la déchéance du terme. Dans ce cas, les effets de la déchéance de terme se trouvent suspendus (Cass. 1e civ. 2-6-2004 n° 02-16.055 : RJDA 10/04 n° 1156).

SECTION 4

PROTECTION DES CAUTIONS

43200 Le prêteur exige parfois comme garantie une sûreté personnelle sous forme d'un cautionnement donné par un tiers, personne physique, le plus souvent un membre de la famille ou un proche.
Jusqu'à récemment, le **Code de la consommation** prévoyait un certain nombre de dispositions assurant la protection des personnes cautionnant le remboursement d'un crédit. Ces dispositions ont été **abrogées** par l'ordonnance du 15 septembre 2021 portant réforme du droit des sûretés (Ord. 2021-1192 du 15-9-2021 art. 32). Les cautionnements conclus **jusqu'au 31 décembre 2021** restent toutefois soumis à la loi ancienne, sauf exception (Ord. 2021-1192 du 15-9-2021 art. 37, II et III).
Les nouvelles règles protectrices sont intégrées au **Code civil** et s'appliquent aux cautionnements conclus **depuis le 1er janvier 2022** (Ord. 2021-1192 du 15-9-2021 art. 37, I).

> **Précisions** La caution personne physique bénéficie d'une **information identique** à celle du **débiteur principal**, puisque l'offre de prêt doit lui être adressée selon les mêmes formes (C. consom. art. L 313-24). La caution est également soumise au délai de réflexion de 10 jours (C. consom. art. L 313-34, al. 2) sous les mêmes sanctions : amende de 150 000 € en cas d'irrégularité concernant le contenu (C. consom. art. L 341-37), amende de 300 000 € en cas d'irrégularité concernant le délai de réflexion (C. consom. art. L 341-40), déchéance du droit aux intérêts, totale ou dans la proportion fixée par le juge (C. consom. art. L 341-34) et peines complémentaires (C. consom. art. L 341-44).

A. Dispositions applicables aux cautionnements conclus depuis le 1er janvier 2022

MENTIONS APPOSÉES PAR LA CAUTION

43203 Le Code civil unifie et simplifie les règles relatives aux mentions devant être apposées par la caution, personne physique. Il n'est ainsi plus exigé la reproduction par la caution de mentions conformes à un **modèle légal impératif**, source d'un important contentieux (voir n° 43254).
En cas de contestation, il appartiendra au juge d'apprécier le caractère suffisant des mentions et d'indiquer les rédactions acceptables et celles qui ne le sont pas.
Comme auparavant, de telles mentions ne sont pas obligatoires pour les cautionnements souscrits par les personnes morales ni pour ceux consentis par acte notarié ou par acte sous signature privée contresigné par un avocat (C. civ. art. 1369, al. 3, et art. 1374, al. 3).

43206 « À peine de nullité de son engagement, la caution personne physique appose elle-même la mention qu'elle s'engage en qualité de caution à payer au créancier ce que lui doit le débiteur en cas de défaillance de celui-ci, dans la limite d'un montant en principal et accessoires exprimé en toutes lettres et en chiffres. En cas de différence, le cautionnement vaut pour la somme écrite en toutes lettres » (C. civ. art. 2297, al. 1).
Le montant de l'engagement de la caution doit donc être indiqué à la fois **en chiffres et en lettres**, ce qui n'était pas auparavant exigé dans les modèles imposés par le Code de la consommation (Cass. com. 18-1-2017 n° 14-26.604 F-PB : RJDA 3/17 n° 206, 2e espèce).
La nouvelle mention n'énumère pas les **accessoires** de la dette qui sont couverts par le cautionnement. Cela est sans incidence sur les droits du créancier puisque, sauf clause contraire, le cautionnement s'étend aux intérêts et autres accessoires, ainsi qu'aux frais de la première demande, et à tous ceux postérieurs à la dénonciation faite à la caution (C. civ. art. 2295).
La caution n'est pas tenue de mentionner la **durée** de son engagement alors que cette indication était auparavant requise par le Code de la consommation (voir n° 43248).
Protégeant l'intérêt privé de la caution, la **nullité** prévue par le nouvel article 2297 est, à notre avis, relative (C. civ. art. 1179). Le cautionnement irrégulier peut donc être confirmé par la caution, par exemple par son exécution volontaire, comme cela a été admis en cas d'irrégularité de la mention prescrite par le Code de la consommation pour le cautionnement d'un crédit à un consommateur (Cass. com. 5-2-2013 n° 12-11.720 FS-PB : RJDA 5/13 n° 452).

La mention requise par l'article 2297 du Code civil ne doit pas nécessairement être **manuscrite**, l'ordonnance du 15 septembre 2021 permettant de conclure par voie **électronique** l'ensemble des sûretés depuis le 1er janvier 2022 (C. civ. art. 1175). 43209
La caution ne peut toutefois apposer la mention sous format électronique que si les conditions de cette apposition sont de nature à garantir qu'elle n'est effectuée que par la caution elle-même (C. civ. art. 1174).

Une mention spécifique est prévue en cas de renonciation au **bénéfice de discussion** (C. civ. art. 2305) ou de **division** (C. civ. art. 2306) : « Si la caution est privée des bénéfices de discussion ou de division, elle reconnaît dans cette mention ne pouvoir exiger du créancier qu'il poursuive d'abord le débiteur ou qu'il divise ses poursuites entre les cautions. À défaut, elle conserve le droit de se prévaloir de ces bénéfices » (C. civ. art. 2297, al. 2). 43212
Le législateur consacre ainsi la solution dégagée par la Cour de cassation sous l'empire des dispositions antérieures à l'ordonnance du 15 septembre 2021 (Cass. com. 8-3-2011 n° 10-10.699 : RJDA 5/11 n° 466 : voir n° 43254) : le défaut de mention relative au caractère solidaire de la caution ne rend pas nul l'acte de **cautionnement**, mais **simple**.

EXIGENCE DE PROPORTIONNALITÉ DU CAUTIONNEMENT

L'ordonnance du 15 septembre 2021 unifie les dispositions relatives à l'exigence de proportionnalité du cautionnement qui étaient auparavant dispersées dans le Code de la consommation (C. consom. art. L 314-18, L 332-1 et L 343-4 dans leur version en vigueur avant le 1-1-2022). 43215
Elle leur substitue une disposition unique intégrée dans le Code civil : « Si le cautionnement souscrit par une personne physique envers un créancier professionnel était, lors de sa conclusion, **manifestement disproportionné** aux revenus et au patrimoine de la caution, il est réduit au montant à hauteur duquel elle pouvait s'engager à cette date » (C. civ. art. 2300).
Le créancier ne peut plus, pour échapper à toute sanction, établir que la caution était en mesure de faire face à son obligation « au moment où celle-ci est appelée », comme le prévoyait antérieurement le Code de la consommation (voir n° 43257). Il suffit désormais qu'un cautionnement soit disproportionné au **jour** de sa souscription pour que la sanction soit encourue, quand bien même l'engagement serait devenu supportable au moment où le cautionnement est mis en œuvre.

Sous l'empire du droit antérieur, le Code de la consommation prévoyait, à titre de **sanction**, la décharge totale de la caution (voir n° 43263). Une sanction moins sévère pour le prêteur lui est désormais substituée : la réduction du cautionnement au montant à hauteur duquel la caution pouvait s'engager à la date où elle s'est engagée. 43218

OBLIGATION DE MISE EN GARDE DE LA CAUTION

Avant l'entrée en vigueur de la réforme du droit des sûretés, la **jurisprudence** faisait peser sur les établissements de crédit l'obligation de mettre en garde la caution : 43221
– si l'engagement de celle-ci était, lors de sa conclusion, inadapté à ses capacités financières ;
– et s'il existait un risque d'endettement né de l'opération garantie, risque qui résulte de l'inadaptation du contrat aux capacités financières de l'emprunteur (Cass. com. 15-11-2017 n° 16-16.790 : RJDA 3/18 n° 270).
L'établissement était tenu d'une telle obligation envers la caution non avertie mais en était, sauf exception, dispensé à l'égard des cautions averties (voir par exemple Cass. com. 31-5-2016 n° 15-12.354).

L'ordonnance du 15 septembre 2021 **codifie partiellement** cette jurisprudence : « Le créancier professionnel est tenu de mettre en garde la caution personne physique lorsque l'engagement du débiteur principal est inadapté aux capacités financières de ce dernier » (C. civ. art. 2299, al. 1). 43223
Le nouveau texte ne reprend pas l'obligation de mettre en garde la caution sur l'inadaptation du cautionnement à ses propres capacités financières. En effet, cette question relève désormais de l'interdiction faite au créancier de se prévaloir d'un cautionnement disproportionné (voir n° 43215).
La nouvelle obligation légale profite à toutes les cautions personnes physiques, quelles que soient leurs compétences et expériences, autrement dit, qu'elles soient **averties ou profanes**.

Sous l'empire du droit antérieur, le créancier qui manquait à son devoir de mise en garde engageait sa responsabilité contractuelle à l'égard de la caution pour lui avoir fait perdre la chance de ne pas s'engager (Cass. com. 20-10-2009 n° 08-20.274 FS-PB : RJDA 1/10 n° 68). 43227
L'ordonnance substitue une **déchéance** à cette action en responsabilité : le créancier est déchu de son droit contre la caution à hauteur du préjudice subi par celle-ci (C. civ. art. 2299, al. 2).

INFORMATION DE LA CAUTION

43230 L'ordonnance du 15 septembre 2021 unifie le régime de l'information que le créancier doit communiquer à la caution sur l'évolution de la dette et les éventuels défauts de paiement du débiteur principal. Les nouvelles dispositions s'appliquent à **tous les cautionnements** quelle que soit la date à laquelle ils ont été consentis (Ord. 2021-1192 du 15-9-2021 art. 37, III).

43233 **Information annuelle de la caution sur l'évolution de la dette garantie**
Selon l'article 2302 du Code civil : « Le créancier professionnel est tenu, **avant le 31 mars de chaque année** et à ses frais, de faire connaître à toute caution personne physique le montant du principal de la dette, des intérêts et autres accessoires restant dus au 31 décembre de l'année précédente au titre de l'obligation garantie, sous peine de déchéance de la garantie des intérêts et pénalités échus depuis la date de la précédente information et jusqu'à celle de la communication de la nouvelle information. Dans les rapports entre le créancier et la caution, les paiements effectués par le débiteur pendant cette période sont imputés prioritairement sur le principal de la dette.
Le créancier professionnel est tenu, à ses frais et sous la même sanction, de rappeler à la caution personne physique le **terme de son engagement** ou, si le cautionnement est à durée indéterminée, sa **faculté de résiliation** à tout moment et les conditions dans lesquelles celle-ci peut être exercée ».
L'article 2302 précisant enfin que les **frais** incombent au créancier, il est interdit à ce dernier de les répercuter non seulement sur la caution mais aussi sur le débiteur principal (Rapport au Président de la République relatif à Ord. 2021-1192 du 15-9-2021).

43236 **Information de la caution sur les incidents de paiement du débiteur**
Aux termes de l'article 2303 du Code civil : « Le créancier professionnel est tenu d'informer toute caution personne physique de la défaillance du débiteur principal **dès le premier incident de paiement** non régularisé dans le mois de l'exigibilité de ce paiement, à peine de déchéance de la garantie des intérêts et pénalités échus entre la date de cet incident et celle à laquelle elle en a été informée.
Dans les rapports entre le créancier et la caution, les paiements effectués par le débiteur pendant cette période sont imputés prioritairement sur le principal de la dette ».
Cette dernière précision sur l'**imputation des paiements** ne figurait pas dans les textes anciens. À cet égard, le régime de l'information annuelle et de celle sur les incidents de paiement est harmonisé.
En revanche, l'article 2303 ne précise pas si les **frais** de cette dernière information sont à la charge du créancier, contrairement à ce qu'indique l'article 2302 pour l'information annuelle.

FAUTE DU CRÉANCIER

43239 Lorsque la subrogation aux droits du créancier ne peut plus, par la faute de celui-ci, s'opérer en sa faveur, la caution est déchargée à concurrence du préjudice qu'elle subit. Toute clause contraire est réputée non écrite (C. civ. art. 2314, al. 1 et 2).

B. Dispositions applicables aux cautionnements conclus jusqu'au 31 décembre 2021

43242 Les cautionnements conclus avant le 1er janvier 2022 restent soumis à la **loi ancienne**, y compris « pour leurs effets légaux et pour les dispositions d'ordre public » (Ord. 2021-1192 du 15-9-2021 art. 37, II).
Il est toutefois dérogé à ce principe pour les dispositions relatives à l'**information** de la caution par le créancier qui s'appliquent depuis le 1er janvier 2022 même aux cautionnements consentis avant cette date : voir nos 43230 s.
Sur l'obligation de **mise en garde** de la caution avant l'entrée en vigueur de la réforme du droit des sûretés : voir nos 43221 et 43227.

MENTIONS MANUSCRITES

43245 Pour les cautionnements souscrits avant le 1er janvier 2022, le Code de la consommation subordonne la validité du cautionnement garantissant un crédit immobilier à des mentions particulières qui ont pour **objet** d'informer la caution, personne physique, de la portée et de l'étendue de son engagement.

Ces **mentions** doivent en principe être **manuscrites**. La faculté de recourir à un écrit électronique est exclue pour les cautionnements conclus jusqu'au 31 décembre 2021, qu'ils soient de nature civile ou commerciale, sauf s'ils sont passés par une personne pour les besoins de sa profession (C. civ. art. 1175 dans sa version en vigueur avant le 1-1-2022).

Ces mentions sont également requises pour la validité du **mandat** sous signature privée **de se porter caution** d'une opération relevant de la réglementation sur le crédit immobilier (Cass. 1e civ. 8-12-2009 n° 08-17.531 : RJDA 3/10 n° 287).

En revanche, elles ne le sont pas :

– si le cautionnement est donné par une personne morale (C. consom. art. L 314-15 et L 314-16 dans leur version en vigueur avant le 1-1-2022) ;

– si le cautionnement a été donné par une personne physique par acte authentique (C. civ. art. 1369, al. 3) ou par acte sous signature privée contresigné par avocat (C. civ. art. 1374, al. 1).

Toute personne qui, par acte sous signature privée, s'est portée caution de l'emprunteur avant le 1er janvier 2022 doit, à peine de nullité de son engagement, faire précéder sa signature de la mention manuscrite suivante et **uniquement** de **celle-ci** : « En me portant caution de X... dans la limite de la somme de... couvrant le paiement du principal, des intérêts et, le cas échéant, des pénalités ou intérêts de retard et pour la durée de..., je m'engage à rembourser au prêteur les sommes dues sur mes revenus et mes biens si X... n'y satisfait pas lui-même » (C. consom. art. L 314-15 et L 341-51-1 dans leur version en vigueur avant le 1-1-2022). **43248**

Cette mention énonce un **plafond** chiffré que la dette réclamée à la caution ne peut en aucun cas dépasser, en principal, intérêts ou pénalités de retard (Cass. 1e civ. 7-7-1998 n° 96-16.161 : RJDA 10/98 n° 1147).

Toute personne physique qui s'est portée **caution solidaire** avant le 1er janvier 2022 doit, à peine de nullité de son engagement, faire précéder sa signature de la mention manuscrite suivante : « En **renonçant au bénéfice de discussion** défini à l'article 2298 du Code civil et en m'obligeant solidairement avec X..., je m'engage à rembourser le créancier sans pouvoir exiger qu'il poursuive préalablement X... » (C. consom. art. L 314-16 et L 341-51-1 dans leur version en vigueur avant le 1-1-2022). **43251**

La validité du cautionnement solidaire est également subordonnée à la mention concernant le **montant de l'engagement** (n° 43248).

L'article L 341-51-1 du Code de la consommation dans sa version en vigueur avant le 1er janvier 2022 précise que la mention est exigée de la caution « à peine de nullité de l'engagement ». Si, en application de l'ancien article L 314-15 (mention de la portée de l'engagement), la nullité du cautionnement en son entier ne fait guère de doute, la question de l'étendue de la nullité se pose en cas d'**irrégularité de la mention de la solidarité** (C. consom. art. L 314-16 dans sa version en vigueur avant le 1-1-2022). **43254**

Sur le fondement des anciens articles L 331-1 et L 331-2 du Code de la consommation (qui prévoient des dispositions identiques à celles des anciens articles L 314-15 et L 314-16 pour les cautionnements consentis à un créancier professionnel), la Cour de cassation a estimé que, si la mention de la solidarité n'est pas conforme aux exigences de la loi, le cautionnement n'est pas nul mais vaut comme cautionnement simple dès lors que la mention relative à la portée de l'engagement est conforme (Cass. com. 8-3-2011 n° 10-10.699 : RJDA 5/11 n° 466 ; Cass. com. 10-5-2012 n° 11-17.671 : RJDA 8-9/12 n° 800 ; Cass. com. 16-10-2013 n° 12-17.858 : RJDA 2/14 n° 168). La nullité ne vise donc que la clause de solidarité irrégulière, sauf en cas de cumul avec une irrégularité affectant la mention relative à la portée du cautionnement. La solution est, à notre avis, transposable aux articles L 314-15 et L 314-16.

Si les mentions n'ont pas été apposées sur le **mandat sous signature privée** de se porter caution (n° 43245), l'irrégularité qui entache le mandat s'étend au cautionnement subséquent donné sous la forme authentique (Cass. 1e civ. 8-12-2009 n° 08-17.531 : RJDA 3/10 n° 287).

La **nullité** prévue par l'ancien article L 341-51-1 est **relative**, de sorte que le cautionnement irrégulier peut être confirmé par la caution, par exemple par son exécution volontaire (Cass. com. 5-2-2013 n° 12-11.720 : RJDA 5/13 n° 452, décision rendue en matière de cautionnement consenti à un créancier professionnel mais transposable).

L'acte de **cautionnement reste valable** en cas de discordance minime avec la mention manuscrite imposée par la loi n'en affectant ni le sens ni la portée (Cass. 1e civ. 9-11-2004 n° 02-17.028 : RJDA 4/05 n° 442). Tel est le cas, par exemple :

– si la conjonction de coordination « et » est omise entre, d'une part, la formule définissant le montant et la teneur de l'engagement et, d'autre part, celle relative à la durée de celui-ci (Cass. 1e civ. 9-11-2004 n° 02-17.028 précité) ;

– en présence d'une virgule entre la formule caractérisant l'engagement de caution et celle relative à la solidarité (Cass. com. 5-4-2011 n° 09-14.358 : RJDA 6/11 n° 577, 2e esp., décision rendue en matière de cautionnement consenti à un créancier professionnel mais transposable ; Cass. 1e civ. 11-9-2013 n° 12-19.094 : RJDA 2/14 n° 169, 2e esp.) ;
– lorsque le caractère « personnel et solidaire » du cautionnement est évoqué et le terme « banque » substitué à ceux de « prêteur » et de « créancier » (Cass. 1e civ. 10-4-2013 n° 12-18.544 : RJDA 2/14 n° 169, 1e esp. ; décision rendue en matière de cautionnement consenti à un créancier professionnel mais transposable) ;
– en cas d'omission des termes « mes biens » (Cass. 1e civ. 1-10-2013 n° 12-20.278 : RJDA 2/14 n° 169, 3e esp.) ou du mot « intérêts » (Cass. com. 4-11-2014 n° 13-24.706 : RJDA 2/15 n° 144) ; ces omissions ont pour seules conséquences de limiter l'étendue du cautionnement soit aux revenus de la caution, soit au principal de la dette ;
– lorsque la caution ne fait pas précéder sa signature de la mention du montant de l'engagement en lettres, l'obligation de mentionner la somme en chiffres et en lettres n'étant requise qu'à titre de preuve (Cass. com. 18-1-2017 n° 14-26.604 : RJDA 3/17 n° 206, décision rendue en matière de cautionnement consenti à un créancier professionnel mais transposable).

CAUTIONNEMENT DISPROPORTIONNÉ

43257 Un établissement de crédit ou tout organisme autorisé à consentir des crédits ne peut **pas se prévaloir** d'un cautionnement donné par une personne physique pour garantir une opération de crédit qui relève de la réglementation sur le crédit immobilier dès lors que cet engagement était, lors de sa conclusion, manifestement disproportionné à ses biens et revenus, à moins que le patrimoine de cette caution, au moment où celle-ci est appelée, ne lui permette de faire face à son obligation (C. consom. art. L 314-18 dans sa version en vigueur avant le 1-1-2022).

43260 Le caractère manifestement disproportionné du cautionnement s'apprécie à la **date** de la conclusion de ce dernier (Cass. com. 12-3-2013 n° 11-29.030 : RJDA 7/13 n° 663 ; CA Versailles 5-2-2015 n° 13/02658 : RJDA 5/15 n° 384). Il suppose que la caution soit, au moment où elle souscrit le cautionnement, dans l'impossibilité manifeste de faire face à son engagement avec ses biens et ses revenus (Cass. com. 28-2-2018 n° 16-24.841 F-PBI : RJDA 6/18 n° 533).

Il faut prendre en considération l'**endettement global** de la caution, y compris celui résultant d'autres cautionnements (Cass. com. 22-5-2013 n° 11-24.812 : RJDA 10/13 n° 839), à condition qu'ils soient antérieurs (Cass. com. 12-3-2013 n° 11-29.030 : RJDA 7/13 n° 663).

En l'**absence d'anomalies apparentes**, le créancier n'est pas tenu de vérifier les biens et revenus déclarés par la caution au moment où elle s'engage (Cass. com. 14-12-2010 n° 09-69.807 : RJDA 4/11 n° 348 ; Cass. com. 10-3-2015 n° 13-15.867 : RJDA 7/15 n° 526 ; Cass. com. 24-1-2018 n° 16-15.118 : RJDA 4/18 n° 361), ni de s'assurer de l'exactitude et de l'exhaustivité des renseignements transmis par elle (Cass. com. 27-9-2017 n° 15-24.726 F-D : RJDA 1/18 n° 69).

Lorsque deux personnes se sont portées **cautions solidaires** et qu'elles peuvent donc se voir réclamer chacune le paiement intégral de la dette, le caractère manifestement disproportionné de leur engagement est apprécié au regard des revenus de chacune d'elles (Cass. 1e civ. 22-10-1996 n° 94-15.615 : Bull. civ. I n° 362 ; Cass. 1e civ. 29-10-2002 n° 1552 : RJDA 2/03 n° 191).

Lorsque la caution est mariée sous le régime de la **séparation de biens**, le caractère disproportionné de son engagement s'apprécie au regard de ses seuls biens et revenus personnels (Cass. com. 24-5-2018 n° 16-23.036 : RJDA 10/18 n° 772).

Lorsqu'elle est mariée sous le **régime de la communauté**, tous ses biens, propres et communs, et ses revenus doivent être pris en considération pour évaluer le caractère disproportionné de son engagement, sans qu'il soit nécessaire de savoir si son conjoint a donné ou non son consentement (Cass. com. 15-11-2017 n° 16-10.504 : RJDA 2/18 n° 177 ; Cass. com. 6-6-2018 n° 16-26.182 : RJDA 8-9/18 n° 680).

43263 Conformément au droit commun de la **preuve**, la caution poursuivie par la banque doit prouver que son engagement était manifestement disproportionné par rapport aux revenus dont elle disposait au moment où elle s'est engagée (Cass. com. 2-10-2007 n° 06-13.474 : RJDA 1/08 n° 85 ; Cass. com. 12-3-2013 n° 11-29.030 : RJDA 7/13 n° 663 ; Cass. com. 13-9-2017 n° 15-20.294 : RJDA 1/18 n° 67).

Par exemple, la preuve du caractère disproportionné peut résulter d'avis d'imposition relatifs à plusieurs années (CA Paris 1-6-2007 n° 05-22456 : RJDA 12/07 n° 1280).

Si le cautionnement était disproportionné à sa conclusion et que la **caution ne peut pas faire face à l'intégralité de son engagement**, le cautionnement est nul (Cass. 1e civ. 22-10-1996 n° 94-15.615 : Bull. civ. I n° 362) mais la banque ne peut pas se prévaloir de la nullité (C. consom. art. L 314-18 dans sa version en vigueur avant le 1-1-2022).

Il en résulte que la caution est totalement déchargée de son engagement et non pas seulement de la part qui excède sa capacité financière à la date de la mise en œuvre de la garantie. Cette solution a été rendue pour l'application de l'ancien article L 332-1 du Code de la consommation qui prévoit, pour le cautionnement consenti par une personne physique au profit d'un créancier professionnel, un dispositif protecteur dans des termes identiques à celui de l'article L 314-18 dans sa version en vigueur avant le 1er janvier 2022 (Cass. com. 22-6-2010 n° 09-67.814 : RJDA 11/10 n° 1106) et elle est à notre avis transposable. **43263** (suite)

CHAPITRE 2

DROIT DE RÉTRACTATION OU DE RÉFLEXION

SOMMAIRE

SECTION 1

CHAMP D'APPLICATION

45000 L'acquéreur non professionnel d'un immeuble d'habitation bénéficie d'un dispositif protecteur de son consentement (CCH art. L 271-1), prenant selon le cas la forme soit d'un droit de rétractation postérieur à son engagement, soit d'un délai de réflexion antérieur à celui-ci.
Le champ d'application des règles protectrices est défini par la qualité des parties intéressées à l'opération d'acquisition, les biens qui en sont l'objet et les actes qui la constatent. Les éléments qui caractérisent ce champ d'application doivent être **cumulativement** réunis pour que joue la protection.

A. Personnes concernées

1. ACQUÉREUR

ACQUÉREUR NON PROFESSIONNEL

45010 La protection bénéficie exclusivement à l'acquéreur non professionnel. Est concerné, au premier chef, le particulier qui réalise une opération privée.
La notion d'acquéreur non professionnel n'ayant pas été définie par la loi, la distinction entre le professionnel et le non-professionnel au sens de l'article L 271-1 du CCH doit être faite à la

lumière des travaux préparatoires de la loi et des critères existant en droit de la consommation, sans pour autant que cela permette de résoudre de manière sûre toutes les difficultés d'interprétation.

> **Précisions a.** L'examen des **travaux parlementaires** révèle que le législateur a eu avant tout pour objectif la protection du particulier qui achète un logement. Il s'agit de le protéger contre son irréflexion, lors d'un achat qui représente le plus souvent pour lui une opération patrimoniale importante. Au surplus, la protection doit permettre de prévenir certaines situations de surendettement.
> **b.** L'acquéreur d'un logement est protégé, qu'il réalise l'achat pour se loger ou pour le logement d'un tiers. La loi s'applique en cas d'**investissement locatif**, tant qu'il ne s'agit pas d'une activité professionnelle pour l'acquéreur.
> **c.** Il n'y a pas lieu de distinguer selon l'**importance du patrimoine immobilier** de l'acquéreur ni selon la fréquence des acquisitions qu'il réalise : l'acquéreur non professionnel, aussi averti soit-il dans le domaine immobilier, est protégé au même titre que le primo-accédant ou le profane.

ACQUÉREUR PROFESSIONNEL

Ne bénéficie pas de la protection la personne qui réalise une acquisition dans le cadre d'une activité commerciale, comme celle consistant à acquérir un immeuble en vue de sa revente. Est en premier lieu exclu de la protection le **marchand de biens**, qui est par définition un acquéreur professionnel. **45012**
La protection doit également être refusée au **loueur professionnel**, dont l'activité économique, de laquelle il tire ses revenus essentiels sinon exclusifs, consiste à louer des immeubles, et qui réalise l'acquisition dans ce but. Cette qualité de loueur professionnel sera reconnue sans difficulté au loueur en meublé professionnel.
Doit également être considéré comme professionnel et donc exclu de la protection celui qui achète un immeuble d'habitation dans le cadre de son activité économique et pour les **besoins de son exploitation**. Par exemple un entrepreneur qui achète un logement en vue d'y loger un gardien ou un concierge.
Jugé toutefois que les parties peuvent conférer contractuellement à un acheteur professionnel la faculté de rétractation prévue à l'article L 271-1 du CCH. Ainsi, le vendeur qui accepte sciemment la clause de l'acte de vente conférant à l'acheteur un droit de rétractation, bien qu'il s'agisse d'un acheteur professionnel, ne peut contester ce droit (Cass. 3e civ. 5-12-2019 n° 18-24.152 FS-PBI : BPIM 1/20 inf. 48).
Le professionnel qui réalise une acquisition pour son **logement personnel** ou qui agit dans le cadre de son patrimoine personnel bénéficie de la protection légale.

CONSEIL

Lorsque l'exclusion du bénéfice de la protection est justifiée par le caractère manifestement professionnel de l'acquéreur, il serait néanmoins prudent de **préciser dans l'acte la raison** pour laquelle le formalisme légal n'est pas mis en œuvre et de constater l'adhésion de l'acquéreur à la qualification retenue, cela afin d'éviter une contestation ultérieure par celui-ci du motif d'exclusion.
En cas d'incertitude sur l'application de la loi, il est toujours préférable que le doute profite à l'acquéreur et que la protection lui soit accordée. La purge du droit de rétractation, au prix d'une éventuelle rétractation de l'acquéreur sur laquelle le vendeur est rapidement fixé, fait peser sur ce dernier un risque bien moindre qu'une contestation ultérieure de l'opération réalisée.

CAS DES PERSONNES MORALES

La loi n'opère pas de distinction entre les personnes physiques et les personnes morales. Différentes positions peuvent être soutenues concernant l'application de la loi aux personnes morales. **45016**
S'en tenir à la **lettre du texte** conduit à considérer que les personnes morales bénéficient de la protection sans distinguer selon qu'il s'agit de personnes morales de droit privé (sociétés civiles ou commerciales, associations...) ou de droit public (collectivité locale, établissement public...).
Si on s'attache à l'**esprit de la loi**, qui est de protéger l'accédant à la propriété contre l'achat d'impulsion, on peut conclure à son inapplication aux personnes morales qui n'ont manifestement pas besoin de protection, et dont le mode de prise de décision exclut l'irréflexion ou la précipitation. S'agissant des personnes morales de droit public et certaines personnes morales de droit privé, l'application de la loi sera d'ailleurs purement formelle, au moins en ce qui concerne le droit de rétractation, en raison de son délai de 10 jours dont la mise en œuvre est peu compatible avec le formalisme et les délais de convocation et de réunion de l'organe délibérant dont la décision est le plus souvent requise pour autoriser l'acquisition.

Entre ces deux positions extrêmes, une **position intermédiaire** pourrait consister à examiner au coup par coup si la personne morale est digne de protection. Cela permettrait par exemple d'appliquer l'article L 271-1 du CCH à la société civile de type familial qui achète un logement pour le mettre à la disposition de ses associés, le choix sociétaire n'étant souvent dans ce cas qu'une modalité particulière ou secondaire de l'acquisition, à l'effet par exemple d'organiser la gestion de l'immeuble ou d'éviter les inconvénients d'une indivision.
En ce qui concerne les sociétés civiles de gestion, il a été jugé qu'une SCI qui a pour objet l'acquisition, l'administration et la gestion par location ou autrement de tous immeubles et biens immobiliers meublés et aménagés est un acquéreur professionnel qui, en tant que tel, ne bénéficie pas du droit de rétractation ou de réflexion lorsque l'acte a un rapport direct avec l'objet social (Cass. 3e civ. 24-10-2012 no 11-18.774 FS-PBR : BPIM 6/12 inf. 451 ; RJDA 1/13 no 26). Cet arrêt n'a pas réglé la question pour toutes les SCI, la Cour de cassation n'ayant pas exclu du champ d'application du dispositif toutes les sociétés civiles ou toutes les personnes morales, comme elle aurait pu le faire.

CONSEIL

Les **incertitudes** qui subsistent s'agissant de l'application de la protection légale aux personnes morales ne sont pas totalement levées.
En attendant, il n'y a pas grand risque à ne pas faire jouer la protection lorsque l'acquéreur est une personne morale de droit public. Le **souci de sécurité juridique** commande cependant d'appliquer la loi en cas d'achat d'un immeuble d'habitation par une personne morale de droit privé. Le risque ne serait pas seulement que la protection soit déclarée applicable alors qu'elle n'aurait pas été mise en œuvre ; l'émergence d'un contentieux est déjà un risque qu'il convient et qu'il est facile d'éviter par la mise en œuvre de la protection.

2. VENDEUR

45030 La protection pèse sur le vendeur. La loi n'établit aucune distinction concernant le vendeur du bien immobilier. Lui sont soumis tous les vendeurs, quelle que soit leur qualité : le vendeur professionnel comme le simple particulier, la personne physique comme la personne morale et, s'agissant de cette dernière, sans distinguer selon qu'il s'agit d'une personne morale de droit privé ou de droit public.
La loi protège l'acquéreur de son emportement ou de son irréflexion ; il ne s'agit pas de le protéger « contre » un cocontractant professionnel.
La vente amiable par une commune, non précédée d'un avant-contrat, est soumise au délai de réflexion, que la vente soit confiée à un notaire ou réalisée en la forme administrative par le maire, le délai étant décompté à partir de la remise du projet par le notaire ou par le maire (Rép. Denis : AN 22-4-2002 p. 2138 no 72034).

B. Immeubles concernés

1. DESTINATION DE L'IMMEUBLE

NOTION D'HABITATION

45050 Seul l'immeuble « à usage d'habitation » entre strictement dans les prévisions du texte instaurant la protection. La qualification d'immeuble d'habitation ne soulève pas de difficultés lorsqu'elle n'est pas concurrencée par une autre affectation envisagée par l'acquéreur.
Il peut s'agir de l'habitation principale ou de l'habitation secondaire, de l'habitation de l'acquéreur ou de celle d'un tiers, notamment d'un locataire en cas d'investissement locatif.

IMMEUBLE À USAGE MIXTE

45052 Les dispositions protectrices ne sont pas applicables aux immeubles à usage mixte (Cass. 3e civ. 30-1-2008 no 06-21.145 : RJDA 7/08 no 787). En l'espèce l'acquisition portait sur un immeuble à usage d'habitation et de commerce, mais la rédaction très générale de l'arrêt paraît exclure tout immeuble mixte à usage **d'habitation et professionnel, commercial, artisanal ou rural**.
La vente d'une propriété agricole, qui comprend également la cession du permis de construire une maison, ne permet pas à l'acquéreur de bénéficier du droit de rétractation (Cass. 3e civ. 24-9-2013 no 12-24.511 : BPIM 6/13 inf. 404).
Il subsiste cependant une incertitude : la solution est-elle la même lorsque la fraction de l'immeuble affectée à l'activité commerciale, artisanale ou rurale est accessoire ou marginale par rapport au surplus, destiné à l'habitation ? Tant que la jurisprudence n'aura pas précisément fixé

la solution, la recherche de la sécurité juridique doit conduire à faire conventionnellement bénéficier l'acquéreur de la protection.

L'acquisition peut porter simultanément et indivisiblement sur **plusieurs locaux** dont certains 45056
sont pleinement et exclusivement à usage d'habitation, alors que d'autres sont identiquement affectés à un autre usage. Cette sorte de **mixité** n'a pas été visée par le texte. Dans le doute, il est préférable de faire bénéficier l'acquéreur de la protection légale.

LOCAUX ACCESSOIRES

La vente peut porter sur des locaux accessoires, tels un garage, une cave, un cellier... Ces locaux 45058
ne sont pas, strictement, à usage d'habitation. Lorsque leur vente intervient en même temps et entre les mêmes parties que l'immeuble d'habitation, maison ou appartement, l'article L 271-1 du CCH s'applique indiscutablement à l'ensemble formé du local principal et des locaux accessoires. Cependant, la vente isolée d'un local accessoire n'y serait pas soumise, puisqu'il ne s'agit pas d'un immeuble à usage d'habitation (en ce sens, Rép. Schreiner : AN 3-11-2003 p. 8463 n° 23425).
Dans deux situations cette exclusion peut être discutée, ce qui conduira à préconiser, par précaution, l'application des règles protectrices. Il s'agit tout d'abord de l'acquisition réalisée d'un local accessoire distinctement, mais simultanément, de celle d'un logement, ce qui sera le cas lorsque les vendeurs seront différents. La même solution sera retenue en cas d'acquisition d'une chambre de service qui, de fait, peut servir de logement soit à un membre d'une famille déjà propriétaire d'un logement principal dans l'immeuble, soit à une personne isolée.

MOMENT DE L'APPRÉCIATION DE L'AFFECTATION

L'affectation d'habitation doit être appréciée non pas en fonction des caractéristiques physiques 45060
de l'immeuble au moment où se noue la relation entre le vendeur et l'acquéreur, mais en fonction de l'usage que l'acquéreur prévoit d'en avoir (Cass. 3e civ. 12-10-2017 n° 16-22.416 FS-PBI : BPIM 6/17 inf. 421). La loi ne s'appliquerait pas à l'achat d'un immeuble antérieurement et objectivement à usage d'habitation, que l'acquéreur destinerait ouvertement à une activité professionnelle, alors qu'elle s'appliquerait à l'achat d'un bien qui ne serait pas au moment de l'opération à usage d'habitation, mais que l'acquéreur envisagerait de transformer, à l'effet de l'affecter à cet usage.

CONSEIL

À l'effet de caractériser l'application ou au contraire l'exclusion du dispositif protecteur, le contrat précisera utilement la destination que l'acquéreur entend donner à l'immeuble lorsque celui-ci n'est pas déjà à usage d'habitation.

2. NATURE DE L'IMMEUBLE

IMMEUBLE BÂTI

La loi concerne l'immeuble bâti en pleine propriété, situation qui correspond à l'immense majo- 45080
rité des cas et qui ne soulèvera pas de difficultés.
Des difficultés pourront se présenter dans des situations marginales : acquisition d'une péniche immobilisée à quai et affectée à l'habitation, acquisition simultanée d'une caravane ou d'un mobil-home servant de résidence secondaire et du terrain d'agrément sur lequel ces biens sont placés de manière stable... Dans le doute, et dans le souci de la sécurité du vendeur, il sera toujours préférable de faire jouer la protection.

La loi concerne aussi bien l'immeuble ancien que l'immeuble neuf. Dans le doute, la protection 45082
sera appliquée lors de la vente d'un immeuble inachevé.

Le mode d'organisation de la propriété est indifférent : propriété « ordinaire » c'est-à-dire divise, 45084
ou soumise au régime de la copropriété. En cas de copropriété, il n'importe pas qu'il s'agisse d'une copropriété verticale ou horizontale, ou même qu'une division en volume serve de support juridique à l'immeuble d'habitation.

La loi est applicable non seulement à l'acquisition d'un logement isolé, maison ou appartement, 45086
mais à l'achat d'un immeuble comportant plusieurs logements ou encore à l'achat simultané de plusieurs logements.

TERRAIN À BÂTIR

La protection légale ne s'applique pas à l'acquisition d'un terrain à bâtir, lorsque celui-ci n'est **pas** 45088
inclus dans un lotissement et est destiné à la construction par un non-professionnel d'un immeuble d'habitation (Cass. 3e civ. 4-2-2016 n° 15-11.140 FS-PB : BPIM 2/16 inf. 116 ; dans le même sens : Rép. Valleix : AN 15-10-2001 p. 5967 n° 65241 ; en sens contraire : CA Aix-en-Provence 7-9-2006 n° 05/08653).

Doit, quel qu'en soit son usage, être assimilé au terrain à bâtir l'immeuble destiné à être démoli en vue d'y réaliser une construction.

Au contraire, la vente d'un terrain à bâtir **inclus dans un lotissement** soumis à permis d'aménager (C. urb. art. L 442-8) est soumise au droit de rétractation dans les conditions de l'article L 271-1 du CCH, auquel le Code de l'urbanisme renvoie (voir n° 45670).

SITUATIONS PARTICULIÈRES

45090 Sont assimilés à l'immeuble certains **droits sociaux**, donc des biens à caractère mobilier, puisque le texte vise la souscription « de parts donnant vocation à l'attribution en jouissance ou en propriété d'immeubles d'habitation ». Les droits sociaux dont il s'agit sont ceux des sociétés d'attribution et des sociétés coopératives d'attribution qui ne sont pas encore partagées (CCH art. L 212-1 s. et L 213-1 s.).

45092 En cas d'acquisition d'un **droit démembré**, qu'il s'agisse de l'usufruit ou de la nue-propriété ou encore d'un droit d'usage et d'habitation, il convient d'appliquer la protection : c'est l'accédant au logement que la loi entend protéger, et cette qualité doit être reconnue tant à l'usufruitier ou à l'usager, titulaire d'un droit réel immobilier, qu'au nu-propriétaire, qui est déjà pleinement un acquéreur.

45094 Il arrive fréquemment que des acquéreurs réalisent l'acquisition de **droits indivis**. C'est notamment le cas lorsque l'acquisition de l'entier immeuble est réalisée par des époux soumis à un régime de séparation de biens, ou par des concubins. La protection prévue par la loi leur est applicable.

Plus rarement, l'acquisition pourra être réalisée de droits indivis portant sur une fraction d'immeuble. Ces droits indivis ne constituent pas un logement, ce qui permet de douter de l'application de l'article L 271-1 du CCH, mais on opposera à cet argument le sens large que l'on peut donner au mot « acquisition ».

Lorsque l'acquisition de droits indivis est réalisée par un indivisaire, l'acquisition équivaut à une opération de partage. Le doute sur l'application du texte légal tient alors non plus à l'objet de l'acquisition, mais à la nature de l'opération (voir n° 45182).

Dans le doute, et tant que la jurisprudence ne s'est pas prononcée, il est préférable de faire bénéficier l'acquéreur de la protection légale.

C. Actes concernés

1. OPÉRATION JURIDIQUE

45150 Est soumis au régime de protection tout acte ayant pour objet notamment l'acquisition d'un immeuble à usage d'habitation (CCH art. L 271-1, al. 1). Lorsque le contrat constatant ou réalisant la convention est précédé d'un contrat préliminaire ou d'une promesse synallagmatique ou unilatérale, les dispositions protectrices ne s'appliquent qu'à ce contrat ou à cette promesse (CCH art. L 271-1, al. 4).

Malgré les précisions de la loi, il subsiste des incertitudes concernant les actes qui lui sont soumis.

a. Solutions certaines

CONTRATS SOUMIS

45154 Sont concernés sans contestation possible les **contrats de promesse**, qu'il s'agisse de promesses unilatérales ou synallagmatiques de vente. S'agissant des promesses synallagmatiques, il n'y a pas lieu de distinguer selon qu'elles valent vente ou bien ne valent pas vente. Sur l'application de la protection à la cession de promesse unilatérale de vente ou à la substitution dans le bénéfice d'une promesse voir respectivement n°s 6768 et 6970.

Sont également concernés les **contrats de vente**, qu'ils constatent une vente conditionnelle ou une vente pure et simple, lorsqu'ils ne sont pas précédés d'un contrat préliminaire (vente d'immeubles à construire) ou d'une promesse (vente « classique »). Lorsqu'ils sont précédés d'un tel acte, la protection joue à l'occasion de cet acte. La protection ne joue donc qu'une fois.

La protection de l'acquéreur joue en cas de vente d'immeuble à construire ou de location-accession à la propriété immobilière (CCH art. L 271-1, al. 1) et pour les actes conclus en vue de l'acquisition des droits réels afférents aux logements objets d'un bail réel immobilier (CCH art. L 254-6).

> **Précisions** **a.** L'utilité de la protection peut se discuter, s'agissant de la **promesse unilatérale de vente**, lorsque le bénéficiaire n'est tenu d'aucun versement et ne souscrit donc aucun engagement. Le contrat lui offre par sa nature un délai de réflexion, puisqu'il lui appartiendra, sans aucune contrainte, de déclencher la vente en levant l'option (voir n°s 7070 s.). Mais la loi fait expressément allusion à la promesse unilatérale sans distinguer selon qu'elle est à titre gratuit ou à titre onéreux, et celle-ci y est donc soumise quelles que soient ses modalités.
>
> **b.** S'agissant de la **vente d'immeubles à construire** et de la **location-accession**, le texte légal ne précise pas que la protection de l'acquéreur immobilier s'applique lorsque c'est un immeuble d'habitation qui en est l'objet. Malgré cette omission, il est considéré que, comme pour les autres contrats, c'est cette catégorie de biens qui est concernée.

CONTRAT EXCLU

L'article L 271-1 du CCH n'est pas applicable à la vente par adjudication réalisée par acte authentique (CCH art. L 271-3). **45156**

b. Solutions incertaines

ACTES PRÉPARATOIRES À LA VENTE

Promesse unilatérale d'achat L'application de la faculté de rétractation à la promesse unilatérale d'achat est discutée. En faveur de cette application, on relève la généralité des termes de l'article L 271-1 du CCH et le fait que ce texte, lorsqu'il évoque les promesses unilatérales, ne distingue pas entre les promesses de vente et celles d'achat. À l'encontre de cette application, il est avancé qu'en raison de la prohibition de tout versement d'une somme d'argent résultant des termes impératifs de l'article 1589-1 du Code civil le promettant dans une promesse unilatérale d'achat peut déjà indirectement se rétracter puisque l'absence de versement le met à l'abri d'une pénalisation financière. **45170**

Le dispositif protecteur étant destiné à protéger l'acquéreur contre un emportement irréfléchi, il semble que ce droit peut être purgé aussitôt que le candidat à l'acquisition s'est engagé à acquérir, c'est-à-dire dès la promesse. Mais le fait d'effectuer la formalité après la levée d'option est sans aucun doute possible, car cela ne nuit en rien à la protection de l'acquéreur.

Offre d'achat L'offre d'achat est un acte juridique qui peut, par son acceptation, déboucher sur un contrat de vente. Au surplus, il s'agit strictement, lorsqu'elle est exprimée par écrit, d'un « acte sous signature privée ayant pour objet l'acquisition d'un immeuble ». Ces constatations peuvent conduire à considérer que la protection légale lui est applicable. Cependant, en raison du principe de libre révocabilité de l'offre, renforcé par l'interdiction de tout versement (C. civ. art. 1589-1), l'offrant peut déjà se rétracter tant que son offre n'est pas acceptée, de sorte que la mise en œuvre de cette protection n'a en la circonstance pas grande signification. Au surplus, comment imposer au destinataire passif d'une offre d'adresser à l'offrant un courrier recommandé à l'effet de lui ouvrir le droit de rétractation ? **45172**

> **CONSEIL**
> Seule l'**offre d'achat acceptée** soulève en réalité difficulté. En cas d'acceptation d'une offre, deux situations peuvent se présenter : soit l'offre est suivie de l'établissement d'un véritable avant-contrat de vente, soit les parties passent directement à la régularisation de l'acte authentique de vente. Dans les deux hypothèses, la protection peut être mise en œuvre à l'occasion de ces contrats, sous forme, dans le premier cas, d'un droit de rétractation et, dans le second, d'un délai de réflexion.

Pacte de préférence Le pacte de préférence ne paraît pas soumis à la protection, car son objet n'est pas strictement et directement l'acquisition d'un immeuble mais l'organisation d'une préférence contractuelle. En revanche, l'acte de vente auquel l'exercice de la préférence conduira lui sera soumis (voir n° 36412). **45174**

OPÉRATIONS VOISINES DE LA VENTE

Le doute est permis pour certaines opérations en raison du sens que l'on peut donner au mot « acquisition ». S'il s'agit de l'opération juridique à titre onéreux, cela réduit l'application du dispositif protecteur au seul contrat de vente et aux contrats qui y conduisent. Si on envisage plus largement l'opération économique, cela justifie de l'appliquer chaque fois que l'un des cocontractants devient propriétaire d'un immeuble d'habitation en contrepartie d'une prestation pécuniaire. **45176**

45178 La **dation en paiement** est l'opération par laquelle un débiteur exécute son obligation en transférant à son créancier et avec son accord la propriété d'un bien. Si on considère qu'il s'agit davantage d'une modalité de paiement d'une dette préexistante que d'une véritable acquisition réalisée par le créancier, on doit considérer que l'article L 271-1 du CCH est étranger à l'opération. Par contre, si on s'attache au fait que pour le créancier l'opération aboutit au même résultat qu'une acquisition, on doit admettre que l'« acquéreur » mérite protection.

45180 L'**échange** est le « contrat par lequel les parties se donnent respectivement une chose pour une autre » (C. civ. art. 1702). On peut voir dans l'échange une sinon deux acquisitions au sens de la loi, selon qu'un seul ou que les deux immeubles échangés sont à usage d'habitation, auquel cas l'article L 271-1 du CCH s'appliquerait. À l'appui de cette solution, on relève l'article 1707 du Code civil, qui prévoit l'application de principe à l'échange des règles prescrites pour le contrat de vente. Si par contre on considère dans l'échange le contrat spécial, distinct de la vente, on doit en déduire qu'il n'est pas concerné par le texte. Certains commentateurs de la loi (par exemple, P. Pelletier : Defrénois 2001 art. 37307 n° 12 ; J.-M. Sommer : JCP éd. N 2001 n° 20 p. 925) distinguent selon que l'échange est consenti **avec ou sans soulte**. Dans le second cas, la protection ne s'appliquerait pas ; dans le premier cas, elle jouerait si la soulte est d'un montant tel que l'échange pourrait être requalifié en vente.

45182 Le **partage pur et simple**, par lequel un immeuble d'habitation est attribué à un copartageant, ne peut pas être assimilé à une acquisition bénéficiant de la protection. L'hésitation est permise en cas de **partage avec soulte** ou même d'**acquisition de droits indivis par un coïndivisaire**, que cette acquisition fasse ou non à son occasion cesser l'indivision. Si on s'attache à la nature juridique de l'opération, il s'agit d'un partage, non prévu par le texte légal. Par contre, si on considère le résultat économique de l'opération ou même la situation psychologique du copartageant ou du colicitant acquéreur, un partage avec soulte sera souvent proche d'une acquisition.

CONSEIL PRATIQUE

45184 Dans toutes les situations douteuses, et tant que la jurisprudence n'aura pas fixé la solution, il est préférable de faire jouer la protection légale. Il est opportun d'informer les parties de l'incertitude et d'obtenir leur adhésion sur la solution de prudence retenue.

2. INCIDENCE DU SUPPORT INSTRUMENTAIRE

45200 Le droit de rétractation s'applique indifféremment à l'acte sous signature privée ou à l'acte authentique. Le délai de réflexion vise l'hypothèse, marginale en pratique, de l'acte constatant ou réalisant la vente en la forme authentique et non précédé d'un contrat préliminaire ou d'une promesse synallagmatique ou unilatérale.

> **Précisions** L'hypothèse de l'acte authentique précédé d'une vente conditionnelle sous signature privée ou « compromis » doit être assimilée à celle de l'acte authentique précédé d'une promesse synallagmatique ou unilatérale : la protection de l'acquéreur est dans ces hypothèses assurée par le droit de rétractation, mis en œuvre lors de la vente conditionnelle. Le critère de distinction entre le droit de rétractation et le délai de réflexion est l'existence ou non d'un avant-contrat, quelle qu'en soit la forme, préalablement à l'acte authentique de vente.

SECTION 2 ÉLÉMENTS DU DISPOSITIF PROTECTEUR

A. Temps de la réflexion

45250 Dans tous les cas, la loi accorde à l'acquéreur d'un immeuble d'habitation un temps de réflexion. Selon le cas, c'est un **délai de rétractation**, qui permet à l'acquéreur de revenir sur son engagement (cas général), ou c'est un **délai de réflexion** qui lui interdit provisoirement de s'engager (cas particulier de l'acte authentique constatant ou réalisant l'acquisition non précédé d'un avant-contrat).

45252 Ce temps de réflexion, élément fondamental de la protection du consentement de l'acquéreur, est caractérisé par son point de départ et par sa durée, identiques selon qu'il s'agit du délai de

rétractation ou du délai de réflexion. La situation de l'acquéreur sera par contre différente pendant et à l'issue de ce délai, selon qu'il s'agit du délai de rétractation ou du délai de réflexion.
Le **point de départ** du droit de rétractation ou du délai de réflexion dont bénéficie l'acquéreur dépend d'une formalité prévue par la loi et qui est au centre du dispositif protecteur : la notification de l'avant-contrat régularisé entre les parties ou du projet de l'acte authentique constatant ou réalisant directement la vente.

1. NOTIFICATION DE L'ACTE OU DE SON PROJET

a. Contenu de la notification

Pour l'exercice du **droit de rétractation**, c'est l'avant-contrat ayant pour objet l'acquisition qui doit être notifié, que cet acte soit établi sous signature privée ou en la forme authentique. 45260
Il ne paraît pas nécessaire que soit notifié un original de l'acte lorsqu'il est sous signature privée ; une simple photocopie, pourvu qu'elle soit complète, répond au vœu de la loi. En effet, de deux choses l'une : ou bien l'avant-contrat respecte la règle du double original, et alors l'acquéreur dispose déjà d'un exemplaire de l'acte ; ou bien les parties ont désigné un tiers dépositaire de l'original unique (C. civ. art. 1375), et celui-ci pourra toujours être sollicité s'il convenait de s'assurer de la concordance de l'acte régularisé et de celui notifié.
Lorsque l'avant-contrat est établi en la forme authentique, la notification aura pour objet une copie authentique de l'acte. Une copie simple peut également être notifiée, puisque son contenu pourra toujours, en cas de contestation, être confronté à celui de la minute.
L'article L 271-1 du CCH n'exige pas qu'une **lettre d'accompagnement** soit jointe à la notification de la promesse de vente faisant courir le délai de rétractation. La notification d'une copie de la promesse de vente sans lettre d'accompagnement à l'acheteur est régulière (Cass. 3e civ. 9-7-2020 n° 19-18.943 F-D : BPIM 5/20 inf. 326).
Pour l'exercice du **délai de réflexion** (contrat constatant ou réalisant la vente dressé en la forme authentique sans être précédé d'un avant-contrat), c'est le projet d'acte authentique qui doit être notifié. Ce projet doit être complet et contenir tous les renseignements susceptibles de déterminer le consentement de l'acquéreur : désignation et prix du bien vendu, mention de la superficie lorsque la vente porte sur un lot de copropriété, informations dues à l'acquéreur dans le cadre du dossier de diagnostic technique, etc.
Sur la question de l'obtention tardive des diagnostics techniques, voir n° 21258.

La loi n'impose pas la **reproduction d'un texte**, comme elle le fait dans d'autres domaines où il s'agit de protéger l'un des cocontractants (par exemple, reproduction de l'article 46 de la loi 65-557 du 10 juillet 1965 dans l'acte de vente ou dans un certificat pour le mesurage « Loi Carrez » ; reproduction dans le congé délivré au locataire d'habitation en vue de la vente des cinq premiers alinéas de l'article 15, II de la loi 89-462 du 6 juillet 1989). 45262
L'avant-contrat de vente doit indiquer, de **manière lisible et compréhensible**, les informations relatives aux conditions et aux modalités d'exercice du droit de rétractation ou de réflexion (CCH art. L 271-1, al. 6). Tout manquement est passible d'une amende administrative dont le montant ne peut excéder 3000 euros pour une personne physique et 15000 euros pour une personne morale (CCH art. L 271-1, al. 7).
Pour les avant-contrats conclus **avant le 25 novembre 2018**, malgré le silence des textes, l'habitude a été prise en pratique de préciser dans la notification qu'elle est destinée à permettre à l'acquéreur d'exercer le droit de rétractation ou de bénéficier du délai de réflexion.
En matière de délai de rétractation, la Cour de cassation a précisé que la notification réalisée par lettre recommandée n'avait ni à reproduire l'article L 271-1 du CCH ni à rappeler la durée du délai de rétractation dès lors qu'un paragraphe du compromis informait l'acquéreur de l'existence à son profit d'un droit de rétractation, des formes et du délai dans lequel il pouvait l'exercer (Cass. 3e civ. 10-10-2007 n° 06-16.223 : RJDA 3/08 n° 255). A également été validée la notification réalisée par une lettre recommandée qui ne faisait aucune référence à la faculté de rétractation, l'avant-contrat ne comportant lui-même qu'en dernière page, et en caractères d'imprimerie normaux, une phrase mentionnant le principe du droit de rétractation suivie de la reproduction du texte légal (Cass. 3e civ. 17-11-2010 n° 09-17.297 : RJDA 3/11 n° 233). Il était néanmoins de **bonne pratique** de rappeler soit dans l'acte, soit dans la notification, soit dans les deux supports, le dispositif légal, en substance ou littéralement.
Par **exception**, la loi impose la reproduction du texte de l'article L 271-2 du CCH en cas de remise directe de l'acte, de sa copie ou de son projet (voir nos 45282 s.).

b. Date de la notification

45270 La loi ne précise pas dans quel délai après sa régularisation l'acte sous signature privée doit être notifié. Il suffit pour respecter l'exigence légale que l'acte soit notifié à l'acquéreur et que celui-ci bénéficie du délai de rétractation de 10 jours avant la signature de l'acte authentique.
Le vendeur sera le plus souvent désireux de purger rapidement le droit de rétractation, afin de mettre un terme à l'incertitude que ce droit fait peser sur la bonne fin de l'opération. Mais il lui est possible d'attendre pour le faire que les conditions suspensives affectant l'opération soient levées, en considérant que la caducité de l'acte par suite de la défaillance d'une condition rend inutile la notification.

c. Forme de la notification

45280 L'acte doit être notifié par lettre recommandée avec demande d'avis de réception ou par tout autre moyen présentant des garanties équivalentes pour la détermination de la date de réception ou de remise (CCH art. L 271-1, al. 2). Sous certaines conditions, il peut être remis en main propre au bénéficiaire du droit de rétractation ou de réflexion (CCH art. L 271-1, al. 3).

LETTRE RECOMMANDÉE AVEC DEMANDE D'AVIS DE RÉCEPTION

45281 L'emploi de la lettre recommandée ne soulève pas de difficulté particulière, si on excepte celles liées à son destinataire en cas de pluralité d'acquéreurs ou de représentation de celui-ci par un mandataire (voir n°s 45326 s.).
Un courrier recommandé sans demande d'avis de réception ne serait pas efficace, car il ne permettrait pas de justifier de la date de présentation ou de distribution de la lettre. Il en est a fortiori de même du courrier simple.
Une lettre recommandée peut être envoyée par courrier électronique pour la conclusion ou l'exécution d'un contrat à condition que ce courrier soit acheminé par un tiers selon un procédé permettant d'identifier le tiers, de désigner l'expéditeur, de garantir l'identité du destinataire et d'établir si la lettre a été remise ou non au destinataire (CPCE art. R 53).

REMISE DIRECTE EN MAIN PROPRE

45282 Une **remise directe** au bénéficiaire du droit de rétractation est possible lorsque l'acte est conclu par l'intermédiaire d'un professionnel ayant reçu mandat pour prêter son concours à la vente (CCH art. L 271-1, al. 3). La **date de remise** est dans ce cas **attestée** dans l'acte lui-même (et non dans une attestation distincte) par une mention manuscrite de l'acquéreur (CCH art. D 271-6 et D 271-7). Hors cette hypothèse, la remise en main propre même contre récépissé est exclue (voir n° 45290).
Le **domaine d'application** de la remise directe de l'acte est donc très restreint. Cette remise est implicitement exclue lorsque l'acte n'est pas conclu par l'intermédiaire d'un professionnel ayant reçu mandat pour prêter son concours à la vente : agent immobilier ou notaire. S'agissant de ce dernier, il peut s'agir, selon nous, non seulement du notaire qui a reçu mandat de négocier la vente, mais de celui qui intervient pour rédiger l'avant-contrat sans être chargé d'une mission d'intermédiation. Une remise directe entre particuliers est exclue.

45283 Les **modalités de remise** sont les suivantes pour le **droit de rétractation** (CCH art. D 271-6) :
– l'acte sous signature privée ou une copie de l'avant-contrat réalisé en la forme authentique remis directement à l'acquéreur doit reproduire les dispositions de l'article L 271-2 du CCH ;
– le bénéficiaire du droit de rétractation doit y inscrire de sa main les mentions suivantes : « remis par (nom du professionnel) à (lieu)... le (date)... » et « Je déclare avoir connaissance qu'un délai de rétractation de 10 jours m'est accordé par l'article L 271-1 du Code de la construction et de l'habitation, et qu'il court à compter du lendemain de la date de remise inscrite de ma main sur le présent acte, soit à compter du... ».
C'est un original de l'acte sous signature privée qui doit être remis à l'acquéreur et sur lequel doit être portée la mention manuscrite. L'acquéreur ne pouvant, sauf situation particulière, être détenteur de l'exemplaire unique d'un contrat synallagmatique (voir n°s 54220 s.), l'acte sous signature privée doit être établi en deux originaux : l'un pour l'acquéreur, revêtu de la mention, et l'autre, remis au vendeur. En cas de pluralité d'acquéreurs, il doit être remis à chacun un original, sur lequel chaque acquéreur portera la mention manuscrite. L'acquéreur est dépositaire du document (original de l'acte sous signature privée ou copie de l'acte authentique) attestant de la notification par voie de remise directe à son égard.
Pour attester de l'exécution de cette formalité dans le cas où l'acquéreur ne représenterait pas l'original sur lequel figure la mention ou contesterait l'accomplissement de la formalité, il est suggéré que le professionnel conserve une copie de l'acte revêtu de la mention manuscrite, sur

laquelle l'acquéreur porterait également une mention manuscrite, datée et signée, précisant que cette copie est conforme à l'original.
La pratique qui consiste à faire porter la mention dans l'acte sous signature privée lui-même, établi en un exemplaire unique conservé par le rédacteur (comme le permet l'article 1375 du Code civil), et à remettre à l'acquéreur une copie de cet acte, s'éloigne des prescriptions du texte, et s'expose à la contestation.

Les **modalités de remise** directe sont adaptées pour le **délai de réflexion** (CCH art. D 271-7) : **45284**
– le projet d'acte authentique remis directement à l'acquéreur doit reproduire les dispositions de l'article L 271-2 du CCH ;
– le bénéficiaire du droit de réflexion doit y inscrire de sa main les mentions suivantes : « remis par (nom du professionnel)... à (lieu)... le (date)... » et « Je déclare avoir connaissance qu'un délai de réflexion de 10 jours m'est accordé par l'article L 271-1 du Code de la construction et de l'habitation, et qu'il court à compter du lendemain de la date de remise inscrite de ma main sur le présent acte, soit à compter du... ».

AUTRES MOYENS PRÉSENTANT DES GARANTIES ÉQUIVALENTES

La détermination des moyens équivalents est plus délicate. Une notification peut toujours être faite par voie de signification alors même que la loi l'aurait prévue sous une autre forme (CPC art. 651, al. 3). L'**exploit d'huissier** est incontestablement au nombre et au premier rang des moyens équivalents, par la sécurité qu'apporte l'intervention d'un officier ministériel, notamment lorsque l'adresse de l'acquéreur est indéterminée et qu'un courrier recommandé risque d'être « retourné à l'envoyeur ». Son usage sera cependant rare en raison principalement de son coût et de la simplicité qu'offre comparativement le courrier recommandé. **45285**

L'envoi en « **chronopost** » devrait être admis, s'il est justifié de manière certaine de la date de réception et de la remise au destinataire par un récépissé retourné à l'expéditeur. Ce mode d'acheminement pourrait être choisi dans le souci d'une remise rapide, par exemple en période de grève des services postaux. Mais il conviendra de s'assurer, au vu de sa signature sur le récépissé, que le document a bien été remis à son destinataire. **45288**

Sauf en cas de remise directe par l'intermédiaire d'un professionnel mandaté (voir n° 45282), une **remise** en main propre même **contre récépissé** n'est pas régulière et ne fait pas courir le délai de rétractation (Cass. 3e civ. 27-2-2008 n° 07-11.303 : RJDA 7/08 n° 788 ; Cass. 3e civ. 18-6-2008 n° 07-14.528 : RJDA 11/08 n° 1109 ; Cass. 3e civ. 18-11-2009 n° 08-20.912). Il n'y a pas à distinguer selon que le récépissé a été établi par un agent immobilier ou un notaire (Cass. 3e civ. 26-1-2011 n° 09-69.899 : RJDA 6/11 n° 516). **45290**
Le ministère de la justice a toutefois précisé que la remise en main propre accompagnée d'une attestation établie par le notaire rédacteur de l'acte, signée de l'acquéreur non professionnel et portant, selon le cas, la mention manuscrite prévue à l'article D 271-6 ou D 271-7 du CCH est conforme aux dispositions législatives et réglementaires applicables en la matière (Rép. Bourdouleix : AN 2-2-2010 p. 1168 n° 44075). La position ministérielle étant contraire aux exigences légales, cette pratique est à éviter.

Il pourrait être envisagé de recourir à un **émargement** porté par l'acquéreur sur un **registre** établi par l'intermédiaire, selon lequel la copie de l'acte lui a été remise. Ce procédé nous semble condamné au même titre que la remise contre récépissé. **45292**

L'envoi de l'avant-contrat par **télécopie** ne présente pas de garanties suffisantes de l'effectivité de la notification entre les mains de son destinataire, et de détermination de sa date. La date et l'heure de réception ainsi que le numéro de l'appareil récepteur peuvent être déterminés, mais il n'est pas possible de justifier que le document transmis a bien été remis à son destinataire. Ce procédé est donc à proscrire. **45294**

Il n'y a pas de raison d'écarter a priori l'usage de l'**écrit électronique** qui a la même force probante que l'écrit sur support papier si son auteur peut être identifié et s'il peut être établi et conservé dans des conditions de nature à en garantir l'intégrité (C. civ. art. 1366). L'utilisation d'un tel procédé, qui permettrait par exemple à l'acquéreur de retourner au vendeur ou à l'intermédiaire un récépissé de remise de l'acte, préalablement notifié sous cette forme, devra être prudemment envisagée. Mais il n'est pas illusoire de penser qu'il pourrait à l'avenir être utilisé, à la faveur du perfectionnement de l'outil informatique et du développement de son usage. **45296**

d. Destinataire de la notification

Le destinataire de la notification est l'acquéreur. Un certain nombre de difficultés peuvent se présenter en pratique. **45320**

ACQUÉREUR UNIQUE

45322 L'acquéreur unique sera le **célibataire** non lié par un pacte civil de solidarité, ou celui engagé dans un **Pacs sans régime d'indivision.** Il s'agira également de l'**époux** séparé de biens, de celui soumis au régime de la participation aux acquêts ou encore de celui commun en biens qui achète à titre d'emploi ou de remploi pour que l'immeuble acquis lui tienne lieu de propre.

45324 Si un **époux commun en biens** est acquéreur seul, il semble qu'il doive être seul destinataire de la notification, en sa qualité d'acquéreur, bien que l'opération intéresse la communauté et donc son conjoint. Le conjoint n'est pas pour autant acquéreur : il ne peut pas, selon nous, intervenir en cette qualité à l'acte authentique, bien qu'il devienne propriétaire par suite de l'acquisition.
Il en est de même d'un acquéreur engagé dans un **Pacs, même avec régime d'indivision**.

PLURALITÉ D'ACQUÉREURS

45326 En cas de pluralité d'acquéreurs (acquéreurs en **indivision**, acquisition réalisée par des **époux** communs en biens ou séparés de biens), la notification doit être faite à chacun d'eux. Il en est de même lorsque la pluralité d'acquéreurs résulte d'un **démembrement** de propriété.
Il est concevable que la notification soit adressée par une lettre recommandée unique adressée à l'un et l'autre des acquéreurs, mais la notification ne sera régulière que si l'accusé de réception porte les deux signatures ou si le signataire unique est muni d'un pouvoir à l'effet de représenter son coacquéreur (Cass. 3e civ. 9-6-2010 nos 09-14.503 et 09-15.361 : RJDA 11/10 no 1059 ; Cass. 3e civ. 4-10-2018 no 17-25.688 F-D : BPIM 6/18 inf. 423).
Il en est de même si la notification est effectuée par deux courriers séparés : l'époux qui réceptionne le courrier adressé à son conjoint doit être muni d'un pouvoir à cet effet (Cass. 3e civ. 21-3-2019 no 18-10.772 FS-PBI : BPIM 2/19 inf. 124)
Une solution peut consister à insérer dans l'avant-contrat une clause de pouvoirs réciproques entre les coacquéreurs à l'effet de retirer le courrier recommandé.

CONSEIL

En cas de **notification à deux époux**, il convient de procéder à une notification à chacun d'eux, d'éviter la notification unique adressée à « M. et Mme », inefficace si l'accusé de réception postal est signé par un tiers ou par un seul des destinataires non muni du pouvoir de représentation du second destinataire. A fortiori, la notification à « M. ou Mme » est à proscrire : l'un et l'autre, et non l'un ou l'autre des acquéreurs, bénéficient de la protection.

INCIDENCE D'UNE PROCURATION

45328 Lorsque l'acquéreur est représenté à l'acte par un **mandataire conventionnel**, c'est l'acquéreur représenté qui bénéficie de la protection. C'est donc le mandant et non le mandataire qui doit en principe être rendu destinataire de la notification.
Il est concevable que les termes du mandat donnent au mandataire le pouvoir de recevoir la notification et même d'exercer la faculté de rétractation ou de se prévaloir du délai de réflexion. La finalité protectrice du texte amène cependant à considérer que la décision d'acquérir ou de ne pas acquérir relève d'une appréciation d'ordre personnel, et ne peut donc appartenir qu'au mandant, le pouvoir du mandataire se limitant à l'expression et à la mise en œuvre de cette décision. Il est donc recommandé de ne pas étendre les pouvoirs du mandataire à un point qui, sous l'apparence de la régularité des pouvoirs conférés au mandataire, viderait la loi de son effectivité en transférant sur un tiers une initiative qui n'appartient fondamentalement qu'à l'acquéreur.
On relèvera toutefois que la Cour de cassation semble admettre une notification au mandataire de l'acquéreur (en ce sens, s'agissant des époux Cass. 3e civ. 9-6-2010 no 09-15.361 : RJDA 11/10 no 1059, 2e espèce).

CHANGEMENT D'ACQUÉREUR

45330 **Sans faculté de substitution** Le changement d'acquéreur se produit parfois sans qu'une faculté de substitution ait été prévue dans l'avant-contrat. C'est le cas lorsque l'acquéreur initial décide de réaliser l'acquisition au nom d'une société entre-temps constituée, ou conjointement avec un coacquéreur, ou encore lorsque l'acquéreur initial présente au vendeur un autre acquéreur.
Ce changement d'acquéreur ne peut être alors imposé au vendeur, mais celui-ci peut l'accepter. S'il l'accepte, le nouvel acquéreur, s'il est non professionnel, doit bénéficier de la protection légale.

CONSEIL

Pour éviter le risque que la vente ne se réalise pas en cas d'exercice du droit de rétractation par le nouvel acquéreur, le vendeur peut subordonner son accord sur le changement d'acquéreur à la condition que, dans le cas d'exercice du droit de rétractation, l'acquéreur initial, à l'égard de qui le droit de rétractation a été déjà purgé, reste tenu d'acquérir.

Avec faculté de substitution En cas d'exercice d'une faculté de substitution contractuellement prévue (voir n°s 6970 s.) l'acquéreur substitué, s'il est un non-professionnel, doit bénéficier de la protection légale. 45332

La question se pose cependant de savoir à quel stade doit jouer la protection : cela peut être dans les relations du substitué avec le vendeur, auquel cas ce dernier subirait une seconde fois le risque de rétractation, ou dans les relations du substitué avec le substituant, auquel cas c'est ce dernier qui subirait ce risque.

CONSEIL

Il convient, dans le cas d'une faculté de substitution, de prévoir de quelle manière la protection de l'acquéreur devra jouer, et l'impact éventuel soit pour le vendeur, soit pour le substituant, de la rétractation exercée par l'acquéreur substitué. Il est suggéré de prévoir la notification (ou la remise directe) d'une convention de cession de la promesse à laquelle serait annexé l'avant-contrat ou qui en reproduirait le texte, et de faire jouer le droit de rétractation dans les relations entre le substituant et le substitué.

e. Lieu de la notification

Bien que la loi soit muette sur le lieu de la notification, celle-ci doit être faite au **domicile réel** de l'acquéreur, c'est-à-dire au lieu où la probabilité qu'elle lui parvienne effectivement est la plus grande. 45350

Une notification à un **domicile élu** est concevable, mais elle fait courir le risque que l'acquéreur ne la reçoive pas, ou la reçoive avec un retard qui lui fasse perdre la faculté de se rétracter, ou ampute par trop le délai légal. Une élection de domicile à une adresse distincte du domicile réel est donc dangereuse et doit être évitée sauf circonstances particulières.

2. DURÉE DE LA RÉFLEXION

DÉLAI DU DROIT DE RÉTRACTATION

La notification fait courir un délai de 10 jours (le délai était de 7 jours pour les avant-contrats conclus jusqu'au 7 août 2015). En cas de notification par **courrier recommandé** avec demande d'avis de réception, le délai court à compter du lendemain de la première présentation (CCH art. L 271-1, al. 1). Le premier jour du délai est donc celui qui suit celui de la première présentation de la lettre recommandée. Par **exemple**, la lettre recommandée est expédiée le 10 du mois et sa première présentation intervient le 12 : le délai court à compter du lendemain, soit le 13, et expire le 22 à minuit. 45360

En cas de vente d'un lot de copropriété, ce délai ne court qu'à compter du lendemain de la communication de certains documents relatifs à la copropriété, s'ils ne sont pas remis à l'acquéreur à la date de la signature de la promesse de vente (CCH art. L 721-3).

Sur les pièces à communiquer à l'acquéreur, voir n° 18792 s.

Le point de départ du délai étant le lendemain de la **présentation** de la lettre recommandée et non plus celui de sa **réception** par son destinataire, le vendeur est donc à l'abri d'un courrier qui serait refusé ou non retiré par son destinataire. L'acquéreur peut voir le délai courir et expirer à son insu. Ce sera le cas s'il est absent au moment de la présentation et tarde à retirer le pli ou est dans l'impossibilité de le faire. Ainsi, lorsque la lettre notifiant la promesse de vente à l'acheteur est retournée au notaire avec la mention « non réclamée », ce dernier n'est pas tenu d'effectuer une nouvelle notification pour l'exercice du droit de rétractation (Cass. 3e civ. 14-2-2018 n° 17-10.514 F-PB : BPIM 2/18 inf. 163). 45362

En cas de rétractation exercée sous forme de lettre, il convient d'appliquer les règles générales de **computation de délais** (CPC art. 642, al. 2) : le délai expirant un samedi, un dimanche ou un jour férié ou chômé doit être prorogé jusqu'au premier jour ouvrable suivant (Cass. 3e civ. 5-12-2007 n° 06-19.567 : RJDA 5/08 n° 510). 45364

En cas de notification par **acte d'huissier**, le jour de la notification ne sera pas pris en compte, et c'est également le lendemain qui correspondra au premier jour du délai. Il en est de même en cas de **remise directe** (CCH art. L 271-1, al. 3). 45366

DÉLAI DE RÉFLEXION

45368 Le délai de réflexion de 10 jours court « à compter de la notification ou de la remise du projet d'acte » (CCH art. L 271-1, al. 5). Il n'est plus fait ici référence comme pour le délai de rétractation au lendemain de la première présentation. Malgré cette différence de rédaction, il est considéré que la computation du délai de réflexion est en tous points identique à celle du délai de rétractation.

En cas de vente d'un lot de copropriété, voir n° 45360.

COMBINAISON AVEC D'AUTRES DÉLAIS

45370 La promesse unilatérale de vente établie par acte sous signature privée est soumise à un strict **délai d'enregistrement** de 10 jours, sanctionné par la nullité (voir n° 7780). L'existence du délai de rétractation ne diffère pas le délai dans lequel l'acte doit être enregistré.

Il en résulte que la formalité de l'enregistrement devra être effectuée et son coût définitivement exposé, alors que le contrat pourra être résolu par le bénéficiaire.

45372 Les contrats conclus « **hors établissement** » ou « **à distance** » portant sur la création, l'acquisition ou le transfert de biens immobiliers ou de droits sur les biens immobiliers ne sont pas soumis au délai de rétractation de 14 jours (C. consom. art. L 121-16-1, 12°).

Seuls les contrats conclus du 13 juin 2014 au 8 août 2015 ont été soumis au délai de 14 jours.

3. SITUATION DES PARTIES

45400 Le dispositif protecteur a un impact non seulement sur la situation de l'acquéreur que la loi entend protéger, mais également par contrecoup sur celle de son cocontractant promettant ou vendeur.

a. Situation de l'acquéreur

45410 L'acquéreur est dans une **situation différente** selon que la signification lui a été faite de l'avant-contrat ou du projet d'un acte authentique constatant ou réalisant directement la vente. Il bénéficie, dans le premier cas, d'un droit de rétractation et, dans le second, d'un délai de réflexion.

DROIT DE RÉTRACTATION

45412 **Exercice du droit de rétractation** L'acquéreur engagé dans une acquisition par un **avant-contrat** peut renoncer à acquérir en se rétractant. Cette décision lui appartient et il peut l'exercer discrétionnairement sans avoir à avancer le moindre **motif** et sans encourir la moindre responsabilité ou subir le moindre inconvénient. Aucune formulation particulière n'est exigée de l'acquéreur pour qu'il exprime sa décision de se rétracter. Il importe seulement que son intention ressorte clairement. La rétractation doit être pure et simple ; elle ne peut pas être assortie de réserves.

45414 La rétractation doit être exercée sous une **forme** analogue à celle de la notification : lettre recommandée avec demande d'avis de réception ou tout autre moyen présentant des garanties équivalentes (voir n°s 45280 s.). Cela ne veut pas dire que la rétractation doit emprunter la même forme que la notification : celle-ci pourra avoir été faite par lettre recommandée avec demande d'avis de réception, alors que celle-là sera faite par acte d'huissier.

La Cour de cassation a admis que la rétractation pouvait être efficacement exercée par l'acquéreur par voie de conclusions dans l'instance l'opposant au vendeur, alors que la notification de la promesse était irrégulière et que le délai de rétractation n'avait pas couru (Cass. 3e civ. 25-5-2011 n° 10-14.641 : BPIM 4/11 inf. 308).

Il appartient aux juges de rechercher si l'envoi d'un e-mail au notaire mandaté par le vendeur pour recevoir l'éventuelle notification de la rétractation, lequel a attesté en justice avoir reçu cet e-mail, présente des garanties équivalentes à celles d'une notification par LRAR (Cass. 3e civ. 2-2-2022 n° 20-23.468 FS-DB : BPIM 2/22 inf. 135).

45416 La loi prévoit que la rétractation doit intervenir dans le **délai** de 10 jours mais ne précise pas, s'agissant d'une rétractation par lettre recommandée, s'il convient de prendre en compte l'expédition ou la première présentation du courrier. La Cour de cassation a tranché en faveur de la solution la plus favorable à l'acquéreur : c'est la date de l'expédition de la lettre qui est prise en compte (Cass. 3e civ. 5-12-2007 n° 06-19.567 : RJDA 5/08 n° 510).

Bien que la loi n'envisage pas cette éventualité, il semble que l'acquéreur puisse exercer son droit de rétractation avant même que la notification lui ait été adressée (CA Toulouse 1-12-2003 n° 02-5498 : RJDA 5/05 n° 533 solution implicite).

Le **destinataire de la rétractation** est en principe le vendeur. 45418
Lorsqu'un intermédiaire est intervenu (agent immobilier ou notaire), par exemple pour effectuer la notification, sa qualité de mandataire permet de considérer qu'une notification de la rétractation entre ses mains est valablement effectuée (Cass. 3e civ. 11-6-2013 n° 11-23.184 : BPIM 4/13 inf. 270 ; en l'espèce, l'avant-contrat donnait mandat au notaire de notifier à l'acquéreur son droit de rétractation et une élection de domicile en l'étude).

CONSEIL

Pour éviter toute discussion et pour une bonne mise en œuvre de la protection, il est conseillé de prévoir expressément dans l'avant-contrat que le notaire ou l'agent immobilier aura qualité pour recevoir la rétractation. Par sécurité, l'acquéreur peut notifier sa rétractation simultanément entre les mains du vendeur et entre celles de l'intermédiaire. Cette seconde notification présente également l'avantage d'informer le dépositaire des fonds éventuellement versés de l'obligation de restituer ceux-ci (voir nos 45636 s.), l'intermédiaire étant en effet le plus souvent le séquestre.

En cas de **pluralité d'acquéreurs**, la rétractation d'un seul est efficace : l'exercice par l'un des acquéreurs de son droit de rétractation entraîne l'anéantissement du contrat (Cass. 3e civ. 4-12-2013 n° 12-27.293 : BPIM 1/14 inf. 35 ; RJDA 4/14 n° 320 ; Cass. 3e civ. 14-9-2017 n° 16-17.856 F-D : BPIM 6/17 inf. 420 ; s'agissant d'époux acquéreurs). 45420
Si celui des acquéreurs qui ne s'est pas rétracté souhaite poursuivre l'acquisition, il doit bénéficier de nouveau de la protection, soit sous forme de la notification de l'avenant qui constatera l'accord des intéressés de poursuivre l'opération, soit, à défaut d'avenant, par le respect du délai de réflexion précédant la régularisation de l'acte authentique de vente à son seul profit, acte dont le projet lui aura été préalablement notifié.

Effets de la rétractation L'exercice régulier du droit de rétractation entraîne **anéantissement immédiat** de l'acte. Le paiement de la clause pénale ne peut pas être réclamé au coacquéreur qui ne s'est pas rétracté (Cass. 3e civ. 4-12-2013 n° 12-27.293 : BPIM 1/14 inf. 35). La somme éventuellement versée par l'acquéreur doit lui être restituée (voir nos 45636 s.). 45422

CONSEIL

L'entrée en jouissance anticipée de l'acquéreur doit en général être déconseillée (voir n° 48794). Elle l'est d'autant plus avant expiration du délai de rétractation ou avant signature de l'acte authentique en raison des multiples difficultés pratiques qui résulteraient de son exercice : déménagements du vendeur et de l'acquéreur effectués, travaux engagés par ce dernier, répartition entre les intéressés du coût des abonnements aux réseaux et des consommations...

Bien que le texte légal ne le précise pas, la rétractation a un **caractère irréversible** : l'acquéreur ne peut pas rétracter sa rétractation, même si le délai de rétractation n'est pas expiré (Cass. 3e civ. 13-2-2008 n° 06-20.334 : RJDA 7/08 n° 789 ; Cass. 3e civ. 13-3-2012 n° 11-12.232 : RJDA 6/12 n° 581). Si les parties décident de réaliser la vente malgré la rétractation intervenue, le vendeur prenant en compte le repentir de l'acquéreur, la vente procède d'un nouvel accord et l'acquéreur dispose logiquement de nouveau d'un droit de rétractation ou de réflexion selon que l'acte authentique est précédé ou non de l'établissement d'un avant-contrat. 45424

En cas d'exercice de la faculté de rétractation, la **commission de l'intermédiaire** n'est pas due, l'opération n'étant finalement pas « conclue ». 45426
Comme on vient de le voir, l'exercice de la faculté de rétractation n'entraîne pas renonciation définitive à l'acquisition : la signature d'un nouvel avant-contrat entre les mêmes parties à de meilleures conditions pour l'acquéreur est possible. Dans ce cas, l'agent immobilier qui avait initialement fait visiter le bien ne peut invoquer de faute de l'acquéreur et prétendre au paiement de sa commission alors que le vendeur ne lui avait pas donné de mandat de vente exclusif (CA Metz 14-9-2005 n° 03/3494).

DÉLAI DE RÉFLEXION

Lorsque l'acte constatant la vente est un **acte authentique** qui n'est pas précédé d'un avant-contrat, son projet doit être notifié à l'acquéreur, afin de lui ouvrir le délai de réflexion légal de 10 jours. 45428
Cette hypothèse est rare ; elle se rencontrera par exemple lorsque les parties sont en confiance, et n'éprouvent pas le besoin de formaliser leur accord par un écrit avant de passer à la signature de l'acte authentique.

L'acquéreur ne peut pas signer l'acte dans le délai de 10 jours de la notification ou de la remise du projet d'acte (CCH art. L 271-1, al. 5). Le contrat ne peut donc être formé qu'à l'expiration du délai de réflexion de 10 jours.

45430 L'**accord de l'acquéreur** sur le projet résultera le plus souvent de la signature de l'acte authentique à l'expiration du délai de 10 jours. Mais il est également concevable que l'acquéreur manifeste son accord sur le projet après le délai de réflexion, mais dès avant la signature de l'acte authentique. Dans ce cas, les parties sont contractuellement liées par la rencontre d'une offre et de son acceptation.

45432 Le refus d'acquérir ou le **désaccord de l'acquéreur** sur le projet qui lui a été notifié ou remis peut faire l'objet d'une manifestation expresse de sa part.

Mais il peut également se produire que l'acquéreur ne se manifeste pas à l'expiration du délai de 10 jours et laisse le vendeur dans l'incertitude sur ses intentions. Le vendeur est alors dans une position délicate : soit il attend la réponse de l'acquéreur, dont il n'est pas sûr qu'elle soit un jour exprimée, et il subit ainsi l'immobilisation de son bien, soit il s'estime libéré, mais il prend alors le risque de commettre un comportement fautif à l'égard de l'acquéreur.

CONSEIL

Pour prévenir cette difficulté, il peut être précisé que l'envoi du projet d'acte notarié est constitutif d'une offre de contracter assortie d'un délai (un mois, par exemple), en stipulant que, faute pour l'acquéreur d'accepter ce projet ou de régulariser l'acte notarié dans le délai fixé, incluant bien entendu le délai de réflexion, le vendeur sera libre de tout engagement à l'égard du destinataire du projet par suite de la caducité de son offre.

RENONCIATION AU DÉLAI DE PROTECTION

45434 L'acquéreur ne peut pas renoncer au délai de rétractation ou au délai de réflexion **avant** que celui-ci lui ait été ouvert par la **notification.** C'est l'application du principe selon lequel il n'est pas possible de renoncer à un droit avant que ce droit soit né. Il y aurait en outre le risque pratique que cette renonciation anticipée devienne une clause de style dans les avant-contrats, ou que l'acquéreur subisse des pressions pour renoncer immédiatement après la signature de l'avant-contrat.

45436 Le doute est permis, s'agissant d'une renonciation **après notification** mais avant l'expiration du délai de 10 jours : l'acquéreur peut-il, de manière anticipée, confirmer qu'il achètera bien en renonçant expressément au droit de rétractation, par exemple au bout de 3 jours, ou bien signer l'acte authentique, en déclarant dans l'acte vouloir acquérir nonobstant le fait que le projet lui a été notifié depuis moins de 10 jours ?

S'agissant du **délai de réflexion,** une solution négative trouve un fondement textuel dans l'article L 271-1, alinéa 5, du CCH dont la formulation est nettement directive : « En aucun cas, l'acte authentique ne peut être signé pendant ce délai de 10 jours. »

La solution est plus délicate à déterminer concernant le **droit de rétractation**. Le caractère d'ordre public est reconnu au dispositif protecteur, mais il doit logiquement s'agir d'un ordre public de protection, ce qui devrait selon les principes établis ouvrir à l'acquéreur le droit de renoncer à une protection qui lui est déjà acquise. À l'encontre d'une solution libérale, on opposera la constatation qu'il serait curieux de pouvoir renoncer au droit de rétractation alors qu'il ne serait pas possible de renoncer au délai de réflexion.

CONSEIL

Tant qu'une décision de jurisprudence ne permet pas sans équivoque à l'acquéreur de renoncer au délai de protection une fois celui-ci ouvert, il convient par prudence d'éviter toute renonciation. Le délai de 10 jours imposé aux parties est d'ailleurs très court au regard des conséquences d'une nullité qui serait encourue en cas de renonciation irrégulière.

b. Situation du vendeur

45450 Pour apprécier l'incidence de la protection de l'acquéreur sur la situation juridique du vendeur, il convient également de distinguer selon que l'incertitude résulte pour lui du droit de rétractation ou du délai de réflexion accordé à son cocontractant.

PENDANT LE DÉLAI DE RÉTRACTATION

45452 Tant que la rétractation n'est pas intervenue, le contrat est pleinement obligatoire à l'égard du vendeur. Le vendeur ne peut donc se prévaloir de l'incertitude qui existe sur la bonne fin de l'opération pour se rétracter.

PENDANT LE DÉLAI DE RÉFLEXION

Le contrat n'est pas encore formé lorsqu'il est soumis au délai de réflexion de l'acquéreur. Se pose alors la question de savoir si le vendeur peut se prévaloir de ce qu'il n'est pas contractuellement lié avec l'acquéreur pour se rétracter ou, ce qui revient au même, pour contracter avec un tiers pour le même immeuble. **45454**

Cela peut paraître choquant, mais l'application des principes doit conduire à une réponse affirmative. La protection dont bénéficie l'acquéreur pourrait ainsi se retourner contre lui en l'empêchant d'acquérir si le vendeur mettait à profit ce délai de réflexion pour mettre fin à la négociation contractuelle.

Le seul recours de l'acquéreur serait alors de faire constater judiciairement la responsabilité délictuelle du vendeur à l'effet d'obtenir des dommages et intérêts. Deux fondements lui sont ouverts, selon qu'on considère que le vendeur est auteur d'une offre avec délai ou qu'il est simplement en phase de pourparlers : la faute que constitue le non-respect du délai dans le premier cas (voir n° 1200), ou la rupture fautive des pourparlers dans le second (voir n° 90).

4. SANCTIONS

La loi ne prévoit aucune sanction, ni civile ni pénale. La sanction d'un défaut de notification ou d'une notification irrégulière doit être recherchée dans les principes juridiques généraux. **45480**

a. Absence de notification

Le non-respect des prescriptions légales impératives, résultant de l'absence de notification, pourra être constaté à deux stades différents : avant ou après la signature de l'acte authentique de vente. Dans le premier cas se pose la question de la régularisation de l'omission ; dans le second cas, c'est la question de la régularité même de la vente qui est en cause. **45490**

RÉGULARISATION DE L'OMISSION

Lorsque le contrat constatant ou réalisant la convention a été précédé d'un contrat préliminaire ou d'une promesse synallagmatique ou unilatérale, la protection ne s'applique qu'à ce contrat ou à cette promesse (CCH art. L 271-1, al. 4). L'application littérale de ce texte pourrait conduire à considérer que le notaire n'a plus à se préoccuper de l'exercice du droit de rétractation lorsque l'acte notarié qu'il a la charge de régulariser a été précédé d'un avant-contrat qui lui était soumis, que ce droit ait été ou non mis en œuvre. **45492**

Le vendeur ou, s'il est intervenu, l'intermédiaire, aurait dans ce cas d'omission de la notification, et si on suit cette analyse, commis une faute en ne respectant pas la loi, faute ouvrant à l'acquéreur une action en responsabilité au prix d'une action judiciaire et de la preuve du préjudice éprouvé.

Cette analyse doit être rejetée. Le droit de rétractation résulte de l'établissement d'un avant-contrat. La notification a seulement pour but et pour effet la mise en œuvre de ce droit, de sorte que l'absence de notification ne peut pas avoir pour conséquence d'y faire échec.

L'irrégularité résultant de l'absence de **notification de l'avant-contrat,** si elle est décelée avant la signature de l'acte notarié, peut toujours être purgée par la notification de cet avant-contrat (Cass. 3e civ. 4-10-2018 n° 17-25.688 F-D : BPIM 6/18 inf. 423). Cette notification n'est elle-même enfermée dans aucun délai et serait parfaitement valable, quoique tardive. **45494**

La question se pose de savoir s'il peut être suppléé à l'omission de la notification de l'avant-contrat par la **notification** par le notaire **du projet d'acte authentique** en vue de purger le délai de réflexion. **45496**

La loi n'ouvre pas une telle alternative. On constate d'ailleurs que les deux modalités de la protection ne sont pas identiques : la protection de l'acquéreur bénéficiaire du droit de rétractation lui impose pour ne plus être engagé de se manifester positivement, en exerçant son droit, alors qu'il suffit au bénéficiaire du délai de réflexion de rester inerte après notification du projet d'acte pour ne pas être engagé.

La notification de l'avant-contrat devra toujours être privilégiée lorsqu'elle est possible, puisque c'est le mode normal de mise en œuvre de la protection prévue en faveur de l'acquéreur. La notification du projet d'acte authentique de vente ne peut pas être considérée comme une alternative satisfaisante. **45498**

L'acquéreur qui refuserait de signer l'acte authentique de vente dont le projet lui aurait été notifié en l'absence de notification de l'avant-contrat établi par les parties ne serait pas libéré. L'avant-contrat devrait logiquement conserver toute sa vigueur entre les parties, et il conviendrait alors nécessairement, pour dénouer la situation, que le vendeur respecte le formalisme de la notification propre à l'avant-contrat.

L'acquéreur qui serait confronté à l'inertie du vendeur ou au refus par celui-ci de lui notifier l'avant-contrat et de faire courir le délai de rétractation devra, selon qu'il souhaite acquérir ou au contraire se dégager de l'opération, agir judiciairement soit en exécution forcée de l'avant-contrat, doté de la force obligatoire tant que la rétractation ne s'est pas exercée, soit en résolution.

OMISSION IRRÉVERSIBLE

45500 Il ne faut pas exclure que par suite de carences des intervenants, ou d'un concours de circonstances, l'acquéreur n'ait pas bénéficié du délai de protection, sous aucune de ses deux formes. Se posera alors inévitablement la question de savoir si l'acquéreur pourrait **remettre en cause l'acquisition** réalisée en en demandant la nullité sur le fondement du non-respect de dispositions impératives de protection de son consentement.
La loi ne précise pas la sanction encourue dans ce cas. Il appartiendra au juge de dire si cette omission est sanctionnée par la nullité. Si la réponse est affirmative, il devrait s'agir d'une nullité relative, dont seul l'acquéreur pourrait se prévaloir. Par contre, la nullité serait sans doute de droit pour le juge, et non facultative, en raison du caractère discrétionnaire du droit de l'acquéreur de renoncer à son projet. Cette nullité, si elle est retenue, devrait se prescrire par 5 ans, en application de l'article 2224 du Code civil.
Le caractère relatif de la nullité, si cette sanction est retenue, ouvre la possibilité d'une confirmation. La situation juridique fragile créée par l'omission irréversible de la notification peut donc être consolidée, mais cela suppose le concours actif de l'acquéreur.

b. Irrégularité de la notification

45520 Une notification peut être irrégulière pour de multiples raisons : choix d'un procédé inadéquat (courrier simple au lieu du courrier recommandé avec demande d'avis de réception), envoi d'un exemplaire ou d'une copie de l'acte incomplet ou d'un projet d'acte notarié lacunaire, erreur manifeste dans l'adresse du destinataire, défaut de mention manuscrite à l'occasion d'une remise directe, mention incomplète ou infidèle au texte impératif prévu par l'article D 271-6, alinéa 2 du CCH...

45522 Comme dans le cas d'absence de notification, l'irrégularité de la notification pourra être « purgée » par une nouvelle notification, ou une notification complémentaire.
Cependant, la signature par les acquéreurs de l'acte authentique de vente sans réserve vaut renonciation à se prévaloir de l'irrégularité de la notification du droit de rétractation (Cass. 3e civ. 7-4-2016 n° 15-13064 : BPIM 3/16 inf. 179 dans le cas d'une notification adressée à deux époux au moyen d'une lettre recommandée unique dont l'accusé de réception ne portait la signature que d'un seul d'entre eux).

c. Modification entre l'acte ou le projet d'acte notifié et l'acte authentique proposé à la signature

45570 Une modification des **conditions de vente** peut intervenir entre l'acte notifié, qu'il s'agisse de l'avant-contrat dont la notification a fait courir le droit de rétractation ou du projet d'acte authentique soumis au délai de réflexion, et l'acte authentique soumis à la signature de l'acquéreur. Les hypothèses sont multiples et doivent être distinguées.

CHANGEMENT INTÉRESSANT LA PERSONNE DE L'ACQUÉREUR

45572 **Modification d'ordre personnel** Il peut arriver qu'une modification portant sur la personne de l'acquéreur intervienne. L'acquéreur marié décidera par exemple d'associer son conjoint séparé de biens à l'acquisition, ou bien les époux, les partenaires pacsés ou les concubins conviendront qu'un seul d'entre eux procédera à l'acquisition alors qu'ils étaient tous deux signataires de l'avant-contrat. La situation des parties n'étant pas la même selon que s'applique le droit de rétractation ou le droit de réflexion, il convient de distinguer ces deux hypothèses.
Lorsque les parties étaient liées par un **avant-contrat**, la modification suppose l'accord du vendeur. Celui-ci pourrait très bien vouloir s'en tenir aux prévisions de cet acte, de sorte que la modification ne serait pas possible. Par contre, s'il accepte la modification, il convient alors de procéder à une nouvelle notification de l'avant-contrat et de son avenant modificatif. Pour un conseil pratique en ce cas, voir n° 45330.
Si c'est un **projet d'acte authentique** qui a été notifié ou remis et qui n'a pas encore été signé, les parties ne sont pas contractuellement liées. La demande de modification s'inscrit dans la phase de pourparlers, et le vendeur a le choix soit de satisfaire à cette demande, soit de la refuser, mais sans pouvoir exiger que l'acte authentique soit signé dans les termes du projet. S'il accepte la modification demandée, un nouveau projet doit être notifié ; dans la négative,

les deux parties doivent être considérées comme dégagées l'une vis-à-vis de l'autre, la demande de modification pouvant être analysée en une contre-proposition non acceptée par le vendeur.

Modification d'ordre patrimonial entre les acquéreurs La modification peut également porter sur la **quotité** dont chacun des acquéreurs indivisaires – époux, concubins, membres d'une même famille –, signataires de l'avant-contrat, se portera acquéreur, ou sur un **démembrement** du droit de propriété entre les acquéreurs, non prévu initialement. La pratique notariale tend à considérer que cet aménagement d'ordre patrimonial entre les acquéreurs ayant déjà bénéficié de la protection n'impose pas une nouvelle notification, et donc à exclure l'exigence d'une nouvelle notification. Cette question ne semble cependant pas avoir été tranchée en jurisprudence. **45573**

CHANGEMENT CONCERNANT L'IMMEUBLE OBJET DU CONTRAT

Il arrive qu'entre le premier écrit et l'acte authentique de vente la désignation de l'immeuble **45574** vendu ne soit pas exactement identique, ne serait-ce que parce que le rédacteur de l'avant-contrat ne disposait pas lors de son établissement de toutes les informations. La superficie cadastrale sera précisée dans le second acte alors qu'elle aura été omise dans le premier ; la désignation exacte et complète des parties communes lorsque l'immeuble est compris dans un lotissement ou un groupe d'habitations pourra être précisée dans l'acte notarié, après vérification au service chargé de la publicité foncière. Ces **modifications purement formelles** ne devraient pas ouvrir un nouveau droit de rétractation ou de réflexion, tant qu'elles ne traduisent pas une modification de la substance de la chose qui, dans l'esprit des parties, forme l'objet de la vente.

Il devrait en être différemment si la différence de formulation de la désignation de l'immeuble révélait une véritable **modification de la chose vendue**. Ce serait par exemple le cas si le terrain d'assiette de l'immeuble vendu était différent dans ses limites de celui convenu, s'il apparaissait que le vendeur n'avait pas des droits exclusifs mais des droits indivis dans une voie d'accès, ou encore si dans une copropriété horizontale le lot vendu comprenait la jouissance privative du terrain d'assiette de l'immeuble et non sa pleine propriété. Dans ce cas, et dès qu'il apparaît que l'élément modifié a pu être même partiellement ou secondairement déterminant du consentement de l'acquéreur, il convient de procéder à une nouvelle notification, ouvrant à l'acquéreur le droit de se rétracter ou celui de ne pas s'engager, selon qu'il bénéficie du droit de rétractation ou du délai de réflexion.

CHANGEMENT CONCERNANT LES CONDITIONS DE LA VENTE

Modifications mineures Les modifications concernant les conditions de vente seront **45576** parfois mineures, ou simplement d'ordre rédactionnel, ne serait-ce que pour la raison que le notaire ne reprendra pas littéralement dans l'acte notarié les dispositions de l'avant-contrat applicables au contrat de vente alors que cet avant-contrat aura été rédigé par un autre que lui. Lorsqu'il s'agira du délai de réflexion, il arrivera fréquemment que l'acte dont le projet aura été notifié par le notaire évolue au gré des renseignements que celui-ci aura pu obtenir sur l'opération envisagée, en mettant précisément à profit ce délai pour améliorer et compléter son contenu.

Une solution rigide, qui consisterait à n'admettre aucune modification qui n'ait été soumise à **45578** rétractation ou à réflexion, ne paraît pas acceptable. Dans bien des cas, elle desservirait même l'acquéreur : l'acte notarié, soigneusement rédigé, au terme de plusieurs semaines d'instruction du dossier, contient en effet souvent bien plus d'informations utiles à l'acquéreur que l'avant-contrat, rédigé rapidement. C'est par ailleurs le propre d'un projet d'acte d'évoluer, ne serait-ce que par suite des observations formulées par son ou ses destinataires.

Modifications substantielles Cependant, il ne serait pas admissible que les condi- **45580** tions de l'opération contractuelle et économique soumise à la réflexion de l'acquéreur, que cette réflexion suive son engagement (droit de rétractation) ou la précède (droit de réflexion), puissent être modifiées sans limites, au point de la dénaturer.

Le texte de la loi étant muet sur la survenance de modifications, un critère compatible avec la finalité protectrice du texte doit être recherché. Pourraient ainsi être introduites les modifications qui ne porteront pas sur un élément déterminant du consentement de l'acquéreur ou qui n'aggraveront pas ses obligations.

Les **éléments déterminants du consentement** de l'acquéreur pourront être appréciés objectivement. Il s'agira de l'objet de la vente, des charges qui peuvent le grever (existence d'une servitude), de son prix, de ses modalités de paiement, et de tout ce qui touche à la protection de l'acquéreur, comme les conditions suspensives stipulées en sa faveur et l'information qui lui est due (amiante, plomb, termites...). Mais une approche subjective devra également être adoptée, lorsque l'acquéreur aura exprimé le fait qu'un élément objectivement accessoire est pour lui essentiel, par exemple le délai de réalisation de la vente ou la date de libération de l'immeuble par le vendeur ou un autre occupant.

L'**aggravation des obligations de l'acquéreur** pourra être soit directe, soit indirecte. Elle résultera directement d'une charge qui lui serait imposée : par exemple des intérêts sur un prix atermoyé, la fourniture d'une garantie qui n'avait pas été initialement prévue. Le plus souvent, elle résultera plutôt d'une restriction des garanties dont l'acquéreur pensait pouvoir bénéficier : l'immeuble vendu ne bénéficie plus des garanties légales qui avaient été annoncées, soit parce qu'il a été édifié depuis plus de 10 ans, soit encore parce que les assurances de construction obligatoires n'ont pas été souscrites, ou ne sont plus en vigueur, par suite par exemple du défaut de paiement de la prime.

45582 Lorsqu'il est constaté une modification substantielle entre l'avant-contrat et l'acte authentique de vente, ou plus rarement entre le projet d'acte authentique et l'acte authentique lui-même, l'acquéreur bénéficie selon le cas d'un nouveau droit de rétractation ou d'un nouveau délai de réflexion (Cass. 3e civ. 26-9-2007 no 06-17.187 : RJDA 2/08 no 123). En l'espèce, le principe d'une nouvelle notification a été implicitement admis, mais le caractère substantiel de la modification n'a pas été retenu : la découverte de l'inconstructibilité d'une partie des parcelles achetées avec la maison ne justifiait pas une nouvelle notification, des éléments de la promesse permettant de penser que le caractère constructible des terrains n'était pas substantiel.

Les **solutions** retenues par les juridictions du fond sont **contrastées**. Le caractère substantiel de la modification a été reconnu à la découverte de l'absence de souscription d'**assurance dommages-ouvrage** à l'occasion de la vente, constatée par un avant-contrat signé en janvier 2002, portant sur une maison achevée le 16 octobre 1992 et un abri de garage réalisé en septembre 1996 (CA Caen 24-10-2006 no 04/03580). Le caractère substantiel n'a pas été retenu dans le cas d'une renonciation par l'acquéreur à une subrogation dans les droits et action en garantie du vendeur à l'encontre d'un précédent propriétaire, en raison de la présence dans l'immeuble d'un champignon de type **mérule**, dont la décision constate cependant que la gravité de ce vice et l'importance de la contamination avaient été minimisées par le vendeur (CA Rouen 10-6-2009 no 08/03238). On relève dans cet arrêt que la reconnaissance du caractère substantiel de la modification n'avait plus d'enjeu, l'acquéreur, plaçant également son action sur le fondement du dol, ayant obtenu l'annulation de la vente. Si des **documents informatifs** ne sont remis à l'acquéreur qu'à la signature de l'acte authentique, celui-ci dispose d'un nouveau délai de rétractation si ces documents révèlent une modification substantielle par rapport à l'objet de la vente. Tel n'est cependant pas le cas pour la remise du diagnostic de performance énergétique, du cahier des charges, du règlement du lotissement et de l'état des risques naturels et technologiques au stade de l'acte authentique, signé sans réserve (Cass. 3e civ. 8-7-2014 no 13-19.330 : BPIM 5/14 inf. 330).

On signalera également, que la renonciation par l'acquéreur au bénéfice de la **condition suspensive de l'obtention d'un prêt** a été considérée comme une modification substantielle en raison de l'aggravation des conditions de la vente pour l'acquéreur, justifiant l'exigence d'une nouvelle purge du délai de rétractation (TGI Strasbourg 3-6-2008 no 08/00290 : AJDI 2009 p. 564).

45584 La **distinction** entre les modifications substantielles et celles mineures, seules les premières imposant une nouvelle notification, est donc **délicate**. Il est d'ailleurs vraisemblable que vendeur et acquéreur ne s'accorderont pas sur la qualification – substantielle ou non substantielle – de la modification à retenir, et on peut imaginer que le vendeur reproche à l'intermédiaire ou au notaire d'avoir offert à l'acquéreur, s'il se rétractait sur la seconde notification, une porte de sortie qui ne se justifiait pas. Pour ces raisons, l'intermédiaire ou le notaire sera avisé de recueillir l'assentiment des parties soit sur l'absence de justification de la nouvelle notification, soit au contraire sur son exigibilité. En cas de désaccord, il appartiendra à la plus diligente des parties de s'en remettre à la justice pour trancher la difficulté. L'appréciation du caractère substantiel de la modification relève du pouvoir souverain des juges du fond (Cass. 3e civ. 26-9-2007 no 06-17.187 : RJDA 2/08 no 123).

B. Versement d'une somme d'argent

45600 La protection de l'acquéreur d'un immeuble d'habitation est complétée par une réglementation des conditions dans lesquelles un versement peut être exigé de lui (CCH art. L 271-2).

Le texte pose un principe d'interdiction qu'il tempère d'une importante exception lorsque les circonstances de l'opération permettent de garantir la représentation des fonds en cas d'exercice de la faculté de rétractation.

1. VERSEMENT INTERDIT

Le versement d'une somme d'argent est interdit dans les cas suivants : 45604
– l'opération n'est pas encore concrétisée par un contrat, quelle qu'en soit la forme ;
– l'opération est suspendue au droit de rétractation et intervient entre particuliers, sans l'intervention d'un professionnel ayant reçu mandat pour prêter son concours à la vente et recevoir les fonds dans des conditions garantissant leur représentation ;
– l'opération est soumise au délai de réflexion.

Le texte légal utilise le vocable de « versement ». Ce terme n'est pas juridique mais plutôt économique. Ce que la loi tend à éviter, c'est la charge pécuniaire exposée par l'acquéreur prématurément, ainsi que la difficulté que celui-ci pourrait éventuellement éprouver à récupérer les fonds versés si l'opération n'aboutissait pas. L'interdiction vise tout versement, quelle qu'en soit la dénomination (acompte, arrhes, dédit, dépôt de garantie, indemnité d'immobilisation...) ou la forme (remise d'un chèque, d'espèces, d'un billet à ordre ou d'une lettre de change, virement, caution bancaire ou garantie de paiement à première demande...). La remise d'un chèque postdaté ou non remis à l'encaissement n'est pas possible. 45606

2. VERSEMENT AUTORISÉ

OPÉRATIONS CONCERNÉES

Le versement par l'acquéreur ou pour son compte ne peut être effectué que lorsque l'opération immobilière est constatée par un avant-contrat, quelle qu'en soit la forme (sous signature privée ou authentique), puisque les modalités de ce versement et de son éventuelle restitution sont articulées autour de la faculté de rétractation, propre à cette forme. Par ailleurs, la loi exclut explicitement tout versement avant l'expiration du délai de réflexion lorsque l'acte authentique de vente n'est pas précédé d'un avant-contrat (CCH art. L 271-2, al. 3). 45620

Le texte réserve la possibilité des versements autorisés par les dispositions législatives expresses contraires prévues notamment pour les contrats ayant pour objet l'acquisition ou la construction d'un immeuble neuf d'habitation, la souscription de parts donnant vocation à l'attribution en jouissance ou en propriété d'immeubles d'habitation et les contrats préliminaires d'immeubles à construire ou de location-accession à la propriété immobilière (CCH art. L 271-2, al. 1). 45622

VERSEMENT AVANT EXPIRATION DU DÉLAI DE RÉTRACTATION

Conditions Deux conditions doivent être réunies pour que l'acquéreur non professionnel d'un immeuble d'habitation puisse effectuer un versement (CCH art. L 271-2, al. 2) : 45630
– le contrat doit être conclu par l'**intermédiaire d'un professionnel ayant reçu mandat** pour prêter son concours à la vente ;
– le versement doit être effectué entre les mains d'un professionnel disposant d'une **garantie financière** affectée au remboursement des fonds déposés.

Peuvent recevoir mandat à l'effet de prêter leur concours à la vente les agents immobiliers, les notaires, les géomètres pratiquant la négociation immobilière et les avocats. 45632

Disposent d'une garantie financière affectée au remboursement des fonds déposés les agents immobiliers ayant déclaré leur intention de détenir des fonds lors de leur demande de carte professionnelle (Loi 70-9 du 2-1-1970 art. 3, 2°), les notaires (Décret 55-604 du 20-5-1955 art. 11 et 12), les géomètres experts autorisés à pratiquer l'intermédiation et les avocats (Loi 71-1130 du 31-12-1971 art. 27, al. 2). 45634

> **Précisions a.** Un agent immobilier ne peut rédiger un acte juridique qu'accessoirement aux opérations d'intermédiation qu'il réalise et non à titre principal ou exclusif, à la différence des notaires et des avocats. Il ne peut donc recevoir les fonds qu'à l'occasion des actes qu'il rédige consécutivement à une vente qu'il a négociée.
> **b.** Il n'est pas interdit que deux professionnels interviennent, remplissant chacun l'une des deux conditions requises par les textes : par exemple l'agent immobilier qui a négocié la vente pour rédiger l'acte et le notaire pour recevoir les fonds. Il ne semble pas possible à l'agent immobilier qui n'a pas rédigé l'acte de recevoir les fonds, sa garantie financière ne couvrant pas l'activité isolée de séquestre.

Conséquences d'une rétractation Si l'acquéreur exerce la faculté de rétractation, le professionnel dépositaire des fonds est tenu à **restitution** dans les 21 jours à compter du lendemain de la date de cette rétractation (CCH art. L 271-2, al. 2). Le dépositaire ne peut pas invoquer le délai de remboursement en cas de renonciation effectuée alors que le délai de rétractation n'a pas 45636 commencé à courir ; il est dans ce cas tenu de restituer les fonds dès réception de la notification de la renonciation et de la demande de restitution (CA Toulouse 1-12-2003 n° 02-5498 : RJDA 5/05 n° 533).

45638 Bien que le texte ne le précise pas, aucune **retenue** ne peut être faite sur la somme versée. Cela vaut pour le vendeur et pour l'intermédiaire : une retenue pourrait en effet altérer le libre choix de l'acquéreur de se rétracter.
L'application de cette règle est sévère pour l'intermédiaire qui aura consacré à l'opération du temps, effectué des formalités et éventuellement engagé des **frais** qui resteront ainsi à sa charge définitive (demandes de pièces, droit d'enregistrement de la promesse unilatérale...). Ce risque peut être envisagé au stade de l'avant-contrat, et il peut être convenu entre l'intermédiaire et le vendeur que ce dernier supportera le coût de l'avant-contrat infructueux ou du projet sans suite.

45640 Une **contestation** peut être soulevée par le vendeur sur la régularité de la rétractation. Dans ce cas, le tiers dépositaire des fonds ne peut pas se faire juge de la difficulté. Il ne pourra les remettre que sur les instructions concordantes des parties ou dans le sens d'une décision judiciaire passée en force de chose jugée ou exécutoire. À défaut, il engagerait sa responsabilité.

VERSEMENT APRÈS LA PURGE DU DROIT DE RÉTRACTATION

45650 **Conditions du versement** Un versement est possible une fois purgé le droit de rétractation de l'acquéreur. Il n'est plus alors prescrit l'intervention d'un professionnel, ni pour prêter son concours à la vente ni pour percevoir les fonds : l'opération peut se faire directement entre le vendeur et l'acquéreur.
Si les parties en conviennent dans l'avant-contrat, cet acte est conclu sous la **condition suspensive** de la remise de la somme à la date convenue (CCH art. L 271-2, al. 1). Le défaut de versement entraîne la défaillance de la condition et donc la caducité de l'avant-contrat.
L'avant-contrat sous condition suspensive du versement de la somme d'argent convenue est très rarement mis en œuvre en pratique.

45652 **Appréciation critique** Le recours à la technique de la condition suspensive est contestable pour régler le sort du contrat à défaut d'exécution par l'acquéreur de son engagement de verser une somme d'argent après l'expiration du délai de rétractation.
La condition est manifestement « **potestative** », puisqu'il est au pouvoir discrétionnaire de l'acquéreur, obligé sous cette condition, de la faire réaliser ou défaillir (voir n°s 30200 s.). Elle est en outre **incohérente** au regard des règles qui président normalement au choix d'une condition modalité : la naissance du contrat ne peut pas dépendre d'une obligation qui en découle (voir n° 30280).

3. SANCTION

45660 Est puni d'une amende de 30 000 € le fait d'exiger de recevoir un versement ou un engagement de versement en méconnaissance des règles prévues par l'article L 271-2 du CCH (CCH art. L 271-2, al. 4).
Le versement irrégulier n'entraîne pas la nullité du contrat.

C. Cas particulier du lot dans un lotissement

45670 Des dispositions particulières s'appliquent à la vente par le lotisseur des lots d'un lotissement soumis à permis d'aménager (C. urb. art. L 442-8 et R 442-12). À compter de la délivrance du permis d'aménager, le lotisseur peut consentir une promesse unilatérale de vente spécifique (voir n° 18070). Le bénéficiaire de cet avant-contrat dispose d'une **faculté de rétractation** de 10 jours, qu'il exerce dans les conditions de l'article L 271-1 du CCH. En cas de rétractation, le versement effectué par le bénéficiaire de la promesse (au maximum 5 % du prix de vente) lui est restitué dans un délai de 21 jours à compter du lendemain de la date de cette rétractation.
Il faut noter que le champ d'application de ces dispositions est plus large que celui de l'article L 271-1 du CCH : elles ne sont pas réservées à l'acquéreur non professionnel, et ne sont pas limitées au terrain destiné à recevoir un bâtiment d'habitation.
Par ailleurs, sont seuls visés les lotissements soumis à permis d'aménager ; si le lotissement relève de la simple déclaration préalable, la vente du terrain intervient sans délai de rétractation (voir n° 45088).

TITRE IX

Effets de la vente

CHAPITRE 1

TRANSFERT DE LA PROPRIÉTÉ, DES RISQUES ET DE LA JOUISSANCE

SOMMAIRE

SECTION 1

TRANSFERT DE LA PROPRIÉTÉ ET DES RISQUES

Les développements qui suivent se limitent à un exposé des **grands principes** qui gouvernent le transfert de la propriété et des risques (C. civ. art. 1196 à 1198 et 1582 s.). **48000**
S'agissant des **règles particulières** applicables au transfert en fonction du type d'avant-contrat ou résultant de la stipulation d'une condition ou d'un terme, on pourra se reporter aux études consacrées à ces dernières thématiques (voir nos 6000 s., 30000 s. et 33000 s.).

I. GÉNÉRALITÉS ET FAIT GÉNÉRATEUR DU TRANSFERT

A. Transfert de propriété

La vente immobilière opère un transfert de la propriété et de ses accessoires à l'acquéreur. La **vente** est **parfaite** entre les parties et la propriété acquise de droit à l'acheteur à l'égard du vendeur, dès qu'on est convenu de la chose et du prix, quoique la chose n'ait pas encore été livrée **48012** ni le prix payé (C. civ. art. 1583). Dans les contrats ayant pour objet l'aliénation de la propriété ou la cession d'un autre droit, le transfert s'opère lors de la conclusion du contrat (C. civ. art. 1196, al. 1er). Il en résulte que la promesse de vente vaut vente lorsqu'il y a consentement réciproque des deux parties sur la chose et sur le prix (C. civ. art. 1589, al. 1). Après avoir constaté l'accord des parties sur le prix de vente d'un immeuble inachevé, les juges du fond ne peuvent pas déclarer la vente nulle au motif que les parties ne se sont jamais entendues sur le point de savoir qui paierait la taxe sur la valeur ajoutée (Cass. 3e civ. 14-1-1975 no 73-13.922). À l'exception de la chose et du prix, aucune autre condition ou mention n'est donc en principe nécessaire. Sont donc indifférentes l'absence de promesse de vente (Cass. 3e civ. 22-6-2023 no 22-16.498 F-D : BPIM 5/23 inf. 323), l'absence de forme authentique (Cass. 3e civ. 10-5-1977 no 76-10.029), l'absence de mention relative à l'origine de propriété (CA Versailles 27-11-2008 no 07/01755 : RJDA 4/09 inf. 319), ou l'absence de précision quant aux conditions de financement et aux formalités de réalisation de la vente (Cass. 3e civ. 30-11-2022 no 21-24.436 F-D : BRDA 2/23 inf. 14). Ce principe du consensualisme de la vente s'impose au conseil municipal (CE 15-3-2017 no 393407), qu'il procède à la cession d'un bien dépendant de son domaine privé (CE 26-1-2021 no 433817 : BPIM 2/21 inf. 134) ou de son domaine public (CE 29-7-2020 no 427738 : BPIM 5/20 inf. 328).

Il faut cependant que la rencontre des consentements soit acquise. À défaut, l'accord ne saurait valoir vente. Une telle rencontre ne saurait résulter, par exemple, d'un accord qui vise à céder soit l'intégralité des parts de sociétés, soit tous les immeubles appartenant à ces sociétés (Cass. 3e civ. 22-10-2014 no 10-24.834 : RJDA 4/15 no 248), ou qui n'est accepté que par un seul des propriétaires indivisaires sans le consentement des autres (Cass. 1e civ. 11-3-2020 no 18-20.414 F-D : BPIM 3/20 inf. 203). Ne vaut pas vente non plus, l'accord qui ne mentionne par exemple ni l'objet de la vente précis et déterminé ni une proposition de prix certain (Cass. 3e civ. 8-7-2014 no 13-17.160) ou qui ne contient pas une mention expresse d'acceptation de l'offre (Cass. 3e civ. 18-1-2024 no 22-18.996 F-D : BPIM 2/24 inf. 122).

Pour une **analyse plus nuancée** des rapports qu'entretient la promesse synallagmatique de vente avec la vente elle-même, voir nos 8512 s.

Le transfert de propriété peut certes être différé par la volonté des parties, la nature des choses ou par l'effet de la loi (C. civ. art. 1196, al. 2). Mais il n'en demeure pas moins qu'en l'absence de disposition conventionnelle faisant échec à ce principe, seule l'insuffisance de détermination de l'immeuble ou du prix peut donc faire **obstacle à un transfert immédiat** de la propriété. En matière immobilière, l'objet de la vente est généralement déterminé par les références cadastrales ainsi que la description du bien vendu. S'agissant de la vente d'un lot de copropriété, l'absence d'indication de la quote-part des parties communes justifie que soit prononcée la nullité de la vente pour indétermination de l'objet, dès lors que les juges du fond avaient relevé que cette information constituait pour les parties un élément essentiel de la convention (Cass. 3e civ. 11-2-2009 no 07-20.237 : Bull. civ. III no 37). Est en revanche suffisamment déterminé l'objet de la vente portant sur les parties communes annexées par un copropriétaire à différents lots, alors même que les lots ainsi constitués n'ont pas encore été créés par un modificatif de l'état descriptif de division (Cass. 3e civ. 10-9-2008 no 07-16.858 : Bull. civ. III no 131). De même, un terrain qui doit être détaché d'une parcelle est suffisamment déterminé dès lors que sa superficie est précisée et que le vendeur s'en remet par avance au choix des acquéreurs quant à sa délimitation exacte (Cass. 3e civ. 15-2-1984 : Bull. civ. III no 41 ; dans le même sens, Cass. 3e civ. 20-9-2011 no 10-20.350 : BPIM 6/11 inf. 471).

48014 La vente est donc un contrat consensuel dont la formation résulte du seul échange des consentements. La vente immobilière n'échappant pas à ce principe, le transfert effectif du droit de propriété n'est soumis à aucun **formalisme**, du moins entre les parties. En effet, les formes exigées aux fins de preuve ou d'opposabilité sont sans effet sur la validité des contrats (C. civ. art. 1173). C'est seulement à l'égard des tiers titulaires de droits concurrents sur l'immeuble que l'opposabilité (donc l'efficacité) de la vente est soumise aux règles de la publicité foncière (voir no 48620).

Le paiement effectif du prix, l'entrée en jouissance ou la signature de l'acte authentique de vente **ne consacrent pas le transfert** du droit de propriété. Le simple accord des parties sur la chose et sur le prix suffit. Dès cet instant, en principe, l'acquéreur devient titulaire de toutes les prérogatives attachées à la propriété et peut ainsi, par exemple, revendre valablement le bien, même si la vente n'a pas encore été constatée par acte authentique ni le prix payé.

C'est également au moment de l'échange des consentements que doit être analysée la **bonne foi** des parties. Dès lors qu'il n'y a pas eu report conventionnel du transfert de propriété, c'est donc au jour de la signature de la promesse de vente, et non de l'acte authentique, qu'il convient de se placer pour vérifier si l'acquéreur ignorait l'existence d'un pacte de préférence, par exemple (Cass. 3e civ. 25-3-2009 no 07-22.027 : Bull. civ. III no 68).

TITRE VIII

Protection de l'acquéreur

CHAPITRE 1

PROTECTION DE L'ACQUÉREUR EMPRUNTEUR

SOMMAIRE

ÉVOLUTION DE LA RÉGLEMENTATION SUR LE CRÉDIT IMMOBILIER

La loi 79-596 du 13 juillet 1979, **dite loi « Scrivener II »** a introduit un dispositif protecteur de l'emprunteur non professionnel lorsque celui-ci sollicite un prêt pour financer une opération immobilière portant sur un immeuble d'habitation, qu'il s'agisse d'un achat, d'une construction ou de travaux. Elle a été complétée par l'ordonnance 2016-351 du 25 mars 2016 qui a mis à la charge des établissements prêteurs certaines obligations (remise au consommateur d'une fiche d'information standardisée, devoir d'explication et de mise en garde, vérification de la solvabilité de l'emprunteur...). **42000**

Les dispositions législatives relatives aux crédits immobiliers souscrits par des emprunteurs non professionnels figurent sous les articles L 313-1 et suivants du Code de la consommation. La partie réglementaire du Code de la consommation a été recodifiée par le décret 2016-884 du 29 juin 2016 (C. consom. art. R 313-1 s.).
Le dispositif mis en place est d'**ordre public** (C. consom. art. L 314-26) : les parties ne peuvent pas, sauf lorsque la loi elle-même l'autorise, y déroger, et l'emprunteur ne peut pas y renoncer, tout du moins tant que la protection ne lui est pas acquise.

42002 Les règles protectrices de l'emprunteur sont articulées autour d'**idées simples** : l'emprunteur doit être informé sur la nature et l'importance des engagements qu'il prend, ce qui implique une réglementation de la publicité et de l'offre préalable de prêt. Le temps doit lui être donné d'appréhender cette information et de se décider au mieux de ses intérêts ; le délai de réflexion y pourvoit. Lorsqu'il emprunte pour acquérir, il convient d'éviter qu'il soit engagé dans l'une des deux opérations, soit l'achat, soit le prêt, sans l'être dans l'autre : différents mécanismes juridiques créent une interdépendance entre elles.

SECTION 1

CHAMP D'APPLICATION DU DISPOSITIF PROTECTEUR

42005 Le champ d'application du dispositif protecteur est défini par les personnes protégées, les biens financés, les prêts souscrits et les opérations effectuées. Les conditions posées par la loi par rapport à ces différents critères doivent être cumulativement réunies pour que les règles protectrices s'appliquent.

A. Emprunteur immobilier

42008 Sont protégés les acquéreurs, personnes physiques ou morales de droit privé, qui empruntent pour financer une opération portant sur un immeuble entrant dans le champ d'application de la loi et qui agissent en dehors d'une activité professionnelle.

PERSONNES PHYSIQUES

42010 S'agissant de l'opération d'acquisition, c'est d'abord l'**accédant à la propriété** qui est protégé : celui qui emprunte pour acquérir un immeuble qu'il destine à son logement.
Est également protégé l'**investisseur privé**, c'est-à-dire celui qui emprunte pour acquérir un immeuble d'habitation qu'il donnera en location à l'effet d'en retirer un revenu. La seule limite à l'application de la loi est le caractère professionnel de l'activité de l'acquéreur emprunteur (voir n° 42016).

PERSONNES MORALES DE DROIT PUBLIC

42012 L'exclusion des personnes morales de droit public du champ d'application du dispositif protecteur est spécialement prévue par la loi (C. consom. art. L 313-2, 1°). Sont concernés l'État, les collectivités locales (communes, départements et régions) et les établissements publics (communautés urbaines, communautés d'agglomération...).

PERSONNES MORALES DE DROIT PRIVÉ

42014 La loi inclut les personnes morales de droit privé dans le champ d'application du dispositif protecteur lorsque le crédit accordé **n'est pas destiné à financer une activité professionnelle** (C. consom. art. L 313-1, 3°). Sont concernés les sociétés civiles et commerciales, les associations et fondations, ainsi que les syndicats.
Les **cas d'application** de la protection légale aux personnes morales de droit privé seront toutefois **rares en pratique**, pour deux raisons : d'une part, si l'on excepte les SCI (voir n° 42018), l'objet de ces personnes morales ne les destine généralement pas à l'acquisition d'immeubles d'habitation, et ces achats seront donc exceptionnels ; d'autre part, le caractère professionnel leur sera souvent reconnu, ce qui constituera un critère d'exclusion (voir n° 42018).

PROFESSIONNELS

Les personnes physiques ou morales qui empruntent à l'effet de financer une **activité professionnelle** sont expressément exclues du champ d'application de la loi (C. consom. art. L 313-2, 2°). Cela vise sans contestation possible les professionnels de l'immobilier que sont les **marchands de biens, promoteurs, aménageurs, lotisseurs**... 42016

> **Précisions a.** Le professionnel de l'immobilier qui agit dans le cadre de la gestion de son **patrimoine privé** bénéficie de la protection légale.
> **b.** Il arrive que de **simples particuliers**, sans exercer la profession commerciale de marchand de biens pour la raison qu'ils ne procèdent pas à des reventes et qu'ils n'achètent pas dans ce but, se constituent un **patrimoine immobilier important** destiné à la location. Lorsqu'il s'agit de la **seule activité** économique de l'acquéreur, et qu'elle permet à celui-ci d'en vivre, le caractère professionnel, peut lui être reconnu. La notion d'activité professionnelle peut également viser une **activité secondaire**, accessoire à l'activité principale du contractant. Ainsi, n'est pas un consommateur et ne peut donc bénéficier des dispositions protectrices, le médecin qui, dans le cadre d'une opération de défiscalisation, souscrit un crédit pour acheter plusieurs lots de copropriété au sein d'une résidence hôtelière et s'inscrit à cet effet au registre du commerce et des sociétés en qualité de loueur en meublé professionnel (Cass. 1e civ. 25-1-2017 n° 16-10.105 F-PB : BRDA 6/17 inf. 18).

CAS DES SOCIÉTÉS CIVILES IMMOBILIÈRES (SCI)

La Cour de cassation considère que constitue une **activité professionnelle** le fait pour une personne morale, en vertu de son objet social, de procurer, sous quelque forme que ce soit, des immeubles en propriété ou en jouissance, le nombre des immeubles sur lesquels s'exerce cette activité étant indifférent (Cass. 1e civ. 10-2-1993 n° 91-12.382 : JCP N 1993 II p. 233, à propos d'une SCI qui avait acheté un appartement). 42018

Un arrêt postérieur, adoptant la même solution, c'est-à-dire le **critère de l'objet social**, énonce l'objet de la société, qui était en l'espèce « l'acquisition, la propriété, l'administration et l'exploitation par bail, location, ou autrement, de tous biens et droits immobiliers et généralement toutes opérations quelconques se rattachant directement ou indirectement à cet objet, pourvu qu'elles ne modifient en rien le caractère civil de la société » (Cass. 1e civ. 11-10-1994 n° 92-20.563 : Bull. civ. I n° 285). Cette solution a été confirmée à propos d'une SCI dont l'objet social était « l'acquisition, la rénovation, la reconstruction, la division par lots ou par appartements, la location, gestion par tous moyens de tous biens et ensembles immobiliers » (Cass. 1e civ. 14-10-2015 n° 14-24.915). En raison de la généralité de cet objet, fréquemment retenu dans les statuts, la plupart des SCI constituées par de simples particuliers pour des opérations patrimoniales portant sur un logement ou plusieurs logements devraient être exclues de la protection légale.

B. Prêteur

PRÊTEUR PROFESSIONNEL

Sont concernés les prêts consentis par des personnes physiques ou morales dans le cadre de leur **activité commerciale ou professionnelle** en vue de financer une opération entrant dans le champ d'application de la loi (C. consom. art. L 311-1, 1°). Sont donc au premier chef visés les banques, les établissements financiers, les organismes de crédit (prêteurs institutionnels). 42050

> **Précisions** L'**entreprise** qui consent à un salarié un contrat de prêt immobilier destiné à l'acquisition de la résidence principale doit être considérée comme un professionnel, même si consentir des crédits ne constitue pas son activité principale (CJUE 19-3-2019 aff. C-590/17 ; Cass. 1e civ. 5-6-2019 n° 16-12.519 : RJDA 11/19 n° 715).

VENDEUR

Sauf s'il s'agit d'un particulier, le vendeur d'immeuble qui consent à l'acquéreur un **crédit vendeur** est soumis aux prescriptions légales. La Cour de cassation l'a reconnu pour une société anonyme d'HLM qui avait vendu à un accédant un pavillon avec des facilités de paiement sur 20 ans moyennant le paiement d'intérêts (Cass. 1e civ. 10-6-1987 n° 85-14.604 : Bull. civ. I n° 190). La même solution doit être retenue lorsque le délai de paiement est consenti par un professionnel de l'immobilier, tel un marchand de biens, un constructeur ou un lotisseur, et qu'il a les caractères d'un crédit par sa durée, la périodicité des échéances, la stipulation d'intérêts ou la prise d'une garantie hypothécaire. 42052

C. Biens immobiliers

42070 Les biens financés peuvent être des immeubles bâtis, des droits sociaux ou des terrains (C. consom. art. L 313-1).

IMMEUBLES BÂTIS

42072 La protection bénéficie à l'acquéreur d'un immeuble à usage d'habitation ou à usage mixte professionnel et d'habitation (C. consom. art. L 313-1, 1°-a).

42074 **Usage d'habitation** La notion d'habitation correspond à celle que lui donne le sens commun. Elle ne soulève pas de difficultés lorsque l'immeuble correspond à un seul local d'habitation. Il peut s'agir d'une **maison** ou d'un **appartement**. Même si le texte ne le précise pas, sont concernés non seulement la **résidence principale** mais aussi la résidence **secondaire**, le logement destiné à l'**occupation personnelle** aussi bien que celui destiné à la **location**.

L'emprunt peut avoir pour objet de financer un immeuble comprenant plusieurs locaux d'habitation, comme un **immeuble de rapport**. Il n'importe pas que l'un de ces logements soit consacré à l'habitation de l'acquéreur.

42076 La loi s'applique lorsque le local n'est pas, au moment de la vente, à usage d'habitation mais que l'**acquéreur le destine à cet usage**. L'esprit de la loi commande la solution : dans ce cas, l'emprunteur est tout aussi digne de protection que si le bien était, au moment de l'achat, à usage d'habitation.

42078 **Usage mixte professionnel et d'habitation** Le caractère professionnel de l'usage mixte professionnel et d'habitation s'applique sans contestation possible au local dans lequel une **profession libérale** est exercée.

Il existe une incertitude sur l'application de la loi au local dans lequel une activité professionnelle de nature **artisanale** est exercée. Dans le doute, l'application de la protection légale est recommandée.

> **Précisions a.** La Cour de cassation a refusé une conception extensive de la notion d'usage mixte, en retenant, à propos d'un domaine viticole comprenant des bâtiments habitables que les acquéreurs n'avaient **pas l'intention d'habiter**, « que le législateur a entendu protéger les acquéreurs de locaux à usage mixte dans lesquels l'habitant, le plus souvent membre d'une profession libérale, exerce sa profession et que cette loi exclut les immeubles à usage commercial » (Cass. 3e civ. 25-4-1984 n° 82-16.573 : Bull. civ. III n° 91).
>
> **b.** L'acquéreur d'un **immeuble entièrement à usage professionnel** ne bénéficie pas de la protection légale. À cet égard il n'y a pas lieu de distinguer selon qu'il s'agit d'un usage commercial, libéral, artisanal ou agricole.
>
> **c.** Il arrive que l'immeuble soit à **usage mixte commercial et d'habitation**, mais que les **fractions à usage d'habitation** soient **prépondérantes ou importantes** en surface. Dans la mesure où la loi n'exige pas que l'immeuble soit à usage « exclusif » ou « principal » d'habitation, il convient de considérer que la loi s'applique si l'immeuble est destiné effectivement à l'habitation, peu important alors si la vente porte simultanément sur des locaux qui sont à usage commercial. Dans le doute, la prudence imposera toujours d'appliquer les dispositions protectrices.

42080 **Locaux accessoires** Sont soumises à la loi les acquisitions portant sur des locaux ou des bâtiments annexes, comme les caves, celliers, parkings et garages, lorsqu'ils sont acquis en même temps que le logement proprement dit. Ils en sont exclus lorsqu'ils sont acquis séparément.

DROITS SOCIAUX

42082 Le bien à financer peut consister en un groupe de **parts d'une société civile d'attribution** (CCH art. L 212-1 s.), qui n'aurait pas été partagée. L'acquisition de ces droits sociaux, s'ils donnent droit à la jouissance et vocation à l'attribution d'un bien immobilier, le plus souvent un appartement, à usage d'habitation ou à usage mixte d'habitation ou professionnel, entre dans le champ d'application de la loi (C. consom. art. L 313-1, 1°-a).

42084 La loi est applicable lorsque l'acquisition porte sur un **immeuble en jouissance à temps partagé** (Cass. 1e civ. 27-6-1995 n° 92-19.856 : RJDA 12/95 n° 1412). Il s'agit, en réalité, de droits sociaux donnant droit à la jouissance pendant une durée et à une époque définies d'un logement, le plus souvent de vacances ou de tourisme, dans un cadre juridique originairement dénommé « multipropriété » et dont le régime est défini par la loi 86-18 du 6 janvier 1986.

Le prêt destiné à l'achat de parts de **SCPI** (société civile de placement immobilier) n'est pas soumis aux dispositions protectrices du Code de la consommation relatives au crédit immobilier (Cass. 1e civ. 14-6-2007 n° 05-12.048 : Bull. civ. I n° 235). On peut penser que la solution sera la même s'agissant de l'achat de parts d'**OPCI** (organisme de placement collectif immobilier). 42085

TERRAINS

L'achat d'un terrain destiné à la construction d'un immeuble à usage d'habitation ou à usage mixte d'habitation et professionnel entre dans le champ d'application de la loi (C. consom. art. L 313-1, 1°-b). En est par contre exclu l'achat réalisé sans intention de construire (Cass. com. 18-5-2005 n° 03-10.508 : RJDA 8-9/05 n° 1029). 42086

Lorsque le financement est demandé **uniquement** pour l'achat du terrain, l'avant-contrat est soumis à la seule condition de l'obtention de ce prêt, sans avoir égard au prêt qui sera demandé ultérieurement pour la construction. Par contre, si le financement englobe l'**ensemble** de l'opération, achat et travaux, la vente sera affectée par la condition suspensive de l'obtention du prêt global.

DROITS DÉMEMBRÉS

Les ventes portant sur des droits démembrés (**usufruit ou nue-propriété**) entrent dans le champ d'application de la loi. Cette solution est justifiée par les termes de l'article L 313-1 du Code de la consommation qui visent « les acquisitions en propriété ou en jouissance ». 42088

SOUMISSION CONVENTIONNELLE AU RÉGIME LÉGAL

Les parties peuvent convenir d'appliquer le dispositif protecteur à des opérations qui n'entrent pas normalement dans son champ d'application (Cass. 1e civ. 2-10-2002 n° 00-10.499 : RJDA 1/03 n° 56, 1e espèce, à propos d'un prêt destiné à financer les besoins d'une activité professionnelle). 42090

Lorsque les parties ont opté conventionnellement pour la réglementation sur le crédit immobilier, les dispositions protectrices deviennent impérativement applicables et les parties ne peuvent plus y déroger (Cass. 1e civ. 23-3-1999 n° 97-11.525 : RJDA 5/99 n° 597, 1e espèce). La réglementation s'applique en intégralité, même si l'acte de prêt ne fait référence qu'à une partie de ses dispositions (Cass. 1e civ. 9-12-1997 n° 97-11.525 : RJDA 4/98 n° 491, s'agissant d'un crédit à la consommation mais transposable ; CA Paris 15e ch. B 15-1-2009 n° 06/15778). Toutefois, lorsque les parties se sont soumises volontairement aux dispositions du Code de la consommation dans le cadre d'un prêt, elles sont libres de les écarter lors de la conclusion d'un nouveau crédit renouvelant le précédent (Cass. com. 18-5-2005 n° 03-10.508 : RJDA 8-9/05 n° 1029).

Leur volonté de soumettre le prêt au régime légal de protection doit résulter d'une manifestation de volonté dépourvue d'équivoque (Cass. 1e civ. 1-6-1999 n° 97-13.779 : RJDA 8-9/99 n° 991, s'agissant d'un prêt destiné à financer la trésorerie d'une société dont l'emprunteur était le gérant).

Cette faculté d'extension de la protection légale peut être mise en œuvre par sécurité dans des situations où son application est douteuse ou incertaine, comme par exemple lorsque la vente porte sur un immeuble mixte commercial et d'habitation. Il est souhaitable que la volonté d'extension soit explicite, pour éviter toute équivoque.

EXEMPLE

La formulation suivante peut être retenue : « Les parties conviennent, dans leurs relations réciproques, de soumettre la présente vente aux dispositions du Code de la consommation relatives au crédit immobilier qui trouveraient à s'appliquer ».

D. Caractéristiques du prêt immobilier

NATURE

La loi s'applique aux contrats consentis « sous la forme d'un délai de paiement, d'un prêt, y compris sous la forme de découvert ou de toute autre facilité de paiement similaire, à l'exception des contrats conclus en vue de la fourniture d'une prestation continue ou à exécution successive de services ou de biens de même nature et aux termes desquels l'emprunteur en règle le coût par paiements échelonnés pendant toute la durée de la fourniture » (C. consom. art. L 311-1, 6°). 42100

La généralité du texte permet d'inclure tous les types de financement consentis par une banque ou un établissement de crédit : prêt amortissable, prêt remboursable à l'échéance, appelé également « prêt in fine », découvert bancaire ou encore crédit relais consenti en vue de permettre à l'emprunteur de financer un immeuble dans l'attente de la vente d'un bien lui appartenant ou de toute autre rentrée d'argent.

42101 Sont **exclus** de la réglementation du crédit immobilier (C. consom. art. L 313-2) :
– les opérations de crédit différé régies par la loi 52-332 du 24 mars 1952 relative aux entreprises de crédit différé lorsqu'elles ne sont pas associées à un crédit d'anticipation ;
– les prêts à caractère exceptionnel consentis par les entreprises à leurs salariés pour des motifs d'ordre social ;
– les crédits accordés sans intérêt et sans autres frais autres que ceux couvrant les coûts directement liés à la garantie du crédit ;
– les facilités de découvert remboursables dans le délai d'un mois ;
– les contrats qui sont l'expression d'un accord intervenu devant une juridiction ;
– les crédits résultant d'un plan conventionnel de redressement conclu devant la commission de surendettement des particuliers ;
– les crédits conclus à l'occasion d'un délai de paiement accordé, sans frais, pour le règlement d'une dette existante qui ne sont pas garantis par une hypothèque ou une sûreté réelle comparable ;
– le prêt viager hypothécaire.

MONTANT

42102 La protection légale s'applique quel que soit le montant du prêt destiné à l'achat et/ou à la construction (voir n° 42120).

E. Opération économique financée

OPÉRATIONS CONCERNÉES : ÉNONCIATION LÉGALE

42120 L'article L 313-1 du Code de la consommation énumère les opérations auxquelles s'applique la réglementation du crédit immobilier. Il s'agit pour l'essentiel des prêts consentis pour réaliser les opérations suivantes portant sur un **immeuble à usage d'habitation ou à usage mixte** professionnel et d'habitation :
– l'**acquisition** en propriété ou en jouissance (avec ou sans réalisation de travaux) ;
– la **souscription** ou l'achat **de parts ou d'actions** de sociétés donnant vocation à son attribution en propriété ou en jouissance (avec ou sans réalisation de travaux) ;
– les dépenses relatives à sa **construction** ;
– l'achat d'un **terrain** destiné à sa construction.
Relèvent également de la réglementation sur le crédit immobilier, les prêts garantis par une **hypothèque**, par une autre sûreté comparable sur les biens immobiliers à usage d'habitation, ou par un droit lié à un bien immobilier à usage d'habitation.

> **Précisions** Les prêts destinés à financer des **travaux de réparation, d'amélioration ou d'entretien** non liés à l'acquisition d'un bien immobilier relèvent de la réglementation sur le crédit à la consommation, quel que soit leur montant, dès lors que le crédit n'est pas garanti par une hypothèque ou par une autre sûreté comparable (C. consom. art. L 312-4, 3°).

42122 Les règles légales de protection s'appliquent aux opérations de **location-vente** ou de **location assortie d'une promesse de vente**. Toutefois, ces contrats sont soumis à un régime spécial pour tenir compte de ce que le cocontractant de l'acquéreur cumule les qualités de bailleur et de vendeur (C. consom. art. L 313-53 s.).

42124 Les ventes par **adjudication** entrent dans le champ d'application de la loi. Mais en ce qui les concerne le dispositif protecteur est amputé de la condition suspensive de l'obtention d'un prêt (C. consom. art. L 313-45).

OPÉRATIONS EXCLUES

42126 Est expressément exclu du champ d'application de la loi le **contrat de location-accession à la propriété immobilière** (Loi 84-595 du 12-7-1984 art. 21). Mais sont prévus des mécanismes protecteurs de l'accédant comparables à ceux dont bénéficie l'acquéreur de l'immeuble et adaptés à l'économie de l'opération : notamment la condition suspensive de l'obtention du prêt (Loi 84-595 art. 24) et la mention manuscrite de l'accédant s'il déclare ne pas recourir à l'emprunt (Loi 84-595 art. 25).

42128 La réglementation du crédit immobilier ne s'applique pas lorsque la vente s'accompagne d'un **transfert de prêt**. L'obligation d'envoyer à l'emprunteur une offre préalable n'est pas applicable à la reprise par l'acquéreur d'un immeuble d'un crédit dont la nature, l'objet, les modalités et les conditions de remboursement demeurent inchangés et ont été portés à sa connaissance à l'occasion de la vente et dont il a demandé le transfert à son profit (Cass. 1e civ. 28-9-2004

Lorsqu'il s'agit d'une vente de gré à gré dans le cadre d'une procédure de **liquidation judiciaire**, le transfert de propriété obéit à une règle spécifique. Alors que la perfection de la vente intervient dès l'ordonnance du juge-commissaire autorisant la vente de gré à gré, c'est-à-dire au moment de l'échange des consentements, le transfert de propriété est différé au jour de la réalisation de l'acte authentique, à moins qu'il n'en soit décidé autrement par l'ordonnance du juge-commissaire (Cass. com. 16-10-2001 n° 98-12.216 : Bull. civ. IV n° 166). La cession est donc parfaite dès l'ordonnance du juge-commissaire, sous la condition suspensive que la décision acquière force de chose jugée (Cass. com. 13-3-2012 n° 10-24.192 : RJDA 7/12 n° 702). Les juges du fond ne sauraient donc considérer que l'ordonnance du juge-commissaire ne valant qu'à titre d'autorisation n'emporte pas vente et ne peut se substituer au consentement devant être donné par le liquidateur (Cass. com. 11-6-2014 n°s 13-16.194 et 13-20.375 : RJDA 11/14 n° 856). Le transfert de propriété est seulement reporté à la date de la passation des actes (Cass. com. 16-10-2001 n° 98-12.216 : RJDA 2/02 n° 182 ; Cass. com. 4-10-2005 n° 04-15.062 : RJDA 6/06 n° 680). Pour pallier les difficultés pratiques qui peuvent résulter de ce report, le juge-commissaire peut insérer dans l'ordonnance de vente une clause imposant à l'acquéreur de soumettre au liquidateur un projet d'acte dans un délai déterminé (JCP E 2010, 1910, note Brignon).

B. Transfert des risques

PRINCIPE DU TRANSFERT DES RISQUES

Selon la maxime « la perte est pour le propriétaire », le transfert de propriété emporte transfert des risques de la chose (C. civ. art. 1196, al. 3). C'est donc également par le seul effet du consentement que s'opère le transfert des risques de la chose. Et si les parties reportent conventionnellement le transfert de propriété, le transfert des risques est ipso facto également reporté. **48050**

En l'absence de report conventionnel, l'acquéreur supporte les pertes survenues par cas fortuit, notamment la **destruction ou** la **détérioration de l'immeuble**, dès l'instant où il a échangé son consentement avec le vendeur et même s'il n'est pas encore entré en possession du bien, n'a pas payé le prix, ni même signé l'acte authentique. L'acquéreur doit assumer le risque de destruction par incendie du bien acquis, même si au moment du sinistre, le vendeur occupait encore l'immeuble (CA Rouen 11-7-1985 : Gaz. Pal. 1986 somm. p. 287). Si le bien vient à périr ou subir une dégradation avant que l'acquéreur ne soit entré en possession, ce dernier reste soumis à l'obligation de payer le prix alors que le vendeur est libéré de son obligation de délivrer l'immeuble. Ce principe comporte néanmoins des exceptions et tempéraments.

EXCEPTIONS AU PRINCIPE DU TRANSFERT DES RISQUES

Outre le fait que peuvent être prises des **conventions contraires** au transfert des risques à l'acquéreur par le seul effet du consentement, le bien reste aux risques du vendeur si celui-ci a été mis en demeure par l'acquéreur de le lui livrer (C. civ. art. 1196, al. 3). Toutefois, lorsque l'impossibilité d'exécuter résulte de la perte de la chose due, le débiteur mis en demeure est néanmoins libéré s'il prouve que la perte se serait pareillement produite si l'obligation avait été exécutée. Il est cependant tenu de céder à son créancier les droits et actions attachés à la chose (C. civ. art. 1351-1). **48052**

Le débiteur est mis en demeure de payer soit par une sommation ou un acte portant interpellation suffisante, soit, si le contrat le prévoit, par la seule exigibilité de l'obligation (C. civ. art. 1344). En matière immobilière, la **mise en demeure** de livrer la chose consiste à demander la remise des clés et l'accès à l'immeuble. Toute rétention indue du bien vendu fait échec au transfert des risques à l'acquéreur.

OBLIGATION DE CONSERVATION DU BIEN VENDU

Le vendeur a une obligation de conservation puisqu'il doit délivrer l'immeuble dans l'état où il se trouvait au moment de la vente (C. civ. art. 1614). Entre la conclusion du contrat et la mise à disposition, il doit donc conserver l'immeuble vendu en y apportant tous les soins d'une personne raisonnable (C. civ. art. 1197). Cette obligation est une obligation de moyens dont l'inexécution suppose la preuve d'une faute du vendeur (Cass. com. 19-10-1982 n° 81-10.220 : Bull. civ. IV n° 321). Constitue ainsi un manquement à l'**obligation de délivrance** le fait pour le vendeur qui a vendu un appartement libre de toute occupation de délivrer un immeuble occupé par une personne bénéficiaire du droit au maintien dans les lieux en vertu de la loi 48-1360 du 1er septembre 1948 (Cass. 3e civ. 4-2-1976 : D. 1976 IR p. 124) ou le fait de vendre une maison d'habitation dont le système de chauffage, qui constitue un accessoire indispensable, ne fonctionne pas (Cass. 3e civ. 28-2-2018 n° 16-27.650 F-D : RJDA 7/18 n° 564). Si la promesse de vente précise que le vendeur **48054**

s'engage à entretenir et à conserver le bien en son état actuel et à prendre toutes les précautions utiles jusqu'à la signature de l'acte authentique, l'acheteur est bien fondé à refuser la réalisation de la vente et à obtenir réparation si, depuis la signature, le bien a subi un dégât des eaux provoqué par le gel des canalisations (Cass. 3e civ. 25-9-2012 nº 11-24.519 : BPIM 6/12 inf. 461).
Sur l'obligation de délivrance, voir nos 49200 s.
Sur le fait générateur du paiement du prix de vente, voir nº 26134.
Sur l'incidence d'une **condition suspensive**, voir nº 30316.

C. Facteurs modérateurs du transfert de propriété et des risques

REPORT CONVENTIONNEL DU TRANSFERT DE PROPRIÉTÉ ET DES RISQUES

48100 Le principe du transfert immédiat de la propriété et des risques dès l'échange des consentements n'est **pas d'ordre public**. Il est parfaitement possible d'y déroger conventionnellement (Cass. 1e civ. 24-1-1984 nº 82-14.841 : Bull. civ. I nº 31). En pratique, il est d'ailleurs préférable que les parties, au moyen d'une stipulation dans l'avant-contrat, retardent le transfert de la propriété et des risques à la signature de l'acte authentique. Car à défaut de stipulation expresse et si toutes les conditions nécessaires à la validité de l'acte sont remplies (aliénabilité du bien, capacité des parties, prix réel et sérieux...), le transfert de la propriété et des risques est immédiat.
Le report du transfert s'impose en présence d'une condition suspensive, qui peut d'ailleurs exister implicitement. Ainsi, la promesse de vente dans laquelle l'acheteur reconnaît avoir été pleinement informé du placement du vendeur sous sauvegarde de justice est affectée d'une condition suspensive relative à la possibilité juridique de réitérer l'acte de vente devant notaire (Cass. 3e civ. 18-11-2009 nº 08-20.194 : RJDA 4/10 nº 355).

DISPOSITIONS LÉGALES REPORTANT LE TRANSFERT DE PROPRIÉTÉ ET DES RISQUES

48102 Outre le report conventionnel, le principe d'un transfert immédiat connaît d'**autres facteurs modérateurs**. À mesure que le législateur organise et amplifie la protection des particuliers, de nombreuses dispositions légales viennent atténuer les effets d'un transfert immédiat. Ainsi, même en présence d'une promesse de vente sans condition suspensive et sans report conventionnel de la date du transfert, l'acquéreur d'un immeuble à usage d'habitation dispose d'un temps de réflexion de 10 jours (voir nos 45250 s.). L'effectivité pratique du transfert de propriété est donc subordonnée à la non-utilisation de cette faculté de dédit, gratuite et insusceptible de générer une quelconque responsabilité.
À présent, le vendeur n'échappe plus à ce souci de protection manifesté par le législateur. Ainsi, toute promesse de vente consentie par une personne physique, dont la validité est supérieure à 18 mois, est nulle si elle n'est pas constatée par acte authentique et si, s'agissant d'une promesse unilatérale, elle ne prévoit pas une indemnité d'immobilisation d'un montant minimal de 5 % du prix de vente, faisant l'objet d'une caution ou d'un versement déposé entre les mains du notaire (CCH art. L 290-1 et L 290-2). L'exigence de l'authenticité s'applique à toutes les promesses de longue durée, qu'elles soient unilatérales ou synallagmatiques (Cass. 3e civ. 18-2-2015 nº 14-14.416 : BPIM 2/15 inf. 124).
Toutes ces mesures de protection viennent atténuer le principe d'un transfert immédiat de la propriété ou en rendre plus difficiles les conditions d'application, puisqu'une remise en cause de l'acte devient possible.

II. CONSÉQUENCES DU TRANSFERT DE PROPRIÉTÉ

48460 Lorsque le transfert de propriété intervient **concomitamment à la vente**, les effets de la vente sont associés à ceux du transfert de propriété. Il convient cependant de rappeler que le transfert de propriété ne s'assimile pas à la vente, dont il n'est que l'une des conséquences. L'illustration la plus parfaite de cette distinction réside dans la liberté laissée aux parties d'opérer la vente tout en reportant le transfert de la propriété. Le transfert de propriété engendre d'importantes conséquences, mais ces dernières ne sont pas exactement identiques à celles attachées à la vente. Ainsi, les obligations des parties (délivrance pour le vendeur, paiement du prix pour l'acquéreur) naissent de la perfection de la vente et non du transfert de la propriété.

Si le transfert de propriété intervient **postérieurement à la vente**, les obligations des parties naissent dès celle-ci, seule leur exécution étant reportée. Le report du transfert de propriété constitue un terme suspensif dont l'échéance a pour effet de rendre exigibles les obligations, pas de leur donner naissance. La vente est le fait générateur de l'obligation, tandis que le transfert de propriété est le fait générateur de l'exécution de l'obligation.

A. Transfert des accessoires matériels et juridiques de la propriété

1. TRANSFERT DES ACCESSOIRES MATÉRIELS DE LA PROPRIÉTÉ

L'obligation de délivrer l'immeuble comprend ses accessoires et tout ce qui a été destiné à son usage perpétuel (C. civ. art. 1615). À défaut de stipulation contraire, le transfert de la propriété emporte celui des accessoires de l'immeuble. Les accessoires de la propriété sont constitués de tous les biens **immeubles par destination**, notamment ceux qui y sont attachés à perpétuelle demeure (C. civ. art. 524 et 525), des **meubles meublants** pour les biens immobiliers vendus meublés (C. civ. art. 535), de tout ce qu'elle produit (C. civ. art. 546) et notamment des **fruits** (C. civ. art. 547 s.) à compter du jour de la vente (C. civ. art. 1614), le dessus et le dessous de la propriété (C. civ. art. 552). Ainsi, la vente d'une propriété emporte celle des cavités qui se trouvent en dessous (Cass. 3e civ. 21-01-2021 n° 20-13.492 F-D) et la vente d'un moulin emporte la vente du cours d'eau et des sources qui le mettent en mouvement (CA Dijon 31-7-1868 : DP 1869 II 105). La présomption de propriété par accession (C. civ. art. 546) est écartée si le canal n'a pas été créé au profit exclusif du moulin (Cass. 3e civ. 14-11-2019 n° 16-18.601 F-D). Sauf convention contraire, tous les fruits de l'immeuble appartiennent donc à l'acquéreur depuis le jour de la vente, peu important que le prix n'ait pas été payé (Cass. 3e civ. 26-3-2014 n° 13-10.984 : BPIM 3/14 inf. 188). A contrario, l'acquéreur d'un immeuble, qui convient avec le vendeur de différer le transfert de propriété postérieurement à l'acte, n'est pas fondé à réclamer une indemnité d'occupation à l'occupant des lieux, pour une date antérieure à l'acte (Cass. 3e civ. 19-9-2019 n° 18-14.172 F-D). La vente emporte également transfert des **documents**, notamment administratifs, nécessaires à l'usage de l'immeuble (par exemple, titres de propriété), voir nos 49300 s. **48462**

2. TRANSFERT DES ACCESSOIRES JURIDIQUES DE LA PROPRIÉTÉ

Le transfert de propriété emporte transfert automatique des **droits réels** attachés à l'immeuble, comme les servitudes actives ou passives (C. civ. art. 1615). Ainsi la vente d'une prairie est réputée comprendre l'usage des eaux d'une source existant sur un fonds voisin, employée à l'irrigation du terrain vendu (CA Pau 28-5-1831 : S. 1831 II p. 201 ; CA Agen 4-6-1945 : D. 1948 p. 328 note Blaevolët). A contrario, compte tenu du principe de personnalité des peines (C. pén. art. 121-1), il n'est pas possible pour une personne condamnée à des sanctions pénales d'obtenir de son cocontractant une garantie à ce titre. **48464**

En revanche, les **droits personnels** nés du chef du vendeur relativement à l'immeuble vendu (c'est-à-dire nés d'un rapport d'obligation entre des personnes) ne sont généralement pas transmis. C'est le principe de la relativité des contrats qui en est le fondement (C. civ. art. 1199). Toutefois, s'agissant des droits et actions attachés au droit de propriété, la loi ou la jurisprudence consacrent le transfert de plein droit de certains d'entre eux (voir nos 48465 s.). On rappellera par ailleurs que les parties peuvent toujours prévoir, par convention (cession de créance, subrogation), la transmission isolée d'un droit ou d'une action attaché à l'immeuble ; c'est alors un acte de volontés qui produit le transfert.

DROITS ET ACTIONS TRANSMIS

L'acquéreur peut valablement invoquer une **nullité ou inopposabilité** dont le vendeur pouvait se prévaloir quant à un accessoire de la propriété. Par exemple, l'obligation faite aux colotis d'adhérer à une association sportive et culturelle est contraire à la loi du 1er juillet 1901 ; dès lors, le moyen invoqué selon lequel cette obligation d'adhésion constituerait « l'accessoire inséparable de la propriété du lot dont elle suit le sort » est sans effet, l'acquéreur pouvant parfaitement invoquer la nullité de la clause (Cass. ass. plén. 9-2-2001 n° 99-17.642 P : RJDA 5/01 n° 599). **48465**

48466 **Litiges liés à l'occupation du bien vendu** Les **baux** sont transmis par l'effet de la vente. L'acquéreur d'un logement loué sous le régime de la loi de 1948 ne peut pas invoquer une atteinte disproportionnée au droit au respect de ses biens s'il a acheté le bien en connaissant les restrictions imposées par cette loi (Cass. 3e civ. 24-9-2020 n° 19-17.068 FS-PBI).
Le **congé** signifié par le précédent propriétaire d'un local à usage commercial profite à l'acquéreur de l'immeuble (Cass. 3e civ. 15-3-1989 n° 87-20.226 : Bull. civ. III n° 63). En revanche, dans le cadre d'un bail d'habitation, un congé à fin de reprise pour habiter délivré par le vendeur ne devrait pas pouvoir être invoqué par l'acquéreur à son profit, compte tenu du caractère personnel très marqué d'un tel congé (J.-Cl. Notarial Formulaire fasc. 570 n° 124 par J. Lafond). En tout état de cause, le vendeur ne peut délivrer congé que dans la mesure où le transfert de propriété n'a pas encore eu lieu. Une fois celui-ci intervenu, c'est à l'acquéreur qu'il appartient, le cas échéant, de congédier le locataire.
Si une procédure d'**expulsion** est en cours au moment du transfert de propriété, seul le vendeur est habilité à la poursuivre, sauf cession de créance au profit de l'acquéreur ou subrogation expresse dans les droits du vendeur. En revanche, si la décision d'expulsion est passée en force de chose jugée avant que n'intervienne le transfert de propriété, l'acquéreur peut s'en prévaloir (CA Paris 15-2-1989 : D. 1989 IR p. 82). En revanche, il ne peut se prévaloir du recours de la force publique présenté par le vendeur avant la vente. S'il souhaite agir en responsabilité de l'État pour les préjudices qu'il subit depuis la cession, il lui appartient donc de désigner un commissaire de justice afin de présenter une nouvelle réquisition en son nom du concours de la force publique (CE 19-10-2016 n° 383543).
Même si le congé a été délivré par le vendeur avant le transfert de propriété, dès lors que c'est l'acquéreur qui a engagé la procédure en expulsion du locataire, l'action engagée par ce dernier aux fins d'obtenir réparation du préjudice résultant de son expulsion illégale doit être dirigée contre le nouveau propriétaire et non l'ancien (Cass. 3e civ. 11-1-2006 n° 04-20.791 : RJDA 4/06 n° 387).

48467 **Litiges liés aux désordres affectant la construction** S'agissant des **dommages de construction**, l'article 1792 du Code civil précise expressément que l'action en garantie décennale peut être exercée par les propriétaires successifs de l'immeuble. Il en résulte que les acquéreurs successifs d'un immeuble sont recevables à agir contre les constructeurs sur le fondement de la **garantie décennale** qui accompagne, en tant qu'accessoire, l'immeuble, nonobstant la connaissance, par les acquéreurs, des vices de celui-ci lors de la signature de l'acte de vente et l'absence, dans ce dernier, de clause leur réservant un tel recours à moins que le vendeur ne puisse invoquer un préjudice personnel lui conférant un intérêt direct et certain à agir (Cass. 3e civ. 23-9-2009 n° 08-13.470 : RJDA 2/10 n° 142 ; Cass. 3e civ. 26-5-1992 n° 89-21.897 PF : RJDA 7/92 n° 701). En effet, si l'action en garantie décennale se transmet en principe avec la propriété de l'immeuble aux acquéreurs, le maître de l'ouvrage-vendeur ne perd pas la faculté de l'exercer quand elle présente pour lui un intérêt direct et certain, notamment lorsqu'il a été condamné à réparer les vices de cet immeuble. En ayant conservé l'exercice de l'action fondée sur la responsabilité décennale, il ne peut pas agir sur le fondement de la responsabilité contractuelle de droit commun (Cass. 3e civ. 12-11-2020 n° 19-22.376 FS-PBI : BPIM 1/21 inf. 43).
En revanche, la clause de l'acte de vente qui a pour effet d'exclure la garantie décennale des constructeurs est réputée non écrite (Cass. 3e civ. 19-3-2020 n° 18-22.983 FS-PBI : BPIM 3/20 inf. 199, à l'égard de l'entreprise qui a réalisé les travaux ; Cass. 3e civ. 23-5-2024 n° 22-23.300 FS-D : BPIM 4/24 inf. 263, à l'égard du vendeur lui-même).
Sont transmises de plein droit en tant qu'accessoires de la propriété : l'action **contractuelle** fondée sur la non-conformité du bien livré (Cass. ass. plén. 7-2-1986 n° 83-14.631 : Bull. civ. ass. plén. n° 2 ; Cass. 1e civ. 20-5-2010 n° 09-10.086 : RJDA 8-9/10 n° 839) ou sur la faute dolosive du constructeur (Cass. 3e civ. 12-7-2018 n° 17-20.627 : BPIM 5/18 inf. 352), les actions en garantie des vices cachés (Cass. 3e civ. 7-3-1990 : Bull. civ. III n° 72) ou en garantie d'éviction (Cass. 3e civ. 28-3-1990 : Bull. civ. III n° 93). Ainsi, sauf clause contraire, les acquéreurs successifs d'un immeuble ont qualité à agir, **même pour les dommages nés antérieurement à la vente** et ce, nonobstant l'action en réparation intentée par le vendeur avant cette vente, contre les constructeurs sur le fondement de la responsabilité contractuelle de droit commun qui accompagne l'immeuble en tant qu'accessoire (Cass. 3e civ. 17-1-2019 n° 16-15.556 F-D : RJDA 4/19 inf. 251 ; Cass. 3e civ. 9-7-2014 n° 13-15.923 : BPIM 5/14 inf. 326 ; Cass. 3e civ. 10-7-2013 n° 12-21.910 : RJDA 12/13 n° 997).

48468 **Litiges liés à l'autorisation de construire** Une demande de **permis de construire** peut être **déposée par l'acquéreur, avant le transfert de propriété** (C. urb. art. R 423-1) et une action judiciaire contre la promesse de vente ne l'empêche pas (CE 12-2-2020 n° 424608 : BPIM 2/20 inf. 95). Même lorsqu'il s'agit de construire sur le domaine public, la qualité pour construire n'est pas nécessairement subordonnée à déclassement et transfert de propriété préalable (CE 23-11-2022 n° 449443 : BPIM 1/23 inf. 5).

Lorsque le permis a été délivré au vendeur avant la vente, ce dernier peut en transférer le bénéfice car le permis de construire n'est pas délivré en considération de la personne qui en devient titulaire, mais en fonction des règles applicables au terrain ou au projet envisagé. Le vendeur peut donc **transférer le permis de construire au bénéfice de l'acquéreur**. En pratique, la demande est établie conformément au formulaire Cerfa 13412 (C. urb. art. A 431-8). L'autorité administrative prononce le transfert par arrêté. Le transfert n'est possible qu'à la condition que l'autorisation initiale soit légale ou devenue définitive et qu'il ait lieu pendant la période de validité du permis. Cette procédure de transfert ne s'applique pas à la déclaration préalable, dont le transfert peut être demandé sur papier libre.

Les travaux de démolition et de remise en état ordonnés au titre de l'article L 480-5 du Code de l'urbanisme ne sont pas des sanctions pénales mais des mesures à caractère réel et sont opposables aux acquéreurs des **constructions illégales**, sans que la décision qui a ordonné ces mesures n'ait à être réitérée à leur encontre (Cass. 3e civ. 9-9-2009 n° 07-20.189 FS-PB : Bull. civ. III n° 187). Ces mesures de démolition et de mise en conformité peuvent faire l'objet de garanties contractuelles à la charge de l'acquéreur et cette garantie peut s'étendre au paiement de l'astreinte (Cass. 3e civ. 17-9-2020 n° 17-14.407 F-PBI).

Le futur acquéreur seulement titulaire d'une promesse de vente peut agir contre les **projets de constructions potentiellement préjudiciables du voisinage** (C. urb. art. L 600-1-2), étant précisé que, sauf circonstances particulières, l'intérêt pour agir s'apprécie à la date d'affichage en mairie de la demande du pétitionnaire (C. urb. art. L 600-1-3). N'a aucun intérêt à agir le demandeur qui, à la date d'introduction de son recours, ne possédait aucun titre sur le terrain d'assiette du permis critiqué, alors même qu'il revendiquait devant le juge judiciaire un droit de propriété sur ledit terrain, antérieurement à la promesse de vente consentie à un tiers, bénéficiaire du permis dont s'agit (CAA Marseille 25-11-1999 n° 98MA01718).

Pour les actions en cours en matière de servitude, voir n° 48622.

DROITS ET ACTIONS EXCLUS DU TRANSFERT

Les droits de **nature personnelle**, qui sont attachés à la personne du vendeur et non à la propriété du bien, ne sont pas transférés de plein droit à l'acquéreur. Seule une clause subrogatoire expresse stipulée dans l'acte ou une cession de créance distincte peut opérer le transfert de ces droits. 48469

Ainsi, le caractère accessoire d'un droit ne saurait résulter du seul fait qu'il soit né à l'occasion du bien transmis. Si un propriétaire autorise son voisin à abaisser le mur qui sépare leurs deux fonds, avec obligation de le remonter à sa hauteur initiale en cas de vente, une relation purement bilatérale est établie entre les deux voisins signataires de l'accord. Dès lors, s'il n'est démontré aucune servitude, ni aucune obligation bénéficiant aux ayants cause à titre particulier, les acquéreurs successifs ne peuvent s'en prévaloir (Cass. 3e civ. 7-11-2019 n° 18-21.447 F-D).

De même, le mandat de gestion de l'immeuble n'est pas transmis de plein droit à l'acquéreur (Cass. 1e civ. 17-11-2011 n° 10-22.865 : RJDA 2/12 n° 145). Il ne se voit pas non plus transférer le droit d'agir en liquidation d'une astreinte prononcée au profit du vendeur dans le cadre d'un procès auquel il était tiers (Cass. 2e civ. 10-2-2011 n° 10-14.811 : RJDA 5/11 n° 407).

Les acquéreurs de parcelles ne peuvent se voir attribuer la qualité de membres de droit d'une association communale de chasse agréée (Acca), dès lors que l'article L 422-21-I du Code de l'environnement énumère de façon limitative la liste des personnes pouvant obtenir la carte de membre d'une telle association et que le droit de chasse, dont étaient titulaires les précédents propriétaires, avait été apporté par ceux-ci à l'association. L'atteinte au droit de propriété qui en résulte, justifiée par des considérations d'intérêt public, n'est pas contraire à la convention de sauvegarde des droits de l'Homme et des libertés fondamentales ni à l'article 1 du premier protocole additionnel de cette convention (Cass. 3e civ. 9-12-2009 n° 09-11.333).

De même, les **actions en réparation** ne constituent pas des accessoires susceptibles d'être transférés de plein droit. Les juges ont cependant l'obligation de rechercher si l'indemnité demandée n'a pas le caractère d'un accessoire de la chose vendue (Cass. 3e civ. 23-10-1991 : Bull. civ. III n° 244). L'acquéreur peut donc rapporter la preuve, par tous moyens, du caractère accessoire de l'action indemnitaire qu'il engage (voir n° 48465).

ILLUSTRATIONS

La vente d'un immeuble n'emporte pas de plein droit cession au profit de l'acquéreur des droits et actions à fin de **dommages et intérêts** qui ont pu naître au profit du vendeur en raison des dommages affectant l'immeuble antérieurement à la vente (Cass. 3e civ. 17-11-2004 n° 03-16.988 : RJDA 5/05 n° 536). De même, la responsabilité d'un trouble anormal de voisinage étant une responsabilité autonome détachée de toute faute, elle incombe au propriétaire responsable, en dépit de la vente ultérieure de l'immeuble (Cass. 2e civ. 28-3-2013 n° 12-13.917).

3. TRANSFERT DES CRÉANCES ET DETTES RELATIVES AU BIEN VENDU

48470 En principe, les créances ainsi que les dettes relatives au bien vendu ne sont pas transmises de plein droit à l'acquéreur (F. Bérenger, La transmission des créances et des dettes dans la vente d'immeuble : Administrer avril 2008 p. 24). Ainsi, l'**indemnité d'éviction** due au locataire auquel le vendeur a délivré, avant la vente, un congé avec refus de renouvellement du bail ne peut pas être recouvrée auprès de l'acquéreur (Cass. 3e civ. 15-12-1999 : Bull. civ. III no 243).
Toujours à propos du bail et concernant le sort du **dépôt de garantie ou** du **cautionnement** garantissant le paiement des loyers, voir no 20280.
Quant aux **contrats de travail** liés à l'immeuble, voir no 20318.

B. Transfert de l'assurance du bien vendu

48520 Le transfert de propriété emporte celui des risques (voir no 48050). La perte fortuite de la chose est en principe supportée par le propriétaire, sauf stipulation contraire, fréquente en pratique.
Les **détériorations subies par le bien** immobilier font généralement l'objet d'une assurance. Or les risques du bien vendu sont étroitement liés au sort de l'assurance dont il est l'objet, puisque les détériorations subies peuvent donner lieu à une indemnité. La question qui se pose n'est donc pas seulement de savoir qui subit les risques, mais également qui est bénéficiaire de l'indemnité d'assurance en cas de survenance d'un sinistre.
Par **dérogation aux règles de droit commun** (C. civ. art. 1203), l'assurance du bien immobilier continue de plein droit au profit de l'acquéreur, à charge pour ce dernier d'exécuter toutes les obligations dont le vendeur était tenu vis-à-vis de l'assureur en vertu du contrat (C. ass. art. L 121-10, al. 1). Par exemple, l'assureur dommages-ouvrage peut réclamer à l'acquéreur la restitution de l'indemnité d'assurance non affectée à la réparation du sinistre (Cass. 3e civ. 13-4-2023 no 19-24.060 FS-B : BPIM 3/23 inf. 202).
Le transfert de propriété n'emporte donc pas cessation de la garantie et le bien immobilier demeure ainsi assuré au profit de l'acquéreur. Cette disposition est d'ordre public. La police d'assurance ne peut pas exclure ce transfert (C. ass. art. L 111-2). L'acquéreur et l'assureur peuvent néanmoins résilier le contrat, mais cette résiliation n'est pas de plein droit et nécessite une information expresse. (C. ass. art. L 121-10, al. 2).

1. ÉTENDUE DU TRANSFERT DE L'ASSURANCE DU BIEN VENDU

48522 Si le vendeur est titulaire d'une **assurance portant sur le bien vendu**, l'acquéreur en devient bénéficiaire à compter du transfert de propriété, que ce transfert porte sur la pleine propriété ou se limite à la nue-propriété ou l'usufruit (Cass. 1e civ. 10-6-1986 no 84-17.087 : Bull. civ. I no 158), qu'il résulte d'une vente ou d'une expropriation (CA Paris 12-3-1979 : Gaz. Pal. 1980 p. 327 note H. Margeat et P. Chédeville).
En revanche, si l'**assurance** est **globale et forfaitaire** en ce qu'elle porte sur un ensemble immobilier, et que seule une partie (un appartement, par exemple) est cédée, sans que l'assurance propre à cette partie ne soit individualisée, la transmission de l'assurance ne peut s'opérer, faute d'être suffisamment caractérisée (Cass. 1e civ. 3-12-1974 no 73-12.509 : Bull. civ. I no 316).
Le principe de la transmission de plein droit s'applique à l'assurance de dommages qui couvre les **risques subis par le bien** immobilier **et** à l'assurance de responsabilité garantissant les risques qui peuvent être **causés par le bien** en question à des tiers (Cass. 1e civ. 24-3-1958 : Bull. civ. I no 169 p. 131).

2. FAIT GÉNÉRATEUR ET DATE DU TRANSFERT DE L'ASSURANCE DU BIEN VENDU

48540 C'est le **transfert de propriété** qui emporte transfert du bénéfice de l'assurance. L'acquéreur devient titulaire de la garantie alors même que les formalités d'opposabilité aux tiers n'ont pas encore été réalisées (CA Bordeaux 4-11-1952 : RGAT 1953, 33 note A. B.).
Les parties pouvant librement déroger aux dispositions de l'article 1583 du Code civil, la date du transfert de propriété, et par conséquent également de la transmission du contrat d'assurance, peut être conventionnellement reportée (Cass. 1e civ. 24-1-1984 no 82-14.841 : Bull. civ. I no 31). Il y a donc lieu de se reporter aux **termes de l'avant-contrat**. La date du transfert de propriété dépend en effet de la nature de l'avant-contrat (vente sous condition résolutoire, vente sous condition suspensive, promesse unilatérale de vente...) et des dispositions conventionnelles prises par les parties.

SINISTRES APRÈS TRANSFERT

En cas d'aliénation de la chose assurée, l'assurance continue de plein droit au profit de l'acquéreur, à charge pour lui d'exécuter toutes les obligations dont l'assuré était tenu vis-à-vis de l'assureur en vertu du contrat (C. ass. art. L 121-10). En principe, seuls les sinistres intervenus après le transfert de propriété permettent donc à l'acquéreur de se prévaloir du droit à l'indemnité d'assurance, le **bénéficiaire de l'indemnité** étant la personne qui était propriétaire au moment du sinistre (Cass. 3e civ. 16-12-2009 n° 09-65.697 : BPIM 1/10 inf. 37). En cas de revente, lorsqu'une action en garantie a été engagée par l'acheteur initial et est en cours, celui-ci dispose donc d'une option : soit il prévoit dans le contrat de revente, dont le prix tient compte des désordres, qu'il conserve l'action en garantie, soit il admet que celle-ci est transmise. **48542**

S'agissant des **assurances de construction**, l'article L 242-1 du Code des assurances prévoit expressément que l'assurance dommages-ouvrage est souscrite au profit des « propriétaires successifs ». L'acte de vente doit d'ailleurs mentionner l'existence ou l'absence des assurances construction (C. ass. art. L 243-2, al. 3).

SINISTRES AVANT TRANSFERT

Lorsqu'un **sinistre intervient entre la promesse de vente et la signature de l'acte authentique**, l'acquéreur du bien assuré se voit transmettre l'ensemble des droits nés du contrat d'assurance souscrit par le vendeur et il peut en conséquence réclamer le versement entre ses mains de l'indemnité due au titre du sinistre, alors même que celui-ci est antérieur au transfert de propriété (Cass. 3e civ. 7-3-2019 n° 18-10.973 FS-PB, Sté Axiatis c/ Sté La Poste : BPIM 2/19 inf. 123). Même si la vente est parfaite avant la réitération par acte authentique, le vendeur demeure responsable de l'immeuble dont l'état a changé entre la promesse de vente et la vente elle-même, jusqu'à la conclusion de l'acte authentique. C'est à la date de la promesse de vente que doit s'apprécier la clause selon laquelle l'acquéreur prend le bien en l'état. Celui-ci ne dispose d'aucune possibilité de contrôle sur l'état réel de l'immeuble puisque les clés ne lui ont pas encore été remises et que l'immeuble est couvert jusqu'à la réitération par le contrat d'assurance souscrit par le vendeur. Les juges du fond peuvent condamner le vendeur à indemniser l'acquéreur des conséquences du dommage survenu postérieurement à la promesse de vente et ordonner une expertise pour évaluer le montant du préjudice subi par l'acquéreur (Cass. 3e civ. 21-6-2018 n° 17-17.849 F-D). **48545**

En matière d'assurances de construction, la déclaration de sinistre doit être faite par celui qui est propriétaire du bien. Mais la troisième chambre de la Cour de cassation précise que celui qui n'est pas encore propriétaire (en l'espèce le crédit-preneur) a **qualité pour déclarer les sinistres**, même avant le transfert de propriété, s'il a été désigné comme maître de l'ouvrage délégué dans la police dommages-ouvrage (Cass. 3e civ. 7-12-2023 n° 22-19.463 F-D).

S'agissant de la **qualité pour agir en paiement** des indemnités d'assurances contre l'assureur garantissant les dommages à l'ouvrage, l'acquéreur de l'immeuble a, **sauf clause contraire**, seul qualité, même si la déclaration de sinistre a été effectuée avant la vente (Cass. 3e civ. 15-9-2016 n° 15-21.630 ; Cass. 3e civ. 10-7-2013 n° 12-21.910).

Lorsque l'**indemnité a été versée** par l'assureur dommage-ouvrage à l'assuré, rappelons qu'elle doit être affectée aux réparations. Si les réparations ne sont pas effectuées, l'assureur peut la réclamer à l'assuré (Cass. 3e civ. 17-12-2003 n° 02-19.034 FS-PBRI : BPIM 1/04 inf. 31 ; Cass. 3e civ. 4-5-2016 n° 14-19.804 FS-PB : BPIM 3/16 inf. 188). Il en résulte que lorsque le vendeur consent une réduction du prix de vente à son acquéreur du fait de la non-réalisation des travaux pour lesquels il a touché une indemnité, l'assureur dommages-ouvrage peut réclamer à l'acquéreur, devenu l'accipiens, les sommes versées à son vendeur, qui n'ont pas été affectées à la réparation du sinistre qu'elles indemnisent (Cass. 3e civ. 13-4-2023 n° 19-24.060 FS-B : BPIM 3/23 inf. 202). L'acquéreur ne doit donc pas considérer cette baisse de prix comme une remise, mais bien comme une somme à affecter aux travaux de réparation.

Le cas particulier d'un **sinistre** survenu **avant le transfert** de propriété et donnant lieu à un arrêté constatant l'état de **catastrophe naturelle** après la vente soulève des interprétations différentes des chambres de la Cour de cassation. Ainsi, la première chambre de la Cour de cassation a jugé que lorsque le dommage susceptible d'ouvrir droit à garantie est survenu avant le transfert de propriété, le nouveau propriétaire ne peut pas prétendre au bénéfice de la garantie, même si l'arrêté interministériel ayant constaté l'état de catastrophe naturelle n'a été pris que postérieurement (Cass. 1e civ. 18-7-2000 n° 98-12.272 : Bull. civ. I n° 212). L'acquéreur est propriétaire d'un bien sinistré, mais pas de l'indemnité d'assurance réparant les conséquences du sinistre, qui reste due au vendeur (en ce sens, Cass. 1e civ. 20-11-1990 n° 89-12.534 : Bull. civ. I n° 251 ; Cass. 1e civ. 10-6-1997 n° 95-15.523 : Bull. civ. I n° 192). En revanche, la deuxième chambre civile a retenu que l'assureur garantissant les risques de catastrophe naturelle au moment du sinistre survenu avant la vente de l'immeuble, pendant la période visée par l'arrêté constatant cette catastrophe naturelle, était tenu d'accorder sa garantie aux acquéreurs de ce bien, en l'absence de résiliation du contrat d'assurance (Cass. 2e civ. 4-11-2010 n° 09-71.677 : JCP E 2011 n° 1436). La troisième chambre civile a également confirmé cette dernière analyse, considérant, sur le fondement des articles L 125-1 et L 121-10 du Code des assurances, que sauf clause contraire, l'acheteur d'un immeuble a qualité à agir en paiement des indemnités d'assurance contre l'assureur des vendeurs garantissant les risques de catastrophe naturelle, même pour les dommages nés avant la vente (Cass. 3e civ. 7-5-2014 n° 13-16.400 : BPIM 4/14 inf. 273).

3. MODALITÉS DU TRANSFERT DE L'ASSURANCE DU BIEN VENDU

FORMALITÉS DE TRANSFERT DE L'ASSURANCE DU BIEN VENDU

48560 La transmission du **contrat d'assurance** a lieu de plein droit et n'est subordonnée à aucune formalité de la part du vendeur ou de l'acquéreur. Aucun délai n'est imparti à l'acquéreur pour informer l'assureur du transfert de propriété. En contrepartie, l'acquéreur doit payer les primes, même si le contrat de vente ne porte aucune mention relative à l'assurance (Cass. 1e civ. 23-6-1964 : Bull. civ. I n° 333).

Le vendeur reste toutefois tenu au **paiement des primes échues** tant qu'il n'a pas informé l'assureur de la vente par lettre, tout autre support durable ou moyen prévu à l'article L 113-14 du Code des assurances (C. ass. art. L 121-10, al. 3), quand bien même ces primes garantiraient une période postérieure au transfert de propriété. Il est recommandé de préciser dans le courrier d'information – dont le contenu n'est pas fixé par la loi – le nom et le domicile de l'acquéreur, à qui l'assureur doit demander dorénavant le paiement des primes. En pratique, le plus simple est de joindre à la lettre une attestation de vente (ou sa copie) délivrée par le notaire à l'issue de la signature. En cas de pluralité d'acquéreurs, ceux-ci sont solidairement tenus (C. ass. art. L 121-10, al. 4).

DROIT DE RÉSILIATION DU CONTRAT D'ASSURANCE DU BIEN VENDU

48562 **Résiliation par l'assureur** Une fois informé de la vente, l'assureur peut résilier le contrat dans un **délai** de 3 mois à compter du jour où l'acquéreur a demandé le transfert de la police à son nom (C. ass. art. L 121-10, al. 2). Ce n'est que 10 jours après l'envoi de cette lettre de résiliation que les sinistres ne sont plus couverts par l'assureur.

Tout sinistre intervenant avant cette date doit être couvert par l'assureur du vendeur, même si l'acquéreur a déjà souscrit une police auprès d'une **compagnie tierce**. Si le jour du sinistre, ni l'assureur du vendeur, ni ce dernier, ni l'acheteur n'ont usé de la faculté de résilier la police, la circonstance que l'acquéreur de l'immeuble a souscrit un contrat distinct auprès d'un autre assureur ne prive pas d'effet l'ancien contrat (Cass. 1e civ. 13-1-1982 : Bull. civ. I n° 16).

Avant l'expiration du délai de 10 jours, l'assureur peut seulement opposer à l'acquéreur toutes les **exceptions opposables** au vendeur. Par exemple, l'assureur est en droit d'invoquer la résiliation due au non-paiement des primes par le vendeur, en application de l'article L 113-3 du Code des assurances.

En principe, l'assureur peut **suspendre la garantie** prévue au contrat 30 jours après avoir mis en demeure l'assuré lorsque ce dernier ne paie pas les primes. Si l'assureur a été prévenu de la vente, la mise en demeure qu'il adresse au vendeur est sans conséquence sur l'obligation de garantie qui ne peut être suspendue que par une mise en demeure adressée personnellement à l'acquéreur (Cass. 1e civ. 28-6-1988 : Bull. civ. I n° 205).

48564 **Résiliation par l'acquéreur** L'acquéreur est libre de poursuivre ou non le contrat. La résiliation faite par l'acquéreur a un effet immédiat. La garantie cesse dès que l'acquéreur exprime clairement sa volonté de résilier la police concernant l'immeuble, à moins qu'il n'ait subordonné la **prise d'effet** de cette résiliation à la conclusion d'un avenant (Cass. 1e civ. 13-2-1979 : Bull. civ. I n° 52).

Sur le plan de la **forme**, la notification de la résiliation peut être effectuée, au choix de l'assuré, par lettre ou tout autre support durable, par déclaration faite au siège social ou chez le représentant de l'assureur, par acte extrajudiciaire, par voie électronique (si le contrat a été conclu selon cette même modalité et si l'assureur offre cette possibilité) ou, lorsque l'assureur propose la conclusion de contrat par un mode de communication à distance, par le même mode de communication, ou par tout autre moyen prévu par le contrat. Le destinataire confirme par écrit la réception de la notification (C. ass. art. L 113-14).

La résiliation peut être faite par un mandataire. Ni l'article L 113-14 du Code des assurances prévoyant les modalités de résiliation de la police par l'assuré ni aucun autre texte légal n'exige de l'assuré qu'il rapporte la preuve de l'existence du mandat donné à un tiers dans le délai imparti pour résilier le contrat (Cass. 2e civ. 28-3-2013 n° 12-15.958).

Aucune **indemnité** ne peut être exigée par l'assureur à raison de la résiliation (C. ass. art. L 121-10, al. 5).

L'acte de vente prévoit parfois la résiliation de l'assurance. Toutefois, même si l'acquéreur fait une **déclaration dans l'acte de vente** aux termes de laquelle il affirme ne pas souhaiter poursuivre l'assurance du vendeur, la clause est en principe sans effet à l'égard de l'assureur auquel il faudra adresser un acte explicite de résiliation conforme aux exigences de forme de l'article L 113-14 du Code des assurances (Cass. 1e civ. 18-10-1983 : Bull. civ. I n° 232). 48566
L'acte de vente peut également prévoir une clause par laquelle l'acquéreur, à l'inverse, s'engage à poursuivre l'assurance souscrite par le vendeur, à la faire transférer à son nom dès la réception de l'acte constatant le transfert de propriété et à la maintenir tant qu'il sera débiteur d'une fraction du prix de la vente. Il s'agit en fait d'une **clause de renonciation** à se prévaloir de la faculté de résiliation. La commission des clauses abusives considère ce type de clause comme valable, considérant que si la faculté de résiliation ne peut être écartée par une stipulation au contrat d'assurance, aucune disposition de la loi n'interdit à l'acquéreur de renoncer volontairement à la résiliation, en particulier en prenant vis-à-vis de son vendeur l'engagement de continuer la police. Attention, pour pouvoir être valablement stipulée, une telle clause doit contenir, en contrepartie, un rappel de la faculté de résiliation du contrat d'assurance dont bénéficie l'acquéreur ainsi que l'engagement du vendeur de lui communiquer le contrat d'assurance (BOSP, 40e année, n° 10, 15-5-1980 p. 108).

OBLIGATIONS DE L'ACQUÉREUR SUR LE CONTRAT D'ASSURANCE DU BIEN VENDU

L'acquéreur est tenu d'exécuter toutes les obligations dont le vendeur assuré était tenu vis-à-vis de l'assureur en vertu du contrat (paiement des primes à échoir, information des causes d'aggravation des risques, déclaration de sinistre...). Lorsqu'il y a plusieurs acquéreurs, ils sont tenus solidairement au paiement des primes. 48568

C. Validité des actes portant sur le bien vendu

OPPOSABILITÉ DU TRANSFERT DE PROPRIÉTÉ

Le transfert de propriété a pour effet de conférer à l'acquéreur la capacité de réaliser tous les actes portant sur le bien. Mais en matière de vente immobilière, les actions opposant le propriétaire à des tiers doivent parfois tenir compte, le cas échéant, des **règles de la publicité foncière**. Leur résolution dépend alors de la qualité de tiers au sens de la publicité foncière. Celle-ci est conférée à la personne qui a acquis sur le même immeuble, du même vendeur, des droits concurrents en vertu d'actes ou de décisions soumis à la même obligation de publicité et effectivement publiés (Décret 55-22 du 4-1-1955 art. 30). Dans ce cas, le litige est tranché par les règles de l'opposabilité. Si l'acte de vente sous signature privée produit tous ses effets entre les cocontractants, le transfert de propriété ne devient opposable aux tiers que par la publication de l'acte authentique de vente au fichier immobilier (Décret 55-22 du 4-1-1955 art. 28 et 30). Même la publication facultative de la demande en justice tendant à obtenir la réitération ou la réalisation en la forme authentique d'une vente sous signature privée, prévue par l'article 37, 2 du décret de 1955, n'emporte pas mutation de propriété et ne peut pas être assimilée à la publication d'un acte authentique de vente. Elle n'entraîne donc pas en elle-même les effets de l'opposabilité aux tiers prévus par l'article 30 du même décret (Cass. 3e civ. 1-10-2020 n° 19-17.549 FS-PBI : RJDA 1/21 n° 58). C'est en principe celui qui a publié son titre en premier qui peut l'opposer aux tiers (Cass. 3e civ. 10-2-2010 n° 08-21.656 : RJDA 7/10 n° 791 ; Cass. 3e civ. 15-12-2010 n° 09-15.891 : Defrénois 2011 art. 40178 p. 1525 note S. Piedelièvre ; Cass. 3e civ. 12-1-2011 n° 10-10.667 : Bull. civ. III n° 5 ; Cass. 3e civ. 19-6-2012 n° 11-17.105 : BPIM 4/12 inf. 340), sous réserve toutefois qu'il ne soit pas de mauvaise foi (C. civ. art. 1198). 48620
Au contraire, si l'intéressé n'est pas un tiers au sens de la publicité foncière, le transfert de propriété lui est en principe opposable, sans autre formalité.
Tous les actes réalisés par l'acquéreur **à compter du transfert de propriété** sont donc opposables au vendeur ainsi qu'à tous les tiers qui n'ont pas acquis des droits concurrents sur le même immeuble. À leur égard, l'acquéreur peut valablement vendre, donner ou grever de charges réelles l'immeuble acquis dès la signature de la vente, et avant sa publication. Il peut également délivrer congé au locataire du bien.
Ce principe comporte quelques exceptions. Par exemple, lorsque la vente reporte le transfert de propriété, les actes purement conservatoires effectués par l'acquéreur demeurent efficaces même s'ils ont été réalisés **avant** que le **transfert de propriété** ne soit intervenu.

QUALITÉ POUR AGIR EN TANT QUE PROPRIÉTAIRE

48622 Tout acte opérant transfert de propriété a pour effet de conférer à l'acquéreur la qualité pour agir, en tant que **demandeur ou défendeur**, en vue de protéger les droits dont il est devenu propriétaire. Il peut ainsi agir en réalisation forcée de la vente, en résiliation d'un bail, en nullité d'une servitude ou d'une inscription hypothécaire, en interruption d'une prescription acquisitive. Seules les actions personnelles nées au profit du vendeur ne sont pas transmises de plein droit (voir n° 48469).

A contrario, si le transfert de propriété n'a pas encore été opéré, le demandeur pourra se voir opposer une fin de non-recevoir, tirée du **défaut de qualité pour agir** (CPC art. 122). Ce principe connaît cependant quelques exceptions. Même si le transfert de propriété est reporté à la date de réitération en la forme authentique, le bénéficiaire de la promesse valant vente peut agir pour protéger les droits inéluctables dont il est titulaire. À ce titre, il peut exercer une action paulienne en vue d'obtenir l'inopposabilité d'un acte qui empêcherait la réitération de la vente en sa forme authentique (Cass. 3e civ. 6-10-2004 : Bull. civ. III n° 163).

Il arrive que le **transfert de propriété** ne soit **pas suffisant** pour conférer à l'acquéreur la qualité pour agir. Celle-ci n'est parfois acquise qu'après la réalisation d'une formalité. Par exemple, seul le **copropriétaire** ayant procédé à la notification spécifique prévue à l'article 6 du décret 67-223 du 17 mars 1967 (voir nos 18980 s.) a qualité pour agir en contestation d'une assemblée générale (CA Toulouse 1e ch. civ. 19-8-1999 n° 98-788). Le transfert de propriété constitue alors le fait générateur conférant la qualité pour agir à l'acquéreur mais son opposabilité au défendeur est subordonnée à la réalisation de la formalité particulière. En revanche, même après le transfert de propriété, le copropriétaire vendeur peut être admis à agir en annulation d'une assemblée générale dès lors qu'il justifie d'un intérêt légitime au succès de ses prétentions (Cass. 3e civ. 3-5-1990 n° 88-20.286).

S'agissant de la **procédure en cours** au moment du transfert de propriété, la jurisprudence n'est pas clairement établie. D'un point de vue procédural, il est généralement admis que l'intérêt à agir, qui conditionne la recevabilité générale de l'action (CPC art. 31 et 32), s'apprécie uniquement au jour de l'introduction de la demande et qu'il ne doit pas être tenu compte des changements ultérieurs (Cass. 3e civ. 27-1-2015 n° 13-27.703 F-D ; Cass. 3e civ. 23-6-2016 n° 15-17.322 F-D). Sur ce fondement, il a donc été plusieurs fois relevé que la vente de l'immeuble, au cours d'un procès visant à défendre ou modifier une servitude, n'avait pas pour effet de priver le vendeur de sa légitimité à poursuivre l'action (Cass. 3e civ. 8-12-2010 n° 09-70.636 FS-PB). Ses prétentions restent donc en principe recevables même s'il ne s'agit pas d'obtenir la réparation d'un trouble de jouissance personnel et même s'il n'a pas convenu, avec son acquéreur, de faire son affaire personnelle de l'action en cours (Cass. 3e civ. 12-1-2005 n° 03-18.256 F-PB), d'autant que l'action en rétablissement de servitude a nécessairement une incidence dans ses relations pécuniaires avec l'acquéreur (Cass. 3e civ. 27-6-2007 n° 06-14.283 FS-D). Toutefois, la Cour de cassation diffuse occasionnellement des arrêts contraires, considérant, par exemple, qu'en vendant son fonds le vendeur n'a plus qualité ni intérêt à agir pour faire reconnaître une servitude de passage bénéficiant à une parcelle dont il n'est plus propriétaire (Cass. 3e civ. 9-11-2017 n° 16-22.342 F-D).

CARACTÉRISTIQUES DE L'ACTION ENGAGÉE PAR L'ACQUÉREUR

48630 Dès lors que le transfert de propriété est opéré, l'action engagée par l'acquéreur en régularisation forcée de la vente tend à faire reconnaître le droit de propriété qui lui a été cédé. Cette action en revendication est de nature réelle et imprescriptible en application de l'article 2227 du Code civil (Cass. 3e civ. 12-11-2020 n° 19-23.160 F-PBI).

D. Fiscalité

RÉGIME FISCAL APPLICABLE

48670 Le transfert de propriété a pour conséquence de déterminer le régime fiscal applicable, puisque ce sera celui **en vigueur au jour** du transfert. Une exception existe cependant en cas de vente sous condition suspensive. Le régime applicable en matière de **droits d'enregistrement** (n° 60021) est alors celui en vigueur au jour de la réalisation de la condition suspensive et non au jour du transfert de propriété rétroactivement fixé au jour de la signature de la promesse (CGI art. 676). Pour la **TVA**, le régime applicable est celui en vigueur à la date du fait générateur (n° 60430).

FAIT GÉNÉRATEUR DE L'IMPÔT

48672 Si la promesse valant vente ne reporte pas le transfert de propriété, l'acte est immédiatement passible des **droits d'enregistrement** (Cass. com. 4-5-1993 n° 90-20972 P : RJF 8-9/93 n° 1235).

En revanche, lorsque la promesse synallagmatique de vente stipule expressément que le transfert de propriété est reporté à une date ultérieure, l'exigibilité des droits de mutation est également reportée à cette date (Cass. com. 21-10-1997 n° 95-13.930 P : RJF 3/98 n° 330). Sur le régime fiscal de la vente conclue sous condition résolutoire et pour plus de détails sur les droits d'enregistrement applicables à la vente d'immeuble, voir n°s 60020 s.
Sur le fait générateur de la **TVA** sur ventes immobilières, voir n°s 60430 s.
En ce qui concerne les **plus-values immobilières**, le fait générateur de l'imposition est la signature de l'acte authentique qui a opéré le transfert de propriété, sans que le vendeur puisse se prévaloir de l'effet rétroactif que les parties ont entendu conférer à l'acte en lui faisant produire effet à une date antérieure (CE 19-5-1999 n° 152269 : RJF 7/99 n° 869). En cas de doute sur la date de transfert de propriété compte tenu de l'objet et des stipulations de la promesse synallagmatique de vente et des mentions de l'acte authentique, et dès lors que la solution du litige fiscal est ainsi subordonnée à l'interprétation de conventions de droit privé, le juge administratif sursoit à statuer jusqu'à ce que la juridiction judiciaire se soit prononcée sur cette question préjudicielle (CE 1-3-1989 n° 64357 : RJF 5/89 n° 580). Sur cette question du fait générateur, voir également n°s 62360 s.
S'agissant des **impôts locaux**, voir n° 52080.

E. Rémunération de l'agent immobilier

Concernant l'incidence du transfert de propriété sur la rémunération de l'agent immobilier, voir n° 2366. **48730**

SECTION 2

TRANSFERT DE LA JOUISSANCE

Le transfert de la jouissance du bien permet au nouveau propriétaire de se servir personnellement de l'immeuble (par exemple, en l'habitant ou en le louant) et d'en percevoir les fruits (notamment les loyers). Si le transfert de la propriété n'intervient pas à la même date que celui de la jouissance, c'est le transfert de cette dernière qui emporte le droit de percevoir les **loyers** (Cass. 3e civ. 19-7-1995 : Bull. civ. III n° 208). **48780**
Le transfert du droit de jouir de la chose vendue s'impose au vendeur au titre de son **obligation de délivrance** (voir n°s 49200 s.), définie comme étant « le transport de la chose vendue en la puissance et possession de l'acheteur » (C. civ. art. 1604).
Ni le fait générateur de l'obligation de transférer la jouissance du bien ni la date à laquelle le transfert de la jouissance doit intervenir ne sont légalement précisés. Il est seulement rappelé que « si le vendeur manque à faire la délivrance dans le temps convenu par les parties, l'acquéreur pourra, à son choix, demander la résolution de la vente, ou sa mise en possession, si le retard ne vient que du fait du vendeur » (C. civ. art. 1610). Le Code civil renvoie donc aux dispositions conventionnelles.

> **Précisions** Le bail s'éteint par **confusion** des qualités de locataire et de bailleur. Toutefois, la confusion, comme la cession, n'a d'effet que pour l'avenir. Si le bailleur acquiert le fonds de commerce du locataire, celui-ci reste donc tenu de régler au bailleur les **loyers échus et les réparations locatives**. La Cour de cassation considère en effet que la dette de loyers échus avant la cession du bail n'est pas, sauf clause contraire, transmise à l'acquéreur, de sorte que celui-ci ne réunit pas sur sa personne les qualités de débiteur et de créancier de cette obligation. En outre, la cession du bail au profit du bailleur a pour effet d'opérer son extinction, par la confusion des qualités de propriétaire et de locataire, de sorte que l'obligation de remise en état des lieux loués, à laquelle était tenu le dernier titulaire du bail, n'est pas transmise à l'acquéreur-bailleur, qui en demeure créancier (Cass. 3e civ. 30-11-2017 n° 16-23.498 FP-PBI : BPIM 2/18 inf. 149).

ABSENCE DE CLAUSE SUR LE TRANSFERT DE JOUISSANCE

48782 En l'absence de **délai** convenu, la délivrance est censée intervenir dès la conclusion du contrat, c'est-à-dire dès l'échange des consentements ou dès la réalisation de la condition suspensive s'il y a lieu. L'acquéreur qui a payé le prix est en droit de mettre en demeure le vendeur de le laisser entrer en possession du bien dès la vente. Il appartient au juge de déterminer le délai raisonnable dans lequel la délivrance doit intervenir (Cass. 3e civ. 10-4-1973 : Bull. civ. III n° 274).

CLAUSE SUR LE TRANSFERT DE JOUISSANCE

48784 **Entrée en jouissance immédiate** Le plus souvent, l'avant-contrat de vente prévoit que l'entrée en jouissance de l'acquéreur se produira **en même temps que le transfert de propriété**. Dans ce cas, le vendeur demeure en droit de percevoir les fruits et de jouir du bien tant que le transfert de propriété n'est pas constaté. Pour autant, il ne dispose plus des prérogatives attachées à la propriété puisqu'il a l'obligation de délivrer la chose avec ses accessoires et de la conserver, en y apportant tous les soins d'une personne raisonnable (C. civ. art. 1197).

48786 **Entrée en jouissance différée** Les parties peuvent également convenir que l'entrée en jouissance aura lieu **postérieurement au transfert de propriété**. Alors que le transfert de propriété est immédiat, l'entrée en jouissance peut être conventionnellement reportée à la date de signature de l'acte authentique ou de la réalisation effective des formalités de publicité foncière (Cass. 3e civ. 12-3-1974 : Bull. civ. III n° 114). Il y a alors vente sans entrée en jouissance immédiate.
Le plus souvent, en pratique, il s'agira d'un vendeur qui souhaite rester quelque temps dans les lieux parce que son nouveau logement n'est pas prêt (travaux en cours, acte de sa propre acquisition pas encore signé...). L'acte prévoira à son profit une clause de réserve de jouissance. Mais le rédacteur doit veiller à ce que cette clause garantisse les droits de l'acquéreur qui s'expose aux **risques** que le vendeur commette des dégradations ou ne libère pas les lieux à la date prévue.

48788 Pour **éviter le risque de non-libération des lieux**, la clause d'entrée en jouissance différée doit prévoir la date limite au-delà de laquelle le vendeur devra avoir quitté les lieux, ainsi que les sanctions et garanties en cas d'inexécution.
La **sanction pécuniaire** est sans nul doute la plus efficace. Elle prend la forme d'une clause pénale dont l'objet est de fixer conventionnellement le montant des dommages-intérêts qui seront dus à l'acquéreur en cas d'inexécution par le vendeur de son obligation de libérer les lieux. Il peut s'agir d'une somme fixe, mais il est plus souvent prévu une clause pénale moratoire, encore appelée « astreinte conventionnelle », consistant en une somme à verser par jour de retard (par exemple, 0,5 % ou 1 % du prix de l'immeuble par jour de retard). Le montant de cette astreinte doit être suffisamment élevé afin que la clause remplisse ses fonctions de dissuasion (rendre le maintien dans les lieux financièrement contraignant pour le vendeur) et de réparation (du préjudice subi par l'acquéreur). L'astreinte ne doit cependant pas être d'un montant manifestement excessif. À défaut, le vendeur serait tenté de saisir le juge afin qu'il en prononce la réduction (C. civ. art. 1231-5). Rappelons en effet que lorsque le contrat stipule que celui qui manquera de l'exécuter paiera une certaine somme à titre de dommages et intérêts, il ne peut être alloué à l'autre partie une somme plus forte ni moindre. Néanmoins, le juge peut, même d'office, modérer ou augmenter la pénalité ainsi convenue si elle est manifestement excessive ou dérisoire. La disproportion manifeste s'apprécie en comparant le montant de la peine conventionnellement fixé et celui du préjudice effectivement subi (Cass. com. 11-2-1997 n° 95-10.851). Lorsque l'engagement a été exécuté en partie (on peut imaginer le cas d'un occupant qui a quitté les lieux mais a laissé des meubles), la pénalité convenue peut être diminuée par le juge, même d'office, à proportion de l'intérêt que l'exécution partielle a procuré au créancier, sans préjudice de l'application de l'alinéa précédent. Toute stipulation contraire à ces dispositions est réputée non écrite. En outre, sauf inexécution définitive, la pénalité n'est encourue que lorsque le débiteur est mis en demeure (C. civ. art. 1231-5).
L'**efficacité de la sanction** peut également être améliorée par la constitution d'une garantie en paiement de l'astreinte ainsi convenue, si elle devenait exigible. La garantie peut résider dans le séquestre d'une somme prélevée sur le prix de la vente et remise à un tiers (généralement le notaire) ou dans le report du paiement d'une partie du prix de vente par l'acquéreur, à la date de libération des lieux.
Pour se soustraire à l'obligation de paiement de l'astreinte, le vendeur peut invoquer le cas fortuit ou la force majeure. Mais pour garantir l'acquéreur des risques de maintien dans les lieux par suite d'un cas fortuit ou de force majeure, la clause peut stipuler que l'indemnité sera due même si le vendeur est empêché de libérer les lieux pour de telles causes.

Afin d'**éviter le risque de dégradation des lieux** par le vendeur, il est possible de reporter le transfert des risques à la date d'entrée en jouissance effective de l'acquéreur. Le vendeur supporte ainsi les risques de perte ou de dégradations tant qu'il conserve la jouissance du bien. La clause imposera utilement au vendeur de maintenir les polices d'assurance. **48790**

S'agissant des **conséquences fiscales** d'une réserve de jouissance sur l'assiette des droits d'enregistrement, voir n° 60030. **48792**

Entrée en jouissance anticipée Il est possible de prévoir que l'acquéreur entrera en jouissance **avant le transfert de propriété**. Les raisons qui peuvent pousser les parties à l'envisager sont nombreuses : l'acquéreur, qui était locataire, se trouve au terme de son préavis, il vient de signer l'acte de vente de son ancien logement et doit se reloger... Mais attention, car les **risques** que présente une entrée dans les lieux anticipée sont multiples : que se passera-t-il si la vente n'est finalement pas signée (préemption du bien, défaillance d'une condition suspensive prévue dans l'avant-contrat...) ? Le vendeur pourra-t-il obtenir la libération des lieux ? Qui supportera les conséquences d'un incendie ou d'un dégât des eaux survenu entre-temps, etc. ? **48794**

En principe, le vendeur, encore propriétaire, doit supporter la charge des risques de détérioration et aucun transfert de l'**assurance** ne s'opère (voir n° 48540). Il doit donc maintenir les assurances nécessaires à la préservation de ses droits. On veillera à ce que l'acquéreur, de son côté, souscrive une assurance d'occupant non propriétaire pour le temps de cette période transitoire.

Il est vivement conseillé d'établir à cette occasion une **convention de mise à disposition** du bien afin de préciser la nature juridique de l'occupation ainsi que les obligations qui en résultent. On préférera une convention d'occupation précaire à un bail dont le régime est extrêmement réglementé et contraignant (nombreux droits accordés au locataire).

Mais les tribunaux apprécient souverainement et strictement si les conditions sont remplies pour qu'une mise à disposition soit qualifiée d'occupation précaire, la seule volonté des parties ne suffisant pas. Il faut qu'il existe des circonstances particulières constituant un motif légitime de précarité empêchant les parties de conclure un bail (Cass. 3e civ. 9-11-2004 n° 03-15.084 : RJDA 2/05 n° 101). Ainsi, la qualification de convention précaire a été écartée (et donc les règles du bail appliquées) dans le cas d'un contrat par lequel le propriétaire avait autorisé une personne à occuper le bien pendant 18 mois, l'occupant s'engageant à quitter les lieux ou à acquérir le local à l'issue de cette période (Cass. 3e civ. 29-4-2009 n° 08-10.506 : RJDA 7/09 n° 598).

En revanche, le recours à la convention d'occupation précaire est admis dans le cas où l'acquéreur a été autorisé à occuper le bien dans l'attente de la réalisation d'une condition suspensive de l'obtention d'un prêt (Cass. 3e civ. 31-1-2012 n° 10-28.591 : RJDA 2/13 n° 91 ; Cass. 3e civ. 6-5-2021 n° 20-10.992 F-D : BPIM 3/21 inf. 199).

> **Précisions a.** S'agissant du **contenu de la convention de mise à disposition** conseillée aux parties lors de toute entrée en jouissance anticipée, il est utile de prévoir, notamment :
> – la durée de la mise à disposition ;
> – l'affectation des lieux (usage d'habitation, de bureau, etc.) ;
> – l'interdiction faite au futur acquéreur de procéder à toute cession, modification (travaux notamment) ou acte quelconque susceptible de grever le bien (location, par exemple) avant que le transfert de propriété ne soit opéré, au cas où la vente ne serait finalement pas conclue ;
> – les conditions de la libération des lieux au cas où la vente ne se réaliserait pas ;
> – la gratuité de la mise à disposition si les parties entendent qualifier la convention de prêt à usage ou commodat. Si telle n'est pas leur intention, une indemnité d'occupation ainsi que le sort de celle-ci en cas de réalisation de la vente (imputation ou non sur le prix) peuvent être prévus. Mais dans ce cas, le risque est que les juges requalifient la convention en bail avec toutes les conséquences y afférentes (notamment, droit au maintien dans les lieux du locataire si le bien est à usage d'habitation) ;
> – la répartition des charges et obligations telle que prévue dans un contrat de bail (répartition des charges, taxes et impôts, répartition des risques et obligation d'assurance, sort des améliorations, charge des travaux nécessaires) ;
> – une clause résolutoire de plein droit pour les cas que les parties énuméreront ;
> – l'établissement d'un état des lieux lors de l'entrée en jouissance (et éventuellement lors de la sortie si la vente ne se réalise pas), indispensable à la préservation des droits des parties ;
> – si l'acquéreur dispose des fonds, le versement et la consignation du prix de vente entre les mains du notaire rédacteur de l'acte (cas où l'acquéreur paie comptant ou a obtenu son prêt, mais l'acte authentique ne peut être signé immédiatement car une condition suspensive, par exemple, est en cours).
>
> **b.** Le vendeur n'ayant pas commis de faute à l'origine du retard dans la signature de l'acte authentique, l'acquéreur est redevable d'une **indemnité d'occupation** alors même que les

parties avaient prévu une occupation gratuite provisoire des lieux (Cass. 3e civ. 28-2-2007 n° 05-20.294 : RJDA 7/07 n° 705, où l'occupation avait finalement duré 6 ans !).

c. La **résolution de la vente** n'entraîne pas nécessairement la nullité de la convention de mise à disposition. Tout dépend de l'intention des parties : si elles n'ont pas entendu rendre les deux contrats indivisibles, l'acheteur reste redevable de l'indemnité d'occupation prévue initialement dans la convention de mise à disposition (Cass. com. 3-5-2011 n° 09-72.664 : RJDA 10/11 n° 762).

48796 **Interprétation de la clause** Les juges doivent rechercher la commune intention des parties. Ainsi, lorsque l'avant-contrat précise que l'acquéreur n'aura la jouissance de l'immeuble qu'à compter de la réalisation de la condition suspensive insérée à l'acte, le transfert de la jouissance, et notamment la perception des loyers, ne saurait lui revenir dès la conclusion de l'accord, en dépit de l'effet rétroactif de la réalisation de la condition (Cass. 3e civ. 19-7-1995 n° 93-14.868 : Bull. civ. III n° 208). Il n'en irait autrement que s'il résultait des termes du contrat qu'il avait été expressément prévu que l'acquéreur aurait la jouissance du bien dès la signature de l'avant-contrat (Cass. 3e civ. 19-7-1995 n° 93-14.868 : Bull. civ. III n° 208).

CHAPITRE 2

OBLIGATIONS DU VENDEUR

SOMMAIRE

SECTION 1

OBLIGATION D'INFORMATION

A. Existence

49000 L'obligation d'information du vendeur trouve sa source dans différents textes.
Le Code civil consacre l'existence d'un **devoir général d'information**. L'article 1112-1 du Code civil impose à celle des parties qui connaît une information dont l'importance est déterminante pour le consentement de l'autre de l'en informer dès lors que, légitimement, cette dernière ignore cette information ou fait confiance à son cocontractant. Néanmoins, ce devoir d'information ne porte pas sur l'estimation de la valeur de la prestation (voir n° 16715). Ont une importance déterminante les informations qui ont un lien direct et nécessaire avec le contenu du contrat ou la qualité des parties. Il incombe à celui qui prétend qu'une information lui était due de prouver que l'autre partie la lui devait, à charge pour cette autre partie de prouver qu'elle l'a fournie. Les parties ne peuvent ni limiter, ni exclure ce devoir. Outre la responsabilité de celui qui en était tenu, le manquement à ce devoir d'information peut entraîner l'annulation du contrat dans les conditions prévues aux articles 1130 et suivants du Code civil.
Ensuite, le Code civil impose au vendeur d'**expliquer clairement** ce à quoi il s'oblige, tout pacte obscur ou ambigu s'interprétant contre celui-ci (C. civ. art. 1602 ; pour un exemple, voir Cass. 3e civ. 21-2-2001 n° 99-17.666 : RJDA 5/01 n° 574).
En outre, l'article 1104 du Code civil exige que les contrats soient négociés, formés et exécutés de **bonne foi**. Cette disposition est d'ordre public. On peut aussi se référer à l'article L 111-1 du Code de la consommation qui impose à tout professionnel vendeur de biens de mettre le **consommateur** en mesure de connaître notamment les caractéristiques essentielles et le prix du bien, ainsi que les informations relatives à son identité et ses coordonnées avant la conclusion du contrat. Si ce texte ne vise que les relations entre professionnel et consommateur, son application n'est pas exclue en cas de vente d'immeuble. En revanche, sont exclus du champ d'application des dispositions relatives aux contrats conclus à distance et hors établissement tous les « contrats portant sur la création, l'acquisition ou le transfert de biens immobiliers ou de droits sur des biens immobiliers, la construction d'immeubles neufs, la transformation importante d'immeubles existants ou la location d'un logement à des fins résidentielles » (C. consom. art. L 221-2).
Par ailleurs, certains textes prévoient expressément la communication par le vendeur d'**informations spécifiques** comme, par exemple, dans les domaines suivants :
– présence ou absence de plomb, d'amiante et de termites, risque de présence de mérule, état de l'installation électrique, de gaz naturel ou d'assainissement individuel, risques naturels et technologiques et performances énergétiques de l'immeuble, l'ensemble de ces éléments étant réuni dans un dossier de diagnostic technique (nos 21240 s.) ;
– risques liés à la pollution des sols (n° 21080), à l'exploitation d'une installation classée (C. env. art. L 514-20) (nos 21060 s.) ou d'une mine sur le site (nos 21004 s.). Ainsi, le vendeur doit informer l'acheteur que le terrain vendu est inclus dans le périmètre d'une installation classée soumise à autorisation, quand bien même il s'agirait d'une maison de gardien à usage de logement depuis 1926 (Cass. 3e civ. 21-9-2022 n° 21-21.933 FS-B : BPIM 6/22 inf. 436) ;
– existence ou absence d'assurance de dommages-ouvrage (n° 49346) ;
– dossier d'intervention ultérieure sur l'ouvrage [DIUO] (C. trav. R 4532-97 nos 21120 s.) ;
– superficie de la partie privative de tout lot ou fraction de lot dépendant d'un immeuble soumis au régime de la copropriété des immeubles bâtis (nos 19490 s.) ;
– mise en conformité des locaux en cas de vente d'immeuble loué à usage d'habitation (n° 20272) ;
– situation relative aux immeubles en copropriété (nos 18780 s.) ;
– existence du risque d'exposition au radon (n° 21008).

> **Précisions** La jurisprudence interprète généralement plus **strictement** l'application de ces **dispositions spécifiques**. Ainsi, par exemple, le vendeur pourra être condamné sur le fondement de l'obligation d'information de **droit commun**, pour n'avoir pas informé l'acquéreur de l'existence d'une installation classée à **proximité** du terrain vendu (Cass. 3e civ. 25-5-2011 n° 09-16.677 : BPIM 4/11 inf. 310), alors que sur le fondement de l'article L 514-20 du Code de l'environnement, l'obligation spécifique d'information du vendeur est strictement limitée aux seuls terrains sur lesquels l'installation a été exploitée (Cass. 3e civ. 22-11-2018 n° 17-26.209 FS-PBI).

Les règles de formation des contrats (théorie des **vices du consentement**) et les garanties dues à l'acquéreur ont également une influence sur l'obligation d'information du vendeur. **49003**
Ainsi, la mauvaise représentation que s'est faite l'acquéreur d'une qualité substantielle de l'immeuble en raison d'un défaut total ou partiel d'information de la part du vendeur permet à l'acheteur de soutenir qu'il a donné son consentement à l'opération par erreur et d'obtenir ainsi l'annulation de la vente. Il en est de même lorsque le vendeur a sciemment dissimulé ou falsifié une information déterminante, l'acquéreur pouvant alors se prévaloir de l'existence d'un dol (n°s 16000 s.).
La garantie des **vices cachés** (n°s 50000 s.) et celle des **charges** affectant l'immeuble vendu et **non déclarées** lors de la vente (n°s 50790 s.), que le Code civil fait peser sur le vendeur, peuvent être mises en œuvre lorsque l'acquéreur n'a pas été correctement informé par ce dernier. On en déduit l'existence d'une obligation positive d'information pesant sur le vendeur.

Conséquence de la multiplicité des textes fondant l'obligation d'information du vendeur, une **même omission ou dissimulation** peut être **sanctionnée de manière différente** selon que l'acquéreur choisit d'agir sur un fondement ou sur un autre. Ainsi le fait de dissimuler l'absence de raccordement de l'immeuble au réseau d'eau peut être constitutif d'une réticence dolosive (Cass. 3e civ. 10-2-1999 n° 97-18.430 : RJDA 4/99 n° 395 ; Cass. 1e civ. 12-11-2009 n° 08-14.563) ou d'un manquement à l'obligation de contracter de bonne foi (Cass. 3e civ. 28-6-2000 n° 98-20.376 : RJDA 9-10/00 n° 851) ou encore d'un vice caché (CA Versailles 13-1-2000). **49005**
Le **choix entre ces fondements** est toutefois délicat car la Cour de cassation peut considérer qu'un vice relève de l'une ou l'autre des catégories. Ainsi, l'absence de raccordement au réseau public d'assainissement n'est pas un vice caché mais un défaut de conformité (Cass. 3e civ. 28-1-2015 n° 13-19.945 : RJDA 4/15 n° 253). Or, le régime applicable à chacun des fondements diffère au regard des sanctions qu'ils ouvrent (annulation de la vente ou octroi de dommages-intérêts) et des conditions plus ou moins strictes de leur mise en œuvre (essentiellement le contenu et la charge de la preuve et le délai pour agir) ; voir n° 50220.

L'**objet de l'étude** ci-dessous n'est pas de donner une vision globale et exhaustive de l'obligation d'information, compte tenu notamment de ses interférences avec les vices du consentement et les garanties dues par le vendeur. Nous ne traiterons ici que l'obligation d'information dégagée par les tribunaux au regard des exigences des articles 1112-1 et 1104 du Code civil et de l'article 1602 du Code civil. **49010**
Sur l'information que le vendeur doit donner s'il veut échapper aux risques afférents à l'erreur, au dol, aux garanties des vices cachés et des charges non déclarées, il convient de se reporter aux études les concernant, dans la mesure où la qualification de ces risques et leurs sanctions sont soumises à des conditions spécifiques.

B. Intérêt

L'intérêt de l'obligation d'information relève de l'évidence **pour l'acquéreur**, dans la mesure où une bonne information lui permet d'effectuer son achat en toute connaissance de cause. **49030**
Le **vendeur** y trouve aussi un intérêt. S'il s'agit pour lui au premier chef d'une contrainte, cette obligation constitue également son meilleur moyen de protection : plus le vendeur informe correctement l'acquéreur, plus en effet les risques de remise en cause de la vente ou de mise en œuvre de sa responsabilité diminuent. Ainsi, si les juges du fond relèvent que le vendeur a remis aux acquéreurs les documents mentionnés dans l'acte et répondu avec diligence et soin aux demandes formées par ces derniers et leur notaire, ils peuvent en déduire que le vendeur avait rempli son obligation d'information (Cass. 3e civ. 25-11-2014 n° 13-22.746). Certes une information complète peut inciter l'acquéreur à renoncer à l'achat mais, s'il y consent, il ne peut plus utilement soutenir que son consentement a été obtenu par erreur ou dol, qu'un vice ou qu'une charge grevant l'immeuble lui a été caché ; en outre, dans la majorité des cas, il ne peut pas non plus remettre en cause l'efficacité des clauses limitatives de responsabilité stipulées au profit du vendeur.
L'information doit donc être considérée comme un mode de protection des deux parties à la vente.

CONSEIL

Il est conseillé aux rédacteurs d'acte de rappeler le devoir général d'information qui s'impose aux parties au début de l'acte, selon une formule qui peut être : « Les parties à l'acte sont informées que l'article 1112-1 du Code civil impose aux parties un devoir précontractuel d'information, dont seule est exclue l'information sur le prix de la vente. Les parties déclarent avoir porté à la connaissance de leurs cocontractants l'ensemble des informations dont elles disposent concernant l'immeuble, ayant un lien direct et nécessaire avec le contenu du présent contrat, et dont l'importance pourrait être déterminante de leur consentement, et savoir qu'un manquement à ce devoir serait sanctionné par leur responsabilité ou par l'annulation du contrat s'il a vicié le consentement de leurs cocontractants. »

C. Mise en œuvre

49050 Le devoir général d'information s'impose à toutes les parties à l'acte, l'article 1112-1 du Code civil visant indifféremment « celle des parties qui connaît une information dont l'importance est déterminante pour le consentement de l'autre ». Seul le vendeur en revanche est visé par l'article 1602 du Code civil (« le vendeur est tenu d'expliquer clairement ce à quoi il s'oblige »). C'est au vendeur qu'il revient donc de prendre l'**initiative d'informer** l'acheteur, tout particulièrement lorsqu'il est un professionnel de l'immobilier (Cass. 3e civ. 13-1-1982 : JCP N 1982 II p. 261 note B. Stemmer ; C. consom. art. L 111-1 s.). Cette règle trouve toutefois sa limite dans le fait que l'ignorance de l'acheteur doit être légitime (n° 49115). En outre, le devoir général d'information ne porte pas sur l'estimation de la valeur de la prestation (C. civ. art. 1112-1).

Jugé à propos d'un vendeur professionnel soumis à une obligation légale d'information (au cas particulier, un promoteur ayant fait signer un contrat de réservation d'un immeuble à construire) que la bonne foi contractuelle ajoute un devoir d'honnêteté élémentaire de renseigner l'acquéreur sur tous les événements propres à l'intéresser sans avoir à lui laisser le soin ou la chance de les découvrir dans les 140 pages d'un règlement de propriété suivi de modificatifs non communiqués ou dans les énonciations évolutives d'un contrat de vente faisant état d'une superficie donnée alors que celle-ci a été en fait réduite de moitié (CA Paris 21-11-1975 : D. 1976 som. p. 50).

49055 L'obligation d'information résultant des articles 1112-1, 1104 et 1602 du Code civil pèse sur **tout vendeur, professionnel ou non**. Toutefois, **le liquidateur judiciaire** n'est pas tenu d'une obligation d'information et de conseil à l'égard de l'acquéreur lors de la vente de gré à gré de l'immeuble d'un débiteur en liquidation judiciaire (Cass. 3e civ. 21-12-2017 n° 16-20.675 FS-PBI : RJDA 5/18 n° 445).

Le fait que l'**acquéreur** soit un **professionnel** ne décharge pas le vendeur de son obligation de contracter de bonne foi et de communiquer les informations en sa possession de nature à modifier substantiellement l'équilibre de l'opération (Cass. 3e civ. 9-11-1999 n° 98-15.212, rendu à propos d'une vente conclue entre deux marchands de biens ; dans le même sens, Cass. 3e civ. 4-11-2010 n° 09-72.673 : RJDA 3/11 n° 232). Un simple particulier est donc débiteur du devoir d'information, que ce soit à l'égard d'un autre particulier (Cass. 3e civ. 30-6-1992 n° 90-19.093) ou d'un professionnel (Cass. 1e civ. 24-11-1976 n° 74-12.352). Toutefois, la légitimité de l'ignorance de l'acquéreur est appréciée plus strictement lorsqu'il est un professionnel (n° 49115).

49060 Lorsque le vendeur est un professionnel, c'est à lui qu'il appartient de **prouver** qu'il a exécuté son obligation d'information (Cass. 1e civ. 15-5-2002 n° 99-21.521 : RJDA 10/02 n° 999 ; Cass. 1e civ. 28-10-2010 n° 09-16.913 : RJDA 2/11 n° 214 ; Cass. 1e civ. 28-6-2012 n° 11-17.860 : RJDA 11/12 n° 946).

Quelle que soit sa qualité et même si les articles 1112-1 et 1104 du Code civil et de l'article 1602 du Code civil ne donnent aucune précision sur la forme sous laquelle l'information doit être communiquée à l'acheteur, le vendeur a tout intérêt à procéder par écrit afin d'éviter toute contestation ultérieure et de se ménager, le cas échéant, la preuve qu'il a bien satisfait à son obligation. Car il incombe à celui qui prétend qu'une information lui était due de prouver que l'autre partie la lui devait, à charge pour cette autre partie de prouver qu'elle l'a fournie (C. civ. art. 1112-1). Le vendeur peut ainsi demander que les informations soient mentionnées dans l'acte de vente.

D. Contenu

49100 Les articles 1602 et 1104 du Code civil ne précisent pas le contenu de l'obligation d'information du vendeur. En revanche, l'article 1112-1 du Code civil précise que l'information qui doit être impérativement transmise est celle dont l'importance est **déterminante** pour le consentement de l'autre et que sont d'une importance déterminante les informations qui ont un **lien direct et nécessaire** avec le contenu du contrat ou la qualité des parties. Cette même disposition précise également que le devoir d'information ne porte pas sur l'estimation de la **valeur de la prestation**. Il est donc à présent plus facile de cerner le contenu de l'obligation d'information du vendeur.

La **jurisprudence** ci-après, rendue avant l'entrée en vigueur de l'article 1112-1 du Code civil, reste intéressante en ce qu'elle fixe les contours plus précis de cette obligation.

Informations en possession du vendeur Le vendeur n'est tenu de communiquer à l'acheteur que les informations dont il a connaissance (Cass. 3e civ. 21-7-1993 : Bull. civ. III no 117) ou dont il est censé avoir connaissance compte tenu de sa qualité de professionnel de l'immobilier. **49105**

Ainsi, le vendeur est tenu d'informer l'acheteur sur la **situation juridique de l'immeuble** :
– existence d'une servitude affectant le terrain dont elle réduit la constructibilité (Cass. 3e civ. 1-7-1998 no 96-20.358 : RJDA 10/98 no 1092 ; CA Versailles 29-10-1993) ;
– existence de limitations à l'usage de l'immeuble (Cass. 3e civ. 7-12-1988 : Gaz. Pal. 1989 som. p. 31, à propos des limitations à l'usage des terrasses résultant d'une délibération de l'assemblée générale des copropriétaires) ;
– exercice du droit de chasse (Cass. 3e civ. 20-3-1996 no 94-12.704 : RJDA 6/96 no 767 ; Cass. 3e civ. 21-2-2001 no 99-17.666 : RJDA 5/01 no 574) ;
– existence d'une procédure judiciaire mettant en cause les qualités substantielles du terrain vendu (présence d'une nappe d'eau en sous-sol ; Cass. 3e civ. 30-6-1992 no 90-19.093 : RJDA 12/92 no 1115).

Le vendeur doit aussi informer l'acheteur des **caractéristiques physiques de l'immeuble** :
– existence d'une caractéristique inhabituelle du bien, comme, par exemple, une charpente reposant depuis près de 20 ans sur une vingtaine de crics d'automobile soudés sur les poutres-treillis (Cass. 3e civ. 4-10-2011 no 10-25.051 : RJDA 12/11 no 1011) ;
– impossibilité d'utiliser un grenier, la mention de l'existence d'un grenier dans l'acte de vente impliquant qu'il soit nécessairement utilisable (Cass. 3e civ. 21-12-2023 no 22-21.518 F-D : BPIM 2/24 inf. 126) ;
– absence de raccordement de l'immeuble au réseau d'eau potable (Cass. 3e civ. 28-6-2000 no 98-20.376 : RJDA 9-10/00 no 851) ;
– existence d'un vis-à-vis alors que l'acquéreur d'un duplex en l'état futur d'achèvement pensait bénéficier d'une vue dégagée (Cass. 3e civ. 8-11-2005 no 04-17.683 : RJDA 5/06 no 499).

Le vendeur est également tenu d'informer l'acheteur sur l'**état parasitaire de l'immeuble** ; il doit indiquer, même en présence d'un état parasitaire négatif, que l'immeuble a été infesté par les termites 10 ans auparavant (Cass. 3e civ. 14-3-2006 no 05-13.030 : RJDA 8-9/06 no 885).

Le vendeur qui dissimule à l'acheteur avoir obtenu en justice une **indemnisation provisoire** du précédent vendeur pour des désordres décennaux, et qui n'a pas fait les travaux, commet une faute (Cass. 3e civ. 10-11-2016 no 14-25.318 : BPIM 1/17 inf. 28).

En revanche, le vendeur n'est pas débiteur d'une obligation d'information relative à la nécessité d'obtenir une autorisation administrative préalable à un changement de destination, dès lors que cette destination nouvelle n'est pas mentionnée dans le contrat de vente (Cass. 3e civ. 15-4-2021 no 19-22.334 FS-D : RJDA 2/22 no 71).

› **Précisions a.** En cas de **vente** d'un appartement **à une SCI**, le vendeur n'est pas tenu de l'informer des impératifs du Conseil de l'Ordre des chirurgiens-dentistes rendant impossible l'exercice de la profession dans l'appartement dès lors que le promoteur-vendeur ne savait pas au jour de la vente que la SCI, dont l'objet social était la propriété, l'administration et l'exploitation par bail d'immeubles, entendait louer à un chirurgien-dentiste, faute de mention sur ce point dans l'acte de vente, et qu'il ne pouvait pas être reproché au promoteur, professionnel de l'immobilier, d'avoir ignoré ces impératifs (Cass. 3e civ. 4-3-1998 no 95-21.718).

b. Le promoteur qui, avant la vente d'un appartement à un particulier, n'a pas fait la **déclaration** d'achèvement **à laquelle est subordonnée l'exonération fiscale** dont doit bénéficier l'appartement vendu, doit prévenir l'acquéreur de cette absence de déclaration (Cass. 3e civ. 18-4-1984 : Bull. civ. III no 89).

Informations connues de l'acheteur À l'inverse, il ne peut être reproché au vendeur de n'avoir pas communiqué des informations dont l'acheteur avait, ou aurait dû avoir, connaissance. L'ignorance de l'acheteur doit être légitime (Cass. 1e civ. 3-5-2000 no 98-11.381 : RJDA 9-10/00 no 848). **49115**

ILLUSTRATIONS

Jugé ainsi que le vendeur d'un local commercial à usage de supérette ne commet ni une faute ni un dol en omettant d'informer l'acheteur du projet d'implantation à proximité immédiate d'un supermarché dès lors qu'il résultait des éléments suivants que l'acheteur était censé connaître ce projet : ce dernier avait fait l'objet d'une délibération du conseil municipal de la ville qui avait donné lieu à un article dans le journal « Le Provençal » du lendemain ; le **projet d'implantation du supermarché**, présenté à l'époque comme le plus grand d'Europe, était de notoriété publique dans le monde des professionnels du commerce et l'acheteur, professionnel expérimenté du commerce, avait la possibilité de consulter les documents d'urbanisme à la mairie ainsi qu'auprès de la commission départementale d'urbanisme commercial (Cass. com. 17-7-2001 n° 97-17.259 : RJDA 1/02 n° 28).

Jugé également que l'acheteur ne peut pas reprocher au vendeur de ne pas l'avoir informé de la **présence éventuelle d'hydrocarbures** dans l'eau susceptible d'être puisée dans le sous-sol de la propriété ou de la forte salinité de cette eau dès lors que la propriété acquise se trouve dans une zone où est implantée une importante raffinerie et située en bordure d'un vaste étang d'eau saline et que l'acheteur ne pouvait pas ignorer les risques inhérents au site (Cass. 3e civ. 9-5-2001 n° 99-21.397 n° 699 F-D).

Le vendeur n'est pas tenu d'une obligation particulière d'information quant à l'**existence d'une carrière** située à proximité du bien vendu, s'il est établi que les acquéreurs ont visité la maison à plusieurs reprises avant l'acquisition et que la carrière était visible de la maison et de la route qui y conduit (Cass. 3e civ. 9-10-2012 n° 11-23.869 : BPIM 6/12 inf. 456). Il n'y a pas non plus de manquement à l'obligation d'information sur l'**ampleur de travaux de ravalement** à effectuer lorsque l'acheteur a reçu une copie d'un dernier procès-verbal d'assemblée générale indiquant l'existence de ces travaux et a assisté, avant la signature de l'acte authentique, à une assemblée générale faisant état de désordres inquiétants (Cass. 3e civ. 20-6-2012 n° 11-18.324 : BPIM 4/12 inf. 333).

Les acquéreurs d'un immeuble à usage commercial ne peuvent invoquer un manquement à l'obligation précontractuelle d'information du vendeur quant à **l'absence de servitude** permettant l'utilisation des voies de circulation et des emplacements de stationnement dès lors qu'ils sont des professionnels habitués à ce type de projets d'investissements, qu'ils ont été mis en mesure d'examiner minutieusement les actes et qu'ils ont reconnu avoir reçu une note les informant de ce que le parking ne reposait que sur une simple tolérance (Cass. 3e civ. 18-3-2021 n° 19-24.638 F-D : RJDA 7/21 n° 460).

En revanche, il ne peut pas être utilement soutenu que l'acquéreur d'un terrain devait s'attendre à ce qu'un **réseau de câbles souterrains** traversât le terrain situé dans le voisinage immédiat d'un transformateur électrique, celui-ci figurant sur les plans annexés au permis de construire qui avait été demandé et délivré avant la signature de la promesse, alors que la promesse ne faisait pas état de la servitude EDF et se bornait à indiquer que le promettant déclarait qu'il n'existait aucune servitude de droit privé ou de droit public empêchant l'exercice du permis de construire tel que délivré (Cass. 3e civ. 1-7-1998 n° 96-20.358 : RJDA 10/98 n° 1092).

Jugé aussi qu'un promoteur immobilier avait manqué à son obligation d'information dès lors que ni les documents du permis de construire ni ceux annexés à l'acte authentique de vente ne permettaient à l'acquéreur de se rendre compte que l'appartement acheté sur plan ne bénéficiait **pas d'une vue dégagée et** que la qualification de professeur de dessin industriel de l'acquéreur ne lui permettait pas de lever la confusion résultant de ces documents (Cass. 3e civ. 8-11-2005 n° 04-17.683 : RJDA 5/06 n° 499).

49125 **Informations utiles** Le vendeur n'est pas tenu de délivrer à l'acquéreur une information complète et exhaustive mais de lui fournir les renseignements nécessaires pour qu'il s'engage en toute connaissance de cause.

Le défaut d'information doit avoir amené l'acquéreur à contracter dans des conditions moins favorables que s'il avait connu l'information. À défaut, il ne peut invoquer le moindre préjudice et ne peut donc pas mettre en cause la responsabilité contractuelle du vendeur.

Mais il peut être difficile pour le vendeur de déterminer l'importance pour l'acquéreur de certaines informations. Si cette importance relève de l'évidence pour certaines d'entre elles (existence d'un risque d'inondation ; absence de solidité de l'édifice), elle peut être éminemment subjective pour d'autres qui dépendent essentiellement des envies et besoins de l'acquéreur (possibilité d'agrandir l'immeuble ou encore présence de poissons dans l'étang situé sur la propriété achetée pour un passionné de pêche). L'acquéreur a donc intérêt à indiquer au vendeur la destination spéciale qu'il envisage pour l'immeuble ou les qualités qu'il attend ; ce faisant il les intègre dans le champ contractuel et élargit ainsi l'obligation d'information dont il doit bénéficier.

ILLUSTRATIONS

S'il n'est pas établi que les acheteurs auraient sollicité des informations complémentaires quant à la **présence d'amiante dans des parties de l'immeuble non contrôlées par le diagnostiqueur**, les vendeurs satisfont à l'obligation légale d'information relative à la présence d'amiante par la remise d'un diagnostic, quand bien même ils auraient eux-mêmes été informés, par leur propre vendeur, de ce que la toiture composée d'un certain type de matériaux contenait de l'amiante (Cass. 3e civ. 20-1-2015 n° 13-25.159).

Mais il appartient au vendeur d'une propriété d'informer l'acquéreur de la situation juridique de celle-ci au regard de l'exercice du **droit de chasse, quelle que soit l'utilisation envisagée pour la propriété** (Cass. 3e civ. 20-3-1996 n° 94-12.704 : RJDA 6/96 inf. 767).

Informations sur la valeur du bien L'article 1112-1 du Code civil exclut expressément tout devoir d'information portant sur l'estimation de la **valeur de la prestation**. Vendre un bien à un prix supérieur au prix du marché ne constitue donc pas, a priori, un manquement au devoir d'information. En revanche, le fait de taire ou de travestir une information qui a pour effet de diminuer la valeur du bien acquis est susceptible de constituer ce manquement. 49126

E. Causes d'exonération

Les contrats contiennent fréquemment des clauses exclusives ou limitatives de responsabilité du vendeur. Mais elles sont sans effet dès lors que le vendeur a connaissance de l'information litigieuse, le devoir général d'information visé à l'article 1112-1 du Code civil étant d'ordre public. 49140
Avant l'adoption de ce texte, la jurisprudence considérait déjà que, la **clause selon laquelle l'acquéreur prend l'immeuble en l'état** sans réserve ni garantie ne décharge pas le vendeur de son obligation de renseignement (Cass. 3e civ. 28-6-2000 n° 98-20.376 : RJDA 9-10/00 n° 851).
Les clauses limitant ou excluant la garantie des vices cachés sont donc inefficaces dès lors que le vendeur avait connaissance des vices ou était, en sa qualité de professionnel, censé les connaître.
Quant aux règles venant sanctionner les vices du consentement (erreur, dol et violence), elles sont également d'ordre public (C. civ. art. 1130). Toute clause limitative de responsabilité en cas de vice du consentement serait donc nulle.
Enfin, conclues entre un professionnel de l'immobilier et un non-professionnel ou consommateur (sur ces notions, voir n° 49723), les clauses limitant ou excluant la responsabilité du professionnel en cas de manquement à son obligation de renseignement sont considérées comme abusives, et en conséquence réputées non écrites, en application de l'article R 212-1, 6° du Code de la consommation qui interdit toute clause ayant pour objet ou pour effet de supprimer ou réduire le droit à réparation du préjudice subi par le non-professionnel ou le consommateur en cas de manquement par le professionnel à l'une quelconque de ses obligations.

F. Sanctions

Le manquement au devoir d'information peut entraîner **l'annulation** du contrat dans les conditions prévues aux articles 1130 et suivants du Code civil sur le fondement d'un vice du consentement si les conditions sont réunies (sur ce point, voir nos 16060 s. et nos 16700 s.). 49160
L'acheteur a le choix de refuser d'exécuter ou suspendre l'exécution de sa propre obligation, poursuivre l'exécution forcée en nature de l'obligation, obtenir une réduction du prix, provoquer la résolution du contrat ou demander réparation des conséquences de l'inexécution. Les sanctions qui ne sont pas incompatibles peuvent être cumulées. Des dommages et intérêts peuvent toujours s'y ajouter (C. civ. 1217). En outre, « la résolution d'un contrat résulte soit de l'application d'une clause résolutoire, soit, **en cas d'inexécution suffisamment grave**, d'une notification du créancier au débiteur ou d'une décision de justice (C. civ. art. 1224).
L'acheteur peut donc demander la **résolution** de la vente pour manquement du vendeur à l'une de ses obligations mais il appartient alors au juge, qui dispose en la matière d'un pouvoir souverain, d'apprécier si le manquement du vendeur à son obligation d'information est suffisamment grave pour justifier la résolution de la vente (Cass. com. 12-10-1999 n° 96-20.641 : RJDA 12/99 n° 1307 ; Cass. com. 3-2-2009 n° 08-15.307 : RJDA 6/09 n° 529 som.) ; à défaut, il se contentera de prononcer l'allocation de **dommages-intérêts**.
Le **préjudice**, même minime, doit être réparé. L'acheteur qui constate, après la vente, des désordres affectant l'immeuble peut demander la restitution d'une partie des sommes exposées pour y remédier même si le coût des travaux est limité (Cass. 3e civ. 9-7-2013 n° 12-21.911 : BPIM 5/13 inf. 337). L'acheteur peut, par exemple, obtenir des dommages-intérêts correspondant au coût des travaux de désamiantage (Cass. 3e civ. 16-3-2011 n° 10-10.503). Mais en principe, le préjudice résultant du manquement à une obligation précontractuelle d'information est constitué par la **perte de la chance** de ne pas contracter ou de contracter à des conditions plus avantageuses. Un vendeur ne peut donc être condamné à verser à l'acquéreur les gains attendus de l'opération (Cass. com. 25-11-2014 n° 13-24.658) ou à prendre en charge les frais d'entretien futurs d'un cours d'eau dont il a tu l'existence (Cass. 3e civ. 3-12-2013 n° 12-23.918).

La question de savoir si le **sous-acquéreur** de l'immeuble peut **poursuivre le vendeur initial** pour manquement à son obligation d'information à l'égard de l'acheteur intermédiaire est régie par les principes suivants. 49165

Contrairement aux actions en garantie des vices cachés (n° 50240) et de non-conformité (n° 49215) dont bénéficie le sous-acquéreur à l'égard du vendeur initial, l'action en responsabilité pour défaut d'information, de nature contractuelle entre le vendeur initial et son acheteur, n'est pas transmise au sous-acquéreur. Il doit donc agir sur le terrain de la responsabilité délictuelle régie par les articles 1240 et suivants du Code civil.

Il peut ainsi se prévaloir du défaut d'information intervenu lors de la première vente, auquel il est tiers, dès lors que celui-ci lui a causé un dommage et dans la mesure où ce défaut constitue un manquement à l'obligation générale de prudence et de diligence (Cass. com. 17-6-1997 n° 95-14.535 : RJDA 11/97 n° 1340).

Ainsi le sous-acquéreur d'un immeuble dans le sous-sol duquel est présent un transformateur électrique fonctionnant au polychlorobiphényle (PCB) ne peut pas mettre en cause la responsabilité du vendeur initial pour manquement à son obligation d'information en la matière dès lors que ce dernier est tenu par la loi d'informer son propre acquéreur et non les acquéreurs successifs et qu'il n'a pas manqué à son obligation générale de prudence et de diligence (Cass. 3e civ. 3-12-2002 n° 01-13.793 : RJDA 3/03 n° 248).

SECTION 2

OBLIGATION DE DÉLIVRANCE

49200 Le vendeur a deux obligations principales, celle de délivrer et celle de garantir la chose qu'il vend (C. civ. art. 1603). La délivrance est le transfert du bien vendu en la jouissance et la possession de l'acheteur (C. civ. art. 1604). La délivrance n'a pas pour finalité de transférer la propriété du bien vendu, laquelle est intervenue, sauf convention contraire, dès la vente, mais de mettre l'immeuble à la disposition de l'acheteur pour qu'il en prenne livraison.

49205 L'obligation de délivrance pèse sur le **vendeur** (C. civ. art. 1603). En cas de décès, l'obligation se transmet à ses héritiers qui ont accepté purement et simplement la succession (Cass. 1e civ. 13-2-1967 : Bull. civ. I n° 62). Dans le cas où, après avoir vendu un immeuble à un tiers par un acte sous signature privée, le vendeur cède le même immeuble à un de ses héritiers par acte notarié, ce dernier est tenu, au décès du vendeur dont il a accepté la succession, de délivrer l'immeuble au premier acquéreur, même si la première vente n'a pas été publiée (Cass. 3e civ. 16-5-1974 : Bull. civ. III n° 209 ; Cass. 1e civ. 5-5-1987 : Bull. civ. I n° 142).

En cas de **pluralité** de vendeurs, il est de l'intérêt de l'acquéreur de stipuler la solidarité entre eux. Cela renforce ses garanties, en lui permettant de demander à n'importe lequel des vendeurs l'exécution de l'obligation ou la réparation du préjudice subi.

49210 Si le vendeur a chargé une **autre personne** de l'exécution de son obligation, il demeure contractuellement responsable des fautes commises par l'exécutant mais dispose alors contre ce dernier d'une action en responsabilité en cas d'inexécution (Cass. 1e civ. 8-3-1988 : Bull. civ. I n° 69).

Le constructeur de l'immeuble, soumis à la garantie spécifique prévue par les articles 1792 et suivants du Code civil, est également redevable de l'obligation de délivrance s'il est le vendeur de l'immeuble construit (Cass. 3e civ. 2-3-2005 n° 03-16.561 : RJDA 8-9/05 n° 954).

49215 Normalement, c'est l'**acheteur**, cocontractant immédiat du vendeur, qui est créancier de l'obligation de délivrance.

En cas de ventes successives, la jurisprudence a posé comme principe que le **sous-acquéreur** jouit de tous les droits et actions attachés à la chose qui appartenait à son auteur ; il dispose donc contre le vendeur initial d'une action contractuelle directe fondée sur le non-respect de l'obligation de délivrance (Cass. ass. plén. 7-2-1986 nos 83-14.631 et 84-15.189 : Bull. civ. n° 2 ; Cass. 1e civ. 22-2-2000 n° 97-20.731 : Contrats, conc., consom. 2000 n° 91 obs. Leveneur). La Cour de cassation a précisé que, lorsque l'action en résolution de la vente pour défaut de conformité est exercée concomitamment par le sous-acquéreur et le vendeur intermédiaire, celle du sous-acquéreur prime celle exercée par le vendeur intermédiaire car l'action a été transmise avec le bien ; mais le sous-acquéreur ne peut pas pour autant obtenir du vendeur originaire plus que ce que le vendeur intermédiaire aurait obtenu s'il avait lui-même exercé l'action (Cass. 1e civ. 20-5-2010 n° 09-10.086 : RJDA 8-9/10 n° 839).

> **Précisions** Jugé qu'un **syndicat de copropriétaires** ne peut pas reprocher au promoteur qui a commercialisé l'immeuble d'avoir manqué à son obligation de délivrance en livrant l'immeuble sans local à bicyclettes et à poussettes dès lors que le syndicat, qui n'est ni acquéreur ni copropriétaire des parties communes, est dépourvu de tout lien contractuel avec le promoteur (CA Nancy 18-3-2008 n°s 00-3261 et 01-1520 : BPIM 6/08 inf. 450). Dans un tel cas, il appartient à chaque copropriétaire d'agir contre le promoteur. En revanche, le syndicat des copropriétaires ayant qualité pour agir en vue de la sauvegarde des droits afférents à l'immeuble, il a qualité pour exercer, contre le vendeur des lots, l'action en **réparation** des désordres du fait d'un vice affectant les parties communes de l'immeuble vendu (Cass. 3e civ. 24-6-2015 n° 14-15.205).

A. Objet de la délivrance

1. IMMEUBLE PROPREMENT DIT

CONFORMITÉ DE L'IMMEUBLE

Le vendeur doit délivrer ce qui a été convenu lors de la vente c'est-à-dire l'**immeuble** tel qu'il a **49250**
été **identifié au contrat** et ne peut pas lui en substituer un autre sans l'accord de l'acheteur. En conséquence, il ne se libère pas de son obligation en délivrant un bien différent, même s'il est de même nature et remplit la même fonction que celui qui a été prévu au contrat ; par exemple, manque à son obligation une société civile immobilière qui attribue à un associé un lot différent de celui qui correspond à ses parts (Cass. 3e civ. 17-4-1974 : Bull. civ. III n° 145).

Conformité au contrat L'immeuble délivré doit être conforme à celui promis et doit **49255**
donc correspondre non seulement à l'ensemble des spécifications contractuelles mais aussi aux spécifications figurant dans les documents « extra-contractuels » (telles les plaquettes publicitaires) dès lors qu'ils sont entrés dans le champ contractuel (Cass. 3e civ. 17-7-1997 n° 95-19.166 : RJDA 1/98 n° 6).

Le respect de l'obligation de délivrance s'apprécie à la **date du transfert de propriété**. Ainsi par exemple, le respect de l'obligation de délivrance d'un terrain à bâtir s'apprécie au regard des dispositions du PLU en vigueur à la date de l'acte (Cass. 3e civ. 25-5-2023 n° 22-12.870 FS-B : BPIM 4/23 inf. 266).

La conformité s'apprécie ainsi par rapport aux **engagements particuliers pris par le vendeur**, tel l'engagement de vendre un terrain avec les droits à construire (Cass. 3e civ. 16-7-1998 n° 95-21.530 : RJDA 11/98 n° 1200) ou avec un accès direct sur la voie publique (Cass. 3e civ. 15-9-2016 n° 15-20.377 : BPIM 6/16 inf. 386) ou l'engagement de démonter les hangars construits sur le terrain vendu (Cass. 3e civ. 4-11-1998 n° 96-18.333 : RJDA 12/98 n° 1350) ou de viabiliser le terrain avant la signature de l'acte authentique de vente (Cass. 3e civ. 22-9-2009 n° 08-19.551 : RJDA 2/10 n° 138) ou de vendre une maison avec un grenier aménageable alors que les combles ne sont pas aménageables et ne constituent même pas un grenier utilisable (Cass. 3e civ. 2-2-2017 n° 15-20.625 : BPIM 2/17 inf. 124). En revanche, si l'acte de vente ne définit pas les terrains vendus comme des parcelles à bâtir, leur inconstructibilité ne constitue pas un défaut de conformité mais un vice caché (Cass. 3e civ. 13-7-2017 n° 16-19.353 F-D : BPIM 5/17 inf. 347).

La remise par le vendeur à l'acheteur d'un **diagnostic** amiante **négatif** ne vaut pas engagement du vendeur de livrer un immeuble exempt de ce matériau (Cass. 3e civ. 29-1-2008 n° 06-21.817 : RJDA 7/08 n° 785 ; Cass. 3e civ. 23-9-2009 n° 08-13.373 : RJDA 2/10 n° 141) ; si l'immeuble s'avère amianté, l'acheteur ne peut donc invoquer un manquement de délivrance qu'en présence dans l'acte de vente d'un engagement spécifique du vendeur à cet égard. De même, la délivrance d'un terrain pollué est conforme à la convention des parties, dès lors que celle-ci porte sur un terrain comportant un risque de pollution **connu de l'acheteur** (Cass. 3e civ. 16-1-2020 n° 18-23.504 F-D : BPIM 2/20 inf. 128 ; Cass. 3e civ. 16-1-2013 n° 11-27.101 : RJDA 5/13 n° 395). Manque à son obligation de délivrance le vendeur qui livre un immeuble dépourvu de raccord au réseau public d'assainissement dès lors que le bien a été vendu comme étant raccordé (Cass. 3e civ. 17-9-2020 n° 19-14.825 F-D : RJDA 12/20 n° 635 ; Cass. 3e civ. 19-9-2019 n° 18-18.394 F-D : RJDA 1/20 n° 13 ; Cass. 3e civ. 28-1-2015 n° 13-19.945 : BPIM 2/15 inf. 120) ou qui livre un immeuble dont le réseau d'assainissement individuel est défectueux alors qu'il l'a vendu comme disposant d'une installation ayant fait l'objet d'un contrôle l'ayant déclaré conforme (Cass. 3e civ. 5-12-2019 n° 18-22.947 F-D).

En revanche, les acheteurs d'un appartement pourvu d'une isolation phonique de piètre qualité ne peuvent invoquer le manquement à l'obligation de délivrance du vendeur, s'ils ne prouvent pas le défaut de conformité par rapport au descriptif de vente (Cass. 3e civ. 20-1-2015 n° 13-12.244 : BPIM 2/15 inf. 123).

49260 Il y a, par exemple, **manquement** à l'obligation de délivrance lorsque :
– l'acte stipule que l'état de l'installation électrique date de moins de 15 ans, alors que l'installation électrique présente une configuration hétérogène mêlant des éléments très anciens à un tableau électrique mis en place récemment et présente des anomalies mettant en cause la sécurité (Cass. 3e civ. 14-1-2021 n° 19-15.169) ;
– l'acte stipule que l'immeuble vendu est raccordé au réseau public d'assainissement alors qu'il n'est relié qu'à une fosse septique (Cass. 3e civ. 28-9-2023 n° 22-20.377 F-D) ou que de façon indirecte par le passage dans une fosse septique et un épurateur (Cass. 3e civ. 25-3-2015 n° 14-12.445) ou d'un « bac tampon » recueillant les eaux usées, même si le trop plein des effluents finissait par s'écouler dans le système collectif (Cass. 3e civ. 27-5-2021 n° 19-25.991 : RJDA 10/21 n° 643) ;
– la tolérance de passage rendant accessible l'unique entrée de la maison vendue est supprimée après la vente (Cass. 3e civ. 5-12-2019 n° 18-23.709 F-D : BPIM 1/20 inf. 49) ;
– l'appartement situé au 19e étage d'un immeuble qui en comporte 30 est desservi par un ascenseur dont les performances sont inférieures à celles mentionnées dans l'acte (CA Paris 30-6-1987 : Gaz. Pal. 1988 II som. p. 361) ;
– l'appartement livré est en vis-à-vis direct avec un immeuble de cinq étages, alors que l'acte prévoyait un vis-à-vis indirect (décalé sur la gauche) avec un immeuble de trois étages (Cass. 3e civ. 10-3-2015 n° 13-27.660) ;
– aux termes d'un acte de vente, un appartement devait être livré avec des placards et qu'il s'en révèle dépourvu (Cass. 3e civ. 3-1-1979 : Bull. civ. III n° 3) ;
– l'acte de vente d'un château mentionne l'existence d'un pavillon daté du XVIIIe siècle, alors que la superstructure du bâtiment a été totalement modifiée et que celui-ci comporte des éléments anciens et d'autres « peu anciens » (Cass. 3e civ. 25-9-2012 n° 11-17.605 : BPIM 6/12 inf. 460) ;
– a été livrée une maison dont le grenier ne pouvait être aménagé qu'après la réalisation de travaux de renforcement de la maçonnerie et de la charpente alors qu'aux termes de la notice descriptive du bien et de l'acte de vente sous seing privé la maison devait comporter un grenier aménageable sur la totalité du bâtiment, l'indication dans l'acte notarié de l'existence d'un immense grenier n'ayant pas eu pour effet d'anéantir cet engagement (Cass. 3e civ. 3-12-2002 n° 01-14.866) ;
– entre le moment où l'acquéreur a visité les lieux et sa date d'entrée en jouissance, la chaudière de l'immeuble a été remplacée par une chaudière de récupération, insuffisante à fournir le chauffage de l'immeuble et pour laquelle le chauffagiste a refusé un contrat d'entretien compte tenu de son état, alors que l'acquéreur avait acquis l'immeuble avec une chaudière déterminée dont le fonctionnement ne lui a pas été présenté comme étant défectueux et dont aucun élément du dossier ne permettait de dire qu'elle ne fonctionnait pas même si elle était vétuste (CA Rouen 30-10-1996) ;
– l'immeuble vendu est dépourvu du tout-à-l'égout mentionné dans l'acte sous seing privé de vente, peu important que cette mention ne se retrouve pas sur l'acte authentique qui a suivi (CA Rouen 24-4-2002 n° 00-1434) ou lorsqu'une maison n'est que partiellement reliée au réseau public d'assainissement alors que l'acte de vente précise qu'elle y est raccordée (Cass. 3e civ. 11-7-2012 n° 11-14.062 : RJDA 12/12 n° 1063) ;
– l'acte de vente mentionne que les trois fenêtres murées du magasin pourront être rouvertes par l'acquéreur alors que le vendeur s'était antérieurement engagé envers ses voisins, par acte notarié, à murer ces fenêtres (Cass. 3e civ. 25-5-2005 n° 03-20.476 : RJDA 12/05 n° 1338) ;
– la capacité prévue dans le contrat de vente d'un garage était de deux véhicules, alors que le local vendu ne pouvait en fait en contenir qu'un (Cass. 3e civ. 14-5-1997 n° 95-13.840 : RJDA 1/98 n° 31 ; s'agissant d'une rampe en béton rendant un emplacement de stationnement inutilisable qualifiée de vice caché, voir Cass. 3e civ. 20-3-1996 n° 94-14.761 : n° 50090) ;
– la source située sur le fonds acquis n'était pas potable et que la potabilité était entrée dans le champ contractuel, l'acquéreur s'étant engagé à assurer une alimentation constante en eau potable au fonds conservé par le vendeur à partir de ladite source (CA Angers 18-3-2008 n° 06-1203 : JCPG 2009 IV n° 1887) ;
– le terrain vendu est affecté d'une pollution aux métaux lourds alors que l'absence de pollution importante était entrée dans le champ contractuel (Cass. 3e civ. 12-11-2014 n° 13-25.079 : BPIM 1/15 inf. 53, voir également Cass. 3e civ. 22-10-2014 n° 13-22.305) ;
– une pollution résiduelle subsiste sur le terrain alors que l'acte de vente précise qu'il a fait l'objet d'une dépollution (Cass. 3e civ. 30-9-2021 n° 20-15.354 FS-B : BPIM 6/21 inf. 386 ; Cass. 3e civ. 29-2-2012 n° 11-10.318 : RJDA 6/12 n° 577).

49265 Il a été jugé en revanche que le lot livré est **conforme** à l'acte de vente dès lors qu'il résulte de ce dernier que l'acheteur avait acquis un emplacement fermé de stationnement de voiture, que

l'emploi du singulier démontre que la commune intention des parties était de vendre et d'acheter un garage pour une seule voiture et que, si un poteau modifiait l'aisance d'utilisation de l'espace, la surface de stationnement subsistante restait de dimensions courantes et la manœuvre à effectuer pour accéder dans l'emplacement de stationnement demeurait dans les limites de ce qui pouvait être admis (Cass. 3e civ. 15-12-1998 n° 97-13.671).
Il a également été jugé qu'il n'y avait aucun manquement aux obligations de délivrance du vendeur si les acquéreurs ne démontrent pas qu'ils ont porté à sa connaissance leur exigence de la présence d'une dalle ou d'un plancher béton à tous les étages de l'immeuble et s'il est mentionné, dans la promesse de vente, la présence d'une « dalle béton » au singulier (Cass. 3e civ. 14-2-2019 n° 17-27.975).
Même si l'annonce de l'agence et la promesse contiennent des erreurs de désignation, dès lors que la description des lots vendus, annexée à la promesse de vente et régulièrement paraphée par l'acquéreur, énonçait sans ambiguïté que les lots vendus se situaient aux premier et second étages, aucun manquement à l'obligation de délivrance ne peut être reproché aux vendeurs au motif qu'aucun droit privatif n'est transmis sur le rez-de-chaussée, l'escalier et le palier (Cass. 3e civ. 8-10-2013 n° 12-19.854).

Conformité aux normes La conformité de l'immeuble peut encore être délimitée par référence à des normes. Il peut s'agir de **normes techniques professionnelles** (type Afnor : association française de normalisation) entrées dans le champ contractuel (Cass. 3e civ. 2-6-1982 : Gaz. Pal. 1982 pan. p. 372). Il y a ainsi manquement à l'obligation de délivrance lorsqu'un appartement a été vendu avec le **label** « confort acoustique » et qu'il se révèle non conforme aux spécifications de ce label (Cass. 3e civ. 2-6-1982 : Gaz. Pal. 1982 pan. p. 372 ; Cass. 3e civ. 26-5-1994 : Bull. civ. III n° 100, concernant un immeuble à construire). **49270**
Certaines normes s'imposent au vendeur même si elles n'ont **pas été visées dans l'acte de vente**. Ainsi, en cas de transformation d'un motel et de vente des lots contractuellement destinés à l'habitation individuelle, le fait pour le vendeur de ne pas satisfaire à des normes administratives imposant la mise en place de compteurs électriques individuels, en raison du changement de destination des lieux, constitue un manquement à son obligation de délivrance (Cass. 3e civ. 6-10-2004 n° 02-20.755 : RJDA 1/05 n° 20, 2e esp.). La Cour de cassation a par ailleurs admis l'application d'une norme technique qui n'était pas visée au contrat dès lors qu'elle constituait l'expression des règles de l'art et de sécurité minimum qui s'imposaient à l'ensemble des professionnels (Cass. 3e civ. 4-2-1976 : Bull. civ. III n° 49).
Comme pour tout autre défaut de conformité, le vice résultant de la violation de la norme doit toutefois présenter un degré de gravité suffisant pour justifier la résolution du contrat (Cass. 3e civ. 22-11-2018 n° 17-26.141) ; voir n° 49630.

ÉTAT DE L'IMMEUBLE

L'immeuble doit être délivré en l'état où il se trouvait au moment de la vente (C. civ. art. 1614, al. 1). Cela ne signifie pas que le vendeur supporte les risques **entre la conclusion de la vente et la mise à disposition de l'immeuble** (voir nos 48050 s.) mais lui impose en revanche de **conserver l'immeuble** en cet état jusqu'à cette date (Cass. com. 12-5-2004 n° 01-11.735 : RJDA 11/04 n° 1206). **49275**
Ainsi, l'acquéreur d'une maison ancienne présentée comme « entièrement rénovée » peut refuser de signer l'acte authentique et obtenir réparation de son préjudice si, dans la période comprise entre la promesse de vente et la réitération en la forme authentique, le bien a subi des dégradations dues à la négligence du vendeur, dès lors que la promesse de vente prévoyait que ce dernier s'engageait à entretenir et à conserver le bien en son état actuel et à prendre toutes les précautions utiles jusqu'à la signature de l'acte authentique (Cass. 3e civ. 25-9-2012 n° 11-24.519 : BPIM 6/12 inf. 461).
Le « moment de la vente » s'entend du jour de la conclusion du contrat, qui peut correspondre à la signature de la promesse synallagmatique (Cass. 3e civ. 19-12-2006 n° 05-20.258 : RJDA 5/07 n° 465).
Tant que la délivrance n'est pas intervenue, le vendeur est dans la position du dépositaire ; il doit apporter à l'immeuble « tous les soins d'une personne raisonnable » (C. civ. art. 1197 ; CA Agen 31-1-1938 : DH 1938 p. 283). Il ne peut pas le détériorer en diminuant sa valeur (Cass. req. 1-3-1892 : DP 1892 1 p. 412), faire exécuter des remblais (Cass. civ. 28-1-1874 : S. 1874 1 p. 54) ou constituer une hypothèque sur celui-ci (Cass. civ. 4-1-1882 : S. 1882 1 p. 101).
L'obligation de conservation est donc une obligation de moyens dont l'inexécution suppose la preuve d'une faute du vendeur (Cass. com. 19-10-1982 : Bull. civ. IV n° 321). À défaut de rapporter cette preuve, l'acheteur supportera les dommages liés à la disparition ou dégradation de l'immeuble entre la vente et sa délivrance (sur les conséquences de la perte de l'immeuble atteint d'un vice caché, voir n° 50385).

La conformité du bien vendu et livré aux spécifications contractuelles s'apprécie au moment de la délivrance du bien, soit pour **un terrain**, lors de la remise des titres de propriété. S'il résulte de l'acte de vente que le permis de construire n'était frappé d'aucun recours ni d'aucune caducité au jour de la signature de l'acte authentique de vente, alors peu importe l'effet rétroactif de la caducité, dès lors que celle-ci résultait d'un jugement rendu sur une demande postérieure à la vente (Cass. 3e civ. 16-3-2023 n° 21-19.460 FS-B : BPIM 3/23 inf. 204). Jugé que le respect de l'obligation de délivrance d'un terrain à bâtir s'apprécie à la date du transfert de propriété, au regard des dispositions du PLU en vigueur à cette date, la délibération du conseil municipal rendant le terrain inconstructible non encore publiée n'étant pas applicable (Cass. 3e civ. 25-5-2023 n° 22-12.870 FS-B : BPIM 4/23 inf. 266).
L'article 1614 du Code civil n'étant pas d'ordre public, les parties peuvent y déroger et prévoir que le bien sera délivré en l'état au moment de l'entrée en jouissance de l'acquéreur.
En pratique, il est donc conseillé d'établir lors de l'accord sous signature privée une description précise de l'immeuble vendu et de son état actuel.

2. ACCESSOIRES DE L'IMMEUBLE

49300 En plus de l'immeuble proprement dit, objet du contrat de vente, le vendeur doit délivrer les **accessoires** de l'immeuble et tout ce qui a été destiné à son usage perpétuel (C. civ. art. 1615). Les parties peuvent déroger à cette règle en excluant de la vente certains accessoires.
C'est au vendeur d'établir qu'il a bien remis à l'acheteur les accessoires du bien (Cass. com. 11-12-2001 : Contrats conc. consom. 2002 n° 58 note L. Leveneur).
Sur le transfert des droits et actions se rapportant à l'immeuble, voir nos 48464 s.

FRUITS

49305 Depuis le jour de la vente, tous les fruits de l'immeuble, c'est-à-dire notamment les loyers, appartiennent à l'acquéreur (C. civ. art. 1614, al. 2). Cette règle est une conséquence du principe selon lequel le transfert de propriété s'opère dès l'échange des consentements. Le contrat peut déroger à cette règle en retardant le transfert de propriété ou la date d'entrée en jouissance (voir n° 48000 s.).

MEUBLES

49310 L'acquéreur d'un immeuble ne peut pas obtenir la délivrance des meubles qui se trouvent à l'intérieur de cet immeuble à moins d'une cession séparée de ces éléments. Toutefois, certains meubles, parce qu'ils sont incorporés ou affectés à l'immeuble vendu, doivent être délivrés à l'acquéreur même en l'absence de clause. Il reste que la qualification de ces éléments, relevant de l'appréciation souveraine des juges du fond, peut s'avérer délicate. Aussi, afin d'éviter tout changement d'état du bien entre le compromis de vente et la délivrance, les parties ont-elles intérêt à préciser dans le compromis quels meubles sont compris ou non dans la vente.

49315 **Meubles meublants** Dans le silence des parties, la vente de l'immeuble n'emporte pas vente des **meubles** meublants. Ainsi, la clause indiquant que l'immeuble est vendu « avec ses aisances et dépendances » n'inclut pas le mobilier (Cass. 3e civ. 30-1-1979 : Gaz. Pal. 1979 I som. p. 249).
La vente d'une maison « meublée » ne comprend que les meubles meublants (C. civ. art. 535). La vente d'une maison « avec tout ce qui s'y trouve » ne comprend pas l'argent comptant, ni les dettes actives et autres droits dont les titres peuvent être déposés dans la maison ; tous les autres effets mobiliers y sont compris (C. civ. art. 536).

49320 **Meubles incorporés à la construction** La délivrance de l'immeuble inclut les accessoires incorporés **à la construction** sans lesquels elle serait incomplète, tels les installations électriques (Cass. civ. 4-5-1937 : Gaz. Pal. 1937 II p. 190), des convecteurs électriques insusceptibles d'être enlevés sans porter atteinte à l'intégrité de l'immeuble (Cass. 3e civ. 23-1-2002 n° 99-18.102 : RJDA 6/02 n° 707) ou des bas-reliefs en marbre formant avec celui-ci un tout indivisible (CE 24-2-1999 n° 191317 : Lebon p. 33), des boiseries intimement et spécialement incorporées à un bâtiment dont elles ne sauraient être séparées sans porter atteinte à son intégrité (Cass. 1e civ. 19-3-1963 : Bull. civ. I n° 171).
Les accessoires s'entendent également des éléments situés **sous la construction** telles les caves et galeries (C. civ. art. 518).

49323 Sauf clause contraire, les **meubles** que le propriétaire a **attachés** à l'immeuble **à perpétuelle demeure**, c'est-à-dire qui ne peuvent pas être matériellement dissociés de l'immeuble vendu sans détérioration, sont compris dans la vente de ce dernier (C. civ. art. 524, al. 3). Ces meubles, fictivement considérés comme des immeubles, sont qualifiés d'immeubles par destination.

L'article 525 du Code civil précise les procédés d'attaches qui font présumer l'intention du propriétaire d'affecter tel meuble à un immeuble : le scellement des meubles en plâtre ou à chaux ou à ciment, ou lorsqu'ils ne peuvent être détachés sans être fracturés et détériorés, ou sans briser ou détériorer la partie du fonds à laquelle ils sont attachés ; le fait que les glaces, tableaux et autres ornements d'un appartement soient attachés à un parquet qui fait corps avec la boiserie ; les statues lorsqu'elles sont placées dans une niche pratiquée exprès pour les recevoir, encore qu'elles puissent être enlevées sans fracture ou détérioration.

L'intention du propriétaire d'attacher les meubles à perpétuelle demeure est appréciée souverainement par les juges du fond (Cass. 3e civ. 3-7-1968 : Bull. civ. III n° 316). Ainsi, selon les circonstances, une statue simplement posée sur un socle constitue un immeuble par destination (CA Paris 27-3-1963 : D. 1964 p. 27 : statue reposant sur un socle en ciment enfoncé dans la terre) ou conserve la qualification de meuble (Cass. 3e civ. 3-7-1968 précité : statue non scellée, posée sur une pierre plate, non fixée au sol).

La dépose par le vendeur d'un meuble de salle de bains qui entraîne la détérioration de faïences murales caractérise une violation grave de la stipulation de la promesse de vente lui interdisant d'apporter toute modification des lieux (Cass. 3e civ. 17-12-2014 n° 13-24.597 : BPIM 1/15 inf. 49).

Doivent ainsi être inclus dans la vente de l'immeuble : **49326**

– une **bibliothèque**, important meuble en L, masquant entièrement les murs sur lesquels elle était appuyée et construite aux dimensions exactes de la pièce dont elle épouse les particularités, les propriétaires ayant ainsi manifesté leur volonté de faire de l'agencement de cette bibliothèque un accessoire de l'immeuble auquel elle était fixée et dont elle ne pouvait être détachée sans en altérer la substance (Cass. 1e civ. 15-3-1991 : Bull. civ. I n° 81) ;

– des **vases** non scellés et posés seulement sur des socles mais destinés à former avec ceux-ci un ensemble ornemental pour la décoration du parc d'un château et des **plaques de cheminée** faisant corps avec elle, scellées au mur par des crampons (CA Poitiers 23-4-1968 : JCP 1969 II n° 15857) ;

– une installation de **chauffage central** et des **appareils sanitaires** dès lors que les différents éléments qui composent une telle installation par leur agencement avec les différentes parties de l'appartement, la manière dont ils sont fixés, manifestent l'intention du propriétaire de l'immeuble d'en faire des accessoires de l'immeuble et de les y fixer à perpétuelle demeure (Cass. 1e civ. 19-3-1957 : Bull. civ. I n° 145). La solution est identique si l'installation est non pas inexistante, mais inutilisable. Ainsi, manque à son obligation de délivrance le vendeur qui livre une maison d'habitation dont l'installation de chauffage est **hors service**, les radiateurs ayant éclaté sous l'effet du gel (Cass. 3e civ. 28-2-2018 n° 16-27.650 F-D : RJDA 7/18 n° 564) ;

– une **armoire frigorifique** en raison de son installation particulière dans une cuisine (reliée par deux tubes traversant le plancher du rez-de-chaussée dans lequel ils étaient scellés avec le bloc moteur placé dans la cave), dont il n'est pas établi qu'elle se compose d'éléments de fabrication standardisée (CA Paris 11-2-1982 : D. 1983 IR p. 13) ;

– des tapis d'escaliers fixés par tringles et anneaux (T. paix Paris 23-5-1907 : D. 1907 2 p. 41).

En revanche, à défaut de précisions contraires, ne sont pas inclus dans la vente d'un immeuble : **49330**

– des **éléments préfabriqués de cuisine** même s'ils ont été fixés par des crampons dans un mur car celui qui les emporte peut aisément, sans altérer la substance de l'immeuble, les détacher en effectuant au besoin de légers travaux de replâtrage (TI Lille 7-3-1975 : Gaz. Pal. 1975 II p. 579 ; Cass. 3e civ. 8-6-1982 : Gaz. Pal. 1982 II pan. p. 351) ;

– des **trumeaux** posés sur un emplacement jusqu'alors recouvert par du papier peint et fixés au mur par quelques pitons (CA Poitiers 23-4-1968 : JCP 1969 II n° 15857) ;

– des **boiseries** qui n'adhèrent pas aux murs, sont simplement posées sur le sol où elles restent fixées par leur seul poids, même si par endroits elles sont unies au gros œuvre par de simples clous dès lors qu'elles peuvent être arrachées sans aucun dommage pour elles ni pour l'immeuble (Cass. 1e civ. 5-4-1965 : Bull. civ. I n° 246) ;

– des **radiateurs électriques** dès lors qu'ils sont simplement vissés et reliés à l'installation électrique par des dominos et que leur enlèvement laisse seulement sur les murs quelques traces à cacher sans fracture ni détérioration (Cass. 3e civ. 7-7-1981 : D. 1983 IR p. 13) ;

– le **compteur électrique** d'un immeuble acheté en vue d'une importante rénovation, qui ne pouvait être installé qu'après réfection de l'installation électrique existante et dont l'absence ne pouvait échapper à un acquéreur normalement diligent (Cass. 3e civ. 14-5-2013 n° 12-22.459).

– une **alarme** sans fil d'une maison d'habitation, pouvant être enlevée sans dégât, qui constitue un équipement de sécurité assurant une protection de l'immeuble sans pour autant être nécessaire à l'usage d'habitation des lieux vendus (CA Versailles 1-7-2004 n° 03-1573) ;

– des **volets intérieurs** et une **grille en fer forgé**, éléments de décoration intérieure qui n'étaient pas scellés et pouvaient être détachés sans être détériorés ni détériorer le support (CA Versailles 1-7-2004 n° 03-1573).

49335 **Meubles affectés à la construction** Indépendamment de toute attache matérielle avec l'immeuble vendu qui ne peut être enlevée sans détérioration (nos 49320 s.), un meuble peut être compris dans une vente immobilière lorsque le **propriétaire** de l'immeuble **l'affecte au service ou à l'exploitation de l'immeuble** (C. civ. art. 524). Ainsi en est-il des animaux, des ruches à miel, du matériel, des engrais (C. civ. art. 524). Tel est également le cas de la terre de bruyère placée par un horticulteur dans des serres ou dans des bacs (Cass. 3e civ. 5-5-1981 : Bull. civ. I n° 89), des serres, même non fixées sur le sol (Cass. 3e civ. 6-1-1972 : Bull. civ. III n° 11 ; Cass. 3e civ. 23-5-1984 : Bull. civ. III n° 104) ou encore des meubles garnissant un hôtel (Cass. 3e civ. 29-10-1984 : Bull. civ. III n° 177) dès lors que ces éléments ont été affectés au service et à l'exploitation du fonds.
Mais ne sont pas compris dans la vente d'un immeuble le stock d'eau-de-vie produit par un domaine dès lors que cette eau-de-vie, destinée à être vendue, ne peut pas être considérée comme affectée spécialement à l'exploitation du domaine, cette exploitation pouvant s'exercer sans l'existence du stock (Cass. 1e civ. 1-12-1976 : Bull. civ. I n° 382) ou une antenne parabolique attachée à l'abonnement d'une chaîne câblée et ne pouvant donc avoir été affectée à l'immeuble par le vendeur (CA Versailles 1-7-2004 n° 03-1573).

TITRES ET ACTES RELATIFS À L'IMMEUBLE

49340 Outre le titre de propriété (n° 49500), le vendeur doit fournir tous les titres et actes se rapportant à l'immeuble : certificat d'urbanisme, extrait cadastral, documents d'arpentage ou de bornage, décisions judiciaires concernant l'immeuble. Afin de délimiter les contours de cette obligation, il convient de se demander si tel ou tel document constitue un **accessoire indispensable** à l'utilisation du bien vendu (Cass. 1e civ. 31-1-1974 : Bull. civ. I n° 35 ; Cass. 1e civ. 22-1-1991 n° 127 : RJDA 3/91 n° 202 ; Cass. 1e civ. 29-11-1994 n° 93-10.303 : RJDA 6/95 n° 702). Le vendeur doit fournir l'autorisation administrative d'exploiter les vignes d'une propriété rurale (Cass. 3e civ. 21-10-2014 n° 13-23.142 : BPIM 6/14 inf. 403).
Bien sûr, le vendeur doit également fournir les titres ou droits accessoires à l'immeuble qu'il s'est engagé à délivrer. Tel est le cas, par exemple, des droits à paiement unique (DPU : aide octroyée dans le cadre de la Politique agricole commune) dont le vendeur s'affirmait être le titulaire (Cass. 3e civ. 12-7-2011 n° 10-23.249).

49343 **Par exemple**, le vendeur d'un lot de copropriété doit délivrer à l'acquéreur un état de division lui permettant d'obtenir un titre efficient et opposable aux tiers (Cass. 3e civ. 12-1-1977 : Gaz. Pal. 1977 I som. p. 97) et le vendeur d'un immeuble à construire, un certificat de conformité (Cass. 3e civ. 26-4-2006 n° 05-10.500 : Administrer juillet 2006 p. 55 note J.-R. Bouyeure). De même, bien que le permis de construire ne constitue pas un droit réel mais une simple décision administrative, il est un accessoire de l'immeuble qui se transmet avec celui-ci. Ce transfert suppose cependant une nouvelle décision administrative modifiant, à la demande de l'acquéreur, l'identité du bénéficiaire.

49346 En revanche, l'assurance dommages-ouvrage pour un immeuble vendu dans les 10 ans de son édification ou ayant fait l'objet de travaux de rénovation moins de 10 ans avant la vente n'est pas un accessoire indispensable de l'immeuble vendu, de sorte que son absence ne constitue pas un défaut de délivrance (Cass. 3e civ. 23-4-1992 n° 689 : RJDA 11/92 n° 1011 ; Cass. 3e civ. 13-11-2003 n° 02-13.974 : RJDA 3/04 n° 288 ; Cass. 3e civ. 2-3-2011 n° 09-72.576 : RJDA 10/11 n° 784).

3. CONTENANCE DE L'IMMEUBLE

49370 Aux termes de l'article 1616 du Code civil, le vendeur est tenu de délivrer la contenance telle qu'elle est portée au contrat. Cette obligation s'applique aux ventes forcées comme aux ventes volontaires (Cass. req. 24-2-1863 : DP 1864 p. 289 ; Cass. req. 2-3-1868 : DP 1868 p. 485).
La détermination du champ d'application de l'action en supplément de prix de la part du vendeur ou en diminution de prix ou en résiliation par l'acquéreur est importante car elle est soumise à un délai de forclusion d'un an (voir n° 49405). L'ensemble des règles relatives à la contenance ne vise que l'hypothèse d'une **différence de contenance**. Elles ne concernent ni le cas de l'inexécution de l'obligation de délivrance résultant, par exemple, de l'impossibilité pour le vendeur de délivrer des parcelles dont il n'était pas propriétaire (Cass. 1e civ. 23-12-1955 : Bull. civ. I n° 460 ; Cass. 3e civ. 28-11-1972 : Bull. civ. III n° 637), ni le cas où l'action concerne l'exécution de conventions particulières intervenues entre les parties, telle l'action tendant à faire exécuter une

convention portant sur l'obligation de construire un immeuble et d'en remettre une fraction à titre de dation en paiement (Cass. 3e civ. 19-7-1983 : Bull. civ. III n° 168) ou portant sur l'obligation d'agrandir les locaux vendus, le prix devant être réduit d'un certain montant par mètre carré manquant après exécution des travaux (Cass. 3e civ. 12-7-1995 n° 92-13.749 : RJDA 1/96 n° 29), ni le cas d'un acquéreur qui agit en garantie d'éviction contre la venderesse qui a revendu une partie du bien qu'il a acquis et en revendication de propriété contre le tiers au profit duquel la revente a ainsi été opérée (Cass. 3e civ. 13-12-2018 n° 17-21.011). L'action en diminution du prix de vente d'un lot de copropriété pour déficit de superficie est régie exclusivement par la loi Carrez. L'acheteur, déchu du droit d'agir sur ce fondement, ne peut donc pas invoquer un manquement à l'obligation générale de délivrance (Cass. 3e civ. 26-11-2015 nos 14-14.778 et 14-28.394 : BPIM 1/16 inf. 42).

> **Précisions** L'**indication de la contenance** de l'immeuble vendu n'est pas nécessaire à l'individualisation du bien et à la validité de la vente (en ce sens, CA Paris 7-4-1998 : D. 1998 IR p. 136) sauf les cas de :
> – vente à la mesure d'une parcelle à prélever sur une parcelle plus grande (Cass. 3e civ. 15-2-1984 : Bull. civ. III n° 41) ;
> – vente moyennant un prix déterminé en fonction de la superficie ;
> – vente d'un lot de copropriété.

a. Sanctions

CONTENANCE INFÉRIEURE À CELLE PRÉVUE

Dans les **ventes « à raison de tant la mesure »** où le prix de l'immeuble a été déterminé en fonction de la superficie (vente d'un terrain de tant de mètres carrés à raison de tant d'euros le mètre), les parties ont fait de la contenance un élément déterminant de leur consentement ; il s'ensuit que le moindre déficit de contenance oblige le vendeur à délivrer la quantité indiquée au contrat. Si le vendeur ne peut pas fournir ce complément de délivrance ou si l'acquéreur ne l'exige pas, le prix de vente est diminué en proportion (C. civ. art. 1617). Cette disposition ne s'applique pas si la vente porte sur un terrain déterminé pour un **prix global** (Cass. 3e civ. 4-12-2001 n° 00-12.890). **49390**

Dans les ventes faites pour un **prix global** avec indication de la contenance (vente d'un terrain de tant de mètres carrés moyennant tant d'euros), seule une différence de plus **d'un vingtième** entre la contenance indiquée et celle délivrée, eu égard à la valeur totale des biens vendus, justifie une diminution du prix pour moindre mesure (C. civ. art. 1619). **49392**
La diminution du prix est dans cette hypothèse la seule sanction possible à l'exclusion de l'attribution en propriété du complément de superficie (Cass. 3e civ. 24-1-1990 : Bull. civ. I n° 32). La vente peut toutefois être annulée pour erreur sur la substance si la différence de contenance empêche l'usage envisagé par l'acheteur : tel est le cas lorsque ce dernier a acheté en vue de revendre une propriété après l'avoir morcelée (Cass. civ. 23-11-1931 : Gaz. Pal. 1932 I p. 96), ou lorsque la surface réellement acquise ne permet pas l'édification projetée (Cass. 3e civ. 15-12-1981 : D. 1982 IR p. 164 ; CA Orléans 18-1-1895 : DP 1895 II p. 417).
La réduction du prix résultant d'un déficit de contenance s'impose au vendeur, qui ne peut renoncer à la vente. Elle n'a pas de caractère indemnitaire et ne vise qu'à rétablir l'équilibre du contrat, de sorte qu'elle ne peut donner lieu à garantie de la part du professionnel qui a commis une erreur dans le mesurage (Cass. 3e civ. 25-10-2006 n° 05-17.427 : RJDA 3/07 n° 251 ; Cass. 3e civ. 8-11-2006 n° 05-16.948 : RJDA 5/07 n° 470) ou de la part du notaire (Cass. 3e civ. 17-6-2009 n° 08-14.792 : RJDA 12/09 n° 1066).

En cas de **vente** englobant **deux immeubles** pour un prix unique mais précisant la mesure de chacun, s'il se trouve moins de contenance dans l'un et plus dans l'autre, il y a compensation sans supplément ou diminution de prix, sauf s'il reste après compensation une différence de valeur d'un vingtième (C. civ. art. 1623 et 1619). **49395**

CONTENANCE SUPÉRIEURE À CELLE PRÉVUE

Quelle que soit la vente, seul un excédent de contenance de plus du vingtième est pris en compte. L'acheteur a alors le choix entre payer un supplément de prix ou se désister du contrat (C. civ. art. 1618 pour les ventes à tant la mesure, 1619 et 1620 pour les ventes à prix global). **49400**
Si l'acheteur choisit de se désister, le vendeur est tenu de lui restituer, outre le prix, s'il l'a reçu, les frais du contrat (C. civ. art. 1621).

RÉGIME DES ACTIONS

49405 L'action en supplément de prix de la part du vendeur, en diminution de prix ou en résiliation par l'acquéreur doit être intentée **dans l'année** à compter du jour du contrat, à peine de déchéance (C. civ. art. 1622). Ce **délai** d'un an est un délai de forclusion et non de prescription (CA Versailles 5-2-1999 n° 96-7012 : RJDA 6/99 n° 658).

> **Précisions a.** L'article 1622 du Code civil régit exclusivement les actions fondées sur une erreur de contenance en matière de vente d'immeubles et ne s'applique donc pas aux ventes de meubles (Cass. 1e civ. 11-1-2005 n° 01-17.736 : RJDA 10/05 n° 1093). Dans une espèce où le propriétaire d'une exploitation piscicole avait vendu, d'une part, l'exploitation comprenant des bâtiments et des terrains à une société civile immobilière et, d'autre part, le matériel nécessaire à l'exploitation et les bassins piscicoles à une entreprise agricole, cette dernière avait reproché au vendeur de ne pas lui avoir délivré la quantité de truites prévue au contrat ; il a été jugé que son action n'était pas soumise à la prescription de l'article 1622 dès lors que, vendus avec les bassins, qui cédés indépendamment des terrains ne pouvaient être considérés autrement que comme des meubles, les poissons ne pouvaient présenter le caractère d'immeubles par destination.
> **b.** Le délai est interrompu par la demande en justice, même en référé et même si elle est portée devant une juridiction incompétente ou si elle est annulée pour vice de procédure (C. civ. art. 2241 ; voir, par exemple, Cass. 3e civ. 12-11-2015 n° 14-18.390 dans le cadre du délai d'un an de l'art. 46 de la loi 65-557 du 10-7-1965).
> **c.** Dans le cadre d'une vente en l'état futur d'achèvement, le délai préfix d'un an court à compter du transfert de propriété, constaté par la livraison (Cass. 3e civ. 24-11-1999 n° 98-12.317 : RJDA 12/99 n° 1316), la superficie de l'immeuble vendu ne pouvant être opérée qu'à cette date (Cass. 3e civ. 11-1-2012 n° 10-22.924).

b. Clause de non-garantie de contenance

49430 Les parties peuvent déroger à l'article 1616 du Code civil, qui impose au vendeur de délivrer la contenance portée au contrat, ce texte n'étant pas d'ordre public (C. civ. art. 1619).

La clause de non-garantie de contenance s'applique à condition d'exprimer une **volonté contractuelle réelle**, ce qui est le cas lorsqu'elle est rédigée en termes clairs, précis et non équivoques. Ainsi en est-il de la clause prévoyant que les acquéreurs prendront « les immeubles dans leur état actuel, sans recours possible pour erreur de désignation ou différence entre les contenances indiquées et celles réelles, cette différence, fût-elle supérieure à un vingtième, devant faire le profit ou la perte des acquéreurs » (Cass. 3e civ. 16-7-1987 n° 86-11.111 ; Cass. 3e civ. 18-5-2017 n° 16-14.711 : BPIM 4/17 inf. 286) ou pour erreur dans la désignation ou la contenance ou différence entre cette contenance réelle (Cass. 3e civ. 19-5-2009 n° 08-10.756).

En outre, la clause de non-garantie de contenance ne dispense pas le vendeur de garantir l'acheteur contre l'éviction (Cass. 1e civ. 5-1-1967 : D. 1967 p. 430 ; Cass. 3e civ. 12-1-1982 : Bull. civ. III n° 12 ; Cass. 3e civ. 7-7-2010 n° 09-12.055), ne caractérise pas la renonciation de l'acquéreur à se prévaloir de son droit d'obtenir la démolition de l'ouvrage empiétant sur son fonds (Cass. 3e civ. 4-12-2001 n° 00-13.844) et ne fait pas obstacle à la recevabilité, devant la juridiction répressive, de l'action engagée par l'acquéreur de l'immeuble en réparation du préjudice constitué par la fausse publicité sur la superficie du bien vendu (Cass. crim. 27-3-1996 n° 94-86.039 : Bull. crim. n° 139).

49435 Conformément au droit commun, la clause de non-garantie est écartée en cas de **fraude** (Cass. 3e civ. 13-4-1972 : Bull. civ. III n° 232), de **faute lourde** (Cass. 1e civ. 16-12-1959 : Bull. civ. I n° 542) ou de **dol** du vendeur (CA Versailles 4-10-1996 : Bull. inf. C. cass. 1997/448 p. 35 n° 408). La clause ne peut pas non plus recevoir application lorsqu'elle est **« potestative »** c'est-à-dire lorsque sa réalisation dépend de la seule volonté du débiteur (C. civ. art. 1304-2). Ainsi en est-il de la clause qui indique que les biens à construire seront vendus « tels qu'ils existeront lors de leur achèvement sans garanties de contenance » alors que les terrains n'ont pas, au jour de leur vente, fait l'objet d'une délimitation (Cass. 3e civ. 24-3-1999 n° 97-18.547 : RJDA 6/99 n° 657).

49440 Réputée non écrite dans le cadre de la vente de **lots de copropriété** (Loi du 10-7-1965 art. 43, al. 1), la clause de non-garantie de contenance est nulle et de nul effet lorsque la vente est conclue entre un **professionnel de l'immobilier** et un **non-professionnel ou consommateur** (Cass. 1e civ. 17-11-2011 n° 10-19.973). L'article R 212-1, 6° du Code de la consommation interdit en effet toute clause ayant pour objet ou pour effet de « supprimer ou réduire le droit à réparation du préjudice subi par le non-professionnel ou le consommateur en cas de manquement par le professionnel à l'une quelconque de ses obligations ».

Dans le cadre des **ventes faites à tant la mesure**, la validité de telles clauses paraît douteuse puisque les parties ont justement fait de la délivrance conforme une obligation essentielle du vendeur (voir n° 49730). 49445

B. Modalités de la délivrance

REMISE DE L'IMMEUBLE

L'obligation de délivrance est remplie lorsque le vendeur a remis les clefs et/ou les **titres de propriété** (C. civ. art. 1605). Manque ainsi à son obligation le vendeur d'un appartement qui, n'étant propriétaire que de parts d'une société civile immobilière donnant droit à la jouissance de cet appartement pendant le cours de cette société et à sa pleine propriété seulement à la dissolution ou à la liquidation de la société, ne peut pas effectuer la remise des titres de propriété de l'appartement vendu (Cass. 3e civ. 17-3-1981 : Bull. civ. I n° 57). 49500
Au-delà du titre de propriété lui-même, ce sont tous les actes se rapportant à l'immeuble qui doivent être fournis à l'acquéreur (nos 49340 s.).
L'article 1605 du Code civil n'oblige le vendeur ou son représentant à remettre les **clefs** de l'immeuble à l'acheteur que s'il en dispose lui-même. Par suite, l'acquéreur, adjudicataire d'un immeuble dépendant d'une faillite, qui a refusé de recevoir les clés des mains d'un voisin chez qui elles avaient été déposées par le dernier occupant de l'immeuble, ne peut pas reprocher au syndic de ne pas les lui avoir remises (Cass. 1e civ. 16-6-1982 : Bull. civ. I n° 231).

L'obligation de délivrance à la charge du **lotisseur** ne se limite pas à la simple remise du titre de propriété et du plan de lotissement mais implique l'obligation de fixer nettement sur le terrain les limites des lots vendus. Ainsi, commet une faute contractuelle le lotisseur qui vend des lots contigus sans en avoir fait au préalable effectuer le bornage (Cass. 3e civ. 8-2-1983 : Bull. civ. III n° 37). 49510

Le vendeur doit, outre la remise des clés ou titres de propriété, permettre à l'acquéreur d'occuper matériellement les lieux. Ainsi, sauf clause particulière de l'acte de vente limitant l'obligation de délivrance du vendeur, ce dernier doit **vider l'immeuble** s'il l'occupe lui-même ou le faire évacuer à ses frais s'il est **occupé par un tiers** (Cass. 3e civ. 4-2-1976 : D. 1976 IR p. 124) ou encombré d'**objets divers** (CA Versailles 29-9-2000 n° 98-6398). 49515

Le vendeur doit de même, sauf convention contraire, effectuer la **radiation des inscriptions** des privilèges ou hypothèques ayant grevé l'immeuble avant la vente (Cass. 1e civ. 23-10-1963 : Bull. civ. I n° 452 ; CA Versailles 30-9-1999 : RD imm. 2000 p. 66 obs. Groslière et Saint-Alary-Houin). Néanmoins, en pratique, il est généralement convenu que l'acquéreur accepte de signer l'acte de vente sur présentation d'une simple promesse de radiation du créancier contre paiement, de façon à permettre au vendeur de payer le créancier à l'aide du prix de vente. 49518

LIEU DE LA DÉLIVRANCE

La délivrance doit se faire au lieu où était, au temps de la vente, le bien qui en fait l'objet, s'il n'en a été autrement convenu (C. civ. art. 1609). S'agissant de la vente d'un immeuble, la délivrance se réalise à l'endroit où se fait la remise des titres de propriété. 49530

DÉLAI DE LA DÉLIVRANCE

Le vendeur doit délivrer la chose dans le délai convenu par les parties au contrat ; il lui appartient de prouver qu'il a respecté ce délai (C. civ. art. 1610 ; Cass. 1e civ. 19-3-1996 n° 94-14.155 : RJDA 7/96 n° 907 ; Cass. com. 15-9-2009 n° 07-21.842 : RJDA 12/09 n° 1063). Le **délai** peut être **impératif ou indicatif**, les juges du fond appréciant souverainement sa valeur contraignante à défaut de précision dans le contrat de vente (Cass. com. 16-1-1973 : JCP G 1973 II n° 17563). 49540
Les parties auront intérêt à préciser que le délai est « de rigueur » si elles veulent qu'il soit réputé accompli dès la survenance de son échéance, sans mise en demeure du vendeur (Cass. 1e civ. 14-3-1962 : Bull. civ. I n° 161). Ce délai s'impose tant au vendeur (Cass. com. 30-11-1971 : Bull. civ. IV n° 289) qu'à l'acheteur, qui ne peut exiger une livraison anticipée (Cass. com. 2-11-1967 : Bull. civ. III n° 348).

Le **délai** convenu, à défaut de stipulation contraire, **court** du jour de la formation du contrat de vente. Lorsque la vente est subordonnée à la réalisation d'une condition, il court du jour de cette réalisation (Cass. 1e civ. 17-10-1967 : Bull. civ. I n° 304). 49542
Il peut être **prorogé** par l'acheteur (Cass. com. 3-12-1952 : Bull. civ. III p. 271).
Conseil pratique : Il est déconseillé de prévoir la délivrance de l'immeuble avant l'expiration du délai de rétractation ou avant la signature de l'acte authentique.

49545 Lorsque le **contrat** ne fixe **aucun délai**, il appartient aux juges du fond de déterminer, d'après la nature du bien et les circonstances de la vente, le délai raisonnable dans lequel le vendeur doit délivrer le bien (Cass. 3e civ. 10-4-1973 : Bull. civ. III n° 274 ; Cass. com. 12-11-2008 n° 07-19.676 : RJDA 3/09 n° 201).

> **Précisions** Les clauses relatives au délai de délivrance sont différentes de celles relatives au **transfert de propriété et des risques**. Sauf clause contraire, la propriété et donc les risques sont transmis indépendamment de la livraison. Ainsi, à moins que le vendeur n'ait manqué à son obligation de conserver l'immeuble en l'état où il se trouvait au moment de la vente jusqu'à la délivrance, l'acheteur supporte les risques de disparition ou de dégradation de l'immeuble pendant le délai de délivrance (n° 49275).

C. Sanctions

49600 La sanction de l'inexécution d'un acte de vente immobilière relève à la fois des dispositions de droit commun relatives à l'inexécution des contrats (C. civ. art. 1217) et des dispositions spécifiques à la vente (C. civ. art. 1602 s.).
En cas d'inexécution de l'obligation de délivrance, l'acquéreur peut demander la résolution de la vente ou son exécution forcée ainsi que des dommages-intérêts (nos 49610 s.). Le vendeur peut s'opposer à ces demandes en invoquant une cause étrangère, une clause limitative de responsabilité ou en faisant valoir que l'acquéreur a accepté sans réserve l'immeuble (nos 49700 s.).
Sur l'action à engager dans l'hypothèse où un défaut de l'immeuble s'analyse à la fois comme un manquement à l'obligation de délivrance et comme un vice caché, voir n° 50220.

1. DROITS DE L'ACQUÉREUR

PREUVE DE L'INEXÉCUTION

49610 L'acheteur qui se plaint d'un manquement du vendeur à son obligation de délivrance doit avant tout établir l'inexécution. S'il se plaint du **défaut de délivrance** de l'immeuble, il lui suffit d'invoquer l'absence de livraison. C'est en effet au vendeur, tenu d'une obligation de résultat, de rapporter la preuve qu'il a délivré l'immeuble dans le délai convenu (n° 49540), ainsi que les accessoires de l'immeuble (Cass. com. 11-12-2001 n° 99-10.595 : Contrats, conc., consom. 2002 comm. n° 58 note L. Leveneur). Si l'acheteur invoque une **délivrance non conforme au contrat**, il lui appartiendra en revanche d'établir le défaut de conformité (Cass. com. 27-4-1966 : Bull. civ. IV n° 206 ; Cass. com. 3-12-1980 : Bull. civ. IV n° 409), la preuve pouvant être rapportée par tous moyens.

49615 Par ailleurs, afin d'établir officiellement cette inexécution, l'acheteur doit mettre en demeure le vendeur. La mise en demeure résulte soit d'une sommation ou d'un acte portant interpellation suffisante, soit, si le contrat le prévoit, de la seule exigibilité de l'obligation (C. civ. art. 1344). Ont été considérés comme portant interpellation suffisante des courriers explicites (Cass. com. 28-10-2008 n° 06-17.145 : RJDA 2/09 n° 138 ; Cass. com. 21-2-2012 n° 10-24.239 : RJDA 8-9/12 n° 799), ou une assignation en résolution (Cass. 1e civ. 23-5-2000 : Bull. civ. I n° 150 ; Cass. 1e civ. 23-1-2001 n° 98-22.760 : RJDA 8-9/01 n° 848) ou en exécution du contrat (Cass. com. 28-2-1972 : Bull. civ. IV p. 72).
Il a été jugé, avant l'entrée en vigueur de l'article 1344 du Code civil, que la mise en demeure n'était pas requise notamment lorsque le vendeur a formellement refusé de délivrer l'immeuble (Cass. 3e civ. 3-4-1973 : Bull. civ. III n° 254) ou lorsque les parties avaient prévu un délai impératif de délivrance de l'immeuble. Dans cette hypothèse en effet, la seule survenance du terme du délai révélait la défaillance du vendeur (Cass. 1e civ. 14-3-1962 : Bull. civ. I n° 161).

OPTION OUVERTE À L'ACQUÉREUR

49620 La partie envers laquelle l'engagement n'a pas été exécuté, ou l'a été imparfaitement, peut (C. civ. art. 1217) :
– refuser d'exécuter ou suspendre l'exécution de sa propre obligation ;
– poursuivre l'exécution forcée en nature de l'obligation (C. civ. art. 1221 et 1610) ;
– obtenir une réduction du prix (C. civ. art. 1223) ;
– provoquer la résolution du contrat (C. civ. art. 1224 et 1610) ;
– demander réparation des conséquences de l'inexécution.
Les sanctions qui ne sont pas incompatibles peuvent être cumulées et des dommages et intérêts peuvent toujours s'y ajouter.

49623 La question de savoir dans quel **délai** l'acheteur doit agir en justice n'est pas tranchée (pour les actions en supplément ou en diminution de prix pour erreur de contenance, voir n° 49405). En effet, les actions réelles immobilières se prescrivent dans un délai de 30 ans (C. civ. art. 2227) et les actions personnelles ou mobilières, dans un délai de 5 ans (C. civ. art. 2224). La distinction entre ces deux types d'actions ainsi que les effets de la réforme sur les prescriptions en cours sont exposés n° 24203. On peut penser que l'action de l'acquéreur tendant à l'exécution forcée de l'obligation de délivrance relève de la **prescription** trentenaire dans la mesure où elle tend à protéger son droit de propriété en lui permettant d'être mis en possession effective de l'immeuble vendu. Ce raisonnement ne paraît pas applicable dans le cas où l'acquéreur demande la résolution de la vente. En tout état de cause, il est conseillé à celui-ci d'agir dans les 2 ans de la vente car, à défaut, il risque d'être forclos si les juges considèrent qu'en l'espèce le défaut de délivrance est constitutif d'un vice caché (n° 50310).

La demande d'expertise introduite avant tout procès par un acheteur pour identifier les causes des désordres suspend la prescription du litige au fond pour défaut de délivrance conforme, les deux actions tendant au même but (Cass. 2e civ. 2-3-2023 n° 21-18.771 F-B : BRDA 7/23 inf. 13).

Enfin, le délai **court à compter** de la date à laquelle l'acheteur a eu connaissance ou aurait dû connaître le défaut de délivrance (C. civ. art. 2224 et 2227).

L'acheteur qui demande l'**exécution forcée** n'est pas tenu de prouver que l'inexécution lui a causé un préjudice pour la condamnation à l'exécution (Cass. 3e civ. 9-12-1970 : Bull. civ. III n° 683 ; Cass. 3e civ. 25-1-1995 : Bull. civ. III n° 29). **49625**

Compte tenu des conséquences importantes qu'elle entraîne, la **résolution** du contrat de vente doit être prononcée par le **juge** (C. civ. art. 1227). Le juge est libre, selon les circonstances, de constater ou prononcer la résolution ou d'ordonner l'exécution du contrat, en accordant éventuellement un délai au débiteur, ou allouer seulement des dommages et intérêts (C. civ. art. 1228). Il lui appartient d'apprécier si l'inexécution de l'obligation de délivrance ou le retard de délivrance (à condition qu'il ne s'agisse pas d'un délai de rigueur) est d'une gravité suffisante pour motiver la résolution de la vente (Cass. 1e civ. 24-2-1970 : Bull. civ. I n° 67 ; Cass. 1e civ. 4-1-1995 n° 92-17.858 : RJDA 7/95 n° 814). Ainsi, par exemple, la violation de la norme d'accessibilité aux personnes handicapées de l'appartement vendu ne présente pas un degré de gravité suffisant pour justifier la résolution de la vente, si aucune stipulation du contrat n'évoquait expressément le respect de cette norme, si la présence d'un ressaut entre les portes-fenêtres et la terrasse était visible à la visite et ressortait clairement des plans remis aux acquéreurs et s'il était possible d'y remédier par un aménagement simple permettant l'accès en fauteuil roulant à la terrasse (Cass. 3e civ. 22-11-2018 n° 17-26.141). **49630**

Pour faire échec à cette liberté laissée au juge, il peut être utile aux parties de prévoir une **clause résolutoire** aux termes de laquelle le contrat sera résolu de **plein droit** en cas d'inexécution de son obligation par le vendeur. Mais la clause résolutoire doit préciser les engagements dont l'inexécution entraînera la résolution du contrat (C. civ. art. 1225 al. 1). En outre, la résolution est subordonnée à une mise en demeure infructueuse, s'il n'a pas été convenu que celle-ci résulterait du seul fait de l'inexécution (C. civ. art. 1225 al. 2, voir également Cass. com. 10-12-1979 : Bull. civ. IV n° 327). La mise en demeure ne produit effet que si elle mentionne expressément la clause résolutoire (C. civ. art. 1225 al. 2). En tout état de cause, la clause résolutoire ne prive pas l'acquéreur du droit de demander l'exécution forcée du contrat de vente (Cass. com. 18-6-1979 : Bull. civ. IV n° 201 ; Cass. 3e civ. 24-3-1999 : D. aff. 1999 p. 855). **49635**

Par ailleurs, l'article 1226 du Code civil permet pour une partie au contrat de résoudre unilatéralement l'obligation non exécutée, par notification du créancier. Ainsi, le créancier peut, à ses risques et périls, résoudre le contrat par voie de notification. Sauf urgence, il doit préalablement mettre en demeure le débiteur défaillant de satisfaire à son engagement dans un délai raisonnable. La mise en demeure mentionne expressément qu'à défaut pour le débiteur de satisfaire à son obligation, le créancier sera en droit de résoudre le contrat. Lorsque l'inexécution persiste, le créancier notifie au débiteur la résolution du contrat et les raisons qui la motivent. Le débiteur peut à tout moment saisir le juge pour contester la résolution. Le créancier doit alors prouver la gravité de l'inexécution.

La **demande en résolution** de la vente pour manquement à l'obligation de délivrance doit, pour être recevable, être **publiée** au service chargé de la publicité foncière. Il doit en outre être justifié de cette publication par un certificat dudit service ou la production d'une copie de la demande revêtue de la mention de publicité (Décret 55-22 du 4-1-1955 art. 28, 4°, c et 30, 5), aucun autre justificatif n'étant accepté (Cass. 3e civ. 5-11-2008 n° 07-15.179 : RJDA 4/09 n° 394 ; Cass. 3e civ. 10-2-2010 n° 07-19.228 : RJDA 7/10 n° 790). Mais si l'assignation contient une demande subsidiaire en paiement de diverses sommes, par exemple, seule la demande en annulation de la vente est irrecevable faute d'avoir été publiée (Cass. 3e civ. 15-10-2015 n° 14-23.810). **49640**

EXCEPTION D'INEXÉCUTION

49650 Sauf convention contraire, l'obligation de l'acheteur de payer le prix résulte de l'exécution complète par le vendeur de son obligation de délivrance (Cass. 3e civ. 7-9-2022 n° 21-20.387 F-D ; Cass. 1e civ. 19-11-1996 n° 94-18.502 : RJDA 2/97 n° 193 ; CA Versailles 11-3-1999 n° 95-363 : RJDA 7/99 n° 771). Il en résulte que tant que le vendeur n'a pas complètement exécuté son obligation de délivrance, l'acheteur peut refuser de payer en invoquant l'exception d'inexécution. La solution contraire prévaut lorsque le prix est stipulé comptant. Dans ce cas, si l'acheteur ne paie pas le prix, le vendeur peut refuser la livraison de l'immeuble (C. civ. art. 1612 ; voir n° 49705).
Une partie peut également suspendre l'exécution de son obligation dès lors qu'il est manifeste que son cocontractant ne s'exécutera pas à l'échéance et que les conséquences de cette inexécution sont suffisamment graves pour elle. Cette suspension doit être notifiée dans les meilleurs délais (C. civ. art. 1220).

INDEMNISATION

49660 L'acheteur peut toujours, à titre principal ou en complément de l'action en résolution ou en exécution forcée, demander des dommages et intérêts si l'inexécution de l'obligation de délivrance lui a causé un **préjudice** (C. civ. art. 1611 ; sur les clauses du contrat de vente excluant ou limitant la responsabilité du vendeur, voir nos 49720 s.). Mais, à moins que l'inexécution soit définitive, les dommages et intérêts ne sont dus que si le débiteur a préalablement été mis en demeure de s'exécuter dans un délai raisonnable (C. civ. art. 1231). La mise en demeure de payer adressée au débiteur par lettre RAR est valable même si elle est retournée à l'expéditeur avec la mention « non réclamé » (Cass. 1e civ. 20-1-2021 n° 19-20.680 F-P : SNH 8/21 n° 6).
Les dommages et intérêts dus au créancier sont, en général, de la perte qu'il a faite et du gain dont il a été privé (C. civ. art. 1231-2). Toute perte de chance ouvre droit à réparation (Cass. 1e civ. 14-12-2016 n° 16-12.686 F-PB). Mais le débiteur n'est tenu que des dommages et intérêts qui ont été prévus ou qui pouvaient être prévus lors de la conclusion du contrat, sauf lorsque l'inexécution est due à une faute lourde ou dolosive (C. civ. art. 1231-3). Et même dans le cas où l'inexécution du contrat résulte d'une faute lourde ou dolosive, les dommages et intérêts ne comprennent que ce qui est une suite immédiate et directe de l'inexécution (C. civ. art. 1231-4).

49665 Les juges du fond disposent d'un pouvoir souverain pour fixer les modalités de réparation du préjudice provenant du défaut de délivrance ou du défaut de conformité entre l'immeuble contractuellement promis et celui qui a été livré (Cass. 3e civ. 8-3-2000 : Bull. civ. III n° 50). Ils peuvent ainsi prononcer l'allocation de **dommages-intérêts** et refuser la proposition du vendeur d'effectuer les **travaux nécessaires** à la mise en conformité de l'immeuble (arrêt précité).

49670 Le contrat de vente peut contenir une **clause pénale** par laquelle les parties ont fixé forfaitairement le montant des dommages-intérêts dus par le vendeur s'il n'exécute pas ou exécute avec retard son obligation de délivrance.
Lorsque le contrat stipule que celui qui manquera de l'exécuter paiera une certaine somme à titre de dommages et intérêts, il ne peut être alloué à l'autre partie une somme ni plus forte ni moindre (C. civ. 1231-5 al. 1). Néanmoins, le juge peut, même d'office, modérer ou augmenter la pénalité ainsi convenue si elle est manifestement excessive ou dérisoire (C. civ. art. 1231-5 al. 2). La possibilité de réduire la pénalité d'office n'autorise pas le juge à statuer sans respecter le principe du contradictoire visé à l'article 16 du CPC. Le juge ne peut donc pas réduire d'office le montant de la clause pénale convenue, sans avoir au préalable invité les parties à présenter leurs observations (Cass. 3e civ. 5-3-2020 n° 19-13.386 et 19-13.717 F-D). En outre, seuls les critères d'excès ou de dérision peuvent servir de fondement à la réduction ou l'augmentation du montant prévu par la clause. Ainsi, pour réduire le montant d'une clause pénale imputée aux vendeurs, les juges ne peuvent pas invoquer le fait que ces derniers ont fait preuve de patience, que la clause pénale est d'un montant excessif compte tenu du contexte dans lequel est intervenue cette opération plutôt complexe et que l'attitude des vendeurs relève plus d'une certaine incompréhension du dossier que de la mauvaise foi (Cass. 3e civ. 19-9-2019 n° 18-16.142 F-D).
Lorsque l'engagement a été exécuté en partie, la pénalité convenue peut être diminuée par le juge, même d'office, à proportion de l'intérêt que l'exécution partielle a procuré au créancier, sans préjudice de l'application de l'alinéa précédent (C. civ. art. 1231-5 al. 3). Toute stipulation contraire est réputée non écrite (C. civ. art. 1231-5 al. 4). Sauf inexécution définitive, la pénalité n'est encourue que lorsque le débiteur est mis en demeure (C. civ. art. 1231-5 al. 5).
Par ailleurs, il a été jugé que l'indemnité prévue par la clause pénale en cas de retard de livraison peut se cumuler avec des dommages-intérêts destinés à réparer un autre préjudice (Cass. 1e civ. 12-2-1964 : Bull. civ. I n° 82).
En tout état de cause, l'insertion d'une clause pénale à défaut d'exécution n'emporte pas renonciation à demander la résolution du contrat (Cass. 3e civ. 22-2-1978 : Bull. civ. III n° 99) et les juges ne

peuvent pas condamner une partie au paiement de la clause pénale, sans rechercher si l'inexécution n'est pas justifiée par les circonstances de la cause. Ainsi, lorsque le moyen est invoqué, le juge doit rechercher si l'acquéreur n'était pas fondé à refuser de régulariser le projet d'acte authentique qui, contrairement à la promesse de vente, mettait à sa charge l'obligation de procéder à des travaux d'assainissement (Cass. 3e civ. 27-6-2019 no 18-18.310 F-D : SNH 29/19 inf. 3).
La demande en paiement d'une clause pénale, qui ne tend qu'au paiement de dommages-intérêts dont le montant a été forfaitairement prévu au contrat, est de nature personnelle, quelle que soit la nature de l'obligation dont la clause sanctionne le non-respect (Cass. 3e civ. 11-1-2023 no 21-16.143 F-D).

ILLUSTRATIONS

Le vendeur qui s'engage dans l'acte de vente à faire son affaire personnelle de la libération des lieux par le locataire doit indemniser l'acheteur en cas d'inexécution. Il ne peut invoquer le moyen tiré de ce qu'il n'est plus propriétaire et ne peut donc plus contraindre le locataire à libérer les lieux pour échapper à l'application de la clause pénale prévue en cas de manquement à son obligation de délivrance (Cass. 3e civ. 14-2-2019 no 18-11.683 F-D : BPIM 2/19 inf. 121).

2. MOYENS DE DÉFENSE DU VENDEUR

CAUSE ÉTRANGÈRE

L'obligation de délivrance étant une obligation de résultat, le vendeur ne peut s'opposer aux demandes de l'acheteur que s'il établit que l'inexécution ou le retard dans l'exécution de cette obligation est dû à une cause étrangère (Cass. 1e civ. 10-7-1996 no 94-18.618 : RJDA 1/97 no 17), telle la **force majeure**. Pour être retenue, la force majeure doit toutefois émaner d'un événement imprévisible, irrésistible et extérieur au vendeur (Cass. 3e civ. 28-1-1998 no 96-10.696 : RJDA 6/98 no 684). **49700**
Les problèmes de santé dont le vendeur était atteint avant la vente (CA Paris 27-1-1993 : D. 1993 IR p. 132) ou l'existence d'un vice caché (Cass. 3e civ. 2-4-2003 no 01-17.724 : RJDA 7/03 no 692) ne sont pas constitutifs de la force majeure.

Le vendeur peut en outre invoquer l'**exception d'inexécution**. **49705**
Lorsque le **prix** est stipulé **comptant** et que l'acheteur ne paie pas le prix, le vendeur peut refuser la livraison de l'immeuble (C. civ. art. 1612), et donc refuser l'accès des lieux à l'acheteur qui n'a pas payé le prix dans le délai imparti (Cass. 2e civ. 23-5-1973 : Bull. civ. II no 175). L'exception joue aussi bien contre une action en exécution que contre une action en résolution.
Si le **prix** est payable **à terme**, le vendeur ne peut pas suspendre la livraison, sauf convention contraire (voir no 49650). L'article 1613 du Code civil dispose néanmoins que le vendeur n'est pas obligé à la délivrance « quand même il aurait accordé un délai pour le paiement si, depuis la vente, l'acheteur est tombé en faillite ou en état de déconfiture, en sorte que le vendeur se trouve en danger imminent de perdre le prix, à moins que l'acheteur ne lui donne caution de payer au terme ». Cette exception joue dès lors que la situation financière de l'acquéreur présente les caractéristiques de la cessation des paiements (Cass. req. 20-12-1939 : DP 1940 I p. 114).

ACCEPTATION SANS RÉSERVE DE L'IMMEUBLE PAR L'ACHETEUR

Lorsque le litige porte sur la conformité de l'immeuble délivré, le vendeur peut faire valoir que l'acheteur, ou son mandataire (Cass. com. 12-2-1980 : Bull. civ. IV no 800 ; Cass. com. 17-2-1998 : Bull. civ. IV no 84), a accepté l'immeuble sans protester. La Cour de cassation admet en effet que la délivrance est conforme, malgré un défaut de conformité apparent, dès lors qu'elle a été acceptée sans réserve (Cass. 3e civ. 20-1-1982 : Bull. civ. III no 20 ; Cass. com. 1-3-2005 no 03-19.296 : RJDA 6/05 no 675 ; Cass. com. 3-5-2006 no 04-14.323 : RJDA 10/06 no 1009). **49710**
Il a ainsi été jugé que les acquéreurs d'une maison d'habitation demandaient en vain à ce que le vendeur soit condamné, pour manquement à son obligation de délivrance conforme, à prendre en charge le coût de travaux de déplacement d'un coffret électrique de comptage EDF alors que l'emplacement du bloc électrique était apparent et que les acquéreurs avaient accepté l'immeuble en l'état (Cass. 3e civ. 22-1-1997 no 94-20.127 : RJDA 4/97 no 488). Jugé de même que l'acquéreur d'un emplacement de stationnement, ayant visité celui-ci avant d'acquérir, était en mesure d'avoir une parfaite connaissance des éventuelles difficultés d'accès en raison de l'implantation d'un poteau de soutènement, un tel défaut étant décelable même par un acheteur profane (Cass. 3e civ. 13-10-1999 no 98-10.787 : RJDA 12/99 no 1308).
En revanche, le seul écoulement du temps sans réserve ni protestation (en l'espèce près de 5 ans), pas plus que le fait de laisser le voisin vendeur vider la fosse septique dont la contenance était insuffisante, ne peuvent constituer des actes manifestant sans équivoque la volonté des acquéreurs de renoncer à se prévaloir du non-respect de leur obligation de délivrance par les vendeurs (Cass. 3e civ. 20-5-2014 no 13-16.741 : BPIM 4/14 inf. 272).

CLAUSE LIMITATIVE DE RESPONSABILITÉ

49720 Sous réserve qu'il n'ait commis un dol ou une faute lourde, le vendeur peut opposer à l'acquéreur, ou au sous-acquéreur (Cass. 3e civ. 26-5-1992 n° 90-17.703 : RJDA 11/92 n° 1012 ; Cass. com. 28-1-2004 n° 02-11.522 : RJDA 6/04 n° 667), une clause limitative de responsabilité (pour la clause particulière de non-garantie de contenance, voir nos 49430 s.).

49723 Réputée non écrite dans le cadre de la vente de **lots de copropriété** (Loi du 10-7-1965 art. 43, al. 1), la clause limitative de responsabilité tombe sous le coup de la réglementation des clauses abusives lorsque la vente est conclue entre un **professionnel de l'immobilier** et un **non-professionnel ou consommateur** (en ce sens, Cass. 1e civ. 17-11-2011 n° 10-19.973). L'article R 212-1, 6° du Code de la consommation interdit en effet toute clause ayant pour objet ou pour effet de « supprimer ou réduire le droit à réparation du préjudice subi par le non-professionnel ou le consommateur en cas de manquement par le professionnel à l'une quelconque de ses obligations ».

La notion de consommateur, non définie par le Code de la consommation, vise, à notre avis, toute personne physique qui se procure ou utilise des biens ou des services pour la satisfaction de ses besoins personnels ou de ceux de sa famille. De même, la notion de non-professionnel doit, semble-t-il, se définir par rapport à l'objet du contrat conclu entre les parties. En effet, il résulte de la jurisprudence de la Cour de cassation que le non-professionnel est la personne qui conclut un contrat de fourniture de biens ou de services n'ayant pas de rapport direct avec l'activité professionnelle qu'elle exerce (Cass. 1e civ. 24-1-1995 : Bull. civ. I n° 54 ; Cass. 1e civ. 5-3-2002 n° 00-18.202 : RJDA 6/02 n° 697, ayant précisé qu'il est vain de rechercher si celui qui se présente comme un non-professionnel a agi en dehors de sa sphère habituelle de compétence). En d'autres termes, si l'objet du contrat est de permettre ou d'étendre l'activité professionnelle du contractant, celui-ci ne peut pas être considéré comme un non-professionnel.

49725 La réglementation sur les clauses abusives est donc inapplicable, et la clause **limitative** de responsabilité est en conséquence valable, lorsque le contrat de vente a été conclu **entre des non-professionnels** même s'il a été rédigé ou proposé par un professionnel (en ce sens, Cass. 1e civ. 4-5-1999 n° 97-14.187 : RJDA 11/99 n° 1256).

La clause reste également valable dans les ventes **entre professionnels** (Cass. com. 23-11-1999 n° 96-21.869 : RJDA 2/00 n° 218), sans qu'il soit nécessaire de rechercher si l'acheteur est de la même spécialité que le vendeur ; cette qualification, imposée en matière de garantie des vices cachés (voir n° 50460), ne concerne pas les clauses limitatives de responsabilité du vendeur pour inexécution de son obligation de délivrance (Cass. 1e civ. 20-12-1988 : Bull. civ. I n° 373 ; Cass. com. 23-11-1999 : JCP E 2000 p. 62).

49730 L'obligation de délivrance étant une obligation essentielle du contrat de vente, une **clause** ne peut pas **exonérer** le vendeur de toute responsabilité en cas d'inexécution de son obligation (en ce sens, Cass. com. 22-10-1996 n° 93-18.632 : RJDA 1/97 n° 6 ; Cass. com. 9-6-2009 n° 08-10.350 : RJDA 10/09 n° 811 ; Cass. com. 31-5-2011 n° 10-13.633 : RJDA 10/11 n° 771). Si le délai de livraison a été envisagé comme un élément essentiel, le vendeur ne peut pas se prévaloir d'une clause excluant sa responsabilité en cas de retard (Cass. 1e civ. 22-5-1991 n° 87-17.764) et il ne nous semble pas possible d'insérer une clause de non-garantie de contenance dans l'hypothèse où la vente a été faite à tant la mesure (n° 49445).

Selon le même raisonnement, doit être écartée la clause limitant tellement le montant de la réparation qu'elle aboutit à décharger le vendeur de son obligation essentielle de délivrer l'immeuble (voir Cass. com. 22-10-1996 n° 93-18.632 : RJDA 1/97 n° 6).

Si la clause exonératoire de toute responsabilité est inefficace, le vendeur peut en revanche se ménager la preuve de ce que l'acquéreur avait connaissance d'une particularité affectant le bien vendu. Ainsi, il n'y a pas manquement à l'obligation de délivrance en raison de la pollution du terrain vendu dès lors que l'acte indique clairement l'existence d'un risque de pollution et que l'acquéreur a expressément renoncé à engager la responsabilité du vendeur à ce titre (Cass. 3e civ. 16-1-2013 n° 11-27.101 : RJDA 5/13 n° 395).

SECTION 3

GARANTIE DES VICES CACHÉS

Aux termes de l'article 1641 du Code civil, le vendeur est tenu de la garantie à raison des défauts cachés de la chose vendue qui la rendent impropre à l'usage auquel on la destine, ou qui en diminuent tellement cet usage, que l'acheteur ne l'aurait pas acquise ou n'en aurait donné qu'un prix moindre, s'il les avait connus. 50000

La garantie des vices cachés ne s'applique pas à toutes les **ventes immobilières**. En sont **exclues** : 50005
– les ventes faites par autorité de justice (C. civ. art. 1649) telles les ventes sur saisie immobilière (CA Paris 21-11-2002 n° 02-6282) ou les ventes de gré à gré d'un immeuble figurant dans l'actif d'un débiteur en liquidation judiciaire (Cass. com. 16-6-2004 n° 01-17.185 : RJDA 12/04 n° 1359) ;
– les ventes aléatoires, comme les cessions d'entreprise survenues dans le cadre d'une procédure collective (Cass. com. 12-10-1993 n° 91-18.505 : RJDA 2/94 n° 221 ; Cass. com. 23-11-1999 n° 97-11.834 : RJDA 2/00 n° 196) ;
– les ventes d'immeubles à construire, soumises à un régime spécifique de garantie édicté par les articles 1792 s. du Code civil (Cass. 3e civ. 29-3-2000 n° 97-21.681 : RJDA 6/00 n° 649 ; Cass. 3e civ. 7-4-2004 n° 02-31.015 : RJDA 8-9/04 n° 965), sauf lorsque le constructeur est le vendeur (Cass. 3e civ. 2-3-2005 n° 03-16.561 : RJDA 8-9/05 n° 954 ; Cass. 3e civ. 17-6-2009 n° 08-15.503 : RJDA 11/09 n° 943).
En revanche, si une cession amiable consentie après une déclaration d'utilité publique produit des effets identiques à une ordonnance d'expropriation et éteint tout droit réel ou personnel existant sur les droits cédés (C. expr. art. L 222-2), elle demeure néanmoins un contrat de droit privé ouvrant droit à des actions en garantie des vices cachés ou en violation des obligations du vendeur (Cass. 3e civ. 23-9-2020 n° 19-18.031 FS-PBI : BPIM 6/20 inf. 381).

> **Précisions** Le vendeur d'un immeuble à construire ne peut être déchargé, ni avant la réception des travaux, ni avant l'expiration d'un délai d'1 mois après la prise de possession par l'acquéreur, des vices de construction ou des défauts de conformité alors apparents. Il n'y aura pas lieu à résolution du contrat ou à diminution du prix si le vendeur s'oblige à réparer (C. civ. art. 1642-1). L'action doit être introduite, à peine de forclusion, dans l'année qui suit la date à laquelle le vendeur peut être déchargé des vices ou des défauts de conformité apparents (C. civ. art. 1648, al. 2). En cas de désordre non apparent à la réception, apparent dans le délai d'un mois après la prise de possession, l'acquéreur d'un bien vendu en l'état futur d'achèvement bénéficie du concours de l'action en garantie décennale et de celle en réparation des vices apparents (Cass. 3e civ. 14-1-2021 n° 19-21.130 : BPIM 2/21 inf. 118).

A. Débiteur de la garantie

Le débiteur de la garantie est en premier lieu le **vendeur immédiat** de l'immeuble. Son ignorance du vice ne l'exonère pas de son obligation à garantie (C. civ. art. 1643 ; Cass. 3e civ. 12-9-2006 n° 05-17.228 : RJDA 1/07 n° 31), sa bonne foi n'ayant d'incidence que sur les réparations susceptibles d'être dues à l'acquéreur (nos 50370 s.). 50010
La qualité de vendeur supposant celle de propriétaire, il a été jugé que l'épouse séparée de biens du vendeur et cosignataire de l'acte de vente portant sur un bien personnel de son époux n'était pas tenue de garantir l'acquéreur des vices cachés dès lors qu'elle n'avait aucun droit sur le bien cédé par son mari et n'avait pas consenti à être codébitrice de la garantie (Cass. com. 1-6-1999 n° 97-16.379 : RJDA 8-9/99 n° 907).
En cas de **pluralité de vendeurs**, il est de l'intérêt de l'acquéreur de stipuler la solidarité entre eux. Cela renforce ses garanties, en lui permettant de demander à n'importe lequel des vendeurs l'exécution de la garantie ou la réparation du préjudice subi.
La garantie peut être invoquée par le dernier acquéreur contre les **vendeurs antérieurs** (n° 50240).

B. Preuve du vice

Conformément au droit commun, la charge de la preuve repose sur le demandeur à l'action en garantie des vices cachés (C. civ. art. 1353), qui doit donc rapporter la preuve des vices cachés 50050

allégués et de leurs conséquences telles que prévues par l'article 1641 du Code civil (Cass. 3e civ. 13-7-2023 n° 22-15.816 F-D). Le vice caché étant un fait juridique, sa preuve peut être faite par tous moyens (CA Versailles 2-12-2005 n° 04/04688, cassé par Cass. 3e civ. 10-5-2007 n° 06-11.431 : RJDA 10/07 n° 951 mais pour un autre motif).
L'appréciation de l'existence du vice et de ses caractéristiques relève du **pouvoir** souverain **des juges** du fond (Cass. 3e civ. 20-3-1973 : Bull. civ. III n° 214 ; Cass. 3e civ. 22-1-1997 n° 95-11.045 : RJDA 4/97 n° 490 ; Cass. 3e civ. 26-10-2005 n° 04-15.774 : RJDA 3/06 n° 250), la Cour de cassation se contentant de contrôler l'existence des vérifications effectuées par ceux-ci (Cass. 3e civ. 4-7-2001 n° 99-19.586 : RJDA 1/02 n° 29 ; Cass. 3e civ. 29-2-2012 n° 10-20.558 : RJDA 7/12 n° 659).

C. Caractéristiques du vice

50070 Le vice dont est atteint l'immeuble vendu doit répondre à certaines caractéristiques pour permettre à l'acquéreur de mettre utilement en jeu la garantie du vendeur.

1. ATTEINTE À LA DESTINATION OU À L'USAGE DE L'IMMEUBLE

CRITÈRES D'APPRÉCIATION

50080 L'article 1641 du Code civil n'admet la mise en œuvre de la garantie des vices cachés que si le défaut invoqué rend le bien acquis impropre à l'usage auquel on le destine, ou en diminue tellement cet usage que l'acquéreur n'aurait pas procédé à l'achat ou l'aurait fait à un moindre prix. Il résulte des termes mêmes de cette disposition que ces conditions sont alternatives et non cumulatives. Lorsque le défaut dont l'immeuble est affecté le rend impropre à sa destination, il n'y a donc pas lieu de rechercher si ce **vice** a été **déterminant** dans le consentement de l'acquéreur (Cass. com. 7-2-1995 n° 93-12.940 : RJDA 6/95 n° 703). Le caractère déterminant n'est requis que si le vice invoqué réduit l'usage du bien acquis.

50085 L'appréciation du défaut dont est atteint le bien s'effectue au regard de l'**utilisation à laquelle celui-ci est normalement destiné**.
En cas d'affectation du bien à un **usage particulier**, l'acheteur ne peut invoquer un éventuel vice du bien que s'il démontre avoir informé le vendeur de cet usage (Cass. com. 17-5-1994 n° 92-16.290 : RJDA 11/94 n° 1126). Constitue, par exemple, un vice caché l'interdiction d'utilisation commerciale d'un immeuble à la suite du retrait par arrêté préfectoral d'une autorisation de voirie, alors que le compromis de vente précisait que le bien était acquis pour l'exercice de l'activité professionnelle de l'acquéreur, que le vendeur avait été informé de l'activité de brocante de l'acquéreur et de son souhait d'acquérir l'immeuble en cause pour y stocker des marchandises et le cas échéant y faire une présentation de « bord de route » et que, selon l'accord des parties, le lieu devait être accessible aux véhicules (Cass. 3e civ. 21-11-2001 n° 00-14.826). En revanche, dans un cas où le compromis de vente d'une exploitation agricole composée d'un seul lot prévoyait seulement l'obtention d'une note de renseignements d'urbanisme pour un corps de ferme dans son état au jour de la vente, ne constitue pas un vice caché l'absence de certificat d'urbanisme dès lors que le bien vendu n'était pas impropre à son usage mais à celui totalement modifié par l'acquéreur qui souhaitait transformer profondément le bien en un ensemble immobilier à usage d'habitation et à usage professionnel et former quatre lots distincts (CA Rouen 26-3-2003 n° 01-1291). De même, la coupure de canalisations dans la salle d'eau et l'absence d'évacuation des eaux usées ne constitue pas un vice caché pour l'acheteur qui a acquis pour un prix modeste un immeuble qui n'est pas une habitation mais seulement un atelier et une grange attenante avec salle d'eau, et qui ne peut être rendu normalement habitable qu'au prix d'importants travaux (Cass. 3e civ. 10-3-2015 n° 14-10.099 : BPIM 3/15 inf. 199).

ILLUSTRATIONS JURISPRUDENTIELLES

50090 À titre d'exemples, ont été qualifiés de vices cachés :
– une **fissure** dans le sol de la salle de séjour et une **fente** dans un mur extérieur dès lors que ces désordres ont une incidence sur la solidité de l'immeuble (Cass. 3e civ. 21-7-1998 n° 96-21.503 : RJDA 11/98 n° 1201) ou des fissures imposant, selon l'expert désigné, la démolition et la reconstruction du bien (Cass. 3e civ. 14-12-2017 n° 16-24.170 FS-PBI : BPIM 1/18 inf. 84) ou la fragilité du sol d'assise des fondations rendant l'immeuble inhabitable et non louable (Cass. 3e civ. 24-1-2012 n° 11-10.420 : RJDA 5/12 n° 484) ;
– le risque d'**inondation** dans un sous-sol à usage d'habitation (Cass. 3e civ. 22-1-1997 n° 95-11.045 : RJDA 4/97 n° 490) ;

– l'**instabilité géologique** du terrain sur lequel la maison est implantée et qui a causé l'effondrement d'une partie du terrain et dont le surplus est appelé, à terme, à disparaître (CA Paris 13-10-1995 : RJDA 2/96 n° 209) ; **50090** (suite)

– l'**insalubrité** d'un appartement ne pouvant être habité en l'état (Cass. 3e civ. 24-1-1996 n° 94-10.551 : RJDA 4/96 n° 483 : désordres causés par l'humidité) ;

– la présence d'une **rampe en béton** rendant un emplacement de **stationnement inutilisable** pour un véhicule de dimension normale (Cass. 3e civ. 20-3-1996 n° 94-14.761 : RJDA 5/96 n° 626) ou encore l'accès malaisé voire dangereux à un garage (Cass. 3e civ. 26-10-2005 n° 04-15.774 : RJDA 3/06 n° 250) ;

– l'**inconstructibilité** d'un terrain, soit parce que le terrain est structurellement inconstructible (Cass. 3e civ. 24-2-1999 n° 97-15.500 : RJDA 5/99 n° 540), soit parce qu'il est interdit à la construction en application de règles d'urbanisme (Cass. 3e civ. 1-10-1997 n° 95-22.263 : RJDA 12/97 n° 1476 ; Cass. 3e civ. 15-3-2000 n° 97-19.959 : RJDA 5/00 n° 526). En revanche, le retrait d'un permis de construire, postérieur à la vente et rétroactif, ne peut pas donner lieu à la garantie des vices cachés (Cass. 3e civ. 24-11-2016 n° 15-26.226 : BPIM 1/17 inf. 27). Lorsque est discutée non pas la constructibilité du terrain, mais seulement l'importance de celle-ci au regard des prévisions contractuelles, la question relève de l'obligation de délivrance (Cass. 3e civ. 16-7-1998 n° 95-21.530 : RJDA 11/98 n° 1200) ;

– le fait pour le vendeur de dissimuler à l'acheteur que le bien est édifié sans permis de construire constitue un vice caché car, en cas de destruction accidentelle du bien, l'acheteur ne pourra pas **reconstruire à l'identique** (Cass. 3e civ. 10-6-2021 n° 20-11.902 F-D : BPIM 4/21 inf. 267) ;

– la **non-conformité à la réglementation** d'étangs créés illégalement (Cass. 3e civ. 2-2-2017 n° 15-26.515 FS-D : BPIM 2/17 inf. 123) ;

– la **fragilité intrinsèque de l'immeuble** quand bien même cette fragilité aurait donné lieu à la création d'un contre-mur de renforcement qui ne souffrait d'aucun désordre, dès lors que l'acte de vente ne faisait pas état de ces travaux récemment engagés (Cass. 3e civ. 1-3-2023 n° 21-25.315 F-D) ;

– le **défaut d'homogénéité du dallage** de l'immeuble vendu (Cass. 3e civ. 27-9-2000, n° 99-10.017 : RJDA 2/01 n° 139) ou le défaut du carrelage d'une maison nuisant considérablement à l'esthétique de la pièce principale (Cass. 3e civ. 11-4-2012 n° 09-65.950 : RJDA 10/12 n° 842) ;

– l'absence d'**étanchéité** d'une toiture terrasse (Cass. 3e civ. 6-10-2004 n° 02-21.088 : RJDA 1/05 n° 20, 1e esp.) ;

– l'absence de **raccordement à un réseau de distribution d'eau** alors que la maison était équipée de robinetteries et de canalisations ce qui laissait penser qu'elle était normalement raccordée (CA Versailles 13-1-2000) ou le non-fonctionnement du système d'alimentation en eau d'une maison vendue « alimentée en eau par une source » (Cass. 3e civ. 29-2-2012 n° 10-20.558 : RJDA 7/12 n° 659) ;

– l'absence de raccordement **au tout-à-l'égout** dès lors que l'installation sanitaire n'a pas pu être utilisée normalement depuis l'occupation de l'immeuble par l'acquéreur et que ce dysfonctionnement rend la maison impropre à sa destination (Cass. 3e civ. 5-7-2011 n° 10-18.278 : RJDA 11/11 n° 895). En revanche, le raccordement au réseau d'assainissement communal non conforme aux stipulations contractuelles constitue un manquement à l'obligation de délivrance et non un vice caché (Cass. 3e civ. 28-1-2015 n° 13-19.945 : BPIM 2/15 inf. 128) ;

– la présence dans le jardin du **système complet d'assainissement** de la maison des voisins dès lors qu'il grevait celui-ci d'une fosse septique (Cass. 3e civ. 27-5-2021 n° 19-25.542 F-D) ;

– la présence de déchets dans le sous-sol (Cass. 3e civ. 11-5-2023 n° 21-25.480 F-D) ;

– la **pollution** d'un site anciennement à usage de stockage d'hydrocarbures et destiné à une opération de construction, toute construction demeurant risquée pour la santé ou la sécurité des participants au chantier et des futurs utilisateurs (Cass. 3e civ. 30-9-2021 n° 20-15.354 FS-B : BPIM 6/21 inf. 386 ; Cass. 3e civ. 8-6-2006 n° 04-19.069 : RJDA 11/06 n° 1125) ;

– l'**humidité** anormalement élevée d'une maison, même si elle est due au délabrement de la maison mitoyenne (Cass. 3e civ. 10-5-2007 n° 06-11.431 : RJDA 10/07 n° 951) ;

– une **erreur de conception** dans un immeuble rénové (Cass. 3e civ. 25-10-2006 n° 05-17.115 : RJDA 6/07 n° 600) ;

– une cheminée et une cave non conformes aux règles de l'art, dont la première était inutilisable et dangereuse, et la seconde, si peu étanche qu'il était impossible d'y stocker quoi que ce soit (CA Paris 30-1-2008 n° 07-6620 : RJDA 5/08 n° 506) ;

– un plancher dans un état tel qu'il était dangereux pour les usagers d'y circuler, l'appartement étant de ce fait impropre à sa destination, nécessitant des réparations qui ne pouvaient être faites sans autorisation de l'assemblée générale des copropriétaires et dont le coût représente près de 25 % du prix de vente (Cass. 3e civ. 11-7-2019 n° 18-10.503 F-D) ;

– la présence d'**amiante** dans des calorifugeages et des flocages (Cass. 3e civ. 7-10-2009 n° 08-12.920 : RJDA 2/10 n° 139), à moins que sa présence soit très localisée et ne présente pas de danger (Cass. 3e civ. 5-6-2012 n° 11-15.628 : BPIM 4/12 inf. 331) ou que la pollution de l'air par les éléments amiantés résulte uniquement de travaux de démolition réalisés après la vente (CA Versailles 3-2-2011 n° 09/07274 : RJDA 5/11 n° 404). La présence d'amiante, même confinée par l'isolation, peut constituer un vice caché (Cass. 3e civ. 15-4-2021 n° 20-16.320 FS-D : BPIM 3/21 inf. 202).

50095 En revanche, ne constituent pas un vice caché :

– la présence d'amiante dans des plaques de fibrociment en bon état, inaccessibles et ne présentant aucun danger (Cass. 3e civ. 16-12-2014 n° 13-17.469) ;

– le fait que la maison vendue soit située en **zone inondable** dès lors que cela n'empêchait pas l'acquéreur d'y habiter et ne nuisait pas à un habitat paisible (Cass. 3e civ. 12-6-2013 n° 12-21.256 : RJDA 12/13 n° 994) ;

– la pollution de l'étang d'une propriété, celle-ci n'entraînant qu'une perte d'usage partielle qui n'affecte qu'un élément de l'agrément extérieur (Cass. 3e civ. 11-7-2019 n° 18-16.848 F-D : BPIM 5/19 inf. 341) ;

– le défaut de **raccordement à l'égout** d'un immeuble en l'absence d'impact sur l'usage de celui-ci (Cass. 3e civ. 28-3-2007 n° 06-12.461 : RJDA 8-9/07 n° 831 ; CA Versailles 21-9-1995 : RJDA 2/96 n° 208) ou le raccordement non conforme aux stipulations contractuelles, qui constitue non pas un vice caché mais un manquement à l'obligation de délivrance (Cass. 3e civ. 28-1-2015 n° 13-19.945 : BPIM 2/15 inf. 128) ;

– l'existence de **canalisations en plomb**, dans la mesure où deux expertises établissent que l'eau courante répond aux normes sanitaires applicables au jour de la vente (CA Paris 1-9-2011 n° 10/15740 : BPIM 6/11 inf. 474) ;

– un trouble d'exploitation **diminuant temporairement l'usage** de l'immeuble (Cass. 3e civ. 25-1-1989 : Bull. civ. III n° 23) ;

– un **déficit d'isolation phonique** dès lors qu'il n'est pas prouvé qu'il serait suffisamment grave pour compromettre l'usage et l'habitation du bien (Cass. 3e civ. 20-1-2015 n° 13-12.244 : BPIM 2/15 inf. 123) ;

– le mauvais état de la **charpente** à laquelle l'acquéreur a pu accéder lors de sa visite et dont il a pu constater l'ancienneté et une déformation importante (Cass. 3e civ. 25-9-2012 n° 11-21.644 : AJDI 2012 p. 781 note S. Porcheron) ;

– **l'absence de syndic** (Cass. 3e civ. 8-12-2016 n° 14-27.986 : RJDA 7/17 n° 447).

– l'absence d'autorisation administrative à un **changement de destination** d'un lot, dès lors que le risque d'être contraint à une remise en l'état antérieur n'est pas démontré (Cass. 3e civ. 14-9-2017 n° 16-20.965 F-D).

2. CARACTÈRE CACHÉ

50120 En application de l'article 1641 du Code civil, le vendeur ne doit sa garantie que pour les **défauts cachés** de l'immeuble. L'article 1642 du même Code précise d'ailleurs que le vendeur n'est pas tenu des vices **apparents** et dont l'acheteur a pu se convaincre lui-même. Le vendeur a donc tout intérêt à informer le plus complètement possible l'acquéreur : tout défaut porté à la connaissance de ce dernier n'ouvre plus droit à la garantie.

À l'acquéreur connaissant le vice est assimilé celui qui ne pouvait pas ou qui ne devait pas l'ignorer tel que :

– une commune ayant acquis un terrain dont il est de notoriété publique qu'il avait servi depuis 1945 de déchetterie pour des ferrailles et des déchets industriels (Cass. 3e civ. 10-9-2008 n° 07-17.086 : RJDA 3/09 n° 202) ;

– l'acquéreur qui a mené des travaux préparatoires de voirie avant la vente et qui a pu voir que les entrepreneurs portaient des masques pour se protéger des émanations de soufre lors du creusement des tranchées qui faisaient apparaître une terre bleutée (Cass. 3e civ. 21-9-2022 n° 21-21.933 FS-B) ;

– l'acquéreur d'un immeuble ancien, par définition vétuste, dont la toiture et la charpente sont en mauvais état, dès lors que l'absence de visite des combles est imputable à sa propre négligence et qu'il n'est pas établi que le vendeur lui en ait volontairement refusé l'accès (Cass. 3e civ. 21-3-2019 n° 18-12.604 ; voir également : Cass. 3e civ. 19-9-2019 n° 18-21.498 F-D) ;

– le non-professionnel qui a pu constater la présence de reprises et fissurations colmatées de façon grossière par le vendeur (Cass. 3e civ. 18-3-2021 n° 20-10.745 FS-D) ;

– l'acquéreur d'un mazet (petit abri de pièces sèches) avec garage et terrain dès lors que l'acte authentique mentionne l'absence de chauffage et l'impossibilité de raccordement au réseau d'eau potable et d'assainissement (Cass. 3e civ. 5-1-2017 n° 15-27.540 : BPIM 2/17 inf. 125).

En revanche, l'existence d'un regard visible situé à l'endroit même où l'acquéreur envisageait de construire une extension ne suffit pas à établir qu'il avait une connaissance claire de l'existence d'une canalisation d'eaux usées et de ses conséquences sur les travaux d'extension envisagés (Cass. 3e civ. 24-9-2014 n° 13-18.460).

Pour pouvoir invoquer la garantie des vices cachés, il suffit donc que le vice n'ait **pas** été **connu de l'acquéreur**. En principe, un vice apparent ne peut donc pas bénéficier de la garantie. Ainsi, s'il est attesté par plusieurs témoins que le vice constitué par des fissures affectant le bien immobilier était visible à une époque contemporaine de la vente, la cour d'appel peut souverainement retenir que la preuve du caractère caché du vice n'est pas établie (Cass. 3e civ. 2-6-2015 n° 14-11.808). 50122

Cependant, même visible ou connu, un vice peut être invoqué si l'acquéreur ne pouvait en mesurer **l'ampleur et les conséquences** (Cass. 3e civ. 14-3-2012 n° 11-10.861 : RJDA 6/12 n° 578). Ainsi, le rebouchage grossier et visible d'une fissure ne peut en lui-même renseigner les acquéreurs sur l'ampleur et la gravité du désordre (Cass. 3e civ. 10-3-2015 n° 13-19.445 : BPIM 3/15 inf. 200), des profanes en bâtiment ne pouvant en soupçonner la signification (Cass. 3e civ. 4-4-2019 n° 15-27.969). De même, des acquéreurs profanes ne peuvent pas appréhender les risques inhérents à la boursouflure apparue sur le mur pignon et ne sont pas en mesure de connaître dans son ampleur et ses conséquences ce vice antérieur à la vente et présentant un caractère rédhibitoire en raison d'un risque manifeste d'effondrement (Cass. 3e civ. 12-4-2018 n° 16-24.033 F-D). La solution est identique si l'acquéreur ne pouvait pas mesurer le caractère **évolutif** du vice (Cass. 3e civ. 14-9-2023 n° 22-16.638 : BPIM 6/23 inf. 389). Ainsi, même visibles lors de la vente, les fissures sur les murs porteurs, les cloisons, les carrelages et les plafonds, ainsi que les failles affectant la structure du bassin de la piscine constituent des vices cachés dès lors qu'elles avaient pour origine l'inadaptation des fondations au sol d'assise et qu'elles présentaient un **caractère évolutif**, supposant une période d'observation d'au moins une année (arrêt précité ; voir égal. : Cass. 3e civ. 7-3-2024 n° 20-17.790). Un phénomène climatique, bien que connu de l'acquéreur (en l'espèce l'échouage saisonnier d'algues sargasses), peut constituer un vice caché lorsque ses conséquences non révélées affectent directement le bien et le rendent impropre à sa destination ou en diminue tellement cet usage que l'acquéreur ne l'aurait pas acquis, ou alors à un prix moindre, s'il l'avait connu (Cass. 3e civ. 15-6-2022 n° 21-13.286 FS-B : BPIM 4/22 inf. 309).

De même, le fait qu'un immeuble soit affecté d'une **vétusté** visible au moment de la vente n'empêche pas l'acquéreur d'invoquer un vice distinct. Ainsi, le juge doit rechercher si le défaut d'étanchéité de la toiture était apparent, quand bien même les différents éléments de la toiture étaient apparents (Cass. 3e civ. 22-6-2023 n° 22-17.832).

Les juges du fond ne peuvent pas rejeter la demande de l'acquéreur en réduction du prix de vente sans caractériser sa connaissance du vice affectant le système de chauffage de son appartement dans son ampleur et ses conséquences (Cass. 3e civ. 13-2-2020 n° 19-14.499 F-D).

Si le vice est partiellement visible, les juges peuvent considérer que le vendeur ne sera tenu à rembourser qu'une partie des travaux. Ainsi, l'acheteur d'un bien immobilier ne peut pas obtenir la condamnation du vendeur à lui payer l'intégralité du coût des travaux de reprise d'une charpente affectée de divers désordres, dès lors que sa vétusté était partiellement visible (Cass. 3e civ. 30-1-2019 n° 17-31.268 F-D : BPIM 2/19 inf. 122).

La **connaissance** qu'a pu en avoir le **vendeur** est sans incidence sur la mise en œuvre de la garantie mais elle influence l'efficacité de la clause limitative de garantie et le montant des réparations dues à l'acquéreur (C. civ. art. 1643 ; nos 50435 s. et nos 50370 s.).

Le caractère caché du vice est apprécié différemment par les tribunaux selon la qualité de l'acquéreur.

EN PRÉSENCE D'UN ACQUÉREUR NON PROFESSIONNEL

Lorsque l'acquéreur est un non-professionnel, le vice est réputé caché à son égard s'il a pu légitimement en ignorer l'existence au jour de la vente et à condition qu'il ait au moins porté à l'examen du bien vendu l'attention qu'aurait montrée une personne normalement soucieuse de ses intérêts, sans avoir pour autant à procéder à des investigations particulières (Cass. 3e civ. 25-10-2006 n° 05-17.115 et Cass. ass. plén. 27-10-2006 n° 05-18.977 : RJDA 6/07 n° 600 ; Cass. 3e civ. 10-9-2013 n° 12-22.844 : RJDA 4/14 n° 318). Ainsi, il est exigé de l'acquéreur une vigilance accrue s'il a habité le bien ou a eu les clés avant la signature de l'acte authentique (Cass. 3e civ. 28-5-2013 n° 12-20.105 : BPIM 4/13 inf. 275) ou si son attention a été attirée sur le fait qu'il existait des procédures : ainsi, la clause générale de l'acte de vente énonçant que « le vendeur a transmis à l'acquéreur le dossier concernant l'assurance dommages-ouvrage et les procédures en cours » suffit à exclure le vice caché, même si le rapport d'expertise n'est pas annexé à l'acte (Cass. 3e civ. 28-1-2021 n° 19-17.574 F-D : BPIM 2/21 inf. 131). 50125

Encore faut-il que, lors de la visite des lieux, le vendeur n'ait pas gêné la prise de connaissance par l'acquéreur des défauts apparents de l'immeuble, par exemple en masquant par une vigne vierge la fissure extérieure d'un mur et en recouvrant par une épaisse moquette la fissure du sol d'une salle de séjour (Cass. 3e civ. 21-7-1998 n° 96-21.503 : RJDA 11/98 n° 1201) ou en camouflant par de l'enduit et de la peinture l'existence de salpêtre et l'humidité des murs (CA Paris 9-5-2000, Correia Martins c/ Corbel).

En tout état de cause, l'acquéreur n'a pas à **se faire assister par un professionnel** afin de connaître l'état réel de l'immeuble (Cass. 3e civ. 3-5-1989 : Bull. civ. III n° 101 ; Cass. ass. plén. 27-10-2006 n° 05-18.977 : RJDA 6/07 n° 600 ; Cass. 3e civ. 3-11-2011 n° 10-21.052 : BPIM 6/11 inf. 478). Ainsi, il ne peut pas être reproché à un acquéreur de ne pas s'être rendu compte de l'état de pourrissement d'une poutre, lequel ne lui a été révélé qu'à la suite du démontage du coffre cachant la structure et la dépose de l'isolant (Cass. 3e civ. 15-2-2024 n° 22-23.434).

Si l'acheteur n'a pas à se faire assister par un professionnel afin de connaître l'état réel de l'immeuble, la présence d'un professionnel à ses côtés avant la vente peut en revanche avoir une incidence sur la garantie du vendeur. Ainsi, par exemple, les juges doivent rechercher si l'acheteur qui était assisté d'un pisciniste n'avait pas eu connaissance des vices de la piscine (Cass. 3e civ. 16-9-2014 n° 13-19.911 : BPIM 6/14 inf. 404). De même, s'il est établi que les fissures présentes lors de la signature de la promesse de vente ont conduit les acquéreurs à faire réaliser une étude par un ingénieur-conseil, les juges peuvent en déduire que la garantie des vices cachés n'est pas due (Cass. 3e civ. 21-12.2023 n° 22-21.234).

50127 **ILLUSTRATIONS**

Nonobstant les principes énoncés n° 50125, les solutions retenues par la jurisprudence sont contrastées. Tel est le cas de celles rendues à propos de l'infestation de l'immeuble vendu par des **insectes xylophages**, les décisions récentes paraissant plus favorables à l'acquéreur.

Il a été jugé que la présence d'insectes ne constituait pas un vice caché :

– dès lors qu'un traitement antiparasitaire avait été effectué, de sorte que l'attention de l'acquéreur ne pouvait normalement qu'être attirée sur le risque d'un retour des termites, et qu'il s'était contenté d'attestations décrivant sommairement l'état sanitaire et parasitaire de l'immeuble (Cass. 3e civ. 22-11-1995 n° 93-15.347 : RJDA 2/96 n° 207) ;

– si, informé de la présence d'autres insectes xylophages, l'acquéreur n'a pas fait preuve de prudence élémentaire et n'a pas suivi le conseil de l'agent immobilier préconisant l'appel à un professionnel afin de connaître avant la vente la nature et l'ampleur de l'infestation (Cass. 3e civ. 26-2-2003 n° 01-12.750 : RJDA 6/03 n° 578) ;

– lorsque la présence notoire de termites dans la région ne pouvait être ignorée ni de l'artisan-couvreur qui avait accompagné l'acheteur ni de l'agent immobilier (Cass. 3e civ. 24-3-1993 n° 90-21.462) ;

– lorsque l'infestation de l'immeuble par les insectes a été expressément mentionnée dans la promesse ou dans l'acte de vente (Cass. 3e civ. 5-12-2019 n° 18-24.672 F-D), peu important la teneur du certificat de diagnostic ultérieurement produit (Cass. 3e civ. 10-5-2007 n° 05-21.290 : RJDA 10/07 n° 952) ou que le vendeur ait déclaré avoir traité l'immeuble (Cass. 3e civ. 30-1-2008 n° 07-10.133 : RJDA 7/08 n° 786), à moins que l'acte n'indique la présence d'insectes uniquement dans une cave et un escalier et que, en dépit du très bon état apparent de la maison au moment de la vente, l'infestation soit généralisée (Cass. 3e civ. 22-6-2011 n° 10-17.321 : BPIM 4/11 inf. 311) ;

– dès lors que la présence de mérule et d'insectes xylophages était apparente et que l'acquéreur aurait pu la détecter en visitant la totalité de l'immeuble, l'existence d'un état parasitaire négatif étant sans incidence (Cass. 3e civ. 8-2-2012 n° 10-27.250 : RJDA 7/12 n° 657).

Jugé en revanche que la présence de termites constituait un vice caché :

– que la colonie d'insectes soit active ou non (Cass. 3e civ. 8-4-2009 n° 08-12.960 : RJDA 11/09 n° 942) ;

– même si le vendeur avait indiqué une précédente infestation et des travaux d'éradication dès lors que l'acquéreur n'avait pas à soulever la laine de verre pour contrôler la charpente qui s'était avérée complètement infestée (Cass. 3e civ. 17-12-2008 n° 07-20.450 : RJDA 7/09 n° 622).

A aussi été censurée la décision d'une cour d'appel qui, pour qualifier de vice apparent la présence d'insectes xylophages dans l'immeuble vendu, avait retenu que si les dégradations de la charpente et des tuiles ne pouvaient être constatées qu'à condition de pénétrer dans les combles et de monter sur la toiture, l'accès aux combles, s'il était difficile, n'était pas impossible et qu'il appartenait à l'acheteur de faire constater par un homme de l'art l'état de la charpente et de la couverture (Cass. ass. plén. 27-10-2006 n° 05-18.977 : RJDA 6/07 n° 600).

Outre la présence des insectes xylophages, ont également été considérés comme un vice caché :

– la précarité du **permis de construire** résultant d'une mise en demeure d'arrêter les travaux qui avait été adressée au vendeur avant la vente (Cass. 1e civ. 16-6-1966 : Bull. civ. I n° 374) ;

– les désordres causés par l'absence d'**étanchéité** d'une dalle toiture que l'existence d'un faux plafond dans l'ensemble de l'immeuble empêchait d'observer (Cass. 3e civ. 12-9-2006 n° 05-17.228 : RJDA 1/07 n° 31) ;

– la présence d'**amiante** dans des calorifugeages et des flocages alors que le contrôleur technique chargé du diagnostic de recherche d'amiante par le vendeur n'avait pas décelé la présence de projections d'amiante (CA Versailles 11-5-2007 n° 06-1554 : RJDA 12/07 n° 1209).

EN PRÉSENCE D'UN ACQUÉREUR PROFESSIONNEL

L'acquéreur professionnel est, en raison de ses compétences, **présumé connaître le vice**. Cette règle joue à l'égard de l'acheteur professionnel de l'immobilier (agent immobilier, marchand de biens, entrepreneur, architecte...). Ainsi, si le caractère inondable d'un terrain acquis pour y faire un lotissement constitue un vice de nature à le rendre impropre à la destination qui lui était affectée, il ne s'agit cependant pas d'un vice caché pour l'acheteur, lotisseur professionnel, censé prendre la précaution élémentaire de faire procéder au relevé altimétrique du terrain qu'il envisage d'acquérir, particulièrement lorsque ce terrain borde un cours d'eau (Cass. 3e civ. 13-12-2000 n° 98-23.064). De même, un professionnel des opérations de construction et de promotion immobilière, informé de la présence d'hydrocarbures, est présumé avoir conscience du risque de pollution (Cass. 3e civ. 18-11-2009 n° 08-19.052 : RJDA 4/10 n° 351). **50130**

La présomption peut également jouer, par exemple, à l'égard d'un acheteur inspecteur d'assurances, à même d'évaluer les problèmes liés à des traces d'humidité d'une maison dont les conséquences, tel le décollement des papiers peints et le salpêtre, étaient de surcroît visibles lors de la visite des lieux (CA Rennes 22-5-2003 n° 02-5418 : Bull. inf. C. cass. 1-11-2003 n° 1345).

Le juge **doit rechercher** si la qualité de professionnel de l'immobilier de l'acquéreur ne lui imposait pas de procéder à des vérifications élémentaires et ainsi de se rendre compte de la nécessité de procéder à un contrôle des lieux par un bureau d'étude après la réalisation de travaux touchant à la structure même du bâtiment (Cass. 3e civ. 26-1-2022 nos 18-23.578, 18-24.065, 18-24.944 : BRDA 8/22 n° 8).

Le juge du fond apprécie souverainement si une SARL a la qualité de professionnel de l'immobilier. Il peut ainsi le déduire de ce que l'activité de la société réside dans l'achat, la vente, l'exploitation et la gestion d'immeubles, sans avoir à rechercher si elle effectuait cette activité à titre régulier, si elle avait été uniquement constituée en vue de l'acquisition de l'immeuble litigieux dans lequel son gérant devait habiter ou si le gérant de cette société était un professionnel de l'immobilier (Cass. 3e civ. 10-3-2015 n° 13-25.628).

Il s'agit d'une **présomption** simple qui **tombe** devant la preuve du dol du vendeur ou du caractère indécelable du vice (Cass. com. 21-2-1966 : Bull. civ. III n° 109 ; Cass. 3e civ. 28-2-2012 n° 11-10.705 : RJDA 3/13 n° 212). Le vice indécelable est celui qui ne se manifeste qu'avec le temps comme, par exemple, l'absence d'isolation thermique et phonique d'un immeuble qui ne peut être décelée qu'après un minimum de vie dans les lieux (CA Paris 15-2-1999 : RJDA 7/99 n° 772), ou celui dont la découverte suppose un expert spécialisé (Cass. com. 30-11-1982 : Bull. civ. IV n° 391 ; voir aussi Cass. 3e civ. 8-6-2006 n° 04-19.069 : RJDA 11/06 n° 1125 où l'ampleur de la pollution du terrain cédé a été considérée comme un vice caché pour un acquéreur professionnel). **50132**

3. ANTÉRIORITÉ DU VICE

Le **vice** n'est retenu que s'il **existait** antérieurement à la vente (Cass. 1e civ. 12-1-1977 : Bull. civ. I n° 28 ; Cass. com. 18-1-1984 : Bull. civ. IV n° 26) **ou** s'il était **en germe** à la date de celle-ci (Cass. 3e civ. 9-2-1965 : Bull. civ. III n° 103). **50150**

La **preuve** de l'antériorité du vice incombe à l'acquéreur. Il peut demander au juge compétent toute mesure d'instruction, notamment la nomination d'un expert qui établira la cause du désordre. L'antériorité d'un vice du sol, telle que la présence de matières toxiques, sera aisément démontrée. En revanche, les vices affectant la structure du bâtiment sont plus délicats à dater. Dans certaines hypothèses, la jurisprudence admet les présomptions de fait (antériorité déduite de l'importance des dégâts causés par les termites, Cass. 1e civ. 31-3-1954 : D. 1954 p. 417).

Pour autant, le retrait d'un permis de construire, postérieur à la vente et rétroactif, ne peut pas donner lieu à la garantie des vices cachés (Cass. 3e civ. 4-11-2016 n° 15-26.226 : BPIM 1/17 inf. 27).

En cas d'action exercée par un sous-acquéreur à l'encontre du vendeur originaire (ou d'un vendeur intermédiaire), la garantie ne peut être retenue que si le vice existait déjà lors de la vente initiale (ou de la vente intermédiaire) (CA Colmar 27-6-2005 : JCP G 2005 IV n° 3773).

4. CARACTÈRE INHÉRENT DU VICE

Le vice doit être inhérent au bien vendu (Cass. 1e civ. 8-4-1986 : Bull. civ. I n° 82 rendu à propos de l'association de deux médicaments). Cela ne signifie pas que le vice doive avoir une origine interne à l'immeuble et ne puisse pas provenir de **facteurs extérieurs** au bien (en ce sens, Cass. 3e civ. 6-10-2004 n° 03-12.497 : RJDA 1/05 n° 20, 3e esp.). La Cour de cassation a en effet déjà admis à plusieurs reprises la mise en œuvre de la garantie des vices cachés pour des vices trouvant leur origine dans des éléments extérieurs au bien vendu. Ainsi, la construction d'un hôtel de cinq étages ayant une vue plongeante sur des pavillons dont la vente a été précédée d'une publicité **50170** vantant spécialement la préservation de l'intimité des acquéreurs constitue un vice caché permettant à l'acquéreur de l'un de ces pavillons de réclamer des dommages-intérêts au vendeur qui était également le promoteur de l'hôtel (Cass. 3e civ. 23-1-1979 : JCP G 1979 II no 19241 note B. Stemmer). Constituent un vice caché inhérent au bien le caractère inondable d'une maison même si les travaux pour y remédier doivent être exécutés sur un terrain voisin (Cass. 3e civ. 7-7-2004 no 01-17.446 : RJDA 1/05 no 19), ou les nuisances sonores provenant de la chaufferie d'un immeuble située en sous-sol, sous l'appartement vendu (CA Paris 23-2-1999 : D. 1999 IR p. 106) ou située au sein de la copropriété dont dépend l'appartement (Cass. 3e civ. 6-10-2004 no 03-12.497 : RJDA 1/05 no 20, 3e esp.). Jugé qu'un phénomène extérieur, naturel, dont la survenue est imprévisible, comme les émanations dues aux algues sargasses s'échouant sur les plages, peut constituer un vice caché pour la vente d'un logement situé en bord de mer (Cass. 3e civ. 15-6-2022 no 21-13.286 FS-B : BPIM 4/22 inf. 309). En revanche, constituent un vice extrinsèque ne pouvant donner lieu à réparation sur le fondement des vices cachés : une procédure en cours opposant le vendeur au locataire du bien vendu (Cass. 3e civ. 21-6-1995 no 92-16.671 : RJDA 1/96 no 31) ou le retrait d'un permis de construire que l'acquéreur a obtenu après la vente (Cass. 3e civ. 24-11-2016 no 15-26.226 FS-PB : BPIM 1/17 inf. 27).

S'agissant de la rentabilité du bien vendu, le vendeur, s'il doit garantir le potentiel technique de rendement du bien vendu, ne peut en garantir la rentabilité économique, faute d'avoir la maîtrise de son utilisation ultérieure. L'acquéreur ne peut donc pas soutenir que la vente d'immeubles à usage locatif était affectée d'un vice caché au seul motif qu'il n'en a pas retiré le profit escompté (Cass. 3e civ. 21-3-2019 no 18-12.026).

D. Action en garantie

1. CONCOURS AVEC D'AUTRES ACTIONS

50220 Lorsque le défaut qui affecte le bien vendu le rend impropre à son usage normal, l'action en garantie des vices cachés constitue l'unique fondement possible de la demande de l'acquéreur (Cass. 3e civ. 17-11-2021 no 20-15.567 F-D : RJDA 2/22 no 72 ; Cass. 1e civ. 14-5-1996 no 94-13.921 : RJDA 10/96 no 1177 ; Cass. 3e civ. 24-4-2003 no 98-22.290 : RJDA 8-9/03 no 826 ; Cass. 3e civ. 20-10-2010 no 09-68.052 : RJDA 2/11 no 125 ; Cass. 3e civ. 25-1-2012 no 10-27.357 : RJDA 5/12 no 483 ; voir cependant, en sens contraire, Cass. 1e civ. 30-9-2010 no 09-11.552 : RJDA 5/11 no 402). Dans ce cas, les juges n'ont pas à procéder à une recherche inopérante sur l'obligation de délivrance conforme (Cass. 3e civ. 16-5-2019 no 18-13.703 F-D).

En conséquence, lorsque le défaut du bien constitue un vice caché, l'acquéreur ne peut agir que sur le fondement des vices cachés. Il ne peut pas agir sur le fondement du **défaut de délivrance** (nos 49200 s.) (Cass. 3e civ. 19-10-2023 no 22-10.090 F-D : BPIM 1/24 inf. 44 ; Cass. 3e civ. 4-10-1995 no 93-14.879 : RJDA 11/95 no 1222 ; Cass. 3e civ. 15-3-2000 no 97-19.959 : RJDA 5/00 no 526 ; Cass. 3e civ. 5-7-2011 no 10-18.278 : RJDA 11/11 no 895), ou de l'obligation **d'information** (Cass. 3e civ. 18-1-2023 no 21-22.543 FS-B : BPIM 2/23 Inf. 124) ou de l'**erreur** sur les qualités substantielles du bien (Cass. 1e civ. 14-5-1996 no 94-13.921 précité ; Cass. 3e civ. 7-6-2000 no 98-18.966 : RJDA 9-10/00 no 852 ; Cass. 3e civ. 17-11-2004 no 03-14.958 : RJDA 3/05 no 241 ; Cass. 3e civ. 30-3-2011 no 10-15.309 : RJDA 10/11 no 786). Lorsque l'immeuble vendu est infesté par la mérule, le rendant insalubre et impropre à l'habitation, les acquéreurs ne peuvent agir que sur le fondement de la garantie des vices cachés, et non sur le fondement de l'erreur (Cass. 3e civ. 30-11-2017 no 16-24.518 : RJDA 3/18 no 221). Le vice caché ne donne pas non plus ouverture à une action en responsabilité contractuelle (Cass. com. 19-3-2013 no 11-26.566 : RJDA 7/13 no 595 ; dans le même sens, Cass. 3e civ. 12-9-2012 no 11-21.007 : RJDA 3/13 no 213).

En présence d'un vice caché, l'acheteur a donc intérêt à agir à la fois sur le fondement de la garantie des vices cachés et sur celui du manquement du vendeur à son obligation de **délivrance** d'un bien conforme, car le juge, saisi d'une demande fondée sur l'existence d'un vice caché dont la preuve n'est pas rapportée, n'est pas tenu de rechercher si cette action peut être fondée sur un manquement du vendeur à son obligation de délivrance (Cass. ass. plén. 21-12-2007 no 06-11.343 : BRDA 2/08 inf. 26). Le juge ne peut pas même substituer un fondement à un autre. Ainsi, si les acquéreurs indiquent expressément dans leurs conclusions qu'ils fondent leur action, à titre principal, sur la garantie décennale et, à titre subsidiaire, sur la garantie des vices cachés, les juges ne peuvent pas condamner les vendeurs pour manquement à leur obligation de délivrance, quand bien même ils relèveraient que les acquéreurs entendaient manifestement agir sur le manquement à l'obligation de délivrance conforme, dans la mesure où ils visaient l'ancien article 1147 du Code civil (Cass. 3e civ. 23-5-2019 no 17-28.787 F-D). S'il ne soulève pas expressément le moyen, au moins à titre subsidiaire, le demandeur risque donc d'être débouté alors même que le vice aurait pu être sanctionné sur le fondement du manquement à l'obligation de délivrance. Ainsi, par exemple, le raccordement non conforme aux stipulations contractuelles constitue non pas un vice caché mais un manquement à l'obligation de délivrance (Cass. 3e civ. 28-1-2015 n° 13-19.945 : BPIM 2/15 inf. 128). La distinction doit également être faite avec le trouble ouvrant droit à la garantie d'éviction. Ainsi, une servitude non apparente ne constitue pas un vice caché mais relève des dispositions de l'article 1638 du Code civil (Cass. 3e civ. 27-2-2013 n° 11-28.783).

Toutefois, lorsque le vendeur a dissimulé à l'acheteur le vice caché, l'acheteur peut demander l'annulation de la vente pour **dol** (Cass. 3e civ. 29-11-2000 n° 98-21.224 : RJDA 4/01 n° 435 ; Cass. 3e civ. 10-4-2002 n° 00-16.939 : RJDA 8-9/02 n° 875 ; Cass. 1e civ. 6-11-2002 n° 00-10.192 : RJDA 3/03 n° 249) ou agir en réparation du préjudice causé par le dol (Cass. 3e civ. 23-9-2020 n° 19-18.104 FS-PBI : BPIM 6/20 inf. 447-3).

De même, le vendeur qui a fait construire et vend après achèvement, tenu de la **garantie décennale** en application de l'article 1792-1, 2° du Code civil, n'en reste pas moins un vendeur tenu de la garantie des **vices cachés** de l'article 1643 du Code civil (Cass. 3e civ. 10-6-2021 n° 20-10.918 F-D : BPIM 5/21 inf. 333 ; Cass. 3e civ. 27-9-2000 n° 99-10.297 ; Cass. 3e civ. 11-5-2010 n° 09-13.358 F-D). En revanche, l'acquéreur qui a obtenu la résolution de la vente sur le fondement de la garantie des vices cachés ne peut pas obtenir réparation de son préjudice sur le fondement de la garantie décennale (Cass. 3e civ. 8-7-2021 n° 20-15.669 FS-B : BPIM 4/21 inf. 260).

2. TITULAIRE DE L'ACTION

En principe, seul l'acquéreur est titulaire des actions rédhibitoire et estimatoire. Le plus souvent, la garantie des vices cachés est mise en œuvre par l'**acquéreur immédiat** de l'immeuble contre son propre vendeur. **50240**

Elle peut également être mise en œuvre par le **sous-acquéreur** contre le vendeur initial (Cass. 3e civ. 30-9-2021 n° 20-15.354 FS-B : BPIM 6/21 inf. 386 ; Cass. 1e civ. 4-2-1963 : Bull. civ. I n° 77). En effet, le sous-acquéreur jouit de tous les droits et actions attachés au bien qui appartenait à son auteur (Cass. ass. plén. 7-2-1986 nos 83-14.631 et 84-15.189 : Bull. civ. n° 2) et dispose à cet effet contre le vendeur intermédiaire d'une action directe qui est de nature contractuelle (Cass. 1e civ. 4-3-1986 : Bull. civ. I n° 57). Sur les limites de l'action du sous-acquéreur contre le vendeur initial, voir Cass. 1e civ. 27-1-1993 analysé n° 50288.

Elle peut être engagée, après la revente de l'immeuble, contre le vendeur initial par l'**acquéreur intermédiaire** dans la mesure où il a conservé un intérêt à agir. Tel est le cas lorsque l'acquéreur intermédiaire a revendu le bien moins cher du fait du vice (Cass. 3e civ. 27-6-2001 n° 99-14.851 : RJDA 10/01 n° 958).

L'**irrecevabilité de la demande principale** de l'acquéreur d'un immeuble contre son vendeur sur le fondement de la garantie des vices cachés (pour défaut de mise en œuvre d'une clause de conciliation préalable) n'affecte pas la recevabilité de sa demande dirigée contre le vendeur originaire, dès lors qu'il dispose, sur le même fondement, d'un droit propre contre celui-ci, sans être tenu de mettre en cause le vendeur intermédiaire (Cass. 3e civ. 4-4-2019 n° 18-11.339).

Un **tiers** ne peut pas exercer une action rédhibitoire ou estimatoire, mais il peut agir en **réparation** du fait d'un vice caché dès lors qu'il subit un préjudice. En effet, l'action en réparation du préjudice subi du fait d'un vice caché n'est pas subordonnée à l'exercice d'une action rédhibitoire ou estimatoire et peut, par suite, être engagée de manière autonome (Cass. 3e civ. 28-2-2012 n° 11-10.705 : BPIM 2/12 inf. 141 ; Cass. com. 19-6-2012 n° 11-13.176 : BPIM 4/12 inf. 332). Ainsi, le syndicat des copropriétaires ayant qualité pour agir en vue de la sauvegarde des droits afférents à l'immeuble, il a qualité pour exercer, contre le vendeur des lots, l'action en réparation des désordres du fait d'un vice caché affectant les parties communes de l'immeuble vendu (Cass. 3e civ. 24-6-2015 n° 14-15.205 : BPIM 4/15 inf. 273).

3. CHOIX ENTRE LA RÉSOLUTION DE LA VENTE ET LA DIMINUTION DU PRIX

En application de l'article 1644 du Code civil, l'acquéreur qui met en œuvre la garantie des vices cachés a le choix entre rendre l'immeuble et se faire restituer le prix (action dite rédhibitoire qui en fait correspond à la résolution de la vente) ou demander une diminution du prix (action dite « estimatoire »). **50260**

L'acheteur peut exercer ce **choix discrétionnairement**, sans avoir à le justifier (Cass. 1e civ. 11-6-1980 : Bull. civ. I n° 185 ; Cass. 1e civ. 5-5-1982 : Bull. civ. I n° 163 ; Cass. 1e civ. 23-5-1995 n° 93-17.367 : RJDA 12/95 n° 1349). Il peut demander la résolution de la vente même si le vice a entièrement disparu en raison des interventions qu'il a faites pour y remédier (Cass. 3e civ. **50265**

17-2-1988 : Bull. civ. III n° 38), ou même si le vendeur lui a proposé d'effectuer des travaux et si ces travaux sont modiques (Cass. 1e civ. 23-5-1995 n° 93-17.367 : RJDA 12/95 n° 1349 ; CA Paris 15-2-1999 : RJDA 7/99 n° 772).

50268 Ce choix entre résolution de la vente et diminution du prix n'appartient qu'à l'acquéreur (Cass. 1e civ. 23-10-1974 : Bull. civ. I n° 278 ; Cass. 1e civ. 6-10-1998 n° 96-14.660 : RJDA 12/98 n° 1344 ; Cass. 3e civ. 20-10-2010 n° 09-16.788 : RJDA 2/11 n° 126 ; Cass. 1e civ. 6-4-2016, n° 15-12.402 : RJDA 2/17 n° 72) et non à la juridiction saisie en vue de statuer sur ces demandes. Ainsi, saisi d'une demande en résolution de la vente, le **juge** ne peut pas valablement prononcer une simple réduction du prix (CA Paris 6-10-1995 : RJDA 2/96 n° 211).

En revanche, s'il est saisi d'une action rédhibitoire à titre principal et estimatoire à titre subsidiaire, le juge apprécie souverainement la gravité du vice invoqué, et peut estimer qu'il n'était pas de nature à justifier la résolution de la vente mais était suffisamment grave pour justifier une réduction du prix (Cass. 3e civ. 25-6-2014 n° 13-17.254).

50270 L'acheteur peut **substituer une action à l'autre**, même devant la cour d'appel, tant qu'il n'a pas été statué sur sa demande par une décision passée en force de chose jugée ou que le vendeur n'a pas acquiescé (Cass. 2e civ. 11-7-1974 : Bull. civ. II n° 231 ; Cass. com. 12-12-1999 n° 96-22.578 : RJDA 12/99 n° 1312). Mais l'option n'est possible que si les deux actions coexistent, ce qui n'est plus le cas lorsque l'acheteur a renoncé à l'une d'elles (CA Rouen 13-5-1992).

50275 Toutefois, **seule la réduction du prix peut être demandée** lorsque :

– le vice n'est pas assez grave pour justifier la résolution (Cass. com. 5-1-1961 : Bull. civ. III n° 11 ; Cass. com. 6-3-1990 : Bull. civ. IV n° 75) ;

– l'immeuble ne peut plus être restitué au vendeur (Cass. com. 6-7-1999 n° 96-20.014 : RJDA 11/99 n° 1190), sauf si la restitution a été rendue impossible par la faute du vendeur (Cass. com. 10-5-2000 n° 97-17.472 : RJDA 9-10/00 n° 853) ;

– le bien a péri par la faute de l'acheteur ou par cas fortuit (n° 50385).

50277 L'**action estimatoire** permet de replacer l'acquéreur dans la situation où il se serait trouvé si le bien vendu n'avait pas été atteint de vices cachés. L'acheteur est ainsi fondé à demander la restitution du prix correspondant au coût des travaux nécessaires pour remédier au vice (Cass. 3e civ. 1-2-2006 n° 05-10.845 : RJDA 5/06 n° 526).

Toutefois, l'acquéreur ne peut pas obtenir une réduction totale du prix (Cass. 3e civ. 8-4-2009 n° 07-19.690 : RJDA 11/09 n° 941), même si le coût de la remise en état excède le prix (Cass. 3e civ. 19-4-2000 n° 98-12.326 : RJDA 6/00 n° 643). Il peut seulement obtenir, en plus de la réduction du prix, des dommages-intérêts si le vendeur connaissait le vice au moment de la vente (n° 50380).

En outre, l'acheteur d'un bien comportant un vice caché qui accepte que le vendeur procède à la **remise en état du bien** ne peut plus agir en garantie puisque le vice a disparu. Il peut seulement lui demander réparation du préjudice résultant du vice sur le fondement de l'article 1645 du Code civil, autorisant l'acheteur à demander l'indemnisation de son préjudice si le vendeur a connaissance ou est réputé avoir connaissance du vice (n° 50380) (Cass. com. 1-2-2011 n° 10-11.269 FS-PB ; Cass. com. 4-6-2013 n° 12-17.786 : RJDA 12/13 n° 995 ; Cass. 1e civ. 14-12-2022 n° 21-20.809 F-D).

Cette solution ne s'applique pas lorsque la remise en état du bien a été réalisée par un tiers. Dans ce cas, l'acheteur peut obtenir du vendeur la restitution d'une partie du prix malgré la disparition du vice affectant la chose. Cette restitution est toutefois limitée au coût des travaux qui ont été mis à la charge de l'acheteur (Cass. 3e civ. 8-2-2023 n° 22-10.743 FS-B : BPIM 2/23 inf. 125 où les travaux, qui affectaient des planchers parties communes, avaient été faits par le syndicat des copropriétaires et l'acheteur avait donc dû supporter des charges de copropriété correspondant aux travaux de remise en état de l'immeuble).

La réduction de prix prévue par l'article 1644 du Code civil s'apprécie au regard non pas de la valeur vénale du bien, mais du « coût » du vice (Cass. com. 1-12-1964 : Bull. civ. II n° 532 ; Cass. 1e civ. 16-1-1985 : Bull. civ. I n° 27 ; Cass. 3e civ. 1-2-2006 précité).

La restitution à laquelle le vendeur est condamné à la suite d'une action estimatoire ne constitue pas par elle-même un préjudice indemnisable. La condamnation de l'agent immobilier (Cass. 3e civ. 29-3-2018 n° 17-13.157 F-D : BPIM 3/18 inf. 204 : voir n° 71450) ou du notaire (Cass. 3e civ. 14-12-2017 n° 16-24.170 FS-PBI : BPIM 1/18 inf. 84 voir n° 70464) à la supporter est donc exclue.

50285 La **demande en résolution** de la vente pour vice caché doit, pour être recevable, être **publiée** au service chargé de la publicité foncière. Il doit en outre être justifié de cette publication par un certificat dudit service ou la production d'une copie de la demande revêtue de la mention de publicité (Décret 55-22 du 4-1-1955 art. 28, 4°, c et 30, 5.), aucun autre justificatif n'étant accepté (Cass. 3e civ. 5-11-2008 n° 07-15.179 : RJDA 4/09 n° 394 ; Cass. 3e civ. 10-2-2010 n° 07-19.228 : RJDA 7/10 n° 790).

La résolution d'une vente entraînant de plein droit la remise des parties en l'état où elles se trouvaient antérieurement à sa conclusion, même à défaut de demande expresse en ce sens, le juge, peut ordonner la restitution de la chose vendue et celle du prix (Cass. 1e civ. 24-1-2024 n° 21-20.693), mais n'est pas tenu non plus, d'ordonner en même temps que la **restitution du prix** celle **de la chose vendue** car le jugement emporte un tel effet de façon implicite (Cass. 1e civ. 25-5-2016, n° 15-17.317). La restitution des fruits générés par un bien depuis la vente constitue également une conséquence légale de l'anéantissement du contrat. Toutefois, une telle restitution est subordonnée à la bonne foi du possesseur (C. civ. art. 549 et 550 : Cass. 3e civ. 27-11-2002 n° 01-12.444 FS-PB : RJDA 6/03 n° 582 ; Cass. 3e civ. 23-5-2019 n° 18-10.118 F-D). Dès lors, elle ne peut pas être prononcée d'office par le juge (Cass. 3e civ. 11-2-2021 n° 20-11.037 FS-PL : BPIM 2/21 inf. 132). **50288**

L'**action en résolution** de la vente pour vice caché présente une spécificité **en cas de ventes successives**. Lorsque l'action est exercée par le sous-acquéreur non contre son propre cocontractant mais contre le vendeur originaire, ce dernier ne peut pas être tenu de restituer davantage qu'il n'a reçu, sauf à devoir des dommages-intérêts en réparation du préjudice subi (Cass. 1e civ. 27-1-1993 : Bull. civ. I n° 45). Il en résulte que le sous-acquéreur ne peut pas réclamer au vendeur originaire la restitution du prix qu'il a versé au vendeur intermédiaire si ce prix est plus élevé que celui que ce dernier a versé au vendeur originaire.

Par ailleurs, dans le cas où, suite à la résolution de la vente, le sous-acquéreur a restitué le bien à son cocontractant, vendeur intermédiaire, le vendeur originaire ne peut pas être condamné solidairement avec le vendeur intermédiaire à restituer le prix au sous-acquéreur ; la restitution du prix reçu par le vendeur étant la contrepartie de la remise du bien par l'acquéreur, seul celui auquel le bien est rendu (c'est-à-dire en l'espèce le vendeur intermédiaire) doit restituer le prix à l'acquéreur (Cass. com. 17-5-1982 : Bull. civ. IV n° 182).

Le juge peut condamner le vendeur initial envers le sous-acquéreur d'un terrain pollué pour manquement à son obligation de délivrance conforme et dans le même temps exonérer le revendeur au motif que ce manquement ne lui est pas imputable dès lors que la pollution rendant le terrain inconstructible constituait à son égard un vice caché (Cass. 3e civ. 30-9-2021 n° 20-15.354 FS-B : BPIM 6/21 inf. 386).

4. DÉLAI POUR AGIR

DURÉE

L'action en garantie des vices cachés doit être engagée dans les **2 ans** de la découverte du vice (C. civ. art. 1648, al. 1). **50310**

Le **point de départ** du délai – la date de la découverte du vice – peut être constitué par le dépôt d'un rapport d'expertise rendu indispensable en raison de la nature ou de l'origine du vice (notamment Cass. 3e civ. 30-1-2019 n° 17-20.611 ; Cass. 3e civ. 11-6-2014 n° 13-11.786 ; Cass. 1e civ. 19-3-1991 n° 88-16.208 : RJDA 6/91 n° 475) ou, en cas d'action récursoire du jour de l'assignation qui a été délivrée. Tel est le cas de l'action en intervention forcée exercée par le vendeur contre son propre vendeur (Cass. com. 17-12-1973 : Bull. civ. IV n° 367 ; Cass. com. 9-7-1991 n° 89-12.768 : RJDA 10/91 n° 799 ; Cass. 1e civ. 25-5-2005 n° 02-13.546 : RJDA 10/05 n° 1094 ; Cass. com. 22-5-2012 n° 11-18.124 : RJDA 11/12 n° 947) ou contre un entrepreneur (Cass. 3e civ. 7-12-2023 n° 22-19.839 F-D).

En application des articles 1648 alinéa 1 et 2232 du Code civil, l'action en garantie des vices cachés doit être exercée dans les **2 ans** de la découverte du vice, sans pouvoir dépasser le délai de **20 ans** à compter du jour de la vente (Cass. 3e civ. 8-12-2021 n° 20-21.439 FS-B ; Cass. 3e civ. 25-5-2022 n° 21-18.218 FS-B : BPIM 4/22 inf. 299). En d'autres termes, le vice découvert plus de 20 ans après l'acquisition ne peut plus donner lieu à une action en garantie. Toutefois, l'action en garantie des vices cachés engagée plus de 20 ans après la naissance du droit reste recevable pour les ventes antérieures au 19 juin 2008, car le délai butoir de l'article 2232 du Code civil n'est pas applicable à une situation où le droit est né avant l'entrée en vigueur de la loi du 17 juin 2008 (Cass. 3e civ. 1-10-2020 n° 19-16.986 FS-PBI : BPIM 6/20 inf. 404). La charge de la preuve du dépassement du délai de prescription biennale repose sur le vendeur (Cass. 3e civ. 9-2-2011 n° 10-11.573 : RJDA 6/11 n° 514).

INTERRUPTION DU DÉLAI

Depuis un arrêt rendu par la chambre mixte de la Cour de cassation, il est désormais acquis que le délai pour agir est un délai de **prescription et non un délai de forclusion** (Cass. ch. mixte 21-7-2023 nos 21-15.809 BR, 20-10.763 BR, 21-17.789 BR et 21-19.936 BR : BPIM 5/23 inf. 326 ; Cass. 3e civ. 15-2-2024 n° 22-20.065 : BPIM 2/24 Inf. 125). Le délai peut donc être suspendu notamment par une demande en référé-expertise et par l'expertise elle-même. Ainsi, en cas d'expertise, la prescription est suspendue jusqu'au jour du dépôt du rapport de l'expert, sans effacer le **50340** délai déjà couru (C. civ. art. 2230 et 2239, al. 2 ; Cass. 3e civ. 22-10-2020 n° 19-17.946 F-D : RJDA 1/21 n° 64). Le délai est également susceptible d'interruption, qui a pour **effet** d'effacer le délai de prescription acquis et de faire courir un nouveau délai de même durée que l'ancien (C. civ. art. 2231). Ainsi, le délai de l'article 1648 alinéa 1 du Code civil est **interrompu par** l'exercice de l'action en garantie pour vice caché, y compris lorsque celle-ci est formée en référé ou portée devant une juridiction incompétente ou lorsque l'acte de saisine de la juridiction est annulé pour vice de procédure (C. civ. art. 2241). Le délai est donc interrompu lorsque l'acquéreur saisit le juge des référés d'une demande d'expertise (C. civ. art. 2241 ; Cass. 3e civ. 5-11-1997 : Bull. civ. III n° 199 ; Cass. 3e civ. 5-12-2001 n° 00-87.898 : RJDA 2/02 n° 146), que cette demande soit formée à titre principal ou par voie incidente ou reconventionnelle, c'est-à-dire, par exemple, à l'occasion de l'action engagée par le vendeur pour obtenir le règlement du prix de vente (Cass. com. 2-4-1996 n° 93-20.901 : RJDA 10/96 n° 1179).

Emporte également interruption du délai, l'assignation en référé tendant à rendre commune au vendeur une expertise en cours (Cass. com. 3-12-2003 n° 02-15.130 : RJDA 4/04 n° 413).

Toutefois, le délai n'est interrompu qu'à l'égard de ceux qui ont été assignés. Il n'est donc interrompu ni à l'égard de l'acquéreur qui a participé volontairement à l'expertise demandée par le vendeur contre son propre vendeur (Cass. 1e civ. 18-9-2002 n° 00-18.325 : RJDA 1/03 n° 94), ni à l'égard de celui déclaré hors de cause par le juge des référés (Cass. 1e civ. 9-7-2003 n° 01-02.581 : RJDA 2/04 n° 260).

L'assignation en référé expertise a donc un double effet : un effet interruptif, l'assignation faisant courir un nouveau délai de 2 ans à compter de la date du prononcé de l'ordonnance désignant l'expert, celle-ci mettant fin à l'instance, en application de l'article 2242 du Code civil (Cass. 3e civ. 5-1-2017 n° 15-12.605 : BPIM 2/17 inf. 126) ; et un effet suspensif, les mesures d'expertise suspendant le cours de la prescription jusqu'au dépôt du rapport, sans effacer le délai déjà couru (C. civ. art. 2230 et 2239, al. 2 ; Cass. 3e civ. 22-10-2020 n° 19-17.946 F-D : RJDA 1/21 n° 64).

Le délai pour agir est enfermé dans un **délai butoir**, de 20 ans à compter du jour de la vente conclue par la partie recherchée en garantie (Cass. ch. mixte 21-7-2023 nos 21-15.809 BR, 20-10.763 BR, 21-17.789 BR et 21-19.936 BR : BPIM 5/23 inf. 326 ; Cass. 3e civ. 21-3-2024 n° 22-22.967 F-D, G. c/ Sté Pierres et terres : BPIM 3/24 inf. 201).

L'action en nullité de la vente sur le fondement du dol, bien que distincte de l'action en résolution au titre de la garantie des vices cachés, tend à un même but, à savoir l'anéantissement de la vente. En conséquence, l'assignation délivrée sur le fondement du **dol** interrompt la prescription de l'action en garantie des vices cachés (Cass. 3e civ. 18-4-2019 n° 18-10.883).

EXPIRATION DU DÉLAI

50350 Si le délai de l'article 1648, alinéa 1 du Code civil est expiré, l'acquéreur ne peut plus agir. Son action est donc en principe irrecevable mais cette **fin de non-recevoir** n'est pas d'ordre public ; il en résulte, en vertu de l'article 125 du Code de procédure civile, qu'elle ne peut pas être soulevée d'office par le juge (Cass. 1e civ. 12-12-2000 n° 98-21.789 : RJDA 4/01 n° 436). Il appartient donc au vendeur de s'en prévaloir.

Elle ne peut pas davantage être invoquée pour la première fois devant la Cour de cassation (Cass. 1e civ. 5-12-1995 n° 94-11.135 : RJDA 4/96 n° 486).

Rien n'interdit au vendeur de renoncer à invoquer l'expiration du délai pour agir. Afin d'éviter toute contestation ultérieure, il est préférable que cette **renonciation** soit faite par écrit. Est ainsi valable le document intitulé « déclaration de renonciation à la prescription » signé par un préposé du vendeur dès lors qu'il n'est pas établi que le préposé n'avait pas qualité pour représenter le vendeur ou que, en raison de son incompétence juridique, il aurait été trompé sur la portée de cet engagement (CA Rouen 12-2-1998 n° 96-2499).

5. RÉPARATIONS DUES PAR LE VENDEUR

50370 Outre la restitution du prix (qui n'est que partielle en cas d'action estimatoire ; n° 50277), le vendeur peut être condamné à réparer le préjudice subi par l'acquéreur. Cette action en réparation n'est pas subordonnée à l'exercice d'une action rédhibitoire ou estimatoire : elle peut donc être engagée de manière autonome (Cass. com. 19-6-2012 n° 11-13.176 : RJDA 3/13 n° 214 ; Cass. 1e civ. 26-9-2012 n° 11-22.399 : RJDA 4/13 n° 306).

L'étendue de cette réparation varie selon que le vendeur avait ou non connaissance du vice allégué.

Vendeur ignorant le vice Dans ce cas, il n'est tenu de rembourser à l'acquéreur que les frais que la vente a occasionnés à celui-ci (C. civ. art. 1646) et non les éventuels dommages subis (Cass. 1e civ. 4-2-1963 : JCP G 1963 II n° 13159 note R. Savatier ; Cass. 3e civ. 8-4-2009 n° 07-19.690 : RJDA 11/09 n° 941). Ces frais s'entendent des dépenses directement liées à la conclusion de la vente, à l'exclusion de celles engagées postérieurement (Cass. 1e civ. 16-7-1998 n° 96-12.871 : RJDA 5/99 n° 542 ; Cass. 1e civ. 8-2-2005 n° 02-11.276) et donc des dépenses engagées par l'acquéreur pour la conservation du bien (Cass. 1e civ. 21-3-2006 n° 03-16.407 : RJDA 10/06 n° 1011, 3e esp.). Le prix de vente et les frais occasionnés par celle-ci doivent être restitués aux acquéreurs sans qu'il y ait lieu d'en déduire le montant de la commission versée à l'agent immobilier qui était expressément mise à sa charge par le mandat (Cass. 3e civ. 4-3-2014 n° 12-25.801 : BPIM 3/14 inf. 191). 50375

Vendeur connaissant le vice Le vendeur qui avait connaissance du vice au moment de la vente est tenu, outre la restitution du prix de vente, de tous les dommages-intérêts à l'égard de l'acquéreur (C. civ. art. 1645). Autrement dit, il doit indemniser l'acquéreur de **tous** les **préjudices** que lui a causés le vice, tels que la perte patrimoniale subie en raison de la hausse des prix de l'immobilier entre la conclusion de la vente et sa résolution (en l'espèce, 4 ans), l'impossibilité pour l'acheteur d'acquérir un bien analogue au même prix (Cass. 3e civ. 20-12-1995 n° 93-18.835 : RJDA 3/96 n° 327), les impôts fonciers (Cass. 3e civ. 16-3-2023 n° 21-24.308) ou les frais de remblaiement qu'il a été nécessaire d'engager avant de construire (Cass. 3e civ. 16-3-2010 n° 09-10.693 : RJDA 10/10 n° 938). La victime n'est pas tenue de limiter son préjudice dans l'intérêt du vendeur responsable. Il en résulte que les juges ne peuvent pas rejeter sa demande en paiement d'un surcoût de travaux dû au vice du terrain au seul motif qu'elle n'aurait pas suffisamment négocié le surcoût imposé par le constructeur (Cass. 3e civ. 2-3-2022 n° 20-14.762). Dès lors que le vendeur connaissait les vices de la chose, l'acheteur peut exercer l'action en indemnisation indépendamment de l'action rédhibitoire ou estimatoire. Ainsi, lorsque l'immeuble vendu est atteint de vices cachés nécessitant sa démolition, l'acheteur qui a choisi de le conserver sans demander restitution de tout ou partie du prix de vente est fondé à obtenir du vendeur de mauvaise foi des dommages et intérêts équivalant au **coût de démolition et de reconstruction** (Cass. 3e civ. 30-1-2020 n° 19-10.176 FS-PBI : BPIM 2/20 inf. 129). 50380

> **Précisions a.** Est assimilé au vendeur qui connaissait le vice celui qui, par sa profession, ne pouvait l'ignorer. Une présomption de mauvaise foi pèse ainsi sur le **vendeur professionnel de l'immobilier** censé connaître les vices cachés affectant le bien vendu (Cass. 3e civ. 7-10-2014 n° 13-21.957 ; Cass. com. 27-11-1991 n° 89-19.546 : RJDA 2/92 n° 139 ; Cass. 2e civ. 30-3-2000 : Bull. civ. II n° 57). Il en est ainsi même à l'égard d'un acheteur professionnel de même spécialité (concernant la validité d'une clause limitative ou exclusive de garantie dans une vente conclue entre de tels professionnels, voir n° 50460). Sur la notion de vendeur professionnel, voir nos 50450 s.
> **b.** Le vendeur ne peut pas limiter sa responsabilité en soutenant qu'il n'avait **pas conscience de l'ampleur du vice** (par exemple, ignorance du caractère généralisé de l'infestation de l'immeuble par des insectes xylophages ; Cass. 3e civ. 28-3-2007 n° 06-12.299 : RJDA 7/07 n° 712) ; il doit ainsi réparation y compris pour les dommages dont il n'avait pas connaissance (Cass. 3e civ. 19-11-2008 n° 07-16.746 : RJDA 7/09 n° 623 ; Cass. 3e civ. 14-4-2010 n° 09-14.455 : RJDA 10/10 n° 937).

Vice ayant entraîné la perte de l'immeuble Lorsque le vice caché est à l'origine de la perte de l'immeuble, la perte est pour le vendeur, qui est tenu envers l'acheteur à la restitution du prix et autres dédommagements (C. civ. art. 1647, al. 1). En conséquence, si les risques du bien vendu sont à la charge de l'acquéreur à partir du transfert de propriété, il n'en est plus de même si le bien transféré était antérieurement atteint de vice caché (Cass. com. 9-2-1965 : Bull. civ. III n° 103). 50385

Lorsque la perte de l'immeuble est due à un cas fortuit, la perte est en principe supportée par l'acheteur (C. civ. art. 1647, al. 2). Ainsi, si une maison a été détruite par un incendie sans lien avec les vices justifiant la résolution de la vente pour vice caché, l'acheteur supporte sa perte et doit restituer le terrain et la valeur avant incendie de la maison viciée (Cass. 3e civ. 7-1-2016 n° 14-25.664 : BPIM 2/16 inf. 118). Mais l'acheteur conserve la possibilité d'obtenir, par la voie de l'action estimatoire, la réduction du prix que justifie la gravité du vice dont le bien vendu était atteint (Cass. 1e civ. 3-12-1996 n° 94-19.176 : RJDA 2/97 n° 191).

E. Aménagements conventionnels de la garantie

1. CLAUSES LIMITATIVES OU EXCLUSIVES DE GARANTIE DES VICES CACHÉS

50430 L'article 1643 du Code civil dispose que le vendeur est tenu des vices cachés, même s'il ne les connaissait pas, à moins que, dans ce cas, il n'ait stipulé qu'il ne sera obligé à aucune garantie. Usuelle en matière immobilière, la clause exclusive ou limitative de garantie des vices cachés n'est valable que si le vendeur ignorait le vice caché (nos 50435 s.) et s'il a satisfait à son obligation légale de recherche de certains vices cachés (n° 50480).

Dès lors que la clause est applicable, l'acquéreur ne peut pas invoquer la responsabilité contractuelle de droit commun pour y faire échec (Cass. 3e civ. 12-9-2012 n° 11-21.007 : RJDA 3/13 n° 213).

a. Ignorance du vice

50435 La validité de la clause de non-garantie des vices cachés est subordonnée à l'ignorance du vice par le vendeur ; cette exigence conduit à distinguer la vente entre non-professionnels (nos 50440 s.) de la vente conclue par un vendeur professionnel (nos 50450 s.).

VENTE ENTRE NON-PROFESSIONNELS

50440 Les clauses limitant ou excluant la garantie des vices cachés sont valables entre non-professionnels mais elles ne peuvent pas être utilement invoquées par le vendeur de **mauvaise foi**. La caractérisation de la mauvaise foi ne suppose pas l'existence d'une volonté délibérée du vendeur de cacher les vices de l'immeuble (Cass. 3e civ. 22-9-2009 n° 08-14.013 : RJDA 2/10 n° 140 ; Cass. 3e civ. 16-12-2009 n° 09-10.540 : BRDA 4/10 inf. 23) ; il suffit que le vendeur en ait eu connaissance au moment de la vente et n'en ait pas informé l'acquéreur. Dès lors que le vendeur a réalisé lui-même des travaux d'aménagement, il a nécessairement connaissance du vice constitué par la faiblesse et la dangerosité des combles et les juges du fond peuvent en déduire que la clause d'exclusion de garantie des vices cachés ne peut pas s'appliquer (Cass. 3e civ. 4-5-2016 n° 15-12.429 : BPIM 4/16 inf. 263). Le vendeur qui réalise ou fait réaliser des travaux de remblaiement du pourtour de la piscine sans faire appel à une entreprise est assimilé à un professionnel et n'est donc pas fondé à se prévaloir de la clause exclusive de garantie stipulée à l'acte (Cass. 3e civ. 6-12-2018 n° 18-10.250, voir n° 50450). En revanche, la clause de non-garantie des vices cachés s'applique dès lors qu'il n'est pas établi que le vendeur avait connaissance, avant la vente, de la présence effective de termites qu'un professionnel n'avait pas su détecter et que les panneaux d'aggloméré présents sur les parquets avaient été disposés pour masquer leur infestation par les termites (Cass. 3e civ. 8-12-2016 n° 15-20.497 FS-PB). En effet, la délivrance d'un diagnostic erroné établi par un professionnel n'écarte pas la clause exonératoire des vices cachés mentionnés à l'acte de vente, dès lors que la mauvaise foi du vendeur n'est pas établie (Cass. 3e civ. 21-3-2019 n° 18-11.826).

La preuve de ce que la commune venderesse connaissait l'existence de deux fosses en béton enfouies dans le sous-sol des parcelles peut résulter d'une convention antérieure conclue entre la commune et la SNCF qui stipule que cette dernière ne les détruirait pas et que la commune devait faire son affaire personnelle de leur présence (Cass. 3e civ. 19-1-2022 n° 21-10.073).

Les juges du fond ne peuvent pas rejeter la demande de l'acquéreur en réduction du prix de vente sans examiner les courriers électroniques adressés par le vendeur au syndic susceptibles d'établir la connaissance par ce dernier des nuisances sonores affectant l'appartement (Cass. 3e civ. 13-2-2020 n° 19-14.499 F-D).

ILLUSTRATIONS

a. La clause de non-garantie **ne s'applique pas** lorsque le vendeur dissimule à l'acheteur :
– la présence d'infiltrations d'eau que le vendeur a dissimulée en repeignant les murs (Cass. 3e civ. 21-1-2015 n° 13-17.982 : BPIM 2/15 inf. 125) ;
– la présence de fissures, même visibles, dès lors que l'acquéreur ne peut pas en mesurer l'ampleur et les conséquences (Cass. 3e civ. 10-3-2015 n° 13-19.445 : BPIM 3/15 inf. 200 ; Cass. 3e civ. 14-3-2012 n° 11-10.861 : RJDA 6/12 n° 578) ;
– la présence d'insectes xylophages (Cass. 3e civ. 18-1-2006 n° 03-21.173 ; Cass. 3e civ. 28-3-2007 n° 06-12.299 : RJDA 7/07 n° 712 ; Cass. 3e civ. 14-4-2010 n° 09-14.455 : RJDA 10/10 n° 937), même si les insectes avaient été déclarés inactifs par un diagnostiqueur lors de l'achat de l'immeuble par le vendeur dès lors que l'évolution des insectes, aléatoire et imprévisible, pouvait aboutir à une véritable infestation (Cass. 3e civ. 8-4-2009 n° 08-12.960 : RJDA 11/09 n° 942) ;

– des traces de termites par du plâtre et de la peinture et transmis un état parasitaire négatif à l'acquéreur (Cass. 3e civ. 13-1-2010 no 08-21.677 : BRDA 4/10 inf. 23) ;
– l'infestation de la charpente par la mérule (champignon lignivore) qui l'avait obligé à consolider certaines solives (Cass. 3e civ. 19-11-2008 no 07-16.746 : RJDA 7/09 no 623 relevant en l'espèce que, même pour un profane, la nature et l'étendue des dégradations ne pouvaient pas ne pas induire la présence de la mérule) ;
– le risque de reclassement de l'hôtel, objet de la vente, en l'absence d'importants travaux de rénovation (CA Versailles 5-12-1995) ;
– des mouvements de terrain et la décompression des sols observés au cours des années où il était propriétaire (Cass. 3e civ. 22-9-2009 no 08-14.013 : RJDA 2/10 no 140) ;
– un risque d'éboulement provenant de la falaise située au-dessus de l'hôtel vendu, alors que le vendeur avait eu connaissance d'un rapport mentionnant que la falaise était dangereusement instable et que des travaux de prévention devaient être effectués (Cass. 3e civ. 10-9-2013 no 12-22.844 : RJDA 4/14 no 318).

b. La clause de non-garantie **s'applique** :
– en cas d'absence de tout-à-l'égout et d'engorgement de l'évacuation des eaux usées dès lors que la fosse septique installée dans le jardin était apparente et que l'engorgement datait de la période où le vendeur n'occupait plus la maison (CA Versailles 13-1-2000 no 96-4711 : RJDA 5/00 no 527) ;
– s'agissant de la présence de mérules car, même si le vendeur avait été présent lors d'une visite de sa maison pendant laquelle un professionnel avait fait état de la présence de ce champignon, le problème n'avait pas alors été clairement abordé et il n'avait pas pu appréhender la gravité de la situation (Cass. 3e civ. 26-4-2006 no 05-10.892 : AJDI 2006 p. 589 obs. L. Pascal et S. Prigent) ;
– en présence d'infiltrations d'eaux à travers un toit terrasse dès lors que le vendeur n'avait occupé la maison que 2 ans avant de la revendre, que l'expert n'avait pu parvenir à aucune certitude sur l'existence d'infiltrations antérieures à la vente et n'avait pas constaté de travaux destinés à dissimuler des traces d'infiltrations ou de condensation et que la toiture terrasse n'avait pas été réalisée par le vendeur mais par son propre vendeur (Cass. 3e civ. 16-12-2008 no 07-19.310 : AJDI 2009 p. 320 obs. S. Porcheron) ;
– en cas de vente d'une maison dont le vendeur, profane en matière de construction, a hérité peu de temps avant sans jamais y avoir vécu et dont il pouvait ignorer le désordre structurel qui l'affectait (Cass. 3e civ. 21-12-2023 no 22-21.518 F-D : BPIM 2/24 inf. 126) ou dont l'affaissement du plancher avait été causé par les travaux de rénovation réalisés par les parents du vendeur, mais alors que celui-ci était seulement âgé de douze ou treize ans (Cass. 3e civ. 21-12-2023 no 22-20.045 F-D) ;
– en cas de découverte d'amiante après la vente dès lors que le vendeur profane a rempli son devoir d'information en communiquant un diagnostic amiante négatif (Cass. 3e civ. 6-7-2011 no 10-18.882 : RJDA 11/11 no 897) ;
– dès lors que la toxicité du produit de traitement des bois et de la charpente, qui rendait les lieux impropres à leur destination, n'était pas révélée par l'odeur très perceptible de goudron qu'il dégageait et que les acquéreurs ne démontraient pas que le vendeur aurait été informé de cette toxicité (Cass. 3e civ. 16-5-2019 no 18-13.703 F-D) ;
– dès lors qu'il résulte du rapport d'expertise judiciaire et des attestations que les vendeurs connaissaient le caractère inondable de l'immeuble dû au dysfonctionnement du système d'évacuation des eaux de ruissellement (Cass. 3e civ. 15-10-2015 no 14-21.395) ;
– dès lors qu'il n'est pas établi que le vendeur avait connaissance, avant la vente, de la présence effective de termites qu'un professionnel n'avait pas su détecter. Il n'est par ailleurs pas prouvé que des panneaux d'aggloméré auraient été disposés sur les parquets pour masquer leur infestation par les termites (Cass. 3e civ. 8-12-2016 no 15-20.497 FS-PB : BPIM 1/17 inf. 30).

La mauvaise foi du vendeur ne peut pas être déduite du seul fait qu'il a omis d'informer l'acheteur qu'une installation classée avait été exploitée sur le terrain vendu ainsi que l'article L 514-20 du Code de l'environnement lui en fait l'obligation (Cass. 3e civ. 10-9-2008 no 07-17.086 : RJDA 3/09 no 202 ; sur cette obligation d'information, voir nos 21060 s.). De même, le vendeur qui ignorait l'instabilité du sol de sa maison révélée par des pluies exceptionnelles peut invoquer la clause de non-garantie des vices cachés alors même qu'il a dissimulé à l'acheteur une procédure judiciaire antérieure relative à l'effondrement d'un mur, cette dissimulation ne suffisant pas à caractériser la mauvaise foi (Cass. 3e civ. 4-4-2019 no 16-22.528 FS-D : BPIM 3/19 inf. 195).

Le fait d'avoir eu connaissance du vice et de ne pas en avoir informé l'acquéreur peut être constitutif d'une **réticence dolosive**. Le dol, outre la neutralisation de la clause de non-garantie (Cass. 3e civ. 15-5-1996 no 94-17.202 : RJDA 8-9/96 no 1032), peut entraîner la nullité de la vente pour vice du consentement ou la responsabilité délictuelle du vendeur sur le fondement de l'article 1240 du Code civil. **50443**

VENTE ENTRE UN PROFESSIONNEL ET UN NON-PROFESSIONNEL

Le vendeur professionnel de l'immobilier, présumé en tant que tel connaître les vices du bien vendu (no 50380), ne peut pas se prévaloir d'une clause limitative ou exclusive de garantie des **50450** vices cachés à l'égard de l'acquéreur qui n'est pas lui-même un professionnel (notamment Cass. 3e civ. 23-6-1971 : Bull. civ. III nº 403 ; Cass. com. 18-2-1997 nº 94-20.609 : RJDA 6/97 nº 767 ; Cass. com. 23-11-1999 nº 96-17.637 : RJDA 3/00 nº 255).

La solution est reprise par le Code de la consommation qui, dans les contrats conclus entre professionnels et non-professionnels ou consommateurs, interdit comme abusive toute clause ayant pour objet ou pour effet de « supprimer ou réduire le droit à réparation du préjudice subi par le non-professionnel ou le consommateur en cas de manquement par le professionnel à l'une quelconque de ses obligations » (C. consom. art. R 212-1, 6° , sur les notions de consommateur et de non-professionnel au sens de ce texte, voir nº 49723).

Est assimilé à un vendeur professionnel, et est soumis à la même présomption, celui qui a **conçu et réalisé lui-même les travaux** à l'origine du vice caché, que l'intéressé soit un technicien du bâtiment (Cass. 3e civ. 4-3-2014 nº 13-11.058 F-D) ou non (Cass. 3e civ. 26-10-2017 nº 16-24.405 F-D). Dès lors que les vendeurs se comportent comme des professionnels de la construction sans en avoir les compétences ils sont donc irréfragablement présumés connaître les vices et tenus d'indemniser les acquéreurs (Cass. 3e civ. 7-12-2023 nº 22-20.093). Le caractère irréfragable de cette présomption ne porte pas une atteinte disproportionnée au droit du vendeur professionnel au procès équitable garanti par l'article 6 de la CEDH (Cass. com. 5-7-2023 nº 22-11.621).

Lorsque le vendeur est une **personne morale**, la connaissance du vice, ou la conception et la réalisation des travaux, est appréciée en la personne de son représentant légal, personne physique (Cass. 3e civ. 19-10-2023 nº 22-15.536 FS-B : BPIM 2/24 inf. 126). Mais le juge doit rechercher, si cela lui est demandé, si une SCI a elle-même réalisé les travaux à l'origine des désordres affectant le bien vendu, peu important les changements survenus quant à l'identité de ses associés et gérants (arrêt précité).

50453 Est considéré comme un **vendeur professionnel** de l'immobilier ou assimilé comme tel :

– le marchand de biens qui, après avoir acheté un immeuble, le vend par lots (Cass. 3e civ. 3-1-1984 : Bull. civ. III nº 4) ou celui qui, en cette qualité, vend une maison d'habitation (Cass. 3e civ. 13-11-2003 nº 00-22.309 : RJDA 3/04 nº 292) ; la société qui fait profession de vendre des immeubles ou fractions d'immeubles (Cass. 3e civ. 22-1-1974 : Bull. civ. III nº 33) ou qui restaure des immeubles anciens pour les revendre par appartements (Cass. 3e civ. 23-6-1971 : Bull. civ. III nº 403) ;

– la SCI qui achète un immeuble qu'elle rénove pour en vendre une partie et louer le reste en réinvestissant les profits ainsi retirés dans une autre opération immobilière (Cass. 3e civ. 27-10-2016 nº 15-24.232 : BPIM 1/17 inf. 32) ;

– la SCI constituée non pour acquérir et gérer un immeuble destiné à l'usage familial d'habitation, mais pour réaliser une opération de lotissement à caractère professionnel (Cass. 3e civ. 12-5-2004 nº 02-20.911 : RJDA 10/04 nº 1108) ;

– une Safer qui revend un bien rural (Cass. 3e civ. 4-6-1975 : Gaz. Pal. 1975 II p. 857) ;

– le promoteur qui commercialise les constructions qu'il a fait réaliser par l'intermédiaire d'une société de construction (Cass. 3e civ. 27-3-1969 : D. 1969 p. 633 ; Cass. 3e civ. 25-1-1972 : Bull. civ. III nº 46) ;

– le technicien du bâtiment qui a vendu un immeuble après l'avoir conçu ou construit (Cass. 3e civ. 26-2-1980 : Bull. civ. III nº 47 ; dans le même sens, Cass. 3e civ. 5-4-1978 : Bull. civ. III nº 155) ou après l'avoir restructuré (Cass. 3e civ. 4-3-2014 nº 13-11.058), tel un maçon, qui a acheté l'immeuble pour le restructurer, le diviser et vendre les appartements (Cass. 3e civ. 4-3-2014 nº 13-11.058 : BPIM 3/14 inf. 190) ou l'artisan peintre qui a indiqué dans la demande de permis de construire qu'il était l'auteur du projet de construction (Cass. 3e civ. 12-7-2018 nº 17-21.897) ;

– le vendeur qui, bien qu'âgé de 93 ans au moment de la vente et ayant cessé toute activité professionnelle depuis près de 30 ans, a été ingénieur des travaux publics et a dirigé pendant de nombreuses années une entreprise de bâtiment (Cass. 3e civ. 26-4-2006 nº 04-18.466 : RJDA 11/06 nº 1126) ;

– le dernier exploitant d'un garage précédemment exploité par son père, qui ne peut ignorer l'existence de cuves enterrées polluantes (Cass. 3e civ. 29-6-2017 nº 16-18.087 FS-PBRI : BPIM 5/17 inf. 316) ;

– le **particulier** qui achète plusieurs lots d'un immeuble puis les revend après travaux d'aménagement, de réfection et d'embellissement (Cass. 3e civ. 11-5-2010 nº 09-14.095 : RJDA 10/10 nº 936) ou qui conçoit et installe lui-même une cheminée dont le dysfonctionnement cause un incendie (Cass. 3e civ. 9-2-2011 nº 09-71.498 : RJDA 5/11 nº 406 ; Cass. 3e civ. 10-7-2013 nº 12-17.149 : RJDA 11/13 nº 885). Toutefois, seul le vendeur qui a conçu ou réalisé lui-même les travaux avant la vente ne peut pas se prévaloir de la clause l'exonérant de la garantie des vices cachés. Celui qui a seulement fait réaliser des travaux n'acquiert donc pas pour autant la qualité de professionnel (Cass. 3e civ. 18-4-2019 nº 18-20.180 F-D : RJDA 7/19 nº 493).

À l'inverse n'est **pas un vendeur professionnel** : 50456
– la filiale d'une compagnie pétrolière qui vend l'immeuble constituant le siège social de cette dernière, alors que cette filiale, créée pour gérer le patrimoine immobilier de la compagnie, n'a jamais eu dans son patrimoine que les immeubles constituant le siège social de celle-ci pendant 40 ans, que cette dernière détenait 99,99 % de ses parts et que la filiale n'avait aucune connaissance technique particulière en matière de vente de patrimoine immobilier (Cass. 3e civ. 10-7-2001 n° 00-13.556 : RJDA 12/01 n° 1199). À noter qu'en l'espèce les juges ne se sont pas attachés à l'objet social qui comportait la vente d'actifs immobiliers mais à l'activité réelle de la société ;
– l'agent immobilier, covendeur avec un chirurgien-dentiste d'une maison neuve qu'ils avaient fait construire, ayant agi dans le cadre de la gestion de son patrimoine personnel (Cass. 3e civ. 10-10-1978 : Bull. civ. III n° 309) ;
– une SCI procédant à une opération unique d'achat de terrain pour la construction d'une maison destinée à son gérant, ce dernier n'ayant aucune compétence dans ce domaine (Cass. 3e civ. 5-12-2006 n° 04-16.878 : RJDA 5/07 n° 466) ;
– la société d'assurance qui a vendu des appartements dans deux immeubles de grande hauteur qu'elle avait fait construire car, tenue de constituer une réserve pour garantir ses engagements, elle est amenée à effectuer des opérations sur le marché de l'immobilier et dispose d'un patrimoine immobilier justifiant l'existence d'un service immobilier (Cass. 3e civ. 25-4-2007 n° 06-13.290 : RJDA 10/07 n° 953) ;
– un établissement de crédit cédant une partie de son patrimoine immobilier dès lors qu'il n'a pas pour activité professionnelle la vente d'immeubles (Cass. 3e civ. 5-5-2009 n° 08-13.141 : RJDA 4/10 n° 453) ;
– le vendeur qui exerce une activité professionnelle de commerce en gros de matériel électrique et qui est gérant de sociétés civiles immobilières dont l'objet social est la location de biens immobiliers (Cass. 3e civ. 18-12-2012 n° 11-29.036 : RJDA 4/13 n° 307) ;
– le vendeur qui a fait faire des travaux mais ne les a pas lui-même conçus ou réalisés (Cass. 3e civ. 18-4-2019 n° 18-20.180 F-D : RJDA 7/19 n° 493) ; voir n° 50453.
Dès lors que le vendeur est un profane, la clause d'exonération de garantie des vices cachés est opposable à l'acquéreur, quand bien même celui-ci viendrait en remplacement d'un acquéreur professionnel, en application d'une clause de substitution (Cass. 3e civ. 21-11-2019 n° 18-19.084).

VENTE ENTRE PROFESSIONNELS

Le vendeur professionnel peut invoquer une clause exclusive ou limitative de garantie des vices cachés si l'acquéreur est un professionnel de la **même spécialité** (Cass. 3e civ. 4-3-2021 nos 20-10.657 et 20-13.653 ; Cass. 3e civ. 30-10-1978 n° 77-11.354 : JCP G 1979 II n° 19178 ; Cass. com. 18-2-1997 n° 94-20.609 : RJDA 6/97 n° 767 ; Cass. 3e civ. 27-9-2000 n° 1277 : D. 2001 p. 2628 note J.-P. Storck ; Cass. 3e civ. 30-6-2016 n° 14-28.839 : BPIM 5/16 inf. 316). 50460
L'identité de spécialité professionnelle des parties est appréciée souverainement par les juges du fond (Cass. 1e civ. 21-7-1987 : Bull. civ. I n° 241 ; Cass. 1e civ. 20-2-1996 n° 93-21.128 : RJDA 8-9/96 n° 1031 ; Cass. 3e civ. 5-12-2006 n° 04-16.878 : RJDA 5/07 n° 466) et d'une manière assez restrictive.
Ont été reconnus de la même spécialité un lotisseur qui vend des terrains viabilisés et un promoteur qui les achète pour son activité professionnelle en vue d'y construire des pavillons pour les revendre (Cass. 3e civ. 26-4-2006 n° 04-19.107 : RJDA 11/06 n° 1127) ou deux sociétés dont l'objet social visait notamment « l'acquisition, la gestion, la location et l'administration d'immeubles et de toutes opérations financières mobilières ou immobilières se rattachant directement ou indirectement à cet objet » (Cass. 3e civ. 30-6-2016 n° 14-28.839 : BPIM 5/16 inf. 316).
Ne sont pas de la même spécialité deux sociétés civiles immobilières dont l'une n'a effectué qu'une opération unique d'achat de terrain pour la construction d'une maison destinée à son gérant, dirigeant par ailleurs d'une société ayant pour activité la réparation d'articles électriques à usage domestique (Cass. 3e civ. 5-12-2006 n° 04-16.878 précité). Jugé également que n'étaient pas de la même spécialité une SCI marchand de biens et un artisan maçon technicien du bâtiment (Cass. 3e civ. 27-9-2000 n° 1277 précité).
L'acheteur professionnel de la même spécialité que son vendeur peut néanmoins exiger de celui-ci la garantie dès lors que, techniquement, il ne pouvait pas **déceler les défauts** de l'immeuble au moment de la vente. Jugé que tel était le cas pour des vices de construction se manifestant plusieurs années après la vente et que seul un sondage du béton armé aurait permis de révéler (Cass. 3e civ. 30-10-1978 : D. 2001 p. 2628 note J.-P. Storck) ou pour des vices de construction ne pouvant être détectés sans sondages destructifs (Cass. 3e civ. 28-2-2012 n° 11-10.705 : RJDA 3/13 n° 212). Le vendeur ne doit pas avoir eu connaissance du vice (Cass. 3e civ. 30-6-2016 n° 14-28.839 : BPIM 5/16 inf. 316).

b. Obligation légale de recherche du vice

50480 Le vendeur, professionnel ou non, est tenu de rechercher l'existence de certains vices (notamment la présence de plomb, d'amiante, de termites ou encore l'exposition à des risques technologiques ou naturels ; nos 21000 s.) et doit annexer à l'acte de vente un certificat justifiant de ces recherches. L'absence de certificat influe sur l'efficacité de la clause excluant ou limitant la garantie pour le vice concerné (no 21384). Le vendeur, qui doit informer l'acheteur, ne peut se contenter de consulter le site internet de la préfecture, qui n'a qu'une valeur informative, pour déterminer si le bien vendu se situe en zone à risque (Cass. 3e civ. 19-9-2019 no 18-16.700 FS-PBI : BPIM 6/19 inf. 422).

c. Portée de la clause

EXCLUSION PARTIELLE DE GARANTIE

50500 La clause exclusive ou limitative de garantie des vices cachés n'est efficace que pour les **vices** cachés **qu'elle envisage** ; pour les autres vices, le vendeur doit la garantie légale (Cass. com. 30-5-1967 : Gaz. Pal. 1967 II p. 79). Les parties doivent donc être particulièrement attentives à la définition des risques pour lesquels elles entendent écarter la garantie des vices cachés afin d'éviter toute contestation ultérieure.

EXCLUSION TOTALE DE LA GARANTIE

50510 La **clause de style** par laquelle l'**immeuble** est **vendu « en l'état » ou « sans garantie »** est-elle efficace ? La troisième chambre civile de la Cour de cassation, compétente en matière de vente immobilière, l'a admis. Elle a ainsi jugé que dénature la clause par laquelle l'acquéreur s'engage à prendre l'immeuble dans son état actuel avec tous ses vices ou défauts apparents ou cachés la cour d'appel qui énonce que la présence de termites invoquée par l'acquéreur aurait dû être expressément visée pour que puisse être tenue pour certaine la volonté des parties d'exclure la garantie de ce vice (Cass. 3e civ. 12-11-1975 : Bull. civ. III no 330). La solution est moins tranchée dans les décisions de la première chambre civile et de la chambre commerciale de la Cour de cassation qui laissent aux juges du fond le pouvoir souverain d'apprécier la portée d'une telle clause (Cass. 1e civ. 25-6-1968 : Bull. civ. I no 183 confirmant l'arrêt d'une cour d'appel ayant retenu le pouvoir exonératoire de cette clause ; Cass. com. 4-11-1975 : Bull. civ. IV no 259 et Cass. com. 8-12-1975 : Bull. civ. IV no 297 confirmant des arrêts écartant l'exonération de garantie).

Cette dualité se retrouve dans les décisions des juges du fond : la cour d'appel de Versailles a admis l'**efficacité** de la clause par laquelle l'acquéreur prenait l'immeuble « dans ses état et consistance actuels » sans garantie des vices de construction apparents ou cachés, bien qu'elle soit rédigée en termes généraux (CA Versailles 13-1-2000 no 96-4711 : RJDA 5/00 no 527, cassé par Cass. 3e civ. 26-6-2002 no 00-18.600 mais sur un autre point). La cour d'appel de Rouen a retenu le même argument pour, au contraire, dénier toute efficacité à cette clause (CA Rouen 28-11-1996 : RJDA 5/97 no 631 som.).

> **Précisions** Dans un cas où le terrain acheté, destiné à être loti, s'était avéré inconstructible, la Cour de cassation a jugé que la clause de non-garantie des vices cachés ne privait pas la **vente** de toute **cause**, même si l'acquisition était dévalorisée et la réalisation du projet compromise dès lors que la constructibilité du terrain apparaissait douteuse dès l'origine et que la vente présentait une prise de risque assumée en connaissance de cause par l'acquéreur marchand de biens (Cass. 3e civ. 30-11-2004 no 03-14.450 : RJDA 4/05 no 369).

d. Opposabilité de la clause en cas de ventes successives

50530 Un vendeur initial poursuivi en garantie par le sous-acquéreur peut opposer à ce dernier la clause limitative ou exclusive de garantie figurant dans l'**acte de vente le liant à son propre acquéreur** (Cass. 1e civ. 7-6-1995 no 93-13.898 : RJDA 1/96 no 47 ; Cass. com. 28-1-2004 no 02-11.522 : RJDA 6/04 no 667).

En revanche, le vendeur initial ne peut pas se prévaloir à l'encontre du sous-acquéreur final d'une clause de non-garantie figurant dans l'une des **ventes intermédiaires à laquelle il n'a pas été partie** (Cass. 3e civ. 16-11-2005 no 04-10.824 : RJDA 5/06 no 528 ; Cass. 3e civ. 22-6-2011 no 08-21.804 : RJDA 11/11 no 898).

2. CLAUSES EXTENSIVES DE GARANTIE

Les parties peuvent librement renforcer les obligations du vendeur en prévoyant, par exemple, que l'acquéreur aura droit à la réparation intégrale de son préjudice, indépendamment de la bonne ou mauvaise foi du vendeur. Ces conventions, rares en pratique, sont concevables pour des immeubles de rendement, vendus en totalité, dans les zones urbaines à forte densité. 50550

3. CLAUSES MIXTES

Les parties peuvent substituer à la garantie légale un système de garantie contractuelle comportant à la fois des éléments extensifs et restrictifs. La jurisprudence adopte une position très défavorable au vendeur : elle valide les extensions et censure les restrictions, lorsque l'acquéreur n'est pas un professionnel de même spécialité (n° 50460). 50570

SECTION 4 GARANTIE D'ÉVICTION

Aux termes de l'article 1625 du Code civil, le vendeur doit garantir à l'acquéreur la **possession paisible du bien vendu**. En outre, quoique lors de la vente il n'ait été fait aucune stipulation sur la garantie, le vendeur est tenu, de droit, de garantir l'acquéreur de l'éviction dont il souffre dans la totalité ou partie du bien vendu, ou des charges prétendues sur ce bien, et non déclarées lors de la vente (C. civ. art. 1626). 50620
La garantie d'éviction crée donc pour le **vendeur** deux obligations : celle de s'abstenir de **porter personnellement atteinte** au droit transmis à l'acquéreur et celle de lui assurer une protection en cas d'**atteinte des tiers**.

La garantie d'éviction est une **garantie** légale qui existe de **plein droit**, même en l'absence de toute stipulation en ce sens dans l'acte de vente (C. civ. art. 1626). Sur les cas dans lesquels il est possible de déroger à cette garantie, voir n°s 51130 s. 50625

A. Ventes visées

La garantie d'éviction s'applique à toutes les ventes d'immeubles, à l'exception des **ventes judiciaires**. Ainsi, le créancier poursuivant la vente des biens de son débiteur sur saisie immobilière n'est pas assimilé à un vendeur et n'est pas tenu de garantir l'adjudicataire contre les risques d'éviction (en dernier lieu, Cass. 2e civ. 22-11-2001 n° 99-16.356 : RJDA 5/02 n° 488 et, sur renvoi, CA Bordeaux 1-7-2003). 50630
S'agissant de la **vente des biens d'un débiteur en redressement ou en liquidation judiciaire**, les cessions globales d'unités de production n'ouvrent pas droit à la garantie d'éviction, leur caractère aléatoire les excluant des garanties de droit commun de la vente (Cass. com. 12-10-1993 n° 91-18.505 : RJDA 2/94 n° 221). La Cour de cassation n'a pas encore eu à se prononcer sur le bénéfice de cette garantie en cas de cession isolée d'immeuble, étant précisé que, pour ce type de cession, elle a écarté la garantie des vices cachés (n° 50005) mais admis l'application de certaines règles du droit commun de la vente, telle l'exigence d'un prix réel et sérieux (n° 24250).

B. Cas d'éviction

Définition Il y a éviction toutes les fois qu'un trouble est apporté à la jouissance paisible du bien à laquelle l'acquéreur peut prétendre. Tel est le cas, et on parle alors de **trouble de droit**, lorsque le vendeur ou un tiers porte à la propriété de l'acquéreur une atteinte qu'il prétend fondée sur un droit. Il en est ainsi, par exemple, si un tiers se prétend propriétaire du bien vendu ou si le vendeur prétend avoir conservé sur l'immeuble un autre droit réel (usufruit, servitude, etc.) ou avoir recouvré la propriété du bien vendu par l'effet de la prescription acquisitive. Le **trouble de fait** résulte d'une atteinte matérielle, directe ou indirecte, à la jouissance du bien vendu. Il convient de ne pas se tromper de fondement car la jurisprudence considère, par exemple, que l'acheteur qui découvre qu'une canalisation traversant son terrain a fait l'objet d'une servitude conventionnelle non mentionnée à l'acte de vente et non publiée doit agir en garantie d'éviction et non en garantie des vices cachés (Cass. 3e civ. 27-2-2013 n° 11-28.783) (voir n° 50220). 50650

50665 Quelle que soit la nature du trouble ou son auteur, la garantie d'éviction ne peut être invoquée que pour les **troubles affectant les immeubles compris dans la vente**. Jugé ainsi, dans un cas où une décision de justice avait attribué une parcelle d'un terrain à un tiers et exclu celle-ci de la cession, que l'acquéreur ne pouvait pas demander à son vendeur de le garantir contre cette éviction (Cass. 3e civ. 8-12-1969 : Bull. civ. III n° 805 ; Cass. 3e civ. 17-4-1970 : D. 1970 som. p. 167).

50670 **Auteur du trouble** Sous une terminologie unique, la garantie d'éviction prévue par l'article 1626 du Code civil couvre :
– les évictions émanant du vendeur lui-même (garantie dite du fait personnel) ;
– celles émanant des tiers (garantie dite du fait des tiers), parmi lesquelles on distingue les évictions résultant de servitudes constituées au profit de tiers, et dont le vendeur n'a pas fait état, qui relèvent d'un régime particulier (garantie dite des charges non déclarées) et les évictions proprement dites.

1. ÉVICTION DU FAIT PERSONNEL DU VENDEUR

50690 La garantie d'éviction interdit au vendeur d'accomplir des actes de nature à troubler la jouissance de l'immeuble vendu. En effet, il ne saurait reprendre, de manière directe ou indirecte, le profit de ce qu'il a vendu à l'acheteur.

CONDITIONS

50695 Le trouble, pour donner lieu à garantie, doit résulter réellement du **fait personnel** du vendeur. Tel n'est pas le cas lorsque le locataire exploitant les locaux loués (en l'espèce le gestionnaire d'un Ehpad) déplace son établissement après la vente, dès lors que l'acte de vente ne prévoit pas d'engagement du vendeur sur le maintien des autorisations administratives (Cass. 3e civ. 28-9-2023 n° 22-15.236 FS-B : BPIM 6/23 inf. 390). Tel n'est pas le cas non plus lorsque le bénéfice du permis de construire cédé par le vendeur a été rapporté par arrêté préfectoral postérieurement à l'acte de vente et que le nouveau permis accordé n'a autorisé l'édification que d'un immeuble moins important, dès lors que le vendeur n'est pas tenu de garantir un acte unilatéral de l'administration, entrant dans ses pouvoirs de police et obéissant à une réglementation spéciale d'ordre public, et qu'il n'avait pas pris un engagement précis quant à ce permis (Cass. 3e civ. 29-4-1975 : Bull. civ. III n° 144). Il n'y a pas lieu à garantie non plus s'il est établi que la construction réalisée par l'acquéreur ayant nécessité la délivrance de trois permis modificatifs n'était pas conforme au permis de construire cédé avec le terrain (Cass. 3e civ. 8-7-2014 n° 13-20.031). En revanche, si le trouble de droit imputable à l'autorité publique résultant du retrait de permis de construire a une cause antérieure à la vente et a persisté postérieurement à l'annulation de l'arrêté municipal de retrait par la juridiction administrative en raison du non-respect par la venderesse de son obligation contractuelle de demander le transfert du permis à l'acquéreur, alors, la garantie d'éviction est due (Cass. 3e civ. 10-3-2015 n° 13-27.279).
Lorsque le **vendeur** est une **personne morale**, l'interdiction de troubler la jouissance de l'acheteur sur le bien vendu pèse également à notre avis sur le dirigeant et les personnes qu'il pourrait interposer pour échapper à ses obligations. Ce principe, affirmé par la Cour de cassation à propos de la vente de fonds de commerce (Cass. com. 24-5-2005 n° 02-19.704 : RJDA 8-9/05 n° 962), est transposable à la vente immobilière.

50697 Le trouble, de droit comme de fait, doit **survenir postérieurement** au transfert de la propriété de l'immeuble à l'acquéreur (en ce sens, Cass. 3e civ. 5-10-1994 : Bull. civ. III n° 168).

50700 L'importance de l'**éviction, totale ou partielle**, n'a pas d'incidence sur la mise en œuvre de la garantie mais elle en a sur les réparations que l'acquéreur entend obtenir au titre de celle-ci (nos 50990 s. et nos 51040 s.).

ILLUSTRATIONS

50705 Il y a **trouble de droit** ouvrant droit à garantie lorsque le vendeur vend le même immeuble une seconde fois alors que la première vente n'a pas été publiée (Cass. 3e civ. 29-4-1981 : Bull. civ. III n° 88 ; Cass. 3e civ. 22-10-2014 n° 13-21.790) s'il entend se prévaloir d'une servitude ou d'un droit d'usufruit sur le bien vendu, ou encore lorsqu'il prétend avoir conservé la possession du bien et l'avoir ainsi acquis par l'effet de la prescription (Cass. civ. 13-5-1912 : DP 1913 I p. 143 ; Cass. 3e civ. 20-10-1981 : Bull. civ. III n° 168 ; Cass. 3e civ. 14-6-1983 : Gaz. Pal. 1983 2 pan. 312 ; CA Versailles 12-2-2004 n° 02-8420 : RJDA 11/04 n° 1207 ; Cass. 3e civ. 30-6-2021 n° 20-14.743 F-B : BPIM 4/21 inf. 268). En effet, le vendeur, tenu de l'obligation de garantir l'acheteur contre toute éviction résultant de son fait personnel, telle la possession trentenaire, ne peut l'évincer en invoquant la prescription acquisitive (Cass. 3e civ. 30-6-2021 n° 20-14.743 F-B).

Il y a **trouble de fait** quand le vendeur édifie une construction sur la partie non vendue du terrain et prive ainsi le bien vendu de l'ensoleillement et de l'exercice de la servitude de vue sur la mer (Cass. 1e civ. 29-11-1955 : JCP 1956 II n° 9216) ou procède à l'élévation, sur le terrain conservé par lui, d'un mur trop rapproché des fenêtres de la maison vendue, modifiant ainsi l'éclairage ou l'aération des appartements de cette maison (Cass. req. 3-5-1886 : DP 1887 I p. 61) ou détourne une source qui alimentait l'immeuble vendu faisant partie d'un établissement thermal (Cass. civ. 21-3-1853 : DP 1854 I p. 435). 50710
En revanche, le vendeur peut accomplir sur le terrain contigu du terrain vendu tous les actes légitimes qu'un propriétaire peut faire, dès lors qu'il ne cause pas un trouble anormal de voisinage : il peut ainsi planter des peupliers en bordure du terrain vendu qui porte des vignes, même si l'ombre est nuisible à celles-ci (Cass. req. 20-2-1911 : S. 1911 I p. 510).

2. ÉVICTION DU FAIT D'UN TIERS

La garantie d'éviction du fait des tiers couvre une palette de troubles moins large que celle de la garantie du fait personnel du vendeur. Malgré l'absence de distinction dans la loi, elle ne joue, selon une jurisprudence constante, que « si le trouble subi par l'acheteur est un **trouble de droit**, existant au moment de la vente, non déclaré et ignoré de l'acheteur » (Cass. 1e civ. 28-10-2015 n° 14-15.114). 50730
En effet, en présence d'une contestation émanant d'un tiers et portant sur l'existence, la nature ou l'étendue du droit de l'acheteur, il est logique de faire peser sur le vendeur une obligation de garantie, car celui-ci est censé connaître la situation juridique de l'immeuble vendu et est le mieux informé sur les droits qu'il a cédés au profit de l'acheteur. En revanche, le vendeur, étant par hypothèse étranger au trouble de fait commis par un tiers, n'a pas le pouvoir de l'en empêcher et ne peut donc être tenu à garantir ce trouble ; il appartient dans ce cas à l'acheteur de défendre son bien et ses droits.
Traditionnellement, les troubles de fait émanant des tiers sont donc exclus de la garantie. Tel est le cas du trouble subi par l'acquéreur d'une place de parking située dans une copropriété qui ne peut pas en jouir normalement en raison de l'invasion d'une haie de troènes due à un défaut d'entretien des parties communes (Cass. 3e civ. 11-5-2011 n° 10-13.679 : RJDA 2/12 n° 147).
Toutefois, en matière de bail, l'article 1725 du Code civil exclut les troubles de fait des tiers de la garantie de jouissance paisible due par le bailleur au locataire. Or la jurisprudence a néanmoins admis la mise en œuvre de cette garantie en ce cas dès lors que les troubles ont pu intervenir en raison d'une faute du bailleur (Cass. civ. 8-4-1941 : D. 1945 p. 13 note A. Tunc ; Cass. 3e civ. 28-2-1990 : Bull. civ. III n° 63 ; Cass. 3e civ. 8-7-1992 : Loyers et copr. 1992 n° 376). Ce principe paraît transposable à la garantie d'éviction due par le vendeur, domaine dans lequel le Code civil n'a prévu aucune exclusion expresse.

L'obligation de garantie du fait des tiers a un double **objet**. En premier lieu, elle impose au vendeur de prendre la défense de l'acquéreur afin de faire rejeter la prétention du tiers, quand il y a **éviction** proprement dite (nos 50735 s.). En second lieu, l'obligation du vendeur consiste aussi à avertir l'acquéreur de toutes les charges qui grèvent le bien vendu, de sorte qu'il n'est garant que des **charges non déclarées** (nos 50790 s.). 50733

a. Éviction proprement dite

NATURE DU TROUBLE

Il y a éviction et trouble de droit lorsque l'acquéreur n'a pas reçu l'intégralité du droit qu'il a acquis, un tiers ayant émis une prétention juridique sur l'immeuble vendu. Le tiers peut prétendre ainsi être lui-même propriétaire de l'immeuble et, à ce titre, exercer une action en revendication ou être simplement titulaire de droits réels (hypothèque, par exemple) qui empêchent l'acheteur d'en prendre possession. 50735
Selon une doctrine majoritaire, la prétention du tiers peut porter non seulement sur un droit réel mais également sur un droit personnel. Toutefois, il a été jugé que l'existence d'un bail sur l'immeuble vendu ne permettait pas à l'acquéreur d'invoquer la garantie d'éviction, mais relevait de la garantie des charges (Cass. soc. 10-7-1962 : Bull. civ. IV n° 640). Sur cette garantie, voir nos 50790 s.

› Précisions Lorsque l'action en revendication exercée par un tiers est fondée, l'acquéreur pourrait également invoquer la vente de la chose d'autrui (C. civ. art. 1599), mais il préférera mettre en jeu la garantie d'éviction qui lui permettra d'obtenir une indemnisation plus avantageuse car supérieure à la seule restitution du prix (nos 50950 s.). La nullité de la vente de la chose d'autrui est couverte lorsque, avant toute action en nullité, l'acheteur a vu disparaître le risque d'éviction, sans qu'il soit nécessaire que le vendeur soit devenu régulièrement propriétaire. Tel est le cas lorsque est caractérisée la volonté commune des parties de procéder à la réfection de la vente antérieure irrégulière (Cass. 3e civ. 7-3-2019 no 17-31.062 F-D : RJDA 6/19 no 417). L'indemnisation de l'acheteur en cas d'annulation partielle pour vente de la chose d'autrui (C. civ. art. 1599) n'est pas régie par les dispositions relatives à l'éviction partielle. L'acheteur ne peut obtenir que la restitution du prix qu'il a versé, sans plus-value (Cass. 3e civ. 27-10-2016 no 15-23.846 : BPIM 1/17 inf. 29).

CARACTÉRISTIQUES DU TROUBLE

50740 **Date du trouble** Le trouble doit avoir son origine dans un fait **antérieur** à la **vente** (Cass. civ. 9-3-1937 : DP 1937 I p. 253 ; Cass. 3e civ. 30-10-1984 : Bull. civ. III no 183 ; Cass. 3e civ. 14-6-2005 no 02-15.765 : RJDA 1/06 no 18).

Tel est le cas lorsqu'un cohéritier, vendeur d'un immeuble mis dans son lot, a engagé une action en rescision pour lésion du partage avant la vente (Cass. 3e civ. 4-7-1968 : Bull. civ. III no 323) ou lorsqu'il y a surenchère du dixième émanant d'un créancier hypothécaire inscrit avant la vente (Cass. req. 15-12-1862 : DP 1863 I p. 161).

Le vendeur doit également garantir l'acquéreur contre l'éviction, subie par celui-ci, du fait de l'inscription hypothécaire prise par un créancier du vendeur **entre la conclusion et la publication de la vente**, dès lors que le vendeur ne s'est pas préoccupé du sort que l'administration fiscale avait réservé à sa déclaration et qu'il a transmis avec retard ce document au notaire, ce qui avait contribué aux retards de la publication (Cass. 1e civ. 9-12-1975 : Bull. civ. I no 364).

50745 **Trouble total ou partiel** L'importance du trouble n'a pas à être prise en considération pour la mise en œuvre de la garantie mais elle peut avoir une incidence sur les demandes de l'acheteur (nos 50950 s.) : l'éviction peut être totale lorsque l'acheteur se trouve privé de l'intégralité de son droit sur l'intégralité du bien acquis ou partielle lorsqu'elle ne porte que sur une fraction du droit cédé ou du bien vendu.

50750 **Trouble actuel** L'éviction suppose également un trouble actuel et non simplement **éventuel** ; la simple crainte d'être évincé ne suffit pas. Il faut en conséquence que le tiers ait manifesté expressément son intention de faire valoir un droit sur le bien vendu et de contester celui de l'acquéreur ; cette intention prendra le plus souvent la forme d'un acte judiciaire : tel est le cas d'une action en revendication (Cass. 3e civ. 2-10-1979 : JCP 1979 IV p. 362) ou d'une action en résolution (Cass. req. 28-1-1862 : DP 1862 1 p. 159 ; CA Poitiers 24-4-1967 : D. 1968 p. 76) ou en nullité ou en rescision de la vente antérieure (Cass. 3e civ. 26-5-1992 : Bull. civ. III no 176).

50752 En principe, la simple **connaissance** par l'acheteur de **l'existence d'un droit au profit d'un tiers** susceptible de l'évincer ne suffit pas à lui permettre d'agir en garantie.

Jugé ainsi que l'acheteur qui découvre l'existence d'inscriptions hypothécaires sur l'immeuble ne peut agir en garantie contre le vendeur qu'après avoir été troublé par les créanciers hypothécaires, c'est-à-dire après avoir reçu la sommation de payer ou de délaisser (CA Douai 8-5-1891 : DP 1892 2 p. 541 ; CA Paris 24-12-1897 : DP 1898 2 p. 471 ; CA Paris 28-6-1994). Dans ce cas, l'acheteur peut seulement suspendre le paiement du prix en application de l'article 1653 du Code civil (no 50960).

De même l'existence d'un trouble de droit actuel subi par les acquéreurs n'est pas établie par le simple fait qu'un voisin leur ait demandé par courrier de démolir une construction à leurs frais, tant qu'aucune action judiciaire n'a été intentée par ce tiers (Cass. 3e civ. 30-11-2022 no 21-20.033 FS-B : BPIM 1/23 inf. 43).

En revanche, le trouble devient actuel dès l'instant que le droit sur le bien vendu est invoqué en justice par un tiers, sans qu'il soit nécessaire qu'un jugement constate la réalité du trouble (Cass. 3e civ. 4-7-1968 : Bull. civ. III no 323 ; Cass. 3e civ. 3-12-2008 no 07-14.545 : RJDA 7/09 no 619).

50755 Il peut arriver que le droit invoqué par un tiers sur l'immeuble vendu ne soit pas contestable de sorte que, toute contestation judiciaire étant inutile, l'acheteur délaisse volontairement le bien vendu afin d'éviter un procès ; jugé, dans ce cas, que le **délaissement de l'immeuble** n'empêche pas l'acheteur d'invoquer la garantie contre son vendeur (Cass. req. 5-4-1881 : DP 1883 I p. 63).

CAS D'EXONÉRATION

En premier lieu, le vendeur n'est pas tenu de garantir l'éviction résultant de la **faute de l'acheteur** (Cass. 1e civ. 21-3-2000 n° 98-10.828 : RJDA 6/00 n° 642 rendu en matière de vente de voiture mais transposable à la vente immobilière). 50760

Ainsi, l'acquéreur qui a négligé de faire transcrire son droit de propriété et dont l'immeuble a été saisi par un créancier du vendeur ne peut appeler en garantie le vendeur, toujours propriétaire aux yeux des tiers (Cass. civ. 11-1-1893 : DP 1895 I p. 179). De même, est fautif l'acquéreur qui néglige d'interrompre une prescription acquisitive (TGI Strasbourg 13-6-1969 : JCP 1970 IV p. 216).

Dans l'appréciation de la négligence ou de l'imprudence de l'acheteur, les juges prennent en considération la qualité professionnelle de celui-ci : ainsi, ne peut invoquer la garantie d'éviction le promoteur immobilier qui, lors de l'acquisition d'un terrain, s'était contenté de la remise d'un titre de propriété réduit à quelques pages, alors que la communication du titre complet l'aurait informé de l'existence de la servitude de vue qu'il avait découverte après la vente (CA Paris 21-4-1988 : D. 1988 IR p. 144).

Sur la faute de l'acquéreur qui n'a pas appelé le vendeur à l'instance qui l'opposait au tiers titulaire de droits sur l'immeuble vendu, voir n° 50902.

En second lieu, le vendeur n'est pas tenu de garantir l'acheteur lorsque celui-ci est évincé à la suite d'un cas de **force majeure** ou d'un **changement de réglementation** (Cass. civ. 17-2-1863 : DP 1863 I p. 93) ou du fait du prince (en cas d'expropriation notamment). 50765

Le vendeur doit cependant garantie quand l'éviction, causée par le fait de l'autorité publique après la vente, est la conséquence de ses propres agissements, antérieurs à celle-ci, l'acquéreur ne pouvant en empêcher les effets (Cass. 1e civ. 28-4-1976 : D. 1976 p. 464 ; CA Paris 20-1-1993 : D. 1993 IR p. 124).

De même, le caractère prévisible de l'injonction de démolir les constructions édifiées par le vendeur sans l'autorisation administrative requise interdit de trouver dans une telle injonction les éléments de la force majeure permettant de dégager le vendeur de l'obligation de garantie à l'égard de son acheteur (Cass. com. 17-6-1952 : D. 1952 p. 616 à propos de la vente d'un fonds de commerce mais transposable).

Le vendeur ne peut pas s'exonérer de la garantie d'éviction en établissant que l'**acheteur** évincé a eu, lors de la vente, **connaissance du risque** auquel il était exposé (Cass. civ. 9-3-1937 : DH 1937 p. 253 ; Cass. civ. 25-6-1941 : JCP 1941 II n° 1754 ; Cass. 3e civ. 24-6-1998 n° 96-19.042 : Bull. civ. III n° 130) mais cette connaissance peut avoir une incidence sur les restitutions dues par le vendeur (n° 51020). 50767

Il n'en va autrement que si le risque encouru a été déclaré dans l'acte de vente et que l'acheteur a renoncé à toute garantie par une **clause expresse** (Cass. 3e civ. 6-6-2012 n° 11-14.032 : RJDA 12/12 n° 1064). Et même en présence d'une telle clause, le vendeur ne pourra pas s'exonérer de la garantie d'éviction résultant de son fait personnel (C. civ. art. 1628), mais uniquement de la garantie d'éviction du fait de tiers et des charges non déclarées.

Les conditions de validité et de mise en œuvre des **clauses limitant ou excluant la garantie** d'éviction sont exposées nos 51130 s. 50769

b. Charges non déclarées

Si le bien vendu se trouve grevé, sans qu'il en ait été fait de déclaration, de servitudes non apparentes, et qu'elles soient de telle importance qu'il y a lieu de présumer que l'acquéreur n'aurait pas acheté s'il en avait été instruit, il peut demander la résiliation du contrat ou une indemnité (C. civ. art. 1638). 50790

Pour que la **résiliation** de la vente soit prononcée en cas de servitude non apparente il faut que la servitude soit d'une telle importance que l'acquéreur n'aurait pas acheté le bien ainsi grevé s'il en avait eu connaissance. Mais le critère d'importance ne conditionne que l'action en résiliation de la vente et non l'action en indemnisation du préjudice. Si l'acquéreur ne souhaite pas résilier la vente, sa demande **d'indemnisation** est alors appréciée par le juge en fonction de l'existence et de l'importance du préjudice en résultant (Cass. 3e civ. 6-7-2023 n° 22-13.179 FS-B : BPIM 5/23 inf. 325).

NATURE DES CHARGES

À la différence de l'éviction proprement dite qui entraîne une atteinte au droit de propriété lui-même, la charge, au sens de l'article 1638 du Code civil, suppose l'existence d'un droit entraînant une atteinte à la jouissance du bien vendu. 50795

Il peut s'agir d'un **droit réel** ou d'un **droit personnel** car si le Code civil, dans son article 1638, ne vise expressément que les servitudes (et si, en pratique, il s'applique essentiellement à celles-ci), une jurisprudence constante étend la garantie à toute sujétion, dès lors qu'elle diminue l'usage du bien vendu.

50797 Constituent, par **exemple**, des charges au sens de l'article 1638 du Code civil l'usufruit (Cass. 1e civ. 11-6-1954 : JCP G 1954 II no 8288), l'hypothèque (Cass. req. 11-5-1898 : DP 1899 I p. 223), la servitude de canalisation (Cass. 3e civ. 27-2-2013 no 11-28.783 : RJDA 8-9/13 no 702) ou encore le bail (Cass. req. 6-6-1887 : DP 1888 I p. 216 ; Cass. 1e civ. 16-12-1958 : DP 1959 I p. 34 ; Cass. soc. 10-7-1962 : Bull. civ. IV no 640 ; Cass. 3e civ. 13-11-2003 no 02-16.285 : RJDA 3/04 no 291).
De même, il a été jugé que l'article 1638 du Code civil s'applique à l'obligation de conserver la sépulture d'un précédent propriétaire (CA Poitiers 7-12-1864 : S. 1865 2 p. 235), à l'obligation d'acquitter une redevance annuelle d'arrosage exigible en vertu d'une convention passée entre le précédent propriétaire et une compagnie propriétaire d'un canal d'irrigation (CA Toulouse 7-11-1899 : S. 1901 2 p. 102), à l'obligation de faire l'avance de travaux importants définis avant la vente (CA Douai 26-11-1991) ou à l'obligation de payer à une collectivité publique une indemnité de plus-value exigible à la suite de l'exécution de travaux publics (CA Paris 3-1-1942 : JCP 1942 II no 1842 et, sur pourvoi, Cass. civ. 7-12-1949 : JCP 1950 II no 5619) ou encore à l'obligation légale de raccorder un immeuble au réseau collectif d'égout (Cass. 3e civ. 23-11-2005 no 04-19.533 et, sur renvoi, CA Versailles 25-5-2007 no 06-4628 : RJDA 2/08 no 118).
En revanche, une condamnation prononcée contre les vendeurs (pour trouble de voisinage), personnelle et **inopposable aux acquéreurs**, ne peut pas constituer une charge sur le bien vendu (Cass. 3e civ. 24-6-2021 no 20-14.091 F-D).

CHARGES CONNUES OU RÉPUTÉES CONNUES PAR L'ACHETEUR

50800 Pour que le vendeur soit tenu à garantie, il faut que l'acheteur ait ignoré la menace d'éviction. La garantie est donc exclue, d'une part, pour les servitudes apparentes ou pour celles qui sont réputées connues de l'acquéreur, d'autre part, lorsque l'acquéreur a eu connaissance effective des charges non déclarées.

50805 **Charges conventionnelles apparentes** Les charges ou servitudes apparentes sont celles qui s'annoncent par des ouvrages extérieurs (C. civ. art. 689, al. 2) ou qui ont un **signe extérieur** de leur existence (C. civ. art. 689, al. 3 a contrario).
Ont été considérées comme apparentes :
– des servitudes d'égout et de pompage d'eau dont la situation des lieux suggérait aisément l'existence (CA Paris 15-12-1967 : D. 1968 p. 402) ;
– une servitude relative à la distance des plantations et résultant de l'existence d'arbres non plantés à la distance prescrite par la loi (Cass. 3e civ. 20-12-1977 : Bull. civ. III no 461) ;
– une servitude de puisage matérialisée par l'existence d'un portillon à proximité du puits (Cass. 3e civ. 10-3-1981 : JCP N 1982 prat. 8274).

50808 Une **charge** grevant un immeuble ne perd pas son caractère non apparent lorsqu'elle a été **publiée** avant la vente (Cass. req. 30-12-1940 : DC 1941 p. 107 ; CA Paris 18-10-2000 : D. 2000 IR p. 302), car la publicité foncière est faite pour protéger l'acquéreur contre les actes de disposition du vendeur et non pour protéger le vendeur contre le recours en garantie de l'acquéreur.

50810 **Charges légales ou administratives** Ces charges sont réputées connues de l'acquéreur lorsqu'elles sont une **conséquence** normale **de la nature ou de la situation de l'immeuble** (Cass. 1e civ. 16-5-1961 : D. 1961 p. 545 ; Cass. 3e civ. 26-4-1978 : Bull. civ. III no 164) ou qu'elles dérivent du régime ordinaire de la propriété (Cass. 3e civ. 23-11-2005 no 04-19.533), telles que la servitude de passage au profit d'un fonds enclavé (Cass. 1e civ. 15-10-1963 : Bull. civ. I no 372) ou la servitude d'écoulement des eaux de ruissellement (Cass. 3e civ. 3-11-1981 : D. 1983 IR p. 18 relevant que l'aspect et la végétation du terrain vendu étaient révélateurs de son caractère de bas-fonds).

50812 En revanche, relève de la garantie d'éviction la servitude légale ou administrative qui, constituant une **charge exceptionnelle**, ne peut pas être réputée connue de l'acquéreur.
Tel est le cas des servitudes résultant de l'établissement par l'administration de plans d'aménagement ou d'alignement entraînant de graves conséquences pour la propriété privée, telles que servitudes non aedificandi et servitudes de reculement (CA Rouen 3-3-1970 : D. 1971 p. 715), d'une servitude d'urbanisme et d'une servitude de zone d'habitation collective que l'état des lieux ne permettait pas à l'acheteur de soupçonner (Cass. 1e civ. 16-5-1961 : D. 1961 p. 545), d'une servitude non aedificandi que l'état des lieux ne permettait pas à l'acheteur de déceler (Cass. 1e civ. 21-2-1956 : D. 1956 p. 285), d'une canalisation souterraine passant sous le bien cédé dès lors que le regard de départ n'était ni visible ni accessible (Cass. 3e civ. 16-6-1999 no 97-15.056 : RJDA 12/99 no 1309), d'une servitude de passage en tréfonds de canalisations se rapportant à la circulation de gaz liquéfié ou d'hydrocarbures depuis le lieu de raffinage vers les lieux de stockage et de consommation, choisis de façon arbitraire et selon les besoins économiques (Cass. 3e civ. 23-2-1994 : Bull. civ. III no 38). La présence d'un regard situé à l'endroit de l'extension envisagée ne

suffit pas nécessairement à établir que l'acquéreur avait une connaissance claire de l'existence d'une canalisation et de ses conséquences sur les travaux d'extension (Cass. 3e civ. 24-9-2014 n° 13-18.460).

Charges effectivement connues par l'acquéreur La garantie d'éviction n'est pas due par le vendeur lorsque l'acquéreur avait, au moment de la vente, connaissance des charges non déclarées (Cass. soc. 10-7-1962 : Bull. civ. IV n° 640 ; Cass. 3e civ. 1-7-1980 : Bull. civ. III n° 131 ; Cass. 1e civ. 26-11-1996 n° 94-20.334 : RJDA 4/97 n° 489). En effet, si l'acheteur en a eu connaissance, il est présumé les avoir acceptées, de sorte qu'il ne saurait se plaindre par la suite de la diminution de jouissance inhérente à leur existence. Tel est le cas de l'adjudicataire d'un bail à construction qui a eu connaissance lors de l'inventaire de la présence d'un locataire dans les lieux, même si celle-ci n'a pas été signalée dans le cahier des charges de l'adjudication (Cass. 1e civ. 26-11-1996 n° 94-20.334 : RJDA 4/97 n° 489). **50815**

La **preuve de la connaissance de la charge** par l'acquéreur incombe au vendeur, puisque la bonne foi de l'acheteur est présumée ; mais le vendeur ne peut pas se contenter de simples présomptions laissant supposer que son cocontractant pouvait être au courant, il doit démontrer que l'acquéreur connaissait la charge grevant le fonds et son étendue (Cass. 3e civ. 19-10-1982 : Gaz. Pal. 1983 I pan. 36 ; Cass. 3e civ. 13-11-2003 n° 02-16.285 : RJDA 3/04 n° 291). Cette preuve peut être rapportée par tous moyens, notamment à l'aide de documents extérieurs à l'acte (Cass. 1e civ. 11-6-1954 : JCP 1954 II n° 8288).

Jugé ainsi que : **50817**

– la connaissance d'un bail grevant le bien vendu ne saurait être déduite du seul fait de celle de la présence d'un occupant, celle-ci pouvant être considérée comme une simple tolérance non créatrice de droit (Cass. 3e civ. 13-11-2003 n° 02-16.285 : RJDA 3/04 n° 291) ;
– l'existence, sur le terrain vendu, d'un pipe-line dont les travaux d'installation étaient visibles n'établissait pas que l'acquéreur avait connaissance de l'étendue des obligations imposées par cette servitude, le caractère apparent du pipe-line ne pouvant être pris en considération que pour la détermination de l'indemnisation (Cass. 1e civ. 13-1-1965 : Bull. civ. I n° 39) ;
– le vendeur est tenu à garantie même s'il a porté à la connaissance de l'acheteur l'existence d'une servitude d'égout collectif dès lors qu'il a omis de lui révéler qu'elle interdisait également à l'acquéreur de clôturer son lot (Cass. 3e civ. 19-10-1982 : Gaz. Pal. 1983 I pan. 36) ;
– le vendeur qui réalise des travaux d'extension ne respectant pas la servitude non aedificandi mentionnée à l'acte de vente est tenu de garantir l'éviction de l'acheteur ignorant cette violation (Cass. 3e civ. 7-1-2016 nos 14-24.777 et 14-24.842 : BPIM 2/16 inf. 117) ;
– l'acquéreur d'un terrain partiellement occupé par un tiers et sur lequel est érigée une guérite abritant un répartiteur de lignes téléphoniques ne peut pas se prévaloir de la garantie dès lors qu'après avoir occupé les lieux pendant 11 ans avant la vente il ne pouvait pas ignorer l'existence de ces deux éléments et qu'il résultait de l'acte de vente stipulant que l'acquéreur prenait le bien en l'état et du prix modique convenu par rapport au prix de revente des volumes constructibles que les parties étaient convenues que le vendeur ne serait pas tenu à garantie et que l'acquéreur faisait son affaire personnelle de la guérite (Cass. 3e civ. 13-1-1999 n° 97-11.137).

CHARGES IGNORÉES DU VENDEUR

L'application de la garantie pour charges non déclarées n'est pas conditionnée par la **bonne ou mauvaise foi** du vendeur (CA Paris 6-2-1964 : Gaz. Pal. 1964 2 p. 43 ; Cass. 3e civ. 2-2-2005 n° 03-15.539 : RJDA 6/05 n° 676). **50820**

En effet, même si le Code civil ne l'affirme pas expressément, d'une part, l'article 1626 qui édicte le principe de l'obligation générale de garantie d'éviction ne distingue pas entre le vendeur de bonne foi et celui de mauvaise foi, d'autre part, l'article 1635 prévoit une sanction particulière en cas de mauvaise foi du vendeur, ce qui implique que les autres sanctions jouent à l'égard du vendeur de bonne foi.

Même si les conditions de mise en œuvre de la garantie d'éviction ne sont pas remplies, l'absence de déclaration d'une servitude apparente constitue une **faute contractuelle** de la part du vendeur et autorise l'acheteur à réclamer des dommages-intérêts à ce dernier (Cass. 3e civ. 5-2-1974 : Bull. civ. III n° 57 ; Cass. 3e civ. 21-3-2001 n° 99-10.913 : Bull. civ. III n° 38). Dès lors que l'acquéreur fonde son action à la fois sur l'article 1638 du Code civil et l'ancien article 1134 du Code civil (devenu 1104), les juges du fond ne peuvent pas rejeter l'action en réparation du promoteur qui découvre l'existence d'une servitude de canalisation, sans rechercher si le vendeur n'a pas commis une faute contractuelle en affirmant faussement n'avoir constitué sur le fonds aucune servitude (Cass. 3e civ. 11-6-2013 n° 12-17.834 : AJDI 2013 p. 860 note N. Le Rudulier). **50823**

C. Mise en œuvre de la garantie

DEMANDEUR

50880 L'action en garantie peut être exercée par l'**acheteur** et par tous ses ayants cause tant à titre particulier qu'à titre universel (Cass. 3e civ. 4-7-1973 : Bull. civ. III n° 465).
Le **sous-acquéreur** peut également agir directement contre le vendeur initial si ce dernier est l'auteur de l'éviction (Cass. 3e civ. 28-3-1990 : Bull. civ. III n° 93).
Même en cas de revente, le **vendeur intermédiaire** ne perd cependant pas la faculté d'exercer l'action en garantie lorsqu'elle présente pour lui un intérêt direct et certain, ce qui est le cas lorsqu'il a été lui-même condamné à garantir le sous-acquéreur (Cass. 1e civ. 21-3-2000 n° 98-10.828 : RJDA 6/00 n° 642).

DÉFENDEUR

50885 L'action en garantie peut être exercée contre le vendeur alors même que la **précédente vente** par laquelle ce vendeur est lui-même devenu propriétaire a été **annulée** (Cass. 3e civ. 25-5-1983 : Bull. civ. III n° 121).
Si le vendeur décède en laissant plusieurs **héritiers**, chacun d'entre eux est tenu pour le tout de la garantie due par son auteur ; c'est le caractère indivisible de la garantie du fait personnel (Cass. 3e civ. 4-7-1973 : Bull. civ. III n° 465 ; Cass. 3e civ. 16-5-1974 : Bull. civ. III n° 209).
Sur la possibilité d'agir contre le **vendeur initial** en cas de revente, voir n° 50880.

> **Précisions** La Safer qui, en tant que prestataire de services, intervient à la vente d'un domaine viticole en qualité de « vendeur professionnel » est tenue à la garantie d'éviction concurremment avec le vendeur (Cass. 3e civ. 6-5-2009 n° 07-21.242 : RJDA 11/09 n° 940).

MISE EN ŒUVRE À TITRE INCIDENT OU PRINCIPAL

50890 L'acquéreur victime d'une éviction dispose d'une option. Il peut, dès qu'il est menacé, appeler son vendeur en garantie (garantie dite « incidente »). Mais il peut préférer se défendre seul puis se retourner contre son vendeur (garantie dite « principale »). Il a toute liberté de choix entre ces deux voies.

50895 **Garantie incidente** L'acheteur met en œuvre par voie incidente la garantie en opposant une exception dilatoire (CPC art. 109) au tiers qui prétend à un droit sur le bien ; celui-ci voit alors son action suspendue jusqu'à l'intervention du vendeur, lequel prend la place de l'acheteur dans l'instance. Si le tiers obtient gain de cause, le jugement condamne le vendeur à indemniser l'acheteur qui fait ainsi l'économie d'un procès contre le vendeur. Cette procédure est donc assez avantageuse pour l'acheteur et elle est plus sécurisante puisqu'il ne sera pas seul à se défendre et ne pourra donc se voir opposer ses défaillances et négligences par le vendeur.

50900 **Garantie principale** Si l'acheteur après avoir été attrait par le tiers en justice a défendu seul à la procédure et a perdu, ou s'il n'est pas encore attaqué par le tiers mais a subi une simple menace d'éviction, ou si l'acheteur a renoncé à se défendre tellement le droit du tiers était évident, il peut alors exercer l'action en garantie principale contre son vendeur.
L'acheteur ne doit pas y avoir renoncé ; jugé que la renonciation à l'action en garantie ne saurait se déduire du seul fait que l'acquéreur a accepté la cession du prix de vente consentie par le vendeur au profit d'un tiers (Cass. req. 20-4-1874 : DP 1874 I p. 343).

50902 L'acheteur qui exerce l'action en garantie principale court cependant un risque : il est en effet prévu que la garantie cesse si l'**acquéreur s'est laissé condamner** par un jugement en dernier ressort, ou dont l'appel n'est plus recevable, **sans appeler son vendeur** et si celui-ci prouve qu'il existait des moyens suffisants pour faire rejeter la demande (C. civ. art. 1640).
La règle ne s'applique que lorsque l'éviction est déjà consommée par une décision de justice devenue définitive et ne joue qu'au cas où l'acquéreur appelle son vendeur en garantie principale ; elle ne concerne pas l'action exercée préventivement par voie incidente (Cass. 1e civ. 10-3-1953 : Bull. civ. I n° 97).
L'existence de « moyens suffisants pour faire rejeter la demande » est appréciée souverainement par les juges du fond. Jugé, dans un cas où la possession du tiers qui avait obtenu une décision d'éviction contre l'acquéreur était entachée du vice d'équivoque, qu'il existait des moyens suffisants pour faire écarter la revendication du tiers (Cass. 1e civ. 5-11-1991 : Bull. civ. I n° 300).

DÉLAI

L'action en garantie d'éviction est soumise à la prescription de droit commun ; or la durée de cette dernière diffère selon qu'il s'agit d'une action réelle immobilière (30 ans ; C. civ. art. 2227) ou d'une action personnelle ou mobilière (5 ans ; C. civ. art. 2224), la distinction entre ces deux types d'actions reposant sur le but principal de l'action (sur les effets de cette réforme sur les prescriptions en cours, voir n° 24203). **50905**

La jurisprudence ne s'est pas prononcée sur la question de la prescription applicable à l'action en garantie d'éviction d'un bien immobilier. À notre avis, cette action ne présente pas les caractères d'une action réelle immobilière puisqu'elle vise à obtenir une garantie (restitution ou diminution du prix, par exemple) et non la protection d'un droit réel immobilier. De nature personnelle et mobilière, cette action devrait donc généralement être soumise à la prescription quinquennale de l'article 2224 du Code civil. C'est seulement si l'acquéreur agit dans le but de protéger son droit réel immobilier (par exemple, action tendant à la destruction d'ouvrages construits sur le bien vendu) que son action pourrait être qualifiée de réelle immobilière et se voir appliquer la prescription trentenaire de l'article 2227 du Code civil. En tout état de cause, la prescription ne court pas à l'égard d'une action en garantie jusqu'à ce que l'éviction ait lieu (C. civ. art. 2233). Même si le délai quinquennal trouve à s'appliquer, le délai butoir de l'article 2232 du Code civil ne devrait donc pas être opposable à l'acquéreur.

En revanche, l'**exception de garantie** est perpétuelle : il s'ensuit que le vendeur ou ses ayants cause qui sont restés en possession de l'immeuble vendu ne peuvent évincer l'acquéreur en invoquant la prescription acquisitive, l'acquéreur étant toujours recevable, dans ce cas, à leur opposer l'exception de garantie (Cass. civ. 13-5-1912 : DP 1913 I p. 143 ; Cass. 3e civ. 20-10-1981 n° 80-10.660 : Bull. civ. III n° 168 ; Cass. 3e civ. 14-6-1983 : GP 1983 2 pan. 312 ; Cass. 3e civ. 13-7-2010 n° 09-13.472 : Bull. civ. III n° 147). **50910**

D. Effets de la garantie

L'acheteur qui n'a pas encore payé le prix peut le retenir jusqu'à la cessation du trouble ; celui qui a payé pourra obtenir dans certains cas la résolution de la vente avec restitution du prix ; mais il faut distinguer alors selon que l'éviction est totale ou partielle ou qu'elle résulte d'une charge non déclarée. **50950**

1. DROIT DE RÉTENTION SUR LE PRIX

Si l'acheteur n'a pas encore payé le prix, la loi lui reconnaît la possibilité d'opposer l'exception d'inexécution et d'exercer en conséquence un droit de rétention sur le prix : si l'acheteur est troublé ou a juste sujet de craindre d'être troublé par une action, soit hypothécaire, soit en revendication, il peut suspendre le paiement du prix jusqu'à ce que le vendeur ait fait cesser le trouble, à moins que les parties aient stipulé que, nonobstant le trouble, l'acheteur paiera ou que le vendeur ait donné caution à l'acheteur (C. civ. art. 1653). **50955**

Cette faculté est ouverte non seulement quand le prix de vente est payable en une seule fois, mais aussi quand il est payable par versements successifs, la menace de trouble et d'éviction étant la même dans les deux cas (Cass. civ. 5-5-1919 : DP 1923 I p. 230).

DOMAINE D'APPLICATION

Aux termes de l'article 1653 du Code civil, la faculté pour l'acheteur de suspendre le paiement du prix n'est ouverte qu'en cas d'éviction résultant d'une action hypothécaire et d'une action en revendication ; ainsi, l'acheteur peut exercer un droit de rétention sur le prix jusqu'à la radiation des inscriptions d'hypothèque ou privilèges grevant l'immeuble vendu (Cass. 3e civ. 7-11-1978 : Bull. civ. III n° 337). **50960**

Mais il a été jugé que l'article 1653 du Code civil, dont les termes ont un caractère purement énonciatif, est applicable toutes les fois que le paiement du prix est réclamé à un acheteur contre lequel est dirigée une **action qui peut avoir pour effet de l'évincer** (Cass. req. 29-11-1939 : DH 1940 p. 52 ; Cass. 3e civ. 18-1-1983 : Bull. civ. III n° 17). Tel peut être le cas d'une action en rescision pour lésion (Cass. req. 29-11-1939 : DH 1940 p. 52 ; Cass. 3e civ. 26-5-1992 : Bull. civ. III n° 176).

Cependant, ce texte ne concerne pas les hypothèses non visées par la loi : ainsi, une action engagée par des sous-locataires qui n'étaient pas mentionnés et qui demandent le renouvellement du bail ne constitue pas un danger d'éviction permettant à l'acheteur de retenir le prix (Cass. 3e civ. 30-1-1970 : Bull. civ. III n° 84).

CONDITIONS

50965 Les juges du fond apprécient souverainement l'existence d'un **juste motif de craindre d'être troublé** : constitue, pour l'adjudicataire d'un immeuble saisi, un tel motif un pourvoi en cassation formé par le débiteur saisi contre le jugement ayant refusé la conversion de la saisie en vente volontaire et ordonné la mise en vente de l'immeuble, dès lors que son admission aurait entraîné l'annulation de la procédure de vente forcée (Cass. 3e civ. 18-1-1983 : Bull. civ. III n° 17) ou la persistance des vendeurs dans leur action en résolution non fondée (même décision).

50967 L'acquéreur de l'immeuble doit avoir **ignoré la menace d'éviction** au moment de la conclusion de la vente. Ainsi, dans un cas où l'acheteur s'était engagé à payer, outre une somme donnée, certaines dettes du vendeur à l'exclusion toutefois des dettes hypothécaires, jugé que l'acheteur ne pouvait pas utilement invoquer l'article 1653 du Code civil pour suspendre l'exécution de cet engagement dès lors qu'à la date de la cession il avait connaissance de la situation particulièrement obérée du vendeur, et connaissait donc le trouble susceptible d'émaner des créanciers hypothécaires (Cass. 1e civ. 27-1-1960 : Bull. civ. I n° 61).

Enfin, l'acquéreur ne peut se prévaloir de son droit de suspendre le paiement du prix, sans **mettre le vendeur en mesure de faire cesser le trouble ou de fournir une caution** (Cass. 3e civ. 26-5-1992 : Bull. civ. III n° 176). Ainsi, l'acquéreur ne peut pas invoquer l'article 1653 du Code civil s'il a fait des offres réelles de payer les sommes qu'un commandement lui réclamait et s'il n'a commencé à invoquer les dispositions de l'article 1653 du Code civil qu'à l'audience de plaidoirie devant le premier juge (arrêt précité).

EXCEPTIONS

50970 Aux termes de l'article 1653 du Code civil, la faculté pour l'acheteur de demander la suspension du paiement du prix de vente n'est pas d'ordre public : elle ne s'applique pas si **les parties ont stipulé** que « nonobstant le trouble, l'acheteur paiera ».

La suspension n'est pas possible lorsque le vendeur donne **caution** à l'acheteur (C. civ. art. 1653). Jugé que la nomination d'un séquestre pour encaisser les sommes exigibles sur le montant du prix de vente ne donne pas à l'acquéreur une garantie équivalente à la caution et ne permet donc pas au vendeur de s'opposer à la suspension (Cass. req. 29-11-1939 : DH 1940 p. 52).

2. EFFETS DE LA GARANTIE EN CAS D'ÉVICTION TOTALE

50990 L'acquéreur évincé a le droit de demander contre le vendeur : la restitution du prix ; celle des fruits, lorsqu'il est obligé de les rendre au propriétaire qui l'évince ; les frais faits sur la demande en garantie de l'acheteur et ceux faits par le demandeur originaire ; enfin les dommages-intérêts ainsi que les frais et loyaux coûts du contrat (C. civ. art. 1630). Et d'une manière générale, l'acquéreur évincé a droit à la réparation de tout le préjudice causé par l'inexécution du contrat (Cass. 3e civ. 7-7-2010 n° 09-12.055).

La loi organise ainsi un système de restitutions globalement plus favorable à l'acheteur que celui qui résulterait de la nullité ou de la résolution de la vente, raison qui explique l'intérêt de l'acheteur à mettre en œuvre la garantie d'éviction plutôt que la nullité de la vente de la chose d'autrui quand le choix est possible.

RESTITUTION DU PRIX

50995 **Régime des plus et moins-values** La totalité du prix doit être remboursée à l'acheteur même si le bien vendu se trouve, au moment de l'éviction, **diminué de valeur** ou considérablement détérioré, soit par la négligence de l'acheteur, soit par la survenance d'un événement de force majeure (C. civ. art. 1631). Cette solution est favorable à l'acheteur.

Toutefois, si l'acquéreur a tiré profit des dégradations qu'il a faites, le vendeur a le droit de retenir sur le prix une somme égale à ce profit (C. civ. art. 1632).

Si au contraire la **valeur** du bien a **augmenté**, le vendeur doit verser à l'acheteur la différence entre le prix de vente et la valeur du bien, même si la valorisation du bien ne résulte pas d'une amélioration apportée par l'acheteur (C. civ. art. 1633) ; là encore, la solution est avantageuse pour l'acheteur qui sera indemnisé notamment en cas de plus-value monétaire.

50998 La **plus-value** doit être **évaluée à la date** de la décision constatant l'éviction et non pas à celle de l'introduction de l'action en garantie (Cass. 3e civ. 16-1-1991 : Bull. civ. III n° 26 ; Cass. 3e civ. 7-7-2010 n° 09-12.055). En tout état de cause, l'indemnité ne peut, en aucun cas, être calculée sur la valeur du terrain au jour de la vente (Cass. 3e civ. 21-3-1969 : Bull. civ. III n° 258).

Pour certains auteurs (Ph. Malaurie et L. Aynès, Les contrats spéciaux Defrénois 2004 n° 367), il serait plus juste, conformément au droit commun de la responsabilité contractuelle et de la dette de valeur, d'évaluer l'immeuble au jour du jugement condamnant le vendeur à indemniser l'acheteur (sur les règles d'évaluation en matière de rescision pour lésion, voir nos 24400 s.).
Les juges du fond peuvent fixer la valeur du bien sur la base d'une attestation de valeur établie par un notaire indiquant la valeur moyenne du mètre carré à la date de l'éviction dans un secteur équivalent et cela sans avoir à tenir compte des projets des acquéreurs (Cass. 3e civ. 7-7-2010 n° 09-12.055).

Quand l'**acheteur évincé est un sous-acquéreur** qui agit directement contre le premier vendeur (n° 50880), il ne peut obtenir restitution que du prix de la première vente et non de celui de la revente, sauf à compléter par des dommages-intérêts en réparation du préjudice subi (Cass. 1e civ. 27-1-1993 : Bull. civ. I n° 45 rendu à propos de la garantie des vices cachés mais transposable). **51001**

EXEMPLE

Dressons un tableau des indemnités dues par le vendeur à l'acheteur évincé suivant l'évolution de la valeur du bien.

Prix payé par l'acheteur	Valeur du bien le jour de l'éviction	Valeur du bien le jour de l'indemnisation	Indemnité due par le vendeur
100 000	70 000	50 000	100 000
100 000	70 000	150 000	100 000
100 000	150 000	120 000	150 000
100 000	150 000	200 000	150 000

Régime des impenses En outre, le vendeur doit rembourser à l'acquéreur de bonne foi toutes les réparations et **améliorations** (les « impenses ») **utiles** que celui-ci a apportées au fonds (C. civ. art. 1634). **51005**
Jugé que comme les impenses nécessaires ou utiles apportent le plus souvent au fonds une plus-value très inférieure au montant de la dépense, la nécessité d'assurer à la victime dépossédée une juste réparation implique que le caractère d'utilité des impenses ou améliorations doit s'apprécier non en fonction de leur résultat économique, mais en considération de l'affectation donnée au fonds lorsqu'elle n'est pas contraire à sa destination normale (CA Paris 22-11-1955 : Gaz. Pal. 1956 I p. 97 pour un terrain à bâtir sur lequel a été édifiée une modeste construction).
L'obligation s'étend à toutes les **dépenses**, même **somptuaires** ou d'agrément, si le vendeur a vendu de mauvaise foi le bien d'autrui (C. civ. art. 1635).
S'agissant des impôts, la Cour de cassation considère que le paiement des impôts fonciers n'entre pas dans la catégorie des réparations et améliorations utiles pour la chose vendue (Cass. 3e civ. 16-1-1991 n° 89-13.236) et ne peut donner lieu à un remboursement par les vendeurs (Cass. 3e civ. 24-6-2021 nos 18-17.741 ; 18-18.371).

> **Précisions** Le remboursement ne concerne pas les constructions neuves dont l'indemnisation est organisée par l'article 555 du Code civil (Cass. 3e civ. 10-7-1970 : Bull. civ. III n° 484).

RESTITUTION DES FRUITS

L'acquéreur évincé a le droit de demander au vendeur la restitution des fruits de l'immeuble, lorsqu'il est obligé de les rendre au propriétaire qui l'évince (C. civ. art. 1630, 2°). Si l'on combine cette disposition avec l'article 549 du Code civil, selon lequel le possesseur de bonne foi fait les fruits siens, il faut en déduire que l'acquéreur évincé n'est tenu de reverser les fruits au véritable propriétaire qu'**à partir** du moment où il a su que le vendeur n'était pas le véritable propriétaire. **51010**
Ainsi, par exemple, le possesseur cesse d'être de bonne foi et doit restituer les produits avec la chose au propriétaire qui la revendique à compter de la demande en justice tendant à l'annulation ou la résolution de la vente, que celle-ci émane du propriétaire évincé ou d'un tiers (Cass. 3e civ. 1-10-2020 n° 19-20.737 FS-PBI).
Jugé que le vendeur doit rembourser également l'indemnité d'occupation que l'acquéreur de bonne foi évincé a dû verser au véritable propriétaire, pour la période d'occupation durant laquelle l'occupation a eu lieu de bonne foi, c'est-à-dire avant la révélation des droits du tiers (Cass. 3e civ. 8-10-1974 : D. 1975 p. 431).

FRAIS DE JUSTICE

51015 L'acquéreur évincé peut demander le remboursement des frais faits sur la demande en garantie de l'acheteur (ce qui suppose que le tiers ait triomphé dans ses prétentions et que les frais de justice aient été mis à la charge de l'acheteur évincé), et de ceux faits par le demandeur originaire, c'est-à-dire les frais de justice engagés par l'acheteur pour résister à la prétention du tiers. Il s'ensuit que les juges du fond ne peuvent pas limiter le préjudice constitué par des frais de justice au seul motif que les procédures ne relèveraient pas de la responsabilité du vendeur mais résulteraient du refus de l'acquéreur de reconnaître une erreur cadastrale (Cass. 3e civ. 7-7-2010 n° 09-12.055).

DOMMAGES-INTÉRÊTS ET FRAIS DU CONTRAT

51020 L'acquéreur peut demander des dommages-intérêts ainsi que le remboursement des frais et loyaux coûts du contrat (C. civ. art. 1630, 4° ; frais de notaire, droits d'enregistrement, de publicité foncière).
Le paiement des dommages-intérêts et le remboursement des frais du contrat ne sont dus à l'**acheteur** qu'à la condition que celui-ci ait été de **bonne foi** lors de la conclusion de la vente (Cass. 1e civ. 12-2-1980 : Gaz. Pal. 1980 2 pan. p. 373).
Quant au **vendeur**, il doit des dommages-intérêts même s'il a été de **bonne foi** (Cass. req. 2-12-1890 : DP 1891 I p. 478), mais il ne répondra alors que du dommage prévisible conformément à l'article 1231-3 du Code civil ; le vendeur de mauvaise foi doit en revanche réparer la suite immédiate et directe de l'inexécution conformément à l'article 1231-4 du Code civil (Cass. 3e civ. 2-10-1974 : Bull. civ. III n° 331).
En effet, les articles 1231-3 et 1231-4 du Code civil sont applicables à la garantie d'éviction car, aux termes de l'article 1639 du Code civil, les autres questions auxquelles peuvent donner lieu les dommages-intérêts résultant pour l'acquéreur de l'inexécution de la vente doivent être décidées suivant les règles générales établies au titre des contrats ou des obligations conventionnelles en général.

51022 Les juges doivent relever l'**existence d'un préjudice** résultant de l'éviction et non encore réparé (Cass. 3e civ. 21-11-1974 : Bull. civ. III n° 428).
Doivent ainsi être réparés le préjudice matériel résultant du paiement de factures de déménagement et de travaux d'installation et le préjudice moral résultant de l'obligation de quitter la maison et de se défendre devant les tribunaux, ainsi que la privation de jouissance (CA Paris 2-3-1987 : D. 1987 IR p. 72) ou le préjudice résultant du paiement des impôts fonciers (Cass. 3e civ. 16-1-1991 : Bull. civ. III n° 26).

51024 La **responsabilité** d'un tiers ayant concouru à la production du dommage peut être également engagée par l'acheteur, notamment celle **du notaire** rédacteur d'actes qui n'attire pas l'attention de son client sur le risque d'éviction ou qui ne vérifie pas l'origine de propriété qui aurait révélé le risque d'éviction (Cass. 3e civ. 6-6-1977 : Bull. civ. III n° 234 ; Cass. 1e civ. 18-1-1978 : Bull. civ. I n° 28). Ainsi, le notaire peut être condamné à verser la plus-value due à l'acheteur en cas d'éviction totale, car celle-ci ne s'analyse pas comme une restitution (que le notaire ne peut être condamné à garantir qu'en cas d'insolvabilité du vendeur), mais une indemnisation de la perte subie par l'effet de l'éviction (Cass. 3e civ. 27-10-2016 n° 15-21.495 : BPIM 1/17 inf. 31).
Un partage de responsabilité peut être prononcé en cas de fautes respectives du vendeur et du notaire (Cass. civ. 21-2-1956 : D. 1956 p. 285).

3. EFFETS DE LA GARANTIE EN CAS D'ÉVICTION PARTIELLE

51040 L'acquéreur qui n'est évincé que d'une partie de l'immeuble peut demander la résolution de la vente si la partie de l'immeuble dont il est évincé est telle que sans elle il n'eût point acheté (C. civ. art. 1636).
L'acheteur victime d'une éviction partielle bénéficie donc d'une **option** quand l'éviction est suffisamment importante : il peut demander soit la **résolution** du contrat, soit son maintien avec **diminution du prix**.
S'il demande la résolution, il appartient aux juges du fond, qui sont souverains dans leur appréciation, de dire si l'éviction est suffisamment grave pour justifier la résolution : ainsi l'acheteur d'un établissement industriel, avec interdiction faite au vendeur de toute concurrence dans un lieu ou un temps déterminé, ne peut obtenir que des dommages-intérêts si le vendeur n'a contrevenu à cette clause que par quelques faits de concurrence constituant une éviction insuffisante pour faire prononcer la résolution de la vente (Cass. req. 26-5-1868 : DP 1869 I p. 365). De même, le fait que la cave de l'immeuble vendu appartienne à un tiers ne justifie pas la résolution de la vente de l'immeuble (Cass. 3e civ. 17-7-1996 n° 1402).

Si la **vente** est **résolue**, l'acheteur doit restituer la fraction du bien dont il n'a pas été dépossédé et il peut demander en contrepartie les mêmes indemnisations qu'en cas d'éviction totale, prévues aux articles 1630 à 1635 du Code civil, notamment le remboursement des fruits reversés au tiers, des frais d'instance et des dommages-intérêts éventuels (M. Mignot : J.-Cl. Civil fasc. 260 n° 67 ; O. Barret : Rép. civ. Dalloz v. Vente n° 518). **51045**

Si la **vente** n'est **pas résolue**, soit parce que l'acquéreur n'a pas demandé la résolution, soit parce qu'il ne l'a pas obtenue, l'éviction n'étant pas assez importante, il conserve la fraction de l'immeuble dont il n'a pas été évincé et a droit à une indemnité égale au remboursement de la valeur de la partie dont il est évincé suivant l'estimation à l'époque de l'éviction et non proportionnellement au prix total de la vente (C. civ. art. 1637 ; Cass. 3e civ. 21-3-2001 n° 99-16.706 : RJDA 10/01 n° 960). L'acheteur doit donc supporter les variations de la valeur du bien, et subir une éventuelle dépréciation de l'immeuble (CA Versailles 13-9-1990 : Bull. inf. C. cass. 1-3-1991 p. 54). L'indemnité d'éviction s'appréciant au regard de la désignation du bien lors de la vente et non au regard des caractéristiques du bien qui justifient l'éviction, elle est due à l'acheteur même si la parcelle dont il est évincé fait partie du domaine public (Cass. 3e civ. 18-1-2023 n° 21-16.666 : BPIM 2/23 Inf. 126). Il convient donc de se placer au moment de la vente pour l'application de l'indemnité d'éviction et au moment de l'éviction pour son estimation. **51050**

L'acheteur évincé partiellement est en conséquence moins bien traité que l'acheteur évincé totalement qui a toujours droit à la restitution intégrale du prix (nos 50995 s.).

Cette règle ne s'applique pas lorsque le paiement du prix de vente n'a pas été effectué antérieurement à l'éviction ; il appartient, dans ce cas, aux juges de fixer souverainement l'indemnité revenant à l'acquéreur en réparation de son préjudice tenant à la modification des conditions de vente initialement stipulées (Cass. 3e civ. 4-5-1988 : Bull. civ. III n° 88).

> **Précisions** L'article 1637 du Code civil ne règle que l'hypothèse où la vente n'est pas résiliée. Il est inapplicable à l'annulation pour **vente de la chose d'autrui** sur le fondement de l'article 1599 du Code civil quand bien même la nullité n'est que partielle en ce qu'elle ne concerne qu'une des parcelles vendues (Cass. 3e civ. 27-10-2016 n° 15-23.846 : BPIM 1/17 inf. 29).

4. EFFETS DE LA GARANTIE EN CAS DE CHARGES NON DÉCLARÉES

Si la servitude non apparente et non déclarée est d'une importance telle que l'acheteur, informé, n'aurait pas conclu la vente, ce dernier a le **choix** entre demander la résolution du contrat ou des dommages-intérêts (C. civ. art. 1638 ; pour une application, voir CA Versailles 16-11-1989 : D. 1991 som. p. 24). **51070**

Si l'acheteur demande la résolution, la question de la **gravité de l'éviction** relève de l'appréciation souveraine des juges du fond (Cass. civ. 21-2-1956 : D. 1956 p. 285) ; ainsi, les juges du fond peuvent à bon droit prononcer la résiliation de la vente après avoir relevé que l'acheteur n'aurait pas acheté une usine s'il avait connu l'existence de la servitude non aedificandi et de l'obstacle qu'elle constituait à tous travaux de construction (même arrêt). En revanche, la résolution ne peut pas être prononcée en cas de découverte d'une servitude d'égout collecteur qui n'est pas de telle importance que l'acquéreur n'eût pas contracté s'il l'avait connue (CA Paris 15-12-1967 : D. 1968 p. 402) ou de découverte d'une servitude d'alignement, si le projet d'alignement ne doit pas être nécessairement suivi d'effet et si l'immeuble est en bon état d'entretien et qu'il n'y a pas lieu d'envisager sa reconstruction ni sa réparation (Cass. 1e civ. 6-12-1961 : Bull. civ. I n° 583).

L'acheteur peut demander les mêmes indemnisations qu'en cas d'éviction totale (nos 50990 s.) mais si le vendeur est de bonne foi, il ne doit, en application de l'ancien article 1150 du Code civil (devenu 1231-3), réparation que du dommage prévisible (Trib. civ. Seine 22-2-1945 : D. 1945 p. 297 ; Cass. 1e civ. 21-6-1967 : Bull. civ. I n° 231, 2e esp., solution implicite).

Si, en revanche, la **charge** est moins importante et n'aurait **pas** été **susceptible**, si elle avait été connue, **de faire renoncer l'acquéreur à son achat**, ce dernier ne peut prétendre qu'à des dommages-intérêts dont le montant est fixé conformément à la règle de l'article 1637 du Code civil (J. Schmidt-Szalewski : J.-Cl. civ. fasc. 270 n° 30 ; Cass. 1e civ. 21-2-1956 : Bull. civ. I n° 87). **51073**

Enfin, lorsque l'importance de la **charge** est si **minime** que son existence n'a eu aucune influence ni sur la conclusion du contrat ni sur le montant du prix, l'acheteur n'a subi aucun préjudice et ne saurait obtenir ni la résolution de la vente ni des dommages-intérêts (Cass. 3e civ. 4-10-1977 : Bull. civ. III n° 323). Jugé que l'acquéreur d'un bien immobilier comprenant des terres agricoles soumises à une redevance d'appartenance à une association syndicale autorisée d'un canal d'irrigation ne pouvait pas réclamer des dommages-intérêts au vendeur dès lors que l'absence de mention dans l'acte de vente de cette charge n'était pas constitutive d'un **51075** préjudice : en effet, l'adhésion à l'association permettait l'irrigation à tarif avantageux de parcelles à vocation agricole, maintenant la valorisation objective du bien, et l'acheteur n'avait pas demandé son retrait de cette association pour manque d'intérêt aux travaux d'irrigation (Cass. 3e civ. 2-2-2005 n° 03-15.539 : RJDA 6/05 n° 676).

E. Aménagements conventionnels de la garantie

51120 Les parties peuvent conventionnellement ajouter à l'obligation légale de garantie ou en diminuer les effets ; elles peuvent même convenir que le vendeur ne sera soumis à aucune garantie (C. civ. art. 1627). Conformément au droit commun des contrats, ces clauses sont toujours d'interprétation restrictive.

1. CLAUSES EXTENSIVES DE GARANTIE

51125 Très rares en pratique, elles ne posent pas vraiment de problème ; elles doivent être expresses et spéciales.
Une clause générale de garantie (comme, par exemple, la clause selon laquelle « le vendeur s'oblige à garantir l'acquéreur contre toutes sortes de troubles ») a l'intérêt de garantir l'acquéreur contre les servitudes apparentes (Cass. req. 30-10-1894 : DP 1895 I p. 63 pour une servitude de passage apparente) ou les risques d'éviction connus de lui ; le vendeur peut également étendre la garantie du fait des tiers aux troubles de fait ou aux troubles résultant du fait du prince (pour expropriation, par exemple). Enfin, une clause peut prévoir une meilleure indemnisation de l'acheteur, par exemple en prévoyant que le vendeur supportera la moins-value affectant la fraction de l'immeuble qui devrait être restituée.

2. CLAUSES RESTRICTIVES DE GARANTIE

PROHIBITION DES CLAUSES RESTREIGNANT LA GARANTIE DU FAIT PERSONNEL

51130 Le vendeur ne peut pas s'exonérer de la garantie d'éviction résultant de son fait personnel ; toute **clause** contraire est **nulle** (C. civ. art. 1628). Cette prohibition vise l'exonération partielle et totale de garantie, et ce, quelle que soit la qualité des parties (professionnels ou non). Par exemple, la clause exclusive de garantie n'est pas applicable dans le cas où le branchement sur une fosse non étanche des canalisations d'évacuation des eaux usées de l'habitation du vendeur, voisine de celle acquise par l'acheteur, bien qu'antérieur à la cession, n'a pas été signalé à l'acquéreur et résulte du fait personnel du vendeur (Cass. 3e civ. 9-1-1980 : JCP 1980 IV p. 115).
La clause est nulle même si le fait personnel reproché au vendeur n'a pas été accompli de mauvaise foi ou avec dol (Cass. 1e civ. 15-2-1961 : Bull. civ. I n° 107). La clause par laquelle l'acquéreur se substitue dans ses droits et obligations ne permet pas au vendeur de s'exonérer de sa garantie du fait personnel (Cass. 3e civ. 17-7-1973 : Bull. civ. III n° 487).
Ces principes s'appliquent quelle que soit la qualité des parties à la vente.

PROHIBITION DE TOUTE CLAUSE RESTRICTIVE DANS LES VENTES ENTRE PROFESSIONNELS ET NON-PROFESSIONNELS

51135 Lorsque la vente immobilière est conclue entre un professionnel et un non-professionnel, les **clauses** limitant ou excluant la garantie d'éviction (du fait personnel du vendeur, du fait des tiers ou des charges non déclarées) sont interdites et réputées non écrites (C. consom. art. R 212-1, 6° et 7° ; sur les notions de professionnel et de consommateur, voir nos 50450 s. et 49723).

CONDITIONS D'EFFICACITÉ DES CLAUSES RESTRICTIVES DANS LES AUTRES CAS

51140 En dehors des exceptions précitées (nos 51130 et 51135), les parties peuvent **librement restreindre** la garantie d'éviction du fait de tiers et des charges non déclarées, soit en l'excluant totalement, soit en la limitant dans le temps ou à des faits ou des charges particuliers.
Sont, par exemple, licites :
– la clause selon laquelle le vendeur déclare ne pas garantir l'acheteur contre les servitudes apparentes ou non apparentes et contre toutes autres causes apparentes ou cachées (CA Paris 31-10-1929 : Gaz. Pal. 1930 I p. 154) ou contre un risque d'éviction lié à l'existence d'une hypothèque (Cass. 3e civ. 7-11-1968 : Bull. civ. III n° 337) ;

– la clause par laquelle l'acheteur, qui a été informé d'un fait précis et défini, antérieur à la vente et de nature à provoquer son éviction, a accepté d'en supporter le risque sans pouvoir former de recours contre le vendeur (Cass. 1e civ. 17-7-1962 : D. 1962 p. 534 ; Cass. com. 2-12-1965 : Bull. civ. III n° 623).

Clause expresse L'exclusion de garantie doit faire l'objet d'une clause expresse (Cass. civ. 21-3-1893 : DP 1893 I p. 438 ; Cass. 3e civ. 24-6-1998 : Bull. civ. III n° 130 ; Cass. 3e civ. 6-6-2012 n° 11-14.032 : RJDA 12/12 n° 1064). La connaissance de l'acquéreur, à la date de son engagement, du risque d'éviction ne saurait suppléer l'absence d'une stipulation expresse (arrêts précités). **51145**
Certains auteurs (Ph. Malaurie et L. Aynès, Les contrats spéciaux Defrénois 2004 n° 364) critiquent cette solution : la seule connaissance par l'acheteur du risque d'éviction pourrait conduire en bonne logique à exclure la garantie du vendeur ; cependant, la solution est conforme à l'interprétation a contrario de l'article 1629 du Code civil qui exige, pour que le vendeur ne soit pas tenu à restitution du prix, à la fois la connaissance du risque par l'acheteur et l'existence d'une clause de non-garantie.

Clause dénuée d'ambiguïté Afin d'éviter toute contestation ultérieure, les parties doivent manifester le plus clairement possible leur volonté, étant rappelé que le juge a le pouvoir d'interpréter les clauses obscures ou ambiguës, sous réserve de ne pas les dénaturer. **51150**
Ainsi la clause de non-garantie de désignation et de contenance ne dispense pas le vendeur de garantir l'acheteur contre l'éviction d'une partie du bien vendu (Cass. 3e civ. 12-1-1982 : Bull. civ. III n° 12 ; dans le même sens, Cass. 1e civ. 5-1-1967 : D. 1967 p. 430 ; Cass. 3e civ. 30-1-1979 : D. 1979 IR p. 288). Par exemple, jugé que la clause ambiguë par laquelle l'acquéreur s'oblige à « prendre le bien vendu dans l'état où il se trouve actuellement, sans pouvoir demander aucune indemnité, ni diminution du prix [...] pour mitoyenneté, défaut d'alignement, vices de construction apparents ou cachés, vétusté des bâtiments, champignon, mauvais état du sol, ou du sous-sol, ou quelque autre cause que ce soit, ni pour moindre mesure qui pourrait exister entre la contenance réelle et celle sus-indiquée, cette différence excédât-elle un vingtième », est une clause de non-garantie de désignation et de contenance qui ne dispense pas le vendeur de garantir l'acheteur contre l'éviction du bien vendu (Cass. 3e civ. 7-7-2010 n° 09-12.055 : Bull. civ. III n° 140).

Tout comme en matière de vices cachés, la portée d'une **clause** exclusive de garantie **rédigée en termes généraux** (par exemple, « l'immeuble est vendu tel quel avec les mêmes droits et charges que le vendeur » ou « aucun recours ne pourra être exercé du chef des servitudes » ou « exclusion de la garantie pour quelque cause que ce soit » ou « l'acheteur achète à ses risques et périls ») est délicate à déterminer. **51155**
La première chambre civile de la Cour de cassation a considéré que la clause selon laquelle « aucun recours ne pourra être exercé du chef des servitudes » est une clause purement de style (Cass. 1e civ. 21-6-1967 : Bull. civ. I n° 171), sous-entendant ainsi son absence d'efficacité. Alors que la troisième chambre civile considère que toute clause d'un contrat, quoique usuelle ou de style, n'en produit pas moins un effet normal (Cass. 3e civ. 3-5-1968 : Bull. civ. III n° 184) et admet, en matière de garantie de vices cachés, que la clause portant « vente de l'immeuble en l'état » vaut exclusion de garantie.
C'est également le parti pris de la chambre commerciale, selon laquelle une clause indiquant que la vente est conclue « sans aucunes garanties possibles » exclut non seulement la garantie des vices cachés, mais aussi celle d'éviction (Cass. com. 31-1-1995 n° 93-10.535 : RJDA 5/95 n° 559).

Vendeur de bonne foi La clause limitative ou exclusive de garantie d'éviction ne peut être appliquée que si le vendeur est de bonne foi (en ce sens, Cass. 3e civ. 20-2-1973 : Bull. civ. III n° 144 ; Cass. 3e civ. 23-2-1994 : D. 1994 p. 524). **51160**
Elle ne peut donc pas être opposée à l'acheteur qui a été tenu dans l'ignorance par une réticence dolosive du vendeur. Tel est le cas lorsque le vendeur a dissimulé l'existence d'une servitude d'urbanisme à l'acheteur d'une ancienne tannerie, alors qu'il connaissait le but poursuivi par ce dernier de la transformer en une fabrique de crin et qu'il savait que l'existence de la servitude rendait impossible ce projet (Cass. 1e civ. 16-5-1961 : D. 1961 p. 545) ou lorsque le vendeur d'un terrain dissimule l'existence d'une canalisation dès lors que cette charge diminue l'usage du bien vendu (Cass. 3e civ. 24-9-2014 n° 13-18.924 : RJDA 2/15 n° 80). Tel est le cas d'une canalisation d'eaux pluviales, dont la découverte a obligé l'acquéreur à modifier le projet pour lequel il avait obtenu le permis de construire (Cass. 3e civ. 4-7-1979 : D. 1980 IR p. 221).
Les juges du fond peuvent néanmoins tenir compte des circonstances, de l'inexpérience et de l'âge du vendeur pour décider que la non-révélation à l'acheteur d'une servitude occulte ne constitue pas une faute lourde équivalente au dol (Cass. 1e civ. 21-6-1967 : Bull. civ. I n° 231, 2e esp.).

EFFETS DES CLAUSES LIMITATIVES DE GARANTIE

51165 En cas de stipulation valable de non-garantie, le vendeur reste tenu à la **restitution du prix**, sauf si l'acquéreur avait connaissance, lors de la vente, du danger de l'éviction, ou s'il a acheté à ses risques et périls (C. civ. art. 1629).

En principe, même en présence d'une clause de non-garantie, l'acheteur a donc droit à la restitution du prix ; mais il n'a pas droit aux dommages-intérêts, aux fruits et au remboursement des divers frais.

Le vendeur ne doit pas restituer le prix si l'acheteur avait connaissance du danger d'éviction ; la preuve de la connaissance par l'acheteur du danger d'éviction est à la charge du vendeur et peut être rapportée par tous moyens.

Il n'y a pas lieu non plus à restitution du prix si l'acheteur a acheté « **à ses risques et périls** » ; il n'y a pas besoin de formule sacramentelle, des termes équivalents peuvent être utilisés, dès lors que l'intention certaine des parties est bien établie (Cass. civ. 10-3-1948 : D. 1948 p. 255).

Ainsi, constitue une stipulation valable de non-garantie du vendeur la clause du contrat constatant la vente moyennant un prix global d'un ensemble de parcelles de diverses natures, aux termes de laquelle « l'ensemble s'étend, poursuit, et comporte sans aucune exception ni réserve et sans garantie, soit pour cause de mauvais état du sol, soit pour cause d'erreur dans la désignation et dans la contenance sus-indiquée, toute différence en plus ou moins, excédât-elle même un vingtième, devant faire le profit ou la perte de l'acquéreur » ; par suite, l'acquéreur doit être débouté dans sa demande en restitution de la partie du prix correspondant à la valeur d'une parcelle comprise à tort dans l'énumération de l'acte de vente (Cass. civ. 10-3-1948 : D. 1948 p. 255).

Jugé en revanche que la clause par laquelle le cédant ne donne aucune garantie autre que celle de son fait personnel n'équivaut pas à l'acceptation aux risques et périls de l'acheteur (Cass. com. 3-5-1978 : D. 1979 p. 247 rendu à propos d'un contrat de cession de brevet, mais transposable à la vente immobilière).

En outre, la clause exclusive de garantie ne saurait produire aucun effet s'il est établi que l'éviction dont souffrent les acquéreurs ne résulte pas de l'existence de la servitude mentionnée dans le titre, mais de sa violation par le vendeur (Cass. 3e civ. 7-1-2016 no 14-24.777 : BPIM 2/16 inf. 117).

La solution est logique puisque, dans ce cas, il s'agit d'une éviction qui résulte du fait personnel du vendeur, or toute exclusion de garantie est alors prohibée en application de l'article 1628 du Code civil.

CHAPITRE 3

OBLIGATIONS DIVERSES DE L'ACQUÉREUR

SOMMAIRE

Si la principale obligation de l'acquéreur est le paiement du prix de vente (voir nos 26000 s.), il en existe beaucoup d'autres, fort diverses ; nous allons tenter d'en énumérer quelques-unes, sans prétendre à l'exhaustivité, tant il est vrai que la **liberté contractuelle** est sans limites et la pratique variée. **52000**

A. Restrictions à la libre disposition et à la libre jouissance de l'immeuble vendu

1. INTERDICTION D'ALIÉNER L'IMMEUBLE

CONDITIONS DE VALIDITÉ DES CLAUSES D'INALIÉNABILITÉ

Les clauses d'inaliénabilité sont le plus souvent stipulées dans les **actes à titre gratuit**, comme en témoigne l'article 900-1 du Code civil, qui admet la possibilité de prévoir l'inaliénabilité du bien donné. Celle-ci doit être temporaire et répondre à un intérêt sérieux et légitime. **52002**

Mais une clause d'inaliénabilité peut aussi se rencontrer dans les **actes à titre onéreux**, comme l'ont admis une jurisprudence et une doctrine anciennes (T. civ. Beaugé 20-2-1867 : S. 1868 II 56 ; CA Alexandrie 4-1-1927 : RTD civ. 1927 p. 732 obs. R. Demogue ; CA Alexandrie 17-2-1927 : RTD civ. 1928 p. 210 obs. R. Demogue). La Cour de cassation a réaffirmé la validité de la clause aux mêmes conditions que lorsqu'elle est prévue dans un acte à titre gratuit : caractère temporaire et existence d'un intérêt sérieux et légitime (Cass. 1e civ. 31-10-2007 no 05-14.238 : RJDA 4/08 no 390).

Si la condition de **durée limitée** ne suscite aucune difficulté particulière de mise en œuvre, l'existence d'un **intérêt sérieux et légitime** est peut-être plus difficile à justifier dans un contrat de vente. En matière de donation, la stipulation d'une réserve d'usufruit ou d'un droit de retour conventionnel, fréquente en pratique, semble suffisante pour fonder l'intérêt sérieux et légitime. Pour une vente d'immeuble, certaines circonstances pratiques peuvent être avancées à titre d'**exemples** : souhait du vendeur, lorsque le bien vendu provient de la division d'un immeuble plus grand, de conserver comme voisin un acquéreur déterminé ; de même, lorsque la vente est consentie moyennant un prix transformé en rente viagère, le vendeur peut souhaiter conserver le même débirentier (voir par ex. Cass. 1e civ. 20-7-1982 : Bull. civ. I, no 267). Ces deux exemples montrent que l'interdiction peut être de la durée de la vie du vendeur si la clause se justifie par un intérêt spécifique. En revanche, les tribunaux risquent d'annuler une interdiction liée à la vie de l'acquéreur. L'inaliénabilité est en effet considérée comme perpétuelle lorsqu'elle doit se prolonger toute la vie du bénéficiaire du bien (Cass. civ. 24-1-1899 : DP 1900.1.533) ou toute la vie de l'usufruitier (Cass. civ. 16-3-1903 : DP 1905.1.126). Plus généralement, lorsque la vente est assortie d'une obligation personnelle à la charge de l'acquéreur, le respect de cette obligation peut constituer le motif d'une interdiction temporaire d'aliéner.

> **Précisions** Si les restrictions d'aliéner un bien ont une incidence en matière civile, elles n'en ont pas en matière de **confiscation pénale** et ne rendent pas le bien insaisissable par l'État (Cass. crim. 15-12-2021 n° 20-85.196 F-D, s'agissant d'une saisie et confiscation pénale de la nue-propriété d'un bien reçue par donation assortie d'une clause d'inaliénabilité, d'un droit de retour, d'une interdiction d'hypothéquer et d'une exclusion de communauté). En cas de confiscation pénale d'un bien objet d'une clause de **tontine** (par laquelle le survivant des acquéreurs d'un même bien est réputé avoir été seul propriétaire depuis l'acquisition), la clause n'est pas caduque, mais la condition de survie déterminant la propriété du bien doit s'apprécier en la personne, non pas de l'état ayant procédé à la confiscation, mais de l'acquéreur initial dont les droits ont été confisqués (Cass. 1e civ. avis 15-6-2022 n° 9000 FS-B : BPIM 6/22 inf. 431).

CONSEILS RÉDACTIONNELS

52004 Les parties devront clairement **préciser dans l'acte** de vente le motif sérieux et légitime qui justifie la clause d'inaliénabilité.
Dès lors qu'il n'existe pas d'illicéité de principe de la stipulation d'inaliénabilité dans un acte à titre onéreux, le **notaire** ne peut pas s'opposer à l'insertion d'une telle clause dans l'acte. Mais il lui appartient, au titre de son devoir de conseil, d'informer les parties des conditions de validité de la clause (caractère temporaire et existence d'un intérêt sérieux et légitime), et du risque de son annulation si celles-ci faisaient défaut.

PUBLICITÉ FONCIÈRE

52006 La clause d'inaliénabilité portant sur un immeuble doit être publiée, qu'elle résulte de l'acte de **vente** ou d'un **acte distinct** (Décret 55-22 du 4-1-1955 art. 28, 1° et 2°). À défaut, elle serait inopposable aux tiers ayant publié des droits concurrents sur l'immeuble (Décret 55-22 du 4-1-1955 art. 30, 1 al. 3).
En tout état de cause, la clause d'inaliénabilité n'a d'intérêt que si elle est largement connue des tiers.
L'existence de cette clause dans l'acte de vente publié fait l'objet d'une mention particulière au fichier immobilier.

LEVÉE DE L'INALIÉNABILITÉ

52009 Entre les parties, une clause d'inaliénabilité ne s'applique plus dès lors qu'il est établi que l'intérêt qui avait motivé son insertion a disparu. Ainsi, la clause qui impose de vendre en priorité la parcelle à un tiers, propriétaire du terrain contigu, n'a plus de raison de s'appliquer si ce dernier a lui-même vendu sa propre parcelle (Cass. 3e civ. 5-6-2012 n° 11-19.294 : BPIM 4/12 inf. 329).
De même, le bien reçu par donation avec interdiction d'aliéner peut valablement faire l'objet d'un compromis de vente sans intervention des donateurs pour renoncer à l'interdiction, ni condition suspensive à ce sujet, dès lors que la vente intervient après le décès des donateurs (Cass. 3e civ. 30-1-2020 n° 18-25.381 FS-PBI : BPIM 2/20 inf. 127).

> **Précisions** Une question reste sans réponse concernant le régime juridique de la clause. Doit-on admettre pour les actes à titre onéreux la possibilité reconnue, pour les donations et legs, de demander la **levée judiciaire de la clause** d'inaliénabilité lorsque l'intérêt qui l'avait justifiée a disparu ou s'il advient qu'un intérêt plus important l'exige (C. civ. art. 900-1) ? Si un auteur y a répondu par l'affirmative (Ph. Simler, Les clauses d'inaliénabilité : D. 1971 p. 416-4 n° 22), la Cour de cassation ne s'est pas prononcée (Cass. 1e civ. 31-10-2007 n° 05-14.238 : RJDA 4/08 n° 390 qui n'aborde pas ce point). Quoi qu'il en soit, il a été observé que les parties peuvent toujours introduire conventionnellement une telle faculté de levée judiciaire en la stipulant dans l'acte de vente (R. Mortier, La nouvelle aire des clauses d'inaliénabilité : JCP N 2008 n° 1064).

2. VENTE AVEC FACULTÉ DE RACHAT

RÉGIME JURIDIQUE ET FISCAL

52010 La vente avec faculté de rachat (ou vente à réméré) est un pacte par lequel le vendeur se réserve la possibilité de **reprendre la chose** vendue, moyennant la restitution du prix principal et le remboursement de certains frais et dépenses exposés par l'acquéreur (C. civ. art. 1659). Il n'y a pas faculté de rachat, mais existence d'un droit de préférence au profit du vendeur en cas de revente du bien par l'acheteur, lorsque l'acte de vente prévoit que l'acheteur sera tenu de revendre le terrain à un tiers, et non à son vendeur, s'il n'y construit pas des bâtiments d'habitation dans les 4 ans suivant la conclusion de la vente et que le vendeur bénéficiera d'un droit de préférence à l'occasion de cette revente (Cass. 3e civ. 1-12-2010 n° 09-16.126 : RJDA 3/11 n° 230).

La faculté de rachat ne peut être stipulée que pour une **durée** maximum de 5 ans, laquelle ne peut pas être prolongée par le juge (C. civ. art. 1660 et 1661). L'action des vendeurs est une action personnelle soumise à la prescription quinquennale de l'article 2224 du Code civil (Cass. 3e civ. 8-6-2023 n° 22-17.992 FS-B : BPIM 5/23 inf. 328). À l'issue du délai convenu, et faute d'exercice de la faculté de rachat, le droit de propriété de l'acquéreur devient irrévocable (C. civ. art. 1662). Si le vendeur se maintient dans les lieux après l'expiration de la faculté de rachat, il devient occupant sans droits ni titre et peut être condamné au paiement d'une indemnité d'occupation (Cass. 3e civ. 7-9-2022 n° 21-20.387 F-D : RJDA 2/23 n° 67). **52010 (suite)**

Pour être valablement exercée, la faculté de rachat doit respecter les **conditions** conventionnellement fixées. Si le contrat stipule que la simple déclaration de l'intention d'exercer le réméré, même adressée en temps utile, sera inopérante si elle n'était pas accompagnée du versement de la somme nécessaire, la déclaration d'intention est dépourvue d'effet dès lors qu'aucun versement n'intervient dans le délai convenu (Cass. 3e civ. 8-12-2016 n° 15-27762 F-D).

La faculté de rachat n'est pas formellement une interdiction d'aliéner, dans la mesure où le premier acquéreur peut lui-même **revendre l'immeuble** pendant la durée où la faculté est ouverte. Attention, le vendeur pourra exercer cette faculté à l'encontre du sous-acquéreur, même si l'acte de revente ne mentionne pas l'existence de la faculté de rachat (C. civ. art. 1664).

Le vendeur qui use de la faculté de rachat doit effectuer le **remboursement** du prix de vente, des frais d'actes de la vente, du coût des réparations nécessaires et de celles qui ont augmenté la valeur de l'immeuble à concurrence de cette augmentation. Il ne peut entrer en possession qu'après avoir satisfait à toutes ces obligations (C. civ. art. 1673, al. 1). Le remboursement du prix et des frais conditionne donc le transfert de propriété (Cass. 3e civ. 20-12-2006 n° 06-13.078 FS-PB : BPIM 3/07 inf. 209), la déclaration d'intention d'exercer le rachat étant insuffisante (Cass. 3e civ. 20-12-2006 n° 06-13.078 : RJDA 5/07 n° 467). Il en résulte que le transfert de propriété n'intervient pas à la date où le montant dû au titre du remboursement du prix et des frais aura été définitivement arrêté par une décision ayant autorité de chose jugée, mais dès l'instant où le vendeur a effectivement versé cette somme ou un montant supérieur à celle-ci (Cass. 3e civ. 8-11-2018 n° 14-25.005 FS-PBI : BPIM 6/18 inf. 425).

Comme la clause d'inaliénabilité, la faculté de rachat est soumise à **publicité foncière** obligatoire, qu'elle résulte de l'acte de vente de l'immeuble ou d'un acte séparé (Décret 55-22 du 4-1-1955 art. 28, 1° et 2°), sous peine d'inopposabilité aux tiers du rachat lui-même (Décret 55-22 du 4-1-1955 art. 30, 1 al. 4). L'existence de cette clause dans l'acte de vente publié fait d'ailleurs l'objet d'une mention particulière au fichier immobilier.

En revanche, la demande en justice visant à faire constater l'exercice de la faculté de rachat n'est pas soumise à la formalité de publication préalable sous peine d'irrecevabilité (CA Paris 19-6-2020 n° 18/20600).

> Précisions a. Lorsque le **prix** de la vente initiale est **payable à terme** et que la faculté de rachat est exercée avant ce terme, le vendeur n'est pas tenu à restitution au titre du prix qu'il n'a pas perçu et le fait que le prix n'ait pas été payé ne fait pas obstacle à l'exercice de la faculté de rachat (Cass. 3e civ. 25-10-2006 n° 05-16.250).

b. C'est au vendeur de prouver qu'il a exercé son droit de rachat (Cass. com. 2-6-1992 n° 90-18.381 : RJDA 11/92 n° 1001).

c. Concernant les **droits d'enregistrement**, la Cour de cassation considère que, pour déterminer la valeur d'un immeuble vendu avec faculté de rachat, l'application d'une décote forfaitaire de 10 % sur le prix de vente déterminé par comparaison avec des cessions de biens par ailleurs comparables permet de calculer la valeur vénale réelle du bien et de tenir compte de sa situation juridique spécifique (Cass. com. 20-11-2007 n° 06-13.055 F-PB : RJF 3/08 n° 368). Rappelons que la valeur vénale réelle d'un immeuble correspond au prix qui pourrait en être obtenu par le jeu de l'offre et de la demande sur un marché réel, compte tenu de la situation de fait et de droit dans laquelle l'immeuble se trouve avant la survenance du fait générateur de l'impôt (Cass. com. 18-10-2017 n° 16-17.940 F-D : RJF 2/18 n° 223).

En cas d'exercice du rachat, la restitution à l'acquéreur des droits initialement perçus n'est pas possible (CGI art. 1961, al. 1). À l'inverse, l'exercice de la faculté de rachat génère une nouvelle mutation taxable.

d. En ce qui concerne le régime de **TVA** applicable à une vente avec faculté de rachat, voir n° 60345.

e. S'agissant de la **plus-value**, lorsque le vendeur est un particulier, l'administration fiscale admet qu'il peut obtenir, sur réclamation, une restitution partielle ou totale des droits indûment perçus dans l'hypothèse où le contrat de vente serait annulé, résolu ou rescindé (BOI-RFPI-PVI-10-30 n° 30). Si la vente à réméré est bien stipulée sous condition résolutoire, le vendeur particulier peut donc présenter une demande de dégrèvement de l'imposition initialement établie, dans un délai qui expire le 31 décembre de la deuxième année suivant la date de rachat.

INTÉRÊTS ET LIMITES

52020 La vente avec faculté de rachat constitue en général un **instrument de crédit** car elle permet au propriétaire d'un immeuble de se procurer les fonds dont il a besoin par la vente de cet immeuble, tout en conservant l'espoir d'en recouvrer la propriété le jour où il sera revenu à meilleure fortune, en restituant à l'acheteur le prix et ses accessoires. Elle ne doit pas dissimuler un **prêt usuraire**, notamment lorsque le prix de rachat est très supérieur au prix de vente. En effet, la vente avec faculté de rachat peut constituer un **pacte commissoire** prohibé lorsque, portant sur la résidence principale du vendeur, elle dissimule une opération de crédit et a pour objet d'écarter les dispositions protectrices des emprunteurs relatives au taux d'usure (Cass. 3e civ. 24-6-2021 n° 18-19.771 F-D : RJDA 10/21 n° 646). En revanche, le contrat ne présente aucun caractère usuraire dès lors que le prix de rachat est identique au prix de vente, que le loyer est perçu en contrepartie de la jouissance de l'immeuble et que le vendeur, ancien cadre bancaire et dirigeant de société, a recouru en toute connaissance de cause au mécanisme de la vente à réméré, a bénéficié de conseils de professionnels et n'a pu se méprendre sur la portée d'une vente conclue devant notaire en la forme authentique (Cass. 3e civ. 4-10-2018 n° 17-21.894 F-D). Et la requalification de la vente à réméré en pacte commissoire prohibé ne peut pas se déduire de la seule concomitance entre un acte de prêt et un acte de vente (Cass. 3e civ. 21-5-2014 n° 12-23.607 FS-PB : RJDA 8-9/18 n° 659).

L'**utilisation frauduleuse**, car usuraire, de la vente avec faculté de rachat a été dénoncée par Planiol et Ripert (Traité pratique de droit civil, tome X par Hamel, Givord et Tunc 1956, n° 187 bis p. 224), notamment lorsque trois traits sont réunis : la vileté du prix stipulé par rapport à la valeur de l'immeuble, la relocation immédiate au vendeur et la fréquence des achats à réméré effectués par une même personne. Selon ces auteurs, le recours à la vente avec faculté de rachat permettait d'éviter la prohibition des pactes commissoires (C. civ. art. 2078 ancien) et ouvrait la voie à des conventions usuraires par lesquelles l'acheteur stipulait que, faute de restituer un prix très supérieur au prix initial, le vendeur perdait définitivement la propriété de la chose vendue. Ces remarques critiques à l'égard de la vente avec faculté de rachat ont perdu une partie de leur valeur depuis que l'ordonnance 2006-346 du 23 mars 2006 a abrogé la prohibition du pacte commissaire et organisé l'attribution conventionnelle de l'immeuble hypothéqué (C. civ. art. 2452 et C. civ. 2453). Toutefois, dans la mesure où ces textes excluent l'immeuble qui constitue la résidence principale du débiteur et imposent le recours à une expertise, il convient de rester prudent face au recours à ce type de vente, surtout si elle porte sur la résidence principale (Cass. 3e civ. 24-6-2021 n° 18-19.771 F-D : RJDA 10/21 n° 646).

> **Précisions** Le **notaire instrumentaire** est tenu d'informer les parties sur la portée, les effets et les risques, notamment juridiques et fiscaux, de l'acte, mais dans la limite des possibilités de contrôle et de vérification qui lui sont offertes et sans avoir à porter d'**appréciation sur l'opportunité économique de l'opération** ni à rechercher des éléments supplémentaires pour vérifier que l'acte est adapté aux besoins financiers du vendeur (Cass. 1e civ. 1-2-2023 n° 20-16.905 F-D).

3. RESTRICTIONS DE JOUISSANCE DE L'IMMEUBLE

52030 Les restrictions de jouissance de l'immeuble peuvent être de **nature** personnelle ou réelle. La distinction entre servitude, constituée au profit d'un fonds dominant, en principe perpétuelle, et obligation personnelle, limitée dans le temps, n'est pas toujours facile à effectuer, de sorte qu'il convient d'être précis dans l'acte constitutif.

OBLIGATIONS PERSONNELLES

52035 L'obligation personnelle **s'impose à une partie** au contrat mais ne grève pas un fonds. Une telle obligation doit nécessairement être limitée dans le temps ; elle peut, semble-t-il, être positive et constitutive d'une **affectation à un certain usage** (vente d'un terrain à charge de l'affecter pendant 20 ans à usage de golf). Il peut s'agir également de restrictions temporaires au droit de **louer le bien**. Ainsi par exemple, en contrepartie du prix modéré d'acquisition lié à des subventions allouées au promoteur par une collectivité territoriale, l'acte de vente d'un logement peut inclure une **clause antispéculative** restreignant pendant une certaine durée les droits du propriétaire de louer son bien. En cas de non-respect, une pénalité est alors prévue au profit de la collectivité territoriale. Dans ce cas, le litige portant sur le recouvrement des pénalités dues à la collectivité relève de la compétence du tribunal judiciaire et non administratif (T. confl. 5-7-2021 n° 4214 : BPIM 6/21 inf. 389).

OBLIGATIONS RÉELLES

Une servitude est une charge **imposée sur un immeuble** pour l'usage et l'utilité d'un fonds appartenant à un autre propriétaire (C. civ. art. 637). Pour qu'il s'agisse d'une servitude, la charge doit grever un fonds au profit d'un autre fonds. Ainsi, la convention par laquelle le propriétaire d'un terrain permet à EDF d'y implanter un transformateur ne s'analyse pas en une convention de servitude grevant l'immeuble, car le réseau de distribution électrique ne constitue pas un fonds dominant (Cass. 3e civ. 13-6-2012 n° 10-21.788 : BPIM 4/12 inf. 367). De même, un droit de passage nécessaire à l'entretien d'un canal alimentant un moulin situé sur un fonds voisin ne peut être reconnu en faveur du propriétaire de ce fonds dès lors que ce dernier n'est pas propriétaire de la rive du canal (Cass. 3e civ. 20-10-2016 n° 15-20.044 : Sol. Not. 12/16 inf. 230) et il ne peut être constitué de servitude de passage sur un fonds indivis au profit d'un fonds appartenant à l'un des propriétaires indivis (Cass. 3e civ. 12-4-2018 n° 16-24.708 F-D). 52040

› Précisions **a.** Le régime des servitudes n'est pas applicable aux chemins d'exploitation (Cass. 3e civ. 24-6-2015 n° 14-12.999).
b. L'existence d'une **sépulture** n'a pas pour effet de rendre **inaliénable** et incessible la propriété sur laquelle elle est située. La vente amiable ou judiciaire est donc possible sous réserve qu'il en soit fait mention dans le cahier des charges et qu'un accès soit réservé à la famille (Cass. 2e civ. 17-10-2013 n° 12-23.375 : BPIM 6/13 inf. 409).
c. Une servitude conventionnelle de droit privé peut être maintenue sur une parcelle incorporée dans le **domaine public** avant l'entrée en vigueur du CGPPP, dès lors qu'elle a été consentie avant cette incorporation et qu'elle est compatible avec l'affectation de la parcelle (T. confl. 5-7-2021 n° 4218, SCI LMG c/ Cne d'Evecquemont : jurisprudence rendue avant l'entrée en vigueur du CGPPP).

Portée des servitudes Les servitudes **entre propriétés voisines** sont fréquentes : elles résultent soit de la situation des lieux, soit de la volonté des parties à l'occasion notamment de la division d'une propriété unique en vue d'un partage ou d'une vente (V. Gélu-Lafargue, Division foncière : gare à la servitude par destination du père de famille : BPIM 1/13 inf. 4). Elles peuvent consister, par exemple, dans l'interdiction de construire (non aedificandi), de surélever (non altius tollendi) ou de planter, ceci pour l'intérêt de la propriété voisine. Il existe de nombreuses servitudes de vue, de passage, voire d'usage commun de certaines installations (puits, fosses septiques, plantations, canalisations diverses…). 52042

Une servitude peut également porter sur l'**usage et l'affectation d'un fonds**, ce qui est une restriction à sa jouissance. Dans ce cas, la servitude doit toujours être conçue de façon négative, c'est-à-dire comporter à l'encontre du fonds servant une obligation de ne pas faire ou de ne pas affecter ce bien à un certain usage, et non une obligation de faire.

En revanche, une servitude ne saurait interdire au propriétaire du fonds servant toute jouissance de sa propriété (Cass. 3e civ. 6-6-2019 n° 18-14.547 FS-PBI : BPIM 4/19 inf. 307 ; Cass. 1e civ. 24-5-2000 n° 97-22.255 FS-PF).

La constitution d'une servitude peut générer des obligations **réciproques**. Lorsqu'un propriétaire consent à grever son fonds (fonds servant) d'une servitude dite « de cour commune », pour permettre au propriétaire du fonds voisin (fonds dominant) d'obtenir une autorisation d'urbanisme, ce dernier s'oblige à respecter l'emplacement convenu de la construction. L'inexécution de cette obligation est de nature à justifier la démolition de l'ouvrage, dans la mesure nécessaire au respect de la convention des parties (Cass. 3e civ. 28-3-2024 n° 22-13.993 FS-B : BPIM 3/24 inf. 217).

› Précisions Une **servitude de vue** ne peut pas conférer le droit d'empiéter sur la propriété d'autrui (Cass. 3e civ. 23-11-2017 n° 16-20.521 F-D). Une réponse ministérielle rappelle les règles en matière de jours et de servitude de vue sur la propriété du voisin (Rép. Masson : AN 9-7-2020 nos 12998 et 13747 : BPIM 5/20 inf. 358).

Durée des servitudes La servitude est **perpétuelle**. Même constituées antérieurement à l'acte de vente, les servitudes doivent être respectées par l'acquéreur si elles sont apparentes ou s'il s'agit de servitudes légales ou créées par prescription ou par destination du père de famille, ou encore si elles ont été régulièrement publiées au fichier immobilier. La destination du père de famille vaut **titre** à l'égard des servitudes discontinues lorsqu'existent, lors de la division d'un fonds, des signes apparents de la servitude et que l'acte de division ne contient aucune stipulation contraire à son maintien (Cass. 3e civ. 23-3-2022 n° 21-11.986 FS-B : BPIM 3/22 inf. 259). Pour éviter toute difficulté, le vendeur aura néanmoins intérêt à en révéler l'existence dès l'avant-contrat. 52045

L'**autorisation octroyée à titre temporaire**, en vertu des obligations normales de voisinage, au propriétaire d'un mur de passer chez son voisin afin d'effectuer des réparations ne reconnaît donc aucune servitude au profit du fonds du propriétaire de ce mur (Cass. 3e civ. 15-4-1982 : Bull. civ. III no 93).
Le droit de jouissance spéciale attaché à un lot de **copropriété** est un droit réel perpétuel qui peut s'exercer soit sur la partie privative d'un autre lot, soit sur les parties communes de l'immeuble (Cass. 3e civ. 7-6-2018 no 17-17.240 FS-PBRI : BPIM 4/18 inf. 287). Mais le droit de jouissance privative ne fait pas perdre aux espaces sur lesquels il porte leur nature de partie commune. Une servitude ne peut donc pas être constituée au profit d'un lot sur une partie commune, fût-elle à jouissance privative (Cass. 3e civ. 23-9-2021 no 19-22.556 F-D : BPIM 6/21 inf. 391).
Il existe toutefois des causes d'**extinction des servitudes** : l'impossibilité d'exercice de la servitude (C. civ. art. 703), la réunion des fonds (C. civ. art. 705), le non-usage trentenaire (C. civ. art. 706), la renonciation à la servitude ou encore la perte de la chose. Ainsi par exemple, une servitude de passage conventionnelle est éteinte dès lors qu'elle a été constituée pour permettre un accès en voiture au jardin situé derrière la maison et que les travaux réalisés par le propriétaire de la maison ne permettent plus qu'un accès piéton (Cass. 3e civ. 10-9-2020 no 19-10.802 F-D : SNH 31/20 inf. 8). En revanche, il n'y a pas extinction si l'impossibilité d'usage est due au propriétaire débiteur (Cass. 3e civ. 25-6-2020 no 19-10.057 F-D : BPIM 4/20 inf. 289).

52050 **Opposabilité des servitudes** En règle générale, la constitution de servitude doit être soumise à **publicité foncière** (Décret 55-22 du 4-1-1955 art. 28, 1o-a), mais cette formalité n'est imposée que pour son opposabilité aux tiers, la servitude pouvant tout à fait être valablement constituée sans acte authentique ni publication (Cass. 3e civ. 25-3-2021 no 20-13.846 F-D). L'opposabilité de la servitude aux acquéreurs successifs peut également résulter de la **reproduction systématique du paragraphe constitutif de la servitude** dans les différents actes de mutation (Cass. 3e civ. 16-3-2011 no 10-13.771 : Bull. civ. III no 41), voire de la simple connaissance par l'acquéreur au moment de la vente de l'existence de la servitude (Cass. 3e civ. 16-9-2009 no 08-16.499). Cette connaissance peut résulter de la mention de la servitude dans un jugement relaté dans l'acte d'acquisition (Cass. 3e civ. 24-9-2020 no 19-19.179 FS-PBI : BPIM 6/20 inf. 447). Ces conditions relativement souples d'opposabilité à l'acquéreur rendent le devoir d'information du notaire d'autant plus important. En revanche, un acte qui ne se réfère à aucun acte antérieur constitutif de servitude ne constitue pas un titre récognitif ni un commencement de preuve par écrit d'un tel titre (Cass. 3e civ. 28-3-2019 no 18-11.357 FS-D : BPIM 3/19 inf. 227).
Une servitude peut s'acquérir par **prescription trentenaire**. Ainsi, dès lors qu'une terrasse ayant vue dominante et dégagée sur le jardin voisin existe depuis plus de 30 ans, le propriétaire de cette terrasse peut être considéré comme ayant acquis par prescription cette servitude de vue non clandestine (Cass. 3e civ. 1-2-2018 no 16-27.532 F-D). En revanche, seules les servitudes continues et apparentes peuvent s'acquérir par prescription trentenaire (Cass. 3e civ. 12-3-2020 no 18-24.566 F-D : BPIM 2/20 inf. 167). Ainsi par exemple, une servitude d'écoulement des eaux usées, dont l'exercice exige le fait de l'homme et ne peut pas se perpétuer sans son intervention renouvelée, a un caractère discontinu : elle ne peut pas être acquise par prescription (Cass. 3e civ. 17-6-2021 no 20-19.968 F-B : BPIM 4/21 inf. 302).

B. Prise en charge des frais d'actes et des impôts locaux

1. FRAIS D'ACTES

NOTION DE « FRAIS D'ACTES »

52060 Constituent des frais d'actes non seulement les **émoluments du notaire** chargé d'instrumenter ainsi que les **droits d'enregistrement** (ou taxe de publicité foncière) et taxes additionnelles (dont la contribution de sécurité immobilière), mais également le coût de l'ensemble des pièces et **formalités préalables** à la rédaction. Il est en effet nécessaire de réunir, pour l'établissement et la publication d'un acte, un ensemble de pièces justificatives de l'identité des vendeurs et acquéreurs, des documents concernant l'immeuble vendu, tels qu'extraits cadastraux, états hypothécaires, voire certificats d'urbanisme et autres documents administratifs.
De même, constitue des frais d'actes l'ensemble du coût des **formalités postérieures** nécessaires pour procurer à l'acte son efficacité : formalités de publicité foncière, d'inscription d'hypothèque en garantie du paiement du prix ou du prêt obtenu pour le paiement de ce prix...

En revanche, les impôts dus par le vendeur, ne pouvant être considérés comme accessoires à la vente, n'appartiennent pas aux frais d'acte (impôts sur la plus-value, TVA immobilière, pénalité fiscale : Cass. 1e civ. 22-9-1982 : Gaz. Pal. 1983. 1. Pan. 60, obs. Dupichot). Par exemple, la TVA est un élément qui grève le prix convenu avec le client et non un accessoire du prix (Cass. 1e civ. 21-5-1990 n° 87-11.806 P : Bull. civ. I n° 119).

PRISE EN CHARGE DES FRAIS

En principe, les frais d'actes et autres accessoires à la vente sont à la charge de l'**acheteur** (C. civ. art. 1593). 52062

En revanche, le **vendeur** supporte traditionnellement les frais relatifs à la livraison de l'immeuble vendu (voir B. Gelot, La charge des frais de la vente d'immeuble : Defrénois 1999 art. 37037). Entrent dans cette catégorie, par exemple, les frais d'établissement du règlement de copropriété et de l'état descriptif de division ou les frais de lotissement et de division parcellaire, dans la mesure où ces frais sont indispensables à la détermination de l'immeuble vendu, ainsi que les frais exposés par le vendeur pour l'exécution de son obligation d'information (mesurage loi Carrez, diagnostics techniques, etc.). De même, demeure à la charge du vendeur l'ensemble des frais ayant pour objet de parvenir à la livraison d'un immeuble libre de toute inscription, tels que frais de purge, d'ordre et de mainlevée.

La règle fixée par l'article 1593 du Code civil étant supplétive, il est possible aux parties d'y déroger et de **déplacer la charge des frais** de l'acquéreur au vendeur ou du vendeur à l'acquéreur.

La prise en charge par le vendeur des frais d'actes incombant à l'acquéreur constitue une charge diminutive du prix de vente pour le **calcul des droits d'enregistrement**. Cette hypothèse concerne surtout les ventes par des vendeurs professionnels qui utilisent une telle possibilité à des fins d'ordre commercial. Dans ce cas, la vente est dite « contrat acte en mains ».

À l'opposé, constitue une charge augmentative du prix, pour le calcul des droits d'enregistrement, toute prise en charge par l'acquéreur de sommes incombant normalement au vendeur (frais d'établissement du règlement de copropriété, frais de publicité préalable, frais de mainlevée, etc.). Même solution de principe pour la **TVA**.

Pour plus de précisions sur ces questions, voir respectivement nos 60030 s. en matière de droits d'enregistrement et nos 60400 s. en matière de TVA.

Concernant le paiement et la charge de la **commission d'agence** en cas de négociation immobilière, voir nos 2330 s.

Quant à la **consignation préalable** des frais, voir n° 55590.

S'agissant de la vente d'un **immeuble saisi**, voir n° 28208.

2. IMPÔTS LOCAUX

La **taxe foncière** est due par le propriétaire du bien au 1er janvier (CGI art. 1400 et 1415). Le vendeur doit donc supporter la totalité de la taxe foncière de l'année en cours même si la vente intervient en début d'année, ce qu'il n'appréciera guère. C'est pourquoi, en pratique, il est généralement stipulé dans l'acte de vente un mode de répartition différent, prévoyant notamment la récupération sur l'acquéreur du prorata de taxe, proportionnellement au temps restant à courir à compter du transfert de propriété (ou de l'entrée en jouissance si elle ne correspond pas au transfert de propriété) : le vendeur supporte le prorata de taxe foncière du 1er janvier à la date convenue, et l'acquéreur celui qui court de cette date au 31 décembre suivant. Concrètement, c'est le vendeur, redevable légal au 1er janvier, qui recevra l'avis d'imposition et devra en acquitter le montant total, l'acquéreur ayant l'obligation de lui rembourser la quote-part mise à sa charge. Autre difficulté : le vendeur n'aura peut-être pas encore reçu l'avis d'imposition de l'année en cours au moment de la vente. Il devra alors se rapprocher de l'acquéreur le moment venu afin d'obtenir le paiement convenu, avec le risque que celui-ci ne veuille plus payer, ce qui nécessitera l'introduction d'une procédure pour recouvrer la somme. Pour prévenir cette difficulté, il est possible de stipuler que le remboursement aura lieu de manière forfaitaire et définitive le jour de la signature de l'acte, sur la base de l'avis d'imposition de l'année précédente. 52080

En ce qui concerne la **taxe d'habitation** sur les résidences secondaires et autres locaux meublés non affectés à l'habitation principale, c'est l'occupant à ce titre au 1er janvier de l'année en cours qui en est le redevable (CGI art. 1415). La charge de la taxe est donc liée à la jouissance. Comme pour la taxe foncière, les parties peuvent convenir d'une répartition différente et prévoir que l'acquéreur en supportera une quote-part proportionnelle au temps restant à courir de la date d'entrée en jouissance au 31 décembre de l'année en cours. Toutefois, en pratique, un tel mode de répartition, différent de la solution légale, est assez rare s'agissant de la taxe d'habitation.

Qu'elles portent sur la taxe foncière ou la taxe d'habitation, les **conventions** prévoyant une répartition de l'impôt sont **inopposables à l'administration**. En revanche, on signalera une espèce où l'administration s'était fondée sur une telle clause pour exiger de l'acquéreur, par la voie de l'action oblique, le paiement d'une partie de la taxe foncière pour le compte du vendeur défaillant (TA Grenoble 21-3-1991 n° 87-32113 : RJF 10/91 n° 1253).

› **Précisions a.** Le **changement de redevable de la taxe foncière consécutif à une vente** d'immeuble est effectué automatiquement par le centre des impôts fonciers compétent (service du cadastre), lorsque celui-ci reçoit du service de la publicité foncière les données de l'acte télétransmis par le notaire à l'occasion des formalités de publicité foncière. Par conséquent, le changement se fait sans que le vendeur ni l'acquéreur n'aient à accomplir de démarche. Si, toutefois, l'**imposition demeure établie à tort** au nom du vendeur l'année suivante, celui-ci peut en demander le dégrèvement par voie de réclamation adressée au service des impôts (on conseillera d'y joindre une attestation de vente établie par le notaire). Sous réserve de la publication préalable au fichier immobilier de l'acte constatant la modification de la situation juridique de l'immeuble, le dégrèvement lui est automatiquement accordé. Parallèlement, une imposition est établie au nom de l'acquéreur, redevable légal de la taxe, dans la limite du dégrèvement accordé (CGI art. 1404). L'administration peut l'établir même si le délai de reprise est expiré (CE 30-11-2007 n°s 289441 et 304825 : RJF 2/08 n° 159). Elle est toutefois tenue de le faire avant la fin de l'année suivant celle durant laquelle le dégrèvement a été prononcé (CE 2-12-2016 n° 399678 : RJF 3/17 n° 242).

On notera que malgré l'effet rétroactif de la **résolution d'une vente immobilière** par décision de justice, l'acquéreur demeure redevable de la taxe foncière en l'absence de publication de cette décision et de mutation cadastrale. Un tribunal administratif commet une erreur de droit en jugeant que, du fait de la résolution de la vente avec effet rétroactif, il n'y avait pas eu de changement de propriétaire et que le cédant devait être regardé comme le redevable légal de la taxe foncière à raison de l'immeuble, sans qu'il y eût lieu de procéder à une mutation cadastrale. Il n'appartient d'ailleurs pas au juge administratif de se prononcer sur un litige entre le cédant et le cessionnaire d'un immeuble portant sur celle des parties qui aurait dû procéder à la publicité de la décision de justice prononçant la résolution de la vente (CE 28-5-2014 n° 367471 : RJF 8-9/14 n° 810).

b. Est seule recevable une **demande en justice concernant la taxe foncière d'un immeuble** introduite au nom du propriétaire, redevable légal de la taxe. Toute personne autre que ce dernier n'a pas d'intérêt à agir pour son propre compte, quand bien même elle justifierait d'un mandat du propriétaire en vue de le représenter en justice (CE 25-5-2018 n° 409044 : RJF 11/18 n° 1172, solution rendue à propos d'une occupation de l'immeuble à titre gracieux).

c. Sur l'incidence de la **prise en charge par l'acquéreur de la taxe foncière** pour la période postérieure à l'entrée en jouissance, voir n° 60030 en matière de **droits d'enregistrement** et n° 60400 en matière de **TVA**.

d. Depuis 2023, **la taxe d'habitation** ne concerne plus les logements occupés à titre de résidence principale (Loi 2019-1479 du 28-12-2019 art. 16).

C. Transferts divers de contrats souscrits sur l'immeuble

CONTRATS D'ASSURANCE DE L'IMMEUBLE VENDU

52130 Ainsi que cela a déjà été précisé n°s 48520 s., les contrats d'assurance d'un bien immobilier (**assurance incendie**, notamment) continuent de plein droit au profit de l'acquéreur de l'immeuble, à charge pour ce dernier d'exécuter toutes les obligations dont le vendeur était tenu vis-à-vis de l'assureur en vertu du contrat (C. ass. art. L 121-10).

52132 **Assurance construction** Concernant la transmission du bénéfice des assurances de responsabilité décennale et de dommages-ouvrage à l'acquéreur d'un **immeuble achevé depuis moins de 10 ans**, voir n°s 20110 s.

CONTRATS D'ABONNEMENT DIVERS SUR L'IMMEUBLE VENDU

52134 Chaque immeuble, selon sa nature et sa destination, bénéficie de la desserte d'un certain nombre de services de distribution d'eau, de gaz, d'électricité, de téléphone...

Même si, en pratique, vendeur et acquéreur ont intérêt à se concerter, de telle façon que la résiliation de son abonnement par le premier ne contrarie pas la souscription d'un nouvel abonnement par le second, ces contrats ne sont en principe pas formellement cessibles, de sorte qu'il ne s'agit pas d'un véritable transfert, mais plutôt d'une résiliation suivie d'une nouvelle souscription. **52134 (suite)**

En général, une clause de l'acte de vente prévoit que l'acquéreur fera son affaire personnelle de la continuation ou de la résiliation de tous traités et abonnements relatifs à ces services. Si l'une de ces fournitures fait l'objet d'un comptage individuel, les parties ont tout intérêt à établir contradictoirement entre elles un relevé du compteur, si possible le jour de la signature de l'acte de vente ou de l'entrée en jouissance si celle-ci est anticipée ou retardée.

TITRE X

Formalités de l'avant-contrat et de la vente

CHAPITRE 1 RÉGIME DE L'ÉCRIT

SOMMAIRE

DÉFINITION

Dans l'**acception commune** du terme, l'écrit est un document portant des signes graphiques reconnaissables exprimant un sens ou une chose. Dans le domaine juridique, le **Code civil** donne de l'écrit une définition large et précise : « L'écrit consiste en une suite de lettres, de caractères, de chiffres ou de tous autres signes ou symboles dotés d'une signification intelligible, quel que soit leur support » (C. civ. art. 1365). **54000**

IMPORTANCE DE L'ÉCRIT

Celui qui réclame l'exécution d'une obligation doit la prouver (C. civ. art. 1353, al. 1). La **preuve des droits** est donc d'une importance considérable : face à un débiteur qui refuse de s'exécuter, il revient au même, en pratique, de ne pas être titulaire d'un droit que de ne pas pouvoir en prouver l'existence. **54002**

L'importance de l'écrit ne se limite pas à la preuve de l'**existence du contrat**. Elle tient aussi à la preuve précise et complète de son **contenu**, parfois complexe.

L'écrit n'est pas le seul procédé de preuve prévu par le Code civil. Sont également admissibles l'aveu, la preuve par témoins, la preuve par présomption judiciaire ou encore le serment décisoire et le serment déféré d'office. Cependant, il existe une **hiérarchie des preuves**, et l'écrit est, au même titre que l'aveu ou le serment, un procédé de preuve dit « parfait », d'une valeur supérieure aux présomptions ou au témoignage.

En matière de vente et d'avant-contrats de vente d'immeubles, l'écrit a essentiellement une **fonction** probatoire. Il ne joue en principe aucun rôle sur la validité de l'opération juridique qu'il constate (voir toutefois, n°s 6251 et 8572, le cas particulier des promesses de vente consenties pour une longue durée qui doivent être établies par acte notarié à peine de nullité).

Cette fonction limitée tient au fait que les contrats se forment par le seul échange des consentements, sans que la loi impose un écrit. Il n'en irait autrement que si les parties, par une manifestation de volonté non équivoque, convenaient de faire dépendre la formation et la validité de la vente de cet écrit (voir n° 10504).

> **Précisions** La loi fixe un **seuil** au-delà duquel les actes doivent être passés devant notaire ou sous signature privée. Ce seuil est fixé à 1 500 € (C. civ. art. 1359 ; Décret 80-533 du 15-7-1980 art. 1). Cette exigence ne concerne pas la validité de l'acte, mais l'application du système de preuve parfaite auquel participent les écrits authentiques et sous signature privée.

SECTION 1

ACTE AUTHENTIQUE

DÉFINITIONS

54010 Le **Code civil** donne de l'acte authentique la définition suivante : « L'acte authentique est celui qui a été reçu, avec les solennités requises, par un officier public ayant compétence et qualité pour instrumenter » (C. civ. art. 1369, al. 1).

Le **Conseil supérieur du notariat** a retenu de l'acte notarié la définition suivante : « L'acte notarié est un acte authentique ayant force d'un jugement en dernier ressort et ayant date certaine, pourvu de la pleine force probante et de la force exécutoire. Il est dressé, vérifié, signé et conservé par le notaire, officier public impartial, participant à l'exercice de l'autorité publique, investi de missions d'intérêt général, chargé de la préconstitution de la preuve et du conseil aux parties. Il oblige le notaire à en garantir la validité et l'efficacité. »

Sont **officiers publics** les officiers de l'état civil, les officiers de police judiciaire, les notaires, les greffiers et les commissaires de justice (profession issue de la fusion de celle d'huissier de justice et de celle de commissaire-priseur judiciaire). Seuls les notaires, qui ont une compétence générale, interviennent en matière de vente d'immeuble, les autres officiers publics n'ayant qu'une compétence d'exception limitée à certains actes authentiques particuliers.

Sont également admis à établir des **actes** authentiques **administratifs** des représentants de personnes morales de droit public : maires, présidents de conseils départementaux ou régionaux, préfets... et les représentants de l'État à l'étranger, tels les consuls.

Par ailleurs, le caractère de l'authenticité est attaché aux **décisions judiciaires**.

L'**acte notarié** est l'acte authentique établi par un notaire.

A. Régime de l'acte notarié

1. CONDITIONS DE L'AUTHENTICITÉ

RÉCEPTION DE L'ACTE

54020 L'acte notarié doit être reçu **par un notaire** (C. civ. art. 1369, al. 1). Toutefois, les actes dans lesquels les parties ou l'une d'elles sont des personnes ne sachant ou ne pouvant pas signer doivent être reçus **par deux notaires** (Loi du 25 ventôse an XI art. 9, 3°). En l'état actuel des techniques, cette obligation empêche de recevoir l'acte à deux notaires sous forme d'acte authentique électronique (AAE), car le procédé de signature de l'AAE, en n'acceptant qu'une seule clé Real par acte, ne permet qu'à un seul des notaires d'être reconnu comme notaire instrumentaire alors que tous deux ont cette qualité dans cette hypothèse (en ce sens, consultation Cridon Paris du 15-1-2019 n° 884198 au sujet du testament authentique mais qui nous paraît transposable à l'acte concernant des personnes ne pouvant signer).

Le notaire doit **recevoir en personne** tous ses actes, que ce soit en présentiel ou en visioconférence (C. déontologie notaires art. 2 ; Règl. professionnel du notariat art. 2.1). La réception de l'acte par le notaire s'entend de la présence du notaire lors de sa lecture et de la réception des signatures. Lors de la réception d'un acte authentique électronique **à distance**, dans chaque office, chaque notaire indiqué en tête de l'acte est présent personnellement lors du rendez-vous pendant la lecture de l'acte et lors du recueil des consentements (Règl. professionnel du notariat art. 2.1).

COMPÉTENCE DU NOTAIRE

54024 On entend par « compétence » l'aptitude du notaire à établir un acte en conformité avec les règles régissant son activité. Il ne s'agit pas de sa compétence technique, qui est garantie par le niveau de qualification requise pour sa nomination et par la formation continue à laquelle il est astreint. Le notaire doit, pour recevoir valablement l'acte, avoir compétence d'attribution et compétence territoriale.

La **compétence d'attribution** du notaire est générale : il peut « recevoir tous les actes et contrats auxquels les parties doivent ou veulent faire donner le caractère d'authenticité attaché aux actes de l'autorité publique » (Ord. 45-2590 du 2-11-1945 art. 1). Cette compétence connaît cependant une **limite** destinée à garantir l'impartialité du notaire : il ne peut pas recevoir un acte qui contiendrait une disposition en sa faveur, ou auquel serait partie un parent ou allié en ligne directe à tous les degrés ou en ligne collatérale jusqu'au degré d'oncle ou de neveu inclusivement (Décret 71-941 du 26-11-1971 art. 2). Cette interdiction s'étend au notaire salarié et au

notaire employeur (Décret 93-82 du 15-1-1993 art. 2). Il y a lieu de considérer que la même interdiction s'applique aux actes concernant le conjoint du notaire, son partenaire de Pacs, son concubin notoire ou leurs parents ou alliés aux mêmes degrés (Règl. professionnel du notariat art. 7.2.1). De façon plus générale, il est interdit au notaire, soit par lui-même, soit par personnes interposées, soit directement, soit indirectement, de s'intéresser dans aucune affaire pour laquelle il prête son ministère (Décret 45-0117 du 19-12-1945 art. 13, 4°).
La **compétence territoriale** d'instrumentation du notaire est nationale : il peut recevoir un acte sur la totalité du territoire national, à l'exclusion de la Nouvelle-Calédonie, de la Polynésie française et des îles Wallis-et-Futuna (Décret 71-942 du 26-11-1971 art. 8). Cette compétence s'entend de l'endroit où le notaire peut recevoir l'acte et non de la localisation de l'immeuble. Ainsi, le notaire français peut recevoir en France un acte portant sur un immeuble situé à l'étranger, mais n'a pas compétence pour recevoir à l'étranger un acte portant sur un immeuble situé en France.

> **Précisions a.** Il est interdit aux notaires de recevoir **hors du ressort de la cour d'appel** dans laquelle l'étude est établie, **ou du ressort des tribunaux judiciaires limitrophes** de celui dans lequel est établi l'office, des actes constituant la première mutation à titre onéreux de biens immobiliers ou la première cession de parts ou actions à titre onéreux d'une société d'attribution après un état descriptif de division ou un arrêté de lotissement (Décret 71-942 du 26-11-1971 art. 10, al. 1).
> **b.** À **Saint-Pierre-et-Miquelon**, seuls ont compétence les notaires des offices qui y sont situés. Toutefois, si l'intérêt du service public le justifie, le garde des Sceaux peut autoriser par arrêté le titulaire d'un office de notaire établi en dehors de Saint-Pierre-et-Miquelon à exercer ses fonctions dans cette collectivité. Cette autorisation peut être donnée à titre occasionnel, pour un acte ou une série d'actes déterminés, ou à titre provisoire en l'absence d'office de notaire dans la collectivité ou, le cas échéant, lorsque les offices établis sont dépourvus de titulaire et qu'aucun administrateur ou suppléant n'en assure la gestion (Décret 71-942 du 26-11-1971 art. 12).

RESPECT DES SOLENNITÉS

Acte authentique La notion de « solennité » est attachée à l'acte instrumentaire et non à l'opération juridique que celui-ci constate. Cela signifie que **pour être valable comme acte notarié**, l'écrit doit obligatoirement respecter les formes prescrites ; pour autant, la vente n'est pas un contrat solennel et reste un contrat consensuel, c'est-à-dire un contrat qui se forme par le seul échange des consentements des parties. **54025**
Ces solennités sont énoncées par le décret 71-941 du 26 novembre 1971. Il s'agit notamment de :
– l'indication du nom et du lieu d'établissement du notaire, du lieu où l'acte est passé, de la date à laquelle est apposée chaque signature (art. 6) ; cette exigence implique de faire apparaître précisément pour chacun des signataires à quelle date il a signé et en quel lieu ;
– l'énonciation en toutes lettres de la date de signature de l'acte par le notaire (art. 8, al. 2) ;
– la lecture de l'acte donnée par le notaire ou prise par les parties, et de la mention de cette lecture dans l'acte (art. 6, al. 3).
Les abréviations sont autorisées dans la mesure où leur signification est précisée au moins une fois dans l'acte. Les sommes sont énoncées en lettres, à moins qu'elles ne constituent le terme ou le résultat d'une opération, ou qu'elles ne soient répétées (art. 8).
En outre, **pour les actes établis sur support papier**, le notaire doit s'assurer (Décret 71-941 du 26-11-1971) :
– du caractère indélébile de l'écriture, des paraphes et signatures (art. 11) ;
– de la numérotation de chaque page et de l'indication du nombre de pages en fin d'acte (art. 12) ;
– du paraphe de chaque feuille par lui-même et les signataires de l'acte, excepté dans le cas où les feuilles de l'acte et ses annexes sont réunies par un procédé empêchant toute substitution ou addition lors de la signature des parties (art. 14, al. 4 et 5).
Des règles précises sont également prévues **pour garantir l'intégrité de l'acte** authentique établi sur support papier (Décret 71-941 du 26-11-1971) :
– réglementation des modifications apportées au texte avant sa signature sous forme de renvois (art. 14) ;
– comptabilisation des mots et chiffres rayés et annulés, et approbation par le notaire et les autres signataires de l'acte (art. 13) ;
– prohibition et nullité des surcharges et additions de mots dans les interlignes ou par ajouts (art. 13) ;
– configuration matérielle de l'acte et des intervalles entre paragraphes (art. 13).
S'agissant des règles spécifiques prévues **pour les actes authentiques électroniques**, voir n°s 54029 s.

› Précisions Il a été jugé que l'**irrégularité affectant la numérotation** de l'acte notarié ne privait pas celui-ci de son caractère exécutoire (Cass. 2e civ. 8-1-2015 no 14-10.974 F-D). En l'espèce, l'anomalie de numérotation provenait exclusivement de l'insertion de trois actes sous seing privé dans l'acte notarié.

54026 **Annexes à l'acte authentique** L'**acte** authentique **mentionne** les documents qui lui sont annexés (Décret 71-941 du 26-11-1971 art. 21, al. 1).

Lorsque l'acte notarié est signé au moyen d'une **procuration**, celle-ci doit être annexée ou déposée aux minutes du notaire rédacteur de l'acte. Dans ce dernier cas, il est fait mention dans l'acte du dépôt de la procuration au rang des minutes (Décret 71-941 du 26-11-1971 art. 21, al. 2). Il a été jugé que, si l'acte notarié doit porter mention d'une procuration, aucune disposition légale ou réglementaire n'exige qu'il précise que celle-ci lui est annexée (Cass. 1e civ. 22-5-2019 no 18-12.101 F-PB).

L'inobservation de l'obligation, pour le notaire, de faire figurer les procurations en annexe de l'acte authentique ou de les déposer au rang de ses minutes ne fait pas perdre à l'acte son caractère authentique, partant son caractère exécutoire (Cass. mixte 21-12-2012 nos 11-28.688 PBRI et 12-15.063 PBRI : BPIM 1/13 inf. 63 ; Cass. 2e civ. 25-9-2014 no 13-15.597 F-PB ; Cass 1e civ. 10-9-2015 no 14-13.237 FS-PBRI : BPIM 6/15 inf. 401). Si une procuration doit servir pour plusieurs actes, l'annexion du brevet de la procuration à la minute de l'un des actes ne répond pas à l'exigence de dépôt au rang des minutes du notaire (Cass. 1e civ. 15-1-2015 no 13-12.479 F-PB : BPIM 2/15 inf. 126).

Lorsque l'acte est établi sur support papier, les **pièces annexées** à l'acte sont **revêtues d'une mention** constatant cette annexe et **signées** du notaire (Décret 71-941 du 26-11-1971 art. 22, al. 1). La mention « annexe » n'a pas lieu d'être lorsque les feuilles de l'acte et ses annexes sont réunies par un procédé empêchant toute substitution ou addition lors de la signature des parties (Décret 71-941 du 26-11-1971 art. 14, dernier al.).

Il a été jugé que l'**irrégularité affectant la forme** d'une annexe ne peut pas priver l'acte de son caractère exécutoire (Cass. 2e civ. 8-1-2015 no 14-10.974 F-D).

› Précisions a. L'absence de **signature du notaire sur la procuration** donnée par une banque et **annexée** à l'acte n'affecte pas le pouvoir donné par la banque à son agent : la pièce n'est pas une annexe mais reste valable comme procuration. L'irrégularité ne prive pas l'acte authentique de son caractère exécutoire (Cass. 2e civ. 10-2-2011 no 10-13.714 F-D, pouvoir joint à l'acte ne portant ni la mention d'annexe ni la signature du notaire).

b. La **signature ou le paraphe des parties sur l'annexe** n'est pas une condition de sa validité, seule la signature de l'annexe par le notaire étant exigée (Cass. mixte 16-11-2007 no 03-14.409 P-BRI ; Cass. 1e civ. 12-6-2012 no 11-17.729 F-D : BPIM 4/12 inf. 339).

MENTIONS MANUSCRITES

54027 L'acte authentique reçu par un notaire est **dispensé** de toute mention manuscrite exigée par la loi (C. civ. art. 1369, dernier al.). La dispense est générale et s'applique à tous les actes notariés. Il en va ainsi, par exemple, pour la mention manuscrite exigée de la caution personne physique qui s'engage envers un créancier professionnel, laquelle ne s'applique pas aux cautionnements consentis par acte authentique (Cass. com. 14-6-2017 no 12-11.644 F-PBI : RJDA 10/17 no 665). Il en va de même pour la mention manuscrite de renonciation à la condition suspensive de prêt prévue par le Code de la consommation, qui ne s'applique pas à la promesse unilatérale de vente notariée (Cass. 3e civ. 18-3-2021 no 20-16.354 FS-P : BPIM 3/21 inf. 205).

Le notaire doit néanmoins demeurer vigilant afin de fournir au client une information équivalente à celle que lui apporterait la mention manuscrite. Pour cela, et pour se ménager la preuve du conseil donné, il peut être conseillé de faire déclarer verbalement au client la teneur de la mention manuscrite dont il est dispensé et de rapporter cette déclaration dans l'acte.

La dispense ne s'applique qu'aux actes authentiques dressés par le notaire. Elle **ne s'applique pas** :

– aux actes sous signature privée dressés par le notaire, même signés en sa présence ;

– aux actes sous signature privée dressés par les parties.

Concernant l'acte sous signature privée contresigné par un avocat, voir no 54450.

SIGNATURE DE L'ACTE

54028 La signature des **parties** remplit un double rôle : identification des signataires et manifestation de leur consentement aux obligations qui découlent de l'acte (C. civ. art. 1367, al. 1). Cette signature est nécessaire, mais n'est pas suffisante : il relève de la mission du notaire de contrôler

l'identité des personnes qui signent l'acte, et de s'assurer qu'elles expriment un consentement de qualité, c'est-à-dire libre et éclairé.
Un contractant qui ne sait ou ne peut pas signer (par suite, par exemple, d'une infirmité) peut être partie à un acte notarié, alors qu'il lui est impossible de l'être à un acte sous signature privée. L'acte est alors reçu par deux notaires ou par un notaire et deux témoins (Loi du 25 ventôse an XI art. 9, 3°). Sur cette hypothèse voir n° 54020.
L'acte notarié est également signé par le **notaire**. C'est cette signature par le notaire qui confère à l'acte son authenticité (C. civ. art. 1367, al. 1).

> **Précisions** L'intervention d'une personne à un acte notarié en une **double qualité** n'impose pas une double signature (Cass. com. 21-9-2010 n° 09-15.773 F-D : RJDA 2/11 n° 182, personne ayant signé l'acte en qualité de dirigeant social et en qualité de caution à titre personnel ; Cass. com. 9-5-2018 n° 16-28.157 F-PB : RJDA 8-9/18 n° 642).

SUPPORT ÉLECTRONIQUE

L'acte authentique peut être dressé sur support électronique, lequel a la même **force probante** que l'écrit sur support papier, sous réserve que puisse être dûment identifiée la personne dont il émane et qu'il soit établi et conservé dans des conditions de nature à en garantir l'intégrité (C. civ. art. 1366 ; Décret 71-941 du 26-11-1971 art. 16 s.). **54029**
Le notaire qui établit un acte sur support électronique utilise un **système de traitement et de transmission** de l'information agréé par le Conseil supérieur du notariat et garantissant l'intégrité et la confidentialité du contenu de l'acte. Les systèmes de communication d'informations mis en œuvre par les notaires doivent être interopérables avec ceux des autres notaires et des organismes auxquels ils doivent transmettre des données (Décret 71-941 du 26-11-1971 art. 16 et 20).

Pour leur **signature**, les parties et les témoins doivent utiliser un procédé permettant l'apposition sur l'acte notarié, visible à l'écran, de l'image de leur signature manuscrite. L'acte est signé par le notaire au moyen d'un procédé de signature électronique qualifiée conforme aux exigences réglementaires (Décret 2017-1416 du 28-9-2017). Cette signature est apposée par le notaire dès l'acte établi, si besoin après réunion des annexes à l'acte (Décret 71-941 du 26-11-1971 art. 17). **54031**
Lorsqu'une **partie** ou toute autre personne concourant à un acte n'est **ni présente ni représentée** devant le notaire instrumentaire, son consentement (ou sa déclaration) est recueilli par un autre notaire devant lequel elle comparaît, en personne ou en étant représentée, et qui participe à l'établissement de l'acte. Cet acte porte la mention qu'il a été ainsi établi. Chacun des notaires recueille le consentement et la signature de la partie ou de la personne concourant à l'acte puis y appose sa propre signature. L'acte est parfait lorsque le notaire instrumentaire y appose sa signature électronique sécurisée (Décret 71-941 du 26-11-1971 art. 20). **En pratique**, cette disposition permet la signature d'un acte électronique par visioconférence entre deux notaires assistant chacun son (ses) client(s), ceux-ci étant, le cas échéant, représentés par un mandataire.

Lorsque l'une ou les parties ne sont pas présentes, le notaire instrumentaire peut établir une **procuration authentique** sur support électronique. L'échange des informations nécessaires à l'établissement de l'acte et le recueil, par le notaire instrumentaire, du consentement de la ou des parties à l'acte qui ne sont pas présentes s'effectuent au moyen d'un système de traitement, de communication et de transmission de l'information garantissant l'identification des parties, l'intégrité et la confidentialité du contenu et agréé par le Conseil supérieur du notariat. Le notaire instrumentaire recueille, simultanément avec leur consentement, la signature électronique de cette ou ces parties au moyen d'un procédé de signature électronique qualifiée déjà mentionné ci-dessus (Décret 71-941 du 26-11-1971 art. 20-1). **En pratique**, cette disposition permet la signature d'un acte authentique électronique contenant procuration par visioconférence entre un notaire et ses clients. Elle répond notamment aux difficultés rencontrées par les Français de l'étranger liées à la disparition des fonctions notariales consulaires ou diplomatiques. **54033**

2. FORCE PROBANTE DE L'ACTE NOTARIÉ

PRINCIPE

L'acte authentique fait foi de sa réalité, de ce que le notaire dit avoir personnellement accompli et de ses constatations (C. civ. art. 1371, al. 1) : date et lieu de son établissement, présence des parties, conformité des déclarations des parties et de la relation qui en est faite dans l'acte, remise d'un paiement à sa vue, etc. Mais l'acte authentique ne fait pas foi des éléments que l'officier public a pu déduire des faits constatés (Cass. 1e civ. 31-1-2024 n° 22-17.117 F-B, rendu à propos d'un huissier de justice mais transposable au notaire). **54040**

La force probante attachée à la **date de l'acte** authentique est importante. Elle est opposable aux parties mais aussi aux tiers, à la différence de la date portée dans un acte sous signature privée (voir n° 54302).

La **réalité de l'acte et** les **constatations effectuées par le notaire** ne peuvent être combattues que par la procédure d'inscription de faux. Il s'agit d'une procédure rigoureuse (CPC art. 303 à 316) qui expose celui qui l'engage à de lourdes sanctions s'il succombe : condamnation aux frais, amende et éventuellement dommages et intérêts.

Les **déclarations des parties** relatées par l'officier public ont une moindre force probante : la force probante renforcée est attachée à l'existence et à la teneur des déclarations, mais non à l'exactitude de leur contenu, que le notaire s'est contenté de consigner dans l'acte sans pouvoir les contrôler. Ces déclarations ne font foi que jusqu'à preuve contraire ; elles doivent être combattues par les parties à l'acte par un procédé de preuve parfait, puisqu'il s'agit alors de prouver contre le contenu d'un acte (C. civ. art. 1359). La Cour de cassation a toutefois jugé que, si aucune preuve par témoins ou présomptions ne peut être reçue contre et outre le contenu des actes, cette preuve peut être invoquée pour interpréter un acte obscur et ambigu (Cass. 1e civ. 26-1-2012 n° 10-28.356 F-PBI : RJDA 6/12 n° 616).

Par contre, les déclarations des parties peuvent être contredites par tous moyens par les tiers à l'acte.

> **Précisions** L'acte **authentique irrégulier**, c'est-à-dire qui ne respecte pas le formalisme prescrit, ou pour lequel le notaire n'est pas compétent, est nul comme acte notarié. Mais il vaut comme acte sous signature privée dès lors qu'il contient les signatures des parties (C. civ. art. 1370). En revanche, l'acte authentique qui a été **déclaré faux** par jugement ne peut pas valoir comme acte sous signature privée (Cass. 1e civ. 21-2-2006 n° 04-17.318 FS-PB : RJDA 7/06 n° 830 ; Cass. 1e civ. 17-6-2015 n° 14-13.206 FS-PB ; Cass. 1e civ. 17-6-2015 n° 14-13.206 FS-PB).

3. FORCE EXÉCUTOIRE DE L'ACTE NOTARIÉ

54050 L'acte notarié est doté de la force exécutoire. Cela **signifie** qu'il peut être mis directement à exécution, si nécessaire avec le concours de la force publique, sans qu'il soit besoin de recourir à un jugement préalable. Concrètement, celui qui réclame l'exécution de l'engagement pris par son cocontractant dans l'acte notarié de lui verser une somme d'argent pourra saisir un commissaire de justice (anciennement huissier de justice) dans le but d'en poursuivre le paiement. Il lui suffira de produire la copie exécutoire que lui délivrera le notaire.

La **force exécutoire** de l'acte est **suspendue** en cas de plainte en faux principal, s'il y a lieu à accusation, et peut l'être, provisoirement, par la juridiction saisie en cas d'inscription de faux faite incidemment (Loi du 25 ventôse an XI art. 19, al. 2 ; C. civ. art. 1371, al. 2).

4. CONSERVATION DE L'ACTE NOTARIÉ ET DÉLIVRANCE DE COPIES

CONSERVATION DE L'ACTE

54070 L'acte notarié est un acte public dont le notaire n'est pas propriétaire mais qu'il est tenu de conserver. Cette obligation de conservation est, en principe, d'une **durée** de 75 ans (C. patr. art. L 213-2, I-4°-d et R 212-15). Au-delà, les actes sont versés au service d'archives départementales où ils peuvent toujours être consultés.

Le notaire ne peut **se dessaisir de l'acte** qu'il a établi que pour permettre l'accomplissement de la formalité de l'enregistrement lorsque l'acte y est soumis, ou entre les mains de l'autorité judiciaire dans des conditions strictement définies (Décret 71-941 du 26-11-1971 art. 27).

L'**acte établi sur support électronique** doit être conservé dans des conditions de nature à en préserver l'intégrité et la lisibilité. Dès son établissement, l'acte est enregistré pour sa conservation dans le minutier central électronique des notaires de France (Micen) par le notaire instrumentaire, qui en conserve l'accès exclusif ; ce minutier est établi et contrôlé par le Conseil supérieur du notariat (Décret 71-941 du 26-11-1971 art. 28). Les informations relatives à l'acte sont conservées au sein du serveur centralisé 75 ans à compter du dépôt de l'acte (Cnil délib. n° 2010-032 du 11-2-2010).

54078 Chaque office de notaire est tenu d'établir au jour le jour le **répertoire** des actes reçus (CGI art. 867). Ce répertoire, dont une copie est déposée chaque année au greffe du tribunal judiciaire, permet de connaître l'existence d'un acte, sa nature, le montant des droits perçus et facilite la reconstitution de son contenu en cas de sinistre (incendie, inondation, etc.). Ce répertoire est tenu sur support papier ou sur support électronique (Décret 71-941 du 26-11-1971 art. 23 s.).

DÉLIVRANCE DE COPIES

L'acte notarié est établi en un seul exemplaire, appelé « minute ». Le notaire peut en délivrer des **copies authentiques**, sous sa seule signature et avec apposition de son sceau ; ces copies sont dotées de la même force probante que l'original (C. civ. art. 1379). Revêtue d'une formule particulière, dite « formule exécutoire », et du sceau du notaire, la **copie exécutoire** permet à son titulaire de poursuivre le recouvrement forcé de sa créance. L'omission du sceau ne fait pas perdre à la copie sa force exécutoire (Cass. 2e civ. 1-2-2018 n° 16-25.097 F-PB : SNH 7/18 inf. 1). 54080

De **simples photocopies** de l'acte, non signées par le notaire (copies simples), peuvent être délivrées. Ces copies sont dépourvues de force probante.

Les copies authentiques peuvent être établies soit sur support papier, soit sur support électronique, quel que soit le support initial de l'acte (Décret 71-941 du 26-11-1971 art. 33, al. 1). Le notaire peut procéder à la **copie sur support électronique** d'un acte établi sur support papier après avoir utilisé un système de numérisation dans des conditions garantissant sa reproduction à l'identique. Le notaire y mentionne la date, y porte la mention de la conformité de la copie à l'original et y appose sa signature électronique sécurisée ainsi que l'image de son sceau (Décret 71-941 du 26-11-1971 art. 37, al. 1 et 2).

Les copies exécutoires et copies authentiques peuvent être **transmises par voie électronique** dans des conditions garantissant l'intégrité de l'acte, la confidentialité de la transmission, l'identité de l'expéditeur et celle du destinataire (Décret 71-941 du 26-11-1971 art. 37, dernier al.).

Le notaire ne peut, à peine de sanctions pouvant aller jusqu'à la suspension de ses fonctions, délivrer de copies ou donner connaissance des actes qu'aux **personnes intéressées** en nom direct ou à leurs héritiers et ayants droit, dans des conditions strictement réglementées destinées à garantir le secret professionnel auquel il est tenu à l'égard des personnes qui le sollicitent. Une ordonnance du président du tribunal judiciaire est nécessaire pour qu'une copie soit délivrée à une personne autre que celles ci-dessus définies (Loi du 25 ventôse an XI art. 23). La levée judiciaire du secret professionnel du notaire intéressant les actes qu'il a reçus est d'application stricte. L'autorité judiciaire ne peut le contraindre à communiquer un acte qu'il n'aurait pas encore établi ni l'identité et l'adresse des parties (Cass. 1e civ. 20-4-2022 n° 20-23.160 F-B : BPAT 4/22 inf. 217-2, à propos d'un acte de notoriété). Les bénéficiaires du secret professionnel conservent toutefois la faculté de consentir à sa levée amiable. Le notaire doit alors recueillir l'autorisation expresse de chacun en ce sens.

> **Précisions** Le notaire ne peut pas être **délié du secret professionnel** attaché aux actes prévu par l'article 23 de la loi du 25 ventôse an XI sur « simple » **demande d'un huissier de justice** (commissaire de justice depuis le 1-7-2022), quand bien même ce dernier serait chargé de l'exécution d'une décision de justice (Cass. 1e civ. 11-1-2023 n° 20-23.679 FS-B : BPIM 2/23 inf. 150-1, refus du notaire de communication de la nouvelle adresse de sa cliente figurant dans l'acte rédigé par ses soins).

B. Désignation du notaire instrumentaire

PRINCIPE

Le notaire est un professionnel libéral. La relation qui s'établit avec lui repose, comme avec tout autre professionnel libéral (avocat, médecin...), sur la confiance. De cette constatation découle le principe du libre **choix du notaire** par les clients. 54130

La mise en œuvre de ce principe implique des aménagements : si chacune des parties peut souhaiter que le notaire qu'elle désigne soit chargé d'établir l'acte, seul l'un d'entre eux peut « tenir la plume » et conserver la minute de l'acte.

La volonté des parties joue le rôle principal dans la désignation du notaire. Elle s'exercera d'autant mieux que les parties auront connaissance des règles professionnelles qui gouvernent l'intervention des notaires.

1. RÈGLES PROFESSIONNELLES

SOURCES

Les notaires sont soumis à des règlements qui déterminent les principes de déontologie et les règles professionnelles qui leur sont applicables. Le **Règlement professionnel du notariat** (Arrêté JUSC2402635A du 29-1-2024 : JO 31) édicte des règles d'attribution de la plume auxquelles les **règlements particuliers** de chaque chambre interdépartementale ou conseil régional peuvent déroger. Ces règlements contiennent des règles permettant de combiner l'exigence de la désignation d'un notaire instrumentaire et le respect du principe du libre choix par chacun des contractants de son notaire. 54135

LIBERTÉ DE CHOIX DU NOTAIRE

54137 Le **principe** est que toute personne est libre du choix de son notaire (C. déontologie notaires issu du décret 2023-1297 du 28-12-2023 art. 21). Pour qu'il ne soit pas porté atteinte à cette liberté de choix, plusieurs **interdictions** sont **faites au notaire**.

Le notaire a l'obligation de laisser s'exercer le libre choix du client et de s'abstenir de toute démarche ou manœuvre tendant à détourner ce choix (Règl. professionnel du notariat art. 21). Il lui est interdit, afin de sauvegarder son impartialité et de respecter la clientèle de ses confrères, de rémunérer de ses deniers personnels ou de ceux de la structure d'exercice dont il est membre, ou par quelque moyen que ce soit, les membres d'autres professions avec lesquelles il est en relation ou de recevoir de celles-ci une rémunération ou un avantage direct ou indirect (Règl. professionnel du notariat art. 21).

C'est également pour ne pas altérer ce principe de libre choix qu'il est interdit au notaire de faire de la publicité personnelle, y compris sur les réseaux sociaux (Règl. professionnel du notariat art. 14.2). Il ne peut pas davantage faire des annonces générales de biens à vendre, à acquérir ou à louer (Règl. professionnel du notariat art. 7.1.2.2). La sollicitation personnalisée est autorisée, mais strictement encadrée (Décret 73-1202 du 28-12-1973 art. 42 à 44 ; Règl. professionnel du notariat art. 14.3).

> **Précisions** Les **agents immobiliers** doivent respecter en toutes circonstances le principe du libre choix du notaire par le client et s'abstenir dans tous actes de toutes stipulations qui, directement ou indirectement, transgresseraient ce principe (CA Amiens 12-2-2009 n° 07/3193 : JCP N 2009 n° 1132).

DÉTERMINATION DU NOTAIRE INSTRUMENTAIRE

54139 Le principe du libre choix du notaire par le client a pour conséquence de permettre à chacune des parties de demander l'intervention de son propre notaire. Le vendeur et l'acquéreur sont alors chacun assistés par leur propre conseil. Techniquement, un seul des notaires assurera la tâche matérielle de la rédaction de l'acte et conservera la minute. Ce notaire est appelé « **notaire en premier** » ou « notaire instrumentaire ». Son confrère est appelé « **notaire en second** » ou « **notaire en participation** ».

Ce sont les règlements professionnels qui déterminent lequel des notaires intervenants, celui du vendeur ou celui de l'acquéreur, sera **rédacteur de l'acte et détenteur de la minute**. Cette détermination résulte de l'application de règles complexes qui dépendent d'un certain nombre de paramètres : l'appartenance ou non des notaires à une même compagnie interdépartementale ou régionale, la situation géographique de l'immeuble par rapport à l'implantation de l'un ou l'autre des offices, la convergence ou la divergence de solutions entre les règlements des notaires intéressés lorsqu'ils ne sont pas soumis aux mêmes règlements interdépartementaux ou régionaux, etc. De la sorte, il n'est pas possible de donner une règle simple et synthétique permettant de déterminer le notaire instrumentaire ; mais il suffit aux notaires intéressés d'examiner leurs règlements professionnels pour définir avec certitude leurs situations respectives.

> **Précisions** L'**intervention d'un second notaire** est appelée « le concours à l'acte » ou « la participation à l'acte » selon des distinctions qui tiennent à la réception de l'acte : le notaire en concours reçoit l'acte avec le notaire instrumentaire, alors que le notaire en participation ne le reçoit pas.

COÛT DE L'INTERVENTION DU SECOND NOTAIRE

54141 La possibilité pour chacune des parties d'appeler son notaire au soutien de ses intérêts serait dans bien des cas illusoire si elle entraînait une augmentation, sinon un doublement des émoluments exigibles. C'est la raison pour laquelle le règlement professionnel du notariat prévoit un système de **partage de l'émolument de vente** entre les deux notaires.

Ce partage des émoluments n'interdit pas à un notaire de demander à son client le remboursement sur justification des **débours** qu'il a exposés dans le cadre de sa mission, tels des frais de déplacement, ou de lui proposer la perception d'**honoraires particuliers**, justifiés par une prestation particulière (consultation détachable de l'acte).

Le partage des émoluments de vente d'immeuble n'est autorisé qu'entre notaires (Règl. professionnel du notariat art. 23). Il n'est pas possible à l'égard d'un autre conseil, tel un avocat mandaté par l'une des parties pour l'assister.

2. RÔLE DE LA VOLONTÉ DES PARTIES

AU STADE DU CHOIX DU NOTAIRE

Les règlements professionnels s'imposent aux notaires et non pas aux parties. Le choix du notaire est dans le champ contractuel. **54160**

Le **règlement professionnel du notariat** (Arrêté JUSC2402635A du 29-1-2024 : JO 31), qui régit les rapports des notaires dépendant de compagnies interdépartementales ou régionales différentes, donne d'ailleurs la primauté à la volonté convergente des parties. Il prévoit que : l'attribution des minutes est le droit accordé à un notaire désigné : 1°) par les parties, 2°) à défaut d'accord entre les parties, par une décision de justice, 3°) et à défaut, par le présent règlement, de rédiger et conserver la minute de l'acte qu'il est appelé à recevoir (Règl. professionnel du notariat art. 29.1).

Le plus souvent, **en pratique**, les parties s'accordent sur le choix du ou des notaires intervenants. Soit l'une des parties propose son notaire, et son cocontractant se rallie à cette suggestion sans demander l'assistance d'un second notaire ; soit les parties, si chacune demande l'intervention de son conseil, se rangent pour la détermination du notaire instrumentaire à la solution résultant de l'application des règlements professionnels.

Si l'une des parties impose comme condition déterminante de son consentement à l'avant-contrat que son notaire établisse, reçoive et conserve l'acte, cette condition s'imposera au cocontractant qui l'aura acceptée et au notaire de ce dernier. Ce cocontractant ne pourra plus se prévaloir de l'application des règlements professionnels pour demander le changement de notaire instrumentaire ; mais cela ne mettra pas obstacle à ce qu'il se fasse assister de son notaire à titre de notaire participant.

En cas de désaccord sur le choix du notaire, celui-ci sera désigné par une décision de justice. Cette situation est rarissime, l'enjeu du choix du notaire ne justifiant pas en principe une instance judiciaire.

AU STADE DE LA RÉDACTION ET DE LA CONSERVATION DE L'ACTE

Les **règles d'attribution de la minute**, telles que prévues par le règlement professionnel du notariat, sont les suivantes en matière d'actes de vente. **54162**

Lorsque l'**avant-contrat** de vente est établi par acte authentique ou sous signature privée, le soin de le rédiger est confié au notaire qui recevra l'acte authentique de vente (Règl. professionnel du notariat art. 30.4.1).

En cas d'intervention de plusieurs notaires, la minute de l'acte constatant une **vente** appartient au notaire choisi par le vendeur. Toutefois, si seul le notaire choisi par l'acquéreur exerce dans le département dans lequel le bien vendu se situe, celui-ci détient la minute de l'acte (Règl. professionnel du notariat art. 30.4.2).

En cas de **négociation** dûment justifiée faite à la requête de tous les vendeurs, le notaire qui a reçu le mandat de négocier sera fondé à retenir la minute de la vente, sans pour autant exclure le concours ou la participation du notaire de l'acquéreur, toute clause contraire étant réputée non écrite (Règl. professionnel du notariat art. 30.4.3).

Le notaire détenteur de la minute de l'acte constitutif d'une **division** foncière ou volumétrique ou de la division d'un immeuble en lots de copropriété retient pendant 10 ans, à compter de cet acte, la minute de la première vente de chacun des divers lots, à la condition d'être le notaire d'au moins un des vendeurs (Règl. professionnel du notariat art. 30.4.5).

SECTION 2

ACTE SOUS SIGNATURE PRIVÉE

GÉNÉRALITÉS

L'acte sous signature privée est l'écrit juridique établi sous les seules signatures des parties. Cet acte **se définit** par opposition à l'écrit authentique, dressé et reçu par un officier public selon un formalisme particulier (voir n° 54010). **54200**

L'acte sous signature privée n'est pas nécessairement **rédigé par les parties**. En matière d'avant-contrats de vente d'immeubles, l'acte sous signature privée est le plus souvent rédigé par un

tiers, agent immobilier, notaire ou avocat, puis soumis pour signature aux parties. Il arrive également que les parties utilisent des formules prérédigées ou préimprimées d'actes sous signature privée.
L'écrit sous signature privée peut être manuscrit, dactylographié, imprimé ou sous forme électronique (voir n° 54224).
L'acte **rédigé par un notaire** n'est pas nécessairement un acte authentique. Le notaire peut rédiger, et rédige fréquemment, des actes sous signature privée. La responsabilité du notaire n'est pas atténuée lorsqu'il établit un acte sous signature privée.

A. Régime de l'acte sous signature privée

1. NOMBRE D'EXEMPLAIRES

PRINCIPE DE PLURALITÉ

54210 L'acte sous signature privée qui constate un contrat synallagmatique ne fait preuve que s'il a été fait en autant d'originaux qu'il y a de **parties ayant un intérêt distinct** (C. civ. art. 1375, al. 1). Sur l'application à la promesse unilatérale de vente, voir n° 6252.
Le promettant et le bénéficiaire à la promesse, le vendeur et l'acquéreur, ont des intérêts distincts. Le contrat sera établi en au moins deux exemplaires. On appelle d'ailleurs en pratique cette exigence la **formalité du « double original »**, cette formulation tenant au fait que dans un contrat il y a au moins deux parties ayant un intérêt distinct. Mais elle ne doit pas induire en erreur : il convient d'établir trois originaux s'il y a trois parties ayant chacune un intérêt distinct. Un original est remis à chacune des parties.
Lorsque l'**acte** est établi **sous forme électronique**, l'exigence de pluralité d'originaux est réputée satisfaite si (C. civ. art. 1375) :
– la personne dont émane l'acte ainsi que sa signature peuvent être dûment identifiées ;
– l'acte est établi et conservé dans des conditions de nature à en garantir l'intégrité ;
– la signature consiste en l'usage d'un procédé fiable d'identification présumant son lien avec l'acte auquel elle s'attache ;
– le procédé permet à chaque partie de disposer d'un exemplaire de l'acte ou d'y avoir accès.
Plusieurs personnes contractantes peuvent avoir un **intérêt commun**. Ce sera le cas s'il y a pluralité de vendeurs ou d'acquéreurs. Il suffit alors d'un original pour toutes les personnes ayant le même intérêt. Mais des covendeurs ou des coacquéreurs auraient des intérêts distincts s'ils contractaient chacun pour une portion bien déterminée et moyennant un prix distinct.

> **Précisions a.** Si l'une des parties est représentée par un **mandataire**, celui-ci n'est pas partie à l'acte et un seul original, destiné à la personne qu'il représente (son mandant), suffit.
> **b.** La loi indique un nombre minimum obligatoire d'originaux. Un ou plusieurs **originaux supplémentaires** peuvent être établis dont l'un pourra, par exemple, être remis au notaire chargé de rédiger l'acte authentique.

54212 **Justification de la pluralité d'originaux** L'exigence d'un **nombre d'originaux** correspondant au nombre de parties lorsque le contrat est synallagmatique (c'est-à-dire lorsqu'il entraîne des obligations à la charge de chacun des contractants) se justifie par la nécessité pour chacune d'entre elles de pouvoir faire la preuve des obligations de l'autre. S'il n'y avait qu'un seul original, son détenteur aurait l'avantage inacceptable de pouvoir lui opposer son titre, sans que l'inverse soit possible.
Le fondement de cette règle impose non seulement l'établissement du nombre prescrit d'originaux, mais également la remise d'un original à chacune des parties.

54214 **Notion d'original** L'original s'entend d'un document portant la **signature des parties**. La photocopie ou la photographie d'un original ne saurait y suppléer, pas plus qu'un double obtenu par papier carbone.
Il n'est pas nécessaire que les originaux soient identiques en ce qui concerne leur présentation matérielle : l'un peut être manuscrit alors que l'autre serait dactylographié, pourvu que chacun d'eux porte la signature des parties.

54215 **Domaine de l'exigence de pluralité** La règle du double original concerne les actes synallagmatiques, c'est-à-dire qui créent des **obligations réciproques** à la charge des parties.

C'est le cas des promesses synallagmatiques et des actes constatant directement une vente, fût-elle soumise à des conditions suspensives. S'agissant des promesses unilatérales de vente, voir n° 6252.

Mention du nombre d'originaux La règle du « double original » est complétée par une **autre règle impérative** : chaque original doit contenir la mention du nombre des originaux qui en ont été établis (C. civ. art. 1375, al. 2). Cette indication constitue la preuve qu'il a été établi un original pour chacune des parties et que l'écrit respecte cette exigence, condition de sa force probante. 54216

L'alinéa suivant du même article apporte cependant un **tempérament** à cette règle : « Celui qui a exécuté le contrat, même partiellement, ne peut opposer le défaut de la pluralité d'originaux ou de la mention de leur nombre. » Cette exception trouve sa justification dans le fait que celui qui a exécuté l'obligation contenue dans un titre formellement irrégulier a implicitement reconnu l'existence de son contenu.

Le défaut de mention du nombre d'originaux est en outre sans conséquence si tous les originaux sont produits. C'est le cas lorsque le vendeur et l'acquéreur sont en présence, et que chacun produit un original de l'acte.

MODÈLE

Mention du nombre d'originaux

La mention est généralement la suivante : « Fait en deux (ou trois) originaux, dont un a été remis à chacune des parties. » La formule « Fait en autant d'originaux que de parties... » est également valable.

INCIDENCE DE L'ENREGISTREMENT

Support de l'enregistrement La formalité de l'enregistrement est en **principe** donnée sur les originaux des actes qui y sont soumis. Par **exception**, l'enregistrement peut être donné sur une copie de l'acte sous signature privée lorsque celui-ci a été signé électroniquement. Cette faculté n'est pas ouverte pour les promesses unilatérales de vente mentionnées à l'article 1589-2 du Code civil (CGI art. 658). 54217

En pratique, il en ressort que les promesses unilatérales de vente d'immeuble ou de fonds de commerce sous signature privée ne peuvent pas être établies sur support électronique.

Nombre d'exemplaires L'établissement d'un double **original**, revêtu des signatures des parties, est requis pour les actes soumis à l'enregistrement dans un délai déterminé (CGI art. 849). Ce double original est conservé par le service des impôts après accomplissement de la formalité lorsque celle-ci est requise. 54218

Pour les **actes signés** de façon **dématérialisée** dont l'enregistrement est possible sur copie (n° 54217), la copie doit être déposée en deux exemplaires au service des impôts (CGI art. 849).

MODÈLE

Mention du nombre d'originaux avec un exemplaire destiné à l'enregistrement

La formule indiquant le nombre d'exemplaires peut être la suivante : « Fait en trois originaux, dont un a été remis à chacune des parties et dont le troisième est destiné à l'enregistrement. ».

EXCEPTIONS AU PRINCIPE DE PLURALITÉ : L'EXEMPLAIRE UNIQUE

Acte unilatéral La **première exception** à la règle dite « du double original » est implicitement contenue dans le texte même de l'article 1375, alinéa 1 du Code civil. Cette règle n'est exigée que pour les actes synallagmatiques, c'est-à-dire pour ceux qui renferment des obligations à la charge de chacune des parties. La règle qui justifie le double original justifie également cette exception : celui auquel la convention ne confère aucun droit n'a aucun intérêt à détenir un original. 54220

Remise entre les mains d'un tiers **Seconde exception** : un seul original suffit quand, du consentement de toutes les parties, l'unique exemplaire est remis immédiatement entre les mains d'un tiers (C. civ. art. 1375, al. 1). Ce tiers a pour mission de conserver cet original et de le produire à la requête de chacune des parties. 54222

Ce tiers peut être l'agent immobilier, le notaire ou toute autre personne suffisamment identifiée. Le dépôt entre les mains de l'une des parties est impossible ; il convient en outre d'éviter

un dépôt entre les mains d'un tiers qui ne serait pas neutre ou pourrait ne pas l'être, comme le préposé ou un proche parent de l'une des parties.
L'avant-contrat portera une **mention** indiquant le recours à l'exemplaire unique.

MODÈLE

Mention de la remise entre les mains d'un tiers de l'original unique de la convention sous signature privée

La mention suivante est proposée : « Comme le permet l'article 1375, alinéa 1 du Code civil, et du consentement de toutes les parties, le présent acte a été établi en un seul exemplaire qui a dès sa signature été remis à M..., qui aura mission de le conserver et de le produire ou d'en délivrer copie à la requête des parties ou de l'une d'elles. »

ACTE SUR SUPPORT ÉLECTRONIQUE

54224 L'écrit sur support électronique est admis comme **mode de preuve** au même titre que l'écrit sur support papier, sous réserve que puisse être dûment identifiée la personne dont il émane et qu'il soit établi et conservé dans des conditions de nature à en garantir l'intégrité (C. civ. art. 1366). L'écrit dématérialisé peut donc servir de preuve littérale, à la condition qu'il offre les mêmes garanties que l'acte traditionnel sur support papier.
Lorsque l'acte est établi sur support électronique, l'**exigence d'une pluralité d'originaux** est satisfaite si le procédé permet à chaque partie de disposer d'un exemplaire sur support durable ou d'y avoir accès (C. civ. art. 1375, dernier al.).
L'acte sous signature privée sur support électronique peut être enregistré, sauf exception, sur présentation d'une **copie** (n° 54217).

ATTENTION

Lorsqu'un écrit est exigé pour la validité de certains contrats, le recours à l'acte sous signature privée établi et conservé sur support électronique est prohibé. Le domaine de cette **prohibition** demeure toutefois restreint. Il est réservé aux seuls actes sous signature privée en droit de la famille et des successions, exception faite de la convention de divorce ou de séparation de corps par consentement mutuel contresignée par avocat. Par ailleurs, depuis le 1er janvier 2022, les sûretés sous signature électronique sont autorisées (C. civ. art. 1175 modifié).

2. SIGNATURE DE L'ACTE SOUS SIGNATURE PRIVÉE

NÉCESSITÉ DE LA SIGNATURE

54240 La signature manuscrite et originale de chacun des contractants est une **condition de validité** essentielle de l'écrit instrumentaire sous signature privée. C'est l'apposition de la signature sur l'écrit qui lui confère sa force.
Il s'ensuit qu'une personne qui ne peut pas ou ne sait pas signer ne peut pas établir un acte sous signature privée. Il ne peut être suppléé à cette exigence ni par l'apposition d'une croix ou des empreintes digitales, ni par l'intervention de témoins. Une personne qui ne peut ou ne sait pas signer peut cependant être partie à un acte notarié (voir n° 54028).

FONCTIONS DE LA SIGNATURE

54246 Outre son exigence, consubstantielle de la notion d'écrit sous signature privée, la signature remplit deux fonctions : elle permet, d'une part, l'**identification** de son auteur, la graphie de chaque signature étant différente ; elle manifeste, d'autre part, l'expression du **consentement** et l'adhésion de celui qui l'appose aux obligations qui découlent de l'acte (C. civ. art. 1367, al. 1). À cet égard, et bien que la loi ne règle pas la question de l'emplacement de la signature, la logique commande qu'elle soit située à la fin de l'écrit, dont elle marque ainsi l'approbation.

SIGNATURE ÉLECTRONIQUE

54250 La signature électronique consiste en l'usage d'un **procédé fiable d'identification** garantissant son lien avec l'acte auquel elle s'attache. La fiabilité de ce procédé est présumée, jusqu'à preuve contraire, lorsque ce procédé met en œuvre une « signature électronique qualifiée ». Est une « signature électronique qualifiée » une signature répondant aux exigences communautaires du règlement du Parlement européen sur l'identification électronique et les services de confiance pour les transactions électroniques au sein du marché intérieur et qui repose sur un certificat qualifié de signature (C. civ. art. 1367, al. 2 ; Décret 2017-1416 du 28-9-2017 art. 1).

> **Précisions** La cour d'appel de Paris a jugé que, si le contractant demandeur ne justifie pas d'un certificat électronique qualifié pour prouver la signature par l'autre partie, l'acte revêtu d'une **signature électronique imparfaite** peut valoir commencement de preuve par écrit pouvant être complété par des éléments extrinsèques et notamment des actes d'exécution (CA Paris 7-4-2022 n° 20/04721 ; CA Paris 12-1-2023 n° 21/00182).

3. INTÉGRITÉ DE L'ÉCRIT SOUS SIGNATURE PRIVÉE

RISQUE

Aucune règle particulière n'est prévue par le Code civil pour garantir l'intégrité de l'acte sous signature privée. Celui-ci est exposé au risque d'**altérations** après la signature de l'acte : surcharges, additions, ratures, gommages, interpositions ou substitutions de pages, etc. **54270**
La formalité du double original limite les risques de telles altérations. Portées sur un seul exemplaire, ces altérations seraient aussitôt constitutives de discordances qui seraient arbitrées par le juge si elles suscitaient un désaccord entre les parties.

SOLUTION

Les parties peuvent adopter volontairement, en totalité ou en partie, les **dispositifs** prévus pour les actes notariés afin de prévenir toute altération et garantir l'intégrité de l'acte (n° 54026) : **54272**
– apposition du paraphe ou des initiales des parties sur chaque page ;
– numérotation en continu des pages ;
– indication en fin d'acte du nombre de pages ;
– approbation de chaque adjonction de texte par un renvoi en marge, paraphé ou approuvé ;
– indication en fin d'acte du nombre de mots ou chiffres nuls, de renvois approuvés, de blancs bâtonnés, de lignes rayées, etc. ;
– expression des sommes en toutes lettres à moins qu'elles ne soient répétées, ou qu'elles soient un terme ou le produit d'une opération.
Cette **pratique** est **recommandée**, dans la mesure où elle participe grandement à la sécurité de l'écrit probatoire. À défaut, il appartiendrait au juge, en cas de contestation, d'apprécier si l'altération est contemporaine de l'acte, donc opposable aux parties, ou si elle est postérieure et doit être tenue pour inexistante.

4. DATE DE L'ÉCRIT SOUS SIGNATURE PRIVÉE

ENJEUX

La date n'est pas une condition de validité de l'écrit sous signature privée. Elle n'a donc aucun caractère obligatoire. **54290**
La date peut être importante **pour les parties**. Elle permet notamment de déterminer si, au moment de la signature de l'acte, les parties avaient la pleine capacité juridique pour contracter, ou le pouvoir de le faire : par exemple, si l'une d'elles vient à être soumise à un régime de protection (tutelle, curatelle, etc.), ou si, le vendeur s'étant récemment marié ou venant de divorcer, il convenait de déterminer si la vente porte sur le logement de la famille et requiert le consentement de son conjoint.
La date peut également être importante **à l'égard des tiers**. C'est notamment le cas lorsque le vendeur aura vendu l'immeuble à plusieurs personnes : dans le conflit qui opposera les acquéreurs, et qui ne pourra pas être tranché par les règles de la publicité foncière si aucun des actes n'a été publié, c'est la règle de l'antériorité, exprimée par l'adage « premier en temps, premier en droit », qui jouera ; l'emportera celui qui aura contracté le premier.

PREUVE DE LA DATE

Entre les parties, l'acte sous signature privée a, en ce qui concerne la date qu'il comporte, la même force probante que pour son contenu. Dès lors qu'il est reconnu ou légalement tenu pour reconnu (voir n° 54350), il fait foi de sa date jusqu'à preuve contraire, preuve qui devra être rapportée en respectant les règles de l'article 1359, alinéa 2 du Code civil (voir n° 54352). **54300**
Lorsque l'acte sous signature privée n'est **pas daté**, les parties peuvent rapporter la preuve de la date par tout moyen, les dispositions de l'article 1377 du Code civil ne régissant le droit de la preuve qu'à l'égard des tiers (Cass. com. 20-3-2024 n° 23-11.844 F-B).

À l'égard des tiers, et à la différence de l'acte authentique, l'acte sous signature privée ne fait pas foi de sa date. Cette règle se justifie par le risque que les parties s'entendent pour antidater ou postdater un acte au détriment des tiers et en fraude de leurs droits. **54302**
Les tiers en conflit avec les contractants ont toujours la possibilité de contester la date de l'acte (C. civ. art. 1377). Ce droit de contester cède cependant devant la date certaine.

DATE CERTAINE À L'ÉGARD DES TIERS

54304 **Trois événements** confèrent date certaine à un acte sous signature privée (C. civ. art. 1377) :
- l'enregistrement de l'acte ;
- la constatation de sa substance dans un acte authentique ;
- le décès de l'un des signataires.

Il ne faut cependant pas se méprendre sur la **date à considérer comme certaine** : ce n'est pas celle de l'acte sous signature privée, mais celle de l'événement considéré : date de l'enregistrement, date de l'acte authentique ou date du décès.

ENVOI OU REMISE DE L'ÉCRIT PAR VOIE ÉLECTRONIQUE

54306 Lorsqu'elles ne sont pas présentes physiquement au même endroit et au même moment (**contrat entre absents**), les parties peuvent recourir, pour leurs échanges relatifs à la conclusion d'un contrat, à l'envoi d'un courrier recommandé électronique (CPCE art. L 100 et art. R 53 à R 53-4).

5. MENTIONS MANUSCRITES DE L'ACTE SOUS SIGNATURE PRIVÉE

MENTION DITE DU « BON POUR »

54320 L'acte sous signature privée par lequel une seule partie s'engage envers une autre à lui payer une somme d'argent doit être constaté par un titre qui comporte, outre la signature de celui qui s'engage, la mention écrite par lui-même de la **somme en toutes lettres et en chiffres** (C. civ. art. 1376).

La mention de la somme en toutes lettres et en chiffres n'est pas nécessairement manuscrite ; elle doit résulter, selon la nature du support, d'un des procédés d'identification conforme aux règles qui gouvernent la signature électronique ou de tout autre procédé permettant de s'assurer que le signataire est le scripteur de la mention (Cass. 1e civ. 13-3-2008 nº 06-17.534 FS-PBRI : RJDA 7/08 nº 878, à propos d'une mention dactylographiée, le débiteur ayant uniquement apposé sa signature).

Cette prescription ne concerne pas les contrats synallagmatiques (Cass. 1e civ. 19-4-1988 nº 86-12.449 : Bull. civ. I nº 110). Sur l'application à la promesse unilatérale de vente, voir nº 6254.

Le **non-respect** de la mention n'a pas d'incidence sur la validité de l'engagement souscrit (Cass. 2e civ. 18-12-1978 nº 77-12.804 : Bull. civ. II nº 280). Il prive l'écrit de sa force probante. L'écrit irrégulier ne peut alors constituer qu'un commencement de preuve par écrit (Cass. 1e civ. 13-11-1996 nº 94-16.091 : Bull. civ. I nº 393, RJDA 2/97 nº 247, absence d'indication de la somme en chiffres ; Cass. 1e civ. 1-2-2005 nº 02-13.329 F-PB, absence d'indication de la somme en lettres). Le juge devra compléter par d'autres éléments pour considérer que la preuve de l'engagement formellement défectueux est rapportée.

MENTION MANUSCRITE DE L'EMPRUNTEUR

54326 Une mention manuscrite particulière est prescrite lorsque l'opération entre dans le champ d'application des dispositions du Code de la consommation applicables au **crédit immobilier** (C. consom. art. L 313-1 s.). Il s'agit de la mention que l'acquéreur doit porter dans l'acte lorsqu'il ne recourt pas à l'emprunt pour financer son acquisition et par laquelle il reconnaît que s'il recourt néanmoins à un prêt, il ne pourra se prévaloir des dispositions protectrices, spécialement de la condition suspensive de l'obtention du prêt (voir nos 42230 s.).

MENTIONS FACULTATIVES

54328 On rencontre souvent en pratique des mentions manuscrites **ainsi libellées** : « Bon pour promesse de vente (*ou* acceptation) au prix de... » ou « Bon pour vente (*ou* achat) » ou encore la mention « Lu et approuvé ».

Ces mentions ne reposent sur aucun texte et ne trouvent qu'une mince **justification** dans une habitude solidement établie. Elles ne profitent ni ne nuisent à l'écrit ; il n'y a aucun inconvénient à ne pas les y porter.

6. FORCE PROBANTE DE L'ACTE SOUS SIGNATURE PRIVÉE

PRINCIPE

54350 L'acte sous signature privée, dès lors qu'il n'est **pas contesté**, est doté d'une force probante importante : il fait foi entre ceux qui l'ont souscrit et à l'égard de leurs héritiers et ayants cause (C. civ. art. 1372). Sa force probante est, à l'égard des parties, identique à celle d'un acte authentique.

En cas de désaveu par l'une des parties de son écriture ou de sa signature, l'acte perd sa force probante, ce qui impose à celui qui s'en prévaut d'intenter une procédure judiciaire de vérification d'écriture, qui permettra de reconnaître sa qualité ou au contraire d'établir qu'il s'agit d'un faux (C. civ. art. 1373). Reconnu comme acte sous signature privée régulier par le juge, l'écrit aura pleine force probante.
L'**écrit imparfait non contesté** par les parties a force probante. Ce sera par exemple le cas si aucun des contractants ne relève le non-respect de la formalité du « double original », ou si les intéressés débattent d'un litige qui les oppose en produisant une photocopie sans exiger la production d'un original.

PREUVE CONTRAIRE

La preuve contraire peut être apportée **contre le contenu** d'un acte sous signature privée reconnu ou tenu légalement pour reconnu (voir n° 54350). Cette preuve contraire n'est cependant admise que de façon rigoureuse : la preuve par témoins n'est pas recevable contre le contenu d'un acte sous signature privée (C. civ. art. 1359, al. 2). 54352
Cette règle ne joue pas à l'égard des tiers pour qui l'acte est un fait qu'ils peuvent contester par tous moyens.

7. SANCTION DE L'IRRÉGULARITÉ DE L'ÉCRIT SOUS SIGNATURE PRIVÉE

À défaut de respecter les règles édictées par le Code civil, l'écrit sous signature privée n'est pas « valable », c'est-à-dire qu'il est nul comme acte sous signature privée et perd sa **force probante**. 54370
Cette sanction n'atteint que le mode de preuve : elle ne rejaillit pas sur l'opération juridique elle-même qui devra simplement être prouvée par un autre mode de preuve. L'effet limité de cette sanction tient au fait que l'opération juridique constatée est de nature consensuelle : elle ne tire pas sa validité de l'écrit qui la constate. Il est donc logique que l'imperfection de son mode de preuve ne l'affecte pas.
La jurisprudence a assoupli la sévérité de la sanction en admettant que l'acte sous signature privée imparfait puisse valoir comme **commencement de preuve par écrit** (Cass. 1e civ. 17-1-1961 : Bull. civ. I n° 41 ; Cass. com. 5-11-1962 : Bull. civ. IV n° 434). Le juge pourra donc se saisir de l'acte sous signature privée pour admettre la preuve de l'opération juridique alléguée en le conjuguant avec d'autres éléments (C. civ. art. 1361 et 1362).

B. Dépôt au rang des minutes d'un notaire

IMPOSSIBILITÉ DE PUBLICATION AU FICHIER IMMOBILIER

Pour donner lieu aux formalités de publicité foncière, tout acte ou tout droit doit résulter d'un acte reçu en la forme authentique par un notaire établi en France, d'une décision juridictionnelle ou d'un acte authentique émanant d'une autorité administrative (C. civ. art. 710-1, al. 1). Les actes sous signature privée déposés au rang des minutes d'un notaire (exception faite des procès-verbaux des délibérations d'apport en société et des procès-verbaux d'abornement) ne peuvent pas donner lieu aux formalités de publicité foncière (C. civ. art. 710-1, al. 2). Il n'est donc pas possible de déposer au rang des minutes d'un notaire un avant-contrat de vente d'immeuble établi en la forme sous signature privée pour le faire publier au fichier immobilier. Pour pouvoir être publié, le contenu de l'acte sous signature privée doit, **en principe**, être intégralement réitéré au sein d'un acte authentique. Néanmoins, le dépôt au rang des minutes permet de bénéficier des autres attributs de l'acte notarié (date certaine, conservation). 54420

> **Précisions** **Avant le 30 mars 2011** (date d'entrée en vigueur de l'art. 710-1), le procédé consistant à déposer au rang des minutes d'un notaire un avant-contrat de vente sous signature privée constituait une pratique que l'on pouvait rencontrer. Elle présentait l'intérêt de permettre la publication de la vente au service de la publicité foncière s'il survenait une difficulté, notamment si l'une des parties refusait de procéder sans motif sérieux à la réitération de la vente, alors que les conditions suspensives étaient levées. Cette procédure évitait à la partie victime de la défaillance ou de l'inertie de l'autre de devoir obtenir un jugement constatant la vente. Mais sa validité était toutefois douteuse car il n'était pas certain que l'on puisse valablement effectuer un dépôt avec reconnaissance d'écriture et de signature au moyen d'une procuration sous signature privée.

SYSTÈME DE PRÉNOTATION

54430 Dans l'hypothèse du **refus sans motif valable** de l'une des parties de réitérer par acte authentique une promesse de vente ou un contrat de vente convenu par acte sous signature privée, alors que les conditions suspensives sont levées, il subsiste une alternative au dépôt pour minute non publiable. Un système de prénotation du fichier immobilier permet la **publication** au service chargé de la publicité foncière **à titre facultatif** (Décret 55-22 du 4-1-1955 art. 37, 2) :
– soit de la demande en justice tendant à obtenir la réitération ou la réalisation en la forme authentique d'un acte soumis ou admis à publicité quoiqu'il n'ait pas été dressé en la forme authentique (promesse de vente, par exemple) ;
– soit du procès-verbal notarié constatant le défaut ou le refus du cocontractant ou promettant de procéder à la réitération ou réalisation par acte authentique ;
– soit de la déclaration par acte notarié de la volonté du bénéficiaire de l'acte d'exiger la réitération ou réalisation par acte authentique (voir n° 9230).
Ce système original et spécifique de prénotation au fichier immobilier permet de rendre l'acte opposable aux tiers dès sa publication à condition que soit publié dans les 3 ans de la formalité un acte authentique ou un jugement constatant la réitération ou la réalisation de l'acte ayant fait l'objet de la prénotation (sur ce dispositif, voir n° 9236). La publication pourra ainsi être opposée aux tiers qui ont acquis dans l'intervalle des droits concurrents sur l'immeuble.

C. Acte sous signature privée contresigné par un avocat

COMPARAISON AVEC L'ACTE SOUS SIGNATURE PRIVÉE

54450 L'acte sous signature privée contresigné par l'avocat de chacune des parties ou par l'avocat de toutes les parties atteste qu'il a **éclairé pleinement la ou les parties** qu'il conseille sur les conséquences juridiques de l'acte (Loi 71-1130 du 31-12-1971 art. 66-3-1).
L'acte ainsi contresigné a une **valeur probante** plus élevée que celle d'un simple acte sous signature privée, puisqu'il fait pleine foi de l'écriture et de la signature des parties, tant à leur égard qu'à l'égard de leurs héritiers ou ayants cause (C. civ. art. 1374, al. 1). Les parties ne peuvent donc pas contester leur signature. En revanche, la procédure de faux prévue par le Code de procédure civile en cas d'altération du contenu de l'acte lui est applicable (C. civ. art. 1374, al. 2).
L'acte sous signature privée contresigné par avocat est, comme l'acte authentique, dispensé de toute **mention manuscrite exigée par la loi** (C. civ. art. 1374, al. 3).
À l'instar des actes sous signature privée de droit commun, l'acte sous signature privée contresigné par avocat ne peut pas faire l'objet de **publicité foncière** en l'état, ni après dépôt au rang des minutes d'un notaire (C. civ. art. 710-1, al. 2).
L'acte sous signature privée contresigné par avocat n'est, en lui-même, pas doté de la **force exécutoire**. Toutefois, constituent des titres exécutoires les transactions et les actes constatant un accord issu d'une médiation, d'une conciliation ou d'une procédure participative, lorsqu'ils sont contresignés par les avocats de chacune des parties et revêtus de la formule exécutoire par le greffe de la juridiction compétente (C. exécution art. L 111-3).

CHAPITRE 2

FRAIS DE L'ACTE NOTARIÉ DE VENTE

SOMMAIRE

FRAIS DE NOTAIRE

L'établissement de l'acte notarié constatant la vente entraîne l'exigibilité de frais (couramment **55500**
appelés « frais de notaire ») : sommes acquises au notaire en **rémunération** de son intervention, **débours** exposés par celui-ci dans le cadre de la préparation de l'acte, **impôts de mutation** au titre des droits d'enregistrement et contribution de sécurité immobilière.
C'est en principe l'acquéreur qui est **redevable** des frais d'actes (voir n°s 52060 s.).

> **Précisions** Seules les ventes immobilières des assujettis à la TVA sont susceptibles d'être soumises à ladite taxe (n°s 60300 s. et n° 60525). Quand elle est due, la **TVA sur opérations immobilières** est déclarée et acquittée directement par le redevable (en pratique le vendeur) sur les déclarations de TVA qu'il souscrit régulièrement à raison de son activité professionnelle. Elle n'est pas comprise dans les frais d'acte notarié.

A. Rémunération du notaire

Les règles de fixation et de révision des **tarifs des professions réglementées** qui s'appliquent aux **55510**
prestations des notaires, mais aussi des commissaires de justice (profession issue de la fusion de celle d'huissier de justice et de commissaire-priseur judiciaire), des administrateurs judiciaires et des mandataires judiciaires figurent dans le Code de commerce (C. com. art. L 444-1 à L 444-7).
Ces tarifs prennent en compte les coûts pertinents du service rendu et une rémunération raisonnable, définie sur la base de critères objectifs. Ils sont fixés sur la base d'un objectif de taux de résultat moyen, dont les modalités de détermination sont définies par décret, et dont le montant est estimé globalement pour chaque profession pour l'ensemble des prestations tarifées (C. com. art. L 444-2 et R 444-5 à R 444-7). Le tarif de chaque prestation est arrêté conjointement par les ministres de la justice et de l'économie et est révisé au moins tous les 5 ans (C. com. art. L 444-3).
Les **tarifs des notaires** fixés par le Code de commerce sont applicables jusqu'au 28 février 2026 (Arrêté ECOC2402646A du 28-2-2024 ; C. com. art. A 444-53, dernier al. modifié).
Sont **encadrés par décret** :
– la méthode de fixation des tarifs des professions réglementées (C. com. art. R 444-4 à R 444-7) ;
– la structure et les modalités tarifaires (C. com. art. R 444-8 à R 444-12-1) ;
– les droits et obligations des professionnels soumis au tarif (C. com. art. R 444-13 à R 444-16) ;
– et le recueil des données et d'informations (C. com. art. R 444-17 à R 444-21).

Le tarif des notaires (C. com. art. A 444-53 à A 444-186) distingue : **55512**
– l'**émolument** tarifé des **honoraires** dont le montant est libre, sous réserve d'une convention d'honoraires écrite mentionnant leur montant ou leur mode de calcul ;
– parmi les émoluments, entre ceux fixes et ceux proportionnels, entre ceux rémunérant l'acte et ceux rémunérant les formalités préalables ou postérieures.
L'activité de **négociation immobilière** des notaires n'est pas tarifée. Sa rémunération relève des honoraires libres.

Les notaires doivent **afficher les tarifs** qu'ils pratiquent, de manière visible et lisible, dans leur lieu d'exercice et sur leur site internet, selon des modalités de droit commun (C. com. art. L 444-4 renvoyant à C. consom. art. L 112-1). Ils doivent également les indiquer de façon claire en cas de sollicitation personnalisée (Décret 73-1202 du 28-12-1973 art. 43). S'agissant du tarif applicable aux **transactions immobilières**, ce sont les prix maximums toutes taxes comprises « effectivement pratiqués » qui doivent être affichés. Si ces prix maximums sont fixés en fonction de la valeur du bien vendu, doivent être mentionnés le pourcentage prélevé, le cas échéant, les tranches de prix maximums correspondantes et tous les éléments permettant de calculer les prix maximums. Lorsque les prix varient selon les tranches de prix de vente, il doit être indiqué de manière très apparente et intelligible si ces tranches sont cumulatives entre elles (Arrêté ECFC1638733A du 10-1-2017 art. 1 et art. 2 modifié : BPIM 1/17 inf. 66 et BPIM 2/22 inf. 175).

1. ÉMOLUMENTS D'ACTES

TARIF

55520 Les émoluments des notaires sont **proportionnels et dégressifs**. Sauf disposition contraire, ils ont pour **assiette** le capital énoncé dans les actes, augmenté de la valeur des charges figurant dans ces actes ou l'évaluation qui est retenue pour la liquidation des droits et taxes si elle est supérieure. Sont considérées comme charges les sommes que, dans l'acte et outre le prix, les parties s'engagent à payer ainsi que les prestations en nature qu'elles s'engagent à fournir (C. com. art. A 444-54, al. 1). À défaut d'accord des parties et du notaire sur la valeur estimative, les émoluments sont perçus sur la valeur vénale déterminée par le juge chargé de la taxation (C. com. art. A 444-54, al. 3).

L'assiette de l'émolument est arrondie à l'euro le plus proche (C. com. art. A 444-54, dernier al.). Les émoluments, calculés sur cette assiette, sont arrondis au centime d'euro le plus proche (C. com. art. A 444-57).

La **vente de gré à gré d'immeuble** donne lieu aux émoluments proportionnels selon le barème suivant (C. com. art. A 444-91) :

– de 0 à 6 500 € :	3,870 %
– de 6 500 € à 17 000 € :	1,596 %
– de 17 000 € à 60 000 € :	1,064 %
– plus de 60 000 € :	0,799 %

Ce **tarif** est **réduit** pour certaines ventes en l'état futur d'achèvement ou achevé ou reventes, notamment celles d'immeubles HLM consistant en des locaux d'habitation neufs (appartements ou maisons individuelles n'ayant jamais été habités) et celles portant sur des locaux de même nature compris dans un immeuble ou un ensemble immobilier autre que HLM ayant fait l'objet d'un même permis de construire, le tarif prenant en compte le nombre d'unités principales d'habitation (C. com. art. A 444-92 et A 444-95).

Le tarif est **majoré** de 25 % dans les îles Wallis-et-Futuna, de 23 % dans le département de la Guadeloupe, de 24 % dans le département de la Martinique, de 20 % dans le département de la Guyane, et de 36 % dans les départements de La Réunion et de Mayotte (C. com. art. A 444-53 modifié par l'arrêté ECOC2402646A du 28-2-2024). Le tarif est également majoré pour les ventes par adjudication (C. com art. A 444-102-1).

En **Alsace-Moselle**, les prestations rendues en application de dispositions de droit local, notamment les requêtes au livre foncier, font l'objet d'un tarif particulier (C. com. à art. R 444-3, annexe 4-7, tableau 5-1 et art. A 444-176 à A 444-186).

Le tarif est exprimé hors taxe. Les émoluments sont assujettis à la **TVA** (voir n° 55576).

Lorsque, réalisée par un seul acte, une convention porte sur des **biens de nature différente**, mais soumis à une même tarification, l'émolument est calculé sur la valeur totale de ces biens (C. com. art. A 444-55). C'est le cas de la vente de meubles simultanée de celle d'un immeuble qui donne lieu à la perception de l'émolument prévu pour la vente de gré à gré (C. com. art. A 444-91).

EXEMPLE

Pour une vente régularisée le 1er septembre 2024 moyennant un prix de 280 000 €, les émoluments du notaire hors TVA s'élèveront à 2 634,45 €, soit : (3,870 % × 6 500 €) + (1,596 % × 10 500 €) + (1,064 % × 43 000 €) + (0,799 % × 220 000 €).

REMISES D'ÉMOLUMENTS

Remise totale Les notaires peuvent renoncer à la totalité des émoluments afférents à un acte déterminé ou aux différents actes reçus à l'occasion d'une même affaire (C. com. art. R 444-70). 55522

Remise partielle Les notaires peuvent consentir des remises partielles lorsque le tarif d'un acte est déterminé proportionnellement à la valeur d'un bien ou d'un droit, ce qui est le cas de la vente (C. com. art. L 444-2, dernier al.). Aucune remise n'est toutefois possible pour les prestations réalisées dans le cadre d'un mandat de justice (C. com. art. R 444-10, IV). 55523

Le dispositif nécessite un **calcul en deux temps** : jusqu'aux seuils fixés par l'article A 444-174 du Code de commerce, les émoluments sont calculés en appliquant le barème. Seuls les émoluments afférents à la partie du prix dépassant le seuil fixé par le texte peuvent faire l'objet d'une remise.

La remise consentie varie selon le montant de la vente :

– lorsque le **prix est égal ou supérieur à 100 000 €**, la remise peut être accordée dans la limite d'un taux maximal de 20 % applicable à la part d'émolument calculée sur la part égale ou supérieure au seuil de 100 000 € ;

– pour les **prestations supérieures ou égales à 10 millions d'euros** portant, notamment, sur la mutation et le financement de biens ou droits à usage non résidentiel, de biens à usage résidentiel social relevant de la législation sur les logements sociaux ou dans un objectif de développement du parc de logements sociaux, ou de biens immobiliers affectés à l'exploitation d'une entreprise, la remise peut être accordée dans la limite d'un taux maximal de 40 % applicable à la part d'émolument calculée sur les tranches d'assiette égales ou supérieures au seuil de 10 millions d'euros. En cas de vente de biens mixtes, la limite s'applique à la portion de l'émolument due pour la part de la surface totale destinée à un usage non résidentiel ou à un usage résidentiel social.

Ces remises ne portent que sur l'**émolument proportionnel**. Elles n'affectent pas les émoluments de formalités.

Le **taux des remises** octroyées est décidé par chaque office, pour les catégories d'actes et la durée qu'il détermine ; il est, en **principe**, fixe et identique pour tous les clients (C. com. art. L 444-2, dernier al.). Le tarif indiquant la remise proposée doit être porté à la connaissance de la clientèle selon les mêmes modalités que celles prévues pour l'affichage des tarifs (n° 55512).

Par **exception**, la remise partielle peut être négociée. Au-delà d'un montant d'émolument de 200 000 €, le professionnel et son client peuvent convenir du taux des remises. La liste des prestations concernées est limitative. Sont notamment visées les prestations portant sur la transmission à titre gratuit de parts ou actions d'une société ayant une activité industrielle, commerciale, artisanale, agricole ou libérale, ou encore celles relatives à la mutation ou au financement de logements sociaux (C. com. art. L 444-2, dernier al., R 444-10-1 et A 444-174, dernier al.).

En cas d'intervention de **plusieurs notaires**, la remise consentie par chaque intervenant est, le cas échéant, déduite de la part d'émoluments lui revenant (C. com. art. R 444-63, dernier al.).

> **Précisions** Entre le 25 novembre 2018 et le 31 décembre 2022, les tarifs applicables aux prestations de notaires relatives aux opérations de fusion, d'absorption, de scission et d'apports réalisées par les organismes HLM et les sociétés d'économie mixte de construction et de gestion de logements sociaux pouvaient faire l'objet d'une négociation lorsque les émoluments étaient supérieurs à 60 000 €. Cette dérogation prévue dans le **secteur social** par la loi portant évolution du logement, de l'aménagement et du numérique, dite « loi Elan » (Loi 2018-1021 du 23-11-2018 art. 88, V) n'a pas été reconduite.

ÉCRÊTEMENT DES ÉMOLUMENTS

La **rémunération** totale du notaire – émoluments proportionnels et émoluments de formalités cumulés – est **plafonnée** à 10 % de la valeur du bien objet de la mutation (C. com. art. R 444-9 et A 444-175). Cette disposition participe de l'objectif de limiter les émoluments du notaire pour les ventes de faible montant. 55524

Le notaire doit calculer la somme des émoluments perçus. Si le montant obtenu est supérieur à 10 % de la valeur de ce bien, sa rémunération est écrêtée à ce montant. Ainsi, pour un prix, assiette de la rémunération, de 2 500 €, l'émolument sera plafonné à 250 €.

Le **plancher de la rémunération** est de 90 € HT. Ce montant devient donc le minimum de perception en matière de vente d'immeuble, tous émoluments confondus.

PLURALITÉ DE CONVENTIONS DANS UN MÊME ACTE

55526 Lorsqu'un acte contient plusieurs conventions dérivant ou **dépendant les unes des autres**, seul est perçu l'émolument de la convention principale.

Si les conventions sont **indépendantes** et donnent lieu à des droits distincts pour l'enregistrement, la taxe de publicité foncière ou la TVA, les émoluments sont dus pour chacune d'elles même si elles sont comprises dans un seul acte (C. com. art. R 444-59, al. 1 et 2).

ACTE SOUMIS À UNE CONDITION SUSPENSIVE OU IMPARFAIT

55530 L'émolument est réduit de moitié pour l'acte établi sous condition suspensive ; il en est de même pour les actes imparfaits sur lesquels fait défaut la signature de l'une au moins des parties. Dès **réalisation des conditions** suspensives ou **perfection de l'acte**, l'émolument est dû en entier sous déduction de la part d'émoluments perçus sur l'acte conditionnel ou imparfait (C. com. art. R 444-59, dernier al.).

> **Précisions** L'acte imparfait se distingue du **projet d'acte** établi par le notaire sur les indications des parties et que celles-ci ont refusé ou négligé de signer. Ce projet n'ouvre pas droit pour le notaire à l'émolument réduit de moitié, mais à un honoraire arbitré par le juge en cas de désaccord de la partie redevable (Cass. 2e civ. 22-2-2012 n° 10-30.873 F-D : Sol. Not. 4/12 inf. 114). Le juge de la taxe tient compte de l'importance et de la difficulté du travail fourni par le notaire (Cass. 2e civ. 25-5-2022 n° 20-22.082 F-D : SNH 20/22 inf. 7).

ACTE NUL

55534 Aucun émolument n'est dû pour l'acte, la copie ou l'extrait déclarés nuls ou inutiles par la **faute** du notaire (C. com. art. R 444-64).

PARTAGE D'ÉMOLUMENTS

55536 L'intervention de **plusieurs notaires** dans la rédaction ou la réception d'un acte n'en augmente pas l'émolument, sauf si l'acte est rétribué en fonction du nombre d'heures passées (C. com. art. R 444-63). Les notaires se partagent l'émolument (voir n° 54141).

En revanche, il est interdit aux notaires, sous peine de sanctions disciplinaires, de partager le prix ou le tarif réglementé de leurs prestations **avec un tiers** ou d'accepter qu'un tiers leur remette tout ou partie de la rétribution par lui reçue à l'occasion soit de la conclusion d'un acte, soit des pourparlers ou démarches qui ont précédé ou accompagné une convention à laquelle ils interviennent à quelque titre que ce soit (C. com. art. R 444-65). Cette interdiction concerne toute personne autre qu'un notaire soumis au tarif : par exemple un avocat ou un agent immobilier, ou même, semble-t-il, un notaire non français. Elle porte sur les émoluments d'acte ou de formalités.

Les **émoluments forfaitisés de formalités** (n° 55566) ne donnent lieu à aucun partage (Règl. professionnel du notariat art. 31.2).

ÉMOLUMENT DE TRANSACTION

55540 Le notaire peut prétendre à un honoraire non soumis à tarif réglementé si, chargé de recevoir un acte dont la réalisation est subordonnée à la solution d'un désaccord entre les parties, il les rapproche ou participe à leur rapprochement, et obtient leur accord ou participe à l'obtention de cet accord et rédige la convention prévue par l'article 2044 du Code civil (C. com. art. annexe 4-9, I-4°-c).

La perception de cet honoraire est subordonnée à la signature préalable d'une **convention d'honoraires** qui précise, notamment, le montant ou le mode de détermination des honoraires couvrant les diligences prévisibles, ainsi que les divers frais et débours envisagés (C. com. art. L 444-1, dernier al.). Cette règle implique que la convention d'honoraires soit envoyée à l'avance et qu'elle ne soit pas signée le jour même de la signature de l'acte (CA Paris 15-3-2023 n° 22/13920).

2. ÉMOLUMENTS DE FORMALITÉS

55560 Les formalités effectuées par le notaire à l'occasion de l'établissement d'un acte sont rémunérées par un émolument exprimé en euros et soumis à la **TVA** (voir n° 55576).

Toute **nouvelle formalité rendue obligatoire** par la loi devra faire l'objet d'une tarification pour permettre la perception d'un émolument, un notaire ne pouvant demander ou percevoir une somme autre que celles fixées par le tarif (C. com. art. R 444-13, I). À défaut d'un tarif spécifique, il semble qu'un émolument puisse néanmoins être perçu sur le fondement du numéro 204 du tableau 5 de l'annexe 4-7 de l'article R 444-3 du Code de commerce. Un émolument de 56,60 € est en effet prévu pour l'« obtention de tout document nécessaire à la rédaction d'un acte et non tarifé par ailleurs » (voir n° 55562).

ÉMOLUMENTS DES PRINCIPALES FORMALITÉS

Les principales formalités susceptibles d'être effectuées **à l'occasion d'une vente** d'immeuble sont classées par ordre alphabétique et numérotées au tableau 5 annexé à l'article R 444-3 du Code de commerce (C. com. art. annexe 4-7). 55562

Elles sont tarifées comme indiqué ci-après (C. com. art. A 444-169, A 444-171, A 444-172 et A 444-173) :

– n° 180 : ensemble des demandes de documents cadastraux, notamment extrait cadastral, document d'arpentage, formulaires de division de parcelle : 11,32 € ;
– n° 187 : notification nécessaire à la purge d'un droit de préemption (pour chacune des notifications) : 37,73 € ;
– n° 188 : réquisition de publication ou de mention en matière de publicité foncière : 18,87 € ;
– n° 193 : réquisition d'un état hypothécaire hors ou sur formalité : 3,77 € ;
– n° 196 : ensemble des demandes concernant l'état civil des personnes physiques et l'immatriculation des personnes morales : 11,24 € ;
– n° 197 : attestation en général ou certification écrite d'une situation de fait ou de droit délivrée par le notaire (par attestation délivrée) : 3,77 € ;
– n° 204 : obtention de tout document nécessaire à la rédaction d'un acte et non tarifé par ailleurs : 56,60 € ;
– n° 205 : demande d'autorisation de cumul (pour les biens ruraux) : 37,73 € ;
– n° 206 : établissement de la déclaration et paiement de l'impôt sur les plus-values : 56,60 € ;
– n° 209 : démarches pour l'application de la réglementation sur les relations financières avec l'étranger : 45,28 € ;
– n° 211 : rédaction d'imprimés administratifs relatifs à la taxe sur la valeur ajoutée : 18,87 € ;
– n° 212 : copie exécutoire, authentique, par page : 1,13 € ;
– n° 213 : copie sur papier libre, par page : 0,38 € ;
– n° 214 : archivage numérisé des actes, par page : 0,19 € ;
– n° 215 : extrait d'acte, y compris le bordereau récapitulatif : 18,87 € ;
– n° 216 : notification, sauf en matière de préemption : 15,09 € ;
– n° 219 : consultation de tout fichier public (exemple : infogreffe ou RCS) : 11,32 €.

Les formalités numéros 180, 193, 196, 197, 212, 213 et 215 sont comprises dans le **forfait** applicable aux **actes notariés destinés à être publiés** au service chargé de la publicité foncière (voir n° 55566).

La **vérification** de la **situation pénale de l'acquéreur** auprès du casier judiciaire donne lieu à la perception d'un émolument de 37,73 €, par dossier, en cas d'acquisition par une ou plusieurs personnes physiques ou par une personne morale jusqu'à cinq associés, et de 75,46 €, par dossier, en cas d'acquisition par une personne morale au-delà de cinq associés (C. com. art. A 444-170).

> **Précisions** **a.** Selon le **Conseil supérieur du notariat**, l'expression « tout document » pour l'application du **tarif numéro 204** ci-dessus doit être entendue au sens large et viserait l'obtention de documents relevant d'un même groupe, quel que soit le nombre de documents du groupe : documents relatifs à la copropriété, documents d'urbanisme, documents relatifs à l'assurance dommages-ouvrage et à la garantie décennale, documents administratifs relatifs au dossier de construction, documents relatifs à la santé des personnes (santé et sécurité) et documents émanant d'un créancier pour donner son accord à la radiation des garanties hypothécaires (Circ. Conseil supérieur du notariat 5/7/096 n° 2006-8). La perception de l'émolument suppose que le document soit rendu obligatoire à la rédaction d'un acte par un texte légal ou réglementaire ou par la jurisprudence au titre du devoir de conseil du notaire, qu'il ne soit pas tarifé par ailleurs et qu'il ait été effectivement obtenu par le notaire.
> **b.** Ne sont **pas tarifés** la purge du droit de rétractation de l'acquéreur immobilier non professionnel (CCH art. L 271-1), de même que les certificats délivrés par le notaire, le jour de la signature de l'acte de vente, en application de l'article 4-3 du décret 67-223 du 17 mars 1967 (voir n° 19674).

ÉMOLUMENTS FORFAITISÉS

55566 Une partie des **formalités** effectuées à l'occasion des **actes destinés à être publiés** au service chargé de la publicité foncière, dont la vente d'immeuble, est forfaitisée. Ce **forfait** est de 339,58 € (C. com. art. A 444-171 n° 194).

Sont comprises dans le forfait les formalités suivantes : actes de l'état civil, attestations, demandes de cadastre, copies authentiques, copies sur papier libre, copies publicité foncière, extraits d'acte, réquisitions d'état hors et sur formalité en vue de la publicité foncière.

Le forfait est perçu quel que soit le nombre de biens immobiliers.

Un forfait est perçu sur chaque acte en cas de vente sous condition suspensive et d'acte constatant la réalisation de la condition suspensive, même publiés simultanément au service chargé de la publicité foncière.

3. HONORAIRES DE CONSULTATION

PRINCIPE

55570 La rémunération du notaire par l'émolument d'acte et les émoluments de formalités a en principe un **caractère exclusif** : ces émoluments comprennent forfaitairement la rémunération de tous les travaux relatifs à l'élaboration et à la rédaction de l'acte, l'accomplissement des formalités préalables ou postérieures. Il est en effet interdit aux professionnels de demander ou de percevoir en raison d'une prestation tarifée une somme autre que celles prévues au tarif (C. com. art. R 444-13, I). Cette interdiction est renforcée pour les notaires dont les règles de déontologie prévoient également une interdiction de percevoir, en raison de leur activité, aucune rémunération en dehors de celles prévues au tarif (C. déontologie notaires art. 23, al. 3).

EXCEPTION

55572 En dehors des émoluments d'acte et des émoluments de formalités tarifés, les notaires peuvent cependant recevoir sous forme d'honoraires une rémunération pour les **consultations détachables** d'un acte figurant dans la liste prévue à l'article R 444-3, 1° du Code de commerce (C. com. art. annexe 4-9, I-4°-a).

Cet honoraire peut rémunérer, par **exemple**, un service rendu ou une activité de conseil dépassant le cadre de l'élaboration et de la rédaction de l'acte, à la condition que cette prestation ne soit pas déjà rémunérée par un émolument. En outre, ces honoraires sont fixés dans le respect des dispositions du Code de commerce et font l'objet d'une convention d'honoraires préalable signée par le client (C. déontologie notaires art. 23, al. 4). Cette convention d'honoraire doit être approuvée avant le jour de la signature de l'acte (voir n° 55540). **En pratique**, la rémunération sous forme d'honoraires pourra concerner, par exemple, une consultation sur l'opportunité d'une opération ou sur son mode de réalisation, une recherche ou une étude approfondie sur une question juridique ou fiscale ou une expertise.

FIXATION DES HONORAIRES

55574 Les honoraires doivent tenir compte, selon les usages, de la situation de fortune du client, de la difficulté de l'affaire, des frais exposés par le professionnel, de sa notoriété et de ses diligences. Le professionnel doit conclure avec le client une **convention d'honoraires** écrite précisant notamment le montant ou le mode de détermination des honoraires couvrant les diligences prévisibles, ainsi que les divers frais et débours envisagés (C. com. art. L 444-1, al. 3). Il est interdit au notaire de percevoir une somme en dehors des honoraires ainsi prévus (C. com. art. R 444-13, II).

Le montant des honoraires est fixé librement entre le professionnel et le client, sous le **contrôle** de l'instance professionnelle désignée par arrêté du garde des Sceaux (arrêté à paraître). En cas de contestation, ces honoraires sont fixés par le juge chargé de la taxation (C. com. art. R 444-16).

4. TVA SUR ÉMOLUMENTS

55576 Les émoluments du notaire, quels qu'ils soient (émoluments d'acte, de formalités ou honoraires), sont soumis à la TVA dans les **conditions de droit commun** (CGI art. 256).

Le **taux** applicable est le taux normal de 20 %.

B. Déboursés

Les notaires ont **droit au remboursement** (C. com. art. annexe 4-8, I-6°) : 55580
– de tous les frais, notamment les frais de déplacement et les frais exceptionnels exposés à la demande expresse du client à l'occasion de l'élaboration et de la rédaction d'un acte ou de l'accomplissement des formalités qu'il effectue, à l'exception des frais accessoires, tels que frais de papeterie et de bureau ;
– des sommes dues à des tiers et payées ou avancées par eux pour le compte de clients à l'occasion de leur activité professionnelle.
Le notaire ne peut pas demander le remboursement des **frais d'acheminement postal**, à moins qu'ils n'aient un caractère exceptionnel et n'aient été engagés à la demande expresse du client, auquel cas ils peuvent être considérés comme des débours (Rép. Joissains-Masini : AN 5-1-2010 p. 169 n° 60866).
Le **remboursement** des frais et débours peut être **forfaitaire**, le montant du forfait étant fixé par arrêté conjoint des ministres de la justice et de l'économie (C. com. art. R 444-12). L'arrêté ECOC2402646A du 28 février 2024 fixant le tarif des notaires ne précise toujours pas les montants forfaitaires des frais et débours.

C. Consignation préalable des frais

Avant de procéder à la signature des actes dont ils sont chargés, les notaires ont l'**obligation** de réclamer la consignation d'une somme suffisante pour le paiement des frais, droits, débours et émoluments (C. com. art. R 444-61 ; C. déontologie notaires art. 22). 55590
Le notaire peut refuser d'instrumenter s'il n'est pas provisionné des frais. Cette règle est toutefois écartée lorsque le débiteur des frais est une **collectivité locale** ou un établissement public soumis au règlement général sur la comptabilité publique selon lequel le paiement ne peut intervenir que « service fait » (Rép. Anthonioz : AN 3-4-1952 p. 1785 n° 2911).
L'obligation de consignation préalable des frais a une **double justification** : elle repose, d'une part, sur la responsabilité personnelle du notaire pour le paiement des droits et taxes (CGI art. 1705, 1°), qui s'étend par la garantie collective des notaires à l'ensemble de ses confrères ; il convient, d'autre part, d'éviter que des facilités de paiement ne constituent un comportement déloyal de nature à contrarier le principe de libre choix du notaire par le client ou une opération de prêt déguisée prohibée par les règles déontologiques applicables aux notaires.
La **méconnaissance** par le notaire **de l'obligation** à laquelle il est tenu de faire consigner une somme suffisante pour le paiement des frais, droits et débours et émoluments ne le prive pas sur le principe de son droit à en réclamer le paiement au client mais elle est passible de sanctions disciplinaires. Elle constitue également une faute professionnelle susceptible d'engager sa responsabilité. Le client peut opposer cette faute au notaire et obtenir une compensation avec les sommes que ce dernier lui réclame au titre de l'avance des frais d'acte qu'il a effectuée pour son compte (Cass. 1e civ. 25-11-2015 n° 14-22.102 FS-PB : Sol. Not. 2/16 inf. 50, qui condamne le client à rembourser au notaire l'avance des frais en l'absence de préjudice). Sur le **redevable des frais** d'actes, voir nos 52060 s.

> **Précisions** L'expression **« frais de notaire »**, utilisée couramment en pratique pour désigner la provision demandée à l'acquéreur, ne correspond que pour une faible part au montant des émoluments dus au notaire en rémunération de la réception de l'acte. La majeure partie de cette provision est en réalité destinée à acquitter les droits d'enregistrement dus sur l'acte et les frais des diverses formalités telles que publicité foncière et inscription d'hypothèques.

D. Exemples chiffrés

Les formalités effectuées à l'occasion de l'établissement d'un acte peuvent être différentes d'une opération à une autre et donc plus ou moins nombreuses, suivant les particularités du dossier. 55610

EXEMPLE 1
Facturation par le notaire des **formalités** effectuées à l'occasion de la **vente d'un immeuble d'habitation**, postérieure au 1er mars 2024, au prix de 200 000 € (vente soumise aux seuls 55612

droits d'enregistrement, taxe départementale portée à 4,50 % par le conseil départemental, acte de 20 pages et annexes de 30 pages) :

Émoluments

1. Émoluments d'acte

– 3,870 % sur 6 500 €	251,55 €	
– 1,596 % sur 10 500 €	167,58 €	
– 1,064 % sur 43 000 €	457,52 €	
– 0,799 % sur 140 000 €	1 118,60 €	
Total	1 995,25 €	1 995,25 €

2. Émoluments de formalités

– Forfait de formalités	339,58 €	
– Archivage numérisé	9,50 €	
– Déclaration de plus-value	56,60 €	
– Purge droit de préemption	37,73 €	
– Réquisition de publicité foncière	18,87 €	
– Vérification de la situation pénale de l'acquéreur	37,73 €	
Total	500,01 €	500,01 €
Total des émoluments acquis au notaire		**2 495,26 €**

Sommes versées au Trésor

1. TVA sur émoluments

– Sur émoluments de rédaction	1 995,25 € × 20 % =	399,05 €	
– Sur émoluments de formalités	500,01 € × 20 % =	100,00 €	
Total de la TVA		499,05 €	499,05 €

2. Droits d'enregistrement

– Taxe communale	200 000 € × 1,20 % =	2 400,00 €	
– Taxe départementale	200 000 € × 4,50 % =	9 000,00 €	
– Frais d'assiette	9 000 € × 2,37 % =	213,00 €	
Total des droits d'enregistrement :		11 613,00 €	11 613,00 €

3. Contribution de sécurité immobilière	200,00 €	200,00 €
Total des sommes versées au Trésor		**12 312,05 €**

Débours

Publicité foncière

– Réquisition hors formalité	12,00 €	
– Réquisition sur formalité	12,00 €	
Total	24,00 €	**24,00 €**
Total général (2 495,26 € + 12 312,05 € + 24 €)		**14 831,31 €**

EXEMPLE 2

55614 Facturation par le notaire des **formalités** effectuées à l'occasion de la **vente « contrat en mains »** (voir n° 52062), postérieure au 1er mars 2024, d'un immeuble d'habitation au prix de 200 000 € (vente soumise aux seuls droits d'enregistrement, taxe départementale portée à 4,50 % par le conseil départemental, acte de 20 pages et annexes de 30 pages).

Il est ici repris strictement les mêmes données chiffrées que dans l'exemple 1.

Certains frais sont calculés sur le prix convenu (émoluments proportionnels du notaire et contribution de sécurité immobilière), alors que les droits d'enregistrement sont calculés sur le prix diminué des frais. D'autres frais (émoluments de formalités et débours) ne dépendent pas du prix et sont fixes.

Frais calculés sur le prix stipulé à l'acte 55614 (suite)

– Émoluments proportionnels du notaire (calcul identique à celui de l'exemple 1)	1 995,25 €	
– TVA au taux de 20 %	399,05 €	
Total	2 394,30 €	2 394,30 €
– Contribution de sécurité immobilière (200 000 € × 0,10 %)		200,00 €

Frais fixes

– Émoluments de formalités	500,01 €	
– TVA au taux de 20 %	100,00 €	
Total	600,01 €	
– Débours (réquisitions hypothécaires : 12 € × 2)	24,00 €	
Total	624,01 €	624,01 €
Total (frais calculés sur le prix et frais fixes)		3 218,31 €

Droits de mutation

Les droits de mutation sont calculés sur un prix net revenant au vendeur, ainsi provisoirement déterminé pour ce calcul :

– du prix convenu	200 000,00 €
– on déduit le montant des frais calculés sur son montant et des frais fixes précédemment déterminés	– 3 218,31 €
Reste	196 781,69 €
Arrondis à	196 782,00 €

L'assiette des droits de mutation est ainsi calculée (le chiffre de 5,80665 correspondant au taux global des droits compte tenu de la fixation à 4,50 % de la taxe départementale par le conseil départemental) :

(196 782 € × 100)/100 + 5, 80665 = 185 982,64 € arrondis à ... 185 983,00 €

Les droits de mutation sont calculés sur cette somme de 185 983 € :

– taxe communale	185 983 € × 1,20 % =	2 232,00 €
– taxe départementale	185 983 € × 4,50 % =	8 369,00 €
– frais d'assiette	8 369 € × 2,37 % =	198,00 €
Total		10 799,00 €

Il est rappelé que l'assiette des droits et les droits eux-mêmes sont arrondis à l'euro le plus proche.

La somme nette revenant au vendeur sera ainsi calculée :

Prix de vente		200 000,00 €
Sous déduction de :		
– frais calculés sur le prix stipulé à l'acte et frais fixes	3 218,31 €	
– droits de mutation	10 799,00 €	
Total à déduire	14 017,31 €	– 14 017,31 €
Somme nette revenant au vendeur		185 982,69 €

MODÈLE

Formule à insérer dans un « contrat acte en mains »

Il convient de préciser dans l'acte, avant le calcul des droits :

« La présente vente étant convenue « acte en mains », les parties, pour le calcul des droits de mutation, évaluent les frais constitutifs d'une charge en déduction du prix à... €. »

CHAPITRE 3 PUBLICITÉ FONCIÈRE

SOMMAIRE

JUSTIFICATION DE LA PUBLICITÉ FONCIÈRE

56000 L'existence d'un système de publicité foncière trouve sa justification dans le besoin de sécurité juridique. La sécurité du **marché immobilier** impose que les contractants disposent d'informations fiables sur les immeubles objet de leurs conventions ; la sécurité du système de **crédit immobilier** passe par la possibilité de connaître aisément les privilèges immobiliers, droits d'hypothèque et charges grevant les immeubles.

TEXTES ENCADRANT LA PUBLICITÉ FONCIÈRE

56002 La publicité foncière est régie par les articles 710-1 et 2443 à 2449 du **Code civil** ainsi que par deux **décrets** : le décret 55-22 du 4 janvier 1955 et le décret 55-1350 du 14 octobre 1955.
Les départements de la **Moselle**, du **Bas-Rhin** et du **Haut-Rhin** sont soumis à un régime spécial de publicité foncière (voir nos 56330 s.).

RÉFORME DE LA PUBLICITÉ FONCIÈRE

56003 Le régime de la publicité foncière est réformé (Ord. 2024-562 du 19-6-2024). Le nouveau régime entrera **en vigueur** à une date qui sera fixée par décret, et **au plus tard le 31 décembre 2028** (Ord. 2024-562 du 19-6-2024 art. 25).
Cette réforme codifie le droit de la publicité foncière au sein du Code civil (C. civ. art. 710-1 à 710-47 et art. 2421 à 2449 nouveaux) et abroge le décret 55-22 du 4 janvier 1955.
Elle s'inscrit dans la continuité du droit positif. Les **grands principes** applicables à la matière, notamment l'exigence d'un acte authentique, sont **maintenus** mais reformulés de façon plus moderne et compréhensible.
Elle contient des **apports majeurs** sur des points particuliers, notamment : exclusion de la publication des baux de plus de 12 ans et des contrats de promotion immobilière ; publication obligatoire d'un acte constatant les transmissions ou constitutions de droit réel résultant de la loi ou de la prescription acquisitive ; suppression du régime spécial de publication des contrats de location-accession réaligné sur le droit commun ; suppression de la condition de bonne foi pour l'opposabilité aux tiers ; suppression du régime particulier d'opposabilité des donations immobilières ; opposabilité conférée à la publication des promesses unilatérales de vente, des conventions d'indivision et des conventions d'exercice d'une servitude ; refonte du régime de publication des demandes en justice ; simplification de la publication des actes authentiques étrangers ; suppression des délais civils de publication ; refonte des refus et rejets ; ouverture de la téléconsultation du fichier immobilier aux avocats et commissaires de justice ; instauration d'un formalisme encadré pour la publication des mentions en marge.

Retrouvez le **commentaire de l'ordonnance** portant réforme de la publicité foncière dans le **Bulletin pratique immobilier**, complément indispensable de votre Mémento (M. Suquet-Cozic, « Publicité foncière : la réforme tranquille » : BPIM 4/24 inf. 222).

A. Principes généraux de la publicité foncière

1. FONCTIONS DE LA PUBLICITÉ FONCIÈRE

a. Information des tiers

Le système de publicité foncière a pour rôle notamment la collecte, la conservation et la mise à disposition des tiers intéressés de certaines **données juridiques relatives aux immeubles**. 56005

Ces données sont le plus souvent des droits réels, principaux ou accessoires : mutations des immeubles, constitution, modification, transfert ou extinction d'un droit d'usufruit ou d'usage et d'habitation, servitudes, hypothèques, restrictions au droit de disposer, etc. Il peut s'agir également de droits personnels, ceux par exemple résultant d'un bail de plus de 12 ans ou d'une cession de loyers ou fermages pour une durée de plus de 3 ans. Il peut s'agir également de menaces sur le droit de propriété, comme l'existence d'une condition résolutoire ou d'une demande en justice tendant à obtenir la résolution, la révocation, l'annulation ou la rescision d'un acte.

À l'occasion d'une vente, il convient de savoir si celui qui se présente en qualité de vendeur est bien le propriétaire, ou bien s'il est le seul propriétaire. S'il présente un titre de propriété, il faut s'assurer qu'il est encore propriétaire, qu'il n'a pas entre-temps aliéné son bien, en tout ou en partie. Il importe de vérifier si son droit de propriété et de disposer n'est pas restreint, par exemple par une interdiction d'aliéner ou un pacte de préférence, si l'immeuble qu'il vend n'est pas grevé de droits réels qui seraient source d'éviction pour l'acquéreur : une hypothèque, une servitude, un bail de longue durée, etc. Doit être aussi vérifié que le droit de propriété n'est pas rendu indisponible par une interdiction d'aliéner ou une saisie ou qu'il ne peut être remis en cause par un droit de retour ou une autre source d'anéantissement, comme une condition résolutoire.

Dûment informé de la situation juridique de l'immeuble, l'acquéreur pourra **adapter son comportement** : renoncer à contracter, contracter en connaissance de cause ou à des conditions différentes de celles initialement prévues, prendre des dispositions pour remédier aux risques ou inconvénients révélés, etc. Le notaire pourra également exercer son devoir de conseil et remplir son obligation d'efficacité de l'acte qu'il est chargé d'établir.

b. Règlement des conflits

OPPOSABILITÉ DE DROITS CONCURRENTS

La publication de certaines conventions ou décisions judiciaires a pour effet de les rendre opposables aux tiers qui ont acquis des droits concurrents sur un **même immeuble**. Elle règle ainsi un conflit entre ces titulaires de droits et les départage en donnant la préférence à celui qui a publié son droit en premier. 56008

Cette règle d'opposabilité est posée par l'article 30 du décret 55-22 du 4 janvier 1955 : « Les actes et décisions judiciaires soumis à publicité [...] sont, s'ils n'ont pas été publiés, inopposables aux tiers qui, sur le même immeuble, ont acquis, du même auteur, des droits concurrents en vertu d'actes ou de décisions soumis à la même obligation de publicité et publiés, ou ont fait inscrire des privilèges ou des hypothèques. »

Les **cas de conflits** sont assez rares en pratique. Cela tient au rôle préventif que joue la publicité foncière par sa fonction informative.

EXEMPLES

1. Par erreur ou malveillance, un **immeuble est vendu à deux acquéreurs différents**. Un seul d'entre eux peut en être juridiquement reconnu propriétaire. Celui qui l'emporte est celui qui a publié son titre le premier, même s'il est en réalité chronologiquement le second acquéreur : la règle « premier en temps, premier en droit » est écartée.

2. Un immeuble fait l'objet d'une vente. Le vendeur avait, par acte sous signature privée, **constitué** au profit de l'un de ses voisins **une servitude de passage** sur une partie de sa propriété. Cette servitude, si elle n'est pas mentionnée dans l'acte de vente, est inopposable à l'acheteur (sauf si ce dernier en connaissait l'existence au moment de l'acquisition) ; en revanche, constatée par acte authentique régulièrement publié au service de la publicité foncière avant la publication de la vente, elle aurait été opposable à l'acheteur, même si elle n'avait pas été relatée dans l'acte de vente.

SOLUTION DU CONFLIT

56010 En application de la règle d'inopposabilité, les droits non publiés ou tardivement publiés sont censés ne pas exister lorsqu'ils sont en conflit avec des droits concurrents sur le même immeuble publiés ou antérieurement publiés. Il n'est pas ici question de validité mais d'**efficacité des actes**. Les actes peuvent être valables et réguliers indépendamment des règles de publicité foncière, mais leur efficacité peut être anéantie par l'effet de ces règles.

C'est la **date de la formalité**, attestée par le registre des dépôts (voir n° 56100), qui attribue le rang, c'est-à-dire qui détermine celui qui a publié ou inscrit son droit le premier, et peut se prévaloir de l'opposabilité de son droit. En cas de formalités de publicité foncière effectuées le même jour relativement à un même immeuble, celle dont le titre constitutif est le plus ancien est réputée de rang antérieur, sans qu'il soit tenu compte de l'ordre des formalités sur le registre au cours de la journée considérée. Si les titres portent la même date, les formalités sont réputées du même rang s'ils portent sur des droits dont la publication est obligatoire en vertu de l'article 28, 1° ou 3° du décret du 4 janvier 1955 (Décret 55-22 du 4-1-1955 art. 31).

> **Précisions** Signalons que l'article 31 du décret du 4 janvier 1955 règle différents cas de conflits entre des formalités prises le même jour en vertu de titres portant la même date. Il est à combiner avec l'article 2418 du Code civil qui détermine le rang des inscriptions de sûretés prises le même jour.

NOTION DE TIERS

56012 Les tiers admis à se prévaloir du défaut de publication sont les ayants cause du même auteur qui ont eux-mêmes publié leurs droits. Tous les tiers étrangers à la convention ou à la décision judiciaire ne sont pas des tiers au sens de l'article 30 du décret du 4 janvier 1955.

Ont la qualité de tiers les **ayants cause** du même auteur. L'ayant cause est défini comme celui qui a acquis des droits d'une autre personne, qu'on appelle « auteur ». Dans une vente, le vendeur est l'auteur et l'acquéreur est l'ayant cause ; dans une constitution de servitude, l'auteur est le propriétaire du fonds servant, l'ayant cause le propriétaire du fonds dominant, bénéficiaire de la servitude.

Il faut distinguer parmi ces ayants cause, car tous ne sont pas considérés comme tiers au regard de la publicité foncière : il doit s'agir d'ayants cause bénéficiaires de la transmission de droits réels immobiliers à titre particulier : acquéreur, donataire, légataire particulier, etc.

N'ont pas cette qualité de tiers les ayants cause universels ou à titre universel (héritiers, légataires universels ou à titre universel) car ils sont les continuateurs (les successeurs) de leur auteur. En cas de conflit, ils sont donc traités comme lui ; juridiquement, ils ont pris sa place. N'ont pas non plus la qualité de tiers les créanciers chirographaires du propriétaire de l'immeuble, c'est-à-dire les créanciers qui n'ont ni garantie particulière ni priorité pour se faire payer les sommes qui leur sont dues, à moins qu'ils n'aient publié un commandement de saisie.

Sont en revanche « tiers » au sens de la publicité foncière les créanciers hypothécaires, bénéficiaires de privilèges ou d'hypothèques inscrits au fichier immobilier (Décret 55-22 du 4-1-1955 art. 30, 1-al. 1).

Pour être admis à se prévaloir du défaut de publication d'un acte, les tiers doivent être des ayants cause du **même auteur**, c'est-à-dire des personnes qui tiennent leurs droits du même propriétaire. La publicité foncière règle les conflits entre ayants cause particuliers d'un même auteur, et non pas d'auteurs différents (par exemple : conflit entre non pas deux acquéreurs, mais deux sous-acquéreurs). Si les auteurs sont différents, il faudra remonter au conflit entre ces auteurs jusqu'à leur auteur commun pour le régler en recherchant le titre le premier publié.

56014 Pour être départagés par la publicité foncière, les ayants cause (au moins l'un d'entre eux) doivent avoir eux-mêmes **publié leurs droits**.

Concrètement, la publicité foncière n'a pas de fonction d'opposabilité :

– entre les parties elles-mêmes (par exemple le vendeur et l'acquéreur) : leurs droits sont départagés par le contrat et la publicité foncière est étrangère à leur conflit ;

– entre les ayants cause universels ou à titre universel (héritier ou légataire universel, par exemple) et l'ayant cause à titre particulier du même auteur (acquéreur par exemple) : les premiers sont assimilés à l'auteur lui-même, de sorte que le conflit concerne les parties et doit être réglé par le contrat ;

– entre les ayants cause à titre particulier d'auteurs différents : dans ce cas, il convient de remonter au conflit d'origine, entre leurs auteurs ;

– entre des ayants cause dont aucun n'a publié son droit : dans ce cas, la publicité foncière n'est d'aucun secours ;

– entre une personne ayant acquis son droit de façon dérivée et une autre l'ayant acquis de façon originaire, car le droit de cette dernière est opposable à tous sans publication et prévaut même sur ceux issus d'un titre publié (Cass. 3e civ. 17-12-2020 n° 18-24.434 : BPIM 1/21 inf. 50).

L'acquéreur qui a, le premier, publié son titre est préféré, même si son droit est postérieur, à condition qu'il soit de **bonne foi** (C. civ. art. 1198 tel qu'issu de l'ord. 2016-131 du 10-2-2016). 56016

Pour pouvoir invoquer l'inopposabilité, la jurisprudence posait traditionnellement comme condition que les ayants cause en conflit soient de bonne foi (Cass. 1e civ. 28-10-1952 : Bull. civ. I n° 15). Cette condition trouvait sa justification dans l'idée que si la publicité foncière pouvait procurer un avantage à celui qui a été le plus diligent, elle ne devait pas permettre à celui qui a un titre postérieur de l'emporter sur un concurrent titré en premier dont il connaissait l'antériorité du titre.

Dans un premier temps, la jurisprudence a exigé une collusion frauduleuse entre le vendeur et le second acquéreur pour caractériser la mauvaise foi de ce dernier (Cass. civ. 7-12-1925 : DP 1926 I p. 185 note R. Savatier ; Cass. civ. 10-5-1949 : JCP 1949 II n° 4972 note E. Beque). Puis elle a réduit son niveau d'exigence en considérant qu'il suffisait que le second acquéreur ait, au moment où il contracte, connaissance de la mutation antérieure pour que soit neutralisé l'effet d'opposabilité de la publication de son titre à l'égard du premier acquéreur (Cass. 3e civ. 22-3-1968 : Bull. civ. III n° 129 ; Cass. 3e civ. 30-1-1974 n° 72-14.197 : Bull. civ. III n° 50 ; Cass. 3e civ. 3-10-1974 n° 73-11.022 : Bull. civ. III n° 335).

Opérant un revirement de jurisprudence, plusieurs décisions ont remis en cause l'**incidence de la connaissance du second acquéreur** (Cass. 3e civ. 10-2-2010 n° 08-21.656 : Bull. civ. III n° 41 ; Cass. 3e civ. 15-12-2010 n° 09-15.891 ; Cass. 3e civ. 19-6-2012 n° 11-17.105 : BPIM 4/12 inf. 340 ; Cass. 3e civ. 4-10-2018 n° 17-15.425 F-D, concernant des faits antérieurs à 2016 : SNH 39/18 inf. 10). Par application stricte des règles de la publicité foncière, le second acquéreur, pourvu qu'il ait publié le premier, pouvait ainsi opposer son droit au premier acquéreur qui n'avait pas publié (ou qui avait publié plus tard), peu important qu'il ait eu connaissance de la première cession.

C'est en réponse à cette jurisprudence, critiquée par une partie de la doctrine (S. Piedelièvre, Retour sur les conséquences du défaut de publication d'une promesse de vente : Defrénois 2010 art. 39123-1 ; T. Revet, Un revirement fâcheux : l'abandon de la condition d'ignorance, par le second contractant ayant procédé le premier aux formalités de publicité foncière, de l'existence d'un premier contrat translatif : RTD civ. 2011 p. 369 ; voir toutefois L. Aynès, Publicité foncière et mauvaise foi de l'acquéreur : un revirement de jurisprudence radical et salutaire : D. 2011 p. 851), que le nouvel article 1198 du Code civil a été adopté en 2016.

Il s'agit donc d'un **retour à la jurisprudence antérieure** à 2010. Une question reste cependant posée : la bonne foi aujourd'hui exigée par le texte s'analyse-t-elle en une simple connaissance par le second acquéreur de la première vente ou doit-elle consister en une véritable collusion frauduleuse entre le vendeur et le tiers acquéreur ? Il appartiendra aux tribunaux d'y répondre.

> **Précisions** S'il en est requis, le notaire ne peut pas **refuser d'instrumenter** et de constater en vue de sa publication au fichier immobilier une vente faite au mépris d'une promesse synallagmatique antérieure non publiée au fichier immobilier, alors même qu'il a connaissance de cette promesse au moment où il reçoit l'acte authentique. Il ne commet pas de faute, et sa responsabilité n'est pas engagée (Cass. 1e civ. 20-12-2012 n° 11-19.682 FS-PBI : BPIM 1/13 inf. 64 ; Cass. 1e civ. 11-9-2013 n° 12-23.357 FS-PB : Bull. civ. I n° 169). L'article 5 du Code de déontologie des notaires de 2023 (reprenant l'article 3.2.3 du Règlement national des notaires de 2018) prévoit des exceptions à l'obligation du notaire d'instrumenter, dont celle tenant à l'élaboration de conventions frauduleuses. Cet argument ne semble pas avoir été invoqué dans les deux arrêts précités et la mauvaise foi du vendeur n'était pas caractérisée. Il faut donc réserver la possibilité que la solution soit différente en cas de collusion frauduleuse, connue du notaire, entre le vendeur et le second acquéreur, surtout depuis l'adoption en 2016 du nouvel article 1198 du Code civil.

DOMAINE DE L'OPPOSABILITÉ

L'effet d'opposabilité n'est pas attaché à toutes les formalités. Les **actes** publiés à peine d'inopposabilité sont, notamment (Décret 55-22 du 4-1-1955 art. 28 et 30) : 56018

– les actes, même assortis d'une condition suspensive, et les décisions judiciaires portant ou constatant entre vifs : mutation ou constitution de droits réels immobiliers (y compris les obligations réelles environnementales), bail de plus de 12 ans et même, pour un bail de moindre durée, la quittance ou la cession d'une somme équivalente à 3 années de loyers ou fermages non échus ;

– les actes entre vifs dressés distinctement pour constater des clauses d'inaliénabilité temporaire et toutes autres restrictions au droit de disposer, ainsi que les clauses susceptibles d'entraîner la résolution ou la révocation d'actes soumis à publicité et les décisions judiciaires constatant l'existence de clauses limitant le droit de disposer ou susceptibles d'entraîner l'anéantissement d'un acte soumis à publicité.
Les **inscriptions hypothécaires** bénéficient de l'effet d'opposabilité.

> **Précisions** **a.** Certains actes ne sont soumis à la formalité de publicité foncière que pour l'information des tiers, sans que l'effet d'opposabilité soit attaché à l'accomplissement de la formalité. C'est le cas de la **promesse unilatérale de vente** (voir n° 56058).
> **b.** Lorsqu'un acte soumis à la formalité de publicité foncière est affecté d'une **condition suspensive**, cet acte ainsi que l'acte constatant la réalisation de la condition suspensive doivent l'un et l'autre être publiés. Mais le défaut de publication de l'acte constatant la réalisation de la condition suspensive n'est pas sanctionné par son inopposabilité aux tiers (Cass. 3e civ. 13-7-2011 n° 10-19.461 FS-PB : BPIM 5/11 inf. 399, solution rendue en matière de partage mais transposable à la vente).
> **c.** Certains actes sont soumis à un **régime particulier** d'opposabilité : le règlement de copropriété notamment, ainsi que ses modificatifs, est rendu opposable aux ayants cause à titre particulier des copropriétaires par sa publication (Loi 65-557 du 10-7-1965 art. 13). La publication n'a pas ici pour fonction de trancher un conflit entre tiers concurrents, mais vise à imposer le respect d'un acte aux propriétaires ultérieurs indépendamment de la publication de leur propre titre (Cass. 3e civ. 13-7-2023 n° 22-13.233 FS-B : BPIM 5/23 inf. 307). En revanche, le modificatif au règlement de copropriété est de plein droit opposable aux personnes ayant la qualité de copropriétaires au jour de l'acte, même non publié (CA Paris 16-12-2015 n° 11/13740).

VALIDITÉ ET OPPOSABILITÉ DE L'ACTE

56020 Le service de la publicité foncière se livre à un **contrôle formel des pièces déposées** aux fins de publication ; il n'est pas juge de la validité de ces pièces. La publication d'un acte ne préjuge pas de sa validité et ne le purge pas des vices ou causes d'invalidité qui pourraient l'affecter.
À titre d'exemple, le service de la publicité foncière ne peut pas refuser la publication d'une vente d'immeuble portant sur le logement de la famille au motif qu'elle a été régularisée par l'époux seul propriétaire sans que le consentement du conjoint ait été obtenu en application de l'article 215, alinéa 3 du Code civil. Cette vente est publiable, bien qu'annulable ; elle reste annulable malgré sa publication.
Cette distinction entre la validité et l'opposabilité joue dans les deux sens : un acte valablement établi reste pleinement efficace entre les parties et leurs ayants cause universels et à titre universel, même s'il n'a pas été publié.
L'indépendance entre validité et opposabilité se manifeste également au sujet des conditions de forme des actes : depuis la réforme du droit des contrats et des obligations, il est expressément précisé que les formes exigées aux fins de preuve ou d'opposabilité sont sans effet sur la validité des contrats (C. civ. art. 1173 issu de l'ord. 2016-131 du 10-2-2016).

c. Rôle fiscal

56022 Le rôle fiscal de la publicité foncière tient à trois fonctions qui lui sont assignées : une fonction d'enregistrement des actes déposés, une fonction de collecte des impôts sur la plus-value et une fonction de mise à jour du cadastre.

FORMALITÉ FUSIONNÉE

56024 Sous réserve de quelques exceptions, les formalités de l'**enregistrement** et de **publicité foncière** sont fusionnées pour les ventes d'immeubles et s'effectuent au service de la publicité foncière du lieu de situation de l'immeuble (voir nos 60004 s.).

> **Précisions** Le rôle fiscal des services de la publicité foncière va aller croissant, l'**administration** fiscale ayant entamé un mouvement plus vaste de **fusion** avec les **pôles de l'enregistrement**. Les textes relatifs à cette fusion ont été adoptés (LPF art. R 256-8 al. 5 ; Arrêté CCPE2027514A du 27-11-2020 autorisant l'émission des avis de mise en recouvrement par un comptable unique ; Arrêté ECOL0100203A du 28-12-2001, modifié en 2017 pour ajouter les données relatives à l'enregistrement à la liste des données gérées par les SPF). Depuis 2018, de nombreux services de la publicité foncière ont été regroupés avec des pôles d'enregistrement ou entre eux, supprimant les bureaux les plus modestes.

IMPÔTS SUR LA PLUS-VALUE

L'impôt sur les plus-values immobilières des particuliers est en principe payable **lors de la formalité de publicité foncière** (voir nos 63150 s.). Le régime des taxes sur les terrains devenus constructibles (voir nos 64000 s.) est calqué sur le même principe. 56026

MISE À JOUR DU CADASTRE

Il existe un lien entre le fichier immobilier (qui permet de connaître le propriétaire d'un immeuble) et le cadastre (qui établit les impositions foncières liées à la propriété). 56028

L'article 870 du CGI impose que dans les actes authentiques, dans les actes sous signature privée et dans les jugements translatifs, déclaratifs, constitutifs ou extinctifs de propriété ou de droits réels immobiliers, les immeubles soient désignés selon les données actuelles du cadastre.

De plus, l'article 1402 du même Code et l'article 2 du décret 55-22 du 4 janvier 1955 mettent obstacle à une mutation cadastrale si l'acte (ou la décision judiciaire) constatant la modification de la situation juridique de l'immeuble n'a pas été préalablement publié au fichier immobilier.

Pour assurer la **concordance entre le fichier immobilier et le cadastre**, le dépôt au service de la publicité foncière d'un acte entraînant une modification de données cadastrales doit en principe comprendre un extrait de cadastre modèle 1 de moins de 6 mois auquel l'acte doit être conforme, ainsi qu'un extrait analytique de l'acte (CGI art. 860 et décret 55-22 du 4-1-1955 art. 7).

2. ORGANISATION DE LA PUBLICITÉ FONCIÈRE

ORGANISATION ADMINISTRATIVE

Il existe en France à ce jour environ 140 **services de la publicité foncière**, mais ce nombre va diminuant en raison des regroupements de services en cours. Ces services remplacent depuis le 1er janvier 2013 les anciens bureaux des hypothèques, la modification n'étant que terminologique. 56050

Le siège et le ressort de chaque service sont fixés par décret.

Les services de la publicité foncière relèvent de la Direction générale des finances publiques.

Depuis le 1er janvier 2013, le corps des **conservateurs des hypothèques** a été supprimé. Les conservateurs ont été progressivement intégrés dans le corps des administrateurs généraux de la fonction publique. Leur dénomination est désormais « chef de service de la publicité foncière ».

Leur **statut** a été rénové : ils sont soumis aux règles générales de la fonction publique et il a été substitué à leur **responsabilité** personnelle la responsabilité civile de droit privé de l'État, le contentieux demeurant attribué aux juridictions judiciaires et centralisé auprès du tribunal judiciaire de Paris (C. civ. art. 2444 dans sa rédaction issue de l'ord. 2021-1192 du 15-9-2021, anciennement art. 2450 ; C. org. jud. art. R 211-7-1). Ce transfert de responsabilité a eu lieu y compris pour les fautes commises par les conservateurs avant le 1er janvier 2013 et non encore prescrites.

Le « salaire » perçu à l'occasion de chaque formalité a été remplacé par une « **contribution de sécurité immobilière** » (CSI), taxe recouvrée au profit de l'État et soumise aux mêmes conditions d'assiette, de tarif, de contrôle et de recouvrement que l'ancien salaire (Loi 2009-1674 du 30-12-2009 art. 30 et Ord. 2010-638 du 10-6-2010 ; Décrets 2012-1462 et 2012-1463 du 26-12-2012).

RÔLES DES SERVICES DE LA PUBLICITÉ FONCIÈRE

Le service de la publicité foncière a un rôle civil et un rôle fiscal (CGI art. 878). 56051

Son **rôle civil** consiste en :

– l'exécution, à partir des pièces déposées, des formalités civiles prescrites pour la publicité des hypothèques et des autres droits sur les immeubles ;

– la tenue du registre des dépôts et du fichier immobilier ;

– la conservation des documents déposés ;

– la délivrance de renseignements et de copies d'actes publiés aux usagers.

Le rôle civil est celui qui tient à la fonction d'information et d'opposabilité de la publicité foncière. Il s'agit du rôle fondamental de la publicité foncière. Dans sa fonction civile, le chef de service de la publicité foncière n'a pas à se faire juge de la validité des actes qui lui sont soumis ; son rôle consiste à vérifier la conformité formelle des pièces déposées avec les exigences posées par les textes régissant la publicité foncière.

Le **rôle fiscal** a été progressivement rattaché à l'activité civile, pour des raisons d'organisation et d'efficacité dans le recouvrement d'impositions :

– exécution de la formalité fusionnée de publicité foncière et d'enregistrement et perception des taxes exigibles à l'occasion de ces formalités ;

– perception d'impositions étrangères à la formalité de publicité foncière mais consécutives à la vente de l'immeuble : imposition au titre de la plus-value des particuliers et taxes sur les cessions de terrains devenus constructibles.

Cette fonction fiscale confère au chef de service de la publicité foncière la qualité de comptable public.

DOMAINE DE LA PUBLICITÉ FONCIÈRE

56054 **Publicité obligatoire** Le domaine de la publicité obligatoire est le plus large. Il **comprend notamment** (Décret 55-22 du 4-1-1955 art. 28) :

– tous actes, même assortis d'une condition suspensive, et toutes décisions judiciaires, portant ou constatant entre vifs : mutation ou constitution de droits réels immobiliers (y compris les obligations réelles environnementales) autres que les privilèges et hypothèques ; bail d'une durée de plus de 12 ans et même, pour un bail de moindre durée, quittance et cession d'une somme égale à 3 années de loyers ou fermages non échus ; titre d'occupation du domaine public constitutif d'un droit réel immobilier ainsi que cession, transmission ou retrait de ce titre ;
– tous actes entre vifs et décisions judiciaires constatant des restrictions au droit de disposer ou des clauses susceptibles d'entraîner la résolution ou la révocation d'actes soumis à publicité ;
– les attestations notariées en vue de constater la transmission ou la constitution par décès de droits réels immobiliers ;
– les actes constatant l'accomplissement d'une condition suspensive ;
– les demandes en justice tendant à obtenir, et les actes et décisions constatant, l'anéantissement d'une convention ou d'une disposition à cause de mort ;
– les conventions d'indivision immobilière.

56056 L'article 28 du décret du 4 janvier 1955 est directif : « Sont obligatoirement publiés au service chargé de la publicité foncière [...]. » En outre, l'article 32 du même décret impose aux notaires, commissaires de justice (anciennement dénommés huissiers de justice), greffiers, commissaires à l'exécution du plan et autorités administratives de faire publier dans les délais prescrits « et indépendamment de la volonté des parties » les actes ou décisions judiciaires dressés par eux ou avec leur concours.

Le **caractère obligatoire de la formalité** de publicité foncière, lorsqu'il est prescrit, interdit que les parties conviennent de **s'y soustraire**, ou puissent dispenser le notaire rédacteur d'y procéder. Un intérêt public est en effet attaché à un système de publicité foncière fiable, intérêt qui dépasse les intérêts individuels immédiatement concernés.

> **Précisions** Les **avocats** sont simplement « habilités » à faire publier les actes de l'article 710-1 du Code civil dressés par eux ou avec leur concours (Décret 55-22 du 4-1-1955 art. 32). À la lettre, il en ressort que, contrairement aux autres professionnels du droit, les avocats ne sont pas formellement tenus de publier les actes établis par eux ou les décisions obtenues grâce à leur intervention. Néanmoins, il ne fait pas de doute que la responsabilité de l'avocat pourrait être mise en cause si, à défaut de publication, son client venait à être primé par un titulaire de droits concurrents plus diligent.

56058 **Publicité facultative** La publicité de certains **actes** est prévue à titre facultatif, pour l'information des usagers (pour les deux premiers) ou pour l'opposabilité aux tiers (pour le dernier). Il s'agit notamment (Décret 55-22 du 4-1-1955 art. 37) :

– des promesses unilatérales de vente ainsi que des promesses unilatérales de bail de plus de 12 ans ;
– des conventions relatives à l'exercice des servitudes légales ;
– des demandes en justice tendant à obtenir la réitération ou la réalisation en la forme authentique d'actes soumis ou admis à publicité, quoiqu'ils n'aient pas été dressés en la forme authentique, le procès-verbal notarié constatant le défaut ou le refus du cocontractant ou promettant de procéder auxdites réitération ou réalisation, ainsi que la déclaration, par acte notarié, de la volonté du bénéficiaire de l'acte d'exiger ces réitération ou réalisation.

Relèvent également de la formalité facultative les **inscriptions hypothécaires**, mais cette formalité leur confère l'opposabilité aux tiers. Seul l'intérêt du créancier est ici en cause : il lui appartient d'apprécier l'intérêt d'assurer l'efficacité de sa sûreté en la rendant opposable par la formalité d'inscription au service de la publicité foncière.

3. INSTRUMENTS DE LA PUBLICITÉ FONCIÈRE

56070 Les informations collectées par les services de la publicité foncière sont destinées au public. La publicité foncière remplit sa **fonction d'information** par la mise à disposition du public de deux types de documents : la documentation conservée par le service et le fichier immobilier. Le registre des dépôts tenu par le service de la publicité foncière est destiné plus particulièrement au **règlement des conflits** entre les titulaires de droits concurrents.

DOCUMENTATION

La documentation des services de la publicité foncière est alimentée et formée au jour le jour par les **documents** qui leur sont déposés et qui font l'objet d'une publication ou d'une inscription. Il s'agit des copies des actes et des bordereaux d'inscriptions déposés par les notaires, mais aussi des copies des décisions judiciaires et des actes administratifs soumis à la formalité de publicité foncière ainsi que des bordereaux d'inscriptions d'hypothèques légales et judiciaires. **56080**
Ces pièces forment la documentation hypothécaire, désignée également sous le vocable de « documents archivés ».
Le **classement** de cette documentation s'effectue par catégories de formalités :
– les publications ;
– les inscriptions ;
– les remembrements ;
– les saisies.
Au sein d'une même catégorie, les documents sont classés par ordre chronologique de dépôt (et non de date d'acte) et affectés chacun d'une référence différente qui comprend, outre la date de dépôt de l'acte, le numéro du volume dans lequel il prend place et un numéro d'ordre dans ce volume. Cette référence est le numéro d'ordre de la formalité (par exemple : publication du 16-11-2002, volume 2002 P n° 17196 ; inscription du 4-12-2003, volume 2003 V n° 15).
Ces documents sont consultables par le public selon des modalités bien particulières (voir n° 56124). Ils contiennent des informations qui peuvent concerner l'immeuble objet de la convention projetée ou réalisée.
Le **programme Télé@ctes** permet le dépôt des actes par les notaires au service de la publicité foncière sous forme dématérialisée ainsi que le télépaiement des droits et taxes au Trésor. Limité, dans sa phase expérimentale, aux actes les plus simples, ce mode couvre aujourd'hui la majeure partie des actes notariés à publier et a vocation à devenir le mode habituel de dépôt des actes. Il est même obligatoire pour certains actes (voir n° 56314).
Les actes ainsi télépubliés sont conservés par l'administration sous forme numérique.

FICHIER IMMOBILIER

Fonction du fichier immobilier Le plus souvent, celui qui recourt à la publicité foncière pour **connaître la situation juridique d'un immeuble** ne cherche pas une information en particulier ; il souhaite connaître la totalité des informations concernant cet immeuble conservées par le système de publicité foncière. L'immeuble en cause peut être affecté par un certain nombre de formalités disséminées dans la masse documentaire que représentent les pièces archivées, pièces dont la nature et les références sont inconnues à ce stade de la recherche. Les seules informations généralement connues au départ de la recherche sont limitées aux nom et prénom du ou des propriétaires et à l'adresse ou aux références cadastrales de l'immeuble. **56090**
Pour connaître ces informations, il est indispensable qu'un document permette de connaître, à partir du nom de chaque propriétaire, ou pour chaque immeuble, la liste et les références des documents qui les contiennent. Le fichier immobilier assure cette fonction. Il répertorie l'ensemble des opérations soumises ou admises à la publicité et réalisées sur l'immeuble, de façon à donner une vision presque exhaustive de sa situation juridique. Pour cette raison, les différentes opérations juridiques y sont ajoutées les unes à la suite des autres sans jamais être effacées. C'est le principe de perpétuité et d'intangibilité des registres publics de la publicité foncière. Seules les inscriptions de sûretés ou de saisies, par essence temporaires, peuvent donner lieu à radiation (Bull. AMC 1995 art. 1702). Les autres publications, même erronées, ne peuvent pas faire l'objet de radiation. La sanction d'une publication erronée réside dans la publication postérieure d'une décision jugeant qu'elle ne peut produire aucun effet (Cass. 3e civ. 15-6-2017 n° 16-12.817 FS-PBRI : BPIM 4/17 inf. 254).

Structure du fichier immobilier Elle résulte de l'évolution dans le temps des moyens techniques mis en œuvre pour sa constitution, sa conservation et sa consultation. **56092**
Avant le 1er janvier 1956, le fichier avait un **caractère** exclusivement **personnel**. Il s'agissait d'un répertoire recevant, par propriétaire, les renseignements recueillis, et dont la clef d'accès aux informations était le nom du propriétaire.
Du 1er janvier 1956 à la date de basculement sous le système Fidji (voir n° 56094), les formalités sont répertoriées non seulement par propriétaire mais également par immeuble, les propriétaires étant classés par ordre alphabétique, et les immeubles par commune et, pour chaque commune par ordre alphabétique, puis numérique à partir des références cadastrales. Le fichier a ainsi un **caractère** également **réel**.
Il existe pour chaque propriétaire et pour chaque immeuble, dès lors qu'une ou plusieurs formalités les concernent, une fiche indiquant de manière synthétique la nature de cette formalité

ainsi que ses références de classement (date, volume et numéro). Ces fiches, avant l'informatisation du fichier immobilier, existaient sur supports cartonnés. Elles sont désormais consultables sous forme d'images numérisées et indexées conservées dans un fichier informatisé.
La **mise à jour** du fichier se fait par des annotations effectuées par les agents du service de la publicité foncière. Ces annotations permettent de connaître de manière succincte la nature de la formalité, les caractéristiques du titre et les références de classement dans les archives (Décret 55-1350 du 14-10-1955 art. 53-1).

56094 **Informatisation du fichier immobilier** Le fichier immobilier de chaque service de la publicité foncière est informatisé depuis 2003. Le système est dénommé **Fidji** (Fichier informatique des données juridiques immobilières).
La reprise de l'historique du fichier constitué avant l'informatisation a été réalisée sous forme de numérisation et d'indexation des fiches sur support cartonné antérieures. L'ensemble du fichier personnel et du fichier réel constitué depuis le 1er janvier 1956 jusqu'à la date de basculement sous le système Fidji est appelé en pratique « **Fidji stock** » (ou « BIA » : base d'images autonome). De la date de basculement jusqu'à la date de mise à jour du fichier, le fichier est totalement dématérialisé. La terminologie « **Fidji flux** » désigne l'ensemble des informations traitées après la date de basculement.
L'ensemble des informations conservées en stock et en flux forme le fichier immobilier. Il conserve et délivre, pour une personne ou pour un immeuble déterminé, et sous forme synthétique, les informations de nature juridique concernant cette personne ou cet immeuble, et donne les références des documents qui les renferment de manière exhaustive.

REGISTRE DES DÉPÔTS

56100 Le service de la publicité foncière a l'**obligation d'enregistrer** au jour le jour et par ordre numérique dans le registre des dépôts les remises qui lui sont faites d'actes, de décisions judiciaires, bordereaux et documents déposés en vue de l'exécution d'une formalité de publicité foncière (C. civ. art. 2447 s. dans leur rédaction issue de l'ord. 2021-1192 du 15-9-2021, anciennement art. 2453 s.).
Le registre des dépôts est informatisé. Cette informatisation permet une saisie de toutes les pièces déposées dans la journée, à l'exception de celles qui font l'objet d'un refus de dépôt. Sont donc connues et peuvent être révélées au moyen d'une demande de renseignements hypothécaires (voir n° 56126) non seulement les **formalités effectuées**, mais également celles acceptées au dépôt et en instance d'enregistrement au fichier immobilier.
Cette masse d'informations est appelée « **réserve d'immeubles** ». Les **formalités en instance d'enregistrement** au fichier seront révélées au requérant sous forme d'un certificat de dépôt. Cette innovation permise par l'informatisation, combinée à une délivrance désormais plus rapide des réponses aux demandes de renseignements, est un important facteur de sécurité juridique grâce à la plus grande actualité des informations délivrées.

4. CONSULTATION DE LA DOCUMENTATION HYPOTHÉCAIRE

a. Documents accessibles

56120 Les documents conservés par le service de la publicité foncière et le fichier immobilier sont des **documents publics**. La loi fait obligation aux services de la publicité foncière de délivrer, à tous ceux qui le requièrent (C. civ. art. 2443 dans sa rédaction issue de l'ord. 2021-1192 du 15-9-2021, anciennement art. 2449) :
– copie ou extrait des documents, autres que les bordereaux d'inscription, qui y sont déposés, dans la limite des 50 années précédant celle de la réquisition ;
– copie ou extrait des inscriptions subsistantes ;
– s'il y a lieu, certificat qu'il n'existe aucun document ou inscription entrant dans le cadre de la réquisition ;
– copies ou extraits du fichier immobilier ;
– s'il y a lieu, certificat qu'il n'existe aucune fiche entrant dans le cadre de la réquisition.
Par le biais de réquisitions, le public peut donc avoir **accès à la documentation** hypothécaire, appelée aussi « documents archivés », ainsi qu'au fichier immobilier.
Une application informatique spécifique à la délivrance de renseignements hypothécaires et à son traitement comptable a été créée. Il s'agit de l'application « Madere » (Module accéléré de délivrance des renseignements) désormais intégrée dans l'application Fidji à la faveur de l'informatisation des services de la publicité foncière.

b. Demandes de renseignements

PRINCIPES DE DÉLIVRANCE

L'obligation pour le service de la publicité foncière de délivrer des renseignements est contrainte par deux principes complémentaires : 56122
– la réquisition établie par le requérant détermine l'**étendue de la recherche** : le service ne peut pas étendre, restreindre ou interpréter la demande ;
– le service est tenu par la **règle de la conformité absolue** : il ne peut relever que les formalités dont les indications sont entièrement concordantes avec celles de la réquisition, tant en ce qui concerne les personnes que les immeubles (Décret 55-22 du 4-1-1955 art. 9, dernier al.).

Un autre principe s'applique à la délivrance des renseignements : le **principe du report de charges**, selon lequel toute charge existante sur une parcelle sera reportée sur la nouvelle désignation en cas de modification parcellaire, que cette modification parcellaire résulte d'un changement de consistance (modification matérielle du bien telle qu'une division ou une réunion de parcelles) ou d'un changement de désignation (résultant par exemple d'un procès-verbal de cadastre donnant une nouvelle référence à une unité cadastrale alors que sa consistance n'a pas été modifiée).

FORME ET TRANSMISSION DES DEMANDES

Les demandes de renseignements sont établies nécessairement par **écrit**, sur imprimés réglementaires établis par procédé bureautique ou fournis par l'administration, en deux exemplaires dont l'un est restitué au demandeur avec le certificat du chef de service et l'autre conservé par le service (Décret 55-1350 du 14-10-1955 art. 39). Le service de la publicité foncière ne peut pas fournir de renseignements verbaux. 56124

L'**identification des personnes physiques** du chef desquelles des renseignements sont demandés doit être faite par leurs nom, prénoms dans l'ordre de l'état civil, ainsi que par leurs date et lieu de naissance. Les **personnes morales** sont identifiées par la dénomination, le siège, la forme juridique, le numéro d'identification Siren éventuellement complété des mentions RCS (registre du commerce et des sociétés) pour les sociétés, la date de déclaration à la préfecture pour les associations ou de dépôt des statuts pour les syndicats (Décret 55-22 du 4-1-1955 art. 9).

Les **immeubles** sur lesquels les renseignements sont demandés sont désignés par l'indication de la commune, de la section et du numéro de plan cadastral, ainsi que du numéro de lot pour les lots de copropriété ou de volume.

Pour les **notaires**, les demandes de renseignements hypothécaires bénéficient de dispositifs de communication privilégiés avec l'administration fiscale. Elles peuvent être réalisées de deux façons :
– sous forme classique et envoyées par **Télé@ctes**. Ce programme permet la transmission dématérialisée de la demande, de la réponse, ainsi que des opérations comptables ;
– par l'application Accès des Notaires au Fichier immobilier (ANF), qui permet aux notaires et collaborateurs titulaires d'une clé Real de consulter eux-mêmes directement en ligne les données du fichier immobilier mises à leur disposition par la DGFiP. Le notaire étant maître de sa recherche, les informations obtenues ne font corrélativement pas l'objet de certification par la DGFiP (Décret 55-1350 du 14-10-1955 art. 54 ter s. ; Arrêté CPAE1908524A du 12-11-2019).

PRÉSENTATION DES DIFFÉRENTS TYPES DE DEMANDES

Il existe différents types de demandes, à utiliser en fonction de la recherche effectuée. 56126

Demande 3230 : relevé de formalités transcrites avant le 1er janvier 1956, dans la limite de 50 années à compter de la réquisition. Cette demande permet de connaître l'existence et les références de formalités concernant une personne désignée.

Demande 3231 : demande de copie de documents transcrits avant le 1er janvier 1956. Cette demande permet de connaître le contenu complet des actes transcrits.

Demande 3233 : demande de renseignements portant sur la période postérieure au 1er janvier 1956. Cette demande permet d'interroger le fichier immobilier et donc de connaître l'existence et les références de formalités. Les paramètres de recherche sont soit une personne (demande personnelle), soit un immeuble (demande réelle), soit les deux (demande réelle personnalisée).

Demande 3240 : demande complémentaire de renseignements. Permet d'actualiser les renseignements antérieurement fournis en réponse à une demande 3233, et ce, dans la limite d'une année de cette demande.

Demande 3236 : demande de copie de documents publiés depuis le 1er janvier 1956. Permet de connaître le contenu complet d'un acte ou d'un bordereau d'inscription hypothécaire.

Les imprimés de demande peuvent être obtenus et remplis en ligne sur le site www.impots.gouv.fr en effectuant une recherche par numéro d'imprimé.

DÉROULEMENT D'UNE RECHERCHE

56128 L'idéal, pour entreprendre une recherche, est de disposer du titre de propriété du vendeur. Ce document fournira les deux **paramètres de recherche indispensables** que sont, d'une part, les nom, prénoms, date et lieu de naissance du propriétaire et, d'autre part, les références cadastrales de l'immeuble. À défaut de ce titre, le requérant devra connaître au moins l'un de ces deux paramètres. Ce sont le plus souvent les références cadastrales, plus faciles à obtenir par un simple examen de la matrice cadastrale ou du plan de cadastre accessible en ligne, qui permettront de lancer la recherche.

Au moyen de l'un des paramètres ou des deux, il sera établi une demande 3233 qui permettra de **connaître l'existence des formalités** figurant au fichier immobilier sur l'immeuble ou du chef de la personne considérés. La demande peut, en fonction des paramètres connus, être formulée :

– du chef d'une ou plusieurs personnes (demande personnelle) ;
– sur un ou plusieurs immeubles (demande réelle) ;
– simultanément du chef d'une ou plusieurs personnes sur un ou plusieurs immeubles (demande réelle personnalisée).

Les renseignements fournis seront très succincts, mais comporteront les références de publication ou d'inscription, ce qui permettra, au moyen d'une demande 3236, de solliciter et d'**obtenir une copie** complète des pièces déposées.

> **Précisions** **a.** La saisie des pièces déposées aux fins de publication dans le registre des dépôts fonctionne en mode réel, c'est-à-dire par le relevé des références cadastrales de l'immeuble. Il en résulte que seule une demande réelle ou réelle personnalisée permet de connaître l'existence d'**actes en instance de traitement** au fichier, et non encore publiés.
> **b.** Les règles de délivrance conduisent **en pratique** à présenter des demandes réelles plutôt que des demandes réelles personnalisées et, lorsque l'immeuble est issu de parcelles ayant connu un ou des changements de consistance, par suite de division(s) ou de réunions(s) de parcelles, à présenter la demande également sur les parcelles « mères » (parcelles divisées ou réunies).
> **c.** Les **demandes de copie** d'acte ne peuvent porter que sur les actes publiés (en ce sens Décret 55-1350 du 14-10-1955 art. 38-1, 2°). Ceci exclut les actes déposés et en cours de traitement par les services de la publicité foncière, mentionnés exclusivement au registre des dépôts.

COÛT DES DEMANDES

56130 Une demande n'est recevable que si elle est accompagnée du règlement de son coût. Ce coût, fonction de la demande et non de la réponse, est payable d'avance.

Demande 3230 : 5 € par personne.

Demandes 3231 et 3236 : 30 € par copie de règlement de copropriété, d'état descriptif ou de modificatif ; 15 € pour une autre publication ; 6 € par bordereau d'inscription.

Demande 3233 : forfait de 12 € pour un maximum de 3 personnes et 5 immeubles sur une même demande, coût de 5 € par personne supplémentaire et de 2 € par immeuble supplémentaire.

Demande 3240 : même coût que la demande initiale dont le complément est demandé.

À ces montants s'ajoutent des frais d'expédition de 2 € par demande de renseignement ou par copie de document ou de 1 € par copie de bordereau. L'envoi par courriel est gratuit.

Les tarifs sont les mêmes en cas de recherche par le dispositif ANF (CGI art. 881 D).

DÉLAIS DE DÉLIVRANCE

56132 Les contraintes de traitement comptable des demandes, de recherche des informations, de certification par le service de la publicité foncière ne permettent pas la délivrance immédiate des renseignements et copies.

Il n'est fixé de délai (10 jours) que pour les **copies et extraits de fiches** sollicités par imprimé 3233 (C. civ. art. 2443). Aucun délai n'est fixé pour les réponses aux **autres demandes**.

On constate, en pratique, que les réponses sont délivrées aux notaires dans un délai moyen d'une semaine.

Par exception au principe « silence vaut acceptation », une **absence de réponse** dans un délai de 2 mois doit être considérée comme un rejet tacite de la demande (Décret 2014-1280 du 23-10-2014 ann. pour les demandes formulées en application de C. civ. art. 2449, devenu art. 2443 depuis l'ord. 2021-1192 du 15-9-2021).

B. Régime des avant-contrats et de la vente au regard de la publicité foncière

1. OFFRES DE VENTE ET D'ACHAT

Ni l'offre de vente ni l'offre d'achat n'est un contrat. Ces actes juridiques ne modifient pas la situation juridique de l'immeuble et ne sont donc pas concernés par la publicité foncière. 56180

La question de la publicité foncière se pose cependant à propos de l'**acceptation de l'offre** qui, sauf exception, forme la vente dès qu'elle parvient à l'offrant. En toute logique, l'acceptation noue une opération qui entre objectivement dans le champ d'application de la publicité obligatoire à peine d'inopposabilité en ce qu'elle porte entre vifs mutation de droits réels immobiliers (Décret 55-22 du 4-1-1955 art. 28, 1°-a). Mais la faible formalisation de l'offre et de l'acceptation, le fait que l'une et l'autre soient, au mieux, constatées par un écrit unilatéral sous signature privée ou que l'acceptation soit suivie de l'établissement d'un véritable avant-contrat conduisent à ce que ces actes juridiques (l'offre et son acceptation) ne puissent être et ne soient pas, en pratique, publiés en tant que tels.

2. PACTES DE PRÉFÉRENCE

Il est renvoyé aux développements consacrés à la publication des pactes de préférence n° 36100. 56200

3. PROMESSES UNILATÉRALES

PROMESSE UNILATÉRALE DE VENTE

La promesse unilatérale de vente réalise une « demi-vente » que parfait le bénéficiaire s'il décide de lever l'option. L'incidence des règles de publicité foncière doit être examinée au regard de chacune de ces opérations. 56220

Promesse proprement dite La promesse unilatérale de vente d'immeuble relève de la publicité foncière facultative, à l'effet d'information des tiers et non d'opposabilité à leur égard (Décret 55-22 du 4-1-1955 art. 37, 1-1°). 56224

Le **choix de publier** la promesse appartient aux parties. Le bénéficiaire est spécialement intéressé à cette publication, à deux titres : tout d'abord, ce sont ses droits que la publicité protégera en portant la promesse à la connaissance des tiers, et en les dissuadant de contracter avec le promettant au mépris de la promesse ; ensuite, c'est généralement le bénéficiaire de la promesse qui en supportera le coût (sur le coût, voir n°s 7850 s.).

La publication de la promesse unilatérale suppose qu'elle soit établie par acte authentique (C. civ. art. 710-1) et que cet acte authentique soit conforme aux prescriptions de la publicité foncière en ce qui concerne l'identification des parties et la désignation de l'immeuble (Décret 55-22 du 4-1-1955 art. 5 à 7). En outre, le titre du promettant doit avoir été publié : règle de l'effet relatif (Décret 55-22 du 4-1-1955 art. 3 ; Décret 55-1350 du 14-10-1955 art. 32, 1).

La question de la publication ne se posera pas lorsque la promesse aura été établie par acte sous signature privée, le dépôt d'un tel acte au rang des minutes d'un notaire ne permettant pas sa publication (C. civ. art. 710-1).

Il est par ailleurs possible que la promesse soit établie par acte authentique, mais qu'elle ne soit pas immédiatement présentée à la formalité de publicité foncière, puisque cette formalité est en l'occurrence facultative, le bénéficiaire se réservant de le faire si et quand il le jugera utile.

L'effet d'opposabilité n'est pas attaché à la publication de la promesse unilatérale. Le tiers qui aura contracté avec le promettant sur le même immeuble et aura publié son droit après la publication de la promesse (qu'il s'agisse du droit de propriété lui-même, d'un droit réel accessoire comme une servitude, ou même d'un droit personnel comme un bail de plus de 12 ans) pourra opposer son droit au bénéficiaire de la promesse. Cependant, la jurisprudence confère à la **publicité informative** une certaine efficacité ; le tiers qui a acquis l'immeuble au mépris d'une promesse publiée est plus facilement reconnu de mauvaise foi – sans toutefois que cela soit automatique car cette publication facultative ne crée pas de présomption de connaissance de l'acte par les tiers (CA Paris 19-5-2011 n° 09/28881, concernant la publication d'un pacte de préférence mais dont la solution est transposable) –, ce qui devrait permettre au bénéficiaire d'engager sa responsabilité civile délictuelle (extracontractuelle). Par ailleurs, le contrat conclu en violation de la promesse unilatérale avec un tiers qui en connaissait l'existence est nul (C. civ. art. 1124, al. 3). Sur le rôle de la bonne foi pour l'opposabilité des droits du tiers acquéreur, voir n° 56016.

Dans le cadre de leur **obligation de conseil**, les professionnels qui interviennent dans la rédaction d'une promesse unilatérale de vente doivent informer les parties, et spécialement le bénéficiaire, de l'utilité et de la portée d'une publication de la promesse. L'opportunité de la publication devra d'autant plus être soulignée que la durée de la promesse sera longue.

56226 Le **notaire** qui **n'effectue pas la formalité de publicité** foncière alors qu'il en a été requis engage sa responsabilité en cas de conclusion d'un acte postérieur portant sur le bien promis, préjudiciable aux droits du bénéficiaire (Cass. 1e civ. 21-1-1992 n° 90-15.545 : Bull. civ. I n° 21).

56228 **Levée d'option** La levée d'option a pour effet de former la vente. **En principe**, cette manifestation de volonté entre objectivement dans le champ d'application de la publicité obligatoire, au titre de l'article 28, 1°-a du décret 55-22 du 4 janvier 1955, en ce que, associée à la promesse, elle porte mutation d'un droit réel immobilier.

En pratique, la levée d'option n'est jamais soumise à la formalité de publicité foncière. Tout d'abord, cela supposerait la publication préalable de la promesse elle-même, publication qui est rare, même si elle n'est pas exceptionnelle. Ensuite, la levée d'option, à l'initiative du bénéficiaire et rédigée par lui, est souvent réalisée selon des formes (courrier recommandé ou exploit de commissaire de justice) qui ne permettraient pas sa publication, faute d'authenticité. Et quand bien même la levée d'option serait constatée au sein d'un acte authentique, la vente qui en résulterait ne respecterait pas la forme normalisée en deux parties imposée aux ventes d'immeuble non judiciaires sous peine de refus du dépôt (Décret 55-22 du 4-1-1955 art. 34). Pour ces différentes raisons, il a été jugé que la publication d'une levée d'option, bien que faisant suite à une promesse unilatérale publiée, ne produit pas l'effet d'opposabilité attaché à la publication d'une vente en bonne et due forme (Cass. 3e civ. 16-1-2020 n° 19-11.497 FS-D : SNH 10/20 inf. 2). La solution s'explique par l'absence de pouvoir du service de la publicité foncière quant à l'analyse au fond du droit des actes qui lui sont soumis qui l'empêche de reconnaître une vente dans un acte qui n'en respecte pas le formalisme. Mais ceci ne présente qu'un faible inconvénient, car, généralement, la levée d'option est suivie sous un bref délai de la réitération par acte authentique de la vente ainsi formée, lequel sera obligatoirement publié.

Pour permettre au bénéficiaire levant l'option de prendre rang en attendant la publication de l'acte authentique de vente, une autre solution peut consister à publier la levée d'option en tant que demande en réitération forcée de la cession (prénotation), à condition, là aussi, d'en respecter le formalisme très particulier. Sur cette possibilité, voir nos 9226 s.

PROMESSE UNILATÉRALE D'ACHAT

56230 La promesse unilatérale d'achat est étrangère à la publicité foncière. Dans la mesure où le bénéficiaire de la promesse est le propriétaire et que celui-ci ne prend aucun engagement relativement à l'immeuble, la situation juridique de l'immeuble n'est pas affectée par la promesse, et aucune information n'est donc à délivrer aux tiers.

4. PROMESSES SYNALLAGMATIQUES

PROMESSE SYNALLAGMATIQUE NE VALANT PAS VENTE

56250 La promesse synallagmatique de vente ne valant pas vente (ou **promesse autonome de vente**) ne porte pas mutation de droits réels immobiliers au sens de l'article 28, 1°-a du décret 55-22 du 4 janvier 1955. Elle n'est pas soumise à publicité foncière obligatoire.

Elle n'est pas davantage admise à la publicité facultative prévue spécifiquement pour la promesse unilatérale de vente.

Toutefois, si elle exprime explicitement l'interdiction imposée au promettant vendeur de vendre à une autre personne que le bénéficiaire acquéreur, la promesse autonome pourrait selon nous être publiée à ce titre au service de la publicité foncière en vertu de l'article 28, 2° du décret du 4 janvier 1955, qui impose la publication des actes entre vifs dressés distinctement pour constater les clauses d'inaliénabilité temporaire et toutes autres restrictions au droit de disposer. Cette publication suppose que la promesse soit établie par acte authentique.

PROMESSE SYNALLAGMATIQUE VALANT VENTE

56252 Aux termes de l'article 28, 1°-a du décret du 4 janvier 1955, sont obligatoirement publiés au service de la publicité foncière de la situation des immeubles tous les actes, même assortis d'une condition suspensive, portant ou constatant entre vifs mutation ou constitution de droits réels immobiliers. La promesse synallagmatique de vente est-elle soumise à l'**obligation de principe d'effectuer la formalité de publicité foncière** posée par ce texte ? Une **incertitude** existe.

Selon une **première approche**, la publicité foncière ne serait possible qu'à la condition que le transfert de propriété soit contemporain de la promesse. Dans la mesure où la promesse est le plus souvent conditionnelle, cela supposerait que la promesse organise la rétroactivité des conditions suspensives (C. civ. art. 1304-6) et qu'il ne soit pas prévu de réserve de propriété jusqu'à la signature de l'acte notarié. Selon cette conception, c'est au transfert de propriété que s'intéresserait la publicité foncière.

Selon une **seconde approche**, la promesse synallagmatique de vente valant vente entrerait dans le champ d'application de la publicité foncière obligatoire en ce qu'elle porte ou constate mutation au sens de l'article 28, 1° du décret du 4 janvier 1955. Et il importerait peu que le transfert de propriété soit immédiat ou retardé à la signature de l'acte authentique, dès lors que le transfert de propriété est un effet nécessaire de la vente, quelle que soit la date à laquelle il se produit, et que ce texte prescrit la publication des actes conditionnels. Selon cette seconde conception, la publicité foncière s'intéresse au contrat portant vente et ayant donc pour effet le transfert de propriété, indépendamment de la date de ce transfert.

À notre connaissance, la **Cour de cassation** ne s'est pas prononcée sur la question.

Selon nous, la promesse réciproque valant vente est soumise obligatoirement à la publicité foncière. Le fait que la promesse soit quasi systématiquement soumise à des conditions suspensives est sans incidence. La publicité obligatoire concerne les actes « mêmes assortis d'une condition suspensive ».

C'est la double finalité de la publicité foncière qui commande de soumettre les promesses synallagmatiques valant vente à la formalité de publicité foncière :

– cette publication permet l'information des tiers sur la situation juridique des immeubles, et concourt à éviter qu'un immeuble ne fasse l'objet, du chef d'un même propriétaire, d'opérations qui ne seraient pas compatibles, telles deux aliénations successives ;

– elle permet de régler, s'il survient, le conflit entre des ayants droit du propriétaire, titulaires de droits concurrents sur un même immeuble.

Pour pouvoir être publiée, la **forme de la promesse** synallagmatique doit être **notariée** puisque cette forme est impérative pour l'accomplissement de la formalité (C. civ. art. 710-1). L'article 660 du CGI fait d'ailleurs défense aux comptables des impôts d'accomplir la formalité de l'enregistrement à l'égard des actes sujets à publicité foncière dans un service de la publicité foncière qui ne seraient pas dressés en la forme authentique. Ceci entraîne l'obligation de dresser la convention sous forme normalisée en deux parties, en sa qualité de vente d'immeuble, sous peine de refus du dépôt (Décret 55-22 du 4-1-1955 art. 34, 1). 56256

La promesse synallagmatique établie **sous signature privée** ne peut pas être publiée au fichier immobilier au moyen d'un dépôt au rang des minutes d'un notaire avec reconnaissance d'écritures et de signatures par les parties (C. civ. art. 710-1). Elle peut cependant l'être à l'initiative de l'une des parties, si la promesse est annexée ou reproduite littéralement dans une demande en justice, un procès-verbal notarié ou une déclaration notariée tendant à la réitération ou à la réalisation en la forme authentique de l'acte (**prénotation**). Mais ce procédé n'équivaut pas à la publication de la vente elle-même et ne permet pas de faire l'économie d'un litige au fond afin d'obtenir un jugement constatant le caractère parfait de la vente que l'on pourra publier (Décret 55-22 du 4-1-1955 art. 37, 2). Sur cette procédure, voir n°s 9226 s.

Les obligations décrites ci-dessus, celle directe de soumettre la promesse à la publicité foncière et celle indirecte d'emprunter la forme authentique, sont très rarement respectées **en pratique**. Plusieurs raisons l'expliquent : la méconnaissance de ces obligations, le souci de ne pas exposer les frais liés à l'acte authentique et à la publicité foncière, des contraintes de rapidité et de simplicité ou encore un souci de discrétion auquel l'acte sous signature privée serait plus adapté. 56258

La **dispense de procéder à la publicité** foncière adressée au rédacteur n'est pas possible. Il n'appartient pas en effet aux parties d'apprécier l'opportunité d'une formalité imposée par la loi, l'article 32 du décret du 4 janvier 1955 prescrivant la publication des actes « indépendamment de la volonté des parties ». Tout au plus, le rédacteur pourra préconstituer la preuve qu'il a informé les parties de leurs obligations et que celles-ci, dûment averties, ont fait le choix de l'acte sous signature privée.

5. VENTES

La **vente conditionnelle** est soumise à la publicité foncière obligatoire à peine d'inopposabilité (Décret 55-22 du 4-1-1955 art. 28, 1°-a). Ce qui a été exposé à propos de la promesse synallagmatique de vente valant vente (voir n°s 56256 s.) s'applique en tous points à la vente conditionnelle. Rappelons seulement que l'opposabilité est liée à la publication de l'acte conditionnel et non à celle de l'acte constatant la réalisation de la condition (Décret 55-22 du 4-1-1955 art. 28 et 30 combinés ; Cass. 3e civ. 13-7-2011 n° 10-19.461 FS-PB : BPIM 5/11 inf. 399). 56280

56282 L'acte portant **vente d'immeuble**, ou constatant une vente préalablement formée, est soumis à la formalité de publicité foncière obligatoire à peine d'inopposabilité (Décret 55-22 du 4-1-1955 art. 28, 1°-a). Le délai de publication de l'acte est de 3 mois (Décret 55-22 du 4-1-1955 art. 33, C). En réalité, c'est un délai d'un mois qui doit être respecté en raison de l'obligation de soumettre l'acte à la formalité fusionnée de l'enregistrement dans le mois de sa date (2 mois en cas d'adjudication) et d'acquitter les droits avant l'accomplissement de cette formalité (CGI art. 647, III et 1701).

C. Conditions de la publicité foncière

IDENTIFICATION DES PERSONNES

56300 Tout acte ou décision judiciaire sujet à publicité dans un service de la publicité foncière doit, pour les **personnes physiques**, contenir les nom, prénoms dans l'ordre de l'état civil, domicile, date et lieu de naissance et profession des parties, ainsi que le nom de leur conjoint.
Les nom, prénoms dans l'ordre de l'état civil, date et lieu de naissance des parties, ainsi que le nom de leur conjoint, doivent être certifiés, en principe au vu d'un extrait de l'acte de naissance ayant moins de 6 mois de date, par le notaire ou l'autorité administrative, au pied de tout bordereau, extrait, expédition ou copie, déposé pour l'exécution de la formalité (Décret 55-22 du 4-1-1955 art. 5).

56302 Les **personnes morales** doivent être identifiées (Décret 55-22 du 4-1-1955 art. 6) :
– par leur dénomination ;
– par leur forme juridique et leur siège. Pour les associations et les syndicats, l'acte doit en outre comporter la date et le lieu de leur déclaration ou du dépôt de leurs statuts ;
– lorsqu'elles sont inscrites au répertoire Sirene prévu à l'article R 123-220 du Code de commerce, par le numéro d'identité qui leur a été attribué (numéro Siren), complété, si celles-ci sont assujetties à immatriculation au registre du commerce et des sociétés, par la mention RCS suivie du nom de la ville où se trouve le greffe où elles sont immatriculées.
En outre, doivent être indiqués les nom, prénoms et domicile du ou des représentants des personnes morales.
L'identification des personnes morales doit être certifiée par le notaire ou l'autorité administrative. Lorsque la personne morale n'est pas inscrite au répertoire Sirene, ou lorsqu'elle est en cours d'inscription, le certificat d'identité doit être complété d'une mention attestant de cette situation. Le certificat est établi au vu de l'original, d'une expédition ou d'une copie collationnée de tout document constatant la dénomination, la forme juridique et le siège actuels de la personne morale (statuts ou extrait d'immatriculation) ainsi que, si elle est inscrite au répertoire susmentionné, son numéro d'identité.

> **Précisions** Le **numéro Siren** est attribué par l'Insee et sert à identifier une entreprise française. Il existe au sein d'un répertoire géré par l'Insee : le répertoire Sirene. Ce numéro est invariable et dure le temps de la vie de l'entreprise. Il est composé de neuf chiffres, les huit premiers sont attribués séquentiellement, sauf pour les organismes publics commençant par 1 ou 2, le neuvième est une clé de contrôle.
> Toutes les entreprises, les personnes morales de droit public (collectivités locales, établissements publics) ont un numéro Insee. Seul l'État n'en a pas.

DÉSIGNATION DES BIENS

56304 Tout acte sujet à publicité dans un service de la publicité foncière doit indiquer, pour **chacun des immeubles** qu'il concerne, la nature, la situation, la contenance et la désignation cadastrale (section, numéro du plan et lieu-dit). Le lieu-dit est remplacé par l'indication de la rue et du numéro pour les immeubles situés dans les parties agglomérées des communes urbaines (Décret 55-22 du 4-1-1955 art. 7, al. 1).
La désignation est faite conformément à un **extrait cadastral** ayant moins de 6 mois de date au jour de la remise au service de la publicité foncière à l'appui de la réquisition de publication.

56305 Lorsqu'il réalise ou constate une division de la propriété du sol entraînant **changement de limite**, l'acte ou la décision doit désigner l'immeuble tel qu'il existait avant la division et chacun des nouveaux immeubles résultant de cette division. Dans cette hypothèse, il est en principe déposé à l'appui de la réquisition de publication de l'acte un **document d'arpentage** établi par un géomètre (Décret 55-22 du 4-1-1955 art. 7, al. 2). Les géomètres-experts détiennent le monopole de l'établissement de ce document, ce qui inclut toute opération établissant une ligne de séparation au sein d'une parcelle en vue d'en céder une partie. Enfreindre ce monopole expose à des sanctions pénales (Cass. crim. 8-11-2022 n° 21-86.499 F-B : BPIM 6/22 inf. 463).

La collaboration entre la DGFiP et l'ordre des géomètres experts a abouti en 2006 à la création et à la généralisation du **document d'arpentage au format numérique** sans que pour autant le document d'arpentage sous forme papier (imprimé vert n° 6463N) cesse d'être utilisable.
Depuis 2011, l'**application PCI** (plan cadastral informatisé) permet au service du cadastre de traiter informatiquement la mise à jour du plan, qu'elle provienne de documents d'arpentage informatiques comme de documents d'arpentage papier.
L'application PCI transmet ses informations à la **base de données Majic** (« mise à jour des informations cadastrales ») du service du cadastre, qui échange elle-même des informations avec l'**application Fidji** du service de la publicité foncière concerné. Les différentes bases de données étant informées de la nouvelle numérotation des parcelles, il n'est plus nécessaire que le notaire transmette au service de la publicité foncière le document d'arpentage car son contenu est déjà connu du service.
L'administration fiscale a adopté la **procédure** suivante (BOI-CAD-MAJ-10-30 n° 186) : que le document d'arpentage soit papier ou numérique, il donne lieu après vérification par le cadastre à l'édition d'un extrait de plan représentant les nouvelles limites et les numéros de parcelles. Si le document d'arpentage n'est pas totalement dématérialisé, seul cet extrait de plan, portant la mention « signé » dans le cartouche en haut à gauche, est retourné au géomètre, qui le communique au notaire pour que celui-ci le remette au service de la publicité foncière lors du dépôt de l'acte constatant la division.
Dans le cas d'un document d'arpentage totalement dématérialisé, l'extrait de plan édité au format PDF à l'issue de la vérification et, le cas échéant, le tableau de filiation, ou la chemise 6463-N-SD, complété par le service du cadastre, sont adressés par courriel au géomètre.
Depuis le 1er janvier 2018, en raison de l'obligation légale de télépublier la plupart des ventes, les services du cadastre prescrivent aux notaires, en cas de **document d'arpentage d'ensemble**, de relater dans leur acte la totalité des divisions prévues aux termes du document d'arpentage, et non pas uniquement les divisions réalisées par l'acte à publier. À défaut, les divisions non entérinées par l'acte notarié seront considérées par le cadastre comme un projet abandonné (BOI-CAD-MAJ-10-20-10 n° 31-1). Le vendeur devra dresser un nouveau document d'arpentage pour publier la division de ces parcelles (M. Suquet-Cozic, Nouveautés dans la télépublication d'une vente avec un document d'arpentage d'ensemble : SNH 14/18 inf. 7).

L'acte qui, sans réaliser ou constater une division de la propriété du sol entraînant changement de limite, ne concerne qu'une ou plusieurs **fractions d'un immeuble** (hypothèse de l'acte portant sur un **lot de copropriété**) doit comporter à la fois la désignation de ces fractions et celle de l'ensemble de l'immeuble. La désignation de la fraction est faite conformément à un état descriptif de division, préalablement publié ; elle doit mentionner le numéro du lot dans lequel la fraction est comprise, et, sauf exceptions, la quote-part dans la propriété du sol afférente à ce lot (Décret 55-22 du 4-1-1955 art. 7, al. 3). La même solution vaut lorsque la fraction d'immeuble est constituée par un **volume**, sans propriété partagée du sol et de parties communes. **56306**
L'**état descriptif de division** préexiste le plus souvent à la mutation de la fraction de l'immeuble et il convient d'y faire référence dans l'acte en indiquant ses mentions de publication (ainsi que celles de ses éventuels modificatifs) au fichier immobilier.
Cet état descriptif de division en copropriété (ou en volume) peut être établi à l'occasion de la mutation et en vue de celle-ci lorsque le disposant est l'auteur de la division. Celle-ci est alors constatée, soit par un acte distinct antérieur à l'acte portant mutation de la fraction, soit dans le même acte qui constate alors les deux opérations.
Il arrive que des **fractions d'un même immeuble** situé sur une même assiette foncière appartiennent à des **propriétaires différents sans qu'existe d'état descriptif de division** désignant ces fractions. Cette situation se rencontre notamment lorsque des immeubles contigus, souvent anciens, sont imbriqués l'un dans l'autre, en surplomb ou en tréfonds. Dans ce cas, tout intéressé peut requérir un notaire d'établir un état descriptif de division (le plus souvent en volumes, en l'absence de propriété partagée du sol et de parties communes) en vue de la publication d'un acte concernant une fraction de l'immeuble (Décret 55-22 du 4-1-1955 art. 50-1). Les propriétaires des différentes fractions de l'immeuble ou leurs représentants sont tenus de communiquer au notaire tous actes ou documents nécessaires. L'état descriptif de division est établi du consentement de tous les intéressés ; si l'un ou plusieurs propriétaires contestent l'état descriptif ainsi établi, le notaire complète celui-ci, avant d'en requérir la publication, par un procès-verbal constatant les réserves des opposants.

EFFET RELATIF DE LA PUBLICITÉ FONCIÈRE

La publicité foncière est obligatoire pour les actes portant ou constatant mutation de droit réels immobiliers (Décret 55-22 du 4-1-1955 art. 28, 1°). La vente d'immeuble relève de cette catégorie. **56310**

Pour assurer l'effectivité de cette règle et éviter que certaines formalités ne soient effectuées alors que d'autres ne le seraient pas, aucune formalité de publicité ne peut être opérée dans un service de la publicité foncière à défaut de **publicité préalable** ou simultanée de l'acte, de la décision judiciaire ou de l'attestation de transmission par décès constatant le **droit du disposant** (vendeur, donateur, échangiste, etc.) **ou du dernier titulaire**. Cette règle est dite de l'effet relatif de la publicité foncière (Décret 55-22 du 4-1-1955 art. 3 ; Décret 55-1350 du 14-10-1955 art. 32, 1).
Pour permettre le **contrôle** de cette règle, l'acte doit contenir les références (date, volume, numéro) de la formalité donnée au titre du disposant ou du dernier titulaire du droit, ou à l'attestation notariée de transmission par décès à son profit. Si ce titre, ou cette attestation, n'a pas encore été publié, le document déposé doit préciser que la publication en sera requise simultanément (Décret 55-1350 du 14-10-1955 art. 32, 2). L'omission de ces références est sanctionnée par un refus du dépôt lorsque la pièce déposée doit être publiée et par un rejet lorsqu'il s'agit d'une inscription (Décret 55-1350 du 14-10-1955 art. 33).

> **Précisions** Il n'y a pas discordance lorsque le **titre de la personne indiquée dans l'acte comme disposant ou dernier titulaire du droit** (le vendeur, dans l'acte de vente) a, après la publication au fichier immobilier, **cessé de produire tout ou partie de ses effets** en raison d'un acte ou d'une décision judiciaire ultérieurement publié (Décret 55-1350 du 14-10-1955 art. 34, 2). Cette règle permettait la publication d'une seconde vente par un même disposant, alors même que la première vente du chef du même vendeur avait été publiée, et permettait la coexistence de deux « chaînes de mutations ». Mais la Cour de cassation a retenu la responsabilité d'un conservateur des hypothèques qui, autorisé par ce texte, avait accepté qu'une inscription soit prise à l'encontre d'un propriétaire dont le titre avait cessé de produire effet par suite de la publication de la vente de l'immeuble (Cass. 3e civ. 12-6-1996 no 94-18.004 : Bull. civ. III no 145). Dès lors, l'Association mutuelle des conservateurs a pris la position de refuser qu'une inscription soit prise et qu'une publication soit effectuée sur un immeuble alors que le titre du disposant (le débiteur dans le cas d'une inscription, le vendeur notamment dans le cas d'une publication) a cessé de produire effet (Bull. AMC 2005 art. 1877).

RÉALISATION DE LA FORMALITÉ

56312 **Dépôt au service de la publicité foncière** La demande de publication s'effectue en principe par le dépôt au service de la publicité foncière territorialement compétent de **deux expéditions**, extraits littéraux ou copies de l'acte ou de la décision à publier. L'une d'elles (la « **copie hypothécaire** ») doit être établie sur une formule spéciale fournie par l'administration ou reproduite selon des normes fixées par instruction publiée par l'administration (Décret 55-22 du 4-1-1955 art. 34 ; Décret 55-1350 du 14-10-1955 art. 67-3). Pour les ventes d'immeubles non judiciaires, les expéditions, extraits littéraux ou copies d'acte doivent obligatoirement comporter **deux parties** dont une première normalisée, seule publiée au fichier immobilier, qui contient uniquement les éléments indispensables à la publicité des droits réels et à l'assiette de la contribution de sécurité immobilière et des impôts, droits et taxes. La liste des rubriques de la première partie est limitative (Décret 55-22 du 4-1-1955 art. 34-1).
L'acte déposé doit être accompagné des **pièces suivantes** :
– un extrait cadastral ayant moins de 6 mois au jour du dépôt (Décret 55-22 du 4-1-1955 art. 7) et, le cas échéant, un document d'arpentage ou le document délivré par le service du cadastre en tenant lieu (voir no 56305) ;
– un extrait d'acte en double exemplaire (CGI art. 860) ;
– toutes les déclarations fiscales imposées par la vente (déclaration de plus-value, déclaration de taxe forfaitaire sur les terrains, pièces justificatives de régimes fiscaux particuliers, etc.) ;
– le paiement de l'ensemble des droits et taxes exigibles sous peine de refus (CGI art. 1701). Pour les notaires, ce paiement doit impérativement avoir lieu par virement sous peine d'amende dès lors qu'il excède 3 000 € (C. mon. fin. art. L 112-6-1, L 112-7 et R 112-5).

56314 Lorsque le dépôt est effectué par la plateforme **Télé@ctes** (voir no 56080), la copie hypothécaire est dématérialisée. Le service de la publicité foncière puise directement dans les données structurées de l'acte les éléments nécessaires à la mise à jour du fichier immobilier et à la transmission des informations aux autres services fiscaux. Par suite, le déposant est dispensé de joindre un extrait d'acte, ainsi qu'un extrait cadastral. Seules les références de l'extrait cadastral dématérialisé obtenu ont à être rappelées lors du dépôt. Le paiement des droits et taxes doit être effectué par virement dématérialisé avant le télédépôt, et le numéro de l'avis d'opéré transmis au service de la publicité foncière pour lui permettre d'affecter les fonds reçus à la publication de l'acte concerné.

Le dépôt de certains actes notariés via **Télé@ctes** est **obligatoire** depuis le 1er janvier 2018, sous peine de refus du dépôt, y compris, depuis le 1er juin 2018, s'ils ne donnent lieu à aucune perception par le service de la publicité foncière. Sont concernés les actes suivants (Décret 55-1350 du 14-10-1955 art. 73-1 ; Arrêté CPAE1716114A du 2-6-2017) :

1° les actes de vente, y compris ceux accompagnés d'une déclaration de plus-value immobilière et/ou des taxes prévues aux articles 1529 et 1605 nonies du CGI et/ou d'un ou de plusieurs documents d'arpentage, à l'exception des actes de vente donnant lieu au dépôt d'une déclaration de TVA ;

2° les actes portant constitution d'une servitude ;

3° les attestations immobilières après décès ;

4° les actes rectificatifs et les attestations rectificatives, faisant suite à la notification d'une ou de plusieurs causes de rejet ;

5° les actes portant convention de rechargement d'une hypothèque conventionnelle (hypothèque rechargeable) ;

6° les actes portant mainlevée d'une inscription et les actes par lesquels le notaire certifie que le créancier a, à la demande du débiteur, donné son accord à la radiation d'une ou de plusieurs inscriptions (radiation simplifiée).

Par **exception**, le dépôt par **Télé@ctes** n'est pas obligatoire en cas d'**indisponibilité du service** de télétransmission ne permettant pas de respecter le délai prévu au III de l'article 647 du CGI (délai de dépôt des actes soumis à la formalité fusionnée) (Décret 55-1350 du 14-10-1955 art. 73-1). Autrement dit, les actes peuvent faire l'objet d'un dépôt papier si le service est indisponible le dernier jour du délai qui est en principe d'un mois.

Pour les autres actes ou documents techniquement téléactables mais non visés par ces dispositions, la forme du dépôt reste libre.

> **Précisions** La notion d'**indisponibilité du service de télétransmission** recouvre à la fois (Inst. DGFiP 2017-11-3139 du 8-12-2017) :
> – l'impossibilité logicielle de téléacter, qui correspond à une absence provisoire de mise à jour du logiciel de rédaction d'actes qui bloque la constitution du flux informatisé contenant la formalité à publier. À ce titre, seuls sont concernés : les actes de constitution de servitudes, les actes rectificatifs et les ventes avec déclaration de plus-value tant que les nouveaux taux en vigueur au 1er janvier n'ont pas été mis à jour ;
> – l'indisponibilité technique, qui correspond à un événement indépendant de la volonté du notaire affectant la chaîne de transmission (serveur local de l'office, boîtier, réseau, serveur Planète) et rendant impossible la transmission du flux informatisé le dernier jour de la date légale de dépôt.
> En cas d'indisponibilité technique, l'instruction propose deux solutions :
> – soit le notaire effectue son dépôt par voie papier, en fournissant à l'appui un justificatif de l'impossibilité technique de télétransmission (établi par le notaire sous sa responsabilité) et une demande de remise de pénalités ;
> – soit il patiente afin de télépublier dès le rétablissement du service de télétransmission. Il doit alors adresser par courriel au service de la publicité foncière le justificatif de l'impossibilité technique et une demande de remise de pénalités. À défaut de justificatif, il n'y aura pas de refus mais le service de la publicité foncière n'accordera pas de remise de pénalités.

Dépouillement Les **pièces déposées** pour leur publication au fichier immobilier doivent faire l'objet d'un dépouillement destiné à leur traitement comptable et à la vérification de leur conformité aux règles strictes fixées par les décrets 55-22 du 4 janvier 1955 et 55-1350 du 14 octobre 1955, et destinées à garantir la qualité et la fiabilité du système de publicité foncière. **56316**

Des anomalies peuvent être décelées à des stades différents du traitement de la pièce déposée. Suivant leur nature, elles entraînent un refus du dépôt ou un rejet de la formalité.

Le **refus de dépôt** est la sanction d'une irrégularité qui peut être décelée au seul vu de l'acte déposé, sans qu'il soit nécessaire de le rapprocher du fichier ou d'un acte antérieurement publié ; il s'agit le plus souvent d'une omission extrinsèque (par exemple, défaut de dépôt simultané d'un extrait cadastral ou d'un document d'arpentage) ou intrinsèque (insuffisance d'identification des parties ou de désignation de l'immeuble).

En cas de refus, les pièces et fonds versés sont purement et simplement restitués au déposant, et aucune annotation du fichier n'est effectuée, de sorte qu'aucune opposabilité ne découle du dépôt dont l'irrégularité est ainsi sanctionnée. Fiscalement, l'acte refusé ne peut être considéré comme enregistré (BOI-ENR-DG-40-20-20-20 n° 140).

Le **rejet de formalité** révèle généralement une discordance entre l'acte et les énonciations du fichier immobilier dont il est rapproché.

En cas de rejet, le déposant dispose d'un délai d'un mois pour régulariser l'irrégularité constatée, suivant différents procédés (acte rectificatif ou complémentaire, ou attestation établie par le notaire) ; à défaut de régularisation dans ce délai, le rejet devient définitif et produit les mêmes effets qu'un refus de dépôt, c'est-à-dire essentiellement l'absence de publication, donc d'opposabilité.
Dans l'attente, l'acte objet d'un rejet est réputé enregistré à la date du dépôt (CGI art. 647, IV). Cette règle ne vaut que pour les actes soumis ou admis à la formalité fusionnée (Cass. com. 4-4-2024 n° 22-20.616 F-B : SNH 15/24 inf. 1, RJF 7/24 n° 565). Pour les autres, l'acte refusé doit être considéré comme non enregistré.
Un acte refusé au dépôt ou définitivement rejeté peut être déposé de nouveau après **régularisation** au moyen, généralement, d'un acte rectificatif ou complémentaire.

56318 En raison des opérations qu'elle suppose, la vérification de l'acte opérée par le service de la publicité foncière ne peut pas être réalisée dans la journée au cours de laquelle le dépôt a été effectué. Au surplus, le flux de pièces déposées est variable d'une journée à l'autre, alors que les moyens humains et techniques affectés à leur traitement sont fixes. Pour ces raisons, il existe un **décalage entre la date du dépôt** d'une pièce **et la date de mise à jour du fichier** qui marque son opposabilité aux tiers. Ce décalage est variable, selon les services, de quelques jours à quelques mois.
Une information sera donc opposable à une date donnée (la date de dépôt) alors qu'elle ne pourra être connue, selon les délais de traitement au service de la publicité foncière considéré, que plusieurs jours, semaines ou mois plus tard. Il en résulte une source d'insécurité à laquelle l'informatisation du registre des dépôts permet assez largement de remédier.

D. Système du livre foncier en Alsace-Moselle

PRÉSENTATION GÉNÉRALE

56330 Les départements du **Bas-Rhin, du Haut-Rhin et de la Moselle** sont, pour des raisons historiques, soumis à un régime particulier de publicité foncière qui se rapproche à certains égards du système allemand. Ce système relève de la loi du 1er juin 1924 (modifiée notamment par les lois 2002-306 du 4-3-2002 et 2009-323 du 25-3-2009) et de la loi 90-1248 du 29 décembre 1990 portant diverses mesures d'harmonisation du droit local et du droit applicable dans les autres départements.
Ce régime s'applique aux immeubles situés dans ces trois départements.

ORGANISATION

56332 La publicité s'effectue non pas par la publication de l'acte à un fichier immobilier, mais par son inscription sur un **registre** appelé « livre foncier » tenu par un **juge spécialisé** du tribunal judiciaire et non pas par un chef de service de la publicité foncière. La publicité foncière dépend du ministère de la justice et non du ministère des finances.
Les livres fonciers sont regroupés en 11 bureaux fonciers tenus dans les tribunaux judiciaires dans les ressorts desquels les communes des trois départements sont situées. Il existe un livre foncier pour chaque circonscription foncière.
Le registre de chaque circonscription est numéroté dans l'ordre chronologique de son ouverture et est constitué de **feuillets**. Un feuillet regroupe tous les immeubles appartenant à un propriétaire déterminé dans une même circonscription foncière. Il s'agit donc d'un système de publicité personnelle.
Sur ce feuillet sont portées diverses mentions : mutation de propriété des immeubles, charges grevant les immeubles (par exemple servitudes) et privilèges et hypothèques. Il existe des fichiers annexes : fichiers des parcelles et fichiers des personnes.

56334 Le **registre des dépôts** répertorie les formalités dans leur ordre chronologique. Ce registre est attributif de rang et permet de trancher le conflit qui oppose des titulaires de droits réels concurrents sur le même immeuble.

56335 Engagée en 1994, l'**informatisation du livre foncier** permet l'accès des données sur l'ensemble du territoire national par voie informatique. La loi 2002-306 du 4 mars 2002 et la loi 2009-323 du 25 mars 2009 permettent la tenue du livre foncier et du registre des dépôts sous forme électronique (projet Amalfi). Le décret 2005-563 du 20 mai 2005 a modifié le décret du 18 novembre 1924 relatif à la tenue du livre foncier dans le but, notamment, de l'adapter à cette

informatisation ; le décret 2009-1193 du 7 octobre 2009 aménage le traitement automatisé de données à caractère personnel et permet la consultation par les notaires des données du livre foncier selon un procédé de navigation électronique. Deux arrêtés complètent ce dispositif : l'un précise les procédés techniques utilisés pour assurer la sécurité de la transmission par voie électronique des données à caractère personnel (Arrêté JUSC0922272A du 23-12-2009) ; l'autre contient en annexe les formulaires qui doivent être déposés pour toute requête en inscription au livre foncier (Arrêté JUSC1800983A du 3-5-2018 dans sa rédaction issue de l'arrêté JUSC2208049A du 30-3-2022).
L'informatisation permet aussi bien la consultation du livre foncier que son alimentation par voie informatique, ainsi que la notification dématérialisée des ordonnances du juge du livre foncier au notaire déposant et les recours contre ces ordonnances.
Le site internet www.livrefoncier.fr permet aux usagers « grand public » et aux « professionnels habilités » (notaires, géomètres, commissaires de justice, agents de l'État et des collectivités) un accès plus ou moins large aux données du livre foncier : demandes de copies pour les premiers, consultations et alimentation dématérialisée pour les seconds.

Sauf exception (n° 60004), la **fusion des formalités d'enregistrement et de publicité foncière** n'est pas applicable dans les départements soumis au système du livre foncier. Les actes doivent, avant l'exécution de la formalité, être enregistrés auprès du service des finances publiques dont dépend le notaire rédacteur de l'acte ; la perception des droits est identique à celle des actes soumis à la formalité fusionnée. **56336**

Doivent être présentées au juge du livre foncier une copie conforme de l'acte constatant les droits à inscrire ainsi qu'une requête en inscription. **56338**
Le **contrôle effectué par le juge** du livre foncier est plus approfondi que celui du chef de service de la publicité foncière. Aux vérifications portant sur l'admissibilité du droit à la formalité, les éléments nécessaires à cette formalité et au respect de la règle de « l'effet relatif de la publicité foncière », comparables à celles qui existent dans le régime général de publicité foncière, s'ajoute la vérification de règles de fond : capacité des parties et justification des pouvoirs de représentation lorsque l'acte intéresse une personne morale.
Le juge dispose d'une triple option pour rendre sa **décision** :
– si les pièces déposées sont conformes, rendre une ordonnance d'inscription ;
– si les pièces déposées ne sont pas conformes mais que l'obstacle à l'inscription peut être levé, rendre une ordonnance intermédiaire, qui ouvre au déposant la possibilité d'une régularisation dans un délai fixé au moyen d'un complètement ou d'une rectification des pièces (situation comparable au rejet de la formalité) ;
– si l'obstacle à l'inscription ne peut pas être levé ou si le notaire n'a pas satisfait à l'ordonnance intermédiaire, rendre une ordonnance de rejet (situation comparable à celle d'un refus de dépôt).

EFFETS DE L'INSCRIPTION

L'inscription opérée au livre foncier entraîne, à titre principal, le même effet que dans le système général de publicité foncière : l'**opposabilité** des droits inscrits aux tiers titulaires de droits concurrents sur l'immeuble, non inscrits ou inscrits plus tardivement. **56342**
La formalité, par suite de la vérification du titre opérée par le juge, entraîne un effet supplémentaire : une **présomption simple de réalité et d'exactitude** du droit inscrit.

COÛT

La consultation de données par voie informatique donne lieu à la perception d'une redevance. **56344**

TITRE XI

Fiscalité de la vente

CHAPITRE 1

DROITS D'ENREGISTREMENT ET TVA SUR LES VENTES IMMOBILIÈRES

SOMMAIRE

SECTION 1

VENTES DE BIENS IMMOBILIERS

FORMALITÉS D'ENREGISTREMENT ET DE PUBLICITÉ FONCIÈRE

Qu'elles soient taxables ou non à la TVA, les ventes d'immeubles (mais non les ventes de titres de sociétés d'attribution : voir n° 60700) sont soumises à la double formalité de l'enregistrement et de la publicité foncière. Cette **double obligation** est le plus souvent effectuée **en une seule fois** auprès du service de la publicité foncière, du fait de la fusion des deux formalités. 60000
Dans certains cas, il est cependant nécessaire d'effectuer **séparément** l'enregistrement auprès du service des impôts, puis la publicité foncière auprès du service qui en est chargé.

Formalité fusionnée Elle **concerne** toutes les ventes d'immeubles, à l'exception : 60004
– des ventes d'immeubles situés dans les départements d'Alsace-Moselle où la publicité des mutations immobilières est assurée au moyen d'un livre foncier tenu par les magistrats de l'ordre judiciaire (CGI art. 647, I et ann. III art. 249, 1°). Par exception, si un acte de vente porte sur

plusieurs immeubles dont certains seulement sont situés en Alsace-Moselle, la formalité fusionnée est applicable si le notaire rédacteur de l'acte n'est pas lui-même domicilié en Alsace-Moselle (CGI art. 649 et ann. III art. 250) ;
– des actes qui ont fait l'objet d'un refus de publier et dont la régularisation ne peut pas être opérée (CGI art. 647, I et ann. III art. 249, 2°).

60005 La formalité fusionnée est **effectuée auprès** du service de la publicité foncière du lieu de situation de l'immeuble (CGI art. 657).
Le **délai** imparti au notaire pour requérir la formalité est en principe d'un mois à compter de la date de l'acte, et de 2 mois dans le cas des adjudications (CGI art. 647, III). Le décompte de ce délai est opéré de quantième à quantième, le jour de la date de l'acte n'étant pas pris en compte. Si le délai part du dernier jour du mois, il arrive à échéance le dernier jour du mois suivant. Par exemple, si l'acte de vente est daté du 30 juin, la formalité doit être effectuée le 31 juillet au plus tard (BOI-ENR-DG-40-10-40 n°s 30 s.). Si le jour de l'expiration du délai est un jour de fermeture du service, le délai est prorogé jusqu'au premier jour ouvrable qui suit (CGI art. 648, al. 2).
Le **dépassement des délais** donne lieu à application des pénalités de retard : majoration de 10 % et intérêt de retard de 0,20 % par mois (CGI art. 1727 et 1728).

> **Précisions a.** Les **sanctions pour non-respect des délais** applicable à la TVA en matière immobilière sont encourues dans les délais de droit commun, décomptés à partir du premier jour du mois qui suit la date limite de dépôt de la déclaration, même si l'inexécution de la formalité fusionnée résulte d'un refus de publier.
b. Si la vente porte sur **plusieurs immeubles dépendant de services de publicité foncière différents**, la formalité fusionnée est exécutée au service où la formalité est requise en premier, au choix du notaire requérant ; ce service est indiqué dans chacune des expéditions présentées à la formalité (CGI ann. III art. 251). C'est auprès de ce service que la totalité des droits est acquittée. La publicité foncière devra ensuite être effectuée dans les autres services, mais seules y seront dues les contributions de sécurité immobilière. Un délai supplémentaire d'un mois par service est octroyé pour l'exécution de la formalité de publicité foncière dans les autres services (le non-respect de ce délai n'est pas sanctionné) (BOI-ENR-DG-40-20-40 n°s 40 s.).
c. Dans le département de **Mayotte**, la publicité foncière est également organisée par un système de livre foncier, tenu par le service de la conservation de la propriété immobilière (C. civ. art. 2509 s.). Mais les formalités d'enregistrement et de publicité foncière y sont tout de même fusionnées (CGI art. 647, II).

60008 **Double formalité d'enregistrement et de publicité foncière** Les ventes d'immeubles exclues de la formalité fusionnée sont **successivement** soumises :
– à la formalité de l'enregistrement, effectuée au service des impôts de la résidence du notaire dans le délai d'un mois à compter de la date de l'acte (CGI art. 635 et 650) ;
– puis à la publicité foncière, opérée au service de la publicité foncière du lieu de situation de l'immeuble dans les 3 mois de l'acte. Pour l'étude d'ensemble de la publicité foncière, voir n°s 56000 s.
Pour les ventes d'immeubles situés en **Alsace-Moselle**, la perception des droits est fusionnée : le paiement s'effectue en totalité auprès du service des impôts (CGI art. 665).

I. DROITS D'ENREGISTREMENT

CHAMP D'APPLICATION DES DROITS D'ENREGISTREMENT

60020 À titre liminaire, il est insisté sur le fait que les livraisons d'immeubles (bâtis ou non bâtis) passibles de la **TVA** entrent également par nature dans le champ d'application des droits d'enregistrement (CGI art. 683).
Sur l'**articulation** entre **TVA et droits d'enregistrement**, voir le tableau récapitulatif reproduit n° 60850.

A. Droits d'enregistrement applicables aux ventes de droit commun

CONDITIONS D'EXIGIBILITÉ DES DROITS D'ENREGISTREMENT

60021 Pour que le droit de vente d'immeuble et la contribution de sécurité immobilière soient exigibles, il faut que la **vente** soit **parfaite** et produise des effets certains et actuels. Rappelons

qu'une vente est parfaite lorsqu'il y a accord réciproque entre le vendeur et l'acheteur sur un immeuble ou un droit immobilier moyennant un prix déterminé ou déterminable.
Pour cette raison, seul le droit fixe des actes innomés de 125 € est perçu lors de l'enregistrement :
– des **promesses unilatérales de vente** ;
– des **ventes sous condition suspensive** (le droit de vente devient exigible lors de la réalisation de la condition).
À l'inverse, en cas de vente sous **condition résolutoire** (condition qui ne s'oppose pas au transfert de propriété), le droit de vente d'immeubles et la contribution de sécurité immobilière sont immédiatement exigibles. En cas de réalisation de la condition, et bien que le contrat de vente soit rétroactivement anéanti, les droits ne sont pas restitués, sauf en cas de résolution légale ou fondée sur un cas de force majeure (CGI art. 1961, al. 1). L'acte constatant la réalisation de la condition résolutoire ne donne lui-même ouverture à aucun droit proportionnel et est enregistré au droit fixe des actes innomés prévu par l'article 680 du CGI (Rép. Gérard : AN 2-6-2015 n° 7691).

ASSIETTE DU DROIT DE VENTE D'IMMEUBLES

Prix exprimé dans l'acte Le droit de vente d'immeubles est en **principe** liquidé sur le prix exprimé dans l'acte, majoré des charges en capital et des indemnités stipulées au profit du vendeur à quelque titre et pour quelque cause que ce soit (CGI art. 683, I-al. 2). **60024**
Si le prix exprimé dans l'acte est **inférieur à la valeur vénale** de l'immeuble, l'administration peut asseoir les droits sur cette valeur vénale (LPF art. L 17). En conséquence, c'est la valeur de l'immeuble à la date de l'acte qui doit servir d'assiette, et non le prix anciennement convenu lorsque l'acte constate une vente régularisée tardivement (CA Paris 4-12-2017 n° 15/21631).

Le prix est généralement constitué par une **somme d'argent** payable **comptant**. Dans ce cas, les droits sont assis sur le prix exprimé dans l'acte (sous réserve du contrôle de la valeur vénale du bien). **60025**
Si le prix est **payable à terme**, les intérêts ne sont pas taxables, sauf cas particulier où ils seraient dus avant l'entrée en jouissance de l'acheteur – il s'agit alors d'une charge augmentative du prix de vente (BOI-ENR-DMTOI-10-10-20-10 n° 20).
Les intérêts ne sont pas non plus imposables si le prix est **payable par annuités**, à condition que l'acte de vente ventile clairement le prix en capital et les intérêts dus à raison de l'échelonnement du paiement. À défaut, l'administration liquide le droit de vente sur le total des annuités, intérêts compris (BOI-ENR-DMTOI-10-10-20-10 n° 70).

Lorsque le prix consiste en une **rente viagère**, l'impôt s'applique au capital de la rente exprimée dans l'acte ou déterminée par une déclaration estimative des parties (BOI-ENR-DMTOI-10-10-20-10 n° 60). Ajoutons que l'administration voit d'un mauvais œil les ventes dont le prix est exprimé ou converti en rente viagère : ce peut être l'indice d'une donation déguisée. **60026**
Si le prix est une **rente à durée fixe**, les règles applicables sont celles exposées ci-dessus n° 60025 à propos des ventes dont le prix est payable par annuités (BOI précité).

Le prix de vente d'un immeuble peut consister en **biens de toute nature** : dans ce cas, l'impôt est liquidé sur la valeur de ces biens. Si le prix est représenté par des objets mobiliers, l'impôt est liquidé sur la valeur de ces biens déterminée par une déclaration estimative (sous réserve du contrôle de la valeur vénale de l'immeuble vendu) (BOI-ENR-DMTOI-10-10-20-10 n°s 40 s.). **60027**

ATTENTION

Si le prix de vente consiste en **créances**, l'impôt est calculé par l'administration sur le capital nominal de la créance (BOI-ENR-DMTOI-10-10-20-10 n° 50). Cette règle est à notre avis infondée : c'est la valeur réelle de la créance qui doit servir d'assiette au droit de mutation.

Charges augmentatives du prix Elles s'entendent des prestations supplémentaires incombant au vendeur et imposées à l'acquéreur. Il en est ainsi, par **exemple**, si les frais exposés par le vendeur avant la vente ou la taxe foncière pour la période antérieure à l'entrée en jouissance de l'acquéreur sont mis à la charge de ce dernier. En pratique, la charge augmentative du prix le plus fréquemment stipulée résulte de l'entrée en jouissance de l'acquéreur retardée au-delà de la signature de l'acte authentique. Cette réserve de jouissance doit faire l'objet d'une évaluation distincte pour le calcul des droits. Il n'est pas possible de préciser que le prix de la vente a été fixé « réserve de jouissance comprise » (BOI-ENR-DMTOI-10-10-20-20 n° 300). **60030**

ILLUSTRATIONS

La **commission de l'agent immobilier** mise contractuellement dans le mandat à la charge de l'acquéreur ne constitue pas une charge augmentative du prix (Cass. com. 12-12-1995 n° 94-10.791 D : RJF 3/96 n° 383 ; BOI-ENR-DMTOI-10-10-20-20 n° 30). Mais il en va autrement si la commission mise contractuellement à la charge du vendeur est versée en ses lieu et place par l'acquéreur (BOI-ENR-DMTOI-10-10-20-20 n° 40).

L'engagement pris par l'acheteur d'un immeuble d'acquitter la **taxe foncière** pour la période postérieure à l'entrée en jouissance ne constitue pas une charge augmentative du prix au regard des droits d'enregistrement (BOI-ENR-DMTOI-10-10-20-20 n° 220).

En revanche, il a été jugé, dans les circonstances de l'espèce, que des **travaux de rénovation réalisés après la vente** par une entreprise ayant une communauté d'intérêts avec le vendeur sont constitutifs d'une charge augmentative du prix taxable au droit de vente d'immeubles (Cass. com. 10-7-2012 n° 11-21.280 F-D : RJF 11/12 n° 1075).

De même, le reliquat du **prêt immobilier** contracté par le vendeur et repris par l'acquéreur constitue une charge augmentative du prix (Rép. Reynès : AN 7-3-2017 n° 98694).

60031 **Charges diminutives du prix** Elles s'entendent des obligations contractées par le vendeur en lieu et place de l'acquéreur. La détermination du montant de ces obligations doit faire l'objet d'une déclaration estimative (BOI-ENR-DMTOI-10-10-20-30 n° 1).

Cette situation se rencontre essentiellement dans les **ventes « acte en mains »**, c'est-à-dire lorsque le vendeur se charge de tous les frais qu'entraîne la transmission de l'immeuble vendu. Dans ce cas, les droits sont liquidés en déduisant du prix les frais et loyaux coûts du contrat. Les honoraires de négociation versés au notaire sont déductibles du prix au même titre que les honoraires de rédaction.

En pratique, l'assiette des droits peut être déterminée en appliquant la formule : Y × 100/ T + 100, dans laquelle Y représente le prix stipulé après déduction des frais autres que l'impôt de mutation et T le taux de l'impôt (BOI-ENR-DMTOI-10-10-20-30 n° 10) ; voir **modèle de clause** n° 55614.

60032 **Prix exprimé inférieur à la valeur vénale de l'immeuble** En cas d'**insuffisance du prix**, l'administration est en droit de rectifier l'assiette des droits pour substituer au prix exprimé dans l'acte la valeur vénale réelle de l'immeuble (LPF art. L 17, al. 1). Le redressement d'impôt (majoré de l'intérêt de retard et assorti d'une majoration de 40 % si le manquement est délibéré ou de 80 % si le contribuable s'est rendu coupable de manœuvres frauduleuses) est effectué selon la procédure de rectification contradictoire, et l'administration doit indiquer dans sa proposition la nature et les motifs de la rectification envisagée ainsi que les éléments chiffrés et les termes de comparaison qui justifient les rehaussements (LPF art. L 17, al. 2 ; BOI-ENR-DMTOI-10-10-20-40 n°s 50 s.). Si l'insuffisance de prix traduit une intention libérale du vendeur envers l'acheteur (donation indirecte), l'administration peut également taxer l'opération aux droits de donation.

60033 En cas de **dissimulation de prix**, c'est-à-dire dans le cas où l'administration estime que le prix exprimé est inférieur au prix réellement convenu entre les parties (dessous-de-table), des sanctions à la fois civiles, fiscales et pénales sont encourues.

60035 **Cas particuliers** En cas de **vente de la nue-propriété ou de l'usufruit d'un immeuble**, de même qu'en cas de vente conjointe de leurs droits par le nu-propriétaire et l'usufruitier, les droits d'enregistrement doivent, selon l'administration, être calculés selon le barème fiscal de l'article 669 du CGI, c'est-à-dire sur une base forfaitaire. L'administration considère en effet que ces modalités de détermination de l'assiette taxable spécifiques au démembrement priment les dispositions générales de l'article 683 du CGI, en application desquelles le droit de vente d'immeubles doit être liquidé sur le prix exprimé dans l'acte (BOI-ENR-DMTOI-10-10-10 n° 125).

C'est également la solution retenue par la jurisprudence qui considère que l'assiette des droits d'enregistrement en cas de cession de l'usufruit d'un immeuble doit être déterminée par application du barème de l'article 669, I du CGI, même lorsque la cession, portant sur un usufruit devant s'éteindre au décès du survivant de deux époux, intervient entre personnes morales (Cass. com. 26-9-2018 n° 16-26.503 FS-PB : RJF 1/19 n° 98).

En matière d'**apport en société de droits démembrés**, l'administration précise qu'elle calcule les droits exigibles en retenant la valeur telle qu'elle résulte du barème de l'article 669 du CGI, que le prix stipulé soit inférieur ou supérieur à la valeur vénale (Rép. Grosskost : AN 28-6-2005 n° 55175, reprise sous BOI-ENR-DMTOI-10-10-10 n° 125).

En cas de **vente simultanée de meubles et d'immeubles**, l'acte doit stipuler un prix particulier pour les meubles, avec leur désignation et leur estimation article par article. À défaut, le droit de vente d'immeuble est dû sur la totalité du prix (CGI art. 735). 60037

En cas d'**acquisition** par le crédit-preneur **d'un immeuble pris en crédit-bail**, le droit de vente est assis sur le prix de levée de l'option, quelle que soit la valeur vénale de l'immeuble à cette date. 60038
Pour les contrats de crédit-bail conclus depuis le 1er janvier 1996 pour une **durée supérieure à 12 ans**, ce régime de faveur ne s'applique que si le contrat de crédit-bail a été soumis à la formalité de publicité foncière dans le délai de 3 mois prévu à l'article 33 du décret 55-22 du 4 janvier 1955 (BOI-ENR-DMTOI-10-60 n° 70). À défaut, le droit de vente est assis sur la valeur vénale du bien au jour de son acquisition par le preneur si elle est supérieure au prix de cession (BOI-ENR-DMTOI-10-60 n° 80).
Le régime de faveur s'applique également aux contrats conclus pour une **durée inférieure à 12 ans**, même s'ils n'ont pas été publiés (BOI-ENR-DMTOI-10-60 n° 75). Selon l'administration, en effet, ces contrats ne sont pas soumis à publicité obligatoire par l'article 28 du décret 55-22 du 4 janvier 1955. Cette assertion est cependant erronée, un crédit-bail d'une durée inférieure à 12 ans pouvant y être soumis en raison de stipulations particulières (interdiction d'aliéner, par exemple). Dans le cas, sans doute rare en pratique, où un tel contrat n'aurait cependant pas été publié, le régime de faveur devrait pouvoir s'appliquer, l'administration l'accordant sans distinction aux contrats conclus pour une durée inférieure à 12 ans.

En cas d'**acquisition** par le preneur en cours de bail **du terrain** sur lequel il a édifié des **constructions**, la valeur de ces constructions n'entre pas dans l'assiette des droits de mutation, faute pour celles-ci d'avoir transité par le patrimoine du bailleur, car la vente du terrain n'a pas entraîné résiliation anticipée du bail, mais extinction de celui-ci par confusion des qualités de bailleur et de preneur sur la tête du preneur (Cass. com. 12-6-2012 n° 11-18.978 F-D : RJF 10/12 n° 958, pour un bail à construction ; Cass. com. 4-12-2012 n° 11-25.958 F-PB : RJF 3/13 n° 358, pour un bail commercial). 60039

STRUCTURE DU DROIT DE VENTE D'IMMEUBLES

Les ventes d'immeubles donnent ouverture à un droit départemental et à des impositions additionnelles à ce droit. 60045
S'ajoute à ces droits la **contribution de sécurité immobilière** égale à 0,10 % du prix de vente (CGI art. 881 K).
Pour les **bureaux**, locaux commerciaux et de stockage situés dans la **région Île-de-France**, une taxe additionnelle perçue au profit de la région s'ajoute à ces impositions (n° 60072).

Droit départemental Un droit proportionnel est perçu au profit du département (CGI art. 1594 A s.), sous le nom de « taxe de publicité foncière » (quand l'acte relève de la formalité fusionnée) ou de « droit d'enregistrement » (pour les actes soumis à la double formalité). 60046

Impositions additionnelles Au droit départemental, s'ajoutent : 60047
– une **taxe** additionnelle perçue **au profit de la commune** ou d'un fonds de péréquation départemental de 1,20 % (CGI art. 1584 et 1595 bis) ;
– un **prélèvement pour frais d'assiette et de recouvrement** du droit départemental calculé sur le montant du droit départemental (et non sur la base imposable) fixé à 2,37 % pour les ventes d'immeubles soumises au régime de droit commun (CGI art. 1647, V-a).

EXEMPLE

Un appartement, situé dans un département où le taux du droit départemental est fixé à 4,50 % (n° 60048), est vendu entre particuliers 300 000 € le 1er avril 2024. Montant des droits (hors contribution de sécurité immobilière) :

– droit départemental : 300 000 € × 4,50 %	13 500 €
– taxe communale : 300 000 € × 1,2 %	3 600 €
– prélèvement pour frais d'assiette : 13 500 € × 2,37 %	320 €
Total	17 420 €

TAUX DU DROIT DE VENTE D'IMMEUBLES DE DROIT COMMUN

En **principe**, le taux du droit départemental est fixé à 3,80 % (CGI art. 1594 D), d'où un taux global de taxation égal à 5,09006 % (droit départemental auquel s'ajoutent les impositions mentionnées n° 60047). 60048
Toutefois, les conseils départementaux ont la faculté de modifier chaque année le taux du droit départemental en le fixant dans une **fourchette** située entre 1,20 % et 4,50 % (CGI art. 1594 D et

1594 E). Lorsque ce taux est fixé à 4,50 %, comme c'est le cas dans la plupart des départements, il en ressort un taux global de taxation de 5,80665 %, compte tenu des impositions additionnelles (n° 60047). Les délibérations prennent **effet** pour la période qui va du 1er juin jusqu'au 31 mai de l'année suivante.

Ce taux s'applique sans **condition** particulière à toutes les ventes d'immeubles (ventes d'immeubles d'habitation, ventes d'immeubles professionnels, ventes de terrains, etc.) ne relevant pas de la TVA ou d'un régime plus favorable.

> **Précisions a.** En pratique, la faculté de **diminuer le taux** du droit départemental est rarement utilisée. Aucun département n'a voté la réduction de ce taux pour la période du 1er juin 2024 au 31 mai 2025.
>
> **b.** La très grande majorité des départements a fait usage de la faculté d'augmenter le taux du droit départemental. La **liste des départements** ayant modifié les taux en vigueur et la date d'effet de leurs délibérations sont publiées et actualisées sur le site www.impots.gouv.fr > Partenaire > Notaires et géomètres experts > Droits d'enregistrement.
>
> Sur la période du 1er juin 2024 au 31 mai 2025, seuls restent soumis au taux de 3,80 % les départements suivants : l'Indre (36), le Morbihan (56) et Mayotte (976). Tous les autres départements ont fixé le taux de taxe départementale à 4,50 %.
>
> **c.** En présence d'un **avant-contrat** (ou **promesse unilatérale de vente**) signé avant la date d'entrée en vigueur de la délibération modulant le taux du droit départemental, il convient de retenir la date de signature de l'acte authentique et non celle de l'avant-contrat pour appliquer le taux des droits de mutation à titre onéreux (BOI-ENR-DMTOI-10-20 n° 105).

VENTES D'IMMEUBLES BÉNÉFICIANT D'UN ABATTEMENT SUR L'ASSIETTE DES DROITS D'ENREGISTREMENT

60050 **Immeubles d'habitation et garages** Les conseils départementaux peuvent instituer chaque année un abattement **compris entre** 7 600 € et 46 000 € sur l'assiette du droit départemental dû sur les ventes d'immeubles d'habitation et de garage. Cet abattement peut être réservé aux opérations portant sur des immeubles situés dans des **zones de revitalisation rurale** (CGI art. 1594 F ter) remplacées par, depuis le 1er juillet 2024, les **zones France ruralités revitalisation** (Loi 2023-1322 du 29-12-2023 art. 73). Les délibérations prennent **effet** pour la période qui va du 1er juin jusqu'au 31 mai de l'année suivante.

Pour la **période du 1er juin 2024 au 31 mai 2025**, l'abattement a été institué dans quatre départements : Calvados (46 000 €), Isère (46 000 €), Marne (7 600 €) et Saône-et-Loire (30 400 €). Dans tous ces départements, l'abattement ne s'applique que dans les zones susvisées.

> **ATTENTION**
>
> Selon la loi de finances pour 2024, les nouvelles zones France ruralités revitalisation ont vocation à remplacer notamment l'ancien zonage des zones de revitalisation rurale depuis le 1er juillet 2024. Toutefois, un arrêté TREB2416551A publié le 19 juin 2024 fixe une **nouvelle liste des communes classées en zone de revitalisation rurale** pour la période commençant **au 1er juillet 2024**, qui devrait concerner celles d'entre elles qui auraient normalement dû en sortir à compter de cette date mais qui ne figurent pas dans la liste des nouvelles Zones France ruralités revitalisation fixée par arrêté TREB241496A du 19 juin 2024. Le remplacement du zonage ou la coexistence de plusieurs zones depuis le 1er juillet 2024 est donc incertain.

60051 L'application de l'abattement est subordonnée à l'**engagement de l'acheteur** :

– s'agissant des immeubles, de ne pas les affecter à un usage autre que l'habitation pendant au moins 3 ans à compter de la date de l'acte ;

– s'agissant des terrains ou locaux à usage de garage, de ne pas les affecter à une exploitation à caractère commercial ou professionnel pendant la même durée.

L'engagement de l'acheteur est généralement pris **dans l'acte d'acquisition**, qui doit alors comporter une déclaration expresse à cet effet – l'engagement ne peut pas résulter implicitement des clauses ou mentions de l'acte d'acquisition (Cass. com. 9-3-1999 n° 97-12.768 D : RJF 6/99 n° 791, solution rendue pour l'application de l'ancien régime de l'article 710 du CGI mais transposable à l'engagement prévu par l'article 1594 F ter). Si l'engagement n'est pas mentionné dans l'acte, il peut être pris ultérieurement **par acte complémentaire** (soumis au droit fixe de 125 €), au vu duquel les droits perçus en trop sont restitués. Le point de départ du délai de 3 ans reste fixé au jour de l'acquisition de l'immeuble (BOI-ENR-DMTOI-10-30 n° 100).

En cas de **non-respect de son engagement**, l'acheteur doit payer le complément de droits dont il avait été dispensé et l'intérêt de retard (CGI art. 1840 G ter, I).

MODÈLE

Abattement sur l'assiette du droit de vente – Vente d'immeubles d'habitation et de garage

Pour la perception des droits, les parties déclarent que la présente mutation n'entre pas dans le champ d'application de la TVA, le bien étant achevé depuis plus de 5 ans et vendu entre non-assujettis à la TVA.

La vente est soumise au tarif de droit commun prévu par l'article 1594 D du CGI ; le taux de la taxe départementale n'a pas été modifié par le conseil départemental.

Le conseil départemental du département de... a, par délibération du..., décidé un abattement de... € sur l'assiette de la taxe départementale pour les ventes d'immeubles (*ajouter s'il y a lieu* : situés en zone de revitalisation rurale ou en zone France ruralités revitalisation) en application de l'article 1594 F ter du CGI.

L'acquéreur prend l'engagement de ne pas affecter l'immeuble acquis à un usage autre que l'habitation pendant une durée de 3 ans à compter de ce jour (*ou, s'il s'agit d'un terrain ou d'un local à usage de garage* : de ne pas affecter l'immeuble acquis à une exploitation à usage commercial ou professionnel).

L'assiette des droits est constituée par le prix de la présente vente soit... €, diminuée de cet abattement de... €, de sorte que les droits sont assis sur... €.

Le projet de liquidation des droits est le suivant :
– droit départemental : ... € × 3,80 % = ... €
– taxe communale : ... € × 1,20 % = ... €
– taxe d'assiette : ... € × 2,37 % = ... €
Total : ... €

L'acquéreur est informé que le non-respect de son engagement est sanctionné par le complément de droits dont il a été dispensé, auquel s'ajoute l'intérêt de retard au taux de 0,20 % par mois.

Logements acquis neufs entre le 1er juin 1993 et le 31 décembre 1994 Ils bénéficient, pour leur **première mutation à titre onéreux**, d'un abattement de 91 000 € sur l'assiette du droit de vente d'immeuble (CGI art. 1055 bis). Cet abattement peut se cumuler avec le précédent. 60052

Les **conditions** à remplir sont les suivantes :
– l'immeuble doit avoir été acquis neuf ou en l'état futur d'achèvement, par acte authentique signé entre le 1er juin 1993 et le 31 décembre 1994 ; pour les immeubles acquis en l'état futur d'achèvement, la déclaration d'achèvement des travaux doit avoir été déposée avant le 1er juillet 1994 ;
– l'immeuble ne doit pas avoir fait l'objet d'une transmission à titre gratuit depuis son acquisition ;
– l'immeuble doit avoir été affecté de manière continue à l'habitation principale pendant au moins 5 ans depuis son acquisition (ou son achèvement s'il est postérieur) ;
– le vendeur ne doit pas avoir bénéficié des réductions d'impôt pour investissement locatif neuf (ancienne réduction Quilès-Méhaignerie) ou pour investissement immobilier neuf dans les DOM-TOM prévues aux articles 199 decies A, 199 decies B, 199 undecies et 199 undecies A anciens du CGI ;
– l'acte de vente doit comporter l'engagement de l'acheteur de ne pas affecter l'immeuble à un usage autre que l'habitation (principale ou secondaire) pendant au moins 3 ans. En cas de non-respect de son engagement, l'acheteur doit payer le complément de droits dont il avait été dispensé, plus l'intérêt de retard.

Formellement, l'**acte de vente** doit comporter les **mentions** suivantes (CGI ann. II art. 294 E) : 60053
– la date d'acquisition de l'immeuble, l'identité des parties ainsi que les nom, qualités et résidence du rédacteur de l'acte (outre les références de la publication de l'acte d'acquisition du bien) ;
– la déclaration que l'immeuble a été exclusivement affecté de manière continue à l'habitation principale à compter de son acquisition ou de son achèvement s'il est postérieur, et ce pendant une période minimale de 5 ans ;
– l'affirmation que le vendeur n'a pas bénéficié pour cet immeuble des réductions d'impôt prévues aux articles 199 decies A, 199 decies B, 199 undecies et 199 undecies A anciens du CGI ;
– l'engagement par l'acquéreur de maintenir l'immeuble à usage d'habitation.

Si l'immeuble a été acquis en l'état futur d'achèvement, il faut en outre fournir comme **pièce justificative** lors de l'enregistrement une copie de la déclaration d'achèvement des travaux (BOI-ENR-DMTOI-10-30 n° 310).

MODÈLE

Abattement sur l'assiette du droit de vente – Première cession à titre onéreux d'un logement acquis neuf entre le 1er juin 1993 et le 31 décembre 1994

Pour la perception des droits, les parties déclarent que la présente mutation n'entre pas dans le champ d'application de la TVA, le bien étant achevé depuis plus de 5 ans et vendu entre non-assujettis à la TVA.

La vente est soumise au tarif de droit commun prévu par l'article 1594 D du CGI ; le taux de la taxe départementale n'a pas été modifié par le conseil départemental.

L'immeuble vendu répond aux conditions suivantes :

– il a été acquis neuf (*éventuellement* : en état futur d'achèvement) de la société... par acte authentique reçu par Me ..., notaire à..., le..., soit entre le 1er juin 1993 et le 31 décembre 1994, lequel acte a été publié au bureau des hypothèques de... le..., volume..., n° ... ;

– il n'a pas fait depuis l'objet d'une transmission à titre gratuit ;

– il a été affecté de manière continue à l'habitation principale pendant au moins 5 ans depuis son acquisition (*ou, si son achèvement est postérieur* : depuis son achèvement) ;

– le vendeur n'a pas bénéficié de l'une des réductions d'impôt au titre de l'investissement locatif neuf prévues par les articles 199 decies A, 199 decies B, 199 undecies et 199 undecies A anciens du CGI.

L'acquéreur prend l'engagement de ne pas affecter l'immeuble acquis à un usage autre que l'habitation pendant une durée de 3 ans à compter de ce jour.

(*Ajouter s'il y a lieu* : L'immeuble ayant été acquis en état futur d'achèvement, il sera fourni lors de l'accomplissement de la formalité fusionnée d'enregistrement et de publicité foncière une copie de la déclaration d'achèvement.)

En conséquence, l'acquéreur bénéficie de l'abattement de 91 000 € prévu par l'article 1055 bis du CGI sur le droit de vente d'immeubles.

L'assiette des droits est constituée par le prix de la présente vente soit... €, diminuée de cet abattement de... €, de sorte que les droits sont assis sur... €.

Le projet de liquidation des droits est le suivant :

– droit départemental : ... € × 3,80 % = ... €

– taxe communale : ... € × 1,20 % = ... €

– taxe d'assiette : ... € × 2,37 % = ... €

Total : ... €

L'acquéreur est informé que le non-respect de son engagement est sanctionné par le complément de droits dont il a été dispensé, auquel s'ajoute l'intérêt de retard.

VENTES D'IMMEUBLES BÉNÉFICIANT D'UN TAUX RÉDUIT DE DROITS D'ENREGISTREMENT

60055 Certaines ventes d'immeubles bénéficient d'un régime spécial se traduisant par l'application d'un taux réduit non modulable de 0,70 %, auquel s'ajoute le prélèvement pour frais d'assiette et de recouvrement de 2,14 % (CGI art. 1647, V-b), mais non la taxe communale, d'où un **taux global d'imposition** de 0,71498 %.

ATTENTION

Les transmissions d'immeubles effectuées par un organisme d'intérêt général au profit d'un établissement reconnu d'utilité publique sont seulement soumises à un **droit fixe de 25 €** (CGI art. 1020 et 1039). L'administration estime que ce régime de faveur est réservé aux transmissions réalisées sans contrepartie et refuse par conséquent d'en faire bénéficier les ventes (BOI-ENR-DMTOI-10-80-20 n° 360). Cette position est discutable.

60057 **Acquisitions d'immeubles ruraux par les fermiers** Elles bénéficient du taux réduit de 0,70 %, soit une taxation globale de 0,71498 %, si les deux conditions suivantes sont réunies (CGI art. 1594 F quinquies, D-I) :

– au jour de son acquisition, l'immeuble doit être exploité depuis **2 ans** au moins soit en vertu d'un **bail** consenti à l'acquéreur personne physique, à son conjoint, à ses ascendants ou aux ascendants de son conjoint ou à la personne morale acquéreur, soit en vertu d'une **mise à disposition** par le preneur au profit de la personne morale acquéreur. Toutefois il est admis que, lorsque la location dont le preneur se prévaut ne présente pas une antériorité de 2 ans au moins au jour de l'acquisition, il peut être tenu compte de la location immédiatement antérieure consentie audit preneur ou à son ascendant, à son conjoint ou à un ascendant de son conjoint (BOI-ENR-DMTOI-10-70-30 n° 225). La **preuve** de l'existence du bail peut être rapportée par tous les moyens compatibles avec les règles de la procédure écrite ; ainsi en va-t-il, en cas de bail verbal,

de la déclaration du bailleur ou du preneur identifiant l'immeuble loué et les parties en cause enregistrée au service des impôts ou d'un certificat de la mutualité sociale agricole (Rép. Boisserie : AN 18-12-2012 n° 5754) ;
– l'acquéreur doit prendre l'engagement, pour lui et ses héritiers, légataires ou donataires, de mettre personnellement en valeur l'immeuble rural pendant au moins 5 ans à compter de la date du transfert de propriété. Cet **engagement d'exploitation personnelle** pendant 5 ans doit en principe être pris dans l'acte d'acquisition ; cependant, en cas d'oubli, il peut être pris dans un acte authentique complémentaire (Rép. Spraner : AN 22-4-1972 n° 22590, solution qui, bien que non reprise au Bofip, nous semble toujours applicable).
L'**inobservation de l'engagement** d'exploitation personnelle pendant 5 ans entraîne en principe la déchéance du régime de faveur – ce qui se traduit par un complément de droits auquel s'ajoute l'intérêt de retard – mais il existe de nombreuses exceptions. L'une de ces exceptions vise le cas où le bien acquis avec le bénéfice du régime de faveur fait l'objet d'un **échange**. Dans ce cas, l'engagement pris par l'acquéreur est reporté sur les biens ruraux acquis en contre-échange à la condition que ces biens aient une valeur au moins égale à celle des biens cédés (CGI art. 1594 F quinquies, D-I-2°-al. 2). Il n'est pas exigé que l'acte d'échange mentionne un report de l'engagement sur le bien reçu au terme de l'échange (Cass. com. 17-1-2012 n° 11-12.198 F-PB : RJF 4/12 n° 424). Par conséquent, la preuve du report peut être apportée par tous moyens.
Lorsque la déchéance du régime de faveur est encourue du fait du **sous-acquéreur**, ce dernier et l'acquéreur sont solidaires pour le paiement des droits et de l'intérêt de retard, conformément aux articles 1840 G ter, I et 1754, V-7 du CGI.

MODÈLE

Taux réduit de droit de vente – Acquisition d'immeubles ruraux par les fermiers

Les parties déclarent que l'immeuble vendu est affecté à la production agricole et qu'il constitue, d'un point de vue fiscal et pour la perception des droits, un immeuble rural.
Afin de bénéficier du régime prévu par l'article 1594 F quinquies, D-I du CGI, l'acquéreur déclare :
– qu'à ce jour ces biens sont exploités depuis au moins deux ans en vertu d'un bail consenti à l'acquéreur (*variantes* : à son conjoint, *ou* à ses ascendants, *ou* aux ascendants de son conjoint *ou* à la personne morale acquéreur), d'une durée de... ans du... au..., suivant acte en date du..., enregistré (*facultatif*) au service des impôts des entreprises de..., le... *ou* d'une mise à disposition par le preneur au profit de la personne morale acquéreur ;
– qu'il prend l'engagement, pour lui et pour ses ayants cause à titre gratuit, de mettre personnellement en valeur l'immeuble acquis, pendant un délai minimal de 5 ans à compter du transfert de propriété.

Le projet de liquidation des droits est le suivant :
– taxe de publicité foncière : ... € × 0,70 % = ... €
– taxe d'assiette : ... € × 2,14 % = ... €
Total : ... €

L'acquéreur est informé que le non-respect de cet engagement est sanctionné par l'exigibilité du complément de taxe dont l'acquisition a été dispensée, auquel s'ajoute l'intérêt de retard.

Sous les mêmes conditions, le taux réduit s'applique également aux acquisitions d'immeubles ruraux faites en vue de l'**installation d'un enfant majeur** (ou mineur émancipé) de l'exploitant en place titulaire du bail ; dans ce cas, l'engagement d'exploiter est pris par le descendant (CGI art. 1594 F quinquies, D-II). **60058**

Pour l'application du taux réduit, la **notion d'immeuble rural** s'entend largement : elle vise tous les immeubles principalement affectés à la production agricole, sans distinguer entre immeubles bâtis et immeubles non bâtis. Les bâtiments servant à l'habitation de l'exploitant et de son personnel constituent des immeubles ruraux dans la mesure où ils constituent véritablement l'accessoire de l'exploitation agricole (BOI-ENR-DMTOI-10-70-30 n° 20). **60059**

> **Précisions** En cas d'**acquisition démembrée d'un immeuble rural**, à savoir la nue-propriété par une personne physique et l'**usufruit par une personne morale** dont la personne physique est associée, seule l'acquisition de l'usufruit de l'immeuble rural par la personne morale pourra bénéficier du tarif réduit prévu à l'article 1594 F quinquies, D du CGI si elle prend l'engagement de mettre personnellement en valeur le bien pendant 5 ans (Décision de rescrit 14-9-2010 n° 2010/51 ENR ; BOI-ENR-DMTOI-10-70-30 n° 40).

60060 **Acquisitions d'immeubles ruraux dans les zones de revitalisation rurale (ou depuis le 1er juillet 2024 dans les zones France ruralités revitalisation)**
Sous certaines conditions, elles bénéficient de la taxation réduite à 0,71498 % sur la **fraction de leur prix qui n'excède pas 99 000 €**, le surplus étant imposé au taux de droit commun (CGI art. 1594 F quinquies, E-I).

Ce régime de faveur s'applique aux acquisitions d'immeubles ruraux (au sens défini ci-avant n° 60059) destinés à être exploités par les jeunes agriculteurs (exploitants individuels ou associés de société civile à objet agricole) **bénéficiaires des aides à l'installation** prévues aux articles D 343-9 et D 343-13 du Code rural et de la pêche maritime (dotation d'installation et prêts à moyen terme spéciaux). Ses conditions et modalités d'application diffèrent selon la qualité de l'acquéreur.

Sur le dispositif de zonage, voir n° 60050.

60061 Les **acquisitions réalisées par les jeunes agriculteurs** bénéficient du taux réduit si les conditions suivantes sont réunies :

– l'acquisition intervient (en une ou plusieurs fois) dans les 4 ans de l'octroi des aides à l'installation (le plafond de 99 000 € est apprécié sur l'ensemble des acquisitions effectuées dans ce délai) ;

– en cas de pluralité d'acquisitions, l'acte précise la valeur des terres acquises depuis l'octroi des aides sous le bénéfice du tarif réduit ;

– est joint à l'acte un certificat délivré sans frais par le directeur départemental de l'agriculture et de la forêt précisant la date de l'octroi des aides ou une attestation de l'établissement bancaire ayant accordé le prêt pour les bénéficiaires des prêts à moyen terme spéciaux (BOI-ENR-DMTOI-10-70-10 nos 110 s.).

La perte des conditions d'octroi des aides à l'installation entraîne l'exigibilité du complément de droits dont l'acheteur avait été dispensé et de l'intérêt de retard (CGI art. 1840 G ter, I).

60062 Les **acquisitions d'immeubles pour les donner à bail à de jeunes agriculteurs** bénéficient du taux réduit si l'acheteur (personne physique ou morale) prend dans l'acte d'acquisition l'engagement pour lui et ses ayants cause de justifier dans le délai d'un an à compter du transfert de propriété que le bien acquis a été donné à bail à long terme (ou à bail cessible hors du cadre familial) à un jeune agriculteur bénéficiaire des aides à l'installation (CGI art. 1594 F quinquies, E-II). Cette justification résulte de la production d'une copie du bail enregistré accompagné d'un document attestant l'octroi des aides à l'installation du preneur, par exemple certificat délivré par le directeur départemental de l'agriculture et de la forêt (BOI-ENR-DMTOI-10-70-20 n° 40).

En cas de non-respect de l'engagement ou lorsque le bail n'atteint pas son terme de 18 ans, l'acheteur doit acquitter le complément de droits dont il avait été dispensé et l'intérêt de retard (CGI art. 1840 G ter, I).

60064 **Autres mutations bénéficiant du taux réduit** Bénéficient du taux réduit de 0,70 %, soit une taxation globale de 0,71498 %, les opérations suivantes :

– **mutations** à titre onéreux d'immeubles neufs ou de terrains à bâtir **soumises de plein droit à la TVA sur le prix total** : n° 60107 ;

– acquisitions par un assujetti à la TVA qui prend un **engagement de revendre** : nos 60200 s. ;

– acquisitions d'immeubles par les **sociétés de crédit-bail** en vue d'en concéder immédiatement la jouissance au vendeur par un contrat de crédit-bail (opérations de cession-bail ou de lease-back), à la condition que le contrat de crédit-bail soit régulièrement publié si sa durée est supérieure à 12 ans (CGI art. 1594 F quinquies, H) ;

– acquisitions et ventes d'immeubles réalisées par les **sociétés coopératives agricoles de céréales** et leurs unions, les moulins coopératifs, les coopératives agricoles de meunerie et de meunerie-boulangerie (CGI art. 1030). Pour bénéficier du régime de faveur, les coopératives céréalières doivent avoir une activité exclusivement céréalière (en ce sens, notamment, CA Paris 25-3-2005 n° 03-8517 : RJF 10/05 n° 1130) ;

– acquisitions et ventes d'immeubles réalisées par les **sociétés coopératives d'insémination artificielle et d'utilisation de matériel agricole** et leurs unions (CGI art. 1031) ;

– opérations de **remembrement** foncier effectuées à l'amiable avec autorisation ou par les **associations foncières urbaines** (CGI art. 1055) ;

– acquisitions d'immeubles nécessaires à son fonctionnement par la **Croix-Rouge française** (CGI art. 1071, al. 2) ;

– dans le cadre d'opérations de **rénovation urbaine**, les acquisitions et ventes d'immeubles intervenant entre les propriétaires participant aux opérations de rénovation et l'organisme de rénovation (CGI art. 1594 F quinquies, B) ;

– acquisitions en vue de leur revente de **lots de copropriétés** faisant l'objet d'un **plan de sauvegarde**, en application de l'article L 615-1 du CCH, par les sociétés anonymes d'habitation à loyers modérés, les sociétés anonymes coopératives de production d'habitations à loyers modérés et les sociétés d'économie mixte (CGI art. 1594 F quinquies, L) ;
– acquisitions d'immeubles par les établissements agréés pour recevoir des bénéficiaires de **l'aide sociale** ou par des organismes habilités à participer au service de l'**aide sociale à l'enfance** (CGI art. 1066 et 1067) ;
– cession de terrains classés (**espaces boisés** et **sites naturels** situés dans les agglomérations notamment) à l'État, aux communes ou aux établissements publics ayant pour objet la réalisation d'opérations d'urbanisme (CGI art. 1594 F quinquies, C). Ces cessions ne donnent droit au taux réduit que si elles sont effectuées à titre gratuit, mais la collectivité publique peut « offrir en contrepartie » un terrain à bâtir (BOI-ENR-DMTOI-10-80-20 n° 310) ;
– acquisitions de **terres incultes** ou sous-exploitées en Guadeloupe, en Guyane, en Martinique, à La Réunion et à Mayotte (CGI art. 1594-0 F sexies).

VENTES D'IMMEUBLES EXONÉRÉES DE PLEIN DROIT DE DROITS D'ENREGISTREMENT

Les **acquisitions et ventes d'immeubles ruraux par les Safer** sont exonérées du droit de vente d'immeubles. Cette exonération s'applique (CGI art. 1028 bis et 1028 ter) : 60067
– aux achats et ventes qui sont directement réalisés par les Safer conformément à leurs missions et moyens d'actions (définis par l'article L 141-1 du Code rural et de la pêche maritime) ;
– et aux acquisitions réalisées par une personne substituée dans les droits à l'achat conférés à une Safer dans une promesse de vente ayant acquis date certaine, sous réserve que ces acquisitions interviennent dans les 6 mois de la conclusion de la promesse.
Pour les cessions réalisées par les Safer ou les acquisitions réalisées par substitution aux droits des Safer, l'exonération est subordonnée à la condition que l'acquéreur s'engage, pour lui et ses ayants cause, à conserver au bien acquis une destination conforme aux dispositions de l'article L 141-1 du Code rural et de la pêche maritime pendant 10 ans. Tel n'est pas le cas lorsqu'un ensemble immobilier a été utilisé pendant 3 ans pour l'habitation et l'agrément sans maintien de l'exploitation agricole (Cass. com. 6-5-2008 n° 07-12.927 F-D : RJF 8-9/08 n° 1019).
L'engagement doit être pris dans un cahier des charges établi par la Safer et l'acte d'acquisition doit comporter la référence de cet engagement (BOI-ENR-DMTOI-10-70-40 n°s 170 et 180).
Le non-respect de l'engagement entraîne l'exigibilité du droit de vente auquel s'ajoute l'intérêt de retard calculé à compter du premier jour du mois suivant celui au cours duquel les droits auraient dû être acquittés en l'absence de régime de faveur, étant précisé que la rupture partielle de l'engagement n'entraîne qu'une déchéance partielle (BOI-ENR-DMTOI-10-70-40 n°s 230 s.).

MODÈLE

Exonération du droit de vente d'immeuble – Cession d'un immeuble rural par une Safer

Les parties déclarent que la présente vente, portant sur un immeuble acquis postérieurement au 26 janvier 1990, réalisée par une société d'aménagement foncier et d'établissement rural au titre de l'article L 141-1 du Code rural et de la pêche maritime et dont la destination répond aux dispositions dudit article comme étant destiné au maintien (*ou* à la création, *ou* à l'agrandissement) de l'exploitation agricole de l'acquéreur, entre dans les prévisions de l'article 1028 ter du CGI.
L'acquéreur s'engage, pour lui et pour ses ayants cause, à conserver cette destination pendant un délai de 10 ans à compter du transfert de propriété.
En conséquence, la présente vente ne donne lieu à aucune perception au profit du Trésor.
L'acquéreur est informé que le non-respect de cet engagement est sanctionné par l'exigibilité des taxes dont l'acquisition a été exonérée, auxquelles s'ajoute l'intérêt de retard.

Les autres exonérations de plein droit concernent : 60068
– les acquisitions d'immeubles réalisées par les **assujettis à la TVA** comportant un **engagement de construire** (sous réserve de l'application d'un droit fixe de 125 €) : voir n°s 60150 s. ;
– les acquisitions par l'**État**, les **établissements publics** de recherche, d'enseignement, d'assistance ou de bienfaisance et les établissements publics fonciers (CGI art. 1040, I). Sont notamment concernés : les établissements publics à caractère scientifique et technologique, les établissements publics d'enseignement supérieur et de recherche, les établissements publics à caractère scientifique, culturel et professionnel, les établissements publics à caractère administratif d'enseignement supérieur, placés sous la tutelle du seul ministre chargé de l'enseignement supérieur ou du ministre chargé de l'enseignement supérieur conjointement avec le ministre chargé de l'agriculture, les établissements d'enseignement du second degré ou d'éducation

spéciale qui relèvent de l'État, le Centre national des œuvres universitaires et scolaires (Cnous), ainsi que les centres régionaux des œuvres universitaires et scolaires (Crous), et Pôle emploi (BOI-ENR-DMTOI-10-80-10 n° 30) ;
– les acquisitions par les communes ou syndicats de communes, les départements, les régions, les établissements publics communaux, départementaux ou régionaux, les établissements publics fonciers et les établissements publics d'aménagement agissant pour le compte d'une **collectivité locale** (CGI art. 1042, I ; BOI-ENR-DMTOI-10-80-10 n° 150) ;
– les acquisitions, par les sociétés publiques locales de l'article L 1531-1 du Code général des collectivités territoriales, les sociétés publiques locales d'aménagement de l'article L 327-2 du Code de l'urbanisme et les sociétés publiques locales d'aménagement d'intérêt national de l'article L 327-3 du même Code, d'immeubles domaniaux reconnus inutiles par le ministère de la défense dans le cadre des **opérations de restructuration de la défense**. L'exonération est subordonnée à ce que ces sociétés agissent en tant que concessionnaires de l'opération d'aménagement (CGI art. 1042, III) ;
– les **expropriations** pour cause d'utilité publique (CGI art. 1045) ;
– les acquisitions par les collectivités publiques et certaines rétrocessions de biens situés dans les **zones d'aménagement différé** (CGI art. 1594-0 G, B-b et c) ou d'intervention foncière (CGI art. 1594-0 G, B-d et e), ou de biens soumis au **droit de préemption urbain** (CGI art. 1594-0 G, B-f et g) ou au droit de préemption dans les **espaces naturels sensibles** (CGI art. 1594-0 G, B-h et i). Ces acquisitions supportent néanmoins un droit fixe de 125 € ;
– les acquisitions par les établissements publics fonciers dans le cadre d'une **opération de requalification des copropriétés dégradées** (Orcod) d'intérêt national (CGI art. 1594-0 G, B-k). Ces mutations supportent néanmoins un droit fixe de 125 € ;
– les acquisitions d'immeubles par les **organismes de sécurité sociale** (CGI art. 1027, 1084 et 1085) ;
– les acquisitions et échanges par l'établissement public d'immeubles situés dans les **zones centrales d'un parc national** (CGI art. 1045 bis) ;
– les acquisitions immobilières destinées à être utilisées par l'Organisation européenne pour la recherche nucléaire (**CERN**) dans le cadre de ses activités à caractère scientifique, technique et administratif (Accord entre le Gouvernement de la République française et le CERN du 11-4-2013 ; Décret 2017-376 du 22-3-2017).

VENTES D'IMMEUBLES FAISANT L'OBJET D'EXONÉRATIONS OU DE RÉDUCTIONS FACULTATIVES DE TAUX DE DROITS D'ENREGISTREMENT

60070 **a.** Sur **décision du conseil départemental**, certaines ventes d'immeubles peuvent être exonérées du droit de vente. L'exonération est votée chaque année et notifiée aux services fiscaux avant le 31 mars, sauf exception ; elle prend effet pour la période qui va du 1er juin au 31 mai de l'année suivante.
Les opérations concernées sont les suivantes (en France métropolitaine) :
– ventes de logements à leurs locataires par les **organismes d'HLM ou** par les **sociétés d'économie mixte** (CGI art. 1594 G) ;
– rachats par les organismes d'HLM ou par les sociétés d'économie mixte d'immeubles d'habitation qui ont été acquis à l'aide de prêts aidés par l'État (**PAP**) entre le 1er juillet 1981 et le 31 décembre 1984 par des accédants ne pouvant pas honorer leurs échéances. L'exonération est subordonnée à la condition que les cédants soient maintenus dans les lieux aux termes d'une clause figurant dans l'acte même de vente de l'immeuble (CGI art. 1594 H) ;
– acquisitions de logements précédemment acquis auprès d'organismes d'HLM lorsqu'elles résultent de la mise en œuvre d'une **garantie de rachat** (CGI art. 1594 H-0 bis) ;
– acquisitions d'immeubles par les **mutuelles de retraite des anciens combattants** et victimes de guerre (CGI art. 1594 I).
Pour la **liste des départements** dans lesquels ces exonérations sont applicables pour la **période du 1er juin 2024 au 31 mai 2025**, voir n° 60800.
b. Les **conseils départementaux et** les conseils **municipaux** peuvent réduire respectivement le taux du droit départemental et celui de la taxe communale pour l'acquisition d'un logement par lots dans le cadre d'une **« vente à la découpe »**, sans que ces taux puissent être respectivement inférieurs à 0,50 % et 0,70 % (CGI art. 1584 bis et 1594 F sexies). L'application du taux réduit est subordonnée à la condition que l'acquéreur s'engage, dans l'acte d'acquisition, à affecter le logement à la location pendant au moins 6 ans. Pour la **période** allant du **1er juin 2024 au 31 mai 2025**, seul le département des Hautes-Pyrénées a voté une réduction du droit départemental à 3,80 %. La commune du Lamentin (Guadeloupe) a voté une réduction de la taxe communale à 0,70 %, et la commune de Tsingoni (Mayotte) a voté une réduction de la taxe communale à 0,50 %.

VENTES D'IMMEUBLES SOUMISES À LA TAXE ADDITIONNELLE SUR LES CESSIONS DE BUREAUX, LOCAUX COMMERCIAUX ET DE STOCKAGE EN ÎLE-DE-FRANCE

Il est perçu au profit de la région Île-de-France une taxe additionnelle aux droits d'enregistrement ou à la taxe de publicité foncière exigible sur les mutations à titre onéreux de locaux à usage de bureaux, de locaux commerciaux et de locaux de stockage (CGI art. 1599 sexies). 60072

Les **locaux** à usage de bureaux s'entendent, d'une part, des bureaux proprement dits et de leurs dépendances immédiates et indispensables destinés à l'exercice d'une activité, de quelque nature que ce soit, par des personnes physiques ou morales privées, ou utilisées par l'État, les collectivités territoriales, les établissements ou organismes publics et les organismes professionnels, et, d'autre part, des locaux professionnels destinés à l'exercice d'activités libérales ou utilisés par des associations ou organismes privés poursuivant ou non un but lucratif (CGI art. 231 ter, III-1° sur renvoi de C. urb. art. L 520-1).

Les locaux commerciaux s'entendent des locaux destinés à l'exercice d'une activité de commerce de détail ou de gros et de prestations de services à caractère commercial ou artisanal ainsi que de leurs réserves attenantes couvertes ou non et des emplacements attenants affectés en permanence à la vente (CGI art. 231 ter, III-2° sur renvoi de C. urb. art. L 520-1).

Les locaux de stockage s'entendent des locaux ou aires couvertes destinés à l'entreposage de produits, de marchandises ou de biens et qui ne sont pas intégrés topographiquement à un établissement de production (CGI art. 231 ter, III-3° sur renvoi de C. urb. art. L 520-1).

L'usage du local s'apprécie au jour de la vente (BOI-ENR-DG-60-10-20 n° 100).

La taxe **ne s'applique pas** aux cessions portant sur des immeubles neufs au sens de l'article 257, I-2-2° du CGI lorsqu'elles sont soumises de plein droit à la TVA – cession par un assujetti agissant en tant que tel (CGI art. 1599 sexies) (n° 60107) – ni aux cessions dans lesquelles l'acquéreur prend l'engagement de revendre prévu à l'article 1115 du CGI (Rép. Fasquelle : AN 6-12-2016 n° 95848).

Par ailleurs elle ne s'applique pas (BOI-ENR-DG-60-10-20 n° 110) :
– aux mutations exonérées de droits d'enregistrement ou de taxe de publicité foncière ;
– aux mutations d'immeubles sis hors de la région Île-de-France, y compris lorsque les actes translatifs de ces propriétés sont soumis à la formalité de l'enregistrement en Île-de-France ;
– aux opérations qui ne constituent pas une vente ou une opération assimilée (échanges purs et simples, partages purs et simples, partages de successions ou de communautés ou indivisions conjugales bénéficiant du régime de faveur de l'article 750, II du CGI, apports purs et simples en société passibles du droit fixe).

Le **taux** de la taxe additionnelle est de 0,60 %. Elle s'ajoute selon le cas aux droits de mutation perçus au taux de droit commun ou au taux majoré (taxe départementale majorée) ou au taux réduit.

La taxe est assise, recouvrée et contrôlée selon les **mêmes procédures** et sous les mêmes sanctions, garanties, sûretés et privilèges que les droits et taxes auxquels elle s'ajoute.

PAIEMENT DU DROIT DE VENTE D'IMMEUBLES

Le droit de vente d'immeuble doit être intégralement **payé lors de** l'accomplissement de la formalité d'enregistrement ou de publicité foncière. 60075

Sauf convention contraire, il est **supporté par** l'acquéreur (CGI art. 1712). Toutefois, le **notaire** est tenu de faire l'**avance** des droits d'enregistrement et de la taxe de publicité foncière, sans pouvoir exciper du défaut de versement de provision par l'acquéreur (CGI art. 1705, 1°).

Lorsque les droits ne sont pas payés par le notaire, les **parties** sont **solidaires** envers l'administration pour le paiement des droits (CGI art. 1705, 5°).

B. Droits d'enregistrement applicables aux ventes dont l'une des parties est assujettie à la TVA

1. RÉGIMES SANS ENGAGEMENT

REMARQUE PRÉALABLE

Il est rappelé que les mutations d'immeubles qui entrent dans le champ d'application de la TVA, de plein droit ou sur option, font également l'objet d'une imposition aux droits de mutation à titre onéreux dont l'acquéreur est redevable. 60100

DROIT DE VENTE D'IMMEUBLES AU TAUX NORMAL

60105 En l'absence d'engagement de construire ou de revendre, les mutations à titre onéreux d'immeubles sont soumises au droit de vente au taux global de 5,09006 %, sauf modification du taux par les départements (nº 60048), ou dispositions plus favorables (nºs 60055 s.). Sont soumises à ce régime (BOI-ENR-DMTOI-10-40 nº 40) :

– les acquisitions de terrains qui ne sont pas à bâtir, quelle que soit la qualité du cédant ;
– les acquisitions de terrains à bâtir réalisées auprès d'un non-assujetti à la TVA ;
– les acquisitions de terrains à bâtir réalisées auprès d'un assujetti lorsque la cession est imposée à la TVA sur marge ;
– les acquisitions d'immeubles bâtis (neufs ou non) réalisées auprès d'un non-assujetti ;
– les acquisitions d'immeubles achevés depuis plus de 5 ans réalisées auprès d'un assujetti, quand bien même le cédant aurait opté pour la taxation de la mutation à la TVA et quelle qu'en soit l'assiette.

CONSEIL

Il résulte de l'indépendance de la TVA et des droits de mutation à titre onéreux que certaines ventes subissent une **double taxation** en supportant à la fois la TVA sur le prix total et les droits de mutation au taux de droit commun. Sont concernées, à condition qu'elles soient réalisées par un vendeur assujetti ayant opté pour la taxation à la TVA de ces opérations : les ventes d'immeubles de plus de 5 ans lorsque l'acquisition avait ouvert droit à déduction pour le vendeur et les ventes de terrains non à bâtir. En pratique, il est nécessaire de réserver l'option pour la TVA aux seules opérations pour lesquelles la soumission à la TVA présente un intérêt, compte tenu du coût des droits de mutation, c'est-à-dire la cession par un assujetti à un autre assujetti d'un immeuble détenu depuis moins de 20 ans.

DROIT DE VENTE AU TAUX RÉDUIT

60107 Les **mutations** à titre onéreux de terrains à bâtir et d'immeubles neufs bénéficient de plein droit du taux réduit de 0,71498 % (nº 60055) à condition d'être **soumises de plein droit à la TVA sur le prix total** (CGI art. 1594 F quinquies, A). Sont concernées (BOI-ENR-DMTOI-10-40 nº 110) :

– les acquisitions de terrains à bâtir auprès d'un assujetti à la TVA lorsque l'acquisition initiale du terrain a ouvert droit à déduction de la TVA ;
– les acquisitions d'immeubles bâtis achevés depuis 5 ans au plus auprès d'un assujetti à la TVA.

› Précisions a. Le taux réduit bénéficie à l'ensemble des acquéreurs, **sans engagement** de leur part. Ceux d'entre eux qui ont la qualité d'assujetti à la TVA ont la possibilité de prendre un engagement de construire pour n'acquitter qu'un droit fixe d'enregistrement (voir nºs 60150 s.).

b. Le taux réduit s'applique également, sous certaines conditions, aux acquisitions d'**immeubles rénovés** qui ne sont pas considérés comme neufs au regard de la TVA : voir nº 60364, Précisions, a.

c. La vente d'un immeuble achevé depuis 5 ans au plus, voire d'un terrain à bâtir, attachés à l'**universalité** transmise, qui n'est pas soumise à la TVA en vertu de l'article 257 bis du CGI (nºs 60490 s.), bénéficie néanmoins du taux réduit de l'article 1594 F quinquies, A du CGI (BOI-ENR-DMTOI-10-40 nº 120).

d. Un doute existe dans le cas où la cession du terrain à bâtir ou de l'immeuble achevé depuis 5 ans au plus intervient entre deux membres d'un même **assujetti unique** car une telle cession ne supporte pas de TVA (voir nº 60315). Dans l'attente d'une modification législative, ou d'une tolérance par l'administration fiscale, il y a lieu de penser qu'une telle cession doit être soumise aux droits de mutation au tarif de droit commun.

e. Lorsque le cédant est un redevable placé sous le régime des **déclarations CA3**, l'acte de mutation doit comporter l'indication de son numéro d'identification (ou, à défaut, la date de la déclaration d'existence) et la désignation du service des impôts qui l'a pris en charge.

ASSIETTE DES DROITS D'ENREGISTREMENT

60110 En principe, les droits de mutation à titre onéreux – ou la taxe de publicité foncière en tenant lieu – sont liquidés sur le prix exprimé en y ajoutant toutes les charges en capital ainsi que toutes les indemnités stipulées au profit du cédant à quelque titre et pour quelque cause que ce soit (CGI art. 683).

Pour l'application de cette disposition, l'administration a précisé que le **prix exprimé** s'entend du prix hors TVA lorsque le montant de la TVA due par le cédant est **mentionné distinctement** dans l'acte translatif de propriété, que la mutation soit soumise à la TVA sur le prix total ou sur la marge. Si la TVA n'a **pas** été mentionnée **distinctement**, la liquidation des droits doit être effectuée sur le prix payé par l'acquéreur incluant la TVA (BOI-ENR-DMTOI-10-10-20-20 n° 210), autrement dit sur le prix TTC.

> **Précisions** La **contribution de sécurité immobilière** est calculée sur les sommes énoncées (CGI art. 881 K), c'est-à-dire sur le prix TTC (Rép. Granet : AN 11-10-1972 n° 21112, solution prise pour le salaire du conservateur des hypothèques non reprise au Bofip, mais qui nous semble rester pertinente pour la contribution qui le remplace), quand bien même l'acte mentionnerait distinctement le montant de la TVA.

2. RÉGIMES AVEC ENGAGEMENT

ENGAGEMENT DE CONSTRUIRE

Sont exonérées de droits d'enregistrement ou de taxe de publicité foncière, mais subissent un droit ou une taxe fixe de 125 € (CGI art. 691 bis), les **acquisitions** d'immeubles **réalisées par les assujettis à la TVA** (au sens indiqué n°s 60306 et 60309) lorsque l'acte d'acquisition contient l'engagement, pris par l'acquéreur, d'effectuer dans un délai de 4 ans les travaux conduisant à la production d'un immeuble neuf au sens du n° 60360 ou nécessaires pour terminer un immeuble inachevé (CGI art. 1594-0 G, A). **60150**

> **Précisions** Ce régime ne profitant qu'aux assujettis à la TVA, l'administration rappelle que l'acquéreur qui entend en bénéficier doit avoir souscrit la **déclaration d'existence** prévue par l'article 286 du CGI comme tout assujetti de droit commun (BOI-ENR-DMTOI-10-40 n° 150).

Opérations concernées Le dispositif d'exonération du droit de vente sous condition d'engagement de construire n'est pas expressément réservé aux mutations taxables à la TVA. Les conditions tiennent ici uniquement au projet de l'acquéreur. Le **régime de l'opération au regard de la TVA** – notamment quant à son assiette – est donc indifférent. **60152**
Dans tous les cas, l'acquéreur doit être un assujetti à la TVA, seul habilité à souscrire un tel engagement.
Sont exonérées du droit fixe de 125 € les acquisitions d'immeubles bâtis assorties d'un engagement de construire réalisées par les **organismes HLM** (BOI-ENR-DMTOI-10-90-20 n° 10).

Biens concernés La loi ne subordonne pas ce régime de faveur à un engagement de construire à proprement parler, mais à un engagement d'effectuer des travaux répondant aux prescriptions légales. Par suite, le dispositif n'est pas réservé à l'acquisition de terrains à bâtir mais concerne **tous les immeubles**, bâtis comme non bâtis, terrains nus qualifiés de terrains à bâtir ou pas, ou encore immeubles inachevés. **60154**
L'administration admet expressément l'engagement de construire pour l'acquisition d'un terrain non à bâtir (BOI-ENR-DMTOI-10-40 n° 280). Elle l'avait également admis pour l'acquisition d'un immeuble neuf (Inst. 3A-3-10 n° 7, deuxième exemple note 2, solution non reprise au Bofip mais qui nous semble toujours applicable) ; on peut penser que l'hypothèse visée était celle de sinistres ou de malfaçons nécessitant une reconstruction. Les travaux peuvent aussi consister en une **surélévation** d'un immeuble neuf.

Condition de superficie L'exonération est limitée à une certaine superficie, laquelle dépend de la nature du bien acquis sous l'engagement de construire et/ou de sa destination (CGI art. 1594-0 G, A-III ; CGI ann. III art. 266 bis, II ; BOI-ENR-DMTOI-10-40 n°s 190 s.). Elle est fixée comme suit : **60155**
– pour les terrains destinés à la construction de **maisons individuelles**, l'exonération n'est applicable qu'à concurrence de 2 500 m^2 par maison ou de la superficie minimale exigée par la réglementation sur le permis de construire si elle est supérieure ;
– pour les terrains destinés à la construction d'**immeubles collectifs**, l'exonération profite à la totalité du terrain acquis si les constructions couvrent, avec leurs cours et jardins, la totalité de ce terrain ;
– pour les terrains destinés à la construction d'**immeubles non affectés à l'habitation pour les trois quarts** au moins de leur superficie totale, l'exonération est applicable dans la limite des surfaces occupées par les constructions à édifier et par les dépendances nécessaires à l'exploitation de ces constructions, notamment : voies d'accès, cours, aires de stationnement, terrains nécessaires à l'entrepôt des biens qui font l'objet de l'exploitation, pelouses et jardins sous réserve que la superficie du terrain affecté à un tel usage soit en rapport avec l'importance des constructions ;

– pour les **bâtiments** existants **destinés à une surélévation**, l'exonération est applicable à la proportion du prix d'acquisition suivante (CGI ann. III art. 266 bis, II) :

$$\frac{\text{surface de plancher des locaux réalisés en surélévation}}{\text{surface de plancher des locaux réalisés en surélévation + surface de plancher du bâti existant}}$$

– pour l'acquisition du seul **droit de surélévation**, l'exonération est applicable à la proportion du prix d'acquisition suivante :

$$\frac{\text{surface de plancher construite}}{\text{superficie de l'emprise du bâtiment qui supporte la surélévation}}$$

– pour les **bâtiments** existants **que l'acquéreur s'engage à remettre à neuf**, l'exonération s'applique à l'ensemble du bâtiment qui fait l'objet de la rénovation ;
– pour les **constructions inachevées** que l'acquéreur s'engage à achever, l'exonération s'applique à l'ensemble de l'immeuble à condition que l'acquéreur dépose à l'administration lors de l'achèvement la déclaration spéciale de l'article 244, I de l'annexe II au CGI (voir n° 60164).

> **Précisions** **a.** Pour l'application de ces dispositions, l'administration assimile aux terrains nus les **terrains** qui sont, au moment de leur acquisition, **recouverts de bâtiments destinés à être démolis** (BOI-ENR-DMTOI-10-40 n° 200).
> **b.** Lorsque l'engagement de construire porte sur la construction de maisons individuelles et que la **superficie** du terrain acquis **excède** celle pour laquelle l'exonération est applicable, l'exonération est réduite à proportion de la surface du terrain qui excède par maison construite 2 500 m², ou la superficie minimale exigée par la réglementation de l'urbanisme si elle est supérieure (BOI-ENR-DMTOI-10-40 n° 210).
> **c.** Le **prix correspondant au surplus** du terrain ou de l'immeuble bâti est soumis au droit de vente dans les conditions de droit commun (sauf application du régime des achats en vue de la revente : nos 60200 s.).

60160 **Forme de l'engagement de construire** L'engagement d'exécuter les travaux dans le délai de 4 ans doit, en principe, être pris dans l'**acte d'acquisition** (CGI art. 1594-0 G, A-I).

L'administration admet toutefois que l'engagement puisse être pris dans un **acte complémentaire** présenté au service des finances publiques du lieu de situation de l'immeuble en charge de l'enregistrement. En pareil cas, la restitution des droits de mutation perçus initialement peut être effectuée sur demande formulée dans les limites du délai de réclamation prévu par l'article R 196-1 du LPF (BOI-ENR-DMTOI-10-40 n° 270). Ce délai expire le 31 décembre de la deuxième année suivant celle de la date de versement initial des droits de mutation à titre onéreux, et non suivant celle du dépôt de l'acte complémentaire contenant l'engagement de construire (Cass. com. 9-2-2022 n° 20-11.964 F-D : BPIM 2/22 inf. 173).

L'engagement de construire doit **préciser** l'**objet et** la **consistance des travaux** sur lesquels il porte (CGI ann. III art. 266 bis, III). L'administration a précisé (BOI-ENR-DMTOI-10-40 n° 260) :
– qu'au titre de l'objet, il doit être indiqué si les travaux prévus consistent en une construction nouvelle, en une surélévation à partir d'un immeuble existant ou à rendre celui-ci à l'état neuf, ou encore à terminer un immeuble inachevé ;
– qu'au titre de la consistance, l'engagement doit comporter les indications nécessaires pour apprécier dans quelle proportion l'exonération est susceptible de s'appliquer lorsqu'il n'est pas prévu que le terrain ou l'immeuble bâti qui fait l'objet de l'acquisition soient entièrement destinés à la construction prévue (n° 60155).

CONSEIL

Il ressort de ces précisions administratives que les **indications** à porter dans l'acte pourront être assez **succinctes**. En pratique, il sera préférable de fournir des informations réduites au minimum sur le projet prévu, afin de conserver un maximum de latitude dans la réalisation des travaux.

60164 **Justification de l'exécution des travaux** L'exonération est subordonnée à la condition que l'acquéreur justifie de l'exécution des travaux à l'expiration du délai de 4 ans – sauf hypothèse de prolongation du délai (CGI art. 1594-0 G, A-II) ou de reprise ou substitution d'engagement.

Cette justification résulte (CGI ann. III art. 266 bis, I) :
– dans les cas où une livraison à soi-même doit être effectuée, du dépôt de la déclaration spéciale n° 940-SD imposée dans le mois de l'achèvement par l'article 244 de l'annexe II au CGI ;

– dans les autres cas, du dépôt en mairie de la déclaration attestant l'achèvement des travaux et la conformité des travaux de construction ou d'aménagement au permis délivré ou à la déclaration préalable (Dact), mentionnée à l'article L 462-1 du Code de l'urbanisme.

L'exonération est acquise dès lors que l'acquéreur assujetti prend l'engagement d'effectuer les travaux de remise à neuf de l'immeuble dans un délai de 4 ans à compter de l'acte d'acquisition, cette exonération ne pouvant être remise en cause qu'à défaut de justification de leur réalisation à l'expiration de ce délai. Est tenu pour indifférent à cet égard le fait que les travaux aient été réalisés non par l'acquéreur de l'usufruit de l'immeuble ayant souscrit l'engagement, mais par le locataire auquel cet usufruitier avait donné l'immeuble à bail (Cass. com. 29-1-2020 nº 17-26.018 F-D : RJF 6/20 nº 561) ou par un sous-acquéreur de l'immeuble (qui n'a pas repris l'engagement) n'ayant pas la qualité d'assujetti (CA Bordeaux 29-11-2023 nºˢ 21/06718 et 21/06721 : BPIM 1/24 Brève).

Inexécution de l'engagement de construire Lorsque l'engagement de construire n'est pas respecté, l'acquéreur est redevable des **droits** dont il a été dispensé, liquidés d'après les tarifs en vigueur au jour de l'acquisition de l'immeuble sur lequel portait l'engagement, ainsi que du complément de frais d'assiette, de recouvrement, de dégrèvement et de non-valeur qui en résultent (BOI-ENR-DMTOI-10-40 nº 440). L'acquéreur est ainsi redevable du complément de droits liquidés en application du tarif de droit commun (nº 60048) ou du tarif applicable aux opérations soumises de plein droit à la TVA sur le prix total (nº 60107), selon que l'acquisition remplit ou non les conditions de ce tarif de faveur. **60166**

L'**intérêt de retard** prévu à l'article 1727 du CGI est décompté du premier jour du mois suivant la date d'expiration du délai légal de présentation de l'acte d'acquisition à la formalité (ou suivant, s'il y a lieu, la date à laquelle l'engagement dont il s'agit a été substitué à un engagement de revendre) et doit être versé comme le principal dans le mois suivant l'expiration du délai imparti. Dans le cas où l'acquisition est affectée d'une condition suspensive, le point de départ du décompte des intérêts de retard est la date de la réalisation de la condition suspensive (BOI-ENR-DMTOI-10-40 nº 450).

> **Précisions a.** Dans le cas où l'engagement doit être abandonné du fait que des **constructions ne sont plus autorisées** par suite d'une modification des documents d'urbanisme, il est admis que les droits soient liquidés sur la base de la valeur vénale du bien telle qu'elle résulte de cette modification et que l'intérêt de retard soit décompté du premier jour du mois suivant la date d'effet de celle-ci (BOI-ENR-DMTOI-10-40 nº 460).
> **b.** Lorsque, à l'échéance du délai, l'engagement de construire n'est respecté que pour une **fraction de l'immeuble** sur lequel il portait, l'acquéreur est redevable à due concurrence des droits dont il a été dispensé, ainsi que des frais et intérêts de retard qui en résultent (BOI-ENR-DMTOI-10-40 nº 470).
> **c.** La **prescription du droit de reprise** de l'administration court à compter de l'expiration du délai imparti à l'acquéreur pour justifier de l'exécution des travaux (Cass. com. 3-12-2002 nº 01-02.822 F-D : RJF 3/03 nº 380). Le délai de reprise est, en principe, le délai de 6 ans fixé à l'article L 186 du LPF. Il s'applique notamment lorsque le contribuable n'a, à l'expiration du délai de 4 ans, ni adressé de déclaration de travaux à l'administration fiscale ni justifié d'aucune démarche auprès de cette dernière pour l'aviser de leur non-achèvement, et qu'il est resté silencieux jusqu'au dépôt d'une déclaration d'achèvement des travaux postérieurement au délai imparti (Cass. com. 7-7-2020 nº 18-10.525 F-D : RJF 11/20 nº 959). C'est cependant la prescription abrégée de l'article L 180 du LPF qui s'applique lorsque l'administration a refusé une demande de prorogation de délai pour construire (Cass. com. 15-7-1992 nº 90-15.980 D : RJF 11/92 nº 1583).

Prolongation du délai Une prolongation **annuelle renouvelable** du délai de 4 ans peut être accordée par le directeur départemental ou régional des finances publiques du lieu de situation des immeubles (CGI art. 1594-0 G, A-IV). **60167**

La **demande** doit être formulée **au plus tard** dans le mois qui suit l'expiration du délai précédemment imparti. Elle doit être adressée par **pli recommandé** avec demande d'avis de réception postale, être **motivée** et préciser la consistance des travaux prévus dans l'engagement primitif sur lesquels porte la prorogation demandée ainsi que le montant des droits dont l'exonération est subordonnée à leur exécution (CGI ann. III art. 266 bis, III).

La demande de **renouvellement** de la prorogation doit être formulée dans les mêmes conditions (BOI-ENR-DMTOI-10-40 nº 330).

L'administration peut refuser cette prolongation en notifiant un **refus motivé dans les 2 mois** de la réception de la demande. **À défaut**, la demande de prolongation est réputée acceptée (CGI art. 1594-0 G, A-IV). **60168**

La motivation d'un tel refus, qui est susceptible d'être soumise au contrôle du juge, peut être **fondée** notamment sur la circonstance que le demandeur n'est pas en situation à court et moyen terme de mener à bien son engagement, voire qu'il y a expressément renoncé, ou encore qu'il apparaît définitivement acquis que ni la construction envisagée ni aucune autre de nature à satisfaire les prescriptions de l'article 1594-0 G, A-I du CGI n'est en mesure d'aboutir au regard de l'évolution des contraintes d'urbanisme, d'environnement ou de sécurité (BOI-ENR-DMTOI-10-40 n° 340).

60170 **Reprise de l'engagement de construire** En cas d'**acquisitions successives entre assujettis** à la TVA, l'engagement de construire peut être repris par un nouvel acquéreur auquel s'impose alors le délai imparti au cédant (CGI art. 1594-0 G, A-II).

Cette faculté ne vaut que pour autant que le délai de 4 ans (éventuellement prorogé) n'a pas été touché par la **forclusion** (BOI-ENR-DMTOI-10-40 n° 350).

Cette reprise doit être **formalisée** dans l'acte d'acquisition qui doit mentionner la date et le numéro d'enregistrement et de publication de l'acte antérieur dans lequel le cédant s'était lui-même engagé à construire (BOI-ENR-DMTOI-10-40 n° 370).

> **Précisions a.** Parallèlement, l'**acquéreur** devra prendre son **propre engagement de construire** s'il entend que son acquisition bénéficie d'un régime de faveur de même nature (BOI-ENR-DMTOI-10-40 n° 350). En effet, la reprise de l'engagement souscrit par le vendeur ne vise qu'à éviter à celui-ci un redressement de droits sur son acquisition, mais n'ouvre pas droit par elle-même au régime de faveur pour l'acquéreur.
> Lorsque **l'acquéreur reprend l'engagement** de construire du cédant **et prend son propre engagement**, il est tenu par les délais afférents à ces deux engagements.
> **b.** L'administration admet, en cas d'**inexécution** par l'acquéreur de l'engagement de construire repris du vendeur et pour éviter qu'il ait à supporter de multiples impositions, qu'il soit libéré conjointement des autres engagements si ceux-ci portent sur le même immeuble et dans une même proportion d'exonération (BOI-ENR-DMTOI-10-40 n° 390). Le redevable n'aurait ainsi qu'à acquitter les droits dont il a lui-même été dispensé (en raison de son propre engagement de construire) ainsi que les intérêts depuis l'acquisition initiale, à l'exclusion des compléments de droits afférents aux acquisitions antérieures.
> **c.** L'**engagement** de construire du cédant peut être utilement **repris par une collectivité publique** visée à l'article 1042 du CGI (collectivité territoriale notamment) **ou par une société d'économie mixte** à participation publique majoritaire bénéficiant du même régime qui n'auront pas à souscrire d'engagement pour leur propre compte du fait de l'exonération de droits d'enregistrement dont elles bénéficient pour leurs acquisitions immobilières (BOI-ENR-DMTOI-10-40 n° 360).

60175 **Substitution d'engagement** La personne qui a pris l'**engagement de construire** (acquéreur initial ou sous-acquéreur ayant repris un tel engagement) peut, dans la limite de 5 années à compter de la date de l'engagement initial, y substituer l'**engagement de revendre** visé aux n°s 60200 s., qui est alors réputé avoir pris effet à compter de cette même date (CGI art. 1594-0 G, A-II-al. 2). Ainsi, si le repreneur de l'engagement de construire cède dans les 5 ans de celui-ci le bien grevé de l'engagement à un acquéreur qui ne reprend pas son engagement, il pourra y substituer un engagement de revendre qui prendra effet à la date de souscription de l'engagement initial.

Cette substitution prend la forme d'un **acte complémentaire** à l'acte de mutation comportant l'engagement de construire auquel se substitue le nouvel engagement. Cet acte précise l'objet et la consistance des travaux auxquels il est renoncé ainsi que la valeur de l'acquisition pour laquelle est sollicité le bénéfice des dispositions de l'article 1115 du CGI (engagement de revendre) (CGI ann. III art. 266 bis, VI). Il donne lieu au paiement du droit proportionnel de 0,71498 % assorti de l'intérêt de retard décompté du premier jour du mois suivant la date d'expiration du délai légal de présentation à la formalité de l'acte qui fait l'objet de la substitution (BOI-ENR-DMTOI-10-40 n° 510).

Pour procéder à une substitution d'engagement après l'expiration du **délai de 4 ans pour construire**, l'acquéreur doit avoir obtenu une **prorogation** de ce délai (BOI-ENR-DMTOI-10-40 n° 490).

ENGAGEMENT DE REVENDRE

60200 Les **acquisitions d'immeubles réalisées par des assujettis à la TVA** au sens des n°s 60306 et 60309 sont exonérées des droits et taxes de mutation quand l'acquéreur prend l'engagement de revendre l'immeuble dans un délai de 5 ans (CGI art. 1115).

Toutefois, ces mutations supportent selon le cas un **droit d'enregistrement** ou une taxe de publicité foncière **au taux réduit** de 0,71498 % (nº 60055). Sur l'assiette taxable, voir nº 60110. Si ce dispositif n'est pas réservé aux marchands de biens, seuls les professionnels menant une activité de **négoce immobilier** sont concernés **en pratique** dès lors que l'acquéreur doit avoir l'intention de revendre l'immeuble dès son acquisition.

Opérations et biens concernés Le bénéfice du droit de vente au taux réduit moyennant l'engagement de revendre n'est pas expressément réservé aux mutations taxables à la TVA : le **régime de TVA applicable à l'opération** est indifférent. Les conditions portent uniquement sur l'acquéreur. Il pourra donc s'agir aussi bien de mutations exclues du champ de la TVA que de mutations qui y seraient soumises, qu'elles soient taxées sur le prix de vente ou sur la marge. 60202

L'article 1115 du CGI ne comporte pas non plus de condition relative au **type d'immeuble**. L'exonération s'applique ainsi théoriquement aux acquisitions de terrains nus, à bâtir ou non, comme d'immeubles bâtis, neufs ou anciens.

Toutefois, **en pratique**, l'acquéreur assujetti à la TVA n'a aucun **intérêt** à souscrire l'engagement de revendre lorsque son acquisition bénéficie de plein droit du taux réduit accordé par l'article 1594 F quinquies, A du CGI au même tarif (voir nº 60107). Il en ira ainsi pour l'acquisition auprès d'un assujetti d'un terrain à bâtir ou d'un immeuble neuf soumise à la TVA sur le prix total (BOI-ENR-DMTOI-10-50 nº 10). En pratique, l'engagement de revendre ne sera donc pris que pour l'acquisition réalisée auprès d'un assujetti : 60203

– de terrains non qualifiés de terrains à bâtir ;
– de terrains à bâtir lorsque la TVA est assise sur la marge ;
– d'immeubles bâtis de plus de 5 ans, que l'option pour la TVA ait été exercée ou non et, en cas d'option, quelle que soit l'assiette de la taxe.

L'engagement de revendre présentera également un intérêt pour l'acquisition de tous types d'immeubles lorsque le cédant n'est pas un assujetti.

> **Précisions** Le dispositif de l'article 1115 du CGI profite sous les mêmes conditions aux opérations portant sur des **fonds de commerce** ou des **actions ou parts** de sociétés immobilières mais, dans ces cas, l'exonération est intégrale (aucun droit au taux réduit n'est dû).

Forme de l'engagement de revendre L'**acte d'acquisition** doit comporter la déclaration que les biens acquis sont destinés à la revente (BOI-ENR-DMTOI-10-50 nº 30). 60206

> **Précisions** Il a été jugé, avant la réforme du 9 mars 2010, qu'un marchand de biens n'était pas autorisé à **se placer a posteriori sous** ce **régime de faveur** dont il n'avait pas demandé l'application dans l'acte même (CA Paris 4-7-2008 nº 06-12089 : RJF 3/09 nº 288). On peut s'attendre à ce que la jurisprudence maintienne cette position adoptée alors que la rédaction de l'ancien article 1115 semblait plus permissive.

Délai de revente L'acquéreur doit prendre l'engagement de revendre le bien acquis dans un délai de **5 ans** (CGI art. 1115). 60208

En cas de **mutations successives entre assujettis**, le délai imparti au premier s'impose à chacun des autres (CGI art. 1115, al. 2) : le bien doit donc être revendu avant le terme de ce délai à un non-assujetti ou à un assujetti prenant un engagement de construire ou encore à un assujetti ne prenant aucun engagement.

> **Précisions** Lorsque la **revente** a lieu **par lots** et déclenche le **droit de préemption** de l'article 10 de la loi 75-1351 du 31 décembre 1975 ou de l'article 15 de la loi 89-462 du 6 juillet 1989 (**ventes dites « à la découpe »**), le **délai de revente** est réduit à **2 ans** (CGI art. 1115, al. 4). Comme pour le délai de 5 ans, ce délai court à compter de l'acquisition de l'immeuble, quelle que soit la date des notifications adressées aux locataires (Cass. com. 14-2-2024 nº 22-17.541 F-B : RJF 5/24 nº 415). Mais le délai de droit commun de 5 ans s'applique si les reventes portent sur des lots libres de toute occupation par suite du départ préalable négocié des locataires présents lors de l'acquisition car de telles ventes n'ont pas effectivement déclenché le droit de préemption des locataires (Cass. com. 7-7-2015 nº 13-23.366 FS-PB : RJF 11/15 nº 965, solution rendue sous l'empire du régime en vigueur avant le 11-3-2010 mais transposable au régime en vigueur depuis cette date).

60210 **Inexécution de l'engagement de revendre dans le délai imparti** Lorsqu'à l'échéance du délai de 5 ans (éventuellement prorogé : n° 60214), l'engagement de revendre n'est pas respecté, l'acquéreur est redevable des **droits** dont il a été dispensé, liquidés d'après les tarifs en vigueur au jour de l'acquisition du bien en cause, ainsi que du complément de frais d'assiette, de recouvrement, de dégrèvement et de non-valeur qui en résultent (CGI art. 1840 G ter, I).

L'**intérêt de retard** (de 0,20 % par mois) prévu à l'article 1727 est décompté du premier jour du mois suivant la date d'expiration du délai légal de présentation de l'acte d'acquisition à la formalité et doit être versé comme le principal dans le mois suivant l'expiration du délai imparti (BOI-ENR-DMTOI-10-50 n° 110).

La **prescription du droit de reprise** de l'administration court à compter de l'expiration du délai imparti pour revendre (Cass. com. 31-10-2006 n° 05-10.396 F-D : RJF 4/07 n° 509 ; BOI-CF-PGR-10-40 n°s 280 et 360).

L'administration fiscale a le pouvoir d'accorder une **remise gracieuse** des amendes fiscales et des majorations d'impôt, mais pas des droits de mutation en principal mis à la charge de l'acquéreur lorsqu'il perd le bénéfice du régime de l'article 1115 du CGI (CE 24-6-2015 n° 368593 : RJF 10/15 n° 833).

> **Précisions a.** Dans le cas où l'acquisition est affectée d'une **condition suspensive**, le point de départ du délai de 5 ans est la date de la réalisation de la condition suspensive (BOI-ENR-DMTOI-10-50 n° 110).

b. Lorsque, à l'échéance du délai de 5 ans, l'engagement de revendre n'est respecté que pour une **fraction du bien** sur lequel il portait, l'acquéreur est redevable des droits dont il a été dispensé, ainsi que des frais et intérêts de retard qui en résultent, à hauteur de la différence entre le prix auquel il avait acquis le bien et le prix auquel a été vendue la (ou les) fraction(s) du bien pour laquelle l'engagement a été respecté. Cette solution s'applique par parcelle ou lot lorsque leur prix d'acquisition a été distingué dans l'acte (BOI-ENR-DMTOI-10-50 n° 110).

c. La **jurisprudence** précédemment construite sur les causes de déchéance dans le régime **antérieur** des marchands de biens apparaît transposable au régime issu de la loi du 9 mars 2010. Ainsi, il y aurait lieu, par exemple, de prendre en compte la **force majeure** invoquée par un acquéreur qui serait en mesure d'établir qu'à raison d'une circonstance présentant les caractères d'extériorité et d'imprévisibilité, il a été dans l'impossibilité insurmontable de vendre pendant toute la durée de son obligation (BOI-ENR-DMTOI-10-50 n° 70).

d. La **donation** du bien avant l'expiration du délai légal entraîne la **déchéance** du régime de faveur (BOI-ENR-DMTOI-10-50 n° 80).

e. L'**apport en société** n'est pas considéré comme une vente pour apprécier si la condition de revente dans le délai légal est remplie. Il en est de même en cas de **transfert dans un patrimoine fiduciaire** (CGI art. 1115, al. 3).

f. En cas d'acquisition par une SNC de l'intégralité des parts d'une SCI sous le régime de l'article 1115 du CGI, puis de **dissolution sans liquidation** de la SCI, entraînant transmission universelle de son patrimoine à la SNC, la déchéance du régime de faveur est encourue dès lors que l'engagement de revente pris par la SNC portait non sur l'immeuble appartenant à la SCI mais sur la totalité des parts sociales de celle-ci et que, par suite de la dissolution, ces parts n'existaient plus, de sorte que l'engagement pris par la SNC ne pouvait plus être tenu (Cass. com. 14-5-2013 n° 12-17.596 FS-PB : RJF 8-9/13 n° 876 ; BOI-ENR-DMTOI-10-50 n° 80). De la même manière, la déchéance du régime de faveur est encourue dès lors qu'une société dont les titres sont acquis sous engagement de revendre cède son unique bien immobilier, lui faisant ainsi perdre sa nature de **société à prépondérance immobilière**, laquelle doit être maintenue pendant toute la durée de l'engagement. Cette déchéance, fondée sur un motif autre que le non-respect du délai imparti pour revendre, est encourue dès la cession de l'immeuble, sans avoir à attendre l'expiration du délai de 5 ans (Cass. com. 24-11-2021 n° 19-17.281 FS-D : BPIM 1/22 inf. 77).

g. En cas d'acquisition d'un terrain assortie de l'engagement de revendre, suivie de l'établissement d'un état descriptif de **division en volumes**, la déchéance du régime de faveur est encourue si seuls deux des trois volumes créés ont été revendus dans le délai légal imparti car les cessions des volumes à construire, ne comportant pas de parties communes indivises, ne comprenaient pas le terrain d'assiette qui est demeuré la propriété de la société marchand de biens (Cass. com. 9-6-2021 n° 18-17.773 FS-P concernant un litige en Nouvelle-Calédonie mais qui nous paraît transposable au régime de droit commun).

h. En cas de **mutations successives entre assujettis**, c'est celui qui se trouve propriétaire de l'immeuble à l'expiration du délai de 5 ans décompté à compter de la première acquisition ayant donné lieu à l'application des dispositions de l'article 1115 qui est tenu d'acquitter le complément de taxe, frais et intérêt de retard sur la valeur de sa propre acquisition dès lors que lui-même s'est placé sous le bénéfice de ces dispositions (BOI-ENR-DMTOI-10-50 n° 50).

Prolongation du délai de revente Pour les immeubles situés dans une **ZAC**, une **prolongation annuelle renouvelable** du délai de 5 ans peut être accordée par le directeur départemental ou régional des finances publiques du lieu de situation des immeubles lorsque l'acquéreur est la personne chargée de l'aménagement ou de l'équipement de la ZAC (CGI art. 1594-0 G, A-IV bis). 60214

En pratique, cette disposition dérogatoire peut trouver à s'appliquer aux terrains, voire aux constructions destinées à être démolies, que l'aménageur de zone a acquises dans les emprises qu'il prévoit de rétrocéder sans y réaliser lui-même de travaux qui l'auraient conduit à prendre un engagement de construire tel que prévu n° 60150. De telles prorogations annuelles peuvent être notamment accordées en raison des retards pris dans la commercialisation de la ZAC du fait de difficultés administratives ou techniques, ainsi que des délais nécessaires à l'appropriation de l'ensemble du foncier de la zone qui peut conditionner la rétrocession des emprises en cause (BOI-ENR-DMTOI-10-50 n° 60).

La demande de prorogation doit être **formulée** au plus tard dans le mois qui suit l'expiration du délai précédemment imparti. Elle doit être adressée par **pli recommandé** avec demande d'avis de réception postale, être **motivée** et préciser la consistance des immeubles sur lesquels porte la prorogation demandée ainsi que le montant des droits dont l'exonération est subordonnée à leur revente (CGI ann. III art. 266 bis, IV). 60215

Substitution d'engagement Lorsque l'acquéreur avait pris l'**engagement de revendre**, il peut y substituer avant son échéance un **engagement de construire** (nos 60150 s.). Celui-ci prend effet à compter de la date à laquelle il est souscrit auprès de l'administration et vaut accomplissement de l'engagement de revendre (CGI art. 1594-0 G, A-II-al. 3). La substitution d'engagement fait donc démarrer ici un **nouveau délai** qui ne se superpose pas à l'ancien. 60218

La substitution d'engagement n'est soumise au paiement d'**aucun droit** (BOI-ENR-DMTOI-10-50 n° 100).

Formellement, cette substitution résulte de l'envoi au service des finances publiques par **pli recommandé** avec demande d'avis de réception postale d'une **déclaration** faisant référence à la date et au numéro d'enregistrement et de publication de l'acte de mutation comportant l'engagement de revendre auquel se substitue le nouvel engagement. La déclaration **précise l'objet et la consistance des travaux** prévus par cet engagement ainsi que le montant des droits dont l'exonération est subordonnée à leur exécution (CGI ann. III art. 266 bis, V). 60219

II. TVA

NOTION D'ASSUJETTI À LA TVA

Incidences La qualité d'assujetti (ou non) à la TVA des parties à l'acte d'acquisition est essentielle pour déterminer : 60300
– le régime de la mutation au regard de la TVA, qui dépend de la qualité du cédant ;
– et le régime de la mutation au regard des droits de mutation à titre onéreux, qui dépend, dans certains cas, de la qualité de l'acquéreur (nos 60100 s.).

Définition légale Sont assujetties à la TVA les personnes qui effectuent **de manière indépendante**, quels que soient leur statut juridique, leur situation au regard des autres impôts et la forme ou la nature de leur intervention, une des **activités économiques** suivantes : toutes activités de producteur, de commerçant, de prestataire de services, y compris les activités extractives, agricoles et celles des professions libérales ou assimilées (CGI art. 256 A). 60306

Cette catégorie recouvre donc à la fois :
– les opérateurs qui sont assujettis du fait de leur activité économique autre qu'immobilière, appelés à effectuer des opérations immobilières ponctuelles ;
– et les entreprises ayant une activité économique principalement immobilière, autrement dit les professionnels de l'immobilier, parmi lesquels les promoteurs et les personnes autrefois dénommées « marchands de biens ».

Opérations réalisées par des personnes non assujetties par ailleurs à la TVA L'activité d'un **investisseur agissant à titre privé** (particulier, société civile) et qui tient au simple exercice du droit de propriété demeure hors du champ de la TVA. 60307

À l'inverse, une personne qui se comporte comme un **investisseur professionnel** en effectuant des opérations dans le cadre d'un objectif d'entreprise ou dans un but commercial mène une activité économique (BOI-TVA-IMM-10-10-10-10 n° 40). Par suite, une telle personne doit notamment se faire enregistrer comme assujetti à la TVA.

60308 Un **particulier qui cède des terrains** qu'il a recueillis par succession ou donation, ou encore qu'il a acquis pour son usage privé, est **présumé ne pas réaliser une activité économique**. Le fait que, préalablement à la cession, l'intéressé procède au lotissement parcellaire du terrain pour en tirer un meilleur prix global n'est pas, à lui seul, de nature à remettre en cause cette présomption, non plus que le nombre de parcelles vendues, la durée sur laquelle s'étaleront les opérations ou l'importance des recettes qu'il en tire au regard de ses autres ressources (BOI-TVA-IMM-10-10-10-10 n° 60).

En revanche, cette **présomption** pourra être **renversée** lorsque le cédant entre dans une démarche active de commercialisation foncière, acquérant les biens en dehors d'une pure démarche patrimoniale ou mobilisant des moyens qui le placent en concurrence avec les professionnels : mise en œuvre de moyens propres tels que l'ouverture d'un bureau de vente ou des commissions garanties versées à un agent mandaté (BOI précité).

L'administration indique à cet égard qu'on pourra suivre la **méthode du faisceau d'indices** déjà utilisée pour la requalification de cessions réputées privées en opérations de marchands de biens : là où les critères d'importance et d'habitude ne suffisent pas à caractériser une activité économique, on pourra considérer celle-ci comme bien établie lorsqu'en outre le cédant se trouve engager des dépenses d'aménagement significatives, et a fortiori lorsque ces dernières sont prépondérantes dans la valeur des cessions réalisées (BOI-TVA-IMM-10-10-10-10 n° 70).

> **Précisions** Dans un arrêt rendu à titre préjudiciel pour l'application de la TVA en Pologne, la **Cour de justice de l'Union européenne** a adopté des critères similaires à ceux retenus par l'administration française pour définir les cessions de terrains imposables à la TVA réalisées par un particulier. Elle a ainsi jugé qu'une personne physique ayant exercé une activité agricole sur un fonds de terre requalifié, à la suite d'une modification des plans d'aménagement du territoire intervenue pour des raisons indépendantes de sa volonté, en terrain destiné à la construction ne doit pas être considérée comme assujettie à la TVA lorsqu'elle entreprend de vendre ledit fonds de terre, si ces ventes s'inscrivent dans le cadre de la gestion du patrimoine privé de cette personne. Si, en revanche, cette personne entreprend, en vue de la réalisation desdites ventes, des démarches actives de commercialisation foncière en mobilisant des moyens similaires à ceux déployés par un producteur, un commerçant ou un prestataire de services, cette personne doit être considérée comme exerçant une activité économique et doit, par conséquent, être considérée comme assujettie à la TVA (CJUE 15-9-2011 aff. 180/10 et 181/10 : RJF 12/11 n° 1406).

De même, la Cour de justice de l'Union européenne considère que l'opération par laquelle une personne physique se voit adjuger un immeuble saisi dans le cadre d'une procédure d'exécution forcée engagée en vue du recouvrement d'un prêt précédemment octroyé et, par la suite, procède à la vente de cet immeuble ne constitue pas, en soi, une activité économique lorsque cette opération relève du simple exercice du droit de propriété, ainsi que de la bonne gestion du patrimoine privé, de sorte que ladite personne ne saurait, au titre de ladite opération, être considérée comme un assujetti (CJUE 20-1-2021 aff. 655/19 : RJF 4/21 n° 441).

La **jurisprudence administrative** met en œuvre les mêmes critères en jugeant qu'un particulier qui vend des terrains à bâtir après d'importants travaux de viabilisation entreprend des démarches actives de commercialisation foncière et doit être assujetti à la TVA, même en l'absence d'utilisation de moyens de vente similaires à ceux d'un professionnel (CE 9-6-2020 n° 432596 : BPIM 4/20 n° 283 dans une affaire où les travaux de viabilisation représentent plus de 40 % du prix de vente et un montant unitaire de plus de 30 000 € par parcelle ; CAA Bordeaux 17-12-2021 n° 19BX03783 : BPIM 1/22 inf. 76 dans une affaire où le délai séparant l'acquisition et les reventes est bref – deux ans – le terrain a été revendu en 41 lots, et le montant des travaux de viabilisation représente 30 % à 39 % du prix de vente pour chacun des acquéreurs).

Relèvent également de démarches actives de commercialisation foncière celles entreprises dans le cadre d'une **opération d'aménagement d'un terrain à bâtir** d'une **ampleur** telle qu'elles ne sauraient relever de la simple gestion d'un patrimoine privé (CE 9-12-2022 n° 459206 : BPIM 2/23 inf. 141 ; en l'espèce un couple avait acquis un terrain initialement classé en zone non constructible. Ce terrain a ensuite été classé en zone à urbaniser à long terme. Afin d'obtenir un permis d'aménager, subordonné à la création de pistes cyclables, de chemins piétonniers et à l'édification d'un bassin de rétention, les époux avaient procédé à l'acquisition d'un terrain mitoyen. Ce permis leur avait été ensuite accordé, suivi de l'autorisation de diviser le terrain en lots. Les intéressés avaient alors vendu les terrains à une société de promotion immobilière).

Opérations réalisées par des personnes déjà assujetties au titre de leur activité courante Pour être taxable à la TVA, l'opération immobilière doit être réalisée par un **assujetti agissant en tant que tel** (CGI art. 256, I). Or, n'agissent pas en tant que tels les assujettis qui cèdent un élément de leur patrimoine en dehors d'un objectif d'entreprise ou d'un but commercial (CE 29-12-1995 n° 118754 : RJF 2/96 n° 186 ; BOI-TVA-IMM-10-10-10-10 n° 80). Là encore, il y a lieu, selon l'administration, de distinguer les opérations de l'assujetti réalisées dans le cadre de son activité économique et celles réalisées dans un cadre patrimonial, non soumises à la TVA. 60309

Ainsi, précise-t-elle, si la cession d'un **actif inscrit au bilan** est présumée être une opération économique réalisée en tant que telle, il en ira différemment de la cession d'un immeuble (ou d'une fraction d'immeuble) réalisée par une entreprise qui, à cette occasion, vise seulement à mieux tirer parti d'un bien devenu étranger à son activité économique.

De même, un agriculteur qui vend des **terrains non inscrits au bilan** n'agit pas, en principe, en tant qu'assujetti. Il en ira différemment, notamment, s'il réalise sur ces terrains des travaux significatifs, par exemple de viabilisation, et met en œuvre des moyens de commercialisation avérés (publicité, démarchage) (BOI-TVA-IMM-10-10-10-10 n° 90 ; dans le même sens : CJUE 15-9-2011 aff. 180/10 et 181/10 analysées ci-dessus n° 60308, Précisions).

Jugé qu'une société civile de location immobilière (SCI) qui revend un **terrain à bâtir initialement acheté pour édifier un immeuble industriel destiné à la mise en location, projet** que la SCI n'a **pu finaliser**, n'agit pas dans un cadre purement patrimonial ni dans le simple exercice de son droit de priorité mais dans le cadre de son activité économique de loueur professionnel de bâtiments industriels, laquelle peut impliquer la revente d'un élément de son actif (CAA Nancy 15-10-2020 n° 19NC03382 : BPIM 6/20 inf. 447-6).

De la même manière, une SCI, assujettie à la TVA au titre de son activité de location de biens immobiliers, qui acquiert 7 terrains à bâtir, en revend 5 et construit sur les 2 derniers un immeuble qu'elle donne en location, doit être regardée comme s'étant livrée non à la gestion de son patrimoine mais à l'activité économique pour laquelle elle est assujettie, et ce quand bien même les 5 parcelles seraient cédées parce qu'il est **impossible d'y construire un bien à donner en location** (CE 21-12-2022 n° 459476 : BPIM 2/23 inf. 142).

Jugé par ailleurs que lorsqu'un assujetti a acquis des **terrains affectés en partie** à son **patrimoine privé** et **en partie** à son **entreprise**, qu'il a fait construire un centre commercial sur l'ensemble et qu'il l'a ensuite revendu, la vente des parcelles qui étaient affectées au patrimoine privé de l'assujetti doit être soumise à la TVA dès lors que l'assujetti a, lors de cette opération, agi en tant que tel (CJUE 9-7-2015 aff. 331/14 : RJF 11/15 n° 977).

Opérations des personnes publiques Les livraisons d'immeubles réalisées à titre onéreux par les personnes morales de droit public (État, collectivités territoriales, organismes publics, etc.) entrent en concurrence avec celles des opérateurs privés et sont soumises à la TVA lorsqu'elles s'inscrivent dans une **démarche économique d'aménagement de l'espace ou de maîtrise d'ouvrage**. Sont ainsi imposables les cessions de terrains à bâtir résultant de l'aménagement d'emprises acquises à cette fin, dès lors que le cadre administratif (notamment la motivation des actes en cause) fait apparaître la volonté de l'opérateur public de valoriser son activité et de répondre aux besoins des acquéreurs comme pourrait le faire un intervenant privé (BOI-TVA-IMM-10-10-10-10 n° 120). Il en va ainsi quel que soit le prix de vente des terrains, et même si la collectivité vend les terrains à **prix coûtant** en ne répercutant dans son prix que les seules dépenses engagées pour la viabilisation du terrain, sans réaliser le moindre bénéfice (Rép. Nicolin : AN 29-1-2013 n° 2948). Cette position doit néanmoins être nuancée dans certains cas : ainsi jugé que n'est pas imposable à la TVA la cession d'une parcelle par une commune assortie d'une convention de partenariat imposant au cessionnaire l'aménagement puis la division de la parcelle en vue de sa cession à des primo-accédants habitant la commune car, compte tenu de ces obligations, la commune a agi en tant qu'autorité publique dans le cadre de ses politiques démographique et urbanistique et elle n'a pas exercé son activité dans les mêmes conditions juridiques qu'un opérateur économique privé (TA Amiens 2-2-2017 n° 1403846 : RJF 7/17 inf. 673). 60310

En revanche, les cessions des personnes publiques ne sont pas imposables à la TVA lorsqu'elles relèvent d'une pure **gestion patrimoniale** (par exemple, cessions de terrains à bâtir non acquis ou aménagés en vue de les revendre). Ainsi, la collectivité sera fondée à ne pas soumettre à la TVA les livraisons de terrains à bâtir lorsque la délibération par laquelle il est décidé de procéder à l'aliénation fait apparaître que celle-ci relève du seul exercice de la propriété, sans autre motivation que celle de réemployer autrement au service de ses missions la valeur de son actif (BOI-TVA-IMM-10-10-10-10 n° 140). À noter toutefois qu'aucune disposition fiscale n'impose à la collectivité de spécifier expressément dans sa délibération que l'opération s'inscrit dans un cadre purement patrimonial (Rép. Morel-À-L'Huissier : AN 17-12-2013 n° 25884).

60311 **Lotisseurs** Sont considérées comme des lotisseurs les personnes qui procèdent au lotissement et à la vente des terrains lotis leur appartenant.

Les opérations d'achat et de revente de terrains par les lotisseurs sont soumises à la **TVA** dans les **conditions de droit commun**. Ainsi, la soumission à la TVA de l'opération d'**achat du terrain** est déterminée par la qualité du cédant (assujetti ou non à la TVA) et la nature du terrain (terrain à bâtir ou non). Quant à la **revente du terrain à bâtir** par le lotisseur, il convient de distinguer selon que l'opération est réalisée par un assujetti agissant en tant que tel (lotisseur professionnel agissant dans le cadre de son activité économique en particulier), auquel cas la TVA est due, ou par un non-assujetti ou par un assujetti n'agissant pas en tant que tel, auquel cas l'opération n'est pas taxable à la TVA (sur ces notions, voir nos 60306 à 60310).

> **Précisions** Au regard de l'**impôt sur le revenu**, les profits de lotissement présentent le caractère de bénéfices industriels et commerciaux si le lotisseur a acquis le terrain en vue de le revendre par lots, c'est-à-dire si l'**intention spéculative** est établie (CGI art. 35, I-3°).
> À défaut d'intention spéculative du lotisseur, les profits sont présumés être réalisés dans le cadre de la gestion du patrimoine privé et relèvent du régime d'imposition des plus-values des particuliers (CGI art. 150 U, I-al. 2).

60315 **Opérations réalisées par les membres d'un assujetti unique** Les assujettis qui sont étroitement liés sur les plans financier, économique et de l'organisation peuvent demander à constituer un assujetti unique, ou « groupe TVA » pour une période minimale de 3 années civiles. Sous ce régime, totalement optionnel, chaque membre de l'assujetti unique perd sa qualité d'assujetti pour constituer un secteur d'activité distinct de l'assujetti unique (CGI art. 256 C).

Ainsi, les livraisons de biens et les prestations de services intervenant **entre les membres** de l'assujetti unique constituent des opérations internes à un même assujetti, étrangères au système de la TVA (BOI-TVA-AU-30 n° 1).

Il s'ensuit que les cessions d'immeubles réalisées entre deux membres d'un même assujetti unique constituent, quel qu'en soit l'objet (immeuble bâti achevé depuis plus ou moins de 5 ans, terrain à bâtir, terrain non à bâtir), des opérations non taxables à la TVA. L'option pour soumettre ces opérations à la TVA n'est pas possible.

En revanche, les opérations réalisées **entre un membre de l'assujetti unique et un tiers** obéissent aux règles de droit commun, étant précisé que le redevable de la TVA est l'assujetti unique pour l'ensemble des opérations réalisées par ses membres.

La constitution et l'existence d'un assujetti unique en matière de TVA sont sans incidence sur les **autres impôts, taxes, droits et prélèvements de toute nature** dont sont redevables ses membres (CGI art. 256 C, III-7).

TERRITORIALITÉ DE LA TVA

60320 Le lieu des opérations concourant à la production ou à la livraison d'immeubles taxables à la TVA se situe en France lorsqu'elles portent sur des **immeubles situés en France** (CGI art. 258, II). Cette expression désigne les territoires où s'applique la TVA française, à savoir : France continentale, Corse, principauté de Monaco, DOM (à l'exception de la Guyane et de Mayotte).

Peu importe le lieu de signature des contrats ou du paiement du prix, ainsi que la nationalité ou le lieu d'établissement des parties au contrat.

A. TVA sur opérations réalisées dans le cadre d'une activité économique

60325 Compte tenu de l'objet de cette étude, nous consacrerons ci-après l'essentiel de nos développements aux **ventes d'immeubles bâtis ou non bâtis réalisées par des assujettis** dans le cadre de leur activité économique. Nous étudierons ensuite, de manière succincte, l'obligation de constater une **livraison à soi-même** taxable à la TVA sur certains immeubles neufs et travaux immobiliers.

1. TVA ET LIVRAISONS D'IMMEUBLES À TITRE ONÉREUX

a. Cas d'imposition à la TVA

OPÉRATIONS TAXABLES DE PLEIN DROIT

Sont imposables de plein droit à la TVA les **livraisons à titre onéreux par un assujetti** agissant en tant que tel de terrains à bâtir, d'immeubles bâtis dans les 5 ans qui suivent leur achèvement ou de droits assimilés à ces immeubles (CGI art. 256 et 257, I-1 et I-2). **60330**
Sur la notion de livraison à titre onéreux, voir n° 60345.

OPÉRATIONS EXONÉRÉES IMPOSABLES SUR OPTION

Sont exonérées de TVA : **60335**
– les livraisons de **terrains** qui ne sont **pas** des terrains **à bâtir** au sens de l'article 257, I-2-1° du CGI (CGI art. 261, 5-1°) ;
– les livraisons d'**immeubles achevés depuis plus de 5 ans** (CGI art. 261, 5-2°) ;
– les cessions portant sur des **droits assimilés** à de tels biens (n° 60370).
Lorsqu'elles sont réalisées par un assujetti agissant en tant que tel, ces opérations sont toutefois imposables sur **option** (CGI art. 260, 5° bis).
Une telle **option** peut présenter un **intérêt** lorsque l'opération est de nature à remettre en cause la TVA antérieurement déduite : vente d'un immeuble ancien sur lequel le vendeur a seulement engagé des travaux de rénovation lourde (BOI-TVA-IMM-10-10-10-30 n° 10) ; vente d'un immeuble acquis auprès d'un assujetti et ayant fait l'objet de travaux d'aménagement qui ne conduisent pas à la production d'un immeuble neuf (BOI-TVA-IMM-10-10-10-30 n° 50) ; vente entre deux assujettis d'un immeuble ancien pour lesquels le bien constitue une immobilisation (BOI-TVA-IMM-10-30 n° 390). Dans tous ces cas, l'option permettra d'éviter une rémanence de taxe régularisable chez le cédant.

› Précisions **a.** L'option pour la TVA n'entraîne aucun changement quant au régime des **droits de mutation à titre onéreux** applicable à l'opération. L'option doit donc être exercée à bon escient lorsque, en l'absence d'engagement de l'acquéreur assujetti, la mutation est soumise aux droits de mutation au taux de droit commun ; elle est en effet d'un coût fiscal élevé (TVA + droit de mutation au taux indiqué n° 60048). En pratique, l'option doit être réservée à l'acquisition réalisée par un assujetti – qui seul peut déduire la taxe grevant l'acquisition –, étant précisé que l'option n'est autorisée que si l'opération ne s'inscrit pas dans une transmission d'universalité au sens de l'article 257 bis du CGI (BOI-TVA-IMM-10-10-10-40 n° 50).

b. L'**option** pour l'imposition à la TVA des livraisons exonérées doit être **expresse**. Elle doit être exprimée **dans l'acte** constatant la mutation, et **de manière distincte** lorsque des immeubles, fractions d'immeuble ou droits immobiliers relèvent de règles différentes pour la détermination de la base d'imposition (prix total ou marge du cédant : voir n° 60380) (CGI ann. II art. 201 quater). À défaut de preuve d'exercice de l'option, c'est à tort que la livraison d'un immeuble exonéré a été soumise à la TVA par l'administration fiscale (CAA Nantes 19-3-2015 n° 13NT02121 : RJF 7/15 n° 577). L'expression de l'option détermine par ailleurs l'exercice des droits à déduction (voir n° 60472).

NOTION DE LIVRAISON À TITRE ONÉREUX

La livraison d'un bien s'entend du **transfert du pouvoir de disposer** de ce bien comme un propriétaire (CGI art. 256, II-1°). Ce terme générique recouvre donc l'ensemble des mutations à titre onéreux : vente, expropriation, adjudication, échange, apport en société, fusions, scissions, apports partiels d'actifs. **60345**
L'opération est considérée comme réalisée **à titre onéreux** lorsqu'il existe un lien direct entre le bien livré et la contre-valeur reçue et que cette contre-valeur est de même niveau que l'avantage procuré au bénéficiaire de la livraison. Par suite, la cession d'un bien immobilier pour un **prix symbolique** est en principe hors du champ de la TVA, sauf s'il est établi que la contre-valeur reçue par le cédant est constituée en outre par une ou plusieurs sommes versées par un tiers et présentant les caractéristiques d'une subvention complément de prix (BOI-TVA-IMM-10-10-10 n° 1).
La **résolution** d'une vente ne constitue pas une nouvelle livraison taxable et n'entre pas dans le champ de la TVA. À l'inverse, elle donne droit à la restitution de la taxe versée sur la vente résolue (CGI art. 272). Il en va de même lorsque la résolution procède de l'exercice d'un réméré (ou faculté de rachat). Dans ce cas, la somme correspondant à la différence entre le prix de rachat et le prix de vente doit être regardée comme rémunérant une prestation de services entrant

dans le champ de la TVA en application de l'article 256 du CGI dès lors qu'elle a pour contrepartie de réserver au vendeur la possibilité, dans le délai fixé par le contrat, d'obtenir la résolution de la vente immobilière et ainsi de récupérer effectivement son bien (CE 7-10-2021 n° 430136 : BPIM 6/21 inf. 408). Toutefois, cette analyse semble limitée au cas où la résolution porte sur un objet strictement identique au bien initialement vendu. En effet, il a été jugé que, lorsque la vente d'un terrain à bâtir est résolue et que l'acquéreur y a édifié un immeuble entre-temps, la restitution du terrain emporte cession de la construction neuve et entre le cas échéant dans le champ de la TVA (Cass. com. 20-1-2015 n° 13-27.454 F-PB : RJF 5/15 n° 413). Cette solution s'explique par le fait que la résolution porte sur un bien différent du bien initialement vendu et que le transfert du surplus (le bâti) ne saurait être gratuit. Dès lors, il a vocation à être taxé à la TVA (J.-P. Garçon, Defrénois 2015 p. 934).

> **Précisions** Selon l'administration, une **expropriation** est présumée ne pas constituer une opération économique pour l'exproprié assujetti au sens indiqué n° 60309, dès lors que la contrepartie reçue a le caractère d'une indemnité. Il en va autrement lorsque l'exproprié établit que cette livraison répond par ailleurs aux besoins de son entreprise (BOI-TVA-IMM-10-10-10-10 n° 100).

TERRAIN À BÂTIR

60350 **Définition légale** Sont considérés comme terrains à bâtir au regard de la TVA les **terrains sur lesquels des constructions peuvent être autorisées** en application d'un plan local d'urbanisme, d'un autre document d'urbanisme en tenant lieu, d'une carte communale ou des dispositions de l'article L 111-3 du Code de l'urbanisme (CGI art. 257, I-2-1°).

> **Précisions a.** Cette définition se rapproche de celle retenue en matière de **taxe forfaitaire communale sur les terrains constructibles** (voir n°s 64000 s.).
> **b.** La cession isolée de **droits à construire** s'analyse non pas en une cession de terrain à bâtir mais en une cession de droits réels immobiliers devant suivre le régime de l'immeuble sous-jacent (BOI-TVA-IMM-10-10-10-40 n° 30) ; voir n° 60370.
> **c.** Sur la qualification des **lots de volume**, voir n° 60370, Précisions, d.
> **d.** Jugé que constituent des **constructions** les habitations légères de loisirs qui, bien que démontables ou transportables, n'ont normalement pas vocation à être déplacées. Leur **terrain d'installation** est donc qualifié de terrain à bâtir, dont la vente est imposable à la TVA (CE (na) 21-10-2019 n° 429940 : RJF 1/20 n° 15). Il en est ainsi même si le terrain a été préalablement viabilisé (CAA Nantes 28-1-2021 n° 19NT01800 : BPIM 2/21 inf. 150 rendu définitif par CE (na) 27-12-2021 n° 451195 : RJF 4/22 n° 343). De même doit être qualifié de terrain à bâtir le terrain nu supportant des panneaux publicitaires démontables (CE (na) 6-12-2022 n° 465043 : BPIM 2/23 inf. 143).

60351 **Zonage des documents d'urbanisme** La définition du terrain à bâtir donnée par l'article 257, I-2-1° du CGI (n° 60350) s'entend de la façon suivante : il s'agit d'un terrain pour lequel – **au moment de la livraison** – la documentation publique opposable ne fait pas obstacle à construire (BOI-TVA-IMM-10-10-10-20 n° 20). Par suite, constituent des terrains à bâtir les terrains situés dans les zones suivantes (BOI-TVA-IMM-10-10-10-20 n°s 40 s.) :
– les zones urbaines (ou **zones « U »**) ;
– les zones à urbaniser (ou **zones « AU »**), à condition que les constructions puissent y être autorisées sans modification préalable du PLU, dès lors que les voies et réseaux installés à proximité de la zone sont suffisants pour desservir les constructions ;
– les **zones constructibles des cartes communales** ;
– les **parties constructibles des communes** en application de l'article L 111-3 du Code de l'urbanisme ;
– les périmètres constructibles des **zones naturelles et forestières** (dans les PLU, zones « N ») ; en revanche, n'est pas un terrain à bâtir le terrain situé en **zone agricole** (zone « A »), à moins que l'acte de cession n'indique qu'il bénéficie d'une autorisation de construire.
On peut penser que les terrains situés dans les **périmètres constructibles des zones agricoles** constituent des terrains à bâtir (C. urb. art. L 151-13).

60352 **Définition objective du terrain à bâtir** La notion fiscale de terrain à bâtir est fondée exclusivement sur l'emplacement du terrain dans une zone constructible, apprécié au jour du fait générateur, quelle que soit sa **constructibilité réelle**. Il n'est tenu compte ni des **intentions de l'acquéreur** ni de la **superficie du terrain**, en particulier par rapport au minimum requis pour construire par les documents d'urbanisme (BOI-TVA-IMM-10-10-10-20 n°s 10 et 20).

Il en découle que le régime fiscal du terrain au regard de la TVA est fixé définitivement au jour de la livraison, sans risque d'assujettissement rétroactif à la TVA du fait de l'obtention postérieure d'une autorisation de construire ou d'aménager ou encore du commencement de travaux.

> **Précisions a.** Si l'article 257, I-2-1° du CGI ne pose pas de **condition de superficie** pour l'application de la TVA aux cessions de terrains, cette donnée est importante pour l'application des droits de mutation à titre onéreux (n° 60155).
> **b.** La législation française se réfère à des critères de constructibilité purement objectifs pour définir la notion de terrain à bâtir. Cette analyse semble cependant en contradiction avec l'esprit des dispositions européennes qui prescrivent de tenir compte des intentions des parties pour déterminer la qualification d'une opération au regard des règles applicables en matière de TVA. Ainsi, le juge européen considère que constitue un terrain à bâtir un **terrain vendu nu après démolition par le vendeur** du bâtiment qui s'y trouvait, même lorsque, à la date de la livraison, les travaux d'aménagement du terrain n'avaient pas été réalisés dès lors qu'il résulte des circonstances, et notamment de l'intention des parties étayée par des éléments objectifs, que le terrain était destiné à être bâti (CJUE 17-1-2013 aff. 543/11 : RJF 4/13 n° 450). En revanche, la livraison d'un terrain supportant, à la date de cette livraison, un bâtiment ne peut être qualifiée de livraison d'un « terrain à bâtir » même si l'intention des parties était que le bâtiment soit totalement ou partiellement démoli après la vente pour faire place à un nouveau bâtiment lorsque le **bâtiment** pouvait encore **faire l'objet d'un usage effectif à la date de la cession** et qu'aucune des parties en présence n'était chargée de sa démolition réalisée in fine par un tiers (CJUE 4-9-2019 aff. 71/18 : RJF 11/19 n° 1106).

Terrains non qualifiés de terrains à bâtir Les **livraisons** de terrains qui ne répondent pas à la définition donnée par l'article 257, I-2-1° du CGI (n° 60350) sont **exonérées** de plein droit **de la TVA** (CGI art. 261, 5-1°). 60353
Toutefois, le cédant assujetti livrant un tel terrain peut soumettre cette livraison à la taxe sur **option** (CGI art. 260, 5° bis). Sur l'intérêt que présente cette option, voir n° 60335.

Exclusion des immeubles bâtis En principe, les notions de terrain à bâtir et d'immeuble bâti sont exclusives l'une de l'autre. Ainsi, peut seul constituer un **terrain à bâtir** un terrain qui ne comporte pas d'ores et déjà des bâtiments, c'est-à-dire des **constructions incorporées au sol** (BOI-TVA-IMM-10-10-10-20 n° 110). 60354
En particulier, un immeuble ne saurait être qualifié de terrain à bâtir au sens de la TVA du seul fait que l'acquéreur se destine à y réaliser une construction, avec ou sans démolition du bâti existant, puisque les intentions de l'acquéreur sont tenues pour indifférentes (voir n° 60352).

> **Précisions a.** L'immeuble bâti ne saurait être assimilé à un terrain à bâtir quand bien même des **droits à construire résiduels** (notamment par surélévation) y seraient attachés. Un tel bien doit être considéré comme un immeuble neuf ou un immeuble ancien en fonction de la date d'achèvement du bâti existant (BOI-TVA-IMM-10-10-10-40 n° 30).
> **b.** Lorsqu'un terrain à bâtir constitue le **prolongement direct et accessoire d'un bâtiment** et est cédé conjointement avec celui-ci, l'ensemble peut être considéré comme un immeuble bâti si terrain et bâtiment ne forment qu'une seule parcelle cadastrale ou un seul lot dans un règlement de copropriété ou un état descriptif de division (BOI-TVA-IMM-10-10-10-40 n° 20).

Immeuble bâti inutilisable L'administration considère qu'on ne doit entendre par « immeuble bâti » qu'une construction qui se trouve en état d'être utilisée en tant que tel pour un usage quelconque sans qu'il soit nécessaire d'y réaliser un immeuble neuf. Par suite, un immeuble situé dans une zone constructible dont l'état le rend **impropre à un quelconque usage** devra être assimilé à un terrain à bâtir. Sont visés par l'administration : la **ruine** résultant d'une démolition plus ou moins avancée, le bâtiment rendu inutilisable par suite de son état durable d'**abandon**, l'immeuble frappé d'un **arrêté de péril**, l'immeuble **inachevé**, etc. (BOI-TVA-IMM-10-10-10-20 n° 120). 60355
Sur la vente d'**immeuble à rénover**, voir n° 60364.

> **Précisions** Dans un arrêt rendu à titre préjudiciel pour l'application de la **TVA aux Pays-Bas**, la qualification d'immeuble bâti a été retenue s'agissant d'un bien immeuble composé d'un terrain et d'un **bâtiment ancien en cours de transformation** en un bâtiment nouveau dès lors que, au moment de la livraison, le bâtiment ancien n'avait subi que des travaux de démolition partielle et était, à tout le moins en partie, encore utilisé en tant que tel (CJUE 12-7-2012 aff. 326/11 : RJF 11/12 n° 1091). Cette caractérisation de l'immeuble bâti peut être rapprochée de celle retenue par la doctrine administrative française exposée ci-dessus.

IMMEUBLES NEUFS

60360 **Définition** Sont considérés comme immeubles neufs les **immeubles** qui ne sont **pas achevés depuis plus de 5 années**, qu'ils résultent d'une **construction nouvelle** ou de travaux portant sur des immeubles existants qui ont consisté en une **surélévation** ou qui ont **rendu à l'état neuf** (CGI art. 257, I-2-2°) :

a. soit la majorité des fondations ;

b. soit la majorité des éléments hors fondations déterminant la résistance et la rigidité de l'ouvrage ;

c. soit la majorité de la consistance des façades hors ravalement ;

d. soit l'ensemble des éléments de second œuvre suivants, à hauteur d'au moins 2/3 chacun (CGI ann. II art. 245 A) :

– les planchers ne déterminant pas la résistance ou la rigidité de l'ouvrage ;
– les huisseries extérieures ;
– les cloisons intérieures ;
– les installations sanitaires et de plomberie ;
– les installations électriques ;
– et, en métropole, le système de chauffage.

> **Précisions** L'achèvement s'entend du dépôt de la déclaration d'achèvement et de conformité des travaux (Dact) mentionnée à l'article L 462-1 du Code de l'urbanisme qui est réputé intervenir lorsque l'état d'avancement des travaux est tel qu'il permet une utilisation effective du bâtiment selon sa destination (CGI ann. III art. 266 bis, I). Pour apprécier cette date, le Conseil d'État fait prévaloir le critère matériel de l'achèvement effectif des travaux sur le critère juridique de la Dact : une date d'achèvement des travaux mentionnée sur la Dact, antérieure à la date de dépôt de cette déclaration, peut constituer, en principe et sauf preuve contraire, le point de départ du délai de 5 ans au-delà duquel la vente d'un immeuble neuf n'est plus soumise à la TVA (CE (na) 14-4-2022 n° 457246 : BPIM 4/22 inf. 291).

60362 **Immeuble à construire** Bien que la loi ne l'indique pas expressément, il y a lieu de considérer que la livraison d'un immeuble à construire (**Véfa** ou **vente à terme**) entre de plein droit dans le champ d'application de la TVA.

La **cession d'un contrat de Véfa en cours** doit pour sa part être considérée, au regard de la TVA, comme portant sur un terrain à bâtir. En effet, pour l'administration, un immeuble inachevé cédé au cours d'une opération de construction nouvelle inaboutie (assez pour n'être utilisable d'aucune façon) ne saurait être assimilé à un immeuble neuf dès lors qu'on ne peut soutenir qu'il résulte d'une construction nouvelle, alors que le résultat attendu de l'autorisation de construire n'est pas encore atteint. L'assiette de la taxe est limitée, en pratique, à la valeur du terrain à bâtir, qui comprend le sol et les constructions en cours d'édification, non achevées. La créance d'achèvement de l'immeuble à construire n'est théoriquement pas monétisée dans la mesure où les appels de fonds seront versés au promoteur par le nouvel acquéreur du contrat au fur et à mesure de l'avancement des travaux (BOI-RES-TVA-000064).

60364 **Immeuble à rénover** En principe, la vente d'un immeuble destiné à être remis en état d'habitabilité ou à être transformé s'analyse en la vente d'un immeuble bâti.

Si, compte tenu de la nature et de l'importance des travaux à y effectuer, l'immeuble, une fois transformé, doit être considéré comme un immeuble neuf, l'opération s'analyse en la vente d'un **immeuble à construire** (voir n° 60362).

Si les critères exposés n° 60360 ne sont pas remplis, la vente porte sur un **immeuble bâti**, neuf ou ancien selon qu'il aura été achevé depuis plus ou moins de 5 ans. En pratique, il s'agira généralement d'un immeuble ancien. Cet immeuble pourra cependant être qualifié d'immeuble neuf, non pas en raison des travaux à réaliser dans le cadre de sa rénovation (voir ci-avant) mais en raison du fait qu'il a déjà subi des travaux l'ayant rendu à l'état neuf, travaux achevés depuis moins de 5 ans.

> **Précisions a.** Lorsque l'immeuble, avant et après réalisation des travaux, ne comporte pas l'un des lots de **second œuvre** mentionnés n° 60360, l'administration considère que la composante second œuvre dans son ensemble n'est pas rendue à l'état neuf et que l'immeuble concerné ne peut être regardé comme neuf pour l'application de la TVA (BOI-TVA-IMM-10-10-10-20 n° 250). Il peut l'être en revanche pour l'application des régimes de faveur en matière de droits de vente visés n°s 60107 et 60150 s. (BOI-ENR-DMTOI-10-40 n°s 120 et 230).
>
> **b.** En cas de **pluralité de bâtiments**, chaque bâtiment doit être considéré isolément pour

apprécier le régime d'imposition, sauf si des circonstances particulières imposent une appréciation globale de plusieurs bâtiments (notamment dans le cas de plusieurs bâtiments réputés former un seul immeuble car ils communiquent entre eux verticalement et horizontalement et disposent des mêmes issues sur la voie publique). Selon l'administration, est sans incidence le fait que les locaux nouvellement aménagés sont affectés à plusieurs occupants ou que l'opération en cause a pour effet de diviser physiquement ou juridiquement un immeuble constituant jusqu'alors une entité unique ou de modifier l'affectation de certaines parties de celui-ci (BOI-TVA-IMM-10-10-10-20 n° 200).

c. Sur l'assimilation fiscale à des terrains à bâtir d'immeubles bâtis inutilisables (**ruine, immeuble inachevé** ou **abandonné**, etc.), voir n° 60355.

DROITS ASSIMILÉS AUX IMMEUBLES

Sont assimilés à des biens corporels et suivent le régime du bien immeuble auquel ils se rapportent (CGI art. 257, I-1) : **60370**

– les **droits réels immobiliers**, à l'exception des locations résultant de baux qui confèrent un droit de jouissance ;

– les **droits relatifs aux promesses de vente** ;

– les **parts d'intérêts et actions** dont la **possession** assure en droit ou en fait l'attribution en propriété ou en jouissance d'un bien **immeuble** ou d'une fraction d'un bien immeuble (n° 60700) ;

– les droits au titre d'un contrat de **fiducie** représentatifs d'un bien immeuble.

› Précisions a. Sont visés parmi les **droits réels immobiliers** : la nue-propriété, l'usufruit, les droits indivis, le droit de superficie, les servitudes, etc. Par suite, la constitution comme la cession de tels droits relatifs à un immeuble neuf sont soumises au même régime de TVA que la cession de l'immeuble lui-même (BOI-TVA-IMM-10-10-20 n° 80).

b. Seule la cession du **bail à construction** ou du **bail emphytéotique** est soumise au régime fiscal de la cession de l'immeuble sous-jacent. La conclusion d'un tel contrat, tout comme les loyers susceptibles d'être stipulés tout au long du contrat, est en principe exonérée de TVA, avec possibilité de soumission à la taxe sur option (BOI-TVA-IMM-10-10-20 n° 90).

c. Sont visés les droits dont est titulaire le **bénéficiaire de la promesse de vente**. La loi ne distingue pas selon le type de promesse (synallagmatique ou unilatérale), ce qui amène en principe à considérer que les deux sont concernés. En pratique, est surtout visée ici la cession des droits du preneur d'un **crédit-bail immobilier**, qui emporte cession du bénéfice de la promesse de vente.

d. Selon l'administration, l'assimilation des droits réels immobiliers à l'immeuble auquel ils se rapportent concerne notamment le droit de superficie (BOI-TVA-IMM-10-10-20 n° 80). Suivant cette doctrine, la cession du **lot de volume non bâti** est traitée comme celle de l'immeuble qui en est le support (terrain à bâtir, immeuble neuf ou immeuble de plus de 5 ans selon la nature de l'immeuble inférieur) et non pas comme la cession d'un terrain à bâtir à part entière.

Quant au **volume une fois construit**, il doit être qualifié d'immeuble bâti (neuf ou ancien selon sa date d'achèvement), malgré la subsistance de droits à construire résiduels (BOI-TVA-IMM-10-10-10-40 n° 30).

CESSION SIMULTANÉE DE BIENS DE NATURES DIFFÉRENTES

Lorsqu'une cession porte simultanément sur des biens de natures différentes (un terrain à bâtir et un terrain non à bâtir ou un terrain et un immeuble bâti), l'acte doit faire apparaître une ventilation du prix de vente. Cela est nécessaire dès lors que des régimes fiscaux différents s'appliquent, soit que seul l'un des biens est soumis à la TVA, soit que les deux y sont soumis (le terrain non à bâtir et l'immeuble bâti de plus de 5 ans pouvant l'être sur option) mais sur des assiettes différentes, l'un sur le prix et l'autre sur la marge. L'administration exige dans ce cas que l'**acte** comporte une claire **distinction entre l'une et l'autre partie des biens vendus** (BOI-TVA-IMM-10-10-10-30 n° 30). Le cas échéant, une **division parcellaire** préalable à la mutation sera nécessaire (BOI-TVA-IMM-10-10-10-40 n° 10). **60380**

b. Assiette de la TVA

TAXATION SUR LE PRIX TOTAL

L'assiette de la TVA est en principe constituée par le **prix de vente hors taxe** de l'immeuble, augmenté des charges (CGI art. 266, 2-b). Comme en matière de droits d'enregistrement, les **prestations supplémentaires** que le vendeur impose à l'acheteur entrent dans la base d'imposition (commission de l'intermédiaire payée par l'acquéreur pour le compte du vendeur notamment). Mais, contrairement à la règle applicable en matière de droits d'enregistrement, la refacturation par le vendeur à l'acquéreur de la taxe foncière correspondant à la période postérieure à **60400** l'entrée en jouissance constitue une charge augmentative de prix pour la TVA (BOI-TVA-IMM-10-20-10 n° 150).

En cas d'**insuffisance du prix**, l'administration ne peut asseoir la TVA sur la valeur vénale de l'immeuble que si elle prouve la fraude ou l'évasion fiscale, par hypothèse non avérée quand la TVA est intégralement déductible par l'acquéreur (BOI-TVA-IMM-10-20-10 n° 190).

Si le **prix** est **payable à terme ou par annuités**, les intérêts pour délais de paiement consentis à l'acheteur pour une période postérieure à la vente ne sont pas taxables à la TVA, sous réserve que l'acte de vente ventile clairement le prix en principal et le montant des intérêts (BOI-TVA-BASE-10-10-10 n°s 130 s.).

> **Précisions a.** L'évasion fiscale permettant à l'administration de substituer la valeur vénale de l'immeuble au prix déclaré est établie lorsqu'une importante minoration de prix est associée à des relations d'intérêt entre les parties (CE (na) 25-6-2007 n° 292864 : RJF 12/07 n° 1405).
b. Lorsque le prix des biens est mentionné sans précision particulière dans l'acte, l'administration considère que les parties ont entendu énoncer un **prix « taxe comprise »** (BOI-TVA-IMM-10-20-10 n° 130). Il en va ainsi en particulier lorsque le vendeur est une société civile immobilière, sans qu'il y ait lieu d'appliquer l'usage constant entre commerçants selon lequel les prix s'entendent hors taxe sauf convention contraire (Cass. com. 21-3-2018 n° 17-12.744 F-D : RJF 8-9/18 n° 846).

TAXATION SUR LA MARGE

60405 Sont taxables sur la marge la livraison d'un **terrain à bâtir** (imposable de plein droit) et la livraison d'un **immeuble achevé depuis plus de 5 ans** (imposable sur option) à condition que l'**acquisition** du bien par le cédant n'ait **pas ouvert droit à déduction de la TVA** (CGI art. 268).

60407 **Condition initiale d'application de la TVA sur marge : absence d'ouverture du droit à déduction lors de l'achat du bien revendu** Selon la **jurisprudence européenne et française**, le régime de la marge s'applique à des livraisons de terrains à bâtir :

– lorsque leur acquisition a été soumise à la TVA, sans que l'assujetti qui les revend ait eu le droit de déduire cette taxe ;

– ou lorsque leur acquisition n'a pas été soumise à la TVA alors que le prix auquel l'assujetti-revendeur a acquis ces biens incorpore un montant de TVA qui a été acquitté en amont par le vendeur initial. En dehors de cette hypothèse, le régime de la TVA sur marge ne s'applique pas à des livraisons de terrains à bâtir dont l'acquisition initiale n'a pas été soumise à la TVA, soit qu'elle se trouve en dehors de son champ d'application, soit qu'elle s'en trouve exonérée (CJUE 30-9-2021 aff. 299/20 : BPIM 6/21 inf. 409 ; CE 12-5-2022 n° 416727 : BPIM 4/22 inf. 333, rendus dans le cadre du régime de TVA immobilière applicable avant le 11-3-2010 mais transposables au régime actuel).

L'**administration**, quant à elle, considère que n'ont pas ouvert droit à déduction (BOI-TVA-IMM-10-20-10 n°s 30 s.) :

– l'acquisition réalisée auprès de personnes non assujetties ;

– l'acquisition réalisée auprès de personnes assujetties qui n'ont pas agi en tant que telles ;

– l'acquisition réalisée auprès de personnes assujetties lorsque la livraison de l'immeuble était exonérée (terrain non à bâtir ou immeuble de plus de 5 ans) et que l'option pour l'assujettissement n'a pas été formulée ;

– l'acquisition réalisée par une personne qui aurait acquis l'immeuble pour la réalisation exclusive d'opérations non imposables, de telle sorte que le coefficient d'assujettissement de l'article 206 de l'annexe II au CGI était nul au moment de l'acquisition. À cet égard, seule compte l'affectation initiale du bien. En revanche, la circonstance que le coefficient de taxation ait été nul lors de l'acquisition est sans incidence (BOI-TVA-IMM-10-20-10 n° 40). Signalons toutefois que cette position ne semble pas conforme à l'interprétation donnée par la Cour de justice de l'Union européenne : selon elle, seule l'acquisition de l'immeuble par un assujetti agissant en tant que tel détermine l'application du mécanisme des déductions, l'utilisation des biens détermine quant à elle uniquement l'étendue de la déduction initiale, mais n'affecte pas la naissance de ce droit. Si l'acquéreur a agi en qualité d'assujetti lors de l'acquisition du bien, le droit à déduction prend donc naissance même si l'immeuble a d'abord été affecté à une activité hors du champ de la taxe. Le point de savoir si l'assujetti l'a acquis en tant que tel est une question de fait qui impose de se référer à son intention, mise en évidence par un faisceau d'indices : nature des biens susceptibles ou non d'utilisation à des activités taxées, période écoulée entre l'acquisition et l'utilisation du bien pour une activité économique, etc. (CJUE 25-7-2018 aff. 140/17 : RJF 12/18 n° 1304) ;

– l'acquisition réalisée sans que le montant de la taxe déductible n'ait été mentionné dans l'acte ni dans tout autre document valant facture.
Il est également considéré qu'est réputée ne pas avoir ouvert droit à déduction l'acquisition réalisée avant le 11 mars 2010 qui aurait fait l'objet d'un engagement de construire et d'une autoliquidation de la TVA (hypothèse de l'acquisition d'un terrain à bâtir ou assimilé lorsque le redevable de la taxe était l'acquéreur) (BOI-TVA-IMM-10-20-10 n° 30, Remarque ; CAA Lyon 4-6-2020 n° 18LY03464 : BPIM 6/20 inf. 447-7).

En revanche, l'administration considère comme **ayant ouvert droit à déduction** (BOI-TVA-IMM-10-20-10 n°s 30, 40, 50 et 70) : 60410
– l'acquisition qui a ouvert un droit à déduction, ne serait-ce que partiel à raison d'un coefficient d'assujettissement non nul ;
– l'acquisition à l'occasion de laquelle le cédant a bénéficié d'un transfert de droits à déduction en application de l'article 207, III-3 de l'annexe II au CGI ;
– l'acquisition soumise à la TVA sur la marge, à condition que la TVA liquidée sur la marge ait été mentionnée dans l'acte d'acquisition ou dans tout document valant facture ;
– l'acquisition avant le 31 décembre 2012 auprès d'une personne non assujettie d'un immeuble précédemment acquis comme immeuble à construire et cédé dans les 5 ans de son achèvement.

Certaines **origines de propriété particulières** ne permettent pas de déterminer si l'acquisition a ouvert droit à déduction. 60413
Il en va ainsi, par exemple, si le cédant n'est pas en mesure d'établir dans quelles conditions de qualification fiscale il est entré en possession de tout ou partie du bien (ex. : parcelle issue de **remembrement, origine** de propriété très ancienne et **inconnue**, etc.). Dans ce cas, il y a lieu de soumettre l'ensemble de la cession à la TVA sur le prix total (BOI-TVA-IMM-10-20-10 n° 80).
Lorsque l'acquisition de l'immeuble s'est faite dans le cadre d'une **transmission d'universalité** (CGI art. 257 bis ; voir n°s 60490 s.), il y a lieu de se référer au régime de l'acquisition antérieure à celle réalisée par le bénéficiaire de la transmission non taxée pour déterminer si l'acquisition avait ouvert droit à déduction (BOI-TVA-IMM-10-20-10 n° 90). En effet, la cession d'immeuble qui remplit les conditions d'une transmission d'universalité est considérée comme transparente au regard de la TVA.
Par ailleurs, la circonstance qu'un bien immobilier figure **comptablement en stock ou à l'actif immobilisé** de l'assujetti est dépourvue d'incidence sur l'application du régime de taxation sur la marge (Rép. Grau : AN 27-4-2021 n° 35554).

Condition supplémentaire d'application du régime de la TVA sur marge : identité de qualification juridique entre le bien acquis et le bien revendu 60415

Selon l'administration fiscale, il n'y a lieu de rechercher le régime de l'acquisition aux fins de déterminer la base d'imposition que pour les seules livraisons d'immeubles acquis et revendus en gardant la même qualification (BOI-TVA-IMM-10-20-10 n° 20). L'administration précise à ce sujet que la mise en œuvre de la TVA sur la marge suppose nécessairement que le bien revendu soit identique au bien acquis quant à sa qualification juridique, car appliquer le régime de la marge dans d'autres cas aboutirait à le permettre dans le cadre d'opérations autres que des opérations d'achat-revente. Ainsi, dans le cas d'un lot revendu comme terrain à bâtir ayant été acquis comme terrain d'assiette d'un immeuble bâti et, comme tel, assimilé à ce dernier, l'identité entre le bien acquis et le bien revendu n'est pas vérifiée. La revente doit être soumise à la TVA sur le prix de vente total (Rép. Vogel : Sén. 17-5-2018 n° 4171 ; Rép. Falorni : AN 24-9-2019 n° 1835 ; Rép. Bazin : AN 29-9-2020 n° 30676 ; Rép. Vialay : AN 2-3-2021 n° 35380).
Cette analyse est également celle retenue par le Conseil d'État : ce dernier considère que l'article 392 de la directive européenne du 28 novembre 2006, dont l'article 268 du CGI assure la transposition, impose que ces règles de calcul dérogatoires de la TVA s'appliquent aux opérations de cession de terrains à bâtir qui ont été acquis en vue de leur revente et ne s'appliquent donc pas à une cession de terrains à bâtir qui, lors de leur acquisition, avaient le caractère d'un terrain bâti (CE 27-3-2020 n° 428234 : RJF 6/20 n° 524 repris sous BOI-TVA-IMM-10-20-10 n° 20 ; CE 1-7-2020 n° 431641 : RJF 10/20 n° 776 ; CE 30-11-2020 n° 440137 : BPIM 1/21 inf. 80). Par suite, ne relève pas de la TVA sur la marge la cession d'un bien acquis en état d'immeuble bâti – la parcelle supportant un chalet – et revendu, après démolition, comme terrain à bâtir grevé d'un immeuble hors d'eau et hors d'air mais non habitable (CE 16-7-2020 n° 435464 : RJF 11/20 n° 877).
Autrement dit, ne sont, le cas échéant, taxables à la TVA sur marge que les reventes d'**immeubles n'ayant pas changé de consistance** depuis leur acquisition, tels que les terrains à bâtir ayant été préalablement acquis comme terrains nus ou les immeubles achevés depuis plus de 5 ans ayant été préalablement acquis comme immeubles déjà bâtis.

La Cour de justice de l'Union européenne confirme qu'il y a lieu d'exclure l'application du régime de TVA sur la marge à la livraison de terrains à bâtir lorsque ces terrains acquis bâtis sont devenus, entre le moment de leur acquisition et celui de leur revente par l'assujetti, des terrains à bâtir (CJUE ord. 10-2-2022 aff. 191/21 : RJF 5/22 n° 516).

En revanche, elle se montre plus exigeante que la doctrine administrative en la matière puisqu'elle exclut l'application du régime de taxation sur la marge à des livraisons de terrains à bâtir lorsque ces terrains acquis non bâtis sont devenus, entre le moment de leur acquisition et celui de leur revente par l'assujetti, des terrains à bâtir. En particulier sont exclus du régime de la TVA sur marge les terrains acquis non bâtis qui ne répondent pas à la définition d'un terrain à bâtir telle que donnée par les États membres (à savoir un terrain destiné à supporter un édifice) (CJUE 30-9-2021 aff. 299/20 précité).

S'agissant des **opérations en cours**, l'administration précise que le contribuable de bonne foi conserve le droit de se prévaloir de la doctrine administrative française (publiée au Bofip sous la référence BOI-TVA-IMM-10-20-10), même contraire à l'arrêt de la CJUE, tant que cette doctrine administrative n'a pas été remise à jour. Une fois que l'administration aura mis à jour ses commentaires, l'assujetti qui vendrait un bien immobilier postérieurement pourra continuer à se prévaloir de la doctrine antérieure si son acquisition est intervenue ou a fait l'objet d'un compromis de vente antérieurement à cette publication (Rép. Grau : AN 1-2-2022 n° 42486).

60417 Les opérations qui font intervenir une **division** entre l'achat et la revente reçoivent le traitement suivant.

D'après l'administration, la TVA ne pourra pas s'appliquer sur la marge lors de la revente d'un terrain à bâtir issu de la division d'un immeuble bâti sauf si la division parcellaire était antérieure à l'acte d'acquisition initial au moyen d'un document d'arpentage établi pour les besoins de la cession permettant d'identifier les différentes parcelles dans l'acte ou d'un permis d'aménager faisant apparaître de manière précise les divisions envisagées obtenu préalablement à l'acquisition (Rép. Bussereau : AN 20-9-2016 n° 96679).

Ainsi relèvent de la TVA sur marge les cessions de terrains à bâtir ayant fait l'objet, entre l'achat et la revente, d'une division en lots et de travaux d'aménagement et de viabilisation (installation de réseaux desservant lesdits terrains tels que réseaux de gaz ou d'électricité) (CJUE 30-9-2021 aff. 299/20 précité ; CJUE ord. 10-2-2022 aff. 191/21 précité ; CE 12-5-2022 n° 416727 précité ; CE (na) 13-5-2022 n° 440619 : BPIM 5/22 inf. 388). Pour que le régime de la TVA sur marge s'applique, il y a lieu de rechercher dans les actes d'acquisition si les terrains à bâtir ont été acquis en cette qualité, distinctement des terrains contigus supportant des constructions (CE 11-10-2022 n° 464561 : BPIM 6/22 inf. 460 ; CE (na) 18-1-2024 n° 475616 : BPIM 3/24 inf. 213). Est sans incidence la circonstance que les terrains vendus étaient déjà constructibles au moment de leur acquisition et que les lotissements avaient été acceptés par un arrêté antérieur à cette acquisition (CE (na) 14-4-2022 n° 446855 : RJF 7/22 n° 632). Ces derniers éléments paraissent nécessaires mais non suffisants pour caractériser des terrains à bâtir car tant que ceux-ci ne sont pas identifiés comme tels dans l'acte notarié d'acquisition, il ne s'agit que d'un projet de division.

En revanche ne relève pas de la TVA sur marge l'opération portant sur l'acquisition de 7 parcelles contiguës, qualifiées d'immeuble bâti en raison de la présence d'un bâtiment sur l'une d'elles, revendues séparément en qualité de terrains à bâtir, et dont les délimitations cadastrales n'ont pas changé depuis l'acquisition (CE 2-4-2024 n° 466644 : BPIM 4/24 inf. 223, avec commentaire de Gaëtan Berger-Picq). Dans cette affaire, la rédaction de la clause fiscale de l'acte semble avoir prévalu sur la désignation et la consistance réelle des biens, ce qui réduit la portée de l'arrêt.

60420 La **marge** est **constituée par la différence** entre (CGI art. 268) :

1° D'une part, le prix exprimé et les charges qui s'y ajoutent ;

2° D'autre part, les sommes que le cédant a versées, à quelque titre que ce soit, pour l'acquisition du terrain ou de l'immeuble.

Ainsi, la marge est déterminée par la différence entre, d'une part, toutes les sommes et charges dues auprès du cédant par le cessionnaire, **diminuées de la TVA afférente à la marge** elle-même et, d'autre part, le prix d'achat supporté par l'assujetti revendeur. Par suite, le « prix exprimé » s'entend de la différence entre le montant payé au cédant par le cessionnaire ou, pour tout ou partie, par un tiers et le montant de la TVA afférente à la marge résultant de ce prix. Pour déterminer la base d'imposition qui est réputée toute taxe comprise (TTC), il y a donc lieu de procéder à un **calcul « en dedans »** selon la formule suivante (BOI-TVA-IMM-10-20-10 n°s 240 s.) :

Marge taxable = montant payé par le cessionnaire + charges augmentatives – prix d'achat/[(100 + taux applicable à l'opération)/100].

› Précisions a. Le **second terme de la différence** (qui correspond au prix d'achat et aux charges qui s'y ajoutent) ne comprend que les dépenses sur lesquelles **aucun droit à déduction n'a pu être exercé**. Les frais et honoraires exposés à l'occasion de l'acquisition ne sont pas à inclure dans le prix d'achat dès lors qu'ils sont grevés de TVA et que cette taxe est déductible dans les conditions de droit commun (BOI-TVA-IMM-10-20-10 n° 270). Ainsi, si des droits à déduction ouverts au moment de l'acquisition n'ont pas été exercés à l'époque, ils ne pourront pas être inclus dans le second terme de calcul de la marge. Ils ne pourront être pris en compte que par la voie d'une rectification par le contribuable des déclarations de TVA qu'il a déposées si le délai de reprise est encore ouvert.

b. La marge ainsi calculée peut se révéler **nulle ou négative**. La base d'imposition sera alors prise pour zéro. Cette situation peut notamment se présenter à l'occasion de la commercialisation des opérations de **lotissement**. Dans ce cas, le prix d'achat retenu pour le calcul de la base d'imposition propre à chaque lot devra être exactement déterminé à partir du prix d'acquisition des parcelles d'origine en proportion des surfaces incluses dans le lot cédé (en ce compris la fraction des parties communes éventuellement attachées à chaque lot par tantième ainsi qu'une part proportionnelle des emprises des équipements généraux ou collectifs). Il ne pourra en aller autrement que lorsque les particularités tenant à la consistance et aux caractéristiques du terrain d'origine sont de nature à justifier que soit retenu un prix différencié entre diverses fractions de celui-ci, sans que cette différenciation puisse finalement conduire à ce que la somme des montants pris en considération à cet effet excède le montant effectif de l'acquisition de l'ensemble du terrain loti (BOI-TVA-IMM-10-20-10 n° 300).

Jugé à cet égard que le lotisseur peut intégrer au prix de revient de chaque lot vendu une quote-part du prix de revient des parcelles non commercialisées destinées aux équipements collectifs du lotissement (CAA Bordeaux 9-7-2020 n° 18BX02878 : BPIM 5/20 inf. 349) ou des terrains cédés gratuitement ou pour l'euro symbolique à la commune en vue de la réalisation d'aménagements de voirie, lorsque cette cession conditionne la réalisation de l'opération immobilière (CE 13-10-2021 n° 433745 : BPIM 6/21 inf. 407 ; dans le même sens CE 18-2-2022 n° 449811 : RJF 5/22 n° 438).

c. Taux de TVA applicable

TAUX DE TVA DE DROIT COMMUN

Le taux de droit commun applicable aux ventes d'immeubles est le taux normal de **20 %** (CGI art. 278). **60425**

Si le **prix** est fixé **taxe incluse**, le prix hors taxe s'obtient en appliquant le coefficient de conversion de 0,833. Si la TVA est exigible sur la marge, ce coefficient s'applique uniquement à la marge.

› Précisions a. En **Corse**, le taux normal applicable aux livraisons d'immeubles est de 10 %, soit un coefficient de conversion de 0,909 (CGI art. 297, I-1-5°-a).

b. Dans les **DOM** (excepté Mayotte et la Guyane où la TVA n'est pas applicable), le taux normal applicable aux livraisons d'immeubles est de 8,5 %, soit un coefficient de conversion de 0,921 (CGI art. 296, 1°-b).

TAUX RÉDUIT DE TVA DE 5,5 %

Relèvent du taux réduit de **5,5 %** (CGI art. 278 sexies modifié par loi 2023-1322 du 29-12-2023 et 278 sexies-0 A) : **60426**

– les livraisons de logements locatifs sociaux neufs financés par un prêt locatif aidé d'intégration (**PLA-I**) pour lesquelles le destinataire de l'opération est bénéficiaire des aides ou prêts ouvrant droit à l'aide personnalisée au logement (CGI art. 278 sexies, II-A-1°) ;

– les livraisons de logements locatifs sociaux neufs financés par un prêt locatif à usage social (**PLUS**) lorsqu'ils sont situés dans un quartier prioritaire de la politique de la ville (QPPV), y compris partiellement, lorsque ces logements font l'objet d'une convention de renouvellement urbain, ou lorsqu'ils sont situés en dehors de ces quartiers et soit font l'objet d'une convention de renouvellement urbain, soit sont intégrés dans un ensemble immobilier pour lequel la proportion de logements relevant d'une telle convention, parmi l'ensemble des logements locatifs sociaux financés par un PLA-I ou un PLUS, est au moins égale à 50 %. En outre, le destinataire de l'opération doit être bénéficiaire des aides ou prêts ouvrant droit à l'aide personnalisée au logement (CGI art. 278 sexies, II-A-2°) ;

60426 (suite) – les cessions de **droits immobiliers démembrés** afférents à l'une des deux catégories de logements ci-dessus lorsque l'usufruitier bénéficie du prêt réglementé et a conclu la convention conditionnant l'application de l'aide personnalisée au logement (CGI art. 278 sexies, II-B-1° et 278 sexies-0 A, al. 3) ;

– les livraisons de locaux dans le cadre d'une **acquisition-amélioration** (acquisition des locaux financée par un prêt réglementé, ou mise à disposition des locaux dans le cadre d'un bail emphytéotique consenti par l'État, une collectivité territoriale ou un groupement de collectivités territoriales, suivie de travaux d'amélioration, de transformation ou d'aménagement financés par un prêt réglementé), financées par un PLA-I, un PLUS ou un prêt locatif social (PLS) sous réserve pour ce dernier prêt que les travaux consistent en une transformation en logements locatifs sociaux de locaux à usage autre que d'habitation (CGI art. 278 sexies, II-B-2°) ;

– les livraisons de logements dans le cadre de l'**acquisition-amélioration** financées par un PLA-I, PLUS ou PLS (sous réserve, pour ce dernier prêt, de la condition de transformation visée au tiret ci-dessus) et réalisées dans le cadre d'une vente d'immeuble à rénover prévue par l'article L 262-1 du CCH (CGI art. 278 sexies, II-B-2° in fine) ;

– les livraisons de logements destinés à être occupés par des titulaires de **contrats de location-accession** faisant l'objet d'une convention et agréés par le préfet (CGI art. 278 sexies, III-1°) ;

– les livraisons de logements neufs à usage de résidence principale destinés à des personnes dont les ressources n'excèdent pas les plafonds prévus à l'article L 411-2 du CCH et situés dans (ou à proximité) des quartiers faisant l'objet d'une **convention de rénovation urbaine** ou des **quartiers prioritaires de la politique de la ville** (QPPV) qui font l'objet d'un contrat de ville. Le prix de vente ou de construction desdits logements ne doit pas excéder les plafonds prévus pour les livraisons de logements destinés à une opération de location-accession agréée visée à l'article 278 sexies, III-1° du CGI (CGI art. 278 sexies, III-2° modifié par loi 2023-1322 du 29-12-2023) ;

– les **apports d'immeubles sociaux neufs** faits par les organismes d'HLM aux SCI d'accession progressive à la propriété (CGI art. 278 sexies, III-3°) ;

– les livraisons à un **organisme de foncier solidaire (OFS)** d'immeubles destinés, le cas échéant après travaux, à faire l'objet d'un **bail réel solidaire**, et les cessions de droits réels immobiliers objets du bail (CGI art. 278 sexies, III-4°) ;

– les livraisons de locaux directement destinés ou mis à la disposition des **structures d'hébergement temporaire ou d'urgence** faisant l'objet d'une convention entre le propriétaire (ou le gestionnaire) des locaux et le préfet (CGI art. 278 sexies, IV-1°) ;

– les livraisons de locaux aux établissements mentionnés à l'article L 312-1, I-1° , 6° et 7° du CASF et à l'article L 633-1 du CCH, agissant sans but lucratif et dont la gestion est désintéressée, lorsqu'ils hébergent à titre permanent ou temporaire respectivement des **mineurs** ou des **majeurs de moins de 21 ans** relevant des articles L 221-1, L 221-3 et L 221-5 du CASF, des personnes **âgées**, remplissant les critères d'accession au prêt prévus à l'article R 331-1 du CCH, des **personnes handicapées**, ou des **jeunes travailleurs** auxquels s'applique l'aide personnalisée au logement, et que ces locaux font l'objet d'une convention entre le propriétaire (ou le gestionnaire des locaux) et le préfet. Il en est de même des livraisons de locaux aux établissements mentionnés à l'article L 312-1, I-2° du CASF agissant sans but lucratif et dont la gestion est désintéressée pour la seule partie des locaux dédiée à l'hébergement, lorsqu'ils hébergent à titre permanent ou temporaire des mineurs ou de jeunes adultes handicapés (CGI art. 278 sexies, IV-2°).

En cas de fixation d'un **prix taxe comprise**, on applique à ce prix le coefficient de conversion de 0,947 pour obtenir le prix hors taxe.

› Précisions a. Pour les livraisons de logements situés dans les **quartiers prioritaires** de la **politique de la ville** (QPPV) (CGI art. 278 sexies, III-2°), le bénéfice du taux réduit est **conditionné** à la conclusion du contrat de ville dans les formes prévues par la loi 2014-173 du 21 février 2014 (BOI-TVA-IMM-20-20-20 n° 85).

La **liste** des QPPV est définie par les décrets modifiés 2014-1575 du 22 décembre 2014, 2023-1314 du 28 décembre 2023 (lequel a actualisé la liste des QPPV métropolitains depuis le 1er janvier 2024 et a abrogé le décret 2014-1750 du 30 décembre 2014) et 2014-1751 du 30 décembre 2014 (dont l'actualisation est repoussée au 1er janvier 2025 : loi 2023-1322 du 29-12-2023 art. 219).

S'agissant des livraisons et des LASM de certains logements sociaux, situés dans des QPPV **qui ne répondent plus à cette définition depuis le 31 décembre 2023** et qui ont fait l'objet d'une **convention de renouvellement urbain** conclue au plus tard le 31 décembre 2023, ainsi que de certaines opérations d'accession sociale à la propriété de logements, situés dans ces mêmes quartiers, l'application du taux réduit aux opérations, passées ou engagées, est temporairement maintenue dans le cadre du zonage tel que défini jusqu'au 31 décembre 2023. Il en va de même pour les livraisons à soi-même de travaux d'amélioration, de transformation, d'aménagement, d'entretien ou de démolition de ces logements. Ce dispositif s'applique aux logements locatifs sociaux (CGI art. 278 sexies, II-A-2°-a) faisant l'objet d'une demande d'aide de l'État ou de prêt réglementé au plus tard le 31 décembre 2026 à laquelle l'administration a donné une suite favorable, et aux logements faisant l'objet d'un contrat d'accession à la propriété (CGI art. 278 sexies, III-2°) pour lesquels la demande de permis de construire est déposée au plus tard à cette même date, la condition tenant à la conclusion d'un contrat de ville étant dans ce dernier cas appréciée au 31 décembre 2024 et, enfin, aux travaux portant sur des logements situés dans d'anciens QPPV engagés au plus tard à cette même date (CGI art. 278 sexies B issu de loi 2023-1322 du 29-12-2023).

b. Pour les livraisons de logements situés dans les QPPV ou dans les quartiers faisant l'objet d'une **convention de rénovation urbaine** (CGI art. 278 sexies, III-2° modifié par loi 2023-1322 du 29-12-2023), l'immeuble doit être :

– soit **situé** dans ces quartiers ou à moins de 300 m de la limite de ceux-ci ;

– soit intégré à un ensemble immobilier partiellement situé à moins de 300 m et entièrement situé à moins de 500 m de la limite d'un QPPV faisant l'objet d'un contrat de ville et d'une convention de renouvellement urbain.

c. Les **structures d'hébergement temporaire ou d'urgence** sont les suivantes (CGI art. 278 sexies, IV-1°) :

– les centres d'hébergement et d'insertion sociale de l'article L 312-1, I-8° du CASF ;

– les structures dénommées « lits halte soins santé », ou « lits d'accueil médicalisés », et les appartements de coordination thérapeutique mentionnés à l'article L 312-1, I-9° du CASF ;

– les centres d'hébergement d'urgence déclarés conformément à l'article L 322-1 du CASF, destinés aux personnes sans domicile.

d. Sont éligibles au taux réduit de 5,5 % les livraisons (et les livraisons à soi-même visées n° 60610) de **locaux d'hébergement des personnels accompagnants** au sein des **établissements accueillant des personnes handicapées** visés à l'article L 312-1, I-7° du CASF. Pour ces établissements, le taux réduit s'applique à la totalité des locaux, à l'exception toutefois de ceux dédiés à des installations et équipements médicaux ou des parties communes avec d'autres structures non éligibles telles qu'un hôpital ou une clinique (Rép. Saint-Paul : AN 11-4-2023 n° 5202). Cette solution pourrait toutefois trouver à s'appliquer, selon nous, à d'**autres établissements à caractère social et médico-social** visés à l'article 278 sexies, IV du CGI.

e. Lorsque les **conditions d'application du taux réduit cessent** d'être remplies dans un délai de 15 ans (ramené à 10 ans dans certains cas, notamment en cas d'acquisition par des personnes physiques dans le cadre d'un contrat de location-accession ou d'accession à la propriété), un complément de TVA (égal à la différence entre le taux normal et le taux réduit) doit en principe être versé, assorti de l'intérêt de retard. Toutefois, le complément d'impôt n'est pas dû lorsque les conditions cessent d'être remplies à la suite de la vente à leurs occupants de logements sociaux neufs apportés par les organismes d'HLM aux SCI d'accession progressive à la propriété (CGI art. 278 sexies, III-3°). **60426 (suite)**

Pour ces dernières livraisons ainsi que pour les livraisons de logements dans le cadre d'un contrat de location-accession (CGI art. 278 sexies, III-1°), le complément d'impôt dû est diminué d'un dixième par année de détention au-delà de la cinquième année. Toutefois, lorsque le logement a été acquis par des personnes physiques dans le cadre d'un contrat de location-accession (CGI art. 278 sexies, III-1°) ou lorsqu'il s'agit d'un logement situé dans un QPPV ou dans un quartier faisant l'objet d'une convention de rénovation urbaine (CGI art. 278 sexies, III-2°), il est diminué d'un dixième par année de détention à compter de la première année.

Pour les livraisons au profit d'un **OFS**, le taux réduit est remis en cause, et l'OFS est tenu au paiement du complément d'impôt, si les conditions auxquelles est subordonné son octroi (engagement d'occupation, de vente ou de location selon les cas) ne sont pas remplies dans les 5 ans qui suivent le fait générateur ou cessent d'être remplies dans les 15 ans qui suivent le fait générateur. Le complément de TVA à reverser est modulé de la façon suivante (CGI art. 284, II et IV) :

– en principe, il est diminué d'un dixième par année de détention au-delà de la cinquième année ;

– lorsque le non-respect des conditions d'application du taux réduit ne concerne que certains logements au sein d'un ensemble de logements, le complément de TVA est calculé au prorata de la surface des logements concernés rapportée à la surface de l'ensemble des logements.

Le **droit de reprise** de l'administration s'exerce jusqu'à la fin de la troisième année suivant celle au cours de laquelle les conditions cessent d'être remplies (LPF art. L 176, al. 4).

f. Le taux applicable aux **livraisons** des logements, terrains et locaux mentionnés aux II à IV de l'article 278 sexies du CGI **postérieures à la première livraison** ou livraison à soi-même de ces biens est celui applicable à cette première livraison (CGI art. 278 sexies-0 A, al. 4).

TAUX INTERMÉDIAIRE DE TVA DE 10 %

60427 **Livraisons de logements locatifs du secteur intermédiaire** Relèvent du taux intermédiaire de 10 % (coefficient de conversion : 0,909) les livraisons de **logements locatifs** neufs remplissant les conditions suivantes (CGI art. 279-0 bis A modifié par loi 2023-1322 du 29-12-2023, applicable depuis le 1er janvier 2024) :

– les logements ou, en cas de démembrement de propriété, l'usufruit doivent être livrés à une **personne morale** ;

– la livraison porte sur des **logements** issus d'une **opération** de construction nouvelle, ou d'une transformation en logements neufs de locaux affectés à un usage autre que l'habitation, ou d'une opération d'acquisition-amélioration de bâtiments ou parties de bâtiments à usage résidentiel conduisant à une amélioration de la performance énergétique dans des conditions déterminées par arrêté TREL2417108A du 5 juillet 2024 ;

– l'opération de construction a fait l'objet d'une **information** auprès de l'administration (CCH art. L 302-16-1) ;

– les logements construits doivent être **situés en zone classée A ou B1** (BOI-TVA-IMM-30 n° 40) ou sur le territoire de communes de réindustrialisation où sont réalisés des projets d'intérêt national majeur au sens de l'article L 300-6-2, I du Code de l'urbanisme, ou dans le périmètre d'une grande opération d'urbanisme comportant la transformation d'une zone d'activité économique, d'une opération programmée d'amélioration de l'habitat ou d'une opération de requalification de copropriétés dégradées, ou sur le territoire de communes qui ont conclu un contrat de projet partenarial d'aménagement ou une convention d'opération de revitalisation de territoire ;

– les logements doivent être intégrés dans un **ensemble immobilier** comprenant au minimum un nombre de **25 % de logements sociaux** tels que définis à l'article 278 sexies, I-1° du CGI. Toutefois, cette condition ne s'applique pas lorsque l'ensemble immobilier est situé dans une commune comptant déjà plus de 25 % de logements locatifs sociaux, ou dans les quartiers prioritaires de la politique de la ville. Cette condition ne s'applique pas non plus lorsque le logement se trouve en résidence-services ;

– les logements doivent être loués en exonération de TVA ;

– les logements doivent être destinés à être loués à des **personnes physiques** dont les **ressources** à la date de conclusion du bail ne dépassent pas les plafonds fixés par le décret prévu à l'article 199 novovicies, III-al. 1 du CGI (décret d'application du dispositif Pinel) ;

– le **loyer mensuel** ne dépasse pas, en cas de location nue, les plafonds prévus à l'article 199 novovicies, III du CGI, et en cas de location meublée les plafonds prévus par l'article 87 de l'annexe III au CGI, issu du décret 2024-776 du 8 juillet 2024. Des plafonds particuliers existent également lorsque le logement se trouve en résidence-services (décret à paraître).

> **Précisions** **a.** L'obligation d'information de l'administration est exigée du dépôt de la demande de permis de construire (ou en cas de Véfa, de l'acquisition) jusqu'à l'expiration de la durée au cours de laquelle un complément de taxe est susceptible d'être dû lorsque les conditions d'application du taux de 10 % cessent d'être remplies. Le non-respect de cette obligation est sanctionné par des amendes allant de 500 € à 1 500 €, lesquelles doivent s'apprécier pour chaque ensemble immobilier (CCH art. L 302-16-2). Les modalités pratiques de cette information, qui doit en principe être réalisée de manière dématérialisée (personnes concernées, informations à transmettre, date limite de dépôt, etc.), sont détaillées aux articles D 302-31 et suivants du CCH.
>
> **b.** Le redevable doit pouvoir **justifier**, sur demande de l'administration, du respect de la condition de **25 % de logements sociaux** en produisant soit la déclaration d'achèvement des travaux, soit la déclaration d'ouverture de chantier. Dans ce dernier cas, les logements sociaux doivent être achevés en nombre suffisant au plus tard 6 mois avant l'expiration du délai de reprise de la TVA (en principe, à la fin de la troisième année suivant celle au cours de laquelle la taxe est devenue exigible) (BOI-TVA-IMM-30 n° 60).
>
> **c.** Pour les logements situés sur le territoire de communes de réindustrialisation où sont réalisés des projets d'intérêt national majeur au sens de l'article L 300-6-2, I du Code de l'urbanisme, ou dans le périmètre d'une grande opération d'urbanisme comportant la transformation d'une zone d'activité économique, d'une opération programmée d'amélioration de l'habitat ou d'une opération de requalification de copropriétés dégradées, ou sur le territoire de communes qui ont conclu un contrat de projet partenarial d'aménagement ou une convention d'opération de revitalisation de territoire, des **dispositions transitoires** sont prévues (Loi 2023-1322 du 29-12-2023 art. 71, XI). La **condition de situation géographique** des immeubles est appréciée au 31 décembre 2024 pour les logements qui remplissent les conditions suivantes :
>
> – une demande de permis de construire a été déposée au plus tard le 3 octobre 2023 ;
>
> – l'ouverture du chantier est intervenue avant le 31 décembre 2024.

d. Lorsque les **conditions d'application du taux intermédiaire cessent d'être remplies** dans un délai de 20 ans, un complément de TVA (égal à la différence entre le taux normal et le taux intermédiaire) doit en principe être versé, assorti de l'intérêt de retard (CGI art. 284, II bis). Le **droit de reprise** de l'administration s'exerce jusqu'à la fin de la troisième année suivant celle au cours de laquelle les conditions cessent d'être remplies (LPF art. L 176, al. 4).

Livraisons de logements locatifs sociaux et assimilés Relèvent également du taux intermédiaire de 10 % (CGI art. 278 sexies et 278 sexies-0 A) : **60428**

– les livraisons de **logements neufs locatifs sociaux** (autres que ceux visés au n° 60426) pour lesquels le bénéficiaire a conclu une convention APL (CGI art. 278 sexies, II-A-3°). Sont également concernées ces mêmes livraisons lorsque le destinataire est l'Association Foncière Logement (AFL) dès lors que celle-ci a conclu, pour le logement livré, la convention prévue à l'article L 831-1, 4° du CCH (CGI art. 278 sexies, II-A in fine) ;

– les cessions de **droits immobiliers démembrés** afférents aux logements ci-dessus lorsque l'usufruitier bénéficie du prêt réglementé et a conclu la convention conditionnant l'application de l'aide personnalisée au logement (CGI art. 278 sexies, II-B-1° et 278 sexies-0 A, al. 3) ;

– les livraisons de **logements à usage locatif autres que sociaux** destinés à être occupés par des ménages dont le total des ressources n'excède pas celui prévu à l'article 279-0 bis A, I-1° du CGI. Pour les logements situés dans un **quartier faisant l'objet d'une convention de rénovation urbaine** ou d'une **convention de renouvellement urbain**, ou entièrement situés à moins de 300 mètres de la limite de ces quartiers, le destinataire du terrain est l'Association Foncière Logement (AFL) ou des sociétés civiles immobilières dont cette association détient la majorité des parts. Pour les logements situés sur des terrains octroyés au **titre des droits de réservation portant sur des logements locatifs** de l'article L 313-3 du CCH, le destinataire du terrain est un organisme réalisant, en substitution de l'AFL, des opérations immobilières qui relèvent d'une convention de rénovation urbaine (CGI art. 278 sexies, II-C) ;

– les livraisons de **terrains à bâtir** destinés à la construction de locaux faisant l'objet d'une opération taxable au taux réduit de 5,5 % (n° 60426) ou 10 % (n° 60428), autres que les livraisons à un OFS, lorsque l'acquéreur atteste de cette destination dans l'acte de vente (CGI art. 278 sexies, V).

› Précisions a. Lorsque les **conditions d'application du taux intermédiaire cessent d'être remplies** dans un délai de 15 ans (ramené à 10 dans certaines situations), un complément de TVA (égal à la différence entre le taux normal et le taux intermédiaire) doit en principe être versé, assorti de l'intérêt de retard (CGI art. 284, II). Le **droit de reprise** de l'administration s'exerce jusqu'à la fin de la troisième année suivant celle au cours de laquelle les conditions cessent d'être remplies (LPF art. L 176, al. 4). Toutefois, dès lors que la convention APL conclue avec l'État est transférée de plein droit aux propriétaires successifs, la vente de l'immeuble ne constitue pas un événement rendant exigible le versement du différentiel de taux de TVA (BOI-RES-TVA-000004).

b. Le taux applicable aux **livraisons** des logements, terrains et locaux mentionnés aux II à IV de l'article 278 sexies du CGI **postérieures à la première livraison** ou livraison à soi-même de ces biens est celui applicable à cette première livraison (CGI art. 278 sexies-0 A, al. 4).

d. Modalités d'imposition à la TVA

FAIT GÉNÉRATEUR ET EXIGIBILITÉ DE LA TVA

Conformément au droit commun de la TVA, le fait générateur se produit en principe au moment où la **livraison** est effectuée (CGI art. 269, 1-a) et la taxe est exigible à la même date. Toutefois, depuis le 1er janvier 2023, en cas de versement préalable d'un **acompte**, la TVA devient exigible au moment de l'encaissement de l'acompte, à concurrence du montant encaissé (CGI art. 269, 2-a). Cette dernière règle s'applique donc aux acomptes encaissés dans le cadre de contrats en cours au 1er janvier 2023 (BOI-TVA-BASE-20-10 n° 65). **60430**

La livraison s'entend du transfert du pouvoir de disposer du bien corporel comme un propriétaire (CGI art. 256, II-1°), indépendamment du fait qu'un acte ait été ou non établi et présenté à la formalité (BOI-TVA-IMM-10-20-20 n° 1).

Qu'en est-il lorsque le contrat de vente d'immeuble est affecté d'une condition suspensive ou d'une condition résolutoire ? À notre avis, les règles ci-après, énoncées par l'administration pour les biens meubles corporels, ont vocation à s'appliquer en matière immobilière. Par conséquent (BOI-TVA-BASE-20-10 n° 57) :

– dans le cas d'une **vente sous condition suspensive**, le fait générateur n'intervient qu'au moment de la réalisation de la condition (et la taxe ne devient exigible qu'à cette date) ;

– dans le cas d'une **vente sous condition résolutoire**, le fait générateur (et l'exigibilité) intervient dès l'échange des consentements. Notons à cet égard que le redevable qui a acquitté la TVA à l'occasion d'**opérations** qui sont par la suite **annulées ou résiliées** peut, sous certaines conditions, la récupérer (CGI art. 272, 1).

Quelle que soit la date d'exigibilité de la taxe, l'acte constatant une mutation immobilière doit faire l'objet de la double **formalité** ou de la formalité fusionnée de publicité foncière dans les conditions et **délais** de droit commun.

60435 En ce qui concerne les **ventes d'immeubles à construire** (Véfa et vente à terme), la taxe est exigible lors de chaque **versement des sommes correspondant aux différentes échéances** prévues par le contrat en fonction de l'avancement des travaux (CGI art. 269, 2-a bis).

Mais pour les Vefa conventionnelles, ainsi que les ventes d'immeuble à rénover, c'est la règle de droit commun qui s'applique (n° 60430). En vertu de cette règle, la taxe est exigible au moment de l'encaissement de chaque acompte, à concurrence du montant encaissé. Le fait générateur intervient lors de la réception des travaux à l'issue desquels l'immeuble est considéré comme achevé, ainsi qu'en atteste la déclaration de l'article L 462-1 du Code de l'urbanisme (Rép. Louwagie : AN 13-9-2022 n° 96). Par suite, le solde de la TVA devient exigible à la date de cette réception, quelle que soit l'époque de versement de la dernière tranche de prix.

Selon l'administration, en cas de **dation en paiement**, dès lors que la livraison des locaux remis en dation relève d'un contrat portant sur un immeuble à construire, l'exigibilité de la taxe due à ce titre intervient lors de la **livraison du terrain qui en constitue la contrepartie** (BOI-TVA-IMM-10-20-20 n° 30). En ce sens également, il a été jugé que l'acte de dation en paiement par lequel une SCI s'était engagée à livrer à un particulier une série de lots identifiés avec précision au sein d'un immeuble à construire sur le terrain à bâtir cédé le même jour par ledit particulier, qui ne renvoyait à aucun acte de vente ultérieur et ne prévoyait aucune condition suspensive, constatait l'accord sur la chose et le prix à cette date, que cet acte avait le caractère non d'une promesse de vente, mais d'une cession, le **paiement** à la SCI **du prix des lots à construire** par le bénéficiaire étant **effectué par compensation avec le prix du terrain à bâtir** cédé par celui-ci le même jour et que, dans ces conditions, en application des dispositions de l'article 269 du CGI, le fait générateur de la TVA due à raison de cette opération s'était produit à la date de l'acte de dation et non à la date de livraison des locaux (CE (na) 13-3-2017 n° 402393 : RJF 6/17 n° 544, solution rendue sous le régime en vigueur avant la loi du 9 mars 2010, mais qui nous semble conserver sa valeur ; dans le même sens depuis la loi du 9 mars 2010, TA Nice 30-6-2022 n° 1903192 : BPIM 1/23 inf. 68).

Cette solution ne devrait toutefois pas, à notre avis, s'appliquer si les parties au contrat ont prévu que le **prix de vente** ne sera **réputé payé qu'après achèvement des constructions**. Selon nous, il y a lieu dans ce cas de faire application des règles de droit commun : la TVA est exigible au moment du transfert du pouvoir de disposer de la chose comme un propriétaire, c'est-à-dire, s'agissant de la remise de locaux, à la date de leur achèvement. Il faut effectivement noter, au plan civil, la difficulté qui résulte du fait que, lorsqu'un contrat a pour objet le transfert de la propriété d'un immeuble à construire à usage d'habitation ou à usage mixte professionnel et d'habitation et prévoit que l'acquéreur devra effectuer des versements avant l'achèvement de cet immeuble, ce contrat doit obligatoirement revêtir la forme d'une vente en l'état futur d'achèvement, ou celle d'une vente à terme (CCH art. L 261-10). En ce cas, le prix ne peut être payé que selon un certain échelonnement et ne peut pas être intégralement payé d'avance. Or, dans le cas d'une vente de terrain rémunérée par la remise de locaux à construire, le vendeur du terrain, qui se présente dans la plupart des hypothèses comme un acquéreur des locaux à construire, peut être considéré comme les ayant intégralement payés d'avance en remettant au vendeur son terrain. Il existe ainsi un risque d'annulation du contrat, les règles ci-dessus étant d'ordre public. Dès lors, et pour éviter cet écueil, des modalités particulières de paiement peuvent être mises en place consistant à différer le paiement après l'achèvement, et à différer par la même occasion le fait générateur et l'exigibilité de la TVA.

REDEVABLE DE LA TVA

60440 Le redevable de la taxe est **en principe** la personne qui réalise l'opération imposable (CGI art. 283, 1-al. 1), c'est-à-dire celle qui effectue la livraison, autrement dit le cédant. Cette règle s'applique à toutes les opérations, qu'elles portent sur des immeubles, des fractions d'immeuble ou des droits sociaux.

Si le cédant est membre d'un assujetti unique (n° 60315), le redevable est l'assujetti unique (CGI art. 256 C). L'assujetti unique est lié par les engagements pris à l'acte par le cédant. Sur cette question, voir Gaëtan Berger-Picq, Alexandra L'Herminé et Muriel Suquet-Cozic, Le groupe TVA : quels impacts sur les ventes d'immeubles ? : SNH 21/23 inf. 11.

Par **exception**, la taxe est due par l'acquéreur qui agit en tant qu'assujetti et dispose d'un numéro d'identification à la TVA en France **lorsque le cédant**, lui-même assujetti, **n'est pas établi en France** (CGI art. 283, 1-al. 2).

DÉCLARATION ET PAIEMENT DE LA TVA

Les assujettis doivent utiliser des **déclarations** CA3, c'est-à-dire les formulaires habituellement utilisés pour toutes les opérations relevant de la TVA selon le régime réel normal. **60445**
L'opération est portée sur le formulaire CA3 établi au titre du mois au cours duquel elle est intervenue (ou au titre du trimestre si la **taxe exigible** annuellement est inférieure à 4 000 €). Les déclarations mentionnent l'ensemble des opérations effectuées au cours de la période considérée et font état, globalement, des droits à déduction ouverts pendant la même période.
La **déclaration** est obligatoirement souscrite par voie électronique (**télédéclaration**).
Si le cédant est membre d'un assujetti unique (n° 60315), l'opération (en dehors de la situation où l'acquéreur est membre du même assujetti unique que le cédant) est portée sur la déclaration déposée par l'assujetti unique (CGI art. 256 C, III-2).
Le **paiement** de l'impôt, qui doit également être opéré par voie électronique (**télépaiement**), intervient en principe au moment de la souscription de la déclaration.

> **Précisions** Les opérations immobilières sont exclues des modalités simplifiées de liquidation de la TVA (CGI ann. II art. 204 quater). Mais les redevables relevant du **régime simplifié** au titre d'autres opérations mentionnent les livraisons d'immeubles sur le relevé **CA12** (en ce sens, BOI-TVA-IMM-10-20-30 n° 40).

e. Régime des déductions de TVA

GÉNÉRALITÉS

Le régime des déductions de la TVA sur opérations immobilières obéit aux règles de droit commun. **60450**
La TVA qui a grevé les éléments du prix d'une opération imposable est déductible de la taxe applicable à cette opération (CGI art. 271). Autrement dit, la **taxe acquittée** par l'assujetti agissant en tant que tel sur l'achat de l'immeuble, ainsi que sur les prestations de services effectuées ultérieurement sur l'immeuble, est déductible de la **taxe collectée** lors de sa revente (**en pratique**, toutefois, la déduction est exercée sans attendre la revente : voir n° 60472).
Le droit à déduction est subordonné à l'existence d'un **lien direct et immédiat** entre l'opération d'amont – dont la déduction de TVA est envisagée – et l'opération d'aval ouvrant droit à déduction. À défaut d'un tel lien, un droit à déduction peut néanmoins être reconnu si les dépenses font partie des **frais généraux** de l'entreprise (CJUE 8-6-2000 aff. 98/98 : RJF 9-10/00 n° 1187 ; CAA Versailles 9-5-2017 n° 16VE00662 : RJF 10/17 n° 932 ; BOI-TVA-DED-20-10-20 n° 480). La taxe grevant les dépenses de commercialisation de divers immeubles est intégralement déductible par l'assujetti promoteur immobilier même si la vente desdits biens profite également à un tiers lorsque, d'une part, il existe un lien direct et immédiat entre lesdites dépenses et l'activité économique de l'assujetti et, d'autre part, l'avantage pour le tiers est accessoire par rapport aux besoins de l'entreprise de l'assujetti (CJUE 1-10-2020 aff. 405/19 : RJF 12/20 n° 1061). Sur le cas où la livraison bénéficie du régime de non-taxation à la TVA de l'article 257 bis du CGI, voir n° 60493.
L'utilisation qui est faite des biens (ou des services), ou qui est envisagée pour eux, ne détermine que l'**étendue des droits à déduction** et des éventuelles régularisations (CJUE 11-7-1991 aff. 97/90 : RJF 10/91 n° 1325 ; CJUE 25-7-2018 aff. 140/17 : RJF 12/18 n° 1304 ; CE 5-7-2023 n° 469778 : RJF 10/23 n° 713). Cette étendue est définie par le coefficient de déduction, qui est le produit des coefficients d'assujettissement, de taxation et d'admission (CGI ann. II art. 205 et 206).
Appliquées aux opérations immobilières, ces règles amènent à distinguer les situations suivantes.

TVA GREVANT L'ACQUISITION DU TERRAIN OU DE L'IMMEUBLE

Si l'immeuble est **immobilisé**, la taxe est déductible dans la proportion de son utilisation à des opérations ouvrant droit à déduction. **60460**
Si l'immeuble est comptabilisé en **stock** comme destiné à la revente, la taxe est déductible si la revente est soumise à la TVA. Il en va ainsi pour les terrains à bâtir et les immeubles neufs qui entrent dans le champ de la taxe de plein droit. Lorsque la livraison concerne un terrain qui n'est pas à bâtir ou un immeuble achevé depuis plus de 5 ans, la taxe ne peut être déduite qu'une fois effectivement exercée l'option pour la soumission de la livraison à la TVA (BOI-TVA-IMM-10-30 n° 80 ; CE 27-11-2020 n° 426091 : BPIM 1/21 inf. 83 ; CE 9-6-2021 n° 429498).

> **Précisions a.** Le fait que la TVA acquittée sur l'acquisition ait été liquidée sur la marge est sans incidence sur les droits à déduction. La **TVA sur marge** est déductible dans les conditions de droit commun par l'acquéreur de l'immeuble dès lors que les conditions de déduction sont remplies (BOI-TVA-IMM-10-30 n° 60). Cela suppose des mentions particulières dans l'acte de vente (voir n° 60470).
> **b.** La **mise en location** de l'immeuble dans l'attente de sa revente est susceptible d'avoir des incidences sur le droit à déduction (voir n°s 60472 et 60482).

CONDITION DU DROIT À DÉDUCTION DE TVA

60470 La TVA acquittée sur les opérations d'amont n'est déductible que par l'assujetti qui l'a lui-même **supportée**. Par suite, la jurisprudence considère que, en cas d'acquisition démembrée d'un immeuble, le droit à déduction de l'usufruitier pour le besoin de ses opérations imposables est limité à la taxe qu'il a lui-même supportée pour l'acquisition du droit d'usufruit et ne saurait porter sur le montant de la taxe supportée par le nu-propriétaire à raison de l'acquisition de la nue-propriété, quand bien même l'immeuble serait affecté dans son intégralité à l'exercice d'une activité dans le champ d'application de la TVA. En outre, la procédure de transfert des droits à déduction ne fonctionne pas dans cette hypothèse, le nu-propriétaire n'étant pas lui-même assujetti (CAA Nantes 10-12-2015 n° 14NT01017 : RJF 4/16 n° 329 ; dans le même sens CAA Bordeaux 10-3-2016 n° 14BX03561). Toutefois, la doctrine de l'administration fiscale admet que le nu-propriétaire puisse transmettre le droit à déduction dont il est privé au bénéfice de l'usufruitier dès lors que ce dernier utilise le bien pour des opérations ouvrant droit à déduction, à condition que le nu-propriétaire ait lui-même la qualité d'assujetti au titre d'une activité réalisée par ailleurs, antérieurement à l'acquisition de la nue-propriété, et que les droits d'usufruit et de nue-propriété soient immobilisés respectivement chez l'usufruitier et le nu-propriétaire (BOI-TVA-IMM-10-30 n° 200 ; Rép. Pauget : AN 2-4-2019 n° 17425 ; Rép. Canevet : Sén. 11-11-2021 n° 24228).

Par ailleurs, la TVA acquittée sur les opérations d'amont ne peut être déduite que si elle **figure sur la facture** établie conformément aux dispositions de l'article 289 du CGI (CGI art. 271, II). À ce sujet, l'acte notarié comportant les mentions légales exigées par l'article 289 vaut facturation (CE 2-7-1986 n° 49492 : RJF 10/86 n° 883 ; CE 24-11-1986 n° 50200 : RJF 1/87 n° 30 ; solutions rendues sous le régime antérieur à la réforme du 9 mars 2010 et qui paraissent conserver toute leur portée depuis).

Ce principe vaut notamment pour la déduction par l'acquéreur de la **TVA sur marge** acquittée lors de l'acquisition : celle-ci n'est déductible que si elle apparaît dans l'acte et si celui-ci comporte l'ensemble des mentions requises par l'article 242 nonies A de l'annexe II au CGI (BOI-TVA-IMM-10-30 n° 60). Il a été jugé que les conditions posées par cet article n'étaient pas satisfaites dès lors que l'acte ne précisait ni la marge hors taxe réalisée par le vendeur, ni le taux de la taxe appliqué à cette marge, de sorte que l'administration était fondée à refuser pour ce seul motif la déduction de la taxe par l'acquéreur ; la production d'une attestation établie par le vendeur postérieurement à la notification des rappels litigieux, qui précisait le taux de la taxe ainsi que la marge réalisée, ne pouvait pas être regardée comme modification de l'acte de vente valant facture rectificative (CAA Lyon 5-4-2012 n° 11LY01863 : RJF 8-9/12 n° 810).

> **Précisions a.** La **solution** de la **cour administrative de Lyon** analysée ci-dessus est **rigoureuse** et devra être confirmée. On peut la comparer avec un arrêt du Conseil d'État qui admet, en cas d'absence du nom complet et de l'adresse du client sur la facture (ou de leur caractère erroné), la déduction de la taxe par celui-ci s'il apporte la preuve par tout moyen du règlement effectif par lui-même de cette facture pour les besoins de ses propres opérations imposables (CE 26-3-2012 n° 326333 : RJF 6/12 n° 589).
> **b.** Lorsque l'une des parties est membre d'un **assujetti unique** (n° 60315), la facture (donc l'acte notarié) doit mentionner en particulier :
> – le nom complet, l'adresse et le numéro d'identification TVA de l'assujetti unique (BOI-TVA-AU-50 n° 40) ;
> – le nom complet, l'adresse et le numéro d'identification TVA de la société membre de l'assujetti unique partie à l'acte et la mention « Membre d'un assujetti unique » (CGI ann. II art. 242 nonies A, 5° bis).
> Il est également recommandé de faire figurer dans l'acte les coordonnées du service des impôts dont dépend l'assujetti unique.

EXERCICE DU DROIT À DÉDUCTION DE TVA

60472 Le droit à déduction prend **naissance** lorsque la taxe « d'amont » afférente à l'opération motivant la déduction (vente, prestation de services ou assimilée) devient exigible chez le redevable de cette taxe. La déduction est opérée par **imputation** sur la taxe due par le redevable au titre du mois pendant lequel le droit à déduction a pris naissance (CGI art. 271, I).

Toutefois, en ce qui concerne l'**immeuble achevé depuis plus de 5 ans**, la vente de celui-ci est en principe exonérée de TVA. Elle n'est imposable qu'en cas d'exercice de l'option prévue à l'article 260, 5° bis du CGI. Par suite, la taxe grevant l'acquisition d'un immeuble ancien n'est pas déductible tant que l'option de soumettre la revente de l'immeuble à la TVA n'a pas été effectivement exercée, alors même que l'acquéreur aurait pris un engagement de revendre dans l'acte d'acquisition. Il ne peut donc pas se prévaloir d'un droit à déduction avant l'exercice de l'option, c'est-à-dire avant la revente, pour obtenir le remboursement d'un crédit de taxe (CE 27-11-2020 n° 426091 : BPIM 1/21 inf. 83 ; CE 9-6-2021 n° 429498). Atténuant cependant les effets de cette jurisprudence, l'administration apporte des précisions dans le cas de l'acquisition par un acheteur-revendeur (marchand de biens) d'un immeuble achevé depuis plus de 5 ans comptabilisé en stock et **mis en location dans l'attente de sa revente** (Rép. Louwagie : AN 27-6-2023 n° 5633). Dans cette situation, lorsque l'acquisition n'a pas été soumise à la TVA (le cédant n'ayant pas exercé l'option à cet effet), l'acheteur-revendeur peut déduire la TVA ayant initialement grevé le bien chez le cédant (via la procédure dite de « transfert des droits à déduction » visée n° 60480) dès lors que l'immeuble est assimilé à une immobilisation en raison de son affectation à une activité économique ouvrant droit à déduction depuis plus d'un an en application de l'article 207, III de l'annexe II au CGI (n° 60482). La TVA déductible est celle qui figure sur l'attestation fournie par le cédant dans les conditions prévues à l'article précité. De même, si l'acquisition de l'immeuble a été grevée de TVA (le cédant ayant opté pour soumettre la vente à la taxe), le mécanisme de l'assimilation autorise également l'assujetti à en opérer la déduction. En d'autres termes, et en pratique, dans cette situation, l'acheteur-revendeur pourra déduire une fraction du montant de la TVA (si l'achat n'a pas été soumis à TVA) ou la totalité du montant de la TVA (si l'achat a été soumis à TVA) ayant initialement grevé l'immeuble chez le cédant passé le délai d'un an, délai décompté à partir de l'instant où il donne l'immeuble en location taxable (ou recherche des locataires).
Le montant de la taxe déductible doit être mentionné sur la **déclaration de TVA** (CGI ann. II art. 208). En principe, ce montant figure sur la déclaration souscrite au titre du mois pendant lequel le droit à déduction a pris naissance, ou à défaut sur toute déclaration ultérieure souscrite avant le 31 décembre de la deuxième année qui suit celle du mois en cause.

> **Précisions** Un acheteur-revendeur qui détient un immeuble achevé depuis plus de 5 ans, (que son acquisition ait été exonérée de TVA ou soumise à la TVA sur option du vendeur initial) et qui engage des **dépenses en vue de la revente** de cet immeuble (telles que des travaux, honoraires, études ou encore indemnités de résiliation) ne pourra déduire la TVA grevant ces dépenses qu'au moment de sa revente, une fois l'option pour la TVA prévue à l'article 260, 5° du CGI exercée (Rép. Louwagie précitée), et ce même si les conditions de l'assimilation sont réunies. Dans la même réponse, l'administration rappelle qu'en revanche, lorsqu'à défaut d'exercice de l'option, la cession de l'immeuble achevé depuis plus de 5 ans est exonérée de TVA, l'assujetti ne peut en aucun cas déduire la TVA afférente aux dépenses et travaux supportés pour les besoins de la cession. Dans ce cas, s'agissant d'un immeuble pour lequel les conditions de mise en œuvre du mécanisme de l'assimilation à un bien immobilisé seraient réunies du chef du cédant, la procédure de transfert du droit à déduction s'applique et celui-ci est alors fondé à délivrer à son acquéreur (marchand de biens) l'attestation de transfert mentionnant la TVA afférente à ces dépenses.

RÉGULARISATIONS DE TVA

Lorsque l'**immeuble** affecté à une activité soumise à la TVA **constitue une immobilisation** pour son propriétaire assujetti, des régularisations globales de taxe doivent être opérées notamment dans deux catégories de cas : **60480**
– lorsque l'**immeuble cesse d'être utilisé pour l'activité soumise à la TVA**, par exemple lorsqu'il est cédé ou apporté sans que cette opération soit taxée sur le prix total ou sur la marge (CGI ann. II art. 207, III-1-1°) ; la régularisation prend alors la forme d'un **reversement** au Trésor d'une partie de la taxe antérieurement déduite. Dans ce cas, et si le bien cédé constitue également une immobilisation pour l'acquéreur assujetti, le cédant peut lui « transférer » une partie de la TVA initiale, à proportion de la durée de régularisation non encore courue ; pour ce faire, le vendeur est tenu de délivrer à l'acquéreur de l'immeuble une attestation des droits à déduction (CGI ann. II art. 207, III-3). Notons que la régularisation à laquelle est en principe tenu le vendeur peut toutefois être évitée lorsque celui-ci opte pour la taxation de l'opération à la TVA (lorsque cette option est autorisée : n° 60335) ;
– lorsque la cession ou l'apport de l'immeuble est soumis à la TVA alors que l'**acquisition initiale n'avait pas ouvert droit à déduction intégrale** (CGI ann. II art. 207, III-1-2°) ; la régularisation a alors lieu sous forme de **déduction complémentaire** de la taxe qui n'avait pas été antérieurement déduite.

Signalons que dans le cas particulier d'une opération de **cession-bail** (« sale and lease back) par voie d'emphytéose non soumise à la TVA réalisée en Belgique, la Cour de justice considère qu'une telle opération n'implique pas régularisation de la taxe déduite en amont dès lors que le crédit-preneur utilise l'immeuble pour ses activités taxables. La cession-bail est une opération financière unique qui ne constitue pas une livraison de biens au sens de la TVA (CJUE 27-3-2019 aff. 201/18 : RJF 7/19 n° 734, solution qui paraît transposable aux opérations de cession-bail réalisées en France dans des conditions identiques, à savoir un bail emphytéotique suivi d'une opération de crédit-bail).

La régularisation de la taxe initialement déduite ne doit être opérée que pendant une certaine **période**, fixée à 20 ans pour les immeubles immobilisés (CGI ann. II art. 207, II-3). Le point de départ du délai de régularisation se situe (BOI-TVA-DED-60-20-10 n° 150) :

– lorsque l'assujetti est tenu de constater une livraison à soi-même : à la date à laquelle la taxe devient exigible du fait de cette livraison ;

– lorsque l'assujetti n'a pas à constater de livraison à soi-même : à la date du dépôt en mairie de la déclaration d'achèvement et de conformité des travaux.

Lorsque l'immeuble est donné en **crédit-bail**, la durée de régularisation n'est pas de 20 années mais du nombre d'années qui courent jusqu'à l'échéance du contrat, arrondi à l'entier supérieur, sans pouvoir excéder 20 années (CGI ann. II art. 207, II-3). Par exemple, pour un contrat de crédit-bail conclu pour une durée de 15 ans, les régularisations éventuelles se calculeront par 1/15e.

60482 Dans le cas où un assujetti a acquis neuf ou en l'état futur d'achèvement sous le régime de la TVA (ou a construit) un **immeuble** qu'il a **inscrit en stock** dans l'attente de sa revente (cas des marchands de biens), il a le droit de déduire immédiatement la TVA afférente à cette acquisition. Toutefois, si le marchand de biens met l'immeuble en **location dans l'attente de sa revente**, cet événement peut remettre en cause le droit à déduction car la location consiste à affecter l'immeuble – même temporairement – à une activité autre que la revente, à l'instar d'un bien immobilisé. À cet égard, tout dépend du régime de TVA auquel est soumise la location. Par suite, il y a lieu d'effectuer les distinctions suivantes.

Tout d'abord, même si ce n'est pas a priori l'hypothèse examinée ici, il faut rappeler que si l'immeuble est utilisé à une activité ou à une **opération située hors du champ d'application de la TVA**, la TVA déjà déduite doit être reversée. Si cette affectation ne concerne qu'une fraction de l'immeuble, cette dernière doit faire l'objet au préalable d'une livraison à soi-même (n°s 60500 s.).

Si l'immeuble (ou une fraction de l'immeuble) est utilisé pour une **opération relevant d'une activité économique** pendant plus d'un an au-delà du 31 décembre de la deuxième année suivant celle de son achèvement, il est assimilé à une immobilisation pour l'application des régularisations annuelles et des régularisations globales dues en cas de cession (CGI ann. II art. 207, IV-3). Il en va ainsi même si l'immeuble est partiellement vacant dès lors qu'il peut être démontré une recherche active de locataires (Rép. Grau : AN 31-12-2019 n° 24298). Il en va de même lorsque le propriétaire est amené à mettre l'immeuble à la disposition gratuite d'occupants (associations, artistes, personnes morales de droit public, etc.) prenant à leur charge tout ou partie des charges dites « locatives » car une telle utilisation de l'immeuble opérée à des fins non étrangères à l'entreprise constitue bien une opération relevant d'une activité économique (Rép. Louwagie : AN 15-11-2022 n° 380). Cette assimilation est définitive et constitue le point de départ de la période de régularisation.

Par conséquent, la taxe déduite au titre des dépenses de construction ou, le cas échéant, de la livraison à soi-même lorsqu'elle est taxable (n°s 60495 s.) sera susceptible de faire l'objet de régularisations si l'immeuble (ou la fraction d'immeuble) est loué au-delà du 31 décembre de la troisième année qui suit celle de l'achèvement et si la location n'est pas soumise à la TVA.

S'agissant des immeubles neufs mentionnés aux A et C du II de l'article 278 sexies du CGI (logements locatifs sociaux), lesquels sont soumis à une LASM dans les six mois qui suivent celui au cours duquel est intervenu l'achèvement de l'immeuble (n° 60515), l'administration considère que l'assimilation a lieu lorsque l'utilisation de l'immeuble pour une opération relevant d'une activité économique s'est prolongée plus d'un an au-delà du dernier jour du sixième mois imparti pour procéder à cette LASM (BOI-TVA-IMM-10-30 n° 330).

Si l'immeuble **cesse d'être affecté à une utilisation concrète**, l'administration considère qu'il est affecté en vue d'une cession potentielle. Aucune régularisation annuelle par vingtième n'est alors requise pour la période correspondante, quand bien même n'interviendrait finalement aucune cession soumise à la taxe (BOI-TVA-IMM-10-30 n° 350).

f. Absence de taxation à la TVA en cas de transmission d'universalité

PRINCIPE

Lors de la transmission à titre onéreux, à titre gratuit ou sous forme d'apport à une société d'une universalité totale ou partielle de biens effectuée entre redevables, aucune livraison de biens ou prestation de services n'est réputée intervenir ; le cessionnaire est réputé continuer la personne du cédant (CGI art. 257 bis). 60490
Ce régime a un caractère **obligatoire**.

APPLICATION DE L'ARTICLE 257 BIS DU CGI À LA CESSION D'IMMEUBLES

L'administration a précisé très tôt qu'il y avait lieu d'appliquer le régime de l'article 257 bis du CGI notamment à la **transmission isolée d'un immeuble locatif** constituant le support d'une activité soumise à la TVA et intervenant entre deux bailleurs redevables de la TVA au titre de cette activité. Il en est ainsi à condition qu'il y ait reprise ou renégociation des baux en cours et que cette cession s'inscrive dans une **logique de transmission d'entreprise** ou de restructuration réalisée au profit d'une personne qui entend exploiter l'universalité transmise (Décision de rescrit 12-9-2006 n° 2006/34 TCA ; BOI-TVA-DED-60-20-10 n° 285). Ce régime s'applique même si la location de l'immeuble est intervenue quelques mois seulement avant sa cession (CAA Versailles 25-2-2020 n° 18VE01521 : BPIM 3/20 inf. 224). La jurisprudence a confirmé le principe de l'application du régime de l'article 257 bis du CGI à la cession isolée d'un immeuble locatif, tout en admettant que cet immeuble puisse ne pas constituer une immobilisation chez le vendeur (pour une acquisition par levée d'option d'un immeuble pris en crédit-bail suivi de sa revente immédiate avec continuation des sous-locations en cours : CE 23-11-2015 n°s 375054 et 375055 : RJF 2/16 n° 129 ; CAA Nancy 5-8-2016 n° 15NC02340 : RJF 2/17 n° 121). Cette solution, qui a été intégrée par l'administration fiscale dans sa doctrine (BOI-TVA-DED-60-20-10 n° 286), méritera néanmoins d'être confirmée car elle était peut-être fondée en l'espèce sur le fait que le cédant avait affecté l'immeuble à son activité de sous-location avant d'en devenir propriétaire. 60491
De son côté, l'acquéreur doit entendre **exploiter l'universalité transmise** (BOI-TVA-CHAMP-10-10-50-10 n° 30). Autrement dit, il ne doit pas avoir pour objectif de liquider immédiatement l'activité concernée (BOI-TVA-CHAMP-10-10-50-10 n° 10). Une revente qui interviendrait le jour même caractériserait l'absence d'intention de l'acquéreur de continuer l'activité, quand bien même celle-ci serait poursuivie par le sous-acquéreur (pour un achat-revente par un marchand de biens, CAA Lyon 4-2-2021 n° 18LY04564 : BPIM 2/21 inf. 151). Une durée minimale d'exploitation subséquente par l'acquéreur est donc nécessaire.
Par ailleurs, dans le cadre d'un **crédit-bail**, l'administration a indiqué par voie de rescrits qu'elle admettait l'application du régime de l'article 257 bis aux opérations suivantes (BOI-TVA-DED-60-20-10 n° 286) :
– la levée d'option d'achat du crédit-preneur auprès du crédit-bailleur, qui emporte cession de l'immeuble initialement donné en location dans le cadre d'un contrat de crédit-bail soumis à la TVA, dès lors que le crédit-preneur, qui affectait l'immeuble à une activité de sous-location taxée, entend continuer à l'affecter à une telle activité locative soumise à la TVA ; l'administration ajoute même dans ce cas que la circonstance que le crédit-preneur ou l'acquéreur in fine ait pris un engagement de revendre ou de construire est sans incidence dès lors que l'immeuble n'est pas inscrit en stock chez l'acquéreur in fine (Rép. Grau : AN 10-7-2018 n° 7359) ;
– les transferts d'immeubles opérés, pour le changement de crédits-bailleurs, au profit du crédit-preneur puis d'un groupement de crédits-bailleurs. Dans cette hypothèse, le crédit-preneur qui affecte l'immeuble à une activité soumise à la TVA lève l'option d'achat au titre de son contrat de crédit-bail existant. Il revend l'immeuble à un autre crédit-bailleur, puis le prend en location dans le cadre d'un autre contrat de crédit-bail.
Dans ces deux cas, l'administration indique que le fait que la revente n'intervienne pas le même jour que la levée d'option est sans incidence.
L'administration indique également que la nature de l'activité économique à laquelle est affecté l'immeuble par le crédit-preneur n'a pas d'incidence. Le dispositif de l'article 257 bis du CGI s'applique par conséquent lorsqu'un exploitant d'une **activité d'hôtellerie** crédit-preneur des locaux dans lesquels il exerce son activité exerce l'option d'achat attachée à son contrat de crédit-bail pour les céder à un crédit bailleur dans le cadre d'une opération dite de « lease-back » ou dans le cadre de la mise en place d'un crédit-bail avec un crédit-preneur autre que le cédant (Rép. Louwagie : AN 4-7-2023 n° 5782). En revanche, l'acquisition d'un immeuble par l'exploitant d'une activité d'hôtellerie qu'il prenait précédemment en location en crédit-bail ne s'inscrit pas dans le cadre du transfert d'une universalité totale ou partielle. En l'occurrence, il

s'agit de la simple acquisition d'une immobilisation affectée à son activité préexistante d'exploitant hôtelier. Dans ces conditions, l'absence de taxation ou de régularisation prévue par les dispositions de l'article 257 bis du CGI ne trouve pas à s'appliquer (Rép. Grau : AN 5-4-2022 n° 35808). La solution s'explique par le fait que l'exploitant hôtelier ne mène pas une activité locative mais une activité commerciale.

Le régime de l'article 257 bis s'applique également à la cession d'immeubles réalisée par un **marchand de biens** à condition, si les immeubles sont inscrits en stock, qu'il s'agisse de la **transmission de l'ensemble de son activité** de négociant en biens immobiliers au profit d'une personne qui poursuivra cette activité (Décision de rescrit 26-12-2006 n° 2006/58 TCA ; BOI-TVA-DED-60-20-10 n° 285). Le cas de la **vente isolée** d'un immeuble du stock est plus incertain. En principe, l'article 257 bis ne devrait pas s'appliquer à une telle vente, quand bien même l'immeuble serait le support de baux soumis à la TVA dans l'attente de sa revente. La doctrine administrative est en ce sens (BOI-TVA-DED-60-20-10 n° 285). Cette solution est justifiée par le fait qu'une telle vente entre dans le cadre de l'activité habituelle d'un marchand de biens et ne correspond pas à une « transmission d'universalité » au sens de l'article 257 bis du CGI. Toutefois, la jurisprudence a accepté ponctuellement d'appliquer l'article 257 bis à une cession isolée réalisée par un marchand de biens (CAA Lyon 1-4-2021 n° 19LY00379 : BPIM 3/21 inf. 223). On peut penser que cette décision était justifiée par les circonstances particulières de l'espèce : l'immeuble, achevé en 2006, a fait l'objet de deux baux soumis à TVA conclus en 2007 et 2008, puis a été cédé en 2013 et 2014 à des acquéreurs poursuivant les activités locatives, de telle sorte que le marchand de biens semble s'être comporté en l'espèce davantage comme un propriétaire-bailleur classique que comme un marchand de biens, malgré l'inscription de l'immeuble en stock. La solution méritera néanmoins d'être confirmée par le Conseil d'État.

Ce régime peut aussi trouver à s'appliquer à la cession de **terrains à bâtir** ou d'**immeubles bâtis** compris dans un ensemble de biens plus vaste qualifié d'universalité.

60492 En revanche, selon la jurisprudence, ne constitue pas la cession d'une universalité entrant dans le champ de l'article 257 bis du CGI la **cession**, par une société preneuse d'un bail à construction portant sur un immeuble dans lequel elle exploitait un fonds de commerce d'hôtellerie-restauration, simultanément **des droits de bail à une SCI et du fonds de commerce à une SAS**, la cession étant suivie de la conclusion d'un bail commercial consenti par la SCI à la SAS pour poursuivre l'activité. Les juges ont considéré que les seuls droits de bail n'étaient pas de nature à permettre la **poursuite**, de manière autonome, **de l'activité économique** d'exploitation du fonds de commerce **dans les mêmes conditions** que le faisait la société cédante (CAA Nantes 21-4-2016 n° 14NT02617 : RJF 8-9/16 n° 701). Cette position paraît critiquable car elle consiste à imposer que le cessionnaire poursuive strictement la même activité que le cédant, ce qui n'est pas exigé par le texte. On signalera à ce propos que l'administration a, pour sa part, estimé que la transmission d'un immeuble inscrit à l'actif immobilisé d'une entreprise qui l'avait affecté à l'exercice d'une activité locative telle que l'**activité hôtelière** doit être regardée comme intervenant dans le cadre de la transmission d'une universalité de biens, dès lors que le bénéficiaire de la transmission **poursuivra** une telle **activité économique de location, y compris sous une autre forme** (location taxée de plein droit ou sur option) (Rép. Louwagie : AN 4-7-2023 n° 5782 ; est visé en l'espèce un exploitant hôtelier ayant cédé à un crédit-bailleur les murs de l'hôtel dont il était propriétaire dans le cadre soit d'un « lease-back », soit de la mise en place d'un crédit-bail avec un autre crédit-preneur).

ATTENTION

Si la cession de l'immeuble remplit les conditions de l'article 257 bis du CGI (cession d'un immeuble locatif entre deux assujettis avec reprise ou renégociation des baux en cours soumis à la TVA), une condition supplémentaire s'applique compte tenu de l'existence du régime de l'**assujetti unique** (n° 60315) : pour que la dispense s'applique, il est nécessaire que ni l'acquéreur ni le preneur n'appartiennent au même assujetti unique que le vendeur, et qu'ils ne soient pas non plus tous deux membres d'un même assujetti unique. Autrement dit, pour constituer des assujettis distincts, les trois protagonistes doivent être membres d'assujettis uniques différents, ou n'appartenir à aucun assujetti unique.

CONSÉQUENCES

60493 Si la transmission d'universalité, telle qu'une cession de fonds de commerce ou de branche d'activité par exemple, porte notamment sur un **immeuble dont la cession est en principe taxable à la TVA**, le cédant n'a pas à collecter la TVA auprès du cessionnaire. La cession se présente hors taxe. Son régime au regard des droits d'enregistrement est celui d'une vente taxable à la TVA de plein droit (voir n° 60107, Précisions, c).

Si la transmission d'universalité emporte **cession d'un immeuble entraînant en principe obligation de régularisation** par reversement de la taxe antérieurement déduite (n° 60480), le cédant

n'a pas à procéder à cette régularisation (CGI art. 257 bis, al. 3 ; CGI ann. II art. 207, III-4-1° ; BOI-TVA-DED-60-20-10 n° 285). Le cessionnaire qui continue la personne du cédant sera tenu, le cas échéant, de procéder ultérieurement à une régularisation de taxe comme s'il avait été l'unique détenteur de l'immeuble depuis son acquisition par le cédant. Le délai initial de 20 ans se poursuit malgré le changement de propriétaire. Aucune attestation mentionnant les droits à déduction n'est à remettre au cessionnaire lors de la transmission d'universalité.
Si la transmission d'universalité porte sur un **immeuble ensuite revendu et taxable à la TVA sur la marge**, celle-ci doit être calculée en retenant comme deuxième terme de la différence le montant qui aurait été celui retenu par le cédant de la transmission si celui-ci avait réalisé l'opération (BOI-TVA-IMM-10-20-10 n° 280).
La transmission d'universalité n'étant pas taxée lorsque les conditions de l'article 257 bis du CGI sont réunies, elle n'ouvre en principe pas **droit à déduction** de la TVA pour le cédant. Toutefois, la TVA grevant les frais d'intermédiation exposés par le cédant pour céder l'immeuble locatif (commission d'agence, émoluments de notaire ou frais d'assistance) peut être déduite par celui-ci au titre de ses frais généraux (CAA Versailles 10-10-2017 n° 16VE00567 : RJF 6/18 n° 606 ; CAA Paris 21-3-2019 n° 18 PA02009 : RJF 8-9/19 n° 773 ; CAA Lyon 1-4-2021 n° 19LY00379 : BPIM 3/21 inf. 223).

OBLIGATIONS

L'article 257 bis du CGI ne pose pas de **condition de forme** particulière pour l'**acte de cession**. Il n'y a donc pas en principe d'engagement formel à prendre pour bénéficier de l'absence de taxation. **60494**
Toutefois, l'acte notarié doit contenir toutes les informations nécessaires pour déterminer son régime fiscal. Il sera donc opportun de rappeler au paragraphe « Déclarations pour l'administration » que les conditions d'application de l'article 257 bis sont réunies. Engage ainsi sa responsabilité le notaire qui se trompe dans la rédaction de l'acte en ne visant pas correctement la qualité de redevable des parties ni le régime fiscal auquel la vente est soumise (CA Colmar 25-6-2021 n° 19/03309). Précisons que, à l'inverse, si l'acte ne mentionne pas l'application du régime de l'article 257 bis alors que ses conditions sont réunies, l'administration est en droit de refuser la déduction par l'acquéreur de la TVA qui lui a été facturée à tort dans l'acte, celui-ci stipulant un prix TTC pour l'appartement vendu (CE (na) 16-11-2022 n°s 462999 et 463000).
Par ailleurs, pour s'affranchir de son **devoir d'information et de conseil**, le **notaire** devra avertir les parties des effets du régime de l'article 257 bis sur la mutation concernée comme sur leurs opérations ultérieures. L'acte portera ainsi ces informations à la connaissance des parties. En particulier, il sera nécessaire d'avertir l'acquéreur de l'obligation pour lui de poursuivre l'activité transmise (et en conséquence d'opter le cas échéant pour l'assujettissement des loyers à la TVA : en ce sens notamment CA Montpellier 22-5-2020 n° 16/01365 : SNH 19/20 inf. 3), au risque d'entraîner une remise en cause par l'administration fiscale de l'absence de taxation de la livraison et un redressement du vendeur. On prévoira opportunément une clause obligeant l'acquéreur à rembourser au vendeur le montant du redressement pratiqué à ce titre, le cas échéant.
En ce qui concerne la **déclaration de la TVA** à l'administration, cette dernière prescrit de mentionner le montant hors taxe de la transmission réalisée sous le régime de l'article 257 bis sur la ligne « Autres opérations non imposables » du formulaire CA3 souscrit au titre de la période au cours de laquelle celle-ci est réalisée. Cette obligation incombe non seulement au cédant mais également au bénéficiaire de la transmission (BOI-TVA-DECLA-20-30-20 n° 20).

> **Précisions** En cas d'**action en responsabilité contre le notaire**, le juge judiciaire saisi doit transmettre à la juridiction administrative la question du champ d'application de l'article 257 bis du CGI dont dépend la solution du litige et surseoir à statuer jusqu'à la décision sur cette question (Cass. 1e civ. 20-3-2024 n° 22-23.305 F-D).

2. TVA ET LIVRAISONS À SOI-MÊME D'IMMEUBLES NEUFS ET DE TRAVAUX

DÉFINITION DE LA LIVRAISON À SOI-MÊME

La livraison à soi-même (LASM) est l'opération par laquelle une personne obtient, avec ou sans le concours de tiers, un bien ou une prestation de services à partir de biens, d'éléments ou de moyens lui appartenant. **60495**
Dans le contexte des opérations immobilières, elle permet de considérer, en l'absence de toute cession ou opération équivalente, que le redevable, par une sorte de fiction purement fiscale, « se livre à lui-même » l'immeuble construit. Étroitement associée au régime des déductions, la taxation de la LASM autorise la déduction de la TVA grevant les dépenses de construction ou de travaux.

CAS D'IMPOSITION À LA TVA DES LIVRAISONS À SOI-MÊME

60500 Sont obligatoirement soumises à la TVA les livraisons à soi-même d'immeubles neufs par des assujettis dans les hypothèses suivantes :
– lorsque l'**immeuble** est **affecté aux besoins de l'entreprise** et que l'assujetti n'est **pas un déducteur intégral** de TVA (CGI art. 257, II-1-2°). Si cet immeuble constituait initialement un stock et que l'affectation dure plus d'un an au-delà du 31 décembre de la deuxième année suivant celle de son achèvement, il est assimilé à une immobilisation entraînant, le cas échéant, l'obligation d'effectuer des régularisations en cas de cession ultérieure (CGI ann. II art. 207, IV-3) ;
– lorsque l'immeuble constitue un **stock**, qu'il n'est **pas vendu dans les 2 ans** de son achèvement et qu'il se trouve affecté en partie pendant ce délai à une activité située hors du champ d'application de la TVA (CGI art. 257, II-1-1°) ;
– lorsque l'immeuble est **affecté à un secteur d'activité exonéré** de TVA et que sa construction a ouvert un droit à déduction totale ou partielle (cas des logements locatifs sociaux par exemple) (CGI art. 257, II-1-3°).
Cette LASM permet de déduire la TVA grevant l'opération de construction. Elle vise à assurer la neutralité et l'égalité de la charge finale de la taxe, que l'immeuble ait été livré par un promoteur ou construit par son utilisateur.
Une exception a néanmoins été retenue dans un souci de simplification, s'agissant des immeubles qui sont vendus dans les 2 ans qui suivent leur achèvement puisque la taxation de droit commun de la cession permet d'atteindre les mêmes objectifs de neutralité et de simplification qu'une LASM. Dans ce cas, alors même que le fait générateur de la LASM sera réputé intervenu lors de l'achèvement de la construction (CGI art. 269, 1-b), le redevable est **dispensé de procéder à la liquidation** de la LASM (BOI-TVA-IMM-10-10-20 n° 180).
Le dispositif est réducteur car seule la vente dans les 2 ans de l'achèvement permet d'éviter la LASM, à l'exclusion de tout autre mode de livraison.

MODALITÉS D'IMPOSITION À LA TVA DES LIVRAISONS À SOI-MÊME

60503 **Redevable** Le redevable de la TVA sur les LASM est la **personne** assujettie **qui construit** elle-même **l'immeuble ou** qui **en a confié la construction**, pour son compte, à des tiers (CGI art. 283, 1).

60505 **Fait générateur et exigibilité** Le fait générateur se produit au moment de la livraison des immeubles, laquelle intervient au moment où le **dépôt** à la mairie de la déclaration d'achèvement et de conformité des travaux (**DACT**) est **exigé** (CGI art. 269, 1-b).
L'administration fiscale précise à ce sujet que le fait générateur de la LASM est réputé intervenu lorsque sont réunies les **circonstances de fait qui rendent exigible la DACT**, même si le redevable manque à ses obligations déclaratives en la matière. Ainsi les travaux doivent être réputés achevés si la construction est **complètement exécutée** sur tous les points relevant du permis de construire, si elle est **conforme à ses prescriptions et respecte la destination** qui y est énoncée (BOI-TVA-IMM-10-20-20 n°s 50 et 60). Lorsque le permis de construire et la DACT subséquente portent sur une construction qui ne **serait utilisable pour aucun usage** sauf à faire l'objet d'une DACT complémentaire, il y a lieu de considérer qu'aucune livraison d'immeuble neuf n'est intervenue et que les conditions du fait générateur de la livraison à soi-même ne sont pas réunies (BOI-TVA-IMM-10-20-20 n° 70). Autrement dit, il résulte de l'ensemble de cette doctrine que la date d'achèvement de l'**immeuble** est fixée à la date à laquelle il a été **intégralement exécuté** sur tous les points relevant du permis de construire (ce qui rend exigible la DACT) et où il est devenu **utilisable**. En règle générale, se confondent dans le temps l'achèvement de la construction, le dépôt de la déclaration requise en cette circonstance et le fait générateur de la livraison (BOI-TVA-IMM-10-20-20 n° 60).
Dans le mois qui suit l'achèvement (et donc, en principe, le dépôt de la DACT), le redevable de la LASM doit informer l'administration, par un **imprimé spécial n° 940**, de la date à laquelle est intervenu l'achèvement de l'immeuble (CGI ann. II art. 244).
L'exigibilité de la taxe a lieu à la même date (CGI art. 269, 2). Néanmoins, un délai est accordé pour le paiement de la taxe (n° 60515).

> **Précisions** **a.** Dans le cas de la **construction d'un groupe d'immeubles**, la LASM doit être réalisée au fur et à mesure de l'achèvement de chacun des immeubles (BOI-TVA-IMM-10-20-20 n° 80).
> **b.** N'est pas considéré comme achevé un **immeuble collectif** dont l'installation électrique et celle du chauffage central ne sont pas encore exécutées (CE 19-12-1979 n° 13224 : RJF 2/80 n° 96 ; BOI-TVA-IMM-10-20-20 n° 60).
> **c.** En l'**absence de souscription de la DACT**, la date d'achèvement portée sur la déclaration spéciale n° 940 de livraison à soi-même par le contribuable peut être retenue comme fait générateur de la TVA, dès lors que les informations qui y sont portées apparaissent

matériellement plus exactes que celles produites par ailleurs par le contribuable pour établir la date d'achèvement effectif de l'immeuble (CE 8-2-2019 n° 410807 : RJF 5/19 n° 432).

Assiette En cas de livraison à soi-même d'immeubles neufs, la taxe est assise sur le **prix de revient total des immeubles**, y compris le coût des terrains ou leur valeur d'apport (CGI art. 266, 2-a). Le prix de revient doit être déterminé « **hors TVA** ». 60507

> **Précisions a.** Sont **notamment pris en compte** dans la base d'imposition de la LASM (BOI-TVA-IMM-10-20-10 n° 340) :
> – le prix du terrain, les honoraires des notaires, les droits de mutation ;
> – le coût des études, plans, honoraires d'architectes, de géomètres ;
> – le prix d'achat des matériaux, les mémoires des entrepreneurs ;
> – les frais facturés par les divers intermédiaires et les frais généraux, y compris les frais de personnel ;
> – les frais financiers engagés pour la construction, sauf pour la partie de ces frais afférente aux parties de l'immeuble à usage d'habitation ;
> – la retenue de garantie, quand elle est effectivement versée à l'entreprise qui est chargée des travaux ;
> – les impôts, taxes et redevances diverses acquittés à raison de la construction, à l'exclusion de la TVA.
> **b.** Selon l'administration, lorsque le **prix d'acquisition du terrain n'est pas connu**, c'est sa valeur vénale qui doit être retenue (BOI-TVA-IMM-10-20-10 n° 340).
> **c.** Le coût du **terrain acquis par un office public HLM auprès d'une collectivité territoriale** sans avoir donné lieu à déduction de la TVA peut être exclu du prix de revient pour la fraction destinée à la construction de logements (BOI-TVA-IMM-20-10-10-10 n° 230).

Taux de la TVA Les livraisons à soi-même imposables donnent lieu, en principe, à l'application du **taux normal** de 20 %. 60510

Par dérogation, relèvent du **taux** de **5,5 %** ou de **10 %** les livraisons à soi-même d'immeubles relevant du secteur du logement social dont l'acquisition aurait bénéficié de ce taux (CGI art. 278 sexies, II-A, II-C, III et IV et art. 278 sexies-0 A) ; voir n°s 60426 s. Relèvent également du taux de 5,5 % les livraisons à soi-même de logements sociaux réalisées dans le cadre de l'acquisition-amélioration dans les cas où les travaux sont financés par un prêt PLA-I, PLUS ou PLS (sous réserve, pour ce dernier prêt, de remplir la condition de transformation visée au n° 60426) et ont rendu l'immeuble à l'état neuf au sens de l'article 257, I-2-2° du CGI (CGI art. 278 sexies, II-B-2° bis et 278 sexies-0 A).

Par ailleurs, le taux est de (CGI art. 278-0 B, III issu de loi 2023-1322 du 29-12-2023) :
– 5,5 % pour les LASM portant sur des travaux de rénovation énergétique de locaux d'habitation répondant aux conditions de l'article 278-0 bis A du CGI ;
– 10 % pour les LASM de travaux portant sur des locaux d'habitation achevés depuis plus de 2 ans répondant aux conditions de l'article 279-0 bis du CGI.

Sur le **maintien temporaire de l'application du taux de 5,5 %** pour les livraisons à soi-même de certains logements sociaux situés dans ou à proximité d'un ancien QPPV ayant perdu cette qualité, voir n° 60426, Précision a.

Déclaration et paiement de la TVA Lorsqu'une livraison à soi-même est exigée, le fait générateur et l'exigibilité de la TVA interviennent à l'achèvement de l'immeuble (CGI art. 269, 1-b et 2-a), mais le constructeur dispose d'un **délai** qui court **en principe** jusqu'au 31 décembre de la deuxième année qui suit celle au cours de laquelle est intervenu l'achèvement pour déclarer et liquider la TVA due sur la livraison à soi-même (CGI art. 270, II). Ce délai peut être **prorogé** une ou plusieurs fois à la demande du constructeur lorsque la base d'imposition ne peut pas être définitivement arrêtée à cette date. Si l'immeuble est cédé pendant ce délai prorogé, la TVA sur la livraison à soi-même doit être liquidée avant cette mutation (CGI ann. II art. 245). 60515

Pour les livraisons à soi-même de **logements locatifs sociaux neufs** (visées aux articles 278 sexies, II-A et II-C du CGI), le délai de liquidation de la taxe est raccourci. Il court jusqu'au dernier jour du sixième mois suivant celui de l'achèvement de l'immeuble, sans prorogation possible (CGI art. 270, II).

La livraison à soi-même doit être déclarée distinctement sur la **déclaration CA3** mentionnée n° 60445. Il doit y être fait référence à la déclaration spéciale d'achèvement visée n° 60505.

> **Précisions a.** Le **différé de principe de 2 ans de la liquidation de la TVA** mentionné ci-dessus a un caractère **facultatif**. Le redevable peut tout à fait liquider la taxe due au titre de la livraison à soi-même avant l'échéance de ce délai, alors même qu'il prévoirait de revendre l'immeuble dans ce délai (BOI-TVA-IMM-10-20-30 n° 270).

b. Le **défaut de déclaration de la TVA** due sur la LASM dans le délai imparti entraîne l'application d'une **amende** égale à **5 %** de la TVA effectivement déductible, réduite en proportion des coûts ou dépenses non grevés de TVA inclus dans la base d'imposition par rapport à la base totale (CGI art. 1788 A, 4). Cette amende n'est cependant pas due en cas de régularisation spontanée.

c. Les redevables relevant d'un **régime simplifié** déclarent au plus tard leurs LASM imposables sur la déclaration annuelle **CA12** (ou CA12 A s'agissant des exploitants agricoles) déposée la troisième année qui suit la date d'achèvement de l'immeuble (BOI-TVA-IMM-10-20-30 n° 270).

60518 **Déduction de la TVA** Du montant de la taxe afférente à la livraison à soi-même, le redevable peut déduire, dans les conditions de droit commun, la **TVA ayant grevé la construction** de l'immeuble (acquisition et aménagement du terrain, travaux de construction, services utilisés pour la construction).

Il en va de même de la TVA grevant les **travaux d'amélioration ou de transformation** de l'immeuble affecté aux besoins de l'entreprise (BOI-TVA-IMM-10-30 n° 20).

La **TVA liquidée sur la livraison à soi-même** peut être déduite lorsque l'immeuble est affecté à la réalisation d'opérations ouvrant droit à déduction. L'administration précise qu'un immeuble conservé en stock parce qu'il a vocation à être cédé à plus ou moins court terme doit être considéré comme utilisé en vue de cette livraison. Cette qualification ouvre un droit à déduction immédiat de la taxe ayant grevé les dépenses engagées initialement. Cette situation n'a pas à être remise en cause tant que l'immeuble n'est affecté à aucune utilisation pour une opération relevant d'une activité économique (BOI-TVA-IMM-10-30 n° 310). En revanche, sa mise en location dans l'attente de sa revente est susceptible d'avoir des incidences sur les droits à déduction afférents à l'immeuble (voir n° 60482).

> **Précisions** Pour les **immeubles dont l'achèvement a eu lieu avant le 22 décembre 2014**, date d'entrée en vigueur de la réforme supprimant un certain nombre de cas d'imposition de la livraison à soi-même, dès lors que le vendeur a conservé l'immeuble construit en stock en vue d'une cession sans l'utiliser pour une autre activité, la TVA ayant grevé la LASM est intégralement déductible. Si l'immeuble (ou fraction d'immeuble) est utilisé pour une activité économique en attendant sa vente, la TVA déduite est susceptible de faire l'objet de régularisation ou de reversement.
> Pour les **immeubles achevés depuis le 22 décembre 2014**, la déduction de la TVA acquittée sur la LASM obéit aux mêmes règles. Cependant, en pratique, la question de la déduction de cette TVA ne devrait se poser que rarement car l'achèvement de l'immeuble ne donne lieu à une LASM que dans les cas cités n° 60500.

B. TVA sur opérations réalisées hors d'une activité économique

CHAMP D'APPLICATION DE LA TVA

60525 Les seules opérations immobilières soumises à la TVA, bien que réalisées en dehors d'une activité économique, sont les **livraisons à soi-même de logements sociaux et de certains travaux réalisés sur ces logements**.

La personne qui réalise une telle opération devient, à ce titre, un assujetti à la TVA.

Toutes les **autres livraisons d'immeubles** réalisées par un non-assujetti se trouvent hors du champ d'application de la TVA, qu'elles portent sur un terrain, même destiné à une opération de construction, ou un immeuble bâti, même achevé depuis moins de 5 ans. Il n'existe pas de possibilité de soumission de ces opérations à la TVA sur option.

60610 **Livraisons à soi-même imposables** Une livraison à soi-même, ou LASM (voir n° 60495), doit être constatée pour les opérations de **construction** suivantes (CGI art. 257, I-3) :

– pour la construction de **logements locatifs sociaux** financés par un **PLA-I** (CGI art. 278 sexies, II-A-1°) ;

– pour la construction de **logements locatifs sociaux** financés par un **PLUS** lorsqu'ils sont situés dans un quartier prioritaire de politique de la ville (**QPPV**) ou lorsqu'ils sont situés en dehors de ces quartiers et soit font l'objet d'une **convention de renouvellement urbain**, soit sont intégrés dans un ensemble immobilier pour lequel la **proportion de logements** relevant d'une telle convention, parmi l'ensemble des logements locatifs sociaux financés par un PLA-I ou un PLUS, est au moins égale à **50 %** (CGI art. 278 sexies, II-A-2°) ;

– pour la construction de **logements locatifs sociaux autres que ceux des deux catégories ci-dessus** pour lesquels le bénéficiaire a conclu une convention APL (CGI art. 278 sexies, II-A-3°) ; **60610** (suite)
– pour la construction **de logements sociaux** réalisée dans le cadre de l'**acquisition-amélioration** dans les cas où les **travaux** sont financés par un prêt **PLA-I, PLUS ou PLS** (sous réserve, pour ce dernier prêt, de remplir la condition de transformation visée au n° 60426) et ont **rendu l'immeuble à l'état neuf** au sens de l'article 257, I-2-2° du CGI (CGI art. 278 sexies, II-B-2° bis) ;
– pour la construction de **logements à usage locatif autres que sociaux** destinés à être occupés par des ménages dont le total des ressources n'excède pas celui prévu à l'article 279-0 bis A, I-1° du CGI et objets de convention de rénovation urbaine ou de convention de renouvellement urbain (CGI art. 278 sexies, II-C) ;
– pour la construction de logements destinés à être occupés par des titulaires de **contrats de location-accession** faisant l'objet d'une convention et agréés par le préfet (CGI art. 278 sexies, III-1°) ;
– pour la construction de logements à usage de résidence principale destinés à des personnes dont les ressources n'excèdent pas les plafonds prévus à l'article L 411-2 du CCH et situés dans (ou à proximité) des quartiers faisant l'objet d'une convention de rénovation urbaine ou des **quartiers prioritaires de la politique de la ville** (QPPV) qui font l'objet d'un contrat de ville (CGI art. 278 sexies, III-2°) ;
– pour la construction par un **organisme de foncier solidaire (OFS)** d'immeubles destinés, le cas échéant après travaux, à faire l'objet d'un **bail réel solidaire** (CGI art. 278 sexies, III-4°-a) ;
– pour la construction de locaux directement destinés ou mis à la disposition des **structures d'hébergement temporaire ou d'urgence** faisant l'objet d'une convention entre le propriétaire (ou le gestionnaire) des locaux et le préfet (CGI art. 278 sexies, IV-1°) ;
– pour la construction de locaux par les établissements mentionnés à l'article L 312-1, I-1°, 6° et 7° du CASF et à l'article L 633-1 du CCH, agissant sans but lucratif et dont la gestion est désintéressée, lorsqu'ils hébergent à titre permanent ou temporaire respectivement des **mineurs** ou des **majeurs de moins de 21 ans** relevant des articles L 221-1, L 221-3 et L 221-5 du CASF, des personnes **âgées**, remplissant les critères d'accession au prêt prévus à l'article R 331-1 du CCH, des **personnes handicapées** ou des **jeunes travailleurs** auxquels s'applique l'aide personnalisée au logement, et que ces locaux font l'objet d'une convention entre le propriétaire (ou le gestionnaire des locaux) et le préfet. Il en est de même des constructions de locaux par les établissements mentionnés à l'article L 312-1, I-2° du CASF agissant sans but lucratif et dont la gestion est désintéressée pour la seule partie des locaux dédiée à l'hébergement, lorsqu'ils hébergent à titre permanent ou temporaire des mineurs ou de jeunes adultes handicapés (CGI art. 278 sexies, IV-2°).
Une livraison à soi-même doit aussi être constatée à l'issue des **travaux** suivants (CGI art. 257, I-3 et 278 sexies A modifié par loi 2023-1322 du 29-12-2023) :
– pour les **travaux d'extension** ou les **travaux rendant l'immeuble à l'état neuf** au sens de l'article 257, I-2-2° du CGI réalisés dans les logements locatifs sociaux faisant l'objet d'une convention conditionnant l'application de l'aide personnalisée au logement ou dans les locaux du secteur social et médico-social mentionnés à l'article 278 sexies, IV du CGI lorsque ces travaux sont pris en compte par la convention prévue à cet article (taux d'imposition : celui prévu pour la livraison des mêmes biens indiqué n°s 60426 et 60428) ;
– pour les travaux dans le cadre de l'**acquisition-amélioration** financés par un PLA-I, un PLUS ou un PLS lorsque ces travaux consistent en une transformation en logements locatifs sociaux de locaux à usage autre que d'habitation (taux d'imposition : 5,5 %) ;
– pour les travaux d'**amélioration**, de **transformation**, d'**aménagement** ou d'**entretien** (autres que l'entretien des espaces verts, les travaux de nettoyage et les travaux réalisés dans le cadre de l'acquisition-amélioration ci-dessus), portant soit sur les logements locatifs sociaux faisant l'objet d'une convention conditionnant l'application de l'aide personnalisée au logement situés dans un QPPV objet d'une convention de renouvellement urbain et dont la construction n'a pas été financée par un prêt locatif social (taux d'imposition : 5,5 %), soit sur les autres logements locatifs sociaux faisant l'objet d'une convention conditionnant l'application de l'aide personnalisée au logement (taux d'imposition : 10 %), soit sur les logements occupés par des titulaires de contrats de location-accession ou sur les locaux du secteur social et médico-social mentionnés à l'article 278 sexies, IV du CGI (taux d'imposition : 10 %) ;
– pour les travaux de **démolition** des logements locatifs sociaux faisant l'objet d'une convention conditionnant l'application de l'aide personnalisée au logement situés dans un QPPV objet d'une convention de renouvellement urbain lorsque la reconstitution de l'offre de logements locatifs sociaux est prévue par cette convention (taux d'imposition : 5,5 %) ;

– pour les travaux réalisés en vue de la conclusion d'un **bail réel et solidaire** (et portant sur un immeuble destiné à faire l'objet d'un tel bail), soit achetés par l'OFS, soit achetés par le détenteur des droits réels immobiliers avant cession à l'occupant ou avant mise en location des logements (taux d'imposition : 5,5 %) ;
– pour les travaux de **rénovation lourde** portant sur des logements achevés depuis au moins 40 ans, qui pendant ce délai étaient des logements locatifs sociaux au sens de l'article 278 sexies, I-1° du CGI ou appartenaient ou étaient gérés par un organisme HLM après avoir été construits ou acquis et/ou améliorés avec le concours financier de l'État. Ces travaux doivent en outre conduire à transformer des logements de performance énergétique et environnementale E, F ou G en logements de classe A ou B ; les logements en résultant doivent respecter les critères de sécurité d'usage, de qualité sanitaire et d'accessibilité des bâtiments, sauf exceptions. Enfin, les travaux et les logements doivent faire l'objet d'une décision d'agrément délivrée par le représentant de l'État (taux d'imposition : 5,5 %).
Aucune livraison à soi-même n'a à être effectuée pour les travaux pour lesquels l'article 278-0 bis A du CGI prévoit un **taux réduit inférieur** à ceux ci-dessus (CGI art. 278 sexies A, I).

> **Précisions** Sur le maintien temporaire de l'application du taux de 5,5 % pour les livraisons à soi-même de **travaux** d'amélioration, de transformation, d'aménagement, d'entretien ou de démolition dans les logements sociaux situés dans ou à proximité d'un **ancien QPPV ayant perdu cette qualité**, voir n° 60426, Précision a.

MODALITÉS D'IMPOSITION À LA TVA

60615 Dans le cas de l'accession sociale à la propriété, la **base d'imposition** est constituée du prix de revient total de la construction du logement déterminé hors TVA. Mais le coût d'acquisition du terrain et les frais financiers engagés pour cette acquisition et la réalisation de la construction ne sont pas retenus dans l'assiette de la livraison à soi-même (BOI-TVA-IMM-20-20-20 n° 290).
Dans les autres cas, la base d'imposition est constituée par le prix de revient total des travaux. L'administration donne des précisions sur les sommes à inclure dans cette base pour chaque type de travaux (BOI-TVA-IMM-20-10-20-10 n°s 270 à 310).
Le **taux** applicable est celui visé n°s 60426 s. pour les opérations de construction et n° 60610 pour les travaux.
La LASM est mentionnée sur une **déclaration n° 941** accompagnée de l'**annexe n° 943**. Celles-ci sont déposées au service des finances publiques du lieu de situation de l'immeuble dès que le redevable dispose de tous les éléments d'information nécessaires à la liquidation de la TVA à la suite de l'achèvement (CGI ann. II art. 244, II).
L'imposition de la LASM au **taux réduit ou intermédiaire** permet au propriétaire du logement de **déduire** la TVA au taux normal ayant grevé les opérations de construction.

SECTION 2

VENTES DE TITRES DE SOCIÉTÉS D'ATTRIBUTION

CARACTÉRISTIQUES DES SOCIÉTÉS D'ATTRIBUTION

60700 Ces sociétés ont pour **objet exclusif** soit l'acquisition ou la construction d'immeubles ou de groupes d'immeubles en vue de leur division par fractions destinées à être attribuées aux associés en propriété ou en jouissance, soit la gestion de ces immeubles ou groupes d'immeubles ainsi divisés, soit la location, pour le compte d'un ou de plusieurs membres de la société, de tout ou partie des immeubles leur appartenant.
Si elles respectent ces objets, et quelle que soit leur forme juridique, les sociétés d'attribution bénéficient du régime de la **transparence fiscale** en matière de **droits d'enregistrement** : les associés sont traités comme s'ils étaient directement propriétaires des locaux auxquels donnent vocation leurs droits sociaux (CGI art. 728 et 1655 ter). Mais la transparence ne s'applique pas en matière de **TVA**. C'est en vertu d'une **disposition spécifique** (CGI art. 257, I-1-3°) que les cessions de « parts d'intérêts et actions dont la possession assure en droit ou en fait l'attribution en propriété ou en jouissance d'un bien immeuble ou d'une fraction d'un bien immeuble », par un

assujetti à la TVA agissant en tant que tel, sont susceptibles d'être taxées à la TVA (à noter que les cessions de ces titres suivent le régime de l'immeuble auquel ils se rapportent).
La transparence fiscale ne concerne pas la **formalité de l'enregistrement**. Les ventes de titres de sociétés d'attribution échappent à la publicité foncière et sont seulement soumises à l'obligation d'enregistrement au service des finances publiques dans le mois de l'acte ou, à défaut d'acte, dans le mois de la vente (BOI-ENR-DMTOM-40-20 n° 120). L'enregistrement est effectué au service des finances publiques de la résidence du notaire si la vente est constatée par acte notarié et, à défaut, à celui du domicile de l'un des associés. Si la cession n'est pas constatée par un acte, et qu'elle donne lieu au paiement de la TVA (voir n°s 60707 et 60717), elle peut aussi être déclarée en ligne sur le site www.impots.gouv.fr sous certaines conditions.

> **Précisions a.** La **télédéclaration des cessions de droits sociaux** et le télépaiement associé ne deviendront obligatoires qu'à partir du 1er juillet 2025 au plus tard, afin de permettre l'enrichissement progressif du service d'enregistrement en ligne. Le service de déclaration en ligne des cessions de droits sociaux non constatées par un acte est ouvert aux particuliers via leur espace particulier sur www.impots.gouv.fr. Depuis février 2023, ce service est également accessible aux professionnels sur le même site, via leur espace professionnel > Démarches > Cessions de droits sociaux. Qu'il s'agisse de particuliers ou de professionnels, le cédant comme le cessionnaire peuvent effectuer la télédéclaration.
> **b.** Le régime de transparence fiscale en matière de droits d'enregistrement s'applique également :
> – aux actions ou **parts de sociétés concessionnaires de ports de plaisance** donnant vocation à la jouissance d'un anneau d'amarrage (Cass. com. 15-3-1994 n°s 92-13.371 P et 92-13.894 D : RJF 5/94 n° 654 ; BOI-ENR-DMTOM-40-30 n° 60) ;
> – et aux actions ou parts de sociétés d'attribution d'immeubles en jouissance à temps partagé (**sociétés de pluripropriété**) (BOI-ENR-DMTOM-40-30 n° 90).

CHAMPS D'APPLICATION RESPECTIFS DE LA TVA ET DES DROITS PROPORTIONNELS D'ENREGISTREMENT

Les **parts d'intérêts** et actions dont la possession assure en droit ou en fait l'attribution en propriété ou en jouissance d'un bien immeuble ou d'une fraction d'un bien immeuble font partie des **droits** qui, en matière de TVA, sont **fiscalement assimilés à des biens corporels** et qui suivent le régime de l'immeuble auquel ils se rapportent (CGI art. 257, I-1-3°). **60705**

Ainsi, relèvent de la **TVA** les livraisons de droits sociaux suivantes, à condition qu'elles soient réalisées par des **assujettis agissant en tant que tels** (au sens des n°s 60306 et 60309) : **60707**
– les livraisons intervenues au cours de la construction de l'immeuble, comme portant sur un terrain à bâtir (BOI-TVA-IMM-10-10-20 n° 140) ;
– les livraisons intervenues moins de 5 ans après l'achèvement de l'immeuble ;
– sur option du cédant, les livraisons intervenues au-delà des 5 ans de l'achèvement.
Corrélativement, les ventes de titres de sociétés d'attribution relèvent des **droits proportionnels d'enregistrement** et non de la TVA lorsque ces titres :
– sont représentatifs d'un immeuble achevé depuis plus de 5 ans et que le vendeur est soit un assujetti n'ayant pas opté pour leur taxation à la TVA, soit un non-assujetti ;
– ou sont représentatifs d'un immeuble neuf et que le vendeur est un non-assujetti à la TVA.

> **Précisions a.** Sont également taxables à la TVA, suivant le régime applicable à l'immeuble sous-jacent, les cessions par un assujetti agissant en tant que tel de droits sociaux donnant vocation à la jouissance d'emplacements aménagés édifiés par un concessionnaire sur les **dépendances du domaine public**, comme les emplacements de **stationnement** ou les emplacements pour **mouillage de bateaux**, dénommés « anneaux » (BOI-TVA-IMM-10-10-20 n°s 150 s.).
> **b.** Le régime mentionné ci-dessus en matière de TVA s'applique même si les statuts se bornent à poser le principe d'une affectation ultérieure des locaux aux droits sociaux, sans contenir une affectation précise desdits locaux à des groupes déterminés de parts ou d'actions (BOI-TVA-IMM-10-10-20 n° 130). Bénéficient ainsi de ce régime les **cessions** de parts réalisées **avant établissement d'un état descriptif de division** de l'immeuble.
> **c.** La TVA est susceptible de s'appliquer **quelle que soit la destination des immeubles** représentés par les droits sociaux faisant l'objet de la mutation (BOI-TVA-IMM-10-10-20 n° 140).

RÉGIME DES VENTES DE TITRES RELEVANT DE LA TVA

Assiette En application des règles de droit commun (n° 60400), l'assiette de la taxe est en principe constituée par le **prix de vente** des titres. Toutefois, l'assiette peut être constituée par la **marge** (CGI art. 268) lorsque les conditions suivantes sont réunies (BOI-TVA-IMM-10-20-10 n° 320) : **60715**
– le cédant est un assujetti à la TVA ;

– les titres sont représentatifs d'un terrain à bâtir ou, si l'option est exercée, d'un immeuble de plus de 5 ans ;
– l'acquisition des titres n'a pas ouvert droit à déduction pour le cédant (nos 60405 s.).

> **Précisions** Dans le cas où les **titres** n'ont pas été acquis mais **reçus en contrepartie des apports en nature** effectués par le cédant et que, l'acquisition du bien apporté n'ayant pas ouvert droit à déduction pour l'apporteur, la cession des titres est imposable sur la marge, il y a lieu de calculer celle-ci comme suit (BOI-TVA-IMM-10-20-10 n° 310) :
> – si les titres sont représentatifs d'un terrain à bâtir, la marge est constituée par la différence entre le prix de cession et la valeur nominale des titres, réputée égale au prix d'achat du même terrain à proportion du quantum de titres ;
> – si les titres sont représentatifs d'un immeuble de plus de 5 ans, la marge est constituée par la différence à due proportion entre le prix de cession des titres et leur valeur nominale, réputée égale au prix de l'immeuble bâti apporté par le cédant.

60717 **Modalités d'imposition** Le **taux** de la TVA est celui applicable aux ventes d'immeubles (voir nos 60425 s.).

Le **fait générateur** comme l'**exigibilité** se produisent à la livraison des parts ou actions (n° 60430).

Le **redevable** de la taxe est le vendeur (voir n° 60440).

La **déclaration** se fait sur les formulaires CA3 ou CA12 (voir n° 60445) qui doivent être souscrits par voie électronique (télédéclaration). Le **paiement** doit se faire également par voie électronique (télépaiement).

Lorsqu'elles donnent lieu au paiement de la TVA, les cessions de droits sociaux donnant vocation à l'attribution d'immeubles en propriété ou en jouissance sont soumises à un **droit fixe d'enregistrement** de 125 € (CGI art. 730).

RÉGIME DES VENTES DE TITRES RELEVANT DES DROITS PROPORTIONNELS D'ENREGISTREMENT

60720 Lorsqu'elles relèvent des droits proportionnels d'enregistrement, les ventes de titres de sociétés transparentes sont soumises au même régime que les ventes d'immeubles (CGI art. 728 et 729). Voir nos 60021 s.

ANNEXE 1

EXONÉRATIONS FACULTATIVES DE DROITS D'ENREGISTREMENT

60800 Le tableau ci-après indique les départements (ou les collectivités se substituant à plusieurs départements) de France métropolitaine ayant institué, pour la **période 1er juin 2024-31 mai 2025**, une ou plusieurs des **exonérations de droit départemental** mentionnées n° 60070 :
– **colonne 1** : exonération des ventes de logements par les organismes d'HLM et par les sociétés d'économie mixte (SEM) à leurs locataires (CGI art. 1594 G) ;
– **colonne 2** : exonération des rachats de certains logements par les organismes HLM et les SEM (CGI art. 1594 H) ;
– **colonne 3** : exonération des acquisitions par les mutuelles d'anciens combattants (CGI art. 1594 I) ;
– **colonne 4** : exonération des acquisitions de logements par certains organismes HLM en cas de mise en œuvre de la garantie de rachat (CGI art. 1594 H-0 bis).

Départements	Exonérations			
	1	2	3	4
02 Aisne	X	X	X	
04 Alpes-de-Haute-Provence	X			
05 Hautes-Alpes	X			

60800 (suite)

Départements	Exonérations			
	1	2	3	4
11 Aude	X	X		
14 Calvados	X	X		
15 Cantal	X			
17 Charente-Maritime	X	X	X	
18 Cher	X	X		
19 Corrèze	X	X		
21 Côte-d'Or	X	X		X
22 Côtes-d'Armor	X	X	X	X
23 Creuse	X			
24 Dordogne	X	X		
25 Doubs		X		
26 Drôme	X			
27 Eure	X	X		
29 Finistère	X	X		
31 Haute-Garonne	X		X	
33 Gironde	X	X		
34 Hérault	X			
35 Ille-et-Vilaine	X	X		
36 Indre	X			
37 Indre-et-Loire		X		
38 Isère	X			
39 Jura			X	
40 Landes	X	X		
41 Loir-et-Cher	X			X
42 Loire	X			
43 Haute-Loire	X	X	X	
44 Loire-Atlantique	X	X	X	
46 Lot	X			
47 Lot-et-Garonne	X			
51 Marne	X	X		
54 Meurthe-et-Moselle	X	X	X	
55 Meuse	X			
56 Morbihan	X	X		
60 Oise	X			
61 Orne	X			
62 Pas-de-Calais	X	X		
63 Puy-de-Dôme			X	
64 Pyrénées-Atlantiques	X	X		
65 Hautes-Pyrénées	X	X	X	X
67-68 Collectivité européenne d'Alsace	X	X	X	
71 Saône-et-Loire	X	X		
72 Sarthe	X	X	X	
75 Paris			X	
76 Seine-Maritime	X	X		
77 Seine-et-Marne	X	X	X	X

Départements	Exonérations			
	1	2	3	4
78 Yvelines	X			
79 Deux-Sèvres	X	X		
80 Somme	X	X		
81 Tarn	X	X		
83 Var	X	X		X
84 Vaucluse	X	X		X
85 Vendée	X			
86 Vienne	X	X		
87 Haute-Vienne	X	X		
89 Yonne	X	X	X	
91 Essonne	X		X	
92 Hauts-de-Seine	X		X	
94 Val-de-Marne			X	
971 Guadeloupe	X			
972 Martinique	X			

ANNEXE 2

TVA ET DROITS D'ENREGISTREMENT : SYNTHÈSE DES RÈGLES APPLICABLES AUX VENTES IMMOBILIÈRES

60850 Sont récapitulées dans le tableau ci-après les **règles de droit commun applicables** aux opérations immobilières en matière de **TVA et droits d'enregistrement** (DMTO), hors situations particulières liées à la présence d'un assujetti unique.

60850 (suite)

CÉDANT	IMMEUBLE CÉDÉ	ACQUÉREUR NON ASSUJETTI à la TVA – TVA	ACQUÉREUR NON ASSUJETTI à la TVA – DMTO	ACQUÉREUR ASSUJETTI à la TVA – TVA	ACQUÉREUR ASSUJETTI à la TVA – DMTO
NON ASSUJETTI à la TVA	TERRAIN NON CONSTRUCTIBLE	Hors du champ de la TVA (n° 60525)	Taux normal (n° 60105)	Hors du champ de la TVA (n° 60525)	Taux normal (n° 60105), sauf engagement de revendre : taux réduit de 0,71498 % (n° 60200)
NON ASSUJETTI à la TVA	TERRAIN À BÂTIR	Hors du champ de la TVA (n° 60525)	Taux normal (n° 60105)	Hors du champ de la TVA (n° 60525)	Taux normal (n° 60105), sauf engagement de revendre : taux réduit de 0,71498 % (n° 60200)
NON ASSUJETTI à la TVA	IMMEUBLE ACHEVÉ DEPUIS PLUS OU MOINS DE CINQ ANS	Hors du champ de la TVA (n° 60525)	Taux normal (n° 60105)	Hors du champ de la TVA (n° 60525)	Taux normal (n° 60105), sauf : – engagement de revendre : taux réduit de 0,71498 % (n° 60200) – engagement de construire : exonération et droit fixe de 125 € (n° 60150)
ASSUJETTI à la TVA	TERRAIN NON CONSTRUCTIBLE	Exonération avec faculté d'option (n° 60335) Taxable sur le prix total si option (n° 60400)	Taux normal (n° 60105)	Exonération avec faculté d'option (n° 60335) Taxable sur le prix total si option (n° 60400)	Taux normal (n° 60105), sauf engagement de revendre : taux réduit de 0,71498 % (n° 60200)
ASSUJETTI à la TVA	TERRAIN À BÂTIR	– Taxation (n° 60330) sur le prix total si l'acquisition a ouvert droit à déduction – Taxation (n° 60330) sur la marge, si l'acquisition n'a pas ouvert droit à déduction et si la condition d'identité juridique entre le bien acquis et revendu est remplie (n°s 60405 s.)	– Taux réduit de 0,71498 % (n° 60107) si TVA sur prix total – Taux normal (n° 60105) si TVA sur la marge	– Taxation (n° 60330) sur le prix total si l'acquisition a ouvert droit à déduction – Taxation (n° 60330) sur la marge si l'acquisition n'a pas ouvert droit à déduction et si la condition d'identité juridique entre le bien acquis et revendu est remplie (n°s 60405 s.)	– Taux réduit de 0,71498 % (n° 60107) si TVA sur prix total, sauf engagement de construire : droit fixe de 125 € (n° 60150) – Taux normal (n° 60105) si TVA sur la marge, sauf : – engagement de revendre : taux réduit de 0,71498 % (n° 60200) – engagement de construire : exonération et droit fixe de 125 € (n° 60150)
ASSUJETTI à la TVA	IMMEUBLE ACHEVÉ DEPUIS PLUS DE CINQ ANS	Exonération (n° 60335) Taxable si option (n° 60335) : – sur le prix total, si l'acquisition a ouvert droit à déduction – sur la marge, si l'acquisition n'a pas ouvert droit à déduction et si la condition d'identité juridique entre le bien acquis et revendu est remplie (n°s 60405 s.)	Taux normal (n° 60105) y compris si TVA sur le prix total	Exonération (n° 60335) Taxable si option (n° 60335) : – sur le prix total, si l'acquisition a ouvert droit à déduction – sur la marge si l'acquisition n'a pas ouvert droit à déduction et si la condition d'identité juridique entre le bien acquis et revendu est remplie (n°s 60405 s.)	Taux normal (n° 60105) quel que soit le régime TVA, sauf : – engagement de revendre : taux réduit de 0,71498 % (n° 60200) – engagement de construire : droit fixe de 125 € (n° 60150)
ASSUJETTI à la TVA	IMMEUBLE ACHEVÉ DEPUIS MOINS DE CINQ ANS	Taxable (n° 60330) sur le prix total (n° 60400)	Taux réduit de 0,71498 % (n° 60107)	Taxable (n° 60330) sur le prix total (n° 60400)	Taux réduit de 0,71498 % (n° 60107), sauf engagement de construire : droit fixe de 125 € (n° 60150)

Les numéros renvoient aux paragraphes du chapitre traitant la question.

CHAPITRE 2

PLUS-VALUES IMMOBILIÈRES

SOMMAIRE

GÉNÉRALITÉS

62000 La plus-value réalisée lors de la vente d'un immeuble (bâti ou non) ou de droits relatifs à un immeuble (usufruit, nue-propriété, etc.), par une personne physique, à titre occasionnel, dans le cadre de la gestion de son **patrimoine privé**, est imposée selon le régime des plus-values des particuliers (CGI art. 150 U et suivants).

Cette plus-value est soumise à l'**impôt sur le revenu**, au taux de 19 %, et aux **prélèvements sociaux**, à hauteur de 17,2 %, soit au taux global de 36,2 %. Si elle excède 50 000 €, elle est soumise à une **taxe supplémentaire** (n° 63125). Elle est déclarée et imposée lors de la mutation.

Le **notaire** a un rôle central : il est généralement chargé de la déclaration de la plus-value et du paiement de l'impôt correspondant pour le compte du vendeur.

Cependant, **en pratique**, de nombreuses ventes bénéficient d'une **exonération à raison de dispositions particulières**.

> **Précisions a.** En ce qui concerne le **champ de l'étude**, est examinée uniquement la vente « classique » d'un immeuble (ou de droits relatifs à un immeuble) détenu par une personne physique soit directement, soit par l'intermédiaire d'une société civile immobilière. Ne sont donc pas étudiées certaines autres opérations qui peuvent relever du régime des plus-values privées : notamment les partages, les cessions portant sur les titres de sociétés à prépondérance immobilière (cessions de parts de SCI, principalement), les expropriations (hors cas d'exonération) et cessions résultant de l'exercice du droit de délaissement ainsi que les apports en société. Un mode particulier d'imposition est prévu pour les plus-values immobilières réalisées par les **personnes non domiciliées fiscalement en France** (voir nos 63500 s.).
b. Les **associés de sociétés civiles d'attribution** étant considérés fiscalement comme propriétaires des locaux représentés par leurs parts (application du régime de la transparence), les cessions de parts réalisées par les associés personnes physiques dans le cadre de la gestion de leur patrimoine privé sont assimilées à la vente des locaux représentés par ces parts et suivent donc en tous points le régime d'imposition des plus-values des particuliers, examiné ci-après.
c. En plus de l'imposition de la plus-value, les cessions de **terrains nus devenus constructibles** peuvent être soumises à des taxes spéciales (voir nos 64000 s.).

Profits immobiliers de nature professionnelle Le régime des plus-values des particuliers ne s'applique ni aux profits tirés d'une **activité professionnelle**, imposables dans la catégorie d'imposition à laquelle ils se rattachent (ainsi, les profits des marchands de biens ou les profits de construction habituels sont imposés en tant que bénéfices industriels et commerciaux), ni aux plus-values consécutives à la cession d'un **immeuble figurant à l'actif d'une entreprise** ou affecté à l'exercice d'une profession, qui relèvent en principe du régime des plus-values professionnelles. 62005

Cas particulier de la première cession d'un usufruit temporaire Conformément aux dispositions du 5, 1° de l'article 13 du CGI, les cessions d'un usufruit temporaire par les cédants assujettis à l'impôt sur le revenu (personnes physiques, sociétés relevant du régime des sociétés de personnes) relèvent, s'il s'agit de la première cession à **titre onéreux** de l'usufruit concerné, non pas du régime d'imposition des plus-values privées mais de la catégorie de revenus à laquelle se rattache, au jour de la cession, le revenu procuré ou susceptible d'être procuré par le bien ou le droit sur lequel porte l'usufruit temporaire cédé. S'agissant des immeubles, les revenus relèvent donc des revenus fonciers. 62010

ATTENTION

Le dispositif s'applique non seulement en cas de cession isolée de l'usufruit temporaire d'un bien dont le cédant conserve la nue-propriété, mais aussi, selon l'administration, en cas de **cession concomitante** de l'usufruit et de la nue-propriété à deux personnes différentes (Rép. Lambert : AN 2-7-2013 n° 15540 ; BOI-IR-BASE-10-10-30 n° 90). Cette position est confirmée par les juges (CAA Marseille 18-2-2021 n° 19MA03657 : RJF 7/21 n° 685).

SECTION 1 VENTES EXONÉRÉES

EN RÉSUMÉ

De nombreuses plus-values réalisées lors de la vente d'un immeuble échappent à l'imposition par l'effet des exonérations prévues par la loi. Ces exonérations sont liées tantôt à la nature du bien cédé ou de l'opération, tantôt à la qualité du vendeur ou de l'acquéreur. En pratique, le notaire est chargé indirectement d'apprécier, avec le concours du vendeur, si les conditions d'application d'une exonération sont réunies. 62050

Le tableau ci-après donne la **liste** des exonérations étudiées.

Nature des exonérations	CGI	N^{os}
Résidence principale et ses dépendances	Art. 150 U, II-1° et 3°	62080 s.
Logement autre que la résidence principale (exonération sous condition de remploi)	Art. 150 U, II-1° bis	62195 s.
Exonération liée à la durée de détention du bien	Art. 150 VC, I	62200
Expropriation (exonération sous condition de remploi)	Art. 150 U, II-4°	62210
Vente dont le prix n'excède pas 15 000 €	Art. 150 U, II-6°	62220 s.
Retraités ou invalides disposant de faibles revenus	Art. 150 U, III et 150 U, II-1° ter	62260 et 62265
Remembrements	Art. 150 U , II-5°	62270
Cession d'un droit de surélévation (régime temporaire)	Art. 150 U , II-9°	62280
Immeuble destiné au logement social (régime temporaire)	Art. 150 U, II-7° et 8°	62290
Cession réalisée par un non-résident	art. 150 U, II-2° et 244 bis A	63540 s.

A. Résidence principale

PRINCIPES

62080 Quel que soit le **type de logement** (maison individuelle ou appartement), la plus-value réalisée lors de la vente d'une résidence principale et de ses dépendances est exonérée (CGI art. 150 U, II-1° et 3°).

L'exonération s'applique quels que soient le **motif de la cession**, le montant du **prix** de cession ou de la **plus-value** ou encore l'**affectation future** de l'immeuble cédé, y compris si l'immeuble est destiné à être démoli en vue de l'édification de nouvelles constructions (BOI-RFPI-PVI-10-40-10 n° 10).

62082 Lorsqu'un associé (personne physique) d'une **société civile d'attribution** cède des titres représentatifs du logement constituant sa résidence principale, il est exonéré sur la plus-value dans les mêmes conditions que si le logement était lui-même cédé (application du principe énoncé n° 62000, Précisions, b).

AFFECTATION ANTÉRIEURE DU BIEN CÉDÉ

62090 Le bénéfice de l'exonération est réservé aux immeubles qui étaient affectés totalement à un **usage d'habitation**.

Si le vendeur a fixé le **domicile commercial** de son entreprise à l'adresse de son habitation principale, la plus-value réalisée lors de la cession de celle-ci reste exonérée en totalité, toutes autres conditions étant par ailleurs remplies.

Il en est de même s'il y exerce une **activité professionnelle** ne nécessitant ni locaux ni matériels spécifiques (BOI-RFPI-PVI-10-40-10 n° 70).

ATTENTION

Pour les immeubles à **usage mixte d'habitation et professionnel**, l'exonération ne s'applique qu'à la fraction de la plus-value se rapportant à la partie d'habitation même si elle est prédominante. La fraction de la plus-value afférente à la partie à usage professionnel obéit aux règles d'imposition (ou d'exonération) des plus-values professionnelles (BOI-RFPI-PVI-10-40-10 n° 80). Lorsque l'immeuble comprend des locaux spécifiquement affectés à une activité de chambres d'hôtes, la fraction de plus-value afférente à ces locaux est imposable (CAA Toulouse 16-3-2023 n° 21TL00109).

DÉFINITION DE LA RÉSIDENCE PRINCIPALE

62100 La résidence principale s'entend du logement constituant la résidence habituelle et effective du vendeur.

62105 **Résidence habituelle** Il s'agit du logement occupé par le vendeur pendant la majeure partie de l'année. La nature de la résidence (principale ou secondaire) est en général évidente (en raison notamment du lieu de travail, de l'école des enfants, etc.) mais des hésitations peuvent se présenter pour les personnes qui disposent de **plusieurs résidences** et les occupent chacune de manière régulière. Dans ce cas, le vendeur doit être à même de justifier de l'occupation habituelle du logement vendu pour prétendre à l'exonération (factures d'électricité, d'eau, etc.). Il lui sera d'autant plus facile d'apporter cette justification s'il a considéré clairement ce logement comme son habitation principale, par exemple en demandant à bénéficier des avantages liés à l'habitation principale, en matière d'impôt sur le revenu (crédits d'impôt pour charges).

ILLUSTRATIONS

Le vendeur justifie qu'il occupe une villa à titre de résidence principale dès lors qu'il produit l'**attestation d'un notaire** indiquant qu'il y a établi sa résidence principale, des attestations similaires des **maires** successifs de la commune, des **factures** d'électricité et de téléphone ainsi que des factures d'assurance multirisque habitation mentionnant que la villa est à usage d'habitation principale (CE 10-4-2015 n° 367015 : RJF 7/15 n° 598).

Ne constitue pas la résidence principale du contribuable un logement situé à Paris dès lors qu'il résulte de ses **déclarations de revenus** des années 2003 à 2005 et de ses avis d'imposition à la **taxe d'habitation** pour la même période que sa résidence principale était située en province. Les **factures d'électricité** produites ne permettent pas d'établir qu'il a résidé à titre principal à son adresse parisienne mais seulement que ce logement a été occupé par intermittence. Par ailleurs, les attestations de réexpédition de courrier fournies ou la qualité de membre du conseil syndical de l'intéressé ne sont pas de nature à démontrer qu'il avait à Paris son domicile principal (CE 23-10-2013 n° 361233 : RJF 1/14 n° 41).

Ne constitue pas la résidence principale du vendeur un chalet situé à Courchevel dès lors notamment que l'**acte de vente** et la **déclaration de plus-value** indiquent qu'il est domicilié en région parisienne, que les **factures d'eau et d'électricité** du chalet ne permettent pas d'établir une occupation effective du bien pendant la période concernée et qu'il n'a pas contesté l'absence d'abattement pour résidence principale sur la **taxe d'habitation** émise au titre du chalet. Le fait qu'une ordonnance de non-conciliation fixe la résidence du vendeur dans le chalet est sans incidence (CAA Lyon 9-1-2014 n° 13LY01383 confirmé par CE (na) 25-2-2015 n° 376019 : RJF 11/15 n° 915).

La mention d'une autre adresse que celle de l'immeuble cédé sur les **déclarations d'impôt** sur le revenu et les **taxes d'habitation** du cédant suffit pour exclure l'exonération (CAA Paris 3-11-2021 n° 20PA01929 : BPIM 6/21 inf. 411).

Lorsque le vendeur est propriétaire de plusieurs immeubles, le lieu de vie principal est celui à proximité duquel les **dépenses courantes** de nourriture et de carburant sont réalisées, pour lequel une employée de maison travaille 140 heures par mois et dont l'assurance habitation mentionne une période d'inoccupation inférieure à 90 jours (CAA Douai 13-1-2022 n° 19DA02649 : BPIM 2/22 inf. 172).

Lorsque le vendeur est **titulaire d'un logement de fonction**, l'exonération de la résidence principale peut jouer pour la vente de l'habitation occupée en permanence par son conjoint et ses enfants (BOI-RFPI-PVI-10-40-10 n° 60). **62107**

Résidence effective Pour ouvrir droit à l'exonération, le logement doit constituer la résidence effective du vendeur. L'**utilisation temporaire** du logement n'est pas suffisante pour qu'il ait le caractère d'une résidence principale (BOI-RFPI-PVI-10-40-10 n° 40). **62110**

Jugé que la **brève occupation** (un mois en l'espèce) d'un appartement de 30 m² par un contribuable qui a vendu sa résidence principale et en a simultanément acheté une nouvelle, pendant la durée des travaux qu'il fait effectuer dans sa nouvelle résidence, ne suffit pas à conférer à cet appartement le caractère de résidence principale (CE 29-12-1999 n° 135065 : RJF 2/00 n° 206). Mais l'exonération a été accordée à la cession d'un logement occupé huit mois alors même qu'elle était intervenue à l'issue de plusieurs opérations immobilières (CAA Paris 21-2-2018 n° 17PA00527 : RJF 6/18 n° 625). Une occupation de quatre mois a également été jugée suffisante pour bénéficier de l'exonération dans la mesure où les cédants n'ont pas disposé d'un autre logement au cours de cette période (CAA Lyon 19-8-2021 n° 19LY01666 : BPIM 5/21 inf. 360).

La **preuve de l'occupation** effective peut être apportée par tous moyens. Jugé que cette preuve n'est pas apportée par la production de certificats médicaux attestant des soins reçus par le contribuable dans la ville dans laquelle est situé le bien vendu, d'attestations de voisinage et d'attestation de mise à disposition d'un véhicule pour effectuer un déménagement, alors que la consommation d'eau du bien en cause a été réduite et qu'aucune facture d'électricité n'a été fournie (CAA Bordeaux 4-10-2012 n° 11BX00432 : RJF 2/13 n° 167). La taxe foncière, un contrat d'assurance habitation ou des attestations de proches déclarant avoir aidé le cédant à emménager dans l'immeuble vendu ne sont pas suffisants pour établir l'occupation habituelle et effective (CAA Douai 17-7-2020 n° 18DA01579 : BPIM 5/20 inf. 360-6). Un immeuble dont le compteur d'eau est coupé depuis trois mois au jour de la vente et qui n'est pas assuré en tant qu'habitation principale ne peut pas bénéficier de l'exonération (CAA Versailles 28-9-2021 n° 19VE02484).

ATTENTION

Le cédant qui se prévaut de l'exonération réservée aux résidences principales lors de la cession d'un immeuble qu'il n'a pas occupé à titre principal encourt la **pénalité de 40 %** pour manquement délibéré prévue à l'article 1729 du CGI (CAA Douai 13-7-2021 n° 19DA01643 : BPIM 5/21 inf. 359).

Résidence du vendeur Le logement vendu doit constituer la résidence principale du propriétaire lui-même. En conséquence, les plus-values provenant de la vente de **logements donnés en location** n'ouvrent pas droit à l'exonération même s'ils constituent la résidence principale des locataires. **62115**

Faute d'occupation par le vendeur lui-même, l'exonération ne peut s'appliquer, en principe, aux **immeubles occupés par les ascendants ou descendants** du propriétaire même s'ils font partie du foyer fiscal du vendeur. Toutefois, l'administration admet que, lorsque **deux appartements** sont **situés dans le même immeuble** et que leur acquisition a été rendue nécessaire par le nombre des personnes à la charge du contribuable, ces appartements forment une unité d'habitation constituant la résidence principale de l'intéressé. La plus-value réalisée à l'occasion de la cession de l'un ou de l'autre de ces appartements peut donc bénéficier de l'exonération. La condition d'affectation à la résidence principale s'apprécie au jour de la cession de chacune des parties de l'immeuble (BOI-RFPI-PVI-10-40-10 n° 170). **62120**

Le Conseil d'État retient une interprétation encore plus large de la notion d'habitation principale. Il a ainsi jugé que constitue une résidence principale un studio situé dans le même ensemble immobilier que l'appartement principal mais dans un **bâtiment distinct** dès lors que ce studio a été acquis dans le but d'agrandir la résidence principale et effectivement utilisé à cette fin (CE 26-7-1991 n° 76565 : RJF 10/91 n° 1246). Encore faut-il, cependant, que l'**agencement des locaux** les destine à une utilisation unique. Ainsi, dans le cas où un ensemble immobilier comprend un **immeuble sur rue** occupé par le vendeur et un **immeuble sur cour** occupé par un enfant majeur, ce dernier immeuble doit être regardé, compte tenu de l'agencement des locaux, comme ayant une utilisation distincte de celle de l'immeuble sur rue. Dès lors, l'appartement sur cour ne peut être regardé comme la résidence principale du vendeur, quand bien même l'enfant majeur serait encore à sa charge ou rattaché à son foyer fiscal. La plus-value réalisée lors de la cession de cet appartement n'ouvre donc pas droit à l'exonération (CE 18-3-2005 n° 257550 : RJF 6/05 n° 562).

CONDITION D'OCCUPATION AU MOMENT DE LA VENTE

62130 Normalement, le logement doit être la résidence principale du vendeur à la date de la vente. Cette condition exclut en principe de l'exonération les ventes portant sur les anciennes résidences principales du vendeur (logements vacants, mis en location ou à disposition de tiers) ou encore sur des immeubles en construction destinés à devenir l'habitation principale du vendeur. Toutefois, l'administration et la jurisprudence apprécient cette condition avec souplesse.

ILLUSTRATIONS

L'exonération est refusée lorsque l'occupation au moment de la vente répond à des motifs de pure convenance et notamment lorsque le **propriétaire revient occuper le logement juste avant la vente** et pour les besoins de cette dernière (BOI-RFPI-PVI-10-40-10 n° 180).

L'exonération est également refusée dans le cas d'un contribuable qui revend huit mois après son achèvement l'appartement qu'il avait acheté en l'état de futur achèvement 21 mois plus tôt en vue d'en faire sa résidence principale, dès lors que ce **logement n'a jamais été occupé** (CE 11-1-1993 n° 90179 : RJF 3/93 n° 367) ou dans le cas d'un contribuable qui cède un immeuble un peu plus de deux mois après son achèvement (CAA Nantes 1-4-2021 n° 19NT03708 : BPIM 3/21 inf. 226).

Il en est de même lorsque le cédant a mis l'immeuble cédé en location en raison de difficultés financières et prétend s'y être réinstallé un an avant la vente tout en continuant à **verser un loyer** pour le logement qu'il avait lui-même pris en location (CAA Marseille 30-12-2021 n° 20MA00667 : BPIM 1/22 inf. 81).

En revanche, l'exonération est accordée au contribuable qui, après avoir mis son immeuble en location, revient l'occuper à titre principal pendant une **durée suffisamment significative** avant sa cession, sans qu'une durée minimale ne puisse être fixée in abstracto (Rép. Moudenc : AN 2-7-2013 n° 23625).

Le fait que la **vente** ait été **retardée** indépendamment de la volonté des parties, en raison d'une **procédure d'urbanisme** finalement abandonnée, et qu'en raison de cette circonstance l'immeuble ait été mis en location en attendant de pouvoir être vendu, ne dispense pas de satisfaire à la condition d'occupation au moment de la vente fixée par la loi. Dans un tel cas, l'exonération n'est donc pas applicable (Rép. Granet : AN 2-6-1979 n° 14189 : solution non reprise au Bofip mais qui conserve sa pertinence).

La **vente d'un terrain nu**, sur lequel était implantée une **résidence principale démolie avant la vente**, n'ouvre pas droit à l'exonération (CAA Lyon 16-6-2005 n° 99-937 : RJF 1/06 n° 40).

62134 **Vente sous condition suspensive** Lorsque la vente est assortie d'une condition suspensive, c'est à la date de réalisation de la condition qu'il faut se placer pour apprécier si l'immeuble est affecté à l'habitation principale (CE 24-11-2017 n° 396209 : RJF 2/18 n° 172).

62140 **Immeuble occupé jusqu'à sa mise en vente** Lorsque l'immeuble a été occupé comme résidence principale jusqu'à sa mise en vente mais se trouve **vacant à la date de la vente**, l'exonération s'applique si la cession intervient dans les **délais normaux de vente** et sous réserve que le logement n'ait pas, pendant cette période, été donné en location ou occupé gratuitement par des membres de la famille du propriétaire ou des tiers.

Aucun **délai maximum** pour la réalisation de la cession ne peut être fixé a priori. Il convient donc sur ce point de faire une appréciation circonstanciée de chaque situation, y compris au vu des raisons conjoncturelles qui peuvent retarder la vente, pour déterminer si le délai de vente peut ou non être considéré comme normal.

Dans un contexte économique non particulier, l'**administration** considère comme normal un délai d'un an. Ceci ne signifie pas qu'elle trouve nécessairement anormal un délai supérieur à un an. L'appréciation du délai normal de vente est une question de fait qui s'examine au regard

de l'ensemble des circonstances de l'opération, et notamment des conditions locales du marché immobilier, des caractéristiques particulières du bien cédé et des diligences exposées par le contribuable pour la mise en vente de ce bien (annonces dans la presse, démarches auprès d'agences immobilières, etc.). Lorsque le délai excède la durée normale de vente, le seul fait que l'immeuble ait été mis en vente n'est pas considéré comme de nature à justifier l'exonération de la plus-value, notamment s'il apparaît que le prix demandé ne correspond pas aux prix pratiqués sur le marché immobilier local (BOI-RFPI-PVI-10-40-10 n° 190).
De son côté, le **Conseil d'État** a précisé que le délai maximal est fonction des circonstances particulières de chaque vente (caractéristiques de l'immeuble, contexte économique et réglementaire local, diligences du vendeur, etc.) : il a ainsi appliqué l'exonération à une vente réalisée 27 mois après le départ du propriétaire car la révision du plan d'occupation des sols en cours avait eu pour effet de ralentir l'opération (CE 6-10-2010 n° 308051 : RJF 1/11 n° 45 ; solution confirmée par la juridiction de renvoi : CAA Versailles 16-12-2011 n° 10VE03388 : RJF 5/12 n° 476). Dans le même sens, il a censuré un arrêt de la cour administrative d'appel de Nantes, dans un cas où le délai était de 22 mois. Les juges d'appel avaient considéré le délai trop long en raison notamment d'un prix de départ trop élevé par rapport au marché mais sans analyser toutes les circonstances de la vente (CE 7-5-2014 n° 356328 : RJF 8-9/14 n° 805).

› **Précisions a.** Les juges du fond apprécient les **diligences du cédant** particulièrement eu égard aux caractéristiques de l'immeuble cédé et aux baisses de prix consenties (notamment CAA Douai 17-3-2022 n° 19DA01635 : BPIM 3/22 inf. 253 à propos d'une grande maison Napoléon III vendue près de la moitié du prix demandé initialement). Jugé également qu'un délai de 19 mois constitue un **délai raisonnable** dans le cas où un contribuable a mis en vente sa résidence principale pour emménager avec sa famille dans un logement plus proche de son lieu de travail et qu'il a baissé le prix de vente à deux reprises pendant ce délai (TA Amiens 26-3-2009 n° 07-2802 : RJF 1/10 n° 32). Même solution favorable, dans un contexte quelque peu différent, pour un contribuable ayant mis 27 mois à vendre sa maison (CAA Douai 10-4-2018 n° 16DA01239).

b. Constitue une faute engageant la **responsabilité de l'État** la **taxation à tort de la plus-value de cession d'une résidence principale** qui a obligé le contribuable à vendre prématurément sa nouvelle résidence principale pour payer l'impôt sur la plus-value (TA Besançon 18-12-2015 n° 1400721 : RJF 4/16 n° 375). Ce jugement a été rendu sur l'affaire soumise au Conseil d'État dans l'arrêt du 6 octobre 2010 cité ci-dessus.

Immeuble sinistré Un immeuble ne perd pas sa qualité de résidence principale du seul fait que le propriétaire a été contraint de libérer les lieux en raison d'un sinistre d'ampleur ayant rendu l'occupation du bien manifestement impossible. Le cédant doit avoir occupé l'immeuble à titre de résidence principale jusqu'au sinistre et accompli les diligences nécessaires en vue de **faire reconstruire** l'immeuble dans les meilleurs délais et de mener à bien sa cession dès l'achèvement des travaux (BOI-RFPI-PVI-10-40-10 n° 195). **62142**

Immeuble cédé après séparation ou divorce Pour le **conjoint ou** le **concubin** (pacsé ou non) **resté dans les lieux**, l'exonération de la plus-value est acquise par la simple application des textes (CGI art. 150 U, II-1°). **62145**
Pour **celui qui est parti**, l'exonération ne résulte pas du texte mais peut être demandée sur le terrain de la doctrine administrative. L'administration admet en effet l'application de l'exonération prévue en faveur de la résidence principale dès lors que le logement a été occupé par son ex-conjoint jusqu'à sa mise en vente et que la cession intervient dans les délais normaux de vente (BOI-RFPI-PVI-10-40-10 n°s 250 et 260). Le délai de vente correspond à celui entre la mise en vente et la cession dont l'appréciation du caractère normal est une question de fait.
Il n'y a aucune condition de délai entre la date de la séparation des époux et celle de la mise en vente (BOI précité).
Le fait que celui qui a quitté les lieux soit propriétaire du logement qu'il occupe à la date de la cession de l'ancienne résidence commune du couple n'empêche pas le bénéfice de l'exonération.
De son côté, la jurisprudence estime qu'un logement ne perd pas sa qualité de résidence principale du seul fait que son propriétaire a libéré les lieux avant la date de sa vente, en particulier pour des raisons indépendantes de sa volonté ou en application d'une décision de justice. Jugé, par exemple, que l'ex-mari qui a été contraint de quitter son domicile par l'ordonnance de non-conciliation, qui a pris en location un appartement dans la même commune que son ex-épouse pour conserver des liens étroits avec ses enfants, et qui a consenti à celle-ci de lui réserver la maison le temps nécessaire pour elle d'obtenir le prêt en vue de son acquisition, doit être

regardé comme ayant conservé sa résidence habituelle dans l'habitation, qui demeurait sa propriété et dans laquelle il conservait le centre de ses intérêts familiaux. Peu importe que cinq années se soient écoulées entre son départ de la maison et la vente de celle-ci (TA Montpellier 25-3-2009 n° 07-1631 : RJF 2/10 n° 127). Dans le même sens, il a été jugé que le conjoint contraint de quitter le logement du couple en application d'une ordonnance de non-conciliation ne perd pas le bénéfice de l'exonération de la résidence principale même si la vente du bien est intervenue environ deux ans après son départ dès lors notamment que, pour permettre la vente du logement, l'immeuble a dû faire l'objet d'une division et d'une mise en copropriété (CAA Marseille 9-12-2014 n° 12MA02147 : BPIM 2/15 inf. 144).

L'administration admet également d'appliquer l'exonération prévue en faveur de la résidence principale aux **immeubles en construction** cédés par des époux en instance de divorce, des partenaires qui rompent un Pacs ou des concubins qui se séparent, sous les deux conditions suivantes (BOI-RFPI-PVI-10-40-10 n°s 230 et 240) :

– ils doivent prouver que l'immeuble était destiné à leur résidence principale (cette preuve peut résulter, par exemple, de l'obtention d'un prêt pour la construction d'une résidence principale) ;

– ils ne doivent pas être propriétaires du logement occupé pendant la construction.

ATTENTION

La simple cohabitation de deux personnes de même sexe ou de sexe différent ne suffit pas à caractériser le **concubinage**. Ainsi sont réputées « vivre seules » les personnes qui cohabitent et qui, en raison de leurs liens familiaux, ne sont pas susceptibles de contracter mariage (C. civ. art. 161 à 163) ou autorisées à souscrire un Pacs (C. civ. art. 515-2, 1°).

Le point de savoir si des contribuables ont cohabité ou vécu en concubinage relève des circonstances de fait qui, dans le cadre du pouvoir de contrôle de l'administration, peuvent faire l'objet d'une demande de renseignements. Ainsi, l'état de concubinage peut être justifié par la production de divers documents, et notamment par un certificat de vie commune ou de concubinage (BOI-RFPI-PVI-10-40-10 n° 270), qui peut être délivré par la mairie de la commune de résidence du couple. À défaut, une attestation sur l'honneur des concubins devrait être suffisante.

62150 **Immeuble en construction cédé en raison d'une mutation, d'une invalidité ou d'un décès** Un logement en construction vendu à la suite de la mutation professionnelle ou de l'invalidité (de 2e ou de 3e catégorie, prévue à l'article L 341-4 du CSS) du **vendeur ou** de son **conjoint** ouvre droit à l'exonération dès lors qu'il était destiné à leur habitation principale et qu'ils n'étaient pas propriétaires du logement qu'ils occupaient durant la construction (BOI-RFPI-PVI-10-40-10 n° 300).

La cession d'un immeuble en cours de construction réalisée à la suite du décès de son conjoint est également exonérée sous les mêmes conditions (BOI-RFPI-PVI-10-40-10 n° 310).

L'exonération devrait également s'appliquer, sous les mêmes conditions, en cas de cession réalisée à la suite d'une mutation professionnelle ou pour cause d'invalidité d'un **concubin** (pacsé ou non) ou du décès de l'un des concubins. Sur la notion de concubinage et les justificatifs à produire par le vendeur à la demande de l'administration, voir n° 62145.

62153 **Immeuble appartenant à un contribuable incarcéré** La condition tenant à l'occupation du logement à titre d'habitation principale au jour de la cession n'est pas satisfaite lorsque le contribuable est incarcéré. L'administration admet toutefois, dans cette situation, que l'exonération prévue en faveur des résidences principales peut s'appliquer lorsque le logement constituait la résidence principale du contribuable avant son incarcération et n'a pas été donné en location après son départ des lieux (BOI-RFPI-PVI-10-40-10 n° 290). Il n'y a pas à distinguer selon que le logement est resté ou non occupé par le conjoint du contribuable incarcéré, un membre de son foyer fiscal ou même un tiers.

EXONÉRATION DES DÉPENDANCES

62160 Les dépendances immédiates et nécessaires de la résidence principale bénéficient de l'exonération lorsqu'elles sont cédées en même temps qu'elle (CGI art. 150 U, II-3°).

62165 **Définition générale** Dans le cas général, les dépendances s'entendent non seulement des bâtiments annexes tels que les garages (situés à moins d'un kilomètre), les aires de stationnement, les passages, les cours, mais aussi de la totalité du terrain entourant l'immeuble.

Une **chambre de bonne** située **dans le même immeuble** que la résidence principale ouvre droit par principe à l'exonération. Quand elle est située dans **un autre immeuble**, la vente d'une chambre de bonne peut être exonérée, mais il s'agit là d'une question de fait assez délicate (BOI-RFPI-PVI-10-40-10 n° 360).

Jugé qu'un **ancien pressoir et une bergerie situés à proximité de la maison d'habitation** ont le caractère de dépendances immédiates mais pas nécessaires en raison de leurs caractéristiques qui les ont voués à une utilisation distincte. Ils étaient utilisés par le vendeur pour entreposer du matériel employé dans le cadre de son activité d'artisan (CAA Douai 2-10-2012 n° 11DA01143 : RJF 2/13 n° 168).

Cas particulier des terrains Lorsqu'une partie du terrain sur lequel est implantée la résidence principale est vendue comme **terrain à bâtir**, les dépendances exonérées s'entendent uniquement des locaux et aires de stationnement (garage, parking, remise, etc.) ainsi que des cours, des passages et des voies d'accès à l'habitation et à ses annexes (BOI-RFPI-PVI-10-40-10 n° 340). Pour l'application de cette règle, est considéré comme terrain à bâtir le terrain sur lequel des constructions peuvent être autorisées en application des règles d'urbanisme (il s'agit de la définition retenue en matière de TVA : voir nos 60350 s.). La plus-value réalisée sur la cession d'un terrain à bâtir, ainsi défini, même réalisée simultanément à la cession de la résidence principale est imposable (BOI-RFPI-PVI-10-40-10 n° 340). 62166

N'est pas considérée comme une dépendance immédiate et nécessaire de la résidence principale ouvrant droit à l'exonération la **partie de terrain** cédée en même temps que la résidence principale mais **destinée à être lotie** (CAA Nantes 17-12-1996 n° 93-492 : RJF 6/97 n° 568). Les juges précisent que la partie du terrain acquise en vue d'y édifier des constructions susceptibles d'entrer dans le **champ de la TVA** est imposable même si la vente du terrain n'a pas été assujettie à la TVA (CE 8-4-2022 n° 447694 : RJF 6/22 n° 550). Cette solution est applicable alors même que le terrain d'assiette n'est constitué que d'une seule **parcelle cadastrale** (CAA Marseille 18-2-2020 n° 18MA02365 : RJF 7/20 n° 607, confirmé par CE (na) 21-10-2020 n° 440583 ; voir cependant CAA Nantes 22-12-2023 n° 23NT00536 : RJF 5/24 n° 388 pour une position contraire).

Le caractère **nécessaire** d'un terrain est exclu pour la parcelle qui ne supporte aucune construction annexe ni aucune servitude nécessaire à l'accès à l'habitation principale et qui n'est utilisée qu'en tant que jardin d'agrément et de **potager** (CAA Lyon 17-3-2022 n° 20LY02126).

Les parcs et les jardins des **monuments historiques** sont considérés dans leur ensemble comme des dépendances sauf s'ils sont destinés à la construction. 62167

Cette solution est limitée aux immeubles suivants :

– immeubles classés ou inscrits au titre des monuments historiques ;

– immeubles ayant reçu le label délivré par la « Fondation du patrimoine » en application de l'article L 143-2 du Code du patrimoine si ce label a été accordé sur avis favorable du service territorial de l'architecture et du patrimoine (BOI-RFPI-PVI-10-40-10 n° 370).

Vente simultanée avec l'habitation Pour être exonérées, les dépendances doivent être cédées en principe en même temps que l'habitation. 62170

Toutefois, dans le cas où les dépendances sont cédées à un **acquéreur distinct** de l'habitation, ce qui ne remet pas en cause l'exonération, la condition tenant à la cession simultanée est réputée satisfaite si la cession des dépendances intervient dans un délai normal au sens précisé n° 62140 (BOI-RFPI-PVI-10-40-10 n° 390).

CAS PARTICULIERS

Immeuble détenu en indivision La plus-value de cession d'un immeuble indivis réalisée par un coïndivisaire occupant une fraction de l'immeuble à titre de résidence principale est exonérée à hauteur de ses droits dans l'indivision pour la quote-part de plus-value afférente à la fraction d'immeuble occupée (CAA Paris 16-12-2004 n° 03-2013 : RJF 6/05 n° 563). 62175

Le fait qu'un immeuble cédé par deux indivisaires ait constitué la résidence principale de l'un d'eux ne permet pas à son coïndivisaire de bénéficier de l'exonération (CE 21-12-1990 n° 69163 : RJF 2/91 n° 175).

Démembrement de propriété Lorsque le **bien est détenu en pleine propriété**, la cession de l'usufruit ou de la nue-propriété peut bénéficier de l'exonération dès lors que l'immeuble répond à la définition de la résidence principale pour le vendeur (résidence habituelle et effective). 62180

Lorsque le **bien est détenu par des personnes différentes** avant la cession de l'un des droits démembrés, il convient de distinguer : 62185

– si l'**usufruitier occupant cède son droit**, il peut bénéficier de l'exonération dans la mesure où l'immeuble constitue sa résidence principale ;

– si le **nu-propriétaire cède son droit**, il ne peut bénéficier de l'exonération, faute de remplir la condition légale d'occupation à titre habituel.

La situation est différente si l'immeuble constitue la résidence principale à la fois de l'usufruitier et du nu-propriétaire. Mais dans le cas d'appartements séparés dans un même immeuble, l'exonération est limitée à la fraction des droits correspondant aux locaux effectivement utilisés par leurs titulaires à titre de résidence principale (BOI-RFPI-PVI-10-40-10 n° 100).

62188 **Immeuble occupé par le futur acquéreur** L'exonération de la résidence principale s'applique lorsque l'immeuble est occupé par le futur acquéreur avec qui un compromis de vente a été signé. Deux conditions doivent être simultanément réunies :
– la convention d'occupation temporaire doit être intrinsèquement liée à la vente ;
– le contrat de vente doit être passé dans un délai normal à compter de la signature du compromis (BOI-RFPI-PVI-10-40-10 n° 200).
Jugé que la période au cours de laquelle l'immeuble a été occupé par le futur acquéreur qui s'est finalement désisté ne doit pas être prise en compte pour apprécier le caractère normal du délai de vente au sens précisé n° 62140 (CAA Marseille 16-2-2021 n° 19MA04636 : BPIM 2/21 inf. 154).

62190 **Vente d'un logement issu de la division d'un bien** Lorsque la partie de l'immeuble cédée est issue de la division du logement constituant la résidence principale du cédant, la condition d'affectation à la résidence principale du cédant s'apprécie au jour de la cession de chacune des parties de l'immeuble (BOI-RFPI-PVI-10-40-10 n° 130).

62192 **Vente d'un terrain avec mobile home ou caravane occupé à titre de résidence principale** La plus-value réalisée lors de la vente d'un terrain sur lequel est implanté un mobile home ayant conservé ses éléments de mobilité et constituant la résidence principale du vendeur n'ouvre pas droit au bénéfice de l'exonération prévue à l'article 150 U, II-1° du CGI, un tel logement ne constituant pas en principe un immeuble (CAA Paris 31-3-2016 n° 14PA02634 : RJF 8-9/16 n° 714). A contrario une habitation mobile attachée à perpétuelle demeure au terrain cédé ne serait pas exclue, en tant que telle, de l'exonération.

62194 **Vente d'un bateau utilisé comme logement** L'administration admet d'appliquer l'exonération aux cessions de **péniches** ou de bateaux lorsqu'ils ne sont pas destinés à la navigation, qu'ils sont soumis à la taxe foncière et qu'ils sont effectivement utilisés au jour de la cession en un point fixe à usage d'habitation principale par leurs propriétaires (BOI-RFPI-PVI-10-40-10 n° 320).

B. Autres exonérations

LOGEMENT AUTRE QUE LA RÉSIDENCE PRINCIPALE

62195 Les plus-values résultant de la **première cession** d'un logement autre que la résidence principale sont exonérées à la **double condition** que le cédant n'ait pas été propriétaire de sa résidence principale, directement ou par personne interposée, au cours des quatre années précédant la cession et qu'il remploie le prix de cession dans l'acquisition ou la construction d'un logement qu'il affecte, dès son achèvement ou son acquisition si elle est postérieure, à son habitation principale (CGI art. 150 U, II-1° bis). L'exonération s'applique uniquement à la première cession, soit une seule fois pour un même contribuable. En cas de **remploi partiel**, l'exonération est limitée à la fraction du prix de cession qui fait l'objet du remploi (BOI-RFPI-PVI-10-40-30 n° 340).
L'exonération s'étend, conformément aux dispositions de la loi (CGI art. 150 U, II-3°), aux **dépendances** immédiates et nécessaires du logement, cédées en même temps que lui (BOI-RFPI-PVI-10-40-30 n° 120). Elle ne s'applique pas lorsqu'une fraction du terrain est cédée comme terrain à bâtir (CAA Marseille 22-4-2021 n° 19MA00832 : BPIM 3/21 inf. 227).
Cette exonération a un caractère facultatif. Elle s'applique uniquement **sur demande** du cédant. La demande résulte d'une mention dans l'acte de vente. Cet acte doit également indiquer, pour chaque bénéficiaire de l'exonération, son identité, ses droits sur le prix de cession, la fraction du prix destiné au remploi et le montant de la plus-value exonérée (CGI art. 150 VG, III et ann. III art. 41 duovicies-0 H). Les juges du fond sont en désaccord quant à la portée des **mentions obligatoires** à faire figurer dans l'acte de cession, certains y voyant une condition indispensable à l'obtention de l'exonération (CAA Douai 23-4-2019 n° 17DA01449 : RJF 8-9/19 n° 795 ; CAA Paris 22-9-2021 n° 19PA04162 : BPIM 6/21 inf. 415), d'autres admettant d'accorder la restitution de l'impôt par voie de réclamation lorsque les autres conditions sont remplies (CAA Marseille 6-10-2022 n° 20MA02805 : RJF 2/23 n° 104 ; CAA Marseille 3-2-2023 n° 20MA01299 : RJF 5/23 n° 375).

> **Précisions a.** Pour l'appréciation de la condition relative à la **première cession**, seules sont prises en considération les cessions intervenues **depuis le 1er février 2012**. L'exonération est applicable même si antérieurement à la cession en cause le cédant a vendu un ou plusieurs logements qui, faute de remplir les conditions d'application de l'exonération ou faute pour l'intéressé d'avoir demandé l'exonération à raison desdits logements, n'ont pas ouvert droit à l'exonération (BOI-RFPI-PVI-10-40-30 nos 140 à 170).
>
> **b.** Lorsqu'une **société** relevant du régime fiscal des sociétés de personnes (SCI notamment) vend un logement, les **conditions d'application de l'exonération** s'apprécient au niveau de chaque associé. La circonstance que l'un des associés ne remplirait pas l'une des conditions pour bénéficier de l'exonération, ou n'en demanderait pas le bénéfice, est sans incidence sur la situation des autres associés. S'agissant du remploi, il peut être réalisé soit par chaque associé à titre individuel, soit par la société qui acquiert ou construit la résidence principale de l'un ou des associés qui demandent le bénéfice de l'exonération (BOI-RFPI-PVI-10-40-30 n° 390).

Bénéficiaires L'exonération est subordonnée à la condition que le vendeur, personne physique ou associé personne physique d'une société de personnes relevant de l'impôt sur le revenu (SCI notamment), n'ait **pas été**, directement ou par personne interposée, **propriétaire de sa résidence principale** au cours des quatre années précédant la cession. 62196

La détention d'un droit démembré (**usufruit, nue-propriété**) ou d'un **droit indivis** sur un immeuble d'habitation affecté à la résidence principale du cédant prive ce dernier du bénéfice de l'exonération (CE 15-7-2021 n° 453490 : RJF 11/21 n° 1025 ; BOI-RFPI-PVI-10-40-30 n° 40).

Le respect de cette condition s'apprécie au niveau du cédant. Dans le cas d'un **couple marié**, le fait que l'un des époux détienne ou ait détenu comme bien propre, au cours des quatre années précédant la cession, la résidence principale du couple, ne prive pas l'autre époux du bénéfice de l'exonération (BOI-RFPI-PVI-10-40-30 n° 40).

Lorsque la résidence principale est détenue par une **société** dont le cédant détient directement ou indirectement des titres au jour de la cession ou à un moment quelconque durant les quatre années qui précèdent la cession de l'immeuble, il ne bénéficie pas de l'exonération, quel que soit le pourcentage de détention des titres (BOI-RFPI-PVI-10-40-30 n° 40). La doctrine n'envisage cependant pas l'hypothèse de l'associé qui occupe l'immeuble social contre un loyer et qui n'est pas considéré comme propriétaire de sa résidence principale au sens de l'article 150 U, II-1° du CGI (n° 63325).

Par mesure de tempérament et afin de tenir compte, notamment, de la situation des **contribuables** qui demandent le bénéfice de l'exonération et **qui acquièrent leur future résidence principale**, notamment au moyen d'un prêt-relais, **avant d'avoir cédé le logement** entrant dans le champ de l'exonération, l'administration admet d'appliquer l'exonération à condition que (BOI-RFPI-PVI-10-40-30 n° 70) :

– la mise en vente du logement soit antérieure à l'acquisition de l'habitation principale ;
– la cession du logement intervienne dans un délai normal après l'acquisition du logement affecté à la résidence principale. Les juges considèrent qu'un délai de 21 mois entre l'acquisition de l'habitation principale et la cession du logement n'est pas normal lorsqu'il est justifié par la volonté des cédants de vendre l'immeuble libre de toute occupation (CAA Versailles 25-1-2022 n° 20VE02271 : BPIM 2/22 inf. 174) ;
– le prix de cession du logement soit effectivement remployé à l'acquisition ou la construction de la résidence principale, remploi justifié, par exemple, par le remboursement anticipé de l'emprunt contracté pour l'acquisition ou la construction de la résidence principale ou en remboursement d'un prêt-relais.

> **ATTENTION**
>
> L'impôt sur la plus-value payé lors de la vente d'un logement autre que la résidence principale ne peut pas être restitué au motif qu'à la date de cette vente le cédant n'était **en réalité pas propriétaire de sa résidence principale**, son achat ayant été ultérieurement annulé par le juge (CAA Lyon 1-6-2017 n° 16LY01951 : RJF 10/17 n° 948).

Logements concernés L'exonération ne s'applique qu'aux plus-values réalisées lors de la vente d'un logement à usage d'habitation. N'ouvrent donc pas droit à l'exonération les plus-values résultant de la vente de terrains à bâtir, de locaux à usage professionnel, industriel, commercial ou artisanal ou de parts de sociétés immobilières. Toutefois, il est admis que lorsque le bien cédé est affecté pour partie à usage d'habitation et pour partie à usage professionnel (locaux à usage mixte), l'exonération s'applique à la fraction de la plus-value afférente à la cession de la partie à usage d'habitation (BOI-RFPI-PVI-10-40-30 n° 90). 62197

La condition d'**affectation** de l'immeuble à l'habitation est appréciée à la date de cession. Un immeuble précédemment affecté à un usage professionnel, puis transformé pour être cédé comme logement, entre dans le champ d'application de l'exonération (BOI précité).

62198 **Modalités du remploi** Le vendeur doit remployer le prix de cession dans l'acquisition ou la construction d'un logement, dans un **délai** de 24 mois à compter de la cession du logement, calculé de date à date.

En cas d'acquisition d'un logement achevé, ce délai court depuis la date de l'acte notarié de cession du logement exonéré jusqu'à la date de l'acte authentique d'acquisition du nouveau logement.

En cas de construction de la nouvelle résidence principale, le contribuable doit justifier, dans le délai de 24 mois de la signature de l'acte authentique constatant l'acquisition du terrain, du dépôt d'une demande de permis de construire et de l'engagement de l'opération de construction : conclusion d'un contrat d'architecte chiffré, d'un contrat de construction d'une maison individuelle, devis approuvés, versements d'acomptes, etc. (BOI-RFPI-PVI-10-40-30 n° 310).

> **Précisions** Le prix de cession peut également servir au **remboursement de l'emprunt contracté pour l'achat du logement cédé**, l'achat de la résidence principale étant financé par un nouvel emprunt (Rép. Fromantin : AN 11-6-2013 n° 20830). Dans ce cas, le montant remployé correspond au prix d'acquisition de la nouvelle résidence principale.

62199 **Immeuble acquis en remploi** Le remploi doit porter sur un **logement** détenu **en pleine propriété**. Il ne peut pas consister en l'acquisition de parts de sociétés ou de droits relatifs à un immeuble (notamment, usufruit ou nue-propriété). Toutefois, il peut porter sur des parts de sociétés transparentes (au sens de l'article 1655 ter du CGI) ou sur des droits indivis détenus en pleine propriété (BOI-RFPI-PVI-10-40-30 n° 200).

Le remploi peut consister en l'acquisition d'un logement **neuf** (logement achevé ou en Vefa), d'un logement **ancien**, d'un logement en l'état futur de rénovation (**VIR**) ou en la **construction** d'un logement. Il peut s'agir également d'un immeuble destiné à être **transformé en logement**.

Pour les acquisitions de **logements achevés**, il est admis que le remploi porte sur les **travaux** qui doivent y être effectués, dès lors que ces travaux sont réalisés par une entreprise concomitamment à l'acquisition du logement. Sont considérés comme tels les travaux qui sont achevés et payés dans les 12 mois qui suivent la date de la signature de l'acte authentique d'acquisition du logement (BOI-RFPI-PVI-10-40-30 n° 250). Il doit s'agir de travaux d'amélioration, d'agrandissement ou qui entraînent une modification importante du gros œuvre de l'immeuble.

ATTENTION

L'**affectation à la résidence principale** doit en principe intervenir dès l'acquisition du logement ou dès l'achèvement de la construction. Par exception, en cas d'**acquisition** d'un logement **suivie de travaux**, il est admis que l'affectation à la résidence principale soit différée au maximum de 12 mois après l'acquisition du logement. Il est de même, mais le différé est porté à 24 mois, en cas d'acquisition d'un immeuble transformé en logement (BOI-RFPI-PVI-10-40-30 n° 323).

EXONÉRATION TENANT À LA DURÉE DE DÉTENTION DE L'IMMEUBLE

62200 Les plus-values résultant de la vente d'immeubles (bâtis ou non) échappent à l'impôt sur le revenu et aux prélèvements sociaux s'ils sont détenus depuis plus de 30 ans (**exonération totale**). Entre 23 ans et 30 ans de détention, les plus-values échappent à l'impôt sur le revenu mais pas aux prélèvements sociaux (**exonération partielle**). L'exonération totale ou partielle est donc acquise à partir respectivement de la trente et unième année de détention et de la vingt-troisième.

Ces exonérations résultent de l'application de l'abattement pour durée de détention mentionné n°s 63020 s. où sont précisées les modalités de calcul du délai de détention.

EXEMPLE

Le propriétaire d'une résidence secondaire acquise en 1989 (également propriétaire de sa résidence principale : en tant que tel, il ne peut bénéficier de l'exonération indiquée n°s 62195 s.) la revend le 10 juin 2024. Il bénéficie d'une exonération totale de la plus-value réalisée (impôt sur le revenu et prélèvements sociaux), la résidence ayant été acquise depuis plus de 30 ans.

EXPROPRIATION

62210 Les plus-values réalisées lors de la cession d'immeubles, de parties d'immeubles ou de droits relatifs à ces biens pour lesquels une **déclaration d'utilité publique** a été prononcée en vue

d'une expropriation ou pour lesquels le cédant a exercé le **droit de délaissement** sont exonérées à condition que le cédant **remploie** le prix de cession dans l'acquisition, la construction, la reconstruction ou l'agrandissement d'un ou plusieurs immeubles (CGI art. 150 U, II-4°).
Le bénéfice de l'exonération est étendu aux **cessions amiables** consenties à l'aménageur d'une zone d'aménagement concerté (ZAC) ainsi qu'aux cessions d'immeuble exposé à un risque naturel majeur (BOI-RFPI-PVI-10-40-60 n°s 20, 30 et 200).
L'**indemnité d'expropriation** qui doit être **remployée** s'entend de celle qui est retenue pour le calcul de la plus-value de cession, à l'exclusion des indemnités qui ne sont pas représentatives de la valeur de cession du bien exproprié. Le remploi doit porter sur l'intégralité de l'indemnité d'expropriation ou du prix de cession, mais il est admis que cette condition est remplie lorsque 90 % de la somme est remployé (BOI précité n° 80).
Le bien acquis en remploi peut être situé dans un État de l'Espace économique européen (Union européenne, Norvège, Islande et Liechtenstein) (BOI précité n° 110). La plus-value n'est pas exonérée si les fonds sont remployés dans des **travaux d'amélioration** ou dans l'acquisition de **parts ou actions** de sociétés ou de groupements (BOI précité n° 150).
Le cédant dispose d'un **délai** de douze mois à compter du paiement pour remployer l'indemnité d'expropriation ou le prix de cession. En ce qui concerne les opérations de construction, de reconstruction ou d'agrandissement, seules celles qui sont effectivement engagées avant l'expiration du délai de douze mois ouvrent droit au bénéfice de l'exonération. Les fonds peuvent également être remployés avant leur perception à la condition que l'achat (ou les travaux) soit motivé par la perspective de l'expropriation ou de l'exercice du droit de délaissement (BOI précité n° 170).

VENTE N'EXCÉDANT PAS 15 000 €

Principes Les plus-values réalisées lors d'une vente dont le prix de cession ne dépasse pas 15 000 € sont exonérées (CGI art. 150 U, II-6°). L'appréciation de ce plafond s'effectue bien par bien et non annuellement. En pratique, cette exonération est surtout susceptible de bénéficier aux ventes portant sur des garages, des parkings, des terrains, des locaux de petite surface ou des biens détenus en indivision. 62220

Immeuble commun entre époux En cas de vente d'un immeuble commun entre époux, le seuil de 15 000 € s'apprécie au regard de la quote-part de chaque époux, quel que soit leur régime matrimonial (BOI-RFPI-PVI-10-40-70 n° 100). En d'autres termes, dans la situation la plus fréquente où la part respective des époux est de 50 %, la vente est exonérée si le prix de cession est inférieur ou égal à 30 000 €. 62230

EXEMPLE

Monsieur et Madame Clément, mariés sous le régime de communauté légale, vendent au prix de 30 000 € un box dans un parking qu'ils ont acquis pour un montant de 14 000 €. Leur quote-part respective n'excédant pas le seuil de 15 000 €, la plus-value réalisée est totalement exonérée.

Immeuble en indivision En cas de cession d'un bien détenu en indivision, le seuil de 15 000 € s'apprécie au regard de chaque quote-part indivise (BOI-RFPI-PVI-10-40-70 n° 20). 62235

EXEMPLE

Un immeuble est détenu en indivision à hauteur de 40 % par Donatien et 60 % par Émile. Cet immeuble est cédé pour un montant total de 35 000 €. Donatien est exonéré, le prix de cession correspondant à sa quote-part indivise (14 000 €, soit 35 000 € × 40 %) étant inférieur au seuil d'imposition. Émile est imposable, le prix de cession correspondant à sa quote-part indivise (21 000 €, soit 35 000 € × 60 %) étant supérieur au seuil d'imposition.

Démembrement de propriété En cas de **cession isolée de l'usufruit ou de la nue-propriété** d'un bien ou de **cession conjointe** par l'usufruitier et le nu-propriétaire de leurs droits, le seuil de 15 000 € s'apprécie par rapport à la valeur en pleine propriété de l'immeuble (et non par rapport à la part du prix de cession revenant à l'usufruitier et/ou au nu-propriétaire). 62240
En cas d'**indivision** sur la nue-propriété ou sur l'usufruit de l'immeuble cédé, le seuil de 15 000 € s'apprécie au regard de la valeur en pleine propriété de chaque quote-part indivise (BOI-RFPI-PVI-10-40-70 n° 40).

EXEMPLES

1. Un immeuble est cédé pour un montant total de 35 000 €. La nue-propriété de cet immeuble est détenue en indivision par Auguste (70 %) et Basile (30 %). Clovis est usufruitier. Basile, nu-propriétaire à 30 %, est exonéré, la valeur en pleine propriété de sa quote-part indivise étant inférieure au seuil d'imposition (35 000 € × 30 % = 10 500 €). En revanche, Auguste, nu-propriétaire à 70 %, est imposable. La valeur en pleine propriété de sa quote-part indivise est supérieure au seuil d'imposition (35 000 € × 70 % = 24 500 €).
L'usufruitier est imposable, la valeur totale du bien étant supérieure à 15 000 €.
2. Un immeuble est détenu en indivision à hauteur de 60 % par François et Hector (respectivement usufruitier et nu-propriétaire de cette quote-part indivise) et à hauteur de 40 % par Gustave. Cet immeuble est cédé pour un montant total de 35 000 €. François et Hector sont imposables, la valeur de leur quote-part indivise étant de 21 000 € (35 000 € × 60 %). En revanche, Gustave est exonéré, la valeur de sa quote-part indivise étant de 14 000 € (35 000 € × 40 %).

62245 **Immeuble en tontine** En cas de cession d'un bien acquis en tontine, le seuil d'imposition s'apprécie au regard de chaque quote-part sans qu'il soit besoin de connaître la valeur totale du bien (BOI-RFPI-PVI-10-40-70 n° 90). Autrement dit, ce sont les mêmes règles que celles prévues pour un immeuble en indivision qui s'appliquent.

62250 **Vente de plusieurs parcelles ou lots** En cas de cession à des **acquéreurs distincts**, il y a lieu d'apprécier le seuil d'imposition cession par cession, c'est-à-dire acquéreur par acquéreur.
En cas de cession à un **même acquéreur**, il y a lieu d'apprécier le seuil d'imposition en tenant compte du prix de cession global. Il en va ainsi en cas de cession de plusieurs lots de parking à un même acquéreur (CE 15-11-2019 n° 421337 : RJF 2/20 n° 137).
Toutefois, en cas de cession de parcelles, pour lesquelles des références cadastrales distinctes sont prévues et qui ne sont pas adjacentes, le seuil d'imposition s'apprécie parcelle par parcelle. Le seuil continue à s'apprécier globalement en cas de cession de parcelles d'un seul tenant (BOI-RFPI-PVI-10-40-70 n°s 60 à 80).
La circonstance qu'une cession prévue initialement au profit de deux acquéreurs distincts soit finalement réalisée au profit d'un acquéreur unique (une collectivité publique) du fait de l'exercice de son droit de préemption ne justifie pas, au risque d'une rupture du principe d'égalité devant l'impôt, de déroger aux règles d'appréciation du seuil d'exonération de 15 000 € exposées ci-dessus (Rép. Meunier : AN 26-2-2013 n° 13926).

EXEMPLES

1. M. Valentin vend le 12 mars 2024 à Mme Violette trois **parcelles de terrains non adjacentes et cadastrées distinctement** : un terrain A pour un montant de 10 000 €, un terrain B pour un montant de 13 000 € et un terrain C pour un montant de 20 000 €.
Les plus-values réalisées sur les terrains A et B sont exonérées, le prix de chaque terrain n'excédant pas le seuil de 15 000 €.
La plus-value réalisée sur le terrain C est imposable, le prix du terrain excédant le seuil de 15 000 €.
2. Mme Rosalie vend le 3 juillet 2023 un **terrain, composé d'un seul tenant, en plusieurs lots**, à deux acquéreurs :
– M. Vianney achète le lot A pour 11 000 € ;
– M. Marius achète 2 lots adjacents : le lot B pour 8 000 € et le lot C pour 12 000 €.
La plus-value réalisée sur le lot A est exonérée, le prix de vente de ce lot n'excédant pas le seuil de 15 000 €.
S'agissant de la vente des lots B et C à M. Marius, pour apprécier si le seuil de 15 000 € est dépassé, il y a lieu de se référer au prix de cession global des lots, étant donné qu'il y a un acquéreur unique pour deux lots adjacents. La plus-value est donc taxable puisque le montant total du prix de cession de ces lots (8 000 € + 12 000 € = 20 000 €) excède le seuil de 15 000 €.

VENTE RÉALISÉE PAR UN RETRAITÉ OU UN INVALIDE DE CONDITION MODESTE

62260 **Exonération générale** Les titulaires d'une pension de retraite (y compris une pension de réversion), d'une carte d'invalidité ou d'une carte « mobilité inclusion » portant la mention « invalidité », ne sont pas taxés sur les plus-values immobilières qu'ils réalisent à la double condition que, au titre de l'**avant-dernière année précédant celle de la cession** (CGI art. 150 U, III), ils ne soient pas passibles de l'impôt sur la fortune immobilière (IFI) et que leur revenu fiscal de référence soit inférieur à une certaine limite.

a. Situation au regard de l'IFI Le bénéfice de l'exonération est subordonné à la condition que le vendeur ne soit pas passible de l'IFI au titre de l'avant-dernière année précédant celle de la cession.

La circonstance que le cédant devienne passible de l'IFI entre l'année de référence et la date de la cession est sans incidence sur le bénéfice de l'exonération.

Les personnes passibles de l'IFI s'entendent des personnes propriétaires d'un patrimoine imposable d'une valeur nette supérieure à 1,3 M€ (CGI art. 964) quand bien même ces personnes ne seraient pas en définitive redevables d'un impôt à payer (BOI-RFPI-PVI-10-40-90 n° 85).

b. Situation au regard de l'impôt sur le revenu Le revenu fiscal de référence du vendeur ne doit pas dépasser la limite prévue à l'article 1417, I du CGI (limite utilisée en matière d'impôts locaux pour l'application d'exonérations). En pratique, le revenu fiscal de référence est indiqué sur l'avis d'imposition à l'impôt sur le revenu. Le revenu à retenir pour savoir si la plus-value réalisée ouvre droit à l'exonération est celui établi au titre des revenus de l'avant-dernière année précédant celle de la cession. Pour les cessions réalisées en 2024, il convient de se référer à l'avis d'imposition de l'année 2022 (établi en 2023). Au titre de 2024, la limite à ne pas dépasser est fixée à 11 885 € pour la première part de quotient familial, majorée de 3 174 € pour chaque demi-part supplémentaire (elle est respectivement de 12 455 € et de 3 324 € pour les cessions réalisées en 2025).

La circonstance que les ressources du cédant deviennent supérieures au plafond autorisé, entre l'année de référence et la date de la cession, est sans incidence sur le bénéfice de l'exonération.

Par ailleurs, en cas de **changement de la situation fiscale** du contribuable (mariage, divorce, décès, etc.) entre l'année de référence et l'année de cession du bien, des règles spéciales sont prévues (BOI-RFPI-PVI-10-40-90 n° 130 qui renvoie au BOI-RFPI-SPEC-20-10-20-20 n°s 360 s.).

Lorsque tout ou partie des **revenus** perçus par le cédant au cours de la période considérée **n'a pas été imposé en France** mais dans un autre État ou territoire – et notamment dans les territoires d'outre-mer qui connaissent une législation fiscale propre –, il convient de produire un avis d'imposition ou de non-imposition à l'impôt ou aux impôts qui tiennent lieu d'impôt sur le revenu dans cet État ou territoire, ou un document en tenant lieu établi par l'administration fiscale de cet État ou territoire. En cas d'impossibilité justifiée de se procurer un tel document, la présentation d'une attestation d'une autre administration ou, le cas échéant, de l'employeur peut être admise (BOI-RFPI-PVI-10-40-90 n° 100).

> **Précisions a.** L'exonération s'applique même si c'est le **conjoint** du cédant, soumis à imposition commune, qui est titulaire de la pension de retraite ou de la carte d'invalidité (BOI-RFPI-PVI-10-40-90 n° 40).
> **b.** En cas de cession d'un bien détenu par des **indivisaires** non soumis à imposition commune, l'exonération s'apprécie au regard de la situation de chaque indivisaire (BOI-RFPI-PVI-10-40-90 n° 70).
> **c.** L'exonération bénéficie aux **retraités**, même s'ils perçoivent d'**autres revenus** ou exercent une activité rémunérée (BOI-RFPI-PVI-10-40-90 n° 10).
> **d.** Les personnes **invalides** concernées par l'exonération sont celles qui sont absolument incapables d'exercer une profession quelconque et celles qui sont, en outre, dans l'obligation d'avoir recours à l'assistance d'une tierce personne pour effectuer les actes de la vie ordinaire (BOI-RFPI-PVI-10-40-90 n° 20).
> **e.** Lorsque le vendeur est un **handicapé rattaché au foyer fiscal de ses parents**, l'administration admet que seuls ses revenus soient pris en compte pour apprécier la condition relative au niveau du revenu fiscal de référence (BOI-RFPI-PVI-10-40-90 n° 140).
> **f.** Les **pièces justificatives** (carte d'invalidité ou CMI, avis d'imposition ou de non-imposition, etc.) n'ont pas à être fournies aux services fiscaux par le cédant. Elles devront l'être uniquement si l'administration en fait la demande.

Exonération de l'ancienne résidence principale La plus-value réalisée par les **personnes âgées** hébergées **en maison de retraite** (Ehpa, Ehpad, logement-foyer, petite unité de 62265
vie ou unité pour personnes désorientées) ou les personnes adultes **handicapées** placées en foyer d'accueil (foyer de vie, foyer d'accueil médicalisé ou maison d'accueil spécialisée) lors de la cession de leur ancienne résidence principale est exonérée à condition (CGI art. 150 U, II-1° ter) :

– qu'au titre de l'avant-dernière année précédant celle de la cession, le cédant ne soit pas passible de l'**IFI** et que son **revenu fiscal de référence** ne dépasse pas un seuil fixé, pour les cessions réalisées en 2024, à 27 947 € pour la première part de quotient familial majoré de 6 530 € pour la première demi-part et de 5 140 € pour chaque demi-part supplémentaire (ces seuils sont respectivement de 29 288 €, 6 843 € et 5 387 € pour les cessions réalisées en 2025) ;

– que l'immeuble n'ait fait l'objet d'aucune occupation depuis l'entrée de son propriétaire dans l'établissement, mais l'exonération s'applique lorsque le **logement** est resté **occupé par un membre du foyer fiscal** du cédant ou son concubin (BOI-RFPI-PVI-10-40-20 n° 90) ;
– que la cession intervienne dans un **délai** inférieur à deux ans suivant l'entrée dans l'établissement.

> **Précisions** **a.** L'exonération peut s'appliquer aux immeubles totalement affectés à usage d'habitation mais qui constituent également le **domicile commercial** d'une entreprise. Si l'immeuble cédé est affecté pour partie à usage d'habitation et pour partie à usage professionnel (**locaux à usage mixte**), seule la fraction de la plus-value afférente à la cession à usage d'habitation est exonérée (BOI-RFPI-PVI-10-40-10 n° 80).
b. L'associé d'une **SCI** qui occupe à titre de résidence principale un immeuble de la société que celle-ci a mis gratuitement à sa disposition bénéficie de l'exonération. Dans ce cas, l'exonération porte sur la fraction de l'immeuble occupée par l'associé à titre de résidence principale et sur la quote-part revenant à l'associé (BOI-RFPI-PVI-10-40-20 n° 60).
c. Le **point de départ du délai de deux ans** correspond à la date à laquelle le vendeur est entré dans un établissement spécialisé et dans lequel il réside sans discontinuer, même si le logement vendu n'était plus occupé par lui à titre de résidence principale à cette date, par exemple s'il a été hébergé chez des proches dans l'intervalle (BOI-RFPI-PVI-10-40-20 n°s 80 et 200 s.).

REMEMBREMENTS

62270 Les plus-values d'échange réalisées dans le cadre de certaines opérations de remembrements ou opérations assimilées sont exonérées (CGI art. 150 U, II-5°).
Sont notamment concernées par l'exonération les opérations de **remembrements urbains** visées à l'article 1055 du CGI et de remembrements **ruraux** effectuées conformément aux articles L 123-1, L 123-24 et L 124-1 du Code rural et de la pêche maritime ainsi que les soultes versées en application de l'article L 123-4 du même Code.

ATTENTION

L'exonération de la plus-value n'est pas définitive, puisque, en cas de **revente du bien** remembré ou échangé, la plus-value réalisée à cette occasion est calculée en considérant fictivement que l'immeuble cédé a été acquis au même prix (ou pour la même valeur vénale), à la même date et selon le même mode que l'immeuble qui avait été apporté en échange ou remembrement. Ce n'est que lorsque cette date remonte à plus de 30 ans que la plus-value est totalement exonérée.

CESSION D'UN DROIT DE SURÉLÉVATION

62280 La plus-value réalisée au titre de la cession **jusqu'au 31 décembre 2024** d'un droit de surélévation est exonérée à condition que l'acquéreur (personne physique ou personne morale) prenne l'**engagement** de réaliser et d'achever exclusivement des **locaux destinés à l'habitation** dans un délai de quatre ans à compter de la date de son acquisition (CGI art. 150 U, II-9°). La mention du bénéfice de l'exonération dans l'acte authentique constatant le transfert de propriété vaut engagement de l'acheteur. Le défaut de cette mention fait échec à l'application de l'exonération (BOI-RFPI-PVI-10-40-40 n° 110).
La réalisation d'un local d'habitation s'entend de la création d'un **logement neuf** au sens des articles R 111-1 à R 192-4 du CCH. Il peut s'agir d'une unité d'habitation distincte des locaux existants ou de l'agrandissement par adjonction de pièces supplémentaires à un logement existant. L'exonération ne s'applique pas lorsque les locaux réalisés sont des **locaux à usage mixte** (BOI-RFPI-PVI-10-40-40 n° 90).
La **date d'achèvement** du logement s'entend de celle à laquelle l'état d'avancement des travaux de construction est tel qu'il permet une utilisation du local conforme à l'usage prévu, c'est-à-dire, s'agissant d'une construction affectée à l'habitation, lorsqu'elle est habitable (BOI-RFPI-PVI-10-40-40 n° 100).

ATTENTION

En cas de **manquement à son engagement**, l'acquéreur est redevable d'une amende d'un montant égal à 25 % de la valeur de cession du droit de surélévation sauf, notamment, en cas de licenciement, d'invalidité de 2e ou 3e catégorie, de décès du contribuable ou de l'un des époux soumis à imposition commune ou en raison de circonstances exceptionnelles indépendantes de sa volonté. L'exonération dont a bénéficié le cédant n'est pas remise en cause.

IMMEUBLE DESTINÉ AU LOGEMENT SOCIAL OU INTERMÉDIAIRE

Sont exonérées les plus-values réalisées **jusqu'au 31 décembre 2025** lors de la **cession** d'immeubles (CGI art. 150 U, II-7° et 8° modifié par loi 2023-1322 du 29-12-2023 art. 9, applicable aux cessions réalisées depuis le 1er janvier 2024) **à un organisme chargé du logement social** (organisme HLM, société d'économie mixte gérant des logements sociaux, Association foncière logement, SCI dont cette association détient la majorité des parts pour les logements visés à l'article L 831-1, 4° du CCH, organisme bénéficiant de l'agrément relatif à la maîtrise d'ouvrage prévu à l'article L 365-2 du CCH et organisme de foncier solidaire) ou **à tout autre cessionnaire qui s'engage** personnellement, dans un délai respectivement de dix ou quatre ans à compter de la date d'acquisition, par une mention portée dans l'acte d'acquisition : **62290**

– à la **construction**, le cas échéant à la démolition des constructions existantes suivie d'une reconstruction, ou à la **réhabilitation** des constructions existantes et à l'achèvement d'un ou plusieurs **bâtiments d'habitation collectifs** dont le gabarit est au moins égal à 75 % du gabarit maximal autorisé en application du plan local d'urbanisme ou d'un document en tenant lieu ;

– et à l'**affectation**, dès leur achèvement, d'un prorata de la surface habitable des logements ainsi réalisés ou réhabilités, à du **logement social**, à du logement faisant l'objet d'un **bail réel solidaire** ou, si les immeubles sont situés pour tout ou partie de leur surface en **zones A, A bis ou B1**, à du **logement locatif intermédiaire**.

L'exonération s'applique au **prorata** de la surface des logements sociaux ou intermédiaires que le cessionnaire s'engage à construire par rapport à la surface totale des constructions du programme immobilier. Lorsque le cessionnaire est un organisme en charge du logement social, l'exonération est **totale** si ce prorata dépasse 80 %.

L'exonération s'applique également lorsque l'immeuble est vendu jusqu'à la même date **à une collectivité territoriale**, à un établissement public de coopération intercommunale (EPCI) ou à un établissement public foncier de l'État (EPF) en vue de sa **rétrocession** selon les modalités précitées à un organisme chargé du logement social dans le délai d'un an (trois ans en cas de rétrocession par un EPF) à compter de son acquisition. L'organisme doit prendre l'engagement de construire dans l'acte de rétrocession. En cas de non-respect de la condition de revente, le cessionnaire est redevable de l'impôt sur la plus-value initialement exonérée (BOI-RFPI-PVI-10-40-110 n° 520).

En cas de **fusion de sociétés**, l'engagement souscrit par la société absorbée n'est pas rompu lorsque la société absorbante le reprend dans l'acte de fusion. En cas d'**acquisitions successives**, les engagements souscrits par le cessionnaire ne sont pas rompus lorsque le nouvel acquéreur s'engage, dans l'acte d'acquisition, à se substituer au cédant pour le respect des engagements pris par celui-ci dans le délai restant à courir. Lorsque le premier cessionnaire est un organisme en charge du logement social, la reprise des engagements n'est possible que si le nouvel acquéreur est lui-même un organisme chargé du logement social.

En cas de **manquement à son engagement** de construire, le cessionnaire (la société absorbante, le cessionnaire successif ou le bénéficiaire d'une rétrocession en cas de portage par une collectivité territoriale, une EPCI ou un EPF) est redevable d'une amende égale à 10 % du prix d'acquisition (mais l'exonération partielle de la plus-value reste acquise au cédant : BOI-RFPI-PVI-10-40-110 n° 290).

Ces dispositions ne s'appliquent pas à la création de logements sociaux ou à l'affectation de surfaces à de tels logements dans les **quartiers faisant l'objet d'un projet de renouvellement urbain** au titre du NPNRU (BOI-RFPI-PVI-10-40-110 n° 90).

> **Précisions a.** Les **logements sociaux** objet de l'engagement de construire visés à l'article L 831-1 du CCH correspondent aux logements à usage locatif et les logements-foyers conventionnés ouvrant droit à l'APL, ainsi que les logements occupés par des titulaires de contrats de location-accession. Les **logements intermédiaires** sont définis à l'article L 302-16 du CCH.

b. Lorsque les biens ou les droits sont situés dans une commune où le **quota de logements sociaux** prévu à l'article L 302-5 du CCH n'est pas respecté, le cessionnaire s'engage également à ce que la part de surface habitable de logements sociaux représente un **seuil minimal de 25 %** de la surface totale des constructions du programme immobilier.

c. Lorsque la cession porte sur un **immeuble situé en Corse**, seule l'exonération prévue à l'article 150 U, II-8° du CGI en cas de cession à une collectivité territoriale, un EPCI ou un EPF en vue de sa rétrocession est applicable (Loi 2023-1322 du 29-12-2023 art. 9, IV).

C. Obligations déclaratives pour les ventes exonérées

DÉCLARATION DE LA PLUS-VALUE

62300 Lorsque la vente bénéficie d'une exonération totale, qu'elle soit expresse ou résulte de l'application de l'abattement pour durée de détention, **aucune déclaration** de plus-value n'est à souscrire pour le compte du vendeur par le notaire auprès des services fiscaux (CGI art. 150 VG ; BOI-RFPI-PVI-30-40 n° 80).

Le vendeur doit uniquement porter dans sa **déclaration de revenus** (n° 2042-C) le montant net de la plus-value exonérée au titre de la première cession d'un logement autre que la résidence principale. Les plus-values exonérées à un autre titre (résidence principale, etc.) ou non imposées en application de l'abattement pour durée de détention ne sont pas concernées par cette obligation déclarative (BOI-RFPI-PVI-30-40 n° 90).

> **Précisions** **a.** En cas d'**exonération partielle** de la plus-value (cas de la vente d'un **logement autre que la résidence** principale si le remploi du prix de vente est partiel : voir n°s 62195 s.), une déclaration 2048-IMM accompagnée du paiement de l'impôt sur le revenu et des prélèvements sociaux afférents à la fraction de la plus-value imposable doit être déposée (BOI-RFPI-PVI-10-40-30 n° 470).
b. En cas de **remploi effectif inférieur** à celui pour lequel il a demandé le bénéfice de l'exonération lors de la cession, le cédant dépose une **déclaration rectificative** 2048-IMM mentionnant la fraction de la plus-value restant à imposer compte tenu du remploi et procède au versement de l'impôt afférent à la plus-value imposable auprès du service des impôts (BOI-RFPI-PVI-10-40-30 n° 430). Cette plus-value est **imposable** au titre de l'année d'expiration du délai de remploi (CAA Paris 4-4-2019 n° 18PA01513 : RJF 2/20 n° 136).
Inversement, lorsque le cédant **remploie une fraction du prix de cession supérieure** à celle pour laquelle il avait demandé le bénéfice de l'exonération, il peut demander par voie de **réclamation** contentieuse la restitution de l'impôt sur le revenu et des prélèvements sociaux payés au titre de la fraction supplémentaire de plus-value exonérée (BOI-RFPI-PVI-10-40-30 n° 440). Le point de départ du **délai** de deux ans pour introduire cette réclamation est la date de cession de l'immeuble partiellement exonéré (TA Cergy-Pontoise 29-3-2019 n° 1611578 : RJF 2/20 n° 135).

MENTIONS DANS L'ACTE DE VENTE

62310 Pour les ventes exonérées d'impôt sur la plus-value, le notaire doit mentionner, dans l'acte de vente déposé au **service chargé de la publicité foncière**, l'adresse du service des finances publiques dont dépend le vendeur, le prix de cession et le prix d'acquisition ou, s'il s'agit d'un bien acquis par succession ou donation, le nom du précédent propriétaire, son domicile et, le cas échéant, la date de son décès (CGI ann. II art. 74 SJ) ainsi que la nature et le fondement légal de l'exonération (CGI art. 150 VG, III). À défaut, les services chargés de la publicité foncière sont fondés à refuser le dépôt de l'acte (BOI-RFPI-PVI-30-40 n° 110). Il est toutefois admis que ces mentions ne figurent pas dans l'acte lorsque le vendeur, par une mention expresse dans l'acte ou par une déclaration jointe à l'acte, déclare sous sa responsabilité que la cession n'entre pas dans le champ d'application d'imposition des plus-values (BOI précité n° 300).

Les actes sont obligatoirement déposés par **voie électronique** via le service Télé@ctes (décret D. 55-1350 du 14-10-1955, art. 73-1 dont le champ d'application est défini par l'arrêt CPAE1716114A du 2-6-2017). Le notaire est dispensé de fournir un extrait d'acte prévu par l'article 860 du CGI (pour plus de précisions, voir n° 56314).

En cas d'application de l'**exonération** prévue pour la vente d'un **logement autre que la résidence** principale (n°s 62195 s.), l'acte doit préciser en outre la fraction du prix de cession correspondant aux droits du bénéficiaire destinée au remploi et le montant de la plus-value exonérée, que le remploi soit partiel ou non (BOI-RFPI-PVI-10-40-30 n° 510).

Sur la mention à insérer en cas de cession d'un **droit de surélévation**, voir n° 62280.

ATTENTION

S'agissant des **effets de la mention dans un acte notarié de la nature et du fondement d'une exonération** dont entend bénéficier le cédant, le Conseil d'État a indiqué qu'elle ne constitue pas, à elle seule, en l'absence de tout élément précis et circonstancié sur les motifs de droit ou de fait qui justifient cette qualification, l'indication expresse exonératoire des intérêts de retard, exigée par les dispositions de l'article 1727, II-2 du CGI (CE 23-10-2013 n° 361233 : RJF 1/14 n° 41).

RÉCLAMATION

Si le **vendeur entend se prévaloir d'une exonération après paiement de l'impôt** sur la plus-value, il doit déposer une réclamation auprès du service des impôts du lieu de situation de l'immeuble. Il n'est pas tenu de déposer un acte notarié rectificatif auprès du service chargé de la publicité foncière (Rép. Longuet : Sén. 20-4-2006 n° 21199, bien que non reprise au Bofip, la solution reste pertinente). 62320

Pour le cas d'une absence de mention dans l'acte notarié des **informations requises** pour l'**exonération résidence autre que principale**, voir n° 62195.

SECTION 2 VENTES IMPOSABLES

GÉNÉRALITÉS

Si la vente n'ouvre droit à aucune exonération (par exemple, il s'agit d'une résidence secondaire détenue depuis moins de 22 ans et le vendeur est par ailleurs propriétaire de sa résidence principale), la plus-value réalisée est imposable. En pratique, le notaire chargé de la vente effectue généralement la déclaration de plus-value auprès de l'administration fiscale et le paiement de l'impôt correspondant pour le compte du vendeur. 62350

Sont examinées ci-après les différentes questions qui se posent pour effectuer cette démarche.

CONSEIL

Le plus tôt possible, c'est-à-dire dès la signature de la promesse de vente si celle-ci est notariée, le notaire doit demander au vendeur de fournir les **pièces justificatives** concernant le bien cédé utiles à la rédaction de la déclaration (acte antérieur de vente, déclaration de succession, factures de travaux, etc.).

Avant la signature de l'acte de vente, un **projet de déclaration** pourra être envoyé au vendeur afin de recueillir ses éventuelles observations.

OPÉRATIONS IMPOSABLES

Seules les plus-values réalisées à l'occasion d'une **cession à titre onéreux** sont imposables, soit les ventes proprement dites, les échanges, les apports en société, les partages avec soulte et les licitations. 62355

L'attribution d'un bien propre en paiement d'une **prestation compensatoire** en capital due par l'ex-époux débiteur constitue également une cession à titre onéreux dès lors qu'elle a pour effet de transférer la propriété du bien à l'ex-époux attributaire et de libérer le débiteur de sa dette (BOI-RFPI-PVI-10-30 n° 20).

DATE DE L'IMPOSITION

Le **fait générateur** de l'imposition est constitué par la cession à titre onéreux de l'immeuble. En pratique, la plus-value est donc généralement taxée à la date de l'**acte notarié** constatant la vente, quelles que soient les modalités de paiement du prix (au comptant ou non). 62360

En présence d'une **promesse synallagmatique de vente**, la cession est réputée avoir lieu lors de la signature de la promesse (sauf présence d'une condition suspensive non réalisée), dans la mesure où la promesse vaut vente car il y a consentement réciproque des deux parties sur la chose et sur le prix (CE 29-12-2020 n°s 428306, 428309, 428313 et 428315 : RJF 3/21 n° 279). Voir toutefois pour le cas où les parties ont expressément entendu fixer la date de la réalisation de la vente au jour de la signature de l'acte authentique : CAA Bordeaux 10-7-2014 n° 13BX00494 : RJF 12/14 n° 1106.

ATTENTION

Le vendeur ne peut pas s'opposer à la taxation de la plus-value en invoquant que tout ou partie du prix est payable par fractions échelonnées ou sous forme de **rente viagère** (BOI-RFPI-PVI-30-10 n° 60), qu'il n'a pas effectivement été payé (CE 6-6-1984 n° 36633 : RJF 8-9/84 n° 987), qu'il a été affecté par le notaire au **paiement des créanciers** (CE 3-12-1999 n° 193028 : RJF 6/00 n° 792) ou qu'il a fait l'objet d'un **séquestre** amiable (CE 26-6-1992 n° 95030 : RJF 10/92 n° 1357).

Vente assortie d'une condition En cas de vente ou de promesse synallagmatique de vente assortie d'une **condition suspensive** qui affecte l'existence même du contrat (obtention d'un prêt bancaire, par exemple), le fait générateur de l'imposition est constitué par la date de 62365

l'acte qui constate la réalisation de la condition (soit, en général, l'acte notarié). Il n'y a pas lieu de tenir compte, comme en droit civil, de l'effet rétroactif qui peut lui être attaché (CGI ann. II art. 74 SA).
Une **condition résolutoire** ne fait pas obstacle à l'imposition de la plus-value puisqu'une telle condition ne s'oppose pas au transfert de propriété de l'immeuble.

ATTENTION

Un terrain est vendu par acte authentique sous la condition qu'une **Safer** n'use pas de son **droit de préemption** ; un nouvel acte authentique constate le renoncement de la Safer. Jugé qu'eu égard aux règles qui régissent ce droit de préemption et au fait que le prix n'était pas payable immédiatement mais consigné jusqu'au second acte authentique, la condition posée était suspensive et non résolutoire. Par suite, la plus-value n'a été réalisée qu'à la date du second acte authentique (CE 6-2-1981 n° 22189 : RJF 4/81 n° 343). Lorsque la Safer **garde le silence**, la vente est jugée effective au jour de l'expiration du délai de deux mois ouvert pour préempter (CAA Nantes 22-10-2020 n° 18NT03626 : BPIM 6/20 inf. 447-8).

62370 **Vente annulée, résolue ou rescindée** Dans le cas où la vente est annulée, résolue ou rescindée, le vendeur peut obtenir une **restitution** totale ou partielle **de l'impôt** sur la plus-value en présentant une réclamation avant le 31 décembre de la deuxième année suivant la date d'annulation, de résolution ou de rescision (BOI-RFPI-PVI-10-30 n° 30).
En cas de rescision d'une vente pour lésion, lorsqu'un complément de prix est versé par l'acquéreur pour conserver l'immeuble, le **complément de plus-value** en résultant pour le vendeur est imposable au titre de l'année de la cession et non au titre de l'année au cours de laquelle le complément de prix a été perçu (CE 9-11-2015 n° 371571 : RJF 2/16 n° 145).

A. Calcul de la plus-value

PRINCIPES

62400 La plus-value, calculée par différence entre le prix de cession et le prix d'acquisition (CGI art. 150 V) est, pour les cessions portant sur des immeubles détenus depuis plus de cinq ans, réduite d'un abattement pour durée de détention.
Les plus-values réalisées sur la vente de certains immeubles ouvrent droit en outre à un abattement exceptionnel (n°s 63025 s.).
Les ventes entraînant la réalisation d'une moins-value sont examinées n°s 63080 s.

ATTENTION

Lorsqu'ils sont libellés dans une devise autre que l'euro, le prix de cession et le prix d'acquisition, ainsi que les charges venant les majorer ou les minorer, doivent être convertis en euro par application des taux de change en vigueur respectivement à la date de la vente, de l'achat ou de constatation des charges (CE 9-12-2021 n° 439987 : RJF 3/22 n° 266 ; BOI-RFPI-PVI-20-10 n° 10).

1. PRIX DE VENTE

62450 Le prix de cession s'entend du prix stipulé dans l'acte, augmenté, le cas échéant, de certaines charges supportées par l'acquéreur et réduit de certains frais supportés par le vendeur.

PRIX À PORTER DANS LA DÉCLARATION

62455 Le prix à retenir dans la déclaration (ligne 10) est le prix réel indiqué dans l'acte indépendamment de ses modalités de paiement (CGI art. 150 VA).
Ce prix fait foi, même en cas d'**insuffisance d'évaluation**. En revanche, lorsqu'une **dissimulation de prix** est établie (existence de dessous-de-table), le prix porté dans l'acte peut être majoré en conséquence par l'administration (BOI-RFPI-PVI-20-10-10 n° 20) ; des sanctions civiles, fiscales et pénales sont également encourues.

> **Précisions a.** Le **prix** de cession à retenir est celui mentionné **dans l'acte authentique**, sauf si l'une des parties s'inscrit en faux contre la mention de l'acte ou si l'administration apporte la preuve d'une dissimulation.
La sous-évaluation ou la surévaluation du prix stipulé à l'acte par rapport à la valeur vénale est inopérante pour le calcul de la plus-value imposable (CE 24-2-1988 n° 58913 : RJF 4/88 n° 454). Le **prix** stipulé **dans un compromis de vente non enregistré** ne peut prévaloir sur celui qui figure dans l'acte authentique de vente établi ultérieurement (CE 26-7-1985 n° 50952 : RJF 11/85 n° 1448).
b. La **preuve d'une dissimulation du prix de vente** d'un appartement ne saurait, en l'absence de contre-lettre ou d'aveu, résulter des seules déclarations de l'acquéreur, même

appuyées par les mouvements observés sur ses comptes bancaires lorsque ces éléments ne sont pas corroborés par des versements effectifs opérés sur les comptes du vendeur ou par une quelconque autre forme d'accroissement inexpliqué de son patrimoine (CAA Nancy 4-10-1994 n° 92-380 : RJF 3/95 n° 345).

c. En cas de **paiement à terme** ou par annuités échelonnées, il faut retenir le montant cumulé des versements (hors intérêts) afférents aux diverses échéances stipulées au contrat (BOI-RFPI-PVI-20-10-10 n° 130).

Immeuble en indivision La plus-value est imposée au nom de chaque indivisaire à raison de la fraction du prix de vente correspondant à ses droits dans l'indivision. Le notaire doit donc ventiler le prix selon cette répartition et souscrire autant de déclarations qu'il y a d'indivisaires. 62460

ATTENTION

Les **arrangements** intervenant **entre les coïndivisaires sur la répartition du prix** de cession sont sans influence sur le calcul de la plus-value (CE 15-11-1978 n° 10908 : RJF 1/79 n° 3 ; CE 27-6-1979 n° 13178 : RJF 9/79 n° 513 ; BOI-RFPI-PVI-20-10-10 n° 195).

Démembrement de propriété Qu'il s'agisse de la **cession isolée de l'usufruit ou de la nue-propriété** portant sur un immeuble, de la **cession après réunion de propriété** ou de la **cession conjointe de l'usufruit et de la nue-propriété**, le prix de cession à retenir dans la déclaration est, en vertu du principe général énoncé n° 62455, le prix stipulé à l'acte. 62470

En cas de cession conjointe de l'usufruit et de la nue-propriété, le prix de vente global doit être ventilé de façon à faire apparaître distinctement le prix de chacun des droits.

Cette ventilation doit, en principe, être effectuée en fonction des valeurs réelles au jour de la vente de chacun des droits de nue-propriété et d'usufruit. Toutefois, l'administration admet, à titre de règle pratique, que cette ventilation soit réalisée en application du barème de l'article 669 du CGI (BOI-RFPI-PVI-20-10-10 n°s 300 et 320), en tenant compte de l'âge de l'usufruitier au jour de la vente. Il existe donc ici une tolérance fiscale permettant d'optimiser la détermination de la plus-value taxable : choix entre l'application du barème fiscal et l'évaluation économique.

Immeuble cédé (ou acquis) moyennant rente viagère Lorsqu'un immeuble est cédé moyennant une rente viagère, le prix de cession à retenir est la valeur en capital de la rente à l'exclusion des intérêts (cette valeur étant augmentée, le cas échéant, de la fraction du prix payée comptant). La plus-value est donc calculée à partir du prix fixé dans l'acte de vente (et converti en rente) (BOI-RFPI-PVI-20-10-10 n° 90). 62480

En cas de revente d'un bien acquis moyennant rente viagère, le prix de cession à retenir s'entend du prix stipulé dans l'acte (y compris, s'il y a lieu, de la fraction du prix représentant le montant des arrérages restant à courir) (BOI-RFPI-PVI-20-10-10 n° 100).

Vente simultanée de meubles et d'immeubles Lorsque la vente englobe des meubles (appareils ménagers, tondeuses, meubles meublants, etc.), la valeur de ceux-ci n'est pas à prendre en compte dans le prix de vente à inscrire dans la déclaration à condition que leur existence et leur valeur soient justifiées, par exemple au moyen de factures ou d'un inventaire établi par un commissaire-priseur ou un commissaire de justice (BOI-RFPI-PVI-20-10-10 n° 10). 62482

Immeuble sinistré En cas de revente d'un immeuble sinistré (incendie, inondations, etc.), le montant de l'indemnité d'assurance perçue à la suite du sinistre n'a pas à être ajouté au prix de vente pour le calcul de la plus-value (BOI-RFPI-PVI-20-10-10 n° 50). 62485

Prix de cession indéterminé au jour de la cession Lorsque le prix de vente ne peut pas être déterminé avec exactitude au jour de la cession, il appartient au vendeur de l'évaluer sous sa propre responsabilité, compte tenu des éléments stipulés dans l'acte. Il lui appartiendra par la suite, s'il y a lieu, de déposer une **déclaration rectificative** en vue d'être imposé sur la plus-value complémentaire ou d'obtenir un dégrèvement sur l'impôt acquitté lors de la formalité de publicité foncière (BOI-RFPI-PVI-20-10-10 n°s 140 et 150). 62487

CHARGES ET INDEMNITÉS SUPPORTÉES PAR L'ACQUÉREUR

Le prix de cession est majoré, le cas échéant, de toutes les charges et indemnités **stipulées dans le contrat** de vente au profit du vendeur à quelque titre que ce soit (à porter ligne 11 de la déclaration). Il peut s'agir, par exemple, de l'indemnité d'éviction versée au locataire par l'acquéreur pour le compte du vendeur ou du montant des remboursements d'emprunts mis à la charge de l'acquéreur (BOI-RFPI-PVI-20-10-10 n° 40). 62500

FRAIS ET TAXES SUPPORTÉS PAR LE VENDEUR

62510 Le prix de cession est réduit, sur **justificatifs**, des frais de cession, énumérés ci-après, effectivement supportés par le vendeur à l'occasion de la vente (à porter ligne 12 de la déclaration).
En pratique, les justificatifs de ces frais sont à fournir par le vendeur uniquement sur demande de l'administration (CGI ann. II art. 74 SI). Il est donc inutile de les joindre à la déclaration.

62520 **Frais divers** Les frais supportés par le vendeur admis en diminution du prix de cession s'entendent exclusivement (CGI ann. III art. 41 duovicies H) :
– des frais versés à un **intermédiaire** ou à un mandataire (commissions de vente de l'agence immobilière, etc.) ;
– des frais liés aux certifications et **diagnostics obligatoires** à la date de la vente (termites, amiante, etc.) ;
– des **indemnités d'éviction** versées au locataire par le propriétaire qui vend le bien loué libre d'occupation. Il en est de même de l'indemnité versée au locataire par l'acquéreur pour le compte du vendeur, qui constitue par ailleurs une charge augmentative du prix ;
– des **honoraires versés à un architecte** à raison des études de travaux permettant d'obtenir un accord préalable à un permis de construire ;
– des frais exposés par le vendeur d'un immeuble en vue d'obtenir d'un créancier la **mainlevée de l'hypothèque** grevant cet immeuble.
Cette liste est strictement limitative. Aucune **autre dépense** ne peut venir réduire le prix de vente. Il en est ainsi notamment de la **taxe sur les terrains devenus constructibles** (Rép. Kert : AN 27-5-2008 n° 7522 : solution non reprise au Bofip mais qui reste pertinente).

> **Précisions a.** Lorsque la vente est consentie **« contrat en mains »**, c'est-à-dire lorsque le vendeur se charge de tous les frais qu'entraîne la transmission de l'immeuble vendu, le prix de cession s'entend du montant mentionné dans l'acte sous déduction des droits de mutation à titre onéreux et des frais de notaire mis à la charge du vendeur (Rép. Soisson : AN 25-10-2005 n° 62553 : solution non reprise au Bofip mais qui reste pertinente).
b. Une **commission de vente** n'est déductible du prix de cession que si elle a été effectivement engagée pour la vente de l'immeuble (CE 27-6-1990 n° 58707 : RJF 8-9/90 n° 1038).
c. Une **indemnité d'éviction** n'est déductible du prix de cession que dans la mesure où elle répare un préjudice réellement subi par le locataire (CE 24-6-1985 n°s 41435 à 41437 : RJF 8-9/85 n° 1183).
Tel n'est pas le cas lorsque la société locataire avait cessé son activité et avait été dissoute plusieurs années avant la résiliation du bail (CAA Paris 21-11-1989 n° 1167 : RJF 2/90 n° 152).
Une indemnité d'éviction dont le versement au titulaire d'un bail commercial est sans lien tant avec l'acquisition de l'immeuble qu'avec sa revente ne peut non plus venir en déduction du prix de cession (CE 8-7-1998 n° 165227 : RJF 8-9/98 n° 944). N'est pas non plus déductible une indemnité d'éviction à verser au titulaire d'un droit au bail, dès lors que celle-ci résulte d'un jugement rendu sur assignation postérieure à la notification du redressement contesté (CE 15-10-1990 nos 69314 et 95799 : RJF 12/90 n° 1483).
L'indemnité doit être réellement versée au locataire (CE 10-5-1991 n° 68110 : RJF 7/91 n° 988).
Elle ne peut être prise en compte que pour le calcul de la plus-value réalisée par celui qui l'a versée ; ainsi, en cas de cession d'un immeuble démembré, seul l'usufruitier pourra en tenir compte s'il l'a seul prise à sa charge (Rép. Richemont : Sén. 14-4-2005 n° 14752 : solution non reprise au Bofip mais qui reste pertinente).
d. Les **honoraires versés à des architectes** en paiement d'études menées en vue de la réalisation d'un projet de lotissement qui n'a pas abouti, mais néanmoins indispensables à la délivrance d'un arrêté de lotissement rendant possible la revente du terrain, doivent être regardés comme représentant des frais supportés par le vendeur à l'occasion de la cession et doivent venir en déduction de la plus-value taxable (CAA Bordeaux 24-4-1997 n° 94-1166 : RJF 1/98 n° 45).
e. L'**indemnité** versée par le vendeur à l'acheteur **pour mettre fin à un litige** lié à la présence d'un champignon dans la maison vendue et à diverses malfaçons nécessitant la réalisation de travaux importants ne sont pas déductibles du prix de cession (TA Lyon 23-6-2009 n° 09-542 : RJF 4/10 n° 363).

62530 **TVA** La taxe acquittée par le vendeur à l'occasion de la vente vient en diminution du prix de cession. Si le vendeur met le montant de cette taxe à la charge de l'acquéreur, ce montant constitue une charge majorant le prix. Mais, comme la taxe est déductible du même prix de vente, son incidence est, en principe, nulle pour le calcul de la plus-value (BOI-RFPI-PVI-20-10-10 n° 70).

2. PRIX D'ACQUISITION

GÉNÉRALITÉS

Le prix d'acquisition (immeuble acquis à titre onéreux) ou la valeur vénale (immeuble acquis à titre gratuit) est à porter ligne 20 de la déclaration. Ce montant est majoré, d'une part, des frais d'acquisition correspondants (ligne 22) et, d'autre part, de certaines dépenses de travaux (ligne 23), quel que soit le mode d'acquisition de l'immeuble (à titre onéreux ou à titre gratuit). Le prix d'acquisition peut également être majoré des charges et indemnités stipulées au profit du vendeur (identiques à celles déjà indiquées pour le prix de cession : voir n° 62500). Ces charges et indemnités sont portées, le cas échéant, ligne 21 de la déclaration. 62600

ATTENTION

En dehors des frais mentionnés ci-après, aucune **autre dépense** ne vient en augmentation du prix d'acquisition. Il en est ainsi, notamment, des intérêts d'emprunts contractés pour l'acquisition de l'immeuble ou le financement de travaux. Ainsi jugé que la somme prévue dans un protocole transactionnel destinée à éviter une action en rescision pour lésion du vendeur initial ne constitue pas un supplément du prix d'acquisition à prendre en compte pour le calcul de la plus-value imposable (CAA Marseille 24-3-2016 n° 14MA03578 : RJF 6/16 n° 529).

a. Immeuble acquis par donation ou succession

VALEUR À RETENIR

En règle générale, il s'agit de la valeur retenue pour l'assiette des **droits de donation ou de succession** (CGI art. 150 VB, I). Autrement dit, tout écart entre l'évaluation retenue pour l'application des droits de mutation à titre gratuit et celle retenue pour le calcul de la plus-value est interdit. 62650
Si la vente porte sur un immeuble dont la valeur a été réduite de 20 % pour l'assiette des droits de succession par application de l'abattement prévu à l'article 764 bis du CGI (immeuble qui constituait la résidence principale du défunt ou de sa famille), la valeur à retenir pour le calcul de la plus-value est la valeur du bien diminuée de cet abattement, ce qui aboutit à majorer la plus-value. La circonstance que le cédant bénéficie d'une exonération ou d'abattements autres que celui prévu à l'article 764 bis du CGI est, en revanche, sans incidence sur la valeur à retenir pour le calcul de la plus-value (BOI-RFPI-PVI-20-10-20-10 n° 290).

À défaut de valeur retenue pour la détermination des droits de mutation à titre gratuit, le prix d'acquisition s'entend de la valeur vénale réelle à la date d'entrée dans le patrimoine du cédant d'après une déclaration détaillée et estimative des parties. Dans ce cas, à titre de règle pratique, la valeur qui figure dans l'attestation immobilière de propriété publiée par le service chargé de la publicité foncière pourra être retenue, à la condition que celle-ci mentionne la valeur vénale réelle du bien à la date d'entrée dans le patrimoine du cédant (BOI-RFPI-PVI-20-10-20-10 n° 30).

Dans le cas où une **déclaration rectificative de succession** a été déposée par l'héritier du bien vendu, l'administration peut écarter la valeur rectifiée lorsque cette déclaration traduit seulement la volonté du contribuable de réduire l'impôt sur la plus-value (CAA Paris 1-2-2012 n° 10PA02417). Une telle déclaration rectificative est en toute hypothèse inefficace lorsqu'elle est déposée postérieurement aux opérations génératrices de plus-value même si des droits de mutation complémentaires ont été perçus à cette occasion (CE 25-5-1988 : RJF 7/88 n° 874). En revanche, si la valeur réelle du bien correspond à la valeur rectifiée, il convient de retenir cette valeur rectifiée pour déterminer la plus-value imposable (BOI-ENR-DMTG-10-40-10-60 n° 50). Si l'administration est à l'origine d'un **rehaussement** de la valeur des biens déclarée lors de la mutation à titre gratuit, la valeur retenue pour le calcul de la plus-value s'entend de la valeur ainsi rehaussée dès lors que celle-ci est devenue définitive, y compris lorsque la rectification est postérieure à la vente (CE 27-11-2019 n° 418379 : RJF 2/20 n° 134).

> **Précisions a.** Lorsque la **succession** n'a donné lieu à **aucune imposition** ou lorsqu'elle n'était **pas imposable en France**, il est admis de retenir la valeur qui figure dans l'attestation immobilière à la condition que celle-ci corresponde à la valeur du bien, au jour de la mutation à titre gratuit qui l'a fait entrer dans le patrimoine du vendeur (BOI-RFPI-PVI-20-10-20-10 n° 290).
> **b.** En cas de vente d'un immeuble acquis par voie de **donation** (donation simple ou donation-partage) **avec prise en charge de dettes** satisfaisant aux conditions prévues à l'article 776 bis du CGI, la plus-value est déterminée en retenant, comme prix d'acquisition, la valeur des biens transmis retenue pour la détermination des droits de donation, avant déduction du montant des dettes. Il s'agit en pratique de la valeur vénale des biens donnés appréciée au jour de la donation. La circonstance que les dettes soient déductibles de l'assiette des droits de donation est donc sans incidence (BOI-ENR-DMTG-20-30-10 n° 290).

62660 **Démembrement de propriété** En cas de vente d'un **immeuble en pleine propriété dont le vendeur a acquis la nue-propriété par donation ou succession et l'usufruit par extinction naturelle**, la valeur d'acquisition à retenir est la valeur vénale de chacun des droits (donc la valeur de la pleine propriété) à la date d'entrée de la nue-propriété dans le patrimoine du vendeur (BOI-RFPI-PVI-20-10-20-10 n° 350). L'usufruit ayant été acquis par voie d'extinction, son prix réel « d'acquisition » est en réalité nul. Cette mesure est donc favorable au vendeur.

EXEMPLE

Décès le 15 janvier 2020 d'un contribuable marié qui possède en propre un immeuble bâti évalué à 122 000 €. Son épouse, âgée de 75 ans, choisit d'en recueillir l'usufruit, soit 36 600 € (l'usufruit étant égal à 30 % de 122 000 €). Leurs trois enfants recueillent en indivision la nue-propriété de l'immeuble (85 400 €).

En 2021, les enfants procèdent au partage des biens en indivision et l'un d'eux acquiert les droits des deux autres sur l'immeuble évalué à cette date à 130 000 €. Il verse donc 60 666 € pour le rachat des 2/3 de la nue-propriété en indivision.

En 2022, au décès de la mère, il acquiert l'usufruit par extinction.

En septembre 2024, il revend l'immeuble pour le prix de 140 000 €. La plus-value est calculée par différence entre ce prix de vente et la valeur vénale de l'immeuble déclarée lors de la succession du père, soit 122 000 € (le partage intervenu en 2021 n'est pas pris en compte). La plus-value de 18 000 € ne bénéficie d'aucun abattement pour durée de détention (durée de détention de la nue-propriété inférieure à cinq ans).

62665 Lors de la cession d'un immeuble en pleine propriété dont le vendeur a **reçu successivement les droits démembrés à titre gratuit**, il convient de retenir la somme des valeurs retenues lors de chacune des donations ou successions (BOI-RFPI-PVI-20-10-20-10 n° 350).

62670 En cas de **cession conjointe de l'usufruit et de la nue-propriété**, lorsque le droit cédé a été acquis par succession ou donation, son prix d'acquisition est égal à la valeur qui a été retenue pour le calcul des droits de mutation à titre gratuit. Lorsque le démembrement a pour origine une succession antérieure à 2004, cette valeur est retraitée par application du barème de l'article 669 du CGI en retenant l'âge de l'usufruitier au jour de la cession (BOI-RFPI-PVI-20-10-20-10 n° 330). Cette mesure est destinée à éviter que la réévaluation du barème opérée le 1er janvier 2004 n'augmente fictivement la plus-value en cas de cession d'usufruit et la minore (ou crée une moins-value) en cas de cession de nue-propriété.

Les mêmes règles sont applicables en cas de **cession isolée de l'usufruit ou de la nue-propriété acquis isolément**.

EXEMPLE

Cession en février 2024 de l'usufruit reçu par succession en septembre 2001. Ce bien ayant à la date du décès une valeur en pleine propriété de 200 et l'usufruitier étant alors âgé de 49 ans, l'usufruit a été évalué à 200 × 40 % = 80 (par application de l'ancien barème de l'article 762 du CGI).

Prix de revient fiscal de l'usufruit : 80.

Prix de cession de l'usufruit en 2024 : 100.

Âge du vendeur au jour de la vente : 72 ans.

Valeur d'acquisition de l'usufruit retenue pour le calcul de la plus-value : 200 × 30 % = 60.

Plus-value brute : 100 − 60 = 40.

62680 En cas de **cession isolée de l'usufruit ou de la nue-propriété d'un immeuble acquis en pleine propriété**, la valeur d'acquisition à retenir correspond à la fraction de la valeur vénale déclarée de la pleine propriété afférente à ce droit. Cette fraction est appréciée, au jour de la vente, obligatoirement à partir du barème de l'article 669 du CGI (CGI ann. II art. 74 SE). La ventilation de l'article 669 du CGI s'impose, que l'acquisition soit intervenue avant ou après le 1er janvier 2004. Pour l'application du barème, l'âge de l'usufruitier à prendre en compte est celui du vendeur si le droit cédé est la nue-propriété. Il s'agit de celui de l'acquéreur dans le cas plus rare où c'est l'usufruit viager qui est cédé.

Les charges et indemnités augmentatives du prix ainsi que les frais d'acquisition sont retenus dans la même proportion que le prix d'acquisition lui-même (BOI-RFPI-PVI-20-10-20-10 n° 200).

EXEMPLE

Cession en janvier 2024 de la nue-propriété d'un immeuble acquis en pleine propriété en décembre 2003, le cédant s'en réservant l'usufruit viager.

Prix d'achat de la pleine propriété : 100.

Prix de cession de la nue-propriété : 80.

Âge du vendeur au jour de la vente : 73 ans.

Valeur d'acquisition de la nue-propriété retenue pour le calcul de la plus-value : 100 × 70 % = 70.

Plus-value brute : 80 − 70 = 10.

Vente d'un bien attribué lors d'un partage En cas de cession d'un immeuble attribué lors d'un partage (ou d'une licitation) de **succession, d'une communauté conjugale, d'une indivision entre époux** (née avant ou pendant le mariage), entre **partenaires d'un Pacs** (avant ou pendant le pacte) ou **entre concubins** ou d'une indivision issue d'une **donation-partage**, la plus-value doit être calculée à partir de la valeur du bien à la date de l'ouverture de la succession (ou de l'acquisition du bien) telle qu'elle a été retenue pour la liquidation des droits d'enregistrement, sans tenir compte de la soulte éventuellement versée lors du partage. 62690

En cas de revente d'un immeuble attribué, à charge de soulte, lors d'un **partage autre** que ceux visés ci-dessus, la plus-value est déterminée en tenant compte de deux fractions distinctes correspondant respectivement à la part détenue par l'indivisaire depuis son entrée dans l'indivision et à la part acquise lors du partage.

Pour la première fraction, le prix d'acquisition à retenir est la valeur de la quote-part détenue par le cédant au jour de son entrée dans l'indivision.

Pour la deuxième fraction, le prix d'acquisition à retenir est égal au montant de la soulte payée par l'attributaire au moment du partage (BOI-RFPI-PVI-20-10-20-10 n° 400).

FRAIS D'ACQUISITION

Les frais d'acquisition d'un immeuble acquis par succession ou donation viennent en majoration de la valeur d'acquisition (CGI art. 150 VB, II-2°). Ils doivent être **justifiés** et sont retenus pour leur **montant réel**. Ils ne peuvent pas être évalués forfaitairement. 62720

Ces frais s'entendent **exclusivement** des frais examinés ci-après (CGI ann. III art. 41 duovicies I, I-1°).

Frais d'acte ou de déclaration Majorent le prix d'acquisition, notamment, les honoraires du notaire et les frais de publicité foncière, y compris ceux afférents à un partage. 62730

Droits de succession ou de donation Ces droits sont pris en compte à proportion de leur valeur représentative de l'immeuble vendu ou du droit cédé. Pour la détermination de cette fraction de valeur, les biens transmis à titre gratuit doivent être retenus pour leur **valeur taxable** aux droits d'enregistrement. Si le bien a été totalement exonéré, aucuns frais d'acquisition ne peuvent être retenus ; si le bien a été partiellement exonéré, seule la quote-part de la valeur vénale taxable est prise en compte pour déterminer les droits d'enregistrement afférents à ce bien (BOI-RFPI-PVI-20-10-20-20 n° 80). 62740

Les **droits** de donation **pris en charge par le donateur** pour le compte du donataire ne sont pas retenus (BOI-RFPI-PVI-20-10-20-20 n° 90).

En pratique, les **droits de succession** relatifs à l'immeuble sont généralement inclus dans l'ensemble des frais de la succession. Dans ce cas, ils sont pris en compte pour le calcul de la plus-value à proportion de la fraction de la valeur de l'immeuble dans l'actif brut successoral (voir exemple 1 ci-après).

Par ailleurs, la circonstance que le contribuable bénéficie du paiement fractionné et n'ait pas encore acquitté la totalité des droits lors de la vente est sans incidence sur le calcul de la plus-value (BOI-RFPI-PVI-20-10-20-20 n° 90).

Dans le cas d'un **bien reçu en indivision par succession et revendu en totalité** par l'attributaire après partage, le montant des droits de succession pouvant venir en majoration du prix d'acquisition est déterminé en appliquant au total des droits de succession acquitté par le cédant le rapport existant entre la valeur de la quote-part de l'immeuble reçue par succession et celle de l'actif successoral dans lequel cette quote-part était incluse (BOI-RFPI-PVI-20-10-20-20 n° 80) : voir exemple 2 ci-après.

EXEMPLES

1. M. Barthélémy a reçu un actif net successoral de 190 000 € (sur un actif brut de 200 000 €) dont 100 000 € correspondant à une maison. On suppose que 5 000 € de droits de succession ont été payés au total. Lors de la vente de cette maison, le prix d'acquisition est majoré pour le calcul de la plus-value de : (100 000 € × 5 000 €)/200 000 = 2 500 € (application de la règle de trois).

2. L'actif successoral brut de M. Pierre s'élève à 120 000 €, dont 60 000 € correspondent à un immeuble. Les droits de succession s'élèvent à 9 000 €. Cet actif est recueilli par les deux héritiers de M. Pierre dans les proportions suivantes :

– 2/3 pour Paul qui acquitte 6 000 € de droits de succession et recueille un actif de 80 000 € ;

– 1/3 pour Jacques qui acquitte 3 000 € de droits de succession et recueille un actif de 40 000 €.

L'immeuble inclus dans la succession de M. Pierre se trouve donc détenu en indivision entre Paul pour 2/3 (soit une valeur vénale de 40 000 €) et Jacques pour 1/3 (soit une valeur vénale de 20 000 €).
L'indivision est immédiatement partagée : Paul reçoit la quote-part indivise de Jacques moyennant le versement d'une soulte de 20 000 €.
Paul cède ensuite la pleine propriété du bien.
Pour le calcul de la plus-value imposable afférente à cette cession, Paul est en droit de majorer le prix d'acquisition du bien cédé des frais d'acquisition à titre gratuit. Ceux-ci sont déterminés en appliquant aux droits de succession acquittés par Paul (6 000 €) le rapport existant entre la valeur de la quote-part d'immeuble reçue à titre gratuit (40 000 €) et la valeur de l'actif reçu par Paul dans lequel cette quote-part était comprise (80 000 €), soit : (40 000 €/ 80 000 €) × 6 000 € = 3 000 €.

b. Immeuble acquis à titre onéreux

PRIX À RETENIR

62780 D'une manière générale, le prix d'acquisition est le prix effectivement acquitté par le cédant, tel qu'il a été **stipulé dans l'acte** de vente (CGI art. 150 VB, I).
Ce prix fait foi, même en cas d'**insuffisance d'évaluation** (ou, plus hypothétique, de surévaluation). En revanche, lorsqu'une **dissimulation de prix** est établie, le prix porté dans l'acte peut être majoré en conséquence par l'administration.

62782 Dans le cas exceptionnel où le **prix n'est pas stipulé** dans l'acte, le prix d'acquisition s'entend de la valeur vénale réelle à la date d'entrée dans le patrimoine du cédant d'après une déclaration détaillée et estimative des parties. Dans ce cas, à titre de règle pratique, la valeur qui figure dans l'attestation immobilière de propriété publiée par le service chargé de la publicité foncière pourra être retenue, à la condition que celle-ci mentionne la valeur vénale réelle du bien à la date d'entrée dans le patrimoine du cédant (BOI-RFPI-PVI-20-10-20-10 n° 30).

62790 **Démembrement de propriété** En cas de **cession de la pleine propriété d'un bien après réunion de la nue-propriété**, trois cas de figure sont à distinguer (BOI-RFPI-PVI-20-10-20-10 n° 220).

62791 Lorsque la **nue-propriété** a été **acquise à titre onéreux** et **l'usufruit par extinction**, le prix d'acquisition à retenir est la valeur vénale de chacun des droits (donc la valeur de la pleine propriété) à la date d'entrée de la nue-propriété dans le patrimoine du vendeur, bien que la valeur d'acquisition de l'usufruit soit nulle.
Cette solution est généralement favorable au contribuable, l'extinction de l'usufruit n'étant pas assimilée à une mutation à titre gratuit et ne donnant ouverture à aucune imposition en application de la règle posée à l'article 1133 du CGI. Mais, ni le CGI ni la doctrine administrative n'envisagent les conséquences au regard de la plus-value de la mise en œuvre pour le calcul des droits de succession de la **présomption de fictivité** de l'acte d'acquisition **de la nue-propriété**, prévue à l'article 751 du CGI, qui conduit à « gommer » au regard des droits d'enregistrement la mutation initiale à titre onéreux de la nue-propriété pour la remplacer par une mutation à titre gratuit de la pleine propriété du bien au décès de l'usufruitier. Pour la cour administrative d'appel de Bordeaux, cette présomption ne concerne que les droits de mutation et ne saurait avoir de conséquences au regard des plus-values (CAA Bordeaux 28-3-2014 n° 12BX00643 : RJF 7/14 n° 689). Il en résulte que l'attributaire du bien doit acquitter les droits de succession sur sa valeur en pleine propriété au décès de l'usufruitier mais se voit refuser le droit de calculer la plus-value de cession ultérieure du bien à partir de cette valeur réévaluée. Il bénéficie cependant d'un abattement pour durée de détention plus conséquent dès lors qu'il est réputé propriétaire de l'immeuble depuis l'acquisition du droit démembré (voir n° 63050).

62792 Lorsque la **nue-propriété et l'usufruit** ont été **acquis à titre onéreux**, il convient de retenir la somme des prix d'acquisition de chacun des droits démembrés stipulés dans chacun des actes d'acquisition.

62793 Lorsque la **nue-propriété** a été acquise **à titre gratuit** et l'**usufruit à titre onéreux**, il convient de retenir la somme de la valeur vénale de la nue-propriété retenue lors de la donation ou de la succession et du prix d'acquisition de l'usufruit.

62795 En cas de **cession isolée de l'usufruit ou de la nue-propriété d'un bien acquis en pleine propriété**, la plus-value est égale à la différence entre le prix du droit cédé et la fraction du prix d'acquisition de la pleine propriété afférente à ce droit, appréciée obligatoirement, en tenant compte de l'âge de l'usufruitier au jour de la vente, par application du barème de l'article 669 du CGI (CGI ann. II art. 74 SE).

En cas de **cession d'un droit démembré acquis isolément**, le prix d'acquisition du droit est celui effectivement acquitté par le cédant. Il n'a pas à être évalué a posteriori à l'aide d'un barème ou d'une évaluation économique. Il peut ainsi avoir été évalué en appliquant le barème de l'article 762 du CGI si l'acquisition est antérieure au 1er janvier 2004 (BOI-RFPI-PVI-20-10-20-10 n° 210). 62800

Profits de construction occasionnels Lors de la vente d'un immeuble que le vendeur a construit ou fait construire sur un terrain qui lui appartenait antérieurement, la plus-value est déterminée, selon l'administration, en distinguant la fraction de plus-value afférente au terrain et celle afférente à la construction (BOI-RFPI-PVI-20-10-20-10 n° 110). 62810

La fraction de la plus-value afférente au **terrain** est déterminée à partir de son prix d'acquisition ou de la valeur retenue pour la liquidation des droits de succession ou de donation. Le délai de détention se calcule à partir de cette acquisition. Ainsi, lorsqu'il est détenu depuis plus de cinq ans, la plus-value est réduite de l'abattement pour durée de détention.

Le prix d'acquisition de la **construction** est égal au coût des travaux de construction. Ceux-ci s'entendent notamment des frais d'architecte, des taxes et participations liées à la construction et des factures et mémoires des entrepreneurs ou, lorsque les travaux ne sont pas réalisés par une entreprise, du prix d'achat des matériaux utilisés pour la construction et du coût de la main-d'œuvre employée à l'exclusion du travail personnellement effectué par le cédant. S'il n'est pas démontré que l'immeuble a été entièrement démoli, les travaux sont considérés comme réalisés sur un immeuble achevé et les factures d'achat de matériaux sont refusées (CAA Versailles 22-4-2020 n° 18VE02040 : BPIM 3/20 inf. 227).

La durée de détention des constructions est calculée à partir de la date du début d'exécution de ces travaux. Lorsque le début d'exécution des travaux remonte à plus de cinq ans, l'abattement pour durée de détention est applicable. Sur l'application du forfait pour travaux de 15 %, voir n° 62970.

Immeuble acquis par accession Lors de la cession d'un immeuble acquis par accession, il convient de considérer que le prix d'acquisition comprend le prix d'acquisition du **terrain** d'une part, et le prix de revient des **constructions reçues par le bailleur** d'autre part. Dans le cas où le contrat prévoit que le transfert de propriété des constructions s'effectue moyennant le versement d'une indemnité au preneur en fin de bail ou lors de sa résiliation, le prix ou la valeur d'acquisition du terrain est augmenté du montant de l'indemnité ainsi versée ou du prix de revient du preneur s'il est supérieur (BOI-RFPI-PVI-20-10-20-10 n° 170). 62815

Si le contrat de bail à construction prévoit un transfert des constructions dans le patrimoine du bailleur **sans indemnité**, ce dernier ne peut pas retenir leur valeur vénale au jour où il en est devenu propriétaire pour le calcul de la plus-value. Seul le coût de revient supporté par le preneur constitue le prix d'acquisition des constructions (CAA Lyon 21-10-2021 n° 19LY04132 : BPIM 6/21 inf. 410).

Biens acquis moyennant rente viagère En cas de vente d'un bien acquis moyennant rente viagère, le prix d'acquisition à retenir est, en principe, la valeur en capital de la rente (majorée, le cas échéant, de la fraction du prix d'acquisition payée comptant) ; le vendeur peut, toutefois, lui substituer le total suivant : 62820

– annuités versées + capital représentatif de la rente à la date de la revente + fraction du prix payée comptant (le cas échéant), lorsque la revente intervient avant le décès du crédirentier ;

– annuités versées + fraction du prix payée comptant (le cas échéant), si la revente intervient après le décès du crédirentier (BOI-RFPI-PVI-20-10-20-10 n° 80).

Option pour le régime de la communauté universelle Le transfert dans l'avoir de la communauté universelle d'un immeuble acquis par l'un des époux précédemment marié sous le régime de la séparation de biens est considéré comme une opération purement intercalaire, même si le déplacement de la propriété immobilière doit être publié au fichier immobilier. Il s'ensuit qu'en cas de vente du bien de communauté, la plus-value est calculée à partir de la date et de la valeur de l'acquisition faite par le conjoint séparé de biens (BOI-RFPI-PVI-20-10-20-10 n° 150). 62830

La solution est la même en cas d'apport à la communauté, par des époux mariés d'emblée sous ce régime, de biens acquis avant le mariage (Rép. Dord : AN 4-6-2001 n° 54825 : solution non reprise au Bofip mais qui conserve sa pertinence).

62835 **Clause d'attribution intégrale de communauté au conjoint survivant** L'époux survivant auquel la clause profite est réputé propriétaire de la totalité de l'immeuble commun depuis la date de l'acquisition effectuée par les époux. La plus-value réalisée ultérieurement par l'époux survivant à l'occasion de la cession de cet immeuble doit donc être déterminée à partir du prix d'acquisition payé par les époux communs en biens, à condition qu'il n'existe pas d'enfant d'un premier mariage (BOI-RFPI-PVI-20-10-20-10 n° 160).
Cette solution s'applique lorsque l'immeuble cédé a été acquis en commun par les époux. S'il a appartenu tout d'abord en propre à l'un des époux (dans l'hypothèse, par exemple, où les époux, initialement mariés sous le régime de la séparation de biens, n'auraient qu'ultérieurement adopté le régime de la communauté universelle), la plus-value sera calculée en tenant compte de la date et de la valeur d'acquisition du bien par l'époux apporteur (voir n° 62830).

62837 **Immeuble attribué en paiement d'une prestation compensatoire** La plus-value réalisée lors de la cession d'un bien reçu en paiement d'une prestation compensatoire versée en exécution d'une décision de justice est déterminée en retenant la valeur vénale du bien au jour de l'attribution au cédant (BOI-RFPI-PVI-10-30 n° 20).

62838 **Revente d'un bien par le bénéficiaire d'une clause de tontine** Dès lors que le bénéficiaire de la clause de tontine est réputé propriétaire de la totalité de l'immeuble depuis la date d'acquisition effectuée en commun, il y a lieu de considérer que la plus-value qu'il réalise ultérieurement à l'occasion de la cession de cet immeuble doit être déterminée à partir du prix d'acquisition payé par les acquéreurs en commun (BOI-RFPI-PVI-20-20 n° 40).

62839 **Vente d'immeuble à rénover** Dans le cas d'une acquisition réalisée selon le régime juridique de la vente d'immeuble à rénover (VIR), le **prix stipulé dans l'acte** s'entend à la fois de celui de l'existant et de celui des travaux de rénovation (CGI art. 150 VB, I). En conséquence, le montant des **travaux de rénovation** ne peut venir majorer le prix d'acquisition sur le fondement du 4° du II de l'article 150 VB du CGI (BOI-RFPI-PVI-20-10-20-10 n° 140). On relèvera qu'il a été précisé par l'administration que, lorsque l'acquéreur a bénéficié de la **réduction d'impôt Malraux**, l'article 150 VB-II, 4° précité fait obstacle à ce que le montant des travaux réalisés dans le cadre du contrat de vente d'immeuble à rénover soit inclus dans le prix d'acquisition, dès lors que ces dépenses ont déjà été prises en compte pour la détermination de l'impôt sur le revenu (Rép. Frassa : Sén 10-1-2019 n° 1409, réponse peu évidente car l'article 150 VB, II-4° a pour objet de définir les dépenses pouvant venir majorer le prix d'acquisition et non le prix d'acquisition lui-même lequel s'entend, comme déjà indiqué, aux termes de l'article 150 VB, I, pour les acquisitions réalisées selon le régime juridique de la VIR, de l'existant et des travaux de rénovation).

> **Précisions** Les **travaux réalisés postérieurement** à l'acquisition et hors du régime juridique de la vente d'immeuble à rénover suivent le régime de droit commun des travaux pour la détermination des plus-values immobilières imposables.

FRAIS D'ACQUISITION

62840 Lorsque la vente porte sur un immeuble acquis à titre onéreux, le prix d'acquisition est majoré forfaitairement de 7,5 % pour tenir compte des frais supportés lors de l'achat. Le vendeur peut toutefois **choisir** de substituer à ce forfait le montant réel des frais (CGI art. 150 VB, II-3°).

62850 **Forfait de 7,5 %** Le forfait représentatif des frais d'acquisition est **calculé** sur le prix effectivement acquitté par le vendeur, stipulé dans l'acte. Bien entendu, n'entrent pas dans cette base de calcul les éléments venus en majoration du prix et en particulier les frais d'acquisition que le forfait représente. Par suite, en cas de cession d'un bien construit par le cédant sur un terrain acquis précédemment, le forfait n'a pour assiette que le prix d'acquisition du terrain, seul celui-ci ayant fait l'objet d'une acquisition à titre onéreux susceptible d'avoir engendré les frais d'acquisition admis en majoration du prix d'achat et couverts par le forfait (BOI-RFPI-PVI-20-10-20-20 n° 70).
Si l'acquisition a été soumise à la **TVA**, le forfait de 7,5 % est calculé sur le prix TVA incluse lorsque le redevable légal de la TVA était le vendeur ou si la TVA a été mise à la charge de l'acquéreur et sur le prix hors taxe lorsque le redevable légal de la TVA était l'acquéreur ou si la TVA a été mise à la charge du vendeur (BOI-RFPI-PVI-20-10-20-20 n° 70).

62860 **Frais réels** Les frais d'acquisition réels s'entendent **exclusivement** des frais et coûts du contrat tels qu'ils sont prévus à l'article 1699 du Code civil (notamment honoraires du notaire, commission versée à l'agent immobilier et frais de représentation fiscale) et des droits d'enregistrement ou de la TVA, supportés effectivement par le vendeur (CGI ann. III art. 41 duovicies I, I-2°).

La majoration est exclue lorsque la TVA a été intégralement déduite après l'achat (CAA Douai 30-12-2020 n° 18DA01697 : RJF 4/21 n° 375).
Ces frais doivent être **justifiés** (notes d'honoraires, factures, quittances, etc.). Les justifications sont fournies par le vendeur, uniquement sur demande de l'administration fiscale (CGI ann. II art. 74 SI).
Lorsque la **vente porte sur une partie d'un bien** ou sur un droit immobilier (**usufruit, nue-propriété**), les frais d'acquisition ne sont pris en compte que dans la même proportion que le prix d'acquisition lui-même (CGI ann. II art. 74 SF). Par exemple, le prix d'acquisition de lots vendus par une SCI représentant 25 % du prix d'acquisition de l'ensemble de l'immeuble, il y a lieu de retenir cette même proportion pour le calcul de la part des frais d'acquisition à prendre en compte pour déterminer la plus-value (CE 7-4-2006 n° 269042 : RJF 7/06 n° 857).

Les **taxes sur les cessions de terrains devenus constructibles**, supportées le cas échéant par le vendeur (exposées n°s 64000 s.), ne font pas partie de la liste des frais à ajouter au prix d'acquisition. **62861**
Le vendeur d'un **bien acquis « contrat en mains »** (voir n° 62520, Précisions, a) ne peut pas retenir en majoration du prix d'acquisition les droits et honoraires qu'il n'a pas supportés lors de l'acquisition (Rép. Soisson : AN 25-10-2005 n° 62553 : solution non reprise au Bofip mais qui semble garder sa pertinence).

ATTENTION

Les frais exposés lors du **changement d'affectation de l'immeuble** ne peuvent pas être ajoutés au prix d'acquisition pour le calcul de la plus-value réalisée lors de la revente de l'immeuble (CAA Paris 6-11-1997 n° 95-3989 ; CE 3-12-1999 n° 193028 : RJF 6/00 n° 792).

c. Dépenses de travaux

Les dépenses de **construction**, de **reconstruction**, d'**agrandissement** ou d'**amélioration** viennent en majoration du prix d'acquisition (ligne 23 de la déclaration) pour leur montant réel sous certaines conditions. Lorsque la vente porte sur un immeuble bâti acquis depuis plus de cinq ans, le vendeur peut **choisir** soit d'évaluer forfaitairement ces travaux à 15 % du prix d'acquisition, soit de faire état des dépenses réelles (CGI art. 150 VB, II-4°). **62900**

CONSEIL

Lorsque la vente concerne un immeuble détenu depuis plus de cinq ans sur lequel d'importants travaux ont été réalisés, le notaire doit faire deux **simulations** de calcul de la plus-value : une en retenant les frais réels, une autre en appliquant le forfait de 15 %, afin de déterminer l'option la plus intéressante fiscalement pour le vendeur.

FRAIS RÉELS

Les dépenses de construction, reconstruction, agrandissement ou amélioration sont ajoutées au prix d'acquisition à l'exclusion : **62920**
– de celles qui ont le caractère de **dépenses locatives** (liste fixée par les décrets 87-712 et 87-713 du 26-8-1987 modifiés). Toutefois, les dépenses locatives indissociables de travaux de construction, de reconstruction, d'agrandissement ou d'amélioration peuvent être prises en compte (BOI-RFPI-PVI-20-10-20-20 n° 210) ;
– de celles qui ont déjà été prises en compte pour le calcul de l'**impôt sur le revenu** (revenu global ou revenus catégoriels) ou qui ont été incluses dans la base d'une réduction ou d'un crédit d'impôt.
Les travaux doivent avoir été réalisés par une **entreprise** depuis l'achèvement de l'immeuble, ou son acquisition si elle est postérieure (sur les travaux de construction initiaux, voir n° 62810). Les travaux réalisés par le vendeur lui-même sont exclus.
Sont également exclues les dépenses d'acquisition de matériaux réalisées directement par le contribuable même si les travaux d'installation sont confiés à une entreprise (CE 12-10-2018 n°s 419294 et 421677 : RJF 1/19 n° 41 ; BOI-RFPI-PVI-20-10-20-20 n° 220).

> **Précisions a.** Lors de la vente d'un immeuble en **indivision**, chaque indivisaire est réputé avoir supporté, à proportion de ses droits, les dépenses de travaux qui viennent majorer le prix d'acquisition, même si ces dépenses n'ont pas été prises en charge par l'ensemble des indivisaires (CAA Versailles 29-9-2006 n° 04-1874 : RJF 2/07 n° 163).
b. Lorsque les **dépenses ayant ouvert droit à un avantage fiscal font l'objet d'une reprise**, notamment en cas de rupture d'un engagement de location, ces dépenses ne doivent pas être considérées comme ayant déjà été prises en compte pour la détermination de l'impôt sur le revenu. Elles peuvent donc venir en majoration du prix d'acquisition,

toutes conditions étant par ailleurs remplies (BOI-RFPI-PVI-20-10-20-20 n° 240).

c. Les **frais de géomètre et de création d'une haie conservée par le vendeur** ne s'ajoutent pas au prix d'acquisition pour le calcul de la plus-value (CAA Douai 2-10-2012 n° 11DA01143 : RJF 2/13 n° 168).

d. Les dépenses de **recherche et de traitement des cavités souterraines** et des marnières ne majorent pas le prix d'acquisition pour le calcul de la plus-value (Rép. Guégot : AN 21-4-2015 n° 61309).

62922 **Définition des dépenses éligibles** Les dépenses de **reconstruction** et d'**agrandissement** s'entendent normalement de celles qui ont pour effet d'apporter une modification importante au gros œuvre de locaux existants, des travaux d'aménagement interne qui par leur importance équivalent à une reconstruction ou encore de travaux ayant pour effet d'accroître le volume ou la surface habitable de locaux existants.

Les dépenses d'**amélioration** ont pour objet d'apporter à l'immeuble un équipement ou un élément de confort nouveau ou mieux adapté aux conditions modernes de vie, sans modifier sa structure (par exemple, l'installation d'un ascenseur ou du chauffage central).

Les dépenses d'**entretien** et de **réparation**, y compris les grosses réparations, ne sont pas prises en compte en principe pour le calcul de la plus-value. Il s'agit des travaux ayant pour objet de maintenir ou de remettre un immeuble en bon état et d'en permettre un usage normal sans en modifier la consistance, l'agencement ou l'équipement initial – par exemple, remplacement de la chaudière, remise en état de la toiture, ravalement de façade, etc. (BOI-RFPI-PVI-20-10-20-20 n°s 140 à 160). Les travaux de **remplacement** d'une cuisine aménagée ne sont pas pris en compte pour le calcul de la plus-value imposable dans la mesure où l'immeuble en était déjà pourvu lors de son acquisition (CAA Nantes 5-11-2020 n° 18NT04137 : BPIM 6/20 inf. 440).

Toutefois, ces dépenses sont prises en compte si elles sont consécutives à des travaux de construction, de reconstruction, d'agrandissement ou d'amélioration dont elles sont indissociables. Il peut en être ainsi notamment des dépenses de réfection de toiture (Rép. Bassot : AN 25-11-2008 n° 27539 : solution non reprise au Bofip mais qui conserve sa pertinence).

Les frais de **démolition** d'un bâtiment vétuste exposés pour vendre l'immeuble comme terrain à bâtir s'ajoutent au prix d'acquisition (BOI-RFPI-PVI-20-10-20-20 n° 180). Il en est de même des frais de démolition et de réalisation de fondations exposés pour un projet de construction sur un terrain revendu in fine comme terrain à bâtir (CE 30-6-2016 n° 375547 : RJF 11/16 n° 966). Mais, en cas de vente d'un terrain après démolition du bâtiment qui y était construit, le prix d'acquisition ne peut pas être majoré des dépenses de travaux réalisés sur le bâtiment démoli tels les frais de raccordement au réseau d'EDF (CAA Lyon 16-6-2005 n° 99-937 : RJF 1/06 n° 40).

62926 **Justification des dépenses** Le montant des travaux doit être justifié par le vendeur au moyen des factures (correctement établies) des entrepreneurs. Ces justificatifs ne sont toutefois à fournir à l'administration fiscale que si elle en fait la demande (CGI ann. II art. 74 SI). Pour des applications : CAA Nancy 22-6-2017 n° 15NC01868 ; CAA Nancy 6-7-2017 n°s 15NC01499 et 15NC01500 : BPIM 5/17 inf. 374.

Les **factures** présentées doivent notamment comporter les mentions obligatoires prévues à l'article 289 du CGI et exposées à l'article 242 nonies A de l'annexe II au CGI. Il s'agit, entre autres, du nom et de l'adresse de l'entreprise et de son client, du numéro de TVA de l'entreprise ou de la date des travaux.

S'agissant plus particulièrement de l'adresse du client, seules les factures mentionnant l'adresse du chantier (et non l'adresse personnelle du propriétaire) peuvent être admises en justification (CAA Douai 4-12-2019 n° 18DA00417).

Le cédant doit également apporter la preuve qu'il a effectivement payé les factures. La production de relevés bancaires ne faisant état que de retraits d'espèces n'a pas été jugée suffisante (CAA Marseille 30-1-2020 n° 18MA02033).

62930 **Immeuble donné en location** En cas de cession d'un immeuble donné en location, les dépenses d'amélioration ayant engendré un **déficit** foncier qui n'a pu être intégralement imputé peuvent être prises en compte, à due concurrence, pour le calcul de la plus-value (BOI-RFPI-PVI-20-10-20-20 n° 270).

En revanche, les dépenses de travaux exposées au cours d'une année couverte par le « **micro-foncier** », réputées prises en compte pour l'impôt sur le revenu, sont sans effet sur le prix d'acquisition.

Lorsque le logement a été placé sous les régimes d'**amortissement Robien, Besson ou Périssol**, le montant des dépenses de reconstruction, d'agrandissement ou d'amélioration effectuées avant la première mise en location du logement et déduites au titre de l'amortissement peut

venir en augmentation du prix d'acquisition (BOI précité n° 260). Il en va de même pour les dépenses prises en compte pour le calcul des **réductions d'impôt Scellier et Censi-Bouvard** ou la réduction **Demessine** pratiquée au titre de l'acquisition de logements touristiques à réhabiliter (BOI précité n°s 260 et 265). Cette disposition paraît transposable au dispositif Duflot-Pinel-Denormandie (CGI art. 199 novovicies).
Cette mesure ne s'applique pas aux dépenses de restauration immobilière **Malraux** (CGI art. 199 tervicies) ni aux **travaux Demessine** (CGI art. 199 decies F).

FORFAIT DE 15 %

Lorsque la vente porte sur un **immeuble bâti acquis depuis plus de cinq ans**, les travaux peuvent être évalués de manière forfaitaire à 15 % du prix d'acquisition stipulé dans l'acte (celui porté ligne 20 de la déclaration). **62970**
Selon l'**administration**, ce forfait s'applique sans que le vendeur ait à établir la réalité des travaux, le montant des travaux effectivement réalisés ou la preuve de son impossibilité à fournir des justificatifs. Le fait que certains travaux aient été déjà pris en compte au titre de l'impôt sur le revenu est sans incidence sur l'application de ce forfait (BOI-RFPI-PVI-20-10-20-20 n° 390).
En pratique, le vendeur a donc intérêt à demander l'application de ce forfait dans tous les cas où il ne peut pas justifier de dépenses réelles supérieures à 15 % du prix d'acquisition. Il faut toutefois noter que, pour le **Conseil d'État**, la majoration forfaitaire de 15 % pour travaux ne s'applique pas s'il est établi que le contribuable n'a pas réalisé de travaux (CE 25-3-2019 n° 422943 : RJF 10/19 n° 919).

> **Précisions a.** En cas de cession d'un **usufruit** ou de la **nue-propriété**, le forfait de 15 % est calculé sur la fraction du prix d'acquisition correspondant au droit cédé.
> **b.** S'agissant des **immeubles que le cédant a fait construire sur un terrain lui appartenant**, l'assiette du forfait de 15 % est constituée du prix d'acquisition du terrain et du coût des travaux de construction réalisés avant l'achèvement du bien. Le délai de cinq ans est décompté à partir de la date d'achèvement de l'immeuble (BOI-RFPI-PVI-20-10-20-20 n°s 390 et 400).

d. Frais de voirie, réseaux et distribution

Les frais de voirie, réseaux et distribution s'ajoutent au prix d'acquisition pour le calcul de la plus-value sur terrains à bâtir (CGI art. 150 VB, II-5°). Peuvent en particulier être retenus à ce titre l'ensemble des frais d'aménagement et de viabilisation d'un terrain engagés dans le cadre d'une opération de **lotissement** qu'ils soient ou non imposés par les collectivités territoriales ou leurs groupements (BOI-RFPI-PVI-20-10-20-20 n° 410). **62985**
Ces frais sont portés ligne 24 de la déclaration.

3. ABATTEMENTS

PRINCIPES

Après application des correctifs, étudiés ci-dessus, au prix de cession et au prix ou à la valeur d'acquisition, la **plus-value brute** est calculée par différence entre ces deux termes (elle est portée ligne 30 de la déclaration). Cette plus-value est ensuite réduite, pour les ventes portant sur des immeubles détenus depuis plus de cinq ans, d'un **abattement pour durée de détention**. **63000**
À titre temporaire, un **abattement exceptionnel** de 60 à 85 % s'applique à certaines plus-values (après prise en compte, le cas échéant, de l'abattement pour durée de détention).
Après application de ces abattements, on obtient **la plus-value nette** imposable (lignes 50 et 100).

ABATTEMENT POUR DURÉE DE DÉTENTION

L'abattement pour durée de détention s'applique aux cessions d'**immeubles détenus depuis plus de cinq ans** (CGI art. 150 VC, I). Il s'applique à la plus-value elle-même et non pas au prix d'acquisition du bien. **63020**
Cet abattement **se calcule** par période de 12 mois, en faisant abstraction des fractions d'année. Le délai de détention court depuis la date d'acquisition (soit, en principe, la date de l'acte constatant l'opération pour les achats et les donations, et la date du décès pour les immeubles reçus en héritage) jusqu'à la date de cession, constitutive du fait générateur de l'imposition.
Le **taux** et la cadence de l'abattement pour durée de détention diffèrent pour la détermination de l'assiette imposable des plus-values immobilières à l'impôt sur le revenu et aux prélèvements sociaux (CGI art. 150 VC, I ; CSS art. L 136-7, VI). En conséquence, sur la déclaration, la liquidation de l'impôt sur le revenu et celle des prélèvements s'opère séparément.

ATTENTION

Le **point de départ du délai de détention** est fixé à la date de signature d'une promesse synallagmatique de vente dès lors que celle-ci, lorsqu'elle révèle le consentement réciproque des deux parties sur la chose et sur le prix, emporte transfert de propriété à compter de sa signature. Si la promesse stipule des conditions suspensives ou comporte une clause différant le transfert de propriété à une date ultérieure, le transfert de propriété s'opère à la date à laquelle les conditions sont levées ou à la date fixée dans la promesse (CE 29-12-2020 nos 428306, 428309, 428313 et 428315 : RJF 3/21 no 279).

63021 **Impôt sur le revenu** Pour la détermination du montant imposable à l'impôt sur le revenu, l'abattement (lignes 40 à 43 de la déclaration) est de :
– 6 % pour chaque année de détention au-delà de la cinquième et jusqu'à la vingt et unième ;
– 4 % au terme de la vingt-deuxième année de détention.
L'**exonération** d'impôt sur le revenu est ainsi acquise après 22 ans de détention. Par exemple, une plus-value réalisée le 1er juin 2024 est exonérée si l'immeuble a été acquis avant le 1er juin 2002.

63022 **Prélèvements sociaux** Pour la détermination du montant imposable aux prélèvements sociaux, l'abattement (lignes 90 à 93 de la déclaration) est de :
– 1,65 % pour chaque année de détention au-delà de la cinquième et jusqu'à la vingt et unième ;
– 1,60 % pour la vingt-deuxième année de détention ;
– 9 % pour chaque année au-delà de la vingt-deuxième.
L'**exonération** des prélèvements sociaux est ainsi acquise après 30 ans de détention et, entre 23 et 30 ans de détention, les plus-values ne sont soumises qu'aux prélèvements sociaux.

63023 **Tableau pratique** Le tableau ci-après donne les **taux d'abattements applicables**, compte tenu de la durée de détention du bien, pour la détermination de l'assiette imposable des plus-values à l'impôt sur le revenu et aux prélèvements sociaux.

Durée de détention	Impôt sur le revenu (19 %)	Prélèvements sociaux (17,2 %)	Durée de détention	Impôt sur le revenu (19 %)	Prélèvements sociaux (17,2 %)
	Abattement	Abattement		Abattement	Abattement
Moins de 6 ans	Pas d'abattement	Pas d'abattement	18 et 19 ans	78 %	21,45 %
Entre 6 et 7 ans	6 %	1,65 %	19 et 20 ans	84 %	23,10 %
7 et 8 ans	12 %	3,30 %	20 et 21 ans	90 %	24,75 %
8 et 9 ans	18 %	4,95 %	21 et 22 ans	96 %	26,40 %
9 et 10 ans	24 %	6,60 %	22 et 23 ans	Exonération	28 %
10 et 11 ans	30 %	8,25 %	23 et 24 ans	Exonération	37 %
11 et 12 ans	36 %	9,90 %	24 et 25 ans	Exonération	46 %
12 et 13 ans	42 %	11,5 %	25 et 26 ans	Exonération	55 %
13 et 14 ans	48 %	13,20 %	26 et 27 ans	Exonération	64 %
14 et 15 ans	54 %	14,85 %	27 et 28 ans	Exonération	73 %
15 et 16 ans	60 %	16,50 %	28 et 29 ans	Exonération	82 %
16 et 17 ans	66 %	18,15 %	29 et 30 ans	Exonération	91 %
17 et 18 ans	72 %	19,80 %	Plus de 30 ans	Exonération	Exonération

ABATTEMENTS TEMPORAIRES EXCEPTIONNELS

63025 **Ventes réalisées dans le périmètre d'opérations d'aménagement complexes ou en zones tendues** Un abattement exceptionnel est susceptible de s'appliquer aux plus-values réalisées lors de la cession (CGI art. 150 VE modifié par loi 2023-1322 du 29-12-2023 art. 9) :
– d'**immeubles bâtis** ou de droits relatifs à ces biens, situés pour tout ou partie de leur surface dans le périmètre d'une **opération de revitalisation du territoire**, d'une **grande opération d'urbanisme** ou d'une **opération d'intérêt national** ;

– de **terrains à bâtir**, de **biens immobiliers bâtis** ou de droits relatifs à ces biens, situés pour tout ou partie de leur surface dans des communes classées en **zones A, A bis ou B1**.

L'abattement s'applique sous réserve du respect des **conditions** suivantes :

– la cession doit être précédée d'une **promesse** unilatérale ou synallagmatique **de vente**, signée et ayant acquis date certaine **entre le 1er janvier 2024 et le 31 décembre 2025** ;

– la **cession** doit être réalisée **au plus tard** le 31 décembre de la deuxième année suivant celle au cours de laquelle la promesse a acquis date certaine ;

– l'**acquéreur doit s'engager** par une mention portée dans l'acte authentique d'acquisition à la construction, le cas échéant à la démolition des constructions existantes suivie d'une reconstruction, ou à la réhabilitation complète des constructions existantes et à l'achèvement, dans un délai de quatre ans à compter de la date d'acquisition, d'un ou plusieurs bâtiments d'habitation collectifs dont le gabarit est au moins égal à 75 % du gabarit maximal autorisé tel qu'il résulte de l'application des règles du plan local d'urbanisme ou d'un document en tenant lieu. Le gabarit correspond à l'ensemble des plans verticaux, horizontaux ou obliques constituant la forme extérieure de la construction.

L'abattement ne s'applique pas aux **cessions entre personnes liées** (vente entre conjoints, concubins pacsés ou non, vente à une SCI dont le cédant est un associé, etc.).

Le **taux** de l'abattement exceptionnel est en principe fixé à : **63030**

– **75 %** pour les cessions d'immeubles bâtis dans le périmètre des opérations d'aménagement complexes ou d'envergure nationale ;

– **60 %** pour les cessions de terrains à bâtir ou d'immeubles bâtis situés dans des communes classées en zones A, A bis ou B1.

Ces taux sont portés à **85 %** lorsque le cessionnaire s'engage à ce que la surface habitable des logements ainsi réalisés soit affectée, dès leur achèvement, pour au moins 50 % de la surface totale des constructions du programme immobilier à du logement social, à du logement faisant l'objet d'un bail réel solidaire ou à du logement intermédiaire. Lorsque les biens immobiliers sont situés dans des communes qui n'atteignent pas le quota de logements sociaux prévus à l'article L 302-5 du CCH, la réalisation de logements intermédiaires n'ouvre droit au taux majoré que si l'acquéreur s'engage à affecter un minimum de 25 % de la surface habitable des logements construits à des logements sociaux.

Cet abattement est appliqué après prise en compte, le cas échéant, de l'abattement pour durée de détention.

ATTENTION

Le taux de 85 % ne s'applique pas à la création de **logements sociaux** pour les biens situés au sein des quartiers faisant l'objet d'une convention dans le cadre du nouveau programme national de renouvellement urbain (**NPNRU**). Seule la production de logements intermédiaires y est encouragée.

En cas de **manquement de l'acquéreur à ses engagements** de démolir et de construire dans les quatre ans de son acquisition, ou de réaliser au moins 50 % de logements sociaux ou intermédiaires, celui-ci est redevable d'une amende d'un montant égal à 10 % du prix de cession mentionné dans l'acte.

> **Précisions a.** En cas d'**acquisitions successives** ou de **fusion de sociétés**, les engagements souscrits par le cessionnaire ne sont pas rompus lorsque le nouvel acquéreur ou la société absorbante s'engage, dans l'acte authentique d'acquisition ou de fusion, à se substituer au cédant pour le respect des engagements pris dans le délai restant à courir. En cas de non-respect des engagements, l'amende est due par le nouvel acquéreur.
> **b.** Les plus-values réalisées par les contribuables **non domiciliés** fiscalement en France peuvent bénéficier de l'abattement (BOI-RFPI-PVI-20-20 n° 220).

63032 Le tableau ci-après donne le **taux global d'abattement** (cumulé avec l'abattement pour durée de détention) applicable en fonction de la durée de détention du bien.

Durée de détention	Impôt sur le revenu			Prélèvements sociaux		
	Taux global d'abattement			Taux global d'abattement		
	Abattement 60 %	Abattement 75 %	Abattement 85 %	Abattement 60 %	Abattement 75 %	Abattement 85 %
Moins de 6 ans	60 %	75 %	85 %	60 %	75 %	85 %
Entre						
6 et 7 ans	62,4 %	76,5 %	85,9 %	60,66 %	75,413 %	85,2475 %
7 et 8 ans	64,8 %	78 %	86,8 %	61,32 %	75,825 %	85,495 %
8 et 9 ans	67,2 %	79,5 %	87,7 %	61,98 %	76,238 %	85,7425 %
9 et 10 ans	69,6 %	81 %	88,6 %	62,64 %	76,65 %	85,99 %
10 et 11 ans	72 %	82,5 %	89,5 %	63,3 %	77,063 %	86,2375 %
11 et 12 ans	74,4 %	84 %	90,4 %	63,96 %	77,475 %	86,485 %
12 et 13 ans	76,8 %	85,5 %	91,3 %	64,62 %	77,888 %	86,7325 %
13 et 14 ans	79,2 %	87 %	92,2 %	65,28 %	78,3 %	86,98 %
14 et 15 ans	81,6 %	88,5 %	93,1 %	65,94 %	78,713 %	87,2275 %
15 et 16 ans	84 %	90 %	94 %	66,6 %	79,125 %	87,475 %
16 et 17 ans	86,4 %	91,5 %	94,9 %	67,26 %	79,538 %	87,7225 %
17 et 18 ans	88,8 %	93 %	95,8 %	67,92 %	79,95 %	87,97 %
18 et 19 ans	91,2 %	94,5 %	96,7 %	68,58 %	80,363 %	88,2175 %
19 et 20 ans	93,6 %	96 %	97,6 %	69,24 %	80,775 %	88,465 %
20 et 21 ans	96 %	97,5 %	98,5 %	69,9 %	81,188 %	88,7125 %
21 et 22 ans	98,4 %	99 %	99,4 %	70,56 %	81,60 %	88,96 %
22 et 23 ans	Exonération	Exonération	Exonération	71,2 %	82 %	89,2 %
23 et 24 ans	Exonération	Exonération	Exonération	74,8 %	84,25 %	90,55 %
24 et 25 ans	Exonération	Exonération	Exonération	78,4 %	86,5 %	91,9 %
25 et 26 ans	Exonération	Exonération	Exonération	82 %	88,75 %	93,25 %
26 et 27 ans	Exonération	Exonération	Exonération	85,6 %	91 %	94,6 %
27 et 28 ans	Exonération	Exonération	Exonération	89,2 %	93,25 %	95,95 %
28 et 29 ans	Exonération	Exonération	Exonération	92,8 %	95,5 %	97,3 %
29 et 30 ans	Exonération	Exonération	Exonération	96,4 %	97,75 %	98,65 %
Plus de 30 ans	Exonération	Exonération	Exonération	Exonération	Exonération	Exonération

63035 **Opérations de démolition-construction dans le cadre d'une opération d'aménagement Loi Elan** Les plus-values de cession de **biens immobiliers bâtis** ou de droits relatifs à ces biens, situés pour tout ou partie de leur surface dans le périmètre d'une **opération de revitalisation du territoire** ou d'une **grande opération d'urbanisme**, bénéficient d'un abattement exceptionnel (CGI art. 150 VE dans sa version antérieure au 1er janvier 2024). Les cessions de terrains à bâtir ne bénéficient pas de cet abattement.

Les **conditions suivantes** doivent être remplies :
– la cession doit être précédée d'une **promesse** unilatérale ou synallagmatique de vente, signée et ayant acquis date certaine **entre le 1er janvier 2021 et le 31 décembre 2023** ;
– la **cession** doit être réalisée **au plus tard** le 31 décembre de la deuxième année suivant celle au cours de laquelle la promesse a acquis date certaine, soit jusqu'au 31 décembre 2025 pour les promesses signées en 2023 ;
– l'**acheteur doit s'engager**, par une mention dans l'acte authentique d'acquisition, à démolir la ou les constructions existantes et à construire, dans un délai de quatre ans à compter de la date d'acquisition, un ou plusieurs bâtiments d'habitation collectifs dont le gabarit est au moins égal à 75 % du gabarit maximal autorisé tel qu'il résulte de l'application des règles du plan local d'urbanisme ou d'un document d'urbanisme en tenant lieu.
L'abattement ne s'applique pas aux cessions **entre personnes liées** (vente entre conjoints, concubins pacsés ou non, vente à une SCI dont le cédant est un associé, etc.).

Le **taux** de l'abattement exceptionnel est en principe de **70 %**. Il est toutefois **porté à 85 %** si **63040**
l'acquéreur s'engage à ce que, dans le programme immobilier à construire, les logements sociaux et intermédiaires représentent au moins 50 % de la surface totale des constructions. En cas de **non-respect de son engagement**, le cessionnaire est, sauf cas de force majeure, redevable d'une **amende** égale à 10 % du prix d'acquisition mentionné dans l'acte.
L'abattement exceptionnel est appliqué après prise en compte, le cas échéant, de l'abattement pour durée de détention.

Le tableau ci-après donne le **taux global d'abattement (cumulé avec l'abattement pour durée** **63045**
de détention) applicable en fonction de la durée de détention du bien.

Durée de détention	Impôt sur le revenu		Prélèvements sociaux	
	Taux global d'abattement		Taux global d'abattement	
	Abattement 70 %	Abattement 85 %	Abattement 70 %	Abattement 85 %
Moins de 6 ans	70 %	85 %	70 %	85 %
6 et 7 ans	71,8 %	85,9 %	70,495 %	85,2475 %
7 et 8 ans	73,6 %	86,8 %	70,99 %	85,495 %
8 et 9 ans	75,4 %	87,7 %	71,485 %	85,7425 %
9 et 10 ans	77,2 %	88,6 %	71,98 %	85,99 %
10 et 11 ans	79 %	89,5 %	72,475 %	86,2375 %
11 et 12 ans	80,8 %	90,4 %	72,97 %	86,485 %
12 et 13 ans	82,6 %	91,3 %	73,465 %	86,7325 %
13 et 14 ans	84,4 %	92,2 %	73,96 %	86,98 %
14 et 15 ans	86,2 %	93,1 %	74,455 %	87,2275 %
15 et 16 ans	88 %	94 %	74,95 %	87,475 %
16 et 17 ans	89,8 %	94,9 %	75,445 %	87,7225 %
17 et 18 ans	91,6 %	95,8 %	75,94 %	87,97 %
18 et 19 ans	93,4 %	96,7 %	76,435 %	88,2175 %
19 et 20 ans	95,2 %	97,6 %	76,93 %	88,465 %
20 et 21 ans	97 %	98,5 %	77,425 %	88,7125 %
21 et 22 ans	98,8 %	99,4 %	77,92 %	88,96 %
22 et 23 ans	Exonération	Exonération	78,4 %	89,2 %
23 et 24 ans	Exonération	Exonération	81,1 %	90,55 %
24 et 25 ans	Exonération	Exonération	83,8 %	91,9 %
25 et 26 ans	Exonération	Exonération	86,5 %	93,25 %
26 et 27 ans	Exonération	Exonération	89,2 %	94,6 %
27 et 28 ans	Exonération	Exonération	91,9 %	95,95 %
28 et 29 ans	Exonération	Exonération	94,6 %	97,3 %
29 et 30 ans	Exonération	Exonération	97,3 %	98,65 %
Plus de 30 ans	Exonération	Exonération	Exonération	Exonération

PRÉCISIONS SUR LA DATE D'ACQUISITION

63050 Le tableau ci-après indique la date d'acquisition à retenir, dans certaines situations particulières, pour calculer le délai de détention d'un immeuble (BOI-RFPI-PVI-20-20 n° 40).

Forme de l'acquisition de l'immeuble	Date d'acquisition
Acquisition par fractions successives	Date de chacune des acquisitions.
Vente après réunion de propriété	Date de la première des acquisitions, qu'elles soient à titre onéreux, à titre gratuit ou par voie d'extinction naturelle.
Immeuble attribué lors d'un partage	Immeuble provenant d'une **indivision successorale** (ou indivision faisant suite à une donation-partage) **ou conjugale** (ou entre concubins ou partenaires pacsés) : date d'entrée de l'immeuble dans l'indivision (date d'ouverture de la succession ou de l'acquisition du bien). Lorsque l'attributaire de l'immeuble a hérité d'un membre originaire de l'indivision, la date d'acquisition correspond à la date d'entrée de l'immeuble dans l'indivision, pour la quote-part d'immeuble reçue à l'occasion du partage (CE 9-9-2020 n° 436712 : RJF 12/20 n° 1006). **Autres partages** : la date d'acquisition est la date de l'acte de partage pour les droits acquis des copartageants et la date de constitution de l'indivision pour la part de l'attributaire du bien dans l'indivision.
Réintégration d'une donation antérieure dans le cadre d'une donation-partage	Réintégration effectuée par un rapport en nature de la donation antérieure : – si le bien fait l'objet d'une réattribution au donataire initial, dans le cadre de la donation-partage, la date d'acquisition est celle de la donation antérieure ; – si le bien ne retombe pas dans le patrimoine du donataire initial, la date d'acquisition est celle de la donation-partage. Réintégration effectuée par un rapport en moins prenant : la date d'acquisition est celle de la donation initiale.
Immeuble construit par le vendeur (profits de construction occasionnels)	Voir n° 62810.
Immeuble acquis en l'état futur d'achèvement	Date de conclusion du contrat.
Immeuble recueilli en vertu d'une clause de tontine	Date d'acquisition effectuée en commun par les parties à la tontine.
Immeuble apporté à la communauté universelle	Date d'acquisition par l'époux apporteur.
Immeuble recueilli en vertu d'une clause d'attribution intégrale de la communauté	Date d'acquisition du bien par les époux.
Immeuble reçu à titre de prestation compensatoire (divorce)	Date de l'attribution.
Cession de titres d'une société civile d'attribution	Date d'acquisition ou de souscription des titres, quelle que soit la date du début d'exécution des travaux de construction.
Immeuble détenu par une SCI	Voir n° 63370.
Prescription acquisitive ou usucapion	Date de début de possession du bien usucapé.

4. MOINS-VALUE

PRINCIPES

63080 En principe, il n'y a pas de compensation fiscale entre les plus-values immobilières et les pertes, ou moins-values, de même nature. Lorsqu'une opération immobilière dégage une moins-value, celle-ci n'est imputable ni sur des plus-values de même nature ni sur le revenu global imposable

(CGI art. 150 VD, I). Une seule **exception au principe de non-compensation** est prévue par la loi : la vente en bloc d'un immeuble acquis par fractions successives (n° 63090).

La vente aboutissant à une moins-value ne donne pas lieu à **déclaration**. Le notaire doit uniquement mentionner dans l'**acte de vente**, transmis au service de la publicité foncière, l'adresse du service des finances publiques dont dépend le vendeur, le prix de cession et le prix d'acquisition ou, s'il s'agit d'un bien acquis par succession ou donation, le nom du précédent propriétaire, son domicile et, le cas échéant, la date de son décès (CGI ann. II art. 74 SJ) ainsi que l'absence de réalisation de plus-value (CGI art. 150 VG, III). **63083**

VENTE EN BLOC D'UN IMMEUBLE ACQUIS PAR FRACTIONS SUCCESSIVES

En cas de vente en bloc d'un immeuble acquis par fractions successives, les moins-values peuvent s'imputer sur les plus-values à condition que la vente soit constatée dans le **même acte** et intervienne entre les **mêmes parties** (CGI art. 150 VD, II). Une compensation est ainsi opérée entre les plus-values et les moins-values dégagées pour les différentes fractions. **63090**

Est notamment concernée la cession en bloc d'un immeuble acquis par parts indivises successives, d'un appartement provenant de la fusion de deux appartements acquis à des dates différentes ou d'un immeuble dont le propriétaire a acquis la nue-propriété puis l'usufruit ; mais ne bénéficie pas de la compensation la cession de deux habitations acquises en propre par chacun des futurs partenaires d'un Pacs ou futurs conjoints (Rép. Maurey : Sén. 6-12-2018 n° 1484, à propos des futurs pacsés). Le cas d'une construction réalisée à titre occasionnel par le cédant devrait également ouvrir la possibilité de prendre en compte une moins-value.

En pratique, il convient de déterminer de manière distincte la plus-value brute ou la moins-value brute afférente à chacune des fractions. La ou les moins-values brutes, réduites de l'abattement pour durée de détention au-delà de la cinquième année, sont imputées sur la ou les plus-values réalisées sur les autres fractions du bien, également corrigées de l'abattement pour durée de détention. Si cette compensation fait apparaître une plus-value, une **déclaration** distincte pour chaque fraction est souscrite (lignes 10 à 44 et 90 à 94) et la plus-value imposable globale est portée (ligne 50 et 100) sur une déclaration « récapitulative ». Si le résultat est négatif (moins-value), aucune déclaration n'est à souscrire.

CONSEIL

Pour les **dépenses de travaux** qu'il n'est pas possible de rattacher aux différentes parties du local acquises à des dates distinctes, il est conseillé, à titre de règle pratique, de procéder à une ventilation au prorata des millièmes de copropriété qui leur sont affectés ou, à défaut, au prorata de la surface des lots (BOI-RFPI-PVI-20-20 n° 140), étant précisé que ce critère de ventilation n'est pas obligatoire.

B. Calcul de l'impôt

DES IMPÔTS EN CASCADE

Les plus-values immobilières sont soumises à un prélèvement forfaitaire au titre de l'impôt sur le revenu ainsi qu'aux prélèvements sociaux, auxquels s'ajoute, si la plus-value excède 50 000 €, une « surtaxe ». **63100**

IMPÔT SUR LE REVENU ET PRÉLÈVEMENTS SOCIAUX

Les plus-values immobilières réalisées par les résidents de France sont soumises à un **prélèvement global** de 36,2 %, qui se décompose de la manière suivante : **63120**

- 19 % au titre de l'impôt sur le revenu ;
- 9,2 % au titre de la CSG ;
- 0,5 % au titre de la CRDS ;
- 7,5 % au titre du prélèvement de solidarité.

Le calcul de l'impôt est effectué sur la **déclaration** (lignes 60 à 64 pour l'impôt sur le revenu et lignes 110 à 112 pour les prélèvements sociaux).

La plus-value imposable et l'impôt dû sur celle-ci sont **arrondis** à l'euro le plus proche :

- la part des bases et cotisations inférieure strictement à 0,50 € est négligée ;
- la part des bases et cotisations égale ou supérieure à 0,50 € est arrondie à l'unité supérieure.

Tout élément venant modifier la base (abattements) est arrondi à l'unité la plus proche.

ATTENTION

Les plus-values immobilières sont soumises aux prélèvements sociaux (total de 17,2 %) en tant que revenus de placement et la CSG prélevée sur les plus-values immobilières n'ouvre droit à aucune **déduction sur le revenu** imposable du vendeur (CGI art. 154 quinquies).

SURTAXE SUR CERTAINES PLUS-VALUES IMMOBILIÈRES

63125 **Champ d'application** Une « surtaxe » s'applique sur les plus-values de cession d'immeubles ou de droits immobiliers (usufruit, nue-propriété, titres de sociétés immobilières, etc.), à l'**exclusion des terrains à bâtir**, imposables à l'impôt sur le revenu ou au prélèvement prévu à l'article 244 bis A du CGI dû par les non-résidents, dont le montant est supérieur à 50 000 €. Cette taxe s'applique aux cessions réalisées par les **personnes physiques** ou les **sociétés** et groupements relevant de l'impôt sur le revenu, SCI notamment (CGI art. 1609 nonies G).

Les **cessions exonérées** d'impôt sur le revenu ou de prélèvement sur les non-résidents n'y sont donc pas soumises (vente de la résidence principale, bien détenu depuis une certaine durée, etc.). Le bénéfice de ces exonérations s'apprécie au niveau du cédant, qu'il s'agisse d'une personne physique ou d'une société (BOI-RFPI-TPVIE-10 n° 280). Toutefois, l'administration admet que les exonérations liées à la cession de la résidence principale ou à la cession d'un logement en vue de l'acquisition de celle-ci s'apprécient au niveau des **associés** personnes physiques des sociétés de personnes et s'appliquent à la plus-value soumise à la taxe réalisée par la société, au prorata des droits détenus par les associés qui bénéficient de ces exonérations (BOI-RFPI-TPVIE-10 n° 290) ; même solution pour l'exonération de la plus-value de cession de la résidence principale après expatriation (BOI-RFPI-PVINR-10-20 n° 490) ou de cession d'un bien ayant constitué la résidence principale de l'associé avant son entrée dans un établissement social ou médico-social.

La taxe peut être majorée sur décision du Gouvernement dans des zones soumises à la **surspéculation immobilière en Corse**, déterminées par le président de l'office foncier de la Corse et adoptées par l'assemblée de Corse après consultation des communes concernées et du préfet (Loi 2022-1726 du 30-12-2022 art. 28).

63127 Les **terrains à bâtir** exclus du champ d'application de la surtaxe s'entendent des terrains à bâtir au sens de la TVA sur les opérations immobilières, définis à l'article 257, I-2-1° du CGI (BOI-RFPI-TPVIE-10 n° 120).

63130 **Calcul de la surtaxe** La taxe est due dès lors que le montant de la **plus-value nette imposable** est supérieur à 50 000 €.

Le **seuil de 50 000 €** s'apprécie après prise en compte de l'abattement pour durée de détention et, le cas échéant, de la fraction de la plus-value exonérée en cas de remploi partiel du prix de vente du logement dans l'achat d'une résidence principale ou de cession au profit d'un cessionnaire prenant l'engagement de construire des logements sociaux (BOI-RFPI-TPVIE-20 n° 20). Il convient également de tenir compte des abattements temporaires exceptionnels visés nos 63025 s.

La taxe est calculée par le notaire sur la **déclaration** de plus-value (lignes 115 à 118).

En cas de cession d'un bien en **indivision** ou par des concubins, l'appréciation du seuil de 50 000 € s'effectue individuellement au niveau de la quote-part de plus-value réalisée par chacun des concubins, coïndivisaires (BOI-RFPI-TPVIE-20 n° 30). La même solution s'applique aux **couples mariés** et aux couples liés par un **Pacs** cédant conjointement un immeuble (BOI précité nos 40 et 50).

En cas de cession par une **société**, il est admis que le seuil de 50 000 € soit apprécié au regard du montant de la plus-value imposable correspondant aux droits des seuls associés redevables de l'impôt sur le revenu. Dès lors, il n'est pas tenu compte pour l'appréciation du seuil :
– de la quote-part de plus-value revenant à des associés soumis à l'impôt sur les sociétés ;
– de la quote-part de la plus-value revenant à des associés personnes physiques bénéficiant d'une exonération liée à la cession de la résidence principale ou à la cession d'un logement en vue de l'acquisition de celle-ci (BOI-RFPI-TPVIE-20 n° 60).

63135 Les plus-values imposables sont soumises à la taxe sur leur montant total, selon le barème suivant :

Montant de la plus-value imposable (PV)	Montant de la taxe
De 50 001 € à 60 000 €	2 % PV – (60 000 – PV) × 1/20
De 60 001 € à 100 000 €	2 % PV
De 100 001 € à 110 000 €	3 % PV – (110 000 – PV) × 1/10
De 110 001 € à 150 000 €	3 % PV
De 150 001 € à 160 000 €	4 % PV – (160 000 – PV) × 15/100
De 160 001 € à 200 000 €	4 % PV

Montant de la plus-value imposable (PV)	Montant de la taxe
De 200 001 € à 210 000 €	5 % PV – (210 000 – PV) × 20/100
De 210 001 € à 250 000 €	5 % PV
De 250 001 € à 260 000 €	6 % PV – (260 000 – PV) × 25/100
Supérieur à 260 000 €	6 % PV
PV = montant de la plus-value imposable.	

Lorsque le Gouvernement instaure une majoration de la taxe dans les zones soumises à la surspéculation en Corse, la plus-value est taxée selon le barème suivant :

Montant de la plus-value imposable (PV)	Montant de la taxe
De 50 001 € à 60 000 €	10 % PV – (60 000 – PV) × 1/20
De 60 001 € à 100 000 €	10 % PV
De 100 001 € à 110 000 €	15 % PV – (110 000 – PV) × 1/10
De 110 001 € à 150 000 €	15 % PV
De 150 001 € à 160 000 €	20 % PV – (160 000 – PV) × 15/100
De 160 001 € à 200 000 €	20 % PV
De 200 001 € à 210 000 €	25 % PV – (210 000 – PV) × 20/100
De 210 001 € à 250 000 €	25 % PV
De 250 001 € à 260 000 €	30 % PV – (260 000 – PV) × 25/100
Supérieur à 260 000 €	30 % PV
PV = montant de la plus-value imposable.	

Le **taux global d'imposition** d'une plus-value supérieure à 260 000 € peut donc s'élever jusqu'à 42,2 % (19 % au titre de l'impôt sur le revenu, 17,2 % au titre des prélèvements sociaux et 6 % au titre de la surtaxe), voire 66,2 % si l'immeuble est situé dans une zone concernée par la majoration de la taxe.

C. Déclaration et paiement

GÉNÉRALITÉS

63150 L'impôt afférent à la plus-value réalisée lors de la vente d'un immeuble ou de droits relatifs à un immeuble et, le cas échéant, la « surtaxe » sur les plus-values dépassant 50 000 € sont en **principe** déclarés et payés au service de la publicité foncière du lieu de situation de l'immeuble lors du dépôt en vue de la formalité de publicité foncière dans le délai d'un mois à compter de la cession (CGI art. 150 VG et 150 VH). L'absence de déclaration ou le défaut de paiement de l'impôt entraîne en principe le refus du dépôt de l'acte au service de la publicité foncière. En d'autres termes, ces opérations sont indissociables.

En pratique, le **notaire** chargé de la vente effectue ces opérations.

Il est précisé que pour les ventes d'immeubles situés en **Alsace-Moselle**, la déclaration est remise lors de la présentation à l'enregistrement.

OBLIGATIONS DÉCLARATIVES

63180 **Déclaration de plus-value** Cette déclaration est établie sur l'**imprimé 2048-IMM** (pour les immeubles autres que des terrains à bâtir) ou sur l'imprimé **2048-TAB** (pour les terrains à bâtir) ; ces imprimés sont disponibles uniquement sur internet (www.impots.gouv.fr). La déclaration de plus-value signée par le contribuable est conservée au dossier par le notaire. Sa télétransmission atteste que le notaire a bien reçu la signature du contribuable.

En cas de cession d'un bien détenu en commun par des époux, une seule déclaration est déposée.

Les **pièces justificatives** afférentes aux frais et charges venant en diminution du prix de cession ou en majoration du prix d'acquisition ne sont pas transmises avec la déclaration. Le cas échéant, elles doivent être fournies par le contribuable sur demande de l'administration (CGI ann. II art. 74 SI).

Le montant net imposable des plus-values immobilières doit être reporté par le cédant sur sa **déclaration de revenus** n° 2042-C (CGI art. 170). Il en est de même du montant de la plus-value exonéré sous condition de remploi du prix de cession d'un logement autre que la résidence principale (nos 62195 s.).

63190 En pratique, les **frais d'établissement** de la déclaration perçus par le notaire, fixés à 56,60 € HT, soit 67,92 € TTC (C. com. art. A 444-172) sont fréquemment supportés par l'acquéreur au titre des frais accessoires à la vente.

Toutefois, afin d'éviter toute contestation sur cette question, il est souhaitable de prévoir dans l'acte de vente une **clause** spécifique précisant qui de l'acheteur ou du vendeur supporte définitivement le coût d'établissement de la déclaration de plus-value.

EXEMPLE

Clause mettant le coût de la déclaration **à la charge de l'acquéreur** : « Les frais dus au notaire rédacteur pour l'établissement des déclarations de plus-values entraînées par la vente s'élèvent à 56,60 € HT, soit 67,92 € TTC, et seront supportés par l'acquéreur avec l'ensemble des autres frais et accessoires de la vente à titre définitif. »

Clause mettant le coût de la déclaration **à la charge du vendeur** : « Les frais dus au notaire rédacteur pour l'établissement des déclarations de plus-values entraînées par la vente s'élèvent à 56,60 € HT, soit 67,92 € TTC, et seront supportés par le vendeur, les parties considérant qu'ils ne sont pas compris dans les frais et accessoires de la vente à titre définitif. »

63200 **Mentions à porter dans l'acte de vente** L'acte de cession doit préciser, sous peine de refus de dépôt de la formalité par le service de la publicité foncière (CGI ann. II art. 74 SJ) :

– l'adresse du service des impôts dont le cédant dépend pour la déclaration de ses revenus ;
– le prix de cession de chacun des biens ;
– le prix d'acquisition du bien, ou, s'il s'agit d'une acquisition à titre gratuit, le nom du précédent propriétaire, son domicile et, éventuellement, la date de son décès.

L'indication que la plus-value est hors du champ de la taxe sur les plus-values immobilières élevées n'est pas exigée dans l'acte soumis à l'enregistrement ou à la formalité fusionnée (BOI-RFPI-TPVIE-20 n° 100).

63205 Dans le cas où la déclaration a été signée par un **mandataire**, le mandat doit figurer dans l'acte de cession ou être joint à l'appui de la déclaration. Il doit comporter, outre l'acceptation du mandataire, l'indication des nom, prénoms et adresse du mandant, l'habilitation du mandataire à signer les déclarations et, le cas échéant, à verser l'impôt correspondant à celles-ci ainsi que la reconnaissance, par le mandant, qu'il demeurera personnellement responsable de l'impôt, et notamment des suppléments de droits et pénalités qui pourraient être réclamés à la suite d'un contrôle (CGI ann. II art. 74 SH, II).

PAIEMENT DE L'IMPÔT

63220 L'impôt afférent à la plus-value est versé **lors du dépôt de la déclaration avant l'exécution de la formalité fusionnée**.

En pratique, le notaire prélève sur le prix versé par l'acheteur le montant de l'impôt et effectue son paiement pour le compte du vendeur.

Dans le cas où le notaire ne dispose pas des fonds nécessaires au paiement de l'impôt afférent à la plus-value, par exemple parce que le prix est payable à terme ou converti en rente viagère, le vendeur doit en faire l'avance.

ATTENTION

Le **dépôt de l'acte** est **refusé** à défaut de paiement préalable de l'impôt afférent à la plus-value ou s'il existe une discordance entre le montant de l'impôt figurant sur la déclaration et le montant effectivement versé (BOI-RFPI-PVI-30-40 n° 170).

RÈGLES PARTICULIÈRES

63230 Des règles particulières sont prévues lorsque des créanciers doivent être désintéressés avant le Trésor (cas des **créanciers qui bénéficient d'une hypothèque sur l'immeuble**) ou lorsque l'**acquéreur** est une **collectivité publique** (État, communes, etc.).

Dans ces deux cas, la déclaration doit être déposée par le notaire au service des finances publiques dont relève le domicile du vendeur dans le mois de l'acte (CGI art. 150 VG, II-3°).

L'impôt est payé par le vendeur dans l'hypothèse où il existe des créanciers primant le Trésor. Si la cession est réalisée au profit d'une collectivité publique, le paiement de l'impôt est effectué par le notaire pour le compte du vendeur à la remise des fonds par la collectivité (CGI art. 150 VH, III-2°).

Dans ces situations, l'absence de déclaration et de paiement à l'appui de la réquisition de publier n'entraîne pas le refus du dépôt.

L'**acte de cession** soumis à la formalité fusionnée ou présenté à l'enregistrement doit préciser, sous peine de refus de dépôt ou de la formalité d'enregistrement :
– la mention que l'impôt sur le revenu afférent à la plus-value ne peut être intégralement acquitté ou que la cession est constatée au profit d'une collectivité publique (CGI art. 150 VG, III) ;
– le lieu où le notaire rédacteur de l'acte dépose la déclaration (CGI art. 150 VG, III) ;
– l'adresse du service des impôts du domicile du cédant (CGI ann. II art. 74 SJ) ;
– le prix de cession de chacun des biens (CGI ann. II art. 74 SJ) ;
– le prix d'acquisition du bien ou, s'il s'agit d'une acquisition à titre gratuit, le nom du précédent propriétaire, son domicile et, éventuellement, la date de son décès (CGI ann. II art. 74 SJ) ;
– en cas de dispense de déclaration, la nature et le fondement de l'exonération ou de l'absence de taxation (CGI art. 150 VG, III).
Les actes qui contiennent des **dispositions soumises à la publicité foncière** sont en principe accompagnés d'un extrait d'acte (CGI art. 860). Outre les mentions habituelles, l'extrait d'acte comporte (CGI ann. III art. 255) :
– la mention que l'impôt sur le revenu afférent à la plus-value ne peut être intégralement acquitté ou que la cession est constatée au profit d'une collectivité publique ;
– le lieu où le notaire rédacteur de l'acte dépose la déclaration ;
– en cas de dispense de déclaration, la nature et le fondement de l'exonération ou de l'absence de taxation.

ATTENTION

Le **notaire** qui **a réglé par erreur l'impôt à la place du vendeur au détriment de la banque** titulaire de sûretés primant les garanties détenues par le Trésor n'est pas fondé à en demander le remboursement sur le fondement des dispositions du Code civil relatives à la répétition de l'indu, dès lors que la somme correspondant à cette imposition était due au Trésor (CAA Douai 28-10-2008 n° 07-1915 : RJF 5/09 n° 452).

SECTION 3

CAS PARTICULIERS

A. Immeuble détenu par une SCI

GÉNÉRALITÉS

63300 Les sociétés civiles immobilières (SCI) ont pour objet la détention et la gestion d'un patrimoine immobilier apporté par leurs fondateurs ou acquis par elle. La vente d'un immeuble social par une SCI n'entre pas dans son **objet normal** mais une telle opération peut s'avérer indispensable dans un souci de bonne gestion patrimoniale. Cependant, une telle opération doit rester exceptionnelle car, à défaut, la société pourrait être considérée comme marchand de biens.
Le **régime d'imposition de la plus-value** immobilière réalisée dépend du propre régime fiscal de la SCI (régime des sociétés de personnes ou impôt sur les sociétés) et de la qualité des associés (personnes physiques, entreprises ou sociétés). Seule sera examinée la **situation la plus répandue en pratique**, la vente d'un immeuble détenu par une SCI relevant du régime des sociétés de personnes (CGI art. 8) composée uniquement d'associés personnes physiques.

63305 La plus-value réalisée lors de la vente de l'immeuble social par une **SCI composée uniquement d'associés personnes physiques** relève du régime des plus-values privées (CGI art. 150 U et suivants). La plus-value est déterminée au niveau de la société (c'est-à-dire en fonction de la date et du prix d'acquisition et de vente du bien par la société), mais elle est imposable au nom de chaque associé présent à la date de cession, en fonction de sa quote-part dans le capital, dans les mêmes conditions que s'il était propriétaire de l'immeuble cédé.
Comme pour les ventes réalisées par une personne physique, le notaire a un rôle central : il est en principe chargé de la déclaration de la plus-value et du paiement de l'impôt correspondant pour le compte des associés, sauf application d'une exonération.
Sont sans incidence sur l'imposition des associés :
– le fait que le produit de la vente ne soit pas redistribué par la société aux associés ;
– le caractère majoritaire ou non de leur participation (CE 13-10-1999 n° 186135 : RJF 12/99 n° 1551).

1. EXONÉRATIONS APPLICABLES AUX SOCIÉTÉS DE PERSONNES

PRINCIPES

63310 Les exonérations prévues à l'égard des plus-values immobilières **réalisées par les personnes physiques** (examinées n°s 62050 s.) sont en principe applicables aux plus-values réalisées par l'intermédiaire d'une SCI sous les réserves et les précisions suivantes.
En ce qui concerne les **obligations déclaratives** à respecter en présence d'une vente exonérée, voir les règles exposées nos 62300 s.

IMMEUBLE DÉTENU DEPUIS PLUS DE 22 ANS OU 30 ANS

63315 L'application de l'abattement pour durée de détention au-delà de la cinquième année (n° 62200) aboutit à une exonération de la plus-value lorsque la vente porte sur un immeuble détenu depuis plus de 22 ans (exonération partielle : impôt sur le revenu) ou 30 ans (exonération totale : impôt sur le revenu et prélèvements sociaux), par la SCI.
Autrement dit, chaque associé bénéficie de l'exonération sur sa quote-part de plus-value dès lors que l'immeuble est entré **dans le patrimoine de la société** depuis plus de 22 ans ou 30 ans, quelle que soit la date à laquelle il a acquis ses parts.
Sur les modalités de calcul du délai de détention, voir n° 63370.

VENTE INFÉRIEURE À 15 000 €

63320 Comme les plus-values réalisées par les personnes physiques, les plus-values de cessions d'immeubles réalisées par une SCI sont exonérées si leur prix de cession est inférieur ou égal à 15 000 € (CGI art. 150 U, II-6°), étant précisé que ce plafond s'apprécie bien par bien **au niveau de** la société (et non au niveau de chaque associé).

IMMEUBLE SOCIAL OCCUPÉ À TITRE DE RÉSIDENCE PRINCIPALE PAR UN ASSOCIÉ

63325 L'associé d'une SCI qui occupe, à titre de résidence principale, un immeuble ou une partie d'immeuble appartenant à cette société et que celle-ci met gratuitement à sa disposition, bénéficie, en cas de cession à titre onéreux de cet immeuble ou de cette partie d'immeuble, de l'exonération prévue en matière d'habitation principale, de la même manière que s'il en avait été lui-même propriétaire.
Dans cette hypothèse, l'administration (BOI-RFPI-PVI-10-40-10 n° 140) précise que l'exonération ne porte que sur :
– la fraction de l'immeuble occupée par l'associé à titre de résidence principale ;
– la quote-part revenant à cet associé.
Ainsi, par **exemple**, lorsqu'un associé détient une participation de 80 % dans une SCI et occupe à titre de résidence principale un appartement, situé dans un immeuble appartenant à la société, représentant 60 % de cet immeuble, l'exonération s'applique en cas de cession de l'immeuble à hauteur de 80 % de 60 %, soit 48 % de la plus-value globale.

> **Précisions a.** L'exonération s'applique à tous les cas de « **mise à disposition gratuite en droit ou en fait** » d'un immeuble par la société à un associé et n'est donc pas limitée au cas des sociétés dont les parts donnent vocation statutairement à l'attribution gratuite en jouissance d'un immeuble. Le silence des statuts ne constitue pas un obstacle à l'application de l'exonération. En revanche, l'associé d'une SCI ne peut prétendre au bénéfice de l'exonération si l'immeuble est mis à sa disposition par la société non pas gratuitement, mais moyennant le versement d'un loyer, même modique (CAA Bordeaux 1-2-2000 n° 97-1002 : RJF 3/01 n° 316).
> **b.** L'exonération s'applique dans les mêmes conditions à l'associé d'une **société** dont les bénéfices sont imposés au nom des associés et dont le siège est situé **dans un État membre de l'Union européenne**, en **Islande**, au **Liechtenstein** ou en **Norvège** lorsque cet associé occupe, à titre de résidence principale, un immeuble ou une partie d'immeuble appartenant à cette société et que celle-ci met, en droit ou en fait, gratuitement à sa disposition (BOI-RFPI-PVI-10-40-10 n° 150).

LOGEMENT AUTRE QUE LA RÉSIDENCE PRINCIPALE

63327 L'exonération prévue en faveur de la première cession d'un logement autre que la résidence principale (nos 62195 s.) s'applique aux associés de SCI qui en remplissent les conditions (la circonstance que l'un des associés ne remplirait pas l'une des conditions pour bénéficier du dispositif, ou n'en demanderait pas le bénéfice, est sans incidence sur la situation des autres associés).

S'agissant du **remploi du prix** de cession, il peut être réalisé soit par chaque associé à titre individuel, soit par la société qui acquiert ou construit la résidence principale des associés qui demandent le bénéfice de l'exonération (BOI-RFPI-PVI-10-40-30 n° 390).

TITULAIRES DE PENSIONS DE RETRAITE OU DE CARTE D'INVALIDITÉ

Selon l'administration, l'**exonération générale** des plus-values réalisées par les titulaires de pensions de retraite ou d'une carte mobilité inclusion mention « invalidité », accordée sous certaines conditions tenant à leurs revenus et à l'importance de leur patrimoine (CGI art. 150 U, III), ne bénéficie pas à l'associé d'une SCI dès lors que la plus-value partiellement imposée à son nom est réalisée non par lui personnellement mais par la société propriétaire des immeubles cédés (BOI-RFPI-PVI-10-40-90 n° 60). **63330**

En revanche, l'**exonération des plus-values de l'ancienne résidence principale** est applicable aux associés de SCI qui ont occupé à titre de résidence principale un immeuble appartenant à la société mis gratuitement à leur disposition. À cet égard, voir n° 62265, Précisions, b.

EXPROPRIATION

En cas d'expropriation ou de cession résultant de l'exercice du droit de délaissement concernant des biens appartenant à une SCI, le **remploi** peut être effectué soit au niveau de la SCI elle-même, soit au niveau de chacun des associés à condition que le remploi soit effectué par tous les associés (BOI-RFPI-PVI-10-40-60 n° 90). **63340**

2. VENTES IMPOSABLES

GÉNÉRALITÉS

Lorsque la vente de l'immeuble social dégage une plus-value imposable, les règles exposées n°s 62350 s. pour les personnes physiques sont en principe applicables. Certaines situations appellent toutefois des précisions supplémentaires. **63350**

CALCUL DE LA PLUS-VALUE

Pour les **immeubles apportés** par les associés à la SCI et revendus par cette dernière, le prix d'acquisition (à porter ligne 20 de la déclaration) est égal à la valeur réelle des droits sociaux rémunérant l'apport, c'est-à-dire la valeur du bien apporté (BOI-RFPI-PVI-20-10-20-10 n° 100). **63355**

Pour les **immeubles acquis** par la société, le prix d'acquisition correspond à celui payé par la société.

Sont sans influence pour la détermination de la plus-value :

– le **prix** payé par les associés **pour acheter les parts** (CE 6-1-1988 n° 46658 : RJF 3/88 n° 288) ou la valeur vénale de ces dernières dans le cas où les associés les ont reçues par succession ou donation (Rép. Donnadieu : AN 23-6-1980 n° 29065 : solution non reprise au Bofip mais qui conserve sa pertinence) ;

– les **avances** faites par les associés à la SCI ;

– la **répartition du capital** entre les associés de la SCI (CE 7-4-2006 n° 269042 : RJF 7/06 n° 857).

Frais d'acquisition Les frais supportés par la société pour l'acquisition de l'immeuble social sont à ajouter au prix d'acquisition dans les conditions exposées n°s 62840 s. : application du forfait de 7,5 % ou frais réels. **63360**

Lorsque la société opte pour les frais réels, peuvent notamment être pris en compte les frais de **constitution de la SCI** (CE 7-4-2006 n° 269042 : RJF 7/06 n° 857) ainsi que le montant de la TVA afférent au prix d'achat qui n'a pas été déduit par la société.

En revanche, il n'y pas lieu de tenir compte des frais exposés pour le **rachat des parts sociales** d'un autre associé (CE 27-6-1990 n° 58707 : RJF 8-9/90 n° 1038).

ABATTEMENT POUR DURÉE DE DÉTENTION

La plus-value réalisée par la SCI est réduite de l'abattement pour durée de détention (n° 63020). **63370**

Pour le calcul du délai de détention, la date d'acquisition à retenir est la date d'entrée dans le patrimoine de la SCI de l'immeuble cédé (date de l'apport ou date de l'achat, soit en principe date de l'acte notarié). Ne sont pas pris en considération la circonstance que certains associés aient pu acquérir leurs parts avant ou après cette date ou le fait que l'immeuble ait fait partie du patrimoine personnel d'un des associés avant cette date.

ATTENTION

Une **SCI** qui n'a **pas** été **immatriculée avant le 1er novembre 2002** a perdu sa personnalité morale à cette date et l'immeuble dont elle était propriétaire a été transféré dans le patrimoine de son associé unique. Dès lors, la vente ultérieure de l'immeuble est réputée faite directement par l'associé et la durée de détention de l'immeuble est décomptée à partir du 1er novembre 2002 (CE 1-4-2019 n° 423158 : RJF 8-9/19 n° 796).

OBLIGATIONS DÉCLARATIVES ET PAIEMENT DE L'IMPÔT

63380 En pratique, le **notaire** chargé de la vente effectue généralement la déclaration et le paiement de l'impôt pour le compte de la société.

L'impôt afférent à la plus-value taxable réalisée par une SCI est **déclaré** sur l'imprimé 2048 IMM ou TAB **par le gérant** de la société ou son mandataire (le mandat doit alors figurer dans l'acte ou être joint à la déclaration). La déclaration doit être déposée en simple exemplaire au service de la publicité foncière dans le mois qui suit la date de l'acte notarié et simultanément au dépôt de cet acte en vue de la formalité de publicité foncière.

Lorsque l'immeuble est détenu par une SCI, en plus des deux premières pages de la déclaration, il convient de compléter la page 4 sur laquelle sont précisés le nom de tous les associés et la nature de l'imposition applicable à chaque quote-part, y compris pour les associés qui ne sont pas soumis au régime des plus-values des particuliers.

La déclaration doit être accompagnée du **paiement par la société** de l'impôt sur le revenu afférent à la plus-value dû au prorata des droits sociaux détenus par les associés présents à la date de la cession soumis à l'impôt sur le revenu dans la catégorie des plus-values des particuliers (CGI art. 150 VF, II) ainsi que des prélèvements sociaux correspondants et, le cas échéant, de la « surtaxe » (plus-value supérieure à 50 000 €). En d'autres termes, il est demandé à la société de faire l'avance de l'impôt dont la charge incombe à ses membres.

Pour déterminer les associés devant supporter l'impôt afférent à la plus-value, l'administration a indiqué que la clef de répartition du bénéfice à retenir est celle qui figure dans le pacte social à la clôture de l'exercice qui précède celui au cours duquel la cession est intervenue, à défaut de convention modifiant cette répartition, conclue et enregistrée entre la clôture de l'exercice et la cession (BOI-RFPI-PVI-30-20 n° 90).

L'**impôt acquitté** par la société est **libératoire** de l'impôt sur le revenu afférent à la plus-value dû par les associés.

> **Précisions a.** Lorsque la société est composée de **plus de 50 associés** au jour de la cession, il est admis que : sur la déclaration de plus-value, il soit fait état de la seule ventilation globale des associés en fonction de leur régime d'imposition au regard des plus-values à condition que la société fasse apparaître sur sa déclaration de résultats le nom de tous les associés présents au jour de la cession et leur régime d'imposition (BOI-RFPI-PVI-30-40 n° 40).
> **b.** Sur les **règles d'arrondissement** applicables, voir n° 63120.
> **c.** Chaque associé doit reporter sur sa **déclaration d'ensemble des revenus** la plus-value nette imposable au prorata de ses parts et droits sociaux dans la société (BOI-RFPI-PVI-30-40 n° 90).
> **d.** Même si l'impôt sur la plus-value tirée de la cession d'un immeuble par une SCI est versé par elle, les associés sont seuls redevables et c'est donc à eux que l'administration doit adresser l'**avis de mise en recouvrement** (CE 11-4-2018 n° 409827 : RJF 7/18 n° 758).

63390 **Mentions devant figurer dans l'acte de vente** L'accomplissement de la formalité de l'enregistrement est subordonné à l'indication, dans l'acte, de l'adresse du service des impôts dont la société dépend pour la déclaration de ses résultats, du prix de cession de chacun des biens et du prix d'acquisition (CGI ann. II art. 74 SJ).

B. Immeuble détenu par un non-résident

GÉNÉRALITÉS

63500 En application de l'article 244 bis A du CGI, et sous réserve des conventions fiscales signées par la France, les plus-values immobilières réalisées en France, à titre occasionnel, par des contribuables qui ne sont **pas fiscalement domiciliés en France** sont soumises à un prélèvement spécifique.

La loi française reprend ainsi le principe général selon lequel les plus-values réalisées lors de la cession d'un immeuble situé dans un État sont imposables dans cet État. La France, en tant qu'État

de situation de l'immeuble, considère, comme la plupart des autres pays, qu'il lui appartient d'imposer « en premier » une plus-value immobilière réalisée par un non-résident (la situation de ce dernier dans son État de résidence dépend, comme dans la situation inverse d'un résident de France réalisant une plus-value immobilière hors de France, à la fois du droit interne de cet État et de la convention fiscale éventuellement signée avec la France).
Le **champ de l'étude** se limite à la vente « classique » d'un immeuble (ou de droits relatifs à un immeuble) détenu soit directement, soit par l'intermédiaire d'une société civile immobilière (française). Ne sont donc pas étudiées certaines autres opérations qui peuvent être soumises au prélèvement de l'article 244 bis A du CGI, notamment, les cessions portant sur les titres de sociétés à prépondérance immobilière.

CHAMP D'APPLICATION DU PRÉLÈVEMENT

Le prélèvement s'applique (CGI art. 244 bis A, I) : 63520
– aux **personnes physiques** fiscalement domiciliées hors de France ;
– aux **personnes morales** ou organismes dont le siège social est situé **à l'étranger**, quelle que soit leur forme et quel que soit le lieu de résidence des associés ;
– aux **sociétés de personnes françaises** et sociétés ou groupements assimilés, relevant des articles 8 à 8 ter du CGI, au prorata des droits sociaux détenus par leurs associés non résidents ;
– et aux fonds de placement immobilier (**FPI**) au prorata des parts détenues par des non-résidents.

Le prélèvement frappe tout particulièrement les profits provenant de la cession à titre onéreux d'**immeubles** bâtis ou non bâtis situés en France, à l'exclusion toutefois des immeubles affectés à une exploitation professionnelle en France, et des **droits portant sur ces biens** (usufruit, nue-propriété, servitudes, droit de surélévation, mitoyenneté, bail emphytéotique, etc.). 63530
Il est précisé que la première cession à titre onéreux de l'**usufruit temporaire** d'un bien immobilier relève du régime particulier d'imposition prévu par l'article 13, 5 du CGI.

EXONÉRATIONS APPLICABLES AUX NON-RÉSIDENTS

Les **non-résidents relevant de l'impôt sur le revenu** bénéficient, en cas de cession d'immeubles, des mêmes exonérations que les résidents, hormis l'exonération de la première cession d'un logement lorsque le cédant n'est pas propriétaire de sa résidence principale et celle de l'ancienne résidence principale de ceux qui résident dans des établissements destinés à accueillir des personnes âgées ou handicapées. 63540
L'exonération générale prévue en faveur des retraités ou invalides de condition modeste est en outre, en principe, réservée aux ressortissants des États de l'Espace économique européen (Union européenne, Islande, Norvège et Liechtenstein) (CGI art. 244 bis A, II-2°), mais l'administration admet de l'appliquer également aux ressortissants d'un État tiers qui peuvent invoquer une clause de non-discrimination (BOI-RFPI-PVINR-10-10 n° 90).
Les sociétés étrangères en liquidation judiciaire (ou, à défaut d'existence d'une telle procédure, en état de cessation des paiements et dont le redressement est manifestement impossible) peuvent, sous certaines conditions, être exonérées du prélèvement (CGI art. 119 quinquies).

Une exonération est prévue en faveur des **personnes physiques**, ainsi que des associés de sociétés de personnes (BOI-RFPI-PVINR-10-20 n° 490), qui, ayant transféré leur domicile fiscal hors de France, cèdent leur **ancienne résidence principale en France** (CGI art. 244 bis A, I-1). L'exonération est soumise au respect des **conditions** suivantes : 63542
– le cédant doit avoir **transféré sa résidence vers** un État membre de l'Union européenne ou dans un État ou territoire ayant conclu avec la France une convention d'assistance administrative en vue de lutter contre la fraude et l'évasion fiscales et une convention d'assistance mutuelle en matière de recouvrement d'impôts. L'État ou territoire du lieu d'installation ne doit pas être non coopératif au sens de l'article 238-0 A du CGI ;
– la **cession** (date de la signature de l'acte authentique) doit être **réalisée au plus tard** le 31 décembre de l'année suivant celle du transfert par le cédant de son domicile fiscal hors de France ;
– l'ancienne résidence principale de l'expatrié ne doit **pas** être **mise à la disposition de tiers**, à titre gratuit ou onéreux, entre le départ hors de France et la cession.
L'exonération s'applique également aux **dépendances** immédiates et nécessaires de la résidence principale, à condition que leur cession intervienne simultanément à celle de l'immeuble (le cas échéant avec des acquéreurs distincts).

Pour bénéficier de l'exonération, l'immeuble cédé doit, sous réserve de certaines exceptions, constituer la résidence principale du cédant **à la date du transfert** de son domicile fiscal hors de France (BOI-RFPI-PVINR-10-20 n° 510). L'**acte de cession** doit préciser la nature et le fondement de l'exonération.
Les non-résidents qui ont déjà bénéficié de l'**exonération** de la plus-value, à hauteur de 150 000 €, pour la **cession d'un logement** situé **en France** (n° 63545) ne peuvent pas prétendre au bénéfice de l'exonération de plus-value sur la cession de leur ancienne résidence principale.

EXEMPLES

1. Un contribuable domicilié en France s'expatriant dans un pays de l'Union européenne le 15 juin 2024 sera exonéré d'impôt sur la plus-value en totalité si l'acte authentique de cession de son ancienne résidence principale en France est daté au plus tard du 31 décembre 2025, à condition qu'il ne l'ait ni louée ni mise à disposition d'un tiers à titre gratuit dans l'intervalle.
2. Un contribuable expatrié dans un pays de l'Union européenne qui cède le 15 juin 2024 son ancienne résidence principale en France a droit à l'exonération totale sur la plus-value de cession s'il a transféré son domicile fiscal hors de France au plus tôt le 1er janvier 2023, à condition qu'il ne l'ait ni louée ni mise à disposition d'un tiers à titre gratuit dans l'intervalle.

63545 Une exonération particulière (CGI art. 150 U, II-2°) est par ailleurs prévue en faveur des **personnes physiques** (les associés de sociétés de personnes sont exclus) non résidentes, ressortissantes d'un État de l'Espace économique européen, ou d'un autre État si elles peuvent invoquer le bénéfice d'une clause de non-discrimination (BOI-RFPI-PVINR-10-20 n° 270), qui cèdent un **logement situé en France**. Cette exonération s'applique, dans la limite d'**une seule résidence** par contribuable, à la double condition que :
– le cédant ait été fiscalement domicilié en France de manière continue pendant au moins deux ans à un moment quelconque avant la cession ;
– la cession soit réalisée au plus tard le 31 décembre de la dixième année suivant celle du transfert par le cédant de son domicile fiscal hors de France ou, sans condition de délai, qu'elle porte sur un bien dont le cédant a la libre disposition au moins depuis le 1er janvier de l'année précédant celle de la cession.
Elle est limitée à la **fraction de la plus-value** nette imposable qui n'excède pas **150 000 €**, le surplus étant imposable. Ce plafond s'apprécie après prise en compte, le cas échéant, de l'abattement pour durée de détention (et de l'abattement temporaire exceptionnel). À relever que ce plafond a été jugé contraire à l'article 63 du traité sur le fonctionnement de l'Union européenne (TA Versailles 26-6-2018 n° 15-03365 : RJF 11/18 n° 1189, décision rendue avant les modifications apportées en 2019 et la possibilité pour les non-résidents de bénéficier de l'exonération lors de la cession de leur ancienne résidence principale).
L'exonération s'applique également aux **dépendances** immédiates et nécessaires de la résidence cédées simultanément.

> **Précisions a.** Les non-résidents qui ont bénéficié de l'exonération pour la cession de leur ancienne **résidence principale** en France (n° 63542) ne peuvent pas prétendre au bénéfice de l'exonération (CGI art. 244 bis A, II-1°). Il en va de même des non-résidents qui ont bénéficié du **régime dans sa rédaction antérieure** à l'article 28 de la loi 2013-1278 du 29 décembre 2013 (applicable entre 2006 et 2013) ou qui **auraient pu prétendre** au bénéfice de l'exonération prévue à l'article 150 U, II-2° du CGI lors d'une précédente cession.
En revanche, il est fait abstraction pour l'application de ce dispositif des cessions qui ont bénéficié d'une **autre exonération** (y compris celle liée à la durée de détention) ou qui n'ont dégagé **aucune plus-value** (BOI-RFPI-PVINR-10-20 n° 380).
b. En cas de **cession par des époux**, même communs en biens, l'exonération de plus-value à hauteur de 150 000 € s'applique sur la quote-part de plus-value revenant à chacun des époux (BOI-RFPI-PVINR-10-20 n° 420).
c. La **justification de la domiciliation** continue **en France** pendant au moins deux ans peut être apportée par tout moyen, notamment par la production des avis d'imposition des deux années concernées. Le cédant peut se prévaloir des années au titre desquelles il était, en tant qu'enfant mineur, rattaché au foyer fiscal de ses parents eux-mêmes domiciliés fiscalement en France (BOI-RFPI-PVINR-10-20 n° 290).
d. Si l'exonération est soumise à la condition que le cédant ait eu la **libre disposition du bien** depuis le 1er janvier de l'année précédant la cession, la location saisonnière d'une partie de l'immeuble pendant cette période n'exclut pas nécessairement l'application de l'exonération si cette occupation par un tiers peut être considérée comme négligeable (CE 29-11-2023 n° 466283 : RJF 2/24 n° 135).

CALCUL DE LA PLUS-VALUE

Cédant assujetti à l'impôt sur le revenu Lorsque le cédant est assujetti à l'impôt sur le revenu (**personne physique ou société de personnes**), la plus-value est en principe déterminée dans les mêmes conditions que pour les personnes domiciliées en France. Le prix de cession est diminué des honoraires de représentation fiscale éventuellement supportés par le cédant (CGI ann. III art. 41 duovicies H ; BOI-RFPI-PVINR-20-10 n° 30). 63555

Cédant passible de l'impôt sur les sociétés (IS) Lorsque le cédant est une **personne morale** ou un organisme passible de l'IS, les règles de détermination de la plus-value diffèrent selon le lieu de sa résidence : 63565

a. S'il est **résident d'un État de l'Espace économique européen**, la plus-value est déterminée selon les mêmes règles d'assiette que pour les personnes morales résidentes de France soumises à l'IS.

b. Dans le **cas contraire**, la plus-value est déterminée par différence entre le prix de cession du bien et son prix d'acquisition, diminué, pour les immeubles bâtis, d'une somme égale à 2 % de son montant par année entière de détention. L'administration précise que le prix d'acquisition s'entend ici du prix effectivement payé, majoré, le cas échéant, des seules dépenses de construction, reconstruction ou agrandissement qui présentent le caractère d'immobilisation par nature, à condition qu'elles aient été effectivement supportées par la société, que leurs montant et paiement soient justifiés (production des factures et des justificatifs des règlements) et qu'elles n'aient pas déjà été déduites pour la détermination du revenu imposable. Les frais d'acquisition du bien sont exclus de l'assiette de l'amortissement (BOI-RFPI-PVINR-20-10 n° 70).

TAUX DU PRÉLÈVEMENT

Le taux du prélèvement est fixé à **19 %** (CGI art. 244 bis A, III bis) : 63570

– pour les **personnes physiques**, les associés personnes physiques de sociétés de personnes et les porteurs de parts d'un FPI, quel que soit leur lieu de résidence (Espace économique européen ou État tiers) ;

– pour les **personnes morales** résidentes d'un État de l'**Espace économique européen** pour les opérations qui bénéficieraient de ce taux si elles étaient réalisées par une personne morale résidente de France.

Il est égal dans les **autres cas** au **taux normal de l'impôt sur les sociétés** (soit 25 %).

Outre le prélèvement, les plus-values réalisées (directement ou indirectement) par les non-résidents personnes physiques supportent les **prélèvements sociaux (17,2 %)**. S'y ajoutent, le cas échéant, pour les non-résidents relevant de l'impôt sur le revenu (personnes physiques ou sociétés de personnes), la **surtaxe sur les plus-values excédant 50 000 €** (n°s 63125 s.) et les **taxes sur les cessions de terrains devenus constructibles** (n°s 64000 s.). 63571

> **Précisions** Les personnes relevant d'un **régime de sécurité sociale au sein de l'EEE** (Union européenne, Islande, Norvège, Liechtenstein), du **Royaume-Uni ou de la Suisse** sont exonérées de **CSG** et de **CRDS** sur leurs produits de placement (dont les plus-values immobilières), à condition qu'elles ne soient pas à la charge d'un régime obligatoire de sécurité sociale français (CSS art. L 136-6, I ter).
> Ces personnes sont en revanche redevables du **prélèvement de solidarité** de 7,5 %.

PAIEMENT ET OBLIGATIONS DÉCLARATIVES

Le prélèvement est acquitté au moment de l'accomplissement de la formalité de l'enregistrement ou, à défaut, dans le mois de la cession (CGI art. 244 bis A, IV), au vu de la **déclaration** 2048-IMM (immeuble autre qu'un terrain à bâtir), 2048-TAB (terrain à bâtir) ou 2048-M (parts de sociétés à prépondérance immobilière). Les personnes physiques sont toutefois dispensées de déclaration lorsque la plus-value est exonérée en raison de la durée de détention du bien, d'un prix de cession inférieur ou égal à 15 000 € ou parce que le bien était la résidence principale du cédant. 63585

En ce qui concerne les **mentions** à porter dans les **actes de vente**, voir n° 63200.

Le cédant est en principe tenu de désigner sur la déclaration un **représentant établi en France** et accrédité par l'administration fiscale. L'accréditation est accordée aux personnes remplissant les **conditions** suivantes (CGI art. 244 bis A, IV) : 63588

– la personne physique, ou l'ensemble des dirigeants d'une personne morale, ne doit ni avoir commis d'infractions graves ou répétées aux dispositions fiscales, ni avoir fait l'objet des sanctions prévues aux articles L 651-2, L 653-2 et L 653-8 du Code de commerce au cours des trois années qui précèdent, ni faire l'objet d'une mesure d'interdiction en cours d'exécution prévue par l'article L 653-8 précité ;

– elle doit respecter ses obligations déclaratives et de paiement ainsi que celles qui lui incombent au titre des personnes qu'elle représente ;
– elle doit disposer de garanties permettant d'assurer le respect des obligations résultant de sa qualité de représentant.
Le représentant peut être une banque, l'acheteur, un simple particulier agréé par l'administration, ou encore un organisme ayant reçu une habilitation générale, mais cette fonction ne peut pas être remplie par un notaire ou un avocat (BOI-RFPI-PVINR-30-20 n° 120). Ce représentant s'engage à remplir les formalités et à acquitter le prélèvement pour le compte du non-domicilié (CGI ann. II art. 171 quater). L'obligation de désigner un représentant fiscal ne s'applique toutefois pas lorsque le cédant est domicilié, établi ou constitué dans un État de l'**Union européenne**, en **Islande** ou en **Norvège**. Lorsque le cédant est une société de personnes, française ou européenne (dont le siège est situé dans un État de l'Union européenne, en Islande ou en Norvège), l'obligation s'apprécie au regard de la situation de chacun des associés.

ATTENTION

Les **pays et territoires d'outre-mer** ne sont pas intégrés à l'UE et leurs ressortissants cédant un immeuble en France sont tenus de désigner un représentant fiscal. Sont concernés la Nouvelle-Calédonie, Saint-Pierre-et-Miquelon, la Polynésie française, les îles de Wallis-et-Futuna, les Terres australes et antarctiques françaises et Saint-Barthélemy.

L'attention est attirée sur le fait que l'**administration dispense** les personnes physiques domiciliées hors des États européens ci-dessus de désigner un représentant fiscal si le **prix de cession** est **inférieur ou égal à 150 000 €** (BOI-RFPI-PVINR-30-20 nos 170 à 210). Cette dispense vaut également pour les personnes physiques associées de sociétés de personnes françaises ou européennes assimilées (ou membres de FPI). Dans ce cas, le seuil de 150 000 € s'apprécie en faisant la somme des quotes-parts correspondant aux droits de l'ensemble des associés ou membres non résidents européens personnes physiques ou morales (BOI précité n° 200). La dispense s'applique également, quel que soit le prix de cession, si la plus-value est totalement exonérée pour durée de détention (BOI précité n° 220) ou parce que le bien cédé constituait la résidence principale en France du cédant (BOI précité n° 225).

CARACTÈRE LIBÉRATOIRE OU IMPUTATION DU PRÉLÈVEMENT

63590 Le prélèvement est libératoire de l'**impôt sur le revenu** (CGI art. 244 bis A, V).
Lorsque le cédant est assujetti à l'**impôt sur les sociétés**, le prélèvement est imputable sur cet impôt. L'excédent est restitué (sur réclamation) aux personnes morales résidentes d'un État de l'Union européenne ou d'un État ayant conclu avec la France une convention fiscale contenant une clause d'assistance administrative en matière d'échange de renseignements et de lutte contre la fraude et l'évasion fiscales (sauf s'il s'agit d'États non coopératifs).

SANCTIONS

63595 Les infractions commises en matière de prélèvement entraînent la perception d'une amende fiscale égale à 25 % du montant des droits éludés (CGI art. 1761, 1).

CHAPITRE 3

TAXES SUR LES CESSIONS DE TERRAINS DEVENUS CONSTRUCTIBLES

SOMMAIRE

PRÉSENTATION

Les cessions de terrains déclarés constructibles peuvent faire l'objet d'une taxation forfaitaire spécifique, indépendamment de l'imposition éventuelle de la plus-value constatée à l'occasion de la cession du terrain. Elles peuvent être soumises : 64000

– à une taxe communale, si la collectivité locale concernée l'a instituée sur son territoire ;

– à une taxe nationale qui s'applique de plein droit aux terrains classés en zone constructible postérieurement au 13 janvier 2010.

Ces deux taxes ne sont exigibles que sur la **première cession à titre onéreux** du terrain après son classement en zone constructible. Les mutations à titre gratuit, entre vifs ou par décès, sont exclues du champ d'application de ces taxes.

Elles peuvent le cas échéant se **cumuler** au titre d'une même cession (BOI-RFPI-TDC-10 n° 30).

> **Précisions** Constituent des **cessions à titre onéreux** entrant dans le champ d'application des taxes les ventes, les échanges, les expropriations (autres que celles exonérées), les apports en société ainsi que les partages et licitations de biens indivis (autres que les partages d'indivisions successorales ou conjugales) dans la limite des soultes (BOI-RFPI-TDC-10-10 n°s 220 s. et BOI-RFPI-TDC-20-10 n° 270).

A. Taxe communale

GÉNÉRALITÉS

Les ventes de terrains devenus constructibles réalisées par les particuliers dans le cadre de leur patrimoine privé peuvent être soumises à une taxe forfaitaire si le **conseil municipal** de la commune (ou l'organe délibérant de l'établissement public de coopération intercommunale compétent pour l'élaboration des documents d'urbanisme) sur le territoire de laquelle le terrain est situé a pris une **délibération** en ce sens (CGI art. 1529). 64010

Cette taxe est destinée à apporter aux communes qui connaissent une extension de leurs zones urbanisées un financement supplémentaire pour les dépenses publiques d'aménagement en résultant.

La taxe est due par le vendeur. Elle peut se **cumuler,** le cas échéant, avec l'imposition de la **plus-value réalisée sur le terrain** (BOI-RFPI-TDC-10 n° 30).

En pratique, le notaire chargé de la vente du terrain est en général également chargé de la déclaration et du paiement de la taxe pour le compte du vendeur.

> **Précisions a.** La **délibération** instituant la taxe s'applique en principe aux cessions réalisées à compter du premier jour du troisième mois qui suit la date à laquelle cette délibération est intervenue. Toutefois, le conseil municipal ou l'organe assimilé peut choisir une date d'entrée en vigueur postérieure. La délibération est notifiée aux services fiscaux au plus tard le premier jour du deuxième mois qui suit la date à laquelle elle est intervenue.

La taxe n'est due que si la délibération de la commune qui l'institue est notifiée aux services

fiscaux (CGI art. 1529, VI). Une simple transmission administrative de la délibération par le préfet aux services fiscaux ne pallie pas l'absence de notification (CA Orléans 14-11-2011 n° 10/02690 : BPIM 1/12 n° 86).
Des règles particulières s'appliquent aux communes nouvelles (CGI art. 1640, III ; BOI-RFPI-TDC-10-10 n° 6).

b. La **liste indicative des communes** ayant institué la taxe est disponible sur le site www.impots.gouv.fr (espace partenaire/notaires, géomètres experts).

c. Les cessions de droits relatifs à un terrain (**nue-propriété, usufruit**), de **droits sociaux** ou de parts sociales n'entrent pas dans le champ d'application de la taxe (BOI-RFPI-TDC-10-10 n° 200), sous réserve que l'administration puisse démontrer l'existence d'un abus de droit fiscal (Rép. Poniatowski : Sén. 15-10-2015 n° 15558 ; Rép. Guillaume : Sén. 10-3-2016 n° 11759 ; Rép. Lagleize : AN 3-4-2018 n° 3693).

d. Le **contentieux** de la taxe relève de la compétence du juge administratif (T. confl. 18-11-2013 n° 3917 : RJF 3/14 n° 286).

PERSONNES CONCERNÉES

64020 Sont soumises à la taxe les personnes physiques et les sociétés (SCI notamment) relevant du **régime d'imposition des plus-values des particuliers** prévu à l'article 150 U du CGI et les contribuables non domiciliés en France, assujettis à l'impôt sur le revenu, soumis au **prélèvement** prévu à l'article 244 bis A du CGI (CGI art. 1529, II).
La taxe ne s'applique pas aux profits tirés d'une activité professionnelle imposables à l'impôt sur le revenu au titre des bénéfices industriels et commerciaux, des bénéfices agricoles ou des bénéfices non commerciaux. Les **profits** réalisés par les **marchands de biens et lotisseurs** ayant cette qualité, ainsi que les **profits de construction** réalisés à titre habituel, ne sont donc pas concernés par la taxe (BOI-RFPI-TDC-10-10 n° 10).

BIENS CONCERNÉS

64030 **Nature du terrain** Entrent dans le champ d'application de la taxe forfaitaire :
– les terrains nus ;
– les terrains à bâtir, y compris lorsque ceux-ci comportent des bâtiments destinés à être démolis ;
– les terrains nus ayant fait l'objet d'un lotissement.

> **Précisions** **a.** Les terrains supportant des **bâtiments destinés à être démolis** s'entendent des terrains supportant une construction dont l'état la rend impropre à un quelconque usage (ruine résultant d'une démolition plus ou moins avancée, bâtiment rendu inutilisable par suite de son état durable d'abandon, immeuble frappé d'un arrêté de péril, chantier inabouti, etc.).
Les terrains comportant des **bâtiments qui ne sont pas destinés à être démolis** n'entrent pas dans le champ d'application de la taxe (BOI-RFPI-TDC-10-10 n° 90).

b. Lorsque les **marchands de biens et lotisseurs** ayant cette qualité acquièrent des terrains en vue de les revendre après lotissement, les profits correspondants sont imposés au titre des bénéfices industriels et commerciaux et n'entrent donc pas dans le champ d'application de la taxe (BOI-RFPI-TDC-10-10 n° 100). L'achat par le marchand de biens peut en revanche être soumis à la taxe, entre les mains du vendeur (sous réserve que ce soit la première cession après classement).

64040 **Classement du terrain** La taxe s'applique aux terrains devenus constructibles en raison de leur classement par un plan local d'urbanisme (**PLU**), ou un document d'urbanisme en tenant lieu, dans une **zone urbaine** ou dans une zone à urbaniser ouverte à l'urbanisation ou par une **carte communale** dans une zone constructible.
Elle ne s'applique pas aux cessions de terrains situés dans des **communes ne disposant d'aucun de ces documents d'urbanisme,** même lorsque la commune concernée décide d'instituer la taxe. Il s'agit notamment des communes qui, à défaut d'avoir établi un des documents locaux d'urbanisme précités, sont soumises au règlement national d'urbanisme (BOI-RFPI-TDC-10-10 n°s 80 et 120).

Les **cartes dites « communales » antérieures** à la date d'entrée en vigueur de la loi 2000-1208 du 13 décembre 2000 relative à la solidarité et au renouvellement urbains (loi SRU), soit le 1er avril 2001, ne constituent pas des cartes communales pour l'application de la taxe (BOI-RFPI-TDC-10-10 n° 170).

ATTENTION

Un **terrain partiellement situé dans une zone constructible** est soumis à la taxe ; dans ce cas, la taxe est due uniquement au titre de la cession de la partie du terrain située en zone constructible. La répartition du prix entre chacune des fractions concernées est effectuée par le contribuable, sous sa responsabilité, et peut être justifiée par tous moyens (prix du marché, attestation d'expert, etc.). L'administration a précisé qu'elle ne peut être établie en fonction de la seule superficie de chaque fraction concernée, dès lors que le prix au m^2 de la partie de terrain située en zone constructible est en principe supérieur au prix au m^2 de l'autre partie du terrain. La répartition peut être remise en cause par l'administration, dans les conditions de droit commun, si elle conduit à une minoration manifeste de la valeur de la fraction du prix de cession afférente à la partie du terrain située en zone constructible (BOI-RFPI-TDC-10-10 n° 180).

VENTES EXONÉRÉES

Terrain exonéré d'impôt au titre de la plus-value La taxe ne s'applique pas à la plupart des ventes de terrains exonérées d'impôt au titre des plus-values immobilières des particuliers mentionnées à l'article 150 U, II-3° à 8° du CGI (CGI art. 1529, II-a). Sont ainsi exonérées les cessions de terrains : 64050

– qui constituent les **dépendances** immédiates et nécessaires de l'**habitation principale** du vendeur lorsque ces dépendances sont cédées conjointement ;

– pour lesquels une déclaration d'utilité publique a été prononcée en vue d'une **expropriation** ou pour lesquels le cédant a exercé son **droit de délaissement** lorsque la condition de remploi de l'indemnité d'expropriation ou de cession est satisfaite ;

– qui sont échangés dans le cadre d'opérations de **remembrement urbain** ;

– dont le **prix de cession** est **inférieur** ou égal à 15 000 € ;

– qui sont réalisées jusqu'au 31 décembre 2025 au profit d'un organisme en charge du **logement social** qui s'engage à réaliser (par voie de construction, reconstruction ou réhabilitation) et à achever des logements sociaux, des logements faisant l'objet d'un bail réel et solidaire ou, si les logements sont situés en zones A, A bis ou B1, du logement locatif intermédiaire dans un délai de dix ans (ou au profit d'une collectivité locale en vue d'une rétrocession à un tel organisme), ou de tout autre cessionnaire s'engageant à réaliser et à achever des logements sociaux, des logements faisant l'objet d'un bail réel et solidaire ou, si les logements sont situés en zones A, A bis ou B1, du logement locatif intermédiaire dans un délai de quatre ans (CGI art. 150 U, II-7° et 8° modifié par loi 2023-1322 du 29-12-2023 art. 9, I-A, III et IV). L'exonération s'applique au prorata de la surface des logements sociaux ou intermédiaires par rapport à la surface totale des constructions mentionnées sur le permis de construire, et est totale pour les organismes chargés du logement social lorsque le prorata dépasse 80 %.

Les terrains non imposables au titre de la plus-value en application de l'**abattement pour durée de détention** ne sont pas exonérés.

Terrain classé en zone constructible depuis plus de 18 ans La taxe n'est pas applicable aux terrains classés en zone constructible depuis plus de 18 ans à la date de la cession (CGI art. 1529, II-b). 64055

Le **délai** de 18 ans est **décompté** à partir de la date à laquelle le terrain est devenu constructible en raison de son classement (BOI-RFPI-TDC-10-10 n°s 410 s.) :

– soit par un plan d'urbanisme ou un document en tenant lieu. Dans ce cas, il faut retenir la date à laquelle la délibération du conseil municipal ou de l'organe compétent approuvant le plan, sa modification ou sa révision revêt un caractère exécutoire ;

– soit par une carte communale. Il s'agit alors de la date à laquelle la carte approuvée par une délibération du conseil municipal l'est également par un arrêté préfectoral.

Pour la détermination de la **date du classement,** il convient de retenir :

– lorsque le terrain a été continuellement constructible dans les différents documents d'urbanisme successifs et sous l'empire du règlement national d'urbanisme (RNU), la date de classement la plus ancienne ;

– lorsque le terrain n'était pas constructible sous l'empire du RNU, la date de classement par le plan local d'urbanisme (PLU).

Toutefois, il est admis, à titre de mesure de tempérament, de tenir compte de la période de constructibilité continue sous l'empire du plan d'occupation des sols (POS) et de l'existence éventuelle d'une cession durant cette période, lorsque le PLU a été adopté dans un délai d'un an à compter de la caducité du POS et qu'aucune cession n'est intervenue dans cet intervalle (Rép. Blondin : Sén. 18-4-2019 n° 4433).

Par ailleurs, un terrain classé, antérieurement à l'instauration d'un plan local d'urbanisme, dans une zone d'urbanisation future du plan d'occupation des sols (dite « zone NA ») plus de 18 ans avant sa cession peut être exonéré, s'il se trouvait dans un secteur où le règlement applicable à cette zone prévoyait une urbanisation sans modification de ce document (CE 27-5-2015 n° 371675 : RJF 8-9/15 n° 698).

64060 **Terrain dont le prix de vente est inférieur à un certain montant** La taxe ne s'applique pas aux ventes de terrains lorsque le prix de cession du terrain est inférieur au prix d'acquisition majoré de 200 %, c'est-à-dire lorsque le prix de cession est inférieur à trois fois le prix d'acquisition (CGI art. 1529, II-c).

En cas de **terrain acquis par donation ou succession,** le prix d'acquisition à retenir s'entend de la valeur retenue pour la détermination des droits de donation ou de succession. Lorsque la succession n'a donné lieu à aucune imposition ou lorsqu'elle n'était pas imposable en France, l'administration admet de retenir la valeur figurant dans l'attestation immobilière à la condition que celle-ci corresponde à la valeur du bien au jour de la mutation à titre gratuit qui l'a fait entrer dans le patrimoine du vendeur (BOI-RFPI-TDC-10-10 n° 470).

EXEMPLE

Le prix d'acquisition du terrain est égal à 30 000 €. Si le terrain est cédé pour 100 000 € (soit, plus de trois fois son prix d'acquisition), la cession est soumise à la taxe. Si le terrain est cédé pour 60 000 €, la cession est exonérée.

CALCUL DE LA TAXE

64150 La taxe est **égale à** 10 % de la plus-value réalisée, consistant en la différence entre le prix de cession du terrain (tel que défini nos 62450 s.) et son prix d'acquisition stipulé dans l'acte de vente (tel que défini nos 62650 s. et nos 62780 s.) et actualisé en fonction du dernier indice des prix à la consommation hors tabac publié par l'Insee (CGI art. 1529, III). Cet indice, publié mensuellement, peut être consulté sur le site internet de l'Insee (www.insee.fr).

Pour **actualiser le prix d'acquisition**, second terme de la différence, il convient d'appliquer la formule suivante : Prix d'acquisition × Dernier indice mensuel publié au jour de la cession/Dernier indice mensuel des prix à la consommation publié au jour de l'acquisition = montant revalorisé du prix d'acquisition.

Lorsque la date d'acquisition du terrain est antérieure à l'année 1998 (dernière base 100 en vigueur) et couvre donc plusieurs générations d'indices, il est nécessaire, pour calculer un prix d'acquisition actualisé, de procéder en autant d'étapes que de séries d'indices concernées.

Toutefois, à titre de **règle pratique**, et pour simplifier le calcul, le prix d'acquisition peut être actualisé au moyen des coefficients d'érosion monétaire publiés par l'administration tous les ans (BOI-RFPI-TDC-10-20 nos 60 et 70). Pour les **cessions réalisées en 2024**, ces coefficients sont les suivants (BOI-ANNX-000097) :

Année de l'acquisition	Coefficient à appliquer
1920	726,435
1921	809,331
1922	855,579
1923	783,452
1924	682,297
1925	635,631
1926	481,263
1927	454,481
1928	461,485
1929	433,989
1930	436,096
1931	442,541
1932	493,603
1933	518,283
1934	548,895
1935	612,517

64150 (suite)

Année de l'acquisition	Coefficient à appliquer
1936	561,474
1937	441,092
1938	381,738
1939	353,221
1940	296,488
1941	253,773
1942	217,696
1943	170,790
1944	133,883
1945	97,015
1946	59,193
1947	37,056
1948	23,376
1949	22,782
1950	20,487
1951	17,511
1952	15,668
1953	15,853
1954	15,898
1955	15,722
1956	15,424
1957	15,020
1958	13,049
1959	12,294
1960	11,862
1961	11,485
1962	10,957
1963	10,454
1964	10,107
1965	9,861
1966	9,602
1967	9,348
1968	8,943
1969	8,402
1970	7,985
1971	7,569
1972	7,130
1973	6,643
1974	5,842
1975	5,226
1976	4,767
1977	4,359
1978	3,997
1979	3,608

64150
(suite)

Année de l'acquisition	Coefficient à appliquer
1980	3,178
1981	2,804
1982	2,506
1983	2,289
1984	2,126
1985	2,006
1986	1,958
1987	1,896
1988	1,848
1989	1,787
1990	1,727
1991	1,674
1992	1,636
1993	1,607
1994	1,585
1995	1,559
1996	1,530
1997	1,514
1998	1,505
1999	1,497
2000	1,474
2001	1,451
2002	1,426
2003	1,400
2004	1,377
2005	1,353
2006	1,330
2007	1,311
2008	1,276
2009	1,275
2010	1,256
2011	1,231
2012	1,209
2013	1,200
2014	1,195
2015	1,194
2016	1,192
2017	1,180
2018	1,162
2019	1,151
2020	1,149
2021	1,131
2022	1,074
2023	1,025
2024	1,000

Par exception, **en l'absence d'éléments de référence,** la taxe est assise sur les deux tiers du prix de cession du terrain. L'administration a précisé qu'il s'agit de cas exceptionnels où le prix d'acquisition du terrain n'est pas connu ou n'est pas déterminable : par exemple, succession non déposée, succession non imposable en France, acquisition par prescription acquisitive (BOI-RFPI-TDC-10-20 n° 90).

> **Précisions** Le **prix de cession** est réduit des frais supportés par le vendeur à l'occasion de la cession. Ces frais sont limitativement énumérés à l'article 41 duovicies H de l'annexe III au CGI. Il s'agit, à l'exclusion de tout autre :
> – des frais versés à un intermédiaire ou à un mandataire ;
> – des frais liés aux certifications et diagnostics obligatoires au jour de la cession ;
> – des indemnités d'éviction versées au locataire par le propriétaire qui vend le bien loué libre d'occupation ;
> – des honoraires versés à un architecte à raison des études de travaux permettant d'obtenir un accord préalable à un permis de construire ;
> – des frais exposés pour obtenir la mainlevée de l'hypothèque grevant l'immeuble.
> Quant au **prix d'acquisition**, qui correspond au prix stipulé dans l'acte ou, à défaut, à la valeur vénale réelle à la date d'entrée dans le patrimoine du cédant, il ne peut être minoré ou majoré de quelconques frais.
> Il en résulte que les frais de viabilisation du terrain ne sont pas pris en compte pour déterminer l'assiette de la taxe (Rép. Genevard : AN 28-7-2015 n° 79510, solution non reprise au Bofip).

DÉCLARATION ET PAIEMENT

Ventes imposables La taxe est due par le vendeur. Elle est versée lors du dépôt de la déclaration n° 2048-TAB-SD dans les **conditions prévues pour l'imposition des plus-values immobilières** des particuliers, c'est-à-dire lors du dépôt de l'acte au service de la publicité foncière (CGI art. 1529, IV et V). **64200**

En cas de **lotissement**, il n'y a pas lieu d'attendre que tous les lots soient vendus pour acquitter la taxe. Celle-ci doit être acquittée cession par cession en fonction du prix figurant dans les actes de vente (Rép. Biancheri : AN 23-2-2010 n° 54180, solution non reprise au Bofip).

La déclaration doit être signée par le vendeur ou son mandataire (CGI ann. II art. 317 A).

> **Précisions** Le **délai de reprise** de la taxe communale sur les cessions de terrains devenus constructibles est le délai d'un an applicable en matière d'impôts directs locaux. Le droit de reprise s'exerce donc, conformément à l'article L 173 du LPF, jusqu'à la fin de l'année suivant celle au titre de laquelle l'imposition est due (CE 11-6-2024 n° 469216 : RJF 8-9/24 n° 601).

Ventes exonérées Si la vente est exonérée, aucune déclaration n'est exigée sauf si la vente bénéficie de l'exonération en raison du montant du prix de cession (prix de cession inférieur au prix d'acquisition majoré de 200 %). **64205**

L'**acte de vente** doit préciser la nature et le fondement de l'exonération de la taxe ou de l'absence de taxation (CGI art. 1529, IV-al. 2).

L'acte déposé au service de la publicité foncière constatant la vente d'un terrain nu situé sur le territoire d'une commune ou d'un EPCI dans laquelle la taxe est exigible, et qui n'est pas accompagné de la déclaration, doit comporter la **mention** (CGI ann. II art. 317 B ; BOI-RFPI-TDC-10-20 n° 180) :

– soit que le cédant n'est pas soumis à l'impôt sur le revenu afférent à la plus-value dans les conditions prévues à l'article 150 U, I du CGI ou au prélèvement prévu à l'article 244 bis A du même Code ;

– soit que la plus-value réalisée par le cédant est exonérée d'impôt sur le revenu en application de l'article 150 U, II du CGI, en précisant les références aux dispositions de l'article précité en vertu desquelles elle est exonérée ;

– soit que le terrain n'est pas situé dans une des zones mentionnées à l'article 1529, I-al. 1 du CGI ;

– soit que le terrain n'est pas constructible, alors même qu'il est situé dans une des zones mentionnées à l'article 1529, I-al. 1 du CGI. Ces éléments sont justifiés par le cédant, à la demande de l'administration, au moyen du certificat d'urbanisme mentionné à l'article L 410-1 du Code de l'urbanisme précisant que le terrain ne peut faire l'objet, du fait de sa localisation, de sa desserte ou de ses caractéristiques, d'aucune autorisation de construction. Ce justificatif n'a pas à être produit lors de la formalité de publicité foncière ;

– soit que le terrain est constructible depuis plus de 18 ans. Ces éléments sont justifiés par le cédant, à la demande de l'administration, au moyen d'un certificat d'urbanisme ou d'une attestation, établi par la commune ou, le cas échéant, par l'établissement public de coopération

intercommunale, et précisant la date à laquelle le terrain est devenu constructible ou, à défaut, que cet événement est intervenu depuis plus de 18 ans. Le justificatif correspondant n'a pas à être produit lors de la formalité de publicité foncière ;
– soit que le terrain a fait l'objet, depuis la date à laquelle il a été rendu constructible, d'une cession à titre onéreux antérieure à la mutation constatée dans l'acte.
Le défaut de mention justifiant de la dispense de déclaration est sanctionné par le refus de dépôt.

64210 MODÈLE

Cession de terrain devenu constructible imposable à la taxe communale

La commune sur le territoire de laquelle est situé l'immeuble vendu, a, par délibération du conseil municipal en date du..., (*OU*: la Communauté urbaine de..., *OU*: la Communauté de communes de... compétente en matière de documents locaux d'urbanisme, a, par délibération du...), soit depuis plus de trois mois, institué en application de l'article 1529 du CGI une taxe forfaitaire sur la cession à titre onéreux de terrains nus qui ont été rendus constructibles du fait de leur classement par un plan local d'urbanisme (*OU SELON LE CAS*: par un document d'urbanisme tenant lieu de plan local d'urbanisme dans une zone urbaine ou dans une zone à urbaniser ouverte à l'urbanisation *OU*: par une carte communale dans une zone constructible).

La présente vente, réalisée par une personne physique, est soumise à cette taxe (*OU SELON LE CAS*: par une société soumise à l'impôt sur le revenu afférent à la plus-value dans les conditions prévues à l'article 150 U du CGI, *OU*: par un contribuable domicilié hors de France et qui, assujetti à l'impôt sur le revenu, est soumis au prélèvement prévu à l'article 244 bis A du CGI).

Cette taxe, égale à 10 % de la différence constatée entre le prix de cession stipulé à l'acte, augmenté des charges en capital et indemnités stipulées au profit du vendeur et diminué des frais de cession supportés par celui-ci, et le prix d'acquisition actualisé au jour de la cession en fonction du dernier indice des prix à la consommation hors tabac publié par l'Institut national des statistiques et des études économiques, sera acquittée lors du dépôt de l'acte au service de la publicité foncière au vu d'une déclaration signée par le vendeur (*OU*: le mandataire du cédant).

Le vendeur autorise dès à présent le notaire soussigné à prélever sur le prix de cession le montant de cette imposition à sa charge.

64215 MODÈLE

Cession de terrain devenu constructible exonérée de taxe communale

La commune sur le territoire de laquelle est situé l'immeuble vendu, a, par délibération du conseil municipal en date du..., (*OU*: la Communauté urbaine de..., compétente en matière de documents locaux d'urbanisme, par délibération du...), soit depuis plus de trois mois, institué en application de l'article 1529 du CGI une taxe forfaitaire sur la cession à titre onéreux de terrains nus qui ont été rendus constructibles du fait de leur classement par un plan local d'urbanisme (*OU SELON LE CAS*: par un document d'urbanisme tenant lieu de plan local d'urbanisme dans une zone urbaine ou dans une zone à urbaniser ouverte à l'urbanisation *OU*: par une carte communale dans une zone constructible).

Bien que réalisée par une personne physique (*OU SELON LE CAS*: par une société soumise à l'impôt sur le revenu afférent à la plus-value dans les conditions prévues à l'article 150 U du CGI, *OU*: par un contribuable domicilié hors de France et qui, assujetti à l'impôt sur le revenu, est soumis au prélèvement prévu à l'article 244 bis A du CGI), la présente vente n'est pas soumise à cette taxe, en application de l'article 1529, II du CGI.

[*Variante 1* : en ce qu'elle porte sur une dépendance immédiate et nécessaire de la résidence principale du vendeur (*OU*: de l'habitation en France d'un non-résident ressortissant d'un État de l'Espace économique européen), vendue en même temps que celle-ci.]

[*Variante 2* : en ce qu'une déclaration d'utilité publique a été prononcée en vue d'une expropriation, le vendeur s'obligeant au remploi de l'intégralité de l'indemnité par l'acquisition, la construction, la reconstruction ou l'agrandissement d'un ou plusieurs immeubles dans le délai de 12 mois à compter de la date de perception de l'indemnité.]

[*Variante 3* : en ce que le prix de vente est inférieur à 15 000 €.]

[*Variante 4* : en ce que le terrain vendu est classé constructible depuis plus de 18 ans.]

[*Variante 5* : en ce que le terrain a fait l'objet, depuis la date à laquelle il a été rendu constructible, d'une cession à titre onéreux antérieure à la mutation constatée dans l'acte.]

En conséquence de cette exonération, aucune déclaration relative à cette taxe ne sera jointe au dépôt de l'acte au service de la publicité foncière.

B. Taxe nationale

Une taxe forfaitaire nationale est applicable de plein droit sur la cession à titre onéreux de terrains nus rendus constructibles. Le produit de cette taxe est affecté à l'Agence de services et de paiement et est destiné à financer l'installation des jeunes agriculteurs. **64300**
Cette taxe est exigible sur la **première cession de terrains nus devenus constructibles,** lorsque le rapport entre le prix de cession et le prix (ou la valeur) d'acquisition est supérieur à 10 (CGI art. 1605 nonies). Autrement dit, cette taxe concerne les ventes pour lesquelles le vendeur réalise une plus-value importante.
Cette taxe ne s'applique qu'aux cessions portant sur des **terrains classés** en zone constructible **postérieurement au 13 janvier 2010.**
Le juge administratif est compétent pour connaître des **litiges** relatifs à la taxe nationale (CE 11-10-2017 n° 400766 : RJF 1/18 n° 40).

CHAMP D'APPLICATION

Personnes concernées Sont concernées par la taxe nationale toutes les personnes (physiques ou morales), quel que soit leur régime fiscal (impôt sur le revenu, impôt sur les sociétés), qu'elles soient domiciliées en France ou non. **64310**
La taxe s'applique quelle que soit la qualité du cédant. Aucune exclusion n'est prévue par l'article 1605 nonies du CGI pour les personnes morales, qu'elles soient de droit public ou de droit privé. Par suite, les cessions réalisées notamment par les collectivités territoriales et leurs groupements (communautés de communes, etc.) entrent, toutes conditions étant par ailleurs remplies, dans le champ d'application de la taxe (Rép. Morel-À-L'Huissier : AN 10-2-2015 n° 24169).

Biens concernés Les biens concernés par la taxe sont les **terrains nus** (ou droits relatifs à ces biens) **rendus constructibles du fait de leur classement, postérieurement au 13 janvier 2010** (CGI art. 1605 nonies) : **64320**
– par un plan local d'urbanisme (ou tout autre document en tenant lieu) dans une zone urbaine ou dans une zone à urbaniser ouverte à l'urbanisation ;
– par une carte communale dans une zone constructible ;
– par application de l'article L 111-3 du Code de l'urbanisme. Sont visées les parties urbanisées de la commune, seule zone où les constructions peuvent être autorisées en l'absence d'un plan local d'urbanisme ou d'une carte communale.

> **Précisions a.** Entrent dans le champ d'application de la taxe nationale (BOI-RFPI-TDC-20-10 n°s 90 s.) :
> – les **terrains supportant une construction** dont l'état la rend impropre à un quelconque usage (ruine résultant d'une démolition plus ou moins avancée, bâtiment rendu inutilisable par suite de son état durable d'abandon, immeuble frappé d'un arrêté de péril, chantier inabouti...) ;
> – les terrains nus rendus constructibles **divisés en lots** ;
> – les **droits réels immobiliers** portant sur des terrains nus : usufruit, nue-propriété, servitudes, mitoyenneté, bail emphytéotique, etc.
> Par ailleurs, il n'est pas tenu compte de l'origine de propriété des terrains ou des droits relatifs à ces terrains, de l'intention spéculative ou non du cédant ou encore de l'affectation ou de la destination du bien ou droit concerné.
> **b.** Le **caractère constructible d'un terrain divisé en lots** s'apprécie au regard de la seule parcelle cédée et non de l'ensemble du terrain. Ainsi la cession de deux parcelles comprises sur un terrain initialement classé en zone NB d'un POS puis reclassé en zone U d'un PLU approuvé postérieurement au 13 janvier 2010 est soumise à la taxe. Est sans incidence le fait qu'un certificat d'urbanisme ait antérieurement déclaré réalisable, sur une parcelle détachée de ce terrain, la construction d'une maison d'habitation (CAA Nantes 15-4-2016 n° 15NT01221 : RJF 8-9/16 n° 716 confirmé par CE 11-10-2017 n° 400766 : RJF 1/18 n° 40).

Exonérations La taxe ne s'applique pas : **64340**
– aux cessions de terrains pour lesquels une déclaration d'utilité publique a été prononcée en vue d'une **expropriation**. Pour bénéficier de l'exonération, aucune condition de remploi de l'indemnité d'expropriation n'est exigée. Cette exonération s'applique également lorsque la cession du terrain résulte de l'exercice par le contribuable du **droit de délaissement** prévu aux articles L 424-1, L 152-2 et L 311-2 du Code de l'urbanisme dans les conditions prévues aux articles L 230-1 et suivants du même Code. Il en est également ainsi des cessions de **terrains exposés à un risque naturel** majeur effectuées dans le cadre de la procédure d'acquisition amiable mentionnée au I de l'article L 561-3 du Code de l'environnement (BOI-RFPI-TDC-20-10 n° 300) ;

– aux terrains dont le **prix de cession** est **inférieur à 15 000 €,** ce seuil étant apprécié par bien et non annuellement ; ce seuil s'apprécie en cas d'indivision par quote-part indivise, et en cas de démembrement de propriété en tenant compte de la valeur en pleine propriété du terrain ;
– lorsque le **rapport** entre le **prix de cession** et le prix d'**acquisition** ou la valeur vénale est **inférieur à 10** ;
– lorsque le terrain a été **classé en zone constructible** depuis **plus de 18 ans** : cette exonération résulte de l'application de l'abattement visé au n° 64360. Compte tenu du champ d'application de la taxe, qui est limité aux cessions de terrains nus rendus constructibles postérieurement au 13 janvier 2010, l'exonération totale de la taxe ne sera en pratique acquise que pour des cessions réalisées au plus tôt à compter de l'année 2028 (BOI-RFPI-TDC-20-10 n° 360).

CALCUL DE LA TAXE

64350 La taxe est **assise** sur un montant égal à la différence entre :
– le prix de cession (tel que défini nos 62450 s.) ;
– et le prix d'acquisition stipulé dans l'acte (ou, à défaut, la valeur vénale réelle à la date d'entrée dans le patrimoine du cédant), actualisé en fonction du dernier indice des prix à la consommation hors tabac publié par l'Insee. Sur l'actualisation du prix d'acquisition, voir les précisions données au n° 64150 pour la taxe communale, également applicables à la taxe nationale. Le prix d'acquisition ne peut être minoré ou majoré de quelconques frais. Par conséquent, les frais de viabilisation ne peuvent être pris en compte pour la détermination de l'assiette imposable de la taxe (Rép. Genevard : AN 28-7-2015 n° 79510 ; CE QPC 10-2-2023 n° 469715 : RJF 5/23 n° 393).

64360 L'assiette de la taxe fait l'objet d'un **abattement** d'un dixième par année écoulée à compter de la huitième année suivant la date à laquelle le terrain a été rendu constructible ; il en résulte une exonération totale pour les cessions réalisées plus de 18 ans après cette date.

64365 Le **taux d'imposition** est de (CGI art. 1605 nonies, IV) :
– 5 % lorsque le rapport entre le prix de cession et le prix d'acquisition est supérieur à 10 et inférieur à 30 ;
– 10 % au-delà de cette limite (rapport supérieur à 30), sur la part de plus-value restant à taxer après application du taux de 5 %.

DÉCLARATION ET PAIEMENT

64370 La taxe est **due par** le cédant. Elle est versée lors du dépôt de la **déclaration n° 2048-TAB-SD** dans les conditions prévues pour les plus-values immobilières.
La déclaration doit être **signée** par le cédant ou par son mandataire (CGI ann. III art. 331 K bis).
Lorsque la **cession** est **exonérée** de la taxe en application du III de l'article 1605 nonies du CGI ou par effet de l'abattement prévu au second alinéa du II du même article, aucune déclaration ne doit être déposée. Il s'agit des cessions de terrains pour lesquels une déclaration d'utilité publique a été prononcée en vue d'une expropriation, des cessions de terrains dont le prix de cession est inférieur à 15 000 €, des cessions de terrains dont le rapport entre le prix de cession et le prix d'acquisition ou la valeur vénale actualisé est inférieur à 10 et des cessions de terrains réalisées plus de 18 ans après la date à laquelle le terrain a été rendu constructible.

64380 **Mentions dans l'acte de vente** L'acte de cession doit, sous peine de refus du dépôt ou de la formalité d'enregistrement, préciser la nature et le **fondement de l'exonération** de la taxe **ou de l'absence de taxation.** L'acte doit mentionner, selon les cas, que (CGI ann. III art. 331 K ter) :
– le terrain nu n'est pas situé dans une zone constructible ;
– le terrain n'est pas constructible, alors même qu'il est situé dans une zone « constructible » (mentionnée à l'article 1605 nonies, I-al. 1 du CGI) ;
– la date du classement du terrain dans une zone « constructible » (par un plan local d'urbanisme, un autre document d'urbanisme en tenant lieu, une carte communale ou par application des articles L 111-3 à L 111-5 du Code de l'urbanisme) est antérieure au 14 janvier 2010 ;
– le terrain se situe dans la partie urbanisée de la commune (au sens des articles L 111-3 à L 111-5 du Code de l'urbanisme) ;
– l'assiette de la taxe est nulle en raison de l'abattement d'un dixième par année écoulée à compter de la huitième année suivant la date à laquelle le terrain a été rendu constructible (CGI art. 1605 nonies, II-al. 2) ;
– le terrain a fait l'objet d'une déclaration d'utilité publique en vue d'une expropriation (CGI art. 1605 nonies, III-1°) ;
– le prix de cession du terrain est inférieur à 15 000 € (CGI art. 1605 nonies, III-1°) ;

– le rapport entre le prix de cession et le prix d'acquisition ou la valeur vénale est inférieur à 10 (CGI art. 1605 nonies, III-2°) ;
– le terrain a fait l'objet, depuis la date à laquelle il a été rendu constructible, d'une cession à titre onéreux antérieure à la mutation constatée dans l'acte.
L'exonération ou l'absence de taxation est **justifiée** par le cédant **à la demande de l'administration** au moyen d'un certificat d'urbanisme ou d'une attestation. Les justificatifs n'ont pas à être produits lors de l'accomplissement de la formalité de publicité foncière (BOI-RFPI-TDC-20-20 n° 170).

MODÈLE

Cession de terrain devenu constructible imposable à la taxe nationale 64390

La présente mutation entre dans le champ d'application de l'article 1605 nonies du CGI :
– s'agissant de la première cession à titre onéreux d'un terrain rendu constructible du fait de son classement postérieurement au 13 janvier 2010 par un plan local d'urbanisme *(OU SELON LE CAS* : par un autre document d'urbanisme en tenant lieu, en zone urbaine ou à urbaniser ouverte à l'urbanisation, *(OU SELON LE CAS* : ou par une carte communale dans une zone où les constructions sont autorisées, *(OU SELON LE CAS* par application de l'article L 111-3 du Code de l'urbanisme) ;
– le rapport entre le prix de cession et le prix d'acquisition *(OU SELON LE CAS* : et la valeur vénale réelle à la date d'entrée dans le patrimoine du cédant d'après la déclaration détaillée et estimative de celui-ci) étant supérieur à 10.
En application du IV de l'article 1605 nonies précité, la taxe exigible, à la charge du vendeur, sera perçue sur le prix de cession du terrain défini à l'article 150 VA du CGI, diminué du prix d'acquisition stipulé dans les actes *(OU SELON LE CAS* : diminué de cette valeur vénale) actualisé(e) en fonction du dernier indice des prix à la consommation hors tabac publié par l'Institut national de la statistique et des études économiques.
Cette taxe sera déclarée et acquittée sur imprimé conforme au modèle établi par l'administration lors du dépôt du présent acte au bureau de la publicité foncière. Le vendeur autorise le notaire rédacteur à acquitter cette taxe par prélèvement sur le prix.

MODÈLE

Cession de terrain devenu constructible exonérée de taxe nationale 64400

La présente mutation n'est pas soumise à la taxe prévue par l'article 1605 nonies du CGI, le terrain cédé ayant été rendu constructible du fait de son classement par un plan local d'urbanisme *(OU SELON LE CAS* : par un autre document d'urbanisme en tenant lieu, en zone urbaine ou à urbaniser ouverte à l'urbanisation, *(OU SELON LE CAS* : ou par une carte communale dans une zone où les constructions sont autorisées, *(OU SELON LE CAS* : par application des articles L 111-3 à L 111-5 du Code de l'urbanisme) antérieurement au 14 janvier 2010.
[Variante 2 : La présente mutation n'est pas soumise à la taxe prévue par l'article 1605 nonies du CGI, s'agissant d'une cession pour laquelle une déclaration d'utilité publique a été prononcée en vue d'une expropriation. *]*
[Variante 3 : La présente mutation n'est pas soumise à la taxe prévue par l'article 1605 nonies du CGI, le prix de cession étant inférieur à 15 000 €. *]*
[Variante 4 : La présente mutation n'est pas soumise à la taxe prévue par l'article 1605 nonies du CGI, le rapport entre le prix de cession et le prix d'acquisition *(OU SELON LE CAS* : et la valeur vénale réelle à la date d'entrée dans le patrimoine du cédant d'après la déclaration détaillée et estimative de celui-ci) étant inférieur à 10. *]*
[Variante 5 : La présente mutation n'est pas soumise à la taxe prévue par l'article 1605 nonies du CGI, ne s'agissant pas de la première cession à titre onéreux depuis que le terrain a été rendu constructible. *]*
En conséquence, aucune déclaration ne sera déposée lors du dépôt du présent acte au service de la publicité foncière.

Dossiers thématiques

DOSSIER 1

RESPONSABILITÉ DU NOTAIRE

SOMMAIRE

RÔLE ESSENTIEL DU NOTAIRE

En matière de vente immobilière, l'intervention du notaire est essentielle, d'une part, pour sécuriser l'opération en effectuant les vérifications et formalités requises, d'autre part, pour conseiller les parties sur les conséquences et les risques de leurs engagements. Le notaire qui commet une **faute ou une négligence** dans l'accomplissement de sa mission engage sa responsabilité civile professionnelle, dès lors qu'il résulte de ce manquement un **préjudice indemnisable** (C. civ. art. 1240). 70000

La responsabilité notariale est en principe de **nature extra-contractuelle** (Cass. 1e civ. 6-6-2018 n° 17-13.975 FS-PB). Y compris lorsqu'il s'agit de réparer l'inexécution d'une mission de séquestre judiciaire (Cass. 1e civ. 14-2-2018 n° 16-20.278 F-PB : SNH 9/18 inf. 6). C'est donc au visa de l'article 1240 du Code civil qu'il convient d'agir (Cass. 3e civ. 28-2-2018 n° 17-11.898 F-D ; Cass. 1e civ. 20-12-2017 n° 16-13.073 FS-PB : SNH 2/18 inf. 4). Il en va différemment lorsque le notaire a expressément souscrit une **obligation contractuelle** qui ne découle pas de son statut, tel que l'engagement de procéder lui-même à une substitution de garantie (Cass. 1e civ. 12-4-2005 n° 03-14.842 F-PB : RJDA 8-9/05 inf. 1057) ou au renouvellement d'une sûreté (Cass. 1e civ. 16-11-2016 n° 15-25.416 F-D : BPIM 1/17 inf. 69).

La responsabilité extra-contractuelle, pour être engagée, nécessite l'existence d'une faute, d'un préjudice et d'un lien de causalité entre cette faute et ce préjudice (C. civ. art. 1240). Dès lors qu'ils ont écarté la faute du notaire, les juges du fond ne sont pas tenus d'effectuer de recherches quant à l'existence d'un préjudice (Cass. 1e civ. 5-4-2018 n° 17-12.768 F-D).

La responsabilité du notaire est engagée à l'égard de tous ses clients et ce quelle que soit la nature de sa mission, sauf à prouver un moyen exonératoire.

L'immense majorité des décisions de jurisprudence traitent de la responsabilité du notaire à l'égard des parties pour lesquelles il rédige un acte. Toutefois, le notaire peut aussi engager sa responsabilité à l'égard des **tiers** envers lesquels il n'est tenu à aucun devoir de conseil (voir n° 70690).

En matière immobilière, il peut également engager sa responsabilité à l'égard d'un **sous-mandataire**. Ainsi, si le notaire confie à un agent immobilier un sous-mandat pour trouver un bien, il engage sa responsabilité à l'égard de celui-ci s'il omet de prévoir, dans l'acte de vente, que la rémunération de l'agent immobilier sera à la charge de l'acquéreur. Il lui incombe alors de dédommager son mandataire ainsi privé de la faculté de percevoir sa commission. Le notaire peut être condamné au paiement de dommages-intérêts et non d'une rémunération dans la mesure où, dans les rapports existants entre lui et l'agent immobilier, tous deux professionnels de l'immobilier, les dispositions de la loi du 2 janvier 1970 et de son décret d'application ne sont pas applicables (Cass. 1e civ. 9-1-2019 n° 17-27.841 F-PB : BPIM 1/19 inf. 79).

> **Précisions** Le notaire n'échappe évidemment pas aux dispositions de droit pénal. Sa **responsabilité pénale** et celle de la personne morale qu'il dirige peuvent donc être engagées en cas d'infraction (C. pén. art. 121-2). Ainsi, se rend coupable du délit d'abus de faiblesse celui qui, en sa qualité de notaire, en connaissance de cause, met en place un montage destiné à contourner les effets d'une mesure de protection prise au bénéfice de sa cliente pour conduire cette dernière à signer des actes, qui lui sont gravement préjudiciables (Cass. crim. 20-3-2019 n° 18-81.691 F-D). La qualité d'officier ministériel expose même parfois le notaire à des sanctions plus lourdes. Ainsi par exemple, le faux commis dans une écriture publique ou authentique est puni de dix ans d'emprisonnement et de 150 000 € d'amende (C. pén. art. 441-4) tandis que le faux et l'usage de faux sont punis en principe de trois ans d'emprisonnement et de 45 000 € d'amende (C. pén. art. 441-1). Il n'échappe pas non plus à l'**obligation de déclarer** les revenus occultes résultant des détournements de fonds dans la catégorie des bénéfices non commerciaux sur le fondement des dispositions de l'article 92 du CGI et sont soumis au délai de reprise décennal prévu par l'article L 169 du LPF (CE 8e ch. 5-5-2022 n° 458594 : RJF 8-9/22 n° 727).
> Les fautes qu'il commet peuvent également engager sa **responsabilité disciplinaire** (pour un exemple, voir n° 70035).

A. Faute du notaire

70020 Dans le cadre de l'exercice de sa profession, le notaire peut transgresser **deux types d'obligations**, les unes visant à assurer l'efficacité juridique et pratique des actes qu'il rédige, les autres visant à vérifier que le client en a saisi l'entière portée. Les premières tendent à éviter toute remise en cause de l'acte et nécessitent la réalisation de formalités matérielles ; les secondes consistent à avertir le client des engagements et des risques qu'il prend, et nécessitent la transmission de renseignements et de conseils adaptés.

1. OBLIGATION DE RÉALISER DES FORMALITÉS ET VÉRIFICATIONS

70025 La mission essentielle du notaire consiste à vérifier que la situation des parties et du bien vendu est compatible avec l'opération réalisée et à respecter l'ensemble des contraintes juridiques nécessaires à sa concrétisation. Dans l'exercice de cette mission, la jurisprudence est très exigeante, considérant avec constance qu'en tant que rédacteur d'un acte, le notaire est tenu de prendre toutes dispositions utiles pour en assurer la **validité et l'efficacité** (Cass. 1e civ. 27-11-2008 n° 07-18.875 : RJDA 8-9/09 n° 701). Même si les acquéreurs ne sont pas de bonne foi, ils sont déchargés de l'obligation de procéder aux vérifications nécessaires à l'efficacité des actes de vente, cette obligation ne reposant que sur les notaires (Cass. 3e civ. 30-1-2013 n° 11-26.074, 11-26.648 et 11-27.970 : RJDA 5/13 n° 394, BPIM 3/13 inf. 209, BPIM 2/13 inf. 158).

a. Vérifications tenant à la situation des parties

70030 Les notaires sont tenus de vérifier l'identité, l'état et le domicile des parties (Décret 71-941 du 26-11-1971 art. 5). S'ils ne sont pas connus du notaire, ces éléments sont établis par la production de tous documents justificatifs. Ces informations peuvent exceptionnellement être attestées par deux témoins (Décret 71-941 du 26-11-1971 art. 5, al. 2). Toutefois, eu égard aux vérifications strictes auxquelles les notaires sont soumis aux fins de lutte contre le blanchiment, cette possibilité ne peut pas s'appliquer, du moins en ce qui concerne l'identité des parties (n° 70035).

IDENTITÉ DES PARTIES

70035 Les **règles de publicité foncière** imposent au notaire de certifier l'identité des parties au vu d'un extrait d'acte de naissance de moins de 6 mois (Décret 55-22 du 4-1-1955 art. 5).
En outre, les notaires sont assujettis aux obligations prévues en matière de lutte contre le **blanchiment** (C. mon. fin. art. L 561-2, 13°). À ce titre, ils doivent s'assurer, avant l'entrée en relation d'affaires, de l'identité de leur client et, le cas échéant, de celle du bénéficiaire effectif de l'opération (C. mon. fin. art. L 561-2-1, L 561-2-2 et L 561-5). Le Code monétaire et financier ne prévoit pas la possibilité d'attester de l'identité par **témoins** : les informations à recueillir et les modalités de vérification de l'identité des parties ou des bénéficiaires effectifs sont très précisément fixées par les articles R 561-5 et R 561-5-1 du Code monétaire et financier. Ainsi, s'agissant par exemple de la vérification de l'identité d'une personne physique, le notaire doit exiger la présentation de l'original d'un document officiel en cours de validité comportant sa photographie. Le notaire doit obligatoirement en conserver une **copie**. Il ne peut donc plus se contenter de collecter les date et lieu de délivrance du document et les nom et qualité de l'autorité ou de la personne

l'ayant délivré et authentifié. Les documents et informations doivent être conservés pendant cinq ans à compter de la clôture des comptes des clients ou de la cessation des relations avec eux (C. mon. fin. art. L 561-12).

Une obligation stricte en matière de vérification de l'identité des parties pèse donc sur le notaire et tout manquement à cet égard peut être source de responsabilité disciplinaire, administrative (C. mon. fin. art. L 561-36-3) ou civile (C. civ. art. 1240). Ainsi, la jurisprudence considère que le notaire qui ne procède pas à la vérification de l'identité d'une partie commet une faute de nature à engager sa responsabilité (Cass. 1e civ. 6-2-1979 n° 77-15.232 : Bull. civ. I n° 45).

En cas d'**usurpation d'identité**, le notaire qui n'a pas procédé à la vérification de l'identité réelle des parties peut être condamné avec l'usurpateur à réparer le préjudice résultant de la nullité de l'acte (Cass. 1e civ. 9-5-1996 n° 94-11.800).

Le non-respect, par le notaire, de ses obligations relatives à la lutte contre le blanchiment de capitaux édictées par les articles L 561-1 et suivants du Code monétaire et financier est constitutif d'un manquement disciplinaire prévu à l'article 30 du règlement national des notaires (Règl. professionnel du notariat art. 9 nouveau en vigueur depuis le 1-2-2024) (Cass. 1e civ. 22-5-2019 n° 18-12.101).

DOMICILE DES PARTIES

Lorsque le vendeur vend son domicile, l'officier public n'a généralement pas les moyens de connaître avec certitude l'**adresse future du vendeur**. En principe, il ne pèse donc sur le notaire aucune obligation de vérification proprement dite. Cependant, cette impossibilité ne l'exonère pas de l'obligation d'avertir les acquéreurs des risques que cette méconnaissance implique (Cass. 1e civ. 4-2-2003 n° 01-14.889 : RJDA 7/03 n° 705). Si le vendeur fait figurer sur l'acte son ancienne adresse, l'obligation du notaire se transforme donc en un devoir d'information envers les acquéreurs sur les risques en cas d'impossibilité de les retrouver (nos 70250 s.). **70040**

CAPACITÉ DES PARTIES

Le notaire doit vérifier la capacité des parties, étant entendu qu'il convient de distinguer les **incapacités publiées** des incapacités occultes. La vérification des premières constitue une obligation de résultat pour le notaire. Un extrait de toute décision portant ouverture, modification ou mainlevée d'une tutelle ou d'une curatelle fait l'objet d'une inscription au répertoire civil et d'une publicité par mention en marge de l'acte de naissance (CPC art. 1233). Le notaire qui omet de requérir ce document engage sans conteste sa responsabilité professionnelle s'il en résulte un préjudice pour ses clients. Mais même en présence d'une incapacité publiée et d'une vente autorisée par le juge, la plus grande prudence s'impose, puisqu'il convient de rappeler que l'autorisation donnée par le juge des tutelles de vendre la résidence d'un majeur protégé ne fait pas nécessairement obstacle à l'action en annulation pour insanité d'esprit de la promesse de vente passée par le majeur (Cass. 1e civ. 20-10-2010 n° 09-13.635 : RJDA 1/11 n° 23). **70045**

Le notaire doit également vérifier si le vendeur n'est pas soumis à une procédure de **redressement** ou de **liquidation judiciaire**, celle-ci faisant l'objet d'une publication au Bodacc (Cass. 1e civ. 16-10-2013 n° 12-24.267 : JCP N 2013 act. n° 1127). Ainsi, le notaire doit vérifier la qualité déclarée de cogérants et l'absence de procédure collective car à défaut il contribue à la dissipation des fonds en permettant la conclusion de la vente en l'absence de l'administrateur provisoire, seul habilité à représenter la SCI et à recevoir le solde du prix de vente (Cass. com. 8-4-2021 n° 20-12.720 F-D : RJDA 11/21 n° 709). Mais dès lors qu'à la date de l'acte, il est établi que la liquidation judiciaire n'avait pas encore été mentionnée, ni au répertoire des métiers ni au Bodacc, et qu'il n'est invoqué aucune circonstance particulière impliquant que le notaire procédât à d'autres vérifications, sa responsabilité n'est pas engagée (Cass. com. 20-2-2001 n° 97-18.062 : RJDA 8-9/01 n° 883). Sur l'obligation du notaire en matière de vérification des déclarations des parties, voir nos 70057 s.

L'identification **d'une incapacité non publiée**, telle qu'une altération mentale susceptible d'affecter la validité du consentement, ne constitue qu'une simple obligation de moyens. La responsabilité du notaire ne sera retenue que si l'affection mentale du client est effectivement perceptible pour un profane. Il appartient donc au notaire, tenu de s'assurer de la validité et de l'efficacité des actes reçus par lui, de vérifier la capacité de son client lorsque des circonstances particulières lui permettent de mettre en doute ses facultés mentales (Cass. 1e civ. 8-7-2020 n° 19-17.097 F-D). Lorsque l'une des parties n'est pas présente à l'acte, le notaire doit redoubler de vigilance. En cas de doute, l'officier public devra solliciter et annexer à l'acte un avis médical qui atteste la capacité de son client. Il devra refuser d'instrumenter si l'une des parties ne paraît pas « jouir de son libre arbitre » (Code de déontologie notaire, art. 5 créé par décret 2023-1297 du 28-12-2023). Ce devoir de détection de l'altération mentale pèse plus lourdement sur le « **notaire**

de famille », qui connaît son client et qui est donc supposé être à même de constater une éventuelle dégénérescence intellectuelle. Mais même dans ce cas, la responsabilité du notaire sera rejetée si aucune circonstance particulière ne lui permettait de mettre en doute les facultés mentales de son client.

ILLUSTRATIONS

Manque à ses obligations professionnelles le notaire qui recueille la signature de personnes dont l'**altération des facultés mentales** est manifeste (Cass. 1e civ. 13-11-1997 n° 95-19.686 : Bull. civ. I n° 309). Dès lors qu'en sa qualité de notaire de famille l'officier public avait nécessairement été amené à faire le constat d'une dégradation de l'état mental de sa cliente, il engage sa responsabilité (Cass. 1e civ. 24-2-1998 n° 95-21.473 : Bull. civ. I n° 73). En revanche, sa responsabilité professionnelle n'est pas engagée s'il est établi qu'à l'époque de l'acte, l'insanité mentale de la cliente était acquise mais que demeurait une façade d'automatismes et de courtoisie et qu'il était en conséquence exclu que le notaire se fût nécessairement aperçu de la dégradation de l'état mental de sa cliente (Cass. 1e civ. 9-2-1999 n° 97-10.317).

CONSENTEMENT DES PARTIES

70047 Le notaire doit procéder à certaines formalités nécessaires à la validité du consentement des parties, comme la **purge du droit de rétractation** de l'acquéreur (CCH art. L 271-1). Mais lorsque la lettre notifiant la promesse de vente à l'acheteur est retournée au notaire avec la mention « non réclamée », ce dernier n'est pas tenu d'effectuer une nouvelle notification pour l'exercice du droit de rétractation (Cass. 1e civ. 14-2-2018 n° 17-10.514 F-PB : BPIM 2/18 inf. 163).

Les **actes** ouvrant droit à un droit de réflexion ou de rétractation doivent mentionner, de manière lisible et compréhensible, les informations relatives aux conditions et aux modalités d'exercice du droit de rétractation ou de réflexion, sous peine d'une amende administrative dont le montant ne peut excéder 3 000 € pour une personne physique et 15 000 € pour une personne morale (CCH art. L 271-1).

ATTENTION

Il a été jugé que dès lors que la **faculté de rétractation** est **stipulée** dans l'acte, le vendeur est censé l'avoir sciemment acceptée et elle profite donc à l'acquéreur, même professionnel, quand bien même la clause serait stipulée en des termes généraux (Cass. 3e civ. 5-12-2019 n° 18-24.152 FS-PBI). Le notaire doit donc être attentif à ne pas insérer cette clause dans tous ses actes et, au contraire, à l'adapter à la situation et à la volonté des parties.

POUVOIRS

70055 La vérification de l'identité et de la capacité des parties s'entend également des pouvoirs donnés aux **mandataires** chargés de les représenter. Le notaire a une obligation de résultat en ce qui concerne la vérification du respect du principe du parallélisme des formes, qui impose le recours à une procuration authentique pour la réception d'un acte soumis à authenticité aux fins de validité. Toutefois, la vente étant de nature consensuelle, le « parallélisme » des formes ne jouera que dans l'hypothèse de la vente de l'immeuble à construire dans le secteur protégé ou aux fins de constituer une hypothèque.

Il n'est tenu qu'à une obligation de moyens pour le contrôle des **procurations sous signature privée**. Ainsi, il ne peut pas être reproché au notaire de s'être fié à une procuration légalisée par un confrère, celui-ci n'ayant pas pu déceler l'usurpation d'identité des mandants, qui lui ont présenté des cartes d'identité ayant l'apparence de documents authentiques (Cass. 1e civ. 16-5-2013 n° 12-23.300 : JCP N 2013 n° 1282 obs. M. Mekki).

Il a néanmoins pour obligation de vérifier la **sincérité au moins apparente** de la signature figurant sur la procuration qui lui est présentée, en se faisant communiquer des éléments de comparaison (Cass. 1e civ. 20-1-1998 n° 96-12.431 : Bull. civ. I n° 21). Les juges du fond doivent rechercher si la comparaison de la signature portée sur les ordres litigieux et celle figurant sur l'acte de prêt hypothécaire précédemment signé en l'étude par son client n'était pas de nature à lui faire soupçonner l'existence d'un faux (Cass. 1e civ. 29-5-2013 n° 12-21.781 : BPIM 4/13 inf. 299).

En certaines circonstances, il doit faire preuve d'une **vigilance complémentaire**. Ainsi, un notaire ne peut se contenter d'une procuration légalisée en mairie lorsqu'il connaît l'existence d'un « contexte litigieux » entre deux ex-époux (Cass. 1e civ. 12-7-2007 n° 06-13.553). De même, si l'une des parties est représentée par un mandataire, alors que ni son activité professionnelle déclarée ni l'éloignement de son domicile ne justifiaient le recours à une procuration, signée en présence d'une secrétaire de l'étude devant laquelle la mandataire s'était présentée à l'improviste, ces circonstances sont de nature à permettre au notaire de douter des facultés mentales de la mandante qu'il n'avait pu rencontrer (Cass. 1e civ. 2-10-2013 n° 12-25.862).

Lorsque l'une des parties est une personne morale, le notaire doit être attentif aux **pouvoirs du gérant**. Par exemple, la Cour de cassation considère que le gérant d'une société civile immobilière (SCI) qui a pour objet l'acquisition, la gestion et l'administration de tous biens mobiliers ou immobiliers dont la société pourrait devenir propriétaire ainsi que l'emprunt des fonds nécessaires à la réalisation de ces objectifs « et plus généralement, la réalisation de toutes opérations se rattachant directement ou indirectement à cet objet » n'a pas pour autant le pouvoir de vendre les actifs sociaux (Cass. 3e civ. 23-10-2013 n° 12-22.720 : RJDA 2/14 n° 131).

Si le **mandant est connu du notaire**, ce dernier pourra comparer la signature figurant sur la procuration avec celle figurant sur des actes antérieurement établis en son étude. À défaut, le notaire demandera que la signature soit certifiée chez un confrère ou en mairie, ou que soit jointe à la procuration une photocopie de la carte d'identité ou du passeport du mandant.

Si le **mandant est âgé**, le notaire sera avisé de recueillir directement sa signature pour s'assurer de l'existence et de la qualité de son consentement. À défaut, notamment en cas d'éloignement, le notaire pourra exiger qu'il soit établi une procuration en la forme notariée par l'un de ses confrères dont la résidence est proche de celle du mandant.

Lorsque pour une opération donnée, le **mandat apparent** n'est pas admis (mandat de signer une promesse de vente, par exemple), les notaires, qui sont tenus de procéder à la vérification de leurs pouvoirs respectifs, ne peuvent conclure une vente en qualité de mandataire en l'absence d'un mandat spécial et le transfert de propriété ne peut être considéré comme ayant été effectué (Cass. 1e civ. 22-11-2007 n° 05-14.732 : RJDA 6/08 n° 646). Le mandat apparent ne peut être admis pour l'établissement d'un acte par un notaire instrumentaire avec le concours d'un confrère, les deux officiers publics étant tenus de procéder à la vérification de leurs pouvoirs respectifs (Cass. 1e civ. 20-3-2013 n° 12-11.567 : RJDA 7/13 n° 612, BPIM 3/13 inf. 213).

Concernant le **mandataire**, il a été jugé que la procuration sous signature privée peut valablement donner pouvoir « à tout clerc de l'office » du notaire mais, en pareil cas, une secrétaire ne peut pas représenter la partie absente, seules les personnes ayant véritablement la qualité de clerc pouvant le faire (Cass. 1e civ. 12-7-2012 n° 11-22.637 : BPIM 4/12 inf. 338).

> **Précisions** Les procurations doivent être **annexées** à l'acte, à moins qu'elles n'aient été déposées aux minutes du notaire rédacteur (Décret 71-941 du 26-11-1971 art. 21, al. 2). Cette exigence d'annexion des procurations ne vise pas la copie exécutoire délivrée par le notaire (Cass. 1e civ. 10-9-2015 n° 14-13.237 FS-PBRI : RJDA 12/15 n° 864, BPIM 6/15 inf. 401). Et l'inobservation de l'obligation d'annexer la procuration à l'acte authentique ou de la déposer au rang des minutes du notaire ne fait pas perdre à l'acte son caractère authentique, qui conserve donc son caractère exécutoire (Cass. ch. mixte 21-12-2012 n° 12-15.063, n° 11-28.688 : RJDA 8-9/13 n° 749, BPIM 1/13 inf. 63, Rapport de la Cour de cassation 2012 p. 228).

DÉCLARATION DES PARTIES

Le notaire **doit**, en principe, **vérifier** les déclarations des parties lorsqu'elles sont facilement vérifiables ou lorsqu'elles conditionnent la validité ou l'efficacité de l'acte qu'il dresse (Cass. 3e civ. 5-7-2018 n° 17-20.121 FS-PBI : SNH 25/18 inf. 2). **70057**

Les **informations facilement vérifiables** sont celles qu'il effectue avec les moyens juridiques et techniques d'investigation dont il dispose et en considération des éventuels éléments factuels de nature à éveiller ses soupçons. Par exemple, le notaire doit procéder à des vérifications lorsque :

– le vendeur déclare faussement ne pas avoir réalisé de travaux dans l'immeuble au cours des dix dernières années alors qu'il résulte des actes eux-mêmes que la maison a été entièrement transformée en une copropriété de quatre lots, avec réalisation d'une extension (CA Douai 19-11-2012 n° 11/08458) ;

– il apparaît que l'inexactitude de la date figurant sur l'attestation de mise hors d'eau d'un immeuble pouvait être mise en évidence par une simple vérification documentaire consistant à la rapprocher de la date d'ouverture de chantier mentionnée dans une déclaration de travaux (Cass. 1e civ. 30-5-2013 n° 12-23.592 : JCP N 2013 n° 1282 obs. M. Mekki).

Les juges du fond doivent caractériser les circonstances propres à démontrer que le notaire disposait d'éléments de nature à éveiller ses soupçons (Cass. 1e civ. 30-10-2007 n° 06-17.244 : BRDA 22/07 inf. 17 ; Cass. 1e civ. 11-7-2018 n° 16-28.635 F-D : RJDA 12/18 n° 893) ; voir également n° 70095.

Même en l'absence de tout soupçon, le notaire doit vérifier les déclarations des parties dont dépend l'**efficacité ou** la **validité de l'acte** qu'il rédige. Ainsi, si des vendeurs se prévalent d'un accord de la direction départementale pour un accès sur un chemin départemental, il appartient au notaire de vérifier cette déclaration et, à cette fin, de demander la production de ce document (Cass. 1e civ. 14-11-2018 n° 17-22.069 F-D).

En revanche, il **n'a pas à procéder** par recoupement avec des pièces réunies à l'occasion de précédentes interventions et conservées dans les minutes et archives de l'office (Cass. 1e civ. 5-4-2012 n° 11-12.039 : BPIM 3/12 inf. 275). Il n'en va autrement que s'il a des raisons de soupçonner l'inexactitude des renseignements fournis.

Lorsque des faits rapportés par une partie sont erronés sans que le notaire les ait vérifiés, il n'engage sa responsabilité que s'il est établi qu'il disposait d'éléments de nature à le faire douter de leur véracité ou de leur exactitude (voir n° 70652) ou qu'il n'a pas exécuté une formalité qui s'imposait à lui (voir nos 70025 s.). Par exemple, si les époux ont déclaré dans l'état liquidatif ne pas avoir reçu de biens par donation, succession ou legs et qu'il n'existe pas de récompenses, il en résulte, d'une part, que le notaire s'est bien enquis auprès des parties du point de savoir si leurs biens propres ont été financés en tout ou partie par la communauté, et, d'autre part, qu'il ne dispose d'aucun élément permettant de douter de la véracité de leurs déclarations (Cass. 1e civ. 9-7-2015 n° 14-17.666 FS-PB : Sol. Not. 10/15 inf. 198).

70058 Il semblerait que, même lorsque les déclarations ne sont pas vérifiables, le notaire puisse être considéré comme débiteur d'une obligation d'**informer son client des risques** à commettre une fausse déclaration. Ainsi, la responsabilité d'un notaire a été retenue envers un acquéreur qui avait faussement affirmé n'avoir jamais été condamné et qui en raison de cette fausse attestation n'avait pas été en mesure d'exploiter le débit de boissons qu'il avait acquis (Cass. 1e civ. 9-11-1999 n° 97-14.521 : Bull. civ. I n° 299).

70059 L'obligation de vérifier les déclarations des parties s'impose lorsqu'il existe des **publicités légales** (Cass. 1e civ. 16-10-2013 n° 12-24.267). Il importe peu qu'elles ne soient pas aisément accessibles (Cass. com. 19-12-2018 n° 17-13.647 F-D : informations disponibles au Bodacc mais antérieures à l'informatisation des données). Si le notaire sait que l'intéressé a été commerçant et immatriculé au RCS, l'absence de toute inscription révélée par le site Infogreffe ne l'exonère pas de sa responsabilité. Au contraire, ce fait doit éveiller ses soupçons et l'inciter à de plus amples vérifications (Cass. 1e civ. 12-7-2012 n° 11-14.265 : BPIM 5/12 inf. 415). Tout dépend donc essentiellement de la profession déclarée par les parties et des éventuels indices dont le notaire dispose à cet égard.

Mais si, à la date de l'acte, il est établi que la liquidation judiciaire n'avait pas encore été mentionnée, ni au répertoire des métiers ni au Bodacc, et qu'il n'est invoqué aucune circonstance particulière impliquant que le notaire procédât à d'autres vérifications, sa responsabilité n'est pas engagée (Cass. com. 20-2-2001 n° 97-18.062 : RJDA 8-9/01 n° 883). De même, le notaire n'est pas tenu de procéder à d'autres recherches que la consultation des publications légales relatives aux parties à l'acte. Ainsi, si une procédure collective est mentionnée au registre du commerce et des sociétés, non pas au nom du vendeur personne physique, mais à celui de la société dont il est le dirigeant, le notaire qui n'a pas connaissance de cette société n'a pas à effectuer des recherches complémentaires, quand bien même la simple consultation effectuée sur un moteur de recherche aurait suffi à l'informer du lien entre la personne physique et la société (Cass. 1e civ. 28-11-2018 n° 17-31.144 F-PB : SNH 42/18 inf. 7). Les recherches qui s'imposent au notaire se limitent donc aux publications légales.

À défaut de publicité légale et en l'absence d'éléments de nature à éveiller ses soupçons, le notaire n'est pas tenu de vérifier les déclarations d'ordre factuel faites par les parties, à moins que l'efficacité de l'acte en dépende (Cass. 1e civ. 23-2-2012 n° 09-13.113 : BPIM 2/12 inf. 174). Ainsi, même si le cessionnaire d'un fonds de commerce est frappé d'une interdiction de gérer de plein droit, le notaire n'est pas tenu de vérifier sa déclaration de ne pas être en situation d'incapacité en l'absence d'éléments de nature à faire douter de leur véracité (Cass. 1e civ. 6-9-2017 n° 16-18.524 FS-PB).

b. Vérifications portant sur le bien transmis

PROPRIÉTÉ DU BIEN

70060 **Signatures** Le notaire doit vérifier à qui appartient le bien. La Cour de cassation affirme avec fermeté que le notaire engage sa responsabilité s'il dresse un acte authentique sans recevoir la **signature de tous les propriétaires** indivis d'un immeuble en vente. Le fait que les acquéreurs aient pu constater le défaut de signature de l'acte par certains des indivisaires et n'aient pas payé le prix est sans incidence sur la responsabilité notariale qui est engagée par le seul fait de n'avoir pas recueilli le consentement et la signature de tous les vendeurs indivis mentionnés dans l'acte de vente (Cass. 3e civ. 17-6-2009 n° 08-12.699 : RJDA 12/09 n° 1060).

70065 **Étendue des droits** Pour assurer l'efficacité de son acte, le notaire qui reçoit un acte de vente immobilière est tenu de vérifier l'étendue des droits immobiliers transmis (pour un exemple : Cass. 1e civ. 22-9-2016 n° 15-13.840 FS-PB : BRDA 21/16 inf. 13). Il doit ainsi vérifier la **situation hypothécaire du bien** auprès du service de la publicité foncière dans le ressort de laquelle se trouve l'immeuble afin de protéger, d'une part, l'acquéreur (qui souhaite acquérir un bien libre de toute charge hypothécaire) et, d'autre part, les créanciers inscrits, qui bénéficient d'un droit de suite et de préférence. À défaut, il engage sa responsabilité. C'est le cas notamment du notaire qui s'abstient de vérifier si les plans en possession des parties coïncidaient avec les plans du bureau des hypothèques et si la surface des lots séparés correspondait à la surface des lots réunis (Cass. 1e civ. 11-3-2020 n° 18-26.407 F-D). Il commet une faute en remettant le prix au vendeur sans tenir compte d'une inscription hypothécaire (Cass. 1e civ. 8-11-2017 n° 16-23.197 F-D). Toutefois, le notaire n'est pas tenu d'obtenir un état hypothécaire avant la conclusion de la promesse de vente (Cass. 1e civ. 25-3-2010 n° 08-20.351 : RJDA 7/10 n° 728). Il peut se contenter d'un seul état hypothécaire avant la vente (Cass. 1e civ. 23-11-2004 n° 03-10.233 : Bull. civ. I n° 285) dès lors que celui-ci est récent et que le notaire consigne le prix de vente (Cass. 1e civ. 15-3-2005 n° 03-11.823 : RJDA 7/05 n° 796).

Aucun texte ni aucune jurisprudence ne fixe un délai maximal de **validité de l'état hypothécaire** malgré un délai de deux mois, fermement ancré dans les esprits en raison des accords pris par les notaires avec les compagnies d'assurance (F. Vauvillé, Responsabilité du notaire et hypothèque intercalaire – Mauvaise réponse à une bonne question : JCP N 2014 n° 1256, spécialement points 14 et 20). Ont été jugés suffisamment récents des états hypothécaires obtenus 35 jours (Cass. 1e civ. 15-3-2005 n° 03-11.823 : RJDA 7/05 n° 796, BPIM 5/05 inf. 339) et même deux mois et demi avant la vente (CA Lyon 27-1-2015 n° 13/04908 : BPIM 2/15 inf. 145).

En outre, dès lors qu'une hypothèque est frappée de caducité, le notaire n'est pas tenu de consigner les fonds provenant de la vente (voir n° 70170).

ILLUSTRATIONS

Une erreur sur l'énumération des **biens** vendus engage la responsabilité du notaire rédacteur de l'acte (Cass. 3e civ. 10-10-1990 n° 88-15.573).

Le notaire doit examiner auprès du service de la publicité foncière s'il existe une **servitude** conventionnelle portant sur le terrain litigieux (Cass. 1e civ. 15-11-1988 n° 86-13.306). Il doit également vérifier les actes antérieurs afin de relever l'existence d'éventuelles servitudes (Cass. 3e civ. 4-2-1998 n° 94-11.265). Il ne saurait se contenter de viser dans un acte de vente un « passage commun » qui peut désigner indifféremment un chemin indivis, une servitude de passage voire une simple tolérance, sans vérifier, par tous moyens à sa disposition, y compris par la consultation des titres des fonds contigus et des documents cadastraux, le régime juridique du passage et l'exacte propriété de son assiette, et d'en faire mention dans son acte (Cass. 1e civ. 29-6-2016 n° 15-15.683). Il lui incombe d'informer clairement et précisément les acquéreurs sur la portée et les effets d'une simple **tolérance de passage**, librement révocable, dont le vendeur déclarait avoir bénéficié depuis 1976, en procédant à la qualification juridique de cette situation de fait et en appelant l'attention des parties, en des termes accessibles, sur les risques qu'elle induit au regard des conditions de desserte du fonds vendu (Cass. 1e civ. 31-1-2018 n° 16-10.961 F-D).

Ne pas informer l'acquéreur que le bien se situe sur une **zone** qui a fait l'objet d'un arrêté interministériel portant reconnaissance à l'état de catastrophe naturelle engage aussi sa responsabilité (Cass. 1e civ. 11-1-2017 n° 15-22.776 FS-PB : RJDA 7/17 n° 446).

Le notaire doit également contrôler l'exactitude des déclarations du vendeur quant à la souscription des **assurances** obligatoires (Cass. com. 12-10-2004 n° 00-13.348 ; Cass. 1e civ. 7-3-1995 n° 93-13.669 : Bull. civ. I n° 116).

Origine de propriété Il appartient également au notaire de vérifier l'origine de propriété du bien vendu. À cet égard, le notaire rédacteur d'un acte de vente a l'obligation de procéder, dans toute la mesure du possible, à des recherches complètes. Il doit vérifier par lui-même les **anciens titres** de propriété, sans se contenter de recopier l'origine de propriété figurant dans les précédents actes, qui peut être erronée (Cass. 1e civ. 12-2-2002 n° 99-11.106 F-P : RJDA 12/02 n° 1253). La jurisprudence exige ainsi du notaire d'autres investigations que la seule lecture de l'origine relatée dans le titre (Cass. 3e civ. 3-11-2016 n° 14-21.568 F-D : BPIM 1/17 inf. 68). 70066

Mais la Cour de cassation considère que, sauf circonstances exceptionnelles, le notaire n'est pas tenu de vérifier l'origine d'une propriété au-delà de **30 ans**. Il ne commet donc aucune faute à ne pas révéler l'existence d'une servitude conventionnelle créée en 1898, alors même que la servitude aurait été mentionnée, durant ces 30 dernières années, dans plusieurs actes portant mutation d'une parcelle voisine (Cass. 1e civ. 17-11-2011 n° 10-25.583 : BPIM 1/12 inf. 87). Au titre des circonstances exceptionnelles qui doivent conduire le notaire à engager des vérifications plus que trentenaires, on peut citer les cas où la prescription trentenaire a été interrompue ou suspendue, ou lorsque le vendeur a recueilli le bien par succession.

> **Précisions** En application de l'article 44-1 du décret 55-1350 du 4 janvier 1955, le notaire a la possibilité, pour connaître les mutations susceptibles d'être intervenues sur le bien vendu au-delà de 50 ans, de s'adresser soit au **Centre d'archives spécial**, soit, si celui-ci n'est pas encore en possession des documents, au service de la publicité foncière en précisant dans la réquisition depuis quelle date ces renseignements doivent lui être fournis (Cass. 1e civ. 3-5-1983 nº 82-12.348 : Bull. civ. I nº 136).

70067 **Validité du titre** Le notaire doit également vérifier la validité du titre du vendeur. Ainsi commet une négligence le notaire qui ne s'inquiète pas de savoir si la décision judiciaire ayant prononcé la **résiliation** de la vente consentie aux propriétaires est ou non frappée d'un recours (Cass. 1e civ. 5-1-2022 nos 20-11.837 et 20-13.725).

70070 Le notaire doit effectuer des recherches complètes sur les **charges et les vices** dont le bien vendu peut se trouver grevé, sans s'arrêter aux déclarations des parties dont il lui appartient de vérifier la sincérité (voir nº 70057 s.). Ainsi, il doit s'informer de l'existence d'un arrêté préfectoral publié relatif à un plan de prévention des risques d'inondation, sans se limiter à la seule note de renseignements d'urbanisme sur laquelle n'apparaît aucune mention pouvant faire suspecter le caractère inondable de la zone (Cass. 1e civ. 14-2-2018 nº 16-27.263 FS-PB : BPIM 2/18 inf. 165). En revanche, il n'est pas tenu d'informer les acquéreurs de l'existence des risques visés par un plan de prévention tant que l'arrêté n'a pas été pris (Cass. 1e civ. 9-9-2020 nº 19-12.573 F-D).

70075 **Indivision** Lorsque l'immeuble vendu est en indivision, il doit rechercher la totalité des indivisaires afin que la vente ne se fasse pas au préjudice de l'un d'entre eux (Cass. 1e civ. 7-4-1992 nº 90-15.301) et soit **opposable** à tous.

De même, lorsque le bien vendu provient d'une donation, le notaire doit faire intervenir à l'acte de vente les **cohéritiers** réservataires afin d'éviter le risque d'une action en réduction par l'un d'entre eux. À défaut, il engage sa responsabilité (Cass. 1e civ. 9-6-2011 nº 07-20.959 : BPIM 4/11 inf. 314). Il est d'ailleurs prudent en pareil cas de produire l'acte de notoriété pour établir la postérité du donateur et informer l'acquéreur du risque résiduel irréductible de survenance d'un héritier dont l'existence n'aurait pas été révélée par l'acte de notoriété.

70080 **Formalités préalables** Il appartient au notaire de vérifier si le bien vendu n'est pas soumis à un **régime juridique particulier** nécessitant la réalisation de formalités préalables supplémentaires (par exemple, vente d'un lot de copropriété, d'un bien soumis à un droit de préemption, d'un terrain bâti ou non bâti compris dans un lotissement nécessitant une autorisation préalable). Ainsi, commet une faute le notaire qui rédige une déclaration d'intention d'aliéner imprécise ou, a fortiori, qui omet cette formalité (Cass. 1e civ. 12-7-2007 nº 06-15.633 : RJDA 12/07 nº 1206). Le bénéficiaire du droit de préemption, même s'il ne peut obtenir la nullité de la vente, peut alors demander la réparation du préjudice qu'il a subi du fait de l'omission par le notaire de la formalité de notification de son droit (Cass. 3e civ. 1-10-2014 nº 12-24.626 : RJDA 3/15 nº 175, BPIM 6/14 inf. 407).

Le notaire doit même effectuer les formalités nécessaires à la vérification de la conformité du bien vendu au **projet** des acquéreurs. Ainsi, pour un **terrain à bâtir**, il doit demander un certificat d'urbanisme, afin de contrôler la constructibilité du terrain acquis. À cet égard, il a été jugé que le notaire peut limiter ses diligences à l'obtention d'un certificat d'urbanisme sans se livrer à de plus amples recherches (Cass. 1e civ. 15-4-1980 nº 79-10.141 : Bull. civ. nº 112 ; Cass. 3e civ. 27-1-1999 nº 97-10.875). Si le notaire a sollicité un certificat d'urbanisme opérationnel et a informé les acquéreurs de la durée limitée à dix-huit mois de ce document, ces derniers sont seuls responsables de l'inconstructibilité résultant d'une modification des règles d'urbanisme s'ils ont attendu l'expiration de ce délai pour déposer une demande de permis de construire (Cass. 1e civ. 24-10-2019 nº 18-20.958). En revanche, dans la mesure où un certificat d'urbanisme non opérationnel est un document purement informatif, le notaire doit attirer l'attention des acquéreurs sur le fait qu'un tel document ne permet pas de vérifier la constructibilité du terrain au regard du plan local d'urbanisme (Cass. 1e civ. 31-1-2018 nº 17-13.303 F-D ; Cass. 3e civ. 26-10-2022 nº 21-21.213 F-D). En outre engage sa responsabilité le notaire qui, sans informer son client des risques qu'il encourt, lui fait signer l'acte authentique de vente avant que le permis de construire, dont l'obtention a été érigée en condition suspensive, ne soit définitif (Cass. 1e civ. 9-12-2010 nº 09-70.816 : RJDA 5/11 nº 399). En revanche, le notaire n'a pas à s'assurer sur place du caractère effectif de l'affichage en mairie (Cass. 1e civ. 8-9-2021 nº 19-20.676 F-D). De même, en l'absence de mention relative à un projet d'aménagement dans l'acte authentique de vente et si le notaire peut raisonnablement ignorer ce projet, il ne peut lui être reproché de ne pas avoir vérifié sa conformité aux règles d'urbanisme (Cass. 1e civ. 5-5-2021 nº 19-16.718 F-D).

Le notaire rédacteur de l'acte de vente d'un **domaine viticole** doit vérifier l'enregistrement effectif de la marque désignant le vin, dès lors que la marque constituait un élément essentiel pour les parties (Cass. 3e civ. 6-5-2009 n° 07-21.242 : RJDA 11/09 n° 940). Il peut s'abstenir d'effectuer une vérification si l'acquéreur le dispense de demander ce document afin de signer plus rapidement l'acte authentique et s'il attire expressément l'attention de l'acquéreur sur le risque pris, tel que les charges susceptibles d'être supportées par l'immeuble à la suite de la mise en application d'une étude d'urbanisme alors en cours (Cass. 1e civ. 12-1-1982 n° 81-10.004 : Bull. civ. I n° 15). En revanche, s'il a des raisons de suspecter le caractère incomplet ou erroné du certificat d'urbanisme qui lui a été remis, il doit effectuer des vérifications supplémentaires (Cass. 1e civ. 15-11-1989 n° 88-10.448). En outre, même si l'acte indique que le certificat de conformité n'a pas été obtenu et que l'acquéreur déclare en avoir parfaite connaissance et vouloir en faire son affaire personnelle, sans recours contre le vendeur, cela ne suffit pas à exonérer le notaire de son devoir de conseil, notamment quand il ne ressort pas des termes de l'acte que l'acquéreur a été clairement informé des incidences d'un refus de délivrance du certificat de conformité et du risque qu'il s'engageait à supporter (Cass. 1e civ. 17-6-2015 n° 14-19.692 : BPIM 4/15 inf. 284, voir nos 70250 s. et 70380). Le notaire doit vérifier la **situation de l'immeuble** au regard des règles d'urbanisme relatives à l'autorisation de lotir, alors même que le vendeur est l'architecte qui avait obtenu le permis de construire pour l'unité foncière concernée (Cass. 3e civ. 23-9-2009 n° 07-20.965).

Le notaire est tenu d'assurer l'efficacité de l'acte de **vente en l'état futur d'achèvement**. Ni la déclaration d'ouverture de chantier ni l'existence d'une garantie financière d'achèvement ne dispensent le notaire de vérifier sur les lieux le commencement effectif des travaux au jour de la vente, dès lors que la péremption du permis de construire est imminente (Cass. ass. plén. 5-12-2014 n° 13-19.674 : RJDA 4/15 n° 251, BPIM 1/15 inf. 82).

VÉRIFICATIONS FISCALES

Le notaire doit vérifier le **régime fiscal applicable** à la vente. Ainsi, il commet une faute s'il pré- 70085
cise à tort dans l'avant-contrat et dans l'acte de vente définitif que le prix de vente n'est pas soumis à la TVA. Sa responsabilité est engagée alors même que la vente a été négociée par le vendeur directement avec l'aide d'agences immobilières et que l'avant-contrat a été signé sous signature privée sans son aide (Cass. 1e civ. 17-3-2016 n° 15-16.098 : BPIM 3/16 inf. 222).

FORMALITÉS NÉCESSAIRES À LA MISE EN PLACE DES SÛRETÉS ET GARANTIES

Le notaire, tenu de prendre toutes dispositions utiles pour assurer la **validité** et l'**efficacité des** 70087
actes auxquels il prête son concours ou qu'il a reçu mandat d'accomplir, doit, sauf s'il en est dispensé expressément par les parties, veiller à l'accomplissement des formalités nécessaires à la mise en place des sûretés qui en garantissent l'exécution, dont, quelles que soient ses compétences personnelles, le client concerné se trouve alors déchargé (Cass. 1e civ. 3-3-2011 n° 09-16.091 : RJDA 7/11 n° 651).

Ainsi, le notaire manque à son devoir d'assurer l'efficacité de l'acte qu'il dresse lorsqu'il :

– omet de vérifier, avant sa signature, l'existence d'une inscription hypothécaire qui prime la garantie prise au profit de son client (Cass. 1e civ. 7-3-2018 n° 16-27.002 et 16-27.003 F-D) ;

– mentionne que les acquéreurs ont remis entre ses mains un dépôt de garantie, lequel n'a cependant pas été versé (Cass. 1e civ. 5-2-2020 n° 18-24.580) ;

– inscrit un privilège de prêteur de deniers (devenu hypothèque légale spéciale du prêteur de deniers) non pas sur l'immeuble, mais sur la seule quote-part acquise par le coïndivisaire-emprunteur, obligeant le créancier à agir en partage avant de pouvoir saisir l'immeuble (Cass. 1e civ. 2-2-2022 n° 20-11.793 F-D) ;

– omet de recueillir le consentement du conjoint de l'emprunteur à l'acte de prêt, ce qui a pour effet de subordonner la mise en œuvre de l'hypothèque légale spéciale du prêteur de deniers au consentement de son conjoint (Cass. 1e civ. 5-5-2021 n° 19-15.072 FS-P : SNH 17/21 inf. 1, RJDA 8-9/21 n° 600).

En revanche, l'obligation de mettre en place la sûreté s'efface si le notaire « en est dispensé expressément par les parties » (Cass. 1e civ. 9-1-2019 n° 17-27.411 FS-PBI). Voir n° 70180.

En outre, pour condamner le notaire à payer au créancier la totalité de sa créance, le juge doit rechercher si la banque aurait pu être payée de la totalité de cette créance, nonobstant l'inscription d'un créancier de premier rang (Cass. 1e civ. 4-7-2019 n° 18-16.138 F-D : SNH 33/19 inf. 13).

VÉRIFICATIONS OU FORMALITÉS COMPLÉMENTAIRES PROPRES À CHAQUE OPÉRATION

70090 **Circonstances de l'opération** Ces obligations particulières, qui dépendent des circonstances de l'opération, rendent impossible la constitution d'une **liste** exhaustive **des devoirs** auxquels le notaire est soumis. À l'instar du devoir de conseil, dont l'étendue est indéfinie, donc potentiellement infinie, les circonstances qui imposent au notaire de procéder à des vérifications ou formalités particulières sont innombrables.

C'est le cas, par exemple, lorsque le vendeur ou l'acquéreur expose au notaire une situation de fait particulière et que celle-ci révèle l'existence d'un risque pour l'une ou l'autre des parties, ou que l'une des vérifications auxquelles le notaire a procédé révèle un tel risque, ou même seulement un **soupçon**. Le notaire doit alors procéder aux **nouvelles vérifications** qui s'imposent.

ILLUSTRATIONS

Lorsque le vendeur expose au notaire qu'il existe une fenêtre donnant sur un fonds voisin, l'officier public ne peut se contenter d'insérer une clause rappelant cet état de fait. Il doit rechercher les conséquences de cette particularité et, notamment, la portée d'une **possible servitude**. À défaut, il engage sa responsabilité à l'égard de l'acquéreur (Cass. 3e civ. 13-10-1999 no 97-16.160).

Le notaire qui sait que l'immeuble vendu est situé dans une **zone d'aménagement concerté**, où s'exercent des activités industrielles, doit rechercher s'il n'en résulte pas de graves dangers ou inconvénients pour les acheteurs. Dans ce cas d'espèce, la Cour de cassation a toutefois limité le montant des dommages-intérêts en raison de la négligence des acheteurs qui, malgré le silence du vendeur, n'ont pas interrogé le notaire sur la nature des activités de l'usine et sur les risques qu'elles pouvaient présenter (Cass. 3e civ. 25-5-2011 no 09-16.677, SCI Erica c/ Courant).

Le notaire qui, en dépit de la demande du bénéficiaire d'une promesse de vente de **publier** celle-ci au fichier immobilier, ne procède pas à cette formalité commet une négligence engageant sa responsabilité (Cass. 1e civ. 21-1-1992 no 90-15.545 : Bull. civ. I no 21).

Le fait que le vendeur, âgé de 46 ans, déclare être **sans profession** constitue une incertitude objective sur sa situation qui aurait dû conduire le notaire à vérifier ses déclarations quant à l'absence de procédure collective (Cass. 1e civ. 13-2-2007 no 06-10.582).

Si le notaire inclut une **clause qui déroge à la règle légale**, il doit alerter spécifiquement le client sur ce point. Ainsi, est condamné le notaire qui n'informe pas spécifiquement l'acquéreur de l'existence d'une clause qui déroge à la règle légale selon laquelle la taxe d'habitation est due au titre d'une année par l'occupant du bien au 1er janvier, car la seule lecture de cette clause lors de la vente n'assure pas une information suffisante de l'acquéreur sur la portée de l'engagement qu'il prend (Cass. 1e civ. 20-1-2011 no 10-13.948 : BPIM 2/11 inf. 170).

Dès lors que le bien en vente a été **antérieurement donné à bail**, le notaire doit vérifier que ledit bien est réellement libre de toute occupation (CA Lyon 3-6-2004 no 02/05580). De même, s'il a connaissance de l'existence d'un **pacte de préférence**, il doit en principe purger le droit qui en résulte avant toute vente à un tiers (Cass. 3e civ. 10-10-2012 no 11-21.932 : RJDA 2/13 no 103, BPIM 6/12 inf. 486).

Lorsque le notaire prête son concours à l'établissement d'un acte dans des conditions créant un **lien de dépendance avec** un acte antérieur, il est tenu d'appeler l'attention des parties sur les stipulations du premier acte (Cass. 1e civ. 11-1-2023 no 21-22.022 F-D).

En revanche, en l'absence d'éléments révélant une insuffisance de garanties, le notaire n'a pas à vérifier la solvabilité de la **caution** (Cass. 1e civ. 13-3-2007 no 05-21.150 : RJDA 7/07 no 711).

Si la **péremption du permis** de construire est imminente, le notaire doit vérifier le commencement effectif des travaux au jour de la vente. Ni la déclaration d'ouverture de chantier ni l'existence d'une garantie financière d'achèvement ne l'en dispensent (Cass. ass. plén. 5-12-2014 no 13-19.674 : RJDA 4/15 no 251, BPIM 1/15 inf. 82).

70095 **Absence d'anomalies identifiables** Si le notaire procède aux **vérifications élémentaires** et que celles-ci ne révèlent aucune anomalie identifiable, sa responsabilité ne peut pas être engagée. Ainsi, le notaire est en droit d'admettre, au vu d'un certificat d'urbanisme négatif dont il n'a aucune raison de soupçonner le caractère erroné, qu'un terrain vendu n'est pas compris dans une ZAD. Dès lors, il n'engage pas sa responsabilité s'il se contente de ce document (Cass. 1e civ. 15-4-1980 no 79-10.141 : Bull. civ. I no 112). Sa responsabilité n'est pas non plus engagée si les juges constatent l'absence de circonstances permettant au notaire d'identifier le risque (Cass. 1e civ. 9-2-1999 no 97-10.317) ou au contraire l'existence de circonstances expliquant sa conduite (Cass. 1e civ. 2-4-1997 no 95-15.709).

ILLUSTRATIONS

Ne commet **aucune faute** le notaire qui est informé, avant la signature de l'acte authentique, de l'existence d'une éventuelle installation classée à l'adresse en cause et qui prend soin de procéder à des diligences et investigations complémentaires auprès de la préfecture, puis porte à la connaissance de l'acquéreur la réponse de l'administration, laquelle ne révélait aucun risque particulier (Cass. 1e civ. 8-2-2017 n° 16-13.083 F-D). De même, le notaire qui reçoit l'acte de vente d'un chemin rural par une commune au profit d'un riverain n'a pas à vérifier la régularité de la décision municipale de vendre, dès lors qu'aucun recours administratif n'a été formé contre celle-ci (Cass. 3e civ. 11-5-2017 n° 16-12.236 FS-PB). N'engage pas non plus sa responsabilité le notaire qui reçoit l'attestation d'assurance dommages-ouvrage du vendeur sans effectuer de diligences complémentaires pour vérifier l'existence et l'étendue de l'assurance dès lors qu'il n'y a pas d'éléments de nature à le faire douter (Cass. 1e civ. 27-6-2018 n° 17-18.582 FS-PB : BPIM 4/18 inf. 282). Le notaire qui reçoit la donation de la nue-propriété d'un immeuble ne manque pas à son devoir de conseil et n'est pas responsable de la remise en cause corrélative de l'avantage Scellier dès lors que son client ne l'a pas informé de l'avantage fiscal dont il bénéficie (CA Douai 19-9-2019 n° 18/04258 : BPIM 6/19 inf. 428). N'est pas non plus fautif le notaire qui établit un cahier des charges en l'absence d'éléments de nature à faire naître un doute sur la conformité de la description intérieure de l'immeuble aux règles administratives (Cass. 1e civ. 17-5-2023 n° 21-23.167 F-D).

En revanche, la responsabilité du notaire a été reconnue alors que la note de renseignement d'urbanisme qu'il avait sollicitée avait omis de révéler une marge de recul, l'avant-contrat ayant été passé sous la condition suspensive d'un certificat (et non d'une note) d'urbanisme (Cass. 3e civ. 28-2-2001 n° 99-14.869) ; voir n°s 70650 s.

c. Obligations tenant à l'authenticité et à la validité de l'acte

L'intervention du notaire est indispensable pour conférer à l'acte de vente immobilière le caractère authentique. Certes, ce caractère ne constitue pas une condition de **validité de la vente** (sauf cas particulier de la vente d'immeuble à construire portant sur des locaux d'habitation : CCH art. L 261-11). Mais la vente immobilière n'est **opposable aux tiers** qu'à compter de l'accomplissement de la formalité de publicité foncière. Or, seuls les actes authentiques peuvent être publiés au fichier immobilier (Décret 55-22 du 4-1-1955 art. 4). L'intervention du notaire est donc indispensable à peine d'inopposabilité de l'acte de vente aux tiers qui ont acquis des droits concurrents sur le même immeuble. **70150**

RESPECT DES DÉLAIS

Le notaire doit faire preuve de diligence et respecter les délais propres à l'opération, qu'ils soient légaux, ou qu'ils aient été conventionnellement fixés par les parties. Ainsi, le notaire qui laisse passer la **date butoir** prévue pour l'obtention de la levée de toutes les conditions suspensives et qui n'adresse son projet d'acte que postérieurement à la date de caducité de la promesse commet une faute par manque de diligence (Cass. 1e civ. 20-3-2013 n° 12-19.861). **70152**

RESPECT DES RÈGLES DE L'ACTE AUTHENTIQUE

Le notaire a pour obligation de respecter les conditions de forme et de fond attachées à l'authenticité. Leur méconnaissance par l'officier public est susceptible d'engager sa responsabilité. **70155**

Ainsi par exemple, chaque feuille de l'acte authentique doit être paraphée par le notaire et les signataires de l'acte, sous peine de nullité de celles non paraphées (Décret 71-941 du 26-11-1971 art. 14). Est donc de nature à fonder la responsabilité du notaire l'établissement d'un acte authentique qui n'est **pas signé** de toutes les parties (Cass. 1e civ. 6-7-2004 n° 02-13.237 : RJDA 11/04 n° 1204). En revanche, l'exigence de signature par le notaire ne vise pas les annexes (Cass. ch. mixte 16-11-2007 n° 03-14.409 : Bull. civ. ch. mixte n° 11). De plus, l'omission du sceau du notaire sur la copie exécutoire n'affecte pas sa force exécutoire (Cass. 2e civ. 1-2-2018 n° 16-25.097 F-PB : RJDA 5/18 n° 455).

De même, le notaire qui violerait les règles tenant aux incapacités et **interdictions d'instrumenter** auxquelles il est soumis (Décret 71-941 du 26-11-1971 art. 2 et 3 ; Décret 71-942 du 26-11-1971 art. 10) engagerait sa responsabilité s'il devait en résulter un préjudice.

Si les conditions de forme et de fond attachées à l'authenticité ne sont pas respectées, l'acte signé par les parties n'est pas authentique, mais peut valoir comme écriture privée s'il a été signé des parties (C. civ. art. 1370). En pareil cas, l'acte vaut vente entre les parties, mais ne peut être publié. S'il devait résulter de ce **défaut de publication** un préjudice pour le client (en cas d'inscription intercalaire d'un créancier par exemple, voir n° 70170), le notaire engagerait sa responsabilité.

d. Formalités postérieures à l'acte

PUBLICITÉ FONCIÈRE ET ENREGISTREMENT

Le notaire doit publier les actes dont la publication est obligatoire (Décret 55-22 du 4-1-1955 art. 28). Un **acte authentique** valable mais non publié ou publié tardivement par la faute du notaire peut engager la responsabilité de ce dernier (Cass. 1e civ. 31-10-1989 n° 88-15.752). **70160**

Ainsi, le notaire commet une faute s'il procède tardivement à l'enregistrement d'une vente (Cass. 1e civ. 9-12-1975 n° 74-13.599 : Bull. civ. I n° 364) ou aux formalités de publicité foncière (Cass. 1e civ. 15-5-2015 n° 14-14.988 : BPIM 4/15 inf. 283).

En principe, un **acte sous signature privée** n'a pas à être publié. Mais une promesse de vente peut l'être afin de conserver les droits de l'acquéreur, rendant ainsi le contrat opposable aux tiers qui auraient acquis du même auteur des droits concurrents soumis à la même obligation de publicité. Si le notaire est requis de procéder à cette formalité, il engage sa responsabilité en ne le faisant pas (Cass. 1e civ. 21-1-1992 n° 90-15.545 : Bull. civ. I n° 21).

PAIEMENT DES ÉMOLUMENTS, FRAIS ET DÉBOURS

70165 Préalablement à la signature des actes dont il est chargé, le notaire a l'obligation de faire **consigner une somme suffisante** pour couvrir l'émolument correspondant ainsi que, le cas échéant, les frais et débours (C. com. art. R 444-61). S'il s'abstient de le faire, il n'est pas déchu du droit d'en réclamer paiement à l'acquéreur car l'obligation de payer les droits et taxes constitue la conséquence de l'acquisition et non celle de la faute du notaire (Cass. 1e civ. 25-11-2015 n° 14-22.102 FS-PB). Toutefois, lorsque cette faute a porté préjudice à l'une des parties, le notaire peut se voir opposer une exception de compensation par la partie à laquelle le défaut de consignation porte préjudice (même arrêt). Encore faut-il qu'un préjudice puisse être prouvé. S'agissant de la **plus-value**, le notaire est généralement chargé par le vendeur de rédiger et de déposer la déclaration des plus-values immobilières imposables, et de verser le montant de l'impôt correspondant au service de la publicité foncière lors du dépôt de l'acte de vente (voir nos 63150 s.). Si la plus-value est exonérée, le notaire doit en faire mention dans l'acte (voir n° 62310). La responsabilité du notaire pourrait être engagée en raison des fautes ou négligences commises dans la réalisation de ces formalités.

> **Précisions** Même lorsque le notaire n'est pas tenu de **déclarer un impôt**, au motif que cela ne relève pas de sa mission ou qu'il n'en a pas été chargé par son client, il reste néanmoins toujours « tenu d'informer et d'éclairer les parties, de manière complète et circonstanciée, sur la portée et les effets, notamment quant aux incidences fiscales, de l'acte auquel il prête son concours » (voir n° 70290). Il est responsable des manquements déclaratifs de son client lorsque ceux-ci sont consécutifs à une information incomplète sur la fiscalité des mutations (Cass. 1e civ. 20-12-2017 n° 16-13.073 FS-PB).

DESSAISISSEMENT DES FONDS

70170 Le notaire peut en principe verser au vendeur les fonds remis par l'acquéreur dès lors qu'il a interrogé le fichier hypothécaire préalablement à la vente (**état hypothécaire hors formalité**). Cependant, quand bien même l'état hypothécaire hors formalité ne révèle aucune inscription, cette formalité n'empêche pas un créancier du vendeur d'inscrire une créance hypothécaire entre la réquisition de l'état hors formalité et la date de la publication de la vente. Or, si cette inscription intercalaire intervient avant la vente, elle est valable et constitue une charge réelle grevant le bien vendu. Il serait donc préférable d'attendre d'avoir obtenu l'état hypothécaire requis après la vente (**état sur formalité**), qui seul permet de vérifier l'absence d'inscription intercalaire, avant de se dessaisir des sommes.

Toutefois, afin de faire face au retard de certaines conservations des hypothèques, tout en satisfaisant les vendeurs d'un bien immobilier, les notaires, en pratique, remettent souvent les fonds au vendeur avant l'obtention de l'état sur formalité.

Une réponse ministérielle a expressément admis la légalité de cette pratique d'un **dessaisissement anticipé** des fonds, tout en précisant cependant qu'elle « ne supprime en rien la responsabilité professionnelle que cet officier ministériel peut encourir » (Rép. Tissandier : AN 8-12-1980 n° 33315 p. 5139).

Sur ce point, la Cour de cassation considère que, dès lors que le notaire a pris soin de lever, avant la vente, un état hypothécaire afin de s'assurer de la situation de l'immeuble, **il ne peut lui être reproché** par le **créancier** de s'être dessaisi du prix de vente, aucun texte ne lui imposant de conserver le prix plus longtemps (Cass. 1e civ. 30-10-2008 n° 07-17.629 ; Cass. 1e civ. 23-11-2004 n° 03-10.233 FS-PB : Bull. civ. I n° 285). Cependant, rien ne permet d'affirmer qu'une décision identique serait prise si l'action était engagée par l'acquéreur. Dès lors qu'il remet le prix de vente au vendeur le jour de la signature de l'acte, le notaire doit en effet accomplir les formalités de publicité foncière dans les meilleurs délais afin d'assurer l'opposabilité de l'acte aux tiers (Cass. 1e civ. 15-5-2015 n° 14-14.988 : BPIM 4/15 inf. 283).

ATTENTION

La **prudence** devrait même conduire le notaire à attendre l'état sur formalité avant de remettre le prix au vendeur. Cette précaution s'impose sans conteste en présence d'un état hors formalité sur lequel figurent des inscriptions nombreuses et/ou élevées (La sécurité juridique, un défi authentique – Rapport du 111e Congrès des notaires de France à Strasbourg p. 938 n° 4433 ; F. Vauvillé, Responsabilité du notaire et hypothèque intercalaire – Mauvaise réponse à une bonne question : JCP N 2014 n° 1256).

Séquestre En cas de contestation portant sur la remise des fonds, le notaire **institué séquestre** ne peut être déchargé avant la contestation terminée qu'avec le consentement de toutes les parties intéressées, ou pour une cause jugée légitime (C. civ. art. 1960). Dès lors que l'acte auquel il prête son concours stipule la constitution d'un séquestre entre ses mains, le notaire doit donc s'assurer de la remise des fonds prévus au titre de ce séquestre (Cass. 1e civ. 27-9-2023 n° 22-18.372 F-D). Les parties intéressées incluent non seulement celles qui ont demandé ou établi le séquestre, mais également les tiers qui ont un intérêt sur la chose séquestrée. Dès lors que le notaire a été informé des contestations ou revendications d'un tiers (CA Paris 10-3-1999 : RJDA 5/99 n° 517), il ne peut donc se dessaisir des fonds sans préserver les droits de celui-ci. Tel est le cas de l'entreprise créancière d'une facture de travaux dont le financement avait été garanti par la somme séquestrée et dont la facture n'a pas été payée (Cass. 1e civ. 20-1-2021 n° 19-18.567 FS-P : RJDA 5/21 n° 305). A contrario bien sûr, il est parfaitement fondé en sa qualité de tiers saisi à s'opposer à la remise des fonds à un créancier, tant qu'il n'a aucune certitude sur la répartition des sommes dues (Cass. 1e civ. 30-6-2021 n° 18-22.978 F-D). 70171

En revanche, dès lors qu'**aucune stipulation contractuelle** ni aucune **disposition légale** ne met à la charge du notaire l'obligation de séquestrer les fonds, il ne peut pas être condamné à réparer le préjudice subi à raison de la remise des fonds au bénéficiaire. Ainsi, en matière de vente d'immeuble à construire pour usage d'habitation, le solde du prix de vente peut être consigné en cas de contestation sur la conformité avec les prévisions du contrat, mais aucune obligation n'est mise à la charge du notaire instrumentaire de séquestrer le solde du prix de vente en cas de réserves (CCH art. R 261-14). Il ne peut lui être reproché d'avoir remis au vendeur le solde du prix, bien que le procès-verbal de réception des travaux contienne des réserves et une mention manuscrite selon laquelle le solde du prix serait débloqué à la levée de celles-ci (Cass. 1e civ. 29-11-2023 n° 21-25.295 FS-D).

Situation des créanciers Pour les créanciers **inscrits antérieurement** à la réquisition de l'état hors formalité, le notaire doit consigner la somme à leur profit. Ainsi, il commet une faute en se dessaisissant du solde du prix entre les mains du vendeur sans tenir compte d'une inscription hypothécaire (Cass. 1e civ. 8-11-2017 n° 16-23.197 F-D : BPIM 1/18 inf. 86). Il en est ainsi, même s'il agit sur instructions de ce dernier et si la créance résiduelle de la banque, limitée à l'indemnité de remboursement anticipé, n'était pas certaine et faisait l'objet d'une demande de remise gracieuse (Cass. 1e civ. 10-9-2014 n° 13-23.189 : BPIM 6/14 inf. 408). En revanche, il n'a pas d'obligation de consignation si l'**hypothèque** est **caduque**. Ainsi, le notaire peut remettre les fonds au vendeur en dépit d'une inscription d'hypothèque provisoire dès lors que celle-ci n'a pas été confirmée par une hypothèque définitive (CPCE art. R 533-1 et R 533-4 ; Cass. 1e civ. 27-5-2003 n° 99-17.602 : RJDA 12/03 n° 1273). De même, lorsque le créancier acquiert la propriété, l'hypothèque inscrite au profit de l'acquéreur est frappée de caducité du fait de l'acquisition. En conséquence, le notaire n'a pas à consigner la somme au profit de l'acquéreur (Cass. 1e civ. 27-11-2008 n° 07-18.739 : RJDA 3/09 n° 200) ; voir n° 70065. 70172

D'une manière générale, l'officier public qui se dessaisit fautivement de fonds commet une faute qui l'oblige à réparation directe, quand bien même la victime disposerait d'une **action contre un tiers** (Cass. 1e civ. 25-11-2015 n° 14-26.245 F-PBI : RJDA 3/16 n° 182).

S'agissant de la **preuve de la remise des fonds**, il a été jugé que la démonstration de la remise d'un moyen de paiement ne suffit pas à rapporter la preuve du paiement. Il en résulte que le notaire tenu de remettre le prix d'une vente ne s'exonère pas de sa responsabilité en prouvant avoir remis au vendeur, sous tutelle, un chèque dont seul l'encaissement vaut paiement (Cass. 1e civ. 26-9-2018 n° 16-23.753 F-D). Rappelons toutefois, les paiements effectués ou reçus par un notaire pour le compte des parties à un acte authentique et donnant lieu à publicité foncière doivent obligatoirement être faits par virement à partir de 3 000 € (C. mon. fin. art. L 112-6-1 et R 112-5, I).

DESSAISISSEMENT DES FONDS ENTRE LES MAINS D'UN TIERS

Le notaire ne peut se dessaisir entre les mains d'un tiers des sommes appartenant au vendeur sans avoir **au préalable** recueilli l'accord de ce dernier. Ainsi, le notaire ne doit payer l'opposition du syndic qu'avec l'accord du vendeur (Cass. 1e civ. 12-6-2012 n° 11-18.100 : BPIM 4/12 inf. 334). En pratique, en cas d'opposition, le notaire envoie généralement au vendeur une copie de 70173 l'opposition reçue à l'étude en lui demandant de la retourner avec la mention manuscrite « bon pour accord de payer la somme de... », suivie de sa signature. À défaut d'accord du vendeur, le notaire ne saurait se faire juge de la validité de l'opposition. Il doit donc conserver les fonds ; il appartiendra à la partie la plus diligente de saisir le tribunal judiciaire ou le juge des référés afin d'obtenir la levée de l'opposition ou sa validation.

Lorsque le notaire reçoit de son client des **ordres de virement** aux fins de réinvestir à l'étranger les fonds issus du prix de vente, il doit seulement vérifier que les ordres émanent bien de son client, que l'identité des destinataires et les numéros IBAN à libeller sont corrects et qu'aucune usurpation n'a été décelée par l'établissement bancaire. Mais il n'a pas l'obligation de s'informer davantage auprès de son client, ni de faire des recherches sur l'identité des destinataires des fonds, ou de vérifier la concordance entre le nom du bénéficiaire et le numéro du compte IBAN (Cass. 1e civ. 8-11-2023 no 22-12.791 F-D).

RESPECT DU MANDAT

70175 Le notaire doit respecter les conditions posées par l'acte qu'il a rédigé et aux termes duquel mandat lui a été donné. Ainsi, dès lors que le notaire a reçu mandat de répartir le prix entre les mains des deux vendeurs d'un immeuble à proportion de leurs droits, et qu'il a commis une faute dans l'exécution de ce mandat, le vendeur dispose contre lui d'une **action fondée sur** cette mauvaise exécution (Cass. 1e civ. 20-1-1993 no 91-10.817). Le fondement de l'action ne sera donc pas une action en réparation mais en mauvaise exécution du mandat.

INSCRIPTION, RENOUVELLEMENT ET MAINLEVÉE DES SÛRETÉS GARANTISSANT L'OPÉRATION

70180 À moins d'en être expressément dispensé par les parties, le notaire doit effectuer les formalités nécessaires à la mise en place des sûretés qui garantissent l'exécution de l'acte auquel il prête son concours. Ainsi, même lorsque le client est une banque, dès lors qu'il ne fait aucun doute que celle-ci entendait bénéficier d'hypothèques de premier rang et confier au notaire le soin de radier les hypothèques antérieures, le **notaire est tenu de** procéder aux formalités nécessaires à la prise des garanties (Cass. 1e civ. 3-3-2011 no 09-16.091 : RJDA 7/11 no 651). De même, le notaire qui, contrairement aux stipulations de l'acte de vente, ne procède pas dans le délai de deux mois à l'inscription de l'hypothèque légale du vendeur (anciennement privilège du vendeur) commet un manquement à ses obligations (CA Versailles 1-4-1999 no 96-6185). Le notaire est évidemment **déchargé de cette obligation** lorsque l'acte prévoit une clause de renonciation à l'hypothèque légale du vendeur. Mais même en présence d'une telle clause, le notaire doit **aviser** le vendeur des risques d'une telle renonciation (Cass. 1e civ. 30-1-2001 no 98-12.065). À défaut, il engage sa responsabilité au titre de son devoir de conseil (Cass. 1e civ. 25-11-1997 no 95-18.618 : Bull. civ. I no 329).

70185 **Renouvellement et mainlevée des inscriptions** S'il résulte de l'acte authentique que le notaire avait pour seule obligation de procéder à l'inscription de l'hypothèque, il n'est **pas tenu de** réaliser les inscriptions spéciales et successives pour ceux des intérêts à échoir (Cass. 1e civ. 16-11-2016 no 15-25.416 F-D : BPIM 1/17 inf. 69) ni d'obtenir la réalisation des conditions exigées par le créancier hypothécaire en vue de consentir à la mainlevée des hypothèques (Cass. 1e civ. 11-7-2018 no 17-13.623 F-D).

Il en va cependant autrement lorsqu'il a reçu à cet effet un **mandat spécial**, exprès ou tacite (Cass. 1e civ. 25-5-1982 no 81-12.648 : Bull. civ. I no 190). Tel est le cas lorsqu'il est établi que les vendeurs ont entendu confier au notaire le soin d'assurer seul l'efficacité du document relatif aux échéances des paiements (Cass. 1e civ. 28-10-1991 no 90-14.965 : Bull. civ. I no 288). À défaut de mandat, le notaire n'est pas tenu de procéder au renouvellement de l'inscription mais, en certaines circonstances, il doit avertir le vendeur de l'importance de cette formalité, au titre de son **devoir de conseil**. Ainsi commet une faute le notaire qui, ayant constaté la cessation par l'acquéreur des paiements qu'il devait effectuer en son étude, omet d'appeler l'attention des vendeurs sur l'importance du renouvellement, avant sa péremption, de l'hypothèque légale du vendeur (anciennement privilège du vendeur) dont l'inscription avait été prise en vue de garantir ces paiements (Cass. 1e civ. 23-11-1999 no 97-12.598 : Bull. civ. I no 319).

INSCRIPTION AU REGISTRE DU COMMERCE ET DES SOCIÉTÉS

70187 Le notaire qui **rédige un acte** comportant, pour les parties intéressées, une incidence quelconque en matière de registre du commerce (RCS) est tenu de procéder aux formalités correspondantes par la transmission d'un dossier à l'organisme unique selon la procédure prévue à l'article R 123-1 du Code de commerce (C. com. art. R 123-89). À défaut, il engage sa responsabilité et

peut être condamné à une amende civile de 15 à 750 € prononcée par le tribunal judiciaire. Il doit donc se charger des formalités requises même s'il n'a pas reçu mandat à cet effet. À défaut, il engage sa responsabilité à l'égard de son client qui est déchargé des formalités (Cass. 1e civ. 6-10-2011 n° 10-19.190 : RJDA 1/12 n° 38 ; Cass. 1e civ. 13-12-2005 : Bull. civ. I n° 497).
Le notaire qui **reçoit une déclaration d'insaisissabilité** est tenu d'effectuer la formalité correspondante au RCS (C. com. art. L 526-1 ; Avis CCRCS n° 04-21 du 15-12-2005 : Bull. RCS 2005 n° 30-32 p. 13).

CONSERVATION DES ACTES ET DÉLIVRANCE DE COPIES

En principe, les notaires sont tenus de **garder minute** de tous les actes qu'ils reçoivent **70190** (C. déontologie notaire, art. 19 créé par décret 2023-1297 du 28-12-2023 ; Décret 71-941 du 26-11-1971 art. 26). Sauf accord sur une autre durée, ils sont conservés par les notaires eux-mêmes pendant 75 ans (100 ans lorsque l'acte concerne une personne mineure), pour être versés ultérieurement au service des archives (C. patr. art. L 213-2, 4° et 5°). L'acte authentique électronique est conservé par les archives privées de l'office notarial dans le minutier central électronique pendant 75 ans (Micen).
Les notaires doivent également délivrer au créancier une **copie exécutoire**, revêtue de la formule exécutoire (Loi 76-519 du 15-6-1976 art. 1er). L'omission du sceau du notaire sur la copie exécutoire n'affecte pas sa force exécutoire (Cass. 2e civ. 1-2-2018 n° 16-25.097 F-PB).
Le notaire ne peut délivrer de copie authentique ni donner connaissance des actes à d'autres personnes qu'aux intéressés en nom direct, héritier ou ayant droit. Toute autre personne doit se faire autoriser par ordonnance du président du tribunal judiciaire pour se faire délivrer une expédition d'un acte reçu par un notaire (Loi du 25 ventôse an XI art. 23). La plupart des actes authentiques en matière immobilière sont toutefois disponibles sur réquisition du service de la publicité foncière sans autorisation préalable.
Tout **manquement** aux règles de conservation ou de délivrance des copies exécutoires est susceptible d'engager la responsabilité notariale.

2. OBLIGATION D'INFORMATION ET DE CONSEIL

PRINCIPE

Le notaire instrumentaire ne peut se contenter de réaliser les formalités et vérifications auxquelles il est tenu de procéder. Il est également « **tenu d'informer** et **d'éclairer** les parties sur la portée, les effets et les risques, notamment juridiques et fiscaux, de l'acte par lequel elles s'engagent, **dans la limite** des possibilités de contrôle et de vérification qui lui sont offertes, des informations connues des parties et sans avoir à porter d'appréciation sur l'opportunité économique de l'opération » (Cass. 1e civ. 1-2-2023 n° 20-16.905 F-D). Cette jurisprudence constante est reprise par le nouveau règlement professionnel du notariat : « préalablement à la réception de l'acte, le notaire donne aux parties une information adéquate et veille à la bonne compréhension de la nature et de la portée des engagements qu'elles prennent en éclairant leur consentement. Pour autant, il n'est pas tenu à une obligation de conseil et de mise en garde concernant l'opportunité économique de l'opération, en l'absence d'éléments d'appréciation qu'il ne lui appartient pas de rechercher » (Arrêté JUSC2402635A du 29-1-2024, ann. art. 22.1). **70250**

Le devoir d'information et de conseil du notaire qui instrumente un acte ne se limite pas à **70255** s'assurer de l'intégrité du consentement des parties : il est tenu de délivrer aux parties une **information complète** et **circonstanciée** sur la portée et les conséquences de l'acte (Cass. 1e civ. 23-11-2022 n° 19-24.632 FS-D ; principe repris par C. déontologie notaire, art. 22 créé par décret 2023-1297 du 28-12-2023). Si cela est nécessaire pour obtenir l'information complète, il doit retarder la signature de l'acte, à défaut, sa responsabilité peut être engagée (Cass. 1e civ. 12-5-2016 n° 14-29.959 F-D : BPIM 6/16 inf. 417). Il doit également inviter son client à se faire assister par un interprète dès lors qu'il constate la mauvaise connaissance de la langue française par celui-ci (Cass. 1e civ. 13-5-2014 n° 13-13.509 F-PBI : RJDA 10/14 n° 796, BPIM 4/14 inf. 291).

Lorsque l'officier public effectue une vérification, si le résultat obtenu est **conforme aux intérêts** **70260** et **au projet** des parties, il poursuit l'opération en intégrant l'information dans son acte. Si, au contraire, le résultat obtenu ou les circonstances de l'affaire révèlent l'existence d'un risque pour l'une ou l'autre des parties ou même un tiers, le notaire doit alors réaliser des vérifications supplémentaires et informer clairement les parties de ce vice potentiel affectant l'acte qu'il rédige et des conséquences que cela implique. Jugé par exemple, à l'occasion de la réitération de la vente, que le notaire manque à son obligation d'assurer la pleine efficacité de l'acte dressé s'il prend l'initiative d'insérer dans l'acte authentique une condition de distance ne correspondant pas à la clause figurant dans le compromis, sans interroger les parties sur le sens et la portée qu'elles entendaient donner à leur accord sur ce point, ni s'assurer de leur volonté de convenir d'une disposition différente de celle arrêtée dans l'acte sous seing privé (Cass. 3e civ. 24-10-2019 n° 17-20.671 F-D ; pour un autre exemple, Cass. 1e civ. 17-6-2015 n° 14-19.692 F-PB : BPIM 4/15 inf. 284). En certaines circonstances, lorsque le notaire constate l'existence d'un risque, il devra même refuser d'instrumenter si le risque identifié le justifie (Cass. 1e civ. 11-7-2006 n° 03-18.528, pour une vente conclue en violation d'un pacte de préférence ; Cass. 1e civ. 3-4-2007 n° 05-16.570, pour une vente portant partiellement sur la chose d'autrui). Le refus d'instrumenter est cependant de plus en plus rarement admis comme étant exonératoire. Ainsi, en présence de deux compromis, le premier en date n'ayant pas été publié, il était inopposable aux tiers. Le notaire ne pouvait donc pas refuser d'instrumenter l'acte de vente requis par le bénéficiaire du second compromis (Cass. 1e civ. 20-12-2012 n° 11-19.682 : BPIM 1/13 inf. 64). Une solution identique a été admise en présence d'un acte d'échange non publié (Cass. 1e civ. 11-9-2013 n° 12-23.357 : RJDA 1/14 n° 21).

OBJET ET DOMAINE DU DEVOIR DE CONSEIL

70270 Les notaires sont les « conseils désintéressés des parties aussi bien que rédacteurs impartiaux de leurs volontés » (Rapport du Conseiller d'État Réal au corps législatif sur la loi du 25 ventôse an XI organisant le notariat).

L'objet du devoir de conseil est d'**aider le client** à contracter en toute connaissance de cause et à opérer des choix parmi les options qui s'offrent à lui.

Le domaine de cette obligation est extrêmement vaste, puisqu'il porte sur **toute information** ou **tout risque** quelconque susceptible de modifier, même partiellement, le consentement des contractants. Ce domaine est si vaste et si peu défini qu'il laisse libre champ à la jurisprudence de sanctionner le notaire, chaque fois que l'opération ne se déroule pas comme les parties l'avaient prévu. Par exemple, le notaire qui n'a pas informé les acquéreurs que le terrain était inconstructible peut être condamné à leur verser des dommages et intérêts (Cass. 1e civ. 12-7-1989 n° 88-12.387). En matière de donation-partage, le devoir d'information et de conseil ne se limite pas à s'assurer de l'intégrité du consentement du donateur au regard de l'erreur ou du dol (Cass. 1e civ. 12-5-2016 n° 14-29.959 : D. 2016 act. p. 1077). Si le notaire n'a pas connaissance de l'existence d'un vice, sa responsabilité ne sera engagée que s'il a commis une faute ou une négligence qui a empêché que ce vice ne soit mis au jour. Ainsi, s'il ne vérifie pas l'étendue exacte des droits du vendeur, permettant ainsi à ce dernier de dissimuler l'existence d'un bail, le notaire engage sa responsabilité à l'égard de l'acquéreur (Cass. 1e civ. 8-6-1994 n° 92-18.285).

En pratique, le devoir de conseil impose en premier lieu au notaire d'informer ses clients sur la portée générale et le danger global de l'opération. Mais, le plus souvent, le devoir de conseil porte sur un risque particulier, de nature éminemment factuelle et qui fluctue au gré des affaires qui lui sont confiées.

70275 Le notaire ne peut pas être tenu pour responsable de n'avoir pas délivré une **information évidente ou notoirement connue** (Cass. 3e civ. 12-6-1996 n° 94-14.862). Ainsi par exemple, la contenance d'un terrain, exprimée en ares et centiares, ne saurait être considérée comme incompréhensible pour les profanes (Cass. 3e civ. 14-12-2022 n° 21-19.246 F-D).

Toutefois, ce moyen est rarement admis comme exonératoire. Tel est le cas dans une vente en viager : les juges ne peuvent pas rejeter l'action en responsabilité d'un vendeur contre le notaire qui ne lui a pas conseillé de mentionner un bouquet en plus de la rente au seul motif que la possibilité de stipuler un bouquet est connue de tous (Cass. 1e civ. 3-5-2018 n° 16-20.419 FS-PB). Des acquéreurs ne peuvent pas non plus reprocher au notaire de ne pas les avoir informés de la nécessité de réaliser des travaux pour bénéficier d'un régime fiscal dérogatoire dès lors qu'il est établi que l'objectif même de l'opération est d'obtenir un investissement défiscalisé permettant la déduction du coût des travaux engagés de l'impôt sur leur revenu, les acquéreurs ne pouvant ignorer que la réalisation effective des travaux est une condition des déductions fiscales (Cass. 3e civ. 27-6-2019 n° 17-28.872 FS-PBI : RJDA 10/19 n° 641).

70280 Le notaire peut engager sa responsabilité à l'égard des **tiers aux contrats**, mais, en principe, ce ne sera pas sur le fondement du devoir de conseil dont il n'est tenu qu'à l'égard des parties à l'acte qu'il rédige (Cass. 1e civ. 3-5-2018 n° 17-12.473 FS-PB : BPIM 3/18 inf. 235). Voir n° 70690.

RISQUES FINANCIERS

70285 En **principe**, en l'absence d'éléments d'appréciation qu'il n'a pas à rechercher, le notaire n'est pas tenu à une obligation de conseil et de mise en garde en ce qui concerne la solvabilité des parties ou l'opportunité économique de l'opération à laquelle il prête son concours (Cass. 1e civ. 4-11-2011 n° 10-19.942 : RJDA 3/12 n° 270). Il n'appartient donc pas au notaire de rechercher l'ensemble du patrimoine, des revenus et des charges de l'acquéreur afin d'anticiper un risque d'endettement excessif (Cass. 1e civ. 23-11-2022 n° 19-24.473 F-D).

ILLUSTRATIONS

Ainsi, il n'est pas tenu :
– d'informer l'acquéreur du risque d'échec d'un **programme immobilier** qu'il ne pouvait suspecter au jour de la signature de la vente (Cass. 1e civ. 26-9-2019 nos 18-21.404 et 18-23.167 ; Cass. 1e civ. 26-9-2019 no 18-21.402 et Cass. 1e civ. 18-23.165) ;
– de prévoir la crise économique qui toucherait le secteur des **résidences hôtelières** (Cass. 3e civ. 8-7-2021 no 20-11.806 F-D : RJDA 10/21 no 642) ;
– de contrôler la simulation d'une opération de **défiscalisation** (Cass. 3e civ. 20-4-2022 nos 21-12.304 et 21-12.357 F-D).

Modalités de paiement Le notaire doit attirer l'attention du vendeur sur les risques à octroyer à l'acquéreur des conditions de paiement **trop favorables** (Cass. 1e civ. 14-11-2001 no 98-21.531 F-P : RJDA 6/02 no 618). Il doit également avertir l'acquéreur de l'illégalité et des risques liés à la **remise de chèques** destinés à être encaissés de façon échelonnée (Cass. 1e civ. 9-7-2003 no 00-14.774 F-D). Il doit expliquer aux acquéreurs la nécessité de verser le paiement du prix entre les mains d'une **banque** et non directement au vendeur, même si l'acte de vente énonce expressément les droits de l'établissement bancaire (Cass. 1e civ. 25-2-1992 no 90-12.713). **70286**
En revanche, le notaire n'a pas à se livrer à des recherches tenant au **besoin de financement** de ses clients, ni à envisager les conséquences de circonstances de fait qui leur sont personnelles et étrangères à la validité de l'acte, et dont ils ne l'avaient pas informé (Cass. 1e civ. 16-12-2003 no 00-17.960 FS-D).

Garanties financières Éviter au vendeur le risque de non-paiement par l'acquéreur oblige également le notaire à l'avertir des risques qu'il encourt à ne pas prendre des garanties suffisantes (CA Paris 29-5-2001 : Gaz. Pal. 2001, 2 somm. 1620). Ainsi, il doit l'informer des dangers à renoncer à l'action résolutoire (Cass. 1e civ. 10-7-1995 no 93-13.672 : Bull. civ. I no 312 arrêt no 1) ou au privilège du vendeur (devenu hypothèque légale du vendeur) (Cass. 1e civ. 25-11-1997 no 95-18.618 : Bull. civ. I no 329). Il doit également prévenir son client de la nécessité de renouveler une garantie (hypothèque ou privilège) avant sa péremption (Cass. 1e civ. 23-11-1999 no 97-12.598 : Bull. civ. I no 319). **70287**
S'agissant des risques que présente une **garantie intrinsèque** en cas de défaillance du vendeur, le notaire n'a pas, par principe, à déconseiller le recours à ce type de garantie légale ni à souligner ses inconvénients, dès lors qu'il constate que les conditions d'application de la garantie intrinsèque sont réunies et qu'il n'existe aucun élément pouvant lui faire craindre que la garantie fournie par le vendeur ne pourrait être utilement mise en œuvre (Cass. 1e civ. 11-12-2019 no 18-21.835 F-D ; Cass. 1e civ. 24-10-2019 no 18-21.704 F-D). En revanche, dès lors qu'une **clause d'inaliénabilité** souscrite par le vendeur au profit de la banque, mentionnée dans l'acte notarié de vente, interdisait au premier d'aliéner et d'hypothéquer les parcelles sans l'accord écrit de la seconde, il appartient aux notaires d'appeler l'attention de l'acquéreur sur la fragilité de la protection assurée par la garantie intrinsèque offerte par le vendeur au regard de cette clause (Cass. 1e civ. 31-1-2018 no 17-10.249 F-D). De même, dès lors que l'acte place le contrat sous le régime de la vente en l'état futur d'achèvement (Vefa), le notaire doit s'assurer que le vendeur fournit une **garantie d'achèvement**, quand bien même le vendeur aurait fait croire à l'acquéreur que les travaux étaient terminés en produisant une attestation d'achèvement erronée (Cass. 1e civ. 1-2-2023 no 21-13.133 F-D ; Cass. 3e civ. 6-7-2023 no 21-20.626 F-D). À noter que depuis le 1er janvier 2015, une Vefa du secteur protégé est nécessairement sécurisée par une garantie extrinsèque.
L'insertion d'une **clause dispensant** le notaire de procéder à l'inscription d'un privilège du vendeur (devenu hypothèque légale) ainsi que sa lecture par le notaire le jour de la signature ne dispensent pas celui-ci de mettre en garde ses clients contre les risques qui résultent de cette renonciation (Cass. 1e civ. 26-2-1991 no 89-15.071 : Bull. civ. I no 79). Mais satisfait à son devoir de conseil le notaire qui inclut dans l'acte authentique des clauses suffisamment explicites quant à l'hypothèque légale du vendeur, à la renonciation à l'action résolutoire et à la convention sur le rang des sûretés (Cass. 1e civ. 30-1-2001 no 98-12.065). De même, l'acquéreur qui ne respecte pas une clause de domiciliation des paiements, alors que l'acte de vente a très clairement attiré son attention sur les modalités de paiement convenues et, pour le cas où elles ne seraient pas respectées, sur les risques encourus, ne peut engager la responsabilité du notaire, qui n'a donc pas manqué à son obligation de conseil (Cass. 1e civ. 16-9-2010 no 09-69.031 : BPIM 6/10 inf. 516).
Mais en l'**absence d'éléments** révélant une insuffisance de garanties, le notaire n'a pas à vérifier la solvabilité de la caution (Cass. 1e civ. 13-3-2007 no 05-21.150 : RJDA 7/07 no 711). De même, il a été jugé que le devoir de conseil et d'information du notaire s'exerçait préalablement à la conclusion de l'acte pour assurer son efficacité et dès lors ne s'étendait pas, sauf mission particulière, à la

réalisation de conditions suspensives ou résolutoires qui ne relèvent que de la seule initiative des parties, et ne font pas obligation à celui-ci de se livrer d'office à des investigations sur la solvabilité des parties ou l'opportunité économique de l'opération (Cass. 1e civ. 12-5-2011 n° 10-18.954). En l'espèce, les parties avaient souscrit des obligations après la signature du compromis. Aucun reproche ne pouvait donc être fait au notaire.

RISQUES FISCAUX

70290 Le notaire est tenu d'informer et d'éclairer les parties sur les incidences fiscales de l'acte auquel il prête son concours. Cette obligation doit prendre en considération les **mobiles des parties**, extérieurs à l'acte, lorsque le notaire en a eu précisément connaissance (Cass. 1e civ. 13-12-2005 n° 03-11.443 : RJDA 5/06 n° 492). S'il est étroitement associé à l'ensemble de l'opération immobilière de ses clients ne peut méconnaître le but d'optimisation fiscale poursuivi par ces derniers, de devenir propriétaires en France d'un bien destiné à la location, le remboursement de l'emprunt bancaire contracté pour l'acquisition devant être assuré par la perception de loyers. Le notaire doit donc insérer, dans les actes authentiques, un avertissement explicite sur le fait que l'ensemble immobilier est affecté à usage de résidence de tourisme confié en gestion à un exploitant unique, en comportant des références aux dispositions fiscales applicables (Cass. 1e civ. 8-1-2020 n° 18-21.919 F-D).
En revanche, il n'est pas tenu d'informer le client de ce que celui-ci sait déjà (voir n° 70270 s.).

ILLUSTRATIONS

Il doit ainsi **avertir** ses clients :
– des risques de fixation d'un prix non conforme à la valeur du bien vendu (Cass. 1e civ. 15-4-1980 n° 78-16.143) ;
– de requalification en donation d'une vente moyennant un prix converti en obligation de soins (Cass. 1e civ. 1-12-1993 n° 91-18.623) ;
– de prorogation du délai de passation de l'acte authentique au-delà de la date d'entrée en vigueur d'une loi fiscale nouvelle désavantageuse (Cass. 1e civ. 25-11-1992 n° 89-20.872) ;
– de l'assujettissement à la TVA (Cass. 1e civ. 17-3-2016 n° 15-16.098 : BPIM 3/16 inf. 222) ;
– de l'incertitude affectant le régime fiscal applicable à une opération et du risque de perte des avantages fiscaux recherchés par eux (Cass. 1e civ. 26-1-2012 nos 10-25.741, 10-26.560 et 11-14.663 : RJF 5/12 n° 483), par exemple en cas de refus de classement de l'immeuble en résidence de tourisme (Cass. 1e civ. 1-2-2023 n° 21-16.380).
Le notaire est également responsable des **manquements déclaratifs** du vendeur lotisseur qui, en sa qualité d'assujetti à la TVA, aurait dû remplir des déclarations, dès lors que ces manquements sont consécutifs à une information incomplète sur la fiscalité des mutations concernées (Cass. 1e civ. 20-12-2017 n° 16-13.073 FS-PB : BPIM 1/18 inf. 85).

RISQUES TENANT AU PROJET OU À LA SITUATION DES PARTIES

70295 **Autorisations administratives** L'officier public est tenu d'informer l'acquéreur de la nécessité de solliciter une autorisation administrative et des conséquences de l'éventuel refus de l'administration (Cass. 1e civ. 2-4-1997 n° 95-11.350 : arrêt rendu en matière de vente de fonds de commerce, mais dont la solution est transposable à la vente d'immeuble). Ainsi, commet une faute le notaire qui reçoit un acte authentique sans attendre la réponse de la mairie sur l'état du réseau d'assainissement du bien vendu (Cass. 3e civ. 15-9-2016 n° 15-18.156 F-D : BPIM 6/16 inf. 417). L'obligation d'informer les parties des risques propres à une opération, telle que l'obligation d'affectation des lots, s'impose alors même que le client est un professionnel de l'immobilier (marchand de biens) et est de mauvaise foi (Cass. 3e civ. 30-1-2013 nos 11-26.074, 11-26.648 et 11-27.970 : RJDA 5/13 n° 394, BPIM 2/13 inf. 158).

ILLUSTRATIONS

En matière d'**urbanisme**, le notaire doit informer l'acquéreur :
– des conséquences juridiques de l'acquisition d'un immeuble bâti sans permis de construire et de l'impossibilité de procéder à des travaux modificatifs qui en résultent (Cass. 1e civ. 12-11-2020 n° 19-14.752 F-D ; Cass. 3e civ. 10-5-2005 n° 04-13.200) ;
– des incidences du classement de l'immeuble en zone 1UXp du plan local d'urbanisme sur l'usage d'habitation convenu pour ce bien (Cass. 3e civ. 21-3-2019 n° 17-23.713 FS-D) ;
– de la nécessité d'insérer une clause suspensive d'obtention d'un tel permis (Cass. 1e civ. 28-2-1989 n° 85-10.079) ;
– des risques à acheter un terrain constructible avant d'avoir sollicité et obtenu un permis de construire ayant acquis un caractère définitif et de la possibilité d'insérer une condition résolutoire dans l'acte de vente (Cass. 1e civ. 9-9-2020 n° 19-14.361) ou sans appeler l'attention des acquéreurs sur le fait qu'un certificat d'urbanisme ne permet pas de vérifier la constructibilité

du terrain au regard du plan local d'urbanisme (Cass. 3e civ. 26-10-2022 n° 21-21.213 F-D ; Cass. 1e civ. 31-1-2018 n° 17-13.303 F-D) ;
– des risques encourus à signer l'acte authentique de vente avant l'expiration du délai de recours contre le permis dont l'obtention a été érigée en condition suspensive (Cass. 1e civ. 9-12-2010 n° 09-70.816 : RJDA 5/11 n° 399) ;
– des risques de s'engager dans l'achat d'un terrain avant que le permis de construire ait acquis un caractère définitif, malgré la délivrance d'un certificat d'urbanisme (Cass. 1e civ. 20-3-2014 n° 13-14.121 : BPIM 3/14 n° 214) ;
– des risques qu'encourt l'acquéreur en s'engageant avant que le permis de construire requis n'ait acquis un caractère définitif et lui indiquer l'utilité d'insérer une condition résolutoire dans l'acte de vente (Cass. 1e civ. 20-3-2014 n° 13-14.121 : BPIM 3/14 inf. 214).

Financement En cas de **prêt**, le notaire doit alerter son client de la nécessité d'insérer une **clause suspensive** d'obtention d'un prêt (Cass. 1e civ. 9-6-1998 n° 96-13.785 : Bull. civ. I n° 205). Et lorsque l'acte de vente organise le transfert à la charge de l'acquéreur du prêt ayant financé l'acquisition initiale, les vérifications à la charge du notaire s'étendent également à l'acte de prêt (Cass. 1e civ. 19-11-2009 n° 08-19.173 : en l'espèce, le notaire avait réitéré la vente en dépit d'une clause interdisant toute cession sans l'accord de la banque, qui avait en conséquence invoqué la déchéance du terme du prêt). 70296

Assurances Le notaire n'est pas tenu de conseiller la souscription d'une **assurance facultative** (Cass. 1e civ. 4-12-2001 n° 99-12.497 : RJDA 4/02 n° 435). Mais, il doit les informer des conséquences du défaut de souscription d'une assurance facultative, ce qui revient à les informer de l'intérêt qu'il y a à la souscrire (Cass. 1e civ. 8-1-2020 n° 18-23.948 F-D). En outre, le notaire doit également tenir informés ses clients si la compagnie d'assurances refuse d'assurer l'un d'entre eux (Cass. 1e civ. 17-11-1993 n° 90-16.600 : Bull. civ. I n° 331). 70297

Le notaire doit, en revanche, vérifier si les vendeurs ont souscrit l'**assurance obligatoire** (Cass. 1e civ. 8-7-1994 n° 92-15.036 P) et préciser clairement dans son acte si les travaux relatifs au bien cédé sont garantis ou non, sans se contenter d'attirer l'attention des acheteurs sur les assurances à souscrire par le vendeur et les conséquences pour l'acheteur d'un défaut d'assurances du vendeur (Cass. 1e civ. 12-6-2012 n° 11-18.277 F-D). Il doit vérifier personnellement l'efficacité de la police souscrite dès lors que les circonstances laissent présager un risque d'inefficacité (Cass. 1e civ. 18-2-1997 n° 95-11.942). Ainsi engage sa responsabilité le notaire qui n'effectue aucune vérification supplémentaire malgré le caractère non probant de l'attestation produite : une simple photocopie, tronquée et non signée par l'assureur (Cass. 3e civ. 20-10-2021 n° 20-11.853 F-D). En revanche, dès lors qu'il a mentionné l'absence d'assurance, il ne semble pas tenu d'appeler spécialement l'attention des parties sur les conséquences de cette absence d'assurance indispensable (Cass. 1e civ. 13-3-2001 n° 98-18.155 : Bull. civ. I n° 67 ; BPIM 3/01 inf. 195). La responsabilité est aussi exclue en l'absence d'une perte de chance d'être indemnisé des désordres décennaux, dès lors que la garantie des assureurs des autres constructeurs peut être mise en œuvre (Cass. 3e civ. 10-10-2012 n° 11-17.627, n° 11-17.796 FS-D).
Concernant l'**assurance construction**, mention de l'existence ou de l'absence d'assurance doit être faite dans le corps de l'acte ou en annexe (C. ass. art. L 243-2 al. 3).

ÉTENDUE DU DEVOIR DE CONSEIL

Le notaire n'est cependant tenu d'informer les parties de risques particuliers que dans la mesure où il a été informé des objectifs du client. À défaut, il est dans l'**impossibilité d'identifier le risque éventuel**, ce qui constitue une cause exonératoire (n° 70650). Ainsi, par exemple, lorsque l'acquéreur a déclaré dans la promesse ne pas envisager de démolition ou reconstruction de l'immeuble, il ne peut reprocher au notaire de n'avoir pas sollicité un certificat d'urbanisme (Cass. 3e civ. 5-12-2012 n° 11-18.773 : RJDA 6/13 n° 495, BPIM 1/13 inf. 56). De même, si une personne renonce au droit d'eau lui permettant d'alimenter un moulin situé sur la propriété acquise, elle ne peut engager la responsabilité du notaire, si elle ne rapporte pas la preuve qu'elle n'aurait pas acquis, si elle avait été informée que sa renonciation était définitive et la privait à l'avenir de la possibilité de remettre un jour en service ledit moulin (Cass. 3e civ. 14-11-2019 n° 16-18.601 F-D). L'acheteur ne peut pas non plus reprocher au notaire de ne pas avoir vérifié la possibilité de changer la destination de l'immeuble vendu dès lors que ce changement n'est pas mentionné à l'acte et qu'il n'a pas été porté à sa connaissance, **à moins qu'il n'ait pu raisonnablement l'ignorer** (Cass. 1e civ. 29-3-2017 n° 15-50.102 F-PB : BPIM 3/17 inf. 250 ; Cass. 3e civ. 13-7-2022 n° 20-21.293 F-D). Ainsi, par exemple, le notaire qui a été étroitement associé à l'ensemble de l'opération ne peut méconnaître le but d'optimisation fiscale poursuivi par les acquéreurs (Cass. 1e civ. 8-1-2020 n° 18-21.919 F-D). 70300

70320 Le notaire est tenu à un devoir de conseil quelles que soient les **capacités** personnelles du **client** (professionnel, avisé, ou non : voir n° 70580 s.), quelle que soit l'opération réalisée et ce à tous les stades de l'opération. Ainsi, commet une faute le notaire qui n'informe pas un homme d'affaires néerlandais de l'intérêt de se faire assister par un interprète (Cass. 1e civ. 13-5-2014 n° 13-13.509 : RJDA 10/14 n° 796, BPIM 4/14 inf. 291). En outre, le conseil donné doit être suffisamment intelligible pour le client. Il ne peut pas se contenter d'informer le client d'un risque sans l'expliciter. En pareil cas, sa responsabilité risque d'être engagée comme s'il avait manqué à son devoir de conseil.

A contrario, le notaire ne manque pas à ses obligations professionnelles lorsque la clause excluant la garantie des vices cachés pouvant affecter le sol, le sous-sol ou les bâtiments insérée dans l'acte de vente est particulièrement claire et précise et rédigée dans des termes aisément compréhensibles (Cass. 1e civ. 3-2-2016 n° 15-10.219 : JCP N 2016 act. n° 304). Le notaire ne manque pas plus à son devoir de conseil dans le cas où l'acquéreur d'un fonds de commerce de bar-discothèque apprend que la commission de sécurité de la commune a émis un avis défavorable au fonctionnement de l'établissement et lui impose l'exécution de travaux alors que l'acheteur avait déclaré connaître l'état des installations et déchargé le cédant de toute responsabilité (Cass. 1e civ. 10-4-2019 n° 18-12.805 FD : BRDA 12/19 inf. 14).

B. Preuve de la faute du notaire

RÉALISATION D'UNE VÉRIFICATION OU D'UNE FORMALITÉ

70360 En principe, la **charge de la preuve** de la faute du notaire incombe au demandeur (C. civ. art. 1353).

Toutefois, non seulement la charge de la preuve est inversée lorsque la faute consiste en un manquement au devoir d'information ou de conseil (voir n° 70450), mais de surcroît la réalisation d'une vérification ou d'une formalité obligatoires constituant généralement une **obligation de résultat**, le demandeur doit simplement rapporter la preuve de l'inexécution mais n'a pas à rapporter la preuve d'une faute.

DEVOIR D'INFORMATION OU DE CONSEIL

70370 S'agissant du devoir d'information et de conseil, celui qui est légalement ou contractuellement tenu d'une obligation particulière d'information doit rapporter la preuve de l'exécution de cette obligation (Cass. 1e civ. 25-2-1997 n° 94-19.685 PBR : Bull. civ. I n° 75). C'est donc au notaire qu'incombe la **charge de la preuve** de l'exécution de son devoir de conseil (Cass. 1e civ. 8-1-2020 n° 18-23.948 F-D). Le client ne peut donc pas être débouté au motif qu'il ne rapporte pas la preuve d'un manquement du notaire à son devoir d'information (Cass. 1e civ. 8-12-2021 n° 20-20.284 F-D). Le demandeur doit seulement rapporter la preuve de l'existence d'une obligation de conseil dans le cas d'espèce qu'il soumet au contrôle de la juridiction. S'il est établi que le notaire a correctement rempli ses obligations, c'est au demandeur de rapporter la preuve que l'officier ministériel détenait les éléments ou les indices de nature à lui faire supposer l'existence d'un risque (Cass. 3e civ. 8-2-2018 n° 15-28.524 F-D).

70375 **Modes de preuves** D'une manière générale, la preuve du conseil donné, qui incombe au notaire, peut résulter de **toute circonstance ou document** établissant que le client a été averti clairement des risques inhérents à l'acte que le notaire a instrumenté (Cass. 1e civ. 9-11-2022 n° 21-11.810 F-D). La preuve peut donc être rapportée par tout moyen. Toutefois, pour le notaire, le seul moyen efficace de prouver l'accomplissement de son devoir de conseil est de s'en ménager la preuve au moyen d'un **écrit** qui atteste qu'il a informé correctement son client, prouvant ainsi que celui-ci a persisté dans son projet en dépit de cet avertissement circonstancié. En effet, les conséquences d'un engagement librement souscrit et judiciairement déclaré valable ne constituent pas un préjudice réparable (voir n° 70470). Le notaire qui produit un écrit motivé, distinct de l'acte notarié et signé par les clients, rapporte donc la preuve qu'il les a exactement avisés du risque et qu'en dépit de ses conseils ils ont persisté dans leur projet, de sorte qu'ils ne peuvent s'en prendre qu'à eux-mêmes si leur obstination et leur mauvaise foi les ont conduits à supporter les risques prévus par le notaire (Cass. 1e civ. 23-3-1999 n° 97-11.711). De même, les acquéreurs d'un immeuble à usage commercial ne peuvent invoquer un manquement au devoir de conseil du notaire quant à l'absence de servitude permettant l'utilisation de parkings, dès lors qu'ils sont des professionnels habitués à ce type de projets d'investissements, qu'ils ont été mis en mesure d'examiner minutieusement les actes et qu'ils ont reconnu avoir reçu une note les informant de ce que le parking ne reposait que sur une simple tolérance (Cass. 3e civ. 18-3-2021 n° 19-24.638 F-D : RJDA 7/21 n° 460). Mais les juridictions sont relativement sévères dans l'appréciation du caractère suffisant du document.

Un **avertissement ou une mention**, insérés dans l'acte, peuvent suffire (Cass. 1e civ. 10-7-2002 n° 99-15.217). Ainsi, dès lors que la condition suspensive relative à la note de renseignement d'urbanisme prévue à la promesse de vente précise que le seul alignement n'est pas considéré comme une condition suspensive, à moins qu'il ne rende l'immeuble impropre à sa destination, et que les acquéreurs ont paraphé le certificat d'urbanisme annexé à l'acte de vente, dans lequel il était expressément mentionné l'existence de cette servitude, ils ne peuvent reprocher aucune faute au notaire (Cass. 1e civ. 5-7-2017 n° 16-13.630 F-D : BPIM 5/17 inf. 377).

CONSEIL

Il peut être préférable d'établir un **acte séparé**, à une date antérieure à la signature de l'acte, surtout s'il s'agit d'un acte définitif et non d'un acte préparatoire, afin d'établir que le client a eu le temps de réfléchir au problème posé.

Clause de reconnaissance de conseil donné La reconnaissance de conseil donné diffère d'une clause générale limitative ou exonératoire de responsabilité (qui serait à elle seule inefficace, faute de prouver que le client a été averti des risques qu'il prenait). L'écrit doit être clair, précis, complet et intelligible pour le client auquel il est destiné. À défaut d'être suffisamment clair (Cass. com. 9-4-2002 n° 99-11.066), complet (Cass. 1e civ. 10-7-1995 n° 93-13.672 : Bull. civ. I n° 312 arrêt n° 1), adapté à la situation (Cass. 1e civ. 14-11-2001 n° 98-21.531 : RJDA 6/02 n° 618 ; Cass. 1e civ. 15-1-1991 n° 89-10.891) ou au client concerné (Cass. 1e civ. 8-2-2017 n° 15-29.083 : Sol. Not. 5/17 inf. 135), le document ne permet pas au notaire de prouver qu'il a rempli son obligation de conseil. En conséquence, annexer ou même attirer expressément l'attention du client sur un document qui révèle l'existence d'un risque peut ne pas suffire. Le notaire doit aussi expliquer le contenu et les effets de ce document. 70380

ILLUSTRATIONS

Quand bien même l'acquéreur aurait déclaré avoir une parfaite connaissance de **l'absence de certificat de conformité**, le notaire engage sa responsabilité s'il ne ressort pas des stipulations de l'acte authentique que l'acquéreur avait été clairement informé des incidences et du risque qu'il s'engageait à supporter (Cass. 1e civ. 17-6-2015 n° 14-19.692 F-PB : BPIM 4/15 inf. 284). Les notaires qui prennent la précaution de faire signer aux acquéreurs une **note de renseignements d'urbanisme** annexée à l'acte authentique dans laquelle il a été expressément indiqué « inondable de 0 à 1 mètre – limite crue centennale » et qui rappellent dans le corps de l'acte que l'acquéreur « reconnaît avoir pris connaissance et s'engage à faire son affaire personnelle des indications et prescriptions » contenues dans cette note de renseignements commettent néanmoins une faute, dès lors qu'ils n'ont pas éclairé leurs clients sur les risques qu'ils encouraient en s'engageant avant que le permis de construire n'ait acquis un caractère définitif (Cass. 3e civ. 23-5-2007 n° 06-11.889 : RJDA 11/07 n° 1075). Le notaire doit informer l'acquéreur d'un terrain sur sa classification et sur le sens d'une telle classification au regard de la **constructibilité** (Cass. 1e civ. 5-4-2012 n° 11-15.056 F-D).

Même si les clients ont déclaré faire leur affaire personnelle des conséquences d'un **jugement**, le notaire qui a rédigé la vente ne peut échapper à sa responsabilité dès lors que le jugement n'était pas annexé à l'acte. En effet, il lui incombait de s'assurer que ses clients avaient connaissance de la teneur de ce jugement et de son incidence (en l'espèce une diminution de la surface du terrain, Cass. 1e civ. 14-11-2012 n° 11-24.726 : RJDA 2/13 n° 102, BPIM 6/12 inf. 487). En revanche, dès lors que les clients ont été informés, par les mentions contenues dans la promesse de vente et dans l'acte authentique de vente, des sinistres antérieurs ayant affecté le bien et de leurs conséquences et qu'ils avaient eu communication des pièces, incluant le rapport d'expertise, dont il était fait état dans l'acte de vente, les notaires ne manquent pas à leur devoir de conseil en n'annexant pas à l'acte de vente le rapport d'expertise (Cass. 3e civ. 28-1-2021 n° 19-17.574 F-D : SNH 5/21 inf. 1).

La seule mention selon laquelle le prix, pour être libératoire, doit être versé sur un **compte centralisateur**, sans information précise sur le caractère spécifique d'un tel compte, ne peut suffire à sensibiliser un emprunteur non averti confronté pour la première fois aux modalités d'une telle opération sur les conséquences d'un règlement effectué en dehors du compte (Cass. 1e civ. 8-2-2017 n° 15-29.083 F-D : Sol. Not. 5/17 inf. 135).

Si l'acquéreur reconnaît dans l'acte avoir vu son attention attirée expressément sur l'existence d'une servitude non aedificandi (zone non constructible) grevant la parcelle vendue et renonce irrévocablement à mettre ultérieurement en cause la responsabilité civile du notaire, les juges ne peuvent pas condamner le notaire au motif que le client ne peut pas renoncer par avance à demander la réparation de son préjudice et que la clause ne peut valoir transaction, en l'absence de contrepartie donnée par le notaire. La Cour de cassation considère en effet que la **renonciation à un droit** est un acte unilatéral qui n'exige pas l'existence de concessions réciproques (Cass. 1e civ. 5-6-2019 n° 18-16.896 F-D). Seule l'insuffisance de clarté de la reconnaissance de conseil donné peut donc servir de fondement à l'action en responsabilité.

C. Préjudice

PREUVE

70450 L'existence d'une faute commise par le notaire ne suffit pas à engager sa responsabilité. Il faut qu'il résulte de ce manquement un préjudice et que ce dernier ait bien été provoqué par la faute notariale (lien de causalité entre la faute commise et le préjudice subi) (voir n° 70470). À défaut, la demande en réparation présentée par le client ou le tiers contre le notaire sera rejetée.

La **charge de la preuve** de l'existence d'un préjudice et d'un lien de causalité avec la faute repose sur le demandeur à l'action et non sur le notaire. Ainsi, la victime peut être déboutée si elle ne démontre pas l'existence d'un préjudice indemnisable ou d'une perte de chance (Cass. 3e civ. 18-1-2024 n° 22-22.960). Doivent par exemple être déboutés :

– la victime qui ne démontre pas qu'elle aurait renoncé à l'opération si elle avait été plus amplement informée sur les contraintes que l'opération recelait (Cass. 3e civ. 17-1-2019 n° 17-26.490 FS-PBI) ;

– l'acquéreur qui n'allègue ni ne justifie n'avoir pu bénéficier du dispositif de défiscalisation escompté (Cass. 1e civ. 28-6-2023 n° 21-21.249 F-D).

Toutefois, le juge ne peut pas refuser d'indemniser un préjudice dont il constate l'existence en son principe en se fondant sur l'**insuffisance des preuves** qui lui sont fournies par les parties, ni refuser d'indemniser une perte de chance de ne pas subir un dommage, dont il constate l'existence, en se fondant sur le fait que seule une réparation intégrale de ce dommage lui a été demandée (Cass. 1e civ. 1-3-2023 n° 21-25.868 F-D). Dès lors que la preuve de l'existence d'un préjudice est rapportée, le juge doit donc arbitrer la question du montant de la réparation en fondant sa décision sur des motifs qui ne sont pas hypothétiques (voir pour un exemple de validation des motifs : Cass. 1e civ. 1-2-2023 n° 21-15.614 F-D).

Pour la charge de la preuve de la faute du notaire, voir n° 70360 s.

CARACTÈRES DU PRÉJUDICE

70460 **Préjudice certain et actuel** Pour prétendre à l'obtention de dommages et intérêts, le client qui estime que le notaire a commis une faute professionnelle doit démontrer qu'il a subi un préjudice certain et actuel. En effet, la circonstance qu'un notaire a manqué à son devoir d'assurer l'efficacité de l'acte instrumenté n'implique pas nécessairement qu'il en résulte un préjudice (Cass. 1e civ. 20-3-2014 n° 13-12.287 : RJDA 7/14 n° 612 ; Cass. 1e civ. 1-3-2023 n° 21-24.047 F-D). Les juges du fond ne peuvent donc pas condamner le notaire sans caractériser l'existence d'un préjudice indemnisable (Cass. 1e civ. 12-9-2019 n° 18-12.408). Ainsi, n'établit pas l'**existence** d'un préjudice le client qui reproche au notaire la création d'une servitude nouvelle rendant le bien invendable, alors qu'en réalité l'officier ministériel n'a fait que reprendre l'ancien droit, sans l'aggraver et en l'adaptant à une division intervenue (Cass. 1e civ. 20-3-2013 n° 12-19.450). De même, si les juges relèvent que les sommes dont la restitution est réclamée au notaire ont été perçues de façon indue par le demandeur, elles ne constituent pas pour celui-ci un préjudice indemnisable (Cass. com. 30-9-2020 n° 18-26.044 F-D : RJDA 1/21 n° 32).

70461 La responsabilité du notaire ne présente pas un caractère **subsidiaire**. Dès lors, il ne peut pas prétendre se dégager de sa responsabilité en imposant à la victime d'engager des **actions judiciaires** pour tenter de limiter le préjudice et d'échapper aux conséquences dommageables de cette faute, lesquelles n'auraient pas existé si sa faute n'avait pas été commise (Cass. 1e civ. 25-11-2015 n° 14-26.245 F-PBI : RJDA 3/16 n° 182). Le dommage directement causé par la faute du notaire doit donc être réparé intégralement quand bien même la victime aurait disposé d'un moyen de défense limitant son préjudice dans le procès engagé contre elle par un tiers en raison de cette faute (Cass. 1e civ. 22-9-2016 n° 15-13.840 FS-PB : BRDA 21/16 inf. 13). Par exemple, peut agir directement contre le notaire :

– le propriétaire d'un bien vendu sans son accord et dont le prix a été versé par le notaire à un tiers sur la base de documents manifestement faux ; il n'a pas à justifier d'une action préalable en annulation de la vente ou en remboursement du prix contre la société qui a perçu le prix ni à prouver l'insolvabilité de cette dernière (Cass. 1e civ. 8-11-2023 n° 22-20.089 F-D) ;

– le vendeur qui reproche au notaire rédacteur d'avoir réglé l'opposition effectuée par le syndic au titre de charges de copropriété sans son accord ; il n'a pas à démontrer avoir émis quelque protestation que ce soit auprès du syndic (Cass. 1e civ. 12-6-2012 n° 11-18.100 F-D : BPIM 4/12 inf. 334).

Cependant, lorsque la victime dispose d'un droit contre un tiers et que ce droit constitue non pas une voie de droit qui ne serait que la conséquence de la situation dommageable imputée à la faute du notaire, mais un effet attaché à une **garantie** qu'il aurait prise, alors, la victime doit, en principe, d'abord actionner la garantie dont elle dispose. Ainsi, si un établissement prêteur dispose contre le co-emprunteur ou la caution de recours qu'elle n'a pas mis en œuvre et qui ne sont pas la conséquence de la situation dommageable imputée à la faute du notaire instrumentaire, le préjudice allégué n'est pas actuel et certain (Cass. 1e civ. 1-3-2023 n° 21-24.166 F-B). De même, le créancier hypothécaire qui n'a pas usé de la faculté d'exercer son droit de suite à l'encontre des acquéreurs ne peut en principe se prévaloir d'un préjudice certain (Cass. 3e civ. 8-2-2018 n° 16-27.941 FS-PB : BPIM 2/18 inf. 164 ; Cass. 1e civ. 11-2-2010 n° 08-21.565 ; Cass. 1e civ. 27-2-2013 n° 12-16.891 : BPIM 2/13 inf. 157), sauf à prouver que les acquéreurs sont insolvables ou que la faute du notaire est la cause principale des voies de droit (Cass. 1e civ. 25-3-2010 n° 09-66.282 : RJDA 7/10 n° 734). Le préjudice invoqué par le créancier inscrit qui agit contre le notaire qui n'a pas procédé aux formalités de purge n'est donc ni actuel ni certain si le créancier n'a pas au préalable usé de sa faculté d'exercer son droit de suite contre le tiers acquéreur (Cass. 1e civ. 1-4-2003 n° 99-16.610). Le créancier en pareil cas doit donc agir au préalable contre le tiers acquéreur ou attraire le notaire en garantie. Toutefois, pour le créancier, le fait de ne pas être payé au moment de la vente constitue un préjudice certain tiré de la perte d'une chance d'obtenir le paiement de sa créance au moment de la vente (Cass. 1e civ. 8-11-2017 n° 16-23.197 F-D : BPIM 1/18 inf. 86). De même, l'inscription erronée d'un privilège de prêteur de denier sur la seule quote-part acquise par le coïndivisaire-emprunteur entraîne un préjudice certain pour le créancier puisqu'il devra agir en partage avant de pouvoir saisir l'immeuble (solution transposable à l'hypothèque légale spéciale de prêteur de deniers de la réforme des sûretés de l'ordonnance 2021-1192 du 15-9-2021 ; Cass. 1e civ. 2-2-2022 n° 20-11.793 F-D).

Préjudice futur Un préjudice futur ne sera indemnisable que si sa réalisation, certes différée, est inéluctable. **70462**

Perte de chance Un préjudice seulement **éventuel** n'est indemnisable que s'il revêt les caractères de la perte d'une chance. Seule la disparition actuelle et certaine d'une éventualité favorable constitue une perte de chance réparable (Cass. 1e civ. 11-1-2023 n° 21-18.247 F-D). **70463**

Il peut s'agir de la perte de chance de réaliser une vente à la date et aux conditions prévues (Cass. 1e civ. 10-3-1964 n° 62-13.289 : Bull. civ. I n° 141) ou celle de négocier une réduction de prix ou de renoncer à une acquisition (Cass. 3e civ. 15-3-2018 n° 17-11.850 F-D : SNH 12/18 inf. 5). Par exemple, le notaire qui reçoit l'acte authentique sans attendre la réponse de la mairie sur l'état du réseau d'assainissement du bien vendu, qui s'avérera non conforme, commet une faute privant l'acheteur d'une perte de chance de négocier le prix en fonction de cette non-conformité (Cass. 3e civ. 15-9-2016 n° 15-18.156 F-D : BPIM 6/16 inf. 417).
La perte de chance semble **limitée** aux cas où la responsabilité du notaire est engagée sur le seul fondement d'un manquement au devoir de conseil, et non sur celui de l'absence d'efficacité de l'acte, auquel cas le notaire est tenu à une réparation intégrale et non à une réparation limitée à la perte de chance de ne pas contracter (Cass. 1e civ. 23-11-2022 n° 21-20.401 F-D ; Cass. 1e civ. 11-1-2023 n° 21-13.055 F-D).

> **Précisions** Les juges ne peuvent **soulever d'office** le moyen tiré de la perte de chance sans inviter au préalable les parties à présenter leurs observations (Cass. 1e civ. 1-3-2023 n° 21-21.951 F-D ; Cass. 1e civ. 1-3-2023 n° 21-19.643 F-D ; Cass. 3e civ. 14-12-2022 n° 21-17.764 et n° 21-19.299 F-D ; Cass. 1e civ. 29-6-2022 n° 21-15.709 F-D).

Les juges du fond ne peuvent pas allouer une **indemnité égale** au bénéfice intégral que le demandeur aurait retiré de la réalisation de l'événement escompté. L'indemnisation sera donc nécessairement partielle (Cass. 1e civ. 3-5-2018 n° 17-14.926 F-D ; Cass. 1e civ. 9-12-2010 n° 09-69.490 : RJDA 5/11 n° 480), voire inexistante si la perte de chance est minime (Cass. 1e civ. 30-4-2014 n° 13-16.380 : Bull. civ. I n° 76). En revanche, dès lors qu'ils relèvent l'existence d'une faute imputable au notaire et d'un préjudice consécutif à ce manquement résidant dans la perte d'une chance, les juges du fond ne peuvent pas refuser d'indemniser la victime de cette perte de chance au motif qu'elle a demandé une réparation intégrale de ce dommage (Cass. 1e civ. 6-10-2021 n° 20-13.526 F-D). **70464**

Annulation du contrat de vente La **restitution** à laquelle un contractant est condamné à la suite de l'annulation d'un contrat ne constitue pas par elle-même un préjudice indemnisable (Cass. 3e civ. 3-5-2018 n° 17-11.132 FS-PB ; Cass. 3e civ. 16-9-2021 n° 20-16.347 F-D), sauf circonstances particulières (insolvabilité du débiteur de l'obligation à restitution par exemple, voir n° 70466). Ainsi, même si le notaire commet une faute, il ne peut pas être condamné à supporter la restitution du prix ou d'une partie du prix d'une vente que l'annulation soit ordonnée sur le fondement de la garantie d'éviction (Cass. 1e civ. 24-10-2019 n° 18-18.307 F-D), de la garantie des vices cachés (Cass. 3e civ. 14-12-2017 n° 16-24.170 FS-PBI : BPIM 1/18 inf. 84) ou de la garantie de **70465**

superficie d'un lot (Loi Carrez) (Cass. 3e civ. 8-12-2021 n° 20-14.119 F-D). En revanche, si le bien vendu est atteint de vices cachés nécessitant sa démolition, l'acheteur qui choisit de conserver le bien sans demander la restitution du prix de vente est en droit d'obtenir du vendeur de mauvaise foi des dommages-intérêts équivalant au coût des frais de démolition et de reconstruction (C. civ. art. 1645). Ce préjudice, qui diffère de la restitution du prix, constitue alors un préjudice indemnisable et le notaire peut être condamné à le réparer dans une proportion que les juges du fond apprécient souverainement (Cass. 3e civ. 30-1-2020 n° 19-10.176 FS-PBI : SNH 6/20 inf. 2).

Tout comme le prix de vente, les **frais de la vente** (Cass. 3e civ. 11-7-2019 n° 18-16.690 F-D : SNH 33/19 inf. 12) ou les **taxes** versées à l'administration fiscale à qui la restitution peut être réclamée (Cass. 1e civ. 28-9-2022 n° 20-16.499 F-D) ne constituent pas un préjudice réparable. Ils ne le deviennent que lorsque leur restitution, après annulation du contrat, s'avère impossible. En revanche, le paiement par l'acquéreur de la **taxe foncière**, des **charges de copropriété** ou de **l'assurance**, constitue bien un préjudice indemnisable (Cass. 1e civ. 1-2-2023 n° 21-19.047 F-D) pour l'acquéreur, comme pour le vendeur condamné à l'égard de ce dernier, qui peut dès lors demander la garantie du notaire (Cass. 3e civ. 12-10-2022 n° 20-22.911 FS-B).

Aucun **émolument** n'est dû pour l'acte, la copie ou l'extrait déclarés nuls ou inutiles par la faute du notaire (C. com. art. R 444-64). Les **dépenses et investissements** réalisés en pure perte en raison de l'inefficacité du montage instrumenté par le notaire constituent un préjudice dont le professionnel doit réparation intégrale (Cass. 1e civ. 6-10-2011 n° 10-23.654 : RJDA 1/12 n° 99).

70466 Lorsque le préjudice est constitué par une obligation à **restitution du prix ou d'une partie du prix**, l'acquéreur doit donc agir en restitution du prix contre le vendeur et appeler le notaire en garantie en cas d'insolvabilité du premier (Cass. 1e civ. 1-6-1999 n° 97-14.063 : RJDA 12/99 n° 1313). L'action en garantie, contrairement à l'action en réparation, ne pourra lui être refusée au motif qu'il subsiste des recours contre d'autres débiteurs (Cass. 1e civ. 13-2-1996 n° 93-18.809 : Bull. civ. I n° 81) ou que l'insolvabilité des vendeurs n'est pas avérée au jour où la juridiction statue (Cass. 1e civ. 15-5-2015 n° 14-14.988 F-D et 14-19.724 F-D : BPIM 4/15 inf. 283). En revanche, si l'acquéreur rapporte la preuve de l'insolvabilité des vendeurs, il peut alors agir directement contre le notaire. Un notaire peut ainsi être condamné à garantir l'acquéreur du paiement de la restitution du prix incombant au vendeur placé en liquidation judiciaire (Cass. 1e civ. 30-3-2022 n° 20-14.371 F-D ; Cass. 1e civ. 5-4-2018 n° 17-14.113 F-D ; Cass. 3e civ. 6-7-2023 n° 21-20.626 F-D). Toutefois, le seul fait que la société venderesse ait été placée en liquidation judiciaire ne suffit pas nécessairement à caractériser cette insolvabilité (Cass. 3e civ. 14-12-2022 n° 21-23.386 FS-D ; Cass. 1e civ. 7-12-2022 n° 20-23.440 F-D ; Cass. com. 15-6-2022 n° 21-10.802 F-B). Les juges du fond doivent rechercher, lorsque cela leur est demandé, si la restitution est définitivement compromise (Cass. 1e civ. 24-10-2018 n° 17-22.792 F-D).

En outre, l'acquéreur peut demander la condamnation solidaire du vendeur et du notaire à l'indemniser de l'**augmentation du prix** de vente entre son achat et la décision constatant son éviction car la plus-value n'est pas une restitution mais une indemnisation de la perte subie par l'effet de l'éviction (Cass. 3e civ. 27-10-2016 n° 15-21.495 FS-PB : BPIM 1/17 inf. 31), étant précisé que la plus-value doit être évaluée à la date de la décision constatant l'éviction (Cass. 3e civ. 7-7-2010 n° 09-12.055 FS-PB : RJDA 12/10 n° 1143).

Le raisonnement est identique pour la somme que le vendeur est tenu de restituer à la suite d'une **diminution de prix** (Cass. 3e civ. 4-1-2006 n° 04-15.922 : RJDA 7/06 n° 764, BPIM 4/06 inf. 295). C'est donc seulement si l'action de la victime (acquéreur ou emprunteur par exemple) est vouée à l'échec en raison de l'insolvabilité du débiteur que le notaire pourra être condamné directement à rembourser la somme avant même la mise en œuvre de l'action contre le vendeur (Cass. 1e civ. 17-7-2001 n° 98-20.916). En effet, la Cour de cassation considère que, sauf à démontrer l'insolvabilité du vendeur, seul ce dernier peut être débiteur de la restitution du prix d'acquisition (Cass. 1e civ. 5-4-2012 nos 10-23.442 et 10-26.790 : AJDI 2012 p. 454 note S. Porcheron). Ainsi, dès lors qu'il est établi que le débiteur de la restitution est insolvable, le notaire et son assureur peuvent être condamnés in solidum au remboursement du prix de vente et de ses accessoires (Cass. 3e civ. 18-2-2016 n° 15-12.719 FS-PB : RJDA 7/16 n° 522) ou du trop-perçu du prix de vente d'un bien immobilier dont les surfaces se sont révélées moindres que celles mentionnées dans l'acte de vente (Cass. 1e civ. 25-3-2010 n° 09-66.282 : RJDA 7/10 n° 734, BPIM 4/10 inf. 338).

Les juges du fond doivent relever non pas seulement une incertitude pour l'acquéreur, de toucher le prix, mais une impossibilité certaine d'obtenir tout ou partie du prix (Cass. 1e civ. 16-5-2013 n° 12-15.959 : JCP N 2013 n° 644). L'insolvabilité du vendeur est démontrée dès lors qu'il est établi que les vendeurs avaient perdu toute possibilité de recouvrer leur créance auprès de la SCI, placée en redressement puis liquidation judiciaire moins de trois mois après le prononcé de la décision en ordonnant le paiement (Cass. 1e civ. 10-7-2013 n° 12-23.746 : BPIM 5/13 inf. 360).

Ce raisonnement a des implications au regard de la **prescription** de l'action en responsabilité dirigée contre le notaire. En effet, dans la mesure où le notaire ne peut être tenu à restituer les sommes dues à la suite de l'anéantissement de l'acte qu'en cas d'insolvabilité des vendeurs, seul cet événement est de nature à faire courir le délai de prescription (Cass. 1e civ. 27-2-2013 no 12-15.417).

S'agissant de **l'annulation d'un prêt** consécutif à l'annulation d'une vente, en principe, la restitution du **capital restant dû** ne constitue pas non plus un préjudice réparable. Les principes applicables à la restitution du prix sont donc transposables. Ce n'est donc que si la situation du débiteur de l'obligation de restitution est irrémédiablement compromise ou que la faute du notaire a directement contribué à l'annulation du contrat de prêt que la condamnation directe du notaire à rembourser les sommes prêtées peut être prononcée (pour un exemple, voir Cass. 1e civ. 30-3-2022 no 20-14.371 F-D ; voir no 70466). Rappelons toutefois que les sûretés prises en garantie d'un prêt sont maintenues jusqu'à restitution de la somme empruntée malgré la résolution du contrat de prêt (C. civ. art. 1352-9). L'établissement prêteur est donc en droit de solliciter le maintien de ses garanties, telle que l'hypothèque conventionnelle sur le bien objet de la vente, jusqu'au remboursement complet de sa créance (Cass. 3e civ. 26-10-2022 no 21-12.765 F-D) et les formalités de purge doivent être accomplies (voir nos 28000 s.). À défaut, la responsabilité du notaire est susceptible d'être engagée. Le juge doit toutefois rechercher si la négligence de la banque à faire valoir ses droits dès la résolution du contrat de prêt n'est pas de nature à exonérer, totalement ou partiellement, le notaire de sa responsabilité (Cass. 1e civ. 12-9-2019 no 18-17.598 F-D : BPIM 6/19 inf. 413). 70467

Sur la perte des **intérêts** conventionnels, la jurisprudence de la première chambre civile s'est rapprochée de celle de la troisième chambre civile en considérant que, contrairement à la restitution du capital, cette perte constitue en elle-même un préjudice indemnisable (Cass. 3e civ. 30-1-2013 no 11-26.074 : RJDA 5/13 no 394 ; Cass. 3e civ. 19-5-2016 no 15-11.441 FS-PB : BPIM 4/16 inf. 284 ; Cass. 1e civ. 25-11-2020 no 19-14.277 F-D). Cependant, l'indemnisation du préjudice sera en principe limitée à la perte de chance de percevoir les intérêts, dès lors que le montant du capital emprunté n'a pas encore été amorti à la date de l'annulation (Cass. 3e civ. 18-2-2016 no 15-12.719 FS-PB : Sol. Not. 4/16 inf. 92). C'est seulement lorsque le prêt a déjà été remboursé au moment où il a été annulé, le montant du préjudice de la banque étant alors certain, que cette dernière peut percevoir des dommages-intérêts d'un montant égal à celui des intérêts conventionnels restitués (Cass. 3e civ. 30-1-2013 no 11-26.074 : RJDA 5/13 no 394).

Pendant un temps, la première chambre civile de la Cour de cassation a adopté une position plus nuancée. Elle considérait que les juges du fond ne pouvaient pas condamner le notaire à payer à la banque le montant des intérêts et des frais de garantie qu'elle devait rembourser aux acquéreurs à raison de la résolution du prêt (Cass. 1e civ. 2-7-2014 nos 12-28.615 et 13-17.280 : RJDA 11/14 no 834, BPIM 5/14 inf. 352), sans déterminer le préjudice réel subi par la banque (Cass. 1e civ. 8-2-2017 no 15-29.083 F-D : Sol. Not. 5/17 inf. 135).

S'agissant des **frais de prêt**, la troisième chambre civile de la Cour de cassation a également précisé que le notaire responsable de la nullité d'un contrat de prêt accessoire à un contrat de vente peut être tenu d'indemniser la banque, au titre de la restitution à l'emprunteur des frais du prêt annulé (Cass. 3e civ. 1-6-2017 no 16-14.428 FS-PBI : BPIM 4/17 inf. 309). Toutefois, l'annulation du contrat de prêt corrélative à l'annulation de la vente doit être constatée, à défaut, il ne s'agit que de la contrepartie de la jouissance du capital emprunté (Cass. 1e civ. 13-4-2023 no 22-11.151 F-D).

Impôts S'agissant des impositions dues consécutives à une faute notariale, il est admis que le paiement d'un impôt **légalement dû** ne constitue pas un préjudice réparable (Cass. 1e civ. 14-5-2009 no 08-13.178). La victime doit donc établir avec certitude que, dûment conseillée par le notaire, elle n'aurait pas été exposée au paiement des droits litigieux ou l'aurait été à un niveau moindre (Cass. 1e civ. 4-11-2003 no 00-21.044). En revanche, si le contribuable n'a pas acquitté à l'échéance l'impôt légalement dû en raison du manquement du notaire à son devoir de conseil, la perte de chance de ne pas payer les **majorations et intérêts de retard** s'analyse en un préjudice réparable (Cass. 1e civ. 5-2-2020 no 18-23.750 F-D). Les juges du fond sont souverains pour déclarer que le manquement du notaire a seulement conduit au paiement des intérêts de retard (Cass. 1e civ. 17-2-2021 no 19-16.379 F-D). En outre, un préjudice peut découler du paiement d'un impôt auquel le contribuable est légalement tenu lorsqu'il est établi que le manquement du notaire à son obligation de conseil l'a privé de la possibilité de renoncer à l'opération et de rechercher une solution au régime fiscal plus avantageux (Cass. 1e civ. 15-1-2015 no 14-10.256 F-D). 70468

Réparation intégrale Le notaire, comme tout auteur d'une faute, est tenu d'assurer la réparation intégrale du dommage actuel et certain de la victime (C. civ. art. 1240), **sans perte ni profit** pour cette dernière (Cass. 1e civ. 3-11-2021 no 20-10.445 F-D). Ainsi, la faute du notaire, qui 70469 n'a pas déposé dans les délais impartis par la loi l'inventaire requis pour faire produire effet à la déclaration par laquelle les héritiers acceptent la succession à concurrence de l'actif net, est à l'origine de l'entier préjudice subi par ces derniers, tenus des dettes du défunt. En conséquence, la cour d'appel ne peut limiter la condamnation à une partie seulement desdites dettes (Cass. 1e civ. 7-3-2018 n° 17-14.632 F-D).

En revanche, il résulte également de l'article 1240 du Code civil que le préjudice ne peut être supérieur au préjudice réellement subi en raison de la faute notariale. Ainsi, le préjudice causé par la perte d'une sûreté réelle garantissant le remboursement de la dette d'un tiers ne peut pas être supérieur à la valeur du bien affecté. Le juge ne peut donc pas condamner le notaire à indemniser le prêteur à hauteur des sommes qu'il n'a pas pu recevoir, sans constater que la valeur du bien hypothéqué aurait permis à la banque d'être payée à hauteur de la somme allouée (Cass. 1e civ. 5-5-2021 n° 19-16.800 F-D). Toute solution contraire conduirait la victime à percevoir plus qu'elle n'aurait perçu, même si la faute du notaire n'avait pas été commise et à réparer un préjudice qui n'est finalement pas en lien direct avec la faute notariale.

La victime n'a pas à **limiter** son **préjudice** dans l'intérêt du responsable : ainsi, les notaires dont le défaut de conseil est à l'origine d'une rectification fiscale préjudiciable ne peuvent reprocher à leurs clients investisseurs de ne pas avoir réduit leur préjudice financier en optant pour un autre dispositif de défiscalisation (Cass. 1e civ. 2-7-2014 n° 13-17.599 : RJDA 1/15 n° 6).

S'agissant de **l'indemnité d'occupation** due au propriétaire par l'acquéreur évincé à la suite de l'annulation d'un contrat de vente, elle est la contrepartie de l'occupation du bien et ne constitue donc pas un dommage réparable (Cass. 1e civ. 5-1-2022 n° 20-11.837 F-D).

> **Précisions** Les juges du fond peuvent surseoir à statuer tant que l'étendue du préjudice n'est **pas connue** (Cass. 1e civ. 21-1-1997 n° 94-18.958). Ils peuvent aussi prononcer une condamnation conditionnelle (Cass. 1e civ. 29-2-2000 n° 97-18.734 : RJDA 12/00 n° 1194).

D. Lien de causalité

DÉFINITION ET CHARGE DE LA PREUVE

70470 Une fois la faute et le préjudice établis, pour que la responsabilité du notaire soit engagée, encore faut-il prouver que cette faute est bien en lien direct avec le préjudice subi.

C'est au demandeur de rapporter la preuve du lien de causalité entre la faute du notaire et le préjudice invoqué. Ne rapporte pas cette preuve la demanderesse qui se prétend héritière d'une succession sans justifier, à la date d'établissement de l'acte de notoriété de la succession, de son lien de filiation avec la défunte, et donc de sa qualité d'héritière (Cass. 1e civ. 12-6-2018 n° 17-19.825 FS-PB : SNH 22/18 inf. 6). La **responsabilité** du notaire peut être **écartée si** son manquement n'est pas à l'origine du préjudice subi (Cass. 1e civ. 16-6-1992 n° 89-17.305 : Bull. civ. I n° 185) ou si l'accomplissement de son obligation n'aurait de toute façon pas suffi à décourager le client de réaliser l'opération dommageable (Cass. 1e civ. 25-11-1971 n° 70-12.187 : Bull. civ. I n° 296).

La charge de la réparation peut être **proportionnelle** à la participation de la faute du notaire dans la caractérisation du préjudice. Par exemple, si le vendeur, se plaignant d'un redressement fiscal, ne démontre pas de façon certaine que les solutions alternatives, fiscalement avantageuses, mais impliquant une modification de l'organisation patrimoniale du projet, auraient été acceptées par les acquéreurs et les prêteurs, les juges peuvent retenir que le défaut de conseil imputable au notaire n'a engendré qu'une perte de chance d'éviter le redressement fiscal dans la proportion des deux tiers (Cass. 1e civ. 13-3-2024 n° 19-21.360 FD).

ILLUSTRATIONS

Ainsi par exemple, en principe, le notaire commet une faute s'il omet de consigner le prix alors qu'il existe des **créanciers inscrits**. Mais cette faute est sans lien de causalité avec le préjudice subi par le créancier dès lors que celui-ci bénéficiait d'une hypothèque judiciaire provisoire qui n'avait pas été confirmée par l'inscription de son hypothèque définitive dans le délai légal (Cass. 1e civ. 23-6-2011 n° 10-17.244).

De même, le notaire qui omet de solliciter un certificat d'urbanisme n'engage pas sa responsabilité si, au moment de la vente, ce document d'urbanisme n'aurait pas révélé l'**inconstructibilité du terrain**, situation résultant de prescriptions décidées après la vente (Cass. 1e civ. 17-10-2012 n° 11-24.038 : BPIM 6/12 inf. 488).

Ou encore, pour un notaire qui s'est abstenu, avant de recevoir l'acte, de faire consigner une somme suffisante, dès lors qu'il est établi que ni la tardiveté de la publication de l'acte ni l'**absence de consignation suffisante** n'avaient préjudicié à l'acquéreur (Cass. 1e civ. 25-11-2015 n° 14-22.102 FS-PB).

S'il est établi que le client avait **connaissance d'un risque** et qu'il a néanmoins réalisé l'opération en dépit de ce risque, le préjudice invoqué est dépourvu de lien de causalité avec le manquement reproché (Cass. com. 27-6-2018 n° 16-26.360 F-D). En effet, les conséquences d'un engagement librement souscrit et judiciairement déclaré valable ne constituent pas un préjudice réparable (Cass. 1e civ. 10-4-2019 n° 18-14.987 FS-PB : RJDA 12/19 n° 745). Ainsi, l'acquéreur d'un bien ne saurait engager la responsabilité du notaire dès lors qu'il est établi qu'il a déclaré dans l'acte de vente être parfaitement informé et faire son affaire personnelle de la situation litigieuse (Cass. 3e civ. 17-10-2019 n° 18-15.942 F-D : en l'espèce une opération de ravalement obligatoire menée par la commune ; Cass. 1e civ. 10-4-2019 n° 18-12.805 F-D : conformité des installations d'un bar-discothèque avec la réglementation en vigueur, jurisprudence rendue en matière de vente d'un fonds de commerce mais transposable à la vente d'un bien immobilier). De même, la responsabilité du notaire sera écartée s'il est établi que l'acquéreur a été informé des désordres affectant l'immeuble et que cette information lui a été délivrée avant la signature de l'acte définitif (Cass. 1e civ. 10-4-2019 n° 18-14.987 FS-PB) ou de la présence d'altération biologique des bois par insecte à larve xylophage, ce dont résultait la connaissance du vice dans sa nature, son ampleur et ses conséquences (Cass. 3e civ. 5-12-2019 n° 18-24.672 F-D) ou de l'identification des parcelles vendues, qui ne comprenaient pas une cour cadastrée, dès lors que le titre, auquel le notaire avait annexé un plan cadastral, était dépourvu de toute équivoque (Cass. 3e civ. 28-11-2019 n° 18-20.004 F-D).
De même, le notaire qui omet d'informer l'acquéreur de l'existence d'un bail rural grevant le bien acquis commet une faute mais n'est pas tenu de réparer le préjudice constitué par la **plus-value potentielle** non réalisée en raison de l'annulation de la vente. Car, en tout état de cause, même s'il avait été mieux informé, le client n'aurait pas donné suite à ce projet, si ce n'est à ses risques. Le préjudice allégué était donc dépourvu de lien de causalité avec la faute du notaire (Cass. 1e civ. 2-7-2014 n° 13-17.894 F-PB : RJDA 11/14 n° 833, BPIM 4/14 inf. 290). En revanche, le client aurait pu demander la réparation du préjudice constitué par les frais inhérents à la vente et la perte de chance de négocier une baisse de prix ou la perte de chance d'investir dans un projet plus performant, par exemple.

CARACTÉRISATION

Les juges du fond doivent relever les motifs propres à établir qu'en l'absence de manquement des notaires les préjudices auraient pu être évités et qu'il existe ainsi un lien de causalité entre la faute retenue et les dommages relevés. Ils doivent par exemple rechercher : **70480**
– si le préjudice allégué ne s'était pas réalisé **avant même l'intervention du notaire**, en raison de la conclusion définitive de la vente de terrains sous signature privée et du versement du prix, intervenus antérieurement à la signature de l'acte authentique (Cass. 1e civ. 24-10-2006 n° 05-12.636 F-D : RJDA 2/07 n° 138). Dans ce cas, le préjudice, même s'il existe bien, n'est pas dû à la faute commise par le notaire puisqu'il était d'ores et déjà réalisé avant même l'intervention de ce dernier. Ainsi, pour condamner le notaire à réparer le préjudice de l'acquéreur qui découvre que l'appartement acquis est d'une superficie inférieure à celle portée sur les actes, les juges doivent rechercher si la vente litigieuse ne résulte pas d'un compromis dont la conclusion et la réalisation des conditions suspensives étaient antérieures à l'intervention du notaire, de sorte que ses conséquences dommageables se seraient développées même sans la faute imputée à l'officier ministériel (Cass. 1e civ. 26-9-2018 n° 17-24.690 F-D : RJDA 1/19 n° 11) ;
– si **dûment informés**, les acquéreurs auraient renoncé à l'acquisition, bien que les permis de construire n'ont pas été portés à leur connaissance, qu'aucune déclaration de conformité des travaux n'est intervenue et que la désignation d'une partie du sous-sol était ambiguë (Cass. 1e civ. 24-1-2024 n° 22-17.172 F-D).
Même en présence d'une faute, la responsabilité du notaire pourra également être écartée s'il est établi que les demandeurs, en raison de leur attitude, ont provoqué le préjudice sans attendre d'avoir la certitude qu'il se réaliserait (CA Lyon 3-6-2004 n° 02-05580).

1. MOYENS NON EXONÉRATOIRES

PARTICULARISMES TENANT AU CLIENT

Situation du client Le notaire doit une parfaite impartialité aux parties en présence. Il ne peut accepter de rédiger un acte qui néglige les intérêts d'un **client occasionnel** pour favoriser un client habituel (Cass. 1e civ. 15-5-2007 n° 06-15.318 F-PB : RJDA 10/07 n° 932) et son devoir de conseil est dû même aux parties non clientes de l'étude (Cass. 1e civ. 4-1-1973 n° 69-11.672 : Bull. civ. I n° 1). A fortiori, il ne saurait profiter de l'**état de faiblesse** et de l'altération des facultés mentales de l'une des parties pour lui faire conclure un contrat de vente à un prix dérisoire, avec des clauses déséquilibrées, la privant du devoir de conseil incombant à un notaire impartial et objectif (Cass. 3e civ. 29-3-2018 n° 17-13.641 F-D). **70580**

70585 **Compétences du client** Le notaire n'est pas déchargé de son devoir de conseil par les **compétences professionnelles** de son client (Cass. 1e civ. 3-3-2011 n° 09-16.091). Sa responsabilité peut donc être retenue à l'égard d'un professionnel des questions immobilières (Cass. 1e civ. 25-11-1997 n° 95-18.618 : Bull. civ. I n° 329 ; Cass. 1e civ. 5-4-2012 n° 11-15.056 : AJDI 2012 p. 454 note S. Porcheron), d'un marchand de biens (Cass. 1e civ. 9-6-1998 : Bull. civ. I n° 205 ; Cass. 1e civ. 30-5-2013 n° 12-22.252), d'un homme d'affaires (Cass. 1e civ. 13-5-2014 n° 13-13.509 : RJDA 10/14 n° 796, BPIM 4/14 inf. 291) d'un investisseur (Cass. 1e civ. 23-11-2022 n° 19-24.632 FS-D) ou d'un promoteur-constructeur (Cass. 1e civ. 28-11-1995 n° 93-15.659). Le notaire est même tenu d'informer et d'éclairer un client, notaire également, sur les incidences fiscales des actes qu'il établit (Cass. 1e civ. 3-4-2007 n° 06-12.831 : RJDA 7/07 n° 710 s'agissant d'un acte de vente de parts d'une société notariale) ou un professionnel de l'immobilier qui dispose des compétences personnelles lui permettant de connaître la réglementation applicable (Cass. 1e civ. 11-7-2018 n° 17-21.587 F-D). Les compétences d'un client peuvent cependant conduire les juges à estimer que celui-ci a commis une faute ayant contribué à la production de son propre préjudice (voir n° 70660).

A contrario, le fait que le client soit **néophyte** peut conduire les juges à considérer que le notaire a une obligation de conseil plus étendue (Cass. 1e civ. 8-2-2017 n° 15-29.083 F-D), sauf s'ils retiennent que les clauses litigieuses ne sont pas d'une grande complexité et que les clients, même profanes en matière immobilière peuvent les comprendre (Cass. 3e civ. 7-11-2019 n° 18-17.267 F-D).

Le notaire n'est pas dispensé de ses obligations professionnelles si le **client est assisté** d'un ou plusieurs conseillers personnels (Cass. 1e civ. 10-7-1995 : Bull. civ. I n° 312 ; Cass. 1e civ. 9-5-2001 n° 98-19.898).

En revanche, les conséquences d'un engagement librement souscrit et judiciairement déclaré valable ne constituent pas un préjudice réparable. Le notaire n'est donc pas tenu à un devoir d'information s'il est établi que le client connaît l'information litigieuse (voir n° 70380).

> **Précisions** **a.** Le notaire pourra parfois, mais très rarement, prouver l'absence de faute au motif qu'il avait pour **interdiction de s'immiscer dans les affaires de son client** (Cass. 1e civ. 26-2-1991 n° 87-16.926 ; en sens contraire, Cass. 1e civ. 15-5-2002 n° 00-11.036 F-D).
> **b.** L'obligation de conseil du notaire, lors de la signature d'une promesse de vente, n'est due qu'au bénéficiaire identifié de cette promesse et **non à celui qu'il s'est substitué** (Cass. 1e civ. 26-10-2004 : Bull. civ. I n° 235).

PARTICULARISMES TENANT À LA MISSION DU NOTAIRE

70590 Il est de jurisprudence constante que le notaire, tenu d'éclairer les parties et de s'assurer de la validité et de l'efficacité des actes qu'il instrumente, ne peut décliner le principe de sa responsabilité en alléguant qu'il n'a fait qu'**authentifier l'acte** établi par les parties (Cass. 1e civ. 21-7-1921 : D. 1925, 1 p. 29 ; Cass. 1e civ. 3-4-2007 n° 06-13.304 : RJDA 10/07 n° 1030 ; Cass. 1e civ. 7-6-2023 n° 21-23.142 F-D).

En revanche, la jurisprudence considère que plus le notaire est **impliqué dans l'opération**, plus son obligation est étendue (Cass. 1e civ. 19-11-1985 n° 84-11.322 : Bull. civ. I n° 308). S'il a participé aux négociations, il est censé avoir une plus parfaite connaissance de l'affaire, ce qui augmente le champ de son obligation de conseil. Jugé ainsi que le notaire unique du programme litigieux, conseiller habituel en optimisation fiscale, ne pouvait ignorer qu'il s'agissait d'une opération de défiscalisation et se devait de fournir à ses clients l'ensemble des informations concernant les obligations à respecter afin d'obtenir effectivement les avantages fiscaux légalement prévus (Cass. 1e civ. 31-01-2018 n° 16-19.389 F-D et n° 16-19.445 F-D).

Même si le notaire n'a fait que négocier et préparer un acte, sans le recevoir faute d'en avoir la capacité, il demeure responsable, avec le notaire authentificateur, à l'égard des cocontractants (Cass. 1e civ. 12-5-1993 n° 91-15.246 : Bull. civ. I n° 167).

Lorsque les parties apportent des **modifications** au projet d'acte initial, le notaire doit les informer des risques engendrés par ces modifications, quand bien même ce sont les parties qui auraient souhaité substituer une solution juridique hasardeuse à celle initialement prévue, et quand bien même l'acquéreur serait un investisseur avisé et aurait préalablement reconnu vouloir « faire une opération financière » (Cass. 1e civ. 6-2-2013 n° 12-12.123 : BPIM 2/13 inf. 159).

Pour les actes à la rédaction desquels le notaire n'est **pas intervenu**, voir n° 70690.

70595 **Promesses de vente** Que la faute soit commise au stade de la rédaction d'un acte préparatoire (promesse de vente) ou définitif (vente), les conditions de mise en œuvre de sa **responsabilité** sont les mêmes. Ainsi, le notaire ne peut pas prétendre à une exonération de sa responsabilité au motif que l'acte rédigé était seulement préparatoire (Cass. 1e civ. 21-2-1995 n° 93-14.233 : Bull. civ. I n° 94 ; Cass. 1e civ. 25-1-1989 n° 87-12.838 : Bull. civ. I n° 40). Pour la réalisation de cet acte, le notaire **doit vérifier** la propriété du bien vendu. Si la réalisation de la vente est conditionnée au consentement d'un tiers (indivisaire, par exemple), l'acquéreur doit être informé de l'aléa qui en résulte. À défaut, il est bien fondé à réclamer au notaire le préjudice non compensé par la restitution des sommes qu'il avait versées au moment de la signature de la promesse, frais engagés, par exemple (Cass. 3e civ. 11-9-2012 n° 11-18.953 : Defrénois 2013 p. 204 note J.-F. Sagaut).

Cependant, les **obligations** dues au titre de la rédaction d'un acte préparatoire à la vente sont nettement moins étendues. En effet, la promesse a généralement pour objet de se ménager le temps nécessaire pour procéder aux vérifications et formalités préalables à la vente. Ces dernières ne s'imposent donc évidemment pas au notaire au stade de l'acte préparatoire, puisqu'il y procédera entre la promesse et la vente. Ainsi, « l'avant-contrat étant destiné à arrêter la volonté des parties sans attendre l'expiration des délais utiles à l'obtention des renseignements complémentaires et documents administratifs nécessaires à la perfection de la vente » et dès lors que le notaire « n'avait aucun motif de suspecter l'inexactitude des déclarations du vendeur », il ne saurait lui être reproché de n'avoir pas identifié la défaillance de ce dernier dans son obligation d'information à l'égard des acquéreurs (Cass. 1e civ. 26-11-2014 n° 13-27.965 : Bull. civ. I n° 197).

Par **exemple**, le notaire chargé de l'établissement d'une promesse de vente immobilière n'a pas à demander préalablement un état « hors formalité » au service de la publicité foncière (Cass. 1e civ. 25-3-2010 n° 08-20.351 : RJDA 7/10 n° 728 ; Cass. 1e civ. 29-11-2023 n° 22-20.789 F-D). Il en résulte que même si l'état hypothécaire levé postérieurement à la promesse de vente révèle par la suite l'existence d'un commandement de saisie immobilière dont les vendeurs se sont abstenus de faire état, le notaire ne sera pas tenu pour responsable (Cass. 1e civ. 26-5-2011 n° 10-18.681). Il ne peut pas non plus lui être reproché de n'avoir pas vérifié l'origine de propriété (Cass. 1e civ. 3-2-2011 n° 09-69.617 : BPIM 2/11 inf. 171) ou la nature d'un accès à une propriété (Cass. 1e civ. 6-11-2001 n° 98-14.508 : Bull. civ. I n° 267). La solution contraire s'imposera en revanche avant la signature d'un acte définitif, quand bien même les parties demanderaient au notaire d'agir dans la précipitation (Cass. 1e civ. 7-3-1995 n° 93-14.436).

Dans les promesses synallagmatiques de vente, la stipulation d'une **clause pénale**, par laquelle le promettant acquéreur s'engage, en cas d'inexécution de son obligation principale, à verser à l'autre à titre de dommages-intérêts une somme forfaitairement fixée est fréquente. **70597**

Bien souvent, la clause pénale est associée dans sa rédaction à la stipulation du versement par le promettant acquéreur d'une somme d'argent à l'occasion de la signature de la promesse. Ce versement est qualifié, selon le cas, d'acompte, de dédit, de dépôt de garantie, etc. Son montant est généralement plus faible que celui de la clause pénale. Il est alors prévu que la somme due à ce dernier titre sera prélevée à due concurrence sur le montant de la somme versée et que le recouvrement pourra être poursuivi pour l'excédent.

En s'abstenant de présenter le chèque à l'encaissement ou d'en vérifier la provision, le notaire prive la clause pénale de toute efficacité et commet ainsi une faute professionnelle en relation directe avec le dommage subi par le vendeur (Cass. 1e civ. 27-11-2013 n° 12-29.231 : BPIM 1/14 inf. 72).

Prêt immobilier Le notaire qui rédige un acte de prêt ne peut voir sa responsabilité exonérée aux seuls motifs que le prêt a été **négocié directement** entre les parties qui ont signé les actes sous signature privée préalables et que le déblocage des fonds litigieux devait intervenir hors de sa comptabilité (Cass. 1e civ. 3-4-2007 n° 06-13.304 : RJDA 10/07 n° 1030). Ce n'est que si le préjudice était réalisé avant même son intervention en tant qu'authentificateur de la vente que le notaire pourra être exonéré (Cass. 1e civ. 24-10-2006 n° 05-12.636). **70600**

2. MOYENS EXONÉRATOIRES

Le notaire engage sa responsabilité à l'égard de tous ses clients et ce à tous les stades de la vente. Il ne peut en principe invoquer les particularités de sa mission ou de son client pour échapper à ses obligations. Cependant, il peut parfois valablement alléguer une cause exonératoire. **70610**

Le notaire dont la responsabilité est recherchée peut rapporter la preuve d'un moyen exonératoire attestant qu'il n'a commis aucune faute, que la victime n'a subi aucun préjudice ou bien que ce dernier n'est pas en rapport causal avec la faute commise. S'il considère que le demandeur a agi de manière dilatoire ou abusive, il peut réclamer des dommages-intérêts pour procédure abusive (CPC art. 32-1 pour le principe général et CPC art. 559 pour la procédure d'appel) (voir par exemple : Cass. 3e civ. 8-11-2018 n° 17-22.660 F-D ; Cass. 1e civ. 28-11-2018 n° 17-31.453 F-D). **70615**

IMPOSSIBILITÉ DE VÉRIFIER

Recherches Le notaire peut voir sa responsabilité écartée s'il rapporte la preuve de l'impossibilité d'avoir connaissance de l'information qui lui est reprochée de ne pas avoir donnée ou vérifiée, ou plus généralement d'un cas de force majeure. **70650**

D'une manière générale, le notaire qui reçoit un acte de vente n'est **pas tenu de rechercher** si les biens vendus sont soumis à des prescriptions administratives qui ne font l'objet d'aucune publicité (Cass. 3e civ. 6-7-2005 : Bull. civ. III n° 152). De la même manière, le notaire ne manque pas à son devoir de conseil pour n'avoir pas vérifié la régularité des travaux pratiqués au sous-sol du bien au vu de l'attestation précise et circonstanciée remise par l'architecte (Cass. 3e civ. 5-7-2018 n° 17-20.121 FS-PB : BPIM 4/18, inf. 281).

ILLUSTRATIONS

La responsabilité du notaire est **écartée** lorsqu'il parvient à prouver que :
– il ne pouvait suspecter le fait qu'un immeuble était partiellement construit sur le terrain d'autrui (Cass. 1e civ. 7-5-2002 n° 99-12.216) ;
– un chemin d'accès avait fait l'objet d'un déclassement (Cass. 1e civ. 6-11-2001 n° 98-14.508 : Bull. civ. I n° 267) ;
– des cuves étaient enterrées sous le garage (Cass 3e civ. 29-6-2017 n° 16-18.087 FS-PBRI : RJDA 12/17 n° 798) ;
– les travaux réalisés par le vendeur violaient une servitude (Cass. 3e civ. 7-1-2016 nos 14-24.777 F-PB et 14-24.842 FS-PB : BPIM 2/16 inf. 117) ;
– l'acquéreur souhaitait affecter le terrain à la construction (Cass. 3e civ. 20-2-2002 n° 00-11.411) ou modifier la destination des lieux pour bénéficier des dispositions fiscales favorables en matière de résidence hôtelière (Cass. 3e civ. 15-4-2021 n° 19-22.334 FS-D).

70652 **Soupçons** Mais dès qu'il existe le moindre **indice** de nature à éveiller les soupçons du notaire sur l'existence d'un risque, il doit effectuer les vérifications nécessaires à la levée du doute (Cass. 1e civ. 30-5-1995 n° 93-13.758 : Bull. civ. I n° 226 ; voir nos 70057 s. et 70090).

Par **exemple**, si le notaire est informé de l'absence de viabilité du projet, compte tenu de tous les éléments dont il a connaissance, sa responsabilité pourra être retenue (Cass. 1e civ. 3-4-2007 n° 06-13.304 : RJDA 10/07 n° 1030). De même en matière de mesurage, si les plans portent des surfaces différentes, ces éléments peuvent être de nature à faire douter le notaire de l'exactitude des surfaces mentionnées dans l'acte de vente d'un bien immobilier (Cass. 1e civ. 25-3-2010 n° 09-66.282 : RJDA 7/10 n° 734). En l'absence de figuration de la construction sur le plan cadastral de la parcelle vendue et son dessin en partie sur la parcelle voisine, propriété de l'État, les notaires doivent procéder aux vérifications complémentaires utiles portant sur l'implantation irrégulière de la maison (Cass. 1e civ. 27-11-2019 n° 18-15.214 F-D). En revanche, le notaire rédacteur d'actes de vente qui n'a pas participé à la négociation des prêts n'a pas à se substituer aux banques dans la vérification de la solvabilité des acquéreurs et des risques de ces opérations spéculatives (Cass. 1e civ. 28-6-2007 n° 06-11.076 : BPIM 5/07 inf. 381).

70653 **Droit positif** Les éventuels manquements du notaire s'apprécient au regard du droit en vigueur à l'époque de son intervention. Il peut donc invoquer la force majeure dès lors qu'il n'a pas pu prévoir une **évolution ultérieure** du droit (Cass. 1e civ. 25-11-1997 n° 95-22.240 PBR : Bull. civ. I n° 328), même lorsque ce point de droit est controversé (Cass. 1e civ. 30-5-2012 n° 11-13.676). Ainsi, il ne saurait être reproché au notaire de n'avoir pas informé son client d'un risque de nature fiscale alors qu'à l'époque où il est intervenu l'administration fiscale n'avait pas pris de position officielle, aucun commentaire doctrinal n'avait été publié et aucune jurisprudence intéressant la matière n'avait été rendue, à l'exception de deux arrêts de cour d'appel isolés, qui ne pouvaient suffire à caractériser l'état du droit (Cass. 1e civ. 27-6-2018 n° 17-21.989 F-D). Mais il a l'obligation de connaître l'ensemble du droit positif, d'informer ses clients de l'existence d'un éventuel **point de droit controversé** (Cass. 1e civ. 9-12-1997 n° 96-10.378 : Bull. civ. I n° 362) et même de rechercher si, à la date de son intervention, un récent arrêt de la Cour de cassation n'aurait pas amorcé une évolution de la jurisprudence (Cass. 1e civ. 7-3-2006 n° 04-10.101 FS-PB). L'engagement de la responsabilité du notaire sur ce fondement suppose cependant de vérifier que l'arrêt, marquant une évolution jurisprudentielle, avait fait l'objet, à la date de son intervention, d'une publication ou de toute autre mesure d'information (Cass. 1e civ. 12-10-2016 n° 15-18.659 F-PB).

70655 **Secret professionnel** Le notaire peut également invoquer le secret professionnel pour voir sa responsabilité exonérée, le secret s'imposant à lui en certaines circonstances (Code de déontologie notaire, art. 8 créé par décret 2023-1297 du 28-12-2023). Aucun autre droit ne peut faire échec à l'**intangibilité** du secret professionnel du notaire ; ainsi le secret professionnel n'a pas été écarté en faveur du droit à la preuve découlant du droit à un procès équitable (Conv. EDH art. 6 ; Cass. 1e civ. 4-6-2014 n° 12-21.244 : RJDA 10/14 n° 814, BPIM 4/14 inf. 292). La **levée** du secret professionnel peut cependant être ordonnée par une ordonnance du président du tribunal judiciaire pour la délivrance des expéditions et la connaissance des actes que le notaire a établis (Loi du 25 ventôse an XI art. 23 ; Cass. 1e civ. 20-4-2022 n° 20-23.160 F-B ; Cass. 1e civ. 11-1-2023 n° 20-23.679 FS-B).

Ainsi, un notaire **ne commet pas** une faute en s'abstenant de révéler :
– au vendeur d'un bien immobilier l'existence d'une importante plus-value réalisée dans la même journée par l'acquéreur ayant la qualité de marchand de biens, car cette information relève du secret professionnel (Cass. 3e civ. 3-5-2006 n° 04-17.599 ; voir également Cass. 1e civ. 28-6-2007 n° 06-11.076 : BPIM 5/07 inf. 381) ;
– à l'acquéreur l'existence d'un projet d'extension d'une carrière alors même qu'il aurait été informé de l'existence de ce projet, dès lors qu'il avait obtenu une note de renseignements d'urbanisme ne révélant aucune zone de carrière, qu'il ne s'agissait pas d'un projet abouti et précis et qu'il était soumis au secret professionnel (Cass. 1e civ. 22-9-2016 n° 15-22.784 F-D) ;
– à un époux l'acquisition que projette de faire son conjoint pendant la procédure de divorce (Cass. 1e civ. 4-6-2007 n° 06-14609 : RJDA 12/07 n° 1207) ;
– à un commissaire de justice chargé de l'exécution d'une décision de justice la nouvelle adresse de l'acquéreur d'un bien (Cass. 1e civ. 11-1-2023 n° 20-23.679 FS-B).

FAUTE DE LA VICTIME

Partage de responsabilité Si la faute de la victime a concouru à la réalisation de son préjudice, le notaire fautif peut être totalement ou partiellement exonéré, les juges opérant alors un partage de responsabilité (Cass. 1e civ. 29-2-2000 n° 97-18.734 : RJDA 12/00 n° 1194 ; Cass. 1e civ. 19-5-1999 n° 96-22.892 : Bull. civ. I n° 166). Ainsi, la faute d'une banque qui concourt à la réalisation de son propre dommage, comme celle, non dolosive, commise par le notaire, emporte un partage de responsabilité (Cass. 1e civ. 1-7-2010 n° 09-13.896). Le juge ne peut pas condamner le notaire à réparer l'entier préjudice subi par une banque sans rechercher si cette banque n'a pas fautivement omis de consulter un fichier bancaire répertoriant toutes les personnes dans l'incapacité de contracter un prêt bancaire, avant de consentir à l'emprunteur en liquidation judiciaire une offre de prêt (Cass. 1e civ. 5-4-2018 n° 17-16.937 F-D : RJDA 7/18 n° 563) ou si la négligence de la banque à faire valoir ses droits dès la résolution du contrat de prêt n'était pas de nature à exonérer, totalement ou partiellement, le notaire de sa responsabilité encourue à raison de la vente de l'immeuble sans procéder à la purge des inscriptions (Cass. 1e civ. 12-9-2019 n° 18-17.598 F-D : BPIM 6/19 inf. 413). Toutefois, pour que la victime soit considérée comme ayant concouru à la réalisation de son propre dommage, il faut que sa faute soit en rapport causal avec son préjudice. Ainsi, même si la juridiction constate un manque de diligence du client dans la mise en œuvre de garanties, elle doit préciser en quoi les retards reprochés au client ont contribué à la réalisation du dommage subi par ce dernier, résultant de l'absence de constitution de garanties suffisantes au moment de la signature de l'acte (Cass. 1e civ. 7-3-2018 n° 16-27.002 F-D). Et le notaire ne peut être exonéré de toute responsabilité pour faute que si la victime a elle-même commis une faute qui est la cause exclusive de son dommage (Cass. 1e civ. 30-6-2021 n° 20-10.472 F-D). **70660**

Dol commis Le dol commis **par le notaire** n'interdit pas à celui-ci d'invoquer la faute de la victime pour voir limiter sa responsabilité (Cass. 1e civ. 1-3-2005 n° 02-20.813 : RJDA 8-9/05 n° 926). **70665**
Lorsque le dol est **commis par le demandeur à l'action** en réparation, le notaire peut être totalement exonéré à son égard. Il en est ainsi lorsque la gravité de la faute de la victime peut, par sa nature intentionnelle, être considérée comme la cause exclusive du dommage invoqué rompant ainsi le lien de causalité entre la faute du notaire et le dommage (Cass. 1e civ. 26-2-1991 n° 88-14.676 : Bull. civ. I n° 73 ; Cass. 1e civ. 17-12-1996 n° 95-13.091 : Bull. civ. I n° 73). Ainsi, lorsque l'annulation de la vente d'un immeuble résulte en réalité « d'une fraude concertée de la venderesse et des acquéreurs en vue de soustraire l'immeuble litigieux à l'emprise d'un créancier » de celle-ci, ce préjudice ne saurait être supporté, même partiellement, par le notaire, quand bien même celui-ci n'aurait pas renseigné les acquéreurs sur l'état des inscriptions hypothécaires grevant l'immeuble vendu (Cass. 3e civ. 24-5-1976 n° 74-10.040 : Bull. civ. III n° 220). Cette exonération **totale** n'est pas automatique : les juges du fond peuvent soit dispenser le notaire de contribuer à la charge définitive de la réparation, soit le condamner à une contribution **partielle**, dans une proportion qui relève de leur appréciation souveraine (Cass. 1e civ. 3-3-1998 n° 95-20.637 : Bull. civ. I n° 92 ; Cass. 1e civ. 18-6-2002 n° 99-17.122 : Bull. civ. I n° 168 ; Cass. 1e civ. 11-1-2017 n° 15-22.776 F-PB : RJDA 7/17 inf. 446). En outre, le notaire peut être tenu d'informer les parties des risques d'une opération, alors même qu'elles sont de mauvaise foi (Cass. 3e civ. 30-1-2013 nos 11-26.074, 11-26.648 et 11-27.970 : RJDA 5/13 n° 394, BPIM 2/13 inf. 158). Si le préjudice de la victime s'est réalisé indépendamment de l'intervention du notaire, la responsabilité de ce dernier doit être **écartée**. Par exemple, une banque ne peut pas rechercher la responsabilité du notaire qui a établi un acte de prêt avec affectation hypothécaire alors qu'elle-même et l'emprunteur lui ont dissimulé que le bien donné en garantie faisait l'objet d'une clause d'inaliénabilité (Cass. 1e civ. 23-2-2012 n° 09-13.113 : BPIM 2/12 inf. 174).

FAUTE D'UN TIERS

70670 **Exonération** Le notaire peut être exonéré partiellement ou totalement de sa responsabilité s'il est établi qu'un tiers est à l'**origine du préjudice** subi. Ainsi, un notaire ne commet aucune faute en se fiant à une procuration légalisée par un confrère, celui-ci n'ayant pas été en mesure de déceler l'usurpation d'identité des mandants qui lui ont présenté des pièces d'identité ayant l'apparence de documents authentiques (Cass. 1e civ. 16-5-2013 n° 12-23.300 : JCP N 2013 n° 1282 obs. M. Mekki). De même, le notaire ne commet aucune faute s'il procède à la vente d'un bien construit sans autorisation dès lors que l'architecte, mandataire du vendeur, lui a remis une attestation dont il ne pouvait pas soupçonner le caractère erroné (Cass. 3e civ. 5-7-2018 n° 17-20.121 FS-PBI : RJDA 10/18 n° 715). La faute du notaire qui omet de publier le privilège d'un copartageant (devenu l'hypothèque légale du copartageant) est couverte si, postérieurement, un avocat publie une hypothèque légale au bénéfice de ce même copartageant et si aucune inscription n'est, entre-temps, venue primer son rang. En pareil cas, la faute du notaire ne constitue pas la cause directe du préjudice, même si, finalement, le copartageant ne peut pas venir en rang utile en raison du non-renouvellement de l'hypothèque légale prise par l'avocat. C'est alors ce dernier qui est seul responsable du non-paiement de la soulte, pour n'avoir pas attiré l'attention de son client sur la durée de validité de l'inscription hypothécaire et sur la nécessité de la renouveler (Cass. 1e civ. 9-1-2019 n° 16-21.454 F-D). Toutefois, cette exonération est rarement admise car en principe, les notaires, professionnellement tenus de veiller à l'efficacité des actes qu'ils établissent et d'éclairer les parties sur leurs conséquences, ne sont pas dispensés de leur devoir de conseil par la présence d'un autre conseiller au côté de leur client (Cass. 1e civ. 26-11-1996 n° 94-13.989 : Bull. civ. I n° 418).

En outre, pour que le notaire soit exonéré, il faut qu'il n'ait eu **aucun moyen de suspecter la faute** du tiers. Le notaire ne saurait se décharger des obligations de vérification qui pèsent sur lui au motif qu'il a fait confiance à un tiers. Ainsi, la note de renseignements d'urbanisme ne dispense pas le notaire de s'informer de l'existence d'un arrêté préfectoral publié, relatif à un plan de prévention des risques d'inondation (PPRI) (Cass. 1e civ. 14-2-2018 n° 16-27.263 FS-PB : BPIM 2/18 inf. 165). Il se doit également de vérifier la situation de l'immeuble au regard des règles d'urbanisme relatives à l'autorisation de lotir, alors même que le vendeur est aussi l'architecte qui avait obtenu le permis de construire pour l'unité foncière concernée (Cass. 3e civ. 23-9-2009 n° 07-20.965).

70672 **Partage de responsabilité** En **principe**, dès lors que les juges du fond relèvent l'existence d'un concours de fautes, ils procèdent à un partage de responsabilité entre les coresponsables, selon une répartition laissée à leur libre appréciation. Mais si la répartition ne leur est pas demandée, ils n'ont pas l'obligation de la fixer (Cass. 1e civ. 16-5-2013 n° 12-15.959 : JCP N 2013 n° 644). Le notaire peut être condamné **in solidum** avec un avocat (Cass. 1e civ. 9-12-2020 n° 19-14.016 F-D ; CA Versailles 14-4-1999 n° 97-2767), un agent immobilier (Cass. 1e civ. 13-11-1997 n° 95-20.123 : Bull. civ. I n° 308), un expert-comptable (CA Dijon 2-7-1996 n° 1150-94 : JCP E 1997 pan. n° 121) ou un autre notaire, l'acte ayant été reçu en concours (Cass. 1e civ. 26-11-1996 n° 94-13.989 : Bull. civ. I n° 418).

Pour le notaire, la sanction est la même. Dès lors qu'il a contribué par sa faute à la réalisation du dommage, même seulement partiellement, il doit être condamné avec le tiers à réparer l'entier préjudice, à charge pour lui de se retourner contre le coauteur (Cass. 1e civ. 19-11-2009 n° 08-15.937).

Les juges tiennent généralement compte du rapport causal qui existe entre le préjudice et chaque faute commise, ainsi que de la gravité desdites fautes pour répartir la **charge définitive** du préjudice (Cass. 3e civ. 21-6-2018 n° 17-18.408 F-D). Les coauteurs sont alors condamnés in solidum. La victime peut faire exécuter son jugement, et donc obtenir entière réparation, auprès de l'un quelconque des coresponsables, ce dernier bénéficiant d'une action récursoire contre les autres. Mais le juge peut décider d'écarter tout recours en garantie formé par le coresponsable coupable d'un dol contre un autre responsable, en dépit de la faute professionnelle commise par celui-ci (Cass. com. 12-11-2020 n° 19-10.419 F-D).

FAUTE D'UNE ADMINISTRATION

70680 **Tout acte administratif** est présumé légal et les renseignements délivrés par l'administration sont présumés exacts (Cass. 1e civ. 4-3-2003 n° 99-18.259 F-P : RJDA 11/03 n° 1051). Les notaires ne peuvent donc être tenus pour fautifs de s'être fiés à la réponse d'une administration, telle que le cadastre (Cass. 1e civ. 29-4-1997 n° 95-18.347), **à moins** d'avoir une raison de suspecter le caractère incomplet ou erroné de ce document (Cass. 1e civ. 22-10-1985 n° 84-10.513 : Bull. civ. I n° 268). Il en est ainsi lorsque l'information transmise par l'administration est contredite par les actes translatifs antérieurs (Cass. 1e civ. 13-5-1998 n° 96-14.395).

ABSENCE DE MISSION CONFÉRÉE AU NOTAIRE

Le notaire peut engager sa responsabilité envers un **tiers à l'acte** qu'il rédige (tel est le cas, par exemple, du créancier hypothécaire inscrit dont les droits auraient été négligés). En revanche, le notaire n'est en principe pas tenu d'un devoir de conseil envers ceux qui sont des tiers par rapport aux actes auxquels il intervient (Cass. 1e civ. 3-5-2018 n° 17-12.473 FS-PB : BPIM 3/18 inf. 235). La responsabilité à l'égard d'un tiers devra donc être engagée sur un autre fondement que le devoir d'information et de conseil. Ainsi, dès lors que la preuve n'est pas rapportée que le notaire avait reçu mandat d'assurer le suivi d'une inscription hypothécaire bénéficiant à un établissement de crédit ni qu'il avait donné à cet établissement de fausses assurances quant au respect des délais de réitération authentique de la vente de l'immeuble hypothéqué, le notaire n'engage pas sa responsabilité à l'égard de cet établissement dont la sûreté s'est trouvée privée d'effet lors de la purge (Cass. 1e civ. 28-3-2000 n° 97-20.169 : Bull. civ. I n° 104). **70690**

À cet égard, le simple fait d'annexer à l'acte authentique un nantissement rédigé par la banque, signé en l'étude du notaire mais en dehors de sa présence, ne permet pas de conférer au garant la qualité de **client de l'étude** et d'exiger du notaire une obligation de conseil à son égard (Cass. 1e civ. 16-5-2012 n° 11-15.269 : JCP N 2012 n° 572).

Le notaire n'est pas tenu à un devoir de conseil portant sur un acte à la réalisation duquel il **n'a pas apporté son concours**. Ainsi, le notaire qui rédige un acte de vente n'est pas tenu d'une obligation de conseil portant sur un bail commercial conclu par les acquéreurs sans son concours, ni de les mettre en garde sur le risque d'annulation d'une clause de ce bail, dès lors que celui-ci était sans incidence sur la validité et l'efficacité de l'acte de vente qu'il instrumentait (Cass. 3e civ. 16-11-2023 n° 22-14.091 F-B). De même, le notaire qui rédige un acte de vente immobilière qui n'a pas eu connaissance du projet de bail et de défiscalisation de l'acquéreur n'est pas tenu d'informer ce dernier sur les risques inhérents à ce bail auquel il est resté étranger ou à l'absence de sécurité d'un placement dont il n'a pas été informé (Cass. 1e civ. 28-6-2023 n° 21-21.181 FS-B). **70692**

La responsabilité du notaire n'est pas non plus engagée si le manquement reproché **ne relève pas de sa mission**. Ainsi, dès lors qu'il ressort très clairement des clauses de l'acte que la mission de désigner un expert géomètre aux fins de procéder à une division parcellaire reposait sur la société bénéficiaire de la promesse et non sur le notaire, ce dernier n'a pas à assurer le suivi de cette désignation ni même à informer le bénéficiaire sur le risque de déchéance de la promesse qui était également clairement indiqué dans l'acte (Cass. 1e civ. 13-3-2024 n° 22-17.680 F-D). De même, le notaire n'a commis aucune faute, dès lors que l'acte devait initialement être reçu en la forme authentique, que les parties s'étaient ravisées sur l'étendue de sa mission et qu'il n'avait perçu aucune rémunération. Dans ces conditions, le notaire n'avait pas été en mesure d'exercer pleinement son devoir de conseil (Cass. 1e civ. 30-5-2012 n° 11-18.166 : BRDA 13/12 n° 13).

Pourtant, même lorsque le notaire n'est pas intervenu à l'acte litigieux, sa responsabilité peut être recherchée dès lors qu'il est établi qu'il avait eu **connaissance du projet d'acte** et qu'il aurait pu éviter le risque encouru. Ainsi, le notaire étant tenu d'éclairer les parties sur les conséquences fiscales d'une vente intervenant à un prix supérieur à celui figurant dans la déclaration de succession qu'il a établie, sa responsabilité ne peut être écartée au seul motif qu'il n'a pas reçu l'acte de vente. Le juge doit rechercher, lorsqu'il y est invité, si le notaire, avait eu connaissance du projet de vente et du prix envisagé, à une date permettant le dépôt d'une déclaration rectificative, dans les délais exigés par l'administration fiscale (Cass. 1e civ. 20-12-2012 n° 11-27.959 : JCP N 2013 n° 246). En outre, même en l'absence de tout acte, dès lors qu'il est interrogé ou requis de réaliser une mission quelconque, le notaire doit, a minima, répondre au particulier qui l'interroge et éventuellement lui faire savoir qu'il ne peut pas y donner suite (Cass. 1e civ. 15-5-2007 n° 06-15.318 : RJDA 10/07 n° 932, Defrénois n° 20/7 p. 1464 n° 64).

OBLIGATION D'INSTRUMENTER OU DE REFUSER D'INSTRUMENTER

Le notaire est tenu de prêter son ministère lorsqu'il en est requis. Mais il doit **refuser de prêter** son **conseil** ou son **concours** à l'établissement d'actes ou de conventions impliquant des personnes ne paraissant pas jouir de leur libre arbitre, ou pour l'élaboration de conventions contraires à la loi, frauduleuses ou qu'il sait inefficaces ou inutiles (Code de déontologie notaire, art. 5 créé par décret 2023-1297 du 28-12-2023). Il doit **mettre un terme** à sa mission dès la survenance d'un événement le plaçant en situation de conflit d'intérêts, et il peut l'interrompre pour des motifs justes et raisonnables tenant au comportement du client (Code de déontologie notaire, art. 22). Dans le cas où le notaire requis ne doit pas instrumenter, il fait part au client des raisons de son refus (Code de déontologie notaire, art. 22). **70695**

Le notaire peut donc parfois opposer à celui qui agit en responsabilité le moyen tiré de son obligation d'instrumenter ou au contraire de ne pas instrumenter. Ainsi, par exemple, le notaire ne pouvant refuser d'instrumenter l'acte qu'il est requis de recevoir, il ne peut lui être imputé faute d'avoir régularisé un acte de vente au mépris d'une précédente promesse de vente, alors que cette promesse, n'ayant pas été publiée à la conservation des hypothèques, était inopposable aux tiers (Cass. 1e civ. 20-12-2012 n° 11-19.682 : BPIM 1/13 inf. 64). De même, seul le bailleur pouvant se prévaloir de la nullité de l'acceptation de l'offre de vente (Loi 89-462 du 6-7-1989 art. 15 II), le notaire qui a instrumenté l'acte de vente requis par le bailleur après l'expiration du délai que sanctionne cette nullité relative ne manque à aucune de ses obligations professionnelles envers les acquéreurs évincés de la vente par l'exercice par le locataire de son droit de préemption (Cass. 1e civ. 15-1-2015 n° 14-11.019 : RJDA 4/15 n° 246).

3. RECOURS DU NOTAIRE

RECOURS CONTRIBUTIF

70710 Lorsque le notaire est condamné solidairement avec le vendeur, l'acquéreur, ou un tiers à la réparation du préjudice, il dispose d'un recours contre son coobligé. La charge définitive de la dette et leur contribution sont fixées par le juge en fonction de la gravité de leur faute.

Si le tiers a commis une **faute intentionnelle** et **dolosive**, le notaire pourra obtenir que celui-ci supporte la charge définitive de réparation. Mais le comportement fautif des parties ne dispense toutefois pas le notaire de son obligation d'assurer l'efficacité de ses actes, il doit conserver une partie de la charge de réparation, même en présence d'une faute intentionnelle, dès lors que l'erreur qu'il a commise est déterminante du préjudice subi par la victime (Cass. 3e civ. 18-1-2024 n° 22-22.319 F-D).

Les juges doivent en outre rechercher si le manquement fautif du notaire ne supplante pas la faute dolosive d'une des parties. Le notaire peut ainsi être tenu de réparer le préjudice de l'acquéreur à hauteur de 80 % dès lors que le respect de son obligation de vérification aurait permis d'identifier les manœuvres dolosives du vendeur (Cass. 3e civ. 11-7-2019 n° 18-18.843 F-D : SNH 33/19 inf. 12).

Le notaire coupable d'une simple **faute de négligence** peut être tenu partiellement à la charge définitive de la réparation (Cass. 1e civ. 15-11-1989 n° 88-10.448). Par exemple, si le vendeur coupable de dol est condamné à des dommages et intérêts équivalant au coût de démolition et de reconstruction de la maison, cette indemnisation constitue le montant sur lequel s'exerce la garantie du notaire et de l'agent immobilier dans une proportion souverainement appréciée par les juges du fond (Cass. 3e civ. 30-1-2020 n° 19-10.176 FS-PBI : SNH 6/20 inf. 2).

RECOURS SUBROGATOIRE

70720 Lorsque le préjudice est constitué par l'obligation de **payer la dette d'un tiers**, le notaire qui a été condamné à indemniser la victime bénéficie d'un recours subrogatoire contre le débiteur (C. civ. art. 1346). Ainsi par exemple, le notaire qui, par sa faute, a fait perdre à un créancier le bénéfice d'une sûreté et qui s'est ainsi trouvé dans l'obligation de payer, fût-ce partiellement, le montant de la créance est légalement subrogé dans les droits et actions de ce créancier contre celui dont il a éteint la dette à hauteur de l'indemnité dont il s'est acquitté. Dès lors, les juges du fond ne sauraient le débouter de son action contre le débiteur au motif, « d'une part, que la créance indemnitaire de la banque envers le notaire ne libère aucunement le débiteur qui reste tenu de rembourser l'emprunt contracté et, d'autre part, que la somme due par le professionnel du droit n'est que la conséquence de la faute qu'il a commise et sans laquelle la banque aurait été intégralement remboursée » (Cass. 1e civ. 12-7-2012 n° 11-22.530 : Defrénois 2012 art. 40610 note S. Piedelièvre). Bien entendu, si le montant de l'indemnité due à la victime a été payé, non pas par le notaire, mais par son **assureur**, c'est ce dernier qui sera subrogé et qui pourra exercer le recours subrogatoire. Et si la subrogation transmet à son bénéficiaire la créance et ses accessoires, c'est dans la stricte limite de ce qu'il a payé (C. civ. art. 1346-4). Le subrogé ne peut donc obtenir plus que ce qu'il a réellement versé au créancier (Cass. 1e civ. 21-2-2006 n° 04-15.651).

ACTION EN RÉPÉTITION

70722 Lorsque le notaire a commis une **erreur sur l'ordre des privilèges** ou des hypothèques et que le paiement est intervenu sans atteinte au principe de l'égalité des créanciers chirographaires, les créanciers garantis par une sûreté qui ont reçu un paiement à la place d'un autre créancier de meilleur rang ne peuvent être condamnés à restituer au notaire les sommes sur le fondement de la répétition de l'indu, dès lors qu'ils n'ont reçu que ce que leur devait le débiteur (Cass. 1e civ. 24-10-2019 n° 18-22.549 FS-PBI : SNH 37/19 inf. 6).

OFFRE DE PAIEMENT POUR ÉVITER LA SAISIE

Lorsque le notaire a omis de procéder à la procédure de purge en dépit d'une **inscription hypothécaire**, il est condamné à réparer le préjudice subi par l'acquéreur, qui se retrouve avoir la qualité de tiers détenteur et qui doit faire face à une action diligentée par le créancier inscrit en saisie du bien. L'acquéreur, tiers détenteur, pour éviter la saisie du bien entre ses mains, peut payer le passif hypothécaire (C. civ. art. 2456). Or il a été jugé qu'il avait seul qualité pour le faire. Le notaire et son assureur n'ont donc pas qualité pour faire une offre de paiement qui, selon l'article 2456 du Code civil, n'appartient qu'au tiers acquéreur (anciennement « tiers détenteur ») du bien saisi (Cass. 2e civ. 11-4-2013 n° 12-11.663 F-D). Dans ce cas, l'offre de paiement doit donc être présentée par le tiers détenteur, tandis que le notaire sera condamné à le garantir de ce paiement. **70725**

4. RÈGLES DE PROCÉDURE

COMPÉTENCE JURIDICTIONNELLE

La mise en œuvre de la responsabilité du notaire n'échappe pas au droit commun. Le tribunal territorialement compétent est celui du **domicile** soit du notaire, soit de ses héritiers s'il est décédé, soit du lieu où le fait dommageable a été accompli, soit enfin, s'il s'agit d'un appel en garantie de l'officier public, celui du lieu devant lequel la demande originaire est pendante. Le tribunal matériellement compétent est le tribunal judiciaire. Une chambre de proximité du tribunal judiciaire peut être compétente pour juger les litiges dont le montant n'excède pas 10 000 €. **70750**

La saisine préalable du **conciliateur** prévue dans un acte authentique de vente ne s'impose qu'aux parties à l'acte. Elle n'est donc pas une condition de recevabilité de l'action directe engagée par les acquéreurs contre le notaire, l'agent immobilier et l'assureur de ce dernier (Cass. 1e civ. 14-3-2018 n° 17-14.440 F-D : AJDI 2018 p. 382).

> **Précisions** **a.** Le client en litige avec un notaire qui souhaite engager une **procédure amiable** préalable a le choix entre saisir la chambre des notaires dont dépend ce professionnel ou faire une demande de médiation auprès du médiateur du notariat (mediateur-notariat.notaires.fr). La médiation est confidentielle et gratuite pour le client comme pour le notaire concerné. Le médiateur du notariat, tiers neutre, indépendant, compétent et impartial, a pour mission de proposer une solution amiable, équitable et acceptable par chacun aux différends qui opposent le client consommateur au professionnel notaire dans tous les domaines d'activité du notaire tels qu'ils sont décrits ci-après.
>
> **b.** Le juge judiciaire est, en principe, seul compétent pour se prononcer sur la responsabilité du notaire. Toutefois, si la solution du litige dépend d'une question qui relève de la compétence exclusive de la **juridiction administrative**, alors le juge doit surseoir à statuer dans l'attente d'une décision prise par cette juridiction (Cass. 1e civ. 6-6-2018 n° 16-14.838 F-D : sur la question du champ d'application de la dispense de taxe sur la valeur ajoutée ; Cass. 1e civ. 20-3-2024 n° 22-23.305 F-D).
>
> **c.** Le moyen tiré de l'existence d'une faute notariale doit être soulevé devant les juges du fond. Il ne peut donc pas être évoqué pour la première fois devant la **Cour de cassation** (Cass. 1e civ. 5-4-2018 n° 17-12.768 F-D).
>
> **d.** Les juges du fond ne peuvent soulever un **moyen d'office**, tel que celui tiré de l'existence d'une perte de chance, sans avoir préalablement invité les parties à présenter leurs observations (Cass. 1e civ. 26-9-2018 n° 17-25.747 F-D ; Cass. 1e civ. 11-7-2018 n° 16-15.643 F-D).
>
> **e.** Il n'y a pas d'**indivisibilité** entre l'action en remboursement d'un époux contre son ex-femme et l'action en responsabilité de celui-ci contre le notaire. En conséquence, l'appel incident formé dans les temps par l'épouse ne conserve pas le droit d'appel du notaire (Cass. 1e civ. 17-10-2018 n° 17-26.354 F-D).
>
> **f.** Les écrits produits devant les tribunaux ne donnent lieu à aucune action en **diffamation, injure ou outrage** (Loi du 29-7-1881 sur la liberté de la presse, art. 41). Les juges du fond ne peuvent donc pas condamner une partie au litige sur ce fondement, quand bien même elle aurait, dans ses écritures, porté envers ceux-ci des accusations particulièrement graves portant atteinte à leur honorabilité, sans rechercher si ces propos étaient étrangers à l'instance (Cass. 1e civ. 28-9-2022 n° 20-16.139 F-B).

PRESCRIPTION

Délai et point de départ La prescription applicable aux actions en responsabilité notariale est la prescription de **droit commun**, quinquennale (C. civ. art. 2224). **70755**

Elle court **à compter du jour** où le titulaire du droit a connu ou aurait dû **connaître les faits** lui permettant d'exercer son action. En pratique, ce jour coïncidera généralement avec la date à laquelle la victime a eu connaissance du dommage et de la faute notariale. L'action en responsabilité peut donc être recevable au-delà de cinq ans après la signature de l'acte, puisque la prescription ne court qu'à compter de la date à laquelle le dommage se manifeste au titulaire du droit (Cass. 2e civ. 3-5-2018 n° 17-17.527 F-D ; Cass. 1e civ. 23-11-2022 n° 21-10.348 F-D). Le point de départ du délai de prescription de l'action en responsabilité du notaire ne commence donc pas nécessairement à courir à compter du manquement du notaire à ses obligations (Cass. 3e civ. 28-1-2021 n° 19-26.044 F-D : RJDA 4/21 n° 279) ou de la publication de l'acte au service de la publicité foncière (Cass. 1e civ. 11-3-2010 n° 09-12.710 F-PBI), mais peut ainsi être reporté à la date à laquelle la victime a pris connaissance du dommage et de l'erreur commise par l'officier public.

La connaissance de l'existence d'un fait n'implique pas nécessairement que la victime a **connaissance des conséquences** qui en résultent et ne suffit donc pas nécessairement à prouver qu'elle a connaissance de l'existence de son droit à agir contre le notaire. Ainsi, par exemple, la connaissance de l'arrêté modificatif du plan de masse n'implique pas celle de l'éventualité d'un dommage qui aurait résulté d'une absence de publication de l'acte litigieux dont il appartenait au notaire d'accomplir les formalités (Cass. 1e civ. 28-10-2015 n° 14-24936 F-D : Sol. Not. 1/16 inf. 24). Dès lors, si un notaire manque à son obligation d'inscrire une garantie, la cour d'appel ne peut juger que le client a eu connaissance de son préjudice dès l'expiration du délai imparti au notaire pour procéder à l'inscription (Cass. 1e civ. 8-10-2009 n° 08-18.288).

En revanche, le client est considéré comme ayant eu connaissance des faits lui permettant d'exercer son action dès **la date à laquelle le notaire lui a communiqué** toutes les indications nécessaires sur la situation, peu important qu'il n'ait pu véritablement prendre conscience de l'ampleur du dommage que plus tard (Cass. com. 29-11-2016 n° 15-13.474 F-D : RJDA 7/17 n° 521) ou même dès son acquisition si, à cette date, il pouvait se rendre compte de la différence entre le contrat de réservation et la vente et aurait pu, par un simple déplacement sur les lieux, se rendre compte de l'exploitation réelle de l'immeuble (Cass. 3e civ. 30-1-2020 n° 19-10.673 F-D).

S'agissant des vices donnant lieu à **expertise**, la connaissance du dommage peut être reportée à la date du dépôt du pré-rapport (Cass. 1e civ. 11-12-2020 n° 18-23.016) ou du rapport d'expertise, ayant révélé au client l'exacte situation du bien (Cass. 1e civ. 11-3-2010 n° 09-12.710 F-PBI). Mais les juges peuvent également décider que les acquéreurs avaient eu connaissance des vices affectant leur bien dans toute leur ampleur et leurs conséquences dès la délivrance de l'assignation en référé-expertise, dès lors que cette dernière n'a révélé aucun autre vice que ceux mentionnés dans l'assignation (Cass. 3e civ. 12-11-2020 n° 19-21.325 F-D). Le Conseil d'État considère d'ailleurs que la prescription visée à l'article 2224 du Code civil court à compter de la date à laquelle la victime a une connaissance suffisamment certaine de l'étendue du dommage, quand bien même le responsable de celui-ci ne serait pas encore déterminé (CE 20-11-2020 n° 427250, Sté Suez France : RJDA 2/21 n° 132).

70756

Action	Point de départ de la prescription
Action d'une partie à un acte dont la nullité a été prononcée ou dont le droit de propriété a été remis en cause	À compter de la date à laquelle la décision prononçant la nullité de l'acte litigieux est passée en force de chose jugée, et non pas de celle à laquelle elle a été sollicitée par conclusions (Cass. 1e civ. 9-9-2020 n° 18-26.390 FS-PB : RJDA 12/20 n° 671 ; Cass. 1e civ. 20-10-2021 n° 19-19.409 F-D).
Action des cautions ayant garanti le financement du prix d'une vente annulée	À compter du jour où les cautions ont été poursuivies par les banques et non du jour où l'irrégularité de l'acte a été clarifiée par une décision ayant acquis force de chose jugée (Cass. 1e civ. 24-1-2024 n° 22-16.439 F-D).
Action de l'époux tenu solidairement des engagements de la société qui a été attribuée à son ex dans l'acte liquidatif et de partage lorsque le notaire n'a pas effectué les diligences en vue d'obtenir la désolidarisation	À compter du jour où les établissements de crédit ont exigé l'exécution des engagements dont l'époux soutient qu'il aurait dû être délié et non dès la rédaction de l'acte de partage (Cass. 1e civ. 24-1-2024 n° 22-17.079 F-D).
Action des locataires pour perte de chance d'exercer leur droit de préemption et d'acquérir leur logement	À compter du jour où ils ont quitté leur logement et non du jour où ils ont pu avoir connaissance de l'ensemble des manœuvres dolosives commises par l'acquéreur pour s'approprier le bien (Cass. 1e civ. 7-6-2023 n° 20-23.410 F-D).

Action	Point de départ de la prescription
Action d'une association reprochant au notaire l'impossibilité de se voir délivrer son legs particulier	À compter de la lettre du notaire par laquelle l'association avait été informée que le prix de la vente des biens de la succession, dont le légataire universel avait librement disposé, n'avait pas été appréhendé par le notaire, car elle était alors en mesure d'agir en responsabilité dès cette date (Cass. 1e civ. 24-1-2024 n° 22-17.236 F-D).
Action d'un créancier en réparation du dommage causé par l'extinction de sa créance	À compter de la lettre adressée par le notaire à son conseil indiquant qu'elle n'avait pas procédé à la déclaration de sa créance dans le délai de quinze mois de la publicité au BODACC de l'acceptation de la succession à concurrence de l'actif net (Cass. 1e civ. 4-4-2024 n° 23-11.371 F-D).
Action de la victime qui se plaint de l'existence d'une servitude	À compter du jour où cette servitude est devenue irrévocable (Cass. 3e civ. 27-2-2020 n° 18-24.008 F-D).
Action engagée par le vendeur, victime de manœuvres auxquelles le notaire a participé	À compter de la découverte des liens de concubinage et d'affaires qui existaient entre le notaire et l'acquéreur (Cass. 3e civ. 29-3-2018 n° 17-13.641 et 17-13.963 F-D).
Action du client victime d'un redressement fiscal	À compter de la mise en recouvrement de l'impôt litigieux et non de la notification du redressement (Cass. 1e civ. 14-11-2019 n° 18-22.114 F-D).
Action de l'acquéreur dont l'accès à la propriété est contesté par un voisin	À compter de la mise en place par ce voisin d'une entrave à l'accès de la propriété et non de la seule manifestation de rapports de voisinages tendus (Cass. 3e civ. 10-9-2020 n° 19-10.616 F-D).
Action de l'acquéreur ayant procédé à une opération d'investissement immobilier locatif avec défiscalisation comportant un emprunt dont le remboursement du capital est différé à dix ans	À compter du jour où il a appris qu'il serait dans l'impossibilité de revendre le bien à un prix lui permettant de rembourser le capital emprunté (Cass. 3e civ. 1-2-2024 n° 22-13.446 FS-B).

Délai butoir En **principe**, le report du point de départ, la suspension ou l'interruption de la prescription ne peuvent avoir pour effet de porter le délai de la prescription extinctive au-delà de 20 ans à compter du jour de la naissance du droit (C. civ. art. 2232). L'action en responsabilité d'un rédacteur d'acte devra donc être engagée dans les 5 ans de l'apparition du dommage, mais aussi dans les 20 ans de la signature de l'acte. **70758**

ATTENTION

Même si l'acte rédigé par le notaire porte sur un bien immobilier, l'action dirigée contre le rédacteur est une action de nature personnelle et mobilière. La **prescription trentenaire** de l'article 2227 du Code civil n'est donc pas applicable.

APPEL EN GARANTIE DU NOTAIRE

Lorsque le notaire est appelé en garantie, il doit l'être en **première instance** et non en cause d'appel, à moins que l'opportunité d'une telle mise en cause n'ait pu être mesurée préalablement. L'appel en garantie du notaire rédacteur de l'acte devant la cour d'appel est donc irrecevable si le litige n'a pas évolué depuis la première instance (Cass. 1e civ. 21-5-1996 n° 94-11.669). L'insolvabilité du débiteur de la dette de restitution n'est pas un élément nouveau faisant obstacle à l'autorité de la chose jugée (Cass. 1e civ. 17-5-2023 n° 21-21.295 F-D). **70760**

RECOURS CONTRE LA SOCIÉTÉ ET SES ASSOCIÉS

Lorsque le notaire exerce dans le cadre d'une **société civile professionnelle** titulaire d'un office notarial, chaque associé de la société répond, sur l'ensemble de son patrimoine, des actes professionnels qu'il accomplit et la société est solidairement responsable avec lui des conséquences dommageables de ces actes (Ord. 2023-77 du 8-2-2023 art. 16). Il en résulte que l'action en responsabilité civile professionnelle d'un notaire peut indifféremment être dirigée contre la société ou le notaire associé concerné, ou encore contre les deux (Cass. 1e civ. 23-11-2004 n° 03-13.038 F-D). La solution s'impose, peu important le caractère volontaire et pénalement répréhensible des agissements de l'associé (Cass. 1e civ. 9-6-2011 n° 10-15.933 F-D : RJDA 10/11 n° 824) et quels que soient les changements intervenus par la suite dans la composition de la société (Cass. 3e civ. 24-4-2003 n° 01-12.658 FS-PB : RJDA 10/03 n° 997). Il est cependant toujours plus prudent d'assigner à la fois le notaire et la société dont il est l'associé, pour des raisons de solvabilité notamment et **70765**

afin d'éviter de se voir opposer l'exception d'irrecevabilité fondée sur le caractère strictement personnel de la faute notariale, même si ce moyen est en principe inopérant.
En cas de succession de notaires dans un même dossier, lorsqu'un **notaire a cessé d'exercer ses fonctions** dans la société, celui qui prend sa succession ne répond que des fautes personnelles qu'il a commises dans la gestion du dossier en cours d'exécution qui lui a été transmis et n'est pas responsable du fait de son prédécesseur (Cass. 1e civ. 27-11-2008 n° 05-17.740 F-PB). Il faut donc assigner la société et/ou le notaire fautif ou, en cas de décès de ce dernier, ses héritiers.

ASSURANCE ET GARANTIE DE LA RESPONSABILITÉ PROFESSIONNELLE

70770 Les notaires doivent être titulaires d'une assurance de responsabilité civile professionnelle (Ord. 45-2590 du 2-11-1945 art. 6-2). C'est le titulaire de l'office notarial qui est civilement responsable du fait de l'activité professionnelle exercée pour son compte par le notaire **salarié** (Décret 93-82 du 15-1-1993, art. 6).
Dans chaque ressort de cour d'appel, une **caisse commune** garantit leur responsabilité à l'égard de leur clientèle (Décret 55-604 du 20-5-1955 art. 11, al. 1). Cette garantie se substitue au notaire défaillant, chaque fois que le client peut justifier d'une créance exigible au titre de fonds et valeurs reçus par le notaire et non restitués ou de dommages et intérêts mis à sa charge à la suite d'une action en responsabilité.
En ce qui concerne l'**articulation** de ces deux dispositifs de garantie, il a été jugé que le client pouvait agir indifféremment contre la caisse de garantie (ou l'assureur de cette dernière) ou contre l'assureur du notaire (Cass. 1e civ. 22-6-1977 n° 74-14.644 : D. 1978 p. 485).
Dans l'un comme l'autre des cas, seule la responsabilité professionnelle étant garantie, le notaire doit avoir agi dans **l'exercice normal de ses fonctions** pour que la garantie soit acquise (Cass. 1e civ. 25-4-1974 n° 72-11.144 : Bull. civ. I n° 119).
Le notaire qui **est assigné** ou qui **agit** en justice à raison de ses fonctions doit en informer sans délai les présidents de sa chambre et de sa caisse régionale de garantie au plus tard dans un délai de 15 jours suivant l'assignation ou l'acte de poursuite (Code de déontologie notaire, art. 27 créé par Décret 2023-1297 du 28-12-2023).

DOSSIER 2

RESPONSABILITÉ DE L'AGENT IMMOBILIER

SOMMAIRE

SECTION 1

RESPONSABILITÉ PÉNALE ET ADMINISTRATIVE

A. Infractions à la loi Hoguet

En cas de violation des obligations relatives à l'accès et l'exercice de la profession, l'agent immobilier est passible de sanctions pénales et administratives (Loi 70-9 du 2-1-1970 art. 14 s.). Sur les conditions d'habilitation des agents immobiliers voir n° 2221. 71000

Le législateur avait prévu que des poursuites disciplinaires pourraient être prononcées par le Conseil National de la Transaction Immobilière (CNTGI). Mais la loi Élan a purement et simplement **supprimé** la **fonction disciplinaire** du CNTGI et les sanctions mises en place par la loi Alur (Loi 2018-1021 du 23-11-2018 : JO 24 texte n° 1) (n°s 2412 et 2425).

Est puni de **6 mois d'emprisonnement** et de **7 500 € d'amende** (Loi 70-9 du 2-1-1970 art. 14 et 17) : 71005
– le fait d'exercer la profession sans être titulaire de la carte professionnelle ou après l'avoir restituée ou en ayant omis de la restituer après injonction de l'autorité administrative compétente ;
– le fait d'utiliser la dénomination « agent immobilier », « syndic de copropriété » ou « administrateur de biens » sans être titulaire de la carte professionnelle ;
– le fait de n'avoir pas effectué la déclaration préalable d'activité ;
– le fait d'exercer sans remplir ou en ayant cessé de remplir les conditions prévues pour l'obtention de la carte ;
– le fait d'exercer pour le compte du titulaire d'une carte professionnelle, sans habilitation ;
– le fait de faire obstacle à l'exercice de la mission des agents publics chargés du contrôle en refusant de leur communiquer les documents réclamés, notamment les documents bancaires ou comptables ainsi que les mandats écrits ;
– le fait, pour l'agent immobilier, de ne pas délivrer à ses clients les informations relatives aux éventuels liens directs de nature capitalistique ou de nature juridique qu'il a avec une entreprise dont il propose les services (Loi 70-9 du 2-1-1970 art. 4-1).

Ainsi par **exemple**, le gérant d'une société mandatée par un promoteur pour commercialiser ses programmes immobiliers ne peut réclamer le paiement des commissions prévues et doit être condamné pour exercice illégal de la profession d'agent immobilier dès lors qu'il ne se limitait pas à des activités de commercialisation par publicité pour représenter le promoteur, mais se livrait ou prêtait son concours, d'une manière habituelle, à des opérations portant sur les biens d'autrui et relatives à la vente d'immeubles (Cass. crim. 23-4-2013 n° 12-83.576).

71010 Est puni de **2 ans d'emprisonnement et de 30 000 € d'amende** le fait de recevoir des sommes d'argent, biens, effets ou valeurs quelconques en violation des conditions posées pour l'obtention de la carte professionnelle ou en violation des obligations relatives à la tenue des documents et à la délivrance des reçus ainsi que le fait d'exiger ou d'accepter des sommes d'argent, biens, effets, ou valeurs quelconques en infraction aux dispositions relatives aux mandats (Loi 70-9 du 2-1-1970 art. 16).

71015 Est puni des peines prévues à l'article 313-1 du Code pénal, soit **5 ans d'emprisonnement et 375 000 € d'amende**, le fait d'exercer ou de tenter d'exercer une activité professionnelle en violation des incapacités prévues en cas de condamnations (Loi 70-9 du 2-1-1970 art. 15).

71018 Est sanctionné par une **amende administrative**, prononcée par l'autorité administrative chargée de la concurrence et de la consommation, dont le montant ne peut excéder **15 000 €** pour une personne physique et **75 000 €** pour une personne morale, le fait, pour un agent immobilier, de mettre en location aux fins d'habitation des **locaux frappés d'un arrêté de mise en sécurité ou de traitement de l'insalubrité** (Loi 70-9 du 2-1-1970 art. 17-1). Le représentant de l'État dans le département ou le maire transmet à l'autorité administrative chargée de la concurrence et de la consommation, à sa demande, les mesures de police arrêtées permettant de caractériser le manquement (Loi 70-9 du 2-1-1970 art. 17-1).
La loi Élan a instauré une **obligation de signalement au Procureur de la République** des faits susceptibles de constituer des infractions pénales relevant des procédures de lutte contre l'habitat indigne et les marchands de sommeil (Loi 70-9 du 2-1-1970 art. 8-2-1).

71022 Est puni de **1 500 € d'amende** le fait, pour un **agent commercial**, d'effectuer une publicité ou de rédiger un mandat de vente ou de recherche ou tout autre document relatif à une transaction immobilière en violation de l'obligation de mentionner qu'il exerce sous ce statut d'agent commercial (Loi 70-9 du 2-1-1970 art. 6-2 et 17-2).

> **Précisions** Les sanctions pénales prévues en cas d'infraction à la loi du 2 janvier 1970 s'appliquent lorsque les biens sont situés en France ou si la clientèle est française, ou encore si le paiement est effectué en France. Elles s'appliquent donc aux ressortissants étrangers qui se livrent à des activités d'entremise immobilière en France (Rép. Raoult : AN 4-3-1991 n° 32882).

B. Infractions pénales de droit commun

71030 L'agent immobilier n'échappe évidemment pas aux dispositions de droit pénal. Sa responsabilité pénale ainsi que celle de la personne morale qu'il dirige (C. pén. art. 121-2) risquent donc d'être engagées en cas d'infraction. Ajoutons à cet égard que le Code de déontologie, même s'il n'est assorti d'aucune sanction disciplinaire (n° 2412), impose à l'agent immobilier de refuser de concourir à l'élaboration d'actes frauduleux (C. déontologie art. 3, 4°).
L'article 131-21 du Code pénal prévoit une **peine complémentaire** de **confiscation des biens** de l'auteur de l'infraction. Les **biens visés** sont tous les biens meubles ou immeubles, quelle qu'en soit la nature, divis ou indivis, ayant servi à commettre l'infraction ou qui étaient destinés à la commettre, et dont le condamné est propriétaire ou, sous réserve des droits du propriétaire de bonne foi, dont il a la libre disposition. Si l'infraction a été commise grâce à un service de communication au public en ligne, l'instrument utilisé pour avoir accès à ce service est considéré comme un bien meuble ayant servi à commettre l'infraction et peut être confisqué. Les biens susceptibles d'être confisqués peuvent être les biens qui sont l'objet ou le produit direct ou indirect de l'infraction, à l'exception des biens susceptibles de restitution à la victime. Lorsque la peine de confiscation porte sur des biens appartenant à une autre personne que le condamné, elle ne peut pas être prononcée si cette personne dont le titre est connu ou qui a réclamé cette qualité au cours de la procédure n'a pas été mise en mesure de présenter ses observations sur la mesure de confiscation envisagée par la juridiction de jugement aux fins, notamment, de faire valoir le droit qu'elle revendique et sa bonne foi (C. pén. art. 131-21 dernier alinéa). Dès lors, une personne poursuivie des chefs d'exercice illégal de la profession d'agent immobilier, abus de confiance, abus de biens sociaux, faux et usage, banqueroute, recel d'abus de confiance et d'abus de biens sociaux, peut se voir saisir des immeubles qu'elle détient au travers d'une

société foncière (Cass. crim. 4-9-2012 n° 11-87.143 F-PB : RJDA 2/13 n° 118). De même, les personnes physiques ou morales condamnées pour blanchiment aggravé pour avoir de manière habituelle et en utilisant les facilités que leur procurait l'exercice de leur activité d'agent immobilier, apporté leur concours à une opération de placement, de dissimulation ou de conversion du produit direct ou indirect des délits d'abus de confiance et de recels d'abus de confiance peuvent se voir confisquer un château dont elles sont propriétaires (Cass. crim. 5-10-2022 n° 21-86.043 F-B : D 2022 act. p. 1808).

L'incapacité attachée à certaines condamnations, édictée par le texte régissant les conditions d'accès à la profession d'agent immobilier, ne constitue pas une peine complémentaire mais une **mesure de sûreté** (Cass. crim. 26-11-1997 n° 96-83.792).

ESCROQUERIE

Est coupable du délit d'escroquerie (C. pén. art. 313-1) l'agent immobilier qui : **71035**

– fait intervenir un complice en le présentant comme l'acheteur d'un appartement et qui conserve des arrhes qui auraient dû être reversées au propriétaire (Cass. crim. 21-3-1973 n° 72-91.599 : Bull. crim. n° 144) ;

– fait acquérir un bien par une société écran dont il est gérant, pour la revendre à profit à un tiers (Cass. crim. 25-5-1988 n° 87-84.385) ;

– abuse de sa qualité vraie d'agent immobilier pour tromper sa cliente sur le prix du bien, en se portant acquéreur en sous-main, non pour ses besoins personnels, mais pour le revendre aussitôt à un tiers, à un prix lui permettant de réaliser une plus-value de 50 % du prix auquel il l'avait acheté (Cass. crim. 24-10-2001 n° 01-81.844).

ABUS DE CONFIANCE

Le fait, pour quiconque, de **détourner des fonds** qui lui ont été remis à charge de les restituer **71040** ou d'en faire un usage déterminé est un abus de confiance puni de 5 ans d'emprisonnement et de 375 000 € d'amende (C. pén. art. 314-1). La commission de cette infraction, alors que l'on se livre de manière habituelle, même à titre accessoire, à des opérations portant sur les biens des tiers pour le compte desquels on recouvre des fonds ou des valeurs, constitue une circonstance aggravante. La peine est alors portée à 7 ans d'emprisonnement et à 750 000 € d'amende (C. pén. art. 314-2). L'agent immobilier qui, dans le cadre de son activité, détourne des sommes qui lui ont été confiées à charge de restitution, telles qu'un acompte, s'expose donc à des poursuites du chef d'abus de confiance (Cass. crim. 24-5-1983 n° 81-90.069). De même, commettent le délit d'abus de confiance les gérants d'une société qui ne reversent pas les commissions qu'ils ont touchées pour le compte d'une société détentrice de la carte professionnelle, alors qu'en vertu un contrat d'organisation de réseau commercial ils s'étaient engagés à lui reverser l'intégralité des sommes perçues contre rétrocession (Cass. crim. 10-3-2021 n° 19-87.328 F-D). L'abus de confiance ne suppose pas nécessairement que la somme détournée ait été remise en vertu d'un contrat (Cass. crim. 18-10-2000 n° 00-82.132).

FAUX

La falsification matérielle du **registre des mandats** d'un agent immobilier constitue un faux en **71045** écriture privée ou de commerce (C. pén. art. 441-1 ; Cass. crim. 25-1-1988 n° 86-93.749 : Bull. crim. n° 30).

TROMPERIE

L'agent immobilier qui fait paraître une annonce dont les termes sont mensongers s'expose aux **71050** sanctions prévues en cas de **pratique commerciale trompeuse** (C. consom. art. L 121-2 s.). Ainsi la publicité annonçant une superficie d'un logement qui ne correspond pas à la surface habitable peut être qualifiée de trompeuse (Cass. crim. 7-3-2006 n° 05-86.096). Lorsque le moyen de communication utilisé impose des limites d'espace ou de temps, il y a lieu, pour apprécier si des informations substantielles ont été omises, de tenir compte de ces limites ainsi que de toute mesure prise par le professionnel pour mettre ces informations à la disposition du consommateur par d'autres moyens (C. consom. art. L 121-3).

Les **allégations mensongères** commises par l'agent immobilier peuvent également recevoir la qualification pénale de tromperie sur la nature et les qualités substantielles d'une prestation de service vendue. Ainsi, les indications mensongères figurant dans le plan de financement d'un projet immobilier ayant pour but de présenter un projet attractif et permettant à l'agent immobilier de multiplier les ventes et donc ses commissions caractérisent l'infraction prévue à l'article L 441-1 du Code de la consommation (Cass. crim. 14-12-2004 n° 04-80.408 F-D).

> **Précisions** Le Code de la consommation précise les notions de pratiques commerciales trompeuses et agressives (art. L 121-2 à L 121-7). Ces pratiques sont **punies de** 2 ans d'emprisonnement et d'une amende de 300 000 €. Ce montant peut être porté, de manière proportionnée aux avantages tirés du délit, à 10 % du chiffre d'affaires moyen annuel ou à 50 % des dépenses engagées pour la réalisation de la publicité ou de la pratique constituant le délit (art. L 132-2 et L 132-11). De plus, lorsque l'infraction a été commise par l'utilisation d'un service de communication au public en ligne ou par le biais d'un support numérique ou électronique, les peines sont portées à 5 ans d'emprisonnement et 750 000 € d'amende (C. consomm. art. L 132-2 modifié par Loi 2024-420 du 10-5-2024).

PRATIQUES DISCRIMINATOIRES

71055 Constitue une discrimination toute distinction opérée entre les personnes physiques à raison de leur origine, de leur sexe, de leur situation de famille, de leur grossesse, de leur apparence physique, de la particulière vulnérabilité résultant de leur situation économique, apparente ou connue de son auteur, de leur patronyme, de leur lieu de résidence, de leur état de santé, de leur handicap, de leurs caractéristiques génétiques, de leurs mœurs, de leur orientation sexuelle, de leur identité de genre, de leur âge, de leurs opinions politiques, de leurs activités syndicales, de leur qualité de lanceur d'alerte, de facilitateur ou de personne en lien avec un lanceur d'alerte au sens, respectivement, du I de l'article 6 et des 1° et 2° de l'article 6-1 de la loi 2016-1691 du 9 décembre 2016 relative à la transparence, à la lutte contre la corruption et à la modernisation de la vie économique, de leur capacité à s'exprimer dans une langue autre que le français, de leur appartenance ou de leur non-appartenance, vraie ou supposée, à une ethnie, une nation, une prétendue race ou une religion déterminée (C. pén. art. 225-1 et 225-2).
Se rend donc coupable de pratiques discriminatoires celui qui **refuse de vendre** un appartement à une personne à raison de sa nationalité (CA Paris 18-4-1984 : Juris-Data 1984-024031). De même, la directrice d'une agence immobilière qui utilisait un code numérique pour opérer une distinction entre les clients selon leur race a été condamnée à 6 mois de prison avec sursis et 10 000 € de dommages-intérêts au profit d'une association de lutte contre le racisme (CA Grenoble 1e ch. corr. 30-4-2008 n° 07-202). L'agent immobilier qui s'associe à de telles pratiques peut donc être condamné.

> **Précisions** **a.** L'infraction est également constituée lorsque la discrimination s'exerce contre les **membres d'une personne morale** (C. pén. art. 225-1).
> **b.** Le **Défenseur des droits** peut constater et sanctionner les pratiques discriminatoires (Loi 2011-333 du 29-3-2011 art. 4).
> **c.** La **Cnil**, autorité administrative indépendante chargée de veiller à la protection des données personnelles, a pour mission d'informer les responsables de traitement informatique de données personnelles de leurs obligations. Il est donc possible de l'interroger ou d'obtenir des informations sur son site internet (www.cnil.fr).

PROTECTION DES DONNÉES PERSONNELLES

71057 En application de la loi informatique et libertés, le traitement des données personnelles est strictement encadré. Sauf dérogations, il est par exemple interdit de **collecter des données sensibles** (origines raciales ou ethniques, opinions politiques, philosophiques ou religieuses, appartenance syndicale, données relatives à la vie sexuelle ou à la santé). Le manquement aux dispositions de cette loi, portant essentiellement sur la collecte et la confidentialité des données, la sécurité et la déclaration des fichiers, la finalité des traitements et la durée de conservation des informations, expose à des sanctions pénales (C. pén. art. 226-16 s.).
Les données de particuliers proposant à la vente ou à la location leurs biens immobiliers sont susceptibles d'être **collectées déloyalement** et revendues à des professionnels du secteur. Rappelons que le fait de se livrer à des sollicitations répétées et non souhaitées par tout mode de communication à distance constitue une pratique commerciale réputée agressive (C. consom. art. L 121-7, 3°) ; voir n° 71050.
Les professionnels de l'immobilier sont également soumis à des obligations en matière de protection des données à caractère personnel des personnes physiques (règlement général sur la protection des données – **RGPD**). Toute donnée personnelle collectée par l'agent immobilier permettant d'identifier une personne (nom, prénom, date de naissance, adresse, numéro de téléphone, e-mail, ses sources de revenus, ses identifiants ou ses mots de passe) est soumise aux obligations du RGPD. Parmi les principes du RGPD, figure celui de la limitation de la durée de conservation. Ce principe impose à l'agent immobilier de mettre en place différentes mesures pour organiser la gestion du cycle de vie des données personnelles traitées, et les durées de conservation associées.

Le RGPD ne prévoit pas une durée de conservation unique pour toutes les données personnelles, cela dépend à la fois de la finalité de traitement de ces données et des obligations légales ou réglementaires spécifiques (Code de la santé publique, Code de la sécurité intérieure, Code du travail, Code des postes et des communications électroniques, etc.) ainsi que des délibérations de la Cnil. En dehors de toute obligation prévue par les textes, chaque responsable de traitement de données doit déterminer une durée de conservation des données personnelles cohérente et justifiée au regard de l'objectif de leur traitement (RGPD art. 5).
Plus précisément, il s'agit d'indiquer aux personnes les différentes phases de conservation des données de manière distincte (base active et, le cas échéant, préciser également l'archivage intermédiaire).
Le RGPD impose également à l'agent d'informer le prospect ou le client de la collecte de ses informations personnelles et d'obtenir son accord clair et non équivoque.
Le **manquement** à ces obligations peut conduire à des **sanctions administratives** prononcées par la Cnil (avertissement, mise en demeure, limitation temporaire ou définitive du traitement, suspension des flux de données, injonction d'avoir à satisfaire aux demandes d'exercice des droits des personnes ou à la rectification, la limitation ou l'effacement des données). Les amendes administratives peuvent s'élever, selon la catégorie de l'infraction, de 10 à 20 millions d'euros ou dans le cas d'une entreprise, de 2 % à 4 % du chiffre d'affaires annuel mondial, le montant le plus élevé étant retenu (RGPD art. 83.5).

PROXÉNÉTISME

L'agent immobilier mandaté pour trouver un acquéreur ou un locataire qui proposerait le bien à **71060**
quelqu'un dont il sait qu'il le destine à son **activité de prostitution** peut être condamné pour proxénétisme (C. pén. art. 225-10, 3°). Mais le ministère public devra rapporter la preuve de l'élément intentionnel, c'est-à-dire de la connaissance qu'avait l'agent immobilier de l'usage prévu du bien vendu ou loué. À défaut, l'agent immobilier sera relaxé (Cass. crim. 6-2-1980 n° 79-90.273 : Bull. crim. n° 50, D. 1980 IR p. 336 obs. M. Puech).

VIOLATION DU SECRET PROFESSIONNEL

Les agents immobiliers sont expressément tenus au respect de la confidentialité des données **71062**
dont ils ont connaissance dans l'exercice de leurs activités (Loi 70-9 art. 4-3). La révélation d'une information à caractère secret par une personne qui en est dépositaire par profession est punie d'un an d'emprisonnement et de 15 000 € d'amende (C. pén. art. 226-13).

> **Précisions** Il est expressément prévu que le secret professionnel **ne fait pas obstacle**, ni aux dispositions imposant aux agents immobiliers la divulgation de certaines informations (telles que l'obligation de déclaration dans le cadre de la lutte antiblanchiment par exemple), ni au signalement d'un habitat manifestement indigne (Loi 90-449 du 31-5-1990 art. 1-1) ni à la communication aux copropriétaires de tout élément nécessaire au bon fonctionnement du syndicat (Loi 70-9 art. 4-3), ces deux dernières exceptions concernant plus spécifiquement les activités de gestion immobilière et de syndic de copropriété.

BLANCHIMENT ET RECEL

L'agent immobilier est soumis aux obligations de lutte contre le blanchiment des capitaux et le **71065**
financement du terrorisme (C. mon. fin. art. L 561-2, 8°). Il doit être particulièrement vigilant sur l'identité de ses clients, l'origine des sommes et les caractéristiques des opérations auxquelles il participe. En cas de doute sur l'origine des sommes affectées à une opération il doit effectuer une **déclaration de soupçon** auprès de Tracfin (voir n°s 29130 s.).
L'agent immobilier doit s'abstenir d'informer les parties qu'il procède à une telle déclaration et des suites qui lui ont été réservées, sous peine d'être condamné à une amende de 22 500 € (C. mon. fin. art. L 574-1). De même, le fait de ne pas répondre, après mise en demeure, aux demandes d'information de l'autorité administrative, de faire **obstacle à la mission de contrôle** ou de communiquer sciemment des renseignements inexacts est passible d'une peine d'un an d'emprisonnement et de 15 000 € d'amende (C. mon. fin. art. L 574-4).
En outre, l'agent immobilier qui facilite la justification mensongère de l'origine des biens ou des revenus de l'auteur d'un crime ou d'un délit ayant procuré à celui-ci un profit direct ou indirect, commet le **délit de blanchiment** (C. pén. art. 324-1). La participation consciente à une opération immobilière ayant pour objet ou pour effet de contribuer au blanchiment de sommes d'origine délictueuse expose donc l'agent immobilier aux sanctions prévues en pareil cas, à savoir 5 ans d'emprisonnement et 375 000 € d'amende. La preuve du délit est facilitée par une présomption qui peut trouver à s'appliquer dans les ventes immobilières : les biens ou les revenus sont

présumés être le produit direct ou indirect d'un crime ou d'un délit si les conditions matérielles, juridiques ou financières de l'opération de placement, de dissimulation ou de conversion ne peuvent avoir d'autre justification que de dissimuler l'origine ou le bénéficiaire effectif de ces biens ou revenus (C. pén. art. 324-1-1).

Le seul fait de dissimuler, de détenir ou de transmettre une chose, ou de faire office d'intermédiaire afin de la transmettre, en sachant que cette chose provient d'un crime ou d'un délit, est d'ailleurs également constitutif de l'infraction de **recel**, punie de 5 ans d'emprisonnement et de 375 000 € d'amende (C. pén. art. 321-1), voire de 10 ans d'emprisonnement et 750 000 € d'amende s'il est commis en utilisant les facilités que procure l'exercice d'une activité professionnelle (C. pén. art. 321-2).

ILLUSTRATIONS

Se rend coupable du délit de recel de biens obtenus à l'aide du délit d'abus de faiblesse l'agent immobilier qui intervient dans l'opération d'achat d'un appartement d'un montant élevé, dissimulant une donation faite par une dame âgée alors que les signes de dégradation intellectuelle de la victime étaient très facilement identifiables pour quiconque, et qui perçoit une rémunération très supérieure à celle contractuellement prévue (CA Paris 5-3-2001 n° 00-2698).

SECTION 2 RESPONSABILITÉ CIVILE

A. Nature de la responsabilité

71100 La responsabilité de l'agent immobilier pour les dommages subis par toutes les personnes parties à une opération dont l'échec est imputable à une faute professionnelle de l'agent immobilier a un fondement contractuel à l'égard de ses clients et extracontractuel à l'égard des autres parties (Cass. 1e civ. 16-12-1992 n° 90-18.151 : Bull. civ. I n° 316).

RESPONSABILITÉ CONTRACTUELLE

71105 L'agent immobilier répond des fautes professionnelles qu'il commet envers son **mandant**, c'est-à-dire généralement le vendeur, en cas d'inexécution ou de mauvaise exécution de son mandat. Cette responsabilité, fondée sur les articles 1984 et suivants du Code civil, est de nature contractuelle.

RESPONSABILITÉ EXTRACONTRACTUELLE

71110 Le mandat de vendre donné par le propriétaire à une agence immobilière n'établit un rapport contractuel qu'entre ces deux personnes (Cass. 1e civ. 2-5-2001 n° 98-14.983). Mais d'une manière générale, le mandataire est responsable envers le tiers lésé des délits ou quasi-délits qu'il peut commettre (Cass. ch. mixte 26-3-1971 : JCP 1971, II, 16762, note Lindon). L'agent immobilier peut donc également engager sa responsabilité à l'égard des **tiers**, mais ce sera alors non pas sur le fondement de l'article 1984 du Code civil, mais sur celui de l'article 1240 du même Code. Tous les tiers peuvent agir en indemnisation dès lors qu'ils établissent l'existence d'un préjudice causé par une faute commise par l'agent immobilier. La Cour de cassation considère également que le tiers à un contrat peut invoquer, sur le fondement de la responsabilité extracontractuelle (« délictuelle »), un manquement contractuel dès lors que ce manquement lui a causé un dommage (Cass. ass. plén. 13-1-2020 n° 17-19.963 FS-PBI : RJDA 4/20 n° 198, SNH 3/20 inf. 6). L'agent immobilier peut donc engager sa responsabilité par exemple envers le cocontractant de celui qui l'a mandaté, c'est-à-dire généralement l'acquéreur. Mais il peut s'agir également d'un tiers à l'opération immobilière, tel celui qui, sans avoir contracté avec le vendeur, aura été injustement évincé de l'opération. Ainsi, même s'il est mandaté par le vendeur, l'agent immobilier est susceptible d'engager sa responsabilité envers l'acquéreur qui dépose le premier une offre d'achat et qui se voit évincé au profit d'un second par l'agent immobilier (Cass. 1e civ. 7-7-1993 n° 91-18.075).

L'agent immobilier qui, à l'occasion d'un contrat de bail, se présente comme un mandataire du bailleur et commet une faute à l'endroit du locataire engage sa responsabilité extracontractuelle envers celui-ci et ne peut être admis à se prévaloir de la prétendue méconnaissance des dispositions de la loi pour se soustraire aux conséquences de sa faute à l'égard de ce tiers au contrat de mandat (Cass. 1e civ. 28-10-2010 n° 09-70.109 F-PBI : RJDA 2/11 n° 112, BPIM 1/11 n° 84).

B. Faute de l'agent immobilier

Pour que la responsabilité de l'agent immobilier soit engagée, il faut qu'il ait commis une faute, c'est-à-dire qu'il ait manqué à l'une des obligations mises à sa charge, soit par le mandat, soit par la législation, soit par la jurisprudence. **71130**
En matière de vente immobilière, la principale source de responsabilité de l'agent immobilier réside dans son **activité de rédacteur d'actes**. Sa mission consiste en effet à trouver un acquéreur pour le compte du vendeur ou encore un bien immobilier pour le compte d'un candidat à l'acquisition. Puis il rédige un document qui recueille le consentement des parties. Ce document produit des effets juridiques aux conséquences potentiellement extrêmement lourdes. C'est la raison pour laquelle la jurisprudence exige de ce professionnel l'accomplissement de nombreuses vérifications d'une part et l'information complète des parties qui s'engagent d'autre part. Le juge est très exigeant et sanctionne essentiellement sur le fondement du manquement au devoir de conseil, considérant que les obligations de vérification visent précisément à informer correctement les parties. Mais avant tout et en toute occasion, l'agent immobilier doit respecter une obligation générale d'impartialité, de loyauté et de prudence.

1. OBLIGATION D'IMPARTIALITÉ, DE LOYAUTÉ ET DE PRUDENCE

OBLIGATION D'IMPARTIALITÉ ET DE LOYAUTÉ

Le devoir d'impartialité et de loyauté s'impose à **tous les stades** de la négociation mais trouve toute son importance au moment de la réception du consentement des parties, car leur accord doit être donné en parfaite connaissance de cause. À ce titre, et d'une manière très générale, l'agent immobilier ne doit jamais inciter l'une des parties, qu'elle soit son mandant ou non, à effectuer un acte contraire aux intérêts qui sont les siens. **71140**
Par **exemple**, un agent immobilier commet une faute en tentant de réaliser une opération lucrative au détriment de son mandant, en achetant le bien pour le revendre ensuite à une société dont il connaît de longue date l'intérêt pour le local (Cass. 1e civ. 24-3-2021 n° 19-22.206 F-D).
La rétention d'une information dont l'agent immobilier a connaissance et qui peut influer sur la décision des parties est également susceptible d'engager sa responsabilité. Ainsi, l'agent immobilier qui procède à la vente d'un bien qu'il sait frappé d'une servitude de démolition engage sa responsabilité à l'égard de l'acquéreur qu'il n'a pas informé (Cass. 3e civ. 29-3-2000 n° 98-15.215).
Si la dissimulation de la vérité est source de responsabilité, l'altération de la réalité, a fortiori, l'est également. Ainsi, un agent immobilier commet une faute lourde équivalente au dol en ne révélant pas à l'acquéreur d'un terrain l'impossibilité d'y construire une maison d'habitation et en dénaturant une lettre du directeur départemental de l'urbanisme (Cass. 1e civ. 5-12-1961 n° 60-12.228 : Bull. civ. I n° 577). Au stade du mandat de vente entre un agent immobilier et un vendeur, des clauses illicites dans les mandats de vente peuvent engager la responsabilité de l'agent immobilier. Est ainsi interdit le paiement d'une partie ou de la totalité des honoraires par le vendeur, alors même que le bien est vendu in fine par un autre intermédiaire. Les clauses ayant pour seul objet de procurer au professionnel une somme équivalente à une rémunération, en l'absence de réalisation effective de la vente, sont illicites.
La nullité du contrat et la réparation du préjudice peuvent être obtenues par la victime d'un dol que le dol ait été commis par son cocontractant (C. civ. art. 1131) ou uniquement par le mandataire de ce dernier (C. civ. art. 1138). Dans le cas d'un dol commis par l'agent immobilier, l'acquéreur trompé peut donc opposer au vendeur, mandant non fautif, le vice du consentement pour obtenir l'annulation du contrat. En revanche, il devra diriger ses demandes en réparation uniquement contre l'agent immobilier fautif (C. civ. art. 1178, 1240 et 1241) car les manœuvres dolosives que celui-ci a commises n'engagent la responsabilité du mandant que s'il a lui aussi commis personnellement une faute (C. civ. art. 1998 ; voir par exemple, Cass. ch. mixte 29-10-2021 n° 19-18.470 B-R : RJDA 5/22 n° 270).

OBLIGATION DE PRUDENCE GÉNÉRALE

D'une manière générale, l'agent immobilier doit exercer son activité avec vigilance afin de ne causer à autrui aucun dommage. Ainsi, il doit effectuer une **surveillance** attentive de façon à éviter toute indélicatesse, tout vol ou toute dégradation lors des visites opérées dans le bien (CA Paris 20-12-1996 : Rev. loyers 1997 p. 179). De même, l'agent immobilier qui confie les clefs à un client pour qu'il aille visiter le bien sans l'alerter des dangers que celui-ci recèle (fragilité du plancher des combles) engage sa responsabilité (CA Paris 10-9-2001 : Gaz. Pal. 12-1-2002 somm. p. 263). **71145**

2. DEVOIR DE VÉRIFICATION, D'INFORMATION ET DE CONSEIL

71160 Dans la grande majorité des décisions, les juges visent le manquement au devoir d'information et de conseil comme fondement de la responsabilité de l'agent immobilier. Au regard du droit de la consommation, l'information insuffisante du consommateur est placée en première place des manquements des agents immobiliers. Parmi les défauts relevés par les enquêteurs de la DGCCRF se trouve l'absence de visibilité des barèmes de frais d'honoraires. S'agissant de la règle d'affichage des honoraires des professionnels de l'entremise immobilière, leur barème doit mentionner un tarif maximal (Arrêté 26-1-2022 modifiant l'arrêté du 10 janvier 2017). Il leur est donc possible de revoir à la baisse le prix de leur prestation pour une vente ou une location, ou encore une gestion immobilière. En outre, l'intermédiaire professionnel qui prête son concours à la réalisation d'une opération est tenu de s'assurer que se trouvent réunies toutes les **conditions nécessaires à l'efficacité juridique de la convention** (Cass. 1e civ. 25-11-1997 nº 96-12.325 : Bull. civ. I nº 321), même à l'égard de la partie qui ne l'a pas mandaté (Cass. 1e civ. 25-11-1997 nº 96-12.325 : BPIM 2/98 inf. 159). Pour ce faire, il est tenu de procéder à diverses vérifications et formalités et à informer les parties sur les caractéristiques du bien et de l'opération. L'étendue des vérifications et des conseils à donner est donc très large. Elle est même illimitée dans la mesure où elle diffère selon les circonstances de la cause (voir nº 71330).

a. Capacité et pouvoir des parties

71180 L'agent immobilier doit vérifier que les parties ont la qualité pour consentir à la vente. À défaut, la nullité de la promesse peut être considérée comme source d'un préjudice causé à l'acquéreur, constitué par la **perte de chance** d'effectuer une opération immobilière fructueuse (Cass. 1e civ. 18-3-1997 nº 95-15.477) ou au contraire de ne pas l'effectuer. Ainsi par exemple, l'agent immobilier qui n'informe pas l'acquéreur de l'existence d'une procédure judiciaire cause un préjudice à l'acheteur consistant en la perte d'une chance de ne pas s'engager par la signature du compromis. En effet, la signature de cet acte, qui ne comprenait aucune condition suspensive permettant de se retirer de la vente, exposait l'acheteur à verser 12 000 € au titre de la clause pénale prévue au contrat au cas où il refuserait de réitérer la vente (Cass. 3e civ. 25-3-2014 nº 13-16.181 : BPIM 4/14 nº 295).

Dans le cadre de la vente de parts, la vérification de la capacité à agir pour le compte de la société est qualifiée par la Cour de cassation de « précaution élémentaire » qui s'impose à l'agent immobilier (Cass. 1e civ. 13-3-1990 nº 87-19.288).

De même, si aux termes de la promesse, le vendeur se déclare retraité, avoir la capacité d'aliéner les biens et n'être pas en liquidation des biens, règlement judiciaire ou cessation des paiements, l'agent immobilier rédacteur est tenu de **vérifier**, par **toutes investigations utiles**, spécialement lorsqu'il existe une publicité légale aisément accessible (infogreffe et Bodaac), les déclarations faites par son mandant, promettant, et qui, par leur nature ou leur portée juridique, conditionnent la validité ou l'efficacité de l'acte qu'il dresse (Cass. 1e civ. 16-10-2013 nº 12-24.267 : Defrénois 2014 p. 67 note F. Vauvillé).

Ce n'est que s'il n'a pas pu suspecter le défaut de qualité de propriétaire du vendeur qu'il sera exonéré (pour un cas d'homonymie, CA Versailles 26-1-1988 : Rev. loyers 1988 p. 381).

> **Précisions** Le **mandant** qui induit en erreur l'agent immobilier sur la propriété du bien engage sa responsabilité à l'égard de ce professionnel. Ainsi, le mandant qui confie la vente d'un immeuble en se présentant comme le seul propriétaire du bien et en omettant de révéler l'existence de coïndivisaires est tenu à réparation du préjudice résultant de l'absence de rémunération perçue par le mandataire qui a trouvé un acquéreur (CA Toulouse 16-6-2005 nº 04-3067).

b. Caractéristiques du bien

71200 D'une manière générale, la jurisprudence estime qu'en sa qualité de professionnel, un agent immobilier agissant contre rémunération a l'obligation de renseigner avec exactitude et loyauté les acquéreurs potentiels d'un bien immobilier. Il doit donc attirer l'attention de l'acquéreur sur l'existence de tout **vice, juridique ou technique**, dès lors que ce vice ou les conséquences qui en découlent ne sont pas évidents pour un profane et dès lors que l'agent immobilier les connaissait ou, au regard des compétences qui doivent être les siennes, aurait dû les déceler.

PRÉSENTATION CONFORME À LA RÉALITÉ

71205 L'agent immobilier doit faire une présentation du bien qui soit conforme à la réalité. Il doit donc visiter l'immeuble mis en vente afin de vérifier que l'offre est conforme au bien (CA Nancy

1-3-2000 n° 99-01804). Ainsi, il commettrait une faute à proposer un bien avec la mention « maison rénovée » alors que l'état intérieur de ce bien présenterait une apparence de vétusté interdisant l'emploi de ce qualificatif (CA Pau 24-4-2004 n° 02-6, en l'espèce, la responsabilité du professionnel a cependant été écartée car le client avait visité le bien et avait pu se rendre compte de son état réel). De même, l'agent qui publie une annonce sur laquelle il est mentionné que le bien dispose d'un nouveau toit d'ardoise commet une faute s'il s'avère par la suite que le bien est affecté de vices touchant la charpente et le chauffage (Cass. 3e civ. 3-11-2011 n° 10-21.052).

VÉRIFICATION DES DÉCLARATIONS DES PARTIES

L'obligation de présenter le bien loyalement lui impose de vérifier les déclarations des parties, au besoin avec l'assistance d'un tiers. Ainsi, engage sa responsabilité l'agent immobilier qui, confirmant les dires des vendeurs, inscrit dans le compromis de vente que l'immeuble est libre de toute occupation au moment de la signature alors que ce dernier est grevé d'un droit d'usage et d'habitation (CA Reims 13-6-2002 n° 99-2585). De même, les juges retiennent la responsabilité de l'agence immobilière en sa qualité d'intermédiaire au motif qu'elle n'a pas constaté que la maison avait fait l'objet de travaux d'agrandissement sans autorisation (Cass. 3e civ. 21-10-2014 n° 13-12.433 F-D : BPIM 1/15 inf. 51). À défaut de procéder aux vérifications des déclarations des parties, il pourra même être déclaré responsable de n'avoir pas déjoué les éventuelles tromperies commises par l'une d'entre elles (CA Rennes 13-5-2003 n° 01-6543). Mais encore faut-il qu'il existe soit un moyen de vérifier les déclarations des parties, soit des éléments de nature à éveiller ses soupçons sur leur caractère erroné. **71210**

CARACTÉRISTIQUES TECHNIQUES DU BIEN

En l'absence même de déclaration sur l'une des caractéristiques du bien, l'agent immobilier doit vérifier les caractéristiques techniques du bien, dès lors qu'elles sont suffisamment substantielles. **71215**

Ainsi, l'agent immobilier n'a pas à vérifier le **mesurage** indiqué par le vendeur (Cass. 3e civ. 2-6-2016 n° 15-16.967 FS-PB : BPIM 4/16 inf. 264). En revanche, il commet une faute s'il indique aux acquéreurs potentiels la surface comme garantie alors qu'il est en possession d'un document indiquant de manière approximative la surface de l'appartement et qu'il n'attire pas l'attention du vendeur sur la nécessité de procéder à un mesurage précis. À défaut, il s'expose à devoir rembourser au vendeur la réduction du prix obtenue par l'acquéreur (CA Metz 28-4-2008 n° 05-2351). De même, l'agent immobilier commet une négligence s'il publie une annonce mentionnant que le bien a une surface habitable de 110 m^2 et rédige finalement la promesse de vente au vu des permis de construire, qui révèlent une surface habitable moitié moindre et sur lesquels manquent manifestement la véranda, le garage et une troisième pièce, laissant présager que ces constructions ont été réalisées illégalement (Cass. 1e civ. 2-2-2022 n° 20-18.388 F-D).

De même, l'agent immobilier, étant tenu de vérifier la **consistance matérielle et juridique** des biens qu'il vend, doit s'informer sur la cause de la discordance entre le descriptif des lots, même conforme au plan annexé au règlement de copropriété, et une configuration des lieux complexe, qui lui avait fait présumer que la cave litigieuse était incluse dans l'objet de la vente (Cass. 1e civ. 11-9-2013 n° 12-23.087 : BPIM 6/13 inf. 440). Enfin, l'agent immobilier qui reporte la surface d'une maison individuelle dans le compromis de vente commet une faute qui engage sa responsabilité si cette surface est erronée (CA Orléans 29-2-2016 n° 14/03703). En l'espèce, la surface mentionnée dans le compromis était de 120 m^2 alors que la surface réelle était de 106,77 m^2.

En ce qui concerne le risque d'**infestation par des termites ou champignons**, l'agent immobilier manque à ses obligations s'il omet de signaler à ses clients le risque de présence de champignons attaquant le bois des charpentes dans la mesure où les désordres causés par ces parasites sont courants dans la région, notamment dans les maisons traditionnelles, bien connus des professionnels de l'immobilier, et constituent des vices cachés pour des profanes des techniques de la construction (CA Toulouse 2-12-2004 n° 03-2003). Dans ce but, il doit réclamer au vendeur son titre de propriété avant la signature de la promesse de vente. À défaut, il engage sa responsabilité dès lors que cette vérification lui aurait permis d'informer l'acquéreur de l'existence de travaux anti-mérule (Cass. 1e civ. 14-11-2019 n° 18-21.971 F-PBI). **71220**

En revanche, la découverte d'une infestation mycologique dans une maison ne peut engager la responsabilité de l'agent immobilier qui a participé à la transaction si la vente du bien a eu lieu à une époque où ce risque commençait seulement à être connu des professionnels, que l'acquéreur était un artisan professionnel du bâtiment et que cette infestation n'a été révélée qu'à la suite de la démolition de doublages (CA Rennes 8-12-2005 n° 04-4496). En outre, même si l'agent immobilier est expert judiciaire en immobilier, dès lors qu'il n'est pas expert en bâtiment et ne peut donc être considéré comme un professionnel de la construction, il n'a pas à identifier l'existence d'une infestation par la mérule, surtout lorsque la détection a nécessité des sondages destructifs et lorsque les indices susceptibles de laisser suspecter la présence de mérule ne sont pas suffisamment évidents pour un non-professionnel et peuvent s'expliquer par la vétusté du bien. Aucune faute ni manquement ne peut donc être reproché à l'agent immobilier pour qui le vice est caché et l'appel en garantie du vendeur est sans objet (Cass. 3e civ. 8-4-2014 no 09-72.747 : RJDA 7/14 no 614, BPIM 3/14 inf. 215).

Lorsqu'un diagnostic contient des termes opaques pour un profane, mais transparents pour un professionnel, l'agent immobilier peut être condamné solidairement avec le **diagnostiqueur** et le **notaire**, car il doit s'assurer que les acheteurs ont compris le sens et la portée de ce rapport et leur en expliquer les conséquences (CA Rennes 20-3-2008 no 06-4251). Les obligations en matière d'infestation par des micro-organismes varient donc en fonction du degré de connaissances et de compétences de l'agent immobilier, d'une part, et des clients, d'autre part (voir no 71330).

71225 L'agent immobilier doit encore vérifier la réalité du raccordement au **tout-à-l'égout** en sollicitant des vendeurs les justificatifs des travaux. À défaut, il pourra être condamné in solidum avec les vendeurs au paiement des sommes déboursées pour le raccordement au réseau communal (CA Lyon 19-10-2006 no 05-246). Lorsque la promesse de vente mentionne l'existence de **combles aménagés**, le professionnel qui présente le bien doit s'assurer que la résistance du plancher est suffisante pour pouvoir aménager les combles sans faire de travaux supplémentaires (Cass. 1e civ. 29-11-2005 no 02-15.021 : BPIM 1/06 inf. 83). L'agent immobilier doit informer l'acquéreur sur la **nature du matériau de structure** du bien vendu, qualité substantielle et déterminante de l'acquisition (Cass. 3e civ. 26-10-2005 no 04-15.354 : RJDA 4/06 no 398). La Cour de cassation considère également que l'agent immobilier ne peut ignorer, ni qu'un bien se trouve au centre d'une zone ayant fait l'objet d'une déclaration de **catastrophe naturelle**, ni les conséquences des mouvements de terrain. Dès lors, il manque à son devoir de conseil s'il omet d'informer l'acquéreur que la présence de fissures affectant le bien est liée à sa situation dans une zone frappée d'un arrêté interministériel de catastrophe naturelle, et cela alors même que la vente est intervenue avant que l'arrêté ne soit rendu (Cass. 3e civ. 8-4-2009 nos 07-21.910 et 07-21.953 : RJDA 8-9/09 no 719, BPIM 4/09 inf. 326).

LIMITES AUX OBLIGATIONS PORTANT SUR LES CARACTÉRISTIQUES TECHNIQUES

71230 L'agent immobilier n'est pas tenu à une obligation d'information particulière sur l'importance des travaux de rénovation à entreprendre pour la mise en œuvre du projet de l'acquéreur (Cass. 3e civ. 14-5-2013 no 12-22.459) dès lors qu'il n'a qu'une mission d'entremise (Cass. 3e civ. 4-3-2014 no 12-25.801 : BPIM 3/14 inf. 191). Il n'a pas à se substituer aux **techniciens experts**. Dès lors qu'il a vérifié le caractère constructible du terrain, l'agent immobilier n'est pas tenu de procéder lui-même au mesurage de ce terrain et à l'examen des titres de propriété des riverains (Cass. 1e civ. 5-1-1985 no 83-13.560 : Bull. civ. I no 1). De même, il n'a pas à vérifier l'absence de **vices cachés** constitués par exemple par l'existence de désordres affectant la charpente si ceux-ci sont inapparents (Cass. 1e civ. 16-1-2007 no 04-12.908 : RJDA 10/07 no 1031). Ce n'est que s'il a des raisons de soupçonner l'existence d'un risque que des vérifications supplémentaires peuvent s'imposer à lui. Ainsi l'agent immobilier qui mentionne dans la promesse de vente que les acquéreurs ont pris connaissance d'un sinistre relatif à des fissures, sans solliciter du vendeur plus d'information et de justificatif manque à ses obligations (Cass. 3e civ. 14-12-2017 no 16-24.170 FS-PBI : RJDA 4/18 no 309). De même s'il ne procède pas à un minimum de recherches sur la consistance exacte des biens vendus, alors même qu'il n'a pas pu accéder à toutes les pièces (Cass. 3e civ. 8-2-2018 no 15-28.524 F-D).

À noter que la notion de vice caché n'est pas absolue. Les juges peuvent décider que les désordres affectant un immeuble sont indécelables pour des personnes non averties mais visibles pour un agent immobilier. Dans ce cas, ce dernier manque à son devoir de conseil s'il omet d'informer l'acheteur de l'immeuble de l'existence des désordres, qui pour lui sont apparents et qu'en sa qualité de professionnel de l'immobilier il ne peut ignorer (Cass. 1e civ. 18-4-1989 no 87-12.053 : Bull. civ. I no 150). Même lorsque les vices sont **apparents**, l'agent immobilier peut être tenu à une obligation d'information à l'égard de l'acquéreur. Ainsi, en présence d'un bien qui présente un affaissement du toit visible et non contesté par les acquéreurs, un agent immobilier peut néanmoins être condamné pour n'avoir pas attiré leur attention sur cet affaissement et ne les avoir pas incités à visiter les lieux en présence d'un professionnel (Cass. 3e civ. 7-9-2011 no 10-10.596 : BPIM 6/11 inf. 514). De même, l'agent immobilier doit attirer l'attention de l'acquéreur sur un défaut d'étanchéité de la toiture, dès lors que l'immeuble était affecté d'importantes traces d'infiltrations (Cass. 3e civ. 21-12-2023 no 22-20.045 F-D : BPIM 1/24 inf. 76). En revanche, même si l'agent immobilier a pu constater la présence de fissures, il n'a pas à alerter l'acquéreur d'un désordre structurel, dès lors que celui-ci n'avait été décelé ni par les diagnostiqueurs immobiliers, ni par le bureau d'études mandaté par l'acquéreur (Cass. 3e civ. 21-12-2023 n° 22-21.518 F-D : BPIM 1/24 inf. 76).

CARACTÉRISTIQUES JURIDIQUES DU BIEN

L'agent immobilier est d'une manière générale tenu de vérifier si l'immeuble que le vendeur l'a chargé de vendre peut être affecté à l'**usage auquel l'acheteur le destine** (Cass. 1e civ. 26-3-1996 n° 94-12.228 PF : RJDA 12/96 n° 1518). Ainsi, manque à son devoir de conseil l'agent immobilier qui omet de vérifier le caractère constructible d'un terrain à bâtir (Cass. 1e civ. 5-1-1985 n° 83-13.560 : Bull. civ. I n° 1), qui omet d'informer les acquéreurs que les lieux ne sont pas conformes aux normes d'habitabilité (Cass. 3e civ. 21-1-2016 nos 14-12.144 F-D et 14-12.221 F-D, 14-19.135 F-D) ou que le bien est à destination exclusivement agricole, alors que les acquéreurs l'avaient informé de leur projet d'y édifier une école (Cass. 3e civ. 13-7-1994 n° 92-14.298). 71240

Certains arrêts mettent également à la charge de l'agent immobilier l'obligation de vérifier si le bien n'est pas grevé de **servitudes**. Ainsi, il doit consulter le titre de propriété du vendeur afin de révéler l'existence de servitudes conventionnelles (Cass. 1e civ. 14-1-2016 n° 14-26.474 F-PB : BPIM 2/16 inf. 147) ou requérir un certificat d'urbanisme afin de vérifier s'il existe des servitudes d'urbanisme (Cass. 3e civ. 7-1-1982 n° 80-14.443 : Bull. civ. III n° 3), telles que l'existence d'un plan d'élargissement de la voie communale qui affecte l'immeuble dans sa totalité (Cass. 3e civ. 20-12-1971 n° 70-12.467 : Bull. civ. III n° 636). En pareil cas, il pourra être condamné à garantir le vendeur des condamnations prononcées contre lui. Le devoir d'information d'un professionnel de l'immobilier s'étend au classement d'un terrain dans les plans d'urbanisme car ce type de renseignements n'appartient pas aux faits qui sont à la connaissance de tous et que les parties sont supposées savoir. Il nécessite une démarche en mairie qui relève du devoir d'information du professionnel envers ses clients (CA Versailles 24-6-2008 n° 07-2686). L'agent immobilier doit également attirer l'attention des acquéreurs sur le fait qu'un certificat non opérationnel est un document purement informatif qui ne permet pas de vérifier la constructibilité du terrain au regard du plan local d'urbanisme (Cass. 3e civ. 26-10-2022 n° 21-21.213 F-D : SNH 38/22 inf. 2).

Lorsque des travaux ont été réalisés dans un appartement soumis au régime de la **copropriété**, l'agent immobilier doit vérifier que ces travaux ont été autorisés par l'assemblée générale des copropriétaires. La circonstance que le vendeur ait caché une information à cet égard est sans incidence sur sa responsabilité envers l'acquéreur (Cass. 1e civ. 13-11-1997 n° 95-20.123 : BPIM 2/98 inf. 121). Voir n° 71405 sur la faute d'un tiers.

De même, lorsque l'immeuble objet de la vente a été construit depuis moins de 10 ans, l'agent immobilier doit informer l'acquéreur de l'importance de l'**assurance dommage-ouvrage** (CA Paris 20-9-1996 : D. 1996 IR p. 221).

Engage encore sa responsabilité l'agent immobilier qui inscrit dans le compromis de vente que l'**immeuble** est libre de toute occupation alors qu'il est **grevé d'un droit d'usage et d'habitation** (CA Reims 13-6-2002 n° 99-2585).

Manque à son obligation d'information contractuelle l'agent immobilier qui ne communique pas à son client, avant la signature du compromis, les trois derniers procès-verbaux d'assemblée générale qui lui auraient permis d'avoir connaissance de l'existence d'une **procédure judiciaire**, surtout si l'acquéreur les lui avait demandés (Cass. 3e civ. 25-3-2014 n° 13-16.181). On rappelle qu'en effet, le rédacteur d'une promesse de vente d'un lot ou d'une fraction de lot d'un immeuble soumis au statut de la copropriété a l'obligation d'y annexer différents documents relatifs à la copropriété, tels que la fiche synthétique, le règlement de copropriété, l'état descriptif de division et modificatifs publiés, les procès-verbaux des assemblées générales de copropriété des trois dernières années, le montant des charges (CCH art. L 721-2, II-1°, c).

LIMITES AUX OBLIGATIONS PORTANT SUR LES CARACTÉRISTIQUES JURIDIQUES

L'agent immobilier n'a pas à suspecter un défaut de conformité des travaux d'aménagement dès lors que la construction est ancienne et que la désignation du bien est identique dans les deux précédents actes de vente (Cass. 3e civ. 13-7-2022 n° 20-21.293 F-D : BPIM 5/22 inf. 372). L'agent immobilier intervient, non pas au moment de la réalisation de la vente, mais au moment de la promesse de vente. Or cet acte a précisément une finalité préparatoire puisqu'il a pour but de ménager le temps au notaire de procéder aux vérifications juridiques nécessaires à la réitération en la forme authentique. L'agent immobilier n'a donc pas à contrôler rigoureusement l'identification et la désignation des biens, la description donnée par le client et l'origine de propriété, formalités qui incombent au notaire (CA Versailles 23-3-1989 : Gaz. Pal. 10-11-1989 somm. p. 7). De même, il « n'est pas tenu des obligations d'un conseil juridique ou financier ni investi d'une mission d'expert ». Il n'a donc pas à vérifier l'existence d'une stricte concordance du classement 71245 d'un hôtel avec la réglementation se rapportant à ce classement ; c'est à l'acquéreur (professionnel) qu'il appartient de le faire (Cass. com. 13-5-1997 n° 94-19.614 : RJDA 8-9/97 n° 1029). Sa mission ne s'étend pas non plus à la vérification des signatures portées sur les accusés de réception de lettres recommandées adressées à chacun des époux acquéreurs (Cass. 3e civ. 10-3-2016 n° 15-12.735 : BPIM 3/16 inf. 189).

En revanche, il doit s'assurer, dès la signature de l'acte préparatoire, que les intérêts des parties sont protégés en insérant les conditions suspensives qui permettent aux parties de ne pas être engagées au cas où un risque s'avérerait par la suite confirmé. Plus que l'obligation de vérifier la situation urbanistique du bien par exemple, c'est l'obligation d'insérer une condition suspensive relative à l'absence de servitude d'urbanisme ou à la constructibilité du bien par exemple, qui est donc exigée de lui.

c. Conditions financières et opportunité économique de l'opération

71270 L'agent immobilier est tenu d'une obligation de renseignement et de conseil vis-à-vis de son mandant et doit à cet égard lui donner des informations loyales sur la **valeur du bien** mis en vente, lorsqu'il apparaît que le prix demandé est manifestement sous-évalué sans raison (Cass. 1e civ. 30-10-1985 n° 84-12.326 : Bull. civ. I n° 277). L'appréciation correcte de la valeur du bien vaut également lorsque le prix est consenti moyennant une rente viagère. Ainsi, commet une faute l'agent immobilier qui incite une cliente, dont l'état de santé est alarmant, à conclure une opération contraire à ses intérêts en raison du prix de vente inférieur à la valeur réelle de l'immeuble (Cass. 3e civ. 4-7-1979 n° 78-12.455 : Bull. civ. III n° 150). L'agent immobilier engage aussi sa responsabilité pour « préjudice moral de déception » en cas de surévaluation de la valeur d'une propriété (CA Lyon 5-2-2015 n° 12/02435 : la maison évaluée à 450 000 € s'était vendue à 263 000 €).

Il peut également être mis à la charge de l'agent immobilier l'obligation de vérifier le **rendement locatif** du bien proposé à la vente (Cass. 3e civ. 23-5-2006 n° 05-15.383 F-D) ou d'informer son client des particularités d'un investissement réalisé dans un but de **défiscalisation** (Cass. 3e civ. 7-11-2019 n° 18-21.258 F-D ; CA Paris 10-12-2015 n° 14/13646). Ainsi, les juges ne peuvent pas dégager l'agent immobilier de sa responsabilité au seul motif que l'investissement comportait, comme tout investissement réalisé dans le secteur immobilier locatif, une part d'aléa résultant de la possible défaillance du preneur à bail et que les acquéreurs étaient en mesure de comprendre le mécanisme basique de cet investissement, alors qu'il avait été remis à ces derniers des plaquettes insistant sur les valeurs de sécurité et de rentabilité de l'investissement et que le professionnel est tenu d'appeler l'attention des acquéreurs sur l'ensemble des risques du placement proposé (Cass. 3e civ. 21-9-2022 n° 20-21.044 F-D).

En revanche, l'agent immobilier n'a pas, en principe, à vérifier la **solvabilité de l'acquéreur**, ce qu'il n'est d'ailleurs pas en mesure de faire. Mais il se doit de conseiller à l'acquéreur d'insérer dans la promesse d'achat une condition suspensive relative à la vente préalable de son propre bien, dès lors qu'il savait que sans cette revente l'acquéreur ne disposerait pas des fonds nécessaires à l'acquisition à laquelle il s'engageait (Cass. 1e civ. 15-7-1999 n° 97-18.984 : Bull. civ. I n° 231). Il doit également conseiller à l'acquéreur d'insérer une condition suspensive d'obtention d'un prêt si une clause pénale a été prévue en cas de défection des parties (CA Caen 20-12-2001 n° 00/3844). À l'égard des vendeurs également, l'agent immobilier doit, par exemple, pouvoir justifier qu'il les a informés des risques inhérents aux acquéreurs qu'il présente. Ainsi, l'agent immobilier doit prévenir le vendeur qu'un jeune couple avec des ressources modestes pourra difficilement obtenir un prêt bancaire (Cass. 1e civ. 10-7-1979 n° 78-10.534) ou qu'un homme célibataire, âgé de 25 ans, cariste magasinier, ayant déclaré ne pas avoir recours à un emprunt pour acquérir le bien, présente des risques d'insolvabilité (Cass. 1e civ. 11-12-2019 n° 18-24.381).

Mais cette **obligation** tenant à la disponibilité des fonds nécessaires à la réalisation de l'opération n'est que **de moyens** et doit s'apprécier en fonction des circonstances de l'opération, et, en particulier, de la volonté, de la situation et des connaissances des parties. Ainsi, la responsabilité de l'agent peut être écartée s'il est établi que les acquéreurs, en leur qualité de commerçants ayant une certaine expérience des affaires, se devaient de veiller à leurs intérêts et de s'assurer que toutes dispositions utiles étaient prises (Cass. 1e civ. 10-2-1987 n° 85-14.435 : Bull. civ. I n° 43).

Les obligations d'information et de conseil portant sur les conditions économiques de la vente ne valent donc que si l'agent immobilier est informé de la situation des parties et qu'il a des raisons de soupçonner l'existence d'un risque financier. Dès lors, d'une part, que l'agent immobilier n'a pas connaissance que l'achat est lié à la vente de leur propre bien par les acquéreurs, ces derniers ayant confié la vente à un autre intermédiaire, et, d'autre part, que les acquéreurs déclarent dans l'acte acquérir en payant comptant et en renonçant à toute condition suspensive, l'agent immobilier ne faillit pas à son devoir de conseil (Cass. 1e civ. 28-11-2000 n° 98-15.636).

Les circonstances permettant de déterminer s'il y a eu faute s'analysent également au regard de l'agent immobilier. S'il s'entremet habituellement dans des opérations immobilières de placement, l'agent immobilier doit informer et conseiller l'acquéreur éventuel sur les caractéristiques de l'investissement proposé, sur les choix à effectuer et sur les risques qu'il recèle (Cass. 1e civ. 2-10-2013 n° 12-20.504 : BPIM 6/13 inf. 435). De même, une **agence immobilière spécialisée** dans l'immobilier de placement est tenue d'alerter les acquéreurs d'un bien situé dans une résidence de tourisme sur les risques de l'opération projetée, notamment en cas de défaillance de l'exploitant et de non-perception des loyers (Cass. 3e civ. 8-2-2018 n° 17-11.051 F-D). En revanche, il ne peut être reproché à un agent immobilier de n'avoir pas prévu la crise économique qui toucherait le secteur des résidences hôtelières (Cass. 3e civ. 8-7-2021 n° 20-11.806 F-D : RJDA 10/21 n° 642). Rappelons également que si l'agent immobilier n'est tenu qu'à une obligation de moyen en matière d'efficacité économique de l'opération, il doit néanmoins vérifier **l'origine des fonds** utilisés pour financer l'acquisition, au titre de ses obligations en matière de lutte contre le **blanchiment**, voir n° 2389.

> **Précisions** La vérification de la solvabilité de l'acquéreur diffère selon le domaine d'activité de l'agent immobilier, vente ou location. En matière de **baux**, il a la stricte obligation de vérifier la solvabilité des locataires qu'il choisit en sa qualité de mandataire du bailleur, en vérifiant notamment leurs ressources. En matière de **vente** immobilière, ce n'est que s'il a des raisons de douter des capacités financières des acquéreurs qu'il doit informer le vendeur du risque de non-réalisation et insérer les clauses nécessaires à la protection des acquéreurs en cas de non-obtention des sommes nécessaires à l'acquisition.

d. Respect du droit positif et des dispositions conventionnelles

RESPECT DU DROIT POSITIF

L'agent immobilier doit connaître le droit positif et vérifier que le projet est compatible avec celui-ci. Commet ainsi une faute l'agent immobilier qui omet d'enregistrer une promesse unilatérale de vente (CA Caen 16-2-1970 : Gaz. Pal. 1970 p. 241) ou qui ne vérifie pas que les conditions de purge du droit de rétractation de l'acquéreur sont satisfaites (Cass. 3e civ. 21-3-2019 n° 18-10.772 FS-PBI : RJDA 7/19 n° 494, en l'espèce l'agent immobilier avait purgé le droit de rétractation par courrier recommandé sans vérifier la sincérité au moins apparente de la signature figurant sur l'avis de réception de la lettre recommandée adressée aux acquéreurs). L'agent immobilier doit se tenir informé de la **législation** mais également de la **jurisprudence**, même récente. Ainsi, il doit informer ses clients de l'existence d'une loi nouvelle, promulguée pendant l'exécution de son mandat et susceptible de modifier les conditions de la vente (Cass. 1e civ. 21-6-2005 n° 02-18.898, il s'agissait en l'espèce de la loi Carrez). Il doit également rechercher si, à la date de son intervention, un récent arrêt de la Cour de cassation n'aurait pas amorcé une évolution de la jurisprudence de nature à compromettre l'opération à laquelle il apporte son concours (Cass. 1e civ. 7-3-2006 n° 04-10.101 : RJDA 7/06 n° 750). 71290

RESPECT DES DISPOSITIONS CONVENTIONNELLES

L'agent immobilier doit respecter les **conditions posées par l'acte qu'il a rédigé** et aux termes duquel mandat lui a été donné. Ainsi, l'agent immobilier qui reçoit un chèque avec mission de l'encaisser commet une faute en mettant tardivement ce chèque à l'encaissement. Si ce chèque reste impayé, il sera tenu, non pas de restituer une somme qu'il n'avait jamais eue en sa possession, mais seulement de réparer le préjudice résultant pour les vendeurs de la perte d'une chance d'obtenir le paiement de ce chèque (Cass. 1e civ. 21-2-1995 n° 93-12.436 : RJDA 11/95 n° 1234). De même, la rétention abusive de l'acompte après la non-réalisation de la condition suspensive du financement, alors que la convention des parties prévoit une restitution immédiate et intégrale, constitue une faute source de responsabilité (Cass. 1e civ. 29-4-1997 n° 95-15.263). 71295

L'agent immobilier qui incite un acheteur à faire des paiements anticipés en violation du compromis de vente (CA Colmar 15-1-1974 : D. 1974 somm. p. 121) ou qui fait preuve d'un mutisme fautif dans la délivrance des documents nécessaires à la régularisation de la vente (Cass. 3e civ. 21-7-1993 n° 91-19.521) commet également une faute.

3. ÉTENDUE DU DEVOIR DE CONSEIL

D'une manière générale, la jurisprudence impose à l'agent immobilier de vérifier tout ce qui peut faire obstacle à la vente ou influer sur le consentement des **parties** et d'en informer ces dernières. Dès lors qu'il prête son concours à la rédaction d'un acte, il est tenu de s'assurer que 71330

se trouvent réunies toutes les conditions nécessaires à l'efficacité juridique de la convention, même à l'égard de la partie qui ne l'a pas mandaté (Cass. 1e civ. 14-1-2016 n° 14-26.474 F-PB : BPIM 2/16 inf. 147).
Il y a des formalités, vérifications ou conseils qui s'imposent **en toute occasion** à l'agent immobilier. Ainsi, il se doit de respecter la législation et ne peut en aucun cas rédiger un acte contraire à l'ordre public, quelles que soient les circonstances dans lesquelles l'opération est réalisée.
Mais l'étendue des vérifications auxquelles il doit procéder et des conseils qu'il doit prodiguer varie en fonction des **circonstances propres** à chaque opération. La majorité de ces obligations n'a donc qu'un caractère relatif.
Il y a ainsi des obligations qui, en temps normal, ne s'imposent pas, mais qui deviennent exigibles en raison des circonstances de l'opération. Ainsi en principe, l'agent immobilier n'a pas à lever un état hypothécaire avant la vente immobilière. En revanche, si l'acquéreur verse un acompte entre les mains du vendeur dès la signature de l'acte sous signature privée, il doit alerter le vendeur des risques à le faire avant d'avoir vérifié la situation hypothécaire du bien (Cass. 3e civ. 3-10-1969 n° 68-10.200 : Bull. civ. III n° 612).
A contrario, il y a des vérifications ou conseils qui normalement s'imposent, mais qui au regard des **circonstances particulières** n'engageront pas la responsabilité de l'agent immobilier même s'il les a omis. Ainsi, il se doit normalement d'informer les acquéreurs dont l'achat est soumis à la vente préalable d'un autre bien de la nécessité d'inclure une clause suspensive, à moins qu'il ne s'agisse de commerçants ayant l'expérience des affaires.
Les circonstances qui peuvent **moduler** à la baisse ou à la hausse l'**étendue** des obligations exigées de l'agent immobilier sont nombreuses. Une liste exhaustive est impossible à établir car elles dépendent d'éléments factuels aux possibilités illimitées. Mais les plus fréquemment invoquées sont celles liées à l'étendue de sa mission, aux compétences personnelles du client et à la présence d'un tiers conseiller lors de la visite ou de la signature de l'acte.
Si sa mission est limitée à la visite des lieux et non la rédaction du compromis, l'étendue des obligations de l'agent immobilier est moindre (CA Lyon 14-10-2004 : Juris-Data 2004-256576).
D'une manière générale, la **compétence personnelle** de son client ne dispense pas l'agent immobilier de procéder aux vérifications qui lui incombent personnellement (Cass. 1e civ. 29-11-2005 n° 02-14.628). En revanche, il sera plus facile pour l'agent immobilier de prouver la faute de la victime si cette dernière dispose de connaissances dans le domaine de l'immobilier (voir n° 71400) ou est assistée de conseillers tiers. Ainsi, la responsabilité de l'agence immobilière est écartée dès lors que les acheteurs d'une maison ancienne et nécessitant des travaux reconnaissent avoir visité trois fois la maison et que, lors d'une de ces visites, ils étaient **accompagnés d'un** artisan **professionnel** de la maçonnerie, de la restauration et du carrelage pour établir un devis pour des travaux de cuisine (CA Rouen 16-6-2004 : Juris-Data 2004-246738).

4. LIMITES AU DEVOIR DE CONSEIL

DOMAINE DE COMPÉTENCES DE L'AGENT IMMOBILIER

71360 L'étendue des vérifications que l'agent immobilier doit opérer et des conseils qu'il doit donner est limitée par l'étendue de son domaine de compétences. Ainsi, en principe et sauf circonstance particulière, il n'a pas à se substituer au notaire en contrôlant rigoureusement la désignation des biens (voir n° 71245), ni à l'expert en procédant lui-même au mesurage (voir n° 71215).
De même, la jurisprudence semble considérer que les conséquences fiscales d'une opération n'entrent pas dans le domaine de ses compétences (CA Paris 16-4-2008 n° 07/07938), à moins bien sûr que l'opération ne soit réalisée dans un but de défiscalisation (Cass. 3e civ. 7-11-2019 n° 18-21.258 F-D ; CA Paris 10-12-2015 n° 14/13646) (voir n° 71270).

DEGRÉ DE CONNAISSANCE DE L'OPÉRATION

71365 L'agent immobilier n'a pas à informer les parties d'un risque qui résulte d'**éléments dont il n'a pas été informé**. Ainsi, il n'a pas à conseiller aux contractants de ne pas dissimuler une partie du prix s'il n'a pas été informé de « cette particularité » (Cass. 3e civ. 14-11-1972 n° 70-14.120 : Bull. civ. III n° 604). De même, si l'agent immobilier n'a pas connaissance que l'achat est lié à la vente de leur propre bien par les acquéreurs, il n'a pas à leur conseiller d'insérer une condition suspensive d'obtention d'un prêt (Cass. 1e civ. 28-11-2000 n° 98-15.636). Il n'est pas non plus tenu d'identifier des vices cachés non détectables (Cass. 1e civ. 16-1-2007 n° 04-12.908 F-PB : RJDA 10/07 n° 1031, désordres non apparents affectant la charpente ; Cass. 3e civ. 21-1-2015 n° 13-17.982 FS-D : BPIM 2/15 inf. 125, traces d'infiltration d'eau cachées sous la peinture). Il n'est pas non plus tenu d'informer l'acquéreur d'un projet d'implantation d'éoliennes à proximité du bien vendu dès lors que le compromis ne prévoyait d'obligation d'information que sur les seuls projets d'urbanisme

(Cass. 3e civ. 29-6-2017 no 16-19.337 F-D) ou de l'absence de dalle béton à tous les étages de l'immeuble, dès lors que les acquéreurs ne démontrent pas avoir porté à sa connaissance cette exigence et qu'il n'est mentionné, dans la promesse de vente, la présence que d'une dalle béton, au singulier (Cass. 3e civ. 14-2-2019 no 17-27.975 F-D). L'agent immobilier, comme le notaire, n'a pas à informer les acquéreurs qu'aucune extension des pièces à vivre du rez-de-chaussée ne sera possible, dès lors que ceux-ci ne l'ont pas tenu informé de ce projet (Cass. 3e civ. 13-7-2022 no 20-21.293 F-D : BPIM 5/22 inf. 372).

De même, l'agent immobilier ne saurait être tenu responsable d'un **risque** dont il ne pouvait soupçonner l'existence dès lors qu'il est **né postérieurement à son intervention**. Ainsi, lors de la signature d'un contrat de commercialisation entre le promoteur et l'agent immobilier, s'il est établi que les premières difficultés financières se sont révélées postérieurement à la signature de l'acte de vente et que les préjudices sur lesquels les acquéreurs fondent leurs demandes indemnitaires résultent du retard, puis de l'arrêt du chantier, alors ces préjudices ne peuvent être imputés qu'au promoteur et non à l'agent immobilier chargé de commercialiser le produit (Cass. 1e civ. 12-12-2018 no 17-11.910 F-D). De même, en matière fiscale, si l'intermédiaire professionnel intervenant dans une opération de défiscalisation est tenu d'une obligation particulière d'information à l'égard de ses clients, il n'a pas à les avertir du risque que le vote de travaux trop importants leur fasse perdre le bénéfice du dispositif de réduction d'impôts s'attachant à la réhabilitation d'un bâtiment inscrit à l'Inventaire des bâtiments historiques, dès lors que le surcoût des travaux et leur ampleur ne se sont révélés nécessaires que plus de deux années après le début des travaux (Cass. 1e civ. 19-6-2019 no 18-20.342 F-D).

ILLUSTRATIONS

La mention, dans l'annonce immobilière, de la possibilité d'implantation d'une piscine ne présume pas de la taille, ni de l'implantation de celle-ci sur le terrain. Dès lors, la responsabilité de l'agent immobilier ne peut pas être engagée par l'acquéreur si la possibilité de réaliser une piscine n'est pas précisée dans le mandat ni dans le compromis et si les plans d'implantation dressés révèlent la possibilité matérielle de réaliser une piscine plus petite (Cass. 1e civ. 5-7-2017 no 16-13.630 F-D : BPIM 5/17 inf. 377).

INFORMATION CONNUE DU CLIENT

D'une manière générale, les conséquences d'un engagement librement souscrit et judiciairement déclaré valable ne constituent pas un préjudice réparable (Cass. 1e civ. 10-4-2019 no 18-14.987 FS-PB). L'agent immobilier n'a donc pas à informer les parties de ce qu'elles savent déjà (Cass. 1e civ. 10-2-1987 no 85-14.435 : Bull. civ. I no 43). Ainsi, la responsabilité de l'agent immobilier pour manquement à son obligation d'information et de conseil peut être écartée s'il est établi que l'acquéreur a été clairement informé de l'humidité présente dans certains murs, et donc des risques potentiels d'infiltrations (Cass. 3e civ. 7-11-2019 no 18-21.473 F-D ; Cass. 3e civ. 23-9-2014 no 13-20.461 F-D : AJDI 2014 p. 882) ou que l'acheteur professionnel avait été averti lors de la vente de risques potentiels de mérule et avait renoncé à demander la réalisation d'un diagnostic (Cass. 1e civ. 16-3-2022 no 20-22.341 F-D : BPIM 3/22 inf. 222). L'acheteur ne peut pas non plus reprocher à l'agent immobilier un manquement à son devoir de conseil s'il a déclaré dans l'acte de vente être parfaitement informé et faire son affaire personnelle de la situation résultant de ce que l'immeuble est situé dans le périmètre d'une opération de ravalement obligatoire menée par la commune (Cass. 3e civ. 17-10-2019 no 18-15.942 F-D). 71370

Dans le même ordre d'idée, s'il est établi que l'agent immobilier a informé les acquéreurs du risque de l'existence d'une infestation parasitaire de la charpente, il ne peut être considéré comme fautif de ne pas leur avoir expressément conseillé d'insérer dans la promesse de vente une clause de garantie de ce vice caché (Cass. 3e civ. 26-2-2003 no 01-12.750 : RJDA 6/03 no 578).

C. Faute de la victime et fait d'un tiers

FAUTE DE LA VICTIME

La jurisprudence considère que les agents immobiliers doivent remplir leur devoir de conseil, même à l'égard de leurs clients professionnels (Cass. 1e civ. 29-11-2005 no 02-14.628). Cependant, pour rejeter l'action en responsabilité dont il est la cible, l'agent immobilier peut invoquer la faute de la victime. Celle-ci sera d'autant plus facilement admise que la partie qui allègue une faute commise par le professionnel dispose de compétences personnelles dans le domaine immobilier ou juridique (voir no 71330). La faute de la victime, si elle est établie, peut conduire les juges soit à condamner l'agent immobilier à une **réparation seulement partielle**, soit à l'**exonérer totalement**. Ainsi, par exemple, le mandant qui obtient sa radiation du registre du commerce et des sociétés et donne congé de son bail commercial et qui n'en informe pas l'agent 71400

immobilier commet une faute contractuelle à l'origine exclusive de son préjudice et, partant, la responsabilité de l'agent immobilier n'est pas engagée (Cass. 1e civ. 18-12-2014 nº 14-10.112).
Sa responsabilité pourra également être écartée si le demandeur en réparation a commis une **faute intentionnelle**. Le juge du fond peut en effet décider d'écarter tout recours en garantie ou en responsabilité contre l'agent immobilier, en dépit de la faute commise par celui-ci, de la part du contractant qui s'est rendu coupable de dol (Cass. 1e civ. 20-10-1998 nº 96-18.270 : Bull. civ. I nº 305). Celui qui commet une faute dolosive ne peut être garanti, au titre de la contribution à la dette, par celui qui commet un simple manquement contractuel (Cass. 3e civ. 21-6-2018 nº 17-18.408 F-D). Ainsi, le vendeur condamné pour avoir trompé sciemment l'acquéreur, en lui laissant croire qu'il existe un vide sanitaire, ne peut pas obtenir réparation auprès de l'agent immobilier pour manquement à son obligation de conseil au motif qu'il aurait dû vérifier la présence du vide sanitaire (Cass. 1e civ. 16-7-1987 nº 85-18.216).
En revanche, il incombe à l'agent immobilier, tenu d'une **obligation de conseil**, d'informer ses mandants (vendeurs) de la nécessité de porter à la connaissance des acquéreurs une information dont la dissimulation est susceptible de constituer un dol (Cass. 1e civ. 9-1-2019 nº 18-10.245 F-D). Même si les vendeurs n'avaient aucunement besoin du conseil de l'agent immobilier pour se rendre compte que leur silence délibéré portant sur l'état d'avancement d'un projet de rocade trompait leurs cocontractants, l'agent immobilier doit les conseiller de la nécessité d'en informer les acquéreurs. À défaut, en cas d'annulation de la vente, il peut être condamné à réparer le préjudice subi non pas seulement par les acquéreurs, mais également par les vendeurs.

> **Précisions** Si la responsabilité de l'agent immobilier peut être écartée à l'égard de celui qui a commis une faute et qui se prétend victime, elle peut demeurer engagée en revanche à l'égard du **cocontractant** qui, lui, n'a commis aucune faute s'il a subi un préjudice (Cass. 1e civ. 13-11-1997 nº 95-20.123 : BPIM 2/98 inf. 121), voir nº 71405.

FAUTE D'UN TIERS

71405 De même, l'agent immobilier n'est pas responsable des préjudices qui résultent de la faute **exclusive** d'un tiers. Ainsi, la responsabilité de l'agent immobilier n'est pas engagée envers l'acquéreur si le préjudice subi par celui-ci résulte du dol commis par le vendeur, dol dont l'agent immobilier n'avait aucune raison d'en soupçonner l'existence (Cass. 1e civ. 20-10-1998 nº 96-18.270 : Bull. civ. I nº 305), voir nº 71400.
En revanche, il peut être condamné in solidum avec le tiers s'il a contribué à la réalisation du préjudice subi par la victime. Ainsi, l'agent immobilier peut être condamné in solidum avec le **diagnostiqueur** à réparer le préjudice subi par les acquéreurs en raison de la présence d'amiante dans le bien acquis dès lors que, même si le rapport du diagnostiqueur concluait de façon erronée à l'absence d'amiante, il ne pouvait ignorer que le bien contenait des plaques en fibrociment contenant de l'amiante et il lui incombait de mentionner la date et le type de construction de la maison dans la promesse de vente, s'agissant de caractéristiques essentielles du bien vendu (Cass. 3e civ. 16-3-2023 nº 21-25.082 F-D). De même, la circonstance que le vendeur ait caché une information à l'agent immobilier est sans incidence sur sa responsabilité envers l'acquéreur, dès lors qu'il aurait pu déjouer cette tromperie en accomplissant son devoir de vérification (Cass. 1e civ. 13-11-1997 nº 95-20.123 : BPIM 2/98 inf. 121). Dans ses rapports avec le vendeur qui a commis une faute envers l'acquéreur, l'agent immobilier pourra toutefois obtenir que le vendeur soit tenu de le garantir des condamnations prononcées contre lui (Cass. 3e civ. 16-5-2019 nº 18-14.282 F-D).
En cas de partage de responsabilité, les coauteurs du dommage sont alors tenus pour le tout à l'égard de la victime, mais celui qui a payé dispose d'une action récursoire contre les coauteurs du dommage à hauteur de leur part respective, fixée par le juge. Quelle que soit l'ampleur de l'indemnisation, la garantie de chacun des coauteurs s'exerce sur la totalité de l'indemnisation octroyée à la victime. Ainsi, par exemple, même si le vendeur coupable de dol est condamné à des dommages et intérêts équivalant au coût de démolition et de reconstruction, cette indemnisation constitue le montant sur lequel doit s'exercer la garantie du notaire et de l'agent immobilier fixée à 10 % (Cass. 3e civ. 30-1-2020 nº 19-10.176 FS-PBI).
S'agissant des intervenants professionnels à l'acte, l'agent immobilier, en principe, n'a pas à vérifier les **attestations** des tiers. Ainsi, par exemple, en matière d'efficacité d'une garantie intrinsèque, l'agent immobilier n'est pas tenu de vérifier l'attestation du notaire confirmant l'existence de la garantie intrinsèque d'achèvement, ou celle de l'architecte témoignant de l'état d'avancement des travaux (Cass. 1e civ. 12-12-2018 nº 17-11.910 F-D).
Toutefois, là aussi, si l'agent immobilier a commis une **faute ayant concouru à la réalisation du dommage**, sa responsabilité ne saurait être effacée par celle commise par un tiers, tel un notaire (Cass. 1e civ. 16-12-1992 nº 90-18.151 : Bull. civ. I nº 316). Si les juges estiment que plusieurs fautes

ont concouru à la réalisation du dommage, l'agent immobilier sera condamné in solidum avec le tiers à la réparation du préjudice. En cas de condamnation in solidum, la contribution définitive des coresponsables dans la réparation du dommage est déterminée en considération de la gravité de leurs fautes respectives. Les juges du fond ne peuvent donc pas rejeter l'appel en garantie de l'agent immobilier à l'encontre des notaires, aux seuls motifs que le dommage ne serait pas survenu sans la faute de l'agent immobilier et que celle-ci ne pouvait être garantie par les notaires qui n'étaient pas redevables d'une quelconque garantie à son égard (Cass. 3e civ. 21-6-2018 n° 17-18.408 F-D). De même que le vendeur, le notaire et l'agent immobilier, en possession de plans détaillés et actualisés des lieux vendus, qui n'informent pas clairement l'acquéreur du risque de démolition possible, engagent leur responsabilité in solidum à l'égard de la victime. Celle-ci peut alors demander entière réparation à l'un ou l'autre des coauteurs de son dommage, qui sont chacun tenus pour le tout. Celui qui aura payé la victime bénéficiera d'une action récursoire à l'encontre des coauteurs, à hauteur de la répartition fixée par le juge.

FAUTE D'UN EMPLOYÉ DE L'AGENT IMMOBILIER

L'agent immobilier ne peut pas être exonéré au motif que la faute a été commise par l'un de ses préposés car il répond expressément de leurs manquements commis dans l'exercice de leurs fonctions, en application de l'article 1242 du Code civil (Cass. 2e civ. 10-1-1968 n° 66-11.247 : Bull. civ. II n° 8). **71410**

D. Préjudice et lien de causalité

Une fois la faute établie, pour qu'elle soit source de responsabilité, encore faut-il qu'elle soit à l'origine d'un préjudice. Le demandeur doit donc rapporter la **preuve** d'un préjudice et d'un lien de causalité direct entre la faute et le dommage allégué. L'agent immobilier peut échapper à la condamnation si les juges estiment que l'une ou l'autre de ces conditions n'est pas remplie. **71450**

Ainsi, un agent immobilier qui mentionne volontairement une surface inexacte dans un fax commet une faute. Mais cette faute n'est pas à l'origine de la non-réalisation de la vente si finalement il n'y a jamais eu accord sur la chose et sur le prix (Cass. 1e civ. 24-5-2005 n° 02-20.137). De même, les acquéreurs qui reprochent à l'agent immobilier de ne pas les avoir informés de l'existence d'une servitude non aedificandi ne justifient d'aucun préjudice résultant de la faute de l'agent immobilier, dès lors qu'il est établi qu'après avoir été informés de l'existence de cette servitude, ils ont poursuivi la vente avec empressement (Cass. 1e civ. 16-3-2022 n° 20-20.334 F-D).

En outre, la victime ne doit pas avoir été négligente dans la défense de ses intérêts. Ainsi, l'agent n'est pas responsable du préjudice causé par l'erreur de mesurage si l'acquéreur a laissé s'opérer la déchéance de son action en diminution du prix contre le vendeur (CA Versailles 18-5-2006 n° 05-1162).

À défaut de préjudice subi, l'agent immobilier, même fautif, n'engage pas sa responsabilité. C'est au demandeur de rapporter la preuve de l'existence et de l'**ampleur du préjudice**. L'évaluation se fait au jour de la décision du tribunal, à la valeur du dommage subi, mais pas au-delà. Ainsi, l'agent immobilier qui n'a pas conseillé au vendeur de procéder au mesurage l'a exposé à une action en réduction de prix. Mais le préjudice subi par le vendeur n'est pas égal à la somme qu'il a remboursée à l'acheteur. Il consiste dans l'immobilisation du bien pendant le temps nécessaire au mesurage et à la mise en place d'un nouveau rendez-vous chez le notaire (CA Versailles 9-1-2004 : Juris-Data 2004-232740).

Le préjudice se limite parfois à la **perte d'une chance** d'obtenir un gain. Ainsi, constitue un préjudice indemnisable et non hypothétique le préjudice constitué par la perte de chance de négocier une baisse de prix ou de renoncer à une acquisition. Tel est le cas des acquéreurs qui, s'ils avaient eu connaissance du caractère illégal des constructions réalisées et de l'inconstructibilité attachée au bien, auraient pu renoncer à l'acquérir ou l'obtenir à un prix plus bas (Cass. 1e civ. 2-2-2022 n° 20-18.388 F-D). L'agent immobilier chargé de commercialiser un programme bénéficiant d'un dispositif de défiscalisation qui n'alerte pas ses clients des risques de l'opération tenant aux aléas de la construction, au délai de mise en location et aux aléas du marché locatif fait perdre aux acquéreurs une chance de ne pas contracter ou d'investir dans un autre dispositif de défiscalisation moins risqué. Cette perte de chance étant faible au regard du contexte économique alors favorable et de l'importance du bénéfice fiscal attendu, le juge du fond peut la fixer souverainement à 10 % du préjudice consécutif à la perte fiscale et à la perte de loyers (Cass. 1e civ. 24-3-2021 n° 19-19.988 F-D). De même, l'agent immobilier qui reçoit un chèque avec mission de l'encaisser commet une faute en mettant tardivement ce chèque à l'encaissement. Si par la suite le chèque est impayé, l'agent immobilier est seulement tenu, non pas de restituer la somme indiquée sur le chèque, mais de réparer le préjudice résultant pour les vendeurs de la perte d'une chance d'obtenir le paiement de ce chèque (Cass. 1e civ. 21-2-1995 n° 93-12.436 : RJDA 11/95 n° 1234). L'agent immobilier qui tente de réaliser une opération lucrative au détriment de son mandant, en achetant le bien pour le revendre ensuite à une société dont il connaît l'intérêt pour le bien mis en vente a fait perdre une chance au vendeur d'éviter une procédure de saisie. Il peut donc être condamné à lui rembourser, à hauteur de 90 %, un an d'intérêts sur le capital restant dû au titre du prêt ainsi que les frais de saisie immobilière (Cass. 1e civ. 24-3-2021 n° 19-22.206 F-D). En revanche, si la maison acquise est inhabitable en raison de la présence d'amiante qui empêche même les travaux les plus ordinaires nécessaires à l'entretien et à la vie courante, le préjudice des acquéreurs réside non dans une perte de chance mais dans le coût intégral des travaux nécessaires pour supprimer cet élément omis que l'agent immobilier et le diagnostiqueur doivent supporter à raison de leurs fautes respectives (Cass. 3e civ. 16-3-2023 n° 21-25.082 F-D).

La **restitution** du prix ou d'une partie du prix à laquelle le vendeur est condamné à la suite de l'annulation d'une vente ou de la réduction du prix ne constitue pas par elle-même un préjudice indemnisable. Le vendeur ne peut donc pas agir en garantie contre l'agent immobilier pour obtenir la restitution du prix (Cass. 3e civ. 29-3-2018 n° 17-13.157 F-D ; Cass. 3e civ. 3-5-2018 n° 17-11.132 FS-PB : SNH 17/18 inf. 1 ; BPIM 3/18 inf. 235), sauf à présenter une demande en garantie, au cas où l'acquéreur serait insolvable (Cass. 1e civ. 1-6-1999 n° 97-14.063 P : RJDA 12/99 n° 1313) ou à prouver que cette insolvabilité est avérée (Cass. 1e civ. 5-4-2018 n° 17-14.113 F-D). Dans le cadre de l'action de l'acheteur contre l'agent immobilier, ce dernier dont la faute a concouru, au moins pour partie, à l'annulation de la vente pour dol peut être condamné à garantir la restitution du prix en cas d'insolvabilité du vendeur (Cass. 1e civ. 28-6-2023 n° 21-21.181 FS-B : BPIM 4/23 inf. 282).

E. Mise en œuvre de la responsabilité

CHARGE DE LA PREUVE

71500 La charge de la preuve de la faute commise par l'agent immobilier pèse, **en général**, sur le client qui s'estime victime d'un préjudice. Mais en ce qui concerne le **devoir d'information et de conseil**, la jurisprudence considère que celui qui est légalement ou contractuellement tenu d'une obligation particulière d'information doit rapporter la preuve de l'exécution de cette obligation (Cass. 1e civ. 25-2-1997 n° 94-19.685 PBR : RJDA 6/97 n° 752). La charge de la preuve de l'accomplissement du devoir de conseil pèse donc sur l'agent immobilier. Ainsi, dès lors qu'il ne rapporte pas la preuve que les acquéreurs ont renoncé en connaissance de cause à l'insertion d'une condition suspensive tenant au paiement du prix, sa responsabilité pour manquement au devoir de conseil sera retenue (Cass. 1e civ. 2-4-1997 n° 95-12.724).

La charge de la preuve du lien de causalité entre le préjudice subi et la faute commise pèse sur le demandeur. Ainsi, l'action en responsabilité fondée sur l'effondrement de l'immeuble acquis et l'impossibilité de le reconstruire est rejetée si le lien de causalité entre l'absence de fondations et l'effondrement de l'immeuble n'est pas prouvé (Cass. 3e civ. 18-4-2019 n° 18-12.531 F-D).

MODE DE PREUVE

71505 La preuve peut être rapportée par tout moyen. Un **écrit** est donc plus prudent, mais pas indispensable. Ainsi, la preuve de l'accomplissement du devoir d'information peut résulter de ce que les acquéreurs ne contestent pas que l'agent immobilier leur avait signalé l'existence d'une infestation de capricornes dans la charpente et leur avait conseillé de prendre l'avis d'un spécialiste (Cass. 3e civ. 26-2-2003 n° 01-12.750 : RJDA 6/03 n° 578).

Mais dans la mesure où c'est sur lui que pèse la charge de la preuve du conseil donné, il est prudent de conserver une reconnaissance écrite du conseil donné signée par les parties, qui atteste qu'il a correctement accompli son devoir d'information et de conseil. Ce document doit être rédigé clairement afin de remplir son rôle exonératoire. Cette reconnaissance peut être insérée soit dans l'acte préparatoire, soit dans un écrit séparé signé de la main de celui à qui l'information a été délivrée. Rappelons à cet égard que, dans une affaire où l'acquéreur agissait en nullité de la vente pour dol commis par le vendeur, il a été jugé que l'attestation de l'agent immobilier ne pouvait à elle seule démontrer que le vendeur avait prévenu l'acquéreur des risques affectant le bien (Cass. 3e civ. 3-3-2010 n° 08-21056 FS-PB : RJDA 7/10 n° 808).

> **Précisions** Si l'opération recèle un risque de **fraude**, se constituer une preuve du conseil donné est cependant inutile. En pareil cas, l'agent immobilier n'a d'autre choix que de refuser de participer à l'opération. La seule exception réside dans les opérations qui ont fait l'objet d'une déclaration de soupçon. La déclaration offre en effet au professionnel de bonne foi une immunité en cas de réalisation ultérieure d'une opération qui se révélerait délictueuse (C. mon. fin. art. L 561-22).

PRESCRIPTION DES ACTIONS

Les actions en responsabilité sont soumises à une prescription **quinquennale** qui court à compter du jour où le titulaire du droit a connu ou aurait dû connaître les faits lui permettant de l'exercer (C. civ. art. 2224). Il s'agit de la date à laquelle le demandeur à l'action a eu connaissance de la faute commise par l'agent immobilier. Ce délai quinquennal s'applique également en matière commerciale (C. com. art. L 110-4). **71510**

La connaissance des faits permettant à la victime d'exercer l'action peut parfois intervenir longtemps après l'intervention de l'agent immobilier, lorsque la faute commise ne se révèle que tardivement. Cependant, le report du point de départ, la suspension ou l'interruption de la prescription ne peuvent avoir pour effet de porter le délai de la prescription extinctive au-delà de **20 ans** à compter du jour de la naissance du droit (C. civ. art. 2232 ; quelques exceptions sont toutefois prévues, la demande en justice interrompant, par exemple, le délai butoir).

AMÉNAGEMENT DE LA PRESCRIPTION

Les parties peuvent aménager conventionnellement les modalités de la prescription (C. civ. art. 2254). Mais cet aménagement est exclu dans les contrats entre professionnels et consommateurs (C. consom. art. L 218-1). Un agent immobilier ne peut donc pas opposer à un client ayant la qualité de consommateur une clause par laquelle la durée de la prescription applicable à une action en responsabilité contre lui serait réduite. **71520**

COMPÉTENCE

Les litiges relatifs à l'intervention de l'agent immobilier relèvent des **tribunaux judiciaires**, à moins qu'ils ne portent sur des biens appartenant à une collectivité publique. En effet, le litige portant sur l'exécution d'un mandat exclusif de vente d'un bien immobilier appartenant au domaine privé d'une commune relève des juridictions administratives. Le Tribunal des conflits considère ainsi que le mandat de vendre n'ayant pas pour objet l'acquisition d'un immeuble, il constitue un contrat administratif qui entre dans le champ d'application du Code des marchés publics (T. confl. 14-5-2012 n° 3860) ; voir également n° 14114. **71525**

Le **tribunal territorialement compétent** est celui soit du domicile du défendeur soit de ses héritiers s'il est décédé, soit du lieu où le fait dommageable a été accompli, soit enfin, s'il s'agit d'un appel en garantie, celui du lieu devant lequel la demande originaire est pendante. Si la victime agit à la fois contre son cocontractant et l'agent immobilier, elle saisit, à son choix, la juridiction du lieu où demeure l'un d'eux (CPC art. 42). Le tribunal **matériellement compétent** dépend de la qualité du demandeur et du montant du litige.

Si le demandeur est commerçant, le tribunal compétent est le tribunal de commerce. Si le demandeur n'est pas commerçant, le tribunal compétent est le tribunal judiciaire. Une chambre de proximité du tribunal judiciaire peut être compétente pour juger les litiges dont le montant n'excède pas 10 000 €.

> **Précisions** La saisine préalable du conciliateur prévue dans un acte authentique de vente n'est pas une condition de recevabilité de l'action directe engagée par les acquéreurs contre l'agent immobilier et l'assureur de ce dernier (Cass. 1e civ. 14-3-2018 n° 17-14.440 F-D).

ASSURANCE

Toute **faute non intentionnelle** commise par l'agent immobilier dans l'exercice de sa profession est garantie par une assurance obligatoire (Décret 72-678 du 20-7-1972 art. 49 ; voir n° 2150). L'assureur de l'agent immobilier peut donc être appelé en garantie dans l'action en responsabilité professionnelle engagée contre celui-ci. **71526**

Précisons que l'assureur ne doit sa garantie que si la responsabilité de l'agent immobilier est engagée au cours ou à l'occasion des **activités déclarées** (voir n° 2150).

DOSSIER 3

DIAGNOSTIQUEUR IMMOBILIER

SOMMAIRE

RÔLE DU DIAGNOSTIQUEUR

71600 La nécessité d'**assurer la sécurité et l'information des personnes** conduit le législateur à imposer la réalisation d'états et de diagnostics techniques à l'occasion de la vente et de la location de biens immobiliers. Le vendeur a ainsi l'obligation de faire établir et de produire, selon les cas, des rapports constatant la présence ou l'absence d'amiante, de plomb, de termites et de mérule, attestant de la qualité du bien au regard de son installation intérieure de gaz et d'électricité, de ses performances énergétiques, de son installation d'assainissement non collectif, de la conformité de son appareil de chauffage au bois ou de la situation du bien au regard des risques naturels et technologiques (CCH art. L 271-4) ou encore mentionnant sa superficie (Loi 65-557 du 10-7-1965 art. 46). Certaines de ces obligations pèsent également sur le bailleur (Loi 89-462 du 6-7-1989 art. 3-3 pour le bail d'habitation).

Ces obligations ont donné naissance à une profession, celle de diagnostiqueur immobilier. Ce professionnel est soumis à un statut propre et **engage sa responsabilité** s'il ne satisfait pas aux obligations auxquelles il est soumis.

Le champ d'application de ces diagnostics ne cesse de s'étendre. Il est examiné n°s 21240 s.

> **Précisions** **a.** Les diagnostiqueurs immobiliers ont l'obligation de **transmettre, par un traitement automatique de données, les diagnostics de performance énergétique** (DPE) et/ou **les audits énergétiques** à l'Agence de l'environnement et de la maîtrise de l'énergie (Ademe) (CCH art. L 126-32, R 126-30 et R 126-31). Les données sont également mises à la disposition des collectivités territoriales, des organismes chargés de la liquidation et du paiement de l'aide personnelle au logement, de l'observatoire des logements indignes, des associations de lutte contre la précarité énergétique et de l'Agence nationale de l'habitat par un accès à ce traitement (CCH art. L 126-32). La centralisation de ces documents vise à améliorer la connaissance du parc immobilier et à établir des corrélations entre les typologies de bâtiments et leur performance énergétique. Le diagnostiqueur doit également transmettre le DPE, dans le même format, au propriétaire du bâtiment qui dispose ainsi d'un exemplaire dématérialisé et standardisé du DPE.
>
> **b.** Afin de lutter contre les « passoires thermiques », la loi Climat 2021-1104 du 22 août 2021 a institué un **audit énergétique** venant compléter le diagnostic de performance énergétique (DPE) lors de la vente de logements très énergivores. L'obligation d'établir un audit énergétique s'impose pour les ventes de bâtiments ou de parties de bâtiment à usage d'habitation, comprenant un seul logement ou plusieurs logements non soumis au statut de la copropriété des immeubles bâtis, et classés D à G sur le seuil de performance visé à l'article L 173-1-1 (CCH art. L 126-28-1). À la différence du DPE, lequel vise plus généralement à évaluer la performance énergétique et le taux d'émissions de gaz à effet de serre d'un bâtiment (CCH art. L 126-26 s.), l'audit énergétique propose des scénarios de travaux adaptés au logement et destinés à lui faire atteindre une rénovation énergétique dite performante. La personne qui établit l'audit énergétique peut être un diagnostiqueur au sens de l'article R 271-1 du CCH qui justifie des compétences nécessaires (Décret 2022-780 du 4-5-2022 art. 1er 2°-c).

A. Statut de la profession

Les obligations des professionnels qui réalisent l'un des états constituant le dossier de diagnostic technique sont déterminées par le **Code de la construction et de l'habitation** (CCH art. L 271-6 et R 271-1 à R 271-4). **71620**
Le mesurage imposé par la loi Carrez n'étant pas visé, les professionnels qui le réalisent ne sont pas soumis, à ce titre, à ce statut (en pratique, les diagnostiqueurs proposent tous cette prestation ; il ne s'agit donc pas d'une catégorie spécifique de professionnel).
De même, le contrôleur technique qui participe à la réalisation d'un ouvrage immobilier par une mission de contrôle de la sécurité ou de la solidité des ouvrages ne relève pas des dispositions visées à l'article L 271-4 du CCH. À noter que le contrôleur technique d'un ouvrage immobilier engage sa **responsabilité décennale** pour les ouvrages soumis à son contrôle (CCH art. L 123-1).
La distinction entre « mission de diagnostic technique » ou « mission de contrôle technique » est donc lourde de conséquence, étant précisé que celui qui formule des avis sur les documents d'exécution effectue en réalité une mission de contrôle technique (Cass. 3e civ.4-4-2019 n° 18-11.021 FS-PBI).
Le statut applicable au diagnostiqueur immobilier ne concerne pas non plus l'**expert en évaluation immobilière**, dont l'activité n'est pas réglementée, à l'exception de l'évaluation immobilière à laquelle le prêteur procède ou fait procéder à l'occasion de l'octroi d'un prêt immobilier (C. consom. art. R 313-17 s.).
Afin de lutter contre le **travail illégal**, les entreprises du bâtiment et des travaux publics (BTP) sont soumises à des obligations en matière d'identification professionnelle des salariés. Mais l'article R 8291-1 du Code du travail exclut expressément du champ d'application de cette obligation les employeurs dont les salariés exercent les métiers de diagnostiqueurs immobiliers ou de métreurs.

COMPÉTENCES ET CERTIFICATION

Seule une personne présentant des garanties de compétence et disposant d'une organisation et de moyens appropriés peut effectuer les diagnostics composant le dossier de diagnostic technique (CCH art. L 271-6). **71625**
À chacune de ses missions, le diagnostiqueur doit remettre au propriétaire une **attestation sur l'honneur** indiquant qu'il est en situation régulière au regard de ses garanties de compétence et qu'il dispose des moyens en matériel et en personnel nécessaires à l'établissement des états, constats et diagnostics composant le dossier (CCH art. R 271-3).
Les critères de compétence des personnes certifiées pour effectuer les missions de diagnostic sont renforcés depuis 2018. Une formation préalable à toute certification est obligatoire ainsi qu'au cours du cycle de certification (Arrêté LOGL2136022A du 24-12-2021 art. 7 s.).
Il a été instauré deux types de **certifications** selon la nature des missions effectuées pour les domaines plomb, amiante et énergie : une certification **sans mention** et une certification **avec mention** (Arrêté LOGL2136022A du 24-12-2021 art. 3 modifié par Arrêté TREL2311731A du 20-7-2023). La distinction est précisée par les articles 4 (plomb), 5 (amiante) et 6 (énergie) de l'arrêté du 24 décembre 2021. Ainsi par exemple, s'agissant des missions du domaine énergie, seul un opérateur disposant d'une certification avec mention peut réaliser les diagnostics de performance énergétique à un immeuble à usage principal autre que d'habitation, tandis que les diagnostics de performance énergique d'habitations individuelles et de lots dans des bâtiments à usage principal d'habitation peuvent être réalisés par un opérateur disposant d'une certification sans mention.
La **liste** complète de tous les diagnostiqueurs certifiés est rendue **publique**. Cette liste inclut les domaines et mentions éventuelles, la période de validité ainsi que, s'il a y lieu, les certificats faisant l'objet d'une suspension, résiliation ou réduction (Arrêté LOGL2136022A du 24-12-2021 art. 3 modifié par Arrêté TREL2311731A du 20-7-2023). Il existe un **annuaire des diagnostiqueurs certifiés** (https://www.service-public.fr/particuliers/vosdroits/F17376 ; voir Arrêté LOGL2136022A du 24-12-2021 art. 7). On peut également trouver sur le site du Comité français d'accréditation (www.cofrac.fr) la liste des organismes accrédités pour délivrer une certification.

La procédure d'accès à la profession est simplifiée depuis 2018 (Arrêté LOGL2136022A du 24-12-2021). Mais la formation et la surveillance sont renforcées avec une durée du cycle de certification rallongée passant de 5 à 7 ans. Si le diagnostiqueur est une personne physique, ses compétences doivent avoir été certifiées par un organisme accrédité dans le domaine de la construction. S'il s'agit d'une personne morale, chacune des personnes effectuant les diagnostics doit disposer des compétences certifiées dans les mêmes conditions (CCH art. R 271-1, al. 1). **71630**

La certification des compétences est **délivrée en fonction** des connaissances techniques dans le domaine du bâtiment et de l'aptitude à établir les différents éléments composant le dossier de diagnostic technique (CCH art. R 271-1, al. 2).
Les exigences applicables aux organismes de certification et aux organismes de formation ainsi que les compétences des personnes physiques exigées dans le cadre de la certification sont précisées par 3 annexes de l'arrêté du 24 décembre 2021 (Arrêté LOGL2136022A du 24-12-2021).
En outre, les diagnostiqueurs devront respecter un référentiel de compétences à compter du 1er juillet 2024 pour être habilités à établir les **audits des passoires thermiques**, sous réserve de la délivrance d'attestations dérogatoires (Décret 2023-1219 du 20-12-2023). Le respect de ce référentiel permet une extension du périmètre de la certification obtenue dans le domaine du DPE, dénommée « extension de certification pour l'audit énergétique ».

71632 Une même personne physique ne peut pas être titulaire de plusieurs certifications par domaine de diagnostic technique : plomb, amiante, termites, énergie et électricité. Toutefois, à titre temporaire pour une période n'excédant pas deux mois, un diagnostiqueur peut être titulaire de **deux certificats** dans un même domaine, dans le cadre d'un renouvellement de certification, d'un transfert de certification à un organisme de certification et d'une extension de périmètre à la certification avec mention (Arrêté LOGL2136022A du 24-12-2021 art. 9). Les organismes de certification s'en assurent sur la foi d'une **déclaration sur l'honneur** de la personne physique et en consultant l'annuaire que chaque organisme de certification tient à disposition du public et de l'administration (Arrêté LOGL2136022A du 24-12-2021 art. 9). La possession de plusieurs certifications entraîne le retrait de toutes les certifications par les organismes de certification, qui sont tenus de se communiquer l'information. En outre, les diagnostiqueurs immobiliers sont obligés de repasser leur certification de compétence tous les sept ans. Interrogé sur cette obligation jugée par certains inutile et coûteuse, le Gouvernement a répondu que cette formalité s'imposait en raison du manque de fiabilité avéré de certains diagnostics immobiliers. Il a ajouté que dans les domaines du plomb, de l'amiante et de la performance énergétique, deux niveaux de certification étaient prévus, ce qui permettait aux diagnostiqueurs ne pouvant investir dans une certification coûteuse de continuer à exercer les missions les moins complexes (Rép. Sittler : Sén. 13-9-2012 n° 438).

71633 Afin de préserver l'**indépendance des organismes certificateurs**, le législateur a pris soin de préciser que ceux-ci ne peuvent pas établir de dossier de diagnostic technique (CCH art. R 271-1, al. 3) et ne doivent avoir aucun lien structurel ou d'intérêts financiers partagés avec des organismes de formations ou des personnes physiques certifiées (Arrêté LOGL2136022A du 24-12-2021, Annexe II, 1.2). Cependant, le législateur n'a pas précisé si un organisme certificateur et un diagnostiqueur immobilier pouvaient, ou non, appartenir à un même groupe. En l'état actuel des textes, cette proximité semble possible, ce qui a été notamment dénoncé par l'association de consommateurs UFC-Que choisir. La Direction générale de l'aménagement, du logement et de la nature a depuis précisé la portée de cette exigence, considérant qu'elle « signifie a minima que les activités de formation et de certification des diagnostiqueurs d'une part et, les activités de certification des organismes de formation et d'organisme de formation d'autre part ne peuvent être exercées au sein de la même société mais peuvent l'être au sein d'un même groupe de sociétés aux conditions que les deux organismes :
– ne partagent pas de liens directs de nature capitalistique, commercial et juridique ;
– ne soient pas filiales de l'une ou de l'autre et ne possèdent pas des filiales communes ;
– aient des dirigeants, comités exécutifs et des directions opérationnelles distincts ;
– aient une autonomie d'exécution pour gérer ses activités ;
– aient des systèmes « qualité » différents et indépendants de l'un et de l'autre et permettant de prévenir ces conflits d'intérêts ;
– doivent identifier et documenter les potentiels conflits d'intérêts sur la base d'une analyse de risque) (Direction générale de l'aménagement, du logement et de la nature ; Direction de l'habitat, de l'urbanisme et des paysages, éléments de lecture de l'arrêté du 2 juillet 2018 définissant les critères de certification des opérateurs de diagnostic technique et des organismes de formation et d'accréditation des organismes de certification, page 3).
Pour l'indépendance du diagnostiqueur, voir n° 71640.

> **Précisions a.** Par une décision du 7 juillet 2021, le Conseil d'État a annulé dans l'arrêté du 2 juillet 2018 qui définissait les **critères de certification** des opérateurs de diagnostic technique immobilier (plomb, amiante, termites, gaz, performances énergétiques, installations d'électricité) et des organismes de formation, et les critères d'accréditation des

organismes de formation « pour avoir rendu d'application obligatoire les normes NF EN ISO/CEI 17024 et NF EN ISO/CEI 17065 sans qu'elles soient gratuitement accessibles (CE 7-7-2021 n° 423261). Les deux normes sont donc rendues gratuites.

b. Les agents de la Direction générale de la concurrence, de la consommation et de la répression des fraudes **(DGCCRF)** sont habilités à rechercher les manquements aux dispositions de l'article L 271-6 du Code de la construction et de l'habitation (C. consom. art. L 511-7, 8°).

ASSURANCE

Le diagnostiqueur doit souscrire une assurance permettant de couvrir les conséquences d'un engagement de sa responsabilité en raison de ses interventions (CCH art. L 271-6). Le **montant de la garantie** ne peut être inférieur à 300 000 € par sinistre et 500 000 € par année d'assurance (CCH art. R 271-2). **71635**

Certains auteurs regrettent que l'étendue et le contenu de cette assurance ne soient pas clairement définis par les textes et qu'il n'ait pas été prévu d'**obligation** d'assurer à la charge des compagnies d'assurance avec un recours au Bureau central de tarification (S. Gautereau-Bonnard « La future assurance obligatoire des diagnostiqueurs » : AJDI 2005 p. 896).

INDÉPENDANCE ET IMPARTIALITÉ

Le diagnostiqueur ne doit avoir aucun lien de nature à porter atteinte à son impartialité et à son indépendance ni avec le **propriétaire** ou son **mandataire** qui fait appel à lui, ni avec une **entreprise** pouvant réaliser des travaux sur les ouvrages, installations ou équipements pour lesquels il lui est demandé d'établir un diagnostic (CCH art. L 271-6). En outre, la pratique des commissionnements, fermement dénoncée par les associations de consommateurs et sanctionnée par les juridictions (TGI Angers 22-3-2010 n° 08-1575, UFC Que choisir c/ SAS Tulip), est expressément proscrite. Il est ainsi interdit aux diagnostiqueurs et à leurs employés d'accorder, directement ou indirectement, aucun avantage ni rétribution, sous quelque forme que ce soit, aux **intermédiaires** qui interviennent pour la vente ou la location immobilière pour laquelle un diagnostic est demandé. Sont visés les agents immobiliers, ou même les notaires qui pratiquent la négociation immobilière. Il est également interdit de recevoir, directement ou indirectement, aucun avantage ni rétribution, sous quelque forme que ce soit, de la part d'une entreprise pouvant réaliser des travaux sur les ouvrages, installations ou équipements sur lesquels porte le diagnostic (CCH art. R 271-3, al. 3 et 4). En cas de non-respect de cette interdiction, le diagnostiqueur et l'intermédiaire encourent les sanctions visées à l'article R 271-4 (voir n° 71645). Un diagnostiqueur a été condamné à mettre un terme à son programme de fidélisation qui permettait à des agents immobiliers d'accumuler des points (convertibles en chèques-cadeaux) pour les clients qu'ils lui adressaient et à verser 15 000 € de dommages-intérêts à l'association de consommateurs qui la poursuivait, les juges ayant considéré cette pratique comme contraire à l'esprit même de leur mission (TGI Angers 22-3-2010 n° 08-1575, UFC Que choisir c/ SAS Tulip). **71640**

Certaines **normes** rappellent également ce principe. Ainsi par exemple, l'article 4-1 de la norme XP P 03-200 (remplacée depuis par la norme NF P 03-200 de mai 2016) rappelle que l'activité professionnelle consistant en l'établissement du constat de l'état parasitaire pour les immeubles bâtis et non bâtis, et relatif aux agents biologiques destructeurs du bois (insectes et champignons), « doit être déontologiquement bien distincte de l'activité de conseil, d'offres de services pour le traitement ou la vente de produits de préservation. À cet effet le constat de l'état parasitaire, une fois établi, doit être signé par celui qui a effectué la visite de l'immeuble. Il ne peut comporter ni conseils ni offres de services ».

Les infractions aux règles en la matière peuvent également révéler l'existence de **pratiques anticoncurrentielles**. Ainsi, le ministre de l'économie a mis un terme à une entente organisée entre le gestionnaire d'une plate-forme de mise en relation des opérateurs immobiliers et des diagnostiqueurs référencés, aux termes de laquelle les participants s'étaient entendus sur un prix minimum des diagnostics immobiliers ainsi que sur un prix forfaitaire pour les diagnostics amiante (Communiqué DGCCRF de 2016, « Pratiques relevées dans le secteur du courtage en diagnostic immobilier en Lorraine » ; Voir également, pour une affaire dans le secteur du diagnostic immobilier, Communiqué DGCCRF de 2018 « Pratiques relevées dans le secteur du diagnostic immobilier dans le Calvados » : www.economie.gouv.fr/dgccrf/pratiques-anticoncurrentielles-transactions-et-injonctions).

SANCTIONS

Le fait d'établir un diagnostic sans respecter les conditions de compétences, d'organisation, d'assurance, d'impartialité et d'indépendance est puni de l'**amende** prévue pour les contraventions de la 5e classe (CCH art. R 271-4). Le montant de l'amende peut donc atteindre 1 500 € **71645**

(C. pén. art. 131-13, 5°), porté à 7 500 € pour les personnes morales (C. pén. art. 131-41). En cas de récidive, le maximum de la peine d'amende encourue est porté à 3 000 € (CCH art. R 271-4 ; C. pén. art. 132-11).
Ces contraventions sont de la **compétence** du tribunal de police (CPP art. 521).

> **Précisions a.** Les mêmes peines sont prévues pour les **vendeurs** qui font établir un diagnostic par une personne qui ne satisfait pas aux conditions de compétences, d'organisation, d'impartialité et d'indépendance (CCH art. R 271-4).
b. La **DGCCRF** a mené une enquête visant à vérifier le respect, par les diagnostiqueurs immobiliers, des dispositions du Code de la consommation, du Code de la construction et de l'habitation (CCH) et des principes d'indépendance et d'impartialité. L'enquête a révélé un taux d'anomalie élevé (53 %) au regard principalement de l'application des dispositions du CCH et des obligations en matière de vente hors établissement et à distance (Résultats d'enquêtes DGCCRF 28-2-2017 Obligations professionnelles des diagnostiqueurs dans le secteur de l'immobilier et du logement). Depuis, une nouvelle enquête a été menée afin de vérifier les informations transmises aux clients et à contrôler les aptitudes professionnelles des diagnostiqueurs. Selon la DGCCRF, si globalement, les entreprises contrôlées respectent leurs obligations concernant les formations et les certifications. Des irrégularités sont constatées quant à l'information précontractuelle du consommateur et la signature en ligne ou à domicile des contrats de vente (https://www.economie.gouv.fr/dgccrf/diagnostiqueurs-immobiliers-des-anomalies-encore-trop-frequentes).

RÉMUNÉRATION

71646 Comme pour tout commerçant, la rémunération du diagnostiqueur est fixée librement entre les parties. Contrairement aux agents immobiliers, dont le droit à rémunération est subordonné à la réalisation effective de l'opération, les diagnostiqueurs doivent être payés quelle que soit l'issue de la vente (Rép. min. Le Guen : AN 8-11-2011 p. 10397 n° 115124).

NATURE DE L'ACTIVITÉ

71650 La **Cour de cassation**, au visa de l'article L 110-1, 6° du Code de commerce, a jugé que « l'activité qui porte sur le diagnostic d'amiante, l'état parasitaire, le diagnostic thermique et plomb, la détermination de la surface habitable, l'expertise et la valeur vénale et de façon générale tous diagnostics et toutes opérations connexes participant à la pérennité, à l'optimisation et la transmission du patrimoine, entre dans la catégorie des fournitures de services et une telle activité, qui n'est pas purement intellectuelle, revêt un caractère **commercial** dès lors qu'elle est exercée à titre habituel et lucratif » (Cass. com. 5-12-2006 n° 04-20.039 : RJDA 4/07 n° 419, Bull. civ. IV n° 236).
Les principales **conséquences** de ce choix concernent :
– la liberté de preuve entre commerçants (C. com. art. L 110-3) ;
– l'obligation de tenir une comptabilité commerciale (C. com. art. L 123-12 s.) ;
– la soumission des revenus à la catégorie des bénéfices industriels et commerciaux (CGI art. 34 ; CAA Nantes 7-1-2016 n° 14NT00951 et BOI-BIC-CHAMP-60-50 n° 720 : BIC-II-2900) ;
– l'application du statut des baux commerciaux (C. com. art. L 145-1 s.) et la possibilité d'insérer des clauses attributives de compétence territoriale entre commerçants (CPC art. 48).

B. Responsabilité civile professionnelle

71680 Il résulte de l'article L 271-4 du CCH que le dossier de diagnostic technique annexé à la promesse de vente ou à l'acte authentique de vente d'un immeuble garantit l'acquéreur contre les risques qui y sont mentionnés ; la responsabilité du diagnostiqueur se trouve engagée lorsque le diagnostic n'a pas été réalisé conformément aux normes édictées et aux règles de l'art, et qu'il se révèle erroné (Cass. 3e civ. 30-6-2016 n° 14-28.839 FS-PB : BPIM 5/16 inf. 316). Pour retenir la faute d'un diagnostiqueur, le juge peut tenir compte de l'avis d'un autre spécialiste donné à une partie si celui-ci a été versé aux débats et est corroboré par d'autres éléments de preuve (Cass. 3e civ. 7-9-2022 n° 21-20.490 F-D).
En cas de manquement à ses obligations, le diagnostiqueur engage donc sa responsabilité **contractuelle** à l'égard de celui qui l'a missionné (généralement le vendeur). L'action trouve alors son fondement dans les articles 1103 et 1231-1 et suivants du Code civil.
Le tiers à cette mission de diagnostic (généralement l'acquéreur) peut obtenir réparation mais doit agir sur le fondement de la responsabilité **extra-contractuelle** (CA Poitiers 14-2-2007 n° 03-2646). La Cour de cassation a confirmé en assemblée plénière qu'un tiers peut invoquer, sur le fondement de la responsabilité extra-contractuelle, un manquement contractuel

dès lors que ce manquement lui a causé un dommage sans avoir à apporter d'autre preuve (Cass. ass. plén. 13-1-2020 n° 17-19.963 FS-PBI ; SNH 3/20 inf. 6 ; Cass. ass. plén. 6-10-2006 n° 05-13.255 : RJDA 1/07 n° 18). L'action se fonde dans ce cas sur les articles 1240 et 1241 du Code civil (Cass. 3e civ. 9-7-2020 n° 18-23.920).
L'acte de vente peut également contenir une clause par laquelle l'**acquéreur** est **subrogé dans les droits du vendeur à l'égard du diagnostiqueur** (Congrès des notaires 2003, rapport 1e Commission p. 172 n° 3149, Lafond, le diagnostic immobilier 2008 : Litec n° 16).
La **proposition d'indemnisation** présentée **à titre transactionnel** sans aucune renonciation non équivoque à faire valoir ses droits ne vaut pas reconnaissance de responsabilité, qu'elle soit formulée par le diagnostiqueur (Cass. 3e civ. 6-7-2011 n° 10-18.882 FS-PB : BPIM 5/11 inf. 396) ou par son assureur (Cass. 3e civ. 5-6-2012 n° 11-18.591 F-D).
En tout état de cause, la responsabilité du diagnostiqueur ne saurait être engagée sur le fondement de la **garantie des vices cachés** (C. civ. art. 1641 s.) puisqu'il n'est pas débiteur de cette garantie particulière, qui ne pèse que sur le vendeur (n° 71786 in fine).

1. OBLIGATIONS DU DIAGNOSTIQUEUR

CONNAISSANCE ET RESPECT DE LA RÉGLEMENTATION

Les techniques de mesurage et de repérage de chacun des risques nécessitant un diagnostic sont **71700**
décrites dans de nombreuses dispositions légales, réglementaires et normatives, essentiellement des arrêtés et des normes NF (Afnor, textes relatifs aux diagnostics techniques immobiliers, textes réglementaires et normatifs pouvant faire l'objet d'un contrôle, DCC/ODI/J/023.5, etc.).
Le diagnostiqueur ne peut ignorer les recherches qu'il a à effectuer et est tenu de se conformer aux textes réglementaires visés dans son rapport (Cass. 3e civ. 23-5-2007 n° 06-13.656). Il doit donc se tenir constamment à jour des modifications de la réglementation. La tâche est d'autant plus délicate que les dispositions modificatives sont parfois d'application immédiate. Le respect des normes n'est donc pas toujours évident et peut être source de responsabilité. Ainsi par **exemple**, la jurisprudence considère que la norme XP P 03 200, d'octobre 1998 (remplacée depuis par la norme NF P 03-200 de mai 2016), applicable à la recherche de tous les agents biologiques du bois « impose au diagnostiqueur de rechercher s'il existe des infestations ou des altérations en procédant à un examen extérieur et intérieur le plus complet possible et orienté en particulier vers les lieux où existent des risques d'humidification, de décrire les infestations ou altérations constatées en précisant le type de champignon auteur du dégât » (CA Rennes 20-3-2008 n° 06-4251).
A contrario, la **conformité du rapport** à cette norme peut venir conforter la décision d'exonérer le professionnel de toute responsabilité (CA Rennes 7-4-2005 n° 03-6606). En effet, la responsabilité du diagnostiqueur n'est engagée que lorsque le diagnostic n'a pas été réalisé conformément aux **normes édictées et aux règles de l'art** et qu'il est également erroné (Cass. 3e civ. 10-11-2021 n° 20-19.513 F-D : BPIM 1/22 inf. 63). Ainsi, dès lors que l'annexe 13-9 du Code de la santé publique, dans sa rédaction applicable au litige, ne prévoit que l'analyse des conduits de fluide sans autres précisions et que la législation applicable lors de l'établissement du diagnostic amiante limite la recherche aux flocages, calorifugeages et faux plafonds, les juges du fond peuvent en déduire que le diagnostiqueur n'a commis aucune faute à ne pas avoir examiné le Fibrociment (Cass. 3e civ. 5-7-2018 n° 17-20.805 F-D). De même, si au moment où il intervient, le diagnostiqueur n'est pas tenu de procéder à la recherche de la présence d'amiante dans les panneaux de cloison, le fait de ne pas l'avoir diagnostiquée lors d'un premier contrôle en 2008 n'est pas constitutif d'un manquement à ses obligations, quand bien même la présence d'amiante serait repérée par la même entreprise, lors d'un second contrôle en 2014 (Cass. 3e civ. 30-9-2021 n° 20-19.176 F-D).
La tâche est également rendue délicate par le fait que les normes sont parfois interprétées par la jurisprudence. Ainsi par exemple, les caves sont normalement exclues du mesurage Carrez (Loi 65-557 du 10-7-1965 art. 46 ; Décret 67-223 du 17-3-1967 art. 4-2). Mais la jurisprudence considère que dès lors qu'elles ont été transformées et rendues à un usage entrant dans le champ d'application du mesurage, elles doivent être prises en compte (Cass. 3e civ. 2-10-2013 n° 12-21.918 : BPIM 6/13 inf. 414) peu importent les énonciations de l'état descriptif de division (Cass. 3e civ. 5-12-2007 n° 06-19.550 : BPIM 1/08 inf. 71). Le diagnostiqueur ne doit donc pas seulement maîtriser les normes, il doit également connaître l'interprétation prétorienne qui en est faite.

REPÉRAGE DES VICES

Le professionnel, mandaté pour rechercher la présence éventuelle d'un vice, se doit de le **71705**
repérer dès lors qu'il est décelable à l'aide des techniques qui lui sont imposées. L'absence ou l'insuffisance de détection peut donc engager sa responsabilité (Cass. 3e civ. 1-10-2020 n° 19-16.251 FS-PBI ; Cass. 3e civ. 16-3-2023 nos 21-25.082 21-25.331).

Ainsi, le diagnostiqueur commet une faute s'il n'a pas repéré un revêtement de sol amianté sous un parquet flottant dès lors que celui-ci était visible dans les placards ou au niveau des découpes du parquet autour des huisseries (CA Grenoble 4-9-2012 n° 11-00444). De même, sa responsabilité peut être engagée s'il conclut à l'absence d'amiante dans un faux plafond sans avoir recours à une analyse, alors que la réglementation l'imposait (Cass. 3e civ. 30-6-2016 n° 14-28.839 FS-PB : BPIM 5/16 inf. 316). Il doit également identifier que les planchers et le parquet du séjour et de la chambre sont attaqués par les vrillettes dès lors qu'ils n'étaient pas cachés par des revêtements (Cass. 3e civ. 7-3-2019 n° 17-31.080 F-D).

Il doit même être capable de déterminer, s'agissant de la recherche d'insectes xylophages, si le **vice** est **en activité** à la date à laquelle il intervient. Ainsi, lorsque le vendeur indique à l'acquéreur et au diagnostiqueur qu'une opération d'éradication des termites est intervenue antérieurement, le diagnostiqueur doit indiquer si les traces qu'il relève démontrent une activité contemporaine ou seulement antérieure à l'opération d'éradication (CA Poitiers 14-2-2007 n° 03-2646).

RECHERCHE COMPLÈTE ET SYSTÉMATIQUE

71710 Dès lors qu'il a reçu une mission complète de diagnostic, le contrôleur technique chargé d'établir un diagnostic réglementaire est tenu d'une **obligation de conseil**. Il doit s'enquérir par lui-même des caractéristiques complètes de l'immeuble. Il n'est pas en droit de limiter son intervention à un simple contrôle visuel ni à certaines parties de l'immeuble, et doit donc procéder à une recherche systématique (Cass. 3e civ. 3-1-2006 n° 05-14.380, recherche d'amiante) ou émettre des réserves (Cass. 3e civ. 14-9-2017 n° 16-21.942 FS-PBRI : RJDA 1/18 n° 87, à propos du diagnostic amiante).

Commet par exemple un **manquement à ses obligations** le diagnostiqueur qui s'abstient de pratiquer un examen complet et attentif des lieux pour détecter tout risque d'activité des termites alors que les lieux ont déjà subi des invasions (Cass. 3e civ. 12-9-2012 n° 11-18.122 FS-D) ou qui se borne à effectuer un repérage sur les matériaux et produits accessibles sans sondage sonore suffisant à lui faire suspecter la présence d'amiante (Cass. 2e civ. 17-9-2009 n° 08-17.130).

S'il n'a pas accès à tous les locaux à diagnostiquer, il lui appartient de réclamer les clés pour y accéder, sauf à indiquer clairement dans son rapport qu'il n'a pas pu y pénétrer (CA Douai 1-10-2012 n° 11-05251 : RJDA 2/13 n° 104) ; voir n° 71720. Ainsi, le diagnostiqueur doit impérativement visiter les combles qui sont accessibles (Cass. 3e civ. 7-3-2019 n° 17-31.080 F-D).

Même si le contrôle de la présence d'amiante n'implique pas de travaux destructifs (CSP art. R 1334-20 et R 1334-21), la responsabilité du diagnostiqueur peut être engagée s'il s'est contenté d'effectuer un simple contrôle visuel, sans avoir testé la résistance des plaques de fibrociment présentes sur les murs et le plafond, ni examiné les combles et la laine de verre posée sur le sol (Cass. 3e civ. 21-5-2014 n° 13-14.891 FS-PBI : BPIM 4/14 inf. 283). De même, un examen visuel insuffisamment scrupuleux (d'une durée de trois minutes à six minutes pour chacune des vingt-cinq pièces visitées), associé à des indices de présence de mérule, doit conduire le diagnostiqueur à préconiser quelques travaux de vérification peu destructifs, tels que l'enlèvement de planchettes de lambris sur les murs (Cass. 3e civ. 16-9-2021 n° 19-20.153, 20-11.053 F-D).

Il résulte de cette jurisprudence que même dans les cas où il n'est pas tenu d'engager des travaux destructifs, le diagnostiqueur doit, a minima, émettre des réserves en mentionnant dans son rapport les contrôles auxquels il n'a pas été en mesure de procéder ou interroger le propriétaire. Le diagnostiqueur ne met pas en œuvre tous les moyens pour établir un diagnostic sérieux et complet s'il s'abstient d'interroger la venderesse sur les travaux de rénovation des sols qui avaient pu être entrepris et n'émet aucune réserve sur les sols recouverts par la moquette et le parquet, alors que de l'amiante avait été découverte dans la colle et les dalles de sol situées à proximité immédiate (Cass. 3e civ. 21-3-2024 nos 22-17.619, 22-21.759 F-D).

De même, le diagnostiqueur qui prend l'initiative d'un contrôle portant sur des éléments ne figurant pas dans la liste des points de contrôle obligatoire, doit, en application de l'annexe I de l'arrêté du 22 août 2002, signaler la présence d'amiante au niveau de la couverture du bâtiment principal, comme il l'a fait pour celle de l'annexe, dont la composition était similaire, dès lors qu'il avait connaissance de la présence d'amiante en cet endroit (Cass. 3e civ. 21-12-2023 n° 22-19.369 F-D).

En revanche, ne commet **aucune faute** le professionnel qui ne repère pas de l'amiante située dans des canalisations enterrées du jardin, qui ne sont pas visibles et qui ne peuvent pas être inspectées sans travaux destructifs, tels que la démolition partielle d'une jardinière et du plancher d'une terrasse (Cass. 3e civ. 7-12-2023 n° 22-22.418 F-D : BPIM 1/24 inf. 59) ou dans un local qui ne figurait pas dans l'ordre de mission (Cass. 3e civ. 7-12-2005 n° 04-17.919 : RJDA 7/06 n° 843) ; voir n° 71725.

En outre, il n'appartient pas au **vendeur** de prendre des dispositions pour permettre au diagnostiqueur de contrôler une zone inaccessible. Et si le diagnostic s'avère erroné sur une partie de l'immeuble qui était inaccessible au diagnostiqueur, le vendeur peut se prévaloir de la clause d'exclusion de la garantie des vices cachés stipulée au contrat dès lors qu'aucune dissimulation volontaire de sa part n'a été relevée (Cass. 3e civ. 4-4-2024 n° 22-22.350 F-D).

L'obligation d'effectuer un examen complet et conforme à la réglementation impose également au diagnostiqueur d'effectuer les vérifications sur l'ensemble des **éléments concernés au sein de l'immeuble**. Ainsi jugé en matière de recherche d'accessibilité au plomb que le diagnostiqueur doit examiner les volets, fenêtres, garde-corps et barres d'appui, dès lors qu'il s'agit d'éléments accessibles de l'intérieur de l'appartement (Cass. 3e civ. 23-5-2007 n° 06-13.656 : RJDA 11/07 n° 1168). On relèvera à cet égard que les éléments sur lesquels les diagnostics doivent porter sont souvent précisés par les textes réglementaires. 71715
Si la vente concerne **plusieurs immeubles** distincts, il appartient au demandeur de rapporter la preuve que la mission de diagnostic portait sur tous les immeubles concernés (Cass. 3e civ. 7-12-2005 n° 04-17.919 : RJDA 7/06 n° 843).

L'obligation de recherche complète s'impose au diagnostiqueur qui ne peut pas s'exonérer de sa responsabilité par une **mention** apportée **dans son rapport**. Même si le rapport indique clairement ses limites en précisant que le technicien n'a fait que des constatations visuelles, ce dernier ne peut limiter sa mission. Il est au contraire tenu de se procurer lui-même les documents relatifs à la construction ou à des travaux de rénovation. Par exemple, la bailleresse n'a donc pas à pallier le manque d'information du diagnostiqueur par une recherche confiée à un architecte ou à un cabinet spécialisé (Cass. 3e civ. 2-7-2003 n° 01-16.246 : Bull. civ. III n° 141). Cette obligation ne s'efface qu'en cas de limitation conventionnelle de la mission confiée au diagnostiqueur ou en cas d'impossibilité matérielle. 71720

LIMITATION TENANT À L'ÉTENDUE DES OBLIGATIONS

La société qui procède au mesurage d'un lot destiné à la vente n'est pas tenue de procéder à l'**analyse juridique du lot** objet de la vente et doit prendre en compte le bien tel qu'il se présente matériellement lors de la vente (Cass. 3e civ. 13-6-2019 n° 17-28.407 F-D). Ainsi, le diagnostiqueur n'a pas à consulter le règlement de copropriété et le plan cadastral afin de vérifier les indications du vendeur quant à la consistance du lot (Cass. 3e civ. 18-9-2013 n° 12-24.077 : BPIM 5/13 inf. 345). Ne commet aucune faute le professionnel qui ne repère pas de l'amiante située dans un local qui ne figurait pas dans l'ordre de mission (Cass. 3e civ. 7-12-2005 n° 04-17.919 : RJDA 7/06 n° 843). De même, le diagnostiqueur n'a pas à délivrer de **conseils sur la nature des mesures à prendre** ou sur les entreprises susceptibles de les réaliser. Ainsi, il a été jugé qu'un professionnel remplit parfaitement son rôle en mentionnant la présence de la mérule qu'il avait détectée, étant rappelé que le diagnostiqueur ne peut avoir une activité de conseil et qu'il ne lui est pas demandé une expertise (CA Rennes 7-4-2005 n° 03-6606). Son devoir d'indépendance et d'impartialité s'y oppose d'ailleurs. 71723

LIMITATION CONVENTIONNELLE

Il arrive que le **client lui-même** exige, principalement par souci d'économie, que le diagnostiqueur limite son intervention. L'obligation de procéder à des recherches complètes se transforme alors en obligation de conseil. En pareil cas, le diagnostiqueur doit soit prendre le temps d'effectuer des sondages, soit mentionner dans son rapport que ses conclusions sont incomplètes et appeler ainsi l'attention des parties (Cass. 3e civ. 5-12-2007 n° 06-15.332 : RJDA 5/08 n° 587). En cas de limitation conventionnelle de sa mission, il semble que le diagnostiqueur puisse donc s'exonérer de sa responsabilité, mais à l'unique condition d'exercer son devoir de conseil. Il s'agit alors d'alerter son client des risques à ne pas procéder à un examen complet. 71725
Si le diagnostic qui lui est demandé s'inscrit dans un cadre réglementaire, c'est-à-dire s'il s'agit de l'un des diagnostics obligatoires en cas de vente ou de bail, il semble même prudent de refuser la mission ou au minimum d'indiquer très clairement dans le rapport que celui-ci ne saurait servir à la composition du dossier de diagnostic technique en cas de vente ou de bail.

L'obligation d'information qui pèse sur le diagnostiqueur en cas de limitation conventionnelle de sa mission peut disparaître si le **client** est un **professionnel de l'immobilier**. Ainsi, il ne peut être reproché à un diagnostiqueur de ne pas avoir mis en garde son cocontractant sur l'inadéquation de l'examen dont il avait été chargé au but visé, dès lors que la mission lui avait été confiée par un professionnel de la vente immobilière au fait de la législation en matière de protection des acquéreurs contre les termites qui avait, dans un souci d'économie et en pleine connaissance de cause, délibérément restreint la mission confiée au contrôleur technique (Cass. 3e civ. 27-9-2006 n° 05-15.924 : Bull. civ. III n° 194). La restriction de la mission confiée à un technicien, par un client professionnel de l'immobilier, exonère donc ce dernier de son devoir de conseil. 71730

71735 **En pratique**, le diagnostiqueur a toujours intérêt à **mentionner clairement dans son rapport** le caractère limité de sa mission et les conséquences qui peuvent en résulter et ce, même si son client est un professionnel de l'immobilier et même si sa mission intervient en dehors de toute vente ou bail.

En effet, le diagnostiqueur ne sait jamais si son rapport ne servira pas in fine à l'information d'un futur acquéreur ou preneur. Même lorsqu'il rédige un « **diagnostic non réglementaire** » (c'est-à-dire en dehors des cas prévus par la loi) et même si son client est un professionnel, le diagnostiqueur a donc intérêt à insérer dans son rapport une mention claire et distincte, par laquelle il informe le lecteur (et pas seulement son client) que ses conclusions sont imparfaites en raison du caractère limité de la mission qui lui a été confiée et que ce rapport ne saurait répondre aux exigences réglementaires en cas de vente ou de bail.

EN CAS D'IMPOSSIBILITÉ MATÉRIELLE

71740 Si l'impossibilité de réaliser un diagnostic complet et conforme aux dispositions réglementaires résulte d'une impossibilité matérielle d'obtenir des informations ou d'accéder aux locaux par exemple, le diagnostiqueur peut invoquer ce moyen.

Ainsi, le diagnostiqueur n'a pas à identifier des vices dès lors qu'ils sont indécelables dans le cadre d'une simple inspection visuelle (Cass. 3e civ. 26-6-2013 n° 12-13.277), en raison par exemple de la fixation de plaques de plâtre les dissimulant (CA Versailles 3e ch. 3-2-2011 n° 09-7274 : RJDA 5/11 n° 404, BPIM 3/11 inf. 217).

Mais là encore, ce moyen risque de ne pas être suffisant pour entraîner l'**exonération du diagnostiqueur de son devoir d'information**. Et s'il ne peut être exigé de lui l'impossible, sa responsabilité ne sera pour autant exonérée que s'il prend soin d'insérer dans son rapport une mention claire et distincte, par laquelle il informe le lecteur du caractère limité de son rapport, des raisons qui l'ont empêché d'achever sa mission et de ce que le rapport ne répond pas aux exigences légales en cas de vente ou de bail.

CLARTÉ RÉDACTIONNELLE

71745 Le diagnostiqueur doit s'assurer de la clarté de son **rapport**, en mettant notamment en exergue les risques qu'il révèle. Ainsi, il a été jugé que constituait une faute le fait pour un diagnostiqueur « d'exclure du corps même du rapport les constatations relatives au champignon et de les rejeter en fin de rapport, hors du titre « conclusions », sous le titre « constatations diverses », peu susceptible d'attirer l'attention d'un acheteur profane ». Le diagnostiqueur doit avoir recours à un procédé de nature à attirer l'attention sur l'importance des constatations opérées, tel l'emploi d'une **calligraphie différente** mettant en évidence les termes « champignons lignivores » et « pourriture cubique » **ou** la rédaction d'un **courrier d'accompagnement** du rapport par un courrier précisant la portée des constatations effectuées (CA Rennes 20-3-2008 n° 06-4251).

71750 On ne saurait trop insister sur la nécessité d'insérer les conseils donnés (vices ou risques identifiés, nécessité de procéder à des examens complémentaires, etc.) **dans le corps même du rapport** et non pas uniquement par lettre séparée. En effet, il est primordial que l'information soit donnée, non pas seulement au mandataire du diagnostiqueur, mais également à « l'attention des futurs lecteurs profanes » (CA Rennes 20-3-2008 n° 06-4251). Tout lecteur ultérieur du rapport (acquéreur, preneur et notaire notamment) doit donc être à même de saisir la portée des risques ou vices décelés ou les limites affectant l'efficacité du rapport. Or un courrier adressé au seul mandataire du diagnostiqueur ne remplit pas cette fonction car le diagnostiqueur ne peut avoir la certitude que son client transmettra ce courrier en même temps que son rapport.

CONCOURS DE FAUTE

71755 Les juges peuvent considérer que plusieurs fautes ont concouru à la réalisation du dommage. Ainsi, le diagnostiqueur qui a établi un rapport concluant faussement à l'absence d'amiante peut être condamné in solidum avec un agent immobilier si ce dernier ne pouvait ignorer que le bien contenait des plaques en fibrociment contenant de l'amiante (Cass. 3e civ. 16-3-2023 n° 21-25.082 F-D : RJDA 7/23 n° 365). De même, lorsque le **diagnostiqueur** emploie des termes opaques pour un profane mais transparents pour un professionnel, il peut être condamné in solidum avec l'**agent immobilier** et le **notaire**, qui doivent s'assurer que les acheteurs ont compris le sens et la portée de ce rapport et leur en expliquer les conséquences (CA Rennes 20-3-2008 n° 06-4251).

Les coauteurs du dommage sont alors généralement condamnés **in solidum** à réparer l'entier préjudice subi par la victime, qui peut donc agir en exécution contre le plus solvable des coauteurs. Ce dernier bénéficie alors d'une action récursoire contre les autres auteurs du dommage à hauteur de la part que le tribunal a fixée (dans le cas de la condamnation in solidum du diagnostiqueur avec l'agent immobilier en raison de la présence d'amiante que ce dernier était censé connaître, la réparation a par exemple été fixée à 15 % pour le diagnostiqueur et 85 % pour l'agent immobilier : Cass. 3e civ. 16-3-2023 n° 21-25.082 F-D : RJDA 7/23). L'auteur du diagnostic de performance énergétique peut être ainsi condamné in solidum avec le vendeur constructeur à réparer l'entier préjudice subi par l'acquéreur résultant de l'insuffisance d'isolation rendant l'immeuble impropre à sa destination. Pour autant, les juges peuvent condamner le vendeur (obligé, en sa qualité de vendeur, de supporter la charge des travaux de reprise) à garantir intégralement le diagnostiqueur et son assureur de l'ensemble des condamnations prononcées à leur encontre (Cass. 3e civ. 30-9-2021 n° 20-17.311 F-D : BPIM 6/21 inf. 373). Le diagnostiqueur est donc tenu du tout à l'égard de l'acquéreur victime, mais est en droit d'exercer une action récursoire contre le vendeur à hauteur de la totalité des sommes qu'il a été contraint de verser à l'acquéreur. En tout état de cause, le professionnel chargé du diagnostic amiante ne peut être totalement exonéré des conséquences de sa faute à l'égard de l'acquéreur, quand bien même le vendeur aurait intentionnellement et mensongèrement attesté dans l'acte de vente de l'absence totale d'amiante dans les matériaux de construction de l'immeuble (Cass. 3e civ. 26-9-2012 n° 11-17.422 FS-D).

2. ÉTENDUE DE LA RÉPARATION

Les fautes commises par les diagnostiqueurs sont susceptibles de générer de lourds préjudices. **71780**
Ainsi, l'absence d'identification d'un vice, telle la présence de termites ou d'amiante, peut nécessiter des travaux de remise en état très coûteux ou encore entraîner la nullité de la vente.

À L'ÉGARD DE L'ACQUÉREUR

Depuis la loi Élan du 23 novembre 2018, le DPE n'est plus purement informatif, il a une valeur **71785**
contractuelle qui le rend opposable depuis le 1er juillet 2021. Ainsi, dès lors qu'il se trouve être erroné, le diagnostiqueur est obligé à une réparation intégrale du préjudice incluant le coût des travaux de réparation des dégâts causés.

Ce **principe d'une réparation intégrale** du préjudice est issu d'une jurisprudence désormais bien établie (Cass. ch. mixte 8-7-2015 n° 13-26.686 : BPIM 4/15 inf. 274 ; Cass. 3e civ. 15-10-2015 n° 14-18.077 : BPIM 6/15 inf. 417, à propos d'une infestation de termites ; Cass. 3e civ. 7-4-2016 n° 15-14.996 : BPIM 3/16 inf. 204 et Cass. 3e civ. 9-7-2020 n° 18-23.920 F-D, à propos d'amiante). Ainsi, les juges du fond ne peuvent pas considérer que le diagnostiqueur est responsable non pas de la présence d'amiante mais uniquement de manquements fautifs dans sa détection, pour refuser d'indemniser l'acquéreur à hauteur du coût du désamiantage (Cass. 3e civ. 19-5-2016 n° 15-12.408 FS-PB : RJDA 3/17 n° 215). Ce principe d'une réparation intégrale s'applique même si une clause générale du rapport technique écarte l'endroit litigieux des points de contrôle systématique, dès lors que cette mention est contredite par l'indication contraire du diagnostiqueur selon laquelle il a été visité (Cass. 3e civ. 21-12-2023 22-19.369 F-D). De même, en cas d'erreur, le diagnostiqueur termites doit intégralement indemniser l'acheteur dont le préjudice revêt un caractère certain (Cass. 3e civ. 8-12-2016 FS-PB n° 15-20.497 : BPIM 1/17 inf. 30). Ainsi, il peut être condamné au paiement du coût des travaux nécessaires à la réparation et à l'indemnisation du préjudice de jouissance qui constituent des préjudices certains (Cass. 3e civ. 7-3-2019 n° 17-31.080 F-D).

En revanche, si le diagnostic qui se trouve être erroné n'a qu'une **valeur informative** (ce qui est le cas pour les DPE réalisés avant le 1er juillet 2021), alors le préjudice des acheteurs consiste non pas dans le coût des travaux nécessaires pour atteindre le niveau de performance indiqué dans le diagnostic, mais seulement en une perte de chance de négocier une réduction du prix de vente. Il a donc été jugé pour un DPE réalisé avant le 1er juillet 2021 que le préjudice des acheteurs ne consiste pas dans le coût des travaux nécessaires pour permettre une isolation conforme au niveau constaté par le diagnostic erroné, mais en une perte de chance de négocier une réduction du prix de vente ou de renoncer à l'achat (Cass. 3e civ. 9-7-2020 n° 19-17.516 ; Cass. 3e civ. 21-11-2019 n° 18-23.251 FS-PBI : BPIM 1/20 inf. 62). La solution est désormais différente pour les diagnostics postérieurs au 1er juillet 2021 : les informations relatives à la performance énergétique (exemple : classement E) sont à présent **opposables au vendeur** (CCH art. L 271-4). Depuis cette date, le DPE a donc une valeur contractuelle. Seules les recommandations (exemple : isolation des combles) conservent une valeur purement indicative (CCH art. L 271-4).

Le certificat de mesurage, qui ne fait pas partie du diagnostic technique, n'est en revanche **pas** **71786**
concerné. En cas d'erreur de mesurage, l'acquéreur ne peut pas obtenir du diagnostiqueur le remboursement du prix de vente, ni même d'une partie du prix de vente calculée, par exemple, dans le cas d'une superficie surévaluée par le métreur, à partir du prix de vente de la différence entre la surface réelle et la surface vendue (Cass. 3e civ. 11-9-2013 n° 12-23.772 : BPIM 6/13 inf. 415).

Pour autant, ce principe n'interdit pas à l'acquéreur d'obtenir l'indemnisation de la **perte de chance** que lui a causée l'erreur de mesurage. Le préjudice indemnisable consiste alors en la réparation d'une perte de chance de ne pas avoir pu acquérir le bien immobilier à un moindre prix (Cass. 3e civ. 1-6-2017 n° 16-15.070 F-D), et ce quand bien même l'acquéreur n'aurait pas agi contre le vendeur dans le délai de recevabilité de l'article 46 de la loi du 10 juillet 1965 (Cass. 2e civ. 6-6-2013 n° 12-19.660). L'acquéreur et son conseil doivent donc être attentifs à la formulation de la demande présentée en justice. En cas d'erreur de mesurage, il convient en effet de demander l'indemnisation d'une perte de chance de contracter à de meilleures conditions et non pas d'une perte de surface, sous peine de voir sa demande rejetée (Cass. 3e civ. 2-7-2014 n° 12-26.619).
Un **préjudice futur**, du moment qu'il est certain, doit être réparé. Ainsi, les juges du fond ne peuvent rejeter la demande de l'acquéreur formée contre le diagnostiqueur au titre des frais bancaires supplémentaires, au seul motif que la demande paraît prématurée car le décompte de son évaluation ne pourra être établi de manière définitive qu'après que l'acquéreur aura pu procéder au remboursement anticipé partiel de son prêt (Cass. 3e civ. 2-6-2016 n° 15-16.967 FS-PB : RJDA 3/17 n° 171).

› Précisions a. La présence d'un vice non identifié par le diagnostiqueur constitue un vice au sens de l'article 1641 du Code civil. L'acquéreur peut donc aussi agir contre le vendeur sur le fondement de la **garantie des vices cachés**, à moins que le vendeur ne soit de bonne foi et que l'acte contienne une clause de non-garantie des vices cachés (Cass. 3e civ. 6-7-2011 n° 10-18.882 FS-PB : RJDA 11/11 n° 897). À cet égard, le vendeur professionnel peut se prévaloir d'une clause exclusive ou limitative de garantie des vices cachés à l'égard de l'acheteur professionnel de la même spécialité (Cass. 3e civ. 30-6-2016 n° 14-28.839 FS-PB : BPIM 5/16 inf. 316). L'identité de spécialité relève de l'appréciation souveraine des juges du fond (Cass. 3e civ. 5-12-2006 n° 04-16.878 F-D : RJDA 5/07 n° 466).
b. Il a été jugé que la délivrance d'un diagnostic erroné établi par un professionnel n'écarte pas la clause exonératoire des vices cachés mentionnée à l'acte de vente (Cass. 3e civ. 21-3-2019 n° 18-11.826 F-D : BRDA 11/19 inf. 21).

À L'ÉGARD DU VENDEUR

71790 En cas d'annulation de la vente, la Cour de cassation rappelle un principe de portée très générale selon lequel la **restitution du prix** à laquelle le vendeur est condamné à la suite de la résolution d'une vente ne constitue pas un préjudice indemnisable permettant une action en garantie (Cass. 3e civ. 4-1-2006 n° 04-15.922 : BPIM 4/06 inf. 295 ; Cass. 3e civ. 5-12-2007 n° 06-15.332 : RJDA 5/08 n° 587). La logique est en effet implacable. Si la vente est annulée en raison de la présence d'amiante par exemple, le vendeur est condamné à restituer les sommes qui lui ont été remises par l'acquéreur. Il demande donc à être garanti de cette condamnation par le diagnostiqueur. Mais dans le même temps, le bien immobilier qu'il a vendu lui sera restitué par l'acquéreur. Il ne serait donc pas normal qu'il obtienne la restitution de son bien immobilier, tandis que le diagnostiqueur se verrait contraint de le garantir de son obligation de restitution de la somme perçue.
En outre, le diagnostiqueur n'est responsable que de la méconnaissance de l'existence du vice, il n'est pas responsable de sa présence. En d'autres termes, la présence de termites par exemple n'est pas due à la faute commise par le professionnel. Les insectes étaient présents avant son intervention dans le bien appartenant au vendeur. À l'égard de celui-ci, il ne peut donc être condamné à l'indemniser que de la **gêne occasionnée par la résolution de la vente** par exemple, mais nullement de la présence du vice. La Cour de cassation considère en effet que l'erreur de diagnostic n'est pas à l'origine des désordres ; même si le diagnostic avait révélé le véritable état du bien, les travaux de reprise auraient dû en tout état de cause être entrepris par le vendeur. Les juges du fond peuvent donc exclure le lien de causalité entre l'erreur du diagnostiqueur et l'obligation du vendeur de recourir aux travaux et limiter le préjudice au seul surcoût des travaux rendus nécessaires par l'aggravation des désordres entre la date du diagnostic et celle de la réalisation des travaux de reprise (Cass. 3e civ. 7-1-2016 n° 14-18.561 FS-PB : BPIM 2/16 inf. 97).

71792 De même en matière d'action fondée sur une erreur de mesurage, la jurisprudence considère avec constance que la restitution à laquelle le vendeur est condamné à la suite de la **diminution du prix** résultant de la délivrance d'une moindre mesure par rapport à la superficie convenue (Loi 65-557 du 10-7-1965 art. 46, al. 7) ne constitue pas un préjudice indemnisable (Cass. 3e civ. 1-3-2011 n° 10-30.214 : BPIM 2/11 inf. 144). Ce préjudice ne peut, dès lors, donner lieu à garantie de la part du professionnel de mesurage (Cass. 3e civ. 7-10-2009 n° 08-12.920 : Bull. civ. III n° 205 ; Cass. 3e civ. 11-9-2013 n° 12-23.772 : BPIM 6/13 inf. 415). Pour autant, le vendeur n'est pas privé de la possibilité de demander réparation du préjudice subi du fait d'une erreur de mesurage sur le fondement de la responsabilité de droit commun (Cass. 3e civ. QPC 10-1-2013 n° 12-40.084 : RJDA 8-9/13 n° 704). Le vendeur peut ainsi demander réparation d'un préjudice distinct, consistant par exemple en la **gêne de trésorerie et les frais occasionnés par l'action** dont il est l'objet à la suite de l'erreur commise par le professionnel (voir n° 71795).

Si le diagnostiqueur ne peut pas être condamné à garantir le vendeur de la restitution du prix ou d'une partie du prix, il peut en revanche être condamné à réparer le préjudice constitué par la **perte d'une chance** de vendre le logement à un prix convenu. Ainsi jugé que le vendeur peut se prévaloir, à l'encontre du mesureur ayant réalisé un mesurage erroné, d'une perte de chance de vendre son bien au même prix pour une surface moindre (Cass. 3e civ. 28-1-2015 n° 13-27.397 : BPIM 2/15 inf. 122). Les juges du fond apprécient souverainement l'étendue du préjudice, avec cette limite que la perte de chance doit être évaluée à la chance perdue sans pouvoir être égale à l'avantage qu'aurait procuré cette chance si elle s'était réalisée (Cass. 1e civ. 9-4-2002 n° 00-13.314 : RJDA 8-9/02 n° 855). Ils peuvent condamner solidairement sur ce fondement le notaire, l'agence immobilière et le diagnostiqueur (Cass. 3e civ. 9-3-2017 n° 15-29.384 F-D : BPIM 3/17 inf. 225). **71795**

Le diagnostiqueur devra également indemniser le vendeur du **préjudice financier et moral** subi à raison de la procédure initiée contre lui par l'acquéreur (Cass. 3e civ. 7-10-2009 n° 08-12.920 : RJDA 2/10 n° 139, condamnant le diagnostiqueur à rembourser au vendeur une partie des frais de procédure) et des difficultés financières générées par l'obligation de restitution du prix, par exemple.

CONSEIL

Afin de maintenir pour le vendeur la possibilité d'un recours à l'encontre du professionnel du mesurage, les **adaptations rédactionnelles** suivantes peuvent être suggérées :
– intégrer contractuellement dans la mission du professionnel l'exigence d'un mesurage exact, conforme aux prescriptions légales et réglementaires, en précisant que l'exactitude de cette mesure est destinée non seulement à la bonne information de l'acquéreur, conformément à ces prescriptions, mais également à éviter une action en diminution de prix de celui-ci à l'encontre du vendeur ;
– préciser dans l'acte de vente que, sans préjudice de la garantie due par le vendeur à l'acquéreur en cas d'inexactitude de mesurage excédant le seuil légal, le prix de vente n'a pas été fixé par les parties en considération de la seule superficie, mais également des autres caractéristiques du local ou de l'immeuble dans lequel il est situé (configuration des pièces, étage, ensoleillement, état, environnement) et de considérations tenant à l'acquéreur (besoins, goûts, etc.).

Concernant la **responsabilité du vendeur à l'égard de l'acquéreur**, ce dernier peut agir contre le vendeur en cas de **faute dolosive** quand bien même l'information ne serait qu'informative au sens du CCH, dès lors qu'il peut prouver qu'il n'aurait pas contracté ou aurait contracté à des conditions différentes s'il avait été correctement informé (C. civ. art. 1130). À noter que, depuis le 1er juillet 2021, les informations relatives à la performance énergétique sont opposables au vendeur : voir n° 71785. Concernant les relations entre le diagnostiqueur et le vendeur qui a commis une faute dolosive, il a été jugé que ce dernier ne peut pas appeler le diagnostiqueur en garantie même s'il a commis une faute (Cass. 3e civ. 13-1-2010 n° 08-21.677 dans une affaire où le vendeur avait colmaté le plancher et les plinthes avec du plâtre qu'il avait ensuite peint afin de cacher l'existence de termites). Il doit en revanche garantir celui-ci de la totalité des condamnations prononcées à son encontre (Cass. 3e civ. 19-11-2008 n° 07-17.880 : Bull civ. III n° 184). **71800**

3. PRESCRIPTION ET TRIBUNAL COMPÉTENT

PRESCRIPTION

Les actions en **responsabilité, extracontractuelle ou contractuelle**, se prescrivent par cinq ans et courent à compter du jour où le titulaire du droit a connu ou aurait dû connaître les faits lui permettant de l'exercer (C. civ. art. 2224). En d'autres termes, celui qui souhaite engager la responsabilité civile professionnelle d'un diagnostiqueur doit agir dans les cinq ans **à compter du jour** où il a eu connaissance de l'existence de la faute commise par le diagnostiqueur. **71830**

Ce jour coïncidera généralement avec la date à laquelle la victime a été informée de l'existence d'un vice non diagnostiqué (présence de termites, par exemple). La victime peut donc agir plus de cinq ans après la réalisation du rapport ou la signature de l'acte authentique. Ainsi, par exemple, les juges du fond peuvent souverainement retenir que celui qui a chargé un professionnel d'une mission de diagnostic n'a eu connaissance du caractère insuffisant de ses préconisations et de son manquement à ses obligations contractuelles que lors du dépôt du rapport d'expertise judiciaire (Cass. 3e civ. 21-11-2019 n° 18-21.558 et 18-25.485). Mais, en tout état de cause, le report du point de départ à la date de la connaissance de la faute commise ne peut avoir pour effet de porter le délai de la prescription extinctive **au-delà de** vingt ans à compter du jour de la naissance du droit (C. civ. art. 2232).

TRIBUNAL COMPÉTENT

71835 Le choix du tribunal **matériellement** compétent dépend en premier lieu de la qualité des parties au litige. Si elles ont toutes deux la qualité de commerçant, la juridiction compétente est le tribunal de **commerce**. Si le client ou le tiers qui agit en responsabilité contre le diagnostiqueur n'est pas commerçant, le tribunal matériellement compétent est le tribunal **judiciaire**. Une chambre de proximité du tribunal judiciaire peut être compétente pour juger les litiges dont le montant n'excède pas 10 000 €.

Le tribunal **territorialement** compétent est soit celui du domicile du défendeur (en l'espèce, le diagnostiqueur), soit, s'il est décédé, celui de ses héritiers, soit celui du lieu où le fait dommageable a été accompli, à savoir le lieu de l'immeuble diagnostiqué. Si la victime agit à la fois contre son cocontractant (généralement le vendeur) et le diagnostiqueur, elle saisit, à son choix, la juridiction du lieu où demeure l'un d'eux (CPC art. 42).

> **Précisions a.** La **commission des clauses abusives** recommande que soient éliminées des contrats conclus entre professionnels et consommateurs les clauses ayant pour effet ou pour objet de déroger aux règles légales relatives à la compétence des juridictions (Recommandation n° 04-01 relative aux contrats de traitement contre les termites et autres insectes xylophages 27-11-2003 : BOCCRF du 06-09-2004).
> **b.** Même s'il n'est pas commerçant, le propriétaire ou l'acquéreur lésé par un diagnostic erroné peut néanmoins poursuivre le diagnostiqueur devant le **tribunal de commerce** ; en effet, l'établissement des diagnostics immobiliers, la détermination de la surface habitable, l'expertise et la valeur vénale et de façon générale tous diagnostics et toutes opérations connexes participant à la pérennité, à l'optimisation et la transmission du patrimoine, entrent dans la catégorie des fournitures de services visée par l'article L 110-1, 6° du Code de commerce et cette activité, qui n'est pas purement intellectuelle, revêt un caractère commercial dès lors qu'elle est exercée à titre habituel et lucratif (Cass. com. 5-12-2006 n° 04-20.039 : RJDA 4/07 n° 419).

DOSSIER 4

ACHAT OU VENTE PAR DES ÉTRANGERS

SOMMAIRE

LES ENJEUX

72000 L'ouverture des frontières et l'intensification des relations économiques internationales entraînent une mobilité géographique toujours grandissante. La vente immobilière n'échappe pas au phénomène et comporte de plus en plus souvent un **élément d'extranéité**. L'immeuble étant par hypothèse situé en France dans le cadre du présent ouvrage, cet élément d'extranéité – il peut évidemment y en avoir plusieurs – sera lié à la nationalité, à la situation matrimoniale (vendeur français marié à une Italienne, acquéreurs néerlandais ayant conclu un partenariat enregistré...) ou encore au lieu de résidence de l'une au moins des parties au contrat de vente (vendeur français vivant aux USA, par exemple).

Dès lors, une question se pose : quelle est la **loi applicable** au contrat de vente ? La loi française, en tant que loi du lieu de situation de l'immeuble, ou une loi étrangère, par exemple la loi espagnole, loi du pays dont l'acquéreur possède la nationalité ? De plus, il n'y a généralement pas une mais des lois applicables car à chaque aspect juridique du contrat de vente est susceptible de correspondre une loi différente.

Cette détermination de la loi applicable est au cœur du droit international privé. Tout praticien de la vente d'immeuble doit donc en connaître les règles essentielles, la **méthodologie**. Pour prendre l'exemple d'une acquisition par des époux étrangers, le notaire doit être en mesure de déterminer la loi applicable au contrat de vente, à la vérification de la capacité des acheteurs, au régime matrimonial auquel ils sont soumis afin de leur indiquer le sort du bien acheté, au contrat de prêt destiné au financement de leur achat, etc.

> **Précisions** Selon une **étude statistique** réalisée par la profession notariale, en France métropolitaine, la part des acquéreurs étrangers non résidents était de 1,2 % au 1er semestre 2021 contre 1,3 % en 2020. Les Britanniques restent les plus représentés en 2020 en totalisant 22 % des achats, suivis par les Belges avec 20 % et en troisième rang les Allemands, qui rassemblent 9 % des transactions. Du côté des vendeurs, la part des étrangers non résidents enregistrée au 1er semestre 2021 est de 1,8 % contre 1,9 % en 2020 (CSN, Études statistiques immobilières, mars 2022).

I. PRINCIPES DU DROIT INTERNATIONAL PRIVÉ

A. Règles de conflit de lois

OBJET ET SOURCES DES RÈGLES DE CONFLIT DE LOIS

72005 Dès lors qu'une situation présente un **élément d'extranéité**, plusieurs lois ont vocation à s'appliquer. Pour prendre l'exemple de la vente d'un appartement situé à Nice par un Italien à un Anglais, trois lois sont susceptibles d'intervenir : la loi française, la loi italienne et la loi anglaise. Or on ne peut appliquer qu'une seule loi à une même question de droit. Il convient de départager les lois en conflit.

La règle de conflit de lois a pour objet de déterminer la **loi applicable** à une situation juridique présentant un élément d'extranéité. Elle ne donne pas la solution du problème mais uniquement la loi à appliquer pour y parvenir.

Les règles de conflit de lois trouvent leurs sources dans la loi (notamment le **Code civil**), la **jurisprudence**, la **coutume**, le **droit international ou européen**. Les sources internationales et européennes tiennent aujourd'hui une place prépondérante en droit international privé des obligations (contractuelles ou extracontractuelles) ainsi que dans la plupart des domaines du droit international privé de la famille. Aux difficultés méthodologiques propres au droit international privé, elles ajoutent un degré de complexité supplémentaire pour le praticien, l'obligeant à vérifier pour une question donnée si une réglementation internationale ou européenne est applicable. Concernant l'articulation de ces différentes sources, la supériorité de principe du traité sur la loi interne est bien établie (Constitution du 4-10-1958 art. 55 ; Cass. mixte 24-5-1975 n° 73-13.556, Sté Cafés Jacques Vabre : Bull. ch. mixte n° 4). La difficulté est en revanche plus grande s'agissant du conflit de normes entre traités internationaux ou entre traités et droit de l'Union européenne. Les traités élaborés sous l'égide de la conférence de La Haye de droit international privé, comme les textes européens adoptés en la matière, contiennent en général des dispositions spécifiques pour régler ces conflits de normes. Mais lorsque de telles règles sont absentes, le problème est parfois insurmontable…

> **Précisions a.** La plupart des grandes conventions multilatérales sur les conflits de lois ont été élaborées, depuis 1893, sous l'égide de la **conférence de La Haye de droit international privé**. Cette conférence regroupe aujourd'hui 91 membres, dont bien entendu la France (Liste des États membres et texte des différentes conventions adoptées en son sein consultables sur son site internet www.hcch.net). L'Union européenne est devenue un membre à part entière de la conférence.
>
> **b.** Le ministère de la justice a lancé une consultation publique sur un **projet de Code de droit international privé**. Indépendamment des mérites du projet (semble-t-il limités), celui-ci n'a pas vocation à réglementer l'ensemble de la matière ; au contraire, il n'aurait vocation à couvrir que les domaines qui ne font pas l'objet d'une réglementation européenne ou d'une convention internationale. Il ne s'agit pas, par ailleurs, d'une codification à droit constant, certaines des dispositions envisagées modifiant les solutions actuellement en vigueur.

STRUCTURE DES RÈGLES DE CONFLIT DE LOIS

La plupart des règles de conflit de lois sont dites « **bilatérales** » et comprennent deux éléments : 72007
– la **catégorie de rattachement**, c'est-à-dire l'identification du problème posé. Les différentes catégories de rattachement existantes correspondent aux grandes subdivisions du droit civil (état et capacité des personnes, contrats, faits juridiques, etc.) ;
– le **facteur de rattachement** (par exemple, la nationalité), qui conduit à la désignation de la loi applicable (dans le même exemple, la loi de la nationalité). Le facteur de rattachement, en principe unique et prédéterminé, est de manière croissante remplacé par un choix ou une option. Ainsi, en matière de contrats, les parties ont le choix de la loi applicable.
Par le biais du rattachement, la règle de conflit de lois détermine aussi bien les cas d'application de la loi nationale que de la loi étrangère.

À côté des **règles** de conflit de lois bilatérales, il en existe (mais elles sont beaucoup moins nombreuses) qui sont **unilatérales** : la règle de conflit de lois ne détermine que le champ d'application spatial de la loi française ; si la situation n'y entre pas, il convient alors de rechercher si une loi étrangère est applicable d'après sa propre règle de conflit de lois. 72009
Il existe enfin certaines règles, les « **lois de police** », qui, en raison de leur impérativité particulière, s'appliquent nécessairement à la situation, quelle que soit la loi désignée par la règle de conflit, bilatérale ou unilatérale. À la différence de la règle de conflit de lois, la loi de police ne vise pas une catégorie de rattachement donnée ; il s'agit au contraire d'une approche casuistique. Les lois de police ne s'appliqueront cependant que si la situation entretient un lien avec le pays qui les a édictées, en général de nature territoriale (Rép. Droit international Dalloz, v. Lois de police par P. Mayer, n° 3). Un juge français saisi appliquera ainsi naturellement les lois de police françaises ; il pourrait tenir compte également des lois de police étrangères, mais les exemples sont rares.
Par exemple, le contrat de prêt sera en principe régi par la loi choisie par les parties ou à défaut par la loi de l'établissement de crédit prêteur ; néanmoins les règles françaises relatives à l'interdiction de l'usure seront considérées comme des lois de police et s'appliqueront quelle que soit la loi applicable, dès lors que l'offre de prêt ou la conclusion du contrat a lieu en France (É. Fongaro, Les lois de police en présence d'une vente soumise à une loi étrangère : Defrénois 2018 n° 43 p. 35).
Les lois de police jouent un rôle très similaire à celui de l'ordre public international, qui est d'écarter la loi étrangère désignée par la règle de conflit de lois pour appliquer la loi française (n° 72077).

PRINCIPALES CATÉGORIES DE RATTACHEMENT

Concernant le statut personnel, c'est-à-dire les règles relatives à l'**état et** à la **capacité des personnes**, la loi traditionnellement applicable est la loi nationale (C. civ. art. 3, al. 3), loi de l'État dont l'intéressé a la nationalité. Toutefois, son champ d'application se réduit sous l'influence des conventions internationales et du droit de l'Union européenne au profit du critère de la résidence habituelle. 72011
Les **immeubles**, qui relèvent du statut réel, sont soumis à la loi du lieu de leur situation géographique (C. civ. art. 3, al. 2).
En principe, les **contrats** sont soumis quant à la forme à la loi locale (loi du lieu où ils sont conclus) ou à la loi qui leur est applicable au fond (Règl. 593/2008 dit « Rome I » du 17-6-2008 art. 11). Sur les questions de fond, la loi applicable est la loi choisie par les parties, dite loi d'autonomie (Règl. 593/2008 du 17-6-2008 art. 3). À défaut de choix, le contrat est régi par la loi désignée par un critère de rattachement dit « objectif ».
Les faits juridiques – les **délits** – sont quant à eux soumis en principe à la loi du lieu où le dommage est survenu.

B. Mise en œuvre de la règle de conflit de lois

QUALIFICATION

Le **but de la qualification** est de déterminer la règle de conflit de lois applicable. Il s'agit d'analyser en termes juridiques le problème posé afin de déterminer la catégorie de rattachement dont il relève. Si l'on s'interroge sur la capacité du vendeur d'un immeuble, est-ce un problème de capacité et d'état des personnes ou un aspect de droit des contrats ? Des parts de société civile immobilière sont-elles des meubles ou des immeubles ? Répondre à ces questions, c'est qualifier. 72060
Difficulté supplémentaire, les catégories juridiques françaises ne correspondent pas toujours à celles des autres pays. Doit-on qualifier le problème posé selon la loi française ou selon la loi étrangère ? On parle de **conflit de qualifications**.

ILLUSTRATIONS

À titre d'exemple, une célèbre affaire opposant un Grec orthodoxe à une Française portait sur la validité de leur mariage civil célébré en France. L'époux invoquait la nullité de l'union au motif qu'il n'y avait pas eu de célébration religieuse comme l'exigeait la loi grecque. Il fallait donc déterminer la catégorie de rattachement dans laquelle rentre la célébration, laïque ou religieuse, du mariage : question de forme (conception de la loi française) ou question de fond, relative à l'état et à la capacité des personnes (conception de la loi grecque) ?
La Cour de cassation a retenu que la qualification devait s'opérer d'après le droit français, lequel y voit une question de forme. C'est donc la loi française, loi du lieu du mariage, qui était applicable, et le mariage a été validé (Cass. 1e civ. 22-6-1955, Caraslanis : D. 1956 p. 73).

72062 Les catégories du droit français sont entendues de façon plus souple qu'en droit interne afin de pouvoir qualifier des **institutions étrangères inconnues du droit français** : mariage polygamique, répudiation, trust, etc. Nous verrons au cours des développements qui suivent les solutions qu'y apporte le droit international privé.
De manière générale, la **démarche à suivre** est d'étudier le mécanisme étranger dans son système juridique d'origine puis de le confronter avec nos propres catégories juridiques afin de retenir celle qui semble la plus adaptée.

MÉCANISME DU RENVOI

72064 Une fois la qualification effectuée, il convient d'appliquer à la situation envisagée la règle de conflit de lois (par hypothèse, française). Cette règle de conflit de lois va à son tour désigner la loi applicable : ce peut être la loi française ou la loi étrangère. La loi désignée est une loi substantielle, c'est-à-dire qu'elle prévoit des dispositions attribuant des droits ou obligations à une personne.
Néanmoins, les règles françaises de conflits de lois, dans un certain nombre de matières, prennent en considération la **règle de conflit de lois étrangère**. Si celle-ci prévoit un facteur de rattachement (ou une qualification) différent de celui retenu par la loi française, il en sera tenu compte. Connue sous le nom de « renvoi », cette situation aboutit à ne pas appliquer la loi étrangère, pourtant désignée par la règle de conflit de lois française ; on appliquera finalement la loi désignée par la règle de conflit de lois étrangère, qu'il s'agisse du droit français ou d'un autre droit étranger.

72066 **Types de renvois** On parle de **renvoi au premier degré** lorsque la loi étrangère désignée par la règle de conflit de lois française renvoie au droit français. Par exemple, un notaire niçois se voit confier par un Anglais demeurant à Saint-Jean-Cap-Ferrat la vente d'une maison lui appartenant située à Menton. S'interrogeant sur la capacité de son client, le notaire applique la règle de conflit de lois française, laquelle désigne la loi anglaise, loi nationale de l'intéressé. La règle de conflit de lois anglaise en matière d'état et de capacité des personnes adopte quant à elle comme facteur de rattachement le domicile de l'intéressé. Il y a donc ici renvoi de la loi anglaise au droit français.
Il y a **renvoi au second degré** lorsque la règle de conflit de lois étrangère désignée par la règle de conflit de lois française renvoie à la loi d'un pays tiers qui « accepte sa compétence » (c'est-à-dire que la règle de conflit de lois de ce pays désigne également sa loi comme applicable à la situation). Si la jurisprudence paraît admettre ce type de renvoi, les exemples sont rares en pratique.

72068 **Domaine du renvoi** Le renvoi ne joue pas dans toutes les **matières**. Il est par exemple admis, sous certaines conditions, en matière successorale.
Le renvoi est en revanche exclu lorsque le critère de **rattachement** de la règle de conflit de lois réside dans le choix des parties ou encore lorsqu'il s'agit d'un rattachement alternatif, comme pour la forme des actes.

PROBLÈME DU CONFLIT MOBILE

72070 On parle de conflit mobile lorsqu'une même situation se trouve soumise à **deux lois différentes dans le temps** en raison du changement du critère de rattachement. Par exemple, une personne change de nationalité ou de domicile. Dès lors, quelle loi appliquer ?
La réponse se trouve normalement dans la règle de conflit elle-même : ainsi en matière de successions, le rattachement visé est la dernière résidence habituelle du défunt. Sinon, elle devra être recherchée dans l'interprétation de la règle de conflit de lois, en fonction de l'objectif poursuivi par celle-ci et de considérations générales telles que le respect des **droits acquis**. Par exemple, en matière de validité du mariage, il est logique que les conditions de forme et de fond

s'apprécient au moment de sa célébration, afin de respecter les droits acquis par les époux quand bien même les éléments de rattachement auraient changé après leur mariage. S'agissant en revanche de la loi applicable aux effets du mariage (loi nationale commune ou loi du domicile commun), il faudra prendre en compte le **critère de rattachement actuel**, puisque l'objectif recherché est « l'adéquation entre la façon dont les époux doivent vivre à tout moment, et le milieu social dans lequel ils s'intègrent durablement » (P. Mayer, V. Heuzé et B. Remy : Droit international privé, Précis Domat, LGDJ 12e éd. 2019, n° 261).

IMPÉRATIVITÉ DE LA RÈGLE DE CONFLIT

L'obligation pour le **juge** de mettre en œuvre la règle de conflit de lois reposait jusqu'à présent sur la distinction entre droits disponibles et droits indisponibles. **72072**

Un arrêt récent vient quelque peu brouiller cette construction jurisprudentielle en affirmant que le juge a l'obligation, lorsque les faits dont il est saisi le justifient, de faire application des règles d'ordre public issues du droit de l'Union européenne, telle une règle de conflit de lois lorsqu'il est interdit d'y déroger, même si les parties ne les ont pas invoquées (Cass. 1e civ. 26-5-2021 n° 19-15.102 FS-P). Le juge doit ainsi appliquer d'office toute règle de conflits de lois impérative de source européenne. Il s'agit d'un nouveau cas d'application impérative de la règle de conflits de lois, qui s'ajoute à celui existant en matière de droits indisponibles.

La règle de conflit de lois doit en effet être appliquée d'office par le juge en matière de droits indisponibles (Cass. 1e civ. 26-5-1999 n° 97-16.684, Belaïd A. : Bull. civ. I n° 174).

En matière de droits disponibles et sous réserve que l'on ne soit pas en présence d'une règle de conflit de lois impérative de source européenne, le juge conserve la faculté d'appliquer d'office la règle de conflit de lois, mais il n'y est pas obligé (Cass. 1e civ. 22-2-2017 n° 15-21.828 F-D).

La mise en œuvre de la règle de conflit peut par ailleurs être demandée par les **parties** (Cass. 1e civ. 26-5-1999 n° 96-16.361, Société Mutuelle du Mans : Bull. civ. I n° 172). Si les parties invoquent le droit étranger ou la règle de conflit de lois, le juge a l'obligation d'appliquer la règle de conflit de lois et de rechercher le droit étranger applicable (Cass. 1e civ. 19-9-2018 n° 17-21.191 F-D ; Cass. com. 30-1-2019 n° 17-16.604 F-D : RJDA 5/19 n° 335).

En présence de droits disponibles et sous réserve que l'on ne soit pas en présence d'une règle de conflit de lois impérative de source européenne, les parties peuvent également, par un « accord procédural », imposer au juge l'application de la loi française (Cass. 1e civ. 19-4-1988 n° 85-18.715, Roho : Bull. civ. I n° 104) quand bien même elle ne serait pas la loi applicable au litige d'après la règle de conflit (en revanche, une telle faculté n'existe pas en faveur d'une loi étrangère). Un tel accord procédural peut même résulter simplement du fait que les conclusions des deux parties invoquent le droit français (Cass. 1e civ. 6-5-1997 n° 95-15.309, Hannover International : Bull. civ. I n° 140 ; Cass. 1e civ. 10-2-2021 n° 19-17.028 FS-P : BPIM 2/21 inf. 158-9).

Le **praticien du droit** (notaire, notamment) confronté à une situation comportant un élément d'extranéité est à notre avis tenu, notamment au titre de son devoir de conseil, de rechercher la règle de conflit de lois applicable et d'indiquer aux parties la loi ainsi désignée. Cela vaut même dans les matières où les parties ont la libre disposition de leurs droits (en ce sens, P. Callé : Le notaire, les actes notariés et le droit international privé, Mélanges à la mémoire de P. Courbe, Dalloz 2012, p. 75 s.). **72073**

Les parties, dûment informées par le notaire, peuvent-elles décider, dès lors qu'elles sont capables et maîtres de leurs droits, d'écarter la loi désignée en faveur de la loi française ? Si la jurisprudence ne prévoit un tel accord qu'en présence d'un juge (c'est l'accord procédural visé plus haut), certains auteurs l'admettent aussi devant un notaire (Dalloz action Droit patrimonial de la famille 2021/2022, dir. M. Grimaldi, v. Droit commun : successions ouvertes avant le 17 août 2015 par M. Goré et R. de Gourcy, n° 731.101). D'autres considèrent qu'un tel choix n'est valable que dans la mesure où les parties pouvaient initialement choisir la loi applicable à la situation (P. Callé, précité). À notre sens, la solution ne peut reposer sur la transposition d'une règle procédurale mais doit être donnée par la règle de conflit de lois elle-même. En tout état de cause, le notaire doit être prudent et rappeler aux parties qu'un tel accord n'est pas opposable aux tiers (en ce sens, S. Godechot-Patris, L'évolution de l'office du juge : quelles conséquences pour la pratique notariale ? : SNH 34/21 inf. 13 n° 17).

ÉTABLISSEMENT DU CONTENU DE LA LOI ÉTRANGÈRE

Si la règle de conflit de lois conduit à l'application de la loi étrangère, encore faut-il en connaître le contenu. **72074**

Dans le cadre d'un procès « Il incombe au **juge** français qui reconnaît applicable un droit étranger, d'en rechercher, soit d'office soit à la demande d'une partie qui l'invoque, la teneur, avec le **concours des parties** et personnellement s'il y a lieu, et de donner à la question **72075**

litigieuse une solution conforme au droit positif étranger » (Cass. com. 28-6-2005 n° 02-14.686, Itraco : Bull. civ. IV n° 138 ; Cass. 1e civ. 28-6-2005 n° 00-15.734, Aubin : Bull. civ. I n° 289) et ceci, sans qu'il y ait lieu de distinguer selon le caractère disponible ou indisponible des droits en cause. L'établissement du contenu de la loi étrangère est donc une obligation qui incombe au juge, ce dernier pouvant toutefois solliciter le concours des parties à cet effet.
La Cour de cassation, par le biais d'un contrôle de la motivation, vérifie que les juges du fond se sont livrés à cette recherche, notamment en précisant les dispositions du droit étranger applicables (Cass. 1e civ. 7-10-2015 n° 14-20.144 F-D). Jugé dans cette affaire que la cour d'appel ne pouvait écarter un certificat de coutume établi par un avocat anglais sans préciser les règles de droit anglais applicables.
Plusieurs moyens existent pour déterminer le contenu de la loi étrangère.
En pratique, le plus connu et le plus utilisé est le **certificat de coutume**. Il s'agit d'un document rédigé en français (ou, le cas échéant, traduit en français) par un juriste ou un service officiel (par exemple, un consul) du pays concerné et qui atteste l'existence et la teneur de la loi étrangère.
Le juge est libre d'apprécier la pertinence des informations reçues et a le droit de recourir à tous **autres moyens** à sa disposition afin d'établir le contenu du droit étranger recherché (consultation, expertise, connaissance personnelle de la législation étrangère, etc.). En cas d'impossibilité d'obtenir la preuve du contenu de la loi étrangère (pays désorganisé politiquement, par exemple), le juge se tournera alors vers la loi française qui conserve toujours une vocation subsidiaire à s'appliquer, y compris en matière de droits indisponibles (Cass. 1e civ. 21-11-2006 n° 05-22.002, Enfant Mikhaïl : Bull. civ. I n° 500, à propos de l'impossibilité de prouver le contenu de la loi biélorusse sur la filiation) ; il ne peut pas se contenter de rejeter la demande de la partie fondée sur la loi étrangère. En outre, « l'impossibilité doit être spécialement motivée et fait l'objet d'un contrôle de la Cour de cassation » : les juges du fond doivent « démontrer qu'ils ont pris des initiatives pour établir le contenu de la loi étrangère et vaincre l'inertie des plaideurs » (M. Farge, Preuve de la loi étrangère : à l'impossible le juge n'est pas tenu : Dr. famille 2007 comm. 135). Ils ne peuvent se borner à constater que les traductions du droit étranger produites par les parties se contredisent et rendent impossible une connaissance précise des dispositions étrangères en cause (Cass. com. 24-6-2014 n° 10-27.648 : Bull. civ. IV n° 112).
La Cour de cassation ne contrôle pas en principe l'interprétation du droit étranger par les juridictions du fond, sous réserve de dénaturation (Cass. 1e civ. 21-11-1961, Montefiore : Bull. civ. I n° 542).

> **Précisions a.** La **convention du Conseil de l'Europe du 7 juin 1968** a mis en place un mécanisme gratuit d'information, passant par les chancelleries, sur le droit des pays signataires. En France, l'organe compétent pour recevoir les demandes de renseignements de l'étranger et inversement transmettre celles d'origine nationale est le bureau du droit européen et international auprès du ministère de la justice. Malheureusement, à ce jour, ce mécanisme n'est ouvert qu'aux magistrats.
> **b.** À l'occasion de leur 101e congrès, les notaires de France ont proposé la création, au sein de l'Union européenne, d'un **certificat de coutume européen** qui pourrait librement circuler et être produit sans aucune formalité de reconnaissance au sein des pays membres (J.-F. Sagaut, Le délicat problème de l'accès à la connaissance du droit étranger : JCP N 2006 n° 1277 ; 101e Congrès des notaires de France : Les familles sans frontières en Europe ACNF 2005, travaux de la 3e commission, La dynamique communautaire à la rencontre des familles).

72076 **En dehors du cadre contentieux** Le **praticien** qui constate qu'une loi étrangère est applicable à l'acte qu'il dresse doit également se livrer à la recherche de son contenu au titre de son **devoir de conseil** (P. Callé : Le notaire, les actes notariés et le droit international privé, Mélanges à la mémoire de P. Courbe, Dalloz 2012, p. 75 s.). Selon cet auteur, il faut distinguer selon que le notaire intervient « en amont » (rédaction d'un contrat de mariage, d'un testament ou d'une donation) ou « en aval » (liquidation d'un régime matrimonial ou d'une succession). Dans le premier cas, s'il constate qu'un ou plusieurs droits étrangers sont potentiellement applicables, son devoir de conseil devrait se limiter à indiquer aux parties de consulter un juriste local. Dans le second, sauf lorsque l'accord des parties pour appliquer le droit français est possible (n° 72072), il doit rechercher le contenu du droit étranger. Il devrait lui aussi pouvoir appliquer le droit français s'il lui est impossible de connaître le contenu du droit étranger ou si le coût de la recherche est disproportionné au regard de l'enjeu (P. Callé, précité). Il nous semble alors de bonne pratique d'exposer dans l'acte les difficultés à l'origine de cette impossibilité et qui justifient l'application subsidiaire de la loi française. Le praticien devrait ainsi prouver qu'il n'a pas manqué à son devoir de conseil, en particulier si l'impossibilité d'établir le contenu du droit étranger a disparu au jour où un litige survient sur l'acte qu'il a établi et que le juge français saisi se trouve en mesure d'appliquer la loi étrangère.

> **Précisions** Outre les moyens de preuve utilisables dans le cadre d'un procès (n° 72075), les **notaires** ont à leur disposition la documentation de droit comparé des **Cridon**. Celle-ci étant le plus souvent très complète, le notaire a peut-être intérêt à préférer ce moyen de recherche au certificat de coutume, dont le coût n'est généralement pas négligeable (M. Revillard : Droit international privé et européen : pratique notariale, Lextenso 10e éd. 2022, n° 28).

OBSTACLES À L'APPLICATION DE LA LOI ÉTRANGÈRE

Exception d'ordre public international Cette exception a pour effet d'écarter la loi étrangère désignée par la règle de conflit de lois lorsque son application conduirait à une solution incompatible avec nos **conceptions juridiques ou sociales fondamentales** : interdiction des discriminations en raison du sexe, de l'appartenance religieuse ou de l'origine, principe de monogamie, protection de la propriété privée, etc. Ainsi, des époux ne pourraient faire célébrer en France un mariage polygamique alors même que le pays de leur nationalité commune l'autorise. 72077

L'ordre public a parfois un **effet atténué** au sens où une situation valablement constituée à l'étranger peut produire certains de ses effets en France alors qu'elle n'aurait pu s'y créer, étant contraire à l'ordre public français. Dans le cas d'un mariage polygamique, si ce dernier a été valablement célébré dans un pays étranger dont la loi le prévoit, il produira certains de ses effets en France ; par exemple, au décès du mari, ses épouses se partageront les droits dévolus au conjoint survivant sur un immeuble situé en France. Une jurisprudence traditionnelle protège en revanche la première épouse française, l'ordre public s'opposant à ce que le second mariage contracté à l'étranger produise des effets à son encontre (Cass. 1e civ. 6-7-1988 n° 85-12.743, Baaziz : Rev. crit. DIP 1989 p. 71 note Y. Lequette). Elle s'oppose même parfois à ce que ce mariage produise tout effet en France (Cass. 2e civ. 1-12-2011 n° 10-27.864 FS-D). Cette dernière jurisprudence paraît confortée par l'hostilité du législateur à l'encontre du mariage polygamique (CSS art. L 161-23-1 A issu de la loi 2021-1109 du 24-8-2021).

L'ordre public est une notion évolutive : le principe de l'**actualité de l'ordre public** impose au juge de statuer en fonction de la conception de l'ordre public existant au moment où il se prononce et non au moment où les faits qui lui sont soumis se sont produits.

Fraude à la loi La fraude à la loi consiste à utiliser volontairement une règle de conflit de lois en modifiant un élément de rattachement à seule fin d'éluder l'application de la **loi normalement compétente**. C'est la célèbre affaire de la princesse de Bauffremont, de nationalité française, qui s'était fait naturaliser allemande dans le seul but de pouvoir divorcer (la loi française de l'époque le lui interdisait) et se remarier ensuite avec le prince roumain Bibesco (Cass. civ. 18-3-1878 : S. 1878 I p. 193). 72078

S'agissant de la **sanction**, la fraude à la loi entraîne l'inopposabilité des actes frauduleux. Dans le cas de la princesse de Bauffremont, son divorce et son remariage ne pouvaient avoir aucun effet en France.

Difficultés d'application La loi étrangère sera écartée en cas de **défaillance**, soit parce qu'elle ne peut pas être désignée (critère de rattachement inutilisable, par exemple), soit parce que son contenu est impossible à établir (n° 72075). 72080

Elle peut être également évincée pour des **raisons techniques ou pratiques**, notamment en cas d'urgence ou lorsqu'elle prévoit l'intervention d'une autorité administrative ou religieuse qui n'existe pas en France ou ne possède pas les mêmes attributions.

Cas particulier du conflit de nationalités Le rattachement à la loi nationale (n° 72011) soulève une difficulté particulière en cas de double nationalité. 72082

Si l'intéressé possède **deux nationalités étrangères** différentes, l'on doit s'attacher à la nationalité la plus effective (Cass. 1e civ. 15-5-1974 n° 72-12.196, Martinelli : Bull. civ. I n° 145). S'agissant d'une question de fait, cette effectivité peut découler, par exemple, de la résidence de l'intéressé, de la langue qu'il parle, de la durée de ses séjours respectifs dans chacun des pays concernés, etc.

Si l'intéressé est **ressortissant français**, il faut normalement faire prévaloir la loi française (Cass. 1e civ. 17-6-1968, Kasapyan : Bull. civ. I n° 175). Certains arrêts en matière de reconnaissance des jugements étrangers ont pu faire douter de la pérennité du principe (en particulier, Cass. 1e civ. 23-2-2011 n° 10-14.760 : Bull. civ. I n° 34 ; reconnaissance d'un jugement marocain dans le cadre de la convention franco-marocaine du 10 août 1981). Mais la Cour de cassation l'a très clairement réaffirmé dans un arrêt récent : « il résulte des principes généraux du droit international que, lorsqu'une personne possède la nationalité française et celle d'un État tiers, non membre de l'Union européenne, elle reste, par l'effet de sa nationalité française, soumise à la loi française que, sauf convention internationale en sens contraire, le juge français saisi doit prendre seule en considération » (Cass. 1e civ. 30-11-2022 n° 21-17.043 FS-D).

La prééminence de la nationalité française est par ailleurs remise en cause par le droit de l'Union européenne lorsque l'autre nationalité de l'intéressé est celle d'un État membre. Ainsi, en matière d'attribution du nom, il a été jugé que les principes de non-discrimination en raison de la nationalité et de libre circulation des personnes interdisent aux autorités d'un État membre de faire prévaloir leur loi nationale sur celle d'un autre État membre (CJCE 2-10-2003 aff. 148/02, Garcia Avello : D. 2004 p. 1476 note Audit, à propos d'un changement de nom d'un enfant issu d'un couple belgo-espagnol). Cette décision semble laisser en la matière un choix à l'intéressé entre ses deux lois nationales. Mais la solution retenue est éminemment critiquable et ne permet pas de dégager un principe général de solution des conflits de nationalités. Or il ne paraît pas opportun de laisser systématiquement une option aux individus binationaux. De surcroît, s'agissant d'un critère objectif de rattachement devant en principe être mis en œuvre par un juge, ce dernier doit disposer d'un critère de choix. La solution la plus logique serait, comme dans le cas d'une double nationalité étrangère, de choisir la nationalité la plus effective.

II. DROIT INTERNATIONAL PRIVÉ DE LA VENTE D'IMMEUBLE

A. Loi applicable au contrat de vente d'immeuble

RÈGLEMENT ROME I

72130 La détermination de la loi applicable à un contrat de vente d'immeuble situé en France, conclu depuis le 17 décembre 2009 et suscitant un conflit de lois relève du règlement dit « Rome I » du 17 juin 2008 sur la loi applicable aux **obligations contractuelles** (Règl. 593/2008 du 17-6-2008 : JOUE 2008 L 177 p. 6 ; sur la pertinence des éléments d'extranéité et l'accession du contrat à l'internationalité, voir L. Perreau-Saussine : L'immeuble et le droit international privé, éd. Defrénois 2006, nos 373 s.).

Les règles de conflits de loi édictées par le règlement ont un **caractère universel**, c'est-à-dire qu'elles ont vocation à s'appliquer même si la loi désignée n'est pas celle d'un État membre (Règl. Rome I art. 2).

Enfin, le règlement écarte expressément le **mécanisme du renvoi** (Règl. Rome I art. 20).

> **Précisions a.** Le règlement Rome I s'applique dans tous les États membres de l'**Union européenne**, à l'exception du Danemark. Il a cessé de s'appliquer au Royaume-Uni à l'issue de la période de transition prévue par l'accord sur le **retrait du Royaume-Uni** de Grande-Bretagne et d'Irlande du Nord de l'Union européenne et de la Communauté européenne de l'énergie atomique, entré en vigueur le 1er février 2020 (Accord de retrait : JOUE 2020 L 29 p. 7). La période de transition s'est terminée le 31 décembre 2020 (Accord de retrait art. 126). Cela ne change rien pour un juge français saisi d'un litige entrant dans son champ d'application en raison du caractère dit « universel » du règlement. Un juge britannique doit encore appliquer Rome I aux contrats conclus avant la fin de la période de transition (Accord de retrait art. 66). En revanche, s'il est saisi d'un litige relatif à un contrat conclu postérieurement, il ne doit plus appliquer les règles issues de Rome I.
>
> **b.** Le règlement Rome I remplace la **convention de Rome du 19 juin 1980** sur la loi applicable aux obligations contractuelles.

1. LOI APPLICABLE AU FOND

a. Choix des parties

PRINCIPE DE L'AUTONOMIE DE LA VOLONTÉ

72150 Le principe est celui de l'autonomie de la volonté puisque le contrat est régi par la loi choisie par les parties (Règl. Rome I art. 3, 1°).

Ce **choix** peut être **exprès ou tacite**. Dans ce dernier cas, le choix de la loi applicable doit pouvoir se déduire de façon certaine des dispositions du contrat ou des circonstances de la cause. Par « dispositions du contrat », il peut s'agir de la référence à des dispositions législatives d'un pays déterminé (par exemple, renvoi à ou reproduction de certains articles du Code civil français).

Quant au choix implicite qui découlerait des « circonstances de la cause », il s'agira par exemple du cas où le contrat est l'accessoire d'un autre contrat pour lequel une loi a été expressément choisie par les parties. Selon certains, l'intervention d'un notaire français pourrait être interprétée comme valant choix implicite de loi applicable (P. Callé, La loi applicable au contrat de vente immobilière. Quid des règles dites impératives ? JCP N 2013 n° 1170), ce qui nous paraît discutable.

En pratique et afin d'écarter toute incertitude quant au choix de la loi applicable, on ne saurait trop conseiller aux parties de choisir expressément la loi applicable au contrat et au notaire rédacteur de traduire ce choix par une clause de l'acte de vente.

Les contrats immobiliers entretiennent des liens si étroits avec l'ordre juridique du lieu de situation de l'immeuble que ce dernier est le plus souvent choisi par les parties pour régir leur contrat (L. Perreau-Saussine : L'immeuble et le droit international privé, éd. Defrénois 2006, n° 368).

Par ailleurs, lorsque tous les éléments de la situation sont localisés dans un seul pays, le choix d'un droit étranger comme loi applicable au contrat ne permettra pas de déroger aux règles impératives internes de la loi du pays où l'ensemble des éléments de la situation sont localisés (Règl. Rome I art. 3, 3°). Si, par exemple, un vendeur français cède un immeuble situé en France à un acquéreur français, aucun élément d'extranéité n'affectant la situation, le choix par les parties de la loi anglaise ne les autorisera pas à déroger aux dispositions impératives de la loi française, la situation étant alors traitée comme une situation purement interne. Ce qui revient à priver ce choix d'une grande partie de ses effets en pratique et à obliger à combiner deux lois : la loi française dans ses dispositions impératives et la loi anglaise pour le reste. La solution est évidemment à déconseiller.

De façon similaire, si tous les éléments de la situation sont localisés dans l'Union européenne (y compris au Danemark), le choix de la loi d'un État tiers ne permet pas de déroger aux dispositions impératives du droit de l'Union, telles qu'elles ont été transposées dans l'État membre dont le juge est saisi (Règl. Rome I art. 3, 4° et 1, 4°).

MOMENT DU CHOIX DE LOI

Le choix de la loi applicable peut s'effectuer à tout moment (Règl. Rome I art. 3, 2°). Les parties peuvent donc, **en cours de contrat**, adopter une loi différente de celle applicable jusqu'alors. Une telle modification n'affecte pas la validité formelle du contrat. Elle ne saurait par ailleurs porter atteinte aux **droits des tiers**. Autant dire que l'exercice d'une telle faculté ne nous paraît guère souhaitable ni peut-être envisageable en matière de vente d'immeuble, contrat par nature instantané. **72152**

PORTÉE DU CHOIX DE LOI

Enfin, les parties peuvent décider d'appliquer la loi choisie à l'ensemble du contrat de vente ou à une partie seulement (Règl. Rome I art. 3, 1°). Le contrat est alors soumis à des lois différentes selon l'aspect envisagé. On parle de « **dépeçage** » **du contrat**. Un tel dépeçage est à notre avis à écarter pour des raisons évidentes de simplicité et de cohérence juridiques de l'opération. Seule l'hypothèse où la vente porterait à la fois sur un immeuble et des meubles justifierait peut-être le choix d'une loi différente pour les deux catégories de biens (H. Péroz, L'acquisition d'un bien en France par des époux étrangers : JCP N 2004 n° 1264, 1, A, concernant la convention de Rome mais dont le raisonnement est transposable). **72154**

b. En l'absence de choix des parties

LOI DU PAYS OÙ EST SITUÉ L'IMMEUBLE

S'agissant d'un **contrat ayant pour objet un droit réel immobilier**, si les parties n'ont pas désigné de loi applicable de manière expresse ou tacite, le contrat est régi par la loi du pays où est situé l'immeuble (Règl. Rome I art. 4, 1°-c). **72156**

À défaut de choix des parties, la vente d'un immeuble situé en France sera donc soumise à la loi française.

Ce **rattachement** pourrait être **écarté** s'il résultait de l'ensemble des circonstances que le contrat présente des liens manifestement plus étroits avec un autre pays (Règl. Rome I art. 4, 3°). L'emploi de l'adverbe « manifestement » dans le règlement Rome I a clairement pour objectif de restreindre les hypothèses dans lesquelles la loi du lieu de situation de l'immeuble serait écartée au profit d'une autre loi, qui nous paraissent devoir rester exceptionnelles (voir P. Lagarde et A. Tenenbaum, De la convention de Rome au règlement Rome I : Rev. crit. DIP 2008 p. 727). Selon un auteur, une telle hypothèse pourrait se rencontrer par exemple dans le cas de la vente d'une maison située sur la côte normande par un couple Anglais à d'autres Anglais, tous domiciliés en Angleterre, moyennant un prix libellé en livres sterling (H. Péroz, L'acquisition d'un bien en France par des époux étrangers : JCP N 2004 n° 1264, 1, B, concernant la convention de Rome mais dont le raisonnement est transposable).

> **Précisions** Si les parties concluent préalablement à l'acte de vente lui-même une **promesse de vente** et qu'elles n'ont pas procédé au choix de la loi applicable (n°s 72150 s.), la promesse n'étant pas un contrat ayant pour objet un droit réel immobilier mais des droits personnels, le rattachement de l'article 4, 1-c) n'est pas applicable (P. Callé, La loi applicable au contrat de vente immobilière. Quid des règles dites impératives ? JCP N 2013 n° 1170). La loi applicable à défaut de choix sera la loi du pays de la résidence habituelle de la partie qui fournit la prestation caractéristique (Règl. Rome I art. 4, 2). Dans une promesse unilatérale de vente, la prestation caractéristique est fournie par le promettant/vendeur. En revanche, dans une promesse synallagmatique, un auteur considère qu'il n'est pas possible d'identifier une prestation caractéristique. Il faut dans ce cas appliquer la loi du pays avec lequel le contrat présente les liens les plus étroits : loi du pays de la résidence habituelle du vendeur et de l'acheteur, s'ils résident dans le même pays ; loi du lieu de situation de l'immeuble s'ils résident dans des États différents (P. Callé, précité).

c. Domaine de la loi applicable au fond

FORMATION DU CONTRAT

72158 Au stade de la formation du contrat, la loi désignée s'applique en principe aux **conditions de validité** du contrat (Règl. Rome I art. 10, 1°), notamment : le contenu du contrat et le consentement, tout au moins en ce qui concerne l'absence de vices du consentement. Lorsqu'une partie conteste l'existence même de son consentement, elle peut le faire en référence à la loi de sa résidence habituelle s'il résulte des circonstances qu'il ne serait pas raisonnable de déterminer l'effet de son comportement d'après la loi applicable au contrat (Règl. Rome I art. 10, 2°).

L'**état** et la **capacité** des parties personnes physiques, leurs **pouvoirs** résultant du régime matrimonial, la capacité des personnes morales, les pouvoirs de leurs représentants sont exclus du domaine de la loi du contrat (Règl. Rome I art. 1, 2°) et seront donc régis par d'autres règles de conflit de lois (voir n°s 72380 s.).

EFFET DU CONTRAT

72160 S'agissant des effets du contrat, la loi applicable au fond régit les questions liées à l'**interprétation** du contrat, à l'**exécution** des obligations qu'il engendre (toutefois, s'agissant du paiement du prix, voir ci-après) et aux conséquences de sa **nullité** ; elle régit également les problèmes de **prescription** et de déchéance fondées sur l'expiration d'un délai (Règl. Rome I art. 12).

Les effets réels du contrat de vente d'immeuble sont en revanche soumis à la loi réelle, loi du pays où se situe le bien. Relève ainsi du **statut réel de l'immeuble** le fait de savoir si la propriété de la surface emporte celle du dessus et du dessous (P. Mayer, V. Heuzé et B. Remy : Droit international privé, Précis Domat, LGDJ 12e éd. 2019, n° 688) ou si le propriétaire d'une maison qui borne un cours d'eau a un droit d'eau lui permettant de prélever l'eau pour ses besoins privés (P. Callé, La loi applicable au contrat de vente immobilière. Quid des règles dites impératives ? JCP N 2013 n° 1170). Même chose pour les règles de publicité foncière (n° 72190). Dans ce cas, la loi applicable l'est moins au titre de la loi réelle qu'à celui de loi de police applicable territorialement. Le choix d'une loi étrangère applicable au contrat ne peut en aucun cas faire obstacle à de telles dispositions. Il en va ainsi a fortiori pour les règles de droit public indissociablement liées à la propriété de l'immeuble telles que la réglementation d'urbanisme ou le régime des servitudes d'utilité publique, qui seront d'application territoriale.

PAIEMENT DU PRIX

72162 **Monnaie de paiement** C'est la **loi du contrat** qui doit s'appliquer en principe au paiement du prix : montant, date, lieu (Règl. Rome I art. 12, 1°-b ; M. Audit, S. Bollée et P. Callé : Droit du commerce international et des investissements étrangers, Montchrestien 2014, n° 594). La question de savoir si les parties peuvent ou non stipuler un prix libellé dans une monnaie étrangère devrait logiquement relever de celle-ci. Le règlement Rome I précise néanmoins qu'il faut avoir égard, s'agissant des modalités d'exécution et des mesures à prendre par le créancier en cas de défaut dans l'exécution, à la **loi du pays où l'exécution a lieu**, s'il s'agit d'une loi différente de celle du contrat (Règl. Rome I art. 12, 2°). Cette disposition ne visait pas la monnaie de paiement dans l'esprit des rédacteurs de la convention de Rome, dont est issu le règlement Rome I (M. Giuliano et P. Lagarde : Rapport concernant la convention sur la loi applicable aux obligations contractuelles, p. 32-33, qui vise la réglementation des jours fériés, celle des modalités d'examen de la marchandise ainsi que les mesures à prendre en cas de refus de celle-ci ; mais le rapport indique que l'intention des auteurs n'était pas de donner une définition rigoureuse de la notion). La monnaie de paiement semblait au contraire relever de la loi du contrat (M. Giuliano et P. Lagarde, rapport précité, p. 32, qui vise, dans le cas du paiement d'une somme d'argent, « les conditions relatives à la libération du débiteur qui a effectué le paiement »). Tout au plus doit-on admettre que si la loi du lieu d'exécution est une loi de police (étrangère donc) imposant certaines modalités au paiement (telle que le paiement par chèque barré au-delà d'un certain montant), voire le paiement en monnaie locale, le débiteur serait fondé à se prévaloir de ces dispositions pour avoir pris « quelques distances par rapport aux prescriptions de la loi du contrat » et aux stipulations du contrat lui-même (M. Audit, S. Bollée et P. Callé, précités, n°s 203 et 594 ; voir toutefois, affirmant de manière générale que la monnaie de paiement dépend du lieu d'exécution de celui-ci, P. Mayer, V. Heuzé et B. Remy : Droit international privé, Précis Domat, LGDJ 12e éd. 2019, n° 797 ; dans le même sens, Y. Heyraud, Le paiement en monnaie étrangère sur le territoire français : réflexions sur le nouvel article 1343-3 du Code civil : RTD com. 2019 p. 1).

La refonte des **dispositions du Code civil** relatives à la monnaie de paiement est en ce sens : « Le paiement, en France, d'une obligation de somme d'argent s'effectue en euros. Toutefois, le paiement peut avoir lieu en une autre monnaie si l'obligation ainsi libellée procède d'une opération à caractère international ou d'un jugement étranger. Les parties peuvent convenir que le paiement aura lieu en devise s'il intervient entre professionnels, lorsque l'usage d'une monnaie étrangère est communément admis pour l'opération concernée » (C. civ. art. 1343-3). La règle ne doit pas s'interpréter comme une règle de conflit de lois (le législateur ne saurait déroger au règlement Rome I) mais comme posant une double règle matérielle de droit français : l'une, restrictive, pour les opérations internes ; l'autre, permissive, pour les opérations internationales. Cette règle ne s'appliquera que lorsque le droit français est désigné comme loi applicable au contrat par le règlement Rome I. Dans ce cas, dès lors que le contrat prévoit un paiement à l'étranger, le prix peut être libellé en devises ; il en va de même pour les paiements en France procédant d'une opération internationale, quand bien même, dans les deux cas, ces paiements seraient faits en vertu d'un contrat soumis à la loi française. La notion d'opération internationale est plus large que celle de contrat international et devrait concerner des hypothèses où sont en cause plusieurs pays sans que le contrat concerné lui-même ne comporte d'éléments d'extranéité.

En présence d'un contrat soumis à une loi étrangère qui interdirait un paiement en devises, doit-on considérer la règle permissive de l'article 1343-3 du Code civil comme une loi de police permettant d'écarter cette règle restrictive, à l'instar de la jurisprudence relative à la monnaie de compte exposée ci-après ? Malgré la formulation impérative du texte, il nous semble que la qualification de loi de police serait excessive (en sens contraire, É. Fongaro, Les lois de police en présence d'une vente soumise à une loi étrangère : Defrénois 2018 n° 43 p. 35). Il appartiendra dès lors à la loi étrangère applicable au contrat de déterminer si les clauses relatives à la monnaie de paiement sont libres ou non, aucune loi de police française n'ayant vocation à s'appliquer.

> **Précisions a.** L'article L 112-5-1 du Code monétaire et financier permet également les paiements en devises si l'obligation ainsi libellée procède d'un **instrument financier à terme** ou d'une **opération de change au comptant**.
> **b.** L'acquisition et la cession de biens immobiliers en France par des non-résidents, lorsque son **montant dépasse 15 millions d'euros**, doit faire l'objet d'une déclaration auprès de la Banque de France, à des fins statistiques (C. mon. fin. art. R 152-3).

Monnaie de compte Il appartient également à la **loi du contrat** de déterminer s'il est licite de prévoir une monnaie étrangère comme monnaie de compte (Règl. Rome I art. 12, 1°-b ; M. Audit, S. Bollée et P. Callé : Droit du commerce international et des investissements étrangers, Montchrestien 2014 n° 598). **72164**

La règle figurant à l'article 1343-3 du Code civil (n° 72162) ne vise que la monnaie de paiement (Y. Heyraud, Le paiement en monnaie étrangère sur le territoire français : réflexions sur le nouvel article 1343-3 du code civil : RTD com. 2019 p. 1) : on peut en déduire que les solutions antérieures à la réforme du Code civil sont maintenues si le **contrat** est **soumis à la loi française**. La monnaie de compte peut être exprimée en monnaie étrangère, sans condition particulière dès lors qu'il s'agit d'un règlement international (Cass. civ. 21-6-1950, Messageries maritimes : Rev. crit. DIP 1950 p. 609 note H. Batiffol).

Pour un règlement interne, le choix d'une monnaie de compte étrangère est également possible, pour autant qu'il respecte les règles relatives aux clauses d'indexation. En droit français, les clauses prévoyant des indexations fondées sur le salaire minimum de croissance, sur le niveau général des prix ou des salaires ou sur les prix des biens, produits ou services ne sont valables qu'à la condition qu'elles soient en relation directe avec l'objet du contrat ou l'activité de l'une des parties (C. mon. fin. art. L 112-2). Jugé ainsi que l'indexation d'un prêt sur une monnaie étrangère n'est licite que si l'un des contractants est banquier ou financier, peu important l'absence de caractère international du contrat (Cass. 1e civ. 12-1-1988 no 86-11.966 : Defrénois 1989 art. 34425 note Ph. Malaurie ; Cass. com. 22-5-2001 no 98-14.406 P-B : RJDA 11/01 no 1145 ; Cass. 1e civ. 29-3-2017 no 16-13.050 FS-PBRI : BPIM 3/17 inf. 228).

Si le **contrat** est **régi par une loi étrangère**, ce sont les règles fixées par celle-ci relativement au choix d'une monnaie de compte étrangère qui devraient s'appliquer. Toutefois, la jurisprudence traditionnelle de la Cour de cassation écarte les restrictions posées par la loi étrangère régissant le contrat sur le choix de la monnaie de compte dans les paiements internationaux sur le fondement de l'ordre public international (Cass. civ. 21-6-1950, précité). Elle consacre le principe de la liberté des clauses relatives à la monnaie de compte en matière de paiements internationaux.

Dans **tous les cas**, l'acte de vente devra indiquer la contre-valeur en euros du prix exprimé en devises aux fins de liquidation de l'impôt (droits d'enregistrement ou TVA). Cependant, les conservations des hypothèques, aujourd'hui remplacées par les services de la publicité foncière, ne semblaient pas faire de l'absence d'une telle mention une cause de rejet de la formalité.

> **Précisions a.** La définition du **paiement international** telle qu'elle résulte de la jurisprudence implique un « double mouvement de fonds de pays à pays » (Cass. civ. 21-6-1950, précité), critère repris des conclusions du procureur général Matter visant des contrats qui « produisent des mouvements de flux et de reflux au-dessus des frontières » (Cass. civ. 17-5-1927, Pélissier du Besset). Le critère vise essentiellement les emprunts internationaux. La jurisprudence semble avoir étendu par la suite le concept de paiement international à des paiements internes connexes à des opérations internationales (B. Ancel et Y. Lequette : Les grands arrêts de la jurisprudence française de droit international privé, Dalloz 2006, p. 208).

b. Dans l'éventualité d'un **paiement à terme**, le notaire sera bien avisé de conseiller aux parties la mise en place d'une clause de garantie de change (J.-F. Sagaut, Regard notarial sur la loi applicable à la vente immobilière : à propos de la proposition de règlement communautaire Rome I : Dr et patrimoine juin 2007 p. 58, II, B).

c. Sur les restrictions en matière de **crédit immobilier**, voir no 72310.

d. Éviction de la loi désignée

ORDRE PUBLIC

72166 La loi désignée pourra être écartée si elle est manifestement incompatible avec l'ordre public (Règl. Rome I art. 21).

Sur cette notion, voir no 72077.

LOIS DE POLICE

72168 Le **juge** saisi peut appliquer ses **propres lois de police**. Il s'agit des dispositions impératives dont le respect est jugé crucial par un pays pour la sauvegarde de ses intérêts publics, tels que son organisation politique, sociale ou économique, au point d'en exiger l'application à toute situation entrant dans son champ d'application, quelle que soit par ailleurs la loi applicable au contrat d'après le règlement (Règl. Rome I art. 9, 1 et 2). L'obligation d'information des titulaires d'un droit de préemption doit être considérée comme une loi de police (A. Desnuelle et C. Sainte-Cluque-Godest, La place des lois de police en cas de vente d'immeuble présentant un élément d'extranéité : SNH 23/19 inf. 10).

Le juge peut également « donner effet » à certaines **lois de police étrangères** : celles du pays dans lequel les obligations découlant du contrat doivent être ou ont été exécutées, dans la mesure où lesdites lois de police rendent l'exécution du contrat illégale. Pour décider si effet doit être donné à ces lois de police, il doit être tenu compte de leur nature et de leur objet, ainsi que des conséquences de leur application ou de leur non-application (Règl. Rome I art. 9, 3). Les lois de police étrangères émanant d'un État autre que celui du lieu d'exécution ne peuvent pas être appliquées. Elles peuvent seulement être prises en compte en tant qu'élément de fait si la loi applicable au contrat en vertu du règlement le permet (CJUE 18-10-2016 aff. 135/15).

2. LOI APPLICABLE À LA FORME

FORME DU CONTRAT

72190 Lorsque les **parties** se trouvent **dans le même pays**, la forme du contrat est soumise à la loi du lieu de conclusion ou à la loi qui le régit au fond, sans hiérarchie entre elles (Règl. Rome I art. 11, 1°).

Si les **parties** se trouvent **dans des pays différents**, il suffit que le contrat respecte les conditions de forme posées par la loi de l'un de ces pays ou par celle de l'un des pays dans lequel se trouve la résidence habituelle d'une partie ou enfin par celle qui lui est applicable au fond (Règl. Rome I art. 11, 2°).

Ces règles sont également valables lorsque l'**une des parties** est **représentée** à l'acte (Règl. Rome I art. 11). Le pays où le représentant se trouve au moment où il agit est alors celui qui doit être pris en compte pour l'application des précédentes dispositions.

Cependant, la vente portant sur un immeuble, le contrat ne saurait échapper aux **règles de forme impératives** de la loi du pays où est situé l'immeuble, pour autant que selon cette loi elles s'appliquent indépendamment du lieu de conclusion du contrat et de la loi applicable au fond (Règl. Rome I art. 11, 5°). Les règles de publicité foncière françaises qui visent à rendre le contrat opposable aux tiers font partie de ces règles de forme impératives, véritables lois de police (n° 72009), dès lors que l'immeuble est situé en France.

Incidence des règles de publicité foncière En droit français, l'**opposabilité aux tiers** de la vente d'immeuble est subordonnée à l'accomplissement des formalités de publicité foncière (voir nos 56000 s. pour une étude d'ensemble). **72192**

Or tout acte ou droit sujet à publicité foncière doit résulter d'un acte reçu en la forme authentique par un notaire en France. Par ailleurs, le dépôt au rang des minutes d'un notaire d'un acte sous signature privée, contresigné ou non, même avec reconnaissance d'écriture et de signature, ne peut pas donner lieu aux formalités de publicité foncière (C. civ. art. 710-1).

Dès lors, la technique de publication d'un **acte de vente reçu à l'étranger** par un officier public ou ministériel local, telle qu'elle est prévue par l'article 4, alinéa 3 du décret 55-22 du 4 janvier 1955 (légalisation par le ministère français des affaires étrangères puis dépôt au rang des minutes d'un notaire français), semble désormais en contradiction avec les règles posées par l'article 710-1 du Code civil.

Une solution pourrait peut-être naître de la lettre du texte elle-même : l'acte public étranger n'est pas un acte sous signature privée, ni un acte contresigné. Une copie authentique d'un tel acte devrait donc pouvoir, comme par le passé, continuer à être déposée au rang des minutes d'un notaire français (R. Crône, Réforme des professions juridiques : mesures intéressant plus particulièrement le notariat : BPAT 3/11 inf. 172 n° 9). Si cette interprétation ne devait pas être admise, resterait la solution d'établir un acte notarié français réitérant le consentement des parties pour les seuls droits portant sur l'immeuble situé en France (M. Suquet-Cozic, La condition d'authenticité entre au Code civil : BPIM 6/11 inf. 427 n° 25).

LANGUE DU CONTRAT

Au stade d'un **avant-contrat passé par acte sous signature privée**, aucune règle particulière n'impose l'usage de telle ou telle langue. Mais il va de soi que la validité du consentement donné par les parties, en tout cas si le droit français est applicable à la formation du contrat (n° 72158), et partant la validité de la vente elle-même, impose une parfaite compréhension, littérale et juridique, des clauses du contrat par le vendeur et l'acquéreur (M. Revillard et C. Géraud : J.-Cl. Notarial Formulaire, v. Vente d'immeuble – Étrangers fasc. 380, n° 116). Si l'une des parties ne comprend pas ou comprend mal la langue de rédaction de la promesse de vente, il conviendra de lui en fournir une traduction fidèle, orale ou écrite (le contenu de l'avant-contrat pouvant être alors traduit à mi-marge ou sa traduction écrite annexée). Si le professionnel (agent immobilier, notaire) prêtant son concours à la rédaction de l'avant-contrat ne possède pas suffisamment la langue étrangère concernée, on aura recours aux services d'un interprète. **72194**

Si l'**acte authentique** de vente est **rédigé en France** par un notaire français, ce qui correspond à l'immense majorité des cas, il doit être rédigé en langue française, la seule exception admise concernant les notaires des départements du Haut-Rhin, du Bas-Rhin et de la Moselle, qui peuvent recevoir un acte en langue allemande, à condition que toutes les parties comparantes déclarent ignorer le français et requièrent expressément que l'acte soit rédigé en allemand (Arrêté du 2-2-1919 : JO 5). En présence de contractants étrangers ne maîtrisant pas le français, le notaire peut toutefois, s'il parle la langue des contractants ou s'il est assisté d'un interprète, recevoir l'acte avec une traduction à mi-marge de son contenu dans la langue étrangère. La formule de clôture de l'acte en fera état. Le choix de l'interprète est en principe libre. Mais certains auteurs estiment que l'intervention d'un interprète agréé auprès des tribunaux a pour effet de dégager le notaire de toute responsabilité quant au choix du traducteur (M. Revillard et C. Géraud, fasc. précité, n° 122). Le notaire, tenu d'éclairer les parties sur la portée, les effets et les risques des actes auxquels il prête son concours, et qui constate la mauvaise connaissance de la langue française par son client, commet une faute qui engage sa responsabilité en ne l'invitant pas à se faire assister par un interprète (Cass. 1e civ. 13-5-2014 n° 13-13.509 : Bull. civ. I n° 564, BPIM 4/14 inf. 291).

S'agissant d'un acte de vente **rédigé à l'étranger**, outre le fait que nous ne saurions que trop déconseiller une telle pratique pour un immeuble situé en France, on relèvera qu'un certain nombre de pays n'imposent pas à leurs officiers publics ou ministériels (lorsque le pays considéré connaît ce type d'institution) l'usage de la langue nationale. Nous avons vu qu'un tel acte pose surtout des problèmes spécifiques en matière de publicité foncière (n° 72192).

> **Précisions a.** Les différents Cridon possèdent des **modèles bilingues** d'actes de vente, d'avant-contrats ou de promesses pour vendre/acheter dans les principales langues parlées dans l'Union européenne.
> **b.** Une **traduction à mi-marge** consiste à présenter le texte de l'acte sur deux colonnes, l'une rédigée en français, l'autre comportant sa traduction en langue étrangère.

3. PROTECTION DE L'ACQUÉREUR IMMOBILIER

DROIT DE RÉFLEXION OU DE RÉTRACTATION

72220 Si les **parties concluent directement le contrat de vente**, les règles relatives à la protection de l'acquéreur immobilier s'appliqueront si la loi française a été choisie par les parties ou, en l'absence de choix, lorsque l'immeuble est situé en France (ce qui est, par hypothèse, le cas dans le cadre de cette étude). Si les parties ont choisi une loi étrangère pour régir le contrat de vente, l'acquéreur peut-il bénéficier d'un droit de réflexion ou de rétractation ?

Dans le cas le plus fréquent où les **parties concluent préalablement une promesse** de vente, la question du délai de rétractation se pose en principe au stade de celle-ci. Toutefois, quoique la loi applicable en l'absence de choix soit déterminée de manière différente par rapport au contrat de vente lui-même (n° 72156), les mêmes questions se posent si les parties ont choisi une loi étrangère ou si la loi désignée n'est pas la loi de l'immeuble (par hypothèse situé en France).

72221 Les règles de conflits de lois spécifiques relatives à la **protection du consommateur** (voir n° 72300) ne s'appliquent pas au contrat ayant pour objet un droit réel immobilier (Règl. Rome I art. 6, 4°-c). Elles pourraient en revanche s'appliquer à la promesse de vente : si les conditions posées par le règlement sont satisfaites (n° 72300), la loi française sera alors appliquée à la promesse si l'acquéreur réside habituellement en France.

Dans une vente **entre deux particuliers**, ces règles ne sont toutefois pas applicables. Dès lors, pour que l'acquéreur bénéficie de ce droit, il faudrait que le dispositif légal octroyant, en France, un droit de rétractation ou de réflexion à l'acquéreur non professionnel d'un immeuble d'habitation (n°s 45000 s.) se voie reconnaître le caractère de loi de police, lorsque la loi française n'est pas la loi applicable au contrat et que le juge français soit saisi (ou un autre juge européen, si la France est le lieu d'exécution de l'obligation en cause). La question ne paraît pas, dans l'attente que la jurisprudence se prononce, pouvoir faire l'objet d'une réponse certaine. Si cette qualification était très largement admise en doctrine sous l'empire de la convention de Rome (en ce sens, D. Boulanger, L'application dans l'espace de l'article L 271-1 du Code de la construction et de l'habitation : JCP N 2001 p. 1696 s. ; L. Perreau-Saussine : L'immeuble et le droit international privé, Defrénois 2006, n° 423), les modifications apportées par l'entrée en vigueur du règlement Rome I sont de nature à remettre en question cette solution. La définition des lois de police insérée dans la nouvelle rédaction de l'article 9 du règlement (n° 72168) se réfère aux « intérêts publics » de l'État du juge saisi, ce qui semble exclure la possibilité d'appliquer des règles visant à la protection d'intérêts privés catégoriels, tels ceux des consommateurs ou, dans notre cas, de l'acquéreur immobilier (L. d'Avout, Le sort des règles impératives dans le règlement Rome I : D. 2008 p. 2165 ; L. Perreau-Saussine, Le Règlement Rome I et la protection de l'accession au logement : l'impérativité désactivée de la loi française : RDI 2009 p. 512 ; P. Callé, La loi applicable au contrat de vente immobilière. Quid des règles dites impératives ? JCP N 2013 n° 1170 ; en sens contraire : J. Sénéchal, La loi applicable aux contrats internationaux du secteur de la construction immobilière au sein du Règlement Rome I : RDI 2008 p. 526 ; P. de Vareilles-Sommières, Lois de police et politiques législatives : Rev. crit. DIP 2011 p. 207), et ce d'autant que le préambule indique que l'application des lois de police doit rester « exceptionnelle » (Règl. Rome I considérant 37). Un arrêt de la Cour de justice paraît cependant considérer qu'il n'existe pas de différence au sujet des lois de police entre la convention de Rome et le règlement Rome I, ce qui irait dans le sens d'une qualification en tant que loi de police des lois de protection d'intérêts catégoriels privés – consommateurs ou acquéreur immobilier (CJUE 17-10-2013 aff. 184/12, Unamar : RJDA 1/14 n° 7 ; M.-É. Ancel, Chronique Droit international privé patrimonial : Dr. et patrimoine décembre 2013, p. 80). La Cour insiste cependant sur la nécessité de donner plein effet au principe d'autonomie de la volonté des parties au contrat, d'où elle déduit que l'exception relative à l'existence d'une loi de police doit être interprétée de manière stricte (point 49). Pour constater l'existence d'une loi de police, le juge doit tenir compte non seulement des termes précis de la disposition concernée, mais aussi de l'économie générale et de l'ensemble des circonstances dans lesquelles celle-ci a été adoptée pour pouvoir en déduire qu'elle revêt un caractère impératif, dans la mesure où il apparaît que le législateur national a adopté celle-ci en vue de protéger un intérêt jugé essentiel par l'État membre concerné (point 50). Un auteur déduit de cette approche restrictive la confirmation qu'une loi protégeant des intérêts privés catégoriels ne peut être une loi de police (L. d'Avout, Les directives européennes, les lois de police et leur application aux contrats internationaux : D. 2014 p. 60).

La question étant comme on le voit discutée, il nous semble prudent, lorsqu'est en cause un immeuble situé en France, et **quelle que soit la loi applicable à l'acte de vente ou à la promesse**, de recommander au praticien de purger le droit de rétractation ou de réflexion lorsque les conditions d'application en sont réunies, et ce que l'acquéreur soit de nationalité étrangère et/ou réside à l'étranger.

Forme de la notification de l'acte ou de son projet Pour que l'acquéreur soit **72222**
en mesure d'exercer son droit de rétractation (ou de réflexion), l'acte (ou son projet) doit lui être notifié par lettre recommandée avec demande d'avis de réception ou par tout autre moyen présentant des garanties équivalentes pour la détermination de la date de réception ou de remise (nos 45280 s.). Si l'acte est conclu par l'intermédiaire d'un professionnel ayant reçu mandat pour prêter son concours à la vente, cet acte (ou son projet) peut être remis directement à l'acquéreur selon des modalités fixées par décret.

Comment procéder s'il n'y a pas eu remise en main propre (parce que l'on se situait hors de son champ d'application ou parce qu'elle n'a pu avoir lieu matériellement) et que l'**acquéreur réside à l'étranger** ? Si l'acquéreur réside dans un **État membre de l'Union européenne**, il faudrait recourir au règlement 2020/1784 du 25 novembre 2020 relatif à la signification et à la notification dans les États membres des actes judiciaires et extrajudiciaires en matière civile et commerciale (en ce sens, Rapport du 115e Congrès des notaires de France, L'international, Bruxelles 2019, no 4105, à propos du règlement 1393/2007 mais transposable), lequel remplace, depuis le 1er juillet 2022, le règlement 1393/2007 du 13 novembre 2007 relatif à ces mêmes questions. Ce règlement prévoit que les significations et notifications d'actes extrajudiciaires peuvent être faites de la même manière que celle prévue pour les actes judiciaires (Règl. 2020/1784 du 25-11-2020 art. 21). Pour ces derniers, le principe est la transmission directe entre une entité d'origine (en France, les commissaires de justice et les greffes) et une entité requise (en France, les commissaires de justice) (Règl. 2020/1784 du 25-11-2020 art. 3 et 8). Le texte prévoit par ailleurs une faculté de procéder à la signification ou à la notification des actes judiciaires aux personnes résidant dans un autre État membre par l'intermédiaire des services postaux, par lettre recommandée avec accusé de réception ou envoi équivalent. Le règlement 1393/2007 indiquait que cette faculté était réservée aux États membres (Règl. 1393/2007 du 13-11-2007 art. 14). Ce que la Cour de cassation interprétait (combinée avec les articles 683 et 684 du Code de procédure civile) comme autorisant les commissaires de justice (comme les greffes) à procéder à la signification ou à la notification par voie postale (Cass. 2e civ. 8-1-2015 no 13-26.224 FS-PB : RJDA 4/15 no 324). Le règlement 2020/1784 ne fait plus référence aux États membres (Règl. 2020/1784 du 25-11-2020 art. 18), mais le principe posé reste la notification par l'intermédiaire des entités d'origine et des entités requises. Il serait dès lors nécessaire de passer par un commissaire de justice pour procéder à la notification, ce qui paraît inutilement coûteux.

L'application du règlement 2020/1784 nous semble cependant douteuse au cas précis.

À supposer que le recours au commissaire de justice ne soit pas requis, le système de la lettre recommandée nationale étant exclu, reste le recours à un service de courrier recommandé international ou, présentant sans doute de meilleures garanties de fiabilité, aux services d'une société de messagerie internationale (DHL, UPS, etc.). On veillera simplement à ce que la prestation choisie permette de justifier de la date de réception et de remise au destinataire par un récépissé retourné à l'expéditeur.

Si l'acquéreur réside **dans un pays extra-européen**, la même solution peut être utilisée, même si l'acquéreur réside dans un État partie à la convention de La Haye du 15 novembre 1965 relative à la signification et à la notification à l'étranger des actes judiciaires et extrajudiciaires en matière civile et commerciale (www.hcch.net), celle-ci n'étant pas applicable à un acte purement privé.

> **Précisions a.** La Cour de justice, interprétant le règlement 1397/2007, donne de la **notion d'acte extrajudiciaire** une définition particulièrement large, qui « inclut non seulement les actes établis ou certifiés par une autorité publique ou un officier ministériel, mais également les actes privés dont la transmission formelle à leur destinataire résidant à l'étranger est nécessaire à l'exercice, à la preuve ou à la sauvegarde d'un droit ou d'une prétention juridique en matière civile ou commerciale » (CJUE 11-11-2015 aff. 223/14 :

RJDA 3/16 n° 252, AJ Contrats 2016 p. 55 note C. Nourrissat). Il nous semble toutefois, et les faits de l'arrêt cité le confirment (mise en demeure de payer une indemnité d'éviction en cas de rupture unilatérale d'un contrat d'agence commerciale), que le texte n'a vocation à régir que des notifications formelles afin de sauvegarder ses droits. Or, en l'occurrence, il s'agit de faire courir un délai bénéficiant à l'acquéreur, non au vendeur auteur de la notification. La définition jurisprudentielle a été reprise quasiment mot pour mot dans le préambule du règlement 2020/1784 (Considérant 8). La difficulté d'interprétation n'est donc pas résolue par le nouveau texte.
Le Manuel pratique sur le fonctionnement de la convention de La Haye du 15 novembre 1965 indique que les actes extrajudiciaires visés par la Convention se distinguent des actes judiciaires dans la mesure où ils ne sont pas directement liés à un procès, et des actes purement privés du fait qu'ils nécessitent l'intervention d'une autorité ou d'un officier ministériel (Bureau permanent de la conférence de La Haye de droit international privé : Manuel pratique sur le fonctionnement de la Convention Notification de La Haye, Bruylant Bruxelles 3e éd. 2006).

b. Le règlement 2020/1784 prévoit la possibilité (pour les entités d'origine) de procéder à la **notification par voie électronique** sous certaines conditions, notamment celle du consentement préalable du destinataire (Règl. 2020/1784 du 25-11-2020 art. 19).

DIAGNOSTICS IMMOBILIERS

72225 Les dispositions relatives aux différents diagnostics techniques et environnementaux s'appliqueront lorsque la **loi** française est **applicable au contrat de vente** (du fait du choix des parties ou de la localisation de l'immeuble en l'absence de choix).
Elles ne devraient en revanche pas pouvoir être qualifiées de **lois de police** (P. Callé, La loi applicable au contrat de vente immobilière. Quid des règles dites impératives ? JCP N 2013 n° 1170 ; C. Étien, Le notaire et la vente des immeubles européens : JCP N 2016 n° 1043). Certains praticiens sont toutefois d'un avis contraire, soutenant que les diagnostics en matière d'installations de gaz et d'électricité, d'amiante et de plomb, de risques naturels miniers et technologiques, de termites et de performance énergétique sont des lois de police qui doivent s'appliquer dès que l'immeuble est situé en France ; l'indication de la superficie ne serait en revanche pas concernée (J. Gasté et X. Ricard, Quels sont les diagnostics à fournir en matière de vente en contexte international ? : JCP N 2014 n° 1207).

PROTECTION DE L'ACQUÉREUR EMPRUNTEUR

72226 Les dispositions relatives à l'information et à la protection des emprunteurs dans le domaine immobilier (voir nos 42000 s. pour une étude d'ensemble) bénéficient-elles à l'acquéreur emprunteur d'un immeuble situé en France lorsque la situation comporte un élément d'extranéité ?
Si le **contrat de prêt** est **soumis à la loi française** (n° 72300), le mécanisme protecteur, dont les dispositions sont d'ordre public, bénéficie à l'emprunteur sans la moindre hésitation.

72228 Le dispositif doit-il également s'appliquer au **prêt soumis à une loi étrangère** lorsque l'opération est liée à l'ordre juridique français, et notamment si l'immeuble financé est situé en France ? Si l'**acquéreur emprunteur a sa résidence habituelle en France**, il pourra bénéficier du dispositif protecteur prévu par la loi française à condition que le contrat de prêt entre dans le champ d'application de la protection spécifique prévue pour les consommateurs par le règlement Rome I (n° 72300). Si cette dernière condition fait défaut, l'acquéreur emprunteur ne devrait bénéficier d'aucune protection ; notamment, il ne pourra pas revendiquer l'application de la loi française en tant que loi de police (en ce sens, P. Callé, La loi applicable au contrat de vente immobilière. Quid des règles dites impératives ? JCP N 2013 n° 1170). Signalons toutefois que la Cour de cassation a admis dans une décision particulièrement contestable, sous l'empire de la convention de Rome, que le consommateur pouvait invoquer les dispositions protectrices de la loi française relatives au crédit à la consommation en tant que lois de police alors même que les conditions d'application du régime de protection spécifique du consommateur n'étaient pas remplies (Cass. 1e civ. 23-5-2006 n° 03-15.637 : Bull. civ. I n° 258). Il nous semble au contraire que ce régime constitue « une clause spéciale d'application des lois de police » (P. Lagarde, De la loi applicable à un contrat d'acquisition d'un droit de jouissance à temps partagé dans un village de vacances : Rev. crit. DIP 1998 p. 610 s.), c'est-à-dire un régime spécial relatif aux lois de police intéressant la protection du consommateur. Dès lors, l'existence de celui-ci exclut selon nous le jeu de la règle générale prévoyant l'application des lois de police du juge saisi. En outre, même si ce raisonnement devait être écarté, la qualification même des dispositions protectrices de l'emprunteur en tant que loi de police au sens du règlement est discutable (la discussion menée n° 72220 est transposable).
Si l'**acquéreur emprunteur a sa résidence habituelle à l'étranger** et que l'immeuble est situé en France, il est difficile de voir à quel titre le dispositif protecteur de la loi française pourrait s'appliquer au contrat de prêt.

Il faut enfin noter que l'application d'une loi de police de protection du consommateur alors que le contrat est normalement soumis à la loi d'un État membre de l'Union européenne est susceptible d'être écartée dès lors qu'elle constitue une entrave à une liberté reconnue par le droit de l'Union européenne, sauf si cette entrave n'est pas discriminatoire, est justifiée par une raison impérieuse d'intérêt général (la protection des consommateurs en étant une), si elle est nécessaire et proportionnée au but poursuivi et si elle ne fait pas double emploi avec la loi normalement applicable (CJCE 23-11-1999 aff. 369/96 et 376/96 ; CJCE 15-3-2001 aff. 165/98). Il a d'ailleurs été jugé que la libre circulation des services bancaires interdisait à des époux français résidant en France ayant souscrit des emprunts immobiliers auprès d'une banque allemande d'invoquer le droit français de la consommation alors que la protection offerte par le droit allemand était équivalente (CA Colmar 18-2-2004 : D. 2004 p. 1898 note V. Avena-Robardet).

Problème de la mention manuscrite À supposer le dispositif protecteur applicable, si l'**acquéreur ne recourt pas à l'emprunt** pour financer son achat, il doit porter dans l'acte une mention manuscrite particulière (voir nos 42210 s.). Comment faire si cet acquéreur, par hypothèse étranger, ne parle pas le français ou si, le comprenant, il ne sait pas l'écrire ? **72230**

Le dispositif protecteur de l'acquéreur-emprunteur étant quasi systématiquement mis en œuvre au **stade de l'avant-contrat** (à la signature de l'acte authentique de vente, la question du financement est par hypothèse réglée sauf cas, rare en pratique, de paiement à terme), la solution consiste à établir cet avant-contrat par acte authentique ou par acte contresigné par avocat, ces derniers étant dispensés des mentions manuscrites exigées par la loi (C. civ. art. 1369 al. 3 et loi 71-1130 du 31-12-1971 art. 66-3-3). **En pratique**, le rédacteur prendra soin d'insérer dans l'acte le texte dactylographié de la mention légale suivi (ou accompagné à mi-marge) de sa traduction en langue étrangère.

Avant que cette dispense de mention manuscrite ne soit instaurée, un auteur avisé proposait de faire porter la mention en langue étrangère suivie d'une traduction en français annexée à l'acte (M. Revillard : Droit international privé et communautaire, Defrénois 6e éd. 2006, n° 865). Bien que non conforme aux termes stricts de la loi, la solution emportait la conviction. Elle reste de toute manière utilisable en présence d'un acte sous signature privée.

Réglementation bancaire Les dispositions protégeant l'emprunteur contre l'usure ont vocation à s'appliquer, soit au titre de loi du contrat (hypothèse où le prêt est soumis à la loi française), soit en tant que loi de police lorsque le contrat est sous l'emprise de la loi étrangère. En effet, la protection contre l'usure n'est pas une simple protection d'intérêts catégoriels (ceux des consommateurs) mais traduit surtout l'interdiction (sanctionnée pénalement) de certains types de comportements jugés répréhensibles, si bien que l'intérêt défendu peut être qualifié de public au sens de l'article 9, 1° du **règlement Rome I** (voir n° 72220). **72232**

L'application de ces dispositions doit être raisonnablement conditionnée aux situations présentant un lien étroit avec l'ordre juridique français. Ce qui devrait être le cas, notamment, si l'emprunteur réside en France (P. Warin, L'hypothèque prise en France en garantie d'un prêt « européen » : JCP N 1992 prat. n° 2145). En matière pénale, la Cour de cassation a d'ailleurs validé l'application des dispositions françaises sur l'usure à des offres de prêt émises à l'étranger mais reçues en France, alors que les fonds empruntés avaient été remis sur notre territoire (Cass. crim. 28-11-1996 n° 95-80.168 : Bull. crim. n° 437).

La **mention obligatoire du TAEG** dans l'acte de prêt, laquelle n'est pas limitée aux seuls consommateurs (C. mon. fin. art. L 313-4), est souvent considérée comme une loi de police, notamment en raison de la sévérité des sanctions au plan civil et pénal en cas de non-respect de ces dispositions. Il est toutefois soutenu que la qualification de loi de police ne s'impose pas. En effet, la finalité poursuivie par la réglementation (l'information de l'emprunteur et la transparence du marché) peut difficilement être perçue comme essentielle pour la sauvegarde des intérêts publics du pays, telles que son organisation politique, sociale ou économique (voir n° 72220 ; A. Bordenave et B. Fournier, La mention du TEG dans les prêts professionnels sous l'empire de Rome I : RDBF 2018, étude n° 7, lesquels raisonnent uniquement sur les opérations à finalité professionnelle cependant).

On signalera enfin que le prêteur doit respecter les règles relatives au **monopole bancaire**, ce qui interdit en principe à un établissement de crédit non agréé en France ou ne bénéficiant pas du « passeport européen » (C. mon. fin. art. L 511-22) de se livrer à des opérations de crédit en France (C. mon. fin. art. L 511-5). Cependant, la violation du monopole bancaire n'est susceptible que de sanctions pénales (C. mon. fin. art. L 571-3) ; elle ne peut pas conduire à l'annulation du contrat de prêt conclu en violation de ces dispositions (Cass. ass. plén. 4-3-2005 n° 03-11.725).

B. Loi applicable au contrat de prêt

PRÊT ET GARANTIE DU PRÊT

72280 Comme tout acquéreur d'un bien immobilier, l'**acheteur** étranger peut avoir recours à l'emprunt afin de financer son acquisition. Quant à la **banque** dispensatrice du crédit, qu'elle soit française ou étrangère, elle exigera généralement la prise d'une garantie pour s'assurer du remboursement des sommes prêtées. Le contrat de prêt peut également comporter un élément d'extranéité alors même que l'acheteur est français, soit que ce dernier réside à l'étranger et s'adresse tout naturellement à un établissement bancaire du pays concerné, soit qu'il trouve à l'étranger une offre de crédit plus avantageuse qu'en France.

Qu'ils soient ou non constatés aux termes du même acte, le contrat de prêt lui-même et le contrat instituant la sûreté immobilière en garantie de la créance qui en découle peuvent être soumis à **deux lois** différentes (Cass. 1e civ. 19-1-1999 n° 96-17.269 : Bull. civ. I n° 21). Il en va de même s'agissant du cautionnement (Cass. com. 8-6-2010 n° 08-16.298).

1. LOI APPLICABLE À LA CRÉANCE

LOI APPLICABLE AU FOND

72300 Dans une situation comportant un conflit de lois, le contrat de prêt relève du **règlement « Rome I »** sur la loi applicable aux obligations contractuelles (voir nos 72130 s.).

Lorsque le contrat est conclu **entre deux professionnels ou deux particuliers**, les parties ont le choix de la loi applicable au fond (nos 72150 s.). Entre professionnels, c'est l'établissement prêteur qui impose en pratique, plus qu'il ne propose, son choix à l'emprunteur. Et, bien entendu, la banque désigne généralement sa propre loi, l'emprunteur fût-il de nationalité étrangère et/ou domicilié à l'étranger.

En l'absence de choix, le contrat de prêt doit en principe être régi par la loi du pays où la partie qui doit fournir la prestation caractéristique a sa résidence habituelle (Règl. Rome I art. 4, 2°). La mise à disposition des fonds empruntés étant la prestation caractéristique du contrat de prêt, ce dernier sera donc soumis à la loi du siège de la banque ou, le cas échéant, à celle du lieu de la succursale auprès de laquelle le contrat a été négocié. Et ce, même si les fonds sont immédiatement transférés en France pour l'achat de l'immeuble (R. Crône, Crédit immobilier et droit international privé : Petites affiches 19 mai 2000 p. 46 s.).

L'article 6 du règlement Rome I prévoit une protection spécifique lorsque le contrat est conclu entre un professionnel et un « consommateur », c'est-à-dire une personne agissant pour un usage pouvant être considéré comme étranger à son activité professionnelle, que le contrat entre dans le cadre de l'activité du professionnel et que ce professionnel exerce son activité dans le pays où le consommateur a sa résidence habituelle ou, par tout moyen, dirige son activité vers ce pays (cette hypothèse vise les activités exercées par le biais d'Internet, ou par correspondance). Si ces conditions sont remplies, la loi applicable sera la loi du pays de la résidence habituelle du consommateur. La loi ainsi désignée pourra être invoquée tant par le consommateur que par le professionnel, et ce, même si la loi applicable désignée par la règle de conflit de lois « normale », à savoir la loi du pays où la partie qui doit fournir la prestation caractéristique a sa résidence habituelle s'avère plus favorable au consommateur (CJUE 14-9-2023 aff. 821/21).

Les parties peuvent également choisir la loi applicable au contrat ; néanmoins ce choix ne pourra pas priver le consommateur de la protection que lui offrent les dispositions impératives de la loi de sa résidence habituelle (il s'agit des dispositions impératives dans l'ordre interne et non seulement des dispositions qui seraient d'ordre public international). La CJUE considère en outre que la clause, figurant dans les conditions générales de vente d'un professionnel, qui n'a pas fait l'objet d'une négociation individuelle, et qui désigne comme applicable au contrat la loi de l'État de son siège, est abusive si elle n'informe pas le consommateur qu'il bénéficie de la protection des dispositions impératives de la loi de sa résidence habituelle (CJUE 28-7-2016 aff. 191/15 : RJDA 12/16 n° 909, à propos d'un contrat conclu par voie électronique ; CJUE 3-10-2019 aff. 272/18, à propos d'un contrat « classique » ; CJUE 14-9-2023 aff. 821/21, qui fait de cette information du consommateur une condition de validité du choix de loi figurant dans les conditions générales ou un document séparé auquel le contrat renvoie, sans référence aux clauses abusives). Si la loi choisie coïncide avec la loi de la résidence habituelle du consommateur, il ne saurait être question d'écarter cette loi au profit d'une loi prétendument plus favorable au consommateur (CJUE 14-9-2023 aff. 632/21, à propos d'un contrat d'utilisation de bien immobilier à temps partagé, où la loi de situation de l'immeuble semblait plus favorable au consommateur).

Si le **droit français** est applicable au prêt, celui-ci impose en matière de crédit immobilier certaines restrictions particulières sur la **monnaie de compte** : un emprunteur personne physique n'agissant pas pour des besoins professionnels ne peut contracter de prêt libellé dans une devise autre que l'euro, remboursable en euros ou dans la devise concernée que s'il déclare sur l'honneur (C. consom. art. L 313-64 et R 313-31) : 72310
– qu'il perçoit plus de la moitié de ses revenus annuels dans la devise d'emprunt ;
– ou qu'il détient, au moment de la signature de ce contrat, un patrimoine, financier ou immobilier, dans cette même devise, au moins égal à 20 % de l'emprunt considéré.
Cette déclaration devra être jointe au contrat de prêt (C. consom. art. R 313-31).
Cette interdiction n'est toutefois pas applicable si le risque de change n'est pas supporté par l'emprunteur. Ce sera le cas si l'emprunteur a souscrit une assurance ou un contrat financier le garantissant contre le risque de change sur toute la durée du contrat (C. consom. art. R 313-31).
À l'inverse, le risque de change sera considéré comme étant supporté par l'emprunteur lorsque la variation du taux de change affectera le montant des échéances, la durée du prêt ou le coût total du crédit.
Avant d'émettre l'offre de prêt, le prêteur devra informer l'emprunteur des risques inhérents à celui-ci. Les conditions d'octroi du prêt seront communiquées à l'emprunteur dans la fiche d'information standardisée européenne [Fise] (dont le modèle figure en annexe de l'article R 313-4 du Code de la consommation), laquelle prévoit des rubriques spécifiques pour le prêt en devises.
Lorsque le contrat de crédit prévoit la possibilité pour l'emprunteur de convertir le contrat de crédit en euros, le taux de change auquel la conversion est effectuée est celui du marché applicable le jour de la demande de conversion, sauf disposition contraire figurant dans le contrat de crédit (C. consom. art. R 313-32, al. 2).
Lorsque le contrat de prêt immobilier est régi par la loi française, la possibilité de choisir une monnaie de compte étrangère est donc fortement encadrée. Si le contrat de prêt est régi par une loi étrangère, l'emprunteur résidant en France peut bénéficier de la protection de la loi française en qualité de consommateur sous certaines conditions (n° 72300). S'il ne réside pas en France, le dispositif protecteur prévu par le Code de la consommation ne devrait pas s'appliquer, dans la mesure où il ne nous semble pas pouvoir être qualifié de loi de police (pour les raisons exposées n° 72220).

LOI APPLICABLE À LA FORME

Quant à la loi applicable à la forme, on se reportera aux développements consacrés au contrat de vente n°s 72190 s., parfaitement transposables à l'exception de ceux qui concernent les dispositions spécifiques à la forme de tout contrat ayant pour objet un droit réel immobilier. Si le prêt a pour objet de financer l'acquisition d'un droit réel immobilier, il n'a pas pour objet ce droit lui-même. Toutefois, s'il s'agit d'un contrat entre un professionnel et un « consommateur », la forme est régie par la loi de la résidence habituelle du consommateur (Règl. Rome I art. 11, 4°). 72315

ÉVICTION DE LA LOI DÉSIGNÉE

Protection de l'acquéreur emprunteur À supposer le contrat de prêt régi par la loi étrangère, le notaire doit s'interroger sur l'applicabilité des **dispositions législatives françaises** protégeant l'emprunteur immobilier (voir n° 72228). 72316

Contrat de prêt conclu par correspondance ou via internet Signalons enfin que le règlement Rome I s'efface devant des dispositions de droit européen qui, dans des domaines particuliers, règlent les conflits de lois en matière d'obligations contractuelles (Règl. Rome I art. 23). C'est le cas en matière de services financiers à distance (contrat de prêt conclu par correspondance ou via internet), où le **consommateur résidant dans un État membre de l'Union européenne** bénéficie d'une protection supplémentaire (C. consom. art. L 232-4). En cas de **choix de la loi d'un État tiers** à l'Union européenne pour régir le contrat de prêt, le juge saisi d'un litige est tenu d'en écarter l'application au profit des dispositions plus protectrices de la loi de la résidence habituelle du consommateur assurant la transposition de la directive 2002/65/CE du Parlement européen et du Conseil du 23 septembre 2002 concernant la commercialisation à distance de services financiers auprès des consommateurs, lorsque le contrat présente un lien étroit avec le territoire d'un ou plusieurs États membres de l'Union européenne. Ce lien étroit est réputé établi notamment lorsque (C. consom. art. L 231-1) : 72318
– le contrat a été conclu dans l'État membre du lieu de résidence habituelle du consommateur ;
– le professionnel dirige son activité vers le territoire de l'État membre où réside le consommateur, sous réserve que le contrat entre dans le cadre de cette activité ;

– le contrat a été précédé dans cet État membre d'une offre spécialement faite ou d'une publicité et des actes accomplis par le consommateur nécessaires à la conclusion de ce contrat ;
– le contrat a été conclu dans un État membre où le consommateur s'est rendu à la suite d'une proposition de voyage ou de séjour faite, directement ou indirectement, par le vendeur pour l'inciter à conclure ce contrat.

> **Précisions** L'énumération des cas où joue une **présomption de lien étroit entre le contrat et un État membre** est non limitative. La Cour de justice de l'Union européenne a en effet jugé, en matière de clauses abusives, que la notion de lien étroit, laissée délibérément vague par la réglementation européenne, vise à permettre la prise en compte d'éléments de rattachement en fonction des circonstances de l'espèce et qu'elle peut être concrétisée par des présomptions, sans pour autant être limitée par des critères de rattachement prédéfinis (CJCE 9-9-2004 aff. 70/03 : Rec. I-7999).
> La liste mélange, en les modifiant parfois, les critères fixés par le règlement Rome I (Regl. Rome I art. 6) et les critères figurant dans laconvention de Rome (Convention de Rome du 19-6-1980 art. 5), aujourd'hui remplacés par ceux du règlement. Les hypothèses visées dans l'article L 231-1 du Code de la consommation sont donc plus larges que celles visées dans le règlement. Mais elles ne s'appliqueront qu'en cas de choix de la loi d'un État tiers à l'Union européenne.

72319 **Ordre public international** Le fait que la loi applicable valide une **clause potestative** d'un contrat de prêt n'est pas contraire à l'ordre public international (Cass. 1e civ. 7-12-2022 n° 21-17.492 FB). Cet arrêt est rendu à propos de la reconnaissance d'un jugement luxembourgeois sur le fondement du règlement 1215/2012 du 12-12-2012 concernant la compétence judiciaire, la reconnaissance et l'exécution des décisions en matière civile et commerciale, dit « Bruxelles I bis », mais la solution est certainement transposable.
À l'inverse, le fait que la loi applicable valide un contrat de prêt prévoyant des **pénalités très élevées** en cas de non-remboursement à l'échéance par le débiteur pourrait être considéré comme contraire à l'ordre public international (Cass. 1e civ. 12-1-2022 n° 20-16.189 F-D). Dans cette affaire, qui concernait la reconnaissance de décisions russes, le contrat prévoyait un taux de 30 % sur les sommes restant dues et sa réévaluation annuelle. La Cour de cassation confirme le rejet de la demande d'exequatur des décisions russes en raison du montant disproportionné au regard du préjudice subi et des manquements aux obligations contractuelles du débiteur.

2. LOI APPLICABLE AUX SÛRETÉS RÉELLES

HYPOTHÈQUE LÉGALE

72320 La nouvelle hypothèque légale spéciale remplaçant le privilège du prêteur de deniers (C. civ. art. 2402, 2°) devrait avoir aussi peu l'occasion de s'appliquer en matière internationale. Pour que l'hypothèque légale soit valablement créée, il faut en effet qu'elle soit prévue à la fois par la loi applicable au **contrat de prêt et** par celle du lieu de **situation de l'immeuble** (comparer M. Revillard : Droit international privé et européen : pratique notariale, Lextenso 10e éd. 2022, n° 1456, qui estime que l'hypothèque légale est uniquement soumise à la loi réelle). Ce dernier étant par hypothèse situé en France, il faut donc vérifier que la loi de la créance emporte création d'une telle hypothèque.
Or, cette garantie, à l'instar du privilège de prêteur de deniers qu'elle remplace, est très spécifique puisqu'elle repose sur une promesse d'emploi dans l'acte de prêt et une déclaration d'origine des deniers dans l'acte de vente (C. civ. art. 2402, 2° précité). Le privilège de prêteur de deniers n'existait, en dehors de la France, qu'au Luxembourg, à Monaco et à l'île Maurice, et il est probable que l'hypothèque légale qui le remplace n'est guère plus répandue. Autant dire qu'**en pratique** la prise du privilège était impossible si le prêt était soumis à une loi étrangère. Et si certains ont imaginé un « dépeçage » du contrat (théoriquement permis par le règlement Rome I) en désignant la loi française dans le seul but de faire jouer le privilège, ce fut pour le déconseiller aussitôt en raison de l'incohérence contractuelle inhérente à un tel dépeçage et, on peut l'imaginer, de la réticence des banques étrangères face à un tel montage et à une garantie inconnue de leur pays (voir R. Crône, Crédit immobilier et droit international privé : Petites affiches 19 mai 2000 p. 46 s. ; M. Revillard : Droit international privé et européen : pratique notariale, Lextenso 8e éd., n° 1239 ; voir cependant en faveur du dépeçage, C. Nourissat, Les garanties hypothécaires : JCP N 2013 n° 1176). Le raisonnement est transposable au cas de l'hypothèque légale.
Pour autant, les anciennes conservations des hypothèques ne refusaient pas l'inscription d'un privilège alors que la créance garantie était soumise à une loi étrangère dans la mesure où le conservateur n'était pas juge de la validité ou de l'efficacité de l'inscription qu'il lui était demandé d'opérer (C. Nourissat, précité, se référant à Bull. AMC 1990 art. 1442). Cette position devrait être maintenue par les services chargés de la publicité foncière et transposable à l'hypothèque légale.

À supposer donc que la loi de la créance prévoit la création d'une telle hypothèque légale, son régime relèvera lui entièrement de la loi du lieu de situation de l'immeuble, soit par hypothèse la loi française (J.-Cl. Droit International, fasc. 555 : Sûretés personnelles et réelles par V. Bonnet, n° 127 ; Rép. Droit international Dalloz, v. Hypothèque par G. Khairallah, n° 25).

> **Précisions** Le monopole des notaires français prévu par l'article 2413 du Code civil (art. 2417 avant la réforme des sûretés de 2021) est d'interprétation stricte et ne s'applique en principe qu'à la constitution d'hypothèque conventionnelle portant sur un immeuble situé en France (Rép. Droit international Dalloz, v. Hypothèque par G. Khairallah, n° 14) ; voir n° 72324. L'hypothèque légale n'est donc pas concernée (plus dubitatif, C. Nourissat, Feu le privilège de prêteur de denier : Defrénois 24-2-2022 n° DEF206f7).

HYPOTHÈQUE CONVENTIONNELLE

Monopole des notaires français Le **contrat d'hypothèque** sera en principe soumis à la loi du lieu de situation du bien, donc ici à la loi française, pour tout ce qui concerne les aspects réels, qui sont prédominants s'agissant d'une sûreté réelle. Les obligations que la convention crée entre les parties pourraient théoriquement être soumises à une autre loi, choisie par les parties, conformément aux principes posés par le règlement Rome I, mais un tel choix ne serait guère opportun ; à défaut de choix, ces obligations seront soumises à la loi du lieu de situation de l'immeuble (Règl. Rome I art. 4, 1°-c). **72322**

L'**inscription** d'une hypothèque conventionnelle sur un immeuble situé en France est soumise au monopole des notaires français. En effet, « les contrats passés à l'étranger ne peuvent donner d'hypothèque sur les biens de France » (C. civ. art. 2413). Critiquée pour son anachronisme (la solution remonte à une ordonnance de 1629), cette règle de forme impérative n'en est pas moins toujours valable (voir M. Revillard : Droit international privé et européen : pratique notariale, Lextenso 10e éd. 2022, n° 1458 ; P. Callé, L'acte authentique établi à l'étranger : Validité et exécution en France : Rev. crit. DIP 2005 p. 377 s.). Elle devrait donc s'appliquer au titre de l'article 11, 5° du règlement Rome I imposant le respect des règles de forme impératives de la loi du pays où est situé l'immeuble (n° 72190).

Quant à la **position des conservateurs des hypothèques** recommandant de ne pas refuser l'inscription d'une hypothèque constituée par acte passé dans un pays étranger pourvu que les dispositions de l'article 4, alinéa 3 du décret du 4 janvier 1955 aient été respectées (Bull. AMC art. 645), elle ne doit pas faire illusion. Le conservateur des hypothèques n'était pas juge du fond et il en est de même, aujourd'hui, du service chargé de la publicité foncière qui remplace désormais la conservation des hypothèques, à supposer qu'il maintienne cette position.

> **Précisions** « Les actes reçus par les officiers publics ou ministériels étrangers [...] ne peuvent [...] constituer le titre d'une inscription de privilège ou d'hypothèque que s'ils ont été légalisés par un fonctionnaire qualifié du ministère français des affaires étrangères et déposés au rang des minutes d'un notaire français » (Décret 55-22 du 4-1-1955 art. 4, al. 3).

Portée du monopole Compte tenu de la controverse qui entoure le monopole accordé aux notaires français pour les actes d'affectation hypothécaires, la règle selon laquelle les contrats passés à l'étranger ne peuvent donner lieu à une hypothèque sur un bien français fait l'objet d'une **interprétation** restrictive. Elle ne s'applique ni à la promesse d'hypothèque, ni à la procuration pour consentir à l'hypothèque (nos 72498 s.), ni aux actes de cession, de subrogation ou de renonciation hypothécaires. **72324**

Dérogations au monopole Le dispositif légal prévoit que le monopole des notaires français est écarté si des lois politiques ou des traités le prévoient (C. civ. art. 2413 issu de l'ord. 2021-1192 du 15-9-2021, ancien art. 2417). Il s'agit en pratique : **72326**

– des **conventions consulaires**. On songe aux attributions notariales des agents diplomatiques et consulaires français, lesquelles ne sont désormais exercées que dans les pays désignés par arrêté du ministre des affaires étrangères (Décret 91-152 du 7-2-1991 modifié par le décret 2017-1547 du 8-11-2017 ; Arrêté EAEF1834700A du 17-12-2018 : JO 30 texte n° 21 ; rectificatif : JO 2-2-2019 texte n° 4). Elles sont toutefois en voie de disparition : à ce jour, ne sont maintenues que celles des consulats généraux de France d'Abidjan et de Dakar. Leur suppression prochaine est envisagée (Rép. Lakrafi : AN 17-12-2019 n° 14788). S'il possède des attributions notariales, un ambassadeur ou un consul français à l'étranger peut ainsi recevoir un acte constitutif d'hypothèque conventionnelle entre deux Français sur un immeuble situé en France. Une convention consulaire internationale peut également permettre au consul français de recevoir un acte constitutif d'hypothèque, par ou au bénéfice d'un ressortissant étranger, sur un immeuble situé en France ;

– des **conventions internationales** qui permettent à un acte étranger de produire ses effets en France moyennant le respect d'une procédure d'exequatur, complète ou simplifiée. Dans ce cadre, on trouve bien évidemment les dispositions européennes facilitant la circulation des actes notariés au sein de l'Union. Mais en réalité, ces dispositions ne dérogent pas au monopole des notaires français, qui s'attache uniquement à l'hypothèque conventionnelle, car elles supposent pour l'obtention d'une inscription hypothécaire la mise en œuvre de voies d'exécution forcée (P. Callé, L'acte authentique établi à l'étranger : Validité et exécution en France : Rev. crit. DIP 2005 p. 377 s.).
En tout état de cause, le choix de se prévaloir des dispositions d'une convention internationale est une faculté pour les parties ; elles n'y sont pas tenues et peuvent préférer réitérer l'acte devant un notaire français (Cass. 1e civ. 12-6-2013 n° 12-15.467 : Bull. civ. I n° 122 ; N. Randoux, La forme de l'hypothèque à l'heure des rapports juridiques transfrontaliers : JCP N 2013 n° 1253).

72328 Bien qu'il ne s'agisse pas, à proprement parler, d'une dérogation au monopole, lequel ne concerne que l'hypothèque conventionnelle, une solution de contournement réside dans la prise d'une inscription d'**hypothèque judiciaire**. À condition d'être déclaré exécutoire en France, le prêt constaté par acte authentique étranger peut en effet permettre à la banque de prendre une inscription d'hypothèque judiciaire, d'abord provisoire puis définitive, sur l'immeuble acheté par l'emprunteur (voir J.-P. Sénéchal, L'acte notarié : une quasi-sûreté : Defrénois 1993 art. 35660). Or, dans tout État membre de l'Union européenne, un acte authentique qui est exécutoire dans l'État membre d'origine est exécutoire dans les autres États membres, sans qu'une déclaration constatant la force exécutoire soit nécessaire. L'exécution ne pourra être refusée que si elle est manifestement contraire à l'ordre public de l'État membre requis (Règl. 1215/2012 du 12-12-2012 art. 58 : JOUE 2012 L 351 p. 1).
On peut également envisager d'avoir recours au titre exécutoire européen concernant les créances incontestées (Règl. 805/2004 du 21-4-2004 : JOUE 2004 L 143 p. 15). Destinée à supprimer toute formalité d'exequatur, cette procédure a pour effet de rendre directement exécutoire dans l'État membre requis, comme s'il y avait été établi, l'acte authentique certifié en tant que titre exécutoire par l'autorité compétente de l'État d'origine. Elle est applicable dans tous les pays membres à l'exception du Danemark.

72330 **Bordereau d'inscription** Même si l'emprunt est contracté dans une **monnaie étrangère**, l'inscription hypothécaire ne peut être prise que pour une somme libellée en euros. Le notaire (français ou étranger) devra dans ce cas convertir la somme en euros au cours de la devise au jour du dépôt du bordereau d'inscription.
Par ailleurs, si un tel contrat de prêt prévoit une **clause de réévaluation** de la somme prêtée pour se prémunir contre les risques de change, la clause devra être mentionnée dans le bordereau (Décret 55-1350 du 14-10-1955 art. 57, al. 3). Le montant de la somme supplémentaire susceptible de résulter du jeu de la clause y sera également porté pour mémoire.

3. LOI APPLICABLE AU CAUTIONNEMENT

LOI APPLICABLE AU FOND

72350 S'agissant d'un contrat, les parties peuvent **désigner la loi applicable** au cautionnement (nos 72150 s.).
En l'**absence de choix**, le contrat de cautionnement est régi par la loi du pays où la partie qui doit fournir la prestation caractéristique a sa résidence habituelle (Règl. Rome I art. 4, 2°), soit la loi de la caution. Néanmoins, cette loi peut être écartée s'il résulte de l'ensemble des circonstances que le contrat présente des liens manifestement plus étroits avec un autre pays (n° 72156). Ces circonstances peuvent résulter notamment, selon le préambule du règlement, de « l'existence de liens étroits du contrat avec un ou plusieurs autres contrats » (Règl. Rome I cons. 20). Le cautionnement étant un contrat accessoire, une certaine tendance existe chez les juges du fond à écarter la loi de la caution pour appliquer la loi régissant le prêt. La Cour de cassation a avalisé cette tendance : jugé que la loi française de la résidence habituelle de la caution doit être écartée au profit de la loi italienne entretenant des liens plus étroits, aux motifs que celle-ci régit le contrat de prêt, que l'emprunteur a sa résidence habituelle en Italie et que le cautionnement a été conclu en Italie et rédigé en italien (Cass. 1e civ. 16-9-2015 n° 14-10.373 : RJDA 12/15 n° 810, rendu en application de la convention de Rome mais dont la solution est transposable).
En présence d'un **consommateur**, le cautionnement sera en principe régi par la loi de la résidence habituelle de celui-ci si les conditions posées par le règlement Rome I sont réunies (n° 72300).

LOI APPLICABLE À LA FORME

La forme du contrat est en principe soumise à la loi du **lieu de conclusion ou** à la **loi qui le régit au fond**, sans hiérarchie entre elles (n°s 72190 s.). **72355**

En présence d'un **consommateur** au sens du règlement Rome I, la loi de sa résidence habituelle s'appliquera également à la forme du contrat (Règl. Rome I art. 11, 4°).

DISPOSITIONS PROTECTRICES DE LA CAUTION

Lorsque la loi française n'est pas applicable au contrat de cautionnement, on peut s'interroger sur l'application des dispositions protectrices de la caution en tant que loi de police. **72360**

Il s'agit tout d'abord de dispositions se rattachant essentiellement à la **forme du contrat de cautionnement**. Le nouvel article 2297 du Code civil issu de la réforme des sûretés de 2021, qui impose des mentions obligatoires à peine de nullité, est-il une loi de police ? Sous l'empire des anciens textes du Code de la consommation imposant également des mentions obligatoires à peine de nullité, la Cour de cassation avait estimé que ces textes n'étaient pas des lois dont l'observation est nécessaire pour la sauvegarde de l'organisation politique, sociale et économique du pays au point de régir impérativement la situation, quelle que soit la loi applicable, et de constituer une loi de police dans la mesure où ces mentions étaient destinées à assurer une meilleure protection de la personne qui s'engage (Cass. 1e civ. 16-9-2015 n° 14-10.373 : RJDA 12/15 n° 810, rendu en application de la convention de Rome mais transposable). Cette solution qui mérite une entière approbation, devrait être transposable.

S'agissant de l'obligation d'**information annuelle de la caution**, une réponse ministérielle ancienne considérait qu'elle devait s'appliquer à tous les établissements de crédit qui exercent en France, quelle que soit la loi applicable au cautionnement (Rép. Gantier : AN 22-7-1985 n° 69796, JCP E 1985 n° 14623 ; à propos du dispositif antérieur à l'article 2302 du Code civil mais transposable). Cette position est critiquable. Un arrêt a par ailleurs appliqué cette obligation à une banque suisse alors que la caution résidait en France, mais la question de la loi applicable au cautionnement n'était pas posée, le pourvoi discutant seulement la qualité d'établissement de crédit du créancier suisse (Cass. com. 22-5-2013 n° 11-26.503 : RJDA 11/13 n° 942, à propos du dispositif antérieur à l'art. 2302 du Code civil mais transposable). Il nous semble que, pour les mêmes raisons que celles justifiant la mise à l'écart du formalisme protecteur, l'obligation d'information ne devrait pas être considérée comme une loi de police.

Enfin, l'exigence de **proportionnalité du cautionnement** ne devrait pas être non plus considérée comme une loi de police (Cass. 1e civ. 30-1-2013 n° 11-10.588 : RJDA 7/13 n° 682, jugeant que la méconnaissance du dispositif n'est pas contraire à la conception française de l'ordre public international, à propos de l'ancien art. 341-4 du Code de la consommation, devenu 332-1, et aujourd'hui remplacé par l'art. 2300 du Code civil). Le raisonnement retenu dans cette affaire concerne la reconnaissance d'un jugement étranger mais il est probablement transposable (en ce sens O. Boskovic, Sûretés personnelles. L'efficacité internationale des sûretés personnelles : RD bancaire et financier 2016 dossier 5).

C. État, capacité et pouvoirs des parties personnes physiques

1. IDENTIFICATION DES PARTIES

a. Actes d'état civil étrangers

RECONNAISSANCE EN FRANCE D'UN ACTE D'ÉTAT CIVIL ÉTRANGER

Les solutions exposées ci-dessous concernent essentiellement la production d'actes de l'état civil devant les tribunaux judiciaires ou les administrations. Dans la mesure où le notaire est un officier public et qu'il engage sa responsabilité en certifiant l'identité des parties (n° 72395), il paraît prudent de se conformer aux mêmes règles. **72380**

Un acte de l'état civil étranger ne se verra reconnu en France en tant que tel que s'il « est un écrit dans lequel l'autorité publique constate, d'une manière authentique, un événement dont dépend l'état d'une ou de plusieurs personnes » (Cass. 1e civ. 14-6-1983 n° 82-13.247, Suhami : Bull. civ. I n° 174). Il doit correspondre à un **type d'acte** connu du droit français (naissance, décès, mariage, reconnaissance, acte d'enfant sans vie) et présenter des **garanties de fiabilité** équivalentes aux actes français (J.-Cl. Droit International, fasc. 544 : État civil – Autorités compétentes – Loi applicable – Réception des actes étrangers en France par C. Bidaud-Garon, n°s 206 et 221).

S'il correspond à un acte susceptible d'être reconnu en France, l'acte est soumis à un certain nombre de formalités préalables avant de pouvoir produire effet en France. Il est nécessaire au premier chef de procéder à la **traduction** de l'acte en français pour que celui-ci puisse être utilisé en France (Inst. générale relative à l'état civil n° 586), même si le notaire comprend la langue étrangère concernée. Elle devra être effectuée par un traducteur figurant sur la liste des experts judiciaires des cours d'appel et de la Cour de cassation (L'office du notaire en droit international privé, dir. E. Gallant, v. « Le notaire face aux actes de l'état civil étrangers » par C. Bidaud-Garon, p. 188 : Dalloz, coll. Thèmes & Commentaires, 2022). L'acte étranger devra être produit en même temps que sa traduction (Inst. générale relative à l'état civil n° 586-1).

72381 **Acte d'état civil émanant de l'Union européenne** S'agissant d'un acte d'état civil émanant de l'Union européenne, ces exigences sont toutefois allégées par le **règlement (UE) 2016/1191 du 6 juillet 2016**. Celui-ci prévoit la mise en place de **formulaires types multilingues** pour certains « documents publics » (sur cette notion, voir n° 72387), qui devraient englober les principaux actes d'état civil. Ces formulaires sont délivrés par les autorités des États membres avec les actes d'état civil correspondants. Les États membres communiquent la liste des documents publics auxquels les formulaires types multilingues peuvent être joints (l'information étant publiée sur le portail e-justice : https://e-justice.europa.eu/content_public_documents-561-fr.do). Ces formulaires sont dépourvus de valeur juridique autonome ; ils ne sont pas des extraits plurilingues d'actes de l'état civil à l'instar de ceux prévus par la convention CIEC n° 16 (n° 72383). Ils visent seulement à rendre la traduction superflue. Ainsi, si un document public émis dans un État membre est remis accompagné de ce formulaire à une autorité d'un autre État membre, cette dernière ne peut exiger de traduction, pour autant qu'elle considère que les informations figurant sur le formulaire sont suffisantes pour traiter le document public. C'est donc l'autorité à laquelle est présenté le document qui décide en dernier ressort du fait de savoir si ces informations sont suffisantes, mais elle ne peut exiger de traduction qu'à titre exceptionnel (Règl. 2016/1191 considérant 25). En outre, le règlement impose à chaque État membre d'accepter une traduction certifiée conforme, dès lors que cette traduction est établie par une personne qualifiée pour ce faire conformément au droit d'un quelconque État membre. Cela laisse donc à la personne produisant le document public le choix du lieu de traduction (L. d'Avout, Droit international privé de l'Union européenne (2016) : JDI 2017 chron. 11).

72383 **Acte d'état civil émanant d'un État tiers à l'Union européenne** Plusieurs **conventions internationales** ont été conclues sous l'égide de la Commission internationale de l'état civil (CIEC) afin de faciliter la reconnaissance des actes de l'état civil entre ses membres et l'échange des informations relatives à l'état civil. Il faut citer en particulier la convention n° 16 signée à Vienne le 8 septembre 1976 relative à la délivrance d'**extraits plurilingues d'actes** de l'état civil. Elle est en vigueur en France et dans les États suivants : Allemagne, Autriche, Belgique, Bosnie-Herzégovine, Bulgarie, Cap-Vert, Croatie, Espagne, Estonie, Italie, Lituanie, Luxembourg, Macédoine, Moldavie, Monténégro, Pays-Bas, Pologne, Portugal, Roumanie, Serbie, Slovénie, Suisse, Turquie. Cette Convention prévoit l'obligation pour les États parties de délivrer des extraits d'actes de l'état civil selon trois formulaires types (A : naissance, B : mariage et C : décès). Ces formulaires sont établis dans la langue de l'État délivrant l'extrait et en français avec, au verso, une explication de la signification des symboles utilisés en anglais et dans toutes les langues des États membres de la CIEC. Les extraits sont délivrés à la demande de toute personne ayant qualité pour demander un extrait de ces actes dans chaque État contractant.

> **Précisions** La **Commission internationale de l'état civil** est une organisation intergouvernementale dont le but est d'assurer la coopération internationale en matière d'état civil et d'améliorer le fonctionnement des services nationaux d'état civil.
> Sur son site internet (www.ciec1.org), sont disponibles en ligne, gratuitement et en plusieurs langues dont le français, le texte des conventions adoptées, l'état des signatures et ratifications ainsi qu'un remarquable guide pratique international de l'état civil contenant de nombreuses informations sur le système d'état civil des 5 pays membres (Belgique, Espagne, Luxembourg, Suisse, Turquie) et des 7 pays observateurs (Chypre, Lituanie, Moldavie, Roumanie, Saint-Siège, Slovénie, Suède).
> L'Association du notariat francophone est devenue également un membre à part entière de la Commission depuis le 21 mars 2024.

PRINCIPE DE LÉGALISATION DE L'ACTE D'ÉTAT CIVIL ÉTRANGER

72384 Sauf engagement international contraire, tout acte public établi par une autorité étrangère et destiné à être produit en France doit être légalisé pour y produire effet (Loi 2019-222 du 23-3-2019 art. 16, II dans sa rédaction issue de la loi 2023-1059 du 20-11-2023 : BPIM 6/23 inf. 392). Le décret d'application de la loi ajoute que doivent également être légalisés les actes publics établis par une autorité étrangère et destinés à être produits devant un ambassadeur ou chef de poste consulaire français (Décret 2024-87 du 7-2-2024 art. 1 : BPIM 2/24 inf. 127). **72384** (suite)

La légalisation est la **formalité** par laquelle sont attestées la véracité de la signature, la qualité en laquelle le signataire de l'acte a agi et, le cas échéant, l'identité du sceau ou timbre dont cet acte est revêtu (Loi 2019-222 du 23-3-2019 art. 16, II dans sa rédaction issue de la loi 2023-1059 précitée). Elle donne lieu à l'apposition d'un cachet dont les caractéristiques sont définies par arrêté conjoint des ministres chargés de la justice et des affaires étrangères (Arrêté JUSC2402650A du 13-2-2024 : BPIM 2/24 inf. 144-3).

Le silence gardé pendant quatre mois par l'administration sur une demande de légalisation d'un acte public établi par une autorité étrangère vaut décision de rejet (Décret 2024-87 du 7-2-2024 art. 1).

Les textes prévoient désormais l'existence de voies de recours en cas de refus de légalisation à la suite de la déclaration d'inconstitutionnalité de la précédente version de l'article 16, II de la loi 2019-222 du 23 mars 2019 qui n'en prévoyait pas et de l'annulation par voie de conséquence de son décret d'application (Cons. const. 18-2-2022 n° 2021-972 QPC : BPIM 2/22 inf. 139 et CE 7-4-2022 n°s 448296, 448305, 454144 et 455519). Les recours contentieux relatifs aux refus de légalisation opposés par une autorité française sont portés devant la juridiction administrative, dans les conditions prévues par le Code de justice administrative (Loi 2019-222 du 23-3-2019 art. 16, II dans sa rédaction issue de la loi 2023-1059 précitée ; décret 2024-87 du 7-2-2024 art. 1).

La légalisation se fait en principe en **deux temps**. L'acte public étranger doit d'abord être légalisé par l'**autorité compétente de l'État dont il émane** ; il est ensuite légalisé par l'**ambassadeur ou** le **chef de poste consulaire français** (Décret 2024-87 du 7-2-2024 art. 3, I), ce que l'on nomme la « surlégalisation » (P. Callé, Légalisation des actes d'état civil de l'acheteur ou du vendeur étrangers : publication du décret : BPIM 2/24 inf. 127). Ceci vaut tant pour les actes publics émanant de l'État de résidence de l'ambassadeur ou du chef de poste consulaire français que ceux émis par les autorités diplomatiques et consulaires d'États tiers présents sur le territoire de cet État de résidence (Décret 2024-87 du 7-2-2024 art. 3, I).

Toutefois, sont **dispensés de l'obligation de légalisation préalable** par l'autorité étrangère les actes publics étrangers pour lesquels l'ambassadeur ou le chef de poste consulaire français dispose d'un spécimen des signature, sceau ou timbre original dont l'acte est revêtu (Décret 2024-87 du 7-2-2024 art. 3, I). Tel que le texte est rédigé, ceci vaut tant pour les actes publics émanant de l'État de résidence que pour ceux émis par les autorités diplomatiques et consulaires d'États tiers présents sur celui-ci (B. Boetzlé-Crocq, Nouveau fondement juridique pour la légalisation des actes publics établis par une autorité étrangère : JCP N 2024 n° 1064).

De façon exceptionnelle, le **ministre des affaires étrangères** peut légaliser les actes publics émanant d'agents diplomatiques et consulaires étrangers en résidence sur le territoire national et destinés à être produits devant d'autres agents diplomatiques et consulaires étrangers en résidence sur le territoire national (Décret 2024-87 du 7-2-2024 art. 3, II).

Pour certains pays dont la liste doit être rendue publique par le ministre des affaires étrangères, la légalisation d'un acte public étranger devant être produit en France ou devant un ambassadeur ou chef de poste consulaire français peut être faite par l'**ambassadeur ou** le **chef de poste consulaire en France du pays d'où émane l'acte** si cet acte a été émis dans des conditions qui ne permettent manifestement pas à l'ambassadeur ou au chef de poste consulaire français présent dans cet État d'en assurer la légalisation (Décret 2024-87 du 7-2-2024 art. 4, 1°). Ces actes seront admis sans « surlégalisation » (P. Callé, précité).

> **Précisions a.** La légalisation n'est pas une condition de validité de l'acte. Elle n'est que l'un des moyens de preuve de l'**authenticité** de celui-ci (É. Fongaro : La loi applicable à la preuve en droit international privé, LGDJ, 2004, n° 239). La légalisation interdira normalement de remettre en cause l'origine de l'acte étranger (É. Fongaro, précité ; voir toutefois en sens contraire C. Bidaud-Garon : J.-Cl. Droit International, v. État civil – Autorités compétentes – Loi applicable – Réception des actes étrangers en France fasc. 544, n° 259, estimant que la légalisation de l'acte n'est pas à elle seule suffisante pour prouver l'authenticité de l'acte). Le fait que l'authenticité de l'acte étranger soit établie n'interdit pas de remettre en cause sa **force probante** (n° 72392). Par ailleurs, en l'absence de légalisation, la jurisprudence judiciaire estime que l'acte d'état civil étranger ne bénéficie pas de la présomption de force probante de l'article 47 du Code civil (Cass. 1e civ. 15-3-2023 n° 22-18.147 FS-B ; Cass. 1e civ. 12-7-2023 n° 23-11.621 F-D). Il paraît donc déconseillé pour un notaire d'utiliser un acte d'état civil non légalisé (B. Boetzlé-Crocq, Circulation internationale des actes : entre légalisation, apostille et dispense : JCP N 2023 n° 1067). La jurisprudence administrative admet néanmoins que l'absence ou l'irrégularité de la légalisation d'un acte public étranger ne fait pas obstacle à ce que puissent être prises en considération les énonciations [que l'acte] contient (CE 21-6-2022 n° 457494 ; voir également un arrêt de la Cour de cassation dans le

même sens : Cass. 1e civ. 3-4-2019 no 18-15.192 F-D).

b. Pour être légalisés, les actes publics rédigés en langue étrangère doivent être accompagnés d'une **traduction en français** effectuée par un traducteur habilité à intervenir auprès des autorités judiciaires ou administratives françaises ou d'un autre État membre de l'Union européenne ou d'un État partie à l'accord sur l'Espace économique européen ou de la Suisse, ou auprès des autorités de l'État de résidence (Décret 2024-87 du 7-2-2024 art. 5). La traduction est de toute façon requise pour que l'acte puisse être utilisé en France (no 72380).

DISPENSES DE LÉGALISATION DE L'ACTE D'ÉTAT CIVIL ÉTRANGER

72386 Le processus de légalisation étant souvent long et coûteux, des procédures simplifiées ont été mises en place. Plusieurs **conventions internationales** bilatérales ou multilatérales prévoient la suppression pure et simple de la légalisation (pour une liste des conventions bilatérales, voir l'ann. 3 au tableau récapitulatif de l'état actuel du droit conventionnel en matière de légalisation, disponible sur le site internet du ministère de l'Europe et des affaires étrangères).

72387 **Acte d'état civil émanant d'un pays membre de l'Union européenne** En pratique, le texte le plus important est désormais le **règlement UE 2016/1191 du 6 juillet 2016** visant à favoriser la libre circulation des citoyens en simplifiant les **conditions de présentation de certains documents publics** dans l'Union européenne et entré en application le 16 février 2019. Celui-ci dispense de légalisation et de toute formalité similaire (apostille) les documents publics délivrés par les autorités d'un État membre (ainsi que leurs copies certifiées conformes délivrées par une autorité compétente du même État) devant être présentés aux autorités d'un autre État membre et dont la finalité première est d'**établir l'un ou plusieurs des faits suivants** : la naissance, le fait d'être en vie, le décès, le nom, le mariage, y compris la capacité à mariage et la situation matrimoniale, le divorce, la séparation de corps et l'annulation du mariage, le partenariat enregistré, y compris la capacité à conclure un partenariat enregistré et le statut de partenariat enregistré, la dissolution du partenariat enregistré, la séparation de corps ou l'annulation d'un partenariat enregistré, la filiation, l'adoption, le domicile et/ou la résidence, la nationalité et l'absence de casier judiciaire (dans ce dernier cas, seulement si le document public est délivré pour un citoyen de l'Union par les autorités de l'État membre dont ce citoyen a la nationalité). Le contrat de mariage et plus généralement les éléments relatifs au régime matrimonial ou au régime partenarial ne sont pas inclus dans cette liste (en ce sens, H. Péroz, Suppression de légalisation dans l'Union européenne de documents publics relatifs à l'état des personne : JCP N 2019 no 251), la situation matrimoniale visée par le texte faisant référence au statut de la personne mariée, séparée ou non mariée, y compris le fait qu'elle est célibataire, divorcée ou veuve (Règl. 2016/1191 considérant 13).

Les **documents publics au sens du règlement** comprennent :

– les documents émanant d'une autorité ou d'un fonctionnaire relevant d'une juridiction d'un État membre, y compris ceux qui émanent du ministère public, d'un greffier ou d'un huissier de justice (commissaire de justice, en France, depuis le 1er juillet 2022) ;

– les documents administratifs ;

– les actes notariés ;

– les déclarations officielles telles que les mentions d'enregistrement, les visas pour date certaine et les certifications de signatures apposées sur un acte sous seing privé ;

– les documents établis par les agents diplomatiques ou consulaires d'un État membre agissant sur le territoire de tout État en leur qualité officielle, lorsque de tels documents doivent être présentés sur le territoire d'un autre État membre ou aux agents diplomatiques ou consulaires d'un autre État membre agissant sur le territoire d'un État tiers.

Le règlement vise également à **simplifier les formalités de présentation de ces documents**. Ainsi un État membre exigeant la production de l'original d'un document public émanant d'un autre État membre ne peut exiger en outre la présentation d'une copie certifiée conforme de celui-ci (Règl. 2016/1191 art. 5, 1). Lorsqu'un État membre autorise la présentation d'une copie certifiée conforme d'un document public, les autorités de cet État membre doivent accepter une copie certifiée conforme établie dans un autre État membre (Règl. 2016/1191 art. 5, 2).

En cas de **doute** raisonnable **sur l'authenticité d'un document** ou sa copie certifiée conforme, les autorités publiques des États membres pourront utiliser le système d'information du marché intérieur (« IMI ») prévu par le règlement 1024/2012 du 25 octobre 2012.

> **Précisions** **a.** Une **autorité au sens du règlement** est une autorité publique d'un État membre ou une entité agissant en sa qualité officielle et habilitée en vertu du droit national à émettre ou à recevoir un document public visé par le règlement ou une

copie certifiée conforme de ce document (ce qui devrait inclure les administrations mais aussi les juridictions et les notaires). Les documents publics émanant d'autorités d'États tiers ne sont pas couverts par le règlement, même s'ils ont été légalisés par un État membre (en ce sens, H. Péroz, Suppression de légalisation dans l'Union européenne de documents publics relatifs à l'état des personnes : JCP N 2019 n° 251).

b. Le règlement s'ajoute aux **instruments existants** qui prévoient des dispenses de légalisation ou des procédures simplifiées ; il n'a pas vocation à les remplacer. Dès lors, rien n'interdit, par exemple, d'utiliser la convention Apostille (n° 72389). Le cas échéant, les États membres devraient toutefois informer la personne qui demande l'apposition d'une apostille que celle-ci n'est plus nécessaire dans les rapports entre États membres (Règl. 2016/1191 considérant 5). Ces conventions conservent tout leur intérêt vis-à-vis des documents publics émanant d'autorités d'États tiers, qui ne bénéficient pas des dispositions du règlement.

c. L'entrée en application du règlement aboutit à l'abrogation de fait de la **convention de Bruxelles du 25 mai 1987** relative à la suppression de la légalisation d'actes dans les États membres des Communautés européennes. Bien que cette Convention ne soit jamais entrée en vigueur, faute d'avoir été ratifiée par l'ensemble des États membres, elle était néanmoins appliquée provisoirement dans sept d'entre eux : Belgique, Danemark, Estonie, France, Irlande, Italie et Lettonie.

d. Le règlement a mis en place des **formulaires types multilingues** pour certains types de documents : voir n° 72381.

Acte d'état civil émanant d'un pays tiers Si l'acte d'état civil émane d'un État tiers, il faut alors se tourner vers d'autres conventions internationales. La Commission internationale de l'état civil (n° 72383) a ainsi élaboré plusieurs conventions établissant des dispenses de légalisation des actes d'état civil étrangers. La **convention CIEC n° 2** relative à la délivrance gratuite et à la dispense de légalisation des expéditions d'actes de l'état civil signée à Luxembourg le 26 septembre 1957 prévoit une dispense de légalisation pour les expéditions littérales ou les extraits des actes de l'état civil revêtus de la signature et du sceau de l'autorité qui les a délivrés. Cette Convention a été ratifiée par la France et est en vigueur dans les pays suivants : Allemagne, Autriche, Belgique, Italie, Luxembourg, Pays-Bas, Suisse, Portugal, Turquie. La **convention CIEC n° 17** signée à Athènes le 15 septembre 1977 portant dispense de légalisation pour certains actes et documents supprime notamment cette exigence pour les actes se rapportant à l'état civil, à condition qu'ils soient datés et revêtus de la signature (et, le cas échéant, du sceau ou timbre) de l'autorité l'ayant délivré. Cette Convention a été ratifiée par la France et est en vigueur dans les pays suivants : Autriche, Espagne, Grèce, Italie, Luxembourg, Pays-Bas, Pologne, Portugal, Turquie. Ces deux conventions ne présentent toutefois d'intérêt que pour des actes d'état civil établis en Suisse pour la convention n° 2, et en Turquie pour la convention n° 17, les autres pays signataires étant tous membres de l'Union européenne et bénéficiant dès lors de la suppression de légalisation instaurée par le règlement 2016/1191 du 6 juillet 2016. 72388

Les extraits plurilingues délivrés en vertu de la **convention CIEC n° 16** signée à Vienne le 8 septembre 1976 (n° 72383) sont également dispensés de légalisation.

S'agissant des actes établis par les **agents diplomatiques et consulaires**, la convention du Conseil de l'Europe conclue à Londres le 7 juin 1968 supprime également l'exigence de légalisation pour ceux-ci. Elle est en vigueur dans les pays suivants : Allemagne, Autriche, Belgique, Chypre, Espagne, Estonie, France, Grèce, Irlande, Italie, Lettonie, Liechtenstein, Luxembourg, Malte, Moldavie, Norvège, Pays-Bas, Pologne, Portugal, République tchèque, Roumanie, Royaume-Uni, Russie, Suède, Suisse, Turquie, Ukraine.

Enfin, il existe un certain nombre de **conventions bilatérales** prévoyant des dispenses de légalisation pour certains actes. Le site internet du ministère des affaires étrangères tient une liste de ces conventions (https://www.diplomatie.gouv.fr/IMG/pdf/leg_-_tableau_recap_du_droit_conventionnel_-_05-06-24_cle815a16.pdf).

Si l'acte étranger émane d'un pays non signataire de l'une de ces conventions internationales, l'on peut toujours se tourner vers la **convention de La Haye du 5 octobre 1961** supprimant l'exigence de légalisation des actes publics étrangers (ce que sont les actes de l'état civil) pour les soumettre à la **formalité simplifiée de l'apostille**. L'apostille a pour objet de certifier la véracité de la signature et la qualité en vertu de laquelle le signataire de l'acte a agi et, le cas échéant, l'identité du sceau ou timbre dont cet acte est revêtu (Cass. 1e civ. 13-5-2020 n° 19-11.374 F-PB : refus de faire produire effet en France à un acte de naissance indien portant une apostille non conforme car n'authentifiant pas la signature de l'officier de l'état civil qui l'avait établi, mais celle d'un tiers). Elle se matérialise par l'apposition sur le document (ou sur une allonge) d'un cachet conforme à un modèle annexé à la Convention, cachet lui-même signé par une autorité désignée du pays concerné. 72389

Chaque État contractant doit désigner les autorités habilitées à délivrer l'apostille. La liste de ces autorités, ainsi que celle des États contractants (qui inclut l'ensemble des États membres de l'Union européenne), sont consultables sur le site internet www.hcch.net. En l'absence d'apostille sur un acte public étranger émanant d'un pays signataire de la convention de La Haye, celui-ci ne peut produire effet en France (Cass. 1e civ. 13-6-2019 n° 18-50.055 F-PB).

EFFETS DES ACTES D'ÉTAT CIVIL ÉTRANGERS

72390 S'il respecte les conditions de **traduction et légalisation** qui viennent d'être énoncées, sauf dispense, « tout acte de l'état civil des Français et des étrangers fait en pays étranger et rédigé dans les formes usitées dans ce pays fait foi, sauf si d'autres actes ou pièces détenus, des données extérieures ou des éléments tirés de l'acte lui-même établissent, le cas échéant après toutes vérifications utiles, que cet acte est irrégulier, falsifié ou que les faits qui y sont déclarés ne correspondent pas à la réalité. Celle-ci est appréciée au regard de la loi française » (C. civ. art. 47).
L'acte doit avoir été établi dans « les formes usitées » dans le pays étranger (C. civ. art. 47), c'est-à-dire par une **autorité compétente** selon l'État dans lequel il est établi et conformément aux règles imposées par cet État s'agissant de la **forme des actes** de l'état civil (Cass. 1e civ. 16-10-2019 n° 19-17.358 F-D, rappelant l'obligation de vérifier, selon le droit local, si l'inobservation d'une formalité affecte la régularité d'un acte de naissance). Peu importe la dénomination de l'acte (dans la mesure où il correspond à un acte de l'état civil français) et la nature de l'autorité ayant établi l'acte, dans la mesure où elle est compétente, selon l'État étranger, pour établir des actes de l'état civil. Un acte établi par une autorité religieuse (acte de baptême) pourra être considéré comme équivalent à un acte de naissance si dans le pays d'où il émane les autorités religieuses sont habilitées à établir ce type d'acte (J.-Cl. Droit International, fasc. 544 : État civil – Autorités compétentes – Loi applicable – Réception des actes étrangers en France par C. Bidaud-Garon, nos 213 et 216). S'agissant de la conformité aux règles de forme, il paraît délicat d'imposer au notaire de vérifier de manière approfondie que les formes étrangères ont bien été respectées, et ce dernier devrait pouvoir présumer que l'acte étranger est régulier en la forme (C. Bidaud-Garon, fasc. précité, n° 232). Cette présomption ne devrait être écartée qu'en cas de contestation ou de doute important quant à la régularité de l'acte (C. Bidaud-Garon, La prise en compte de l'état des personnes créé à l'étranger par le notaire français : JCP N 2015 n° 1174).

72392 Dès lors qu'ils respectent les règles étrangères relatives à la forme des actes, une véritable **présomption de force probante** est attachée aux actes d'état civil étrangers.
Cette présomption est toutefois écartée si d'autres actes ou pièces détenus, des données extérieures ou des éléments tirés de l'acte lui-même établissent, le cas échéant après toutes vérifications utiles, que cet acte est irrégulier, falsifié ou que les faits qui y sont déclarés ne correspondent pas à la réalité, celle-ci étant appréciée au regard de la loi française (C. civ. art. 47). Il incombe au notaire rédacteur de la vente d'apprécier, sous sa responsabilité, le caractère probant ou non de l'acte d'état civil étranger qui lui est présenté. Lorsque les actes émanent d'un État membre de l'Union européenne, la remise en cause de leur caractère probant ne devrait pas être admise en l'absence d'indices sérieux. Selon la jurisprudence européenne, les autorités nationales « sont tenues de respecter les certificats et actes analogues relatifs à l'état des personnes qui émanent des autorités compétentes des autres États membres, à moins que leur exactitude ne soit sérieusement ébranlée par des indices concrets se rapportant au cas individuel en cause » (CJCE 2-12-1997 aff. 336/94, Mme Dafeki). En tout état de cause, si le notaire a un doute sur la régularité, l'authenticité ou l'exactitude de l'acte, il doit demander à son client des documents supplémentaires permettant de corroborer son état, et à défaut, refuser d'établir l'acte (C. Bidaud-Garon, La prise en compte de l'état des personnes créé à l'étranger par le notaire français : JCP N 2015 n° 1174).
On relèvera enfin que lorsque l'acte d'état civil étranger résulte de la transcription d'un jugement étranger qui serait contraire à l'ordre public international français, l'acte lui-même ne pourra produire ses effets en France (Cass. 1e civ. 12-11-1986 n° 85-10.183 : Bull. civ. I n° 258, à propos de la mention d'un lieu de naissance fictif à la suite d'une adoption prononcée en Roumanie).

> **Précisions** **a.** Le **règlement UE 2016/1191 du 6 juillet 2016** ne visant qu'à simplifier les formalités de présentation des documents publics, il ne couvre pas les questions liées à leur force probante (Règl. 2016/1191 considérant 47) ni, a fortiori, la question de la reconnaissance éventuelle des effets juridiques attachés à leur contenu (Règl. 2016/1191 considérant 18).
> **b.** Le texte de l'article 47 du Code civil indique que la **« réalité » indiquée par l'acte** est **appréciée par rapport à la loi française**. Le **sens de cette formule** peut paraître cryptique : il s'agit d'une modification opérée par le législateur relativement aux gestations pour autrui effectuées à l'étranger afin d'empêcher la transcription sur les registres

d'état civil français d'actes de naissance étrangers indiquant comme parent de l'enfant le parent d'intention sans lien biologique avec celui-ci, alors que la jurisprudence l'admettait dès lors que la loi étrangère ayant présidé à l'établissement de l'acte l'admettait elle-même (Loi 2021-1017 du 2-8-2021 art. 7). Ceci crée une certaine confusion puisque la transcription sur les registres d'état civil français est une question distincte de celle de la force probante de l'acte étranger. Celle-ci n'a jamais été conditionnée à la transcription sur les registres d'état civil français ; d'autre part, la transcription n'est possible que si l'une des deux personnes concernées par l'acte est française (C. Bidaud-Garon, Les effets des actes de l'état civil étrangers : SNH 27/23 inf. 15 n° 10).

ACTE D'ÉTAT CIVIL ÉTRANGER ET CERTIFICATION D'IDENTITÉ

Les formalités de **publicité foncière** prescrites dans l'intérêt et pour l'information des tiers sont toujours soumises à la loi du lieu de situation de l'immeuble (n° 72190). L'immeuble étant par hypothèse situé en France, c'est donc le droit français de la publicité foncière qui doit être appliqué. Or, afin de pouvoir publier l'acte de vente, le notaire doit certifier l'identité des parties, en principe au vu d'un extrait de l'acte de naissance ayant moins de 6 mois de date au jour de l'acte (Décret 55-22 du 4-1-1955 art. 5). Si l'une des parties est née hors de France, le notaire se fonde sur un extrait d'acte tenant lieu d'acte de naissance prévu aux articles 98 et 98-2 du Code civil (pour les personnes acquérant ou recouvrant la nationalité française) de moins de 6 mois, sur un extrait d'acte de mariage de moins de 6 mois en cas de mariage en France, au vu d'un des documents administratifs constatant la naturalisation de l'intéressé le cas échéant, ou enfin au vu d'un extrait d'acte de naissance quelle que soit sa date (Décret 55-1350 du 14-10-1955 art. 75, 1). 72395

En cas d'**impossibilité d'obtenir l'acte de naissance** ou l'une des autres pièces énoncées, le certificat d'identité peut être établi au vu d'un passeport, d'une carte d'identité ou d'un acte de notoriété. Lorsqu'elle est rédigée en langue étrangère, la pièce justificative de l'identité est accompagnée, s'il y a lieu, d'une traduction certifiée conforme par un traducteur figurant sur une liste d'experts judiciaires.

b. Effets des jugements étrangers sur l'état des personnes

RECONNAISSANCE DE PLEIN DROIT

Les décisions étrangères rendues en matière d'état et de capacité des personnes sont reconnues de plein droit en France (Cass. civ. 28-2-1860 : S. 1861 I p. 210). En d'autres termes, l'état résultant d'un jugement rendu à l'étranger doit être reconnu en France **sans exequatur** (procédure devant en principe être respectée pour exécuter une décision de justice étrangère). Ainsi, la personne – quelle que soit sa nationalité – qui se présente au notaire afin d'acheter un bien et qui produit un jugement de divorce étranger (légalisé et accompagné si nécessaire de sa traduction) réalisera cette acquisition à titre de bien propre. 72410

C'est seulement dans les cas où le jugement étranger doit donner lieu à des actes d'exécution sur les biens ou de coercition sur les personnes qu'une déclaration d'**exequatur** est **nécessaire** (Cass. req. 30-3-1930 : S. 1930 I p. 377).

› Précisions a. S'agissant des **décisions rendues dans un État membre de l'Union européenne** (à l'exception du Danemark) en matière de **divorce**, de **séparation de corps ou d'annulation du mariage**, celles-ci relèvent depuis le 1er août 2022 du règlement 2019/1111 relatif à la compétence, la reconnaissance et l'exécution des décisions en matière matrimoniale et en matière de responsabilité parentale, ainsi qu'à l'enlèvement international d'enfants dit « Bruxelles II ter ». Ce règlement pose également le principe de la reconnaissance de plein droit et indique expressément qu'aucune procédure préalable ne peut être requise pour la mise à jour des actes d'état civil sur la base d'une décision rendue dans un autre État membre devenue définitive. La décision est dispensée de légalisation ou de formalité analogue.

b. Le fait qu'un jugement étranger soit reconnu de plein droit ne signifie pas que sa **reconnaissance** n'est pas susceptible d'être **contestée**, mais cette contestation interviendra dans un second temps, et sera le fait de la partie qui souhaite s'opposer à ce que le jugement étranger produise ses effets en France.

2. CAPACITÉ DES PARTIES

a. Détermination de l'état d'incapacité

LOI NATIONALE

En droit international privé français, la loi applicable à la capacité est en principe la loi nationale, c'est-à-dire la **loi du pays dont l'intéressé a la nationalité**. Initialement formulée à l'égard 72420

des seuls nationaux (C. civ. art. 3, al. 3), la règle a été bilatéralisée, de sorte qu'elle s'applique aujourd'hui au mineur comme au majeur étranger.
Le **renvoi** est admis. Il pourra jouer notamment en faveur de la loi du domicile de la personne (Cass. 1e civ. 21-9-2005 n° 04-10.217 : Bull. civ. I n° 336).
De manière générale, la loi nationale devrait déterminer les **sources des incapacités** (par exemple, la minorité, l'altération des facultés mentales), le type d'acte que l'incapable peut accomplir (hors tout régime de protection), la nature de la **sanction** (nullité, réduction, etc.) ainsi que les délais de prescription applicables aux actes passés par l'incapable en violation des règles relatives à l'incapacité. La question du **régime de protection** est distincte de celle de l'incapacité proprement dite. Cette distinction est d'importance secondaire lorsque le droit international privé commun français est toujours applicable, puisque celui-ci désigne pour les deux questions la loi nationale. Cela ne concerne cependant aujourd'hui que des hypothèses marginales. Lorsque la convention de La Haye du 13 janvier 2000 sur la protection des adultes ou la convention de La Haye du 19 octobre 1996 sur la responsabilité parentale et les mesures de protection des enfants sont applicables, une loi différente est désignée pour le régime de protection (la loi de l'autorité saisie, soit en principe celle de la résidence habituelle). Or incapacité et protection sont intimement liées, puisque le prononcé d'une mesure de protection nécessite en règle générale la constatation préalable de l'incapacité. À quelle loi faut-il soumettre la question préalable de l'incapacité lorsqu'un juge est saisi d'une demande de protection en vertu de l'une de ces conventions ? Le fait qu'une mesure de protection doive être prise absorbe-t-elle la question préalable de l'incapacité, auquel cas celle-ci serait soumise, comme la mesure de protection, à la loi de l'autorité saisie (soit en principe celle de la résidence habituelle) ? La détermination du champ résiduel laissé à la loi nationale ne se fait donc pas sans difficulté et les solutions sont incertaines.

ENFANTS

72422 S'agissant des enfants, la **convention de La Haye du 19 octobre 1996** indique qu'elle s'applique aux enfants de moins de 18 ans. Cela ne signifie pas qu'elle tranche par une règle matérielle la question de l'âge de la majorité pour les États signataires ; il s'agit simplement d'une manière de déterminer son champ d'application. Elle s'appliquera aux enfants jusqu'à cet âge même s'ils sont majeurs selon la loi applicable ou émancipés (voir P. Lagarde : Rapport explicatif sur la Convention-Protection des enfants de 1996, p. 544 n° 16). La question de l'émancipation est d'ailleurs exclue du domaine de la Convention et reste donc soumise à la loi nationale (Convention de La Haye du 19-10-1996 art. 4, d). Reste que la question préalable de l'incapacité n'est pas exclue expressément du champ d'application de la convention de La Haye du 19 octobre 1996 (voir. Paul Lagarde, précité, p. 548 n° 30). Doit-on en déduire qu'elle est soumise à la loi de l'autorité saisie ? Plusieurs interprétations sont possibles (Rép. Droit international Dalloz, v. Capacité par E. Gallant, nos 20 s.). Selon le rapport explicatif, l'absence d'exclusion expresse ne signifie pas que la question préalable de l'incapacité est incluse dans le domaine de la Convention. Si un juge est saisi en vertu de la Convention, la question préalable de la capacité sera tranchée par celui-ci selon la loi désignée par sa règle de conflit de lois (P. Lagarde, précité, p. 548 n° 30). C'est donc toujours en principe la loi nationale qui détermine l'âge de la majorité (Cass. 1e civ. 6-6-1990 : Bull. civ. I n° 137). En revanche, dès lors que la minorité, et donc l'incapacité, est constatée par un juge, si celui-ci en déduit qu'une mesure de protection est nécessaire, il devra appliquer sa propre loi à la mesure de protection (P. Lagarde, précité, p. 548 n° 30).

ADULTES

72425 Pour les adultes, la situation est différente puisque la détermination de l'incapacité est incluse dans le champ d'application de la **convention de La Haye du 13 janvier 2000**. Il ne s'agit toutefois que de la détermination de celle-ci pour prendre une mesure de protection, ce qui signifie que, hors de tout régime de protection, la loi nationale est encore applicable. Ce sera notamment le cas en présence d'« incapacité naturelle ». Cette dernière notion concerne les actes passés sous l'empire d'un trouble mental (C. civ. art. 414-1 s. en droit français), alors qu'aucune mesure de protection n'avait été prise à l'égard de la personne concernée (Cass. 1e civ. 25-6-1957 n° 1.120, Époux Silvia : Bull. civ. I n° 298, Rev. crit. DIP 1957 p. 680 note H. Batiffol). Ce sera également le cas, si la loi nationale le prévoit, en présence d'une incapacité de plein droit (représentation automatique par le conjoint en cas d'altération des facultés par exemple, voir Rép. Droit international Dalloz, v. Capacité par E. Gallant, n° 33). Enfin la loi nationale retrouve son application lorsque la question concerne une matière exclue par la convention de La Haye normalement applicable (formation ou dissolution du mariage, contrat de mariage).

TIERS

Les tiers qui, se conformant à la loi française, ignoreraient l'état d'incapacité de la personne avec laquelle ils traitent résultant de l'application d'une loi étrangère, peuvent prouver que leur **ignorance** est **excusable** s'ils ont agi sans imprudence ni légèreté et qu'ils sont de bonne foi (Cass. req. 16-1-1861, Lizardi : DP 1861 I p. 193, S. 1861 I p. 305 note Massé). La règle posée est de portée générale (sauf règle conventionnelle spéciale) mais elle ne s'applique pas en matière de donations immobilières (Rép. Droit international Dalloz, v. Capacité par E. Gallant, n° 75). **72431**

En matière de **contrats**, la règle est bilatérale et légèrement différente : lorsque les deux cocontractants se trouvent dans le même pays, celui qui serait capable selon la loi de ce pays ne peut invoquer son incapacité résultant d'une autre loi que si, au moment de la conclusion du contrat, son cocontractant a connu cette incapacité ou ne l'a ignorée qu'en raison d'une imprudence de sa part (Règl. Rome I art. 13). Si la transaction est importante, l'ignorance de l'incapacité d'une partie est une imprudence, et l'incapable pourra se prévaloir de son état contre son cocontractant.

b. Protection des mineurs

DIVERSITÉ DES SOURCES

La compétence des autorités chargées de la protection du mineur relève, depuis le 1er août 2022, du règlement 2019/1111 relatif à la compétence, la reconnaissance et l'exécution des décisions en matière matrimoniale et en matière de responsabilité parentale, ainsi qu'à l'enlèvement international d'enfants dit **« règlement Bruxelles II ter »** (Règl. 2019/1111 du 25-6-2019 : JOUE 2019 L 178 p. 1 ; rectificatif : JOUE 2020 L 347 p. 52 ; voir également Circ. JUSC2315953C du 4-7-2023 : BO min. just. 5-7-2023). **72432**

Celui-ci remplace le règlement 2201/2003 du Conseil du 27 novembre 2003 relatif à la compétence, la reconnaissance et l'exécution des décisions en matière matrimoniale et en matière de responsabilité parentale, dit **« règlement Bruxelles II bis »**.

La France a par ailleurs ratifié le 15 octobre 2010 la **convention de La Haye du 19 octobre 1996** concernant la compétence, la loi applicable, la reconnaissance, l'exécution et la coopération en matière de responsabilité parentale et de mesures de protection des enfants. Entrée en vigueur le 1er février 2011, cette convention a vocation à remplacer la convention de La Haye du 5 octobre 1961 sur la compétence des autorités et la loi applicable en matière de protection des mineurs.

Enfin, s'ajoute à ces sources principales un **droit commun** d'origine légale et jurisprudentielle. L'articulation de ces différentes sources ne va pas sans difficulté.

COMPÉTENCE DES AUTORITÉS

Règlement Bruxelles II ter La compétence des autorités est déterminée en principe par application du règlement Bruxelles II ter. Celui-ci **prime sur la convention de La Haye de 1996** lorsque l'enfant a sa résidence habituelle sur le territoire d'un État membre (Règl. Bruxelles II ter art. 97 et Convention de La Haye du 19-10-1996 art. 52). Lorsque l'enfant n'a pas sa résidence habituelle sur le territoire d'un État **membre**, la convention de La Haye de 1996 doit être interrogée. Enfin, il subsiste en théorie des hypothèses résiduelles, qui devraient s'avérer extrêmement rares en pratique et dans lesquelles pourrait trouver à s'appliquer le **droit commun** de source française (Règl. Bruxelles II ter art. 14). **72434**

Définissant la **notion de responsabilité parentale** comme l'ensemble des droits et obligations relatifs à la personne ou aux biens d'un enfant conférés à une personne physique ou une personne morale sur la base d'une décision, d'une attribution de plein droit ou d'un accord en vigueur, y compris le droit de garde et le droit de visite, le règlement Bruxelles II ter s'applique à toutes les affaires civiles concernant l'attribution, l'exercice, la délégation, le retrait total ou partiel de la responsabilité parentale (Règl. Bruxelles II ter art. 1 et 2). Sont notamment concernées toutes les mesures de protection concernant la gestion du patrimoine de l'enfant.

Le règlement s'applique aux actions judiciaires intentées, aux actes authentiques dressés ou enregistrés formellement et aux accords enregistrés à compter du **1er août 2022** (Règl. Bruxelles II ter art. 100) dès lors que l'un des critères de compétence prévus par le texte (nos 72436 s.) se réalise sur le **territoire d'un État membre** de l'Union européenne (à l'exception du Danemark) et que le juge saisi est celui d'un État membre (à l'exception du Danemark).

> **Précisions** En dépit de sa primauté revendiquée sur la convention de La Haye de 1996, le **règlement Bruxelles II ter s'efface dans certains cas** où des compétences concurrentes sont exercées par un État tiers partie à la convention de La Haye de 1996 (ce pourrait être notamment le Royaume-Uni ou la Suisse) et par un État membre, alors que l'enfant a sa résidence habituelle dans un État de l'Union européenne : en cas d'élection de for en faveur des tribunaux de cet État tiers partie à la convention de La Haye de 1996, en

cas de transfert de compétence en faveur d'un tribunal d'un tel État et en cas de litispendance (le tribunal premier saisi étant un tribunal de l'État tiers partie à la convention de La Haye de 1996). Dans ces trois cas, le règlement prévoit qu'il s'efface au profit des dispositions pertinentes de la convention de La Haye (Règl. Bruxelles II ter art. 97,2).

72436 Le règlement prévoit en premier lieu une compétence de principe. Ainsi, la juridiction compétente pour autoriser la vente ou l'achat d'un immeuble du mineur est en principe celle du lieu de **résidence habituelle de l'enfant** (Règl. Bruxelles II ter art. 7). Ce lieu de résidence s'apprécie normalement au jour où la juridiction est saisie. En l'absence de résidence habituelle établie et si une prorogation de compétence s'avère impossible, les juridictions de l'État membre dans lequel l'enfant est présent sont compétentes (Règl. Bruxelles II ter art. 11, 1).

La résidence habituelle s'apprécie à la date à laquelle la juridiction est saisie. Toutefois, en cas de transfert en cours d'instance de la résidence habituelle de l'enfant d'un État membre vers un État tiers mais partie à la convention de La Haye du 19 octobre 1996, le règlement Bruxelles II ter n'est plus applicable ; la compétence des juridictions doit être fixée en application de la convention de La Haye (Cass. 1e civ. 30-9-2020 n° 19-14.761 FS-PB : BPIM 6/20 inf. 408, rendu à propos de Bruxelles II bis mais transposable ; CJUE 14-7-2022 aff. 572/21, rendu également en application de Bruxelles II bis mais transposable). Ce dernier arrêt précise toutefois que la solution ne vaut que si le transfert est réalisé avant que le juge de l'État membre initialement saisi ait statué. Sur la convention de La Haye, voir n° 72439.

La **notion de résidence habituelle** a été précisée par la **jurisprudence** européenne (les décisions, rendues à propos du règlement Bruxelles II bis, devraient être transposables au règlement Bruxelles II ter). Elle doit correspondre « au lieu qui traduit une certaine intégration de l'enfant dans un environnement social et familial. À cette fin doivent notamment être pris en considération la durée, la régularité, les conditions et les raisons du séjour sur le territoire d'un État membre et du déménagement de la famille dans cet État, la nationalité de l'enfant, le lieu et les conditions de scolarisation, les connaissances linguistiques ainsi que les rapports familiaux et sociaux entretenus par l'enfant dans ledit État » (CJCE 2-4-2009 aff. 523/07, A.). Les facteurs pertinents varient en fonction de l'âge de l'enfant concerné (CJUE 1-8-2022 aff. 501/20, point 72 : BPAT 5/22 inf. 224). Il convient toutefois de pondérer l'importance de ces différents éléments de fait. De manière générale, la Cour paraît toujours accorder une importance prépondérante au critère de proximité et fait prévaloir des « considérations géographiques objectives » (CJUE 17-10-2018 aff. 393/18, point 62) sur les éléments culturels ou intentionnels (ces derniers sont parfois pris en compte, s'ils sont corroborés par des éléments matériels). Ainsi, la nationalité de la mère ou sa résidence habituelle avant son mariage sont indifférentes, le lieu de naissance et la nationalité de l'enfant étant à l'inverse des facteurs pertinents mais insuffisants pour caractériser à eux seuls une résidence habituelle (CJUE 1-8-2022, précité, point 72).

Afin de distinguer la résidence habituelle d'une simple présence temporaire, elle « doit en principe être d'une certaine durée pour traduire une stabilité suffisante. Cependant, le règlement ne prévoit pas de durée minimale. En effet, pour le transfert de la résidence habituelle dans l'État d'accueil, compte surtout la volonté de l'intéressé d'y fixer, avec l'intention de lui conférer un caractère stable, le centre permanent ou habituel de ses intérêts. Ainsi, la durée d'un séjour ne saurait servir que d'indice dans le cadre de l'évaluation de la stabilité de la résidence, cette évaluation devant être effectuée à la lumière de l'ensemble des circonstances de fait particulières du cas d'espèce » (CJUE 22-12-2010 aff. 497/10, Mercredi). Dès lors, un séjour de courte durée peut suffire à fixer une nouvelle résidence habituelle si cela est corroboré par d'autres éléments (CJUE 22-12-2010, précité ; Cass. 1e civ. 25-3-2015 n° 13-25.225 : Bull. civ. I n° 70) et on ne saurait se référer exclusivement à la durée du séjour dans un pays pour déterminer s'il constituait ou non une résidence habituelle (Cass. 1e civ. 4-3-2015 n° 14-19.015 : Bull. civ. I n° 49).

Enfin, s'agissant d'un jeune enfant, voire d'un nourrisson, la résidence habituelle sera déterminée par référence avec le parent avec lequel il vit (CJUE 497/10 22-12-2010, précité). Néanmoins, un enfant doit avoir été physiquement présent dans un État membre pour y avoir une résidence habituelle (CJUE 17-10-2018 aff. 393/18 : dans cette affaire, la mère qui résidait au Royaume-Uni avant la naissance de l'enfant, affirmait avoir été contrainte par son époux d'accoucher au Bangladesh et d'y rester avec l'enfant).

72437 Dans des circonstances exceptionnelles, une juridiction d'un État membre qui est compétente pour connaître du fond de l'affaire peut transférer sa compétence à la juridiction d'un autre État membre avec lequel l'enfant a un lien particulier si elle estime que cette juridiction est mieux placée pour apprécier l'intérêt supérieur de l'enfant dans une affaire donnée.

Ce **transfert à une autre juridiction** a lieu soit d'office, soit sur requête de l'une des parties (Règl. Bruxelles II ter art. 12). Il est toutefois interdit si la juridiction initialement saisie a été désignée en vertu d'un choix des parties (Règl. Bruxelles II ter art. 12, 5). Le transfert peut également avoir lieu à la demande de la juridiction de l'État membre avec laquelle l'enfant a un lien particulier (Règl. Bruxelles II ter art. 13).

Dans tous les cas, il faudra que la juridiction normalement compétente détermine que le renvoi est de nature à apporter une valeur ajoutée réelle et concrète pour l'adoption d'une décision relative à l'enfant, par rapport au maintien de sa compétence (CJUE 27-10-2016 aff. 428/15). Quant au lien particulier de l'enfant avec un autre État membre, il résulte du fait que le mineur y a établi sa résidence habituelle en cours de procédure ou y a autrefois résidé habituellement, qu'il en est ressortissant, que l'un des titulaires de la responsabilité parentale y réside habituellement ou que la demande porte sur des mesures de protection de l'enfant liées à l'administration, à la conservation ou à la disposition d'un bien qui y est situé (Règl. Bruxelles II ter art. 12, 4). Cette liste est limitative.

Lorsque le transfert a lieu à l'initiative de la juridiction initialement compétente ou d'une des parties, la juridiction sursoit à statuer et invite les parties à saisir, dans un délai déterminé, l'autre juridiction ou demande elle-même à cette dernière de se déclarer compétente. La juridiction de renvoi a six semaines (à compter de sa saisine par les parties ou de la demande formulée par la juridiction) pour accepter sa propre compétence. Si elle ne l'accepte pas, la juridiction initialement saisie « retrouve » sa compétence. Si le transfert est à l'initiative d'une juridiction autre que celle initialement saisie, celle-ci peut accepter dans le même délai de six semaines le transfert de compétence. En l'absence d'une telle acceptation dans le délai, la juridiction requérante ne peut exercer la compétence.

Le règlement Bruxelles II ter prévoit une **possibilité générale d'élection de for**. Il permet de manière générale aux parties et à tout autre titulaire de la responsabilité parentale de conclure une convention de choix de la juridiction (Règl. Bruxelles II ter art. 10). Cette convention peut être conclue à l'avance, alors même qu'aucune procédure n'est pendante ou sur le point d'être introduite. **72438**

Ce choix de juridiction est possible sous réserve que plusieurs **conditions** soient réunies. L'enfant doit avoir dans tous les cas un lien étroit avec l'État membre de la juridiction choisie (ce lien résultant en particulier du fait qu'au moins un des titulaires de la responsabilité parentale y a sa résidence habituelle, qu'il s'agit de l'État de l'ancienne résidence habituelle de l'enfant ou que l'enfant est ressortissant de cet État membre). La liste n'est pas exhaustive (E. Gallant, Bruxelles II ter et responsabilité parentale : Dr. famille 2022 chron. 15). Les parties, ainsi que tout autre titulaire de la responsabilité parentale, doivent s'être librement accordés sur la compétence, au plus tard au moment où la juridiction est saisie ou avoir expressément accepté la compétence au cours de la procédure (sous réserve, dans ce dernier cas, que la juridiction se soit assurée que toutes les parties ont été informées de leur droit de ne pas accepter sa compétence). Enfin, l'exercice de la compétence doit être dans l'intérêt supérieur de l'enfant. Seule l'acceptation de compétence au cours de la procédure confère une compétence exclusive à la juridiction désignée. A contrario, une convention conclue avant toute procédure et conférant compétence à une juridiction d'un État membre n'empêcherait pas la saisine d'une autre juridiction (notamment celle de la résidence habituelle) par ceux qui l'ont conclue, ce qui limite considérablement l'intérêt de l'accord sur la compétence « anticipé » (sous réserve toutefois des règles sur la litispendance).

La convention des parties relative au choix de la juridiction doit être conclue par écrit, datée et signée par les parties concernées ou incluse dans les pièces de procédure conformément aux législations et procédures nationales. Il est prévu toutefois que les personnes qui deviennent parties à l'instance après la saisine de la juridiction peuvent exprimer leur accord après cette dernière. En l'absence d'opposition de leur part, leur accord est considéré comme implicite.

Sauf convention contraire, la **juridiction saisie cesse d'être compétente** lorsque la décision rendue dans le cadre de la procédure n'est plus susceptible de recours ordinaire ou qu'il a été mis fin à la procédure pour une autre raison. On peut imaginer néanmoins que les parties ayant pris soin de conclure à l'avance une convention de choix de juridiction ne limiteront pas nécessairement la compétence à une instance donnée.

Convention de La Haye du 19 octobre 1996 La Convention s'applique aux enfants de moins de 18 ans (Convention de La Haye du 19-10-1996 art. 2). **72439**

Elle ne comporte pas de disposition limitant son application sur le plan géographique ; son **champ d'application dans l'espace** varie donc avec chacune de ses dispositions (voir Paul Lagarde, Rapport explicatif sur la Convention-Protection des enfants de 1996 p. 544 n° 17). Ainsi, quand une règle donne compétence aux autorités de la résidence habituelle d'un enfant, elle s'applique à tous les enfants ayant leur résidence habituelle dans un État contractant.

S'agissant de son **domaine matériel**, la Convention détermine la compétence des autorités pour prendre des mesures de protection des biens et de la personne de l'enfant (ce qui inclut notamment l'attribution ou le retrait de la responsabilité parentale, le droit de garde, les mesures de tutelle, curatelle et les institutions analogues, la désignation et les fonctions de toute personne ou organisme chargé de s'occuper de la personne ou des biens de l'enfant, de le représenter ou de l'assister, le placement de l'enfant dans une famille d'accueil, l'administration, la conservation ou la disposition des biens de l'enfant). Bien que formulé dans des termes différents, il est admis que le domaine matériel visé par la Convention est le même que celui du règlement Bruxelles II ter (J.-Cl. Droit international, v° « Autorité parentale – Loi applicable » fasc. 549-10 par E. Gallant, n° 42 : à propos du règlement Bruxelles II bis, mais transposable).

Une compétence de principe est attribuée aux **autorités de l'État contractant où se situe la résidence habituelle de l'enfant** (Convention de La Haye du 19-10-1996 art. 5). Cette compétence n'aura toutefois pas lieu de jouer au profit des tribunaux français dans la mesure où, lorsque l'enfant a sa résidence habituelle en France, le règlement Bruxelles II ter doit s'appliquer et non la Convention (n° 72434). En cas de changement de la résidence habituelle de l'enfant dans un autre État contractant, sont compétentes les autorités de l'État de la nouvelle résidence habituelle (Convention de La Haye du 19-10-1996 art. 5, 2). Le texte de la Convention ne précise pas que la résidence habituelle s'apprécie à la date de la saisine (à la différence du règlement Bruxelles II ter) ; dès lors, en cas de changement de résidence habituelle de l'enfant en cours d'instance, les tribunaux initialement saisis peuvent devenir incompétents tandis que les tribunaux de la nouvelle résidence habituelle le deviennent (Cass. 1e civ. 30-9-2020 n° 19-14.761 FS-PB, concernant un transfert de la résidence habituelle de la France vers la Suisse). Le rapport explicatif sur la Convention semble confirmer cette interprétation (voir P. Lagarde : Rapport explicatif sur la Convention-Protection des enfants de 1996 p. 574 n° 42).

À titre d'exception, la Convention prévoit néanmoins la possibilité d'un **transfert de compétence** au profit d'autorités d'un autre État contractant si l'autorité de la résidence habituelle estime qu'elles sont mieux à même d'apprécier dans un cas particulier l'intérêt supérieur de l'enfant (Convention de La Haye du 19-10-1996 art. 8) :

– État dont l'enfant possède la nationalité ;
– État dans lequel sont situés des biens de l'enfant ;
– État dont une autorité est saisie d'une demande en divorce des parents de l'enfant ;
– État avec lequel l'enfant présente un lien étroit.

Dans ce cas, l'autorité de la résidence habituelle peut soit demander à cette autorité, directement ou avec le concours de l'autorité centrale, d'accepter la compétence pour prendre les mesures de protection qu'elle estimera nécessaires, soit surseoir à statuer et inviter les parties à saisir d'une telle demande l'autorité de cet autre État.

> **Précisions** En dehors de la France, la **convention** de La Haye du 19 octobre 1996 est actuellement **en vigueur dans les États suivants** : Albanie, Allemagne, Arménie, Australie, Autriche, Barbade, Belgique, Bulgarie, Chypre, Cap-Vert, Costa Rica, Croatie, Cuba, Danemark, Équateur, Espagne, Estonie, Fidji, Finlande, Grèce, Guyana, Honduras, Hongrie, Irlande, Italie, Lesotho, Lettonie, Lituanie, Luxembourg, Malte, Maroc, Monaco, Monténégro, Nicaragua, Norvège, Paraguay, Pays-Bas, Pologne, Portugal, République dominicaine, République tchèque, Roumanie, Royaume-Uni, Russie, Serbie, Slovaquie, Slovénie, Suède, Suisse, Turquie, Ukraine, Uruguay.
> La Convention a été **signée mais non encore ratifiée** par les États suivants : Argentine, Canada, États-Unis.

72440 **Droit commun** Son rôle est extrêmement réduit. Reste seulement la possibilité d'invoquer les **privilèges de juridiction** des articles 14 et 15 du Code civil si aucun texte de source européenne ou internationale n'est applicable. Ces deux textes donnent le droit à tout Français demandeur de saisir un tribunal français dans un litige l'opposant à un défendeur étranger (art. 14), et le droit d'assigner le Français défendeur devant les juridictions françaises (art. 15).

LOI APPLICABLE

72442 Le règlement Bruxelles II ter ne contient aucune règle de conflit de lois. La loi applicable au fond sera donc déterminée par les règles énoncées dans la **convention de La Haye du 5 octobre 1996** (n° 72432) et, à défaut, dans de rares hypothèses, par les règles de **droit commun**.

72446 **Mesures de protection** S'agissant des mesures de protection des biens ou de la personne de l'enfant, les **autorités compétentes** en vertu du règlement Bruxelles II ter ou de la Convention (si l'enfant n'a pas sa résidence habituelle dans un État membre de l'Union européenne) appliquent en principe leur propre loi. Elles peuvent toutefois, dans la mesure où la protection de l'enfant ou de ses biens le requiert, appliquer ou prendre en considération de manière exceptionnelle la loi d'un autre État avec lequel la situation présente un lien étroit (Convention de La Haye du 19-10-1996 art. 15). Il s'agira notamment du cas de la **vente d'un immeuble** situé dans un autre pays que celui de la résidence habituelle du mineur, et pour laquelle une autorisation spéciale est requise par la loi du lieu de situation de l'immeuble tandis que la loi de la résidence habituelle ne prévoit rien de particulier. Dans ce cas, les autorités de la résidence habituelle pourront donner l'autorisation de vendre l'immeuble sur le fondement de la loi du lieu de situation de l'immeuble (voir P. Lagarde, Rapport explicatif sur la Convention-Protection des enfants de 1996 p. 574 n° 89).

En cas de **changement de résidence habituelle** dans un autre État contractant, les mesures prises selon la loi de l'ancienne résidence habituelle restant en vigueur, la loi de la nouvelle résidence régira les conditions d'application de ces mesures (Convention de La Haye du 19-10-1996 art. 15). Par exemple, un enfant résidant en France déménage en Suisse. Un juge français avait désigné un tuteur en application de la loi française. Le tuteur désigné continuera sa mission en Suisse mais c'est la loi suisse qui décidera si une autorisation est nécessaire (F. Brulé-Gadioux et J.-M. Plazy, Les personnes protégées en DIP. La gestion de l'incapacité : JCP N 2013 n° 1111).

Responsabilité parentale S'agissant de la responsabilité parentale, l'**attribution ou** l'**extinction de plein droit** de celle-ci (sans intervention d'une autorité judiciaire ou administrative) est déterminée par la loi de la résidence habituelle de l'enfant. Si l'enfant change ultérieurement de résidence habituelle dans un autre État, la responsabilité parentale attribuée selon la loi de la résidence antérieure subsiste. Mais le changement de résidence habituelle pourra avoir pour effet qu'une personne qui n'était pas investie de la responsabilité parentale par la loi de l'ancienne résidence se voie attribuer de plein droit cette responsabilité par la loi de la nouvelle résidence (Convention de La Haye du 19-10-1996 art. 16). 72448

L'**exercice** de la responsabilité parentale est toujours régi par la loi de la résidence habituelle de l'enfant ; en cas de changement, la loi de la nouvelle résidence s'appliquera (Convention de La Haye du 19-10-1996 art. 17). Si par exemple cette dernière loi prévoit que certains actes que, selon la loi du premier État, le titulaire de la responsabilité parentale pouvait faire seul, ne peuvent être accomplis qu'avec l'autorisation d'une autorité, cette autorisation devra être demandée (P. Lagarde, Rapport explicatif sur la Convention-Protection des enfants de 1996 p. 580 n° 109).

Enfin, la responsabilité parentale attribuée de plein droit par la loi désignée pourra être **retirée ou** ses **conditions d'exercice modifiées** par des mesures prises en application de la Convention (Convention de La Haye du 19-10-1996 art. 18), lesquelles seront prises dans la plupart des cas en application de la loi du juge saisi, qui ne sera pas nécessairement la loi de la résidence habituelle de l'enfant.

Articulation entre mesures de protection et responsabilité parentale 72449

Certaines questions se trouvent à cheval sur les deux notions. Par exemple, en droit français, si les biens d'un enfant sont en principe soumis à l'administration légale de ses parents par le seul effet de la loi (responsabilité parentale), la vente d'un immeuble de cet enfant nécessite l'autorisation du juge des tutelles, et donc l'intervention d'une autorité (mesure de protection).

Le plus souvent, cela ne pose pas de difficulté car il y a **concordance** entre la loi applicable à la responsabilité parentale et la loi applicable à la mesure de protection, soit la loi de la résidence habituelle de l'enfant.

Il y a en revanche un risque de **distorsion** lorsque la compétence de l'autorité de la résidence habituelle se trouve mise à l'écart (n° 72437). La difficulté est alors résolue par la primauté des mesures prises par l'autorité compétente sur la responsabilité parentale de plein droit (Rép. Droit international Dalloz, v. Mineur par S. Godechot-Patris et Y. Lequette, n° 111). Cette primauté découle de l'article 18 de la Convention (n° 72448).

Mise en œuvre des règles Les dispositions de la Convention relatives à la loi applicable ont un **caractère universel**, c'est-à-dire qu'elles ont vocation à jouer même si la loi désignée n'est pas celle d'un État contractant (Convention de La Haye du 19-10-1996 art. 20). 72450

Le **renvoi** est en principe exclu sauf, s'agissant de l'attribution ou de l'extinction de plein droit de la responsabilité parentale, si la loi désignée est celle d'un État non contractant qui renvoie à la loi d'un autre État non contractant, lequel accepte cette désignation (Convention de La Haye du 19-10-1996 art. 21).

La loi désignée ne peut être écartée que si elle est manifestement contraire à l'**ordre public**, compte tenu de l'intérêt supérieur de l'enfant (Convention de La Haye du 19-10-1996 art. 22).

Une disposition spécifique de **protection des tiers** qui ignoreraient légitimement la loi désignée par la Convention est prévue : si un tiers a passé un acte avec une personne qui aurait eu la qualité de représentant légal selon la loi du lieu de conclusion, mais qui n'a pas cette qualité d'après la loi désignée par la Convention, la validité de l'acte ne peut pas être contestée, sauf si le tiers savait ou devait savoir que la responsabilité parentale était régie par la loi désignée par la Convention (Convention de La Haye du 19-10-1996 art. 19).

Il faut enfin signaler que la Convention prévoit la faculté pour les États contractants de délivrer au titulaire de la responsabilité parentale ou à toute personne à qui est confiée la protection de l'enfant, à sa demande, un **certificat** indiquant sa qualité et les pouvoirs qui lui sont conférés. Ce certificat devra être tenu pour exact, sauf preuve contraire (Convention de La Haye du 19-10-1996 art. 40).

72452 **Rôle résiduel du droit commun** Avec l'entrée en vigueur de la convention de La Haye du 19 octobre 1996, il semble que le domaine subsidiaire du droit commun français soit réduit à presque rien. En effet, cette Convention ne fixe pas son domaine d'application dans l'espace qui varie donc selon les règles en cause (n° 72439). Quand une règle de la Convention pose une règle de conflit de lois relative à l'**attribution ou** à l'**extinction de plein droit de la responsabilité parentale**, elle pose une règle de conflit universelle (n° 72450). L'application de cette règle n'étant pas conditionnée par un critère spatial, elle doit donc remplacer les règles françaises en la matière.

On peut en revanche hésiter s'agissant des **mesures de protection du mineur ou** en matière de **responsabilité parentale lorsque l'intervention d'une autorité est nécessaire** (Rép. Droit international Dalloz, v. Mineur par S. Godechot-Patris et Y. Lequette, n° 163). En effet, les règles de la Convention sont ici dans la dépendance des règles de compétence. Dès lors qu'aucune autorité n'est compétente en vertu de la Convention, et qu'une autre convention internationale ne s'applique pas, le droit commun français devrait trouver à s'appliquer. En matière de tutelle, le principe est l'application de la loi nationale du mineur (Rép. Droit international Dalloz précité, n° 170). Pour l'autorité parentale, la solution traditionnelle était d'appliquer la loi des effets du mariage à l'enfant légitime et sa loi nationale à l'enfant naturel (Rép. Droit international Dalloz précité, n°s 173 s.). Mais la solution est aujourd'hui incertaine : la distinction entre filiation légitime et naturelle pourrait disparaître en faveur d'une application à tous les enfants de la loi nationale. Surtout, le rattachement devrait être amené à évoluer sous l'influence des conventions internationales (Rép. Droit international Dalloz précité, n°s 181 s.).

Lorsque la protection du mineur est prise en charge par l'État (retrait de l'autorité parentale, assistance éducative), l'autorité requise appliquera normalement sa propre loi afin d'adopter les mesures de protection qu'impose la situation. Dans le cas de l'assistance éducative, les règles françaises en la matière sont considérées comme des lois de police (Cass. 1e civ. 27-10-1964 : Bull. civ. I n° 472, Rev. crit. DIP 1965 p. 119 note J. Foyer).

c. Majeurs protégés

SOURCES

72460 La matière est essentiellement régie par la **convention de La Haye du 13 janvier 2000** sur la protection des adultes, le **droit commun** n'ayant plus qu'une place résiduelle.

Une **proposition de règlement européen** concernant la compétence, la loi applicable, la reconnaissance et l'exécution des mesures et la coopération en matière de protection des adultes a été présentée par la Commission de l'Union européenne le 31 mai 2023 (COM(2023) 280 final). On signalera notamment que cette proposition renvoie aux dispositions de la convention de La Haye précitée en matière de compétence et de loi applicable, avec la possibilité pour l'adulte de choisir les autorités compétentes lorsque ce choix a été effectué alors qu'il était encore en état de pourvoir à ses intérêts. Elle prévoit également la création d'un certificat de représentation européen qui produira ses effets dans les États membres sans qu'aucune procédure particulière d'accueil ne soit nécessaire ou encore la mise en place de registres nationaux des mesures de protection et leur interconnexion.

CONVENTION DE LA HAYE

72461 La convention de La Haye du 13 janvier 2000 sur la protection des adultes, ratifiée par la France, est **entrée en vigueur** le 1er janvier 2009 (Loi 2008-737 du 28-7-2008 et décret 2008-1547 du 30-12-2008 ; le texte de la Convention est consultable en ligne sur le site www.hcch.net). Elle ne s'applique qu'aux mesures prises après son entrée en vigueur (Convention de La Haye du 13-1-2000 art. 50, 1). S'agissant de la reconnaissance et de l'exécution des mesures prises par une juridiction d'un État partie à la Convention, les dispositions de la Convention s'appliqueront aux décisions rendues après l'entrée en vigueur de celle-ci à la fois dans le pays d'origine de la décision et en France (Convention de La Haye du 13-1-2000 art. 50, 2).

Une règle spécifique est prévue pour le mandat d'inaptitude : la Convention s'applique à compter de son entrée en vigueur à un mandat conclu ou établi antérieurement à celle-ci, sous réserve qu'il respecte les conditions posées par la Convention, c'est-à-dire soit si la loi choisie pour le régir est l'une de celles prévue par la Convention, soit, en l'absence de choix, si la loi désignée par celle-ci le valide (Convention de La Haye du 13-1-2000 art. 50, 3). En revanche, les actes passés antérieurement par le représentant désigné au titre de ce mandat restent hors du champ de la Convention (P. Lagarde, Rapport explicatif sur la convention de La Haye du 13 janvier 2000 n° 168 : www.hcch.net).

> **Précisions a.** Outre la France, la Convention est **entrée en vigueur** à ce jour dans les **autres États** suivants : Allemagne, Autriche, Belgique, Chypre, Écosse, Estonie, Finlande, Grèce, Irlande (au 1er septembre 2024), Lettonie, Malte, Monaco, Portugal, République tchèque et Suisse.
> **b.** La Convention contient un certain nombre de dispositions visant à instaurer une **coopération entre les différents États contractants** afin de faciliter notamment l'échange d'informations entre ces États, qu'il s'agisse d'informations factuelles (localisation de l'adulte) ou juridiques (contenu de la législation). Chaque État doit à cette fin désigner une « autorité centrale » chargée de satisfaire aux obligations qui lui sont imposées par la Convention et de répondre aux demandes d'information adressées par les autres autorités centrales.
> **c.** Pour un **aperçu des règles applicables aux personnes vulnérables** dans 22 des **États membres de l'Union européenne**, voir le site dédié du Conseil des notariats de l'Union européenne (www.the-vulnerable.eu).

Champ d'application Sur le **plan matériel**, la Convention concerne à la fois la compétence des autorités pour prendre des mesures de protection, la loi applicable à ces mesures ainsi qu'à la représentation de l'adulte, la reconnaissance et l'exécution des mesures de protection et les modalités de coopération entre les autorités nationales (Convention de La Haye du 13-1-2000 art. 2, 2). Parmi les mesures entrant dans le champ de la Convention, se trouvent notamment la détermination de l'incapacité et l'institution d'un régime de protection, la mise de l'adulte sous sauvegarde d'une autorité judiciaire ou administrative, la tutelle, la curatelle et les institutions analogues, la désignation de la personne ou de l'organisme chargé de représenter ou d'assister l'adulte, le placement de l'adulte dans un établissement de protection, l'administration des biens de l'adulte ou encore l'autorisation d'une intervention ponctuelle pour la protection de la personne ou des biens de l'adulte (Convention de La Haye du 13-1-2000 art. 3). **72462**

La Convention ne s'applique qu'aux mesures de protection et non aux incapacités existant en dehors de tout régime de protection. La validité des actes passés par une personne dont les facultés personnelles sont altérées mais qui n'a pas fait l'objet d'une mesure de protection reste hors du champ de la Convention (P. Lagarde, Rapport explicatif sur la convention de La Haye du 13 janvier 2000 n° 19 : www.hcch.net).

Parmi les matières exclues du champ d'application de la Convention, figurent notamment les régimes matrimoniaux. Les effets du mariage, dans la mesure où ils concourent à la protection du conjoint malade, sont en revanche soumis à la Convention. Il s'agit par exemple, en droit français, de la disposition légale permettant à l'un des époux de représenter l'autre, s'il est hors d'état de manifester sa volonté (C. civ. art. 219). Si l'époux valide demande en revanche l'autorisation au tribunal de passer seul un acte pour lequel le concours de son conjoint malade est nécessaire (C. civ. art. 217), il ne s'agit plus de protéger le conjoint malade mais de servir les intérêts de l'époux valide ou de la famille, et la Convention ne devrait donc plus s'appliquer. Il en va de même, en principe, des règles sur l'attribution du logement familial (P. Lagarde, Rapport explicatif sur la convention de La Haye du 13 janvier 2000 n° 35 : www.hcch.net).

La Convention s'applique dans les situations à caractère international (Convention de La Haye du 13-1-2000 art. 1, 1), soit celles impliquant au moins deux États. À l'instar de la convention de La Haye du 19 octobre 1996 sur la responsabilité parentale et les mesures de protection des enfants, qui lui a servi de modèle, elle ne comporte pas de disposition limitant sur le **plan géographique** les personnes auxquelles elle s'applique. Son champ d'application dans l'espace varie donc avec chacune de ses dispositions. Quand une règle donne compétence aux autorités de la résidence habituelle d'un adulte, elle s'applique à tous les adultes ayant leur résidence habituelle dans un État contractant. Quand la Convention pose une règle de conflit de lois relative à la représentation de l'adulte, cette règle est, sauf disposition contraire, une règle de conflit universelle, c'est-à-dire qu'elle s'appliquera même si la loi désignée n'est pas celle d'un État contractant (P. Lagarde, Rapport explicatif sur la convention de La Haye du 13 janvier 2000 n° 17). **72463**

Néanmoins, à l'exception de la disposition spécifique au mandat d'inaptitude, les règles de conflit de lois posées par la Convention sont dans la dépendance des règles de compétence, si bien qu'en réalité, le champ d'application de la Convention dépend des critères de compétence qu'elle pose. Enfin, les règles de reconnaissance des décisions ne visent, logiquement, que celles prises dans des États contractants.

72464 Les **adultes concernés** par la Convention sont les personnes âgées de plus de 18 ans qui, en raison d'une altération ou d'une insuffisance de leurs facultés personnelles, ne sont pas en état de pourvoir à leurs intérêts (Convention de La Haye du 13-1-2000 art. 1, 1 et 2, 1).

72465 **Autorités compétentes** Le principe posé par la Convention est la compétence des autorités (judiciaires et administratives) de l'**État contractant où se trouve la résidence habituelle de l'adulte** (Convention de La Haye du 13-1-2000 art. 5, 1). S'il est impossible de déterminer la résidence habituelle, les autorités de l'État sur le territoire duquel se trouve temporairement l'adulte sont compétentes (Convention de La Haye 13-1-2000 art. 6).

Les autorités de l'État de la résidence habituelle peuvent, si elles considèrent que tel est l'intérêt de l'adulte, requérir les autorités d'un **autre État contractant** de prendre des mesures de protection à l'égard de la personne ou des biens de l'adulte, la requête pouvant porter sur tout ou partie de cette protection (notamment, un État dont l'adulte possède la nationalité, celui de sa précédente résidence habituelle ou un État sur le territoire duquel il possède des biens, l'État de la résidence habituelle d'une personne proche de l'adulte) (Convention de La Haye du 13-1-2000 art. 8). Ce transfert de compétence peut avoir lieu spontanément ou à la demande de l'autorité d'un autre État contractant. S'il est refusé par l'autorité requise, les autorités de l'État de la résidence habituelle restent compétentes.

72469 Subsidiairement, les autorités d'un **État contractant dont l'adulte possède la nationalité** sont compétentes (sauf pour les réfugiés et personnes internationalement déplacées) pour prendre des mesures de protection de la personne ou des biens de l'adulte, si elles s'estiment mieux à même d'apprécier son intérêt et à condition d'avoir préalablement avisé les autorités de la résidence habituelle, s'il s'agit d'un État contractant (Convention de La Haye du 13-1-2000 art. 7, 1). Les mesures prises cessent de produire effet dès que les autorités de la résidence habituelle de l'adulte (ou les autorités d'autres États requises par celle-ci) ont statué sur les mesures à prendre. Les autorités de l'État de la résidence habituelle sont tenues d'en informer les autorités de l'État de la nationalité. Dans certains cas, les autorités nationales doivent décliner leur compétence et, le cas échéant, se dessaisir, notamment lorsque les autorités de la résidence habituelle les ont informées qu'elles ont pris toutes les mesures requises par la situation ou qu'aucune mesure ne devait être prise (Convention de La Haye du 13-1-2000 art. 7, 2).

72471 Les autorités d'un **État sur le territoire duquel l'adulte possède des biens** sont compétentes (sauf pour les réfugiés et personnes internationalement déplacées) pour prendre des mesures de protection relatives à ces biens, à condition que ces mesures soient compatibles avec celles prises par les autorités ayant une compétence générale pour organiser la protection (Convention de La Haye du 13-1-2000 art. 9). Par exemple, si la loi de situation du bien exige une autorisation judiciaire pour vendre le bien ou pour procéder à un acte de publicité foncière, et que la loi de la résidence habituelle ignore ce type d'autorisation, il est plus expédient de saisir directement les autorités de l'État de situation des biens (P. Lagarde, Rapport explicatif sur la convention de La Haye du 13 janvier 2000 n° 75).

72473 Enfin, en **cas d'urgence**, les autorités de chaque État contractant sur le territoire duquel se trouve l'adulte ou des biens lui appartenant sont compétentes pour prendre les mesures de protection nécessaires. Elles en informent, dans la mesure du possible, les autorités de l'État de la résidence habituelle de l'adulte, s'il s'agit d'un État contractant (Convention de La Haye du 13-1-2000 art. 10).

Lorsque l'adulte a sa résidence habituelle sur le territoire d'un État contractant, les mesures d'urgence cessent de produire leurs effets dès qu'une autorité compétente en vertu de la Convention a pris les mesures exigées par la situation. Si l'adulte n'a pas sa résidence habituelle sur le territoire d'un État contractant, les mesures prises conservent leur efficacité jusqu'à ce que les autorités de l'État non contractant de la résidence habituelle de l'adulte ou le cas échéant d'un autre État dont la compétence peut être reconnue aient pris les mesures exigées par la situation.

Loi applicable Les **autorités compétentes** d'un État contractant appliquent en principe **leur propre loi** (Convention de La Haye du 13-1-2000 art. 13, 1). 72474

Exceptionnellement, elles peuvent toutefois appliquer ou prendre en considération la **loi d'un autre État** avec lequel la situation présente un lien étroit, dans la mesure où la protection de la personne ou des biens de l'adulte le requiert (Convention de La Haye du 13-1-2000 art. 13, 2).

Lorsqu'une mesure de protection adoptée dans un État contractant est mise en œuvre dans un autre État contractant, les conditions de son application sont régies par la loi de ce dernier État (Convention de La Haye du 13-1-2000 art. 14). L'expression « conditions d'application » doit être entendue assez largement. Dès lors, s'agissant de l'achat ou de la vente d'un immeuble en France, si les pouvoirs de la personne désignée par la mesure de protection sont tels qu'elle peut agir sans autorisation selon la loi de l'État étranger de résidence, mais non selon notre droit, une telle autorisation sera requise. Inversement, il se peut que la loi de l'État étranger en application de laquelle la personne en charge de la protection a été nommée exige cette autorisation, alors que notre droit ne l'exige pas. Le parallélisme des situations conduirait à appliquer aussi dans ce cas la loi française en tant que loi du lieu de mise en œuvre de la mesure de protection, sauf si l'exigence par la loi d'origine d'une autorisation est vue comme tenant à l'existence même des pouvoirs (P. Lagarde, Rapport explicatif sur la Convention Protection des adultes de 2000, éd. 2017, n° 103).

Mandat d'inaptitude La Convention prévoit des règles spécifiques pour le mandat d'inaptitude dont elle donne la **définition** suivante. Il s'agit des « pouvoirs de représentation conférés par un adulte, soit par un accord, soit par un acte unilatéral, pour être exercés lorsque cet adulte sera hors d'état de pourvoir à ses intérêts » (Convention de La Haye du 13-1-2000 art. 15). En droit français, c'est le mandat de protection future (nos 12370 s.). 72475

La Convention consacre le principe du **choix de la loi applicable** au mandat d'inaptitude. Ce choix est cependant limité, la personne établissant le mandat ou les parties, selon qu'il s'agit d'un acte unilatéral ou conventionnel, devant nécessairement choisir l'une des lois suivantes : loi d'un État dont l'adulte protégé possède la nationalité, loi de l'État d'une résidence habituelle précédente de l'adulte ou loi d'un État dans lequel sont situés des biens appartenant à l'adulte, en ce qui concerne ces biens (Convention de La Haye du 13-1-2000 art. 15, 2). Le choix de la loi applicable doit être exprès et établi par écrit. Le **dépeçage** est implicitement admis : l'adulte peut choisir plusieurs lois pour régir le mandat d'inaptitude, en dépeçant ses éléments pour soumettre chacun d'entre eux à des lois différentes, notamment lorsqu'il possède des biens dans des États différents (P. Lagarde, Rapport explicatif sur la convention de La Haye du 13 janvier 2000 n° 103). Selon le rapport explicatif, la Convention n'interdit pas de soumettre le mandat dans son ensemble à plusieurs lois, soit alternativement (le choix se ferait en faveur de l'une des lois désignées, dans la mesure où elle valide le mandat), soit cumulativement (validité subordonnée à l'accord de toutes les lois désignées) (P. Lagarde, précité). Si l'adulte a choisi une loi qui ignore ou prohibe le mandat, il faut alors tenir les pouvoirs conférés pour inexistants et demander une mesure de protection (P. Lagarde, précité, n° 105).

En l'**absence de choix** de la loi applicable, le mandat sera soumis à la loi de la résidence habituelle de l'adulte au moment où il est établi.

> **Précisions** Sous certaines conditions, les **mandats conclus ou établis avant l'entrée en vigueur de la convention de La Haye** sont néanmoins régis par cette dernière (n° 72461).

La loi applicable au mandat, qu'elle ait été choisie ou non, régit l'ensemble des **questions relatives au mandat** : son existence, son étendue, sa modification et son extinction. Si la loi applicable au mandat prévoit une formalité de publicité, il faudra normalement procéder à celle-ci, en particulier si elle conditionne sa validité. Si le mandant a choisi la loi de sa nationalité alors qu'il réside dans un autre pays, procéder aux formalités de publicité peut s'avérer délicat dans le pays de la loi choisie, sauf à ce qu'il soit possible de procéder localement à une publicité équivalente. 72476

Les **modalités d'exercice des pouvoirs** de représentation sont en revanche soumises à la loi de l'État où ils sont exercés. Selon le rapport explicatif, la notion de modalités d'exercice ne devrait couvrir que des « points de détail » : vérification par une procédure locale de l'existence et de l'étendue des pouvoirs, dépôt de l'acte les conférant ou encore procédure d'autorisation lorsque le mandat d'inaptitude prescrit une autorisation.

La mise en œuvre du mandat peut en effet requérir un contrôle formel par une autorité judiciaire ou administrative (en France, ce contrôle est effectué par le greffier, sous le contrôle du juge : CPC art. 1258 s.) ou une homologation judiciaire (c'est le cas au Québec : P. Sanséau, Le mandat de protection future dans l'ordre international – De la théorie... à la pratique : Actes pratiques et stratégie patrimoniale 2019 n° 1 dossier 5).

Il a ainsi été jugé que la mise en œuvre en France d'un mandat régi par une loi étrangère peut être soumise, au titre des modalités d'exercice des pouvoirs de représentation, à une procédure de visa destinée à vérifier que l'altération des facultés du mandant a été médicalement constatée et à fixer la date de prise d'effet du mandat. Pour autant, elle ne saurait être subordonnée à des conditions propres au droit français, telles que l'exigence d'une prévision expresse, dans le mandat, de modalités de contrôle du mandataire que n'impose pas la loi applicable à cet acte (Cass. 1e civ. 27-1-2021 n° 19-15.059 FS-PI).

Si la loi étrangère applicable au mandat requiert l'intervention d'une autorité judiciaire pour procéder à la vente d'un immeuble situé en France, les modalités d'autorisation relèveront de la loi française et il faudra alors solliciter une telle autorisation auprès du juge des tutelles (P. Sanséau, précité). En revanche, si la loi française exige une telle autorisation mais pas la loi étrangère applicable au mandat, il faudrait respecter celle-ci et l'autorisation n'aurait pas à être demandée (P. Sanséau, précité).

> **Précisions** **a.** S'il est de bonne foi et normalement diligent est protégé le **tiers qui a traité avec une personne ayant la qualité de représentant** selon la loi de l'État où l'acte est passé (à condition que les deux personnes aient été présentes sur le territoire du même État), mais non selon la loi désignée par la Convention. L'acte ne sera annulé que si le tiers savait ou devait savoir quelle était la loi applicable (Convention de La Haye du 13-1-2000 art. 17). Si le **tiers a traité avec l'adulte lui-même** et non avec son représentant, la situation est régie non plus par la convention de La Haye mais par le règlement Rome I (n° 72431).
>
> **b.** S'agissant des ressortissants français résidant à l'étranger, une **curieuse réponse ministérielle** soumet les modalités d'exercice du mandat à la loi de la résidence habituelle de l'adulte. Qualifiant implicitement les formalités prévues par le droit français pour la mise en œuvre du mandat (CPC art. 1258 s. et C. civ. art. 481 : production du mandat et d'un certificat médical circonstancié au greffe) de « modalités d'exercice » du mandat, le ministre estime ainsi que ces formalités ne s'appliquent que si le mandant a sa résidence habituelle en France (Rép. Garriaud-Maylam : Sén. 31-5-2018 n° 3037, BPAT 4/18 inf. 156).
>
> **c.** La **confirmation des pouvoirs du mandataire** est-elle une mesure de protection au sens de la Convention ? La première version du rapport explicatif, se fondant sur la lettre de l'article 38 de la Convention, estimait que non (P. Lagarde, Rapport explicatif sur la convention de La Haye du 13 janvier 2000, n° 146). « Toutefois, quelques délégations ont fait valoir depuis lors que cette analyse n'est pas celle qui, selon elles, résulterait de la discussion [...]. Selon cette opinion, la confirmation pourrait constituer une mesure de protection au sens de l'article 3 et elle ne pourrait être donnée que par l'autorité compétente selon la Convention. Une conséquence serait que, si l'adulte a [...] soumis le mandat qu'il a conféré à une loi autre que celle dont les autorités sont compétentes selon la Convention, le représentant risque d'être privé de la possibilité de faire confirmer ses pouvoirs, par exemple par l'autorité compétente de l'État dont la loi est applicable au mandat » (P. Lagarde, précité).

72477 Hors la forme du choix de loi lui-même, la Convention n'indique pas quelle est la loi applicable à la **forme du mandat** d'inaptitude. Dès lors, on peut soit considérer que la forme est régie par la même loi que celle qui régit le fond (en ce sens, P. Sanséau, précité) – mais cette interprétation est discutable en l'absence de toute référence expresse à la forme du mandat dans la Convention –, soit estimer que cette question ne relève pas de la Convention. Dans cette dernière hypothèse, il faudra alors appliquer la règle du droit international privé commun français (F. Brulé-Gadioux et J.-M. Plazy, Les personnes protégées en DIP. La gestion de l'incapacité : JCP N 2013 n° 1111) : loi du lieu de l'acte, sauf option des parties en faveur de leur loi nationale commune ou de la loi qui régit le fond (Cass. 1e civ. 10-12-1974 n° 73-11.238, Pierrucci : Rev. crit. DIP 1975 p. 474 note A. P.).

Enfin, une autorité compétente en vertu de la Convention peut **retirer ou modifier les pouvoirs** du mandataire si elle estime qu'il n'exerce pas ses pouvoirs de manière à assurer une protection suffisante de la personne ou des biens de l'adulte (Convention de La Haye du 13-1-2000 art. 16). Elle devra prendre en considération la loi désignée par la Convention (qu'il y ait eu un choix de loi exprimé ou non) dans la mesure du possible. Ce qui signifie que si la loi désignée ne permet pas la révocation du mandataire ou la modification de ses pouvoirs, le tribunal compétent pourra néanmoins passer outre.

72478 **Dispositions générales** Le mécanisme du **renvoi** est exclu par la Convention. Si une loi étrangère est désignée applicable, il s'agit de la loi interne à l'exclusion des règles de conflits de lois (Convention de La Haye du 13-1-2000 art. 19).

La loi étrangère désignée pourra être évincée si elle est manifestement contraire à l'**ordre public** (Convention de La Haye du 13-1-2000 art. 21). La Convention réserve également l'application des lois de police de l'État dans lequel la protection de l'adulte doit être assurée. Ces limites sont toutefois largement théoriques dans la mesure où le juge applique en principe sa propre loi, excepté dans le cas du mandat d'inaptitude.

Reconnaissance et exécution des mesures de protection Les mesures prises par les autorités d'un État contractant sont reconnues de **plein droit** dans les autres États contractants (Convention de La Haye du 13-1-2000 art. 22, 1). Si elle comporte des actes d'exécution, par exemple la vente forcée d'un bien, la mesure devra faire l'objet dans le second État d'une déclaration d'**exequatur** ou, selon la procédure applicable dans certains États, d'un enregistrement aux fins d'exécution (Convention de La Haye du 13-1-2000 art. 25). L'exécution se fera conformément au droit de l'État dans lequel elle a lieu. Toutefois, la **reconnaissance et** l'**exécution** peuvent être **refusées** dans certains cas, notamment si la décision prise est manifestement contraire à l'ordre public international ou aux lois de police de l'État requis ou encore si la juridiction n'était pas compétente au regard de la Convention. 72479

› **Précisions** L'État contractant dans lequel une mesure de protection a été prise ou un pouvoir de représentation confirmé a la faculté de délivrer un **certificat international** indiquant la qualité et les pouvoirs de la personne à qui est confiée la protection de l'adulte (Convention de La Haye du 13-1-2000 art. 38, 1). Ces indications sont tenues pour établies à la date du certificat, sauf preuve contraire (Convention de La Haye du 13-1-2000 art. 38, 2). Ce certificat ayant force probante dans tous les États contractants, il devrait permettre d'éviter frais et contestations (P. Lagarde, Rapport explicatif sur la convention de La Haye du 13 janvier 2000 n° 1). Un modèle de certificat est disponible sur le site Internet de la conférence de La Haye (www.hcch.net).
En France, l'autorité compétente pour délivrer ce certificat est le directeur de greffe de la juridiction qui a rendu la décision ou visé le mandat de protection future (CPC art. 509-1, I-3°). Un auteur indiquait que ce certificat n'était pas utilisé en pratique, notamment parce qu'aucun État contractant n'avait jusqu'alors procédé à la désignation de cette autorité (P. Sanséau, Le mandat de protection future dans l'ordre international – De la théorie... à la pratique : Actes pratiques et stratégie patrimoniale 2019 n° 1 dossier 5) ; la France y a procédé seulement en 2019.

DROIT COMMUN

Remplacé en grande partie par la convention de La Haye du 13 janvier 2000, le droit commun de la **compétence** n'a plus vocation à intervenir, excepté dans quelques hypothèses résiduelles, notamment s'agissant d'adultes à protéger ayant leur résidence habituelle dans un État non partie à la Convention. L'extension à l'ordre international des critères de compétence interne rend compétent le tribunal du lieu du domicile du tuteur (CPC art. 1211) et la compétence des tribunaux français pourrait donc être établie si celui-ci se trouve en France. Si celle-ci ne peut être établie ainsi, un juge français pourrait également être saisi sur le fondement du privilège de juridiction prévu par l'article 14 du Code civil (Cass. 1e civ. 9-12-2003 n° 01-14.569 : Bull. civ. I n° 547, Defrénois 2004 art. 37901 p. 434 note M. Revillard), à condition que le demandeur de la mesure de protection (et pas nécessairement la personne à protéger) soit français (en ce sens, Rép. Droit international Dalloz, v. Majeur protégé par E. Gallant, n° 100), ou sur le fondement du privilège de juridiction prévu par l'article 15 du Code civil, à condition que la personne à protéger soit française (P. Beaudoin, Problématiques internationales des mesures de protection : Dr. famille 2023 dossier 6). 72480
Le tribunal devra alors désigner comme **loi applicable** aux mesures de protection la loi nationale de la personne protégée, même si la personne chargée de la protection est de nationalité différente (M. Revillard : Droit international privé et européen : pratique notariale, Lextenso 10e éd. 2022, n° 922). Le jeu du renvoi est admis notamment en faveur de la loi du domicile ou de la résidence habituelle (Cass. 1e civ. 21-9-2005 n° 04-10.217 : Bull. civ. I n° 336). Il ne présentera cependant guère d'intérêt puisque son principal attrait était de permettre au juge français saisi de mettre en œuvre les mesures de protection prévues par la loi française (Cass. 1e civ. 21-9-2005 précité) ; or, si l'adulte à protéger a sa résidence habituelle ou son domicile en France, la convention de La Haye du 13 janvier 2000 est désormais applicable. Néanmoins, le renvoi devrait quand même être mis en œuvre.

3. REPRÉSENTATION D'UNE PARTIE PAR PROCURATION

LOI APPLICABLE AU FOND

72490 La loi applicable au fond à une procuration relève de la **convention de La Haye du 14 mars 1978** sur la loi applicable aux contrats d'intermédiaires et à la représentation. Cette Convention a vocation à jouer dans les relations à caractère international, c'est-à-dire présentant un élément d'extranéité. Sont exclues de son domaine les questions de capacité du mandant et du mandataire, de même que celles de la représentation légale ou statutaire d'une société par l'un de ses organes (Convention de La Haye du 14-3-1978 art. 2 et 3, a).

La loi désignée par les règles de conflit posées par la Convention s'appliquera même si elle n'est pas celle d'un État contractant (caractère universel). Elle pourra être écartée si elle est manifestement contraire à l'ordre public ou si une loi de police (interne ou étrangère) se veut applicable. Le renvoi est exclu.

> **Précisions** Certains auteurs estiment qu'il y a, en matière de procuration, **conflit de sources** (H. Péroz et É. Fongaro : Droit international privé patrimonial de la famille, LexisNexis 3e éd. 2022, nos 118 s.) : s'agissant des relations entre mandant et mandataire, le règlement Rome I aurait également vocation à s'appliquer puisqu'il n'exclut de son champ d'application que les rapports entre mandataire et tiers (Règl. Rome I art. 1, 2-g). Le règlement Rome I réserve l'application des conventions internationales existantes auxquelles un ou plusieurs États membres sont parties lors de l'adoption du règlement et qui règlent les conflits de lois en matière d'obligations contractuelles (Règl. Rome I art. 25, 1). Mais la convention de La Haye contient également une clause de « déconnexion » prévoyant qu'elle ne déroge pas aux instruments internationaux auxquels un État contractant est ou sera partie et qui contiennent des dispositions sur les matières qu'elle règle (Convention de La Haye du 14-3-1978 art. 22). Ces auteurs en concluent que les parties ont le choix entre les deux instruments (s'agissant du choix de loi) et qu'en l'absence de choix, la convention de La Haye devrait s'appliquer en tant que texte spécial. Cette interprétation est contestable dans la mesure où le règlement Rome I est un texte général, qui n'a pas vocation à régir spécifiquement la représentation conventionnelle et ce, d'autant plus que l'article spécifique visant la représentation conventionnelle qui figurait dans le projet de règlement a disparu de la version définitive (D. Bureau et H. Muir Watt : Droit international privé, t. 2, PUF 2017, no 951). Les mêmes auteurs relèvent également un conflit de sources avec le règlement 864/2007 du 11 juillet 2007 sur la loi applicable aux obligations non contractuelles (« Rome II »), qui s'appliquerait concurremment à la convention de La Haye à la question du dépassement de pouvoir du mandataire, si celui-ci a une nature délictuelle (H. Péroz et É. Fongaro, précités, nos 136 s.). Là encore, le règlement Rome II est un texte général ne prévoyant aucune disposition spécifique à la représentation, et la convention de La Haye doit s'appliquer : le règlement contient une disposition identique à celle du règlement Rome I réservant l'application des conventions internationales existantes (Règl. Rome II art. 28).

72492 **Rapports entre mandant et mandataire** Concernant les rapports entre mandant et mandataire, la loi applicable est en principe la **loi choisie par les parties** (Convention de La Haye du 14-3-1978 art. 5).

Ce choix peut être exprès ou résulter avec une certitude raisonnable des dispositions du contrat et des circonstances de la cause.

À défaut de choix, la loi applicable est la loi du lieu où l'intermédiaire (le mandataire) a son établissement professionnel ou, à défaut, sa résidence habituelle, au moment de la formation du rapport de représentation. Toutefois, si le mandataire doit exercer son activité à titre principal dans l'État dans lequel le mandant a son établissement professionnel ou, à défaut, sa résidence habituelle, la loi de cet État sera applicable (Convention de La Haye du 14-3-1978 art. 6).

Par **exemple**, un mandat établi entre un mandant ayant sa résidence habituelle en France et un mandataire résidant en Angleterre sera en principe soumis à la loi anglaise si les parties n'ont pas choisi la loi applicable ; toutefois, si le mandat a pour objet principal la vente d'un immeuble en France, la loi applicable sera la loi française.

S'agissant du **domaine de la loi désignée**, celle-ci régit la formation et la validité du rapport de représentation, les obligations des parties ainsi que les conditions d'exécution, les conséquences de l'inexécution et l'extinction de ces obligations. Cela inclut entre autres les questions de l'existence des pouvoirs du mandataire et des conséquences de leur dépassement ou de leur emploi abusif, le problème du conflit d'intérêts ainsi que le fait de savoir si le mandataire a la faculté de subdéléguer ses pouvoirs (Convention de La Haye du 14-3-1978 art. 8).

Rapports avec les tiers S'agissant des rapports avec les tiers (qu'il s'agisse des rapports mandant/tiers ou mandataire/tiers), les solutions sont un peu plus complexes. 72494
Le mandant et le tiers peuvent **choisir la loi applicable** à leurs rapports (Convention de La Haye du 14-3-1978 art. 14). Si une telle désignation est proposée par le tiers, le mandataire peut-il l'accepter pour le compte du mandant ? Le texte de la Convention indique que la désignation doit avoir été « acceptée expressément par l'autre partie » et non, selon le rapport explicatif, « par ou pour le compte de cette partie », ce qui devrait exclure l'acceptation par le mandataire, sans autorisation expresse du mandant.

À défaut de choix, le principe est l'application de la loi de l'État dans lequel le mandataire avait son établissement professionnel au moment où il a agi (Convention de La Haye du 14-3-1978 art. 11). La solution ne vaut que pour un intermédiaire professionnel (H. Péroz, La procuration en droit international privé : JCP N 2010 n° 1193) et doit par ailleurs être écartée dans plusieurs cas. Ainsi, c'est la loi du pays où le mandataire a agi qui s'appliquera (Convention de La Haye du 14-3-1978 art. 11) :
– si ce pays est celui où le tiers a son établissement professionnel ou, à défaut, sa résidence habituelle ;
– ou si ce pays est celui où le mandant a son établissement professionnel ou, à défaut, sa résidence habituelle ;
– ou encore lorsque le mandataire n'a pas d'établissement professionnel.

La loi ainsi désignée pour régir les rapports entre le mandant et les tiers s'appliquera également aux rapports entre les tiers et le mandataire en cas de dépassement ou d'abus de pouvoir par le mandataire (Convention de La Haye du 14-3-1978 art. 15).

En résumé, les rapports avec les tiers dans le cadre d'une **procuration établie entre particuliers** pour acheter ou vendre un immeuble en France seront donc le plus souvent soumis à la loi française dès lors que l'une des parties au contrat de vente réside en France.

LOI APPLICABLE À LA FORME

La convention de La Haye de 1978 sur la loi applicable aux contrats d'intermédiaires et à la représentation (n°s 72490 s.) ne s'applique pas à la question de la forme de la procuration (Convention de La Haye du 14-3-1978 art. 2, b). Il faut alors se tourner vers le **règlement Rome I** (n° 72190). 72496

Si la **procuration** est **établie à l'étranger** et que la loi (ou les lois) désignée(s) par le règlement Rome I exige(nt) la **forme authentique**, il est possible de faire établir la procuration devant un agent diplomatique ou consulaire français en poste dans le pays concerné (les attributions notariales consulaires ont toutefois été supprimées dans la plupart des États : voir n° 72326). Lorsque le pays où est passée la procuration connaît un système de notariat comparable au notariat français (système de notariat latin), la procuration peut être passée devant un notaire local. En l'absence de règles d'authenticité au sens du notariat latin dans le pays d'établissement de la procuration, la solution est de recourir à la forme locale authentique, c'est-à-dire de passer la procuration devant un homme de loi du pays considéré. En Grande-Bretagne, par exemple, l'intervention d'un « scrivener notary » ou d'un « notary public » devrait suffire (J.-Cl. Notarial Formulaire, v° Acte notarié, fasc. 310 : Acte notarié établi à l'étranger (droit international privé) par P. Callé, n°s 38 et 39 ; voir toutefois H. Péroz, La procuration en droit international privé : JCP N 2010 n° 1193, qui estime que le « notary public » devrait également être « solicitor », à défaut de quoi il ne faudrait pas admettre l'équivalence avec un notaire). Aux USA, on aura recours aux services combinés d'un « lawyer » et d'un « notary public », ce dernier n'étant pas nécessairement un juriste. Un arrêt récent approuve une cour d'appel d'avoir considéré qu'un acte établi par un « notary public » australien ne présentait pas les garanties suffisantes pour être considéré comme un acte authentique au sens du droit français (Cass. 1e civ. 14-4-2016 n° 15-18.157 F-PB : Bull. civ. I n° 92). L'acte authentique étranger devra ensuite être traduit et légalisé (sur les dispenses de légalisation, voir n°s 72386 s.).

ATTENTION

La difficulté devrait disparaître avec la généralisation de la **comparution à distance pour les procurations notariées**. En effet, depuis le 22 novembre 2020, les notaires peuvent recevoir des procurations authentiques sur support électronique lorsqu'une ou les parties à l'acte ne sont pas présentes devant eux (Décret 71-941 du 26-11-1971 modifié par le décret 2020-1422 du 20-11-2020 : BPIM 1/21 inf. 87-29).

Si la loi (ou les lois) désignée(s) autorise(nt) la **forme sous signature privée**, le notaire prendra soin de demander au client de faire certifier sa signature par l'ambassadeur ou le chef de poste consulaire français si le signataire a sa résidence habituelle dans leur circonscription consulaire ou y séjourne temporairement et remplit l'une des conditions suivantes (Décret 2020-1368 du 10-11-2020 art. 3) : 72497
– il possède la nationalité française ;

– il est étranger et doit produire cet acte en France, ou devant un ambassadeur ou un chef de poste consulaire français ;
– il représente, quelle que soit sa nationalité, une entreprise inscrite au registre national du commerce et des sociétés en France ou toute autre personne morale de droit privé ayant son siège en France.
La certification matérielle de signature sur un acte sous seing privé ne peut être faite qu'en présence de son signataire, sur production d'un document émanant d'une autorité publique, justifiant de son identité et comportant sa signature (Décret 2020-1368 du 10-11-2020 art. 4). Pour que les signatures apposées sur les actes sous seing privé puissent être certifiées, les actes rédigés en langue étrangère doivent être accompagnés d'une traduction en français effectuée par un traducteur habilité à intervenir auprès des autorités judiciaires ou administratives françaises ou d'un autre État membre de l'Union européenne ou d'un État partie à l'accord sur l'Espace économique européen ou de la Suisse, ou auprès des autorités de l'État de résidence (Décret 2020-1368 du 10-11-2020 art. 5).
La certification de signature peut également être effectuée par une autorité étrangère locale. Dans ce cas, sauf dispense de légalisation, l'acte de certification établi par une autorité étrangère devra être légalisé ou apostillé. Si le non-respect de cette formalité n'atteindra que l'acte de certification et non la procuration elle-même, qui reste valable en tant que telle, « le notaire qui prend la précaution de solliciter de ses clients une certification, sans pousser la logique jusqu'à requérir la légalisation ou l'apostille, doit avoir conscience du moindre degré de garantie que cette décision lui procure » (115e Congrès des notaires de France, Bruxelles 2019, n° 2346).

PROCURATION POUR CONSTITUER UNE HYPOTHÈQUE

72498 La **forme notariée** étant obligatoire en droit interne français (C. civ. art. 2409, al. 2 issu de l'ord. 2021-1192 du 15-9-2021, qui est venu codifier la jurisprudence antérieure fondée sur le parallélisme des formes), une jurisprudence ancienne (Cass. Req. 5-7-1827 : DP 1827 I p. 295) et une partie importante de la doctrine (Rép. Droit international Dalloz, v. Hypothèque par G. Khairallah, n° 15 ; M. Revillard et C. Géraud : J.-Cl. Notarial Formulaire, v. Vente d'immeuble – Étrangers fasc. 380, n° 107) en déduisent que la forme notariée est obligatoire pour le mandat de constituer hypothèque en droit international privé.
La justification avancée par l'arrêt de 1827, selon laquelle la forme de la procuration devrait être soumise à la loi du lieu de situation du bien compétente pour régir l'hypothèque, ne saurait être avancée au regard du règlement Rome I (en ce sens, Rép. Droit international Dalloz, v. Forme des actes par V. Delaporte, n° 105, qui indique que la solution traditionnelle est condamnée par l'entrée en vigueur de la convention de Rome, ce qui vaut a fortiori pour le règlement Rome I). La procuration donnée a en effet pour objet le pouvoir de représentation et non un droit réel immobilier, ce qui devrait exclure le jeu de l'article 11, 5° du règlement Rome I imposant le respect des règles de forme impératives de la loi du pays où est situé l'immeuble (n° 72190). Quant à l'interprétation donnée à l'article 2413 du Code civil conférant un monopole aux notaires français en matière d'affectation hypothécaire, elle ne justifie pas non plus le respect de la forme notariée (n° 72324). Il faudrait alors soutenir que la règle du parallélisme des formes imposant un acte notarié pour le mandat d'hypothéquer (solution aujourd'hui codifiée à l'article 2409 du Code civil) est une loi de police, ce qu'aucun auteur n'avance. La doctrine récente semble se retrancher, faute de justification convaincante, derrière l'idée d'une règle de conflit de lois ad hoc qui s'avère être la transposition pure et simple à l'ordre international de la règle interne française relative au parallélisme des formes (M. Farge et F. Hébert, Caractère authentique de la procuration reçue par un notary public australien : JCP N 2016 n° 1209 ; dans un sens proche, É. Fongaro, note sous Cass. 1e civ. 14-4-2016 n° 15-18.157 F-PB : JDI 2017 p. 3). C'est admettre qu'il est au pouvoir du législateur français de créer des règles de conflits de lois dérogatoires en matière contractuelle. Il s'agit pourtant d'une violation pure et simple du principe de primauté du droit européen : le règlement Rome I est exclusivement compétent pour régir la forme de la procuration pour constituer hypothèque (H. Péroz, La procuration en droit international privé : JCP N 2010 n° 1193) et il doit prévaloir sur toute règle de source nationale. Or, le règlement Rome I ne prévoit aucune règle particulière pour la procuration de constituer hypothèque.

72499 La jurisprudence récente ne donne malheureusement pas de solution claire. Un arrêt affirme que « la règle selon laquelle la forme des actes est réglée par la loi du lieu dans lequel ils ont été faits ou passés n'a pas de caractère impératif » (Cass. 1e civ. 12-6-2013 n° 12-15.467 : Bull. civ. I n° 122, à propos du mandat d'accepter une hypothèque). Cet arrêt est peu explicite et statue sur une espèce antérieure à l'entrée en vigueur de la convention de Rome (et a fortiori du règlement Rome I) ; il semble faire référence à la règle de conflit jurisprudentielle sur la forme des actes, selon laquelle celle-ci est régie par la loi du lieu de conclusion, sauf choix des parties en faveur de leur loi nationale commune ou de la loi régissant l'acte au fond (Cass. 1e civ. 10-12-1974 n° 73-11.238, Pierrucci : Rev. crit. DIP 1975 p. 474 note A. P. ; en ce sens, M. Farge et F. Hébert, précités ; voir toutefois en sens contraire, N. Randoux, La forme de l'hypothèque à l'heure des rapports juridiques transfontaliers : JCP N 2013 n° 1253, qui y voit une confirmation de l'application de la loi du lieu de situation de l'immeuble à la forme du mandat). Cette règle de conflit de lois est aujourd'hui remplacée, s'agissant des contrats, par le règlement Rome I. Cet arrêt militerait donc pour une application à la procuration pour constituer une hypothèque de la règle de conflit de lois en matière de forme des contrats prévue par Rome I (n° 72190). Un autre arrêt paraît exiger que la procuration pour constituer une hypothèque soit impérativement soumise à la forme authentique, exigée par la loi française applicable à l'hypothèque elle-même (Cass. 1e civ. 14-4-2016 n° 15-18.157 F-PB, précité). Mais l'arrêt n'explique pas en vertu de quelle règle de conflit de lois la loi française serait applicable à la forme de l'hypothèque (É. Fongaro, précité ; M. Farge et F. Hébert, précités) et la question n'était en réalité pas discutée par le pourvoi, qui ne contestait pas l'application de la loi française à la forme de la procuration.

Il nous semble donc que, sauf à considérer l'exigence de la forme notariée pour le mandat d'hypothéquer, inspirée par la règle du parallélisme des formes et aujourd'hui codifiée à l'article 2409, alinéa 2 du Code civil, comme une loi de police (en raison de la nécessité de protéger le consentement du débiteur), une procuration **sous signature privée** devrait suffire, dans la mesure où la loi du lieu où le pouvoir est établi admet cette forme pour constituer une hypothèque.

4. POUVOIRS DES ÉPOUX

PLURALITÉ DE SOURCES

De la **loi applicable** au régime matrimonial dépend le contenu de celui-ci, c'est-à-dire, de façon concrète, la composition des patrimoines de chaque époux et leurs pouvoirs respectifs sur ces patrimoines. Pour savoir quel régime matrimonial s'applique, il faut tenir compte de la **date du mariage** des époux en raison de la coexistence, en matière de droit applicable, de trois corps de règles dont l'applicabilité dans le temps dépend principalement de celle-ci : 72500

– les règles issues du règlement 2016/1103 du 24 juin 2016 mettant en œuvre une coopération renforcée dans le domaine de la compétence, de la loi applicable, de la reconnaissance et de l'exécution des décisions en matière de régimes matrimoniaux, dit « règlement Régimes matrimoniaux », pour les époux mariés depuis le 29 janvier 2019 (Règl. Régimes matrimoniaux : JOUE 2016 L 183 p. 1 ; rectificatif du 29-4-2017 : JOUE 2017 L 113 p. 62) ;

– les règles de la convention de La Haye du 14 mars 1978 sur la loi applicable aux régimes matrimoniaux pour les époux mariés à compter du 1er septembre 1992 et jusqu'au 28 janvier 2019 ;

– les règles françaises de source jurisprudentielle pour les époux mariés avant le 1er septembre 1992.

Cette présentation « simpliste » est néanmoins rendue plus complexe **en cas de changement de loi applicable** :

– si les époux ont procédé à un changement de loi entre 1992 et 2019, le praticien pourra être conduit à appliquer le droit commun et le droit conventionnel ;

– si le couple s'est marié après 1992 et a procédé à un changement de loi après 2019, c'est alors la Convention et le règlement qu'il conviendra d'appliquer successivement (S. Godechot-Patris, Commentaire du règlement du 24 juin 2016 relatif aux régimes matrimoniaux : le changement dans la continuité : D. 2016 p. 2292).

> **Précisions** La question du régime matrimonial d'un **couple homosexuel marié** nous paraît devoir être réglée de manière identique à celle de n'importe quel couple marié. Il ne fait donc pas de doute que le règlement Régimes matrimoniaux s'applique aux couples homosexuels mariés. S'agissant du droit commun français, l'adoption de la loi 2013-404 du 17 mai 2013 ouvrant le mariage aux personnes de même sexe entraîne nécessairement l'inclusion du mariage homosexuel dans la catégorie « mariage ». On peut s'interroger dans le cas de la convention de La Haye, dans la mesure où l'inclusion du mariage homosexuel ne pouvait avoir été envisagée par les rédacteurs de la Convention. Rien ne s'y oppose néanmoins : un juge français pourrait décider d'étendre le champ d'application de la Convention au mariage homosexuel sans violer celle-ci.

RÈGLEMENT RÉGIMES MATRIMONIAUX

72501 Le règlement 2016/1103 du 24 juin 2016 est **entré en application** le 29 janvier 2019. Il a vocation à remplacer à terme l'ensemble des règles de source conventionnelle et française applicables à l'ensemble des questions de droit international privé posées par les régimes matrimoniaux.

Pour les dispositions relatives à la loi applicable, le règlement ne s'applique qu'aux époux qui se sont mariés depuis le 29 janvier 2019. Toutefois, le règlement peut s'appliquer même aux époux mariés avant cette date s'ils procèdent depuis cette date à la désignation ou à la modification de la loi applicable à leur régime matrimonial (Règl. Régimes matrimoniaux art. 69, 3).

Le règlement réserve l'application des **conventions internationales existantes**. Cependant, il prévaut, entre les États membres, sur les conventions conclues entre eux dans la mesure où elles concernent des matières régies par le règlement (Règl. Régimes matrimoniaux art. 62). Ainsi, la convention de La Haye du 14 mars 1978 ayant été ratifiée seulement par des États membres participants (n° 72502), le règlement a vocation à la remplacer purement et simplement. En revanche, doivent toujours être appliquées en matière de régimes matrimoniaux la convention conclue avec la Pologne le 5 avril 1967 relative à la loi applicable, la compétence et l'exequatur dans le droit des personnes et de la famille et la convention conclue avec l'ex-Yougoslavie le 18 mai 1971 relative à la loi applicable et à la compétence en matière de droit des personnes et de la famille, applicable dans nos rapports avec la Bosnie-Herzégovine, le Kosovo, le Monténégro et la Serbie.

En outre, le règlement remplace aussi les **règles de source française** qui étaient toujours applicables pour certaines matières exclues de la convention de La Haye (régime primaire).

Le règlement a vocation à s'appliquer dans le cadre de régimes matrimoniaux ayant une incidence transfrontière (Règl. Régimes matrimoniaux considérant 14). Il concerne aujourd'hui 18 **États membres participants** : Allemagne, Autriche, Belgique, Bulgarie, Chypre, Croatie, Espagne, Finlande, France, Grèce, Italie, Luxembourg, Malte, Pays-Bas, Portugal, République tchèque, Slovénie et Suède. Dès lors qu'un juge de l'un de ces pays est saisi, il appliquera les règles de conflits de lois du règlement.

> **Précisions** Le règlement a vocation à couvrir l'ensemble des **aspects de droit civil des régimes matrimoniaux**, ce qui inclut les dispositions impératives du régime matrimonial primaire (Règl. Régimes matrimoniaux considérant 18 ; confirmant, si besoin en était, cette interprétation : Circ. JUSC1911990C du 24-4-2019 : BO justice 2019-06 du 12-6-2019 fiche 1 p. 1). Il inclut aussi, selon un auteur, le droit temporaire au logement prévu à l'article 763 du Code civil (en ce sens, H. Péroz, Le nouveau règlement européen sur les régimes matrimoniaux : JCP N 2016 n° 1241).

CONVENTION DE LA HAYE DU 14 MARS 1978

72502 La convention de La Haye du 14 mars 1978 sur la loi applicable aux régimes matrimoniaux (texte consultable en ligne sur le site internet de la conférence de La Haye www.hcch.net) a été ratifiée par la France et est **entrée en vigueur** le 1er septembre 1992 (Décret 92-1024 du 21-9-1992). Elle s'applique donc aux époux mariés ou qui ont procédé à la désignation de la loi applicable à leur régime matrimonial entre le 1er septembre 1992 et le 28 janvier 2019, ces deux dates étant incluses.

La Convention s'applique en présence d'un **élément d'extranéité**, même si la nationalité, la résidence habituelle des époux ou la loi désignée ne sont pas celles d'un État contractant (Convention de La Haye du 14-3-1978 art. 2 ; Cass. 1e civ. 12-11-2009 n° 08-18.343 : Bull. civ. I n° 224, BPAT 1/10 inf. 24).

La Convention ne remet pas en cause les **traités internationaux** signés par la France en matière de régimes matrimoniaux (Convention de La Haye du 14-3-1978 art. 20). La convention franco-yougoslave devrait s'appliquer dans les rapports avec les États signataires qui sont également des États membres participants au règlement Régimes matrimoniaux, pour la période antérieure à l'entrée en vigueur du règlement (voir n° 72501).

À ce jour, seuls trois **États** sont **liés par la convention de La Haye** : la France, le Luxembourg et les Pays-Bas. Signée également par l'Autriche et le Portugal, la Convention n'a pas été ratifiée par ces pays.

a. Époux mariés depuis le 29 janvier 2019

CHOIX DE LOI APPLICABLE PAR LES ÉPOUX

72504 Les futurs époux peuvent choisir la loi applicable à leur régime matrimonial. Ce choix est toutefois encadré puisque les **lois susceptibles d'être choisies** sont uniquement les suivantes (Règl. Régimes matrimoniaux art. 22) :

– loi de l'État de la résidence habituelle de l'un des époux ou futurs époux ;
– loi d'un État dont l'un des époux ou futurs époux a la nationalité.

L'existence de l'élément de rattachement s'apprécie au moment de la conclusion de la convention (et non au moment de la célébration du mariage).
Le choix peut intervenir à tout **moment**, avant le mariage, lors de sa célébration ou au cours de ce dernier (Règl. Régimes matrimoniaux considérant 45). Dans ce dernier cas, il pourra s'agir de confirmer la loi applicable désignée par le règlement en l'absence de choix ou d'effectuer en réalité une modification de la loi applicable, permise par le règlement.
En la **forme**, le choix doit être établi par un écrit, daté et signé par les deux époux. Ceci est susceptible de générer certaines difficultés lorsque le choix est fait lors de la célébration du mariage et que l'autorité mentionne ce choix dans l'acte de célébration lui-même (c'est le cas en Italie, à Monaco, au Mali et au Sénégal, notamment). Si l'acte de mariage n'est signé que par l'autorité de célébration et non par les époux eux-mêmes, il n'emportera pas choix de loi valable au sens du règlement (G. Khairallah, Les règlements européens du 24 juin 2016 sur les régimes matrimoniaux et les effets patrimoniaux des partenariats : Bull. Cridon Paris 2018 n° 6). Si la loi de l'État membre de la résidence habituelle des époux (ou de l'un des époux si seul l'un d'eux réside dans un État membre) au moment de la conclusion de la convention impose des règles formelles particulières pour les conventions matrimoniales, la convention de choix de loi doit les respecter. Si les époux ont leur résidence habituelle dans des États membres différents et si les lois de ces États prévoient des règles formelles différentes pour les conventions matrimoniales, il suffit de respecter les règles de forme imposées par l'une d'entre elles (Règl. Régimes matrimoniaux art. 23). Les règles sont plus strictes que celles de la convention de La Haye : « si des époux anglais résidant en France optent pour la loi de leur nationalité, ce choix de loi devra être réalisé en la forme notariée, alors qu'auparavant, le respect du formalisme de la loi anglaise suffisait à valider l'acte » (S. Godechot-Patris, Commentaire du règlement du 24 juin 2016 relatif aux régimes matrimoniaux : le changement dans la continuité : D. 2016 p. 2292).
L'existence et la validité au **fond** du choix de loi s'apprécie par rapport à la loi choisie, comme si la convention de choix était valable. Néanmoins, l'un des époux pourra établir son absence de consentement sur le fondement de la loi du pays dans lequel il a sa résidence habituelle au moment où la juridiction est saisie s'il ressort des circonstances qu'il ne serait pas raisonnable de déterminer l'effet du comportement de cet époux conformément à la loi désignée (Règl. Régimes matrimoniaux art. 24).

> **Précisions a.** Le règlement ne règle pas clairement le cas du choix par les époux dans l'hypothèse où l'un d'eux (ou les deux) possède **plusieurs nationalités**. Le préambule indique que cette question n'entre pas dans le champ d'application du règlement ; elle relève du droit national, dans le respect du droit européen (Règl. Régimes matrimoniaux considérant 49). Cela implique semble-t-il une possibilité de choix, si les nationalités en cause sont celles d'État membres (L. Perreau-Saussine, Le nouveau Règlement européen « Régimes matrimoniaux » : JCP G 2016 n° 1116). Si une nationalité d'un État tiers est impliquée (il s'agit ici d'États tiers à l'Union européenne seulement et non d'États membres non participants), il faudra transposer le raisonnement traditionnel de la jurisprudence française en matière de conflit de nationalités (n° 72082) (en ce sens, L. Perreau-Saussine, précité).
b. Le choix porte-t-il nécessairement sur le régime légal prévu par la loi désignée ou les époux peuvent-ils, à l'occasion de la désignation de la loi applicable, désigner la **nature du régime matrimonial**, comme cela est prévu aujourd'hui par le droit français en application de la convention de La Haye ? Certains auteurs estiment que le texte du règlement laisse la place au doute (H. Péroz, Le nouveau règlement européen sur les régimes matrimoniaux : JCP N 2016 n° 1241). Il nous semble cependant que le préambule prévoit expressément la faculté pour les époux de fixer les règles régissant leur régime matrimonial conformément à la loi applicable (Règl. Régimes matrimoniaux considérant 18 ; en ce sens, L. Perreau-Saussine, Le nouveau Règlement européen « Régimes matrimoniaux » : JCP G 2016 n° 1116 ; Circ. JUSC1911990C du 24-4-2019 : BO justice 2019-06 du 12-6-2019 fiche 3 p. 2). Néanmoins, les modalités (et la forme) du choix devraient logiquement dépendre de la loi désignée.

LOI APPLICABLE EN L'ABSENCE DE CHOIX

En l'absence de choix par les époux, le règlement prévoit une **« cascade » de rattachements** **72506**
(Règl. Régimes matrimoniaux art. 26). La loi applicable sera :
– la loi de l'État de la première résidence habituelle commune des époux après la célébration du mariage, ou à défaut ;
– la loi de l'État de la nationalité commune des époux au moment de la célébration du mariage, ou à défaut ;
– la loi de l'État avec lequel les époux ont ensemble les liens les plus étroits au moment de la célébration du mariage, compte tenu de toutes les circonstances (Règl. Régimes matrimoniaux art. 49).

Si les époux ont plus d'une nationalité commune, au moment de la célébration du mariage, le rattachement à la nationalité commune est inopérant, et, en l'absence de résidence habituelle commune, il faudra donc rechercher la loi des liens les plus étroits.

CONVENTION MATRIMONIALE

72508 Que les époux aient choisi ou non une loi applicable à leur régime matrimonial, la loi désignée par le règlement régit la **validité au fond** de leur contrat de mariage (Règl. Régimes matrimoniaux art. 27, g). La **validité en la forme** est quant à elle soumise à une superposition de règles (Règl. Régimes matrimoniaux art. 25). Le règlement prévoit lui-même une sorte de minimum applicable à toute convention matrimoniale : elle doit être établie par écrit, datée et signée par les deux époux. Mais :
– si des règles de forme supplémentaires sont prévues par la loi de l'État membre dans lequel les époux ont leur résidence habituelle ou l'un d'entre eux, si un seul des époux a sa résidence habituelle dans un État membre, ces règles s'appliquent ;
– en cas de résidence habituelle distincte des deux époux dans deux États membres et si ces États prévoient des règles de forme différentes, la convention matrimoniale doit se conformer à la loi de l'un de ces deux États ;
– si la loi applicable au fond prévoit des règles formelles supplémentaires, celles-ci doivent s'appliquer.

> **Précisions** Rien n'est dit sur la manière de trancher un possible **conflit entre la loi applicable au fond et la loi de la résidence habituelle** : il semblerait qu'il doive être résolu en les appliquant cumulativement, c'est-à-dire en se conformant à la loi la plus restrictive (Règl. Régimes matrimoniaux considérant 48 ; le texte est toutefois peu explicite).

MODIFICATION DE LA LOI APPLICABLE

72510 **Demande unilatérale d'un époux** Le règlement prévoit, à titre exceptionnel, un **rattachement alternatif** qui s'apparente à une modification volontaire unilatérale de la loi applicable sous contrôle judiciaire (en ce sens, L. Perreau-Saussine, Le nouveau Règlement européen « Régimes matrimoniaux » : JCP G 2016 n° 1116).

La **loi de l'État de la dernière résidence habituelle commune** des époux sera applicable à la place de la loi de leur première résidence habituelle, sous réserve que plusieurs conditions soient réunies (Règl. Régimes matrimoniaux art. 26, 3) :
– cette modification ne peut être que judiciaire et faite à la demande de l'un des époux ;
– elle requiert la preuve que les époux avaient leur dernière résidence habituelle commune dans cet autre État pendant une période significativement plus longue que dans l'État de la première résidence habituelle. Ils doivent alors prouver qu'ils s'étaient fondés sur la loi de ce même autre État pour organiser ou planifier leurs rapports patrimoniaux ;
– elle requiert enfin l'absence de convention matrimoniale entre les époux avant leur établissement dans l'État de la dernière résidence habituelle commune. A contrario, la modification de la loi applicable serait possible si les époux ont fait un contrat de mariage soumis à une autre loi dans l'État de leur dernière résidence habituelle commune (G. Khairallah, Les règlements européens du 24 juin 2016 sur les régimes matrimoniaux et les effets patrimoniaux des partenariats : Bull. Cridon Paris 2018 n° 6).

Ce rattachement alternatif ne peut pas jouer si la loi applicable est celle de la nationalité commune des époux, en l'absence de résidence habituelle commune.

S'agissant de l'**application dans le temps** de ce changement, la loi de l'État de la dernière résidence habituelle des époux s'appliquera à leur régime matrimonial à compter de la date de célébration du mariage, sauf opposition de l'un des époux. En cas d'opposition, elle s'appliquera à compter de la date de l'établissement de leur dernière résidence habituelle dans cet État. Le jeu de ce rattachement alternatif ne peut pas porter atteinte aux droits des tiers.

72511 **Volonté commune des époux** Les époux peuvent décider à tout moment de modifier la **loi choisie** pour régir leur régime matrimonial. Ils peuvent également choisir une loi différente de celle qui régit leur régime **en l'absence de choix** (Règl. Régimes matrimoniaux art. 22). Dans les deux cas, ce choix ne pourra porter que sur l'une des lois susceptibles d'être choisies par les époux (n° 72504). Cette modification peut avoir lieu même si les époux se sont mariés avant l'entrée en vigueur du règlement et que leur régime matrimonial est régi par le droit commun ou la convention de La Haye de 1978. Cette modification est également possible alors que le droit applicable au régime interdit le changement de régime matrimonial pendant la durée du mariage.

Les époux devraient pouvoir choisir à cette occasion la **nature du régime matrimonial** (et non pas nécessairement se voir imposer le régime légal de la nouvelle loi désignée), comme le permet le droit français adopté en application de la convention de La Haye et sans avoir à se conformer aux dispositions de la loi applicable au régime matrimonial pour un changement de celui-ci dans une situation purement interne (en ce sens, de manière prudente, G. Khairallah, Les règlements européens du 24 juin 2016 sur les régimes matrimoniaux et les effets patrimoniaux des partenariats : Bull. Cridon Paris 2018 n° 6 ; plus affirmatifs, É. Fongaro et J.-C. Rega, Le changement de loi applicable au régime matrimonial : JCP N 2022 n° 1296 ; en sens contraire, M.-L. de Tejada, Règlement n° 2016/1103 sur les régimes matrimoniaux : difficultés d'application dans le temps : Bull. Cridon Paris 2019 n° 2). Même si, à ce jour, le Code civil ne prévoit de dispositions spécifiques que pour le changement de loi applicable au titre de la convention de La Haye, il devrait être possible de procéder aux mêmes formalités de publicité pour un changement opéré en vertu du règlement (en ce sens, A. Devers et M. Farge, Réforme pour la justice. Droit international privé. Les conséquences de la réforme en droit international privé : Dr. famille 2019 p. 51). Sur ces formalités de publicité, voir n° 72588. Les formalités prévues en cas de changement de régime matrimonial en droit français (C. civ. art. 1397), quant à elles, n'ont pas à être appliquées, ni au titre de la loi applicable au fond (on suppose que les époux souhaitent désigner le droit français), ni au titre de la loi applicable à la forme, à l'instar de ce qui est prévu pour la convention de La Haye (É. Fongaro, J.-C. Rega, précité). Seules les exigences relatives à la forme des conventions matrimoniales s'appliquent, dans la mesure où la loi française est applicable à la forme de l'acte (C. civ. art. 1394 : obligation d'établir le contrat de mariage par acte authentique).

S'agissant de l'**application dans le temps**, le changement de la loi applicable au régime matrimonial n'a pas d'effet rétroactif, sauf convention contraire des époux. Même si les époux décident de lui conférer un tel effet, il ne peut porter atteinte aux droits des tiers. L'absence de rétroactivité les conduira à liquider leur régime matrimonial antérieur.

OPPOSABILITÉ AUX TIERS

La loi désignée par le règlement régit en principe les effets du régime matrimonial sur un rapport juridique entre un époux et des tiers (Règl. Régimes matrimoniaux art. 27, f). **72512**

Toutefois, le règlement prévoit un mécanisme de **protection du tiers qui ignorerait la loi désignée** : la loi applicable au régime matrimonial ne peut pas être opposée par un époux à un tiers, sauf si le tiers a eu connaissance de cette loi ou aurait dû en avoir connaissance en faisant preuve de la diligence voulue (Règl. Régimes matrimoniaux art. 28, 1).

Le **tiers** est **réputé avoir connaissance de la loi applicable** si cette loi est l'une des lois suivantes ou si l'un des époux a procédé aux formalités requises par l'une d'entre elles (Règl. Régimes matrimoniaux art. 28, 2) :

– loi applicable à la convention conclue entre l'un des époux et le tiers ;
– loi de la résidence habituelle de l'époux contractant et du tiers ;
– en matière immobilière, loi du lieu de situation de l'immeuble.

Le texte ne précise pas si cette présomption est simple ou irréfragable (S. Godechot-Patris, Commentaire du règlement du 24 juin 2016 relatif aux régimes matrimoniaux : le changement dans la continuité : D. 2016 p. 2292). Il nous semble toutefois que la rédaction du texte ne prévoit pas que le tiers puisse apporter la preuve contraire (voir toutefois, en faveur d'une présomption simple, H. Péroz, Le nouveau règlement européen sur les régimes matrimoniaux : JCP N 2016 n° 1241).

S'agissant des formalités de publicité, la circulaire de présentation publiée par le ministère de la justice estime que les mesures de publicité du choix de loi prévues pour la convention de La Haye pourront également s'appliquer au règlement (Circ. JUSC1911990C du 24-4-2019 : BO justice 2019-06 du 12-6-2019 fiche 3 p. 7).

Lorsque la **loi applicable** au régime matrimonial entre les époux est **inopposable à un tiers**, les effets du régime matrimonial à l'égard du tiers sont régis par (Règl. Régimes matrimoniaux art. 28, 3) :

– la loi de l'État dont la loi est applicable à la convention conclue entre l'époux et ce tiers ;
– ou, en matière immobilière ou dans des affaires concernant des biens ou droits faisant l'objet d'une inscription sur un registre, par la loi de l'État dans lequel le bien immeuble est situé ou dans lequel les biens ou les droits sont inscrits.

Il faut supposer que les dispositions de la loi ainsi désignée seront celles du régime matrimonial légal de celle-ci (G. Khairallah, Les règlements européens du 24 juin 2016 sur les régimes matrimoniaux et les effets patrimoniaux des partenariats : Bull. Cridon Paris 2018 n° 6).

MISE EN ŒUVRE DE LA LOI DÉSIGNÉE

La loi désignée en application du règlement s'applique même si ce n'est pas celle d'un État membre participant (**caractère** dit **« universel »**) (Règl. Régimes matrimoniaux art. 20). **72514**

La loi désignée s'applique à l'ensemble des **biens** relevant de ce régime, quel que soit le lieu où ils se trouvent (Règl. Régimes matrimoniaux art. 21).

Le **renvoi** est exclu (Règl. Régimes matrimoniaux art. 32).

La loi désignée pourra être écartée si elle est manifestement incompatible avec l'**ordre public** (Règl. Régimes matrimoniaux art. 31). Toute application de la loi désignée qui reviendrait à créer une inégalité entre les époux, fondée notamment sur le sexe (incapacité de la femme mariée ou capacité limitée) devrait être déclarée contraire à l'ordre public.

Le règlement prévoit en outre la possibilité pour le juge saisi d'appliquer ses propres **lois de police**, définies comme les dispositions impératives dont le respect est jugé crucial par un État membre pour la sauvegarde de ses intérêts publics, tels que son organisation politique, sociale ou économique, au point d'en exiger l'application à toute situation entrant dans son champ d'application, quelle que soit par ailleurs la loi applicable au régime matrimonial en vertu du règlement (Règl. Régimes matrimoniaux art. 30). Le texte vise en particulier certaines dispositions du régime matrimonial dit « primaire » telles que les dispositions relatives à la protection du logement familial (Règl. Régimes matrimoniaux considérant 53). Il est en revanche douteux que l'intégralité des dispositions des articles 212 à 226 du Code civil (textes du régime « primaire ») se voient qualifiées de lois de police, la jurisprudence française en la matière étant discutable (sur cette discussion, voir n° 72592, précision a). Le préambule du règlement invite en outre à retenir une interprétation stricte de cette exception à l'application de la loi désignée (Règl. Régimes matrimoniaux considérant 53). Selon la circulaire de présentation publiée par le ministère de la justice, s'il est acquis que l'article 215 du Code civil est une loi de police – il nous semble toutefois que seul son alinéa 3, relatif à la protection du logement familial, devrait rentrer dans cette catégorie –, il est moins certain que ce soit le cas pour les règles relatives à la solidarité des dettes ménagères (C. civ. art. 220), aux mesures urgentes en cas de mise en péril de l'intérêt de la famille (C. civ. art. 220-1), aux pouvoirs des époux (C. civ. art. 216, 220, 221, 223 et 225) ou à la sécurité des tiers (C. civ. art. 221 et 222 ; Circ. JUSC1911990C du 24-4-2019 : BO justice 2019-06 du 12-6-2019 fiche 3 p. 7).

b. Époux mariés entre le 1er septembre 1992 et le 28 janvier 2019

CONVENTION DE LA HAYE DU 14 MARS 1978

72560 La convention de La Haye du 14 mars 1978 sur la loi applicable aux régimes matrimoniaux détermine la loi applicable aux époux mariés pendant cette période (et qui n'ont pas procédé après celle-ci à une modification de la loi applicable : voir nos 72500 et 72502).

Les règles de conflit de lois édictées par la Convention ont un **caractère universel**, c'est-à-dire qu'elles ont vocation à s'appliquer même si la loi désignée n'est pas celle d'un État membre, et notamment même si la nationalité, la résidence habituelle des époux ou la loi désignée ne sont pas celles d'un État contractant (Convention de La Haye du 14-3-1978 art. 2).

La Convention ne s'applique pas toutefois aux règles relatives au **régime matrimonial dit « primaire »**. Le régime primaire reste soumis, comme c'était le cas avant l'entrée en vigueur de la Convention, à la loi des effets du mariage, sous réserve de l'intervention de la loi française en tant que loi de police (sur l'ensemble de la question, voir n° 72592).

DÉTERMINATION DE LA LOI APPLICABLE AU MOMENT DU MARIAGE

72564 **Choix des époux** Les époux avaient le choix de la loi applicable à leur régime matrimonial, qu'ils aient ou non rédigé un contrat de mariage. Néanmoins, le choix offert par la convention de La Haye était limité : les **lois susceptibles d'avoir été désignées** par les époux étaient (Convention de La Haye du 14-3-1978 art. 3) :

– la loi nationale de l'un des époux au moment de cette désignation ;

– la loi de l'État sur le territoire duquel l'un des époux a sa résidence habituelle au moment de cette désignation ;

– la loi du premier État sur le territoire duquel l'un des époux établit une nouvelle résidence habituelle après le mariage.

À l'occasion de la désignation de la loi applicable, les époux pouvaient désigner la **nature du régime matrimonial** choisi par eux (C. civ. art. 1397-3, al. 3).

Le mécanisme du **renvoi** est exclu lorsque les époux ont choisi la loi applicable à leur régime matrimonial.

72566 Le choix de la loi applicable doit faire l'objet d'une stipulation expresse ou résulter indubitablement des dispositions d'un contrat de mariage (Convention de La Haye du 14-3-1978 art. 11).

Lorsque les **époux ont fait un contrat de mariage**, le choix intervient normalement sous la forme d'une clause du contrat indiquant qu'il est soumis à une loi donnée. Toutefois, la Convention admet également que le choix puisse être implicite, à condition qu'il soit indubitable.

Par exemple, deux époux français vivant en France ont passé un contrat de mariage devant un notaire français ; plusieurs années après leur mariage, ils sont partis vivre en Espagne. Même si leur contrat ne contient pas de clause désignant la loi française, il ne fait pas de doute qu'à l'époque où le contrat a été rédigé, les époux n'envisageaient que l'application de la loi française. De même, la référence à des articles du Code civil devrait établir de façon indubitable le choix de la loi française. En revanche, l'intervention d'un notaire français n'est pas un élément qui, à lui seul, permet de conclure que les parties ont choisi implicitement la loi française.

La Convention ne définit pas le contrat de mariage. Il est néanmoins certain que pour être qualifié de contrat de mariage, « l'acte doit contenir des dispositions sur la gestion des biens des époux », ce qui n'est pas le cas d'un acte de mariage établi par une autorité religieuse qui énonce les conditions de validité du mariage sans envisager les rapports patrimoniaux entre époux (F. Monéger, Premières jurisprudences sur la convention de La Haye en matière de régimes matrimoniaux : JCP N 2014 n° 1294). La jurisprudence est en ce sens (Cass. 1e civ. 19-12-2012 n° 12-16.633 : Bull. civ. I n° 266, BPAT 1/13 inf. 14, où l'acte que le mari nommait « contrat de mariage » ne désignait que l'autorité religieuse qui a célébré le mariage, aucune mention expresse et indubitable de cet acte ne faisait référence au contrat qui en découlerait ni ne désignait la loi à laquelle il serait soumis).

En la forme, le contrat de mariage doit être conforme à la loi du lieu où il est établi ou à celle qui le régit au fond, c'est-à-dire à la loi désignée (Convention de La Haye du 14-3-1978 art. 12). Ainsi, l'intervention d'un notaire (requise par la loi française) n'est pas nécessaire pour un contrat de mariage établi en France mais soumis au fond à la loi anglaise. Cependant, quelle que soit la loi applicable, le contrat doit toujours faire l'objet d'un écrit daté et signé des deux époux (Convention de La Haye du 14-3-1978 art. 12), seule la signature devant être manuscrite (A.E.von Overbeck : Rapport explicatif sur la Convention-Régimes matrimoniaux de 1978 – Actes et documents de la treizième session, 1976, t. II, n° 190).

Lorsque les **époux n'ont pas établi de contrat de mariage**, ils peuvent toutefois, avant leur mariage, désigner la loi applicable à leur régime matrimonial, qui sera nécessairement le régime légal imposé par la loi désignée. Le choix doit alors résulter d'une stipulation expresse revêtant la même forme que celle exigée pour le contrat de mariage.

En l'absence de choix des époux La loi applicable au régime matrimonial des époux est alors la loi du pays où ils ont établi leur **première résidence habituelle** après le mariage (Convention de La Haye du 14-3-1978 art. 4, al. 1). À la différence des solutions antérieures fondées sur la recherche du premier domicile commun (n° 72596), la référence à la résidence habituelle ne devrait laisser qu'un rôle marginal à la recherche de l'intention des époux de s'installer durablement dans un lieu (F. Monéger, Premières jurisprudences sur la convention de La Haye en matière de régimes matrimoniaux : JCP N 2014 n° 1294). Il suffira de constater l'installation des époux dans un pays donné, la volonté ne jouant le rôle d'indice que dans des cas limites. **72572**

Si les époux établissent leur première résidence habituelle dans des États différents, la loi applicable sera la loi de leur **nationalité commune**.

La loi de la nationalité commune des époux est également applicable dans les cas suivants :

– lorsque les époux ont tous deux la nationalité d'un État ayant fait la réserve prévue à l'article 5 de la Convention (à l'heure actuelle, les Pays-Bas). Toutefois, si les époux avaient tous deux, depuis au moins 5 ans avant leur mariage, leur résidence habituelle dans un État autre que celui dont ils sont ressortissants, la loi de cet État s'appliquera (par exemple, la loi française pour des Néerlandais installés en France 5 ans avant leur mariage), sauf si les époux ont établi leur résidence habituelle dans un État non partie à la Convention dont le droit international privé prescrit l'application de la loi nationale commune ;

– lorsque les deux époux sont ressortissants d'un État non partie à la Convention dont la règle de conflit de lois désigne sa propre loi, s'ils ont établi leur première résidence habituelle après le mariage aux Pays-Bas ou dans un État dont la règle de conflit prescrit aussi l'application de la loi nationale commune.

La nationalité commune ne sera cependant pas prise en compte si les époux ont plus d'une nationalité commune ou si elle est le résultat automatique du mariage, la loi d'un des époux attribuant sa nationalité à l'autre, sans qu'il ait la possibilité de la décliner.

À défaut de résidence habituelle et de nationalité communes, la loi applicable sera la loi de l'État qui, compte tenu de toutes les circonstances, présente les liens les plus étroits avec la situation.

Hors les cas envisagés ci-dessus prenant en compte la règle de conflit de lois d'un État non contractant, le **renvoi** est exclu.

CHANGEMENT DE LOI APPLICABLE PENDANT LE MARIAGE

72574 **Modification volontaire (avant le 29 janvier 2019)** Les époux pouvaient, au cours de leur mariage, changer la loi applicable à leur régime matrimonial.
Les **lois susceptibles d'être choisies** par les époux étaient :
– la loi nationale de l'un des époux au moment de la désignation ;
– la loi de l'État sur le territoire duquel l'un des époux avait sa résidence habituelle au moment de la désignation.
Le choix des époux peut résulter d'une stipulation expresse dans un écrit ou d'un contrat de mariage. Il obéit aux règles de **forme** qui s'appliquent à la désignation de la loi initiale (n° 72566).
Un tel choix ne peut pas résulter d'une déclaration des époux sur la loi applicable à leur régime matrimonial mentionnée dans des actes notariés poursuivant un autre objet (acte d'achat d'un bien immobilier et acte de donation entre époux). En effet, celle-ci ne traduit pas une volonté non équivoque des époux de soumettre leur régime matrimonial à une autre loi que celle le régissant jusqu'alors (Cass. 1e civ. 13-12-2017 n° 16-27.216 FS-PBI : BPAT 1/18 inf. 24).
À l'occasion de la désignation de la loi applicable, les époux pouvaient également désigner la **nature du régime matrimonial** choisi par eux (C. civ. art. 1397-3, al. 3). Les époux pouvaient ainsi opter, au sein de la loi nouvelle, pour le régime matrimonial de leur choix.
Indépendamment de tout choix d'un régime matrimonial spécifique, la modification de la loi applicable pouvait entraîner par voie de conséquence un changement du type de régime matrimonial, tel le passage de la loi française (dont le régime légal est la communauté de biens) à la loi anglaise (dont le régime légal est la séparation de biens).

72576 La Convention ne pose aucune **condition** quant à l'usage de cette faculté. Il faut dès lors considérer que les époux avaient toujours le droit de changer la loi applicable à leur régime matrimonial, alors même que la loi applicable à celui-ci interdisait le changement de régime matrimonial pendant la durée du mariage (ou ne connaissait qu'un seul type de régime matrimonial, imposé à tous les époux, ce qui revient au même).
Selon la Convention, ce changement a un **effet** rétroactif. La loi française paraît cependant considérer que le changement prend effet entre les époux et à l'égard des tiers sans rétroactivité (C. civ. art. 1397-4).
Une telle modification volontaire n'est plus possible en vertu de la Convention **depuis le 29 janvier 2019**, date d'entrée en vigueur du règlement Régimes matrimoniaux ; elle relève désormais du règlement (n° 72511).

72578 **Modification automatique** En principe, la loi applicable au régime matrimonial reste la même tant que les époux n'ont pas volontairement procédé à une modification de celle-ci.
Toutefois, lorsque **les époux n'ont pas désigné la loi applicable** à leur régime matrimonial **ni fait de contrat de mariage**, la loi de leur résidence habituelle se substituera de plein droit à la loi jusque-là applicable dans les cas suivants :
– les époux établissent leur résidence habituelle dans l'État de leur nationalité commune (Cass. 1e civ. 12-4-2012 n° 10-27.016 : Bull. civ. I n° 90, BPAT 3/12 inf. 164) ou acquièrent la nationalité de l'État de leur résidence habituelle (y compris s'ils ont plus d'une nationalité commune) ;
– les époux résident depuis plus de 10 ans dans le même État ;
– les deux époux fixent leur résidence habituelle dans le même État alors que leur régime matrimonial était soumis à leur loi nationale commune parce qu'ils ne résidaient pas dans le même État immédiatement après le mariage. C'est notamment le cas lorsque le mari, de nationalité étrangère, déjà installé en France, n'est rejoint qu'après un certain laps de temps par son épouse au titre du regroupement familial (Cass. 1e civ. 12-2-2014 n° 12-29.297, concernant des époux turcs installés en France ; Cass. 1e civ. 14-5-2014 n° 12-29.922, concernant des époux marocains installés en France).
Ce changement de loi applicable n'a d'**effet** que pour l'avenir et les biens appartenant aux époux antérieurement à ce changement ne sont pas soumis à la loi désormais applicable. Il faudra dès lors considérer que les biens des époux ont été soumis à deux (voire davantage) régimes matrimoniaux successifs, ce qui implique de procéder à la liquidation du régime matrimonial à chaque changement de loi applicable (Cass. 1e civ. 12-4-2012, précité). Les époux peuvent cependant décider que le changement aura un effet rétroactif, sous réserve des droits des tiers et du respect des règles de formes prévues pour la désignation de la loi applicable par stipulation expresse (n° 72566).

72580 Pour certains auteurs, les époux qui n'ont pas choisi de loi applicable à leur régime matrimonial ni fait de contrat de mariage avaient la possibilité de **s'opposer au changement automatique** de loi applicable en faisant une déclaration en ce sens (A. E. von Overbeck, Rapport explicatif sur la

Convention-Régimes matrimoniaux de 1978 : Actes et documents de la treizième session, 1976, t. II, p. 351 ; G. Droz, Les nouvelles règles de conflit françaises en matière de régimes matrimoniaux : Rev. crit. DIP 1992 p. 631 ; M. Revillard : Pratique de la convention de La Haye sur la loi applicable aux régimes matrimoniaux, Defrénois n° 83). Cette déclaration était une sorte de confirmation de la loi applicable à leur régime matrimonial. Sa forme aurait dû être la même que celle suivie pour désigner la loi applicable au régime matrimonial (n° 72566). Dans la mesure où les époux relèvent de la convention de La Haye, une telle déclaration de confirmation de la loi applicable faite après l'entrée en application du règlement Régimes matrimoniaux doit désormais relever de celui-ci et non plus de la Convention. Elle est parfaitement possible au regard du règlement si la loi faisant l'objet de cette confirmation est l'une des lois que les époux peuvent désigner en vertu du règlement (n° 72504). En revanche, en l'absence d'une telle déclaration, le changement automatique aura bien lieu conformément à la Convention, et l'entrée en vigueur du règlement ne change rien à cet égard (M.-L. de Tejada, Règlement n° 2016/1103 sur les régimes matrimoniaux : difficultés d'application dans le temps : Bull. Cridon Paris 2019 n° 2).

EXEMPLE

Deux **Français ayant vécu en France** pendant les années qui ont suivi leur mariage, célébré en 1993, se sont **installés au Maroc après leur retraite** en 2015. Ils n'ont pas choisi de loi applicable à leur régime matrimonial ni fait de contrat de mariage. Ils auraient pu faire une déclaration devant un notaire français indiquant qu'ils souhaitaient rester soumis à la loi française. Une telle déclaration, au titre de la convention de La Haye, est en revanche impossible depuis l'entrée en vigueur du règlement Régimes matrimoniaux. Rien ne leur interdit cependant de déclarer la loi française applicable en vertu du règlement.

CAS PARTICULIERS DES IMMEUBLES

Que les époux aient ou non choisi une loi applicable à leur régime matrimonial, ils pouvaient toujours désigner comme loi applicable aux immeubles qu'ils possédaient ou seulement à certains d'entre eux la **loi du lieu de situation** de l'immeuble. Les époux pouvaient également prévoir que les immeubles acquis par la suite seraient soumis à la loi de leur lieu de situation (Convention de La Haye du 14-3-1978 art. 3, al. 4). **72582**

Cette désignation pouvait aussi intervenir en cours de mariage, à l'occasion du changement de loi applicable à leur régime matrimonial ou indépendamment de celui-ci (Convention de La Haye du 14-3-1978 art. 6, al. 3).

La désignation doit résulter d'une stipulation expresse revêtant la même forme que celle exigée pour le contrat de mariage (n° 72566), étant précisé que dans ce cas, la loi régissant l'acte au fond est la loi du lieu de situation de l'immeuble et non la loi régissant l'ensemble du régime matrimonial.

Une telle modification n'est plus possible en vertu de la Convention depuis l'entrée en vigueur du règlement Régimes matrimoniaux, celui-ci ne permettant pas de désigner une loi pour régir seulement certains biens relevant du régime. Dès lors, une telle faculté n'est plus ouverte aux époux depuis le 29 janvier 2019. Si les époux procèdent à une désignation de loi après cette date, ce sera en vertu du règlement et elle vaudra pour l'ensemble de leurs biens. Si les époux avaient procédé à un choix de loi spécifique pour des immeubles et un choix de loi différent pour leurs autres biens conformément à la convention de La Haye, il ne leur sera pas possible de ne changer que la loi applicable aux autres biens, en maintenant la soumission des immeubles à une loi différente (en ce sens, M.-L. de Tejada, Règlement n° 2016/1103 sur les régimes matrimoniaux : difficultés d'application dans le temps : Bull. Cridon Paris 2019 n° 2, l'auteur indiquant toutefois que l'interrogation subsiste tant que la question n'a pas été tranchée par la CJUE).

EXEMPLE

Un couple dont le **mari** est **français** et la **femme italienne** avait établi sa première résidence habituelle après le mariage à Paris. Les époux étaient donc soumis au régime légal français de communauté réduite aux acquêts. À l'occasion de l'achat d'un **appartement à New York** en 2010, ils ont soumis ce bien à la loi de l'État de New York et l'immeuble relève ainsi du régime de la séparation des biens.

EFFETS À L'ÉGARD DES TIERS

La loi désignée selon la Convention pour régir le régime matrimonial s'applique également dans les rapports entre les époux et les tiers (Convention de La Haye du 14-3-1978 art. 9). Toutefois, la Convention permet à un État signataire de limiter la portée de cette disposition lorsque le tiers ou un époux a sa résidence habituelle sur son territoire ou encore lorsqu'un immeuble appartenant aux époux y est situé. Chacun des États peut ainsi subordonner l'opposabilité aux tiers, soit **72584** à des **conditions de publicité ou** d'enregistrement, soit à la **connaissance** réelle ou supposée par le tiers, de la loi applicable au régime matrimonial.

72586 **Publicité** La loi française impose des formalités de publicité pour que la désignation de la loi applicable soit opposable aux tiers.

Lorsque le **choix de la loi** a eu lieu **avant le mariage**, l'acte de mariage doit mentionner la déclaration qu'il a été fait un acte de désignation de la loi applicable, ainsi que la date et le lieu de signature de cet acte et, le cas échéant, le nom et la qualité de la personne qui l'a établi (C. civ. art. 76). À cet effet, les futurs époux présentent à l'officier de l'état civil soit l'acte par lequel ils ont opéré cette désignation, soit un certificat délivré par la personne compétente pour établir cet acte (en pratique, il s'agit du notaire). Le certificat énonce les noms et prénoms des futurs époux, le lieu où ils demeurent, la date de l'acte de désignation, ainsi que les nom, qualité et résidence de la personne qui l'a établi (C. civ. art. 1397-3, al. 1).

72588 Lorsque la désignation de la loi applicable a lieu **pendant le mariage**, les époux font procéder aux mesures de publicité dans les conditions et formes prévues au Code de procédure civile (CPC art. 1303-1 s.) :

– mention en marge de l'acte de mariage si celui-ci est conservé par une autorité française ;
– à défaut d'acte de mariage conservé par une autorité française, inscription au répertoire civil annexe au service central d'état civil de Nantes si l'acte de désignation a été reçu en France ou si l'un des époux est français ;
– mention sur la minute du contrat de mariage passé en France.

La désignation de la loi applicable prend effet entre les parties à compter de l'établissement de l'acte de désignation et, à l'égard des tiers, 3 mois après que les formalités de publicité ont été accomplies. Toutefois, en l'absence d'accomplissement de ces formalités, la désignation de la loi applicable est opposable aux tiers si, dans les actes passés avec eux, les époux ont déclaré la loi applicable à leur régime matrimonial (C. civ. art. 1397-4).

c. Époux mariés avant le 1er septembre 1992

DÉTERMINATION DU RÉGIME AU MOMENT DU MARIAGE

72590 Le droit international privé français est compétent pour déterminer le régime matrimonial d'époux mariés avant le 1er septembre 1992 lorsque existe un **élément d'extranéité** dans la situation de ceux-ci : c'est le cas, par exemple, lorsque l'un des époux, domicilié en France, est étranger ou que les époux sont de nationalités différentes (un Espagnol et une Allemande, un Français et une Italienne), ou encore lorsqu'un couple d'époux français ou d'époux dont l'un est français et l'autre d'une autre nationalité s'installe à l'étranger et/ou y acquiert des biens.

INCIDENCES DU RÉGIME MATRIMONIAL PRIMAIRE

72592 Le régime matrimonial primaire n'est pas soumis à la **loi applicable** au régime matrimonial par les règles de droit international privé commun français. La solution est la même sous l'empire de la convention de La Haye de 1978 sur la loi applicable aux régimes matrimoniaux ; elle est en revanche différente si le règlement Régimes matrimoniaux s'applique (voir n° 72501, précisions).

La loi applicable au régime primaire est :

– en principe, la loi des effets du mariage, soit la loi de la nationalité commune des époux ;
– ou, à défaut de nationalité commune, la loi de leur domicile commun ;
– ou enfin, en l'absence de domicile commun, la loi française.

Cependant, les règles françaises relatives au régime primaire se sont vu reconnaître le caractère de **lois de police** et doivent recevoir une application territoriale (Cass. 1e civ. 20-10-1987 n° 85-18.877 : Bull. civ. I n° 275 ; Cass. 1e civ. 12-6-2024 n° 22-17.231 F-B). Dès lors, quelle que soit la loi applicable aux effets du mariage, si les époux se trouvent en France, les règles du régime primaire français recevront application. Par exemple, deux époux de nationalité espagnole sont installés en France, ayant fixé le domicile familial à Paris. L'un des époux ne pourrait céder ce logement sans le consentement de l'autre (C. civ. art. 215, al. 3), alors même que les effets de leur mariage sont soumis à la loi espagnole.

› **Précisions a.** Estimant que la solution donnée par la Cour de cassation dans son arrêt du 20 octobre 1987 est excessive, certains auteurs considèrent qu'il faut **distinguer entre les dispositions du régime primaire** selon la finalité poursuivie par la règle en cause. Les articles 220, 221 et 222 du Code civil relatifs aux pouvoirs des époux devraient recevoir une application territoriale, de même que l'article 215, alinéa 3 sur la vente du logement familial (concernant l'art. 220, la solution est clairement affirmée par Cass. 1e civ. 12-6-2024, précité). Les articles 217 et 220-1 à 220-3 du Code civil concernant les mesures d'interdictions et d'habilitations judiciaires en cas de crise du couple devraient être applicables au titre de l'urgence, sous réserve de l'application de la convention de La Haye du 13 janvier 2000 (P. Mayer, V. Heuzé et B. Remy : Droit international privé, précis Domat, LGDJ 12e éd. 2019, n° 839). Les autres dispositions ne devraient en revanche être appliquées que si la loi française est applicable en tant que loi des effets du mariage.

b. Si la loi désignée par la règle de conflit de lois prohibe expressément le **mariage homosexuel** (c'est le cas de la Pologne ou de la Roumanie, par exemple) et refuse de reconnaître les effets d'un mariage homosexuel étranger, faut-il néanmoins l'appliquer aux effets de ce mariage ? Une partie de la doctrine considère qu'il faudrait écarter la loi désignée comme inapplicable et appliquer la loi française au titre de sa vocation subsidiaire (H. Fulchiron, Le mariage entre personnes de même sexe en droit international privé au lendemain de la reconnaissance du « mariage pour tous » : JDI 2013 doctr. 9). D'autres auteurs suggèrent d'essayer d'appliquer le droit étranger désigné par notre règle de conflit en procédant à une adaptation de la loi étrangère (P. Hammje, « Mariage pour tous » et droit international privé. Dits et non-dits de la loi du 17 mai 2013 ouvrant le mariage aux couples de personnes de même sexe : Rev. crit. DIP 2013 p. 773). Cette dernière solution nous semble préférable.

LOI APPLICABLE AU RÉGIME MATRIMONIAL

Choix résultant du contrat de mariage La loi applicable au régime matrimonial est en principe la loi choisie par les époux. Le **choix** peut être **exprès** et résulter d'une clause du contrat de mariage. Par exemple, un Suisse et une Française ont pu, par contrat établi en France, adopter le régime suisse de la séparation des biens. **72594**

Si le **choix** de la loi applicable n'a pas fait l'objet d'une stipulation expresse du contrat de mariage, il peut encore être **déduit** de la rédaction du contrat (par exemple, choix implicite de la loi française en cas de référence ou de reproduction d'articles du Code civil français).

Selon certaines législations étrangères, le choix du régime matrimonial et de la loi qui lui est applicable peuvent, et parfois doivent, être effectués devant l'autorité compétente lors de la célébration du mariage. Dans cette hypothèse, c'est en consultant l'acte de mariage que l'on aura connaissance d'éventuelles mentions quant aux choix des époux (M. Revillard : Droit international privé et européen : pratique notariale, Lextenso 10e éd. 2022, n° 527). Pour les mariages confessionnels célébrés à l'étranger, la mention d'une dot dans l'acte de mariage a été interprétée comme valant choix d'un régime matrimonial. Cette jurisprudence est critiquable dans la mesure où la dot est une condition du mariage et non le choix d'un quelconque régime matrimonial (G. Khairallah, La volonté dans le droit international privé commun des régimes matrimoniaux : Mélanges en l'honneur de Mariel Revillard, Defrénois 2007, p. 197 s.). Elle semble d'ailleurs avoir été abandonnée par la Cour de cassation dans ses arrêts les plus récents (notamment, Cass. 1e civ. 22-5-2007 n° 05-20.953 : Bull. civ. I n° 198).

En la **forme**, le contrat de mariage est en principe soumis à la loi du lieu de conclusion de l'acte, sauf si les époux ont choisi expressément de la soumettre à la loi régissant au fond le régime matrimonial ou à la loi de leur nationalité commune.

En l'absence de contrat de mariage En l'absence de contrat de mariage, il faut **rechercher la volonté des époux** de fixer le centre de leurs intérêts patrimoniaux dans un pays donné ; celui-ci est présumé être le pays dans lequel ils ont fixé leur premier domicile matrimonial (Cass. 1e civ. 4-6-1935, Zelcer : Rev. crit. DIP 1936 p. 755 note Basdevant). **72596**

Selon la jurisprudence, il ne s'agit que d'une **présomption simple**, mais la preuve contraire est difficilement admise (voir cependant Cass. 1e civ. 20-9-2023 n° 21-23.661 F-D : BPIM 6/23 inf. 410-2, relevant que la présomption « peut être détruite par tout autre élément de preuve pertinent »). La grande majorité des arrêts n'admet pas le renversement de cette présomption (rappelant nettement ce principe, Cass. 1e civ. 19-9-2007 n° 06-15.295 : Bull. civ. I n° 282 ; voir également G. Pluyette et F. Monéger, Quelques aspects récents de la jurisprudence de la première chambre civile en matière de droit communautaire international : Mélanges Gaudemet-Tallon, Dalloz 2008, p. 559 s.). Il en va notamment ainsi en cas de célébration religieuse du mariage à l'étranger selon les formes locales (le plus souvent, du pays de la nationalité commune des époux) ou devant le consul d'un pays étranger en France dès lors que les époux établissent leur domicile immédiatement après le mariage en France. De manière critiquable et à rebours de cette tendance, une décision a toutefois retenu la loi de la nationalité commune des époux, à partir d'indices faibles : mariage au consulat turc de Marseille, déclarations faites par les époux dans divers actes juridiques indiquant qu'ils étaient soumis au régime légal turc, déclaration de l'épouse dans un acte de caution indiquant qu'elle était soumise au régime matrimonial de la séparation de biens (Cass. 1e civ. 19-10-2016 n° 15-26.767 F-D ; voir aussi, encore plus critiquable, Cass. 1e civ. 24-5-2018 n° 17-20.110 F-D). Enfin, l'utilisation d'éléments postérieurs au mariage pour éclairer la volonté des époux au moment de celui-ci est admise par la jurisprudence, à condition d'être vraisemblables (Cass. 1e civ. 2-12-1997 n° 95-20.308 : Bull. civ. I n° 338 ; Cass. 1e civ. 3-10-2019 n° 18-22.945 F-D, refusant de prendre en compte des circonstances postérieures de plus de douze ans au mariage). Néanmoins, une clause d'un acte d'acquisition d'immeuble postérieur au mariage indiquant que les époux sont soumis au régime légal marocain n'est pas un indice suffisant que les époux aient eu la volonté d'adopter cette loi pour régir leur régime matrimonial dès lors que la volonté commune des époux avait été de s'établir de façon durable en France (Cass. 1e civ. 8-7-2015 n° 14-19.948 F-D). De même, des circonstances postérieures de plus de 12 ans au mariage sont impropres à révéler la volonté des époux (Cass. 1e civ. 20-9-2023 n° 21-23.661 F-D, précité : premier domicile commun établi en France 12 ans après le mariage célébré en Algérie avec l'arrivée de la femme et des enfants au titre du regroupement familial).

Bien entendu, c'est le régime légal en vigueur dans la législation ainsi désignée qui s'appliquera aux époux (pour la liste des régimes légaux de quelques pays, voir n° 72615).

> **Précisions a.** Le **premier domicile commun** est le lieu où les époux entendent « fixer et fixent effectivement leur établissement d'une manière stable » (H. Batiffol et P. Lagarde : Droit international privé, LGDJ, t. II, n° 620). Pour les Cridon, une durée de 2 ans permet de considérer le domicile comme effectif (M. Revillard : J.-Cl. Droit International, v. Régimes matrimoniaux – Droit international privé français fasc. 556, n° 23).
> **b.** Que l'on soit en présence d'un choix de loi par les époux ou que l'on applique la présomption de rattachement au premier domicile matrimonial, le **mécanisme du renvoi** est exclu (Cass. 1e civ. 1-2-1972 n° 70-11.953, Goutherz : Rev. crit. DIP 1972 p. 644 note G. Wiederkehr).
> **c.** Le **régime matrimonial** est **indivisible** : la loi qui lui est applicable régit l'ensemble des biens des époux, sans qu'il y ait lieu à distinguer entre les meubles et les immeubles, même s'ils sont situés dans plusieurs pays (Cass. 1e civ. 4-5-2011 n° 10-16.086 F-D).

ÉVOLUTION DE LA LOI APPLICABLE

72598 La loi désignée pour régir le régime matrimonial n'est pas figée au **moment de la désignation**. Elle se modifiera selon les évolutions législatives du pays dont la loi a été désignée.

Cependant, à l'égard des **réfugiés**, la loi applicable à leur régime matrimonial est « pétrifiée » au moment où ils ont quitté leur pays d'origine (Cass. 1e civ. 1-12-1969, Païtchadzé : Rev. crit. DIP 1970 p. 95 note P. L. ; Cass. 1e civ. 28-11-2006 n° 04-20.621 : Bull. civ. I n° 523).

CHANGEMENT DE RÉGIME DURANT LE MARIAGE

72600 Si les époux souhaitent changer de régime matrimonial durant leur union, ils doivent, conformément au droit commun, **interroger la loi applicable** à leur régime matrimonial et vérifier que celle-ci autorise les changements de régime matrimonial (Cass. 1e civ. 4-6-1935, Zelcer : Rev. crit. DIP 1936 p. 755 note Basdevant).

Le **changement de la loi applicable** au régime n'était pas permis selon le droit international privé commun. Cette question a toutefois perdu son intérêt pratique dès lors que les époux, même mariés avant l'entrée en vigueur du règlement, bénéficient des dispositions du règlement Régimes matrimoniaux permettant de changer la loi applicable au régime matrimonial et, par la même occasion, de choisir le régime matrimonial dans la loi ainsi désignée (voir n° 72511).

d. Régime matrimonial légal de quelques pays

72615

Pays	Régime matrimonial légal
Algérie	Séparation de biens
Allemagne	Participation aux acquêts (communauté différée des augments)
Angleterre	Séparation de biens
Autriche	Séparation de biens
Belgique	Communauté d'acquêts
Bulgarie	Communauté d'acquêts
Chypre	Séparation de biens
Danemark	Communauté de biens différée
Espagne	Communauté d'acquêts
– Aragon	« Consortium conjugal » (société d'acquêts)
– Baléares	Séparation de biens

Pays	Régime matrimonial légal
– Catalogne	Séparation de biens
– Galice	Société d'acquêts
– Navarre	Société d'acquêts
– Valence	Séparation de biens
Estonie	Communauté d'acquêts
Finlande	Séparation avec participation aux augments
Grèce	Séparation de biens avec participation aux acquêts lors de sa dissolution
Hongrie	Communauté d'acquêts
Irlande	Séparation de biens
Islande	Communauté de biens
Italie	Communauté d'acquêts
Lituanie	Communauté d'acquêts
Luxembourg	Communauté d'acquêts
Malte	Communauté d'acquêts
Maroc	Séparation de biens
Monaco	Séparation de biens
Norvège	Communauté de biens
Pays-Bas	Communauté de biens limitée
Pologne	Communauté d'acquêts
Portugal	Communauté d'acquêts
Roumanie	Communauté d'acquêts
Russie	Société d'acquêts
Slovaquie	Copropriété « sans quotes-parts »
Slovénie	Communauté d'acquêts
Suède	Communauté de biens différée
Suisse	Participation aux acquêts
Tchèque (République)	Communauté d'acquêts
Tunisie	Séparation de biens
Ukraine	Communauté d'acquêts

Pour un aperçu du droit des régimes matrimoniaux en vigueur au sein des États membres de l'Union européenne, voir le site internet dédié du Conseil des notariats de l'Union européenne (www.coupleseurope.eu).

5. POUVOIRS DES CONCUBINS ET DES PARTENAIRES

a. Partenariat enregistré conclu depuis le 29 janvier 2019

RÈGLEMENT EPPE

Le règlement 2016/1104 du 24 juin 2016 mettant en œuvre une coopération renforcée dans le domaine de la compétence, de la loi applicable, de la reconnaissance et de l'exécution des décisions en matière d'effets patrimoniaux des partenariats enregistrés, dit « règlement EPPE » (Règl. 2016/1104 du 24-6-2016 : JOUE 2016 L 183 p. 30 ; rectificatif du 29-4-2017 : JOUE 2017 L 113 p. 62) est **entré en application** depuis le 29 janvier 2019. 72630

Pour les dispositions relatives à la loi applicable, le règlement s'applique aux partenaires ayant enregistré leur partenariat depuis le 29 janvier 2019. Toutefois, même pour les partenariats enregistrés avant cette date, le règlement s'applique également si les partenaires procèdent après cette date à la désignation (ou à la modification) de la loi applicable aux effets patrimoniaux de leur partenariat.

Le règlement a vocation à s'appliquer aux effets patrimoniaux des partenariats enregistrés ayant une incidence transfrontière (Règl. EPPE considérant 14).

Il concerne aujourd'hui 18 **États membres participants** : Allemagne, Autriche, Belgique, Bulgarie, Chypre, Croatie, Espagne, Finlande, France, Grèce, Italie, Luxembourg, Malte, Pays-Bas, Portugal, République tchèque, Slovénie et Suède. Dès lors qu'un juge de l'un de ces pays est saisi, il appliquera les règles de conflits de lois du règlement.

DÉTERMINATION DE LA LOI APPLICABLE

72632 Les futurs partenaires peuvent procéder au **choix de la loi applicable** aux effets patrimoniaux de leur partenariat, à condition que la loi choisie attache des effets patrimoniaux à l'institution du partenariat enregistré. Ce choix est par ailleurs encadré puisque les **lois susceptibles d'être choisies** sont uniquement les suivantes (Règl. EPPE art. 22) :
– loi de l'État de la résidence habituelle de l'un des partenaires ou futurs partenaires ;
– loi d'un État dont l'un des partenaires ou futurs partenaires a la nationalité ;
– loi de l'État selon le droit duquel le partenariat enregistré a été créé.
L'existence de l'élément de rattachement s'apprécie au moment de la conclusion de la convention (et non au moment de l'enregistrement du partenariat).
Le choix peut intervenir à tout **moment**, avant l'enregistrement du partenariat, lors de son enregistrement ou au cours du partenariat enregistré (Règl. EPPE considérant 44). Dans ce dernier cas, il pourra s'agir de confirmer la loi applicable désignée par le règlement en l'absence de choix ou d'effectuer en réalité une modification de la loi applicable, permise par le règlement (n° 72635).
En la **forme**, le choix doit être établi par un écrit, daté et signé par les deux partenaires. Si la loi de l'État membre de la résidence habituelle des partenaires (ou de l'un des partenaires si seul l'un d'eux réside dans un État membre) au moment de la conclusion de la convention impose des règles formelles particulières pour les conventions partenariales, la convention de choix de loi doit les respecter. Si les partenaires ont leur résidence habituelle dans deux États membres différents et si les lois de ces États prévoient des règles formelles différentes pour les conventions partenariales, il suffit de respecter les règles de forme imposées par l'une d'elles (Règl. EPPE art. 23).
L'existence et la **validité au fond** du choix de loi s'apprécie par rapport à la loi choisie, comme si la convention de choix était valable. Néanmoins, l'un des partenaires pourra établir son absence de consentement sur le fondement de la loi du pays dans lequel il a sa résidence habituelle au moment où la juridiction est saisie s'il ressort des circonstances qu'il ne serait pas raisonnable de déterminer l'effet du comportement de ce partenaire conformément à la loi désignée (Règl. EPPE art. 24).
En l'absence de choix par les partenaires, le règlement prévoit que la loi applicable aux effets patrimoniaux du partenariat enregistré est la loi de l'État selon la loi duquel le partenariat enregistré a été créé (Règl. EPPE art. 26, 1).

> **› Précisions** Le règlement EPPE ne règle pas clairement le cas du choix par les partenaires dans l'hypothèse où l'un d'eux (ou les deux) possède **plusieurs nationalités**. Les solutions sont les mêmes que pour le règlement Régimes matrimoniaux (n° 72504, précision a).

MODIFICATION DE LA LOI APPLICABLE

72634 **Demande unilatérale d'un partenaire** Le règlement prévoit, à titre exceptionnel, un **rattachement alternatif** qui s'apparente à une modification volontaire unilatérale de la loi applicable, sous contrôle judiciaire (Règl. EPPE art. 26, 2). La **loi de l'État de la dernière résidence habituelle** commune des partenaires sera applicable à la place de la loi de l'État selon la loi duquel le partenariat enregistré a été créé.
Il faut pour cela que plusieurs **conditions** soient réunies :
– cette modification du rattachement ne peut être que judiciaire et faite à la demande de l'un des partenaires ;
– il faut que cette loi attache des effets patrimoniaux à l'institution du partenariat enregistré ;
– la modification requiert en outre que soit démontré le fait que les partenaires avaient leur dernière résidence habituelle commune dans cet autre État pendant une période d'une durée significative et qu'ils s'étaient fondés sur la loi de ce même autre État pour organiser ou planifier leurs rapports patrimoniaux ;
– il faut enfin prouver l'absence de convention partenariale entre les partenaires avant leur établissement dans l'État de la dernière résidence habituelle commune.
S'agissant de l'**application dans le temps** de ce changement, la loi de l'État de la dernière résidence habituelle des partenaires s'appliquera aux effets patrimoniaux de leur partenariat à

compter de la date de création du partenariat enregistré, sauf opposition de l'un des partenaires, auquel cas elle s'appliquera à compter de la date de l'établissement de leur dernière résidence habituelle dans cet État. Le jeu de ce rattachement alternatif ne peut pas porter atteinte aux droits des tiers.

Volonté commune des partenaires Les partenaires peuvent décider à tout moment de modifier la **loi choisie** pour régir les effets patrimoniaux de leur partenariat ou, lorsqu'ils n'ont pas procédé à ce choix, de choisir une loi différente de celle qui régit leur régime **en l'absence de choix** (Règl. EPPE art. 22), à condition que leur choix porte sur l'une des lois susceptibles d'être choisies par les partenaires (n° 72632). Cette modification peut avoir lieu même si les partenaires ont conclu leur partenariat avant l'entrée en vigueur du règlement. 72635
S'agissant de l'**application dans le temps**, le changement volontaire de la loi applicable aux effets patrimoniaux du partenariat n'a pas d'effet rétroactif, sauf convention contraire des partenaires. Même si les partenaires décident de lui conférer un tel effet, il ne peut porter atteinte aux droits des tiers. L'absence de rétroactivité les conduira à liquider leur régime patrimonial antérieur.

OPPOSABILITÉ AUX TIERS

La loi désignée par le règlement régit en principe les incidences des effets patrimoniaux du partenariat sur un rapport juridique entre un partenaire et des tiers (Règl. EPPE art. 27, f). 72636
Toutefois, le règlement prévoit un mécanisme de **protection du tiers qui ignorerait la loi désignée** : la loi applicable aux effets patrimoniaux du partenariat ne peut pas être opposée par un partenaire à un tiers, sauf si le tiers a eu connaissance de cette loi ou aurait dû en avoir connaissance en faisant preuve de la diligence voulue (Règl. EPPE art. 28, 1).
Le **tiers** est **réputé avoir connaissance de la loi applicable** si cette loi est l'une des lois suivantes ou si l'un des partenaires a procédé aux formalités requises par l'une d'entre elles (Règl. EPPE art. 28, 2) :
– loi applicable à la convention conclue entre l'un des partenaires et le tiers ;
– loi de la résidence habituelle du partenaire contractant et du tiers ;
– en matière immobilière, loi du lieu de situation de l'immeuble.
Le texte ne précise pas si cette présomption est simple ou irréfragable (S. Godechot-Patris, Commentaire du règlement du 24 juin 2016 relatif aux régimes matrimoniaux : le changement dans la continuité : D. 2016 p. 2292, à propos du règlement Régimes matrimoniaux mais transposable). Il nous semble toutefois que la rédaction du texte ne prévoit pas que le tiers puisse apporter la preuve contraire (voir toutefois, en faveur d'une présomption simple, H. Péroz, Le nouveau règlement européen sur les régimes matrimoniaux : JCP N 2016 n° 1241, à propos du règlement Régimes matrimoniaux mais transposable).
Lorsque la **loi applicable est inopposable au tiers**, les effets patrimoniaux du partenariat à l'égard du tiers sont régis par (Règl. EPPE art. 28, 3) :
– la loi de l'État dont la loi est applicable à la convention conclue entre le partenaire et ce tiers ;
– ou en matière immobilière ou dans des affaires concernant des biens ou droits faisant l'objet d'une inscription sur un registre, la loi de l'État dans lequel le bien immeuble est situé ou dans lequel les biens ou les droits sont inscrits.

MISE EN ŒUVRE DE LA LOI DÉSIGNÉE

La loi désignée en application du règlement s'applique même si ce n'est pas celle d'un État membre participant : **caractère** dit **« universel »** (Règl. EPPE art. 20). 72638
La loi désignée s'applique à l'ensemble des **biens** soumis aux effets patrimoniaux du partenariat, quel que soit le lieu où ils se trouvent (Règl. EPPE art. 21).
Le **renvoi** est exclu (Règl. EPPE art. 32).
La loi désignée pourra être écartée si elle est manifestement incompatible avec l'**ordre public** (Règl. EPPE art. 31).
Le règlement prévoit en outre la possibilité pour le juge saisi d'appliquer ses propres **lois de police**, définies comme les dispositions impératives dont le respect est jugé crucial par un État membre pour la sauvegarde de ses intérêts publics, tels que son organisation politique, sociale ou économique, au point d'en exiger l'application à toute situation entrant dans son champ d'application, quelle que soit par ailleurs la loi applicable aux effets patrimoniaux du partenariat en vertu du règlement (Règl. EPPE art. 30). Le texte vise en particulier certaines dispositions relatives à la protection du logement familial (Règl. EPPE considérant 52).

b. Partenariat enregistré conclu avant le 29 janvier 2019

LOI DE L'ÉTAT DE L'AUTORITÉ AYANT PROCÉDÉ À L'ENREGISTREMENT

72640 Les **effets patrimoniaux** des partenariats enregistrés sont soumis aux dispositions matérielles de l'État de l'autorité qui a procédé à son enregistrement (C. civ. art. 515-7-1), sous réserve d'un changement de loi applicable décidé par les partenaires depuis l'entrée en vigueur du règlement EPPE (n° 72630). Il ne s'agit pas de la loi du lieu d'enregistrement mais bien de celle de l'autorité qui y procède : s'agissant d'un partenariat entre un Français et un Belge enregistré au consulat de Belgique à Londres, c'est la loi belge et non la loi anglaise qui est applicable (Rapport AN n° 1578 p. 18).

La référence expresse aux dispositions matérielles exclut le **renvoi**.

Les partenaires pourront décider de **changer la loi applicable** à leur partenariat en application des dispositions du règlement EPPE (voir n° 72635).

c. Union libre

PREMIÈRE CONCEPTION : STATUT PERSONNEL

72645 Dès lors qu'une union de fait présente une certaine stabilité, de nombreux systèmes juridiques, notamment en Europe, lui font produire des effets de droit.

En l'absence de jurisprudence significative sur la question, deux conceptions doctrinales s'opposent pour qualifier l'union libre en droit international privé. La première conception y voit une question relevant du statut personnel (H. Gaudemet-Tallon, La désunion du couple en droit international privé : Rec. cours La Haye, 1991-1, t. 226, p. 9). Le **facteur de rattachement** sera alors, selon les auteurs, la nationalité commune des concubins ou leur résidence commune. Il a même été proposé un **système de rattachement en cascade**, à la loi nationale commune d'abord, ou à défaut à la loi du domicile commun, de la résidence habituelle ou enfin du tribunal saisi (J.-Cl. Droit International, fasc. 546-60 : Couple non marié par A. Devers, n° 77).

SECONDE CONCEPTION : ANALYSE DES RAPPORTS JURIDIQUES

72647 Selon la seconde conception, qui nous semble la plus convaincante dans l'attente d'une solution législative ou conventionnelle, les différents rapports juridiques résultant d'une union libre doivent être analysés en « autant de **rapports distincts**, soumis chacun à la loi qui résulte de sa nature, abstraction faite de leur intégration dans une relation durable » (P. Mayer, V. Heuzé et B. Remy : Droit international privé, Précis Domat, LGDJ 12e éd. 2019, n° 569).

Le plus souvent, les relations patrimoniales des concubins sont sous-tendues par un **contrat**, soit que ce dernier fixe le cadre général des relations à venir du couple, soit qu'un tel contrat soit conclu à l'occasion de l'acquisition d'un bien, spécialement un immeuble (pacte tontinier, convention d'indivision, etc.). La règle de conflit de lois applicable est alors celle qui régit le droit des contrats (nos 72130 s.) et, notamment, les dispositions du règlement « Rome I », sous réserve, s'agissant des pouvoirs sur les biens et de l'opposabilité des droits aux tiers, de la loi réelle, c'est-à-dire de la loi du lieu de situation de l'immeuble (notamment en matière d'indivision).

D. Capacité et pouvoirs des personnes morales

1. SOCIÉTÉS ÉTRANGÈRES

LOI APPLICABLE

72680 En droit international privé français, la loi applicable à une société est celle de l'État où est situé son siège social. La règle résulte des articles L 210-3 du Code de commerce et 1837 du Code civil, bilatéralisés par la jurisprudence.

Il s'agit en principe du **siège social statutaire**, soit le siège social fixé dans les statuts de la société.

Mais les tiers peuvent, s'ils y ont intérêt, invoquer le **siège social réel** de la société, c'est-à-dire le lieu depuis lequel la société est effectivement administrée (lieu où résident les organes sociaux, les administrateurs, où se tiennent les assemblées générales, etc. ; en cas de discordance entre ces lieux, on s'attachera à l'endroit où s'exercent la direction supérieure et le contrôle de la société). La jurisprudence récente semble cependant restreindre très nettement cette faculté : l'appréciation de la fictivité d'une société doit se faire en application de la loi de son lieu d'immatriculation (soit le plus souvent de son siège statutaire), et non de celle du siège réel

(Cass. com. 21-10-2014 n° 13-11.805, Artifax Trading : RJDA 2/15 n° 105, concernant une société dont il était allégué que le siège social réel était situé en France alors qu'elle était immatriculée à Chypre). L'arrêt ne se fonde pas sur le droit européen (n° 72683). Sa portée est par ailleurs discutée (S. Bollée, Droit du commerce international : D. 2015 p. 2031).
S'agissant de son **champ d'application**, la loi ainsi désignée déterminera la constitution, le fonctionnement et la dissolution de la société.

> **Précisions** Le mécanisme du **renvoi** (nos 72064 s.) est ici applicable. On signalera à cet égard que la plupart des pays anglo-saxons retiennent un critère de rattachement différent de celui adopté par le droit international privé français. C'est la théorie dite de l'incorporation selon laquelle la loi applicable est celle du pays où ont été accomplies les formalités d'immatriculation, d'enregistrement ou de publicité de la société (P. Mayer, V. Heuzé et B. Remy : Droit international privé, Précis Domat, LGDJ 12e éd. 2019, n° 1121).

RECONNAISSANCE DE LA PERSONNALITÉ MORALE

La validité de la constitution de la société selon la loi étrangère étant admise, encore faut-il que sa personnalité morale soit reconnue en France pour qu'elle puisse acheter ou vendre un immeuble situé sur notre territoire. **72682**
La personnalité juridique des **sociétés de personnes** étrangères est depuis longtemps reconnue de plein droit (Cass. civ. 26-7-1853 : S. 1853 I p. 688). Il en va de même depuis la loi 2007-1787 du 20 décembre 2007 pour les **sociétés de capitaux**.

DROIT EUROPÉEN

S'agissant de **sociétés immatriculées dans un État membre** de l'Union européenne, la jurisprudence européenne impose d'infléchir les solutions existantes. En effet, dès lors que la société a été valablement constituée dans un État membre, le droit français ne pourrait refuser de reconnaître sa personnalité morale, d'immatriculer une succursale ou lui imposer certaines conditions prévues en droit interne des sociétés pour la constitution de sociétés, relatives au capital minimal et à la responsabilité des administrateurs, alors même qu'elle exercerait de façon quasi exclusive son activité en France (CJCE 9-3-1999 aff. 212/97, Centros ; CJCE 5-11-2002 aff. 208/00, Uberseering ; CJCE 30-9-2003 aff. 167/01, Inspire Art). Si la jurisprudence de la Cour réserve l'hypothèse de la fraude (l'« abus »), on voit mal dans quelles circonstances celle-ci serait constituée puisque dans deux des affaires citées (Centros et Inspire Art), les sociétés en cause avaient été immatriculées dans le seul but de faire échec aux dispositions du droit national de l'État dans lequel elles allaient en réalité exercer la quasi-totalité de leur activité. **72683**
Cette jurisprudence aura normalement pour conséquence la disparition pour les tiers de la **faculté d'opposer à la société la loi du siège réel** lorsque le siège statutaire situé dans un autre État membre est fictif, à moins qu'il ne soit frauduleux (Rép. Dalloz Sociétés, v. Droit international des sociétés par M. Menjucq, n° 111). En revanche, dans l'hypothèse où le siège statutaire serait situé en France, les tiers conservent cette faculté, puisqu'il ne s'agit plus de reconnaître une société immatriculée dans un autre État membre, mais des conditions posées par la loi française aux sociétés immatriculées en France (CJCE 27-9-1988 aff. 81/87, Daily Mail ; CJCE 16-12-2008 aff. 210/06, Cartesio). Toutefois, une société constituée en France peut transférer son siège statutaire dans un autre État membre pour se transformer en une société relevant du droit de ce dernier État membre. Il faut pour cela respecter les conditions imposées par la législation de cet autre État membre, peu important que le siège réel de cette société ne soit pas lui-même transféré (CJUE 25-10-2017 C-106/16 Polbud). L'État du siège statutaire ne peut subordonner ce transfert et cette transformation à la liquidation de cette société (même arrêt).
S'agissant des **pouvoirs des organes de gestion** de la société, la liberté d'établissement s'oppose à la législation d'un État membre (l'Italie en l'occurrence) qui prévoit, de manière générale, l'application de son droit national aux actes de gestion d'une société établie dans un autre État membre (Luxembourg) mais exerçant la partie principale de ses activités dans le premier État membre (CJUE 25-4-2024 aff. 276/22, Edil Work 2 SRL c/ STE SARL : BRDA 11/24 inf. 1).

REPRÉSENTATION DE LA SOCIÉTÉ

Il s'agit ici de vérifier les **pouvoirs des dirigeants** de la société et leur aptitude à la représenter à l'acte d'achat ou de vente de l'immeuble. On recherchera, notamment, les éventuelles limitations de pouvoirs, qu'elles soient d'origine légale ou statutaire. Les premières se découvriront en consultant la loi applicable à la société (n° 72680). Quant aux secondes, le notaire examinera les statuts de la société, dont il aura pris soin de se faire communiquer une copie certifiée et traduite en français. **72684**

72686 Le notaire devra également être attentif à la **régularité de la désignation** du représentant de la société ainsi qu'à celle de l'**autorisation particulière** lui permettant, le cas échéant, d'engager la société pour l'achat ou la vente de l'immeuble (délibération, le plus souvent). Bien entendu, cette régularité doit être appréciée au regard de la loi étrangère applicable. La tâche n'est pas toujours aisée. Aussi, en pratique, a-t-on parfois recours à un certificat de coutume ou à un certificat d'identité et de capacité (concernant tant la société que son ou ses représentants) établis par un juriste du pays concerné. La pratique anglo-saxonne a fréquemment recours à des avis juridiques (« legal opinion ») de capacité.

CERTIFICATION D'IDENTITÉ

72688 Les formalités de **publicité foncière** étant obligatoirement soumises à la loi française (n° 72190), le notaire doit certifier l'identité des parties afin de pouvoir publier l'acte de vente de l'immeuble au service chargé de la publicité foncière.

Le certificat est établi au vu de l'original, d'une expédition ou d'une copie collationnée de tout document constatant la dénomination, la forme juridique et le siège actuels de la personne morale, ainsi que son numéro d'identité si elle est inscrite au répertoire des entreprises (Décret 55-22 du 4-1-1955 art. 6, 2-al. 3). Si le siège de la société est à l'étranger, le **document au vu duquel le certificat est établi** doit être délivré ou certifié par l'autorité administrative ou par l'agent diplomatique ou consulaire en poste dans le pays du siège (Décret 55-22 du 4-1-1955 art. 6, 2-al. 4). Lorsqu'il est rédigé en langue étrangère, ce document doit être traduit en français et la traduction certifiée soit par cet agent, soit par un interprète habituellement commis par les tribunaux. En pratique, si la législation étrangère concernée connaît, à l'instar de la France, un répertoire ou registre des sociétés, le notaire demandera un extrait d'immatriculation de la société étrangère traduit en français et certifié par le consul de France.

Par exemple, en Angleterre un répertoire des sociétés existe bien, il s'agit de la « Companies House » et l'extrait d'immatriculation se nomme « certificate of incorporation ».

2. AUTRES PERSONNES MORALES ÉTRANGÈRES

ASSOCIATIONS

72710 La loi applicable à une association étrangère est la **loi du pays où se trouve son siège social**. C'est donc en interrogeant cette loi que le notaire appréciera la capacité de l'association à acheter ou vendre un immeuble en France.

Il faut cependant noter qu'une association étrangère ne peut exercer d'**activité permanente en France** si elle n'a pas préalablement fait une déclaration à la préfecture du département où est situé son principal établissement (Loi du 1-7-1901 art. 5, al. 3). De plus, sa capacité à agir est doublement limitée aux prérogatives que lui accorde sa loi nationale et à celles que le droit français reconnaît à une association simplement déclarée et publiée.

En revanche, rien ne s'oppose à ce qu'une association étrangère n'ayant aucun établissement en France y accomplisse un **acte juridique isolé**, par exemple vendre un immeuble (Cass. 1e civ. 4-11-1952 : Rev. crit. DIP 1953 p. 367 note H. Batifol) ou agir en justice (Cons. const. 7-11-2014 n° 2014-424 QPC) ; l'exigence de déclaration préalable à la préfecture ne saurait lui être applicable (Cons. const. 7-11-2014 précité).

FONDATIONS

72712 Une fondation étrangère est, elle aussi, soumise en principe à la **loi de l'État de son siège** (Rép. Droit international Dalloz, v. Fondation par M.-C. de Lambertye-Autrand, n° 6). Si l'article 910 du Code civil applicable en matière de libéralités fait référence au « droit national » de l'établissement étranger, la « nationalité » d'une fondation se détermine par référence à son siège social. Lorsque la fondation a été régulièrement constituée au regard de cette loi (sous réserve de l'intervention de la loi applicable à la libéralité, lorsqu'elle a été constituée par donation ou legs, et de la loi applicable à la capacité du fondateur), la personnalité juridique lui sera reconnue en France où elle pourra réaliser des actes ponctuels, tels que acheter ou vendre un immeuble à condition, bien entendu, que la loi étrangère l'y autorise.

L'existence de la personnalité morale d'une fondation étrangère ne dépend que de la loi étrangère régissant son statut (Cass. 1e civ. 15-4-2015 n° 14-10.661 : Bull. civ. I n° 93), soit la loi du siège. Il ne saurait être exigé de cette fondation qu'elle obtienne une reconnaissance d'utilité publique en France (même arrêt, s'agissant de la capacité à recevoir un legs).

72714 C'est la loi du siège qui déterminera les **modalités pratiques** de l'achat ou de la vente de l'immeuble par une association ou une fondation étrangère (désignation des organes habilités à passer l'acte, éventuelles autorisations requises, possibilité de recourir à l'emprunt pour financer l'achat, etc.). S'agissant de la vérification des pouvoirs du représentant de l'association ou de la fondation et la certification d'identité en vue de la publicité foncière, voir les développements, transposables, qui y sont consacrés en matière de sociétés nos 72684 s.

3. CAS DU TRUST

QUESTION CONTROVERSÉE

Le trust, mécanisme de droit anglo-saxon, a depuis toujours bien du mal à rentrer dans nos catégories juridiques internes. L'introduction de la fiducie en droit français n'a rien changé sur ce point (Loi 2007-211 du 19-2-2007). **72730**

Par conséquent, l'achat ou la vente d'un immeuble situé en France par un trust étranger reste une question controversée, ce d'autant plus qu'un trust n'a pas de **personnalité morale**. Il semblerait toutefois que certaines conservations des hypothèques – remplacées aujourd'hui par les services chargés de la publicité foncière – acceptaient de publier l'acte d'acquisition d'un immeuble par un trust aux noms du « trustee » (personne de confiance à laquelle les biens mis en trust sont remis à charge pour elle de les gérer puis de les transmettre à la fin du trust) et du ou des bénéficiaires (voir également sur le sujet S. Lamiaux, Trust testamentaire et publicité foncière : JCP N 2021 n° 1123).

Un arrêt de la Cour de cassation paraît conforter cette pratique en ce qu'il témoigne d'une bienveillance certaine à l'égard du trust (Cass. com. 13-9-2011 n° 10-25.533, Sté Belvédère : RJDA 11/11 n° 943). L'institution y est reconnue telle quelle, sans tenter de la réduire à une catégorie du droit français (et ce, contrairement à l'attitude habituelle des tribunaux français : Cass. 1e civ. 20-2-1996 n° 93-19.855, Zieseniss : Bull. civ. I n° 93, concernant un trust successoral). On relèvera cependant que le débat de l'affaire Belvédère ne portait que sur une question purement contractuelle, régie de surcroît par un droit étranger. La question des droits du trustee sur un immeuble situé en France nous semble donc toujours ouverte.

DOSSIER 5

VENTE PAR UNE PERSONNE FAISANT L'OBJET D'UNE PROCÉDURE D'INSOLVABILITÉ

SOMMAIRE

PROBLÈME DE CAPACITÉ JURIDIQUE

73000 L'une des premières questions que doit se poser un acheteur ou un professionnel du droit qui accompagne ce dernier est celle de savoir si le vendeur a l'**aptitude de disposer de l'immeuble** qui est l'objet de l'acte envisagé. Lorsque le vendeur n'est pas le seul propriétaire du bien, le problème se pose notamment en termes de pouvoirs. Lorsque le vendeur est l'unique propriétaire du bien, l'examen de sa capacité juridique ne se résume pas à la vérification de sa majorité et de l'absence de mesure de protection. L'une des sources importantes de réduction de capacité d'une personne est l'ouverture à son encontre d'une procédure d'insolvabilité, procédure collective du Code de commerce ou procédure de surendettement des particuliers du Code de la consommation.

IMPORTANCE DU SORT DE L'IMMEUBLE DANS LES PROCÉDURES D'INSOLVABILITÉ

73005 L'ouverture d'une procédure collective civile ou commerciale emporte une certaine méfiance à l'égard du débiteur qui se traduit par une réduction de sa capacité juridique. S'agissant d'un **bien** à la fois **stratégique** pour une entreprise et d'une valeur importante en toute hypothèse, l'immeuble présente un enjeu dont le sort est difficile d'abandonner à la seule volonté de son propriétaire. Les objectifs qui président à l'organisation de la procédure collective du Code de commerce permettent également de comprendre que les règles particulières de capacité ne seront pas les seules qui perturberont la cession. Cette dernière devra parfois assurer la pérennité de l'entreprise, ce qui conduit notamment à une application différente des droits à purger, comme celui de préempter l'immeuble.

SECTION 1

VENTE PAR UNE PERSONNE FAISANT L'OBJET D'UNE PROCÉDURE COLLECTIVE COMMERCIALE

PERSONNES CONCERNÉES

73010 Les procédures collectives commerciales s'appliquent aux **personnes** exerçant une **activité commerciale, artisanale ou agricole** ainsi qu'aux personnes physiques exerçant une **activité professionnelle indépendante** (C. com. art. L 620-2, L 631-2 et L 640-2).

Pour les **entrepreneurs individuels**, il est compliqué de mesurer les conséquences d'une procédure collective en raison du développement de dispositifs de **protection de leurs biens personnels**, à commencer par la résidence principale. Depuis 2003, l'entrepreneur personne physique peut voir certains de ses biens immobiliers échapper aux poursuites de ses créanciers professionnels, ce qui ne peut être sans conséquences en cas de procédure collective. L'entrepreneur est, depuis la loi 2022-172 du 14 février 2022 en faveur de l'activité professionnelle indépendante, à la tête de **deux patrimoines séparés**. Ce qui laisse la possibilité qu'une procédure collective concerne seulement l'un des deux. Ce n'est pas sans incidence sur le sort du bien immobilier selon qu'il est rattaché au patrimoine in bonis ou au patrimoine en difficulté. Pour cette raison, l'analyse du régime du droit spécial des ventes immobilières dans le cadre d'une procédure collective doit être précédée de la détermination du domaine de ce droit spécial.

A. Domaine du droit spécial des ventes immobilières

1. PROCÉDURES CONCERNÉES

73020 L'existence d'une procédure collective entraîne l'application du droit spécial des cessions immobilières. Il convient de prendre garde aux éléments qui permettraient de suspecter une cessation des paiements, alors même qu'aucune procédure n'est encore ouverte.

a. Existence d'une procédure collective

SAUVEGARDE, REDRESSEMENT JUDICIAIRE ET LIQUIDATION JUDICIAIRE

73025 Seules ont une incidence sur la cession des immeubles du débiteur les procédures qui emportent **réduction de la capacité de vendre**. Tel est le cas des procédures collectives de sauvegarde (C. com. art. L 620-1 s.), de redressement judiciaire (C. com. art. L 631-1 s.) et de liquidation judiciaire (C. com. art. L 640-1 s.).

PUBLICITÉ ATTACHÉE À L'OUVERTURE DE LA PROCÉDURE

73030 L'ouverture d'une procédure collective fait l'objet d'une **triple** publicité (C. com. art. R 621-8) : elle est mentionnée au registre dont relève l'entrepreneur en question (registre du commerce et des sociétés pour les commerçants, registre national des entreprises à compter du 1er janvier 2023 pour les autres et, à défaut, registre ouvert à cet effet au greffe du tribunal judiciaire) et un avis du jugement est inséré au Bulletin officiel des annonces civiles et commerciales (Bodacc) ainsi que dans un support d'annonces légales du lieu où le débiteur a son siège ou son adresse professionnelle.

RÔLE DU NOTAIRE

73035 La jurisprudence rappelle régulièrement que le notaire est tenu de **vérifier**, par toutes investigations utiles, spécialement lorsqu'il existe une publicité légale aisément accessible, les déclarations qui conditionnent la validité ou l'efficacité de l'acte qu'il dresse (Cass. 1e civ. 8-1-2009 n° 07-18.780 : JCP N 2009, 1280 note F. Vauvillé ; Cass. 1e civ. 12-7-2014 n° 13-20.576 : Defrénois 2015 n° 4 p. 10 obs. M. Latina). Elle a ainsi précisé qu'il appartient au notaire de vérifier les déclarations des vendeurs sur leur capacité de disposer librement de leurs biens, notamment en procédant à la **consultation des publications** légales afférentes aux procédures collectives (Cass. 1e civ. 29-6-2016 n° 15-17.591 : Defrénois 15-6-2017 n° 126s4 p. 683 note F. Vauvillé). Le réflexe de la vérification au Bodacc s'impose donc en toute hypothèse (voir F. Vauvillé, « Le notaire face à la procédure collective du professionnel : le réflexe bodacc.fr » : Defrénois 15-6-2011 p. 1027). En revanche, le notaire n'est pas tenu de procéder à d'autres recherches que celles consistant en la consultation des publications légales. A ainsi été cassé l'arrêt qui avait retenu que malgré les déclarations faites par le gérant et la mention au RCS d'une procédure collective ouverte non pas à son nom mais à celui de sa société, une simple recherche sur internet, via google et le site www.société.com, permettait de constater que le nom recherché figurait comme dirigeant de la société, ce qui aurait dû permettre au notaire de faire le lien entre le gérant et la société et, partant, de s'interroger sur la réelle situation du vendeur, qui était lui aussi soumis à une procédure collective, non publiée (Cass. 1e civ. 28-11-2018 n° 17-31.144 F-PB : RJDA 3/19 n° 176, LEDEN févr. 2019 n° 112f6 p. 6 note K. Lafaurie).

EXCLUSION DU RÉTABLISSEMENT PROFESSIONNEL

73040 Le rétablissement professionnel ne devrait pas être concerné pour deux raisons : d'abord, le débiteur n'est pas dessaisi dans le cadre de cette procédure ; et surtout, le rétablissement professionnel ne s'applique qu'en présence d'un actif inférieur à 15 000 € (C. com. art. L 645-1, al. 1 et R 645-1), biens insaisissables non compris (sur la cession de ces biens dans le cadre des procédures collectives, voir n° 73095), ce qui laisse peu de place aux autres immeubles.

EXCLUSION DU TRAITEMENT AMIABLE DES DIFFICULTÉS

73045 Le traitement amiable des difficultés, via le mandat ad hoc (C. com. art. L 611-3) et la conciliation (C. com. art. L 611-4 s.), ne se solde par **aucune mesure restrictive de capacité**, de sorte que les cessions immobilières intervenant dans le même temps, y compris les promesses tendant à la préparation d'un plan de cession (C. com. art. L 611-7, al. 1), ne nécessitent pas d'autorisation particulière. À condition cependant qu'il n'y ait pas un état de cessation des paiements manifeste.

b. Suspicion d'une cessation des paiements

RISQUES RELATIFS À LA PÉRIODE SUSPECTE

73050 L'efficacité que sont tenus d'assurer les juristes qui instrumentent les actes peut également être mise à mal par les nullités de la période suspecte que le droit des procédures collectives prévoit en cas de redressement ou de liquidation judiciaire (la procédure de sauvegarde n'est pas concernée). Cette période est le résultat de la décision du tribunal de reporter la date de cessation des paiements à une date antérieure à celle du jugement d'ouverture de la procédure (C. com. art. L 631-8 et L 641-1, IV). Les **actes** conclus entre la date de la cessation des paiements ainsi fixée et le jugement d'ouverture sont alors suspects et peuvent être **annulés**.

NULLITÉS DE LA PÉRIODE SUSPECTE

73055 La nullité est de droit pour les actes visés à l'article L 632-1 du Code de commerce, à savoir, notamment, les actes à titre gratuit translatifs de propriété et les contrats commutatifs dans lesquels les obligations du débiteur excèdent notablement celles de l'autre partie. Elle est facultative pour les actes conclus à titre onéreux si ceux qui ont traité avec le débiteur ont eu connaissance de la cessation des paiements (C. com. art. L 632-2).

ATTENTION

Le constat, par le notaire, du déséquilibre du prix peut l'inviter à se demander si cet acte d'appauvrissement ne révèle pas l'organisation de l'insolvabilité d'un débiteur en cessation des paiements. Même si la doctrine a pu y voir une cause de responsabilité du notaire (A.-F. Zattara-Gros, « Le notaire et le chef d'entreprise en difficulté. À l'aune des ordonnances des 12 mars et 26 septembre 2014 » : JCP N 2014, 1335 n° 28 s.), la preuve du fait que l'acte porte le témoignage d'un état de cessation des paiements et manifeste par lui-même le risque d'annulation sera sans doute difficile. Elle le sera d'autant plus pour les actes visés à l'article L 632-2 du Code de commerce, puisque la nullité suppose la preuve de la connaissance, par le cocontractant, de la cessation des paiements. Une telle connaissance sera cependant évidente lorsque sera instrumenté un acte, par exemple de vente, entre deux sociétés dirigées par une même personne.

Le notaire peut-il pour autant **refuser son concours** s'il suspecte que l'un des débiteurs est en cessation des paiements et que l'acte s'expose, en cas d'ouverture d'une procédure collective, à la nullité ? Le notaire n'est pas juge de la cessation des paiements, son devoir étant simplement d'informer les parties des risques qu'elles peuvent prendre. Ainsi a-t-il pu être affirmé qu'« il pourra se prémunir par une reconnaissance d'information donnée circonstanciée, insistant sur le risque d'inefficacité de l'acte et sur les conséquences civiles et financières de la nullité » (Vie professionnelle et famille – place au contrat 110e Congrès des notaires de France – Marseille 2014, ACNF 2014 p. 232 § 2050).

2. IMMEUBLES CONCERNÉS

DIFFICULTÉS DE DÉTERMINATION DES IMMEUBLES

Si la détermination des immeubles concernés par la procédure collective est plutôt aisée en présence d'une **personne morale**, la volonté de protéger l'entrepreneur **personne physique** a conduit à soustraire de la procédure certains biens. Les cessions seront soumises aux règles du droit des entreprises en difficulté uniquement si les immeubles sont inclus dans le ou les patrimoines de la procédure et s'ils sont saisissables, ces conditions étant cumulatives. **73060**

a. Immeubles inclus dans le ou les patrimoines soumis à la procédure

La première vérification à accomplir consiste à **identifier le patrimoine** auquel s'applique la procédure collective ainsi que les biens qui le composent pour exclure les autres des règles contraignantes relatives à la cession. **73065**

PERSONNES MORALES

La question de l'identification du patrimoine concerné par la procédure collective ne se pose pas pour les **personnes morales**, encore soumises au principe de l'unité du patrimoine : n'ayant qu'un patrimoine, la procédure collective touche l'ensemble de leurs biens. **73070**

> **Précisions** Une procédure collective n'appréhende jamais, sauf confusion des patrimoines (C. com. art. L 621-2), un **groupe de sociétés**, de sorte qu'une procédure collective affectant une société commerciale d'exploitation ne permettra pas d'appréhender l'immeuble détenu et donné en location par la SCI, quand bien même cette dernière connaîtrait des difficultés financières, puisque ce serait une procédure collective autonome qui devrait s'appliquer à elle.

PERSONNES PHYSIQUES

Présentation de la séparation des patrimoines Tout entrepreneur individuel, défini comme une personne physique qui exerce en son nom propre une ou plusieurs activités professionnelles indépendantes (C. com. art. L 526-22, al. 1) se trouve doté, depuis le 15 mai 2022, de deux patrimoines distincts : d'une part, un **patrimoine** dit « **professionnel** », composé des biens, droits, obligations et sûretés dont il est titulaire et qui sont utiles à son activité ou à ses activités professionnelles indépendantes et, d'autre part, un patrimoine dit « **personnel** », constitué des éléments du patrimoine de l'entrepreneur individuel non compris dans le patrimoine professionnel (C. com. art. L 526-22, al. 2). **73075**

Le rattachement au patrimoine professionnel repose donc sur le critère de l'utilité, la loi précisant que ces biens utiles à l'activité professionnelle s'entendent de ceux qui, par nature, par destination ou en fonction de leur objet, servent à cette activité (C. com. art. R 526-22). Il en va ainsi, selon le même texte, des biens immeubles servant à l'activité, y compris la partie de la résidence principale de l'entrepreneur individuel utilisée pour un usage professionnel, ce à quoi il faut ajouter les parts ou actions détenues par l'entrepreneur dans des sociétés dont l'activité principale consiste à mettre des immeubles professionnels à la disposition de celui-ci pour son activité.

EXEMPLE

Si un commerçant agissant en son nom propre est propriétaire de sa résidence principale et de son local professionnel, la résidence principale est dans son patrimoine personnel et le local professionnel est dans son patrimoine professionnel. Mais s'il est propriétaire d'un immeuble, au rez-de-chaussée duquel il exploite son commerce et aux étages duquel il habite, la partie du rez-de-chaussée est considérée comme étant dans son patrimoine professionnel, et les étages sont dans son patrimoine personnel, ce qui complique singulièrement la situation des créanciers.

73080 **Organisation des procédures collectives à l'égard des entrepreneurs individuels** Le droit des entreprises en difficulté a tiré les conséquences de la séparation des patrimoines en prévoyant une **application des procédures** non pas à la personne du débiteur et donc à l'ensemble de ses biens, mais au(x) patrimoine(s) en difficulté, l'appréciation des difficultés s'opérant, patrimoine par patrimoine. Ainsi :

– en présence de difficultés affectant le **seul patrimoine professionnel**, répondant aux critères de la sauvegarde, du redressement judiciaire ou de la liquidation judiciaire, la procédure collective s'appliquera aux éléments du seul patrimoine professionnel (C. com. art. L 681-2, II). Seuls les immeubles inclus dans le patrimoine professionnel seront donc soumis aux règles contraignantes relatives à la cession ;

– en présence de difficultés affectant le **seul patrimoine personnel**, ce sont les procédures de surendettement du Code de la consommation (C. consom. art. L 711-1 s.) qui s'appliquent (C. com. art. L 681-3). Seuls les immeubles inclus dans le patrimoine personnel seront alors concernés par la réduction de capacité du débiteur surendetté (sur ces règles, voir nos 73190 s.) ;

– en cas de réunion des conditions d'ouverture des procédures collectives pour le **patrimoine professionnel et** des procédures de surendettement pour le **patrimoine personnel**, les dispositions des titres II à IV du (livre VI du Code de commerce) qui intéressent les biens, droits ou obligations du débiteur entrepreneur individuel sont comprises, sauf dispositions contraires, comme visant à la fois les éléments du patrimoine professionnel et ceux du patrimoine personnel (C. com. art. L 681-2, III). Les règles contraignantes du droit des entreprises en difficulté s'appliqueront donc aux deux patrimoines de l'entrepreneur individuel, de sorte que tous ses immeubles seront concernés par les restrictions de capacité. En réalité, tous les immeubles ne sont pas concernés car certains sont exclus de la procédure.

73081 **Entrepreneur individuel marié sous le régime de la communauté** Les biens communs sont-ils intégrés dans la procédure collective et donc soumis aux règles contraignantes qui en découlent ? La jurisprudence considère que les biens communs sont soumis à l'effet réel de la procédure collective (Cass. com. 16-3-2010 n° 08-13147 FS-PB : RJDA 7/10 n° 773). Cependant, depuis que l'entrepreneur individuel est à la tête des deux patrimoines, tout dépendra du périmètre de la procédure. C'est la question du rattachement du bien commun au patrimoine professionnel ou au patrimoine personnel qui se pose. Ainsi, par exemple, le local dans lequel l'entreprise est exploitée qui aurait été acquis pendant le mariage sera en principe commun (C. civ. art. 1401), mais rattaché au patrimoine professionnel de l'entrepreneur individuel. Au contraire, une résidence secondaire acquise pendant le mariage est également un bien commun, mais rattaché au patrimoine personnel de l'entrepreneur. En conséquence, si l'entrepreneur individuel ne fait l'objet d'une procédure collective qu'à l'égard de son patrimoine professionnel (C. com. art. L 682-2, II), le local professionnel sera appréhendé par la procédure, mais pas la résidence secondaire, alors que si la procédure collective s'applique aux deux patrimoines (C. com. art. L 682-2, III), les deux biens seront soumis à l'effet réel de la procédure.

Que se passe-t-il si les deux époux font l'objet, chacun, successivement d'une procédure collective ? La résolution de cette question est très délicate, car les biens communs sont théoriquement rattachés à chacune des procédures (v. P. Rubellin, Régimes matrimoniaux et procédures collectives, thèse Strasbourg, 1999). La jurisprudence semble rattacher les biens communs à la première procédure ouverte, puisqu'il a été décidé que « lorsque des époux mariés sous le régime de la communauté légale ont été, par des décisions successives, mis, chacun, en liquidation judiciaire, la vente de gré à gré des biens communs, soumis dès son prononcé à l'effet réel de la procédure collective première ouverte, ne peut être autorisée que par le juge-commissaire de cette procédure » (Cass. com. 16-3-2010 n° 08-13.147 FS-PB : RJDA 7/10 n° 773 : JCP E 2010 1742 obs. M. Cabrillac).

Si les époux ont divorcé pendant la procédure collective, l'indivision poste communautaire qui est née après l'ouverture de la procédure n'est pas opposable à cette dernière (sur l'indivision antérieure à la procédure, voir n° 73090), de sorte que les biens indivis, dès lors qu'ils entrent dans le périmètre de la procédure (bien professionnel par exemple si la procédure ne s'applique qu'au patrimoine professionnel), seront appréhendés (Cass. com. 27-9-2016 n° 15-10.428 F-PB : RJDA 12/16 n° 885).

b. Immeubles hors procédure

73085 **Détermination des biens soustraits du gage commun des créanciers** Le but de la procédure collective est de s'assurer que les biens faisant partie du gage commun des créanciers n'échappent pas à ces derniers et ne font pas l'objet d'une distraction de nature à rompre l'égalité des créanciers. Pour cette raison, la procédure appréhende seulement les biens inclus dans le gage commun des créanciers, à l'exclusion donc de ceux qui ne peuvent pas être saisis par cette collectivité des créanciers, représentée par le mandataire ou le liquidateur judiciaire. Or, à ce sujet, la jurisprudence retient une conception très stricte de la notion de gage commun puisqu'il suffit que le bien ne figure pas dans le droit de gage d'un des créanciers du débiteur pour qu'il soit alors considéré hors procédure et donc exclu de l'application des règles propres à la procédure (Cass. com. 17-11-2021 n° 20-15.395 FS-D : RJDA 4/22 n° 212 ; Cass. com. 13-4-2022 n° 20-23.165 F-B : RJDA 7/22 n° 421).

BIENS INDIVIS

Le bien indivis est exclu de la procédure : faute de personnalité juridique de l'indivision, ce bien est considéré comme **appartenant à chacun des indivisaires**. Pour autant, l'article 815-17 du Code civil réserve le droit de saisir le bien aux seuls créanciers dits de l'indivision. Les créanciers personnels de l'indivisaire ne peuvent donc pas saisir ce bien mais seulement demander le partage, ce qui a conduit la jurisprudence à exclure le bien indivis de la procédure collective (Cass. com. 18-2-2003 n° 00-11.008 FS-P : RJDA 7/03 n° 748 ; Cass. com. 1-10-2013 n° 12-20.567 F-D : RJDA 4/14 n° 365). **73090**

Il faut cependant demeurer prudent car la **cession** d'un bien indivis suppose le consentement des indivisaires ; or, le dessaisissement du débiteur s'étendant à l'exercice de ses droits dans l'indivision dont il est membre (Cass. com. 21-1-2013 n° 00-13.952), il pourra être considéré que le consentement à la cession du bien indivis doit être exprimé par le liquidateur. De même, cet acte peut être regardé comme un acte de disposition qui sera donc, en sauvegarde et en redressement judiciaire, soumis à l'autorisation du juge-commissaire (sur cette autorisation, voir n° 73135). **73091**

La vente du bien indivis pourra ainsi être instrumentée, notamment dans l'hypothèse où il appartient à deux époux, mais à la condition que le conjoint in bonis donne son accord à la vente. Le notaire devra donc voir comparaître à l'acte de vente l'époux in bonis et le liquidateur, représentant l'époux en procédure collective. Une hésitation peut exister quant à la nécessité, pour le liquidateur, d'obtenir une autorisation du juge-commissaire (C. com. art. L. 642-18 ; sur cette autorisation, voir n° 73175), puisqu'il est question, pour le liquidateur, non pas de se faire autoriser à consentir à une vente, mais d'exercer un droit indivis (sur ces questions, v. B. Saintourens, M. Cazajus, Le notaire face à la vente du bien indivis en liquidation judiciaire : Bull. Joly nov. 2015, p. 384, n° 8 et s. et 12 et s). Cette incertitude peut être évitée par une demande en licitation-partage, qui ne suppose pas l'autorisation du juge-commissaire (Cass. com. 3-10-2006 n° 05-16.463 F-PB : RJDA 6/07 n° 668 ; Gaz. Pal. 20-1-2007 jur p. 44, note F. Vauvillé).

S'agissant du **prix de vente**, il est indivis, par l'effet de la subrogation. Il doit en priorité être affecté au paiement des créanciers de l'indivision qui sont des créanciers hors procédure (C. civ. art. 815-17). Ce n'est que s'il reste un reliquat après ce paiement que celui-ci devra être partagé entre les coïndivisaires. Le liquidateur devra intervenir à l'acte de partage, sans qu'il ait à être autorisé par le juge-commissaire (Cass. com. 13-1-2015 n° 13-12.590 F-PB : RJDA 4/15 n° 299 ; Defrénois 2016 p. 284 note F. Vauvillé), sauf transaction (C. com. art. L 642-24).

BIENS INSAISISSABLES

Identification Certains biens sont insaisissables, comme la résidence principale de l'entrepreneur individuel, de droit (C. com. art. L 526-1, al. 1) ou encore les immeubles ayant fait l'objet d'une **déclaration** d'insaisissabilité (C. com. art. L 526-1, al. 2), et peuvent se trouver exclus de la procédure collective. **73095**

Pour ce qui est de la **résidence principale**, lorsqu'elle est utilisée en partie pour un usage professionnel, la partie non utilisée pour un usage professionnel est de droit insaisissable, sans qu'un état descriptif de division soit nécessaire (C. com. art. L 526-1, al. 1).

Pour les **autres immeubles**, seuls ceux non affectés à l'activité professionnelle de l'entrepreneur individuel peuvent faire l'objet d'une déclaration d'insaisissabilité ; lorsque le bien foncier n'est pas utilisé en totalité pour un usage professionnel, la partie non affectée à un usage professionnel ne peut faire l'objet de la déclaration qu'à la condition d'être désignée dans un état descriptif de division (C. com. art. L 526-1, al. 2). Cette déclaration est reçue par notaire sous peine de nullité et elle contient la description détaillée des biens et l'indication de leur caractère propre, commun ou indivis. L'acte est publié au fichier immobilier ou, dans les départements du Bas-Rhin, du Haut-Rhin et de la Moselle, au livre foncier, de sa situation (C. com. art. L 526-2, al. 1). Pour prendre connaissance de l'existence de cette déclaration, il faut se reporter au registre auquel est immatriculé l'entrepreneur individuel (C. com. art. L 526-2, al. 2). À défaut d'une telle immatriculation, la déclaration est mentionnée au registre national des entreprises (C. com. art. L 526-2, al. 3).

73100 **Procédure collective affectant uniquement le patrimoine professionnel**
Lorsque la procédure collective n'appréhende que le patrimoine professionnel, les biens demeurés dans le patrimoine personnel sont, de manière évidente, hors procédure, et peuvent donc être **cédés librement**.

ATTENTION

En revanche, s'il s'agit d'une **résidence principale** dont une **partie est affectée à l'activité professionnelle**, elle n'est insaisissable que pour la partie non affectée, de sorte que sa vente ne peut être organisée sans le respect des contraintes du droit des entreprises en difficulté.

73105 **Procédure collective affectant les deux patrimoines de l'entrepreneur**
Lorsque la procédure collective affecte les deux patrimoines, la résidence principale ou l'immeuble déclaré insaisissable se trouve dans le patrimoine personnel affecté par la procédure collective, la question étant alors d'identifier les conséquences de son insaisissabilité. La jurisprudence a déjà pu décider, à l'époque où l'entrepreneur individuel n'avait qu'un patrimoine, que les immeubles insaisissables étaient hors procédure dans la mesure où ils n'étaient pas dans le gage commun des créanciers (Cass. com. 28-6-2011 n° 10-15.482 FS-PBRI : RJDA 11/11 n° 957, JCP E 2011 n° 1551 obs. F. Pérochon). Même si la jurisprudence ne s'est pas prononcée précisément sur ce point, le lien logique existant entre l'inclusion dans le gage commun et les règles restrictives de pouvoir (voir P.-M. Le Corre, « L'intérêt collectif est-il l'intérêt de tous les créanciers ? » : Bull. Joly 2016 p. 214 s.) devrait justifier la libre cession d'un bien insaisissable (P. Cagnoli, « Le notaire, la vente d'immeuble et les procédures collectives : quelques difficultés pratiques » : Petites affiches 2014 n° 110 p. 75 n° 22).
De manière exceptionnelle, et ce dans le cadre de la liquidation judiciaire, la réalisation de ces biens pourra être effectuée par le liquidateur. Il faut cependant que le débiteur y consente et que le juge-commissaire l'autorise, le but étant que « cette cession facilite la réalisation des actifs du patrimoine saisi par l'effet de l'ouverture de la liquidation judiciaire » (C. com. art. L 642-22, II). Tel est le cas par exemple lorsque la résidence principale fait corps avec l'immeuble d'exploitation.

73110 **Sort de la somme issue de la vente du bien insaisissable** La somme issue de la vente de la résidence principale devrait, elle aussi, rester à la libre disposition du débiteur, puisque le prix obtenu demeure insaisissable, sous la condition du remploi dans le délai d'un an des sommes à l'acquisition par la personne mentionnée au premier alinéa de l'article L 526-1 d'un immeuble où est fixée sa résidence principale (C. com. art. L 526-3). Le vendeur devra donc prendre garde de réemployer la somme dans le délai d'un an suivant la vente, le bien acquis à titre de résidence principale devenant à son tour, de droit, insaisissable. Cette règle ne concerne cependant que la vente de la résidence principale et non celle du bien déclaré insaisissable conformément à l'article L 526-1, alinéa 2 du Code de commerce.

73115 **Cessation de l'insaisissabilité de la résidence principale en cas de séparation** L'insaisissabilité de la résidence principale suppose que l'entrepreneur individuel y réside effectivement. En conséquence, lorsque, au cours de la procédure de divorce de deux époux dont l'un exerce une activité indépendante, le juge aux affaires familiales a ordonné leur résidence séparée et attribué au conjoint de l'entrepreneur la jouissance du logement familial, la résidence principale de l'entrepreneur, à l'égard duquel a été ouverte postérieurement une procédure collective, n'est plus située dans l'immeuble appartenant aux deux époux dans lequel se trouvait le logement du ménage. Les droits qu'il détient sur ce bien ne sont donc plus de droit insaisissables par les créanciers dont les droits naissent à l'occasion de son activité professionnelle (Cass. com. 18-5-2022 n° 20-22.768 FB : RJDA 8-9/22 n° 499). Le bien est donc appréhendé par la procédure collective et ne peut plus être librement cédé. Pour cette raison, il est conseillé, dans la mesure du possible, de laisser l'entrepreneur individuel vivre dans cette résidence. Dans cette hypothèse, il est admis que le partage soit réglé hors procédure collective (Cass. com. 10-7-2019 n° 18-16.867 F-PB : RJDA 11/19 n° 703).

73120 **Cessation de l'insaisissabilité de la résidence principale en cas de décès**
Le sort de la résidence principale en cas de décès n'est pas aisé à déterminer au regard de la rédaction de l'article L 526-3, al. 3, selon lequel les effets de l'insaisissabilité et ceux de la déclaration subsistent également en cas de décès de la personne mentionnée au premier alinéa de l'article L 526-1 ou du déclarant mentionné au deuxième alinéa du même article L 526-1 jusqu'à la liquidation de la succession. Le législateur a choisi un critère assez flou (la « liquidation de la succession ») pour déterminer le moment de l'expiration de l'efficacité de l'insaisissabilité de la résidence principale dont était propriétaire le défunt. En effet, ce terme n'a pas d'assise légale. Cependant, l'application de la procédure collective au défunt a pour conséquence de maintenir l'autonomie du patrimoine successoral, quelle que soit l'option des héritiers, de sorte

que la liquidation du passif se retrouve au premier plan, précédant alors nécessairement la détermination des droits des héritiers dans la succession. Il peut donc être affirmé que la clôture de la procédure collective est un préalable à la liquidation de la succession. Il résulte donc du maintien de l'autonomie du patrimoine du défunt et du jeu prioritaire des règles de la procédure collective que la liquidation de la succession ne sera pas achevée tant que la procédure collective n'aura pas été clôturée. Pour en revenir à l'article L 526-3, al. 3, qui dispose que les effets de l'insaisissabilité subsistent en cas de décès de la personne mentionnée au premier alinéa dudit article L 526-1 ou du déclarant mentionné au deuxième alinéa du même article L 526-1 jusqu'à la liquidation de la succession, il peut être affirmé que dans la mesure où la procédure collective précède la liquidation de la succession, l'insaisissabilité est encore, à ce stade, effective. Nous souscrivons donc à l'avis de l'un des rares auteurs qui s'est intéressé à la question et qui a, de la même manière, considéré que le bien échappe à la procédure collective et que la soustraction de la résidence principale résultant de son insaisissabilité est préservée jusqu'à la clôture de la procédure.

> **Précisions** En disposant que l'insaisissabilité produit ses effets « jusqu'à la liquidation de la succession », il faut bien évidemment comprendre que c'est la **clôture de la liquidation** de la succession qui marque la cessation de l'insaisissabilité (S. Piédelièvre, Rép. droit comm. Dalloz, v° « Insaisissabilité des immeubles non professionnels », n° 85). Telle est, de manière évidente, la volonté du législateur qui a modifié, à l'occasion de la loi de 2015, la solution. En effet, avant 2015, le décès de l'entrepreneur emportait « révocation de la déclaration » (C. com. art. L 526-3, anc. ; à ce sujet, voir S. Ledan-Cabarroque, B. Saintourens, Déclaration notariée d'insaisissabilité : le décès du déclarant au cours de la liquidation judiciaire : JCP N 2012 n° 1016). Lors de l'élaboration de la loi de 2015, il a d'abord été envisagé de maintenir l'insaisissabilité dans les deux années suivant le décès. Mais un amendement gouvernemental a proposé, avec succès, d'allonger encore la durée de cette insaisissabilité en la maintenant jusqu'à l'issue de la liquidation. La secrétaire d'État présentant cet amendement s'était ainsi exprimée : « L'amendement vise par ailleurs à supprimer la limitation des effets de l'insaisissabilité à deux ans, en cas de décès de l'entrepreneur, pour les besoins de la liquidation de la succession. En effet, la durée d'une succession peut excéder deux ans, et il n'y a pas de raison de faire tomber l'insaisissabilité dans ce cas particulier » (JO Sen. 6-5-2015 p. 4356). Le maintien du caractère insaisissable de la résidence principale pendant la procédure collective appliquée au patrimoine du débiteur décédé étant assuré par l'article L 526-3, al. 3, il faut en tirer toutes les conséquences, à présent bien connues. Même si la jurisprudence ne s'est pas prononcée précisément sur ce point, le lien logique existant entre l'inclusion dans le gage commun et les règles restrictives de pouvoir (voir P.-M. Le Corre, « L'intérêt collectif est-il l'intérêt de tous les créanciers ? » : Bull. Joly 2016 p. 214 s. spéc. p. 216-217) devrait justifier l'absence de dessaisissement et même la libre cession du bien par le débiteur (voir K. Lafaurie, La vente d'immeuble d'une personne placée en procédure collective : SNH 42/22 inf. 12 p. 19), ici par l'héritier qui aurait accepté purement et simplement la succession, s'il n'est pas en indivision avec un autre (néanmoins, sur les incidences de l'option successorale sur le sort des dettes de la procédure, voir Mémento Successions et libéralités n°s 84140 s.).

B. Régime du droit spécial des cessions immobilières

Quel que soit le type de procédure collective ouverte, la cession des immeubles est encadrée, s'agissant d'un bien présentant des enjeux financiers importants. La raison d'être de cet encadrement n'est cependant pas tout à fait la même selon qu'est envisagée la poursuite de l'activité ou sa cessation. Pour ce qui est des cessions intervenant dans le cadre d'une poursuite d'activité, il s'agira de vérifier que la cession du bien ne perturbera pas le sauvetage de l'entreprise. Les cessions intervenant dans le cadre d'une cessation d'activité sont quant à elles inévitables mais obéissent à un régime particulier. 73125

1. CESSIONS DANS LE CADRE D'UNE POURSUITE D'ACTIVITÉ

La poursuite d'activité par le débiteur se réalise grâce à l'adoption d'un plan de continuation. La préparation du plan pendant la période d'observation doit s'accompagner de la préservation des biens de l'entreprise, dont la cession est donc contrôlée. Une fois le plan adopté, le débiteur redevient in bonis et recouvre en principe la liberté de céder ses biens durant l'exécution du plan, même s'il existe quelques précautions à observer. 73130

a. Cessions durant la période d'observation

RÈGLES DE POUVOIR

73135 En cas de sauvegarde ou de redressement judiciaire, la capacité du débiteur dépend de la nomination, dans le jugement d'ouverture, d'un **administrateur** judiciaire et des **pouvoirs** qui sont octroyés à ce dernier. Par exemple, le jugement peut prévoir un pouvoir d'assistance pour l'administrateur, auquel cas une cosignature de ce dernier sera exigée pour les actes conclus par le débiteur. Cependant, pour les **actes de disposition** étrangers à la gestion courante de l'entreprise et, en conséquence, pour la vente d'immeubles, l'article L 622-7, II du Code de commerce exige l'autorisation préalable du juge-commissaire. Cette autorisation doit bien être préalable et constitue une condition de validité de l'acte. En conséquence, elle ne peut faire l'objet d'une condition suspensive dans un acte antérieur à l'autorisation, lequel n'a aucune valeur (voir Cass. com. 20-1-2021 n° 19-20.076 F-P : RJDA 6/22 n° 349, Bull. Joly 2021 p. 20 note K. Lafaurie). Le notaire demandera donc que lui soit fournie l'**ordonnance du juge-commissaire** autorisant la vente projetée, avec, de préférence, un certificat de non-recours qui permet de s'assurer que la décision est passée en force de chose jugée (voir P. Cagnoli, « Le notaire, la vente d'immeuble et les procédures collectives : quelques difficultés pratiques » : Petites affiches 2014 n° 110 p. 75 n° 10). L'acte de vente est ensuite signé par le débiteur si aucun administrateur judiciaire est nommé. En cas de nomination d'un administrateur, ce dernier cosignera l'acte s'il a été investi d'une mission d'assistance ou le signera seul s'il a été désigné comme représentant du débiteur.

Si le bien fait l'objet d'un **démembrement**, en principe, ce n'est que le droit réel dont est titulaire le débiteur qui est l'objet de l'autorisation de la cession. La vente du bien sera cependant plus aisée si l'usufruitier et le nu-propriétaire cèdent leurs droits respectifs à la même personne, la conséquence étant que le prix se répartit entre l'usufruit et la nue-propriété selon la valeur respective de chacun de ces droits, sauf accord des parties pour reporter l'usufruit sur le prix (C. civ. art. 621). En pratique, il semble opportun, si par exemple le débiteur est nu-propriétaire, d'obtenir un accord préalable de l'usufruitier à la cession, ce qui permettra au juge-commissaire d'autoriser la cession du droit de nue-propriété dans le cadre d'une vente globale du bien à laquelle interviendront tant le nu-propriétaire que l'usufruitier (pour une illustration, v. T. com. Bordeaux ord. 19-1-2022 n° 2017J00784 et 2021M8740 : Rev. proc. coll. 2024 chron. 1 n° 8 obs. F. Julienne).

> **Précisions** S'agissant uniquement d'une « autorisation » de la part du juge-commissaire, il semble devoir être considéré que l'ordonnance rendue n'est pas en mesure de lier les parties à l'acte envisagé, contrairement à ce qui est jugé en matière de liquidation judiciaire (n° 73180). Il n'y a pas eu, en effet, à ce stade, de rencontre de volontés, l'autorisation étant simplement une condition pour que le débiteur puisse signer l'acte de disposition. Tout au plus le cocontractant peut-il être tenu par son offre, qui, ne peut être rétractée avant l'expiration du délai fixé, si elle est à durée déterminée et, à défaut, à l'issue d'un délai raisonnable (C. civ. art. 1116, al. 1), étant précisé que la rétractation de l'offre empêche, malgré tout, la formation du contrat (C. civ. art. 1116, al. 2) et ne permet que d'engager la responsabilité extracontractuelle de son auteur qui s'est rétracté (C. civ. art. 1116, al. 3). En revanche, il pourrait être obtenu l'engagement définitif du cocontractant par la signature d'une promesse unilatérale d'achat, qui devrait pouvoir être signée par le débiteur sans l'autorisation du juge-commissaire dans la mesure où ce contrat est unilatéral, en ce sens qu'il n'engage que le promettant.

SORT DU PRIX DE VENTE

73140 Lorsque le bien n'était **pas grevé d'une sûreté**, la somme doit être remise au débiteur ou à l'administrateur si ce dernier a une mission de représentation.

Si, au contraire, le bien est **grevé d'une sûreté réelle**, l'article L 622-8 du Code de commerce prévoit que la quote-part du prix correspondant aux créances garanties par ces sûretés est versée en compte de dépôt à la Caisse des dépôts et consignations. Ainsi, une partie du prix est versée au débiteur et l'autre partie, due au créancier inscrit – somme qui ne peut pas lui être versée immédiatement en vertu de la règle de l'interdiction des paiements (C. com. art. L 622-7, I) –, est remise à l'administrateur ou, à défaut, au mandataire judiciaire (C. com. art. R 622-7), pour être consignée.

> **Précisions** **1.** Dans cette hypothèse, rien n'est prévu quant aux **formalités de purge** qu'il semble nécessaire d'accomplir avant la vente (même si aucun texte ne l'exige, contrairement à l'hypothèse du plan de continuation : voir n° 73155), sauf à obtenir une dispense du créancier inscrit (voir à ce sujet, F. Vauvillé, « La remise du prix de vente en cas de procédure collective » : Defrénois 15-1-2010 p. 17). Une radiation amiable des inscriptions pourra être obtenue si, conformément à l'article L 622-8, al. 2, un paiement provisionnel au créancier titulaire

de la sûreté est ordonné par le juge-commissaire. La radiation peut aussi résulter de la substitution à la sûreté réelle d'une garantie équivalente, sur un autre bien, ou par l'engagement d'un tiers (C. com. art. L 622-8, al. 3 et R 622-8, al. 2).

2. Comment verser les honoraires de l'**agence immobilière** lorsque celle-ci est en liquidation judiciaire ? Le notaire pourrait hésiter entre verser la somme à l'agence ou à un organe de la procédure. En raison de la poursuite d'activité attachée à la sauvegarde et au redressement judiciaire, la question ne pose pas vraiment de difficultés, la somme devant être versée sur le compte professionnel de l'agence. En cas de liquidation judiciaire, il est vrai que l'agent immobilier est dessaisi de la gestion (C. com. art. L 641-9) mais cela ne doit pas l'empêcher de percevoir des commissions. Et l'interdiction des paiements ne concerne que l'hypothèse dans laquelle le débiteur est le solvable. En revanche, il est tout à fait possible de verser une somme d'argent due au débiteur, dans ses comptes, qui, de toute façon, du fait du dessaisissement, sont contrôlés par le liquidateur.

b. Cessions après l'adoption d'un plan de continuation

PRINCIPE DE LIBRE CESSION

L'adoption d'un plan de continuation, qu'il s'agisse d'un plan de sauvegarde ou d'un plan de redressement, marque le retour à meilleure fortune du débiteur, qui redevient in bonis. Pour cette raison, le principe est celui d'une capacité pleine et entière retrouvée par le débiteur qui peut librement vendre ses biens, y compris les immeubles (Cass. com. 21-2-2006 n° 04-10.187 FS-PB : RJDA 10/06 n° 1055). **73145**

EXCEPTION EN CAS DE STIPULATION D'UNE INALIÉNABILITÉ

Dans le jugement arrêtant le plan ou le modifiant, le tribunal peut décider que les biens qu'il estime indispensables à la continuation de l'entreprise ne pourront être aliénés, pour une durée qu'il fixe, sans son autorisation (C. com. art. L 626-14, al. 1). **73150**

ATTENTION

Avant d'instrumenter la vente d'un bien immobilier d'une personne exécutant un plan de continuation, il convient donc de **s'assurer de l'absence d'inaliénabilité**, laquelle est mentionnée au fichier immobilier (C. com. art. R 626-25 s.), sachant qu'une telle inaliénabilité peut faire l'objet d'une mainlevée, décidée par le tribunal de la procédure collective (C. com. art. L 626-14, al. 2).

SORT DU PRIX DE VENTE

Si le prix de la vente doit logiquement être versé au débiteur, l'article L 626-22 du Code de commerce prévoit une règle particulière lorsque le bien vendu est grevé d'une sûreté réelle, que le bien soit vendu de manière isolée ou dans le cadre de la cession d'une branche d'activité (C. com. art. L 626-23 ; voir à ce sujet T. Dorléac, « Étude sur le sort du prix en cas de cession partielle en plan de sauvegarde » : Bull. Joly septembre 2011 p. 293). Le prix doit être déposé à la Caisse des dépôts et consignations et il est réparti par le commissaire à l'exécution du plan entre les créanciers. Il peut être relevé qu'un arrêt de la Cour de cassation du 21 février 2006 semble avoir considérablement réduit le champ d'application de l'article L 626-22 du Code de commerce en le cantonnant aux cessions prévues dans le plan (Cass. com. 21-2-2006 n° 04-10.187), ce qui exclut les cessions de biens décidées par le débiteur, seul, après l'adoption du plan. **73155**

> **Précisions** La remise de la somme suppose, selon l'article R 626-36, alinéa 2 du Code de commerce, une **purge préalable des inscriptions**. Une purge amiable s'obtiendra aisément si les créanciers inscrits peuvent espérer un désintéressement avec le prix de la vente ou, mieux, obtiennent un paiement provisionnel (C. com. art. R 626-36, al. 1). Sinon, il faudra obtenir une mainlevée judiciaire conformément aux articles 2464 et suivants du Code civil.

2. CESSIONS DANS LE CADRE DE LA CESSATION D'ACTIVITÉ

La **liquidation judiciaire** et le plan de cession qui peut s'inscrire dans le cadre de cette dernière marquent la fin de l'exercice de l'activité de l'entreprise pour le débiteur. Les éléments de son entreprise vont être vendus, soit de manière isolée soit par une cession globale. La cession des immeubles est donc ici naturelle. Il reste qu'avec le plan de cession, l'objectif est que l'activité soit reprise par un tiers, ce qui va supposer la mise en place de mesures évitant les obstacles à la continuation de l'entreprise comme les droits de préemption. Il convient donc de distinguer les cessions intervenant dans le cadre d'un plan de cession et les cessions isolées intervenant dans le cadre d'une liquidation judiciaire. **73160**

a. Cessions dans le cadre d'un plan de cession

CESSIONS ORGANISÉES PAR JUGEMENT

73165 Le plan de cession est arrêté par le tribunal de la procédure (C. com. art. L 642-5). La mise en œuvre de ce plan est en pratique assez simple pour le notaire qui doit appliquer les **mesures** prononcées par le tribunal. En exécution du plan de cession, chaque élément doit faire l'objet d'une cession, dans les formes du droit commun. Selon la procédure, c'est le liquidateur ou l'administrateur judiciaire, lorsqu'il en a été désigné un, qui passe tous les actes nécessaires à la réalisation de la cession (C. com. art. L 642-8). En cas de redressement judiciaire, un administrateur aura nécessairement été désigné (C. com. art. L 631-21-1). Il n'existe pas de texte équivalent en cas de sauvegarde alors qu'un plan de cession partielle peut être adopté (C. com. art. L 626-1, al. 2 et 3). En présence d'administrateur, il devra accomplir les actes nécessaires à la mise en œuvre du plan, si le tribunal l'en charge (C. com. art. L 626-24, al. 1). En l'absence d'administrateur, il peut être considéré que c'est le débiteur qui signera seul les actes.

PARTICULARITÉS RELATIVES AUX DROITS À PURGER

73170 La mise en œuvre du plan de cession et des cessions qu'il implique présente d'importantes particularités au sujet des droits à purger.

Tout d'abord, dans le but d'assurer la pérennité de l'entreprise par le maintien de tous ses éléments, le droit des procédures collectives fait échec aux **droits de préemption** du Code de l'urbanisme et du Code rural (C. com. art. L 642-5, al. 4). Il est vrai que certains droits de préemption, comme celui prévu en matière forestière (C. for. art. L 331-19 et L 331-24) ou ceux résultant d'un pacte de préférence, ne sont pas visés. Il reste qu'une interprétation a fortiori devrait inviter à étendre l'obstacle à ces préemptions servant des intérêts privés, dès lors qu'est admise l'éviction de droits de préemption d'intérêt général.

L'autre purge, automatique, concerne les **inscriptions** : le paiement complet du prix de cession emporte purge des sûretés et fait obstacle à l'exercice à l'encontre du cessionnaire des droits des créanciers inscrits sur les biens cédés (C. com. art. L 642-12, al. 2 et 3). Il existe, par exception, un maintien des sûretés et un transfert de leur charge dans l'hypothèse où l'immeuble vendu est financé par un crédit (C. com. art. L 642-12, al. 4). Il reviendra au liquidateur de procéder aux radiations (C. com. art. R 643-9).

b. Cessions isolées d'actifs dans la liquidation judiciaire

CESSION AUTORISÉE PAR LE JUGE-COMMISSAIRE

73175 La cession n'est pas décidée librement mais doit être impulsée par le **juge-commissaire**, qui autorise une vente aux enchères ou une vente de gré à gré aux prix et conditions qu'il détermine (C. com. art. L 642-18, al. 3). Le **notaire** intervient si une vente par adjudication amiable est ordonnée, ce qui est rare, ou si la vente s'opère de gré à gré. Dans cette dernière hypothèse, le notaire réalise l'acte en présence du liquidateur judiciaire (C. com. art. R 642-36, al. 3). Une telle décision ne sera prise par le juge que si une ou plusieurs offres d'achat ont été préalablement présentées (Cass. com. 15-5-2019 n° 17-23.753 F-PB : RJDA 8-9/19 n° 579). La perfection attachée par la jurisprudence au jugement autorisant la vente suppose en effet que l'offre comporte les éléments essentiels de la vente, à savoir la détermination de la chose et du prix. L'autorisation ne vaudra, à cet égard, qu'au profit de l'auteur de l'offre, peu important que son nom ne figure pas dans le dispositif (Cass. com. 3-5-2006 n° 04-20.397 FS-PB : RJDA 10/06 n° 1059). L'offre peut contenir une condition suspensive qui sera opposable quand bien même elle n'aurait pas été mentionnée dans l'ordonnance autorisant la vente (Cass. com. 27-9-2016 n° 14-22.372 F-PB : RJDA 12/16 n° 884 ; Bull. Joly 2017, note J. Théron).

73176 Bien que l'article L 642-18, alinéa 3 emploie le verbe « autoriser », et que le transfert de propriété n'intervienne qu'en vertu de l'acte signé par le liquidateur (Cass. com. 16-10-2001 n° 98-12.216 : RJDA 2/02 n° 182 ; Cass. com. 13-3-2012 n° 10-24.192 F-PB : RJDA 7/12 n° 702, Gaz. Pal. 2012 p. 2257 obs. J. Théron), la jurisprudence a considéré que la **vente** n'en est pas moins **parfaite dès l'ordonnance** (Cass. com. 4-10-2005 n° 04-15.062 FS-PBIR : RJDA 6/06 n° 680, Act. Proc. Coll. 2005, alerte 233, note P. Roussel Galle ; Cass. com. 11-6-2014, n° 13-16.194 F-PB : RJDA 11/14 n° 856). Il a été jugé, en conséquence, que cette ordonnance rend impossible la **rétractation** de son consentement par l'auteur de l'offre (Cass. com. 11-3-1997, n° 94-19.207 P : Defrénois 15 août 1997, n° 36621, p. 941, note J.-P. Sénéchal ; Cass. com. 14-11-2019 n° 18-15.871 F-PB : RJDA 2/20 n° 97 ; LEDEN janv. 2020, p. 6, note K. Lafaurie). La solution semble s'expliquer par le fait qu'il y a eu une rencontre des consentements, celui de l'auteur de l'offre et celui du liquidateur qui, à défaut, n'aurait pas demandé une autorisation du juge-commissaire. C'est cependant ériger une condition légale (l'autorisation du juge-commissaire) en condition suspensive, ce que la jurisprudence rejette pourtant en principe. La solution peut aussi s'expliquer par la qualification que donne la jurisprudence à cette vente, qui serait « faite d'autorité de justice » (Cass. com. 4-5-2017 n° 15-27.899 : Bull. Joly juill. 2017 p. 261 note J. Théron ; en doctrine, v. A. Engel-Créach, Les contrats judiciairement formés : Economica, 2002, spéc. n° 151 ; J. Théron, L'intervention du juge dans les transmissions de biens : LGDJ 2008 n° 266 et 390). Cette solution prive en tout cas le liquidateur de la faculté, une fois l'autorisation prononcée, de proposer la conclusion d'une vente avec une autre personne si une offre plus intéressante a été formulée par la suite (pour des propositions d'assouplissement des solutions, voir J.-P. Sénéchal, La vente des immeubles et la distribution de leur prix : petites Affiches 28-10-1998, p. 36). En revanche, le juge-commissaire semble pouvoir, en cas de refus de signer de la part de l'auteur de l'offre, rendre une nouvelle ordonnance autorisant une vente à une autre personne, cette nouvelle ordonnance rendant alors caduque la première (Cass. com. 27-3-2012 n° 11-15.423).

SORT DU PRIX

En cas de vente par adjudication, le prix est versé au compte ouvert par le liquidateur à la Caisse **73180**
des dépôts et consignations ; en cas de vente de gré à gré, il est versé au notaire qui le remet au liquidateur judiciaire, dès sa perception, la mise en œuvre des répartitions incombant au liquidateur (C. com. art. R 643-3, al. 2 et 3 et R 643-6).

DROITS À PURGER

En cas de vente isolée d'un immeuble, se retrouvent les purges classiques attachées aux ces- **73185**
sions de droit commun.

Tout d'abord, contrairement au plan de cession, il n'y a pas de raison de bloquer le jeu des **droits de préemption**. La jurisprudence a ainsi exigé la purge des droits de préemption, qu'il s'agisse du droit de préemption urbain (CE 17-12-2008 n° 316411 : RJDA 5/09 n° 417, JCP N 2009, 1232 note C. Lebel), du droit de préemption de la Safer (Cass. com. 15-10-2002 n° 99-17.765 FS-P : RJDA 2/03 n° 12, JCP E 2003 chron. 194 p. 220 n° 5 obs. P. Pétel), du fermier (Cass. 3e civ. 5-2-2003 n° 01-17.145 FS-PB : JCP N 2004, 1551 note F. Vauvillé), ou encore du bénéficiaire d'un pacte de préférence (Cass. com. 13-2-2007 n° 06-11.289 FS-PBRI : RJDA 8-9/07 n° 826, RTD com. 2008 p. 856 obs. C. Saint-Alary-Houin). Il en va différemment pour le droit de préemption du locataire commercial dans la mesure où la lettre de l'article L 145-46-1 du Code de commerce écarte son application aux ventes faites d'autorité de justice (Cass. com. 23-3-2022 n° 20-19.174 FB : BPIM 3/22 n° 235, RJDA 6/22 n° 353, Act. proc. coll. 2022-8 alerte 107 note K. Lafaurie). Lorsque l'exercice du droit de préemption est accompagné du droit de modifier les conditions de vente, ce qui est le cas pour la SAFER, il est fait obstacle à une telle modification des conditions prévues par l'ordonnance d'autorisation (Cass. 3e civ. 19-9-2012 n° 10-21.858 FS-PBRI : RJDA 8-9/13 n° 742 Bull. J 2012 364, note C. Saint-Alary-Houin), ce qui s'explique sans doute par la perfection de la vente attachée à l'autorisation et la qualification de cette dernière de vente faite d'autorité de justice (n° 73180).

À la différence des ventes aux enchères publiques ou amiables, le **délai de réflexion-rétractation** de la loi SRU doit être purgé (voir F. Vauvillé, « Liquidation judiciaire et loi SRU » : Droit et patrimoine décembre 2001 p. 51). En effet, ce délai est exclu uniquement pour les ventes par adjudication réalisées en la forme authentique (CCH art. L 271-3).

Enfin, le versement du prix dans le cadre de la cession de gré à gré n'emporte pas purge des **sûretés** (Cass. 3e civ. 17-1-2007 n° 05-17.695 FS-PB : RJDA 6/07 n° 647, JCP N 2007 n° 42, 1264 note F. Vauvillé). Le notaire doit donc obtenir la purge conformément aux dispositions des articles 2464 et suivants du Code civil, étant précisé qu'il est plus opportun d'obtenir de l'ensemble des créanciers inscrits une dispense de purge et une renonciation au droit de surenchère du dixième. À défaut, le notaire devra informer l'acquéreur du **risque d'éviction** en raison de la surenchère que peuvent effectuer les créanciers inscrits. De ce qui précède, il résulte cependant que le prix doit être remis au liquidateur immédiatement, sans attendre la purge. Il n'en demeure pas moins qu'en vertu de l'article R 643-3 du Code de commerce, le prix de vente ne peut faire l'objet d'aucun prélèvement par le liquidateur jusqu'à ce que soit justifié par l'acquéreur qu'il a conduit à son terme la procédure de purge ou qu'il a obtenu des créanciers inscrits la dispense d'y procéder. Il est ajouté qu'en cas de surenchère, le prix est restitué sans délai à l'acquéreur par le liquidateur, par l'intermédiaire du notaire.

SECTION 2

VENTE PAR UNE PERSONNE FAISANT L'OBJET D'UNE PROCÉDURE DE SURENDETTEMENT

PERSONNES CONCERNÉES

73190 Les procédures de surendettement des particuliers peuvent s'appliquer à toute « personne physique de bonne foi » (C. consom. art. L 711-1, al. 1) qui se trouve dans une situation de surendettement caractérisée par l'impossibilité manifeste de faire face à l'ensemble de ses dettes, professionnelles et non professionnelles, exigibles et à échoir (C. consom. art. L 711-1, al. 2), sachant que le seul fait d'être propriétaire de sa résidence principale dont la valeur estimée à la date du dépôt du dossier de surendettement est égale ou supérieure au montant de l'ensemble des dettes professionnelles et non professionnelles exigibles et à échoir ne fait pas obstacle à la caractérisation de la situation de surendettement (C. consom. art. L 711-1, al. 2).

En **principe**, ce sont seulement les **particuliers** qui peuvent faire l'objet de telles procédures, puisqu'en sont exclus les entrepreneurs individuels, dès lors que les dispositions du Code de la consommation relatives aux procédures de surendettement ne s'appliquent pas lorsque le débiteur relève des procédures instituées par le livre VI du Code de commerce (C. consom. art. L 711-3).

Cependant, un **entrepreneur individuel** qui ne connaît des difficultés qu'au niveau de son **patrimoine personnel**, après avoir saisi le tribunal compétent selon les règles des procédures collectives, verra son affaire renvoyée devant une commission de surendettement (C. com. art. L 681-3). Voir nº 73080.

A. Domaine du droit spécial des cessions immobilières

PROCÉDURES CONCERNÉES

73195 Il existe deux grands types de procédures de surendettement qui peuvent donner lieu à des restrictions de pouvoirs :

– Les **procédures classiques de traitement des situations de surendettement**, prévues aux articles L 731-1 et suivants du Code de la consommation. La grande difficulté est qu'elles ne font pas l'objet de publicité. En effet, la décision de recevabilité au traitement de surendettement n'est pas publiée, de sorte que le notaire ne peut qu'exiger des parties de déclarer à l'acte de vente qu'elles ne font pas l'objet d'une telle procédure. En l'absence de telles mesures de publicité, il peut être considéré que le notaire ne pourra voir sa responsabilité engagée en cas d'inefficacité de l'acte. La Cour de cassation ayant en effet déjà retenu qu'un raisonnement par analogie devrait être opéré pour considérer que faute de moyens pour vérifier que le débiteur ne fait pas l'objet d'une procédure classique de procédure de surendettement, le notaire ne peut se voir reprocher l'accomplissement d'un acte interdit à l'une des parties par les règles du droit du surendettement (Cass. com. 20-2-2001 nº 97-18.062 FS-D : RJDA 8-9/01 nº 883). Il reste que si le notaire a des doutes sur la solvabilité du client, un auteur a pu justement considérer qu'il « pourrait exiger du vendeur et/ou de l'acquéreur qu'il déclare sur l'honneur ne pas avoir déposé son dossier près la Banque de France, ne pas avoir fait l'objet d'une procédure de surendettement devant la commission et ne pas bénéficier d'une mesure de désendettement en cours d'exécution » (M. Cazajus, La recherche d'informations et le BODACC : Defrénois 15 nov. 2018 p. 17, spéc. p. 26). Grâce à cette attestation, le notaire pourra ainsi démontrer qu'en dépit des indices ayant pu faire douter des pouvoirs d'une des parties, il a accompli toutes les diligences qui étaient dans ses possibilités.

– Le **rétablissement personnel**, sachant que si le débiteur est propriétaire d'un immeuble, ce rétablissement personnel, sera accompagné d'une **liquidation judiciaire** (C. consom. art. L 724-1, al. 2, 2° et L 742-1). Un avis du jugement décidant de la liquidation est publié au Bodacc par le mandataire ou, à défaut de mandataire, par le greffe dans les 15 jours à compter de la réception du jugement par le mandataire ou, en l'absence de mandataire, à compter du jugement (C. consom. art. R 742-9). Ainsi, le notaire peut s'assurer de la non-violation des règles relatives au dessaisissement (sur celles-ci, voir nº 73215).

IMMEUBLES CONCERNÉS

Si le débiteur est un **particulier**, tous les immeubles dont il est propriétaire sont concernés par la procédure de surendettement et ses règles restrictives, puisqu'il n'existe pas de mesures d'insaisissabilités d'immeubles en faveur des particuliers, y compris les dirigeants de société (sur ce sujet, v. S. Guillaud-Bataille, C. Lisanti, Consacrer l'insaisissabilité de la résidence principale du dirigeant de PME : JCP N 2020, 1218). 73200

Si le débiteur est un **entrepreneur individuel**, la procédure de surendettement ne peut appréhender que les immeubles présents dans son patrimoine personnel (C. consom. art. L 711-9), ce qui exclut donc les immeubles affectés à son entreprise qui pourront, s'il n'y a pas de procédure collective appliquée au patrimoine professionnel, être librement cédés.

B. Régime du droit spécial des cessions immobilières

1. CESSIONS DANS LES PROCÉDURES CLASSIQUES DE TRAITEMENT DES SITUATIONS DE SURENDETTEMENT

RESTRICTION DE POUVOIR APRÈS LA DÉCISION DE RECEVABILITÉ

La décision de recevabilité de la demande réduit les pouvoirs du débiteur sur son patrimoine. Il a notamment **interdiction de** (C. consom. art. L 722-5 ; sur cette mesure, V. Martineau-Bourgninaud, Procédures de surendettement des particuliers et rétablissement personnel : LGDJ 2018 n° 438 s.) : 73205

– payer ses dettes ;

– faire un acte de disposition étranger à la gestion normale du patrimoine. Il ne fait guère de doute que la vente d'un immeuble constitue un tel acte de disposition, de sorte que le débiteur a l'interdiction de procéder seul à une telle vente (v. V. Martineau-Bourgninaud, Procédures de surendettement des particuliers et rétablissement personnel, op. cit., n° 439). Il en est de même pour l'action en partage d'un bien indivis prévue à l'article 815 du Code civil.

La loi prévoit cependant que le débiteur peut saisir le juge des contentieux de la protection pour être autorisé à accomplir les actes qui lui sont interdits (C. consom. art. L 722-5). Une vente utile à la résolution des difficultés du débiteur pourra ainsi faire l'objet d'une telle autorisation. La loi n'envisage pas le sort du **prix de vente**, mais il n'est pas exclu que le juge des contentieux de la protection exige du débiteur qu'il l'affecte au paiement de ses créanciers. D'ailleurs, les mesures décidées par la commission de surendettement peuvent requérir l'accomplissement, par le débiteur, d'actes propres à faciliter ou à garantir le paiement de la dette (C. consom. art. L 732-2, al. 2 et L 733-7). La commission de surendettement peut donc exiger la vente amiable d'un bien immeuble du débiteur (Cass. 1e civ. 27-2-1996 n° 94-04.055 P ; Cass. 1e civ. 17-11-1998 n° 97-04.038 ; Cass. 1e civ. 15-1-2002 n° 00-04.079), même la vente de l'usufruit de l'immeuble que le débiteur occupe simplement en qualité d'usufruitier (CA Bordeaux, 2e ch. civ., 9-11-2017 n° 17/02392 : Cahiers de jurisprudence d'Aquitaine et Midi-Pyrénées 2018-2, obs. K. Lafaurie). La vente autorisée sera réalisée selon les conditions du droit commun.

L'acte accompli en violation de l'article L 722-5 du Code de la consommation peut être annulé par le juge des contentieux de la protection, à la demande de la commission, présentée pendant le délai d'un an à compter de la signature de l'acte (C. consom. art. L 761-2).

RESTRICTION DE POUVOIR APRÈS ADOPTION DES MESURES IMPOSÉES

La restriction de pouvoir **se poursuit une fois les mesures adoptées dans le plan de surendettement**. En effet, le Code de la consommation dispose que toute personne qui, sans l'accord de ses créanciers, de la commission ou du juge a procédé à des actes de disposition de son patrimoine pendant le déroulement de la procédure de traitement de la situation de surendettement ou de rétablissement personnel ou pendant l'exécution du plan ou des mesures prévues à l'article L 733-1 ou à l'article L 733-4 est déchue du bénéfice des dispositions du Code sur les situations de surendettement (C. consom. art. L 761-1). La sanction n'est pas ici l'annulation de l'acte, de sorte que l'efficacité de ce dernier n'est pas en jeu. Le notaire devra cependant informer les parties du risque qu'elles encourent, à savoir la déchéance des mesures de désendettement, si elles concluent un acte de disposition alors que l'exécution desdites mesures n'est pas achevée, sauf à obtenir une autorisation de la commission de surendettement. L'accord des créanciers concerne l'hypothèse du plan conventionnel de surendettement (voir sur ces points, M. Cazajus, La vente par le particulier surendetté : une nécessaire autorisation : Petites affiches 21-4-2017 p. 6). 73210

SANCTION DU NON-RESPECT DE L'INTERDICTION DE CÉDER L'IMMEUBLE

73211 L'acte accompli en violation de l'article L 722-5 du Code de la consommation peut être **annulé** par le juge des contentieux de la protection, à la demande de la commission, présentée pendant le délai d'un an à compter de la signature de l'acte (C. consom. art. L 761-2).

2. CESSIONS DANS LE RÉTABLISSEMENT PERSONNEL AVEC LIQUIDATION

DESSAISISSEMENT

73215 À compter du jugement d'ouverture d'une procédure de rétablissement personnel avec liquidation, le débiteur ne peut plus aliéner ses biens sans l'**accord préalable du juge ou du mandataire** nommé le cas échéant (C. consom. art. L 742-4 et L 742-9). Avec le jugement qui prononce la liquidation, les droits et actions du débiteur sur son patrimoine personnel sont exercés pendant toute la durée de la liquidation par le liquidateur (C. consom. art. L 742-15). Il emporte donc de plein droit dessaisissement du débiteur de la disposition de ses biens. Ce dessaisissement s'explique par la nécessité de figer totalement l'actif du patrimoine du débiteur, qu'il s'agit de réaliser afin d'apurer le passif. Inspirée du dessaisissement prévu dans le cadre de la liquidation judiciaire du droit des entreprises en difficulté, cette mesure peut être appliquée conformément aux règles légales et jurisprudentielles dégagées en la matière (v. V. Martineau-Bourgninaud, Procédures de surendettement des particuliers et rétablissement personnel, op. cit., n° 931 s.).

VENTE AUX ENCHÈRES OU DE GRÉ À GRÉ

73220 Le liquidateur dispose d'un **délai de douze mois** pour vendre les biens du débiteur à l'amiable ou, à défaut, organiser une vente forcée dans les conditions relatives aux procédures civiles d'exécution (C. consom. art. L 742-16). Comme en droit des entreprises en difficulté, est donc possible de procéder à une vente de gré à gré (voir n° 73175). Les biens du débiteur rendus indisponibles par une procédure d'exécution peuvent être vendus de gré à gré par le liquidateur, sur autorisation du juge des contentieux de la protection, statuant par ordonnance, qui justifie que cette vente peut être conclue dans des conditions satisfaisantes (C. consom. art. R 742-21, al. 1). L'ordonnance autorisant la vente de gré à gré d'un immeuble est publiée en marge du commandement publié au service chargé de la publicité foncière (C. consom. art. R 742-21, al. 2). Lorsque le liquidateur envisage de vendre un bien de gré à gré, il en informe le débiteur et les créanciers par lettre simple en précisant le prix de vente envisagé et le cas échéant les conditions particulières de cette vente (C. consom. art. R 742-22). Si le bien est grevé d'hypothèque, le juge des contentieux de la protection détermine le montant minimum du prix de vente (C. consom. art. R 742-23, al. 1er). Pour ce qui est du **prix de vente**, le notaire chargé de la vente le remet, dès sa perception, au liquidateur (C. consom. art. R 742-24).
Tous les biens du débiteur doivent être vendus, la clôture de la liquidation n'intervenant que lorsque le débiteur ne possède rien d'autre que (C. consom. art. L 742-21) :
– des biens meublants nécessaires à la vie courante ;
– des biens non professionnels indispensables à l'exercice de son activité professionnelle ;
– ou des biens dépourvus de valeur marchande ou dont les frais de vente seraient manifestement disproportionnés au regard de leur valeur vénale.
Cela signifie que seules ces trois catégories de biens sont protégées.

DOSSIER 6

FORMALITÉS PRÉALABLES ET CONSÉCUTIVES À LA VENTE

LISTE DES FORMALITÉS PRÉALABLES À LA VENTE

La liste qui suit est **indicative** et doit être adaptée à chaque vente ; toutes les pièces citées ne sont pas systématiquement toutes nécessaires. **73250**

– Personnes physiques : demander les pièces d'identité, extraits d'actes de naissance et de mariage, contrat de mariage, Pacs, bulletin de casier judiciaire n° 2.
– Personnes morales : demander un extrait K bis ou certificat d'enregistrement en préfecture, copie des statuts et modificatifs, délibérations nécessaires à la vente.
– Professionnels : demander un extrait K bis, un extrait du Bodacc.
– Demander le titre de propriété immédiat et les titres antérieurs sur une période de 30 ans.
– L'immeuble est-il grevé de servitudes ? Fournir les titres.
– Copropriété : obtenir le règlement de copropriété et l'état descriptif de division et leurs modificatifs, la fiche synthétique de la copropriété, les procès-verbaux des assemblées générales des trois dernières années, les informations relatives à la situation financière du vendeur (état daté), le carnet d'entretien, les diagnostics techniques sur les parties communes, le mesurage du lot.
– Lotissement : demander la copie du règlement du lotissement et du cahier des charges, ou de l'autorisation d'aménager, les statuts de l'ASL.
– Demander un extrait cadastral modèle 1 ou le document d'arpentage.
– Demander une note de renseignements d'urbanisme.
– Demander le dossier de diagnostic technique.
– Demander un état des risques et pollutions si le bien est situé dans une zone de risques naturels, technologiques, miniers, de sismicité, ou dans une zone à potentiel radon significatif, dans une zone exposée au recul du trait de côte, ou à partir du 1er janvier 2025 dans une zone assujettie à des obligations de débroussaillement et de maintien en l'état débroussaillé (C. envir. art. L 125-5, I et R 125-23).
– Demander si l'immeuble a subi un sinistre ayant donné lieu à une indemnisation par une compagnie d'assurance au titre du régime des catastrophes naturelles ou technologiques (C. envir. art. L 125-5, IV).
– Demander si l'immeuble est situé en zone d'aléa moyen ou fort pour le risque « retrait-gonflement des argiles » (C. envir. art. R 125-24).
– Demander si l'immeuble est concerné par une obligation de débroussaillement ou de maintien en l'état débroussaillé (C. for. art. L 134-16, al. 1 et D 134-7).
– Demander le rapport de contrôle de l'installation d'assainissement.
– L'immeuble a-t-il supporté une installation classée ?
– La vente comprend-elle des meubles ? Dresser leur liste et indiquer leur valeur.
– Financement : quelles seront les modalités de paiement du prix ? Des garanties hypothécaires sont-elles à prévoir ? Des déclarations de remploi doivent-elles être effectuées ?
– Quelle est l'origine des fonds ? Y a-t-il lieu d'établir une déclaration Tracfin ?
– Des travaux ont-ils été effectués sur l'immeuble ? Fournir les autorisations d'urbanisme, les polices d'assurance dommages-ouvrage et les attestations de paiement des primes, et les coordonnées des professionnels intervenus sur le chantier.
– L'acquéreur prévoit-il de réaliser des travaux sur l'immeuble ? Consulter les documents d'urbanisme, dossier du lotissement, obtenir les autorisations d'urbanisme nécessaires, le changement de destination.
– Purger les droits de préemption publics et privés (droits de préemption urbain, du locataire, du coïndivisaire, des espaces agricoles et naturels périurbains, de la Safer, du fermier, notamment), ainsi que pactes de préférence.
– Situation hypothécaire : des créanciers sont-ils inscrits sur l'immeuble ? La vente entraîne-t-elle déchéance du terme ? Obtenir un état hypothécaire hors formalité. Prévoir le remboursement anticipé et la mainlevée des inscriptions.

– Des créanciers sont-ils inscrits sur des biens mobiliers immobilisés par destination (turbines, transformateurs, panneaux solaires, équipements de parc éolien, etc.) ? Questionner le « registre des sûretés mobilières et autres opérations connexes » tenu par le greffe du tribunal de commerce pour avoir connaissance des gages de meubles (C. com. art. R 521-1). Purger ces inscriptions.
– Situation locative : l'immeuble est-il loué ou occupé ? Le locataire est-il à jour du paiement des loyers et charges ? Fournir le bail et l'état des lieux ou le congé. Prévoir le remboursement entre les parties du dépôt de garantie.
– Le vendeur emploie-t-il des salariés relativement à l'immeuble ? Seront-ils repris par l'acquéreur ?
– À quelles dates auront lieu le transfert de propriété et le transfert de jouissance ?
– Prévoir le remboursement du prorata de taxe foncière.
– Les parties ont-elles prévu des charges et conditions particulières ?
– Un intermédiaire a-t-il négocié la vente ? Obtenir copie du mandat. Organiser le paiement de ses honoraires.
– Purger le droit de rétractation de l'acquéreur d'habitation.
– Vérifier la levée de toutes les conditions suspensives ou la renonciation des parties à ces conditions.
– Droits de mutation : l'immeuble (ou l'une des parties) bénéficie-t-il d'un tarif particulier ? Y a-t-il des charges augmentatives ou diminutives du prix ?
– TVA immobilière : les parties sont-elles assujetties à la TVA ? Sont-elles membres d'un « assujetti unique » ou « groupe TVA » ? L'immeuble a-t-il donné lieu à des déductions antérieures de TVA ? Des régularisations sont-elles à prévoir ? Faut-il prévoir la remise d'une attestation de droits à déduction à l'acquéreur ? Ou bien la vente bénéficie-t-elle d'une dispense de taxe en tant que cession d'universalité ?
– Plus-values immobilières : l'immeuble est-il ou a-t-il été inscrit au bilan d'une entreprise ? Préparer la déclaration de plus-value immobilière. Si la cession bénéficie d'une cause d'exonération, conserver les justificatifs. Vérifier si la mutation entre en sus dans le champ de certaines taxes forfaitaires et, le cas échéant, prévoir de conserver les justificatifs à l'appui d'une exonération de ces taxes.
– Fiscalité : des engagements fiscaux particuliers ont-ils été pris sur le bien ? Seront-ils remis en cause du fait de la vente ? Avertir le vendeur des conséquences fiscales potentielles.

LISTE DES FORMALITÉS POSTÉRIEURES À LA VENTE

73270 La liste est **indicative** et doit être adaptée à chaque vente ; toutes les pièces citées ne sont pas systématiquement toutes nécessaires.
– Remettre le prix de vente au vendeur, sous déduction des sommes à retenir (impôts, sommes réclamées par le syndic, créanciers inscrits, frais de mainlevée, honoraires de l'intermédiaire, factures, etc.).
– Copropriété : notifier la vente au syndic conformément à l'article 6 du décret du 17 mars 1967 et à l'article 20 de la loi du 10 juillet 1965. Lui régler les sommes restant dues par le vendeur.
– Financement : notifier au prêteur la régularisation de l'acte et la prise des garanties hypothécaires. Notifier à la compagnie d'assurance la délégation d'assurance.
– Situation hypothécaire : rembourser les créanciers inscrits et réaliser les mainlevées.
– Situation locative : notifier au locataire les coordonnées du nouveau propriétaire.
– Payer les honoraires de l'intermédiaire.
– Formalité fusionnée d'enregistrement et de publicité foncière de la vente et inscription des sûretés hypothécaires. Payer les droits de mutation, l'impôt sur la plus-value et les taxes additionnelles.
– Taxer l'acte.
– Envoyer au prêteur la copie exécutoire, la délégation d'assurance et les bordereaux d'inscription.
– Remettre à l'acquéreur son titre de propriété et le solde de compte.

Table alphabétique

Utilisation de la table
Les chiffres renvoient aux paragraphes. La mention « s. » signifie que l'étude de la question se prolonge sur le ou les numéros suivants.
Pour diriger les recherches, les références sont accompagnées, lorsque c'est utile, soit d'une mention explicite, soit d'une abréviation (voir page 19 pour le sens de ces abréviations).

A

D

T

Photocomposé par Luminess SAS
561, rue Saint Léonard - 53100 MAYENNE
N° 5029888U. Dépôt légal : Août 2024

Certifié PEFC
Ce produit est issu de forêts gérées durablement et de sources contrôlées
PEFC
PEFC/04-31-0658
www.pefc.de

36893-697 (I) - PRL 39 g - NC (LC)
Achevé d´imprimer en août 2024 sur les presses de C.H.BECK
Dépôt légal : août 2024
Imprimé en Allemagne